马克思主义研究丛书

张一兵　主编

国家出版基金项目
NATIONAL PUBLICATION FOUNDATION

教育部人文社会科学重点研究基地重大项目成果
南京大学一流大学一流学科建设工程重大项目成果

MAKESIZHUYI YANJIU CONGSHU
HUIDAO MAKESI

回到马克思

（第二卷）上册

张一兵　著

社会场境论中的市民社会与劳动异化批判

江苏人民出版社

图书在版编目（CIP）数据

回到马克思.第二卷,社会场境论中的市民社会与劳动异化批判:上下册/张一兵著.—南京:江苏人民出版社,2024.6(2024.11 重印)

（马克思主义研究丛书）

ISBN 978-7-214-28363-4

Ⅰ.①回… Ⅱ.①张… Ⅲ.①马克思主义哲学—研究②马克思主义—市民—城市社会学—研究 Ⅳ.①B0-0②C912.81

中国版本图书馆 CIP 数据核字（2023）第 179810 号

书　　　名	回到马克思(第二卷)——社会场境论中的市民社会与劳动异化批判	
著　　　者	张一兵	
责 任 编 辑	陈　颖	
特 约 编 辑	贺银垠	
装 帧 设 计	许文菲	
责 任 监 制	王　娟	
出 版 发 行	江苏人民出版社	
地　　　址	南京市湖南路 1 号 A 楼,邮编:210009	
照　　　排	江苏凤凰制版有限公司	
印　　　刷	江苏凤凰新华印务集团有限公司	
开　　　本	718 毫米×1000 毫米　1/16	
印　　　张	93.75　插页 13	
字　　　数	1436 千字	
版　　　次	2024 年 6 月第 1 版	
印　　　次	2024 年 11 月第 2 次印刷	
标 准 书 号	ISBN 978-7-214-28363-4	
定　　　价	318.00 元(精装上下册)	

(江苏人民出版社图书凡印装错误可向承印厂调换)

De te fabula narratur. ①

——Karl Marx

Das alles dürfte uns gewissermaßen anheimeln, wie einen Seefahrer die vaterländische Küste, wenn er nach glücklich vollbrachter Reise sie auftauchen sieht, und der Rauch aufsteigt aus der altgewohnten Esse. ②

——Franz Brentanos

只有来自实地者,接地气者,站在实地上者,才可能脚踏实地的——这才是源初的……当我扶犁走过田畴,穿过成熟禾穗间那孤寂的阡陌,透过风、雾、阳光和瑞雪,这些东西持守着母亲和她们的祖先的血液于循环中和振荡中……③

——海德格尔

---

① "这正是说的阁下的事情。"——卡尔·马克思[《资本论》第一卷(德文第一版)序言]。这是马克思援引贺拉斯《讽刺诗集》第一首的一句。原文为 Mutato nomine de te fabula narratur,意为"假如换一个名字,这正是说的阁下的事情"。参见《马克思恩格斯全集》(第二版)第 42 卷,人民出版社 2016 年版,第 15 页。马克思在正文第 265 页再次引用了这句话。

② Franz Brentanos, *Vom Ursprung sittlicher Erkenntnis*, Hamburg: Felix Meiner Verlag GmbH, 1969, S. 34. 中译文:"我们发觉,我们又重返回我们熟悉的地方,就像经过长途跋涉,终于看到了我们故乡的轮廓,看到了从我们自家烟囱升起的炊烟。"参见[德]布伦塔诺《伦理知识的起源》,许为勤、冯平译,载冯平主编《心灵主义的路向》,北京师范大学出版社 2009 年版,第 47 页。

③ [德]海德格尔:《〈思索〉二至六》(黑皮本 1931—1938),靳希平译,商务印书馆 2021 年版,第 44 页。

卡尔·马克思像

本书作者在德国柏林的马克思恩格斯雕像原址前 (2007 年)

将此书献给我亲爱的母亲——黄灵芝

序

　　20 多年前完成《回到马克思》①一书时,我也有过一个第二卷的计划,当时的基本设想,是区别于第一卷作为学术构境②中轴的现象学主体向度,描述马克思历史唯物主义和历史辩证法中直面社会历史发展一般存在机制和运行规律的**客体向度**。然而,这一想法始终没有真正落地。③ 现在的第二卷,显

---

① 张一兵:《回到马克思——经济学语境中的哲学话语》,江苏人民出版社 1999 年版。

② "构境"(situating)是我在 2007 年提出的核心哲学范式,它的最初出场是在《回到列宁——关于"哲学笔记"的一种后文本学解读》(江苏人民出版社 2008 年版)一书的方法描述中。在我这里,构境概念被表述为关于**人**的历史存在论的一个**东方式**的总体看法,它不涉及传统基础本体论的终极本原问题,而只是讨论人的历史性存在的最高构成层级和高峰体验状态。当时我区分了社会生活空间中的**物性塑形、关系构式、构序驱动和功能性筑模之上**的人的不同生存层级,以及这些不同生存状态和意识体认可能达及的不同生活情境,我将主体存在的最高层级界定为**自由的存在性生活场境和精神构境**。很显然,在当代思想的形而上学内省和焦虑中,人们因为担心存在变成石化的在者、概念变成死亡的逻各斯本质,于是做作地在存在和概念的文字上打叉(海德格尔的"删除"和德里达的"涂抹"),而构境之存在就是当下同体发生的建构与解构。情境之在不存留,只是每每辛苦地重建。当然,在现实历史事实中,构境存在通常是与**他性镜像和伪构境**(幻象)同体共在的。我的这一哲学理念,在本次研究中得到了话语塑形上的丰满和深化。

③ 当时的具体想法为,在已经完成的马克思历史辩证法的主体向度和批判现象学的基础上,梳理马克思关于社会历史定在和关系性实践场境的客观发生机制,以及整个社会历史发展的一般规律。这一方向的相关论述,除去《德意志意识形态》中的广义历史唯物主义阐释,主要集中在马克思中晚期经济学研究中分析生产过程的基本结构和不同历史运行的复杂机制,以及关于相对剩余价值生产讨论中涉及的劳动工艺学和科学技术结构转换等重要思想中。1999 年,我已经初步积累了一些文献资料,本次研究在 $MEGA^2$ 的基础上进一步完善了基础文献,并将这一重要的深层理论构序融入历史唯物主义的方法论深化研究中。它作为马克思经济学研究与历史现象学批判的方法论前提,浓缩式地展现于本书的第十一章中。不过,与原先的假想不同,在历史唯物主义客体向度的物质生产过程中,我始料未及地发现了主体性劳动过程在马克思那里的重新突显。

1

然不再是原先那个计划的简单对象化了。从大的方面来看,已经译成多种文字的《回到马克思》第一卷,主要是从经济学语境探讨马克思哲学思想构序①中主体性批判话语的历史进程,作为"回到事情本身"的努力,它的理论缺憾之一是没有完整地再现作为伟大的科学社会主义者的马克思的理论形象。而实际上,恩格斯所指认的马克思一生的"两个伟大的发现"——历史唯物主义的科学方法论和经济学中剩余价值理论的双重变革,现实目的都是无产阶级革命和最终的人类解放。**如果马克思有自己的政治学或政治哲学,这一定就是科学社会主义。**过去,我们确认马克思恩格斯创立的科学社会主义,主要都是依据1848年公开发表的《共产党宣言》,可依我这一次的研究结果,科学社会主义的最终理论确证,是马克思在《1861—1863年经济学手稿》中完成对资本主义生产方式全面、系统的科学认识和批判时才最后实现的。科学社会主义的最终理论阐释,当然是在《资本论》中完成的。我的新结论为:相对于哲学方法论上的历史唯物主义、经济学中的剩余价值理论,可以说,对资本主义生产方式的科学认识,是马克思在社会主义实践与理论探索中已经实现却隐而不彰的**第三个伟大发现**。这应该也是今天放在读者面前的《回到马克思》第二卷的真正思想旨趣。当然,这个以科学社会主义关键问题为焦点指向的第二卷,并非全景式地复构马克思的科学社会主义理论的整体,而是一部勇于面对马克思主义所遭遇的当代思想挑战的论争性和专题性的研究论著。概言之,本书在MEGA^{2}的文献基础上,深入探讨了马克思主义思想史上的两桩学术悬案和诸多学术前沿:一是混乱不堪的**市民社会—资产阶级社会—资本主义生产方式**的辨识问题;二是1932年《1844年经济学哲

---

① "构序"(ordering,创序)是我在1992年提出的一个概念。在复杂性科学中,构序即负熵。在那时,构序与马克思历史唯物主义中的物质生产力同义,是指**人类通过具体的实践历史地构成特定物质存在层系的人的社会存在的带矢量的有序性**。(参见拙文《实践构序:关于人类社会历史发展动力学描述的微观确证》,《福建论坛》1992年第1期。)2009年,我在构境论的基础上再一次确认了这一概念。"与主体性的'劳动塑形'活动和客观的主体活动关系、塑形物的链接构式不同,'生产创序'是整个社会生产过程中活生生表现出来的特定组织编码和功能有序性,或者叫作保持社会存在、消除其内部时刻发生的坠回到自然存在的无序性熵增力量的有序性**负熵源**。社会历史存在中的创序能力是由'劳动塑形'所主导的整合性的社会创造能力,这种创序能力随着社会生产的日益复杂化而丰富起来。"(参见拙文《劳动塑形、关系构式、生产创序与结构筑模》,《哲学研究》2009年第11期。)在后来的思考中,构序概念也被用于人的主观经验塑形和观念创新的精神活动层面。

学手稿》(以下简称《1844 年手稿》)发表以来,国内外学术界围绕马克思的**劳动异化批判理论**所进行的绵延不尽的学术争论;三是在当代哲学方法论论域中,我自己提出的关于广义历史唯物主义和历史辩证法客体向度①中**第一层级物相化**②(一般物相化)活动基础上的**场境存在论**与关系意识论,以及狭义历史唯物主义主体向度中**第二层级物相化(经济物相化)**活动中消解经济物像③(拜物教)迷雾的学术研究前沿;四是关于国内马克思**哲学**

---

① 广义历史唯物主义与狭义历史唯物主义,历史辩证法的客体向度与主体向度,是我在《马克思历史辩证法的主体向度》(河南人民出版社 1995 年版)中提出的观点。广义历史唯物主义,是指马克思恩格斯在《德意志意识形态》一书中创立的历史唯物主义的一般原理,它是以直接生活资料的物质生产与再生产为全部社会生活的基础,并从生产力与交往关系的特定历史结合方式——生产方式的客体向度透视人类社会历史和意识的本质;这里的客体向度是指客观地观察社会生活本质和社会发展的一般规律的思考维度。而狭义历史唯物主义则是特指马克思在《1857—1858 年经济学手稿》中发现的历史唯物主义的特殊观点,这一学说主要基于物质生产高级阶段出现的分工协作和科技力量的全新实践层面,从历史辩证法的主体向度出发,以经济的社会赋型为观察对象,特别是资本主义生产方式中出现的人与人的经济关系颠倒为事物与事物的关系的现象,在这里,人所创造的经济关系成为制约人的生活和全部观念的主导性的决定力量,由此创立了透视经济物相化活动的历史现象学和科学的批判认识论;这里的主体向度是基于历史唯物主义的客体向度,观察不同历史时期人们的主体生存状态的批判性思考维度。

② "物相化"是我在本次研究中提出的新概念。"物相"一词,我在《回到马克思》第一卷中已经使用。在物理和化学等科学研究中,phase 又称"物态",一般指物质分子的聚集状态,是实物存在的形式。实物通常以固态、液态和气态三种聚集状态存在,在特定条件下又会呈现出"等离子态"、"超导态"、"超流态"等物相。而我所新设定的物相化中的"相"却不仅仅是物态之意,而兼有实现出来的主体性爱多斯(eidos,共相)之意,因为黑格尔、马克思思想构境中的一般物相化,总是指一定的主体目的("蓝图")和理念对象性地实现于对象的用在性改变之中,这是看起来现成事物对象的消逝性之缘起。日本学界在日译马克思的事物化(Versachlichung)概念时,通用了"物象化"一词,而中文中与意象相对的物象概念本身带有某种主观显象的痕迹,所以,用物相概念可以更好地表达马克思历史唯物主义所透视的用在性实存对象。马克思在自己晚期经济学文本中的广义历史唯物主义讨论里,经常使用 materialisirt(物相化)一词来表达实践活动、生产劳动活动(爱多斯)在塑形对象效用中消隐于物质实在里。当然,人历史地实现自身的主体物相化,人创造出不同历史时间质性的社会共同体组织的社会物相化,工业生产中机器化大生产中的科技物相化,以及商品市场经济场境中整体盲目无序化的经济返熵和反爱多斯的经济物相化,是更难理解的。

③ 物像概念,挪用自日本学界对马克思中晚期经济学研究中使用的 Versachlichung(事物化)的误认——物象化。它是指人们直观中现成性物体的对象外观和呈像,这是将工业生产物相化中的主体构序和关系赋型结果非历史地视作对象本身具有的不变属性和内在结构。康德的感性经验统觉中的直观"现象界",黑格尔《精神现象学》中熟知的"感性确定性",胡塞尔现象学构境中的"现成性对象"和海德格尔存在论中的形而下的"存在者",大都如此。在马克思的中晚期经济学研究那里,这种将经济物化活动中物品的社会关系质性错认为自然属性的现象,被特设性地指认为停留在物像中的认知**物化**(Verdinglichung)。

认识论研究和**辩证法研究**不在场的追问。其中,一是写作本卷的思想构序缘起,二、三、四是这一研究进程中的额外哲学赠礼,而这些思考也都是我自己的**社会场境存在论—思想构境论**与马克思的历史唯物主义、唯物辩证法、意识观和认识论的历史链接。

第一个主要学术争论场境:在传统的马克思主义理论研究中,我们一般都会理所当然地谈论马克思自青年时代就开始的对资本主义社会的批判。资本主义概念,作为科学社会主义的直接否定对象,属于马克思主义理论体系中熟知的"自明性"观念,似乎早就无须论证。可是到 20 世纪 70 年代,法国史学大家布罗代尔①却突然指出,马克思根本没有使用过"资本主义"(Capitalisme)这一词语。②依他的说法,最早在西方学术语境中使用该词的人为德国经济学家桑巴特③。

---

① 费尔南·布罗代尔(Fernand Braudel,1902—1985),法国著名历史学家,年鉴历史学派第二代领袖人物。1923 年毕业于巴黎大学历史系,1935 年任巴西圣保罗大学文明史教授,1945 年加入《年鉴》编辑部,后与费弗尔共同创立高等实验研究院第六部,1956—1972 年担任该部主任。1984 年当选法兰西学院院士。代表作有:《菲利普二世时期的地中海和地中海地区》(1949)、《法国经济社会史》(1954)、《15 至 18 世纪的物质文明、经济和资本主义》(1979)、《法兰西的特性》(1986)等。

② 1976 年 4 月,布罗代尔应美国霍普金斯大学邀请作了三次学术报告演讲。演讲内容主要是对他当时已经基本完稿的《15 至 18 世纪的物质文明、经济和资本主义》中的基本观点的概述。1977 年,该讲稿的英文版以《对于物质文明和资本主义的反思》(*After Thoughts on Material Civilization and Capitalism*)出版,此后又以《资本主义的动力》(*La dynamique du capitalisme*)为题出版意大利文版(1977)和法文版(1985),1997 年出版了此书的中文版。在这部讲稿中,布罗代尔第一次提到马克思从未使用过"资本主义"概念的问题。他说:"'资本主义'一词,从 20 世纪初才开始广泛使用。我也可能有点武断,不过我认为,1902 年出版的威纳尔·桑巴特的名著《现代资本主义》(*Der moderne Kapitalismus*)是该词正式出台之时。实际上,马克思从未用过这个字眼。"([法]布罗代尔:《资本主义的动力》,杨起译,生活·读书·新知三联书店 1997 年版,第 31 页。)

③ 桑巴特(Werner Sombart,1863—1941),德国社会学家、经济学家,新历史学派后期代表人物。1863 年 1 月 19 日生于德国的埃姆斯莱本,1941 年 5 月 18 日卒于柏林。早年在柏林和罗马学习法律、经济学、历史学和哲学,1888 年获柏林大学哲学博士学位。1890—1906 年任布雷斯劳大学副教授。1917 年接替 A. 瓦格纳任柏林大学教授直至 1931 年退休。桑巴特曾与 M. 韦伯参加创立德国社会学学会的工作,并合办了《社会科学与社会政策》杂志。主要著作有:《19 世纪的社会主义和社会运动》(1896,1924 年第 10 版改名为《无产阶级社会主义》)、《现代资本主义:从始至今的全欧经济生活历史体系的表述》(1902)、《资产者:现代经济人的思想史》(1913)、《奢侈与资本主义》(1913)、《三种国民经济学》(1930)、《国民经济学与社会学》(1930)、《德国社会主义》(1934)、《世界观、科学与经济》(1938)等。

这当然是一个误判。① 表面上看,这似乎只是在讨论资本主义概念的使用,而实际上,却隐含着一种根本否认马克思在资本主义理论研究中的历史地位的倾向。这样,对于马克思主义者来说,会是对科学社会主义的一种逻辑构式②中的致命的釜底抽薪。

在 20 世纪 90 年代的某一天,当我在一份文献中看到布罗代尔的这个说法时,自然是万分惊诧的。记得,我真的在一个时间段内集中查阅了大量译成中文的马克思的著作,当我看到一直到《资本论》及其相关手稿前,马克思和恩格斯都只是使用"市民社会"、"资产阶级社会"和"资产者社会"一类词句时,那种吃惊的程度是可想而知的。通常,我们在研究马克思的《1844 年手稿》《德意志意识形态》甚至是《共产党宣言》时,都会不经思索地就说,"马克思批判资本主义",然而,在这些文本中,马克思还根本没有使用过"资本主义"这一概念。事实上,是我们**超文本地**替马克思目的论式地事先建构了这一概念。这意味着,布罗代尔的断言内嵌着一定的合理性。并且,我迅速从原文中证实了这一点,因为马克思恩格斯前期文本中经常出现的上述"市民社会"、"资产阶级社会"和"资产者社会"三个汉译词,在原文中只是同一个"bürgerliche Gesellschaft"(或法文 société civile)在中文语境中的不同翻译而

---

① 我觉得,作为一位重量级的历史学家,布罗代尔不是"有点武断",而是自己炮制了一个学术笑话。其实,在马克思专门讨论资本主义生产关系的《资本论》第一卷出版之后,第一个在马克思之外,系统阐述资本主义经济制度的学者是同属德国新历史学派的桑巴特的老师辈学者谢夫莱(Albert Eberhard Friedrich Schäffle),后者于 1870 年出版了《资本主义和社会主义,特别是对经济活动形式和财产形式的考察》(*Kapitalismus und Socialismus, mit besonderer Rücksicht auf Geschäfts-und Vermögensformen*, Tübingen)。而马克思自己也注意到了这一点。我会在本书的结束语中涉及这一思想史史实。

② "构式"(configurating)系我在 2009 年从建筑学研究领域中的"空间句法(Space Syntax)理论"中挪用来的概念。我当时是想用其指认提出的概念,它是"指人与物、人与人主体际的客观关系系列及其重构(再生产),这是人类生存超拔出动物生存最重要的**场境关系**存在论基础"。与有目的、有意图的主体性的劳动塑形不同,关系构式往往呈现为一种受动性的结构化的客观结果。它既是社会生活的场存在形式,又是社会空间的建构。(参见拙文《劳动塑形、关系构式、生产创序与结构筑模》,《哲学研究》2009 年第 11 期。)后来关于福柯的研究中,我发现"构式"一词竟然也是法国科学认识论研究之后一批重要学者使用的范式。在本次研究中,我进一步确定了信息编码(information coding)为构式的本质,如果说,劳作物相化赋型(formation)是给予事物一种关系性的场境,那么构式中的 information coding 则是在一个更大的关联系统中对事物的关系性场境定位。历史性的不同生产构式是走向异质性社会生活场境的根本基础。在观念层面,逻辑构式是一定观念赋型场境中的关键性构件,通常是指思想家面对社会生活现象所使用的某种方法论功能整体。

已。而当我带着这个问题,再仔细复归到马克思思想发展的全程中去时,看起来熟知的问题开始变得越来越复杂,需要重新理解和复构的东西越来越多,前苏东"老大哥"的许多现成在手的自明性结论都越发变得可疑起来,我们原来所看到的资本主义批判历史进程中的马克思和恩格斯,却越来越陌生。这是一个十分奇特的无意识逻辑僭越中的**理论返熵**现象。于是,胡塞尔的"回到事情本身"的法则不得不再次出场。并且我意识到,这并非仅仅一个词语使用的真假辨识问题,而是涉及马克思恩格斯全部科学社会主义思想合法性的重大问题。

事实上,如果从**思想史考古学**(*archaeology*)①的视角细察马克思的原始文本,我们会遭遇过去中文语境中没有出现过的繁复芜杂的词语构境:bürgerliche Gesellschaft(市民社会/资产阶级社会)—société civile(法文,市民社会)、kapitalismus(资本主义)—capitalisme(法文,资本主义)和kapitalistische Produktionsweise(资本主义生产方式)等概念和词组的不同话语构序。之所以在这里标识出法文,是因为在马克思的早期学术研究和写作中,除去自己的德文母语,他比较多地使用了法文来阅读文本和写作部分笔记、论著。② 实际上,在马克思思想发展史上,根本不存在一个简单的他是否

---

① 思想史考古学,是我从福柯哲学中挪移并改造的研究方法。福柯早期有两本书[《词与物——人文科学考古学》(1966)、《认知考古学》(1969)]直接讨论了这种特殊的**考古学**(*archéologie*)。以他自己的说明,哲学是"诊断"的事业,而考古学是"描述思想的方法"。据林志明博士的考证,福柯这种探寻沉默不语事物的考古学来自他的老师杜梅齐尔。杜梅齐尔的主要研究领域是宗教文化史学,他以新颖的结构主义方法大大地开拓了已有百余年历史的比较宗教学。他致力于印欧宗教神话系统的隐性结构的研究,梳理出印—欧各个不同地区共性的思维和观念形态。在这样的研究理路之中,杜梅齐尔提出了对传统宗教文化史学中的"化石"进行"重构"的分析,并指认这是一种与传统的"物件及遗址的考古学"平行的"再现行为的考古学"。在杜梅齐尔那里,过去还原史实的考古学成了再现行为的情境**重构**。我在本书中已经践行的思想史考古方法,也可以再细化为概念考古、观念考古与思想考古三类:概念考古主要是通过词频统计法,根据原文中学术关键词增加或减少的频次,确认特定学术话语在文本中的内在构境意向;观念考古则更多地体现为对笔记和书信类文本的细读,确认思想观点历史发生的具体节点;思想考古的方式,主要体现为对话语格式塔、理论逻辑构式和思想构境的历史转换线索的追踪。

② 因为马克思在青年时代就较好地掌握了法文,所以在早期的历史学和经济学研究中,他可以十分轻松地阅读法文文献并做摘录,比如早期的《柏林笔记》、《波恩笔记》、《克罗茨纳赫笔记》和《巴黎笔记》,特别是在马克思的第一次经济学研究中,他所阅读和摘录的一大批经济学文献都是法文版的(萨伊、斯密和李嘉图等)。之后,马克思直接用法文先后写下《马克思致安年柯夫》、《哲学的贫困》和《马克思致查苏利奇》等重要文本,并亲自校订了法文版的《资本论》第一卷。

使用"资本主义"概念的伪命题,在马克思思想发展的不同历史时段和不同历史文本中,上述不同词语也从来没有恒定不变的线性语义,真实发生的是马克思在面对当时欧洲社会现实生活具体的思想构境进程中不断变异的操作性话语场境。我意识到,在方法论构境层中,传统的那种以某位思想家特定文本中的**词语所指**(*signified*)**来凝固能指**(*signifier*)①的做法是根本错误的。作为文本阐释者的我们,永远只能面对思想家在不同文本语境中符码(code)运演的异质性**话语格式塔**②。同质性地锁定一个词语的所指,而看不到语言活

---

① "能指"和"所指"是索绪尔语言学上的一对概念,能指意为语言词句的声音、形象,所指则是词句在语言关系场境中生成的特定意义。依索绪尔的观点,语言符码的所指并非直接对应于外部对象,而是言语的实际话语运行中不同能指关系的功能性编码所突现的象征意义。

② 话语格式塔的分析方法,系我在福柯的话语事件场(Le champ des événements discursifs)概念的基础上塑形起来的思想史考古学的新观点。福柯在 1969 年写下的《认知考古学》(*L'Archéologie du Savoir*)一书中,提出了取代认知型(épistémè)的话语事件场理论。在他看来,死去的文本中激活话语的核心不是一种连续的语言系统,而是一个言说事件的突现式发生。(参见拙著《回到福柯》,上海人民出版社 2016 年版,第七章。)格式塔(Gestalt)在德文中为外形、形态之义,动词 Gestalten 则有塑造、形成、构成的意思。格式塔心理学形成之后,Gestalt 一词又逐步生成"完形"之义,并通指一种整体性的突现(Emergence)场境。依阿多诺的解释,现代格式塔理论"对于整个康德传统来说是祛质了的、混乱的感性质料和现象的被给予性,解释为已被规定的、结构化的东西"([德]阿多诺:《黑格尔三论》,谢永康译,上海人民出版社 2020 年版,第 4 页)。这是一个极其深刻的说明。我在 20 世纪 80 年代之后已经比较普遍地使用该词。马克思在自己的学术研究中也经常使用 Gestalt 一词,但那个时候,Gestalt 不会出现格式塔之意。我的话语格式塔分析,则是借用格式心理学中的整体场境突现特征,特设性地说明相同的概念在不同的话语塑形与构序格式塔整体中发生的异质性思想构境。在马克思思想的发展进程中,这种话语格式塔分析并非仅仅表现在 bürgerliche Gesellschaft(市民社会)Ⅰ—Ⅳ的历史性话语场境转换中,也表现在异化、事物化、现实抽象等重要概念的话语编码中,因此,在本次研究中,才会出现我所历史性标识的劳动异化批判构式Ⅰ—Ⅲ,事物化Ⅰ—Ⅳ,对象化劳动Ⅰ—Ⅱ,以及现实抽象Ⅰ—Ⅲ。并且,话语格式塔分析也会体现在辩证法、认识论以及物相化等更大的话语构式变易之中,这具体呈现为观念辩证法、人学辩证法、实践辩证法、历史辩证法、生产辩证法、劳动辩证法和"第二自然辩证法",批判认识论—历史认识论—科学的批判认识论,一般物相化和经济物相化等。这是本书对马克思思想史不同话语格式塔中出现的相同概念入序于异质性思想构境中的多重界划边界。这本身构成了概念考古和逻辑构式考古的基本构境分析法,它与量化的词频统计和文献考据工作,共同构筑了思想史考古的全新理论构境层面。依我的看法,在过去一个半世纪中关于马克思文本的截然异质的解读,以及大部分争论的问题,恰恰在于只是抓住了马克思文本在不同历史语境中话语能指漂移中的某一种意义所指,而排斥马克思并没有清楚界划出来的其他所指。依话语格式塔分析中的能指漂移所生成的多重意义所指边界的界划,将会极大地推进我们对马克思的文本解读从扁平化的线性模式转向立体的复杂历史构境。

用的话语能指在移动中的不同信息编码(information coding)①的整体构境,将导致阐释和解码(decode)本身的非法性。科西克②曾经说,"人总是在整体的地平中知觉个别事物的,但整体往往未表现出来或未被清晰地知觉到"。可经常出现的情况可能会是:"整体在人的知觉中是一种模糊的背景,或是一种朦胧直觉到的虚幻境域"。③ 这个所谓的"模糊"的突现整体,就是我所说的,决定了话语运行中词语质性的**逻辑构架没骨**④后的思想构境。应该说,话语格式塔整体分析方法,是我在《回到马克思》第一卷所提出的文本学研究**非同质性原则**构境层之后获得的新认识,也是我在思想构境论背景下所创制的**思想史考古学**研究中的核心方法。它明显区别于思想考古分析中偏重实证田野的词频统计⑤

①　Information(信息)已经是 formation(赋型)的内化,这里指认的 information coding(信息编码),是社会生活中使不同的关系赋型编码入序于更大的系统结构——configurating(构式)之中。同理,观念中的逻辑构式也会是不同思想关系赋型在信息编码后生成的特定理论构架。编码与解码原先为信息论和计算机编程中的重要概念。编码是指信息从一种形式或格式转换为另一种形式的过程,具体到计算机编程中,也就是用预先规定的构序方法,将文字、数字或其他对象编成数码,或将信息、数据转换成规定的电脉冲信号,以完成计算和编程的复杂构序任务。编码在电子计算机、电视、遥控和通信等方面广泛使用。解码,是编码的逆过程,通常是指从一种现成的编码构序中脱型和祛序出来,而重新编码则是使信息入序于另一种构序和编程之中。列斐伏尔在《空间与政治》(1973)一书中,引入了编码、解码和重新编码的概念,用以说明出现在建筑设计中的空间句法和构序转换问题。参见[法]列斐伏尔《空间与政治》,李春译,上海人民出版社 2008 年版,第 8 页。

②　科西克(Karel Kosik,1926—2003),捷克新马克思主义哲学家和作家。1926 年生于布拉格。二战以后,先后在列宁格勒大学和布拉格查尔斯大学学习哲学。1963 年以前,在捷克科学院哲学研究所工作。1963 年起任查尔斯大学文学系教授。1968 年在捷共第十四次特别代表大会上当选中央委员,不久被开除党籍,免去一切职务。主要论著有:《激进的捷克民主主义》(1958)、《具体的辩证法》(1963)、《我们的政治危机》(1968)、《新马克思主义:现代激进民主主义》(1982)等。

③　参见[捷]科西克《具体的辩证法》,傅小平译,社会科学文献出版社 1989 年版,第 14 页。

④　"没骨"(boneless),系中国书画艺术研究中的重要概念。在中国书画艺术中,笔锋所过之处称为"骨",其余部分称为"肉"。没骨的"没"有淹没而含蓄之意,绘画中用墨线勾勒的轮廓和书法中的笔画没影于运笔和设色有机的融合之境。依我的理解,它通常指画家或书法家在达到极高艺术境界之后出现的写意构境,有如林散之草书中的笔墨脱型和没影。我挪用此词来表达思想构境中逻辑构架没影的无形整体氛围。

⑤　在《回到马克思》第一卷第三版中,我已经率先提出并践行了思想史考古研究中的词频统计方法,这是思想史考古中的初级田野工作,它通过话语运作中词语在场的先后顺序、词频量和整体话语能指系统的转换,生成原初的文本话语用在性的数据,为更加深入的文本分析、概念考古和思想构境谱系研究提供了第一手的事实根据。这一思想史考古中的实证方法,也运用到后来的《回到海德格尔》和《回到福柯》等书的写作中。与词频统计的量化考证和文献考古的实证方法不同,话语格式塔分析是一种质性辨识,比如黑格尔在《法哲学原理》一书中使用完全一样的 bürgerliche Gesellschaft,但在不同的话语格式塔中却分别生成市民社会话语Ⅱ或Ⅲ的异质性意义所指。青年马克思在"穆勒笔记"中使用的 Entfremdung 概念,在文本的前后话语格式塔中却突现为不同的交往异化和劳动异化构式。

的概念考古与基于笔记和书信细读的文献考据中的观念考古。**思想史考古学**与本书原创的思想史长程中的**思想构境谱系**①分析法,共同深化了我在《回到马克思》第一卷中在方法论自觉前提下创立的文本学解读模式。在这一新的认知构式背景下,布罗代尔的"挑战"及其相关的词语缺席和在场的回应都会落入反讽式的可悲境地。

回落到我们这里具体的讨论情境,可以肯定的史实为,马克思并不是最早使用"资本主义"概念的思想家,从可见的文献中看,在他之前,里沙尔(J. B. Richard)在 1842 年出版的《法语新辞典》中已经收入法文"Capitalisme"一词,并释义为"资本化的系统"(système de capitalisation)。② 在 1848—1856 年期间,马克思还在使用 bürgerliche Gesellschaft(资产阶级社会)的时候,法国的皮埃尔·勒鲁(Pierre Leroux)已经在 1849 年出版的《马尔萨斯和经济学家们:是否总有穷人?》③中使用了法文"Capitalisme"一词。但同样可以肯定的是,所有这些"资本主义"概念的到场,都没有生成过对资本主义制度的系统性的科学认识。所以,是否首先使用"资本主义"这一概念的问题,并非**资本主义理解史**中的关键性环节。

1844 年以前,马克思在不同批判构式中异轨④式地使用了源于黑格尔**他**

---

① 谱系学原为生物学中研究类群谱系的学科。尼采在其 1887 年的名著《论道德的谱系》一书中,首次用其表述一种解构进化式史学观的道德分析。这种独特的思想史谱系研究被后来的福柯发扬光大了。在福柯那里,谱系学出自他的论文《尼采,谱系学,历史》(Nietzsche, la généologie, l'histoire, 1971)。其实,在《临床医学的诞生》和《词与物》等书中,福柯都提到过谱系学概念。之后,思想史谱系研究在福柯那里逐渐生成了反对起源和解构主体的双重否定性。在本书研究中,我所指认的思想谱系研究,主要体现为对一种理论构式或核心学术范畴的长程观察,这种谱系观察是在拒斥目的论史学构式的前提下,追溯学术逻辑构式内在演进、变异和根本转换的历史过程。有如马克思源自黑格尔《精神现象学》的非想像透视法,在《1844 年手稿》中对私有财产的主体性透视、在《关于费尔巴哈的提纲》中对感性直观对象的实践透视,以及在中晚期经济学研究的历史现象学中对经济物像的透视的演进全程;马克思的社会关系场境存在论,在《关于费尔巴哈的提纲》和《德意志意识形态》中的发生(一般物相化),再从《1857—1858 年经济学手稿》到《资本论》的深化发展(经济物相化)的全过程观察等。

② 参见 J. B. Richard, *Enrichissement de la langue française*, Paris, 1842, p. 88。

③ Pierre Leroux, *Malthus et les économistes, ou, Y aura-t-il toujours des pauvres?*, Nouvelle édition, Boussac: Imprimerie de Pierre Leroux, 1849.

④ 异轨(détournement),系法国情境主义国际思潮中出现的方法论范畴。在德波等先锋艺术家那里,异轨是一种词语的革命性反抗,它直接表现出**反解释学**特征,它不是对原文的解释和原始构境的逼真还原,异轨的出发点已经是超越性的"进步"。异轨的本质在于对一种历史文本内在的话语和词语的"抄袭"与故意挪用,所以异轨是一个差异性关系范畴。异轨的具体做法表现为将原来文本中的表达和语句删除,替换为思想进步所需要的全新观点和概念。

性镜像①中的 bürgerliche Gesellschaft(市民社会)概念。依我的仔细辨识,bürgerliche Gesellschaft 这一概念,在欧洲不同时期、不同历史文本语境的政治经济思想史**话语格式塔**中,导致了**复调式的话语构序**。我将这些各异的市民社会话语分别命名为**市民社会话语Ⅰ—Ⅲ**,即在同一个 civil society(bürgerliche Gesellschaft)概念的历史性构境转换中,有一个从政治共同体的市民社会话语Ⅰ(亚里士多德-霍布斯-洛克)到资产阶级经济关系体的市民社会话语Ⅱ(斯密-黑格尔),再到被批判性超越的市民社会话语Ⅲ(黑格尔)的历史过程。从《黑格尔法哲学批判》到《1844 年手稿》,青年马克思早期的市民社会话语,显然游移于这些不同信息编码的话语之间,这给后人的理解造成了巨大的复构困难。并且,马克思和恩格斯在 1845 年《德意志意识形态》一书中,完成了 bürgerliche Gesellschaft 能指的意义场从市民社会话语向批判性的**资产阶级社会话语**的编码转换,并独立地生成了对应社会结构赋型②基础的**市民社会话语Ⅳ**。在 1848 年的《雇佣劳动与资本》中,虽然马克思第一次认识到**资本关系**在资产阶级经济社会负熵中的支配性地位,但是,在第一次公开宣示科学社会主义的《共产党宣言》中,马克思恩格斯都还在使用以**财富分配多少**为聚焦点的 bürgerliche Gesellschaft(资产阶级社会)概念。只是到了《1857—1858 年经济学手稿》(以下简称《大纲》)的思想实验和写作中,马克思才从财产关系中富有阶级标识的 bürgerliche Gesellschaft(资产阶级社会)背后,透视出在复杂社会关系场境和生产过程中起支配地位的资本关系,开始启用"**以资本为基础的生产**"这样真正**自主性思想构境**③中的表述。这说明,在狭义历史唯物主义和历史现象学的基

① 他性镜像,系我在《回到列宁》一书中提出的概念,即一个人的学术思想建构表现为某种他性学术思考隐性支配下的话语格式塔,这主要是指对他性学术思想逻辑(文本)的无意识依存和挪用。一般而言,他性思想镜像会以一种或多种未被激活的理论资源(学术记忆集群)和他性理论问题式作为理论建构有意图或者亚意图的支撑构件,由此激发出一种特定的接合式的思考。
② 这是我在《神会波兰尼》(2021)一书中增加的一个重要范畴——关涉式**赋型**(formating),用以补充一个逻辑缺环。如果说劳动塑形是指对物质存在的为我性具象改变,构序为社会历史负熵的缘起,那**关涉性**赋型则是将对象有意图地入序于特定的关系场境和历史存在方式之中。关系赋型的特定系统即是关系构式。这所有的社会关系场境存在规定,也发生在人的经验塑形和观念运演之中。
③ 自主性思想构境,是我在《回到列宁》一书中提出的概念,它是指一个思想家开始走向成熟的过渡性的思想发展环节。在这个时期里,思想家通常开始摆脱他性理论构架的支配,立足于自己的独立思考,固然也有深层的互文思考,但多数情境下会将原来作为外在镜像的他性构架转化为我性学术思想生产。

础上,马克思通过剩余价值理论的新发现,第一次生成了对资本占统治地位的特殊社会关系赋型的科学认识。一直到《1861—1863 年经济学手稿》的写作,马克思才最终确定使用**资本主义生产方式筑模**①来表征科学社会主义的否定性目标,通过社会定在对资本的形式从属到实际从属的转换,最终确立资本主义生产方式的统治地位,进而完成了他在学术思想发展史上的第三个伟大发现。我自己觉得,长期以来学术界没有系统地说明马克思的这一重要理论发现,也是后来布罗代尔等资产阶级学者有机可乘的关键性原因。显然,落入非历史话语分析的布罗代尔所说的马克思没有使用过"资本主义"概念的断言,在文献史实上也是一个不负责任的错误断言,因为在《资本论》及手稿和后期文献中,马克思分别在德文和法文中多次使用过名词概念上的"资本主义"。但这并不是话语格式塔分析的关键,重要的是,马克思原创性地发现了科学认识资本主义生产方式和经济构式负熵质的根本路径。这是后来科学社会主义学说中正面批判资本主义的全部理论思考的逻辑缘起和坚实理论基石。这是不容否定的思想史事实。

第二个衍生的学术争论场境:在面对马克思批判"资本主义社会"(资产阶级社会)的方法论构境中,无论是法国的阿尔都塞②、日本的广

① 筑模(modeling)一语是我从英国科学社会学家皮克林那里挪用的。它指当下地、功能性地生成一种实践模式,用以更精准地呈现马克思原先用生产方式观念试图表达的意思。起先,我是用"实践格局"概念来表征马克思的这一观念(参见拙文《实践格局:人类社会历史过程的深层制约构架》,《社会科学研究》1991 年第 3 期)。后来,经过反复思考,还是启用更具能动性的筑模概念,以取代带有现成性意味的实践格局。当然,筑模也同样发生在更复杂的思想逻辑建构之中。不同于有序性关系赋型或系列的构式,筑模是一种融于实践和思想活动之中的总体性功能结构,它就是动态中的**构序活动**,正是它不断创造着社会存在和观念进化的**负熵源**。(参见拙文《劳动塑形、关系构式、生产创序与结构筑模》,《哲学研究》2009 年第 11 期。)在马克思中晚期的经济学研究中,他在德文中经常使用的 Bildung 一词,也是在建构一个动态功能模式的意义上出现的。他分别使用过 gesellschaftliche Bildung(社会筑模),Bildung des Kapitals、Capitalbildung(资本筑模),Werthbildungsprozeß(价值筑模过程),Neubildung(新的筑模)和 Urbildung(原始筑模)等概念。在人的经验和观念运演中,观念筑模是特定思想构境的直接前提,它是康德"先天综合判断"的逻辑本质。

② 路易斯·阿尔都塞(Louis Althusser,1918—1990),法国著名哲学家、结构主义马克思主义的奠基人。1918 年 10 月 16 日出生于阿尔及利亚的比尔芒德雷,先后在阿尔及尔和法国的马赛、里昂上小学、中学。1936 年入巴黎高等师范学校预科学习,1939 年入该校文学院。不久战争爆发,应征入伍参加反法西斯战斗。1940 年被俘,长期被关押在战俘营,直到战争结束才获释。1948 年在巴黎高等师范学校获哲学博士学位,并留校任教。同年加入法国共产党。1962 年升任教授。主要著作有:《保卫马克思》(1965)、《读〈资本论〉》(1965)、《列宁和哲学》(1969)、《论再生产》(1974)等。

松涉①,还是我的老师南京大学的孙伯𬭸②,面对 20 世纪 30 年代开始的以青年马克思劳动异化批判构式来赋型**人本主义化**的马克思主义的理论倾向,于 20 世纪 60—70 年代,不约而同地提出了马克思**从非科学的人本主义劳动异化史观转向历史唯物主义科学方法论**的历史构境。虽然在具体的理论话语塑形③中,他们三人的观点各有差异,但在总体的理论质性上还是异曲同工的。我在 20 多年前写下的《回到马克思》第一卷中,承袭了孙先生的思想传统,既肯定了马克思的历史唯物主义方法是建立在对人本主义异化史观的彻底证伪之上的,同时,也说明了马克思在中晚期经济学研究④中基于历史唯物主义对**科学的异化概念**的重新使用。今天,我仍然坚持这一正确的马克思思想史构境谱系研究方向。

近期相关的思想激活缘起为:2017 年,与南京大学签约三年的大卫·哈维⑤在一次会谈中突然问我,"张教授,马克思关于异化问题到底是如何表述的?"我的回答,还是严格区分了马克思前期人本主义异化史观与晚期科学异

---

① 广松涉(Hiromatsu Wataru,1933—1994),当代日本著名新马克思主义哲学家和思想大师。1933 年 8 月 1 日生于日本的福冈柳川。1954 年考入东京大学,1959 年在东京大学哲学系毕业。1964 年在东京大学哲学系继续博士课程学习。1965 年以后先后任名古屋工业大学讲师(德文)、副教授(哲学和思想史),1966 年又出任名古屋大学文化学院讲师和副教授(哲学与伦理学)。1976 年以后出任东京大学副教授、教授,直至 1994 年退休。1994 年 5 月,获东京大学名誉教授。同月,因患癌症去世。代表作有:《唯物史观的原像》(1971)、《世界的交互主体性的结构》(1972)、《文献学语境中的〈德意志意识形态〉》(1974)、《资本论的哲学》(1974)、《事的世界观的前哨》(1975)、《物象化论的构图》(1983)、《存在与意义》(全二卷,1982—1993)等。

② 孙伯𬭸(1930—2003),我国著名马克思主义哲学史家。曾任北京大学哲学系和南京大学哲学系教授。代表作有:《探索者道路的探索》(1985)、《马克思与卢卡奇》(1999)等。

③ 塑形(shaping)是我 2009 年在汉语学界独立提出的概念。在马克思晚期的经济学-哲学语境中,它表征了"人类劳动活动为我性地改变物性对象存在形式的生产和再生产过程。物质是不能创造的,但劳动生产却不断地改变物质存在的社会历史形式。**人的劳动在生产中并不创造物质本身,而是使自然物获得某种为我性(一定的社会历史需要)的社会存在形式**"(参见拙文《劳动塑形、关系构式、生产创序与结构筑模》,《哲学研究》2009 年第 11 期)。主观意识中的塑形,通常会出现在经验统合与理论话语的外部形态构成中。

④ 这里的马克思中晚期经济学研究,主要是指马克思的第三次经济学研究过程的前半程,它起始于 1850—1854 年前后的《伦敦笔记》,经过《1857—1858 年经济学手稿》(《大纲》)、《政治经济学批判》第一分册、《1861—1863 年经济学手稿》、《1863—1865 年经济学手稿》和《资本论》第一卷(德文第一版)等。

⑤ 大卫·哈维(David Harvey,1935—),当代美国著名马克思主义思想家。1935 年出生于英国肯特郡(Kent),1957 年获剑桥大学地理系文学学士学位,1961 年以《论肯特郡 1800—1900 年农业和乡村的变迁》一文获该校哲学博士学位。随后即赴瑞典乌普萨拉大学访问进修一年,回国后 (转下页)

化概念。也是那一次，我向他赠送了自己已译成英文的《回到马克思》第一卷和《马克思历史辩证法的主体向度》，因为在这两本论著中，我都对马克思的异化理论做了比较深入的历史分析。不久，哈维基本接受了我的观点。①并且，在次年我与哈维关于异化问题的专题对话中，我仍然坚持了这样的表述。② 可是，这些面对面的学术交流让我无法排除的逻辑"对象 a"③，却是哈维在《资本社会的 17 个矛盾》④一书中指认的当代资本主义第 17 个矛盾——"人性的反叛，普遍的异化"。如果立足于马克思后来在历史唯物主义构境中使用的科学异化概念，能不能这样表述，我心里并没有底。这个思考中的痛点，也就成了我这一次关于马克思资本主义观的历史考察中附带关注的问题。然而，此番获得的研究结果却大大出乎我的意料：哈维对当代资本主义普遍异化的判断，在马克思关于资本主义的科学认识进程中，是完全可以确立的。不仅是异化（Entfremdung）概念，而且，马克思原创性的劳动异化批判构式，竟然贯穿他一生中对资产阶级-资本主义社会不公正现象的本质批判。

此次，我在更加深入的思想构境谱系研究中发现，着眼于马克思科学认识资本主义生产方式的漫长理论探索，**劳动异化批判构式**先后构成了不同时期马克思社会批判理论的内里话语构序和理论赋型的基本构件：1843 年底前

（接上页）任布里斯托尔大学地理系讲师。1969 年后移居美国，任约翰·霍普金斯大学地理学与环境工程系教授，其间的 1994—1995 年曾回到英国在牛津大学任教。2001 年起，任教于纽约市立大学研究生中心和伦敦经济学院。曾获美国地理学家协会杰出贡献奖、瑞典人类学与地理学会金质勋章、伦敦皇家地理学会勋章、地理学国际奖、阿根廷布宜诺斯艾利斯大学荣誉博士学位、丹麦罗斯基勒（Roskilde）大学荣誉博士学位、纽约城市大学人类学系"杰出教授"荣誉等。哈维是当今世界重要的马克思主义思想家，提出地理-历史唯物主义，是空间理论的代表人物。主要著作有：《地理学的解释》（1969）、《资本的界限》（1982）、《后现代性的条件》（1989）、《正义、自然与地理学差异》（1996）、《希望的空间》（2000）、《新自由主义史》（2005）、《跟着大卫·哈维读〈资本论〉》（第一卷，2010；第二卷，2013）、《资本社会的 17 个矛盾》（2014）、《世界之道》（2016）等。2017 年，哈维与南京大学签署三年合作协议，每年在南京大学开设为期两周的课程，并组织相关学术研讨。2018 年，哈维如约来到南京大学，开设了系列讲座和研讨课程。
① 参见［美］哈维《当代资本主义的普遍异化》，《学习与探索》2018 年第 8 期；《资本的双重意识》，《马克思主义与现实》2022 年第 3 期。
② 参见张一兵、［美］哈维《马克思与当代资本主义的普遍异化》（对话），《天津社会科学》2018 年第 4 期。
③ 对象 a(objet-petit-a)，拉康哲学中的重要概念，用以表征一种深层心理构境中的欲望对象成因。objet-petit-a 在法文中，直接的意思是作为欲望对象成因的小 a，这个小 a 不直接等于镜像阶段中那个作为**小他者**(*autre*)的 a。在此，我用对象 a 来表示一种无法消除的理论探索对象。
④ 参见［美］哈维《资本社会的 17 个矛盾》，许瑞宋译，中信出版集团 2016 年版。

后,马克思从赫斯处获得了经济异化范畴,进而在 1844 年写下的《巴黎笔记》中的《詹姆斯·穆勒〈政治经济学原理〉一书摘要》(以下简称"穆勒笔记")里,以费尔巴哈的人本学异化史观中的本真类本质的"应该"(sollen)与异化现实的"是"(Sein)的**我-它自反性**①逻辑,生成方法论和认识论筑模层面上批判资产阶级剥削关系的他性的**交往关系/共同社会本质异化观点**,以及自己原创性的**劳动异化批判构式Ⅰ**。在《1844 年经济学哲学手稿》中,虽然马克思的批判话语运行表层的他性镜像为费尔巴哈的人本主义,但在黑格尔《精神现象学》劳动辩证法的启发下,他创立了揭露资产阶级社会"非人"本质的人本主义**劳动异化批判构式Ⅱ**。依我的看法,劳动异化批判构式Ⅱ已经升格为完整的人本主义**异化史观**。然而,在 1845 年的《关于费尔巴哈的提纲》和《德意志意识形态》中历史唯物主义科学方法论诞生之际,马克思彻底否定了从抽象的"应该"(sollen)存在的本真类本质出发的人本主义异化史观,同时,在生产话语构序中暂时放弃了以异化批判构式为核心的整个现象学话语,批判"现代资产阶级社会"的努力被置于实证科学的构境之中。一直到《大纲》,马克思才再一次在狭义历史唯物主义**主体向度**上,重启历史现象学构境中的科学的异化概念,以说明以资本关系为基础的生产方式中,劳动交换关系事物化(Versachlichung)②颠倒后发生的商品交换价值异化、货币权力异化、资本关

---

① **我-它自反性**,是我在本次研究中对异化批判构式思考后做出的重要概括。实际上,这是对西方异化思想缘起中费希特和黑格尔哲学先在探索的重构。其中的"我"(费希特的"自我"和黑格尔的绝对理念主体性)系异化逻辑设置中的主体格位,即理想化价值悬设中的"应该"本有的本真性规定,而"它"(费希特的"非我"与黑格尔的观念外化和沉沦于对象物)则是由"我"创造出来的非主体他性存在状态和自在客体力量,当这种被创造出来的客体力量反过来奴役和支配主体的时候,则构成特殊的自反性异化状态。在费尔巴哈的人本主义异化史观构境中,则成了人的本真性类本质颠倒为上帝的我-它自反性异化,1844 年时的青年马克思,则是将人本主义异化史观中主体格位中的类本质替换为价值悬设中的劳动。在中晚期经济学研究中,马克思遭遇资本主义复杂的经济关系体系时,再一次重新启用了历史唯物主义基础上的劳动异化构式,但这里的我-它自反性不再是一种逻辑设定和演进,而是资产阶级经济关系的现实颠倒和自反。

② 按照我的理解,在中晚期写下的《1857—1858 年经济学手稿》中,马克思第一次区分了**客观发生**的人与人的社会关系(直接的劳动交换关系),**事物化**(Versachlichung)和**颠倒**(Verkehrung)为资本主义经济活动中商品经过货币与其他商品(事物与事物)的**此-彼错位**构序关系,以及这种颠倒的事物化关系本身,在市场直观中所呈现出来的一种仿佛与人无关的物相(物理的自然属性)之主观错认塑形,后者,则是马克思区别于客观事物化的**物化**(Verdinglichung)主观错认论。参见拙文《再论马克思的历史现象学批判——客观的"事物化"颠倒与主观的"物化"错认》,《哲学研究》2014 年第7 期。

系异化和劳动异化现象。而在《1861—1863 年经济学手稿》中,马克思基于历史唯物主义,再一次重建了作为历史现象学核心理论构序的科学的**劳动异化批判构式Ⅲ**,这一批判构式脱型于人本主义的**异化史观**,而再一次回落到历史唯物主义构境中的**方法论和认识论筑模**层面。除去《大纲》中已经讨论的流通领域中的价值关系-货币异化外,劳动异化批判构式Ⅲ重点揭示了生产领域中作为劳动条件的资本关系异化、劳动能力本身的自我异化、简单协作和劳动分工中的社会结合力的异化、机器与科学技术的隐性异化,以及资本主义分配领域中剩余价值形式的多重异化。这表明,劳动异化批判构式Ⅰ—Ⅱ与劳动异化批判构式Ⅲ,是马克思基于不同信息编码的话语格式塔整体中生成的异质性批判构境。最后,虽然马克思在作为《资本论》初稿的《1863—1865 年经济学手稿》中保留了劳动异化批判构式Ⅲ,但在《资本论》第一卷的正式写作和出版中,马克思还是用比较通俗的经济拜物教话语替代了有思辨意味的劳动异化批判构式Ⅲ。这是一个十分复杂的思想实验和理论构序的转换过程。

在这一方面,需要特别指认的新观点为:青年马克思在《1844 年手稿》中人本主义劳动异化批判构式Ⅱ的话语构序基础,并非为表层话语中费尔巴哈的人本学异化构式,而是作为理论构序原型中更深层级他性镜像的**黑格尔《精神现象学》的劳动外化、对象性定在所造成的自我异化,以及扬弃异化复归主体的否定辩证法**;同时,我发现在《大纲》中重启科学的异化概念之后,马克思同样是在黑格尔的《精神现象学》批判话语中完成自己的事物化关系颠倒批判,最终在《1861—1863 年经济学手稿》中重新确立科学的劳动异化批判构式Ⅲ,只是在自己后来的经济学阐释话语构境中的《政治经济学批判》第一分册和《资本论》写作中,他用经济拜物教话语**对劳动异化批判构式进行了刻意遮蔽**。这样一来,也就第一次解决了马克思的事物化理论、劳动异化批判构式和经济拜物教学说之间的内在关联问题,这是对马克思在狭义历史唯物主义基础之上创立的**历史现象学的经济物相化批判构境**的进一步说明。也是在这个特定的构境中,我突然体会到,如果说列宁讲,不读懂黑格尔的《逻辑学》,就无法理解马克思的《资本论》,那么,不读懂黑格尔的《精神现象学》,可能就无法真正参透马克思的《1844 年手稿》,甚至后来的《大纲》和《1861—1863 年经济学手稿》的深层思想构境。在这个意义上,黑格尔的辩证法可能会是马克思终身的精神他者①。

需要专门说明的是,这里我使用的**劳动异化批判构式**的表述,显然不同于上述马克思的一个词语在不同文本语境中生成的**话语格式塔**,逻辑构式是指思想家面对社会生活现象所使用的某种方法论功能整体,话语格式塔只是逻辑构式运动中的一个词语意义场境结果。具体到马克思的劳动异化问题的讨论中,阿尔都塞用问题式(problématique)来表征这一理论生产方式,而孙伯鍨老师使用了"逻辑线索"的方法论描述,我则启用了**特定信息编码生成的逻辑构式范畴**。后面我们会看到,逻辑构式直接对应了不同现实社会关系的构式负熵质。而当我们将一个思想家的逻辑构式置于思想史发展长程中,以思想考古学的方式考察其历史发生、赋型变化和转换过程,也就会生成新的**思想构境谱系研究**。

第三个重要的争辩域,出现在对历史唯物主义非物像透视中的**方法论本质**的理解中。这种理解,很深地实现为一种对**关系性突现**②场境的不在场的**在场性**③的追问。从我自己的学习和思考进程来看,它最早缘起于孙伯鍨

---

① 这里的他者(autre)概念是拉康构境的重要批判性概念,这个他者,从一开始就异质于海德格尔-萨特式的他人,也不同于列维纳斯的他者,拉康的他者概念的缘起是柯耶夫式的黑格尔镜像关系中的**另一个**(other)自我意识。拉康的他者概念是特指一种在我们之外的无形力量关系,我们却无思地将其认同为本真的本己性。拉康的他者关系有小、大他者之分:小他者(autre)是指孩子最初在镜像阶段生成的影像自我和周边亲人的反指性塑形关系,而大他者(Autre)则是由语言系统建构起来的整个社会教化符码关系。小他者建构了个人自我最初的存在构序意向和具体生存塑形,而大他者则是个人主体建构的本质,我们永远都是"欲望着大他者的欲望"。具体讨论可参见拙著《不可能的存在之真——拉康哲学映像》(修订版),上海人民出版社 2020 年版。

② 突现(Emergence)概念,系我在 20 世纪 80 年代从格式塔心理感知场突现论和复杂性科学的协同突变论中汲取的科学术语。它表征了一个系统、行为和意识运动中发生非线性的场境共生状态。我曾经用突现概念解释意识活动的场境突现本质。(参见拙文《论意识空间的操作性本质》,《哲学动态》1992 年第 3 期。)在本次研究中,我强调了社会生活关系场境的突现特征,并将其视作思想构境突现的重要现实基础。

③ 在场性(Anwesenheit/Presence),德语中还有 Präsenz、Gegenwart 等词,为德国哲学话语中的一个重要概念,特别是在海德格尔那里,通常指在特定时间中面向我们显现的存在。我将其设定为人与外部对象人序于社会历史负熵进程中的一种关系性突现场境,由此,在场性也是一种主体性物相化赋型的历史性场境关系。在马克思的历史唯物主义构境中,人与事物在社会历史场境的出场方式是各异的,物到场,是指其进入人的社会历史场境之中,而当马克思恩格斯指认"动物没有关系"时,这也意味着,动物有生命实存的到场,但也不在场。只有人,才能通过劳动生产活动和社会生活历史性地在场。物的到场与人的在场/不在场的关系是十分复杂的,对象性的感性到场可以遮蔽看起来不在场的关系场境,这往往是物相化透视中的核心。在对资本主义生产关系的批判性分析中,在商品、货币和资本等经济关系场境中,辨识多重不在场的在场性是破境经济物相化和经济拜物教的有效方法论武器。在认识论构境中,物像中的不在场往往是感性直观的误认,由此,捕捉现象中看似不在场的隐性在场性也会是历史认识论和批判认识论的主体任务。

老师对历史唯物主义方法论的内省。在我们的研究生课程研讨（1980年）中，他第一次让我们注意马克思历史唯物主义的"物"的概念，在他看来，这个**不是它自身**的"物"会是最难领悟的，因为它并不是基于现成**物像**的**可直观的实体到场**，而是社会生活中客观发生的人与自然、人与人之间的不可直观的**互动关系整合**①**场域**。并且，他认为历史唯物主义不是一个对象性的现成知识概念体系，而是功能性的行动指南，这意指着，历史唯物主义会是概念逻辑构架没骨后的**活的立场、观点和方法**。② 应该承认，这是之后我在社会关系场境存在论和思想构境论研究方向上努力的原初起点。

后来，在日本哲学大师广松涉对马克思思想的诠释中，他直接提出了历史唯物主义拒斥直观物像的**关系本体论**（"关系第一性"）本质；而在另一位更早的德国哲学大师海德格尔的存在哲学话语中，对象性的"什么"（was）中的人消解为"怎样"（wie）**在世之中的此在**，现成在手的到场形而下实在（存在者）归基为有目的的**关涉性的存在上手之环顾**建构起来的场境意蕴世界，这一切，都是建立在马克思"改变世界"的创造性在场实践活动塑形-构序-怎样生产的关系赋型和社会构式之上的。依我的看法，这些透视感性经验直观的运动（实践与存在）和突现关系场境的努力，都是对看起来**不在场的在场性**的深层追问。显然，广松涉和海德格尔两位大师，是本书在方法论构境中的真正对话者。除此之外，法国社会学家布尔迪厄③在承认"关系第一性"（primat

---

① 整合（integration），系指一个系统内部自我运动和协动关系生成的总体性功能。20 世纪 80 年代，我曾经讨论过认知活动中的整合机制和实践整合概念。参见拙文《整合：微观认知运行的重要机制》，《光明日报》1988 年 7 月 25 日；《实践整合》，《求是学刊》1989 年第 5 期。

② 为此，孙老师还领着我们与他的老朋友黄楠森老师进行了友好的争论。参见《体系哲学还是革命的科学的方法论》，《天津社会科学》1997 年第 6 期。

③ 皮埃尔·布尔迪厄（Pierre Bourdieu，1930—2002），法国著名思想家、社会学家。毕业于巴黎高等师范学校。曾任巴黎高等社会科学学校教授，法兰西学院院士。代表作有：《实践理论大纲》（*Esquisse d'une théorie de la pratique*，1972）、《区隔：品味判断的社会批判》（*La Distinction. Critique sociale du jugement*，1979）、《学术人》（*Homo academicus*，1984）、《帕斯卡式沉思》（*Méditations pascaliennes*，1997）、《自我分析》（*Esquisse pour une auto-analyse*，2004）等。

aux relations）的"关系哲学"（philosophie de relationnelle）①中提出的惯习关系场论，也会是一个差异性的参照系。这里很深的一个理论辨识为，在马克思历史唯物主义的社会关系场境存在论和关系性意识构境思想中，其逻辑构式的主体是基于**客体向度**的观察，而这种观察在切换到批判性的**主体向度**时，也可以转换为一种批判话语，比如马克思在中晚期经济学研究中发现的狭义历史唯物主义基础上的历史现象学话语，事物化关系颠倒为经济物像伪境和物化错认后生成的拜物教意识形态，以及上述劳动异化批判构式Ⅲ批判话语中复杂的我-它自反性关系场境和观念伪境。我留意到，这种繁杂的思想构境在广松涉那里被切分为两个不同的逻辑构序点：一是马克思通过反对对象性的"实体主义"向"关系主义"的转换，二是从人本主义的异化论转向历史唯物主义基础上的"物象化"批判。② 与广松涉不同，我会将马克思历史唯物主义社会关系场境存在论中的劳动生产**物相化理论**，与认识论视域中的**物像批判**构境区别开来。而物像批判理论背后的存在论构境基础，则会更精细地区分为双重**此-彼归基**③关系中的方法论赋型：**广义历史唯物主义客体向度中第一层级物相化过程以**

---

① ［法］布尔迪厄：《实践理性——关于行为的理论》，谭立德译，生活·读书·新知三联书店2007年版，第1页。依布尔迪厄的考据，这种"从关系的角度进行思考"的哲学观念，是从卡西尔《实体概念与功能概念》（*Substanzbegriff und Funktionsbegriff*，1923）一书开启的。在卡西尔那里，"近代科学的标志就是关系的思维方式"。这种关系思维在20世纪科学研究中成为显性逻辑凸状，这里有一大批科学家的名字，有如形式主义者泰恩雅诺夫、社会心理学家勒温、社会学家埃利亚斯、语言学和人类学家雅各布森、杜梅泽尔等人。参见［法］布尔迪厄、［美］华康德《实践与反思》，李猛等译，中央编译出版社1998年版，第133页。

② 关于广松涉哲学的讨论可参见笔者新著《物象化图景与事的世界观——广松涉哲学的构境论研究》，天津人民出版社2020年版。

③ 此-彼归基，是我在本次研究中对黑格尔、马克思哲学所特有的通过现象发现本质的现象学构境中物像透视法的概括。在黑格尔的《精神现象学》中，他总是让我们意识到感性直观中遭遇的统觉物像之此，只是自我意识背后理念之彼的统摄结果，而整个自在自然和社会历史过程之此，也不过是本质之彼中绝对理念物相化和沉沦于物性存在表象，最终，理性的狡计会自我认识和扬弃这种异己性存在状态，归基于绝对精神。这当然是唯心主义构境中本体论和认识论中的此-彼归基论。青年马克思在《1844年手稿》中，虽然已经站在哲学唯物主义的立场上，但当他将劳动异化的扬弃，设定为复归于本真性类本质的价值悬设时，仍然没有摆脱隐性唯心主义现象学构境中的此-彼归基论。马克思在《关于费尔巴哈的提纲》中，以实践唯物主义的透视法，分别从物性对象的现成性之此，归基于从主体出发的实践活动，从人的孤立存在物像之此，归基于"社会关系的总和"之彼。而历史唯物主义的方法论之核心，就是双重物相化透视中的此-彼归基：一是广义历史唯物主义中从一般物相化之此的感性实在现成性，归基于物质生产与再生产活动，从现实的个人生活归基于人对自然的关系和人与人的主体际关系；二是在狭义历史唯物主义构境中，从经济物相化之此中的商品、货币和资本关系的经济物像辩证法运动，归基于经济定在遮蔽起来的劳动辩证法。这是一种科学的劳动现象学批判话语。

及拒斥实体主义一般现成物像误认,狭义历史唯物主义主体向度中第二层级经济物相化过程以及透视经济物像伪境这两个思想构境层面。

首先,广义历史唯物主义中场境关系存在论和关系意识论赋型的第一层级非物像透视。当然,这种**物不是它自身**的透视,不是要否认对象性物质实体的客观存在,而是对直观对象的一般物像中**不在场的在场性**的捕捉,这主要指从周围世界中作为农业-工业生产物相化结果的现成性到场对象之此,复归于使之获得一般社会历史负熵①质在场性的有目的的**实践**整合活动之彼,当**生产**活动成为我们面对社会定在的"本质直观"时,它相当于海德格尔从存在者回到**存在**的"存在论差异";同时也会关注在**主体物相化**和**社会物相化**过程中,社会关系赋型人与物的特定场境存在的突现负熵质性,它相当于海德格尔那里的此在去在世,且依上手的用在性②关涉链接和"环顾"而成的世界。在青年海德格尔的《那托普报告》中,他是深得马克思哲学要义的。③ 他甚至认为"自然"(physis)也是 for us 的爱多斯④涌现(在场)。我注意到,芬伯格⑤极

---

① 社会负熵(social negentropy)是我在本次研究中提出的历史唯物主义新概念。在已有的自然科学观念中,熵是无序,负熵则是指物质系统有序化、组织化、复杂化状态的一种量度。薛定谔在 1944 年发表的《生命是什么》一书中,提出了生命的本质是负熵的观点。我认为,古典经济学的社会唯物主义观念,已经基于工业生产创制出来的不同于自然负熵的社会负熵,而马克思恩格斯第一次在《德意志意识形态》一书中,以一定历史条件下的物质生产与再生产对社会定在和社会生活的有序化和组织化作用,奠定了社会定在的本质是生产力历史构序的一般**社会历史负熵质**的观点。之后,马克思又在自己中晚期的经济学研究中,发现了商品-市场经济构式特有信息编码中的经济构式负熵质,这种经济构式负熵中的有序化和组织化,恰恰是以经济无序和返熵的自发性来实现的。社会历史负熵是人的观念负熵的现实基础。

② 用在性,系广松涉在改造海德格尔上手性(Zuhandenheit)概念中使用的重要存在论范畴。用在性即海德格尔所说的事物在 for us 的涌现中存在,它区别于黑格尔所指认的非主体性的"自在性"("自在之物"),也异质于物像误认中现成在手状态的"物在性"对象。

③ 关于这一点,可参见拙著《回到海德格尔》第 1 卷,商务印书馆 2014 年版,第四章。

④ 爱多斯(eidos,εγδοξ),在古希腊哲学中意指创制(poiesis)过程中给予质料一种相位,在柏拉图那里,爱多斯与理念(idea)的先在共相构序性一致。胡塞尔后来专门解释过区别于理念(idea)和形式(form)的爱多斯与意向性的关系,海德格尔则将爱多斯视作关涉交道活动中的目的(telos)的"何所向"。

⑤ 安德鲁·芬伯格(Andrew Feenberg,1943—   ),美国技术哲学家,法兰克福学派第三代传人。1965年起师从马尔库塞,在后者的指导下获得哲学博士学位。现为加拿大西蒙·弗雷泽大学传播学院教授。代表作有:《技术批判理论》(*Critical Theory of Technology*, 1991)、《可选择的现代性》(*Alternative Modernity:The Technical Turn in Philosophy and Social Theory*, 1995)、《追问技术》(*Questioning Technology*, 1999)、《海德格尔和马尔库塞:历史的灾难与救赎》(*Heidegger and Marcuse:The Catastrophe and Redemption of History*, 2005)、《在理性与经验之间:论技术与现代性》(*Between Reason and Experience:Essays in Technology and Modernity Inside Technology*, 2015)等。

其深透地领悟了这一点。① 这里比较难以入境的问题,会是海德格尔并没有涉及的农业生产产品的**非物相化**和之后工业机器化大生产中的特殊**科技物相化**。

其次,狭义历史唯物主义构境中,马克思在客体向度中对社会发展高级阶段物质生产与科技革命的全新场境关系的此-彼归基关系的关注,使创造商品使用价值的一般物质生产过程中的劳动辩证法突显出来,并且,他创立了历史现象学赋型中特有的**此-彼错位**②关系中的物像透视,针对特定的经济的社会赋型中出现的经济物相化现象。在我看来,经济物相化的本质是**反向物相化**,不同于一般物相化中的劳动爱多斯塑形和构序对象,对经济物相化空间中到场的经济事物**不是它自身**的透视,是指在盲目追逐一般财富(金钱)的经济返熵过程中自发整合和构序生成的经济构式负熵,这一特定的社会历史负熵进程中所产生的商品-市场经济关系,在自发的**多重事物化(Ⅰ—Ⅳ)颠倒中反向物相化为商品、货币和资本等经济事物**的到场-物化误认:价值关系颠倒式地反向物相化为流通领域的直观实在(商品、货币),资本关系反向物相化为生产过程中的物(原料、机器和厂房等),资本和雇佣劳动的关系反向物相化为人格化的资本家和工人的伪主体到场与经济被抛性,以及剩余价值反向物相化为分配关系中的利润、利息、地租和税收等。在这里,主体物相化和社会物相化过程都发生了复杂的颠倒性关系畸变。这也会是更难加以辨识的**多重不在场的在场性隐匿后的经济拜物教意识形态的缘起**。在海德格尔那里,此在"在世"的关涉(马克思的"实践"),就已经注定是超拔出本有大地的存在性的沉沦,这也意味着,历史唯物主义的客体向度中的"改变世界",注定是实现有目的的爱多斯(eidos)且 for us 的**用在性**赋型,而海德格尔在

① 芬伯格在《海德格尔和马尔库塞》一书中指出,海德格尔在 1923 年写下的《亚里士多德的现象学阐释》(即《那托普报告》)中,最早通过对生产制作(poiesis)的技艺(techné)构序用在性世界的想法,达及了马克思哲学的最深处。并且,海德格尔自己在 1931 年和 1966 年先后指认过这一点。参见[美]芬伯格《海德格尔和马尔库塞:历史的灾难与救赎》,文成伟译,上海社会科学院出版社 2010 年版,序言第 6—7 页、第 4 页。

② 此-彼错位,系我在本次研究中对马克思事物化理论逻辑构式的概括。它通常表现为人与人的关系颠倒地表现为物与物的关系。这是狭义历史唯物主义构境中,历史现象学批判话语的重要逻辑构件。

1936 年写下的秘密文献(《哲学论稿——自本有而来》等文本)中提出的"弃绝存在"本身,已经是一个全新的浪漫主义构境。海德格尔显然没有进入马克思经济学研究中的第二层级非物像批判话语。当科西克在《具体的辩证法》一书中将海德格尔的存在论话语与马克思的经济拜物教批判嫁接起来时,他并没有真正理解和区分上述的复杂逻辑边界和不同思想构境质性。①

我已经指认过,马克思广义历史唯物主义的社会关系场境存在论包含如下一些重要的方法论质点:人类社会生活最基本的条件首先是满足吃喝穿住的需要,这就必须进行有目的的直接生活资料的物质生产与再生产。人面向物质存在和自身存在形式改变的生产劳动活动,不仅仅是改变对象的**制作**活动,依古希腊的哲学逻辑,物质生产活动的本质是人根据先在的意图(eidos,爱多斯——相)创制(poiesis)②对象的**劳动物相化**过程。在海德格尔那里,则是有着何所向(worauf)意图的关涉性交道(Umgang)。马克思强调,不同于动物的生命本能活动,人的劳动物相化过程总是以一定目的中嵌套的未来时间维度,将已有的劳动的成果(过去的时间)提升到新的爱多斯之相实现的创制(当下的时间)之中,由此,劳动物相化永远是过去、未来和当下在场的三元时间整合的连续统,这也是**社会历史在场性**的本质。在工业生产的后续进程中,劳动物相化将分解为离开劳动者的科技物相化和对象化在机器生产中的生产物相化。在人创制对象的过程中,他历史地实现自身的**主体物相化**——起立行走、日益精巧起来的双手和不断扩容的大脑中枢系统。对象与人在物相化过程中的物性改变,在于对象与人新获得的用在性和主体能力。随着劳

---

① 关于《具体的辩证法》一书的研究,可参见拙著《文本的深度耕犁——西方马克思主义经典文本解读》第 1 卷,中国人民大学出版社 2004 年版,第四章。
② poiesis 一词,源自古希腊语 ποίησις,原意为通过活动制造出原先没有的东西。poiesis 也有 production,formation 之义。柏拉图将其看作事物"自我运动的固有原则或形式"。而后来海德格尔则将 ποίησις 视作本有性的**产生**,如他解释说,花朵,是花朵盛开的时候从莟中出来的蝴蝶;当雪开始融化的时候,瀑布就要飞泻下来了。以此,他将创制区别于功利地交道于世的劳作操持。列斐伏尔《元哲学》一书,曾经例举这种诗性创制为:"创造城市的活动"、"献身的爱"、"精神分析"和"改变生活的决断"等。这也意味着,它是非功利的创造性改变。

动物相化中实践功能度①的提高,人也会创造出不同**历史时间质性**的社会共同体组织,创制出日益复杂的**社会物相化**场境,社会物相化并非物性的实际改变,而是**不可直观的关系场境赋型**,这也就是马克思恩格斯所说的我们"周围的世界"(umgebende Welt),它的本质是异质于物理空间的**突现性社会空间**。布尔迪厄曾经讨论过这种社会空间的特殊质性。在他看来,社会空间是"我们无法描绘也无法用手指触摸的看不见的实在",因为它是由"组织行动者的实践活动和表现"构成的。② 然而在他那里,社会空间更多地表现为对抗性社会中否定性的不同资本力量关系博弈的斗争关系场(champ)。③ 这也是人与对象历史性在场和到场的社会关系场境空间。在经济的社会赋型中,这种社会空间会进一步畸变出**经济物相化**的金钱空间。依我现在的理解,马克思是在 1844 年关于《精神现象学》的思想实验中初识黑格尔的(观念)物相化逻辑构式,并在《关于费尔巴哈的提纲》和《德意志意识形态》中,使之成为历史唯物主义的物质生产话语构境的核心原则的。然而,他是在自己中晚期经济学研究中,才真正发现物质生产背后劳动过程的主体性塑形和构序的物相化本质,以及人的主体物相化和社会物相化的复杂关系赋型和构式场境,特别是在经济的社会赋型中历史性出现的经济物相化现象。我以为,这是他对历史唯物主义基本原则最重要的深化。

其一,最初发生在人对物的能动关系中的对象性**物相化**环节,是让自然物失去和获得可见**外部形相**的**塑形/失形**(*Shaping/disfigure*),人的周围世界中在场的对象物和个人主体的最初改变都是这种内嵌着主体目的(telos)的活动的对象化结果。然而,在农耕劳作、手工艺和工业劳动之间,人的劳动塑形会从简单的自然存在失形转换到人对物质存在形式的物相重塑。这就像人类最早的

---

① 实践功能度是我在 1989 年提出的概念。它具体表征"人们在一定历史时期实践活动的特定有序性,即在什么程度上能动改变、支配对象和自己的能力标定点。实践功能度是全部人类历史运转特定实践信息编配有序性的基点"。历史性的实践功能度正是人类认识水平——认知功能度的有序对应点。参见拙文《实践功能度:实践唯物主义逻辑构架的整体特质——一种哲学新视野的思考之二》,《天府新论》1989 年第 2 期。

② 参见[法]布尔迪厄《实践理性——关于行为的理论》,谭立德译,生活·读书·新知三联书店 2007 年版,第 12 页。

③ 参见[法]布尔迪厄《实践理性——关于行为的理论》,谭立德译,生活·读书·新知三联书店 2007 年版,第 18 页。

燧石打火的石片、打猎所用的削尖的木棍和翻动土地的简单农业生产工具,都是自然物简单失形和塑形的物相化结果。再有如马克思在《资本论》中讨论的那个木桌,失形表现为木匠将树木从森林中砍伐出来并初步加工为木料(这已经是**过去**发生的劳动时间),而塑形则是木匠将自己头脑中的"桌子蓝图"(爱多斯之相=**未来**的时间),具体制作为有外形的桌面、支撑桌腿的变形器具(**当下在场**的活劳动时间的物相化)。这是**人改变对象物自身**的外部存在形式的过程。桌子的用在性物质到场,已经是劳动物相化的结果。在认识论层面,这种生产创制中的外相给予会是直观经验感觉-统觉塑形的对应感性表象。然而,当人们将这种物相化结果的塑形直观为对象的固有外观时,就会产生**物像误认**("现成的"、"感性确定性"和形下之"器")。由此,再抽象出"形"上之道,就会生出海德格尔所证伪的遗忘物相化(存在之"是")的形而上学。在此,木桌的实体到场中,曾经在场的劳动物相化塑形却是"抽身而去"(海德格尔语①)的。这一点,也是康德的先天综合判断发生认知整合机制所缺失的前提性环节。

其二,主体性的爱多斯也给予被创制对象一种不可见的内在有序性或**功能整合之相(内相)**,这是人在生产和社会活动中通过特定历史条件下对物性实在和社会定在的组织化的生产**构序**②/**祛序**(ordering/disorder),消除自然物质存在中的熵化,人的社会生活的本质是超出生命负熵的特定的**社会历史负熵**。不同于自然生命负熵是肌体和器官的直接物质机能,社会历史负熵的本质在于人**与物入序**③于社会生活中发生的历史性的功能性用在场境。有如那

①海德格尔在《哲学的终结与思的任务》中的词语,原话为"存在在去蔽而赠存在者存在之际抽身而去"。

②马克思在自己的不同理论表述中使用过相近的 Ordnung(构序)概念。依概念考古词频统计,马克思恩格斯在创立历史唯物主义的《德意志意识形态》一书中,49 次使用 Ordnung 一词;而在《资本论》三卷中,则 75 次使用 Ordnung 一词。

③入序,指人或事物被内嵌于一种已经构序起来的有序性的关系场境之中。人入序于特定的社会制度,比如马克思说,黑人只是在奴隶制度下才成为奴隶;一个事物入序于我们周围世界的构式功能链中,比如镰刀在农业生产中的特定用在性。青年海德格尔曾经具体讨论过这一概念。在他那里,入序是普遍化构序方式的一种整合机制。他说,"**普遍化**可以被视为一种**构序方式**(Weise des Ordnens)。经此构序方式,就可以把一定个体的单方面因素入序(Einordnung)到一个交叉协调的事物关联与境(Sachzusammenhang)之中"([德]海德格尔:《形式化和形式显示》,欧东明译,张祥龙校,《世界哲学》2002 年第 2 期,第 47 页。Gesamtausgabe,Band 60,Frankfurt am Main:Vittorio Klostermann,1995,S. 60)。在当代,一些思想家也用编码(鲍德里亚)和辖域化(德勒兹)来表达入序关系。

张由工匠制作的木桌中不可直观的"可放置东西"的内在**功能用在性**，这种有序性的**物相化在场**在后来的工业生产、科技活动和经济构序中会变得极其繁杂和难以辨识。这是**人改变对象和自身生活的内在有序性**的过程。人的双手、五官和大脑在劳动物相化的历史时间进程中得以改变，以实现自身日益灵巧的技艺和精密性爱多斯的主体物相化。① 在认识论层面，事物与人从生产劳作中获得的"内相"，生成非直观的知性理解和话语运行。这里，人们容易坠入的物像迷雾为，将物相化活动中主体性的上手功用链误识为外部因果和自在规律，这一点，在经典自然科学"真理观"和经济拜物教中都有直接显现。也因为劳动塑形和构序的在场活动，在其物相化于对象之后，当下发生和消逝（"抽身而去"），所以人会将劳动物相化本身的上手技巧（过去时间中的构序）通过工具模板固化起来，以便在下一次（未来时间）劳动过程中重新激活劳作经验和物相化功能的在场（当下时间）。这样，构序本身也是一个三元时间构序中的连续统。先人们手中燧石片的塑形，削尖的木棍，已经是下一次打火和狩猎的反复功用性激活的客观可能。再有如工匠制作木桌时使用的锯、刨、锤、钉等工具和其他劳动条件。在人的日常生活的吃喝穿住中，则是锅碗杯盆、衣物鞋帽和桌椅床被等用具，房屋、道路等物性模板，以用于激活和重构人的生活世界场境。在工业文明发生之后，这个**改变世界**的构序连续统，会以工业生产构序和科技构序遍及一切劳动物相化和社会生活过程，也会构成经验塑形之上知性意识构序和观念思想持续发展的现实基础。劳动生产物相化的塑形和构序，共同表征人对自然关系中**物质生产力**的历史功能水平。还应该指出的方面是，当劳动在场的物相化实现于对象的用在性改变之后，它们随即转换为一种实物存在意义上的**不在场的在场性**，只有通过历史唯物主义的物像透视才会得以呈现。

其三，人对自然关系和主体际交往关系的历史结合中的**赋型/脱型**②

---

① 马克思在《1844年手稿》中，曾经深刻地讨论过人的五官的主体物相化进程。参见《马克思恩格斯全集》（第二版）第3卷，人民出版社2002年版，第304页。

② Formation（赋型）是马克思使用较多的概念，他先后使用了交往赋型、观念赋型（Ideenformationen）和社会赋型（Gesellschaftsformation）。马克思在后来的经济学文本中使用了formsetzende（赋型）和formlose（脱型）概念。［Marx-Engels-Gesamtausgabe（MEGA²），Ⅱ/1，Text，Berlin：Dietz Verlag，2006，S. 219.］

（*formating/deformating*），是给予生活中事物和人的生活特定的第二层级的社会关系负熵质和有序装置。它包括了狭义的劳作**生产关系**赋型和复杂的社会交往关系场境的社会物相化历史进程。当人的爱多斯物相化到人与对象物的关系之中时，会同时历史性地突现事物（相）与事物（相）间的效用关系链，以及事物入序于人的主体际关系场境中的**功能位置**的物相化关联，这是我们特有的**周围世界**（*umgebende Welt*）的突现场境空间缘起。这种关系性的场境存在本身，或者说，关系赋型就是一种特殊的在场性突现存在，它构成了社会物相化空间的最初基石。早期农业生产的工具和狩猎的武器，人们日常生活中的用具系统，都已经处于一种特定的自然经济生产关系和特定生活关系场境之中，否则，它们都不可能发挥自身的特定有序功能。再微观一点看，它会体现为桌子的高矮大小等事物与主体关系的**相度**，比如，我客厅中的小桌子是专门为我的小外孙女准备的，而我书房中的书桌则是我写字看书的用具。我与用具都在这种特定的关系赋型中获得新的场境存在质。在社会层面上看，这种相度一是表现为狭义生产关系中的**微观合手性**，比如芬伯格曾经指认的美国机器化生产中使用童工时纺织机的特殊低位①；二是显现为社会关系赋型中不同社会阶层（阶级）主体的生存地位，有如封建社会中的上流官品和特定物性纹章，而在资本主义的经济世界中，则会是夷平等级的金钱铸就的不同生活世界。布尔迪厄细究了这种身体化在个人生活惯习（*habitus*）中的隐性有序关系装置。②

其四，人与被塑形-构序物在一定的主体际功效关系场中的多重信息编码，必然铸就的关系整合（"关系总和"）中的功能链，即系统化**构式/解构**（*configurating/deconstruction*），**构式是总体化的赋型**。同时，这种特定的信息

---

① 芬伯格在《在理性与经验之间：论技术与现代性》一书中，例举了美国著名摄影家刘易斯·海因（Lewis Hine，1874—1940）1910年前后拍摄的一幅历史照片，内容为卡罗来纳州棉纺厂女童站立在一排特殊定制的低位纺织机前。"机器是按照她的身高建造的。"（[美]芬伯格：《在理性与经验之间：论技术与现代性》，高海青译，金城出版社2015年版，第47—48页。）

② 在布尔迪厄看来，社会关系对个人的有序赋型，是通过不断重复的生活实践生成的身体化的惯习实现的。生活中无处不在的惯习，每时每刻都在恢复特定社会关系的秩序赋型："社会世界充满着秩序的恢复，秩序恢复只为那些领会了它们的人而发生作用，它们唤醒了被深深隐藏的身体的性情倾向，而并不通过意识和计谋的手段。"（[法]布尔迪厄：《实践理性——关于行为的理论》，谭立德译，生活·读书·新知三联书店2007年版，第106页。）

编码必然生成规制一定历史条件下的工具和用具系统、被物相化事物、个人与主体际群体生存的第三层级的社会构式负熵质,它也成为一定历史时间中的**社会历史先验**①构架,其上会有历史性的先天综合观念构架(传统农耕文明中的自然经验构架与工业-商品交换关系场境中生成的先天综合理性构架的现实基础是完全异质的)。可以看到,布尔迪厄也直接使用了关系场意义上的 configuration(构式)概念。② 以上社会关系赋型和构式两个方面的关系性场境负熵创制,是人的有目的的意图(eiods)之共相在主体际的"交互作用"整合起来的社会关系突现场境中的实现。这也是社会物相化的本质。在劳动生产物相化的历史进程中,人总是通过特定的关系爱多斯创制不同的社会关系共同体来支撑自己的**社会生活在场**,起先,这种共同体表现为"人对人的依赖性"的社会关系场境,开始是基于自然血亲关系的社会组织构式,辅之以特定的经验传统习惯,以及阶级社会关系中宗教传统、政治和法律制度下的社会生活,之后,逐步发展和演进为更加复杂的工业生产、全新科技物相化和机器生产的关系场境,并在此之上建立起"物的依赖性"的社会关系场境,即商品-市场经济构式中自发生成的金钱关系场境。也因为所有社会关系场境都是当下赋型和解构的,所以,如同劳动物相化中的工具模板的激活和复构作用,社会关系赋型和构式起来的场境,总是由特定的**社会物相化附属物**来承载。比如原始部族生活中的外部图腾和祭台,中世纪体现神性权力和等级生存的教堂和皇宫,以及现代国家中体现商品-市场经济构式的商业中心和证券交易所大楼,体现政治力量角逐的议会大厦、法院和监狱等,这些社会物相化附属物的实物到场,恰恰是支撑特定社会关系场境中**已有关系场境突现**的在场性条件。再回到我们上述的那个微观的木桌的例子中,这会是木桌成为日

———————————

① 社会历史先验(Socio-historical a priori)也是我在本次研究中提出的历史唯物主义新概念。它表征了马克思多次指认的每一代人所遭遇的决定了一个特定时代人们生活和观念的客观社会历史前提,这种先验于个体活动和认知的关系性构架,是由一定社会关系场境中的生产方式质性规制的。在经济的社会赋型中,特别是资本主义商品-市场经济构式中,社会历史先验构架畸变成颠倒的金钱构架,其本质是人与人的劳动交换关系事物化颠倒后形成的商品-货币-资本的劳动异化关系。

② 布尔迪厄认为,"一个场可以被定义为在各种位置之间存在的客观关系的一个网络(network),或一个构式(configuration)"。他也将其视作结构性的构式(structural configuration)。参见[法]布迪厄、[美]华康德《实践与反思》,李猛等译,中央编译出版社1998年版,第132、154页。

常生活场境中的普通用具,或者是椅子包金后独尊的皇位背后的权力象征,以及作为标价商品的社会**关系性场境用在性**。不同历史条件下的人们,会在民宅、皇宫和市场等完全不同的物相化附属物中,每日每时当下激活和复构木桌椅这种社会关系场境负熵质。在认识论层面,它体现为"先天综合"观念构式支配下话语运行背后意义场的突现。同样需要说明的是,在实体对象到场的意义上,一切关系场境都是**不在场的在场性**,即便是在它们的社会物相化附属物中,它们都只能突现于人们活动的交互作用整合发生之时。

其五,在人的社会实践以及个人行为活动中功能性地建构和解构的日常生活和社会定在结构性总体**筑模/消模**(*modeling/dismode*),它显现为特定历史时间中的不同**生产方式**对生活方式的规制,以及生成作为社会生活**负熵**总体(一般社会历史负熵、关系场境负熵与社会构式负熵)的社会关系突现(Emergence)**场境**①**/散场**(*gestalt/degestalt*)存在。这是劳动创制方式、物相化工艺和科技对象化关系场境存在的历史整合,即历史性的人类社会实践总体的历史性场境存在,也是特定历史时间中呈现的**我们周围的生活世界**。这个世界,显然不是物性实体堆砌的总和,而是不在场的在场性关系场境之突现总体。这是海德格尔所指认的上手功能链建构起来的环顾"周围世界"(Umwelt)之本意,不仅在时间中的"此在"在世之中(Das In-der-Welt-Sein),上手之物也同样在有时间的世界之中。其实,在黑格尔和马克思那里,Welt(世界)概念也就意味着**关系性整合的场境存在**,本有的自然对象和动物都是"没有关系"(nicht als Verhältniß)的,而人正因为自身的关系场境存在而获得**世界**。所以当他们使用"对象性世界"的时候,通常是指已经被观念构序或生产劳动物相化之后的对象世界。也是在这个意义上,德里达说,"石头是无世界

---

① Gestalt(场境)一词,是后来格式塔心理学中的关键词,在马克思那个时代,它只是表征一种非实体性的场境存在。Gestalt 也是马克思后来在经济学手稿中使用频次较高的概念。在 20 世纪 80 年代末,我曾经提出过社会实践场(practical field)的概念。(参见拙文《论社会实践场》,《江海学刊》1988 年第 5 期。)在本次研究中,我多用的社会关系场境概念更偏向于一般存在论的意义所指,它会是精神构式的现实生活基础。这当然不同于布尔迪厄在社会学语境中使用的社会关系场(champ),在他那里,场的概念所指是社会空间中不同力量关系的斗争场。参见[法]布尔迪厄《实践理性——关于行为的理论》,谭立德译,生活·读书·新知三联书店 2007 年版,第 38 页。

的(weltlos),动物是缺乏世界的(weltarm),人是建造世界的(weltbildend)"①。2008年,德国新电影大师克鲁格②完成的《资本论》影片中,有一个由汤姆·提克威(Tom Tykwer)拍摄的短片《物中人》(Der Mensch im Ding),极其精彩地描述了我们身边这个熟悉而陌生的功用关涉性建构起来的现代"周围世界"。③ 这种关系性整合的场境存在,如果微观一些会是,桌子转换为海德格尔所指认的教室"意蕴世界"中的讲台时,只有身处这一教与学上手功能环顾世界中的人才会看到当下突现场境关系中的"讲台";如果转换到宏观一些的社会场境,体现为马克思讨论的那个成为商品的木桌时,桌子还是那张桌子,然而它却头足倒置地成为事物化和反向经济物相化中无法辨识的**金钱世界**中的神秘之物。由此,人所创制的我们的周围世界颠倒地表现为外部经济被抛性关系场境中的**他性空间**。在认识论层面,这种社会总体性的场境存在则是精神构境总体突现的基础。可如果转换到商品市场**经济物相化**关系场境中,则会出现整个社会精神层面上繁杂的**经济物像迷雾**——经济拜物教。有如一个农民的普通住房与资本精心设计起来的CBD商用建筑中心,会复出完全不同的家庭生活场境和商品交换自发整合的社会关系突现场境空间。

其六,马克思的关系意识论,主要是指人的全部意识都是社会定在决定的,意识的本质不是对外部感性对象的直映,而是特定历史条件下人对外部世界能动关系和主体际关系赋型生成的精神关系负熵的复杂场境 Emergence(突现)——**构境/破境**④

---

① [法]德里达:《论精神——海德格尔与问题》,朱刚译,上海译文出版社2008年版,第18页。

② 亚历山大·克鲁格(Alexander Kluge, 1932—   ),当代德国电影大师。1932年出生于哈尔贝尔士达特。20世纪60年代初,开始作为作家和导演崭露头角。1966年,以故事片《告别昨天》为德国人赢回了战后的第一个威尼斯电影节银狮奖。从此,"新德国电影"理念在欧洲占据了一席之地。80年代中期,克鲁格共计导演了14部(具有纪录片特征的)长故事片,并与奥斯卡·内格特一道在哲学和社会学层面上发展了社会批判理论。2008年,由于对德国电影的突出贡献,他获得德国电影奖的"荣誉奖"。

③《来自古典意识形态的消息:马克思-爱森斯坦-资本论》,导演,克鲁格;出品时间,2008年;片长,10小时。

④ 破境,是我在2015年前后写作《发现索恩-雷特尔——先天观念综合发生的隐秘社会历史机制》一书时新生成的概念。对应于思想构境的突现发生,理论批判的核心将不再是一般的观点证伪,而是彻底瓦解批判对象的构境支点,从而使某种理论构境得以突现的支撑性条件彻底瓦解。破境是故意造成的,它不同于通常在思维主体暂时离开思想活动和文本解读活动现场时发生的构境与**消境**。我们处于睡眠状态或一个文本静静地躺在书架上时,思想构境是不存在的,每一次鲜活的学术构境都是随着我们的主体苏醒和思想到场重新复构的。从不例外。

（*Situating/desituating*）。① 这也是在我们与周围世界关系之上突现出来的具有**历史时间质性**的精神世界场境。第一，对应于上述历史唯物主义的场境关系存在论，意识活动是历史性的实践活动之上"我对我环境的关系"之主观映照，它当然也是一种感性经验-抽象观念中当下发生的历史在场性。然而面对农耕劳作的生产技能、手工技艺和科技构序的"怎样生产"的先验实践构架，面对社会生活中奴隶关系、宗法关系和雇佣劳动关系的社会先验构架，这种作为环境关系结果的意识本质上是完全异质的。第二，作为感性**经验塑形**（"多"）之抽象共相的概念（"一"）和**语言构序**的话语规则，是激活和重构在场性感知活动和理论话语运行的工具模板。概念（词语）的能指，只有在具体的、历史的和现实的词语语境（context）的"上下文"**意向关系赋型**中，才会在突现出来的**话语格式塔**中获得自己的所指。而话语格式塔本身特殊历史质性和发生，在方法论上必定是一定理论**逻辑构式**的统摄结果，有什么样的逻辑构式，才会在话语运行中突现出同质的话语格式塔。第三，无论是经验知觉塑形的统摄，还是知性-理性思维构序，所有主观判断、理论观点和系统学说中意向关系赋型和逻辑构式的发生，其本质都是一种**当下突现**的主观精神**筑模场境**，一切"看到"、"听到"和"触到"等在场经验觉识整合以及"我意识到"和话语格式塔中"理解"的精神在场的真谛，都是经验细部和概念、观点线性语义没骨后的非线性突现的主观认知活动和复杂**思想构境**。如果再回到前述那张海德格尔意蕴世界中的讲台，胡塞尔会说，我们总是从"正面"看到讲台，这个摆脱不掉的"正面"恰恰是海德格尔所指认的 for us 的存在性涌现，我们对讲台颜色、性状和质料的经验塑形，已经是为我性解蔽意向之关系赋型中的"逼真"。当我们在知性统觉中直观到功能性的"讲台"时，这业已是对教与学世界中这一对象的用在性体知，这种特定逻辑构式的话语格式塔，并不会出现在海德格尔假想的从教室后门进来的山民和塞内加尔黑人的感知场

---

① 在李乾坤、刘冰菁和孔伟宇博士的帮助下，这组概念的德、法文翻译结果为塑形/失形：Ausprägen/abprägen, façonner/défigurer；构序/祛序：Verordnung/Entordnung, ordonner/désordre；赋型/脱型：Formierung/Entformierung, former/déformer；构式/解构：Konfigurierung/Dekonstruktion, configurer/déconstruction；筑模/消模：Modellbau/Zermodeln, modeler/démouler；场境/散场：Vergestaltung/Entgestaltung, gestalt/dégestalt；构境/破境：Situationierung/Entsituationierung, situer/désituer。

境中。我觉得,情境-构境(situation-situating)观念已经是20世纪科学、艺术方法论和认识论的探索前端,前者有如波兰尼的意会认知理论①和法国情境主义思潮②,后者如广松涉的四肢认知理论和布尔迪厄的场论与情境分析(analyes situationelle)。从大的理论逻辑上说,一定历史条件下社会观念总体筑模成为对个人主体发生作用的"先天观念综合"构架。这当然是从康德认识论革命开始,一直到现象学还原所走过的道路。由此,二元主体与客体关系中的现成性的直观对象,才被指认为康德先天观念综合构架的经验塑形、知性构序和赋型作用,在胡塞尔"怎样呈现"出来的事情本身被本质直观化,海德格尔的上手性制作-解蔽打开-真理遮蔽的存在意蕴论深化了现象学意识论,但他们共同缺失的,是这一切主观意识的本质都依存于一定历史时间质性的**实践功能度**之上的社会历史先验构架:在第一层级非物像透视中,一切意识活动和观念都依存于人改变外部世界的历史性复杂实践构序活动和关系赋型场境;而在第二层级非物像透视中,关系意识论将破境商品-市场经济熵增和经济物相化(事物化—物化—异化)颠倒后的经济拜物教。显而易见的是,胡塞尔和海德格尔都没有进入到这种经济关系场境赋型起来的金钱世界的颠倒伪境之中。

依我这一次的研究,马克思的社会关系场境存在论和关系性意识构境,缘起于他进行第一次经济学研究时的《巴黎笔记》中对古典经济学的非直观社会唯物主义的接触。不同于农耕生产(循环时间)惯性实践③的自然生命负

---

① 参见拙著《神会波兰尼——意会认知与构境》,上海人民出版社2021年版。
② 参见拙著《烈火吞噬的革命情境建构——情境主义国际思潮的构境论映像》,南京大学出版社2021年版。
③ 惯性实践为我在1991年提出的概念。当时我的观点为:惯性实践也是一个社会中存在的惯性行为系统,它是"一定社会实践功能结构制约下的社会稳定自运转行为系统,它是**社会行为一般发生的隐性制约构架**。惯性行为系统通常由社会实践动态格局中的构序性功能度的结构性**潜化**逐步形成,而潜化则是**向某种习惯性感性行为的无意识回复**,它使实践格局有效地消融泛化在人们的社会行为中,从而成为一种无意识的先导性行为制约结构"。(参见拙文《实践惯性运转:人类社会生活中的亚意图行为系统》,《求索》1991年第1期。)那时,我的构境焦点集中于日常生活和社会"常规"运转的质性,以及这种惯性行为筑模隐性文化心态圈的现实基础。现在我的新看法为,从整个社会历史发展全程看,农耕自然经济中的种植业和畜牧业生产的本质,基本上会是长期维持于重复和循环式的惯性实践之中,并且,农业生产对外部自然环境的改变,在实践功能度上是依附于自然负熵进化的。后来的工业生产进程,才第一次彻底打破自然经济惯性实践的循环和重复,呈现出不断自主创新的革命的势态,实现了马克思所说的"改变世界"的创造性物质实践活动。

熵进程中面对现成的自然物,工业劳动对象化和构序的历史进步时间中的
"社会财富"和非直观的经济关系赋型,是马克思走向关系场境存在论的构境
前提,斯密透视无序市场交换运动背后的被动自发整合的价值法则("看不见
的手"),黑格尔重新回到观念自主构序("理性的狡计"),给马克思留下了深
刻的印象。马克思穿透物像观念(**物不是它自身**)的对象性活动-关系突现场
境思想,最早出现于1845年春天写下的《关于费尔巴哈的提纲》中。在那里,
他第一次确立了在哲学上"从主体出发"的逻辑构序点,直接证伪了哲学唯物
主义的物像直观和唯心主义的观念能动性,奠定了人历史性地改变外部自然
界和我们的"周围世界"的物质活动——创造性的**客观实践**为新世界观的起
点。这是马克思科学的物像直观批判话语的第一次出场。不同于可直观的
对象,人的对象化实践活动总是当下发生和消失的有意向(爱多斯,eidos)的
客观关系赋型场境,这恰恰是人类社会生活和历史运动的社会历史负熵本
质。由此,马克思进入否定一切追逐对象基始性(抽象的物质或观念)的旧本
体论的物相化场境存在论。也是在此基础上,他才会将资产阶级社会中通过
市场交换关系中介了的人的本质,直接设定为"在其现实性上,它是一切社会
关系的总和",这已经呈现了一种**历史性的关系场境突现论**。这也是马克思
一般物相化透视的开端。在马克思进行第二次经济学研究时的《布鲁塞尔笔
记》和《曼彻斯特笔记》中,他首次从学理逻辑上进入经济学关系场境,在不同
于农业生产活动的现代工业生产物相化活动中,特别是机器化大生产的客观
工序和繁杂经济关系中,体验到了全新的不断改变的社会关系场境存在和关
系意识论的客观前提。在马克思和恩格斯共同写作的《德意志意识形态》一
书中,他们在摆脱了人本主义价值悬设后,创立了广义历史唯物主义,这也是
"第一个伟大发现"的真正**开端**。其中,他们第一次从社会历史客体向度中,
指认了作为客观实践物相化活动"基始层级"的直接物质生活资料的生产与
再生产活动,是整个人类生存和社会生活的根本性构序(生产力)基础。这种
非实体性、非直观的**第一层级一般物相化此-彼归基**的原则,奠定了观察社会
历史定在和社会历史负熵发展的非物像直观的场境存在论的前提。这是超
越所有传统哲学构境的全新生产话语编码。其中,马克思恩格斯从非直观的
"怎样生产"的构序点入手,突显了人与自然、人与人的双重关系的历史赋型

方式转换是全部社会历史物相化的关系性负熵本质,这种场境存在的核心是历史性的生产方式。作为**社会历史先验筑模**的生产方式不是可直观的物性结构,而是在一定历史时间中,当下发生和消失的生产活动场境中的先验性的物相化功能关系总体。它是历史唯物主义中最难参透的"物"的核心。也是在这种场境存在论的基础上,马克思恩格斯才确定了在第一层级物相化(一般物相化)透视图景之上的"我对我环境的关系是我的意识"的**关系意识论**。一切人的主观意识都不是对对象性实在的直观映照,而是对人们历史性地改变外部世界(以及我们的"周围世界")的能动构序和赋型关系的主观反映。相对于个体认知活动的先天观念综合构架的现实基础,正是一定历史时间和条件下突现的社会历史先验构架,但这并不否认理论思想构境论的本质是积极的**精神关系负熵创造**。在这一文本中,马克思和恩格斯还特别说明了意识形态的虚假构序和幻象关系赋型的伪境本质。马克思第三次经济学研究的《伦敦笔记》特别是"工艺学笔记"之后,他在《1857—1858 年经济学手稿》、《1861—1863 年经济学手稿》和《资本论》中,将这种历史唯物主义的场境关系存在论和关系意识论作为自己独特经济学视域的方法论入口,同时,马克思在工艺学研究的基础上,再一次从历史唯物主义的客体向度上,关注了前资本主义社会所依存的自然生命负熵进程与资本主义生产方式所创造的新型社会历史负熵质的重大差异,农耕劳动与工业劳动塑形(协作结合的社会生产力、机器化生产与科技物相化)、自然经济与商品经济构序-无序、人对人直接依赖的宗法性的凝固关系赋型-政治-神学构式负熵与资本流动性的事物的依赖关系赋型-经济构式负熵,以及不同生产方式筑模的历史交替,完整说明了人类近代社会历史的动态场境存在本质。也是在此之后,马克思才开始认真关注作为劳动生产物相化前提的失形、祛序和脱型问题,以及社会生产方式转换过程中的社会关系物相化中的解构、脱型、消模和生活失形与祛序等问题。特别是在狭义历史唯物主义的历史现象学批判中,马克思揭示了出现于资本主义生产方式中的特定的经济返熵现象、经济关系事物化颠倒的"抽象成为统治"的伪关系场境,以及这种客观发生的伪场境的物化误认后,整个经济拜物教和**第二层级物相化**(经济返熵-非爱多斯的反向物相化)透视中呈现的意识形态幻境。在这个意义上,透视**经济事物不是它自身**的历史现象学的方法论基础,恰恰是**经济关系场境存在论**,它所面对的特定经济关系事物化和异化,都是客观发生的现实社会构式负熵中突现的此-彼错位和颠倒场境存在,由此,科学的批判认识论成为透视这一经济物像迷雾的思想武器。在我看来,狭义历史唯物主义基础上的历史现象学,是马克思对"第一个伟大发现"的进一步深化,这是自《回到马克思》第一卷出版以来,我始终没有放弃的观点。

自 2007 年我提出思想构境论后,我已经说明这一观念的现实基础是历史唯物主义的场境存在论,并先后在海德格尔、福柯、广松涉和波兰尼等人那里,找到了同向同行的文献明证。① 此番再一次回到马克思的"从头开始"的文本细读,也是重返我的社会场境存在-精神构境论最重要的思想基础——马克思。

第四个重要的学术场境,涉及今天国内哲学研究中逐渐边缘化的辩证法研究。这一思考的缘起,是在指导李乾坤关于德国"新马克思阅读"(Die Neue Marx-Lektüre)运动②的博士论文③写作时重新触发起来的。在以往人们所关注的法兰克福学派社会批判理论的研究中,往往容易被忽略的"起源"是来自马克思的政治经济学批判。20 世纪 60—70 年代以来,也是在整个西方马克思主义的理论逻辑终结之后,阿多诺的弟子巴克豪斯④和莱希尔特⑤等人,在捕捉到阿多诺哲学思想中交换原则和拜物教意识形态批判线索的基础上,公

---

① 参见拙著《回到海德格尔——本有与构境》第 1 卷,商务印书馆 2014 年版;《回到福柯——暴力性构序与生命治安的话语构境》,上海人民出版社 2016 年版;《物象化图景与事的世界观——广松涉哲学的构境论研究》,天津人民出版社 2020 年版;《神会波兰尼——意会认知与构境》,上海人民出版社 2021 年版。

② "新马克思阅读"运动,系指 20 世纪 60 年代在德国出现的一种对马克思经济学文本(主要是《资本论》及其手稿)的重新细读思潮。核心代表人物为阿多诺的学生汉斯-格奥尔格·巴克豪斯与海尔穆特·莱希尔特。巴克豪斯于 1969 年发表的《价值形式的辩证法》一文成为"新马克思阅读"运动的奠基性文献。这一思潮的第二代人物有米夏埃尔·海因里希(Michael Heinrich)和德裔英国学者维尔纳·博内菲尔德(Werner Bonefeld)。

③ 李乾坤:《价值形式、国家衍生与批判理论:德国新马克思阅读运动研究》,北京师范大学出版社2021 年版。

④ 巴克豪斯(Hans-George Backhaus,1929—),德国当代马克思主义学者。代表作有:《价值形式的辩证法》(1969)等。

⑤ 莱希尔特(Helmut Reichelt,1939—),德国当代马克思主义学者。代表作有:《马克思资本概念的逻辑结构》等。

开举起重新回到马克思经济学文本细读的大旗,他们以马克思《资本论》第一卷(德文第一版)中的价值形式理论的重新解读为核心,提出了"被删减"的马克思辩证法的问题,并在以克里斯多夫·亚瑟①为代表的"新辩证法学派"中达到高潮。我承认,重振马克思的辩证法思想研究当然是一种有意义的理论探索。可是,在"新马克思阅读"运动中,当他们将马克思的辩证法思想浓缩为黑格尔式的二重性(Doppelcharakter)矛盾关系,且聚焦于经济学视域中的"价值形式"问题时,马克思丰厚的辩证法思想则变成了非历史的逻辑话语薄片。这应该是我在此次研究中,为什么倾注了一定的精力,以重现马克思辩证法思想谱系的历史进程的缘由。

　　40多年前,我自己攻读硕士研究生时的主攻方向是马克思主义哲学原理。1980年前后,在李华钰老师的指导下,我选择了研究关于唯物辩证法总体性的否定之否定问题。这是由于我在列宁的"伯尔尼笔记"②中看到了这样一句令人震撼的话:"要继承黑格尔和马克思的事业,就应当**辩证地**探讨人类思想、科学和技术的历史"③。但因为不满于传统教科书体系关于唯物辩证法理论话语塑形中那种"三大规律"加"五个范畴"的非有机松散状态,我硬是依黑格尔的《逻辑学》刻意建立了一个唯物辩证法的逻辑体系④。可不久之后我就意识到,如果只是将黑格尔唯心主义辩证法逻辑构式中的绝对观念直接替换成物质概念,并不能改变一个逻辑构式本身的根本性质,正是针对"离开具体的历史的现实的实践情境去建构一种本体论哲学逻辑体系的非法性"⑤,我才提出了"在主观辩证法与客体辩证法之间,实际上存在着一个历史的实践辩证法中介,唯物辩证法的内在本质,只能是一定历史条件下人类社会实践

① 亚瑟(Christopher J. Arthur,1940——　),英国当代马克思主义学者。代表作有:《新辩证法与马克思的资本论》(2004)等。
② "伯尔尼笔记"是列宁1914年在瑞士伯尔尼写下的关于黑格尔哲学研究的读书笔记,其中最重要的文本是列宁所写下的《黑格尔〈逻辑学〉一书摘要》。关于这一笔记的研究,可参见拙著《回到列宁——关于"哲学笔记"的一种后文本学解读》,江苏人民出版社2008年版。
③《列宁全集》(第二版)第55卷,人民出版社1990年版,第122页。
④ 参见拙著《回到列宁——关于"哲学笔记"的一种后文本学解读》,江苏人民出版社2008年版,附录一,第426—451页。
⑤ 参见《张一兵自选集》,广西师范大学出版社1999年版,第1页。

的客观逻辑"①。这恐怕也是后来我写作《马克思历史辩证法的主体向度》一书,并在《回到马克思》第一卷中直接提出"历史唯物主义就是历史辩证法"观点的内在构序线索。在一定的意义上,我的《回到列宁》一书的重点,就是关于理解黑格尔和列宁辩证法思想的专题性研究。

应该说,在整个东西方的哲学思想发展中,辩证法的观念是贯穿始终的。它从一开始就表征人所面对的外部世界和内在观念世界运动变化、复杂关联场境的历史性认知。无论是赫拉克利特的那个世界背后燃烧的"活火",还是老子《道德经》中的道易之变,都展现了人与万物普遍关联的运动图景。这种辩证法的观念,在西方经过康德的知性-理念概念构架,最终在黑格尔的绝对观念辩证法中达到辉煌的顶点,这也是马克思辩证法理论筑模的基础。在1868 年,马克思专门界说自己的辩证法与黑格尔辩证法的关系:"我的阐述方法和黑格尔的不同,因为我是唯物主义者,黑格尔是唯心主义者。黑格尔的辩证法是一切辩证法的基本形式,但是,只有在剥去它的神秘的形式**之后**才是这样,而这恰好就是**我**的方法的特点。"②之所以说"黑格尔的辩证法是一切辩证法的基本形式",是由于"辩证法的真正规律在黑格尔那里已经有了,自然是具有神秘的形式。必须把它们从这种形式中解放出来"。③ 可以说,辩证法的思想始终是马克思自觉意识到的思想主题和方法论筑模。甚至马克思自己还说过,如果有时间,他愿意写一本让黑格尔的辩证法通俗地表述出来的论著,然而这一愿望后来并没有实现。④ 纵观这一思想构境的历史谱系,青年马克思最早接受的辩证法思想,当然是黑格尔的**观念辩证法**,在他完成的关于伊壁鸠鲁与德谟克利特自然哲学之差别的博士论文中,原子下降中的垂直与偏斜的矛盾关系最早体现了黑格尔自我意识能动性的辩证法话语编码。在马克思逐渐读懂黑格尔(斯密)的市民社会话语Ⅱ的过程中,他也开始接触到资产阶级商品-市场经济中人与物、目的与手段、无序返熵与自发构序的消

① 参见拙文《实践的逻辑:唯物辩证法的内在本质》,《上海社会科学院学术季刊》1991 年第 1 期。
②《马克思恩格斯全集》第 32 卷,人民出版社 1974 年版,第 526 页。
③ 参见《马克思恩格斯全集》第 32 卷,人民出版社 1974 年版,第 535 页。
④ 马克思在写给恩格斯的书信中说,"如果以后再有工夫做这类工作的话,我很愿意用两三个印张把黑格尔所发现、但同时又加以神秘化的方法中所存在的合理的东西阐述一番,使一般人都能够理解……"(《马克思恩格斯文集》第 10 卷,人民出版社 2009 年版,第 143 页。)

极事物辩证法的客观颠倒关系。马克思自己的辩证法思想，出现在他通过《巴黎笔记》真正进入经济学语境，进而深透领悟黑格尔《精神现象学》中以劳动的历史进程为主线的**"绝对不安"**（absolute Unruhe）的否定辩证法的革命性之后，在人本学劳动异化批判构式中所坚持的扬弃异化的否定之否定，但是，这种消逝在外化和异化中的**颠倒的**（verkehrt）**劳动辩证法**的本质，仍然是价值悬设中的隐性唯心主义逻辑构式。一直到《评弗里德里希・李斯特的著作〈政治经济学的国民体系〉》（以下简称《评李斯特》）一文和《关于费尔巴哈的提纲》，马克思才在历史性的工业逻辑中体认到"从主体出发"的客观**实践辩证法**的基始性。不同于农耕时代在人之外自我运动的"自然辩证法"①，以现代工业生产为本质的主体性的实践辩证法，彻底改变了外部物质存在形式和运动的有序性，这种改变世界的历史性物质实践整合活动是新世界观中革命辩证法的本质。在马克思与恩格斯共同写作的《德意志意识形态》中，历史唯物主义科学方法是与新型的**唯物辩证法**同时创立的，这种唯物辩证法理论并不是某种独立的哲学话语，它就是历史唯物主义构境中社会定在与复杂关系场境的历史运动本身，或者说，是以透视历史时间性为本质的**历史辩证法**，这种历史辩证法是在人通过生产物相化改变自然对象（生产力），并建构起来的人与人之间共同活动的社会生活场境（"交往关系"）中生成的内在功能关系和运动法则。在这个意义上，客观的历史辩证法的本质也就是历史性的物质**生产辩证法**。这种客体向度中的生产辩证法运动的本质关系和规律同样也是非直观的。在可见的人与物、个人生存与社会生活物像背后，爱多斯目的

---

① 自然辩证法，系恩格斯提出的重要辩证法概念，它特指自然界中存在的普遍联系和发展的客观法则。青年卢卡奇的《历史与阶级意识》一书，指责恩格斯跟随黑格尔，将以主客体关系为核心的辩证法僭越式地挪移到自然界中。依我的看法，在东西方的思想史中，辩证法一开始就是描述事物自身运动和内在矛盾关联的观念，在这种原初的思想构境中，人类产生之前的自然物质发展进程当然嵌套着复杂的辩证运动和矛盾关系，生命负熵深刻体现了这种辩证过程，所以，恩格斯的"自然辩证法"在一定的历史性意义上是可以确立的。但是，在人类社会历史进程开始之后，这种外部"自然辩证法"逐步入序于人以物质生产实践为本质的历史辩证法进程之中，人的实践所关涉到的自然存在已经成为社会历史实践改变和利用的对象，康德所说的"人向自然立法"，已经由工业生产和科技实践的物相化活动所践行。在这个意义上，非历史的"自然辩证法"则是非法的。我这一次的研究有限定地保留了"自然辩证法"概念的历史性在场，并提出了特设性的商品-市场经济物相化空间中出现的"第二自然辩证法"概念。

与物相化手段,主体性创制与客观性条件制约,曾在、当下与未来,自由与必然,社会定在与意识等一系列本质性矛盾关系,都只能在一定的物质生产与再生产的功能水平上,历史地呈现出完全不同关系性场境存在中的辩证法筑模样式。需要提及的是,由于脱型于人本学异化史观的逻辑构式,马克思和恩格斯在批判性地透视现代资产阶级经济活动的过程中,只是在历史辩证法的主体向度中,指认出商品-市场经济过程中的物役性①现象,而无法科学地说明这种物役性背后的经济物相化中发生的复杂关系现实抽象中**颠倒的劳动辩证法**。这种不同于客体向度中生产辩证法的劳动辩证法,是马克思从《1857—1858 年经济学手稿》一直到《资本论》写作的中晚期经济学研究进程里自始至终坚持捕捉的隐蔽线索,因为资本主义生产方式中以极其繁杂的经济物像呈现出来的经济物相化过程,不过是工人在生产过程中实现出来的作为劳动物相化活动塑形和构序对象的使用价值,在商品交换中现实抽象为商品价值关系,并且进一步隐匿于事物化颠倒后的货币异化和资本异化关系之中的"**第二自然辩证法**"("自然法")的转换过程。资本与雇佣劳动的矛盾关系,实质上是劳动与自身异化的经济力量的颠倒性场境关系中消逝着的劳动辩证法。

我认为,马克思丰厚的唯物辩证法思想,当然不会仅仅是"新马克思阅读"运动所指认的价值实体与价值形式的所谓二重性的辩证法,而是在历史唯物主义基础之上,透视社会历史生活内在关系和运动规律的历史辩证法,这种历史辩证法会在不同层面上深化为历史性的实践辩证法、生产辩证法和劳动辩证法,这些不同构境层面的**客观辩证法构序**才会生成历史性的**主观辩证法话语**逻辑。这种理论逻辑形态上的**唯物辩证法**,会在广义历史唯物主义和狭义历史唯物主义的基础上,分别生成透视一般物相化中外部物像背后的历史辩证法的**否定辩证法话语**和透视经济物相化中颠倒的劳动辩证法的**革命的批判的辩证法话语**。总之,辩证法问题同样是我们应该高度关注的马克

---

① 物役性概念,系我在《马克思历史辩证法的主体向度》中提出的概念,它呈现了人类社会历史发展进程中出现的外部客观力量对人的统治和支配现象。在自然经济时期,是外部自然力量对人的支配的自然物役性,而在经济的社会赋型中,则出现了人所创造的经济力量对人的统治的经济物役性现象。参见拙著《马克思历史辩证法的主体向度》(第三版),武汉大学出版社 2010 年版,第三章。

思思想发展进程的重要谱系研究线索。

第五个重要的讨论域,是我近期一直在呼吁的哲学认识论研究。在 20 世纪 80 年代,认识论问题曾经是中国哲学研究中的论争焦点。当时中国人民大学的夏甄陶教授以认识论为主要研究方向,带领了一批博士研究认识论基本理论问题;武汉大学的陶德麟教授带领团队建立了国内第一个认识论研究中心,这是一个多学科交叉研究的中心,里边包括了哲学认识论、技术哲学、脑科学等相关领域的专家,几乎每一年他们都会举办认识论的专题研讨会,我当时也经常参加他们举办的一系列学术活动。然而,近些年认识论研究却在我们国内的哲学研究中被严重边缘化了,原先研究认识论的学者纷纷转行转向,很久没有全国性的认识论专题学术研讨会了,也鲜见认识论方向的重要成果面世。我以为,认识论研究的缺席,可能是我们自己在哲学研究的一些重大的方法论转换上停滞不前,停留于抽象的空洞宏大叙事的重要原因之一。如果不弥补这个认识论的空场问题,就没有办法真正改变我们的学术研究在一些方面发生"内卷化"的基本状态,也不可能进入当代哲学和科学进展过程中最前沿的部分,就更不要说面对当下业已改变世界的数字化存在了。因为数字化存在在根基上也嵌套着深刻的认识论问题。例如人们今天在脸书、抖音、微信等数字化媒体的使用过程中,数字景观的先验构架被存在论化,认知主体在场转换为远程登录的电子屏幕在场,传统的自然物理时间与空间和工业物相化社会关系时间与空间被夷平为电子即时时空,人们的现实关系存在场境畸变为数字化景观 Emergence(突现)拟境,然后变成了电脑和智能手机喂养性"景观推送"生成的外部力量支配和奴役我们。这也是我下决心在这里重新梳理马克思的认识论观念谱系的缘起。

实际上,一切哲学的本质都是广义认识论,即人们认知自己和整个世界本质的形而上学。在人类哲学思想的发展进程中,早先的人的认知总是依存于哲学本体论和方法论,它或者是外部对象的直观,或者是透视感性现象("杂多")背后观念抽象("一")的复杂分有和对象性投射。西方认识论中传统的主体与客体二元对置的认知构架,第一次在休谟、贝克莱的经验怀疑论中被动摇,并在康德的"先天综合判断"的自动统摄机制中得到审判和解构,"自在之物"的本体论幻象与历史性呈现给主体的可能认知的"现象界"被分割开来,这是近代认识论思想史中深刻的"哥白尼革命"。黑格尔强大的绝对理念本体论,第一次将认识论与观念自身的辩证运动和普遍关联同一起来,认识论就是观念辩证法的自我认知进程。这是马克思认识论思考的历史谱系开端。

马克思那里并没有关于认识论的专门论著,但是,以关系突现场境为对象的非物像构境认识论的思考,却贯穿着他全部的思想进程。首先,依我的观点,马克思自主性的哲学认识论思想的前提,是从上述社会关系场境存在论的确立开始的,古典经济学中工业生产活动基础之上非实体性的"社会财富"和繁杂经济市场熵增与自组织(自发整合)关系生成的全新社会先验筑模,使马克思的认知对象从旧哲学认识论中的实体对象,转换到人对自然的能动活动与关系、人与人的"共同活动"和主体际关系场境存在上来,这突出表现为人们历史性地改变外部世界的客观物质物相化实践对传统本体论和一般物像认知话语的消解,最终在历史唯物主义的关系意识论中彻底打破了传统认识论的二元认知构架,生成了"我们既是剧作者,又是剧中人"的全新**关系认识论**的基础。如同历史辩证法一样,这种全新的认识论思想也是历史唯物主义的重要组成部分,历史唯物主义的关系场境存在论和历史辩证法,恰恰是科学的哲学认识论的内在前提。其次,马克思的哲学认识论在面对外部世界的认知机制上,也经历了从农耕文明中旧哲学的对象性和物像反映论,到工业现代性文化复杂构境论的转换,这包括了从对象性无序经验映照到关系性感知塑形、从经验抽象和先天观念统摄到历史性实践构序和赋型、从物像统一世界观和理念体系到社会历史先验的场境逻辑构式,以及历史性的完整精神负熵和思想构境的转换。我以为,这种社会历史先验构架论正是康德先验观念综合构架的现实基础:第一,在广义历史唯物主义语境中,一定历史时间中的生产劳动塑形和构序之上,"怎样生产"的生产方式建构起来的社会先验构架对全部认知构架的决定机制;第二,在狭义历史唯物主义语境中多重现实抽象生成的社会先验构架:一是资本主义工场手工业条件下劳动分工所导致的劳动碎片化及其现实抽象(Ⅰ)为社会劳动一般;二是资本主义机器化生产中工艺技能的现实抽象Ⅱ所铸就的先验客观工序构架和技术操作中现实抽象生成的科技先验构架;三是资产阶级社会商品-市场交换关系的现实抽象Ⅲ,颠倒地事物化为商品-货币-资本三位一体的经济物相化先验构架。

马克思哲学认识论的理论筑模主要是批判认识论和历史认识论。就其思想构境的历史谱系来说,包括了以现象学为构序中轴的**早期批判认识论**,它的逻辑构式基础是他性镜像中黑格尔透视古典经济学"第二自然"物性的"精神现象学",加之费尔巴哈的人本主义异化构式。这种早期批判认识论的萌芽,最早出现在《论犹太人问题》中的货币异化论中,之后,在《巴黎笔记》时期的"穆勒笔记"中的交往异化和劳动异化批判构式Ⅰ中生成批判性的人学现象学;这种早期批判认识论的成熟形态,是以黑格尔《精神现象学》的非物像否定辩证法重构的劳动异化批判构式Ⅱ,而现实经济学前提则是斯密透视物相化私有财产的主体本质——劳动。马克思自主性的**历史认识论**缘起于《评李斯特》一文,在《关于费尔巴哈的提纲》的实践逻辑里得以确立,这一历史认识论的系统赋型完成于《德意志意识形态》。其实,《关于费尔巴哈的提纲》的从主体性实践出发和《德意志意识形态》中物质生产与再生产活动的开端,都是对非历史的感性直观对象的证伪,这很深地链接于黑格尔的《精神现象学》中那种理念-爱多斯"消逝的对象"观。如果说,历史唯物主义的任务是描述客观发生的社会定在和复杂社会关系场境的历史过程,那么,历史认识论则是聚焦于**怎样认识**这一社会先验构架和特定实践功能度历史转换运动过程的方法论筑模。这第一次揭示了先天综合判断的现实历史基础,由此深刻地推进了康德的"认识论革命"。随后,马克思的认识论思想进程中出现了一个批判认识论缺席的时期,直到《伦敦笔记》之后的《1857—1858年经济学手稿》,马克思才在工艺学-历史认识论的基础上,重建了狭义历史唯物主义构境中的历史现象学,同样是在与黑格尔《精神现象学》相同的证伪物像的批判构境中,基于历史认识论,重构了以异化概念为构序中轴的透视第二层级经济物相化图景的**科学批判认识论**。这一自主性科学构式的成熟形态,出现在《1861—1863年经济学手稿》中,它的主要理论赋型是历史认识论与批判认识论统一的劳动异化批判构式Ⅲ。而它的批判认识论的逻辑质点有二:一是从经济财富的假性构序物像深入到商品不可见的价值关系(经济质);二是进一步透视劳动交换关系的事物化关系颠倒和重新物化之误认的货币-资本拜物教话语批判,这对应于马克思第二层级的经济物相化透视。这是一个康德-

黑格尔认识论构境和后来的现象学反省都未达及的极其复杂的**认识论革命层面**。

与第一卷相比,我在本书中深化的构境论文本学研究,更加密切地依据 MEGA² 提供的第一手原文文献,也利用了一部分原始手稿的复制件。此外,可能会有下列解读方法、基本文献和观念构序等方面的差异:

一是读者在《回到马克思》第二卷中会遭遇大量入序于社会场境存在论和构境理论逻辑的新的话语格式塔和新概念,这必定会引起依存于旧学术话语场境的人们在遭遇阅读障碍时的反感。其实,今天我们身边真的出现了"学术,学术,多少平庸假汝之名而行"的悲剧,如果想要真正打破学术"内卷",就要在已经长满浮萍的思想陈水中投入巨石、引入新流。往往,一个学科的思想革命的实质性起步,都会是某种不同学科之间的异域话语挪移。在方法论革命上,作为人变革自然物质的制作活动最前沿的自然科学和技术实验中出现的新概念和新范式,是所有学科方法论革命的源泉。这是我自己从 20 世纪 80 年代就开始的理论自觉和学术探索实践。此次研究中所汲取的新概念和新范畴,也反映了我对当代哲学方法论前沿和其他领域最新思想构境的关注。从我们这里所面对的马克思思想发展全程来看,他是最先开始从不同的学科话语中汲取新鲜养分的先锋:1844 年,他从赫斯那里引入 wirtschaftliche Entfremdung("经济异化")批判话语;1845 年,他从舒尔茨①的"国势学"②和经济学中引入 materialle Production("物质生产")、produktive Kraft("生产力")和 Productionsweise("生产方式")等整套非传统哲学的"生产话语";19 世纪 50 年代以后,他陆续从工艺学、地质学和数学等不同学科中,挪移了 potenzirte("自乘")、Gesellschaftsformation("社会塑形")与 formlose("脱型")、formation primitive("原生赋型")与 formation secondaire("次生赋型")等科学

---

① 舒尔茨(Friedrich Wilhelm Schulz, 1797—1860),德国作家、激进的民主主义者。代表作为《生产运动》(1843)。

② 在 19 世纪 40 年代的欧洲,国家统计学(Statistik)也称为**国势学**,它并非仅仅是一门以数据分析为主要内容的科学,而包括了对一个国家和社会的经济社会进行宏观分析的任务。这也是舒尔茨的重要理论构境背景。据李乾坤博士考证,"国势学"的中文表述可能产生自 20 世纪 20 年代。关于舒尔茨基于"国势学"的《生产运动》一书具体内容的讨论,可参见拙著《回到马克思——经济学语境中的哲学话语》(第四版),江苏人民出版社 2020 年版,第五章第四节。

概念。并且,他还原创性地构造了 Waare Arbeitskraft("劳动力商品")、Versachlichung("事物化")、Geschichte Abstraktion("历史的抽象")、materialisirt("物相化")和 Wirtschaftsfetischismus("经济拜物教")等全新的重要学术范畴。由此,他才在不同的科学领域发现了新大陆,创造出伟大的思想革命。

二是虽然第二卷的研究主线是马克思对资本主义生产方式的科学认识的历史线索,但作为方法论的历史唯物主义仍然始终是本书关注的焦点,同时,这一次的研究更深入马克思的经济学研究的全程,因为这是马克思最终获得科学社会主义结论的科学通道。然而,与第一卷的研究思路相似,我在进入经济学文献的过程中,尽量避免掉入传统马克思经济学研究中的某些专业性逻辑泥潭之中,诸如一些学者对价值转化、危机理论、平均利润率和地租等问题的纠缠,而是更多地着眼于马克思经济学思考中的**剩余价值理论主线**以及可以走向未来的**哲学方法论本质**。

三是本书的结构比较简单,基本上是一个以时间线索为主线的叙述逻辑:上册从 1843 年的《黑格尔法哲学批判》开始,到 1849 年的《雇佣劳动与资本》结束;下册从 1850 年前后的《伦敦笔记》开始,一直到 1867—1883 年的《资本论》三卷结束;结束语中关注了马克思在晚年去世之前写下的两份重要的学术文本。不过,在研究马克思的原始文本的内容上,此次研究重点关注了 MEGA[2] 第四部分文本,特别是马克思不同时期的学术笔记与他原创性思想构序的内在关联。比如,《巴黎笔记》与人本学劳动异化批判构式的关联,《布鲁塞尔笔记》《曼彻斯特笔记》与历史唯物主义思想的发生,《伦敦笔记》与历史唯物主义的深化以及马克思经济学革命和科学社会主义的最终确立等。对此,意大利学者普拉德拉将对马克思笔记的深入研究称为"理解马克思著作的一个基本支撑内容",因为,"我们借此机会进入他的实验室,去接触他所研究内容的广度和深度,并根据那个时代的背景和理论论争去追寻它们的深化过程"。[①] 对此,我深表认同。相比之《回到马克思》第一卷,此次研究

---

① 参见[意]普拉德拉《全球化与政治经济学批判——马克思著作的新视角》,韩焯译,上海财经大学出版社 2021 年版,绪论,第 5 页。

也增加了一些过去在单纯哲学视线下不太关注的文本细读,比如马克思在《巴黎笔记》的后期在关于黑格尔否定辩证法研究思想实验中写下的《黑格尔〈精神现象学〉摘录"绝对知识章"》、《布鲁塞尔笔记》中的"居利希笔记"、《雇佣劳动与资本》、《共产党宣言》、《伦敦笔记》中的"李嘉图笔记"和"工艺学笔记"、《黑格尔的逻辑学》摘录,以及《1861—1863 年经济学手稿》、《1863—1865 年经济学手稿》、《资本论》第一卷(德文第一版)、第三卷和《评阿·瓦格纳的"政治经济学教科书"》等。

四是在此次研究中我也较细致地重新阅读了马克思与恩格斯的相关书信,除去我在第一卷中已经关注的《马克思致安年柯夫》,还细读了马克思《马克思致查苏利奇》及草稿和关于《政治经济学批判》和《资本论》写作构想的讨论信件。在对马克思和恩格斯长达 40 年的通信的阅读中,我也发现了一些自己过去没有注意的非常重要的思想观点。阅读这些历史信件,也使灰色的思想文本背后的生活场境跃然纸上。出身高级律师家庭的马克思和作为贵族女儿的燕妮,有着资本家父亲的恩格斯,没有躺在父辈留下的富裕生活之中,而选择了为全世界受苦受难的无产阶级获得解放、寻求光明的艰难道路。在那些漫长而黑暗的岁月里,马克思被各国资产阶级政府驱逐,作为德国的思想家却不能返回自己的家乡,世界这么大却没有一个可供革命者安静容身的处所。常人真的难以想象,马克思在实现那些伟大的思想革命时,每天都处于生活窘迫的悲惨情境之中,在很长一段时间里,马克思写给恩格斯的大量信件都是这样开头的:"请务必寄几个英镑来",因为房租、因为债主逼债、因为孩子生病、因为面包……甚至,马克思痛苦地失去了自己亲爱的三个孩子。这种状况,一直持续到《资本论》第一卷出版后才有所好转。而恩格斯则更惨,我经常在课堂上说一个让人笑不出来的"笑话":"恩格斯自己当资本家养活马克思写《资本论》揭露资本家剥削工人的秘密。"这是一个令人潸然泪下的悲情故事。当你看到,有一天恩格斯在父亲留下的伦敦营业所中兴奋地写信告诉马克思,"今天我终于自由了",你才会体验到,什么叫伟大的牺牲精神。恩格斯自己有太多的事情要做,有无数未完成的写作计划,可是,为了马克思的思想革命和人类解放的事业,他义无反顾地放下了一切。马克思去世之后,为了整理出版《资本论》第二、三卷,自比"第二小提琴手"的恩格斯毫不犹豫地表示:"我有责任为此献出自己的全部时间"①!这才是人世间最伟大的友谊。

五是我对马克思不同历史时期写下的文本和思想的质性判断和看法发生了一些较大的改变,比如《黑格尔法哲学批判》中马克思对黑格尔"市民社会"的误认,《1844年经济学哲学手稿》中马克思赋型劳动异化批判构式Ⅱ所内嵌的黑格尔现象学-否定辩证法的主导地位,马克思晚期经济学研究中历史唯物主义客体向度的深化、科学的劳动异化批判构式Ⅲ和经济拜物教的策略性在场,黑格尔的《精神现象学》在马克思思想发展中的贯穿性隐性影响等问题,这些新观点,比《回到马克思》第一卷中的相近讨论都大大深化了。②

最后应该提醒读者,本卷的写作中,在相同文本的构境背景和文献学的资料方面,除去新解读的文本,大多数都没有再做精细的介绍和讨论,因为我的主观假设为,第二卷的读者应该已经阅读过《回到马克思》一书。然而,也因为第二卷的写作刻意回避了作者在第一卷中已经讨论过的一些已经比较深入的思想主题,这自然会使本书的学术构序逻辑布展中出现某种跳跃性空缺。

还应该承认,如果说20多年前出版的《回到马克思》第一卷对当下思想关系场境的共识有一定的妥协,那么这里的第二卷,则第一次尝试复构了马克思思想中的一些复杂的原初思境。**马克思就是这么深刻**,我们将其冲淡为熟知的教条主义白开水以致为世人所弃,才真的是罪过。很长一段时间以来,马克思思想不是被当作活的灵魂和方法,而被当作一些功利性的现成标签和图表来任意图解我们在生活现实中遭遇的事物和现象,就像黑格尔在《精神现象学》中嘲讽的那样,"这张图表等于一具遍贴着小标签的骨架,或等于一家摆着大批贴有标签的密封罐子的香料店,图表就像骨架和香料店一样把事情表示得明明白白,同时,它也像骨架之没有血肉和香料店的罐子所盛的东西之没有生命那样,也把事情的活生生的本质抛弃掉或掩藏了起来"③。

---

① 《马克思恩格斯全集》第36卷,人民出版社1975年版,第92页。
② 我并不打算直接修改第一卷中的相关表述,而会完全保留原来的观点,有可能在新的修订版中只是用注释标识出已经发生的认识变化。因为那是历史。
③ [德]黑格尔:《精神现象学》上卷,贺麟、王玖兴译,商务印书馆1979年版,第39页。

我以为,到了砸碎这些无生命的贴有标签的密封罐子的时候了,让我们重新回到马克思,迎接一场激荡心灵的暴风骤雨。

此刻,我不由地想起20多年前孙伯鍨老师为我的《马克思历史辩证法的主体向度》一书所作的序中写下的一段话:"任何发展都是历史的延伸,但又不是简单的延伸。在发展的道路上不仅充满了曲折和迂回,而且仿佛还有向出发点的回归。但这种回归不是要放弃已经卓有成效地获得的一切,而是要寻找新起点,以便向更高的目标推进。马克思在谈到无产阶级社会主义革命不得不在苦难和挫折中曲折发展时说道:'像19世纪的革命这样的无产阶级革命,则经常自己批判自己,往往在前进中停下脚步,返回到仿佛已经完成的事情上去,以便重新开始把这些事情再做一遍;它们十分无情地嘲笑自己的初次企图的不彻底性、弱点和不适当的地方;它们把敌人打倒在地上,好像只是为了让敌人从土地里吸取新的力量并且更加强壮地在它们前面挺立起来一样;它们在自己无限宏伟的目标面前,再三往后退却,一直到形成无路可退的情况为止……'①马克思主义哲学的发展经历着和上述情境相同的道路。'回到马克思去','回到马克思的最初文本',这几乎是当今所有致力于研究和探讨马克思主义哲学的人们的共同意向。像上述马克思所生动描写的那样,不惜把事情重做一遍,以便坚决地、更彻底地把马克思的思想和事业推向前进,这自然是十分正确而明智的"②。在过去的很多年中,学生们时常跟我开玩笑,"老师,你把马克思都做完了,我们怎么办?"很多人都以为,今天关于马克思思想研究的话,大概已经快讲完了,而真相却是:ad fontes③,**一切才刚刚开始**!其实,《回到马克思》第二卷的出版,会呈现出我在《回到马克思》的不同卷次中面对相同文本的不同解读结果的情况,我当然也想表明,一个人的思想构境不可能是凝固不变的,在先前已经出版的《回到马克思》第一卷的不同版次中,我只是修订了文献中的不足,以及补充了少量思考中的盲点,此番,却以全新的方式颠覆了许多自己原有的理论赋型和观点。虽然我不像福

① 《马克思恩格斯全集》第8卷,人民出版社1961年版,第125页。
② 转引自张一兵《马克思历史辩证法的主体向度》(第一版),河南人民出版社1995年版,序言,第2—3页。
③ ad fontes,拉丁语,"回到本源"。

柯那样夸张地说"我的每一本书都是扔向自己的手榴弹",但至少我认同这样一种观念:学问,是不可能真正做完的。一个人用绝对的、永恒的、普适的结论终结真理的时代已经一去不复返了。每一代思者都有自己基于当下生活的理解刻度,经典文本一次次被重新打开,历史性的思想构境的突现总会是常新的。

最后我还想说,希望后来者会明白一个道理,我们这一代人没有辜负历史,那么你们呢?况且,作为"前浪"的我,耳边早就响起黑格尔在《精神现象学》中引述的那句真言:"抬你出去的人们的脚已经到了门口。"①然而,你们怎么知道,我不是站在了那些躺平的"后浪"背后呢?

事实是,在一个无脑式的数字化景观时代,生存还是毁灭,再次突显在人的面前。

张一兵

2020 年 10 月 1 日于南京仙林南大和园

2020 年 12 月 14 日二稿于北京职工之家

2021 年 6 月 17 日三稿于南大和园

2022 年 2 月 9 日四稿于南大和园

2022 年 7 月 19 日再改于武昌茶港红星大院

---

① [德]黑格尔:《精神现象学》上卷,贺麟、王玖兴译,商务印书馆 1979 年版,第 50 页。

目　录

下册

上　册

真理不是一种铸成了的硬币，可以现成地拿过来就用。①

——黑格尔

在人类历史上存在着和古生物学中一样的情形。由于某种判断的盲目，甚至最杰出的人物也会根本看不到眼前的事物。后来，到了一定的时候，人们就惊奇地发现，从前没有看到的东西现在到处都露出自己的痕迹。②

——马克思

---

① [德]黑格尔：《精神现象学》上卷，贺麟、王玖兴译，商务印书馆1979年版，第25页。
② [德]马克思：《马克思致恩格斯》，载《马克思和恩格斯通信集》第4卷，生活·读书·新知三联书店1957年版，第88页。

第一章 从政治的公民社会到经济的市民社会

市民社会（civil society/bürgerliche Gesellschaft）一词在欧洲思想史上的在场和后续演绎，从来都不是作为一种凝固化的封闭概念能指，而是一个随着不同社会场境改变发生所指移动的话语格式塔。在思想史考古学视角上，它从作为政治交往共同体的市民社会话语Ⅰ，下沉到斯密经济学中劳动和需要体系的市场交换关系自发整合的市民社会话语Ⅱ，再由黑格尔的思辨哲学生成超越"第二自然"的批判性的市民社会话语Ⅲ，这是青年马克思最早遭遇市民社会话语的复杂思想情境。在这里，我们可以看到青年马克思在接触市民社会话语后的一系列重要思想改变。

1. 从政治共同体的市民社会话语Ⅰ到经济关系体的市民社会话语Ⅱ

我认为，在欧洲近代思想史上，人们对由资产阶级创立的全新资本主义制度的认识，有一个**从社会政治关系构式到经济构式转换的不同话语格式塔**。同一个 civil society（bürgerliche Gesellschaft）的概念的历史性话语转换中，有一个从政治共同体的**市民社会话语Ⅰ**到资产阶级经济关系体的**市民社会话语Ⅱ**，再到被批判性超越的自在**市民社会话语Ⅲ**的两个重要的话语脱型和转换的历史性节点：

第一,词源学上从亚里士多德(《政治学》)开始的,作为家庭自然共同体之上的**社会关系共同体——政治国家**的"πολιτική κοινωνία"(政治交往体/公民社会)①。这当然不是对应于尚未出现的资本主义制度。在亚里士多德那里,这个作为"公民社会"的词语,是指能够进入城邦社会交往共同体的自由人(公民),其中不包括非公民的奴隶。这里出现的原初话语格式塔的核心构序点,是自由人之间的社会交往活动和关系赋型总体,这种特定的政治构式负熵质是非对象性的关系存在。这一语义所指,经过拉丁文"societas civilis"的转译,最后以英文词语能指中的"civil society"出现在欧洲思想史中。可以说,亚里士多德的这一政治共同体的观点贯穿罗马时代和整个中世纪,即便是在 16 世纪末,亚里士多德的《政治学》第一次被译为英文时,"civil society"(公民社会)的能指也是作为"politic society"(政治社会)的同义所指,这一话语运行传统,也延续到近代资产阶级思想家霍布斯和洛克的政治哲学中,甚至到了卢梭和弗格森那里,虽然 civil society 一词开始具有了资产阶级标榜的"文明性",但仍然是指作为公民政治整体的国家。这里发生的话语异轨的本质是,雅典城邦的上等人交往共同体中的自由公民,已经由第三等级的**平权市民——资产阶级**(bourgeois)所替代。从概念考古的视角来看,这是一种同质话语能指的历史性重新编码,在实际话语编码的格式塔场境所指中,象征着资产阶级平权意志的"公民"政治交往共同体,取代了原有的旧式"自由人"共同体。据沃勒斯坦的考证,"资产阶级"一词最早是在 1007 年出现的,拉丁文语境中的"burgensis",其最初含义为村镇,之后又于 1100 年前后在法文中出现了"burgeis"一词,其词义逐渐开始指称城市中的居民。② 再后来,"bourgeois"则成为既非贵族又非农奴的第三等级市民中的居有财产者。也是在这里,"πολιτική κοινωνία"(公民社会)被资产阶级的政治实践赋型为反专制的政治共同体关系中的**市民社会**。在这个新的历史性的话语格式塔

---

① 在今天对希腊文 πολιτική κοινωνία 的翻译中,英语为 civil society,而德语是 Zivilgesellschaft,意思都是公民社会。

② 参见[美]伊曼纽尔·沃勒斯坦《沃勒斯坦精粹》,黄光耀、洪霞译,南京大学出版社 2003 年版,第 385 页。另一种说法称,"布尔乔亚"(Bourgeois,即城市居民)一词最早出现在 1007 年法兰西的一份特许状上,不久之后即在欧洲流行开来。参见[美]泰格、利维《法律与资本主义的兴起》,纪琨译,刘锋校,学林出版社 1996 年版,第 81—82 页。

中,资产阶级意识形态构境中市民社会的话语编码,首先发生在政治法权的上层建筑领域,其中,"法律面前人人平等"的法理型政治结构和个体思想自由互动关系场境中的"公共话语场域",使市民社会这一能指成为资产阶级意识形态的话语所指。在这个特殊词语的构序意义上,作为政治关系法权共同体的"市民社会",恰好是否定贵族自由人的"公民社会"的。这是欧洲近代思想史中市民社会概念的原初构境,我将其命名为**市民社会话语 I**。如果再精细一些界划这一思想构境,还可以进一步细分成作为前资本主义生产方式中的政治交往共同体的国家**市民社会话语 Ia** 和转换为资产阶级政治交往共同体的国家**公民社会**的**市民社会话语 Ib**。在我看来,对学术概念与具体话语构序场境的历史赋型质性的微细边界区划,是科学的概念考古研究的前提性条件,这也是保证之后我们的思想构境谱系研究不发生逻辑混乱的前提。之前的许多相关讨论的问题就出在这里。关于欧洲思想史中"市民社会"问题的学术演进和整个资本主义历史进程的研究,在我与周嘉昕博士合作的《资本主义理解史》第一卷①中已经有过比较详尽的探讨,所以本书不再赘述。

第二,表征资产阶级平等政治法权关系赋型的 civil society(**市民社会话语 Ib,现代资产阶级公民社会**),在同一个意识形态构境中,从斯密的古典经济学第一次向**经济关系构式**的逻辑下沉。在话语格式塔运行里,这是 civil society 这一词语能指在学术**异域挪移中重新编码的语义所指**。在真实的历史时间中,当然是首先出现了资本主义工业和商品经济存在与发展的现实萌芽,才会生成社会关系场境层面的政治法律需求,但在市民社会话语的历史运行中,对政治共同体中的平等和自由解放的吁请却是**逻辑优先**的。在斯密这里,作为政治交往关系共同体的 civil society,开始深化为背后起支配性作用的商品交换构式的特定社会负熵质的经济关系。我们知道,在斯密的经济学中,**劳动价值论**是他全部理论构式的基础,而他对市民社会话语的关涉,却是从资产阶级主导的工场手工业生产过程中出现的**劳动分工**开始的。最早,在《关于法律、警察、岁入及军备的演讲》中,斯密说:"在劳动没有分工(labour is undivided)的野蛮国家,一切东西全是为了满足人类的自然需要。但在国家已

---

① 参见张一兵、周嘉昕《资本主义理解史》第 1 卷,江苏人民出版社 2009 年版。

开化(cultivated),劳动已分工(labour divided)以后,人们所分配的给养就更加丰富。"①这是比政治法律上的"平等"和"自由"更为基始的**生产与经济**上,"野蛮"与"开化"的一个界划。这个政治上的cultivated(开化 = 文明)是对资产阶级市民社会话语Ⅰ的历史定位,但巧妙的话语关系赋型意向的转换在于,政治上的"开化"基于生产中的labour divided(劳动已分工)。这也很深地意味着,政治法律关系是由"怎样生产"的方式决定的。这是一种深刻的社会唯物主义的观点。在《国民财富的性质和原因的研究》(*An Inquiry into the Nature and Causes of the Wealth of Nations*,以下简称《国富论》)第一篇第四章中,斯密指认,劳动的"分工一经完全确立,一个人自己劳动的生产物,便只能满足自己欲望的极小部分。他的大部分欲望,须用自己消费不了的剩余劳动生产物,交换自己所需要的别人劳动生产物的剩余部分来满足。于是,一切人都要依赖交换而生活,或者说,在一定程度上,一切人都成为商人,而社会本身,严格地说,也成为商业社会"②。这是斯密《国富论》中非常有名的文本段落。马克思在后来的《1844年经济学哲学手稿》中,几乎完整地概述了斯密的这一段表述。③ 这里,civil society的话语所指异轨,发生于从政治交往共同**体到经济交换共同体**的重大思想格式塔转换之中。在很深的逻辑构式关系中,斯密第一次确证了资产阶级政治交往关系共同体的民主和自由本质,最终是由市场经济关系决定的。由此,才出现了civil society这一能指在话语信息编码中生成的具体所指上巨大的跃迁。此处的关键性的赋型意向有三:一是"怎样生产"的狭义生产方式中发生质变的劳动分工,这是话语关系赋型的前提,因为,劳动分工生成劳动生产总体性的解构;二是分工之下孤立的个人无法满足的自身的欲望-需要,不得不依赖于商品交换关系中的剩余劳动,这二者共同构成话语关系赋型的主体;最后,就出现了人人都是商品市场中的交换者("商人")的商业社会,这是结论性意识形态构境中的关系赋型。可以

①［英］坎南编:《亚当·斯密关于法律、警察、岁入及军备的演讲》,陈福生等译,商务印书馆1982年版,第177页。

②［英］亚当·斯密:《国民财富的性质和原因的研究》上卷,郭大力、王亚南译,商务印书馆1972年版,第20页。

③参见《马克思恩格斯全集》(第二版)第3卷,人民出版社2002年版,第356—357页。

看到,斯密这里出现的新的社会经济活动中的关系性要素,都不再是基于血亲宗法关系的**对象性的实体**,而是脱型于前者的人的劳动物相化塑形-构序活动、需要和经济交换关系赋型。具体说,市民社会话语格式塔中新出现的关系赋型("关系总和")为:劳动分工是来自劳动生产构序中极其重要的转变,它将劳动者自我统一的劳动程序在空间上分离为不同劳动者手中被切割后的片断性工序,同时,这也历史性地生成社会劳动一般,这是一种**客观的现实抽象Ⅰ**。劳动分工是资本主义工场手工业生产进程中提高劳动生产率的重要手段,它的实际客观结果是劳动本身的矛盾分裂,这种分裂使得原子化的"市民"的欲望-需要无法得到满足,于是,必须生产为了交换的剩余劳动产品,由此,人们通过市场的盲目商品交换关系来满足彼此的需要,无形中建立起相互依存的特定经济构式负熵的关系整合体系,这就是以商业活动为本质的自由个人与经济市场总体相矛盾的 civil society。它最终消解了原来居支配地位的人与人之间的血亲依赖关系。于是,自然法权和平等的政治关系构序起来的**政治市民社会**,就归基为由"看不见的手"支配的商品交换关系自发整合起来的"一切人都成为商人"的**经济市民社会**。由此,在同一个 civil society 概念不同的话语格式塔中,也就生成了信息编码中资产阶级政治话语向经济话语的必然转换。这是市民社会概念的第二个重要历史编码,我将其命名为**市民社会话语Ⅱ**。依我的判断,青年马克思只是在他第一次经济学研究(1844 年)之后,才真正进入这一特定的话语构境。

　　对此,我的评论有二:一是斯密这种"一切人都成为商人"的市民社会话语Ⅱ,实际上掩盖了以劳动物相化创造财富的劳动者和占有财富的资本家之间的矛盾,因为,从劳动者具体生产中的劳动分工到商品交换市场中财富拥有者之间的欲望-需要及满足,斯密跳过了"商人"手中财富的所有权关系问题。在这个经济财富作为生存尺度的市民社会中,工人永远不会成为"商人",这说明,斯密的市民社会话语Ⅱ从一开始就是一种意识形态幻境。在《1861—1863 年经济学手稿》中,马克思评论说,"在这里,亚·斯密只是考察一般商品交换:交换价值、分工以及货币的性质。交换者在斯密面前还只是商品所有者"①。

①《马克思恩格斯全集》(第二版)第33 卷,人民出版社 2004 年版,第53 页。

这当然是一种作为资产阶级经济关系"当事人"的资本家的"天真"立场。所以马克思才说,"斯密天真地一方面表述了资本主义生产当事人的想法,完全按照这种当事人所看到和所设想的样子,按照事物决定这种当事人的实践活动的情况,按照事物实际上呈现出来的样子来描绘事物,另一方面,在有些地方也揭示了更为深刻的联系,——斯密的这种天真使他的著作具有巨大的魅力"①。在这一点上,斯密显然不如透露了"主奴辩证法"的黑格尔。也能看到,斯密这里的"一切人都成为商人"的观点,将会赋型之后赫斯"人人都是小贩"的交往异化理论。在很深的意识形态构境中,二者是同质的。二是斯密此处指认的"一切人都要依赖交换而生活",很深地透视了一种全新的社会构式负熵质性:如果说,在以农业生产-血亲(生命负熵)关系为基础的传统社会中,人们的社会生活是可见的刚性宗法关系构式,劳动产品是**非塑形的**对象性自然产物("自然财富"),因为在种植业和畜牧业的长期循环和重复的惯性实践中,人的有限劳作虽然也有着自己的主体意图(telos),但并不能根本改变自然物质存在的"自然辩证法"构序和原生形式。古希腊哲人所指认的爱多斯(eidos)物相化于对象之中的创制(poiesis)活动,仅仅会出现于工具和生活用具的手工艺劳作之中。而在商品-市场经济的金钱-资本关系**场境存在**中,创造性实践中的工业劳动物相化塑形和构序了自然物质存在的全新的外-内相方式,脱型于自然的财富形式则在进一步的经济物相化进程中转化为非实在的"社会财富"(商品与货币),可见的经济活动背后却隐匿着看不见的事物的关系赋型和自发整合(integration)生成的客观法则(价值规律)。在《回到马克思》第一卷中,我曾经将斯密等人的类似观点表征为古典经济学方法论构境中的透视**物性实在背后社会关系场境**的非物像**社会唯物主义**。这是一种在**社会生活中肯定物质生产和客观经济关系的唯物主义**。他们并非自觉地面对这样一个新的事实:工业文明之后社会历史中的客观现实主要不是物质实体性的存在,而是**以人类活动塑形和构序为主体的社会生活**,特别是**客观存在的人**

---

① 《马克思恩格斯全集》(第二版)第34卷,人民出版社2008年版,第242页。

与人之间的社会关系赋型生活。① 我吃惊地注意到，阿多诺竟然也明确指认黑格尔哲学中对这种隐性的**社会唯物主义**（*Gesellschaftlichem Materialismus*）的认同。他认为，"黑格尔越是背靠社会唯物主义（Gesellschaftlichem Materialismus），他就让唯心主义离认识论越远，与康德相反，他就越加固执地从内部出发来把握对象"②。这是一个深刻的重要评点。

第三，黑格尔对斯密市民社会话语 II 的接受和超越。亚里士多德的《政治学》大约在 15 世纪被译成拉丁文，"societas civilis"在资本主义发展滞后的德国开始被译成德文的"bürgerliche Gesellschaft"能指时，仍然保留了原初政治关系共同体的国家—政治市民社会的话语所指，即便在康德那里，也没有发生根本性的改变。当然，这个 bürgerliche Gesellschaft 业已是启蒙之后的资产阶级政治国家共同体——市民社会话语 Ib。据植村邦彦的考证，1778 年，还是文理中学学生的青年黑格尔在笔记中写道："国家学或者政治学包括国家或者市民社会（Staaten oder bürgerliche Gesellschaft）的整体福祉理论，同时也指明了其实现手段。"③这里，bürgerliche Gesellschaft（市民社会）与 Staaten（国家）是同义语，当属**市民社会话语 I 或者现代资产阶级公民社会**（市民社会话语 Ib）的构境。我想，青年黑格尔这种市民社会话语 Ib 中突显"整体福祉"的政治意识形态倾向，与当时他对法国大革命的热情是一致的。④ 黑格尔思想观念中 bürgerliche Gesellschaft 一词发生根本性的赋型转换，是他在法兰克福时期（1797—1800）第一次接触经济学时开始的⑤，特别是 1800 年前后在

---

① 参见拙著《回到马克思——经济学语境中的哲学话语》（第四版），江苏人民出版社 2020 年版，第一章第一节。

② ［德］阿多尔诺：《黑格尔三论》，谢永康译，上海人民出版社 2020 年版，第 52 页。

③ 转引自［日］植村邦彦《何谓"市民社会"——基本概念的变迁史》，赵平等译，南京大学出版社 2014 年版，第 24 页。

④ 卢卡奇说，年轻的"图宾根三伙伴"，"黑格尔和青年朋友荷尔德林和谢林在图宾根时曾种过一棵自由树，唱着革命歌曲围绕着这棵树载歌载舞"（［匈］卢卡奇：《青年黑格尔》，王玖兴译，商务印书馆 1963 年版，第 40 页）。后来阿多诺也指认，"《精神现象学》的无辜的读者大多会惊异于最高思辨理念与法国大革命和拿破仑时代的现实政治经验之间突然擦出的火花，这其实就是真正辩证法的东西"（［德］阿多尔诺：《黑格尔三论》，谢永康译，上海人民出版社 2020 年版，第 62 页）。

⑤ 根据卢卡奇的考证，青年黑格尔在法兰克福时期曾经写下一些经济学手稿，其中主要是对斯图亚特的评论。这一部分手稿后来遗失了。参见［匈］卢卡奇《青年黑格尔》，王玖兴译，商务印书馆 1963 年版，第 15 页。

耶拿大学接触到斯密的《国富论》之后。在这个时期,青年黑格尔认真研读过斯密等人的经济学论著。1803—1804 年,他在耶拿大学开设的"思辨哲学体系"讲座中,开始讨论劳动、工具、机器生产和劳动分工等经济学的问题。这显然是受到了经济学的影响,这也是市民社会话语格式塔转换的导因。在黑格尔留下的《耶拿体系草稿》(*Jenaer Systementwüife*)中,我们突然看到他对劳动概念的关注。这是斯密《国富论》中以劳动价值论逻辑构式生成的经济学话语的核心。这里,黑格尔竟然已经认识到,在能动的劳动者个体与被加工的对象之间,非本能的、以"精神的方式"(Weise des Geistes)存在的**劳动**就是这种作为双方的联系(Beziehung)"。在黑格尔那里,精神已经是反思和觉醒中的意识,正是劳动将劳动者那里的精神爱多斯(eidos)物相化到对象之中,这当然是黑格尔唯心主义观念构境论的体现。黑格尔的这种劳动观,将构成之后他的名作《精神现象学》的决定性理论逻辑构式——劳动辩证法("主奴辩证法")的关键性构序因素。同时,黑格尔指认由劳作传统蔓延开来的"**工具**是现实存在着的、合乎理性的中项,是实践过程(praktischen Prozesses)的现实存在着的普遍性"①。这也意味着,工具本身就是爱多斯物相化的 praktischen Prozesses(实践过程)中的纯粹"普遍性"共相的赋型中介。不过,黑格尔这里所指认的作为工具本质的"普遍性"中项,并非劳作中激活和重构物相化活动的物性信息编码模板,而是**精神性构境中的理念共相**。可是,黑格尔并没有意识到工具本身也是一种劳动技能的**现实抽象Ⅱ**,并且反向对象化到物性工具模板中,以激活和重复劳动活动。这一点,是马克思在第三次经济学研究中发现的。也是在这里,黑格尔直接援引了斯密在《国富论》中那个制造钉子的劳动分工之例:原先一个铁匠一天生产 20 枚钉子所做的工序,现在分配给 18 个工人,"每人承担劳动的一个特殊方面",这样,在工场手工业中发生的劳动分工就是每天可以生产 4800 枚铁钉。② 依我们上面的解读,这恰好为斯密市民社会话语Ⅱ的第一个话语格式塔关系赋型意向。

---

① [德]黑格尔:《耶拿体系草稿Ⅰ》,载《黑格尔全集》第 6 卷,郭大为、梁志学译,商务印书馆 2020 年版,第 241 页。

② 参见[德]黑格尔《耶拿体系草稿Ⅰ》,载《黑格尔全集》第 6 卷,郭大为、梁志学译,商务印书馆 2020 年版,第 262 页。

并且,黑格尔也说明了在劳动分工条件下,劳动者在机器化生产中的地位改变了,在他看来,劳动者"伺服机器越多,他本身就变得越低"①。在这一点上,黑格尔是深刻的。在之后的《精神现象学》中,黑格尔将以"主奴辩证法"的深刻隐喻,彻底超越斯密那种"一切人都成为商人"(第三个结论性的话语关系赋型)的幻象。在此时,斯密的经济学思想,劳动分工、需要和交换等非实物性的经济关系场境存在问题,开始成为黑格尔理解先前作为政治共同体的bürgerliche Gesellschaft 的全新他性镜像支撑,由此,黑格尔进入市民社会话语Ⅱ的经济学构境。1818—1819 年,青年黑格尔在海德堡大学编写《自然法与国家学讲义》(*Naturrecht und Staatswissenschaft nach der Vorlesungsnachschrift*)中,已经认识到市民社会中的一般财富生产活动表现为一种"自然必然性",而政治经济学的特定目标就是把握"这个总体性的规律"。在那里,他直接引述了斯密在劳动分工(Teilung der Arbeit)基础上使复杂劳动抽象化,并再次提及斯密那个著名的销钉(Stecknadel)劳动分工和生产协作的例子。

黑格尔在自己的论著中系统说明市民社会的经济关系本质,还是在他1821 年出版的《法哲学原理》(*Grundlinien der Philosophie des Rechts*)中。在《回到马克思》的第一卷中,我已经比较详细地讨论过黑格尔与古典经济学的隐秘关系,这里我们的思考则聚焦于他的市民社会观。在这本黑格尔最后公开出版的书中,他似乎再一次回到自己在耶拿时期的理论出发点——古典经济学。此时,黑格尔将斯密的政治经济学称为"国家经济学"(Staatsökonomie),是"在现代世纪基础上所产生的若干门科学的一门"。② 这个 Staat(国家)在先前青年黑格尔的学术构式中,同质于 bürgerliche Gesellschaft,可在这里,它却与 Ökonomie 话语构序场境直接链接起来。在这个起点上,他显然异质于斯密。在黑格尔看来,国家经济学的对象是**看似盲目运动的市民社会**中非直观的必然性。黑格尔对市民社会的历史定位是清

①[德]黑格尔:《耶拿体系草稿Ⅰ》,载《黑格尔全集》第 6 卷,郭大为、梁志学译,商务印书馆 2020 年版,第 260 页。

②参见[德]黑格尔《法哲学原理》,范扬、张企泰译,商务印书馆 1961 年版,第 204 页。中译文将此处的 Staatsökonomie 误译作"政治经济学"。Georg Wilhelm Friedrich Hegel, *Werke 7*, Frankfurt am Main: Suhrkamp Verlag, 1970, S. 346.

楚的,他说,"市民社会(bürgerliche Gesellschaft)是在现代世界中形成的"①。这是指认 bürgerliche Gesellschaft 全新的历史赋型基础,这说明,黑格尔的市民社会是有**历史时间质性**的。这一点,在思想谱系学的细读中,将会是黑格尔走向批判性的市民社会话语Ⅲ的起点。他甚至援引霍布斯的观点说,"市民社会是个人私利的战场,是一切人反对一切人的战场"②。将社会隐喻为博弈式的"战场",当然是透视了其中人与人的经济和政治角逐关系赋型起来的社会物相化场境和社会空间的矛盾本质。这可以看作后来布尔迪厄斗争场域论的缘起。然而,与停留在政治交往共同体赋型的市民社会话语Ⅰb中的霍布斯不同,黑格尔对市民社会概念的理解,开始进入斯密确立的以经济交换关系为基础的商业社会,"人对人是狼"的政治战场,现在体现为经济交换关系场境中"大鱼吃小鱼"的利益博弈。这是在走向斯密,也是我所说的从政治交往关系的国家共同体的**市民社会话语Ⅰ**,开始下沉到经济关系的**市民社会话语Ⅱ**的学术异域挪移中的思想异轨。可是,与斯密、李嘉图等人对市民社会的肯定性分析不同,在黑格尔眼中,以劳动分工和无法直接满足的碎片化需要为基础的这个市民社会,是以**自发性整合的盲目偶然性**为本质的,这是主体性观念辩证法筑模的**否定形式**。这也是说,市民社会经济构式负熵的本质,恰恰是非主体的无序性熵增中的非物相化自组织,即个体有目的的构序(逐利热情)活动无意识建构起来的总体经济熵增进程,再自发整合为经济物相化市场规则的内在有序性。也是在这一点上,阿多诺评论说,"黑格尔的洞见深入到市民社会内部各矛盾不可调和的内容之中"③。这生成了一种复杂矛盾关系中的自发性经济信息编码(information coding)与解码(decode)的消极**客体辩证法**图景:

一方面,在以农业生产的种植业和畜牧业为基础的自然经济中,土地上人的劳动并不能**直接改变自然物质存在的形式和内部构序**,用黑格尔的话来说,就是"农业以自然的推动为主"④,也就是说,自然物质虽然在人的生活中

① [德]黑格尔:《法哲学原理》,范扬、张企泰译,商务印书馆1961年版,第197页。
② [德]黑格尔:《法哲学原理》,范扬、张企泰译,商务印书馆1961年版,第299页。
③ [德]阿多尔诺:《黑格尔三论》,谢永康译,上海人民出版社2020年版,第2页。
④ [德]黑格尔:《历史哲学》,王造时译,生活·读书·新知三联书店1956年版,第467页。

露面和到场,但仍然在对象性实体上保持自身的独立性,而人的劳动只是通过外部空间塑形来优化自然生命负熵已有的构序,比如使"粮食"获得比"野草"更丰厚的阳光、养分和水源,使家禽得到比"野兽"更好的关照等,从根本上说,人在自然经济的劳作中的有限信息编码力还依存于外部物质自然界的客观"自然辩证法"。当然我们前面指认过,在农业生产之外,只是在生产工具的创制与少数工匠的鞋子、衣物、桌椅等生活用具的手工制作及建筑、道路等初级社会物相化空间的建设中,才会出现希腊哲学中所讨论的通过 poiesis(创制)实现主体性 eidos(爱多斯-相)的在场性。这里的社会物相化空间是相对于作为农业生产基础的自然物理空间。而在手工艺劳作基础上逐步发展起来的新型工业生产中,工人的劳动活动将**直接塑形物质的存在**,创造性实践的工业生产开始成为新的物质存在基础的**构序和信息编码动因**。由此开启了真正的人改变世界的进程,**"自然辩证法"开始融入主体性的历史辩证法**。这也意味着,劳动活动开始成为改变自然物质存在方式的完全 eidos(爱多斯之相)物相化力量,工业生产的结果是**深嵌着劳动活动和关系场境**的。这是一种极其深刻的**劳动辩证法**,也是今天我们看到的周围生活世界(社会空间)的在场性本质。当然,在黑格尔这里,这种作为方法论筑模的劳动辩证法,则表现为一种周围世界背后的观念**主体(telos)创造社会负熵质的关系性精神赋型本质**。在他的观念唯心主义构境中,人的这一切劳作物相化都是观念爱多斯(eidos -精神理念)主体通过异在的工具"使自然为自己工作,平静地注视它并轻而易举地统治着这全体:狡计(List)"①。在后来出版于 1817 年的《哲学科学百科全书大纲》(*Enzyklopadie der philosophischen Wissenschaften im Grundrisse*,1817,简称《哲学全书》)中,黑格尔分析说,"理性何等强大,就何等狡猾。理性的狡猾总是在于它的间接活动,这种间接活动让对象按照它们本身的性质相互影响、相互作用,它自己并不直接参与这个过程,而只是实现自己的目的"②。马克思后来在《资本论》第一卷(德文第一版)第三章中直接引

①［德］黑格尔:《耶拿体系草稿Ⅱ》,转引自［匈］卢卡奇《关于社会存在的本体论》上卷,白锡堃等译,
　　重庆出版社 1993 年版,第 579 页。

② Georg Wilhelm Friedrich Hegel, *Werke 6*, Berlin: Duncker und Humblot, 1840, S. 382.

述过黑格尔这一表述。① 列宁也关注到马克思的这一转述。② 这也意指着，"自然辩证法"融入历史辩证法的本质，是观念逻辑总体性构序统摄自然构序。在这一哲学总体构境层面上，黑格尔绝对观念-逻各斯(logos)③与柏拉图的唯心主义理念-共相(eidos)论是属于同一学术构境谱系的。并且，这也生成着黑格尔在《精神现象学》构境中，证伪直观物像，透视正在消逝的对象背后的**一般抽象观念物相化**的逻辑基础。在认识论筑模层面，不同于农耕生产之上自然经济活动中人与外部自然世界的二元对置，认知主体与外部客体对象的边界被工业生产消解了，锁定在土地的血亲(生命负熵)关系基础上的凝固化的先天宗法关系被打碎，我们开始认知自己的主体 telos(目的)创造的全新社会负熵世界的辩证运动。我以为，这是黑格尔绝对理念在"自然哲学"和"历史哲学"中自我认识逻各斯构序的现实历史本质。对此，施米特④说，"从认识论上来说，自然与其是作为逐步在纯粹'给予的东西'，不如说越来越作为'被创造的东西'出现的。这是中世纪社会向资产阶级社会进行经济转换所伴随的现象"⑤。在这一点上，施米特是深刻的。"给予的东西"即现成到场之物，而"被创造的东西"当然就是工业生产物相化后的在场之物。然而更深一层看，黑格尔绝对理念说在面对人类社会历史进程时，人的目的通过劳动实现其物相

---

① 参见《马克思恩格斯全集》(第二版)第42卷，人民出版社2016年版，第169页注释2。

② 参见《列宁全集》(第二版)第55卷，人民出版社1990年版，第203页。在列宁引述的《资本论》第一卷的德文第二版中，这一注释已经是在经过调整的第五章中。参见《马克思恩格斯全集》(第二版)第44卷，人民出版社2001年版，第209页注释2。

③ 逻各斯(希腊语为 λὸγοs)是一个表征逻辑总体的概念。古希腊哲学家赫拉克利特(Heraclitus)最早将其引入哲学，在他看来，逻各斯是一种隐秘的智慧，是世间万物变化的一种微妙尺度和规律。从柏拉图开始，逻各斯的本质被确定为总体性的理念，并与善的目的结合起来。这种观点在黑格尔哲学中达到顶峰，逻各斯就是绝对观念的总体性存在，它是使事物的各种关系场境聚焦并呈现出来的力量。

④ 施米特(Alfred Schmidt, 1931—2012)，德国当代哲学家，西方马克思主义法兰克福学派第三代的左派代表人物。1931年出生于柏林，早年在法兰克福大学攻读哲学、社会学和历史，1960年以《马克思的自然概念》获得哲学博士学位。后执教于法兰克福大学和法兰克福劳动学院。1972年任法兰克福学派社会研究所所长。代表性论著有:《马克思的自然概念》(1960)、《尼采认识论中的辩证法问题》(1963)、《康德与黑格尔》(1964)、《列斐伏尔和现代对马克思的解释》(1966)、《工业社会的意识形态》(1967)、《经济学批判的认识论概念》(1968)、《论批判理论的思想》(1974)、《什么是唯物主义?》(1975)、《作为历史哲学的批判理论》(1976)、《观念与世界意志》(1988)等。

⑤ [德]施米特:《马克思的自然概念》，欧力同等译，商务印书馆1988年版，第111页。

（eidos，爱多斯）的历史过程是有其现实基础的，可他将其推延至自然界时则是非法的，因为在黑格尔所处的时代，劳动生产还没有真正对象化自然，这至多是一种主观认识论僭越的假象。

另一方面，在工业生产基础上出现的资产阶级商品-市场经济中，财富的增加超出了个人的直接需要，满足生活需要的物品效用性生产的 telos（目的），开始转向追逐"交换价值"关系场境中"值多少"的抽象财富，这使得物质生产过程本身成为无限疯狂的商品激增，人所主导的直接塑形与构序产品用在性的信息编码和负熵努力，却在现实商品价值（经济财富爱多斯）的交换市场的经济构式负熵总体上，成为**经济熵增**的无序解码因子，商品在市场中的到场，不再是主体性 telos（目的）的人为构序结果，而是盲目偶然性自发生成内在法则的非主体性消极辩证法运动。整个商品生产-市场交换运动中出现的从无序状态到非人格信息编码的自组织整合（integration），被斯密视作不在场的"看不见的手"的无形操控。这是新的**经济物相化先天综合构架**的现实基础，这里，特殊社会物相化中的"相"恰恰是**反主体爱多斯**的，因为，社会物相化的本质是社会关系场境的赋型，而在市场交换中生成的经济物相化过程，却呈现为人与人的关系失形和祛序，颠倒为经济事物之间的关系，其结果必然是不同形式的经济物像图景中的财富拜物教。应该看到，在这一构境层中，黑格尔与斯密对 bürgerliche Gesellschaft（市民社会）的态度显然是不同的：在斯密肯定性地编码"看不见的手"（自然法）的地方，黑格尔则提出了超出自然必然性的自主性批判话语，这正是批判性的市民社会话语Ⅲ的逻辑前提。因为这种作为消极经济必然性出现的"看不见的手"，只不过是绝对理念支配下的**劳动辩证法**在市民社会中的**颠倒形式**。在认识论上，处于社会唯物主义构境中的斯密已经透视了经济无序运动中非直观的辩证法则，而黑格尔对其的超越则创造了**批判认识论**的前奏。这就构成了区别于一般物相化透视的**经济物像证伪逻辑**。固然，这种对**第二层级经济物相化**图景的精神现象学批判，是以回到先验观念构架的"理性的狡计"（精神信息编码和观念负熵）为代价的。卢卡奇在晚年曾经这样评价说，黑格尔"不仅把从斯图亚特和斯密到李嘉图的英国古典经济学的成果结合进他的历史哲学中，而且把他已经发现的客观性和联系性变成了他的辩证法的有机组成部分。由此，在黑格尔那里,现代市民社会的结构和动态的重要性的或多或少清晰的概念,作为关于在历史意义上的当代可以说的那些东西的基础"①。这也意味着,黑格尔观念辩证法的背后,其实是资产阶级经济活动的结构和动态法则。我基本赞成卢卡奇的观点,但是,这种指认缺乏对市民社会经济结构背后的复杂颠倒关系的更深批判。

2. "第二自然"作为异化经济关系的市民社会话语Ⅲ批判构境的形成

黑格尔承认,斯密看出了市民社会话语Ⅱ"这种表面上分散的和浑混的局面,是靠自然而然出现的一种必然性(Notwendigkeit)来维系的",这种必然性,显然不是过去封建宗法关系赋型基础上政治-神学构式负熵结构中可见的等级结构和直接暴力,而是在到场个人("热情")盲目的社会历史活动和无意识关系场境中出现的"自然必然性"。在主体性创制的市民社会经济生活中,出现了与自然界盲目运动相类似的**似自然性**(*quasi-natürliche*)②现象,黑格尔将其指认为在不是自然的社会生活中以否定性形式出现的"**第二自然**"(*Die zweite Natur*)的**他性存在**(*Anderssein*)③。从思想史考古的思境中看,这当然是不同于斯密市民社会话语Ⅱ的全新证伪性话语编码。后来,青年卢卡奇和阿多诺都延伸讨论过黑格尔的这种似自然性的"第二自然"观点。

在黑格尔看来,斯密的国家经济学正是为"一大堆偶然性(Zufälligkeiten)找到了规律(Gesetze)"④。这是从**盲目无相**的商品生产中的祛序,到市场交

---

① [匈]卢卡奇:《关于社会存在的本体论》上卷,白锡堃等译,重庆出版社1993年版,第545页。

② 我在1995年出版的《马克思历史辩证法的主体向度》一书中,专题讨论了这一问题。参见拙著《马克思历史辩证法的主体向度》(第一版),河南人民出版社1995年版,第三章。

③ 在黑格尔那里,"自然是理念在他性存在(Anderssein)方式中产生自己"([德]黑格尔:《哲学科学全书纲要》,薛华译,上海人民出版社2002年版,第145页)。对此,孙伯鍨先生曾经指出,黑格尔的"绝对精神在自然界中不是在自身之中,而是在'他物'之中,绝对精神为了复归其自身,必须扬弃异化,扬弃自然界"(孙伯鍨:《探索者道路的探索》,北京师范大学出版社2017年版,第405页)。而"第二自然",则在否定的意义上指认出在**不是自然**的市民社会中出现的类似自然Anderssein的状态,在"第二自然"里,主体性的社会生活处于"看不见的手"支配下的外在"自然法"的构序之中。

④ [德]黑格尔:《法哲学原理》,范扬、张企泰译,商务印书馆1961年版,第205页。

换返熵运动中自发整合(integration)的**被动构序和编码**的发生。这里的**无相性**是指在商品-市场经济整体上 eidos 蓝图的社会物相化(关系构序)的不在场。这是一种偶然与必然关系中的经济事物自发运动的**消极辩证法**。也是在这个特定的话语赋型中,我将这种出现在"第二自然"中的经济事物运动的辩证法筑模命名为**第二自然辩证法**①。请一定注意,黑格尔此处所指认的市民社会话语Ⅱ中出现的偶然性,并非重农主义开始关注的**生产活动中**的非人为的自发构序性("自然性"),而是劳动分工之上人们交换商品的市场**流通领域中**由于可见无序竞争生成的偶然性(经济熵增),当然,在斯密发现**被动**构序的"看不见的手"的地方,黑格尔看到了同样不可直观的**自主构序**中的"理性的狡计(List der Vernunft)"。应该说,这是原先那个**不在场的在场的上帝空位**中的不同填充。黑格尔这样形容这个 List der Vernunft,"它始终留在后方,在背景里,不受骚扰,也不受侵犯。它驱使热情去为自己工作,热情从这种失去里发展了它的存在,因而热情受到了损失,遭到祸殃——这可以叫作'理性的狡计'(List der Vernunft)"②。这里,黑格尔的神秘的理念 logos(逻各斯),恰恰是在"个人热情"盲目无相的追逐财富活动中实现自身的爱多斯蓝图的。在黑格尔这里,人本身的主体物相化表现为观念爱多斯的道成肉身,到场个人的逐利"热情"并不是主体物相化的实现,而只是在少数"马背上的绝对精神"(拿破仑)③和绝对观念哲学(黑格尔自己)之类的英雄个人那里,观念物相化的历史辩证法才成为人的**主体在场性**的物相化本质。这也意味着,拿破仑一类重要历史人物并不是他自己,而不过是绝对理念关系的人格

---

① 在黑格尔那里,辩证法只是观念主体内在的自我否定和矛盾运动,自然界中从无机物到生命现象发展中呈现出来的辩证关联和运动,都只是这种观念辩证法的"理性的狡计",所以,黑格尔恰恰是否定"自然辩证法"的。这当然是唯心主义的谬误。而在"市民社会"的经济活动中,人所创造的商品-市场交换中出现的商品、货币和资本一类经济事物自我运动和普遍关联的辩证法,却呈现出一种不以人的意志为转移的经济事物自在运动的客观自然法则的特征,如果"市民社会"是"第二自然",那么,这种"第二自然"中出现的经济事物的辩证法就是"第二自然辩证法"。

② [德]黑格尔:《历史哲学》,王造时译,生活·读书·新知三联书店 1956 年版,第 74 页。

③ 1806 年,拿破仑率领军队攻破耶拿。此时仍在耶拿的黑格尔,竟然将这位入侵者赞叹为骑在马上统治世界的奇妙"世界精神"。1806 年 10 月 3 日,黑格尔在写给好友尼塔麦信的信中说:"我看见拿破仑,这个世界精神,在巡视全城。当我看见这样一个伟大人物时,真令我发生一种奇异的感觉。他骑在马背上,他在这里,集中到这一点上他要发达到全世界,他要统治全世界。"(转引自[德]黑格尔《精神现象学》上卷,贺麟、王玖兴译,商务印书馆 1979 年版,译者导言,第 3 页。)

化。在很久之后,马克思在经济学语境中指认资本家不是"人",而是资本关系的人格化。可正是在这里,黑格尔与斯密的肯定性的**市民社会话语Ⅱ**的构境彻底分道扬镳了,由此出发,市民社会话语Ⅱ中的全部词语关系赋型都会成为**否定性**的证伪线索,bürgerliche Gesellschaft(市民社会)这一能指,开始表现为自我否定关系场境中的语义所指,话语格式塔整体必然成为批判性的证伪场境,于是,在新的话语编码中生成批判性的**市民社会话语Ⅲ**。这是思想史考古细读里新的信息编码转换证据:在话语格式塔运行中,则表现为原有肯定性编码的话语全部带上了证伪性的"负号",从而生成话语格式塔的**否定编码**形式。这是思想史中常见的颠倒式话语编码方式,有如布洛赫"带负号的存在主义"、拉康的否定性的关系本体论等。这个市民社会话语Ⅲ,将会是后来马克思最早的"资产阶级社会"的具体所指。也因为这一特定话语构序场境对后来的马克思的影响巨大,对此,我们再进行一些必要的分析。

首先,**作为第二自然的市民社会**。这包括两个方面:第一,"第二自然"中人从目的颠倒为手段。黑格尔在斯密-李嘉图的经济学构境里看到,"在市民社会(bürgerliche Gesellschaft)中,人的分立乃是起规定作用的东西"①。当然,这里市民社会中的"人的分立",是相对于传统社会中个人从属于同一性的血亲构式负熵的共同体。去除了专制脚镣的个人的这种分立的现实基础是斯密指认的劳动分工,分立的个人主体是差异性需要和交换的前提,也是个人主体性构序与社会总体无序发生矛盾关系的根本原因。在劳动分工之下的"交换"社会中,每个**原子化的**个人的到场都在为满足某一种需要(目的)而劳动,但作为加入市场交换整体的个人,在客观上成为又满足着许多他人的需要的手段。黑格尔说,"我直观到,他们为我,我为他们"②。这是过去那个"人人为自己,上帝为大家"在市场交换场境关系空间中的失形与变形。当然,现在出现在 bürgerliche Gesellschaft(市民社会话语Ⅱ)中的社会关系本质,已经是"人人为自己,交换为大家"。"人人为自己",既是个体有目的的生产中的主体性爱多斯塑形和构序,也是社会总体经济熵增的原因;而"交换为大

① [德]黑格尔:《法哲学原理》,范扬、张企泰译,商务印书馆1961年版,第265页。
② [德]黑格尔:《精神现象学》上卷,贺麟、王玖兴译,商务印书馆1979年版,第235页。

家",已经是从生产的"无政府状态"走向自发整合、构序和重新编码的经济构式负熵过程。对此,黑格尔评论说,在这种分立关系场境中的自发整合中,"个体性与个体性之间就出现了一种相互欺骗的游戏,每个个体性都自欺也欺人,都欺骗别人也受别人欺骗"①,由此,资产阶级的市民社会就会成为一种似自然性意义上的"精神动物的王国"②。这是一个 bürgerliche Gesellschaft 现实社会物相化(关系赋型)中的悖论。于是,在资产阶级刻意标榜的独立自主的个人主义意识形态假象中,黑格尔则看到了人从目的颠倒为手段的真相。这种特殊的目的与手段的颠倒关系,也是消极的"第二自然辩证法"的构成环节,同属黑格尔市民社会话语Ⅲ的证伪性编码。列宁在"伯尔尼笔记"中摘录了黑格尔《逻辑学》中这样一段表述:"在发达的市民社会里,许多从事各种不同职业的个人,处在一定的相互关系之中"③。这里的"一定的相互关系",已经是目的与手段颠倒中 bürgerliche Gesellschaft 的自发经济关系整合和构序。

第二,"第二自然"中作为无意识盲目整体出现的需要体系。实际上,在前述的《耶拿体系草稿》中,黑格尔提及,在市民社会中劳动分工条件下出现的劳动,已经不再仅仅是"满足个人的需要",因为在交换市场中生成的"需要的满足已经是大家的一种彼此普遍依赖的关系"④。甚至在更早的《伦理体系》(*System der Sittlichkeit*,1802)中,他直接指认出这种需要体系的实现方式是一个"无意识的盲目整体"⑤。这无疑是深刻的观点。黑格尔已经注意到,

---

① [德]黑格尔:《精神现象学》上卷,贺麟、王玖兴译,商务印书馆1979年版,第276页。
② [德]黑格尔:《精神现象学》上卷,贺麟、王玖兴译,商务印书馆1979年版,第262页。这是此书一个目的标题"精神动物的王国和欺骗,或事物本身"。马克思在很多年之后,提及黑格尔的这一重要比喻。他在1862年6月18日给恩格斯的信中,谈到自己正在阅读达尔文的《根据自然选择的物种起源》一书,他说:"达尔文在动植物界中重新认识了他自己的英国社会及其分工、竞争、开辟新市场、'发明'以及马尔萨斯的'生存斗争'。这是霍布斯的一切人反对一切人的战争,这使人想起黑格尔的《现象学》,那里面把市民社会描写为'精神动物的世界',而达尔文则把动物世界描写为市民社会。"参见《马克思恩格斯全集》第30卷,人民出版社1974年版,第252页。
③ 《列宁全集》(第二版)第55卷,人民出版社1990年版,第101页。参见[德]黑格尔《逻辑学》上卷,杨一之译,商务印书馆1977年版,第360页。
④ [德]黑格尔:《耶拿体系草稿Ⅰ》,载《黑格尔全集》第6卷,郭大为、梁志学译,商务印书馆2020年版,第261页。
⑤ 转引自[美]马尔库塞《理性和革命——黑格尔和社会理论的兴起》,程志民等译,上海人民出版社2007年版,第64页。

bürgerliche Gesellschaft(市民社会)的本质即是"通过个人的劳动(Arbeit)以及其他一切人的劳动与需要的满足,使需要得到中介(Vermittelung),个人得到满足——即**需要的体系**(System der *Bedürfnisse*)"①。这当然是对斯密市民社会话语Ⅱ的复述。在劳动分工的条件下,一是个人的劳动被切割为片断,劳动产品不再是一个人自己劳动工艺的自主信息编码的**总体性实现**,而是一种现实抽象Ⅰ自发生成的**一般劳动**合作关系赋型和外部编码的结果;二是进而在市场经济场境中,由于个人已经无法直接满足自己的需要,他必须通过不透明的**无相交换中介关系**,从他人那里非自主地实现自己的需要,在此,交换中介中发生的自发整合和构序恰恰是**反爱多斯**的,因为,这个需要关系体系是外在于"一切人"的**自发性突现**场境存在。这恰是斯密的**市民社会话语Ⅱ中那个表征市场运转机制的关键性词语关系赋型**。有所不同的是,这个重要的词语关系赋型在黑格尔自主性 bürgerliche Gesellschaft 观念构境中,直接成为证伪的对象。在黑格尔的《精神现象学》中,这种抽象的一般劳动是无意识生成于个别劳动之中的,他说,"**个别的人**在他的**个别的**劳动里本就不自觉地或无意识地在完成着一种**普遍的劳动**"②。这种普遍劳动背后恰恰是绝对理念的隔层信息编码。这里黑格尔所指认的"不自觉"和"无意识"的本质,正是**反爱多斯的无相性**的体现。从存在论的历史参照上看,原先血亲(生命负熵)关系赋型中的先验宗法性是直接属人性的,王子天生是王子,贫民天生是贫民,而市民社会中的人已经不再具有直接的属人性,而是特定的经济-政治活动中突现出来的社会关系赋型的复杂场境存在。甚至,区别于自然经济中的非物相化的自然物(Ding),工业时代和商品市场经济世界中的一般物相化中的"事物",也开始成为自然失形和社会关系质赋型后的经济物相化中的经济**事物**(*Sache*)。从学术思想构境谱系的历史线索看,马克思是在后来的《1857—1858 年经济学手稿》中才开始意识到这种历史转换的。这也意指着,第一层级物相化关系场境存在论的**社会先验**本质也是历史性的。在这一更深的构境中,我们会发现海德格尔的上手环顾世界的本质其实是现代性劳作

①［德］黑格尔:《法哲学原理》,范扬、张企泰译,商务印书馆1961年版,第203页。
②［德］黑格尔:《精神现象学》上卷,贺麟、王玖兴译,商务印书馆1979年版,第234页。

关系存在,这反衬出他的存在论深一层构境中的非历史性。在这一点上,鲍德里亚①的"物系统"背后的信息编码,倒是精准对接现代消费关系空间中的功能链接环顾的。②

其次,**黑格尔市民社会话语Ⅲ的批判构境**。第一,黑格尔指认,市民社会中的"**市民**,即是**资产阶级**〔*Bürger*（als *bourgeois*）〕"③。相比之斯密的"一切人都成为商人",这是一种深刻的历史透视感。然而,他对"第三等级"中占统治地位的资产阶级并没有好感。依黑格尔之见,在经济的市民社会里,"有这样一种观念,仿佛人在所谓**自在的**自然状态中,就需要说,其生活是**自由**的;在自然状态中,他只有所谓简单的自然需要（Naturbedürfnisse）,为了满足需要,他仅仅使用自然的偶然性直接提供给他的手段"④。自然与自由,是资产阶级意识形态的核心关键词。可在黑格尔看来,这里人所创造的经济活动中出现的"自在的自然状态",当然已经是异化的（entfremdet）"第二自然";市场经济中有意识的个人的经济活动是自由的,似乎人的经济活动也是自身主体物相化的过程,可是,人们之间满足各自需要的社会物相化关系赋型过程,却是通过盲目性熵增的市场交换关系间接实现的经济构式负熵总体,这还是一种"自然的偶然性"无相式自发整合和塑形起来的**他性**需要体系。这当然是一种主体异化为物性他者的**我-它自反性**关系。这也意指着,在经济的市民社会中自由与必然的关系同样是颠倒的。这也是那个特殊的"第二自然"中的消极的"第二自然辩证法"的构成环节。阿多诺深刻地指出,黑格尔业已发现这个社会"是为他者而存在"的,因为在这个市民社会中,"通过社会劳动按照

---

① 鲍德里亚（Jean Baudrillard,1929—2006）,法国当代著名思想家。代表性论著有:《物体系》(1968)、《消费社会》(1970)、《符号政治经济学批判》(1972)、《生产之镜》(1973)、《象征交换与死亡》(1976)、《仿真与仿像》(1978)、《论诱惑》(1979)等。

② 鲍德里亚在1968年出版的《物体系》(*Le système des objets*)一书,其实并非是在讨论人之外的物体或自然物质,而是意在探究已经落入人的工具性"环顾"（海德格尔语）世界之中的非自然客观对象。用我们的话来讲,即社会定在中的人工信息编码后的物质系统——客体。这种特定意义上的客观对象群的出现,实际上是工业化之后才发生的事情。

③ ［德］黑格尔:《法哲学原理》,范扬、张企泰译,商务印书馆1961年版,第205页。黑格尔在这里专门援引了法文中的bourgeois。参见 Georg Wilhelm Friedrich Hegel, *Werke 7*, Frankfurt am Main:Suhrkamp Verlag, 1970, S. 348。

④ ［德］黑格尔:《法哲学原理》,范扬、张企泰译,商务印书馆1961年版,第208页。

交换关系连接起来、团结起来的社会,依赖于其生产的社会条件的所有因素,就此在事实上实现了整体对部分的优先性"①。这个整体,当然就是他性的需要体系的消极辩证法自发整合总体。在黑格尔看来,斯密所肯定的bürgerliche Gesellschaft(市民社会)中自发生成的需要体系,是在原子化个人不同爱多斯意向的逐利"热情"关系场境中偶然突现的。显然,资产阶级意识形态中的自然与自由,在黑格尔这里反转为否定性的话语编码规定,因为这是斯密所肯定的经济的市民社会关系场境自在和非主体性的本质。如果用海德格尔的话语来异轨,就是此在新型的**经济被抛性**。这种人的被抛性的本质,不同于宗法关系场境中天定的动物性依存,而是在劳动生产物相化创制之后由交换市场塑形和构序起来的人的非自主状态,即"看不见的手"经济编码和支配下的个人到场的外部制约场境关系。然而,海德格尔恰恰没能进入这一更复杂的经济关系世界。黑格尔认为,在以交换为前提的市民社会中,正是为了满足个人自己目的(telos)的利益和需要,劳动分工条件下片面化的劳动塑形才表现成一种 für andres(为他)的手段性劳动,这种以交换为目的的劳动的最终结果,是"看不见的手"无形中建立起的一个全面的**对象性关系赋型**中的非自主的经济依赖系统。这是实现观念主体性的劳动辩证法的物性颠倒(Verkehrung),在这里,主体物相化的目的在经济构式的社会物相化中颠倒为手段。这恰恰是斯密通过利己的面包师描述的"经济人"(economic man)的故事。② 经济人的主体物相化,恰恰是以经济物相化为中介的。每个个人之间,原先在传统社会中的直接在场的血亲(生命负熵)关系赋型,直接脱型和转换为金钱(经济构式负熵)关系赋型,他们的在场只有通过市场中物与物的交换才能发生间接的社会联系,也只有在一只无相无形的"看不见的手"支配下的市场商品流通之中,对象化在产品中的各种劳动的抽象的价值关系才得以比较和实现。黑格尔明确指认说,这里现实抽象出来的社会**联系**

---

① [德]阿多尔诺:《黑格尔三论》,谢永康译,上海人民出版社 2020 年版,第 20 页。

② 斯密的原话为:"我们的晚餐并不出自肉贩、啤酒商或面包师的慈悲施舍,而是源于他们对自身利益的看重,他们在通过资本创造价值的时候,并不是为了增进公共福祉,而是追求一己私利,但当他们这么做的时候,有一只看不见的手在让整个社会为此受益,其程度往往比他们真的想要增进社会的利益时更好。"参见[英]斯密《国民财富的性质和原因的研究》上卷,郭大力、王亚南译,商务印书馆2014 年版,第 16 页。

(Beziehung)的实质就是**披着物的外衣**的价值**关系**(Verhältnis)。从概念考古的细节上看,黑格尔在这里刻意区分了 Beziehung(联系)和 Verhältnis(关系),似乎,Beziehung 相比之 Verhältnis 来说,更接近表象层。然而,黑格尔并没有真正深入这种特殊的价值关系的**现实抽象Ⅲ**中去。这一点,是马克思在后来的《1857—1858 年经济学手稿》中创立自己的新型劳动价值论时才完成的。这种抽象关系颠倒为统治性的构序力量,成为市民社会中占支配地位的东西。依我的推断,马克思狭义历史唯物主义中的第二层级经济物相化透视的历史现象学也就缘起于此。然而,从一般认识论的层面看,斯密的"看不见的手"恰恰是**反认识论**的。因为,所有处于盲目熵增的市场经济过程"第二自然辩证法"运动中的人,都只能在第二层级经济物相化图景中面对自己虚假的欲望和谋利热情,在市民社会的直观经济现象中,他们是无法看到盲目无相的经济构式负熵中的这只看似不在场的无形之手的。这亦表明,自发性整合突现的价值规律是规制非个人主体生存的先验客观机制,是那个曾经消逝的"上帝之眼"。我以为,传统素朴直观中的认识论在此将遭遇逻辑上的滑铁卢。因为这里发生的特定主观意识构境和认知运行机制,完全是非爱多斯经济物像与社会关系场境颠倒式的乱码呈现构式。这也正是黑格尔理念逻各斯**物像透视**的批判认识论最初的证伪点。之后,这也会是马克思历史现象学之上的批判认识论(非物像拜物教批判)的逻辑谱系缘起。

第二,在黑格尔的观念唯心主义构境中,市民社会中出现的这些**不是它自身**的物像存在背后,是第二次沉沦和异化于经济物像的主体性抽象观念的**我-它自反性**关系赋型场境,但这种不能直观的抽象本质却只能通过无相的物与物的编码关系才得以消极实现。一是在他那里,**主体性的观念抽象**才是社会定在的本质,也是这种观念性的抽象化,造成了市民社会现实中的生产劳动进步:"劳动中普遍的和客观的东西存在于**抽象化**(Abstraktion)的过程中,抽象化引起手段和需要的精致化,从而也引起了生产的细致化,并产生了**分工**(Teilung der Arbeiten)。"①黑格尔的这个"抽象化"是特殊性劳动走向一般劳动的观念化,然而,"抽象化"导致分工的说法是可疑的。在斯密那里,这个

---

① ［德］黑格尔:《法哲学原理》,范扬、张企泰译,商务印书馆 1961 年版,第 210 页。

劳动分工,恰是造成前述劳动和需要片面化的原因,当然也就构成了经济交换关系体系的前提。但是,这个劳动分工并非劳动抽象化的结果,反倒是抽象的"一般劳动"畸变为分工之下的"片面劳动"重新整合起来的外部总体性。这也是我所指认的**现实抽象Ⅰ**。二是在黑格尔眼里,满足个人需要的商品物的本质是劳动交换关系赋型中的**抽象**价值关系。其实,在前述《耶拿体系草稿》中,黑格尔已经标识,这种面对交换市场的劳动业已"变为一种**形式的、抽象的和普遍的劳动**",因为,这种抽象的普遍劳动创造的不仅仅是一般的物品效用性(使用价值),而且是**对大家来说都有用**的东西,这就是抽象的"价值"关系。① 这是黑格尔重新编码的经济学话语。并且,在市场的商品交换中,"当需要和手段的性质成为一种抽象时,抽象也就成为个人之间相互关系的规定"②。这是对的。显然,黑格尔这里并没有真正找到不同于具体劳动—使用价值的抽象劳动—价值关系的现实抽象(Ⅲ)机制。这是马克思后来科学的劳动价值论的基础之一。当然,从学术谱系线索来看,黑格尔这一观点直接影响到马克思《1857—1858 年经济学手稿》中那个"抽象成为统治"的观点。黑格尔的错误在于,他将资产阶级市场经济出现的商品交换关系中的现实抽象,唯心主义地畸变为绝对理念的观念抽象之表现,于是,bürgerliche Gesellschaft(市民社会)中出现的"抽象成为统治"的现象,就成了抽象的绝对观念统治的合法性历史确证。于是,黑格尔进一步在经济学语境中指认出,这个关系赋型的抽象规定在交换活动中物性结晶为货币:

> 如果我们所欲表达的不是特种物而是抽象物的价值,那么我们用来表达的就是货币。货币代表一切东西,但是因为它不表示需要本身,而只是需要的符号,所以它本身重又被特种价值所支配;货币作为抽象的东西仅仅表达这种价值。③

① 参见[德]黑格尔《耶拿体系草稿Ⅰ》,载《黑格尔全集》第 6 卷,郭大为、梁志学译,商务印书馆 2020 年版,第 261 页。
② [德]黑格尔:《法哲学原理》,范扬、张企泰译,商务印书馆 1961 年版,第 207 页。
③ [德]黑格尔:《法哲学原理》,范扬、张企泰译,商务印书馆 1961 年版,第 71 页。

在黑格尔的唯心主义观念论构境中,货币**物**的出现必定是抽象观念在"第二自然"中新的物性沉沦。在他那里,货币的本质是交换关系赋型和编码中的价值抽象,只是"需要的符号",可是它却颠倒地表现为不是它自身的到场**物**。这也就是说,人们在这里遭遇的物,其本质却是抽象的经济关系赋型和**反向物相化**,这种反向物相化并不是主体性爱多斯(eidos)的对象化,而是消隐直接用在性的关系抽象形式的物相化,所以,这当然也是一种抽象主体性的对象性异己存在和经济异化伪境。在这个意义上,黑格尔倒成了经济异化特别是赫斯后来那个**货币异化论**的开先河者,只是后者已经经过了费尔巴哈人本主义话语的变形。在黑格尔的观念唯心主义逻辑构序中,这是bürgerliche Gesellschaft(市民社会)无序的社会经济关系场境存在再一次向对象性物性实在幻象的倒退。恐怕,这也会是斯密无法看到的市民社会话语Ⅱ中特有的经济物相化的颠倒本质。黑格尔的这些观点,是他在《精神现象学》中证伪一般物像塑形后的第二层级经济物像(拜物教)批判,这将在很久之后,对马克思的经济学研究、狭义历史唯物主义之上的历史现象学和批判认识论产生重要影响。

第三,在黑格尔看来,斯密所指认的市民社会中的"看不见的手",抽象化主体本质(有用的价值关系)颠倒为货币(物),只不过是再一次沉沦于经济物像伪境中的绝对精神的异化形式,这个在批判构境中的 bürgerliche Gesellschaft,显然已经不是斯密经济学话语格式塔中肯定性的"自在的"市民社会话语Ⅱ,而是转型为被直接体现绝对理念的**自为存在的**国家与法摒弃的**市民社会话语Ⅲ**。为什么呢? 因为,黑格尔眼中的市民社会是主体性消解和分散的私有制社会,这也是由盲目无相的 Die zweite Natur("第二自然")市场关系自发整合(integration)构成的非主体性经济体系的重要特征。在这里,黑格尔透视到市民社会话语Ⅱ通过自发的必然性开辟了通向**无政府状态和竞争**的经济熵增道路:

> 在市民社会中,每个人都以自身为目的,其他一切在他看来都是虚无。但是,如果他不同别人发生联系(Beziehung),他就不能达到他的全部目的,因此,其他人便成为特殊的人达到目的的手段。但特殊目的通

过同他人的关系就取得了普遍性的形式(Form der Allgemeinheit),并且在满足他人福利的同时,满足自己。①

这是上述已经触及的似自然性的"第二自然"中呈现的目的与手段的辩证法。在资产阶级商品生产中,每个原子化的个人都是有具体经济目的的主体,如同斯密《国富论》中那个自私的面包师,他并不关心他人想干什么,然而,他自己有目的的爱多斯物相化所生产的东西如果不能在市场上卖给他人,他的经济目的就会落空,因此他人购买就成了他达到目的的手段。反之亦然,任何一个原子化个人的目的都必然转化为他人实现自己需要的手段。这也意味着,人通过劳动生产物相化所塑形和构序的主体在场性,如果不转换为商品交换市场中的经济物相化到场,它就将失去**出场的资格**。这是主体性的劳动辩证法构序在经济物相化中的隐匿。所以,黑格尔将斯密-李嘉图所肯定的 bürgerliche Gesellschaft(市民社会)的本质,重新定义为"作为各种需要的整体以及自然必然性与任性的混合体"②。这里有两个核心关键词:一是我们已经可以理解的他性需要的自发整合体系,二是原子化个人的任性中由"看不见的手"支配的"自然必然性"。这后一个构序要点中,"任性"和"自然必然性"都是黑格尔在市民社会话语Ⅲ中刻意使用的贬义词赋型。乍看起来,这一表述像是对休谟-斯密利己主义的"经济人"的直接哲学诠释,但黑格尔却看到了私有制条件下的个人在自由竞争中自发地被动整合成的相互关联,在此,任性的有目的的个人在市场关系中的到场实质上是被动编码的,这样,才在社会定在中出现了**类似**自然性的(quasi-natürliche)盲目无相的经济构式负熵规律。在斯密那里,bürgerliche Gesellschaft(市民社会话语Ⅱ)中的"经济人"为个人利益而劳作,却在客观上无意识地塑形和构序社会定在,并无形中增进整个社会的福利;而黑格尔却认为,这是在个人意图之后发生的整个社会的无意识和非主体性场境存在,因为个人实现私人利益的"热情"恰恰是被"看不见的手"(理念逻各斯——"理性的狡计")控制的。也是在这个意义上,阿多诺才说,"人作为脱去了镣铐的生产者,对于市民社会来说显得是自

①[德]黑格尔:《法哲学原理》,范扬、张企泰译,商务印书馆1961年版,第197页。
②[德]黑格尔:《法哲学原理》,范扬、张企泰译,商务印书馆1961年版,第197页。

主的,是神性立法者的遗产,好像是全能的。但单独的个人,在这个社会其实仅仅是社会生产过程的单纯承担者,其本身对这个过程的需要似乎仅仅是被裹挟着的,从而他们同时也被认为是完全无力和虚无的"①。这就是说,从中世纪黑暗土地上被解除了奴役脚镣的自由个人,实际上在市民社会中仍然是被经济关系"裹挟"的无力个体。本来,在市民社会的商品生产中,劳动将主体性爱多斯对象化于外部自然物质之中,这是物质定在向精神构序的提升,可是,市民社会本身的经济运转却仍然以自然物质熵化的自发偶然性为法则,"它在自身中还保持着自然的、亦即任性的特殊性,换句话说,保持着自然状态的残余"②,这就使主体活动建构起来的劳动-需要的依赖体系,变成一个类似自然界盲目无相力量(斯密的"看不见的手")支配发展的消极构序的社会自在负熵——"第二自然"的到场。在这里,人与事物的到场都表现为一种不能自主的**经济被抛性**。这恰恰是市场经济构式负熵中解码再被动编码的矛盾本质。在黑格尔那里,"太阳下面没有新东西",这也意味着,自然物质存在本身是不在场的,它的**实存到场**恰恰是没有主体性意图(无相)的,而自然物质进程和生命负熵的物相化本质,只能是惰性物质背后理念 eidos(爱多斯)的内在引导,因此,自然存在的**物相化在场**是精神共相内化和外部编码的结果。这当然是一种唯心主义的臆想。这种唯心主义物相化的本质,是将人面对自然界的认知逻辑本身本体论化的结果。然而,"物性到场之物不是它自身"这样一种我-它自反性关系异化证伪逻辑,在后来费尔巴哈、赫斯和青年马克思的异化理论构式中都有直接的体现,并且,很久之后马克思的历史现象学批判话语中也有别样的回声。这是一种思想构境谱系中的重要链接线索。以后我们也会看到,这种深刻的现象学批判源自黑格尔的《精神现象学》中的那个 verschwindend darstellt(正在消逝的东西)。

最后,对于 bürgerliche Gesellschaft(市民社会)中出现的这种类似第一自然界中无机物盲目熵增运动的非主体状态——*Die zweite Natur*("**第二自然**"),黑格尔当然是否定的。这里的"第二自然",已经否定了个人活动中的

① [德]阿多尔诺:《黑格尔三论》,谢永康译,上海人民出版社2020年版,第34页。
② [德]黑格尔:《法哲学原理》,范扬、张企泰译,商务印书馆1961年版,第211页。

自主性,因为市场经济构式中的信息编码生成的功能链是发生在个人之外的。这里,虽然市民社会已是人的经济活动创制的主体性的世界,可它却在本质上翻转为自然必然性,由此,主体性的世界再一次翻转为外部的**他性空间**。这也意指着,斯密的 bürgerliche Gesellschaft(市民社会话语Ⅱ)是必然要被超越的,这正是黑格尔自己的市民社会话语Ⅲ的内在批判性要求。在全新的市民社会话语Ⅲ中,黑格尔在批判性的话语格式塔中也重新确立了自己的肯定性方向:这就是最终扬弃市民社会中存在的这种外在必然性,以呈现绝对精神自主构序和赋型的"看得见的手"(积极的绝对精神 telos 创造的自为性负熵)。所以,黑格尔的市民社会话语Ⅲ,绝不是简单地在哲学上肯定和提升斯密,而是更深入地超越和批判了斯密。在斯密将市民社会中的经济必然性变成非历史的永恒性的地方,黑格尔在全新的批判性话语格式塔中坚持了有**历史时间质性**的历史辩证法,这也表示,市民社会也是会被历史超越的。应该说,这也是黑格尔"精神现象学"构境中的批判认识论在市民社会话语构序场境中的实现。从认识论的层面看,黑格尔将斯密的看不见的外部力量之手(商品-市场经济的社会先验构架)转换为绝对观念辩证运动在物性经济活动背后的"狡计",它可以从繁杂的经济物像中认出自己的精神本质,并在消除似自然性的"第二自然辩证法"自发盲目性的混乱熵增中,重新找到绝对知识(精神逻各斯负熵)自身。在思想构境谱系线索中,这是之后我们将在马克思中晚期经济学研究中遭遇到的,第二层级经济物相化透视中很深的批判认识论之历史缘起。

我们看到,一方面,黑格尔充分肯定了古典经济学在经济物像(商品经济—市民社会)中揭示出来的盲目必然性和外部力量,但另一方面,他更要求一种主体性理念构序和编码的自觉自由。在他那里,市民社会中经济活动自在的自然必然性(Naturnotwendigkeit),只是精神主体(idea)在历史时间中呈现的史前发展和异化(Entfremdung)状态。从黑格尔的绝对精神发展总体进程来看,这也是客观理念通过人的主体意识(爱多斯)外在化为他的劳动产品,由此,客观精神外化为市民社会活动中"看不见的"规律。在这个更高的历史层面上,人的主体对象化于社会财产的生产与占有,表征了经济的必然王国("第二自然"的经济物像世界或金钱构序的他性空间)中新一轮更深异化的出现。在黑格尔看来,败坏的似自然经济必然性支配下的市民社会,应该走向绝对精神**逻各斯总体**全面自觉自为(für sich)的自由王国(精神世界)。在黑格尔的字典中,事物的自为状态即是主体对自己的精神本质(共相)的自觉。当然,在社会层面上,这种自由自觉不是通过人类个体的"热情"就能得以实现的,而先是由市民社会中主体性赋型的**同业公会**(Korporationen)①发生作用,然后再通过作为自觉的普遍伦理代表的自在自为的国家与法得以实现。这也就是说,绝对理性的太阳升起在超越了败坏的市民社会解构和祛序的国家与法之中,这将是一个全新的精神性自主构序和编码的自由王国。我们说,黑格尔是在斯密的市民社会话语Ⅱ构境中,唯心主义地建立了一个批判性的市民社会话语Ⅲ的全新构境。然而可笑的是,这种超越了市民社会且代表了绝对理念自为性的国家与法,却是黑格尔生活于其中的容克地主(Krautjunker)②阶级统治的普鲁士专制。他不能理解,在资产阶级盲目经济运转之上,只能产生同质性的无序"公共域"的资产阶级国家与法,这让黑格尔的历史时间深埋进了唯心主义思辨和现实颠倒的双重伪境之中。显然,这给后来初遇黑格尔市民社会概念的马克思,带来了一大堆理不清的思想乱麻。多说一句,黑格尔的这个自为的国家与法对"第二自然"状态中的市民社会的干预,后来被马克思超越自由资本主义"无政府生产"的社会主义—共产主义的"有计划、按比例的生产"(自觉的社会构式负熵)所替代;在资本主义生产方式内部,则是在 20 世纪由罗斯福"新政"和凯恩斯的国家干预主义所实现。具有反讽意味的现象是,今天发达资本主义国家中的

---

① 黑格尔在《法哲学原理》中讨论了同业公会,它是市民社会内部自发形成的"劳动组织","市民社会的成员则依据他的特殊技能成为同业公会的成员",同业公会行使"公共权力监督",这是一种从市民社会的完全自在状态向自为状态的过渡,"在同业公会中,个人发挥自己的技能从而谋求一切可以谋求的东西那所谓自然权利所受到的限制,仅以其限制在其中被规定为合乎理性的为限,这就是说,它从自己意见和偶然性中,从自己危险和对他人的危险中,解放出来,并得到了承认和保证,同时又被提升为对一个共同目的的自觉活动"。参见[德]黑格尔《法哲学原理》,范扬、张企泰译,商务印书馆 1961 年版,第 248—251 页。
② 容克地主即普鲁士的贵族地主阶级。容克(德语 Junker 的音译),意为"地主之子"或"小主人"。原指无骑士称号的贵族子弟,后泛指普鲁士贵族和大地主。16 世纪起容克地主长期垄断军政要职,掌握国家领导权。19 世纪中叶起,容克地主阶级开始资本主义化,成为德国特有的半封建型的贵族地主。容克地主是普鲁士和德意志各邦在 19 世纪下半叶联合后反动势力的支柱,是德国军国主义政策的主要支持者。

垄断资本主义,恰是黑格尔**市民社会话语Ⅲ**中唯心主义**自为**国家梦想的落地。

3. 青年马克思与黑格尔"市民社会"观念的最初遭遇

青年马克思最早在自己的文本中使用 bürgerliche Gesellschaft 概念,是在 1842 年的《莱茵报》时期。那时候,一方面他已经是青年黑格尔派的成员,哲学观念受到各种唯心主义思想的左右,在他看来,"在衡量事物的存在时我们应当用内在思想实质的标尺,而不应该陷入片面和庸俗经验的迷宫,否则任何经验、任何判断都没有意义了"①。将"内在的思想实质"当作衡量事物存在的标尺,这当然是他性镜像中黑格尔唯心主义的方法论和认识论筑模。另一方面,那时他在政治立场上还是一位反对封建专制的资产阶级民主主义战士。这是两个重要的思想史定位。我们可以看到,此时的青年马克思是在反对普鲁士容克地主对贫苦群众的压迫中遭遇 bürgerliche Gesellschaft 概念的。一个生动的例子就是关于《林木盗窃法》的议会辩论。事情的缘由为,当时的大量山林都还归容克贵族世袭所有,一些周边的老百姓为了生计在山上捡拾一些干树枝,可莱茵省议会却通过了一个"林木盗窃法"禁止农民上山打柴,马克思十分愤怒地抨击这种恶劣的"下流的唯物主义"(verworfene Materialimus)②做法。也是在这里,他感叹道,"贫苦阶级的存在本身至今仍然只不过是市民社会(bürgerliche Gesellschaft)的一种习惯,而这种习惯在有意识的国家制度范围内还没有找到应有的地位"③。这里的市民社会,还是呈现国家制度的一种对等场境关系。显然,青年马克思这里对 bürgerliche Gesellschaft 的使用,还是停留在欧洲传统的市民社会话语Ⅰ的构境之中,甚至他还没有意识到传统的市民社会话语Ⅰa 业已异轨为英国和法国资产阶级的政治社会共同体——市民社会话语Ⅰb。

青年马克思在 1843 年 3 月离开《莱茵报》后,开始写作《黑格尔法哲学批

---

① 《马克思恩格斯全集》(第二版)第 1 卷,人民出版社 1995 年版,第 166 页。
② 《马克思恩格斯全集》(第二版)第 1 卷,人民出版社 1995 年版,第 289 页。
③ 《马克思恩格斯全集》(第二版)第 1 卷,人民出版社 1995 年版,第 253 页。

判》(*Zur Kritik der Hegelschen Rechtsphilosophie*)。5 月从科隆来到克罗茨纳赫①后,应该是在《黑格尔法哲学批判》手稿写作的后期,他集中钻研了关于法国、英国、德国、威尼斯等欧洲国家的政治学、历史学著作,留下了《克罗茨纳赫笔记》(*Historisch-politische Notizen*,*Kreuznacher*)五册笔记本。② 也是在这一时期,在费尔巴哈的影响下,马克思开始了他自己脱型于唯心主义向唯物主义哲学立场的**第一次转变**。

在《黑格尔法哲学批判》中,按理说,马克思应该直接遭遇上述黑格尔在《法哲学原理》中深化斯密的市民社会话语Ⅱ和批判性的市民社会话语Ⅲ,但是我却发现,在现存的《黑格尔法哲学批判》手稿中,马克思逐条摘录和反驳的内容,却是从《法哲学原理》中第三篇第三章"国家"章(即第 261 节)开始的,这亦表明,青年马克思留给我们的这份手稿并不是完整的黑格尔《法哲学原理》批判,虽然他也打算写作一个"市民社会章"③,但最终并没有实现,所以,现有手稿思想构境的实质其实是关于黑格尔"国家观"的专题批判。在这一点上,他显然受到了卢格④的影响。令人遗憾的是,此时马克思可能无意间**错过了**上述黑格尔《法哲学原理》第 158—256 节中关于家庭和市民社会的具

---

① 克罗茨纳赫,全名为巴特克罗伊茨纳赫(Bad Kreuznach),是德国莱茵兰-普法尔茨州巴特克罗伊茨纳赫县的首府,位于纳厄河畔。

② 根据 MEGA² 第一部分第二卷的文献,马克思这两个文本的写作时间是交织和重叠的,《黑格尔法哲学批判》一书的写作时间为 1843 年 3—9 月,而《克罗茨纳赫笔记》则由马克思标注为"1843 年 7—8月"。马克思于 1843 年 5 月到达莱茵省的小镇克罗茨纳赫,与已经在那里的燕妮会合,并在 6 月 19日完婚。我个人倾向于马克思是在《黑格尔法哲学批判》手稿写作的后期开始进行历史学研究的,并且,有可能这一历史学的研究是造成"法哲学批判"中断的原因。

③ 马克思在手稿中提及"关于这一点要在《市民社会》这一章中作进一步阐述"。但实际上他后来并没有完成这一章。

④ 卢格(Arnold Ruge,1802—1880),德国哲学家。生于吕根岛上的卑尔根。1821—1824 年先后在哈雷大学、耶拿大学和海德堡大学学习哲学。1826 年因倡导组织"自由德意志"被判监禁。1830 年出狱后在哈雷大学任哲学讲师,主要研究黑格尔哲学。1837 年在迫害黑格尔左派的运动中被赶出大学讲坛,自此转入出版和政论活动。同年创办《哈雷年鉴》,以后改名为《德国年鉴》,成了青年黑格尔派的宣传中心。1843 年《德国年鉴》被查封,卢格邀请马克思一起到法国巴黎创办《德法年鉴》,后因与马克思发生思想分歧,《德法年鉴》只出一期就停刊了。代表作有:《阿尔诺德·卢格文集》(1847—1848)、《我们的制度》(1850)、《过去的时代》(1862—1867)等。

体论述。① 这使得此时马克思对 bürgerliche Gesellschaft 的认识和话语构序场境,不仅没有进入斯密-黑格尔以劳动分工和需要(交换)体系为基础的市民社会话语Ⅱ的构境,并且,他也无法领悟黑格尔赞扬普鲁士国家与法的唯心主义国家观的理论意向,特别是其中内嵌的试图超越市民社会话语Ⅱ的市民社会话语Ⅲ的批判性观点。应该说明,我这里的关于青年马克思《黑格尔法哲学批判》的认识,已经不同于自己多年以前写下的《马克思历史辩证法的主体向度》中对这一文本的基本判断。我也注意到,一些中国学者今天在讨论马克思的"政治哲学"时,会不加分析地简单将这一文本当作马克思主义的文献来援引,这是需要商榷的。在面对青年马克思的早期著作的问题上,孙伯鍨先生很早就指出:"马克思并不是天生的马克思主义者,他是从资产阶级社会有教养的人们中间,经过艰苦的探索,自觉地转到无产阶级方面来的先进知识分子的典型代表。他的早期著作集中地反映了他的阶级立场和世界观转变的曲折过程。在这些著作中,旧信念和新思想,唯心主义和唯物主义,经历了一系列错综交织和矛盾转化的辩证发展过程,如果不是客观地、科学地、历史主义地深入分析和考察这些著作,那么很显然,抱着不同立场和世界观的人们都会轻而易举地从中找到自己所需要的论据,以便按照自己的观点来解释和评价马克思的学说。"②这是值得我们警醒的重要提点。下面,我们来进行一些具体的分析。

在《黑格尔法哲学批判》手稿的写作中,青年马克思主要聚焦于黑格尔的国家理性主义。马克思一上来就准确地抓住了黑格尔国家观中的唯心主义思辨逻辑,他发现,黑格尔的"国家是从家庭和市民社会(bürgerliche Gesellschaft)之中以无意识的任意的方式(unbewußte und willkührliche Weise)产生的。家庭和市民社会仿佛是黑暗的自然基础(dunkle Naturgrund),从这一基础上燃起国家之光(Staatslicht)"③。依上面我们对黑格尔《法哲学原理》的思想复构,黑格尔这里的"无意识的任意的方式"、"黑暗的自然基础"一类

---

① 根据梁赞诺夫的考证,马克思的《黑格尔法哲学批判》手稿是从《法哲学原理》第257节开始的,其中第257—260节的第一页遗失了。参见[俄]梁赞诺夫《从〈莱茵报〉到〈神圣家族〉》,孙叔文译,载《社会批判理论纪事》第12辑,江苏人民出版社2021年版,第73页。
② 孙伯鍨:《探索者道路的探索》,北京师范大学出版社2017年版,第2—3页。
③《马克思恩格斯全集》(第二版)第3卷,人民出版社2002年版,第9页。

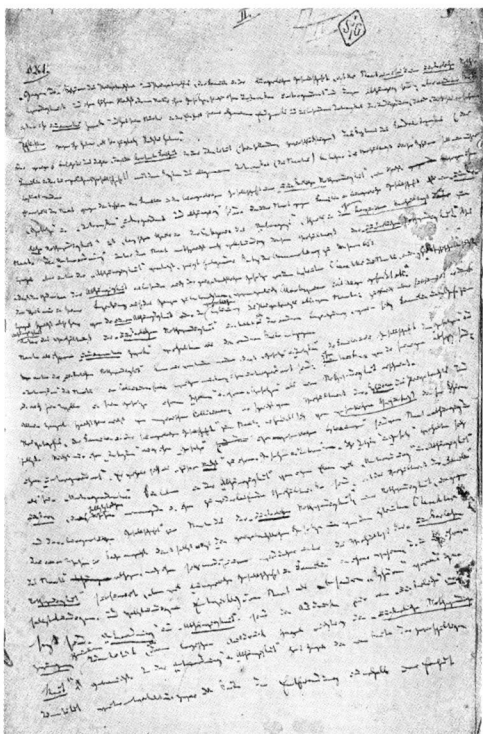

图1-1　马克思《黑格尔法哲学批判》手稿首页

观点,属于他超越斯密市民社会话语Ⅱ的市民社会话语Ⅲ的构境,可是,已经开始转向哲学唯物主义的马克思,显然没有进入这一词语能指更深的话语格式塔中的批判认识论构境层。青年马克思在基本哲学立场上清醒地意识到:在黑格尔的国家观中,

> 观念变成了主体,而家庭和市民社会(bürgerliche Gesellschaft)对国家的**现实的**关系(*wirkliche* Verhältniß)被理解为观念的**内在想象**活动(*innere imaginate* Thätigkeit)。家庭和市民社会都是国家的前提(Voraussetzungen),它们才是真正活动着的;而在思辨的思维中这一切却是颠倒的(umgekehrt)。可是如果观念变成了主体,那么现实的主体,市民社会、家庭、"情况、任意等等",在这里就变成观念的非现实的、另有含义的客观因素。①

---

① 《马克思恩格斯全集》(第二版)第3卷,人民出版社2002年版,第10页。

这里,马克思对黑格尔的哲学批判是完全正确的。在黑格尔那里,绝对理念是主体,家庭、市民社会和国家都不过是理念在社会历史关系赋型中的不同实现,这是将现实发生的事情唯心主义地变成了"观念的内在想象活动",这是对"真正活动着的"现实存在的 umgekehren(颠倒)。马克思认为,这恰好是"法哲学和黑格尔整个哲学的神秘主义(Mysterium)"。处于唯物主义思想构境中的马克思当然没有错,这个批判唯心主义的"主客颠倒关系"的话语构式显然是费尔巴哈式的。

可是,具体到对 bürgerliche Gesellschaft 本身的话语构序场境时,我们看到青年马克思此时的入境是不理想的。一是他无意识碰到了黑格尔历史分析中的**市民社会话语Ⅰ**的构境,并且马克思自己概括说,"在希腊人那里,市民社会是政治社会的奴隶(die bürgerliche Gesellschaft Sklave der politischen)",这是有历史时间质性的精准的表述。这对应于亚里士多德最初的"πολιτικη κοινωνία"(公民社会)。进一步,到了中世纪,"财产、商业、社会团体和人都是**政治的**"①,所以,"各等级的全部存在是政治的存在",由此,"中世纪的精神可以表述如下:市民社会的等级和政治意义上的等级是同一的,因为市民社会就是政治社会(weil die bürgerliche Gesellschaft die politische Gesellschaft war),因为市民社会的有机原则就是国家的原则"②。这当然还是市民社会话语Ⅰ的语境。其实,在《法哲学原理》中,黑格尔并没有如此清楚地说明市民社会话语Ⅰ的历史构境,他只是在第 302 节中说明国家等级时旁及了王权与现代国家的差异,这应该是青年马克思自己理解中的市民社会与政治的关系。这一理解,在**市民社会话语Ⅰa**的语境中自然是深刻的。

二是青年马克思在《黑格尔法哲学批判》手稿中,注意到了黑格尔将**近代市民社会**与国家对立起来的做法,但他仍然没有入境于黑格尔-斯密的经济关系意义上的**市民社会话语Ⅱ**的构境层。马克思发现,"黑格尔以市民社会和政治国家的**分离**(Trennung)[现代的状况(einen modernen Zustand)]为前提,

①《马克思恩格斯全集》(第二版)第 3 卷,人民出版社 2002 年版,第 42 页。
②《马克思恩格斯全集》(第二版)第 3 卷,人民出版社 2002 年版,第 90 页。

并把这种状况阐释为**观念的必然环节**、理性的绝对真理"①。这是市民社会话语Ⅰ构境的破裂,在重农学派(Physiokraten)那里,国家意志(封建地主的"爱多斯"意志)作为妨碍生产自然性的主体干预而被排除了,斯密则进一步论证了市民社会话语Ⅰ向经济交换市场自发性构序的转换,并将这种分离视作市民社会话语Ⅱ的历史性的必然。这当然已经是市民社会话语运行中一种全新的信息编码。而在黑格尔这里,却将这种分离定位于绝对理念的过渡性环节。马克思在此关注的是,黑格尔**唯心主义地**解释了这种近代市民社会与政治关系赋型相脱离的历史性的变化。也是在这里,我们看到青年马克思眼中的近代市民社会,主要不是黑格尔《法哲学原理》第158—256节中的作为劳动分工、需要和交换中介体系的经济赋型中的市民社会,而是一个"分裂为许多原子(Atome)的群体"。在黑格尔看到"**市民**,即是**资产阶级**〔Bürger(als bourgeois)〕"的地方,马克思却看到,"'市民'(Bürger),即具有同普遍东西对立的特殊利益的人,市民社会的成员,被看作'固定不变的个人'";在黑格尔看到经济活动中任性的个人的逐利目的与他人购买的手段相互反转的"第二自然辩证法"的地方,他却看到,"现代的市民社会(jetzige bürgerliche Gesellschaft)是实现了的**个人主义**(Individualismus)原则;个人的存在是最终目的;活动、劳动、内容等等都只是手段"。② 显然,此时马克思对市民社会的关注焦点,还是与国家对立的个人主体,这与他此时的民主主义政治立场是一致的。其实,马克思留意到,黑格尔在第305节中谈到中世纪"市民社会的各等级中有这样一个等级,它所包含的原则本身能够被确立为这样的政治关系,这就是过着自然伦理生活的等级,它以家庭生活为基础,而在生活资料方面则以土地占有为基础"③,这是以可见的不动产、刚性的自然血亲(生命负熵)关系为社会构序核心的封建关系赋型,但是他没有留心,黑格尔在第306节所提及的"职业的无保证、利润的追逐和一般占有物的可变性",业已是离开了封建土地(不动产)的市民社会话语Ⅱ中,非直观的"动产"和经济自发整合一构序关

① 《马克思恩格斯全集》(第二版)第3卷,人民出版社2002年版,第92页。
② 参见《马克思恩格斯全集》(第二版)第3卷,人民出版社2002年版,第101页。
③ [德]黑格尔:《法哲学原理》,范扬、张企泰译,商务印书馆1961年版,第324页。参见《马克思恩格斯全集》(第二版)第3卷,人民出版社2002年版,第93页。

系场境中的全新构境,然而马克思反倒在取笑黑格尔。在《法哲学原理》第299 节附释中,马克思也看到了黑格尔谈及那个抽象化关系颠倒的货币:"货币并不是同其他财富并列的一种特殊的财富,而是所有这些财富的普遍东西,因为它们表现为存在的外在性,通过这种外在性,它们可以被看成一种实物。"①此时,青年马克思无法知道,货币作为"普遍的东西"是劳动交换关系的现实抽象,并且,这种外在的"实物",正是劳动辩证法在商品-市场经济场境关系中经济物相化、事物化颠倒和异化的结果。显然,青年马克思此时还无法入境于黑格尔(斯密)的市民社会话语 Ⅱ 的话语构序场境,更不要说黑格尔独有的批判性的市民社会话语 Ⅲ 思想构境。

三是青年马克思在《黑格尔法哲学批判》手稿中,将黑格尔批判性的**市民社会话语 Ⅲ** 当作唯心主义的脏水泼掉了。他看到黑格尔在第 289 节附释中这样一段表述:

> 市民社会是个人私利的战场,是一切人反对一切人的战场,同样,市民社会也是私人利益与共同的特殊事务冲突的场所,并且是它们二者共同与国家的最高观点和命令冲突的场所。同时,因特殊领域的合法权益而产生的同业公会精神(Korporationsgeist),本身转变为国家精神,因为它把国家看作是维护特殊目的的工具。②

这里,青年马克思关注到"市民社会的定义是一切人反对一切人的战争",但是并没有理解霍布斯所指认的市民社会这场政治战争背后的真正本质为:"通过个人的劳动(Arbeit)以及其他一切人的劳动与需要的满足,使需要得到中介(Vermittelung),个人得到满足——即 **需 要 的** 体系(System der Bedürfnisse)"③。这是黑格尔从斯密的《国富论》中获得的市民社会全新的经济关系赋型。也因为青年马克思此时漏掉了黑格尔《法哲学原理》中的"市民社会"一章,所以他无缘遭遇其中黑格尔市民社会话语 Ⅲ 中关于绝对理念超

① [德]黑格尔:《法哲学原理》,范扬、张企泰译,商务印书馆 1961 年版,第 317 页。参见《马克思恩格斯全集》(第二版)第 3 卷,人民出版社 2002 年版,第 75 页。
② [德]黑格尔:《法哲学原理》,范扬、张企泰译,商务印书馆 1961 年版,第 309 页。参见《马克思恩格斯全集》(第二版)第 3 卷,人民出版社 2002 年版,第 54 页。
③ [德]黑格尔:《法哲学原理》,范扬、张企泰译,商务印书馆 1961 年版,第 203 页。

越 Die zweite Natur("第二自然")的盲目无序经济场境状态的观点：首先，在黑格尔那里，经由市民社会内部自发整合和构序的"劳动组织"即同业公会行使对盲目私人利益无序冲动最初的"公共权力监督"，使市场交换中介的完全自在的经济熵增状态开始向自为构序状态过渡。从《黑格尔法哲学批判》手稿中，我们看到青年马克思完全无法理解黑格尔所刻意指认的"市民社会通过'**同业公会**'实行的'**自治**'"①。他的判断只有一句"同业公会是官僚政治的唯物主义"。其次，在同业公会的自为性干预之上，黑格尔设定国家与法才是"**普遍利益**"（*allgemeine Interesse* = 绝对理念）的代表，因为，"国家是自由的最高定在（höchsten Dasein der Freiheit），是意识到自身的理性的定在"，作为对理性爱多斯的自我认识，它会将市民社会中私人利益冲突关系中自在的"盲目的自然必然性"（blinde Naturnothwendigkeit）转换为自为的普遍法理构序和编码。这恰恰表现出黑格尔批判性地超越资产阶级经济必然王国，走向观念的绝对自由王国的市民社会话语 Ⅲ 的独特否定性构境。然而，青年马克思站在正确的唯物主义的立场上说，"黑格尔想使'自在自为（für sich）的普遍东西'——政治国家——不由市民社会决定，而是相反，使它决定市民社会（der politische Staat nicht von der bürgerlichen Gesellschaft bestimmt wird, sondern umgekehrt sie bestimmt）"②。而事实正好相反。我以为，马克思对黑格尔唯心主义的批判毫无疑问是完全正确的，但他在倒掉唯心主义脏水的时候，将其中重要的**市民社会话语 Ⅲ 的复杂批判构境**一起泼掉了。这可能是过去我们没有留意到的事情。也再多说一句，因为这个时候青年马克思眼中的决定国家的市民社会话语能指，还没有深入斯密意义上的经济关系所指，那种将这一"市民社会决定国家与法"的历史语境直接等同于历史唯物主义的观点则会大打折扣。必须承认，在这一点上，我自己过去的观点也是存在问题的。③

---

① 《马克思恩格斯全集》（第二版）第 3 卷，人民出版社 2002 年版，第 57 页。
② 《马克思恩格斯全集》（第二版）第 3 卷，人民出版社 2002 年版，第 113 页。
③ 参见拙著《马克思历史辩证法的主体向度》（第一版），河南人民出版社 1995 年版，第一章第一节。

　　在《黑格尔法哲学批判》手稿的写作后期,青年马克思突然开始集中阅读欧洲历史,给我们留下了重要的《克罗茨纳赫笔记》。在《回到马克思》第一卷中,我已经对这一笔记的文献情况做了较为详细的介绍和讨论,这里我们不再展开说明。我猜测,正是在对黑格尔《法哲学原理》的批判中,青年马克思虽然在唯物主义的理论赋型层面,努力将黑格尔用客观唯心主义颠倒的市民社会与国家关系的历史现实重新复位,可是,到底什么是欧洲历史现实的政治国家? 马克思业已感到自己历史知识的严重不足,这应该是他第一次历史研究的动因。在马克思之后的多次经济学研究中,历史研究成为其中重要的组成部分,这种历史研究开始是欧洲的经济发展史和经济学说史,后来则转向古代史和欧洲之外的东方社会历史研究。

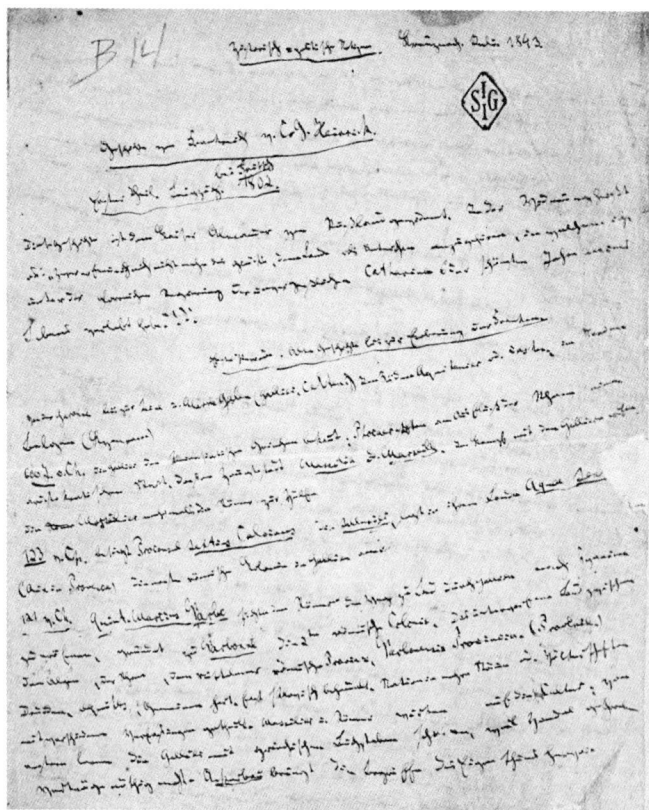

图1-2 《克罗茨纳赫笔记》手稿一页

从《克罗茨纳赫笔记》的基本情况来看,青年马克思在全部笔记中关注的中心是欧洲国家社会发展长达近 2500 年(公元前 600 年到 19 世纪 30 年代)的社会政治史,大约包括法国、英国、德国、瑞典、波兰和威尼斯的古代和近代社会政治发展线索。其中,法国近代历史特别是以法国大革命为核心的资产阶级政治历史,占据了笔记相当多的篇幅。首先,历史研究必然使马克思原先抽象的希腊—中世纪—近代市民社会的历史线索,第一次遭遇真实的历史时间,这将是一个客观社会历史现实因素发挥作用的真正开始。其次,这次研究的主体就是近代欧洲市民社会话语 Ib 实践发生的历史,比如马克思从格·亨利希的《法国史》(*Geschichte von Frankreich*)中看到了与封建贵族相对立的"市民阶层"(Bürgerstandes)的兴起,以及在国民大会(assemblée constituante)①中打碎专制等级的新兴政治力量——第三等级(3 Stände)。② 这正是市民社会话语 Ib 构境中的政治主体。再次,马克思这时所面对的历史学文本里,已经出现了相当多可以走向斯密-黑格尔市民社会话语 II 的经济学内容。比如路德维希的《最近十五年的历史》中的纸币兑现问题,在第二册笔记的主题索引第 1 条、第 7 条、第 16 条中多次出现了赋税、财产等重要经济学主题。在第四册笔记摘录施密特《法国史》里关于土地与财产的问题时,马克思甚至看到私有制的不同形式:"私有财产的不同形式:自有的、恩赐的、有付息义务的产业。"③ 在兰克的《宗教改革时期的德国史》中,他看到了商品物价上涨所导致的社会问题。更有意的是,马克思在罗素关于近代英国历史的论著中,直接摘录了"劳动是唯一的财富"(斯密语)这句话;在汉密尔顿的《美国人和美国风俗习惯》一书中,马克思记下"纽约市民社会为两部分:劳动者与不劳动者"④。

---

① 这里的国民大会(assemblée constituante),也称"国民制宪议会","国民制宪议会"(Assemblée nationale constituante)指成立于法国大革命第一时期的制宪议会,其前身是法国国民议会。国民制宪议会成立于 1789 年 7 月 9 日,于 1791 年 9 月 30 日解散,其继承者为立法议会。这是马克思后来关注的国民公会的前身。

② Marx-Engels-Gesamtausgabe(MEGA²),IV/2,Text,Berlin:Dietz Verlag,1981,S.39.

③ Marx-Engels-Gesamtausgabe(MEGA²),IV/2,Text,Berlin:Dietz Verlag,1981,S.147.

④ 马克思的摘录为:"在纽约,市民社会实际上分为两个部分:劳动人民和那些可以过上体面的生活而不必通过艰苦的体力劳动谋生的人"(In Newyork hat sich die bürgerliche Gesellschaft schon wirklich in 2 Theile getrennt:in die Arbeitsleute,und in jene,welche anständig leben können,ohne ihren Unterhalt durch harte Handarbeit verdienen zu müssen)。参见 Marx-Engels-Gesamtausgabe(MEGA²),IV/2,Text,Berlin:Dietz Verlag,1981,S.271。

然而,这一切市民社会话语 II 格式塔中的内容,都没有引起马克思足够的理论兴趣和关注,他并没有意识到,这个**分裂为劳动者和不劳动者的市民社会将被爆裂开来**。此时,青年马克思内心里涌动的批判激情,还是对黑格尔唯心主义国家观的愤怒。在第四册笔记的后半部分,当马克思在对兰克主编的《历史政治杂志》第一卷中发表的(也是兰克自己撰写的)《论法国的复辟时期》一文进行摘录(该书第 41 页第 28—32 行间)时,他写下了在全部《克罗茨纳赫笔记》中篇幅最长的**非常性**评论。其中马克思谈道:

> 当黑格尔把国家观念(Staatsidee)的因素变成主语(Subjekt),而把国家存在(Staatsexistenzen)的旧形式变成谓语时——可是,在历史现实(historischen Wirklichkeit)中,情况恰恰相反:国家观念总是国家存在的形式的谓语——他实际上只是道出了时代的共同精神,道出了时代的**政治神学**。①

这还是哲学唯物主义构境中那个费尔巴哈式的主谓颠倒法②。不过有一点可以肯定,虽然在这一次历史研究中,青年马克思并没有直接提出关于市民社会问题的新的创见,但是,欧洲历史发展进程中人们的政治斗争始终围绕**财产关系**打转的这一事实,必定会给他留下很深的印象。不是可见的财物,而是关系性的所有制关系赋型,将是之后马克思通过经济学研究从客体向度入镜非物像社会关系场境存在的直接入口。我觉得,历史唯物主义后来的场境关系存在论和关系意识论,正是在马克思面对欧洲近代历史现实中逐步萌生起来,并在工业生产之上生成的全新经济现实中不断强化起来的。而且马克思看到,法国大革命前后,"第三等级"所组成的国民议会**仍然在维护私有财产**,因为他们虽然没收教会财产,但又在保护个人私有财产。马克思批注道:"这里有一个很大的矛盾,一方面宣布私有财产不受侵犯,另一方面

---

① Marx-Engels-Gesamtausgabe(MEGA²),Ⅳ/2,Text,Berlin:Dietz Verlag,1981,S.181. 中译文参见《马克思恩格斯全集》第 40 卷,人民出版社 1982 年版,第 368—369 页。

② 1842 年,费尔巴哈在《关于哲学改造的临时纲要》一文中,深刻地批判了宗教和黑格尔哲学。他认为两者都是把主词和宾词、主体和客体看颠倒了。他说:"我们只要经常将宾词当作主词,将主体当作客体和原则,就是说,只要将思辨哲学颠倒过来,就能得到毫无掩饰的、纯粹的、显明的真理。"(《费尔巴哈哲学著作选集》上卷,生活·读书·新知三联书店 1959 年版,第 102 页。)

又牺牲私有财产。"①这自然会使青年马克思原来的资产阶级民主主义理想开始动摇,因为马克思反对封建专制并不是为了重新确立一种新的私有制。也是在这里,青年马克思才在真实的历史发展中逐步看清了资产阶级的政治面目,从而为他在当时的德法社会主义者的影响下,进一步转到无产阶级的政治立场(《〈黑格尔法哲学批判〉导言》)上打下了重要的思想基础。同时,也为他下一步走进经济学的市民社会话语Ⅱ和批判性的市民社会话语Ⅲ构境,创造了重要的认识前提。

4. 政治分离的国家与经济异化的市民社会

在 1843 年秋天完成的《论犹太人问题》一文中,表面上看,青年马克思是在批评鲍威尔②的犹太人观念,但我们却发现,在马克思自己关于市民社会的认识中出现了一些新的变化。因为,在鲍威尔发表的《犹太人问题》等著述③中,他关于市民社会的话语构序场境,完全不是马克思在《黑格尔法哲学批判》中所指认的内容。在《犹太人问题》第一目"市民社会"的开头,鲍威尔就说,"需要是强有力的推动动力,这种力量推动市民社会的运动。为了满足自己的需要,每个人都利用别的人,而且也被别的人出于同样的目的所利用"④。在思想史考古学的思考线索中,这显然是斯密-黑格尔市民社会话语Ⅱ中的那个作为核心词语关系赋型的他性的需要体系。有趣的是,鲍威尔还谈及黑格尔观念赋型里那个追逐与个人私利相反的"普遍利益"的工商业企业中出现的"同业公会"。这些观点,都是马克思在《黑格尔法哲学批判》手稿中所跳过

---

① Marx-Engels-Gesamtausgabe(MEGA²), Ⅳ/2, Text, Berlin: Dietz Verlag, 1981, S. 85.

② 布鲁诺·鲍威尔(Bruno Bauer,1809—1882),德国哲学家,青年黑格尔派代表人物之一。生于莱比锡的埃森堡一个瓷画艺人家庭。早年在柏林大学攻读神学。1834 年和 1839 年先后任柏林大学和波恩大学讲师。1836 年创办《思辨神学杂志》。1840 年因发表《约翰福音史批判》成名。1842 年被解除波恩大学教职。1843 年主编《文学总汇报》。1848 年任普鲁士保守派刊物《十字报》编辑,并主编《国家与社会百科辞典》。代表作有:《福音的批判及福音起源史》(1842)、《斐洛、施特劳斯、勒男与原始基督教》(1877)等。

③ 鲍威尔在 1843 年发表论著《犹太人问题》(Die Judenfrage)以及《现代犹太人和基督徒获得自由的能力》(Die Fähigkeit der heutigen Juden and Christen , frei zu werden)一文。

④ [德]鲍威尔:《犹太人问题》,载《马克思思想发展历程中的"犹太人问题"》,中国人民大学出版社 2017 年版,第 38 页。

的黑格尔《法哲学原理》中"市民社会"那一章中的内容。我猜测,可能在鲍威尔这篇文章的刺激下,在完成《克罗茨纳赫笔记》之后,青年马克思一定是重新阅读了黑格尔《法哲学原理》中关于市民社会那一章,结果,马克思也许会非常吃惊,因为他所简单颠倒为国家与法的基础的市民社会的历史发生,在黑格尔那里会这样复杂地关联于非直观的**经济关系赋型**。在这里,青年马克思没有再强调黑格尔唯心主义国家观中的"主谓颠倒"问题,在不少关于市民社会与国家的观点讨论中,马克思开始从正面援引黑格尔。我觉得,这是一个马克思在市民社会话语格式塔转换中值得注意的质变因素。

其一,青年马克思关注了鲍威尔提出的"**国家公民**"(*staatsbürgerliche*)的**政治**解放(*politische* Emanzipation)和作为"人"(Menschen)的**人的**解放(*menschlichen* Emanzipation)的分裂问题。这是他步入新的市民社会话语格式塔的入口,也是同一话语能指背后市民社会话语 I 与市民社会话语 II 的具体意义所指的分界。在马克思看来,鲍威尔"**毫无批判地将政治解放和普遍的人的解放混为一谈**",根本没有说清楚二者之间的关系。① 因为鲍威尔的政治解放只是将人从宗教统治中解脱出来,可是他并没有发现,这种"人在政治上得到解放是用**间接的方法**,是通过一个**中介**(*Mittler*)",这个作为政治解放中介的国家仍然是一种虚假的普遍物,只是它取代了过去神灵所占的位置。

> 国家是人以及人的自由之间的中介者。正像基督是中介者,人把自己的全部神性、自己的全部**宗教约束性**都加在他身上一样,国家也是中介者,人把自己的全部非神性(Ungöttlichkeit)、自己的全部**人的无约束性**(*menschliche Unbefangenheit*)寄托在它身上。②

在这个虚假的类(中介者)这里,如同过去人的类本质异化为上帝(基督)一样,从宗教统治中解放出来的国家公民,却将自己全部的非神性和无约束性寄托于国家这个中介身上,仍然只徒有虚名。这是一种奇怪的**政治解放中的分裂关系**。我们注意这个费尔巴哈式的批判性隐喻,因为在同一文本中,

① 参见《马克思恩格斯全集》(第二版)第 3 卷,人民出版社 2002 年版,第 168 页。
②《马克思恩格斯全集》(第二版)第 3 卷,人民出版社 2002 年版,第 171 页。

青年马克思很快认同了赫斯①所提出的货币是市民社会中的神灵的重要转喻。我推测，正是在青年马克思开始实现从民主主义向无产阶级立场的转变中，费尔巴哈哲学构境中的人本主义批判话语逻辑开始成为马克思思想构境中的**关键性他性镜像**。应该指出，马克思这里向鲍威尔明证的国家，已经不是黑格尔那个代表了绝对观念最高发展阶段的自在自为的普鲁士国家，而是他自己在《克罗茨纳赫笔记》的历史研究中，从英国、法国和美国的近代社会历史发展中直接看到的仍然**以私有财产关系赋型为前提**的现代国家。我认为，这也兆示着马克思思想构境中一个重要的方法论和认识论筑模基础的变化，即**现实历史成为逻辑构式的基础**。孙伯鍨老师指认的《1844 年经济学哲学手稿》中的两种逻辑中的**从现实出发的科学逻辑**②，最早缘起于这里，即历史研究中的"历史事实"支配观念赋型，之后，才进一步转换为《巴黎笔记》时期经济学研究中的"经济事实"。这是一个新的思想构境谱系线索的前端。马克思告诉鲍威尔，后者所指望的作为政治解放的国家，"不仅没有废除私有财产（Privateigentum），反而以私有财产为前提"。这完全是青年马克思在《克罗茨纳赫笔记》中获得的新认识。虽然"国家"表面上宣称"人民的每一成员都是人民主权的平等享有者"，然而它"还是让私有财产、文化程度、职业以它们固有的方式发挥作用，即作为私有财产、作为文化程度、作为职业来发挥作用并表现出它们的特殊本质。国家根本没有废除这些实际差别（faktischen Unterschiede），相反，只有以这些差别为前提，它才存在"。③在表面上的平等的背后，现代国家恰恰承认了私有制条件下的实质上的矛盾、差别和不平等。用马克思自己后来的表述，即资产阶级法权以形式上的平等遮蔽了实质上的不平等。马克思这里使用的 Unterschied（差别）概念，是黑格尔辩证法筑模中矛盾关系的内在属性。列宁曾经对此概括说，"'差别的内在的**发生**'，是差

① 赫斯（M. Hess,1812—1875），德国哲学家、社会主义者。主要论著有：《人类的圣史》（1837）、《欧洲三同盟》（1841）、《行动的哲学》（1843）、《论货币的本质》（1844）等。
② 孙伯鍨先生指出，在《1844 年手稿》中，"同包含在异化劳动理论中的思辨逻辑并存的还有另一种逻辑，即科学逻辑，只是这种逻辑暂时还没有占据支配地位"（孙伯鍨：《探索者道路的探索》，北京师范大学出版社 2017 年版，第 202 页）。
③ 参见《马克思恩格斯全集》（第二版）第 3 卷，人民出版社 2002 年版，第 172 页。

别、两极性的演进和斗争的内部客观逻辑"①。发现社会生活中被掩盖起来的内在矛盾差别,是马克思之后辩证法观念的重要方面。我必须指出,这是青年马克思自己通过对欧洲近代的历史研究独立得出的新观点。这种观点直接表明了青年马克思政治立场的改变,他**从资产阶级的民主主义开始转向相反的批判性的政治立场**。也由此,我们会立刻发现,青年马克思对 bürgerliche Gesellschaft(市民社会)的态度也发生了重要改变。要多说一句,我们还可以发现,青年马克思对黑格尔国家观的态度也发生了改变,他在这里竟然以赞许的口吻说,"黑格尔确定的政治国家对宗教的关系是完全正确的(ganz richtig)"②。因为他已经看出在黑格尔试图用以超越市民社会的自为自由的国家与法的爱多斯-理念背后,即便不是普鲁士专制,在整个欧洲近代史上也都是同样虚假的现代政治国家。这是之后马克思得以真正超越黑格尔市民社会论的开始。

其二,国家政治分裂背后的**市民社会的物质生活**。青年马克思在这里说,作为政治解放而"完成了的政治国家,按其本质来说,是人的同自己物质生活(materiellen Leben)相对立的类生活(Gattungsleben)",这里的"类生活",即是取代了全部神性的上帝之城的此岸世俗世界中的普遍性中介关系,这个关系性的"类"其实也是人的**本质共相**(eidos,爱多斯),而鲍威尔没有注意到,在这种虚假的政治国家中介的背后,人还现实地生活在"物质生活",即原子化的世俗个人私利关系赋型的**市民社会**(bürgerliche Gesellschaft)之中。这里的原子化的个人,恰恰是与抽象的类(相)生活相对立的。应该说,这是马克思关于人的个体与类的生存**二重性分裂**的最早表述,它很深地体现了黑格尔辩证法筑模中的矛盾关系。在此时的马克思看来,现实中的"政治国家对市民社会的关系,正像天国对尘世的关系一样,也是唯灵论的"。但不同于中世纪神学构式中上帝之城统摄世俗生活,今天国家与市民社会的关系是与之相反的,政治国家的"类生活"却"服从市民社会的统治(beherrschen)"。③ 请注

---

① 《列宁全集》(第二版)第55卷,人民出版社1990年版,第82页。
② 《马克思恩格斯全集》(第二版)第3卷,人民出版社2002年版,第172页。
③ 参见《马克思恩格斯全集》(第二版)第3卷,人民出版社2002年版,第173页。

意,这里的"服从"也是一种**市民社会决定国家**,"物质生活"决定政治"类生活",但其话语构境中的构序意向,却与前面马克思在《黑格尔法哲学批判》手稿中的"市民社会决定国家与法"的**主谓颠倒**的哲学构境意向完全不一样了,这是由于,这里作为个人私利关系出场的市民社会是一个**坏东西**,因为它是国家政治分裂背后起作用的世俗基础。实际上,在谱系学线索中,这个价值判断中的"坏东西",应该很深地关联于青年马克思在《莱茵报》时痛斥的那个物质利益占上风的"下流的唯物主义"(verworfene Materialimus),以后,会入序于劳动异化批判和扬弃人本学异化史观,最终在经济拜物教批判话语中找到科学的归属。于是,在马克思这里就出现了人的现实的**双重生活**:

> 天国的生活和尘世的生活。前一种是政治共同体(politischen Gemeinwesen)中的生活,在这个共同体中,人把自己看作**共同本质**(*Gemeinwesen*);后一种是**市民社会**(*bürgerlichen Gesellschaft*)中的生活,在这个社会中,人作为**私人**(*Privatmensch*)进行活动,把他人看作工具,把自己也降为工具,并成为异己力量(fremder Mächte)的玩物。①

在青年马克思看来,这是两种完全不同的生活空间塑形:一是虚假的政治共同体中的理想化类生活,这是对过去宗教构境中的上帝之城(神性编码空间)的取代;二是现实的市民社会中作为异己力量"玩物"的私人与工具性他人关系赋型的物性生活空间。有趣的是,无形中,这恰好是市民社会话语Ⅰ与市民社会话语Ⅱ的对置。依孙伯鍨先生的判断,马克思这时已经意识到,黑格尔所指认的市民社会"使人的'实物本质'即某种外在的、物质的东西(如财产)脱离了人,成为凌驾于人之上的东西"②。这是抽象的类生活与现实个人生活的反转辩证法:在类生活中取代神性的人,在现实市民社会中却成为 Anderssein(他性存在)中的谋利工具。

具体说,一方面,作为资产阶级民主主义者的鲍威尔所想象的政治解放,

---

① 《马克思恩格斯全集》(第二版)第 3 卷,人民出版社 2002 年版,第 172—173 页。中译文原来将马克思此处使用的 Gemeinwesen 一词译为"社会存在物"是不准确的,本书改译为"共同本质"。参见 Marx-Engels-Gesamtausgabe(MEGA²),Ⅰ/2, Text, Berlin: Dietz Verlag, 1982, S. 149。
② 孙伯鍨:《探索者道路的探索》,北京师范大学出版社 2017 年版,第 153 页。

其实仍然是在国家的政治共同体中创造了一种虚假的"天国的生活",在这里,作为**公民**(*citoyen*)的"人被看作是类存在物的地方,人是想象的主权中虚构的成员;在这里,他被剥夺了自己现实的个人生活,却充满了非现实的普遍性"①。可是,当你很光荣地成为政治共同体中"法律面前人人平等"的自由公民时,恰好是脱离自己的物性空间中"现实的个人生活"的表面光鲜。显然,这里有一个有趣的话语编码翻转:青年马克思所说的国家的政治共同体,业已不是黑格尔试图超越市民社会的自为观念构境中的自为性国家(法),而是特指仍然维护私有财产的当代资产阶级政治制度。马克思说,这里出现的公民权(*droits du citoyen*),其实是"同其他人并同共同体分离开来的人的权利"。人的自由,只不过是"人作为孤立的、退居于自身的单子的自由",因为,"自由这一人权不是建立在人与人相结合的基础上,而是相反,建立在人与人相分隔的基础上。这一权利就是这种分隔的权利,是狭隘的、局限于自身的个人的权利"②。说穿了,"自由这一人权的实际应用就是私有财产这一人权"。这里出现的辩证关系是:公民在政治法权上的自由遮蔽了现实市民社会经济财产中的不自由。青年马克思没有留意到的思想史细节为,他这里讨论的作为政治和权利主体的公民类存在物,恰是传统政治学研究中的现代**公民社会**(市民社会话语 Ib)。然而,青年马克思这里的批判却已经无意识地击穿了市民社会话语 Ib 的政治意识形态幻象。这是极其深刻的证伪。这种深刻的历史性的否定性,将很快转换为全新的无产阶级的政治立场。

另一方面,我们终于看到了青年马克思的一个以哲学话语表述的全新市民社会概念的出场,即同时带有黑格尔**市民社会话语 Ⅱ** 和**市民社会话语 Ⅲ** 意味的现代市民社会。在这里,与天国"政治共同体"里抽象的政治符码中的**公民**("第三等级")不同,这里的**市民**(*bourgeois*)主体是被分裂为"商人"(Kaufmann)、"土地所有者"(Grundbesitzer)和"短工"(Taglöhner)等经济活动者出场的,他们每个人可能都有自己利己的欲求(telos),可每个个人的现实生活陷入一个四分五裂的私利关系场境存在之中,这是一个个人目的与他人的

①《马克思恩格斯全集》(第二版)第 3 卷,人民出版社 2002 年版,第 173 页。
② 参见《马克思恩格斯全集》(第二版)第 3 卷,人民出版社 2002 年版,第 183 页。

生活都被**颠倒为工具(手段)**的世俗生活空间。这里主体性的目的颠倒为
Anderssein(他性存在)的工具,当然也是黑格尔所指认的在社会生活中出现
的"第二自然"特性的表现。我们能够观察到,马克思突然用法语中 bourgeois
(布尔乔亚)这个特殊的词语能指来说明与法语 citoyen(公民 = Staatsbürger)
有差异的世俗个人存在,以消除德语中单一 bürger(市民、公民)的含混。很显
然,这里的有目的的**人与他人相互变成工具**的批判意向,来自我们上面讨论
过的黑格尔《法哲学原理》中的市民社会话语Ⅲ。只是,马克思将黑格尔那里
所说的与目的相对立的"手段"改成了"工具"。此时,青年马克思还不能解释
这个黑格尔所指认的似自然性的"第二自然"中自发呈现的"异己力量"的经
济关系赋型本质,后面,他会跟随赫斯将其指认为"货币异化"。

第一,可以体会得出,这是青年马克思曾经漏掉的黑格尔那个"一个通过
活动和某种手段的中介而把主观目的转化为客观性的过程"(《法哲学原理》
第8节),"在市民社会中,每个人都以自身为目的,其他一切在他看来都是虚
无。但是,如果他不同别人发生关系,他就不能达到他的全部目的,因此,其
他人便成为特殊的人达到目的的手段"。① 这是在马克思自己的《黑格尔法哲
学批判》手稿中没有出现过的内容。也是在这里,马克思让我们对照一下鲍
威尔的观点与黑格尔《法哲学原理》中"《市民社会》整个这一章"(ganzen
Abschnitt:»Die bürgerliche Gesellschaft«)。② 他当然看得出,鲍威尔的市民社
会话语是在照抄黑格尔。

也是在这里,我们突然看到马克思居然肯定了黑格尔对市民社会的**批判
性认识**,即**市民社会话语Ⅲ的深刻证伪性赋型意向**。这应该是马克思在
bürgerliche Gesellschaft 话语格式塔整体中在 information coding(信息编码)中
的重要意义所指转换。他说,在这个市民社会中,

> 人绝对不是类本质(Gattungswesen),相反,类本质本身,即社会,显现
> 为诸个体的外部框架(äußerlicher Rahmen),显现为他们原有的独立性的限
> 制。把他们连接起来的惟一纽带是自然的必然性(Natur-Nothwendigkeit),

---

① 参见[德]黑格尔《法哲学原理》,范扬、张企泰译,商务印书馆1961年版,第197页。
②《马克思恩格斯全集》(第二版)第3卷,人民出版社2002年版,第174页。

是需要和私人利益(Bedürfniß und das Privatinteresse),是对他们的财产和他们的利己的人身的保护。①

你看,马克思这里对市民社会的看法已经远远不同于他在《黑格尔法哲学批判》手稿中的观点,因为斯密-黑格尔那个以**需要和私人利益为核心的经济的市民社会话语Ⅱ**终于在场了。虽然此时马克思对这个市民社会话语Ⅱ的理解,还没有真正深入到斯密经济学话语的具体语境中去。这一步是马克思后来在《巴黎笔记》第一次经济学研究中实现的。马克思业已清楚地意识到,今天市民社会的所有人,都是社会生活的自发性背后某种类似Anderssein(他性存在)的"自然必然性"的自在"异己力量的玩物",有所不同的是,这种被玩弄的人的现实个人生活,还没有达到"类本质"共相(费尔巴哈语)的境界,当然也不是黑格尔的**自由自为**的观念性自主生活。

第二,我们可以直接看到,也是在这里,费尔巴哈哲学唯物主义构境中的**人本学的批判话语**,突然成为支配马克思方法论筑模中的**主人话语**。这里出现了一个复杂的交织话语关系。众所周知,费尔巴哈在批判宗教和黑格尔唯心主义哲学的过程中,其实是将上帝和黑格尔的观念本体论重新颠倒为自然和人的感性实在,然而,上帝之城与黑格尔的主体性观念沉沦和异化为客观世界的历史辩证法,被反指为人化自然与人的类本质的异化(Entfremdung)。这就生成了一种本体论意义上的人本主义异化史观。在费尔巴哈那里,哲学唯物主义构境中的解构逻辑是双重主谓语关系颠倒:一是黑格尔的绝对理念**不是它自身**,它不过是自然与人的感性存在的我-它自反性关系异化,于是,必须将观念唯心主义重新颠倒为**本体论**上的感性自然存在的唯物主义;二是人本主义逻辑构式,这种批判性的逻辑构式就是那个 *sollen*(**应该**)与 *Sein*(**是**)**的异化批判话语**,即应该存在的人的本真性的类本质,异化为抽空了自身的偶像化的上帝,这也意味着,"人是人的上帝(Homo homini Deus est)",上帝**不是它自身**,它不过是人的类本质的异化,人本学异化批判构式就是要实现从上帝复归人的类本质。这样,在原先神创史观中上帝创造世界和黑格尔绝对

① 《马克思恩格斯全集》(第二版)第3卷,人民出版社2002年版,第185页。中译文有改动。

理念创造世界历史的空位中,出现了替代性的大写的人的类本质,所以,这种从抽象的类本质出发的**异化史观**,当然也会是在承认哲学唯物主义前提下重新落入的隐性唯心主义。在前述《黑格尔法哲学批判》手稿中,我们看到了第一个"主谓语颠倒"。可在马克思眼里,这个原先好不容易唯物主义地颠倒过来决定了国家与法的 bürgerliche Gesellschaft(市民社会),却丧失了自身应该具有的类本质,反倒"完全从国家生活分离出来,扯断人的一切类联系,代之以利己主义和自私自利的需要,使人的世界分解为原子式的相互敌对的个人的世界"①。这个原子式的相互敌对的个人需要构成的世界,恰好为斯密-黑格尔的市民社会话语Ⅱ的意义所指。在此,青年马克思说,"由于我们整个社会组织(ganze Organisation unserer Gesellschaft)而堕落了的人,丧失了自身的人,被变卖(veräußert)了的人,是受非人的关系和既有要素控制(Herrschaft unmenschlicher Verhältnisse und Elemente gegeben)的人,一句话,人还不是现实的类本质(Gattungswesen)"②。人不能拥有自己本来应该具有的类本质共相,换句话说,人无法实现自身的类本质的**主体物相化**,原因是我们的这个市民社会(话语Ⅲ)组织(社会构式负熵)是败坏的,所以,现实的个人生活在市民社会之中堕落为"丧失了自身的人,被变卖了的人,是受非人的关系和既有要素控制的人",一句话,现实生活中的堕落了的**变卖人**。这里的变卖人,并非斯密所指认的人人皆商人,而是人的存在本身变成了"值多少"的非人关系场境中的异在。显而易见的事实为,青年马克思看到了斯密-黑格尔的市民社会话语Ⅱ,也意识到了黑格尔批判市民社会的市民社会话语Ⅲ的特殊话语赋型意向,可此时,他只能借助他性镜像中的费尔巴哈哲学,特别是人本学话语的那个"类本质颠倒"的证伪逻辑来塑形自己的批判性见解。由此马克思断定,鲍威尔所憧憬的政治解放的现实结果,绝不是真正实现的人的理想爱多斯共相的**类解放**。在此,青年马克思走到了一个革命性的边缘,布尔乔亚的政治革命必然再向前走,即超越"利己主义领域的、一切人反对一切人的战

①《马克思恩格斯全集》(第二版)第3卷,人民出版社2002年版,第196页。
②《马克思恩格斯全集》(第二版)第3卷,人民出版社2002年版,第179页。中译文有改动。Marx-Engels-Gesamtausgabe(MEGA²), Ⅰ/2, Text, Berlin: Dietz Verlag, 1982, S.154.

争"的市民社会话语Ⅲ，当然，这种超越不是黑格尔唯心主义的自为性理念，而是费尔巴哈式的人本学话语中"人的现实的、没有矛盾的类生活"（wirkliche, widerspruchlose Gattungsleben）。① 这是经过人本学话语包装过的批判性的市民社会话语Ⅲ。这是辩证法话语筑模中 Widerspruch（矛盾）概念较早的出场。

其三，市民社会话语Ⅲ批判构境中的他性**货币异化论**。在《论犹太人问题》一文的第二部分中，马克思指认，"**实际需要、利己主义**（*praktische Bedürfniß, der Egoismus*）是市民社会的原则；只要市民社会完全从自身产生出政治国家，这个原则就赤裸裸地显现出来。**实际需要和自私自利的神就是金钱**（*Geld*）"②。这个作为"坏东西"出场的市民社会话语Ⅲ的观点，显然是远远深刻于抽象地谈论"政治解放"和"人的解放"关系的鲍威尔的。马克思指出，如果市民社会中人的世俗生活的基础恰恰是**做生意**（*Schacher*），那么，"他们的世俗上帝"就是**货币**（*Geld*）。③ 之后，马克思经常会用"商业社会"作为市民社会的同义语。这是对斯密市民社会话语Ⅱ中那个"一切人都成为商人"话语编码的靠近。我觉得，货币是现实交易世界（Schacherwelt）中人们的上帝，这完全是赫斯式的人本主义经济异化论的观点。我在《回到马克思》第一卷中，已经详尽地讨论了赫斯哲学与他的经济异化构式，此不赘述。④ 更重要的事实是，马克思此时并不能从经济学上具体说明这个世俗生活中的异化上帝（货币）之本质，也没有深入理解黑格尔在《法哲学原理》中关于"货币作为抽象的东西"所表达的价值关系赋型。⑤ 这里，他在证伪性的市民社会话语Ⅲ语境中指认的金钱异化批判，还是从费尔巴哈式的人本主义异化史观的哲学逻辑出发的。然而，如果在费尔巴哈那里上帝是人的类本质和爱多斯共相的异化，那货币是什么共相（eidos）的异化？此时马克思手中并没有强大的逻辑解码器。在他看来，

---

① 参见《马克思恩格斯全集》（第二版）第3卷，人民出版社2002年版，第174—175页。

②《马克思恩格斯全集》（第二版）第3卷，人民出版社2002年版，第194页。

③ 参见《马克思恩格斯全集》（第二版）第3卷，人民出版社2002年版，第191页。

④ 参见拙著《回到马克思——经济学语境中的哲学话语》（第四版），江苏人民出版社2020年版，第一章第三节第三目。

⑤ 参见［德］黑格尔《法哲学原理》，范扬、张企泰译，商务印书馆1961年版，第71页。

金钱是以色列人的妒忌之神;在他面前,一切神都要退位。金钱贬低了人所崇奉的一切神,并把一切神都变成商品(Ware)。货币是一切物(aller Dinge)的普遍的、独立自在的**价值**(*Wert*)。因此它剥夺了整个世界(ganze Welt)——人的世界(Menschenwelt)和自然界——固有的价值。金钱是人的劳动和人的定在的同人相异化的本质(entfremdete Wesen seiner Arbeit und seines Daseins);这种异己的本质(fremde Wesen)统治了人,而人则向它顶礼膜拜。①

这已经是市民社会话语Ⅲ中的**货币异化论批判**了。依我的看法,这是马克思**第一次自主性地完整使用哲学异化观念**的开端。虽然在此前的不同文本中,青年马克思也在不同话语语境中使用过他性的异化概念,比如,在《伊壁鸠鲁笔记》中首次使用异化概念②,在《德谟克利特自然哲学与伊壁鸠鲁自然哲学的差别》(博士论文)中四次使用异化概念③,在《莱茵报》工作期间分别在《评奥格斯堡〈总汇报〉第 335 和第 336 号论普鲁士等级委员会的文章》和《本地省议会议员选举》中各一次使用异化概念④,在《黑格尔法哲学批判》手稿中五次使用异化概念⑤等,但那些异化概念作为话语能指的出场,都还不是马克思**自主的理论构序**,而是黑格尔思辨哲学中他性异化构式的零星意义所指在场。理应界说的是,在一个思想家的理论构境中,可以看到总体构境中起支配作用的逻辑构式,以及给予一定思想观点以呈现形式的**观念赋型**和具体话语构序场境中的学术构境表层的**词语塑形**。青年马克思早期思想中的异化概念,多为黑格尔观念异化构式的他性镜像分有,并没有跳出一般词语塑形的浅层话语构境。显然,这是马克思第一次在**准经济学的语境**中使用entfremdet 一词。应该指出,青年马克思对市民社会(以后转喻为“资产阶级

①《马克思恩格斯全集》(第二版)第 3 卷,人民出版社 2002 年版,第 194 页。中译文有改动。Marx-Engels-Gesamtausgabe(MEGA²), Ⅰ/2, Text, Berlin: Dietz Verlag, 1982, S. 166.

② 参见 Marx-Engels-Gesamtausgabe(MEGA²), Ⅳ/1, Text, Berlin: Dietz Verlag, 1976, S. 140。

③ 参见 Marx-Engels-Gesamtausgabe(MEGA²), Ⅰ/1, Text, Berlin: Dietz Verlag, 1975, S. 47,48,49,49。

④ 参见 Marx-Engels-Gesamtausgabe(MEGA²), Ⅰ/1, Text, Berlin: Dietz Verlag, 1975, S. 285,358。

⑤ 参见 Marx-Engels-Gesamtausgabe(MEGA²), Ⅰ/2, Text, Berlin: Dietz Verlag, 1982, S. 6,33,33,33,88。

社会")的批判,从一开始就是从深刻的经济异化构式发端的。从哲学认识论的方面看,这也是马克思所接受的第一个源自费尔巴哈人本学异化史观的**批判认识论**的理论筑模。之后我们还会看到,这种经济异化构式将以极其繁杂的方式**贯穿整个马克思的思想发展史**。这恐怕也是过去我们没有认真辨识的思想谱系线索。也由于马克思这时并没有直接看到赫斯正在完成的《论货币的本质》(*Über das Geldwesen*,又译《论金钱的本质》)①一文,所以,他也无法完整地从人本学价值悬设的异化构式中,具体说明货币为什么是世俗犹太人的上帝,因为赫斯的那个构成颠倒世俗偶像神的关键性的**交往类本质共相**还被遮蔽着。于是,马克思此时关于货币异化的人本学批判,显然还浮在话语能指构序的无编码抽象表层,异化概念并没有生成方法论和批判认识论筑模上厚重的意义所指,或者说,根本没有塑形出本真类本质的"应该"(sollen)与异化现实的"是"(Sein)之间的逻辑对置,作为我-它自反性关系异化中的"主体"格位的类本质还没有被确认,也没有真正入序于费尔巴哈和赫斯人本主义异化理论构式的话语编码之中。

第一,货币是一切**物**(Ding,而不是 Sache)的普遍价值,但青年马克思此时并不知道经济学意义上的价值是什么,所以,他还不能更深地从**我-它自反性关系异化**的语境中把握货币,更不要说,理解货币作为劳动交换关系事物化抽象的一般价值等价物的共相,这样,"剥夺了整个世界"的价值一语则会是一种空洞的哲学推论。这里,我们看到马克思眼里的 ganze Welt(整个世界),包括了人的世界和物理空间实在的自然界,这时,马克思还没有辨识世界概念的关系场境或社会空间特征。第二,青年马克思这里的货币异化的现实基础,是黑格尔哲学话语中出现的"人的劳动"和"定在"背后的抽象人的本质,而不是赫斯**现代小贩世界中被颠倒的交往**(交换)关系。这是**劳动和劳动异化**概念在马克思思想发展进程中较早的出场,依我的揣测,这会是马克思从黑格尔《法哲学原理》中的那个劳动-需要体系中获得的观点。显见的事实

---

① 《论货币的本质》一文,是赫斯于 1843 年底到 1844 年初为《德法年鉴》撰写的,并且已经呈交编辑部准备发表,后来因杂志停刊,未能及时发表,一年多以后才在其他杂志上刊出。所以说,此文的手稿一直在作为《德法年鉴》编辑的青年马克思手中。参见[德]赫斯《论货币的本质》,载《赫斯精粹》,邓习议编译,方向红校译,南京大学出版社 2010 年版。

为,劳动和劳动异化概念此时都没有起到关键性的话语编码作用。在这里,马克思还没有看到斯密等人在经济学语境中说明的劳动,但是,这个哲学的劳动概念会成为马克思在第一次经济学研究中逐步聚焦的隐性线索,甚至成为他一生思想构境的核心聚焦点。这可能也是马克思第一次涉及经济学语境时使用 Dasein 概念,但他仍然没有突显其中的历史限定性特征和否定性。马克思关于**经济定在**的科学理解,是在 1860 年前后的黑格尔《小逻辑》研究中完成的。① 并且,马克思还没有将这个货币异化与前面他所批判的市民社会中"非人的关系"联结起来。这也就是说,青年马克思这里的货币异化批判还存在一些重要的逻辑缺环,并没有构成一个完整的逻辑构式。在认识论层面,我认为青年马克思还没有进入古典经济学所指认的工业生产构序之上的复杂经济关系场境存在,所以他此时所操持的批判认识论还是抽象的观念演绎。当然,这是一段极为重要的表述,因为我们看到了在青年马克思市民社会思想中第一次突现的**经济异化**思想。可是,在马克思业已完成的《克罗茨纳赫笔记》中,我们也没有看到任何其他人的经济异化观念特别是货币异化的观点,况且,此时马克思还没有开始自己的经济学研究。依我的主观猜测,青年马克思这时的经济异化观点应该是直接受到了赫斯的影响。虽然赫斯自己关于经济异化的论文《论货币的本质》还没有公开发表,但他已经在不少场合宣传自己的观点。我猜想,马克思不可能不知道这些公开的言论。显然,他已经在认同赫斯从经济学研究中得来的这些异化批判的观点,并将其迅速运用到自己所接受的黑格尔批判性的市民社会话语Ⅲ构序场境中来了。

于是,青年马克思就得到了作为金钱异化构序结果的三种异化现象:第一,金钱统治下的**自然的异化**(Entfremdung)。这是自然界与他性的金钱世界的第一次对质。显然,这里的异化逻辑中我-它自反性关系中的主体格位是理想化的自然。马克思说,"在私有财产和金钱的统治下形成的自然观,是对自然界的真正的蔑视和实际的贬低"②。因为在以私有制为本质的市民社会中,

---

① 这是指出现在 1860—1863 年的笔记本中的《黑格尔的逻辑学》摘要。这一文本目前尚未在 MEGA² 中编译出版。《黑格尔的逻辑学》中译文由顾锦屏翻译,第一次发表在《马列著作编译资料》第 7 辑(人民出版社 1980 年版,第 8—12 页)。

② 《马克思恩格斯全集》(第二版)第 3 卷,人民出版社 2002 年版,第 195 页。

自然界的一切产物都必须变成可以变卖为金钱的东西,这使得"外化了(entäußerte)的自然界,才变成**可让渡的**(*veräußerlichen*)的,变成可出售的、屈从于利己的需要、听任买卖的对象"①。我觉得,青年马克思这里的"自然异化观"是十分独特的。一是他的费尔巴哈自然物质本体论的潜在立场,固然马克思也批评了费尔巴哈"过多地关注自然"②,但他并没有否认自然物质存在的优先性,然而,马克思此时并没有深思这种哲学本体论与自己接受的异化观点的关系;二是他看到了自然存在的**本有性**与人类将其变成 for us 的**功用性存在**的差异,这就无意间关涉了 20 世纪以后才出现的"反人类中心论",也与后面海德格尔在"本有哲学"中极其深刻的占有性存在论批判发生内在关联。第二,在政治权力与市民社会的关系上,"虽然在观念上,政治凌驾于金钱势力之上,其实前者是后者的奴隶"③。这是与奴隶制和封建制中政治关系构式居统治地位不同的被经济利益趋动的**政治异化**,当然也是马克思通过自己在《克罗茨纳赫笔记》中的历史研究获得的重要认识。这恰好是"市民社会决定国家与法"的另一种否定性赋型。可是,此处政治异化中的我-它自反性关系中的主体格位却是含混不清的。第三,市民社会摧毁了"人的一切类的联结(Gattungsbande)",在金钱异化关系赋型中,不仅"作为自我目的的人"受到蔑视,就连高尚的理论、艺术和历史也受到蔑视,甚至"男女关系等等也成了买卖对象:妇女也被买卖"。④ 这是**人本身的异化**。这是费尔巴哈人本主义话语中人的 Gattungsbande(类的联结)异化为可变卖对象的我-它自反性关系。马克思认为,金钱异化让这个人的世俗世界中的一切事物也都变成可变卖的让渡对象,在市民社会之中,金钱异化为普遍的价值,这是"人的自我异化(Selbstentfremdung)的**最高实际**表现"⑤。这是 Selbstentfremdung(自我异化)概念较早的出场。我觉得,这应该是马克思最初在哲学认识论中的批判构境。也是在这里,他直接援引了自己的《克罗茨纳赫笔记》中遭遇到的汉密

---

① 《马克思恩格斯全集》(第二版)第 3 卷,人民出版社 2002 年版,第 197 页。中译文有改动。
② 《马克思恩格斯全集》第 27 卷,人民出版社 1972 年版,第 443 页。
③ 《马克思恩格斯全集》(第二版)第 3 卷,人民出版社 2002 年版,第 194 页。
④ 参见《马克思恩格斯全集》(第二版)第 3 卷,人民出版社 2002 年版,第 195 页。
⑤ 《马克思恩格斯全集》(第二版)第 3 卷,人民出版社 2002 年版,第 192 页。

尔顿上校的表述:"尘世无非是个交易所,而且他们确信,在这尘世间,他们除了要比自己邻居富有而外,没有别的使命。做生意占据了他们的全部思想,变换所经营的货品,是他们惟一的休息。他们在旅行的时候,也要背上,比如说,自己的货物或柜台,而且所谈的不是利息就是利润。"①在青年马克思看来,这种异化的

> 让渡是外化的实践(Praxis der Entäußerung)。正像一个受宗教束缚的人,只有使自己的本质成为异己的幻想的本质,才能把这种本质对象化(vergegenständlichen),同样,在利己的需要的统治下,人只有使自己的产品和自己的活动处于异己本质(fremden Wesens)的支配之下,使其具有异己本质——金钱——的作用,才能实际进行活动,才能实际生产出物品。②

这里的构境是双层他性镜像结构:一是认同于费尔巴哈的宗教批判话语,上帝是人的幻想的类本质(共相)异化,宗教神学是人的主体物相化的异在形式,上帝神性的塑形与构序恰恰是人自身主体物相化的共相颠倒;二是认同于赫斯的经济异化话语,将金钱视作人的异己类本质(共相),在市民社会特有的"利己的需要的统治下",使人的活动和产品成为与上帝一般的幻想共相——金钱的奴隶。应该指出,一是马克思在这里使用了黑格尔-费尔巴哈的Entäußerung(外化)概念,但这里他更多地受到费尔巴哈的类本质共相外化论的影响,还没有达及黑格尔的**劳动爱多斯外化-物相化论**的构境深度;二是马克思还使用了赫斯那里从来没有出现过的vergegenständlich(对象化)一词,这是青年马克思依从费尔巴哈而来的关键性概念。③ 下面我们会看到,他的自主性的经济异化理论正是从这一点上异质于赫斯,并在黑格尔《精神现象学》

---

① [美]汉密尔顿:《美国人与美国风俗习惯》,转引自《马克思恩格斯全集》(第二版)第3卷,人民出版社2002年版,第193页。

② 《马克思恩格斯全集》(第二版)第3卷,人民出版社2002年版,第197页。中译文有改动。Marx-Engels-Gesamtausgabe(MEGA²), I /2, Text, Berlin: Dietz Verlag, 1982, S. 168.

③ 参见《费尔巴哈哲学著作选集》下卷,荣震华、王太庆、刘磊等译,商务印书馆1984年版,第36—37页。Ladwig Feuerbach, *Sämtliche Werke*, Bd. 6, Hg. Wilhelm Bolin, Bad Cannstatt: Frommann-Holzboog, 1960, S. 14.

劳动外化的对象性活动中,深化为一个**物相化**新辩证法思想的可能空间。青年马克思急急忙忙地赞同了赫斯以货币为思考点的经济异化观点,可是,他自己还没有真正碰过经济学,并且,此时他的经济异化论还停留在处于金钱异化支配下的人的活动和产品(物,Ding)上,而赫斯所认为的社会生活中最重要的**交往关系**尚没有进入他思考人的类本质的视域之中。

其四,欧洲社会历史性分析中潜在出现的**市民社会话语Ⅳ**。这是马克思自己在市民社会话语格式塔中的原创性话语。从概念考古的视角看,这是同一个 bürgerliche Gesellschaft 的话语能指所发生的断裂式意义所指转换。我们以后会看见,这一独特的市民社会话语赋型几乎贯穿了马克思思想发展的全过程。可以看到,在《论犹太人问题》一文中,青年马克思通过自己独立的历史研究(《克罗茨纳赫笔记》),客观地观察了整个欧洲的社会历史进程。在此,他区分了欧洲历史进程中的新旧社会。应该说,这是出现在马克思思想中最早的**历史性时间**因素,这当然是《克罗茨纳赫笔记》的成果。

一个是旧社会中的市民社会。他说,"旧社会的性质是怎样的呢? 可以用一个词来表述:**封建主义**(*Feudalität*)"①。这是青年马克思从英国资产阶级革命和法国大革命的历史研究中新获得的认识。比如他在《克罗茨纳赫笔记》第 2 笔记本写下的提要中,专门用"封建制度的结构"标注了贝勒尔《斯泰尔夫人遗著〈法国革命大事纪实〉考证》中关于封建主义专制的讨论。②

有趣的是,青年马克思并没有仔细考察 πολιτικη κοινωνία 在亚里士多德那里的原初含义,以及通过拉丁语 societas civilis 再到英文中的 civil society,作为市民社会话语Ⅰ,在不同时期具体的话语构序场境中,它都是指国家政治共同体,一直到霍布斯和洛克那里,它们在新生的资产阶级政治

---

① 《马克思恩格斯全集》(第二版)第 3 卷,人民出版社 2002 年版,第 186 页。

② 在那里,马克思摘录了这样一段文字:"封建制度……一切都与之相关。它是从不会消亡的土地开始,这些土地是被组织起来的、互相协调的,可以说是有条理的;人类依附于土地并受到管辖土地的法律的约束;那些被视为封臣的领主,从一个梯队上升到另一个梯队,通过一条不被打断的链条,一直连接到伟大的骄傲,即国王……封建主义是一个拥有千人头目的专制主义,其中一个要素就是对人类的普遍奴役。"[Marx-Engels-Gesamtausgabe(MEGA²), Ⅳ/2, Text, Berlin: Dietz Verlag, 1981, S. 102.]

斗争中转型为"第三等级"这一有特定含义的**政治公民社会**的政治力量（市民社会话语 Ib）。只是在斯密的经济学话语编码中，市民社会才从政治交往关系构式深化为需要和市场交换体系的特定经济共同体，生成特定的现代的市民社会话语 II 的境遇。这也是黑格尔《法哲学原理》中市民社会的原型。不过，这里马克思的观点是独特的，他在理解黑格尔《法哲学原理》第 305 节中提及的君主制条件下以封建地产和家庭自然伦理为基础的市民社会等级时，误认为在封建的旧社会也存在着国家与"市民社会"的分立，并且，他认为，

> 旧的市民社会（alte bürgerliche Gesellschaft）直接具有政治性质，就是说，市民生活的要素，例如，财产或家庭、劳动方式和风格（der Besitz oder die Familie, oder die Art und Weise der Arbeit），已经以领主权、等级和同业公会的形式上升为国家生活的要素。它们以这种形式规定了单一的个体对国家整体的关系，就是说，规定了他的政治关系，即他同社会其他组成部分相分离和相排斥的关系。因为人民生活的这种组织没有把财产或劳动上升为社会要素，相反，却完成了它们同国家整体的分离，把它们建成为社会中的特殊社会。①

在青年马克思这里，原本只有一个历史与境的 bürgerliche Gesellschaft（市民社会）被分为新旧两个：对于封建主义专制下的市民社会，马克思以"财产或家庭、劳动方式和风格"，标定了一个特殊的"市民生活的要素"，并且，这种"市民生活的要素"，会"以领主权、等级和同业公会的形式上升为国家生活的要素"，他得出的结论是，封建主义的"市民社会的生活机能和生活条件还是政治的，虽然只从封建意义上讲是政治的"。请注意，马克思形成这一观点的理论构序前提，正是他不久前在《黑格尔法哲学批判》手稿中提出的"不是国家与法决定市民社会，而是市民社会决定国家与法"的唯物主义命题，这里，这一命题被延伸到对社会历史的**一般看法**中来了。似乎人类历史进程中的所有社会结构中，都存在着市民社会与政治生活的对立，之后，它

---

① 《马克思恩格斯全集》（第二版）第 3 卷，人民出版社 2002 年版，第 186 页。中译文有改动。

将是广义(狭义)历史唯物主义构境中的重要观点,即决定上层建筑的**经济基础**,这是我所命名的**市民社会话语Ⅳ**的基本构境缘起。应该说,这是我们在市民社会话语格式塔的思想史考古学分析中所遇到的最复杂的话语编码转换方式,在这里,已经历多重话语编码转换的 bürgerliche Gesellschaft(市民社会),突然被去除了所有具体的历史编码质性,而从"市民社会决定国家与法"的观念中,直接抽象出一种一般话语代码:**所有社会结构中的经济关系都是社会上层建筑的基础**。而这个作为社会基础的 bürgerliche Gesellschaft(市民社会)词语能指,则成为不是它自身曾经居有的**所有历史所指**(市民社会话语Ⅰ—Ⅲ)的一个特定的话语代码。这样,它的话语出场方式,通常会是带着双引号特设标志的 bürgerliche Gesellschaft("市民社会")。在《德意志意识形态》中,由于马克思和恩格斯都没有读到摩尔根①的《古代社会》(*Ancient Society*)②一书,所以他们会将经济关系决定政治、法律和意识形态整个上层建筑视作整个历史的一般法则;而在《政治经济学批判》第一分册序言中,马克思则将其限定为"经济的社会赋型"的狭义历史唯物主义规定。在马克思后来的晚期文本中,他有时用打着双引号的"市民社会"来标识出它特定的含义。不过在《论犹太人问题》这里,这种独特的市民社会话语Ⅳ,只是作为一种潜在的构境可能存在于话语运作之中。

实际上,青年马克思这里的分析存在一定的问题,因为在封建主义专制下,一是有财产的家庭只是贵族或地主,并且,所有财产都不是**经济性**的,而是娘胎里带来的政治构式等级,马克思自己在《黑格尔法哲学批判》中业已正

---

① 路易斯·亨利·摩尔根(Lewis Henry Morgan,1818—1881),美国人类学家,进化学派人类学的主要代表人物之一。1875 年被选为美国国家科学院院士,1879—1880 年担任美国科学促进会主席。主要著作有:《易洛魁联盟》(1851)、《人类家庭的亲属制度》(1871)、《古代社会》(1877)、《美洲土著的房屋和家庭制度生活》(1881)等。
② 《古代社会》(*Ancient Society*, New York:Henry Holt and Company, 1877)是摩尔根的人类学研究名著。该书写于 1871—1877 年,1877 年在美国出版。该书全面地提出了社会进化的理论,阐述了人类从蒙昧时代经过野蛮时代到文明时代的发展过程。摩尔根通过研究印第安人和世界其他地区的部落及希腊、罗马等古代民族史,揭示了氏族的本质和氏族制度存在的普遍性,证明母系制先于父系制,说明氏族制度发展的结果必然产生作为它本身的对立物的国家,进而说明了人类社会从低级阶段向高级阶段、从原始社会向阶级社会的发展。

确地看到这种政治"动物学"。① 二是自然经济中的农耕生产和简单手工艺的劳动方式是欧洲数千年不变的传统生产实践构序方式,虽然从广义历史唯物主义的观点来看,它们构成全部封建社会定在的物质基础,但它们无法生成现代劳动分工意义上的复杂经济关系赋型。三是同业公会在欧洲的历史上虽开始于中世纪的宗教政务会,但它并不是黑格尔试图调节盲目经济运转的行业自治组织,换句话说,同业公会是一个**历史性**的产物。其实,"旧社会"中的市民社会话语 I 就是政治共同体,并没有一个与国家直接对立的市民社会。

另一个,当然就是作为"新社会"基础的市民社会。青年马克思指出,鲍威尔所说的政治解放或者"政治革命是市民社会的革命",反对封建主义的"政治革命消灭了**市民社会的政治性质**。它把市民社会分割为简单的组成部分:一方面是**个体**,另一方面是构成这些个体的生活内容和市民地位的**物质要素和精神要素**"。② 应该说,马克思此时观察市民社会的视角还是哲学,所以,从主体方面看,新的市民社会中的人会是从类的共同体到个人;从客体方面看,就是世俗的物质生活。显然,他还无法用经济学的话语来描述这种新的市民社会。重要的是,他认为鲍威尔所肯定的政治解放和作为这种解放结果的市民社会本身是理应受到批判的。

> 政治革命把市民生活分解成几个组成部分,但没有变革这些组成部分本身,没有加以批判(Kritik)。它把市民社会,也就是把需要、劳动、私人利益和私人权利(Bedürfnisse, der Arbeit, der Privatinteressen, des Privatrechts)等领域看作自己持续存在的基础,看作无须进一步论证的前提,从而看作自己的**自然基础**(Naturbasis)。③

这是说,鲍威尔鼓吹的政治革命不仅没有批判性地对待今天的市民社会,特别是私有制下的"需要、劳动、私人利益和私人权利",反倒将其作为整

---

① 马克思指认,"中世纪是人类史上的**动物时期**,是人类动物学"[《马克思恩格斯全集》(第二版)第 3 卷,人民出版社 2002 年版,第 102 页]。
② 参见《马克思恩格斯全集》(第二版)第 3 卷,人民出版社 2002 年版,第 186—187 页。
③ 参见《马克思恩格斯全集》(第二版)第 3 卷,人民出版社 2002 年版,第 188 页。

个社会生活的 *Naturbasis*(**自然基础**),于是,"人,作为市民社会的成员,即非政治的人,必然表现为自然人。Droits de l'homme[人权]表现为 droits naturels[自然权利]"①。这样,实为"坏东西"的市民社会就成了最符合人的天性的自然法则。这种政治观点,正是不久前青年马克思自己的民主主义立场,可现在,他对此表示了拒斥的态度。我以为,这是马克思走向反对资产阶级意识形态的政治立场转换的前夜。也由此,马克思内心里那个"市民社会决定国家与法"的客观法则,或者说,他在这里发现的政治共同体"服从市民社会的统治"现象则带有了意识形态赋型的意味。这是我们值得仔细玩味的地方。

其五,青年马克思用费尔巴哈的话语说,如同宗教批判和解放是让异化为上帝的人的类本质回归人本身一样,"**任何**解放都是使人的世界(menschlichen Welt)和人的关系回归于**人自身**(*Menschen selbst*)"②。可是,鲍威尔所拥戴的政治革命却"一方面把人归结为市民社会的成员,归结为利己的、独立的个体,另一方面把人归结为公民,归结为法人"。这种解放的结果,不是"使人的世界和人的关系回归于**人自身**",而是造成人在政治生活和世俗生活中的双重分裂,这不能不说是一个悲剧。在马克思看来,

> 只有当现实的个体人类(wirkliche individuelle Mensch)把抽象的公民(abstrakten Staatsbürger)复归于自身,并且作为个人,在自己的经验生活、自己的个体劳动、自己的个体关系中间,成为类存在物的时候,只有当人认识到自身"固有的力量"是**社会**力量(*gesellschaftliche* Kräfte),并把这种力量组织起来因而不再把社会力量以**政治**力量(*politischen* Kraft)的场境(Gestalt)同自身分离的时候,只有到了那个时候,人的解放才能完成。③

青年马克思这里的人的解放,还是人本主义的"回到人本身",虚假的抽象的

①《马克思恩格斯全集》(第二版)第 3 卷,人民出版社 2002 年版,第 188 页。
②《马克思恩格斯全集》(第二版)第 3 卷,人民出版社 2002 年版,第 189 页。
③《马克思恩格斯全集》(第二版)第 3 卷,人民出版社 2002 年版,第 189 页。中译文有改动。Marx-Engels-Gesamtausgabe(MEGA²),Ⅰ/2,Text,Berlin:Dietz Verlag,1982,S. 162 – 163.

公民从自身的政治异化中复归于现实的个体人类,现实的个体人类在自己的劳动和个人与个人的关系中成为类存在物,社会力量不再以异化的政治力量凌驾于生活之上,人的解放才会最终完成。应该注意,马克思这里对社会生活的思考从开始就是基于非物像的关系场境的,这里马克思使用的 wirkliche individuelle Mensch(现实的个体人类)一语,是之后历史唯物主义构境中那个重要的"现实的个人"的概念雏形。这也是 Gestalt(场境)一词较早的出场。这个 Gestalt 是后来格式塔心理学的核心关键词。当然,这时候马克思的人的解放还不是将抽象的市民社会炸裂开来的反抗资产阶级的无产阶级的解放。正是青年马克思的这篇文章,让后来的施蒂纳将他视作费尔巴哈主义的跟随者。①

1843 年底,青年马克思写下了著名的《〈黑格尔法哲学批判〉导言》(*Zur Kritik der Hegeischen Rechtsphilosophie*,*Einleitung*)。在这篇重要的历史性文献中,他最终完成了**从资产阶级民主主义向无产阶级的政治立场的转变**。也是在此,bürgerliche Gesellschaft 话语能指,第一次从黑格尔的市民社会话语Ⅲ构境直接转换为有明确批判性政治立场的**资产阶级社会总体**。也是从这里开始,马克思在文本中所用的 bürgerliche Gesellschaft 可以在意义所指中译作**资产阶级社会**。马克思说,"人就是**人的世界**(*Welt des Menschen*),就是国家,社会。国家,社会产生了宗教即**颠倒了的世界观**(*verkehrtes Weltbewußtsein*),因为他们本身就是**颠倒了的世界**(*verkehrte Welt*)"②。这里出现的 verkehrte(颠倒的,Verkehrung)一语,是马克思从黑格尔、费尔巴哈那里获得的一个重要的批判性逻辑话语概念,这一概念指认了辩证法关系中的倒置和错位。从思想构境谱系线索上看,这个 Verkehrung(颠倒)概念,将在马克思后来的思想发展进程中发挥极其重要的历史作用。这里马克思所指认的 *verkehrte*(**颠倒的**)世界,并非黑格尔那个国家与法决定市民社会的唯心主义颠倒,而是市民社会话语Ⅰ(政治法权社会)+市民社会话语Ⅱ(=资产阶级社会),本身就是一个颠倒的世界(否定性的市民社会话语Ⅲ)。这里,我们可以清楚地看到,在此

---

① 参见[德]施蒂纳《唯一者及其所有物》,金海民译,商务印书馆 1989 年版,第 188 页及注 1。
②《马克思恩格斯全集》(第二版)第 3 卷,人民出版社 2002 年版,第 199 页。中译文有改动。

时的马克思思想中,物理空间中实存的自然界之外,应该(sollen)存在一个
Welt des Menschen(**人的世界**),可在现实(Sein)中却出现了一个颠倒的**非人的
他性金钱世界**——市民社会。马克思此时的 Welt(世界)概念显然已经不是
物性对象的堆砌,而是关系场境突现中的人的生命空间和经济关系世界(社
会空间)。马克思明确指认,这个新生的资产阶级社会的基础,是已经出现
在英国和法国的"工业关系"(Verhältniß der Industrie),在德国则是"**保护关
税制度,贸易限制制度,国民经济学**(*der Schutzzölle*,*des Prohibitivsystems*,*der
Nationalökonomie*)"①。令人惊异的是,马克思这里已经能够区分先进的英国和
法国的 Verhältniß der Industrie(工业关系)和后进的德国的贸易保护,平心而论,
马克思对这个 bürgerliche Gesellschaft 的差异性历史观察是敏锐和精准的,但
是,当然还是不够深入的。这离他以后将要揭示的"占统治地位的资本的生产
关系"和**资本主义生产方式**,还有很远的路要走。此时的马克思已经明确认识
到,当资产阶级"刚刚开始同高于自己的阶级进行斗争,就卷入了同低于自己的
阶级的斗争",即在资产阶级开始对封建主义的政治革命时,无产者(Proletarier)
已经开始了"反对资产者(Bourgeois)的斗争"。马克思说,"德国无产阶级是随
着刚刚着手为自己开辟道路的**工业的**发展(*industrielle* Bewegung)而形成起来
的",不难看到,马克思紧紧抓住了这个不同于农业的 *industrielle* Bewegung(**工业
的发展**),这是敏锐的。马克思断言:

> 无产阶级(Proletariat)宣告**迄今为止的世界构序**(*bisherigen
> Weltordnung*)的解体,只不过是揭示**自己独有定在**(*eignen Daseins*)的秘
> 密,因为它就是这个世界构序的**实际解体**。无产阶级要求**否定私有财
> 产**,只不过是把社会已经提升为**无产阶级**的原则的东西,把未经无产阶
> 级的协助,作为社会的否定结果而体现在**它身上**,即无产阶级身上的东
> 西提升为**社会的原则**(*Prinzip der Gesellschaft*)。②

---

① 《马克思恩格斯全集》(第二版)第 3 卷,人民出版社 2002 年版,第 204 页。中译文有改动。
② 《马克思恩格斯全集》(第二版)第 3 卷,人民出版社 2002 年版,第 213 页。中译文有改动。Marx-
  Engels-Gesamtausgabe(MEGA²),Ⅰ/2,Text,Berlin:Dietz Verlag,1982,S.182.

这是马克思较早地使用 Ordnung（构序）一词。在马克思这里，这个被无产阶级宣告解体的世界，就是 bürgerliche Gesellschaft，而在资产阶级社会中仍然作为社会定在前提的私有财产将被彻底否定，这种否定即是无产阶级身上表现出来的真正的"社会的原则"，以后，它会被指认为取代资产阶级社会的共产主义新世界。

第二章 经济异化构式中的资产阶级社会

青年马克思在 1844 年开始的第一次经济学研究,使他对 bürgerliche Gesellschaft(资产阶级社会 = 市民社会话语Ⅲ)的本质有了全新的认识。在对经济学文献的初步了解和研究中,马克思从开始的沉默状态到以哲学话语跳出经济学语境,在赫斯交往异化观念的他性镜像影响下,马克思在"穆勒笔记"中塑形了基于他性交往异化构式的社会共同本质异化论,以及超越交往异化的原创性劳动异化批判构式Ⅰ,这是马克思对资产阶级社会的第一个价值批判辩证法构式,也是他第一个完整的证伪经济物相化图景的早期批判认识论话语雏形。

1. bürgerliche Gesellschaft 在马克思最初经济学研究中的消失

1843 年 10 月,马克思接受了卢格(Arnold Ruge)的邀请,举家移居巴黎,准备为即将在巴黎创刊的《德法年鉴》①撰稿。在 1843 年末至 1844 年初,青年马克思还处于他不久前发生的第一次思想变革之中,即在哲学思想构境中从唯心主义向一般唯物主义,在政治立场上从民主主义向一般共产主义的转变。本来,在《〈黑格尔法哲学批判〉导言》发表之后,理应在以后几期《德法年

---

① 《德法年鉴》是德国"第一个社会主义的刊物"。1844 年 2 月底只在巴黎用德文出版了 1—2 期合刊号,主编为阿·卢格和马克思。由于当时卢格患病,这一期杂志主要是由马克思编辑的。这一合刊中就包括了恩格斯的《国民经济学批判大纲》。

鉴》上刊登该书的正文部分。但马克思并没有这样做。我推测，其根本原因是他此时业已通过鲍威尔对市民社会的解释，重新关注到黑格尔市民社会话语Ⅱ的复杂经济关系赋型，并且，无产阶级政治立场的确立，也已经让青年马克思接受了黑格尔的市民社会话语Ⅲ中的批判态度，这自然影响到马克思对先前写下的《黑格尔法哲学批判》手稿的基本判断。此时，青年马克思已经意识到，他自己必须进行经济学的研究。还需要说明的情况是，应该是无产阶级革命立场的获得，使他产生了对资产阶级社会政治制度（市民社会话语Ⅰb）的浓厚兴趣，所以，1844 年 2—5 月，马克思再次埋头专注于前一年 7—8 月在克罗茨纳赫开始的关于法国革命史的研究，特别着重考察 1792 年以后共和国产生时期的法国革命的政治变革史（即作为市民社会话语 Ⅰb 的国民公会①史）。直到该年 5—6 月，马克思才中断了国民公会史的写作，转入对市民社会话语Ⅱ背后的资产阶级政治经济学的第一次系统研究。

　　青年马克思研究经济学的原因是复杂的，依他自己后来的回忆，首先是社会现实问题中的"物质利益问题"，即追逐金钱的"下流的唯物主义"（verworfene Materialimus）在马克思新近形成的货币异化观念中得到初步的解读，但货币异化的经济学原因并没有得到说明。其次，在写作《论犹太人问题》中马克思熟悉起来的黑格尔《法哲学原理》一书"市民社会"一章中对市民社会所进行的经济关系赋型，以及对斯密、萨伊和李嘉图等人主要论著的提示，这些内容对青年马克思来说都还是巨大的未知的、新学科话语编码。再次，马克思与赫斯、青年恩格斯和蒲鲁东②的深度交往③，是他研究经济学最直接的导因；《德法年鉴》上发表的青年恩

---

① 国民公会（Convention Nationale），法国大革命时期建立的最高立法机构。1792 年 8 月 10 日巴黎人民起义推翻王权后，立法议会决定在普选基础上产生另一制宪议会，以美国 1787 年费城制宪会议的名称 Convention 命名。国民公会拥有最高权力——立法权与行政权。重大立法都由国民公会通过。1795 年 10 月 26 日，国民公会解散，其立法权力由元老院和五百人院继承，其行政权力由督政府继承。

② 蒲鲁东（P. J. Proudhon，1809—1865），出生于法国勃桑松一个农民兼手工业者的家庭。由于家境贫寒，自幼辍学，12 岁就出外劳作谋生，先后当过旅店的伙计和排字工人，后来曾与人合资开过一个小型印刷所。1837 年，蒲鲁东以《普通语法试论》一书获勃桑松大学一笔为期三年、每年 500 法郎的助学金。由此，他得以迁居巴黎从事理论著述活动。主要论著有：《什么是所有权》（1840）、《论人类社会秩序的建立》（1843）、《贫困的哲学》（1846）、《社会问题的解决》（1848）、《19 世纪革命的总观念》（1851）、《论革命中和教会中的公平》（1860）等。

③ 马克思在 1843 年 7 月以后与蒲鲁东进行频繁而直接的交往。1843 年 10 月，马克思到达巴黎之后，他们两人更是常常通宵达旦地争论。

格斯和赫斯站在无产阶级立场上的相关论文,特别是他们在批判市民社会话语Ⅱ时所涉及的"国民经济学"批判和经济异化批判的直接刺激;而蒲鲁东基于**劳动创造财富**的社会主义观点,使青年马克思对市民社会的看法发生了重大转变,马克思虽然不同意蒲鲁东的政治观点,但他业已意识到蒲鲁东的以劳动创造财富的工人遭受**经济分配中的不公**观点的重要性,这种来自经济学语境中的劳动观念,显然远远深刻于自己的那个法人(公民)与市民分裂的逻辑(《论犹太人问题》)和金钱异化观。可以说,马克思十分急迫地想直接在经济学中看一下,这个"国民公会"背后的市民社会话语Ⅱ的具体意义所指到底是个什么东西。可是,当青年马克思进入经济学研究领域时,他突然发现了一个与自己熟悉的政治法权和哲学话语完全不同的新的话语编码世界。黑格尔在《法哲学原理》中简要描述的那个由劳动-需要体系构序起来的市民社会话语Ⅱ,被扑面而来的宏大工业生产-商品经济复杂关系赋型的历史进程爆裂,更不要说,马克思自己曾经引以得意的那个决定了国家与法的个人私欲关系的市民社会,因为反对封建专制的第三等级——"市民"真实地分裂为劳动者(工人)和不劳动的有产者(资本家)。我们能够观察到,在整个巴黎时期,青年马克思突然不再轻易使用bürgerliche Gesellschaft 概念来指称这个陌生的异化"社会"了。客观上,在概念考古的微观层面上看,这是因为马克思所读到的法文版经济学论著中,原初在英文中使用的 civil society 一词,会被转译为 société civile,马克思开始并不知道黑格尔的 bürgerliche Gesellschaft 是对斯密 civil society 的转译。① 在整个《巴黎笔记》时期,马克思只是在自己的评论中两次使用了 bürgerliche Gesellschaft。一次是在"穆勒笔记"的评论②中,一次是在对布阿吉尔贝尔(Boisguillebert,1646—1714)的《论财富、货币和赋税的性质》(*Dissertation sur la nature des richesses*,

---

① 据孔伟宇的考证,在《巴黎笔记》中还有三处近似的词语使用:一处为 société civilisée(文明社会),出现在摘录斯密的《国富论》中 [Marx-Engels-Gesamtausgabe (MEGA²),Ⅳ/2,Text,Berlin:Dietz Verlag,1981,S. 356,364];二是 *civilisirten* Gesellschaft(**文明社会**),出现在"穆勒笔记"中 [Marx-Engels-Gesamtausgabe (MEGA²),Ⅳ/2,Text,Berlin:Dietz Verlag,1981,S. 432];三是 social bürgerlichen(社会的、市民的),出现在《李斯特笔记》的摘录中,原句为"国家从个人中获得精神和物质的生产力,或从他们的社会的、市民的,以及政治的状况中"[Marx-Engels-Gesamtausgabe (MEGA²),Ⅳ/2,Text,Berlin:Dietz Verlag,1981,S. 533]。

② 参见 Marx-Engels-Gesamtausgabe(MEGA²),Ⅳ/2,Text,Berlin:Dietz Verlag,1981,S. 449。

de l'argent et des tributs) 的*旁注*①中。对此,我们来进行一些具体分析。

　　我在《回到马克思》第一卷中,已经比较仔细地讨论了马克思的第一次经济学研究过程。我业已说明,在 1843 年 10 月到 1845 年 1 月间,马克思在自己的经济学研究进程中为我们留下了内容丰富的广义《巴黎笔记》。这其中,包括主要作为经济学摘录的十个笔记本,此外,还有三个笔记本是马克思试图跳出经济学的哲学话语的相对独立的手稿,即《1844 年经济学哲学手稿》。这个没有完成的手稿的写作,应该是发生在整个经济学研究的后期。从现有的文献线索来看,青年马克思在《巴黎笔记》中所阅读经济学论著的基本线索,源自青年恩格斯的《国民经济学批判大纲》(*Umrisse zu einer Kritik der Nationalökonomie*,1844)和蒲鲁东的《什么是所有权》中所涉及的主要经济学家及其著作。而马克思在《巴黎笔记》中的直接研读对象,主要是他在巴黎能收集到法文版的经济学论著,约 18 位学者近 20 部(篇)论著(其中包括青年恩格斯的《国民经济学批判大纲》)。这是由于马克思当时法文基础较好,而英文并不熟练,所以,他没有直接阅读英国古典经济学的原版著作,而只是选取这些论著的法文译本,其中也有少数德文论著,如李斯特、舒兹和欧西安德尔等德国经济学家的著作。这里特别需要指出的是,青年马克思在阅读完斯密、李嘉图等人的主要经济学文本之后,在关于穆勒②的摘录过程中,突然发表了大段哲学评论,他先是意识到赫斯的交往异化理论在经济学中的交换关系颠倒中的落点,塑形了自己第一个他性**交往异化构式**,并且十分迅速地**超越流通领域中赫斯的主体际关系构境**,原创性地提出基于生产的**自主性劳动异化批判构式**Ⅰ。在这里,我的新推论是,在整个《巴黎笔记》的最后,青年马克思突然中断经济学的研究,对黑格尔的《精神现象学》进行了极有针对性的**方法论**思想实验。从这一实验中获得的基于**劳动辩证法**的方法论筑模,是马克思写作《1844 年手稿》并创立以劳动外化的对象性异化和扬弃为内在构序逻辑的劳动异化批判构式Ⅱ的

① 参见 Marx-Engels-Gesamtausgabe(MEGA²),Ⅳ/3,Text,Berlin:Dietz Verlag,1998,S.53。
② 穆勒(James Mill,1773—1836),英国经济学家。主要论著有:《为商业辩护》(1804)、《政治经济学原理》(1821)等。

缘起。与仅仅停留于方法论和认识论筑模中的劳动异化批判构式 I 不同，马克思的劳动异化批判构式 II 已经上升为一种总体性的**人本学异化史观**。这里，我们先来看一下青年马克思在《巴黎笔记》中可能发生的思想构境背景。顺便说一下，在《巴黎笔记》的文献学研究中，由前苏东编译专家制造的文献写作先后顺序的讨论，特别是关于摘录笔记与《1844 年手稿》的杂混关系，大多数都是一些主观推断和臆想赋型，因为并没有来自马克思本人的直接文本证据，所以，并不能作为我们思想史复构研究的关键性前提。

《巴黎笔记》的第 1 笔记本是从萨伊①的《政治经济学概论》(*Traité d'économie politique*,1837)一书开始的，从马克思的摘录看，对经济学"一无所知"(恩格斯语)②的他，一下子就掉进一个完全陌生的话语世界中，国民经济学里没有同青年马克思原来头脑中关于市民社会的信息编码相匹配的知识，他开始摘抄下来的东西全是"物的价值(valeur)"、生产与再生产、劳动塑形产品，以及财富不是自然物而是劳动活动构序已经存在的物质的"效用(utilité)形态"，生产能力(facultés productives)作为系统工具的机器，不可直观的劳动分工(la séparation des travaux)扩大社会的产品，交换的无形市场和借贷资金量等，特别是"资本不在于这种或那种货物的物质，而在于物的价值"(un capital ne consiste pas en telle ou telle matière, mais en la valeur de ces matières)③。在萨伊那里，马克思直接看到了这样的描述："生产……为某物(chose)赋予价值或增加其已有的价值。生产通过赋予或增加事物的使用性(l'utilité de la chose)来创造价值，从而建立需求"，而"再生产(Reproduction)……生产有时也称为再生产，因为实际上它只是对材料的再生产，赋予材料另一

---

① 萨伊(Jean-Baptiste Say,1767—1832)，法国经济学家。主要论著有：《政治经济学概论》(1803)、《政治经济学精义》(1817)、《政治经济学教科书》(六卷,1828—1830)等。

② 梅林写信给恩格斯，询问他和马克思当时是否熟悉法学的历史学派的观点，恩格斯在回信中写道："马克思当时是黑格尔派……对政治经济学，他还一无所知，因而'经济形态'一词对他根本没有任何意义。所以上述地方，**即使**他有所闻，也一定是一个耳朵进，一个耳朵出，不会在记忆里留下什么明显的痕迹。"(《马克思恩格斯全集》第 38 卷，人民出版社 1972 年版，第 480 页。)

③ Marx-Engels-Gesamtausgabe(MEGA²), Ⅳ/2, Text, Berlin: Dietz Verlag, 1981, S. 305. 中译文参见刘冰菁译稿。

种形式来赋予其价值"①。还有,"生产方式通过某种工业方式、人类创造或增加事物有用性或价值"②。这些内容,大多已经是在工业生产脱型于农业劳作之后,人完全依据自己给予自然存在全新爱多斯(eidos)之相,以新型机器化生产实践构序和塑形起来的超越自然生命负熵的现代社会负熵质,这里物相化的 utilité(效用)和商品交换中的借贷关系场境,呈现出繁杂的异质性的突现关系场境。我不以为,此时满脑袋法哲学和类本质异化概念的青年马克思,会一下子都能领悟这些概念能指背后的具体经济学学术信息编码中突现出来的构境意向,开始,必定是恩格斯所猜想的"一个耳朵进,一个耳朵出,不会在记忆里留下什么明显的痕迹"。问题在于,他根本不能将这些充满**非直观的社会唯物主义**的构境与自己纠结的"物质利益"和市民社会观念联系起来。但是,不同于物理空间中非物相化到场的自然财富,由工业中的劳动改变对象外部塑形和内在构序"效用形态"的社会财富,不同于手工工具模板的爱多斯(eidos)抽离的复杂机器工序系统和不是物质实在的价值(资本)关系等特殊的经济学话语塑形,一定会给他留下深刻的印象,并逐渐成为他思想构境中的无意识的**逻辑凸状**(convexity)③。我揣测,这会是之后马克思彻底摆脱旧的哲学本体论,在广义历史唯物主义客体向度中突显社会活动和关系的第一层级物相化场境存在论和关系意识论赋型的基础,当然,也会是他新的非物像历史辩证法和历史认识论的前提。依我看,这是一个重要的社会历史经验的**不断无意识赋型和编码过程**。这也就意味着,恩格斯所说的"一个耳朵进,一个耳朵出,不会在记忆里留下什么明显的痕迹"的情况,并非马克思第一次经济学研究中的常态。蒲鲁东和其他社会主义者所主张的"不劳动者不得食"的口号,将以**工人的劳动创造工业世界中的财富**这一新观点,成为青

---

① Marx-Engels-Gesamtausgabe(MEGA²),Ⅳ/2,Text,Berlin:Dietz Verlag,1981,S.322-323. 中译文参见刘冰菁译稿。

② Marx-Engels-Gesamtausgabe(MEGA²),Ⅳ/2,Text,Berlin:Dietz Verlag,1981,S.324. 中译文参见刘冰菁译稿。

③ 逻辑凸状概念是我在《反鲍德里亚》一书中首次使用的。"凸状"一词是从现代建筑学研究中引入的,凸状本是个数学概念。连接空间中任意两点的直线,皆处于该空间中,则该空间就是凸状。因此,凸状是"不包含凹的部分"的小尺度空间。从认知意义来说,凸状空间中的每个点都能看到整个凸状空间。这表明,处于同一凸状空间的所有人都能彼此互视,从而达到充分而稳定的了解和互动。参见拙著《反鲍德里亚——一个后现代学术神话的祛序》,商务印书馆 2009 年版。

年马克思重新面对资产阶级社会的理论构序基础。特别是在这里,青年马克思没有看到自己在《论犹太人问题》中所区分的与政治关系中的类(共相)生活分离的公民有所不同的经济异化中的世俗市民,不在场的"市民"幻象背后,只有获得工资的劳动者**工人**(*l'ouvrier*)和拥有资本的"工业领导者"(chef d'industrie)。① 这也就是说,作为反封建力量出现的第三等级政治力量——市民,其实是分裂和矛盾的不同生存,如果真的存在经济异化,那么其中的我—它自反性关系不是笼统的抽象个人的需要和私利中**市民的**物质生活的异化,而是劳动爱多斯意向塑形"社会财富"的**工人的异化**。马克思应该开始意识到,他从黑格尔那里承袭而来的 bürgerliche Gesellschaft(市民社会)这个概念,本身就是一个**资产阶级的意识形态话语**。有可能,这是马克思突然放弃使用 civil society-bürgerliche Gesellschaft(市民社会)概念的主要原因。

图 2-1 《巴黎笔记》中"萨伊摘录"手稿第三页

---

① 参见 Marx-Engels-Gesamtausgabe(MEGA^2),Ⅳ/2,Text,Berlin:Dietz Verlag,1981,S.312。中译文参见刘冰菁译稿。

可以看到,青年马克思对萨伊论著最初的评论,出现在关于作为国民经济学前提的"私有制"和"交换"是一个国家中财富的根本因素这一观点的摘录中。① 在接下来的关于斯卡尔培克(Frédéric Skarbek)《社会财富的理论》(*Theorie des richesses sociales*,1829)的摘录中,一个全新的经济学话语格式塔突现出来,更多的新术语能指织成的经济学信息编码图景呈现在马克思的眼前:工业劳动作为人的智力和物理力量(forces physiques),是被人利用的自然生产力(forces productives de la nature)之后,创造价值的"第二生产原则"(le second principe de production)。② 这里作为创造价值的"第二生产原则"的劳动,显然是区别于农业"第一生产原则"中简单利用自然力并保留自然产物**外部存在形态和自然有序性**的工业劳动,"第二生产原则"中的工业劳动,是**现代性主体爱多斯(*eidos*)的历史确立和现代性工业劳作塑形和构序——物相化**的起始。实际上,在人的直接生存基础上,业已出现了农耕生活中的循环时间向工业创制的**历史性进步时间**的过渡,从自然经济所依存的物理空间中的自然界,向人所创制的我们**周围世界**(*Umwelt*)的**突现性社会空间**的过渡。这个周围世界是人与对象获得新的**在场性**的突现关系场境空间。我推断,这个当下发生并在塑形和构序产品之后消失的工业劳动概念,也会深深地烙印于青年马克思的脑海中,无疑会使马克思在黑格尔《法哲学原理》和蒲鲁东那里看到与听到的劳动概念能指更加鲜活具象起来。这可能会成为不久之后马克思通过对黑格尔《精神现象学》的思想实验,深入讨论劳动外化为自然界中的对象性存在时的感性情境。工业生产与农业生产的历史性差异,有可能使非自然的**历史性的时间**成为不经意的逻辑凸状,也会是将来历史辩证法和历史认识论中发生的现实社会历史的比较性线索。在这里,交换(échange)和劳动分工是相互依存的,为了交换而生产的产品就是"商品"。这会是青年马克思第一次在经济学话语场境中遭遇不同于自然经济产品的商品概念。而在萨伊的《实用政治经济学教程》(*Cours complet d'économie politique pratique*)

---

① 参见 Marx-Engels-Gesamtausgabe(MEGA²),Ⅳ/2, Text, Berlin: Dietz Verlag, 1981,S. 319。中译文参见刘冰菁译稿。

② 参见 Marx-Engels-Gesamtausgabe(MEGA²),Ⅳ/2, Text, Berlin: Dietz Verlag, 1981,S. 328。中译文参见刘冰菁译稿。

中,青年马克思摘录到了这样两个观点:一是"工业(industrie)……使人与人之间的关系(les relations d'homme à homme)必不可少;它教他们互相帮助……通过向人们展示他们从相互依附中获得的收益,这是社会的黏合剂"①。在黑格尔用需要关系和交换体系为中介,自在地建构经济市民社会的地方,马克思看到更基始的工业生产过程中的"人与人的关系"赋型成了社会的"粘合剂"。这一观点,将在之后的《布鲁塞尔笔记》中不断被强化起来。这个显然不同于农业生产的工业,使人们相互之间的协作关系变得不可缺少,这是一个比经济交换关系更深刻的**生产关系**的暗示,也是新的不同于自然经济关系的社会关系物相化场境总体的负熵质。也由此,人从直接的自然血亲关系入序于自己创制出来的社会物相化关系空间的"在世之中"。虽然此时青年马克思还并不能理解这一不可直观的劳动协作关系中的赋型意义,但他有可能将工业与市民社会话语内在地链接起来。这对他后来在《评李斯特》一文中对"工业话语"的使用会有一定的影响。二是"政治经济学无非就是社会的经济学(l'économie de la société)。正是人类社会(sociétés humaines)赖以生存的这些自然法则和恒定法则(lois naturelles et constantes)的知识,构成了政治经济学"②。青年马克思应该可以看出,黑格尔试图超越的市民社会话语Ⅱ,正在被国民经济学家指认为"人类社会"或者更一般的"社会"中的非历史的"自然法则"。这当然是资产阶级的意识形态话语编码中的烟幕。对此,马克思保持了沉默。显然,他不久前所刚刚获得的那份"市民社会决定国家与法"的唯物主义的骄傲,在这里突然失去了坚实的合法性大地。我推断,被伪饰成"自然法则"的市民社会概念,也慢慢地沉入不被马克思信任的黑暗边缘。

斯密的法译本《国富论》(*Recherches sur la nature et les causes de la richesse des nations*,1802)是青年马克思下一本摘录的对象,这也是黑格尔市民社会话语Ⅱ的真正学理基础。然而,青年马克思的双眼仍然被大量陌生的经济学话

---

① Marx-Engels-Gesamtausgabe(MEGA²),Ⅳ/2,Text,Berlin:Dietz Verlag,1981,S. 331. 中译文参见刘冰菁译稿。

② Marx-Engels-Gesamtausgabe(MEGA²),Ⅳ/2,Text,Berlin:Dietz Verlag,1981,S. 331. 中译文参见刘冰菁译稿。

语和异域符码爆溢。从《巴黎笔记》第 2 笔记本摘录的文字中可以看出,他是在将斯密看作国民经济学的真正始祖。

首先,青年马克思一上来就被斯密那个著名的别针生产中的劳动分工例子吸引住了,"以 10 个工人来代替本需要 18 个工人的工厂里,每个工人每天生产 4800 枚针,10 个人就能达到 48000 枚"①。这也是最早吸引青年黑格尔眼球的地方。② 这当然已经不是黑格尔所说的原子化的市民个人的分工,而是在工场手工业劳动生产过程中的**工人**操作关联中的分工与协作,特别是这种分工中工人间的相互合作所突现出来的巨大劳动生产率。然而,这时主体性合作关系场境的目的(telos)已经在抽离于劳动者,这一部分物相化于产品中的爱多斯(eidos)似乎是工人个体在场**以外**的无形力量。一直到很晚的《1861—1863 年经济学手稿》的写作中,马克思才彻底解决这一问题。接着,青年马克思又摘录了斯密这样的表述:

> 分工一旦被引入,每个人的大部分需求就必须通过他人的劳动(anderer Arbeit)来满足。人们因为他能够支配或有能力购买的劳动的量,而变富或变穷。
>
> 人们不是自我消费,而是与其他东西进行交换的商品的价值,等同于这一商品有能力购买或支配的劳动的量。③

在前面的摘录中,马克思知道了工业生产中创造的社会财富,已经不是农业生产中的物性自然财富,而是劳动意向(爱多斯之相)创制(poiesis)和塑形物的"效用态",所以,在重农学派将商品价值归为土地的地租的地方,斯密则看到了工业生产中劳动、利润和地租的统一。在后来的《1861—1863 年经济学手稿》中,马克思这样评论说,"在亚·斯密的著作中,创造价值的,是一般社会劳动(它表现为哪一种使用价值,是完全无关紧要的),仅仅是必要

---

① Marx-Engels-Gesamtausgabe(MEGA²),Ⅳ/2,Text,Berlin:Dietz Verlag,1981,S. 332. 中译文参见李乾坤译稿。

② 参见[德]黑格尔《耶拿体系草稿Ⅰ》,载《黑格尔全集》第 6 卷,郭大为、梁志学译,商务印书馆 2020 年版,第 262 页。

③ Marx-Engels-Gesamtausgabe(MEGA²),Ⅳ/2,Text,Berlin:Dietz Verlag,1981,S. 338. 中译文参见李乾坤译稿。

劳动的量。剩余价值,无论它表现为利润、地租的形式,还是表现为派生的利息形式,都不过是劳动的物的条件的所有者在同活劳动的交换中占有的这种劳动的一部分。因此,在重农学派看来,剩余价值只表现为地租形式,而在亚·斯密看来,地租、利润和利息都不过是剩余价值的不同形式"①。这是很高的评价了。也是在这里,马克思又看到黑格尔那个需要和交换的市民社会中介体系背后,是斯密指认的在分工条件下相互交换"他人的劳动",并且,这种他人的劳动采取了商品价值(劳动量)的方式,这正是他那个"内在观察法和外在观察法之间的矛盾"(马克思语),或者是劳动创造的内在价值关系与交换所得的外在价值关系的"化圆为方"矛盾。② 可能,一种现代社会生活中发生的物—劳动和商品—价值的非物像的双重关系场境存在图景,慢慢地在马克思的认知构式中逐步生成。虽然此时斯密的劳动价值论并没有被青年

图2-2 《巴黎笔记》中"斯密摘录"手稿第一页

①《马克思恩格斯全集》(第二版)第33卷,人民出版社2004年版,第62页。
② 参见《马克思恩格斯全集》(第二版)第33卷,人民出版社2004年版,第136页。

马克思领悟和接受,但工人的"生产性劳动"(productive du travail)在工业产生之后的社会财富创造中的实际物相化作用,必定牢牢奠基于他的全部理论构序之中。这是他后来在"穆勒笔记"和《1844 年经济学哲学手稿》第 1 笔记本中,真正超越赫斯停留于流通领域的主体际**交往**(交换)关系塑形,进入生产过程的**劳动异化批判构式**的观念基础。此时的"生产性劳动",在思想构境谱系中,显然还没有特设为后来经济学研究中生产资本主义生产关系的"生产性劳动"。

其次,是《国富论》中直接与市民社会相关的讨论。马克思摘录了这样两段话。一是斯密著名的观点:"于是一切人都要依赖交换而生活,或者说,在一定程度上,**一切人**都成为商人,而社会本身,严格地说,也成为**商业社会**"(Ainsi *chaque homme* subsiste d'échanges ou devient une espèce de *marchand*, et la société ellemême est proprement une *société commerçante*)。① 这是我们上面已经引述过的《国富论》中那段著名表述的后半段。在斯密这里,市民社会的本质是商品交换活动中的**关系性赋型**,这彰显了资产阶级现代生活中经济构式负熵在无相盲目运动之后的经济物相化场境构序本质。也由此,一切人才都成为商人,市民社会才可以被指认为 *société commerçante*(**商业社会**)。这当然是资产阶级的意识形态遮蔽,因为都是买卖东西的"商人"虚假在场性的背后,工人出卖的东西与资本家是完全不一样的。此时马克思还不会认识到的逻辑凹点和盲区为,这种人们在商品-市场经济活动中遭遇的金钱关系赋型,业已是事物化颠倒和经济物相化的结果,马克思还没有获得透视经济拜物教的第二层级经济物像证伪的否定辩证法和批判认识论。二是,"所有市民社会的大**商业**(Le grand *commerce* de toute société civilisée)都是建立在城市居民和农村居民之间的贸易,包括将原始产品交换为制成品"②。总之,斯密眼里的市民社会也是一个以商品交换关系为核心的商业社会,在这一点上,马克思理应会感觉得到其并不完全同一于黑格尔《法哲学原理》中对市民社会话

① Marx-Engels-Gesamtausgabe(MEGA²),Ⅳ/2,Text,Berlin:Dietz Verlag,1981,S. 338. 中译文参见[英]斯密《国民财富的性质和原因的研究》上卷,郭大力、王亚南译,商务印书馆1981 年版,第7 页。

② Marx-Engels-Gesamtausgabe(MEGA²),Ⅳ/2,Text,Berlin:Dietz Verlag,1981,S. 364. 中译文参见刘冰菁译稿。

语Ⅱ的观念赋型。这应该是后来青年马克思一提及市民社会,就同时提到商业社会的缘起。我们能够观察到,在整个关于《国富论》的摘录中,青年马克思仍然以沉默为主。事实是,他可能会愤怒于资产阶级经济学的谎言,但他根本无力评论上述经济学话语在专业上的真伪,因为他还无法真正进入经济学专业信息编码中的话语格式塔,所以我们能看到的他的议论,倒是外在地批评斯密关于分工与交换的关系的"循环论证"①。

在《巴黎笔记》第4笔记本中,马克思关于李嘉图《政治经济学及赋税原理》(*Des principes de l'economie politique et de l'impot*)②一书的摘录里,第一次出现了较多的议论,这说明青年马克思对经济学语境中的市民社会这一特定理论构境的逐步进入和熟悉,所以,他站在无产阶级立场上的道德激愤渐渐地释放出来。因为在1850年开始的第三次经济学研究中,马克思在《伦敦笔记》中两次摘录了李嘉图的这一同一重要文本(**"李嘉图笔记"Ⅱ—Ⅲ**),所以我会将这里《巴黎笔记》中的"李嘉图《政治经济学及赋税原理》摘录",指认为马克思经济学思想构境谱系线索中的**"李嘉图笔记"Ⅰ**。

图2-3 《巴黎笔记》中"李嘉图摘录"手稿第一页

---

① Marx-Engels-Gesamtausgabe(MEGA²), Ⅳ/2, Text, Berlin: Dietz Verlag, 1981, S. 336.

② David Ricardo, *Des principes de l'economie politique et de l'impot*, Traduit par F. S. Constaucio, Avec des notes par J. B. Say, Seconde edition T Ⅰ-Ⅱ, Paris, 1835.

一是在摘录的开始，马克思就发现了李嘉图与斯密在价值问题上的区别。他在"价值"的标注下，直接摘录了如下的文字："如果决定商品交换价值的是**凝固在商品中的劳动量**，那么**这种劳动量**的任何增加都必然使耗费了这种劳动的商品**价值增加**；而**这种劳动量的任何减少也同样使商品价值减少**。"[①]这是李嘉图对斯密劳动价值论的肯定，也可以看出，李嘉图显然是在强调**劳动量**的方面。这与他之后通货理论中的货币数量论是一致的。然而，

> 斯密认为，自然价格（prix naturel）是由工资、地租和利润组成的。地租不是必要的生产费用（nothwendigen Productionskosten）的一部分，虽然土地是进行生产所必需的。利润也不是生产费用的一部分。土地和资本对生产的必要性，仅仅在于就维持资本和土地需要劳动等等这一点上来说对费用进行估价，即它们的再生产费用（Reproductionskosten）。但是，只有超过费用的部分，增加了的部分，才形成利息、利润和地租。因此，象蒲鲁东已经阐明的那样，一切物品的价格都太贵了。不仅如此，工资、地租和利润的自然率完全取决于习惯或垄断，归根结底取决于竞争（Concurrenz），而不是由土地、资本和劳动的性质中发展而来的。因此，生产费用本身是由竞争而不是由生产决定的。[②]

显然，马克思这里"生产费用本身是由竞争而不是由生产决定"的评论，是受到青年恩格斯《国民经济学批判大纲》中的类似说法的影响。[③] 这一偏离劳动价值论的观点是不准确的。针对斯密的观点，李嘉图的看法不同。马克思注意到，"当他谈交换价值（valeur échangeable）时总是指自然价值，而撇开他称之为暂时或偶然原因的竞争的偶然性（Accidenzen der Concurrenz）。国民经济学为了使自己的规律更严密和更确定，必然把现实当作偶然的，把抽象

① Marx-Engels-Gesamtausgabe（MEGA²），Ⅳ/2，Text，Berlin：Dietz Verlag，1981，S. 392. 中译文参见《巴黎笔记选译》，王福民译，载《马克思恩格斯研究资料汇编》，书目文献出版社1982年版，第32页。
② Marx-Engels-Gesamtausgabe（MEGA²），Ⅳ/2，Text，Berlin：Dietz Verlag，1981，S. 404. 中译文参见《巴黎笔记选译》，王福民译，载《马克思恩格斯研究资料汇编》，书目文献出版社1982年版，第34页。
③ 参见《马克思恩格斯全集》（第二版）第3卷，人民出版社2002年版，第451页。MEW，Bd. 7，Berlin：Dietz Verlag，1981，S. 502.

(Abstraktion)当作现实的"①。显然,马克思此时已经能够对经济学的一些问题发表相当"专业"的看法了。然而他并不能透视这里被李嘉图"当作现实"的 Abstraktion(抽象)是如何从商品交换关系中被客观地抽象出来的。可显见的事实为,马克思此时并没有深入地理解李嘉图的劳动价值论,特别是他在斯密基础上所取得的重要进展。

二是马克思注意到李嘉图货币数量论的观点,他摘录到,李嘉图认为一个国家的

> 贵金属价格(Preiß der edlen Metalle)由于征税相应降低,或者换句话说,生活资料价格(Preiß der Lebensmittel)普遍提高,一点也不会给国家带来损害。因为一部分贵金属将出口,使得贵金属的价值提高,相反降低生活资料价格;不仅如此,即便贵金属不出口,即便通过禁令能把贵金属留在国内,那么它对汇兑(Wechsel,交换)的影响也会抵消价格的提高。②

这是典型的货币数量决定论。将一个国家的"生产资料"(商品)价格高低,归之于贵金属(货币)的数量的多少,这是继重商主义和休谟以来金银通货理论的基本观点。只是在李嘉图这里,它进一步提升为"**货币数量和货币价值**(der *Quantität und im Werth des Geldes*)的每一次波动,商品价格(Preiß der denrées)当然也必定发生变动"③。可以断定,马克思这时并不会辨识这种货币数量论的危害。一直到《伦敦笔记》中的"李嘉图笔记"Ⅲ,马克思才会透过货币数量论的错误,走向自己的劳动价值论。

三是马克思第一次遭遇李嘉图经济学视域中机器生产与劳动价值论的关系。李嘉图说,"如果我通过一种改良的机器(machine perfectionnée)可以用等量劳动制造出两双袜子而不是一双,我并没有使每双袜子的效用

---

① Marx-Engels-Gesamtausgabe(MEGA²),Ⅳ/2,Text,Berlin:Dietz Verlag,1981,S.405. 中译文参见《巴黎笔记选译》,王福民译,载《马克思恩格斯研究资料汇编》,书目文献出版社1982年版,第34页。

② Marx-Engels-Gesamtausgabe(MEGA²),Ⅳ/2,Text,Berlin:Dietz Verlag,1981,S.413. 中译文参见《巴黎笔记选译》,王福民译,载《马克思恩格斯研究资料汇编》,书目文献出版社1982年版,第36页。

③ Marx-Engels-Gesamtausgabe(MEGA²),Ⅳ/2,Text,Berlin:Dietz Verlag,1981,S.416. 中译文参见《巴黎笔记选译》,王福民译,载《马克思恩格斯研究资料汇编》,书目文献出版社1982年版,第37页。

（l'utilité）遭受什么损害，虽然减少了它的价值（valeur）"①。这意味着，在机器化大生产中，由于劳动生产率的提高，商品的使用价值没有受到影响，可工人劳动创造的价值却大大减少了，这是李嘉图在劳动价值论上后退的主要原因。但这一观点并没有引起此时马克思的注意。这一问题也只是到了后来的《伦敦笔记》中，才被马克思指认为"李嘉图难题"Ⅰ。除此之外，马克思还分别留意了李嘉图关于地租、**生产过剩**（*Ueberproduktion*）和**殖民地贸易**（*commerce colonial*）等问题。

我们可以感受到马克思似乎已觉察，相对于斯密和萨伊，李嘉图的经济学观点更彻底、更"露骨"。这是准确的直觉。在马克思看来，"国民经济学所关心的仅仅是市场价格，所以这些产品便不再从它们的生产费用方面来考察，生产费用便不再从人的联系（Bezug auf die Menschen）来考察，而是从肮脏的讨价还价的角度来考察整个生产"②。这显然是一种基于道德尺度的价值批判。在对该书第十八章的摘录中，马克思在分析了李嘉图对总收入的观点之后写下很长一段评论，他认为，资产阶级经济学的本质恰恰在于"否定了生活的一切意义"，这是一种"无耻"抽象的顶点。生活的意义是什么？在这里，生活的意义是人。但已经进入哲学唯物主义构境的青年马克思没有意识到，这里的"人"在更深层次方法论构境的历史观中，**同样也是抽象的**，这一点只有在1845年春天以后的哲学革命中才被正确地指认出来。

首先，我们可以感觉到，此时马克思虽然无法专业化地讨论经济学问题，但是他突然发现，可以离开经济学的话语编码场境，异轨式地进行一些**从哲学话语投射的**人本学的哲学反思：

> （1）国民经济学关心的完全不是国家利益，不是人（Menschen），而仅仅是纯收入、利润、地租；这些就是国家的最终目的。（2）人的生活本身没有什么价值（Leben eines Menschen an sich nichts werth ist）。（3）特

---

① Marx-Engels-Gesamtausgabe（MEGA²），Ⅳ/2，Text，Berlin：Dietz Verlag，1981，S.414. 中译文参见《巴黎笔记选译》，王福民译，载《马克思恩格斯研究资料汇编》，书目文献出版社1982年版，第36页。

② Marx-Engels-Gesamtausgabe（MEGA²），Ⅳ/2，Text，Berlin：Dietz Verlag，1981，S.406. 中译文参见《巴黎笔记选译》，王福民译，载《马克思恩格斯研究资料汇编》，书目文献出版社1982年版，第34—35页。

别是工人阶级的价值仅仅限于必要的生产费用,工人阶级仅仅是为纯收入即为资本家的利润和土地所有者的地租而存在。他们自己仍然是而且必定仍然是劳动阶级(Arbeiterklasse)。①

这里的"人"之话语能指背后,当然是费尔巴哈人本主义构境层中的非历史的人,但这个"人"的意义所指,在此却成了批判资产阶级国民经济学的价值张力支撑点。依马克思后来的判断,这种非历史性也使费尔巴哈的哲学唯物主义构境在另一个深层方法论筑模中翻转为**隐性唯心主义**。在这里,我们看到青年马克思突然意识到,如果在斯密和萨伊那里,还存在劳动(工资)—资本(利润)—土地(地租)的**三位一体**,那么到了李嘉图的"犬儒主义的表现"(den cynischen Ausdruck)的抽象逻辑之中,只剩下作为国家收入的利润和地租的**二位一体**。他说,"李嘉图的命题有真正的意义:一国的纯收入不过是资本家的利润和土地所有者的地租,同工人没有关系。国民经济学同工人的关系仅仅在于,工人是[产生]这些私人利益的机器"②。在撕去了所有"道德情操"(斯密语)遮羞布的李嘉图那里,工人并不是作为"人"在场,而是资本家花费的"生产费用"要素,或者是经济"纯收入"(利润与地租)中可以不作数的劳动机器到场。由此,人的世界则颠倒为**物的堆砌**。此时马克思也会自省到,自己原来在《论犹太人问题》中讨论的**市民**的经济异化背后,还遮蔽着"生活本身没有什么价值"的"劳动阶级"。我认为,这正是后来《1844 年手稿》第1 笔记本中,青年马克思从经济三位一体的斯密-萨伊经济学出发,而没有讨论**眼中无人**的李嘉图的直接原因。所以,那种因为在《1844 年手稿》第 1 笔记本中没有直接出现《巴黎笔记》第 4 笔记本中的摘录内容,而将《1844 年手稿》故意撕裂开来,插入摘录内容的做法是十分荒唐的。

其次,青年马克思也发现,原来自己所关注的市民社会与国家和法的关系同样是虚假的抽象。因为在斯密等人经济的市民社会话语Ⅱ中,"资本家

---

① Marx-Engels-Gesamtausgabe(MEGA²),Ⅳ/2,Text,Berlin:Dietz Verlag,1981,S.421. 中译文参见《巴黎笔记选译》,王福民译,载《马克思恩格斯研究资料汇编》,书目文献出版社 1982 年版,第 39 页。

② Marx-Engels-Gesamtausgabe(MEGA²),Ⅳ/2,Text,Berlin:Dietz Verlag,1981,S.422. 中译文参见《巴黎笔记选译》,王福民译,载《马克思恩格斯研究资料汇编》,书目文献出版社 1982 年版,第 40 页。

（Capitalisten）的特殊利益有权力冒充国家的**普遍利益**（*allgemeine* Interesse），个别资本家的特殊利益也有同样权力冒充一切资本家的共同利益，冒充国家利益，国民经济学是一种人为的虚构"，与上述假扮成市民社会个人主体的资本家和土地所有者一样，这里的国家就是作为社会政治关系构式的"**总体资本家**（*Summe der Capitalisten*）"。① 并且，无论是在对国内无产阶级的剥削还是在对外殖民主义的掠夺中，这个作为资产阶级国家在场的总体资本家都是得利的："无论是在国内贸易（commerce intérieure）中和对外贸易中都是盗窃（sowohl）；究竟是盗窃外国人还是盗窃本国人使它的商人发财，这对国家是无关紧要的"②。这当然是蒲鲁东那个"财产就是盗窃"的逻辑延伸。我推测，恰是在这里马克思意识到，斯密-黑格尔的市民社会话语能指的本质就是由**资产阶级统治**的社会，civil society-bürgerliche Gesellschaft 的意义所指只能被重新赋型为**资产阶级社会**！

最后，在青年马克思看来，这恰好证明，资产阶级经济学并不关心人，只关心物，"国民经济学"是一种发财致富的学问。这让人想起多年之前，青年马克思在《关于林木盗窃法的辩论》中那句响亮的话："胜利的是木头偶像，牺牲的却是人！"③马克思的这一观点，又在恩格斯的《国民经济学批判大纲》中得到强化，在那里，恩格斯将国民经济学指认为"允许欺诈的体系、一门完整的发财致富的科学（Bereicherungswissenschaf）"④。在这里，**物到场，而人则不在场**。"人性在国民经济学**之外**，非人性在国民经济学**之中**（die Menschlichkeit *ausser* der Nationalökonomie und die Unmenschlichkeit *in ihr* liegt）"⑤。这是准确的经济物像透视中的直觉。在之后的《1844 年手稿》中，

---

① 参见 Marx-Engels-Gesamtausgabe（MEGA²），Ⅳ/2，Text，Berlin：Dietz Verlag，1981，S. 424。中译文参见《巴黎笔记选译》，王福民译，载《马克思恩格斯研究资料汇编》，书目文献出版社 1982 年版，第 41 页。

② Marx-Engels-Gesamtausgabe（MEGA²），Ⅳ/2，Text，Berlin：Dietz Verlag，1981，S. 424. 中译文参见《巴黎笔记选译》，王福民译，载《马克思恩格斯研究资料汇编》，书目文献出版社 1982 年版，第 41 页。

③《马克思恩格斯全集》第 1 卷，人民出版社 1956 年版，第 137 页。

④《马克思恩格斯全集》（第二版）第 3 卷，人民出版社 2002 年版，第 442 页。

⑤ Marx-Engels-Gesamtausgabe（MEGA²），Ⅳ/2，Text，Berlin：Dietz Verlag，1981，S. 421. 中译文参见《巴黎笔记选译》，王福民译，载《马克思恩格斯研究资料汇编》，书目文献出版社 1982 年版，第 40 页。

马克思会进一步发现，经济物在场，而作为人的类本质的劳动不在场。青年马克思在此第一次发现，如果在资产阶级经济学的立场上，"犬儒主义"的"李嘉图的命题是真实的和一贯的"，那么"西斯蒙第和萨伊为了同非人的结论进行斗争，就不得不从**国民经济学**中跳出来（herausspringen）"。① 这个herausspringen是极为关键的逻辑构式入口。因为它将**从物的堆砌回到人的世界**。这个herausspringen很像海德格尔所说的"另一个开端"。我体会，这里"跳出来"的方法论意义有二：一是"跳出来"并不是真的离开经济学，而是用不同于经济学话语的哲学构序逻辑批判性地驾驭它；二是马克思从经济学中"跳出来"，已经是带着丰厚的异域话语编码同时重构自己的哲学构境了。这个"跳出来"的另一条道路，将是马克思后面在"穆勒笔记"和《1844年经济学哲学手稿》中，从国民经济学话语编码中"跳出来"的最重要的哲学人本学构境支点，也是青年马克思早期批判认识论的重要起点。

其实，在写于1844年7月底的一篇文章《评"普鲁士人"的"普鲁士国王和社会改革"一文》中，青年马克思公开表露了自己在进行经济学研究的阅读中对bürgerliche Gesellschaft的全新认识。在这篇还是在批判鲍威尔的评论文章中，马克思认为，"国家和**社会结构**（*Einrichtung der Gesellschaft*）并不是两个不同的东西。国家就是社会结构"，如果说法国的"国民公会（Convent）是政治能量、政治势力和政治理智的顶点"，那么英国的政治经济学就是"英国国民经济条件（nationalökonomischen Zustände）在科学上的反映"。这是对的。然而，青年马克思明确指认这种科学是**杀人**的科学。他将麦克库洛赫②说成是"厚颜无耻的李嘉图的学生"，因为，他竟然将政治经济学称为可以呼吸到"新鲜空气"和看到"美景"的"科学研究的道路"。马克思在《巴黎笔记》中业

---

① 参见 Marx-Engels-Gesamtausgabe（MEGA²），Ⅳ/2，Text，Berlin：Dietz Verlag，1981，S.421。中译文参见《巴黎笔记选译》，王福民译，载《马克思恩格斯研究资料汇编》，书目文献出版社1982年版，第40页。

② 麦克库洛赫（John Ramsay Macculloch，1789—1864），英国经济学家。生于苏格兰的威格敦郡，毕业于爱丁堡大学。曾任伦敦大学学院政治经济学教授。主要论著有：《关于李嘉图的政治经济学原理》（1818）、《论资本积累及其对交换价值的影响》（1822）、《政治经济学原理》（1825）、《论政治经济学的起源、发展、特殊对象和重要性》（1825）、《论赋税和公债制度的原理及实际影响》（1845）、《政治经济学文献》（1845）等。马克思在《巴黎笔记》中摘录了他的《论政治经济学的起源、发展、特殊对象和重要性》一书。

已通过评注,痛斥过麦克库洛赫的这一比喻。在后来的《1861—1863 年经济学手稿》中,马克思将麦克库洛赫的经济学指认为"粗野的物质拜物教"①,在马克思看来,"麦克库洛赫是李嘉图经济理论的庸俗化者,同时也体现了这个经济理论解体的最为悲惨的景象"。并且,他是彻头彻尾的资产阶级社会现状的"辩护士","他对沉重地压在工人阶级身上的资产阶级经济的一切矛盾都是完全满意的"。② 马克思愤怒地发问道:

> 多么好的**新鲜的空气**,那是英国地下室住所充满瘟疫菌的空气! **多么壮丽的大自然的美景**,那是英国贫民穿的破烂不堪的衣衫;是妇女们饱受劳动和贫困折磨的憔悴面容和干瘪肌肤;是在垃圾堆里打滚的孩子们;是工厂里单调的机器的过度劳动造成的畸形人! 多么令人欣喜的**实践中最细小的环节**,那是卖淫、谋杀和绞架!③

令马克思生气的是,明明是资产阶级工业业已创制的经济物相化空间中的惨境,却被伪饰为"壮丽的大自然的美景",更可恶的是,政治经济学将这种悲惨的"社会疾苦"装扮成"任何人类力量都不能消灭的自然规律"。自然规律,则象征着这种社会奴役的永恒性。这是在批判资产阶级意识形态所鼓吹的**自然法**和**自然秩序论**。而在前述《巴黎笔记》的相关摘录中,青年马克思并没有直接批判这种观点。

> 的确,面对着由这种资产阶级生活(bürgerlichen Lebens)、这种私有制、这种商业、这种工业(Industrie)、各个资产阶级集团(bürgerlichen Kreise)间这种相互掠夺的非社会本性所引起的后果,行政管理机构的无能成了一个**自然规律**(Naturgesetz)。因为这种割裂状态、这种卑鄙行为、这种**资产阶级社会的奴隶制**(bürgerliche Gesellschaft des Sklaventums)是现代国家赖以存在的天然基础(Naturfundament)。④

---

① 《马克思恩格斯全集》(第二版)第 35 卷,人民出版社 2013 年版,第 244 页。

② 参见《马克思恩格斯全集》(第二版)第 35 卷,人民出版社 2013 年版,第 183 页。马克思对麦克库洛赫经济学的完整评论,可见第 183—204 页。

③ 《马克思恩格斯全集》(第二版)第 3 卷,人民出版社 2002 年版,第 380 页。

④ 《马克思恩格斯全集》(第二版)第 3 卷,人民出版社 2002 年版,第 386 页。中译文有改动。Marx-Engels-Gesamtausgabe(MEGA²),Ⅰ/2,Text,Berlin:Dietz Verlag,1982,S.421,456.

私有制、商业和工业,都是青年马克思这时在《巴黎笔记》中遭遇的经济学话语的专业信息编码中的关键词。而在这里,马克思并不是在讨论经济学,而直接上升到政治批判:抽象的**市民社会**(*bürgerliche Gesellschaft*)本质,在这里被直接揭露为"资产阶级生活",它是工业和商业建构起来的新型私有制社会,它的统治主体是"资产阶级集团"。这里的"**自然规律**"(*Naturgesetz*),显然是马克思在反讽的批判认识论语境中使用的假性能指,即我所指认过的批判性的"似自然性"(*quasi-natürliche*)观点。① 它有可能链接于黑格尔那个 Anderssein(他性存在)的"第二自然"中消极辩证法的自发整合和构序,或者说,是"第二自然辩证法"的 *Naturgesetz*(**自然规律**)。并且,马克思明确认为,现代的资产阶级社会是**更坏的奴隶制**。在这时的马克思看来,今天反抗现代资产阶级奴隶制的革命将是一种"整体的观点",它是"对非人生活的抗议"。这恰好为李嘉图非人经济学话语的对立面。新的革命之所以是一种整体的观点,"是因为它从**单个现实的个人**(*wirklichen Individuums*)的观点出发;是因为那个脱离了个人就引起个人反抗的**共同体**,是人的真正的共同体(wahre Gemeinwesen),是人的本质(menschliche Wesen)。"②这是后来的历史唯物主义构境中比较重要的"现实的个人"概念的较早出场。在此时的马克思看来,人的本质,即人的真正的共同体,"**劳动者自己的劳动**(*eigene Arbeit*)使劳动者离开的那个共同体是**生活**本身,是物质生活和精神生活(das physische und geistige Leben)、人的道德、人的活动(Tätigkeit)、人的享受、人的本质。**人的本质是人的真正的共同体**"③。这一段话语表述是重要的,因为它显露了马克思此时在哲学观念中开始生成的某些真实想法,一是**坏的劳动**,二是作为人的本质的**真正的共同体**。虽然青年马克思在这里没有直接使用异化概念,但可以看出,马克思已经知道工业劳动是创造今天世界的根本力量,但他也发现,出现在资产阶级社会中的劳动却是残害工人的败坏的劳动(以后叫"异化劳动"),因为工人自己的劳动正是使人离开自己的共同体本质(以后叫"真正的

---

① 参见拙著《马克思历史辩证法的主体向度》(第一版),河南人民出版社 1995 年版,第三章第二节。
② 《马克思恩格斯全集》(第二版)第 3 卷,人民出版社 2002 年版,第 395 页。
③ 《马克思恩格斯全集》(第二版)第 3 卷,人民出版社 2002 年版,第 394 页。中译文有改动。

社会")的根本原因。在这一点上,马克思刻意标识出自己将要接受的类本质异化构式与赫斯的不同。在"穆勒笔记"中,马克思用人的社会共同本质替代了赫斯的交往关系类本质。1844 年 8 月,马克思写信给费尔巴哈,声称后者的哲学"为社会主义提供了哲学基础",并且认为,"建立在人们的现实差别基础上的人与人的统一,从抽象的天上下降到现实的地上的人类概念,——如果不是社会的概念,那是什么呢"!① 这是马克思向自己的理论大他者的致敬。此时,青年马克思站在**无产阶级的政治立场上,以人本主义的哲学来全面批判资产阶级社会**。这里有两种构境层:第一,这是一种新的"跳出"资产阶级国民经济学的哲学话语凸现,当然,与仍然停留在资产阶级意识形态中的西斯蒙第和萨伊不同,这种跳出经济学的努力方向是在走向共产主义。第二,它也是青年马克思第一次有可能开始独创性地拥有一种自主性的理论逻辑,即费尔巴哈式的人本主义异化史观支配下的**劳动异化批判构式**。这个有标志意义的事件,发生在他紧接其后写下的"穆勒笔记"和《1844 年经济学哲学手稿》之中。

有趣的是,也是在这一文章中,青年马克思再一次提及了那个**不是资产阶级社会**的市民社会话语Ⅳ。因为他说,"**奴隶占有制的市民社会**是古典古代国家赖以存在的天然基础(die *bürgerliche Gesellschaft des Sklaventhums* das Naturfundament war, worauf der antike Staat ruhte)"②。显而易见,青年马克思这是完全违背了 bürgerliche Gesellschaft 这一话语能指的传统所指语境,即从亚里士多德开始的作为政治交往共同体的市民社会话语 Ia (πολιτικη κοινωνία,公民社会)与霍布斯、洛克的作为资产阶级政治共同体的市民社会话语 Ib(civil society,公民社会或文明)的传统意义所指赋型,他硬要在古代社会中找出一个决定了政治国家的,作为下层建筑结构的特定的**市民社会话语Ⅳ**,以对应于决定了资产阶级政治国家的经济的市民社会话语Ⅱ,依循这一话语编码重构,他以后逐渐明确提出了决定一个社会结构中上层建筑的**基础**概念。后

---

① 《马克思恩格斯全集》第 27 卷,人民出版社 1972 年版,第 450 页。

② 《马克思恩格斯全集》(第二版) 第 3 卷,人民出版社 2002 年版,第 386 页。Marx-Engels-Gesamtausgabe(MEGA²), I /2, Text, Berlin: Dietz Verlag, 1982,S. 421,456.

来,马克思也怕引起误认,所以时常会在这个特设的 bürgerliche Gesellschaft 上打上双引号,即经过特殊标识后的特设性话语能指——"市民社会"。这也是我们在对 bürgerliche Gesellschaft 的概念考古中需要界划的质性边界。

2. 他性交往/社会本质异化构式:对资产阶级社会本质的最初价值批判

我在《回到马克思》第一卷中已经说明,《巴黎笔记》第 5 笔记本中的"穆勒笔记"和《1844 年手稿》都是广义的"巴黎笔记"的组成部分,只是它们表征了人本主义哲学家马克思试图从国民经济学专业信息编码中"跳出来"批判资产阶级社会的两次努力。[1] 当然,二者性质有所不同,前者是在研究经济学的摘录中出现的批判性思想火花,而后者是马克思在经济学摘录基本结束之后专门撰写的一部未完成手稿的残篇;前者是在经济学话语编码中"半截子"跳出来的哲学批判话语,而后者是马克思完全自觉跳出经济学的哲学话语批判;前者仍然在赫斯他性镜像的影响下,从关注资产阶级社会**流通领域**中的交往(货币/交换)异化开始,经过他性观念赋型中变形的社会共同本质异化,且迅速深入资产阶级社会**生产领域**中的劳动异化批判构式Ⅰ,以获得方法论和认识论维度上的批判工具,而后者则在黑格尔《精神现象学》的劳动外化的对象性存在的异化和扬弃的否定辩证法的帮助下,深化为全面批判资产阶级经济学的自主性劳动异化批判构式Ⅱ,以形成总体性的人本学异化史观。这标志着青年马克思对资产阶级社会本质认识的人本学阶段,它是走向历史唯物主义构境以及科学方法论和认识论筑模的重要历史过渡。这里,我们先来分析"穆勒笔记"中的复杂话语构序和编码场境。

在"穆勒笔记"中,青年马克思在摘录法文版穆勒的《政治经济学原理》(Élémens d'économie politique)中,首先强化了一个在前期《巴黎笔记》中已经确认的重要观点:"在国民经济学中,规律是由它的对立面,由无规律性来决

---

[1] 关于两份手稿的文献学背景和完整学术讨论,可参见拙著《回到马克思——经济学语境中的哲学话语》(第四版),江苏人民出版社 2020 年版,第二至三章。

定。国民经济学的真正规律是**偶然性**(*Zufälligkeit*)。"①这是对整个资产阶级
社会经济运动本质的批判。在后来的《1861—1863 年经济学手稿》中,马克思
评论说,"穆勒是第一个系统地阐述李嘉图理论的人,虽然他的阐述只是一个
相当抽象的轮廓。他力求做到的,是形式上的逻辑一贯性。因此,从他这里
也就开始了李嘉图学派②的解体"③。显然,这一观点中含有黑格尔《法哲学
原理》的市民社会话语Ⅲ中所指认的"自然偶然性"的影子。④ 在后来摘录布
阿吉尔贝尔的时候,马克思解释了这个由经济返熵的"无规律"来实现的偶然
性规律。他评论道:"所有现代国民经济学家对一切的放任。在布阿吉尔贝
尔那里和在其他人那里一样,物的自然进程(der natürliche Lauf der Dinge),即
市 民 社 会 (bürgerliche Gesellschaft),将 会 赋 予 事 物 (Sache) 以 秩 序
(Ordnung)。"⑤这是马克思对发生在社会历史过程中的 der natürliche Lauf der
Dinge(物的自然进程)的直接指认,这种以事物的"无规律"来贯彻的偶然性
的辩证运动,恰是一种似自然性的"第二自然辩证法"中的 Ordnung(构序)。
这也是马克思在整个《巴黎笔记》中两次使用 bürgerliche Gesellschaft 中的一
处。我们还可以发现,马克思的认识论对象从这时开始就不再是哲学唯物主
义的**直观**,而开始深入到经济学语境中的社会唯物主义关系场境,特别是资
产阶级社会偶然经济现象背后的本质性辩证法规律。这已经开始走向对**不
在场的在场性**的关注。显然,当马克思意识到市民社会是一种 natürliche Lauf
der Dinge(物的自然进程)时,他业已理解了斯密的"看不见的手"是在"第二
自然"的经济无序活动("无规律"熵增)中,自发地"赋予事物以秩序"的看似
不在场的经济构式负熵。这里,马克思特意使用了不同于《论犹太人问题》中
描述货币异化中的那个 Ding(物)的 Sache(事物)。这种认识,显然会对之后

---

① 《马克思恩格斯全集》第 42 卷,人民出版社 1979 年版,第 18 页。
② 马克思所说的李嘉图学派是指以罗·托伦斯、詹·穆勒和约·斯·穆勒为代表的资产阶级经济学
家。他们在李嘉图的主要著作《政治经济学及赋税原理》1817 年在伦敦出版之后,用庸俗经济学取
代了资产阶级古典经济学,试图用资产阶级的方式来解决李嘉图理论中的基本对立。参见《马克思
恩格斯全集》(第二版)第 33 卷,人民出版社 2004 年版,第 168—221 页。
③ 《马克思恩格斯全集》(第二版)第 35 卷,人民出版社 2013 年版,第 88—89 页。
④ 参见[德]黑格尔《法哲学原理》,范扬、张企泰译,商务印书馆 1961 年版,第 208 页。
⑤ Marx-Engels-Gesamtausgabe(MEGA²),Ⅳ/3,Text,Berlin:Dietz Verlag,1998,S.53.

马克思的非物像场境关系存在论的构序和批判认识论产生重要的影响。并且,马克思也进一步加深了自己过去在《克罗茨纳赫笔记》中摘录过的观点,即"文明社会"(civilisirte Gesellschaft)中,"**工人和资本家是两类不同的人**"(der *Arbeiter* und der *Capitalist zwei verschiedene Personen*)。① 这里的 civilisirte Gesellschaft(文明社会),显然是在反讽语境中对 bürgerliche Gesellschaft(市民社会)的代指。马克思意识到,斯密和黑格尔所说的市民社会话语 II 编码中出现的原子化个人(市民)之间的需要是抽象的符码,因为那只是商品生产者之间的假想关系,而在现实的资本家与工人之间,资本家对工人的需要是用工资雇佣工人为资本进行劳动(arbeiten zu lassen),而工人的需要只是在贫困线上养活自己。这是青年马克思在无产阶级立场上深化斯密-黑格尔市民社会话语 II 的开端,也是他超越黑格尔市民社会话语 III,建构自己的资产阶级社会批判理论的起步。马克思发现,真正在这个社会中获得幸福的人是拥有财产的资本家,"他们是自己时代的主人"(Herren ihrer Zeit sind)。如果生产是主体性意向(eidos)的实现,那么这里只有一种目的,这就是追逐金钱,也只有资本家才可能"享受全人类所应享受的种种乐趣"。这也就是说,拥有金钱的资本家是所谓市民社会中的真正统治者。这里,马克思也还不能意识到,资本家不过是经济物相化迷雾中资本关系的人格化伪主体。并且,资本家手中的可以生财的资本,实际上是不在场的"**积累劳动**"(travail accumulé),如果说,资本家与工人之间发生相互需要的交换关系,那么,实质是资本家手上的"积累劳动"与工人的"**直接劳动**"(travail immédiat)的交换。② 在此,马克思还不能意识到,"积累劳动"一词不外是**已实现的劳动**,对象化劳动时间。③ 这样,前述马克思所指认的"坏的"劳动,则进一步分化为作为资本的"积累的劳动"与工人出卖的"直接劳动",劳动本身以积累起来的对象性存在反过来奴役自己,这将是他批判资产阶级社会无良本质的正确入口。可以明显地感觉到,马克思从黑格尔《法哲学原理》和蒲鲁东那里得到的劳动概念的能指,已

---

① 参见 Marx-Engels-Gesamtausgabe(MEGA²), IV/2, Text, Berlin: Dietz Verlag, 1981, S. 432。
② 参见 Marx-Engels-Gesamtausgabe(MEGA²), IV/2, Text, Berlin: Dietz Verlag, 1981, S. 439。
③ 参见《马克思恩格斯全集》(第二版)第 35 卷,人民出版社 2013 年版,第 78 页。

经在经济学语境中生成全新的复杂历史性意义所指。虽然他并没有意识到穆勒此处关于劳动的讨论是对李嘉图劳动价值论的系统解说。①重要的是，当青年马克思进入**经济学话语运行语境之中**时，他正在慢慢接近资产阶级社会中发生的客观经济关系场境。但是，当他跳出经济学，以哲学人本学批判话语从外部批判资产阶级社会时，却改变了这一正确的构序方向。这是一个特殊的辩证法悖反。

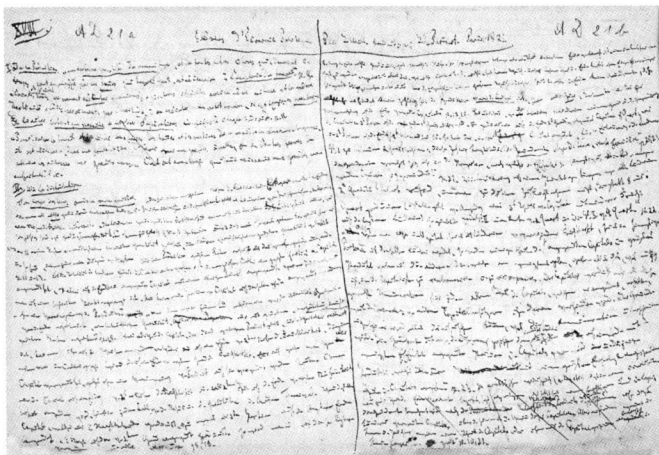

图2－4 "穆勒笔记"手稿第一页

其次，**跳出经济学**看作为交换媒介的货币（Geld）的异化。其实，这是马克思在《论犹太人问题》中未竟的事业，在那里，简单挪移去的哲学话语能指，现在在经济学语境中变成殷实的商品交换建构起来的具体意义所指。我们发现，在经济学的摘录过程中，在西斯蒙第等人的启发下，青年马克思突然换了一种话语方式言说，他认为，穆勒将货币称为"交换的媒介（Vermittler）"的观点，是"非常成功地用一个概念表达了事情的本质（Wesen der Sache）"。②什么是作为经济Sache（事物）的本质？即只有跳出经济学的直观物像，通过**哲学的形而上学批判**才可能发现的东西。其实，这已经是可能性空间中的**双**

---

① 参见《马克思恩格斯全集》（第二版）第35卷，人民出版社2013年版，第88页。

② 参见《马克思恩格斯全集》第42卷，人民出版社1979年版，第18页。中译文有改动。Marx-Engels-Gesamtausgabe（MEGA²），Ⅳ/2，Text，Berlin：Dietz Verlag，1981，S. 447.

重非物像的批判认识论透视：一是这里穆勒的交换关系，已是政治经济学中的社会唯物主义对超出自然经济后**非实体关系赋型**的透视，这有可能走向之后第一层级物相化透视的逻辑构式；二是交换本身作为中介关系，却呈现了发生在资产阶级社会中的**关系颠倒**，这有可能走向之后第二层级经济物相化透视的批判构式。可以说，这里出现的双重物像透视的可能性，都是在走向对不在场的关系场境的捕捉。同时，这也生成了经济学话语格式塔与哲学话语格式塔这两种异质性信息编码(information coding)的相互渗透和交织。这正是我上面所说的，马克思"跳出"经济学时，恰恰是带着丰厚的历史性意义所指重塑哲学的。从思想构境谱系研究的长程发展线索看，这种双重话语格式塔交织的复杂思想构境，也出现在后来的《1857—1858年经济学手稿》和《1861—1863年经济学手稿》等重要的思想实验中。在马克思看来，在作为"交换的媒介"的货币中，

> 人使这种中介活动(vermittelnde Thätigkeit)本身外化(entäussert)，他在这里只能作为丧失了自身的人、失去人性的人(entmenschter Mensch)而活动；事物的**相互联系**本身(*Beziehung* selbst der Sachen)、人用事物进行的活动变成某种在人之外的、在人之上的本质所进行的活动。由于这种**异己的媒介**(*fremden Mittler*)——并非人本身是人的媒介，——人把自己的愿望、活动以及同他人的关系看作是一种不依赖于他和他人的力量。这样，他的奴隶地位(Sklaverei)就达到极端。因为媒介是支配它借以把我间接表现出来的那个东西的**真正的权力**，所以，很清楚，这个**媒介**就成为**现实的上帝**(*wirklichen Gott*)。①

这里马克思的主导话语方式当然不是经济学，而是自《论犹太人问题》开始逐渐强化起来的费尔巴哈式的**人本主义异化史观的影响**，不过马克思此时对异化概念的使用，还只是一种穿透经济学物像话语的**批判认识论筑模**。或者说，在此时马克思的思想构境中，经济学话语格式塔与哲学话语格式塔的叠境中，明显后者是占上风的。应该说，费尔巴哈的人本学哲学构境是此时

①《马克思恩格斯全集》第42卷，人民出版社1979年版，第18页。中译文有改动。Marx-Engels-Gesamtausgabe(MEGA²)，Ⅳ/2，Text，Berlin：Dietz Verlag，1981，S.447－448.

支配和塑形青年马克思思想的最大他性镜像。但有趣的是,这种出现在青年马克思头脑中的人本学的哲学构境,恰恰是通过赫斯的经济学异轨后生成的**经济异化论**实现的。这是在《论犹太人问题》中开启的话语易码。这样,在青年马克思那里就呈现了一个奇特的辩证法逻辑悖反:马克思在进入经济学话语时,试图用哲学话语"跳出"和统摄经济学,在实际话语构序和编码中,却是通过赫斯将费尔巴哈的哲学话语重新编码为货币异化理论来实现的。这也意味着,马克思从经济学语境中跳出的真正他性"楷模",并非经济学中的西斯蒙第等人,而是从哲学话语直接统摄经济学的赫斯。只是,马克思将会比赫斯更好地用哲学话语来审判"发财致富"的经济学。这样,在资产阶级经济学家看到物性财富的地方,马克思的认识对象业已为李嘉图和穆勒等人所看不到的更深一层本质,这亦表明,马克思此时的批判认识论正是建立在人本学异化批判构式之上的:一是货币作为一个媒介(关系)看似成为人与人交换的环节,但人们却在这个媒介中丧失了自己应有的主体性爱多斯(eidos)的"愿望、活动以及同他人的关系"。这里我们不难看到,马克思使用了entäussert(外化)概念,可是这里的"外化"是费尔巴哈式的中介性类关系在宗教神学中的**伪主体物相化**,而不是后来马克思发现的黑格尔式的**劳动物相化**。二是看起来是人通过货币这个事物做事,但这个事物却将人的主体在场活动变成了事物之间的现成到场关系。三是货币看似体现了人的某种特质,却把人的本质共相异己化了。四是货币看似服务于人,却获得了对人(主体)的支配"权力"。五是货币看似匍匐于人的脚下,却成为人的"**现实的上帝**"(*wirklichen Gott*)!① 我们记得,这恰恰是马克思在《论犹太人问题》一文中引述过的赫斯的观点,但那时,青年马克思并不知道赫斯的金钱之神是如何被颠倒的交换(交往)关系建构的。在此,当编辑的马克思终于在赫斯的《论货币的本质》中有了新的发现,即金钱成为上帝的秘密在于人的交往类本质异化为"交换的媒介"。这里的"事物的相互关系",将在很久之后成为**事物化颠倒**理论赋型的核心观点。与神学认知构境中不显现的上帝不同,货币是直接到场发挥神力的可见的神。费尔巴哈的那个上帝是人之间中介性关系的类

① 参见《马克思恩格斯全集》第42卷,人民出版社1979年版,第18页。

本质共相的伪主体物相化、外化和异化,现在直接转换为现实中支配所有人的金钱之神。在此,同一个 *Gott*(**上帝**)的能指,在赫斯的异域易码中却突现出完全不同的意义所指。货币到场,遮蔽着不在场的交往类本质的异化。由此,货币异化关系也构序起新的批判认识论。

对于这一来自赫斯货币异化的他性哲学话语,青年马克思进一步作了如下的发挥:资产阶级社会中的货币

> 这个**媒介**是私有财产的丧失了自身的、异化的**本质**(entfremdete *Wesen*),是在自身之外的、**外化的**私有财产,在人的生产(menschlichen *Production*)与人的生产之间起**外化的中介**作用,是人的**外化的**类活动(*entäusserte Gattungsthätigkeit*)。因此,凡是人的这种类生产活动(der *Production dieser Thätigkeit*)的属性,都可以转移给这个媒介。因此,这个媒介**富**到什么程度,作为人的人,即同这个媒介相脱离的人也就穷到什么程度。①

依概念考古的词频统计,马克思在此文本中 25 次使用 Entfremd 一词,这构成了马克思文本中第一个异化词语的密集突现点。应该指出,这里经过赫斯的经济异化观念实现出来的费尔巴哈式人本主义异化构式,是一个**离开经济学话语,走向形而上学价值批判和批判认识论**的过程。在此时的马克思看来,货币这种媒介正是私有财产丧失自身本质的异化,可青年马克思在这里无法说明私有财产的本质是什么,这将是他下面在《1844 年手稿》中思考的问题;他也提及经济学中反复出现的人的 Production(生产),但这时外化的生产活动还是一个抽象的概念;在货币堆砌起来的地方,没有钱的人就是穷人,但这种富与穷的关系并无法对应他前面已经看到的资本家和工人的关系。还应该说明,这里马克思三次使用的与生产相关联、打着着重号的"外化的"(entäussert)一语,显然不再仅仅是费尔巴哈的话语,而是经济学加费尔巴哈,其中,生产是资产阶级经济学重农主义之后的关键性概念。但 entäussert 一语真正成为关键性的理论构序的凸状环节,发生在不久后马克思对黑格尔的

①《马克思恩格斯全集》第 42 卷,人民出版社 1979 年版,第 19 页。

《精神现象学》的思想实验之后,在那里,观念主体性爱多斯外化出来的活动是本体论意义上的**劳动辩证法**。

也是在这里,出现了青年马克思这一摘录笔记中唯一一处对 bürgerliche Gesellschaft 的使用,他说,货币这种颠倒的物性"贯穿在资产阶级社会的一切生产环节和一切运动中(die in allen Gliedern der Productionen und Bewegungen der bürgerlichen Gesellschaft steckt)"①。这也是青年马克思在整个《巴黎笔记》中两次使用 bürgerliche Gesellschaft 中的另一处。很可能,青年马克思此时还没有精细地区分经济构式负熵中的流通与生产,可这里无意识发生的深刻之处在于,马克思指认这种(出现于流通领域的)货币关系的颠倒,贯穿于资产阶级社会的一切生产环节和一切运动之中。这说明,青年马克思在《巴黎笔记》中逐步接受和生成的一个重要认识,是经济学社会唯物主义关于生产为整个资产阶级社会经济活动的基础的观点。同时,这为下面马克思从流通领域的交往异化走向生产领域中的劳动异化创造了前提性的条件。这一观点,会在他遭遇舒尔茨的《生产运动》②一书时,进一步强化为无意识的逻辑凸状。这种重视生产作为社会生活基础的社会唯物主义观点,将是后来马克思两个伟大发现的入门钥匙:一是人们生活资料的物质生产与再生产构序是社会定在和发展的一般基础,这是历史唯物主义的方法论革命;二是经济学中从流通交换中的形式上的平等,深入到生产过程中资本家对工人创造的剩余(劳动)价值的无偿占有的经济学革命。依我的判断,经济学话语运行逐步在青年马克思那里,生成一种从现实出发的客观逻辑线索。

最后,作为交换媒介的货币是人的**社会共同本质**的异化。其实,青年马克思在这里最初跳出经济学语境的哲学话语缘起于认同赫斯的**他性**交往异化。应该指出,赫斯的交往异化已经是对费尔巴哈人本学异化构式的**逻辑异轨**,关于这一点,我已经在《回到马克思》第一卷中有过翔实的分析。赫斯的"金钱不是它自身"的货币异化论中,费尔巴哈那个哲学异化批判构式中作为人

---

① Marx-Engels-Gesamtausgabe(MEGA²),Ⅳ/2,Text,Berlin:Dietz Verlag,1981,S.449.

② F. W. Schulz, *Die Bewegung der Production, Eine geschichtlich-statistische Abhandlung zur Grundlegung einer neuen Wissenschaft des Staates und der Gesellschaft*,Zürich und Winterthur:Literarisches Comptoir,1843.

的类本质异化的**上帝**(*Gott*),被**异域易码**为经济学语境中的货币。同一个"类本质"的词语能指,却在新的话语关系场境中突现出意义所指的彻底易码:作为我-它自反性关系异化逻辑出发点的本真性的人的类本质,其主体格位已经不再是从上帝那里复归的人与人之间的感性自然关系,而是货币异化背后被遮蔽起来的人的主体际本真性社会交往关系。这里有一个从自然关系向社会关系的转换,并且,在赫斯眼中的资产阶级"小贩世界"(*Krämerwelt*)之中,人的交往类本质关系异化为作为"**现实的上帝**"(*wirklich Gott*)的金钱关系。这也就是说,赫斯的交往异化论基于无产阶级立场批判资产阶级经济关系的**货币异化论**。显然,这时马克思首先会想到《论犹太人问题》中自己肯定过的观点,不同在于,现在马克思通过《论货币的本质》,已经知道了赫斯的货币异化的基础是中介性的**交往关系在商品交换中的畸变**。这当然是一个深刻的逻辑链接。马克思说,货币的本质其实首先并不在于财产通过它转让,而在于人的产品赖以互相补充的**中介活动**(*vermittelnde Thätigkeit*)或是中介运动,"**人的**、社会的行动**异化了**(*entfremdet*)并成为在人之外的**物质东西**(*materiellen Dings*)的属性"①。不过,青年马克思此处的分析比赫斯更加深入。一方面,马克思第一次真正理解了前述斯密-黑格尔市民社会话语Ⅱ的内里逻辑,即原子化的谋求私利的个人的相互依赖的需要体系,恰是建立在这种畸变为"物质东西"的交换关系赋型之上的。可以觉察到,马克思在接触经济学的过程中,也在无意识地进入社会唯物主义的构境层,因为,新的工业生产之上的经济生活的本质是人的社会行动,而不是对象性的自然物,这是马克思无意识间对旧自然物质本体论的游离,而且,这也是非物像认识论中感性经验中似乎不在场的新的对象,当这种关系场境颠倒地变成到场物时,就是异化。然而,马克思此时无法解码的构境层为,这种资产阶级经济活动特有的关系场境基础,是工业生产物相化所塑形(外相)和构序(内相)对象的日益丰富起来的全新用在性(使用价值)关系,只是它们作为商品交换时,才历史性地现实抽象出特有的经济构式负熵质。另一方面,青年马克思理解了作

---

① 《马克思恩格斯全集》第 42 卷,人民出版社 1979 年版,第 18 页。中译文有改动。Marx-Engels-Gesamtausgabe(MEGA²),Ⅳ/2, Text, Berlin:Dietz Verlag, 1981,S. 447.

为资产阶级社会基础的私有财产必然会发展到货币。"这是因为人作为喜爱交际（geselliges）的存在物（Wesen）必然发展到**交换**（*Austausch*），因为交换——在存在着私有财产的前提下——必然发展到**价值**（*Werth*）。"①显然，这是在用哲学话语跳出经济学理论构序，可是，这里的"人作为喜爱交际的存在物"一语，直接就是**赫斯的**交往类本质的简单易码，即作为**人的类本质的交往关系在交换中的异化**。这个交往类本质，当然是非历史非现实的**价值悬设**。这当然也使马克思在异化观中，完成了人本主义异化逻辑构式中必有的本真类本质的"应该"（sollen）与异化现实的"是"（Sein）的**我-它自反性对置**。这说明，在"穆勒笔记"中青年马克思批判资产阶级社会的第一个货币异化观的背后，是来自赫斯的**他性镜像**中的交往异化话语。在这一点上，马克思的批判话语构境直接延续了《论犹太人问题》中他表层挪用赫斯金钱异化的观点，当然这已经是马克思在经济学研究中的深化。不过青年马克思此时尚不能透视的方面，是金钱异化背后的复杂劳动交换关系的事物化颠倒成因，这将是他很久之后在《1857—1858 年经济学手稿》中完成的任务。

当然，马克思并不会简单地认同赫斯，他对他性镜像的认同，往往都是短暂的，所以，在同一个构序方向上，马克思进一步将赫斯的**交往类本质异化**从观念赋型中改造成人的**共同社会本质异化**。这样，我-它自反性关系中主体格位的"交往"就转换为"共同社会本质"，我觉得，这仅仅是词语能指上的浅表性形式易码，而并没有改变话语所指的意义域，所以，这至多是青年马克思从他性观念赋型向自主性思想构境的有限努力。因为，这种逻辑构式中的**话语转换微调**，并没有根本改变作为人的类本质的交往关系。在马克思此时的哲学判读中，资产阶级国民经济学是以"**交换和贸易**的形式来探讨**人们的共同本质**（*Gemeinwesens*）或他们的积极实现着的**人的本质**，探讨他们在类生活中、在真正的人的生活中的相互补充"，这还是在用人本主义的话语解释经济学，在交换和贸易形式的背后，恰恰是人们的共同本质，即赫斯的交往共相的类生活。在马克思看来，特别是国民经济学所认可的资产阶级社会中新出现的

①《马克思恩格斯全集》第 42 卷，人民出版社 1979 年版，第 19—20 页。

"信用业",仍然是一个虚假的类关系骗局。虽然看起来,在信用业中,"似乎异己的物质力量的权力被打破了,自我异化的关系被扬弃了,人又重新处在人与人的关系之中",然而这实际上仅仅是一个虚假的恢复人与人的类关系的假象,并且是更加"**卑劣的和极端的**自我异化,非人化"!因为这里资本家所运作的东西,甚至"不再是商品、金属、纸币,而是**道德的**定在、**合群的**定在(das *gesellige* Dasein)、人自己的**内在生命**,更可恶的是,在人对人的**信任**的假象下面隐藏着极端的**不信任**和完全的异化"。① 马克思的这个判断无疑是正确的。从思想谱系研究的长程来说,这个资产阶级经济学中的信用问题,会始终伴随马克思对 bürgerliche Gesellschaft(资产阶级社会)的批判。在后来的《布鲁塞尔笔记》、"居利希笔记"和《伦敦笔记》中,马克思反复在经济学语境中遭遇这一重要的资产阶级经济活动新出现的复杂方式。一直到最后的《资本论》第三卷中,马克思才彻底科学认识和批判了这个信用-通货理论的本质,并且揭示了资产阶级生产方式中这一最新变化的自我否定本质。

马克思发现,国民经济学"把合群的交往(geselliger Verkehr)的**异化**形式作为**本质的**和最初的形式、作为同人的本性相适应的形式**确定下来了**"②。人们本来应该具有的"合群的交往"的类本质共相,在资产阶级社会中却通过交换中的货币和虚假的信用业,将这种社会联系的异化方式固定了下来。这当然说明这个社会在本质上是非人的。从哲学认识论的发生机制上来看,马克思此时关于交换和贸易与人的共同本质异化的链接,并非现实社会历史关系总体中的客观赋型,而是一种发生在费尔巴哈式的哲学人本学逻辑构境中的观念赋型。马克思认为,"只要人不承认自己是人,因而不按照人的样子来组织世界(Welt),这种社会联系就以异化的形式出现。因为这种社会联系的**主**

---

① 参见《马克思恩格斯全集》第42卷,人民出版社1979年版,第21—22页。此处原中译文将 gesellige 译作"社会的",该词在德文中没有"社会"之意,而是"交际、合群"的意思,故我改译为"合群的";中译文将 Dasein 译作"存在",我均改为"定在"。参见 Marx-Engels-Gesamtausgabe(MEGA²),Ⅳ/2,Text,Berlin:Dietz Verlag,1981,S.450。
② 《马克思恩格斯全集》第42卷,人民出版社1979年版,第25页。此处原中译文将 geselliger 译作"社会的",我改译为"合群的"。

体,即人,是自身异化的存在物"①。这里,马克思无意间触碰到一个重要的辩证法观点,即黑格尔所指认的事物的普遍联系的观点。依列宁的概括,即"一切事物的相互规定的联系"②。马克思发现,人是依社会联系赋型来组织自己的关系性世界的,这就超出了旧哲学中直观物像到场的"世界"概念。这也意味着,马克思有可能超出传统的物理空间概念,直接走向人创制的关系性突现的社会空间场境。当然,只是这种关系性的世界却是以异化的方式呈现出来。很久之后,马克思会领悟这种颠倒的"事物辩证法"物性关联。在资产阶级经济现实中,人没有使自身的社会联系"按照人的样子来组织世界",而是将关系性的共同本质异化为货币,这样,人的世界就畸变为 für andres(为他)的**金钱勾连万物的世界**。这当然就是我-它自反性的异化关系。如果异轨海德格尔的话语编码则是,此在异化为经济常人的"小贩","在世之中"则成了**在金钱世界之中**。固然,海德格尔从来没有让他的 Dasein 进入过商品-市场经济"共在"世界。在此,"在世之中"的人不是人,因为人不能将自己的类本质共相作为自身主体物相化的实现,而是将社会交往联系异化为物,这几乎完全是费尔巴哈人本学的话语,不过是赫斯将费尔巴哈的人的自然关系转换为社会交往关系的另一种摹写结果。这直接明证了费尔巴哈人本学他性镜像对马克思的话语支配作用。在青年马克思看来,资产阶级社会中发生的这种人的交往类本质异化背后的实质为:

> 人自身异化了以及这个异化的人的**社会**是一幅描绘他的**现实的共同体**(*wirklichen Gemeinwesens*),描绘他的真正的类生活的讽刺画;人的活动由此而表现为苦难,他个人的创造物表现为异己的力量(fremde Mächte),他的财富表现为他的贫穷,把他同别人结合起来的**本质的联结**(*Wesensband*)表现为非本质的联结(unwesentliches Band),相反,他同别人的分离表现为他真正的定在(wahres Dasein)③;他的生命表现为他的生命的牺牲,他的本质的现实化(Verwirklichung)表现为他的生命的失去

---

① 《马克思恩格斯全集》第 42 卷,人民出版社 1979 年版,第 24—25 页。
② 《列宁全集》(第二版)第 55 卷,人民出版社 1990 年版,第 88 页。
③ 此处原中译文将 Dasein 译为"存在",我认为译为"定在"更准确一些。

现实性,他的生产表现为他的非存在的生产(Production seines Nichts),他支配物的权力表现为物支配他的权力,而他本身,即他的创造物的主人,则表现为这个创造物的奴隶。①

这一段表述是十分重要的,它几乎完全跳出了经济学构境,交换、贸易和货币一类经济学术语干脆都不在场了。还有几个值得注意的文本细节为:一是马克思在这里也没有直接使用赫斯的**交往**概念,而是开始将交往转换成特设的**作为人的共同本质的社会概念**,这说明马克思在他性的异化话语中力图塑形的一种有限**自主性**。二是青年马克思再一次提及人的生产活动,这表明了马克思对经济学话语运行**在显性拒绝中的隐性认同**。三是马克思观察社会生活的入口已经完全是**非实体性的场境关系**,人与人之间建立起来的"社会共同体"、人们的"本质的联结"和生产活动,无一不是超出对象性自然经济的全新非实体社会定在。这种社会定在的本质恰恰是**不在场的在场**。这是之后马克思通过实践唯物主义(《关于费尔巴哈的提纲》)进入历史唯物主义构境,以物质生产力构序和生产关系场境赋型起来的我们的"周围世界"(umgebende Welt)和突现社会空间的最初体验点。这是马克思第一次在经济异化构式中使用 Dasein 一词,然而,黑格尔定在概念的**历史限定性构境**同样是不在场的。在后来的第三次经济学研究中,马克思对黑格尔《小逻辑》的专题研究中,他确立了经济异化关系中的**经济定在**规定。四是马克思通过异化构式获得了第一个完整的**早期批判认识论**筑模,其话语塑形基础是经过赫斯中介过的费尔巴哈人本学异化史观他性镜像,其认知对象当然是感性现象背后的不在场的人与人的主体际关系场境。

依我之见,这是马克思全部思想史上出现的**第一个有着完整理论信息编码的异化构式**。当然,如果从异化思想构境的谱系研究视角看,这也是一个从赫斯交往异化理论中逐步摆脱出来的过渡性异化构式。需要特别指认的是,这一过渡性的异化构式,只是费尔巴哈的人本主义异化史观体现在方法

---

① 《马克思恩格斯全集》第 42 卷,人民出版社 1979 年版,第 25 页。中译文有改动。原中译文将马克思此处使用的 Band 一词译为"联系",但该词在德文中通常为"带子"、"系住",所以译为"联结"更准确一些。[参见 Marx-Engels-Gesamtausgabe(MEGA²),Ⅳ/2,Text,Berlin:Dietz Verlag,1981,S. 452-453。]马克思在该文中四次使用 Band 一词。

论和认识论筑模层面的思想逻辑工具,还未赋型出完整的人本主义**异化史观哲学构境**。在哲学本体论、方法论和认识论的关系上,还没有塑形出一个清晰边界和自觉功能链接。在这一点上,它区别于不久后出现的劳动异化批判构式Ⅰ。这里,马克思的话语构序中呈现出一种本真类本质的"应该"(sollen)与异化现实的"是"(Sein)的对仗式的我-它自反性排比构境:第一层构境,本真性的人类共同体与人自身异化了的社会,这种现实中的异化的非人社会,由金钱关系这一虚假共相中介起来的相互依存,只是人的类生活的讽刺画。因为由人与人之间的普遍联系建立起来的社会辩证总体,现在畸变成外部金钱关系中的相互依存。第二层构境,也因为人与人的本质联结异化为金钱关系,人失去了自己的本质联结,人的爱多斯实现出来的活动成了苦难,人所创造的东西颠倒为异己的奴役自身的外部力量,人拥有金钱却立基于存在论中的贫困,人与人之间的分离却成了生活常态。第三构境层,在这种异化之中,人活着却已经死去,人的本质实现成了他失去现实的过程,人的生产颠倒为非存在的生产,人支配物的权力倒过来成为物支配人的权力,说到底,人本来是创造了货币的主人,现在却作为被抛的奴隶跪倒在这种新的世俗上帝的面前。这是一种主体与客体相互颠倒的辩证法。说实话,这更像是浪漫主义的诗境。显然,青年马克思"跳出"经济学的代价是巨大的,因为前面他在经济学摘录中清醒看到的资本家与工人的对立不见了,"积累劳动"与"直接劳动"的差异不见了,因为在这里的人本主义异化构式中出场的主体是**抽象的人及其类本质**。我们无法看到,在这种抽象的异化构式中,人的真正的类生活与资产阶级社会的实际关系是什么? 人的交往类本质究竟是资本家与工人共有的东西,还是工人自身的本质? 如果工人根本不能现实地占有财富,那么财富占有者的苦难到底是什么? 货币异化颠倒了主奴关系,可为什么资本家仍然表现为货币的主人? 更重要的问题是,**金钱异化与生产的关系**到底是什么? 这些问题,很快就会出现在马克思的自觉批判意识之中。这也意指着,青年马克思的这一特定批判认识论构境中的他性人本学异化构式的存活时间也许不会太久。

在这种在根基上挪用自赫斯的交往异化的图景中,青年马克思继续有自己的哲学发现:

交换（*der Tausch*）或**贸易交换**（*Tauschhandel*）是社会的、类的行为，共同本质（Gemeinwesen），社会的交往（Verkehr）和人在**私有权**范围内的联合，因而是外部的、**外化的**、类的行为。正因为这样，它才表现为**贸易交换**。因此，它同时也是同**社会的**关系（*gesellschaftlichen* Verhältnisses）的对立。①

我们可以看到，赫斯的交往概念无意识地出现了。Verkehr（交往）的能指与Gemeinwesen（共同本质）的话语能指，共享一个类本质的意义所指。这证明了上述我在概念考古中所指认的马克思"共同社会本质"中发生的浅表性话语易码。我以为，这种混杂着人本学哲学构式的经济学话语，当然是不科学的。因为交换与贸易并不是什么类的行为，也并非所有私有制中都会出现的外化联合，它们都是一定历史条件下出现的特定经济关系赋型。当然，也根本不会存在什么理想化的、直接体现交往类本质共相的"社会的关系"。马克思继续说，"进行交换活动的人的中介运动，不是社会的（gesellschaftliche）、人的运动，不是**人的关系**（*menschliches Verhältniß*），它是私有财产对私有财产的**抽象的关系**（*abstrakte Verhältniß* des Privateigenthums zum Privateigenthum），而这种**抽象**的关系是**价值**。**货币**才是作为价值的价值的现实存在（wirkliche Existenz）"②。这是一个接近经济学现象的描述。其中，我们不难感到马克思思想中的一种改变，即实物到场意义上不可直观的"运动"和"关系"这样的非物像概念，逐渐开始成为无意识的逻辑凸状，越来越占据了话语构序场境中的重要位置。但这种话语的背后还是黑格尔《法哲学原理》中的观念抽象，在那里，货币被指认为抽象的价值表现。③ 与资产阶级社会中出现的抽象货币（价值关系）交换对立的，是马克思设定的非异化的**社会的**和**人的**运动和关系。当然，说价值是私有财产之间的抽象关系以及货币是价值的现实存在，在经济学上都是不准确的。此时，青年马克思不能理解，价值是商品的社会

①《马克思恩格斯全集》第42卷，人民出版社1979年版，第27页。此处原中译文将Tauschhandel译作"物物交换"，可该词没有这个意思，handel应该是"贸易"之意，所以我改译为"贸易交换"，以避免中文中的误解。
②《马克思恩格斯全集》第42卷，人民出版社1979年版，第19—20页。
③参见［德］黑格尔《法哲学原理》，范扬、张企泰译，商务印书馆1961年版，第71页。

定在形式，它的本质是社会必要劳动时间；而货币则是劳动交换关系**现实抽象**中生成的一般价值等价形式。所以，此处马克思的观点只是一个"半截子"跳出经济学的判断。这里特设构境中的社会概念，已经不再是简单的人与人之间的交往关系，而开始赋型一种不是资产阶级社会异化关联的真正的人与人之间的共同本质，这自然也是非历史的抽象理想化社会空间观念赋型。在马克思前面的讨论中，它曾经被指认为"人的真正的共同体（wahre Gemeinwesen）"。

对于这个源于费尔巴哈-赫斯他性镜像的理想化的交往类本质，青年马克思在同一构序方向上，进一步将其塑形为一种真正的主体物相化和社会物相化的本质：

> 不论是生产本身中人的活动的**交换**，还是**人的产品**的**交换**，其意义都相当于**类活动**和类享受（Gattungsgenuß）①——它们的现实的、有意识的、真正的定在（wirkliches，bewußtes und wahres Dasein）是**社会的**（*gesellschaftliche*）活动和**社会的**享受。因为**人的**本质是人的**真正的共同本质**（*wahre Gemeinwesen*），所以人在积极实现自己**本质**的过程中**创造**、生产人的**共同本质**（*Gemeinwesen*）、社会本质（gesellschaftliche Wesen），而社会本质不是一种同单个人相对立的抽象的一般的力量，而是每一个单个人的本质，是他自己的活动，他自己的生活，他自己的享受，他自己的财富。②

这段表述一上来就是有趣的，因为青年马克思把人的活动的交换和产品的交换都**放置到了生产之中**。这会有两种可能：一是表明青年马克思此时没

---

① 原文中"Genuß（享受）"一词，在 MEGA¹ 中被误判为"Geist（精神）"，后来 MEGA² 都校正为"Genuß"。但中译版《马克思恩格斯全集》并没有改译。这个"Genuß（享受）"也是赫斯的术语。

② 《马克思恩格斯全集》第 42 卷，人民出版社 1979 年版，第 24 页。Gemeinwesen 一词是马克思在该文中使用较多的概念，一共出现了七次。原中译文将马克思此处的 Gemeinwesen 一词翻译成"社会联系"，我觉得是不准确的，Gemeinwesen 一词的直接意思是"集体"、"国家"，但从这里的上下文语境看，其构境语义应该是"共同本质"。［参见 Marx-Engels-Gesamtausgabe（MEGA²），Ⅳ/2，Text，Berlin：Dietz Verlag，1981，S.452.］我推测，这可能是因为苏联学者将 Gemeinwesen 一词翻译成"社会联系"，我们再从俄文转译中出现的误译。我的这一推测在马克思的《1857—1858 年经济学手稿》的中译本中得到了进一步的证实。参见《马克思恩格斯全集》第 46 卷上册，人民出版社 1979 年版，第 172 页注 1。

有精准区分流通与生产;二是他隐隐约约感觉到交往关系异化背后,会存在着一种人与人的"活动"的交换(异化),这有可能走向比交往(交换)更深一层的劳动异化。当然,这一表述的主体构序意向,是从正面表征马克思自己对非异化的人的社会共同本质的展望:一是金钱/交换关系背后非异化的类生活和类享受,这是接近费尔巴哈和赫斯的哲学话语;二是青年马克思认为,抽象的类活动和类享受可以进一步走向现实社会,所以,他指认人实现自身主体物相化的"现实的、有意识的、真正的定在",只能是社会的活动和社会的享受;三是人的本质不是抽象的交往,而是人所创造和生产的共同本质,即社会物相化的本质;四是这种社会本质并非抽象的与个人对立的力量,而就是个人实现自己生活和享受的本质。显然,这还是赫斯交往类本质异化的有限变形。不过,在这里的讨论中我们可以看到,青年马克思在谈论社会时,始终着眼于人们的非直观的活动和生活,这是他在经济学社会唯物主义构境中逐步获得的非物像社会生活场境论,之后,在历史唯物主义的立场上,他会揭示人与社会定在的"关系总和"的赋型本质,为之后的关系意识论和历史认识论的非物像图景奠定一定的思考基础。可是,马克思此处使用的"真正的定在"概念恰恰是**非历史**的,或者说,**真实的历史时间质性是不在场的**。

3. 从流通领域中的交换(交往)异化走向生产领域的劳动异化批判构式 I

其实,在跳出经济学语境,对资产阶级社会进行的人本主义价值批判中,青年马克思在上述这段议论的后半部分,理应是意识到了自己对赫斯交往异化论的直接挪用和变形中存在的问题,哪怕是将交往改变为真正的社会联系中呈现的共同的社会本质,也无法真正体现自己业已具有的无产阶级立场。因为,通过前面的经济学摘录和研究,青年马克思已经知道:

> 国民经济学以**交换**和**贸易**的形式来探讨**人们的共同本质**(*Gemeinwesen*)或他们的积极实现着的人的本质,探讨他们在类生活中、在真正的人的生活中的相互补充。德斯杜特·德·特拉西说:"**社会是一系列的相互交换**(*wechselseitigen échanges*)……它恰好也是这个相互结

合的运动。"亚当·斯密说:"社会是一个**商业社会**(*Handelstreibende Gesellschaft*)。它的每一个成员都是商人(*Kaufmann*)。"①

这也就是说,在资产阶级经济学家那里,市民社会的本质是由交换和商业构成的,文明的平等、自由,都发生在这个可见的商业(流通)领域。我们应该注意,在斯密和特拉西这里,新型的资产阶级经济世界是一个关系"本体"的场境结构,相互交换的"结合的运动"构序起来的社会恰恰是非实体性的,这种社会唯物主义的观点自然会潜移默化地影响马克思,成为他将来历史唯物主义客体向度的基础,当然也会是之后透视经济物相化新的非物像批判认识论的对象。并且,在赫斯的货币(交往)异化论中,资产阶级社会被指证为一个以金钱为神灵的"小贩世界"(Krämerwelt)或者"交易世界"(Schacherwelt)②,这与斯密和特拉西所说的所有人"相互交换"、皆为商人的"商业社会"(市民社会话语Ⅱ)是一致的。从概念考古的意义上看,赫斯这里的 Krämer(小贩)不过是斯密的"商人"(Kaufmann)的一种戏称,应该是同一话语所指的同质性能指符码。但马克思意识到,基于资产阶级社会等于交换和贸易的抽象的交往/共同社会本质异化批判构式,却与国民经济学一样,恰好模糊了资本家与工人的真实关系。现在已经站在无产阶级立场上的青年马克思不得不想的问题是,工人与资本家都是交往类本质异化中的商业领域里的"小贩"吗? 显然不是。后来,马克思指认出当穆勒发现资本家与工人的交换与价值规律相悖时,就采取了"把工人和资本家之间的关系变成商品的卖者和买者之间的普通关系"的"小贩"的说法,"把包含着已实现的劳动和直接劳动对立的资本家和雇佣工人之间的交易,说成已实现的劳动的所有者之间、商品所有者之间的普通交易"。③ 这一点,正是赫斯交往异化论的隐性本质。所以,马克思必须将对资产阶级社会的批判焦点重新聚焦到与资本家对立的工人身上。我以为,当一个被无意识认同的他性镜像被正视时,它在理性目光斜视中意会格式塔的隐性支配魔力就瞬间被祛序和消解了。在这里,

---

① Marx-Engels-Gesamtausgabe(MEGA²),Ⅳ/2,Text,Berlin:Dietz Verlag,1981,S.453.

② 参见[德]赫斯《论货币的本质》,载《赫斯精粹》,邓习议编译,方向红校译,南京大学出版社 2010 年版,第 143 页。

③ 参见《马克思恩格斯全集》(第二版)第 35 卷,人民出版社 2013 年版,第 94 页。

费尔巴哈-赫斯的人本学异化构架的双重他性镜像中的赫斯的交往异化逻辑被解构了,因为马克思从含混的市民—商业交换(流通领域)/交往的主体际关系转换到工人—劳动(生产)领域,于是,源自赫斯的交往异化观的他性社会联系的异化构式,就走向马克思自己的**劳动异化批判构式Ⅰ**。我的新认识是:如果说,在后面的《1844年手稿》中,共时性地存在着马克思意识层面和无意识层面的双重逻辑——作为主人话语的人本学的劳动异化史观和从现实出发的客观逻辑线索,那么,在"穆勒笔记"中,则出现了一个**前后相继的双层人本学异化构式**:一是直接挪用赫斯交往异化观变形而来的共同社会本质异化构式,二是青年马克思自主性的**劳动异化批判构式Ⅰ**。当然,这种有限原创的逻辑构式,仍然处于费尔巴哈人本学异化史观更大的他性镜像阴影之中,并且,马克思在经济学语境中向社会历史现实的靠近,仍然是不断强化起来的逻辑凸状。

马克思寓意深长地说,"交换关系的前提是**劳动**成为**直接谋生的劳动**(*unmittelbaren Erwerbsarbeit*)"①。这里的Erwerb一词是"挣得收入"的意思,是赫斯最常用的概念。而在《论货币的本质》一文中,赫斯先后13次使用该词。我觉得,这是青年马克思思想在"穆勒笔记"中有重要构序新质的认识飞跃,他突然强化起来的这一关于劳动的哲学定位,当然不是来自赫斯或者费尔巴哈,而是前述《巴黎笔记》中的经济学研究。所以,在此时青年马克思的思想进程中,就会出现一个奇特的话语在场与不在场的逻辑悖结:**主观意图中刻意"跳出"经济学话语逻辑与无意识中受制于经济学话语塑形的他性影响**。青年马克思业已意识到,工人的确也参与资产阶级社会中的交换,可前提是他们的劳动必须成为直接谋生的手段,这就造成了劳动本身的异化,这种异化的本质是工人受到资本家的奴役和压迫。这是赫斯交往异化论并没有发现的资产阶级社会奴役关系中更深一层的异化。我认为,当青年马克思从工人的谋生劳动导引出劳动的异化,这就彻底超出了赫斯停留在流通领域的交换/交往异化构式的他性赋型,自主创立了属于自己的批判资产阶级社会的劳动异化批判构式。这是一次极其重要的逻辑构式转

①《马克思恩格斯全集》第42卷,人民出版社1979年版,第28页。

换。在这里,工人的劳动异化被揭示为比"交往异化"(金钱异化)更基始的本质,一定的意义上,在本真性的 *sollen*(**应该**)层面,我-它自反性关系中主体格位发生了重要的替代性质变:青年马克思是用**主体性的爱多斯物相化活动的劳动类本质**替代了主体际交往关系的类本质。在思想构境的谱系中,将劳动异化视作货币异化的本质这一正确的观点,马克思最终是在《1857—1858 年经济学手稿》中完成其科学说明的。在此,我将其命名为马克思的**劳动异化批判构式Ⅰ**,以区别于后面马克思在《1844 年手稿》中重新构序和编码的**劳动异化批判构式Ⅱ**。当然,这一异化构式的深化,也会使马克思正在生成的**早期批判认识论**的构境边界、构序质点和观点塑形在逻辑信息编码中全面重置:从交往类本质的逻辑脱型向劳动类本质的本真性的价值悬设 *sollen*(**应该**)转换,从抽象的"**小贩**"(市民 = 商人)向工人劳动者的主体转换,从主体际交往关系异化向劳动生产关系异化转换。批判认识论的整体构境,已经突现为一个马克思自主性的认知批判视域。不过,在青年马克思没有获得黑格尔的"精神现象学"的否定辩证法之前,这种批判认识论不可能发生根本性的改变。

在青年马克思眼里,这个非自主性的 *unmittelbaren Erwerbsarbeit*(**直接谋生的劳动**),恰恰是前述那个共同社会本质异化的基础,这也就表示,流通领域中那个**抽象市民**(斯密-赫斯的"商人"和"小贩")之间的交换/交往异化的背后,是**工人的劳动异化**。这直接显示了青年马克思异化观的鲜明无产阶级立场。因为劳动异化批判构式从根本上超越了作为资产阶级意识形态的市民社会话语中交换-需要的编码域。具体说,

> 异化的劳动(entfremdeten Arbeit)的这种关系之所以达到自己的顶点,是由于(1)一方面,**谋生的劳动**以及工人的产品同工人的需要、同他的**劳动使命**没有任何**直接的**关系,而是不论就哪方面来说,都决定于同工人相异己的一定社会结合(Arbeiter fremde gesellschaftliche Combinationen bestimmt wird);(2)**购买**产品的人自己不生产,只是换取别人生产的东西。[1]

① 《马克思恩格斯全集》第 42 卷,人民出版社 1979 年版,第 28 页。中译文有改动。Marx-Engels-Gesamtausgabe(MEGA²),Ⅳ/2, Text, Berlin: Dietz Verlag, 1981, S.455.

这是 entfremdeten Arbeit(异化劳动)概念的第一次出场。我揣测,这应该也是青年马克思独立地在《巴黎笔记》斯密、李嘉图等人不同经济学文本中不断遭遇的劳动概念,它不可磨灭地出现在劳动所创造的新的工业世界之中,正是工业劳动塑形和构序出不同于非物相化农业自然产品的"社会财富",以及劳动是工人生命爱多斯(eidos)实现的活动等一系列观念赋型,反复在马克思的思想进程中塑形为无意识的逻辑凸状。由此,青年马克思才彻底摆脱了赫斯经济异化观的他性影响阴影。当然,这也是马克思的异化构式从他性状态规制转换到自主性话语构序场境的重要标志。然而遗憾的是,马克思此时并没有真正体知到工业生产劳动与农耕劳作的根本异质性,即超出循环时间的不断自我超越的**历史性**时间本质。青年马克思深透地意识到:第一,不是市民社会中抽象的交往—交换或者社会共同本质异化,而是资产阶级社会中的劳动异化,才使工人的独特生命本质颠倒为可变卖的谋生手段,这让工人的劳动意向(爱多斯)偏离自己的真正使命,并且,劳动的产品远离工人自己的需要。这应该也是马克思最初进入第一层级非物像透视的正确轨道:不是主体际的交往而是人改变外部世界的活动,才是穿透对象物(产品)的塑形-构序基础。第二,青年马克思此时眼里的劳动异化,在颠倒的场境存在中表现为一定的外部 gesellschaftliche Combinationen(社会结合)对工人的奴役和压迫。虽然青年马克思在这里还不能透视其中复杂资本关系的颠倒性场境存在和经济物相化支配机制,但是这个 gesellschaftliche Combinationen(社会结合)概念是极其重要的,我们将在很久以后的《1861—1863 年经济学手稿》中的科学的**劳动异化批判构式Ⅲ**中再次遭遇它。第三,劳动异化批判构式让我们跳出了抽象市民主体际交往关系(斯密-黑格尔-赫斯)的陷阱,因为在劳动异化关系中,马克思揭露出"市民"背后分裂为生产过程中劳动的工人和不生产却在流通领域可以"**购买产品**"的资本家。这是青年马克思对资产阶级社会经济关系赋型本质认识上的一次重要深入。第四,这也是马克思第一个在经济学构境中赋型的**批判认识论话语**,因为,他在非直观的社会唯物主义基础上透视了经济关系本身的伪场境存在本质,这是一次了不起的认识论进展。因为,斯密的"看不见的手"已经是对无序的自发商品交换活动的本质透视,但这种偶然性中的消极辩证法的自发整合和构序,被再一次透视为关系异化,之后,在黑格尔的否定辩证法的内在驱动下,会成为马克思第一个完整的批判认识论中的人学现象学。

在青年马克思看来,这种非自主性的谋生劳动导致了工人生命存在的异化,因为劳动理应是工人生命爱多斯即"**个人存在**的积极实现(Bethätigung seiner *individuellen Existenz*)"和自身真实的需要(Bedürfniß),而在被迫的谋生劳动中,劳动不再是工人自身的真实需要和个人存在意向的积极实现。

> 产品是作为**价值**(*Werth*),作为**交换价值**(*Tauschwerth*),作为**等价物**(*Aequivalent*)来生产的,不再是为了它同生产者直接的个人联系(unmittelbaren persönlichen Beziehung)而生产的。生产越是多方面的,就是说,一方面,需要越是多方面的,另一方面,生产者完成的制品越是单方面的,他的劳动就越是陷入**谋生的劳动**的范畴(Categorie einer *Erwerbsarbeit*),直到最后他的劳动的意义仅仅归于谋生的劳动并成为完全**偶然的**和**非本质的**,而不论生产者同他的产品是否有直接消费和个人需要的关系(Verhältniß),也不论他的**活动**、劳动本身的行动对他来说是不是他个人的自我享受,是不是他的天然禀赋和精神目的的实现。①

依概念考古的细节看,马克思在此有区别地使用了 Beziehung(联系)和 Verhältniß(关系)概念,前者为个人在生产和交换中的直接联系,而后者则表征了个人的真实需要关系。这里有两个正确的逻辑构序方向:一是青年马克思使用了价值—交换价值—等价物等经济学范畴,虽然他此时并不能科学地说明它们之间的内在联系,但商品作为**为了交换而生产**的产品的定位是正确的;二是青年马克思始终将商品放置到劳动发生的生产领域,偶然的和非自主性的谋生劳动就深刻地关联于生产-需要体系之中,而不再是交换-需要体系。不难看出,马克思这里的劳动异化已经根本区别于赫斯的交往异化,因为这里的作为谋生劳动出场的劳动异化,不再是出现在交换(交往)中的抽象市民(商人、小贩)主体之间的关系异化,而是发生于**生产领域中**的作为劳动者的工人劳动的异化。其实,赫斯的"小贩"(Krämer)是斯密《国富论》中那个

---

① 《马克思恩格斯全集》第 42 卷,人民出版社 1979 年版,第 28 页。中译文有改动。Marx-Engels-Gesamtausgabe(MEGA²),Ⅳ/2,Text,Berlin:Dietz Verlag,1981,S.455.

"人人都是商人"的简单话语挪移,马克思在这里戳穿了"小贩"到场的虚假幻象,而直接关注了工人主体。也是在这里,马克思第一次给予了非谋生、非异化的劳动一种**价值悬设的本真性规定**:作为"个人的自我享受"和"他的天然禀赋和精神目的的实现"的理想化劳动类本质。在此,理想化的劳动就是工人生命的 telos(目的)。这是工人的**真实需要和个人存在的积极实现**的本真性劳动生产活动,或者说,是在潜能(dynamis)状态下的本有劳动。在我看来,这正是青年马克思**劳动异化批判构式 I 的逻辑起点**。这不仅更新了人本主义异化理论的基石,也会是他此时批判认识论的内在价值评判中的 sollen(**应该**)尺度。而在《1844 年手稿》塑形的劳动异化批判构式 II 中,劳动则进一步脱离主体性的需要,直接深化为黑格尔所确定的劳动客观改变自然对象的外化-对象性异化赋型。达到这一步,只有通过黑格尔否定辩证法的理论洗礼。

在此时的马克思看来,劳动异化具体包含了四层 *sollen*(**应该**)与 Sein(是)的我-它自反性关系的异化场境:第一,"劳动对劳动主体(arbeitenden Subjekt)的异化和偶然联系";第二,"劳动对劳动对象(Arbeit vom Gegenstand)的异化和偶然联系";第三,外在的社会需要(gesellschaftlichen Bedürfnisse)成为劳动者异己性的强制;第四,劳动者的生命活动异化为手段性谋生活动。① 这里,异化批判的焦点回到了劳动者身上,而不再是泛指资产阶级社会中的一切抽象交换者(商人、小贩)。这四重异化场境是层层归基的。第一,劳动理应是劳动者本人的一种生命爱多斯的主体性类本质,可是,现在这种主体性类本质在生产过程中发生了某种畸变,它对劳动者来说,已经成了某种异化和偶然的联系。第二,劳动者在生产中面对的劳动对象,从一开始就属于资本家,对工人而言,劳动的对象也是异化和偶然的东西。这一点,在后来的《大纲》和《1861—1863 年经济学手稿》中,被指认为资本关系支配下生产条件的异化。第三,工人出卖自己的劳动,并非自己的真实需要,恰恰是因为外部的强制,因为如果他不将劳动变卖给资本家,他将被饿死。第四,由此劳动本身就成了劳动者无奈的谋生手段,即我-它自反性的劳动异化。

---

① 参见《马克思恩格斯全集》第 42 卷,人民出版社 1979 年版,第 28—29 页。

　　这就是青年马克思在《巴黎笔记》的经济学摘录中,以哲学价值批判的劳动异化批判构式Ⅰ,跳出资产阶级经济学话语中意识形态幻象的一次重要努力。当然,这里劳动异化批判构式的四重构境,显然还不是马克思深思熟虑的观点,劳动主体—劳动对象—外部的社会强制—谋生手段这四个异化环节的相互关系是含混的,并不能构成一个完整的理论信息编码和逻辑构序线索,也没有真正生成一个总体性的人本主义异化史观。但无论如何,这是属于马克思自己的第一个原创性的批判资产阶级社会的人本学话语和批判认识论筑模。

　　我们能够观察到,青年马克思这里也在试图将这种人本学的劳动异化批判构式与国民经济学的具体批判链接起来。在他看来,第一,劳动异化发生的根本原因是劳动分工。这个判断当然是不准确的。因为马克思以后会在历史唯物主义的基础上,发现这种劳动异化的根源是资本主义生产方式。而作为"怎样生产"的劳动分工中出现的结合力异化问题,则构成劳动异化批判构式Ⅲ中的第四层面。分工在斯密-黑格尔的市民社会话语Ⅱ中有明确的讨论,这就是工场手工业中的劳动分工。可是马克思此时并不能正确地区分社会分工与劳动分工。马克思提出,劳动异化的发生是由于私有制条件下的**劳动分工**(*Theilung der Arbeit*)造成的。"**(劳动)分工**随着文明一同发展(Mit der Civilisation steigert sich die *Theilung der Arbeit*)"①。这是对斯密《国富论》的透视。几乎所有资产阶级经济学家都不约而同地指认,civil society(文明社会)中公平地做买卖的商业活动,就是摆脱封建专制的近代文明的实现,而马克思则看到,这种文明的基础是劳动分工。他认为:

　　　　同**人的活动**的产品的相互交换表现为**贸易交换**(*Tauschhandel*),表现为**做买卖**(*Schacher*)一样,活动本身的相互补充和相互交换表现为**分工**(*Theilung der Arbeit*),这种分工使人成为高度抽象的存在物(abstraktes Wesen),成为旋床等等,直至变成精神上和肉体上畸形的人。②

---

① 《马克思恩格斯全集》第42卷,人民出版社1979年版,第29页。
② 《马克思恩格斯全集》第42卷,人民出版社1979年版,第29页。

Schacher 一词是赫斯在《论货币的本质》一文中的常用词,通常译为"买卖"和"交易",赫斯还使用 Schacherwelt(交易世界)和 verschachern(买卖、做生意)等词。人的劳动活动的产品的相互交换在流通领域变成了变卖;在生产领域,人的劳动活动的"相互补充和相互交换"则体现为分工。当然,不是商业和交换导致劳动分工,而是劳动分工为商品交换的基础。不过,在斯密看到分工导致原子化个人(市民)不同需要和交换的地方,青年马克思却看到,正是劳动分工把工人的主体性在场变成"高度抽象"的劳动动作和"旋床"式的工具,分工本身是工人劳动异化("精神上和肉体上畸形")的原因。在这一点上,青年马克思已经远远超出赫斯对经济异化原因的分析。这里,分工与劳动的片面化抽象的观点,显然来自黑格尔的《法哲学原理》①,只是在黑格尔那里,是劳动的抽象化导致分工。这也是我所指认的**现实抽象** I。然而,青年马克思并没有深思的地方是,这个劳动分工在将来的狭义历史唯物主义话语中,虽然仍是资本主义生产方式的历史性前提,但它却会属于客体向度中生产过程的构序,分工如果是恶之源,"共同活动"生成的生产力就会"有罪"。这种并不精准的判断,一直持续到《德意志意识形态》,在那里,奴役化的分工取代了异化构式。从哲学认识论的角度看,马克思此时对社会生活的观察,业已基于劳动者之间在现代工业中非直观的生产构序和关系赋型,这表征了认识对象从实体存在向第一层级非物像的关系场境的深刻转换,康德的先天观念综合开始基于全新的社会生产—经济关系先验构架。

第二,货币是劳动异化为统治性的事物的直接结果。青年马克思认为,前面已经讨论过的货币既非赫斯所说的人的交往类本质的异化,恐怕也不是自己前面所指认的人的共同本质的异化,如果货币是一种异化现象,那么它只能是"谋生的劳动的直接结果"。这是马克思自己的深刻内省。并且,在这个作为劳动异化结果的媒介关系中,

> 表现出异化的事物(entfremdeten Sache)**对人**的全面统治。过去表现为个人对个人的统治的东西,现在则是**事物**对**个人**、产品对生产者的普

---

① 参见[德]黑格尔《法哲学原理》,范扬、张企泰译,商务印书馆1961年版,第210页。

遍统治(allgemeine Herrschaft)。如果说,在**等价物**中,在**价值**中已经包含着私有财产的**外化**(*Entäusserung*)这一规定,那么,这种**外化**在**货币**中就获得感性的,甚至是物质的存在。①

在此,货币与价值和等价物正确地联系起来了,但青年马克思在这里突出强调的方面,是货币作为异化的事物对人的普遍统治,更精准的是劳动的产物对工人的普遍统治,取代了过去封建专制社会中"个人对个人的统治"。这也是马克思**经济物役性批判理论**的缘起。这种观点,在《德意志意识形态》等文献的现象学批判缺席的情况下,承担了替代批判认识论的重任。但马克思没有意识到的认识论逻辑凹点为,上述他刚刚讨论的非直观的劳动分工关系、交换关系如何又颠倒性地呈现为实体性的到场之"物"(货币)?这将是以后马克思自己的科学批判认识论里第二层级经济物像证伪中的焦点意识。在那里,物役性理论将与经济物相化中的事物化颠倒内在地链接起来。

第三,劳动异化造成了资产阶级社会本身的分裂。青年马克思认为,劳动异化不仅是工人与资本家的分离,也是劳动与资本的分离,所以也必然导致劳动、资本和地产(以及背后工人、资本家和地主)表面上的三元分立和相互异化。马克思说,"劳动同它自身的分离(Die Trennung der Arbeit von sich selbst)等于工人同资本家的分离,等于劳动同资本——它的最初形式分为**地产**(*Grundeigenthum*)和**动产**(*bewegliches Eigenthum*)——的分离"②。这里青年马克思注意到,社会空间中无形动产与物理空间中地产(不动产)的区分,恰是源于资产阶级通过工业劳动-商品市场交换建立起来的流动的"社会财富"与原有土地上的"自然财富"的分离。因为土地本身还在,那么,资产阶级社会中就仍然存在着三位一体的结构:

　　劳动、资本和地产彼此的分离,以及一种劳动同另一种劳动、一种资本同另一种资本、一种地产同另一种地产的分离,最后,劳动同劳动报酬(Arbeitslohn,)、资本同利润(Gewinn)、利润同利息(Zinsen)以至地产同

---

① 《马克思恩格斯全集》第42卷,人民出版社1979年版,第29—30页。中译文有改动。Marx-Engels-Gesamtausgabe(MEGA²),Ⅳ/2,Text,Berlin:Dietz Verlag,1981,S.456.

② 《马克思恩格斯全集》第42卷,人民出版社1979年版,第30页。

地租(Grundrente)的分离,使得自我异化不仅以自我异化的场境(Selbstentfremdung sowohl in der Gestalt)而且以相互异化(wechselseitigen Entfremdung)的形式表现出来。①

这是 Selbstentfremdung(自我异化)概念入序于经济学语境中的一次重要出场。并且,我们也看到了功能性的整体 Gestalt(场境)概念的突出使用。据概念考古的词频统计,马克思在《1844 年手稿》中共计 37 次使用 Gestalt 概念。这已经算是较高频次了。这也反映出马克思此时的思想实验中,场境关系逐渐成为核心构序点。这个时候,青年马克思显然还不能科学地领悟工资、利润、利息和地租与剩余价值的复杂关系,他也无法真实透视资产阶级社会中作为异化事物的私有财产的**主体本质**,所以,他还停留在国民经济学经济学话语的三元社会结构和三种收入关系的逻辑陷阱之中。请一定注意,马克思这里使用的三者"相互分离"和"相互异化"是十分重要的,它将成为下面《1844 年手稿》第一笔记第一部分的基本逻辑。这样,资产阶级社会的真实结构又被复原为三重**相互分离关系**,即阶级结构中的工人—资本家—土地所有者的分离,经济关系中的劳动—资本—土地的分离,利益关系中的工资—利润(利息)—地租的分离。这应该是资产阶级社会最直观的图景。这也是青年马克思在《1844 年经济学哲学手稿》第一笔记开始时,放置在读者面前的国民经济学视域中的直观三重分离图景。

4. 与劳动价值论擦身而过的此-彼证伪逻辑

在"穆勒笔记"中创立了带有人本主义色彩的劳动异化批判构式 I 之后,马克思继续自己《巴黎笔记》中的经济学摘录。虽然他手中已经有了"跳出"经济学的原创性的劳动异化理论,但全面了解资产阶级经济学理论仍然是他没有完成的任务。接下去,我们再选择其中一些比较重要的方面加以讨论,特别是马克思此时对劳动价值论的态度。

首先,是马克思此时对李嘉图量化原则和劳动价值论更加深入的看法。

---

① 《马克思恩格斯全集》第 42 卷,人民出版社 1979 年版,第 30 页。中译文有改动。

第一，在普雷沃的《评李嘉图体系》(Dr. Prevost, *Diskussion über das System von Ricardo*)一书的摘录中，马克思看到这位李嘉图论著的翻译者极力称赞李嘉图学派的学者是"深邃的经济学家，他们把科学归结为十分简单的东西，**以平均的东西(moyennes)作为基础**，撇开可能妨碍它们一般化的一切偶然的情况（例如伟大的李嘉图对一国居住的人口数量就是这样做的）"①。在这一点上，普雷沃是看得准的。因为这是李嘉图经济学中比较重要的原则：量化和平均化。简单的量化是市场交换的前提和可操作性的条件，所以，在李嘉图那里，他总是会强调劳动量、商品量和货币量等；而平均化则是市场中商品生产和交换关系中自由竞争的客观结果，包括市场竞争中夷平的工人的平均工资和资本家之间由于资本流动生成的平均利润率等。更深一层看，这个平均化也是整个资产阶级意识形态的本质之一，商品生产和交换中自发生成的第二自然性规律，它会自然夷平原先专制等级结构中人与人的不平等关系，在原子化个人能动性的量化平均关系中，生成资产阶级特有的政治民主和意识形态。然而，依此时的马克思的观点：

> 这种**平均的东西(moyennes)**证明了什么呢？它证明，人愈来愈被抽象掉(abstrahirt)，现实生活(wirkliche Leben)也愈来愈被抛在一边，而成为考察物质的、非人的财产(materiellen, unmenschlichen Eigenthums)的抽象运动。**平均数(Durchschnittszahlen)**是对各个现实的个人(wirklichen Individuen)的真正侮辱、诽谤。②

这当然是从哲学人本主义价值尺度批判资产阶级经济学的非人本质。马克思的观点是深刻的。在这里，我们再一次看到了以后将在《德意志意识形态》中起重要作用的 wirklichen Individuen（现实的个人）。之后，在施蒂纳的影响下，这会生成历史唯物主义构境中一定历史条件下的现实个人观。马克思认为，李嘉图经济学中那个评估市场竞争关系中的平均工资和平均利润的

---

① Marx-Engels-Gesamtausgabe(MEGA²), Ⅳ/2, Text, Berlin: Dietz Verlag, 1981, S. 480. 中译文参见《巴黎笔记选译》，王福民译，载《马克思恩格斯研究资料汇编》，书目文献出版社1982年版，第42页。
② Marx-Engels-Gesamtausgabe(MEGA²), Ⅳ/2, Text, Berlin: Dietz Verlag, 1981, S. 480. 中译文参见《巴黎笔记选译》，王福民译，《马克思恩格斯研究资料汇编》，书目文献出版社1982年版，第42页。

Durchschnittszahlen(平均数),其实是对真实生活在社会现实中的个人的侮辱和诽谤,因为这个平均数不过是将人的现实生活,畸变成 unmenschlichen Eigenthums(非人的财产)抽象运动的经济事物的辩证法,在这种第二自然辩证法的自发运动中,人是被彻底否定的。马克思这一批判性的观点,与后来恩格斯的个人在经济的社会历史过程中作为平均数出现的"合力说"①是接近的。

第二,是马克思此时对于李嘉图劳动价值论的理解。从总体性上看,马克思这时还没有科学地理解配第-斯密-李嘉图的劳动价值论。还是在对普雷沃的《评李嘉图体系》一书的摘录中,马克思注意到了他对李嘉图劳动价值论的评论,在普雷沃看来,"任何商品的价格都是由**生产劳动**(produktive Arbeit)表现出来的",这是劳动价值论的原则。但是他又认为:

> A)三个野蛮劳动的劳动日还抵不上一个文明的劳动日(civilisirter Arbeitstag);B)过去劳动(alten Arbeit)的一部分消灭掉了。任何资本都是没有完全表现出来的劳动的对象物(Gegenstand einer Arbeit)。它的另一部分则相反,可以获得更大的价值;例如陈葡萄酒就是这样。因此,文明和自然力量的作用要考虑进去。②

我理解,这里的 civilisirter(文明的)的劳动日和文明的力量,正是李嘉图视域中的机器化生产的场域里发生的资本与劳动关系的改变,这里,资本是 alten Arbeit(过去劳动)的结果,可它现在却表现为机器等对象物在生产过程中的部分损耗,但这种文明的力量也会创造更大的价值。而在马克思的眼里:

> 国民经济学愈是承认劳动是财富的唯一原理(Arbeit als alleiniges Princip des Reichthums anerkennt),工人就愈是被贬低、就愈是贫困,劳动本身就愈是成为商品。——这是国民经济学这门科学中的必然公理,正像是现在社会生活中的实践真理一样。"积累劳动"("travailaccumcle"[raufgehaufte Arbeit])这种说法表示资本的起源外,也同样有这样的意义:

---

① 参见《马克思恩格斯选集》第4卷,人民出版社2012年版,第254页。

② Marx-Engels-Gesamtausgabe(MEGA²),Ⅳ/2,Text,Berlin:Dietz Verlag,1981,S.481. 中译文参见《巴黎笔记选译》,王福民译,载《马克思恩格斯研究资料汇编》,书目文献出版社1982年版,第44页。

> 劳动愈来愈成为事物(Sache)、成为商品,与其以人的活动(menschliche Thätigkeit)来理解,不如仅仅以**资本**的场境(Gestalt eines *Capitals*)来理解。①

这是马克思此时对劳动价值论的基本看法。在他的眼里,李嘉图等国民经济学家的劳动价值论,恰恰是将劳动变成商品,人的活动颠倒为事物,工人被贬低且变得贫困,Gestalt eines *Capitals*(**资本**的场境)成为社会生活的实践真理。因为"对李嘉图学派来说,问题仅仅在于**一般规律**(*allgemeine Gesetz*)。至于这种规律怎样实现,千百人是否因此而破产,这对规律和国民经济学家是完全无关紧要的"②。在马克思看来,李嘉图满脑子都是人之外的经济事物、资本和市场运行的一般规律,至于这种物性的经济规律是不是让很多人坠入破产和贫穷的深渊,则是无关紧要的。显然马克思此时并没有意识到,此处他证伪的劳动价值论才是通向科学地批判资产阶级社会本质的正确道路。

第三,是马克思对资产阶级社会中自由竞争的认识。马克思说,其实李嘉图所信任的市场交换中生成一般规律("看不见的手")的

> 竞争仅仅是由私人利益产生的,而只是由于私人利益才成为正当的;它仅仅作为互相敌对利益的**官方的谋杀和战争**(*offizieller Mord und Krieg*)而展开,另一方面它又被说成是同个人利益相对立的**社会力量**(*Macht der Gesellschaft*)和社会利益。国民经济学以其**社会**利益代替**非社会**利益的任意的假定以及通过类似它能搞这种假定的方式所证明的仅仅是:在现代制度中,理性的规律(vernünftige Gesetze)只有通过把现存关系的**特殊**性质**抽象掉**才能保持,或者说,规律仅仅以抽象的形式进行统治(abstrakten Form herrschen)。③

---

① Marx-Engels-Gesamtausgabe(MEGA²),Ⅳ/2,Text,Berlin:Dietz Verlag,1981,S.481. 中译文参见《巴黎笔记选译》,王福民译,载《马克思恩格斯研究资料汇编》,书目文献出版社1982年版,第44页。

② Marx-Engels-Gesamtausgabe(MEGA²),Ⅳ/2,Text,Berlin:Dietz Verlag,1981,S.482. 中译文参见《巴黎笔记选译》,王福民译,载《马克思恩格斯研究资料汇编》,书目文献出版社1982年版,第45页。

③ Marx-Engels-Gesamtausgabe(MEGA²),Ⅳ/2,Text,Berlin:Dietz Verlag,1981,S.482–483. 中译文参见《巴黎笔记选译》,王福民译,载《马克思恩格斯研究资料汇编》,书目文献出版社1982年版,第45页。

这是此时马克思对资产阶级商品-市场经济中的自由竞争本质的看法。在他看来,这种自由竞争的实质就是一场公开的、合法的 *offizieller Mord und Krieg* (**官方的谋杀和战争**),因为这种发生在商品生产和交换里的大鱼吃小鱼的游戏中的满足个人私欲的敌对关系,构成了黑格尔的"理性的狡计"(透视斯密"看不见的手"),这种自发生成的经济规律,恰以抽象的形式成为整个资产阶级社会中的统治力量。这是一种深刻的批判观点。在很久以后的《大纲》中,马克思才形成了抽象的资本关系成为统治的重要观点。

其次,是马克思在《巴黎笔记》中对青年恩格斯《国民经济学批判大纲》的重要摘录。在《回到马克思》第一卷中,我们已经具体讨论过青年恩格斯对马克思的影响。恩格斯的这一文本,与赫斯的《论货币的本质》一样,都是此时进入经济学领域批判资产阶级社会制度的重要社会主义文献,它们甚至是马克思进行经济学研究的重要导因。我推测,如同马克思没有直接摘录自己十分熟悉的赫斯一样,在《巴黎笔记》第6笔记本中,马克思对恩格斯的这一文本的摘录也是极其简单和概要的。可以看到,马克思此时摘录的内容,主要是此文中他所关心的某些经济学观点。依我的推测,马克思是想再次确认一下恩格斯**在经济学语境中反对资产阶级经济学**的基本思路。因为这个时候,马克思已经在"穆勒笔记"中确立了自己以哲学话语中的劳动异化理论来批判资产阶级经济学的思路。他直觉到,恩格斯与蒲鲁东一样,都是在经济学的逻辑之中反对经济学,这仍然是一种**此-此证伪逻辑**,这正是李嘉图式的社会主义经济学家们的思维惯性逻辑。而**跳出经济学**的劳动异化批判理论,则是一种新的此-彼证伪的现象学逻辑。

第一,一上来马克思就注意到恩格斯批判国民经济学的核心是对**私有制** (*Privateigenthum*)的否定。在恩格斯原来的《国民经济学批判大纲》的讨论中,国民经济学就是建立在对私有制的肯定之上,所以,经济学家从来没有想过资产阶级自己所推翻的作为专制制度基础的"**私有制的合法性** (*Berechtigung des Privateigenthums*)问题",因为在恩格斯看来,资产阶级所肯定的这种仍然基于私有制的新型经济制度本身,就是一种"工厂制度和现代的奴隶制度(*Fabriksystem und die moderne Sklaverei*),这种奴隶制度就它的无人性和残酷性来说不亚于古代的奴隶制度"。① 这是极其深刻的理论判断。因为在资产阶级自我标榜为"文明社会"的经济雇佣关系中，仍然存在着人对人的残酷压迫和经济剥削，看起来在工厂制度中获得了自由的工人，本质上还是一种新型的经济奴隶。面对资产阶级的国民经济学，恩格斯明确指认，"应该把这种科学称为私经济学（Privatökonomie），因为在这种科学看来，现存关系（jetzigen Verhältnissen）只是为了私有制而存在"②。也正是在这里，恩格斯明确指出了自己批判这种资产阶级私有制的**此-此证伪的理论逻辑源头**，即"英国社会主义者③早就在实践中和理论上证明的那样，反对私有制的人能够从经济的观点比较正确地解决经济问题（in ökonomischen Fragen auch ökonomisch richtiger zu entscheiden，haben die englischen Socialisten längst praktisch und theoretisch bewiesen）"④。这正是马克思试图捕捉的重要观点。这是他特别标识出"私有制"的原因。一是在即将写下的《1844 年手稿》中，**私有制与劳动异化**共同构成了马克思新的人本主义劳动异化批判构式的逻辑构序内核；二是这种 in ökonomischen Fragen auch ökonomisch richtiger zu entscheiden（从经济的观点比较正确地解决经济问题）的**此-此证伪的理论逻辑**，将成为《1844 年手稿》第 1 笔记本第一部分中马克思模拟的证伪逻辑。后来，在批评蒲鲁东的批判逻辑时，马克思将其概括为"从国民经济学的观点对**国民经济学**所做的批判（die Kritik der *Nationalökonomie* vom Standpunkt der Nationalökonomie aus）"⑤。

第二，在马克思的摘录中，他跳过了恩格斯对从重商主义到斯密的经济学史的讨论，直接聚焦于恩格斯对**价值**（*Werth*）的看法。然而，马克思无法判

---

① 参见《马克思恩格斯全集》（第二版）第 3 卷，人民出版社 2002 年版，第 443—444 页。

②《马克思恩格斯全集》（第二版）第 3 卷，人民出版社 2002 年版，第 446 页。中译文有改动。参见 *MEW*, Bd. 1, Berlin: Dietz Verlag, 1981, S. 503。

③ 指约·弗·布雷、威·汤普森、约·瓦茨和他们的著作：布雷《对劳动的迫害及其救治方案》，1839 年利兹版；汤普森《最能促进人类幸福的财富分配原理的研究》，1824 年伦敦版；瓦茨《政治经济学家的事实和臆想：科学原则述评，去伪存真》，1842 年曼彻斯特-伦敦版。——《马克思恩格斯全集》编者注

④《马克思恩格斯全集》（第二版）第 3 卷，人民出版社 2002 年版，第 446 页。*MEW*, Bd. 1, Berlin: Dietz Verlag, 1981, S. 502.

⑤《马克思恩格斯全集》第 2 卷，人民出版社 1957 年版，第 38 页。中译文有改动。

别恩格斯这里关于价值的讨论恰恰是**偏离劳动价值论**的。这也证明了我上述的一个推测,即马克思对自己已经熟悉的恩格斯的观点,并不一定再做摘录,比如,他在下面的《1844 年手稿》中作为重要逻辑导引的恩格斯指认斯密为"**国民经济学的路德**"(*nationalökonomischen Luther genannt*)的观点。马克思看到,恩格斯接受了经济学中通常的说法,即商业形成了商品的价值,而价值分为"抽象的实际价值和交换价值(Abstrakter Real-und Tauschwerth)"①,显然,马克思此时并不知道,商业生成价值的观点是错误的,同时,"抽象的实际价值和交换价值"也是对商品使用价值和价值的不准确描述。在萨伊那里,"决定实际价值的是效用(Brauchbarkeit)",即具体劳动生成的物品的用在性功能;而李嘉图和穆勒则将价值的基础视作"生产费用"(*Productionskosten*),即包括了工资、土地资源和原料、机器等其他的资本投入。后者已经是对劳动价值论的含混化。可恩格斯对价值的讨论从一开始就是离开劳动价值论的,马克思也并没有关注这一点,这恐怕是导致他在《1844 年手稿》中无法正面接受劳动价值论的原因之一。在恩格斯这里,价值的讨论主要依靠了国民经济学中的市场竞争(Konkurrenz)关系。依他的原文语境,"在私有制统治下,竞争关系(Verhältniß der Konkurrenz)是唯一能比较客观地、似乎能大体确定物品效用(Brauchbarkeit einer Sache)大小的办法"②。这当然是偏离劳动价值论的一个不准确的说法,甚至是在萨伊"劳动创造效用"观点上的退步。然而,马克思此时并不能科学地辨识恩格斯价值讨论中存在的问题。在上面关于"李嘉图笔记"I 的摘录中,我们也可以看到恩格斯这种竞争决定论观点对马克思的影响。固然马克思在上面的摘录思考中已经意识到这种自由竞争的异化本质。在此,马克思只是摘录了恩格斯这样一些表述:

> **萨伊**认为决定实际价值的是效用,李嘉图和穆勒则认为是**生产费用**(*Productionskosten*)。在英国人那里,同生产费用相对,竞争表现效用(Concurrenz gegenüber den Productionskosten die Brauchbarkeit),在萨伊那

---

① 《马克思恩格斯全集》第 42 卷,人民出版社 1979 年版,第 3 页。
② 《马克思恩格斯全集》(第二版)第 3 卷,人民出版社 2002 年版,第 451 页。*MEW*, Bd. 1, Berlin: Dietz Verlag, 1981, S. 502.

里,竞争则表现生产费用。**价值**是**生产费用**对**效用**的关系。价值首先是用来**解决**是否应该生产,即效用是否能抵偿生产费用的问题。价值这个概念实际上只用于解决生产的**问题**。**实际价值和交换价值**间的差别就在于人们在买卖中给予的**等 价 物 不 是 等 价 物**(*Aequivalent kein Aequivalent*)。**价格**(*Preiß*)——生产费用和竞争的关系。只有能够垄断的东西(Monopolisirbare)才有**价格**。①

应该说,马克思在此所摘录的恩格斯的这些关于价值、价格和等价物的讨论内容,在总体上都是不准确的。因为恩格斯并没有真正理解斯密-李嘉图的劳动价值论,也不能将他们后来在引入市场竞争因素后产生的思想混乱科学地剥离开来。可以看到,此时的马克思同样无法做到这一点。**他们都与重要的劳动价值论擦身而过**。这也直接导致马克思在《1844 年手稿》中,不能从经济学上理解劳动价值论,当马克思拒斥青年恩格斯和蒲鲁东的"in ökonomischen Fragen auch ökonomisch richtiger zu entscheiden"(从经济的观点比较正确地解决经济问题)的**此-此证伪的理论逻辑**时,他自然也无法从经济学上科学地认清资产阶级社会的本质。

第三,马克思对恩格斯关于资本与劳动关系的摘录。从摘录中可以看到,马克思最后将目光集中在"资本与劳动的分离"(Trennung von Capital und Arbeit)问题上。马克思概括说,"人的劳动分为劳动和资本(Menschliche Arbeit getrennt in Arbeit und Capital)","资本和利润(Gewinn)的分离。利润分为利润本身和利息(Zinsen)"。② 其实,在恩格斯的原文中,这一问题会更复杂一些。恩格斯认为,资本和劳动是同一个东西,因为经济学家自己就承认资本是"积蓄的劳动"(aufgespeicherte Arbeit)。这一说法是斯密的观点。③恩格斯没有注意到,斯密讨论劳动与资本关系的理论前提,正是我们上面提及的劳动价值论。具体说,这有两个不同的层面:一是劳动与工资的分裂。恩格斯说:

①《马克思恩格斯全集》第 42 卷,人民出版社 1979 年版,第 3 页。
②《马克思恩格斯全集》第 42 卷,人民出版社 1979 年版,第 4 页。
③ 参见[英]亚·斯密《国民财富的性质和原因的研究》第 2 卷,1828 年爱丁堡版,第 94 页。——《马克思恩格斯全集》编者注

  劳动是生产的主要要素,是"财富的源泉"(Quelle des Reichthums),是人的自由活动(freie menschliche Thätigkeit),但很少受到经济学家的重视。正如资本已经从劳动分开一样,现在劳动又再度分裂了;劳动的产物以工资的形式与劳动相对立,它与劳动分开,并且通常又由竞争决定。①

这似乎是一种理论前提上的设定。我觉得,这有可能是影响马克思生成劳动异化批判逻辑的缘起之一。因为马克思在《德法年鉴》工作时同时看到了赫斯的《论货币的本质》和恩格斯的《国民经济学批判大纲》,恩格斯这里突出强调的作为freie menschliche Thätigkeit(人的自由活动)出场的**劳动**,恰恰会是青年马克思借以超越赫斯交往异化论的逻辑起点。在恩格斯这里,劳动本身被分裂为作为自身产物的工资与劳动相对立,工资同样由市场的竞争所决定。这是恩格斯此时的竞争决定论在工资问题上的体现。他无法科学认识到,这里作为劳动产物到场的工资,实际上只是工人劳动力使用权的价值。

  二是劳动与资本的分裂。可以看到,这种分裂关系的判定,同样是离开劳动价值论的。依恩格斯此时的观点:

  我们从经济学家自己的阐述中也可以看到,资本是劳动的结果(Resultat der Arbeit),它在生产过程中立刻又变成了劳动的基质、劳动的材料(Substrat, zum Material der Arbeit)。可见,资本和劳动的短暂分开,立刻又在两者的统一中消失了。但是,经济学家还是把资本和劳动分开,还是坚持这两者的分裂,他只在资本是"积蓄的劳动"这个定义中承认它们两者的统一。由私有制造成的资本和劳动的分裂,不外是与这种分裂状态相应的并从这种状态产生的劳动本身的分裂。这种分开完成之后,资本又分为原有资本和利润(Gewinn),即资本在生产过程中所获得的增长额,虽然实践本身立刻又将这种利润加到资本上,并把它和资本投入周转中。甚至利润又分裂为利息(Zinsen)和本来意义上的利润。②

---

① 《马克思恩格斯全集》(第二版)第3卷,人民出版社2002年版,第458页。
② 《马克思恩格斯全集》(第二版)第3卷,人民出版社2002年版,第456—457页。

并且,在恩格斯那里,这种劳动与资本分裂的最终结果会是一种阶级分裂:"产生于资本和劳动的最初的分开和这一分开的完成,即人类分裂为资本家和工人"①。显而易见,离开经济学上的劳动价值论来观察劳动与资本的关系,是不可能获得科学的认识结果的。所以,恩格斯在这里对劳动与资本关系的分析,只是在资产阶级经济学原有的话语格式塔中,从表象上讨论了私有制造成了劳动与资本的统一和分离关系,以及资本自身再分离出利润和利息的问题。在对利润和利息的分析中,同样没有基于劳动价值论的剩余价值理论支撑,所以,利润与利息不过是剩余价值的不同分配形式的问题无法显现出来,这必然会是不精准的经济学观点。然而,这种思想却是马克思在《1844 年手稿》第 1 笔记本第一部分中的目标靶向。因为马克思将会在黑格尔《精神现象学》的否定辩证法的影响下,直接证明作为私有财产的资本不过是劳动的异化。

第四,还应该额外加以说明的问题是,马克思在这一简短笔记中所没有摘录的恩格斯《国民经济学批判大纲》中的一些重要思想。一是关于国民经济学的颠倒本质的观点。恩格斯指出,"经济学中的一切就被本末倒置了(So steht aber Alles in der Oekonomie auf dem Kopf),价值本来是原初的东西,是价格的源泉,倒要取决于价格,即它自己的产物。大家知道,正是这种颠倒构成了抽象的本质(Umkehrung das Wesen der Abstraktion)"②。恩格斯的这一表述,将会启发马克思在不久后进行的关于黑格尔《精神现象学》的思想实验中,更深地意识到黑格尔整个观念唯心主义哲学的背后,恰恰是在现实中颠倒的资产阶级经济学。以后,这种 Umkehrung das Wesen der Abstraktion(颠倒构成了抽象的本质),会进一步深化为资产阶级商品价值关系、货币和资本这些历史抽象成为社会生活中的统治力量的深刻观点。

二是资产阶级社会经济运行中出现的危机问题。在恩格斯看来,资产阶级的经济运行"规律是纯自然的规律,而不是精神的规律",这个"纯自然的规律",就是黑格尔意义上的"第二自然辩证法"的经济事物的规律。这个发生

①《马克思恩格斯全集》(第二版)第 3 卷,人民出版社 2002 年版,第 457 页。
②《马克思恩格斯全集》(第二版)第 3 卷,人民出版社 2002 年版,第 452 页。

在人类社会生活中的"纯自然的规律"的"实践却用商业危机来回答，这种危机就像彗星一样定期再现，在我们这里现在是平均每五年到七年发生一次。80年来，这些商业危机像过去的大瘟疫一样定期来临，而且它们造成的不幸和不道德比大瘟疫所造成的更大"。① 这是说，资产阶级经济运行中的自发无序状态，生产和交换中必然出现的返熵混乱，客观上会导致周期性出现的经济危机，这将是资产阶级社会走向灭亡的客观征兆。

三是科学对物质生产的巨大推动作用。恩格斯已经看到，资产阶级社会中出现的科学技术，正在将劳动生产率"提到空前未有的高度"，"仅仅詹姆斯·瓦特的蒸汽机这样一项科学成果，在它存在的头五十年中给世界带来的东西就比世界从一开始为扶植科学所付出的代价还要多"。② 这是恩格斯自己在资产阶级生产过程中的直接感受。在他看来，"人类支配的生产力是无法估量的。资本、劳动和科学的应用，可以使土地的生产能力无限地提高"③。这当然是李嘉图的观点，此时，恩格斯并没有消除"资本生产力"的误解。当然不可否认，恩格斯也看到了科学在资产阶级社会的生产中成为反对工人的资本的力量：

> 棉纺业中最近的重大发明——走锭纺纱机——就完全是由于对劳动的需求和工资的提高引起的；这项发明使机器做的工作增加了一倍，从而把手工劳动减少了一半，使一半工人失业，因而也就降低另一半工人的工资；这项发明破坏了工人们对工厂主的反抗，摧毁了劳动在坚持与资本作力量悬殊的斗争时的最后一点力量（参看**尤尔博士**《工厂哲学》第2卷）。④

显然，这是恩格斯阅读尤尔机器理论的结果，这一点，会成为马克思在《布鲁塞尔笔记》中专题研究尤尔和拜比吉相关机器论文献的缘起。对此，我后面会进行专门的讨论。恩格斯注意到，机器的使用的确极大地提高了劳动生产

---

① 参见《马克思恩格斯全集》（第二版）第3卷，人民出版社2002年版，第460—461页。参看威德《中等阶级和工人阶级的历史》，1835年伦敦版，第211页。——《马克思恩格斯全集》编者注
② 《马克思恩格斯全集》（第二版）第3卷，人民出版社2002年版，第453—454页。
③ 《马克思恩格斯全集》（第二版）第3卷，人民出版社2002年版，第463—464页。
④ 《马克思恩格斯全集》（第二版）第3卷，人民出版社2002年版，第472页。

率,可是这却表现为资本的力量削弱了工人劳动在生产中的作用,从而破坏了工人对资本家的反抗。

四是彻底消灭私有制与经济学革命的关系。在恩格斯看来,"不消灭私有制,就不可能消灭物品固有的实际效用和这种效用的规定之间的对立,以及效用的规定和交换者的自由之间的对立。而私有制一旦被消灭,就无须再谈现在这样的交换了。到那个时候,价值概念的实际运用就会越来越限于决定生产,而这也是它真正的活动范围"①。消灭私有制,是彻底解决资产阶级经济学中出现的各种分裂和矛盾的根本出路,然而恩格斯不能意识到,消灭私有制之后仍然保留好的交换关系,让价值限于决定生产只是一种改良主义的做法。这种受到李嘉图式的社会主义者和蒲鲁东思想影响的错误观点,一直到《大纲》中才得到了彻底清算。

五是恩格斯对未来新社会的展望。在他看来,在彻底消灭了资产阶级私有制的前提下,人类将会迎来自己新的社会生活,"如果生产者自己知道消费者需要多少,如果他们把生产组织起来,并且在他们中间进行分配,那么就不会有竞争的波动和竞争引起危机的倾向了。你们有意识地作为人,而不是作为没有类意识的分散原子进行生产吧,你们就会摆脱所有这些人为的无根据的对立"②。在这个新社会中,将消除个人成为"分散的原子"相互对立的状态,人与人之间的恶性竞争也会随之消失,人们将自觉地组织生产和消费,这是一个人作为人的解放了的社会。恩格斯憧憬地说:

> 在一种与人类相称的状态下,不会有除这种竞争之外的别的竞争。社会应当考虑,靠它所支配的资料能够生产些什么,并根据生产力和广大消费者之间的这种关系来确定,应该把生产提高多少或缩减多少,应该允许生产或限制生产多少奢侈品。但是,为了正确地判断这种关系,判断从合理的社会状态下能期待的生产力提高的程度,请读者参看英国社会主义者的著作并部分地参看傅立叶的著作。

在这种情况下,主体的竞争,即资本对资本、劳动对劳动的竞争等

---

① 《马克思恩格斯全集》(第二版)第3卷,人民出版社2002年版,第451—452页。
② 《马克思恩格斯全集》(第二版)第3卷,人民出版社2002年版,第461页。

等,被归结为以人的本性为基础并且到目前为止只有傅立叶作过差强人意的说明的竞赛,这种竞赛将随着对立利益的消除而被限制在它特有的和合理的范围内。①

恩格斯这里关于未来人类解放的展望,必将对青年马克思产生重要的影响,因为这是一种基于经济学的理论分析。这是依从李嘉图式的社会主义者和傅立叶相关论述的解放了的社会生产和生活。一方面,按照人的需要进行生产和发展生产力,而不是现有资产阶级经济过程中的无序熵增的"纯自然规律";另一方面,是将对抗性的商品生产和交换中的自由竞争,转换为同向努力的生产竞赛,这种竞赛不再基于对抗性的利益纷争,而是基于共同目标下"合理的社会状态"。

再次,《巴黎笔记》后期关于经济学理论的摘录和人本主义经济学话语。第一,是在第 7 笔记本中,马克思在舒兹《政治经济学原理》(Carl Wolfgang Christoph Schüz, *Grundsätze der National-Oeconomie*,1843)的摘录中,再次遭遇了**使用价值**概念。前面,他在斯卡尔培克《社会财富的理论》里,已经看到过这一概念。舒兹认为,"1) **使用价值**(*Gebrauchswerth*),2) **交换价值,价格**(*Tauschwerth, Preiß*)。1) 按照用途**直接**满足人的需要或者实现人的目的,2) 按照用途用作交换其他商品的手段,即价格"②。虽然舒兹对使用价值的看法,没有深入具体劳动塑形和构序的层面,但其基本特性是正确的;而交换价值即价格,其内涵为交换其他商品的手段,这一观点当然是错误的。但这一切还不会引起马克思在经济学学理层面对劳动价值论的关心。

第二,是在接下去对李斯特《政治经济学的国民体系》(Friedrich List, *Das nationale System der politischen Oekonomie*, Bd. 1,1841)一书的摘要中,马克思直接遭遇了**物质生产力**的理论。从手稿原件上看,这里马克思对李斯特的摘录,是与欧基安德《公众对商业、工业和农业利益的失望,或对李斯特博士工业力哲学的阐释》(Heinrich Friedrich Osiander, *Enttäuschung des Publikums*

①《马克思恩格斯全集》(第二版)第 3 卷,人民出版社 2002 年版,第 462—463 页。
② Marx-Engels-Gesamtausgabe(MEGA²), IV/2, Text, Berlin: Dietz Verlag, 1981,S. 503. 中译文参见李乾坤译稿。

über die Interessen des Handels , der Industrie und der Landwirthschaft ,1842)一书，
在同一页分栏中对照起来摘录的。马克思注意到，在李斯特那里，出现了两
种不同的经济学理论：一是传统的政治经济学，二是李斯特自我标榜的所谓
"世界政治经济学"(*kosmopolitische Oekonomie*)。前者的基础是"交换价值理
论"，后者的基础则是**"物质生产力理论"**(*Theorie der produktiven Kräfte*)。物
质生产力的理论，提出了"财富借以产生出来的个人的、社会的和物质的**力量**
(gesellschaftlichen und materiellen *Kräfte*)"①。李斯特的生产力理论，不是前述
斯密已经涉及的劳动生产力概念，而是站在维护德国资产阶级利益的立场
上，反对斯密-李嘉图经济学中的虚假国际自由贸易关系而提出来的新的国家
经济实力总量的新比较优势理论。他的生产力概念，显然不是一种哲学方法
论的科学抽象。所以，这也没有引起马克思的关注和思考。在《1844 年手稿》
后写下的《评李斯特》一文中，马克思的思想将会发生根本性的改变。

　　第三，是毕莱②《论英法工人阶级的贫困》(*De la misère des classes
laborieuses en Angleterre et en France* ,1840)③一书中关于无产阶级悲苦状况的
摘录。在这本重要的论著中，马克思看到，毕莱指认资产阶级社会中的"苦难
是一种文明的现象"(la misère est un phénomène de la civilisation)。④ 这是说，

---

① Marx-Engels-Gesamtausgabe(MEGA²) ,Ⅳ/2, Text, Berlin：Dietz Verlag, 1981,S. 509. 中译文参见李
乾坤译稿。

② 毕莱(Eugène Buret,1810—1842)，法国社会学家、哲学家、经济学家和新闻工作者。经济学家西斯
蒙第的弟子。代表作为《论英法工人阶级的贫困》(1840)。

③ Eugène Buret, *De la misère des classes laborieuses en Angleterre et en France* ,Paris：Paulin, 1840. 此书的
全名为：《论英法工人阶级的贫困：贫困的性质，它的存在，其影响，其根源以及迄今反对该贫困的补
救措施的不足》(*De la misère des classes laborieuses en Angleterre et en France*：*de la nature de la misère*,
de son existence , *de ses effets* , *de ses causes* , *et de l'insuffisance des remèdes qu'on lui a opposés jusqu'ici*)。
1837 年，法国的道德与政治科学学院发起了一场竞赛，主题为"研究各个国家的苦难的各自组成部
分和标志是什么，寻找它们产生的原因"。由于前期收到的论文不够理想，竞赛的期限被延长至
1839 年 12 月。最终，在 22 份答案中，毕莱的论文赢得了 2500 法郎——金牌。在这一论文的基础
上，毕莱于 1840 年出版了《论英法工人阶级的贫困》一书。该书比恩格斯 1845 年发表的《英国工人
阶级状况》要早四年。蒲鲁东认真地抄录了毕莱此书的大部分内容，应该是在蒲鲁东的影响下，马
克思在《巴黎笔记》的最后(第 8 笔记本)深入研究并参考他对法国和英国工人阶级状况的研究。
参见 Marx-Engels-Gesamtausgabe(MEGA²) ,Ⅳ/2, Text, Berlin：Dietz Verlag, 1981,S. 551 – 579。

④ Marx-Engels-Gesamtausgabe(MEGA²) ,Ⅳ/2, Text, Berlin：Dietz Verlag, 1981,S. 552. 中译文参见刘
冰菁译稿。

资产阶级经济学家口口声声说的那个"文明社会"只是富人的天堂,而对工人来说,只会是无尽苦难。毕莱说,像英格兰这样的先进资产阶级国家,"一个富裕的国家,凭借其工业的天才能力而强大,将机械(la mécanique)的奇观应用于生产,以野蛮的手段占领领土,谴责其罪犯和穷人,使其遭受前奴隶的酷刑"①。这直接撕下了资产阶级意识形态的伪装。在毕莱眼里,英国资产阶级凭借着自己经济发展和在生产力上的优势,用殖民主义的方式占领他国土地,把那里的人民变成现代奴隶;用先进的科学技术和机器化大生产,创造前所未有的劳动生产率,但将工人变成无能的穷人。马克思后来在《1844年手稿》中,再一次集中引述了毕莱该书中的劳苦大众的悲惨生活状态。

第四,是马克思在经济学中遭遇人本主义的批判话语。这是指在《巴黎笔记》的最后,马克思对法国经济学家布阿吉尔贝尔《法国详情》(*Le détail de la France*,1843)、《论财富、货币和赋税的性质》等书的摘录。一是关于货币的颠倒本质。马克思看到,与上述无数资产阶级经济学家关于货币和通货的理论描述不同,布阿吉尔贝尔一针见血地指认出,在资产阶级的经济生活中,"货币成了无耻的**外衣**(Geld dient d Schändlichkeiten zum *Mantel*)"②。这也意味着,货币外衣掩盖了资产阶级经济生活中内在的阴暗罪恶。因为金钱在"真正的商品的位置上的出现是一种人们只有'混乱的细节的观念'的表象的代表",它造成了对真实发生在资产阶级交换制度下的"可耻的不公平和不正义"的遮蔽。特别是"金钱已经成为万物的执行者(l'argent est devenu le bourreau de toutes choses)"③,它从一种人创造出来的交换工具颠倒为支配一切的神灵般的偶像,甚至是"这个偶像的神父和祭司(Ce sont les sacrificateurs et les prêtres de cette idole)"④。在布阿吉尔贝尔看来,正是金钱造成了这个

---

① Marx-Engels-Gesamtausgabe(MEGA²),Ⅳ/2,Text,Berlin:Dietz Verlag,1981,S. 556. 中译文参见刘冰菁译稿。

② Marx-Engels-Gesamtausgabe(MEGA²),Ⅳ/3,Text,Berlin:Dietz Verlag,1998,S.46. 中译文参见刘冰菁译稿。

③ Marx-Engels-Gesamtausgabe(MEGA²),Ⅳ/3,Text,Berlin:Dietz Verlag,1998,S.51. 中译文参见刘冰菁译稿。

④ Marx-Engels-Gesamtausgabe(MEGA²),Ⅳ/3,Text,Berlin:Dietz Verlag,1998,S.52. 中译文参见刘冰菁译稿。

人的世界中最大的祛序(désordre)和本质上的扭曲。这就会是一种人的真实关系的颠倒和异化。这应该是在赫斯之外,马克思在经济学语境中所看到的对货币进行的十分深刻的批判,他自然会联想到自己刚刚在"穆勒笔记"中生成的人本主义交往异化和劳动异化批判理论。当然,针对布阿吉尔贝尔的重商主义倾向,马克思也指出,他对货币的看法并没有真正理解"**交换**本身是建立在私有财产的基础上的,价值完全剥夺了自然和人的'公正价值(Juste valeur)'"①。如果对金钱本质的认识不能上升到对整个资产阶级私有制的否定,那么这种批判绝不可能是彻底的。

二是马克思对资产阶级社会经济活动中自然意识形态的人本学证伪。在对布阿吉尔贝尔经济学的摘录中,我们看到马克思高度评价了布阿吉尔贝尔关于市民社会中非人的"自由放任观"的评论:

> 自由放任(laissez faire)的学说。所有现代国民经济学家对一切的放任。在布阿吉尔贝尔那里和在其他人那里一样,物的**自然**进程(der *natürliche* Lauf der Dinge),即资产阶级社会(bürgerlichen Gesellschaft),将会构序事物(Sache in Ordnung bringen)。在他那里,正如在后来的重农学派那里一样,在这一学说之上还有一些**人的东西**(*Menschliches*)和**有意义的东西**(*Bedeutendes*),与那些试图用最非自然的手段(unnatürlichsten Mittel)来装满自己的钱箱的经济和旧国家相对立的人的东西,以及对于解放资产阶级生活(bürgerliche Leben)的第一次**有意义的**尝试。然而资产阶级生活必须要在解放了之后,才能够显示出它是什么。②

这是 bürgerlichen Gesellschaft(资产阶级社会)一词在马克思的《巴黎笔记》中第二次出场。这恐怕是马克思在"穆勒笔记"之后,出现在《巴黎笔记》中不太多见的大段评论。可以看到,马克思充分肯定了布阿吉尔贝尔对资产阶级社会商品生产和交换中出现的"自由放任"的批判。这一观点,与马克思

---

① Marx-Engels-Gesamtausgabe(MEGA²),Ⅳ/3,Text,Berlin:Dietz Verlag,1998,S.54. 中译文参见《巴黎笔记选译》,王福民译,载《马克思恩格斯研究资料汇编》,书目文献出版社1982年版,第48页。

② Marx-Engels-Gesamtausgabe(MEGA²),Ⅳ/3,Text,Berlin:Dietz Verlag,1998,S.53. 中译文参见刘冰菁译稿。

上面对资产阶级自由竞争的批判是一致的。因为在布阿吉尔贝尔这里,资产阶级所标榜的自由放任,恰恰是在人的社会经济生活中以 der *natürliche* Lauf der Dinge(物的**自然**进程),来自发地 Sache in Ordnung bringen(构序事物),本质上,这是一种用 unnatürlichsten Mittel(非自然的手段)"装满自己的钱箱的经济"规律,也就是第二自然辩证法的规律。这是对资产阶级所标榜的自然意识形态的深刻批判。马克思认为,在布阿吉尔贝尔的经济学中,存在着一种"**人的东西**(*Menschliches*)和**有意义的东西**(*Bedeutendes*)",这正是从资产阶级生活的旧世界中解放出来的革命力量。这是很高的理论评价了,因为布阿吉尔贝尔的这种观点与马克思此时的人本主义解放观是一致的。

三是马克思对布阿吉尔贝尔经济危机观的批评。在马克思看来,布阿吉尔贝尔对资产阶级社会经济活动中出现的"生产过剩"(Ueberproduktion)的看法,是接近萨伊的错误认识的。他说,"当布阿吉尔贝尔由产品交换不足以及因此而来的生产和生产的消费不足来解释**过剩中的不足**时,这同萨伊以其**销路**说否认**生产过剩**是颇为相似的"①。对此,马克思评论说:

> 萨伊也像在他之后的穆勒和李嘉图一样,承认在**某个**一定的生产部门里可能发生生产过剩(Ueberproduktion)。由于在一定国家里总是涉及一定的产品,因此在该国**一切**生产方式(*allen seinen* Produktionsweisen)中也可能发生生产过剩;这归咎于生产的无意识(Bewußtlosigkeit der Production),恰恰是生产不是按人的方式(menschlich)进行的,而是在异化和私有财产(der Entfremdung, d Privateigenthums)的前提条件下进行的。②

我以为,这同样是马克思在"穆勒笔记"之后比较重要的一段评论。因为马克思批评布阿吉尔贝尔对生产过剩问题的看法,没有更深一层去揭示资产阶级经济运行中存在的 Bewußtlosigkeit der Production(生产的无意识)机制,这种生产无意识表征了资产阶级经济运动的第二自然本质,说到底,是没有以人

---

① Marx-Engels-Gesamtausgabe(MEGA²),Ⅳ/3,Text,Berlin:Dietz Verlag,1998,S.54. 中译文参见《巴黎笔记选译》,王福民译,载《马克思恩格斯研究资料汇编》,书目文献出版社1982年版,第49页。
② Marx-Engels-Gesamtausgabe(MEGA²),Ⅳ/3,Text,Berlin:Dietz Verlag,1998,S.55. 中译文参见《巴黎笔记选译》,王福民译,载《马克思恩格斯研究资料汇编》,书目文献出版社1982年版,第49页。

的方式来组织生产。同时，"国民经济学家对这一点并不感到惊奇：在一个国家内，尽管多数人极端缺乏最简单的生活资料，但**产品过剩**却可以**发生**。他们知道，财富是以尽可能的普遍贫困为条件的。他们不是为人而是为财富而产生出来的"①。出现生产过剩这样的经济危机，最重要的原因是资产阶级经济活动的目的是追逐财富，而不是人的真实需要。或者说，"生产不是为社会（für die Gesellschaft）而是为社会的一部分人进行的，生产必然因这一部分人而失却自己的价值，因为它由于自己同这一部分少数人相比的多量而毁灭自己"②。所以，马克思才直接指出，资产阶级社会经济危机的真正根源，恰恰在于这种第二自然辩证法的前提条件是 der Entfremdung, d Privateigenthums（异化和私有制）。这正是马克思即将在《1844 年手稿》中的深刻思考主题。也是在这里，我们看到了重要的 Produktions weisen（生产方式）概念的到场，但它并没有引起马克思的关注。

《巴黎笔记》最后的第 10 笔记本上，在对罗德戴尔《论公共财富的性质与起源》（James Lauderdale, *Recherches sur la nature et l'origine de la richesse publique*, 1808）一书的摘录中，马克思看到了这样的表述："'劳动是创造的原则，劳动是财富之父，土地是财富之母。''土地、劳动力和资本是财富的三大来源。'每个人通过不同和分开的手段，为人们所希望的物品的生产作出了贡献。"③劳动为财富之父，土地为财富之母，而资本也是财富的贡献者。其实，这就是《1844 年手稿》第 1 笔记本第一部分的三栏分立了。在后来的《1861—1863 年经济学手稿》中，马克思批判了这位为资本家的利润辩护的伯爵先生，在他那里，斯密叫作"劳动生产力"的东西只不过是"资本生产力"，而"利润是由资本本身产生的，因为资本'代替'劳动。资本之所以得到报酬，是因为它做了人没有它就得自己去做的事，或者做了人不借助于它就根本做不到的事"④这真是不知羞耻的辩护。

---

① Marx-Engels-Gesamtausgabe（MEGA²），Ⅳ/3，Text，Berlin：Dietz Verlag，1998，S. 56. 中译文参见《巴黎笔记选译》，王福民译，载《马克思恩格斯研究资料汇编》，书目文献出版社 1982 年版，第 50 页。

② Marx-Engels-Gesamtausgabe（MEGA²），Ⅳ/3，Text，Berlin：Dietz Verlag，1998，S. 57. 中译文参见《巴黎笔记选译》，王福民译，载《马克思恩格斯研究资料汇编》，书目文献出版社 1982 年版，第 51 页。

③ Marx-Engels-Gesamtausgabe（MEGA²），Ⅳ/3，Text，Berlin：Dietz Verlag，1998，S. 97. 中译文参见刘冰菁译稿。

④ 参见《马克思恩格斯全集》（第二版）第 33 卷，人民出版社 2004 年版，第 322 页。

第三章　否定辩证法：一个经济学语境之外的哲学方法论思想实验

在《巴黎笔记》的后期，我们看到马克思突然暂停了自己的经济学研究，写下了《黑格尔〈精神现象学〉摘录"绝对知识章"》(*Georg Wilhelm Friedrich Hegel：Phänomenologie des Geistes*,简称《黑格尔〈精神现象学〉摘录》)。[①] 这意味着,青年马克思在自己第一次经济学研究的最后,特别是在"穆勒笔记"中激活哲学话语之后,对黑格尔《精神现象学》进行了专题研究和复杂的思想实验,这里发生的一种思想构境转换是将黑格尔的唯心主义思辨哲学构境颠倒为哲学唯物主义构境;一种重要的思想变革是在方法论和认识论筑模层面上,将黑格尔的观念辩证法话语易码为费尔巴哈式的人本主义话语,由此,马克思才获得了他自己跳出经济学的哲学批判话语格式塔的内驱动力——**主体活动外化与对象性存在的物相化和异化,扬弃异化复归主体的否定性的劳动辩证法和批判性的现象学**,从而在人本学话语重新编码后的**否定辩证法**全新方法论筑模基础上,在《1844 年手稿》中第一次塑形出自己完整的**人本主义异化史观**,这也建立起全面批判资产阶级社会的劳动异化批判构式Ⅱ的此-彼归基的**人学现象学**。由此,马克思的批判认识论也获得了内部的强大构序动力。

[①] Marx-Engels-Gesamtausgabe(MEGA^2),Ⅳ/2,Text,Berlin：Dietz Verlag,1981,S. 493 - 502. 该笔记于 1932 年作为附录发表于 MEGA^1 第一部分第 3 卷的第 592—596 页,中译文首次收录于《马克思恩格斯全集》(第二版)第 3 卷,人民出版社 2002 年版,第 366—374 页。

1. 马克思为什么会突然研究黑格尔哲学？

其实，我们不难体会到，青年马克思在"穆勒笔记"中用费尔巴哈式人本学的哲学话语面对经济学观点时，是力不从心的。他已经建构起来的劳动异化批判构式Ⅰ，虽然超越了赫斯的交往异化论，但在直接批判资产阶级社会中的经济现象时还是存在问题的。我以为，马克思此时的劳动异化批判构式Ⅰ，仍然属于在经济学摘录与初步了解的过程中被激活的他性镜像——费尔巴哈-赫斯的人本学哲学话语，要想真正从哲学话语中透视整个资产阶级社会的本质，似乎还缺少一个更强有力的方法论支撑。我推度，青年马克思必须经过一个离开经济学语境的新的方法论思想实验，这样才能破解这一问题。从现有文献来看，这个思想实验的母本就是黑格尔的《精神现象学》，因为青年马克思记得这部论著中的两个重要关键词：**劳动活动与异化的扬弃和克服**。这正是我们看到马克思突然停下刚刚入境的经济学研究，对黑格尔的《精神现象学》进行摘录的根本原因。其实我发现，在这个摘录的背后，是青年马克思对黑格尔哲学（《哲学科学全书纲要》，*Encyclopädie der philosophischen Wissenschaften*，海德堡，1830 年版，以下简称《哲学全书纲要》）完整的思考，只是集中于《精神现象学》的最后一章"绝对知识"，也因为这一章中黑格尔对自己的"否定辩证法"进行了小结，所以成为马克思高度关注的对象。可能这会是《黑格尔〈精神现象学〉摘录》的真实缘起。当然，这只是我的一种主观揣测。在此，让我联想起马克思主义思想史上相似的理论事件，是列宁在十月革命前夕突然在瑞士伯尔尼花了近九个月的时间研究黑格尔哲学。列宁读了黑格尔《逻辑学》等一系列重要论著，他当时的目的同样不是黑格尔哲学，而是寻求一种破解现实革命难题的方法论和认识论。① 可以肯定，列宁并不知道马克思早年的这次黑格尔哲学研究的"思想实验"，但这种历史相似性却是值得我们深思的。

---

① 关于列宁这一次对黑格尔哲学的研究情况，可参见拙著《回到列宁——关于"哲学笔记"的一种后文本学解读》，江苏人民出版社 2008 年版，下篇。

图3-1　马克思《黑格尔〈精神现象学〉摘录》手稿一页

马克思的这一摘录,呈现为写在两张双折大纸上的四页手稿,只是第四页上有编号"Ⅳ"。文本被发现时,夹在《1844年手稿》之中。对于马克思这个哲学文本摘录的历史定位,是让历来的文献学研究者头痛的不合常理的事情。因为马克思没有为我们留下确定的写作时间,并且这一夹在《1844年手稿》中的文本,在文字写作和页码编排上明显异质于《1844年手稿》,所以这一文本首次在MEGA¹中发表时,只是被作为无法确定时间和思想史定位的独立文本放置在附录中。之后,在文献学研究中出现了不同的**主观推测**:一是因为它出现在《1844年手稿》中,而具体的摘录内容与《1844年手稿》第3笔记本中关于黑格尔辩证法讨论的相关细节重叠,这一研究性摘录就被判定为马克思在《1844年手稿》中写作黑格尔辩证法批判文字时所做的专题性摘录,"《摘要》中的第2、3点几乎是逐字逐句录自《1844年经济学哲学手稿》"。于是在写作时间上,通常也是以第3笔记本的写作时间作为判定参照,即1844年8月初或上半月。① 二是MEGA²编辑的推断,因为他们臆想马克思的经济学摘录和写作《1844年手稿》是交叉进行的,所以,这一文本被推测为在《巴黎笔记》的第5笔记本之后,具体编排在《恩格斯〈国民经济学批判大纲〉摘录活

---

① 参见《马克思恩格斯全集》(第二版)第3卷,人民出版社2002年版,第679—680页注释120。

页》和《舒兹〈政治经济学原理〉一书摘录》之间，而写作时间就越发含糊不清
了。① 我的判断当然不同于这两种推测。根据我上述的青年马克思此时的内
在思想构序逻辑，我有理由认为《黑格尔〈精神现象学〉摘录》的写作，只能发
生在全部经济学摘录基本结束之后，这是青年马克思准备开始深化自己在经
济学研究中突发的哲学话语构境——劳动异化批判构式Ⅰ，形成《1844 年手
稿》全新的哲学人本主义异化史观的一次重要的思想实验和话语编码重组，
它的核心成果就是马克思唯物主义地解码和改造过的黑格尔的**否定辩证法**
（*Dialektik der Negativität*）。这是一个极其复杂的**多重话语编码体系相互矛盾
和交错易码的此-彼归基式的现象学构境**。理解这一重要的思想实验的意义，
对于我们完整地复构青年马克思第一次经济学研究中出现的复杂思想转换，
以及《1844 年手稿》的话语格式塔和逻辑构式本质都具有十分重要的意义。
遗憾的是，在这一文本发表后的近 90 年中，马克思的这一重要文献在国内外
马克思思想史研究中始终没有得到应有的重视，这也包括我在《回到马克思》
第一卷中的已有认识。我的新认识在于，这里关于黑格尔《精神现象学》的思
想实验，产生了青年马克思前期思想发展中一个重要的转折，即黑格尔基于
劳动物相化的否定辩证法成为最大的方法论他性镜像，它不仅成为《1844 年
手稿》中批判资产阶级社会的人本学劳动异化批判构式Ⅱ的支撑性构序点，
也会在马克思后来的狭义历史唯物主义构境的核心信息编码中发挥长久的
持续影响，从《大纲》、《1861—1863 年经济学手稿》，一直到《资本论》，无不如
此。从此，大他者黑格尔成为最大的赢家。在多年之后，马克思在自己的第
三次经济学研究中，他再一次回到了黑格尔哲学的专题思考，不过，那一次研
究的对象是黑格尔的《小逻辑》。②

　　依我现在的观点，青年马克思是在"穆勒笔记"中激活了自己的哲学话语
构序场境，但从赫斯的他性交往异化论转换到自己原创性的劳动异化批判构
式Ⅰ后，他就发现自己并无力将这种偶然突现的人本学哲学话语对接到对国

---

① 参见 Marx-Engels-Gesamtausgabe（MEGA²），Ⅳ/2，Text，Berlin：Dietz Verlag，1981。
② 参见［德］马克思《黑格尔的逻辑学》，顾锦屏译，载《马列著作编译资料》第 7 辑，人民出版社 1980
　　年版。

民经济学的具体批判性证伪中,所以,他紧迫地需要在哲学认识论和方法论上找到更加强有力的思想武器,以完成一部**从哲学上**可以完整座架和批判资产阶级经济学的独立著作,这就是第一次全面批判资产阶级社会的《1844年手稿》。凭借不久前自己在细读黑格尔《法哲学原理》中的印象,青年马克思在《巴黎笔记》对斯密《国富论》等经济学文献的研究中,已经解码了黑格尔市民社会话语Ⅱ中劳动—需要—交换体系的经济学来源,这是他生成超越赫斯主体际交往关系异化论的劳动异化批判构式的理论构序基础。然而,还有一些问题深深地困扰着马克思:一是青年马克思还无法跳出国民经济学的那个工人—资本家—土地所有者的分离,经济关系中的劳动—资本—土地的分离,利益关系中的工资—利润(利息)—地租的分离的三元结构。二是他还无法说明资产阶级社会中出现的异化为统治性事物的私有财产(物)的真正本质。三是在资产阶级社会的劳动异化中,外化和对象化的关系究竟是如何发生的? 四是怎样才能扬弃资产阶级社会中的劳动异化,特别是如何克服这种可恶的劳动异化,使之复归于人的类本质? 这些问题,不仅在费尔巴哈和赫斯的文本中找不到现成的答案,并且,在黑格尔的《法哲学原理》中的市民社会话语Ⅲ的批判性构序场境中也是无法获得定论的,因为在自为的国家与法如何具体超越自在的市民社会的问题上,黑格尔并没有进一步的具体说明。这时,青年马克思应该是想到自己曾经阅读过的黑格尔著作中,有一部论著讨论到劳动外化(塑形和提升对象性存在物与异化)、劳动关系中的主奴辩证法和克服物性异化等问题,这就是作为黑格尔哲学总导论的《精神现象学》。我揣测,青年马克思一定是暂停了业已接近尾声的经济学研究,重新温习了自己比较熟悉的黑格尔哲学,按后来他在《1844年手稿》第3笔记本最后一章中的提示,这包括了黑格尔的《哲学全书纲要》中的相关内容,特别是深入思考了《精神现象学》这部特殊的文本,在这个重要的专题性思想实验中,完成了方法论和认识论上的一次重要飞跃,即深透掌握了黑格尔的劳动外化-对象性的物相存在的异化理论构式,及其扬弃异化的否定辩证法和证伪物性表象的批判认识论筑模。当然,这一理论成果是在对思辨唯心主义的辩证法话语体系进行了唯物主义和人本主义改造后,才进一步锻造为全新的逻辑利器的。

很显然,现在摆在我们面前的这份《黑格尔〈精神现象学〉摘录》,并不是马克思这次哲学思想实验的全程记录，而是一个**点状的专题性突显**。我以为，这一思想实验的全程间接映现在《1844年手稿》第3笔记本最后一章，即对黑格尔的辩证法和整个哲学的剖析中。① 一个有趣的文献细节为，马克思的这个"最后一章"的写作，是交织在第3笔记本对国民经济学批判分析的补充之中。我们在目前中译手稿中看到的连贯性文本，已经是编辑重新建构的"拟文本"。人民出版社于2014年出版的《1844年经济学哲学手稿》单行本，第一次以附录的方式，呈现了这一手稿的文本写作原初构序。② 从中我们第一次看到这个"最后一章"的原始样态。可以清楚地看到，青年马克思是在第3笔记本中补充说明扬弃劳动异化的共产主义预想时，意识到必须对黑格尔哲学特别是辩证法进行专门的讨论，因为，这是入境于《1844年手稿》的方法论前提，这才有了我们可以看到的马克思对《精神现象学》这一文本思想实验的完整构序逻辑。具体说，一是马克思在补充扬弃劳动异化的共产主义预想的第五点之后，突然意识到需要对黑格尔哲学的总体进行一个讨论，他说，"在这一部分，为了便于理解和论证，对黑格尔的整个辩证法，特别是《现象学》和《逻辑学》中有关辩证法的叙述，以及最后对现代批判运动同黑格尔的关系略作说明，也许是适当的"③。二是在对黑格尔哲学进行总体复构之后，马克思再次进入对国民经济学中需要异化现象的分析。三是重新开始讨论黑格尔《精神现象学》中的"双重错误"。四是重新回到经济学中资本与劳动关系的分析。五是再次对黑格尔《精神现象学》最后一章摘录的专题思考。六是重新回到经济学语境中对分工与异化的关系进行讨论。七是写作全书的序言。八是在经济学语境中讨论货币与异化的关系。显然，这是马克思在《1844年手稿》的修改中非常复杂的多维度思考构境。对于黑格尔的哲学文本和他的思想，马克思本来是根本不需要重新做摘录笔记的。我们都知道，青年马克思1835年进入波恩大学学习法学，在波恩的一年，他在思想上主要受到浪漫主义文学的影响，没有研究哲学；1836年转入柏林大学之后，青年马

① 参见《马克思恩格斯全集》（第二版）第3卷，人民出版社2002年版，第316—338页。
② 参见［德］马克思《1844年经济学哲学手稿》，人民出版社2014年版，第243—298页。
③ ［德］马克思：《1844年经济学哲学手稿》，人民出版社2014年版，第243页。

克思逐渐从文学和法学转向哲学,开始形成自己的哲学看法,并于 1838 年决定攻读哲学博士。那时,在黑格尔的学生甘斯①的影响下,马克思开始系统学习和研究了黑格尔哲学,在加入青年黑格尔派的"博士俱乐部"之后,鲍威尔等人的引导,使黑格尔的自我意识哲学一度成为马克思博士论文的主导性逻辑构式。依孙伯镍先生的观点,"在鲍威尔那里,'自我意识'是人类在历史中产生的'绝对认识',同时又是一个绝对的能动主体。它是万物的本原,是一切历史行为和实践活动的指导原则和创造因素"。② 而这个一度影响了青年马克思的自我意识观念,在黑格尔哲学构境中的逻辑出场地就是《精神现象学》。在 1839 年 11 月到 1840 年 3 月期间,马克思根据黑格尔《哲学全书纲要》拟定了《自然哲学提要》,并计划给鲍威尔编辑的黑格尔《宗教哲学》第二版写评论。这也指着,青年马克思对黑格尔哲学的一般理论观点和基本逻辑构式是熟悉的,特别会对《精神现象学》印象深刻。

首先,这个思想实验的第一部分是青年马克思对**黑格尔哲学构境的整体复构**。这种哲学构境层面上的复构本质,是从观念唯心主义向哲学唯物主义的转换。依我的看法,这是比《黑格尔法哲学批判》手稿中嵌套于国家理性主义观念批判的唯物主义思考更加直接更加深刻的哲学构境转换。从马克思《1844 年手稿》的文献援引中可以看到,他手头依据的文本是黑格尔的《哲学全书纲要》。③ 根据马克思后来在《1844 年手稿》第 3 笔记本中的提示,在他已有的关于黑格尔哲学的整体印象塑形中,"黑格尔的体系",即

> 黑格尔的《哲学全书》(*Encyclopädie*)以逻辑学,以**纯粹的思辨的思想**开始,而以**绝对知识**(*absoluten Wissen*),以自我意识的、理解自身的哲学的或绝对的即超人的抽象精神结束,所以整整一部《哲学全书》不过是哲学精神的**展开的本质**,是哲学精神的自我对象化(Selbstvergegenständlichung);

---

① 爱德华·甘斯(Eduard Gans, 1797—1839),德国法学家和哲学家。黑格尔的弟子,柏林大学罗马法教授。他是黑格尔《法哲学原理》一书的编者,也是第一个《黑格尔全集》的主编。他所主编的这一《全集》,共 18 卷和 2 卷附录。马克思在 1836 至 1837 年冬季学期修过他的"刑法"课程,在 1838 年修过他的"普鲁士邦法"课程。

② 参见孙伯镍《探索者道路的探索》,北京师范大学出版社 2017 年版,第 42 页。

③ Georg Wilhelm Friedrich Hegel, *Encyclopaädie der philosophischen Wissenschaften im Grundrisse*:zum Gebrauch seiner Vorlesungen Heidelberg:Verwaltung des Osswald'schen Verlags (C. F. Winter), 1830.

而哲学精神不过是在它的自我异化（Selbstentfremdung）内部通过思维理解即抽象地理解自身的、异化的宇宙精神。①

这是青年马克思此次思想实验的唯物主义构境前提。我们知道，黑格尔的绝对理念其实是将康德的先天综合判断的观念体系武断地本体论化，由此，认识论筑模中的先验观念构架，则唯心主义地成为世界历史构序本质的客观理念共相（大全），可以肯定的是，黑格尔哲学话语编码体系中的一切符码能指都是归一于精神所指的。这当然是马克思能够透视的唯心主义构境。再具体说，第一，在已经转到唯物主义哲学立场上的马克思眼里，黑格尔哲学的话语体系是从纯粹思辨的思想开始的，这是说，在抽象理念自身辩证运动的《逻辑学》中，这种纯粹的思辨观念像"精神的**货币**"（*Geld* des Geistes）。在黑格尔的哲学体系中，**精神**已经是一个反思性的概念，因为它是从证伪物相实在的现象学批判中，在意识的自我反思关系里返回到理性的透视结果。这里，出现了与《巴黎笔记》经常出现的"从经济学到哲学"思想构境相逆的逻辑赋型，经济学话语中的货币（能指）象征着精神符码的具体所指。这表达了马克思自己思想上的一个深层构境：作为黑格尔哲学体系起点的《逻辑学》，成了经济学上的**关系抽象**为本质的**货币**，因为《逻辑学》中的概念体系是抽象的相互中介关系生成的逻辑空间，或者说是概念之间普遍联系的辩证总体，虽然这种抽象还是以空洞的无历史的初级概念递升方式发生的。在文本手稿的原始构序中，马克思在《1844 年手稿》中对黑格尔哲学的这段总体概括，是穿插在马克思关于共产主义的预想与经济异化现象的具体分析之中的。这也意味着，马克思开始很深地触及黑格尔哲学背后的经济学背景。在很久之后，马克思还会顿悟到黑格尔唯心主义的**抽象成为统治**的现实批判意义。

第二，这种纯粹思想是黑格尔从"自然界和现实的人（Natur und d［em］wirklichen Menschen）抽象出来的思维"，这是将黑格尔的观念唯心主义转换到哲学唯物主义构境中来的直接体现。这也意味着，马克思体知到，黑格尔的绝对观念为了实现自身的爱多斯（eidos），必须向自然和人的现实世界外化

---

① 《马克思恩格斯全集》（第二版）第 3 卷，人民出版社 2002 年版，第 317 页。Marx-Engels-Gesamtausgabe（MEGA²），I／2，Text，Berlin：Dietz Verlag，1982，S. 278.

和物相化,它不断消逝和依存于外部物性实在的在场,观念共相以不在场的隐性方式构序自然物质和社会历史,或者说,**当下发生且消逝**就是绝对理念在场的方式,这也意指着,表面上看到的自然构序进程和社会历史"进步"中的社会负熵并**不是它们自身**,其异化式的物性到场的背后,本质上是由"理性的狡计"在**历史性的时间**中通过爱多斯物相化和施魔的精神负熵,所以,物理空间中现成到场的自然物质自身并没有目的因(未来时间动因),所以它不会自动构序,"太阳下面没有任何新东西"。马克思说,"对他来说整个自然界不过是在感性的、外在的形式下重复逻辑的抽象概念而已"①。依文献考据看,马克思在这里删除了这样一段表述:"我们姑且考察一下黑格尔的自然界诸规定以及从自然界到精神的过渡。自然界是作为具有异在形式的观念产生的。"②当生命(负熵)和社会负熵进程出现时,已经入序于背后理念"狡计"有目的地实施的物相化之中,其隐性构序和有未来时间牵引与赋型都已经是精神的历史信息编码的结果。在这一点上,黑格尔恰恰是否认离开理性支配的自然界中存在"自然辩证法"的,因为自然物质从无机到有机生命的辩证转化业已是理念作用的结果。由此,青年卢卡奇对恩格斯"自然辩证法"的指责③是不对的,因为恩格斯并没有将黑格尔的理念辩证法投射于自然,而只是说明了自然界本身的辩证运动。并且,这种看起来不在场的观念的"自我对象化",直接表现为**自我消逝**的物性沉沦(理念构序颠倒地呈现为物性实在演进的异化史),也是"抽象思维的自我丧失(Selbstverlust)"。这里有几个需要注意的方面:一是,黑格尔异化构式的主体格位是绝对理念,一切异化都是观念异化为 Anderessein(他性存在)的我-它自反性关系。二是,观念在对象化活动中的自我消逝方式,这一点会是之后此-彼归基的现象学关系中重获劳动辩

①《马克思恩格斯全集》(第二版)第 3 卷,人民出版社 2002 年版,第 336 页。

② 周嘉昕:《文献版〈1844 年经济学哲学手稿〉研究》(手稿),南京大学,2019 年,第 138 页。周嘉昕的这一研究成果,是目前国内外关于马克思《1844 年手稿》研究中,第一次完整再现这一重要文本原始生产过程的努力。在这一版本中,青年马克思《1844 年手稿》的删除、修改和增补情况,通过直观的方式呈现出来。在一定的意义上,这也是广松涉文献版《德意志意识形态》(1974)出版之后,中国学者取得了一项重要文献学研究成果。此书将由北京师范大学出版社正式出版。我这里对《1844 年手稿》的研究,充分利用了这一研究成果。

③ 参见[匈]卢卡奇《历史与阶级意识》,杜章智、任立、燕宏远译,商务印书馆 1995 年版,第 50 页。

证法的入境口。三是,这应该也是马克思入境黑格尔**外化构序方向**的地方,**向自然、社会历史的对象性外化和物相化**,是观念异化的两个不同深浅层面。那么,如果转换到唯物主义的构境中,这种外化的本质应该是什么?我觉得,这会是马克思更深地思考劳动的"本体论"地位的入口。这里出现的概念考古细节为,此处的 Vergegenständlichung(对象化)的概念,是马克思取自费尔巴哈的话语。我以为,黑格尔这里使用的**对象性外化**概念与费尔巴哈的**对象化**概念还是有一定的区别,通常的 Vergegenständlichung(对象化)和 Objektivation(客观化),都是指主体性转换为自己的对立物性存在,而黑格尔的对象性外化的含义则是指有明确目的的理念爱多斯(eidos,共相)内化和实现于物性实在在场之中,也就是我所概括的**物相化**。物相化本身就是一个**关系性**的概念。这是源自古希腊哲学中关于创制(poiesis)对象,以实现爱多斯(eidos)共相观念的逻各斯线索,在这一点上,黑格尔与柏拉图的理念物相化说是一致的。这一能动的物相化概念,在祛序唯心主义杂质之后,将成为马克思之后历史唯物主义构境中表征物质生产本质的核心范畴,我们在马克思中晚期经济学研究中突显的劳动辩证法那里也会直接遭遇它,并且,也会看到它颠倒和异化为经济物相化的关系伪境。

第三,Selbstentfremdung(自我异化)的观念,从外化的不是它自身的对象性实在的克服中复归绝对知识,因为"它终于发现自己和肯定自己是绝对知识因而是绝对的即抽象的思想(abstraktes Denken)"[1]。这是绝对观念本身历史运动的辩证法,或者是 Dialektik des reinen Gedankens("纯思辨的辩证法")。由此,Selbstentfremdung(自我异化)概念第一次内化为辩证法自我运动的矛盾本质。孙伯鍨先生曾经这样评点黑格尔的观念辩证法:"黑格尔继承了德国古典哲学中丰富的辩证法思想并加以系统化,把世界看作绝对精神按照自身的规律而自行发展的过程。他根据绝对精神规定自身、超出自身又复归自身的辩证发展的原则,揭示了概念之间的辩证关系,由此说明现实世界的各个部分的联系以及它们的发展规律"[2]。这是一个深透的认识。我以

---

① 《马克思恩格斯全集》(第二版)第 3 卷,人民出版社 2002 年版,第 317 页。中译文有改动。
② 孙伯鍨:《探索者道路的探索》,北京师范大学出版社 2017 年版,第 24 页。

为,这可能是马克思第一次完整地思考黑格尔的辩证法本质,从而开启了自己辩证思维的复杂认知进程。这里,绝对理念扬弃外化和异化,复归于主体观念的辩证法运动本身,是马克思在这次思想实验中力图获得的根本构序原则,因为扬弃资产阶级社会中工人的劳动异化是走向哲学共产主义的逻辑出路。在青年马克思看来,绝对知识是黑格尔唯心主义观念**辩证法筑模**历史性"展开的本质"最终的归宿。这是对黑格尔《精神现象学》"绝对知识章"摘录缘起的直接指认。

第四,一部黑格尔的《哲学全书纲要》,同时也是绝对观念自我认知的历史进程。依列宁的概括,这表现为"'自己构成自己的道路'=真正认识的、不断认识的、从不知到知运动的**道路**(据我看来,这就是关键所在)"①。这是列宁对黑格尔哲学认识论思想的概括。那么马克思得思考,什么是摈弃绝对理念之后的唯物主义的认识论? 在这种客观唯心主义构境中,主体精神负熵外化、沉沦于物相在场中的自然生命负熵和历史负熵,自然物质和人的社会历史运动都是观念主体在物相化 Anderessein(他性存在)中的我-它自反性异化,最终,以不在场的方式隐性在场的绝对理念,再扬弃对象化和异化,复归自身的绝对爱多斯之相,所以,客观的观念**历史辩证法**,同时也是一部更大尺度上透视物性实在本质为绝对观念隐性构序的**历史认识论**和基于精神现象学的自我扬弃的**批判认识论**:在自然物质从无机物到有机生命的发展进程背后,透视出观念爱多斯负熵本质的历史颠倒和进化,在社会历史进程中的盲目"热情"(欲望)背后透视出"马背上的绝对精神"式的共相合力,在市民社会原子化个人的返熵式交换关系背后透视出经济总体构式负熵中的"理性的狡计"。最关键的是,这一批判认识论的对物性现象(双重物像)最初的此-彼归基的现象学构境中的否定性证伪尝试,恰是发生在《精神现象学》中。依孙伯鍨先生的看法,整整一部《哲学全书纲要》,不过是绝对精神"自我展现的过程,是它在自身范围内的回旋。它自我创立、自我对象化,然后又扬弃对象性而返回到自身"。当抽象思维扬弃了对象性的自然界而返回自身,也就出现了**精神**。"精神是回到了自己的诞生地的思维。但是在精神还没有达到绝对

①《列宁全集》(第二版)第 55 卷,人民出版社 1990 年版,第 73 页。

精神即抽象的哲学精神的发展阶段以前,它还处于现象学的阶段,就是说,还处于异化的、和本质相背离的形式中"①。这是一个极其深刻的评点,因为孙先生揭示了《精神现象学》在黑格尔整个哲学体系中的重要地位。还应该特别指认,这里第三、四点中对黑格尔辩证法和认识论的思考,都是在整体哲学构境转换之中发生的第二层级方法论和认识论筑模。

其次,在马克思看来,《精神现象学》的主要方法论筑模是**扬弃人的异化的否定性的劳动辩证法**。当然,这并非黑格尔思辨唯心主义哲学话语的本意,而是马克思经过费尔巴哈人本主义话语易码后彻底改造过的原创性方法论筑模。在后来《1844 年手稿》第 3 笔记本中,我们看到青年马克思的这一思想实验先完整呈现了《精神现象学》的全书结构,即"自我意识"、"精神"、"宗教"和"绝对知识"四个部分,然后直接聚焦于作为最后一章的"绝对知识"。之所以关注"绝对知识章",是因为,"这一章既包含经过概括的《现象学》的精神(Geist der *Phänomenologie*),包含《现象学》同思辨的辩证法(spekulativen Dialektik)的关系,也包含黑格尔对这二者及其相互关系的理解"②。可以看到,马克思眼里的《精神现象学》的核心,正是作为方法论筑模的 spekulativen Dialektik(思辨的辩证法)。那么,什么是《精神现象学》的基本精神?在青年马克思看来,在这本书中,

> 他(黑格尔——引者注)把财富、国家权力等等看成同**人**的本质相异化的本质(*menschlichen* Wesen entfremdete Wesen)时,这只是就它们的思想形式而言……它们是思想本质,因而只是**纯粹的**即抽象的哲学思维的异化。因此,整个运动是以绝对知识结束的。这些对象从中异化出来的并以现实性自居而与之对立的,恰恰是抽象的思维。**哲学家**——他本身是异化的人的抽象形象——把自己变成异化的世界的尺度。因此,全部**外化历史**(*Entäusserungsgeschichte*)和外化的全部**消除**,不过是抽象的、绝对的(见第XⅢ页)思维的**生产史**(*Productionsgeschichte*),即逻辑的思辨的思维的**生产史**。③

① 孙伯鍨:《探索者道路的探索》,北京师范大学出版社 2017 年版,第 209 页。
②《马克思恩格斯全集》(第二版)第 3 卷,人民出版社 2002 年版,第 320 页。
③《马克思恩格斯全集》(第二版)第 3 卷,人民出版社 2002 年版,第 318 页。

必须承认,马克思这里所看到的《精神现象学》的精神主旨,并没有直接呈现在这一文本的表层话语中,马克思这里的本质直观中,已经交织着在多重话语编码中的复杂交互易码:一是青年马克思直接面对的黑格尔的唯心主义哲学构境中的理念逻各斯;二是"精神现象学"被倒置编码为哲学唯物主义构境后的话语,这使得绝对理念统摄下的符码能指归基到"财富"和"国家权力"等现实关系的所指意义上来;三是这种倒置又经过了费尔巴哈式的人本主义话语易码,这样才会出现"财富"和"国家权力"是与 *menschlichen* Wesen entfremdete Wesen("**人的本质相异化的本质**")这种极其深刻的此—彼归基内省。有趣的是,在原先我们讨论过的市民社会话语构境中,"财富"是属于市民社会的,而"国家权力"则是超越市民社会的观念力量,在此,显然是马克思自己的逻辑编码结果。可是,需要进一步思考的问题是:第一,我们注意到,一上来马克思就抓住了一个关键性的问题,在资产阶级社会生活表面上出现的"财富、国家权力"是"**同人的本质相异化的本质**"。这当然是在用费尔巴哈式的人本学话语解码和揭露被黑格尔思辨唯心主义很深地隐匿起来的逻辑赋型本质。这里有两个重要的思想激活点:一是,如果远在费尔巴哈提出上帝是人的类本质异化的观念之前,黑格尔就已经在《精神现象学》中将财富和国家权力看作观念的异化和复归,这是对**异化构式的历史缘起**的重新谱系学定位,在一定的意义上,在作为我-它自反性异化构式的他性镜像中,黑格尔的历史地位开始高于费尔巴哈;二是依青年马克思此时已经赋型的异化构式,这个异化的人的类本质共相,已经不是赫斯的**主体际的**交往关系外化,而是工人主体性劳动(构序)**外化**的对象性物相化活动。这一点,对于马克思下面在斯密的主体经济学的基础上,破解资产阶级社会经济物相化的**私有财产的本质是主体性的劳动异化本质**的秘密,提供了极为关键的启示。第二,是黑格尔将这种人的类本质外化的历史和异化的世界,畸变成了纯粹理念(eidos)负熵隐性构序的异化和自我编码的精神世界历史,这是一部绝对观念自我沉沦、自我认识和自我拯救的历史辩证法。这当然是唯物主义者马克思已经不能容忍的事情。黑格尔那种精神和思维负熵的"生产史",必须重新唯物主义地解码和颠倒为资产阶级社会中工人们劳动构序的生产史,这促使马克思开始重新正确地思考"财富、国家权力"是人的本质异化的关系。需要指出的文本细节是,马克思在《1844 年手稿》中对《精神现象学》最后一章的主旨解读,是穿插在第 3 笔记本中讨论资本与劳动关系和分工与异化关系之间的。

并且,马克思进一步分析说,在黑格尔这里,"**异化**——它从而构成这种外化的以及这种外化之扬弃的真正意义——是**自在和自为之间、意识和自我意识之间、客体和主体**之间的对立,就是说,是抽象的思维同感性的现实或现实的感性在思想本身范围内的对立"①。我猜测,应该也是在此马克思终于弄清楚**异化与外化**(*Entäusserung*)**的差异和内在关联**。在黑格尔这里,Entäusserung(外化)是指**一个主体性的有明确目的**(*telos*)**的力量向外客观化出去**,这是一个有方向感的改变外部对象的塑形和构序活动,这恰恰是我-它自反性观念异化论的主体爱多斯(eidos)的潜能(dynamis)本质,主体格位中自为的主体外化为自在的对象性客体,这也就是我称为关系性**物相化**的过程。在黑格尔这里,除去抽象的逻辑观念沉沦于外部自然界之外,在进入社会历史过程后,观念爱多斯(eidos)之相通过劳动改变外部物性对象的塑形和构序,将是观念物相化的本质。黑格尔的这一观念爱多斯之相通过劳动外化于欲望对象创制的观念物相化观点,很深地关联于柏拉图的理念分有和物相化思想。依卢卡奇的说法,Entäusserung(外化)是"《精神现象学》的中心哲学概念"②。之后,这个劳动物相化将会在广义历史唯物主义构境中,成为物质生产创制活动的本质,并进一步生成人的自身主体物相化和社会关系场境物相化的完整历史理论。由此,青年马克思再次确认,赫斯的**主体际交往**(交换)关系外化的异化观,是根本无法说明工人的主体性的劳动塑形活动是如

----

① 《马克思恩格斯全集》(第二版)第 3 卷,人民出版社 2002 年版,第 318 页。
② [匈]卢卡奇:《青年黑格尔》,王玖兴译,商务印书馆 1963 年版,第 100 页。依卢卡奇的解读,费希特是在哲学上最早使用外化概念的,在他那里,与自我相对立的"客体的确立(das Setzen des Objektes)应在客体的'外化(Entäußerung)'这一意义中,且客体应作为'被外化的'理性来理解"。而黑格尔的 Entäusserung(外化)概念与 Entfremdung(异化)概念,都是德文中对英文中 alienation 一词的不同翻译。谢林最早用 Bedingen(成物)一词来表征这一观念转变为物的现象。在黑格尔那里,Entfremdung 呈现了观念向物转换的三个不同阶段:一是"人的一切劳动、一切经济和社会活动结合着的那种复杂的主客关系"。二是指"马克思后来称之为拜物教(Fetischismus)的那种特殊的资本主义形式的'外化'"。三是外化的哲学概括,"此时的外化与物性(Dingheit)或对象性(Gegenständlichkeit)具有相同的意义"。参见[匈]卢卡奇《青年黑格尔》,王玖兴译,商务印书馆 1963 年版,第 102—106 页。

何**外化为对象性的异化存在**的。这也表示,在黑格尔观念辩证法的异化构式中,最重要的构序方向是同时扬弃外化和异化,自我运动的辩证法的革命重心会落在返回"自为"、"自我意识"、"主体"的能动方面。当然,马克思更希望透视这种唯心主义颠倒在思想范畴中的**感性的现实扬弃**。对黑格尔来说,"**扬弃**在这里表明它所包含的真正的双重意义,这种双重意义是我们在否定物里所经常看见的,即:扬弃是**否定**并且同时又是**保存**"①。通俗地说,就是在否定之中包含着肯定。于是,"在这里,不是人的本质以**非人的**本质(*Wesen sich unmenschlich*)同自身对立的**对象化**(*vergegenständlicht*),而是人的本质以**不同于抽象思维**的方式并且同抽象思维对立的**对象化**,被当作异化的被设定的和**应该扬弃的**本质(als das gesetzte und als dasaufzuhebende Wesen der Entfremdung)"②。从概念考古学的视角看,同一个 *vergegenständlich*(**对象化的**)的词语能指,却在不同的话语格式塔中突现出异质性的意义所指,这是一个十分繁杂的**三重话语易码构境**。因为,这个不同于第一种黑格尔唯心主义话语中抽象思维爱多斯的对象化,已经是唯物主义颠倒过来的人的本质的对象化,这是第二种费尔巴哈式的哲学唯物主义本体论和人本主义异化史观双重话语易码的结果,并且,如果再转换到第三种马克思自己的真实想法(劳动异化批判构式Ⅰ)上来,就会再一次易码为:工人的劳动潜能(dynamis)外化为对象性存在的异化,这种现实中的外化和异化是应该被扬弃的,这就走入了**劳动辩证法**的构境。需要指出的是,此时马克思获得的劳动辩证法,正好处于**本体论与异化史观的交合点**上,可如果劳动不是黑格尔的观念性主体活动,也不是费尔巴哈的自然,那它会造成**基始本体论的颠覆**。这是后来《关于费尔巴哈的提纲》中实践活动的出场口。只是在黑格尔唯心主义思辨哲学话语编码中,这种劳动塑形和构序对象的外化和物相化,畸变为观念负熵外化的消逝为第二自然的对象性存在,逻辑空间物相化为经济物像空间,这就出现了

自然界的**人性**(*Menschlichkeit* der Natur)和历史所创造的自然界

---

① [德]黑格尔:《精神现象学》上卷,贺麟、王玖兴译,商务印书馆 1979 年版,第 75 页。
②《马克思恩格斯全集》(第二版)第 3 卷,人民出版社 2002 年版,第 318 页。中译文有改动。Marx-Engels-Gesamtausgabe(MEGA²),Ⅰ/2,Text,Berlin:Dietz Verlag,1982,S. 285.

(Geschichte erzeugten Natur)——人的产品(Producte)——的人性,就表现在它们是抽象精神的产品,因此,在这个限度内,它们是精神的环节即思想本质。可见,《现象学》是一种隐蔽的、自身还不清楚的、神秘化的批判(unklare und mysticirende Kritik);但是,因为《现象学》坚持人的异化(Entfremdung d[es] Menschen),——尽管人只是以精神的形式出现,——所以它潜在地包含着批判的一切要素,而且这些要素往往已经以远远超过黑格尔观点的方式准备好和加过工了。关于“苦恼的意识”(das unglückliche Bewußtsein)、“诚实的意识”,关于“高尚的意识和卑鄙的意识”的斗争等等、等等这些章节,包含着对宗教、国家、市民生活(bürgerlichen Lebens)等整个整个领域的批判的要素,不过也还是通过异化的形式(entfremdeten Form)。①

一方面,青年马克思这里三重话语易码的透视构境里,揭露了黑格尔的《精神现象学》实质上“坚持了人的异化”,虽然这里的“人是以精神的形式出现”的,但它仍然“潜在地包含着批判的一切要素”。这是因为,在黑格尔哲学中,精神已经是超越物相回到自己诞生地的思维,所以,精神本身就是自我意识证伪物像的批判性的透视,当人以精神的方式出现,就已经处于发现异化的反思关系中。固然马克思这里的断言中已经内嵌着人本学话语易码,但这的确是对黑格尔现象学批判话语的基本肯定。在此,马克思特别关注了理念爱多斯(eidos)外化和沉沦为自然的本质,是人的劳动外化和异化为对象性“自然界的**人性**”和作为“人的产品”(自主构序)的“历史的自然界”,这会使得马克思的劳动异化批判构式的逻辑起点,从劳动异化批判构式Ⅰ中的“**主体需要**”变成**劳动潜能**(*dynamis*)**与自然对象性存在的物相化构序关系**。这里应该说明的思想构境谱系问题有三点。第一,黑格尔的观念爱多斯构序向自然的外化和物相化其实存在两个不同层面:一是《逻辑学》的抽象理念共相向《自然哲学》的自然存在的整体外化(“物性沉沦”到生命负熵),这个作为理念 Anderssein(他性存在)的对象世界在场的本质是看起来不在场的精神构序,表面上颠倒地呈现出来的“自然辩证法”背后是消逝中观念辩证法的趋

---

① 《马克思恩格斯全集》(第二版)第3卷,人民出版社2002年版,第319页。

动,它对应于认识论中第一层级的"自然物相化"迷雾;二是在《精神哲学》中通过劳动爱多斯塑形和构序"陶冶事物",提升自然物为主体性"财物"的对象性异化,这是观念辩证法构序的进一步颠倒和异化,这个作为 Die zweite Natur ("第二自然")的经济对象世界,对应于认识论中第二层级的一般物相化和第三层级的经济物相化迷雾,显然,《精神现象学》中的劳动外化和异化对应的是后两种特定赋型内容中向自然的外化。并且,黑格尔通过主奴辩证法的复杂关系第一次完整再现了劳动外化改变对象的物相化过程。必须指出的是,在此时的哲学唯物主义者马克思那里,理念创制自然存在的**自然物相化是非法的**,所以之后马克思也只是批判性地接受了社会历史中发生的一般物相化和经济物相化观点。与唯心主义者黑格尔不同,马克思的一般物相化和经济物相化都不是理念爱多斯(eidos)的物性沉沦,而是由客观劳动生产历史性建构起来的关系场境,社会生活中的观念构境只是这种社会空间中历史先验构式的主观逻辑映现。第二,马克思正是在这里获得了劳动异化批判构式新的根本性构序方向,即劳动爱多斯外化于自然界的真实生产塑形和经济关系赋型,凭借这一重要质点,马克思自我超越了劳动异化批判构式 I。可是,如果这里的劳动只是人应该存在的本真性类本质,那么,这就有可能走向人本主义的**总体异化史观**。第三,由此,"人化自然界"作为一种特殊的认知对象进入马克思的认识论视野中,这将是以后那个我们通过劳动生产物相化塑形和构序起来的关系场境中的"周围世界"(umgebende Welt)的前身。这既是对费尔巴哈自然唯物主义的认可,也是马克思在《巴黎笔记》经济学语境中遭遇物质生产无意识逻辑凸状的理论落地,但他真正解决先在自然存在历史呈现的认识论问题会是在《德意志意识形态》中的历史认识论构境中。

另一方面,黑格尔那些隐喻人类社会历史早期发展阶段和中世纪黑暗的"苦恼的意识"之类的唯心主义话语背后,以异化的形式隐匿着对"宗教、国家和市民生活"的现实批判。在《精神现象学》中,黑格尔深刻地注意到,正是有生命的人改变外部世界的劳动,使欲望中的自然对象发生变化,从而进入抽象的自我意识的阶段,"自我意识就是**欲望**"①。这种有欲望(爱多斯)的物相

---

① [德]黑格尔:《精神现象学》上卷,贺麟、王玖兴译,商务印书馆 1979 年版,第 120 页。

化活动,正是主人统治下的奴隶劳动中实现出来的"**物**相关系","对于奴隶来说,物也是独立的,因此通过他的否定作用他不能一下子就把物消灭掉,这就是说,他只能对物予以加工改造"①。奴隶的劳动"加工改造"欲望对象的过程,正是自我意识外化且成为对象性存在的物相化过程。这也是黑格尔《精神现象学》中的那个著名的"**主奴辩证法**"。依阿多诺的评点,正是"欲望和劳动作为这些概念的核心关联,将辩证法从与抽象精神的抽象活动的单纯相似性中解放了出来"②。这是对的。这也是马克思获得哲学与经济学中劳动概念融通的关节点。可是,也因为此时的自我意识还停留在"纯粹抽象"的发展阶段,所以它才会经历"斯多葛主义"(Stoizismus)、"怀疑主义"(Skeptizismus)和"苦恼的意识"(unglückliche Bewußtsein),依黑格尔的唯心主义逻辑,"斯多葛主义与表现主人和奴隶关系里的独立的自我意识的概念相符应,所以怀疑主义就与主人和奴隶关系之实现于对方、对欲望和劳动采取否定的态度相符应"。这两种抽象的自我意识观念,最后生成"苦恼的意识,坏的主观唯心主义"③——隐喻着后来基督神学的精神异化逻辑。一方面是"能动的彼岸"天堂之城,一方面是"被动的现实性"中的世俗生活,自我意识自身分裂为此—彼错位的苦恼的意识。④ 在黑格尔那里,这一切意识、自我意识和理性的发展环节,都是作为"正在消逝的东西"⑤走向**反思的精神**。依海德格尔的提点,在黑格尔的《精神现象学》中,精神表现为不断自我否定的"**绝对的不安**"(absolute Unruhe),之后,它又体现为"绝对的否定性"(absolute Negativität)。⑥ 黑格尔在《精神现象学》中两次使用这个 absolute Unruhe。⑦ 精神突然发现"一种与它相对立的同样坚硬的现实世界,并且在这里,世界具有作为一种外在的东西、自我意识的否定物的规定或特性。然而这个世界是精神的东西"⑧。

---

① 参见[德]黑格尔《精神现象学》上卷,贺麟、王玖兴译,商务印书馆1979年版,第128页。
② [德]阿多诺:《黑格尔三论》,谢永康译,上海人民出版社2020年版,第217页。
③ 参见[德]黑格尔《精神现象学》上卷,贺麟、王玖兴译,商务印书馆1979年版,第140页。
④ 参见[德]黑格尔《精神现象学》上卷,贺麟、王玖兴译,商务印书馆1979年版,第147页。
⑤ [德]黑格尔:《精神现象学》下卷,贺麟、王玖兴译,商务印书馆1979年版,第3页。
⑥ 参见[德]海德格尔《黑格尔的精神现象学》,赵卫国译,南京大学出版社2018年版,第30页。
⑦ 参见 Georg Wilhelm Friedrich Hegel, *Werke* 3, Frankfurt am Main: Suhrkamp Verlag, 1970, S. 133, 513。
⑧ [德]黑格尔:《精神现象学》下卷,贺麟、王玖兴译,商务印书馆1979年版,第38页。

这是精神的自我异化的产物。因为,"它的这种特定存在既是自我意识的作品,又同样是一种直接的现成的、对自我意识来说是异己的陌生的现实,这种陌生的现实有其独特的存在,并且自我意识在其中认识不出自己"①。这也是《精神现象学》中比较重要的一段表述。这一思想后来对马克思的批判话语有长期的影响。于是,"异化了的精神的世界分裂为两个世界。第一个是现实的世界或精神异化而成的世界,而另一个则是精神于超越了第一个世界后在纯粹意识的以太中建立起来的世界"②。有趣的是,在黑格尔看来,前者是物欲横流的现实异化生活,后者则是神学信仰中彼岸的天堂,不过,这种信仰中的精神世界恰恰是"另一形式的异化"。而当人们起来"反对信仰,亦即反对异己的、外方的、彼岸的**本质**王国时,它就是**启蒙**"③。这似乎预示着布尔乔亚的历史出场。遗憾的是,满脑子忠诚于普鲁士王国的黑格尔,最后还是将"高贵的意识"给予了顺从国家权力和财富的封建意识形态。当然,马克思不会相信这些牵强附会的鬼话。他从黑格尔这种神秘化的唯心主义话语中,只会看到以精神异化的隐秘方式对"宗教、国家和市民生活"的历史性否定,以确立自己对资产阶级社会中劳动异化批判的逻辑构序方向,这就是不断自我否定和运动的**否定性的劳动辩证法**,这个非物像的批判辩证法的真正核心,恰是马克思此时焦虑的对象性异化的克服和扬弃,即工人如何摆脱外化为物像的劳动异化。

最终,这个思想实验的核心思考点,正是克服了**理念爱多斯对象性外化和异化的绝对知识**。青年马克思发现,黑格尔《精神现象学》中的否定辩证法的重要性,并非只是揭露观念沉沦于物性自然 Anderssein(他性存在)和似自然性的"第二自然"的异化现象,而在于积极地扬弃外化与异化,使之复归于绝对观念主体的**自为性精神负熵**。这种积极的克服和扬弃异化的努力,恰恰是通过走向反思性精神理念的绝对知识的透视和解码来实现的。这也是黑格尔特殊的市民社会话语Ⅲ中那个超越市民社会的自为国家与法背后的内

---

① [德]黑格尔:《精神现象学》下卷,贺麟、王玖兴译,商务印书馆1979年版,第38页。
② [德]黑格尔:《精神现象学》下卷,贺麟、王玖兴译,商务印书馆1979年版,第41页。
③ [德]黑格尔:《精神现象学》下卷,贺麟、王玖兴译,商务印书馆1979年版,第40页。

驱力。而马克思注意到，这个绝对知识恰好为《精神现象学》的最后一章。我猜测，克服和扬弃异化，正是马克思此时劳动异化批判构式Ⅰ缺少的内在方法论驱动。所以，马克思需要专门强化对这一部分内容的思考，这也是马克思在《精神现象学》全书中专门摘录和认真省思这一部分内容的主要原因。

2. 非物像透视：异化的物性对象是正在消逝的东西

从现在马克思留下的四页文本来看，《黑格尔〈精神现象学〉摘录》的内容也并不是对"绝对知识"这一章全部内容的摘录，它的主体是青年马克思对《精神现象学》第八章"绝对知识"第一节和第二节第一至二自然段主要观点的概要。① 我们从上文可知，这个"绝对知识"是正在扬弃观念物性沉沦和异化、返回绝对精神的自为辩证运动。马克思说，"《现象学》对正在生成的绝对知识作了如下描述"，他的概括包括了八点有选择性的摘录。

第一点和第二点是对"绝对知识章"第一节第一自然段的分割：第一点为对前一章的最后一节"天启宗教（offenbaren Religion）"观点的提点，即宗教意识的本质为"意识到自身是精神"②，这亦表明，在"天启宗教"中，精神是意识到物相化的世俗世界的本质，也是我-它自反性关系中自身异化的精神本质共相，但是，虽然"已经听到神、看到神了"，可神学只是作为透视世俗物像世界表象形式在场的潜在的否定，还没有成为透视物相化构境中绝对精神的自在存在。我们知道，在《精神现象学》的第一至四章中，黑格尔通过意识、自我意识和理性三个"主观精神"环节，说明了客观的绝对精神自我外化和自我体认的发展过程，特别是在意识发展的第一阶段的感性确定性、知觉、知性和第二阶段的自我意识运动中，"自觉的精神已经超出了它通常在思想要素里所过的那种实体性的生活"③。黑格尔的这一观点，后来被列斐伏尔提炼为"揭开实体性生活的面纱"④。意识在显现为物性对象的生活中，逐步体认出自身的

---

① 参见［德］黑格尔《精神现象学》下卷，贺麟、王玖兴译，商务印书馆1979年版，第258—266页。

② ［德］黑格尔：《精神现象学》下卷，贺麟、王玖兴译，商务印书馆1979年版，第235页。

③ ［德］黑格尔：《精神现象学》上卷，贺麟、王玖兴译，商务印书馆1979年版，序言第4页。

④ ［法］列斐伏尔：《辩证唯物主义》，周泉译，载《社会批判理论纪事》第13辑，江苏人民出版社2022年版，第12页。

精神本质,反思的自我意识已经是精神理性的显现和在场。海德格尔评点说,在黑格尔这里,所有精神环节的显现都意味着:"浮现,**以便**再消失;消失,以便**在此**给他物或更高的东西让位"①。宗教意识,已经是理性经过伦理与教化、信仰与启蒙诸环节而达到的最后精神阶段。然而,宗教意识中"精神的**现实自我意识还不是它的意识**的**对象**;精神和它的各个环节都寓于表象并寓于对象性的形式(Form der Gegenständlichkeit)之中。表象的内容是绝对精神;问题还在于扬弃(Aufheben)这种**单纯的形式**"②。通俗些说就是,宗教意识业已意识到人世间的物相化存在不过是精神负熵(圣灵的绝对共相)的异化和颠倒,但这种非直观物像批判反思还是停留在表象形式中,问题在于,能否扬弃这种看到神却无力反抗与脱型于物欲横流的表象。我们知道,在黑格尔那里,一部绝对观念外化与异化的辩证法历史进程,同时也是一个观念共相自我认识和精神内省的历史过程,它会呈现为一种深邃的基于历史认识论的**批判认识论话语**,即绝对理念在自我反思中不断透视其暂时的不同层级物相化过渡环节,特别是扬弃观念沉沦于对象物的一般物相化遮蔽,最终在自我折返的进程中达到绝对精神。这里,黑格尔哲学构架中始终隐匿着一种大写的此-彼归基逻辑,即将观念物相化中的物像之现象(此),归基为观念性的本质(彼)的**广义精神现象学**。用黑格尔的话来表述,就是"超出**感官世界**和**现象世界**之外有一个**超感官世界**作为**真**的世界,超出消逝着的**此岸**(verschwindenden *Diesseits*),有一个长存着的**彼岸**(bleibende *Jenseits*)"③,这个作为天堂的彼岸当然是作为本质的精神。这是一种**唯心主义观念本体论中的此-彼归基论**。我以为,黑格尔的这种并非仅仅限定于自我意识反思直观物相的狭义"精神现象学"的此-彼归基的现象学逻辑,对后来的马克思将产生持久的影响。所以我们一定要清醒,青年马克思在研究经济学的过程中,在"穆勒笔记"的人本学哲学话语突现后十分突然地回到黑格尔,绝对不会是只想重温这些唯心主义的思辨话语,他肯定是在寻找激活自己哲学话语构序场

---

① [德]海德格尔:《黑格尔的精神现象学》,赵卫国译,南京大学出版社 2018 年版,第 134 页。

② 《马克思恩格斯全集》(第二版)第 3 卷,人民出版社 2002 年版,第 366 页。

③ [德]黑格尔:《精神现象学》上卷,贺麟、王玖兴译,商务印书馆 1979 年版,第 97 页。Heidegger, *Gesamtausgabe*, Band 32, Frankfurt am Main: Vittorio Klostermann, 1980, S. 117.

境的内在动力。我理解,在此,青年马克思从黑格尔天启宗教的过渡性精神环节中意识到的问题是,发现劳动异化,已经是知道了工人在资产阶级社会中丧失了真正主体地位,"知道了神",但关键是如何从批判劳动异化的不公平表象形式走向实质性的**扬弃异化**!所以,这一自然段的后半部分表述也就成为马克思重点思考和转换的方面。

第二点,青年马克思重点聚焦于黑格尔从天启宗教向绝对知识的过渡。在他看来,这个重新归基的绝对知识既是黑格尔对整个"现象学"的概括,也是对否定辩证法本质的说明,这种**"绝对不安"**(*absolute Unruhe*)的**否定性的辩证法**(*Dialektik der Negativität*)的核心,具体表现为意识对作为**自身异化的对象性物相化存在的克服和扬弃**(*Aufhebung*),即重新颠倒我-它自反性关系。这恐怕是真正令马克思激动的思想构序质点。在黑格尔那里,这种作为辩证法本质的 Negativität(否定性),就是矛盾"自己运动和生命力的内在脉搏"①,甚至是"一切活动——生命的和精神的自身运动——最内在的源泉,是辩证法的灵魂"②。列宁在"伯尔尼笔记"中也关注了这一重要观点。③ 这正是绝对知识超越宗教意识的地方。依此时马克思的看法,在绝对知识中,"意识的**对象的这种克服**(*Ueberwindung des Gegenstands*)……不仅是片面的东西,即对象是表现为向自我复归的东西(Selbst zurückkehrend)"④。其实,从《精神现象学》第一章的感性确定性开始聚焦于直观实体对象在意识显现中的自我证伪,实体显现和在场的本质是意识主体,"实体作为主体是纯粹的**简单的否定性**,唯其如此,它是单一的东西的分裂为二的过程或树立对立面的双重化过程"⑤。这一最初的肯定与否定的"双重化"就是**辩证法矛盾关系**的缘起。关于这一点,马克思后来在《1844 年手稿》第 3 笔记本中做了展开说明。他解释道,"主要之点就在于:意识的**对象**无非是**自我意识**;或者说,对象不过是**对象化的**(*vergegenst*)**自我意识**、作为对象的自我意识。(设定人 = 自我意识。

---

① [德]黑格尔:《逻辑学》下卷,杨一之译,商务印书馆 1977 年版,第 69 页。
② [德]黑格尔:《逻辑学》下卷,杨一之译,商务印书馆 1977 年版,第 343 页。
③ 参见《列宁全集》(第二版)第 55 卷,人民出版社 1990 年版,第 119、197 页。
④《马克思恩格斯全集》(第二版)第 3 卷,人民出版社 2002 年版,第 366 页。
⑤ [德]黑格尔:《精神现象学》上卷,贺麟、王玖兴译,商务印书馆 1979 年版,序言第 4 页。

Menschen ＝ Selbstbewußtsein)"①。一是,按马克思此时的唯物主义思想易码构序,自我意识＝人,这也意味着,精神现象学中的 Selbstbewußtsein(自我意识)的符码能指,从唯心主义的观念所指中直接易码和重新设定为费尔巴哈的 Menschen(人)。这里让我想起另一个概念考古研究中的细节:在青年马克思的博士论文中,伊壁鸠鲁自然哲学中偶然偏斜的原子(能指)易码为青年黑格尔派的"自我意识"的所指,再漂移为德国资产阶级的"个人"(政治符码所指)的有趣思想场境。二是,其实在马克思自己已有的劳动异化批判构式 I 中,也就会进一步把这里的唯心主义构境中由理念共相支撑的自我意识,重新赋型成工人主体性爱多斯的劳动构序,那么,在场对象也就是看起来不在场的**劳动意向的对象化结果**。显然,这种解读本身已经是唯物主义的颠倒性逻辑构序、人本主义话语和无产阶级政治话语共同赋型的结果。从思想构境谱系长程分析来看,这个重要的**对象不是它自身**,而是"**对象化的**(vergegenst)**自我意识**"观点,将以十分复杂的此-彼错位的事物化颠倒关系,在很久之后的《大纲》和《1861—1863 年经济学手稿》中,再一次以**货币和资本不是经济事物自身**,而是对象化劳动异化呈现出来。这样,马克思才说:

> 因此,需要**克服意识的对象**(Gegenstand des Bewuwußtseinzu enstand)。**对象性**(Gegenstand des Bew)本身被认为是人的**异化**(entfremdetes)了的、同人的本质即自我意识不相适应的关系。因此,**重新占有**(Wiederaneignung)在异化规定内作为异己的东西产生的人的对象性本质,不仅具有扬弃**异化**的意义,而且具有扬弃**对象性**的意义,就是说,因此,人被看成**非对象性的、唯灵论**(nicht-gegenstches, spiritualistisches)的存在物。②

这是一段极其重要的表述。我们可能在黑格尔和费尔巴哈的文本中找不到与其完全一样的话语,这是青年马克思自己原创性的学术赋型,其中独特的信息编码突现的思想构境是非常复杂的。简单说,马克思在这里同时转换了黑格尔和费尔巴哈的双重观念赋型:此处的思考焦点是集中的,即**克服外部的对象性物相化和扬弃人的本质的异化**,人的本质是费尔巴哈的人本学

---

① 《马克思恩格斯全集》(第二版)第 3 卷,人民出版社 2002 年版,第 321 页。
② 《马克思恩格斯全集》(第二版)第 3 卷,人民出版社 2002 年版,第 321 页。

话语编码中的能指关系,而克服对象性和扬弃异化则是黑格尔否定辩证法筑模中的矛盾性动力。这可能真的是在用费尔巴哈的唯物主义人本学话语"改造"黑格尔的辩证法。我甚至认为,这有可能是青年马克思思想中所确立的第一个辩证法理论的话语赋型,更精准地说,这是一种以主体性的**劳动辩证法构序为本质的批判性的否定辩证法**。我觉得,此时满脑袋被《巴黎笔记》塞进了经济学术语的青年马克思正万分焦虑的问题是,资产阶级社会劳动异化中出现的压迫工人的外部私有财产(作为生产条件出现的资本和土地),这种实实在在的**物相化对象性存在**的本质到底是什么?依他在此处解码(decode)的费尔巴哈-黑格尔的人的本质-意识的否定辩证法,人的本质及其劳动本身都不是**直观中到场的物**,表现为外部对象性存在的私有财产的本质,不过是工人的劳动类本质外化和消逝于自然对象关系的我-它自反性关系异化,这是**被颠倒的劳动辩证法!** 这会是在费尔巴哈人本学话语和黑格尔思辨辩证法筑模被重新易码后,马克思自己重新锻造的第三种批判话语编码。它将构成《1844年手稿》文本深层构境的方法论和认识论筑模之核心。所以,马克思此时思想构境中呈现的批判图景就可能是:重新占有被异化的劳动共相本质,就是要扬弃经济现象中看起来是直观物像中的对象性和扬弃异化,重新颠倒我-它自反性关系,让资产阶级社会中被剥夺的私有财产复归于不在场的劳动。这样,就会使马克思的认识论对象深入到一种双重非物像直观的关系场境存在之中去,固然这种场境存在是以异化的方式呈现出来的。客观地说,在这一重要的非物像批判认识论思想构境中,黑格尔的克服异化、扬弃对象性的否定辩证法是**主导性的**构序力量,而费尔巴哈的人本学话语只是这种构序话语的逻辑肉身。或者说,此时生成的马克思所认同的**双重他性镜像**中,在一定的意义上,黑格尔的否定辩证法开始占了费尔巴哈人本学异化构式的上风。在这里,马克思是不可能意识到观念主体爱多斯异化为对象物的第一层级自然物相化与劳动意向(eidos)外化为对象性异化的第二、三层级物相化之间的差异的。之后,马克思是在拒绝唯心主义的自然物相化后,通过历史唯物主义和历史现象学分别完成这后二者的双重物相化透视的。

马克思说,黑格尔也意识到,意识克服对象性的这种向自我的复归不是片面的,不是简单地复归于"抽象的利己主义者的人",而是对对象的重新占

有。对此,马克思展开分析说:

> **人的本质,人**,在黑格尔看来=**自我意识**。因此,人的本质的全部异化不过是**自我意识的异化**。自我意识的异化没有被看作人的本质的**现实异化**(*wirklichen* Entfremdung)的**表现**,即在知识和思维中反映出来的这种异化的表现。相反,现实的即真实地出现的异化(*wirkliche, als real erscheinende* Entfremdung),就其潜藏在**内部最深处的**——并且只有通过哲学(erst durch die Philosophie)才能揭示出来的——本质来说,不过是现实的人的本质即**自我意识**的异化**现象**(*Erscheinung* von der Entfremdung)。因此,掌握了这一点的科学就叫**现象学**(*Phänomenologie*)。因此,对异化了的对象性本质的全部重新占有,都表现为把这种本质合并于自我意识:掌握了自己本质的人,**仅仅**是掌握了对象性本质的自我意识。因此,对象向自我的复归就是对象的重新占有。①

应该指出,这里马克思所概括的**此-彼归基的现象学定义**是十分重要的,因为这是一种**方法论自觉**:一是马克思所认同的 erst durch die Philosophie(只有通过哲学)才能发现事物的本质,将是后面马克思在《1844 年手稿》中"跳出经济学"、确立哲学批判话语的依据;二是正在显现出来的东西"都是一个**消失着的过程**(*Verschwinden*)。因此它就被称为**现象**(*Erscheinung*)",因为它本身"直接就是一个**非有**(*Nichtsein*)的有或存在"②,现象本身就是一个否定性的存在,从在此呈现的现象中揭露彼处遮蔽起来的异化本质的科学就是 Phänomenologie(现象学),这将是马克思此时创立揭露劳动类本质异化的**人本学社会现象学**,以及后来在狭义历史唯物主义基础上创立揭露劳动交换关系异化的**历史现象学**的理论依据。三是异化并非可直观中到场的感性物像,而是隐匿在物像背后的最深处,erst durch die Philosophie(只有通过哲学),特别是认识论中的非物像批判话语才能发现作为本质异化的构序关系,**透过现**

---

① 《马克思恩格斯全集》(第二版)第 3 卷,人民出版社 2002 年版,第 321—322 页。中译文有改动。Marx-Engels-Gesamtausgabe(MEGA²),I/2, Text, Berlin: Dietz Verlag, 1982, S.294.

② [德]黑格尔:《精神现象学》上卷,贺麟、王玖兴译,商务印书馆 1979 年版,第 96 页。另参见 Heidegger, *Gesamtausgabe*, Band 32, Frankfurt am Main: Vittorio Klostermann, 1980, S.116。

成到场的在此对象物像发现隐匿在黑暗彼处生成性的在场性本质，或者说，**捕捉到不在场本质的隐性在场性**的这种认知方式，就是**从现象的背后发现本质的批判认识论**。这是马克思对现象与本质的辩证关系的一次最深透的体悟，这种对不在场的在场性的把握，从思想构境谱系上看，会影响到后来马克思在中晚期经济学研究中创立的科学的批判认识论构序。这时，青年马克思还是在努力用费尔巴哈人本学话语构序场境，让黑格尔的唯心主义思辨哲学在新的唯物主义信息编码中改说"人话"，这是思辨观念辩证法的感性肉身化。其实，已经原创性地拥有劳动异化批判构式Ⅰ的马克思，同时还潜在地塑形着自己的第三种我-它自反性关系异化的思想构境。**三种话语构序场境在信息编码上交织叠境和相互易码**，这是马克思这一重要思想实验的最大构序特点。第一，是黑格尔那里的"自我意识"符码能指，转换为费尔巴哈的人和人的本质的**次生意义所指**，而在青年马克思自己的思想构境中，当然就再一次易码为资产阶级社会中工人和工人的劳动本质（再次生意义所指）；第二，在这种符码能指和所指的多重话语编码转换场境中，黑格尔看到自我意识物相化和异化的地方，费尔巴哈看到了人的类本质的异化，但他们二人都没有看到的是青年马克思业已关注的资产阶级经济现实中发生的工人劳动的异化，黑格尔和费尔巴哈手里只是抓住了这种现实异化关系的不同观念反映；第三，物像呈现在三种不同的此-彼归基话语编码中，黑格尔是从直观感性确定性（sinnliche Gewissheit）的外化和异化复归主体观念共相的**精神现象学**，费尔巴哈是从异化和颠倒为偶像的上帝回到人的类本质共相的**人本现象学**，而青年马克思必定会是在人本学构式下透过资产阶级社会中异化了的私有财产经济物像外观，复归于劳动类本质共相的**劳动现象学**，这种劳动现象学的本质仍然是非历史的**人本主义的社会现象学**；第四，同是克服异化对象的重新占有，在黑格尔那里是复归自我意识（理念），在费尔巴哈那里是复归人的自然存在，而青年马克思这里当然是复归于解放了的工人的劳动。这是三种完全不同的话语编码。其实到这里，马克思自己要写作的《1844年手稿》的内里逻辑构序和理论塑形的构式就已经初步生成了。这就是基于黑格尔-费尔巴哈双重现象学话语的批判资产阶级社会劳动异化及其扬弃的**否定辩证法构式**，这也是马克思证伪经济物相化的批判认识论的全新内里赋型，他的认知对象是穿透了黑格尔自我意识和费尔巴哈(赫斯)人的主体际类本质的工人劳动,所以,这种"**绝对不安**"(*absolute Unruhe*)的否定辩证法的真正本质是主体性的**劳动辩证法**,只是这种劳动辩证法在资产阶级私人占有制关系中以**颠倒的形式**呈现出来。这一观点,在思想构境谱系中,将很深地关联于马克思后来在中晚期经济学研究中重新发现的生产过程背后的劳动过程,以及经济物相化中事物辩证法("第二自然辩证法")背后 verkehrt(颠倒的)劳动辩证法。由此,更加深刻地批判资产阶级社会的全新的劳动异化批判构式Ⅱ将呼之欲出。

也是在这个《黑格尔〈精神现象学〉摘录》第二点的主旨概要中,马克思摘录了"绝对知识章"第一自然段里黑格尔的如下观点:

> 对象本身对意识来说是正在消逝的东西(verschwindend darstellt),而且毋宁说,是自我意识的外化设定(sezt)物性;这种外化不仅有否定的意义,而且有肯定的意义,它不仅对我们有这种意义或者说自在地有这种意义,而且对它本身也有这种意义。对象的否定,或对象的自我扬弃(Selbstaufhebung),对意识所以有肯定的意义,或者说,它所以**知道**对象的这种虚无性,一方面,是由于它把自身外化了;——因为它在这种外化中把**自身**设定为对象,或者说,为了**自为存在**的不可分割的统一性而把对象设定为自身……另一方面,这里同时包含着另一个环节,即意识扬弃这种外化和对象性,同样也把它们收回到自身,因此,它在**自己的**异在本身中就是在自身……①

依我的判断,黑格尔这段表述中最核心的观念赋型,是对整个《精神现象学》构序主旨的表达:**对象性实在的物相化关系性透视和超越**。在黑格尔这里,整个对象性物性世界都是 verschwindend darstellt(正在消逝的东西),因为它不过是意识外化设定的他性存在——**物相**,这是神学之外的精神创世论,也是观念本体论中的此-彼归基现象学逻辑。"精神就是这种**自己**变成**他物**、或变成**它自己的对象**和扬弃这个他物的运动"②。同时,这还是黑格尔基于唯心

①《马克思恩格斯全集》(第二版)第3卷,人民出版社2002年版,第366—367页。
②[德]黑格尔:《精神现象学》上卷,贺麟、王玖兴译,商务印书馆1979年版,第23页。

主义的立场所塑形的批判认识论话语的主要构境意向。对此,孙伯鍨先生曾经做过这样的评点:"这个'物相'并非是真正的物,它不过是自我意识异化、外化的结果,是自我意识通过异化、外化而获得的对象性的外观。自我意识这种对象性的外观即是'物相',对于自我意识的发展和最终确立(自我确证)来说是一个必须超越的障碍,必须加以克服和扬弃。"①显然,孙先生极其深刻地捕捉到了黑格尔哲学中这个唯心主义化的**物相观**。我以为,这种透视物相之此,复归自我意识之彼的现象学逻辑,将对马克思产生极其深远的影响,在思想构境谱系上,它不仅体现于《1844 年手稿》中对私有财产主体本质的批判性透视,也会构成之后马克思在广义历史唯物主义构境中的物相化透视基础上,证伪人所创造的外部力量奴役人的物役性现象的内部动力,以及在狭义历史唯物主义构境中的历史现象学之上的经济物相化透视—事物化颠倒—劳动异化—拜物教批判的赋型意向。关于这一摘录,在青年马克思后来的《1844 年手稿》第3 笔记本中,分列为黑格尔"**意识的对象的克服**可**全面表述**"的前六点:

(1) 对象本身对意识来说是正在消逝的东西(verschwindend darstellt);

(2) 自我意识的外化设定物性(sezt die Dingheit);

(3) 这种外化不仅有**否定的**(*negative*)意义,而且有**肯定的**(*positive*)意义;

(4) 它不仅**对我们**有这种意义或者说自在地有这种意义,而且**对它本身**也有这种意义;

(5) 对象的否定,或对象的自我扬弃(Selbstaufhebung),**对意识**所以有**肯定的**意义,或者说,它所以**知道**对象的这种虚无性,是由于它把自身外化了,因为它在这种外化中把**自身**设定为对象,或者说,为了自为存在的不可分割的统一性而把对象设定为自身;

(6) 另一方面,这里同时包含着另一个环节,即意识扬弃这种外化和对象性,同样也把它们收回到自身,因此,它在**自己的**异在**本身**中就是**在自身**……②

---

① 孙伯鍨:《探索者道路的探索》,北京师范大学出版社 2017 年版,第 466 页。
②《马克思恩格斯全集》(第二版)第 3 卷,人民出版社 2002 年版,第 322 页。Marx-Engels-Gesamtausgabe(MEGA²),I /2,Text,Berlin:Dietz Verlag,1982,S.294－295.

这里,我们可以清楚地看到《黑格尔〈精神现象学〉摘录》与《1844 年手稿》第 3 笔记本中黑格尔哲学批判的关系,或者说,思想实验中**先在的逻辑构式与自主性文本写作之间的构序关系**。马克思在《1844 年手稿》第 3 笔记本中,几乎是逐字逐句地具体展开了前面思想实验中摘录笔记里的原文摘要。①

图 3 - 2　马克思《1844 年手稿》第 3 笔记本手稿(此页左栏下半部分是对黑格尔观点的 8 点概括)

对于第一点,马克思在下面的"补入"中解释说,"所谓对象本身对意识来说是正在消逝的东西(verschwindend darstellt),就是上面提到的对象向自我的复归"②。这是马克思第一次明确指认黑格尔辩证法中内嵌的唯心主义**此-彼归基逻辑**。其实,在黑格尔的哲学构境中,看起来实在的对象自身实际上"是一个他物须得加以关联,而**与自身相关联**毋宁也就是**分裂**为二(Entzweien);换句话说,这种自身等同性正是内在的差别"③。对象作为消逝的环节,正是

①《黑格尔〈精神现象学〉摘录"绝对知识章"》这一文本的中文版编辑认为,"《摘要》中的第 2、3 点几乎是逐字逐句录自《1844 年经济学哲学手稿》",我认为这一判断正好说反了。参见《马克思恩格斯全集》(第二版)第 3 卷,人民出版社 2002 年版,第 680 页注释 120。

②《马克思恩格斯全集》(第二版)第 3 卷,人民出版社 2002 年版,第 323 页。

③[德]黑格尔:《精神现象学》上卷,贺麟、王玖兴译,商务印书馆 1979 年版,第 111 页。

自身与非自身的他物的对立统一,或者是有与非有在"**分裂为二**"中的统一。这个存在与不存在之间的变易和 verschwinden(消逝)环节,恰好是观念辩证法中对立统一的重要规定。列宁在"伯尔尼笔记"中曾经深透地认识到这一点:"'消逝着的环节'＝存在和非存在。这是辩证法的极好的规定!!"①这意指着,辩证法构境中的消逝并非为无,而是存在之此归基于本身更深本质之彼。这正是后来海德格尔那个消逝着的存在者与被遗忘的存在之间的存在论差异之缘起。似乎海德格尔对此也有所意识,他指认黑格尔在《精神现象学》中,"某种否定的东西在其与某种肯定的东西之矛盾中自行突显。所显现的就是这种同一的非与是,即**矛盾**。精神或绝对在现象的历史中显现,因此黑格尔1801年在《费希特和谢林的体系之差异》的论文中就已经非常清楚地说:'绝对之纯粹形式的现象[就是]矛盾'。在转化为他物的活动中,某物同时消逝和产生"②。并且,物性到场的对象作为 verschwindend darstellt(正在消逝的东西),在现象学批判语境中直接宣示了一种直接到场物**不是它自身**的深刻透视感。其实,在我们前面的讨论中,已经多次使用了这一此—彼归基论观点,可以判定,黑格尔《精神现象学》中这一重要的批判性现象学逻辑,不仅塑形着费尔巴哈和赫斯等人的异化构式,也将对马克思的思想发展产生深远的历史影响。这看起来很简单的一句话,而在青年马克思所解读的黑格尔的《精神现象学》中,却已经是一个十分复杂的历史逻辑赋型和解码的结果。实际上,在黑格尔的唯心主义"精神现象学"批判构式中,他的物像证伪起始处是直观到场物中的感性确定性(sinnliche Gewissheit),作为一种转化为具体物相化存在的"熟知的东西(Bekannte)",恰恰是人们并不"真正知道的东西",这种"最习以为常的自欺欺人(Selbsttäuschung)的事情,就是认识的时候先假定(vorauszusetzen)某种东西是已经熟知的了,因而就这样地不去管他了"。③ 他一步步证明,我们可以看到、听见的这个熟知的现成性的到场物像,在经验塑形中生成的有序世界**并不是它自身**(定在之此),而是不在场(彼处)

---

①《列宁全集》(第二版)第55卷,人民出版社1990年版,第232页。

② [德]海德格尔:《黑格尔的精神现象学》,赵卫国译,南京大学出版社2018年版,第31—32页。

③ 参见[德]黑格尔《精神现象学》上卷,贺麟、王玖兴译,商务印书馆1979年版,第20页。Georg Wilhelm Friedrich Hegel, *Werke 3*, Frankfurt am Main:Suhrkamp Verlag, 1970, S. 35.

的消逝的自我意识的观念赋型作用下达及的**物相化**现象界。这当然是对康德批判认识论的本体论改写,康德认识论的"哥白尼式革命"成果——先天综合判断自动统觉中的"现象界",在黑格尔的"精神现象学"的批判认识论中被贬斥为虚假的感性对象堆砌幻象,因为,对象性到场的物像,不过是自我意识在先验理念的赋型下塑形和构序起来的经验统觉,对象性的物理空间的本质是逻辑空间,或者说,**在场物像图景的本质是看起来不在场的精神世界**(*geistige Welt*)。这恰好是康德缺失的本质与现象的辩证法。从到场的对象之此,走向不在场的自我意识的本质性彼处在场,这也是**对象消逝的初始的物相化透视构境**。依海德格尔后来的解释,黑格尔的这种现象学批判的实质就是:"它不是最初看起来的那样,而真相为他者(*daß es so nicht ist, wie es zunächst schien, sondern in Wahrheit anders*)"①。在认识论构境中,这当然是深刻的,然而当黑格尔将康德认识论中的先天综合判断武断地本体论化时,则会发生一种逻辑上的非法性。人们在感性经验塑形和观念认知中面对外部世界时,先天观念构式的赋型作用与观念爱多斯创制(poiesis)对象界完全不是同一个东西。这会是马克思直接拒斥的唯心主义谬误。从《自然哲学》到《精神哲学》,观念构序外化和物相化为 Anderssein(他性存在)的自然物演进、生命负熵突现以及人"陶冶事物"的劳动产品和财物,"理性的狡计"将自己的观念共相负熵沉沦和消逝于在场物性实在,主体性理念(爱多斯)外化于自然和社会历史的关系性物相化活动,物相化于**不是它自身**的对象性存在之中,这也就是主体异化;如果克服对象性物相和扬弃异化,那么就是到场的他性对象消逝且复归于不在场的绝对理念主体,这也是**对象消逝的愈益复杂的物相化构境层**。

在这一点中,会呈现我们已经提及的三个层次的物相化过程和三个**在场与不在场**的辩证法"世界":一是绝对理念(逻各斯共相)将自己物相化为不是它自身的自然物质的进程,从无机物到有机生命存在,主观精神的爱多斯之相内化为自然物质进化的本质共相,观念辩证法的世界内化为对象表象中

---

① [德]海德格尔:《黑格尔的精神现象学》,赵卫国译,南京大学出版社 2018 年版,第 27 页。中译文有改动。Heidegger, *Gesamtausgabe*, Band 69, Frankfurt am Main:Vittorio Klostermann,1998,S. 30.

"自然辩证法"的**世界性关联在场**,这是刚刚提到的对康德认识论构架的本体论翻转,**自然对象消逝**中的这一观点,是马克思不会接受的唯心主义非法逻辑强暴;二是主体性理念通过奴隶的劳动爱多斯,在生产创制(poiesis)中将主体意向(相)外化和物相化于对象之中,**爱多斯消逝和实现在不是它自身的物相化产品之中**,这是马克思之后正确区分农业生产与工业生产不同质性后批判性接受的一般物相化关系透视的前提,其直接结果是物质生产的辩证法构序逐渐生成"我们周围的世界"在场;三是市民社会中出现的不是它自身的商品、货币等经济物相化事物,以及自在的消极事物辩证法运动的消逝,因为它们都是观念理性(抽象共相)颠倒地成为 Die zweite Natur("第二自然")世俗统治力量的不可见"狡计",这会是马克思之后批判性接受的经济物相化透视和金钱世界的伪在场。这里的事物辩证法("第二自然辩证法")背后颠倒的观念辩证法透视,将是之后马克思发现的颠倒的劳动辩证法的先期构境线索。

应该说,黑格尔《精神现象学》的批判性构境,赋型了极为深厚的非物像批判认识论逻辑。可是,这种批判认识论构境中的 verschwindend darstellt(正在消逝的东西)的多重物相化透视,在马克思当下激活的话语易码和思想构序焦点中,一定是从思辨话语中挣脱出来的**工人劳动异化中的对象消逝**;他看到黑格尔这些唯心主义 spekulative Dialektik(思辨辩证法)逻辑塑形游戏背后的现实,一定是资产阶级社会中物像存在的私有财产;他这里想到的事情,一定是作为与劳动对立并奴役工人的物性对象("熟知"的私有财产)的一般物像的消逝。这里还应该指出,在马克思的哲学思想构境谱系中,与黑格尔在场"对象消逝"的构境意向一致,始终存在着一条**批判性透视外部世界实体对象性存在**的关系性场境存在论的此-彼归基关系中非物像的构序线索:早期,这种观念出现在对"物质利益占上风"的"下流的唯物主义"(verworfene Materialimus)的误认中;而在此时的劳动异化批判构式中,则表现为对资产阶级社会私有财产物像存在的主体活动异化关系的现象学证伪上。当广义历史唯物主义方法论得以创立后,以物质生产与再生产构序活动和"怎样生产"的多重社会关系赋型和筑模为基础,马克思穿透人与对象的熟知物性实在之此,塑形了一个复杂的非直观的物相化社会定在在场和社会先验构架赋型的场境存在论和关系意识论,创造了新型的关系场境存在论的彼处"本质直观"。在《1857—1858 年经济学手稿》、《1861—1863 年经济学手稿》和《资本论》第一卷中,这种 verschwindend darstellt(正在消逝的东西),则会以越发深刻的此-彼归基关系中的经济物相化透视,即**历史现象学之上劳动异化-事物化颠倒**(*Verkehrung*)—**物化误认—经济拜物教批判**呈现出来。同时,这也是狭义历史唯物主义基础上科学的批判认识论的前提。这将是本书下面会涉及的复杂谱系分析问题。

显然,分列出来的第二点"自我意识的外化设定物性",是青年马克思此时思考的重点。黑格尔这里的 setzen(设定),正是 *Dasein*(定在)的生成。关于这个定在的逻辑塑形,黑格尔是在后来的《逻辑学》里对事物质的规定中完成的。马克思在 1860 年前后,专门摘录和思考了《小逻辑》中"存在论"的这一部分内容①。setzen(设定),也就是古希腊哲学中理念爱多斯(eidos)给予事物特定的状态和秩序,即精神**塑形和构序**物相的**负熵质**。在柏拉图那里,这是万物实在之"多"分有理念之"一"的过程,而在亚里士多德那里,则表现为质料被目的因、动力因和形式因之相塑形和构序的过程。在我看来,这是马克思第一次在哲学构境中很深地遭遇观念物相化问题。也是在《1844 年手稿》第 3 笔记本下面的"补入"中,马克思详细诠释道:

> **自我意识的外化**设定**物性**(*Entäusserung des Selbstbewußtseins sezt die Dingheit*)。因为人 = 自我意识,所以人的外化的、对象性的本质(gegenstäegenshes Wesen)即**物性**[**对他来说**是**对象**的那个东西,而且只有对他来说是本质的对象并因而是他的**对象性的**本质的那个东西,才是他的真正的对象。既然被当作主体的不是**现实的人**(*wirkliche Mensch*)本身,因而也不是**自然**——人是**人的自然**(*menschliche Natur*)——而只是人的抽象,即自我意识,所以物性只能是外化的自我意识]= **外化的自我意**

---

① 在这次专题研究中,马克思给我们留下了重要的《黑格尔的逻辑学》。这一文本第一次发表在 1977 年 12 月出版的《国际社会史评论》第 22 卷第 3 期,第 423—431 页(*International Review of Social History*, Volume 22, Issue 3, December 1977, pp. 423 – 431)。目前尚未在 MEGA² 中编译出版。《黑格尔的逻辑学》中译文由顾锦屏翻译,第一次发表在《马列著作编译资料》第 7 辑(人民出版社 1980 年版,第 8—12 页)。我将在本书的下册中专题讨论这一重要文本。

识,而**物性**是由这种外化设定的。一个有生命的、自然的、具备并赋有对象性的即物质的本质力量的存在物,既拥有它的本质的**现实的**、自然的**对象**(*wirkliche* natürliche *Gegenstände*),而它的自我外化又设定一个**现实的**、却以**外在性的**形式表现出来因而不属于它的本质的、极其强大的对象世界(gegenständlichen Welt),这是十分自然的。这里并没有什么不可捉摸的和神秘莫测的东西。相反的情况倒是神秘莫测的。①

青年马克思对黑格尔这句话的解释,包含了太多额外的话语易码后的思想赋型:一是依费尔巴哈的人本学构式,如果自我意识＝人,那么,黑格尔的自我意识外化设定(构序)物性的观念物相化,则会重新颠倒为人的类本质(爱多斯共相)外化成为神灵的偶像式"对象性的本质"反向物相化和异化,在黑格尔-费尔巴哈的逻辑构式中,物相化都是**主体性爱多斯构序的外化结果**,如果再解码和易码为青年马克思的劳动异化批判构式,就是工人有目的的劳动意向构序活动,外化和异化为物相化对象(资产阶级社会中的私有财产)的本质。在这个意义上,黑格尔此处的 Dingheit(物性之此)或者直观中的到场 Ding(物),恰恰为不是它自身的虚假的直观**物像**,因为这个在彼处遮蔽中的、本质为理念爱多斯物相化结果的对象被错认为自在的物。所以,Ding(物)会是康德认识论构境中那个远去的不在场的 Ding an sich(自在之物),但它表征了物相化事物的虚假物像。从思想构境长程分析看,以后马克思才会逐渐区分出先在自然物(Ding)与生产劳动物相化的关系性在场**事物**(*Sache*)和**事物性**(*Sachlichkeit*),以及愈益繁杂的经济**事物化**(*Versachlichung*)的**伪在场及其误认的物化**(*Verdingchlichung*)。

二是自我意识(现实的人)向自然界的外化和物相化,在处于经济学语境中的青年马克思那里,将会促使停留在主体**需要层面**(*Dynanis*)的劳动异化,转换为**生产层面**的劳动外化为自然界的对象性物相存在的更加深刻的总体性人本主义异化史观构境:一方面,劳动有目的(telos)的活动通过外化,获得一个被设定的"现实的、自然的对象",这是人对自然的能动物相化关系,劳动

① 《马克思恩格斯全集》(第二版)第 3 卷,人民出版社 2002 年版,第 323 页。

构序所创造出来的"一个有生命的、自然的、具备并赋有对象性的即物质的本质力量的存在物",这已经是不同于外部"自然辩证法"的主体性劳动辩证法进程;另一方面,劳动本身的异化又以自我外化的形式,创造了一个"不属于它的本质的、极其强大的对象世界",这就是资产阶级社会中的经济物相化的私有财产。此时,马克思可能会想起黑格尔在《精神现象学》第六章中的一段表述,即观念物相化创造了一种"坚硬的现实世界",在黑格尔那里,物理空间中的到场物本身是没有关系性世界的,恰是观念物相化使物质对象深植在由精神关系编码和塑形起来的普遍关联的辩证法逻辑空间在场之中,可是观念在面对这种"异己的陌生的现实"时,竟然"在其中认不出自己"。① 对此,列斐伏尔曾经评论说,"在黑格尔的体系中,理念'放任自身'创造世界,遭到异化,而又恢复自身。在理念的这出虚构戏剧中,我现在认不出我自己了"②。黑格尔的这种唯心主义的不在场的精神世界(geistige Welt)与物性对象到场"世界"的矛盾对立,如果放到青年马克思自己的劳动异化批判构式中,则会是工人在"熟知"的货币、资本和地租这样的自己创造的异己物到场世界中,认不出自己外化和物相化的劳动力量。这既是现实存在中的异己性伪在场悖反关系,也会是批判认识论所面对的物像迷雾。此时,马克思还无法说明劳动物相化创制的世界是如何畸变成颠倒的资产阶级经济世界的。这一点,极大地深化了青年马克思原有的劳动异化批判构式Ⅰ,使之转换到劳动异化批判构式Ⅱ的更深构境中来。在这里,马克思原有的基于费尔巴哈-赫斯的人本学批判认识论构境,通过黑格尔非物像的现象学赋型显然也大大加深了。

这真是令人感叹的思想延伸构境:黑格尔的一段话,会让青年马克思生出如此深刻的思想赋型。他意犹未尽地说:

> 物性(Dingheit)因此对自我意识来说决不是什么**独立的、实质的东西**(*Selbstständiges*),而只是纯粹的创造物,是自我意识所**设定的东西**(*Gesetztes*),这个被设定的东西并不证实自己(statt sich selbst zu

---

① 参见[德]黑格尔《精神现象学》下卷,贺麟、王玖兴译,商务印书馆1979年版,第38页。

② [法]列斐伏尔:《辩证唯物主义》,周泉译,载《社会批判理论纪事》第13辑,江苏人民出版社2022年版,第30页。

bestätigen），而只是证实设定这一行动，这一行动在一瞬间（Augenblick）把自己的能力作为产物固定下来（Energie als das Product fixirt），使它**表面上**（*Schein*）具有独立的、现实的本质的作用——但仍然只是一瞬间。①

这里有双重此-彼归基的现象学构境：一是我们在前面的讨论中已经多次涉及的黑格尔"精神现象学"的首要批判原则，即我们遭遇的物性在场现象 statt sich selbst zu bestätigen（并不证实自己），在此的对象物**不是它自身**，因为它只是彼处自我意识的"纯粹的创造物"，一种在物相化活动中 *Geseztes*（**设定的东西**），一种物性**定在**。很显然，这种将直观中遭遇的物性对象置于"不是它自身"的透视中的现象学原则，进而捕捉设定物相实在后瞬间消逝的"设定"活动，将成为马克思劳动异化批判的首要原则。在整个思想构境谱系长程分析中，这种现象学视域中对象物"不是它自身"的透视，不仅是劳动异化批判构式Ⅱ的人本主义社会现象学的批判原则，也将贯穿马克思后来历史唯物主义一般物相化透视和历史现象学中经济物相化透视的思想进程。二是黑格尔整个**"绝对不安"**（*absolute Unruhe*）的观念辩证法构序本身都是在外化的那个 Augenblick（瞬间）自我消逝的，只是它在创制对象的物相化活动中消逝的那个瞬间，对象化为**直观在此**的 Anderessein（他性存在）物，而观念本身则浸入**黑暗的彼处**。我觉得，黑格尔的这个 Augenblick（瞬间）概念是重要的，因为它恰恰是观念活动的场境发生本质。这里，我们会看到之后马克思思想谱系中那个劳动活动、实践活动、生产活动，甚至所有关系性场境发生后随即消逝的 Augenblick。历史唯物主义构境中即将出现的双重物相化透视的本质，就在于抓住这个转瞬即逝的 Augenblick 中被遗忘的黑暗彼处。列宁在"伯尔尼笔记"中非常敏锐地注意到这一点，他说，"'运动'和'瞬间'：抓住它。在每一既定的瞬间……抓住这一瞬间"②。在一定的意义上，历史唯物主义、历史辩证法和历史认识论的强大透视力，都在于从在此的物性实在物像中抓住社会生活中各种转瞬即逝的活动和 Emergence（突现）关系场境。当然，我们千万不要误以为，唯物主义者马克思在这里会简单赞同黑格尔的唯心主义观念赋

---

① 《马克思恩格斯全集》（第二版）第 3 卷，人民出版社 2002 年版，第 323—324 页。
② 《列宁全集》（第二版）第 55 卷，人民出版社 1990 年版，第 170 页。

型,我推测,马克思此时头脑中闪现的重要理论解码后的话语重新构序质点应该是:资产阶级社会中奴役工人的物性私有财产(作为不动产的土地和作为动产的金钱—资本),"决不是什么**独立的、实质的东西**",它们并不是自身,而只是工人劳动活动物相化的创造物,是劳动意向设定的消极定在,这些经济产品只是把劳动爱多斯(eidos)塑形和构序能力的瞬间发生和消逝固定在对象之中,使它们表面上具有独立的实质性的物相负熵假象。其实,在马克思的思想构境谱系中,黑格尔的这一观点,也会进一步延伸为历史唯物主义关于社会定在的**非实体性场境**的基础的观点,人的活动和所有关系在现实生活中都是当下发生和"抽身而去"(海德格尔语)的,而这种非物性实体的构序活动才是社会生活在场性的负熵本质。在劳动生产中,这个"这一行动在一瞬间把自己的能力作为产物固定下来",既指产品固定劳动物相化,也指工具模板将瞬间消逝的劳作技艺 als das Product fixiren(作为产物固定下来)。在思维活动中,是知性范畴和理性概念将瞬间消逝的感性经验和突现精神活动固定下来。在后来的《1857—1858 年经济学手稿》和《1861—1863 年经济学手稿》等文本里,马克思在历史唯物主义的客体向度中,极其细致地描述了在工业生产中劳动意向活动塑形和构序商品使用价值的微观机制。在这里,青年马克思很可能想到黑格尔的这样一句话:"正在消逝的东西(verschwindend darstellt)本身勿宁应该被视为本质的东西。"①这也意味着,有时候**看起来不在场的彼处之在**,比直接在此到场的东西更重要。依海德格尔的存在论话语编码,抽身而去的存在,要比到场的现成存在者更重要。在此,马克思头脑风暴里突现的话语易码后的格式塔场境中,verschwindend darstellt(正在消逝的东西)当然是工人创造财富的劳动意向活动,而作为资产阶级社会中的私有财产的到场之物,不过是劳动爱多斯构序活动消逝后外化为对象性和物相存在的异化结果。在这一构境层中,这也表征着替代了观念辩证法的**劳动辩证法**本身,也是处于**抽身而去的消逝状态**中。这是很难入境的思想构境。这个重要的逻辑构境意向,将贯穿于之后马克思的实践辩证法和历史辩证法的场境存在论的思想谱系之中。所以马克思才说,"物性(Dingheit)的这种设定本

---

① [德]黑格尔:《精神现象学》上卷,贺麟、王玖兴译,商务印书馆 1979 年版,第 30 页。

身不过是一种外观(Schein)，一种与纯粹活动的本质相矛盾的行为，所以这种设定也必然重新被扬弃(wieder aufgehoben)，物性必然被否定"①。这也是第一个要点——熟知的**对象的消逝**——的更深一层破境。

处在激动情境中的青年马克思，用费尔巴哈的自然唯物主义话语，再一次解码了被黑格尔用思辨唯心主义话语伪饰起来的这句话。

> 当现实的、肉体的、站在坚实的呈圆形的地球上呼出和吸入一切自然力的人通过自己的外化把自己现实的、对象性的**本质力量**(wirklichen, gegenständlichen *Wesenskräfte*)**设定**为异己的对象(fremde Gegenstenst)时，设定并不是主体；它是**对象性**的本质力量的主体性(Subjektivität *gegenständlicher* Wesenskräfte)，因此这些本质力量的活动也必定是**对象性**的活动。②

这里作为"对象性活动"的关键性构序质点，当然不是费尔巴哈那种消极的人的感性自然存在，而是不断发生且消逝的人的劳动意向活动外化的对象性本质力量，也就是青年马克思此时劳动异化批判构式中的劳动爱多斯物相化的外化力量，这种设定为异己对象的私有财产的本质，恰恰是"对象的本质力量的主体性"。这也就是说，资产阶级社会中资本家和地主手里的利润(利息)和地租的本质，是"消逝"了的不在场的**主体性的**异化劳动。这当然又是多重话语易码的复杂构境结果。这就是我们会在《1844 年手稿》第 2 笔记本中看到的，青年马克思通过指认斯密对私有财产主体本质的确认，将其称为"经济学的路德"(恩格斯语)的构境缘起。这也会造成马克思非物像批判认识论对象的反转，到场客体物性实在的本质反转为被遮蔽起来的不在场主体性活动和关系。并且，这个劳动外化(对象化)的概念是十分重要的，它马上会成为《1844 年手稿》中劳动异化批判构式Ⅱ中的逻辑聚焦点，在思想构境谱系发展中，将来不仅对马克思《关于费尔巴哈的提纲》确定的新世界观中从主体出发的实践意向活动具有重要的内驱作用，也会对之后他中晚期经济学研究的历史现象学批判起到关键性逻辑赋型作用。

---

① 《马克思恩格斯全集》(第二版)第 3 卷，人民出版社 2002 年版，第 326 页。
② 《马克思恩格斯全集》(第二版)第 3 卷，人民出版社 2002 年版，第 324 页。

我认为,在青年马克思转向唯物主义哲学的第一次转变中,他对费尔巴哈**自然**唯物主义的自觉接受也正是发生在这里。这是前述写作《黑格尔法哲学批判》时马克思没有做到的,那时,费尔巴哈的这一哲学唯物主义中的合理因素,恰恰是被当作"费尔巴哈过多地谈论自然"的缺点拒绝了。孙伯鍨先生认为,"费尔巴哈的人本主义学说有两个基本观点:人与自然的统一和个体与类的统一。前者叫作自然主义,后者叫作人道主义。自然主义和人道主义是密不可分的,只有实现了个体与类的统一才能实现人与自然的统一,反过来也是一样"①。然而,青年马克思此前只是接受了费尔巴哈的人本主义话语。这里,青年马克思突然意识到,通过黑格尔否定辩证法中介了的费尔巴哈这种人学的自然唯物主义,有可能在革命性的话语易码中同时超越传统的唯心主义和唯物主义,"彻底的自然主义或人道主义(Naturalismus oder Humanismus),既不同于唯心主义,也不同于唯物主义,同时又是把这二者结合起来的真理。我们同时也看到,只有自然主义能够理解世界历史的行动(Akt der Weltgeschichte)"②。在黑格尔那里,Weltgeschichte(世界历史)是表示"绝对精神"的意识从它的"自由"意识产生出来所实现的发展,并且,"理性"是世界的主宰,世界历史(Weltgeschichte)因此是一种有着"自觉目的"的过程。③ 而在马克思这里,世界历史的本质已经被重置为以"自然主义"为基础。从思想构境谱系线索看,这个Weltgeschichte(世界历史)概念将来会深化为资本的世界历史观。其实,承认Naturalismus(自然主义)本体论的合法性,正是马克思对费尔巴哈确认的哲学唯物主义立场的肯定,这一点,也会使得青年马克思的劳动异化批判构式从抽象的主体需要走出来,他在证伪了黑格尔的"设定物性"**创制自然存在的唯心主义杂质**之后,使其真正成为改造自然对象的生产劳动,从而使青年马克思从流通领域向生产领域的过渡就越发彻底。不过,在之后的历史唯物主义构境中,这种Naturalismus(自然主义)会被作为"外部自然界的优先地位(die Priorität der

---

① 孙伯鍨:《探索者道路的探索》,北京师范大学出版社2017年版,第186页。
② 《马克思恩格斯全集》(第二版)第3卷,人民出版社2002年版,第324页。
③ 参见[德]黑格尔《历史哲学》,王造时译,生活·读书·新知三联书店1956年版,第65、97页。

äußeren Natur)"①,扬弃为自身内部的先在前提。同时,这也意味着,马克思这种将哲学唯物主义本体论中的自然主义与人道主义整合起来的新的劳动异化批判构式,有可能走向一种彻底的人本主义总体异化史观。可是,如果这种作为异化史观核心逻辑构序点的劳动,仍然是"应该"(sollen)存在的本真性类本质与现实的"是"(Sein,异化劳动)相对置,那么马克思就还处于方法化层面上的隐性唯心主义构境之中,这一点,并非以他是否接受自然唯物主义的立场而转移。这恐怕会是马克思自己并没有意识到的深层次问题。

马克思自己解释说:

> **人**直接地是**自然存在物**(unmittelbar *Naturwesen*)。人作为自然存在物,而且作为有生命的自然存在物,一方面具有**自然力**(*natürlichen Kräften*)、**生命力**,是**能动的**自然存在物;这些力量作为天赋和才能、作为**欲望**存在于人身上;另一方面,人作为自然的、肉体的、感性的、对象性的存在物,同动植物一样,是**受动的**、受制约的和受限制的存在物,就是说,他的欲望的**对象**是作为不依赖于他的对象而存在于他之外的;但是,这些对象是他的**需要**的**对象**;是表现和确证他的本质力量所不可缺少的、重要的**对象**。说人是**肉体的**、有自然力的、有生命的、现实的、感性的、对象性的存在物,这就等于说,人有**现实的、感性的**对象(*wirkliche, sinnliche Gegenstände*)作为自己本质的即自己生命**表现**的对象;或者说,人只有凭借现实的、感性的对象才能表现自己的生命。②

这时,青年马克思通过费尔巴哈的自然唯物主义,解码和重构了黑格尔的**劳动辩证法**,当然,劳动并不创造出自然,这是马克思拒绝黑格尔唯心主义观念物相化为自然的谬误的边界,在马克思脑海里映现的劳动,也不再是空洞的主体需要和潜能(dynamis),而是工人劳动能动地改变外部自然对象的社会负熵质的生成过程,并且,理想化地看,外化为改造"现实的、感性的"自然对象

---

① [日]广松涉编注:《文献学语境中的〈德意志意识形态〉》,彭曦译,南京大学出版社 2005 年版,第 19 页。波浪线内容为恩格斯的修改、补充。Marx-Engels-Gesamtausgabe(MEGA²),I/5,Text,Berlin:Akademie Verlag,2017,S. 22.
② 《马克思恩格斯全集》(第二版)第 3 卷,人民出版社 2002 年版,第 324 页。

的劳动活动,将是工人"自己本质的即自己生命表现"的物相化过程。在此,马克思想到的会是黑格尔在《精神现象学》第五章中所言:"人的真正存在是他的行为。"①不过,人的存在不是绝对理念逻各斯创制世界的进程,而是工人通过劳动外化实现自己有目的的 eidos(爱多斯)的主体物相化生命实现过程,这同时也会是非物相化的自然界入序于我们的周围世界(社会生活)的物相化进程。然而,在资产阶级社会中,工人的这种表现本质和生命负熵的劳动活动,却在外化为对象性存在中成为丧失自己本质共相和生命表现的过程,主体物相化变成了失去主体性的过程,在资本家和地主手中的由工人劳动创造的利润(利息)和地租中,经济物相化却表现为与劳动"漠不相关"的外部力量,这并不是黑格尔所说的观念辩证法的消逝,而是颠倒地呈现出来的劳动辩证法。虽然此时马克思不可能分辨一般物相化活动与经济物相化的异质性,也无法基于劳动价值论深刻地透视经济物相化的历史本质,但直观到这一点,就必然铸成青年马克思要求彻底扬弃劳动异化的信心。

3. 扬弃异化:外化对象的重新占有

指认劳动异化的物相化和对象性的状态,是青年马克思在"穆勒笔记"中的劳动异化批判构式 I 中业已触及的事情,但没有解决的难题在于:如何**消除异化的对象性**。实际上,这也是马克思突然中断经济学研究,进行此次聚焦黑格尔哲学方法论思想实验的思之缘起。这一点,正是黑格尔《精神现象学》"绝对知识章"中讨论的重要观点。我们看到,在《1844 年手稿》第 3 笔记本中"补入:(3)、(4)、(5)、(6)"的说明中,马克思恰好就在关注这一问题:**扬弃异化复归自身**。

(3)意识的这种外化不仅有**否定的**意义,而且也有**肯定的**意义。(4)它不仅**对我们**有这种肯定的意义或者说自在地有这种肯定的意义,而且对它即意识本身也有这种肯定的意义。(5)对象的否定,或对象的自我扬弃(Selbstaufhebung),**对意识**所以有**肯定的**意义,或者说,它所以

———————

① [德]黑格尔:《精神现象学》上卷,贺麟、王玖兴译,商务印书馆 1979 年版,第 213 页。

知道对象的这种虚无性(Nichtigkeit)，是由于它把**自身**外化了，因为意识在这种外化中**知道**自身是对象，或者说，由于**自为存在**的不可分割的统一性而知道对象是它自身。(6)另一方面，这里同时包含着另一个环节，即意识扬弃这种外化和对象性，同样也把它们收回到自身(sich zurückgenommen)，因此，它在自己的**他性存在本身**中就是**在自身**(*Anderssein als solchem bei sich* ist)。①

其实，在青年马克思看来，这四条要点的核心只有一个：意识已经知道外化和对象性异化的虚无性，对象在不是它自身中消逝的一般物相化被透视，自我意识知道自己是看起来独立的 Anderssein(他性存在)对象的爱多斯内化设定者，由此深化为反思性的精神。这同时是辩证法的否定(物不是它自身)和肯定(自我意识物相化)，但是，还必须积极地扬弃对象性定在的物相化和异化，即重新颠倒我-它自反性关系，这是黑格尔观念辩证法逻辑演进中必然出场的**否定之否定**(*Negation der Negation*)。马克思说：

> 异化的对象性本质的占有，或在**异化**——它必然从漠不相干的异己性(gleichgültigen Fremdheit)发展到现实的、敌对的异化——这个规定内的对象性的扬弃，在黑格尔看来，同时或甚至主要地具有扬弃**对象性**的意义，因为并不是对象的一定的性质，而是它的对象性的性质本身，对自我意识来说是一种障碍和异化。因此，对象是一种否定的东西、自我扬弃的东西，是一种虚无性。②

这亦表明，物相化定在的对象性异化的虚无性，并非对象本身的定在，而是它作为意识走向自我意识中的"障碍和异化"，这种敌对的异化来自它的对象性在场的外化性质，这是"精神现象学"中一般物像证伪的批判认识论和观念辩证法中那个"绝对不安"(*absolute Unruhe*)的**否定性**，也是青年马克思先后在交往异化批判和劳动异化批判构式Ⅰ中已经做到的事情。但是，更重要的是

---

① 《马克思恩格斯全集》(第二版)第 3 卷，人民出版社 2002 年版，第 326—327 页。中译文有改动。
Marx-Engels-Gesamtausgabe(MEGA²)，Ⅰ/2，Text，Berlin：Dietz Verlag，1982，S. 297–298.
② 《马克思恩格斯全集》(第二版)第 3 卷，人民出版社 2002 年版，第 327 页。中译文有改动。Marx-Engels-Gesamtausgabe(MEGA²)，Ⅰ/2，Text，Berlin：Dietz Verlag，1982，S. 297–298.

这种辩证法的**肯定**方面,因为要消除对象到场的 gleichgültigen Fremdheit(漠不相干的异己性),反思性的精神"知道对象是自身",他性对象是我的异在,所以,就必须"扬弃这种外化和对象性",将异化为物相定在的爱多斯之相"收回到自身",颠倒我-它自反性关系,这也是作为**否定之否定**的"对象的自我扬弃"。对此,阿多诺评论说,黑格尔知道,"任何对物化的、分割的和异化意识(verdinglichenden, teilenden, entfremdenden Bewußtsein)的批判,若是单纯从外部树立起与之对立的知识源泉,那么它都是无力的"①。所以,必须消除意识自身异化关系中这个看起来 gleichgültigen Fremdheit(漠不相干的异己性)。这个 gleichgültigen Fremdheit(漠不相干的异己性),是后来马克思透视资产阶级社会中遮蔽经济剥削的经济物相化中极为重要的关键词。它会再一次出现在《1857—1858 年经济学手稿》思想实验的核心构序层面。在方法论层面,这正是青年马克思劳动异化批判构式所需要的来自自我运动的辩证法筑模起来的持续动力,现在,我们已经知道资本家和地主手中的私有财产并不是独立存在的客体性东西(不是它自身),它们在本质上恰好是主体性的,因为私有财产不过是工人劳动活动自身外化的物相存在和对象性异化,所以,积极地扬弃物相化和异化并使之复归于劳动者的共相类本质,就是劳动异化批判构式更重要的构序方向。这将是走向劳动异化批判构式 Ⅱ 的关键性的一步。可以说,这是之后马克思赞同恩格斯指认斯密是"国民经济学中的路德"一说的隐秘同向所指。

青年马克思对"绝对知识章"摘录的第三点,在后来的《1844 年手稿》第 3 笔记本中被概括为"**意识的对象的克服**可**全面表述**"的第(7)、(8)点。

(7)这就是意识的运动,因而也是意识的各个环节的总体(Totalität seiner Momente);

(8)意识必须依据对象的各个规定的总体来对待对象,同样也必须依据这个总体的每一个规定来把握对象。对象的各个规定的这种总体使对象**自在地**成为**精神的本质**,而对意识来说,对象所以真正成为**精神**

①[德]阿多诺:《黑格尔三论》,谢永康译,上海人民出版社 2020 年版,第 55 页。

的本质,是由于把这个总体的每一个别的规定理解为**自我**的规定,或者说,是由于对这些规定采取了上述的**精神的**态度。①

这个摘录的第三点和黑格尔"**意识的对象的克服可全面表述**"的第(7)、(8)点的关键质点在于:意识的**总体性构序**和**精神性逻各斯负熵**本质。当意识知道自己为对象的本质,也就进入反思性的精神环节。这当然还是唯心主义信息编码中的思辨话语。因为在黑格尔的哲学体系中,绝对观念是类似上帝般的绝对意志,也就是**绝对大全式的先验** _Totalität_(**总体性**),一切观念的历史性转换和演进过程都不过是绝对观念辩证法总体实现自身爱多斯(共相)所构序的各个定在规定和过渡性环节,所以,绝对观念会以一种有逻辑张力的总体性,在自我认知的批判认识论构境中透视一切对象性(异化)规定的精神性逻各斯负熵本质,最终使异化的物性世界复归于精神世界(geistige Welt)自身。从思想构境谱系分析上看,在后来的《1857—1858 年经济学手稿》中,这个观念辩证法构序的 Totalität(总体性)会异轨成社会复杂关系结构中占统治地位的生产方式的总体性。我揣测,在马克思这里,它会解码和剖析为这样的观点,面对劳动外化的物相存在和对象性异化,必须将其视作人的主体本质发展历史本身理应具有的总体性的过渡环节,因此,劳动外化的物相存在和对象性异化就必然扬弃自身而复归于人的本质。这也将生成马克思自己独特的非物像的批判认识论:工人将自我认识到私有财产不过是自己劳动爱多斯构序产物的异化,消除这种异化、复归劳动本身就成了全新的无产阶级自觉意志。

我们看到,青年马克思在"绝对知识章"接下去的摘录中,第四点是从第二自然段开始的。

> 第一,对象是**直接的**存在或**物**一般(_unmittelbares_ Sein oder ein _Ding_ überhaupt)——这与直接的意识相符合;第二,它是自身向他者的生成,它的关系或**为他存在**和**自为存在**(_Sein für andres_ und _Fürsichsein_),规定性——这与**知觉**相符合;第三,它是**本质**或作为普遍的东西——这与知

---

① 《马克思恩格斯全集》(第二版)第 3 卷,人民出版社 2002 年版,第 322—323 页。

性相符合。(存在,本质,概念;普遍性,特殊,单一性。肯定,否定,否定的否定;简单的对立,确定的、扬弃了的。直接性。中介。扬弃自身的中介。在自身的存在。外化。从外化向自身的复归。自在。自为。自在和自为。统一性。差别。自我区分。同一性。否定。否定性。逻辑。自然。精神。纯粹的意识。意识。自我意识。概念。判断。推理。)它作为整体(Ganzes)是从普遍的东西通过规定到单一性的推理或运动,以及相反的、从单一性通过扬弃了的单一性或规定到普遍的东西的运动。①

我以为,这个第四点摘录是《黑格尔〈精神现象学〉摘录》中一个重要的文本事件。因为在这里,我们直观地看到了**青年马克思思想实验中出现的一种双层构境**:在他对第二自然段黑格尔原话的摘录中,马克思突然用括号插入了一个含有自己对黑格尔哲学辩证法三段式话语的思想构序。从这一概要的构序线索看,这并非直接对应于黑格尔的《精神现象学》的内在结构,也不是黑格尔哲学体系的逻辑线索,而是马克思自己在思想实验中的独立撮要。可以看到,黑格尔自己在文本中表达的原有观点,是将精神现象学构序中的"意识"(《精神现象学》第一至三章)的三个逻辑环节——直接意识—知觉—知性②,对应于到场的对象物或者直接的存在—反思关系中走向他者的为他、自为存在—普遍的本质,并且,这个肯定—否定—否定之否定三段论逻辑整体,既是从抽象的一般走向单一性的推理,也是扬弃了单一性再到普遍的双向运动。马克思自己突然想到的,却是黑格尔整个哲学辩证法构境中大量的正反合三段论刻意编码。作为括号中的思境起始的,是直接与这里黑格尔表述所指相关的"存在,本质,概念;普遍性,特殊,单一性",这应该对应于《哲学全书纲要》第一部《逻辑学》中的第一至三章③,这使他再联想起的,是支撑在这个两个三段论编码背后的"肯定,否定,否定的否定"的辩证法筑模,其中,否定之否定作为前二者历时性对立矛盾关系的重新统一,恰恰是一种革命性的历史扬弃。我揣测,这个"肯定—否定—否定之否定"的三段式编码工具,有可

---

① 《马克思恩格斯全集》(第二版)第 3 卷,人民出版社 2002 年版,第 367 页。
② 参见[德]黑格尔《精神现象学》上卷,贺麟、王玖兴译,商务印书馆 1979 年版,第 63—114 页。
③ 参见[德]黑格尔《哲学科学全书纲要》,薛华译,上海人民出版社 2002 年版,第 33—84 页。

能让他意识到劳动异化批判构式的劳动的本真性存在(肯定＝我)—劳动外化的对象性异化(否定＝他性异在)—扬弃异化复归自身(否定之否定＝重新颠倒我—它自反性)。这个辩证法逻辑中的否定之否定,恰好为重新扬弃劳动异化。所以,接下去的思想实验构序就呈现了对**扬弃**(*aufhebung*)本身的格外关注:"简单的对立,确定的、扬弃了的。直接性。中介。扬弃自身的中介。在自身的存在。外化。从外化向自身的复归"。这里会有一个直接**到场**的对象性到自身消逝的**不在场**,再到复归观念场境的**不在场的在场性**的否定之否定的逻辑关系。有可能进一步触动青年马克思的方面,会是资产阶级社会中资本与劳动的简单对立,这种现实中直接的对立,经过批判性中介,会深化为资本不过是劳动自身外化的对象性异化,扬弃这种异化就是使颠倒的劳动辩证法向自身复归。括号后面的列举,逐步开始涉及黑格尔哲学的总体逻辑结构,它会进一步引发青年马克思直接批判黑格尔哲学的唯心主义本质,将否定的辩证法和批判认识论从思辨鬼话中解码(decode)和剥离出来的冲动。可能也因此,凯文·安德森认为,1844年青年马克思是"通过接受黑格尔的否定之否定这一核心概念而回到黑格尔"[①]。这可能会是一个误解,马克思在这里获得的是黑格尔以劳动异化为核心的否定辩证法,而否定之否定只是这种辩证法的一个长程逻辑呈现。

到后来青年马克思《1844年手稿》第3笔记本的构境中,我们能够观察到这一批判性冲动的具体实现。也因为马克思这次临时起意的关于黑格尔Dialektik der Negativität(否定辩证法)的思想实验之目的,是突破自己在经济学语境中生成的劳动异化批判构式深化的瓶颈,所以,黑格尔唯心主义的思辨话语必须重新解码和颠倒为唯物主义的话语。也是在这里,青年马克思直接批判了黑格尔上述观点的唯心主义本质。马克思说,这里他专门摘录出来的"意识的对象的克服"观点,"汇集了思辨的一切幻想(alle Illusionen der Spekulation)"[②]。这是因为,对象性异化的克服都是在观念幻象中完成的。

[①] [美]凯文·安德森:《列宁、黑格尔和西方马克思主义:一种批判性研究》,张传平译,南京大学出版社2012年版,第9页。
[②] 参见《马克思恩格斯全集》(第二版)第3卷,人民出版社2002年版,第328页。

所以,马克思决不会简单停留在这些唯心主义此-彼归基论的思辨幻想之中,而要将黑格尔的唯心主义鬼话重新编码成费尔巴哈式的人话。他指出,"第一,意识、自我意识在自己的**他性存在**(*Anderssein*)**本身**中就是**在自身**。因此,自我意识——或者,如果我们在这里撇开黑格尔的抽象(hegelschen Abstraktion)而设定人的自我意识(Selbstbewußtsein d[es]Menschen)来代替自我意识——在自己的**他性存在本身**中就是**在自身**"①。我们看到,这是马克思第一次自觉意识到,在黑格尔观念辩证法逻辑中极其重要的这个 *Anderssein*(**他性存在**)概念,这个 *Anderssein* 本身就是一种辩证法逻辑中的批判性透视,即**在不是自己的状态下出场**。它最先出现在黑格尔对自然的定义中②。在思想构境谱系中,这一批判性概念,将在之后的历史唯物主义和历史现象学中发挥重要的话语编码作用:直观物不是它自身,而是实践(生产劳动物相化)的 *Anderssein*(**他性存在**);货币与资本物不是它自身,而是经济物相化中劳动对象化和异化的 *Anderssein*(**他性存在**)。这是说,在黑格尔思辨唯心主义辩证法构境中,"意识——作为知识的知识——作为思维的思维——直接地冒充为它自身的他物,冒充为感性、现实、生命(Sinnlichkeit, Wirklichkeit, Leben)"③,所以,就必须将黑格尔这里的精神爱多斯还原为人的自我意识,回到感性的现实生命,这样,自我意识的对象性异化和他性的物相定在,就会成为人的主体爱多斯构序活动的异化和在物相化中的他性负熵存在。这是从黑格尔观念辩证法的自我认知、自我超越的批判认识论,易码和返回到费尔巴哈式的人本学批判认识论。我以为,这种"返回"并不会改变他性镜像中黑格尔与费尔巴哈的主次地位。而回到马克思自己的思想构境中,则会易码为资本家手中的私有财产的本质是工人主体劳动异化的对象性的 *Anderssein*(**他性存在**),资产阶级社会中的私有财产正是劳动"在自己的**他性存在本身**中就是**在自身**"。这是对我-它自反性异化的自觉。这已经是在一种新的非物像批判认识论构境中,透视资产阶级社会私有财产本质被颠倒的劳动辩证法。

---

① 《马克思恩格斯全集》(第二版)第 3 卷,人民出版社 2002 年版,第 328 页。中译文有改动。Marx-Engels-Gesamtausgabe(MEGA²),Ⅰ/2, Text, Berlin: Dietz Verlag, 1982, S. 298.
② 参见[德]黑格尔《哲学科学全书纲要》,薛华译,上海人民出版社 2002 年版,第 145 页。
③ 《马克思恩格斯全集》(第二版)第 3 卷,人民出版社 2002 年版,第 328 页。

　　马克思接着指认，"第二，这里包含着：因为有自我意识的人认为精神世界(geistige Welt)——或人的世界在精神上的普遍存在——是自我外化并加以扬弃(Selbstentäusserung erkannt und aufgehoben)，所以他仍然重新通过这个外化的场境(entäusserten Gestalt)确证精神世界，把这个世界冒充为自己的真正的存在，恢复这个世界，假称在**自己的他性存在**(*Anderssein*)中就是**在自身**"①。这里，我们看到 Gestalt(场境)在黑格尔哲学中的缘起处。依阿多诺的看法，虽然在黑格尔那里不可能出现后来"科勒(Köhler)扩展为一个哲学类型的格式塔理论(Gestalttheorie)"，但他已经意识到这种场境关系中出现的"整体的优先地位"。② 这是很深的理论辨识。那个反思性的 geistige Welt(精神世界)与作为自己消逝于 Anderssein(他性存在)的物性世界的辩证关系被深刻地揭示出来，在唯心主义者黑格尔那里，自我意识外化和异化为对象世界，可这个他性存在的世界却"冒充为自己的真正的存在"。主体观念异化为在此自在的他性物，此物却冒充为彼处隐匿中的主体。于是，黑格尔对意识自我外化的物相化 Gestalt(场境)加以扬弃的目的，是从 Anderssein(**他性存在**)的物性世界复归精神世界，所以，在黑格尔"**绝对不安**"(*absolute Unruhe*)的否定辩证法中，如果异化是对本真主体的否定，那么扬弃异化后向主体爱多斯的复归，就是新的否定之否定。可是，"在黑格尔那里，否定的否定(Negation der Negation)不是通过否定表面本质(Scheinwesens)来确证本质(Wesens)，而是通过否定表面本质来确证表面本质或同自身相异化的本质，换句话说，否定的否定是否定作为在人之外的、不依赖于人的对象性本质的这种表面本质，并使它转化为主体"③。显然，这个否定之否定的辩证法话语塑形，是马克思在"绝对知识章"摘录第四点那个括号中被激活的思想构境的结果。这证明了我在上述思想复构中的推测。劳动异化批判构式Ⅰ中缺少的逻辑环节，正是这个作为否定辩证法结果的 *Negation der Negation*(**否定之否定**)——劳

①《马克思恩格斯全集》(第二版)第 3 卷，人民出版社 2002 年版，第 328 页。中译文有改动。Marx-Engels-Gesamtausgabe(MEGA²)，Ⅰ/2，Text，Berlin：Dietz Verlag，1982，S. 299.

② 参见[德]阿多诺《黑格尔三论》，谢永康译，上海人民出版社 2020 年版，第 3 页。

③《马克思恩格斯全集》(第二版)第 3 卷，人民出版社 2002 年版，第 329 页。中译文有改动。Marx-Engels-Gesamtausgabe(MEGA²)，Ⅰ/2，Text，Berlin：Dietz Verlag，1982，S. 299.

动异化的扬弃与复归的辩证法。青年马克思在解码和颠倒黑格尔唯心主义的逻辑后,就不仅要确证私有财产"表面本质"(肯定)背后的主体本质是劳动的异化(否定),而且必定要扬弃这种异化,复归工人的劳动本质(否定之否定)。这也意味着,马克思此时获得的否定辩证法的批判本质是基于无产阶级立场的**劳动辩证法**。只不过,这种主体性的劳动辩证法的复归,此时还是通过人本学话语编码中的逻辑推演完成的。从思想构境谱系上看,这种劳动辩证法的科学赋型,是马克思在中晚期经济学研究中才最终实现的。

马克思的"绝对知识章"摘录的第五点,是从这一章的第三自然段开始的。显然,黑格尔还是在讨论那个消失了的观念活动异化后的对象。一上来,"谈到对象,就它是直接的、**漠不相干**的(原文如此)存在[*gleichgültiges* (sic) Sein]来说,那么我们看到,正在观察的理性在这一漠不相干的物中寻找并发现自身"①。摘录中这个"原文如此"是马克思自己思想实验中的评点。这是上述马克思那个 gleichgültigen Fremdheit(漠不相干的异己性)的缘起处。在黑格尔"精神现象学"中,作为观念的异化的物相化对象,在一般物像图景中总呈现出与主体漠不相干的样子,而我觉得马克思此时首先想到的会是黑格尔在《精神现象学》第四章讨论主奴辩证法时,指认"劳动陶冶事物"后,这一自为对象却表现为"外在的东西或者与自己漠不相干的东西"②。其次,马克思会进一步想到金钱和资本出现在资产阶级社会生活中,表现为与工人漠不相干的独立到场性。这个"表面的漠不相干性"的批判性构境是深刻的。在之后的《1857—1858年经济学手稿》中,马克思会再一次用它来批判资本关系异化为生产条件所呈现的 gleichgültigen Fremdheit(漠不相干的异己性)假相。接下去,是一段非常重要的摘录:

> **物是自我**(*Ding ist Ich*),就是说,物被扬弃了(Ding aufgehoben);它不是自在的东西,它只有在关系(Verhältnisse)中,只有通过**自我**,以及通过它与自我的**关系**,才有意义。——这个环节对于意识来说是[在]纯粹的观点和启蒙思想(reinen Einsicht und Aufklärung)[中]出现的。物全都是**有用**的(Dinge

① 《马克思恩格斯全集》(第二版)第3卷,人民出版社2002年版,第368页。
② [德]黑格尔:《精神现象学》上卷,贺麟、王玖兴译,商务印书馆1979年版,第131页。

sind schlechthin *nützlich*），而且必须根据它们的有用性（*Nützlichkeit*）加以考察……**有教养的**自我意识经历了同自身相异化的精神的世界，它是通过它的外化创造出作为自身的物，因此，它在物中还保留着自身，并且知道物的非独立性（Unselbstständigkeit），或者说，知道物**本质**上只是**为他存在**（*Sein für Andres ist*）；或者说，如果充分表达了**关系**，就是说，充分表达了在这里惟一构成对象的本性的东西，那么对它来说，物就是一种**自为存在者**（*Fürsichseiendes*），它把感性确定性（sinnliche Gewissheit）宣布为绝对真理，却把这个**自为存在**（*Fürsichsein*）本身宣布为瞬间（Moment），这种瞬间正在消逝（verschwindet），正在转化为自己的对立面，转化为听任摆布的为他存在（Sein für andres）。①

这是一段很有趣的讨论。黑格尔这里在思辨外衣下的话语构序场境，显然引起了马克思的格外注意和思考。第一，被扬弃的定在物是作为 *Fürsichsein*（**自为存在**）的自我，也就是说，看起来为外部实存的到场物，本质却是主体性爱多斯物相化的设定结果，这种 Sein für andres（为他存在）的他性物的在场性，只有在证伪了一般物相化的与我的主体性精神关系中才能被透视。这里的 Sein für andres（为他存在），也就是前述那个重要的 Anderessein（他性存在）。这当然是绝对理念的自我认知，可这种非物像批判认识论剥去了黑格尔的唯心主义思辨外衣，马克思在他的思想实验中可能看到的话语易码结果为，资产阶级社会中私有财产的本质是主体性劳动的对象化，当异化的物（动产）被扬弃时，它们会在与劳动的关系中复归现实中的真实本质。第二，在与市民社会同体在场的"纯粹的观点和启蒙精神"之中，外化的他性物才会从"有用性"来实现自身的存在和在场性。《精神现象学》第六章第二节"启蒙"中，黑格尔在"功利世界"的小目下，专门讨论了这个有特定历史的既定的有用性世界。黑格尔指认，"有用是启蒙的基本概念"。② 对马克思而言，这意指着，"物全都是有用的"价值关系会是资产阶级社会生活中特有的东西。马克思此时当然不可能细分这种历史性的有用"物"的使用价值和社会

①《马克思恩格斯全集》（第二版）第 3 卷，人民出版社 2002 年版，第 368—369 页。中译文有改动。Marx-Engels-Gesamtausgabe（MEGA²），Ⅳ/2，Text，Berlin：Dietz Verlag，1982，S. 494 - 495.
② 参见［德］黑格尔《精神现象学》下卷，贺麟、王玖兴译，商务印书馆 1979 年版，第 110—112 页。

关系属性——价值。并且，他也不会想到，这个劳动爱多斯塑形和构序起来的有用性——物相化的事物之普遍关联场境，会成为之后历史唯物主义场境存在和历史认识论中的重要构序意向。第三，"有教养的自我意识"经历了同自身相异化的精神的世界，精神负熵外化创造出对象性的物，所以，它可以知道这些有用物的非独立性和为他性关系。自我意识清楚地知道，这种定在之物的本质只是颠倒式关系性的 Sein für andres（为他存在），当物自以为"感性确定性"的物像就是绝对真理时，它只不过是一**自为存在者**（*Fürsichseiendes*），而将创造了自身物性的**自为存在**（*Fürsichsein*）当作消逝的环节，变成"听任摆布的为他存在"。如果从思想构境谱系上看，在这里我们还能够观察到，广义历史唯物主义中马克思恩格斯在说明意识的非独立性本质时，指认第一层级非物像构境中"意识是我对我环境的关系"的思想的缘起。他们恰恰批评了费尔巴哈简单回到"感性确定性"（sinnliche Gewissheit）的非历史性。① 这第三个构境层有两个值得关注的方面：一是黑格尔在这里区分了自为的 Seiendes（存在者）和 Sein（存在），存在是使到场的现成存在者得以生成的在场性根据，可它却消失在对象性存在者的背后，我们无法确定这是否影响过创立了**存在论差异**的海德格尔。我注意到，马尔库塞就曾经指认过青年黑格尔在《早期神学著作》中对存在（Sein）与存在者（Seiendes）的区分。② 可海德格尔自己却明确界划说，"黑格尔所指的存在者和存在，我们用'现存的东西'和'现存性'来标画"③。二是在青年马克思的颠倒和易码构境中，这个自为存在就是当下发生并瞬间（Moment）消失的塑形事物的劳动，资本家手中的私有财产（自为存在者）却把对象性的"感性确定性"当作绝对真理，把不在场的劳动变成"听任摆布的为他存在"。这会让青年马克思顿悟到劳动异化批判构式Ⅰ中所缺少的一些重要理论赋型点。这个 Moment（瞬间），在前面的文本中为 Augenblick（瞬间）。

---

① 参见［日］广松涉编注《文献学语境中的〈德意志意识形态〉》，彭曦译，南京大学出版社 2005 年版，第 16 页。
② 参见［美］马尔库塞《理性和革命——黑格尔和社会理论的兴起》，程志民等译，上海人民出版社 2007 年版，第 48 页。
③ ［德］海德格尔：《黑格尔的精神现象学》，赵卫国译，南京大学出版社 2018 年版，第 33 页。

在接下去的第六、七、八点中，马克思分别摘录了黑格尔所描述的通过道德意识、宗教意识和绝对知识，绝对精神逐步扬弃异化的自我认识和自我复归的过程，这些唯心主义的思辨演绎内容已经离马克思此时的所思所想越来越远了。在此，我们也不需要细读这些文本的具体内容了。然而，我们在《1844 年手稿》第 3 笔记本中的相应构境中，可以看到青年马克思对这三条摘录文本的评论，他说，"扬弃了的主观精神 = **伦理的**客观精神，扬弃了的伦理精神 = **艺术**，扬弃了的艺术 = **宗教**，扬弃了的宗教 = **绝对知识**"，这恰是上述后三条摘录的实质。马克思清醒地指出：这一切

> 扬弃是思想上的本质（Gedachten Wesens）的扬弃，就是说，**思想上的私有财产**（*gedachte* Privateigenthum）在道德的**思想**中的扬弃。而且因为思维自以为直接就是和自身不同的另一个东西，即**感性的现实**（*sinnliche Wirklichkeit*），从而认为自己的活动也是**感性的现实的**活动（*sinnliche wirkliche* Action），所以这种思想上的扬弃，在现实中没有触动自己的对象，却以为实际上克服了自己的对象。①

这是青年马克思在批判黑格尔唯心主义扬弃观中比较重要的一段表述。在《精神现象学》最后的"绝对知识章"中，扬弃的实质是将颠倒的异化关系重新颠倒回来，黑格尔深透地看到了观念外化为对象物的异化，可是他对异化的扬弃只是停留在"思想上的扬弃"中。这里，马克思没有遮蔽自己构境的焦点话语——Privateigenthum（私有财产），黑格尔的这种思辨把戏，实际上不过是思想上的**私有财产**在伦理（良心）观念中的扬弃，因为，"黑格尔在哲学中扬弃的存在，并不是**现实的**宗教、国家、自然界，而是已经成为知识的对象的宗教本身，即**教义学**；**法学、国家学、自然科学**也是如此"②。可笑的是，他还以为自己的主观扬弃就是改变"感性现实"的"感性的、现实的活动"，但真相却是在现实中根本没有触动异化的对象。这里扬弃劳动外化和异化的"感性的、现实的活动"，再经过费尔巴哈的中介，将成为后面马克思《黑格尔现象学的建构》中思想实验中的核心观点，并直达《关于费尔巴哈的提纲》。

---

① 《马克思恩格斯全集》（第二版）第 3 卷，人民出版社 2002 年版，第 330 页。
② 《马克思恩格斯全集》（第二版）第 3 卷，人民出版社 2002 年版，第 330—331 页。

马克思说,"现在应该考察——在异化这个规定之内——黑格尔辩证法的**积极的**环节(*positiven* Momente der hegel'schen Dialektik)"①了。在此,我们终于可以直接看到青年马克思这次哲学思想实验的真实想法了,这就是**认清作为资产阶级社会经济物相化结果的私有财产中被颠倒的劳动辩证法构序的主体本质,进而彻底扬弃劳动异化和私有财产**。这将构成《1844年手稿》第1笔记本中的劳动异化批判构式Ⅱ的基本逻辑赋型构架。马克思说:

> **扬弃**(*Aufhebung*)是**把**外化**收回到**自身的、对象性的运动。——这是在异化之内表现出来的关于通过扬弃对象性本质的异化来**占有**对象性本质(*Aneignung* des gegenständlichen Wesens)的见解;这是异化的见解,它主张人的**现实的对象化**,主张人通过消灭对象世界的**异化的**规定(Vernichtung der *entfremdeten* Bestimmung der Gegenständlichen Welt)、通过在对象世界的异化存在中扬弃对象世界而现实地占有自己的对象性本质,//正像无神论作为神的扬弃就是理论的人道主义(theoretischen Humanismus)的生成,而共产主义作为私有财产的扬弃(Communismus als Aufhebung des Privateigenthums)就是要求归还真正人的生命即人的财产,就是实践的人道主义(praktischen Humanismus)的生成一样;或者说,无神论是以扬弃宗教作为自己的中介的人道主义,共产主义则是以扬弃私有财产作为自己的中介的人道主义。只有通过扬弃这种中介——但这种中介是一个必要的前提——积极地从自身开始的即**积极的**人道主义(*positive* Humanismus)才能产生。②

这是《1844年手稿》第3笔记本中,直接反映青年马克思关于黑格尔哲学的思想实验实质的一段重要表述。这也会是马克思自己明确勘破《精神现象学》思想实验思考主线的一段重要阐述。这里有三个内在关联着的构境层:第一构境层,这里马克思心目中聚焦的黑格尔辩证法的积极方面,正是现象学中不仅透视观念[能指与所指符码迁移为劳动潜能(dynamis)]外化为对象性的异化,并且通过"**现实的对象化**"活动,才积极地扬弃异化并重新占有自

---

① 《马克思恩格斯全集》(第二版)第3卷,人民出版社2002年版,第331页。
② 《马克思恩格斯全集》(第二版)第3卷,人民出版社2002年版,第331页。

己被异化的对象性本质。马克思说，黑格尔"在抽象的范围内——把劳动（Arbeit）理解为人的**自我产生的行动**（*Selbsterzeugungsakt*），把人对自身的关系理解为对异己本质（fremdem Wesen）的关系，把作为异己本质的自身的实现理解为生成着的**类意识和类生活**（*Gattungsbewußtsein und Gattungsleben*）"①。显然，青年马克思这个对黑格尔观念自我运动的辩证法的评价，业已掺杂着自己的全新话语构序场境，在这里，马克思突显了自己真正关心的劳动意向活动的塑形和构序，并将其表征为"人的**自我产生的行动**"，这是对黑格尔《精神现象学》观念式的否定辩证法中隐匿起来的**劳动辩证法**的破题，同时，他又用费尔巴哈的人本学解码和重构了黑格尔的异化构式，所以，才会出现人对自身的关系成为对象性异化关系，劳动异化中的"异己本质"是"生成着的类意识和类生活"这样的表述。这里，我们直接看到了前述那三种话语编码的相互交织和易码场境。由此，"在黑格尔看来，自我产生、**自我对象化**（*Selbstvergegenständlichens*）的运动，作为**自我外化和自我异化**（*Selbstentäusserung und Selbstentfremdung*）的运动，是绝对的因而也是最后的、以自身为目的、安于自身的、达到自己本质的**人的生命表现**（*menschliche Lebensäusserung*）"②。马克思说，黑格尔整个《精神现象学》中以抽象的思辨形式表现出来的否定性的"辩证法，被看成**真正人的生命**（*wahrhaft menschliche Leben*）"③。"**绝对不安**"（*absolute Unruhe*）的辩证法，不再是创制物性世界后消逝的观念辩证法构序，而是易码为真实创造现实世界的 *wahrhaft menschliche Leben*（**人的真正生命**）——劳动，这个人的生命本质实现的历史过程正是劳动辩证法。如果说，在黑格尔那里，作为观念辩证法自我运动核心的否定性，是观念自我异化本身的内部矛盾冲突构成的，"矛盾是在其本质规定中的否定的东西，它是一切自我运动的原则"④，那么，马克思的这种劳动辩证法的自我运动，则是由劳动自我异化的内部矛盾构成的。列宁在"伯尔尼笔记"中摘录

①《马克思恩格斯全集》（第二版）第 3 卷，人民出版社 2002 年版，第 332 页。中译文有改动。Marx-Engels-Gesamtausgabe（MEGA²），I／2，Text，Berlin：Dietz Verlag，1982，S.301.

②《马克思恩格斯全集》（第二版）第 3 卷，人民出版社 2002 年版，第 332 页。

③《马克思恩格斯全集》（第二版）第 3 卷，人民出版社 2002 年版，第 332 页。

④［德］黑格尔：《逻辑学》下卷，杨一之译，商务印书馆 1976 年版，第 66 页。

了黑格尔上述这一重要观点，并在"一切自己运动的原则"下打了着重号。①
第二构境层，马克思进一步将黑格尔的 spekulativen Dialektik（思辨辩证法）转
换和易码为费尔巴哈式的唯物主义的批判话语，就是基于"人的**现实的对象
化**"，通过消灭对象"世界"中的异化现实，重新收回自己的对象性本质，打倒
作为人的类本质异化的上帝，这就是理论的人道主义的生成。第三构境层，
青年马克思自己的政治立场和话语构境的直接在场，这就表现为扬弃资产阶
级社会中的劳动异化，将人的物相化和对象性本质——他性的私有财产重新
收回到自身，这样重新颠倒我-它自反性关系的扬弃就不再是观念逻辑的主观
构境，而是现实革命的扬弃，这就是现实无产阶级革命中积极的人道主义，这
也就是共产主义。至此，在经济学研究中突现的这个哲学思想实验中，青年
马克思想要从黑格尔的现象学—否定的辩证法—批判认识论中得到的方法
论要义就全部实现了，这就是**人本学的社会现象学—以劳动辩证法为基础的
否定辩证法—批判性透视劳动异化的批判认识论**。这其中，劳动辩证法的异
化是核心，社会现象学是揭露这种异化的批判方法，同时也生成了人本学的
批判认识论。应该指出，这是马克思获得的第一个现象学和批判认识论筑
模。从思想构境谱系分析看，它们不同于马克思后来在中晚期经济学研究中
重新确立的历史现象学和科学的批判认识论。我注意到，布尔迪厄也曾经使
用过社会现象学这一概念。②

　　可以从《1844 年手稿》第 3 笔记本中看到，青年马克思在这一专题性思想
实验的最后，从《精神现象学》再一次回到黑格尔的《哲学全书纲要》，他先后
细读和评述了《哲学全书纲要》第 222 到 293 页的相关内容，对黑格尔哲学的
思辨唯心主义本质进行了深入的系统批判。这也为下一步他在《1844 年手
稿》第 1 笔记本中运用唯物主义颠倒过来的黑格尔的辩证法，创造劳动异化
批判构式 II 奠定了重要的理论基础。在这一点上，卢卡奇的下述观点是值得
留意的，他说："如果以为马克思对黑格尔的批评只是到手稿的最末一部分批
判《精神现象学》时才开始的，那就是太肤浅太表面了。前面那些纯经济学的

---

① 参见《列宁全集》（第二版）第 55 卷，人民出版社 1990 年版，第 117 页。
② 参见［法］布尔迪厄《实践感》，蒋梓骅译，译林出版社 2003 年版，第 37 页。

部分,虽然没明白指出黑格尔的名字,却包含着后来有分析批判的最重要的理论根据,那就是,从经济学上给异化事实作了说明。"①我基本赞同卢卡奇的判断。马克思关于黑格尔《精神现象学》的研究,为他真正超越资产阶级经济学的话语编码,创立自己原创性的劳动异化批判构式Ⅱ提供了重要的内部动力。因此我们甚至可以说,**不读懂黑格尔的《精神现象学》,就不可能真正读懂马克思的《1844 年手稿》**。并且,马克思关于《精神现象学》的这一重要的思想实验,也会在他思想构境谱系的全程发展中产生深远的历史影响。

----

① [匈]卢卡奇:《青年黑格尔》,王玖兴译,商务印书馆 1963 年版,第 117 页。

第四章 资产阶级社会中劳动外化的对象性异化及其扬弃

过去,我们通常将青年马克思《1844 年手稿》的劳动异化批判构式看作费尔巴哈人本主义异化史观的统摄结果,这是正确的判断。但我新的认识是,青年马克思劳动异化理论自我变革的真正逻辑构序内驱**来自黑格尔**。正是在对黑格尔的《精神现象学》进行了重要的思想实验之后,青年马克思才以劳动外化的对象性异化及其扬弃的深刻思想赋型,在《1844 年手稿》中原创性地塑形了以人本学为外部话语构序场境的劳动异化批判构式 II。虽然这一理论逻辑并非科学,却成为青年马克思批判资产阶级社会的第一个完整的社会现象学价值批判构境,以及透视经济物相化的批判认识论筑模。这也说明,马克思的《1844 年手稿》绝非经济学摘录间隙所写下的偶发感想,而是一个精心筹划的自主性学术构境之作,它必然成为马克思哲学思想发展进程中第一个重要的原创性理论制高点。

1. 谋生劳动与资本:资产阶级社会的二元结构

在关于黑格尔否定辩证法的思想实验之后,青年马克思的许多想法都开始发生改变。在《1844 年手稿》的写作中,马克思仍然尽量避免使用 bürgerliche Gesellschaft 一语。从概念考古的词频统计中看,全部书稿只是 4 次使用了这一概念,这几次都是在第 3 笔记本中。但他 25 次使用了来自法文

的 Bourgeois 一词,这是"穆勒笔记"中所没有出现的情况。望月清司①注意到
了这一特殊的词语缺席现象,他说,到了《1844 年手稿》和"穆勒笔记",
bürgerliche Gesellschaft"这一概念令人难以置信地消失了。马克思好像故意
不使用这一概念"②。其实,望月清司没有完整地研读《巴黎笔记》,所以他无
法得知这种"消失"和概念的不在场贯穿青年马克思的整个第一次经济学研
究。在第 3 笔记本的补入片断中,马克思转述说,"在国民经济学家看来,社
会是市民社会(bürgerliche Gesellschaft),在这里任何个人都是各种需要的整
体,并且就人人互为手段而言,个人只为别人而存在,别人也只为他而存
在"③。这是我们已经熟悉的斯密-黑格尔那个市民社会话语 Ⅱ 的基本表征。
可是,此时马克思的表述已经明显带着怀疑的口气。因为他已知道,资产阶
级所说的"市民"和"人"背后,会有资本家、地主和工人之分。如果说,"穆勒
笔记"中马克思的人本学逻辑构式,还是在跟着资产阶级经济学家描述"市民
社会"经济现象思路后面的边走边想,那么,《1844 年手稿》则是马克思自己在
完成《巴黎笔记》的经济学研究主体任务之后,完全自主撰写的书稿了。最了
解马克思的恩格斯曾经说过,"只要你那里有一本你认为是重要的书还没有
看,你是不会动笔去写的"④。这也说明,那种将马克思描绘为一边摘录经济
学文献一边交叉写作《1844 年手稿》的假想是多么的荒唐。青年马克思是聪
明的,他可能觉得,自己在"穆勒笔记"中**先跟随**国民经济学的话语,然后**再从
中跳出**的无意发生的思想构境,对陷入资产阶级经济学误导中的读者会有启
发意义,所以,在《1844 年手稿》第 1 笔记本的一开始,马克思对资产阶级社会
的批判是自觉地先从国民经济学的话语构境入手的。当然,不同于"穆勒笔
记"开始时那种无批判的摘录原文,马克思在这里是让斯密等人的观点先归
入他所塑形的三栏**特定专题栅格**中,再以青年恩格斯的批判性的方式(《国民

---

① 望月清司(Mochizuki Seiji, 1929—　),日本当代新马克思主义思想家。1929 年生于日本东京,1951
　年入学日本专修大学商学部经济学科,1956 年就任该大学商学部助手,1969 年晋升为该大学经济
　学部教授。1975 年获得专修大学经济学博士学位。并从 1989 年开始连任专修大学校长九年,直至
　中途退休为止。代表著作有:《马克思历史理论的研究》(1973)等。

② [日]望月清司:《马克思历史理论的研究》,韩立新译,北京师范大学出版社 2009 年版,第34 页。

③《马克思恩格斯全集》(第二版)第 3 卷,人民出版社 2002 年版,第 353 页。

④《马克思恩格斯全集》第 27 卷,人民出版社 1972 年版,第 252 页。

经济学批判大纲》),即 in ökonomischen Fragen auch ökonomisch richtiger zu entscheiden(从经济的观点比较正确地解决经济问题)的**此-此证伪的理论逻辑**予以评判,最后再跳出经济学语境以哲学人本主义的劳动异化批判构式将其彻底颠覆。这是一个非常复杂的三重话语博弈的**话语构序场境**。这一话语格式塔的主体是属于经济学的信息编码(information coding)。从文本的写作进程来看,他首先按青年恩格斯《国民经济学批判大纲》的思路写下第 1 笔记本的前半部分。这是一种对国民经济学指认的三种可直观的“事实”的直接批判,这种批判的思路实际上也很接近蒲鲁东的社会主义。然后他“跳出国民经济学”,从哲学透视中进一步**否定**这一在经济学话语操作之中证伪经济学的思路,转而写下第 1 笔记本的第二部分,即异化劳动批判中的四个层面,这是青年马克思自己重新确立的推翻国民经济学基本构架的哲学人本主义异化史观的批判大纲(**人本学社会现象学**)。接下去,是对这种批判的理论认证,即手稿遗失的那 39 页。据我的推想,这应该是马克思依据劳动异化批判构式重构的对国民经济学遮蔽起来的资产阶级社会本质的完整批判,我们从现存的第 2、3 笔记本的残稿中可以看到这一经济哲学分析的部分内容。关于《1844 年手稿》的讨论,我在《回到马克思》第一卷中业已有过详细的分析,那些判断仍然是我所坚持的基本观点,在这里,我只是依照青年马克思关于资产阶级社会的批判线索,概要说明我在本次研究中所获得的一些新的看法。我们从第一笔记本开始。

《1844 年手稿》的第 1 笔记本中,马克思一上来显然是在模仿资产阶级经济学话语塑形和构序场境,在“穆勒笔记”最后概括的资产阶级社会的劳动、资本和土地三者分离的三元结构图,成为他重新塑形的国民经济学眼中的资产阶级社会表象。为了适应这一三元图解和编码,马克思干脆将手稿划为三栏,以直观的方式让这种 wechselseitigen Entfremdung(相互异化)直接在场。这种分栏方式,在前述《巴黎笔记》中的“李嘉图笔记”Ⅰ中已经出现过。对于这一点,马克思自己有明确的说明,在第 1 笔记本第二部分的开始,马克思详细说明了他为什么在第一部分中会分三栏写作。他说:

> 我们是从国民经济学的各个前提(Voraussetzungen)出发的。我们采

用了它的语言和它的规律（ihre Sprache und ihre Gesetze）。我们把私有财产，把劳动、资本、土地（Arbeit，Capital und Erde）的互相分离（Trennung），工资、资本利润、地租（Arbeitslohn，Profit des Capitals und Grundrente）的互相分离以及分工、竞争、交换价值概念等等当作前提。①

这里，马克思告诉我们，他是刻意"从国民经济学的各个前提出发的。我们采用了它的语言和它的规律"，这是在标识出**经济学信息编码中话语格式塔**的质性。更重要的是，马克思在这里其实是标识出他刻意采用了一种**在经济学视域中否定物像的此-此证伪逻辑**。后来马克思专门说明过，这三栏是"庸俗经济学家当作**出发点**的那些表现形式：地租来自土地，利润（利息）来自资本，工资来自劳动"②。从这种表现形式来批判资产阶级雇佣劳动的做法，在恩格斯的《国民经济学批判大纲》中，被确认为 in ökonomischen Fragen auch ökonomisch richtiger zu entscheiden（从经济的观点比较正确地解决经济问题），而后来马克思称之为"从国民经济学的观点对**国民经济学**所做的批判"③，这是一种**此-此证伪的理论逻辑**。这里辨识出的两个"互相分离"，恰好为我们在前面"穆勒笔记"中遭遇过的资产阶级社会经济表象中的三元结构。也因为在刚刚结束的《巴黎笔记》的经济学研究中，青年马克思已经意识到斯密和萨伊那里的劳动（工资）—资本（利润）—土地（地租）的**三位一体**，到了李嘉图的"犬儒主义"（Cynismus）抽象逻辑之中，只剩下作为资本"生产成本"回报的利润和地租的**二位一体**。在撕去了所有"道德情操"（斯密语）遮羞布的李嘉图那里，工人并不是人，而只是经济收入中可以不作数的劳动机器。这也是李嘉图不在第 1 笔记本中出场的根本原因。后面，青年马克思在赞同青年恩格斯所指认的斯密是经济学中的"路德"问题时，直接说明了这一缘由。不过，与"穆勒笔记"中他简单地跟随经济学话语不同，马克思这里表征劳动、资本和土地三者相互分离关系的落点，恰恰是李嘉图删除的**工人的工资**。所以，他是以第二个相互分离，即相互分离中的工资、利润和地租作为三栏的标识。

---

① 《马克思恩格斯全集》（第二版）第 3 卷，人民出版社 2002 年版，第 266 页。Marx-Engels-Gesamtausgabe（MEGA²），Ⅰ/2，Text，Berlin：Dietz Verlag，1982，S. 234.
② 《马克思恩格斯全集》第 32 卷，人民出版社 1974 年版，第 75 页。
③ 《马克思恩格斯全集》第 2 卷，人民出版社 1957 年版，第 38 页。

依我这里重新复构的结果,青年马克思在国民经济学话语编码的构境之中对资产阶级社会的认识线索,对于这个第1笔记本第一部分的解读,应该从第三栏"地租"开始。因为这里有青年马克思第一次从土地—土地所有者—地租的侧面,深入讨论资产阶级社会的**历史发生**。

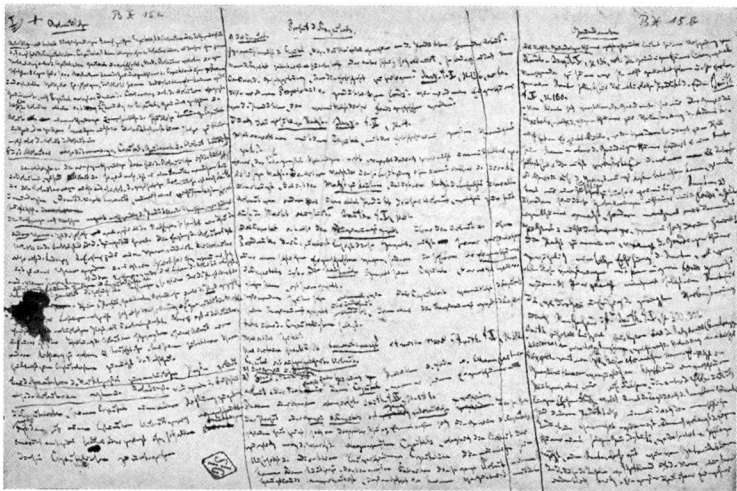

图4-1　马克思《1844年手稿》第1笔记本手稿第一页

首先,第三栏中对**资产阶级社会历史发生**的思考。马克思说,过去的"封建的土地占有已经包含土地作为某种异己力量(fremden Macht)对人们的统治"①。当然,这并非是指土地本身对人的统治,而是土地作为私有财产(不动产)对穷人的奴役。这是可见的**自然物役性**②**关系**。其实,这种自然物役性已经不是远古时代单纯的外部自然力量对人的支配,而是自然辩证法入序于历史辩证法的历史结果,因为这里土地作为fremde Macht(异己力量)对人的统治中,已经嵌套着人对人依赖的宗法关系赋型。从思想构境谱系的长程分析看,这里马克思指认的外部力量对人的统治关系中出现的异己力量,之后还会出现在经济物役性批判和经济物相化中的货币权力异化、资本异化和科技

①《马克思恩格斯全集》(第二版)第3卷,人民出版社2002年版,第260页。
②这里的自然物役性是特指人类社会历史发展初期,人在农耕文明的生存中依存于自然的状况,用恩格斯的话来表述,即"人是自然的奴隶"。这种特定的自然物役性,区别于后来出现在经济的社会赋型中的经济物役性。

异化关系中,只是马克思在那里多用复数形式的异化权力。所以马克思说,"私有财产的统治一般是从土地占有开始的",土地占有是封建性私有财产的基础。在他看来,

> 在封建的土地占有制下,占有者和土地之间还存在着比单纯**事物**(*sachlichen*)财富的关系更为密切的关系的外观。地块随它的领主而个性化(individualisirt),有他的爵位,随他而有男爵或伯爵的封号;有他的特权,他的审判权、他的政治地位等等。土地仿佛是它的领主的无机的身体(unorganische Leib)。因此,俗语说:**没有无主的土地**(*nulle terre sans maître*)。这句话表明领主的权势是同土地占有结合在一起的。①

先说一点,经过《克罗茨纳赫笔记》的历史观察和《巴黎笔记》的经济学洗礼,马克思此时的认识论对象显然已经发生了变化,除去物理空间中实存的土地和地主所有的"事物性"的财富关系外,还有这种特定财富中可能直观到的封建关系人格化"外观"特征。"天下之土地,莫非王土。"这里说明了一种土地与所有者**没有分离**的历史状态。土地属于封建地主,他可以将领地人格化,土地成为自己的"无机的身体",而农奴就是打上他的专属印戳的奴隶,他的权力和政治地位仿佛是从土地中生长起来的属于生命负熵的"动物学"(马克思语)的东西。在这里,封建宗法关系与血亲人格是直接同一的。在以后我们将看到的资产阶级社会中,这种直接的人格关系,将被**经济关系的反向物相化中的伪主体替代**——资本关系人格化的资本家和雇佣劳动关系人格化的工人。这是思想构境谱系分析中需要留意的逻辑对应关系。在认识论构境中,这一时期中规制人们"现象界"的康德所谓的"先天综合判断"的现实基础:一是自然经济中农业种植业和畜牧业生产中有限劳动塑形和构序关系构架。由于这种**辅助性**劳动的本质还没有在整体上改变自然物质存在的基本质性和形式,所以,在人对自然的能动关系中,并没有出现自然界**整体物相化**的可能,而古希腊哲学家描绘的主体目的(telos)通过理念之相(eidos)实现于对象之中的创制(poiesis),只会出现在工具、日常生活用具、建筑和道路等

---

① 《马克思恩格斯全集》(第二版)第3卷,人民出版社2002年版,第261页。

手工艺劳作之中,这会是那时简单生产物相化和人的主体物相化的基础。二是血亲关系天然构序起来的凝固化的循环时间与自然物理空间中的先验社会等级专制构式。社会物相化中关系构序的基础,仍然是"动物学"的生理联结,也因为这种循环时间中的农耕生产的目的是已知的重复,所以是不存在历史辩证法的**异质性的未来时间维度**的,在此之上才会出现永恒不变的封建主义意识形态的"形而上学"的先验观念赋型构架。在那种四季循环往复的封闭时空中,人们的经验塑形和观念赋型,离不开土地上不变的君君臣臣民民等级关系场境,在东西方历史上,这种在土地上凝固化的封建宗法关系构式作为一种规制性的社会先验构架以西方圣灵的道成肉身和东方的天子神话构境持续了数千年。这一社会先验构架,会是康德先天综合判断缺失的现实基础环节之一。在思想考古的视域中,这恰恰会是马克思思想构境基础发生改变的微观异动前提。

然而,这些欧洲大地上数千年不变的东西,自14世纪之后,慢慢地被新兴的工业生产和商业资本的飓风摧毁,一种全新的资产阶级社会关系开始出现。马克思从土地和所有者的关系角度说:

> 地产这个私有财产的根源必然完全卷入私有财产的运动而成为商品;所有者的统治必然要失去一切政治色彩(politischen Tinktur)而表现为私有财产的、资本的单纯统治(reine Herrschaft);所有者和劳动者之间的关系必然归结为剥削者和被剥削者的国民经济关系(Nationalökonomische Verhältniß von Exploiteur und Exploitirtem)。①

这是第一个有**历史时间质性**的判断。其中,作为封建专制统治基础的不动产——物理空间中的土地及其自然财富,开始逐渐脱型于凝固的宗法关系,成为"私有财产的运动"中可变卖的商品(动产和社会财富),这种私有财产不断易手的新的流动性在场方式,使封建社会统治中凝固化的政治压迫转换成资本的"单纯统治",统治者与劳动者的关系从直接的奴役关系转换成"剥削者和被剥削者"的经济关系。这是从封建专制的政治统治彻底解构到新型经

---

① 《马克思恩格斯全集》(第二版)第3卷,人民出版社2002年版,第261页。中译文有改动。Marx-Engels-Gesamtausgabe(MEGA²),I/2, Text, Berlin: Dietz Verlag, 1982, S. 231.

济剥削统治的转换,也是经济构式负熵质的正式确立。由此马克思认识到,所谓的市民社会话语Ⅱ的 Nationalökonomische Verhältniß(国民经济关系)的本质是**经济剥削关系**。马克思这里缺失的现实前提为,商品交换关系普遍赋型的基础是工业生产取代农耕劳作。在手工艺劳作基础上逐步发展起来的工业生产中,劳动辩证法第一次彻底改变自然物质的存在方式,在人对自然的能动关系中,人的主体性爱多斯(eidos)也真正成为塑形(外相)和构序(在相)对象的物相化过程,这使得**用在性的物相存在物**日益增加和富余起来。在思想构境的谱系中,这是进一步社会关系突现场境空间赋型中作为社会物相化结果的我们的"周围世界"(Umwelt),以及愈益繁杂的商品交换关系成为普遍社会关系经济物相化构式的资本的世界历史空间。

在马克思所摘录的资产阶级经济学家的著作里,原先封建土地所有制下的直接奴役关系是残暴的。萨伊认为,"**土地所有者的权利来源于掠夺**"①;而斯密则说,"土地所有者是这样一个阶级,他们的收入既不花劳力也不用劳心,可说是自然而然地落到他们手中的"②。这是说,封建关系中的财富,是直接从农奴手中掠夺而来的,而资产阶级则将这种直接掠夺转换为形式上平等的商品交换的经济剥削关系。**经济剥削**是新生的资产阶级社会的本质,下面我们会看到。这一点,马克思可能是从舒尔茨的文本中首次遭遇的。于是,"中世纪的俗语'没有无主的土地'被现代俗语'金钱没有主人'所代替。后一俗语清楚地表明了被杀死的物质(todtgeschlagnen Materie)对人的完全统治"③。虽然青年马克思始终避免使用 bürgerliche Gesellschaft 一语,但这正是**资产阶级社会的历史确立**。从"王土"到"金钱没有主人",象征着凝固化的专制统治历史性地让位给变动不居的资本,这不再是物(土地与天然血亲关系)对人的统治,而是原先是活着的劳动(eidos)被杀死且畸变为经济事物对人的统治。马克思此处使用的 todtgeschlagnen Materie 是极为深刻的。我以为,在一定的意义上,会暗合上述《精神现象学》中"克服对象"关系中两个层级的物相化透视的赋

---

① 《马克思恩格斯全集》(第二版)第3卷,人民出版社2002年版,第252页。
② 转引自《马克思恩格斯全集》(第二版)第3卷,人民出版社2002年版,第253页。
③ 《马克思恩格斯全集》(第二版)第3卷,人民出版社2002年版,第262页。中译文有改动。Marx-Engels-Gesamtausgabe(MEGA²),Ⅰ/2,Text,Berlin:Dietz Verlag,1982,S.231.

型。这应该也是不同于上述自然物役性的**经济物役性**思想的较早出场。我觉得,马克思的这一判断,既来自他在克罗茨纳赫对欧洲历史的研究,也缘于麦克布洛赫等经济学家对经济史的历史分析。然而,马克思此时并没有意识到,他在这里所进行的**不同社会经济关系**的比较性研究,呈现了一个与他正在建立的人本学异化史观相比,更加重要的暗含着**历史性时间**系数的认识。与我在《回到马克思》第一卷中的看法不同,现在看来,异质于人本学异化史观的**从现实出发的第二条逻辑线索**,并非仅仅是第3笔记本中出现的经济学话语,在《1844年手稿》第1笔记本开始的模仿经济学话语运行的批判构式中,已经隐约浮现在青年马克思的历史性分析和实证批判里。甚至,它的前期构序线索,则更早地出现在《克罗茨纳赫笔记》的历史研究之影响中。而恰恰是在这种从现实出发的社会观察中,才会呈现外部力量支配人的直观物役性关系,有趣的是,这种远离异化逻辑构式的现实批判话语,也出现于后来的《德意志意识形态》之中。

第二个判断为,在新的金钱统治的世界里,旧的封建宗法关系通通被解构和重构为**经济利益关系**。这是两种完全不同的社会关系总体构式负熵质,即血亲-宗法关系之上的政治-神学构式负熵向经济构式负熵的转换。这当然不是哲学话语,而是已经出现在经济学话语运行中的真实历史关系转换。这种经济学话语中的解码和转换,只不过是现实中新旧社会关系解码和重新编码的观念映现。马克思说:

> 所有者和他的财产之间的一切人格的关系(persönliche Verhältniß)必然终止,而这个财产必然成为**事物性的**、物质的财富(*sachlichen materiellen Reichthum*);与土地的荣誉联姻必然被利益的联姻所代替,而土地也像人一样必然降到牟利价值的水平。地产的根源,即卑鄙的自私自利,也必然以其无耻的形式表现出来。稳定的垄断必然变成动荡的、不稳定的垄断,变成竞争,而对他人血汗成果的坐享其成必然变为以他人血汗成果来进行的忙碌交易。①

这是两个关系场境世界之间的转换:从封建的自然血亲关系物相化建构起来的人格在场世界,向资产阶级金钱关系的**无主体**世界的转换。在这里,土地

---

① 《马克思恩格斯全集》(第二版)第3卷,人民出版社2002年版,第261—262页。

所有者与土地的关系,从人格化塑形的领地和"王土"在血亲关系场境的崩塌中,变成了非人格化的 *sachlichen*(**事物性的**)自发整合和构序的可交换财富,土地与人一同在交换市场中"降到牟利价值的水平";封建统治者与土地的荣耀联姻彻底失形,并被冰冷的资产阶级利益关系取代。人的欲望和私利以公开的"无耻的形式"表现出来,原先从娘胎里带来的"对他人血汗成果的坐享其成"的封建独断,祛序和消失在市场竞争关系和不稳定的经济熵增动荡之中。资本家如果不用"他人血汗成果"(被杀死的劳动)去进行忙碌的剥削,他将失去自己金钱统治的地位。这些在旧有土地上历史性发生的全新社会关系,恰是资产阶级社会关系的全面建立。青年马克思的这些重要看法,在之后的《共产党宣言》中以新的话语重新科学地表达出来。从思想考古的视角看,我揣测,后来《关于费尔巴哈的提纲》中的"社会关系的总和"与广义历史唯物主义构境中的非物像的关系场境突现论,应该是从这里开始奠基的。因为从凝固的血亲关系脱型并向流动性的金钱关系赋型的转换,可能会是马克思进入现代社会生产的场境存在论的真正开始,这当然是他在历史研究和经济学语境中发生的潜移默化作用,这也会是人与物、人与人普遍关联的历史辩证法和关系意识论的全新基础。在此,认知对象会从**非物相化**自然实物上的财富,转变成关系性的用在性(工业劳作爱多斯)物相存在和经济物相化后的社会财富;动物学的生理联结遗存中社会物相化的刚性政治封建等级关系结构(政治-神学构式负熵),转变成经济物相化中不可直观的动态经济关系场境(经济构式负熵);勾连万物的金钱关系编码的观念构式,将成为支撑人们看到世界的经验塑形和知性统觉赋型的唯一精神构境通道。我想指认的思想构境谱系线索为,后来的历史唯物主义中的场境存在论、普遍关联的辩证法和关系意识论,并不是从天上突然掉下来的,而来自这些前期的思想构序火花以无意识的逻辑凸状的不断集聚和爆燃。在一定的意义上,历史唯物主义和历史辩证法的创立,真的是与马克思对工业生产之上的资产阶级社会特殊商品市场经济关系的直接感知和认识相关的。所以,没有看到《德意志意识形态》的青年卢卡奇,在《历史与阶级意识》一书中指认历史唯物主义就是关于资产阶级社会批判的理论[1],某种程度

---

[1] 参见[匈]卢卡奇《历史与阶级意识》,杜章智、任立、燕宏远译,商务印书馆1995年版,第307页。

上是有其合理性的,当然,他无法更精细地领悟,这会是**狭义的历史唯物主义**。

第三个判断是,这种历史变化必然导致土地封建关系的历史性解构与消亡,资产阶级社会本质上是**资本与劳动分离和对立的二元矛盾关系结构**。这是青年马克思不同于资产阶级国民经济学话语的新判断。资本与劳动的分离,这也正是马克思在《巴黎笔记》第5笔记本中从青年恩格斯《国民经济学批判大纲》中得来的重要判断。① 这也间接证明了我的推测,即《1844年手稿》的写作发生在《巴黎笔记》基本结束之后。马克思分析说,"最后,在这种竞争中,地产(Grundeigenthum)必然以资本的形式既表现为对工人阶级的统治,也表现为对那些因资本运动的规律而破产或兴起的所有者本身的统治"②。这里马克思对竞争关系的格外关注,显然也是受到恩格斯《国民经济学批判大纲》的影响。作为不动产的土地,一旦变成商品,只有变成竞争中的动产,

> 地产一旦卷入竞争,就要像其他任何受竞争支配的商品一样,遵循竞争的规律。它同样会动荡不定,时而缩减,时而增加,从一个人手中转入另一个人手中,任何法律都无法使它再保持在少数注定的人手中。直接的结果就是地产分散到许多人手中,并且无论如何要服从于工业资本的权力(Macht der industriellen Capitalien)。③

我们从上文可知,当土地成为商品,也就祛序和解除了它的封建关系的凝固在场性,封建地主的不变等级,则在商品交换的无序竞争和流动中被彻底粉碎。如果说,前述封建关系中出现的是土地作为fremden Macht(异己力量)对人的统治的自然物役性,那么,现在则成了商品这样的"动产"作为fremden Macht(异己力量)对人们的全面统治,由此,自然物役性转换为**经济**

---

① 马克思摘录的这段原文为:"资本和劳动的分离。资本和利润的分离。利润分为利润本身和利息……利润是资本用来衡量生产费用的砝码,是资本所固有的,而资本又还原为劳动。劳动与工资的分离。工资的意义。劳动对确定生产费用的意义。土地和人的分裂。人的劳动分为劳动和资本。"[《马克思恩格斯全集》第42卷,人民出版社1979年版,第3—4页。Marx-Engels-Gesamtausgabe(MEGA²),Ⅳ/2,Text,Berlin:Dietz Verlag,1981,S.385.]

② 《马克思恩格斯全集》(第二版)第3卷,人民出版社2002年版,第262页。

③ 《马克思恩格斯全集》(第二版)第3卷,人民出版社2002年版,第264页。

物役性。从话语格式塔分析来看，在《1844 年手稿》第 1 笔记本第一部分马克思没有进入劳动异化批判的现象学话语时，他的分析恰恰是接近后来的历史唯物主义构境的，我们可以想到的思想构境谱系线索，会是《德意志意识形态》中，当人本学劳动异化批判构式那种现象学和批判认识论话语完全缺席之后经济物役性概念的出场。这也是前面我所指认的，从现实出发的逻辑线索正是马克思处于经济学语境中的**话语无意识**。在这个新出现的整个社会生活里，封建土地和封建主都消失在资本的附庸之中，只有掌握工业创制的物相化生产和商品经济支配关系的"工业资本"权力的资产阶级对无产阶级的统治。马克思说，"最终的结果是资本家和土地所有者之间的差别消失，以致在居民中大体上只剩下两个阶级：工人阶级（Arbeiterklasse）和资本家阶级（Klasse der Capitalisten）。地产买卖，地产转化为商品，意味着旧贵族的彻底没落和金钱贵族（Geldaristokratie）的最后形成"①。这也就是说，国民经济学家描绘的资产阶级社会表面的三元对置关系结构，本质上只是二元矛盾关系结构：但这个二元矛盾关系结构不是李嘉图减去劳动（工资）的利润与地租，而是**资本与劳动的相互依存的矛盾**；作为 Geldaristokratie（金钱贵族）的**资本家阶级与工人阶级之间的阶级冲突和矛盾**。这样，马克思在第 1 笔记本设定的三栏中，这个在资产阶级社会中虚假独立的地租（土地）的在场，恰恰是为了论证自己的历史性消逝。这就使青年马克思加深了对所谓"市民社会"本质的理解，即先前他在《克罗茨纳赫笔记》中看到的，汉密尔顿在《美国人和美国风俗习惯》一书中提及的**市民社会分为劳动者与不劳动者**。马克思认识到，资产阶级假想的"市民社会"（话语Ⅰ—Ⅱ）中**根本没有抽象的市民**，为了反封建所塑形的政治话语格式塔中的"第三等级"，已经具体分化为拥有劳动的工人和拥有资本的资本家，而拥有动产的资本家即资产阶级当然是这个社会的统治者。也由此，青年马克思干脆不再使用容易产生混乱的 bürgerliche Gesellschaft。这就出现了一种奇特的话语运行转换现象：被讨论的对象（资产阶级社会）在其伪饰概念（市民社会）的不在场中在场，直到 bürgerliche Gesellschaft 的能指转义为**资产阶级社会的所指**而重新出场。这

---

① 《马克思恩格斯全集》（第二版）第 3 卷，人民出版社 2002 年版，第 260 页。

种状况一直持续到《神圣家族》。

这样,我们再倒过来看第 1 笔记本第一部分三栏中的另外两栏:工人的工资与资本的利润。虽然马克思口口声声说,他要按照国民经济学家的话语和方法来讨论,但是,我们还是可以看到青年恩格斯《国民经济学批判大纲》的影子,因为马克思刻意在让斯密、舒尔茨等人先出场,但青年马克思还是在从经济学语境中否定他们对工人劳动与工资和资本与利润的基本结论。我觉得,这种在国民经济学逻辑内部进行批判的展示,为的是下面自己人本主义劳动异化批判构式Ⅱ的辉煌登场。在我看来,这恰好是马克思试图超越青年恩格斯和蒲鲁东的聪明之举。从刚才我们对第三栏的讨论看,青年马克思此时的批判话语构境已经是十分深刻的观念赋型,并且,这种历史性批判是建立在历史学和经济学话语构序场境之上的,然而,马克思觉得这些理论构序和赋型仍然是可以再深化的。

其次,第一栏中陷入绝境的**抽象和片面的谋生劳动**。青年马克思关于工资与劳动的讨论,也是从"穆勒笔记"最后涉及的国民经济学的那个劳动(工资)、资本(利润)和土地(地租)三元分离结构开始的。他说,"**资本、地租和劳动的分离对工人来说是致命的**"①。为什么? 因为这种分离造成了一无所有的劳动者——工人。显然,这个"分离"关系,又是受恩格斯《国民经济学批判大纲》的影响。以后,马克思会慢慢地知道,不是劳动与资本、地租的分离,而是工人作为自由劳动力与生产资料的彻底分离,是整个资产阶级生产方式得以确立的历史前提。这一问题的科学解决,在思想构境谱系中,是在《1857—1858 年经济学手稿》之中。马克思说,"**无产者即既无资本又无地租,全靠劳动而且是靠片面的、抽象的劳动**(*abstrakte Arbeit*)**为生的人,仅仅当作工人来考察**",并且,工人的"**劳动**在国民经济学中仅仅以**谋生活动**(*Erwerbsthätigkeit*)**的形式出现**"。② 这里有两个关键词,一是**抽象劳动**,二是**谋生劳动**(*Erwerbsarbeit*)。马克思在这里使用了劳动的"谋生活动"。这里的非自主性的谋生劳动,我们在前面的"穆勒笔记"中已经遭遇了,可是,在黑格

①《马克思恩格斯全集》(第二版)第 3 卷,人民出版社 2002 年版,第 223 页。
②参见《马克思恩格斯全集》(第二版)第 3 卷,人民出版社 2002 年版,第 232 页。

尔《精神现象学》专题研究之后,这里的谋生劳动则会多出一层批判性的意向,即劳动不再是劳动者自己的生命爱多斯(eidos)自主性实现出来的过程,而是受动性的实现他人谋财意向的"换饭吃"的手段。

新的问题是,工人的劳动为什么是片面和抽象的?这一切是如何造成的呢?青年马克思此时捕捉到的原因为:经济学视域中的**劳动分工**。显见,这当然是他经济学研究的收获,因为在《巴黎笔记》中马克思读到的第一本经济学文献中,萨伊就指认了,"分工(la séparation des travaux)是巧妙地利用人的作用(forces de l'homme)的一种方法,分工可扩大社会的产品(les produits de la société)"①。这是将劳动分工视作生产构序技能中的进步。然后在斯密的《国富论》中,马克思再一次看到,"凡能采用分工制的工艺,一经采用分工制,便相应地增进劳动的生产力[produktiven Vermögen(facultés)der Arbeit]"②。显然,这里的工场手工业生产中的劳动分工,本身就是属于工艺学中的劳动构序关系的内容。斯密也谈到由于分工所引起的社会结果,"分工一旦被引入,每个人的大部分需求就必须通过他人的劳动来满足。人们因为他能够支配或有能力购买的劳动的量,而变富或变穷"③。因为劳动分工在"提高劳动生产力"的同时,也让工人的劳动成为片面的活动。比如,原来铁匠制作一个别针,他的劳动是一个完整实践意志在手艺中的总体完成,而在斯密所例举的别针工序的切割和不同劳动分工的情况下,每个工人所从事的劳动已经成为一个行为片断,问题的实质为,工人无法拿这个片断的劳动行为去换饭吃。斯密的这一重要看法,在黑格尔那里被思辨地强化了,我们前面引述过,黑格尔在《法哲学原理》中认为,市民社会中劳动生产过程出现了体现"普遍的和客观的东西"的"**抽象化**(*Abstraktion*)的过程"。这也是我所指认的**现实抽象 I**。这种"抽象化引起手段和需要的精致化,从而也引起了生产的细致化,并产生了**分工**(*Teilung der Arbeiten*)"④。黑格尔说,市民社会中的这个抽象化的分工,恰好为造成劳动和需要片面化的原因。显然,从思想构境谱系的回

① Marx-Engels-Gesamtausgabe(MEGA²),Ⅳ/2,Text,Berlin:Dietz Verlag,1981,S.305.
② Marx-Engels-Gesamtausgabe(MEGA²),Ⅳ/2,Text,Berlin:Dietz Verlag,1981,S.305.
③ Marx-Engels-Gesamtausgabe(MEGA²),Ⅳ/2,Text,Berlin:Dietz Verlag,1981,S.338.
④ [德]黑格尔:《法哲学原理》,范扬、张企泰译,商务印书馆1961年版,第210页。

溯分析中可以看到,黑格尔和斯密经济学对劳动分工以及现实抽象出来的劳动一般的这一判断,很深地影响到马克思。所以,这里马克思说:

> 一方面随着分工的扩大,另一方面随着资本的积累,工人日益完全依赖于劳动,依赖于一定的、极其片面的、机器般的劳动(sehr einseitigen,maschinenartigen Arbeit)。这样,随着工人在精神上和肉体上被贬低为机器,随着人变成抽象的活动(abstrakte Thätigkeit)和胃,工人也越来越依赖于市场价格的一切波动,依赖于资本的使用和富人的兴致。①

其实,工人被贬低为机器或 maschinenartigen Arbeit(机器般的劳动),恰是马克思不让在第 1 笔记本三栏中出场的那个李嘉图的经济学观点。而依斯密-黑格尔的观点,提高劳动生产力的"分工使工人越来越片面化和越来越有依赖性",工人的抽象的、片面化的劳动只能是自己非自主性谋生的手段,并且,这个唯一可以拿去交换的"商品"只能卖给手中占有资本的资本家。否则,只剩下"胃"的工人将"沦为乞丐或者饿死"。由此马克思说,这是分工使工人陷入的生存绝境。青年马克思这种用经济学中关于分工的看法来批判资产阶级社会的观点,后来重新出现在摈弃了人本主义异化史观的《德意志意识形态》一书中。这也说明,《1844 年手稿》第 1 笔记本中的经济学话语,反倒是接近历史唯物主义的从现实出发的客观逻辑的。这是一个复杂的构境关系。在思想构境谱系中,一直到后来的《1861—1863 年经济学手稿》中,马克思才科学地说明了社会分工与劳动分工的关系,并定位了劳动分工在相对剩余价值生产中的历史地位和作用。接下去,青年马克思在经济学客观逻辑上("国民经济学的立场"),像青年恩格斯和蒲鲁东那样,指认了经济学理论与资产阶级社会现实相互碰撞而产生的客观矛盾群:

(1)依据国民经济学的理论观点,劳动产品"本来属于劳动者",可现实中劳动者只得到为了"繁衍劳动者"所必需的部分;

(2)理论上,一切东西都可以用劳动购买,可现实中劳动者什么也不能买,还要出卖自己;

---

① 《马克思恩格斯全集》(第二版)第 3 卷,人民出版社 2002 年版,第 228 页。

（3）理论上，"劳动是人用来增大自然产品的价值的唯一东西"，可与劳动者相比，资本家和地主却在现实中处处占上风；

（4）理论上，劳动是不变的物价，可现实中劳动价格波动最大；

（5）理论上，劳动者的利益与社会不对立，可现实中增加财富的劳动却是"有害的"；

（6）"按照理论，地租和资本利润是工资的**扣除**。但是在现实中，工资却是土地和资本让给劳动者的一种扣除"。①

不难看出，这是资产阶级社会的批评者在经济学现象层面可以直接发现的悖论。如果我们将这六对矛盾与马克思在下面的手稿中提出的多重劳动自我异化关系相对照，就能够观察到，它们多数似乎都停留在经济学现象的"表象性"和"外在性"上，特别是"需要"、"购买"、"物价"、"财产"和"工资的扣除"这样一些流通和分配领域的表象中。其实，这里提及的"劳动是人用来增大自然产品的价值的唯一东西"，已经涉及斯密劳动价值论中的劳动创造的"内在价值"，而波动的"劳动价格"则旁涉市场交换所决定的劳动"外部价值"关系。可此时这些经济学的深层理论逻辑，对马克思来说都还是无法面对的逻辑盲点。

总之，德国和法国的社会主义者对资产阶级社会的经济批判已经让我们看到，虽然劳动在资产阶级经济学理论上是整个世界的真正基础，但劳动和工人在资产阶级社会现实中的境地却是最悲惨的。之后，马克思迅速提出了两个针对性很强的问题：

（1）把人类的最大部分归结为抽象劳动，这在人类发展中具有什么意义？（2）细节上的改良主义者不是希望**提高**工资并以此来改善劳动者阶级的状况，就是（像蒲鲁东那样）把工资的**平等**看作社会革命的目标，他们究竟犯了什么错误？②

青年马克思所提出的问题是深刻的。第一，按照他此时的观点，劳动者的劳动成了一种无个性的、片面和抽象的劳动，这本身就是反人性的，恰好证

①《马克思恩格斯全集》(第二版)第3卷，人民出版社2002年版，第230—231页。中译文有改动。
②《马克思恩格斯全集》(第二版)第3卷，人民出版社2002年版，第232页。中译文有改动。

明了资产阶级社会生产的反动性。可是,青年马克思此时还不可能认识到这种出现在生产过程中的片面和抽象的劳动(现实抽象Ⅰ)在历史上出现的客观必然性。他此时也不会想到,正是他错过的斯密-李嘉图的劳动价值论构境在商品交换过程中现实抽象(Ⅲ)出来的社会劳动,构成了当代资产阶级社会生产关系的本质;只有从这一点出发,才有可能真正挖掘出资产阶级社会生产的秘密!当然这是后话。第二,犯了错误的"他们"(蒲鲁东等)仅仅关注在国民经济学的前提下如何提高工资,这并不是无产阶级革命的真正目标,青年马克思当然意识到必须推翻资产阶级私有制,才能实现人类的最终解放。有趣的是,在多年以后的《大纲》中,马克思也是从批判蒲鲁东等人的"细节上的改良主义"开始的,只是那时已经进化到"货币改良主义"。这第二个问题,倒真的成为青年马克思对资产阶级经济学以及蒲鲁东主义切中要害的批判武器:**有比分配和"工资平等"(蒲鲁东)更基本的问题!** 或者说,改善工人阶级状况(青年恩格斯)还有更根本的基础。这是因为,如果仅仅纠缠于工人的工资问题,那么恰恰会在**此-此证伪逻辑**中落入资产阶级经济学家通常的逻辑陷阱,而马克思认为,只要"超出国民经济学的水平"就会发现,"劳动在国民经济学中仅仅以谋生活动的形式出现",并且,前不久他跟随穆勒所使用的"谋生劳动"概念,恰恰是"国民经济学把工人只当作劳动的动物(Arbeitsthier),当作仅仅有最必要的肉体需要的牲畜(Vieh)"的表现。① 所以,蒲鲁东等人的"提高工资"只是改善劳动动物的饲料,而不会根本改变工人的非人生存状况。

接下去,青年马克思就用大量事实来证明自己的这一观点。我们看到,这是他在《巴黎笔记》最后读到的欧·毕莱的《论英法工人阶级的贫困》一书,以及舒尔茨的《生产运动》(*Die Bewegung der Production*)一书中获得的客观数据。这也直接证明,我的关于《1844年手稿》是在《巴黎笔记》全部结束后才开始写作的推测是有事实支撑点的。因为青年马克思关于毕莱这本书的摘录出现在《巴黎笔记》最后的第8笔记本上。显然,那种将马克思的《巴黎笔记》和《1844年手稿》解读为穿插和交织进行的主观推论,是完全站不住脚的。

---

① 参见《马克思恩格斯全集》(第二版)第3卷,人民出版社2002年版,第233页。

我已经分析过,舒尔茨的《生产运动》,是在马克思恩格斯创立历史唯物主义之前的一部直接讨论了物质生产在社会生活中的基础作用的十分重要的理论著作。① 从文本细读的角度看,舒尔茨的《生产运动》这本书的内容在《1844 年手稿》第 1 笔记本中出现的文本语境,显然与《巴黎笔记》第 8 笔记本上毕莱的《论英法工人阶级的贫困》一书内容的在场几乎是同时出现的,从这种情况推想,青年马克思应该是在自己第一次经济学研究的《巴黎笔记》摘录基本结束之后,才阅读了《生产运动》。而关于舒尔茨《生产运动》一书的研究,并没有出现在现存的《巴黎笔记》中,我推测,这一研究或摘录有可能存在于马克思那本遗失了的《1844—1847 年经济学笔记》中。在这本完成于《巴黎笔记》之后的重要笔记本中,还包括了关于西斯蒙第等人的经济学摘录。② 在该书中,舒尔茨已经提出了物质生产基础论和完整的生产力—生产关系—生产方式话语,达到了社会唯物主义的最高水平。此时,青年马克思对这些重要的概念和观点还没有直接的觉识,它们还没有成为他思想中的逻辑凸状,他只关心舒尔茨书中讨论的资产阶级社会中生产力的发展给工人带来的贫困。马克思注意到,舒尔茨提到在英国劳动组织方面的进步,"由于有了新的动力和改进了的机器,棉纺织厂的一个工人往往可以完成早先 100 甚至 250 个工人的工作"。这是继分工提高劳动生产率之后,青年马克思接触到的资产阶级社会工业生产过程第二个重要内驱动力——**科学技术物相化**,即非及物塑形和构序重新对象化在机器生产工序中对生产力的促进。马克思此时对这一重要构序线索并没有关注,他既没有留意到这一因素会是李嘉图否定劳动的"犬儒主义"背后的现实生产机制改变,也没有意识到这可能会是资本家剥削工人(相对剩余价值)的一种手段。他对这一问题的科学说明,是在后来的《1857—1858 年经济学手稿》和《1861—1863 年经济学手稿》中才完成

① 关于舒尔茨《生产运动》的研究,参见拙著《回到马克思——经济学语境中的哲学话语》(第四版),江苏人民出版社 2020 年版,第 421—456 页。
② 在 1850 年前后写作《伦敦笔记》期间,马克思在《金银条块》(Bullion. Das vollendete Geldsystem)这一重要文本中,多次重新提及这一笔记本中的内容。其中包含西斯蒙第的《政治经济学新原理》(Nouveaux principes d'économie politique, 1827)、安东尼·舍尔比利埃的《富与贫》(Richesse ou Pauvreté, 1841)等。参见 Marx-Engels-Gesamtausgabe(MEGA²),Ⅳ/8,Text,Berlin: Dietz Verlag,1996,S. 3 – 36。

的。在这里,青年马克思主要聚焦于舒尔茨、毕莱等人指认的工人在机器化生产中仍然处于悲惨的境地。马克思注意到舒尔茨已经看到,机器的使用,虽然提高了生产率,可工人的"奴隶劳动的持续时间"(die Dauer der Sklavenarbeit)却有增无减。原因在于,

> 最近二十五年来,也正是从棉纺织业采用节省劳动的机器以来,这个部门的英国工人的劳动时间已由于企业主追逐暴利而增加到每日十二至十六小时,而在到处还存在着富人无限制地剥削(Ausbeutung)穷人这种公认权利的情况下,一国和一个工业部门的劳动时间的延长必然也或多或少地影响到其他地方。①

这个 Ausbeutung 很重要,因为它可能是青年马克思与**剥削**概念的较早遭遇,它将是青年马克思理解资产阶级社会压迫和奴役本质最关键的入口,即剥削关系不再是封建专制中的直接强暴和掠夺,而是**合法地占有劳动者的劳动成果**。我们看到,马克思在第三栏的写作中用法文的 Exploiteur 强化过这一概念。机器节省了劳动,可资本家却仍然发疯一样地延长劳动时间。更可恶的是,尽管存在"机械的进一步改进——因为它使人手日益摆脱一切单调的工作",可是,"资本家能够以最容易和最便宜的方式占有下层阶级以至儿童的劳动力,以便使用和消耗这种劳动力来代替机械手段",在"1835 年,在拥有蒸汽动力和水力动力的英国纺纱厂中劳动的有 8—12 岁的儿童 20558 人,12—13 岁的儿童 35867 人,13—18 岁的儿童 108208 人"。② 这就是斯密等人大讲市民社会道德情操背后的真相。舒尔茨的观点已经说明,所谓最符合人的"天性"的**市民社会**,实质上是资产阶级以新的方式剥削和奴役劳动者的**资产阶级社会**。这可能也是 bürgerliche Gesellschaft 一语的能指,在马克思那里从带有资产阶级意识形态**肯定**意指的"市民社会",彻底转喻为**否定性**的"资产阶级社会"意义所指的缘起之处。马克思没有注意的地方,恰恰是舒尔茨讨

---

① [德]舒尔茨:《生产运动》,李乾坤译,南京大学出版社 2019 年版,第 66 页。参见《马克思恩格斯全集》(第二版)第 3 卷,人民出版社 2002 年版,第 233 页。

② 参见[德]舒尔茨《生产运动》,李乾坤译,南京大学出版社 2019 年版,第 70 页。另参见《马克思恩格斯全集》(第二版)第 3 卷,人民出版社 2002 年版,第 234 页。

论中出现的真实历史时间,因为,1835 年英国的机器化生产所造成的工人生存中的悲苦情况,并不一定会出现在同一时间节点上的德国。马克思此时还没有留心舒尔茨那个决定了物质生产的生产力的历史发展。

于是,欧·毕莱《论英法工人阶级的贫困》一书中这样的话语会引发青年马克思的同感:

> 工人在雇用他的人面前不是处于自由的卖者地位……资本家总是自由雇用劳动(libre d'employer le travail),而工人总是被迫出卖劳动。如果劳动不是每时都在出卖,那么它的价值就会完全消失。与真正的[**商品**]不同,劳动既不能积累,也不能储蓄。劳动就是生命,而生命如果不是每天用食物进行新陈代谢,就会衰弱并很快死亡。为了使人的生命成为商品(marchandise),也就必须容许奴隶制(l'esclavage)。①

这说明,资产阶级社会中的自由,是工人自由地出卖劳动,资本家自由地雇佣劳动者。这种自由的背后,是工人如果不到资本家的工厂中接受剥削,他将饿死。而当人的生命成为可变卖的商品时,它见证了资产阶级社会这一全新的奴隶制。其实,我们通过上述马克思对毕莱和舒尔茨文本的援引,不难看到在哲学话语之外对资产阶级社会中资本家残酷地盘剥工人的历史事实和现象的描述,这些实证性的话语几乎可以直接链接于恩格斯的《英国工人阶级状况》和马克思恩格斯合著的《共产党宣言》。然而,青年马克思此时却认为,这些外部的事实指认和批判,还可以再从更深的批判认识论构境中深化,它们都是走向第 1 笔记本第二部分劳动异化批判构式 Ⅱ 的过渡性环节。

最后,第 1 笔记本第一部分的第二栏是资本和利润。在此栏的分析中,马克思标注了手稿中唯一的小标题群:"资本(Capitals)"②;"资本的利润(Profit)";"资本对劳动的统治(Herrschaft)和资本家(der Capitalist)的动机";"资本的积累(vermehrt)和资本家之间的竞争(Konkurrenz)"。③ 这说明,马克

---

① [法]毕莱:《论英法工人阶级的贫困》,转引自《马克思恩格斯全集》(第二版)第 3 卷,人民出版社 2002 年版,第 236 页。
② 在马克思此时的写作中,Capital 和 Capitalist 有时也写为 Kapital 和 Kapitalist。
③ 参见《马克思恩格斯全集》(第二版)第 3 卷,人民出版社 2002 年版,第 238—242 页。

思内心里特别想认真思考资本问题,为此专门做了研究提纲式的规划。在一定的意义上,这甚至可以被视作马克思最早的关于资本问题的思考提纲,它可以内在地关联于《大纲》导论中那个重要的"五点计划"①。可实事求是地说,马克思这一部分的写作却最不成功。因为这里充斥着大量经济学文献的摘录,只有少量理论分析。这说明,资本的本质和利润问题恰恰是资产阶级经济学中的薄弱环节,或者说,是资产阶级意识形态刻意遮蔽的问题域。并且,可以看到,青年马克思自己此时能够从青年恩格斯和蒲鲁东那里获得的批判话语参照也很少。

第一,资本是资产阶级社会中的一种**支配权力**。能够观察到,马克思先是从萨伊和斯密那里摘录了这样的表述:资本,是资产阶级社会中通过立法保护的"对他人劳动产品的私有权"。这当然已经是改写,因为资本是对**他人**劳动产品的支配权力,这也意味着,财产不是它自身,这暗合了蒲鲁东"财产即是盗窃"(la propriété, c'est le vol)之骂,这是对资产阶级私有制本质的揭露。马克思进一步的评点为,"资本是对劳动及其产品的**支配权力**(*Regierungsgewalt*)。资本家拥有这种权力并不是由于他的个人的或人的特性,而只是由于他是资本的**所有者**(*Eigenthümer* des Capitals)。他的权力就是他的资本的那种不可抗拒的购买的权力"②。从手稿的文献考据情况看,马克思先是写下了"资本是对劳动及其产品的权力",然后又改为"支配权力",在下面一段表述中,他又专门在"支配权力"前增加了"对劳动"三个字。在这里可以看到马克思此时对资本奴役本质的匠心。③ 在上述讨论过的第三栏的历史分析中我们已经得知,青年马克思意识到与封建土地不动产的凝固化和个性化的私人占有关系不同,资产阶级手中的资本是流动性的动产,谁占有了它,谁就拥有这种支配权力,这种权力的本质也是流动性的普遍关系赋型场境。显然,此时马克思眼中的资本权力是"动产"的所有权,但他还没有透视资本作为一种占统治地位的生产关系的本质,这一点,从思想构境谱系看是

---

① 参见《马克思恩格斯全集》(第二版)第30卷,人民出版社1995年版,第50页。
②《马克思恩格斯全集》(第二版)第3卷,人民出版社2002年版,第238—239页。
③ 参见周嘉昕《文献版〈1844年经济学哲学手稿〉研究》(手稿),南京大学,2019年,第12页。

在后来的《雇佣劳动与资本》中才开始认识到,并在《大纲》的思想实验中才真正得以完成的。

第二,作为**积蓄劳动的资本利润**。马克思通过斯密的《国富论》已经知道,资本是积蓄起来的劳动,并且,"只有当它给自己的所有者带来收入或利润的时候,才叫作资本"。这里可能激活的构序点为:一是,资本的本质是劳动;二是,增殖为资本的基本存在方式。利润的获得途径,除去资本家利用所谓"商业秘密"、"制造业秘密"和特定的垄断,使自己商品的市场价格保持在"自然价格"之上外,还有两个重要方面:"第一,通过分工;第二,一般地通过对自然产品加工时人的劳动的增加。"①这个时候,青年马克思还没有把资产阶级对无产阶级的剥削聚焦于资本家对劳动者剩余价值的无偿占有关系上,这亦表明,青年马克思也还没有真正理解斯密的劳动价值论,进而透视资产阶级经济学的利润学说,形成自己的剩余价值理论,更不知道,资本家通过分工提高劳动生产率和延长劳动时间,是榨取工人相对剩余价值和绝对剩余价值的两种方式。

在"资本对劳动的统治和资本家的动机"与"资本的积累和资本家之间的竞争"这两个标题下,除去一些摘录,马克思并没有直接说明资本对劳动的统治是如何发生的这一重要问题。他倒是提及李嘉图在《政治经济学及赋税原理》中的观点,"各国只是生产的工场;人是消费和生产的机器;人的生命就是资本;经济规律盲目地支配着世界。在李嘉图看来,人是微不足道的,而产品则是一切"②。这正是我们上面看到的青年马克思《巴黎笔记》的"李嘉图笔记"Ⅰ里那个重要评点的提要。这说明,马克思十分清楚地认识到眼中无人的李嘉图经济学的物像本质,这就是将工人视作"消费和生产的机器",盲目熵增的客观经济法则就是王道。青年马克思在这里没有意识到,此处李嘉图所坦白的"人是微不足道的","经济规律盲目地支配着世界",恰是黑格尔在市民社会话语Ⅲ中要用国家与法超越的东西,在那里,无力到场的原子化个人是微不足道的"热情",而作为经济物相化"第二自然"的自在的商品交换力

---

① 《马克思恩格斯全集》(第二版)第3卷,人民出版社2002年版,第241页。
② 《马克思恩格斯全集》(第二版)第3卷,人民出版社2002年版,第248页。

量的经济必然性,则盲目地支配着市民社会。在此,马克思再一次回到毕莱和舒尔茨,在他们那里,李嘉图的观点正好被倒了过来。马克思摘录毕莱的话说,"贫困的根源与其说在于人,不如说在于物的力量",这是物役性的观点;而依舒尔茨的看法,"在更大规模的企业中实行更大数量和更多种类的人力和自然力的结合,在工业和商业中……生产力(produktiven Kraft)更广泛地联合起来"。这里,青年马克思对早已出现在斯密、舒尔茨那里的**生产力**概念,还没有必要的哲学构境反应,他只关注作为资本帮凶的生产力发展的客观结果,"这种用不同方式便于资本得利的可能性本身,必定会加深有产者阶级和无产者阶级(bemittelten und unbemittelten Klassen)之间的对立"。① 这个奇怪的 bemittelten und unbemittelten Klassen 概念,是舒尔茨在市民社会研究传统之外的话语。它的出现,有可能奠基马克思对资产阶级社会二元结构的看法:从工人阶级(Arbeiterklasse)和资本家阶级(Klasse der Capitalisten)的对立,到无产阶级和资产阶级的对立。

2. "国民经济学的路德":斯密对劳动是"现代私有财产"的主体本质的直悟

如果第 1 笔记本第一部分的第三栏中的历史性分析,已经说明了土地—封建地主—地租消失在"动产"带来的商业世界之中,那么依马克思在第二部分开始的概括性说法,上面国民经济学话语运行中通常出现的工人—资本家—地主/劳动—资本—土地/工资—利润—地租三元结构,就可能会转换成二元对立,或者说,第 1 笔记本上的三栏可归结为两栏,那就是整个资产阶级社会"必然分化为两个阶级,即**有产者**阶级和没有财产的**工人**阶级(Klassen der *Eigenthümer* und Eigenthumslosen *Arbeiter*)"②。这正是在上述舒尔茨 bemittelten und unbemittelten Klassen(有产者阶级和无产者阶级)概念的启发下,资产阶级和无产阶级概念的最初表达。当然,马克思并没有简单赞同舒尔茨的观点,他转折性地分析道,"但是,**无产**和**有产**(*Eigenthumslosigkeit* und

① 参见《马克思恩格斯全集》(第二版)第 3 卷,人民出版社 2002 年版,第 250 页。
②《马克思恩格斯全集》(第二版)第 3 卷,人民出版社 2002 年版,第 266 页。

Eigenthum）的对立，只要还没有把它理解为**劳动**和**资本**的对立，它还是一种无关紧要的对立，一种没有从它的**能动联系**（*thätigen Beziehung*）上、它的**内在关系**（*innern* Verhältniß）上来理解的对立，还没有作为**矛盾**（*Gegensatz*）来理解的对立"①。马克思的这段表述是重要的。在这里，我们看到马克思使用了黑格尔辩证法中重要的 Gegensatz（矛盾）概念，并将其视作事物之间对立统一的能动和内在的关系。在黑格尔那里，矛盾是观念辩证法的核心范畴，因为，它是"**一切运动和生命力的根源**，事物只是因自身中包含着矛盾，**才运动、才有动力和活动**"②。列宁直接摘录过这一表述，引文中的着重号为列宁所加。③ 不过，马克思后来在研究中较多使用的是 Widersprüche（矛盾）概念。这里，马克思也同时使用了 Beziehung（联系）和 Verhältnis（关系）概念。马克思是想说，有财产和没有财产的对立，这是封建宗法关系之下就存在的贫富现象，面对新出现的有产和无产的关系，如果不能认识到这种新的阶级关系的能动性和内在性矛盾，就是非本质的。这是说，可见财产的对象性的有无，只是一种"无关紧要的"外在关系，那么，什么是马克思此时所理解的有产与无产对立中的能动的、内在的矛盾关系呢？我的判断为，马克思的答案可能与第 2、3 笔记本中补入的关于斯密和黑格尔的讨论密切相关。

其实我们知道，马克思《1844 年手稿》中留下的完整文本，就是第 1 笔记本中手稿的两个部分，之后马克思应该还写有一个作为劳动异化批判构式展开的具体经济学批判的主手稿，可惜的是，这个主手稿遗失了近 39 页。现存的所谓第 2、3 笔记本，只是一些补入遗失主手稿的残片。我的新认识为，目前残留下来的所谓第 2、3 笔记本中最有价值的内容之一，就是关于**斯密是国民经济学的路德**的重要判断，这也是我们长期在《1844 年手稿》研究中忽视的深层次构境方面。当然，还有我们在上一章重点讨论过的，第 3 笔记本中作为异化劳动构式内里赋型的黑格尔批判现象学的否定辩证法。我以为，这两部分**逻辑优先**的内容，恰恰是我们进入第 1 笔记本第二部分劳动异化批判构式II的真正入口。

①《马克思恩格斯全集》（第二版）第 3 卷，人民出版社 2002 年版，第 294 页。
②［德］黑格尔:《逻辑学》下卷，杨一之译，商务印书馆 1977 年版，第 66 页。
③ 参见《列宁全集》（第二版）第 55 卷，人民出版社 1990 年版，第 116 页。

我们先来看一下马克思在青年恩格斯的启发下,重新认定的"斯密是国民经济学中的路德"的观点。这一观点,并没有出现在《巴黎笔记》关于恩格斯《国民经济学批判大纲》的摘录中。这一断言,被马克思重新赋型为斯密经济学话语运行中的**劳动是人的本质说**,这是青年马克思解码第一部分经济现象三元结构中,在经济物相化表象上与劳动对置的私有财产(货币、资本、利润、利息和地租)的**主体本质**,于是,业已进展到资本与劳动的二元矛盾对立关系,也进一步深化为**一元的劳动辩证法自身的外化和异化**问题。这当然已经入序于一种新的哲学话语格式塔的批判构境之中。这样,青年马克思就通过捕捉到表面上"有产"与"无产"对立背后的"能动的"、内在的 Gegensatz(矛盾)关系,真正跳出了经济学的魔咒,形成了哲学批判话语居高临下的有利态势,并且通过黑格尔的否定辩证法创立**劳动异化批判构式Ⅱ**,从而一举超越了赫斯、青年恩格斯和蒲鲁东。

马克思这里的分析,还是从资产阶级社会的历史形成开始的。在前面第1笔记本中讨论地租一栏时,马克思对这一问题已经在经济学的语境中进行了一些分析,而在第2笔记本的经济学批判残稿中,我们看到马克思的上述观点还在不断加深。这恰恰是马克思此时思想进程中由于受到历史学和经济学研究的影响,正在生成的从现实出发的客观逻辑线索的隐性存在,这种有历史时间质性的隐性逻辑存在越来越积聚为可爆燃的逻辑凸状。第一,在客观前提上,马克思认识到,"**工业和农业**(der *Industrie* und der *Agricultur*)之间、私有的**不动产**和私有的**动产**(*unbeweglichen* und *beweglichen* Privateigenthum)之间的**差别**(*Unterschied*),仍然是**历史的**差别,而不是基于事物本质的差别。这种差别是资本和劳动之间的对立形成和产生(Bildungs und Entstehungsmoment)的一个**固定环节**"①。应该注意,这是马克思打破资产阶级经济学中土地—资本—劳动三元结构的一个深刻的历史分析。其中,从有财产和无财产的抽象贫富对立转换到**资本与劳动**的内在矛盾对立,当然就是指新生的资产阶级社会。由此,bürgerliche Gesellschaft 的话语能指,开始游移出原先市民社会话语格式塔的旧有所指。它的直接基础是不同于农业生产的工业生产,在私

①《马克思恩格斯全集》(第二版)第3卷,人民出版社2002年版,第284页。

有财产的存在方式上,则是以劳动创造的社会财富——可变动的商品、货币和资本等现代私有**动产**为代表,它历史性地取代了以自然财富为主的不动产——土地以及自然生长物的生命负熵质。因为,虽然种植业和畜牧业中的劳作,已经是通过人的意向(eidos)在生成新的社会负熵质,但其依存性的基础却是**非物相化**的,因为自然经济中的产品无论是外形还是内部有序性,仍然都是物理空间中实存的自然物本身,本质上看,"粮食"和"家禽"并没有脱离自然物质信息编码和生命负熵总体进程。由此,人在生存基础上仍然依存于外部的"自然辩证法"。应该说,那时主体性爱多斯(eidos)实现出来的物相化对象,只是出现在工具和生活用具的手工艺创制(poiesis)之中。而工业生产的本质从一开始就是爱多斯(eidos)彻底改变自然物质原有外部存在形式和内在有序性的一般物相化过程。在人对自然的能动关系上,工业生产第一次实现了创制(poiesis)自然的新的关系场境世界,所有工业产品都是人们有目的(telos)地将特有**爱多斯之相**实现于对象的塑形(外相)和构序(内相)之中,由此,工业生产之后的一切产品都会是**非自然性的生产信息编码和物相化的结晶**。由此,才历史性地出现了异质于自然界的我们周围的世界(umgebende Welt)和社会空间,从而开辟了现代性主体物相化和社会物相化的全新历史辩证法进程。而不同于自然土地不动产的金钱"动产"(商品、货币和资本),则已经是愈益繁杂的资产阶级社会关系场境经济物相化的历史产物。从思想构境谱系的长程分析来看,这将是之后马克思从广义历史唯物主义到狭义历史唯物主义的逐渐深化进程。此时,马克思还无法从劳动价值论和经济物相化的关系颠倒上去说明这种商品、货币和资本的本质。马克思强调说,农耕生产与工业生产、土地与"动产"之间可见的 Unterschied(**差别**),并非这些事物本身具有的,而是由资本与劳动的矛盾关系历史性地赋型的。这是一个非常深刻的想法。从思想构境谱系分析中我们可以看到,在不久之后的《黑格尔现象学的建构》中,马克思第一条就指认了与人相关的"事物的**差别**(Unterschiede d Sachen)",特别是出现在我们认识图景中的"差别"是与主体的活动有关,这甚至是更"本质"的差别。① 在这里,我们再一次看到了在黑格尔

---

① 参见《马克思恩格斯全集》第42卷,人民出版社1979年版,第237页。

辩证法中处于矛盾关系核心地位的事物的 *Unterschiede*(**差别**)概念。再往后,这会直接链接于广义历史唯物主义中第一层级非物像关系场境存在论和历史认识论。当然,资本与劳动的矛盾对立也是历史性生成的,相对于凝固化的地产上的"封建\\贵族生活"(adligen Leben\\Feudalleben),在工业体制和动产之上,则建立了"工业(城市生活)"[Industrie(das Stadtleben)]。① 当然,作为一种客观社会运动,其中最关键的还是作为"劳动必然发展"结果的,"获得自由的、本身自为地构成的**工业和获得自由的资本**(für sich constituirte *Industrie und das freigelaßne Capital*)"。② 这是全部资产阶级社会的本质。依我的判断,这将是马克思以后走向资本主义生产方式科学概念的最初起点。我们可以十分清楚地感觉到,在马克思依据古典经济学的话语讨论资产阶级社会的时候,基础性的农业生产与工业生产活动、不动产与动产的关系性存在、非直观的城市生活空间这样一些社会唯物主义话语,无形中在逻辑凸状上让他不自觉地**从客观历史现实出发**,这正是不同于人本学异化史观的第二种逻辑线索,虽然在这里,马克思的主观构序意向是**走向**劳动异化史观。这是极其有趣的逻辑意向错位。

第二,在社会历史主体视域中,如果说在封建制度下,"过去农业是把主要工作交给土地和耕种这块土地的**奴隶**(*Sklaven dieses Bodens*)去做的",即锚定在土地上的农民,而今天,则是土地上的奴隶转化为工业和动产之上的"**自由**工人(*freien* Arbeiter)即**雇佣工人**(*Söldling Arbeiter*)"。③ 这是更加自由的现代"奴隶"。并且,这种新型奴隶的主人,不再是高举皮鞭的奴隶主或腰缠万贯的地主老财,而是工业资本家,当然,除去工业资本家,地主也"通过租地农场主这个中介环节"转化为工厂主和资本家。这是阶级主体的历史性转换。以后,马克思会科学地说明,在资本关系居统治地位的复杂社会赋型中,旧有的土地所有制下的社会生活开始只是从形式上从属于资

---

① 参见《马克思恩格斯全集》(第二版)第3卷,人民出版社2002年版,第284页。
② 参见《马克思恩格斯全集》(第二版)第3卷,人民出版社2002年版,第284页。
③ 参见《马克思恩格斯全集》(第二版)第3卷,人民出版社2002年版,第284页。

本,然后再从实质上从属于资本。

马克思说,在资产阶级意识形态中,这种历史性社会关系的脱型与转变,被伪饰成"动产已经使人人获得了政治的自由,解脱了束缚市民社会的桎梏(Fesseln der bürgerlichen Gesellschaft),把各领域彼此连成一体,创造了博爱的商业、纯洁的道德、令人愉悦的文化教养;它给人民以文明的需要来代替粗陋的需要,并提供了满足需要的手段"①。一方面,这里的"动产"象征着资产阶级的金钱关系对封建专制的夷平,这的确在政治上消除了旧有的等级关系,使人获得了历史性的政治解放;另一方面,全面的金钱化会带来"博爱的商业"和"令人愉悦的文化教养",将资产阶级观念表征为文明的胜利,这当然是意识形态幻象编码中的谎话。可以体会到,这里出现的 bürgerliche Gesellschaft,并不是马克思自己正面使用的概念,而是转述国民经济学的话语,显然是斯密-黑格尔的那个以"动产"为基础的作为经济市场交换中介的需要和交换体系的市民社会话语Ⅱ。据说,"资本的文明的胜利恰恰在于,资本发现并促使人的劳动代替死的物(todten Dings)而成为财富的源泉"②。人的劳动代替了 todten Dings(死的物),当然是指主体性的劳动辩证法对"自然辩证法"统治地位的彻底取代。马克思在这句话后面,附上了一大批经济学家的名字:保尔·路易·库利埃、圣西门、加尼耳、李嘉图、穆勒、麦克库洛赫、德斯杜特·德·特拉西和米歇尔·舍伐利埃等。因为在这些人看来,动产取代不动产,劳动产品("社会财富")取代自然物,自由工人取代土地上的奴隶,资本家取代地主,是人类文明的进步。一句没有直接说出来的话是,作为现代私有财产的资本对劳动的支配和奴役是最符合人的天性的自然法。这也意味着,人所创造出来的物对人的统治的经济物役性现象将是永恒存在的。这当然是资产阶级骗人的意识形态。

然而正是在这里,青年马克思聚焦于一个更深的核心问题,即在大多数资产阶级经济学家那里,作为现代资产阶级社会最重要基础的私有财产,总是被设置为一个与劳动对立的对象性存在物,换句话说,明明是"人的劳动代

①《马克思恩格斯全集》(第二版)第3卷,人民出版社2002年版,第286页。
②《马克思恩格斯全集》(第二版)第3卷,人民出版社2002年版,第287页。

替死的物（todten Dings）"的财富，却再一次表现为 Anderessein（他性存在）物，这也意味着，资产阶级经济学"对**私有财产**只是从它的客体方面来考察（Erst wird das *Privateigenthum* nur in seiner objektiven Seite）"①! 商品与金钱都是"感性确定性"中的**财物**。甚至连反对资产阶级压迫的社会主义者（比如出现在上述名单中的圣西门），也都依循这一他性异在中经济物相化的观点，他们反对奴役的斗争也是停留在对到场物性实在利益的争夺中。在后来的《1857—1858 年经济学手稿》中，马克思也是从批判蒲鲁东主义者达里蒙在"劳动货币"方案中将货币视作物的错误开始的。所以马克思深刻地说，反对私有财产的"自我异化的扬弃同自我异化走的是一条道路（Die Aufhebung der Selbstentfremdung macht denselben Weg, wie die Selbstentfremdung）"②。我以为，这里马克思所指认的私有财产的"自我异化的扬弃同自我异化走的是一条道路"的 objektive Seite（客体方面）是至关重要的。因为这是一种**在异化现象之中反对异化的此-此证伪逻辑**，而在他刚刚完成的关于黑格尔《精神现象学》摘录的思想实验中，通过批判性的否定辩证法透视，他想驱动的批判现代资产阶级私有财产的逻辑构序方向正好是相反的：穿透经济物像的他性存在伪境，**从主体方面出发**! 这是一种新的超拔出物像的**此-彼归基的现象学逻辑**。这一点，以后会直通《关于费尔巴哈的提纲》第一条。这也意指着，马克思必须揭露对象性的资本与劳动的二元矛盾对立是虚假的。如果从主体方面出发去透视资产阶级社会物相化图景中似乎大家都"熟知"的现代私有财产，那么作为**不是它自身**的 verschwindend darstellt（正在消逝的东西），它的本质恰恰是被遮蔽起来的不在场的**主体性劳动的自我异化**。这不是他性异在财富中的"收益多少"问题，而是主体性的劳动异化为自身的 Anderessein（他性存在）的**我-它自反性关系场境**，这恰恰是**劳动辩证法关系场境中的现象学透视**。要说明这一断裂性翻转的观点，马克思还是要从斯密在整个古典经济学中的一个特殊思想史定位说起。

---

① 《马克思恩格斯全集》（第二版）第 3 卷，人民出版社 2002 年版，第 294 页。Marx-Engels-Gesamtausgabe（MEGA²），I /2，Text，Berlin：Dietz Verlag，1982，S. 387.

② 《马克思恩格斯全集》（第二版）第 3 卷，人民出版社 2002 年版，第 294 页。

图4－2　《1844年手稿》第2笔记本手稿第一页

　　在第3笔记本的开始,青年马克思是从青年恩格斯《国民经济学批判大纲》中的一个比喻①开始自己新的此-彼归基的现象学逻辑构序的,即"把**亚当·斯密**称作**国民经济学的路德**(*nationalökonomischen Luther genannt*)"②。从话语表层运作来看,恩格斯的说法显然也是一种**话语异域易码中的转喻**。因为恩格斯将欧洲宗教改革中的路德③变成了一种有特定意义所指的能指符码,并跨领域地在经济学语境中易码到斯密的身上。从概念考古的层面看,

---

① 恩格斯的原话为:"但是,当**经济学的路德**,即亚当·斯密,批判过去的经济学的时候,情况大大地改变了。时代具有人道精神了,理性起作用了,道德开始要求自己的永恒权利了。"[《马克思恩格斯全集》(第二版)第3卷,人民出版社2002年版,第447页。]

② 《马克思恩格斯全集》(第二版)第3卷,人民出版社2002年版,第289页。

③ 马丁·路德(Martin Luther,1483—1546),16世纪欧洲宗教改革倡导者,基督教新教路德宗创始人。1483年,马丁·路德生于神圣罗马帝国-萨克森选侯国(今德国萨克森州)艾斯莱本。1501年到1505年路德在莱比锡大学就学,获得哲学系的文学学士学位,后又入爱尔福特学习法律。1505年加入爱尔福特的奥斯定会修道院,1507年成为神父。1508年入维滕贝格大学,1512年获得神学博士学位,后任维滕贝格大学神学教授。他主张,上帝在每个信徒的内心中,教皇不是圣经的最后解释人,信徒人人都可直接与上帝相通而成为"祭司",无须教会和神父作为外部中介,从而引导了宗教改革运动,沉重打击了天主教会和封建势力。在客观上,宗教改革结束了天主教内部的统一和罗马教廷至高无上的统治,新教与天主教、东正教已成为广义基督教中的三大教派。在宗教改革的影响下,欧洲民众开始强调个人信仰的独立,解放了思想,自文艺复兴以来兴起的资产阶级思想得到进一步传播和发展。代表作有:《九十五条论纲》(1517)、《论意志的束缚》(1525)等。

这不是直接意义上的两个人物之间的变身,而是一种姓名能指符码背后意义所指之间的深刻转换。必须承认,这个从欧洲宗教改革中引出的话语转喻,一下子会很难理解。好在马克思解释说:

> 正像路德认为**宗教、信仰**是外部**世界**的本质(Wesen der äusserlichen Welt),因而起来反对天主教异教一样,正像他把宗教笃诚变成人的**内在本质**(innern Wesen),从而扬弃了**外在的**宗教笃诚一样,正像他把僧侣移入世俗人心中,因而否定了在世俗人之外存在的僧侣一样,由于私有财产体现在人本身中,人本身被认为是私有财产的本质,从而人本身被设定为私有财产的规定,就像在路德那里被设定为宗教的规定一样,因此在人之外存在的并且不依赖于人的——也就是只应以外在方式来保存和维护的——财富被扬弃了,换言之,财富的这种**外在的、无思想的对象性**(äusserliche gedankenlose Gegenständlichkeit)就被扬弃了。[1]

这里,马克思赞同了青年恩格斯的转喻——斯密在国民经济学中的地位,就像宗教改革中的路德,因为路德将外在化的不在场的上帝(Gott)重新根植于人的内心之中,用黑格尔的话来描述,即"上帝的神宠"已经进入到人原来"破碎的心"[2]中,从而使人通过教会构序起来的 äusserliche Welt(外部**世界**)的本质,重新变成人直接垂直关联上帝的主体性在场世界。在马克思看来,当有"人道精神"的斯密将劳动视为国民经济学的本质时,他正是把"不是它自身"的物性的私有财产的本质,**从外在的 Anderessein(他性存在)对象变成了人的主体本质——劳动**。对此,孙伯𫓧先生说,"路德第一个在人的内心世界中发现了宗教的本质,从而把信仰的对象从外部世界移置到人的主体中来。亚当·斯密在政治经济学中也做出了类似的发现,从而把私有财产的本质从财富的客体形式中移置到了人的主体中来"[3]。这是精准的分析。有趣的是,在后来的《1861—1863 年经济学手稿》中,马克思还对路德的经济学特

---

[1]《马克思恩格斯全集》(第二版)第 3 卷,人民出版社 2002 年版,第 290 页。
[2] [德]黑格尔:《历史哲学》,王造时译,生活·读书·新知三联书店 1956 年版,第 471 页。
[3] 孙伯𫓧:《探索者道路的探索》,北京师范大学出版社 2017 年版,第 188 页。

别是关于高利贷的思想进行了充分的讨论。① 马克思说：

> 只有把**劳动**视为自己的原则（*Arbeit* als ihr Princip erkannte）——**亚当·斯密**——，也就是说，不再认为私有财产仅仅是人之外的一种**状态**的国民经济学，只有这种国民经济学才应该被看成私有财产的现实**能量**（*Energie*）和现实**运动**的产物（这种国民经济学是私有财产的在意识中自为地形成的独立运动，是现代工业本身），现代**工业**的产物（Produkt der modernen *Industrie*）。②

这当然是一种来自黑格尔否定辩证法的现象学透视。这个作为现代工业产物的**现代私有财产**，正是此时马克思对**资产阶级社会**的模糊话语代称。在马克思看来，斯密基于劳动这一**从主体向度出发**的原则意味着，现代的私有财产不是封建土地上来自自然构序的外部果实，不是人之外的作为 todten Dings（死的物）的土地一类"不动产"的自然物质对象，也不是看起来外在于我们的**现成在此**的"动产"中的物性财富（商品、货币），这种在动产背后**黑暗彼处**遮蔽起来的**现代工业生产中的劳动**，才是真正创造了我们周围世界的"上帝"。这恰是我们上面业已指认的黑格尔 spekulative Dialektik（思辨辩证法）背后的**劳动辩证法**。让被遮蔽的劳动辩证法从私有财产背后重新显现出来，就是批判的**劳动现象学**。依阿尔都塞的观点，马克思这里的劳动辩证法仍然是一种"劳动唯心主义"，也是"这种关于劳动的唯心主义使马克思在《1844 年手稿》中把斯密称为'现代政治经济学的路德'，因为斯密把一切财富（一切使用价值）仅仅归结为人的劳动"③。这里需要说明的方面有：一是马克思此时并没有真正领悟和接受斯密经济学话语中的劳动价值论及其内在矛盾，更不会理解从配第区分"自然财富"和"社会财富"之后，这种工业劳动创制世界的**劳动价值论的现代性本质**。前面我们已经专门交代过，农业生产产品本质上是**非物相化**的，因为人的劳动目的和爱多斯（eidos，意向之相）并不改变自然物质本身的外部存在形式和先在的内部有

---

① 参见《马克思恩格斯全集》（第二版）第 35 卷，人民出版社 2013 年版，第 395—404 页。

②《马克思恩格斯全集》（第二版）第 3 卷，人民出版社 2002 年版，第 289 页。

③［法］阿尔都塞、巴里巴尔：《读〈资本论〉》，李其庆等译，中央编译出版社 2001 年版，第 198 页。

序性,所以"自然财富"仍然基于自然物质自身的构序和负熵进程,而配第和斯密所确认的"社会财富"是工业生产物相化的结果,工业生产已经是主体性爱多斯对象化实现的过程,它通过**人对自然的征服关系**,消除了史前性的自然物役性关系,彻底改变了遵循"自然辩证法"的物质的外部存在形式和内在有序性,劳动塑形和构序第一次成为爱多斯内化于对象重构的物相化途径,一切工业产品都是**非自然性的主体信息编码**的物相化结果,在这一全新的物相化结果中,创制产品的劳作和爱多斯之相成为消逝的东西。从这一判断出发,我甚至以为,在古希腊哲学中开始被关注的**爱多斯外化的创制过程**,只是在那时的农业生产之外的工具和生活用具的手工艺劳作中获得其合法性现实基础;黑格尔的"对象中消逝的东西",以及海德格尔上手交道链接环顾建构世界的观点,也只有在手工艺劳作和工业生产的基础上才具有合法性,因为,去除了黑格尔唯心主义幻象后的先在的自然物质本身的存在方式和负熵进程中,并没有人的主体爱多斯(eidos)和先验目的(telos),仅仅靠海德格尔的锤子和木匠活绝不可能创制我们周围的"世界"(Umwelt)。二是斯密这一从劳动的主体本质出发的观点,代表了古典经济学中业已存在的社会唯物主义,即区别于自然经济——对象性实体生产的工业生产构序——商品经济中非直接的社会关系和场境生活的本质。从思想构境谱系分析看,这将是马克思后来广义和狭义历史唯物主义社会定在和关系场境存在的双重物相化透视的前提,也会是马克思新的认识论活动和关系性认知对象的入口,因为它会破解资产阶级社会中工业生产之上历史性的社会先验构架——商品-市场经济关系整体赋型(经济构式负熵)和经济物相化的主体本质。

当然,斯密这种有"道德情操"的经济学的主体性仍然是"伪善的",所以到了李嘉图那里,私有财产这种劳动的主体本质就从根本上被遮蔽起来了。为此马克思说:

> 从斯密经过萨伊到李嘉图、穆勒等等,国民经济学的**犬儒主义**(Cynismus)不仅相对地增长了——因为**工业**所造成的后果在后面这些人面前以更发达和更充满矛盾(Widersprüche)的形式表现出来——,而且

肯定地说,他们总是自觉地在排斥人这方面比他们的先驱者走得更远,但是,这**只是**因为他们的科学发展得更加彻底、更加真实罢了。①

这应该是辩证法的 Widersprüche(矛盾)概念在马克思文本中较早的出场。也因为斯密经济学构式的现实前提,仍然是以工场手工业中的劳动生产为基础的,所以他容易直观地看到劳动爱多斯实现出来的主体构序作用,而到了大工业生产阶段时的李嘉图等人那里,资产阶级社会的经济过程,已经发展到呈现为全面遮蔽劳动的"更发达"的**无主体物性机器工序生产状态**的非人世界,所以,在李嘉图等人眼里只有到场物的"**犬儒主义**"物像图景,工人不再是有血有肉的主体性(目的)的人,而是被客观工序编码的无主体劳动机器部件。这一问题背后的劳动在现实大机器生产物相化中的断裂式改变,是马克思此时并没有深刻意识到的。在青年马克思这里,他坚持从只看到"客观方面"的李嘉图和穆勒,重新回到坚持"主体性的劳动"创造资产阶级经济世界的斯密。显然,马克思此时并不能真正理解经济学意义上的劳动价值论,更不要说看出李嘉图与斯密在劳动价值论上的差异。广松涉留意到了这一问题,他说,"早期马克思并非不知道李嘉图,而是在《1844 年手稿》时期就已经知道",但他更钟情于斯密。②

我发现,正是在这一点上,青年马克思才从理论上彻底超越了赫斯和自己"穆勒笔记"里的那个**交往异化**构式,进一步确证了自己在"穆勒笔记"中初步塑形的劳动异化批判构式。因为,不仅金钱(小贩世界中异化的"上帝")不能创造真实的周围世界,本真的交往关系(共同的社会本质)同样不能创造世界。在一定的意义上,货币异化论(交往异化论)甚至还没有达到斯密的"路德"境界,因为交往异化论没有意识到,不是类交往关系,而**只有劳动外化的物相化活动才是现代私有财产中消逝的不在场的主体本质**。这也意指着,只有劳动辩证法构序才是创制不同于自然界的人的新世界的动力。这样,马克思才有可能真正创立起本体论意义上**作为人本主义异化观总体构境层面上的劳动异化批判构式Ⅱ**。马克思说,作为现代工业产物的"私有财产的**主体**

---

① 《马克思恩格斯全集》(第二版)第 3 卷,人民出版社 2002 年版,第 291 页。中译文有改动。
② 参见[日]广松涉《唯物史观的原像》,邓习议译,南京大学出版社 2009 年版,第 11 页。

本质(*subjektive Wesen*),作为自为地存在着的活动(*für sich seiende Thätigkeit*)、作为**主体**、作为**个人**的私有财产,就是**劳动**"①。承认外部客体性的现代私有财产的本质是不在场的主体性的劳动,这恰恰是斯密在经济学中的路德革命的意义。有趣的是,青年马克思在这里恰恰没有注意到的逻辑凹点为,斯密的这一重要经济学观点正是古典经济学中现代性**劳动价值论**的基础,而经济学语境中工业生产基础之上的劳动价值论才是真正破解资产阶级经济剥削秘密的通道。回到马克思刚才指认的那个问题上来,有财产与无财产对立中的"能动的、内在的矛盾",正是指由**现代性**劳动创造的财富悖论:现代有产者拥有物性财富的背后,是无产者的主体劳动。马克思的结论非常清楚:"只有把**劳动**理解为私有财产的本质,才能同时弄清楚国民经济学的运动本身的真正规定性。"②透视物性私有财产的主体劳动本质,这也将是一种全新的物像证伪的此一彼归基式的批判认识论的开端,在到场之物中看到**不在场的在场**,即在经济物像背后透视出异化了的劳动活动。

当然,马克思也意识到,劳动活动成为现代私有财产的主体本质是一个**历史的产物**。第一,"地产是私有财产的第一个形式"。在过去的封建制度之下,"全部财富被归结为土地和耕作(农业)",虽然在那里农业的劳作已经是"**惟一的生产的劳动**(*einzig produktive Arbeit*)"(重农主义的话语),但是,农业生产中的

> 劳动还不是从它的普遍性和抽象性(Allgemeinheit und Abstraktion)上被理解的,它还是同一种**作为它的材料的**特殊**自然要素**(*besondres Naturelement als ihre Materie*)结合在一起,因而,它也还是仅仅在一种**特殊的、自然规定的存在形式**中被认识的。因此,劳动不过是人的一种**特定的、特殊的**外化,正像劳动产品还被理解为一种特定的财富——与其说来源于劳动本身,不如说来源于自然界的财富。③

这是说,在农耕经济中,物理空间里的"土地还被看作不依赖于人的自然存在",作为在封建土地上的农业生产中劳动(外化)参与的生产产品,财富主要

---

① 《马克思恩格斯全集》(第二版)第3卷,人民出版社2002年版,第289页。
② 《马克思恩格斯全集》(第二版)第3卷,人民出版社2002年版,第352页。
③ 《马克思恩格斯全集》(第二版)第3卷,人民出版社2002年版,第291—292页。

还是来源于自然界的果实,畜牧业生产也只是选择性地圈养动物,这也意味着,那时财富的本质是外在的自然物质存在中的生命负熵运动,并不完全是劳动者主体性意图(eidos)的直接物相化结果,作为人的生活本质的**社会负熵源**的主要还不是人的劳动主体目的(telos)创造性的构序活动。这也是配第所指认的"自然财富"。因为,在农业和畜牧业生产的劳动活动中,人对自然的能动关系只是停留于辅助性的、有限对象化的塑形活动,通常也长期停留在循环往复的惯性实践状态之中,它"不过是人的一种特定的、特殊的外化",还不是普遍创造性的根本构序和改变世界的主体实践物相化力量。所以,主体性的劳动还不是"自然财富"的构序本质,人的生存仍然依存于自然界的"自然辩证法"(自然物役性),而不是通过劳动生产创制出来的自己的周围世界(Umwelt)。这是一个历史性的准确判断。对此,施米特分析说,"资本主义生产之前的社会形态,虽然的确是经过生产并再生产自己的一段时间而达到**持有历史**的程度(就像人类之前的自然所持有的历史仍然是本质之外的历史一样),但它并**不是历史**,这是因为它的主观与客观的存在条件,并没有从自然总体中摆脱出来而成为人的历史的产物"①。这个观点基本上是正确的。从认识论上看,以外部物性实存为认识对象的主-客体二元认知结构,当然也就具有历史的合法性。甚至,传统认识论中的一般物像图景也是有其历史现实性的。因为自然经济中人们观察外部对象的经验塑形和统觉赋型的分节边界是清晰的,这种主-客认知的反映论只是在工业生产的非自然性构序中才被彻底打破。在这一点上,广松涉对二元认知构架的否定是过于简单化的。

第二,与农业根本不同的**工业生产**的出现改变了一切。马克思说,今天的

> 一切财富都成了**工业的**财富(*industriellen* Reichthum),成了劳动的**财富**,而工业是完成了的劳动,正像**工厂制度**是**工业**的即劳动的发达的本质,而**工业资本**(*industrielle Capital*)是私有财产的完成了的客观形式一样。——我们看到,只有这时私有财产才能完成它对人的统治,并以最普遍的形式成为世界历史性的力量(weltgeschichtlichen Macht)。②

①［德］施米特:《马克思的自然概念》,欧力同等译,商务印书馆1988年版,第190页注5。
②《马克思恩格斯全集》(第二版)第3卷,人民出版社2002年版,第293页。

这里,与农业生产中主体性活动不占主导地位的非物相化劳动和惯性实践不同,马克思所说的"完成了的劳动"是指工业生产中的创造性劳动活动,这已经是主体性爱多斯(eidos)的直接外化和内化活动,它将主体性意向和目的转换为工业生产劳动物相化对自然物质外部存在形式与内在有序性的"失形"和重新编码中的塑形-构序,工业生产中的劳动是在人对自然 for us 的有用关系场境开始直接赋型物质存在,使自然物质存在整体转换为人的关系场境赋型和功能链中的**对象性和物相化存在**。从生产过程中捕捉到劳动的主导性作用,这将是后来马克思在中晚期经济学研究中再一次突显的方面。由此,人的劳动塑形(外相)和构序(内相)力量创造的社会历史负熵,才开始成为社会生活空间中非物像社会定在的主导方面。由此,历史辩证法的主体才从外部的"自然辩证法"真正转向主体性的劳动辩证法,从而彻底摆脱自然物役性。正因为如此,人们社会生活中主要的财富才成了工业生产中劳动的产物,作为"积累起来的劳动"的工业资本才会成为私有财产的"完成了的客观形式"。现代私有财产(=资产阶级社会)才成为统治性力量,并且开启创造我们周围世界(umgebende Welt)的历史进程。在此,马克思极为深透地认识到,"**工业的历史**(Geschichte der Industrie)和工业的已经产生的**对象性**的定在(das *gegenständliche* Dasein),是**一本打开人的本质力量**的书(*aufgeschlagne* Buch der *menschlichen Wesenskräfte*),是感性地摆在我们面前的人的**心理学**;对这种心理学人们至今还没有从它同人的**本质**的联系,而总是仅仅从外在的有用性这种联系(Nützlichkeitsbeziehung)来理解"①。依文献考据看,马克思先是在手稿上写下"工业的和工业的对象性存在,是**一本关于人的本质力量**的书",然后补充修改为"工业的历史和工业的对象性存在,是**一本打开的关于人的本质力量**的书"。② 我以为,马克思这一深刻的历史认识,只有在他深入领悟黑格尔《精神现象学》中的劳动辩证法本质之后才会生成。在此时的马克思看来,工业生产用主体爱多斯塑形和构序自然的力量,当然就是现代性

---

① 《马克思恩格斯全集》(第二版)第 3 卷,人民出版社 2002 年版,第 306 页。中译文有改动。Marx-Engels-Gesamtausgabe(MEGA²), I /2, Text, Berlin: Dietz Verlag, 1982, S. 271.

② 参见周嘉昕《文献版〈1844 年经济学哲学手稿〉研究》(手稿),南京大学,2019 年,第 92 页。

的劳动对象化和物相化活动,它直接创造了彻底超出自然进程和生命负熵的全新社会负熵的本质,由此,才会生成**有场境关系**的 *gegenständliche* Dasein(**对象性**定在)构成的上手性**对象世界**(*gegenständichen Welt*)。这也是不同于物理空间的、以关系场境 Emergence(突现)为核心的**社会空间**。这表示,马克思有可能将黑格尔辩证法逻辑中概念式的普遍关联,深化为工业创制的功能性的用在性普遍联系。可是马克思也留意到,工业历史的这种主体本质,在资产阶级社会中却往往只是在外在的 Nützlichkeitsbeziehung(有用性联系)上被理解(黑格尔那个"启蒙的有用性"①),这显然是指国民经济学家们的**客体构序向度**,而此处马克思所说的"心理学",则是他特别想指认的工业背后的劳动本质的**主体构序向度**。从这种主体构序向度出发,才能深刻地透视到,"**对象性**的定在"是自然物质存在在人的劳动构序中并被转换为**有历史时间性的特定的存在**,这种定在本身是劳动主体活动的对象化和物相化。这种物相化背后消逝的主体劳动活动恰是全新工业财富的基础。其实,也是在这里,马克思已经无形中触碰到了一种全新的从现实出发的客观逻辑:一是相对于前述不同社会经济关系的历史性比较研究,这里出现了决定经济关系质性的**农业生产与工业生产的历史性差异**,这使马克思对**有未来时间维度的历史性时间**的理解大大向前推进了一步,**定在概念**开始起到黑格尔原初语境中的实质性的有限定赋型作用;二是他深透地领悟了工业生产的本质是人的爱多斯(本质共相)物相化的实现,这是工业生产作为 *aufgeschlagne* Buch der *menschlichen Wesenskräfte*(**打开人的本质力量的书**)一语的基本含义,由此会走向《关于费尔巴哈的提纲》和《德意志意识形态》中的历史唯物主义物相化理论;三是马克思也遭遇到将来改变我们周围世界的创造性物质实践活动,以及广义历史唯物主义客体向度中的工业生产物相化的场境关系存在论、普遍关联的历史辩证法和关系意识论的核心构序点,因为现代社会定在的本质是劳动塑形-构序的"有用"联系(使用价值)和对象性定在,外部物质存在和人的生存越来越成为工业劳动生产关系赋型的产物。并且,这种全新的关系场境存在,也会是后来马克思所说的"我们既是剧作者又是剧中人物"的历史辩

---

① [德]黑格尔:《精神现象学》下卷,贺麟、王玖兴译,商务印书馆 1979 年版,第 110—112 页。

证法基础上,关系意识论和新的历史认识论的社会先验构架的前提。当然,这些在马克思后来的思想构境谱系中发挥重要作用的观点,此时还只是作为无意识的逻辑凸状内嵌在马克思的话语构序场境中。马克思强调,斯密是国民经济学中的路德,恰恰因为他站在了主体构序向度上承认了劳动的地位,但他有"人道精神"的主体向度是伪善的"道德情操"。可是,要参透从劳动到财富(资本)的转化,要理解劳动的对象化,这却是在经济学话语编码的"外在的有用性"客体构序向度中无法实现的。特别是在李嘉图经济学的"犬儒主义"中,劳动与工人同时被 Dingheit(物性)逻辑所否定。所以,青年马克思才不得不跳出经济学"有用性"的发财致富的客观构序逻辑,把逻辑构序的内驱力转回到自己的哲学话语编码之中。

如果按斯密的主体构序向度,现代财富的本质是劳动,那么,与劳动对立的对象性的物性资本就可能是**劳动本身自我异化**的结果。在"穆勒笔记"中,青年马克思已经初步直觉到这一重要的构境意向,但他觉得还可以从更深的方面思考这一问题。如上章所述,这使他突然从经济学研究中游离出来,重新回到黑格尔哲学中的重要思想实验——《黑格尔〈精神现象学〉摘录》,他想从《精神现象学》中找到支撑自己劳动异化批判构式的哲学话语构序场境,这就是,黑格尔否定辩证法中的**劳动外化—对象性—异化—扬弃的逻辑**。这样,斯密在经济学中确认的劳动是私有财产主体的观点,就会被愈益繁杂的非物像批判认识论中的劳动异化批判构式 II 赋型为一种穿过经济物相的人学现象学透视:**扬弃劳动的自我异化**。

3. 黑格尔否定辩证法中的劳动外化—对象性—异化—扬弃

过去,我们在《1844 年手稿》中提炼出的支配性哲学话语(主人话语),往往是青年马克思明确认同的费尔巴哈的人本主义异化史观,却严重忽略了这种哲学话语的真正构序入口是他性镜像中的大他者**黑格尔**。我现在认识到,马克思在手稿的最后(第 3 笔记本)中讨论黑格尔,绝不是简单地批判其辩证法的唯心主义,而是想通过黑格尔,找到国民经济学中被李嘉图物性逻辑所遮蔽起来的对象化和物相化的劳动主体活动。这是上一章我们已经讨论过的,在《巴黎笔记》基本结束后马克思的重要思想实验——《黑格尔〈精神现象学〉摘录》中呈现的直接结果。并且,在后来马克思 1845 年 1 月写下的《黑格尔现象学的建构》(*Hegel'sche Construction der Phänomenologie*)的心得中①,他进一步深化这一重要的思想实验,由此走向革命性的《关于费尔巴哈的提纲》。如果说在上一章中,我们是将《1844 年手稿》中与黑格尔《精神现象学》"绝对知识章"摘录相关的内容,点对点地复构出来,以说明青年马克思关于黑格尔辩证法的思想实验中发生的复杂心路历程,那么在这里,我们将聚焦于青年马克思在《1844 年手稿》中整个劳动异化批判构式 Ⅱ 的真正构序逻辑缘起,这并非费尔巴哈-赫斯人本学的异化构式在经济学中的简单挪移,而是青年马克思所深透领悟的黑格尔在国民经济学话语编码的背后,透视出主体劳动的外化—对象性—异化—扬弃的劳动辩证法筑模。正是这一原生的此-彼归基式的现象学批判逻辑,成为费尔巴哈人本学异化构式**外壳中的内里构序驱动**,生成了青年马克思新的现象学视域中的劳动异化批判构式 Ⅱ。

其实,青年马克思在《1844 年手稿》第 3 笔记本关于黑格尔的思考构境中,并没有忘记自己在《黑格尔法哲学批判》中对黑格尔的第一次批判,即跟着卢格批判黑格尔《法哲学原理》中的唯心主义国家观。不过,现在他已经领悟了为什么黑格尔会将国家与法**放置在**市民社会之上。这是思想构境谱系中,马克思对前述那个"市民社会决定国家与法"的简单主谓颠倒逻辑的深刻内省。马克思反思道,"在黑格尔法哲学中,扬弃了的(aufgehoben)**私法** = **道德**,扬弃了的道德 = **家庭**,扬弃了的家庭 = **市民社会**(*bürgerlicher Gesellschaft*),扬弃了的市民社会(aufgehobne bürgerliche Gesellschaft)等于**国家**,扬弃了的国家 = **世界历史**(*Weltgeschichte*)"②。这个重新解码后的 aufgehobne bürgerliche Gesellschaft(扬弃了的市民社会)十分重要。在这里,马克思当然知道黑格尔的观念唯心主义的实质,因为这里的 *Weltgeschichte*(**世界历史**)只是复归于绝对观念的世界历史总体,但是现在他对这种唯心主义话语构序场境背后的现

---

① 1932 年首次发表于 MEGA¹ 第一部分第 5 卷。后收入 Marx-Engels-Gesamtausgabe(MEGA²),Ⅳ/3,Text,Berlin:Dietz Verlag,1998,S. 23. 参见《马克思恩格斯全集》第 42 卷,人民出版社 1979 年版,第 237 页。

② 《马克思恩格斯全集》(第二版)第 3 卷,人民出版社 2002 年版,第 329 页。

实支撑更有兴趣了。虽然马克思在《1844年手稿》的"序言"中先说,"对国民经济学的批判,以及整个实证的批判,全靠费尔巴哈的发现给它打下真正的基础"①,因为没有哲学唯物主义的正确立场,批判现实中的资产阶级社会经济制度是绝不可能的,可是,他对费尔巴哈的思想史定位却是"费尔巴哈著作是继黑格尔的《现象学》和《逻辑学》之后包含着实际理论革命(wirkliche theoretische Revolution)的惟一著作"②。这也意味着,原先他在《黑格尔法哲学批判》中简单批评的黑格尔的唯心主义文本中,也是内嵌着"实际理论革命"的。这是一个极其深刻的新认识,显然,这是青年马克思在不久前完成的关于黑格尔哲学的思想实验后的一个巨大的认识转变。有趣的是,马克思在《1844年手稿》中并没有大量讨论费尔巴哈的哲学唯物主义和人本学异化史观,却将对"黑格尔的辩证法(hegelsche Dialektik)和整个哲学的剖析"设定为"最后一章",并且在一段后来删除的话中提示说,"**费尔巴哈**的关于哲学的本质的发现,究竟在什么程度上仍然——至少为了**证明**这些发现——使得对哲学辩证法(Dialektik)的批判分析成为必要"③。为什么?因为"在费尔巴哈对黑格尔辩证法的批判中还缺少黑格尔**辩证法**(*Dialektik*)的某些要素",说穿了,青年马克思从费尔巴哈正确的唯物主义赋型中,并不能找到**从主体出发的**去透视私有财产能动本质的思想武器,而这种武器恰恰是费尔巴哈所缺少的"黑格尔**辩证法**的某些要素"。很显然,马克思这里反复使用的Dialektik(辩证法)概念,就是**从主体出发的**"绝对不安"(*absolute Unruhe*)的**否定辩证法**,这种否定性的观念辩证法经过唯物主义的"批判形式"转换,可以用来透视国民经济学遮蔽起来的劳动异化的本质。其实,马克思这时通过思想实验得到的最大的发现,是黑格尔唯心主义"法哲学"和"精神现象学"背后的"国民经济学",特别是斯密的主体劳动概念以及黑格尔扬弃自在性的市民社会话语Ⅲ的批判认识论。在上一章的讨论中我的新的揣测为,马克思为了跳出青年恩格斯和蒲鲁东在经济学语境中批判资产阶级社会的此-此证伪逻辑,他

①《马克思恩格斯全集》(第二版)第3卷,人民出版社2002年版,第220页。

②《马克思恩格斯全集》(第二版)第3卷,人民出版社2002年版,第220页。中译文有改动。Marx-Engels-Gesamtausgabe(MEGA²),Ⅰ/2,Text,Berlin:Dietz Verlag,1982,S.317.

③《马克思恩格斯全集》(第二版)第3卷,人民出版社2002年版,第222页脚注1。

在《巴黎笔记》的最后("穆勒笔记"之后)重新认真研究了黑格尔的《精神现象学》,于是,第 1 笔记本第二部分的"异化劳动手稿"是青年马克思继《黑格尔法哲学批判》之后第二次系统研究和理解黑格尔哲学的直接结果。我以为,这里发生的理论事件为:并非青年马克思主动地改造黑格尔的一般辩证法筑模,而很可能是马克思**第一次系统地**认真研究《精神现象学》中的劳动外化—对象性异化—扬弃异化的否定辩证法。并且,此次马克思不是像在《黑格尔法哲学批判》中那样对黑格尔观念唯心主义的简单否定,而是**求助于黑格尔的历史辩证法**。这里有两个关键构序质点:一是**劳动的外化与对象性**,二是**作为消逝环节的资产阶级社会的劳动异化被内在扬弃**。这都是费尔巴哈哲学构境根本不可能达及的深度,但确实为青年马克思此时需要的人本学异化史观提供了内在的构序支撑。这就生成了一个难以破境的**内外错位**的复杂话语结构:费尔巴哈人本学异化史观的**外在话语构序场境**和黑格尔基于劳动现象学透视的否定辩证法**内里构序逻辑**。这构成了青年马克思此时批判资产阶级经济制度的最重要的双重方法论他性镜像。孙伯鍨先生有过一个判断,即"异化劳动理论的提出在马克思思想发展史上确实是一个重要标志,表明他离开费尔巴哈越来越远"①。这是耐人寻味的说法。虽然《1844 年手稿》中的劳动异化批判构式Ⅱ,离不开费尔巴哈的人本主义异化史观,但雇佣劳动者的劳动外化的对象性异化与扬弃已经是一个全新的经济现实观察,并且,作为一种透视经济物像的批判现象学的否定辩证法,也已经远远超出费尔巴哈的感性直观批判方法。

第一,黑格尔**对斯密劳动本质说的深透理解**。在上述的思想实验中,青年马克思已经发现了黑格尔哲学背后的真正秘密是资产阶级国民经济学,因为后者真正读懂了"国民经济学的路德"斯密的《国富论》,他看到了物性的现代市民社会(马克思聚焦的"现代私有财产")的本质是工业劳动这一主体(eidos)的对象性物相化活动。这正是青年马克思所需要的跳出经济学话语编码的哲学批判入口。马克思直接挑明:

---

① 孙伯鍨:《探索者道路的探索》,北京师范大学出版社 2017 年版,第 181 页。

> 黑格尔站在现代国民经济学家的立场(Standpunkt der modernen Nationalökonomen)上。他把**劳动**看作人的**本质**,看作人的自我确证的本质(sich bewährende Wesen);他只看到劳动的肯定的(positive)方面,没有看到它的否定的(negative)方面。劳动是**人**在**外化**(*Entäusserung*)范围之内的或者作为**外化的人**的**自为的生成**(*Fürsich werden*)。①

这是一个唯物主义解码(decode)照妖镜下的清晰学术场境:一是马克思指认的这里的"现代国民经济学家的立场",当然是指"国民经济学的路德"——斯密的劳动主体本质论的立场,而不是只看到劳动的外化—对象性物像状态的李嘉图的立场。这是黑格尔唯心主义思辨哲学话语编码背后被隐匿起来的经济学话语场境。二是马克思指认黑格尔看到了劳动是人(自我意识 = 理念爱多斯)的主体物相化和自我确证的本质,也由于此时的马克思已经明确接受了费尔巴哈的"真正的唯物主义和实在的科学",所以立足于哲学唯物主义的他清楚地知道,"黑格尔惟一知道并承认的劳动是抽象的精神的劳动",劳动构序的社会负熵背后是处于消逝中的绝对理念(telos)的精神负熵。所以,将黑格尔的唯心主义思辨话语解码和转换为费尔巴哈的人话,从思辨的观念辩证法走向改造过的人本学劳动辩证法,也是青年马克思这里必须完成的事情。三是马克思指认,黑格尔只是看到了劳动物相化生成人的本质的 positive(肯定)方面,但没有留意到劳动本身嵌套的 *negative*(**否定的**)革命批判意义。过去,由于翻译的问题,人们总是误认为马克思是在批评黑格尔只是关注了劳动外化和对象性的积极方面,而忽视了劳动异化的消极方面,事实是,黑格尔当然看到了劳动**外化的对象性和物相化存在就是精神的我-它自反性关系中的异化**,并且,马克思也看到黑格尔对劳动异化(观念的第二次物性沉沦和物相化)的批判,只是黑格尔在扬弃劳动异化时,使得劳动本身也成了走向更高观念层级中被祛序的"消失的环节",而青年马克思却坚持了劳动作为费尔巴哈式的人的类本质的复归的辩证**否定性**(*negative*)。这个以扬弃异化为核

---

① 《马克思恩格斯全集》(第二版)第 3 卷,人民出版社 2002 年版,第 320 页。中译文有改动。原来的译文将马克思这里使用的 positive 和 negative 分别意译成"积极的"和"消极的",其实为"肯定的"和"否定的"。参见 Marx-Engels-Gesamtausgabe(MEGA²),I /2,Text,Berlin:Dietz Verlag,1982,S. 293。

心的**否定的辩证法**是极为关键的。这也意指着,将唯物辩证法理论畸变为一种**与人无关的**、仅仅关于外部对象联系与发展的"本质和规律的学说",也许恰恰是马克思一开始就在拒绝的东西。后来的阿多诺的"否定辩证法"应该也是很深地意识到了这一点,他说,黑格尔"作为方法的辩证法的神经,乃是规定了的否定(Der Nerv der Dialektik als Methode ist die bestimmte Negation)"①。我认为,这种以主体性的劳动辩证法为本质的批判性否定辩证法,是马克思获得的**第一个辩证法理论赋型**。然而,这一辩证法理论赋型的局限在于:一是这种劳动辩证法主要是以 verkehrte(颠倒的)异化劳动的方式表现出来,而缺乏劳动辩证法本身的正面话语塑形。这一点,马克思是在后来中晚期的经济学研究中完成的,对此,我将在本书第十一章中详细讨论。二是马克思此时还无法进一步区分**主观辩证法**逻辑与**客观辩证法**的复杂关系,因为在黑格尔那里,观念辩证法就是客观辩证法,这种客观辩证法与作为理念本体的"逻辑学"和绝对观念自我认知的精神现象学—认识论是"同一个东西"(列宁语)②。这一问题的解决,马克思是在《关于费尔巴哈的提纲》中通过**实践辩证法**完成的。三是最重要的方面,即这种劳动辩证法的逻辑前提仍然是总体性的人本主义异化史观,所以,这并不能改变青年马克思此时在方法论上的隐性唯心主义。正如孙伯鍨先生所言,"当把劳动纳入人本主义异化理论的逻辑框架时,它就被抽去一切现实的内容,成为纯粹的概念和高度理想化的状态"③。这也就意味着,在方法论上,已经站在哲学唯物主义立场上的青年马克思仍然是从"纯粹的概念"出发的。

第二,黑格尔**自我意识异化的批判现象学**。通过上述的思想实验,马克思断定,《精神现象学》是"黑格尔哲学的真正诞生地和秘密开始",在这里,黑

---

① [德]阿多尔诺:《黑格尔三论》,谢永康译,上海人民出版社 2020 年版,第 21 页。Theodor W. Adorno, *Gesammelte Schriften*, Band 5, Frankfurt am Main: Suhrkamp Verlag, 1970, S. 318.

② 列宁的原话为:"虽说马克思没有遗留下'**逻辑**'(大写字母的),但他遗留下《资本论》的**逻辑**,应当充分利用这种逻辑解决这一问题。在《资本论》中,唯物主义的逻辑、辩证法和认识论[不必要三个词:它们是同一个东西]都应用于一门科学,这种唯物主义从黑格尔那里吸取了全部有价值的东西并且发展了这些有价值的东西。"[《列宁全集》(第二版)第 55 卷,人民出版社 1990 年版,第 290 页。]

③ 孙伯鍨:《探索者道路的探索》,北京师范大学出版社 2017 年版,第 185—186 页。

格尔"坚持人的**异化**(*Entfremdung* des Menschen),——尽管人只是以精神的形式出现,——所以它潜在地包含着批判的**一切**要素,而且这些要素往往已经以远远超过黑格尔观点的方式**准备好**和**加过工了**"①。其实,黑格尔的《精神现象学》中当然没有直接阐释现实的人的异化,只有理念(eidos)外化道成肉身的观念物相化和异化;这里的"人的异化"已经是青年马克思依循费尔巴哈对黑格尔观念异化批判构式的人本学重构。马克思认为,黑格尔这种唯心主义的精神异化观,已经"潜在地包含着批判的**一切**要素",这是给予黑格尔精神现象学的批判认识论极为重要的肯定。这里的"批判",当然是指黑格尔的观念异化批判构式不是简单**肯定**外化的对象性,而是要扬弃 Dingheit(物性)定在的异化复归于观念主体,重新颠倒我-它自反关系。对此马克思透视说,这就是在一种新的此-彼归基现象学关系中"要求把对象世界归还给人(Die Vindicirung der gegenständichen Welt für den Menschen)"②。在此,物性的 gegenständichen Welt(对象世界)不是复归于精神世界,而是归还给人,这就是"以远远超过黑格尔观点的方式"——费尔巴哈式的唯物主义解码和人本学话语重构。这里,我们能够辨识出黑格尔思辨现象学与费尔巴哈人本学构式的交织式拼杀和奇特的错位赋型。青年马克思此时已经深刻地意识到,在黑格尔这里,"宗教、财富等等不过是**人的**对象化的异化了的现实(die entfremdete Wirklichkeit der *menschlichen* Vergegenständlichung),是客体化了的**人的**本质力量的异化了的现实;因此,宗教、财富等等不过是通向真正**人的现**实的**道路**"③。以我们上面已经讨论过的观点,自我意识 = 人,这里的"**人的本质力量**"就是劳动,宗教是费尔巴哈批判的对象,而财富则是青年马克思这里要批判的国民经济学的对象。马克思说,当黑格尔"把财富、国家权力等等看成同人的本质相异化的本质"时,显然已经透视了经济学中的路德——斯密的心境,因为这里已"包含着对宗教、国家、市民生活(bürgerlichen Lebens)等整个领域的**批判的**要素(*kritischen* Elemente),不过也还是通过异化的形

---

① 《马克思恩格斯全集》(第二版)第 3 卷,人民出版社 2002 年版,第 319 页。
② 《马克思恩格斯全集》(第二版)第 3 卷,人民出版社 2002 年版,第 318 页。
③ 《马克思恩格斯全集》(第二版)第 3 卷,人民出版社 2002 年版,第 319 页。

式"①。此时,青年马克思业已将自己在《黑格尔法哲学批判》中那个"市民社会决定国家与法"的主谓颠倒抛在脑后,现在,他已经知道黑格尔为什么要批判性地超越作为现代私有财产(财富)的市民社会了,或者说,他第一次深透理解了黑格尔市民社会话语Ⅲ的批判本质。市民社会是"**人的本质力量的异化了的现实**",它的私有财产的本质是斯密揭示的主体劳动对象性物相化。而劳动属于工人,是工人应该具有的本真性主体类本质。这样,资本与劳动的外部对立假象就消失在了一种能动的内在矛盾关系之中,一部国民经济学中的市民社会史,就是工人的劳动自我异化以及扬弃异化的否定辩证法,由此,彻底证伪资产阶级经济学构境的劳动异化批判构式Ⅰ就得以在全新的赋型基础上重建,这就是《1844 年手稿》第 1 笔记本第二部分中的**劳动异化批判构式**Ⅱ的生成前提。

我们知道,通过"穆勒笔记",青年马克思已经意识到,像青年恩格斯和蒲鲁东那样,仅仅在经济学的物性此—此证伪逻辑之中反对经济学,是"自我异化的扬弃同自我异化走的是一条道路",这样是不可能真正透视市民社会的本质的。在那里,马克思开始是通过费尔巴哈-赫斯式的类本质交往关系异化批判来跳出经济学话语的,尔后很快就生成自己原创性的劳动异化批判构式Ⅰ。而在这里,完成了《精神现象学》思想实验的马克思,则主要是通过黑格尔的**劳动异化的此-彼归基现象学批判**来实现"跳出经济学"的。如果说,"穆勒笔记"中的交往关系异化构式还是停留在**人与人的主体际关系**之中,劳动异化批判构式Ⅰ还是以人的主体需要为前提,那么,此处从《精神现象学》得来的全新的劳动异化批判构式Ⅱ,则是从**人与对象世界**(自然)的更深一层外化—对象性物相化关系出发的,或者说,是从站在无产阶级立场上的**劳动辩证法**出发的。马克思说,在黑格尔那里,"**人的本质,人,**在黑格尔看来 = **自我意识**",在历史进程中,自我意识即是盲目的"热情"(个人),"自我意识的外化设定物性",主体理念爱多斯自我实现、消逝并物相化为事物。自我意识所面对的物性对象的本质,不过是自我意识(理念共相)外化的对象性实在。"对象不过是对象化的自我意识"(Gegenstand nur das vergegenständlichte Selbstbewußtsein),在物相化过

---

①《马克思恩格斯全集》(第二版)第 3 卷,人民出版社 2002 年版,第 319 页。

程中,"它的自我外化又设定一个**现实的**、却以**外在性的**形式(Form der *Aüsserlichkeit*)表现出来因而不属于它的本质的、极其强大的对象世界(gegenständlichen Welt)"①。透过颠倒的对象性物像世界去发现我-它自反性异化的主体本质(共相),这正是马克思透视资产阶级社会经济现象时所需要的批判性的非物像现象学。他发现,"**现实的**即真实地出现的异化,就其潜藏在**内部最深处的**——并且只有哲学(erst durch die Philosophie)才能揭示出来的——本质来说,不过是现实的人的本质即**自我意识的异化**现象"②。相对于马克思原先在自己博士论文中肯定性的资产阶级个人主义自我意识观,这已经是站在无产阶级立场上指认的自我意识异化批判。马克思这里的"erst durch die Philosophie(只有哲学)才能揭示出来",是指透视物相化中物性对象的异化本质并直接扬弃它的否定性辩证法,这种批判性的科学就是**透过异化现象看本质的此-彼归基的现象学**,固然,黑格尔"《现象学》是一种隐蔽的、自身还不清楚的、神秘化的批判"③。显然,马克思这是对黑格尔**现象学批判逻辑**的直接肯定,因为这将是青年马克思**从经济学中"跳出来"**的新路径。此时马克思的脑海里已经不仅仅是费尔巴哈批判黑格尔的唯心主义颠倒,这种思辨颠倒中的"现实的、却以外在性的形式表现出来因而不属于它的本质的、极其强大的**对象世界**",被进一步解码为李嘉图式的物性"现代私有财产",而对象化的"自我意识"(反思的精神)则是斯密的**劳动**。然而,斯密的问题恰恰是没有意识到物性的私有财产恰是劳动的**对象性异化**。当黑格尔指认,这种可以直观的到场物性对象不是它自身,而是"正在消逝的东西"时,这里马克思所想到的"物性对象",正是与劳动相对立的资本。依黑格尔的现象学批判逻辑,资本不是它自身,而不过是遮蔽起来的黑暗彼处中不在场的劳动这一构序行动外化能力("瞬间")在物相化中"作为产物固定下来"的结晶,但它在"表面上具有独立的、现实的本质的作用"。由此,马克思深刻地透视到,李嘉图眼里的物性私有财产不过是劳动的创制物,然而,这种由劳动活动创造出

①《马克思恩格斯全集》(第二版)第3卷,人民出版社2002年版,第323页。
②《马克思恩格斯全集》(第二版)第3卷,人民出版社2002年版,第322页。
③《马克思恩格斯全集》(第二版)第3卷,人民出版社2002年版,第319页。

来的对象却异化了,"它必然从漠不相干的异己性(gleichgültigen Fremdheit)发展到现实的、敌对的异化"。劳动外化为对象性的私有财产,并且倒过来奴役劳动,这是一种新型的**经济物役性现象**。我推想,这一新的观点应该是遗失的主手稿中讨论的重要内容。其实,马克思此时并不知道,从劳动到私有财产的异化,要经过工业生产物相化中的劳动塑形、构序和效用性关系场境赋型,之后在资产阶级特有的商品-市场经济物相化中,经过事物化颠倒为货币-资本等财物的一系列复杂的转换。在思想构境谱系中,这是后来马克思在《大纲》中逐步弄清楚的问题。

第三,黑格尔**扬弃异化的否定性的劳动辩证法**。现在我们明白了,青年马克思思想实验中对黑格尔《精神现象学》的研究,并非只是停留于指出国民经济学中现代私有财产是劳动的外化—对象性—异化,更重要的方面是,透视看起来独立存在的私有财产的"物性(Dingheit)的这种设定本身不过是一种外观,一种与纯粹活动的本质相矛盾的行为,所以这种设定也必然重新被扬弃,物性必然被否定"。也就是说,私有财产的物性外观与当下发生且消逝的"纯粹活动"——劳动构序相矛盾的假象"必然重新被扬弃",青年马克思是想要否定私有财产的虚假物相化和扬弃劳动的自我异化。以后马克思才会知道,这种经济事物的物性外观是由劳动塑形和构序的用在性物相化与劳动交换关系抽象、事物化颠倒和重新经济物相化的双重设定遮蔽起来的。当马克思说"现在应该考察——在异化这个规定之内——黑格尔辩证法的**积极的环节**(*positiven* Momente der hegel'schen Dialektik)"①时,他的意思非常清楚,此时他所关心的黑格尔的否定辩证法的"积极的环节"和核心构序点是异化批判,这种批判认识论的真正关键所在就是异化的**扬弃**(*Aufheben*)。青年马克思此时突然悟到,黑格尔的市民社会话语Ⅲ的本质是基于否定辩证法的革命超越性。也由此,劳动异化批判构式Ⅱ正是以**扬弃劳动异化的革命姿态**,重新颠倒我-它自反性关系,区别于交往异化构式和劳动异化批判构式Ⅰ。于是,表面上看,马克思是以费尔巴哈的唯物主义颠倒地批判黑格尔,实质上却进一步发展成了对黑格尔否定性的异化扬弃论的肯定。这也是青年马克思

---

① 《马克思恩格斯全集》(第二版)第3卷,人民出版社2002年版,第331页。

自己的劳动异化批判构式Ⅱ所需要的否定性批判(扬弃)中的**革命**辩证法:劳动的外化—对象性即是工人的本质的异化,这是一种**颠倒状态中的主体性的劳动辩证法构序**,所以,"**重新占有**(*Wiederaneignung*)在异化规定内作为异己的东西产生的人的对象性本质,不仅具有扬弃**异化**的意义,而且具有扬弃**对象性**(*Gegenständlichkeit aufzuheben*)的意义"①。与费尔巴哈只是简单地否定黑格尔的唯心主义话语不同,在青年马克思此时的思想实验室中,一种全新的非物像批判认识论话语正在生成:因为黑格尔"为历史的运动找到**抽象的**、**逻辑的**、**思辨的**表达,这种历史还不是作为一个当作前提的主体的人的**现实**历史,而只是人的**产生的活动**、人的**形成的历史**"②。在黑格尔那里的一部作为绝对理念(eidos)环节的自我意识自我异化和扬弃的思辨辩证法,在马克思这里,则被解码和易码为工人通过劳动意向外化—物相化—对象性异化走向扬弃劳动异化的劳动辩证法。所以,在马克思这里的唯物主义批判视域中,自我意识外化的对象性被替换成:物性私有财产的gegenständichen Welt(对象世界)是人的劳动本质爱多斯的外化、物相化和异化;扬弃异己物性被替换为:扬弃私有财产的对象性异化,重新占有人的劳动本质! 请注意,这里的反思中的"自我意识"(精神),不是费尔巴哈和赫斯的人与人的主体际交往类关系,也不是劳动异化批判构式Ⅰ中的主体需要,而是工人创造世界的主体"陶冶事物"的对象化和物相化活动——劳动塑形和构序。也由此,马克思才会说:

> 黑格尔的《**现象学**》及其最后成果——辩证法(Dialektik),作为推动原则和创造原则的否定性(Negativität)——的伟大之处首先在于,黑格尔把人的自我产生看作一个过程,把对象化(gegenständlichen)看作非对象化,看作外化和这种外化的扬弃;可见,他抓住了**劳动**的本质,把对象性的人、现实的因而是真正的人理解为**他自己的劳动**的结果。人同作为类存在物的自身发生**现实的**、**能动的**关系(*wirkliche*, *thätige* Verhalten),或者说,人作为现实的类存在物即作为人的存在物的实现,只有通过下述

①《马克思恩格斯全集》(第二版)第3卷,人民出版社2002年版,第321页。
②《马克思恩格斯全集》(第二版)第3卷,人民出版社2002年版,第316页。

途径才有可能：人确实显示出自己的全部**类力量**——这又只有通过人的全部活动、只有作为历史的结果才有可能——并且把这些力量当作对象来对待，而这首先又只有通过异化的形式（Form der Entfremdung）才有可能。①

之所以大段援引马克思的这一表述，因为其中的信息量太大了，这是一个复杂的话语格式塔，其中隐藏了青年马克思整个《1844年手稿》的思想构境秘密。恐怕，这也是青年马克思在关于《精神现象学》的思想实验中获得的最终成果：第一构境层，黑格尔《精神现象学》中最有价值的成果是，"作为推动原则和创造原则的否定性（Negativität）"，这是黑格尔 spekulativen Dialektik（思辨辩证法）的核心，"**绝对不安**"（*absolute Unruhe*）的 Negativität（否定性）也是全部辩证法思想内在批判性和超越性的根据。贺麟先生将此指认为马克思所发现的黑格尔《精神现象学》的"秘密"。② 第二构境层，黑格尔观念辩证运动的背后，实际上是人通过劳动爱多斯的对象化和物相化活动自我产生和发展的劳动辩证法进程。人作为类存在物，他只有通过自身有目的的 eidos 共相向外部自然界外化的"**现实的、能动的关系**"，才能创造自身的主体物相化和创造历史关系构序的社会物相化。这也是对我们上面提及的马克思的劳动与资本的对立中"能动联系"和"内在矛盾关系"那个问题的直接回答。这一劳动对象化构境意向，在经过《黑格尔现象学的建构》的思想实验，将走向《关于费尔巴哈的提纲》中的新世界观，并在之后马克思的中晚期经济学研究里建构的历史现象学中起到关键性的赋型作用。这会是我们在思想构境谱系研究中的一条重要线索。第三构境层，在市民社会和国民经济学中，这种观念辩证法在 Die zweite Natur（"第二自然"）中采取了劳动外化——对象性异化的方式，关键在于，黑格尔看到了这种"外化的扬弃"的否定性。我现在认为，青年马克思此时破解国民经济学的武器，是以费尔巴哈的唯物主义和人本主义重新塑形出来的黑格尔的 *Negativität*（**否定性**）**的辩证法**。因为，虽然

①《马克思恩格斯全集》（第二版）第3卷，人民出版社2002年版，第319—320页。
② 参见贺麟《关于黑格尔的〈精神现象学〉》，载［德］黑格尔《精神现象学》上卷，贺麟、王玖兴译，商务印书馆1979年版，译者导言，第26页。

费尔巴哈正确地颠倒了黑格尔的观念唯心主义,但他的唯物主义却是回到了对象性的物(自然),这与李嘉图遮蔽现代私有财产主体本质的物相化逻辑无形中是同质的。只有黑格尔的否定辩证法,通过**批判性的此-彼归基现象学透视**才思考了外化为对象性的物相的异化之扬弃的问题。当然,费尔巴哈与赫斯的人本主义话语仍然是改造黑格尔观念辩证法的逻辑武器,"要求把对象世界(gegenständichen Welt)归还给人"①。马克思有些激动地写道,必须通过"消灭对象世界的**异化的规定**",将 verkehrt(颠倒的)我-它自反性劳动辩证法重新颠倒过来,这就是根本地消灭劳动异化,彻底扬弃物性的私有财产对人的奴役的经济物役性现象,使工人重新占有自己的劳动本质,这也就是无产阶级革命的人道主义和共产主义的新世界。这就是青年马克思原创性地重新赋型劳动异化批判构式 Ⅱ 的基本内容了。孙伯鍨先生正确地指出:"马克思把自由自觉的活动(劳动)看作人的类本质。他接受了政治经济学家关于劳动创造价值的观点,并且和黑格尔一样,把这个观点上升到历史哲学的层面,认为以往的全部人类历史就是人通过劳动而自我诞生的过程,而劳动的异化及其扬弃正是为揭开'真正人类历史'的序幕而进行准备的'前史'。这样,他就把共产主义革命和社会主义的实现归结为'劳动异化的积极扬弃'"②。这是极其精辟和精准的观点。

所以,第 1 笔记本中国民经济学关于资产阶级社会的三栏——工资—利润—地租,劳动—资本—土地,工人—资本家—土地所有者——的三种对象和三种力量,在划归为工人阶级与资产阶级的对立后,劳动(工资)与资本(利润)的两栏被再次归为一栏,这就是**劳动以及它外化后的对象性存在,资本(现代私有财产)的本质是劳动的异化**。这样,在《1844 年手稿》第 1 笔记本第二部分中变成一栏的劳动异化批判构式,是以黑格尔的**劳动现象学—否定性辩证法**为内里逻辑的费尔巴哈式的**人本学社会现象学**。这是我的新认识。

这里还需要特别说明的是,当青年马克思在《1844 年手稿》中创立劳动

①《马克思恩格斯全集》(第二版)第 3 卷,人民出版社 2002 年版,第 318 页。
② 孙伯鍨:《探索者道路的探索》,北京师范大学出版社 2017 年版,第 470 页。

异化批判构式Ⅱ时,他同时也在哲学总体构境中第一次建立了一种完整的人本主义**异化史观**。因为,从抽象的作为价值悬设的本真性劳动类本质到对象性世界中的外化和异化,再扬弃异化复归自身的道路,从根子上仍然是从抽象观念(理想化的劳动类本质)出发的隐性唯心主义的,这就构成了一种逻辑错位式的哲学构境图:青年马克思在基本哲学立场上已经站到哲学唯物主义话语格式塔中,但由于这种本体论意义上的哲学唯物主义构境在本质上仍然是非历史的抽象逻辑构架,所以在看起来正确的话语运转中,仍会跌落回隐性唯心主义的泥潭之中。有趣的是,也是在这种人本主义异化史观占逻辑统治地位的思想过程中,马克思思想构境中还内嵌着从经济学语境中无意识生成和突显出来的第二种逻辑线索:**从客观社会历史现实出发的全新思路**。这是我在《回到马克思》第一卷中已经充分讨论过的问题。

4. 劳动异化批判构式Ⅱ和人本学批判认识论视域中的资产阶级社会

一个概念考古的文献细节为,在第 1 笔记本手稿的第 22 页,马克思仍然在已经隔开的三栏稿纸中,依一、二、三栏的顺序写作。可在此,青年马克思更换了一种大思路,即从他性话语**转换为一种有限自主性的话语编码**。因为这种原创性的劳动异化批判构式的背后,仍然存在着黑格尔-费尔巴哈的他性镜像。这就是第 1 笔记本第二部分人本主义劳动异化批判构式Ⅱ的出场。相比之前仅仅停留在批判工具层面上的劳动异化批判构式Ⅰ,这里的劳动异化批判构式Ⅱ是在**同一人本主义哲学话语编码中总体性的人本主义异化史观**。用孙伯锒先生的话来说,就是"**人本主义异化论的历史哲学体系**"[1]。通过上面的分析,我们已经知道青年马克思这种"跳出"国民经济学语境的 erst durch die Philosophie(只有哲学)的批判性透视,是以费尔巴哈式的人本学唯物主义颠倒和解码过的黑格尔的否定的辩证法,即扬弃劳动外化和对象性物相化的异化批判构式,或者说,是以颠倒的矛盾方式呈现出来的劳动辩证法。如果

---

[1] 孙伯锒:《探索者道路的探索》,北京师范大学出版社 2017 年版,第 187 页。

按照这一新的解码和构序逻辑,那么,我们熟知的劳动异化批判理论也必将发生根本性的格式塔转变。我们来看这一新的解读结果。

图 4 - 3　《1844 年手稿》第 1 笔记本手稿第 22 页

在第 1 笔记本第 22 页的话语断裂处,马克思告诉我们,上面他分成三栏的写作,实际上是按照国民经济学视域中劳动—资本—土地和工资—利润—地租的三元化关系的双重分离来分别讨论的。外在地看,当土地被资本吞没,劳动者沦落为资本的奴隶,那么这里只发生了一件事情,就是作为"死劳动"的资本剥削劳动者的物质过程。然而,马克思认为,"国民经济学从私有财产的事实出发,但是,它没有给我们说明这个事实(Faktum)"①。为什么?因为在马克思看来,按照上述三栏中相互分离的劳动—资本—土地的现代私有财产的运动,资产阶级经济学家

> 把私有财产在现实中所经历的**物质**过程(*materiellen* Prozeß),放进一般的、抽象的公式,然后把这些公式当作**规律** *Gesetze*)。它不**理解**这些规律,也就是说,它没有指明这些规律是怎样从私有财产的本质(Wesen des Privateigentums)中产生出来的。②

①《马克思恩格斯全集》(第二版)第 3 卷,人民出版社 2002 年版,第 266 页。
②《马克思恩格斯全集》(第二版)第 3 卷,人民出版社 2002 年版,第 266 页。

　　这里的关键词是**私有财产的本质**。从文献考据上看,马克思在手稿上写下了这样一句话:"我们现在必须回顾上述财产的物质运动的本质",然而后又删除了这句话。① 这个私有财产只有一个内容:**作为动产的资本**。可是我们在上面看到,恰恰是在对资本这一栏的经济学讨论中,青年马克思最无话可说,换句话说,在国民经济学的语境中,这一特定的私有财产的本质不仅没有被说明,而且是被故意遮蔽的。并且,马克思也想说明,像自己在第 1 笔记本第一部分中模仿青年恩格斯和蒲鲁东那样,在国民经济学的内部反对它的此-此证伪逻辑是不够有力的,将私有财产当作"客观方面"到场的"**物质**过程"去对待是无法真正透视其在场性本质的,只有从根本上跳出经济学的话语构境才有可能认清物性私有财产的本质。如何做? erst durch die Philosophie(只有哲学)的透视。马克思说,必须要真正弄清"私有制,贪欲和劳动、资本、地产三者的分离之间,交换和竞争之间,人的价值和人的贬值之间,垄断和竞争等等之间,这全部异化(ganzen Entfremdung)和**货币**制度(*Geld* system)之间的本质联系"②。这里的大多数概念都是国民经济学和社会主义者们业已使用的,其中的关键是最后一个关系,即 *Geld* system(**货币**制度)与 ganzen Entfremdung(全部异化)的关系。依我的理解,这恰是青年马克思对自己在"穆勒笔记"中所接受的赫斯金钱(财产)制度为人的交往类本质异化一说的反省。在这里,人的交往关系虽然已经是人的主体际活动关系,也已经指认出到场的不是它自身的货币背后不在场的交往关系异化,但这里的此-彼归基所指还不是斯密作为财富本质的主体性劳动。我们也知道,青年马克思从黑格尔《精神现象学》研究的思想实验中获得的新见解为:人 *sollen*(**应该**)居有的本真性类本质是劳动,而不是主体际的交往;现代私有财产制度不是单纯财产意义上的货币体系,而是作为劳动异化的资本这一可以带来利润增量的统治力量。这也表示,现代私有财产的本质不是李嘉图眼中的对象性的 Ding(物),外部物奴役人的经济物役性现象其实是一种假象,因为这种物的本质是斯密-黑格尔透视镜中**物相化构序对象的主体性劳动**,所以,作为看起

---

① 参见周嘉昕《文献版〈1844 年经济学哲学手稿〉研究》(手稿),南京大学,2019 年,第 52 页。
②《马克思恩格斯全集》(第二版)第 3 卷,人民出版社 2002 年版,第 267 页。

来到场的 Ding(物)的资本不仅仅是过去的劳动、积累的劳动和死劳动,而且是抽身而去的**异化劳动**! 也是在这里,费尔巴哈人本学异化史观中那个关键性的本真性的 *sollen*(应该)与 *Sein*(是)的逻辑悖反关系发生了重要的改变,不是劳动类本质与一个败坏的外物(私有财产＝资本)的对立,而是**劳动与自身异化结果的我-它自反性和敌我性悖反**。劳动,作为创制整个世界的辩证法核心动力,在马克思所面对的雇佣关系中颠倒为自己的异化力量,反过来奴役和压迫自己。这也意味着,马克思新的劳动异化批判构式Ⅱ的本质,是**颠倒的劳动辩证法内在构序起来的人本主义总体异化史观**。在一定的意义上,这是马克思并没有直接意识到的倒错式构境层:在费尔巴哈自然物质本体论基础上,却生出一种以**人的本真性类本质创制世界**的人本主义世界观。所以,当马克思从理想化劳动类本质的价值悬设出发时,他批判资产阶级社会的方法论前提却仍然是隐性唯心主义的。

至此,那个不在场的 bürgerliche Gesellschaft,被青年马克思重构为手中拥有资本(动产)的资产阶级占统治地位的社会。或者进一步说,国民经济学中表面上分离为三种对立关系的 bürgerliche Gesellschaft 只有**一栏**,即资产阶级手中的现代私有财产——**异化劳动(资本)支配劳动**的物质运动。这就是作为现象学批判的**劳动异化批判构式Ⅱ**出场的必然性。在一定的意义上,这也是青年马克思根本废弃**资产阶级的抽象市民社会**的概念,生成的第一个对资产阶级社会的最初思考。虽然青年马克思此时的思考逻辑仍然是作为隐性唯心史观的人本主义价值悬设,但它毕竟提供了一个区别于所有资产阶级"市民社会"理论的全新起点。一个思想史考古学中的细节为:应该也是从《1844 年手稿》开始,传统市民社会话语构序场境Ⅰ—Ⅱ的政治合法性被彻底否定了,马克思思想构境和文本中出现的 bürgerliche Gesellschaft,除去市民社会话语Ⅳ的特设规定之外,全部转换为批判构序中的"市民社会话语Ⅲ"即否定性的资产阶级社会。下面,我们再来重新看作为第 1 笔记本第二部分的这份重要的劳动异化手稿。

第一层异化,**劳动产品的异化**,或者说,作为统治力量的**资本的本质是作为劳动外化—异化的对象性物相存在**。应该看到,这里的劳动产品是作为生产过程的结果出场的。并且,这种劳动的结果是作为资产阶级社会的财富出场的,而不是后来在资本主义生产方式中盘剥活劳动的生产资料。马克思说,从现象上看,"工人生产的财富越多,他的产品的力量和数量越大,他就越贫穷。工人创造的商品(Waare)越多,他就越变成廉价的商品。事物的世界的**增值**(Verwerthung der Sachenwelt)同人的世界的**贬值**成正比"①。这里,马克思专门使用了区别于虚假物像塑形中的 Ding(物)的 Sache(事物),用与人相关的 Sachenwelt(事物的世界)代替了 gegenständichen Welt(对象世界),以突出不同于自然物质存在的人的劳动物相化塑形和构序之上的商品世界。奇怪的是,这个人所创制的此处的"事物的世界"的增值,却是不可见的彼处**人的世界**的贬值。这是一个可见的多与少现象中的反比矛盾关系,这也是众多社会主义者愤怒批判的对象。马克思认为,如果使用唯物主义改造过的黑格尔否定辩证法和批判认识论中的**现象学透视**,那么,这一物像背后就会呈现另一番景象:

> 劳动所生产(producirt)的对象,即劳动的产品,作为一种**异己的本质**(fremdes Wesen),作为**不依赖于**生产者的**力量**,同劳动相对立(gegenüber)。劳动的产品是固定在某个对象中的、事物性的制造(sachlich gemacht),这就是劳动的**对象化**(Vergegenständlichung der Arbeit)。劳动的现实化就是劳动的对象化。在国民经济学假定的状况中,劳动的这种现实化表现为工人的**非现实化**,对象化表现为**对象的丧失和被对象奴役**,占有表现为**异化、外化**(Aneignung als Entfremdung, als Entäusserung)。②

这是青年马克思劳动异化批判构式 II 第一层级最重要的表述。这里从生产、生产者的物相化力量、事物性的制造出发的劳动产品分析,明显不同于"穆勒笔记"中的主体际关系的交往异化构式,也异质于从主体需要出发的劳

---

① 《马克思恩格斯全集》(第二版)第 3 卷,人民出版社 2002 年版,第 267 页。中译文有改动。此处的 Sachenwelt 原译作"物的世界",我改译为"事物的世界"。参见 Marx-Engels-Gesamtausgabe (MEGA²), I /2, Text, Berlin: Dietz Verlag, 1982, S. 235。

② 《马克思恩格斯全集》(第二版)第 3 卷,人民出版社 2002 年版,第 267—268 页。中译文有改动。此处的 fremdes Wesen 原译作"异己的存在物",我改译为"异己的本质";sachlich gemacht 原译作"物化的劳动",我改译为"事物性的制造"。参见 Marx-Engels-Gesamtausgabe (MEGA²), I /2, Text, Berlin: Dietz Verlag, 1982, S. 236。

动异化批判构式Ⅰ。只是马克思并没有意识到,诸如生产、生产者的物相化力量和事物性制造等这些新的话语能指,业已属于新的**生产话语编码**,它有可能生成全新的科学方法论。这显然是那个从现实出发的客观逻辑的无意识词语能指浮现。其中的内在构境层有三重我-它自反性关系:一是工人劳动的对象化就是他的类本质共相的现实化,这一现实化就是将劳动爱多斯(eidos)通过物相化活动"固定在某个对象中的、事物性的制造",这一"陶冶事物"的劳动对象化过程的结果也就是物相化的劳动产品。这也是劳动辩证法的消逝之处。从概念考古的考证来看,这里的Vergegenständlichung(对象化)是费尔巴哈的概念,黑格尔只是使用外化与对象性存在。从文献考据上看,在手稿中马克思同时写上了象征着费尔巴哈和黑格尔的"对象化、对象性"两个概念,但又删除了并列的它们。① 他还是选择了费尔巴哈的对象化概念。这说明,青年马克思此时的劳动异化批判构式Ⅱ,已经是黑格尔现象学与费尔巴哈的人本学批判逻辑的奇妙杂合。联想到前述黑格尔所说的"对象的消逝",这里,在黑格尔从直观"感性确定性"和物相化实在背后看到不在场的观念构序的地方,马克思则看到,面前的到场经济事物恰恰是verschwindend darstellt(正在消逝的东西),是劳动活动在sachlich gemacht(事物性的制造)后消逝的一般物相化结果。这是第一层级物相化透视的努力。从认识论的角度看,这也是对从可见的对象物到塑形对象的、已经消逝的不在场主体物相化活动的关注。在以后的历史唯物主义客体向度构境中,这是对当下发生和消失的物质生产活动的关注。这可能也是海德格尔那个存在者与存在的差异之缘起。马克思对这一问题的根本解决,是在自己后来的《伦敦笔记》中的"工艺学笔记"之后。二是在资产阶级雇佣制度下,作为劳动对象化结果的劳动产品,不仅不是工人生命类本质的实现和对象性的获得,反而成为"工人的非现实化"和"对象的丧失",劳动产品畸变成不属于工人的"异己的本质"。这是劳动产品的异化。三是劳动产品的异化造成了一种不依赖于工人的对立力量,并且其反过来奴役工人的经济物役性现象。工人在自己创造的陌生Sachenwelt(事物的世界)中,看不出劳动产品的本相。不难看出,这是黑格尔

---

① 参见周嘉昕《文献版〈1844年经济学哲学手稿〉研究》(手稿),南京大学,2019年,第56页。

《精神现象学》中的自我意识异化为异己物性世界的改写。① 这第三重构境中,劳动生产的对象性产品已经转喻为资本,故青年马克思此时已经破境的真相为:看起来成了不依赖于劳动者的外部物性力量的、两栏中与劳动**对立**的资本,但它仍然是劳动的**本质异化**。这里劳动产品的异化,恰好为颠倒的劳动辩证法所呈现出来的第一对悖反性矛盾。这呈现出一种极其复杂的批判认识论筑模:看起来作为对象性实在的资本并不是它自身,而是已经消逝的劳动构序活动的异化,这种外化为外部实在的异化却成为进一步剥削将要发生的劳动活动的力量。这种第二层级非物像批判的认识论的逻辑透视感,显然是超越所有旧哲学认识论赋型的。在思想构境谱系线索中,这一批判认识论筑模,之后将重新出现在《1861—1863 年经济学手稿》里基于历史唯物主义构境的劳动异化批判构式Ⅲ中。不过在那里,资本不是作为生产结果的产品,而是作为生产条件到场的生产前提,资本关系隐匿在对象化劳动事物化颠倒后的原料、机器和厂房的劳动异化之中。

这里,我们可以做一个比较之前"穆勒笔记"中青年马克思的第一个"异化劳动Ⅰ"的思想实验。在那里,青年马克思在暂短地认同赫斯的主体际交往关系异化观之后,迅速提出了一个自己的劳动异化批判构式的雏形,在这个初步方案中,青年马克思分析了劳动异化的四个方面:第一,劳动对劳动主体的异化和偶然联系;第二,劳动对劳动对象的异化和偶然联系;第三,外在的社会需要成为劳动者异己性的强制;第四,劳动者的生命活动异化为手段性谋生活动。② 在那个劳动异化批判构式Ⅰ中,有几个需要我们注意的比较性理论异质点:一是青年马克思在那里的异化批判的焦点是劳动潜能(dynamis)本身,而不是这里作为**劳动异化的对象性存在**——资本的证伪;二是青年马克思在那里还没有获得黑格尔《精神现象学》中的否定辩证法,外化—对象性存在—异化—扬弃异化的劳动辩证法还没有发生直接的构序作用;三是青年马克思还没有真正跳出经济学语境,所以"偶然联系"、"外部社会需要"一类的经济学表述还在发生内驱作用;四是两个方案的前两个方面

① 参见[德]黑格尔《精神现象学》下卷,贺麟、王玖兴译,商务印书馆 1979 年版,第 38 页。
② 参见《马克思恩格斯全集》第 42 卷,人民出版社 1979 年版,第 28—29 页。

顺序正好是颠倒的,这一颠倒也是有其深刻用意的,重新构序为劳动异化关系第一层次的劳动对象化和异化不再是与劳动的偶然联系,而被直接透视为遮蔽了劳动对象化本质后的反向物相化**资本的虚假独立存在**。在青年马克思看来,工业生产时代的劳动产品,都不过是劳动爱多斯塑形(外相)和构序(内相)的物相化产物,它不再是自然经济中与人无关的物(自在),而是工人劳动创制的关系性存在——为我性事物。这个 Sachenwelt(事物的世界)不是自然物(Ding)的堆砌,而是社会负熵生活赋型中的**关系存在物和关系场境**,这将是之后历史唯物主义中社会定在的基本规定。此处的 Aneignung(占有),不是工人对自己劳动产品的一般拥有,而是资本家对劳动者外化劳动的异化占有,这种占有是一种需要在批判认识论构境中颠倒过来的新型奴役关系。对此,马克思气愤地说,"对对象的占有竟如此表现为异化,以致工人生产的对象越多,他能够占有的对象就越少,而且越受自己的产品即资本的统治(Herrschaft seines Products, des Capitals, geräth)"①。这是十分重要的一句话,也是劳动自我异化最直观的物像构境层。工人并不是自己劳动创造物的占有者,反而受这种被占有的异化对象(自己劳动活动外化的对象性劳动产品)的统治,**资本的统治**。我觉得,这里的资本的统治,是马克思科学地认识资本主义社会本质的**真正开端**。甚至,它可以内在地直达他后来的《1857—1858 年经济学手稿》至《1861—1863 年经济学手稿》中所生成的关于资本的生产方式的科学认识。

在这里,我们还可以进行第二个比较性的思想实验。我以为,这里青年马克思的构境中有一个**超越"穆勒笔记"中赫斯交往异化观的异质性**。我们知道,在前不久的"穆勒笔记"中,青年马克思跟着赫斯,模仿了费尔巴哈宗教批判的人学现象学,将货币视为上帝,即人与人主体际交往关系的类本质的异化。在那里,马克思提出,货币看似服务于人,却获得了对人(主体)的支配"权力";货币看似匍匐于人的脚下,却成为人的"**现实的上帝**(wirklich Gott)"!② 于是,青年马克思以基督是人与上帝的媒介为喻,说明货币的本质

①《马克思恩格斯全集》(第二版)第 3 卷,人民出版社 2002 年版,第 268 页。
② 参见《马克思恩格斯全集》第 42 卷,人民出版社 1979 年版,第 18 页。

是人之类本质的异化和颠倒。然而,在《1844 年手稿》第 1 笔记本第二部分中,青年马克思再一次谈到了作为人的类本质异化的上帝,"宗教方面的情况也是如此。人奉献给上帝(Gott)的越多,他留给自身的就越少。工人把自己的生命投入对象;但现在这个生命已不再属于他而属于对象了"。这一次,显然不再是费尔巴哈-赫斯式的**人与人之间交往关系**的异化,这里的"投入对象",指的是工人通过**劳动外化—对象化在自然界中发生的我-它自反性关系**异化。这当然是马克思对黑格尔《精神现象学》的劳动外化的物相化和对象性异化的理论异轨。如果深入到概念考古的微观考证中,我们会发现一种话语能指漂移中所指意义域的连续转换,在这里的上帝(能指)隐喻,既非费尔巴哈那里作为人的类本质异化关系的所指,也不是赫斯那个**交换领域**的货币关系所指,而是**生产领域**中劳动对象化后异化为作为外部统治力量的资本。显然,发生在**生产**过程中的劳动外化到自然的**对象化关系**,是青年马克思超越赫斯交往异化观和自己的劳动异化批判构式 I 的关键。所以青年马克思特别交代说,"现在让我们来更详细地考察一下**对象化**,工人的生产,并且考察对象即工人产品在对象化中的**异化、丧失**"①。因为这个生产中的劳动对象化,恰恰是劳动异化批判构式 II 超出"穆勒笔记"观念赋型的核心构序问题。这里的"劳动对象化",将在《1857—1858 年经济学手稿》的全新狭义历史唯物主义基础上发挥透视经济物相化的重要作用,并进一步深化到科学物相化活动中的机器生产对象化的层面。

第一,对象化是工人**通过劳动占有外部感性自然界**。其实,这就生成了不同于纯粹主体劳动潜能(dynamis)的**客观生产过程**。在很久之后,我们才会遭遇马克思在经济学语境中区分生产过程和劳动过程的话语转型,以及大机器生产中彻底消除体力劳动作用的无主体客观工序的生产过程。这当然是劳动异化批判构式 I 中没有涉及的东西。此时马克思意识到,"没有**自然界**(*Natur*),没有**感性的外部世界**(*sinnliche Aussenwelt*),工人什么也不能创造。它是工人的劳动得以实现、工人的劳动在其中活动、工人的劳动从中生产出

---

①《马克思恩格斯全集》(第二版)第 3 卷,人民出版社 2002 年版,第 268—269 页。

和借以生产出自己的产品的材料。"①一是明确承认**自然物质存在的先在性**,这是哲学唯物主义的立场。这一观点,仍然保留在《德意志意识形态》的历史唯物主义扬弃了哲学唯物主义本体论之后的构境之中,即"外部自然界的优<u>先地位(die Priorität der äußeren Natur)</u>"②。二是说劳动不是一个潜能(dynamis)状态和孤立的主体活动,它是以给予对象存在形式和一定的关联秩序——物相化塑形和构序,并通过"占有"外部自然物质对象的**生产过程**"得以实现"的。这也就是**对象化劳动**。依孙伯鍨先生的解释,这里"所谓对象化劳动,是指人类对自然界的改造和占有,它是人类生存和发展的永恒的自然基础。这种劳动永远也不能被废除"③。这也是将来作为历史唯物主义重要基础的**人对自然能动关系的实践物相化**的雏形。在一定的意义上,这也会是主体性的劳动辩证法战胜"自然辩证法"的开始,由此才会出现青年卢卡奇所指认的"自然是一个社会的规定"④的现象。这里青年马克思的表述看起来很简单,其实不然。在复杂的构境支援背景中,在构序逻辑上,青年马克思是从黑格尔的《精神现象学》出发的,因为在那里,劳动对象性存在是将主体自身(理念-爱多斯)外化("沉沦")为自然界,青年马克思正是从黑格尔那里,知道了在自我意识外化的背后,除去观念信息编码和创制自然的唯心主义杂质,劳动改变自然存在物,是"人有**现实的、感性的对象**作为自己本质的即自己生命表现的对象;或者说,人只有凭借现实的、感性的对象才能**表现**自己的生命"⑤。表现自己的生命是人所独有的社会负熵质,而这个构序的感性的对象存在当然就是自然界。在唯心主义者黑格尔那里,离开了观念的自在的自然界是无("太阳下面没有新东西"),自然界从无机到有机生命的创造负熵的辩证进程,不过是自我意识外化的对象性定在。而在马克思这里,物理空间中的自然界作为 sinnliche Aussenwelt(感性的外部世界),是劳动外化和物相

①《马克思恩格斯全集》(第二版)第3卷,人民出版社2002年版,第269页。

②[日]广松涉编注:《文献学语境中的〈德意志意识形态〉》,彭曦译,南京大学出版社2005年版,第19页。波浪线内容为恩格斯后来所加。参见 Marx-Engels-Gesamtausgabe(MEGA²), I/5, Text, Berlin: Akademie Verlag, 2017, S. 22。

③孙伯鍨:《探索者道路的探索》,北京师范大学出版社2017年版,第191页。

④[匈]卢卡奇:《历史与阶级意识》,杜章智、任立、燕宏远译,商务印书馆1995年版,第318页。

⑤《马克思恩格斯全集》(第二版)第3卷,人民出版社2002年版,第324页。

化的先在前提,也是"工人的劳动在其中活动、工人的劳动从中生产出和借以生产出自己的产品的材料"。这一点,我们已经知道是青年马克思在《精神现象学》的思想实验中得来的重要认识,由此马克思也第一次承认了费尔巴哈**自然唯物主义**的应有地位。可是在这个构境层中,青年马克思接受费尔巴哈的自然唯物主义是经过黑格尔历史辩证法中介的,这也是马克思后来彻底超越费尔巴哈非历史的自然观的出发点。在思想构境谱系线索上,以后的历史唯物主义构境中,作为劳动生产物相化和社会关系物相化结果的我们**周围的感性世界**(*umgebende sinnliche Welt*)和**社会空间**,将取代单纯的自然界和物理空间。在马克思这里,黑格尔否定掉的自然物质对象是工人实现劳动活动和生存下去的客观前提。他说,"自然界一方面在这样的意义上给劳动提供**生活资料**,即没有劳动加工的对象,劳动就不能**存在**,另一方面,也在更狭隘的意义上提供**生活资料**,即维持**工人**本身的肉体生存的手段"①。这是说,劳动如果没有对象性的自然物质,就不可能发生外化和对象性活动,并且,作为劳动物相化结果的"人的自然",也是工人生活资料和自然存在的基础。应该特别指出,青年马克思从《黑格尔法哲学批判》开始的第一次哲学立场转变,即**从唯心主义向唯物主义**转变的真正完成,正是在这里。在此,他直接将费尔巴哈的**自然唯物主义**确认为自己的哲学基础。这是在先前青年马克思的文本中没有出现的情况。并且,在认识论的层面,我们又会发现一种复杂话语格式塔整体中的多层逻辑结构:青年马克思自觉意识表层中的哲学唯物主义立场与同体发生的人本主义异化史观中方法论上的隐性唯心主义价值悬设;居主人话语地位的人本学异化构式与不自觉发生影响的社会唯物主义倾向("从现实出发"中的物质生产基础)。这是一个多重逻辑编码在场相互交织,并发生着力量消长变化的动态思想构境。

第二,劳动向自然外化的对象性存在却是**失去对象的异化**。这显然不再是费尔巴哈自然唯物主义的命题,而是黑格尔的否定辩证法和批判认识论筑模。在黑格尔那里,自我意识外化为自然对象,就是观念共相沉沦于对象物,所以,对象性存在也就是观念主体的我-它自反性异化。在费尔巴哈对黑格尔

———————

① 《马克思恩格斯全集》(第二版)第3卷,人民出版社2002年版,第269页。

的批判中,他是从异化的观念回到感性自然物质,而在同样是唯物主义者的马克思这里,他却在工人占有自然界的劳动对象化中看到失去对象。

> 工人越是通过自己的劳动**占有**外部世界、感性自然界(die Aussenwelt, die sinnliche Natur),他就越是在两个方面失去(entzieht)**生活资料**:第一,感性的外部世界越来越不成为属于他的劳动的对象,不成为他的劳动的**生活资料**;第二,感性的外部世界越来越不给他提供直接意义的**生活资料**,即维持工人的肉体生存的手段。①

在费尔巴哈直观到 Aussenwelt(外部世界)中自然物质对象的地方,马克思通过非物像的批判认识论透视出作为劳动对象化的结果,在占有自然界所构序起来的新的感性外部世界中,工人不仅失去了劳动对象化的结果,而且成为自己创造物的奴隶。这正是 verkehrt(颠倒的)劳动辩证法。在马克思看来,前述工人劳动对象化中的两个"提供",在现实中却表现为两个"失去"。关键在于,这种对自己劳动塑形物的失去,还表现为"工人在这两方面成为自己的对象的奴隶(Knecht seines Gegenstandes)"。工人通过劳动创造的对象,非但不属于工人,还反过来奴役工人,这就是在劳动产品关系中发生的**我-它自反性和敌我性**的异化关系。这恰是黑格尔非物像批判认识论构境中的现象学话语编码的核心赋型。这个变成魔鬼的对象,不再是以劳动结果的方式表现出来,而成为支配一切的神,这就是与工人劳动对立的上述第二栏中的"资本"。由此,主体性的劳动辩证法颠倒为资本支配下的消极的 Anderessein(他性存在)中的**事物辩证法(=第二自然辩证法)**。马克思气愤地说,"**国民经济学由于不考察工人(劳动)同产品的直接关系而掩盖(verbirgt)劳动本质的异化**",资本和利润根本不是经济物相化图景中的什么外部的东西,虚假的"市民社会"的本质只有一栏,它就是工人的劳动,看起来不在场的劳动是全部资产阶级社会的基础,资本和利润(利息、税收,以及资本条件下的地租)不过是工人劳动对象化—异化的产物,"有产者(Vermögenden)对生产对象和生产本身的关系,不过是这前一种关系的**结果(Consequenz)**"②。工人与资本家、劳动

---

① 《马克思恩格斯全集》(第二版)第 3 卷,人民出版社 2002 年版,第 269 页。
② 《马克思恩格斯全集》(第二版)第 3 卷,人民出版社 2002 年版,第 270 页。

与资本的矛盾对立,背后是双重关系的特定赋型:正是工人劳动改变外部自然存在的对象化关系,决定了资本家占有这些劳动结果的异化关系,劳动产品畸变为抽打工人自己的无形皮鞭。这就是否定辩证法和批判认识论中的劳动产品异化。在这一构境层中,马克思远远地超越了劳动异化批判构式Ⅰ。

　　劳动异化批判构式Ⅱ的第二层异化,是劳动构序活动**外化为不属于劳动者自己的异己力量**。这当然是第一层次劳动(产品)异化的更深原因,也是作为颠倒的劳动辩证法第二层面的最根本的悖反性矛盾,因为这是劳动的**自我异化**。依我的看法,这也是构成劳动异化批判构式Ⅱ作为一种**人本主义总体性异化史观**最重要的构境基础。在马克思看来,当我们追问"劳动的本质关系是什么的时候,我们问的是**工人对生产的关系**(Verhältniß des *Arbeiters* zur Production)"①。请注意,马克思这里不是追问工人与劳动的关系,而是工人对**生产**的关系。或者说,是工人的劳动物相化活动在外化于自然对象的对象性创制的生产过程中的异化。在前述劳动异化批判构式Ⅰ中,马克思也涉及劳动的异化,但那里是劳动与需要的关系,而非此处的劳动与生产的更深一层关系。

　　我以为,这个**工人对生产的关系**是非常重要的,因为对象化劳动产品已经有可能面对**流通领域**中的交换关系,它在赫斯的交往异化观中有可能被触及,但更加基础性的方面,是劳动本身的意图(eidos)**在对象化生产行为中的异化**。仔细想一下,我们会发现,这一思路的理论构序方向,与后来马克思从商品、货币的流通领域发生的事物化现象,进而思考资本家在**生产领域中无偿占有工人剩余价值**的剥削是一致的。于是,马克思一针见血地指出:

　　　　异化不仅表现在结果上,而且表现在**生产行为**(*Akt der Produktion*)中,表现在**生产活动**(*producirenden Thätigkeit*)本身中。如果工人不是在生产行为本身中使自身异化,那么工人活动的产品怎么会作为相异的东西同工人对立呢?产品不过是活动、生产的总结(Resumé der Thätigkeit, d[er] Production)。因此,如果劳动的产品是外化,那么生产本身必然是

---

①《马克思恩格斯全集》(第二版)第3卷,人民出版社2002年版,第270页。

能动的外化，活动的外化，外化的活动（die thätige Entäusserung, die Entäusserungder Thätigkeit, die Thätigkeit der Entäusserung sein）。在劳动对象的异化中不过总结了劳动活动（Thätigkeit der Arbeit）本身的异化、外化。①

在马克思看来，劳动异化并不仅仅表现在对象化了的产品上，更深一层的我-它自反性异化关系，还发生在作为**生产行为的劳动物相化活动本身**的异化和外化上。这亦表明，劳动产品只是劳动塑形和构序自然物质存在的客观结果，而客观生产过程中的劳动爱多斯（eidos）活动本身的自我异化是劳动产品异化的根本原因。或者说，劳动产品的我-它自反性关系是本真性的劳动与Anderessein（他性存在）的关系，那么在这里，则成了两种活动之间的我-它自反性异化。显然，这里马克思对劳动异化的第二层次分析离费尔巴哈和赫斯更远了。这里构境中的关键构序词有二：一是舒尔茨的**生产**，二是黑格尔的**外化**。在"穆勒笔记"的劳动异化批判构式Ⅰ中，这是劳动异化的第一层面，但在那里，青年马克思还没有这两种重要的理论赋型资源。这也说明马克思对舒尔茨的研究，发生于《巴黎笔记》基本结束之后。当然，此时马克思还没有肯定舒尔茨的物质生产（die materialle Production）概念，而刻意选用了他带有**主体性**的生产活动（producierenden Thätigkeit）②的概念。从概念考古的辨识来看，舒尔茨的生产概念并不完全是斯密-李嘉图等人的经济学范畴，而是具有一定形而上学意味的理论抽象。以后，这会是马克思历史唯物主义生产话语的主要来源。这个生产活动，会以人对自然和人与人的场境关系奠基新的社会定在本质，并以怎样生产的劳动物相化塑形方式和构序功能水平决定特定社会生活的质性。这当然会造成马克思哲学话语格式塔整体中的重大异质性改变。显然，马克思这里是从"实践的人的活动"（praktischen menschlichen Thätigkeit）考察异化劳动，他想突出生产中**劳动活动有意图有目的的主体性**，以区别于国民经济学中李嘉图式的**无主体**的客观生产构序过程。并且，与第一个**"生产行为"**（Aktder Produktion）相关联，马克思将经济学

①《马克思恩格斯全集》（第二版）第3卷，人民出版社2002年版，第270页。
② 参见［德］舒尔茨《生产运动》，李乾坤译，南京大学出版社2018年版，第9页。

中客体向度的生产过程聚焦于**主体性的**劳动活动的**外化**上,这种黑格尔哲学话语中特有的外化概念被突显出 die thätige Entäusserung, die Entäusserungder Thätigkeit(能动的外化,活动的外化)。在上一章的讨论中,我们看到马克思通过《精神现象学》的研究,已经深透领悟了黑格尔的外化概念是特指**主体共相向外客观化出去的能动构序活动**,这当然不是费尔巴哈的话语。这也充分证明,青年马克思关于黑格尔《精神现象学》的思想实验是《1844 年手稿》劳动异化批判构式Ⅱ的方法论前提。所以,当施米特说"马克思对费尔巴哈异化概念的批判性重塑参考了《精神现象学》"①时,他是深刻的。在黑格尔观念辩证法中,外化不同于**结果性的**对象化,外化是指理念(爱多斯)主体的物相化**活动**超出自身,且**不再属于自己**的异己状态。由此,外化就是异化。这样,马克思才会说,"劳动对工人来说是外在的东西,也就是说,不属于他的本质",因为"这种劳动不是他自己的,而是别人的;劳动不属于他;他在劳动中也不属于他自己,而是属于别人"。更重要的方面是,"工人的活动也不是他的自主活动(Selbsthätigkeit)。他的活动属于别人,这种活动是他自身的丧失"。② 依孙伯鍨先生的解释,马克思这里"把劳动看作人的本质的时候,并不是指任何一种劳动,不是指在一定历史阶段和社会关系中的具体现实的劳动,而是抽象地理解的劳动,是劳动本身。根据马克思的解释,只有这种摆脱了一切现实社会关系的本来意义上的劳动,亦即作为人的生命活动和人格体现的自由、自觉的创造性活动,才是人的类本质。而迄今存在过的现实的劳动恰恰都是异化劳动,它们不仅不是人的本质的体现,而且是它的歪曲和丧失"③。这是极其深刻的分析。这里,外化了的劳动与价值悬设中的理想化劳动活动的我-它自反性关系为:人的劳动活动**应该是**爱多斯(eidos)物相化的 Selbsthätigkeit(自主活动),但它异化为被动的实现他人谋利意图的工具性谋生活动;劳动**应该是**属于工人自己的生命实现出来的主体物相化活动,但它却异化为属于他人的发财致富的他性活动。从文献考据看,马克思在手稿的

---

① [德]施米特:《亨利·列斐伏尔与马克思的当代诠释》,周泉译,载《社会批判理论纪事》第 13 辑,江苏人民出版社 2022 年版,第 85 页。
② 参见《马克思恩格斯全集》(第二版)第 3 卷,人民出版社 2002 年版,第 271 页。
③ 孙伯鍨:《探索者道路的探索》,北京师范大学出版社 2017 年版,第 185—186 页。

写作中六次使用了自主活动的概念。其中有两处显示出马克思对这一概念的刻意使用:第一处,马克思先是在第1笔记本最后的手稿上写下了"活动表现为替他人活动和表现为他人的活动"①,然后他将第一个"活动"改为"自主活动(Selbstthätigkeit)"②。第二处,马克思在第2笔记本开始时,先写下"这种生产的产品是具有自我意识的商品",然后补充为"这种生产的产品是具有自我意识和能够自主活动(selbstthätige)的商品"③。我推测,这个Selbstthätigkeit的概念,可能是受到舒尔茨《生产运动》的影响。④ 这一概念,十分接近马克思此时人本主义劳动异化批判构式中那个本真性的理想劳动。后来,马克思恩格斯在否定了人本学异化史观之后的《德意志意识形态》一书中,使用了相近的Selbstbethätigung(自主活动)一词。在那里,它不再是理想化的自我劳动,而是生产活动中创造性的自主物相化构序。如果说,在劳动异化批判构式Ⅱ中,第一层次的劳动产品的异化是现象层面的**事物(产品)的**异化,那么,在这里则是事物异化背后的生产过程中的**劳动创制活动**本身的**自我异化**。

> 这种关系是工人对他自己的活动——一种异己的、不属于他的活动——的关系。在这里,活动是受动;力量是无力;生殖是去势;工人**自己的**体力和智力,他个人的生命——因为,生命如果不是活动,又是什么呢?——是不依赖于他、不属于他、转过来反对他自身的活动。这是**自我异化**(*Selbstentfremdung*),而上面所谈的是**事物**的异化(Entfremdung der *Sache*)。⑤

这是*Selbstentfremdung*(**自我异化**)概念入序劳动辩证法逻辑之后的一次重要出场。我觉得,这是青年马克思劳动异化批判构式Ⅱ中的核心表述,它涉及

---

① 《马克思恩格斯全集》(第二版)第3卷,人民出版社2002年版,第279页。

② 参见周嘉昕《文献版〈1844年经济学哲学手稿〉研究》(手稿),南京大学2019年,第60页。

③ 参见周嘉昕《文献版〈1844年经济学哲学手稿〉研究》(手稿),南京大学2019年,第66页。

④ 参见 F. W. Schulz, *Die Bewegung der Production*, *Eine geschichtlich-statistische Abhandlung zur Grundlegung einer neuen Wissenschaft des Staates und der Gesellschaft*, Zürich und Winterthur: Literarisches Comptoir, 1843, S. 91, 173。

⑤ 《马克思恩格斯全集》(第二版)第3卷,人民出版社2002年版,第271页。中译文有改动。这里马克思使用了不同于 Ding 的 Sache,原译为"物",我改译成"事物"。参见 Marx-Engels-Gesamtausgabe (MEGA²), I /2, Text, Berlin: Dietz Verlag, 1982, S. 239。

工人个人生命类本质的自我异化,这是劳动异化批判构式的核心构序点,也是劳动辩证法中最重要的内在创制能力本身的颠倒。劳动是工人生命(爱多斯)通过"自己的体力和智力"实现出来的能动物相化力量,这种力量既改变外部对象,也构成人自己主体物相化的基础,然而在这里,工人自己的劳动物相化活动不再属于他,自主的劳动被异化为消极的付出,外化的对象性力量异化为本己的无力,劳动本身异化为失去类本质生命,劳动不再是塑形劳动者的双手和大脑的活动,而畸变成"转过来反对他自身的活动",这就是工人劳动的**我-它自反性的自我异化**。这说明,资产阶级经济关系中发生的奴役不再是简单的外部压迫,而是利用工人自身的劳动外化和对象性存在反过来支配工人的奇特的奴隶制。这是一种**颠倒的 Anderessein(他性存在)中消逝的劳动辩证法**。这恰恰是现代私有财产(资产阶级社会)中被遮蔽起来的颠倒本质。这是一种极其深刻和独特的非物像批判认识论筑模:在资产阶级社会中遭遇私有财产(事物)时,与资产阶级经济学家停留于在场对象物不同,马克思跟着黑格尔的第二层级经济物相化现象学透视,通过揭示事物背后消逝的工人劳动,证伪这种独存物像塑形的虚假性,进一步,再辨识出这种工人主体劳动活动在生产能动的外化中的异化,以说明资本奴役劳动的本质是不在场劳动活动的自我异化。这是过去直观认识论和思辨认知理论绝不可能达及的深刻批判认识论构境。这也远远超出先前的交往异化观和劳动异化批判构式I的逻辑编码和构境深度。当然,这一问题最终的科学说明,是在后来的《大纲》中完成的。

也是在这里,马克思再一次提及宗教异化的比喻。同样不同于"穆勒笔记"中的赫斯交往类本质—货币异化观,此处马克思隐喻的"上帝"(Gott)成了工人劳动的自主活动异化的意义所指。他说,"在宗教中,人的幻想、人的头脑和人的心灵的自主活动对个人发生作用不取决于他个人,就是说,是作为某种异己的活动,神灵的或魔鬼的活动发生作用"[1];现在,正是工人在生产中劳动的自主活动,变成了某种外化的异己的活动,这种魔鬼般的异己力量反过来支配工人。这也意味着,直观表象中出现的经济物役性不是物支配

---

[1]《马克思恩格斯全集》(第二版)第3卷,人民出版社2002年版,第271页。

人,而是劳动活动本身在对象化过程中畸变为**资本的力量**进而支配工人。我以为,青年马克思在劳动异化批判构式Ⅱ中的这一重要的思想观念进步,使他彻底超越了赫斯和费尔巴哈,因为上帝这一话语能指是人的类本质异化的意义所指背后,不再是人的自然关系和交往(交换)类本质的异化,金钱异化中出现的"神灵",其本质是生产过程中劳动(eidos)创制的类本质"作为异己活动"的异化。这是我们在上面的概念考古中直接指证过的事实。

劳动异化批判构式Ⅱ的第三层异化,是作为人的**类本质**的劳动异化。这也是颠倒的劳动辩证法第三层面的关系场境的悖反性矛盾。青年马克思认为,劳动异化并不仅仅是劳动产品和自我活动异己化的问题,同时也是整个人的类生活和类本质的异化。在前述"穆勒笔记"中的劳动异化批判构式Ⅰ中,异化的第三层次是"外在的社会需要成为劳动者异己性的强制",那还是市民社会话语Ⅱ中的经济学构序,而在这里,青年马克思则提出了劳动作为人的**类本质异化**的观点。一定的意义上,他也直接回应了赫斯的交往类本质异化观。马克思说:

> **人的类本质**(*Gattungswesen*)——无论是自然界,还是人的精神的类能力(Gattungsvermögen)——变成对人来说是**异己的**本质,变成维持他的**个人生存的手段**。异化劳动使人自己的身体,同样使在他之外的自然界,使他的精神本质,他的**人的**本质同人相异化。①

这个类本质概念,当然是费尔巴哈的人本主义话语了。人的类本质是质性范畴,它既表示人所独有的、区别于动物的类属性,也指称人的生存所共有的共相质性。在马克思看来,与"动物和自己的生命活动是直接同一"的消极生存不同,"人则使自己的生命活动本身变成自己意志的和自己意识的对象。他具有有意识的生命活动。这不是人与之直接融为一体的那种规定性。有意识的生命活动把人同动物的生命活动直接区别开来。正是由于这一点,人才具有类本质(Gattungswesen)"②。很显然,这个费尔巴哈人本主义的话语中,已经嵌套着黑格尔的主体能动性的辩证法。因为费尔巴哈的类本质是人与

---

① 《马克思恩格斯全集》(第二版)第3卷,人民出版社2002年版,第274页。
② 《马克思恩格斯全集》(第二版)第3卷,人民出版社2002年版,第273页。

人自然存在的"无声的类"关系,而不是主体性爱多斯外化的"有意识的生命活动",在这里,青年马克思将黑格尔《精神现象学》中的理念爱多斯(eidos)的**有意识的外化活动**,转换和解码成工人有意识的劳动**物相化**活动。在我们已经提及的第 3 笔记本中马克思写下的"补入 2"中,他这样颠倒式地理解黑格尔:"人不仅仅是自然存在物,而且是**人的**自然存在物,就是说,是自为地存在着的本质,因而是**类本质**(*Gattungswesen*)"①。在黑格尔看到理念共相沉沦物性自然背后的抽象"精神类能力"的地方,马克思通过费尔巴哈的人本学构境,看到了作为人的劳动活动结果的"**人的**自然存在物"和人的类本质。依青年马克思的理解,人异质于动物生存的这种独有的 *sollen*(**应该**)居有的类本质,当然不是黑格尔的绝对观念,也不是费尔巴哈的人的感性自然关系和赫斯的交往类本质,而是人有目的地改变和构序外部自然界的**劳动生产**。他明确地说,恰是"通过实践(praktische)创造**对象世界**(*gegenständlichen Welt*),改造无机界,人证明自己的有意识的类本质"②。这里的用词是精准的。通过**现代性的**实践改造无机界,这是工业生产构序超出非物相化畜牧业和农业生产的物相化质性,也只有工业才可能创造和塑形出不同于外部自然界的人的 *gegenständlichen Welt*(**对象世界**)。无形中,马克思的认知对象已经进入到现代性的实践活动,以及这种能动的生命(负熵)创造"改变无机界"所生成的劳动物相化的对象世界(社会负熵进程)上来。这一点,会很深地链接到后来的《关于费尔巴哈的提纲》,在那里,这个对象世界不仅是实践物相化的结果,而且会进一步深化为人与物、人与人之间普遍关联的"关系总和"的社会空间场境。此时,马克思并没有清楚地界划这一点。马克思认为:

> 正是在改造对象世界中,人才真正地证明自己的**类本质**(*Gattungswesen*)。这种生产(Production)是人的能动的类生活。通过这种生产,自然界才表现为**他的**作品和他的现实。因此,劳动的对象是**人的类生活的对象化**(*Vergegenständlichung des Gattungslebens des Menschen*):人不仅像在意识中那

---

① 《马克思恩格斯全集》(第二版)第 3 卷,人民出版社 2002 年版,第 326 页。中译文有改动。Marx-Engels-Gesamtausgabe(MEGA²),I/2, Text, Berlin: Dietz Verlag, 1982, S. 297.
② 《马克思恩格斯全集》(第二版)第 3 卷,人民出版社 2002 年版,第 273 页。中译文有改动。

样在精神上使自己二重化,而且能动地、现实地使自己二重化,从而在他所创造的世界(geschaffnen Welt)中直观自身。因此,异化劳动从人那里夺去了他的生产的对象,也就从人那里夺去了他的**类生活**,即他的现实的类对象性,把人对动物所具有的优点变成缺点,因为从人那里夺走了他的无机的身体即自然界。①

这是青年马克思此时眼中的人的类本质。显而易见,Production(生产)概念作为劳动 geschaffnen Welt(创制世界)的物相化客观过程再一次出场了。在他看来,只有通过改造对象世界的生产劳动,人才能确证自己的"能动的类生活",因为劳动有目的地改变自然的物相化对象世界才是"**人的类生活的对象化**",这也意味着,费尔巴哈的感性自然生活和赫斯的交往关系,都只有在人在生产中的劳动对象性活动的基础上才能得以实现。然而,在异化劳动中,这种外化和物相化的对象性存在却颠倒地表现为生产对象的丧失和工人类生活的丧失,赫斯所看到的金钱异化现象的确是人的交往类生活的异化,但金钱异化的本质是人的劳动类本质的异化,由此,人通过劳动爱多斯物相化的"现实的类对象性",现在才会成为盘剥工人的客观力量。这里我们不难看到,生产、实践和改造世界,之后成为马克思新世界观起点的和历史唯物主义构境最重要的几个概念都出现了,只是此时它们都还非有机地入序于人本主义异化史观的话语统摄之下。只有在历史唯物主义全新的哲学话语编码格式塔中,这些概念的话语能指才会发生根本性的所指质变。

劳动异化批判构式Ⅱ的第四个异化层次,是**人与人劳动关系的异化**。这也是作为颠倒的劳动辩证法第四层面的主体际关系中的我-它自反性矛盾。与"穆勒笔记"中的劳动异化批判构式Ⅰ——那里的第四个层次是"劳动者的生命活动异化为手段性谋生活动"——相比,这里,马克思所揭示的更重要的异化关系直指工业生产劳动之上的资产阶级社会制度物相化中的**人对人**的奴役关系。在他看来,"人的异化,一般地说,人对自身的任何关系,只有通过

---

① 《马克思恩格斯全集》(第二版)第 3 卷,人民出版社 2002 年版,第 274 页。中译文有改动。Marx-Engels-Gesamtausgabe(MEGA²), Ⅰ/2, Text, Berlin: Dietz Verlag, 1982,S.241.

人对他人(andern Menschen)的关系才得到实现和表现"①。这当然不是费尔巴哈的异化赋型,而又是黑格尔《精神现象学》的逻辑构式,那里唯心主义的表述是自我意识对自身的任何关系,都只有通过另一个自我意识的反指关系来确证和表现,主奴辩证法关系中的主人爱多斯,也只有通过奴隶劳作的物相化才能得以实现。不过,这里马克思是说,人的存在是**关系性的存在**,非直观的关系场境存在是社会物相化负熵质核心构序线索之一,所以,人的异化,劳动本身的异化必然导致人与人之间关系的深层异化。并且,这种关系异化不再是赫斯(斯密)那种抽象的"小贩"(商人)们的主体际交往关系,而是直指资产阶级社会中呈现出来的劳动与资本的对立关系的奴役本质。在马克思看来:

> 人同自己的劳动产品、自己的生命活动、自己的类本质相异化的直接结果就是**人同人相异化**(*Entfremdung des Menschen von dem Menschen*)。当人同自身相对立的时候,他也同他(*andre*)人相对立。凡是适用于人对自己的劳动、对自己的劳动产品和对自身的关系的东西,也都适用于人对他人、对他人的劳动和劳动对象的关系。②

在劳动异化的前三个层次——人与自然的关系(劳动产品的外化异化),人自己的活动的自我异化,以及人的类本质的自我异化之后,这才出现了社会关系场境物相化中**人对人**的关系异化。这是一个层层递归的本质解剖关系。在这一点上,青年马克思的劳动异化批判构式 II 明显不同于费尔巴哈与赫斯,也同时弥补了马克思自己的劳动异化批判构式 I 中的某种逻辑构序缺环。青年马克思这里的人与人关系的异化,并非是指费尔巴哈抽象的人与人之间的感性关系或者赫斯主体际交往关系的异化,而是具体指向**工人与资本家的矛盾关系**,本质上是**资本对劳动的统治关系**。也因为上述三重劳动异化,使得抽象的人对人的关系转换为资产阶级社会中资本家奴役工人的劳动关系异化。而当这个看起来是从专制中解放出来的平等"市民"之间的平等交换和自由竞争关系,一下子被揭穿为资本家对工人的剥削关系时,这也意

---

① 《马克思恩格斯全集》(第二版)第 3 卷,人民出版社 2002 年版,第 275 页。
② 《马克思恩格斯全集》(第二版)第 3 卷,人民出版社 2002 年版,第 274—275 页。

指着资产阶级那个"市民社会"幻象的最终破产。于是,在李嘉图眼中表面看起来是客体的**现代私有财产**(资本家只是其人格化的伪主体),实质上的**主体本质**是**劳动异化关系**:明明是工人通过劳动养活了资本家,但在现象上却表现为资本家发给工人工资养活工人,工人如果不到资本家的工厂中接受剥削,他将被饿死;明明是劳动产品、劳动活动和劳动类本质的异化,但在现实社会关系上,却表现为客观的财物(资本与货币)对劳动的支配和奴役。这是一种新型的我-它自反性异化关系中的主奴辩证法。在这里,我们可以从劳动关系异化的批判中直观地感受到,在面对人类社会生活时,马克思始终有一种透过对象性实体外观,把握人的功能性活动关系的非物像此-彼归基视位,在旧哲学看到感性物相的地方,他透视出人与自然、人与人关系的更深场境存在,这是后来历史唯物主义中那种非直观社会定在和关系构序的话语塑形基础。这其中,有黑格尔《精神现象学》中那种唯心主义的批判性非物像透视赋型,也有古典经济学开始的非直观社会唯物主义的立场。这当然也会是马克思全新关系意识论和批判认识论的前提,因为从认知对象、认识的本质和认知活动的发生机制上,马克思都已经站在了一个新的社会关系场境论的入口前。

作为异化劳动手稿的最后陈述,马克思还是回到自己开始理论构序的出发点上,他再次追问:如果产品不属于劳动者,工人的自我活动和类生活不属于自己,那么它们属于谁? 不是自然也不是神,而是"属于一个有别于我的**他性本质**(*ander Wesen*)"。这个 *ander* Wesen(**他性**本质),显然异轨于黑格尔的 Anderessein(他性存在)概念。马克思指出,"劳动和劳动产品所归属的那个**异己的**本质(*fremde* Wesen),劳动为之服务和劳动产品供其享受的那个本质,只能是人自身",也就是说,"不是神也不是自然,只有人自身才能成为统治人的异己力量(Nicht die Götter, nicht die Natur, nur der Mensch selbst kann diese fremde Macht über den Menschen sein)"。① 这个人,正是第四个层次中的人与人关系的异化的政治质性,即**资产阶级统治**。这是《1844 年手稿》中,劳动异化批判构式 Ⅱ 所最终确认的资产阶级社会的本质。

---

① 参见《马克思恩格斯全集》(第二版)第 3 卷,人民出版社 2002 年版,第 276 页。中译文有改动。

对此,马克思分析道:

> 通过**异化的、外化的劳动**(*entfremdete, entäusserte Arbeit*),工人生产出一个对劳动生疏的、站在劳动之外的人对这个劳动的关系。工人对劳动的关系,生产出资本家(*Capitalisten*)——或者不管人们给劳动的主人(*Arbeitsherrn*)起个什么别的名字——对这个劳动的关系。①

其实,全部劳动异化,最后都集中于这个资本家奴役劳动者的人对人的异化关系。或者说,颠倒的劳动辩证法中的所有矛盾关系都现实化为资本对工人的奴役关系。对工人来说,"异己的、敌对的、强有力的、不依赖于他的人是这一对象的主人",看起来,劳动的主人是资本家,其实,他不过是**现代私有财产的人格化伪主体**,青年马克思真正要证伪的对象,是作为整体资产阶级社会的本质——现代私有财产。依手稿的文献考据情况看,马克思最早意识到这一问题,是在第 1 笔记本"工资"一栏中提及"土地所有者和资本家不是人类",后来他删除了"不是人类"几个字,改为"土地所有者和资本家不过是享有特权和闲散的神仙"。② 马克思在后来的经济物相化透视中,会进一步指认资本家为资本关系反向物相化的"人格化"。所以他说:

> 因此,**私有财产**(*Privateigenthum*)是**外化劳动**即工人对自然界和对自身的外在关系的产物、结果和必然后果。
>
> 因此,我们通过分析,从**外化劳动**这一概念,即从**外化的人**、异化劳动、异化的生命、**异化的人**这一概念得出**私有财产**这一概念。③

这里,工人的劳动外化与对自然界和自身的外在物相化关系,显然都是黑格尔《精神现象学》中那个劳动关系的主奴辩证法的逻辑赋型。在这里,青年马克思通过两个"因此",突出说明了李嘉图等人把资本(利润)当作与工人无关的外部对象的伪谬,因为它不过是外化的劳动被异化的物相化结果。不仅资本家会误认,连工人也看不清奴役他的现代私有财产的秘密是异化了的劳

① 《马克思恩格斯全集》(第二版)第 3 卷,人民出版社 2002 年版,第 277 页。
② 参见周嘉昕《文献版〈1844 年经济学哲学手稿〉研究》(手稿),南京大学,2019 年,第 32 页。
③ 《马克思恩格斯全集》(第二版)第 3 卷,人民出版社 2002 年版,第 277 页。

动。这是因为,"私有财产只有发展到最后的、最高的阶段,它的这个秘密才重新暴露出来"①。

马克思最后小结说,国民经济学的斯密虽然"从劳动是生产的真正灵魂"这一点出发,但是他并没有真正透视私有财产的秘密;而在经济学语境中反对资产阶级的"蒲鲁东从这个矛盾得出了有利于劳动而不利于私有财产的结论",可是,由于他没有彻底跳出经济学,所以他与撰写《国民经济学批判大纲》的青年恩格斯一样,同样无法看到私有财产不过是异化劳动的结果。马克思告诉我们,前面他在第 1 笔记本第一部分中按照国民经济学的话语区分的三栏,如果除掉已经被资本吞食掉的地租,就只剩下劳动—工资和作为现代私有财产的资本—利润两栏,而"**工资**和**私有财产**是同一的,因为用劳动产品、劳动对象来偿付劳动本身的工资,不过是劳动异化的必然后果",换句话说,"工资是异化劳动的直接结果,而异化劳动是私有财产的直接原因"。② 说到底,只有一栏,这个资产阶级世界被遮蔽起来的本质是**劳动和异化劳动**。

这就是青年马克思在进入经济学研究之后,跳出国民经济学的语境,从哲学唯物主义和人本主义异化史观改造过的劳动辩证法出发,对整个资产阶级"市民社会"的本质性透视。虽然他在这一著名的异化劳动手稿中,没有使用过 bürgerliche Gesellschaft(资产阶级社会)这一概念,但是,他的确是第一次完整地揭露了资产阶级社会的私有财产的本质。他最后形成自己新的革命断言:

> 从异化劳动对私有财产的关系可以进一步得出这样的结论:社会从私有财产等等解放出来、从奴役制(Knechtschaft)解放出来,是通过**工人解放**(*Arbeiteremancipation*)这种**政治**形式(*politischen* Form)来表现的,这并不是因为这里涉及的仅仅是工人的解放,而是因为工人的解放还包含普遍的人的解放(Emancipation die allgemein menschliche);其所以如此,是因为整个的人类奴役制就包含在工人对生产的关系中,而一切奴役关系只不过是这种关系的变形和后果罢了。③

---

① 《马克思恩格斯全集》(第二版)第 3 卷,人民出版社 2002 年版,第 277 页。
② 参见《马克思恩格斯全集》(第二版)第 3 卷,人民出版社 2002 年版,第 278 页。
③ 《马克思恩格斯全集》(第二版)第 3 卷,人民出版社 2002 年版,第 278 页。

这是青年马克思在全部《1844 年手稿》中关于资产阶级社会批判的关键性新见解。我们可以比较一下不久前他在《论犹太人问题》和《〈黑格尔法哲学批判〉导言》中的政治观点：在那里，青年马克思站在无产阶级立场上超越鲍威尔的政治解放的"人的解放"还是抽象的断言；而在这里，青年马克思心中的政治解放就是工人的解放，这种解放，通过真正扬弃资产阶级社会中的异化劳动—私有财产，彻底消灭一切奴役制，重新颠倒劳动异化中的我-它自反性关系，这同时也就是"普遍的人的解放"的共产主义。这也恰恰是马克思从黑格尔否定辩证法中获得的革命批判张力。遗憾的是，在此处青年马克思的劳动异化批判构式Ⅱ中，我们的确看到了一个完整的由 verkehrt（颠倒的）劳动辩证法矛盾关系构成的理论赋型，可是，如何在现实中扬弃劳动异化，让颠倒的劳动辩证法重新颠倒过来，马克思在人本主义的逻辑构式中是无法找到出路的，这也意味着，现实中的无产阶级革命的道路问题并没有根本解决，这也是这一人本学劳动异化批判构式逐渐走向消亡的原因。因为正如孙伯鍨先生所指出的那样，当青年马克思"把劳动纳入人本主义异化理论的逻辑框架时，它就被抽去一切现实的内容，成为纯粹的概念和高度理想化的状态。所以在《手稿》中，马克思所说的'真正的人'，即符合人的类本质的人，既不是指工人也不是指农民，更不是指奴隶和农奴，而是指摆脱了一切现实关系，因而最终获得了一种理想社会关系的人。这种人在现实和历史中都不曾存在过，而只能存在于人们关于未来社会的理想中。这样，在构思未来理想世界的蓝图时，马克思和费尔巴哈一样也是从哲学人本主义的观点出发的"①。并且，"这种以抽象的'人'或'人的本质'为出发点的思维逻辑，仍旧是思辨逻辑"②。所以，《1844 年手稿》中从劳动异化批判构式中得出的共产主义结论，仍然是一种哲学共产主义。

5. 作为总体人的类本质关系映现的社会意识论及其异化

实际上，我们过去所有关于《1844 年手稿》中劳动异化的讨论，通常都集

---

① 孙伯鍨：《探索者道路的探索》，北京师范大学出版社 2017 年版，第 186 页。
② 孙伯鍨：《探索者道路的探索》，北京师范大学出版社 2017 年版，第 202 页。

中在上述四个构境层面上,可是在这一次研究中我意识到,关于《1844 年手稿》中马克思完整的人本主义异化史观构境,我们可能忽略了一个重要方面,即青年马克思关于认识论筑模中的**意识异化论**。虽然这一意识异化论的具体理论观点,并不构成马克思劳动异化批判构式 Ⅱ 的直接话语构序层面,但它是青年马克思在劳动关系异化话语运行中有关意识论的独特思考。在一定的意义上,这也是马克思在唯物主义**社会意识论和认识论**上的第一个思想构境层。在思想构境谱系线索中,它经过《神圣家族》和《关于费尔巴哈的提纲》,很深地关联于《德意志意识形态》一书中的关系意识论和意识形态批判话语。很多年之后,青年卢卡奇在《历史与阶级意识》一书中,首创**意识物化**理论,固然他是从马克思并没有看到的工业生产流水线的工序来讨论劳动者心理物化和规训的,但通过马克思后来经济拜物教批判话语的中介,多少接续了马克思这里开启的**意识异化话语**。① 这是一条值得我们关注的思想构境谱系线索。

首先,**人改造外部对象的劳动实践生成了主观类意识活动的直接基础**。**类意识**(*Gattungsbewußtsein*),当然还是费尔巴哈式的人本主义话语,但马克思将其根植于黑格尔《精神现象学》中的劳动辩证法之上。这也就塑形了马克思意识理论的第一块重要基石。我们看到,在第 1 笔记本劳动异化批判构式第三个构境层中,马克思在讨论人的类本质异化的本真性前提时,明确指认人与动物在生活范围上的异质性。他说,动物的生存与自然是同一的,"它就是自己的生命活动",而人的生活是"有意识的生命活动(bewußte Lebensthätigkeit)",在这里,"生命活动本身变成自己意志和自己意识的对象";动物的生存停留在生物负熵的直接性上,而人的生命活动则已经由有明确目的指向的意志(telos-eidos)和自觉认知的意识所渗透,正是这种**有意识的爱多斯**活动才使人获得异质于动物生存的**类本质**(*Gattungswesen*)。表面看起来,这里是强调意识和精神世界成了人居有类本质的根据,似乎这是唯心主义观念生成的逻辑,然而青年马克思进一步说,这种有意识的生命活动的类

---

① 参见[匈]卢卡奇《历史与阶级意识》,杜章智、任立、燕宏远译,商务印书馆 1995 年版,第 156—164 页。

本质的基础,不是动物对现成到场自然对象的直接获取,也不仅仅是人的主观意志和认知能力,而是通过人对自然的能动关系,有目的(telos)地改变外部对象的实践——劳动物相化活动,人才真正获得自己异质于动物生存的类本质。这无形中也确证了这样一个辩证的观点:人的主体性有意识的意图和目的,是物相化活动的根本动因;但只有"通过实践创造**对象世界**(praktische Erzeugen einer *gegenständlichen Welt*),**改造**无机界,人证明自己是有意识的类本质(Gattungswesen)"。① 这也表示,人之所以能够获得关系性的类意识和创造精神世界,关键在于有意图地改造外部世界的劳动物相化活动,有目的的劳动活动生成的现实类本质关系才生成了 *Gattungsbewußtsein*(**类意识**)。在这一点上,马克思显然是在用黑格尔的劳动辩证法超越费尔巴哈。这里由劳动实践生发出的意识和认知活动的主体,当然还是劳动异化批判构式中的劳动者(工人)。由此,马克思还展开分析说:

> 人和动物相比越有普遍性(universeller),人赖以生活的无机界的范围就越广阔。从理论领域来说,植物、动物、石头、空气、光等等,一方面作为自然科学的对象,一方面作为艺术的对象,都是人的意识(menschlichen Bewußtseins)的一部分,是人的精神的无机界,是人必须事先进行加工(Kunst bilden)以便享用和消化的精神食粮;同样,从实践领域来说,这些东西也是人的生活和人的活动的一部分。②

这是说,对人来说,"植物、动物、石头、空气、光"等这些物理空间中到场的自然对象,都是人的意识对象,但是,人对这些熟知的对象物的认知,并非如同动物那样的简单直观和镜像式的反射,物性对象在人的主观意识中的经验统觉塑形和知性呈现,已经入序于"人的生活和人的活动"的 Kunst bilden(加工创制)编码之中。这些石头和动物,已经不是德里达所说的"没有世界"(weltlos)或"缺乏世界的"(weltarm)③,它们已经进入人的生存关系突现的场

---

① 参见《马克思恩格斯全集》(第二版)第 3 卷,人民出版社 2002 年版,第 273 页。中译文有改动。
　Marx-Engels-Gesamtausgabe(MEGA²),Ⅰ/2,Text,Berlin:Dietz Verlag,1982,S.241.
② 《马克思恩格斯全集》(第二版)第 3 卷,人民出版社 2002 年版,第 272 页。
③ 参见[法]德里达《论精神——海德格尔与问题》,朱刚译,上海译文出版社 2008 年版,第 18 页。

境世界之中,成为社会空间中科学和艺术的在场性对象。我以为,这恐怕是最早对康德先天综合判断现实基础的无意识触碰。因为人加工自然对象的创制(poiesis)活动是"对自然立法"(打破"自然辩证法")的现实基础。马克思只是在1850年之后《伦敦笔记》中的"工艺学研究"中,才具体了解到这种"加工"物相化活动的复杂性,比如对象物的自然"失形"和"脱型"的前提。其实,在这里,虽然支配青年马克思的主导性逻辑构式仍然是费尔巴哈的人本主义话语,但我们不难体验到经济学中社会唯物主义的隐性影响。因为,与农业生产依循"自然辩证法"的非物相化辅助劳动不同,工业生产不仅改造无机界,也改变和重新编码有机生命负熵进程。在前面第1笔记本第一部分摘录斯密的《国富论》时,马克思就援引了这样一个十分具体的叉明草(Seekrapp,Salicorne)被加工生产的实例。斯密说,"这是一种海洋植物,一经燃烧便产生碱性盐,可用于制造玻璃、肥皂等等"①。叉明草从一种原生自然生态中的海洋生物到"制造玻璃、肥皂"的化工原料,已经是工业生产实现人的意图(eidos)的物相化活动的复杂加工结果了。回到康德的认识论语境,叉明草作为人的认知对象,就不仅仅是先天综合判断直接塑形我们对它的经验感知和理性认知,而首先必然存在一个从外部非物相化自然对象到通过劳动实践改变了的物相化产品的复杂转换,这是马克思将意识活动基于有目的地"创造对象世界"的劳动实践整合活动之上的客观基础。这也意味着,康德和黑格尔的**观念辩证法**逻辑的现实基础,是以劳动为核心的**实践辩证法**逻辑。其实,在思想构境谱系中,这一点很深地关联于马克思后来的一般物相化透视,即《关于费尔巴哈的提纲》中从熟知的直观对象归基于背后不在场的实践活动,以及后来的广义历史唯物主义构境里一般物相化透视中的物质生产活动。这应该也是经济学语境中社会唯物主义裹挟起来的从现实出发的客观逻辑,在占主导性地位的人本学话语格式塔中的顽强突显。这本身就是孙伯鍨先生指认的《1844年手稿》复调文本结构中两种逻辑话语交织和斗争态势的表现。

马克思还比较性地分析说,"动物只是按照它所属的那个种的尺度和需

---

① 转引自《马克思恩格斯全集》(第二版)第3卷,人民出版社2002年版,第252页。

要来构造,而人懂得按照任何一个种的尺度来进行生产,并且懂得处处都把内在的尺度运用于对象;因此,人也按照美的规律来构造"①。动物在自己的自然生存中,也会创造鸟窝、蜂巢和洞穴,它们构造生存条件的尺度是自然种属中的直接性,鸟不能在水中筑巢,鱼儿也无法在土地上钻洞,它们只能在自己的自然能力允许的"种的尺度"中活动。而人类的生存则打破了动物生存中的自然性种属范围,人在改变外部环境的过程中,将自己的意图(eidos)之相通过劳动实现出来,创造了生产和意识活动中超越生命负熵进程的"内在的尺度"。这种异质于动物狭隘自然生存的重新编码的关系场境和普遍关联的功能链世界中的内在尺度,正是主体性的存在爱多斯,这种主体性创制意图不仅有功能性的实效尺度,而且有主观审美的艺术尺度,这本身就构成主体物相化的重要方面。比如树林中的自然鸟巢和北京"鸟巢"体育场的内在艺术尺度的本质差异。马克思后来在《资本论》第一卷中,再一次详细说明了人的劳动物相化活动(织工织布、建筑师造房)与动物自然生存活动(蜘蛛织网、蜜蜂筑蜂房)的差异。② 在作为唯物主义者的青年马克思这里,这种有着无限可能性的内在尺度的基础当然不是观念,而是人的劳动爱多斯的实践功能度,只有它才会创造出新的关联场境世界的"任何一个种的尺度",才生成认知和审美的意识整合尺度。当然,这些深刻的观点此时还陷在人本主义的话语编码之中。

其次,**社会生活质性规制类意识的本质**。在《回到马克思》第一卷中我已经指认,青年马克思在《1844 年手稿》第 3 笔记本中对人的类本质的理解开始出现了明显的双重特征:一是**个人主体的本真的自由劳动活动**;二是**人与人之间存在的本真的、非异化的社会关系**。前者,是他在第 1 笔记本第二部分劳动异化理论中所指认的人本学价值悬设,而后者,则是马克思分析资产阶级社会关系异化的前提,其理论核心则成了应该存在的本真的**社会**(*Gesellschaft*)。在此时的马克思看来,"**社会是人同自然界的完成了的本质的**

①《马克思恩格斯全集》(第二版)第 3 卷,人民出版社 2002 年版,第 274 页。
②参见《马克思恩格斯全集》第 42 卷,人民出版社 2016 年版,第 168 页。Marx-Engels-Gesamtausgabe(MEGA²),Ⅱ/5,Text,Berlin:Dietz Verlag,1983,S.129 – 130.

统一(*Gesellschaft* ist die vollendete Wesenseinheit des Menschen mit der Natur),是自然界的真正复活,是人的实现了的自然主义和自然界的实现了的人道主义"①。显然,这里出现的社会概念,突然上升到马克思异化理论构境中一个很高的逻辑地位上来,它甚至是解决全部历史之谜的钥匙。按照我的观点,这里出现的本真性 sollen(应该)存在的社会概念,即没有被异化的人的主体际的类本质关系,还是马克思对人与人之间关系场境社会物相化的一种理想化设定,它与前述劳动异化批判构式Ⅱ中的第四个层面("人与人关系的异化")有着直接的关联。如果**自由自主的劳动是人的本真性** *sollen*(**应该**)**存在类本质,那么社会就是人的类关系物相化出来的"共在"关系构序起来的世界**。显然,这两种价值悬设都已经带有了深刻的非物像性的透视感:一是从"熟知"的直观在场对象背后看到人的主体性类活动,二是看到作为类本质的社会关系赋型。这正好内在地通向《关于费尔巴哈的提纲》中的实践活动和"社会关系的总和"的新世界观。这一点,显然是"穆勒笔记"中马克思改造赫斯的交往类本质的那个"社会共同本质"线索的深化,不同在于,这种社会物相化共在关系构序场境是建立在劳动类本质的基础之上的。

在意识和认识发生的现实基础问题上,此时青年马克思所秉持的基本原则为:"作为**类意识**(*Gattungsbewußtsein*),人确证自己的现实的**社会生活**(*Gesellschaftsleben*),并且只是在思维中复现自己的现实定在(*wirkliches Dasein*)。"②如果说,人改变外部对象的劳动物相化的类本质,奠定了人的意识活动总是以"类意识"的方式发生,那么,这种类意识的直接生成基础,还包含通过关系场境物相化实现出来的"人的现实的社会生活"。实际上,马克思在这里再一次强调了意识的对象并非直接的自然物或者直观中的感性对象,而是人通过劳动改变外部世界中创造的关系性的社会生活空间,这当然是人的**关系场境突现**中的新世界。人的意识和认知活动作为一种特殊的类意识,只不过是"在思维中复现自己的现实定在"。所以马克思才会进一步指证说,

①《马克思恩格斯全集》(第二版)第3卷,人民出版社2002年版,第301页。
②《马克思恩格斯全集》(第二版)第3卷,人民出版社2002年版,第302页。中译文有改动。Marx-Engels-Gesamtausgabe(MEGA²),Ⅰ/2,Text,Berlin:Dietz Verlag,1982,S.267.

作为类意识的"我的**普遍**意识(*allgemeines* Bewußtsein)不过是以**真实共同体**(*reelle Gemeinwesen*)、社会本质(*gesellschaftliche Wesen*)为**生动场境**(*lebendige Gestalt*)的那个东西的**理论场境**(*theoretische* Gestalt)"①。依文献考据看,马克思先是在手稿上写下"**生动形式**"(*lebendige form*),然后又改为"**生动场境**(*lebendige Gestalt*),以突显意识有关系场境特征。② 这意味着,黑格尔所指认的精神场境世界的现实基础,恰恰为人所创造的 *reelle* Gemeinwesen(**真实共同体**)的生动关系场境世界。这也表示,不同于物理空间的实在性,人的关系场境塑形出全新的突现社会空间,这种生动场境空间是精神活动的逻辑空间的基础。此处两次出现的 Gestalt(场境)一词是至关重要的,因为它既接续了劳动物相化关系和主体际社会物相化关系构序的场境本质,也第一次明确揭示了意识现象的 *Emergence*(**突现**)**关系场境状态**。应该提醒一下,我们可以发现,此处马克思在意识理论中涉及的这个具有普遍意识的"我"(能指),已经不是前述劳动异化批判构式 Ⅱ 第四个层面中人与人关系异化中的工人,而是一种抽象的**认知主体**。这是概念考古中一个重要的辨识。人具有普遍性的类意识,恰恰因为人生存在人与人建构起来的"真正共同体"关系场境之中,人的一切主观精神的**构境**都是对社会生活场境的呈现。虽然马克思这里的表述还带有深深的人本主义话语的思辨性,却不失为一种深刻的社会意识论思境。在思想构境谱系中,它可以内在地通达后来《关于费尔巴哈的提纲》中的"社会关系的总和"和《德意志意识形态》中的历史唯物主义关系意识论。

第一,在第 3 笔记本中,我们能够观察到,马克思是从人最简单的感官和经验塑形开始自己对社会意识论的思考的。他说,对于人的感觉经验来说,"**人的眼睛**与野性的、非人的眼睛得到的享受不同,人的**耳朵**与野性的耳朵得到的享受不同,如此等等"③。这是说,人通过自己的感觉器官看到、听到和直接触碰到的感性世界,是与动物觉察到的外部自然环境是根本不同的。当然,在人的感性经验的发生问题上,与康德直接指认先天综合判断建构经验

① 《马克思恩格斯全集》(第二版)第 3 卷,人民出版社 2002 年版,第 302 页。中译文有改动。Marx-Engels-Gesamtausgabe(MEGA²),Ⅰ/2,Text,Berlin:Dietz Verlag,1982,S.267.
② 参见周嘉昕《文献版〈1844 年经济学哲学手稿〉研究》(手稿),南京大学,2019 年,第 87 页。
③ 《马克思恩格斯全集》(第二版)第 3 卷,人民出版社 2002 年版,第 304 页。

统觉不同,马克思明确提出了人的感性经验生成的现实基础,除去人有目的地创制对象的物相化活动之外,另一个重要的方面就是由人类生存的社会性关系场境铸就的本质力量。马克思说,对于人的认知对象来说,

> 对象**如何**对他来说成为他的对象,这取决于**对象的性质**以及与**之**相适应的**本质力量**(*Wesenskraft*)的性质;因为正是这种关系的**规定性**(*Bestimmtheit* dieses Verhältnisses)形成一种特殊的、**现实的**肯定方式。**眼睛**对对象的感觉不同于**耳朵**,眼睛的对象**是**不同于**耳朵**的对象的。每一种本质力量的独特性,恰好就是这种本质力量的**独特的本质**,因而也是它的对象化的独特方式(eigenthümliche Weise ihrer Vergegenständlichung),它的**对象性的、现实的**、活生生的**存在**的独特方式。因此,人不仅通过思维,[Ⅷ]而且以**全部**感觉在对象世界中肯定自己。①

人对认知对象的经验塑形,一是取决于客观的"对象的性质",相对于康德的先天综合判断作用,马克思特意强调说,"人不仅通过思维,而且以**全部**感觉在对象世界中肯定自己"。这当然是对哲学唯物主义基本原则的坚守。当然,非物相化的自然对象性质与被人的劳动爱多斯改变过的物相化产品的"对象的性质"是根本异质的。二是认知对象中的经验塑形和整合,还取决于主体的"本质力量",这是指认知能力中的特有编码和统觉方式,视觉不同于听觉,味觉不同于触觉,所依托的感官不同经验塑形也会不同,当然,个人还会因为主体自身的不同感受能力,在相同的对象中看到和听到不同东西的在场。

第二,马克思进一步说,虽然人生来具有塑形经验的感觉器官,但人的"五官感觉的**形成**是迄今为止全部世界历史的产物(Die *Bildung* der 5 Sinne ist eine Arbeit der ganzen bisherigen Weltgeschichte)"②。我以为,这一表述中内嵌着十分复杂的思想构境层:一是人人都有五官,可与动物的感官不同,人获得视觉、听觉、嗅觉、触觉和味觉的五官已经是整个 Weltgeschichte(世界历史)发展的产物。这里来自黑格尔历史哲学的 Weltgeschichte(世界历史)一说,当然

---

①《马克思恩格斯全集》(第二版)第 3 卷,人民出版社 2002 年版,第 304—305 页。
②《马克思恩格斯全集》(第二版)第 3 卷,人民出版社 2002 年版,第 305 页。

嵌套着没有爆燃出来的历史时间质性。之后,它会深化为资本的世界历史观。并且,人"除了这些直接的器官以外,还以社会的**形式**形成**社会的**器官(*gesellschaftliche* Organe, in der *Form der Gesellschaft*)。例如,同他人直接交往的活动等等,成为我的**生命表现**的器官和对**人的**生命的一种占有方式"①。这是说,人与人的社会交往活动,会使主体的感性器官转换为在社会生活中"表现生命"的感受方式,这恰是劳动物相化历史进程中出现的主体物相化。当然,这个五官的主体物相化基础是人手和大脑在劳动物相化中的日益灵巧和丰满复杂,然后才会同步生成生活场境中的感性知觉。不过,不同于劳动生产物相化中人的目的和爱多斯之相成为塑形和构序对象的自觉意图,主体物相化中人的身心发展,在很长一段时间内是劳动生产物相化的自然结果,而一些特定的主体功能物相化(如艺术修养、思辨玄悟、武术和茶道等)的自觉爱多斯实现则是出现在少数人那里的。这也意味着,在人的感性经验统觉(信息编码)的发生问题上,与康德直接指认先天综合判断建构经验统觉不同,马克思明确提出了人的感性经验发生的现实基础,恰恰是由人类生存的社会性感受方式所统摄和编码的。康德无法解释的现象是,同一个时代中的先天综合判断构架下,奴隶眼里的外部感性经验世界与奴隶主看到的"上流"世界显然会是不同的。在《红楼梦》的大观园中,林妹妹与焦大眼中的世界必然会是不同的;在韩剧《秘密花园》②中,亿万身价的百货公司财阀金洙元与苦力出身的替身演员吉罗琳,不仅各自能够看到的世界是异质性的,甚至所有细微的生活习惯和言行举止也会根本不同。离开了现实社会先验和生活惯习规训的康德的先天综合判断说,在这里会遭遇它的滑铁卢。马克思甚至举例说,即便是

> 当我从事**科学**之类的活动,即从事一种我只是在很少情况下才能同别人直接交往的活动的时候,我也是**社会的**,因为我是作为人活动的。

---

① 《马克思恩格斯全集》(第二版)第 3 卷,人民出版社 2002 年版,第 304 页。
② 电视剧《秘密花园》是韩国 SBS 电视台于 2010 年制作的周末特别企划剧。由金恩淑编剧,申宇哲导演,玄彬、河智苑、尹尚贤、金莎朗等主演。自 2010 年 11 月 13 日起在韩国 SBS 电视台播出,最高收视率达到 31.4%。此剧在 SBS 演技大赏中获得 9 个奖项,在第 47 届韩国百想艺术大赏中获得 4 个奖项。

> 不仅我的活动所需要的材料,甚至思想家用来进行活动的语言本身,都是作为社会的产品(gesellschaftliches Produkt)给予我的,而且我**本身的**存在**就是**社会的活动;因此,我从自身所做出的东西,是我从自身为社会做出的,并且意识到我自己的社会本质(gesellschaftliches Wesen)。①

这是说,看起来与世俗生活隔绝的科学家们,在作为社会的人活动时,不仅从事科学实验和研究的物质条件是"社会的产品",他们进行经验观察和理论思考的科学语言也都是社会关系赋型的无意识整合产物,所以,科学家们的科学信息编码(information coding)活动的本质仍然是 gesellschaftlich Wesen(社会本质)。这当然是深刻的说法。

二是处于不同社会历史时期的人们塑形感觉经验的结果会是不同的,远古时代中的人看到、听到和触碰到的自然图景,与我们今天感知中的现代世界景观会存在巨大的差别,这就说明了人的感官及其经验塑形和编码的社会历史性。而且,同一时代中的人通过五官去感受和认知世界,不同个人主体获得的经验塑形和认知构序结果,也会因社会生活本身的关系赋型的不同信息编码而存在差异。马克思举例说:

> 从主体方面(Subjektiv)来看:只有音乐才激起人的音乐感(musikalischen Sinn);对于没有音乐感的耳朵来说,最美的音乐**毫无**意义,**不是**对象,因为我的对象只能是我的一种本质力量的确证,就是说,它只能像我的本质力量作为一种主体能力自为地存在着那样才对我而存在(meine Wesenskraft als subjektive Fähigkeit für sich ist),因为任何一个对象对我的意义(它只是对那个与它相适应的感觉来说才有意义)恰好都以**我的**感觉所及的程度为限。因此,社会的人(gesellschaftlichen Menschen)的**感觉不同于**非社会的人的感觉。只是由于人的本质客观地展开的丰富性,主体的、**人的**感性的丰富性,如有音乐感的耳朵、能感受形式美的眼睛,总之,那些能成为人的享受的感觉,即确证自己是**人的**本质力量的**感觉**,才一部分发展起来,一部分产生出来。因为,不仅五官感觉,而且连所谓精神感

---

① 《马克思恩格斯全集》(第二版)第3卷,人民出版社2002年版,第301—302页。中译文有改动。Marx-Engels-Gesamtausgabe(MEGA²),Ⅰ/2,Text,Berlin:Dietz Verlag,1982,S.267.

觉、实践感觉(意志、爱等等),一句话,**人的**感觉、感觉的人性,都是由于**它的**对象的存在,由于**人化的**自然界(vermenschlichte Natur),才产生出来的。①

在马克思看来,同一个社会中的人,在现实生活中并非拥有完全相同的经验感受塑形、认知构序和"实践感觉"中的欲求与爱的赋型,更不要说那时只有少数人才可能拥有的愈益丰满的"精神感觉"中的复杂逻辑编码突现的艺术与思想构境。康德的先天综合判断的确在人的认知活动中发生了规制作用,可是能够听懂贝多芬《第九交响曲》的人,前提为必须有"音乐感的耳朵",并且这种音乐欣赏能力要"像我的本质力量作为一种主体能力自为地存在着那样才对我而存在"。这也就是说,从先天综合判断构架中能够听懂音乐,还有一个个人认知主体是否具有音乐欣赏(解码)的本质力量的问题。比如,同样是在黑森林小木屋的留声机喇叭里听到贝多芬的《第九交响曲》,一个普通山民和海德格尔那样的大学教授听到的声音是完全不同的,固然后者十分做作地亲近"本有"的山民。这个看起来十分简单的日常生活事例中,其实包含着非常复杂的关系场境:一是海德格尔的留声机和唱片,是交响乐团现场演奏贝多芬《第九交响曲》的艺术表演这种瞬间消逝的艺术表演,通过特殊音效编码方式录制唱片贮存下来,再通过留声机这一物相化用具模板解码、激活和复构这一 Emergence(突现)场境存在;二是海德格尔和他的山民朋友,一个有着能充分进行艺术主体物相化欣赏的耳朵,而另一个人的耳朵则根本没有艺术解码能力,所以,在同样的唱片播放中,对海德格尔来说突现的贝多芬音乐空间,对于后者来说却是根本不在场的。在前述《秘密花园》的故事中,能够沉浸在肖邦钢琴曲和歌剧中的金洙元和成为"奥斯卡"流行歌曲迷妹的吉罗琳,因为一个是国外留学的公子,一个是高中毕业的穷孩子,二者在"音乐感的耳朵"上也是根本不同的。其实,并非真的有艺术主体物相化的耳朵,而是艺术实践积淀使得大脑记忆贮存被激活后,呈现的听觉整合中的艺术场境突现空间的复构。如同有音乐感的耳朵,还会有"能感受形式美的眼睛",在莫奈的《睡莲》前能够直入印象派的突现美术构

①《马克思恩格斯全集》(第二版)第3卷,人民出版社2002年版,第305页。

境,这一切都是建立在普通感性经验塑形和理性认知基础之上的愈益复杂的感性认知能力、美术解码辨识能力和高深的精神构境,并不是人的生理五官与生俱来的感性经验塑形和构序机能,而是人在不同社会生活质性赋型后逐步生成的主体物相化进程中"主体的、**人的感性的丰富性**"。实际上,这可以是一个无限延伸的感知器官与特定经验塑形统觉整合(integration)的系列,有如今天面对咖啡品味、茶道构境和复杂舞台艺术场境的不同突现场境中的人们。其实,我们不难看出,这里马克思涉及的认知主体显然已经不是前述劳动异化批判构式中的工人,而是抽象的人。因为在马克思那个时代的资产阶级现实社会生活中,真正能够听懂古典音乐、看懂艺术作品的人很可能是受过高等教育(知识主体物相化)的有钱人,因为这些特定的功能性主体物相化,是需要专门的爱多斯技艺塑形和构序才能完成的。甚至,同样拥有"**人的感性的丰富性**",不同人的经验塑形和精神构境的深浅程度还会存在差异。马克思分析说:

> 人以一种全面的方式(allseitige Art),就是说,作为一个总体的人(totaler Mensch),占有自己的全面的本质。人对世界的任何一种**人的关系**——视觉、听觉、嗅觉、味觉、触觉、思维、直观、情感、愿望、活动、爱,——总之,他的个体的一切器官,正像在形式上直接是社会的器官的那些器官一样,是通过自己的**对象性**活动(gegenständlichen Verhalten),即通过自己**同对象的关系**而对对象的占有,对人的现实的占有;这些器官同对象的关系,是**人的现实的实现**(因此,正像人的**本质规定**和**活动**是多种多样的一样,人的现实也是多种多样的),是人的**能动**和人的**受动**,因为按人的方式来理解的受动,是人的一种自我享受。①

这当然是一种理想化的主体物相化和认知主体状态。因为在这里的马克思的想象中,真正理想化的认知主体和获得人的类意识的前提,必须是一个sollen(应该)存在的totaler Mensch(总体的人),在其生存中**通过主体物相化以全面的方式占有自己的全面本质**。这应该是马克思第一次具体讨论人

---

① 《马克思恩格斯全集》(第二版)第3卷,人民出版社2002年版,第303页。中译文有改动。

对自己生命爱多斯设定理想性主体物相化的价值悬设。虽然马克思在此并没有使用黑格尔的 Totalität（总体性）概念，但这里的 totaler Mensch（总体的人）已经表征了 Totalität（总体性）的本质规定。正是这一点，后来被青年列斐伏尔引申出新人本主义的"总体人"概念。① 由此，才会生成"**人的关系**"世界中的总体性意识生活和认知活动——"视觉、听觉、嗅觉、味觉、触觉、思维、直观、情感、愿望、活动、爱"，总之，作为"人的一种自我享受"的丰满主观精神构境。

最后，**资产阶级社会私有制条件下发生的意识异化**。在《1844 年手稿》中，青年马克思对社会意识论的讨论，主要内容都从正面说明人的意识和认知活动的现实劳动基础和 *sollen*（应该）居有的社会性本质——类意识，可最终，他还是指认了资产阶级社会中所发生的人的意识和认知活动的**异化之** *Sein*（是）。这当然是马克思对资产阶级社会进行价值批判的重要内容。我注意到，马克思并没有直接联系工人的劳动异化问题引出意识的异化现象，而只是将资产阶级社会中发生的意识和观念层面的异化归基为**经济异化**。在他眼里，费尔巴哈所指认的"宗教的异化本身只是发生在**意识**领域、人的内心领域中，而经济的异化是**现实生活**的异化"②。这一表述，之后会内在地关联于《关于费尔巴哈的提纲》第四条。这也就是说，在费尔巴哈眼里，上帝之所以成为支配人的外部力量，因为它是人的类本质的异化，而马克思则认为，宗教意识中发生的关系异化，本质上是对现实世界异化的主观写照。这也意味着，如果资产阶级社会中出现了人的意识和认知活动上的异化，那么，它必定是现实社会生活本身经济关系异化的主观映现。这当然是对哲学唯物主义原则的坚守。

第一，资产阶级私有制造成了人的**全部感性经验塑形和观念认知的异化**。不难看到，在意识异化问题的讨论中，马克思并没有将人的主观精神异化归属为工人劳动异化的直接结果，而是在更广泛的社会层面上，把所有人

---

① 参见［法］列斐伏尔《辩证唯物主义》，乔桂云译，载《西方学者论〈一八四四年经济学—哲学手稿〉》，复旦大学出版社 1983 年版，第 176 页。

②《马克思恩格斯全集》（第二版）第 3 卷，人民出版社 2002 年版，第 298 页。

的意识和主观精神世界的异化现象,看成是整个资产阶级私有制关系赋型的必然产物。依马克思的判断,资产阶级社会中出现的"私有制使我们变得如此愚蠢而片面,以致一个对象,只有当它为我们拥有(haben)的时候,就是说,当它对我们来说作为资本而存在(als Capital für uns existirt),或者它被我们直接占有,被我们吃、喝、穿、住等等的时候,简言之,在它被我们**使用**(gebraucht)的时候,才是**我们的**",由此,所有人的"一切肉体的和精神的感觉都被这一切感觉的单纯异化即**拥有**的感觉所代替"。① 显然,马克思这里所指认的感觉塑形和精神活动中发生的**意识异化**,相对于前述理想化的 sollen(应该)存在的人的类意识主体物相化和丰满人性的普遍精神构境,是在资产阶级金钱世界中的粗俗有用性关系场境赋型中,人的所有感觉经验塑形和认知构序全都围绕着能否变成有用的 Anderessein(他性存在)的财富空间旋转,人的 *gesellschaftliche* Organe(**社会的器官**)畸变为一种被铜臭浸透的异化了的经验感官和认知构架,康德的"先天综合判断"在此反讽式地成了存在必须通过的**钱眼编码器**。这当然就是一种新型的社会经济先验构架下的我-它自反性关系中的意识异化和认知异化。在这种精神世界的全面异化状态下,所有人都处于"有用性"虚假功能链粗暴编码的主观突现伪境中,"忧心忡忡的、贫穷的人对最美丽的景色都没有什么**感觉**;经营矿物的商人只看到矿物的商业价值,而看不到矿物的美和独特性"②。饿着肚子的穷人不会觉得"景色"能消除饥饿,而资本家只会看到矿石能变成多少金钱。经济物相化的"金钱爱多斯"生成的伪在场性,使所有意识对象都变成了商业效用性。应该注意的是,马克思这里还没有精细地区分物品的用在性与"可变卖"的坏的"有用性",因为,人改变外部自然的实践(劳动)所塑形和构序的 for us 的效用关系(使用价值)或者人们使用物品的"吃、喝、穿、住"并非异化,异化的现实基础应该是狭义的功利主义的可变卖的财富功用。后者将引向后来马克思对经济拜物教迷雾的透视。

第二,**拜金主义是私有财产关系异化之上意识异化的极端形式**。我们在

---

① 参见《马克思恩格斯全集》(第二版)第 3 卷,人民出版社 2002 年版,第 303 页。
②《马克思恩格斯全集》(第二版)第 3 卷,人民出版社 2002 年版,第 305—306 页。

《1844 年手稿》的最后看到,青年马克思突然再一次回到自己在《论犹太人问题》和"穆勒笔记"中涉及过的**金钱异化**问题,并由此反观人的经验塑形和意识观念活动中的异化。有趣的是,虽然这已经是在第 1 笔记本中完整的劳动异化批判构式Ⅱ确立之后,按理说,货币异化应该是在劳动外化的对象性生产领域中的四重劳动异化关系之上,发生在流通领域中的交往(交换)关系异化,可马克思却没有直接说明这一重要的关联。

马克思认为,在资产阶级的经济交往关系中,货币的确取代了人在社会生活共同体中的类本质关系,货币就是社会物相化构序关系场境的异化。"货币是把我同**人的**生活,同社会,同自然界和人联结起来的纽带",成了联结整个世界的"一切**纽带**的纽带(das Band aller *Bande*)"。① 这里显然带有赫斯交往异化论的残迹。这种勾连万物的联结性关系赋型的"**纽带**的纽带",当然出现在流通领域的买卖(交换)关系中。

> **货币**,因为它具有购买一切东西的**特性**,因为它具有占有一切对象的特性,所以是最突出的**对象**。货币的**特性**的普遍性是货币的本质的万能(allmächtiges Wesen);因此,它被当成万能之物……货币是需要和对象之间、人的生活和生活资料之间的**牵线人**(*Kuppler*)。但是,在我和**我的**生活之间充当中介(vermittelt mir)的那个东西,也在**我**和对我来说的他人的定在(Dasein)之间充当中介。②

资产阶级社会中的金钱,可以买到人的生活世界中的"一切对象",所以看起来,它像上帝一样在世俗生活中具有 allmächtiges Wesen(万能的本质),它让这个资产阶级经济世界和交换市场空间的一切东西都带上了金钱的色彩,人们在日常生活的感性经验觉识中看到、听到和触碰到的东西,都是为了金钱而生的东西,所有处于金钱关系编码中的人,满脑子都是发财致富的念头。相比之前述那种**应该**(sollen)体现总体的人的全面社会本质的类意识,这当然就是可怕的意识异化了。为此,马克思还援引了歌德和莎士比亚关于金钱拜物教的诗歌,他解释说,"货币的力量多大,我的力量就多大",金钱可以

---

① 参见《马克思恩格斯全集》(第二版)第 3 卷,人民出版社 2002 年版,第 362 页。
②《马克思恩格斯全集》(第二版)第 3 卷,人民出版社 2002 年版,第 359 页。

将丑变成美,将恶变成善,将无头脑变成有头脑,货币可以"使一切人的和自然的性质颠倒和混淆,使冰炭化为胶漆,货币的这种**神力**包含在它的**本质**中,即包含在人的异化的、外化的和外在化的**类本质**中。它是**人类的**外化的**能力**"①。在这种颠倒黑白的金钱关系统治下,"你必须把你的一切变成**可以出卖的**,就是说,变成有用的"②。无法换成金钱的东西,都是无用的东西,这就在所有人那里塑形出"拜物教徒的感性意识(Bewußtsein des Fetischdieners)",于是,人能够在感觉经验塑形和认知构序中得到的东西都彻底改变了本色。马克思有些气愤地说:

> **货币**是一种外在的、并非从作为人的人和作为社会的人类社会产生的、能够把**观念**变成**现实**而把**现实**变成**纯观念**的普遍手段和能力,它把**人的和自然界的现实的本质力量**变成纯抽象的观念,并因而变成**不完善性**和充满痛苦的幻象;另一方面,同样地把**现实的不完善性和幻象**,个人的实际上无力的、只在个人想像中存在的本质力量,变成**现实的本质力量和能力**。③

在金钱决定一切的资产阶级社会的现实世界中,观念与现实的关系被异化了,人的现实本质力量变成了追逐金钱的幻象,而幻象则颠倒为现实。资产阶级社会中的所有经验塑形和认知构序都是由金钱编码和驱动的,这是一幅虚假的精神异化图景。更可悲的事情是,这种金钱统治下的意识异化现象业已成为人们习以为常的 Bekannte(熟知的东西)。将来,马克思会用经济拜物教的批判话语指证这种意识异化伪境。

　　第三,消除意识异化的根本途径是消灭资产阶级私有制。这一点,与前述马克思关于劳动异化的扬弃观是一致的。在青年马克思看来,要想使人 *sollen*(应该)居有的类意识得到彻底恢复,人能够在作为总体的人全面占有自己的社会本质的主体物相化中真实地感知和认识世界,真正摆脱金钱意识幻象,出路只有一条:彻底消灭资产阶级私人财产占有制! 由此,才会重新出现

---

①《马克思恩格斯全集》(第二版)第 3 卷,人民出版社 2002 年版,第 363 页。
②《马克思恩格斯全集》(第二版)第 3 卷,人民出版社 2002 年版,第 343 页。
③《马克思恩格斯全集》(第二版)第 3 卷,人民出版社 2002 年版,第 363—364 页。

"创造着具有人的本质的这种全部丰富性的人，创造着**具有丰富的、全面而深刻的感觉**的人作为这个社会的恒久的现实"①。马克思分析说：

> 对私有财产的扬弃（Aufhebung des Privateigenthums），是人的一切感觉和特性（aller menschlichen Sinne und Eigenschaften）的彻底**解放**；但这种扬弃之所以是这种解放，正是因为这些感觉和特性无论在主体上还是在客体上都成为**人的**。眼睛成为**人的**眼睛，正像眼睛的**对象**成为社会的、**人的**、由人并为了人创造出来的对象一样。因此，**感觉**在自己的实践中直接成为**理论家**。感觉为了事物而同**事物**（zu der Sache um der *Sache*）发生关系，但物本身是对自身和对人的一种**对象性的、人的**关系，反过来也是这样。//当事物按人的方式同人发生关系时，我才能在实践上按人的方式同事物发生关系。因此，需要和享受失去了自己的**利己主义**性质，而自然界失去了自己的纯粹的**有用性**（*Nützlichkeit*），因为效用成了**人的**效用（Nutzen zum *Menschlichen*）。②

这是说，当我们彻底消灭了资产阶级社会的私有制，人的需要和享受就会失去拜金主义的魔法，人才能真实地"在实践上按人的方式同事物发生关系"，于是，我们面前的到场事物才会失形于拜金主义的魔法，金钱世界才会重新解码和复归于人的世界，真正恢复 Nutzen zum *Menschlichen*（**人的效用**），我们的眼睛、耳朵和其他所有感觉器官才会摆脱金钱编码的控制，意识层面上出现的我-它自反性关系才会被重新颠倒回来，在扬弃意识异化中真实地在感性经验塑形中看到事物的原像，我们的观念构序和崇高的精神世界才会从利己主义的发财梦中警醒过来，实现"人的一切感觉和特性的彻底**解放**"。这是马克思此时证伪与扬弃意识异化和认知异化论的最后结论。

还应该多说一句，我们经过千辛万苦十分精细地复构了青年马克思的劳动异化批判构式Ⅰ—Ⅱ的复杂思想构境，然而，这一切在马克思生前的所有

---

① 《马克思恩格斯全集》（第二版）第 3 卷，人民出版社 2002 年版，第 306 页。
② 《马克思恩格斯全集》（第二版）第 3 卷，人民出版社 2002 年版，第 303—304 页。中译文有改动。Marx-Engels-Gesamtausgabe（MEGA²），Ⅰ/2，Text，Berlin：Dietz Verlag，1982，S. 269.

公开出版物和思想活动中却被彻底地遮蔽起来。因为在马克思那里,这不过是自己思想发展中的一个过渡性的思想实验,它很快将被历史唯物主义的科学方法论所替代,并生成对资产阶级社会的全新科学批判。这是一个不争的事实。只是我们过去没有留意到的事情是,曾经没影于历史唯物主义构境中的劳动异化批判构式在马克思中晚期经济学研究中,重新在历史唯物主义的基础上以**劳动异化批判构式Ⅲ**的科学形态第一次出场,这个否定了人本主义异化史观的劳动异化批判构式Ⅲ,在逻辑起点、话语构序、编码方式和基本立论上与我们前述的劳动异化批判构式Ⅰ—Ⅱ都将大大不同。我将在后续的讨论中,第一次复构马克思这一重要的历史现象学批判话语中的思想构境。

第五章　走向科学世界观和方法论话语的转换中的资产阶级社会

马克思对资产阶级社会的认识,是随着观察世界的方法论改变而不断深化的。在马克思第二次经济学研究不断深入的影响下,从现实出发的客观逻辑逐渐战胜了以价值悬设为起点的人本学话语,最终,经过《关于费尔巴哈的提纲》中实践唯物主义的构序方向的改变,马克思恩格斯才得以在《德意志意识形态》中共同创立了广义历史唯物主义科学方法论和历史认识论,这为他们透视资产阶级社会中资本奴役关系的本质,第一次提供了科学方法论赋型的基础。当然,在马克思这一时期的哲学话语格式塔中,也是一个批判认识论和现象学缺席的特定时期。

1. bürgerliche Gesellschaft 的重新在场

1844 年末出版的《神圣家族》(*Die heilige Familie, order Kritik der kritischen Kritik. Gegen Bruno Bauer & Consorten*, 1844)一书,是马克思与恩格斯合作的第一部论著。这是一部论战性的著作,其中主体部分是由马克思完成的。也正是在这一文本中,我们看到了 bürgerliche Gesellschaft 的重新出场,这一次,它不再是多重话语构序场境中的市民社会,而是作为有鲜明无产阶级立场的批判对象——**现代资产阶级社会**被表征的。这是黑格尔那个批判性的市民社会话语Ⅲ的理论话语转型。

首先,现代资产阶级社会私有财产的本质是**人的自我异化**。这当然是马克思上述《1844 年手稿》中的重要理论成果,带有马克思个人的显著学理特点。马克思在此书中撰写的部分,表面上在剖析"批判的批判"的肤浅观点,但他仍然沉浸在自己《1844 年手稿》的劳动异化批判构式Ⅱ的亢奋构境中,他再一次借此指出蒲鲁东的《什么是财产?》一书的理论贡献和存在的问题。一方面,马克思充分肯定蒲鲁东此书的重要意义。正因为,从斯密到李嘉图的"政治经济学的一切论断都以**私有财产**(*Privateigentum*)为前提。这个基本前提被政治经济学当作确定不疑的事实,而不加以任何进一步的研究"①。这也就是说,在反对了封建性的土地所有制之后,以动产为前提的现代私有财产,被当作以反抗封建专制登上历史舞台的第三等级的"市民社会"的天然基础,而

> 蒲鲁东则对国民经济学(Nationalökonomie)的基础即**私有财产**(*Privateigentum*)做了批判的考察(kritischen Prüfung),而且是第一次带有决定性的、严峻而又科学的考察。这就是蒲鲁东在科学上所完成的巨大进步,这个进步使国民经济学革命化了,并且第一次使国民经济学有可能成为现实的科学(wirkliche Wissenschaft)。②

应该说,这是对蒲鲁东很高的公开评价了。在蒲鲁东"财产即是盗窃"(a propriété, c'est le vol)的断言里,马克思看到了对整个作为市民社会基础的*Privateigentum*(**私有财产**)合法性的批判性质疑,这被看作在国民经济学中出现的科学可能性。马克思分析说,斯密在《国富论》的前几页也确定了,"在私有制确立**以前**,也就是在**不存在私有财产**的条件下,**劳动时间**曾经是**工资**以及与工资尚无区别的**劳动产品的价值**的量度",这是斯密劳动价值论的合理部分,可是面对资产阶级经济过程,这种劳动价值论却后退为,"生产某个物品所必须**花费**的**劳动时间**属于这个物品的**生产费用**,某个物品的生产费用也

---

① 《马克思恩格斯全集》第 2 卷,人民出版社 1957 年版,第 38 页。中译文有改动。
② 《马克思恩格斯全集》第 2 卷,人民出版社 1957 年版,第 39 页。中译文有改动。*MEW*, Bd. 2, Berlin: Dietz Verlag, 1962, S. 33.

就是它**值**多少,即它能**卖**多少钱"。① 这里的"能卖多少钱",已经是斯密劳动价值论本身的动摇。可此时马克思并没有发现这里出现的矛盾。后来在《1861—1863 年经济学手稿》中,马克思这样评论斯密在劳动价值论上的矛盾:"亚·斯密在交换价值的规定上摇摆不定:一方面认为**商品**的价值决定于生产商品所必要的劳动量,另一方面又认为商品的价值决定于可以用来买进商品的活劳动量,或者同样可以说,决定于可以用来买进一定量活劳动的商品量;他时而把第一种规定同第二种规定混淆起来,时而以后者顶替前者。"②在后来的资产阶级经济学家那里,除去创造商品价值的劳动时间,他们还将"土地所有者的地租以及资本家的利息和利润也算入生产费用",这是十分专业的李嘉图式的经济学话语了。而由于蒲鲁东彻底否定了私有财产的外部客体性,所以地租、利息与利润的独立假象都消失了,只存在劳动时间和预付费用,这样,蒲鲁东就坚持了斯密在《国富论》中提出的财富的主体性劳动本质,"蒲鲁东既把劳动时间,即人类活动本身的直接定在,当作工资和规定产品价值的量度,因而就使人成了决定性的因素"③。这恰恰反对了资产阶级经济学中的李嘉图等人将 bürgerliche Gesellschaft 中决定性的因素视为资本和地产的客体物的力量。马克思认为,蒲鲁东这样就以政治经济学的内部矛盾的形式"恢复了人的权利"。通过上面的讨论,我们已经知道马克思这一判断背后的复杂构境意向,即斯密作为"国民经济学的路德"的重要地位,不过这一次,蒲鲁东也被马克思视作同一构序行程中的同路人。这应该是马克思在《1844 年手稿》之后生成的新认识。

　　另一方面,马克思也再一次指出,蒲鲁东对资产阶级社会的批判,仍然是"从国民经济学的观点对**国民经济学**所做的批判(die Kritik der *Nationalökonomie* vom Standpunkt der Nationalökonomie aus)"④。这是一种**在资产阶级制造的经济物像中反对经济物像**的做法。这也是我在上一章中指出过的**此-此证伪逻辑**,即《1844 年手稿》第 1 笔记本第一部分中马克思模拟蒲

---

① 参见《马克思恩格斯全集》第 2 卷,人民出版社 1957 年版,第 61 页。
②《马克思恩格斯全集》(第二版)第 33 卷,人民出版社 2004 年版,第 46 页。
③《马克思恩格斯全集》第 2 卷,人民出版社 1957 年版,第 61 页。
④《马克思恩格斯全集》第 2 卷,人民出版社 1957 年版,第 38 页。中译文有改动。

鲁东、恩格斯在国民经济学话语中对其的否定。所以,马克思必然会谈及已经与自己在一起写作的恩格斯,但他很委婉地说,恩格斯在《国民经济学批判大纲》中虽然也是在经济学话语之中来批判经济学,但他已经将工资、商业、价值价格、货币等视为私有财产的"各种进一步的形式",然而蒲鲁东只是简单地"用这些国民经济学的前提来反驳经济学家"。① 我以为,马克思在此对蒲鲁东和青年恩格斯的评点,恰好反证了我对《1844年手稿》第1笔记本第一部分中模拟此-此证伪逻辑的推度。依照马克思在《1844年手稿》中业已完成的劳动异化批判构式Ⅱ,他自然会认为蒲鲁东对现实资产阶级社会的批判是不够深刻的,因为他没有真正**跳出经济学**的物像,透视其更深层的反人性本质,或者说,没有**从哲学层面上**更深透地揭露国民经济学的本质,即人类主体被**全面异化**的本质颠倒。所以,马克思专门指证说,"蒲鲁东**在政治经济的异化范围内**来克服政治经济的异化"②。这显然是对恩格斯在《国民经济学批判大纲》中那个 in ökonomischen Fragen auch ökonomisch richtiger zu entscheiden(从经济的观点比较正确地解决经济问题)的改写。这还是那个在直观物像中反对物像的表层此-此证伪逻辑。因为,蒲鲁东没有看到,

> 有产阶级(besitzende Klasse)和无产阶级同是人的自我异化(menschliche Selbstentfremdung)。但有产阶级在这种自我异化中感到自己是被满足的和被巩固的,它把这种异化看做**自身强大**的证明,并在这种异化中获得人的生存的**外观**。而无产阶级在这种异化中则感到自己是被毁灭的,并在其中看到自己的无力和非人的生存的现实(Wirklichkeit einer unmenschlichen Existenz)。③

besitzende Klasse 在德文中原指占有者或所有者阶级,这是马克思此处使用的一个与资产阶级相近的概念。这也是马克思在自己的主要文本中唯一一次使用该词。马克思这里的观点,是将资产阶级与无产阶级看作同一个"人的自我异化"过程的正反面。不同在于:资产阶级在这种自我异化中感到

---

① 参见《马克思恩格斯全集》第2卷,人民出版社1957年版,第39页。
②《马克思恩格斯全集》第2卷,人民出版社1957年版,第52页。
③《马克思恩格斯全集》第2卷,人民出版社1957年版,第44页。

满足、成功,并将其伪饰成自身强大的外部标志;而无产阶级则在这种自我异化中感到无力和非人的毁灭。马克思的这一生动的对比性描述,也出现在后来的《资本论》之中。① 我们不难看出,人本学那种 *sollen*(**应该**)与 *Sein*(**是**)悖反的异化逻辑,在这里仍然是马克思分析问题主导性的现象学话语,并且,它被认为是超越一切资产阶级经济学甚至是蒲鲁东社会主义批判话语的理论制高点。然而我发现,马克思并没有直接提及这种人的自我异化的基础是劳动异化,但是,马克思也试图用"人的自我异化"的表述,来突显私有财产的**主体性**。客观上说,这也阻碍了劳动异化批判构式Ⅰ—Ⅱ本身的直接出场。我揣测,一种可能是因为马克思自己也知道劳动异化批判构式Ⅱ的思辨话语,并不适合通俗地宣传一种批判性的观点;另一种可能是在马克思此时与恩格斯的合作中,后者从资产阶级现实批判带来的客观逻辑对他的压力。这会在客观上造成一种理论无意识状态:《1844 年手稿》变成马克思并不想让世人知晓的"秘密文献"②。在 1844 年 11 月 19 日恩格斯写给马克思的信中,他直接提出要"去研究真实的、活生生的事物,研究历史的发展与结局"③。并且,现在我可以说,马克思慢慢会意识到,恩格斯**在经济学语境之中**批判资产阶级经济学的思路实际上是正确的,这也将是后面马克思从形而上的哲学话语回到历史现实、回到经济学语境的必然选择。我觉得,此处马克思对自己刚刚创制的劳动异化批判构式Ⅱ的压抑,根本异质于 1845 年历史唯物主义诞生后对人本学异化史观的否定,倒是形似于后来在阐释性话语中写作的公开出版物《政治经济学批判》第一分册和《资本论》中的做法,在那里,马克思刻意保持了对《大纲》和

---

① 参见《马克思恩格斯全集》(第二版)第 46 卷,人民出版社 2003 年版,第 940 页。

② 所谓"秘密文献",是我在《回到海德格尔——本有与构境》第一卷中提出的概念。在那里,主要指海德格尔于 1936—1944 年间秘密写下的一批论著。其中包含有表征海德格尔自己并不想让当下世人知晓的"本有"哲学大纲的《哲学论稿(自本有而来)》(1936—1938)(《海德格尔全集》第 65 卷,美因河畔法兰克福,1989 年)。另外七本为:《回忆第一开端》(1937)、《存在(化为本有)》(1937)(《海德格尔全集》第 73 卷,美因河畔法兰克福)、《沉思》(1938—1939)(《海德格尔全集》第 66 卷,美因河畔法兰克福,1997 年)、《存有的历史》(1938—1940)(《海德格尔全集》第 69 卷,美因河畔法兰克福,1998 年)、《论开端》(1941)(《海德格尔全集》第 70 卷,美因河畔法兰克福,2005 年)、《化为本有》(1941—1942)(《海德格尔全集》第 71 卷,美因河畔法兰克福,2009 年)、《开端的小路》(1944)(《海德格尔全集》第 72 卷,美因河畔法兰克福)。

③《马克思恩格斯全集》第 27 卷,人民出版社 1972 年版,第 14 页。

《1861—1863 年经济学手稿》中难懂的劳动异化批判构式Ⅲ的压抑。

马克思认为,无产阶级只有在扬弃人的自我异化中,才能够真正认识到自身的"目的和它的历史任务已由它自己的生活状况以及现代资产阶级社会(moderne bürgerliche Gesellschaft)的整个结构最明显地无可辩驳地预示出来了"①。这个现代资产阶级社会的结构,"即工业的、笼罩着普遍竞争(allgemeinen Konkurrenz)的、以自由追求私人利益为目的的、无政府的、塞满了自我异化(selbst entfremdeten)的自然的和精神的个性的社会"②。显然,这是一个试图将哲学批判话语再重新嵌入经济学话语的复杂表述。一是资产阶级社会是以工业生产构序为基础的,这是一个客观历史时间性的定位;二是这种社会结构中以追逐个人利益为动力,却造成了经济活动中的普遍竞争,这是一个典型的经济学表征中的关系赋型;三是在社会整体上,出现了与表面上的个性精神相反的自然界盲目运动的无序熵增状态,这恰好表明资产阶级社会本身是非人的 selbst entfremdeten(自我异化),这是用哲学异化构式透视资产阶级经济关系构式的现象学批判。显见,在这里马克思再一次使用了这个来自黑格尔的旧概念——bürgerliche Gesellschaft(市民社会),却用有历史时间限定性的**现代资产阶级社会**的政治学构境重构了它。在概念考古的词频统计中,马克思和恩格斯在全书中一共 9 次使用 bürgerliche Gesellschaft 一语,2 次使用 moderne bürgerliche Gesellschaft(现代资产阶级社会)。并且,他们还 28 次使用了来自法文的 Bourgeois(布尔乔亚/资产阶级)。现在马克思正确地认识到:"**资产阶级社会**的**真正代表是资产阶级**(Die *bürgerliche Gesellschaft* wird *positiv* repräsentiert durch die *Bourgeoisie*)"③,而不是抽象的**市民**("第三等级")。这是一个重要的政治质性辨识。

其次,现代资产阶级社会是走向**自我灭亡的客观运动**。其实,这也是在马克思思想中不自觉地生成的一种不同于人本主义异化史观的**从客观现实出发**的全新逻辑。如果说在《1844 年手稿》中,它还处于一种散乱的偶发式的

① 《马克思恩格斯全集》第 2 卷,人民出版社 1957 年版,第 45 页。
② 《马克思恩格斯全集》第 2 卷,人民出版社 1957 年版,第 156 页。
③ 《马克思恩格斯全集》第 2 卷,人民出版社 1957 年版,第 157 页。

逻辑凸状中,那么在这里则处于从客观现实出发的观点与人本学异化构式一争高下的新生长期。我说过,这是马克思思想中的两种逻辑冲突的第一次公开展现。在这一点上,应该说恩格斯对马克思的影响必定是巨大的,因为恩格斯从开始就置身于无产阶级劳动和生活的现实中,他直接带来的资产阶级社会底层的阶级斗争现实经验,会让象牙塔中操持哲学话语的青年马克思耳目一新,从现实出发的客观逻辑逐渐占上风已成定局。孙伯鍨先生指出,在《神圣家族》一书中,"虽然异化概念在作为对私有制社会中的某些对立现象的概括时还继续被使用,但它已不像在《手稿》中那样被当作支配人类发展的历史理论来运用了"[1]。这也意味着,人本主义的异化史观开始在马克思的思想逻辑中丧失自己的决定性地位。这是一个十分精准的判断。

所以,我们看到马克思说,"私有制在自己的国民经济运动(nationalökonomischen Bewegung)中自己把自己推向灭亡,但是它只有通过不以它为转移的、不自觉的、同它的意志相违背的、为事物的本性(Natur der Sache)所制约的发展"[2],才能做到这一点。显然,这里的"自己把自己推向灭亡"的 Natur der Sache(事物的本性)所指示的,已经是一条不同于人本学异化史观的、着眼于经济现实的历史辩证法**客观逻辑**。这是一种微妙的话语能指中的意义所指转换。更重要的是,马克思一针见血地指出,无产阶级的解放不能仅仅表现为对资产阶级社会现实的理论批判和伦理反抗,"如果它不消灭它本身的生活条件,它就不能解放自己。如果它不消灭集中表现在它本身处境中的现代社会的**一切**违反人性的生活条件,它就不能消灭它本身的生活条件"[3]。于是,在青年马克思这里,从《〈黑格尔法哲学批判〉导言》中开始的走向现实变革的口号,经过经济学研究的田野工作,在此直接走向了"消灭"资产阶级社会中不利于无产阶级的客观生活条件。应该说,这是青年马克思《1844 年手稿》中那个苦苦得来的**扬弃劳动异化**的真实落地。显而易见,与黑格尔市民社会话语Ⅲ中通过重返观念式的唯心主义超越不同,马克思这里对

① 孙伯鍨:《探索者道路的探索》,北京师范大学出版社 2017 年版,第 225—226 页。

② 《马克思恩格斯全集》第 2 卷,人民出版社 1957 年版,第 44 页。中译文有改动。*MEW*, Bd. 2, Berlin: Dietz Verlag, 1962, S. 37.

③ 《马克思恩格斯全集》第 2 卷,人民出版社 1957 年版,第 45 页。

资产阶级社会的超越是一种**现实的革命实践**。所以,马克思专门指认说:"财产、资本、金钱、雇佣劳动(Lohnarbeit)以及诸如此类的东西远不是想象中的幻影,而是劳动者自我异化(Selbstentfremdung)的十分实际、十分具体的产物,因此也必须用实践的、对象性的方式(praktische,gegenständliche Weise)来消灭它们"①。可见的"财产、资本、金钱、雇佣劳动"不是它们直接呈现的经济"幻影",而是劳动者自我异化中的 Anderessein(他性存在),这种我-它自反性的关系异化,当然是一个链接《1844年手稿》劳动异化批判构式Ⅱ的十分重要的理论编码定性。这里,前述的"人的自我异化"被进一步揭示为"劳动者自我异化",并且,经济物相化图景中看起来独立实在的私有财产、资本、货币,甚至雇佣劳动本身,都不过是劳动者异化的产物。这应该是马克思第一次在公开文献中正式使用 Lohnarbeit(雇佣劳动)这一概念。Lohnarbeit 一词中的 Lohn 是"工资"和"报酬"的意思,所以 Lohnarbeit 也可以直译为"工资劳动"。其实,在马克思的心中,这里的**雇佣劳动**是异化劳动在现实经济现象中的表现形式。并且,马克思已经意识到,因为劳动者的自我异化是在客观现实中实际发生的事件,所以,扬弃异化只能通过"实践的、对象性的方式"来实现。这一重要的见解,将通过不久后的《黑格尔现象学的建构》,直达《关于费尔巴哈的提纲》。概念考古的词频统计显示,马克思在本书中4次使用雇佣劳动(Lohnarbeit)的概念,马克思在《1844年手稿》中曾经引述的舒尔茨的《生产运动》文本中已有这一概念。② 马克思在此文本中20次使用 entfremd(异化)一词,但他没有使用 entfremdete Arbeit(异化劳动)一语,也没有再使用黑格尔那个难懂的 entäusserte(外化)。

应该特别指出,与前面马克思那种分析政治经济学中理论与现实的对立和人的自我异化的逻辑演绎不同,在这里,我们看到马克思所强调的是在**客观经济运动的现实发展中**私有制消亡的**必然性**,而这种必然性的实现只能**通过客观地变革社会的生活条件!** 这当然也就是走向**客观的历史辩证法**。这

---

① 《马克思恩格斯全集》第2卷,人民出版社1957年版,第66页。中译文有改动。*MEW*, Bd. 2, Berlin: Dietz Verlag, 1962, S. 55.
② 参见《马克思恩格斯全集》第42卷,人民出版社1979年版,第71页。

种重要的思想不是任何旧唯物主义哲学所能包容得下的,我以为,它恰恰是马克思思想中正在生长起来,逐渐变得鲜活而明晰的一种新的唯物主义思路! 然而,它的理论基础恰是马克思原先试图"跳出"的经济学。如果说,在《1844 年手稿》中,与人本主义批判逻辑比肩并行的仅仅是一种从现实出发的客观分析思路,那么,在这里的思路则直接显现了**着眼于现实社会物质变革**的新型唯物主义逻辑,虽然它还没有彻底从人本主义哲学异化构式中分离出来。

2. "工业"与资产阶级社会的历史性定位

1845 年 1 月 25 日,马克思被巴黎当局驱逐。2 月 1 日,马克思从巴黎迁往比利时的布鲁塞尔,也是在这一天,即马克思离开巴黎的同时,他签订了一个出版合同。在这一合同中,马克思将向达姆斯塔德的出版商卡尔·威廉·列斯凯交付一部两卷本的《政治和国民经济学批判》书稿,并且每卷都在 20 印张以上。所以,马克思在到达布鲁塞尔之后再一次全身心投入政治经济学的研究中,开始了他 1845—1849 年的**第二次经济学的系统研究**。此番经济学理论的深入探索,同时伴随着马克思整个思想的第二次重大转变,即科学世界观和科学社会主义的创立,由此,马克思对资产阶级社会的批判性认识也逐渐深化起来。

在布鲁塞尔,马克思于 2 月先写下了一批经济学摘录笔记,共两册。为了文本解读的便利,我们设定这一文本群为**《布鲁塞尔笔记》**A,也可称为前期摘录笔记。因为,在同年 5—7 月,马克思写下了第二批摘录笔记,共四册。这可称为**《布鲁塞尔笔记》**B。在 1847 年前后,马克思还在布鲁塞尔写下了关于经济史摘录的三个笔记本,可称为**《布鲁塞尔笔记》**C。关于最后这一笔记的情况,我们会在本书第九章中讨论。在马克思第二次经济学研究开始不久,1845 年 3 月,他写下了《评李斯特》一文的未完成手稿。我们发现,上述关于现代资产阶级社会的观点被进一步加深了,并且,原先在马克思思想中居主导地位的人本主义劳动异化批判构式开始走向解构。费尔巴哈的人本主义异化史观,第一次不再是直接认同的对象,而作为理论大他者的黑格尔的辩证法,也转入更加隐秘的状态，一句话，抽象的哲学话语开始明显不敌扎根于现实资产阶级社会现实的经济学话语。

在这一文本中，马克思说，李斯特的问题在于不研究"现实的历史"，不了解"象经济学这样一门科学的发展，是同社会的现实运动（wirklichen Bewegung）联系在一起的"。① 显然，马克思此时的理论态度与《1844 年手稿》相比，已经发生了一些重要的变化。在那里，青年马克思是千方百计地跳出"发财致富"的经济学，用哲学的价值批判面对非人的物役性资产阶级社会现实，而在此，他已经比经济学家李斯特更深地意识到经济学是与"社会的现实运动联系在一起"的"一门科学"。依孙伯鍨先生的观点，这"已经透露出马克思对政治经济学看法的重大转变，表明他把从斯密以来的资产阶级政治经济学基本上看作一门科学，并且要以对它的继承改造为基础建立起真正科学的社会理论"②。这是经济学话语开始在马克思这里获得信息编码上的合法性的理论征候，或者更直接地挑明，观念异化的辩证法逻辑的现实基础是社会运动本身的客观历史辩证法。并且，马克思明确指出，资产阶级经济学的"实际出发点"就是**市民社会**（„*bürgerliche Gesellschaft*"）。这可能是马克思使用的第一个打双引号的 bürgerliche Gesellschaft。这里马克思刻意加上的双引号明显表达了一种怀疑和批判的赋型意向。由此，bürgerliche Gesellschaft 这一话语能指，如果在马克思之后文本中作为旧有的"市民社会"出场，大多会带上**不是它自身**的证伪性的双引号。实际上，这一双引号的特殊标识可能相似于海德格尔后来在 Dasein 上打叉，或者拉康那个划去伪主体的斜杠符号。在马克思看来，这个被资产阶级伪饰成"市民社会"的现代私有制社会，是一个"竞争和自由贸易的现代资产阶级社会（moderne bürgerliche Gesellschaft）"③。这显然是一个关于社会一般现象的描述。不过，与前述《神圣家族》中的定义相比，我们会发现，这里缺失了 *sollen*（**应该**）与 *Sein*（**是**）悖反的劳动"自我异化"的价值批判。这应该是马克思思想中传统哲学话语编

---

① 参见《马克思恩格斯全集》第 42 卷，人民出版社 1979 年版，第 242 页。
② 孙伯鍨：《探索者道路的探索》，北京师范大学出版社 2017 年版，第 299 页。
③《马克思恩格斯全集》第 42 卷，人民出版社 1979 年版，第 241 页。

码**失形**的开端,甚至是非科学现象学和批判认识论失宠的先兆。概念考古的
词频统计显示,马克思在此文本中 6 次使用 bürgerliche Gesellschaft 一语。他
较多使用的是 Bürgertums(资产阶级)一词,共计使用 8 次,并且以 deutsche
Bourgeois(31 次)和 deutsche Bürger(11 次)来指认德国资产者。这是马克思
再一次明确将 bürgerliche Gesellschaft 从黑格尔意义上的**市民**社会转义为政治
上的**资产阶级**社会。重要的是,马克思已经意识到,"对这个社会的各个不同
发展阶段(verschiedne Entwicklungsphasen)可以在经济学(Ökonomie)中准确
地加以探讨"①。请注意,这里在场的经济学话语已经不再是《巴黎笔记》时
期带有贬义的"发财致富"的学问,而是一个接近现实的**实证科学**了。这是一
个极其重要的思想变化。当然,这也是一个了不起的新认识,因为马克思观
察资产阶级社会已经开始自觉地从不同的历史发展阶段的**历史性时间**分析
着眼了,并且,他直接指明这种观点基于经济学话语。这有可能生成一个新
的**历史辩证法**和**历史认识论**的起点,因为,在此前的马克思文本中没有自觉
在场的真实的**历史性时间**,开始进入马克思有意识的理论构序之中。固然,
这种历史时间性曾多次无意识地闪现在马克思对不同社会赋型的经济关系
和异质性生产的比较研究中。这也表明,马克思已经重新**从跳出经济学的哲
学话语编码逐渐回到经济学的语境之中**,同时这也意味着,马克思开始回到
自己曾经否定的**此-此证伪逻辑**。这是一个值得关注的重要的理论征候。

　　所以,我们发现马克思第一次真正开始进入到经济学专业话语编码中来
了。马克思明确指出,资产阶级社会中私有财产的本质是不同于物质财富
("自然财富")的"交换价值"。可以看出,这里马克思的观点显然与《1844 年
手稿》中指证私有财产的本质是主体性的劳动不同了,并且,他还无法将"交
换价值"与劳动关联起来。这种不可直观的交换价值完全不以"物质财富"的
特殊性质为转移。它既不以物质财富的质量为转移,也不以物质财富的数量
为转移。这是一个在经济学话语中极为深刻的说法。为什么?因为这个交
换价值形式不是财富的自然物质属性,不是一种简单的量化对象物,而是一
种不可直观的社会关系场境的产物。可是在资产阶级的现实中,它却颠倒地

---

①《马克思恩格斯全集》第 42 卷,人民出版社 1979 年版,第 249 页。

表现为有数量的物(货币)。不难发现,马克思这里使用的经济学中的**交换价值概念**,透视了《论犹太人问题》和"穆勒笔记"中的物性财富——货币,这恰恰是马克思进入经济学话语构序和编码场境的标志。马克思在前面的"穆勒笔记"和《1844 年手稿》中,先后使用过交换价值的概念,但那都是在资产阶级经济学的他性语境中出现的被动使用,在这里,马克思是第一次用交换价值关系来正面标识货币(资本)的经济关系本质。这是马克思从哲学话语转换回经济学语境的结果。用不久前《神圣家族》中马克思业已形成的观点来表达,它们"是**人为他人的定在**(*Dasein des Menschen für den andern Menschen*),是他**对他人的人的联系**(*menschliche Beziehung zum andern Menschen*),是**人对人的社会行为**(*gesellschaftliche Verhalten*)"[1]的结果。这里,定在概念开始内嵌着特定社会经济关系赋型中的历史性 für andres(为他)存在。其中,当然有斯密-黑格尔市民社会话语Ⅱ的隐性色彩,人在利己的私欲关系中成为相互之间的工具,市场的交换关系本身成为支配人的 Anderessein(他性存在)的外部整合力量,可以感觉得到,马克思正在走入经济物役性现象的背后。我们也会感到,古典经济学中那种非直观的**社会关系存在论**逐渐在马克思的思想构境中占了上风。马克思明确指出,"把物质财富变为交换价值是现存社会制度的结果,是发达的私有制社会的结果。**废除交换价值就是废除私有制和私有财富**"[2]。并且,这里的表述中交换价值的构序节点,正好是《1844 年手稿》中劳动外化和物相化的对象性异化存在所处的位置。这当然意指着一种重要的逻辑构式上的解构和质性改变。有趣的是,在多年之后的《1857—1858 年经济学手稿》中,商品"交换价值"的本质是对象化劳动、劳动交换关系的事物化和异化的观点,再次以历史现象学的科学方式呈现出来。这是思想构境谱系线索中的后话。上述这些观点,虽然都还不是科学的经济学观点,但是在认识资产阶级社会的本质上,与《1844 年手稿》和《神圣家族》相比,向前更进了一步。

---

[1]《马克思恩格斯全集》第 2 卷,人民出版社 1957 年版,第 52 页。中译文有改动。*MEW*, Bd. 2, Berlin: Dietz Verlag, 1962, S. 45.

[2]《马克思恩格斯全集》第 42 卷,人民出版社 1979 年版,第 254 页。

首先,资产阶级社会中**不再是人的本质自我异化的"劳动"**。可以看到,马克思同样是在论说资产阶级社会条件下人类主体(劳动者)被外部对象(资本)所奴役(人的活动不是他的人的生命的自由表现),他也在要求打倒现代私有财产,可是,他**恰恰没有运用**不久前在《1844 年手稿》(还有《神圣家族》)中的**人本学异化史观**这一逻辑构式!从客观的角度看,马克思已经确认,以交换价值形式出现的私有财产,不过是资产阶级社会制度的产物。从主体的角度看,他只是称"私有财产是**对象化**的劳动",而在表征劳动者受资本奴役的这种状态时,马克思小心翼翼地使用了**打了双重着重号并且加上了双引号的"劳动"**(„*Arbeit*")。① 这正是原先人本学中 sollen(**应该**)与 Sein(**是**)悖反的异化逻辑中,那个作为败坏的"是"出场的异化劳动所应该在的现象学话语格式塔的编码位置。所以,这个打了双引号的"劳动"正是**非现象学的**初始话语编码意向。我已经说过,这个曾经出现在 bürgerlichen Gesellschaft("市民社会")概念上的证伪性的双引号,类似海德格尔后来在 Dasein 上的打叉或拉康那个划去伪主体合法性的斜杠。在这个写给自己看的文本中,马克思只是使用了一次 entfremden。这说明,马克思正在刻意弱化人本学异化构式的作用,也在试图脱型于基于此-彼归基式的现象学逻辑的批判认识论。

马克思此时理论的现实指向(无产阶级革命的要求)还是十分清楚的。他仍然认为,现代资产阶级社会的"自由劳动",实际上是一种"间接的自我出卖的奴隶制"。借助工资可以知道,

> 劳动者是资本的奴隶(Arbeiter der Sklave des Kapitals),是一种"**商品**",一种交换价值,……他的活动不是他的人的生命的自由表现,而无宁说是把他的力量售卖给资本,把他片面发展的能力让渡(售卖)给资本,一句话,他的活动就是"**劳动**"(„*Arbeit*")。②

马克思后来才发现,工人不是商品,劳动也不是商品,资本家付给工人的工资只是劳动力的价格,或者说,这是马克思此处所说的"片面发展的能力"的使用权价格。假如在《1844 年手稿》甚至《神圣家族》中,马克思此处可能

---

① 参见《马克思恩格斯全集》第 42 卷,人民出版社 1979 年版,第 254 页。
② 《马克思恩格斯全集》第 42 卷,人民出版社 1979 年版,第 254 页。

会说:"这是异化劳动",或者工人的劳动的外化所导致的 Anderessein(他性存在)中我-它自反性关系的自我异化。可他偏偏没这样说。我们看到,马克思在文本原稿上十分特殊地将打了双引号的"劳动"一词作了表示着重意思的下划线。"'**劳动**'是私有财产的活生生的基础(Die 'Arbeit' ist die lebendige Grundlage des Privateigentums)",私有财产无非是"**对象化**的劳动(vergegenständlichte Arbeit)",这种"'劳动',按其本质来说,是非自由的、非人的、非社会的(unfreie, unmenschliche, ungesellschaftliche)、被私有财产所决定的并且创造私有财产的活动"。① 请注意,马克思这里最后一段话显然还是在援引原来的人本主义逻辑构架,因为现实中的劳动**是**非自由的、非人的、非社会的,那么就必然有自由的、人的和社会的 sollen(**应该**)存在而实际上没有存在的**本真性劳动**的人学价值悬设。这恰恰是原先那个我-它自反性关系中的主体格位,然而,马克思硬将"异化"、"类本质"这样的哲学语言外壳剥掉了,这里的 vergegenständlichte Arbeit(**对象化**的劳动),已经在走向**非现象学**的物相化活动了。依概念考古的词频统计,马克思在该文本中只是2次使用了 vergegenständlichte 一词,这也是马克思的这一概念在这一时期哲学话语格式塔中的最后一次露面,在整个1845—1857年的非科学现象学和批判认识论缺席的逻辑空场期中,vergegenständlichte 都是基本不在场的,而下一次它的重新出场,就是在《雇佣劳动与资本》中的偶尔到场,然后就是在《大纲》中的历史现象学构境中的爆燃(概念考古词频的高峰值——330余次)了。这是一个值得我们注意的文献考据细节。这是一个嵌套着逻辑乱码的极其错综复杂的文本语境。我们可以感觉到,在批判资产阶级社会的思考中,这里出现了一种方法论筑模上的逆转,马克思越来越从他"抽身而出"的经济学哲学话语编码中不自觉地返回到经济学语境中。从话语构序层面看,这是他的方法论和认识论变革的真正前夜。马克思指出,废除私有财产只有被理解为"废除'**劳动**'",并且,"这种废除只有通过劳动本身才有可能,就是说,只有通过社会的

---

① 参见《马克思恩格斯全集》第42卷,人民出版社1979年版,第254页。中译文有改动。*Beiträge zur Geschichte der Arbeiterbewegung*, Berlin:Dietz Verlag, 1976–1979, S. 436.

物质活动才有可能,而决不能把它理解为用一种范畴代替另一种范畴"。① 如果是在《1844年手稿》或者《神圣家族》中,这里的表述会是"扬弃异化劳动"和"扬弃人的自我异化",而此时马克思内省到,那种在逻辑构式中观念性地扬弃异化,实际上仍然是在"用一种范畴代替另一种范畴",并没有真正摆脱方法论上的隐性唯心主义。而如果从客观现实出发,那么这种观念扬弃就必须转换为"通过社会的物质活动"(实践)来废除奴役性的"劳动"。我们不难感受到,马克思这里出现了一种对哲学话语与现象学批判逻辑的自觉祛序和脱型。显而易见,马克思正在无意识地接近一种**新的历史观察视角**,即原来在《1844年手稿》中的双重逻辑结构中处于无意识萌芽状态的那种从社会现实出发的客观逻辑。通过不久后的《黑格尔现象学的建构》,它将直达《关于费尔巴哈的提纲》中的新世界观萌芽。

其次,资产阶级社会的**工业本质及其超越**。因为在这里,马克思还没有自觉抽象出一定生产力发展基础之上的特定的生产关系,所以他认为,今天的资产阶级社会是"在以往的社会基础上充分发展了的工业(Industrie)"②的实践。这是一句带有新构序质点的表述,因为在**以往的社会基础上充分发展了的工业**中,已经内嵌着打破四季循环的农耕劳动时间的**有未来时间维度的历史性的时间**。能够观察到,历史性的时间此时业已成为马克思思想活动中时常浮现的密集逻辑凸状,它是之后历史唯物主义话语构境突现的前期理论构序积累。这里,现实的"工业"变成资产阶级社会的代用名词:Industrie = bürgerliche Gesellschaft(工业 = 资产阶级社会),这当然是不准确的。因为狭义的工业生产构序只是资产阶级社会存在和发展的历史性物质前提。但是,这个不可直观的"工业"本身,却已经是一个不同于农业的**历史性时间质性的在场**。可以看到,马克思时常会不加特设说明地直接说,"工业的统治造成的对大多数人的奴役已经成为众所周知的事实"③。在他的直觉中,这个不是哲学概念的工业,就表现为"布匹、纱线、自动走绽精纺机、大量的工厂奴隶、机

---

① 参见《马克思恩格斯全集》第42卷,人民出版社1979年版,第255页。
②《马克思恩格斯全集》第42卷,人民出版社1979年版,第249页。
③《马克思恩格斯全集》第42卷,人民出版社1979年版,第239页。

器唯物主义、工厂主先生满满的钱袋"①。马克思的这种说法会令我们产生一种疑问:这不是他曾经用劳动异化批判构式来透视的经济物像吗? 显然,这是马克思对资产阶级社会的一个事实性泛指:"布匹、纱线、自动走锭精纺机",是工业物质生产过程中的机器、生产对象和物相化产品;"大量的工厂奴隶"和"工厂主先生满满的钱袋"是资产阶级社会奴役制度的直接写照;而"机器唯物主义",则是马克思对工业生产中作为资本家帮凶的客观技术力量的拒斥。此处,我们可以清楚地感觉到,马克思对李嘉图等人在机器化大生产背景下在经济学观点上的倒退的不满。当然,此时马克思并没有真正弄清楚机器化生产与科技物相化的关系和客观工序的运行机制。毫无疑问,这当然只是一种现象性的描述,但关键在于,马克思是要从"工厂奴隶"和"满满的钱袋"的客观现实中,找出不可见的"对大多数人的奴役"关系。正是在这里,我们可以感觉到,相对于《1844 年手稿》中马克思将劳动异化视作现代私有财产的主体本质,在此,马克思已经在试图从资产阶级社会的内部更深地探寻对象化的"劳动"产生的客观原因,这就是**有特定含义的历史性的**工业。这显然已经是一种与人本学劳动异化史观和现象学批判逻辑完全不同的新思路。这也意味着,马克思已经开始发现,现代资产阶级社会产生败坏"劳动"的原因,来自物质生产构序本身历史发展的必然性(Notwendigkeit),这当然就是**一定历史条件下**的生产力和生产关系,这已经是对工业生产物相化关系的透视,只是此时,马克思还不准确地将其表述为与资产阶级社会同质的"工业"。他告诉我们:

> 工业可以被看作是大作坊,在这里人第一次占有他自己的和自然的力量,使自己对象化(vergegenständlicht),为自己创造人的生活的条件。如果这样看待工业(Industrie),那就**撇开**了当前工业从事活动的、工业**作为工业**所处的**环境**;那就**不是**处身于工业时代之中,而是在它**之上**;那就不是按照工业目前对**人**来说是什么,而是按照现在的人对**人类历史**(Menschengeschichte)来说是什么,即历史地(geschichtlich)说他是什么来看待工业;所认识的就不是**工业**本身,不是它现在的**存在**(Existenz),倒不如说是工业意识不到的并违反工

---

① 《马克思恩格斯全集》第 42 卷,人民出版社 1979 年版,第 240 页。

业的意志而存在于工业中的力量,这种力量**消灭**(*vernichtet*)工业并为**人**的生存奠定基础(Grundlage für eine *menschliche* Existenz)。①

这是一段非常重要的讨论。我们可以发现,在《1844 年手稿》中,马克思依黑格尔的《精神现象学》中的否定辩证法,将工人的劳动看作自己爱多斯外化出来占有自然和"使自己对象化"的地方,现在被历史性时间线索中的客观"工业"逻辑编码代替了,这是**从劳动者主体活动向客观的社会整体实践的转换**。或者说,从消逝着的主体性劳动辩证法开始转向现实"工业"的客观**生产辩证法**。这当然也会是将要出现的全新非物像现代社会场境存在基础。从认知对象上看,原先在自然经济中占主导地位的物性对象,开始转换为工业生产创造出来的物相化"人的生活条件",观念的基础正在被历史性地改写为"工业所处的环境"。其实在不久前的《神圣家族》中,马克思已经十分具体地指认出,"在真正的历史中,**棉纺织业**的发展主要是从**哈格里沃斯**的珍妮纺纱机和**阿克莱的纺纱机**(水力纺纱机)运用到生产上以后才开始的,而**克伦普顿的骡机**只不过是运用了阿克莱发明的新原理来改进珍妮纺纱机而成的"②。马克思在这里使用的"真正的历史"是重要的,它标识了**历史时间质性的在场**,因为这里已经出现了从作为非物相化自然植物的棉花到机器纺纱生产物相化产品的复杂转换,这当然是经济学研究的成果。并且,工业产品的极大丰富也必然促进商品交易的发展。他甚至明确提出,"利物浦和曼彻斯特之间的现代意义上的商务联系是英国商品出口的结果"。这里,马克思专门特设性地让我们关注这种工业当前的历史处境,或者说,是作为工业背景的当下资产阶级社会,当然,马克思肯定了这种"工业"所开辟的"世界历史(Weltgeschichte)意义"。在这一点上,马克思显然深化了黑格尔的世界历史概念。同时,马克思也明确指认了无产阶级"**消灭**工业并为**人**的生存奠定基础"的解放方向。无论如何,在马克思此时的理论运演中,我们能明显地感到他已经在让一种新的**从现实工业出发的历史辩证法理论思路**在自己的理论运演中占上风,而人本学的 *sollen*(**应该**)与 *Sein*(**是**)悖反的异化逻辑业已开

---

① 《马克思恩格斯全集》第 42 卷,人民出版社 1979 年版,第 257 页。
② 《马克思恩格斯全集》第 2 卷,人民出版社 1957 年版,第 13—14 页。

始破碎消散。他指出：

> 消除人类不得不作为奴隶(Sklave)来发展自己能力的那种物质条件
> 和社会条件(materiellen und gesellschaftlichen Bedingungen)的时刻已经到
> 来了。因为一旦人们不再把工业看作买卖利益而是看作人的发展，就会
> 把人而不是把买卖利益当作原则，并向工业中只有同工业本身相矛盾才
> 能发展起来的东西提供与应该发展的东西相适应的基础。①

显而易见，《1844年手稿》中面对资产阶级社会中那种着眼于劳动异化
的我-它自反性关系透视的哲学分析，越来越被走向客观的"物质条件和社
会条件"的现实分析代替，马克思开始思考消除工业的"买卖利益"（经济关
系）性质。我甚至以为，原先马克思在《1844年手稿》中锻造的黑格尔-费尔
巴哈式的否定性此-彼归式的现象学批判逻辑，也是在这里遭遇了自己的
逻辑滑铁卢，从而开启了马克思思想进程中一个**现象学解构和批判认识论
缺席**的时期，这一思想构境谱系中的特殊逻辑**空场**状况，一直持续到
《1857—1858年经济学手稿》。为了寻找无产阶级起来革命的根据，马克思
要求打碎资产阶级现代社会带来的"工业的羁绊"，这一次，他十分准确地
将其界定为"就是摆脱工业力量现在借以活动的那种条件、那种金钱的锁
链，并考察这种力量本身。这是向人发出的第一个号召：把他们的工业从买
卖中解放出来，把目前的工业理解为一个过渡时期"②。工业的买卖利益性
质，并不是工业本身的属性，而是它目前"借以活动"的条件和金钱的锁链。
以后，马克思会将其揭示为特定的生产关系。这种非物像的生产关系的本质
不仅仅是勾连万物的"买卖"关系，而且是占统治地位的支配万物的资本关
系。其中，马克思已经能够极其深透地"把目前的工业理解为一个过渡时
期"，这一表述十分重要。因为，马克思此时已经非常清楚，他所要消除的并
不是工业（客观必然性的"是"），而是工业的**资产阶级社会的形式**，可工业（物
质生产力的发展）本身的自我运动就是走向否定资产阶级社会的"一个过渡
时期"。虽然马克思的革命理论还在借用**人**的口号，但在这里**走向革命途径**

①《马克思恩格斯全集》第42卷，人民出版社1979年版，第258页。
②《马克思恩格斯全集》第42卷，人民出版社1979年版，第259页。

的实际逻辑运转,已经不再是人本主义的劳动异化批判构式中的逻辑推论(sollen,"应该"),而时常是客观发展着的工业(Sein,"是")。这当然会是一种重新倒置的新的客观信息编码逻辑。马克思分析道:

> 工业用符咒招引出来(唤起)的自然力量和社会力量对工业的关系,同无产阶级对工业的关系完全一样。今天,这些力量仍然是奴隶(Sklaven),它们无非是实现自私的(肮脏的)利润欲的工具(承担者);明天,它们将砸碎自身的锁链,表明自己是会把有着肮脏外壳的工业一起炸毁的人类发展的承担者,这时人类的核心也就赢得了足够的力量来炸毁这个外壳并以它自己的形式表现出来。明天,这些力量将炸毁资产阶级(Bourgeois)用以把它们同人分开并因此把它们从一种实际的社会连结(wirklichen gesellschaftlichen Band)变为(歪曲为)社会桎梏的那种锁链。①

"工业"与无产阶级的关系,是它所创造出来的看不见的客观力量成为资产阶级谋取私利的工具,成为无产阶级身上的无形锁链,在即将到来的无产阶级革命实践中,一定会炸毁资产阶级的"社会桎梏",实现没有经过金钱中介的人与人直接关联的"实际的社会连结"。这是马克思此时批判资产阶级社会的最强音。

3. 方法论变革的思想实验中出现的 bürgerliche Gesellschaft

众所周知,马克思哲学方法论革命的真正起点,是 1845 年春天他在自己的《1844—1847 年记事笔记》②中写下的《关于费尔巴哈的提纲》(*Thesen über Feuerbach*)。③ 在其中,我们再一次看到马克思使用了 bürgerliche Gesellschaft。

---

① 《马克思恩格斯全集》第 42 卷,人民出版社 1979 年版,第 258—259 页。中译文有改动,原文翻译中,译者增加了太多东西。*Beiträge zur Geschichte der Arbeiterbewegung*,Berlin:Dietz Verlag, 1976 – 1979,S. 438.

② 《1844—1847 年记事笔记》是我对这一笔记本的命名,MEGA² 中原来的文献名为《汤普逊政治经济学摘要,关于费尔巴哈的笔记》(*extracts from Thompson's Political Economy, notes on Feuerbach*)。参见 Marx-Engels-Gesamtausgabe(MEGA²),Ⅳ/3, Text, Berlin:Dietz Verlag, 1998, S. 5 – 34。

③ 参见 Marx-Engels-Gesamtausgabe(MEGA²),Ⅳ/3, Text, Berlin:Dietz Verlag, 1998,S. 19 – 21。在笔记本原稿上,只有马克思的"ad Feuerbach"一语,但恩格斯在出版时改为"Marx über Feuerbach",在恩格斯的《路德维希·费尔巴哈和德国古典哲学的终结》(1888)的手稿封面上,注有"Karl Marx über Feuerbach vom Jahre 1845"。《关于费尔巴哈的提纲》(*Thesen über Feuerbach*)这一标题,是苏联马克思列宁主义研究院的文献专家后来根据以上恩格斯的提法而加的。

但其中的思想赋型却发生了一些改变。从这一时期马克思在笔记本文本中记下思想心得的实际情况来看,这是一组相关的思想实验,它们由第二次经济学研究开始前1845年1月写下的《黑格尔现象学的建构》的心得①,2月写下的《关于现代国家的著作的计划草稿》(以下简称《草稿》)②,以及接近4月写下的《笔记本中的札记》③和《提纲》组成。对于这四个实验性文本,我在《回到马克思》第一卷中都已做过较为详细的解读,这里,我们集中关注马克思在这些思想实验中谈到的 bürgerliche Gesellschaft。

在1845年1月写下的《黑格尔现象学的建构》心得中,我们不难看到,马克思还沉浸在自己在《1844年手稿》最后重新对黑格尔《精神现象学》思想实验的拓展境中。这也说明,马克思从《巴黎笔记》结束时开始的关于黑格尔辩证法的思想实验,在《1844年手稿》中完成隐秘的理论构序和逻辑塑形之后,实际上一直持续到1845年1月。不过,在新的思考中,他不再仅仅是将黑格尔的否定辩证法作为劳动异化批判构式Ⅱ的前提,而是进一步意识到,黑格尔否定辩证法的**现象学结构**中有可能包含一种重要的认知新图式:

第一,与人相关的"事物的**差别**很重要(Die *Unterschiede* d Sachen wichtig)",特别是出现在我们认识图景中的 *Unterschiede*(**差别**)与主体的物相化活动有关,这甚至是更"本质"的差别。④ 这是我们前面已经专门标识过的黑格尔辩证法中的差别概念的在场。这一观点,与马克思在《1844年手稿》和不久前的《神圣家族》中获得的观点是接近的,在后者那里,马克思已经在肯定法国的孔狄亚克和爱尔维修,他们不同于传统唯物主义者只是看到到场的

---

① 1932年首次发表于 MEGA¹ 第一部分第5卷。后收入 Marx-Engels-Gesamtausgabe(MEGA²),Ⅳ/3,Text,Berlin:Dietz Verlag,1998,S.11。参见《马克思恩格斯全集》第42卷,人民出版社1979年版,第237页。

② 1932年首次发表于 MEGA¹ 第一部分第5卷。后收入 Marx-Engels-Gesamtausgabe(MEGA²),Ⅳ/3,Text,Berlin:Dietz Verlag,1998,S.11。参见《马克思恩格斯全集》第42卷,人民出版社1979年版,第238页。

③ 1932年首次发表于 MEGA¹ 第一部分第5卷。后收入 Marx-Engels-Gesamtausgabe(MEGA²),Ⅳ/3,Text,Berlin:Dietz Verlag,1998,S.19。参见《马克思恩格斯全集》第42卷,人民出版社1979年版,第273页。

④ 参见《马克思恩格斯全集》第42卷,人民出版社1979年版,第237页。中译文有改动。原译者将此处马克思所说的"事物的差别很重要"错译为"事物的差别不重要"。Marx-Engels-Gesamtausgabe(MEGA²),Ⅳ/3,Text,Berlin:Dietz Verlag,1998,S.23.

物质对象,而将"唯物主义运用到社会生活方面",提出了"人的全部发展都取决于**教育和外部环境**"①。所以说,人们在社会生活中遭遇的"**对象是为人的存在**(*Gegenstand als Sein für den Menschen*),是**人的对象性存在**(*gegenständliches Sein*)"②。这里,背后的支援背景显然是黑格尔《精神现象学》中那个意识设定物性的物相化关系中"消逝的对象"。依我的理解,马克思此处开始接受"事物"的差别与主体的物相化活动相关,当然,这并非黑格尔唯心主义的观念物相化结果,此处的对象性的到场事物开始成为 *Sein für den Menschen*(**为人的存在**),或者说,是人的对象性存在,由此,人所面对的**对象世界**开始入序于**人的关系场境世界**,自然物理空间开始转换为人的**社会空间**。从根本上看,马克思应该是意识到工业生产的创造性实践本质,因为在农业生产的辅助性的、循环往复的惯性实践中,自然对象存在和改变的"自然辩证法"中的 Unterschiede(差别)并不直接与人的劳作物相化活动相关,而工业生产的物相化活动则通过**创造性**的实践构序使自然物"失形",进而在社会历史负熵质的重新编码的功能链中彻底改变了这一切,由此,作为生产活动对象性结果的事物之间的 Unterschiede 则取决于人的物相化活动。在不久后开始的第二次经济学研究中,马克思在经济学语境中直接证实了这一点。这也会是《关于费尔巴哈的提纲》中,改变世界的**实践辩证法**基础上新世界观的逻辑基础。列斐伏尔曾经有一个不准确的判断,他认为,马克思自《神圣家族》一直到《1857—1858 年经济学手稿》,存在着一个否定黑格尔哲学的时期。直到 1858 年写给恩格斯的信中,"才首次不带贬低地提到黑格尔的辩证法"③。这其实是一个表象。因为从马克思的《提纲》一直到历史唯物主义的创立,黑格尔那种透视物像的此-彼归基逻辑始终在发生隐性制约作用。这并不因为马克思批判黑格尔的唯心主义而转移。

我体会,这是马克思从黑格尔的批判现象学中汲取人本学异化构式的逻

---

① 《马克思恩格斯全集》第 2 卷,人民出版社 1957 年版,第 165 页。
② 《马克思恩格斯全集》第 2 卷,人民出版社 1957 年版,第 52 页。中译文有改动。*MEW*, Bd. 2, Berlin: Dietz Verlag, 1962, S. 45.
③ [法]列斐伏尔:《辩证唯物主义》,周泉译,载《社会批判理论纪事》第 13 辑,江苏人民出版社 2022 年版,第 45 页。马克思的书信是指 1858 年 1 月 14 日写给恩格斯的信。

辑支撑点,开始转向基于社会现实中第一层级**非物像的双重透视**:一是将一般物像直观中的熟知对象的**现成性**透视为"正在消逝的东西(verschwindend darstellt)"①,即在对象背后找到不在场的创造性**主体活动**;二是将物相化对象的**独存性**进一步透视为人的**关系性在场存在**,具体说,也就是人通过劳动爱多斯(eidos)物相化活动塑形对象,并使之构序成为人的差异性需要的关系性赋型中的新事物,这一双重透视可以直接关联于不久后《关于费尔巴哈的提纲》。我以为,这一重要的此-彼归基逻辑,"它不是最初看起来的那样,而真相为他者"(daß es so nicht ist, wie es zunächst schien, sondern in Wahrheit anders)②,恰恰是后来海德格尔"存在论差异"的方法论前提。在海德格尔那里,存在者的现成性被归基于被遗忘的存在的创制;此在的独存性被归基于共同在此的世界性。当然,这里的物相化透视,已经不再是费尔巴哈式的人本主义异化史观中的批判认识论,也不再是黑格尔那种绝对观念外化为对象性的唯心主义观念现象学证伪,黑格尔《精神现象学》中那种**透过物像捕捉到主体物相化活动和关系**的合理成分,被扬弃为全新的实践唯物主义客观物相化活动中的**非物像透视**。这是一种现象学话语被弱化的此-彼归基逻辑,将来还会走向历史唯物主义构境中的非现象学的生产物相化透视。这也表示,我们身边的物像世界图景中事物的本质,必须从主体出发才能理解,然而,这已经不再是黑格尔从物性实存背后透视出来的观念本质,也不是费尔巴哈人本主义的类本质异化,说到底,是物质实践构序活动改变了的物相化**关系存在**。不同于直观对象的直接到场实在,关系场境存在本身就是一种**不在场的在场性**。这种在场性,并不表现为物性实存,而是通过物质存在关系赋型的用在性实现出来。在大的逻辑构序方向上,我们可以看到马克思在《1844年手稿》中"从主体出发"透视私有财产主体本质的同向努力,然而,这已经是方法论和世界观构境中的重要改变。我以为,在思想构境谱系中,这恰是之后历史唯物主义场境存在论和历史辩证法的起点,当然也是关系意识论的前提。因

---

① 《马克思恩格斯全集》(第二版)第3卷,人民出版社2002年版,第322页。
② [德]海德格尔:《黑格尔的精神现象学》,赵卫国译,南京大学出版社2018年版,第27页。中译文有改动。Heidegger, *Gesamtausgabe*, Band 69, Frankfurt am Main: Vittorio Klostermann, 1998, S. 30.

为,人们的认知对象,也会从感性直观的实物转向背后的物相化和对象性实践活动及复杂关系场境。这正是以人本主义异化史观的现象学和批判认识论的解构为前提的。在一定的意义上,这也是马克思对私有财产(对象性物性实存—交换价值)的主体本质的更深构序基底的探寻。

　　第二,"扬弃**异化**(*Entfremdung*)等于扬弃**对象性**(*Gegenständlichkeit*,费尔巴哈特别予以发挥的一个方面)"。这是说,虽然黑格尔在《精神现象学》中高扬了扬弃物性异化的旗帜,但这种重新颠倒我-它自反性关系的扬弃只是观念的自我复归,而在唯物主义的立场上,费尔巴哈将黑格尔的观念唯心主义异化与扬弃观拉回到现实大地上来了,所以,马克思开始意识到要扬弃劳动异化,不能只是像在《1844 年手稿》中那样,从非人性到复归人道主义和共产主义的 *Sein*(**是**)与 *sollen*(**应该**)悖反的异化逻辑推论,而是"扬弃**对象性**",即真的要在现实生活中改变资产阶级社会中所生成的经济事物的差别。所以,马克思联想到,"你**扬弃**想象中的对象、作为意识对象的对象,就等于**现实的对象性的**(*wirklichen gegenständlichen*)扬弃,等于和思维有差别的感性的**行动、实践**以及**真正的活动**(*sinnlichen Action*, *Praxis*, *u. realen Thätigkeit*)。(还需要发挥)"①。这恰好为上述我们已经讨论过的,马克思在不久之后(1845 年 3 月)写下的《评李斯特》一文中确认的新看法:废除私有财产只有被理解为"废除'**劳动**'",并且,"这种废除只有通过劳动本身才有可能,就是说,只有通过社会的物质活动才有可能,而决不能把它理解为用一种范畴代替另一种范畴"。② 于是,工业生产中的"劳动本身"的物质活动,在这里被进一步深化为创造性的"感性的**行动、实践**以及**真正的活动**"。依黑格尔在《精神现象学》中的说法,"行动自身不是别的,正就是否定性"③。马克思此处在括号中标注的"还需要发挥",可能是在《评李斯特》一文之后,在《关于费尔巴哈的提纲》中关于实践问题深化的思想缘起。显然,马克思此时的思想构序,业已在接近《提纲》中的**实践的唯物主义和实践的辩证法**。应该指明,**实践活动**与**劳动活**

①《马克思恩格斯全集》第 42 卷,人民出版社 1979 年版,第 237 页。中译文有改动。Marx-Engels-Gesamtausgabe(MEGA²),Ⅳ/3,Text,Berlin:Dietz Verlag,1998,S. 11.
② 参见《马克思恩格斯全集》第 42 卷,人民出版社 1979 年版,第 255 页。
③ [德]黑格尔:《精神现象学》上卷,贺麟、王玖兴译,商务印书馆 1979 年版,第 263 页。

动最大的差别,就在于劳动活动主要是指劳动者主体性的创制活动,而实践活动则更突显主体改变客体的**能动关系**和实现这一改变的**客观物质过程**。更重要的是,马克思进一步意识到,面对现实中的资产阶级社会,只有通过革命的实践活动才能实现客观的对象性扬弃,所以,他在紧接其后的《草稿》(1845 年 2 月)中,直接使用了"争取**扬弃**国家和资产阶级社会的斗争(der Kampf um die *Aufhebung* d Staats u. der bürgerlichen Gesellschaft)"①。这里的 bürgerliche Gesellschaft,既不是黑格尔用国家与法试图超越的市民社会话语 Ⅲ,也不是马克思在《黑格尔法哲学批判》中主谓颠倒后的"市民社会决定国家"的市民社会话语Ⅳ,而是一同被无产阶级革命所扬弃的**资产阶级社会**和政治国家。马克思已经知道,批判当代资产阶级社会绝非仅仅停留在理论扬弃上,而要通过革命的物质实践活动。这种实现革命的客观要求,促进了马克思思想方法论的根本改变,这就是《提纲》所带来的全新实践唯物主义世界观、方法论和认识论。

过去我们解释马克思的《提纲》,大多聚焦于《提纲》中突现的哲学方法论上的新世界观的萌芽,往往会忽略,马克思正是在《提纲》中两次突出标识了 bürgerliche Gesellschaft。这两处是在《提纲》的第九、第十条中。

9

直观的(*anschauende*)唯物主义,即不是把感性理解为实践活动(praktische Thätigkeit)的唯物主义,至多也只能达到对单个人和资产阶级社会的直观(die Anschauung der einzelnen Individuen u. der bürgerlichen Gesellschaft)。

10

旧唯物主义的立脚点是"**资产阶级**"社会(„*bürgerlichen*" Gesellschaft),新唯物主义的立脚点则是人类社会或社会的人类。②

---

① 《马克思恩格斯全集》第 42 卷,人民出版社 1979 年版,第 238 页。中译文有改动。Marx-Engels-Gesamtausgabe(MEGA²),Ⅳ/3,Text,Berlin：Dietz Verlag,1998,S. 11.

② ［德］马克思恩格斯:《费尔巴哈》,人民出版社 1988 年版,第 89—90 页。中译文有改动。Marx-Engels-Gesamtausgabe(MEGA²),Ⅳ/3,Text,Berlin：Dietz Verlag,1998,S. 21.

　　请注意,从概念考古的线索看,在马克思《1844—1847 年记事笔记》的原文中,这两条中既没有"直观的"和"资产阶级"下的着重号(原稿中为下划线),也没有"资产阶级"上的双引号,这是恩格斯后来重读复构马克思思想构境后,修改这两条时刻意变动的。恩格斯修改过的文本,作为《路德维希·费尔巴哈和德国古典哲学的终结》的附录,于 1888 年发表。

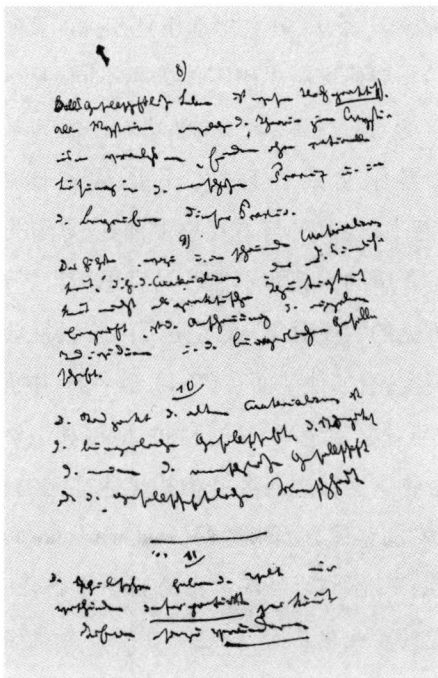

图5-1　马克思《关于费尔巴哈的提纲》第
九、第十条的手稿一页

　　我现在领悟到,这恰恰是恩格斯精准把握马克思原意的一种特定复构,其精细编码的构境是极其复杂的。在过去所有的中译文中,这两处 bürgerliche Gesellschaft 都被无争议地译作"市民社会",被定位为马克思的早期市民社会话语所指,可这种理解真是误认。因为马克思这个时候的整个新世界观的变革,并非仅仅是在旧的斯密-黑格尔式的市民社会哲学话语编码之中,他的根本立场和目的业已成了"**改变**世界(_verändern welt_)"(第十一条),这个以革命意图为政治爱多斯(eidos)的"改变"的实质,毫无争议地就是上述《草稿》中的"**扬弃**国家和资产阶级社会"。对此,我们来进行一些具体分析。

这里，我们再从上述的《黑格尔现象学的建构》的思想实验开始，刚才我们看到，马克思表扬了"费尔巴哈特别予以发挥的一个方面"，是"扬弃**异化**（*Entfremdung*）等于扬弃**对象性**（*Gegenständlichkeit*）"，这是肯定他将黑格尔的唯心主义观念异化和扬弃复归于现实的唯物主义。在《评李斯特》一文中，"扬弃异化"已经异轨为"只有通过社会的物质活动才有可能"的"废除'**劳动**'"。而在《提纲》的第一条中，马克思却正是在批评费尔巴哈的这种唯物主义的颠倒："费尔巴哈想要研究跟思想客体确实不同的感性客体，但是他没有把人的活动本身理解为对象性的（gegenständliche）活动"，"不是把它们当作感性的人的活动，当作实践去理解，不是从主体方面去理解（nicht subjektiv）"。① 初看起来，这似乎与马克思上面在《黑格尔现象学的建构》中对费尔巴哈的肯定是矛盾的。其实不然。马克思新世界观的起点，不是哲学唯物主义中的熟知可见的物质对象，或者是资产阶级社会中作为经济关系物性结晶的到场感性现实，有如他前面在《1844年手稿》中面对的现代私有财产中的资本、土地和劳动对象，或者现存的利润、地租和工资的关系。此时他与李嘉图等人的社会唯物主义在遭遇经济物相化迷雾时的对象化客体视角，即"对**私有财产**只是从它的客体方面来考察（Erst wird das *Privateigenthum* nur in seiner objektiven Seite）"②不同。经济学中的社会唯物主义，已经进入工业生产创制的非直观物像的物相化层面，但它们在资产阶级经济物相化关系场境里却再一次陷入经济拜物教的迷雾之中。马克思对这一复杂问题的解决，是在《1857—1858年经济学手稿》和《1861—1863年经济学手稿》之中创立的历史现象学批判中。而马克思直接提出，要**从主体出发**去看这些物质对象和感性现实背后不在场的**关系本质**，那就是劳动爱多斯活动外化的对象性关系，作为现代工业产物的"私有财产的**主体本质**（*subjektive Wesen*），作为自为地存在着的活动（für sich seiende Thätigkeit）、作为**主体**、作为**个人**的私有财产，就是**劳动**"③。这是黑格尔那个非物像批判构境中的"消逝的对象"在批判资产

---

① 参见［德］马克思恩格斯《费尔巴哈》，人民出版社1988年版，第83页。
②《马克思恩格斯全集》（第二版）第3卷，人民出版社2002年版，第294页。
③《马克思恩格斯全集》（第二版）第3卷，人民出版社2002年版，第289页。

阶级经济学中的落地。在前述《黑格尔现象学的建构》中，马克思指认"事物的差别"源自"主体活动"，肯定费尔巴哈"扬弃异化等于扬弃对象性"都是对的，只是马克思已经发现，在费尔巴哈的哲学唯物主义构境中，这种扬弃对象性本身的"本体论"的出发点是非历史直观中的感性对象，其现实基础为没有超出自然经济中农耕生产的非物相化**惯性**实践，而不是创造了 Unterschiede d Sachen（事物的**差别**）的现代工业生产，即人有目的（telos）的**创造性的主体性物相化活动**。当然，我们还应该注意的方面，是工业生产本身内嵌的非总体惯性实践问题，因为并非所有生产过程都是新的创造性活动，通常的再生产过程往往是已有生产工序的重新激活和重复。在社会物相化和生活过程中，惯性行为系统也是支撑社会运转和日常生活的基本运转机制。布尔迪厄正是在这个意义上，深入探讨了身体化的个人与社会空间中的**惯习**结构，并将惯习（habitus）上升到实践的客观化和身体化的逻辑层面。① 在他看来，"按照马克思在《关于费尔巴哈的提纲》中表达的愿望，重新在唯心主义中汲取唯物主义传统曾经抛弃的实践认识的'积极方面'。恰恰是惯习这个概念的功能将一种生成的和统一的、建构的和分类的权力归还给行动者，同时强调，这种建构社会现实的能力本身也是被社会建构的，它不是一个超验主体的能力，而是一个被社会化的身体的能力"②。在布尔迪厄那里，惯习不是人的主动创造性行为，而是一种由社会关系配置（disposition）建构起来的隐性"实践感（le sens pratique）"，惯习的存在甚至是不易觉察到的。

过去，我们在解读马克思《提纲》第一条中的实践概念时，通常都强调它是主体对客体的客观化能动性作用，这并不错，但是，我们忽略了这一概念中所蕴含的能够**彻底改变世界**的实践活动的物相化本质，即一定历史条件下人所居有的具体的历史的现实的爱多斯（eidos）塑形和构序对象**内外相**的创制本质。因为真正让感性对象处于消逝状态的实践活动，只能是彻底给予自然

① 布尔迪厄说："实践世界是在与作为认知和促动结构系统的惯习的关系中形成的，它是一个目的已经实现的世界，是使用方法或遵循的步骤，同时是一个具有'永久的目的论性质'（胡塞尔语）的对象世界，是工具或制度。"（［法］布尔迪厄：《实践感》，蒋梓骅译，译林出版社 2003 年版，第80—82 页。）
② ［法］布尔迪厄：《帕斯卡尔式的沉思》，刘晖译，生活·读书·新知三联书店 2009 年版，第159 页。译者将马克思的《关于费尔巴哈的提纲》误认为《费尔巴哈论》。

物质全新外部存在形式（塑形外相）和内在有序性（构序内相）的工业生产物相化活动，由此，也才可能生成人的主体物相化和社会物相化的**关系赋型场境世界**。在这一点上，也是工业生产的创制本质第一次彻底超出农业生产的非物相化惯性实践，打碎农耕文明的循环时间，构序起**生成和不断革新的有未来时间维度的历史时间质性**。当恩格斯后来将《提纲》指认为马克思**新的世界观**（*Weltanschauung*）的天才提纲时，这个新的 Weltanschauung 并不仅仅是指哲学话语，而是有着深刻隐喻的，因为马克思所面对的世界不再是感性直观中到场物性对象堆砌的世界（费尔巴哈的直观物质图景和海德格尔证伪的形下之"器"），而是一个由人的物质实践物相化活动-关系赋型和编码起来的，在普遍关联的功能链中突现出来的新的**我们的周围世界**（海德格尔的上手和共在之世）的在场性。我以为，这才是马克思那个"感性的**行动、实践以及真正的活动**（sinnlichen *Action*，*Praxis*，u. *realen Thätigkeit*）"的历史意义。在这个意义上，非历史地夸大工业生产物相化活动的一般存在论意义，是僭越和非法的，因为虽然海德格尔所指认的工匠上手的工艺活动（木匠劳作和锤子的功用）在具体的关涉中能够创制用在性的器具，但作为整个社会生活基础的农耕生产并没有根本改变自然世界，海德格尔的那个"环顾世界"，只能出现在"整个自然对象化"的工业生产编码和资本主义商品-市场经济关系场境中。所以客观地说，在非物相化的自然经济基础上所塑形起来的感性经验中，非物相化的直观对象原像倒是真实的，因为种植业和畜牧业的生产虽然也存在工具和生活用具创制上的少量物相化活动，但此时总体劳动实践改变世界的辅助性作用是微不足道的，它并没有改变"自然辩证法"中的负熵进程。在认识论尺度上，这时的主体与客体的二元对置状态是客观存在的，并没有出现"人向自然立法"的统摄关系，人对外部对象的认知逻辑和符合论真理观当然也具有历史的合法性。这也许是过去我们没有注意到的方面。

显然，《提纲》这里关键性的第一条，是内在地跟随《黑格尔现象学的建构》的思想实验的，特别是马克思新世界观第一层级物相化透视，"正在消逝的东西（verschwindend darstellt）"的第一个重要逻辑编码和构境层面：**熟知对象消逝在主体物相化实践活动之中**。在这一点上，列斐伏尔说，马克思的"辩证唯物主义理论和哲学来源"是黑格尔的《精神现象学》,是有一定道理的。①
比如我们手中握着的准备敲打钉子的锤子,锤子作为一种感性直观中的对象
物到场,但它的形下之"器"却遮蔽了使它成为锤子的复杂劳动活动(从森林
中砍伐树木,锯段刨皮成形,依一定的意图制作成锤柄;从矿山中获取矿石,
冶炼成铁料,依一定的目的锻造为锤头)。在海德格尔的存在论中,则是存在
者背后被遗忘了的、使存在者为"器"的存在本身。锤子上手,却不知上手性
的由来。在这种物相化透视中,锤子本身在**不是它自身**的非物像认知中成为
"正在消逝的东西(verschwindend darstellt)"。这实际上是**双重消逝**。因为反
过来说,也是感性实践活动消逝在物相化后的对象之中。这后一重消逝意味
着,与青年马克思前面指认的劳动辩证法一样,实践辩证法本身也是一种**当
下发生和消逝的功能场境运动**。只是这里的实践辩证法已经不再是异化和
颠倒的话语逻辑悖反,而是改变外部世界的客观运动与关联。这才是历史辩
证法中那个**"绝对不安"**(absolute Unruhe)的**否定性**的本质。在马克思看来,
也由于实践辩证法本身在物相化于对象后的"消逝",生成了一般物相化在对
象性实存中的物像迷雾,因为人们会将观念形态的辩证法逻辑直接对应于对
象性的现成客体。这里应该指认,如果我们是面对原始森林或农耕文明中的
自然图景,是并不存在这种物相化构境中的"消逝"的,因为这些自然物质对
象**就是它自身**,它们还不是人的实践活动的物相化结果。黑格尔在一般自然
物质对象中发现的理念爱多斯的消逝,在唯物主义者马克思那里,他会在存
在论的视域中加以拒绝,而批判性保留在历史认识论的边界之内。

　　与费尔巴哈式的旧唯物主义停留于非历史的直观感性对象不同,马克思
的实践唯物主义恰恰是要从直观物像塑形中看到**不在场**的物相化的创制活
动。这种"本质直观"并非人本学的此-彼归基现象学和批判认识论透视,因
为这里并不存在异化关系,而是**从同样是客观存在的对象现成性中直观到消
逝的实践物相化活动**。从存在论的意义上说,这是一种从现成对象物到生成
性活动的特殊的**此-彼归基关系**。这也是**脱型于现象学**之后实践唯物主义构

---

① 参见[法]列斐伏尔《辩证唯物主义》,周泉译,载《社会批判理论纪事》第13辑,江苏人民出版社
　2022年版,第32页。

境中第一层面的此-彼归基关系,因为可见的对象物不是现象,而是现成物像中的"存在者",实践是让对象物成为自身的创制性活动。这相当于后来海德格尔从现成的石化存在者直观到消逝了的存在。只是海德格尔把马克思的实践思辨地改造为人类生命活动之"何所向"的交道牵涉指向的**关涉**(*das Sorge*)。① 我留意到,阿克塞洛斯②看到了《提纲》第一条中嵌套的这一层构境,他说,马克思这里的"对象、现实性、物质,只是在被生产的对象、物质的现实性、劳动的材料的形式下被把握"③。可他却批评马克思没有注意到实践活动本身存在的问题,这是他没有认真研究马克思中晚期的经济学论著所得出的误判。可能,这会是我们今天重新理解《提纲》第一条中这个格外重要的"不是从主体方面去理解"(nicht subjektiv)的新路径。当然,黑格尔将这种"从主体方面"出发的劳动外化的对象性和异化之能动扬弃,变成了抽象观念的自我运动,所以,他同样是"不知道现实的、感性的活动本身的"。此处,马克思虽然肯定黑格尔从主体出发的努力,因为这也是马克思自己在《1844年手稿》中**跳出经济学**的哲学异化批判的构序方向,可是,他业已从方法论上深透意识到,这种从主体出发不能只是理论逻辑中的深刻价值批判,而必须将**这种从主体出发与客观现实的物相化改变**结合起来。在布尔迪厄那里,他深刻理解了马克思这种"从主体出发"的实践观点。④ 这也意味着,"跳出去"的哲学话语必须回归客观现实生活。于是,马克思一方面重点批评费尔巴哈不

---

① 海德格尔说:"实际生命运动的基本意义是**关涉**(*das Sorgen*),即拉丁文的 curare。在这种定向的、关涉着的'向着某物存在出去(Aussein auf etwas)',生命之关涉(die Sorgen)的何所向(Worauf)在焉,那就是当下的**世界**。关涉运动(die Sorgensbewegtheit)具有实际生命与其世界**打交道**(*Umgang*)的特征。关涉之何所向就是交道之何所交(womit)。现实存在的意义和世界的此在植根于并且取决于世界的特征,变即作为关涉着的交道之何所交的世界特征。"([德]海德格尔:《对亚里士多德的现象学阐释》,载《形式显示的现象学:海德格尔早期弗莱堡文选》,孙周兴译,同济大学出版社 2004 年版,第 81 页。)

② 科斯塔斯·阿克塞洛斯(Kostas Axelos,1924—2010),法国哲学家,海德格尔式的马克思主义的代表人物。代表作有:《马克思,技术的思想家》(1961)、《未来思想导论:关于马克思和海德格尔》(1966)等。

③ [法]阿克塞洛斯:《未来思想导论》,杨栋译,南京大学出版社 2020 年版,第 49 页。

④ 1972 年,布尔迪厄在自己早期最重要的论著《实践理论大纲》中指出,要"像马克思在《关于费尔巴哈的提纲》中大胆提出的那样'从主体出发'看待这一系列的姿态和言语,或者说把实践当实践来看的恰当的实践理论"([法]布尔迪厄:《实践理论大纲》,高振华等译,中国人民大学出版社 2017 年版,第 192 页)。

能理解被唯心主义抽象地发展了的感性能动活动,另一方面也明确反对费尔巴哈"对于实践则只是从它的卑污的犹太人的表现形式去理解和确定。因此,他不了解'革命的'、'实践批判的'活动的意义"①。其实,在思想构境谱系分析的前端,过去在马克思那里,人在资产阶级社会中的感性现实活动,也曾经被理解成追逐金钱和物质利益的"下流的唯物主义(verworfene Materialimus)",即后来他明确批判的经济拜物教,在早先关于《林木盗窃法》的议会辩论、《黑格尔法哲学批判》、《论犹太人问题》等讨论和文本中,他自己都表达过这样的观点。只是在《1844年手稿》对资产阶级经济学的全面批判中,特别是在《评李斯特》一文中,他才逐步意识到以工业实践构序为核心的现代性物质生产实践的革命性历史作用。

　　这样,从《黑格尔现象学的建构》、《评李斯特》到《提纲》,马克思已经获得了自己全部新世界观的崭新逻辑起点——**有目的地改变外部世界的物相化主体实践活动**。在此,物质实践概念是一个Totalität(总体性)的范畴。我以为,相对于马克思所面对的资产阶级社会,这种实践必然表现为无产阶级彻底扬弃"国家和bürgerlichen Gesellschaft(资产阶级社会)"(《草稿》)奴役关系的革命性的"实践批判"。还应该多说一句,在这个新世界观的萌芽中,当改造外部世界的创造性物相化实践活动成为马克思观察世界的起点时,它同时也奠定了全新的历史认识论的基础。当先在的自然存在入序于人的社会历史进程之中时,自然图景总是通过一定历史时间质性的**先验社会历史实践构式**向我们呈现,这是对康德命题的重要改写,但在此,马克思已经获得的全新认识论基础为:不同于自然经济中在惯性实践之上维持的原初非物相化自然图景,工艺劳作基础上发展起来的工业生产,以**自然失形/塑形和祛序/构序**彻底改变了自然对象的存在方式,所以真理的标准不再是主观认识与外部对象的符合或先天观念综合赋型,而是工业生产物相化塑形和构序起来的全新先验社会历史实践构式的**历史性"环境"**(Umstände)(《提纲》第二、第三条)。之后《德意志意识形态》中的那个"我对我环境的关系是我的意识"的社会历史先验前提,正是在这里确定的。列宁后来在"伯尔尼笔记"中深刻地意

----

① [德]马克思恩格斯:《费尔巴哈》,人民出版社1988年版,第83页。

识到了这一点。他说,"认识**向**客体的运动从来只能辩证地进行:为了更准确地前进而后退——为了更好的跃进(认识?)而后退。相合线与相离线:彼此相交的圆圈。交错点＝人的和人类历史的实践"①。虽然列宁在这里是对黑格尔观点的概述,但他已经极其深透地捕捉到实践构式在走向外部对象中的关键性作用,作为"交错点"的实践的中介中必然内嵌着人的爱多斯价值取向,这是从客体对象的"相离",但这种从本有的离开,也会更深地揭示事物 for us 的现实"相合"本质。

从这一点再去看马克思《提纲》中的其他思考点,我们就会获得一些新的看法:首先,在《提纲》第四条中,马克思认为,费尔巴哈正确地批判了发生在宗教神学中的意识异化,并唯物主义地将"宗教世界归结于它的世俗基础(weltliche Grundlage)",然而,费尔巴哈作为资产阶级的哲学家并不能意识到,他在 19 世纪所回归的 weltliche Grundlage(世俗世界),并不是发生"人的本质异化为上帝"的中世纪,而恰是今天的资产阶级所拥戴的物欲横流的金钱世界。马克思想告诉费尔巴哈的是,今天他所复归的这个现代私有制的 bürgerliche Gesellschaft(资产阶级社会)本身,如同中世纪的宗教异化一样,"使自己从自身中分离(abhebt)出去,并在云霄中固定为一个独立王国",这个独立的王国业已不是抽象云霄中耶和华的神殿,而是资产阶级建立起来的无法透视的经济物像云霄中的商品-市场王国。可以明显地看到,马克思这里用实证的"分离"替代了原先人本主义现象学批判中的异化。这表明,基于异化关系透视的非科学现象学和批判认识论筑模正式被否定。此时,马克思还不能更深地说明这种第二层级经济物相化的本质。马克思认为,对于资产阶级社会本身发生的客观现实中的自我分裂和矛盾,绝不能用抽象的理论批判,包括马克思自己在《1844 年手稿》中**跳出现实**的人本学 *sollen*(**应该**)与 *Sein*(**是**)悖反的劳动异化逻辑来说明,而"只能用这个世俗基础的自我分裂和自我矛盾(Sichselbstwidersprechen)来说明。因此,对于这个世俗基础本身应当在自身中、从它的矛盾(Wiederspruch)中去理解,并且在实践中使之发生革命(praktisch revolutionirt werden)",或者使之"在理论上和实践中被消灭

①《列宁全集》(第二版)第 55 卷,人民出版社 1990 年版,第 239 页。

(theoretisch u. praktisch vernichtet werden)"。① 这也意味着,扬弃资产阶级社会的正确途径只能是从现实实践物相化构序出发,从这一社会本身的客观矛盾的分析入手,这才有可能找到无产阶级彻底改变旧世界现实自身解放的道路。可以看到,这是马克思对辩证法的 Widersprüche(矛盾)范畴的集中使用。应该注意,这个矛盾概念并非仅仅是某事物或现象的 Dualität(二重性),而是一种本质性的"自我分裂"、自我对立和相互依存。

其次,在第六、七、八条中,马克思讨论了同一个主题,即费尔巴哈所无法透视的现实 bürgerliche Gesellschaft(资产阶级社会)中的"人的本质",在马克思看来,这只能是现实性上"一切社会关系的总和"。我以为,这应该是马克思新的**世界观**(*Weltanschauung*)第一层级物相化透视中**第二个非物像直观的重要逻辑编码和构境层面**。这当然也是马克思自己那个渐渐远去的人本学异化构式中 *sollen*(**应该**)存在的本真"类本质"的直接逻辑没影点。因为这种关系性的非物像透视,同样不是费尔巴哈和黑格尔的现象学和批判认识论筑模。如果说在《提纲》第一条中,马克思主要解决了实践唯物主义视域中到场客体对象与物相化活动的此-彼归基的存在论关系,那么在这里,他则是在针对费尔巴哈哲学唯物主义直观经验塑形中对人的物像式误认,选择性地说明社会关系场境赋型中个人的主体物相化和社会物相化的本质。依我现在的认识,这是马克思**全新社会关系场境世界观**的重要思考。这正是后来海德格尔抛弃个人主体的概念,而将个人理解为在特定时间里**在世界之中**存在的"此在"(Dasein,有死者)的秘密构境缘起。在马克思看来,费尔巴哈讨论人的时候是站在资产阶级启蒙的立场上,固然他正确地将宗教的异化本质唯物主义地反转为人的"类本质",但他眼中的"人"只是资产阶级社会中原子化的"抽象的——孤立的——人的个体(menschliches Individuum)",或者是"单个人所固有的抽象物(Abstractum)",因为在黑暗的中世纪专制下是根本不存在独立的个人主体的。这说明,费尔巴哈对人的物像直观是建立在资产阶级**经济拜物教**的意识形态之上的。马克思认为,在唯物主义者费尔巴哈那里,这种将个人无声地、自然地联系起来的普遍性——类

---

① 参见[德]马克思恩格斯《费尔巴哈》,人民出版社 1988 年版,第 84 页。

本质,只是一种虚假的意识形态幻象,因为资产阶级意识形态中的"抽象的个人,是属于一定的社会形式的(bestimmte Gesellschaftsform)"赋型结果。我以为,这个极其重要的bestimmt(一定的)恰好为支撑全部新世界观基础的全新的**历史时间质性**。由此,在这个bestimmte Gesellschaftsform(一定的社会形式)上,人的本质"在其现实性上,它是一切社会关系的总和(In seiner Wirklichkeit ist es d ensemble der gesellschaftlichen Verhältnisse)"。① 依我的判断,马克思这里所指认的作为现实的个人的本质之前提的bestimmt(一定的)和Wirklichkeit(现实性),也就是海德格尔后来的Dasein(此在)中的Da,即历史时间质性。这种历史时间质性意味着,未来时间维度中的Dasein总是会被历史地超越的。这当然是一种极其重要的新观点。这会有两个重要的理论编码构境层:

第一,人的本质既不是*sollen*(应该)存在的本真性类本质,也不是直观中以肉体直接到场的个体实在;看起来孤立实存的个人,作为一种**不是它自身**的正在消逝的物像,背后是一种一定历史时间中的现实的、历史的、具体的复杂社会关系赋型的总和。这里出现的ensemble(总和)并非量的相加之和,而是**多重社会关系场境赋型的功能链整合(*integration*),这恰恰是社会关系构式(信息编码)**的基本构境含义。② 这直接表征了马克思新世界观中即将出现的复杂**关系场境论**本质,这种以**非实体在场方式**突现的关系场境存在,正是马克思全新普遍关联的历史辩证法构序中的**世界**概念的核心构序点。相对于《提纲》第一条中从物到活动的此-彼归基关系,这也是第二种脱型于现象学后**从独存式对象性实体到关系场境的此-彼归基存在论**。广松涉自己说,正因为他将"马克思的'人的本质是社会关系的总和'几乎奉为经典",才会强调"关系的第一性"的关系主义世界观。③ 这恐怕也是海德格尔抛弃独立实体性存在者的个人主体概念,将其表征为Dasein(此在)——在世之中存在(Das In-der-Welt-Sein)——共在世界的真正缘起。一是如果回到《提纲》的第一条,那么实践物相化创制的事物,也将失形和脱型于自然关联,进入到人的有历

---

① 参见[德]马克思恩格斯《费尔巴哈》,人民出版社1988年版,第85页。

② 在德文中,ensemble一词也同时意指不同的演员共同协作演出、合奏的整合。

③ 参见[日]广松涉著、小林敏明编《哲学家广松涉的自白式回忆录》,赵仲明等译,南京大学出版社2009年版,第83页。

史时间质性的社会关系场境编码之中,成为新的人与物、人与人之间普遍关联的我们周围世界的构成部分。这时,不仅建筑和道路是我们"建筑世界"(weltbildend)的重要社会物相化空间构件,而作为雕塑作品的石头和我们豢养的宠物当然都是**有世界**的(德里达语)。① 这种有世界的实现方式,同样也不是直接的物性实在,而是物性实在被赋型和编码的关系场境隐性在场。它通常无形地实现于房屋使用、道路行车的功用在场中。二是我们已经知道,人在历史性地创制自然对象的劳动物相化过程中,同时创制自己身心的主体物相化,人的双手、五官和大脑改变的本质也是主体能力自我塑形和构序的格式塔转换,不断精巧起来的双手、日益丰富起来的感官和持续深邃起来的大脑,其实都是人的当下激活和复构起来的生命和社会历史负熵创制的物性承载。而在这里,马克思想告诉我们,人创制生命和社会历史负熵的主体物相化实现中最重要的现实本质,只能是一种人与自然、人与人之间赋型起来的有时间质性的关系性场境存在,这既是劳动生产物相化和人的主体物相化更重要的组成部分,也是构成更大空间尺度上的社会物相化关系构序场境的直接基础。

实际上,这个不可直观的社会关系功能链编码场境就是马克思全新的**世界**(Welt)概念。在不久后的《德意志意识形态》中,它会被表述为"我们周围的世界"。这也意指着,"社会关系的总和"会是马克思社会物相化空间——世界概念的本质。每个时代中一定的社会人群和现实的个人,都会因为不同的"关系总和"遭遇自己的在场性突现世界,或者说,通过自己的关系场境看到同一个周围世界的不同界面。科西克说,"人们生活在几个世界之中,但是每个世界都有一把不同的锁。没有相应的钥匙,或者说,不改变意向性和占有实在的方式,人们就无法从一个世界转移到另一个世界"②。这是有一定道理的说法。比如,马克思曾经提及的"音乐的耳朵"和"看到美的眼睛",在今天,此在在世之中能够遭遇西方古典音乐中的浪漫主义音乐世界或后现代的美术世界,但只有那些经过复杂艺术学习和训练的人才可能打开这些抽象空灵的突现诗性世界之门。这当然是一个非常难以进入的构境。在课堂上,讲

① 参见[法]德里达《论精神——海德格尔与问题》,朱刚译,上海译文出版社2008年版,第18页。
② [捷克]科西克:《具体的辩证法》,傅小平译,社会科学文献出版社1989年版,第12页。

到马克思的这一观点，我都会以自己为例。比如，我在自己的成长过程中，会从不会行走、盲听盲视的婴儿变成手脚灵巧、知书达理的成人，这是个人主体物相化的直接结果，然而，我的"本质"并非一种实体性的孤立的现成物性到场存在，而是我在生活中所建构的不同关系的 ensemble（总和），这种关系赋型的在场性世界是动态地辩证运动的，它们历史地建构起来或者消逝。有些关系是恒定的，比如在日常家庭生活场境中，我与妈妈之间的母子关系，我与姐姐们之间的姐弟关系，我与女儿之间的父女关系等，这些都是基于血亲关系之上的不变场境关系。我的主体物相化中的生理基因和心理结构，甚至都与这种血亲关系相关。还有一些关系场境会历史性地建构和消逝。我曾经是一名军人，但当我退役失形于部队的关系场境，这种外部的关系质就消失了，可军人气质却时常突现在我的工作和生活场境之中。走在南京大学的校园里，学生们见到我都会喊一声"张老师"，这个"老师"并不是我与生俱来的本质属性，而是我过去几十年在课堂教学和与学生之间相互的关系场境中获得的关系场境。当我退出教学，在校园里那些我没有教过的新生眼中，我不会是一个"老师"的。再比如，也因为我从事哲学研究工作，我所写作、发表、历史留存下来的论文和著作，以及我在学术会议上的发言，也构成了我与学术界的互动思想在场关系。还有一个我常挂在嘴边的笑话：在我担任学校管理者职务的时候，路上也会不时遇到一些向我点头哈腰的人的笑容，我半开玩笑地问学生，"这些笑容真的是冲着我的吗？"其实不是，这些笑容只是冲着我背后的那个行政位子，一旦我从这个位子上下来，这些笑容都会消逝得无影无踪。这样，我的本质并非只是这些关系赋型的相加之和，而是一种复杂关系场境的整合突现的辩证法筑模，它属于一定历史条件下社会物相化关系场境构式的无形没骨式的 Emergence（突现）在场世界。依我的观点，布尔迪厄的惯习（habitus）概念则是指由"关系总和"生发出来的一定惯性行为关系。我注意到，他多次指认马克思的《提纲》对其产生的深刻影响，甚至使其"心醉神迷"[1]。他明确指出要

---

① [法]布尔迪厄：《文化资本与社会炼金术——布尔迪厄对话录》，包亚明译，上海人民出版社1997年版，第1页。译者错将马克思的《关于费尔巴哈的提纲》误认为恩格斯的《路德维希·费尔巴哈和德国古典哲学的终结》。

"从关系的角度进行思考",这种关系是"马克思所谓的'独立于个人意识和个人意志,而存在的客观关系'"。① 但与马克思观点的不同在于,当布尔迪厄说"我的独特性在社会关系之中并通过社会关系来塑造"②时,他突出强调了这种制约性惯性行为系统的动态功能方面。这是值得我们关注的思考线索。我觉得,马克思的这一观点,当然不是从天上掉下来的,而是内在地关联于青年马克思异化构式中的那个"共同社会关系"本质和本真劳动关系本质。其实,在前述关于物质实践的讨论中,物相化的工业生产本身就是人对自然能动关系的实现,马克思以后还会进一步说明,物质生产本身也是一种共同活动的关系场境,作为人的爱多斯(eidos)之相实现出来的所有工业生产的产品,除去劳动塑形和构序之外,也无一例外都会是原先自然关联脱型和新的社会关系赋型的结果,关系赋型和社会总体构式都是物相化活动所创制的整个社会生活场境的必然结果。这一问题的解决,是在不久后马克思恩格斯共同写作的《德意志意识形态》一书中初步完成的。

第二,过去这个关于人的本质是现实的社会关系的总和的定义,仅仅被当作一种普适性定义,这当然是不错的。这亦表明,在第一层级物相化透视构境的第二层面上,在熟知的实体性到场的个人主体背后发现"正在消逝的东西(verschwindend darstellt)"——不在场的社会关系场境世界,这是走向历史唯物主义场境关系存在论的通道。然而,我现在还意识到,马克思在此处批判费尔巴哈的特定构境中,这里的社会关系透视,主要不是针对直接可见的原始部族生存中的血亲关系和封建宗法关系构式,因为在那里支配社会生活的人的自然生物关系是**直接的血亲联结**,而非外部社会关系赋型中介了的"总合",所以,这里的"社会关系的总和"除去非物像的批判性构境,可能更多地反映了 bürgerliche Gesellschaft(资产阶级社会)中发生的**不可直观**的繁杂经济和政治关系赋型场境。这业已是人的一般物相化世界向**经济物相化世界**(金钱世界)转换的结果。这种"社会关系的总和"背后,主要是斯密-黑格尔的中介性市场交换关系构式即斯密的非直接的"看不见的

---

① 参见[法]布迪厄、[美]华康德《实践与反思》,李猛等译,中央编译出版社1998年版,第133页。
② [法]布尔迪厄:《帕斯卡尔式的沉思》,刘晖译,生活·读书·新知三联书店2009年版,第156页。

手"支配下的盲目个人私利运动,和黑格尔非直观的"理性的狡计"支配下的"市民社会"中原子化个人相互利用的他性关系赋型和编码,人与物、人与人之间的普遍关联,已经是颠倒的物性辩证法运动。这其实已经是资产阶级社会特有的**第二层级经济物相化**结果。在不久前完成的《神圣家族》一书中,马克思仔细地分析了这种市民社会中原子化个人的市场关系"总和"。① 在这一点上,马克思这里的"关系总和"的构境意向,与恩格斯后来透视经济的社会赋型中的"个人合力说"的特设说明是一致的。② 关于这种特定的经济物相化过程的奥秘,马克思是在《1857—1858 年经济学手稿》中才开始真正破解的。当然,马克思这里的理论构境可以有两个层面:一是与第一条中那个非对象性的当下发生和消失的历史性的物质实践活动一样,人的本质是关系场境,这类同于黑格尔非物像透视第一层级中的第二方面,即对象物消失在主体活动的关系存在之中,这说明,**社会关系场境论**正在成为马克思观察社会生活和人的现实生存的主要逻辑赋型。这将是下面历史唯物主义构境的根本立足点,即从物质生产与再生产构序**活动**到社会**关系**(方式)赋型的场境存在,这当然也是全新的关系意识论和历史认识论的前提。二是

---

① 马克思指出:"他的每一种本质活动和特性,他的每一种生活本能都会成为一种**需要**,成为一种把他的**私欲**变为对他身外的其他事物和其他人的癖好的需要。因为一个人的需要,对于另一个拥有满足这种需要的资料的利己主义者来说,并没有什么明显的意义,就是说,同这种需要的满足并没有任何直接的联系,所以每一个人都必须建立这种关联(diesen Zusammenhang),这样就相互成为他人的需要和这种需要的对象之间的皮条匠。由此可见,正**是自然的必然性、人的特性**(不管它们表现为怎样的异化形式)、**利益**把市民社会的成员彼此连接起来。他们之间的**现实的**联系不是政治生活,而是**市民生活**。"(《马克思恩格斯全集》第2卷,人民出版社 1957 年版,第 154 页。中译文有改动。)

② 恩格斯在 1890 年 9 月 21—22 日写给布洛赫的信中指出:"历史是这样创造的:最终的结果总是从许多单个的意志的相互冲突中产生出来的,而其中每一个意志,又是由于许多特殊的生活条件,才成为它所成为的那样。这样就有无数互相交错的力量,有无数个力的平行四边形,而由此就产生出一个总的结果,即历史事变,这个结果又可以看作一个作为整体的、**不自觉地**和不自主地起着作用的力量的产物。因为任何一个人的愿望都会受到任何另一个人的妨碍,而最后出现的结果就是谁都没有希望过的事物。所以以往的历史总是象一种自然过程一样地进行,而且实质上也是服从于同一运动规律的。但是,各个人的意志——其中的每一个都希望得到他的体质和外部的、终归是经济的情况(或是他个人的,或是一般社会性的)使他向往的东西——虽然都达不到自己的愿望,而是融合为一个总的平均数,一个总的合力,然而从这一事实中决不应作出结论说,这些意志等于零。相反地,每个意志都对合力有所贡献,因而是包括在这个合力里面的。"(《马克思恩格斯全集》第37卷,人民出版社 1972 年版,第 461—462 页。)关于恩格斯"合力说"的讨论,可参见拙著《马克思历史辩证法的主体向度》(第一版),河南人民出版社 1995 年版,第五章第四节。

《提纲》中的这一观点在后来的第三次经济学研究中还会发生较大的重构,因为进入资产阶级的经济关系物相化场境之后,生产关系**反向物相化**为直观实在的"人",这里的原子化的"孤立的抽象个人",则会进一步分化为资本关系"人格化"后的资本家和雇佣劳动关系"人格化"后的工人,这是愈益复杂的一个经济关系构式负熵进程中特定关系编码场境颠倒的伪在场问题。

最后,回过头来再看我们已经引述的《提纲》第九、第十条的内容。现在来看,第九条中的"直观的唯物主义",就不仅仅是哲学话语构境中停留在一般物像迷雾中的一般旧唯物主义,而也暗指所有停留于经济物像中所谓可见的商品、货币等物性财产一类的熟知"感性对象"的拜物教观念,即资产阶级意识形态幻象中的**直观认识论**。并且,马克思想强调的方面是,在资产阶级意识形态话语赋型中,基于对抽象的、"撇开了历史进程"的"单个人和bürgerliche Gesellschaft(资产阶级社会)的直观",人们将在商品-市场经济关系中遭遇的"感性"对象(商品、货币和资本家购回的机器、原料和厂房)理解成现成的 Bekannte(熟知)"事实"(黑格尔的"感性确定性"),这种停留于直观的经济物像迷雾中的唯物主义(包括经济学中的社会唯物主义),是无法理解揭露私有财产主体本质和消灭资产阶级社会的革命的"实践活动的唯物主义"的。这当然链接于《精神现象学》的"正在消逝的东西"的物相化透视的证伪逻辑。我觉得,青年卢卡奇在《历史与阶级意识》一书《物化和无产阶级意识》一文的第二节中,正确地反对过资产阶级直观认识论中的实证主义意识形态认知构式。①

实际上,马克思《提纲》此处的 bürgerliche Gesellschaft,如果被译成"市民社会"则会是奇怪的,根据我们上面已做的概念考古辨识,那么它是作为资产阶级政治公共域的市民社会话语Ⅰ,还是斯密-黑格尔作为特定市场交换体系的市民社会话语Ⅱ?它更不会是马克思自己之后作为经济的社会赋型"基础"的市民社会话语Ⅳ。其实,此处的 bürgerliche Gesellschaft 话语能指,只有译作**资产阶级社会**,才可以与马克思此处特定意义所指中证伪的原子化的独

---

① 参见[匈]卢卡奇《历史与阶级意识》,杜章智、任立、燕宏远译,商务印书馆1995年版,第177—228页。

立个人和经济拜物教的物像直观联系起来。同理,第十条中那个与作为新唯物主义社会基础的"人类社会或社会的人类"——社会主义(共产主义)相对立的,当然也只能是以**资产阶级社会**为立脚点的经济物像直观中的唯物主义。当然,马克思在写给自己看的《提纲》中,并没有突出强调这一特殊思想构境,而与他同心的恩格斯则在多年之后,在 anschauende(直观)和 bürgerliche 二词下加上了着重号的横线,并且,在那个来自斯密-黑格尔的历史性的多义词 bürgerliche Gesellschaft 的 bürgerliche 上,加上了有特殊构序意义的双引号,由此突显马克思这一心得中的原初构境。这一在概念考古细读语境中显现的独具匠心的微观信息编码(information coding)中的重构说明,恩格斯是真正入境于马克思的新世界观构境的。我前面说明过,这个证伪性的双引号,类似于海德格尔后来在 Dasein 上的打叉或拉康的那个划去伪主体合法性的斜杠。由此,《提纲》第十一条中的"去**改变**(zu *verändern*)世界"中的世界(Welt),也就会是人的历史性实践物相化和社会关系场境赋型的世界,并且在此突显为资产阶级社会迷雾重重的经济物相化世界。用列宁的话来说,就是"世界不会满足人,人决心以自己的行动来改变世界"①。可这里的改变世界,业已是改变资产阶级社会的旧世界。

---

① 《列宁全集》(第二版)第 55 卷,人民出版社 1990 年版,第 183 页。

第六章 《布鲁塞尔笔记》与《曼彻斯特笔记》：方法论话语的转换与资产阶级社会图景

如前所述,1845 年 2 月,马克思开始了第二次经济学研究,写下《布鲁塞尔笔记》A(第 1—2 笔记本),3 月完成《评李斯特》一文后,在春天写下了具有历史意义的《关于费尔巴哈的提纲》。在马克思构思出自己科学世界观的最初萌芽后,他与恩格斯取得了共识,并开始共同完成这种新的"历史理论"的研究工程。可见的事实是,马克思和恩格斯都没有再去阅读哲学文献,而在同年的 5—7 月,马克思在布鲁塞尔继续从事他已经开始从中获益的政治经济学研究,写下了《布鲁塞尔笔记》B(第 3—6 笔记本)。① 同年 7—8 月,马克思与恩格斯出于"理论联系实际"的目的,花费了六周时间一起访问资产阶级的工业(制造业)王国——英国的曼彻斯特。在此期间,马克思在曼彻斯特还写下一批经济学摘录笔记,即《曼彻斯特笔记》(*Manchester Hefte*,9 册)。② 在曼彻斯特期间,恩格斯也记有三个笔记本的经济学摘录。③ 此后,马克思恩格斯开始写作著名的《德意志意识形态》。我猜想,在一定的意义上,马克思的第二次经济学研究,正是《德意

---

① 马克思的《布鲁塞尔笔记》(6 册)已经整理出版。Marx-Engels-Gesamtausgabe(MEGA²),Ⅳ/3,Text,Berlin:Akademie Verlag,1998.

② Marx-Engels-Gesamtausgabe(MEGA²),Ⅳ/4,Text,Berlin:Dietz Verlag,1988;Marx-Engels-Gesamtausgabe(MEGA²),Ⅳ/5,Text,Berlin:Akademie Verlag,2015.

③ 恩格斯的《曼彻斯特笔记》,收录在 MEGA² 第四部分第 4 卷马克思的《曼彻斯特笔记》前五本笔记的后面。Marx-Engels-Gesamtausgabe(MEGA²),Ⅳ/4,Text,Berlin:Dietz Verlag,1988.

志意识形态》中历史唯物主义**生产话语**构境生成的思想构序和话语塑形的重要学术背景,也是他们批判资产阶级社会的现实历史思考之缘起处。这里,我们将《布鲁塞尔笔记》与《曼彻斯特笔记》作为一个马克思思想实验的整体,有选择地讨论一些经济学家那里有可能生成历史唯物主义生产话语的原初思想情境,同时,也进入此时马克思经济学视域中展现出来的资产阶级社会的现实生活场境中。

1. 改变世界的物质实践向生产话语的根本转换

其实,在《布鲁塞尔笔记》A 和《评李斯特》之后,马克思通过复杂的哲学思想实验,生成了《提纲》中的**实践唯物主义**,在方法论上获得了改变世界的物质实践**活动**与**关系**("总和")场境存在论的起点,这使他能够进入观察整个世界的**物相化**透视,这是他走向历史唯物主义构境极为关键的一步。然而,我们能够观察到,《提纲》中的实践范畴,却在 1845 年秋天之后他与恩格斯合作的《德意志意识形态》一书的文本中,与所有传统哲学话语一样,被大大边缘化了。新的历史唯物主义思想构境,是以第一层级物相化的**物质生产与再生产活动—生产力—交往关系—生产方式**为核心的全新生产话语构序场境。那么,这里就存在着一个思想史上的逻辑转换,即从哲学的实践范畴向经济学中的生产话语过渡,实践的辩证法转换为生产的辩证法。这一切是如何发生的?我的判断为,这正是马克思第二次经济学研究的必然结果。其实,在马克思写作《提纲》的时候,他正处于《布鲁塞尔笔记》A 的写作过程中,而《德意志意识形态》的写作,则是在《布鲁塞尔笔记》B 和《曼彻斯特笔记》完成之后进行的。我们这里统称为《布鲁塞尔笔记》的摘录性文献,主要指《布鲁塞尔笔记》A—B。我有理由推断:马克思在历史唯物主义的创建过程中,彻底告别传统哲学话语,进入到物相化的生产话语构序和编码场境,能够以观察社会历史现象的**客体向度**中的历史和实证的方式,科学地批判资产阶级社会现实,其主要原因是受到他第二次经济学研究的影响,当然,这里面也一定有来自资产阶级工业生产现实和工人劳动者现实生活中的恩格斯的强力推动作用。我的具体认识为,马克思在《布鲁塞尔笔记》A 中,已经开始接触欧洲历史上资产阶级工业生产活动和商品-市场经济关系存在的现实,特别是在《布鲁塞尔笔记》B 中,马克思第一次具体遭遇近代资产阶级工业生产实际和机器化大生产的现实，这促使他彻底否定了人本主义异化史观，甚至放弃所有抽象的传统哲学话语，而从哲学意味的实践活动和一般社会关系，直接进入历史唯物主义全新的思想构境：工业文明的**物质生产与再生产**的物相化活动，特定历史条件下人与自然、人与人的交往关系赋型和**生产力**水平之上动态的**生产方式**筑模。由此，他再以历史唯物主义、历史辩证法和历史认识论的科学方法，具体地、历史地、现实地全面分析和批判了资产阶级社会的历史发生和现实统治。依我所见，马克思所创立的历史唯物主义新世界观核心，是一种**跨学科系统话语移植**的结果，这里他所启用的物质生产、生产力和生产方式等重要概念，都不是传统哲学话语编码中的基本范畴，而是取自经济学和国势学（舒尔茨的国家统计学）等学科，以后，我们还会看到马克思不断从数学、地质学和历史学中汲取新概念，以精准标识自己的认知进展。这也意指着，不同学科之间的话语转换，特别是科学研究前沿重要的观念革新也是哲学观念革命的前提。这恐怕也是我在自己的哲学思考中，不断从其他学科中挪移一些有质性的重要概念的主要缘由。马克思的这种做法，自然会遭到保守思想的强烈不解和抵制。今天仍然如此。这里，我们从马克思在《布鲁塞尔笔记》和《曼彻斯特笔记》所进行的摘录内容中来进行一些初步的文本分析。关于这两个笔记群文本的文献情况，我已经在《回到马克思》第一卷中进行了具体的分析，此不赘述。马克思在《布鲁塞尔笔记》A 中再一次进入经济学语境，虽然其中的一些摘录，时间上可能开始于《关于费尔巴哈的提纲》之前，但马克思对其中内容的思考却是属于历史唯物主义科学方法论创立之前的整体支援背景。

先说一个基本判断，纵观作为马克思第二次经济学研究的《布鲁塞尔笔记》和《曼彻斯特笔记》的摘录全程，马克思一改《巴黎笔记》后期那种用高调的哲学话语批判和证伪经济学的态度，再一次变得沉默，在大多数情况下他只是关注和摘录自己需要了解的经济学观点，却很少发表直接的评论。与"穆勒笔记"和《1844 年手稿》中那种"跳出经济学"的超拔态度不同，这里，马克思选择了**回到经济学语境**中的社会历史现实的此-此证伪逻辑的态度。我们也会知道，马克思此时刚刚签订了一本名为《政治和国民经济学批判》的出版合同，从书名来看，这是一本关于经济学理论的专门研究性论著。依我的主观推度，开始，它的基础会是完成于《巴黎笔记》后期哲学化的《1844 年手稿》。可是，从《提纲》开始的新世界观和方法论上的伟大变革,也会无限期地不断推延这一经济学研究论著的完成。马克思第一次公开表达自己的经济学观点,是在1847年《哲学的贫困》中批判蒲鲁东的副产品。真正开始科学的经济学研究,始于《1857—1858年经济学手稿》。显然,马克思在这里的沉默,不是《巴黎笔记》前期的那种进入陌生领域中的"失语",而是主动的"不说"。特别是在《布鲁塞尔笔记》A和《评李斯特》之后起始于《关于费尔巴哈的提纲》的新世界观征程中,马克思必须知道欧洲社会历史的经济发展现实中**物质实践改变世界**的真实工业生产物相化过程。这种研究态度上的转变,会使马克思得到更多的**科学话语**馈赠。

其一,传统哲学话语在经济学语境中**向物质生产话语转换的可能性背景**。马克思在《布鲁塞尔笔记》第1笔记本的开始,首先遇到了法国经济学家路易斯·萨伊(Louis Say)。从萨伊《财富的主要原因》(*Principales causes de la richesse et de la misère des peuples et des particuliers*,1818)的第一章中,马克思摘录了这样的表述:在资产阶级社会中出现的"大多数事物或多或少地满足我们的各种需求或欲望",即一种特定的"有用性"(l'utilité)的物相化关系存在,这意味着,作为工业生产产品的有用性并非物品自身的对象性属性,而是一种人的主体意图(eidos)通过生产实现出来的物相化结果,它是for us(面对我们)的需要关系的新型社会负熵存在。这会让马克思领悟,不同于哲学构境中实践对于对象的一般改变,资产阶级经济学家所面对的工业生产中,物质生产总是基于人的"需求"目的,它是将人的爱多斯之相,通过生产物相化于对象的特有的l'utilité(有用性),在此,现代性工业中的物质生产的本质是**有意图的物相化活动**。萨伊认为,"具有有用性的所有事物的集合(l'assemblage de toutes les choses ayant de l'utilité)……构成一个国家的财富"①。这也就是说,我们在资产阶级社会日常生活中遭遇的事物,已经不再是自然经济农业生产的惯性实践中**基本原生**的非物相化自然对象,而是通过有目的的创造性的工业生产物相化过程,创制出的一种对人有用的超出自然编码和生命负熵(自然失形与脱型)而获得自身的社会负熵定在,我们周围的世界是一个对人

---

① Marx-Engels-Gesamtausgabe(MEGA²),Ⅳ/3,Text,Berlin:Akademie Verlag,1998,S.116. 中译文参见刘冰菁、孔伟宇、付可祯译稿。

的生命存在有用事物的重新编码功能链的"集合"。这很接近于海德格尔所指认的上手性功效联结的环顾世界。在这个关系性的"有用"构序尺度下，原先在哲学话语中出现的"物质"和"自然存在"等这样的旧世界观中的概念，在经济学语境中也就被重新编码为十分具体的诸如"肥力"不同的可耕种土地、作为工业构序物性模板的劳动工具、有明确生产用途的工场的厂房和生产中的原料等。由此，抽象的物质概念和到场万物堆砌的世界图景，就为**以历史性的社会场境定在为本质的我们周围的世界**所替代，农业生产惯性实践未曾破坏的自然世界，在工业生产物相化活动中变成了人的生活周围的有用的**关系性突现场境世界**。这明显会不同于《1844年手稿》中劳动外化于自然这样一种抽象哲学表述，并且有可能是马克思后来第一层级物相化透视的强有力的赋型语境。当然，这也会是认识对象上的深刻改变，因为我们在观看自己的爱多斯（eidos）所创造的物相化世界的历史故事，从感觉经验的塑形开始，我们看到、听到和触碰到的显象世界就已经不再是本有的自然对象，而是经过工业物相化生产生成和编码的 for us（面对我们）的需要关系功能链、**失形与脱型于本有自然关联**的用在性事物，并且，这个 for us 的用在性在场关系的历史尺度恰是**实践功能度**的基础，它也决定了不同时代人的全部主观精神构序和逻辑编码活动的**认知功能度**的深浅、广窄和历史性本质。在思想构境谱系线索中，马克思是在《伦敦笔记》中的"工艺学研究"里，遭遇这一工业生产让自然物失形和脱型于本有自然关联的问题的。

当然，所有物品的有用性社会负熵关系都是由工人的劳动活动创造的，哪怕是树上的果实和山中的矿石从自然环境关联中的失形和脱型，都必然由劳动之手来获得。马克思注意到，萨伊在第二章中强调说，只有"完成的劳动才有用（l'ouvrage fait qui est utile）"，这里涉及**劳动与生产的质性区别**。所谓完成的劳动，即是"从主体出发"的劳动活动成为具体到改变和塑形物质对象为我所用的**物质生产物相化**构序过程，这样，"有用性存在于生产中（L'utilité existe dans la production），而不存在于生产资料（le moyen de production）"之中。①

---

① 参见 Marx-Engels-Gesamtausgabe（MEGA²），Ⅳ/3，Text，Berlin：Akademie Verlag，1998，S. 116。中译文参见刘冰菁、孔伟宇、付可祯译稿。

图 6 - 1 《布鲁塞尔笔记》"萨伊摘录"

如果说,物相化的有用性关系是商品使用价值的基础,那么,它的爱多斯并不存在于物性的工具和原料之中,而在物相化生产活动中。马克思后来才明白,这种创制产品用在性的爱多斯,并非资本的生产力,而是工人劳动的意图和创制能力。这样,萨伊就完成了一种政治经济学中的**社会唯物主义**赋型。在《回到马克思》第一卷中,我已经指认过存在于资产阶级经济学理论构境中的这种重要的理论前提。社会唯物主义不同于传统的素朴实在论,它恰恰是以非直观的客观工业生产实践和经济活动为社会基础的。

在后面《布鲁塞尔笔记》第5笔记本对罗西①的《政治经济学教程》(*Cours d'économie politique*)的摘录中,马克思记下了这样一段表述,"人对物质生产

---

① 罗西(Pellegrino Rossi),在 J. B. 萨伊去世后接替他在法兰西学院的位置的意大利经济学家。马克思后来在《1861—1863 年经济学手稿》中,将其指认为为资本家剥削辩护的"精神劳动者"。参见《马克思恩格斯全集》(第二版)第 33 卷,人民出版社 2004 年版,第 357 页。

（la production matérielle）有什么贡献？归根结底，它只贡献一件事，就是运动（le mouvement）。因此，归根结底，生产是力量的应用，从而产生了一种满足人类需求的东西"①。这也就是说，物质生产中起决定性作用的是人有目的地改变外部对象的劳动活动，但是劳动的潜能（dynamis）和爱多斯（eidos，用在性需求）必须**实现和完成于物质生产过程之中**。而且，罗西甚至十分具体地谈到物质生产运动的内部构式："在生产现象中包含三个要素：1）力（eine Kraft），2）应用方式（eine Weise der Applikation）和3）结果。或1）原因；3）效果和2）从原因到结果的转换，通过原因必须发挥的作用才能产生效果。"②第一个作为生产动因的"力"，当然是人在生产过程中的劳动物相化塑形和构序活动，它造成了改变外部对象（生产资料与材料）的结果，而"怎样生产"的"应用方式"则是"从原因到结果的转换"。这是一个非常深刻的理论剖析。我觉得，在这里马克思显然会在观察社会历史现实的起点上，获得比传统哲学话语更贴近社会现实基础的东西，这就是人们现实生产资料的物质生产。这里的物质生产过程，当然已经是超出自然经济惯性实践（辅助性劳动）的工业生产活动，所以，它才会表现为工人的劳动通过生产资料对象化到现实的改变世界的物质实践，这里的创造性的生产活动是比物质实践中的阶级斗争一类政治活动**更基始性**的方面。我觉得，这既可能是《关于费尔巴哈的提纲》中从现成对象物到物质实践概念的此-彼归基关系的基础，也会是马克思后来从**实践**的哲学概念走向社会历史深处的基始性的**物质生产**之思的缘起。因为人改变世界的实践活动也可能是社会物相化的社会生产关系变革，但一个国家的财富却只是由物质生产创造的，这也表示，物质生产是实践活动中最基始的形式。所以，**实践辩证法的真正历史本质是物质生产的辩证法**。这当然会是一种重要的转换。

---

① Marx-Engels-Gesamtausgabe（MEGA²），Ⅳ/3，Text，Berlin：Akademie Verlag，1998，S. 366. 中译文参见刘冰菁、孔伟宇、付可祯译稿。

② Marx-Engels-Gesamtausgabe（MEGA²），Ⅳ/3，Text，Berlin：Akademie Verlag，1998，S. 366. 中译文参见刘冰菁、孔伟宇、付可祯译稿。

还有,在《布鲁塞尔笔记》第 3 笔记本对弗朗西斯·费里埃《政府在贸易关系问题上的考虑》(François Louis Auguste Ferrier, *Du gouvernement considéré dans ses rapports avec le commerce*,1805)的摘录中,马克思注意到了"通过交换倍增而扩大的再生产(reproduction)"问题。① 这亦表明,人们为了生活而产生的新需求,会通过再生产使物质生产成为一个连续不断的物相化的社会负熵创化和编码活动过程。并且,在不同经济学家关于消费与生产的关系的讨论中,马克思都看到由新的需求引起的"再生产性消费"(les consommations reproductives)问题。② 我揣测,这应该会是历史唯物主义中那个作为逻辑起点的**物质生产和再生产**问题的经济学背景。这也意味着,历史唯物主义中突现的生产话语,可能并不是传统哲学观念本身的更新或发展,而是一种**来自学术异域的整体话语挪移**。更准确地说,是来自近代西方工业生产进程和社会生活现实的哲学话语抽象和重塑。

也是在对费里埃的摘录中,马克思进一步看到了作为物质生产现代构序形式的**工业生产**的重要作用。其实,在绝大多数资产阶级经济学家那里,创造性的工业生产总是与超出农耕文明惯性实践的资产阶级社会的历史出场密切关联的。这可能也是马克思在同期写下的《评李斯特》一文中,干脆简单地将"工业"用作资产阶级社会的代名词的缘故。费里埃认为,斯密已经指认出"欧洲工业的进步为土地的改善做出了有力的贡献。这种构序(ordre)与事物的本性(la nature des choses)非常吻合,远远超过任何国家的农业对工业发展的贡献"③。这显然已经是一种理论自觉。因为与农业生产惯性实践活动中人的劳动无力地屈从自然编码和生命负熵进程不同,工业生产中发生的物相化劳动塑形和 ordre(构序,Ordnung)是根本改变自然物质的存在方式,甚至是解构生命负熵质的失形和脱型,可它更符合**为我性**的"事物的本性"(for us

---

① 参见 Marx-Engels-Gesamtausgabe(MEGA²),Ⅳ/3,Text,Berlin:Akademie Verlag,1998,S.210。中译文参见刘冰菁、孔伟宇、付可祯译稿。

② 参见 Marx-Engels-Gesamtausgabe(MEGA²),Ⅳ/3,Text,Berlin:Akademie Verlag,1998,S.241,277。中译文参见刘冰菁、孔伟宇、付可祯译稿。

③ Marx-Engels-Gesamtausgabe(MEGA²),Ⅳ/3,Text,Berlin:Akademie Verlag,1998,S.213. 中译文参见刘冰菁、孔伟宇、付可祯译稿。

的 eidos = 有用性负熵)。我推测,这有可能使工业生产中突显出来的反自然的 Ordnung(构序)问题,成为历史唯物主义构境中生产力创化的核心。并且,在这一点上,也会生成马克思后来重要的**历史认识论**的观念,因为农耕文明的农业生产惯性实践所保持的劳动主体与自然对象的二元对置,将被工业生产中自然失形和重新构序的人工产品替代;在认识论尺度上,工业产品业已是嵌套着主体爱多斯之相创造性塑形和构序的结果,这种为我性事物的编码逻辑会彻底解构二元认知构架,以生成完全不同于农耕时代制约人们观念的惯性经验传统的全新社会历史先验构架。从思想构境谱系线索上看,这也有可能链接到马克思后来的那个人"既当成剧作者又当成剧中人物(les auteurs et les acteurs de leur propre drame)"①的重要观点。在《布鲁塞尔笔记》第 3 笔记本对亨利·斯托奇《〈政治经济学教程〉附萨伊的评论》(Henri Storch, *Cours d'économie politique et avec des notes etc par J. B. Say*)的摘录中,马克思进一步看到,工业生产的本质是"**基于程序和机器**(les procédés et les machines)"②的。这一精准的指认,应该是机器化大工业生产改造对象的物相化方式,不再仅仅基于劳动者主体性爱多斯直接实现出来的手艺,而开始依托机器化生产中的客观技术程序。在认识论构境中,人的劳动主体构序作为社会负熵源现在转化为机器的客观工序,这是从主体性 ordre(构序)向机器的客体 procédés(程序)——一种**客观技术抽象基础之上的先验工艺构架**——的转换,社会负熵的根本性构序直接转化为科学—技术非及物构序和信息编码,由此再对象化于物质生产过程,这就是全新的**科技物相化**过程。科技物相化已经不是体力劳动者主体爱多斯的直接实现,而是科技人员纯粹爱多斯创制的间接实现,这是一般物相化活动的最高形式。同时,这也将成为制约个体认知先天观念综合构架的关键性因素。因为科学技术将第一次在认识论上突破人的感性经验塑形和构序,人们通过科学技术实验和研究所看到、听到和触碰到的世界显象,已经不再是过去人们直接通过感

---

① 《马克思恩格斯全集》第 4 卷,人民出版社 1958 年版,第 149 页。

② Marx-Engels-Gesamtausgabe(MEGA²),Ⅳ/3,Text,Berlin:Akademie Verlag,1998,S.271. 中译文参见刘冰菁、孔伟宇、付可祯译稿。

觉器官获得的统觉—知性现象,以后高倍电子显微镜、粒子加速器和射电望远镜的出现,则会进一步突显人的五官感知范围之外的微观和宏观世界图景。从思想构境谱系分析中可以发现,马克思真正解决这一问题,是在《伦敦笔记》的"工艺学笔记"、《1857—1858 年经济学手稿》和《1861—1863 年经济学手稿》的相对剩余价值研究中。在那里,马克思通过理解发生在劳动过程中的技能现实抽象(Ⅱ)并反向物相化于工具模板,深刻透视了技术的历史本质。

当然,马克思还注意到,在费里埃看来,工业生产活动不仅在事物的构序本质上大大深化了,而且在人的生存空间塑形上也创造了一个全新的可能性,"工业不仅涉及本地生产,而且涉及全世界(monde entier)的生产,其价值可以增加十倍、一百倍,其发展和完善手段均不受限制。它的领域随着需求的增长而增长,并且像想象力一样广阔,富于变化、富有成果,它的创造力(puissance créatrice)没有限制。"①这会让马克思意识到,资产阶级社会中出现的工业生产,是作为社会定在基础的物质生产在今天最重要的(狭义)生产方式,它使物质生产的创造能力增加十倍、百倍,甚至生成没有任何限制的构序能力,并且创造出遍及全球的世界性的成果。马克思恩格斯在后来的《共产党宣言》中肯定资产阶级生产方式的历史作用时,曾经使用了相近的表述。当然,这已经过了"居利希笔记"的田野考察。

这里,我注意到发生在第二次经济学研究中的一个重要话语事件,在《布鲁塞尔笔记》第 6 笔记本里对约瑟夫·佩奇奥的《意大利政治经济学史》(Joseph Pecchio, *Histoire de l'économie politique en Italie*)的摘录中,马克思专门用了一个两栏分立的方式,比较了意大利经济学和英国经济学的差异,他特别关注了英国作为"国家科学"(Wissenschaft die Nationen)的国民经济学体系。

---

① Marx-Engels-Gesamtausgabe(MEGA²),Ⅳ/3,Text,Berlin:Akademie Verlag,1998,S.213. 中译文参见刘冰菁、孔伟宇、付可祯译稿。

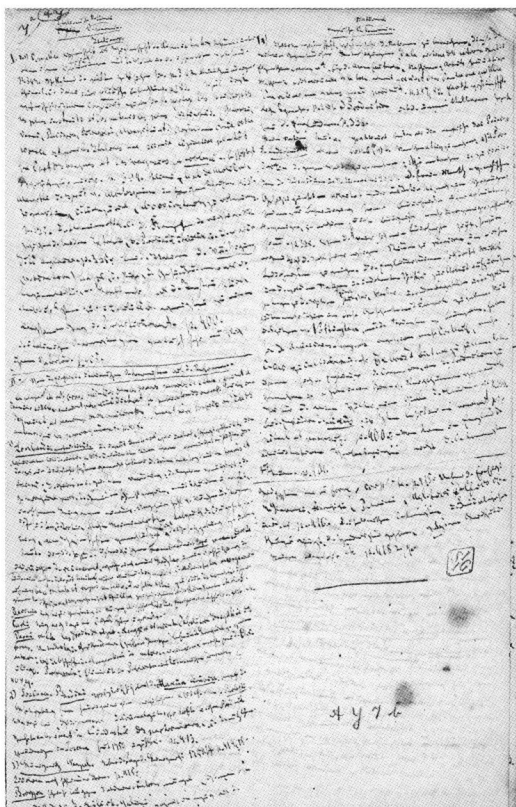

图6-2 《布鲁塞尔笔记》比较英国和意大利经济学图式
手稿截图

马克思精细地观察到,英国经济学更直接的目的,就是将人的**需求**(*Bedürfnisses*)投入实践(*prakticiren*)中的物质生产。这是一个理论逻辑起点的确认。然后他具体地标识出,"1)人们主动去做;2)扩大整个世界的生产;3)使个人和民族文明开化"①。这是《关于费尔巴哈的提纲》中那个"从主体出发"的实践在物质生产中的落地,以及工业生产塑形和构序出全新变革世界的文明前景。马克思格外留意到,在这门关于物质生产的学科中,出现了"财产,收入净额,用于制造,机器;工人,生产机器"一类的实证性的经济学话

---

① Marx-Engels-Gesamtausgabe(MEGA²),Ⅳ/3,Text,Berlin:Akademie Verlag,1998,S.403. 中译文参见刘冰菁、孔伟宇、付可祯译稿。

语,于是,马克思突然有了一个话语构序场境中的质性判断:这是"准确的科学语言"(Exakte wissenschaftliche Sprache)①。显然,这里的"准确"是相对于传统形而上学描述他所面对的复杂资产阶级社会经济生活中的不精准,"科学语言"是从现实出发的实证科学编码话语。依我的推测,马克思已经意识到传统哲学话语可能无法描述他在经济学中遭遇的资产阶级社会现实。我不能确定,这是否是马克思**决意彻底脱型于传统哲学逻辑转而采用生产话语的历史缘起**,或者是马克思恩格斯指认《德意志意识形态》一书的话语立场为"实证科学"原则的支援背景。

必须指出两点:第一,此时的马克思并没有留意到,虽然资产阶级经济学家在社会唯物主义的直觉中,承认物质生产活动的基始性地位,可一旦他们步入商品-市场交换的复杂经济关系时,却无一例外地落入商品、货币和资本这些社会关系颠倒为物的**第二层级经济物相化**生成的经济拜物教陷阱。这是一个悖论。解构了人本学异化构式的马克思,此时并没有发现解决这一问题的科学构式,这一点,是马克思在《伦敦笔记》第三次经济学研究之后的《1857—1858年经济学手稿》和《1861—1863年经济学手稿》之中,通过在历史现象学构境中重新启用科学的劳动异化批判构式Ⅲ来实现的。第二,从劳动话语(从主体出发的实践)转向生产话语,这恐怕会离经济学语境中的劳动价值论更远一些,这也是急于实现历史唯物主义方法论变革的马克思没有意识到的更深层面的问题。而在1850年之后开始的第三次经济学研究中,马克思再一次在历史唯物主义的基础上重新回到了物质生产过程背后的劳动辩证法。

其二,现实个人的**社会关系场境存在论**基础。实际上,马克思在1844年《巴黎笔记》时期生成的人本主义话语,特别是其中的抽象的人及其类本质价值悬设的最后解构,注定发生于他第二次以全新的态度进入经济学话语之中。因为一旦马克思从哲学话语回到经济学话语,他决不会遭遇非历史的抽象逻辑编码中的"人"、"主体"和 *sollen*(**应该**)存在的本真性"类本质",而只

---

① Marx-Engels-Gesamtausgabe(MEGA²), Ⅳ/3, Text, Berlin:Akademie Verlag, 1998,S.403. 中译文参见刘冰菁、孔伟宇、付可祯译稿。

有不同国家在不同经济历史阶段中出现的封建关系场境中的统治者与农奴、地主与农民以及资产阶级社会关系场境中的资本家与工人，甚至具象为一定历史时间中出现的劳动分工下制作别针的工人、纺织机前的女工、追逐私利的面包师、贪婪的商人与银行家等**现实的个人**。我觉得，这可能是马克思原先那个抽象的人本学劳动异化逻辑编码无法生存下去的根本原因，他只能从客观社会生活出发去观察"现实的个人"。依《关于费尔巴哈的提纲》中第一层级非物像批判的新世界观，所有社会历史情境中出场的现实的个人，其本质都会归基于他在生活中构序起来的现实的社会关系场境赋型，特别是在资产阶级社会中的个人，他们的"在世之中"必定表现为受作为"一切社会关系的总和"的经济关系构式的制约，于是我们就不难看到，这种现实的个人社会定在的**关系性本质**，在此时马克思所摘录的关于资产阶级社会的生产和商业活动的经济学文献中更精细地展现出来。这当然成为一种新的普遍关联的历史辩证法的客观前提，也预示着认知对象和制约个人认知发生的新的社会历史先验构架，以构成历史认识论发生的重要存在论前提。其实，并不仅仅是人的个人本质中体现出来的主体际场境关系，前述实践物相化对象（手工艺和工业产品）也同样处于复杂的社会关系场境赋型和编码的新世界之中，不过，马克思是在后来的《伦敦笔记》的"工艺学笔记"中才微观地弄清楚了这一点。

一是在资产阶级社会的工业生产过程中，人与人之间"共同活动"的合作关系成为必然。这应该也是马克思在《提纲》中所说的从物像中个人的独立实存到"社会关系的总和"的此-彼归基关系，在工业生产中生成的第一层面。并且，这会是马克思恩格斯后来在历史唯物主义构境中，提出人对自然的能动关系的物相化生产，只能发生在人与人的"共同活动"社会物相化关系赋型中的重要经济学背景。在一定的意义上，这也会是人的**共同在场性**的直接基础。可以看到，在马克思对罗西的摘录中，罗西称，在远古时代，人有过一种孤独的生存状态，之后在奴隶制和农奴制下，人们在暴君和主人皮鞭的高压下形成过一种被迫的协作关系，他认为，"最高程度的孤立就是野蛮状态；最高程度的强迫、压制，就是野蛮行为"。虽然这并非有历史事实依据的观点，但它却生成一个历史时间中的比较参照系，因为罗西认为，在现在资产阶级社会的生产过程中,是"用自愿、公平的协作(associations volontaires et équitables)取代过去强迫、压迫的协作(l'association forcée, oppressive)"。① 这种历史性的差异,显然会生成一个历史认识论构境中新的构序点。罗西这里只是将这种工业生产中"自愿"的协作,区别于皮鞭下的奴隶劳动的强迫性协作。如果物质生产是整个社会定在的基础,那么这种自愿协作关系场境中发生的物质生产,在入序于资产阶级社会的工业生产物相化进程之后,它就成为一种存在论意义上的关系性场境世界。它强化了人类社会生活已有的社会负熵质中的关系场境因素,也第一次创制了人的历史辩证法中普遍关联的周围世界。其实,从配第和斯密讨论工场手工业生产中出现的劳动分工开始,传统农耕生产中那种一个人也可以从事犁地、浇水、收割的劳作,手工艺劳动者自己就可以缝制衣物、制作鞋子等情况就不再是社会生产的主体,资产阶级工场手工业劳动分工下发生的生产活动中,手中只有片面生产操作的劳动者之间的合作,已经成为一个不争的事实性前提,否则,工业生产创制的物相化活动就无法实现。在后来的《曼彻斯特笔记》第 1 笔记本中,马克思在对配第《政治算术论文》(William Petty, *Several Essays in Political Arithmetick*)一书摘录中,记下了这样的表述:

> 制造业(Manufacturen)将彼此生产,并且每个制造业将被划分为尽可能多的部分,因此每个工匠的工作都将变得简单和容易。比如,制作手表(怀表)时,如果一个人做轮子,另一个人做弹簧,另一个人雕刻表盘,再做一个表壳,则要比由一个人完成整个工作更便宜、更好。②

这里配第是以手表生产中的劳动分工为例,来说明"制造业"生产过程中出现的劳动者之间在物相化活动中的合作关系。而斯密在《国富论》中的那个生产别针中的分工(协作)故事,更是众所周知。

---

① 参见 Marx-Engels-Gesamtausgabe(MEGA²), Ⅳ/3, Text, Berlin: Akademie Verlag, 1998, S. 378。中译文参见刘冰菁、孔伟宇、付可祯译稿。

② Marx-Engels-Gesamtausgabe(MEGA²), Ⅳ/4, Text, Berlin: Dietz Verlag, 1988, S. 11. 中译文参见李乾坤、李亚熙、吴婷译稿。

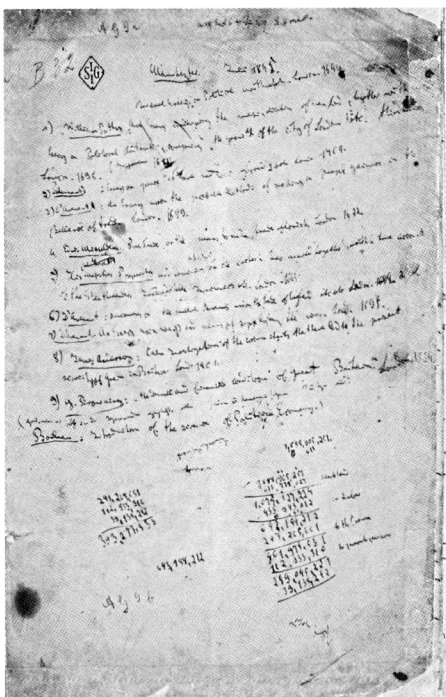

图 6 - 3 《曼彻斯特笔记》第一页目录

我还注意到,马克思在《布鲁塞尔笔记》第 3 笔记本对亚历山大·德·拉博德的《共同体全部利益中的协作精神》(Alexandre de Laborde, *De l'esprit d'association dans tous les intérêts de la communauté*)一书摘录中,同样看到了人与人的协作关系在工业生产物相化过程中的重要赋型作用。在后者看来,资产阶级社会中出现的工业生产过程,本身就是一种"使产品增长的工业协作"(des associations industrielles pour l'accroissement des produits)。与原先手工艺劳作中劳动爱多斯实现于产品物相化活动可以由个人独立完成不同,工业生产进一步发展的前提之一就是劳动分工,所以,工业生产的基本构序和塑形活动的物相化要求就是工人之间的 associations(协作),在这里,"任何一种职业是几个人在同一份工作中联合,他们互相分担职能,一个负责对外事务,另一个负责内部工作"①。这也意指着,工业生产的物相化过程必然是以非个体的共同活动为前

---

① *Brüsseler Hefte*,Marx-Engels-Gesamtausgabe(MEGA²), Ⅳ/3, Text, Berlin:Akademie Verlag, 1998,S. 223. 中译文参见刘冰菁、孔伟宇、付可祯译稿。

提的。在前述斯托奇《〈政治经济学教程〉附萨伊的评论》摘录中,马克思看到资产阶级社会里"机械技术的活动假定城市的存在。工匠总是需要其他工匠。没有在某个地方的大量工艺技术的联合(réunion d'un grand nombre de métiers),制造业就无法进行"①。这实际上是从社会空间维度上对协作关系的认定,工业生产的社会物相化空间存在区别于耕地周围的自然村落和乡村散居,以城市中工厂为核心的新型物相化空间是物质生产聚集和关系协作的客观场境前提,没有工人与工人的合作,没有技术工艺的联合,就没有现代资产阶级社会中发生的制造业生产。也许,这也会是马克思恩格斯后来在历史唯物主义基本原则说明中,强调实现人对自然能动关系的生产活动,总是以人与人之间的合作关系和共同在场性为前提的生成背景。在一定意义上,这种越来越突显出来的社会物相化构序关系场境,会成为全部社会定在的根本性基础,或者说,事物与人所处的关系场境本身,就是人类生存超出一般生命负熵的社会负熵质的一种表现形式,就是人所特有的普遍关联中生成的社会世界历史。这当然会造成认知对象的改变,也可能生成不同于人对自然关系(工艺抽象)的人与人关系构成的社会历史先验构架。在此不难感到,处于经济现实中的马克思,必然不自觉地开始从历史现实中的客观社会关系编码出发,而不再仅仅坠入理想化的逻辑编码。

二是资产阶级商品-市场交换建立起来的巨大经济物相化关系构式系统。这应该是马克思《提纲》中那个"社会关系的总和"的主要所指,也是来自资产阶级社会商品-市场经济构式的第二层面经济物相化。并且,这也可能是在马克思恩格斯广义历史唯物主义构境的场境关系存在论中偶尔出现的那个"商业和交往关系"构成的金钱世界的重要背景。马克思在对罗西的摘录中已经看到这样的表述:工业产品的"使用价值(la valeur en usage)是属于所有时间与所有地点的关系(rapport)的表达",这是说,如果说自然经济中的产品总是锚定于特殊土地上的自然关系,比如椰子总是在热带生长,畜牧业只昌盛于草原,那么工业生产物相化创造的物品则可以出现在"所有时间与所有地点

① Marx-Engels-Gesamtausgabe(MEGA²),Ⅳ/3,Text,Berlin:Akademie Verlag,1998,S. 271. 中译文参见刘冰菁、孔伟宇、付可祯译稿。

的关系"场境之中。"对使用价值的研究是对人类需求与经济事实的关系（rapport avec les faits économiques）的研究。价值，就是关系（la valeur, c'est le rapport）；财富是这种关系实现自身的所有对象的集合（l'ensemble de tous les objets où ce rapport）"①。这是一段十分重要的经济学话语。在这里，我们不难看到那种非物像直观的社会唯物主义关系存在论直觉。**价值就是关系**，这本身就是一个深刻而富有启发性的说法，可罗西对这个关系赋型的"社会财富"解说却是无比混乱的。在《布鲁塞尔笔记》第 2 笔记本对西尼尔《政治经济学基础》（Nassau William Senior, *Principes fondamentaux de l'économie politique*）一书的摘录中，马克思已经注意到他所指认的资产阶级经济活动的贸易交换中，包含着复杂的"事物之间的相互关系"。马克思后来称西尼尔为"有教养的资本家"②。正是这种关系赋型使不同的事物获得区别于一般有用性（使用价值）的"稀有性"价值。③ 这将会是之后马克思科学确认的商品使用价值和价值二重性矛盾关系的先导性思考线索。而金钱，恰好是为这种"稀有性"价值关系赋型的物性结晶。④ 这当然是一个深刻的误认。甚至，这会是赫斯那种交往异化论的经济学基础。因为后来马克思意识到，不同于使用价值的价值（"交换价值"）的本质，不是需求关系中的"稀有性"，而是对象化的社会必要劳动。萨伊说，"当人有金钱时，你能想象自己以某种方式拥有这些有用的东西"⑤。有了金钱，则有了一切。请注意，这正是不同于一般物相化劳动的**复杂**经济物相化的神秘入口。此时，马克思既没有指责金钱是劳动类本质的异化，也没有仔细分析这种颠倒的经济关系是如何历史形成的。因为此时刻意去除了非科学现象学和批判认识论武器的马克思，还无法真正地科学透视

① Marx-Engels-Gesamtausgabe（MEGA²），Ⅳ/3，Text，Berlin：Akademie Verlag，1998，S. 356. 中译文参见刘冰菁、孔伟宇、付可祯译稿。

②《马克思恩格斯全集》（第二版）第 33 卷，人民出版社 2004 年版，第 349 页。

③ 参见 Marx-Engels-Gesamtausgabe（MEGA²），Ⅳ/3，Text，Berlin：Akademie Verlag，1998，S. 159。中译文参见刘冰菁、孔伟宇、付可祯译稿。

④ 参见 Marx-Engels-Gesamtausgabe（MEGA²），Ⅳ/3，Text，Berlin：Akademie Verlag，1998，S. 160。中译文参见刘冰菁、孔伟宇、付可祯译稿。

⑤ Marx-Engels-Gesamtausgabe（MEGA²），Ⅳ/3，Text，Berlin：Akademie Verlag，1998，S. 118. 中译文参见刘冰菁、孔伟宇、付可祯译稿。

经济物相化现象。在同一笔记本对西斯蒙第《政治经济学研究》第二卷(*Etudes sur l'économie politique. T. 2*)的摘录中,马克思也看到相近的观点,"价值,即所有人的需求与所有人的生产之间的关系(Verhältniß)","价值不是由有用性而是由整个社会的需求与工作量之间的关系(Verhältniß zwischen)所产生"。① 这是上述西尼尔错误观点的另一种说法。这种以金钱为物性外壳的关系赋型,建构起整个资产阶级社会中自相矛盾的经济构式负熵——商品交换系统,"形成了每个人互相的依赖关系;它无所不能地占有市场的一切财富"②。这个价值关系无形中生成的"互相的依赖关系",恰是前述斯密-黑格尔那个市民社会话语Ⅱ的经济返熵本质之具象化。遗憾的是,马克思在整个《布鲁塞尔笔记》和《曼彻斯特笔记》中遭遇的几乎所有经济学家,都没有直接透视这个市民社会话语Ⅱ中发生的无序经济熵增状况,也没有透视斯密已经看到的"看不见的手"自发构序和突现的伪性关系赋型("社会关系的总和"),人自己创造出来的经济世界成了一种人之外的**他性空间**。这种由金钱中介和自发整合起来的"互相的依赖关系"的普遍关联,是发生于人之外的**经济事物的"第二自然辩证法"**。虽然马克思还不能完整地说明价值的(对象化劳动)本质,但经济交往关系在资产阶级社会中的基础性赋型作用必然会给他留下深刻的印象。

并且,在《布鲁塞尔笔记》第 4 笔记本对伊萨克·德·平托的《论流通与信用》(Isaac de Pinto, *Traité de la circulation et du crédit*)的摘录中,马克思看到了国际贸易关系中的欧洲,"**欧洲是一家**(*L'Europe étant une famille*),是由不同成员组成的整体,一国被摧毁,其他国家必然受到牵连"③。原因是什么呢?这就是"交换的法则,已成为欧洲各国人民之间关系的基础(la loi des échanges, devenue la base des rapports entre les peuples de l'Europe)"④。这是

---

① 参见 Marx-Engels-Gesamtausgabe(MEGA²), Ⅳ/3, Text, Berlin: Akademie Verlag, 1998, S. 191。中译文参见刘冰菁、孔伟宇、付可祯译稿。

② Marx-Engels-Gesamtausgabe(MEGA²), Ⅳ/3, Text, Berlin: Akademie Verlag, 1998, S. 132. 中译文参见刘冰菁、孔伟宇、付可祯译稿。

③ Marx-Engels-Gesamtausgabe(MEGA²), Ⅳ/3, Text, Berlin: Akademie Verlag, 1998, S. 287. 中译文参见刘冰菁、孔伟宇、付可祯译稿。

④ Marx-Engels-Gesamtausgabe(MEGA²), Ⅳ/3, Text, Berlin: Akademie Verlag, 1998, S. 414. 中译文参见刘冰菁、孔伟宇、付可祯译稿。

马克思在《布鲁塞尔笔记》第 6 笔记本中摘录查尔斯·加尼耳的《政治经济学体系》（Charles Ganilh，也译沙·加尼耳，*Des systèmes d'économie politique*）时看到的一句话。依马克思后来的评价，"沙·加尼耳的《政治经济学体系》是一本很糟糕、很肤浅的拙劣作品"①。其实，不仅资产阶级国家之间的贸易往来成为经济发展的重要支撑，从 14 世纪开始，荷兰、西班牙、葡萄牙、英国和法国这样一些老牌资本主义国家，还通过开辟殖民地的不平等贸易交换，实现残酷的原始积累和商品倾销市场。这是更大社会空间尺度中的密不可分的社会关系场境和辩证法普遍关联。关于这一点，马克思是在后来的《布鲁塞尔笔记》C 的"居利希笔记"中才逐步看清的。

其三，经济学语境中**非物像的生产力**。在这里，马克思看到了比赫斯和李斯特等人的生产力概念更具体的经济学表述，从而强化了他关于物质生产内部的**非直观的生产力**发展的认识。在上述路易斯·萨伊《财富的主要原因》一书第八章的摘录中，马克思记下了这样一段表述："**非物质资本**（*Capitaux immatériels*）有两种，即：人或自然的活跃力量（les forces actives），和智力能力，后者是在技艺领域（dans l'art）中最有效利用力量来产生效用的知识能力。"在萨伊那里，资本有物质资本与非物质资本之分，前者有如可见的原料、机器和厂房等到场实物，后者则是不可直观的风力、水力、人的劳动力和智力。这里，萨伊没有细分作为纯粹动力的自然力与内嵌手艺的劳动物相化能力，更没有透视作为劳作手艺现实抽象（Ⅱ）结果的非及物构序技术和科学信息编码的本质。萨伊还专门说，"产生财富的是非物质资本对物质资本（les capitaux matériels）的作用"②。先不说萨伊在资本概念上的混乱，他所说的作为创造财富的非物质资本的人和自然的非实体性的"活跃力量"与智力能力，都是表征具体塑形和改造对象世界的非直观的生产力，即让事物"产生效用"关系的创造社会负熵的物相化能力，特别是以科学知识为主体的"**非物质**（*immatériels*）"构序能力，这些观点，都会对马克思历史唯物主义构境中的

①《马克思恩格斯全集》（第二版）第 33 卷，人民出版社 2004 年版，第 240—241 页。
② Marx-Engels-Gesamtausgabe(MEGA²)，Ⅳ/3，Text，Berlin：Akademie Verlag，1998，S. 120. 中译文参见刘冰菁、孔伟宇、付可祯译稿。

第一层级非物像透视下的物质生产力概念产生一定的影响。

其实,从斯密的《国富论》开始,劳动分工条件下的工业生产活动中不断提升功能水平的"劳动生产力"和工业生产力,始终成为经济学家普遍关注的内容。这里,一是斯密等人看到,不同于农业生产的工业生产力水平,主要缘起于劳动分工的效率作用,在上述关于工业生产中的协作关系的讨论中,我们会看到赫斯的停留在流通领域的抽象交往(交换)的"共同活动",深化为劳动分工中物相化生产过程中工人协作力量的"共同活动",这是马克思恩格斯后来所说的"共同活动"就是生产力的更深背景。之后,在马克思中晚期经济学研究中,这种关于劳动者"共同活动"创造社会生产力的观点还会进一步深化。二是李嘉图等经济学家则进一步看到了科学技术、交通运输与机器化大生产等方面共同促进工业生产的功效作用,这是工业生产力大幅度提高的重要内因,这会促使马克思关于生产力的看法,从农业生产和手工业生产的生产力水平迅速提升到机器化大生产阶段的工业生产力水平上来。这当然也会是历史认识论的一个更深的构序点,因为工业生产力所实现的实践功能度是远远高于农业和手工业生产力的。

马克思在《布鲁塞尔笔记》第5笔记本对罗西《政治经济学原理》(*Cours d'économie politique*)的摘录中,从经济学学说史的角度曾经批评过重农学派的生产力观点,因为"这些经济学家(die Physiokraten)从错误的原理开始,即认为除了土地,没有其他的生产力(force productive)"①。然而,土地的生产力仅仅是一种非主体的"自然生产力"(Produktive Puissance der Natur,斯托奇语),畜牧业中家禽的繁殖和农业生产中庄稼的生长,都是可见的非物相化自然物质构序和生命负熵生产过程,而在资产阶级社会的工业生产中,人通过劳动分工和利用机器系统改变对象的物相化能力,业已成为最大的社会负熵生产力,这种以科技物相化为基础的工业生产力是人的劳动活动、机器的**物相化技术塑形能力**和**非及物科学构序**本身建构的一个复杂的综合水平。马克思看到,麦克库洛赫对"工业生产力(die Produktivkräfte der Industrie)**普遍提高**"

---

① Marx-Engels-Gesamtausgabe(MEGA²), Ⅳ/4, Text, Berlin: Akademie Verlag, 1998, S.369. 中译文参见刘冰菁、孔伟宇、付可祯译稿。

做出了充分的肯定，因为这种生产力水平的提高，"从事各种不同行业的工人，用同样的努力，可以生产十倍于现在的货物"。① 这里的工业生产力，显然已经不仅仅是舒尔茨、李斯特在国家总体实力意义上所指的"工业生产力"，而是现实工业物相化生产中具体实现出来的生产力水平。在《布鲁塞尔笔记》中，马克思在对西尼尔《政治经济学基础》一书第 171 页的摘录中，用斜体字标识出了"**生产力**的发展"（développement des *forces productrices*）的字段；然后马克思又比较仔细地摘录了威廉对斯密以劳动分工来说明生产力提高的路径的说明，"斯密将生产力的这种增长归因于劳动分工（la division du travail），其他经济学家认为，使用工具（instrumens）是主要原因"。② 这正好对应于我们前面界划的两个方面：一是工场手工业生产时期斯密等人突出劳动分工促进生产力发展的作用，二是机器生产时期李嘉图等人对机器和技术的使用促进生产力发展作用的强调。当然，在后面对罗西《政治经济学教程》的摘录中，马克思记下了这样一个观点，"工艺的合理分工（Eine rationelle Theilung der métiers），确定界限等，是适用于生产力综合（ensemble der produktiven Kräfte）的分工原则"③。显然，西尼尔赞成斯密的观点，但他也认为，科学技术与劳动分工共同推动着生产力的发展，在一定意义上，科学技术与劳动分工是相互促进的，"力学（la mécanique）上的每一项伟大发明都伴随着更大的劳动分工，劳动分工的每一次增加反过来又带来了新的机械发明（nouvelles inventions mécaniques）"④。在《德意志意识形态》中，马克思恩格斯间接引述了西尼尔的这一观点。马克思可以体会到，西尼尔这里讨论的劳动分工和机械发明都不是直接可见的对象性实在，它们是人们在具体的生产活动中的相互合作关系和生产构序功能。在这里，马克思原来熟悉的赫斯、

---

① 参见 Marx-Engels-Gesamtausgabe（MEGA²），Ⅳ/4，Text，Berlin：Dietz Verlag，1988，S. 271。中译文参见李乾坤、李亚熙、吴婷译稿。

② 参见 Marx-Engels-Gesamtausgabe（MEGA²），Ⅳ/3，Text，Berlin：Akademie Verlag，1998，S. 170。中译文参见刘冰菁、孔伟宇、付可祯译稿。

③ Marx-Engels-Gesamtausgabe（MEGA²），Ⅳ/3，Text，Berlin：Akademie Verlag，1998，S. 366. 中译文参见刘冰菁、孔伟宇、付可祯译稿。

④ Marx-Engels-Gesamtausgabe（MEGA²），Ⅳ/3，Text，Berlin：Akademie Verlag，1998，S. 171. 中译文参见刘冰菁、孔伟宇、付可祯译稿。

舒尔茨和李斯特的生产力概念就变得更加感性和现实,有可能成为之后历史唯物主义构境中标识历史性的物相化实践功能度的物质生产力范畴。至此,我们就不难理解,那个作为哲学逻辑总体性出现的抽象实践概念,为什么会在工业生产力的复杂功能用在性中慢慢胀裂开来,使生产话语取代实践观念成为必然。

其四,**社会赋型的复杂结构**。在经济学家的文献中,马克思对这个从农业社会脱胎而来的资产阶级社会结构有了一个基本的认识,他不难体会到,人类社会历史的发展有一个从简单到复杂的递升进程。在马克思对平托的摘录中,他面前展现的当时的英国资产阶级社会是一个"农业、商业、制造业(manufactures)、货币流通(circulation)、公共信用(crédit public)、内部治安(police intérieure)、金融(finance)、战争状态、殖民地、航海、海军、适度的奢华"①的复杂社会格局,这当然是原来传统农耕社会不可能具有的社会物相化关系赋型结构。马克思看到,在众多经济学家那里,资产阶级社会已经具有一个复杂社会(complicated society,汤普逊语)的赋型结构。从物质生产基础上看,简单的农业生产中的畜牧业和种植业,业已转换为以机器化工业大生产为核心的制造业、普通生活资料生产、"道路、河运和航海"运输业与建筑业等复杂生产和再生产过程。从生存空间上看,人们的生活已经从围绕农田(不动产)的自然物理空间中的田园乡村生活,转向了以工业和商业资本(动产)为中心的社会物相化空间中的城市生活,人口聚集和迅速增加的资产阶级社会中的"新城市(die Commune)是现代社会和我们文明的真正发祥地"(罗西语)②。从经济活动上看,封建宗法式的直接掠夺已经变成充分劳动分工之上商品交换的巨大市场,"商业系统起源于制造业体系"(Das Merkantilsystem gab Ursprung dem Manufactursystem,托马斯·库珀语)③,日益

---

① Marx-Engels-Gesamtausgabe(MEGA²),Ⅳ/3,Text,Berlin:Akademie Verlag,1998,S.286. 中译文参见刘冰菁、孔伟宇、付可祯译稿。

② Marx-Engels-Gesamtausgabe(MEGA²),Ⅳ/3,Text,Berlin:Akademie Verlag,1998,S.354. 中译文参见刘冰菁、孔伟宇、付可祯译稿。

③ Marx-Engels-Gesamtausgabe(MEGA²),Ⅳ/4,Text,Berlin:Dietz Verlag,1988,S.72. 中译文参见李乾坤、李亚熙、吴婷译稿。

扩展的商业领域、纸币—信贷流通的公共信用系统运转的银行机构和海外殖民—贸易活动，正在成为资产阶级社会经济物相化活动的复杂中介关系总体，并成为整个社会结构的关系赋型基础。从社会政治活动上看，金字塔式的等级权力结构为资产阶级的金钱政治所取代，法理型的权力系统规制着人们的社会生活。在《布鲁塞尔笔记》第 2 笔记本对毕莱《论英法工人阶级的贫困》一书的摘录中，马克思看到毕莱指认资产阶级已经创造了一种新型的"劳动组织"（Organisation der Arbeit），社会组织也就是新型的社会结构有序性，这种"劳动组织从本质上来说是公司（Corporations）等等的本质，即资产阶级社会政治结构（der politischen Gliederung der bürgerlichen Gesellschaft）的更广泛含义"①。从意识形态上看，"野蛮的"封建的专制主义业已被资产阶级的"文明的"自由主义意识形态取代，这种粉饰现实奴役关系的意识形态幻象更加具有欺骗性。这些重要的历史事实，会成为马克思恩格斯历史唯物主义构境中对社会基本结构问题思考的直接背景。

有趣的是，在《曼彻斯特笔记》第 6 笔记本对布雷《对劳动的迫害及其救治方案》（John Francis Bray, *Labour's Wrongs and Labour's Remedy*, 1839）一书的摘录中，马克思看到了关于现代社会结构的这样一种生动比喻，布雷认为：

> 社会是一种人为的存在形态——即是用人类的思考，在只有大自然埋下的基础（Grundlage）之上，树立起上层建筑（Superstructur）。所以，人类行为的自然动力，必须靠着人力予以节制和指导，使它不是去破坏而是去助成伟大的社会设计。②

在《曼彻斯特笔记》第 7 笔记本中对罗伯特·欧文的《新道德世界书》（Robert Owen, *The Book of the New Moral World*）的摘录中，马克思再一次看到了这个"上层建筑"概念，欧文是想说明人的"原始本性和社会在其之上形成

---

① Marx-Engels-Gesamtausgabe（MEGA²），Ⅳ/3, Text, Berlin：Akademie Verlag, 1998, S. 145. 中译文参见刘冰菁、孔伟宇、付可祯译稿。

② Marx-Engels-Gesamtausgabe（MEGA²），Ⅳ/5, Text, Berlin：Akademie Verlag, 2015, S. 35. 中译文参见李乾坤、李亚熙、吴婷译稿。

的品格的上层建筑(Superstructur)"①。这种**将社会结构比喻为基础和上层建筑**的说法,有可能会成为马克思后来那个市民社会话语Ⅳ构序场境中,社会结构中基础之上的上层建筑的重要比喻的思想构境谱系缘起。只是,这种社会结构的基础,不再是"大自然"或者人的"原始本性",而是社会经济关系的总和。

马克思关注到,布雷还提出这样的观点,如果要分析资产阶级政府对无产阶级的压迫,"追根求源,我们就将发现任何政府形式,任何社会的和政治的迫害都产生于当时占统治地位的社会制度——产生于仍然存在的私有制度"②。这样,如果**有占统治地位**的社会制度,那么就会存在非统治地位的"社会制度",这也意味着,在一个时期的社会生活中,有可能同时出现不同的社会制度,其中有一种是占统治地位的政治制度,并且会生成占统治地位的政治、法律和观念的意识形态。从思想构境谱系线索上看,这种观点,对《德意志意识形态》一书中意识形态的本质是占统治地位的阶级的意志的观点会有直接的影响,也为马克思后来依占统治地位的生产关系来透视复杂社会赋型的观点,提供了重要的先导思想基础。

其五,**人的意识是对社会环境的关系**。在《曼彻斯特笔记》对欧文的《新道德世界书》的摘录中,马克思注意到欧文的一些近似哲学话语的观点:一是**人与社会环境的关系**。在欧文看来,人的本性是一种"社会本质"(sociales Wesen),如果要理解"社会或人的社会状态(sociale Zustand)的科学的要素",就必须通过"对最佳生产方式(Productionsweise)的原理和实践的了解"。③ 人的本性是由社会状态决定的 sociales Wesen(社会本质),而这个关键性的社会状态就是 Productionsweise(**生产方式**)。不能不说,这是一个极为深刻的见解。关于经济学中的生产方式概念的理解,我们在下面还会专门讨论。我觉得,

---

① Marx-Engels-Gesamtausgabe(MEGA²),Ⅳ/5,Text,Berlin:Akademie Verlag,2015,S.183. 中译文参见李乾坤、李亚熙、吴婷译稿。

② Marx-Engels-Gesamtausgabe(MEGA²),Ⅳ/5,Text,Berlin:Akademie Verlag,2015,S.10. 中译文参见李乾坤、李亚熙、吴婷译稿。

③ 参见 Marx-Engels-Gesamtausgabe(MEGA²),Ⅳ/5,Text,Berlin:Akademie Verlag,2015,S.193。中译文参见李乾坤、李亚熙、吴婷译稿。

作为一位实业家＋空想社会主义者的欧文，他描述社会生活时，并没有使用传统的哲学话语，而操持了从经济学语境中生成的实证描述话语，这有可能会对马克思产生一定的话语转换上的隐性影响。这里，欧文尽可能像一个哲学家一样地说：

> 人是一个集成的本质［ein zusammengeseztes Wesen（Compound being）］，他的性格是由他生下来的**构成**或**组织**（*Constitution* oder *Organisation*），以及外部环境（äussern Umstände）对其组织的作用（handeln）而形成的，这种作用会从他出生一直持续到死。①

在马克思对欧文的摘录中，我们看到他专门用英文原文 Compound being 标注了自己译成德文的欧文的概念，因为这个 zusammengesezt Wesen（集成的本质），有可能让马克思想到自己的《提纲》中那个关于人的现实在场本质为"社会关系的总和"的表述。而从经济学语境中挪移来的 *Constitution* oder *Organisation*（**构成**或**组织**）概念，本身就代表了社会物相化中的**构序**（*Constitution* oder *Organisation* = *Ordnung*），恐怕这种思想构境会让马克思感到一种超出传统哲学话语的现实编码力量。更重要的是，欧文深刻地看到了作为外部"社会状态"的 äussern Umstände（外部环境）对人的自身生存构成的持续作用。在这里，欧文明确指出，社会生活中的

> 每个人都是在某些外部环境（äussern Umstände）中生存的，这些环境在他一生的早期对特定组织（besondre Organisation）起作用，从而嵌入他的一般性格（ihren allgemeinen Charakter auf es eindrücken）。个人不自觉地形成本地的和民族的性格。外部环境的影响通过每个人的特定组织等以特定的方式（partikularen Weise）进行修改（modificirt）。这样就形成和延续了每个人的特色，并将延续终生。②

这是非常深刻的一段表述。马克思会发现，欧文的观点中包含了这样一种

---

① Marx-Engels-Gesamtausgabe（MEGA²），Ⅳ/5，Text，Berlin：Akademie Verlag，2015，S. 175. 中译文参见李乾坤、李亚熙、吴婷译稿。

② Marx-Engels-Gesamtausgabe（MEGA²），Ⅳ/5，Text，Berlin：Akademie Verlag，2015，S. 175. 中译文参见李乾坤、李亚熙、吴婷译稿。

思想,现实的个人总是生活在一定的 äussern Umstände(外部环境)之中,这里的外部环境显然不是自然物理空间,而是以"最佳的生产方式"为核心的**社会关系物相化空间**,这些特殊的外部环境对人的生活产生影响,并成为塑形他个人和民族性格中特定的主体物相化的 besondre Organisation(特定组织)的有序质性,并且,个人也可以在这种条件下改变(修改)环境。这种观点,无形中与马克思在《关于费尔巴哈的提纲》第三条中的见解是接近的,同时,也会在之后的历史唯物主义构境中,表征为现实的个人总是在一定的社会关系赋型和编码中进行生产和生活的,人也会历史性地改变这种在场关系。

图 6-4 《曼彻斯特笔记》"欧文摘录"第一页

二是欧文在这种观点之上提出的**环境关系意识观**。能够观察到,在整个经济学文献群中,虽然大多数经济学家会依从资产阶级社会现实中重视物质生产的朴素社会唯物主义观点,偶尔也会谈及精神生产(舒尔茨)和机器化生产时代中的知识生产问题，但很少有人会去刻意讨论哲学意义上的意识活动和精神现象与现实的关系。这里的欧文似乎成了一个例外。在此，他明确反对抽象的唯心主义"自由意志"（freien Willens），并认为，"人的感受（Gefühle）和信念不是他的意志的产物（Willen producirt），而是环境的行为对他的身体状态和精神状态会产生必要影响（sondern sind nothwendige Effekte der Action der Umstände auf seine physische u. mentale Natur）"①。这倒是很有哲学意味的说法。人的经验感受和信念，都不是主观意志任意编码的产物，而是 Action der Umstände（环境的行为）作用的结果。依前面我们已经看到的观点，这里的环境的行为当然不是抽象的物质对象，而是个人之外的社会生活和社会关系。这也就是说，欧文眼中的意识并不直接对应于外部的客体结构，而是映现人创造的社会环境中客观的 besondre Organisation（特定组织）的实践关系结构，这也意味着观念辩证法逻辑已经经过了**实践辩证法**的中介。这已经具有了一定的非物像塑形的透视感，应该说，这是很了不起的看法。欧文进一步分析说，"通过人类的组织（Organisation des Menschen），感官首先产生对对象的印象（Impression der Gegenstände）——它们的质量或对其他物的关系（Relationen zu andren Dingen），对称为我们的意识的属性或能力的印象"②。马克思会直接感觉到，这种说法显然比自己在《1844 年手稿》中的直接感官-经验论来得深刻。人的感官并不是直接面对外部对象，而是通过对"人类的组织"（有序的社会负熵形式）编码的中介关系，才会塑形和构序事物质量和关系性存在的印象，意识的属性不是直接基于对象物，而是**对外部环境关系的赋型和编码**。"人们将认识到，人是共同存在的人（der Mensch zusanmmt ist），其组织、感觉、思想、意志和行动是预先确定的，以便他通过外部环境的作用（äussern Umstände handelnd）而行使其原初的构成（originale Constitution）"③。这里的

---

① Marx-Engels-Gesamtausgabe（MEGA²），Ⅳ/5，Text，Berlin：Akademie Verlag，2015，S. 178. 中译文参见李乾坤、李亚熙、吴婷译稿。
② Marx-Engels-Gesamtausgabe（MEGA²），Ⅳ/5，Text，Berlin：Akademie Verlag，2015，S. 178. 中译文参见李乾坤、李亚熙、吴婷译稿。
③ Marx-Engels-Gesamtausgabe（MEGA²），Ⅳ/5，Text，Berlin：Akademie Verlag，2015，S. 180. 中译文参见李乾坤、李亚熙、吴婷译稿。

zusanmmt ist(共同存在),与上述的人的集成的本质是一致的,都表达了人的**共同在场性**。意识现象的原初构成,是在人们的"共同存在"中发生的"组织"和"行动"的关系赋型,这里的来自社会组织和关系的社会负熵构序的"预先确定"(社会先验),正是康德先天观念综合构架(理性负熵)的现实基础。我强烈地感觉到,欧文的这种非物相化的社会唯物主义**关系意识观**,虽然并不精准,也没有历史性地区分农耕时代惯性实践中的原生自然环境与工业生产彻底改变了的社会负熵环境,但自然会对马克思产生潜在的影响,甚至会动摇全部传统认识论的基础。在这一点上,我们应该记住这个不是哲学家的实业家欧文,况且,他还是作为马克思和恩格斯同路人的空想社会主义者。

2. 机器化大生产与历史唯物主义中"怎样生产"的生产方式

1845 年 5—7 月写下的《布鲁塞尔笔记》B 中最重要的内容,是第 5 笔记本中马克思的"机器和制造笔记"。其中,他分别摘录了奥古斯特·德·加斯帕兰①的《论机器》、查理·拜比吉②的《论机器和制造的经济性质》(*Traité sur l'économie des machines et des manufactures*,1833)③和安德鲁·尤尔④的《制造哲学,棉花、羊毛、麻、丝制造工业的经济学研究,附英国工场中使用不同机器的描写》(*Philosophie des manufactures*,*ou*,*Economie industrielle de la fabrication du coton*,*de la laine*,*du lin et de la soie*:*avec la description des diverses machines*

---

① 奥古斯特·德·加斯帕兰(Auguste de Gasparin,1787—1857),法国农场主、政治家。1830 年七月革命后,当选他的家乡奥朗日(Orange)的市长。1837—1842 年,担任众议院议员。他撰写了一系列研究农业问题和经济问题的著述。代表作有:《论机器》(*Considérations sur les machines*,1834)、《斜面和大农业机器》(*Plan incliné*,*comme grande machine agricole*,1835)等。

② 拜比吉(Charles Babbage,1792—1871),英国数学家和早期机器计算机专家。1814 年毕业于英国剑桥大学,1828—1839 年任剑桥大学教授。主要论著有:《论机器和制造的经济性质》(*On the Economy of Machinery and Manufactures*,1832)等。此外还有一些数学手稿。

③ 马克思在此阅读的是该书法文译本,原书为英文版。Charles Babbage, *On the Economy of Machinery and Manufactures*, London:Charles Knight, Pall Mall East, 1833.

④ 尤尔(Andrew Ure,1778—1857),英国科学家。出生于英国的格拉斯哥,先后在爱丁堡大学和格拉斯哥大学学习,从 1804 年起,成为格拉斯哥大学安德逊学院的教授,从事化学及自然哲学的教学和研究工作,开始了他的学术生涯。主要代表作为:《制造哲学》(*The Philosophy of Manufactures*,1835)等。

employees dans les ateliers anglais,1836)①。这些笔记构成了马克思对机器和工业制造问题的一个专题性的研究。马克思关注这三位思想家的著作,可能是受到了恩格斯和布朗基②的影响。③ 在这里,马克思集中思考的问题,不仅是机器化大生产本身在资产阶级社会发展中的地位,而且对机器化生产过程中"怎样生产"的构序方式——狭义的**物质生产方式**问题也生成了更深刻的理解。其实,一般的广义生产方式的概念,不仅出现在前述欧文的文本中,也出现在其他经济学家的文献中,比如,马克思在《曼彻斯特笔记》第 2 笔记本中对托马斯·图克的《关于价格和货币流通状况的历史:1793—1837》(Thomas Tooke, *A History of Prices and of the State of the Circulation*, *1793 – 1837*)摘录中,也专门标识了"生产方式"(Productionsweisen)概念④。从概念考古的词语细节上看,马克思这里是英德混写的,德文应是 Produktionsweise。但是,他们都没有对生产方式概念本身进行过仔细的分析。而在马克思这一"机器和制造"问题的专题研究中,关于生产方式问题的思考则在机器化生产构序与制造层面的深入构境层面上被完完全全地打开了,虽然这只是狭义的"怎样生产"的方式。

实际上,在前面的摘录中,我们可以看到马克思已经不断看到其他经济

---

① 马克思在此阅读的是该书 1836 年法文译本,原书为英文版。Andrew Ure, *The Philosophy of Manufactures*, *or*, *An exposition of the Scientific*, *Moral*, *and Commercial Economy of the Factory System of Great Britain*, London: C. Knight, 1835.

② 杰罗姆-阿道夫·布朗基(Jérôme-Adolphe Blanqui,1798—1854),法国经济学家,法国无产阶级革命家和空想社会主义者路易-奥古斯特·布朗基(Louis-Auguste Blanqui,1805—1881)的兄长。从 1830年直至去世,他一直担任巴黎商业专科学校(Pariser École spéciale du commerce)的校长。布朗基撰写了一系列关于商业史、工业和政治经济学的著作。1837 年,他的《欧洲从古代到现代的政治经济学史》(*Histoire de l'économie politique en Europe*, *depuis les anciens jusqu'à nos jours*)在巴黎首次出版,并在 1842 年和 1843 年出版两个法文版,该书被后世称为经济思想史的开山之作。

③ 在《国民经济学批判大纲》一文中,恩格斯第一次引述了尤尔的《制造哲学》一书。这篇文章系恩格斯于 1843 年 9 月底或 10 月至 1844 年 1 月中旬撰写,并于 1844 年 2 月发表在《德法年鉴》上。[参见《马克思恩格斯全集》(第二版)第 3 卷,人民出版社 2002 年版,第 472 页。]另外,依 MEGA² 第四部分第 3 卷编者的看法,马克思应该是在巴黎时通过布朗基的《欧洲从古代到现代的政治经济学史》一书,了解到三位学者关于机器和制造问题的研究论著的。并且,马克思自己的《1844—1847年记事笔记》中的"需要购买"的书目中,就记录了这三部重要论著。参见 Marx-Engels-Gesamtausgabe(MEGA²), Ⅳ/3, Text, Berlin: Dietz Verlag, 1998, S. 8 - 10。

④ 参见 Marx-Engels-Gesamtausgabe(MEGA²), Ⅳ/4, Text, Berlin: Dietz Verlag, 1988, S. 151。中译文参见李乾坤、李亚熙、吴婷译稿。

学家对机器化生产的关注。比如,在对西斯蒙第的《政治经济学研究》一书的摘录中,马克思看到了机器和自然科学在资产阶级生产过程中所发挥出来的越来越大的作用,一改过去工场手工业生产的基本状况,现在科学家的发明成了资本驱使的力量,机器化大生产将"在不需要人的才智和技能的情况下,由机器人来完成所有工作"①。这会使得资产阶级社会中的物质生产物相化中的主导力量开始发生深刻的变化,这是"怎样生产"的功能性筑模的根本改变。当然,这并不是资产阶级社会中业已发生的现实,而只是对机器化生产发展趋势的一种理想化的预测。在关于毕莱的摘录中,马克思则看到了"机器……无处不在,可以替代进行大规模生产(production en grand),以庞大车间取代小型工业"②。这些直接来自工业生产现实中的机器与科学技术的应用,使马克思对自己将在历史唯物主义构境中启用的物质生产概念,特别是工业生产中的机器化阶段的历史内涵,有了更丰富的理解。客观上,这也必然驱动马克思的经济学观念开始从斯密转向李嘉图,这种转变的完成是在《哲学的贫困》中。

在第5笔记本对加斯帕兰的《论机器》一书摘录中,马克思注意到他将工业生产中出现的机器的地位提到了一个前所未有的高度。加斯帕兰指出,今天"建立在事实和幸福之上的自由就是人类通过发明机器,利用自己的智力……使用自然力所获得的自由"③。这里的自由,并非资产阶级意识形态中的政治自由,而是人对自然关系上的社会负熵创造性空间的开拓。并且,与上面我们看到过的萨伊的观点不同,这种创造了"自由"的机器生产的本质,主要不是工场手工业生产中人的体力劳作或一般自然力的利用的物相化进程,而是人通过自己的"智力"重新编码和利用自然力的机器生产过程,这构成了一个十分特殊的生产物相化过程。加斯帕兰认为,这里出现的异质性就

---

① Marx-Engels-Gesamtausgabe(MEGA²),Ⅳ/3,Text,Berlin:Akademie Verlag,1998,S.132. 中译文参见刘冰菁、孔伟宇、付可祯译稿。

② Marx-Engels-Gesamtausgabe(MEGA²),Ⅳ/3,Text,Berlin:Akademie Verlag,1998,S.149. 中译文参见刘冰菁、孔伟宇、付可祯译稿。

③ Marx-Engels-Gesamtausgabe(MEGA²),Ⅳ/3,Text,Berlin:Akademie Verlag,1998,S.322. 中译文参见张福公译稿。

在于,机器生产通过"科学的努力"(efforts scientifiques)创造出了不同于自然构序和劳动构序的"新的社会构序"(le nouvel ordre social)。这个抽离了自然进程和劳作过程的 ordre social(社会构序＝社会负熵)的观点是深刻的,它会强化马克思头脑中已有的 Ordnung(构序)概念。因为这是一种具体的"怎样生产"的新的信息编码方式,或者说,是实践辩证法中全新的构序层面。如果说,在农耕生产中,人的劳作并不改变总体自然信息编码和构序,畜牧业和种植业生产的实质都是自然生命负熵构序的选择性辅助塑形,而工场手工业生产中的劳动物相化则开始以人的需要(eidos 之相)改变对象的自然构序,有如自然构序的矿石和原料在挖掘劳动中失形和祛序于自然编码中的原有关联,再在工人的铁锤和刀具下的劳动塑形中构序为新的物相化社会负熵进程中的工业产品,那么,机器生产的实质就是利用科学技术(纯粹科学信息编码负熵)重新物相化于物质生产过程,由此创造出物质存在全新的科技物相化 ordre social(社会构序)方式。这是三种完全不同的"怎样生产"的构序方式和实践功能度。这种实践功能度的历史性改变,也会是历史辩证法和历史认识论出场的前奏。加斯帕兰预言,不久之后,"机器-人(machine-homme)将会取代人-机器(l'homme-machine)"①。这一逻辑关系的颠倒,预示着机器化大生产进程中人驾驭机器到人从属于机器的转换。对此,站在工人立场上的马克思的评论为,加斯帕兰是"机器的绝对崇拜者",因为他从来不思考机器被生产出来的复杂历史关系,也并没有意识到人的地位本身的改变。加斯帕兰说,"人类的解放正由工业机器的轰鸣声所宣告着(Die Emancipation d Menschengeschlechts se proclame au bruit des machines industrielles)"②。他的观点,更像一种宏观的宣言和口号。

马克思对拜比吉《论机器和制造的经济性质》一书的摘录,是"机器和制造笔记"中的重点内容。马克思将拜比吉专门判定为"属于李嘉图学派"的学者,

---

① Marx-Engels-Gesamtausgabe(MEGA²),Ⅳ/3,Text,Berlin：Akademie Verlag,1998,S.322. 中译文参见张福公译稿。

② Marx-Engels-Gesamtausgabe(MEGA²),Ⅳ/3,Text,Berlin：Akademie Verlag,1998,S.322. 中译文参见张福公译稿。

因为"他将劳动价格(Arbeitspreiß)最终归结为生产费用(Productionskosten)"。① 这个判断是准确的。但拜比吉并不是典型的经济学家,而更像一位工科的科学家。我们看到,马克思的摘录是从该书的第十三章开始的,他一上来关注的问题,就已经是有关机器生产机制比较微观的讨论。比如,马克思注意到了拜比吉对物质生产活动中制作和制造之间的界划,"'制作'(faire)与'制造'(fabriquer)之间的显著区别在于:前者是与小生产(kleine Production)有关,而后者则与大生产(ausgedehnte Production)有关"②。意思是说,"小生产"是工匠式的 faire/making(**制作**),这对应于手工业工场中的以体力劳动构序和塑形对象为基础的直接物相化生产活动,也近似于希腊哲学中那个表征爱多斯直接实现出来的 poiesis(创制);而"大生产"的本质则是 *fabriquer/manufacturing*(**制造**),这对应于机器生产中的以信息编码和客观工序为基础的物质生产过程,这里在实践功能度上的差异为:机器工序,已经是脱离了主体性劳动构序的**客观工艺抽象**之上科学技术非及物编码和构序的重新对象化。我以为,这里的 fabriquer 是拜比吉此书书名中 manufactures(制造)的本质,它不是一般物相化中的"工厂",而是一种狭义的生产构序方式筑模。③ 这是一种**劳作负熵源向科学技术负熵源根本转换的科技物相化**。这也意指着,后者是一种全新的主体负熵源,它将彻底改变"怎样生产"的实践功能度的历史质性,因为科技物相化中的爱多斯之相,不再来自劳动者直接劳作中的意图和技艺,而是基于工人体力劳动之外的科技人员特殊信息编码中的智力劳动。依我的理解,这种智力劳动并非只是对社会生活关系的主观映现,而是

① 参见 Marx-Engels-Gesamtausgabe(MEGA²),Ⅳ/3,Text,Berlin:Akademie Verlag,1998,S. 330。中译文参见张福公译稿。

② Marx-Engels-Gesamtausgabe(MEGA²),Ⅳ/3,Text,Berlin:Akademie Verlag,1998,S. 322. 据张福公博士的考证,在此书的英文原版中,这段文字为:"制作(making)和制造(manufacturing)这两个概念之间存在显著差别。前者指少数个人进行的生产(the production of a small number of individuals),后者指许多个人进行的生产。"参见 Charles Babbage, *On the Economy of Machinery and Manufactures*, London:Charles Knight, Pall Mall East, 1833, p. 120。

③ 所以,拜比吉的 *On the Economy of Machinery and Manufactures* 一书不应该译作《论机器和工厂的经济性质》,而应该译作《论机器和制造的经济性质》。同理,尤尔的 *The Philosophy of Manufactures* 一书也不能译作《工厂哲学》,而应该译作《制造哲学》。参见《马克思恩格斯全集》(第二版)第44卷,人民出版社 2001 年版,第 1011、1055 页。

直接表现为纯粹信息编码的非及物塑形和构序创制活动,这种新型的**科技实践活动**有可能成为生产物相化过程中新的劳动价值的源泉,甚至彻底改变人的社会历史在场方式。从思想构境谱系线索上看,马克思对这一重要的科技物相化思想的接受和扩展,是在后来的中晚期经济学研究中完成的,特别是在《1861—1863年经济学手稿》里。在此书中,拜比吉举过一个铜制锁扣生产中的实例:

> 20年前(即1812年),伯明翰的铜制锁扣的价格是一打13 sh. 4 pence(15 fr. 50 cent.),现在相同的金属制造的同一产品的价格是一打1 sh. 9 pence et 1/2。这种制造(Fabrikation)上的节约来自生产这种锁扣的车床现在是由蒸汽机(Dampfmaschine)推动了。①

在工场手工业"小生产"的铜制锁扣"制作"中,工匠式制作的劳动生产效率是低下的,而在蒸汽机推动的机床"大生产"中,大机器制造的效率会提高近13倍。请一定注意,拜比吉这里的思考是有趣的,因为他深入到了物质生产构序方式的内部:手工业劳动中的"制作",在工艺上还是与劳动者的主体物相化的技能相关的,而机器化"大生产"(蒸汽机推动的车床)的过程,则已经是特殊的**科技物相化**,即科学技术新主体编码和构序后重新对象化的**非主体性**的客观生产构序和塑形对象了,这是在实践功能度上两种完全不同质性的劳作和生产物相化。显然,这很可能会是后来马克思恩格斯在历史唯物主义构境中提出的突显物质生产构序中"怎样生产"的**制造方式**(*Fabrikationsweisen*)的思考基础,也会是由此确立广义的社会生产方式概念的前提。我猜想,在更大的思想史构境层面上,这也会是将来马克思的经济学视域的重心,从基于工场手工业劳作"小生产"的斯密,彻底转向反映机器化大生产时代精神的李嘉图经济学的根本动因。马克思后来经常在物质生产断代史意义上使用的"大生产"概念,多半源起于此。

在对该书第十九章"劳动分工"(de la division du travail)的摘录中,马克思越发深入地关注这种发生在资产阶级社会物质生产进程中不同的"怎样生

---

① Marx-Engels-Gesamtausgabe(MEGA²),Ⅳ/3,Text,Berlin:Akademie Verlag,1998,S. 330. 中译文参见张福公译稿。

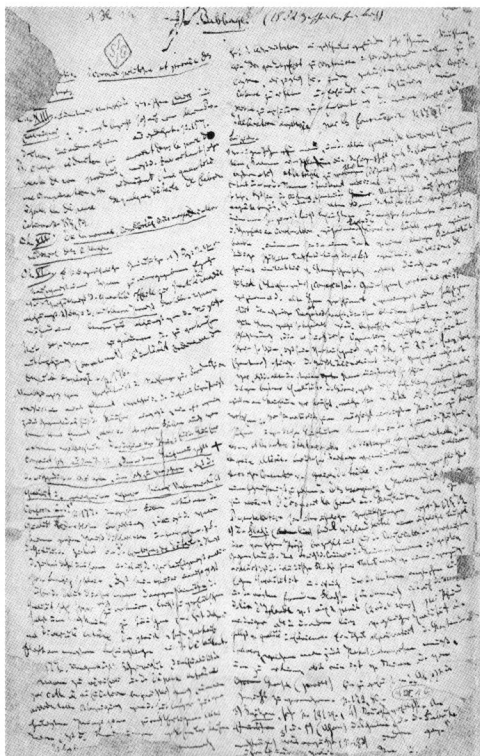

图6-5 《布鲁塞尔笔记》"拜比吉摘录"第一页

产"的方式。在此,原先那种斯密业已指认的在劳动者之间的分工协作,开始逐步由机器生产中的客观工序取代。这又是从斯密到李嘉图的思想逻辑迁移的重要支援背景。同样是制针工厂(Nadelfabrikation)的例子,斯密所看到的劳动分工是"通过将工作(Machwerk)划分为更多的不同操作,其中每一种操作需要不同程度的熟练技能(Gewandtheit)和力量(Kraft)",拉丝、截断和制针,这些分开的劳动行为中的技能和力量当然还是来自劳动者,可是现在拜比吉发现,"当每一特殊的操作工序(opération)被简化为使用一种简单工具(instrument simple),由一个发动机(moteur)驱动的所有这些工具的集合(réunion)就构成了……一台机器(une machine)"。[①] 这里发生的事情,是在

[①] 参见 Marx-Engels-Gesamtausgabe(MEGA²),Ⅳ/3,Text,Berlin:Akademie Verlag,1998,S.331。中译文参见张福公译稿。

机器化大生产中,原来劳动者在分工中被确定的那种直接塑形原料的特定的**主体性操作手艺**,现在已经过**工艺学的现实抽象Ⅱ**,经过科技编码,直接变成了机器运作中的一道外在于劳动主体活动的**客观工序**;原先劳动分工的小生产制作中"产品所需要的原料必然要经过一些工序(Atelier),从一个工人(Atelier)转到另一个连续的工人手中……为了减少这种不便,工厂主(Fabrikeigenthümer)就会致力于将所有操作聚集到同一个建筑物中,从而实现最低的损失"①,而现在的机器化制造大生产中,则会是一台机器上发生的**非主体的工序**操作链(l'échelle de ses opérations)。这种从劳动技能向技术转换中的工艺学现实抽象Ⅱ,与劳动分工条件下劳动一般的现实抽象Ⅰ和商品交换关系历史的现实抽象Ⅲ一起,成为后来马克思**多重现实抽象理论**的重要组成部分。从思想构境谱系线索看,这都实现于马克思中晚期的经济学研究进程中。这意味着,原先从自然物理空间(土地)挪移到作为社会物相化空间的"同一个建筑物"(厂房)的转换,现在进一步升级为作为**空间压缩物**的机器客观工序。从哲学上看,海德格尔那种通过直接上手的主体性功能链环顾,现在转换为科技操作中**非及物的上脑——上手性塑形和构序**,并物相化为机器本身的客体性编码工序的 l'échelle de ses opérations(操作链)。当机器到场时,能动劳作的人似乎是不在场的,或者说,人的在场通过了科技物相化的中介。这样,生产中的构序和塑形看起来都不再与体力劳动主体物相化活动直接相关,"怎样生产"中的**怎样**,就不再是体力劳动者的手艺技能中的功能链编码,而成了外在于劳作的技术信息编码操作,在体力劳动主体方面则表现为"去技能化"(deskilling,芬伯格语)。这似乎印证了黑格尔所讲的"理性的狡计"**让自然摆弄自然**的过程,当然,这种特殊的狡计的本质还是实现了**主体性的构序**,但这种"怎样生产"的构序变成了纯粹理念的反向操作,即科学技术负熵构序的编码操作成为**纯粹爱多斯**(eidos),机器化大生产转换为科学技术爱多斯的**重新物相化**的应用过程。由此,**物质生产的辩证法构序转换为科技物相化背后的科技实验辩证法构序**。或者说,科技实验的辩证法已经成为

① Marx-Engels-Gesamtausgabe(MEGA²),Ⅳ/3,Text,Berlin:Akademie Verlag,1998,S.332. 中译文参见张福公译稿。

353

"绝对不安"(*absolute Unruhe*)的实践辩证法的最新形态。在认识论构境中，它也象征着认知对象和认知条件的转换，这似乎说明了黑格尔唯心主义"自然哲学"中理性先验构架的一个现实来源。原先手工业生产中的"怎样生产"的劳作方式，现在成了机器运作中无人的"操作方式"(Operationsweise)。而无人的机器操作背后，是一种科学技术中纯粹编码构序和创造社会负熵的"精神操作"(Operationen d[er]Geistes)，彻底代替劳动者具象塑形和构序的"身体操作"(Operationen d[er]Körpers)过程。不同于 Operationen d[er] Körpers(身体操作)中劳动者的技艺构序，Operationen d[er] Geistes(精神操作)则已经是科技人员的智能构序。机器化物质生产过程的本质，实际上变成了这种非及物精神操作**重新对象化**的科技物相化过程。当然，这也是生产劳动中劳动者的技能从生产过程中被工艺学现实抽象和分离出来的知识和技术独立的过程。也可以说，这是相对于个人经验统觉和观念运作的"先天综合判断"的一个重要现实基础，即机器化大生产中劳作技能的**工艺学现实抽象所生成的技术先验构式**。这可能也是索恩-雷特尔①用商品交换原则解释康德先天综合判断问题时漏掉的重要环节。而之后，这种客观的现实抽象越来越多地由脱离了生产过程的科学技术实验来完成，并在科学研究中以知识的一般智力方式反哺生产过程，这是**科技物相化**的本质。在后面的《曼彻斯特笔记》第 4 笔记本对汤普逊(William Thompson)的摘录中，马克思看到了这样的分析，汤普逊认为，"在社会的早期阶段，劳动和知识/科学(Arbeit und Kenntniß Wissenschaft)是相互伴随的，因为两者都很简单"，只是到了资产阶级创造的机器化大生产的"复杂社会"中，劳动与知识才变得如此分离(so separated)。汤普逊认为，"在一个更为完美的文明里，它们将再次团结起来"。②

---

① 索恩-雷特尔(Alfred Sohn-Rethel,1899—1990)，德国西方马克思主义哲学家。1921 年毕业于海德堡大学。1920 年与恩斯特·布洛赫成为朋友，1921 年结识本雅明。1924—1927 年，在意大利与法兰克福学派的克拉考尔和阿多诺接近。但由于霍克海默的反对，始终没有成为法兰克福学派的成员。1928 年获得哲学博士学位。1937 年，通过瑞士和巴黎移居英国。1978 年，被任命为不莱梅大学的社会哲学教授。代表作有:《商品形式与思想形式》(1971)、《德国法西斯主义的经济和阶级结构》(1973)、《认识的社会理论》(1985)、《脑力劳动与体力劳动》(1921—1989)、《货币:先天的纯粹铸币》(1990)等。

② 参见 Marx-Engels-Gesamtausgabe(MEGA²), Ⅳ/4, Text, Berlin: Dietz Verlag, 1988, S. 243。中译文参见李乾坤、李亚熙、吴婷译稿。

这是富有启发性的观点。我并不认为，这里马克思直接遭遇的机器生产和深层次科技物相化问题，会立刻成为他下一步历史唯物主义思想构境的构序因素，这一问题的真正解决，是在《大纲》中直面李嘉图大机器生产与劳动价值论关系难题时才逐步完成的。

在此，马克思必然会看到一种新的生产力发展可能，这就是科学技术条件下不断改进的机器化大生产所实现的巨大生产力。在此书第三十二章中，马克思摘录了拜比吉这样的表述，"机械制造（Maschinenbau）的细微改进（Detailvervollkommnungen）只有在拥有大量已投入使用的机器的国家中才能实现，而这些机器改良将对总体生产力（pouvoir total de production）产生巨大影响"①。这也意指着，机器化制造业中"怎样生产"的方式本身也会发生历史性的变革，这种变革将是新型生产力发展的内部动力。从劳动主体方面来看，

> 机器改良（mechanischen Perfectionnemens）的最终结果几乎总是需要更多合适的劳动者（geeigneten Arbeitern）进行生产。新的操作方式（Operationsweise）通常需要具备比以前更高的灵活性（Gewandtheit）和熟练性（Geschicklichkeit），但是，那些熟悉旧的操作方式的工人（ouvriers）并不总是具备新工作所要求的能力。②

机器的改良，必然在"新的操作方式"中塑形新的劳动者，他们必须具有更高的灵活反应能力和熟练的操作技巧。然而拜比吉没有想到，劳动者这种所谓的灵活性和熟练性，并非他们自身的主体要求，而是屈从于客体机器规训中的被迫。从客体方面看，由于我们上面已经讨论过机器化生产与科学技术的内在关联，机器改良的背后，无疑离不开科学技术的发展。在拜比吉看来，"英国在工业（Industrie）和技艺（Künste）上的进步是同各种崇高科学（sciences les plus élevées）的进步紧密相联的。而且，在工业发展道路上的每

---

① Marx-Engels-Gesamtausgabe（MEGA²），Ⅳ/3，Text，Berlin：Akademie Verlag，1998，S. 340. 中译文参见张福公译稿。

② Marx-Engels-Gesamtausgabe（MEGA²），Ⅳ/3，Text，Berlin：Akademie Verlag，1998，S. 339. 中译文参见张福公译稿。

一新的步伐都需要这种联系越来越紧密"①。我猜想,拜比吉这里关于科学技术与机器化生产的具体讨论内容,未必会直接影响到此时的马克思,但必定强化了他对物质生产中必须关注"怎样生产"的不同方式的观念。马克思关于机器化生产与科学技术的关系问题的理解,会在之后的《大纲》和《1861—1863 年经济学手稿》中对相对剩余价值的讨论中得到具体的深化。

显然,拜比吉《论机器和制造的经济性质》一书中对机器化大生产构序的"制造"分析,给马克思留下了深刻印象,所以他在进入尤尔的《制造哲学》一书时,直接跳到此书第二卷第一章中关于"制造系统"的讨论,这说明,马克思此时关注的焦点,恰是物质生产过程中"怎样生产"的构序方式。② 在后来的《1861—1863 年经济学手稿》中,马克思虽然将尤尔称为资产阶级体制的"无耻辩护士(schamloser Apologet)",但还是承认他"第一个正确地理解了制造系统(Fabriksystems)的精神"。③ 这里,我们看到马克思摘录了尤尔以下的文字,"无须耗费很大的劳力(Arbeitsanstrengung)而对各种自然产物(Naturprodukte)进行无限的改善,使它们转变成满足人类便利(Nutzen)和享受(Luxu)的对象(Gegenstände),这构成了我们制造系统(Manufactursystem)的基础"④。这很像教科书上给出的定义。它表征了机器化生产的制造系统的特点,同样是面对自然对象,不同于工场手工业生产中基于劳动者体力劳作的技能和劳力在场,机器化大生产过程主要不是工人的直接劳作物相化构序和塑形,机器生产超出了人的体力劳作限度,创造了一种在科技爱多斯基础上"无限地改善"自然产品的社会负熵质的全新可能。这似乎也证

---

① Marx-Engels-Gesamtausgabe(MEGA²),Ⅳ/3,Text,Berlin:Akademie Verlag,1998,S.340. 中译文参见张福公译稿。

② 这里还有一个文献考古学上的细节,即马克思在 1845 年 3 月写下的《评李斯特》一文中,直接引述了尤尔《制造哲学》中的一段表述(《马克思恩格斯全集》第 42 卷,人民出版社 1979 年版,第 262 页)。仔细看,马克思所引述的这段话,几乎完全是恩格斯《国民经济学批判大纲》中的观点。这并不能说明,《评李斯特》一文完成于 1845 年 5 月的《布鲁塞尔笔记》B 之后。我的推测为,1844 年马克思已经按书单买到了尤尔的这本书,并在评论李斯特的时候摘录了这段表述。这与第 5 笔记本中机器和制造问题的研究并非同一个摘录。

③ 参见《马克思恩格斯全集》(第二版)第 37 卷,人民出版社 2019 年版,第 155 页。中译文有改动。

④ Marx-Engels-Gesamtausgabe(MEGA²),Ⅳ/3,Text,Berlin:Akademie Verlag,1998,S.342. 中译文参见张福公译稿。

明了黑格尔哲学中那种从劳作的感性特殊技能的有限性，走向一般观念抽象化运作无限性的逻辑意向。

图6-6　《布鲁塞尔笔记》"尤尔摘录"第一页

尤尔这里的观点，是要强调人们"怎样生产"的方式在工业生产的制造体系中的根本改变，这与上述拜比吉的观点是基本一致的。不过，马克思发现，尤尔还在更宏观的尺度上分析了机器生产的制造系统。从摘录中我们看到，

在工艺学（technologie）上，英语中的**工厂**制度（factory système）这个术语是指，各种工人即成年工人和未成年工人的协作（coopération），这些工人熟练地、勤勉地看管着由一个中心动力不断推动的、进行生产的机器体系（système de mécaniques）……这个术语的准确意思使人想到一个由无数机械的和智能的器官（organes mécaniques et intellectuels）组成的

庞大的自动机,这些器官为了生产同一个物品而协调地不间断地活动,并且它们都受一个自行发动的动力的支配。①

这可能会是马克思第一次遭遇 technologie(工艺学)的概念。尤尔所依托的**工艺学**,正是关于狭义生产方式筑模("怎样生产")的学问,这门学问的本质,是对劳动者劳作塑形和构序外部存在的技能,在生产操作活动中不断**现实抽象**为非及物技术构序历史进程的逻辑映现。在思想构境谱系的发展线索中,工艺学在后来马克思的第三次经济学研究和自己的经济学理论探索中,逐渐成为一个新的聚焦点,它始于《伦敦笔记》中的"工艺学笔记",主要与广义历史唯物主义中的客体向度的思考相关。② 这里我们也可以辨识出,尤尔所面对的"工厂制度",已经明显不同于斯密的工场手工业作坊,他也不是着眼于斯密所强调的工人之间在生产中的劳动分工,他在"工厂制度"中首先关注的是一种新型的"协作",因为这里的协作已经是机器化大生产中工人看管机器之间的协作关系。他认为,与传统手工业工场中工人之间劳动行为的简单协作关系不同,机器化大生产本身就像一个"庞大的自动机",原先劳动者体力和智力活动表现出来的工艺技能,在机器体系中变成了钢铁器官的科技物相化功能,而工人之间的主体性劳动共在关系,从原先斯密看到的劳动分工中直接改变对象的劳动碎片之间的整合,变成了这里大机器生产中"看管"机器中的协作。他说,"在自动工厂(système automatique,自动体系)中,熟练工人逐渐被简单的看管机器的工人所取代了"③。这同样是劳动主体的改变,但与拜比吉的判断不同,尤尔似乎看到了这种转换给工人带来的消极影响。在尤尔眼里,所谓"熟练工人",就是在手工业生产中还是以劳动者自己的手艺直接塑形对象,他认为,在以"自动机器体系(système automatique)"为主体的大机器生产过程中,工人的主体性劳动被夷平为一种丧失了异质性手艺技能的

---

① Marx-Engels-Gesamtausgabe(MEGA²),Ⅳ/3,Text,Berlin:Akademie Verlag,1998,S.348. 中译文参见张福公译稿。

② 关于马克思工艺学理论的研究,我指导张福公博士完成的博士论文《重读马克思——工艺学语境中的哲学话语》,是中国马克思主义学术界在这一研究领域的补白性成果。参见张福公《重读马克思——工艺学语境中的哲学话语》,南京大学出版社2023年版。

③ Marx-Engels-Gesamtausgabe(MEGA²),Ⅳ/3,Text,Berlin:Akademie Verlag,1998,S.349. 中译文参见张福公译稿。

"均质劳动(égaliser le travail)。

> 在自动机器体系(système automatique)的均等化原则(principe d'égalisation)下,工人的能力(facultés de l'ouvrier)只是进行轻松的操练。……由于他的业务只限于看管极其规律地运转的机器,所以他可以在很短时间内学会这种业务;而当他从这一台机器(machine)调去看管另一台机器时,他的工作就多样化了,并且由于他要考虑自己和同伴们的劳动所产生的共同结合(combinaisons générales),因而眼界也扩大了。①

这是一个重要的质性判断。马克思后来在《1861—1863 年经济学手稿》中,直接引述了这一观点。② 显然,与上述拜比吉讨论机器改良中劳动者会增加"灵活性和熟练性"不同,尤尔这里所说的"均质劳动",其实也是指工人从传统手工业生产过程中的创制主体转变为机器生产中的附庸的历史变化。这种判断,也许会更接近马克思自己的想法。实际上,这里尤尔无意识省略了一个十分复杂的历史进程:一是在农耕时代中,工匠式生产劳动是主体性活动的完整实现;二是到了工场手工业生产时期,劳动分工下的劳动业已开始碎片化为简单的动作;三是机器化大生产中工人看管机器的劳动,已经在"去技能化"过程中完全丧失了任何主体性质性,原来的劳动创制活动成为惯性实践中的"均质劳动"。在这一点上,尤尔是有高度自觉的历史感的,他说,"当亚当·斯密写下他的著名的政治经济学原理(élémens de l'économie politique)的时候,工业中自动体系(système automatique d'industrie)还几乎无人知晓,因此他将**分工**(division du travail)视为工业发展的重要原则是合理的",然而,尤尔明确宣称,"在亚当·斯密时代作为有用说明的原则就不适用于我们的时代了"。③ 因为工场手工业生产中的劳动分工与机器化大生产中的分工和协作方式相比业已发生了根本性改变。显然,尤尔关于"怎样生产"的不同生产方式的转换的这些讨论,对马克思之后在历史唯物主义构境中思考的生产方式

---

① Marx-Engels-Gesamtausgabe(MEGA²), Ⅳ/3, Text, Berlin: Akademie Verlag, 1998, S.350. 中译文参见张福公译稿。

② 参见《马克思恩格斯全集》(第二版)第 37 卷,人民出版社 2019 年版,第 153 页。

③ 参见 Marx-Engels-Gesamtausgabe(MEGA²), Ⅳ/3, Text, Berlin: Akademie Verlag, 1998, S.348‑349. 中译文参见张福公译稿。

的历史转换问题必定会产生一定的影响,也会是后来其历史认识论的一个重要支撑点。劳动分工条件下碎片式的劳动所生成的社会历史先验,与大机器生产时代的科学技术本身的工具理性构架,会产生完全不同的认知主体和认知功能度,因为机器化生产中处于去技能化和均质化劳动中的工人,已经基本丧失了原先在劳作中获得的实践功能度,他们已经不再是具有认知功能度的在场性主体,其认知功能度的主要功能业已转移到和对应于非及物的技术实验、科学研究构序的全新实践功能度之中。这将是认识思想史中的一个主体性的断裂。实际上,在主体物相化进程中,这里也会出现一种分裂,即作为体力劳动者的工人在"去技能化"过程中双手、五官和大脑的萎缩,与科技人员智能主体物相化的高歌猛进。

一个需要特别指出的方面是,马克思关于机器与制造问题的研究,反映了他遭遇资产阶级社会工业生产中的机器化大生产阶段时出现的许多新问题。一方面,这些机器生产客体构序和科学技术的对象化应用,会坚定他创立历史唯物主义构境中广义物质生产方式这一核心范畴的信心;另一方面,这也会是他彻底放弃人本主义劳动异化批判构式的最终抉择条件。这其中的深层次原因可能会有:一是资产阶级社会中出现的机器生产与科技物相化的新问题,显然是无法直接用人本主义的异化史观来破解和说明的,在这大量的工业制造业和科学技术进步的事实面前,抽象的哲学价值批判话语显得苍白无力,这必定会成为非科学现象学和批判认识论筑模的历史性解构更重要的基础;二是作为《1844年手稿》经济学基础的斯密时代的手工业生产中的主体性劳动,在机器生产的客体工序中的地位下降问题没有得到解决。所以,从斯密方法论的主体向度转向李嘉图方法论的客体向度已成必然。也许,这也是客观性的**生产话语**从不断集聚的逻辑凸状爆燃为方法论核心的主要原因。

3. 资产阶级社会中的经济与社会现实

与《巴黎笔记》时期的人本主义话语的方法论统摄不同,马克思进入第二次经济学研究时的思想构境中,从现实出发的理论逻辑已经开始占了上风。

特别是《关于费尔巴哈的提纲》生成"新世界观的萌芽"之后，马克思在《布鲁塞尔笔记》和《曼彻斯特笔记》中对资产阶级经济学文献的态度，已经不再仅仅是简单的道德义愤，而更多出一些冷静的客观观察。所以，经济学文献中出现的资产阶级社会中的各种深层次问题，会时时引起他的关注和思考。这些思考，也必然会成为马克思和恩格斯在《德意志意识形态》一书中，对现代资产阶级社会进行全面批判的历史性参照。

首先，资产阶级社会的**历史性出场**。在《布鲁塞尔笔记》第 3 笔记本对1842 年《经济学家杂志》（*Journal des Economistes*）上一篇文章的摘录中，马克思看到了这样一段话："劳动通过各种方式组织起来（Le travail a été organisé de toutes les façons）：我们有奴隶制、农奴制、家长制的剥削、公司、垄断；一切都经过尝试、使用；一切都消失了，我们将无法抵抗劳动的绝对自由，即每个人能自由支配自己的力量和才能。"①意思是，在历史上，劳动曾经以不同方式组织起来，有奴隶制下的奴隶的劳动，也有农奴制下农奴的劳动等，那都是一种直接的强暴式的剥削，而今天资产阶级创造的劳动形式是"劳动的绝对自由"，工人可以任意支配自己的劳动活动。这里的观点，当然内嵌着一种历史性的见解，但显然不是上述我们看到的一般社会唯物主义视域中的经济学描述，而是明显带有资产阶级意识形态的政治判断。罗西就说，"自由劳动（le travail libre）是现代的事实，是我们文明的结果"②。这真是一种好听话。因为资产阶级永远不会说，这种自由只是工人可以出卖自己劳动的自由。在恩格斯《曼彻斯特笔记》第 1 笔记本中对伊登的《贫民的状况》（Frederic Morton Eden, *The State of the Poor*）一书摘录中，他也看到了伊登将资产阶级社会"归因于文明（der *Civilisation*）和秩序（*Ordnung*），它们是文明制度（*civilen Institutionen*）"。并且，这种制度的本质，已经"不是对土地或货币的占有（der Besitz des Landes oder Geldes），而是对劳动的掌控（the command of labour）将

① Marx-Engels-Gesamtausgabe（MEGA²），Ⅳ/3，Text，Berlin：Akademie Verlag，1998，S. 231. 中译文参见刘冰菁、孔伟宇、付可祯译稿。

② Marx-Engels-Gesamtausgabe（MEGA²），Ⅳ/3，Text，Berlin：Akademie Verlag，1998，S. 370. 中译文参见刘冰菁、孔伟宇、付可祯译稿。

富人和穷人区分开来"。① 这后一个判断是有一定道理的,所谓资产阶级的文明统治,已经不再是通过一般的占有财富,而是通过对土地上解放出来的自由劳动本身的"掌控"来实现的。可这种掌控,正是资本支配关系。

在《曼彻斯特笔记》第 7 笔记本对《都会百科全书》(*Encyclopaedia Metropolitana*)里的一篇论文《西尼尔的政治经济学》(*Political Economy von Senior*)的摘录中,马克思很精细地记下了这样一种观点,即资产阶级社会中自由的劳动者与奴隶的历史性差异,"自由人总是出卖自己,而且只有在一定的时期和程度上(für eine Periode und zu einem gewissen Umfang),奴隶可以被别人出卖,而且绝对可以"②。这是说,过去奴隶制下人身不自由的奴隶,通常是被一次性地卖给奴隶主,而资产阶级社会中的自由劳动者,其"优越性"在于可以自由地定时定点地出卖自己。这当然还是一种新型历史变迁中出现的文明的奴隶。马克思后来在自己的经济学研究中间接引述过这一观点。这一观点中,也嵌套着历史性的比较分析,这可能会是马克思后来所讲的,资产阶级在批判过去的专制时是有历史分析的,而对自己的政治统治却坚持了一种非历史的观念,"以前是有历史的,现在再也没有历史了"(Ainsi il y a eu de l'histoire, mais il n'y en a plus)③。在《曼彻斯特笔记》第 6 笔记本对罗伯特·欧文的《曼彻斯特的六个演讲》(*Six Lectures Delivered in Manchester*)的摘录中,马克思摘录下了这样的表述:"大资本家现在被提升为权威君主的地位(Position eines gebieterischen Lords),间接地拥有自己奴隶(Sklaven)的健康,生与死。他通过与其他与自己利益相同的大资本家的联合而获得了这种权力,从而有效地强迫了那些根据他的意图运用它们的人"④。这是统治主体的历史性转换,虽然封建暴君不在了,但大资本家占据了暴君死去留下的空位,新型的统治者并非直接强暴奴隶,而是通过文明的"平等交换"间接地拥有自

---

① 参见 Marx-Engels-Gesamtausgabe(MEGA^2),Ⅳ/4,Text,Berlin:Dietz Verlag,1988,S.365。中译文参见张福公译稿。

② Marx-Engels-Gesamtausgabe(MEGA^2),Ⅳ/4,Text,Berlin:Dietz Verlag,1988,S.233. 中译文参见李乾坤、李亚熙、吴婷译稿。

③《马克思恩格斯全集》第4卷,人民出版社1958年版,第154页。

④ Marx-Engels-Gesamtausgabe(MEGA^2),Ⅳ/5,Text,Berlin:Akademie Verlag,2015,S.114. 中译文参见李乾坤、李亚熙、吴婷译稿。

由的雇佣劳动者,资本家之间的联合巩固了这种统治。

对弗朗西斯·费里埃的《政府在贸易关系问题上的考虑》一书的摘录中,马克思看到了资产阶级登场的政治前提,这就是封建专制制度的历史性终结,这为资产阶级创造了工业生产所需要的自由的劳动力、贸易竞争和海外市场的自由空间。费里埃认为,一是"封建政府的倒台为工业提供了一直被剥夺的行动自由(une liberté de mouvement)"①。这是前面我们提及的自由劳动力和贸易自由。并且,他乐观地看到,"在工业蓬勃发展的地方,农业得到发展",资产阶级社会中工业生产的发展,反过来促进了农业的进步。二是在资产阶级社会中,"存在一种普遍的竞争,它使社会受益",因为竞争使社会充满活力。然而,他却回避了这种盲目的竞争将给社会经济生活带来无序熵增的混乱,甚至出现可怕的经济危机。三是资产阶级社会中工业化大生产的发展,会在人的生存空间上创造一个超出本国疆域的新的世界关联和国际化空间,这也包括了资产阶级对"新大陆"的发现。马克思当然注意到,资产阶级经济学家通常并不会说明这种"新大陆"的开拓是以残酷的殖民主义奴役关系为背景的。比如亚历山大·德·拉博德在他的《共同体全部利益中的协作精神》中,只是轻描淡写地谈及英国的"海外贸易":

> 政府可以在战争发生地的非洲海岸上建立其他机构;他们前往大西洋,发现了新的国家,并像所罗门的舰队一样,从漫长而又未知的航程中获得了丰厚的利润(南海公司,其交易与密西西比州的交易类似);这些是为了在美国的沙漠中创建新世界的命运做准备。②

在拉博德的眼里,英国人占领、掠夺美洲和非洲的殖民主义恶行,变成了为资产阶级谋利所需要的"新世界的命运做准备"。从历史上看,资产阶级的所谓"发现新大陆"与殖民主义暴行是同时发生的,在这种"新世界的命运"中,掩

---

① Marx-Engels-Gesamtausgabe(MEGA²),Ⅳ/3,Text,Berlin：Akademie Verlag,1998,S. 213. 中译文参见刘冰菁、孔伟宇、付可祯译稿。
② Marx-Engels-Gesamtausgabe(MEGA²),Ⅳ/3,Text,Berlin：Akademie Verlag,1998,S. 224. 中译文参见刘冰菁、孔伟宇、付可祯译稿。

盖着对土著的野蛮屠杀、建立种植园农奴制,以及跨洋非洲奴隶贩卖等一系列血腥罪行。而罗西也认为,"殖民劳动可以被称为文明劳动,它不仅要产生道德和政治影响,而且还要产生非常重要的经济结果。任何大民族、强大文明移到国外并与其他并不发达的民族交流的趋势"①。异域殖民的奴役和人为制造出来的新型奴隶制下的残暴统治,在资产阶级经济学家眼里就是"文明劳动",似乎这种殖民统治除去获得财富之外还会产生提升"野蛮民族"生存状况的道德和政治文明。这真是厚颜无耻。在后来的"居利希笔记"中,马克思更全面地看到了资产阶级在全世界的殖民主义罪恶行径。而在《伦敦笔记》中,马克思则进行了专门的"殖民主义"研究。

其次,资产阶级经济学家眼中的"**市民社会话语Ⅱ**"。在资产阶级经济学家那里,资产阶级社会雇佣制度下的总体图景为,在作为基本社会主体的地主、资本家和工人后面,是"生产性"的土地、资本和劳动,地租、利润和工资分别代表了三种合法收入。这应该是马克思在《巴黎笔记》中就已经十分熟悉的东西。这一次,在对罗西的《政治经济学教程》的摘录中,马克思看到了这样的说法,"人在外部世界中发现一种具有生产性的、可应用性的力量(force productive et appropriée),就是土地。人从自己身上发现的生产力量就是劳动。既不是土地也不是劳动的其他生产力(force productive),就是资本。它包括所有用于再生产(reproduction)的、全部或部分产生的这些力量。资本是一种自身产生的生产力"②。这可能是马克思第一次遭遇到资本是生产力的说法。劳动的生产不需要讨论,而土地的生产是重农学派开始突显的方面,这里的关键是对资本生产的定义,因为在资产阶级社会的经济表象上,与工人劳动脱离的利润正是这种资本特殊生产力的回报。罗西还特意说明,"地球和劳动力量是自然(nature)的恩赐,资本是人为创造的(le fait de

---

① Marx-Engels-Gesamtausgabe(MEGA²),Ⅳ/3,Text,Berlin:Akademie Verlag,1998,S.388. 中译文参见刘冰菁、孔伟宇、付可祯译稿。

② Marx-Engels-Gesamtausgabe(MEGA²),Ⅳ/3,Text,Berlin:Akademie Verlag,1998,S.367－368. 中译文参见刘冰菁、孔伟宇、付可祯译稿。

l'homme)"①。资本家拿钱,就是对这种人为创造的资本生产的奖励。马克思当然知道,这是资产阶级遮蔽剥削关系的谎言,但是,在这一谎言背后的资本家用金钱买来的机器和技术在物质生产中的作用问题,会是马克思转向李嘉图经济学之后思考的重要方面。这个"资本生产力"的经济物相化迷雾,马克思一直到《1861—1863 年经济学手稿》中才彻底破境。

在《布鲁塞尔笔记》第 6 笔记本对麦克库洛赫的《论政治经济学的起源、发展、特殊对象和重要性》(*Discours sur l'économie politique*)的摘录中,马克思看到了资产阶级经济学学说史的发展线索,其中也反映出资产阶级社会经济活动的历史性实践轨迹。在麦克库洛赫看来,早期资产阶级经济理论是从货币主义的**货币体系**(*Das Monetati system*)和重商主义的**商业体系**(*Das Merkantilsystem*)开始的,它们反映了资产阶级社会发展的最初经济状态,即将货币和金银等贵金属当作财富,"他们混淆了自己关于财富的观念,因此没有寻求国家财富的来源或资源"②。这基本是对的。对于货币主义,马克思在后来的《1861—1863 年经济学手稿》中这样评论说,"货币主义者醉心于金银,因为金银是**货币**,是交换价值的独立的存在,是交换价值的可感觉的存在,而且只要不让它们成为流通手段这种不过是商品交换价值的转瞬即逝的形式,它们就是交换价值的不会毁坏的、永久的存在。因此,积累金银,积蓄金银,贮藏货币,成了货币主义的致富之道"③。这说清了货币主义的实质。而重商主义,其实是资产阶级在自身发展中尚未控制生产过程而主要活动于流通领域的理论表现,在这些经济学家看来,利润来自流通领域中商品以高于实际价值的价格出售,并且,财富的增长只会出现在国际交换层面。在麦克库洛赫看来,上面已经提及的**重农学派**,开始探究现代资产阶级社会中财富的源泉。他认为,应该是配第,第一次将财富来源的讨论引向了现实土地,他

> 将地球视为唯一的财富来源,因为商品所包含的所有物质(Materie)

---

① Marx-Engels-Gesamtausgabe(MEGA²),Ⅳ/3,Text,Berlin:Akademie Verlag,1998,S. 367. 中译文参见刘冰菁、孔伟宇、付可祯译稿。

② Marx-Engels-Gesamtausgabe(MEGA²),Ⅳ/3,Text,Berlin:Akademie Verlag,1998,S. 407. 中译文参见刘冰菁、孔伟宇、付可祯译稿。

③《马克思恩格斯全集》(第二版)第 33 卷,人民出版社 2004 年版,第 366 页。

最初都必须来自地球。因此,他假设财富是由**物质**组成的,而处于自然状态(natürlichen Zustand)的物质很少具有直接和间接的有用性(Nützlichkeit),而在这种状态下,它总是被剥夺其价值。只有通过施加劳动(Arbeit),它才能获得交换价值(Tauschwerth)并成为财富的要素。①

这也许是较早的**劳动价值论**的萌芽。因为在配第那里,劳动被视为"财富之父",而土地是"劳动之母"。这里,依靠土地的农业生产被当作唯一的财富来源,并且,也第一次出现了自然状态中的物质自然财富与劳动创造的交换价值的社会财富之差别。只是与所有资产阶级经济学家一样,配第认为,劳动者通过在土地上劳作得到工资,地主通过拥有土地获得地租,而资本家则是通过资本投入机器在土地上的生产而拿回利润。麦克库洛赫说,依配第的观点,"自然——风力和水能使机器运转,使船舶畅游,大气压力和蒸汽的弹性与世界上的植物生长力一样,是对商业和工业自然的良好主动馈赠(freiwillige Geschenke der Natur für Commerce u. Industrie)"②。这与上述罗西的故意遮蔽经济剥削的谎言几乎完全一致。所以,在后来的《曼彻斯特笔记》第1笔记本中,马克思一针见血地指出,"配第通过使人们的收入变为资本的方式,来评估人的价值,就像土地的价值一样"③。这是深刻的评点。

如上面麦克库洛赫所言,在资产阶级社会中财富的来源问题上,资产阶级经济学家可以承认劳动在产品价值形成中的作用,但通常他们还会强调财富脱离劳动的**交换价值**。前面我们看到,萨伊一方面承认劳动创造事物的有用性,但另一方面同时说,商业交换也生成事物的另一种有用性。并且,"商业增加了物品的效用,不是因为它们的运输成本,而是因为在新主人手中事物的效用比在原主人那里更大"④。显然,这是不同于劳动物相化的有用性价

---

① Marx-Engels-Gesamtausgabe(MEGA²),Ⅳ/3, Text, Berlin:Akademie Verlag, 1998,S. 410. 中译文参见刘冰菁、孔伟宇、付可祯译稿。

② Marx-Engels-Gesamtausgabe(MEGA²),Ⅳ/3, Text, Berlin:Akademie Verlag, 1998,S. 410. 中译文参见刘冰菁、孔伟宇、付可祯译稿。

③ Marx-Engels-Gesamtausgabe(MEGA²),Ⅳ/4, Text, Berlin:Dietz Verlag, 1988,S. 22. 中译文参见李乾坤、李亚熙、吴婷译稿。

④ Marx-Engels-Gesamtausgabe(MEGA²),Ⅳ/3, Text, Berlin:Akademie Verlag, 1998,S. 121. 中译文参见刘冰菁、孔伟宇、付可祯译稿。

值(使用价值)的物品"稀有性"的商品交换价值。这种交换价值,决定于"生产费用"。后来在《1861—1863 年经济学手稿》中,马克思评论萨伊说,"在他那里,商品的价值决定于生产费用——资本、土地、劳动,而这些费用又决定于供求。这就是说,根本不存在什么[价值]规定"①。在《曼彻斯特笔记》第 5 笔记本对麦克库洛赫《政治经济学原理》的摘录中,马克思看到,麦克库洛赫自己也承认,"劳动是财富的唯一来源","每一件具有交换价值的东西,人都需要付出劳动,而且只有劳动"②,但他又说,"一种商品的价值要考虑两次:1)相对于其交换力,或一定数量的劳动力或其他商品的购买力,相对价值或交换价值(relativer oder Tauschwerth);或 2)相对于在其占有或生产过程中所花费的劳动的量——实际价值(Realwerth)"③。这种在劳动之外出现的、似乎与劳动无关的交换价值,严重模糊了劳动价值论的边界,为资产阶级掩盖经济剥削关系提供了某种经济学理论编码的根据。不过,此时的马克思并没有意识到劳动价值论与科学社会主义更深的内在关联,也无法透视这种繁杂的经济物相化的迷雾。

马克思看到,斯托奇也认为,交换必然来源于"供应和需求",正是"交换使事物成为商品","当同一种商品出现了更多的供应和需求时,就形成了竞争"。④ 这个市场交换中不同交换主体力量线交织生成的竞争关系,恰恰是资产阶级社会经济生活中自由贸易的根本内驱力。他还说:

> 只要交换被建立起来,有用性的事物或价值(nützlichen Sachen oder Werthe)就以双重方式服务于我们:要么直接被我们使用;要么当我们使用它们的时候,是为了间接将它们交换为其他的价值。⑤

①《马克思恩格斯全集》(第二版)第 34 卷,人民出版社 2008 年版,第 144 页。

② Marx-Engels-Gesamtausgabe(MEGA²),Ⅳ/4,Text,Berlin:Dietz Verlag,1988,S. 268. 中译文参见李乾坤、李亚熙、吴婷译稿。

③ Marx-Engels-Gesamtausgabe(MEGA²),Ⅳ/4,Text,Berlin:Dietz Verlag,1988,S. 276. 中译文参见李乾坤、李亚熙、吴婷译稿。

④ 参见 Marx-Engels-Gesamtausgabe(MEGA²),Ⅳ/3,Text,Berlin:Akademie Verlag,1998,S. 188。中译文参见刘冰菁、孔伟宇、付可祯译稿。

⑤ Marx-Engels-Gesamtausgabe(MEGA²),Ⅳ/3,Text,Berlin:Akademie Verlag,1998,S. 236. 中译文参见刘冰菁、孔伟宇、付可祯译稿。

这还是上述那个**双重价值说**:劳动创造有用性,交换满足需求。而西斯蒙第似乎从反面也支持了这一点,他认为,"从人与人之间引入贸易,职业分化,每个人不是为自己而是为社会工作的那一刻起,他对工作的补偿,对事物欣赏的有用性概念就被交换的概念所取代"①。在他看来,由交换关系而来的"价值是一种社会性观念(sociale Idee)",它代表了"所有人的需求与所有人的生产之间的关系(Verhältniß)"。② 当人们用货币来代表价值时,劳动物相化所创造的有用性就被彻底取代了。西斯蒙第这里的价值论观点,接近于将价值看作一种社会关系的正确判断,虽然他错误地将价值与劳动创造的有用性对立了起来。

在西尼尔那里,他直接指认"价值……赋予或接受某事物以交换另一事物的能力"③,货币(Geld)则是这种由交换关系而来的价值的代表。

> 由于各种物(Ding)的价值都在一定的时期内变动,所以在可能发生变化的原因中,人们需要将其价值似乎最不可能改变的事物(Sache)作为支付手段,这种事物(Sache)似乎可以保持最长时间的一般价值(allgemeinen Werth),从而用来购买其他具有相等水平的事物(Sache)。金钱用来表达或者代表价值。④

有趣的是,西尼尔在这里区分了 Ding(物)和 Sache(事物)。在他看来,物的价值在交换关系中是可变的,而需要一种不变的"一般价值",作为事物的货币是一种从外部代表一般价值的支付手段。于是,货币就成了一般财富的代表,"金钱似乎是唯一具有普遍性的欲望,之所以如此,是因为金钱是抽象的财富,并且因为人们拥有了金钱就可以满足他们的所有欲望和需求。——

---

① Marx-Engels-Gesamtausgabe(MEGA²),Ⅳ/3,Text,Berlin:Akademie Verlag,1998,S.188. 中译文参见刘冰菁、孔伟宇、付可祯译稿。

② 参见 Marx-Engels-Gesamtausgabe(MEGA²),Ⅳ/3,Text,Berlin:Akademie Verlag,1998,S.188。中译文参见刘冰菁、孔伟宇、付可祯译稿。

③ Marx-Engels-Gesamtausgabe(MEGA²),Ⅳ/3,Text,Berlin:Akademie Verlag,1998,S.158. 中译文参见刘冰菁、孔伟宇、付可祯译稿。

④ Marx-Engels-Gesamtausgabe(MEGA²),Ⅳ/3,Text,Berlin:Akademie Verlag,1998,S.160. 中译文参见刘冰菁、孔伟宇、付可祯译稿。

无论其性质如何,他们所有的需求"①。在这个意义上,费里埃甚至更夸张地说,正是"货币创造了价值(l'argent crée les valeurs),因为没有货币,我们将既没有价值,也没有工业,也没有贸易"②。慢慢地,金钱就演变为支配性的权力,或者说,"**金钱是所有权或有价值的东西的代表或象征**[*Money* ist der *representative* oder *token*(Zeichen)des Eigenthums oder things of value,科贝特语]"③。这样,在今天的资产阶级社会中,"对金钱的热爱成为统治思想的主要激情"(the love of money becoming the ruling predominant passion of the mind,埃德蒙兹语)④。这是一种接近金钱拜物教的说明。有趣的是,同样是遭遇资产阶级社会经济活动中的交换关系和货币,但马克思显然没有像在"穆勒笔记"中那样,突然激活一种交往异化的哲学思考,他只是冷静地理解其中的经济学学理构序。他显然在刻意回避非科学的现象学和批判认识论。此时,马克思还不能思考前述劳动物相化与此处经济关系物相化的本质差异。他对价值关系的事物化颠倒和货币权力异化问题的透视,是在《1857—1858 年经济学手稿》(《大纲》)中完成的。

马克思在摘录中看到,在资产阶级经济学家那里,当货币投入生产过程中时,也就生成了资本。这个方向是对的。斯托奇就认为,"当资金(fonds)专门用于物质生产(la production matérielle)时,它就是**资本**(*capital*)的名称",并且,"资本与消费资金一样被消耗;但是通过消费,它可以自我复制。资本是用于工业消费的大量财富,即再生产"。⑤ 这也意味着,资本的本质特性就是再生产和增殖,然而,资本增殖的真正源泉却是被遮蔽的。在斯托奇的眼里,资产阶级国家手中的资本表现为:"1)土壤改良;2)建设;3)工具或贸易工具;

---

① Marx-Engels-Gesamtausgabe(MEGA²),Ⅳ/3,Text,Berlin:Akademie Verlag,1998,S.163. 中译文参见刘冰菁、孔伟宇、付可祯译稿。

② Marx-Engels-Gesamtausgabe(MEGA²),Ⅳ/3,Text,Berlin:Akademie Verlag,1998,S.241. 中译文参见刘冰菁、孔伟宇、付可祯译稿。

③ Marx-Engels-Gesamtausgabe(MEGA²),Ⅳ/4,Text,Berlin:Dietz Verlag,1988,S.210. 中译文参见李乾坤、李亚熙、吴婷译稿。

④ Marx-Engels-Gesamtausgabe(MEGA²),Ⅳ/4,Text,Berlin:Dietz Verlag,1988,S.181. 中译文参见李乾坤、李亚熙、吴婷译稿。

⑤ 参见 Marx-Engels-Gesamtausgabe(MEGA²),Ⅳ/3,Text,Berlin:Akademie Verlag,1998,S.163。中译文参见刘冰菁、孔伟宇、付可祯译稿。

4)物质;5)材料;6)完成的工程。"①这完全是经济物像视域下的资本。马克思也注意到,在不少资产阶级经济学家那里,资本被伪饰成资本家的禁欲和对财富的节约的产物。西尼尔就认为,"'资本'一词(当被视为生产工具时)用节制(abstinence)代替",如果"工资是工作的报酬,利润是禁欲的报酬(les profits la récompense de l'abstinence)"。②这真是一派胡言。

在《曼彻斯特笔记》第4笔记本对汤普逊的《最能促进人类幸福的财富分配原理的研究》(*An Inquiry into the Principles of the Distribution of Wealth*)一书的摘录中,马克思也记下了社会主义者汤普逊对资产阶级经济学家上述观点的反驳。汤普逊说,"**劳动**是财富唯一的父亲(*Arbeit ist der einzige Vater des Reichthums*)",如果说,"一块富裕的土地,几年前没有价值的土地现在变成了财富的对象。自然对这种转换做了什么? 没有。人做了什么,他的劳动是什么? 一切(*Alles*)"。因为土地可以长草,但要生产出 for us 的财富,"劳动是将其转化为财富的对象所必需的唯一要素"。③马克思当然会赞成汤普逊的观点。

最后,资产阶级社会经济发展中的**新动向和社会危机**。第一,资产阶级经济领域中出现的信用关系。虽然马克思在"穆勒笔记"中曾经批判过资产阶级信用关系的异化和欺诈本质,但这里,他是在经济学语境中遭遇信用关系在生息资本形式上的进一步发展。在对弗朗西斯·费里埃《政府在贸易关系问题上的考虑》一书的摘录中,马克思看到了这样的提法:在资产阶级经济的贸易关系进展到新阶段的时候,新的经济现象为"货币创造了价值(l'argent crée les valeurs),因为没有货币,我们将既没有价值,也没有工业,也没有贸易。如果没有十亿现金……就不会创造出三百亿证券。银行票据(papier de

---

① Marx-Engels-Gesamtausgabe(MEGA²),Ⅳ/3,Text,Berlin:Akademie Verlag,1998,S.163. 中译文参见刘冰菁、孔伟宇、付可祯译稿。

② 参见 Marx-Engels-Gesamtausgabe(MEGA²),Ⅳ/3,Text,Berlin:Akademie Verlag,1998,S.169-170。中译文参见刘冰菁、孔伟宇、付可祯译稿。

③ 参见 Marx-Engels-Gesamtausgabe(MEGA²),Ⅳ/4,Text,Berlin:Dietz Verlag,1988,S.237。中译文参见李乾坤、李亚熙、吴婷译稿。

banque)代替金钱;它增加了资本"①。这也意味着,由资产阶级国家银行通过信用关系发行的债券和票据,正在创造一种新型的经济关系,这表现为信用货币仿佛创造了商品价值,甚至创造了国家的工业和贸易,这里的取代了货币的金融票据在实际中"增加了资本"。这当然是马克思在前面的经济学研究中并没有关注的一个新情况,因为这里出现的信用票据的作用,与前面他所看到的资产阶级经济学家对商品价值生成的说法是根本不同的。在对斯托奇的摘录中,马克思也看到了这种新型资产阶级银行信用关系的具体运作机制:

> 以较长或更长的信用(crédit)进行买卖的可能性,使有能力买卖的个人数量成倍增加,促进了竞争(concurrence),因此有助于降低商品价格。在所有国家里,债券的价值比现金的价值大。任何债券都源于一部分财富的转移,其中大部分是动产。如果债权人自己没有将这些财富交付给债务人,他可通过现金将其转让给他相应的财富价值,使后者能够将其转让给其他人。②

不同于传统生息资本中那种点对点的个人借贷关系,这种由国家银行发行的债券或股票,是建立在一种长期的信用关系基础之上的,面向整个社会发行的所有债券和票据的价值都会远远超过实有现金的价值。在这样的虚拟占有关系中集聚起来的社会资本,就造就了一批虚拟经济关系场境中的"有能力购买"生产资料的资本家,这使得商品生产和交换的竞争在一个更大的空间中进行。斯托奇甚至断言,"信用创造了资本,因为信贷成为积聚资本的强大动力"(der Credit schaffe Capitalien, weil il devient un puissant motif pour en amasser)③。马克思应该可以直觉到,信用可以创造新型的资本,可以使得生产扩大规模,这是一种关于资产阶级社会经济关系发展的

---

① Marx-Engels-Gesamtausgabe(MEGA²), Ⅳ/3, Text, Berlin: Dietz Verlag, 1998, S. 212. 中译文参见刘冰菁、孔伟宇、付可祯译稿。

② Marx-Engels-Gesamtausgabe(MEGA²), Ⅳ/3, Text, Berlin: Dietz Verlag, 1998, S. 264. 中译文参见刘冰菁、孔伟宇、付可祯译稿。

③ Marx-Engels-Gesamtausgabe(MEGA²), Ⅳ/3, Text, Berlin: Dietz Verlag, 1998, S. 269. 中译文参见刘冰菁、孔伟宇、付可祯译稿。

新观点,虽然此时他还没有对其做出评论。

在对西斯蒙第的摘录中,马克思也看到了资产阶级创造出来的金融领域中国家借贷资本的新功用。一是国家银行将生息资本扩展到对外贸易之中,一国借给他国的贷款,"不是货币,而是以交换没有其他回报的商品进行。当许多报价同时发生时,这些汇票以较低的价格出售;就好像它们用来购买的商品的价格下跌了一样;那么有这些商品就有利润,但是这个利润是根据汇票所造成的损失承担的"①。其实,这一新型信用关系之上的对外交易关系,已经离开了商品交换的原则,甚至是建立在欺骗和投机的虚假信用关系之上的。显然,这种出现在国际贸易中的投机行为,最终必然会导致新的商业危机。

二是新型的信用关系中的经济股份关系。西斯蒙第注意到,由于"利息税(Zinstaxe)已逐渐下降且仍在下降;贷款发放的银行对任何新兴行业都情有独钟。私人资产无法团结的资金通过匿名公司(anonymen Gesellschaften)垫付"②。这里所谓的 anonymen Gesellschaften(匿名公司),也就是指在信用关系中以新型股份公司的方式将社会资本集聚起来的做法。在《曼彻斯特笔记》对布朗宁《英国的国内和金融状况》(George Browning, *The Domestic and Financial Condition of Great Britain*)一书的摘录中,马克思也看到对股份制银行业务的描述:

> 从银行机构时代起,其所有资本都用于促进政府贷款。实际上,它已被换成股票认股权证(stock warrant)……因此,银行没有资本权力,但保留了信用权力(Macht in Credit)。他们的全部收入都来自客户的存款;有的交换票据(exchange for notes),有的则安全保管。它还把资金主要投资在政府证券(government securities)上,只保留了三分之一的存款,可以满足所有需求。因此,每当存款需求超过或甚至接近银行持有的货币数

---

① Marx-Engels-Gesamtausgabe(MEGA²), IV/3, Text, Berlin: Dietz Verlag, 1998, S. 182. 中译文参见刘冰菁、孔伟宇、付可祯译稿。

② Marx-Engels-Gesamtausgabe(MEGA²), IV/3, Text, Berlin: Dietz Verlag, 1998, S. 126. 中译文参见刘冰菁、孔伟宇、付可祯译稿。

量时,就必定会发生违反货币原理的行为,这必须由国家合法化,否则银行将破产。①

这是资产阶级政府的国家银行发行的股票和债券,它用 Macht in Credit(信用权力)取代了真实的资本权力。这势必生成一种全新的资产阶级经济关系体系,因为没有实际资本所有权的资本家通过发行股票,可以聚集起原先个人资产不可能居有的巨大社会资本,以便进行规模扩大的资本再生产,这有可能缓解资产阶级私有占有制与不断扩展的生产力之间的矛盾。

三是西斯蒙第认为,这里在金融领域中出现的资本家,是一种全新的虚拟资本关系。他认为,"**这些虚构的资本家,这些资本家是由交往产生的**"(ces *capitalistes fictifs*, ces *capitalistes enfantés par l' association*)②。因为这里由信用关系之上的证券和股票聚集起来的资本力量,在本质上是一种虚拟的信用资本关系,它正是由远离生产领域的金融 association(交往)建构起来的经济幻象。应该说,这是一种极其深刻的看法。我推测,这有可能是马克思后来《资本论》第三卷中**虚拟资本**(*Fiktives Kapital*)概念的缘起。在对伯纳德·提里昂的《论投机行为的滥用》(Louis François Bernard Trioen, *Essais sur les abus de l'agiotage*)一书的摘录中,马克思直接看到了提里昂将资产阶级信用关系的本质指证为公开合法的"欺诈"(l'escroquerie)。③ 这些观点必定会对马克思产生一定的影响。马克思后来在"居利希笔记"中,看到了荷兰和英国的证券交易所的历史诞生在现代资产阶级经济运行中发挥的巨大作用。

还可以看到,马克思也摘录了社会主义者毕莱对资产阶级信用关系的直接批判,在毕莱看来,资产阶级发明的金融-信用关系是

---

① Marx-Engels-Gesamtausgabe(MEGA²), Ⅳ/4, Text, Berlin：Dietz Verlag, 1988,S. 68. 中译文参见李乾坤、李亚熙、吴婷译稿。

② Marx-Engels-Gesamtausgabe(MEGA²), Ⅳ/3, Text, Berlin：Dietz Verlag, 1998,S. 189. 中译文参见刘冰菁、孔伟宇、付可祯译稿。

③ 参见 Marx-Engels-Gesamtausgabe(MEGA²), Ⅳ/3, Text, Berlin：Dietz Verlag, 1998,S. 272。中译文参见刘冰菁、孔伟宇、付可祯译稿。

对生产阶级所犯的一种卑鄙无耻的和鬼鬼祟祟的盗窃;因为显然是这种媒介(Mediums)的制造者——银行家、资本家以及其他寄生于劳动阶级的血汗的人们——并没有拿出实在的等价物(reelles Equivalent),而只凭他们自己的媒介,在交换中取得各种商品,而且这种媒介的借用者,大半也像这种媒介的制造者一样,同时属于不生产的阶级(unproduktiven Klasse)。可是他们所要的利息,或称之为借用货币的代价,乃是他们通过不平等的交换,预先就已从劳动阶级那里所得来的财富! 这样看来,可见生产阶级所给予金融资本家们和商业资本家们(Banking u. trading kapitalists)的,乃是他们的劳动——他们的血汗——而资本家们在交换上所给予他们的,乃是什么呢? 他们所给的,乃是一团黑影——一堆废物——银行券(Banknote)!①

在这位社会主义经济学家的眼里,资产阶级所创造出来的信用经济关系中,无论是银行家还是借贷资本家,都"没有拿出 reelles Equivalen(实在的等价物)",他们手中只有一些银行券(债券和股票等)之类的金融 Mediums(媒介),这是一种用财富的"黑影"欺骗和换取个人私利的把戏。并且,他深刻地看到,这些"钱生钱"的空手套白狼的欺诈背后,实际上还是预先由劳动阶级创造的财富。从思想谱系的长程研究中看,马克思在这里并没有对资产阶级创造的虚拟信用关系进行深入的思考。他后来再一次密集遭遇这一问题,是在1850年前后的《伦敦笔记》中,而最终科学地研究和解决这一问题,则是在《资本论》第三卷中。

第二,资产阶级社会中内嵌的深刻社会危机。在对拜比吉的摘录中,马克思首先看到了资产阶级社会中生产过剩的危机。拜比吉说,资产阶级社会经济生活中出现的盲目

竞争(Konkurrenz)所带来的一个自然而几乎不可避免的结果就是相对于消费者的需求,一种远远超出的生产(Natürliches u. vollständig unvermeidliches Resultat der Konkurrenz ist eine die Bedürfnisse der

---

① Marx-Engels-Gesamtausgabe(MEGA²), Ⅳ/5, Text, Berlin: Dietz Verlag, 2015, S. 45. 中译文参见李乾坤、李亚熙、吴婷译稿。

Consummenten weit übersteigende Production）。这个结果通常都是周期性发生的。①

发生生产过剩的原因，通常是盲目竞争中出现的商品生产远远超出市场"消费者的需求"，这在资产阶级社会的经济发展中业已成为一种周期性发作的经济危机。一方面，拜比吉明确指认，资产阶级社会中出现的这种"工业中的生产过剩（Ueberproduktion）并不总是导致新的机械改进（perfectionnemens mécaniques）的发明，或者新的制造方式（Fabrikationsweisen）的产生"②。这也就是说，这种生产过剩的危机是对生产力的直接破坏。另一方面，拜比吉还指认了这种生产过剩的两种结果：一是减少工人的工资，二是减少生产时间。显然，这二者都是对劳动者利益的直接损害。

而在对毕莱的摘录中，马克思看到这种生产过剩的危机在商品流通领域里的表现。毕莱认为，在资产阶级社会商品-市场经济的盲目熵增运动中，"特别是在交换功能（la fonction des échanges）里，经济的无政府状态（l'anarchie économique）表现为更具灾难性的后果"③。这是资产阶级经济体制自身无法克服的对抗性矛盾。在恩格斯的《曼彻斯特笔记》第3笔记本中，我们可以看到他对马克思同时摘录过的托马斯·图克的《关于价格和货币流通状况的历史：1793—1837》的摘录，恩格斯记下了发生于1819年的英国经济危机史实，"特别是对棉花的过度进口已经发生，因此导致衰落和破产达到最严重的地步。……特别是1819年上半年，出现了非常严重的破产（Bankrotte）、普遍的信贷缺失（Creditlosigkeit）和甜香槟贸易（doux commerce）萧条"④。这种经济危机，周期性地又出现于1824年和1837年。

---

① Marx-Engels-Gesamtausgabe（MEGA²），Ⅳ/3，Text，Berlin：Akademie Verlag，1998，S.334. 中译文参见刘冰菁、孔伟宇、付可祯译稿。

② Marx-Engels-Gesamtausgabe（MEGA²），Ⅳ/3，Text，Berlin：Akademie Verlag，1998，S.335. 中译文参见刘冰菁、孔伟宇、付可祯译稿。

③ Marx-Engels-Gesamtausgabe（MEGA²），Ⅳ/3，Text，Berlin：Akademie Verlag，1998，S.156. 中译文参见刘冰菁、孔伟宇、付可祯译稿。

④ Marx-Engels-Gesamtausgabe（MEGA²），Ⅳ/4，Text，Berlin：Dietz Verlag，1988，S.528. 中译文参见张福公译稿。

4. 现代无产阶级的悲惨命运

在整个《布鲁塞尔笔记》和《曼彻斯特笔记》中,马克思关心的一个重要的方面,是无产阶级在资产阶级社会中的悲苦现状和命运问题。可是,马克思不再使用人本学劳动异化的现象学的价值审判,而是客观地观察发生在资产阶级社会现实生活中的这种人间悲剧。在对西斯蒙第《政治经济学研究》的摘录中,马克思看到西斯蒙第将资产阶级经济学指认为一种庸俗"物殖主义学派"(chrematistische Schule),他们的眼中只有对象性的财富,"这个学派抽象地追求财富的增长,而不问为谁的利益来积累这些财富"①。这个chrematistische Schule(物殖主义),是对资产阶级疯狂追逐财富增长的形象说明,其实,这已经是第二层级经济物相化的结果,此时,马克思还不能透视这一特定的经济现象。在《巴黎笔记》时期,西斯蒙第的这种观点直接激活了马克思人本主义的道德激愤,继而怒斥这种"发财致富的学问",而在这里,马克思却没有爆燃自己。在后来的《1861—1863年经济学手稿》中,马克思这样评论西斯蒙第,"**西斯蒙第**深刻地感觉到,资本主义生产是自相矛盾的;一方面,它的形式——它的生产关系——促使生产力和财富不受拘束地发展;另一方面,这种关系又受到一定条件的限制,生产力越发展,这种关系在使用价值和交换价值、商品和货币、买和卖、生产和消费、资本和雇佣劳动等等之间的矛盾就越扩大"②。这是很高的评价了。在西斯蒙第眼里,无产阶级是一个"全新的存在"(existence toute nouvelle),按照物殖主义的观点,通过劳动创造了一切财富的"无产阶级的效力必须独自承担所有社会工作的负担,与所有财产保持异样,仅靠其工资生活"。③ 这也就是说,工人的劳动创造了今天世界上的财富,但他们却不能拥有世界。而在对毕莱的《论英法工人阶级的贫困》

---

① Marx-Engels-Gesamtausgabe(MEGA²),Ⅳ/3,Text,Berlin:Akademie Verlag,1998,S.123. 中译文参见刘冰菁、孔伟宇、付可祯译稿。

②《马克思恩格斯全集》(第二版)第35卷,人民出版社2013年版,第56—57页。

③ 参见 Marx-Engels-Gesamtausgabe(MEGA²),Ⅳ/3,Text,Berlin:Akademie Verlag,1998,S.124。中译文参见刘冰菁、孔伟宇、付可祯译稿。

一书的摘录中，马克思看到了这样的观点，"工厂工人永远无法获得劳动工具的所有权（la propriété des instrumens du travail）"，即后来马克思所指认的无产阶级与生产资料所有权的分离。毕莱认为，"工人阶级最致命的经济事实将是绝对分离（la separation absolue），越来越完全的分离。这种绝对分离发生在生产的两个元素之间，即资本和劳动（le capital et le travail）之间，从而构成了永久的敌对、利益的争夺"。① 在这种对立中，一无所有的工人只能出卖自己的劳动，如果他不到资本家的工厂中接受盘剥，他就没有活路。并且，"从资本的角度来看，工人只是**生产的代理人**（un *agent de production*），与机械代理人（agents mécaniques）没有什么区别"。② 在资本家看来，工人与生产过程中出现的原料和工具一样，都不过是物的存在。这倒是资产阶级社会机器生产时代经济学家李嘉图的口号。

在对尤尔的摘录中，马克思进一步看到资产阶级社会机器化大生产对工人主体性的剥夺。尤尔十分技术性地分析道：

> 人类天赋的弱点就是如此：工人越是熟练，他就越是有主见，越是难于驾驭，因而对机械体系（système de mécanique）说来也就越不适用，因为他的任意妄动会给整个机械体系带来莫大的损失。因此，制造业（manufacturier）的最大目标，就是通过科学（science）和资本（capitaux）的结合，将工人的作用降低到仅仅使用他们的注意力（vigilance）和灵敏性（dextérité）。③

其实，这是一个比较性的说明，如果在传统的手工业生产中，劳动者的手艺越熟练，那么他就越有创造性的"主见"；而当入序于"科学和资本的结合"后的机器化生产过程，那么，工人的主体性恰恰是要被消除的东西，面对机器生产的"看管"，工人不需要什么有主见的"熟练"技能，只要有"注意力和灵敏性"

---

① 参见 Marx-Engels-Gesamtausgabe（MEGA²），Ⅳ/3，Text，Berlin：Akademie Verlag，1998，S. 148。中译文参见刘冰菁、孔伟宇、付可祯译稿。

② 参见 Marx-Engels-Gesamtausgabe（MEGA²），Ⅳ/3，Text，Berlin：Akademie Verlag，1998，S. 145。中译文参见刘冰菁、孔伟宇、付可祯译稿。

③ Marx-Engels-Gesamtausgabe（MEGA²），Ⅳ/3，Text，Berlin：Akademie Verlag，1998，S. 349. 中译文参见张福公译稿。

就行了。尤尔说,在资本家看来,

> 在劳动分成各种等级(gradation de travail)的制度下,要使眼和手的技艺达到可以完成一些特别困难的机械操作,必须经过多年的训练;而在某种操作分解为自动机器(machine automatique)来完成的各个组成部分的制度下,这些基本组成部分的操作可以委托给一个只经过短期训练的普通工人;在必要的时候企业主甚至还可以任意把他从这一台机器调到另一台机器。①

这表示,机器化大生产已经不再需要有技能的工人,一个经过短期培训过的工人,只要能够"看管"机器就可以胜任工作,因为"他的业务只限于看管极其规律地运转的机器,所以他可以在很短时间内学会这种业务",这恰是前述尤尔所说的"均质劳动"。此时,工人可以像一个机器上的螺丝钉,"任意把他从这台机器调到另一台机器"。这也会是李嘉图等人将工人只是作为机器附庸的物性对象的直接现实生产基础。

在对斯托奇的《政治经济学教程》一书的摘录中,马克思读到他对工人所拥有的劳动的看法:"劳动能提供赚取收入的可能,另一种则是直接地为其(即其拥有者)提供收入;拥有财富并不意味着逃脱被饿死的命运,劳动却能使人免受苦难;拥有财富,还需要花费力气让它带来收入,劳动不需任何理由,就能提供收入。"②马克思对这一说法的评论是,"斯托奇的讨论把**劳动**看作'穷人的财富';实际上,不动产(bien-fonds)、还有资本(capital)和劳动之间的差别非常之大"③。在马克思看来,劳动是工人的财富,用劳动可以获得收入,可是与资本的增殖相比,工人的劳动收入仅仅是维持不"被饿死"的悲惨情境。对于工人阶级的低下的生活状态,一些资产阶级经济学家也是承认的。在对柴尔德《论商业及其益处》的摘录中,马克思读到,"在英国,穷苦人的生活非常窘迫,一些人被饿死,一些人被冷死,还有一些家族生活在大英王

---

① Marx-Engels-Gesamtausgabe(MEGA²),Ⅳ/3,Text,Berlin:Akademie Verlag,1998,S.350. 中译文参见张福公译稿。

② Marx-Engels-Gesamtausgabe(MEGA²),Ⅳ/3,Text,Berlin:Akademie Verlag,1998,S.276. 中译文参见刘冰菁、孔伟宇、付可祯译稿。

③ Marx-Engels-Gesamtausgabe(MEGA²),Ⅳ/3,Text,Berlin:Akademie Verlag,1998,S.276. 中译文参见刘冰菁、孔伟宇、付可祯译稿。

国大城市周边,他们在不幸的生活中苟延残喘,无法改变自身,不能改变自己的处境",很多穷人家的孩子"不仅病恹恹的,还容易染上各种病,许多人在年纪很轻的时候就死掉了"。① 由于机器生产的劳动均质化,资本家开始在生产过程中大量使用妇女和童工,很多孩子受到了非人的折磨。在对尤尔的摘录中,马克思看到,"机器技术方面一切改进的一贯目的和趋势,都是为了完全取消人类劳动(travail de l'homme)或通过以女工和童工的劳动代替男工的劳动,以未经训练的工人的劳动代替熟练手艺工人的劳动等办法来降低工人劳动的价格"②。在英格兰棉纺厂中,资本家雇佣了大量女童,"纺织机完全由16 岁及以上的少女来看管",则她们的平均周工资少得可怜;而"在美国的工业区,有超过 4000 名 12 岁以下的童工(Kinder unter dem Alter *v.* 12 J. p.)"。③ 在恩格斯《曼彻斯特笔记》第 2 笔记本对伊登《劳动阶级的历史》(F. M. Eden,*History of the Labouring Classes*)一书的摘录中,他记下了曼彻斯特棉纺厂中这样的历史情境,"年龄很小的孩童被棉纺厂雇佣,很多孩子是从伦敦和威斯敏斯特的济贫院(workhouses)搜集而来。他们成群地被送到 100 多英里之外的师傅手下做学徒……这些孩子通常被长时间地限制在工作中,关在封闭的房间里,经常通宵工作,空气污浊有害,衣衫单薄破烂"④。威斯敏斯特的济贫院和棉纺厂的车间,都是人所创造的非自然物理空间的社会物相化空间,可孩子们在其中受到相似的伤害。

在对布雷的摘录中,马克思看到了这样的文字:"难道每一个国家的劳动阶级不是像牛马一样,非但没有心脏,而且没有灵魂,只是听天由命一直工作到死为止!"⑤并且,布雷深刻地认为,资本家手中的资本的本质正是过去工

---

① 参见 Marx-Engels-Gesamtausgabe(MEGA²),Ⅳ/3,Text,Berlin:Akademie Verlag,1998,S. 301。中译文参见刘冰菁、孔伟宇、付可祯译稿。

② Marx-Engels-Gesamtausgabe(MEGA²),Ⅳ/3,Text,Berlin:Akademie Verlag,1998,S. 351. 中译文参见张福公译稿。

③ 参见 Marx-Engels-Gesamtausgabe(MEGA²),Ⅳ/3,Text,Berlin:Akademie Verlag,1998,S. 343。中译文参见张福公译稿。

④ Marx-Engels-Gesamtausgabe(MEGA²),Ⅳ/4,Text,Berlin:Dietz Verlag,1988,S.17. 中译文参见张福公译稿。

⑤ Marx-Engels-Gesamtausgabe(MEGA²),Ⅳ/5,Text,Berlin:Akademie Verlag,2015,S. 10. 中译文参见李乾坤、李亚熙、吴婷译稿。

人的劳动成果,所谓"积累就是过去劳动的产物而尚未消费掉的——无论房屋、机器、船舶,以及其他任何有用的东西"①。他甚至透视到,资产阶级手中的利息,"乃是他们通过不平等的交换,预先就已从劳动阶级那里所得来的财富"②! 这当然是深刻的看法。无产阶级之所以沦落到今天这种悲惨的境地,当然是资本家残酷剥削工人的结果。布雷认为,被资产阶级经济学家遮蔽起来的事实是:

> 工人们一直都是拿一整年的劳动(Arbeit eines ganzen Jahres)去向资本家换取仅仅半年劳动的价值(Werth von einem halben Jahr Arbeit),这就是我们一直所实行的不公平的交换制度,并且从中产生了现在存在于我们之间的财富与权力的不平等。这是交换的不平等必然的结果,——买进是一个价格,卖出是另一个价格——资本家继续是资本家,工人继续是工人,一个是统治阶级,一个是奴隶阶级。③

这亦表明,资本家与工人之间表面上的平等交换其实是不平等的,因为资本家是用"半年劳动"的工资换走了工人"一整年的劳动",所以,"在生产者和资本家之间的一切交易,都是一场显而易见的诈骗,一场彻底的闹剧"。④不仅如此,那些看起来远离工人的银行家和高利贷者获得利息,也都是这种掠夺财富的分赃游戏。布雷深刻地指出:

> 银行家、资本家(Bankiers, Kapitalisten)以及其他寄生于劳动阶级的血汗的人们——并没有拿出实在的等价物,而只凭他们自己的媒介(Medium),在交换中取得各种商品,而且这种媒介的借用者,大半都是也像这种媒介的制造者一样,同时属于不生产的阶级(unproduktiven

---

① Marx-Engels-Gesamtausgabe(MEGA²), Ⅳ/5, Text, Berlin：Akademie Verlag,2015,S. 17. 中译文参见李乾坤、李亚熙、吴婷译稿。

② Marx-Engels-Gesamtausgabe(MEGA²), Ⅳ/5, Text, Berlin：Akademie Verlag,2015,S. 45. 中译文参见李乾坤、李亚熙、吴婷译稿。

③ Marx-Engels-Gesamtausgabe(MEGA²), Ⅳ/5, Text, Berlin：Akademie Verlag,2015,S. 18. 中译文参见李乾坤、李亚熙、吴婷译稿。

④ 参见 Marx-Engels-Gesamtausgabe(MEGA²), Ⅳ/5, Text, Berlin：Akademie Verlag,2015,S.18。中译文参见李乾坤、李亚熙、吴婷译稿。

Klasse)。可是他们所要的利息,或称之为借用货币的代价,乃是他们通过不平等的交换,预先就已从劳动阶级那里所得来的财富!①

这也就是说,不仅资本家通过虚假的平等交换骗走了工人的血汗,那些银行家和食利者,也都利用手中的"媒介"在复杂的金融交换游戏中骗取了原本属于工人的财富。这种对资产阶级经济剥削关系本质的揭露,虽然是不科学的,但当然会得到马克思的肯定,并直接成为他和恩格斯在《德意志意识形态》等文本中批判现代资产阶级社会的参照。在思想谱系分析线索上,我们会看到在后来的《1857—1858 年经济学手稿》和《1861—1863 年经济学手稿》中,马克思才科学地说明了发生在生产过程中的资本家对工人剩余价值的无偿占有,以及地租、利息等剩余价值的二级分有形式。

---

① Marx-Engels-Gesamtausgabe(MEGA²),Ⅳ/5,Text,Berlin：Akademie Verlag,2015,S. 45. 中译文参见李乾坤、李亚熙、吴婷译稿。

第七章 社会场境存在论与关系意识论中的市民社会 话语IV

　　《德意志意识形态》是马克思恩格斯共同创立广义历史唯物主义的伟大论著。关于《德意志意识形态》一书的文献情况和广义历史唯物主义基本原则的研究,我在《回到马克思》第一卷中已经有过比较详细的讨论。①在此,我们主要围绕 bürgerliche Gesellschaft 问题,特别是广义历史唯物主义语境中特殊的"市民社会话语IV"的构序场境,追述一下其在《德意志意识形态》第一卷第一章中的变化与发展。并且,这里我将首次利用日本学者广松涉的文献版②来完成这一讨论,这使思想史考古分析中的文献考据工作,第一次在《德意志意识形态》手稿文献学研究中得到实现。

---

① 参见拙著《回到马克思——经济学语境中的哲学话语》(第四版),江苏人民出版社 2020 年版,第六章。新的情况是,2017 年,科学院版 MEGA 编委会在"试行本"发行 45 年之后,终于正式在第一部分第 5 卷中出版了《德意志意识形态》全书。[参见 Marx-Engels-Gesamtausgabe (MEGA²), I/5, Text, Berlin: Akademie Verlag, 2017。]虽然这一新版并没有提供文献内容方面的新进展,但在"西方马克思学"的原则下,编者却否定了马克思恩格斯自觉写作一本阐述历史唯物主义"历史科学"论著的合法性。这种所谓"非意识形态化"的价值中立中,直接显露出某种资产阶级意识形态的本质。这是给那些迷入"MEGA 拜物教"的无思者脸上的一记响亮耳光。对于这种反马克思主义的观点,我是坚决反对的。关于这一问题的讨论,可参见我所组织的专题学术笔谈《历史语境中的〈德意志意识形态〉》,《西北大学学报》(哲学社会科学版)2022 年第2 期。

② 2005 年,南京大学出版社出版了日本著名马克思主义哲学家广松涉编注的《文献学语境中的〈德意志意识形态〉》(彭曦译,南京大学出版社 2005 年版)。该书为马克思主义哲学文献学中的一本重要论著,十分难能可贵的是,广松涉在自己的版本中对前人的做法进行了如下重要改进:(转下页)

1. 社会关系场境中的市民社会话语Ⅳ

我们先来看一下广义历史唯物主义中作为社会结构"基础"的**市民社会话语Ⅳ**的特设理论定位。在很长的一段时期中，马克思恩格斯的这一观点被简单地等同于所谓的"经济基础决定上层建筑"的"社会基本矛盾"，似乎这是一个可见的社会刚性结构。这完全是一种误认。实际上，这里马克思恩格斯讨论的 bürgerliche Gesellschaft，作为特定的市民社会话语Ⅳ，恰恰是与历史唯物主义**复杂的场境存在论、历史辩证法和关系意识论**关联在一起的。我以为，不认真梳理被传统教科书解释框架弱化的场境存在论和关系意识论，就不可能真正入境于这里在广义历史唯物主义构境中出场的市民社会话语Ⅳ的奇特构境。

在《德意志意识形态》第一卷第一章中，马克思恩格斯主要是集中阐释他们刚刚创立的新世界观——广义的历史唯物主义，可是，我们却意外地看到了 bürgerliche Gesellschaft 的出场。并且，这个 bürgerliche Gesellschaft 并不是直接等同于我们已经比较熟悉的资产阶级社会，而是特指一个**经济的社会赋型中社会关系的基础**。这就是我们前面遭遇过的隐现状态中的**市民社会话语Ⅳ**的格式塔构境。在《德意志意识形态》第一卷第一章主手稿中，马克思和恩格斯三次专门讨论了这个特殊构序中的 bürgerliche Gesellschaft。

第一处，也是马克思恩格斯在《德意志意识形态》一书中关于市民社会话

（接上页）一是完整采用双联页排印的方式，正文排列在偶数页，草稿、异稿、边注排列在与正文相对应的奇数页；二是用不同的字体将恩格斯与马克思所写的内容区别开来（中译本中马克思的文字用楷体字，恩格斯的文字用宋体字），这使读者能更直观地了解原手稿在文本写作上的真实情况；三是将被删除的内容用小号字体排出，并直接存留在原删除的文本位置上，并且标注了马克思恩格斯用横线与竖线删除的差异；四是用不同标记明确注明马克思恩格斯增写与改写的文字；五是关于不同版本的各种信息，被如实地反映在手稿的排印中（中译本又增加了日本学者小林昌人和涩谷正的两个最新版本的信息）；六是广松涉在自己的日文后，以独立成书的形式排印了按照他自己的理解结构的德文原稿，这就提供了文本研究上的一个直接来自母语文本的比较参照系。令人遗憾的是，该书的中译本出版以来并没有得到很好的关注。在本书中，我复构马克思恩格斯思想构境的文本采用了广松涉的文献版，因为这样可以直观地看到他们创立历史唯物主义构式的微观生产现场。引文中：（1）尖括号内为删除的文字；（2）画波浪线的文字由恩格斯修改补入；（3）楷体字为马克思后来的修改补入。

语Ⅳ最重要的讨论,出现在主手稿第19页上。马克思恩格斯说,"在过去一切历史阶段上受生产力(Produktionskräfte)所制约、同时也制约生产力的交往形式(Verkehrsform),就是**市民社会**(*bürgerliche Gesellschaft*)"①。能感觉得出来,马克思和恩格斯在自己新的历史唯物主义理论中,已经彻底抛弃了过去所有使用过的哲学话语,不仅人的类本质、异化和外化一类人本主义的思辨话语被搁置了,定在、对象化、扬弃甚至实践活动这样的普通哲学概念也大多被悄悄地隐匿起来,历史唯物主义采用了历史性的物质生产—生产力—交往关系—生产方式的**生产话语编码**。这是一种全新的哲学方法论。从概念考古的词频统计来看,人本主义异化史观中的传统哲学话语几乎全部消逝了,代之以一整套全新的来自经济学的生产话语。这是马克思话语能指系统中出现的一次断崖式转换。现在人们的疑问会是,如果生产力、生产方式、上层建筑等关键性范畴,都不是由马克思恩格斯原创性提出的,那么,历史唯物主义与社会唯物主义的差异会是什么?道理很简单,一种全新的总体性的理论系统和思想构境。哈维曾经说过这样一段话:"科学思想上的革命是通过将概念、观点、范畴和关系统合成一种卓越的思想体系来完成"②。这是对的。

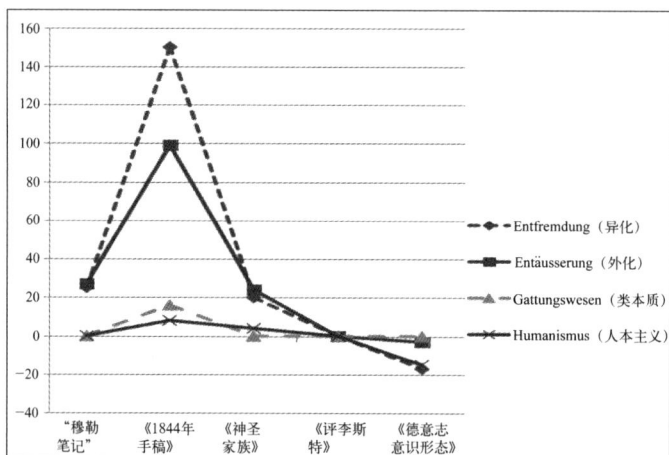

---

① [日]广松涉编注:《文献学语境中的〈德意志意识形态〉》,彭曦译,南京大学出版社2005年版,第38页。中译文有改动。
② [美]大卫·哈维:《社会正义与城市》,叶超等译,商务印书馆2022年版,第151页。

　　以上词频统计图①表明,在"穆勒笔记"和《1844 年经济学哲学手稿》中作为**权力话语关键词**的 Entfremdung(异化)、Entäusserung(外化)、Gattungswesen(类本质)和 Humanismus(人本主义)四词,分别从高值 25/150、27/99、0/16 和 0/8,突然在《评李斯特》和《德意志意识形态》中降低为 0②/ − 17(即否定性的引述,其中直接他引 4 次)、0③/ − 3(其中直接他引 1 次)、0/0 和 0/ − 15。与此同时,作为历史唯物主义主导话语关键词群的 Produktivkraft/Produktionskraft(生产力)④、Produktionsverhältnis(生产关系)和 Produktionsweise(生产方式),从"穆勒笔记"、《1844 年经济学哲学手稿》、《神圣家族》和《评李斯特》中的几乎**零频次**[0/0(他引 6 次)/0/0(他引 31 次)⑤;0/0/0/0;0/1/1/0]直接突现为《德意志意识形态》中的 89、7、17。这应该是在对马克思哲学思想史的考古研究中突现的一次完整的话语格式塔转换。对于这一重要的思想史革命,阿尔都塞使用了来自法国科学认识论(巴什拉-康吉莱姆)的"认识论断裂"说。我对此是持保留态度的。因为这是传统哲学话语在新世界观的诞生中可以理解地被送上了话语断头台。甚至马克思思想进程中明显地出现了一个非科学的**现象学解构**和**批判认识论缺席**的时期。哈维曾经指认说,"马克思在《1844 年经济学哲学手稿》和《德意志意识形态》中赋予自己的思想体系一个强大而有吸引力的现象学"⑥。注意到马克思的现象学逻辑,本身

---

① 转引自拙著《回到马克思——经济学语境中的哲学话语》(第四版),江苏人民出版社 2020 年版,第三版序言。图表数据有改动。

② 《评李斯特》中唯一一处使用"entfremden",是讨论现代工业"主要加工外国的原料,并且以外贸为基础,工业就同国内基地相脱离(entfremden)",而并非在"异化"的哲学意义上使用这一词语,故不计入统计。

③ 《评李斯特》中唯一一处使用"entäussern",是讨论谷物出口"使谷物价格服从于外部的偶然情况,使国家完全外化(entäussern)",而并非在"外化"的哲学意义上使用这一词语,故不计入统计。

④ 在我们的词频统计中,德文"生产力"既包括其单数"Produktivkraft"、"Produktionskraft",又包括其复数形式"Produktivkräfte"、"Produktionskräfte",还包括在 MEGA^2 版《1844 年经济学哲学手稿》中尚未定型的"生产力"概念的原初拼写情况,包括"Productivkraft"、"Productionskraft"以及作为词组出现的"produktive Kraft"等,不过此时的马克思只是直接引用或复述他人关于生产力的观点。

⑤ 在《1844 年经济学哲学手稿》中,青年马克思的引文中出现过斯密等人的"生产力(produktiven Kraft)"一词。但他自己没有使用德文中的生产力概念;而在《评李斯特》一文中,马克思只是对李斯特的生产力观点进行了否定性的复述(31 次他引)。

⑥ [美]大卫·哈维:《社会正义与城市》,叶超等译,商务印书馆 2022 年版,第 132 页。

已经是一个深刻的观点,但哈维没有注意区分在《德意志意识形态》中,现象学批判话语在"实证科学"构境中的不在场。从思想构境谱系的长程分析中我们看到,马克思这种特殊逻辑**空场**状况终结于《1857—1858年经济学手稿》和《1861—1863年经济学手稿》的复杂思想实验,在那里,马克思基于狭义的历史唯物主义,重新创立了历史现象学和科学的批判认识论,"异化"、"对象化"、"异己性"、"主客体的颠倒"一类的哲学词语和话语运作,重新复活于马克思的思想构境之中。应该注意:一是这种复活绝不是人本主义异化史观的复活;二是虽然这种"复活"开始是无意识的,但逐渐回归到方法论的自觉层面。我以为,阿尔都塞形而上学地将马克思中晚期经济学研究中出现的哲学话语贬斥为"黑格尔的踪迹"是错误的。

这中间,当然有《布鲁塞尔笔记》和《曼彻斯特笔记》中马克思第二次经济学研究的成果。应该指出,相对于《巴黎笔记》和《1844年手稿》里马克思试图"跳出经济学"的人学现象学批判逻辑,在此,他和恩格斯恰恰是重新回到经济学—历史学(等于历史经验实事)的客观逻辑。其中,作为历史唯物主义逻辑起点的物质生产,是《关于费尔巴哈的提纲》所指认的客观实践活动中最基始性的层面,这当然是熟知的直观对象物在不是它自身的意义上成为"正在消逝的东西(verschwindend darstellt)"①,在非物像透视第一层面中从对象物到物相化"活动"此-彼归基关系中的消解。历史唯物主义的首要原则直接就是物质生产与再生产。生产力这一特殊的概念,用今天的科学话语来讲,就是人通过有目的的生产劳动塑形和构序外部先在自然世界的对象性活动的历史性的功能水平,它是创制社会历史负熵的根本力量;而《提纲》开启的非物像透视第一层级中从"活动"再到关系场境存在的转换,则深化为标识物相化生产力水平的筑模方式,即现实的个人表现为不是它自身的关系场境存在,消逝在人对自然的能动关系和主体际关系历史赋型与构式的生产方式之中。处于活动中的生产,非直观的主体性爱多斯(eidos)物相化生产构序水平和"怎样生产"的关系赋型方式,这些全新的来自经济学和舒尔茨"国势学"的话语构序场境,使得我们熟悉的 bürgerliche Gesellschaft 立

---

① 《马克思恩格斯全集》(第二版)第3卷,人民出版社2002年版,第322页。

刻处于一种新的十分陌生的场境存在论的理论编码之中。这当然也是历史唯物主义基础上全新的**历史辩证法**和**历史认识论**的前提。由此开始,我们认知自然物质存在,不再只是停留在非历史的感性直观之上,而会关注不同社会历史时期物质生产有限改变或根本构序和塑形自然的历史结果;我们观察社会生活,也不会停留在作为物像塑形图景中 Bekannte(熟知的东西)的到场对象物和人的肉身状态上,而会关注人在**特定历史时间性上**的"怎样生产"所构成社会定在的历史性关系赋型的场境本质。这是透视出**不在场的在场性**。进入历史唯物主义和历史认识论的构境,消解常识经验中物像第一层级的这两个物相化重要方面是前提性的入境条件。然而,当巴里巴尔①将马克思恩格斯创立的历史唯物主义比作"**非哲学**"(*non-philosophie*)和"**反哲学**"(*antiphilosophie*)②时,他当然是错的。历史唯物主义虽然不再是传统哲学,用海德格尔的话叫"全部形而上学的颠覆",但它却真的是一种全新的哲学方法论。

在我们前面已经讨论过的 bürgerliche Gesellschaft 的理解进程中,有源起于亚里士多德的等于资产阶级政治共同体的市民社会话语Ⅰ,也有斯密-黑格尔语境中的作为资产阶级经济交换体系的市民社会话语Ⅱ,还有黑格尔所超越的作为经济必然王国的市民社会话语Ⅲ,以及马克思已经明确批判的资产阶级社会,然而在马克思恩格斯的这段表述中,bürgerliche Gesellschaft 怎么与"一切历史阶段"中的非直观的生产力和交往关系联结起来,并成为一种普适性的现象,这的确是令人费解的。

在这段文字后面,马克思和恩格斯又说:

> 从前面已经可以得知,这个市民社会〈在……之上〉(M2)是以简单的家庭和复杂的家庭,即所谓部落制度作为自己的前提和基础的。关于市民社会的比较详尽的定义已经在前面的叙述中了。从这里已经可以看

---

① 巴里巴尔(Étienne Balibar,1942—),法国著名哲学家。1965 年,作为弟子的他曾经与阿尔都塞共同撰写《读〈资本论〉》一书,任巴黎第十大学哲学系和美国加州大学教授。主要著作有:《历史唯物主义的五首练习曲》(*Cinq Etudes du Matérialisme Historique*,1974)、《斯宾诺莎与政治》(*Spinoza et la politique*,1985)、《为阿尔都塞写作》(*Écrits pour Althusser*,1991)等。
② [法]巴里巴尔:《马克思的哲学》,王吉会译,中国人民大学出版社 2007 年版,第 3 页。

出,这个市民社会(bürgerliche Gesellschaft)是全部历史的真正发源地和舞台(wahre Heerd & Schauplatz aller Geschichte ist),可以看出过去那种轻视现实关系(wirklichen Verhältnisse)而局限于言过其实的首领—国家行为(Haupt-& Staatsaktionen)的历史观何等〈错误〉荒谬。①

显然,在理解市民社会话语运行上,这是一段无法直接解码和入境的表述。因为这里的 bürgerliche Gesellschaft 的意义所指,当然不是资产阶级社会。从我们上面已经充分讨论过的十分复杂的市民社会话语构序场境Ⅰ—Ⅲ的历史构境中,怎么也不知道 bürgerliche Gesellschaft 为什么会是"全部历史的真正发源地和舞台",而它竟然又是以"部落制度"作为前提。无论从史实的层面还是话语运行的角度,似乎都难以说通。所以,我们必须把这段突然提及 bürgerliche Gesellschaft 的讨论,历史地还原到文本的**特定构序语境**中去。

第一,我们从这一表述最后一句话可以看出,这一话语运行的具体针对焦点,是过去那种总是从帝王将相和国家政治关系出发去观察历史的唯心主义"历史观",而马克思恩格斯的新历史观中面对一定社会的观察点,则是一定社会历史条件下决定了政治活动的 wirkliche Verhältnisse(现实关系)赋型。这也说明,经过《布鲁塞尔笔记》中对经济现实关系的思考,从《提纲》开始奠基的以社会物相化的构序**关系场境存在**("社会关系的总和")去透视一定的社会赋型质性,业已成为历史唯物主义的重要理论视位。据概念考古的词频统计,在《德意志意识形态》一书中,Verhältnis 一词被马克思和恩格斯爆燃式地使用了 387 次,这说明,以关系场境存在为核心的物相化透视已经成为历史唯物主义构境的基本原则。从思想构境谱系长程来看,Verhältnis 一词在《1857—1858 年经济学手稿》《1861—1863 年经济学手稿》和《资本论》中,也分别达到 386 次、388 次、481 次的极高频次。而与 Verhältnis 一词相近的 Beziehung(联系)概念和表征多重关系整合的 Zusammenhang(关联)概念,也都出现高频次的现象。后来,日本学者广松涉将马克思的历史唯物主义的出

---

① [日]广松涉编注:《文献学语境中的〈德意志意识形态〉》,彭曦译,南京大学出版社 2005 年版,第 38 页。中译文有改动。

发点视为"关系第一性",显然是深刻的指证。① 第二,在这里,由于马克思和恩格斯都还不知道在"部落制度"之前会存在一个没有阶级和政治活动的原始部族生活(摩尔根的《古代社会》),所以,这里的"全部历史"显然是"所有制社会"的历史发展。如果马克思和恩格斯要对这一文本进行修改的话,他们也一定会加上《共产党宣言》再版时的那种特殊性的注释。第三,这里的bürgerliche Gesellschaft当然也是历史发生的,它是在部落制度下的那种家庭关系基础之上历史性生成,在更复杂的生产构序活动中发生的人与人的社会交往形式。以后,马克思会将其更准确地表述为**生产关系**,以及**作为生产关系总体构式的结构性基础**。人类社会历史在一定的生产力水平之上会生成特有的交往形式,而这种作为社会物相化结果的交往形式也会反作用于生产力。这是容易参透的。但是它为什么会是本身有着复杂历史含义的漂移能指 bürgerliche Gesellschaft? 因为马克思和恩格斯在这里所想做的事情,并非定义现代的资产阶级社会的属性,而是试图在广义历史唯物主义构境中**说明全部经济的社会赋型中政治生活和观念生活的直接基础**。这亦表明,这里的bürgerliche Gesellschaft已经脱型于自身的话语格式塔运行的历史语境,隐喻式地突现了一个广义历史唯物主义的重要观点:**一定的社会交往形式是整个政治制度和意识形态观念的基础**。这是我们曾经涉及的马克思那个**市民社会话语Ⅳ**的基本构境意向,只是它在有了历史学和经济学研究的丰厚学术积淀之后变得愈益复杂了。需要加以限定的方面是,虽然马克思恩格斯直接将这个市民社会话语Ⅳ视作广义历史唯物主义中的重要原则,但其话语构序中的"政治制度"和"观念意识形态"的质性,就已经使之具有了特设性的历史特征,因为以后他们将在根本不存在政治制度和观念意识形态的原始部族生活中看不到这种特定的交往关系。这也是后来传统哲学解释构架中,将经济基础与上层建筑的矛盾错认为整个人类社会发展的一般"社会基本矛盾"的缘起。经济基础决定政治、法律以及意识形态上层建筑,只是**经济的社会赋型**中存在的历史性现象。在马克思后来1847年的《马克思致安年柯夫》和1859年写下的《〈政治经济学批判〉序言》中,他都重申了这一重要的市民社会话语Ⅳ的观点。

---

① 参见[日]广松涉《存在与意义》第1卷,彭曦、何鉴译,南京大学出版社2009年版,序言第3页。

我注意到,马克思恩格斯还专门交代说,"关于市民社会(bürgerliche Gesellschaft)的比较详尽的定义已经在前面的叙述中了"①。实际上,从文本的直接词语层面上看,前面的叙述中并没有直接讨论 bürgerliche Gesellschaft 的内容。那么,什么是马克思恩格斯眼中关于市民社会话语Ⅳ的具体叙述呢?下面我们就来看一下这些作为场境关系存在的交往形式的市民社会话语Ⅳ的"比较详尽的定义"。

我们看到,在主手稿论述广义历史唯物主义的五个基本因素的逻辑构序中,当马克思恩格斯在非物像透视第一层级中说明了作为全部社会生活基础的物质生产活动、再生产活动和人的生产活动三个方面之后,第四个方面就是生产以**什么样的方式**建构起历史场境关系。由此,从消解对象性实体的生产物相化**活动**的第一方面,进入非物像透视第一层级第二方面的社**会物相化关系构序场境存在**。这正好对应于《关于费尔巴哈的提纲》中的"实践活动"和"关系总和"的双重物相化构序。在手稿的相关残篇中,他们指出:

> 个人的一定的活动方式,是他们表现自己生活的一定方式、他们的一定的**生活方式**(bestimmte *Lebensweise*)。个人怎样〈表现自己〉表现自己的生活,他们自己也就怎样。因此,他们是什么样的〈因而,体现在他们的生产方式当中,与他们在生产什么一样,体现在[他们怎样生产]之【中】〉,这同他们的生产是一致的——既和他们生产**什么**(*was* sie produzieren)一致,又和他们**怎样**生产(*wie* sie produzieren)一致。②

这是广义历史唯物主义中作为社会历史先验筑模出现的**生产方式**概念的原初构境。从思想谱系上看,马克思最早遭遇"生产方式"这一概念,应该

---

① [日]广松涉编注:《文献学语境中的〈德意志意识形态〉》,彭曦译,南京大学出版社 2005 年版,第 38 页。

② [日]广松涉编注:《文献学语境中的〈德意志意识形态〉》,彭曦译,南京大学出版社 2005 年版,第 25 页。与广松涉的处理方式不同,MAGE² 的Ⅱ-5 的编辑是将这一文本片断放置到主手稿前面的引言中。参见 Marx-Engels-Gesamtausgabe(MEGA²),Ⅱ/5,Text,Berlin:Akademie Verlag,2017,S.11。

是在舒尔茨的《生产运动》一书中,而在《布鲁塞尔笔记》中,他多处摘录了这一概念。① 阿尔都塞对此的评论是:"马克思生产了生产方式这一关键性的概念,因此他能够科学说明生产对自然物质加工的不同水平、'人与自然'之间

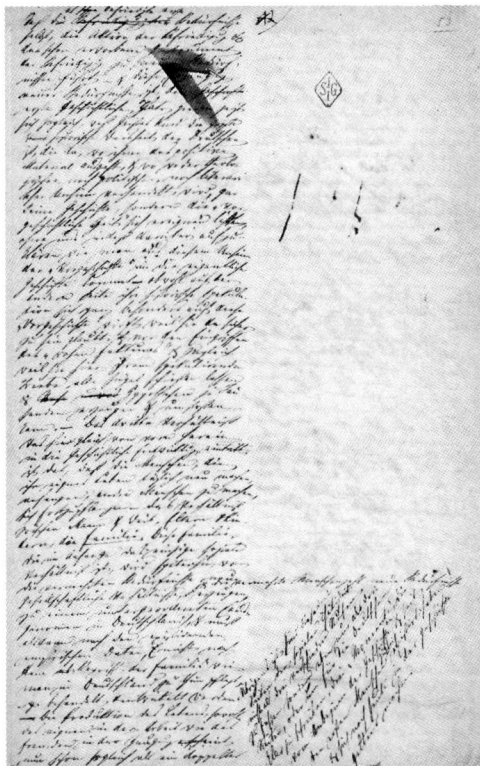

图7-1　《德意志意识形态》第一卷第一章中"怎样生产"手稿一页

---

① 在《布鲁塞尔笔记》第3笔记本中,马克思摘录了亨利·斯托奇的《〈政治经济学教程〉所附萨伊的评论》。其中,马克思多次摘录了斯托奇的"两种生产方式"和"生产力"的讨论。[参见 Marx-Engels-Gesamtausgabe(MEGA^2),Ⅳ/3,Text,Berlin:Akademie Verlag,1998,S.136-138,201。]在第5笔记本中,马克思摘录了拜比吉的《论机器和制造的经济性质》关于机器化大生产中"新的生产方式"的讨论。[参见 Marx-Engels-Gesamtausgabe(MEGA^2),Ⅳ/3,Text,Berlin:Akademie Verlag,1998,S.332,335。]在《布鲁塞尔笔记》第6笔记本中,马克思摘录了罗西的《政治经济学教程》,其中,马克思摘录到罗西关于"直接的生产方式"和"间接的生产方式"等的讨论。[参见 Marx-Engels-Gesamtausgabe(MEGA^2),Ⅳ/3,Text,Berlin:Akademie Verlag,1998,S.366。]

统一的不同方式以及这种统一的各个发展阶段"①。后来在《论再生产》一书中,阿尔都塞更加精准地指认,在马克思那里,生产方式(mode)作为一种方法(manière),就是"一种生产某种东西的式样(façon)"②。在这里,阿尔都塞使用了不同于 mode 的 manière 和 façon 二词,来说明生产方式的**功能性筑模**特征,它不是一个直接在场的现成性的框架,而是从事制作、加工的劳动生产中的动态工艺方式。这是深透的哲学解读。

第一,我们可以看出,在马克思和恩格斯那里,生产方式从来不是一个离开人的生命活动的外部构架,它就是在人们的主体性爱多斯物相化(劳动塑形、构序和关系场境赋型、构式)中,由"怎样表现自己的生活"的活动方式**筑模**(modeling)而成的,筑模不是一个直接到场的物性实在,而是一个功能性的、正在发生的隐性动态活动构式。马克思后来在自己的经济学文本中多用Bildung(筑模)一词来表征生产方式的功能性动态存在。在一定的意义上,生产方式就是**生产辩证法的功能性本体**。其中,一定历史条件下生产力与交往关系的矛盾,构成了这种"绝对不安"(absolute Unruhe)的辩证法的本质。也是在这里,我们看到了**马克思辩证法理论的第二个完整的形态**。我以为,这一全新的辩证法话语的本质是有历史时间质性的**历史辩证法**:一是历史辩证法理论是历史唯物主义中关于复杂社会历史辩证运动规律的思考,它的核心是历史变动着的**实践辩证法**,这种改变世界的能动构序构成了辩证法的革命和批判特征。二是此处出现的**物质生产的辩证法**并非简单地取代实践辩证法,客观的生产辩证法显然是总体性的实践辩证法的现实探底。我们也会深刻地体知到,不同于《1844 年手稿》中人本学异化史观中的**主体性劳动辩证法**,物质生产的辩证法更加强调了**历史辩证法的客体向度**。这恰好是我们入境于马克思恩格斯这个特殊的市民社会话语Ⅳ运行的道口。显见,在马克思恩格斯这里,生产方式是物质生产与再生产构序社会历史负熵质的**历史性**的社会物相化关系赋型。也是在这里,有可能在古典经济学语境中出现的社会唯物主义的**社会负熵质**,第一次转换为历史唯物主义构境中的**社会历史负熵**

---

① [法]阿尔都塞、巴里巴尔:《读〈资本论〉》,李其庆等译,中央编译出版社 2001 年版,第 201 页。
② [法]阿尔都塞:《论再生产》,吴子枫译,西北大学出版社 2019 年版,第 84 页。

质。这正是历史唯物主义超越社会唯物主义的根本构序质点。依马克思恩格斯创立的广义历史唯物主义构境,这种区别于生命负熵进程的人类社会历史负熵可以区分为三个层级:一是通过物质生产与再生产中的劳动塑形和构序,部分改变或根本物相化自然对象以获得 for us 的**一般用在性编码中生成的社会历史负熵质**,这本身就是人与自然能动关系场境中的社会历史负熵进程的起点,这是狭义的"怎样生产"的劳作(工艺)方式,比如农业生产方式和工业生产方式中的技能方式筑模。当阿尔都塞说,"一种'生产'的样式(façon)就是一种'改造大自然'(s'attaquer à la nature)的方式,因为一切社会赋型,既然无法靠'时代的气息'或'上帝的言说'(la parole de Dieu)过活,就都要从自然并且只有从自然那里获取自己生存(苟活或发展)所必需的物质产品(食物、房子、衣服等)"①,显然他只是看到了生产方式这里的第一层级。二是在全新的人与人的关系场境赋型和构式上,生成社会历史负熵的**第二层级社会物相化关系场境存在**,这是一个包括人与人的劳作技能协作关系场境和社会生活层面主体际关系场境的复杂"交往关系"赋型。有如农业生产中的共同合力、手工业劳作中的简单协作与劳动分工下的社会结合,以及建立在不同生产关系之上的社会生活样式与自觉编码和建构起来的行为规范。三是在更大尺度上生成一定历史时代的"社会关系的总和"的**社会物相化关系构式**,有如经济的社会赋型中的经济负熵和政治法律等社会物相化关系赋型,其中,资产阶级商品-市场经济中的无序乱码的返熵再到自发性的自组织编码过程,是一个愈益繁杂的经济物相化场境。这种第三层级的社会构式的本质,恰是由历史性的生产方式筑模决定的。可以确定,马克思恩格斯的市民社会话语Ⅳ只是对应其中的第二、第三层级。当现实的个人在一定的关系场境中从事生产和其他社会交往活动时,这种社会历史负熵进程中的整体筑模,就会以劳作和生活的**不言而喻的习惯和传统**当下突现出来。正是这种历史性的生产方式筑模,建构了一个特定时期中规制现实的个人在场和生存方式的**社会先验构架**。这一先验构架也是实践功能度的历史本质,直接构成认知功能度的信息编码和构序前提。所以,

---

① [法]阿尔都塞:《论再生产》,吴子枫译,西北大学出版社 2019 年版,第 84 页。

在一定的意义上,这会是康德那个先天综合观念构架的现实社会前提。我注意到,马克思后来在《资本论》第三卷中讨论地租问题时,十分具体地说明过这个生产方式在社会生活习惯和传统中的固化机制。他说,"规则和构序(Regel und Ordnung)本身,对任何取得社会固定性和不以单纯偶然性与任意性为转移的社会独立性的生产方式来说,都是一个必不可少的要素。这种规则和构序,正好是一种生产方式的社会固定的(gesellschaftlichen Befestigung)的形式,因而是它相对地摆脱单纯偶然性和单纯任意性的形式。在生产过程以及与之相适应的社会关系的停滞状态中,一种生产方式所以能取得这个形式,只是由于它本身的反复的再生产(wiederholte Reproduktion)。如果这种再生产持续一个时期,那么,它就会作为习惯和传统(Brauch und Tradition)固定下来,最后被作为明文的法律加以神圣化"①。生产方式本身就是一个特定历史时期中人们"怎样生产"的历史性功能筑模,它直接表征着劳动生产的一定特质,并且,任何新的"怎样生产"的方式都是偶然发生的,只是在后来不断 wiederholte Reproduktion(反复的再生产)过程中慢慢成为主导性的功能筑模。生产方式的生成形式就是劳作规则成为经验习惯和传统,而当一种生产方式占统治地位时,就会通过意识形态将其神圣化。我注意到,布尔迪厄十分具体地讨论过这一问题。在他看来,"惯习是历史的产物,按照历史产生的图式,产生个人和集体的、因而是历史的实践活动;它确保既往经验的有效存在,这些既往经验以感知、思维和行为图式的形式储存于每个人身上"②。在马克思看到生产方式固化为习惯和传统的地方,布尔迪厄发现了这种生产方式也历史性地生成一种制约个人和集体持续生存的惯性行为图式,这种后天习得的身体化的 habitus(惯习),以过去发生过的感知和行为经验塑形保证了社会生活和个人生存的持续发生。在他看来,"惯习是社会铭写在肉体之中"的"人的第二本性"。③ 这也是他批判性地分

---

① 《马克思恩格斯全集》(第二版)第 46 卷,人民出版社 2003 年版,第 896—897 页。中译文有改动。Marx-Engels-Gesamtausgabe(MEGA²),Ⅱ/15,Text,Berlin:Dietz Verlag,2004,S. 768 - 769。
② [法]布尔迪厄:《实践感》,蒋梓骅译,译林出版社 2003 年版,第 82—83 页。
③ [法]布尔迪厄:《文化资本与社会炼金术——布尔迪厄对话录》,包亚明译,上海人民出版社 1997 年版,第 63 页。

析不同阶层和阶级生活区隔(*distinction*)①的重要基础。

第二,生产方式具有一定的**历史时间**质性。这里,马克思恩格斯连续用了三个 bestimmt(一定的)来规制生产方式的出场。这个首先出现在《提纲》中的 bestimmt,在这里被反复强调了,这当然也就是作为历史唯物主义构境本质的历史时间质性。虽然马克思恩格斯在《德意志意识形态》第一卷第一章关于历史唯物主义的正面表述中,不再使用**定在**(*Dasein*)这一黑格尔式的术语,但 Dasein 中的"Da"这一特定的定冠词,却转化为所有社会历史现象前必然出现的"一定的"(bestimmt)形容词限定。② 这个具有存在论意味的bestimmt,恰恰是构成历史唯物主义构境核心的**历史时间**和**历史在场性**,也是历史辩证法和历史认识论的本质质性。从概念考古的词频统计上看,bestimmt 从先前的常规使用爆燃为《德意志意识形态》中的 197 次,突显出该词的核心关键词话语地位。并且,在后来的《1857—1858 年经济学手稿》、《1861—1863 年经济学手稿》和《资本论》中,bestimmt 一词的话语使用分别保持在 853 次、1515 次和 1175 次的极高频状态。我以为,这也是后来深得马克思哲学真谛的海德格尔描述这个"改变世界"中的存在图景的时间限定,他在雅斯贝尔斯那里异轨 Dasein(此在)概念时,就突显了 bestimmt 的作用。③ 在《存在与时间》中,存在总是历史时间中的 Dasein(定在→此在)上手和被思,Dasein 的能指由抽象的 bestimmt 转向当下发生的**在此**意义所指。依我的理解,历史唯物主义的历史时间质性,已经不再是通过通常物理时间描述外部世界过去、现在和未来的持续性流逝,而是与人的社会生活在场密切相关的内在社会负熵时间。在柏格森的生命哲学中,他将外部的物理时间内化为充满个人生命绵延的内在时间,这是深刻的观点,然而,社会历史时间绝非表征一般生命负熵的进程,而是人的社会历史负熵的创制进程。当布尔迪厄说"时间远不是一种先天的历史条件,而是实践活动在发生的行为本身产生的

---

① 参见[法]布尔迪厄《区分:判断力的社会批判》,刘晖译,商务印书馆 2015 年版。

② 从概念考古的词频统计上看,虽然马克思和恩格斯在《德意志意识形态》全书中一共 24 次使用了 Dasein 概念,但他们并没有在第一卷第一章手稿正面表述历史唯物主义观点中直接使用这个概念。Dasein 概念大多出现在第二卷对德国哲学家的否定性批判中。

③ 参见[德]海德格尔《评卡尔·雅斯贝尔斯〈世界观的心理学〉》,载《路标》,孙周兴译,商务印书馆 2000 年版,第 10—11 页。*Gesamtausgabe*,Band 9,Frankfurt am Main:Vittorio Klostermann,1976,S. 8.

东西"①,他是深刻的。特别是工业生产所实现的有目的的**创制生成性**,它打破了农耕文明中循环往复的生存时间模式,使社会历史进程中的历史时间质性表现为社会生活本身不断的自我革新。这种以**未来时间**引领生产物相化的创制性的历史时间,既是历史唯物主义中**历史**规定的核心,也是否定性的历史辩证法的本质。并且,这个历史时间性恰好为全新的历史认识论的逻辑起点。

在马克思恩格斯看来,这种历史时间性不仅由可见的生产的产品来表现,更会展现出人们以怎样的方式(实践筑模功能度)进行生产。从手稿的文献考据情况看,这一 *wie sie produzieren*(**怎样生产**)的重要观点是由恩格斯在手稿的右下角补入的。海德格尔后来也区分了这对重要的 was(什么)与 wie(怎样)的差异,由此在胡塞尔反对现成性的基础上建构出**存在者与存在的差异**来。在海德格尔那里,这个怎样上手的存在时间,恰恰是由历史时间中的有死者——在世之中的此在(Dasein)追问的。而在马克思这里,Dasein 一词的自主性正面使用,一直到《共产党宣言》之后才重新出场。在马克思恩格斯对广义历史唯物主义的基本阐释中,这个**怎样生产**的方式实现在双重历史性物相化关系之中。

首先,是**人对自然的历史性能动关系**,这当然就是人通过劳动生产塑形和构序外部物质存在的实践物相化关系,这是社会历史负熵的真正源泉和第一层级。这是《提纲》中那个从物的现成性到创制活动的此-彼归基关系的存在论深化。这种人对自然能动关系的历史性构序功能和水平就是**生产力**。这是生产辩证法构序中的主导方面。当然,农耕生产中惯性实践构序的生产力水平与工业生产中的创造性物相化实践日新月异的生产力是根本不同的。其中,在"陶冶事物"的物相化活动中,也包括了劳动者之间的协作关系或者叫"共同活动"。从思想构境谱系的维度看,与《1844 年手稿》的劳动异化批判构式中出现的劳动外化于自然界的对象性异化不同,马克思恩格斯此处的表述不再是人本主义**现象学和批判认识论的主体向度**,而是客观描述历史现

---

① [法]布尔迪厄:《实践理性——关于行为的理论》,谭立德译,生活·读书·新知三联书店 2007 年版,第 150 页。

实的**客体向度**。这是广义历史唯物主义的基本构序维度。其社会批判维度的主体向度,则转换为内嵌于社会矛盾和冲突的实证分析之中。在之后马克思的第三次经济学研究中,这一客体向度常常以具体劳动在生产物相化中创造使用价值、劳动者在生产中的协作结合、机器和技术在社会构式中的历史作用等方面的讨论在场,并逐步转换为狭义历史唯物主义构境的前提。这将会是我这一次研究中附带关注的一个重要方面。可以看到,虽然马克思在《布鲁塞尔笔记》中已经深入研究过资产阶级社会机器化大生产,但在广义历史唯物主义的一般原则讨论中,他和恩格斯并没有涉及机器生产和科技力量,因为这些历史性的生产高级形态并非一般社会定在的基础。对此,马克思恩格斯还分析说:

> 一定的(bestimmte)生产方式或一定的工业阶段始终是与一定的共同活动的方式(Weise des Zusammenwirkens)或一定的社会阶段联系着的,而这种共同活动方式本身就是一种"生产力"(Weise des Zusammenwirkens ist selbst eine „Productivkraft")；而且〈……的状况〉人们所达到的生产力的总和决定着社会状况,因而,始终必须把"人类的历史"同工业和交换的历史(Geschichte der Industrie & des Austausches)联系起来研究和探讨。①

可以看出,这一表述的支援背景当然是作为资产阶级社会基础的工业生产阶段。这里,工业生产物相化构序以自己独有的共同活动方式建构出特定的生产力,并且决定着整个社会物相化关系构序和编码的状况。这里,马克思恩格斯又特意使用四个 bestimmt(一定的)来标识生产方式,其中,"一定的工业阶段"和"一定的社会阶段"的表述,显然与不久前的《评李斯特》中的观点相关。它直接表征了历史唯物主义话语中的历史时间质性。马克思恩格斯特别指认说,必须将资产阶级伪饰成普世价值场境中的"人类的历史"与**工业生产构序和交换的经济关系赋型的历史**联系起来考察。他们还认为,这样的历史是处于普鲁士封建后期的德国人写不出来的,因为德国当时还没有真正的"工业和交换"。马克思特意补入的"这种共同活动方式本身就是一种

---

① [日]广松涉编注:《文献学语境中的〈德意志意识形态〉》,彭曦译,南京大学出版社 2005 年版,第 26 页。Marx-Engels-Gesamtausgabe(MEGA²), I /5, Text, Berlin: Akademie Verlag, 2017,S. 29.

'生产力'"一语,显然来自赫斯。① 我们以后会看到,关于这个"共同活动"的生产力,马克思在《1861—1863 年经济学手稿》中,竟然从资本关系支配下工人的协作结合关系里再一次揭示了劳动异化批判构式 III 中的第三个层面。② 从马克思恩格斯讨论的细节来推断,这个生产力其实是市民社会话语 IV 的客观历史基础。

其次,是"怎样生产"中的**人与人的社会关系物相化**。这也是《提纲》中那个从单独个人走向"社会关系的总和"此-彼归基关系的场境存在论深化。只是,这完全没有了现象学的外观。因为个人也是真实存在的,只是这种现实的个人生存的本质为一种关系场境存在。这种社会关系是生产辩证法构序中与生产力相互依存的矛盾方面。因为生产辩证法并不只是由人对自然的能动关系构成的,其中也深嵌着人与人的主体际交往关系,这种交往关系与生产力的矛盾共同构成了生产辩证法的本质。其实,恩格斯在上文中特意补入的 Austausches(交换)一词,严格地说,已经不属于人对自然的能动关系,而是人与人的社会物相化关系**赋型**(formating)。这里需要说明的方面是,与一般劳动生产物相化不同,社会物相化并不是直接改变自然物质对象的劳动塑形和构序,社会物相化本身只是功能性发生的社会关系赋型和编码场境,它是将人的主体爱多斯(eidos)之相,通过事物与人的历史性的社会关系场境赋型实现出来,是社会生活功能性编码中的 *Emergence*(**突现**)**社会空间场境**。在这一点上,历史唯物主义的社会关系场境显然要比布尔迪厄的场(champ)概念丰厚得多,后者所特设的人与人不同力量关系冲突所致的关系场,只是社会关系场境在阶级社会中呈现的一个特例。③ 如同生产物相化会通过产品

---

① 参见[德]赫斯《论货币的本质》,载《赫斯精粹》,邓习议编译,方向红校译,南京大学出版社 2010 年版,第 139 页。

② 参见本书第十章第二节。

③ 在布尔迪厄那里,场表征了社会生活中出现的一种个人行为之外的客观关系系统,"一个场就是一个有结构的社会空间,一个实力场——有统治者和被统治者,有此空间起作用的恒定、持久的不平等关系——同时也是一个为改变或保存这一实力场而进行斗争的战场"([法]布尔迪厄:《关于电视》,许均译,辽宁教育出版社 2000 年版,第 46 页)。他有时也会用形势(conjoncturelle)的状态来表示场的客观事件性。(参见[法]布尔迪厄《实践理论大纲》,高振华等译,中国人民大学出版社 2017 年版,第 231 页。)可以看到,布尔迪厄的场概念只是生成于社会生活层面上的主体际冲突关系,而并不涉及马克思恩格斯的物质生产活动中的关系场境。

留存下来,并通过工具模板将这种信息编码固化和保留下来,以便在下一次的生产中重新激活和复构物相化,社会物相化的关系构序场境也是在主体际关系赋型中当下发生和消逝,虽然社会物相化并不能留下直接的具象产品,但它会通过不断复杂起来的社会关系**负载物**保存下来,比如远古时代中与传统和惯性经验关系构序相应的祭台(贡品),中世纪与神性权力和世俗皇权关系构序相应的教堂(圣经)、皇宫(圣旨),与现代工业生产关系构序和市场交换场境相应的厂房(工具编码和机器模板)、商业中心(商品),以及与今天的社会政治文化法律实践关系构序相应的学校(教科书)、议会大厦(宪法)、法院和监狱(军队和警察)等。由此,不同社会历史时期中的社会物相化关系场境空间,可以随时通过不同物性设施和建筑物当下激活已有的编码,复构和突现起来。在此,不同于自然物理空间的突现关系场境,社会空间可以分为两个层面:一是由作为劳动物相化结果的历史建筑、道路等物性设施建立起来的具象空间场所,它区别于自然物理空间的土地、河流和天空;二是由人对自然能动作用与主体际之间的交互作用关系塑形和突现起来的博弈社会空间。前者正是由于后者不同力量线交织的"使用"才成为社会空间物性载体。可以看到,布尔迪厄曾经很深地讨论了社会空间场论,但他显然忽略了人对自然能动作用的物质生产关系。在马克思恩格斯看来,社会关系赋型本身当然也是一种"许多个人的共同活动"(Zusammenwirken mehrerer Individuen)在历史时间中的特定方式,但它主要是人与人之间在劳作和生活世界中的交往,并由历史性的关系性编码和组织起来。也是在这里,我们看到了马克思恩格斯对前述"交往形式"的相关表述,他们说,"生产本身又〈由〉是以个人彼此之间的**交往**(Verkehr)为前提的。这种交往的形式(Form dieses Verkehrs)〈由〉又是由生产决定的"。不难体会到,这恰是前述马克思恩格斯所说的那个"市民社会"(话语Ⅳ)的定义域。人与人的交往是人通过共同活动改造自然的条件,同时,这种交往关系的本质又是由物质生产的实践功能度质性决定的。[①] 比如,农耕时代中农民在土地上耕作的协作关系,以及农民与地主之

---

① 参见[日]广松涉编注《文献学语境中的〈德意志意识形态〉》,彭曦译,南京大学出版社 2005 年版,第 25 页。

间的土地所有制中的直接奴役关系;在工业生产时期,则转换为手工业和机器生产中工人之间的分工与协作,以及工人与资本家之间的雇佣经济关系。一定的意义上,人的主体际关系赋型也是生产物相化的构成要素,因为所有改变对象的物相化结果都处于特定的场境关系之中,for us 的劳动产品的用在性本身,离开了特定关系赋型和编码则会失效,有如不进入生产过程的原料和机器,闲置的衣物和日常用具等。社会物相化空间的物性负载物,也会因社会关系场境的消逝而转换其功用或彻底废弃,有如中世纪教堂赋型起来的现实政治关系场境转化为今天教堂中政治力量线没影后的文化宗教功能,以及生产中被废弃的房屋和退役的舰船重新改装为商业化和娱乐化的用具等。

需要特别说明的地方有二:其一,在马克思恩格斯所创立的广义历史唯物主义构境中,我们不难体会到,这种科学方法论的基础完全是**非实体性**的人的物相化塑形活动、**非直观**的人与自然的被塑形物在一定的功效关系场中的构序(劳动生产创造的一般社会历史负熵)、**物相化活动不断建构和消逝的**人与人之间的交往关系系统化赋型和**社会编码构式**(第二、三层级社会历史负熵中的场境存在),以及这些活动和关系功能链中的**历史时间性**的动态筑模方式。这应该是马克思恩格斯此时历史唯物主义构境中全新的**我们周围世界**的 Emergence(突现)场境本质。这可能也会是海德格尔大大简化了的"在世之中"背后更复杂的环顾世界场境。不过在海德格尔那里,他又细分了"周围世界、共同世界和自身世界"。① 在传统哲学唯物主义在社会生活中看到常识熟知的对象物和人物到场的地方,历史唯物主义则穿透直观的物像,达及作为"正在消逝的东西(verschwindend darstellt)"的**实践辩证法中**的人与物实在背后的**活动与关系场境**存在。这是一种看似不在场的在场性。这当然也有黑格尔《精神现象学》证伪物像批判逻辑第一层级两个方面解构的张力,不过却完全没有了人本主义现象学和批判认识论的理论筑模。在这个意义上,当科西克认为"社会存在不是坚硬的或动力性的实体(Substance),也不

---

① [德]海德格尔:《对亚里士多德的现象学解释》,赵卫国译,华夏出版社 2012 年版,第 83 页;[德]海德格尔:《对亚里士多德的现象学阐释》,载《形式显示的现象学:海德格尔早期弗莱堡文选》,孙周兴译,同济大学出版社 2004 年版,第 81 页。

是不依赖主体实践的先验实在(entity)。**它是社会实在的生产与再生产过程，即人类历史实践及其对象化形式**"①，普殊同②说"**马克思的'唯物主义'批判中的物是社会的——是社会关系形式**"③时，他们是深刻的。这说明，马克思恩格斯在创立历史唯物主义的时候，已经完全接受了来自古典经济学的非实体性、非直观的社会唯物主义立场，它的现实基础是现代性的工业生产物相化活动以及商品-市场经济所创制的复杂关系世界。这也意味着，历史唯物主义的构境前提是现代性的**场境关系存在论**。依我目前的判断，这种特殊的哲学逻辑，发生于前述《黑格尔现象学的建构》中的"感性的**行动、实践**以及**真正的活动**"和《关于费尔巴哈的提纲》第一条中的实践活动，马克思通过"从主体出发"的扬弃直观的熟知对象性物像，将人们改变外部世界的客观物相化活动视作全部新世界观的逻辑起点，这是非物像透视第一层级此-彼归基关系的第一个方面；进而，《神圣家族》中业已成为逻辑凸状的**"人为他人的定在，是他对他人的人的联系，是人对人的社会行为"**的观点，进一步在《关于费尔巴哈的提纲》中突显为当下发生和消失的关系性场境，人的本质也会变成现实性上"一切社会关系的总和"，这是非物像透视第一层面此-彼归基关系的第二个方面。巴里巴尔在《马克思的哲学》中，敏锐地注意到马克思新世界观的本质的中**"建构关系"**(*relation constitutive*)，并将其视作20世纪一批法国思想家(如科耶夫、西蒙栋和拉康等)哲学理念的核心④，这是一种深刻的观点。只是，当他把历史唯物主义简化为所谓的"**关系存在论**"(ontologie de la relation)⑤时，却没有入境于历史唯物主义更深一层

---

① [捷]科西克：《具体的辩证法》，傅小平译，社会科学文献出版社1989年版，第145—146页。

② 穆伊什·普殊同(Moishe Postone，1942—2018)，当代美国马克思主义历史学家、哲学家和政治经济学家。1983年获德国法兰克福大学博士学位。芝加哥大学历史系教授。其代表作《时间、劳动与社会统治：马克思的批判理论再阐释》(*Time，Labor，and Social Domination：A Reinterpretation of Marx's Critical Theory*，1993)在国际马克思主义学界产生很大影响。普殊同教授于2012年和2017年两次访问南京大学马克思主义社会理论研究中心，为师生做精彩的学术演讲，并与中心学者、学生进行深入的研讨交流。普殊同教授第二次从中国回去不久，不幸因病逝世。

③ [美]普殊同：《时间、劳动与社会统治：马克思的批判理论再阐释》，康凌译，北京大学出版社2019年版，第199页。

④ 参见[法]巴里巴尔《马克思的哲学》，王吉会译，中国人民大学出版社2007年版，第49页。

⑤ [法]巴里巴尔：《马克思的哲学》，王吉会译，中国人民大学出版社2007年版，第49页。

的场境存在论。在这一点上,他与广松涉、布尔迪厄的观点是相近的。

我以为,在创立广义历史唯物主义的《德意志意识形态》中,马克思恩格斯虽然承认"外部自然界的优先地位(die Priorität der äußeren Natur)"①,但主手稿一上来就是从历史性的物质生产物相化活动**构序**(ordering)和再生产出发。如果说在薛定锷那里,生命的本质是"自然辩证法"中的负熵,那么在马克思恩格斯这里,社会历史的本质则是由物质生产构序建立起来的历史辩证**法关系场境中的社会历史负熵**。在这个意义上,**历史唯物主义就是历史辩证法**。因为,如果传统农耕社会仍然依存于"自然辩证法"中的客观关联整体和外部运动规律,用列宁的话来说就是,"人在自己的实践活动中面向客观世界,以它为转移,以它来规定自己的活动"②,而现在,已经转换为人的工业生产物相化所创制的人与物、人与人之间的新型普遍关联和历史辩证法运动规律。正是在这种特殊的历史辩证法运动中,才会出现列宁所说的"为自己绘制客观世界图景的人的活动**改变**外部现实,消灭它的规定性(= 变更它的这些或那些方面、质)"③。在以后的《伦敦笔记》的"工艺学笔记"中,马克思还会更仔细地发现,所有物质生产都是从对象的**自然失形和祛序以及解构生命负熵**开始的。这是人们改变世界的客观实践活动中"第一层级"的物质生产物相化活动所奠基的社会定在和社会发展的场境本质,"共同活动"的生产力、人与自然的关系和人与人的关系以及这种关系的历史性赋型方式,都不是黑格尔在《精神现象学》中所指认的作为 Bekannte(熟知的东西)的可直观的对象性实在,它们皆是当下在场于人的生产活动场境中的功能性构式,只能在**非物像的场境关系存在论**的构境中才能获得理解。这是我们需要特别注意的地方。如果我们不能进入历史唯物主义和历史辩证法的场境关系存在论,那就根本不可能深入领悟此处马克思恩格斯所指认的市民社会话语Ⅳ的关系场境本质,以及无法入境于后来马克思对资本主义生产关系的历史现象学批判和剩余价值理论的伟大发现。这是我们必须具体说明的逻辑构式前提。

---

① [日]广松涉编注:《文献学语境中的〈德意志意识形态〉》,彭曦译,南京大学出版社 2005 年版,第 19 页。Marx-Engels-Gesamtausgabe(MEGA²), Ⅰ/5, Text, Berlin: Akademie Verlag,2017,S. 22.
② 《列宁全集》(第二版)第 55 卷,人民出版社 1990 年版,第 157 页。
③ 《列宁全集》(第二版)第 55 卷,人民出版社 1990 年版,第 187 页。

其二,历史唯物主义和历史辩证法场境存在论的确立,也必然同时塑形科学的**历史认识论**,这是继马克思早期人本学异化逻辑中现象学式的**批判认识论**之后,第二个重要的认识论发展阶段。从此之后,认识的对象不再是无时间参照系的抽象,无论是人的生存还是复杂的社会生活场境,都是一定历史条件(bestimmt)下**有时间维度**的特定历史在场性,这是在创造社会历史负熵的一定的生产力构序功能水平决定下,人对自然的改造、人与人关系特定赋型的历史编码的结果。比如农耕生产和生活中的自然与人、工业现代性生产物相化中的人工物质系统与人,以及后工业文明中信息网络化空间生存中的复杂景观物相化现象与人等。

在《德意志意识形态》第一卷第一章中,马克思和恩格斯就依此批评过费尔巴哈非历史的哲学唯物主义认识论,特别是其中的感性经验塑形和构序中的对象性直观,因为作为哲学唯物主义者的费尔巴哈"没有看到,他周围的感性世界(umgebende sinnliche Welt)决不是某种开天辟地以来就直接存在的〈产[物]〉(M2)、始终如一的〈产物〉东西,而是〈[……的活动]的成果〉**工业和社会状况的产物**(Produkt der Industrie und des Gesellschaftszustandes),是〈各个〉历史的〈时代中〉①产物(geschichtliches Produkt),是世世代代〈产物〉活动的〈产物〉结果"②。这是马克思恩格斯在历史唯物主义构境中,第一次明确提出**我们周围的世界**概念。这里的 umgebende sinnliche Welt(周围的感性世界),接近于海德格尔的 Umwelt(周围世界)概念。这个 umgebende(周围的)也是《提纲》第三条中那个 Umstände(环境)概念的相近词,它会内在地链接于后面马克思恩格斯提出的关系意识论,即"〈我对我的环境的关系是我的意识〉"(Mein Verhältniß zu meiner Umgebung ist mein Bewußtsein)③。

---

① 在梁版中,为"〈各个〉历史的〈时代中〉"。而 M2 版认为原本就是那样。广松涉版这里的"梁版"是指 1926 年出版的梁赞诺夫版(*Marx-Engels Archiv*, Bd.1,1926)。(参见[苏联]梁赞诺夫《梁赞诺夫版〈德意志意识形态·费尔巴哈〉》,南京大学出版社 2008 年版。)M2 版是指 1972 年出版的MEGA²《德意志意识形态》先行试用版。(参见[东德]陶伯特《MEGA:陶伯特版〈德意志意识形态·费尔巴哈〉》,南京大学出版社 2014 年版,附录。)

② [日]广松涉编注:《文献学语境中的〈德意志意识形态〉》,彭曦译,南京大学出版社 2005 年版,第16 页。

③ [日]广松涉编注:《文献学语境中的〈德意志意识形态〉》,彭曦译,南京大学出版社 2005 年版,第28页。Marx-Engels-Gesamtausgabe(MEGA²), Ⅰ/5, Text, Berlin:Akademie Verlag, 2017, S.865.

　　一是这个我们在世之中的周围世界的本质,是人改变外部自然的生产劳动物相化"世世代代活动的结果",特别是"工业和社会状况"的产物。所以,今天我们周围世界中呈现的自然物质存在中,由感官直接塑形的这种看起来熟知的"最简单的'感性确定性'(sinnliche Gewissheit)的对象〈例如,樱桃树〉也只是由于社会发展、由于工业和商业往来才提供给他的"。① 因为这里人们种植的樱桃树并不是作为自然存在的本有自身,它业已开始脱型于原初的自然关联,成为劳动生产的历史编码结果了。有趣的是,如果说,费尔巴哈反对黑格尔的唯心主义,正确地从精神观念的逻辑确定性回到物质的感性确定性,颠倒了《精神现象学》证伪感性确定性的初始边界,那么,马克思恩格斯则是再一次重新回到黑格尔《精神现象学》证伪熟知"感性确定性"的**非物像透视**的开端,不过,这里的感性对象不是消逝于自我意识的观念设定,非物像证伪也不是人本主义的批判认识论透视,而是回到实践的唯物主义和历史唯物主义。这也是对《提纲》第一条的深刻认识论说明。马克思后来在读到狄慈根独立完成的哲学唯物主义手稿后,遗憾地评点说:"他恰恰**没有**研究过黑格尔,这是他的不幸。"②因为狄慈根同样停留在费尔巴哈的感性直观之中。在这个意义上,列斐伏尔说,"费尔巴哈的自然界是原始森林或太平洋上新出现的环礁这样的自然界。他的唯物主义因此在一个本质性的层面低于黑格尔的唯心主义:后者从人的活动出发,尽管有其片面性,但试图阐明这种活动"③,这当然是对的。

　　二是在认识论的意义上,费尔巴哈今天在经验直观中看到的直接到场的对象性事物的"感性确定性",作为"正在消逝的东西(verschwindend darstellt)",已经是工业生产物相化活动和复杂社会状况的历史产物,更宽泛地说,人类历史情境中的任何一种自然对象在感性经验中的**表象**,都是在特定**历史时间场境**中被生产物相化构序和特定关系场境赋型、编码的。当施米特说,马克思的认识论"不仅把感性直观(sinnliche Anschauung),而且还把整个人类实践

---

① 参见[日]广松涉编注《文献学语境中的〈德意志意识形态〉》,彭曦译,南京大学出版社2005年版,第16页。
②《马克思恩格斯全集》第32卷,人民出版社1974年版,第185页。
③[法]列斐伏尔:《辩证唯物主义》,周泉译,载《社会批判理论纪事》第13辑,江苏人民出版社2022年版,第36页。

(menschliche Praxis)导入作为认识过程的一个构成环节中去(konstitutives Moment in den Erkenntnisprozeß einführt)"①,他是正确的。可是,他忽略了这种"人类实践"是具有历史时间质性的。所以,马克思恩格斯说,"费尔巴哈在曼彻斯特只看见一些工厂和机器,而一百年以前〈他〉在那里却〈看见〉能看见脚踏纺车和织布机;或者,他在罗马的坎帕尼亚只发现一些牧场和沼泽,而奥古斯都时代在那里却只能发现罗马资本家的葡萄园和别墅"②。这是在不同**历史时间差**中看到的不同历史图景。不同时代的人们在塑形自己的感性经验时,其现实基础都是特定历史时期中人对自然能动关系和人与人关系赋型的实践辩证法,这是一种不同社会历史负熵变迁的历史编码中的特定在场性。这正是康德所指认的"自然总以一定的形式向我们呈现"的真实基础。比如,农耕时代中人们的生产目的(未来时间)总是四季循环模式中的已知结果,人们的认知图景建立在不变的自然图景之上,而工业生产则将有目的的物相化活动中的未来时间转换成异质性的无限创制,这也必然造就不断变换的经验和观念负熵源。这也意味着,我们周围的世界和功能链之上的突现社会空间本身,也是在一定历史时间中发生的生产物相化中发生改变的,这种不同的实践辩证法构序中的客观历史编码系统,规制了我们不同的历史认知编码结构。而这个历史性的认知信息编码结构,则会是康德抽象的"先天综合判断"和黑格尔绝对理念逻辑的真正本质。这也同时说明,一切观念辩证法逻辑的现实基础,只能是历史性的实践辩证法筑模。

在马克思恩格斯看来,历史认识论中的经验塑形和认知统摄方式,都会是特定历史时间中社会实践活动和关系赋型方式所建构的特定社会历史先验构架规制的结果,其中,当然也会包含那个关键性的"市民社会话语Ⅳ"的核心制约作用。比如自然经济中的二元认知构架,工业生产后的场境关系认知构式,商品和市场关系中颠倒的拜物教误认伪境,以及今天后现代话语构

---

① [德]施米特:《马克思的自然概念》,欧力同等译,商务印书馆1988年版,第14页。Alfred Schmidt, *Der Begriff der Natur in der Lehre von Marx*, Frankfurt am Main: Europäische Verlags-Anstalt, 1962, S.19.

② [日]广松涉编注:《文献学语境中的〈德意志意识形态〉》,彭曦译,南京大学出版社2005年版,第18页。括号内文字为原稿中被删除的内容。

序场境中的意蕴内居论构境等。因为只有在那些异质性的社会历史先验构架之上,才会发生康德意义上的不同的先天观念综合构架。马克思恩格斯极为深刻地提出,曾经,在"人对自然的关系这一重要问题〈在此基础上〉①(或者〈[自然与历史]之间的'关系'〉"上,出现了"自然和历史的对立","好像这是两种互不相干的'事物'",甚至"产生了关于'实体'和'自我意识'(‚Substanz' & ‚Selbstbewußtsein')②的一切'高深莫测的各种著作'"③,用我们今天的话来讲,就是客体与主体的二元对立,其实,这种对立恰好是自然经济中人对自然关系的写照。"然而,如果懂得在工业中向来就有那个很著名的'人和自然的统一'(‚Einheit des Menschen mit der Natur'),而且这种统一在每一个时代都随着工业或快或慢的发展而不断改变,就像人与自然的'斗争'促进其生产力〈对于……〉^(阿)在〈社会[性]〉相应基础上的〈充分〉④发展一样〈另外……〉^(阿),那么上述问题自然也就自行消失了"⑤。这是说,工业生产物相化中发生的劳动塑形与构序,已经彻底改变了自然物质的存在编码方式,那种人与自然的外部对立的关系,也就会转换为人与自然的**同一场境存在关系**。这也就消解了农耕文明中那种二元认知构架的历史合法性。这说明,广松涉对二元认知构架的简单否定是存在问题的,因为他没有注意到这种认知构架的历史合法性。比如,马克思恩格斯在谈及工业生产基础上的科学认知方式时说,"没有工业和商业,哪里会有自然科学呢"?与资产阶级社会同体生成和发展起来的自然科学,只能是"由于人们的感性活动(sinnliche Thätigkeit)才达到自己的目的和获得自己的材料的"。⑥ 在近代工业生产基础

---

① 此删除语只有阿版中有记载。从后续的文章来看,很有可能是"从此"的误读。另外,M2 版认为此后的"("漏掉了。广松涉版这里的"阿版"是指阿多拉茨基版(*Marx-Engels-Gesamtausgabe*, Bd. V, 1932)。

② 梁版判读为"世界意识"。

③ 小林指出:"高深莫测的各种著作"也许与歌德《浮士德》"天上的序曲"中三天使的台词(第268—270行)有关。——译者注

④ 梁版判读为〈那个时候的〉。

⑤ [日]广松涉编注:《文献学语境中的〈德意志意识形态〉》,彭曦译,南京大学出版社2005年版,第18页。中译文有改动。Marx-Engels-Gesamtausgabe(MEGA²), I/5, Text, Berlin: Akademie Verlag, 2017, S. 21。

⑥ 参见[日]广松涉编注《文献学语境中的〈德意志意识形态〉》,彭曦译,南京大学出版社2005年版,第18页。

上发展起来的自然科学,在认知对象和认识赋型方式上,必定是不同于农耕时代惯性实践基础上人们的主体感性经验认知的。我以为,虽然马克思恩格斯都没有关于历史认识论的专门论著,但他们所创立的历史唯物主义和历史辩证法,业已突现出这一有历史时间维度的历史认识论的基本原则,并贯穿和运用于他们之后的所有现实关注和批判目光之中。这一重要的历史认识论原则是他们下述**关系意识论**的理论前提,也是马克思之后在经济学研究中重新启用的科学的批判认识论的基础。由此我认为,历史认识论也是我们把握马克思对资产阶级社会的本质认识逐步深入的重要思想武器。

应该指出,历史唯物主义的场境存在论和历史认识论,都是工业文明和资产阶级商品-市场经济世界的特定产物,它们并非只是在1845年的《德意志意识形态》一书中突然在场的。从思想构境谱系线索看,这些重要的世界观基础和认知构式的最初出现,是在马克思在《克罗茨纳赫笔记》中对近代欧洲历史的接触,以及在第一次研究经济学的《巴黎笔记》中沉浸于工业生产构序和商品交换关系场境之中,古典经济学和舒尔茨"国势学"中的社会唯物主义是这种新世界观和认识论的重要理论前提,青年马克思和恩格斯分别在各自的经济学研究和接触现实工业生产活动及工人的生活中,逐步感受到这种不同于自然经济惯性实践和准自然生存的全新关系场境空间和历史时间质性,最终实现了哲学世界观中继康德之后的伟大认识论革命。所以,我们在马克思早期思想发展的进程中,会不断体会到这种逐渐发生的认知量变和现实生活赋型重复铸就的由隐到显的逻辑凸状,最终爆燃为认识论思想革命之火。在本书前面的讨论细节中,我已经在思想构境谱系分析的意义上,即时提点和标注出可能的理论塑形点。

2. 关系意识论中的市民社会话语Ⅳ

现在,我们再回到马克思恩格斯这个关于特设的"市民社会"(话语Ⅳ)的具体定义上来,从文本分析来看,可以看到其构序和赋型意向的历史语境,发生在《德意志意识形态》第一卷第一章主手稿中关于广义历史唯物主义的第五个环节,即**意识现象**的科学说明中。他们说,"当我们已经考察了原始的历史的关系的四个因素、四个方面之后,我们才发现:人〈与其他东西加起来具有'精神',而且这一'精神'将自我作为'意识'加以'外化'〉还具有①'意识'"②。这当然是针对了一切唯心主义。文中括号内删除的文字只是特指了黑格尔的绝对精神。我们应该记得,这个"外化"的自我意识,恰好为马克思关于黑格尔《精神现象学》思想实验中寻求劳动异化批判构式内驱力的否定辩证法。我揣测,这一删除是马克思所为。首先,是作为广义历史唯物主义一般原则的**社会生活决定意识**。这一观点,在思想构境谱系线索中显然是由《1844 年手稿》中那个社会意识论变化而来的,只是它已经彻底脱型于人本主义话语的信息编码支配。与所有唯心主义的独立精神主体和哲学唯物主义的意识观不同,在广义历史唯物主义中,马克思恩格斯明确说,"意识一开始就是社会的产物,而且只要人们还存在着,它就仍然是这种产物"③。在这里,马克思和恩格斯没有简单赞同哲学唯物主义的一般直观物像的意识观原则,即**物质决定意识**,而是说"不是意识决定生活,而是生活决定意识(Nicht das Bewußtsein bestimmt das Leben, sondern das Leben bestimmt das Bewußtsein)"④。这是一个大的定位。意识现象只是人类社会发展的特定历史产物,并且,马克思恩格斯的意识观本身也是**非物像**构境,不是人之外的到场物质对象决定人的观念,而是有历史时间维度的现实生活活动的在场性决定意识,特别是人的这种现实生活中特有生产物相化和关系场境赋型的社会历史负熵质性,决定了所有意识爱多斯(eidos) 活动的质性和编码呈现形式。在这个意义上,意识的对象当然也是"正在消逝的东西(verschwindend darstellt)",因为社会生活本身是当下发生且随即消逝的活动和关系场境。哲学唯物主义中的"物质第一性"的原则当然是对的,但这种唯物主义的原则在

① 此处有马克思的边注:"人们之所以有历史,是因为他们必须**生产**[produzieren = 向前引导]自己的生命〈即〉,而且必须用**一定的**方式来进行;这是受他们的肉体组织制约的,人们的意识也是这样受制约的。"

② [日]广松涉编注:《文献学语境中的〈德意志意识形态〉》,彭曦译,南京大学出版社 2005 年版,第 26 页。

③ [日]广松涉编注:《文献学语境中的〈德意志意识形态〉》,彭曦译,南京大学出版社 2005 年版,第 28 页。

④ [日]广松涉编注:《文献学语境中的〈德意志意识形态〉》,彭曦译,南京大学出版社 2005 年版,第 31 页。

历史唯物主义中必然表现为**历史性的社会定在和关系场境决定意识**。这表示,历史唯物主义的意识观也面对物质对象,但总是将其放置于特定社会历史关系场境中加以透视。这与上述的历史认识论原则是完全一致的。

其次,**意识的本质是人对环境的历史关系映照**。或者说,广义历史唯物主义的意识观是历史性的**关系意识论**。关系意识论是历史认识论更直接的存在论基础。这一观点的前期构境线索,我们同样在马克思的《1844 年手稿》中可以看到。这一观点体现在恩格斯补入后又删除的一句话中,它具体表征了这种广义历史唯物主义新意识观的本质,即"〈我对我的环境的关系是我的意识〉(Mein Verhältniß zu meiner Umgebung ist mein Bewußtsein)"①。这里出现的Umgebung(环境),会与《提纲》第三条中的那个 Umstände(环境)和前面马克思恩格斯指认的 umgebende sinnliche Welt(周围的感性世界)相一致。从手稿的文献考据中可以看到,Mein Verhältniß zu meiner Umgebung ist mein Bewußtsein 整个一句都被删除了,它的被删除,显然因为它是用过于哲学化的话语表达的。在整个《德意志意识形态》第一卷第一章的文本中,我们能够观察到马克思恩格斯在话语构序场境中的不断调整和精细界划,他们原先习惯性地使用的传统哲学话语,在无意在场后通常都被删除了。这种删除并非是因为不重要和错误,而是话语编码过于思辨。而在统一的生产话语编码中,是没有旧哲学话语的入序位置的。所以,它们无意识地进入,则必定被有意识地删除。这本身就是话语编码的强制性。我以为,在一定的意义上,这个"我对我的环境的关系"是历史唯物主义关系意识观的关键性表征。维特根斯坦说过一句相近的话:"我与现象的关系在此是我的感受的一部分"②。其实,它恰是对马克思在该书序言中最后提出来的问题的直接回答,在那里,马克思在批判了全部"德意志意识形态"思想家们的所作所为之后说,"这些哲学家没有一个想到要提出关于德国哲学和德国现实(Wirklichkeit)之间的关联(Zusammenhange)问题,关于他们所作的批判和他们自身的物质环境

---

① [日]广松涉编注:《文献学语境中的〈德意志意识形态〉》,彭曦译,南京大学出版社 2005 年版,第 28 页。
② [奥]维特根斯坦:《纸条集》,载《维特根斯坦全集》第 11 卷,涂纪亮等译,河北教育出版社 2004 年版,第 241 页。

(materiellen Umgebung)之间的关联(Zusammenhange)问题"①。这是说,在方法论上,所有德意志意识形态的唯心主义思想家都没有意识到,他们的哲学话语恰恰是当下 materiellen Umgebung(物质环境)——德国现实经济和政治关系场境的无意识映现。这正是历史唯物主义基本问题和关系意识观的开场。此处马克思所使用的 Zusammenhang 一词,应该是通常关系(Verhältniß)赋型的复合场境。与此同时,马克思恩格斯较多地使用了相近词义的 Zusammenhang(关联),在概念考古词频统计中,Zusammenhang 一词在《德意志意识形态》一书中共计使用了 83 次。从手稿的文献考据中可以看到,对于这一比较难懂的关系意识观,恩格斯从外栏补入的具体的解释是,"凡是有某种关系存在(Verhältniß existirt)的地方,这种关系都是为我(für mich)而存在的;动物〈其自身与[什么东西]不发生[关系]〉不对什么东西发生'关系',而且根本没有'关系'(nicht als Verhältniß)";马克思接着补入说,"对于动物来说,它对他物(ander)的关系不是作为关系存在的"。② 根据恩格斯和马克思的共同补充,可以看出他们二人在**意识的关系性本质**问题上高度一致。并且,这是对那个暂短到场又被删除的 Mein Verhältniß zu meiner Umgebung ist mein Bewußtsein(我对我的环境的关系是我的意识)的进一步阐释。这就出现了一种话语编码中的**在场的不在场性**。这一编码倒错,也从侧面坐实了被删除的 Mein Verhältniß zu meiner Umgebung ist mein Bewußtsein(我对我的环境的关系是我的意识)在历史唯物主义关系意识观构境中的重要性。

我体会,上述马克思和恩格斯的共同解释,当然是改造过的黑格尔《精神现象学》的话语,同一于自然存在的动物只能"生长它自己",停留于本能的动物不会产生它与"它物"的关系③,而人的主体存在则能够将自己与外物区分开来,并生成对其进行效用性改造的 für mich(为我)性物相化实践编码关系。

---

① [日]广松涉编注:《文献学语境中的〈德意志意识形态〉》,彭曦译,南京大学出版社 2005 年版,第 14 页。中译文有改动。Marx-Engels-Gesamtausgabe(MEGA²), I/5, Text, Berlin: Akademie Verlag, 2017, S. 7.

② 参见[日]广松涉编注《文献学语境中的〈德意志意识形态〉》,彭曦译,南京大学出版社 2005 年版,第 28 页。Marx-Engels-Gesamtausgabe(MEGA²), I/5, Text, Berlin: Akademie Verlag, 2017, S. 30.

③ 参见[德]黑格尔《精神现象学》上卷,贺麟、王玖兴译,商务印书馆 1979 年版,第 174 页。

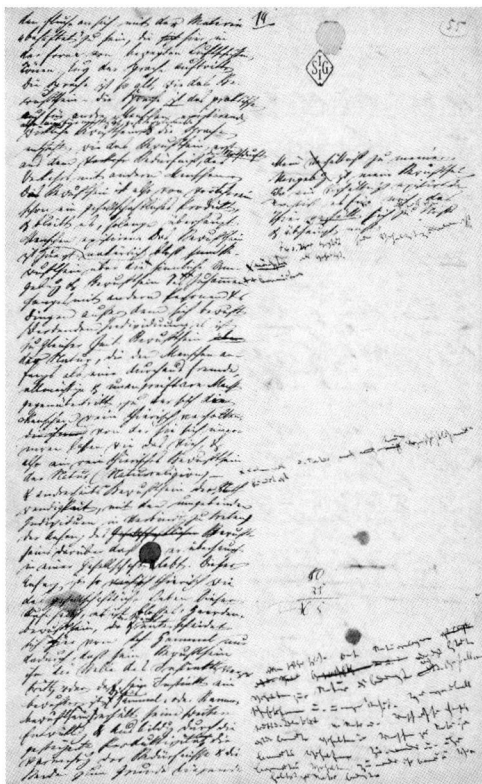

图 7 - 2 《德意志意识形态》"我对我的环境的关系
是我的意识"手稿一页

这也是历史唯物主义那个物相化活动中场境关系存在论的本质。在这个构序意向上,意识的本质就不会是哲学唯物主义中那种反映外部**对象性物质实在**的一般物像塑形,而是人对环境(周围世界)能动物相化塑形和构序关系的感性经验塑形和主观构境。不过,不同于唯心主义夸大了的观念能动性关系,这里"我对我的环境的关系"只是人的历史性**实践物相化构序活动和能动关系赋型**的结果。这又是基于上述的人对自然、人与人的双重场境关系的编码。我不能断定,马克思恩格斯此处的观点是否直接受到上述《曼彻斯特笔记》中摘录到的欧文相近表述的影响。但可以断定的是,这种观点显然依存于黑格尔《精神现象学》的相近思想构境。非物像的关系意识论,是一个十分严密的科学思想构序。不过,马克思恩格斯意识到,意识活动主要是在**人与**

人的交往场境中生成的,"只是由于需要,由于〈交往〉和他人交往(Verkehrs mit andern Menschen)的迫切需要才产生的"①。虽然我对我的环境的关系是我的意识,但人与自然物不能对话,一般而言,人无法与自然物发生感性或精神构境,意识现象只能发生于人塑形和构序自然与人作用于人的**主体际交往关系所赋型的主观构境**。应该承认,我的思想构境论的全部基础也是缘起于这里的思想构境谱系。因为,与场境存在论中当下发生和消失的实践活动——生产劳动—生活言行—交往关系一样,意识活动的 Emergence(**突现**)**本质**同样是当下发生和消失的,感性经验发生和知觉连续整合的每一瞬间都是当下发生和消失的。胡塞尔在《内在时间意识的现象学》(*Leçons pour une phénoménologie de la conscience intime du temps*)②一书中,曾经指认了发生于意识流中的复杂时间构境:当我在听一首音乐的现场演奏的时候,当下听到的每个瞬间的音响总是在消逝,可是,这种音响的消逝在主体听觉中会发生一种滞留,这种滞留与即将听到的下一个音响发生联接,这才使我们能够听到连贯的旋律。其实,人们的思想活动更是一种随时消解的主观突现情境。当人们停止思考时,思想并不实存于物性的大脑皮层之中,记录在第三持存(文本与贮存器)中的观念信息编码,也只有在人的思想活动重新激活时,才会重新突现和构境。我注意到,布尔迪厄曾经精读和深究过胡塞尔的这一重要论著,甚至他还写过关于时间经验结构的文章。③ 广松涉正确地留意到了这一点,他指出,"马克思、恩格斯不是从**内在**的实体,或者机能等等来观察'精神'和'意识',而是从根本上将之当作'关系'来理解。而且,作为人们被自为化的'对自然的、相互的'的关系,用今天的话来说,正如'以语言交流使之成为现实态'那样,将之理解为只有在'主观际性(間主観性)'中才存在的事物"④。在这一点上,广松涉是深得马克思恩格斯关系意识论真谛的。这里有可能出现的一个例

① [日]广松涉编注:《文献学语境中的〈德意志意识形态〉》,彭曦译,南京大学出版社 2005 年版,第28 页。

② 1928 年,此书在胡塞尔编辑的《哲学与现象学研究年刊》第 9 卷中,由马丁·海德格尔编辑,以《埃德蒙德·胡塞尔的内时间意识现象学讲座》为题发表。

③ 参见[法]布尔迪厄《自我分析纲要》,刘晖译,中国人民大学出版社 2012 年版,第48 页。

④ 广松涉原注:关于这一点,请参照《事物、事情、语言》(劲草书房,1979 年刊)第 98 页。详细内容请参照《存在与意义》第一卷第一篇第三章。参见[日]广松涉《物象化论的构图》,彭曦等译,南京大学出版社 2002 年版,第45—46 页。

外为,今天的人工智能(Artificial Intelligence,AI)中出现的智能系统——AI主体或**亚主体性**,已经不再是单纯的外部自然物,而是人的科技物相化创制和复杂场境赋型的结果,它有可能出现新型的**人—机关系**,当然,AI主体也可能成为潜在的失控异化主体。这是一个需要讨论的新问题。

我注意到,在后面的第三章中,马克思恩格斯再一次明确指认,思维活动中出现的负熵质或认知功能度,是由人的"个性和他在其中生活的那些关系所决定的思维",显然,他们还是在强调意识本质的非物像的关系存在论特征。这很像欧文的相近话语,只是在他那里,突出讨论了 Organisation des Menschen(人类的组织)对意识的影响。① 对此,马克思恩格斯十分具体地辨识说,"一个人,他的生活包括了一个广阔范围的多样性活动和对世界的实际关系,因此是过着一个多方面的生活,这样一个人的思维也像他的生活的任何其他表现一样具有全面的性质"②。用海德格尔的话语来说,就是此在在世之中"交道"的广度和深度,决定了此在意蕴构境的丰满度。我体会,马克思恩格斯这里所说的这个"对世界的实际关系"中生成的广阔全面的活动场境关系和普遍关联之上的全面的思维,显然不会是农耕文明中人的狭窄生存状态和主观构境,而是工业物相化生产和商品市场经济关系编码创造出来的全新历史辩证法运动中社会物相化关系构序场境世界。这再一次表明,历史唯物主义的关系意识论在于:人的意识和观念并不仅仅是直接面对的对象性到场的物质实体,而更是他们的生活和实际发生的社会关系场境存在的历史性在场的产物。这里的核心观点,恰恰是基于历史唯物主义和历史辩证法的非物像场境关系存在的,也因为不是对象物,而是作为"正在消逝的东西"(verschwindend darstellt)的物相化生产塑形-构序活动,以及社会关系历史性赋型的社会定在负熵质的改变,**关系性在场**的实践功能度决定了意识活动有**历史时间**维度的认知功能度的质性。历史性的实践辩证法规制了观念辩证法的逻辑构式。比如,自然经济与境中农耕生产的惯性实践塑形产生的狭隘封闭的社会生活场境,与现代工业生产中物相化实践活动所构序的"广阔范

---

① 参见 Marx-Engels-Gesamtausgabe(MEGA²),Ⅳ/5,Text,Berlin:Akademie Verlag,2015,S.178。
②《马克思恩格斯全集》第3卷,人民出版社1960年版,第296页。

围的多样性活动和对世界的实际关系"场境必定是不同的,后者的历史性普遍关联在场在实践功能度的广度和深度上都会大大超出前者。这种"具有全面的性质"的历史辩证法的实践功能度,也会生成同等质性的关系性认知功能度。实际上,黑格尔所夸大的精神爱多斯负熵运动,其现实基础只能是社会历史负熵质的历史改变。这里,我们也看到马克思恩格斯对黑格尔唯心主义颠倒逻辑的反对,即不是精神编码创制世界,不是**精神负熵**隐匿在客观物质进程的背后,而是人的实践物相化构序活动和关系赋型创造的**社会历史负熵及实践功能度**,规制着人的全部主观精神活动和认知功能度的本质。我们历史性创制和编码的普遍关联的周围世界,决定了我们在世之中所生成的主观精神构境。具体说,如果人们在现实生活中实际赋型的人对自然构序的能动关系、主体际互动塑形起来的关系场境世界是狭隘和单一的,有如中世纪黑暗土地上农耕和畜牧业生产所赋型的循环往复的社会场境存在,那么,人们的意识和观念,也必然是受制于狭隘和单一的封建主义社会关系赋型的社会先验构架和相应的意识形态;而当工业生产物相化构序出对自然的"全面"占有和新的用在性功能链,资产阶级创造出复杂的"多方面"商品-市场经济交换关系赋型的伪性社会先验构架,这种复杂金钱关系构序起来的普遍关联的周围世界之上,必然生成人们的拜物教式的先验观念综合构架;而在今天的网络信息社会中,以每秒30万千米远程登录实现的全新数字化场境存在关系,则将建构出数字景观物像的先验构架,从而让人的精神意识世界变成无比广阔的虚拟关系中的信息编码视域。不同历史时间中现实社会场境关系存在的改变,必然导致人的主观意识本质的改变。这也是历史认识论的基础性前提。

对于历史唯物主义构境中的关系意识论,马克思恩格斯告诉我们说:

> 不言而喻,人们的观念和思想是关于自己和关于人们的各种关系(Verhaltnisse)的观念和思想,是人们关于**自身的**意识,关于**一般**人们的意识(因为这不是仅仅单个人的意识,而是同整个社会联系着的单个人的意识),关于人们生活于其中的整个社会的意识。人们在其中生产自己生活的并且不以他们为转移的条件,与这些条件相联系的必然的交往形式以及由这一切所决定的个人的关系和社会的关系(persönlichen und sozialen Verhaltnisse),

当它们以思想表现出来的时候,就不能不采取观念条件和必然关系的形式,即在意识中表现为从一般人的概念中、从人的本质中、从人的本性中、从**自身**中产生的规定。人们是什么,人们的关系(Verhaltnisse)是什么,这种情况反映在意识中就是关于人**自身**、关于人的定在方式(Daseinsweisen)或关于人的最切近的概念规定(Begriffsbestimmungen)。①

这段表述,更加清晰地说明了历史唯物主义中意识的本质是**社会关系的场境映现**的观点。在这里,马克思恩格斯指出,人的意识不是对外部对象物的他性直映,而是"关于**自身**的意识",这个"自身",就是从主体出发的能动实践物相化活动改变外部世界的**自身关系**,所以,人所有的观念和思想都是对一定历史条件下人对自然的关系和人与人的社会关系有历史时间限定的场境式映现。如果人的本质是现实社会关系的总和,那么人关于"**自身的意识**"和一般的意识的主观"概念规定",则会是这种"关系总和"的编码构式(社会历史先验)的有时间差的观念构境。有趣的是,我们看到了马克思恩格斯在这里无意使用的Daseinsweisen,是在面对批判对象施蒂纳的特定构境中使用的。从思想考古的词频统计上看,马克思和恩格斯在本书中6次使用Daseinsweise概念,可是Daseinsweisen概念大多出现在第二卷对德国哲学家批判的他性随引构境中。过去,我们在引述"经济基础决定上层建筑及意识形态"这一观点时,通常停留在宏观的抽象层面,而没有留意到马克思恩格斯在讨论市民社会话语Ⅳ中对关系意识论本质的具体论述。这实际上是《德意志意识形态》一书中极为重要的哲学思想。它也构成了历史认识论的重要基础。

关于意识的本质是我对我的环境的关系这一原则的充分讨论,可以让我们在重回第一章残篇时达及马克思恩格斯相关讨论的更深思想构境:首先是这种作为意识本质的社会交往关系本身的**不可逆构序**。

事情是这样的:〈在一定的生产关系(Produktionsverhältnissen)下的[每个人]〉以一定的生产方式(bestimmte Weise produktiv)进行活动的一定的个人,发生一定的社会关系和政治关系(bestimmten gesellschaftlichen &

---

① 《马克思恩格斯全集》第3卷,人民出版社1960年版,第199—200页。中译文有改动。Marx-Engels-Gesamtausgabe(MEGA²),Ⅰ/5,Text,Berlin:Akademie Verlag,2017,S.236.

politischen Verhältnisse)。经验的观察〈虽然它一心坚持现实性事实〉在任何情况下都〈能够[证明]〉应当根据经验来〈证明〉揭示社会结构和政治结构(gesellschaftlichen & politischen Gliederung)同生产的联系〈吧〉,而不应当带有任何神秘和思辨的色彩。〈我们在此可以看出以下问题,该〉这一社会结构和国家总是从一定个人的生活过程中〈是如何产生〉产生的。①

一是意识面对的关系场境是从一定的 Produktionsverhältnissen(生产关系)开始的。这也是**生产关系**概念的最初暂短露面,在手稿的文献考据中我们能看到它被删除了。这种删除当然不同于海德格尔式的否定性的"打叉"或德里达故意解构的"擦除",它只是呈现了概念生成中的某种不确定和蕴育性。并且,在手稿中马克思恩格斯描述了不同所有制的历史发展,他们却在狭义的劳作技能协作层面再次使用了 Produktionsverhältnissen(生产关系)概念。而舒尔茨已经使用过的生产关系(Verhältnisse der Production)②这一科学概念的确定性表述,出现在后来马克思的《哲学的贫困》中。③ 这是现实的个人在一定的生产方式之中进行共同生产活动时所建立的劳作关系场境,这当然是全部交往关系的真正基始。显见,马克思恩格斯这里仍然集中用了四个

---

① [日]广松涉编注:《文献学语境中的〈德意志意识形态〉》,彭曦译,南京大学出版社 2005 年版,第 27 页。中译文有改动。Marx-Engels-Gesamtausgabe(MEGA²),Ⅰ/5,Text,Berlin:Akademie Verlag,2017,S. 135.

② 参见[德]舒尔茨《生产运动》,李乾坤译,南京大学出版社 2018 年版,第 57 页。

③ 在此文本的解读中,我特别关注了那些被马克思恩格斯删除的文字,并深究了这些文字在概念考古学上的重要构境意义。因为它们恰恰消失在后来正式印刷的文本(包括 MEGA 正文)中。我曾经看到过一种肤浅的看法,即认为马克思恩格斯没有发表的手稿和文本中被删除的内容就是他们最终认为不重要的东西。其实,这正是过去在文本研究中出现的单纯**客体视位**的必然结果,因为这里存在一种假设,即文本文字直接等于思想家的真实意图,而在我写作《回到海德格尔》第一卷时,我第一次发现可能存在的来自作者本身的**主体视位**,即思想家在写作过程中因各种主客观因素所发生的故意性策略遮蔽或话语变形问题,或者通俗地说,即作者的**主观故意性**。在马克思恩格斯写作《德意志意识形态》一书时,他们面对的公众阅读环境是繁杂的:欧洲资产阶级国家的书报检查制度、公众的阅读辨识能力、他们的合作伙伴赫斯同时也是文本批判的对象,特别是他们自己的新世界观和方法论正处于历史性的逻辑程序进程中,这一切都决定了这一重要文本写作中不断出现的不确定性和可变性。在我看来,《德意志意识形态》特别是它的第一章中大量修改和删除的文字中,除去少量不准确的修订,多数是马克思恩格斯策略性的话语调整——目的多为去除黑格尔式的传统思辨哲学表达方式——以及能够更精准地让读者接受的文字修饰。这里,被删除的文字有时甚至代表了更直接的理论意图和更深的思想构境。有如这里被删除的 Produktionsverhälnissen(生产关系)。

bestimmt（一定的），由此来标识生产方式的社会历史时间质性。马克思后来的《1861—1863年经济学手稿》中,仔细讨论过简单协作生产中工人之间的合作场境构序出的无形力量和共振场境,也说明过劳动分工条件下工人与工人之间形成的共同在场的结合力量。当然,这种无形的共同活动场境力量,都是作为资本力量异化式地在场的。二是生产关系之上人与人之间发生的社会交往关系,这一交往关系则生成特定的社会物相化关系构序**基础**结构。有什么样的生产关系赋型,就会有什么质性的社会生活交往关系场境,农耕生产关系之上必然产生宗法式的封建经济关系构式,而工业生产关系之上必然塑形出商品-市场经济关系构式。其实,这正是马克思恩格斯这里所定义的市民社会话语Ⅳ,即社会结构中的基础构式。三是**基础**之上的政治关系,即国家。也就是说,复杂的经济关系之上必须会派生出一定的政治力量关系,国家是占统治地位的阶级政治控制机器。实际上,马克思和恩格斯没有说完的应该还有这里讨论的广义历史唯物主义构境中的第五环节,即全部历史的社会实践关系之上,必然赋型出人们一定历史时间中的意识和精神生活关系。在紧接着的一段被删除的表述中,马克思恩格斯说,"〈这些观念都是他们的现实关系和活动、他们的生产、他们的交往、【他们的［组织（Organisation）］】他们的社会和政治【组织】关系有【表［现］】意识的表现,而不管这种表现是现实的还是虚幻的。〉"①依概念考古的线索,我猜测,这里暂短到场又立刻被删除的Organisation（组织）一词,很可能是欧文相关话语的残存。马克思恩格斯在此突出强调的,仍然是非物像构境中的关系意识观:观念不是对应于对象性的物质实体到场,而是对应于一定历史条件下,人与人之间的非实体性的生产活动和非直观的社会交往关系在场。马克思恩格斯认为,人所有的"经验观察"中发生的感觉塑形和构序,都是由这种正在消逝的东西（verschwindend darstellt）背后的特定劳作物相化活动和关系赋型所编码和规制的,这些活动和关系都是直观物像实存背后当下发生和"抽身而去"的场境存在。同理,政治和法的观念也不是对应于可见的议会大厦、法院、监狱和其

---

① ［日］广松涉编注:《文献学语境中的〈德意志意识形态〉》,彭曦译,南京大学出版社2005年版,第27页。

他国家机器,而是这些物性装置背后的不可直观的政治力量博弈和斗争关系场境。恰是在这里,我们看到了被马克思恩格斯赋型为市民社会话语IV的交往关系(社会结构),它是作为一定的生产活动关系之上的社会交往活动关系,在资产阶级社会中,这当然就是**商品-市场交换关系和社会经济结构**。这个由交往关系建构起来的社会结构,是全部国家与法和意识形态的场境关系基础。这就是马克思的**市民社会话语IV的特设性构境**。由此,我们可以十分清晰地看到马克思恩格斯这个特殊的 bürgerliche Gesellschaft 的逻辑发生,这直接通达马克思 1859 年《〈政治经济学批判〉序言》中的理论构境。然而,也需要指出,这个特定的市民社会话语IV,在没有经济关系的原始部族生活中是根本不存在的。

其次,马克思恩格斯在第一卷第一章的残篇中还对关系意识论进行了重要的历史性分析。依我的看法,这也是历史认识论的直接体现。第一,意识现象的最初发生,与语言交织在一起,关联于人们的物质生产活动中的交往,人只是在劳动的共同活动中才获得了对环境的特定赋型关系。他们说:

> 思想、观念、意识的生产最初是直接与人们的物质活动,与人们的物质交往(materiellen Verkehr),与现实生活的〈语言表达〉语言交织在一起的。〈观念以及思想〉人们的想像、思维、精神交往(geistige Verkehr)在这里还是人们物质行动的直接产物。①

一开始,人的意识就不是直接反映到场的物质对象,它的发生直接会是人类劳动生产物相化活动中物质构序和主体际交往的产物。人超越动物所独有的语言现象的生成,交织于人的现实生活在场和交往情境;最早出现的话语构序场境中的想象和精神构境,往往纠缠于人们改变外部世界的感性的物性实践构序和交往关系赋型发生的场境活动。这一情况,在后来的社会历史发展中才慢慢地发生了改变,语言、话语运作和精神活动逐渐地从生产活动中抽离出来,交织于社会主体际交往关系场境,并越来越相对独立于客观物质世界。可以看到,在后来的《评阿·瓦格纳的"政治经济学教科书"》一文

---

① [日]广松涉编注:《文献学语境中的〈德意志意识形态〉》,彭曦译,南京大学出版社 2005 年版,第29 页。

中,马克思再一次回到了这一主题。对此,我们将在本书下册中讨论。

第二,所有观念精神的生产都受到人们的一定生产方式之上的**交往关系**的制约。意识活动慢慢地从劳动生产物相化的物质构序和主体际交往场境中摆脱出来,关联于愈益复杂的社会交往场境活动。在文本的这一处,马克思恩格斯写道:

> 表现在某一民族的政治、法律、道德、宗教、形而上学等的语言中的精神生产(geistigen Produktion)也是这样。人们〈将观念〉是自己的观念、思想等等的生产者,〈而且,人们是受〈那个〉他们的物质生活的生产方式,他们的〈交往以及【进一[步]的】〉物质交往和这种交往在社会结构和政治结构中的进一步发展所制约的。〉这里所说的人们[正因为]是现实的、从事活动的人们,[所以]他们受〈他们的[一定的]〉自己的生产力(Produktivkräfte)和与之相适应的交往(entsprechenden Verkehrs)的一定发展——直到交往的最遥远的赋型(Formationen)——所制约。意识在任何时候都只能是被意识到了的存在(bewußte Sein),而人们的存在就是他们的实际生活过程。如果在全部意识形态(ganzen Ideologie)中,人们和他们的关系就像在照相机中一样是倒立成像的,那么这种现象也是从人们生活的历史过程中产生的,正如物体在视网膜上的倒影是直接从人们生活的生理过程中产生的一样。①

可以发现,马克思恩格斯此时多用了交往概念,这应该是受到赫斯的影响。此时赫斯正为《德意志意识形态》一书的出版筹集经费,我推测,赫斯应该也部分参与了此书的写作和研讨活动。从概念考古分析中看,这里出现的 geistigen Produktion(精神生产)是舒尔茨《生产运动》一书中讨论过的问题。② 此处出现的 Formation 一词也是重要的,它并非指交往的形态,而是特指交往活动中的关系场境赋予社会定在的功能性物相化动态结构,所以,它在更多的场境存在中是处

---

① [日]广松涉编注:《文献学语境中的〈德意志意识形态〉》,彭曦译,南京大学出版社 2005 年版,第 29 页。中译文有改动。Marx-Engels-Gesamtausgabe(MEGA²),Ⅰ/5,Text,Berlin:Akademie Verlag,2017,S. 135.
② 在《生产运动》一书中,舒尔茨分别从"历史的考察"和"统计学的考察"两个方面,深入讨论了他指认为"精神生产"的领域。参见[德]舒尔茨《生产运动》,李乾坤译,南京大学出版社 2018 年版。

于 Formating 状态。之后,马克思多次使用社会赋型(Gesellschaftsformation)的概念。显然,我的社会场境存在论中的关系赋型概念与此有着密切的关联。在此处删除的文字中可以看到,在马克思和恩格斯眼中,此处决定了精神交往的现实交往关系有一个递升的构序层级,即一定的生产物相化构序的物质交往,决定着社会关系赋型的交往结构和政治交往结构及意识形态构境。可以体知到,马克思恩格斯的市民社会话语Ⅳ主要是特指生产交往之上的社会交往关系,这一结构是上层政治交往以及思想观念交往的基础。所以,意识不是对物质对象的直接反映,而是对人的社会交往活动的关系性场境映照。由此,关系意识论的非物像本质被突显出来。在此书第一卷后面的第二章中,马克思恩格斯正是在这个特定的构境意向中,批判施蒂纳唯心主义地理解人们对"社会关系的现实意识"①。并且他们在第三章中再一次强调:"一定的工业关系和交往关系(bestimmte industrielle & Verkehrsverhältnisse)如何必然地和一定的社会形式(bestimmten Gesellschaftsform),从而和一定的国家形式以及一定的宗教意识形式相联系。"②这里马克思恩格斯连续使用了四个bestimmt(一定的)、五个"关系"和"形式"的构序联结,以突显历史唯物主义的有历史时间质性的场境关系特征。并且,这也兆示着历史认识论中认知对象的关系性存在特征。也是在这里,我们直接看到了马克思恩格斯前面所说的市民社会的定义,即人们一定的生产力与相应的交往赋型,正是这种交往关系成为所有意识形态的基础。这是那个市民社会话语Ⅳ的基本构境线索。固然,这种意识形态以照相机映像中颠倒的方式,呈现出它与交往关系的关联性。从思想构境谱系线索上看,此处照相机成像和视网膜倒影的重要比喻,应该是马克思的观点。这实际上已经涉及非物像透视第二层级的**批判认识论**构境,因为非物像第一层级的透视,主要是对直观对象性图景的解构,对社会关系以颠倒经济物像呈现出来的批判,并非此处历史认识论能够承担的批判任务,后来,这一比喻反复出现在马克思经济学研究中历史现象学逻辑

①《马克思恩格斯全集》第3卷,人民出版社1960年版,第93页。
②《马克思恩格斯全集》第3卷,人民出版社1960年版,第162页。Marx-Engels-Gesamtausgabe(MEGA²),Ⅰ/5,Text,Berlin:Akademie Verlag,2017,S.204.

对经济拜物教的批判之中,其最典型的表述出现于《资本论》第一卷第一章中①。马克思恩格斯说,如果一定时代中意识形态里的"这种理论、神学、哲学、道德等等和现存的关系发生矛盾(Widerspruch),那么,这仅仅是因为现存的社会关系和现存的生产力发生了矛盾(Widerspruch)"②。如果在《1844年手稿》中,这会是在宗教异化背后指认出经济异化,而在这里,意识和观念异**化被意识形态幻象**取代,用非现象学的直白的语言来解释,就是宗法式或者商品经济的交往关系决定神学或者市场意识形态伪构境,一旦意识形态与社会基础发生矛盾,原因会是这种交往关系与生产力的发展发生了深层的冲突。这里,Widerspruch(矛盾)业已成为历史辩证法的核心编码范畴。

3. 第一层级非物像透视中的市民社会话语Ⅳ

第二处关于**市民社会话语Ⅳ**的直接讨论,出现在《德意志意识形态》第一卷第一章主手稿的第24页上。在这里,马克思恩格斯有一段重要的广义历史唯物主义基本观点的表述:

> 这种历史观就在于:从直接生活的物质生产出发来阐述现实的生产过程,把同这种〈生产〉生产方式相联系的、它所产生的交往形式(Verkehrsform)即各个不同阶段〈大体上在实践的-观念的层面,即国家〉上的市民社会(bürgerliche Gesellschaft)理解为整个历史的基础(Grundlage der ganzen Geschichte),〈而且将它的实践的-观念的层面〉从市民社会作为国家的活动描述市民社会,同时从市民社会出发阐明〈又还原到市民社会〉意识的所有各种不同理论的产物和形式,如宗教、哲学、道德等等,而且追溯它们产生的过程。这样当然就能够完整地描述事物(因而也能够描述事物的各个不同方面之间的相互作用)。这种历史观和唯心主义历史观不同,它不是在每个时代中寻找某种范畴,而是始终站在现实历史的**基础**(wirklichen Geschichts *boden*)上,不

---

① 参见《马克思恩格斯全集》(第二版)第42卷,人民出版社2016年版,第817页。
② [日]广松涉编注:《文献学语境中的〈德意志意识形态〉》,彭曦译,南京大学出版社2005年版,第30页。

是从观念出发来解释实践,而是从物质实践出发来解释观念赋型(Ideenformationen)。①

这是《德意志意识形态》一书中,马克思恩格斯对市民社会话语Ⅳ的本质的另一段重要表述。这可能也会明证,我们上面用了大量的篇幅讨论广义历史唯物主义的场境关系存在论和关系意识论,对于理解马克思恩格斯的市民社会话语Ⅳ是多么的重要。在这里,我们仍然能够观察到,马克思恩格斯眼中的广义历史唯物主义,还是突显了它的第一层级非物像透视中的双重解构:透过直观对象性实存的物像,从一定的物质生产活动、从"各个不同阶段"人与人之间交往关系赋型出发来观察社会生活的场境存在论。它是从非物像的物质实践编码活动的场境关系来解释观念赋型,而不是从对象性物质实存来解释观念,更不是从观念出发来唯心主义地解释世界。"生产"、"过程"、"方式"、"形式"和"相互作用"等关注点,突显了此时历史认识论中认知对象的改变。这里,我们再一次看到了这个重要的formation(赋型)概念,并且,不同于上述的交往的赋型(formation),这一次涉及了意识层面中的Ideenformation(观念赋型)。它突显了精神观念负熵的基础是由历史性的社会实践构序筑就的。这当然与我的思想构境论中的逻辑赋型一致。很显然,这里的bürgerliche Gesellschaft不是指资产阶级社会,而是在一定的直接物质生产的生产方式中,特定生产力水平之上人们进行**共同社会活动的交往形式**。以后,它将会被精确地表述为特定**生产关系的总和**。这里的bürgerliche Gesellschaft甚至不是斯密-黑格尔那个具体的需要体系与市场交换中介建立起来的市民社会话语Ⅱ,这里的市民社会是一个社会结构中的**位置指认**,即它在斯密和黑格尔所揭示的资产阶级社会结构中,是决定了政治国家、法律和整个观念意识形态的结构性基础。而在前资产阶级社会中,它是以特定的社会交往关系决定一定时代的政治、法律和观念意识形态,马克思和恩格斯将这种社会关系结构中的**交往形式**(*Verkehrsform*)确定为社会定在和历史发

---

① [日]广松涉编注:《文献学语境中的〈德意志意识形态〉》,彭曦译,南京大学出版社2005年版,第50页。中译文有改动。Marx-Engels-Gesamtausgabe(MEGA²), I /5, Text, Berlin: Akademie Verlag, 2017, S. 45.

展的质性基础。请注意,此时马克思恩格斯并没有将其规定为"经济基础"。也是在这个构境意向上,马克思恩格斯才将市民社会话语Ⅳ直接指认为"整个历史的基础"。

需要加以说明的地方是,马克思恩格斯是在广义历史唯物主义的逻辑中提出这一表述的。也因为马克思恩格斯此时还没有看到摩尔根的《古代社会》一书,他们并不知道存在着一个没有私有财产和阶级的原始部族生活,在那里,不可能存在政治、法律和以阶级统治为本质的意识形态。一个文献考古细节为,我们可以在马克思的《1844—1847 年记事笔记》中,看到马修·黑尔(爵士)17 世纪写下的《人类的原始起源》(*The Primitive Origination of Mankind*,1677)①一书,但是在此书中,黑尔还没有摩尔根那样重要的发现。正是摩尔根《古代社会》的出现,使人类原始部族生活的史前状况第一次呈现出来,这也是马克思恩格斯前期的许多广义历史唯物主义命题和政治断言需要做特设说明的原因。这是我们需要切记的省思点。

第三处关于市民社会话语Ⅳ的直接讨论,出现在《德意志意识形态》第一卷第一章主手稿的第 68 页上写下的札记中。这里,马克思和恩格斯再一次特意说明了这个特殊的**市民社会话语Ⅳ**的内涵:

> 市民社会(bürgerliche Gesellschaft)包括各个人在生产力发展的一定阶段上的一切物质交往(materiellen Verkehr)。它包括该阶段上的整个商业生活和工业生活(kommerzielle & industrielle Leben),在那种情况下,它超出了国家和民族的范围。不过,另一方面它对外作为民族希望得到认可,对内仍然需要组成国家的形式。市民社会这一用语是在 18 世纪产生的,但是财产关系已经摆脱了古代的和中世纪的共同体。市民社会只是随同资产阶级成熟(entwickelt)起来的;所有时代(allen Zeiten),构成国家以及其他观念论上层建筑(Superstruktur)基础(Basis)的,直接从生

---

① [德]马克思:《1844—1847 年记事笔记》,其中书名为马克思使用的简写。参见 Marx-Engels-Gesamtausgabe(MEGA²),Ⅳ/3,Text,Berlin:Dietz Verlag,1998,S. 28。中译文参见孔伟宇、付可桢译稿。

产和交往〈的基础上〉中发展起来的社会组织(gesellschaftliche Organisation)〈却可以同样用这个名称来称呼〉却始终由这一名称称呼着。①

首先,马克思和恩格斯直接指认了 bürgerliche Gesellschaft 的历史发生语境为"18 世纪",也就是说,这应该是斯密-黑格尔市民社会话语Ⅱ的特定历史发生时刻。精确地讲,这是资产阶级经济生产关系在英法等欧洲国家获得决定性统治地位的时刻,因为资产阶级社会的历史发生最早可以追溯到 14 世纪前后的荷兰和意大利等国的经济社会发展。然而,在此时的马克思恩格斯的思想中,bürgerliche Gesellschaft"已经摆脱了古代的和中世纪的共同体"。这是对的,具体地说,是脱型于自亚里士多德以来的市民社会话语Ia(政治共同体)的话语构序场境。其次,马克思恩格斯明确指出 bürgerliche Gesellschaft 是"随同资产阶级成熟起来的",乍一听,我们会以为马克思恩格斯这里的讨论会进入到市民社会话语Ib(资产阶级政治共同体)和市民社会话语Ⅱ(市场经济关系体)的话语构序场境中,可是,他们却是在说明 bürgerliche Gesellschaft 作为"所有时代,构成国家以及其他观念论上层建筑基础的,直接从生产和交往〈的基础上〉中发展起来的社会组织"。这恐怕是我们那个教科书体系中,**作为社会基本矛盾**的"经济基础决定上层建筑"观点的最早文献出处。根据我在上面做出的说明,马克思恩格斯的这一表述,由于历史的原因,他们的确将市民社会话语Ⅳ指认为 allen Zeiten(所有时代)中的普遍现象,他们用了"整个商业生活和工业生活"来确证这种特定的基础性的交往关系,这可能会对以后的文本解读产生理解上的双重误认:一是贯穿所有时代的市民社会话语Ⅳ,如果是以商业和工业生活中的交往关系为基础,那么,根本不存在商业和工业生活的原始部族生活就将成为例外,严格意义上说,早期奴隶社会中也不可能存在商业和工业生活,这使得普适性的社会基本矛盾无法成立;二是市民社会话语Ⅳ在资产阶级社会中直接表现为经济交往关系,在此,"经济

① [日]广松涉编注:《文献学语境中的〈德意志意识形态〉》,彭曦译,南京大学出版社 2005 年版,第 146 页。中译文有改动。Marx-Engels-Gesamtausgabe(MEGA²),Ⅰ/5,Text,Berlin:Akademie Verlag,2017,S. 114 - 115.

基础决定上层建筑"是可以成立的,但作为所有时代"直接从生产和交往〈的基础上〉中发展起来的社会组织",却不一定都是经济关系和经济交往,这又使这一普适性的阐释话语中出现的"社会基本矛盾"的合法性受到质疑。依我的观点,市民社会话语Ⅳ构序场境是一个需要小心对待的复杂历史构境。否则,思想混乱将是必然。

第八章　资产阶级社会的历史性透视

在《德意志意识形态》一书中，马克思和恩格斯已经从正面直接讨论了资产阶级社会，并且，他们开始在不同于所有传统市民社会观念赋型的意义上重构了 bürgerliche Gesellschaft 的意义所指。不同于前述广义历史唯物主义原理阐释中特设的市民社会话语Ⅳ，在马克思恩格斯面对当下社会现实时，bürgerliche Gesellschaft 以**现代资产阶级社会**的赋型方式，在马克思主义的科学社会主义理论构境中正式登场。在方法论上，由于前期依存于人本主义异化史观的现象学和批判认识论的缺席，马克思恩格斯尽可能在实证原则下的历史认识论视域中，深入分析了现代资产阶级社会的历史发生、发展和复杂现状。

1. 人本学异化构式的逻辑没影点：历史认识论中的社会赋型变迁

由于 bürgerliche Gesellschaft 一语的能指有着十分复杂的多重异质性历史构境，所以，马克思恩格斯在第一卷第一章中开始讨论资产阶级社会时，仅仅使用过"资产阶级的统治"（Bourgeoisieherrschaft）①，甚至没有**在市民社会话语Ⅳ**

---

① ［日］广松涉编注：《文献学语境中的〈德意志意识形态〉》，彭曦译，南京大学出版社 2005 年版，第124 页。Marx-Engels-Gesamtausgabe（MEGA²），Ⅰ/5，Text，Berlin：Akademie Verlag，2017，S.97.

的构境之外直接使用这个多义的 bürgerliche Gesellschaft。而在后面的讨论中,他们使用了"资产阶级世界"(burgerlichen Welt)①、"现代的资产阶级世界"(heutigen burgerlichen Welt)"② 和"现代资产阶级社会"(heutigen Bourgeoisgesellschaft)③。现有中文版译文中,将这三处重要的概念都误译为"资本主义",这给后来汉译文本的阐释性理解造成了较大的障碍。④ 使用最多的当然还是异质于市民社会话语Ⅳ的"资产阶级社会"(bürgerliche Gesellschaft)。在第一卷第一章的主手稿中,马克思恩格斯是从有明显时间差的历史认识论方式,即从不同所有制关系的**历史发生**,进入 bürgerliche Gesellschaft 的现代形式的讨论中的。这仍然是前述非物像社会场境关系存在论在社会历史历时性分析中的具体运用。当然,马克思恩格斯此时对社会历史的历时性分析中,还没有包括欧洲以外的社会历史发展情况。他们共同认为,是英国人和法国人"首次写出了市民社会史、商业史和工业史(Geschichten der bürgerlichen Gesellschaft, des Handels & der Industrie)"⑤。这是一个正确的历史事实指认。在文献考古分析中,从马克思这个时期的"记事笔记"中提供的书目中,我们可以看到弗格森的《市民社会史》(Adam Fergusson, *Essai sur l'histoire de la société civile*)⑥和居利希⑦的

---

① 《马克思恩格斯全集》第 3 卷,人民出版社 1960 年版,第 195 页。Marx-Engels-Gesamtausgabe (MEGA²),Ⅰ/5,Text,Berlin:Akademie Verlag,2017,S.233. 中译文错译为"资本主义世界"。

② 《马克思恩格斯全集》第 3 卷,人民出版社 1960 年版,第 197 页。Marx-Engels-Gesamtausgabe (MEGA²),Ⅰ/5,Text,Berlin:Akademie Verlag,2017,S.234. 中译文错译为"现代资本主义世界"。

③ 《马克思恩格斯全集》第 3 卷,人民出版社 1960 年版,第 280 页。这里出现的 Bourgeois(布尔乔亚)一词,源自法文词。Marx-Engels-Gesamtausgabe (MEGA²),Ⅰ/5,Text,Berlin:Akademie Verlag,2017,S.304. 中译文错译为"现代资本主义社会"。

④ 据孙叔文的考证,《德意志意识形态》文本中的这三处德文转译为俄文时,都分别精确地翻译为:буржуазный мир(资产阶级世界),参见《马克思恩格斯全集》俄文第 2 版第 3 卷,第 168 页,1955 年;современный буржуазный мир(现代资产阶级世界),参见《马克思恩格斯全集》俄文第 2 版第 3 卷,1955 年,第 169 页;нынешнное буржуазное общество(现代资产阶级社会),参见《马克思恩格斯全集》俄文第 2 版第 3 卷,1955 年,第 240 页)。

⑤ [日]广松涉编注:《文献学语境中的〈德意志意识形态〉》,彭曦译,南京大学出版社 2005 年版,第 22 页。

⑥ [德]马克思:《1844—1847 年记事笔记》,参见 Marx-Engels-Gesamtausgabe (MEGA²),Ⅳ/3,Text,Berlin:Dietz Verlag,1998,S.5。中译文参见孔伟宇、付可桢译稿。

⑦ 居利希(Ludwig Gustav von Gülich,1791—1847),德国资产阶级经济学家和经济史学家,德国保护关税派领袖。1810—1812 年他曾在哥廷根大学进修财政学(国民经济学),1817 年在柏林洪堡大学旁听经济学。1830 年出版了《我们时代主要商业国家的商业、工业和农业的历史叙述》(以下简称《商业的历史描述》)第 1 卷和第 2 卷,并于 1842、1844 和 1845 年先后出版了这本书第 3—5 卷。

《商业的历史描述》(*Geschichtliche Darstellung des Handels*)等。① 对于后者,马克思于 1847 年前后写下了重要的"居利希笔记"。对此,我们将在下一章讨论。

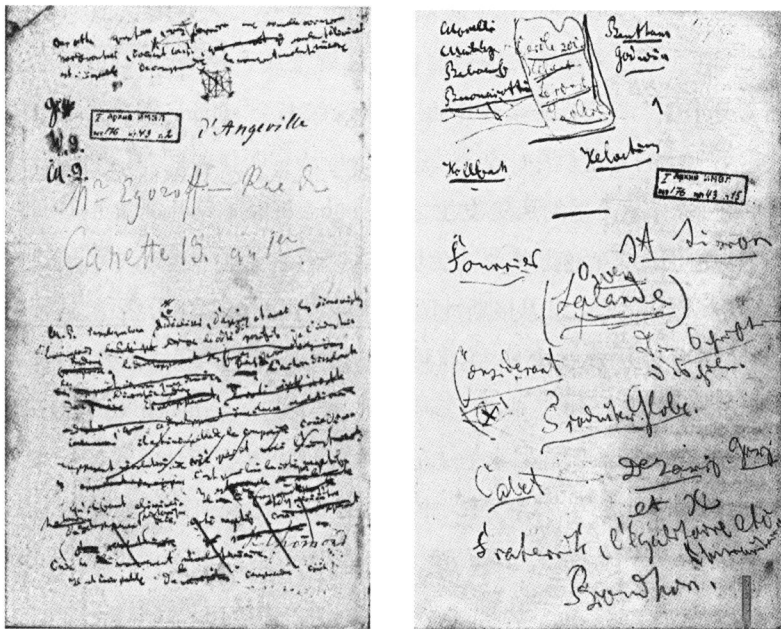

图 8 − 1 《1844—1847 年记事笔记》关于弗格森的《市民社会史》和居利希的《商业的历史描述》等书目的手稿

这里,马克思恩格斯在历史认识论的基础上,凭借当时有限的经济学和历史知识,先提出了三种前资产阶级社会所有制赋型:第一种是"部落所有制(Stammeigentum)"。这是与生产的不发达阶段相适应的最早的自然分工之上的所有制关系,也是马克思恩格斯前面手稿中曾经提到的那种家庭中的性别分工在社会中的扩大,即从家庭奴隶制走向奴隶社会的对抗性所有制关系。第二种是"古代公社所有制和国家所有制(antike Gemeinde-und Staatseigentum)"。

---

① [德]马克思:《1844—1847 年记事笔记》,参见 Marx-Engels-Gesamtausgabe(MEGA²),Ⅳ/3,Text,Berlin:Dietz Verlag,1998,S. 12,24。中译文参见孔伟宇、付可桢译稿。另参见 G. Gülich, *Geschichtliche Darstellung des Handels, des Gewerbe und des Ackerbaus der bedeutendsten handeltreibenden Staaten unserer Zeit*, Bd. Ⅰ-Ⅴ, Jena, 1830 - 1845。马克思后来在 1846—1847 年写下了"居利希笔记"。

这种所有制是由于几个部落联合为一个城市而产生的，它仍然存在着奴隶制，"动产私有制和后来的不动产私有制已经发展起来了"，此时，"**分工**(*Teilung der Arbeit*)已经比较发达。城乡之间的对立已经产生，国家之间的对立也相继出现"。① 在《回到马克思》第一卷中我已经说明过，经济学构境中的分工概念，在这里业已取代了原先人本主义话语中的劳动异化，成为私有制奴役关系生成和激化的原因。马克思恩格斯说，"分工是迄今为止历史的主要力量之一"②。甚至，"分工的各种〈形式〉发展阶段，同时也就是所有制的各种不同形式。这就是说，分工的每一个阶段还决定个人的与劳动材料、劳动工具和劳动产品有关的相互关系"③。然而，这里也存在一些值得思考的问题：一是此处对分工的讨论，还不是基于对社会分工和劳动分工的科学区分之上，特别是个人与劳动工具和产品的构序和塑形有关的，只是工业生产中出现的劳动分工。这些问题的真正解决，一直到《1861—1863年经济学手稿》的经济学研究过程中才得以实现。二是与劳动异化概念可以直接解蔽私有财产的主体(劳动)本质不同，这里作为主要批判构式内驱支点的分工概念，却无法深入到对私有财产的本质批判。依我的判断，这也是马克思恩格斯处于现象学和批判认识论缺席的时期。马克思和恩格斯此时坚持的原则是拒斥传统哲学思辨的"实证科学"的原则："在思辨终止的地方，在现实生活面前〈这样一来，真正的实证科学开始〉，正是描述人们实践活动和实际发展过程的真正的实证科学开始的地方。"④这是我们尤其需要注意的地方。第三种是"封建的或等级的所有制(feudale oder ständische Eigentum)"。马克思恩格斯说，"中世纪的起点则是**乡村**"，这里出现的是以土地占有为基础的封建等级制关系；在城市中则出现了

---

① 参见[日]广松涉编注《文献学语境中的〈德意志意识形态〉》，彭曦译，南京大学出版社2005年版，第84页。中译文有改动。

② [日]广松涉编注：《文献学语境中的〈德意志意识形态〉》，彭曦译，南京大学出版社2005年版，第66页。

③ [日]广松涉编注：《文献学语境中的〈德意志意识形态〉》，彭曦译，南京大学出版社2005年版，第82页。

④ [日]广松涉编注：《文献学语境中的〈德意志意识形态〉》，彭曦译，南京大学出版社2005年版，第33页。

"同业公会(die Korporation)所有制",即"**行会**(*guild*)"。① 这种手工业的封建组织是一种和农村等级制相似的等级制。另外,封建所有制关系的主要形式,"一方面是地产和束缚于地产上的农奴劳动,另一方面是拥有少量资本并支配着帮工劳动的自身劳动"。这当然不是两种劳动,而是两种奴役劳动的私有制关系。这两种所有制的结构都是由"狭隘的生产关系(bornierten Produktionsverhältnisse)——小规模的粗陋的土地耕作和手工业式的工业——决定的"。② 这里没有被删除的 Produktionsverhältnisse(生产关系)概念,应该是指劳动生产本身的**狭义**技术构序方式,而非人与人之间的社会"交往关系"——**广义的生产关系社会赋型**。③ 实际上,这已经无形中涉及一个历史时期中同时存在着不同性质所有制关系的复杂社会现象。还应该说明几点:一是如前所述,马克思恩格斯此时并不知道还存在一个**没有阶级和所有制**的原始共同体。二是马克思此处描述的仅仅是西欧的经济社会发展史线索。虽然在以往的经济学研究中,他们也都看到过资产阶级经济扩张中对欧洲之外地区和民族的殖民统治与经济掠夺,但此时,他们还没有生成一种非西方中心论的全景式的历史发展图景。三是这里的历史描述还没有丰厚的历史研究基础,马克思对前资产阶级社会生产关系的科学分析,最早出现于《1857—1858 年经济学手稿》中。四是马克思恩格斯这里的分析,不是停留在对自然对象、人物和实体性现象的描述上,而都在捕捉每个社会历史生活中发生的社会统治关系的场境存在,这是历史唯物主义第一层级非物像透视的落地。五是这里的历史分析充分体现了历史唯物主义基础之上的历史辩证法和历史认识论原则。

我注意到,也是在对封建所有制关系的分析中,马克思恩格斯有一段非常重要的讨论。他们将封建社会后期由于资产阶级手工业生产和商业交往

---

① 参见[日]广松涉编注《文献学语境中的〈德意志意识形态〉》,彭曦译,南京大学出版社 2005 年版,第 84—88 页。

② 参见[日]广松涉编注《文献学语境中的〈德意志意识形态〉》,彭曦译,南京大学出版社 2005 年版,第 88 页。

③ 这里还应该专门作一个特殊的说明,这是 Produktionsverhältnisse(生产关系)概念在历史唯物主义构境中的第二次出场,但我们可以看到,在上一次初次在场被删除时,取代它的是社会关系场境层面上的"交往关系",而这里的 Produktionsverhältnisse(生产关系)则下降为狭义的劳作技能协作关系。马克思最终重新在社会关系场境层面正式确认 Produktionsverhältnisse(生产关系)的地位,是在《哲学的贫困》中。

的发展出现的"发达分工和广泛贸易的前提"新情况,与原先的"地方局限性"之上的旧有所有制状况进行了八个异质性关系场境对比:

> 在前一种情况下,各个人必须聚集在一起,在后一种情况下,他们已作为生产工具(Produktionsinstrument)而与现有的生产工具并列在一起。因此,这里出现了自然形成的(naturwüchsigen)生产工具和由文明创造的(Civilisation geschaffenen)生产工具之间的差异。**耕地**(水,等等)可以看作是自然形成的生产工具。在前一种情况下,即在自然形成的生产工具的情况下,各个人受自然界的支配,在后一种情况下,他们则受劳动产品的支配(Falle unter ein Produkt der Arbeit)。因此在前一种情况下,财产(地产)也表现为直接的、自然形成的〈财产的〉统治,而在后一种情况下,则表现为劳动的统治(Herrschaft der Arbeit),特别是积累起来的劳动即资本(Kapitals)的统治。前一种情况的前提是,各个人通过某种联系——家庭、部落或者甚至是<u>土地本身</u>,等等——结合在一起;后一种情况的前提是,各个人互不依赖,仅仅通过交换〈使之同属于〉集合在一起。在前一种情况下,交换主要是人和自然之间的交换,即以人的劳动换取自然的产品,而在后一种情况下,主要是人与人之间进行的交换。在前一种情况下,只要具备普通常识就够了,体力活动和脑力活动彼此还完全没有分开;而在后一种情况下,脑力劳动和体力劳动之间<u>实际上应该</u>已经实行分工。在前一种情况下,〈······的[统治]〉所有者对非所有者的统治可以依靠个人关系,依靠<u>一种共同体</u>;在后一种情况下,这种统治必须采取物的场境(dingliche Gestalt),通过某种第三者,即通过货币。在前一种情况下,存在着一种小工业,但这种工业决定于自然形成的生产工具的使用〈,在后一种情况下〉,因此这里没有不同个人之间的分工;在后一种情况下,工业只有在分工的基础上和依靠分工才能存在。①

这里出现的 dingliche Gestalt(物的场境)一语是重要的,这是将作为对象物到场的货币视作"正在消逝的东西"的深刻透视。依概念考古的词频统计,

---

① [日]广松涉编注:《文献学语境中的〈德意志意识形态〉》,彭曦译,南京大学出版社 2005 年版,第90页。中译文有改动。Marx-Engels-Gesamtausgabe(MEGA²),Ⅰ/5,Text,Berlin:Akademie Verlag,2017,S. 69 – 70.

马克思恩格斯在《德意志意识形态》一书中共计 61 次使用 Gestalt 一词。这也反映出场境观念在历史唯物主义构境中的地位。此外,马克思也少量使用了 Feld der Thätigkeit(活动场)、Felde der Wirklichkeit(现实场)和 Feld der Spekulation(臆想场)这样的表述。① 这应该是在《德意志意识形态》手稿中,马克思恩格斯关于资产阶级社会本质历史分析的比较重要的一段文字。它直接呈现的思想构境本质有二:第一,这是马克思的人本主义劳动异化批判构式解构在《德意志意识形态》中的**逻辑祛序没影点**。这也是之后历史唯物主义基础上的方法论走向。当然,这只是针对青年马克思在先前自己的《1844 年手稿》中的人本学劳动异化批判构式II,因为恩格斯的思想构境中并不存在这个完整的逻辑编码。第二,这也是马克思恩格斯共同批判现代资产阶级社会的历史性出发点。

对此,我们可以在方法论前提上对比这一表述中显现出来的科学话语与《1844 年手稿》第 1 笔记本第二部分中的人本学我-它自反性异化构式,这样我们就可以十分清晰地看到马克思思想构境谱系中的根本转换:人本学异化构式的现象学和批判认识论**逻辑祛序没影处与历史唯物主义方法论中的替代方案**。如果是在《1844 年手稿》那里,这种分析会是 sollen(**应该**)存在的、作为工人本真类本质的自由自主的劳动活动和关系,与雇佣制度下客观存在的 Sein(**是**)中外化—异化的对象性劳动产品、类本质和异化关系的悖反,而在此,上述人本学异化构式中的价值悬设消隐了,**前后两种历史情况**则不再是价值悬设中的 sollen(**应该**)存在的理想化劳动与现实中实有的 Sein(**是**)的异化劳动和私有制的对立,而是社会历史发展中的 Gewesenseins(**曾有**)和"现有"的**不同历史时间差里的客观历史现实**。这是在方法论前提上的根本不同,也是广义历史唯物主义基础上历史认识论的重要表现。

下面我们可以对这段表述再进行一些具体的话语分析。为了使这种分析具有一种历史穿透感,我们需要做一些文本微观比较中**前摄性的思想构境谱系叠境**,即将此前《1844 年手稿》中的人本学劳动异化批判构式II中的话语

---

① 参见 Marx-Engels-Gesamtausgabe(MEGA²), I/5, Text, Berlin:Akademie Verlag,2017,S. 631,227, 470。

构序场境,分别对应于这里的批判话语场境,这种谱系分析中异质性的话语编码方式参照,会让我们更加深入地领悟马克思恩格斯此处突显的历史唯物主义特有的科学构序质性。

一是作为劳动生产前提的生产工具,前者是"自然形成的生产工具",比如农耕经济中的耕地和浇灌庄稼的天然水源,此处的 naturwüchsigen(自然形成)是指这些"工具"并非由人的劳作物相化构序和塑形而成,它们本身是被人利用的熵化自然物质存在的产物。如果认真一些看,其实耕地所使用的直接在场的犁(铲和锄),已经是不在场的人的反自然工艺物相化劳作的结果了。而后者则是"文明创造的生产工具",所谓的"文明创造",则是指手工艺和后来工业生产中的复杂工具和机器系统的生产,完全是由人的劳作物相化直接编码成的新型社会历史负熵。同样,如果更精准一点,后来的机器系统的生产中业已包含了新的科技物相化和工人劳作杂糅的复杂结果。这前后二者,都是不同历史时期客观存在的生产条件。在认知对象上,这是从惯性实践中的自然对象物到工业生产中人的劳动物相化失形-塑形结果的变化。这是人们在进入生产过程时遭遇的生产条件问题。《1844 年手稿》中的劳动异化批判构式Ⅱ中并没有直接涉及生产工具问题。生产工具应该是经济学文献和舒尔茨《生产运动》中出现的概念,它属于生产话语编码中的内含要素。由此,我们可以看到马克思恩格斯面对社会历史现象的观察点被前移了,即从作为生产过程结果的劳动产品前移到生产过程的前提条件。这是重要的视位改变。

二是在人对人的奴役关系上,前者是人受"自然"力量支配的自然物役性,这当然不是外部自然力量直接奴役人,而是以血缘关系赋型的宗法自然关系奴役人;后者是"劳动产品"奴役人的经济物役性现象,这也不是指物性到场的劳动产物直接压迫人,而是指工业生产物相化之上资产阶级特有的隐性经济关系场境力量对人的统治。这前后者,也是两种历史上客观发生的社会统治关系。在《1844 年手稿》的劳动异化批判构式Ⅱ中,是狭义的劳动产品 sollen(应该)属于工人,现实中却异化为资本家所有物的价值批判。

三是在财产关系赋型上,前者是人受不动产——"土地"的统治,这当然不是指自然土地奴役人,而是指农耕经济实现的"自然财富"的占有关系中

"自然发生"的奴役;后者则是人受 Herrschaft der Arbeit(劳动的统治),这里的劳动并非工人手中的劳动,而是指**积累起来的劳动多次畸变后**所形成的资本(动产)。在此时的马克思和恩格斯眼里,这两种财富当然也都是现实存在的场境力量。"资本是积累起来的劳动"这样的经济学命题,在《1844 年手稿》的劳动异化批判构式Ⅱ中,恰恰是被拒绝的,可在这里,它却代替了人本学构式中异化了的劳动。

四是在人与人的相互关系赋型上,前者是通过"家庭、部落或者甚至是土地本身"自然塑形的血亲共同体在场直接关联;而后者中,无序经济活动中的"各个人互不依赖",熵化的原子式的个人在场只是通过市场交换中介的经济关系重新关联和塑形起来。这也是在两种历史时间上出现的主体际社会关系。当然,后一种非直观的复杂社会关联是更加难以透视的。在《1844 年手稿》的劳动异化批判构式Ⅱ中,人与人的关系是劳动异化所导致的不劳动的资本家盘剥工人的异化关系。

五是在交换关系上,前者中出现的是人与自然的物质变换,即"以人的劳动换取自然的产品";而在后者中,则是人与人之间的交换,这当然就是商品交换。这也是客观存在于不同历史时间差中的两种社会关系。在《1844 年手稿》的劳动异化批判构式Ⅱ中,没有直接涉及流通领域的交换问题,因为马克思在刻意回避赫斯的"交往异化"时,已经将异化问题直接挪移到了劳动生产领域。

六是在人的劳动活动方式中,前者的劳动是一种体力与智力支出的总体性物相化活动;而后者中,则出现了体力劳动和脑力劳动的分工,智力构序的负熵质正在从工人的劳动工艺塑形中被现实抽象和分离出来,历史性地生成技术与科学。这也是两种不同的历史情况。在《1844 年手稿》中,马克思还没有涉及体脑劳动分离的问题。显然,这是《布鲁塞尔笔记》和《曼彻斯特笔记》经济学研究进一步消化的成果。

七是在社会统治方式上,前者是作为土地所有者的个人对人的统治,如直接在场的有脸的皇帝和地主对农民的直接统治,而后者中的社会统治,则转型为"物的场境"——无脸的金钱关系(资本)对人的统治。这同样是两种客观存在的社会统治关系构式。在历史认识论的层面,这是从"龙生龙,凤生凤,老鼠生儿打地洞"的血统论之上可见的有脸统治,过渡到不可直观的经济关系场境的无形统治。在《1844 年手稿》劳动异化批判构式Ⅱ中,马克思没有具体地讨论社会统治的不同历史方式问题,而只是抽象地谈论过劳动异化关系中资本家对工人的盘剥,以及金钱颠倒为"现实的上帝"。

八是在分工问题上,前者已经出现的"小工业"中尚没有出现"个人之间的分工",这应该是指早期手工业生产中还没有大规模出现劳动分工;而后者中的工业生产,则是以劳动分工为构序基础和前提的。在《1844 年手稿》的劳动异化批判构式Ⅱ中,虽然分工与私有制已经成为马克思批判资产阶级雇佣制度的重要关键词,可斯密在"怎样生产"的构境中指认的技术层面的劳动分工问题还没有得到充分的关注。

由此我们可以清楚地看到,这一切,已经与《1844 年手稿》中人本主义异化史观构式Ⅱ中的价值批判完全不同了。也恰是在这里,我们才会清楚地看到**在人本学劳动异化批判构式解构和消失处所确立起的历史唯物主义的科学方法论**。现在,**从客观的历史现实** Sein(**是**)**出发**,已经是马克思恩格斯批判资产阶级社会的唯一**逻辑起点**。有时间差向度的历史认识论,也在马克思恩格斯的具体分析中得到应用。

特别需要指认的方面,一是我们上面重点分析过的历史唯物主义的场境关系存在论,是这里全部分析的基础,在第一层级非物像透视中,物性到场的工具不过是使得劳动生产活动重新激活和在场的模板;在对象性的"土地"(不动产)和"劳动产品"(动产)背后,马克思恩格斯看到的是封建的宗法血亲关系和资产阶级的金钱 dingliche Gestalt(物的场境)关系。二是在此处的第七个对比分析中,马克思恩格斯实际上涉及了非物像透视的第二层级,即资产阶级的经济关系再一次以直接到场的对象物的形式颠倒地呈现出来,而当金钱关系渗透人的感性经验并成为全部观念世界的本质时,这已经是历史认识论并不能直接透视的经济物相化编码,它的彻底解决,只是到了《1857—1858 年经济学手稿》才开始解码和破境。三是在这两种以不同质性生产为基础的历史场境关系对比之中,我们也可以看到历史辩证法和历史认识论基础前提的转换,即农耕劳作中惯性实践有限的非物相化生产构序和社会关系赋型的封建社会先验构式,开始向工业生产(科学)物相化构序的辩证运动,以及资产阶级商品-市场关系场境赋型的经济先验构式的转换,这将导致人的全部精神生活质性和认知活动筑模方式的根本改变。这也体现了历史性的实践辩证法与认知功能度的同步对应关系。

2. 资产阶级社会的历史出场

第四种所有制当然就是已经历史出场的**现代资产阶级社会**(*moderne bürgerliche Gesellschaft*)了。能够观察到,在《德意志意识形态》第一卷第一章中,马克思恩格斯并没有直接从理论上来定义它,而是通过一种历史发生学的构序逻辑,对私有制关系的成熟形态——现代资产阶级社会历史形成的三个时期进行了初步的分析。显见,这不再是人本主义异化史观的逻辑演进,也没有了劳动异化的非科学现象学和批判认识论,在一定的意义上,这既是一部真实历史时间中资产阶级社会经济发展史的改写,也是一部近代工业生产构序发展导致经济交往关系变革的历史。同时,它还是新的历史认识论的话语构序场境。我们不难体会出,这里的话语编码,完全属于马克思在《1844年手稿》中刻意规避和"跳出"的古典经济学的样式。我推断,这是马克思此时第二次经济学研究的直接成果。在文献考古分析中,从马克思这个时期的"记事笔记"提供的书目中,我们可以看到加尼尔的《政治经济学体系史》(*Hist des systèmes d'économ. pol.*)、维伦纽夫·巴格蒙特的《政治经济学史》(Villeneuve-Bargemont, *Hist. de l'ec. politiq.*)[1]、皮布勒的《英国财政和统计史》[Pebrer (Pablo), *Histoire financière et statistique de l'empire Britannique etc*, Traduit de l'anglais par M. Jakobi. Paris et Londres, 1834, 2 vol. in 8.]、加米埃的《货币的历史》(Gamier, *Hist. de la monnaie*)等[2]。而在《布鲁塞尔笔记》第6笔记本中,我们还可能看到马克思对约瑟夫·佩奇奥的《意大利政治经济学

---

① [德]马克思:《1844—1847 年记事笔记》,参见 *Marx-Engels-Gesamtausgabe* (MEGA²), Ⅳ/3, Text, Berlin: Dietz Verlag, 1998, S. 5 - 9。中译文参见孔伟宇、付可桢译稿。

② [德]马克思:《1844—1847 年记事笔记》,参见 *Marx-Engels-Gesamtausgabe* (MEGA²), Ⅳ/3, Text, Berlin: Dietz Verlag, 1998, S. 12,24。中译文参见孔伟宇、付可桢译稿。

史》(le comte Joseph Pecchio, *Histoire de l'économie politique en Italie*)①和麦克库洛赫的《论政治经济学的起源、发展、客观对象以及重要性》(MacCulloch, *Discours sur l'économie politique*)②等书的摘录。

在《回到马克思》第一卷中我已经说明,《德意志意识形态》中取代了异化构式的"分工"是马克思恩格斯此时逻辑思路的理论中轴线,交往形式与生产力是近代欧洲社会历时性矛盾的内驱力,而理论的目标指向则是现代资产阶级社会形成和发展的三个时期,最后,由资产阶级全球扩张中的殖民统治和不平等交换关系的国际市场,建构起所谓的资本的**世界历史**(*Weltgeschichte*)。马克思恩格斯说,这个资产阶级社会的世界历史,"用一位英国经济学家的话来说,供求关系就像古代的命运之神一样,遨游于寰球之上,用看不见的手把幸福和灾难分配给人们,把一些王国创造出来,又把它们摧毁掉,使一些民族产生,又使它们衰亡"③。这是斯密在《德意志意识形态》一书中的重要出场。显然,马克思恩格斯并没有直接评论斯密的劳动价值论,而是突显了作为资产阶级社会经济主体的动态"供求关系"(经济熵增和无序的自由市场),其背后似乎有一个不可捉摸的"古典命运之神",用"看不见的手"把财富或者贫困分配给不同的人们,创造出一些财富王国和大资本家,但使之破产和消亡,甚至让一些国家强大起来,再让它衰亡下去。这是马克思恩格斯在历史唯物主义构境中第一次公开评论斯密关于资产阶级社会经济总体过程的观点,在人自己所创造的商品-市场经济构式负熵总体进程中,盲目的生产和交换导致社会层面上的经济熵增,商品生产的竞争("供求关系")自发地构序和编码出新的经济必然性,这是支配资产阶级社会发展的经济事物辩证法规律。在一定的意义上,这也是马克思和恩格斯第一次在历史唯物主义的基础上,正面评论市民社会话语Ⅱ。

在此时的马克思恩格斯眼里,历史认识论的**历史时间差**微观地聚焦于资产阶级社会本身的发展。首先,马克思恩格斯对现代资产阶级社会发展第一

---

① Marx-Engels-Gesamtausgabe(MEGA²), Ⅳ/3, Text, Berlin:Akademie Verlag,1998,S. 389 - 403.

② Marx-Engels-Gesamtausgabe(MEGA²), Ⅳ/3, Text, Berlin:Akademie Verlag,1998,S. 407 - 412.

③〔日〕广松涉编注:《文献学语境中的〈德意志意识形态〉》,彭曦译,南京大学出版社 2005 年版,第 36—38 页。

个时期的说明,是从可见的城市与乡村(Stadt und Land)的外部对立展开的。然而,他们的具体分析却是从非物像直观的内在的社会构式层面入手的,他们也将其称为"物质劳动和精神劳动的最大的一次分工"。这不是上述的体力劳动与脑力劳动的分离,而是指在社会空间存在中脱离了直接物质生产劳动的其他商业、政治和文化中心向城市的集中。这当然也会是人在世之中全新的**现代性**周围世界。第一,从客体向度上看,在人类社会历史进程中,资产阶级社会是"随着野蛮向文明的过渡、部落制度向国家的过渡、地方局限性向民族的过渡而开始的,它贯穿着文明的全部历史直至现在"①。这是一个启蒙话语中历史性的多重社会关系的脱型和转换:自然经济中的"野蛮"向工业与城市文明的过渡,部族生活中的经验——习俗传统变成政治法理国家,地方性的分散生存到高度统一的民族共同体。这都是一定的物相化生产水平之上社会关系赋型本身的客观改变。第二,从主体向度上看,事情的本质从两个方面被揭露出来:一是外部空间中可见的"城乡之间的对立是个人屈从于分工、屈从于他被迫从事的某种活动的鲜明反映"。这里的分工,并非斯密经济学语境中"怎样生产"层面上的劳动分工,而是人本学异化构式缺席后的某种替代物,即特指资产阶级社会中**作为谋生手段的奴役性分工**。这种对分工的奴役性关系场境的屈从,才导致了相互对立的"城市动物(Stadttier)"和"乡村动物(Landtier)"。二是分工背后出现的"积累的劳动"对人的统治。马克思恩格斯认为,"劳动(Arbeit)仍然是最主要的,是**凌驾于**(über)个人之上的力量;只要这种力量还存在,私有制也就必然会存在下去"②。这个凌驾于个人之上的 Arbeit,既没有被指认为异化劳动,也没有打上特设性的双引号,但它肯定是前述"积累的劳动"的畸变——资本的力量。在此,我们再一次看到了劳动异化批判构式的没影点。因为在《1844 年手稿》中,凌驾于个人之上的异化劳动是私有制的基础。马克思恩格斯在最后还指出,"城市和乡村的分离还可以看作是资本和地产的分离,看作是资本不依赖于地产而存在和发展的

---

① [日]广松涉编注:《文献学语境中的〈德意志意识形态〉》,彭曦译,南京大学出版社 2005 年版,第 92 页。
② [日]广松涉编注:《文献学语境中的〈德意志意识形态〉》,彭曦译,南京大学出版社 2005 年版,第 92 页。

开始，也就是仅仅以劳动和交换为基础的所有制的开始"①。无疑，这已经是属于经济学范畴的历史性实证描述了。并且，正是这个"以劳动和交换为基础的所有制"，之后将慢慢地经过**以资本为基础的生产**，最终走向**资本主义生产方式**。以动产的资本脱型于不动产的土地所有制，是资产阶级社会定在全新构序和社会关系场境赋型发展的开始，这也必将改变历史认识论的主要认知对象和方式。在历史认识论维度上看，"乡村动物"在田野里看到的世界图景与"城市动物"从现代劳作和科学知识中面对的认知对象是完全不同的，从主体直观经验出发的认知构式与从技术和交换出发的先验编码构架也会是完全不同的。这也会是一种历史时间在社会空间布展上的撕裂。

在关于第一个时期的论说中，马克思恩格斯试图说明，欧洲中世纪后期城市中的经济发展进程，其实是西方资产阶级社会最早的发展。第一，这种经济发展进程的起点，是行会制约下的手工业劳动者与城市中自然形成的"等级资本"。对于这个所谓的**等级资本**，马克思恩格斯当时的认识为：

> 这些城市中的资本是〈特［殊的］〉自然形成的〈特殊**身分的**〉资本（naturwüchsigen ständisches Kapital）；它是由〈独立的房屋〉住房〈和〉、手工劳动工具和自然形成的世代相袭的主顾组成的；由于交往不发达和流通〈稚［拙］〉不充分而没有实现的可能，只好父传子，子传孙。这种资本和现代（moderne）不同，它不是以货币计算——用货币计算，资本体现为哪一种事物（Sache）都是一样——，而是直接同占有者的特定的劳动（bestimmten Arbeit）直接联系在一起的〈资本〉(N)、同它完全不可分割的，因此就这一点来说，它是**等级的**资本（*ständisches* Kapital）。②

这个关于资本的说明显然是有待进一步深化的。马克思和恩格斯这时还没有真正认识到这个特殊的私有制社会中占统治地位的**资本关系的剥削本质**，资本关系在任何情况下都不会是**物**，这里的手工业生产中出现的"父传

---

① ［日］广松涉编注：《文献学语境中的〈德意志意识形态〉》，彭曦译，南京大学出版社 2005 年版，第94 页。

② ［日］广松涉编注：《文献学语境中的〈德意志意识形态〉》，彭曦译，南京大学出版社 2005 年版，第96页。中译文有改动。Marx-Engels-Gesamtausgabe（MEGA²），Ⅰ/5，Text，Berlin：Akademie Verlag，2017，S. 75.

子,子传孙"的与特定劳动相关的"等级资本",根本不是通过剥削无偿占有剩余价值的资本关系,而"现代资本"也不仅仅是通过货币计算,并体现为**事物**。这说明,虽然历史唯物主义业已创立,但当马克思不再用人本主义哲学来颠覆经济学话语时,在经济学语境中进入第二层级非物像直观剖解商品、货币和资本关系的秘密,进而达到科学社会主义的结论,还有很长的路要走。

第二,分工进一步扩大为"生产与交往的分离",其标志是商人阶层的形成。我们可以看出,此处的分工是商业逐渐独立出来的**社会分工**,而"交往"实际上是商品交换的意思。此时的马克思和恩格斯认为,正是由于"交往"由一个特殊的阶层专门操持,商业的交往得到充分的发展,从而直接促进了城市的生产与分工的发展,也促进了城市间的相互交往。

> 在生产和交往(Produktion & dem Verkehr)之间也立即〈结[合]〉发生了相互作用。城市〈从孤立状态中摆脱出来,交[往]〉**彼此**〈交往〉建立了联系(Verbindung),〈这〉〈一个[城市]的生产工具〉新的劳动工具从一个城市运往另一个城市,生产和交往间的分工随即引起了各城市间在生产上的新的分工。①

在这里,我们可以看到原先由赫斯指认的人与人的主体际交往关系,祛除了人本主义色彩之后,被进一步放大为社会物相化空间的城市与城市之间的交往(商品交换)活动,这也是更大尺度上的社会场境存在。这当然也是历史认识论中认知视域的扩大。正是在这种交往和(社会)分工的进一步发展中,"最初的地域局限性开始逐渐消失",劳动工具在城市之间的流动造成了生产中新的(劳动)分工。按照后来马克思的科学分析,并非劳动工具,资本逐利的流动和转移才是造成资产阶级社会进一步分工和交换的基础。根据马克思恩格斯这时的分析,城市之间分工的直接结果就是**工场手工业**(*Manufakturen*)的产生,这也是资产阶级生产方式滥觞之始。活跃于此的,首先是脱离了旧有的生产形式(行会束缚)的自由劳动,以及从自然形成的"等级资本"发展而来的**商人资本**。马克思恩格斯提出,商人资本是现代意义上

---

① [日]广松涉编注:《文献学语境中的〈德意志意识形态〉》,彭曦译,南京大学出版社2005年版,第98页。

的资本(Kapital im modernen Sinne)。同时,他们还发现,商业资本从"一开始就是活动的"。商业交往中的活动资本(mobilen Kapitals),也叫动产。而在《1844 年手稿》中马克思对此是持怀疑态度的。这时,原来在行会中存在于帮工和师傅之间的"宗法关系"(das patriarchalische Verhältnis)赋型,开始为工场手工业中的工人与资本家(Kapitalist)之间的"金钱关系"(Geldverhältnis)所取代。① 这是新的经济关系场境存在或者金钱关系勾连起来的普遍关联世界的发生。在认识论的维度上,一种全新的**经济物相化的社会历史先验构架**,将成为人的经验塑形和知性赋型的观念信息编码前提。从马克思思想构境谱系的长程观察中看,在后来马克思对资本主义生产方式的历史发生学研究中,他更关注自由劳动力从土地上的独立化和与生产资料的历史性分离。显然,在这时马克思恩格斯还没有进一步区分金钱关系与资本关系的差异和内在关联。这里,马克思和恩格斯无形中达及了一个重要的历史节点:在财富塑形上,从对象性的不动产到"活动着"的动产的过渡,这恰恰是现代性社会场境存在的根本质性;在经济关系上,从直接的宗法关系赋型存在向通过市场交换中介生成的金钱关系赋型存在的过渡,这是现代性社会关系定在的发生。马克思恩格斯此时还没有认识到,现代性的金钱关系的背后,实际上是让一切存在从属于自己的作为"普照的光"的资本关系。

在马克思恩格斯看来,"资产阶级本身只是逐渐地随同自己的生存条件一起发展起来"②。开始是在中世纪后期城市中反对"农村贵族"的市民联合体中,随后,

> 各个市民的生活条件,〈由于这些个人③的联系,一个阶级的共同的生存条件〉由于同现存关系相对立,并由于受这些关系所制约的劳动方

---

① 参见[日]广松涉编注《文献学语境中的〈德意志意识形态〉》,彭曦译,南京大学出版社 2005 年版,第104 页。

② [日]广松涉编注:《文献学语境中的〈德意志意识形态〉》,彭曦译,南京大学出版社 2005 年版,第118 页。

③ 梁版和新德文版判读为"每个市民"。广松涉版这里的"新德文版"是指东德马列编译局 1966 年出版的由俄国学者巴加图利亚 1965 年重新编译的《德意志意识形态》第一卷第一章手稿(Deutsche Zeitschrift für Philosophie,1966)。参见[俄]巴加图利亚主编《巴加图利亚版〈德意志意识形态·费尔巴哈〉》,张俊翔编译,张一兵审订,南京大学出版社 2011 年版。

式,同时,便成了对他们来说全都是共同的〈而且〉^(M2)〈自己〉^(M2)而且是不以每一个人为转移的条件。<u>市民只要他们从封建团体脱离开来,就创造了这些条件;只要他们受到既存〈的[团体]〉^(M2)封建主义的对立的限制,那么他们就是由这些条件所创造的</u>。随着各城市间的联系的产生,这些共同的条件发展为阶级条件。①

我们不难看出,马克思恩格斯在讨论资产阶级的历史生成时,仍然是从社会关系场境存在论出发的,生活在封建生产关系中的市民阶层,只有创造出不同于旧的社会关系的劳动方式和交往关系,才有可能生成新的社会阶级。他们指出,资产阶级是随着"一切所有[财产]转化为工业资本或者是商业资本同步进展的",与此同时,他们把"没有财产的阶级的大部分和原先有财产的阶级的一部分变为新的阶级,即无产阶级"。② 这一历史性的分析,科学地说明了资产阶级作为第三等级的政治力量——市民的历史作用,以及彻底的阶级分裂,恰恰是无产阶级的历史出现,炸碎了市民社会话语的意识形态幻象,这应该是 bürgerliche Gesellschaft **从市民社会话语构境向资产阶级社会话语构境的真正转换**。依手稿的文献考古可以发现,这里有下划线的重要文字,都是恩格斯补入的。

第三,随着美洲"新大陆"和通往东印度航路的发现,资产阶级的商品交换扩大为世界交往场境,这是一个"工场手工业和整个生产的运动(Bewegung der Produktion)有了巨大发展"的阶段。由此,人的社会场境关系存在,第一次在现代资产阶级经济发展中拓展为世界性生产物相化构序与再生产运动,客观实现了历史辩证法运动中的普遍关联,人的认知视野也第一次进入全球性的社会空间塑形中来。在《布鲁塞尔笔记》第 6 笔记本中,马克思摘录了罗西《政治经济学教程》中关于生产运动的讨论。③ 这里的 Bewegung der

---

① [日]广松涉编注:《文献学语境中的〈德意志意识形态〉》,彭曦译,南京大学出版社 2005 年版,第118 页。

② [日]广松涉编注:《文献学语境中的〈德意志意识形态〉》,彭曦译,南京大学出版社 2005 年版,第118 页。

③ 马克思从罗西的著作中摘录了这样的文字:"人对物质生产(production matérielle)有什么贡献? 归根结底,它只贡献一件事,就是运动(le mouvement)。因此,归根结底,生产是力量的应用,从而产生了一种满足人类需求的东西。"[Marx-Engels-Gesamtausgabe(MEGA²),Ⅳ/3,Text,Berlin:Akademie Verlag,1998,S. 366.]

Produktion，当然是从舒尔茨的《生产运动》一书中来的，有可能，马克思一直到这时才真正体知到此书的重要历史意义。在这里，问题的实质为，资产阶级的奴役性社会场境关系已经通过殖民主义挪移到整个世界市场的存在空间中。全球的不平等交易和掠夺，是前述**资本的世界历史**的核心构序。其中，"殖民，首先是当时市场已经可能扩大为而且日益扩大为世界市场（Weltmarkt），——所有这一切产生了〈欲望〉历史发展的一个新阶段"①。这里，人"在世之中"的感性世界，变成了资本贪欲实现在奴役他国人民的交易世界市场之中。于是，资产阶级特有的工场手工业和商业交往关系赋型，在世界市场的扩大中获得了极大的发展，资产阶级的统治开始走向国际，并且，产生了真正意义上的**大资产阶级**（*große Bourgeoisie*）。在《布鲁塞尔笔记》第 6 笔记本中，马克思摘录了罗西《政治经济学教程》中关于殖民问题的讨论。②

其次，现代资产阶级社会发展的第二个时期开始于 17 世纪中叶，并一直持续到 18 世纪末。与此同步发展的，是由殖民主义商业交往所开辟出来的"世界市场"和商业与航运的发展。在此时的马克思和恩格斯眼里，"商业和航运比那种起次要作用的工场手工业发展得更快；各殖民地开始成为巨大的消费者；〈为了进行盘剥而争夺的各国都要独霸已经开辟出来的市场。那些[国家]〉各国经过长期的斗争，彼此瓜分了已开辟出来的世界市场（Weltmarkt）"③。在《布鲁塞尔笔记》第 3 笔记本中，马克思摘录到拉博德《共同体全部利益中的协作精神》中关于航海与殖民市场的讨论。④ 此时，工场手工业仍然是脆弱的，直接依赖于商业的扩大或缩小。马克思恩格斯注意到，虽然资本的运动在加快，但世界市场还是被切割成许多部分，国家之间的壁垒、生产本身的不灵活和尚不发达的货币制度，都严重影响了资本的流通。所以，此时的手工业生产者和商人如果"同后一时期的商人和工业家比较起

---

① ［日］广松涉编注：《文献学语境中的〈德意志意识形态〉》，彭曦译，南京大学出版社 2005 年版，第 104 页。

② 参见 Marx-Engels-Gesamtausgabe（MEGA²），Ⅳ/3，Text，Berlin：Akademie Verlag，1998，S. 388。

③ ［日］广松涉编注：《文献学语境中的〈德意志意识形态〉》，彭曦译，南京大学出版社 2005 年版，第 108 页。

④ 参见 Marx-Engels-Gesamtausgabe（MEGA²），Ⅳ/3，Text，Berlin：Akademie Verlag，1998，S. 224。

来,他们仍旧是小市民(Kleinbürger)"。可无论如何,"资本"在很大程度上丧失了它原来具有的**自然的性质**。可以看出,马克思恩格斯这里的分析,完全是在经济学和历史学的实证原则之下尽可能贴近事实的客观描述。在后来的经济学研究中,马克思更加深刻地透视了早期资本主义殖民与资本**原始积累**的关系问题。

最后,现代资产阶级社会发展的第三个时期是资产阶级社会的"大工业"发展阶段。在马克思恩格斯看来,欧洲中世纪以来现代私有制的发展中,

> 产生了大工业(große Industrie)——把自然力用于〈机[器]〉工业目的,采用机器(Maschinerie)以及实行最广泛的分工。这一新阶段的其他条件——国内的自由竞争(Freiheit der Konkurrenz),理论力学的发展(〈在18世[纪]〉牛顿所完成的力学在18世纪的法国和英国都是最普及的科学)等等——在英国都已具备了。(国内的自由竞争到处都必须通过革命的手段争得——英国1640年和1688年的革命,法国1789年的革命。)①

可以感觉到,马克思恩格斯这里的分析,几乎没有了任何主体向度的价值判断,而是从社会发展的**客体向度**出发,客观地描述资产阶级社会中机器大生产发展和科学技术的应用。在《回到马克思》第一卷中,我尽可能回避了这一客观向度,当时的考虑是在随后的第二卷中专题讨论。这一**选择性遗失**的重要内容会是本书重要的"拾遗"。在马克思恩格斯眼中,与传统自然经济惯性实践中的非物相化劳作塑形和手工业生产物相化构序不同,资产阶级创造的大工业生产活动的本质,是以机器生产的客观工序和"最广泛的分工"为基础的,原先嵌套于劳动物相化中的构序和工艺赋型,已经被现实抽象和抽离为独立负熵源的非及物科学技术信息编码,然后再被重新对象化到生产活动之中,特别是科学中理论力学的应用业已成为生产的内部构序动因。由此

---

① [日]广松涉编注:《文献学语境中的〈德意志意识形态〉》,彭曦译,南京大学出版社2005年版,第112页。中译文有改动。Marx-Engels-Gesamtausgabe(MEGA²),Ⅰ/5,Text,Berlin:Akademie Verlag,2017,S.87.

创造出巨大的物质生产力和财富积累,这使得商品交换的"自由竞争"市场成为历史趋势,共同创造了资产阶级登上历史政治舞台的客观前提,资产阶级通过英国和法国社会政治革命,宣告了自己政治上的最后胜利。这里关于机器、分工和科学技术问题的认识,有可能来源于《布鲁塞尔笔记》第5笔记本中马克思对拜比吉《论机器和制造的经济性质》一书的摘录。① 关于力学在工业中的应用问题,可能会与《布鲁塞尔笔记》第2笔记本中马克思对威廉的《政治经济学基础原则》摘录相关。② 马克思恩格斯这一重要的思考,在马克思的《伦敦笔记》特别是"工艺学研究"之后,在经济学语境中越来越深刻起来。本书第十一章将专题讨论广义历史唯物主义这一客体向度视域中的主题。

当然,在此时的马克思恩格斯眼里,资产阶级社会的机器化工业生产的确创造出了新的历史发展,可这个社会仍然是一个奴役和压迫性质的现代私有制社会。不过,这一次他们不再从人的劳动本质异化中引申出那种价值否定,而是**从经济运动本身的客观趋势中**确认资产阶级社会发展和走向没落的根据。

一是从客体向度上看,现代资产阶级社会通过大工业开辟了资本的**世界历史**。马克思恩格斯分析说,也是在这个新的阶段上,资产阶级通过大工业创造了普遍关联的"现代的世界市场",这是全球范围内的由商品-市场关系赋型起来的社会经济交换场境存在,它彻底改变了所到之处的一切社会关系赋型。

> 把所有的资本都变为工业资本(industriel les Kapital),从而使流通加速(货币制度得到发展)、〈那个〉资本集中。大工业通过普遍的竞争迫使所有个人的全部精力处于高度紧张状态。它尽可能地消灭〈那在……的

---

① 参见 Marx-Engels-Gesamtausgabe(MEGA²),Ⅳ/3,Text,Berlin:Akademie Verlag,1998,S. 331。

② 在《布鲁塞尔笔记》第2笔记本中,马克思对威廉(Nassau William)的《政治经济学基础原则》(*Principes fondamentaux de l'économie politique*)一书进行了比较详细的摘录,其中,马克思摘记了威廉这样的表述:"力学上的每一项伟大发明都伴随着更大的劳动分工,劳动分工的每一次增加反过来又带来了新的机械发明。"〔Marx-Engels-Gesamtausgabe(MEGA²),Ⅳ/3,Text,Berlin:Akademie Verlag,1998,S. 171.〕

情况下)意识形态、宗教、道德等等,而当它不能做到这一点时,它就把它们变成赤裸裸的谎言。它首次开创了世界历史(Weltgeschichte),因为它使每个文明国家以及这些国家中的每一个人的需要的满足都依赖于整个世界,因为它消灭了各国以往自然形成的闭关自守的状态。它使自然科学从属于资本,并使分工丧失了自然形成的性质的最后一点假象。大工业在劳动范围内尽可能把所有自然形成的关系消灭掉,并把所有自然形成的关系变成金钱关系(Geldverhältnisse)。它建立了现代的大工业城市——他们的出现如雨后春笋——来代替自然形成的城市。凡是它渗入的地方,它就破坏手工业,破坏[属于]以往工业各阶段[一切事物]。大工业使[城]市最终战胜了乡村。它的[……]是自动化体系(automatische System)。[大工业]造成了大量的生[产]力,对于这些生产力说来,私[有制]成了它们发展的桎梏(Fessel)。①

相比于上文中马克思恩格斯指认早期资产阶级社会发展的“八个对比”的表述,可能这是马克思和恩格斯在《德意志意识形态》一书中,对现代资产阶级社会的一段最重要的客观描述了。在这一描述中,同样没有抽象人本主义的道德审判,而是基于历史唯物主义的客观现实分析。第一,在他们看来,资产阶级社会大工业创造了新型的交通工具和现代的世界市场,控制了商业,把包含商业资本在内的所有资本都变为**工业资本**,从而使流通加速和资本集中。这是一个十分专业化的实证经济学描述。之后,马克思将在《1857—1858年经济学手稿》和《1861—1863年经济学手稿》中,提出所有社会生活对资本的形式和实质从属的复杂历史进程,并将“工业资本”深化为**生产资本**②。第二,资产阶级商品交换市场中的无序自由竞争,像一种非主体的外部力量,迫使所有人都处于这种商业场境高度熵化的紧张状态,因为只要他不努力,他将被市场关系淘汰,同时,基于这种经济关系场境筑模的社会先验构架,资产阶级也以全新的意识形态消灭了所有传统的旧式伦理和观念,

① [日]广松涉编注:《文献学语境中的〈德意志意识形态〉》,彭曦译,南京大学出版社2005年版,第112页。
② 参见《马克思恩格斯全集》(第二版)第32卷,人民出版社1998年版,第115页。

而使自己的观念变成政治经济控制的谎言。我们不难体会到,这里出现的资产阶级商品交换市场中的竞争场境关系,塑形了所有人的实际经济物相化场境存在,人在这种重新熵化的关系赋型中的地位规制了他的生存状况。同时,这还是前述那个生存关系决定意识本质的关系意识论的具体化表征,因为它也极为深刻地映现了现代性金钱关系伪境存在与观念意识形态构境的内里编码关系。有所不同的是,这里的人的实践辩证法构序畸变为外部经济力量的消极的**事物辩证法("第二自然辩证法")自发整合和构序**,这种客观辩证法中的颠倒的中介形式,也会生成人们的社会认知对象新的经济物像遮蔽和认识论障碍。这当然也是《1844年手稿》中那个人本学意识异化论的没影处。第三,正是这个大工业,首次开创并实现了资本的 *Weltgeschichte*(**世界历史**),它使每个文明国家以及这些国家中的每一个人的需要的满足都依赖于整个世界,因为它彻底消灭了各国以往自然形成的闭关自守的状态;世界历史是由客观物质生产的大工业创造的,这是对秉持"德意志意识形态"那种观念的世界历史幻象的解蔽。资本的世界历史观,是马克思对黑格尔世界历史概念最重要的改造和深化。因为这里马克思的 Weltgeschichte(世界历史),已经是现代性社会场境关系存在最重要的社会空间布展方式,以后,它会以资本普遍关联的全球化布展和国际化劳动分工成为全新的资本空间生产筑模。第四,它使生产劳作中抽离出来的科学技术非及物构序和负熵质从属于资本,成为资产阶级支配生产的力量,并使分工丧失了自己的自然性质的最后一点痕迹,它把所有自然形成的血亲宗法关系变成通过交换中介的金钱的关系。这是主体际关系在资产阶级社会经济场境关系中的根本转换,刚刚从直接的封建式的人身依附关系中解放出来的人,已经再一次沉入经济物相化的金钱颠倒关系奴役之中。第五,它用工业化的大城市取代了自然形成的城市,最后战胜了乡土式的生活方式。这使得人们日常生活的存在空间发生了改变,作为社会物相化空间的城市建筑中生成的微观空间句法与乡村田园固有的循环生活彻底断裂开来。历史认识论中的时间轴,从封闭的圆圈开始变成一种不断自我消失的无限创新和时尚追逐的社会历史时间。最终,资产阶级社会大工业消灭了一切旧有的手工业和传统劳作模式,但是机器生产的自动化体系创造出"大量的生产力",却使"私有制成了它们发展的桎梏"。显然,马克思恩格斯试图在实证科学的立场上说明,资产阶级社会的现代私有制走向消亡,不是人的类本质异化的逻辑扬弃,而是社会生产力发展的客观必然。这是一个与旧式现象学和哲学认识论的价值批判根本不同的方面,它深刻地体现了历史认识论的客观认知构式。这也是科学社会主义的客观逻辑基础。

二是从主体向度上看,现代资产阶级社会的奴役关系本质是**"积累起来的劳动"对劳动的统治**。马克思恩格斯认为,资产阶级在改变社会经济生活场境的同时,也深刻地重塑了人与人的关系。

> 在大工业和竞争中,各个人的一切生存条件、制约性、片面性都融合为两种最简单的形式——私有制和劳动(Privateigenthum & Arbeit)。货币不仅使〈那个〉所有交往形式,还使交往本身成为对个人来说是偶然的东西。因此,货币就是产生下述现象的根源:迄今为止的一切交往都只是一定条件下的个人的交往,而不是作为个人的个人(Individuen als Individuen)的交往。这些条件可以归结为两点:积累起来的劳动(akkumulirte Arbeit),或者说私有制,以及现实的劳动(wirkliche Arbeit)。①

在这里我们可以明显地看到,马克思恩格斯此处的批判分析直接依存于经济学的话语,这恰是马克思在《1844年手稿》第1笔记本中试图"跳出"的话语。私有制与劳动的对立,这个私有制也就是"制约性"和"片面性"的私有财产关系,或者用经济学的话语叫"积累起来的劳动",而工人的雇佣劳动则是"现实的劳动",由于没有了劳动与它所外化成的对象性实在的自我异化状态的人本学构式,所以,这成了工人的劳动活动与物相化的"积累起来的劳动"这**两种劳动的客观对立**。显然,马克思和恩格斯在这里仍然坚持了他们的共同看法,即斯密是"国民经济学的路德",因为私有财产的本质是被积累起来的主体性的劳动。这种劳动,也没有与经济学意义上的劳动价值论内在地关联起来。从本质上看,这也正是现代资产阶级社会的本质关系,即"资本

---

① [日]广松涉编注:《文献学语境中的〈德意志意识形态〉》,彭曦译,南京大学出版社2005年版,第138页。

与劳动的分裂(Zersplitterung zwischen Kapital & Arbeit)"。不过,此处货币成了"交往"(交换)畸变成"对个人来说是偶然的东西"的原因,从恩格斯大段补入的文字看,很可能此时赫斯的观点再次占了上风。显然,马克思恩格斯此时的讨论,较多地着眼于市场的竞争和货币在交换中发生的作用,这种流通领域中的思考,也与只看**财产多少**的"资产阶级社会"的总指称相一致。将来,这些观点都还有可能进一步走向对生产领域中资本的剥削关系的更深本质透视。

三是人的**活动力量颠倒地表现为事物的力量**。在上面一段讨论里,马克思恩格斯已经指出,在资产阶级社会创造的经济生活中,人不是作为现实的个人进行直接交往,而是在金钱的中介下生成某种"偶然的"关系。同时,"单个人随着自己的活动扩大为世界历史性的活动,越来越受到对他们来说是异己的力量(fremden Macht)〈隶属〉〈于越来越形成大众规模的威力〉的支配"①。如果是在马克思的《1844年手稿》中,这一现象会被指认为劳动异化的结果,即工人所创造的财富表现为奴役自身的外部Anderessein(他性存在),这正是**我-它自反性关系的异化**。这是资产阶级社会中突现出来的**经济场境物役性现象**。如前所述,我在《马克思历史辩证法的主体向度》一书中,曾经讨论过"经济物役性"这一概念:不同于外部自然力量对人的统治的自然物役性,经济物役性也就是在特定的历史时期中,**人自己的创造物反过来对人类主体的驱使和奴役的现象**。②当然,这里物役性中的"物",与历史唯物主义构境中的"物"一样,并非直观的物性对象,而是一种看不见的关系和场境存在中发生的客观力量,只是这种无形的经济力量采取了经济物相化的方式呈现出来。其实,从马克思思想构境谱系分析的视角看,此处历史唯物主义的构境已经开始无意识地进入**狭义历史唯物主义**的构境,因为经济关系的特定物役性现象和经济物相化,并非整个社会历史的一般规律,而只是资产阶级社会特殊的历史现象,但马克思恩格斯都没有意识到这一特定

① [日]广松涉编注:《文献学语境中的〈德意志意识形态〉》,彭曦译,南京大学出版社2005年版,第42页。
② 参见拙著《马克思历史辩证法的主体向度》(第一版),河南人民出版社1995年版,第三章。

的场境转换。并且,历史认识论的原有时间性参照,也无法透视经济拜物教的特殊认知遮蔽,这一切,都将由马克思在《1857—1858 年经济学手稿》和《1861—1863 年经济学手稿》中,通过全新的历史现象学构境中的批判认识论来完成。

3. "自主活动"与资产阶级社会中的非自主性活动畸变

我注意到,在第一卷第一章主手稿的第 60—67 页上,马克思恩格斯突然启用了一个重要的概念——**自主活动**(*Selbstbethätigung*)。① 我觉得,这简直就是《1844 年手稿》中人本学劳动异化批判构式解构后在历史唯物主义话语编码中的替代品。或者说,这是人本学劳动异化批判构式逻辑祛序没影点的最重要的可见遗迹。我第一次关注这个特定的 Selbstbethätigung 概念,是在《马克思历史辩证法的主体向度》一书中。② 马克思恩格斯说,"对于交往形式的生产力的关系,就是对于个人的〈自主活动〉行动或活动(Thätigkeit od. Bethätigung)③的关系。(这种〈自主活动〉活动④的基本形式当然是物质活动

---

① 参见[日]广松涉编注《文献学语境中的〈德意志意识形态〉》,彭曦译,南京大学出版社 2005 年版,第 130—144 页。依李乾坤博士的考证,Selbstbethätigung(正字法后为 Selbstbetätigung)中的 bethätigen,含义为操作、控制,实行、实现。该词在英文版《德意志意识形态》(London:Lawrence & Wishart,1976)中译作 Self-activity。大不列颠国际百科全书日文版(ブリタニカ国际大百科事典 小项目事典)中,将 Selbstbethätigung 译作"自己实现",并将这一概念认定为"马克思的概念"。在马克思之前使用该词的,主要是费尔巴哈,他在《基督教的本质》一书中写道:"意识是自我确证(Selbstbethätigung)、自我肯定、自爱(不是动物意义上的自爱),是因为自己的完善性而感到的喜悦。"(参见[德]费尔巴哈《基督教的本质》,荣震华译,商务印书馆 1984 年版,第 9 页。)人的"每一种乐趣都是自我活动(Selbstbethätigung),每一种享乐都是力之表现,是潜能。"(参见[德]费尔巴哈《基督教的本质》,荣震华译,商务印书馆 1984 年版,第 9 页。)而舒尔茨则在《生产运动》一书中使用过相近的"自我活动"(Selbsttätigkeit)的概念。(参见 F. W. Schulz, *Die Bewegung der Production, Eine geschichtlich-statistische Abhandlung zur Grundlegung einer neuen Wissenschaft des Staates und der Gesellschaft*, Zürich und Winterthur:Literarisches Comptoir,1843,S. 91,173。)
② 参见拙著《马克思历史辩证法的主体向度》(第一版),河南人民出版社 1995 年版,第二章第三节(四)。
③ M2 版认为,马克思在删除恩格斯写的"Selbstbetätigung"的基础上,先写下了"Betätigung",然后在其前面插入了"Tätigkeit oder"。
④ 各版中都没有对此处的记载。不过,从 M2 版可以推测,是马克思将"自主活动"修改为"活动"。另外,M2 版指出马克思在此处的右侧画有竖线。

[Die Grundform dieser Bethätigung ist natürlich die materielle]，其他的精神的、政治的、宗教的等等活动都依属于它"①。从原始手稿的文献考古情况看，马克思恩格斯对这一 Selbstbethätigung 概念的使用是小心翼翼的，因为他们删除了最初使用的两处"自主活动"概念。我觉得，这一概念应该是来自马克思的独特思想赋型，是他对费尔巴哈和舒尔茨不同观念的重塑，也是马克思试图在历史唯物主义的基础上，重新找到取代 1844 年劳动异化构式**批判话语替代方案**的努力。甚至，Selbstbethätigung（自主活动）是历史唯物主义构境中，马克思恩格斯对那个人本主义异化史观的我-它自反性关系主体格位中**本真性的自由自主的劳动**的异质性扬弃尝试。

其一，自主活动的爱多斯（eidos）**物相化**本质。从马克思恩格斯此处的话语构序场境中呈现出来的特定逻辑赋型来看，这个 Selbstbethätigung（自主活动）显然是有明确针对性的，它不同于一般物质生产力所表征的客观力量，而是将客观生产力的本质特别定位为人的**有目的的**自主活动。这种作为生产力本质的自主活动，当然不仅是劳动活动，而是客观的生产辩证法构序中的主导方面，即**从物质生产活动中**界划出来的，特指人有目的（telos）地改造外部自然存在与社会现实中那种**属于他自己的有意向（*eidos*）的主动塑形和构序行为**，这正是我所指认的给予被改造对象内外相存在方式的物相化活动，这应该是事物与人获得历史在场性的客观编码根据。并且，这种对象化的"物质活动"本身，也会是人的自我肯定（主体物相化）和社会历史负熵（社会物相化）的实现，也就是上述那个社会物质**生产力构序中**的主体性"实际的力量"。从生产力中挖掘出自主活动，**从客观物像中看到有目的的物相化**，显然是马克思的思想构境谱系逻辑。之前，在《1844 年手稿》中，他依循恩格斯提点的"经济学的路德"——斯密，从客观私有财产背后发现了主体性的劳动辩证法本质。之后，他又在中晚期经济学研究中从客观的物质生产过程中区分出主体性的劳动过程，以确立劳动价值理论塑形的基础。当然，历史地看，这种实现人的主体性爱多斯之相的自主性的物相化活动，并非农耕生产劳作的本

---

① ［日］广松涉编注：《文献学语境中的〈德意志意识形态〉》，彭曦译，南京大学出版社 2005 年版，第 130 页。中译文有改动。

质,因为种植业和畜牧业劳作的作用机制只是自然物质进程和生命负熵的辅助性改变,人的爱多斯并不构成物质生产的主体性本体,只是在农业生产之外的工具和生活用具的手工艺创制(poiesis)中,物相化的自主活动才得以发生,并构成之后手工业生产的历史基础。这样看来,自主性的物相化活动**只是工业生产的本质**,因为不同于基于自然构序的农业生产,工业生产活动从一开始就是以人改变外部自然物相存在外部形式和内部有序性的效用性爱多斯为前提的,也由此,人的目的才通过彻底改变自然物质存在的塑形(外相)和构序(内相)真正实现出来,在此基础上,一个物相化关系场境赋型和编码的用在性周围生活世界才得以创制出来,人与事物在这一特定的关系场境中获得历史性的在场。在机器化大生产阶段,自主活动通过抽离劳作物相化的直接及物性塑形和构序技能,现实抽象为技术和科学的非及物纯粹构序创制(信息编码),再反向对象化和入序于物质生产之中,最终完成科技物相化自主活动。实际上,这也是我在本书中提炼出马克思的物相化概念的重要逻辑构序支撑点之一。

其二,作为**历史唯物主义范畴**出场的自主活动。在这里,马克思恩格斯是用物质生产中客观发生的**自主性**构序,取代了作为非历史的价值悬设的 sollen(**应该**)存在的**本真性**(类本质)的劳动。与1844年的劳动异化批判构式更多地着眼于资产阶级雇佣制度中的特定奴役关系不同,自主活动概念作为生产力中个人的创造性构序活动出现时,显然是作为**广义历史唯物主义中的普适性范畴**出场的。这是当主体性的劳动辩证法转换为历史辩证法客体向度中物质生产的辩证法之后,对生产辩证法构序**主体本质**的刻意确定。对此,马克思恩格斯还特别强调说,对于这种自主性的创造性构序活动之上的社会历史负熵,人的全部"精神的、政治的、宗教的等等活动都依属于它"。我觉得,这是马克思恩格斯在广义历史唯物主义构境的客体向度中对生产力构序本质的更深一层思考,当然,这也会是历史辩证法和历史认识论的重要原则,因为这个创造性的自主活动会在不同的历史时期成为感性经验甚至全部精神负熵所"依属"的现实编码基础。遗憾的是,这个重要的 Selbstbethätigung 概念,并没有在之后马克思恩格斯的哲学话语中得到进一步的展开讨论。马克思后来只是在经济学语境中使用过一次。① 但我觉得，这一重要的理论构序意向，在马克思后来关于生产劳动塑形和构序商品使用价值的工艺学和技术非及物构序（信息编码）的经济学研究中得到了深化。这也是我在本书下面的讨论中持续追踪的方面。

在马克思恩格斯看来，相对于个人来说，这种有意图的自主活动的创造性构序行为总是有着先在的前提条件。

> 这些一定的个人，即生存于一定的〈条件〉关系中的个人，能够生产他们的自己的物质生活以及与其有关的东西。因此，那是他们的自主活动（Selbstbethätigung）的条件，而且是由这种自主活动产生出来的东西②。因此，个人在一定的条件下进行生产的时候，其条件在矛盾（Widerspruch）尚未产生的时候，同他们的现实的局限状态、他们的片面存在是相适应的，这种存在的片面性只是在矛盾（Widerspruchs）产生时才表现出来，因而只是对于后代才存在。在那样的时候，这些条件作为偶然的桎梏（zufällige Fessel）而出现，而且把这种视上述条件为桎梏的意识（das Bewußtsein, daß sie eine Fessel sei）也强加给先前的时代。③

这里，我们可以看到作为辩证法核心塑形话语的 Widerspruch（矛盾）概念的出场，生产力与交往关系的实际矛盾，更细微地聚焦于生产力中的自主活动与自身实现出来的客观条件的矛盾。从这一段表述中我们不难辨识出：一是马克思恩格斯将前述第一层级非物像透视中的生产力与交往关系的辩证矛盾，又精准地聚焦于生产力中**主动构序的**自主活动，这里出场的

---

① 马克思在《政治经济学批判》第一分册中写道："因此，不是存在于使用价值的抽象中的，而是存在于使用价值的消费中（不是存在于同使用价值的始终紧张的对立中）的使用价值的实际否定，即同时也是使用价值作为使用价值而实现的这种使用价值的现实否定，必定成为交换价值的自我肯定、自我证实（Selbstbethätigung）的行为。"[《马克思恩格斯全集》（第二版）第 31 卷，人民出版社 1998 年版，第 396 页。Marx-Engels-Gesamtausgabe（MEGA²），Ⅱ/2，Text，Berlin：Dietz Verlag，1980，S. 89.]

② 此处有马克思的边注。梁版认为是"交往本身的生产"，阿版、新德文版、M2 版认为是"交往形式本身的生产"。

③ ［日］广松涉编注：《文献学语境中的〈德意志意识形态〉》，彭曦译，南京大学出版社 2005 年版，第 130—132 页。

Selbstbethätigung(自主活动),恰处于上述历史唯物主义阐释中**生产力概念的核心位置**。由此,我们可以体会这个特殊的自主活动概念在历史唯物主义构境中的原初塑形意向。显然,这种自主活动不是《1844 年手稿》中那个先验的应该具有的劳动类本质(或主体状态),而是社会历史中人改变外部对象的现实物相化实践活动,物质生产力只是这种物相化活动的历史性功能水平。我觉得,马克思恩格斯这里的讨论,在思想构境谱系上,就可以看作 1844 年人本学劳动异化批判构式逻辑起点最直接的逻辑祛序没影点和直接替代。在《1844 年手稿》中马克思使用过 Selbstbethätigung 一词,在第 3 笔记本的"货币"残篇中他写道:"只有通过发达的工业,也就是以私有财产为中介,人的激情的本体论本质(das ontologische Wesen der menschlichen Leidenschaft)才既在其总体性(Totalität)上、又在其人性中存在;因此,关于人的科学本身是人在实践上的自主活动(praktischen Selbstbethätigung)的产物。"①这显然是一种人本学话语与客观现实逻辑双重编码的交织物,"发达的工业"是有一定时间质性的工业生产的表征,而"人的激情的本体论"则是人学构式的赋型,那里的 Selbstbethätigung 会是强调人在对象化实践活动中的**自主性**。而在这里,马克思恩格斯对自主活动的讨论,则已经彻底摆脱了人本学的 sollen(**应该**)与 Sein(**是**)对置的非历史逻辑设定,自主活动不再是非科学现象学和批判认识论透视中那个我-它自反性异化关系主体格位中的本真存在,而只是一定社会历史条件下发生的物质生产物相化活动中的**主动**构序。

二是人的自主性创制活动总是在一定的历史性条件下得以发生的,这个条件当然不仅仅是物性到场的对象实在(工具、机器和厂房等),而且是人对自然、人对人的社会历史关系场境赋型,或者说是生产辩证法构序中与生产力相互依存的交往关系。历史性的关系场境赋型与更大尺度的社会关系构式,本身就是物相化创制过程的重要构成因素。这些看起来并不直接在场的关系场境,往往通过工具和其他社会物相化负载物重新激活编码和重构场境。在这里我们应该看到,布尔迪厄的社会关系场理论并非深入到马克思恩

---

① 《马克思恩格斯全集》(第二版)第 3 卷,人民出版社 2002 年版,第 359 页。中译文有改动。Marx-Engels-Gesamtausgabe(MEGA²), I/2, Text, Berlin: Dietz Verlag, 1982, S.434.

格斯这里所突显的社会定在的自主性生产活动和关系场境领域,而更多地停留在人们社会生活的主体际关系惯习和力量关系冲突场中。在这一点上,海德格尔和广松涉的关涉—关系场境思想构境则更深一些。马克思恩格斯认为,这种关系性场境存在既是自主活动的物相化产物,也同时生成着物相化创制**怎样活动**的筑模方式。当人的自主活动构序新的负熵质性时,旧的活动关系则会成为自主活动发生和发展的"桎梏",同时,作为滞后的我对我的环境关系的意识,也必然将旧的关系性意识形态幻象强加给现实。这是对自主活动的一种历史性的关系场境限定。在这一点上,它恰恰是异质于《1844年手稿》中的人本学劳动异化批判构式的,有**历史时间质性**的自主活动及其场境关系限定,显然不同于无时间性的抽象劳动类本质。由此,

> 这些起初是自主活动的条件,后来却变成①它的桎梏的各种各样的条件,在整个历史发展过程中构成交往形式的有关联(Zusammenhang)的一个序列(Stelle)。取代成为桎梏的以往交往形式,立足于更发达的②生产力〈相适应〉[M2],因而也与更进步的个人自主活动特性(Art der Selbstbethätigung)相适应的新的交往方式,它又会成为桎梏,因而又被别的交往形式所替代——交往形式就是这样成立的。③

这是区别于一般 Verhältnis(关系)概念,表征多重复杂关系整合的 Zusammenhang(关联)概念的在场。依概念考古词频统计,马克思恩格斯在《德意志意识形态》一书中,共计 83 次使用 Zusammenhang(关联)概念。可以看到,这个特殊的 Selbstbethätigung(自主活动)概念与历史唯物主义的物质生产力概念同时出场了。但更能看出,马克思恩格斯这里虽然是聚焦广义历史唯物主义中原先的生产力与交往关系(生产关系)的矛盾运动,可他们更深地探讨了生产力质性和功能的决定性因素——自主性的物相化活动,在这里他们使用了 Art 这样一个特殊的非物像透视中的场境存在词。正是这种作为生产力的核心的

---

① 除了梁版,其他版本都判读为过去式"变成了"。
② M2 版认为"更发达的"是后来增补的。
③ [日]广松涉编注:《文献学语境中的〈德意志意识形态〉》,彭曦译,南京大学出版社 2005 年版,第 132 页。中译文有改动。

自主性物相化构序的负熵质性,决定了交往方式的质性,并推动这种怎样活动(Art)的生产方式筑模的历史性改变。在这里,原先在《1844 年手稿》中那个 *sollen*(**应该**)存在的本真性类本质劳动—异化劳动—扬弃异化的主体性劳动辩证法,被物质生产物相化的有目的的爱多斯实现出来的自主活动的历史辩证法运动,以及自身存在的关系性场境条件的动态矛盾替代,历史性生成的自主活动条件转换为阻碍性的"桎梏",现实地说明了不同的 Gewesenseins(曾有)的"交往形式"本身的历史性。随着自主活动创制社会历史负熵质的改变,作为关系场境条件支撑的社会物相化空间和工具模板也相应会得到改变。

其三,马克思恩格斯历史性地分析了"自主活动"在欧洲社会历史从奴隶制到封建制发展进程中的**历史性变化**。显见,这也是与《1844 年手稿》中(sollen)应该存在的本真的类本质劳动—异化劳动—扬弃异化复归自身的逻辑演绎完全不同的历史现实发展线索。他们发现:

> 在以前各个时期,自主活动和物质生活的生产是分开的,这是因为它们是由不同的人承担的,同时,物质生活的生产由于各个人本身的局限性还被认为是自主活动的一种从属①形式。②

我觉得,这是马克思恩格斯关于人的自主活动讨论中最有趣的段落。因为他们突然发现,上述他们讨论的一般历史唯物主义构境里,在物质生产力质性中起关键性作用的人的物相化自主活动,回落到具体社会历史发展Gewesenseins(曾有)的奴隶制和封建制生产方式中时,竟然从有特定含义的"物质生活"的生产中分离出来,对生产力有重要支配性作用的物相化"自主活动和物质生活的生产是分开的"。这也意味着,**生产辩证法本身在现实历史发展中是分裂的**,这是基于历史时间质性的一个重要发现,因为,有目的的爱多斯之相和对象性的物相化过程直接分裂成不同人的命运,奴隶主和地主是拥有创造性自主活动和主体物相化的主人,而奴隶和农民则实质上成为主人们自主活动对象化的物质生产物相化过程中的"会说话的工具"。这种有

---

① M2 版认为"从属"是后来增补的。
② [日]广松涉编注:《文献学语境中的〈德意志意识形态〉》,彭曦译,南京大学出版社 2005 年版,第142 页。

历史时间维度的历史辩证法分析,显然是不可能出现在《1844年手稿》的人本学异化史观中的,因为,此处自主活动从生产活动中的分裂,并非sollen(应该)与Sein(是)的现象学悖反,不是我-它自反性的异化关系,而就是不同客观历史Gewesenseins(曾有)中出现的自主活动本身的分裂,这恐怕也是一个我们过去不太关注的十分绕人的历史辩证法批判构境。我觉得,此处马克思恩格斯观点的支援背景是黑格尔《精神现象学》中那个著名的**主奴辩证法**。我推测,这会是马克思的主要思想构境。在黑格尔该书的第四章第一节中,主人作为"自为存在"的独立的意识与为了主人而存在的**统治**关系场境中的"依赖意识"——奴隶一同出场。黑格尔指认说,只是在这种主人权力的统治关系赋型场境中,"奴隶才成为奴隶"。① 对这一观念赋型,马克思在后来的《雇佣劳动与资本》一文中有过直接的逻辑异轨。因为主人控制着奴隶的生命,奴隶依存于主人,这是基本的奴役关系;然而,在面对世界时,主人只有以奴隶的现实劳动为媒介,才能实现对物的欲求,这样,主人则倒过来依赖于奴隶的劳动与承认。另一方面,奴隶在形塑物的过程中取得了自立性,通过劳动到达了主人所无法到达的自身意识的境界;主人以物为欲望对象,然而他却在自己与物之间以奴隶为中介,因为奴隶的"劳动**陶冶事物**",才使主人得以"享受物";可是劳动对于**没有人身主体自由**的奴隶来说,却是以不是自为存在的**否定的方式**发生的。这里的辩证法在于,"在主人面前,奴隶感觉到自为存在只是**外在的东西或者与自己不相干的东西**;在恐惧中他感觉到自为存在只是潜在的;在陶冶事物的劳动中则自为存在成为他**自己固有的**了,他并且开始意识到他本身是自在自为地存在着的"。② 显然,马克思恩格斯在这里关于自主活动的历史分析中,只是选取了黑格尔"主奴辩证法"的前半截,即奴隶主和地主(主人)拥有自主活动(自为存在的独立意识),而奴隶和农民则在这种统治性的奴役关系中成为劳动者(非自为的依赖意识);奴隶主和地主的自主活动(以物性的欲望对象为目的)是由劳动者通过物质生活的生产劳动物相化来实现的;劳动不是奴隶的欲望爱多斯有目的的实现,而是他人目

① 参见[德]黑格尔《精神现象学》上卷,贺麟、王玖兴译,商务印书馆1979年版,第128页。
② 参见[德]黑格尔《精神现象学》上卷,贺麟、王玖兴译,商务印书馆1979年版,第131页。

的和爱多斯之相的实现,奴隶的到场是不到场奴隶主在场性的实现,所以在奴隶的劳动中则表现为**自主活动的否定形式**,沦落为工具性的手段。这意指着,客观的生产辩证法构序中的自主活动本身也分裂为两个部分:一是主人的支配性的欲望爱多斯自主活动关系,二是否定性地出现在劳动者那里的**非自主性**劳动物相化。由此,海德格尔的那个"此在在世之中"的世界会分裂为两种完全不同的周围世界(Umwelt)。在黑格尔的唯心主义思辨逻各斯中,这二者都是理念(eidos)编码的物相化和异化,可是,如果在马克思恩格斯这里的历史唯物主义的现实历史场境中,则会直接呈现**非历史的劳动异化批判构式**的非法性。因为如果奴隶的劳动本身不具有自主性,这会指证人本学异化逻辑中本真性 *sollen*(**应该**)的不在场,奴隶的劳动只是奴隶主和地主爱多斯的间接实现功能,那么也就不可能存在颠倒性和我-它自反性的异化关系。由此,这一历史性的自主活动历史构境,显然也是在人本学劳动异化批判构式的现象学语境**之外**的。这是需要我们认真体知的深层思想构境。如果再从历史认识论的构境看,我们将遇到的新问题会有:塑形感性经验的知性赋型的认知主体,将会分裂为主人视角的自主活动认知与奴隶视角的非自主活动认知,可依黑格尔的主奴辩证法,这二重视角恰恰会颠倒性地逆转,而身处劳动塑形和构序场境中的奴隶,恰好是直接改变外部对象的实践功能度的把控者。可遗憾的是,马克思恩格斯关于自主活动的这一深刻的史前历史分析,却没有在后来的思想发展中得到进一步深化,更没有后人的基于认识论构境的进一步关注和追问。

其四,现代资产阶级社会中**颠倒为经济物役性力量的自主活动**。当然,马克思恩格斯在这里讨论自主活动,最终还是为了说明在现代资产阶级社会中出现的新型奴役关系。马克思后来在《马克思致安年柯夫》中,将资产阶级社会指认为"间接奴隶制"(l'esclavage indirect)①。可以说,这也是我在这里重新解析"自主活动"这一问题的主要原因。显然,这是离《1844 年手稿》中那个对资产阶级社会进行人本学劳动异化批判最近的历史与境。在马克思

①《马克思恩格斯全集》第 27 卷,人民出版社 1972 年版,第 484 页。

恩格斯看来,"在大工业和竞争中,各个人的一切生存条件、<u>制约性、片面性</u>①
都融合为两种最简单的形式——私有制和劳动(Privateigenthum &
Arbeit)"②。这里,资产阶级社会中私有制的本质是:在资本家手中表现为自
主活动的资本——"积累起来的劳动"(akkumulirte Arbeit),而劳动是工人非
自主性的"现实的劳动"(wirkliche Arbeit)。这当然也是一种新的分裂。这里
的讨论域,显然是与《1844年手稿》中那个"国民经济学的路德"——斯密的
私有财产的主体本质论相似的思考点,但马克思恩格斯没有使用劳动异化批
判构式,而是客观地指证了时间与空间中呈现的两种客观发生的劳动。

　　马克思恩格斯指出,表面看起来,资产阶级社会中的人业已从封建土地
上的专制等级关系构式中脱型出来,获得自由的人成为自主活动的支配主
体,人的劳动和社会生活似乎也成了摆脱直接压迫、实现自己目的和爱多斯
的物相化过程。这是我们周围的世界,从人对土地和血亲关系的依附性世
界,向人所创制的工业和经济世界的转换。然而,一是,马克思和恩格斯发
现,在现代资产阶级社会的实际经济过程中,仍然存在着一种新型的主奴关
系:新的主人(资本家)手中拥有的"积累起来的劳动",仍然以统治性的金钱
关系占有着作为爱多斯(eidos)之相的主体物相化"自主活动"的位置,而工人
创造资本家所追逐的物质财富的现实劳动物相化,则在物质生产过程的奇怪
分裂中成为自主活动的否定。这是上述那个自主活动"主奴辩证法"历史分
析在资产阶级社会中的具体表现,只是主人与奴隶的关系直接转换为资本家
与工人的关系。这又是两种完全不同的"在世之中"。在《1844年手稿》中,
这恰好为劳动异化关系。如果再将上述历史认识论问题带入资产阶级社会
进入的大机器生产时代,则会进一步分裂为处于自主活动状态中的资本家、
被机器夷平了知觉的非自主性的工人,以及非及物的自主性的科学技术构序
和信息编码者,原先工人劳动直接生成的实践功能度,现在变成了物性机器
的可设定工序编码运作,工人劳动中"怎样劳作"的技艺被技术与科学抽离于

---

① 依据阿版,将"制约性、片面性"视为后来的增补。M2版将之作为边注处理。
② [日]广松涉编注:《文献学语境中的〈德意志意识形态〉》,彭曦译,南京大学出版社2005年版,第
　138页。

生产过程,认知主体性本身被肢解和分裂,这是历史辩证法和历史认识论中愈益复杂的新的多重认知视角。二是,马克思恩格斯看到,不同于前述奴隶主和地主直接实现的自主活动中的爱多斯,在资产阶级的商品-市场经济活动中,资本控制的大工业生产所创制的物相化劳动塑形和构序之上生成的经济关系场境,却呈现为盲目和无相的自由竞争,整个社会生产和商品交换都陷入返熵的无序自在状态,人创制金钱世界的自主活动力量,verkehrte(颠倒)为不以人的意志为转移的外部事物辩证法(似自然性的"第二自然辩证法"=资产阶级的"自然法")运动的力量。这是分裂了的自主活动本身的自我否定。在这一观点的基础上,马克思恩格斯进一步深入分析了现代资产阶级社会特有的经济物役性现象。

第一,作为物相化自主活动的生产力构序,在资产阶级社会中 verkehrte(颠倒地)呈现为一种**外在于人的事物性力量**。马克思恩格斯分析说,资产阶级社会中的

> 生产力(Produktivkräfte)表现为一种完全不依赖于各个人并与他们分离的东西,表现为与各个人同时存在的特殊世界。其原因是,个人——他们的力量就是生产力——是分散的和彼此对立的,而这些力量从自己方面来说只有在这些个人的交往和关联(Verkehr & Zusammenhang)中才能成为现实的力量(wirkliche Kräfte)。因此,一方面是[存在]生产力的总体性(Totalität von Produktivkräften),这好像具有一种事物性的场境(sachliche Gestalt),并且对个人本身来说它们已经不再是个人的力量,而是私有制的力量,因此个人只有在成为私有者的情况下才[作为]个人的力量[存在]。①

对的,读者没有看错,马克思恩格斯是在指证资产阶级社会物质生产中的生产力畸变为一种人之外的力量。在这里,我们也看到了 Totalität(总体性)概念在历史唯物主义构境中的出场。显然,这是在历史唯物主义社会场境关系存

---

① [日]广松涉编注:《文献学语境中的〈德意志意识形态〉》,彭曦译,南京大学出版社2005年版,第140页。中译文有改动。Marx-Engels-Gesamtausgabe(MEGA²),I/5,Text,Berlin:Akademie Verlag,2017,S.110.

在论上发生的复杂批判构境。我们可以清楚地看到,在资产阶级经济学家看到货币、土地和厂房这些在场物性对象的物性世界的地方,马克思恩格斯聚焦的却是决定了社会定在和社会本质的生产活动中的构序力量——物相化的物质生产力,它接近于前述 Selbstbethätigung(自主活动)的能动构序情境。可是,在资产阶级社会特定商品-市场社会经济关系场境存在中,这种有目的的爱多斯(eidos)物相化活动,在社会整体层面上却不再是现实的个人的自主性活动,总体性的生产力成了"完全不依赖于各个人并与他们分离的东西"。客观的生产辩证法构序中的生产力,不再表现为个人的自主性创制力量,而成了"只有在这些个人的交往和关联中才能成为现实的力量",成为 Totalität von Produktivkräften(总体性的生产力)。这里所指认的在"人的交往和关联中"生成的总体性的生产力,主要是指商品-市场交换关系中的外部力量,而不是后来马克思发现的生产过程中协作和分工条件下工人之间共同活动生成的社会生产力。这是一种自发生成的**无序总体性**。后来马克思这样概括说,"资产阶级社会的症结正是在于,对生产自始就不存在有意识的社会调节。合理的东西和自然必需的东西都只是作为盲目起作用的平均数而实现"①。多年之后,恩格斯将其形容为第二自然中出现的**盲目平均数**的"合力"。总体生产力不再是人的历史在场性,而成为经济力量的伪在场,人的生产物相化世界变成了"看不见的手"支配的经济物相化中乱码和再自发整合编码的外部世界。这亦表明,生产力这种物相化的人的关系性的自主性场境力量,在资产阶级社会的商品-市场经济活动中却不是通过个人之间自觉的"共同活动"的关系场境实现出来,而只是基于分散性的个人私利的盲目商品生产,即通过**非自主性**的熵增式 sachliche Gestalt(事物性的场境——事物与事物的交易关系场境)实现出来,它不再是真实的现实的个人共同活动建构起来的自主性场境存在力量,而成为现代私有制条件下商品交换(交往)中介了的**自发性的经济物相化**力量。这里实际上发生了一个更深层面的批判赋型:这已经涉及**非物像批判的第二层级**,即经济物相化中的经济关系颠倒(Verkehrung)问题,在此,马克思恩格斯并没有真正解决这一问题。这一点与马克思后来在经济学语境中提出的经济物相化中的交换关

---

① 《马克思恩格斯全集》第 32 卷,人民出版社 1974 年版,第 542 页。

系事物化颠倒是完全不同的。从思想构境谱系上看,马克思是在后来的《1857—1858年经济学手稿》中的历史现象学构境里才开始通过事物化批判破境的。而在《1861—1863年经济学手稿》中,马克思则再一次通过劳动异化批判构式Ⅲ的社会生产力异化的思想对其进行了科学的透视。

第二,自主活动在资产阶级社会中 verkehrte(颠倒地)表现为**非自主性的手段性活动**。马克思恩格斯说,在资产阶级社会中,人的劳动不再是一般物相化的自主活动,而畸变为个人之外的私有制的经济物相化的自发性力量。因为这种力量不再是人的主体性爱多斯(eidos)实现出来的过程,它的唯一目的(telos)就是资本家追逐个人物质利益的 materiellen Lebens(物质生活)。这里的"物质生活"显然是一个贬义词,并非历史唯物主义原则中那个物质生活资料的生产物相化与再生产过程,而是追逐个人财富的经济活动。当这种物欲横流的经济物相化活动(用青年马克思原来使用过的话语来表述,就是"下流的唯物主义")成为目的的时候,人的爱多斯(eidos)实现出来的劳动物相化活动本身则成为手段。在1844年的"穆勒笔记"中,这种手段性的劳动被指认为**谋生劳动**(*Erwerbsarbeit*)。马克思恩格斯分析说,在资产阶级社会中,

> 现在〈自主活动〉[M2] 物质生活(materiellen Lebens)表现为目的(Zweck),这一物质生活的生产即劳动(die Arbeit)(它现在是自主活动的惟一可能的形式,然而正如我们所看见的[1]那样,是自主活动的否定[2]形式[negative Form der Selbstbethätigung])则表现为手段(Mittel),自主活动和物质生活的生产竟互相分离到这般地步。[3]

关于目的与手段的辩证法构境,当然可以直接链接于斯密-黑格尔的市民社会话语Ⅱ中的需要-交换体系构式,用斯密"经济人"的话语来说,就是在追逐个人私利中使社会普遍受益。在商品生产和交换的过程中,我在追逐自己的物质目的的时候,他人成为实现这种目的的手段,而我也会成为他人实现

---

① M2版将此判读为过去形,即"所看见过的"。
② M2版认为"否定"是后来增补的。
③ [日]广松涉编注:《文献学语境中的〈德意志意识形态〉》,彭曦译,南京大学出版社2005年版,第142页。

其目的的手段。可是,马克思恩格斯这里的讨论,却超出了市民社会话语Ⅱ的商品交换关系,似乎更接近黑格尔在《精神现象学》的"主奴辩证法"中指认的劳动以自在存在的否定形式在场的观点。资产阶级社会所出现的分裂中,**以财富和利益为核心**的物质生活成为目的,而自主活动的否定形式——**非自主性的被迫**劳动则成为手段。特别是对于工人来说,"个人同生产力并同自身的存在还保持着的惟一联系,即劳动在他们那里已经失去了任何自主活动的假象(Schein der Selbstbethätigung),而且只能用摧残生命的方式来维持他们的生命"①。在《1844 年手稿》中,这正是马克思所批判性指证的劳动本身的异化。在资产阶级社会中,劳动虽然不像在奴隶制关系中直接属于主人,可自由工人手中的物相化劳动活动业已完全丧失了自主活动的主动性,因为它只有受雇于资本家才能成为"现实的力量",由此,自由劳动物相化的 Schein der Selbstbethätigung(自主活动的假象)在资产阶级的雇佣关系中彻底脱落了。当然,雇佣劳动的非自主性不像在奴隶制关系中的直接强迫,而是饥饿皮鞭下的间接被迫,这构成资产阶级"间接奴隶制"的隐性本质。

第三,**资本的"自主活动"与非人的经济物役性力量**。依我的看法,这也是在《德意志意识形态》一书中马克思过去那个人本主义异化史观的重要逻辑没影点之一。在资产阶级社会中,劳动物相化中的自主活动彻底消逝,真正在社会生活中占据主导地位的外部力量,只是资本爱多斯(eidos)改变金钱世界无限增殖的"自主活动"。依此时马克思恩格斯的观点,在资产阶级社会中,"人本身的活动对人来说就成为一种异己的、同他对立的力量(fremden, gegenüberstehenden Macht),这种力量〈驾驭〉压迫着人,而不是人驾驭着这种力量"②。说穿了,资产阶级社会的商品-市场经济是人的活动在场的结果,可在市场关系场境中实际出现的情况却是,不是人支配自己劳动物相化(自主活动)构序基础上的经济力量,而是作为客观的异己力量的商品-市场经济构式中自发性活动的**伪在场**支配和统治人。人的活动生成的历史辩证法,畸变为离开人而运转的消极的经济**事物的辩证法**,这

---

① [日]广松涉编注:《文献学语境中的〈德意志意识形态〉》,彭曦译,南京大学出版社 2005 年版,第 140—141 页。
② [日]广松涉编注:《文献学语境中的〈德意志意识形态〉》,彭曦译,南京大学出版社 2005 年版,第 34 页。

就是人所创制的经济事物对人的奴役(强制编码)的所谓的**经济物役性**现象。①此时,马克思没有意识到,在历史唯物主义的进一步深入考察中,这种经济物像中的事物辩证法("第二自然辩证法")仍然是劳动辩证法的现实颠倒。这是他在后来的《1857—1858年经济学手稿》中,通过重新赋型起来的历史现象学和科学的批判认识论发现的。资产阶级所创造出来的商品交换关系,作为"我们本身的产物聚合为一种统治〈我〉我们、不受〈我的〉我们控制、使〈我的〉我们的愿望不能实现并使〈我的〉我们的打算落空的〈威力〉事物性的力量(sachlichen Gewalt)"②。这里,恩格斯补入的sachlichen Gewalt一语是十分重要的,它表征区别于自然存在物(Ding)的商品、货币和资本一类**关系性的经济事物**(Sache)塑形起来的金钱世界。由此,人的"在世之中"成了在金钱关系勾连起来和编码下的经济事物主导的伪功能链世界之中。当然,经济物役性批判在这里也被深化了:在这种经济物役性中居统治地位的sachlichen Gewalt(事物性的力量)不是**对象性的物**对人的统治,而是人的关系所verkehrte(颠倒)而成的**事物的关系赋型伪境**对人的统治,实际上,这也就是经济物相化中资本的伪在场力量。在此时的马克思恩格斯看来,当劳动成为自主活动的否定形式到场的时候,人所创造出来的事物关系(商品、货币和资本)就成为漫画式的支配性"自主活动"力量,成为不以**我们**的意志为转移的统治性的抽象力量。从文献考古细节上能看到,恩格斯在此段文字的修改中,将原文中的"我"统统更正为"我们",这意味着,资产阶级经济关系中的资本力量不仅仅是不以个人意志为转移的客观力量,也是对所有人的支配和统治。在后面第三章中,马克思恩格斯说,"在现代,事物的关系(sachlichen Verhältnisse)对个

---

① 我在《马克思历史辩证法的主体向度》一书中提出并讨论了马克思思想中的物役性观点。在那里,我区分了自然物役性和经济物役性。自然物役性是指人类社会早期自然经济中出现的人为外部自然力量统治的物役性现象;而经济物役性则是特指经济的社会赋型中历史性出现的人为自己创造出来的经济力量所支配和统治的物役性现象。参见拙著《马克思历史辩证法的主体向度》(第一版),河南人民出版社1995年版,第三章。

② [日]广松涉编注:《文献学语境中的〈德意志意识形态〉》,彭曦译,南京大学出版社2005年版,第36页。中译文有改动。Marx-Engels-Gesamtausgabe(MEGA²),Ⅰ/5,Text,Berlin:Akademie Verlag,2017,S. 37.

人的统治、偶然性对个性的压抑,已具有最尖锐最普遍的形式(universellste Form)"①。这表明,人所创造出来的 sachlichen Verhältnisse(事物的关系)反过来对人的统治,在资产阶级社会中达到了前所未有的激化程度。可以看到,马克思和恩格斯在这里都没有使用我-它自反性异化关系这样的哲学表达。可以明显地感觉得到,这一批判性透视,恰恰是原先那个劳动异化批判构式在场的主要逻辑位置。然而,当人本主义异化史观被否定之后,依托于异化构式证伪逻辑的现象学透视和批判认识论也同时消逝了,此处出现的经济物役性批判,只是一种**现象学解构和批判认识论缺席**的特殊**逻辑空场**状况中的应对话语,因为物役性批判只是指认出外部经济物像中的悖反状态。没有了 sollen(应该)与 Sein(是)悖反的劳动异化批判构式,这里的批判性话语只能在人与经济事物力量的关系上进行颠倒性的此-彼错位思考。其实,物役性批判话语还是浮在**现象层面**的客观判定,显然,实证性的历史认识论并不能深刻地透视这一经济物役性现象的本质,恐怕这也是马克思后来的经济学研究在狭义历史唯物主义的基础上,重新启用劳动异化批判构式和批判认识论的原因。在思想构境谱系分析中,在后来的《1857—1858 年经济学手稿》等经济学论著中,马克思将这种关系颠倒更加精准地表述为人与人的劳动交换关系颠倒地表现为事物与事物关系的**事物化**(Versachlichung)现象。② 并且,他通过批判认识论中的第二层次非物像透视,彻底解蔽了这种此-彼错位中的经济拜物教迷雾。

也是在这里,马克思恩格斯指认了资产阶级社会的自主活动畸变中出现的两个重要的历史结果:一方面,资产阶级统治中的**意识形态幻象**。这当然也是前述关系意识论和意识异化批判在社会宏观层面的体现,不过在这里,主要是指当资产阶级社会中自主活动的关系场境条件(生产关系)已经变成生产力发展的"桎梏"时,特别是资产阶级将伪饰奴役关系的阶级意识强加于现实时,也就生成了"桎梏的意识"——意识形态幻象。在马克思恩格斯看

① 《马克思恩格斯全集》第 3 卷,人民出版社 1960 年版,第 515 页。中译文有改动。Marx-Engels-Gesamtausgabe(MEGA²),Ⅰ/5,Text,Berlin:Akademie Verlag,2017,S.496.
② 参见张一兵《再论马克思的历史现象学批判》,《哲学研究》2014 年第 7 期。

来,"统治阶级的思想在每一时代都是占统治地位的思想。这就是说,一个阶级是〈历史的〉社会上占统治地位的**物质**力量,同时也是社会上占统治地位的**精神**力量。支配着物质〈的〉生产资料的阶级,同时也支配着精神生产的资料"①。这是对意识形态本质的基本定位。历史地看,意识形态只是在阶级社会中才会生成的特定社会意识构式,因为在原始部族生活中,并没有体现阶级意志的政治、经济和法权系统。这是没有看到摩尔根《古代社会》的马克思恩格斯此时还意识不到的逻辑边界问题。马克思恩格斯认为,在任何时候,观念意识形态都是在经济和政治关系上居统治地位的阶级的意志体现,统治者总是以自己的想法"决定着某一历史时代的整个面貌",因为他们不仅是经济和政治上的统治者,而且"作为思想的生产者进行统治,他们调节着自己时代的思想的生产和分配;而这就意味着他们的思想是一个时代的占统治地位的思想"。② 这也就是说,统治阶级在支配这一时代物质生产关系和经济政治利益关系的同时,也控制着全部观念编码和意识形态布展。如果说,意识的本质是"我对我的环境的关系",那么意识形态的本质则是阶级社会中一个时代占统治地位的阶级的经济和政治关系构式的**粉饰性观念系统伪境**。比如,在贵族统治时期占统治地位的政治话语核心观念是"荣誉"、"忠诚",这是对现实中封建宗法专制关系构式的伪饰;而在资产阶级统治时期占统治地位的政治话语核心概念则是"自由、平等、博爱"等,这是对金钱关系之下经济剥削关系构式的遮蔽。更精细地说,在资产阶级社会表面的政治和文化话语背后,支配人们全部意识和话语运行的社会先验构式是市场经济物相化本身的颠倒关系场境,它以金钱万能的幻象塑形和构序了所有感性经验和知性观念的本质,经济物相化的世界之上生成经济拜物教的精神世界,这是不可直观的**市场意识形态**。在《1844 年手稿》中,青年马克思将其指认为资产阶级社会特有的意识异化现象。以后,他在经济学研究中将揭示物化错认中的经济拜物教意识形态。并且,所有统治阶级总是用自己的这些虚假的意识形态幻象

---

① [日]广松涉编注:《文献学语境中的〈德意志意识形态〉》,彭曦译,南京大学出版社 2005 年版,第66 页。

② 参见[日]广松涉编注《文献学语境中的〈德意志意识形态〉》,彭曦译,南京大学出版社 2005 年版,第66 页。

来粉饰现实的社会关系,并将其"描述成永恒真理",以此异质于"以前时代占统治地位的观念"。这当然会生成人们面对社会场境存在中的**认识论障碍**。实际上,马克思和恩格斯在这里无形中触碰到一个重要的历史唯物主义理论逻辑构序点,因为占统治地位的思想有可能是一个复杂的上层建筑的多重思想观念中支配性的先天综合构架,它必定是社会定在内嵌的多重生产关系中处于支配地位的生产关系的意识形态。一个复杂社会定在中多重生产关系构式并存,其中占统治地位的生产关系作为主导性的社会先验构架,像普照的光照亮全部社会生活,这将是马克思在《1857—1858年经济学手稿》中发现的。在认识论视角中,这也意味着在一定的社会历史生活中,有可能同时出现不同先天综合构架的主导与残存的较量关系和显隐场境作用。这也许也是康德认识论中的逻辑凹点。

另一方面,资产阶级社会大工业也**创造了自己的掘墓人——无产阶级**。马克思恩格斯认为,资产阶级社会的发展消灭了各民族主体生存的特殊性,特别是创造了"一个真正同整个旧世界相脱离并与之对立的阶级",在这里,就是丧失了自主活动的**无产者**(Proletarier)。更重要的是,大工业不仅生成了资本家剥削工人的雇佣劳动关系,也使劳动的自主性物相化活动本身成为工人"不堪忍受的东西"。在后面的讨论中,马克思恩格斯这样描述劳动与工人的关系:"他每天必须像牛马一样工作十四小时;竞争使他降为物品,降为买卖的对象;他从单纯的生产力的地位中,即从他唯一赖以糊口的地位中,被其他更强大的生产力排挤掉了。"①当然不是生产力压迫工人,而是资产阶级的资本力量对整个无产阶级的统治和压迫。这必然要引起无产阶级的反抗。马克思恩格斯说:"无产者,为了实现自己的个性,就应当扬弃(Aufheben)他们迄今面临的生存条件(bisherige Existenzbedingung),这个同时也是整个以往存在的社会的生存条件,即扬弃劳动(die Arbeit, aufheben)。"②不过,这次"扬弃劳动",从资产阶级社会走向共产主义,决不再是《1844年手稿》中那种通过

①《马克思恩格斯全集》第3卷,人民出版社1960年版,第326—327页。
②[日]广松涉编注:《文献学语境中的〈德意志意识形态〉》,彭曦译,南京大学出版社2005年版,第126页。中译文有改动。

扬弃劳动异化而向人的类本质的逻辑复归,而是真实的历史(经济)发展的结果,这也就是由资产阶级社会大工业自己创造出来的世界历史性生存中人类解放的现实可能性。所以,"个人力量(诸关系[Verhältnisse])①由于分工而转化②为事物的力量(sachlichen Mächte)这一现象,不能靠人们从头脑里抛开关于这一现象的一般观念的办法来消灭,而是只能靠个人重新驾驭这些事物的力量(sachlichen Mächte),靠消灭分工(Theilung der Arbeit aufheben)的办法来消灭"③。这里的 sachlichen Mächte(事物的力量),与前述 sachlichen Verhältnisse(事物的关系)一语,都意在表征资产阶级社会中出现的颠倒的经济关系场境。这里出现的一个文献细节是,恩格斯在此处的边注中标识出这样一个特殊的历史构境:"费尔巴哈:存在与本质。"我推测,这并非马克思恩格斯初稿写到正文中的文字,而是马克思恩格斯都在提醒自己,这正是历史唯物主义构境中用以取代费尔巴哈式的人本主义异化史观的地方。如果再回到前述那个自主活动的构境中来,那么,"只有完全失去了整个自主活动的现代无产者,才能够实现自己的充分的、不再受限制的自主活动,这种自主活动就是对生产力总体性(Totalität von Produktivkräften)的占有以及由此而来的才能总体性(Totalität von Fähigkeiten)的发挥"④。这是 Totalität(总体性)概念在历史唯物主义构境中的一次重要运用,我们可以看到,在这里,Totalität(总体性)与物质生产力的运动相关联。这是由于,资产阶级本身就是那个商品-市场经济中自发性的"事物的力量"(资本)的人格化伪主体,而只有彻底失去自主活动的无产阶级,才会在打碎旧世界的过程中获得解放,在重新占有生产力总体(真正的自主活动)的物相化进程中真正发挥人的全部才能。马克思恩格斯说:

> 只有在这个阶段上,自主活动才同物质生活一致起来,而这点又是

---

① M2 版认为"(诸关系)"是后来增补的。

② 恩格斯在此加了边注:"(费尔巴[哈]:存在和本质)"。

③ [日]广松涉编注:《文献学语境中的〈德意志意识形态〉》,彭曦译,南京大学出版社 2005 年版,第 120 页。中译文有改动。Marx-Engels-Gesamtausgabe(MEGA²),I/5,Text,Berlin:Akademie Verlag,2017,S. 95.

④ [日]广松涉编注:《文献学语境中的〈德意志意识形态〉》,彭曦译,南京大学出版社 2005 年版,第 142 页。中译文有改动。

同各个人向总体的个人（totalen Individuen）的发展以及一切自发性（Naturwüchsigkeit）的消除相适应的。同样，劳动向自主活动的转化（Verwandlung der Arbeit in Selbstbethätigung），同过去受制约的交往向作为个人的个人的交往的转化，也是相互适应的。随着联合起来的个人（vereinigten Individuen）对总体生产力（totalen Produktivkräfte）的占有，私有制也就终结了。①

这是一个全新的人类社会发展阶段，在这里，自主活动再一次与物质生活一致起来，经济事物化所生成的自发性力量不再占据统治地位，劳动重新成为人的爱多斯（eidos）实现出来的自主活动和历史在场性，人与人的交往关系不再颠倒为事物的关系和外部力量，而就是作为个人之间的真实交往，这是一个全面发展的个人的自由共在联合体，自主活动再一次表现为人的生产力的总体性。这样，奴役性的资产阶级私有制就走到了自己的尽头。在后来的《1861—1863 年经济学手稿》中，马克思谈及未来解放了的人类社会中这样一种"自由活动"，在那里，出现了人自己支配的"自由时间"，这种"**可以支配的时间，就是财富本身**"，在这种自由时间之中，人们可以自主地"从事自由活动，这种自由活动不像劳动那样是在必须实现的外在目的的压力下决定的"。② 于是，马克思和恩格斯断言：

> 共产主义和所有过去的运动不同的地方在于：它推翻一切旧的生产关系和交往关系的基础（Grundlage aller bisherigen Produktions- & Verkehrsverhältnisse），并且第一次自觉地把〈作为……〉一切自发产生的前提看作是过去的〈各个人〉人的创造，剥开这些自发性（Naturwüchsigkeit）的假面具，使它们受到联合起来的个人（Individuen unterwirft）的支配。③

与《1844 年手稿》中通过扬弃异化复归类本质的逻辑推论获得的哲学共产主

---

① ［日］广松涉编注：《文献学语境中的〈德意志意识形态〉》，彭曦译，南京大学出版社 2005 年版，第 144 页。中译文有改动。Marx-Engels-Gesamtausgabe（MEGA²），Ⅰ／5，Text，Berlin：Akademie Verlag，2017，S. 113 - 114.

② 参见《马克思恩格斯全集》（第二版）第 35 卷，人民出版社 2013 年版，第 230 页。

③ ［日］广松涉编注：《文献学语境中的〈德意志意识形态〉》，彭曦译，南京大学出版社 2005 年版，第 128 页。

义不同,现在,共产主义已经不再是现实应该与之符合的观念性理想,而是从资产阶级社会旧的生产关系的解体中发生的全新人类解放,它是消除了一切历史自发性进程的联合起来的个人的全面自由发展的新世界。

平心而论,《德意志意识形态》一书中马克思恩格斯的 Selbstbethätigung(自主活动)概念,实际上是他们自觉地寻找人本学劳动异化批判构式祛序后的科学批判话语构境中的逻辑支撑点。但是,从马克思思想发展的全程来看,这个 Selbstbethätigung 显然只是一个**实验性的过渡思想范式**,马克思试图通过寻求客观物质生产力中人的物相化自主构序因素,来找到社会历史发展中的客观驱动力,可它又较多地陷入传统思辨逻辑的复杂构境中;它包含了对个人主体构序活动本质深厚的历史思考,却又承担了过多的批判性张力。在马克思后来进入经济学研究之后,特别是当他直接面对资产阶级机器化工业生产过程和复杂的商品-市场经济负熵构式系统之后,这种半历史、半思辨的理论塑形工具也就没有了用武之地。我以为,马克思恩格斯这里关于 Selbstbethätigung 概念的讨论中,内嵌着一些可以在方法论和认识论筑模中深入探讨和引申的观点,这是我们可以加以努力的方向。

4. 现代资产阶级社会赋型批判

在《德意志意识形态》第一卷第二章之后一直到第二卷,马克思恩格斯开始较多地使用不是市民社会话语Ⅳ构境中的 bürgerliche Gesellschaft,但并没有再专门集中讨论资产阶级社会的全景结构,而是跟随批判对象的文本,分散地表达了一些重要的批判性观点。在以往对《德意志意识形态》一书的研究中,大部分论者都聚焦于此书的第一卷第一章中的哲学话语,而忽略了第一卷第二章之后直到第二卷的文本,特别是没有关注马克思恩格斯那里的关于批判资产阶级社会的理论观点。依我的概括,有如下一些方面:

其一,资产阶级的**社会关系场境决定现实生活的性质**。这是特定的资产阶级社会中的商品-市场经济关系场境存在论。马克思恩格斯认为,社会生活的基本"特性的程度(Eigenschaft, deren Maß)以至它的存在,都取决于社会关系(gesellschaftlichen Verhaltnissen)"①。这是社会关系 formation(赋型)起来的**社会物相化关系构式**的基本含义,简单地说,在人类社会历史进程中,在生产劳动的基础上,社会生活中直接在场的人与物的存在,总是以一定的关系场境获得历史特性及程度。布尔迪厄注意到了这一点,他将人与物的这一特性指认为"关系的特性","这种特性只存在于与其他特征的关系中,并通过这种关系而存在"②。这是深刻的说法。这是一个广义历史唯物主义构境中的一般性的断言。在此,我们也能看到广义历史唯物主义的**场境关系存在论**:被生产物相化塑形和构序出来的对象性实在的"特性的程度",以及人的主体物相化程度,都是由社会关系赋型和总体编码的社会物相化决定的。这当然是历史唯物主义构境中的第一层级非物像透视。这在认识论上也意味着,当我们遭遇对象性物质存在时,其直接的经验塑形和构序乃至观念认知中的话语编码,更多地都会基于特定的社会关系场境存在规制和规定性。比如封建社会中的土地和人,都会因以血缘关系为基础的宗法关系构式,生成为"王土"和"君君臣臣民民"的人身依赖等级关系。在马克思恩格斯看来,"在现代资产阶级社会(modernen bürgerlichen Gesellschaft)中,一切关系实际上仅仅服从于一种抽象的金钱盘剥关系(abstrakte Geld-& Schacherverhältniß)"③。马克思恩格斯在《德意志意识形态》一书中,两次使用这个 modernen bürgerlichen Gesellschaft。这是上述历史唯物主义观点在资产阶级社会历史中的落地。可是,他们并没有意识到,这已经是一般物相化向更复杂的经济物相化的转换结果。特别是,他们还不能说明构成这种 Geld-& Schacherverhältniß(金钱盘剥关系)的现实抽象(Ⅲ)本质。马克思恩格斯明确指认,在资产阶级的社会关系场境中,货币作为"财产的最一般的形式",让一切生活和存在的 Eigenschaft, deren Maß(特性的程度)都赋型为金钱普遍关联的物性世界。人的主体物相化和社会物相化的在世之中,都会成为在金钱关系之中的伪在

---

① 《马克思恩格斯全集》第 3 卷,人民出版社 1960 年版,第 254 页。

② [法]布尔迪厄:《实践理性——关于行为的理论》,谭立德译,生活·读书·新知三联书店 2007 年版,第 6 页。

③ 《马克思恩格斯全集》第 3 卷,人民出版社 1960 年版,第 479 页。Marx-Engels-Gesamtausgabe (MEGA²),Ⅰ/5,Text,Berlin:Akademie Verlag,2017,S.466.

场。也是在这里,马克思(恩格斯)第二次引述了他在《1844 年手稿》货币讨论中援引过的莎士比亚关于拜金主义的诗句。其实,从文献考古学的观点看,这一专属于马克思的个人话语表述出现在原稿中,直接支持了《德意志意识形态》原始手稿为恩格斯**誊写稿**的假设。这可以证伪广松涉关于《德意志意识形态》一书原稿作者为恩格斯的误判。① 资产阶级社会中的机器与利润、土地与地租,甚至人的个性,都会在一般物相化的基础上,因一定的金钱关系赋型和编码而获得不同的经济物相化特性。这已经涉及第二层级非物像透视的问题。再比如更大社会空间尺度中的国际关系,"在介于贵族统治和资产阶级统治之间的时期,当时两个阶级的利益彼此发生了冲突,欧洲各国之间的贸易关系开始重要起来,从而国际关系本身也带上了**资产阶级的色彩**"②。这是国际关系中的交换关系赋型。显然,这些观点都有可进一步加深的可能空间。按马克思后来的观点,精确地讲,在一个内含多重社会关系的复杂社会生活中,应该是占统治地位的生产关系决定社会的性质。此时,马克思恩格斯还没有透视资本关系在资产阶级社会中的支配性本质,所以,他们只是停留在金钱盘剥和"国际贸易"等经济交换关系之中,而货币关系还只是局限于资产阶级经济的流通领域,这一点,与财产占有多少相关的"资产阶级社会"的指称也是一致的。在后来的《1857—1858 年经济学手稿》和《1861—1863 年经济学手稿》中,马克思科学地说明了在复杂社会历史赋型中占统治地位的资本关系,并仔细分析了资产阶级社会中其他社会关系从对资本的形式上的从属到实质上的从属的转变。这也就表明,不是抽象的货币交易决定人、土地和机器的特性,而是资本关系像"普照的光",决定和改变着一切社会定在的性质和场境存在状态。更重要的方面,是马克思创立了历史现

---

① 广松涉认为:"在确立历史唯物主义以及与之融合为一体的共产主义理论之际,拉响第一小提琴的,限于合奏的初期而言,毋宁是恩格斯。"并且,从《德意志意识形态》的原稿情况看,"如果将恩格斯的文章与马克思修正、增补的文章进行比较的话,能够发现两人的见解中还存在相当的距离。直截了当地说,可以清楚地看出马克思明显落后于恩格斯,历史唯物主义主要是出自恩格斯的独创性见解,而马克思则向恩格斯进行了学习这些情况"。参见[日]广松涉《青年恩格斯的思想形成》,载[日]广松涉编注《文献学语境中的〈德意志意识形态〉》,彭曦译,南京大学出版社 2005 年版,第 358、366 页。

② 《马克思恩格斯全集》第 3 卷,人民出版社 1960 年版,第 396 页。

象学,在非物像透视的第二层级构境中,通过劳动异化批判构式Ⅲ,科学说明了人与人的交换关系为什么再一次事物化为事物之间的经济定在关系,并以物的自然属性呈现出来,从而彻底揭露了经济物相化中的经济拜物教认识迷雾。

马克思和恩格斯认为,就连今天资产阶级时代的语言,都是资产阶级特定社会关系历史赋型的产物。这是上述那个"我对我的环境的关系是我的意识"的观点,在语言现象背后的**关系性构境本质**上的具象化延伸。在一定意义上,它也是《1844年手稿》中那个意识异化论的逻辑没影点。

> 资产者可以毫不费力地根据自己的语言证明重商主义的和个人的或者甚至全人类的关系是等同的,因为这种语言是资产阶级的产物(Produkt der Bourgeoisie),因此像在现实中一样,在语言中买卖关系(Verhaltnisse des Schachers)也成了所有其他关系的基础。例如,propriété、Eigenthum(财产)和 Eigenschaft(特性),property、Eigenthum(财产)和 Eigenthümlichkeit(独特性);重商主义意义上的和个人的意义上的"eigen"("自有"),valeur、value、Werth(价值);commerce、Verkehr(商业,交往)échange、exchange、Austausch(交换),等等。所有这些字眼即意味着商业关系,也意味着作为个人自身的特性和相互关系。①

这段表述应该嵌套着两个不同的构境层面:一是在历史唯物主义第一层级非物像透视中,语言并非直接对称于直接到场的对象物,而是一定社会历史条件下生产物相化构序基础上生成的社会关系赋型和编码的产物。这也意味着,语言及话语运作系统中的复杂接合关系和话语编码,是社会生活场境关系的象征关系映现。这既是关系意识论的体现,也是马克思恩格斯此处经济关系先验构架规制语言关系的前提。二是资产阶级社会生活中的现代性语言,直接表征了商品-市场经济活动场境关系构式的特有编码质性。比如这里马克思恩格斯例举的德文中的 Eigenthum(财产)和 Eigenschaft(特性),正是商品交换中的私有财产占有关系场境,才赋型了人与物的"商业关系"中

---

① 《马克思恩格斯全集》第3卷,人民出版社1960年版,第255页。

的特性。这是由于,这些语言的具体话语塑形和构境,是伴随着资产阶级商品交换关系的操作活动和场境存在的发展而逐渐形成和固定化的,资产阶级的"买卖关系"使生活中的语言具有特定的构境性质。这是那个"我对我的环境的关系是我的意识"的断言在资产阶级经济生活中的落地。虽然这也都是用流通和交换的场境关系来说明语言的特定关系特征,但这不失为一种极其深刻的批判性的理论透视。在此让我想到海德格尔那句著名的"语言是存在之家",依他深刻的观点,现在我们这个星球上的语言完全沉浸在"改变世界"的占有性的关系场境存在之中(在世之中),语言就是一切事物 for us 而存在的内居方式之一。马克思关于这一语言与现实关系问题的思考,后来还出现在其晚年的《评阿·瓦格纳的"政治经济学教科书"》中。可是在认识论层面,历史认识论会在资产阶级经济现象中遭遇自己的界限,这是因为这种商品-市场经济活动场境关系往往是通过颠倒的方式呈现于世的。所以,这是马克思之后重新启用批判认识论构境中的历史现象学的重要原因。

其二,资产阶级社会的本质为一种**经济剥削关系**。如上所述,马克思恩格斯在批判资产阶级社会的时候,他们从来不是关注实体性的物性对象,而是着眼于非直观的社会经济关系赋型的场境。马克思恩格斯认为,这种金钱买卖关系,在资产阶级的经济学和政治学中,被学术化地表征为**效用性**(*Brauchbarkeit*),或者叫**功利论**(*Nutzlichkeitstheorie*)。马克思恩格斯认为,资产阶级社会的**社会定在基础**,是一种将一切存在赋型为有特定功用的可变卖的"效用性"关系(Verhaltnis der „Brauchbarkeit"),在这里,"所有各式各样的人类的相互关系都归结为唯一的效用关系(Verhaltnis der Brauchbarkeit)"①。不过,这里的效用性并非劳动物相化生成的用在性,而是将商品使用价值的有用性转换为资产阶级经济市场交换场境中出现的**可变卖性**关系。这是人与事物的历史在场性转换为**经济定在伪在场**的开始。在《1844 年手稿》中,马克思提及了这种特殊的可变卖的"有用性"。② 以后马克思会在经济学语境中

①《马克思恩格斯全集》第 3 卷,人民出版社 1960 年版,第 479 页。中译文有改动。Marx-Engels-Gesamtausgabe(MEGA²),Ⅰ/5,Text,Berlin:Akademie Verlag,2017,S. 466.
②参见《马克思恩格斯全集》(第二版)第 3 卷,人民出版社 2002 年版,第 343 页。

揭示,这是劳动塑形和构序的使用价值向交换价值的转换。其实,在前述《布鲁塞尔笔记》和《曼彻斯特笔记》中,马克思多次摘录经济学家讨论物品的效用与交换需求的关系。黑格尔在他的《精神现象学》的"启蒙和迷信的斗争"一章中,就将效用理论(Brauchbarkeitstheorie)作为启蒙的结果。其实,这也是政治学中边沁①所鼓吹的**功利主义**理论。我注意到,马克思在《布鲁塞尔笔记》第3笔记本中,摘录了亨利·斯托奇的《〈政治经济学教程〉所附萨伊的评论》中关于"有用性"和边沁功利主义的相关讨论。② 马克思恩格斯说,资产阶级所鼓吹的这种"功利关系(Nutzlichkeitsverhaltnis)具有十分明确的意义,即我是通过我使别人受到损失的办法来为我自己取得利益(exploitation de l'homme par l'homme〔人剥削人〕)"③。也是在这个意义上,边沁的功利主义表征为一种"相互剥削的理论"(Theorie der wechselseitigen Exploitation)。这种观点,与斯密-黑格尔的市民社会话语Ⅱ中原子化市民之间的相互利用关系也是吻合的。其实,这也是赫斯那个交往异化论中的"小贩世界"的本质。然而马克思恩格斯此时意识到,在真实的资产阶级社会经济现实中,其实只存在一种经济剥削,这就是资本家对工人的盘剥,而并不存在所谓的人与人之间似乎对等的"相互剥削"。

> 对资产者来说,只有**一种**关系——剥削关系(Exploitationsverhaltnis)——才具有独立自在的意义;对资产者来说,其他一切关系都只有在他能够把这些关系归结到这种唯一的关系中去时才有意义,甚至在他发现了有不能直接从属于剥削关系的关系时,他最少也要在自己的想象中使这些关系从属于剥削关系。这种利益的物质表现(materielle Ausdruck)就是金钱,它代表一切物(aller Dinge),人们和社会关系的价值。④

这里有一个复杂的社会关系构式转换以及可进一步深化的可能性空间。

---

① 边沁(Jeremy Bentham,1748—1832),英国法理学家、功利主义哲学家、经济学家。
② 参见 Marx-Engels-Gesamtausgabe(MEGA²),Ⅳ/3,Text,Berlin:Akademie Verlag,1998,S. 49 – 56,235 – 238.
③《马克思恩格斯全集》第3卷,人民出版社1960年版,第479页。
④《马克思恩格斯全集》第3卷,人民出版社1960年版,第480页。中译文有改动。Marx-Engels-Gesamtausgabe(MEGA²),Ⅰ/5,Text,Berlin:Akademie Verlag,2017,S.467.

一是在资产阶级社会中,所有人的生存都基于某种工业生产有用性塑形之上的物相存在,并且,人对人的"利用"表现为可以创造更多的功利性的可变卖物,其中,实现变卖的编码神器就是代表了一切财富的金钱。在之后马克思的经济学研究中,他正确区分了商品的使用价值(效用性)和为了交换的价值(对象化劳动),金钱只是这种价值等价物的反向物相化的物性结晶,它异化式地篡夺了一般财富的地位。二是与封建专制下的直接剥夺不同,资产阶级为了获得更多的金钱,就会利用买卖关系来占有劳动者创造的财富,这就是资产阶级社会特有的经济剥削关系。应该说,在这个时候,马克思恩格斯也没有真正地发现资产阶级剥削劳动者的秘密,因为剩余价值的掠夺并不发生在流通领域之中,不是通过"金钱买卖关系""使别人受到损失的办法来为我自己取得利益",而是隐匿于资本家在生产过程中对工人剩余价值的无偿占有中。这一巨大的逻辑凹点和盲区,在思想构境谱系线索中,是由马克思在《1857—1858 年经济学手稿》中创立的剩余价值理论这"第二个伟大的发现"(恩格斯后来语)来弥补的。

在这里,马克思恩格斯还形成了其他一些深刻的相关认识。第一,是资产阶级效用—剥削关系的观念映现。这当然是历史唯物主义关系意识论的实际运用。在他们看来,前述的"'利用'(„Benutzen")范畴是从我和别人发生的现实的交往联系(wirklichen Verkehrsbeziehungen)中抽象出来的,而完全不是从反思或仅仅从一种意志中抽象出来的"①。据概念考古的词频统计,beziehung(联系)一词在《德意志意识形态》中的使用多达 58 次。这是说,正是资产阶级经济剥削关系中的现实商品交换关系和经济场境过程所构序和赋型的社会先验构架,生成了抽象的功利主义范畴的主观构境,而不是相反,"通过纯思辨的方法,这些关系反过来被用来冒充这个从那些关系本身中抽象出来的范畴的现实性"。马克思恩格斯直接指认说,黑格尔就是将资产阶级的功利论看作理念爱多斯的实现,"用同样的方法和同样的根据把一切关系都描述成客观精神的关系"。② 这是对黑格尔唯心主义理念说的本质批判。

---

① 《马克思恩格斯全集》第 3 卷,人民出版社 1960 年版,第 480 页。
② 参见《马克思恩格斯全集》第 3 卷,人民出版社 1960 年版,第 480 页。

同时,这也接近于这样一种自觉认识:黑格尔的绝对观念中复杂的先验逻辑关系构架,恰是对斯密-李嘉图古典经济学商品-市场交换构式的唯心主义改写。这一点,既是《1844 年手稿》中那个人本学社会意识论在科学话语编码中的转换结果,也极深地关联于后来马克思《1857—1858 年经济学手稿》中"抽象成为统治"的深刻见解。这也让我想到,后来索恩-雷特尔在《脑力劳动与体力劳动——西方历史的认识论》(*Geistige und körperliche Arbeit*: *Zur Epistemologie der abendländischen Geschichte*)①一书中,用马克思的商品交换中的现实抽象关系去说明康德的先天综合判断的隐秘发生机制,其中会有来自马克思恩格斯的直接同向努力。②

第二,历史地看,以霍尔巴赫(Holbach)为代表的资产阶级政治观念,是"关于当时法国的新兴资产阶级的有正当历史根据的哲学幻想,当时资产阶级的剥削欲望(Exploitationslust)还可以被描写成个人在已经摆脱旧的封建羁绊的交往条件下获得充分发展的欲望"③。这是一种历史性的定位。因为相对于封建专制中的强制性宗法关系,资产阶级解放人的自然生存需要和占有存在的欲望,还是有其正当的历史合法性的。马克思恩格斯承认:

> 在 18 世纪,资产阶级所理解的解放,即竞争(Konkurrenz),就是给个人开辟比较自由的发展的新活动场所的唯一可能的方式。在理论上宣布符合于这种资产阶级实践的意识、相互剥削的意识(Bewußtseins der wechselseitigen Exploitation)是一切个人之间普遍的相互关系,——这也是一个大胆的公开的进步,这是一种**启蒙**,它揭示了披在封建剥削上面的政治、宗法、宗教和闲逸的外衣的世俗意义,这些外衣符合于当时的剥削形式(Form der Exploitation)。④

① 该书 1970 年版的书名为《脑力劳动与体力劳动——社会综合的理论》(*Geistige und körperliche Arbeit*: *Zur Theorie der gesellschaftlichen Synthesis*)。中译文可参见[德]索恩-雷特尔《脑力劳动与体力劳动——西方历史的认识论》,谢永康等译,南京大学出版社 2015 年版。
② 参见拙著《发现索恩-雷特尔——先天观念综合发生的隐秘社会历史机制》,北京师范大学出版社 2018 年版。
③《马克思恩格斯全集》第 3 卷,人民出版社 1960 年版,第 480 页。
④《马克思恩格斯全集》第 3 卷,人民出版社 1960 年版,第 480 页。

与《1844年手稿》中那种简单的价值否定不同,这里马克思恩格斯在揭露资产阶级社会的剥削本质的同时,也承认其在历史上的进步意义。这一构境意向,在"居利希笔记"之后的《共产党宣言》中被大大地放大了。以自由竞争为基础的商品-市场经济的发展,的确为从封建土地上解放出来的"第三等级"(市民)创造了新的社会发展空间,相对于宗法式的强制性掠夺,资产阶级鼓吹的通过交换实现的"相互剥削"则是一种政治上的"启蒙"。并且,资产阶级的这种相互剥削关系是通过追逐金钱这种粗俗的功利主义来实现的。所以马克思恩格斯也说,资产阶级"政治经济学是这种功利论的真正科学",并且"功利和剥削的理论的成就以及这种理论的不同阶段,是和资产阶级发展的不同时期有密切联系的"。这是十分重要的历史指认。比如,在洛克的学说里,"剥削理论还是和经济内容有直接关系的",因为他看到了"英国资产阶级的最初的政治运动,英国资产阶级曾经通过这些运动冲破了地方局限性的圈子,还看到了工场手工业、海外贸易和开拓殖民地的已经比较发展的阶段"①。而在爱尔维修和霍尔巴赫那里,他们的剥削理论却失去了资产阶级社会现实发展的实证内容,一直到穆勒和边沁,功利和剥削的理论才再一次与经济学和资产阶级的社会现实重新结合起来。"在穆勒的学说里可以看到,功利论和政治经济学是完全结合在一起了",

> 我们第一次在边沁的学说里看到:一切现存的关系(aller existirenden Verhältnisse)都完全从属于功利关系(Nutzlichkeitsverhältnis),而这种功利关系被无条件地推崇为其他一切关系的唯一内容;边沁认为,在法国革命和大工业发展以后,资产阶级已经不是一个特殊的阶级,而已成为这样一个阶级,即它的生存条件就是整个社会的生存条件(Bedingungen)。②

这是一个关系存在论意义上的改变,封建土地上的血亲关系和宗法性被工业生产物相化带来的全面功利性存在替代,资产阶级创造了一个全新的世界,一个金钱关系勾连万物的普遍关联的世界。这样,资产阶级就将自己的生存条件变成了"整个社会的生存条件",所有的现实存在,如果没有功利关

---

① 《马克思恩格斯全集》第3卷,人民出版社1960年版,第481页。
② 《马克思恩格斯全集》第3卷,人民出版社1960年版,第483页。

系场境的赋型,不能变成金钱编码后的可变卖性功能链伪在场,就必然灭亡。马克思恩格斯说,"在政治经济学里已经提出了一种思想:主要的剥削关系是不以个人意志为转移(unabhängig von dem Willen der Einzelnen),是由整个生产决定的,单独的个人都面临着这些关系"①。这就是我在《回到马克思》第一卷中指认出的**社会唯物主义**观点:古典经济学家已经看到,在资产阶级社会中,物质生产决定剥削关系,这种人创造出来的经济关系却是"不以个人的意志为转移的"②。这是马克思恩格斯在历史唯物主义的构境中第一次正面肯定这一点。问题在于,古典经济学家却荒唐地将这种资产阶级的经济剥削关系当作永恒的自然关系(自然法)。然而,在资产阶级还处于政治上的上升时期时,资产阶级的这种"功利论能够以一定的社会事实为依据;但在进一步谈论剥削方式时,它只能采用空洞的说教。经济学内容逐渐使功利论变成了替现存事物的单纯的辩护,变成了这样的说教:在目前条件下,人们彼此之间的现有的关系是最有益的、最有公益的关系。在所有现代经济学家的学说里,功利论都具有这种性质"③。这就是资产阶级意识形态的本质。这是马克思恩格斯运用历史认识论产生的生动话语构序场境,描述同一个资产阶级意识形态,在其历史演进过程中从革命到反动的质变。

其三,资产阶级社会的**家庭关系解体和道德幻象**。在马克思和恩格斯看来,"由于现代城市的建筑、由于资本的筑模(Bildung des Kapitals)等所产生的关系",传统的家庭的内在亲情关系业已被金钱关系所瓦解,"但是,婚姻、财产、家庭在理论上仍然是神圣不可侵犯的,因为它们构成资产阶级赖以建立自己的统治的实际基础(praktisch die Grundlagen),因为它们(它们是具有资产阶级形式的)是使资产者成其为资产者的条件"④。依我的判断,这里的Bildung des Kapitals(资本的筑模)并非指资本的一般**形成**,而已经是资本作为一种功能性存在关系发挥作用,这应该是 Bildung 第一次在批判资产阶级社

---

① 《马克思恩格斯全集》第 3 卷,人民出版社 1960 年版,第 483 页。
② 参见拙著《回到马克思——经济学语境中的哲学话语》(第四版),江苏人民出版社 2020 年版,第一章第一节。
③ 《马克思恩格斯全集》第 3 卷,人民出版社 1960 年版,第 484 页。
④ 《马克思恩格斯全集》第 3 卷,人民出版社 1960 年版,第 196 页。

会现实的话语运行中发挥**筑模的构境**。显然,这是一种复杂的场境关系链接。一是这里的"现代城市的建筑"并非指物性的房屋,而是我们上面已经提及的,不同于农耕时代乡村中狭小田园生活空间的物质附载设施:工业时代社会关系物相化的城市生活,以厂房、商店和大楼建筑群等物性支撑塑形-构序起来的全新社会空间。不同于封建宗法关系社会物相化的场境存在,城市建筑已经是由资本所造成的全新的社会历史负熵中的经济物相化空间场境关系,比如新型城市建筑和街道中发生的制造业生产和商业的 Emergence(突现)活动场境和空间句法,瓦解了传统自然经济生活中凝固在土地上的所有活动关系和田园家庭生活场境。这一重要的场境存在论的观点,即物性建筑与人的生存活动的"空间句法"关系,在 20 世纪 50 年代的法国情境主义国际的整体都市主义运动中得到强化①,并且由列斐伏尔在《空间的生产》(1974)中系统理论化。② 二是资产阶级"普世性"的家庭观念和道德的虚假意识形态幻象遮蔽了金钱关系编码之下业已解体的家庭内在关系,家庭分化为劳动力再生产的地狱和资本家富得流油的天堂,这共同构筑了"资产者成其为资产者的条件"。马克思恩格斯指出:

> 资产阶级道德就是资产者对其存在条件的这种关系的普遍形式之一。不能一般地谈家庭**本身**。资产阶级历史地使家庭具有资产阶级家庭的性质(Charakter der bürgerlichen Familie);在这样的家庭中无聊和金钱是纽带(die Langweile und das Geld das Bindende ist),这样的家庭也发生资产阶级的家庭解体,但这种解体并不妨碍家庭本身继续存在。同家庭的肮脏的存在相适应的就是那种在冠冕堂皇的词句和普遍的虚伪掩盖下的神圣的家庭概念。③

依马克思恩格斯的解释,资产阶级家庭以"无聊和金钱"关系塑形的"肮脏的存在",恰恰是这种剥削制度的必然产物,"家庭的定在(Dasein der

---

① 参见拙著《烈火吞噬的革命情境建构——情境主义国际思潮的构境论映像》,南京大学出版社 2021 年版,第十二章。
② 参见拙著《回到列斐伏尔——〈空间的生产〉的构境论解读》一书,此书将于近期出版。
③《马克思恩格斯全集》第 3 卷,人民出版社 1960 年版,第 196 页。

Familie）必然会受它和不以资产阶级社会的意志为转移的生产方式（Produktionsweise）的联系所制约的”①。不难看到，马克思恩格斯透视出资产阶级特定“生产方式的联系”（资本的筑模）中家庭生活场境关系存在的特定质性，然而，资产阶级的生活观和价值观却以“冠冕堂皇的词句和普遍的虚伪”的精神伪境，遮蔽着现实生活中发生的“肮脏的存在”伪情境。这是精准的判断。可以看到，Dasein 概念在此的出场是伴随着批判对象的文本语境的，而非马克思恩格斯的自主话语构序场境。

其四，法国资产阶级自由主义观念在德国的**意识形态变形**。马克思恩格斯分析说，18 世纪德国资产阶级的历史地位“完全反映在康德的‘实践理性批判’（Kant's Kritik der praktischen Vernunft）中”，因为在那时，“法国资产阶级经过历史上最大的一次革命跃居统治地位，并且夺得了欧洲大陆；当时，政治上已经获得解放的英国资产阶级使工业发生了革命并在政治上控制了印度，在商业上控制了世界上所有其他地方”。② 相对于英国先行的工业革命和法国轰轰烈烈的政治大革命，那时的德国还处于容克地主支配下的封建社会后期，德国的资产阶级是弱小的，处于其他民族强大资产阶级的“压迫”之下。马克思恩格斯认为，康德在《实践理性批判》中所试图确证的“善良意志（guten Willen）”，“完全符合于德国资产者（deutschen Bürger）的软弱、受压迫和贫乏的情况”。比如，当时“亚麻纺织工场，亦即以脚踏纺车和手织机为基础的工业，在德国还起着一些作用，而恰恰在这个时候，这些笨拙的工具在英国已被机器排挤掉了”。③ 这是一个生产力发展上的巨大差距。并且，“小小荷兰的资产阶级比人数众多的德国市民强大”，竟然“控制了德国的全部贸易”。这使得“德国资产者却没有共同利益，只有分散的小眼小孔的利益”，

> 由此产生的必然结果是，在德国以最畸形的、半家长制的形式表现出来的君主专制（Monarchie）的时代里，由于分工而取得了对公共利益的管理权的特殊领域，获得了异乎寻常的、在现代官僚政治（modernen

---

① 《马克思恩格斯全集》第 3 卷，人民出版社 1960 年版，第 196 页。中译文有改动。Marx-Engels-Gesamtausgabe（MEGA²），Ⅰ/5，Text，Berlin：Akademie Verlag，2017，S. 234.

② 参见《马克思恩格斯全集》第 3 卷，人民出版社 1960 年版，第 211 页。

③ 参见《马克思恩格斯全集》第 3 卷，人民出版社 1960 年版，第 212 页。中译文有改动。

Büreaukratie)中更为加强的独立性。这样一来,国家就构成一种貌似独立的力量。①

这是说,恰恰因为德国当时的资产阶级在经济上的分散和弱小,在畸形的半封建体制下却出现了现代官僚政治中的国家力量突显的情况。这也正是黑格尔国家理性主义的深刻现实背景。这种现象还造成了一种错觉,"产生了德国理论家(Theoretiker)不依赖资产者(Bürger)的那种虚假的独立性,即这些理论家用以表达资产者的利益(Interessen der Bürger)的形式和这些利益本身之间的假象的矛盾(Widerspruch)"②。对此,马克思恩格斯具体分析说:

> 在康德那里,我们又发现了以现实的阶级利益为基础的法国自由主义(franzosische Liberalismus)在德国所采取的特有形式。不管是康德或德国资产者(Bürger)(康德是他们的利益的粉饰者),都没有觉察到资产阶级的这些理论思想是以物质利益(materielle Interessen)和由物质生产关系(materiellen Produktionsverhältnisse)所决定的**意志**为基础的。因此,康德把这种理论的表达与它所表达的利益割裂开来,并把法国资产阶级意志的有物质动机(materiell motivirten)的规定变为"**自由意志**"、自在和自为的意志、人类意志的**纯粹**自我规定,从而就把这种意志变成纯粹思想上的概念规定和道德假设。③

这是说,从康德、费希特开始的德国的哲学家们不能理解,自己发明的"自由意志"其实还是资产阶级物质利益和materiellen Produktionsverhältnisse(物质生产关系)的表现,只是"由于德国的经济关系(ökonomischen Verhältnisse)还远远没有达到与这些政治形式相适应的发展阶段,所以资产者们(Bürger)只把这些形式当作抽象观念、自在和自为的原则、虔诚的心愿和词句、康德式的意志的自我规定(Selbstbestimmungen)和资产者们所应该成为的那种人的自我规

---

①《马克思恩格斯全集》第 3 卷,人民出版社 1960 年版,第 213 页。
②《马克思恩格斯全集》第 3 卷,人民出版社 1960 年版,第 213 页。中译文有改动。Marx-Engels-Gesamtausgabe(MEGA²),Ⅰ/5, Text, Berlin: Akademie Verlag, 2017, S. 249.
③《马克思恩格斯全集》第 3 卷,人民出版社 1960 年版,第 213 页。

定"①。所以，不像法国资产阶级在政治上公开举起自己的自由主义旗帜，没有资产阶级经济关系现实场境存在支撑的德国哲学家，只能在思辨构式中隐晦地表达某种抽象的"道德假设"和价值悬设，即"应该成为的那种人的自我规定"，并且，还自以为是脱离了一切物质利益和现实生产关系的观念革命。这是极为深刻的理论透视。也是在这里，我们可以看到在前面第一卷第一章主手稿中删除的 Produktionsverhältnisse（生产关系）的无意识在场。生产关系概念在历史唯物主义中的正式确立，是在不久后的《哲学的贫困》中。

其实，这里讨论的是马克思恩格斯文本中并不多见的康德问题思考，可他们聚焦于康德的《实践理性批判》，而没有涉及康德哲学中更重要的《纯粹理性批判》，特别是那个"先天综合判断"与社会现实的关系。依我的认识，一方面，康德在认识论中指认的先天观念综合构架的作用机制，并不能简单依马克思恩格斯此处的逻辑构式，被直接视作法国资产阶级思想的德国变形。康德在英国经验论反思的基础上，消除了传统认识论中的主体—客体二元构架，探索了先天观念综合构架对个体经验统觉塑形、知性构序和理性赋型的信息编码机制，这当然是重要的哥白尼式的认识论革命。在更深的层面上，先天观念综合构架的现实基础是一定历史条件下由生产方式筑模起来的社会历史先验构架，在资产阶级时代，这种先天综合判断必然链接于商品-市场交换的熵增和自发构序机制。在这一点上，索恩-雷特尔的见解是精辟的。另一方面，我们也可以在历史认识论的层面，发现同一社会历史先验会在不同地区、不同民族的特定质性生活中发生完全不同的作用，交互主体性与认知的空间错位会打破传统认识论中的线性结构。比如马克思恩格斯此处发现的资产阶级经济关系在英国、法国和德国的不同层级和成熟度的存在与发展，与这种社会历史先验在规制认知构架中的作用并非完全等同和同步的。这是一个复杂的历史认识论微观机制问题。从资产阶级经济社会发展的现实历史异质性，来解码观念意识形态中的不同关系质性，这当然是历史唯物主义关系意识论的体现。我推测，这也可能是马克思不久之后开始的欧洲经

① 《马克思恩格斯全集》第 3 卷，人民出版社 1960 年版，第 214 页。中译文有改动。Marx-Engels-Gesamtausgabe（MEGA²），I/5，Text，Berlin：Akademie Verlag，2017，S. 250.

济史研究的缘起,在 1847 年前后的《布鲁塞尔笔记》C 中的"居利希笔记"中,马克思关注了整个欧洲的近代经济发展史,以及遍及全球的殖民贸易关系。

其五,资产阶级社会中的**"非人性"与自由的关系**。这主要表现为马克思恩格斯批评施蒂纳在人的观念中的**非历史的价值悬设构式**。依我的观点,这也是《德意志意识形态》一书中,马克思恩格斯对人本主义异化史观话语的直接解构。他们认为,在施蒂纳那里,

> "人"的概念不是现实的人。
>
> "人"的概念 = "人"。
>
> "人" = 非现实的人。
>
> 现实的人 = 不是人, = 非**人**。
>
> "现实的人只是非**人**"。①

而在马克思恩格斯看来,这里用黑体字着重强调的"人"是抽象的非历史的价值悬设,它作为一个理想化的概念与现实中的人相对;施蒂纳在这一"应有"(sollen)与"现有"(Sein)的逻辑对立关系中,才会将现实中的人视作"非人"。这是一段难以入境的抽象哲学表述。其实,这里的非现实的人,同质于费尔巴哈式的人的没有异化为上帝的、应该居有的本真**自然**类本质,也是赫斯的本真性的尚未异化的**交往**类本质,甚至是青年马克思的没有外化为对象性异化存在的本真**劳动**。现在,马克思和恩格斯在历史唯物主义的基础上业已彻底摆脱了黑格尔-费尔巴哈式的人本学异化史观,所以,他们能够清醒地批判施蒂纳。应该说,这也是马克思自己原先那个 sollen(应该)与 Sein(是)悖反的人本学劳动异化批判构式最重要的逻辑祛序没影点。

在现在的马克思恩格斯看来,施蒂纳唯心主义地以为,人之所以是非**人**,主要因之他们还没有获得**人**的自由,而"人们取得的自由的程度每次都由他们关于人类理想的相应观念来决定;同时在每个个人身上必然会保存着和这种理想不符合的某种残余,因而这种残余作为'非人的东西'还没有得到解放"②。这是说,施蒂纳是先悬设了抽象的人的自由概念,然后再用这种价值

---

① 《马克思恩格斯全集》第 3 卷,人民出版社 1960 年版,第 504 页。
② 《马克思恩格斯全集》第 3 卷,人民出版社 1960 年版,第 507 页。

悬设中的逻辑在场来衡量现实中人的生存状态,这是典型的方法论层面上的此-彼归基逻辑中的唯心主义。如果我们回到马克思人本学劳动异化批判构式没影点之前的话,那么我们也会看到,1844 年前后的青年马克思也是先悬设了理想化的本真性 sollen(应该)存在的劳动观念,再由此去衡量现实雇佣制度下的现实工人,于是就出现了劳动类本质异化的四个不同层面,在方法论上,在那里马克思的方法论前提同样是**隐性唯心主义**的。由此,我们可以清晰地看到历史唯物主义科学方法论与《1844 年手稿》中的人本学劳动异化批判构式的重要异质性。这是我在《回到马克思》第一卷中已经充分说明的问题。

针对施蒂纳在价值悬设中提出的人 sollen(应该)获得的自由,马克思恩格斯一针见血地指出:"实际上,事情是这样的:人们每次都不是在他们关于人的理想所决定和所容许的范围之内,而是在现有的生产力所决定和所容许的范围之内取得自由的。"①不是抽象"**人**"的概念或者价值悬设中的自由观念使现实的人得到自由,人在社会生活中实际获得的自由,永远是一定的生产力物相化构序水平决定的社会关系制约下的自由场境空间。再从历史认识论的角度具体些说:一是,在过去的人类社会历史发展中,"取得的一切自由的基础是有限的生产力",比如在原始部族游牧生活和自然经济大地上,整个社会生活的劳作物相化能力低下,所有人依附于自然存在的有限的物质条件和狭小封闭的生活关系赋型场境中,自然是不可能获得理想的自由的。二是,"到现在为止,社会一直是在对立的范围内发展的,在古代是自由民和奴隶之间的对立,在中世纪是贵族和农奴之间的对立,近代是资产阶级和无产阶级之间的对立"②。在这些阶级压迫的社会生活中,有的只是自由民和贵族的自由("自主活动"),奴隶和农奴是不可能有人身自由的,即便到了资产阶级社会,也并非真的出现了人人自由的天堂景象,真正获得所谓自由("自主活动")的,必定是手中占有财富(资本)的资产阶级。其实,在第一卷第一章中,马克思恩格斯也谈及这种资产阶级社会中的自由。他们说:

---

① 《马克思恩格斯全集》第 3 卷,人民出版社 1960 年版,第 507 页。
② 《马克思恩格斯全集》第 3 卷,人民出版社 1960 年版,第 507 页。

　　有个性的个人与阶级的个人的差别,对于个人的生活条件的偶然性(Zufälligkeit),只是随着那本身是资产阶级产物(Produkt der Bourgeoisie)的阶级的出现才出现。只有个人之间的相互竞争和斗争才产生和发展了这种偶然性本身。因此,在资产阶级的统治(Bourgeoisieherrschaft)下,个人被设想得要比先前更自由些,因为他们的生活条件对他们来说是偶然的,然而事实上,他们当然更不自由。之所以这么说,是因为他们更加屈从于事物性的强大力量(sachliche Gewalt)。①

这是一段极其深刻的历史性分析。这亦表明,从封建土地上可见的强暴锁链中获得解放的自由劳动者,同时也获得了商品交换市场中失业的自由,人在商品-市场经济活动中的自由生产物相化,却在经济交换关系场境中表现为自己不能做主的盲目偶然状态,在残酷的无序市场竞争中,"他们更加屈从于事物性的强大力量",这种经济物役性力量就是不可见的资本的压迫和奴役。这让资产阶级所鼓吹的自由幻象彻底破裂。

　　在马克思恩格斯看来,如果想要真正获得人的全面解放和自由,出路只有一条,那就是,"消灭关系对个人的独立化、个性对偶然性的屈从、个人的私人关系对共同的阶级关系的屈从等等,归根到底都要取决于分工的消灭。我们也曾指出,只有交往和生产力已经发展到这样普遍的程度,以致私有制和分工变成了它们的桎梏的时候,分工才会消灭"。准确地说,是消灭资产阶级私有制下形成的奴役性分工,"私有制和分工的消灭同时也就是个人在现代生产力和世界交往(jetzigen Produktivkrafte & den Weltverkehr)所建立的基础上的联合"。② 当然,这就是共产主义中人的彻底解放和全面自由发展。

　　在共产主义社会(kommunistischen Gesellschaft)中,即在个人的独创的和自由的发展(originelle & freie Entwicklung)不再是一句空话的唯一的社会中,这种发展正是取决于个人间的联系,而这种个人间的联系则表现在

---

① [日]广松涉编注:《文献学语境中的〈德意志意识形态〉》,彭曦译,南京大学出版社2005年版,第122—124页。中译文有改动。Marx-Engels-Gesamtausgabe(MEGA²),Ⅰ/5,Text,Berlin:Akademie Verlag,2017,S.96-97.

② 参见《马克思恩格斯全集》第3卷,人民出版社1960年版,第516页。

下列三个方面,即经济前提,一切人的自由发展的必要的团结一致以及在现有生产力基础上的个人的共同活动方式。因此,这里谈的是一定历史发展阶段上的个人,而决不是任何偶然的个人,至于不可避免的共产主义革命就更不用说了,因为它本身就是个人自由发展的共同条件(gemeinsame Bedingung)。①

这是马克思恩格斯对未来共产主义的美好憧憬。他们共同强调,共产主义绝不是"现实应该与之符合的理想",作为一种解放运动,它首先是生产力发展超越资产阶级社会的客观必然结果,同时,也会是资产阶级社会中那种人的偶然性关系被否定后出现的"一切人的自由发展的必要的团结一致",更重要的,将是消除了资产阶级社会运动中的盲目和自发特征,使人们在现有的生产力水平之上科学认识社会规律,真正构序出"个人的共同活动方式",获得人类的全面彻底解放。

----

① 《马克思恩格斯全集》第3卷,人民出版社1960年版,第516页。

第九章 资产阶级社会中的资本奴役关系透视

1846 年到 1849 年,马克思在第二次经济学研究的进程中,基于"居利希笔记"对资产阶级经济发展史的全程了解,在经济学上已经接受了劳动价值论,并彻底转到了李嘉图的立场上。在哲学思考上,马克思确定了科学的生产关系概念,在进一步深化历史唯物主义方法论塑形的同时,也在科学社会主义的视角中较多地关注了对资产阶级社会的历史评价和现实批判问题。很显然,这仍然是一个非科学现象学和批判认识论话语缺席的时期,马克思尽可能用"实证科学"的事实话语来客观描述资产阶级社会中的各种奴役现象。最终,马克思科学地认识到,资本是一种支配性的统治关系,从而为下一步透视以资本关系为基础的资产阶级社会本质奠定了重要的理论基础。

1.《布鲁塞尔笔记》C 与"居利希笔记"

1846—1847 年,马克思在第二次经济学研究的最后,在布鲁塞尔写下了三个笔记本的《布鲁塞尔笔记》C①,这一笔记完成于 1846 年 9 月至 1847 年 12 月。从目前留存下来的手稿来看,我推测,这应该是在《德意志意识形态》手稿的写作和修改工作基本完成之后,马克思独立进行的专题性经济学研

---

① Marx-Engels-Gesamtausgabe(MEGA²) , Ⅳ/6 , Text , Berlin: Dietz Verlag, 1983.

究。可以明显看到,不同于马克思在《巴黎笔记》、前期《布鲁塞尔笔记》和《曼彻斯特笔记》中对资产阶级经济学的学理研究,《布鲁塞尔笔记》C 的主要内容是对欧洲经济发展史的全面了解和思考。这一思考的中心是对整个资产阶级社会经济的发生和发展的全景式现实考察,可以说,这也是马克思前期经济学学术理论思考与资产阶级社会经济现实历史进程的结合。依我的揣测,马克思研究经济史的动机,应该是在《德意志意识形态》的写作和后期修改中生成的。虽然马克思和恩格斯一起共同创立了广义历史唯物主义,但当他们去实际描述社会历史的不同所有制关系的现实发展,特别是对资产阶级社会经济剥削本质进行现实批判时,他们会感到自己对社会历史发展史实,特别是资产阶级经济发展史的了解和认识是不够充分的。恩格斯在多年以后评论《德意志意识形态》一书时就感慨,此书"已写好的一部分是解释唯物主义历史观的;这个解释只是表明当时我们在经济史方面的知识还多么不够"①。这必定会使马克思下决心认真研究经济史,《布鲁塞尔笔记》C 多少就是这种特定理论专题研究冲动的结果。其中,马克思的历史考察中不仅有荷兰、意大利和英国等老牌欧洲资本主义国家商品生产、经济关系发生和发展的历史线索,也有法国、德国、美国和日本等新兴资本主义国家经济的现实布展,特别是存在巨大生产力水平落差的资本主义国家之间在生产和国际贸易上的冲突和竞争关系。更重要的是,由欧洲资产阶级"发现"的美洲新大陆和遍及亚洲、美洲各地的殖民地经济,在获取原料和倾销商品的市场关系中呈现出来的不平等交换等重要史实。马克思上一次对欧洲历史的全程式考察,是在几年前的《克罗茨纳赫笔记》中,可那一次关注的中心线索是欧洲政治史。

　　这一由三个笔记本构成的经济史摘录笔记有四个部分:一是作为笔记主体的"居利希笔记",这是他对古·居利希写于 1830—1845 年的欧洲经济史巨著《商业的历史描述》一书的摘要。这些摘录存于三个笔记本中,共 113 页。马克思在《1844—1847 年记事笔记》中第一次提到了该著作,列在"购买或以其他

---

① ［德］恩格斯:《〈路德维希·费尔巴哈和德国古典哲学的终结〉一书序言》,载《马克思恩格斯全集》
　　第 21 卷,人民出版社 1965 年版,第 412 页。

方式采购"的列表中。二是马克思用德语摘录的玛丽·奥吉尔法文版的《从古至今公共信用的历史》(Marie Augier, *Du crédit public et de son histoire depuis les tempsanciens jusqu'à nos jours*, Paris, 1842)。这部分内容大约完成于1846年秋季至1847年9月,共计2页,记载在第3笔记本的最后。三是马克思另外所做的"经济史研究的统计学笔记"(Studien zur ökonomischen Geschichte Statistische Notizen, 以下简称"统计学笔记"),其中包括《统计笔记》(*Statistische Notizen*)、《德国的统治局面——德国政治关系的影响》(*Herrschaft der Konjunkturen in Deutschland-Einfluß der politischen Verhältnisse in Deutschland*)和《关于土地价格》(*Über Grundstückpreise*)。最后一部分,是马克思写于1847年12月的《需求》(*Nachfrage*)手稿,其中,马克思直接借鉴了居利希的摘录。"统计学笔记"与《需求》这两部分摘录和独立手稿也在第3笔记本中,共计5页。

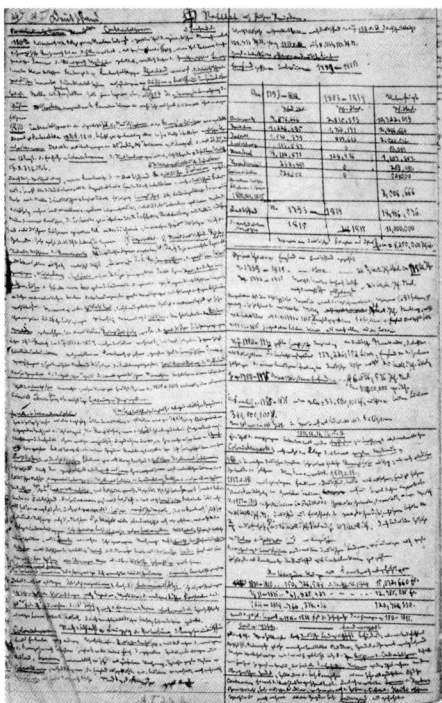

图9-1 马克思"居利希笔记"手稿一页

　　这里，我们主要来看一下《布鲁塞尔笔记》C 中的"居利希笔记"。居利希的《商业的历史描述》一书的第 1—2 卷，出版于 1830 年。这两卷主要讨论了从古代至 1828 年为止欧洲经济发展的历史。第 1 卷比较详细地介绍了欧洲当时经济比较发达的国家，比如英国、荷兰和法国的经济发展情况，也涉及包括俄国在内的其他欧洲国家的经济发展简况。第 2 卷介绍了欧洲以外其他地区和国家的经济发展，其中主要对美国和德国的经济发展情况进行了详细的讨论。从 1842 年到 1845 年，居利希又出版了此书的后三卷。它们包含对 1828 年至 19 世纪 40 年代上半期世界经济和各个国家经济的广泛而详细的说明。马克思后来将居利希的这本书直接指认为"一本有关工商业史的真正学术著作"①。

　　从存留下来的马克思的摘录笔记看，马克思并没有按照居利希的写作顺序进行阅读和摘录，而是先从第 5 卷中 19 世纪欧洲各国经济发展最新情况入手，这表明马克思内心最关心的问题是当代资产阶级社会经济运行的现状，因为这既与前述经济学理论的落地相关，也会成为当下无产阶级革命的客观依据。他摘录了该书中涉及贸易、价格和货币、税收和人口发展等一般问题的部分，以及一些最近的经济理论。他在这部分摘录中还专门关注了德国对外贸易的问题。然后是第 4 卷，马克思摘抄了 1828 年至 1844 年德国经济发展的详尽状况，以及其他国家的经济发展线索。上述摘录构成了第 1 笔记本和第 2 笔记本的主要内容。在第 2 笔记本的最后和第 3 笔记本中，马克思则是在各卷之间选择自己感兴趣的内容和问题线索，跳跃式地进行往返阅读和摘录，其中的主线是马克思按年代顺序摘录了居利希对各个国家经济历史的描述。他从古代到 1841 年的英国及其殖民地的经济历史开始，然后将该书第 2 卷中关于印度、中国和日本的说明插入第 1 卷和第 3 卷相应的材料中，由于英国经济的世界地位，他显然特别重视英国在东亚的贸易扩张。之后，他以同样的方式从不同的卷册中总结了美国和法国的经济史。最后，马克思集中于居利希在第 1—2 卷里关于 17 世纪到 19 世纪前期欧洲各国资产阶级经济发展线索的小结，在这里，马克思通过两个三栏方框分别梳理了欧洲各国经

---

① 《马克思恩格斯全集》第 4 卷，人民出版社 1958 年版，第 282 页。

济发展的特色、不同经济阶段的生产力水平,以及贸易和国际交往的情况。①
应该说,这是马克思第三次经济学研究中比较重要的阶段,他不仅收获了来
自社会现实中的大量第一手的资产阶级社会经济发展数据和史料,从而为自
己在创立历史唯物主义科学方法论之后对资产阶级社会的批判打下了坚实
的现实基础,也一定程度地推进了自己对经济学话语的全新认知。

其一,我们能够观察到,在这次针对资产阶级经济现实发展史的研究中,马
克思第一次接受了劳动价值论,这是一个十分重要的理论事件。这一重要的理
论转变,很快体现在马克思同期写下的《哲学的贫困》一书中。因为这也意指着
经济学中的劳动价值论会直接成为科学社会主义的理论基础,这必然使马克思
对整个资产阶级社会本质的认识大大前进一步。并且,我们看到马克思已经从
斯密转到了李嘉图的经济学立场上。这是因为,第一,马克思在 19 世纪欧洲经
济和贸易的最新进展中发现,"亚当·斯密并不了解 19 世纪的生产和消费关
系"(Adam Smith kannte die Productions-und Consumtionsverhältnisse des 19ten
Jahrhunderts nicht),他的劳动转移均衡理论和国际贸易关系的观点都已经严
重脱离当下欧洲各国经济发展的现实,斯密不知道市场在欧洲人可以进入的
几乎任何地方都会变得过度拥挤。"亚当·斯密见证了英国贸易的不断发
展;英国商品在几个欧洲国家的消费,特别是在北美,十年十年的扩张并且对
这些岛民而言没有危险的竞争;因此,他根据产品的数量确定了国家财富的
衡量标准:现在通常几乎没有任何收益 = 生产成本的返还。"②马克思应该意
识到,斯密上述的这些经济学判断,在新的经济发展现实面前都会站不住脚
跟,这应该是他迅速离开斯密经济学的根本原因。在后来的《1861—1863 年
经济学手稿》中马克思指认说,亚当·斯密的经济学"反映的还是大工业的史
前时期","而李嘉图则从现代工业的观点来回答他"。③ 第二,马克思在居利
希的书中看到,在欧洲主要资产阶级经济发展中,机器化大生产业已成为普
遍的客观趋势,"由于**机器使用**(*Maschinenanwendung*)的增加导致**劳动贬值**

---

① 参见 Marx-Engels-Gesamtausgabe(MEGA²),Ⅳ/6,Text,Berlin:Dietz Verlag,1983,S. 891 –929。

② Marx-Engels-Gesamtausgabe(MEGA²),Ⅳ/6,Text,Berlin:Dietz Verlag,1983,S. 93. 中译文参见张义修译稿。

③ 参见《马克思恩格斯全集》(第二版)第 33 卷,人民出版社 2004 年版,第 35 页。

（*Entwerthung der Arbeit*），从而**降低了工人的纳税能力**（*Verminderung des Vermögens der Arbeitenden，Steuern zu zahlen*）；首先是在通过使用机器**直接**取代活动（*unmittelbares* Setzen ausser Thätigkeit）的地区，然后是在这种使用对其他国家产生影响的地区"①。机器化大生产使劳动在物质生产过程中的地位大大下降，并出现了"使用机器直接取代活动"的趋势。这使得斯密基于工场手工业生产的主体性劳动价值论打上了问号。有可能，这也是马克思在思想上从斯密转向基于机器生产的李嘉图的经济学的原因。然而，马克思这个时候还没有意识到李嘉图在劳动价值论问题上存在的真正难题。这一点，是他在后来《伦敦笔记》中的"李嘉图笔记"Ⅲ中遭遇的。

其二，在这一阅读和摘录过程中，马克思在进入经济学理论研究后，第一次对整个欧洲经济发展史进行了全景式的了解，特别是对欧洲各国的农业生产、工业生产的历史发生、发展和全新的经济贸易活动现实进行了历史性考察。第一，这种从生产、流通到扩大再生产的全面历史了解，也使得马克思观察资产阶级社会经济活动的视角变得更加完整。《1844 年手稿》中停留在私有财产——生产结果（劳动产品异化）的出发点，开始前移到生产条件的投入，并逐步扩展到对整个资产阶级社会生产过程的全面观察。

第二，通过对整个欧洲资产阶级经济发展全程的全景式了解，马克思也看到了不同资产阶级国家在历史进程中不断兴盛和衰败的演变。他在摘录笔记的最后集中制作了三个总括性的分栏对比研究：一是四栏分隔，分别提要了英国、西班牙和葡萄牙、德国和法国、荷兰等国在 18 世纪的经济实力对比情况。② 二是从 1806 年底到 1814 年，即从大陆封锁政策的开始到巴黎和约的英法战争时期，英国、法国、美国和巴西四国的经济关系变化。③ 三是分三栏讨论了 1857—1859 年资产阶级国家之间爆发争夺殖民地的战争时，各个资

---

① Marx-Engels-Gesamtausgabe（MEGA²），Ⅳ/6，Text，Berlin：Dietz Verlag，1983，S. 88. 中译文参见张义修译稿。

② 参见 Marx-Engels-Gesamtausgabe（MEGA²），Ⅳ/6，Text，Berlin：Dietz Verlag，1983，S. 891。中译文参见孔伟宇译稿。

③ 参见 Marx-Engels-Gesamtausgabe（MEGA²），Ⅳ/6，Text，Berlin：Dietz Verlag，1983，S. 913 –915。中译文参见孔伟宇译稿。

产阶级国家遭遇的截然不同的社会经济结果。① 这使得马克思对资产阶级经济发展的国别史线索有了更加清晰的认识。

第三,马克思在整个当代资产阶级社会经济发展进程中直接看到,机器化大生产越来越成为商品市场经济繁荣的客观基础。这是对前期《布鲁塞尔笔记》中"机器专题"理论研究的现实田野观察。马克思摘录到,在德国,整个资产阶级工业生产中出现了"工厂的繁荣,蒸汽机的使用增加,特别是向遥远的地区派遣"②,其中,现代工业生产活动中作为社会物相化空间的工厂的大量涌现,以及机器化生产活动中作为生产条件的蒸汽机的普遍使用,是这种经济发展中的关键环节。"在一些工业部门中,机器的使用更为普遍,煤炭开采和蒸汽运输对机器的需求也在不断增加"③。显然,机器在工业中的普遍使用,改变了工场手工业时期工人劳动物相化的方式,无疑极大地提高了处于欧洲经济发展后进位置上的德国社会生产力的水平。在老牌资产阶级经济强国——英国,"英国制造商的巨大的能量与活动;最大的资本与此相关;寻求通过技术的不断进步来提升他们的工业"④。当蒸汽机在纺织业中普遍运用之后,"在18世纪的前五年,英国的棉纺厂每年大约使用100万磅原棉;1771—1775年为400万;1781—1785年,然而,当纺纱机已经以一种相当普遍的方式投入使用时,原棉的使用量每年超过1000万磅,1791年超过2800万磅"⑤。这是一个机器化生产中提高劳动生产率的生动实例。马克思还摘录到,在英国经济发展过程中,"蒸汽机不仅用于羊毛和棉花工厂的机器运转,也用于许多其他行业。在煤炭和其他矿山,在铁、铜、其他金属和其他一些工

---

① 参见 Marx-Engels-Gesamtausgabe(MEGA²),Ⅳ/6,Text,Berlin:Dietz Verlag,1983,S.922-929。中译文参见孔伟宇译稿。

② Marx-Engels-Gesamtausgabe(MEGA²),Ⅳ/6,Text,Berlin:Dietz Verlag,1983,S.210. 中译文参见李乾坤译稿。

③ Marx-Engels-Gesamtausgabe(MEGA²),Ⅳ/6,Text,Berlin:Dietz Verlag,1983,S.203. 中译文参见李乾坤译稿。

④ Marx-Engels-Gesamtausgabe(MEGA²),Ⅳ/6,Text,Berlin:Dietz Verlag,1983,S.504. 中译文参见李亚熙译稿。

⑤ Marx-Engels-Gesamtausgabe(MEGA²),Ⅳ/6,Text,Berlin:Dietz Verlag,1983,S.448. 中译文参见李亚熙译稿。

厂中进行大规模生产"①。可以说,蒸汽机改变了英国工业生产的整体面貌。并且,在英国工业革命的进程中,英国资产阶级充分利用了"**自然科学,尤其是化学**(*Naturwissenschaften, besonders die Chemie*),越来越早地得到发展,他们的许多发现比任何其他国家都更早地、幸运地应用于工业"②。这也表明,科学技术业已成为工业生产的巨大内驱力量,这使得英国在新型的机器化大生产中始终走在欧洲的前列。在法国,"由于工厂的许多设施和扩建,**资本**(*die Capitalien*)从农业中撤出。这一时期在欧洲大陆的任何国家都没有像法国这样大规模的事业,尤其是最近十年的各种技术机构"③。由此,法国的传统农业已经开始转向工业化,特别是以技术的对象化应用为基础的现代化生产。在美国,资产阶级"通过制造业和工业的扩张更加促进了贸易,因为贸易和航运中的人力和资本比以前少得多。棉毛厂、铁厂、玻璃厂、造纸厂等取得长足发展;英裔美国人在机械工作方面的技能和他们出色的机器促进了他们的发展,这些机器甚至不逊色于英国人。这些工业部门的进步导致了它们国内贸易的扩大"④。这是说,在新兴的美国资产阶级经济发展中,现代制造业和工业的扩张,也促进了国内和国际贸易的发展。

　　第四,马克思留意到,在资产阶级经济活动中出现了以"贸易展览会"的方式促进商品交易的新情况。"在18世纪的最后十年,贸易展览会在德国几个城市的重要性增加了。由于引进德国的制造商数量大幅增加以及东欧奢侈品的进步,德国的产品出口量很大。这赋予了莱比锡贸易展览会特殊的意义"⑤。后来在伦敦,马克思格外关注了1851年举办的"第一届万国工业博览会"。

---

① Marx-Engels-Gesamtausgabe(MEGA²),Ⅳ/6,Text,Berlin:Dietz Verlag,1983,S.449. 中译文参见李亚熙译稿。

② Marx-Engels-Gesamtausgabe(MEGA²),Ⅳ/6,Text,Berlin:Dietz Verlag,1983,S.649. 中译文参见吴婷译稿。

③ Marx-Engels-Gesamtausgabe(MEGA²),Ⅳ/6,Text,Berlin:Dietz Verlag,1983,S.653. 中译文参见吴婷译稿。

④ Marx-Engels-Gesamtausgabe(MEGA²),Ⅳ/6,Text,Berlin:Dietz Verlag,1983,S.604. 中译文参见吴婷译稿。

⑤ Marx-Engels-Gesamtausgabe(MEGA²),Ⅳ/6,Text,Berlin:Dietz Verlag,1983,S.236. 中译文参见李乾坤译稿。

第五,马克思在这里第一次完整地注意到了资产阶级通过商业资本股份制聚合和证券、信贷等金融资本运作的新形式。马克思最早是在"穆勒笔记"中讨论了资产阶级信用关系的异化性质。① 他摘录到,荷兰的东印度公司和尼德兰贸易公司以商业资本的股份聚合方式成功吸收和扩大资本力量,"这一庞大的资本控股(Capitalbesitz)"极大促进了荷兰资产阶级在东南亚地区的扩张。② 而在英国,"公共资金比以前更容易被投机;英国资本家也在法国、美国等地大量参与政府证券的交易;海外货币贸易中最重要的部分,是通过其他国家所取得的许多**进展**而获得的"③。而资产阶级经济发展中最早的金融交易的核心是设在阿姆斯特丹和伦敦的"特别的证券交易所",通过借贷资本的金融交易功能,资产阶级不仅获得了扩大再生产的投入,也利用"**增加的资本财产**促进了交易和信贷的持续扩张。为了销售他们的商品,许多商人不得不给予越来越多的信贷,无论是在国内还是国外"④。马克思发现,"阿姆斯特丹证券交易所的政府证券交易现在非常重要,其价值远远超过商品贸易"⑤。这是资产阶级社会发展中经济物相化的全新模式。以后,马克思将在1850年前后的《伦敦笔记》中,再一次集中摘录和思考资产阶级经济学中的信用和通货理论。而他真正科学地解决这一问题,则是在《资本论》第三卷中。

其三,在居利希关于欧洲资产阶级经济发展的历史描述中,马克思也直接看到了这种剥削制度中内嵌的深刻社会矛盾和危机,从而进一步加深了自第二次经济学研究以来的相近思考。第一,资产阶级社会内嵌的经济危机问题。在马克思的摘录中,可以看到英国与德国贸易交易中出现的无政府状态:"在没有商业交往替代的情况下,这个过程中的停滞会导致这种交往的最

---

① 参见《马克思恩格斯全集》第42卷,人民出版社1979年版,第21—22页。

② 参见 Marx-Engels-Gesamtausgabe(MEGA²),Ⅳ/6,Text,Berlin:Dietz Verlag,1983,S.260。中译文参见张义修译稿。

③ Marx-Engels-Gesamtausgabe(MEGA²),Ⅳ/6,Text,Berlin:Dietz Verlag,1983,S.478.中译文参见李亚熙译稿。

④ Marx-Engels-Gesamtausgabe(MEGA²),Ⅳ/6,Text,Berlin:Dietz Verlag,1983,S.449.中译文参见李亚熙译稿。

⑤ Marx-Engels-Gesamtausgabe(MEGA²),Ⅳ/6,Text,Berlin:Dietz Verlag,1983,S.410.中译文参见李亚熙译稿。

大减少,甚至完全混乱。一旦英国走向地狱,这种**无政府状态**(*Zustand der Anarchie*)必然会发生。如果英国不能再从德国购买商品并让它更容易地通过资本(*Capitalien*)建造铁路,那么这里也会出现无政府状态和衰败"①。马克思直接看到,德国在"1819 年发生了最致命的贸易危机,尤其是粮食销售。但泽和其他波罗的海港口的出口出现前所未有的停滞"②。更致命的现象为,这种周期性的危机像瘟疫般地在整个资产阶级经济世界中蔓延。在"居利希笔记"之后写下的"统计学笔记"中,马克思摘录了英国和其他欧洲各国羊毛与棉纺织品进出口的统计数据变化,特别聚焦了 19 世纪每次危机时期从"生产过剩"到"复苏"的全部上下起伏的经济数据。③

第二,资产阶级社会经济发展中工人阶级的悲惨状况。这是马克思自《巴黎笔记》之后始终关注的重要问题。马克思看到,伴随着"机器的使用和工厂人口的不断增加,工人阶级的处境变得更加悲惨"④。这种悲惨的境地,是由于机器化生产一方面对工人劳动的"去技能化",另一方面使劳动力大量剩余,这必然使工人的劳动环境和生活处境日益艰难。在摘录中,马克思直接看到,"在英国已经广泛实行的劳动分工,由于机器的使用增加而进一步扩大;它简化了许多操作;在羊毛和棉花生产中,可以雇佣许多没有技能或技能非常有限的人,还有很多儿童"⑤。生产的机械化,使生产者的技能变得同质化和标准化,这使劳动力价格低廉的妇女和儿童大量涌入工厂,更多的成年男工陷入失业的困境,这激起了"**工厂工人对机器的革命和反抗**(*Die Revolution und die Auflehnung der Fabrikarbeiter gegen die Maschinen*)"⑥。也由

① Marx-Engels-Gesamtausgabe(MEGA²),Ⅳ/6,Text,Berlin:Dietz Verlag,1983,S.709. 中译文参见吴婷译稿。

② Marx-Engels-Gesamtausgabe(MEGA²),Ⅳ/6,Text,Berlin:Dietz Verlag,1983,S.212. 中译文参见李乾坤译稿。

③ 参见 Marx-Engels-Gesamtausgabe(MEGA²),Ⅳ/6,Text,Berlin:Dietz Verlag,1983,S.943 – 957。

④ Marx-Engels-Gesamtausgabe(MEGA²),Ⅳ/6,Text,Berlin:Dietz Verlag,1983,S.504. 中译文参见李亚熙译稿。

⑤ Marx-Engels-Gesamtausgabe(MEGA²),Ⅳ/6,Text,Berlin:Dietz Verlag,1983,S.440. 中译文参见李亚熙译稿。

⑥ Marx-Engels-Gesamtausgabe(MEGA²),Ⅳ/6,Text,Berlin:Dietz Verlag,1983,S.650. 中译文参见吴婷译稿。

于劳动生产率的提高,"工人之间的竞争加剧,他们的**产品价格**很低,现在的**工资价格**也很低;亚麻布的纺纱工和织布工,棉花厂雇佣的工人,在一些地方还有丝绸厂雇佣的工人,**从来没有像现在这样廉价地工作过**"①。相对于"**市民阶级(Bürgerstand)不时变得更加奢侈**"②,创造了财富的工人却陷入生活的贫困状态中。这也意味着,欧洲资产阶级社会中工业和经济的飞速发展,反而使工人阶级处于水深火热之中,这必然会激起被压迫者的普遍反抗。在不久之后公开发表的《保护性关税派、自由贸易派和工人阶级》的演讲中,马克思称赞居利希"真心关怀保护手工劳动",并肯定他所提出的"对国内的机器征收重税,以保护体力劳动免受机器侵害"的观点。③

其四,特别是资产阶级各国在亚非拉各地的不平等交换和殖民主义奴役,创造了欧洲国家资产阶级资本原始积累的充分条件。一是资产阶级从殖民地国家大量获取自己经济发展所需的原材料,"欧洲大陆几乎所有国家的原材料都来自美洲",比如"英国工厂使用的原材料,如羊毛、生丝、木材、沥青、茶叶、牛脂、亚麻和大麻","特别是北美的木材、沥青、焦油,来自东印度的丝绸"。④ 这是资本生产和原始积累中的一个重要方面。并且,大量的黄金和白银从世界各地流入欧洲,"直到18世纪初,黄金和白银几乎不间断地增加,导致欧洲、美国和西班牙本身的贵金属大量增加"⑤。与此同时,殖民地的人民却处于非人的奴隶制统治之下,比如"印第安人,特别是秘鲁和基多的印第安人,**一直在最艰苦的条件下呻吟**","……他们的处境比任何欧洲殖民地的奴隶都要悲惨得多"。⑥ 我注意到,在后来的《资本论》第一卷中,马克思引述

---

① Marx-Engels-Gesamtausgabe(MEGA²), Ⅳ/6, Text, Berlin: Dietz Verlag, 1983, S. 853. 中译文参见孔伟宇译稿。

② Marx-Engels-Gesamtausgabe(MEGA²), Ⅳ/6, Text, Berlin: Dietz Verlag, 1983, S. 854. 中译文参见孔伟宇译稿。

③ 参见《马克思恩格斯全集》第4卷,人民出版社1958年版,第282—283页。

④ 参见 Marx-Engels-Gesamtausgabe(MEGA²), Ⅳ/6, Text, Berlin: Dietz Verlag, 1983, S. 478. 中译文参见李亚熙译稿。

⑤ Marx-Engels-Gesamtausgabe(MEGA²), Ⅳ/6, Text, Berlin: Dietz Verlag, 1983, S. 877 - 878. 中译文参见孔伟宇译稿。

⑥ 参见 Marx-Engels-Gesamtausgabe(MEGA²), Ⅳ/6, Text, Berlin: Dietz Verlag, 1983, S. 879。中译文参见孔伟宇译稿。

了居利希该书中关于荷兰资产阶级 1648 年商业繁荣背后的殖民统治情况,它"几乎独占了东印度的贸易及欧洲西南部和东北部之间的商业往来。它的渔业、海运业和工场手工业,都胜过任何别的国家。这个共和国的资本也许比整个欧洲其余地区的资本总和还要多"①。马克思认为,实际上,"殖民地为迅速产生的工场手工业保证了销售市场以及由市场垄断所引起的成倍积累。在欧洲以外直接靠掠夺、奴役和杀人而夺得的财宝,源源流入宗主国,在这里转化为**资本**",并且,"**居利希**忘记加上一句:荷兰的人民群众在 1648 年就已经比整个欧洲其余地区的人民群众更加劳动过度,更加贫穷,更加遭受残酷的压迫"。② 更加可恶的是,当资产阶级的殖民统治和不平等交换遇到了反抗,他们就会毫不犹豫地对以枪炮。在此,马克思看到了英国资产阶级通过鸦片对中国的不平等贸易,在英国人用枪炮强行推销的鸦片销售中,"鸦片获得了对大部分人口的不屈不挠的统治;罪恶与日俱增,暗中交易愈加危险;自 1833 年东印度公司解散以来,鸦片贸易一直为私人商人所利用,通常投入所产生的巨额利润使他们在追求鸦片的过程中越来越具有创造性。因此,中国沿海大祸临头,白银几乎穷尽外流"③。并且,英国人为了打通鸦片在中国的销路,竟于 1840 年悍然发动了无耻的震惊世界的鸦片战争并迫使中国清政府签订《南京条约》④。马克思后来说,"这个条约从头到尾都是侮辱"⑤。

这一切经济史发展的全景式历史现场和鲜活的经济数据,在马克思之后的《哲学的贫困》、《共产党宣言》和《雇佣劳动与资本》等论著中,科学地说明资产阶级生产关系的历史作用、深刻的社会关系变革,以及资产阶级社会在无产阶级革命中最终走向历史性消亡的必然性论证中起了关键性的现实支

---

① Gülich, *Geschichtliche Darstellung des Handels, des Gewerbes und des Ackerbaus der bedeutendsten handeltreibenden Staaten unserer Zeit*, Bd. Ⅰ, Jena, 1830, S. 371. 参见《马克思恩格斯全集》(第二版)第 42 卷,人民出版社 2016 年版,第 772 页。

② 参见《马克思恩格斯全集》(第二版)第 42 卷,人民出版社 2016 年版,第 772 页。

③ Marx-Engels-Gesamtausgabe(MEGA²), Ⅳ/6, Text, Berlin: Dietz Verlag, 1983, S. 329. 中译文参见李乾坤译稿。

④ 1842 年 8 月 29 日,在英军舰"汗华丽"(亦译康华丽)号上,中国清政府全部接受了英国提出的议和条款,清政府代表耆英与英国代表签订中国近代史上第一个不平等条约——《南京条约》。其中,中国向英国割让香港岛,并向英国赔偿所谓"鸦片烟价、商欠、军费"共 2100 万银圆。

⑤《马克思恩格斯全集》第 29 卷,人民出版社 1972 年版,第 348 页。

撑作用。甚至，马克思的"居利希笔记"也成为他之后经济学研究中对资本主义生产方式科学认识中的极其重要的史实依据。马克思后来在《资本论》第一卷（第二版）跋中这样评价居利希："古斯塔夫·冯·居利希在他的《商业、工业和农业的历史叙述》中，特别是在 1830 年出版的该书的前两卷中，已经大体上谈到了在我们这里妨碍资本主义生产方式发展、因而也妨碍资产阶级社会建立的历史条件。"①马克思的这一评价，也可以被视作对整个"居利希笔记"的历史性学术价值判断。

2. 市民社会话语Ⅳ与现代资产阶级社会的历史性

1846 年 6 月，正当马克思恩格斯写作和修改《德意志意识形态》的最后时刻，蒲鲁东出版了《经济矛盾的体系，贫困的哲学》（简称《贫困的哲学》)②一书。在马克思恩格斯业已创立了广义历史唯物主义科学方法论之后，蒲鲁东却在他们正在进入的经济学领域中抛出了一个用黑格尔唯心主义哲学塑形出来的政治经济学"体系"。依孙伯锒先生的观点，马克思对蒲鲁东经济学的看法也经历过一种转变。他指出，"1845 年以前，马克思对蒲鲁东的评价是持肯定态度的。1845 年，他同一切传统的旧哲学彻底决裂，在人类认识史上完成了一次哥白尼式的伟大革命，创立了崭新的社会历史理论。这种认识论上的决裂必然导致马克思对包括蒲鲁东在内的旧哲学观点的评价发生根本性的转变"③。如果说，在《1844 年手稿》和《神圣家族》中，马克思对蒲鲁东的看法中还包含着某种认同，那么，在《德意志意识形态》之后，马克思的态度明显发生了"根本性的转变"。更重要的是，蒲鲁东这种体系化的经济学话语，恰恰是通过貌似社会主义的形象来全面批判资产阶级社会的生产方式，这使得蒲鲁东的理论一经提出立刻产生了巨大的吸引力。我的推论是，蒲鲁东的这本书基本上是受马克思 1844 年用哲学话语批判经济学的影响的结果。因为

---

① 《马克思恩格斯全集》（第二版）第 44 卷，人民出版社 2001 年版，第 15 页。
② 该书在 1846 年 6 月出版，马克思于 12 月读到该书。该书中译文参见［法］蒲鲁东《贫困的哲学》第 1 卷，徐公肃、任起莘译，商务印书馆 1961 年版。
③ 孙伯锒：《探索者道路的探索》，北京师范大学出版社 2017 年版，第 373 页。

那时候,"他们两人在巴黎常常终夜争论经济问题"(恩格斯语)①。可能发生的事情是,蒲鲁东讲自己批判资产阶级财产关系的社会主义此-此证伪逻辑,而马克思则会讲透视资产阶级经济学的黑格尔否定辩证法的此-彼归基论。马克思自己也承认,"在长时间的、往往是整夜的争论中,我使他感染了黑格尔主义,这对他是非常有害的,因为他不懂德文,不能认真地研究黑格尔主义"②。恐怕这正是我们在分析《1844年手稿》时看到的马克思那种极其复杂的黑格尔现象学话语。这一定深深打动和吸引了蒲鲁东,所以让后者"感染了黑格尔主义"。可是,当不懂黑格尔否定辩证法的蒲鲁东去模仿马克思经济学语境中的哲学话语时,马克思恩格斯业已创立了历史唯物主义的科学方法论。这不能不说是一个倒错的学术悲剧。

1846年12月28日,马克思十分郑重地致信俄国自由派作家巴·瓦·安年柯夫,作为对后者11月1日来信论及蒲鲁东的经济与哲学观点的答复。③有趣的是,蒲鲁东在《贫困的哲学》一书出版前不久曾致信马克思,说他"等待着您严格的批评",马克思的正式答复就是1847年出版的《哲学的贫困》。也是在上述这两个马克思用法文写作的文本中,我们再一次看到了他对现代资产阶级社会认识的不断深化,其中,最重要的进展是对资产阶级社会奴役本质的揭露,以及科学的生产关系概念的生成。下面,我们先来看一下《马克思致安年柯夫》(*Marx an Pawel Wassiljewitsch Annenkow*)。

首先,在《马克思致安年柯夫》中,我们看到了马克思那个独有的**市民社会话语Ⅳ**的概念。我们需要注意,这个在资产阶级社会话语之外的特殊的市民社会话语Ⅳ,几乎贯穿马克思关于社会历史观察的整个思想史过程。这也

---

①《马克思恩格斯全集》第21卷,人民出版社1965年版,第205页。

②《马克思恩格斯全集》第16卷,人民出版社1964年版,第31页。

③ 安年柯夫(Pavel Vasilievich Annenkov, 1813—1887),当时是布鲁塞尔共产主义通讯委员会驻巴黎的通讯员。1846年3月,由托尔斯泰介绍给马克思(《马克思恩格斯与俄国政治活动家通信集》,人民出版社1987年版,第1页)。安年柯夫在巴黎看了蒲鲁东的《贫困的哲学》一书后,于1846年11月1日写信给马克思,谈了自己对这本书的看法,"感觉经济确是非常有份量",并征求马克思的意见。由于书商的拖延,马克思到这年的12月底才看到蒲鲁东这部著作,他用了两天时间浏览了一遍,就用法文给安年柯夫写了这封回信。参见《马克思恩格斯全集》第27卷,人民出版社1972年版,第476—488页。Marx-Engels-Gesamtausgabe(MEGA²), Ⅲ/2, Text, Berlin: Dietz Verlag, 1979, S. 70–80.

可以旁证《德意志意识形态》中广义历史唯物主义的原创者是马克思。他批评蒲鲁东"没有从现代社会制度(l'état social actuel)的联结(engrènement)"中去了解今天的资产阶级社会。① 这里明确标识了观察社会的非物像场境特征,engrènement 是指突现在主体际关系中的作为"正在消逝的东西(verschwindend darstellt)"的社会场境关系赋型,只是马克思在这里强调了关系场境的宏观**社会整体构式**。因为社会并不是蒲鲁东所说的什么人类"无人身的理性","社会(la société)——不管其形式如何——究竟是什么呢? 是人们交互作用的产物(Le Produit de l'action réciproque des hommes)"。② 相比之马克思在"穆勒笔记"和《1844 年手稿》中那个作为价值悬设的本真的社会概念③,这是一种历史的、现实的、具体的社会概念。马克思的这个"交互作用的产物",是在否定蒲鲁东的将社会视作一种先验主体的看法,它极为深刻地呈现出马克思历史唯物主义的 *Emergence*（**突现**）**场境存在观**。这个以 engrènement 为本质的社会定在,既不是旧唯物主义直观中的到场现成对象物的堆砌,也不是没有了人身主体的理性构境,它是在特定时期、由特定的人们以特定的方式建构起来的具有特定社会历史负熵质的、**活动的、相互作用的**共同生存关系场境。这是马克思在《关于费尔巴哈的提纲》中指认的从独立的个人归基于人的本质"在其现实性上,它是一切社会关系的总和"的断言,在更大社会空间中的社会物相化关系构序延伸。只是,马克思将这种社会物相化的关系总和,深化为历史辩证法运动中功能性的 l'action réciproque(交互作用)。广松涉后来提出的"交互主体的世界结构论",是深得马克思这一观点真谛的。④ 并且,在这一点上,广松涉显然在存在论上高于布尔迪厄将社会关系场观念缩减为力量斗争关系场的做法。

我以为,这个**社会交互论**是历史唯物主义构境中**社会物相化**观念的重要

① 参见《马克思恩格斯全集》第 27 卷,人民出版社 1972 年版,第 476 页。Marx-Engels-Gesamtausgabe(MEGA²),Ⅲ/2,Text,Berlin:Dietz Verlag,1979,S.70.
② 参见《马克思恩格斯全集》第 27 卷,人民出版社 1972 年版,第 476—477 页。Marx-Engels-Gesamtausgabe(MEGA²),Ⅲ/2,Text,Berlin:Dietz Verlag,1979,S.71.
③ 参见《马克思恩格斯全集》(第二版)第 3 卷,人民出版社 2002 年版,第 301 页。
④ 参见[日]广松涉《世界交互主体的存在结构》,邓习议译,彭曦校,南京大学出版社 2020 年版。

深入。因为它第一次辨识了社会物相化不同于一般生产物相化的异质性:人变革外部自然对象的爱多斯之相的实现是**单向性**的,人对自然存在的劳动塑形和构序的物相化,是通过自然对象的用在性改变和重新编码完成的;而在社会物相化关系构序过程中,人对社会生活的关系赋型和构式并非单向和线性地发生的,一种社会生活的场境或一种社会制度的建构往往是通过人与人的**非线性的交互作用**完成的。当然,这种人与人之间的交互作用不是抽象的。历史地看,这种特定的社会物相化关系构序的交互作用,在不同的历史时期中的发生和实现方式是异质性的。比如在原始部族生活中,直接母系关系或同族成员之间的交互作用基本是同向的,而对外族的生存关系上的冲突和斗争则是自然性的残暴;进入阶级社会之后,社会物相化的交互关系则开始表现为**阶级冲突**,布尔迪厄所指认的社会生存中的力量角逐和斗争关系场历史性地成为社会生活的本质。只是在前资产阶级的阶级社会赋型中这种相互作用会表现为**直接的压迫和奴役**;而资产阶级则在商品-市场经济中将这种可见的奴役转换为形式上公平的交易关系,在此,社会物相化关系的构序过程,开始转换为市场交换中盲目竞争的**非主体交互作用**建构起来的无序无相的经济物相化过程,这种经济物相化编码很深地遮蔽起资本家对工人的经济剥削关系。这是我们需要认真深入思考的方面。在这一点上,布尔迪厄特别关注了这种**交互作用场**中的**身体化惯习**支配以及所谓**象征资本**的暴力问题,这是极有意义的努力。然而,他没有区分当代资本主义体制下决定性的经济关系支配与其他转型支配手段之间的差异。

依马克思的看法:

> 在人们的生产力发展的一定状况(un certain état)下,就会有一定的(telle)交换(commerce)和消费形式。在生产、交换和消费发展的一定阶段上,就会有一定的社会制度、一定的家庭、等级或阶级组织,一句话,就会有一定的市民社会(telle société civile)。有一定的市民社会,就会有不过是市民社会正式表现的一定的政治国家。①

---

① 《马克思恩格斯全集》第 27 卷,人民出版社 1972 年版,第 477 页。Marx-Engels-Gesamtausgabe (MEGA²),Ⅲ/2,Text,Berlin: Dietz Verlag, 1979,S. 71.

在《回到马克思》第一卷中,我已经指认这八个"一定的"(bestimmte/certain/telle)突显了历史唯物主义的独有**历史性时间**特质,其实,这也会是科学的历史认识论的重要基础。这里马克思使用的telle(一定的、特定的)一词,有着Dasein中的Da之意。从这一表述中可以十分清楚地看到,当马克思这时表述历史唯物主义的基本观点时,已经没有了那个**人本学的现象学逻辑**,如在《德意志意识形态》中一样,他直接就是从社会的关系场境本质着眼的。当马克思从客体向度去描述社会定在的时候,他总是历史地从社会生活中非直观的内在关系赋型和构式负熵本质出发:一是生产力发展的一定状况,这是一个深埋在主体劳作工艺、客观物相化塑形和构序社会历史负熵中的功能性水平表征,这是广义历史唯物主义的一般物像透视原则。二是生产力的历史性的构序质性和实践功能度决定了一定的交换和消费方式,这是物质生产物相化与再生产构序之上,特定商品交换和消费的经济构式负熵进程中的关系场境。显然,马克思此时还无法科学地界划一种历史边界,即经济的交换和消费关系是特定的历史性现象,它们并非广义历史唯物主义的一般原则,而将是马克思以后创立的狭义历史唯物主义和批判认识论的认知对象。三是这种经济关系所塑形的家庭关系、阶级关系筑模起来的社会制度,即telle société civile[一定的市民社会(话语Ⅳ)]。四是市民社会之上的一定的政治国家。其实,这后面三点,也都不是社会历史发展的一般原则,只是人类社会进入阶级对立和经济的社会赋型时才出现的社会物相化历史现象。我推断,这里有两种可能:一是马克思此处针对蒲鲁东《贫困的哲学》一书中错误的经济学观点,只是指认了经济的社会赋型的基本结构和历史本质;二是因为他并没有看到摩尔根的《古代社会》一书,所以并不知道阶级社会之前还存在着一个无阶级、不存在经济关系和政治构架的原始部族生存。这里的法文话语编码中,出现了在德语中无法表达的有深刻含义的词语细分:马克思专门使用了法语中特有的société civile(市民社会或公民社会),以区别于他同时使用的société bourgeoise(资产阶级社会)。依概念考古的词频统计,马克思在该信中5次使用société civile这一术语。从马克思这一表述的具体构境来看,这个société civile并不是特指**资产阶级社会**,而是指在德语中无法区分的**市民社会话语Ⅳ**(打着引号的bürgerliche Gesellschaft),即在社会赋型和构式结构中那个决定了政治、法律和意识形态上层建筑的**关系性基础**。然而，马克思这个时候的观点，也由于历史知识的缺乏而带有一定的局限。因为这个"市民社会"只是建立在已经出现交换和消费的经济关系和阶级组织之上，它虽然会是一定政治国家（包括意识形态等上层建筑）的结构性基础，但并非贯穿整个人类社会发展全程。应该指出，马克思此处关于市民社会话语Ⅳ的内核，主要还是基于一定生产力水平之上的**交换和消费**活动中的交往关系，还不是更深刻的**生产关系**概念。生产关系的概念是在不久之后的《哲学的贫困》一书中形成的。

第一，**市民社会话语Ⅳ的历史性转换**。在马克思的进一步解释中，我们可以看到这个并非资产阶级社会的"市民社会话语Ⅳ"更清楚的赋型所指。马克思说，蒲鲁东在面对社会生活的时候，严重"混淆了思想和事物（les idées et les choses）"，这当然是唯心主义的方法论前提。在法文中，只有一个表征物的 chose（如同英文中的 thing），而没有德文中可以差异性地区分开来的 Ding（物）与 Sache（事物）。并且，由于他不能透视第一层级物相化中的物像迷雾，所以无法领悟"人们的社会历史始终只是他们的个体发展的历史，而不管他们是否意识到这一点。他们的物质关系（rapports matériels）形成他们的一切关系的基础（base）。这种物质关系不过是他们的物质的和个体的活动所借以实现的必然形式罢了"①。也是在这里，我们再一次遭遇"基础"这一重要的表述。这个作为社会结构基础的本质，是让个体以一定的方式生存的"物质关系"。我以为，这同样是历史唯物主义社会场境存在论的重要体现，在马克思这里，凡是他谈及人及其个体，观察社会生活，从来都不是停留在人的肉身和对象物的感性直观到场现象上，而是非物像地在关系存在论的特定历史与境中，描述人对自然的生产物相化关系和人与人在物质活动中的交互关系场境赋型。也是在这里，马克思专门提醒我们，人的社会关系赋型虽然是**非实体的**场境存在，但同样是客观存在的 rapports matériels（物质关系）。这说明，在马克思的眼中，人类社会独有的社会关系场境存在，正是物质存在的一种特殊的社会历史负熵方式。恰恰是这种物质关系赋型和编码，生成了人

---

① 《马克思恩格斯全集》第 27 卷，人民出版社 1972 年版，第 478 页。

们其他"一切关系的基础"。并且,马克思将这一作为社会生活基础的物质关系总体构式,进一步指向在经济的社会赋型中出现的**经济关系**。

在此,马克思还基于历时性的视角,进一步说明了这个作为市民社会话语Ⅳ的经济关系基础的历史性改变。他说,当人们在"他们的交往方式"(le mode de leur commerce)不再适合于既得的生产力时,就不得不改变他们继承下来的一切社会形式。马克思还专门解释说,"我在这里使用'commerce'一词是就它的最广泛的意义而言,就像在德文中使用'Verkehr'一词那样"。这里的交往,显然已经不是赫斯的类本质交往,也不是狭义的经济学语境中的交换,而是广义历史唯物主义构境中人与人之间相互作用的共同活动关系场境,之后,马克思将用生产关系这一更加科学的概念取代它。关于这个作为市民社会话语Ⅳ的经济关系的结构性基础的历史转变,马克思非常具体地分析道,比如,"各种特权、行会和公会的制度、中世纪的全部规则(régime réglementaire du moyen age),曾是唯一适合于既得的生产力和产生这些制度的先前存在的社会状况的社会关系(relations sociales)"①。这也是一种历史性的社会物相化关系赋型,只是封建宗法关系总体构式的场境存在直接依存于血亲关系和土地上农耕生产力的实践功能度,这种"社会关系的总和"是整个封建政治国家等上层建筑的"基础"。而当资产阶级在新型的工业生产物相化进程之上建立起来的商品-市场经济活动逐步开始在封建社会的内部发展起来之后,"积累了资本,发展了海上贸易,建立了殖民地"的资产阶级如果想保存自己的既得利益,就不得不变革基础性的社会物相化关系构式和整个社会的上层建筑,于是,就有了英国 1640 年和 1688 年的资产阶级革命,即"人们既得的生产力和他们的不再与此种生产力相适应的社会关系相互冲突而产生的伟大历史运动"②。在那里,

> 一切旧的经济形式(formes économiques)、一切和这些形式相适应的社会关系、曾经是旧的市民社会(l'ancienne société civile)的正式表现的政治国家,当时在英国都被破坏了。可见,人们借以进行生产、消费和交

---

① 《马克思恩格斯全集》第 27 卷,人民出版社 1972 年版,第 478 页。
② 《马克思恩格斯全集》第 27 卷,人民出版社 1972 年版,第 486 页。

换的经济形式是**暂时的和历史性的**（*transitoires et historiques*）形式。随着新的生产力的获得，人们便改变自己的生产方式（mode de production），而随着生产方式的改变，他们便改变所有不过是这一特定生产方式的必然关系的经济关系。①

这里出现的旧有的 société civile 正是**市民社会话语Ⅳ**，即决定了其他社会关系的经济关系，也是作为政治国家基础的经济关系（结构）。中译文竟然漏译了 l'ancienne société civile 中的 civile，只是译为"旧社会"，这样整段表述的构境意思就完全不同了。这个市民社会话语Ⅳ，即人们在一定时期中获得的"生产、消费和交换的经济形式"，是 *transitoires et historiques*（**暂时的和历史性的**）社会物相化现象，这是对历史认识论中那个关键的历史性时间维度的另一种表达。并且，这个暂时的和历史性的社会结构的基础，将随着生产力的新发展，由生产方式的变革而发生根本性的改变。由此，我们可以再一次看到，马克思所说的一个社会结构中的基础结构，是由**经济的社会形式**中的生产、消费和交换活动的经济关系构成的，这当然不是贯穿全部历史的"社会基本矛盾"，只是在一个特定历史阶段中出现和发生作用的经济构式负熵规律。

第二，**市民社会话语Ⅳ与观念意识形态的本质**。这同样是广义历史唯物主义构境中关系意识论的重要原则。在《马克思致安年柯夫》中，马克思批判蒲鲁东的错误时格外指出，后者虽然看到了人们生产呢子、麻布、丝绸，却不能正确地在非物像视域中理解人们只能在一定的社会关系场境中进行生产，也无法领悟到经济关系（市民社会话语Ⅳ）在一个社会结构中的基础性作用，并且，他更不能在关系意识论中透视到，一切观念形态的意识形态都不是对呢子、麻布和丝绸等直接到场物性对象的直映，而是生产这些产品中必然发生的一定社会关系赋型的**历史性**抽象和反映。由此，我们也可以进一步体会上述讨论历史唯物主义的场境关系存在论和关系意识论的深刻意义。马克思说：

---

① 《马克思恩格斯全集》第 27 卷，人民出版社 1972 年版，第 478—479 页。中译文有改动。Marx-Engels-Gesamtausgabe（MEGA²），Ⅲ/2，Text，Berlin：Dietz Verlag，1979，S. 71.

蒲鲁东先生不了解，人们还按照自己的生产力而生产出他们在其中生产呢子和麻布的**社会关系**。蒲鲁东先生更不了解，适应自己的物质生产水平而生产出社会关系的人，也生产出各种**观念、范畴**，即恰恰是这些社会关系的抽象的、观念的表现。所以，范畴也和它们所表现的关系一样不是永恒的。它们是历史性的和暂时的产物。①

在马克思看来，蒲鲁东的错误，在于他将自己手中的观念范畴当作与哲学唯物主义的抽象"物"一样永恒不变的东西，而无法意识到，观念的本质只是一定历史时间中特定社会物相化关系构序的抽象表现，这些作为"正在消逝的东西"（verschwindend darstellt）的社会关系场境，恰是突现于一定的"物质生产水平"和历史辩证法的特定实践功能度之上的。马克思的这一观点，与《德意志意识形态》一书中提出的意识的本质是"我对我的环境的关系"是一致的，只是他在这种历史唯物主义关系意识论原则的基础上更具体地指认，一定历史条件下的社会生活中出现的观念和范畴，都必然与特定时间中的社会物相化关系赋型相关联。所以，历史时间性的社会关系场境，会以一种不以个人意志为转移的**社会历史先验**构架，直接决定人与社会的全部精神**构境方式和历史编码质性**。因而，这些观念和范畴，作为康德式的先天综合判断的观念核心，将会与特定的社会关系赋型构架一样，都是历史性的和暂时的，这是一种深刻的历史认识论的观点。马克思认为：

> 蒲鲁东先生主要是由于缺乏历史知识而没有看到：人们在发展其生产力（leurs facultés productives）时，即在生活时，也发展着一定的相互关系（rapports）；这些关系的性质必然随着这些生产力的改变和发展而改变。他没有看到：**经济范畴**（les catégories économiques）只是这些现实关系（ces rapports réels）的**抽象**（des abstractions），它们仅仅在这些关系存在的时候才是真实的。②

这还是在强调场境关系存在论和关系意识论的本质。马克思的历史唯物

---

① 《马克思恩格斯全集》第 27 卷，人民出版社 1972 年版，第 484 页。中译文有改动。
② 《马克思恩格斯全集》第 27 卷，人民出版社 1972 年版，第 482 页。Marx-Engels-Gesamtausgabe（MEGA²），Ⅲ/2，Text，Berlin：Dietz Verlag，1979，S. 75.

主义构境,真的是以**关系场境存在为先**的,他时时刻刻告诫我们,必须从一定历史时间中的社会现实关系赋型入手观察社会定在,必须考察人们在特定生产力水平之上建立起来的社会物相化活动中的相互关系,人所面对的 umgebende Welt(周围世界)绝不是各种到场物性对象的总和("物质统一性"),现实的个人"在世之中"只能是处于人对自然的劳动物相化和人与人交互作用的社会物相化关系场境世界之中,这是一个用在性功能链普遍关联起来的 Emergence(突现)场境世界。人们在生活中塑形感性经验的意识和理解我们周围世界的知性观念构式,只是这种特定社会历史负熵关系场境存在的历史性的主观映现。因为在《贫困的哲学》一书中蒲鲁东主要是在讨论经济学,所以,他将自己手中的经济范畴都看成了非历史的先验观念。他无法参透,人们在现实社会中的生活关系场境本质是由一定的生产力水平和历史辩证法的实践功能度决定的,生产力构序的历史质性的改变也必然改变这种关系性场境存在的历史质性,进一步,在历史认识论的视域中,一切经济范畴都只是特定社会经济关系赋型和经济物相化的产物。蒲鲁东"**不是把经济范畴看做历史的、与物质生产的一定发展阶段相适应的生产关系的理论表现**,而是荒谬地把它看做历来存在的、**永恒的观念**"①。其实,这一观点与上述经济关系决定政治国家的表述一起,就会塑形起**基础(市民社会话语Ⅳ)决定政治国家与意识形态上层建筑**的完整理论。

其次,关于资产阶级社会本质的**历史性和暂时性**。第一,在历史辩证法和历史认识论的维度中,资产阶级社会必然是一种**历史性的、暂时的经济关系下的现代私有制**。针对蒲鲁东抽象地讨论只是在资产阶级社会中才历史性出现的机器、分工等问题,马克思告诉他,在不同于资产阶级社会的封建社会中,作为人们社会物相化结果的"封建主义的所有制,是在一系列完全不同的社会关系中发展起来的"②。如果说,在《德意志意识形态》中,马克思恩格斯是在告诉费尔巴哈,他所面对的自然对象的感性物像已经是工业和商业发展的历史产物,那么在这里,马克思则在倒过来批评蒲鲁东,他所面对的机器生产和分工等历史现象在过去的农耕社会中是完全不存在的。因为在农耕

①《马克思恩格斯全集》第16卷,人民出版社1964年版,第31页。
②《马克思恩格斯全集》第27卷,人民出版社1972年版,第481页。

自然经济关系场境中,并没有机器、分工和竞争等这些特定生产力历史构序和经济关系赋型的产物,这些工业生产工具、新的劳作方式和市场交换生成的繁杂经济关系场境,是在特定工业的生产力水平和实践功能度之上才会历史性发生的事情。一是针对蒲鲁东将机器当作抽象经济范畴的错误,马克思说,机器系统只是作为资产阶级社会发展基础的工业生产构序的历史性产物。"机器不是经济范畴,正象拉犁的犍牛不是经济范畴一样。现代运用机器一事是我们的现代经济制度的关系(relations)之一,但是利用机器的方式和机器本身完全是两回事"①。这一点,从农耕劳作到蒸汽机推动的机器生产的转换,是马克思在"居利希笔记"中所深透体认到的欧洲资产阶级经济发展中的现实历史进程。如同前资产阶级社会生产过程中的"拉犁的牛"一样,机器是现代资产阶级社会中工业物相化生产的工具系统,二者都不是经济学的主观概念。在资产阶级私有制的经济关系之下使用机器,使之成为资产阶级盘剥劳动者的武器,这种特定的**关系性奴役场境**并非"机器本身"的过错。二是在封建社会中根本不可能出现现代意义上的分工,因为只是在资产阶级的经济关系逐渐发展起来以后,才出现了在14—15世纪早期资产阶级殖民主义制造的世界市场中出现的奴役性国际分工,"在英国开始于17世纪中叶而结束于18世纪末叶的工场手工业时期的分工",以及现代资产阶级社会中不同行业的复杂分工。可以看出,马克思此时对分工的理解业已开始发生重要的改变,虽然他还没有正确地区分社会分工与劳动分工。我猜想,这应该也是马克思在"居利希笔记"中对欧洲经济史的全程考察中获得的新看法。

第二,资产阶级社会的本质是一种**间接的奴隶制和殖民主义奴役关系下直接奴隶制的混杂编码**。这是马克思对资产阶级社会的一种新的认识。蒲鲁东抽象地讨论奴隶制与自由,而马克思则指出,在认知对象上,奴隶制本身也是一种历史性的社会关系赋型和社会物相化的结果。在下面的《雇佣劳动与资本》中,马克思更深入地讨论了这一问题。作为一种范畴,奴隶这一概念不过是对历史性的"奴隶制(l'esclavage)"社会关系构式的主观映现。马克思还批评蒲鲁东,"奴隶制从创世时起就在各国人民中存在。现代各民族善于

---

① 《马克思恩格斯全集》第27卷,人民出版社1972年版,第481页。

仅仅在本国把奴隶制掩饰起来"①。这里的"从世界开始存在时"的表述是不精准的，因为此时马克思还不知道，人类社会开始时是并不存在奴役关系的原始部族生活世界。因为在现代资产阶级社会的发展中，历史上所出现的直接奴隶制却在现在发生的殖民主义奴役关系中畸变为一种新型的直接奴隶制。这是一种特殊的时空关系畸变。因为存在于封建关系赋型之前的奴隶制与一切直接奴役关系，是资产阶级启蒙和政治革命的直接否定对象，可是在今天的现实中，欧洲各国的资产阶级社会却呈现出一种通过对殖民地人民的直接奴役关系建构起来的**间接奴隶制**（*l'esclavage indirect*）。后来马克思指认说，这种间接的奴隶制"一开始就是为了商业投机，为了世界市场而生产，这里存在着资本主义生产，虽然这只是形式上的，因为黑人奴隶制排除了自由雇佣劳动，即排除了资本主义生产的基础。但是在这里我们看到的是用黑人奴隶经营事业的**资本家**。他们采用的生产方式不是从奴隶制产生的，而是接种在奴隶制上面的"②。这也就是说，资产阶级在殖民地实施的新型的直接奴隶制的**野蛮**统治，恰恰支撑了欧洲资产阶级社会中看起来**文明**的奴役，所以，后者的本质仍然是一种人为"接种"起来的间接的奴隶制。那么，什么是资产阶级在殖民地所建立的新型**直接奴隶制**（*l'esclavage direct*）呢？马克思在这里说：

> 直接奴隶制也像机器、信贷等等一样，是我们现代工业的枢纽（pivot de notre industrialisme actuel）。没有奴隶制，就没有棉花；没有棉花，就没有现代工业。奴隶制使殖民地（colonies）具有了价值，殖民地造成了世界贸易（commerce du monde），而世界贸易则是大机器工业（grande industrie machinelle）的必不可少的条件。在买卖黑奴以前，殖民地给予旧大陆的产品很少，没有显著地改变世界的面貌。可见，奴隶制是一个极为重要的经济范畴。没有奴隶制，北美这个最进步的国家就会变成宗法式的国家。只要从世界地图上抹去北美，结果就会出现混乱状态，就会出现贸易和现代文明的彻底衰落。③

---

① 《马克思恩格斯全集》第 27 卷，人民出版社 1972 年版，第 484 页。
② 《马克思恩格斯全集》（第二版）第 34 卷，人民出版社 2008 年版，第 336 页。
③ 《马克思恩格斯全集》第 27 卷，人民出版社 1972 年版，第 484 页。中译文有改动。

　　这当然是马克思此时从"居利希笔记"中获得的新认识,因为居利希的《商业的历史描述》一书中,对欧洲资产阶级在世界各地的殖民地经济发展有过十分仔细的描述。特别是在美洲大陆的殖民地上,由于残酷的盘剥和疫病造成了大量本地人口的死亡,这使得非洲的奴隶人口贩卖和现代新型的奴隶制生产成为必然。特别是在 18 世纪 80 年代,"棉花种植被引入北美,种植很快在联盟南部各州扩大,这里生产的原材料比其他地区便宜得多"①,于是,美洲奴隶制下生产的棉花则成了欧洲资产阶级现代纺织工业的原料。这是一个奇怪的历史时空错位编码关系。直接以可见的强暴式的掠夺方式建立起来的奴隶制,是很多欧洲国家在中世纪之前处于不发达的社会发展阶段时出现的社会历史形式,然而马克思发现,这种"过时"的直接的奴隶制却成为今天资产阶级"现代工业的枢纽":没有美洲的殖民主义直接奴隶制的残暴掠夺和压榨,就没有棉花;没有奴隶劳动生产的大量的棉花,就没有欧洲现代工业中的纺织业。在"居利希笔记"中,马克思看到:"从 1686 年到 1786 年,英国人从非洲出口了超过2000000名黑人奴隶,其中大部分供应给英属西印度群岛。这里对奴隶的需求随着种植的发展而增加。这种扩张在这里非常重要;从 1700 年到 1800 年,这些岛屿的产品对英国的出口增加了比 1∶15 更大的比例。"②在今天的欧洲大陆几乎绝迹的直接奴隶制,资产阶级却在另一个现实社会关系编码空间——"在新大陆则公开地推行它"。这种公开的殖民主义奴役,也成了资产阶级社会("文明社会)所需要的世界贸易和大机器工业所无法缺少的条件。这也意味着资产阶级所标榜的"文明",其实是另一个落后土地上通过殖民主义野蛮的直接奴隶关系支撑起来的间接奴隶制,在那里,资产阶级自己所奉行的所谓的"文明"(人人平等的法律编码)恰恰是被作为例外状态**悬置**的。阿甘本后来深刻地发现了这种出现在现代资产阶级民主制度中的"悬法"例外状态。③ 在一定的意义上,这恰恰是历史时间在社

① Marx-Engels-Gesamtausgabe(MEGA²),Ⅳ/6,Text,Berlin:Dietz Verlag,1983,S.10. 中译文参见张义修译稿。

② Marx-Engels-Gesamtausgabe(MEGA²),Ⅳ/6,Text,Berlin:Dietz Verlag,1983,S.545. 中译文参见吴婷译稿。

③ 参见拙著《遭遇阿甘本——赤裸生命的例外悬临》,南京大学出版社 2019 年版,第六章。

会空间上的畸形布展。它呈现一个现实存在论中的**双重不在场的在场性**:一是奴隶制在现代欧洲资产阶级社会关系编码中的不在场,这种不在场恰恰是以亚非拉殖民地奴隶制的现实在场为前提的;二是现代资产阶级所标榜的"文明"在殖民地土地上的现实不在场,这种现实的不在场,却支撑着欧洲资产阶级社会中的"文明"意识形态编码。这是一种反讽意义上的历史辩证法。其实,马克思关于资产阶级社会本质是"间接奴隶制"的认定,还有两个可能性中更深的构境层面,一是在他后来完成的资产阶级通过形式上"文明"的平等交换,而实质上野蛮地无偿占有工人劳动的剩余价值理论中实现的;二是资产阶级社会的结构有可能是复杂的多种生产方式共存的非线性编码。

3. 现代资产阶级社会的奴役本质

不久之后,马克思用法文写作并公开出版了全面批判蒲鲁东《贫困的哲学》一书的论著——《哲学的贫困》(*Misère de la philosophie. Rèponse à la philosophie de la misère de M. Proudhon*,Paris,1847)。在这本书的第二章中,马克思展开了我们刚刚讨论过的他在《马克思致安年柯夫》中的基本观点。当然,我们不难发现,马克思批判的重点不再是蒲鲁东那种明显的黑格尔式的观念决定论,而在于分析他的经济学研究方法论中隐含的深层唯心主义,这其实是一种**抽象的逻辑先导性**:当蒲鲁东面对经济学研究时,他一方面满怀激愤地批判资产阶级社会,可另一方面却又无意识地**将资产阶级社会中历史性出现的作为社会关系之反映的经济范畴永恒化**。实际上,这也是全部资产阶级政治经济学非历史的意识形态本质。

其一,是马克思在此第一次直接论说了**李嘉图与黑格尔在面对资产阶级社会态度上的关系**:"如果说有一个英国人把人变成了帽子,那末,有一个德国人就把帽子变成了观念。这个英国人就是李嘉图,一位银行巨子,杰出的经济学家;这个德国人就是黑格尔,柏林大学的一位专任哲学教授。"[①]第一,很显然,与《1844 年手稿》和《德意志意识形态》不同,此时马克思在经济学逻

①《马克思恩格斯全集》第 4 卷,人民出版社 1958 年版,第 138 页。

辑构式上,不再基于还有一丝主体向度残余的斯密,而转到了客体向度中李嘉图的立场。用马克思自己后来的话讲,叫曾经"采用过李嘉图的理论"①。这当然是马克思在第二次经济学研究中获得的新进展。我们发现,马克思已经在直接肯定李嘉图是"当代的历史学家"②了。这个不同于"杰出经济学家"称谓的"历史学家",并非真的是说李嘉图是一个历史学研究者,而是在历史唯物主义客观向度上指认李嘉图的经济学话语无意识达及的客观性维度。所以马克思会认为,李嘉图"已科学地阐明作为现代社会即资产阶级社会(société bourgeoise)的理论"③。依概念考古的词频统计,马克思在该文本中 8 次使用了不同于 société civile(市民社会)的 société bourgeoise(布尔乔亚社会/资产阶级社会)一语。实际上,这一话语能指恰好为德文中已经转喻为资产阶级社会的那个 bürgerliche Gesellschaft 的意义所指。根据前面已经讨论过的内容,我们知道李嘉图"把人变成了帽子",是指他的经济学客观上揭示了资产阶级社会经济过程中人与人的关系**畸变为物**("**帽子**")的经济物役性过程。李嘉图最终实现了**从人到物**(资本关系)的过渡,即完全以客观**生产力的发展**为第一尺度,"为生产而生产,为发财而发财"(马克思语)。工人,"只有在他充当生产他人财富的生产工具时,他的生存才有意义"④。后面,马克思在自己的第三次经济学研究中接着李嘉图往下说,将会启用揭示人与人的关系场境颠倒地畸变为事物与事物之间的此-彼错位关系的**事物化批判理论**。然而马克思又说,李嘉图的观点的确是"把人变成了帽子",但这不是由李嘉图观点的"刻薄"造成的,而是由于他所面对的机器化大生产基础上资产阶级经济生活的客观事实本身就是刻薄的。后来,马克思这样评价李嘉图:"李嘉图的冷酷无情不仅是**科学上的诚实**,而且从他的立场来说也是**科学上的必要**。因此对李嘉图来说,生产力的进一步发展究竟是毁灭土地所有权还是毁灭工人,这是无关紧要的。如果这种进步使工业资产阶级的资本贬值,李嘉图也

① 《马克思恩格斯全集》第 29 卷,人民出版社 1972 年版,第 387 页。
② 《马克思恩格斯全集》第 4 卷,人民出版社 1958 年版,第 156 页。
③ 《马克思恩格斯全集》第 4 卷,人民出版社 1958 年版,第 89 页。
④ 《马克思恩格斯全集》(第二版)第 33 卷,人民出版社 2004 年版,第 266 页。

是欢迎的"①。我以为,也是在这里,马克思开始离开基于工场手工业劳作的资产阶级社会早期需要-交换体系的斯密的市民社会话语Ⅱ,并且直接反对法国人本主义经济学家对李嘉图政治经济学的攻击。② 马克思的这种肯定的态度,与《巴黎笔记》和《1844年手稿》中对李嘉图的简单否定("犬儒主义")是完全不一样的。在那里,马克思恰恰是赞同西斯蒙第、贝阿吉尔贝尔等人"跳出经济学"的人本主义构境意向。马克思这一思想上的进步,显然是源于在"居利希笔记"中获得的新认识。

第二,进一步,马克思指认在黑格尔那里,他又把李嘉图的"帽子变成了观念"。过去我们在解读马克思的这一观点时,大多认为这是在批评黑格尔的观念唯心主义,其实不然。依我新的解读,马克思隐喻式地指认黑格尔将李嘉图的"帽子"变成了观念,并非仅仅是批评黑格尔的唯心论,其实是在更深一层的构境中,发现黑格尔看到了李嘉图客观呈现了资产阶级社会经济关系场境中发生的事物化颠倒,但他又用体现绝对观念的国家与法批判性地超越它。这也就是说,马克思意识到黑格尔在市民社会话语Ⅲ的批判构境中,将事物化了的原子个人在市场无序交换的经济必然性王国中的自在熵增和物性自发构序状态,重新扬弃为自由王国中的自为的绝对观念(精神负熵)。这是马克思更深一层的批判性构境,因为这将是马克思以科学社会主义超越资产阶级社会的重要逻辑构式之缘起。

其二,是对作为资产阶级社会本质的**生产关系的科学透视**。我认为,马克思在这里确立科学的生产关系范畴,是历史唯物主义构境中的重大理论进展。这是原先广义历史唯物主义话语中那个人与人之间的主体际**交往关系**,向生产领域关系场境赋型的逻辑下沉。其实,这也是从斯密经济学的主体向度转为李嘉图的客体向度在关系场境论中的表现。马克思认为,蒲鲁东与资产阶级经济学家一样,不知道人们是在一定的生产方式内生产,他不明白这种生产方式的本质是人们总会在一定的社会关系赋型场境中共同活动,这些社会关系随着生产力的发展也会发生历史性改变。

---

① 《马克思恩格斯全集》(第二版)第34卷,人民出版社2008年版,第127页。
② 参见《马克思恩格斯全集》第4卷,人民出版社1958年版,第94页。

这些一定的社会关系(rapports sociaux déterminés)同麻布、亚麻等一样,也是人们生产出来的。社会关系和生产力密切相联。随着新生产力(nouvelles forces productives)的获得,人们改变自己的生产方式(mode de production),随着生产方式即保证自己生活的方式的改变,人们也就会改变自己的一切社会关系。手工磨产生的是封建主为首的社会,蒸汽磨产生的是工业资本家为首的社会(la société avec le capitaliste industriel)。①

这里出现的 déterminés 一词,在法语中有"既定"、"被决定"的意思。关于亚麻、麻布生产和蒸汽机的使用问题,会是"居利希笔记"中涉及的具体工业生产问题。这当然是历史唯物主义的第一层级非物像认知中的双重观点,就像改变外部对象世界的实践活动、生产劳动物相化活动当下发生与消失一样,作为社会定在历史性本质的人们的社会关系赋型和编码场境,也是当下发生并迅速消失于人们的共同活动之中的。但是,如同一定的物质生产过程中通过劳动活动塑形出特定的在场对象性产品(麻布、亚麻)一样,人们同时也不断地将这种**怎样生产和生活的关系赋型场境**历史性地再生产出来,这正是社会物相化关系编码的过程。在许多年之后,列斐伏尔在《空间的生产》(1974)中将生产关系场境的生产与再生产变成了社会空间的历史本质。马克思在历史认识论的维度上指认,当物质生产物相化的生产力获得新的进展时,人们也会改变自己怎样生产的构序方式和相互作用的社会物相化关系构式。手推磨时代的自然经济生产力,必然赋型出帝王将相高高在上的封建宗法性的社会物相化关系编码,而蒸汽机开创的工业生产时代,一定会产生出资产阶级居统治地位的社会经济关系编码。马克思批评蒲鲁东,指出他根本不能领悟这种广义历史唯物主义的历史性场境关系存在本质,比如,他在资产阶级社会中无法看到"货币不是物,而是一种社会关系(La monnaie, ce

---

① 《马克思恩格斯全集》第4卷,人民出版社1958年版,第143—144页。现在网上可下载的现代版的法文《哲学的贫困》,将马克思这里使用的 capitaliste 错写为 capitalisme,此次重新查阅了马克思1847年的法文原版和1908年出版的 gallica 版,才校正了这一文本错误。这一处错误在《哲学的贫困》现代法文版的第66页上。(参见 Karl Marx, *Misère de la philosophie*, gallica, 1908, p. 35。)在这一文献学考证工作中,刘冰菁博士给予了大力的文献协助。

n'est pas une chose, c'est un rapport social)"①。这也是那个交往类本质异化构式的没影点。在"穆勒笔记"开始的交往异化构式中,资产阶级经济学家眼中的物性货币,被青年马克思透视为人的交往类本质关系的异化。而在此,到场的货币**不是它自身**,而是一种不在场的现实的社会经济关系编码。从这能够看到那个此-彼归基逻辑的影子。从可见的在场熟知对象物背后,捕捉到不可直观的作为"正在消逝的东西(verschwindend darstellt)"的社会关系场境,这恰是历史唯物主义非物像的科学透视感。我们在生活中遭遇金钱,经验常识会简单地将其视作现成的一般财富,而马克思则让我们进一步发现,这种物性实在并不是它自身,其本质是一种被遮蔽起来的社会关系编码(经济物像伪境)。在这里,马克思还没有进一步说明,这种不可直观的社会关系是怎样历史性地颠倒为到场"物"的,即经济关系编码的事物化颠倒,以及物化错认的复杂经济物相化机制,这一点他是在《1857—1858 年经济学手稿》中才通过历史现象学逐步破境的。

也正是在这里,马克思深刻地发现,这种社会关系的实质是一种特定的"生产关系"(rapports de production),"这种关系正如个人交换一样,是和一定的生产方式相适应的"②。资产阶级社会经济活动中出现的货币,并不是直观中可见的对象物**自身**(铸币和纸币),它作为"消逝的东西",是一种隐匿起来的不在场的社会关系,这是过去马克思已经意识到的问题,但是,从"穆勒笔记"开始,这种从交往关系的异化中透视出来的交换,主要还是停留于流通领域中,所以,在《德意志意识形态》一书中,马克思恩格斯在讨论市民社会话语Ⅳ时,大多使用了一定生产力水平之上的**主体性的交往关系**,这一观点一直持续到不久前的《马克思致安年柯夫》。而这里,马克思直接指认出,货币除去是一种流通领域中发生作用的交换关系,同时,它也是资产阶级社会中居统治地位的 rapports de production(生产关系),正是这个生产关系代表了资产阶级生产方式的筑模质性方面。显然,这离那个可以在生产领域**带来新的金**

①《马克思恩格斯全集》第 4 卷,人民出版社 1958 年版,第 119 页。中译文有改动。Karl Marx, *Misère de la philosophie*, gallica, 1908, p. 35.
②《马克思恩格斯全集》第 4 卷,人民出版社 1958 年版,第 119 页。中译文有改动。Karl Marx, *Misère de la philosophie*, gallica, 1908, p. 35.

钱的金钱——资本关系更近了一步。可以发现,在过去马克思使用人对人**主体际**交往关系的地方,他开始将其进一步下沉到人对自然物相化劳作塑形和构序关系中的**生产关系**的概念。如上所述,舒尔茨已经使用过这一生产关系(Verhältnisse der Production)①概念。我觉得,马克思的**科学的生产关系概念**正是在此时形成的,这应该也是历史唯物主义场境关系存在论中最重要的进展。其实,广义的生产关系应该再科学地区分为两个构序层:一是那个人改变自然的物质生产实践中,"怎样生产"的劳作物相化活动的根本性关系,它是建立在一定的生产力功能水平和实践功能度之上的技艺、主体际劳动分工与协作等狭义的生产关系;二是这种历史性生产劳作中的生产关系,再赋型整个人与人交往的社会关系物相化(如经济的社会赋型中的经济关系场境)编码的本质,这种根本性的社会生产关系是一定社会生产方式的本质,由此筑起的生产关系的"总和"(基础)再规制全部上层建筑的场境关系。这里,马克思还专门提出,非物像的政治经济学也就是要研究"生产怎样在上述关系下进行",以及"这些关系(rapports)本身是怎样产生的"。② 这也就奠定了对资产阶级社会内部生产关系的编码本质进行科学的经济学研究的正确方向。马克思在1847年9月29日写给威尔纳·韦尔特海姆的信中特别强调,"我认为毫无疑问,应该首先阐明生产关系问题,以及从社会生活的其他领域同生产关系的联系中去考察和评价这些领域"③。这显示了马克思此时发现生产关系概念后的特殊心情。我认为,这也应该是后来马克思在《资本论》序言中,说明自己的经济学探索主旨为对资本主义**生产关系**研究的逻辑缘起。

其三,是马克思揭露资产阶级政治经济学的意识形态本质在于**将资产阶级生产关系永恒化**。有了生产关系概念这一重要的历史唯物主义理论进展,马克思对资产阶级社会的批判也不同程度地越发深刻起来。在马克思看来,对于现代资产阶级社会,所有资产阶级

　　　　经济学家们都把分工(division du travail)、信用(crédit)、货币等资产

---

① 参见[德]舒尔茨《生产运动》,李乾坤译,南京大学出版社2018年版,第57页。
② 参见《马克思恩格斯全集》第4卷,人民出版社1958年版,第139页。
③ 《马克思恩格斯全集》第50卷,人民出版社1985年版,第408页。

阶级生产关系(rapports de la production bourgeoise)说成是固定不变的、永恒的范畴。……经济学家们向我们解释了生产怎样在上述关系(rapports)下进行,但是没有说明这些关系本身是怎样产生的,也就是说,没有说明产生这些关系的历史运动(mouvement historique)。①

马克思此时已经深透地意识到,任何社会生产方式的发展,都必然与人类社会发展的一定阶段中生产力水平所决定的生产关系赋型相适应,因此,都是**历史的暂时的生产关系的产生、运动和发展的结果**,资产阶级社会中出现的"分工"、"信用"和"货币"都是特有的历史时间中赋型的生产关系编码,它们只是近代工业生产发展和资产阶级商品-市场经济构式的历史产物。实际上,这里"分工"是出现在工场手工业中的劳动分工,它属于前述狭义的技术生产关系,而"信用"和"货币"则是在狭义生产关系之上生成的经济物相化关系。特别是新近出现的银行和借贷资本信用制度在扩大生产和贸易中的巨大作用,这也是马克思在"居利希笔记"中看到的欧洲资产阶级经济发展的最新情况。马克思对信用关系的具体经济学研究,是在后来的《伦敦笔记》中开始,并完成于《资本论》第三卷的。马克思在同期写下的《道德化的批评和批评化的道德》一文中指出,斯密和李嘉图的学生都会知道,现代私有制是整个"**资产阶级**生产关系(*bürgerliches* Produktionsverhältnis)的总和",这些生产关系都是阶级关系,即"一定'历史运动'的产物"。② 这说明,在马克思眼里,资产阶级社会并不是一个物性对象堆砌的客观实在总体,作为一种特定的社会历史场境关系构式,它是一种复杂"生产关系的总和"支撑起来的"现代私有制",这本身就是一定社会"历史运动"的产物。显然,这是《关于费尔巴哈的提纲》中那个说明个人现实本质的"社会关系的总和",在资产阶级社会关系物相化总体构式层面上的重要延伸。

马克思分析:"人们按照自己的物质生产(productivité matérielle)的发展建立相应的社会关系,正是这些人又按照自己的社会关系创造了相应的原

---

① 《马克思恩格斯全集》第4卷,人民出版社1958年版,第139—140页。
② 参见《马克思恩格斯全集》第4卷,人民出版社1958年版,第352页。

理、观念和范畴(les principes, les idées, les catégories)。"①这是指认历史性的实践辩证法中,最基始的生产辩证法构序——生产力水平之上的生产关系决定观念辩证法的逻辑。这一观点,正是前述《德意志意识形态》创立的广义历史唯物主义中关系意识论的进一步展开说明。这也是我在本书中反复强调历史唯物主义的关系意识论的用意,因为不能进入关系意识论的构境,是根本不可能深入领悟这里马克思的相关表述背后的非物像具体观念赋型和话语信息编码的。这意指着,任何一个社会中出现的思想观念,只能是特定历史时间质性中社会关系场境的主观映现。并且,"这些观念、范畴也同它们所表现的关系(relations)一样,不是永恒的。它们是**历史的暂时的产物**(produits historiques et transitoires)。"②处于人的精神负熵进程中的观念和范畴,并不直接对应于物质对象,而是映现社会历史负熵中的关系场境,社会关系场境存在的特殊历史时间质性规定了相应观念和范畴的历史性本质,这也是历史认识论的核心构序点。马克思指出,只是资产阶级"经济学家们都把分工、信用、货币等资产阶级生产关系说成是固定不变的、永恒的范畴。蒲鲁东先生有了这些完全形成的范畴,他想给我们说明所有这些范畴、原理、规律、观念、思想的赋型(formation)情况和来历"③。遗憾的是,他的说明却都是非历史的。阿尔都塞认为,在1847年写下的《哲学的贫困》一书中,马克思抛弃了"不科学的'社会'概念"(la notion de "société", comme non scientifique),因为,那是一个"意识形态概念,必须用一个科学的概念即**社会赋型**(formation sociale,马克思列宁语)这个概念去代替它"④。应该承认,阿尔都塞的观察是细致的,他所指认的"不科学的'社会'概念",是我们前面遭遇过的《1844年手稿》中还陷入人本学逻辑构式中的社会概念,在他看来,formation sociale(社会赋型)是马克思在历史唯物主义构境中对"不科学的'社会'概念"的替代。应该说,这是一个深刻的说法。但是,从文本的文献考古和概念考古的词频统计上看,马

---

① 《马克思恩格斯全集》第4卷,人民出版社1958年版,第144页。
② 《马克思恩格斯全集》第4卷,人民出版社1958年版,第144页。
③ 《马克思恩格斯全集》第4卷,人民出版社1958年版,第139页。中译文有改动。Karl Marx, *Misère de la philosophie*, gallica, 1908, p. 44.
④ [法]阿尔都塞:《论再生产》,吴子枫译,西北大学出版社2019年版,第78页。

克思的确在《哲学的贫困》一书中 7 次使用了 formation 一词,但真的没有直接使用 formation sociale。① 对此,马克思结合欧洲的社会历史发展的现实举例说,"每个原理都有其出现的世纪。例如,与权威原理相适应的是 11 世纪,与个人主义原理相适应的是 18 世纪"②。可是,

> 为什么该原理出现在 11 世纪或者 18 世纪,而不出现在其他某一世纪,我们就必然要仔细研究一下:11 世纪的人们是怎样的,18 世纪的人们是怎样的,在每个世纪中,人们的需求、生产力(forces productrices)、生产方式(mode de production)以及生产中使用的原料是怎样的;最后,由这一切生存条件所产生的人与人之间的关系(rapports d'homme à homme)是怎样的。难道探讨这一切问题不就是研究每个世纪中人们的现实的、世俗的历史(l'histoire réelle),不就是把这些人既当作剧作者又当作剧中人物(les auteurs et les acteurs de leur propre drame)吗?但是,只要你们把人们当成他们本身历史的剧中人物和剧作者(les acteurs et les auteurs de leur propre histoire),你们就是迂回曲折地回到真正的出发点,因为你们抛弃了最初作为出发点的永恒的原理。③

这是《哲学的贫困》一书中马克思比较重要的一段表述。第一,一定的观念和原理出现在特定的历史时期,这些观念和原理并非仅仅是对直接在场的对象物的反映,而更是一定历史时间中的非直观的人们怎样改变世界和怎样生活的关系场境的映现。具体说,这就是一定历史时间中人们的"怎样生产"的劳动物相化塑形方式和构序能力,以及这种生产构序方式所生成的人与人之间怎样发生场境关联的社会物相化活动和交互作用构式,生成了社会定在的社会历史负熵质,由此,才决定了这些关系场境塑形和构序人们的感性经

---

① 根据付可桢的文献考证,马克思在此书中先后使用过"赋型必要劳动"(travail nécessaire à la formation)、"思想的赋型"(formation dans les idées)、"赋型新社会"(formation d'un société nouvelle)、"工场手工业赋型"(formation de l'industrie manufacturière)等。(Karl Marx, *Misère de la philosophie*, gallica,1908,p. 22,44,51,55.)但令人遗憾的是,马克思这几处使用 formation(赋型)概念的地方,在中译文中都被译为"形成"和"建立"等词,缺失了原初的重要构境。

② 《马克思恩格斯全集》第 4 卷,人民出版社 1958 年版,第 148 页。

③ 《马克思恩格斯全集》第 4 卷,人民出版社 1958 年版,第 148—149 页。中译文有改动。Karl Marx, *Misère de la philosophie*, gallica,1908,pp. 163 – 164.

验,以及在主观精神构境中的关系赋型和话语编码本质。这也意味着,人的观念意识的本质绝不仅仅是直观中的物像,而会是对发生即消逝的人的活动和交互关系场境的把握;如同劳动生产过程中工具模板的激活和重构作用,概念与词语也是激活和重构意识活动和逻辑关系的外部持存模板,话语信息编码系统与思想构境本身的重现和创制取决于概念和词语模板的历史质性。相对于个人生活和认知活动而言,这就是社会历史先验构架之上"先天综合"观念构架的隐秘作用关系。

第二,更重要的是,马克思这里所指认的人们既是创造这一历史辩证法史诗剧的 auteurs(剧作者),又是这出历史剧的 acteurs(剧中人物)的观点,建构了历史唯物主义构境的全新层面。一是在存在论维度上,它直接体现了一种根本性的改变,即如果说在自然经济之上的社会生活中,我们主要是观看大自然自在演进的作品,农耕劳动中的劳作者只不过是这一宏大"自然辩证法"演出中跑龙套的非物相化角色,偶尔,人也会因工具制作和生活用具的生产获得造物者的戏份,而工业生产的物相化塑形和构序,则通过给予自然物质存在以全新的用在性方式,实现了康德所说的"向自然立法",同时,人逐渐成为社会历史负熵世界的主人,在工业生产之后的历史辩证法史诗剧中,我们已经成为提供爱多斯(eidos)之相的谋划者,并且也是具体实施这一目的(telos)的劳作者,这是马克思所说的"历史的剧中人物和剧作者"的基本含义。然而更复杂的情况是,当资产阶级在工业生产物相化之上创造出商品-市场经济构式负熵王国时,剧作者与剧中人物的关系变得愈益繁杂起来:因为在商品-市场经济构式中,人所创制出来的社会关系物相化赋型场境,现在已经变形为经济关系构式以外部力量的经济物相化方式支配人的**他性舞台**,人离开了自然存在的脚本创作了自己的历史史诗,却又从自主活动中具有自主意志的剧中人物成为这一剧本中被"看不见的手"无形驱使的木偶角色,这是资产阶级经济存在论中,出现在经济构式负熵—熵增的 Anderessein(他性存在)中的事物辩证法("第二自然辩证法")的悖论。

二是在认识论维度上,马克思这里在存在论构境中确立的**剧作家与剧中人物的关系**,则会转换为**演员与观众的关系**:在自然经济时期,真正的历史主角是外部的自然力量,而人的力量是微不足道的,所以在那里,只会是**人观看**

"自然辩证法"的表演;而工业生产物相化活动成为社会历史负熵构序的主体时,则会出现**人观看自己的作品**的全新认识论关系。依布尔迪厄的说法,则是"因为我们包含在这个世界中,所以我们对它的想法和说法中就有不言明的东西"①。如果我们将自己一般物相化的作品误识为直观外部对象物,这就是第一层级的物像错认;资产阶级社会经济王国中根本性的认知对象异质性转换为:我们是在看我们自己表演,但我们却在经济拜物教迷雾中认不出自己所创造的经济物相化世界(Die zweite Natur,第二自然,黑格尔语),这就生成第二层级的经济物像错认,这也超出了历史认识论的视域。我留意到,芬伯格在说明现代社会与技术的"共同建构"关系时,触碰到马克思的这一重要的思想观点。他征用了荷兰画家埃舍尔②的著名作品《画手》,来深刻地表征这一"手"既是绘画主体又是被画客体甚至是**互为主客体**的关系性在场悖结。③ 我觉得,埃舍尔这里运用**反单焦点透视法**④创作的手的隐喻是深刻的,因为它可以生成相互转换的非线性透视图景,所以,它可能铸造成马克思的**历史辩证法**和**场境关系存在论的复杂构境**。这个手,既可以是马克思恩格斯所强调的劳动之手,它是人的爱多斯(eidos)客观实现出来的**物相化之手**,也是海德格尔那个作为存在论世界缘起的**交道性上手性**(Zuhandenheit)。在马克思那里,我们既是绘制社会历史辩证法蓝图的剧作者,也是这一史诗剧中的剧中人物,同时,我们也在看自己的作品。但是在商品-市场经济的无序熵

① [法]布尔迪厄:《帕斯卡尔式的沉思》,刘晖译,生活·读书·新知三联书店 2009 年版,第 1 页。

② M. C. 埃舍尔(M. C. Escher,1898—1972),荷兰科学思维版画大师,20 世纪画坛中独树一帜的艺术家。作品多以平面镶嵌、不可能的结构、悖论、循环等为特点,从中可以看到对分形、对称、双曲几何、多面体、拓扑学等数学概念的形象表达,兼具艺术性与科学性。主要作品有:《日与夜》(1938)、《画手》(1948)、《重力》(1952)、《相对性》(1953)、《画廊》(1956)、《观景楼》(1958)、《上升与下降》(1960)、《瀑布》(1961)等。

③ 参见[加]芬伯格《在理性与经验之间:论技术与现代性》,高海青译,金城出版社 2015 年版,序言,第 5—6 页;《技术体系:理性的社会生活》,上海社会科学院科学技术哲学创新团队译,上海社会科学院出版社 2018 年版,第 13 页。

④ 透视法(perspective)是描绘物体、再现空间的线性透视方法。这一欧洲传统美术训练的基础方法,最早为意大利画家马萨乔(Masaccio,1401—1428)创立。布尔迪厄曾经生动地解说过透视法的认识论意义:"意味着一个惟一而固定的视点——进而处在一个视点的固定观察者采取的一种姿态——还有使用的一个框架,这个框架通过一种严格而僵化的限制,剪切、封闭画面,并使它变得抽象。"([法]布尔迪厄:《帕斯卡尔式的沉思》,刘晖译,生活·读书·新知三联书店 2009 年版,第 15 页。)

增中,那只可见的手却隐匿为似自然性的"第二自然"中斯密"看不见的手",埃舍尔的这幅悖论图像会沉入更复杂的神秘信息编码(information coding)迷雾之中。

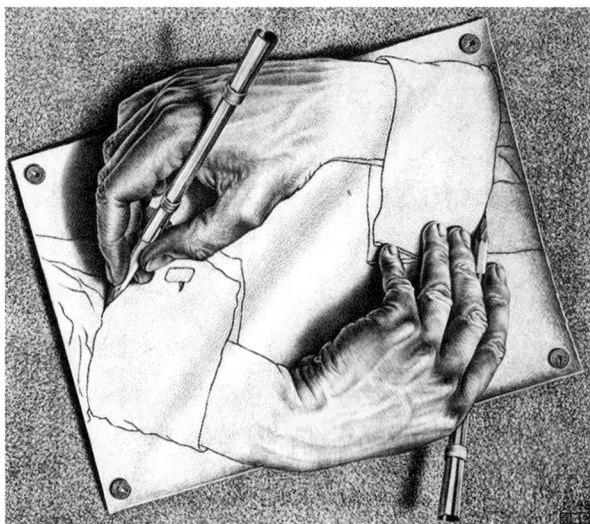

图9-2 埃舍尔的《画手》(1948)

如果按照我们上述的思路来重新解读埃舍尔的《画手》,它会呈现出这样的不同的历史辩证法和存在论构境:一是自然经济时期绘制历史进程的是巨大的"自然辩证法"之手,而握着犁、镰一类简单工具的人手则是弱小的,这会是一种不对等的关系场境;二是工业生产物相化中操控着机器的人手与科学技术之手的相互作用,这是最符合芬伯格解图原意的辩证关系场境;三是商品市场经济关系场境中出现的谋取私利的人手与背后真正起制约作用的"看不见的手"(斯密),如果依此修改埃舍尔的这幅画,那么与"经济人"的人手对立的,会是一只巨大的虚线绘制的"第二自然辩证法"("自然法")自发整合(integration)运动中的市场之手;四是今天我们面对的后工业文明的"画手"较量:人手中绘制实践辩证法的画笔业已是网络场境中的人所控制的计算机系统,而与人手对立的则可能是人工智能亚主体无所不能的AI之手。

第三,马克思强调说,这种人既是剧作者又是剧中人物的存在论和非二元认知构架中的特定关系场境,不会出现在11世纪欧洲的农耕时代中,因为那时的人还不是非物相化自然经济的剧作者,即便是封建贵族演绎的高雅戏剧,也只是依存于自然血亲关系的"动物学"。在马克思看来,人只能历史性地成为18世纪工业物相化和经济物相化开创的"文明"史诗的剧作者和剧中悲情人物。所以,资产阶级政治经济学只能是研究一定历史条件下(14—18世纪)人们借以生产、消费和交换的资产阶级经济形式,以及这一经济关系发展的"个人主义原理"的特殊规律性。这是历史唯物主义构境中社会关系场境存在论和历史认识论理论的一次重要进展。因为自然经济时代的人与自然的关系,与今天网络信息化时代的人与外部世界的关系是完全不同的;身处惯性实践中的农民看到的直观自然图景,与今天远程登录(在场)获得的数字化世界图景也是完全异质的;土地上耕作的农民,与机器化大生产中的工人和科学家所拥有的认知功能度是存在巨大差异的。由此,不同时代人们所得到的感性直观和主观认识必定是存在历史性区别的。这说明,历史认识论的认知主体、认识对象、认知功能度和认知运行机制,是随着社会历史生产力的水平与历史辩证法的实践功能度的提高和社会关系编码的改变而不断转换的。

然而可笑的是,蒲鲁东看不到历史认识论构境中的动态历史画面,无脑地跟着资产阶级经济学家,将经济学的范畴变成非历史的东西,他意识不到,这种做法恰恰是在将资产阶级社会的生产关系伪饰成人类生存的自然(天然)形态,视为亘古不变的非历史的东西。马克思分析道:蒲鲁东尾随的资产阶级"经济学家们在论断中采用的方式是非常奇怪的。他们认为只有两种制度:一种是人为的(artificielles),一种是天然的(naturelles)。封建制度是人为的,资产阶级制度(la bourgeoisie sont des institutions)是天然的"①。在资产阶级经济学说史上,这是从重农主义开始强调的生产和经济活动中的非人格化"自然性"构序意向。而从实质上看,

> 经济学家所以说现存的关系[资产阶级生产关系(rapports de la production bourgeoise)]是天然的,是想以此说明,这些关系正是使生产财

---

① 《马克思恩格斯全集》第4卷,人民出版社1958年版,第153页。

富和发展生产力得以按照自然规律(lois de la nature)进行的那些关系。因此,这些关系是不受时间影响的自然规律。这是应当永远支配社会的永恒规律(lois éternelles)。于是,以前是有历史的,现在再也没有历史了(Ainsi il y a eu de l'histoire, mais il n'y en a plus)。①

这里的"自然规律",当然是在黑格尔市民社会话语Ⅲ的 Die zweite Natur(似自然性的"第二自然")反讽语境中使用的,它具体是指处于资产阶级盲目市场交换关系构式和竞争的经济熵增中,自发整合和构序起来的生产和经济活动,是排除了过去农耕劳动中的主体意志和经验习惯后的非人格化客观运动机制。在资产阶级经济学家那里,这种经济熵增和自发整合-构序运动的法则,被伪饰成最符合人的天性的"自然法"和天然发生的自然规律,由此,资产阶级社会中支配性的生产关系就成了永恒的东西。马克思在这里所说的"以前是有历史的,现在再也没有历史了",说的是资产阶级在反对封建专制的政治革命中承认了历史的进步性,而一旦自己坐了天下,则将资产阶级的历史时间中的生产关系伪饰成天然的、永恒不变的自然规律,这是资产阶级意识形态对资产阶级生产方式历史性的一种本质遮蔽。

其四,是资产阶级社会的**历史发生学研究**。这应该是《德意志意识形态》之后,马克思第二次对资产阶级社会的历史发生做这样的历史描述,也是第一次公开发表这样的观点。马克思指出,资产阶级社会当然不是天然的自然秩序,而是在人类社会历史发展一定阶段上的特定生产物相化构序和经济关系赋型的产物。这恰恰针对了上述的资产阶级意识形态立场。第一方面,从统治阶级主体来看,马克思说,"我们应当把资产阶级的历史分为两个阶段:第一是资产阶级在封建主义和君主专制的统治下形成为阶级;第二是形成阶级之后,推翻封建主义和君主制度,把旧社会改造成资产阶级社会(société bourgeoise)"②。我们可以看到,马克思在这里是十分精准地使用了 société bourgeoise(资产阶级社会)这一概念,而没用容易产生歧义的 société civile(市民社会)。这是说,资产阶级是在封建社会内部逐步脱型而生的,然后才有从

---

① 《马克思恩格斯全集》第4卷,人民出版社1958年版,第154页。
② 《马克思恩格斯全集》第4卷,人民出版社1958年版,第196—197页。

政治上推翻封建专制,并将旧社会改造成资产阶级新世界的可能。同时,马克思也是从主体的构境中使用 capitaliste(资本家)一词,来表征资产阶级社会的**阶级主体**代表。依概念考古的词频统计,在该书中,马克思近 20 次使用 capitaliste 一词,并且比较集中地使用 capitaliste industriel(工业资本家),以表现与农业土地上的私有财产所有主——地主的不同质性。[1] 在后来马克思对资产阶级社会的生产关系本质——资本统治关系形成了全新的科学认识之后,capitaliste 一词的话语能指才从主体视位中的**资本家主体**,转换为描述社会客观本质的"**资本主义的**"意义所指的形容词。这是概念考古分析中的后话。

第二方面,从客观社会结构发展进程来看,"资产阶级把它在封建主义统治下发展起来的生产力掌握起来。一切旧的经济形式(formes économiques)、一切与之相适应的市民关系(relations civiles)以及作为旧日市民社会(l'ancienne société civile)的正式表现的政治制度都被粉碎了"[2]。这里,我们再一次看到马克思精确地用法文中不同于 société bourgeoise 的 société civile,来表征市民社会话语Ⅳ,即作为政治制度直接基础的经济形式。这里有三个隐性构境层:一是马克思注意到资产阶级社会是从封建社会内部发展起来的,这为他之后科学地说明历史唯物主义构境里关于复杂社会赋型中同时包含多重异质性生产方式的观点,奠定了先期逻辑构序条件。二是资产阶级通过新的生产关系"掌握了"原来生产方式中既有的生产力,并迫使一切旧有的社会定在逐步失形并从属于资本。之后,马克思在《1861—1863 年经济学手稿》中区分和说明了社会定在从对资本的形式从属到实际从属的历史转变。三是马克思精细地区分了资产阶级经济关系之上"公民关系"的场境存在,并且指认这种关系构式是在旧有的封建社会关系场境的废墟中得以塑形的。

第三方面,从客观工业生产发展的进程来看,资产阶级社会的物质生产构序基础也是历史生成的。这是历史唯物主义客体向度中比较重要的微观

---

[1] 在这一术语的构境转换中,中译文将多处 capitaliste industriel(工业资本家)误译为"资本主义企业家"。参见《马克思恩格斯全集》第 4 卷,人民出版社 1958 年版,第 184—185 页。Karl Marx, *Misère de la philosophie*, gallica, 1908, pp. 228-229.

[2]《马克思恩格斯全集》第 4 卷,人民出版社 1958 年版,第 154 页。

推进,可在逻辑构序的具体分析中,它似乎开始接近于**狭义的**历史唯物主义话语编码,因为它的话语构序场境开始不再具有一般社会运动的普遍特征。这是我们需要注意的逻辑边界。如果说封建社会的生产基础是手推磨式的劳作,那么资产阶级社会的生产基础则是蒸汽机,即机器系统的工业生产技术构式。这是马克思在《马克思致安年柯夫》中已经说明过的观点。不过这里的分析更加具体了。这当然也是马克思在"居利希笔记"中反复遭遇的经济现实。在马克思看来,资产阶级社会的物质生产基础是**非自然的工业劳动**。因为与农耕劳作中的非物相化自然经济不同,资产阶级社会中的"绝大多数的产品不是自然界供给的,而是工业(l'industrie)生产出来的"①。这是一个对物质生产物相化构序中在社会负熵源上的质性差别指认,在过去自然经济的畜牧业和种植业中,绝大部分生产的产品都是自然生长物,人的劳动生产只是在选择和优化生长条件上作用于外部自然对象,并不能根本改变无机物质和生物存在的自然有序性和生命负熵构式,因而自然经济构式的本质是**非物相化**的。马克思此处例举的手推磨是种植业生产中的自然果实被粉碎的手工艺劳作,在这里,工具的生产和物品加工中会出现劳动物相化的活动。但这并不改变整个农业生产的非物相化本质。而在作为资产阶级社会直接物质基础的工业生产中,则是由劳动有目的(telos)的物相化塑形和构序出来的社会历史负熵中的产品,因为工业生产中的劳动生产,已经开始使自然对象失形和脱型于本有的自然关联,并依据人的爱多斯(eidos)之相塑形(外相)和构序(内相)出全新的物质存在方式。其实,这恰恰是古典经济学话语中配第所发现的不同于"自然财富"的"社会财富"的基础,当然也是斯密的劳动价值理论的客观前提。这才真正历史性地生成马克思所指认的特定历史现象:**人既是社会历史的剧作者,又是这一历史的剧中人**的关系存在论场境。这是马克思在历史认识论中第一次明确指认出认知对象的改变,即从外部自然的物性对象存在向人的活动物相化产物的转换,而工业劳动生产的特殊构序和负熵质,也会改变认识活动观念信息编码和精神构境的本质。马克思说,"以应用机器为基础的现代工厂",是资产阶级社会经济生活的直接生

---

① 《马克思恩格斯全集》第4卷,人民出版社1958年版,第77页。

产力构序基础。很显然，这里的经济学背景已经不是斯密，而是李嘉图。而"市场的扩大、资本的积累、各阶级的社会地位的改变、被剥夺了收入来源的大批人口的出现"，则是资产阶级社会中工业生产形成的特定历史条件下生产关系的赋型。

马克思具体分析说：一是工场手工业生产构序中协作与劳动分工的出现，这是劳作构序中的技术生产关系。马克思说："工场手工业的特点不是将劳动分解为各个部门并使有特殊技能的工人去从事很简单的操作，而是将许多劳动者和许多种手艺集合在一起，在一所房子里面，受一个资本的支配。"① 这是在同一个空间中并行的劳动者手艺劳作的协作生产。而劳动分工则将工人劳动活动本身切分成碎片，"工厂中分工的特点，是劳动在这里已完全丧失专业的性质"②。这显然已经是十分专业的工艺学的说明。在《布鲁塞尔笔记》中，马克思摘录了拜比吉《论机器和制造的经济性质》一书里关于这种劳动分工的相关讨论。③ 这是工场手工业过程中资本支配下的劳动分工，斯密和黑格尔已经看到这种劳动分工会极大地提高劳动生产率。这里，我们看到马克思对分工的态度，与不久前的《德意志意识形态》中**处于劳动异化批判构式没影点处的分工证伪**是明显不同的，这可能是马克思第一次正面描述斯密等经济学家已经指认的劳动分工，虽然这一分析并不十分具体。也许，这也是马克思继《1844 年手稿》和《德意志意识形态》中对分工的否定性评判之后，第一次看清劳动分工在"怎样生产"中的历史地位。在后来的《1857—1858 年经济学手稿》和《1861—1863 年经济学手稿》中，马克思详细讨论了简单协作和劳动分工问题。

二是机器化大生产物相化构序的历史在场。"机器是劳动工具的结合，但决不是工人本身的各种操作的组合"，因为工场手工业生产中工人的劳动操作是主体性的"手艺"，而机器运作的本质是**从劳动主体构序和塑形对象的活动和协动关系转向客体性的工具系统编码和工序赋型**，这当然是生产物相化过程中

---

① 《马克思恩格斯全集》第 4 卷，人民出版社 1958 年版，第 167 页。
② 《马克思恩格斯全集》第 4 卷，人民出版社 1958 年版，第 172 页。
③ 参见 Marx-Engels-Gesamtausgabe（MEGA²），Ⅳ/3，Text，Berlin：Akademie Verlag，1998，S.333。

的一个根本性改变。马克思看到,机器生产促进了原先在工场手工业中出现的劳动分工(协作)。"工具积聚发展了,分工也随之发展,并且 vice versa〔反过来也一样〕。正因为这样,机械方面的每一次重大发明都使分工加剧,而每一次分工的加剧也同样引起机械方面的新发明。"① 这是一个相互作用的关系。我们不难体会到,这是马克思在自己的著作中比较少有的对社会物质生产过程的**客体向度描述**。当然,这种描述也是在历史唯物主义非物像透视的第一层级构境之中。因为这是在观察非直观的物质生产构序在工业阶段发生的具体对象性塑形和构式方式的变革,这里的机器系统和分工,都是客观生产技能赋型的新编码方式。我推测,这些新的认识,大多来自此时马克思正在从事的第二次经济学研究,特别是从尤尔、拜比吉等人对现代工厂和机器生产的研究成果中获得的。我也注意到,在《布鲁塞尔笔记》中,马克思摘录到拉博德关于协作问题的论述。② 这种客体向度的描述,在后来的《1857—1858 年经济学手稿》和《1861—1863 年经济学手稿》中,经常出现在马克思思考相对剩余价值发生的客观条件里,当然,他也具体讨论了机器化大生产中科学技术作为资本的力量对工人的外部压力。我将在本书第十一章中,专门讨论马克思在第三次经济学研究中对历史唯物主义客体向度的深入思考。

三是由于机器和蒸汽等自然力的应用,分工的规模已使大工业脱离了本国基地,完全依赖于世界市场、国际交换和国际分工,并且,"美洲的发现和美洲贵金属的输入",成为资本原始积累的重要来源,"绕道好望角到达东印度的航道开辟后流通中商品量的增加,殖民体系,以及海上贸易的发展"等,也必然促进了资产阶级社会的生产关系赋型的空间扩展和自身生产力的强劲发展。当然,这也是资产阶级残酷盘剥其他民族人民的罪恶行径。在同期的"居利希笔记"中,马克思直接看到了欧洲资产阶级的经济需求已经成为世界历史性的(welthistorisch),"它是交往的物质内容——交换对象的总和,是交换和贸易中的商品的总和(Sie ist der materielle Inhalt des Verkehrs—die Gesammtheit der

---

① 《马克思恩格斯全集》第 4 卷,人民出版社 1958 年版,第 168 页。
② 在《布鲁塞尔笔记》的第 3 笔记本中,马克思摘录了拉博德《共同体全部利益中的协作精神》一书中关于协作问题的观点。Marx-Engels-Gesamtausgabe(MEGA²),Ⅳ/3,Text,Berlin:Akademie Verlag,1998,S.223.

Gegenstände des Austausche, der in den Tausch und Handel kommenden Waaren)。战争、发现之旅等等,所有使人们相互接触的历史事件,同样是需求扩大的诸多条件——世界市场的形成。"①而这种世界市场生成的现实基础,则是欧洲资产阶级无耻的殖民统治,在对居利希的《商业的历史描述》第2—5卷的摘录中,马克思全景式地看到了欧洲资产阶级对世界落后地区和国家人民的殖民统治,以及这种野蛮奴役和掠夺的罪恶行径。

其五,是关于资产阶级社会的初步**经济学分析**。这当然也是马克思第二次经济学研究的理论成果,可能这也是他第一次公开表述自己的经济学理论观点。在此,我有一个不成熟的推断,即马克思1845年初已经与列斯凯签订了《政治与国民经济学批判》一书的出版合同,但是从此处马克思的经济学观点看,他直接写作一部基于历史唯物主义的科学的经济学专著的理论条件仍然是薄弱的。前面我已经说过,当时签订出版合同的前提,可能是马克思已经写下初稿的《1844年手稿》,可《提纲》与《德意志意识形态》却解构了这一书稿的全部理论逻辑——人本主义异化史观,这会让马克思不得不以历史唯物主义和历史认识论的全新方法论,重新面对经济学。马克思会突然发现,这是一项十分艰巨而浩大的理论工程。我思忖,这可能是他始终未能交出《政治与国民经济学批判》一书的原因。客观地说,马克思第二次经济学研究的直接成果,是在经济学视域中的社会唯物主义的基础上,创立了伟大的历史唯物主义和历史认识论的科学方法论,但在经济学理论的研究中,许多重要的关键性问题还有待进一步的积累和深入思考。作为马克思"第二个伟大发现"的政治经济学革命——剩余价值理论,其直接的思想实验和前期准备开始于1850年的《伦敦笔记》,那已经是马克思的第三次经济学研究进程。这可能也是我们辨识此处马克思经济学认识成熟度的历史标尺。可以看到,与《德意志意识形态》和《马克思致安年柯夫》中的哲学分析不同,在这里,马克思第一次公开讨论了此时他眼中的资产阶级社会的生产构序的历史性质和经济关系赋型的特质。

一是资产阶级社会中**交换成为统治关系**。这是一个接近经济学的判断,但

①　Marx-Engels-Gesamtausgabe（MEGA²）, Ⅳ/6, Text, Berlin: Dietz Verlag, 1983, S. 974. 中译文参见孔伟宇译稿。

内嵌着特殊的政治批判。马克思认为,在封建社会转向资产阶级社会的进程中,"一切产品,整个工业存在都转化为商业(toute l'existence industrielle était passée dans le commerce),当时一切生产完全取决于交换(l'échange)"①。这是说,不同于自然经济和自然产品,工业生产物相化塑形和构序的劳动产品,已经不再仅仅是为了满足人的直接需要(效用性负熵质),而更多地是为了产品进入"可变卖"功利性商业关系编码中的商品交换(经济负熵质)功能链,工业生产创制的无限丰富的产品为资产阶级商品-市场经济创造了客观前提,而交换关系则将工业生产本身赋型为商品生产。为此,马克思还进行了历史认识论中的比较分析。他说,与封建社会中已经出现的交换不同,"当时交换的只是剩余品(superflu),即生产超过消费的过剩品",产品不是为了交换而生产的对象;而现在,资产阶级社会全部生产的目的(telos)就是交换,一切都可以在市场上买卖,这也表示"可变卖"的交换关系统治了整个资产阶级世界。当然,这种以交换为表象的经济关系场境存在作为社会历史负熵质,却是一种资产阶级社会经济关系构式中出现的特有熵化和自发物性关系构序的事物化颠倒负熵伪境。因为现象学和批判认识论的缺席,处于特定方法论**逻辑空场**中的马克思,在此并没有去深究这种关系颠倒的根本原因。并且,仅仅从商品流通中的交换关系出发,是无法真正透视资产阶级社会本质的。马克思告诉我们,今天在资产阶级社会中,

> 人们一向认为不能出让的一切东西,这时都成了交换和买卖的对象,都能出让了。这个时期,甚至像德行、爱情、信仰、知识和良心等最后也成了买卖的对象,而在以前,这些东西是只传授不交换,只赠送不出卖,只取得不收买的。这是一个普遍贿赂、普遍买卖的时期(temps de la corruption générale, de la vénalité universelle),或者用政治经济学的术语来说,是一切精神的或物质的东西都变成市场价值(valeur vénale)并到市场上去寻找最符合它的真正价值的评价的时期。②

---

① 《马克思恩格斯全集》第4卷,人民出版社1958年版,第79页。中译文有改动。Karl Marx, *Misère de la philosophie*, gallica, 1908, p.41.

② 《马克思恩格斯全集》第4卷,人民出版社1958年版,第79—80页。中译文有改动。Karl Marx, *Misère de la philosophie*, gallica, 1908, p.42.

在此时的马克思看来,资产阶级社会是一个"普遍贿赂、普遍买卖"金钱关系编码后的世界,人们生活中的"一切精神的或物质的东西"都必须在市场中找到具有交换性的"市场价值",甚至过去不能交换的爱情和良心都成了买卖的对象,通俗地说,人的一切存在都必须先拿去变卖才能存在。这里,我们似乎在思想构境谱系中又看见赫斯的影子,有所不同的是,马克思此处对交换的分析,已经是从经济学的话语来塑形的。并且,同样是在批判金钱关系,与《1844年手稿》中的人本主义劳动异化批判构式不同,马克思这里并没有现象学式的批判认识论构境,而是基于经济学话语中"市场价值"居统治地位的事实指认,这种状态一直持续到《1857—1858年经济学手稿》才被彻底改变。当然,"市场价值"还不是一个准确的经济学术语。在马克思将来的经济学研究中,他将历史性地说明,商业资本向生产资本的历史性转变,在交换关系("交换价值")背后,是资本家对剩余价值的疯狂追逐。在资本主义生产方式中,不是交换关系成为统治,而是劳动交换中现实抽象(Ⅲ)出来的价值关系的事物化和异化畸变而成的**资本的抽象关系**成为统治。由此,金钱世界会进一步深化为资本的世界历史。

二是以**社会必要劳动时间来确定价值的规律**为在一定历史条件下资产阶级社会的特定历史规律。在批判蒲鲁东的唯心主义错误中,马克思对比了蒲鲁东与李嘉图的观点,"在李嘉图看来,劳动时间确定价值这是交换价值的规律,而蒲鲁东先生却认为这是使用价值和交换价值的综合"[①]。这是一个重要的理论节点,因为这可能是马克思第一次公开肯定**劳动价值论**。这也应该是马克思在第二次经济学研究中取得的最重要的经济学进展。我们一定要注意,这里的劳动时间和价值关系都不是可以直观的物性实在,所以,马克思的经济学研究入口,仍然是历史唯物主义非物像的关系场境存在论,只是将来马克思会发现,这些不可直观的经济关系会重新反向物相化为可见的经济事物(货币和资本"物")。在此时的马克思看来,"李嘉图的价值论(théorie des valeurs)是对现代经济生活的科学解释(interprétation scientifique);而蒲鲁东先生的价值论却是对李嘉图理论的乌托邦式的解释"[②]。这是为什么呢? 因为李嘉图承认"劳动时

[①]《马克思恩格斯全集》第4卷,人民出版社1958年版,第93页。
[②]《马克思恩格斯全集》第4卷,人民出版社1958年版,第93页。

间确定价值这是交换价值的规律",恰恰是从现实资产阶级社会的经济关系中归纳出他的理论公式的,这个公式正是资产阶级社会经济生活的本质抽象。与《巴黎笔记》和《1844 年手稿》中马克思与劳动价值论擦肩而过的情况不同,此时他已经意识到,李嘉图(斯密)的劳动价值论将是自己进一步揭露资产阶级经济剥削的努力方向,这对于他科学地说明资产阶级社会统治的本质将是关键性的一步。然而,此时马克思并没有真正入境于劳动价值论的理论内部,比如他并没有发现李嘉图的劳动价值论与斯密的根本差异,劳动时间与工人劳动物化活动的内在关联,以及商品的使用价值与价值的关系等。从认识论的维度看,这也再一次说明,此时马克思历史唯物主义方法论的经济学话语基础,是**从斯密转向了李嘉图**。有趣的是,在马克思思想构境的深层,其原先在《巴黎笔记》中肯定斯密经济学嵌套劳动主体性本质,否定李嘉图经济学基于客观物性系统("犬儒主义")的态度,有了一种微妙的改变:李嘉图经济学中从现实经济关系出发的劳动价值论,更有可能在历史唯物主义的基础上走向对资产阶级社会经济剥削秘密的揭露。然而,马克思没有直接关注的细节是,李嘉图在解决斯密劳动价值论矛盾的同时,当他面对机器化大生产的新情况时,这种劳动价值论的基础却被极大地削弱甚至否定了,这是马克思在《伦敦笔记》的"李嘉图笔记"Ⅱ—Ⅲ中才会更深地遭遇到的"李嘉图难题"。马克思认为,在蒲鲁东这里,李嘉图的劳动价值论却被"乌托邦式地解释"和平均主义地运用了。依孙伯鍨先生的分析,"李嘉图的价值理论是资本主义社会经济关系的科学表现。'平均主义地'应用这一理论来改造资产阶级社会,并不是蒲鲁东的独创。在他以前,英国所有的社会主义者如霍吉斯金、汤普逊、布雷等在各个不同时期几乎都提倡过平均主义地应用李嘉图的理论,他们都试图用把一切人都变成交换同量劳动的劳动者的办法来消灭资本主义剥削"①。孙先生这里所批评的"平均主义"地应用李嘉图劳动价值论的错误,也就是在流通领域中通过改良货币关系修补资产阶级经济关系的企图。对于这一改良主义的理论和实践,马克思在后来的《大纲》中通过创立科学的剩余价值理论,最终给予了有力的驳斥。

---

① 孙伯鍨:《探索者道路的探索》,北京师范大学出版社 2017 年版,第 367 页。

三是资产阶级社会经济活动中客观发生的**周期性的经济危机**。也是在这里,马克思第一次明确指认资产阶级社会的经济过程中不可避免的周期性经济危机。这当然也是马克思第二次经济学研究的成果,在他读到的法国经济学家西斯蒙第等人那里,已经谈到了这种经济危机现象。① 而在"居利希笔记"的最后,他还做了资产阶级社会中"经济危机"的专题统计分析。② 在这里,马克思提出,"在以个人交换为基础的工业中,生产的无政府状态(l'anarchie)是灾难<u>丛</u>生的根源,同时又是进步的原因"③。资产阶级社会的经济活动的本质,是工业生产和商品交换都处于自发性活动的总体无政府熵增状态之中,这既是商品-市场经济优于封建社会主体性"人为"生产的进步,也会是其产生自身复杂经济矛盾的根源,由此,资产阶级社会的经济运动"由于不可避免的强制(fatalement contrainte),生产一定要经过繁荣、衰退、危机、停滞(de prospérité, de dépression, de crise, de stagnation)、新的繁荣等等周而复始的更替"④。当然,马克思此时眼中的资产阶级社会经济运动中出现的这种危机,不再是人本主义异化史观构境中的抽象价值宣判,而是他在经济学话语中第一次从资产阶级社会经济活动内部矛盾的历时性发展状况,科学地分析资产阶级社会的内部矛盾、周期性危机和走向消亡的努力。我以为,这是马克思和恩格斯即将在《共产党宣言》中公开高举起科学社会主义旗帜的全新基础。

4. 资产阶级社会的历史地位和掘墓人

这一时期,马克思恩格斯关于资产阶级社会批判的基本观点,集中展示在

---

① 在《布鲁塞尔笔记》第2笔记本中,马克思对西斯蒙第的《政治经济学研究》第2卷关于经济危机的内容进行了摘录。[Marx-Engels-Gesamtausgabe(MEGA²), Ⅳ/3, Text, Berlin:Akademie Verlag, 1998, S.182.]在《布鲁塞尔笔记》第5笔记本中,马克思还从拜比吉的《论机器和制造的经济性质》一书摘录了第二十四章中生产过剩(de l'excès de la production)导致周期性危机的讨论。[Marx-Engels-Gesamtausgabe(MEGA²), Ⅳ/3, Text, Berlin:Akademie Verlag, 1998, S.335.]

② 参见 Marx-Engels-Gesamtausgabe(MEGA²), Ⅳ/6, Text, Berlin:Dietz Verlag, 1983, S.943-957。

③《马克思恩格斯全集》第4卷,人民出版社1958年版,第109页。

④《马克思恩格斯全集》第4卷,人民出版社1958年版,第109页。中译文有改动。Karl Marx, *Misère de la philosophie*, gallica, 1908, p.42.

他们 1848 年共同发表的《共产党宣言》(*Manifest der Kommunistischen Partei*)①中。因为这是一个用于社会政治活动的公共文本,所以,其中并没有过于学术化的表述。马克思恩格斯的观点简明扼要,反映了这个时期他们对资产阶级社会本质的共同认识。

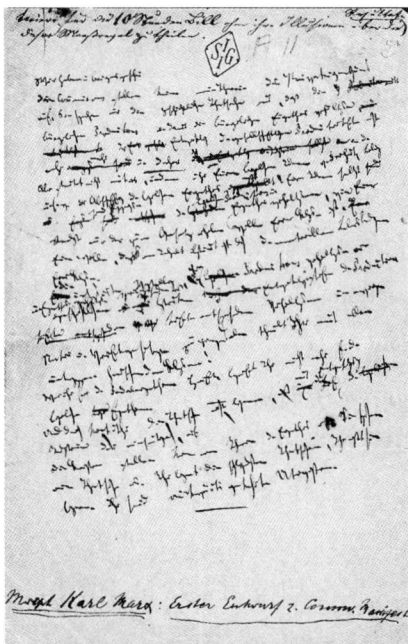

图 9-3　《共产党宣言》手稿一页

在《共产党宣言》中,马克思恩格斯在历史认识论中说明了现代资产阶级社会(moderne bürgerliche Gesellschaft)从封建生产方式灭亡中的历史发生。这是上述《哲学的贫困》中马克思相关历史分析的深化和更加完整的表述,也是马克思第二次公开发表关于资产阶级社会历史发生的看法。

第一方面,是**资产阶级社会阶级主体及存在条件的历史发生**。在马克思恩格斯看来,相比之传统的封建社会,新生的资产阶级社会"使阶级矛盾

---

① 马克思和恩格斯为"共产主义者同盟"撰写的纲领文件——"共产党宣言",最初于 1848 年 2 月在伦敦用共有 23 页的德文单行本发表。1848 年 3 月至 7 月,"共产党宣言"又在德国流亡者的民主派机关报《德意志伦敦报》(*Deutsche Londoner Zeitung*)上连载。德文原本也是 1848 年在伦敦再版的,这是一个共有 30 页的小册子;这次更正了第一版中一些印错的字,并改进了标点符号。

（Widerspruch）简单化了：社会日益分裂为两大敌对的阵营，即分裂为两大相互直接对立的阶级：资产阶级和无产阶级"①。这是马克思自《巴黎笔记》以来越来越清楚的一个基本认识。当然，资产阶级是这个新世界的真正主宰者。

首先，"现代的资产阶级本身是一个长期发展过程的产物，是生产和交往方式（Produktions-und Verkehrsweise）多次变革的产物"②。这是说，资产阶级既不是一个天然的永存物，也不是突然出现的阶级主体，它本身就是一个历史辩证法中生产方式和经济关系多次脱型和变革的历史结果。这是马克思从《德意志意识形态》一直到《哲学的贫困》中始终在不断思考的问题。依马克思恩格斯的看法，资产阶级的前身是从"中世纪的农奴"中产生的初期城市里的自由居民，他们的生活基础业已是超越自然经济惯性实践的新型的工场手工业生产和与此相应的商业活动。这里的城市中的"自由居民"，正是bürgerliche Gesellschaft（市民社会）话语中原初的 bürger（市民）。这是他们优越于封建统治者的社会定在基础。而当工场手工业生产中的劳动协作和分工促进了劳动生产率的提高，这也使得商品交换的市场得到进一步扩大并导致需求的扩大。当工场手工业生产的物相化活动不再能满足这种需求时，"蒸气和机器就引起了工业中的革命。现代的大工业（moderne große Industrie）代替了工场手工业；工业中的百万富翁，一批批产业军的统领，即现代的资产者（modernen Bourgeois），代替了工业的中层等级"③。显然，这里作为科学社会主义理论支撑的经济学基础，已经不再是资产阶级工场手工业生产场境中的斯密，而是机器化大工业生产时代的李嘉图。这当然是《布鲁塞尔笔记》和《曼彻斯特笔记》的研究成果，特别是在后来的"居利希笔记"中，马克思看到了席卷全球的机器化大生产的浪潮，比如在1839年，法国蒸汽锅炉的数量从448台增加到1789台，当年就新安装了422台新机器。④ 可以看得出来，在马克思恩格斯这里，资产阶级的产生、发展和壮大，都是与工业生产

① 《马克思恩格斯全集》第 4 卷，人民出版社 1958 年版，第 466 页。
② 《马克思恩格斯全集》第 4 卷，人民出版社 1958 年版，第 467 页。中译文有改动。*MEW*, Bd. 4, Berlin: Dietz Verlag, 1977, S. 463.
③ 《马克思恩格斯全集》第 4 卷，人民出版社 1958 年版，第 467 页。
④ 参见 Marx-Engels-Gesamtausgabe（MEGA²）, Ⅳ/6, Text, Berlin: Dietz Verlag, 1983, S. 661。

物相化的实践功能度以及市场经济关系物相化赋型的发展相关联的。特别是资产阶级社会随后发展起来的机器化大工业和海外殖民主义创造的世界市场,将资产阶级推向了超越其他一切没落阶级的历史舞台的中央。

> 大工业建立了由美洲的发现所准备好的世界市场(Weltmarkt)。世界市场引起了商业、航海业和陆路交通工具的大规模的发展。这种发展又反转过来促进了工业范围的扩大,同时,随着工业、商业、航海业和铁路的发展,资产阶级也越发发展了,它越发增加自己的资本(ihre Kapitalien),越发把中世纪遗留下来的一切阶级都排挤到后面去了。①

殖民主义开辟的广阔世界市场,是资产阶级大工业发展的客观前提,这同时也极大地促进了商业市场与航海业和铁路业的迅速扩张,这使得资产阶级的资本扩张获得了前所未有的突飞猛进,这是资产阶级超越旧社会中所有其他阶级成为统治力量的根本基础。这也是马克思在"居利希笔记"中直接看到的欧洲经济发展史实。在对居利希的《商业的历史描述》第5卷的摘录中,马克思看到航海业和铁路业的发展直接是由资产阶级开辟的世界市场决定的,因为,"自从发现美洲和环游好望角、美洲殖民地的增长以及欧洲工业中非欧洲原材料的使用增加以来,这种交通量增长了很多"②,再比如,"俄国大麻和瑞典铁的消费量一样,总是通过工业增长和仍在扩大的造船业稳步增长"③。能够观察得到,当马克思恩格斯在说明历史主体的时候,完全是依照历史唯物主义非物像场境存在论的观点,即不是将社会主体幻想成一种孤立实在的主体存在,而是从物质生产与再生产的特定构序能力和实践功能度水平出发,来说明一定社会主体的历史性关系场境存在和力量消长的。在这里,资产阶级的历史形成是人类社会历史发展中特定物质生产运动的客观产物,它的存在和发展,与现代性工业生产物相化进程、商业交换和更加广阔的世界市场场境存在直接依存在一起。在这里,我们可以发现一个在社会历史主体关系上的重要的历史性转换:封建社会的阶级主体

---

① 《马克思恩格斯全集》第4卷,人民出版社1958年版,第467页。

② Marx-Engels-Gesamtausgabe(MEGA²), IV/6, Text, Berlin: Dietz Verlag, 1983, S. 95. 中译文参见张义修译稿。

③ Marx-Engels-Gesamtausgabe(MEGA²), IV/6, Text, Berlin: Dietz Verlag, 1983, S. 601. 中译文参见吴婷译稿。

存在的基础是以自然性的血亲关系为基础的宗法等级关系,虽然在一般社会定在基础上,直接生活资料的物质生产与再生产仍然是社会生活的**一般基础**,但在整个社会构式的层面上,却表现为政治-神性关系场境**主导和规制**社会定在的现象,政治(神性)编码的在场决定一切,阶级主体是凝固化地从属于自然血亲关系和"不动产"(土地)的封建所有权的;而在资产阶级不断强大起来之后,在作为社会定在新的一般基础的工业生产物相化之上,资产阶级商品-市场交换体系解构了阶级主体的直接自然存在关系(血亲-宗法关系)和祛序了神学意识形态伪饰,新型的经济关系编码中的**变卖性经济定在的伪在场**,成为决定一切的主导性力量,阶级主体的依存基础转换为"动产"(金钱)所有权中的经济关系人格化。在历史认识论的视角中,封建宗法-神学意识形态中的"先天综合判断",与商品-市场经济意识形态筑模起来的"先天综合判断"是完全异质的。对这些问题,马克思是在《1857—1858 年经济学手稿》之后才逐步理解和科学说明的。

其次,资产阶级的生存条件即它所创造的新型生产和交往关系,最初都产生于封建社会内部。对此马克思恩格斯说:

> 资产阶级赖以形成的生产和交往手段(Produktions-und Verkehrsmittel),都是在封建社会里面造成的。在这些生产和交往手段发展到一定阶段上,封建社会的生产和交往在其中进行的关系,封建的农业和制造业组织(feudale Organisation der Agrikultur und Manufaktur),一句话,封建的所有制关系,就不能再同已经发展的生产力相适应了。这种关系已经不是促进生产而是阻碍生产了。它们已经变成了束缚生产的桎梏。它们必须被打破,而且果然被打破了。①

资产阶级产生的客观基础,是工业生产物相化构序和新型的商品交换关系赋型对农业生产组织和宗法关系构式的替代。资产阶级的全部生产关系和交往方式开始也都是在封建社会内部孕育和发生起来的,可是当大工业生产和商业市场("交往手段")急剧发展起来之后,旧有的"封建的农业和制造业组织"立刻变成了生产力的"桎梏"而被彻底打破。仍然处于旧社会封建关

---

① 《马克思恩格斯全集》第 4 卷,人民出版社 1958 年版,第 471 页。中译文有改动。*MEW*, Bd. 4, Berlin: Dietz Verlag, 1977, S. 467.

系编码下的资产阶级,凭借自己手中不断变大的**资本**,将所有旧势力在经济上"排挤到后面去了",从而,由一个在封建社会中"被压迫的等级"(第三等级的市民),经过社会政治革命,"在现代的代议制国家里夺得了独揽的政治统治权"。当然,这种"政治统治权"只是落入资产阶级之手。其实,马克思恩格斯这里的观点,正在接近这样一种认识,即一个社会中有可能同时存在不同的生产关系,但其中,总是有一种生产关系在编码中占据统治地位,同时,旧有的生产关系会以残存的方式继续存在。这也指意着资产阶级社会本身也不是一种纯粹的社会质性定在,它出现在原有的旧社会赋型中,在资产阶级社会历史形成和发展的一定时期中,它会与其他社会生产方式筑模并存和对立。依思想构境谱系的线索,在后来的《1857—1858 年经济学手稿》中,马克思第一次科学说明了资本关系是占统治地位的生产关系("以太")的问题。这当然也生成着愈益复杂的历史辩证法内部结构和历史认识论**复调认知线索**的问题。不过此时,马克思恩格斯还没有将资产阶级手中的资本视作占统治地位的生产关系。对这个关键性的资本,马克思恩格斯在文本的第二部分有进一步的讨论。

第二方面,是资产阶级和资产阶级社会的**客观历史地位**。也是在这里,马克思恩格斯第一次明确从正面承认,"资产阶级在历史上曾经起过非常革命的作用"(höchst revolutionäre Rolle)。在这一点上,他们此时的观点显然已经在历史认识论的构境中更深刻于《德意志意识形态》。这可以分为以下几个方面:

其一,**生产关系的不断变革**是资产阶级和资产阶级社会生存的基本条件。这是一个极其重要的历史改变。在马克思恩格斯看来:

> 资产阶级如果不使生产工具(Produktionsinstrumente)经常发生变革,从而不使生产关系(Produktionsverhältnisse),亦即不使全部社会关系经常发生变革,就不能生存下去。相反,过去一切工业阶级赖以生存的首要条件,却是原封不动地保持旧的生产方式。生产中经常不断的变革,一切社会关系的接连不断的震荡,恒久的不安定和变动,——这就是资产阶级时代不同于过去各个时代的地方。①

---

① 《马克思恩格斯全集》第 4 卷,人民出版社 1958 年版,第 469 页。

这可能是 Produktionsverhältnisse（生产关系）概念在马克思和恩格斯共同写作的文本中第一次正式亮相。总体上说，工业生产物相化活动，彻底改变了农耕自然经济中非物相化生产中循环往复的**惯性实践**本质，原先基于恒定自然物质进程和凝固化血亲关系的数千年"原封不动地保持旧的生产方式"的时代一去不复返了。在有明确目的（telos）的工业生产物相化整个自然界的创制（poiesis）活动中，人第一次使自己的爱多斯（eidos）之相完全实现出来，工业生产劳作的塑形和构序第一次给予自然物质存在的外部形式和内在的有序性，真正第一次超越了自然物质编码和生命负熵发展进程的限制，从而第一次实现了"改变世界"的社会历史负熵进程中永不停息的**创造性实践**样态。依我的观点，这也会是人所新获得的历史在场性中的**现代性历史时间质性的**动态本质。这是资产阶级社会整体**动态生存**的现实基础。我以为，这应该也使马克思的实践唯物主义中那个"改变世界"的实践概念和历史唯物主义中的历史概念，第一次获得了来自**现代性**发展的直接支撑。

依我的理解，这里呈现的历史辩证法有三个构境层：一是为了追逐更大的利润，资产阶级必须保持"生产工具"在自我祛序中的不断变革，这是**技术构序层面的生产力**发展。可见的生产工具只是生产物相化功能水平的物性编码模板，它直接呈现出工业生产物相化的实践功能度。这是生产辩证法构序中最核心的内驱力。二是使**怎样生产**的协同关系（分工与协作等狭义的生产关系赋型）不断地发生内在的自我失形和改变，这是共同活动的社会生产力的改变，也是生产辩证法主要矛盾中主体性劳作关系的变革。三是随着工业生产中狭义生产关系劳作赋型的根本性变革，全部商品-市场经济场境中的社会关系赋型也不断发生相应的改变，自我脱型和"恒久的不安定和变动"的动态经济关系构式成为人类现代性生存的基础样式。精准地说，这已经是跳出直接生产辩证法的经济物相化活动中新生成的消极的经济事物辩证法（"第二自然辩证法"）。此时，马克思恩格斯还无法说明这种 verkehrte（颠倒的）经济关系本质。

马克思恩格斯说，与过去的"各个时代"旧有的生产方式不同，资产阶级的生存和统治，不是奴隶主和封建统治的那种基于不动产（土地）的惯性实践在循环往复过程中保持自身生产方式的"原封不动"，而是在交换市场变动不居的"动产"(金钱)的基础上,主动自觉地造成"生产中经常不断的变革,一切社会关系的接连不断的震荡",这种永不停息的全面"革命"成了资产阶级社会生活本身的存在前提。当然,这里有一个需要加以说明的方面,即马克思恩格斯此处所指认的资产阶级社会的"自我革命",并非是指生产方式筑模的根本改变,而是说,资产阶级为了保持自身生产方式的稳定性,在不改变生产方式质性的前提下,用生产关系中各种非根本质性的微观调整和改变使之获得存在和进一步发展的空间,这是资产阶级生产关系赋型自身具有的变与不变的本质特征。比如,马克思此时在"居利希笔记"中已经看到的国家信用对经济关系的改变:资产阶级为了缓和私人占有与社会化生产的矛盾,通过全新的信用关系、股份制公司和证券投机,集聚起巨大的社会资本,在更大规模和强度上盘剥本国和殖民地劳动者的剩余价值。再比如,20世纪之后,从罗斯福"新政"到凯恩斯革命,资产阶级通过国家垄断的经济"干预"和福利政策,甚至以多个资本主义国家的地域性联合形成资本的国际垄断("欧盟"),使当代资本主义获得了重要的苟生空间。我以为,在一定的意义上,资产阶级实际上是将马克思恩格斯预计在社会主义经济运动中的"有计划、按比例发展"机制,在保证私有制的前提下,挪移到资本主义生产方式之中来了。这是一个当代资本主义再认识的新问题。我注意到,后来列斐伏尔也有类似的观点。①

　　于是,马克思恩格斯指出,在新生的资产阶级社会中,也因为工业生产物相化活动的无限性发展,特别是资产阶级商品-市场经济的逐利本质,使得社会生活中

---

① 列斐伏尔在《资本主义的幸存》(1973)中提出,正是依据马克思和列宁对资本主义生产方式根本矛盾的剖析,不是statufiée(雕像)的资产阶级竟然"灵活地吸收马克思的思想",并且有效地调整了资本主义生产关系赋型,现在,斯密曾经透视的那个盲目混乱中自发生成的"看不见的手",已经转换为国家在对经济生产和分配关系的干预中的有计划的自主构序的"看得见的手",当代资本主义的"国家不仅要对增长负责,而且是它的决策人",由此,资本主义"经历了资本的集聚和集中",生成了列宁已经看到桅杆的"垂死的"国家垄断资本主义,但马克思和列宁都不会想到,"正是这个过程赋予了资本主义以一种出乎意料的弹性和组织能力",由此使"资本主义不断抵抗着危机"。参见 Henri Lefebvre, *La survie du capitalisme: La reproduction des rapports de production*, Paris: Anthropos, 1973, pp. 103 - 106。

一切陈旧生锈的关系以及与之相适应的素被尊崇的见解和观点，都垮了；而一切新产生的关系，也都等不到固定下来就变为陈旧了。一切等级制的和停滞的东西都消散了（Alles Ständische und Stehende verdampft），一切神圣的东西都被亵渎了，于是人们最后也就只好用冷静的眼光来看待自己的生活处境和自己的相互关系了。①

一是在历史辩证法中社会关系赋型和构式的层面上，原先农耕自然经济惯性实践中存在的封建式的宗法关系赋型和专制等级构式，在商品经济大潮中"垮了"，因为经济物相化中的金钱关系场境会"夷平化"（齐美尔语）一切高贵—低下质性和所有不平等关系，这当然是一种重要的政治解放。进而，资产阶级自己创造的经济关系赋型还没有等到固定下来也会立刻变得"陈旧"，这使得新的社会定在本身的内在本质变成**快速的变易性场境转换**，泡沫式的功利性时尚成为生活塑形的基本样式。我觉得，这是马克思恩格斯**从客体向度**对资产阶级社会关系场境本质的一次最重要的透视。与土地上周而复始（四季轮回）的惯性实践中的不变的农业生产方式和血亲关系之上的凝固化的封建等级不同，资产阶级在工业生产力之上所创造的社会关系赋型，本质上就是变动不居的动态祛序-构序，它不承认任何固定不变的东西。这是资产阶级在客观上造成的革命辩证法：它让一切凝固化的等级和停滞的到场事物都烟消云散了。这是后来后现代思潮最喜爱的一句话。二是从认识论的层面看，旧有的封建宗法等级中的贵贱观念和全部神性意识形态，在经济政治关系构式的脱型中被彻底解构；工业生产物相化生成的新型的人对自然的能动关系，使关系意识论中的关系性认知对象开始变得越发难以辨认，资产阶级社会中一种经济关系物相化场境还没有被意识把握和透视，它已经被新的经济关系编码替代了。不像自然图景中感性经验塑形和构序中的相对恒定，资产阶级社会中出现的所有在世之中的"感性确定性"，人们看到、听到和触碰到的感性现象世界，以及一切思想观念，也都会是 verschwindend darstellt（正在消逝的东西），不过，这里的消逝不是深刻的非物像透视，而是**走**

①《马克思恩格斯全集》第4卷，人民出版社1958年版，第469页。

向死亡的昙花一现的经济物相化伪场境中**永远逐新的时尚时间**。这是黑格尔那个"**绝对不安**"(*absolute Unruhe*)的否定辩证法中"正在消逝的东西(verschwindend darstellt)"的漫画形式。由此,社会的历史时间质性异化为纯粹的物性翻新,一句"你过时了"(you out),代表了金钱时尚时间编码对你的抛弃。并且,这些动态的物相化经济关系,基本上都是以颠倒的伪在场呈现出来,并生成五花八门的经济拜物教观念(商品拜物教、货币拜物教和资本拜物教)。这是仅仅靠历史认识论难以完成的辨识任务。后来的德波和鲍德里亚,分别讨论了当代资本主义景观社会和消费社会中的"景观拜物教"和"符码拜物教"。

其二,资产阶级在这样的生产方式筑模中创造了**史无前例的生产力发展**。显然,这仍然是历史辩证法**客体向度**中的科学描述。马克思恩格斯感叹:

> 资产阶级争得自己的阶级统治地位(Klassenherrschaft)还不到一百年,它所造成的生产力却比过去世世代代总共造成的生产力还要大,还要多。自然力的征服,机器的采用,化学在工农业中的应用,轮船的行驶,铁路的通行,电报的往返,大陆一洲一洲的垦殖,河川的通航,仿佛用法术从地底下呼唤出来的大量人口,——试问在过去哪一个世纪能够料想到竟有这样大的生产力潜伏在社会劳动(gesellschaftlichen Arbeit)里面呢?[1]

当然,相比之资产阶级社会以前的社会发展,资产阶级占据"阶级统治地位"后"不到一百年"的发展,创造了比过去所有社会生产力的总和还要多的生产物相化构序能力。这里的"不到一百年",应该是指欧洲18世纪中叶到19世纪中叶,也是工业革命之后机器大工业基础之上的资产阶级商品-市场经济发展。在这里,它第一次能够从社会历史负熵质的整体上控制和征服"自然力",这是过去所有农耕自然经济时代的非物相化惯性实践无法做到的事情。它采用了化学等科学在工农业中的应用,这使得外部物质存在发生根本性的质变;它创造了环球航海殖民其他民族的"大陆一洲一洲的垦殖"的

---

[1]《马克思恩格斯全集》第4卷,人民出版社1958年版,第471页。

"壮举";铁路的通行缩短了商品和资本在市场流通的空间距离和时间;电报打通了资本谋利的各路远程信息;它像用法术般召唤出巨大的劳动力大军——这一切,都创造了社会发展前所未有的变革奇迹。依我的推测,至少在马克思那里,这种全景式的资产阶级开辟的全球性经济布展和生产力的飞速增长,会是居利希堂皇五卷本的《商业的历史描述》展现的现实历史场境。应该说,这是马克思恩格斯第一次公开承认,资产阶级的社会生产方式在人类历史中推动生产力发展和深层次社会生活构序上的巨大历史作用。

其三,资产阶级的世界市场创造了人类社会定在与发展**愈益宽阔的生存场境空间**。这还是客体向度的肯定性描述。为了赚钱,"需要不断扩大产品的销路,资产阶级就不得不奔走于全球各地。它不得不到处钻营,到处落户,到处建立联系",而通过"榨取全世界的市场",无形中"资产阶级还是挖掉了工业脚下的民族基础",其客观结果是让"一切国家的生产和消费都成为世界性的了"。① 这真的实现了历史辩证法的普遍关联,但是,这种世界历史的普遍关联却是以资产阶级的经济奴役关系来布展的。这是说,如同斯密所言,我们有面包不要感谢面包师的利他心,恰恰是他追逐私利的过程,无形中推动着社会经济的发展②,这里,不是资产阶级自觉地推动社会生存场境的空间拓展,而是资本家谋求自身经济利益的过程,客观上却生成了一个巨大的世界性交易关系的国际市场。这是更大范围内的社会场境存在。当然,这也使历史认识论的认知对象和视域得到了极大的丰富和拓展。在"居利希笔记"中,马克思直接看到了西方列强在亚洲、非洲、美洲各地,通过不平等的商品生产和贸易关系,"到处钻营,到处落户",挖掉了所有民族的生产和经济的基础。"欧洲人与世界其他地区的交往越来越重要,欧洲各国之间的贸易增长要小得多。自从发现美洲和环游好望角、美洲殖民地的增长以及欧洲工业中非欧洲原材料的使用增加以来,这种交通量增长了很多,另一方面,欧洲的消

---

① 参见《马克思恩格斯全集》第 4 卷,人民出版社 1958 年版,第 469 页。
② 参见[英]斯密《国民财富的性质和原因的研究》上卷,郭大力、王亚南译,商务印书馆 2014 年版,第 16 页。

费量也大大增加了"①。马克思恩格斯指出,资产阶级开辟资本的世界市场的客观结果是:

> 过去那种地方的和民族的闭关自守和自给自足状态已经消逝,现在代之而起的已经是各个民族各方面互相往来和各方面互相依赖了。物质的生产如此,精神的生产也是如此。各个民族的精神活动的成果已经成为共同享受的东西。②

一是在农耕时代各民族之间"老死不相往来"的封闭空间状态被彻底打破了,无所不能的工业生产物相化与以商品交换为基础的无形市场关系,消解了自然经济封闭共同体中的循环往复的惯性实践塑形所编码的"自给自足",释放了前所未有的物质需求和世俗欲望。应该说,这也是马克思在"居利希笔记"中直接看到的整个资产阶级世界和殖民地中发生的现实关联整体。马克思看到,资产阶级所创造的"需求的世界历史性发展——它的普遍形成——首先取决于对地球上各个国家的产品的了解。如果在进一步的发展中,需求创造了交通,交通最初创造了需求。它是交通的物质内容——交换的对象、进入交换和贸易的商品的总体。战争、发现之旅等等,所有使各国人民相互接触的历史事件,都是需求扩大——世界市场形成的许多条件。需求的增长首先直接包括不同国家已经存在的产品相互交换的事实。需求逐渐失去了它的地方性等特点,变成了世界性的。因此,所有国家的生产越来越多地进入一个国家的个人消费中"③。再比如,资产阶级经济市场的全球关联体现在国际贸易的价格链中,"自1815年以来,美国木材进口的增加压低了欧洲木材的价格,东印度的丝绸压低了意大利丝绸的价格,北美钾肥的大量进口压低了俄国木材的价格,更有甚者,美国烟草进口的增加压低了德国、

---

① Marx-Engels-Gesamtausgabe(MEGA²),Ⅳ/6,Text,Berlin:Dietz Verlag,1983,S.198.中译文参见张义修译稿。

②《马克思恩格斯全集》第4卷,人民出版社1958年版,第470页。

③ Marx-Engels-Gesamtausgabe(MEGA²),Ⅳ/6,Text,Berlin:Dietz Verlag,1983,S.936.中译文参见孔伟宇译稿。

荷兰、匈牙利和其他欧洲烟草的价格"①。二是这也让资产阶级社会中与工业生产同体发展起来的科学技术和文化知识,作为纯粹的抽象构序和信息编码,成为不同民族"共同享受"的精神情境。这不仅使得人们生存的主体物相化场境关系存在获得了广阔的拓展,也让不同文化的交流建构起世界性的精神构境。这当然是一种人类思想文化发展进程中客观的历史性进步。

其四,资产阶级社会**金钱化的经济关系**所产生的巨大改变。如果上述三条是**从客体向度**承认资产阶级社会促进生产力发展和拓展人的生存空间的历史作用,那么在这里,则是转而**从主体向度**批判资产阶级社会特定的经济剥削本质。当然,此处马克思恩格斯的观点,与前述《1844年手稿》中人本学的异化批判不同,他们这里对资产阶级社会关系的批判,并不是现象学式的批判认识论构境中透过现象看本质的此-彼归基逻辑,而是尽可能地从社会关系场境的**客观转换**出发的实证批判。这是他们在《德意志意识形态》一书中对资产阶级社会科学批判的进一步深化。马克思恩格斯认为,资产阶级生产关系的表现方式,是利己主义基础之上的金钱关系,当这种商品-市场交换关系居统治地位的时候,一切封建的旧有社会关系编码就在交换价值的粉碎机中消解和祛序了。他们认为:

> 凡是资产阶级已经取得统治的地方,它就把所有封建的、宗法的和纯朴的关系统统破坏了。它无情地斩断了那些使人依附于"天然的尊长"的形形色色的封建羁绊,它使人和人之间除了赤裸裸的利益(nackte Interesse)即冷酷无情的"现金交易"("bare Zahlung")之外,再也找不到任何别的联系了。它把高尚激昂的宗教虔诚、义侠的血性、庸人的温情,一概淹没在利己主义打算的冷水之中。它把人的个人尊严变成了交换价值(Tauschwert),它把无数特许的和自力挣得的自由都用**一种**没有良心的贸易自由来代替了。总而言之,它用公开的、无耻的、直接的、冷酷的剥削(offene,unverschämte,direkte,dürre Ausbeutung)代替了由宗教幻想和政治幻想掩蔽着的剥削。②

---

① Marx-Engels-Gesamtausgabe(MEGA²),Ⅳ/6,Text,Berlin:Dietz Verlag,1983,S.974. 中译文参见孔伟宇译稿。

②《马克思恩格斯全集》第4卷,人民出版社1958年版,第468页。中译文有改动。

　　这段表述,是《共产党宣言》这一文本中十分著名的话语片断。它像散文诗一样的生动和感性,但同时以极为深刻的批判性目光,透视了从封建专制社会中的宗法性社会关系场境脱型到资产阶级金钱世界的根本转换。这也是马克思恩格斯历史认识论中社会关系场境历史性转换认知的最出彩之处。在马克思恩格斯看来,新出现的资产阶级社会中,封建式的自然负熵进程中的血亲关系,被赤裸裸的经济负熵进程中的功利关系祛序,传统的人与人之间的"温情脉脉的纱幕"被揭去,变成了利益交换的"单纯的金钱关系"伪境;上帝的神性和贵族的血性被利己主义的冰冷实惠消解,金钱关系编码的伪功能链,"抹去了一切素被尊崇景仰的职业的庄严光彩。它使医生、律师、牧师、诗人和学者变成了受它雇用的仆役";原来特权下的天生贵族自由,被市场中的不断易主的财富自由取代,过去那种在宗教光环和封建意识形态幻象下的直接剥削,被更加无耻的"贸易自由"帽子下的经济剥削替代,其中,金钱背后的交换价值和形式上平等的自由买卖,成了最核心的运作机制。在马克思同期所作的《关于自由贸易的演说》中,他这样评论资产阶级所谓的自由贸易的本质:"在现代的社会条件下,到底什么是自由贸易呢? 这就是资本的自由。排除一些仍然阻碍着资本前进的民族障碍,只不过是让资本能充分地自由活动罢了。不管一种商品交换另一种商品的条件如何有利,只要雇佣劳动和资本的关系继续存在,就永远会有剥削阶级和被剥削阶级存在。"①这是极其深刻的政治透视。在这种新的社会关系场境之中,人们观察世界的经验-统觉基础,开始为有用的金钱关系编码所左右,不能变成金钱伪在场的东西都是不入利益优先法眼的废弃物,金钱观念赋型成为全部资产阶级意识形态普照世界的精神之光。此时,马克思恩格斯还没有深入金钱关系背后的资本关系,这是透视资产阶级社会本质最关键的一步。

　　第三方面,是资产阶级社会的**对抗性内部矛盾和必然的历史没落**。这是整个《共产党宣言》中对资产阶级社会进行科学批判的主体内容。其一,资产阶级社会发展中**生产力与生产关系的深刻矛盾**。这是历史辩证法所呈现出

---

① 《马克思恩格斯全集》第 4 卷,人民出版社 1958 年版,第 456 页。

来的特定历史质性。可以看到,与《德意志意识形态》中创立的历史唯物主义
原则一致,马克思恩格斯这里对资产阶级社会的批判始终是从客观现实出发
的,不同在于,他们不再依托奴役性的"分工",而是去寻找社会内部客观存在
的根本性矛盾和冲突,并从这种客观辩证法的对抗性矛盾冲突中引出资产阶
级社会走向灭亡的根据。这也是此时现象学和批判认识论缺席时科学社会
主义批判话语的基本逻辑构式。马克思恩格斯指出,曾经创造了全新生产
力、生产关系和所有制构式的现代资产阶级社会,今天却"象一个魔术士那样
不能再对付他自己用符咒呼唤出来的魔鬼了"。这个"魔鬼",就是超过了过
去所有社会发展生产力总和的现代工业生产物相化的巨大生产力。一是因
为"现代的资产阶级的私人所有制是那种建筑在阶级对抗上面,即建筑在一
部分人对另一部分人的剥削上面的生产和产品占有方式的最后而又最完备
的表现"①。这是说,资产阶级私有制的本质是资产阶级对无产阶级的经济
剥削,这种剥削关系已经造成了严重的阶级对抗和社会冲突。二是如上所
述,这种资产阶级"生产和产品占有方式"的生产关系赋型,一度成为新兴
工业生产力发展有利的助推器,可是,随着社会化大生产的发展,资产阶级
社会本身

　　　　所拥有的生产力已经不能再促进资产阶级的所有制关系的发展;相
　　　反,生产力已经增长到这种关系所不能容纳的地步,资产阶级的关系已
　　　经阻碍生产力的发展;而当生产力一开始突破这种障碍的时候,就使整
　　　个资产阶级社会陷入混乱状态,就使资产阶级的所有制的存在受到
　　　威胁。②

应该说,这是马克思恩格斯第一次明确指认对抗性阶级社会中客观历史
辩证法内嵌的生产力与生产关系的历史性矛盾。不同于《1844 年手稿》等文
本中对资产阶级社会非人道的价值判断,这是他们在充分肯定资产阶级生产
方式的历史地位之后,从社会现实发展本身的内部揭示出来的客观社会矛
盾。这也会是历史辩证法和历史认识论中**动态矛盾关系本质分析**的例证。

────────────────

①《马克思恩格斯全集》第 4 卷,人民出版社 1958 年版,第 480 页。
②《马克思恩格斯全集》第 4 卷,人民出版社 1958 年版,第 472 页。

这意味着,曾经代表着先进生产力的资产阶级生产方式筑模之中,当年消灭落后的封建专制的社会关系构式的革命之矛,现在已经指向资产阶级自身。在此,马克思恩格斯给出的现实例证,是在资产阶级社会中业已频频发生的"周期性的(periodischen)而且愈来愈凶猛地危及整个资产阶级社会生存的商业危机"。这是马克思在《哲学的贫困》中已经指认的资产阶级社会内部客观存在的严重经济问题。

> 在商业危机(Handelskrisen)期间,每次不仅有很大一部分制成的产品被毁灭掉,而且有很大一部分已经造成的生产力也被毁掉了。在危机期间,发作了一种在过去一切时代看来好象是荒唐现象的社会瘟疫,即生产过剩(Überproduktion)的瘟疫。社会转瞬间回复到突如其来的野蛮状态,仿佛是一次大饥荒、一场毁灭性的大战争,完全吞噬了社会的全部生活资料。①

这种周期性的商业危机背后,是周期性发生的无序熵化的商品Überproduktion(生产过剩),这是生产力与生产关系矛盾的结果,在此时,整个资产阶级经济负熵进程直接被破坏性的熵增中断。因为在每一次经济危机中,大量的劳动产品被毁灭,生产力本身受到毁灭性的破坏,像一种无法抑制的"社会瘟疫"蔓延到全社会,整个社会像是被一场人自己发动的毁灭性的战争摧毁。这不仅仅是发生在一个资产阶级国家中的经济危机,而是蔓延在整个资产阶级世界中的"瘟疫"。在"居利希笔记"中,马克思直接看到了同时发生在英国和德国的这种毁灭性的"**无政府状态**(*Zustand der Anarchie*)"②。在之后的"统计学笔记"中,马克思详尽摘录了19世纪英国与其他各国于1818—1839年在历次经济危机中羊毛与棉纺织品进出口的统计数据变化。这种不断陷入危机再到"繁荣"的周期性反复和"危机常规化"③,已经使资产阶级的生产方式千疮百孔。这充分说明,资产阶级的生产关系已经无法容纳

---

① 《马克思恩格斯全集》第4卷,人民出版社1958年版,第472页。

② Marx-Engels-Gesamtausgabe(MEGA²),Ⅳ/6,Text,Berlin:Dietz Verlag,1983,S.709. 中译文参见孔伟宇译稿。

③ Marx-Engels-Gesamtausgabe(MEGA²),Ⅳ/6,Text,Berlin:Dietz Verlag,1983,S.949-953. 中译文参见孔伟宇译稿。

自身内部的生产力发展,并且业已成为阻碍生产力构序和进一步发展的障碍,"而当生产力一开始突破这种障碍的时候,就使整个资产阶级社会陷入混乱状态,就使资产阶级的所有制的存在受到威胁"。马克思恩格斯说,今天,"资产阶级用来推翻了封建制度的那个武器,现在却对准资产阶级自己了"。①这就是历史本身的辩证法,它生动地呈现了资产阶级从作为政治和经济上的革命力量走向没落的历史进程。

其二,资产阶级社会中**资本与雇佣劳动的根本对立**。我觉得,这是马克思恩格斯在这一文本中对资产阶级社会本质最重要的思考之一。马克思恩格斯说,"资产者阶级(Bourgeoisklasse)赖以生存和统治的基本条件,是财富(Reichtums)积累在私人手里,是资本的筑模和增殖(Bildung und Vermehrung des Kapitals)。资本的生存条件是雇佣劳动制(Lohnarbeit)"②。马克思在这里对资本的Bildung(筑模)概念的使用是重要的,因为它预示了资本作为一种动态生产方式的思考方向。我们可以感觉得到,此处马克思恩格斯对**资产**阶级社会的定性评判尺度已经开始出现偏移,因为这个社会的本质并非仅仅是**财产多少**,虽然资产阶级社会生存的前提是财富集中在少数人手中,但作为社会主体的资产阶级生存的真正社会构序和经济关系赋型基础,其实是"带来财富的财富"——资本的筑模和增殖,而资本增殖的唯一生存条件则是不断地盘剥Lohnarbeit(雇佣劳动)。这也就意味着,资产阶级社会的本质其实是资本与雇佣劳动的对立,而资本(关系)则是占据统治和支配地位的力量。然而,在此时马克思恩格斯的认识中,工人"这种劳动所创造的是资本,即剥削雇佣劳动(Lohnarbeit ausbeutet)的财产(Eigentum),亦即只有在不断产生出新的雇佣劳动来重新加以剥削的条件下才能增加起来的财产。现今的这种财产是在资本同雇佣劳动的对立中演进的"③。这亦表明,资本是一种依靠剥削雇佣劳动得以存在和增加起来的私有财产。其实,将资本作为一种财富或者财产,这也是马克思恩格斯此时将这种现代私有制社会视作**有产者社**

①参见《马克思恩格斯全集》第4卷,人民出版社1958年版,第472页。
②《马克思恩格斯全集》第4卷,人民出版社1958年版,第478页。中译文有改动。
③《马克思恩格斯全集》第4卷,人民出版社1958年版,第481页。中译文有改动。

会——资产阶级社会的基本认识。这当然是有待进一步深化的观点。一是由于批判认识论的缺失,"私有财产"的劳动异化本质并没有在科学的基础上重新被揭示出来;二是马克思不久就将会发现,资本不是可见的财产,而是一种支配性的非物相化的生产关系赋型。

可以看到,马克思恩格斯此时也逐步产生了一种新的想法,即资本不是一个主体性的人格概念(资本家),也不是一个简单的对象性的概念(财产),它是一种**非主体性的社会力量**。他们说:

> 做一个资本家(Kapitalist sein),这就是说他在生产中并非只是一个纯粹个人(rein persönliche),而且占有一种社会的地位(gesellschaftliche Stellung)。资本是关联性的产物(gemeinschaftliches Produkt),它只有通过社会许多成员的共同活动(gemeinsame Tätigkeit),而且归根到底也只有通过社会的全体成员的共同活动,才能动作起来。

> 由此可见,资本不是一种个人的力量(persönliche),而是一种社会的力量(gesellschaftliche Macht)。①

依我之见,这是马克思恩格斯在对资本的科学认识中迈出的重要一步。一是说,在资产阶级社会中的资本家,并非仅仅是一个作为主体物相化结果的"纯粹个人",而是在生产中占有一种特殊社会地位,这种非主体性的地位恰恰是通过占有作为"关联性的产物"的资本而得到的。之后,马克思更精准地将资本家透视为非主体性的资本关系反向物相化的人格化伪主体。二是说,资本不是一种个人的主体性的力量,也不仅仅是物性对象意义上的财富,它是一种在人们共同活动中发生的异己性的客观场境力量。之后,马克思将发现,资本不仅是一种客观的社会力量,而就是一种主导资产阶级社会内部构序和经济政治赋型的生产关系,资本恰是这个现代私有制关系体系中的占统治地位的生产关系。

其三,作为资产阶级社会掘墓人的无产阶级。马克思恩格斯指出,正是在资产阶级的雇佣劳动制之下,不同于可以一次性买卖的奴隶,工人才可以

---

① 《马克思恩格斯全集》第4卷,人民出版社1958年版,第481页。参见 *MEW*, Bd. 4, Berlin: Dietz Verlag, 1977, S. 475 - 476。

"把自己零星出卖"，使自己的劳动（力）成为可以使资本增殖的交易对象。在后来的《雇佣劳动与资本》中，马克思深化了这一重要的历史认识论构境中的比较性的观点。在资产阶级社会里，工人的活劳动只不过是增殖业已积累的劳动——资本——的一种"手段"。特别是随着资产阶级社会工业生产中"机器采用范围的扩大和分工程度的增加，无产者的劳动已经失去了任何独立的性质"，因为在机器化大生产中，整个生产的构序主体已经不再是工人，而是以科学技术为构序力量的机器系统客观工序，失去了技艺的工人在没有任何创造性的惯性实践中业已沦落为机器运转的被动附属品。所以，手中占有机器的"资本拥有独立性和个性，而劳动的个体却被剥夺了独立性和个性"①。现在一无所有的无产阶级，

> 他们不仅是资产者阶级的奴隶（Knechte der Bourgeoisklasse），不仅是资产阶级国家的奴隶，并且他们每日每时都受机器（Maschine），受监工，首先是受各本厂厂主资产者本人的奴役。这种专横制度愈是公开表示自己的目的是发财，那末它就愈显得刻薄、可憎和令人痛恨。②

与传统社会中可以独立从事生产和掌握着完整工艺的匠人不同，对于在资产阶级"专横制度"下的社会劳动分工和机器生产中彻底丧失了独立性的工人来说，无情的事实为，如果不把自己变卖给资产阶级，他就将饿死。资本家手中抽打工人的，不再是可见的奴隶主的皮鞭，而是看不见的饥饿的皮鞭。其实，这种机器生产中出现的复杂的奴役关系，在关系意识论和认识论层面上使历史认识论变得有些力不从心，也为马克思之后的科学的批判认识论的重新出场奠定了客观基础。在资产阶级社会的雇佣劳动制中，工人不仅是资产阶级的经济奴隶，也是资产阶级国家的政治奴隶，他们还受到资本家、机器系统和监工的奴役。甚至，当他们拿到"只限于维持工人生命和延续工人后代所必需的生活资料"的工资时，却立刻受到"房东、店主、高利贷者等"资产者的进一步盘剥。在"居利希笔记"中，马克思看到了对德国工人悲惨生活的如下描述："马铃薯在以前任何地方都没有像现在这样构成下层阶级的主要

---

① 《马克思恩格斯全集》第 4 卷，人民出版社 1958 年版，第 482 页。
② 《马克思恩格斯全集》第 4 卷，人民出版社 1958 年版，第 473 页。

食物;在一些地方,他们几乎没有吃过面包,而主要是吃马铃薯;往往一天吃两次,不少时候吃三次。但是,如果人们没有足够的土地种植马铃薯,那么它就会经常出现短缺,因为工厂工人的工资很少使他们有能力购买很多马铃薯。"①马克思恩格斯愤怒地说:

> 现代的工人却并不是随着工业的进步而上升,而是每况愈下地降到本阶级的生存条件的水平以下。工人变成赤贫者,贫困比人口和财富增长得还要快。由此可以非常明显地看出,资产阶级再不能做社会上的统治阶级了,再不能把自己阶级的生存条件当作支配一切的规律强加于全社会了。资产阶级再不能统治下去了。②

这也就是说,今天,在资产阶级社会雇佣劳动制下无法生存下去的无产阶级,只有起来推翻资产阶级的统治才能获得新生。这个新生,当然是通过无产阶级革命来实现的。马克思恩格斯断言,资产阶级社会已经生产出"它自身的掘墓人"——革命的无产阶级,"资产阶级的灭亡和无产阶级的胜利同样是不可避免的"。③ 他们认为,只有在科学社会主义的引领下,全世界无产阶级联合起来,才能彻底消灭私有制,消灭人对人的剥削,走向人的彻底解放,即"一个以各个人自由发展为一切人自由发展的条件的联合体"——共产主义。

5. 资本是一种社会构式的生产关系

马克思关于资产阶级社会本质的新认识,是在不久后写下的《雇佣劳动与资本》(*Lohnarbeit und Kapital*)中才开始出现的。依文献考古分析可知,这一文本的原型,是马克思于 1847 年底在布鲁塞尔关于资本与劳动的关系的多次演讲。1848 年 2 月,马克思开始修改这一文本。1849 年 4 月,这一文本以

---

① Marx-Engels-Gesamtausgabe(MEGA^2), Ⅳ/6, Text, Berlin: Dietz Verlag, 1983, S. 854. 中译文参见孔伟宇译稿。
②《马克思恩格斯全集》第 4 卷,人民出版社 1958 年版,第 478 页。
③ 参见《马克思恩格斯全集》第 4 卷,人民出版社 1958 年版,第 479 页。

连载的社论形式公开发表在《新莱茵报》上。① 1880 年,这本书以单行本在布勒斯劳出版。在这里马克思第一次明确提出,资产阶级社会中出现的资本是**一种占统治地位的社会生产关系**。实际上,马克思的这一新认识也有一个过程,即从演讲提纲《工资》(*Arbeitslohn*)手稿到布鲁塞尔的"雇佣劳动与资本"演讲,再到《雇佣劳动与资本》文本的思想认识过程。其实,从马克思的手稿标题 *Arbeitslohn*(工资、报酬)到正式演讲和文本的标题 *Lohnarbeit und Kapital*(雇佣劳动与资本)的改变中,我们也可以看到一种思想构境的深化。马克思是从关注工人的工资和报酬开始的,后来,他显然觉得工人的工资问题是无法离开资本关系的,所以,"工资劳动"的特定质性只能在资本与**雇佣劳动**的支配关系之中讨论。关于雇佣劳动更深一层场境本质的领悟,马克思是在《1857—1858 年经济学手稿》中完成的。

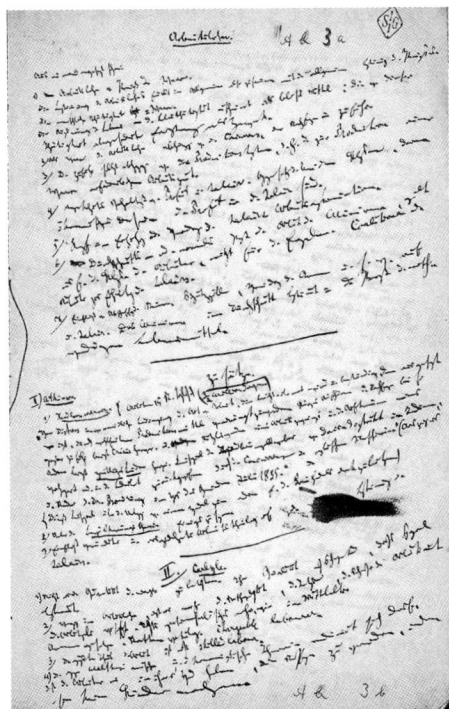

图9-4 马克思《工资》手稿一页

① 发表于 1849 年 4 月 5—8 日和 11 日《新莱茵报》第 264—267 号和第 269 号。

我们先来看这个写于 1847 年 12 月演讲之前的提纲性的《工资》手稿。[①]一是工人的劳动从表现生命的目的(telos)变成谋生的手段。在这个演讲提纲的开始,马克思先提出,"人的活动 = 商品(Die menschliche Tätigkeit = Ware)。生命的表现——生命活动——只是手段(Mittel);与这种活动分开的生存才是目的(Zweck)"[②]。这里第一个"人的活动",当然是指工人的劳动,它是工人生命(负熵)活动实现为社会历史负熵的表现,或者说,也是人的生命爱多斯之相实现出来的物相化活动。这一"人的活动",显然不是《1844 年手稿》中作为 sollen(应该)出场的类本质的劳动,而在思想构境谱系上,会让人想起《德意志意识形态》一书中马克思恩格斯讨论过的那个历史辩证法中作为目的出场的"自主活动"。这也可以看作人本学劳动异化批判构式的没影点。然而,在资产阶级社会的雇佣制度下,工人的劳动却成为资产阶级交易场境中可变卖的商品,实现生命爱多斯的劳动本身变成了经济物相化中谋生的手段性活动。这是黑格尔《法哲学原理》中那个作为 Die zweite Natur("第二自然")的市民社会中目的与手段辩证关系的颠倒。[③] 马克思说,只有当人的劳动不再是为了变卖的谋生活动时,才会是生存的目的。后来马克思意识到,不是劳动成为商品,而是劳动力的使用权成为商品。这显然是当年《1844 年手稿》中"跳出经济学"的劳动异化批判构式中所透视的相同的非物相化认知对象,但没有了现象学和批判认识论的此-彼归基关系透视。马克思说,原先在封建专制下基于血亲关系-自然负熵的"一切宗法制的东西都消失了,因为只有商业即买卖才是唯一的联系,只有金钱关系(Geldverhältnis)才是企业主和工人之间的唯一关系",现在,作为资产阶级社会经济构式负熵源泉的商业交换——**可以买卖的伪在场就是一切**,"旧社会的一切关系一般脱去

---

① 《工资》这篇手稿过去保存在德国社会民主党的档案库中,直到 1924 年才用俄文在《社会主义经济》杂志上第一次发表,1925 年用德文在《在马克思主义的旗帜下》(*Unter dem Banner des Marxismus*)杂志上发表。手稿封面上有马克思写下的"1847 年 12 月于布鲁塞尔",并且他还注明"已经论述过"。编辑出版者根据手稿的论述形式和内容推测:《工资》手稿是马克思为 1847 年 12 月下旬在布鲁塞尔德国工人协会会议上的讲演的最后一讲或最后几讲所写的预备提纲。

② 《马克思恩格斯全集》第 6 卷,人民出版社 1961 年版,第 635 页。

③ 参见[德]黑格尔《法哲学原理》,范扬、张企泰译,商务印书馆 1961 年版,第 197 页。

了神圣的外衣,因为它们变成了纯粹的金钱关系"。① 这是上述《共产党宣言》充分讨论过的问题。这里,也因为是面对工人的演讲,马克思跳过了取代农耕劳作的工业生产物相化过程,直接进入工人可以直观到的资产阶级经济物相化中的金钱世界。所以,工人的作为自己生命活动的劳动(使用权)也成了可变卖的商品,甚至,"一切所谓最高尚的劳动——脑力劳动、艺术劳动等都变成了交易的对象,并因此失去了从前的荣誉。全体牧师、医生、律师等,从而宗教、法学等,都只是根据他们的商业价值来估价了"②。这是说,不仅是工人的体力劳动活动,生产过程之外的脑力劳动和抽象的艺术劳动,甚至一切形式的"生命表现活动"都失形为买卖对象。这里,马克思显然在刻意避免使用我-它自反性关系构境中的异化概念,而是用**手段与目的的实证逻辑**来表征一种现实关系中的颠倒,因为资本家"掌握着就业手段[Beschäftigungsmittel],也就是掌握着工人的生活资料,就是说,工人的生活依赖于他;好像工人甚至把自己的生命活动也降低为单纯的谋生手段了"③。本来是作为生存目的的生命活动,现在颠倒成了工人在资产阶级社会中可悲的谋生手段。我们也能感觉到,与"穆勒笔记"和《1844 年手稿》中的谋生劳动、异化劳动不同,马克思在用生命的"目的"与谋生的"手段"、"降低"为"交易对象"这样一些接近经济学的实证话语,来表征资产阶级社会中出现的雇佣劳动与资本的这种复杂的社会关系颠倒,实际上,这多少是有一些言不及义的,并且也不能极其深刻地揭露资产阶级社会关系的特殊经济物相化颠倒本质。这一点,也为马克思下一步在自己的经济学研究中重启科学的劳动异化批判构式和批判认识论埋下了深深的伏笔。

二是资产阶级社会中生产力水平的提高对工人工资的影响。马克思说,当资产阶级社会中的机器化大生产和更加精细的分工出现之后,工人成为"愈来愈片面的生产力",因为在手工业生产中完整的劳动活动被切割为机器客观工序的碎片性动作,同时,"在大工业的发展过程中,时间愈来愈成为商

---

① 参见《马克思恩格斯全集》第 6 卷,人民出版社 1961 年版,第 659 页。
②《马克思恩格斯全集》第 6 卷,人民出版社 1961 年版,第 659 页。
③《马克思恩格斯全集》第 6 卷,人民出版社 1961 年版,第 643 页。

品价值的尺度,因而也成为工资的尺度。与此同时,随着文明的发展,劳动这一商品的生产愈来愈低廉,所花费的劳动时间也愈来愈少"①。在经济学语境中,这是李嘉图克服斯密在劳动价值论中逻辑混乱的重要进展,即在大工业生产的基础上,捕捉到了对一切领域劳动都可以通约的**社会必要劳动时间**尺度。而且,李嘉图已经看到了机器的使用也会使工人劳动的地位不断下降。马克思集中思考这一点,是在《伦敦笔记》的"李嘉图笔记"Ⅱ—Ⅲ中。在《伦敦笔记》的"工艺学笔记"的思考中,这一理论线索深化为历史唯物主义客体向度中的巨大认识飞跃。这是因为,原先劳动者的手艺是劳动塑形产品的重要因素,而在今天的机器生产中,这种主体性物相化的工艺(创造性的"自主活动"和社会历史负熵质)已经被非及物的技术信息编码抽离,在机器的轰鸣声中只剩下简单的同质化惯性实践的生产时间,这种生产时间中的劳动构序的作用被大大贬低了。这里需要特别说明的情况是,原先只是在自然经济中出现的农业生产中非物相化的**惯性实践**,现在竟然成了机器化大生产中"祛技能化"工人劳动的基本样式,因为工人劳动中原有的爱多斯(eidos)实现出来的创制性手艺和有目的(telos)的创造性实践,现在变成了没有任何主体创造性的同质性重复机械动作。劳动生产率随着机器化大生产和高度分工的出现大幅度提高,它当然给资本家带来更多的利益,可是,由此对工人的影响却是"劳动日益简单化。劳动的生产费用日益减少",劳动(力使用权)的价格变得日益低廉,工人之间的竞争日益加剧。并且,工人的"工资愈来愈以世界市场为转移,而工人的状况也愈来愈不稳定"②。这是一种对资产阶级社会中日益恶化的工人生存状况的客观描述。显然,马克思这里对工人阶级生存状况的分析,比《1844年手稿》和《德意志意识形态》中的相近讨论,都更加深刻了。在"居利希笔记"中,马克思摘录到德国工人的工资由于竞争而普遍下降的情况。③

三是在劳动与资本的关系中出现的悖反逻辑。我们可以注意到,马克思

---

① 《马克思恩格斯全集》第6卷,人民出版社1961年版,第646页。
② 《马克思恩格斯全集》第6卷,人民出版社1961年版,第642页。
③ 参见 Marx-Engels-Gesamtausgabe(MEGA²), Ⅳ/6, Text, Berlin:Dietz Verlag, 1983, S.853。

这里无意间没有突显**主体性**的资本家奴役工人,而是在将工人与一种**看不见的客观存在的资本关系**对立起来,在此,他将这种看不见的资本关系称为**生产资本**(*produktiven Kapitals*)。我以为,这里马克思对资本本质认识的重要进展表现为,资本开始被透视为一种在**不在场的在场性中**出现的**支配性的奴役关系**。相比之《德意志意识形态》中那种基于斯密的"看不见的手"的外部物役性经济力量,马克思对资本本质的认识显然越发深刻起来。并且,在此出现的 produktiven Kapitals(生产资本),并不是后来马克思在第三次经济学研究中确立的异质于商业资本的生产资本,而只是一个在资本**增殖性**构境中使用的过渡性概念。在资本奴役工人的雇佣关系中,工人如果想要提高自己的工资,通常的做法只能是让资本能够获得更大的增殖。马克思分析说:

> 使工人能够勉强生活的主要条件是他使自己的生活状况比资产阶级愈来愈降低,是他尽量增加自己敌人的力量——资本(das Kapital)。这就是说:工人只有在他生产并加强和他敌对的力量即他本身的对立者的条件下,才能勉强生活下去;在这种条件下,当他造成这种和他敌对的力量的时候,他才能从后者得到就业手段,这种手段又使他成为生产资本的一部分,成为加强生产资本(produktiven Kapitals)并使之快速增长的杠杆。①

资产阶级社会中出现的雇佣劳动与资本的关系是一个悖论:明明资本是敌对的力量,可工人只有在自己的劳动中增强资本的力量时才能勉强活下去,因为资本家的工厂如果倒闭了,工人将没有饭吃。在后来的经济学研究中,马克思将这种生产资本关系的劳动指认为有特定所指的"生产性劳动"。马克思这里的思考,已经在接近将资本看作一种资产阶级社会中重要的**社会生产关系**。当马克思认识到"伴随生产力的提高而来的是大资本的统治(Herrschaft des großen Kapitals)加强"②时,这里的 großen Kapitals(大资本)并不是某个资本家个人主体,而是一种强大的**资本关系**的统治。

在这里,马克思最后也谈及雇佣劳动制度的"积极方面",这就是资产阶

---

①《马克思恩格斯全集》第 6 卷,人民出版社 1961 年版,第 649—650 页。
②《马克思恩格斯全集》第 6 卷,人民出版社 1961 年版,第 652 页。

级正在资产阶级社会自身的奴役性关系统治中创造出革命的无产阶级和新社会所需要的物质条件。

> 如果谈雇佣劳动的积极方面,那就是谈资本、大工业、自由竞争、世界市场(des Kapitals, der großen Industrie, der freien Konkurrenz, des Weltmarktes)的积极方面,我无需乎向你们解释,没有这些生产关系(Produktionsverhältnisse),就不会创造出生产资料——解放无产阶级和建立新社会的物质资料,无产阶级本身也就不会团结和发展到真正有能力在旧社会中实行革命并使它自身革命化的程度。[1]

这里我们看到,马克思已经在将资本、大工业、自由竞争和世界市场看作资产阶级"旧社会"中的**生产关系**,这就接近了对资产阶级社会复杂经济关系建构起来的场境本质最重要的科学认识核心。有趣的是,马克思在这一手稿中并没有使用 bürgerliches Gesellschaft 一词。很快,这一核心观点就在《雇佣劳动与资本》的公开演讲中突现出来了。

不久之后,在《雇佣劳动与资本》这一演讲中我们能够观察到,马克思虽然在集中讨论经济学问题,但思考的重点却是从社会场境关系出发的,因为他要说明资产阶级社会中存在的**雇佣劳动与资本的关系**。马克思在第一篇演讲中宣称要说明三个问题:一是雇佣劳动对资本的关系,"即工人的奴役地位,资本家的统治(die Sklaverei des Arbeiters, die Herrschaft des Kapitalisten)";二是中产阶级和农民在资产阶级社会发展进程中的消亡;三是国际市场上各国资产阶级之间的不平等关系。实际上,从后来所发表的文本来看,马克思仅对第一个问题进行了讨论。[2] 这里可以看到,Kapitalist 一开始仍然是以**主体**视位出现的,而不是作为**非主体的**客观的生产关系在场的。可是,也是在这一文本中,马克思的观点发生了极其深刻的改变。

首先,马克思再一次突出强调了认识资产阶级社会经济关系的**历史唯物主义前提**。这甚至是马克思此后经济学研究的基本方法论筑模,在后来马克思对资本主义生产方式的研究中,历史唯物主义始终是他面对复杂经济现实

---

① 《马克思恩格斯全集》第 6 卷,人民出版社 1961 年版,第 659 页。
② 参见《马克思恩格斯全集》第 6 卷,人民出版社 1961 年版,第 474 页。

的逻辑构序和观念赋型原则,不过,它更多地深化为狭义的历史唯物主义方法论。马克思后来在 1859 年写下的《〈政治经济学批判〉序言》中,再一次概述了这一用以指导自己经济学研究的科学方法。因为要想透视资产阶级社会中的雇佣劳动与资本的关系,面对人们在日常生活中每天遭遇的熟知商品、货币和资本物(原料、机器和厂房)时,不仅要透视这些到场物相化对象作为"正在消逝的东西"(verschwindend darstellt)背后更深一层的生产活动(用在性)——这是第一重不在场的在场性的辨识,而且要进一步透视资产阶级社会特有的商品-市场经济物相化的生产关系——这是在捕捉第二重不在场的在场性的努力。依思想构境谱系的长程分析,之后马克思会在第三次经济学研究中惊讶地发现,这种经济物相化中发生的不在场的在场性本身也是复杂的,因为他在找到商品、货币等到场物隐匿的"经济质"(价值关系)之后,在生产过程的客观要素的到场之物中,还深刻地发现了资本关系的不在场的在场和对象化劳动被彻底遮蔽起来的伪像,以及剩余价值在利息和地租等转化形式中的隐匿。这也意指着,主体性的**劳动辩证法**将再一次从生产过程中显现出来。这将是狭义历史唯物主义基础上历史现象学和科学的批判认识论的主要解码任务。所以,马克思在这里需要先确定历史唯物主义构境中**非物像社会关系场境**的一般方法论和认识论的规定。

第一,马克思在广义历史唯物主义的构境中指出,物质生产活动是一切社会定在和发展的客观基础,而这种生产活动本身,却是**特定历史时间中社会关系赋型下人对自然的能动塑形和构序**。

> 人们在生产中不仅仅同自然界发生联系(sich beziehen)。他们如果不以一定方式(bestimmte Weise)结合起来共同活动和互相交换其活动,便不能进行生产。为了进行生产,人们便发生一定的联系和关系(bestimmte Beziehungen und Verhältnisse);只有在这些社会联系和社会关系(die gesellschaftliche Beziehungen und Verhältnisse)的范围内,才会有他们对自然界的关系,才会有生产。①

---

① 《马克思恩格斯全集》第 6 卷,人民出版社 1961 年版,第 486 页。

不同于自然经济产品的非物相化天然形态,我们今天在日常生活中遭遇的绝大多数到场事物的背后,都隐匿着人们通过工业生产物相化活动建构起来的人对自然的能动关系,这些关系使它们获得了人的生存中所需要的用在性。这是马克思从《提纲》和《德意志意识形态》以来,始终坚持的历史唯物主义第一层级非物像透视中的"活动"和"关系"本质。这里,同样也是去除了明显的此-彼归基的现象学逻辑,马克思就是直接从不可见的"怎样生产"的关系场境和方式出发的。此处,文本中出现了 Beziehung(联系)和 Verhältnis(关系)概念的共同在场,可见关系场境论在马克思恩格斯历史唯物主义构境中的重要性。应该说,这也是广义历史唯物主义构境中历史辩证法的**客体向度**。在一定的意义上,历史辩证法的客体向度,往往是马克思主体向度批判话语的前提。可以看出,马克思这一表述的主旨:一是指向物质生产活动中的**狭义**生产关系,即劳动者之间在生产活动中以一定的方式发生的共同协作的关系场境,这种"结合起来"的共同活动直接构成生产力的构序因素。马克思在后来的《1861—1863 年经济学手稿》和《资本论》写作中,都充分讨论了发生在农业生产中的"共同合作",以及工业生产中的协作与分工中劳动者之间"共同活动"场境格式塔突现出来的结合力。二是人们的生产物相化活动,也必然为特定社会关系制约和赋型作用下人对自然的能动关系。一定生产关系中的生产力发展运动的观点,不是在描述直观可见的在场对象性的人和自然存在,而是透视人以特定历史性质的生产塑形和构序,在农业生产中促使外部自然物质部分改变,或者在工业生产中创制自然物质全新的社会历史负熵质和关系场境编码,这极其深刻地表征了历史唯物主义最基始性的非物像社会关系场境论。

第二,在马克思看来,生产总是一定社会历史时间中有特殊质性的生产,而且必然是一定社会关系赋型下以一定的形式构成的生产资料的生产过程。"生产者相互发生的这些社会关系(gesellschaftlichen Verhältnisse),他们借以互相交换其活动和参与共同生产的条件,当然依照生产资料的性质(Charakter der Produktionsmittel)而有所不同。"①这旨在说明一定历史条件下生产工具质

---

① 《马克思恩格斯全集》第 6 卷,人民出版社 1961 年版,第 486—487 页。

性的制约作用,如前述马克思所说的手推磨与蒸汽机的不同历史制约作用。应该说明,马克思这里的观点并非是肯定**工具决定论**,因为任何对象性到场的生产资料都只是不在场的**劳动工艺和物相化生产力水平的物性结晶**,作为劳动生产重新激活塑形活动的实践编码模板,它们客观地表征着一定社会历史中物质生产场境的特殊生产力构序的质性。

第三,更进一步说,不仅社会关系是由一定的物质生产力水平决定的,随着生产力的发展,整个社会的**生产方式筑模**也必将发生深刻改变。"生产方式和生产资料总在不断变更,不断革命化;**分工必然要引起更进一步的分工;机器的采用必然要引起机器的更广泛的采用;大规模的生产必然要引起更大规模的生产。**"①这是历史辩证法的现代形态。它更清晰地显现出,生产方式不是一个分立于生产活动的抽象框架,它本身就是生产物相化构序活动的内在功能性的动态筑模,当然,这里的以生产方式为核心的历史辩证法运动显然已经是特指资产阶级社会发展进程了,因为工业生产中的劳动分工就是新的劳作方式,分工的进一步发展必然是机器化大规模生产的客观要求。反之亦然。这是一个步步相递的社会发展逻辑。马克思说:"**总之,各个人借以进行生产的社会关系,即社会生产关系**(*gesellschaftlichen Produktionsverhältnisse*),**是随着物质生产资料、生产力的变化和发展而变化和改变的。**"②可以感觉得到,马克思此时的思考重心,还是一定生产力发展水平下的社会生产关系,因为它对应于马克思即将发现的**资本的生产关系**本质。

第四,在对这个广义历史唯物主义基本观点确认的背景下,马克思接着说:

> **生产关系总合起来**(*Produktionsverhältnisse in ihrer Gesamtheit*)**就构成为**所谓**社会关系**,构成为所谓**社会**(die *gesellschaftliche Verhältnisse*, die *Gesellschaft*),并且是构成为一个处于**一定历史发展阶段**上的社会,具有独特的特征的社会。古代社会、封建社会和资产阶级社会(bürgerliches

---

① 《马克思恩格斯全集》第 6 卷,人民出版社 1961 年版,第 501 页。
② 《马克思恩格斯全集》第 6 卷,人民出版社 1961 年版,第 487 页。

Gesellschaft)都是这样的生产关系的总和(Gesamtheiten),而其中每一个生产关系的总和同时又标志着人类历史发展中的一个特殊阶段。①

在概念考古的词频统计中,马克思在该文中只是少量使用 bürgerliche Gesellschaft 这样的词语(4 次),共 11 次使用 bürgerlich 一词,而开始较多地使用 Kapitalisten 等相关词。这是继马克思在《1844 年手稿》中刻意塑形社会概念以来,在《马克思致安年柯夫》中提出社会定义后,第一次在公开场合明确给出关于社会的定义。马克思这里的表述中出现了一个对现代历史辩证法系统中社会关系场境分层的说明:一是上述的狭义的劳动技术层面的生产关系。二是广义的"生产关系的总和"就构成所谓社会关系构式的总体场境,即社会。这表示,马克思开始将人类社会物相化的历史负熵本质直接指认为**历史性的关系场境存在**。这是《关于费尔巴哈的提纲》中那个人的本质在其现实性上是社会关系的总和(ensemble)一说,在社会本质层面的重新赋型。不过,在这里马克思使用了 Gesamtheit(总合,全部)一词。这一话语能指,更加精准地体现了**社会关系构式**复杂整合(integration)机制的意义所指。这个"生产关系的总和"的观点,是马克思在不久前《道德化的批评和批评化的道德》一文中提出的。② 有趣的是,马克思这里跳过了他自己那个作为市民社会话语Ⅳ的"基础"。三是社会关系是在狭义的生产关系之上生成的社会生活关系,它就必然表征了一定社会关系历史性赋型的总体构式性质,即"一个处于**一定历史发展阶段**上的社会,具有独特的特征的社会",比如古代社会、封建社会和资产阶级社会赋型。从这里也可以看出马克思关于历史分期的基本立足点,即历史性的生产关系赋型所生成的特定社会历史负熵质。在历史分期问题上,这显然比《德意志意识形态》中不同所有制关系的历史发展线索更加宏观一些。由于《德意志意识形态》手稿没有公开出版,《马克思致安年柯夫》是私人通信,这可能是马克思对广义历史唯物主义基本观点的第一次公

---

① 《马克思恩格斯全集》第 6 卷,人民出版社 1961 年版,第 487 页。*MEW*, Bd. 6, Berlin: Dietz Verlag, 1961, S. 408.

② 马克思的原话为:"**私有制**不是一种简单的关系,也绝不是什么抽象概念或原理,而是**资产阶级**生产关系的总和(不是指从属的、已趋没落的,而正是指现存的资产阶级私有制)。"(《马克思恩格斯全集》第 4 卷,人民出版社 1958 年版,第 352 页。)

开的正面表述。我们从中可以看到马克思广义历史唯物主义思想的进一步成熟和发展。

其次,资产阶级社会的本质是**作为生产关系的资本的统治**。这是马克思对资产阶级社会本质的一个全新认识。实际上,上述所有关于历史唯物主义和历史辩证法一般场境关系存在论的讨论,都是为了引出这个新的判断。马克思先分析说,按照资产阶级经济学的观点,资本是人们所熟知的各种对象性的到场之**物**,李嘉图等人眼中的"资本包括原料、劳动工具和各种生活资料,这些东西是用以生产新的原料、新的劳动工具和新的生活资料的"①。可是,现在马克思看来,这些看起来熟知的物**并不是它自身**,或者依黑格尔的话语,这些"物"statt sich selbst zu bestätigen(并不证实自己)②,它的本质是一种将不在场的社会关系重新遮蔽起来的**经济物相化**。他明确指出,资本并不仅仅是一种可见的到场之物,从本质上说,它是资产阶级社会中最重要的社会**生产关系**(*Produktionsverhältnisse*)赋型。这个生产关系,恰好为上述历史唯物主义中描述社会关系场境存在的本质方面。我以为,虽然在《德意志意识形态》一书中,马克思恩格斯已经在广义历史唯物主义构境中创立了第一层级非物像的社会场境存在论,但他们并没有将其关联于对资产阶级社会复杂经济关系本身的分析,而在这里,当马克思开始认真思考出现在资产阶级社会中的资本统治问题时,社会关系场境存在论则深化为狭义历史唯物主义中全新的经济物像批判。这一点,当然很深地关联于黑格尔的《精神现象学》的物像透视。马克思分析说:

> **资本**也是一种社会生产关系。这是**资产阶级的生产关系**(*bürgerliches Produktionsverhältnis*),是资产阶级社会的生产关系。构成资本的生活资料、劳动工具和原料,难道不是在一定的社会条件下,不是在一定的社会关系(bestimmten gesellschaftlichen Verhältnissen)下生产出来和积累起来的吗? 难道这一切不是在一定的社会条件下,在一定的社会关系内被用来进行新生产的吗? 并且,难道不正是这种一定的社会性质

---

① 《马克思恩格斯全集》第6卷,人民出版社1961年版,第486页。
② 参见《马克思恩格斯全集》(第二版)第3卷,人民出版社2002年版,第323—324页。

(bestimmte gesellschaftliche Charakter)把那些用来进行新生产的产品变为**资本**的吗?①

这是不久前,马克思在历史唯物主义构境中第一次确立科学的生产关系概念后,在对资产阶级社会本质认知中的重要运用。马克思显然对自己的这个理论新发现感到格外兴奋。因为这兆示着,马克思有可能透视资产阶级商品-市场经济的社会赋型中发生的复杂经济关系 Verkehrung(颠倒)现象,进而走进狭义历史唯物主义的更深构境层。我们不难看到,这里马克思的三个"难道"的追问,既是对资产阶级经济拜物教意识形态的最初透视,也会是马克思自己重要的理论内省。应该说,马克思的广义历史唯物主义和历史认识论的"实证原则",在这里经历了一次**重要的问题危机**。我们都知道,在前述《关于费尔巴哈的提纲》和《德意志意识形态》的讨论中,直观的现成对象世界在第一层级非物像透视中,由物质创制实践活动-物质生产物相化活动和社会关系场境所破境,可是在资产阶级社会的商品-市场经济关系场境中,这种非物像的社会关系却再一次颠倒地呈现为事物和事物之间的事物化关系,这是**第二层级的经济物相化**迷雾。并且,这并非广义历史唯物主义和历史认识论能够直接透视的特殊伪境,因为在这里,历史辩证法的呈现开始经过经济物相化中的事物化颠倒(Verkehrung),从物质生产过程中再次突显出来的**主体性的劳动辩证法**,却颠倒地呈现为**消极的经济事物(商品、货币和资本)的辩证法**横行于世。所以,马克思不得不向前走。其实,这正是走向《1857—1858年经济学手稿》中,狭义历史唯物主义基础上的历史现象学和科学的批判认识论的入口。对此,我们再进行一些具体的分析。

可以看出,马克思此时已经认识到,作为生产条件的原料和工具等对象物到场的资本,并不是它自身,而是支撑资产阶级社会经济和政治的最重要的生产关系,只是在这种不可直观的社会关系编码的支配下,直接在场的对象性的生活资料、劳动工具和原料才会被赋型为资本的**关系场境关联物**。然而,马克思并没有意识到,这是他无意识触碰到的一种与一般物相化透视完

①《马克思恩格斯全集》第6卷,人民出版社1961年版,第487页。

全不同的**此-彼归基关系**,因为此时他还没有进入复杂经济物相化空间中颠倒地建构起来的资产阶级经济关系伪境。之后,在《大纲》和《1861—1863 年经济学手稿》中,他才通过历史现象学和科学的批判认识论,真正破解了这一作为资本主义生产过程的生产条件中发生的**我-它自反性劳动异化**问题。此时马克思的表述为,"资本不仅包括生活资料、劳动工具和原料,不仅包括物质产品,并且还包括**交换价值**(*Tauschwerten*)。资本所包括的一切产品都是**商品**(*Waren*)"①。我们先排除马克思此时在经济学表述上的不精准,他的意思是对的,因为他看到了资本表现为**物性对象**的劳动工具和原料,也看到了不是直接在场的对象物的"交换价值",他实际上已经达成这样一种新的认识:资本作为一种生产关系赋型,让所有社会定在都变成关系性构式负熵中的神秘商品存在。这也意味着,**不在场的资本关系场境让作为经济定在的对象物作为资本的力量在场**。资本关系的辩证运动,是到场经济事物辩证法("第二自然辩证法"="自然法")自发整合运动的本质。于是,马克思顿悟道:

> 黑人就是黑人。只有在一定的关系(bestimmten Verhältnissen)下,他才成为**奴隶**。纺纱机是纺棉花的机器。只有在一定的关系下,它才成为**资本**。脱离了这种关系,它也就不是资本了,就像**黄金**本身并不是**货币**,沙糖并不是沙糖的**价格**一样。②

这是《雇佣劳动与资本》一文中比较重要的一段表述。这里,我们再一次开始感到那个此-彼归基逻辑在发生无形的话语统摄作用。在此时的马克思看来,奴隶、资本和货币,都不是我们在感性经验塑形和观念认知中可以看到的黑人、纺纱机和黄金这些直接到场对象物的现成性客观属性——奴隶并非黑人天生的生理属性,货币并非黄金的天然属性,资本并非纺纱机的物质属性。可是,这三种我们都熟知的到场之物,作为"正在消逝的东西(verschwindend darstellt)",在非物像透视中的情况又是不同的:一是作为生命负熵存在的黑人并非天生的奴隶,他就是黑色皮肤的人,在美洲种植园里遭遇的黑奴,只是在当代资产阶级殖民主义制造出来的特定奴隶制社会物相化关系赋型下,他

———————————

① 《马克思恩格斯全集》第 6 卷,人民出版社 1961 年版,第 487 页。
② 《马克思恩格斯全集》第 6 卷,人民出版社 1961 年版,第 486 页。

才成为奴隶这种社会负熵进程中的**关系性场境存在**。只是人们将奴隶关系的在场,误认为被殖民者贩卖到美洲的黑人的固有在场性。马克思在这里这样表述,显然是他联想到许多年前读到的黑格尔《精神现象学》第四章讨论主奴辩证法中的一句话:"正是在这种关系里,奴隶才成为奴隶。"①而关于黑人成为奴隶的历史,则是黑格尔在《历史哲学》中详细讨论的。② 二是黄金是一种无机自然界中存在的贵金属,它只是在商品交换关系赋型中,才会成为货币这种特殊经济构式负熵中的关系性场境存在。黄金的到场,被错认为一般财富在场的经济物像,而遮蔽了不在场的劳动交换关系和资本的生产关系,当经济物相化消逝之后,它的经济伪在场则有可能在"修建厕所"(列宁语)③中恢复它的自然本相,在那里,黄金才会以它自身到场。三是最复杂的关系场境,因为纺纱机是纺棉花的机器,它在经验塑形中是可以直观的物性实在,首先是工人和科技人员劳动物相化的用在性产品,这是历史唯物主义第一层级的非物像透视;然后这种用在性的产品,在资产阶级社会突现的商品-市场经济构式负熵进程中转型为商品,当资本家通过货币购买纺纱机并将其投入生产过程中时,作为到场**对象物**的纺纱机,在作为统治性生产关系的资本关系赋型之下,才会成为盘剥工人活劳动的资本的客观构序力量。应该指出,这是经济物相化中最难参透的资本关系赋型,我以为,这也会是马克思科学透视经济物役性现象的入口。

依我的判断,马克思这里的分析,显示出他已经深透地意识到:第一,自然对象物与人通过劳动物相化所改变的事物,都会因一定的社会关系编码而获得一种历史性的社会关系场境存在,这是历史唯物主义非物像透视第一层面已经解决的问题。然而,在资产阶级社会中,作为资本的经济关系,却会再

---

① [德]黑格尔:《精神现象学》上卷,贺麟、王玖兴译,商务印书馆1979年版,第128页。

② 在那里,黑格尔十分深刻地谈道:"奴隶制度,就它自身来说,是**不公平**的,因为人类的本质是自由的"。所以,必须"逐步废除奴隶制"。([德]黑格尔:《历史哲学》,王造时译,生活·读书·新知三联书店1956年版,第140—145页。)

③ 列宁的原话为:"我们将来在世界范围内取得胜利以后,我想,我们会在世界几个最大城市的街道上用黄金修建一些公共厕所。"[列宁:《论黄金在目前和在社会主义完全胜利后的作用》,载《列宁全集》(第二版)第42卷,人民出版社1987年版,第248页。此文原载于1921年11月6—7日《真理报》第257号。]

一次颠倒地表现为经济物相化中的特殊事物的可变卖功能链,这些事物都会因为资本关系编码,而获得一种新的社会属性和统治性力量。这是原先广义历史唯物主义和历史认识论所无法达及的构境层。因为当人们遭遇作为资本出现在生产中的纺纱机时,仅仅将其归基为制造它的物质生产物相化活动是不够的,它为什么是资本关系的具象化存在的问题并没有被透视。并且应该承认,马克思在此时尚无法科学地说明这种"二次颠倒"中经济物相化的成因。第二,只是在一定的社会生产关系之下,人才会变成特定历史时间中的社会关系场境的 ensemble(总和)。这是马克思在《关于费尔巴哈的提纲》中已经说明过的方面。应该看到,这也会是马克思历史认识论在主体关系存在上的重要进展,作为最重要的认知对象,人不仅仅是自然实存的肉体,而且是特定历史条件下一定社会条件下的场境存在,历史性的社会关系赋型了人类主体的实际生存本质:在奴隶制关系场境中,不仅黑人的生存场境是奴隶,而且也塑形了高举皮鞭的奴隶主;而转换到资产阶级社会中资本的社会关系场境时,就有了工人与资本家。从思想构境谱系中看,在后来的《1857—1858 年经济学手稿》和《1861—1863 年经济学手稿》中,马克思更加深刻地发现,工人与资本家都是特定经济关系的反向物相化中的人格化。

对于这后一种人的主体关系场境存在问题,马克思进一步分析说,在资产阶级社会中,"劳动[在 1891 年的版本中,'劳动'改为'劳动力'。——编者注]是一种商品,是由其所有者即雇佣工人出卖给资本的一种商品"①。劳动者并非天生的雇佣劳动者,劳动(力)也不是天生的商品,只是在资本统治的生产关系赋型下,才会塑形出雇佣劳动者和雇佣关系场境存在。马克思历史性地分析道:

> 劳动[在 1891 年的版本中,"劳动"改为"劳动力"。——编者注]并不向来就是**商品**。劳动并不向来就是雇佣劳动、即**自由**劳动(Lohnarbeit,

---

① 《马克思恩格斯全集》第 6 卷,人民出版社 1961 年版,第 477 页。《雇佣劳动与资本》在《新莱茵报》上发表后,这部著作的单行本于 1880 年在布勒斯劳首次出版,马克思未能参与其事。1881 年再版。在恩格斯的参加下,这部著作于 1884 年又在霍廷根—苏黎世出版。1891 年,为了在工人中进行宣传,这本小册子又出了一种新版,由恩格斯校订并作序。在这一版本中,恩格斯作了某些修改和补充,以使文章的叙述符合于马克思经济学说的进一步发展。

d. h. *freie* Arbeit)。**奴隶**就不是把他自己的劳动[在1891年的版本中，"劳动"改为"劳动力"。——编者注]出卖给奴隶主，正如耕牛不是向农民卖工一样。奴隶连同自己的劳动[在1891年的版本中，"劳动"改为"劳动力"。——编者注]一次而永远地卖给自己的主人了。奴隶是商品，可以从一个所有者手里转到另一个所有者手里。**奴隶本身**是商品，但劳动[在1891年的版本中，"劳动"改为"劳动力"。——编者注]却不是**他的**商品。①

这是一个重要的历史认识论观点。马克思恩格斯在《共产党宣言》中最早涉及这个关于奴役关系的历史对比。如同上面已经讨论过的问题，非人的奴隶并不是天生的奴隶，只是在一定的社会关系场境之下，才会出现将奴隶当作商品一次性地从一个所有者卖给另一个所有者的现象，有所不同的是，奴隶自身的劳动(力)并不是商品；而在资本的生产关系之下，劳动者从宗法式的血亲依存关系场境中脱型出来成为自由劳动者，可是，当他"自由"得一无所有时，就只能以Lohn(工资、报酬)的方式一次次定时定点地出卖自己的劳动(力)商品，成为无形的资本关系场境控制下的雇佣劳动者。从认识对象上看，这是将人们熟知的对象性存在，放置到不同历史关系场境之中加以透视和解码的认知过程，这是历史认识论十分重要的进展。马克思进一步分析说：

> 劳动是工人本身的生命活动(Lebenstätigkeit)，是工人本身的生命的表现。工人正是把这种**生命活动**出卖给别人，以获得自己所必需的**生活资料**。可见，工人的生命活动对于他不过是使他能以生存的一种**手段**(Mittel)而已。他是为生活而工作的。他甚至不认为劳动是自己生活的一部分；相反地，对于他来说，劳动就是牺牲自己的生活。劳动是已由他出卖给别人的一种商品。因此，他的活动的产物也就不是他的活动的目的(Zweck seiner Tätigkeit)。②

这里的劳动，并非《1844年手稿》中那种抽象的类本质，而就是工人的生

---

① 《马克思恩格斯全集》第6卷，人民出版社1961年版，第478页。
② 《马克思恩格斯全集》第6卷，人民出版社1961年版，第477—478页。

命活动。恰恰是在资本的生产关系之下,劳动者才成为出卖自己劳动(力)的"拿工资"的雇佣劳动者。将马克思这里的分析与《1844 年手稿》对照一下,我们会发现,此时马克思虽然也在讨论工人的劳动在资本关系支配下的资产阶级社会之中的悲惨状况,但已经没有了人本主义异化史观的价值批判。在马克思看来,资本"作为一种独立的社会力量,即作为一种属于**社会一部分**的力量,借**交换直接的、活的劳动**而保存下来并增殖起来"①。所以,在资本**主导的**生产方式中,除劳动能力以外一无所有的无产阶级的存在是资本的必要前提,更可悲的是,工人如果不受雇于资本家就会饿死。"如果他不愿饿死,就不能离开**整个购买者阶级即资本家阶级。工人不是属于某一个资产者,而是属于整个资产阶级。**"②这是一种特定的生产关系强暴性赋型和奴役性支配关系场境。马克思分析道:"只是由于积累起来的、过去的、对象化劳动(vergegenständlichten Arbeit)支配直接的、活的劳动,积累起来的劳动才变为资本。"③资本作为"积累起来的劳动",其本质在于"对象化劳动"支配"直接的、活的劳动"的统治关系,并且,资本的这种关系场境存在的"实质在于活劳动是替积累起来的劳动充当保存自己并增加其交换价值的手段"④。这是资本这一"带来金钱的金钱"的秘密关系。这也是马克思所说的"工人的奴役地位"和"资本家的统治"之间关系的真正本质。⑤ 从概念考古的细节看,这是自《德意志意识形态》开始的现象学和批判认识论缺席以来,vergegenständlich(对象化)概念的第一次出场。这是一个重要的先兆。并且,这里重新在场的 vergegenständlichten Arbeit(对象化劳动)是重要的,它既让我们回想起《1844 年手稿》之前马克思那次关于《精神现象学》的思想实验,也会内在地关联于后来的《1857—1858 年经济学手稿》。在一定的意义上,这也可能是传统哲学话语整体缺席的破冰之始。

---

① 《马克思恩格斯全集》第 6 卷,人民出版社 1961 年版,第 488 页。
② 《马克思恩格斯全集》第 6 卷,人民出版社 1961 年版,第 479 页。
③ 《马克思恩格斯全集》第 6 卷,人民出版社 1961 年版,第 488 页。中译文原来将此处的 vergegenständlichten 译为"物化"是不准确的,应该为"对象化"。*MEW*, Bd. 6, Berlin: Dietz Verlag, 1961, S. 409.
④ 《马克思恩格斯全集》第 6 卷,人民出版社 1961 年版,第 488—489 页。
⑤ 参见《马克思恩格斯全集》第 6 卷,人民出版社 1961 年版,第 474 页。

　　然而,之所以我指认马克思思想中出现了问题危机,因之于虽然他发现了资本是一种生产关系,正是这种关系编码让所有存在变成**可变卖功能链**中的商品,但他并没有揭示这些变成事物和事物的关系的社会生产关系背后,即第二层级的经济物相化迷雾中,仍然存在着特定的**资本与劳动之间矛盾更复杂的多重颠倒和异化关系**。为什么得出这样的判断? 其实,我们看到在马克思此时的理论构序和话语构序场境中,他始终坚守着在《德意志意识形态》中创立的广义历史唯物主义和历史认识论,他仍然尽可能坚持用"实证性的"话语来描述资产阶级社会中的资本与劳动的关系,所以才会出现关系与人、关系与物,以及"积累起来的对象化劳动"(资本)支配"直接的、活的劳动"这样的表述。可是,在经济的社会赋型中,特别是在资产阶级社会商品与市场经济关系场境中,人与人的社会关系如何在交换中事物化地颠倒为事物与事物的关系? 这种关系甚至重新畸变为物(商品、货币和资本)的"自然属性"并成为统治一切的外部权力,这种统治性的权力与劳动的关系到底是什么? 这些更深一层的经济物相化的构序和赋型是如何发生的? 作为资产阶级意识形态幻象的经济拜物教,如何成为整个社会感性经验塑形和精神构境的压倒性构序力量? 这些重要的问题,都是马克思此时一下子无法科学解决的问题。在马克思下一步经济学研究中创立剩余价值理论("第二个伟大发现")的进程中,他将直面这些复杂的深层次理论问题。这当然会是马克思最终揭露资产阶级社会生产方式本质,走向自己的**第三个伟大发现**的关键性的一步。由此,他才会创立狭义的历史唯物主义基础上的历史现象学,在重建劳动异化批判构式Ⅲ的经济学话语构序场境中再一次吁请批判认识论的回归,彻底透视第二层面上的经济物相化,历史辩证法中那个消隐的全新**劳动辩证法**将再一次重现思想史舞台。这将是不久之后发生在《1857—1858 年经济学手稿》和《1861—1863 年经济学手稿》中的重要学术事件。

马克思主义研究丛书

张一兵　主编

教育部人文社会科学重点研究基地重大项目成果
南京大学一流大学一流学科建设工程重大项目成果

MAKESIZHUYI YANJIU CONGSHU

HUIDAO MAKESI

回到马克思

（第二卷）下册

张一兵　著

社会场境论中的市民社会与劳动异化批判

江苏人民出版社

目　录

下册

下　册

使一门科学革命化的**科学**尝试，从来就不可能真正通俗易懂。①

——马克思

马克思的整个世界观不是教义，而是方法。它提供的不是现成的教条，而是进一步研究的出发点和**供**这种研究**使用**的方法。②

——恩格斯

---

① 《马克思恩格斯文集》第 10 卷，人民出版社 2009 年版，第 197 页。
② 《马克思恩格斯全集》第 39 卷，人民出版社 1974 年版，第 406 页。

第十章 《伦敦笔记》中的经济学和工艺学思想实验

　　1850 年,马克思在英国伦敦开始自己的第三次政治经济学的系统研究,一直到 1854 年前后,他有一个直接占有原始资料的过程,其重要的历史文献遗存,就是《伦敦笔记》(*London Hefte*)。这一笔记中,与我们这里的研究主题关系最密切的内容应该是与劳动价值论相关的"李嘉图笔记",以及作为李嘉图经济学现实基础的资产阶级机器化生产问题的专题思考,即"工艺学笔记"。我们可以看到,马克思在《伦敦笔记》开始关于货币与信用专题摘录的过程中,分两次写下了"李嘉图笔记"Ⅱ—Ⅲ、《金银条块》和《反思》等其他文本,在这里,他通过李嘉图的货币理论,深入其劳动价值论在机器化大生产时代所遭遇的"李嘉图难题"Ⅰ,对于这一难题的初步思考,为下一步剩余价值理论的伟大发现创造了重要的前期思考线索;同时,马克思所面对的机器化大生产中资本与劳动在形式上的平等交换和剩余价值来源问题,即"李嘉图难题"Ⅱ,促进了他在之后的"殖民主义研究"和"工艺学笔记"等专题摘录中新的思考,这为之后广义历史唯物主义客体向度中的认识深化、相对剩余价值问题以及资本的原始积累等问题的探索,都创造了必要的理论支援背景。下面,我们就来看一下马克思在《伦敦笔记》中的这些重要摘录中的关注点和可能的思想实验空间。

1.《伦敦笔记》中对货币与信用体系问题的聚焦

从 1850 年 9 月开始,马克思在英国不列颠博物馆阅览室开辟了一个新的"主要战场",即再次对已有的政治经济学文献进行系统的研究。依马克思自己的描述,这种研究通常是"从早晨九点到晚上七点"①。这是他第三次也是最重要的一次经济学研究的初始阶段,因为在这里,他将开启自己原创性的剩余价值理论这"第二个伟大发现"(恩格斯语)的理论探索进程,并形成关于以资本为基础的生产方式的科学认识。如果说,在 1845 年开始的第二次经济学研究中,马克思和恩格斯只是短暂地停留于欧洲工业革命发源地——曼彻斯特,而这一次,马克思则直接生活在当时资产阶级社会最发达的经济中心——伦敦。在英国不列颠博物馆阅览室中,马克思收集并利用了可能是当时欧洲最全面的政治经济学、历史学及其他科学文化等各个领域的将近 1500 种文献和资料,进而为他新的经济学研究和科学社会主义实践的深入思考服务。从 1850 年 9 月到 1853 年 8 月,马克思写下了大量以摘录为主的笔记和少量手稿片断,其中他亲自标出序号的有 24 本,大约 1250 页。这就是著名的《伦敦笔记》。这些笔记大部分保留了下来,现存于荷兰阿姆斯特丹国际社会史研究所。② 在《回到马克思》第一卷中,我已经对其进行过初步的文献分析,此处不赘述。这一笔记是马克思第二个伟大发现即创立自己原创性的科学经济学理论的原始资料群,所以,这也是马克思主义政治经济学最初理论建构的直接思考前提。我的新认识在于,《伦敦笔记》也可以被视为马克思的**第三个伟大发现**——关于科学社会主义批判所指的"资本主义生产方式"科学认识生成的缘起之处。在这些笔记中,文献的选择和整理本身就预示了马克思即将开始的思想实验的基本思路,而在摘录中写下的批注与穿插在笔记之间的一些手稿,更让我们直接看到马克思下一步思想实验的最初构想和复杂

---

① 《马克思恩格斯全集》第 27 卷,人民出版社 1972 年版,第 582 页。

② 《伦敦笔记》将全部发表在 MEGA² 第四部分的第 7—11 卷。现在已经出版的有第 7 卷(《伦敦笔记》第 1—6 笔记本,柏林,1983 年)、第 8 卷(《伦敦笔记》第 7—10 笔记本,柏林,1986 年)、第 9 卷(《伦敦笔记》第 11—14 笔记本,柏林,1991 年)、第 10 卷(《伦敦笔记》第 15—18 笔记本,柏林,2023 年)。第 11 卷(《伦敦笔记》第 19—24 笔记本)正在编排中。

构境脉络。显然,这一科学思想实验过程并非一帆风顺,其中马克思多次遭遇方法论和理论构序中的难题与困境,但他都以无畏的科学精神,克服重重艰难险阻,最终攀登上科学的顶峰。

实际上,马克思在前两次经济学研究过程中,已经意识到资产阶级社会经济危机的原因并不存在于流通领域("商品过剩"),而存在于资产阶级社会**生产过程中**发生的深刻矛盾之中。但是,面对刚刚发生的1847—1848年的欧洲经济危机,当时资产阶级经济学界几乎都将产生危机的原因直接归结为货币投放数量问题,与此同时,格雷①、蒲鲁东一类资产阶级社会的批评者们恰恰也是将消除资产阶级社会危机的期望寄托在对货币和信用领域的"改革"之上,所以,马克思就不得不从"货币流通"和"通货理论"层面开始他的理论分析。也由于在前两次经济学研究中,马克思并没有格外关注这一领域,所以,资产阶级经济学中的货币和信用领域就成为《伦敦笔记》一开始主要关注的焦点。

从第1笔记本起,马克思就从资产阶级经济学家那里关于货币和通货问题的讨论中,看到被孤立起来的货币现象及其衍生出来的银行业复杂运作。马克思在约翰·富拉顿的《论对通货的调节》(John Fullarton, *On the Regulation of Currencies*, London, 1844)一书中看到,"货币理论的绅士们使用的'货币'(money/Geld),不能在不破坏整个系统的情况下向这些不同形式的信用扩张。…… 然后信用(Credit)成为货币的合法替代品(legitimate substitute)"②。这是说,资产阶级经济活动中出现的信用体系是在货币关系基础上衍生和扩展起来的,准确地说,是在过去生息资本的基础上逐步发展起来的,甚至开始成为金钱本身的合法替代品。虽然马克思在"穆勒笔记"和《布鲁塞尔笔记》中就开始看到资产阶级经济学中的信用问题,并在"居利希笔记"中接触到荷兰和英国已经出现的证券交易所和股份公司等资产阶级经济运行中的新现象,可在此,他是第一次在创立了历史唯物主义之后,深入资

---

① 格雷(J. Gray,1799—1883),英国社会主义经济学家。主要论著为:《人类幸福论》(1825)、《社会制度》(1831)、《防止人民不幸的可靠手段》(1842)、《论货币的本质及其用途》(1848)等。

② Marx-Engels-Gesamtausgabe(MEGA²), Ⅳ/7, Text, Berlin:Dietz Verlag, 1983, S.43. 中译文参见李乾坤、吴婷、田笑楠译稿。

产阶级经济学中已经成为重要研究领域的复杂信用活动中。这也就是今天我们所说的金融领域。

其一,他注意到资产阶级这一新的经济领域中出现了从货币到"信用"这一legitimate substitute(合法替代品)转换的不同经济活动形式。在下面的摘录中,马克思立刻遭遇了诸如"纸币与硬币"、"票据与债券"、"支票、汇票与汇率"、"贷款与利息"、"贴现与按揭"、"股票与证券"、"证券交易所、上市公司和保险公司"和"经纪人与自营商"等一批全新的经济信用术语。并且,"这些不同形式的流通信贷与其说是货币本身,不如说是货币权力(monetary power)的一个要素。[作为]一个庞大而用之不竭的**潜在通货基金**(*fund of potential currency*)"。① 这意味着,这些不同形式的经济信用活动和复杂机制,正在成为资产阶级经济活动中新的重要社会负熵进程,大有取代传统经济活动中一般monetary power(货币权力)的势头,并且,以股票和证券为支撑的各种银行、证券交易所和上市公司,直接成为信贷资本虚拟扩张后的金融实体。这可能是他在《巴黎笔记》、《布鲁塞尔笔记》和《曼彻斯特笔记》中并没有充分关注的全新经济学领域。马克思看到,在当下的资产阶级社会生活中,

> 上市公司(Public Companies)现在在我们的社会经济中占有重要地位。我们在由上市公司创办的学校和学院接受教育。我们通过在一家银行开户来开始积极的生活。我们通过保险公司(insurance company)为我们的生命和财产投保。我们利用由上市公司构建的码头、港口、桥梁和运河。一家公司为我们铺路,另一家为我们供水,第三家为我们提供煤气。在国内,不同的公司为我们带来了许多奢侈品。如果我们想旅行,有铁路公司、轮船公司和航海公司随时准备把我们带到地球的每一个角落。在经历了所有这些动荡之后,当我们到达旅程的终点时,墓地公司等待接收我们的遗体,并负责处理我们的骨头。②

---

① 参见Marx-Engels-Gesamtausgabe(MEGA²), Ⅳ/7, Text, Berlin: Dietz Verlag, 1983, S.43。中译文参见李乾坤、吴婷、田笑楠译稿。

② Marx-Engels-Gesamtausgabe(MEGA²), Ⅳ/7, Text, Berlin: Dietz Verlag, 1983, S.141. 中译文参见李乾坤、吴婷、田笑楠译稿。

你没有看错,这些在我们今天生活中常见的经济现象,的确已经出现在马克思当时所写下的《伦敦笔记》之中。这是在第3笔记本中,马克思对詹姆斯·威廉·吉尔巴特的《银行实用业务概论》(James William Gilbart, *A Practical Treatise on Banking*, London,1849)一书中摘录的一段表述。这十分形象地描绘了在当时资产阶级社会中已经出现的信用-金融现象。此时马克思应该可以感觉到,这些在货币之上衍生出来的复杂金融活动,已经在成为资产阶级经济发展的重要构序和关系赋型的新层面。如果依马克思那里已经消逝的最早接触货币关系的批判话语,monetary power(金钱权力)是劳动的异化,那么这种信用关系场境中衍生出来的所有经济活动,就会是**在虚无异化关系之上建立的空中楼阁**。可在这里,缺失了现象学和批判认识论的马克思,一时还无法对这些经济新现象作出科学的判断。我们可以看到,一直到《资本论》第三卷中,马克思才真正破解了资产阶级信用和通货领域的**虚拟资本的异化本质**。这是我们在本书最后会充分讨论的问题。并且,马克思还注意到,在这一领域研究中的"诺尔曼(Norman)、劳埃德(J. Loyd)、帕格(Page)、斯密斯(J. B. Smith)、莱塔姆(Leatham)、威廉·克莱(Sir W. Clay)等通货理论(Currency theorieleute)的主要代表都按货币的数量确定其价格"[1]。依诺尔曼的说法,"银行原则(Banking principle)是指流通量随着利息和价格的上升或下降而上升或下降,**通货原则**(*Hauptcurrency principle*)是随着金条的增加或减少而上升或下降"[2]。其实,这种通货数量论的基础正是李嘉图货币数量论。李嘉图虽然承认劳动价值论,但在货币问题上却主张一国的货币量与它的财富相当,所以,贵金属的流动量将决定市场商品的价格。这与劳动价值论是根本矛盾的。马克思不难察觉到,资产阶级经济活动中出现的这一货币-信用体系,作为一种新型的经济关系构式,仿佛是远离他所关心的工人劳动的,似乎它们所依托的经济有序性和经济关系场境活动,仅仅与贸易市场的波动、贵金属的储藏和流动的数量相关,完全是一个脱离劳动生产过程的自我生成

---

① Marx-Engels-Gesamtausgabe(MEGA²), Ⅳ/7, Text, Berlin:Dietz Verlag, 1983, S. 43. 中译文参见李乾坤、吴婷、田笑楠译稿。

② Marx-Engels-Gesamtausgabe(MEGA²), Ⅳ/7, Text, Berlin:Dietz Verlag, 1983, S. 71. 中译文参见李乾坤、吴婷、田笑楠译稿。

和运行的独立通货系统。疑问在于,货币-信用体系真的与劳动没有关系吗?

其二,马克思注意到这样一种情况,这些资产阶级通货理论家大都将资产阶级社会近期出现经济危机的原因,归结于越来越复杂的货币-信用体系中存在的失序和重构问题。而这也正是格雷-蒲鲁东货币改良论的直接理论基础。在第2笔记本马克思对图克《1839—1847年价格形式史》(Thomas Tooke, *A History of Prices Form 1839 - 1847*)的摘录中,他看到图克对1825年与1847年英国发生的两次经济危机的比较分析,危机的生成原因都是与脱离生产和商业领域的"信用投机"相关,而两次危机的解除也都得益于英格兰银行对贴现率的调整。① 这一观点,与前面马克思在《布鲁塞尔笔记》中所看到的西斯蒙第的对外贸易中的信贷关系将导致危机的说法相接近。这是马克思继《巴黎笔记》之后第二次摘录图克的经济学论著。在后来的《1861—1863年经济学手稿》中,马克思专门评论了图克。② 而另一位货币专家阿奇博尔德·艾利生,则在《自由贸易和被束缚的货币》(Archibald Alison, *Free Trade and a Fettered Currency*, Edinburgh, 1847)一书中写道,当任何商业危机发生时,就是要通过银行"收缩货币","危机不是由于缺乏必要的资金来完成我们手头的一切,而是错误的货币制度(erroneous monetary system),它**阻止了这些资金的必要比例转换成**可以从手到手(from hand to hand)的**方便和必要的货币形式**"。③ 似乎,危机的原因和消除危机的关键,都取决于银行收放货币量是否得当。他甚至夸张地说,"自从有人类的记忆以来,商业困境和困难时期都**被扩大发行的纸币**(*by an enlarged issue of paper*)所克服,这会随着大量外国进口的影响而消失"。如果资产阶级经济危机的原因是erroneous monetary system(错误的货币体系),那么,变革资产阶级制度的着眼点也会是货币体系,这正是格雷-蒲鲁东的货币改良主义的直接前提。然而,马克思心里清楚,资产阶级制度的根本问题绝不可能仅仅是一个货币体系中存在的问题,而是生产方式中存在

---

① 参见 Marx-Engels-Gesamtausgabe(MEGA²), Ⅳ/7, Text, Berlin: Dietz Verlag, 1983, S. 94 - 95。中译文参见李乾坤、吴婷、田笑楠译稿。

② 参见《马克思恩格斯全集》(第二版)第36卷,人民出版社2015年版,第151—153页。

③ 参见 Marx-Engels-Gesamtausgabe(MEGA²), Ⅳ/7, Text, Berlin: Dietz Verlag, 1983, S. 113。中译文参见李乾坤、吴婷、田笑楠译稿。

的对抗性矛盾。可是,如何从经济学语境中说明这一点呢? 这是马克思必须深入思考的新问题。马克思在 1851 年 2 月 3 日写给恩格斯的信中已经谈到这样一种观点:"**信用制度**固然是危机的条件之一,但是危机的过程之所以与货币流通有关系,那只是因为国家政权疯狂地调节干预**货币流通**的工作,从而更加加深了当前的危机,就象 1847 年的情况那样"①。此时,马克思已经在想如何"推翻整个流通领域"。

其三,马克思发现,在几乎所有从事货币理论和通货研究的资产阶级经济学家那里,不仅货币及其衍生出来的信用关系是一个独立存在和运行的经济负熵系统,而且,它们只是一种没有自身内在价值的通货工具。起先,亚当・斯密在货币(Geld)中只看到"一种更复杂的易货贸易",金钱(money)的功能毋宁说是"取代易货交易",而且随着分工的推进,形成了"相互债权、相互信用的制度,也就是所谓的货币(Geld)"。② 这是说,在资产阶级经济学鼻祖斯密那里,货币从一开始就没有与他自己的劳动价值论密切联系在一起,而是与交换过程中的债权和信用相关。到了李嘉图那里,货币理论同样是与劳动价值论分离的,由此,他才认为货币的价格只是决定于货币在市场中投放的数量,这正是上述通货理论家们生成通货数量决定论的基础。在对查理・安德比《货币之为价值的表现》(Ch. Enderby, *Money the Representative of Value*, London, 1837)一书的摘录中,马克思看到了这样的表述:"货币是价值的代表(representative of value),它本身没有任何价值;它可以由任何东西组成,它是由人类发明的,其唯一目的是促进交流"③。这是说,货币代表价值,但它自身却是没有任何价值的。而在对亚历山大・安德森《最近商业的困境》(A. Anderson, *The Recent Commercial Distress or the Panic Analysed*, London, 1847)一书的摘录中,马克思又看到,"通货在任何意义上都不是资本(Currency ist nicht Capital),而只是固定和流动资本从手到手或从手到嘴交换的媒介……通货(currency)不需要内

---

① 《马克思恩格斯全集》第 27 卷,人民出版社 1972 年版,第 193 页。

② 参见 Marx-Engels-Gesamtausgabe(MEGA²), Ⅳ/7, Text, Berlin: Dietz Verlag, 1983, S. 184。中译文参见李乾坤、吴婷、田笑楠译稿。

③ Marx-Engels-Gesamtausgabe(MEGA²), Ⅳ/7, Text, Berlin: Dietz Verlag, 1983, S. 385. 中译文参见李乾坤、吴婷、田笑楠译稿。

在价值(innren Werth);它在交换过程中代表价值或商品的时间,就像计算过程中的数字一样"①。这是说,不是资本的货币和通货,只是资本在流通领域中的工具性媒介,它本身是没有任何 innren Werth(内在价值)的。这就出现了这样一种经济学逻辑中的矛盾:一方面,一些资产阶级经济学家会承认商品生产和交换关系中劳动的基础作用,这当然是斯密-李嘉图的劳动价值论;可另一方面,他们又会将流通领域中出现的货币和通货视作一种与劳动价值论完全无关的东西。这是引起马克思高度注意和思考的重要问题。

其四,马克思在对《通货问题。格米尼书简》(*The Currency Question. The Gemini Letters*, London, 1844)一书的摘录中,注意到 R. 皮尔爵士提及这样一个重要的实质性问题:"英镑的表达是指价值,但不是固定的标准价值……劳动是成本的母体(Labour is the parent of cost),并赋予黄金或铁的相对价值。无论用什么词来表示一个人的每日或每周的劳动,这些词都表示所生产商品的成本(the cost of the commodity produced)。"②作为货币的英镑代表了商品的价值,而价值的真正的 parent of cost(成本的母体)是劳动。排除这里来自李嘉图错误的生产成本论,这的确是将货币与劳动价值论联结起来的重要尝试。对马克思来说,这是一种有意义的思想路标。在第 3 笔记本中马克思摘录的热尔曼·加尔涅的《从最古老的时代到查理曼大帝统治时期的货币历史》(Germain Garnier, *Histoire de la Monnaie depuis les temps de la plus haute antiquité jusqu'au règne de Charlemagne*, 2 vol., Paris, 1819)一书中,加尔涅明确说,"价值的融洽(rapport)取决于生产所需的劳动时间(Arbeitszeit),劳动是价值的普遍和永久的衡量标准"③。这是斯密-李嘉图劳动价值论的基本原则。并且他认为,货币作为一种衡量价值的"交换工具",它有"两个来源:**自己的劳动**(*eigne Arbeit*),**他人的劳动**(*travail d'autrui*)。人与人之间的关系

---

① Marx-Engels-Gesamtausgabe(MEGA²), Ⅳ/7, Text, Berlin:Dietz Verlag, 1983, S.66. 中译文参见李乾坤、吴婷、田笑楠译稿。

② Marx-Engels-Gesamtausgabe(MEGA²), Ⅳ/7, Text, Berlin:Dietz Verlag, 1983, S.148. 中译文参见李乾坤、吴婷、田笑楠译稿。

③ Marx-Engels-Gesamtausgabe(MEGA²), Ⅳ/7, Text, Berlin:Dietz Verlag, 1983, S.192. 中译文参见李乾坤、吴婷、田笑楠译稿。

(Die relations d'homme à homme)……只是构成他们每个人自然组织的能力和倾向的必要发展"①。货币作为衡量价值的工具,其真实的来源是工人自己的劳动以及与他人劳动的交换关系。对马克思来说,这可能会是他在经济学语境中理解货币问题的一条正确的思路。早在《1844 年手稿》中,青年马克思在摆脱了赫斯基于交往类本质异化的金钱物神批判后,已经开始从劳动异化的哲学视角思考资产阶级经济关系中的货币本质,但真正从经济学语境中批判资产阶级的货币本质,似乎探索之路还很漫长。

我留意到,马克思在第 4 笔记本的摘录中,意外地发现了帕特里克·詹姆斯·斯特林的《贸易的哲学》(Patrick James Stirling, *The Philosophy of Trade*; *Or Outlines of a Theory of Profitsand Prices*, Edinburgh, 1846)一书的一段重要表述:"商品的价格或价值(Preiß oder dem Werth der Waare)与在其中加工出来的劳动的价格或价值(Preiß oder Werth der labour)之间的差额构成**利润或剩余**(*Profit oder Surplus*),这是李嘉图无法用他的理论来解释的"②。这也就是说,斯特林已经发现李嘉图的货币理论是与劳动价值论相脱节的,并且,李嘉图无法说清楚资产阶级经济过程中多出来的这个 *Profit oder Surplus*(**利润或剩余**)是从何而来的。我推测,这会引导马克思迅速地想到,已经处于大机器生产阶段的李嘉图的经济学,正是整个资产阶级货币和通货理论的重要基础。然而,李嘉图经济学中的货币理论与劳动价值论的关系究竟是怎样的? 并且,马克思更会关心这个由工人创造的 *Surplus*(**剩余**)到底是如何落到资本家的口袋里的。这些是下面马克思需要认真关注的问题焦点。我推测,这可能也是马克思在《伦敦笔记》中,竟然两次重新摘录李嘉图的《政治经济学及赋税原理》的直接导因。

2. "李嘉图笔记"Ⅱ与经济物相化中的货币问题反思

我们看到,在《伦敦笔记》中,马克思先后在第 4 笔记本(第 55—61 页)和

---

① Marx-Engels-Gesamtausgabe(MEGA²), Ⅳ/7, Text, Berlin: Dietz Verlag, 1983, S. 192. 中译文参见李乾坤、吴婷、田笑楠译稿。

② Marx-Engels-Gesamtausgabe(MEGA²), Ⅳ/7, Text, Berlin: Dietz Verlag, 1983, S. 192. 中译文参见李乾坤、吴婷、田笑楠译稿。

第8笔记本(第19—65页)上,两次专门摘录和思考英文原版的李嘉图的《政治经济学及赋税原理》(*On the Principles of Political Economy, and Taxation*, 3 ed., 1821)。在这里,马克思的摘录是通过将英文转译为德文完成的,偶尔也保留一些英文。① 当然,马克思并不是初次遭遇李嘉图的这一文本,早在《巴黎笔记》中,他就在第4笔记本中摘录了法文版的《政治经济学及赋税原理》("李嘉图笔记"Ⅰ),在那里,我们可以看到马克思是在人本主义话语构式中简单否定李嘉图的经济学,他在《巴黎笔记》中对李嘉图这一文本的关注焦点,通常是经济学语境之外的"非人道"性质。在以下的讨论中,我们会在思想构境谱系线索中,对比这同一文本在两个不同历史时期的摘录中的差异性话语编码。仔细观察马克思《伦敦笔记》中这两次对李嘉图同一文本的摘录,我们会发现这是两种完全不同的构序逻辑,第4笔记本中的摘录的思考点仍然是上述的**货币理论**赋型,这是我们已经指认过的当时观察资产阶级社会矛盾和复杂现实斗争的聚焦点,特别是格雷-蒲鲁东之流的所谓"劳动货币方案"②。在那里,马克思还专门在《政治经济学及赋税原理》书名后标识出

---

① 《马克思恩格斯全集》第44卷收入了马克思《伦敦笔记》中有关李嘉图的主要笔记。[参见《马克思恩格斯全集》第44卷,人民出版社1982年版,第73—153页。Marx-Engels-Gesamtausgabe(MEGA²),Ⅳ/7, Text, Berlin: Dietz Verlag, 1983, S. 316 – 328; Marx-Engels-Gesamtausgabe(MEGA²),Ⅳ/8, Text, Berlin: Dietz Verlag, 1986, S. 326 – 404.]马克思在第7笔记本中,还摘录了李嘉图关于金银条块问题的两篇文章(David Ricardo, *The High Price of Bullion a Proof of the Depreciation of Banknotes*, London, 1811; *Reply to Mr. Bosanquet's Practical Observations on the Report of the Bullion Committee*, London, 1811)。[参见 Marx-Engels-Gesamtausgabe (MEGA²), Ⅳ/8, Text, Berlin: Dietz Verlag, 1986, S. 191 – 198。]

② 这一理论批判的始作俑者是李嘉图式的英国社会主义者,如格雷、布雷、汤普逊和霍吉斯金等人,尤其前两人系所谓劳动货币理论的创始人,至于蒲鲁东及其追随者达里蒙,不过是受格雷等人的影响罢了。格雷在1831年发表的《社会制度——论交换的原则》(*The Social System, A Treatise on the Principle of Exchange*)一书中描绘了一个理想社会,第一次提出和论证了他所设想的劳动货币交换方案,幻想在保存商品生产的前提下取消货币。他主张成立国家银行,发行劳动货币,以为只要实行了这种货币制度,贵金属将失去它们对商品的特权。格雷认为,在资本主义社会里,小商品生产者销售商品困难,受资本主义的剥削,原因在于以金属货币作为商品价值的尺度和商品交换的媒介。如果废除金属货币,采用劳动时间作为价值的尺度,并把生产的产品按劳动时间估价交给银行,银行给予收据,劳动者再凭收据向银行提取他所需要的任何物品,这样既能解决商品交换的困难,又能避免资本家的剥削。后来的蒲鲁东主义者达里蒙(《银行改革》,1856)在他的"劳动货币方案"中则进一步提出,只有货币才能直接同其他商品相交换,而要使得其他商品能够直接相交换,就必须:(1)废除金银作为货币的特殊地位;(2)增加商品的"可兑换性"。其中,增加商品的可兑换性的办法是给每一个商品贴一个标签,注明它是多少劳动小时生产的产品,然后商品所有者就按注明的劳动时间相交换。

"（货币学说）［Lehre vom Geld］"①，我将这一笔记称为《巴黎笔记》中"李嘉图笔记"Ⅰ之后的"李嘉图笔记"Ⅱ。而第 8 笔记本中的摘录，则突然转换到一般经济学原理特别是对**劳动价值论**的关注上来，我将其称为"李嘉图笔记"Ⅲ。在后面的第 12 笔记本中，马克思还摘录了李嘉图的另外两个有关地租理论的文本。② 我推测，应该是在马克思对整个资产阶级经济学货币理论进行专题梳理的《金银条块》手稿之后，在第 7 笔记本的《反思》手稿中，马克思已经对货币理论有了新的想法，即李嘉图没有认真思考的货币与劳动价值论的关系问题。在 1880 年写下的《评阿·瓦格纳的"政治经济学教科书"》一文中，马克思谈及自己的劳动价值论与李嘉图的差别时说，"他看不到自己的价值理论和货币的本质（Wesen des Geldes）之间的任何联系"③。因为"李嘉图不了解**这种劳动同货币的**联系，也就是说，不了解这种劳动必定要表现为**货币**。所以，他完全不了解商品的交换价值决定于劳动时间和商品必然要发展到形成货币这两者之间的联系"④。在第 7 笔记本最后关于斯密的经济学摘录（*Lehre über das Geld*，1828）中，马克思越发意识到透过货币问题思考劳动价值论对自己下一步研究的重要性，这使他突然回到与李嘉图相同主题的重新思考。

有趣的思想考古中的文献考据表明，马克思的"李嘉图笔记"Ⅲ，是与对詹姆斯·斯图亚特⑤的《政治经济学原理研究》（*An Inquiry into the Principles of Political Economy*，1770）一书的摘录交叉进行的。⑥ 从文本的实际写作过程来看，马克思先是在第 8 笔记本的第 7 页上写下了斯图亚特的《政治经济学原理研究》书目，然后在第 8—10 页摘录了约翰·莫顿的《论自然与财产的土壤》后，在第 11—18 页对斯图亚特一书进行了摘录，而在第 19—21 页开始摘录李

---

① Marx-Engels-Gesamtausgabe（MEGA²），Ⅳ/7，Text，Berlin：Dietz Verlag，1983，S. 316.

② 这两个文本分别为李嘉图的《论谷物低价格对证券利润的影响》（1815）和《论对农业的保护》（1822）。

③《马克思恩格斯全集》第 19 卷，人民出版社 1963 年版，第 400 页。

④《马克思恩格斯全集》（第二版）第 34 卷，人民出版社 2008 年版，第 181 页。

⑤ 詹姆士·斯图亚特（James Denham Steuart，1712—1780），英国经济学家，重商主义后期代表人物。出身于苏格兰司法界名门，在爱丁堡大学学习法学、历史学。1735 年获得律师资格。曾经参加斯图亚特家族在英格兰的复辟活动。代表性论著为《政治经济学原理研究》（1767）等。

⑥ 参见 Marx-Engels-Gesamtausgabe（MEGA²），Ⅳ/8，Text，Berlin：Dietz Verlag，1986，S. 304 - 445.

嘉图的《政治经济学及赋税原理》;然后,第 22—28 页再转回到斯图亚特摘录,第 29—40 页又是李嘉图摘录;第 41—42 页是斯图亚特,第 43—49 页又是李嘉图;在插入一个意大利经济学家安东尼奥·塞拉关于金银问题文献的摘录后,第 52 页是斯图亚特,第 53 页是李嘉图;第 54—55 页是斯图亚特,第 56—65 页是李嘉图;在插入一个 1845 年《经济学家》杂志 4—5 月号的摘录后,第 68—77 页又是斯图亚特。这是一个十分明显的参照性摘录。可能在马克思的笔记中,这也是鲜见的做法。苏联编译者在翻译"李嘉图笔记"Ⅲ 时,只是跳着选译了其中关于李嘉图《政治经济学及赋税原理》的摘录部分。这里,我们先来了解一下马克思在《伦敦笔记》中写下的"李嘉图笔记"Ⅱ 的基本情况,及其《金银条块》和《反思》等手稿里发生的重要思想实验。

在写于 1850 年 12 月的"李嘉图笔记"Ⅱ("货币学说")的专题摘录中,马克思此时关心的问题,仍然是格雷-蒲鲁东在面对资产阶级社会批判时的货币改革论的错误,所以他十分仔细地有选择地阅读和摘录了李嘉图《政治经济学及赋税原理》中关于货币问题的讨论。从摘录的文本看,他只是在第一章第 6 页上简单停留,很快就跳到了第三章中的第 77 页。这样,马克思就完全略过了李嘉图的**劳动价值论**。我也有一个假设,因为 1844 年在"李嘉图笔记"Ⅰ 中,马克思已经摘录过此书的第一章(第 8—25 页)和第二章(第 57—68 页),所以,马克思下意识地跳过了这一部分内容。

其一,马克思注意到,李嘉图说,"'货币只充当一种尺度,用来表示相对价值(relative Werth)',表示用一种商品去换另一种商品所付出的数量"①,这意指着,货币的数量决定这种所谓的"相对价值"。第一,这是他货币数量论的直接体现,这种观点当然与劳动价值论是相悖的。第二,马克思应该知道,李嘉图是将货币的本质指认为商品交换中发生的一种非直观的**关系**,这是深刻的,可是,李嘉图并没有思考这种关系的本质是什么,因为货币数量论的错误,使他离开了劳动价值论。

其二,这里马克思注意到,在货币数量论之外,李嘉图还谈及这样一种观点:"作为一般流通手段"的贵金属——金银的价值变化取决于"劳动和机器

①《马克思恩格斯全集》第 44 卷,人民出版社 1982 年版,第 80 页。

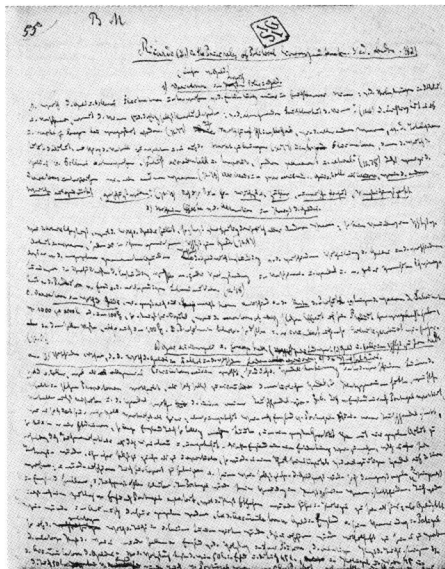

图 10-1 马克思《伦敦笔记》"李嘉图笔记"Ⅱ 手稿一页

的改进(Verbesserungen in der Arbeit und Maschinerie)"①。这是说,货币的价值变化除去与流通领域中的投放数量,还与工人劳动的改进和人之外的机器运作相关。这是一种有意义的观点。李嘉图还提出,金银的价值最终"取决于取得金属并把它们运往市场所必需的劳动总量(Totalquantität der Arbeit)"②。然而,马克思此时并没有真正弄清楚经济学语境中货币(一般价值等价物)与劳动价值论的真实关联。其实,在李嘉图这里,已经是超出停留于工场手工业生产中斯密劳动价值论的差异性表述,因为在前述《哲学的贫困》中,马克思已经指认李嘉图的劳动价值论的核心为:"劳动时间确定价值这是交换价值的规律"③,而在这里,马克思则留意到李嘉图是在机器生产过程中强调了**怎样劳动**的方式的改进,比如劳动分工和协作这种改进本身看起来恰恰是与劳动者个体的直接劳动时间无关的;同时,与劳动方式改进并列

① 转引自《马克思恩格斯全集》第 44 卷,人民出版社 1982 年版,第 73 页。中译文有改动。Marx-Engels-Gesamtausgabe(MEGA²), Ⅳ/7, Text, Berlin: Dietz Verlag, 1983, S.316.
② 转引自《马克思恩格斯全集》第 44 卷,人民出版社 1982 年版,第 73 页。
③《马克思恩格斯全集》第 4 卷,人民出版社 1958 年版,第 93 页。

的机器的改良业已成为价值构成的可变因素,这里,**非主体的**机器生产物相化中客观构序和信息编码(information coding)机制的改进对商品(货币)价值形成的关系,自然还是一个逻辑悬念。其实,这已经内含着后面马克思将遭遇的"李嘉图难题"Ⅰ。

其三,李嘉图在谈及商品的"自然价值与市场价值"的关系时,将工人的劳动活动与黄金和房屋等对象性的在场物性实在并称为商品。① 特别是,李嘉图将马克思已经透视为一种**非物像生产关系**的资本,再一次简单地直接等同于生产过程中的到场之物,因为他提到,"整个社会所能开展的全部工业活动,取决于整个社会的资本(Capitals)的数量,即生产中所使用的原料、机器、食物、船舶(Rohmaterial,Maschinerie,Nahrung,Schiffen)等等的数量"②。固然,李嘉图的研究方法已经达及资产阶级经济学的最高点,即抓住了以现代大工业生产为基础的社会生活最重要的本质——事物化和客观化了的生产关系,并**以这种新型的生产关系及其发展作为观察社会历史的全部出发点**,由此生成了在经济学中科学的抽象,但是,李嘉图并没有真正超越经济物相化的迷雾。因为在这里,资本成了与功能性生产活动相对的量化的外部存在物,在马克思的历史唯物主义构境中,这当然也是一种物像式的误认,可是,这并非指直观对象性实在**第一层级**中的一般物相化,而是指资产阶级经济关系特有的**第二层级**的经济关系物相化的假象。然而,由于马克思还没有创立狭义的历史唯物主义和历史现象学所面对的特殊存在论场境,所以,此时马克思还不能说明这种经济物相化背后的**交换关系的现实抽象Ⅲ及事物化颠倒**(versachlichtem Verkehrung)的历史成因,以及从商品到货币和资本的脱型和经济构序的微观生成机制。从认识论层面看,实证的历史认识论还无法透视这种新型物像与它的被遮蔽的社会关系本质,所以,批判认识论面临再次出场。

其实,在1851年初,马克思大约是在开始写作《伦敦笔记》的第7笔记本的同时,还专门写下了一个单独的加工性笔记:《金银条块。完成的货币体

---

① 参见《马克思恩格斯全集》第44卷,人民出版社1982年版,第81页。
② 转引自《马克思恩格斯全集》第44卷,人民出版社1982年版,第85页。

系》(*Bullion. Das vollendete Geldsystem*,简称《金银条块》)。① 这里的金银条块,是指没有铸成货币的黄金和白银。这是一个由两个笔记本构成的独立笔记。这一手稿遗失了 12 页。这是他在"李嘉图笔记"Ⅱ之后,对自己前两次经济学研究时写下的《巴黎笔记》、《1844—1847 年经济学笔记》(遗失)、《布鲁塞尔笔记》、《曼彻斯特笔记》等经济学摘录,以及刚刚完成的《伦敦笔记》前几册中涉及的众多经济学家关于货币问题讨论的一种专题性的思考。1855 年 2 月 13 日马克思在写给恩格斯的信中提及,"我的眼病是由于审阅自己的经济学笔记引起的,——我想把材料整理出来,至少也是为了掌握材料,为整理材料作好准备"②。依我的推测,这应该是马克思在初步了解了李嘉图关于货币的看法之后,觉得需要集中精力再系统地厘清整个资产阶级经济学说史中的货币理论的发展线索。在《金银条块》中,面对 80 多位作者,马克思对其中的 52 位作者的 63 本论著的观点做了比较性的研究,并概括了一些相近的主题,其他 24 位作者只留下了一些标题。这里也包括了他从《经济学家》以及《伦敦百科全书》等文献中所作的相关摘录。在这一重要的比较性研究中,我们可以看到马克思没有再关注《伦敦笔记》前期摘录的众多信用-通货理论,而是更加集中于自己原有经济学笔记中关于货币基本理论问题的摘录,并写下了一些有明显引导性的评注。我认为,《金银条块》本身就是一个理论逻辑聚焦的思想实验,马克思在找寻自己在经济学理论研究中的真问题和突破口。从手稿的内容来看,一方面是马克思认为在资产阶级经济学和格雷-蒲鲁东主义聚焦的货币问题研究中需要格外关注的重要理论观点,特别是这些观点中可能出现的空白点,这是他在随后的"李嘉图笔记"Ⅲ中需要开始思考的一些焦点,甚至是今后马克思自己创立科学的劳动价值论的正确入口;另一方面是马克思明确指认为货币理论中的错误观点的资料,这些资料显然是马克思为自己以后在研究中进行理论批判所准备的。在这一手稿中,我们已经可以看到马克思是在进行一种已初步研究过的学术资源的再思考和再加工的思想实验。从马克思的摘编线索和加写的提示来看,他在《1857—1858

---

① Marx-Engels-Gesamtausgabe(MEGA²) , Ⅳ/8, Text, Berlin: Dietz Verlag, 1986, S. 3 - 36.
②《马克思恩格斯全集》第 28 卷,人民出版社 1973 年版,第 432 页。

年经济学手稿》、《1861—1863 年经济学手稿》和《资本论》中不少重要的理论思考点已经在这里得以确认。

其一,在这一重要的手稿中,马克思一上来就是从《巴黎笔记》中自己已经摘录的斯密的《国富论》开始的。在《伦敦笔记》的第 7 笔记本中,他再一次研究了两个版本的《国富论》:一是 1828 年由麦克库洛赫编辑的版本,二是由爱德华·吉本·韦克菲尔德(Efward Gibbon Wakefield)编辑的 1835—1838 年版本。他注意到,斯密将金银条块"作为**一般商品**(allgemeine Waare),作为每一个特殊生产部门的**一般产品**(allgemeine Product),作为**产品可交换性的肉身**(Körper der Austauschbarkeit des Products),产品交换性的化身(Verkörperung)。(货币在这里只是交换手段)产品肉身化(Verkörperter)的交换价值"①。可以看到马克思这里特别标识出来的文字,其中,他格外关注的是作为可见的货币的金银条块,是不同于普通商品的一种"一般商品",它的物性实存只是Körper der Austauschbarkeit des Products(**产品可交换性的肉身**)。这里,马克思看到了斯密提法中的一个内在的矛盾,即金银条块本身也是具有自身价值的普通商品,但它却承担了"一般等价物"的额外角色,这种作为交换价值化身的货币物,脱离了产品的"直接可用性(unmittelbare Brauchbarkeit)这样一种关系"②。这样,在金银条块充当商品交换中的中介时,实际上就发生了一个**双重交换**。可是,斯密并没有真正说明商品的可用性使用价值与商品的可交换性价值之间的关系,也无法厘清货币与商品交换价值的复杂转换关系。不过,与所有纠缠于流通领域中货币本身复杂运行机制的理论体系的经济学不同,马克思在斯密这里迅速捕捉到自己关心的一个矛盾缘起:"**劳动是商品的真实价值,货币是商品的名义价值**(Die Arbeit der Real, das Geld der Nominahverth der Waaren)"③。这意味着,商品的"真实价值"与劳动价值论相

① Marx-Engels-Gesamtausgabe(MEGA²),Ⅳ/8,Text,Berlin:Dietz Verlag,1986,S.3.中译文参见沈渊等译稿。《马克思恩格斯研究》1989 年第 1 辑,中央编译局马克思恩格斯研究室编印,第 2 页。
② 参见 Marx-Engels-Gesamtausgabe(MEGA²),Ⅳ/8,Text,Berlin:Dietz Verlag,1986,S.3.中译文参见沈渊等译稿。《马克思恩格斯研究》1989 年第 1 辑,中央编译局马克思恩格斯研究室编印,第 2 页。
③ Marx-Engels-Gesamtausgabe(MEGA²),Ⅳ/8,Text,Berlin:Dietz Verlag,1986,S.4.中译文参见沈渊等译稿。《马克思恩格斯研究》1989 年第 1 辑,中央编译局马克思恩格斯研究室编印,第 3 页。

关,而作为商品"名义价值"的货币则会游离于劳动价值论。这有可能是后来资产阶级货币理论误入歧途的开始。显然,马克思这里的思想实验,已经是在试图将资产阶级的货币理论**重新归基于劳动价值论**。这是斯密和李嘉图都没有完全做到的事情,也会是下面立刻要重做的"李嘉图笔记"Ⅲ的真实逻辑意向。

其二,可以看到,在《金银条块》中,马克思还注意到这样一些需要他进一步思考的重要问题。他在《曼彻斯特笔记》所摘录的布雷的《对劳动的迫害及其救治方案》那里看到了这样的表述:"货币实质上只是资本的代表(Geld au fond nur Repräsentant von Capital)"①。这看起来似乎是一种深刻的观点。然而,马克思会发现,这里布雷的Capital(资本)并非指资产阶级的社会关系,而只是一定的资金量。并且,布雷正是那种在保留资产阶级商品制度的货币改良上做文章的代表,与蒲鲁东主义者一样,他试图"通过劳动货币剥夺资本家(Expropriation der Kapitalisten durch das Arbeitgeld)"②。可是,他在根本不懂货币本质是什么的情况下,却要在保留"好的货币"的假想中反对资本家。这种做法的错误根源,同样是脱离劳动价值论去谈论货币与资本。这当然也是格雷-蒲鲁东的货币改良论的错误本质。马克思在自己的《1844—1847年经济学笔记》③中,看到了反对李嘉图的西斯蒙第的《政治经济学新原理,或论财富同人口的关系》的摘录:第一,西斯蒙第提出,"货币是一切他者的**符号**(Das Geld ist *Zeichen* aller andern)"④。所以,货币的增加并不改变现有的财富总量,看起来热闹无比的信贷及其利息收益,至多是转移了已有的财富,"并不创造任何新东西(schafft keinen neuen)"。⑤ 这显然是正确的判断,可西斯蒙

---

① Marx-Engels-Gesamtausgabe(MEGA²),Ⅳ/8,Text,Berlin:Dietz Verlag,1986,S.9.中译文参见沈渊等译稿.《马克思恩格斯研究》1989年第1辑,中央编译局马克思恩格斯研究室编印,第7页。

② Marx-Engels-Gesamtausgabe(MEGA²),Ⅳ/8,Text,Berlin:Dietz Verlag,1986,S.10.中译文参见沈渊等译稿.《马克思恩格斯研究》1989年第1辑,中央编译局马克思恩格斯研究室编印,第8页。

③ 这一重要的早期经济学笔记后来遗失了。

④ Marx-Engels-Gesamtausgabe(MEGA²),Ⅳ/8,Text,Berlin:Dietz Verlag,1986,S.14.中译文参见沈渊等译稿.《马克思恩格斯研究》1989年第1辑,中央编译局马克思恩格斯研究室编印,第13页。

⑤ 参见 Marx-Engels-Gesamtausgabe(MEGA²),Ⅳ/8,Text,Berlin:Dietz Verlag,1986,S.15。中译文参见沈渊等译稿.《马克思恩格斯研究》1989年第1辑,中央编译局马克思恩格斯研究室编印,第14页。

第也没有进一步说明利息背后被遮蔽起来的劳动价值论。第二,在手稿中,可以看到马克思第二次回到西斯蒙第的摘录,他特别留意到西斯蒙第提出了一个有启发的比喻,即货币像是人的"与身体分开的影子(den Schatten vom Körper getrennt)"①,这也意味着,货币不是它自身,而是价值的一种"抽象单位"(abstrakten Einheit),不过在西斯蒙第看来,这种抽象只是"纯粹观念性的(rein ideal)"②。这当然是错误的。我推测,这一比喻,会对马克思之后思考商品交换关系中发生的客观历史抽象产生重要的引导作用。

其三,有趣的情况出现了,在《金银条块》手稿中,我们竟然看到了马克思对自己《巴黎笔记》中的《政治经济学及赋税原理》摘录的"李嘉图笔记"Ⅰ的重新提点。这生成了一种马克思的"李嘉图笔记"Ⅰ、Ⅱ、Ⅲ同时到场的历史参照场境。在此,他聚焦的理论质点仍然是李嘉图的**货币数量**理论。马克思关注到,李嘉图认为,"货币的价值'取决于货币的数量'(»dépend de sa quantité«)"③。根据这一观点,黄金等贵金属数量高于流通中的商品数量时,价格上升,而黄金的数量低于商品时,价格则会下降。在此货币只是通货,而其他支付手段和价值尺度等功能则消失了。并且,马克思立即在《巴黎笔记》中李嘉图的学生穆勒那里找到完全相同的观点:"货币的价值等于人们用它交换别种物品的比例,或人们在交换一定量的其他物品时所给的商品量,**货币的价值取决于所交换的物品成比例的货币的数量**(或者反过来说,一个物品的货币价格是由流通着的媒介的量决定的)"④。这是说,货币的价值是由金钱在场的数量决定的,这种货币数量论,也构成了前述资产阶级通货理论的基础。在这一点上,李嘉图的货币数量论是依循斯密上述那个商品"真实价值"

---

① Marx-Engels-Gesamtausgabe(MEGA²),Ⅳ/8,Text,Berlin:Dietz Verlag,1986,S.22.中译文参见沈渊等译稿。《马克思恩格斯研究》1989年第1辑,中央编译局马克思恩格斯研究室编印,第23页。

② Marx-Engels-Gesamtausgabe(MEGA²),Ⅳ/8,Text,Berlin:Dietz Verlag,1986,S.22.中译文参见沈渊等译稿。《马克思恩格斯研究》1989年第1辑,中央编译局马克思恩格斯研究室编印,第22页。

③ Marx-Engels-Gesamtausgabe(MEGA²),Ⅳ/8,Text,Berlin:Dietz Verlag,1986,S.17.中译文参见沈渊等译稿。《马克思恩格斯研究》1989年第1辑,中央编译局马克思恩格斯研究室编印,第17页。

④ Marx-Engels-Gesamtausgabe(MEGA²),Ⅳ/8,Text,Berlin:Dietz Verlag,1986,S.17-18.中译文参见沈渊等译稿。《马克思恩格斯研究》1989年第1辑,中央编译局马克思恩格斯研究室编印,第17页。

与"名义价值"的断裂线索的,从而与他自己的劳动价值论明显不一致,这也是后来马克思指责李嘉图没有将货币问题与劳动价值论联系起来的原因。

其四,马克思特别关注了货币的历史性问题。马克思先是在《曼彻斯特笔记》中提点到出现在艾德门兹《实践道德与政治经济学》中的一句话:"奴隶制之后是货币制度(Dem Sklavensystem folgt das Geldsystem)"①。在后面马克思对自己刚刚完成的《伦敦笔记》第4笔记本中所做的毕希《从国家经济和商业来看的货币流通》一书摘录中,他发现毕希指认了资产阶级殖民者在墨西哥和秘鲁等殖民地建立的奴隶制关系中,是没有货币关系的。② 这种特殊的奴隶制度,恰恰是由现代欧洲资产阶级的殖民主义者制造出来的。并且,毕希还认识到,"在货币权利(Geldmacht)成为物和人之间的纽带(Bande)以前,纽带必然是作为政治、宗教等等纽带组织起来的"③。这是深刻的历史见解。这个判断虽然并不精准,但将"货币体系"和金钱权力定位在一定的历史时间之中,这体现了一定的历史感。这种历史性的观点,使马克思立刻想到自己曾经在《布鲁塞尔笔记》C 中完成的"居利希笔记"。他很快地描述道,欧洲资产阶级的货币体系是随着整个资产阶级现代工业和贸易的历史发展而确立和演进的,特别是与资产阶级在美洲和亚洲等地的殖民主义贸易发展相关联。开始是13—14 世纪意大利作为"主要场所"的资产阶级经济起步中的货币体系,然后是16 世纪货币中心从意大利向英国的转移,在17—18 世纪,随着资产阶级争夺殖民地的战争,货币开始出现巨大的增长。并且,货币交易的证券交易所在阿姆斯特丹和伦敦先后出现。④ 随后,马克思第二次重新提

---

① Marx-Engels-Gesamtausgabe(MEGA²), Ⅳ/8, Text, Berlin: Dietz Verlag, 1986, S. 17 - 18. 中译文参见沈渊等译稿.《马克思恩格斯研究》1989 年第 1 辑,中央编译局马克思恩格斯研究室编印,第17 页。

② 参见 Marx-Engels-Gesamtausgabe(MEGA²), Ⅳ/8, Text, Berlin: Dietz Verlag, 1986, S.47。中译文参见沈渊等译稿.《马克思恩格斯研究》1989 年第 2 辑,中央编译局马克思恩格斯研究室编印,第13 页。

③ Marx-Engels-Gesamtausgabe(MEGA²), Ⅳ/8, Text, Berlin: Dietz Verlag, 1986, S. 55. 中译文参见沈渊等译稿.《马克思恩格斯研究》1989 年第 2 辑,中央编译局马克思恩格斯研究室编印,第21 页。

④ 参见 Marx-Engels-Gesamtausgabe(MEGA²), Ⅳ/8, Text, Berlin: Dietz Verlag, 1986, S. 28 - 30. 中译文参见沈渊等译稿.《马克思恩格斯研究》1989 年第 1 辑,中央编译局马克思恩格斯研究室编印,第30—32 页。

炼"居利希笔记"中的欧洲货币史,即 15 世纪一直到 1841 年前后,随着资产阶级的殖民主义扩张,在美洲和亚洲殖民地的贸易关系中,货币如何在殖民主义不平等交换中逐步丰满和完善起来的历史进程。这是一个完整的欧洲资产阶级殖民主义货币体系演进史线索。① 我推测,这可能也会是马克思下面殖民主义专题思考的缘起。

其五,货币与商品的复杂关系。马克思在《曼彻斯特笔记》里对米塞尔登《自由贸易或贸易繁荣之道》一书的摘录中,提点了对商品与货币的关系这样的描述:"货币无论从性质上说还是从时间上说都是在商品之后出现的。虽然如此,现在它在实践中却居于**首要地位**。"②这是一个正确的判断。可是,在米塞尔登看来,"当**不动的和不变的**物(*unbewegliche und immutable* things),像可动的和为交换而创造出的物(Dinge)一样进入人们间的贸易中时,货币就得到使用,成为规则和尺度,于是这些物得到估价(Schätzung),获得价值"③。货币因交换而生,并通过估价而使物"获得价值",这当然是错误的货币价值理论。可是,马克思发现,米塞尔登认为,"只有在所谓不动产(unbewegliche Eigenthum)变得可以交换时,因而是所有权证书时,整个社会才是现实的贸易社会(wirklich Handelsgesellschaft)"④。马克思说,这是大体正确(so weit richtig)的观点。因为这里的"贸易社会"就是资产阶级社会,这种社会是在土地等不动产转换为可以交换的动产(货币)时才得以确立的。也是在这里,马克思在《布鲁塞尔笔记》关于布阿吉尔贝尔《论财富、货币和赋税的性质》的摘录中,关注了货币与商品交换关系中的一个奇特的颠倒现象,作为货币在场的"贵金属本应在交换中充当抵押品,人们把它奉为**神明**(*Gottheiten*,idoles,

---

① 参见 Marx-Engels-Gesamtausgabe(MEGA²),Ⅳ/8,Text,Berlin:Dietz Verlag,1986,S. 32 – 36。中译文参见沈渊等译稿。《马克思恩格斯研究》1989 年第 1 辑,中央编译局马克思恩格斯研究室编印,第 35—40 页。

② Marx-Engels-Gesamtausgabe(MEGA²),Ⅳ/8,Text,Berlin:Dietz Verlag,1986,S. 37. 中译文参见沈渊等译稿。《马克思恩格斯研究》1989 年第 2 辑,中央编译局马克思恩格斯研究室编印,第 2 页。

③ Marx-Engels-Gesamtausgabe(MEGA²),Ⅳ/8,Text,Berlin:Dietz Verlag,1986,S. 38. 中译文参见沈渊等译稿。《马克思恩格斯研究》1989 年第 2 辑,中央编译局马克思恩格斯研究室编印,第 2 页。

④ Marx-Engels-Gesamtausgabe(MEGA²),Ⅳ/8,Text,Berlin:Dietz Verlag,1986,S. 38. 中译文参见沈渊等译稿。《马克思恩格斯研究》1989 年第 2 辑,中央编译局马克思恩格斯研究室编印,第 2 页。

divinités），为了它们，人们牺牲了越来越多的财产、需要，甚至牺牲了人……人们不是使它们变成奴仆，成为贸易的奴隶（Sklaven des Handels），而是使它们成为自己的暴君（seinem Tyrannen）。因此，货币**颠倒**了自然构序（*Umkehrung der natürlichen Ordnung*）"①。在带有人本主义倾向的布阿吉尔贝尔那里，货币原先应该是我们在商品交换过程中的工具，它本该是交换关系中可以呼来唤去的 Sklaven des Handels（贸易的奴隶），可是，金钱却在交换进程中被人们自己奉为奴役自身的 seinem Tyrannen（自己的暴君）。这是一种对正常的自然构序的 *Umkehrung*（颠倒）。布阿吉尔贝尔愤怒地说，这种颠倒了自然构序的"万恶的货币，因为它不甘心做一个奴仆，而要做一个上帝（Gott），向全人类宣战"②。这有可能让马克思想到的类似思想构境，会是他已经放弃的赫斯的货币异化论，以及马克思自己在《1844 年手稿》中创立的基于劳动异化的货币的**我-它自反性关系**。这一点会内在地关联于《大纲》中重新复活的货币权力异化的观点。

其六，劳动是货币的本质。这一重要观点是李嘉图式的社会主义经济学家格雷提出来的。相对于资产阶级经济学家们离开工人的劳动所进行的大量复杂的关于货币理论、通货和信贷问题的争论，这是一个让人眼睛一亮的观点。在马克思刚刚完成的《伦敦笔记》第 6 笔记本所摘录的格雷《关于货币的本质用途的讲义》（1848）中，出现了对货币本质这样的指认："**劳动是唯一的价值尺度**（*Arbeit ist der einzige Werthmesser*）"③。这当然是整个资产阶级经济学货币理论缺失的一个最本质的关联，即货币与劳动价值论的关系。然而，在格雷（蒲鲁东）那里，资产阶级社会中工人被奴役的根本问题，并非是由此提出的货币与劳动价值论的关系问题，他们将资产阶级社会的问题归于货币体系，"一切弊端归咎于现在的**交换制度**（*Das jetzige system of exchange an*

---

① Marx-Engels-Gesamtausgabe（MEGA²），Ⅳ/8，Text，Berlin：Dietz Verlag，1986，S. 38 – 39. 中译文参见沈渊等译稿。《马克思恩格斯研究》1989 年第 2 辑，中央编译局马克思恩格斯研究室编印，第 3 页。

② Marx-Engels-Gesamtausgabe（MEGA²），Ⅳ/8，Text，Berlin：Dietz Verlag，1986，S. 39. 中译文参见沈渊等译稿。《马克思恩格斯研究》1989 年第 2 辑，中央编译局马克思恩格斯研究室编印，第 4 页。

③ Marx-Engels-Gesamtausgabe（MEGA²），Ⅳ/8，Text，Berlin：Dietz Verlag，1986，S. 84. 中译文参见沈渊等译稿。《马克思恩格斯研究》1989 年第 2 辑，中央编译局马克思恩格斯研究室编印，第 51 页。

allem Uebel schuld)"①。因为"货币体系颠倒了正确的关系。现代的货币体系太受**重视**。没有它,**按比例的**生产(proportionirte Production)就会是需求的原因,没有货币体系,**商品的出售**必定会像商品的购买那样容易。(第42页)货币必须具有这样一种性质,它使生产以正确的比例为前提,并创造出自己的需求"②。这就是格雷-蒲鲁东那个不改变资产阶级社会生产关系的"劳动货币"的改良主义计划。这一计划,最早是格雷在1831年出版的《社会制度——论交换的原则》中提出来的。马克思后来分析说,格雷在《社会制度》中,"主张国家中央银行通过支行来确定生产各种商品所需的劳动时间。生产者以自己的商品换回一张正式的价值凭证,即换回一张表明他的商品包含多少劳动时间的收据"③。滑稽的是,"这项发明的专利权却被善于发明的蒲鲁东拿去了"④。在马克思看来,"把贬黜**货币**和把**商品**捧上天当作社会主义的核心而认真说教,从而使社会主义变成根本不了解商品和货币之间的必然联系,这要等**蒲鲁东**先生和他的学派来完成了"⑤。这是马克思整个《金银条块》思想实验中的最后理论聚焦点和逻辑闭环,因为他是从格雷-蒲鲁东的货币改良主义的错误开始,却在格雷关联于劳动价值论的货币观点中结束。

1851年3月,马克思先后写下了两个札记,分别为《关于李嘉图对土地税观点的评注》和《李嘉图著作名目索引草稿》,后者是马克思关于李嘉图《政治经济学及赋税原理》第九至十二章一些讨论主题的索引。之后,马克思在《伦敦笔记》第7笔记本第48—52页写下一个名为《反思》(Reflection)的手稿⑥。依我的判断,这是马克思对《金银条块》思想实验中提炼的资产阶级经济学货

---

① Marx-Engels-Gesamtausgabe(MEGA²),Ⅳ/8,Text,Berlin:Dietz Verlag,1986,S.83. 中译文参见沈渊等译稿。《马克思恩格斯研究》1989年第2辑,中央编译局马克思恩格斯研究室编印,第50页。

② Marx-Engels-Gesamtausgabe(MEGA²),Ⅳ/8,Text,Berlin:Dietz Verlag,1986,S.83. 中译文参见沈渊等译稿。《马克思恩格斯研究》1989年第2辑,中央编译局马克思恩格斯研究室编印,第50页。

③《马克思恩格斯全集》(第二版)第31卷,人民出版社1998年版,第478页。

④《马克思恩格斯全集》(第二版)第31卷,人民出版社1998年版,第478页注释1。

⑤《马克思恩格斯全集》(第二版)第31卷,人民出版社1998年版,第480—481页。

⑥ 参见Marx-Engels-Gesamtausgabe(MEGA²),Ⅳ/8,Text,Berlin:Dietz Verlag,1986,S.227-234。这一手稿1977年第一次用俄文发表在苏联《共产党人》1977年第1期上。

币理论发展线索的重要反思,这一反思第一次使马克思在**经济学研究和科学社会主义双重构境维度**上,真正转向货币背后更加基始性的劳动价值论,这也意味着从到场的**金钱世界**背后透视出不在场的充溢着工人血汗的**劳动世界**。可能这也会是马克思后来的经济学研究从生产过程中重新透视出劳动过程的缘起。也是在这里,马克思第一次发现资产阶级社会经济关系构式的复杂颠倒和经济物相化的秘密机制,这种颠倒并非生产辩证法的颠倒,而是马克思**一度弃用的主体性劳动辩证法的颠倒**,这促使马克思在方法论上基于广义历史唯物主义和历史认识论,进而创建狭义历史唯物主义构境中的历史现象学和科学的批判认识论。依我之见,也是在这里,马克思开始意识到整个资产阶级经济学作为自明性研究前提的第二层面的物相化问题,即**经济关系物相化**。我将这一特定的经济物像批判称为**第二层级**的经济物相化透视。因为这是在广义历史唯物主义第一层级物像透视之后,劳动活动和交换关系重新发生双重**逆向对象化**[商品交换中的价值关系经过客观的现实抽象,历史性地事物化(Ⅰ)颠倒为金银、铸币和纸币,及其衍生出的上面我们看到的庞大信用体系;作为资本重新投入生产过程中的货币——资本关系事物化(Ⅱ)转换为机器、工具和厂房等]的经济物相化。这也是我所指认的**经济物相化空间中出现的复杂此-彼错位关系场境。这种错位的本质,是客观发生的我-它自反性劳动异化**。这将是马克思遭遇方法论危机之后,在**全新狭义历史唯物主义基础上创立的历史现象学和科学的批判认识论**的历史语境。并且,一个新的任务已经近在咫尺:超越李嘉图,真正揭露资本家剥削的秘密,也就意味着马克思**必须建构自己的劳动价值论!** 在《回到马克思》第一卷中,我已经对李嘉图的劳动价值论有过较为详细的讨论,特别是马克思后来在《1861—1863年经济学手稿》中所获得的重要认识。[①] 当然,这也是马克思真正开始认清作为资产阶级社会本质的**以资本为基础的生产方式**。这是在历史唯物主义科学方法论指引下,走向**剩余价值理论和科学认识资本主义生产方式两个伟大理论发现**的真正起步。

第一,**先在的非物像资本关系**。马克思一针见血地指出,格雷-蒲鲁东的

---

① 参见《回到马克思——经济学语境中的哲学话语》第一章第一节。

"货币改良主义"的实质,还是建立在保留资产阶级社会生产方式基础上的幻想。因为"他们想保留货币,但又不让货币具有货币的属性"①。后来马克思在致魏德迈的书信中指认说,格雷-蒲鲁东"货币改良主义""要保存私人的生产,**但是私人产品的交换要加以组织**,它要**商品**,但是不要**货币**"②。他们根本不了解,现在资产阶级社会的矛盾,恰恰是以"货币制度的存在为基础的,同样,货币制度又以现有生产方式为基础(der jetzigen Weise der Production beruht)"③。这当然是一个历史唯物主义构境中的解码和历史认识论透视。马克思想强调,资产阶级社会中出现的货币制度,并非永恒存在的东西,而恰恰是建立在一定的生产方式之上的复杂经济关系构式,可如果格雷-蒲鲁东的全部改革都是致力于消除流通领域所呈现的可见表层矛盾,通过理想化的"货币体系"实现所谓的根本不触碰生产关系质变的社会变革,这样,他们的平等理想实际上就畸变成实现资产阶级虚假的自由平等的理想。在后来的《1861—1863 年经济学手稿》中马克思批评说,"像蒲鲁东那样,既要保存雇佣劳动,从而保存资本的基础,同时又想用否定资本的一种派生形式的办法来消除'弊端',那就是幼稚"④。而马克思在更深的认识论层面上发现,"资产阶级社会"的症结正隐藏在这交换领域的"表面的平等"现象背后,单纯的交换平等并没有改变"总的客观存在的阶级关系",即工人与资本家的根本对立。马克思还透视到,这种交换本身就表明了"事先存在着一定的社会关系(vor allem, die Existenz der bestimmten gesellschaftlichen Verhältnisse)",即资本关系,这才使财富"具有资本的性质(Charakter des Capitals)"。⑤ 这是在上述的《雇佣劳动与资本》中马克思获得的关于资本关系场境与对象物赋型属性的新的创见。我觉得,这也许是马克思第一次试图明确透视经济物相化的努力——在上述资产阶级经济学家和格雷、蒲鲁东等人看到到场**货币物**的地方,马克思却发现这种特殊的到场之物,也是黑格尔在《精神现象学》中所说

①《马克思恩格斯全集》第 44 卷,人民出版社 1982 年版,第 159 页。
②《马克思恩格斯全集》第 29 卷,人民出版社 1972 年版,第 554 页。
③《马克思恩格斯全集》第 44 卷,人民出版社 1982 年版,第 158 页。
④《马克思恩格斯全集》(第二版)第 35 卷,人民出版社 2013 年版,第 392 页。
⑤ 参见《马克思恩格斯全集》第 44 卷,人民出版社 1982 年版,第 161 页。

的"正在消逝的东西(verschwindend darstellt)"①,因为到场的货币物**并不是它自身**,它的到场 statt sich selbst zu bestätigen(并不证实自己)②,而是一种 *Anderssein*(**他性存在**)。并且,它也不能简单地在历史唯物主义构境的第一层级非物像透视中,还原和归基为消失的生产物相化活动和关系,因为在这种**特殊经济物相化**背后的资本关系,业已是劳动交换关系事物化颠倒为经济构式的复杂结果。这是一种完全变形了的**劳动辩证法**运动。这种劳动辩证法的历史变形,之后在《大纲》中也会与劳动异化批判构式发生关联,但不再是人本学的逻辑推演,而是资产阶级经济物相化过程中的客观畸变。在认识论层面,**到场之物不是它自身**,也不能归基为在它的物质实在上被物相化塑形和构序的用在性关系编码,这将会开启认知对象的经验塑形和主观知性构式映现关系上的根本性转换。由此,科学的批判认识论不得不重新出场。马克思认为,"进行社会的物质生产和精神生产的物质变换(Stoffwechsel)的社会组织,从一开始就受到一定方式和特殊内容的限制(bestimmte Weise und einen besondren Inhalt eingeschränkt)"③。能够观察到,马克思在这里使用了 Stoffwechsel(物质变换、物质代谢)一词,以说明发生在资产阶级社会经济关系场境中日益复杂起来的经济物相化过程。因为在资产阶级社会中出现的机器化工业大生产中,不仅有劳动物相化塑形和构序产品的过程,也开始出现了科技物相化的信息编码和机器对象化应用的复杂局面,而在商品-市场经济活动中,出现了经济关系反向物相化为经济事物的颠倒的物质转换现象,商品的经济质性和金钱世界,已经是脱离了劳动生产物相化的全新层面,而资本关系伪境则是全部资本主义制度的存在论根基。所以,这里马克思的 Stoffwechsel(物质变换)一语的构境是十分复杂的关系场境。这正在接近一种科学的认识:资本是一种"事先存在"的决定性的社会关系。这是广义历史唯物主义中那个作为**社会历史先验**构架的生产关系,在资产阶级社会经济物相化中的具体现身。正是资本关系产生着对商品和货币的"一定方式和特殊内容的限制",使

---

① 《马克思恩格斯全集》(第二版)第 3 卷,人民出版社 2002 年版,第 322 页。
② 参见《马克思恩格斯全集》(第二版)第 3 卷,人民出版社 2002 年版,第 323—324 页。
③ 《马克思恩格斯全集》第 44 卷,人民出版社 1982 年版,第 162—163 页。

作为社会定在基础的**生产过程本身发生了根本的历史变化**,从而规制和重新编码经济生活中的交换、分配等经济关系功能链的性质,甚至生成一种经济事物普遍关联的辩证伪总体。这也意味着,"资产阶级社会"生存的秘密,并不在于格雷、蒲鲁东所关注的商品(财富)**流通中的**交换关系,而在于资本关系支配和赋型下的**生产**过程。

第二,**面对资产阶级社会经济物相化的方法论和认识论危机及其变革方向**。对于这种特殊的经济物相化的成因,马克思已经认识到,除去使用价值,"商品具有交换价值(Tauschwerth),交换价值必须有不同于商品的**特殊**存在(*besondre* Existenz)"①,这就很深地涉及不可见的"交换价值"的特殊**在场表现形式**问题。这里的 *besondre* Existenz(**特殊**存在),当然不是一般的社会生活定在,而是货币和资本这些特殊的经济事物看起来有灵魂的生存。Existenz在德文中,主要指生存。应该说,这是马克思后来在《大纲》中思考交换价值事物化颠倒和《资本论》中提出价值形式问题的最初缘起。如果说商品物的使用价值是在第一层级非物像透视中呈现的劳动塑形和构序的可直观的效用性负熵关系,那么,商品的"交换价值"则会是交换关系现实抽象出来的非直观的一般价值关系(Werthverhältnisses),只是这种不可直观的经济编码关系,在商品交易中必须通过**重新反向对象化为在场物的**此-彼错位方式表现出来。用马克思后来在《资本论》第三卷中的原话来说,就是"财富的这个社会定在(gesellschaftliches Dasein),就表现为彼岸的东西(Jenseits),表现为社会财富的现实要素之旁和之外的东西,物,事物,商品(Ding,Sache,Waare)"②。这里的 Jenseits,在德文中意为远离此岸世俗生活的彼岸世界,这是说,在资产阶级经济物相化空间中,一般社会财富这种 gesellschaftliches Dasein(社会定在=价值关系),颠倒地错位表现为自身之外的经济事物,即商品和货币的经济定在。这构成**经济物相化**活动的核心起步。应该指出,与广义历史唯物主义构境中出现的一般生产物相化不同,这里的经济物相化透视从一开始就是

---

① 《马克思恩格斯全集》第 44 卷,人民出版社 1982 年版,第 158 页。
② 《马克思恩格斯全集》(第二版)第 46 卷,人民出版社 2003 年版,第 649 页。中译文有改动。Marx-Engels-Gesamtausgabe(MEGA^2),Ⅱ/15,Text,Berlin:Dietz Verlag,2004,S.565.

对资产阶级社会经济现象的批判性证伪。在这一点上，马克思的思考开始超出《雇佣劳动与资本》的构境层。这表明，不同于广义历史唯物主义构境中第一层级的一般物像错认，经济物相化反而是**社会关系重新以对象化事物为自己的在场表现形式**。实际上，这也就是**对象性存在**的货币（金银条块、铸币和纸币）不是它在物相化与境中的自身（使用价值），这种特殊的"正在消逝的东西（verschwindend darstellt）"，以**双重消失**的奇特编码方式表现了劳动交换关系的**事物化颠倒关系**本质。显然，这种资产阶级社会经济关系中的"双重消失"，恰恰是广义历史唯物主义和历史认识论并不能有力透视和解码的特殊显象，因为，即便是把到场的货币物（第一重消失）透视和归基为劳动塑形和构序的活动和用在性关系（制作铸币或印刷纸币的具体劳动），也无法真正科学地认识这种活动和关系经过交换中介，重新再变为到场物性实在（第二重消失）的经济物相化本质（抽象劳动）。这种方法论和认识论上的危机，应该也促使**狭义历史唯物主义的历史现象学**和**批判认识论**重新登场成为迫切需求。马克思极为深刻地分析说，"没有货币，就没有雇佣劳动（Lohnarbeit），因而也就没有利润和处于另一种[社会]形式上的利息，因而也就没有不过是利润一部分的地租"①。这当然不是一个简单的推论，这里的雇佣劳动就是资产阶级特有的社会生产方式，以货币为外部经济物相化形式的财富收入（工资与作为剩余价值的利润及其转化形式中的利息和地租），恰是这种资本统治下的剥削关系的产物。可是，当收入转化为作为可见货币的经济物相化实在时，却直接遮蔽了工人获得工资（Lohn）的经济关系中所发生的阶级压迫和对工人劳动的经济剥削。在马克思看来，一方面，

> [收入]转化为金银，抹杀和掩盖了阶级性质（Klassencharakter）。由此造成了资产阶级社会中的表面上的平等——撇开货币不谈。另一方面，在货币制度充分发达的社会中，由此事实上造成了个人的实际的资产阶级平等——就他们拥有货币，而不管这种收入的来源（Einkommenquelle）而言。②

---

① 《马克思恩格斯全集》第44卷，人民出版社1982年版，第161页。
② 《马克思恩格斯全集》第44卷，人民出版社1982年版，第161页。

这是马克思对资产阶级社会本质非常重要的批判性认识。与上述资产阶级经济学家对货币和通货现象的评论不同，在马克思的眼里，正是由于这种剥削关系转换为抽象收入——利润、工资和地租，它们作为货币（金银、铸币和纸币等经济物相化后的到场物性实在），导致作为收入的物性财富形式（在场的不在场中的"双重消失"）遮蔽了生成这种收入的真实来源——工人的劳动。在这里，马克思还专门引述罗马皇帝阿德里安的一句话：妓院税"没有臭味"①。因为如果运用历史认识论的实证视角，从处于交换领域中的经济物相化的在场金钱上，我们的五官自然看不到、闻不到和摸不到真实发生过的劳动创造财富的社会关系场境，以及资本家无偿占有工人财富的Klassencharakter（阶级性质）。透视资产阶级特有的经济物相化迷雾，必须重启**现象学话语和批判认识论**。在多年之后的《1861—1863年经济学手稿》中，马克思指认了作为剩余价值实现形式的利润及其派生形式——地租和利息的异化本质。因为，

> 在这种交换行为中，转化成货币的收入的特性（besondre Charakter）消逝了，一切阶级的个人都变得模糊而消失在买者的范畴中，他们在这里同卖者相对立。这就产生了一种假象（Illusion），即在这种买卖的行为中看到的不是阶级的个人，而是没有阶级性的单纯进行购买的个人。②

这正是资产阶级意识形态政治话语中"平等、自由和博爱"背后的经济物相化迷雾，当收入转化为货币（工资、利润、地租、利息和税收等）的时候，复杂的劳动交换关系中所内嵌的一切具体的劳动物相化Charakter（特性）全都消逝了，资产阶级社会中复杂的工人与资本家的阶级对立，消逝于抽象的、单纯进行购买活动的个人——"买者"和"卖者"（"市民社会"话语中斯密的"人人都是商人"和赫斯的"小贩世界"）之中，而这里被遮蔽的东西，恰恰是作为到场物的货币所隐匿起来的作为交换价值的本质的不在场的劳动。这可能是至此为止马克思对资产阶级"市民社会"话语的最重要的

---

① 《马克思恩格斯全集》第44卷，人民出版社1982年版，第162页。
② 《马克思恩格斯全集》第44卷，人民出版社1982年版，第162页。

一次解构。这也意味着,在经济学上说明这一问题,将会是马克思彻底超越资产阶级经济学家的地方。这导致马克思开始意识到,所有问题解决的根基还是在于经济学中的斯密-李嘉图的**劳动价值论**,然而,只有从经济物相化迷雾的透视和机器化大生产的现实中科学地说明资本与雇佣劳动的关系,创立新的劳动价值理论,才有可能生成揭露资产阶级社会剥削本质的真正基础。可在过去很长一段时间里,马克思却多次错过了劳动价值论。

所以,马克思急迫地感到需要重新对李嘉图的《政治经济学及赋税原理》进行研究,而此番的思考主题,则是经济物相化背后的**劳动价值论**。可能,这恰是"李嘉图笔记"Ⅲ的基本逻辑意向。这可能也打消了马克思一度过于乐观的想法。1851 年 4 月 2 日,在马克思写给恩格斯的信中,他十分开心地告诉恩格斯:"我已经干了不少,再有大约五个星期我就可以把这整个经济学的玩意儿干完……实际上,这门科学从亚·斯密和大·李嘉图时代起就没有什么进展,虽然在个别的常常是极其精巧的研究方面作了不少事情"①。

3. "李嘉图笔记"Ⅲ:劳动价值论与"李嘉图难题"

我们看到,马克思先是在第 7 笔记本的最后摘录了斯密的《国富论》。在韦克菲尔德编辑的《国富论》版本中,马克思摘录到这样的重要表述:

> 将劳动视为商品,将劳动的产物,资本(capital, the produce of labour),视作其他,那么,如果这两种商品的价值是由等量的劳动(equal quantities of labour)决定的,那么在任何情况下,一定量的劳动都将可以与同量的劳动所生产的资本进行交换;先前的劳动(antecedent labour)总是会换取相同数量的现在的劳动(present labour)。但劳动的价值,就其他商品的关系而言,至少到目前为止,如果资本和劳动所生产的产品总

①《马克思恩格斯全集》第 27 卷,人民出版社 1972 年版,第 246 页。

> 是相同的,那么问题将是关于利润和工资,是什么决定了资本家和工人之间的产品分配……但这种产品并不总是相同的。①

这当然是斯密经济学中确立的劳动价值论。这里的关键性要点:一是 capital, the produce of labour(资本,劳动的产物),看起来与劳动对立的资本,本质上是劳动的产物,这是正确的判断;二是资本与劳动的交换,本质上是 antecedent labour(先前的劳动)与现在的劳动的交换,这是马克思在《1844年手稿》中就已经意识到的"从主体出发"的思路;三是这种表面上平等的交换实际上存在着隐匿起来的不对等关系,否则,资本家就不应该拿到多出来的利润。这当然是一个值得深思的问题思路。在后来的《1861—1863年经济学手稿》中,马克思分析说,"亚·斯密感到,从决定商品交换的规律中很难引申出资本和劳动之间的交换,后者似乎是建立在完全对立和矛盾的原则上的。只要资本直接同劳动相对立,而不是同劳动能力相对立,这种矛盾就无法解释。亚·斯密知道得很清楚,再生产和维持劳动能力所耗费的劳动时间,与劳动能力本身所能提供的劳动是大不相同的"②。这是极其深刻的评点。

有意思的是,马克思接下去重点摘录的对象是詹姆斯·斯图亚特的《政治经济学原理研究》。并且,他应该是**在斯密之前**较早确认劳动价值论的经济学家。在后来的《政治经济学批判》第一分册中,马克思将斯图亚特称为"建立了资产阶级经济学整个体系的第一个不列颠人"③。并且,马克思在《1861—1863年经济学手稿》中指出,斯图亚特较早地区分了劳动和技能创造的"绝对利润"与流通中可让渡的"相对利润",并且第一个"识别出抽象的劳

---

① Marx-Engels-Gesamtausgabe(MEGA²), Ⅳ/8, Text, Berlin: Dietz Verlag, 1986, S. 276. 中译文参见孔伟宇、吴頔、刘冰菁译稿。
②《马克思恩格斯全集》(第二版)第33卷,人民出版社2004年版,第49页。
③《马克思恩格斯全集》第13卷,人民出版社1962年版,第47页。马克思自己还在同页专门加上了一个注释:"斯图亚特的《政治经济学原理研究,或自由国家内政学概论》(*An Inquiry into the Principles of Political Economy, Being an Essay on the Science of Domestic Policy in Free Nations*)一书,最初是在亚当·斯密《国富论》问世前10年即1767年在伦敦用两卷四开本出版的。我引的是1770年的都柏林版。"

动范畴"。① 在对资本的认识上,斯图亚特也形成了有价值的观点。② 马克思说,"当时,詹姆斯·斯图亚特爵士对于很大一部分公众来说还是最有威望的经济学家"③,只是因为《国富论》的巨大影响,使人们渐渐忘却了斯图亚特写于十年前的这本重要的《政治经济学原理研究》。我推测,有可能这也是马克思在这里对比性地观察斯图亚特和李嘉图经济学的缘由。

这样,我们就来到了《伦敦笔记》中马克思的一个特殊的关于劳动价值论研究的对照性思想实验中来,即多次交叉摘录斯图亚特与李嘉图的观点。在第8笔记本的开始,马克思先在第11页上摘录到斯图亚特这样的观点:人们"创造过剩财富(superfluity)的唯一途径是为有需要的人的手设计不同的工作,也就是通过他们的劳动(their labour)"④。这是在斯密之前,斯图亚特对劳动价值论基础的确认。同时,可以看出斯图亚特已经区分了财富的物质效用和交换价值,因为马克思注意到他界划了"作为商品的货币不具有任何上文中提及的物质上为人的用途(material use to man),但他认为,货币获得了这样一种地位,即成为所谓价值的普遍尺度(universal measure),以及任何可让渡(alienable)事物的等价物"⑤。这接近了对用在性的使用价值和交换等价关系的交换价值的区分,这是很了不起的看法。马克思后来在《政治经济学批判》第一分册中指认,"斯图亚特比他的前辈和后辈杰出的地方,在于他清楚地划分了表现在交换价值中的特殊社会劳动和获取使用价值的实在劳动

---

① 马克思的原话为:"斯图亚特抛弃了货币主义和重商主义的这样一种看法,即认为商品高于它的价值出卖以及由此产生的利润,形成剩余价值,造成财富的绝对增加。"[《马克思恩格斯全集》(第二版)第33卷,人民出版社2004年版,第13页。]

② 马克思的原话为:"在对资本的理解方面,他的功绩在于:他指出了生产条件作为一定阶级的财产同劳动能力分离的过程是怎样发生的。斯图亚特对资本的这个产生过程——虽然他把这个过程看做大工业的条件,但他还没有把这个过程直接理解为资本的**产生过程**——做了许多研究。斯图亚特特别在农业中考察了这个过程,并且正确地认为,只是因为农业中发生了这个分离过程,真正的制造业才产生出来。在亚·斯密的著作里,是以这个分离过程已经完成为前提的。"[《马克思恩格斯全集》(第二版)第33卷,人民出版社2004年版,第13—14页。]

③《马克思恩格斯全集》(第二版)第34卷,人民出版社2008年版,第123页。

④ Marx-Engels-Gesamtausgabe(MEGA²),Ⅳ/8,Text,Berlin:Dietz Verlag,1986,S.276. 中译文参见孔伟宇、吴頔、刘冰菁译稿。

⑤ Marx-Engels-Gesamtausgabe(MEGA²),Ⅳ/8,Text,Berlin:Dietz Verlag,1986,S.314. 中译文参见孔伟宇、吴頔、刘冰菁译稿。

之间的区别"①。甚至,马克思还看到了斯图亚特关于社会的概念,即"人与其他社会成员的互惠关系(Verhältniß zur Assistenz)"②。当然,这个 Assistenz(互惠)是人们在市场中通过交换所获得的利益。可斯图亚特不会想到,工人与资本家从这个资产阶级社会中的相互关系中得到的东西是完全不同的,因为工人只是得到满足自己最低生活条件的工资,而资本家则无偿占有了工人创造的剩余价值。重要的是,斯图亚特直接提及了马克思所关心的机器化工业大生产的历史性引入,在斯图亚特看来,这是一种"**发展较快的解放双手的工业**(the industry of the free hands has made a quicker progress)"③。他充满信心地说道:资产阶级的"公民和家庭自由,通过封建政府形式的解体(dissolution of the feudal form of government)而引入欧洲,推动了贸易和工业的发展。它们产生了财富和信用(credit);以及债务和税收(debts and taxes);它们共同建立了一个全新的政治经济学体系(new system of political economy),我打算对其原理进行推导和检验"④。这种乐观的自信,显然是建立在资产阶级经济物相化的肤浅直观之上的,马克思意识到,他必须到李嘉图那里去寻找更深的科学目光。

在第 8 笔记本上出现的"李嘉图笔记"Ⅲ中,我们看到马克思对李嘉图的摘录,是从前不久的"李嘉图笔记"Ⅱ中跳过的第一章重新开始的。其一,劳动价值论开始成为马克思此时经济学构境思考中直面的焦点问题。这是一个新的思想构境的开端。一上来,马克思就概括了李嘉图开篇对斯密《国富论》的这样一个引述:"某种物品的效用(Nützlichkeit eines Gegenstandes)和购买其他商品的能力(Macht):**使用价值**和**交换价值**(value in use und value in exchange)"⑤。可以看到,这里马克思的摘录是德文和英文的混杂。在社会唯

---

① 《马克思恩格斯全集》第 13 卷,人民出版社 1962 年版,第 48 页。

② Marx-Engels-Gesamtausgabe(MEGA²), Ⅳ/8, Text, Berlin: Dietz Verlag, 1986, S.317. 中译文参见孔伟宇、吴頔、刘冰菁译稿。

③ Marx-Engels-Gesamtausgabe(MEGA²), Ⅳ/8, Text, Berlin: Dietz Verlag, 1986, S.319. 中译文参见孔伟宇、吴頔、刘冰菁译稿。

④ Marx-Engels-Gesamtausgabe(MEGA²), Ⅳ/8, Text, Berlin: Dietz Verlag, 1986, S.323. 中译文参见孔伟宇、吴頔、刘冰菁译稿。

⑤ 《马克思恩格斯全集》第 44 卷,人民出版社 1982 年版,第 90 页。

物主义的构境中,这两种 value(价值)显然都已经是非直观的"效用"和"能力"。其实,这正是我们前面充分讨论广义历史唯物主义**场境关系存在论**的真正用意,因为这是入境于马克思一般物相化和经济物相化双重构境层的隐秘入口。从认识论上看,这是历史认识论和批判认识论同体进入的复杂认知场境。在思想构境谱系线索回溯中,相比之《巴黎笔记》中的"李嘉图笔记"Ⅰ,这是马克思第一次认真关注李嘉图所指认的商品的两种不同属性,他也留意到,物品的效用性是商品交换价值的基础,但它并不构成商品交换本身的尺度。这一点,与前述斯图亚特所强调的 material use to man(物质上为人的用途)是接近的。我推测,这里对物品用在性的强调,会是之后马克思通过"工艺学"专题思考商品使用价值的缘起。因为马克思以后会将其确定为商品的使用价值,并从工艺学的视角,将这种劳动物相化直接塑形和构序的**用在性负熵**,视作深入理解广义历史唯物主义的构境意向。从认识论层面看,这种呈现为认知对象的劳动物相化结果,显然不是简单的外部自在对象的客观属性。李嘉图还明确提出,决定交换价值的是一个商品所包含的劳动量和它本身的"稀少性",交换价值中的劳动量业已不是使用价值异质性的效用编码,而是对劳动时间的同质抽象,"稀少性"则是市场需求关系。其实,这是马克思在《布鲁塞尔笔记》中就已经看到的经济学家们通常指认的价值"二重性"。在马克思被带入的经济学话语构境层中,价值的"劳动量"和"稀少性"也都是非直观的关系性认知对象。这对于已经基于场境关系存在论构境的马克思来说,已经是顺理成章的路径。所以,交换价值也会是一种商品与商品之间交换的"相对价值",这里的相对性关系同时包含了劳动量和缺稀性。也是在这里,马克思再一次摘录了李嘉图这样一段经典表述:

> 确定各个商品的相对价值(relative Werth)的,是在**同一劳动时间**(*derselben Arbeitszeit*)内所能生产的它们的不同数量,或者是相应地体现在它们中的劳动量(Quantität von Arbeit)。因而,只要这种劳动量增加,就提高了商品的价值(Werth der Waare),劳动量减少,就降低了商品的价值。①

① 转引自《马克思恩格斯全集》第 44 卷,人民出版社 1982 年版,第 90 页。

其实,依文献考古分析可以看到,在这段话之前,李嘉图在引述了斯密《国富论》第五章和第六章中关于劳动价值论的相关表述后,直接指认劳动是"一切东西交换价值的基础",并且说"这是政治经济学上一个极端重要的学说"。① 这可能是马克思第一次主动从正面遭遇古典经济学的劳动价值论。在前述《哲学的贫困》中,马克思是在批判蒲鲁东的错误中涉及李嘉图的劳动价值论。因为在1844年《巴黎笔记》的"李嘉图笔记"Ⅰ中,马克思摘录过这段表述,但没有意识到它在经济学学术构境中的意义,在那里,他总想着用人本主义哲学话语跳出经济学的理论编码;而在不久前的"李嘉图笔记"Ⅱ中,满脑子货币概念的马克思却直接跳过了这一表述。这里,马克思已经主动意识到要弄清楚经济物相化迷雾中货币和资本关系的本质,李嘉图(斯密)的劳动价值论是绕不过去的。马克思看到,李嘉图肯定了斯密的劳动价值论,并进一步将"同一劳动时间"作为商品相对价值中劳动量的支撑,或者说,"劳动时间是价值的尺度",由此细化斯密的劳动价值论的逻辑。马克思注意到,李嘉图已经看到,"劳动自然具有各种不同的性质,要把不同行业的不同劳动小时加以比较是困难的",但是"实践(Praxis)"会解决这一问题,然而,"李嘉图没有进一步阐明这个问题"。② 马克思这里对李嘉图劳动价值论的理解水平,显然已经超出《哲学的贫困》。依阿尔都塞所指认的症候阅读法,马克思这里是读出了李嘉图劳动价值论中的"空白",即后者无法深入解决的问题,以后,这会是马克思在缺失性的括号中填上具体劳动和抽象劳动的划分,以及社会必要劳动时间概念的学术构序出发点。

当然,马克思此时也发现,李嘉图的劳动价值论中明显存在着一些粗糙不堪的地方。比如,李嘉图认为,"在决定商品价值的劳动(In die Arbeit, die den Werth der Waaren bestimmt)中,包括为提供用于生产的资本所需的时间和劳动。还要算入把商品运到市场所需的劳动"③。显然,李嘉图并没有理解斯密所确定的"生产性劳动"的意义,在前面的"李嘉图笔记"Ⅱ中,我们看到他

---

① 参见[英]李嘉图《政治经济学及赋税原理》,郭大力、王亚南译,商务印书馆1962年版,第9页。
② 参见《马克思恩格斯全集》第44卷,人民出版社1982年版,第90—91页。
③ 《马克思恩格斯全集》第44卷,人民出版社1982年版,第91页。

也曾经谈及,金银的"价值"同其他一切商品的价值一样,最终"取决于取得金属并把它们运往市场所必需的劳动总量(Totalquantität der Arbeit)"①。他无法理解,在生产性劳动创造价值的赋型中,如同这里所说的商品运输"劳动"一样,运送金银的劳动并不直接塑形金银本身的使用价值,只是通过位移增加它们的价值。然而,更复杂的是,金银的主要"价值"是所有商品的一般价值等价物(抽象劳动)经济物相化的表现形式。

图 10-2 马克思《伦敦笔记》"李嘉图笔记"Ⅲ手稿一页

其二,"李嘉图难题"Ⅰ:机器化大生产中李嘉图的**劳动价值论迷失**。当然,马克思会接受斯密-李嘉图的劳动价值论,因为他已经意识到这是揭露资产阶级社会剥削本质的经济学入口。但是,他会更关注这一正确的经济学基石为什么会越来越多地缺席于可见的近期经济学文献的表象中。马克思发现,一旦李嘉图讨论他所面对的当下资产阶级社会中发生的具体经济活动时,这个劳动价值论就会悄悄被遮蔽起来,商品、货币和资本与劳动本身的关系,却畸变为生产过程中在场的**不同生产物质要素**之间的对象性数量关系,

---

① 转引自《马克思恩格斯全集》第 44 卷,人民出版社 1982 年版,第 73 页。

在李嘉图之后的继承者(穆勒等)则更多地求助于需求和市场供给波动等因素。我推测,有可能令马克思震惊的是,历史唯物主义中的**物质生产**概念,在经济学构境中,通过生产过程、生产成本、平均利润率和市场变动中的生产价格等环节,在这里却遮蔽了劳动主体性作用。这有可能会驱动马克思在自己的经济学研究中再一次**从生产回到劳动**概念,紧扣历史辩证法运动中的**隐性的劳动辩证法**。马克思注意到,在李嘉图那里,不仅货币是与劳动无关的量化工具,资本也被区分为"维持劳动的资本与投在机器、工具、厂房(Maschinerie,Werkzeuge,Gebäude)上的资本"①,资本家用货币买来的活劳动与作为资本的对象性实物到场的机器、工具和厂房相对。在这里,我们发现马克思对李嘉图的态度明显不同于《巴黎笔记》中的"李嘉图笔记"Ⅰ。在那里,马克思已经看到李嘉图承认:"'劳动……是一切价值的源泉'。李嘉图阐明,劳动包括价格的全部总和,因为资本也是劳动。"②马克思依人本主义的价值审判,愤怒地指责李嘉图是"见物不见人"的"犬儒主义"。到《1844年手稿》时,他则肯定"国民经济学的路德"——斯密,因为后者确证了私有财产的主体本质——劳动。而在"李嘉图笔记"Ⅲ中,马克思在历史认识论的维度上意识到,斯密的劳动价值论,与他的经济学现实基础是资产阶级经济发展中的早期工场手工业生产相关,在那里,工人通过劳动物相化创制出产品的作用和地位是显而易见的。而且,斯密错误地认为,当"资本以及雇佣劳动出现以后,产品的价值已不由花费在产品上的劳动量决定,而由该产品所能支配的劳动量来决定"③。实际上,这是一种严重的逻辑混乱。马克思此时才明白,斯密的劳动价值论从根本上还是受制于那个时代的历史条件。他认为:

> 在李嘉图那里重要的是,虽然甚至亚·斯密和萨伊也还把劳动的某种**一定产品**(bestimmtes Product)看作[价值的]调节者,但他却到处把劳动、活动(Arbeit,die Thätigkei)即生产本身,也就是说,不是把产品,而是把生产即创造的行为(Akt des Schaffens)[当作调节者]。由此而来的是

---

①《马克思恩格斯全集》第44卷,人民出版社1982年版,第91页。

② Marx-Engels-Gesamtausgabe(MEGA²),Ⅳ/2,Text,Berlin:Dietz Verlag,1981,S.392.

③《马克思恩格斯全集》(第二版)第34卷,人民出版社2008年版,第454页。

资产阶级生产的整个时代。在亚·斯密那里,活动还没有解放,还不是自由的,还没有摆脱自然的束缚(Naturbanden),还没有摆脱对象(Gegenstand)。在李嘉图那里,人处处要和自己的生产率(Produktivität)打交道,在亚·斯密那里,人还在崇拜自己的创造物(Geschöpf),所谈的还是某种规定(einen bestimmten),在他活动之外的状况(Zustand ausser seiner Thätigkeit)。①

这是一个十分生动和深刻的历史性对比。面对发展起来的资产阶级机器化大生产过程的李嘉图,不再像斯密和萨伊一样,"还在崇拜自己的创造物",停留于手工业生产中主体性爱多斯(eidos)实现出来的劳动物相化塑形所面对的对象性产品,而更深一步看到了从自然束缚中解放出来的劳动和生产活动的构序水平的提高,这就是机器化大生产中的客观Produktivität(生产率)。这种客观生产率,已经不完全是斯密手工业生产中的主体性**劳动物相化的生产率**,而更多地是**科技信息编码及物相化**关系场境中,机器系统在**非主体的**物质生产塑形过程中的单位产品的客观生产构序能力。关于这个不同于一般劳动生产物相化的科技物相化的复杂关系场境和运行机制,马克思在之后的"工艺学笔记"和《1861—1863年经济学手稿》的相对剩余价值理论研究中才真正透彻地理解。因为李嘉图深刻地看到了,"随着社会的进步,体现在资本中的劳动量的变化,会引起商品价值的很大变化"②。这里的进步,是指新近出现在资产阶级社会机器化工业大生产中"机器的改良(Verbeßrungen in der Maschinerie)、劳动分工和劳动分配(Theilung und Vertheilung der Arbeit)的改进、生产者在科学和技艺方面(science und art)熟练程度的提高"③。今后,这将是马克思**相对**剩余价值理论的思考构序点。很显然,此处李嘉图眼中的"社会的进步",并不是直观手工劳作塑形和构序具体对象物的改变,而是马克思可以在非物像历史唯物主义构境中透视的不可直观的生产力构序水平的提高和功能性改变——机器生产的技术改良会提

---

① 《马克思恩格斯全集》第44卷,人民出版社1982年版,第115页。中译文有改动。Marx-Engels-Gesamtausgabe(MEGA²),Ⅳ/8,Text,Berlin:Dietz Verlag,1996,S.368-369.

② 《马克思恩格斯全集》第44卷,人民出版社1982年版,第91页。

③ 《马克思恩格斯全集》第44卷,人民出版社1982年版,第124页。

高客观生产率,劳动者在分工与协作中的方式改进会增加共同劳动的结合力,而科学信息编码与技艺熟练程度的提高则会改变生产构序的方式——这一切看起来与工人劳动并无直接关系的变化,将导致工人劳动在生产过程中的作用的降低,"节约使用劳动总是使商品的相对价值(relativen Werth)下降",这样会直接改变商品价值中的劳动的比重。在认识论层面,马克思以后会发现,进入机器化大生产时代后,社会历史主体创造性的前端,不再是体力劳动者的感性物相化实践活动,而是转移到抽离于生产过程的非及物科学技术实验与信息编码活动中,由此,体力劳动者的劳作活动越来越成为没有创造性的惯性实践,原先劳动生产物相化中的工艺爱多斯(eidos),已经被现实抽象出来的科学技术中的"纯粹爱多斯"创制(poiesis)和抽象操作运演取代。这样,实践主体与认知主体都被历史性地撕裂了。如果回到埃舍尔的那幅《画手》的构境中,科技物相化之手恐怕已经一手遮天。

我觉得,恰是在这个意义上马克思后来才充分肯定,过去被他痛斥为"犬儒主义"的李嘉图经济学,已经透过表面的经济学概念逻辑,直接深入资产阶级当代经济运动的生理学内部。马克思后来说,"这是两种理解方式,一种是深入研究资产阶级制度的内在关联(innren Zusammenhang),可以说是深入研究资产阶级制度的生理学(Physiologie des bürgerlichen Systems),另一种则只是把生活过程中外部表现出来的东西,按照它表现出来的样子加以描写、分类、叙述并归入图式化的概念规定(schematisirenden Begriffsbestimmungen)之中"①。显然,不同于后一种庸俗经济学家——他们通常是放大了斯密的"内在观察法"(内在劳动价值)与"外在观察法"(外在交换条件)中的后者——仅仅停留在经济表象上的做法,李嘉图的科学态度是彻底的。关于李嘉图劳动价值论的完整的科学评价,马克思是在后来的《1861—1863年经济学手稿》第11笔记本中完成的。② 应该指出,这只是在马克思创立自己科学的劳动价值论和剩余价值理论之后才是可能的。在那里,马克思指认,"李嘉图的方法是这样

---

① 《马克思恩格斯全集》(第二版)第34卷,人民出版社2008年版,第182页。中译文有改动。Marx-Engels-Gesamtausgabe(MEGA²), Ⅱ/3-3, Text, Berlin: Dietz Verlag, 1978, S.816.
② 参见《马克思恩格斯全集》(第二版)第34卷,人民出版社2008年版,第178—658页。

的:李嘉图从商品的价值量决定于劳动时间这个规定出发,然后**研究**其他经济关系是否同这个价值规定相**矛盾**,或者说,它们在多大的程度上使这个价值规定发生变形"①。这也意味着,斯密那里所谓的"内在观察法和外在观察法之间的矛盾"("内在价值"与"外在价值"对立)的不彻底性和逻辑混乱,被李嘉图彻底消除了,"他向科学大喝一声:'站住!'资产阶级制度的生理学——对这个制度的内在有机联系和生活过程的理解——的基础、出发点,是**价值**决定于**劳动时间**这一规定。李嘉图从这一点出发,迫使科学抛弃原来的陈规旧套,要科学讲清楚:它所阐明和提出的其余范畴——生产关系和交往关系——和形态同这个基础、这个出发点适合或矛盾到什么程度"②。在马克思看来,李嘉图坚持了社会必要劳动时间(gesellschaftlich nothwendige Arbeitszeit)这一劳动价值论的底线,科学地说明了"这个制度的表面运动和它的实际运动之间的矛盾"③。社会必要劳动时间,是指由市场竞争实现出来的平均必要劳动时间。对此,马克思曾经举过这样的例子:"比如说棉织业者的一般生产条件和一般劳动生产率,是这个领域即棉织业的平均生产条件和平均劳动生产率。因此,决定比如一码棉布价值的劳动量,并不是这码棉布中包含的、这个棉织业者花费在它上面的劳动量,而是出现在市场上的全体棉织业者生产一码棉布所花费的平均量"④。这个通过市场竞争生成的平均劳动量,才是决定商品价值的社会必要劳动时间的基础。马克思意识到,李嘉图并非简单地放弃劳动价值论的原则,而是深刻地意识到在机器化大生产中劳动所创造的"交换价值"正在萎缩。这当然不再仅仅是经济学逻辑上的彻底不彻底的问题,而是客观物质生产过程中出现的新情况。恐怕,这是马克思对李嘉图态度发生根本转变的缘由之一。我们可以看到,当萨伊批判斯密"忽视了自然要素和机器赋予商品的价值"时,李嘉图反驳说,"虽然自然要素和机器增加**使用价值**(因为它们使产品愈益充裕,使人更加富裕),但是,并没有增加**交换价值**,因为对空气、热和水的利用不支付任何代价,因为它们是白

---

①《马克思恩格斯全集》(第二版)第34卷,人民出版社2008年版,第182页。
②《马克思恩格斯全集》(第二版)第34卷,人民出版社2008年版,第183页。
③《马克思恩格斯全集》(第二版)第34卷,人民出版社2008年版,第184页。
④《马克思恩格斯全集》(第二版)第34卷,人民出版社2008年版,第226页。

白地完成它们的工作的"。① 换句话说,这也就意味着承认机器生产并不创造商品的价值,从而维护了劳动价值论的底线。可李嘉图不能领悟的问题是,机器虽然不创造新的价值,但转移了过去工人所创造的劳动价值。这恰恰是导致深刻的李嘉图坠入经济物相化,在劳动价值论问题上更深地重新陷入迷失的根本原因。那么,在机器化大生产进程中,能不能重新透视复杂的经济物相化,继续坚持劳动价值论,就成为马克思必须思考的"李嘉图难题"Ⅰ。在1858年3月11日写给拉萨尔的信中,马克思说,"李嘉图阐述利润问题的同时却与自己(正确的)价值定义(Wertbestimmung)发生了矛盾;这种矛盾使他的学派完全放弃了基础,并成为最讨厌的折衷主义。我认为,我已经搞清楚了这一问题。(无论如何,经济学家们在进一步观察时将会发现,总起来说,这是个难题(dirty business)"②。在《1861—1863年经济学手稿》中,马克思更精准地指认,这一难题出现在李嘉图《政治经济学及赋税原理》第一章第四节中,即"在机器和其他固定的、耐久的资本在不同生产领域以不同的比例加入总资本的情况下,它们的运用能在多大程度上改变交换价值决定于劳动时间这个规定"③。这也意味着,李嘉图在劳动价值论上遇到的难题,是机器化大生产中的交换价值与劳动生产率的反比关系,因为说到底,这已经是走向"价值决定于劳动时间这一规定不再适用于'文明'时代了"④。恐怕这是过去传统马克思主义经济学研究中都没有注意到的方面。我以为,这个"难题"也将是马克思在《1857—1858年经济学手稿》和《1861—1863年经济学手稿》的经济学思想实验中需要解决的重要问题。当然,这还不是最难的问题。

在第8笔记本的第22页,马克思又重新回到斯图亚特的《政治经济学原理研究》中,可他的摘录内容似乎只是在确认斯图亚特与李嘉图在劳动价值论上的差异。因为斯图亚特关于劳动价值论的讨论还是十分粗糙和混乱的。马克思再次注意到,斯图亚特明确提出了商品的**内在价值**(*intrinsic worth*)和

---

① 转引自《马克思恩格斯全集》第44卷,人民出版社1982年版,第109页。
② 《马克思恩格斯全集》第29卷,人民出版社1972年版,第534页。
③ 《马克思恩格斯全集》(第二版)第34卷,人民出版社2008年版,第185—186页。
④ 《马克思恩格斯全集》(第二版)第34卷,人民出版社2008年版,第211页。

使用价值（*useful value*）的关系问题。在斯图亚特看来：

> 使用价值必须根据制造它所消耗的劳动来估算（*useful value dagegen must be estimated according to the labour it has cost to produce it*）；在赋型（modification）中雇佣的劳动是人类时间的一部分，它被有效地使用了，赋予一些物质以形式，使其变得有用（useful）、具有观赏性，或者简而言之，间接或直接适用于人类。①

这是承认商品的使用价值是由具体花费在生产物品中的劳动决定的，这当然是正确的观点。后面的"工艺学笔记"，正是要弄清楚这个 modification（赋型）的微观机制。可是，在斯图亚特看来，商品的"内在价值"却是由脱离了劳动的一种关系性需要决定的。比如，从**物物交换**（*bartering*）向以货币为中介的商品**交易**（*trade*）的转换，就完全是离开了劳动价值论的交换便利和"需要"，这当然是一种非历史的观点。在斯图亚特这里，货币关系之上衍生出来的信用关系，即"**象征性的货币**（*symbolic money*），则是被称作信用的东西，或是债务和信用双方保持账务的权宜之计，以硬币中实现的货币面额表示。纸币、银行信用、票据、债券和商人账簿（提供和获取信用）是象征性货币所包含的众多信用种类"②。这也意味着，资产阶级的货币和信用制度也完全是离开了劳动价值论的东西。这当然是马克思不可能接受的观点。有趣的是，马克思在这里看到了自己早就已经不再使用的**异化**（*alienation*）概念。③我不知道，这里异化概念的偶现，会不会是马克思在经济学语境中重启异化话语的缘起。

其三，"李嘉图难题"Ⅱ：经济物相化迷雾中工人与资本家之间**形式上的平等交换假象**。在第 8 笔记本的第 29 页上，马克思再一次回到李嘉图的摘

---

① Marx-Engels-Gesamtausgabe（MEGA²），Ⅳ/8，Text，Berlin：Dietz Verlag，1986，S. 339. 中译文参见孔伟宇、吴頔、刘冰菁译稿。

② Marx-Engels-Gesamtausgabe（MEGA²），Ⅳ/8，Text，Berlin：Dietz Verlag，1986，S. 339. 中译文参见孔伟宇、吴頔、刘冰菁译稿。

③ 斯图亚特的原话为："应该禁止一切**异化**（*alienation*）；因此，人们之间的一切依赖；因此所有的从属；每个人都应该完全依靠自己的劳动，而不是别的。"［Marx-Engels-Gesamtausgabe（MEGA²），Ⅳ/8，Text，Berlin：Dietz Verlag，1986，S. 349. 中译文参见孔伟宇、吴頔、刘冰菁译稿。］

录。可以看到,马克思跟着李嘉图一步步走到一个新的问题面前,即资产阶级社会中雇佣劳动制度下工人与资本家之间的交换。这也正是让激进地批判资产阶级社会的蒲鲁东、格雷等人滑倒的地方。在业已迷失于经济物相化的李嘉图那里,

> 既然决定商品价值的,是生产商品所花的劳动的比例量,所以包含着同一劳动时间的商品就可以互相交换。利润和工资只是资本家和工人这两个阶级在原始商品的分配中所占的份额,从而也是在原始商品所交换进来的商品的分配中所占的份额。①

这是典型的狸猫换太子的把戏。先是在抽象的劳动价值论中确定劳动创造价值,但在机器化大生产中却将资本家手中的商品的价值来源一分为二,一部分是工人的劳动,另一部分则成了资本家投在机器、工具和厂房等生产资料上的资本,这样,资本家与工人之间的交换,就成了"同一劳动时间的商品就可以互相交换"的体现。并且,工人拿到自己劳动商品的回报——工资,而资本家则获得了资本投入的回报——利润,一桩"正大光明"的平等交易就完成了。这正是李嘉图之后资产阶级经济制度合法性的核心逻辑。在这一点上我们可以看到,在当代资本主义生产过程完全转为科学技术物相化进程之后,资产阶级在经济制度合法性上越发"理直气壮起来"。因为工人可见的体力劳动在后工业生产过程中的贡献可以"忽略不计"。这说明,"李嘉图难题"Ⅰ—Ⅱ都是一个可能被不断加深的当代难题。由此也可以看到马克思经济学革命起点的历史高度,以及过去人们对其的严重低估。对此马克思气愤地说,"应当指出,这纯粹是有名无实的现象(daß dieß rein nominell ist)"②。这也说明,马克思深知这种资产阶级社会平等交易的经济关系外显的在场经济物相化现象与不在场的真实的本质是不同的,而对这一问题,没有**现象学话语**是无法透视的。因为在李嘉图眼中,"**资本**是一国财富中用于生产的部分,由推动劳动所必需的食物、衣服、工具、原料、机器等组成"③,食

---

①《马克思恩格斯全集》第 44 卷,人民出版社 1982 年版,第 92 页。
②《马克思恩格斯全集》第 44 卷,人民出版社 1982 年版,第 93 页。
③ 转引自《马克思恩格斯全集》第 44 卷,人民出版社 1982 年版,第 125 页。

物和衣物是工人工资的消费对象,而原料和机器则是资本购买的生产条件。而在马克思看来,李嘉图将"资本和构成资本的材料混为一谈了",他不知道,资本不是物像显现中直接到场的物,这些物不仅仅是它由具体劳动塑形和构序的用在性自身,作为"正在消逝的东西",它们在经济物相化场境中被赋型为一种支配性的生产关系。李嘉图无意间遮蔽了这样一个事实:属于资本家的这些到场的物性对象,本质上都是不在场的过去工人劳动的产物;他没有看到,作为"**完成的死劳动**(*gethane todte Arbeit*)是由活劳动(lebendige Arbeit)决定的,因而死劳动所带来的利润(Profit)同样是由活劳动决定的"①。这就是说,即便是在李嘉图业已置身其中的机器化大生产过程中,资本家手中的机器和其他生产资料都是工人过去已经"完成的死劳动"的结晶,并且,机器和其他生产资料在新的生产过程中的运作,仍然是由活劳动推动的。请注意,这里马克思从生产过程中的机器、工具、厂房等对象物中透视出来的劳动活动的本质,已经不仅仅是广义历史唯物主义场境关系存在论中那个**第一层级**的物像批判,也不是实证科学原则中历史认识论能够透视的认知对象,因为这必须是对劳动物相化活动**再一次经济物相化**的重新透视。这可能会让马克思突然意识到,应该**从物质生产过程中再一次归基于劳动过程**,从**主体性的劳动视位**重新观察资产阶级的工业生产过程和经济关系。这也迫使马克思不得不在方法论上从广义历史唯物主义转向狭义历史唯物主义、从实证的历史辩证法客体视位重新转向主体性的劳动辩证法构序,转向解码经济物相化的历史现象学透视,在历史认识论的基础上再一次突显批判认识论。由此,马克思才会说,这种劳动(完成的死劳动)与工人活的劳动活动的**自我交换**,以及工资与利润**同一源起**之真相,在刚才的那个经济物相化的"公平交易"中是不在场的。

并且,马克思还发现,

> 李嘉图在这里忽略了我们以前在考察他的价值规定时已经指出过的事实,即**交换**是价值规定的一个本质的条件。当然,资本家可以经常

---

① 《马克思恩格斯全集》第44卷,人民出版社1982年版,第94页。

地同工人进行交换。但是,资本家只有当他交换工人的劳动产品能够带来利润时,他才肯同他进行交换。①

马克思的意思是说,李嘉图遮蔽的还有一件事情为:资本家与工人之间的交换并非一种绝对等值的交换,如果这种交换不能使他**额外获利**,也就是说,如果资本家不能通过工人的劳动产品带来一个超出自己所投入资本的余额(surplus,剩余价值 Δ),那么,他是不会进行这种交换的。因为正是这个投入到生产过程中的金钱增殖的 surplus,才使货币转换成为资本,历史性地确立了资本与雇佣劳动的全新生产关系。在《伦敦笔记》中,马克思已经从多个经济学家的论著中看到这个 surplus。② 在后来的《1861—1863 年经济学手稿》中,马克思说,"李嘉图的困难在于,商品交换规律无法直接解释资本和雇佣劳动之间的交换,反而似乎与这一交换相矛盾"③。

马克思说,李嘉图在此实际上面临着一个资本增殖中的"余额"难题,比如,手中拥有英镑的"资本家在生产中投入了 100,而得到的是 110 的产品。因此,他在抵偿自己的一切费用之后,在他手里还留下 10"。具体些说,"资本家在 100 当中,以 30 用于原料,20 用于机器,50 用于工资,然后把这 100 出售而得到 110"。④ 显然,一是机器和原料并不会自己增殖,这是一个不争的事实;二是这 10 镑也不可能产生于商业,因为如果"他能在商业中得到 100 镑之外的 10 镑,只是因为他或另一个工厂主当初在生产中已经创造了这 10 镑"⑤。人们不可能从商业活动的相互欺诈中无中生有地变出这 10 镑。马克思分析说:

> 要进行分配,就必须存在着待分配的东西:有了利润本身的存在,才可能有利润的不平等。因此,虽然个别的特殊利润可以由商业来说明,但商业却不能说明余额(surplus)本身。如果提出关于整个工业资本家

---

① 《马克思恩格斯全集》第 44 卷,人民出版社 1982 年版,第 143 页。
② 参见 Marx-Engels-Gesamtausgabe(MEGA²),Ⅳ/7,Text,Berlin:Dietz Verlag,1983,S. 192。中译文参见李乾坤、吴婷、田笑楠译稿。
③ 《马克思恩格斯全集》(第二版)第 35 卷,人民出版社 2013 年版,第 16 页。
④ 参见《马克思恩格斯全集》第 44 卷,人民出版社 1982 年版,第 140 页。
⑤ 《马克思恩格斯全集》第 44 卷,人民出版社 1982 年版,第 139 页。

阶级的余额问题,那么,这样的说明一开始就毫无意义。因为用资本家作为阶级自己窃取自己的说法,是决不能说明这一余额的。①

这也就是说,不管是在地主与资本家、工业资本家与生息资本家之间对地租、利息的讨价还价,还是商人之间对商业利润的争夺,前提都只能是这一被争夺对象的**客观存在**。马克思说,李嘉图无法说明的余额只有一个来源:"余额是这样产生的:工人从花费了 20 个工作日的产品中,只得到值 10 个等等工作日的产品"②。当然,工人劳作 20 个工作日,"只得到值 10 个等等工作日的产品",还只是资本家对工人绝对剩余价值的盘剥,更复杂的相对剩余价值问题还有待进一步深究。这是马克思必须进一步思考的"李嘉图难题"Ⅱ,即**等值交换中多出来的财富(利润、地租与利息)**。这个"多出来的财富"是如何产生的? 它又是如何合法地落入资本家的腰包的? 它的科学答案,就是马克思下面在《1857—1858 年经济学手稿》中即将创立的剩余价值理论。我以为在"李嘉图笔记"Ⅲ中,已经嵌套着马克思即将发生的全部经济学理论创新的主要构境线索。

其四,资产阶级社会生产中的**客观矛盾及经济危机**。马克思已经意识到,相对于传统社会生活,资产阶级社会中物质生产和经济活动的目的已经发生了重要的改变,今天"资产阶级的财富和资产阶级全部生产的目的是**交换价值**,而不是满足需要"③。这是说,资本家进行生产的目的(telos)根本不是满足人们的生活需要,而是追逐额外增殖的"交换价值"。这也意味着,广义历史唯物主义构境中满足人的需求的一般物相化的用在性产品,已经不再是生产的直接目的,资产阶级社会中生产的目的开始转换为经济物相化中的交换价值(一般财富),这是之后我们将要分析的一般物相化生产劳动向经济物相化的商品生产转化的根本原因。资产阶级社会的

> 商品生产的增长从来不是资产阶级生产的目的,**价值**生产的增长才是它的目的。生产力和商品生产的实际增长,是违背资产阶级生产的目

---

① 《马克思恩格斯全集》第 44 卷,人民出版社 1982 年版,第 140 页。
② 《马克思恩格斯全集》第 44 卷,人民出版社 1982 年版,第 141 页。
③ 《马克思恩格斯全集》第 44 卷,人民出版社 1982 年版,第 109 页。

的而进行的,**价值增长**在自己的运动中扬弃(Aufheben)自己,转变为产品的增长,这种价值增长所产生的矛盾,是一切危机等等的基础。资产阶级的生产就是经常在这样的矛盾中打转的。①

这表明,资本家从事生产的目的就是追逐更多的金钱或资本增殖,但是"生产力和商品生产的实际增长"却未必符合每一个资本家的主观欲望,这就必然造成无序的生产和市场交换需求之间的矛盾,使资产阶级社会的经济构式负熵活动出现周期性的经济危机和逆向熵增现象。在《巴黎笔记》中的"李嘉图笔记"Ⅰ中,马克思已经看到,"国民经济学不仅碰到生产过剩和过度贫困的怪事,而且也碰到一方面是资本和它的使用方式的扩大以及另一方面由于这种扩大而缺少生产机会的怪事"②。那时候,马克思还不能说明这种经济危机的根本原因。这里,马克思也留意到,斯密和李嘉图都提出了对无序生产造成市场上商品过剩的危机的解决办法,比如,"市场——交换者——和资本之间的比例失调,某个国家生产上的比例失调,把[资本]推向世界市场,也从一个市场推向另一个市场"③。这也是早期资产阶级从事海外殖民主义的经济学缘起之一。但更深的追问会是,"谁强迫我们'生产出过剩的谷物、呢绒和金属制品呢'"④? 这就是资产阶级社会体制的根本问题了。我们看到,在对李嘉图的进一步思考中,马克思分别在第8笔记本的第41—42页、第52页、第54—55页、第56—65页和第68—77页上,反复在对李嘉图的摘录中回到斯图亚特,似乎想对应地确认李嘉图在劳动价值论中解决和没有解决的问题。可是,马克思应该发现,相比之李嘉图,斯图亚特对劳动价值论的思考大多都是没有思想深度的。

在"李嘉图笔记"Ⅲ的最后,马克思再一次回到李嘉图《政治经济学及赋税原理》一书开头,他摘录了此书译文的第一段表述:

> 土地产品——联合运用劳动、机器和资本(Arbeit, Maschinerie und

---

①《马克思恩格斯全集》第44卷,人民出版社1982年版,第110页。
② Marx-Engels-Gesamtausgabe(MEGA²), Ⅳ/2, Text, Berlin: Dietz Verlag, 1981, S.416.
③《马克思恩格斯全集》第44卷,人民出版社1982年版,第143—144页。
④《马克思恩格斯全集》第44卷,人民出版社1982年版,第144页。

Capital）而从地面上所取得的一切产品——要在社会三个阶级，即土地所有者、耕种土地所需资本的所有者、进行耕种的劳动者之间进行分配。在社会发展的不同阶段上，全部土地产品以地租、利润和工资名义分配给其中每个阶级的比例是极不相同的；这主要取决于土地的实际肥力、资本积累（accumulation von Capital）和人口增长以及农业上使用的技能、机巧（skill，ingenuity）和工具（instruments）。**确定支配这种分配的规律，是政治经济学的主要任务**。[①]

此处，再重新思考李嘉图关于政治经济学的定义，马克思心里思考的问题当然会有很大的改变。他会仔细思量李嘉图经济学的主要任务：原来从斯密开始的经济学图式在李嘉图这里有了一种无形的改变。从思想构境谱系回溯，早在1844年的《巴黎笔记》中，马克思就从《国富论》中摘录过斯密这样的表述：一是，"在土地所有权和资本积累之前的原始状态（cet état primitif）下，整个劳动产品属于工人（le produit entier du travail appartient à l'ouvrier）。他既没有所有者也没有主人，必须与之分享（Il n'a ni propriétaire, ni maître, avec qui il doive partager）。"[②]这当然是指理想化状态中的手工业工人与他的产品的关系。二是，斯密错误地认为，当原始状态结束，"一旦劳动条件以土地所有权和资本的形式同雇佣工人相对立，劳动时间就不再是调节商品交换价值的内在尺度了"[③]，土地所有制和资本积累出现之后，地租、利润和工资就成为占有土地的地主、拥有资本的资本家和一无所有的工人劳动对劳动产品的收入分配形式。而在李嘉图这里，资产阶级经济学构境中常规界划开的土地、资本与劳动（《1844年手稿》第1笔记本第一部分中的三栏），变成了"劳动、机器和资本"在土地上取得的产品，斯密没有遭遇的机器生产是其中突显的关键词，并且，李嘉图自觉地指认，"在社会发展的不同阶段上"，这些产品

---

① 《马克思恩格斯全集》第44卷，人民出版社1982年版，第153页。中译文有改动。译文增加的"劳动者"在原文中是没有的。马克思的原意为资本家在生产中运用的"技能，机巧和工具"。参见［英］李嘉图《政治经济学及赋税原理》，郭大力、王亚南译，商务印书馆1962年版，第3页。Marx-Engels-Gesamtausgabe（MEGA²），Ⅳ/8，Text，Berlin：Dietz Verlag，1996，S.425.

② Marx-Engels-Gesamtausgabe（MEGA²），Ⅳ/2，Text，Berlin：Dietz Verlag，1981，S.344.

③ 《马克思恩格斯全集》（第二版）第33卷，人民出版社2004年版，第48页。

"以地租、利润和工资名义分配给"地主、资本家和劳动者之间的分配比例是变动的,这种变动的决定性因素除了旧有的自然性的土地肥力、人口增长,很关键的方面是资本积累和新近出现的资本家手中的机器生产的"技能,机巧和工具",这些机器生产中的改变很少直接与工人相关。此时马克思已经明白,李嘉图经济学掩盖资产阶级经济剥削的经济物相化的成因是极其复杂的,他在自己的经济学探索中将面临的理论任务是十分艰巨的。马克思后来回顾道,在面对资产阶级经济学的时候,"只有抛开互相矛盾的教条,而去观察构成这些教条的隐蔽背景的各种互相矛盾的事实和实际的对抗,才能把政治经济学变成一种实证科学"①。显然,马克思做到了这一点。

4. 劳动价值论、机器生产与无产阶级的悲苦状况

首先,在"李嘉图笔记"Ⅲ之后,我们可以看到马克思的理论兴趣仍然围绕着劳动价值论与机器生产的问题。在《伦敦笔记》的第9笔记本中,我们看到马克思从马尔萨斯②的《价值的尺度》(*The Measure of Value. Stated and Illustrated*,1823)一书中摘录到这样一些观点:一是"在同一国家,在同一时间,商品的交换价值(Tauschwerth),只解决了劳动和利润,完全由在这些商品中实际工作的积累的和直接的劳动(accumulated und immediate Arbeit)所产生的劳动量 + 在劳动中估计的所有预付款的不同数额的利润来衡量"③。虽然这种表述的逻辑是混乱的,可这基本上依循了劳动价值论的思路。二是在进入到资产阶级生产过程中时,马尔萨斯竟然提出,"**资本家的具体预付款**(*the specific advances of capitalists*)不是由布料构成,而是由劳动构成;并且,任何其他物品都不能代表给定的劳动量,很明显,是一种商品将支配的**劳动**量

---

① 《马克思恩格斯全集》第32卷,人民出版社1974年版,第170页。

② 托马斯·罗伯特·马尔萨斯(Thomas Robert Malthus,1766—1834),英国教士、人口学家、政治经济学家。出生于一个富有的家庭,他的父亲丹尼尔是哲学家,休谟和卢梭的朋友。马尔萨斯年幼时在家接受教育,直到1784年被剑桥大学耶稣学院录取。他的主修科目是数学。1788年毕业于剑桥,1791年获得硕士学位,并且在两年后当选为耶稣学院院士。1805年成为英国第一位经济学教授,执教于东印度公司学院。著作有:《人口原理》(1798)、《政治经济学原理的实际应用》(1820)等。

③ Marx-Engels-Gesamtausgabe(MEGA²), Ⅳ/8, Text, Berlin: Dietz Verlag, 1986, S.533. 中译文参见孔伟宇、吴頔、刘冰菁译稿。

（quantity of *labour* which a commodity will command）"①。我以为,除去马尔萨斯放大的斯密、李嘉图在劳动价值论中存在的逻辑矛盾外,这是十分深刻的观点。因为这接近于不是将资本家在组织生产时投入的生产条件看作物（"布料"）,而是当作一种支配劳动的权力。三是"从劳动的恒定价值可以得出:1）各国的货币价值（通过劳动的货币价格）给定了施加相同劳动量的商品的自然价格,取决于商品的价格和数量,利润;2）给定利润率和货币价值,根据所雇用的劳动量;3）如果他们所雇用的劳动量和利润的比率和数量,来自货币的价值"②。这是一种将货币与劳动价值论关联起来的努力。应该承认,马尔萨斯上述这些并不准确的经济学观点还是富有启发性的。在后来的《1861—1863年经济学手稿》中,马克思这样评价马尔萨斯此处接近劳动价值论的观点:"在很大程度上是由于马尔萨斯忌妒李嘉图的著作所取得的成就,并且企图重新爬上他在李嘉图的著作问世前作为一个剽窃能手所骗取到的首席地位"③。然而,因为马尔萨斯的观点最终还是倒退到"价值＝商品中所包含的劳动量＋代表利润的劳动量"的错误立场上,这就使"马尔萨斯不但没有超过李嘉图,反而在他的论述中企图使政治经济学倒退到李嘉图以前,甚至倒退到斯密和重农学派以前"④。如果马尔萨斯的理论有一定的意义,只是在于"他强调了资本和雇佣劳动之间的**不平等**交换,而李嘉图实际上却没有阐明,按价值规律（按商品中所包含的劳动时间）进行的商品交换中,如何产生出资本和活劳动之间、一定量的积累劳动和一定量的直接劳动之间的不平等交换"⑤。这恰恰是我们上面讨论的那个"李嘉图难题"Ⅱ。可马克思认为,马尔萨斯的整个经济学是反动的,其本质是"维护现状,反对历史的发展",因为他的经济学理论在"维护反动的土地所有权,反对'开明的'、'自由

---

① Marx-Engels-Gesamtausgabe（MEGA²）, Ⅳ/8, Text, Berlin: Dietz Verlag, 1986, S.534. 中译文参见孔伟宇、吴頔、刘冰菁译稿。

② Marx-Engels-Gesamtausgabe（MEGA²）, Ⅳ/8, Text, Berlin: Dietz Verlag, 1986, S.535. 中译文参见孔伟宇、吴頔、刘冰菁译稿。

③《马克思恩格斯全集》（第二版）第35卷,人民出版社2013年版,第8页。

④《马克思恩格斯全集》（第二版）第35卷,人民出版社2013年版,第12页。

⑤《马克思恩格斯全集》（第二版）第35卷,人民出版社2013年版,第11页。

的'和'进步的'资本"。甚至,"他为了生产而把工人贬低到役畜的地位"。①

可以看出,马尔萨斯这里的观点在那时显然激发了马克思,这让他进一步将思考点集中于在资产阶级经济活动中居支配地位的**资本关系**。在罗伯特·托伦斯《论财富的生产》(R. Torrens, *An Essay on the Production of Wealth etc*,1821)一书中,马克思摘录到,"资本是财富的一个特殊种类,它不是为了立即满足我们的需要,而是为了获得其他实用物品"②。资本的目的不是直接需要中的消费,这是对的,然而资本并非要获得其他具体实用的物品,它所追逐的这个多出来的东西,是资本投入在扣除生产成本(Productionskost)之后落入资本家手中的"**剩下的盈余**"(*surplus remaining*)③。这几乎就触碰到资本对剩余价值的追逐问题。这个资本追逐的 *surplus* 显然开始成为马克思此时思考中的逻辑凸点。在皮尔西·莱文斯通的《对基金体系及其影响的思考》(M. A. Piercy Ravenstone, *Thoughts on the Funding System and its Effects*,1824)一书中,马克思又看到这样对资本关系的评论,"国家的财富和权力取决于它的**资本**,就是让工业附属于财富(industry ancillary to riches),让人们从属于财产(make men subservient to property)"④。这会促使马克思将来去深入思考整个社会定在对资本关系的从属问题。

在对李嘉图式的社会主义经济学家托马斯·霍吉斯金⑤的《通俗政治经济学》(*Popular Political Economy. Four Lectures Delivered at the London Mechanics' Institution*,1827)的摘录中,马克思看到了他对"政治经济学"的定义:"政治经济学是关于影响劳动生产力并调节和决定所有劳动产品分配的

---

① 参见《马克思恩格斯全集》(第二版)第 34 卷,人民出版社 2008 年版,第 128—129 页。

② Marx-Engels-Gesamtausgabe(MEGA²), Ⅳ/8, Text, Berlin: Dietz Verlag, 1986, S. 536. 中译文参见孔伟宇、吴頔、刘冰菁译稿。

③ Marx-Engels-Gesamtausgabe(MEGA²), Ⅳ/8, Text, Berlin: Dietz Verlag, 1986, S. 537. 中译文参见孔伟宇、吴頔、刘冰菁译稿。

④ Marx-Engels-Gesamtausgabe(MEGA²), Ⅳ/8, Text, Berlin: Dietz Verlag, 1986, S. 542. 中译文参见孔伟宇、吴頔、刘冰菁译稿。

⑤ 霍吉斯金(Thomas Hodgskin,1787—1869),英国社会主义经济学家。主要论著有:《保护劳动反对资本的要求》(1825)、《通俗政治经济学》(1827)、《财产的自然和人为的比较》(1832)等。

所有情况或规律的科学。"①这是一个与资产阶级经济学家不同的经济学定义,它的关注点是劳动。我们也可以注意到,马克思在后来的《1861—1863年经济学手稿》的剩余价值理论史研究中,几乎大段大段地、肯定性地引述霍吉斯金。②在《回到马克思》第一卷中,我已经具体讨论过霍吉斯金的理论,这里我们不再展开讨论。我们还可以看到,马克思在这本书中也注意到这样一些工业和机器化生产中发生的问题。一是发明和知识在社会发展中的作用问题。因为霍吉斯金认为,"政治经济学必须证明:1)知识对生产力的影响(den influence of knowledge on productive power);2)调节社会知识进步的自然规律"③。这说明,在工业生产进入机器化阶段时,不同于体力劳动物相化的塑形和构序,非及物的科学技术物相化对生产力的促进作用是巨大的。特别是作为科学知识对象化的机器生产,大大提高了劳动生产率,"发明的机器使一个人能够完成以前需要两个或三个人生产操作的几个部分"④。这是马克思在李嘉图那里并没有直接看到的观点。二是劳动分工与劳动者的关系。马克思摘录到这样的表述:"但是,既然劳动分工产生的一切利益都理所当然地集中于劳动者,并且理所当然地属于劳动者,因而如果劳动者被剥夺了这些利益并且在社会发展中只是那些从不劳动者利用劳动者改进的熟练而致富的话,这种情况必然是由于不公正的占有造成的;它是由于致富一方的贪婪和掠夺以及被弄得一贫如洗的一方一致的屈从所造成的。"⑤因为在工业生产中,看起来与个体工人劳作相脱离的劳动分工提高了生产的效率,可这种劳动生产率的成果却被资本家夺走了。这一观点,对马克思之后科学地分析劳动分工在相对剩余价值生产中的隐性机制,会起到重要的引导性影响。

---

① Marx-Engels-Gesamtausgabe(MEGA²), Ⅳ/8, Text, Berlin: Dietz Verlag, 1986, S. 549. 中译文参见孔伟宇、吴頔、刘冰菁译稿。

② 参见《马克思恩格斯全集》(第二版)第35卷,人民出版社2013年版,第237—247页;《马克思恩格斯全集》(第二版)第36卷,人民出版社2015年版,第197—200页。

③ Marx-Engels-Gesamtausgabe(MEGA²), Ⅳ/8, Text, Berlin: Dietz Verlag, 1986, S. 552. 中译文参见孔伟宇、吴頔、刘冰菁译稿。

④ Marx-Engels-Gesamtausgabe(MEGA²), Ⅳ/8, Text, Berlin: Dietz Verlag, 1986, S. 554. 中译文参见孔伟宇、吴頔、刘冰菁译稿。

⑤ Marx-Engels-Gesamtausgabe(MEGA²), Ⅳ/8, Text, Berlin: Dietz Verlag, 1986, S. 552. 中译文参见[英]霍吉斯金《通俗政治经济学》,王铁生译,商务印书馆2014年版,第101—102页。

在第 10 笔记本中,马克思在亨利·查尔斯·凯里的《政治经济学原理》(Henry Charles Carey, *Principles of Political Economy*,1837)一书中看到如下的观点,"生产方式(mode of production)的每一次改进都会提高劳动质量,并减少再生产(reproduction)类似物品所需的数量"①。当然,这里所说的 mode of production(生产方式)的改进,主要是指科学技术对象化的机器生产。这种生产方式的改变,必然也影响到劳动在生产中的地位。"生产机器(machinery of production)和劳动质量不断改进,同时构成资本的现有商品或机器的劳动价值便会不断下降。因此,任何商品或机器,在其已经改进的生产方式(mode of producing which improvements)中,即使所用机器的质量没有发生变化,或者商品的使用没有变化的情况下,它现有的劳动价值占其成本的比例会越小。"②机器化生产必然会弱化体力劳动的作用,同时导致工资下降,这自然会影响到工人的劳动状况和生活。也因为无产阶级的历史地位和生存状态是马克思高度关心的问题,所以,这理所当然地会成为他下一个关注的问题。

其次,在 1851 年写下的《伦敦笔记》第 11 笔记本中,马克思开始集中关注他曾经在《布鲁塞尔笔记》和《曼彻斯特笔记》中也刻意留心的相同问题,即资产阶级社会中劳动工人的悲惨生活状况。这一点,从他这里选取的相关文献标题就可以看出来。比如,托马斯·霍吉斯金的《保护劳动反对资本的要求,或资本非生产性的证明。关于当前雇佣工人的团结》(*Labour Defended against the Claims of Capital*,伦敦,1825)、罗伯特·欧文的《论工厂制度的影响》(*Effects of the Manufacturing System*,伦敦,1817)、《被压迫的劳动者》(*The Oppressed Labourers*,伦敦,1819)、斯特灵(Stirling)的《提出的问题:大不列颠将如何减轻工人的苦难》(*The Question Propounded: How will Great Britain Ameliorate the Distress of its Workmen*,伦敦,1849)、《英格兰的弊害:社会的和经济的》(*The Evils of England. Social and Economical. By a London Physician*,伦敦,1848)、约翰·菲尔登(J. Fielden)的《工厂制度的祸害,或略述工厂中残酷

---

① Marx-Engels-Gesamtausgabe(MEGA²), Ⅳ/8, Text, Berlin: Dietz Verlag, 1986, S. 688 - 689. 中译文参见孔伟宇、吴頔、刘冰菁译稿。

② Marx-Engels-Gesamtausgabe(MEGA²), Ⅳ/8, Text, Berlin: Dietz Verlag, 1986, S. 689. 中译文参见孔伟宇、吴頔、刘冰菁译稿。

现象的根源》(*The Curse of the Factory System*,伦敦,1836),查理·温(Charles Wing)的《工厂制度的弊害》(*Evils of the Factory System*,伦敦,1836),P. 加斯克尔(P. Gaskell)的《手工业者和机器》(*Artisans and machinery*,伦敦,1836)等。不过,与《布鲁塞尔笔记》和《曼彻斯特笔记》不同,马克思这里注意到无产阶级生存地位的联结点发生了一些改变,他特别关注李嘉图已经**进入的机器化生产时期**中无产阶级不断加剧的悲苦状况。

第一,马克思先留意到机器化生产中工人劳动地位的下降问题。在托马斯·霍吉斯金的《保护劳动反对资本的要求,或资本非生产性的证明。关于当前雇佣工人的团结》一书中,马克思摘录了这样一段文字:"资本家能够**养活**(support),并因而雇用其他劳动者,不是由于他拥有(possessing)商品储备,而是由于他对一些人的劳动拥有支配权(command)。"①这是极富启发性的观点,这实际上已经接触到资本是一种支配雇佣劳动的权力关系的看法,这会内在连接劳动力商品变卖后对生产过程中劳动支配权的思考。对马克思而言,这些在经济学语境之中将李嘉图的劳动价值论颠倒过来,从经济关系中反对资产阶级制度的激进经济学家,当然是政治经济学批判上的同道。一是马克思看到,霍吉斯金已经意识到,李嘉图眼中那些看起来与劳动无关的作为固定资本(fixe Capital)的"所有的工具(instruments)和机器(machines)都是劳动产品"②。或者说,"**资本**,或者说**使用劳动的力量**(*the Power to employ labour*),和**并存劳动**(*Co-existing Labour*)就是一个东西;生产资本(*Productive Capital*)和**熟练劳动**(*Skilled Labour*)也是**一个东西**"③。这也意味着,李嘉图用于弱化劳动价值论的机器本身就是劳动的历史产物,那么,机器与劳动的外部对立的本质,就可能是马克思自己已经放弃的劳动自身的我-它自反性异化关系。这必然会导致马克思的重新深思。二是霍吉斯金明确指认出,机器

① Marx-Engels-Gesamtausgabe(MEGA²), Ⅳ/9, Text, Berlin: Dietz Verlag, 1991, S. 10. 中译文参见《马克思恩格斯全集》(第二版)第35卷,人民出版社2013年版,第255页。
② Marx-Engels-Gesamtausgabe(MEGA²), Ⅳ/9, Text, Berlin: Dietz Verlag, 1991, S. 10. 中译文参见《马克思恩格斯全集》(第二版)第35卷,人民出版社2013年版,第255页。
③ Marx-Engels-Gesamtausgabe(MEGA²), Ⅳ/9, Text, Berlin: Dietz Verlag, 1991, S. 12. 中译文参见《马克思恩格斯全集》(第二版)第35卷,人民出版社2013年版,第298页。

等"固定资本的效用(utility)不是由于过去劳动(previous labour),而是由于现在劳动(present labour)。它给自己的所有者提供利润不是因为它被积累,而是因为它是获得**对劳动的支配权的手段**(*means of obtaining a command over labour*)"①。机器之所以在生产过程中发生作用,并非仅仅因为机器本身是工人 previous labour(过去劳动)的产物,而恰恰由于工人当下的活劳动的 present(在场)。霍吉斯金的这一判断,对马克思破解"李嘉图难题"Ⅰ,自然是有所帮助的。三是霍吉斯金还指出,李嘉图面对的机器生产时代中,

> 蒸汽机的巨大效用并不是取决于铁和木料的积累,而是取决于对自然力的实际的活的知识(practical and living knowledge of the powers of nature),这种知识使一些人能够制造机器,使另一些人能够操纵机器。没有知识(knowledge),它们〈机器(die Maschinen)〉就不可能发明,没有人手的技能和灵巧(manual skill and dexterity),它们就不可能制造出来,而没有技能和劳动,它们就不能在生产上使用。②

我觉得,这是一段非常重要的表述。这里,霍吉斯金第一次提出了知识、劳动与机器的不同重要性:一是蒸汽机一类机器之所以可以成为物质生产中的重要手段,并非由于直接塑形机器的物质质料,而在于将机器机制在非及物科学技术中构序和赋型起来的智能知识。二是没有智能劳动者的知识,就不能发明构序机器的技术构式,而没有工人 manual skill and dexterity(人手的技能和灵巧),就不能制造作为技术客体的机器。这当然是极其深刻的思想。可以断定,霍吉斯金上述这些重要的理论观点必然会触动马克思,也会深深影响到马克思之后的剩余价值理论,特别是相对剩余价值理论的基本定性。我猜测,也因此马克思才会在后来的《1861—1863年经济学手稿》的"剩余价值论"中,几乎完整引述了霍吉斯金的上述观点。这是令人惊叹的文献细节。我有理由推断,这可能也会是马克

① Marx-Engels-Gesamtausgabe(MEGA²), Ⅳ/9, Text, Berlin: Dietz Verlag, 1991, S.10. 中译文参见《马克思恩格斯全集》(第二版)第35卷,人民出版社2013年版,第278页。

② Marx-Engels-Gesamtausgabe(MEGA²), Ⅳ/9, Text, Berlin: Dietz Verlag, 1991, S.11. 中译文参见《马克思恩格斯全集》(第二版)第35卷,人民出版社2013年版,第279页。

思下面聚焦工艺学研究的现实问题缘起之一。

第二,为了更好地弄清上述这种转换,马克思还特别关注了从农业生产向工业生产的历史转变。从摘录笔记中我们可以看到,马克思还仔细观察了农业生产中劳动的基本性质以及农业生产所依托的社会关系。一是马克思通过对农业生产条件的科学研究,深入理解农业经济活动中种植业和畜牧业的生产本质。实际上,在大多数民族和地区,人的社会生存都始于游牧生活,只是在一定时期中才逐步在土地上定居并以农业和种植业生产为生。马克思在《伦敦笔记》中摘录了塞缪尔·特纳的《关于大英帝国农业、商业和制造业等的考虑》(*Considerations upon the Agriculture*, *Commerce and Manufactures of the British Empire etc*, 1822)一书,其中,马克思关注了农业种植业所依托的"耕种的土地(圈起来的);但随着社会的进步,土地的改良,在社会的早期阶段,对于人类当时的劳动可产生的回报可能非常不足"①。这是说,农业生产中出现的人类劳动,并非彻底改变自然条件的物相化活动,它的有限作用只是通过简陋的工具耕犁土地,通过施肥和灌溉改良土壤条件,通过自然光照和清理植物的生长环境,创造庄稼生长的条件,通常,农业生产的回报也是有限的。"如果劳动者不拥有他所改良的土壤的财产,那么耕作就不可能取得进展。"②并且,在"土壤贫瘠、气候恶劣"的情况下,大地就可能颗粒无收。我推测,也因此马克思才在《伦敦笔记》中专门去摘录了一批农业专家和土壤研究方面的论著。比如贾斯图·李比希博士的《有机化学在农业和生理学中的应用》(Dr. Justus Liebig, *Die organische Chemie in ihrer Anwendung auf Agricultur und Physiologie*, 1842)、J. C. 劳登的《农业百科全书》(J. C. Loudon, *An Encyclopaedia of Agriculture etc*, 1831)、J. F. W. 约翰斯顿的《农业化学和地质学讲座》(J. F. W. Johnston, *Lectures on Agricultural Chemistry and Geology*, 1847)等。

例如,在约翰斯顿的书中马克思看到,"一定范围内的土地所生产的食物

---

① Marx-Engels-Gesamtausgabe(MEGA²), IV/9, Text, Berlin: Dietz Verlag, 1991, S. 135. 中译文参见张福公译稿。

② Marx-Engels-Gesamtausgabe(MEGA²), IV/9, Text, Berlin: Dietz Verlag, 1991, S. 269. 中译文参见付可桢译稿。

数量受气候、季节、土壤、作物性质、播种或种植的品种、一般栽培方法、使用的肥料种类和数量以及所采用的轮作或耕作过程的影响"①。比如土地的耕作,

> 犁沟(rajolen von Rajolpflug)和底土耕作的效果,或多或少地改变了表层土壤中土质成分的比例,通过这种方法,使那些因雨水和霜冻的长期作用而下沉到犁的一般范围以外的土壤重新回到表层。如果这样带出的物质直接有益于植被,或适合于改善土壤的质地,其肥力就会增加。如果情况相反,生产能力就会在较长或较短的时间内明显减弱。②

这是一个土地耕作十分具体的科学例证。它说明,农民在土地上投入的劳作主要是改善自然条件对植物生长的影响。马克思还在杜罗拉马勒的《罗马人的政治经济学》(Dureau de Lamalle, *Économie Politique des Romains*,1840)一书中,看到了畜牧业的发展情况。在阿奇博尔德·艾莉森的《人口的原则》(Archibald Alison, *The Principles of Population*,1840)中,马克思分别留意了不同国家和地区的农业生产情况。并且,马克思在 A. H. L. 海伦的《关于古代人民的政治、交通和贸易的想法》(A. H. L. Heeren, *Ideen über die Politik*, *den Verkehr und den Handel der alten Völker*,1824)一书中摘录到,"人类之间的第一种纽带(Erste Bande),是大自然自己铸造的——**家庭纽带**(*Familienbande*)"③。这是一种建立在自然血缘关系之上的社会关系,这也是早期农业和畜牧业生产中必然发生的生产关系。无论是种地还是放牧,人的生活都依存于这种"自然的亲属纽带(natürlichen Bande der Verwandtschaft);将整个部落和民族(Stämme und Völker)缠绕在一起。人们分成部落,这些部落分成群落,这些群落又拥抱着家庭"④。这种血亲关系的本质,是一种家庭式的专制主义。这可

① Marx-Engels-Gesamtausgabe(MEGA²), Ⅳ/9, Text, Berlin:Dietz Verlag, 1991, S.277. 中译文参见付可桢译稿。

② Marx-Engels-Gesamtausgabe(MEGA²), Ⅳ/9, Text, Berlin:Dietz Verlag, 1991, S.285. 中译文参见付可桢译稿。

③ Marx-Engels-Gesamtausgabe(MEGA²), Ⅳ/9, Text, Berlin:Dietz Verlag, 1991, S.365. 中译文参见付可桢译稿。

④ Marx-Engels-Gesamtausgabe(MEGA²), Ⅳ/9, Text, Berlin:Dietz Verlag, 1991, S.365. 中译文参见付可桢译稿。

能会是马克思后来那个"人对人依赖关系"的第一大社会形式的原型。

二是工业生产从农耕经济中的历史发生。马克思在《经济学家》(*The Economist*)杂志上看到,"就像在**地壳的形成**中的连续变化和在**植物和动物的不同时代**中的连续发展一样,组织更完整的植物和动物继承了组织不完整的植物和动物,在人类历史中也是如此"①。这是说,如同自然界的运动发展一样,人类社会生产也会从一个阶段推进到另一个新阶段。这里,也就是指从自然经济中的农业生产走向工业生产。马克思在 P. 加斯克尔的《英国的工业人口》(P. Gaskell, *The Manufacturing Population of England*, London, 1833)一书中看到了工业出现之前的状况:"**自耕农**(*yeomen*),**小土地所有者**(*the small freeholders*)。自耕农至今都被小农(petty farmers)包围着,这些小农通常作为织工而维持他们的土地耕种,而同时也作为壁垒和防波堤来应对即将到来的风暴"②。这是说,小农在土地上种植农作物的同时,也从事着手工艺劳作,比如纺纱织布。然而,这一切田园景象很快就会遇到摧毁性的风暴,这个风暴,就是资产阶级的工业革命。工业生产与农业和种植业生产最大的不同,就是它突破了自然经济所依托的"自然辩证法",开始给予自然物质全新的存在方式,这也创造了一种全新的人与自然的关系,本质上,这是人类社会历史负熵的第一次生成。于是,家庭织工就逐步转换为资本家工厂中的劳动工人。马克思看到,"这些工厂只从事制造的第一阶段工序,即梳理(carding)和纺纱(spinning)。这种工厂的逐渐增多很快就影响到**家庭手工业者**(*domestic manufacturer*),后者的利润迅速下降,工人也乐于从事工厂劳动(mill labour),因为能获得较高的劳动率,但比估计的家庭劳动率低很多"③。这是最先发展起来的工场手工业工厂,很快它们也就被机器化纺织工厂取代。随着"改进的机器及其数量不断增加,工厂的建立,资本的积聚,所有这些一起生产出了

---

① Marx-Engels-Gesamtausgabe(MEGA²), Ⅳ/9, Text, Berlin: Dietz Verlag, 1991, S. 395. 中译文参见付可桢译稿。

② Marx-Engels-Gesamtausgabe(MEGA²), Ⅳ/9, Text, Berlin: Dietz Verlag, 1991, S. 106. 中译文参见张福公译稿。

③ Marx-Engels-Gesamtausgabe(MEGA²), Ⅳ/9, Text, Berlin: Dietz Verlag, 1991, S. 106. 中译文参见张福公译稿。

更多的纱线,远远超过了手摇织工将其织成布料的可能性"①。这样,以机器化生产为核心的工业风暴,就彻底摧毁了自然经济的田园风光。

第三,马克思特别关注了李嘉图所处的机器生产时代中无产阶级的劳作和生活状态。显然,机器生产大大地提高了劳动生产率,"使一个人就能生产相当于70年前250甚或300人所生产的纱线的机器已经发明出来了,使一个人加一个男童能生产相当于以前100个人和100个男孩所印刷的产品的机器也被发明出来了"②。然而,机器生产的丰厚成果使资本家获利,却没有改善工人的劳作条件和生活状况。在罗伯特·欧文的《论工厂制度的影响》中马克思摘录到,"自从昂贵的机器被普遍引进以来,人的天性(human nature)所遭受的强迫远超出它的平均强度"③。本来,机器的作用可以用来降低工人的劳动强度,可在资产阶级社会的机器生产中,它却提高了劳动者的工作强度。资本家利用了"机器(machines)只工作,不吃饭"④的特点,把工人也变成跟随机器生产节奏和机制的被动劳作机器,这直接造成了机器生产中劳动者前所未有的悲苦工作状态。在约翰·费尔登的《工厂制度的诅咒》一书中马克思看到,也因为资本家引进了不用吃饭和休息且永远运转的机器,工人们的劳作变成了没有间隙的二十四小时轮作,现在的工作时间成了白班加上夜班(night working)的连轴转。所以,"一班工人整个白天工作,另一班工人整个晚上工作。上白班的工人准备睡觉的时候,上夜班的工人刚刚离开,反之亦然","**床铺从未变凉**是一种常见现象"!⑤ 马克思大段摘录道:

> 最令人心痛的残暴行径施加在这些在工厂主的控制下的无辜的、无

---

① Marx-Engels-Gesamtausgabe(MEGA²), Ⅳ/9, Text, Berlin:Dietz Verlag, 1991, S.107. 中译文参见张福公译稿。

② Marx-Engels-Gesamtausgabe(MEGA²), Ⅳ/9, Text, Berlin:Dietz Verlag, 1991, S.115. 中译文参见张福公译稿。

③ Marx-Engels-Gesamtausgabe(MEGA²), Ⅳ/9, Text, Berlin:Dietz Verlag, 1991, S.13. 中译文参见张福公译稿。

④ Marx-Engels-Gesamtausgabe(MEGA²), Ⅳ/9, Text, Berlin:Dietz Verlag, 1991, S.20. 中译文参见张福公译稿。

⑤ Marx-Engels-Gesamtausgabe(MEGA²), Ⅳ/9, Text, Berlin:Dietz Verlag, 1991, S.44. 中译文参见张福公译稿。

依无靠的人（creatures）身上。由于过度劳动，他们疲倦地挣扎在死亡的边缘，他们遭受着最精致细腻的残酷手段的鞭挞、束缚和虐待。很多时候，他们骨瘦如柴却被强迫劳动，甚至在一些案例中，他们被迫自杀。①

这就是经济学家李嘉图所津津乐道的资产阶级辉煌的机器生产时代，发生在工人身上的残酷迫害。为了无止境地追逐财富，手中有了机器的资本家是绝对不顾工人死活的。"随着机器不断改进完善，'工厂主的贪婪'促使很多人从他们手中攫取比适合他们本性所能发挥的更多的劳动"，造成一种到处都是工人"肿胀的腿、脚踝、脚、双手、胳膊"的**过度劳动的工厂制度（factory system of overworking）**"。② 马克思发现，造成资本家对工人残酷盘剥的原因，一方面是机器生产带来的便利，比如原先使用水力推动的机械纺织，必须"利用瀑布，因此只能通过将工厂建在水流旁边才能利用。现在，一台发动机能够安装在任何可以找到人的地方"③。机器可以无须考虑自然动力的因素，出现在任何地方，这使机器生产超出了自然条件的限制。另一方面，机器的使用也让资本家将经济剥削的魔掌直接伸向了孩子。因此，"蒸汽织机不需要成年工人，而是完全由年轻妇女和女孩来看管"④，所以，在"使用蒸汽机的工厂中的儿童"就不再适用以前的手工劳动中的禁令了。在机器生产中，童工们"一整年都是从早上5点工作到晚上8点，两餐时间只有1个小时……他们总是从星期天早上6点工作到12点，清洁一周的机器。整个时间段里，他们必须站着，在作坊里没有座位。孩子们经常倒在作坊的地上，在那里睡觉"⑤。童工的工作条件和生活状态，比成年劳动者更惨。"工厂童工每周只得到1

① Marx-Engels-Gesamtausgabe(MEGA²)，Ⅳ/9，Text，Berlin：Dietz Verlag，1991，S.43－44. 中译文参见张福公译稿。

② 参见 Marx-Engels-Gesamtausgabe(MEGA²)，Ⅳ/9，Text，Berlin：Dietz Verlag，1991，S.46。中译文参见张福公译稿。

③ Marx-Engels-Gesamtausgabe(MEGA²)，Ⅳ/9，Text，Berlin：Dietz Verlag，1991，S.45. 中译文参见张福公译稿。

④ Marx-Engels-Gesamtausgabe(MEGA²)，Ⅳ/9，Text，Berlin：Dietz Verlag，1991，S.108. 中译文参见张福公译稿。

⑤ Marx-Engels-Gesamtausgabe(MEGA²)，Ⅳ/9，Text，Berlin：Dietz Verlag，1991，S.109. 中译文参见张福公译稿。

先令 6 便士",高强度劳作之下,"童工的身体变得完全畸形、虚弱、病态"。①

马克思也看到,机器生产导致工人工作条件和生活条件的双重恶化,这也遭到了工人的反抗,然而,这种愤怒没有指向资产阶级,而是投向了物性机器。"1800—1806 年蒸汽织机被采用,引发严重暴动",工人们起来"破坏损毁这些机器"。② 现在,马克思需要深入思考的问题,就是资产阶级社会条件下所出现的机器生产与工人生存这种可怕的悖反关系。当然,从理论深层看,马克思还要面对前述李嘉图经济学中的"李嘉图难题"Ⅰ,即机器**"价值论"难题**,这是他进一步解决"多出来的财富"的"李嘉图难题"Ⅱ的基础。我推测,这应该也是马克思突然回到《布鲁塞尔笔记》第 5 笔记本中的那个机器和制造专题再思考的原因,不过这一次,不再仅仅是机器与制造的一般实证考察,而上升到准形而上学层面的工艺学研究,这就有了下面马克思的"工艺学笔记"中的愈益复杂的思想实验。

5. 殖民统治:资本毛孔中粘满的血与火

可以看到,在《伦敦笔记》第 14 笔记本中,马克思还特别聚焦了资产阶级的殖民统治问题。从摘录笔记中看,马克思是在对资产阶级对外贸易的关注中触及殖民主义问题的。我们知道,在前期的《巴黎笔记》和《布鲁塞尔笔记》中,他从一些经济学文献中已经接触到资产阶级殖民的罪恶历史,特别是在"居利希笔记"中,他看到了欧洲不同资产阶级国家在世界各地的殖民主义奴役的历史和不平等经济交换的复杂现象。这应该是马克思在《伦敦笔记》中对西方资产阶级的殖民主义历史作专题性摘录的基础。同时,此前马克思在劳动价值论基础上已经思考的资本与雇佣劳动的不平等交换,主要还是资产阶级对**国内**无产阶级的经济剥削关系,而实际上在整个资产阶级日益强大起来的**资本积累**中,资产阶级经济物相化空间赋型之始,就伴随着资产阶级殖

---

① Marx-Engels-Gesamtausgabe(MEGA²), Ⅳ/9, Text, Berlin: Dietz Verlag, 1991, S. 43 – 44. 中译文参见张福公译稿。

② 参见 Marx-Engels-Gesamtausgabe(MEGA²), Ⅳ/9, Text, Berlin: Dietz Verlag, 1991, S. 108。中译文参见张福公译稿。

民主义的对外掠夺和不平等贸易,这些令人发指的罪恶行径,通常都是根本违背资产阶级自己制定的自由主义法治原则和劳动价值论的。所以,不了解西方殖民主义的真实历史,也就不可能全面地科学认识资产阶级生产关系的历史本质。

光看一下马克思这里所摘录和研究的这些文献书目的标题,就足够震撼:普雷斯科特的《墨西哥殖民史》(W. H. Prescott, *History of the Conquest of Mexico*, 1850)和《征服秘鲁的历史》(W. H. Prescott, *History of the Conquest of Peru*, 1850),梅里韦尔的《关于殖民化和殖民地的讲座。在牛津大学的演讲》(Herman Merivale, *Lectures on Colonization and Colonies*, *Delivered before the University of Oxford*, 1839 – 1840),黑伦的《欧洲国家体系及其殖民地的历史手册》(A. H. L. Heeren, *Handbuch der Geschichte des Europäischen Staatensystems und seiner Colonieen*, Göttingen: Dritte Auflage, 1819),费利克斯·韦克菲尔德的《殖民调查,以处置荒地为目的;在给新西兰公司的报告中》(Felix Wakefield, *Colonial Surveying*, *with a View to the Disposal of Waste Land*; *in a Report to the New Zealand Company*, 1849)和《殖民艺术的观点,当下参照大英帝国》(*A View of the Art of Colonization*, *with Present Reference to the British Empire*, 1849),霍奇金的《关于英国人的非洲殖民协会》(Th. Hodgkin, *On the British African Colonization Society*, 1834)和《对美国殖民社会优点的调查等》(*An Enquiry into the Merits of the American Colonization Society etc.*, 1833),巴克斯顿的《非洲奴隶贸易》(F. Buxton, *The African Slave Trade*, 1839)和《补救措施;作为非洲奴隶贸易的续集》(*The Remedy*; *being a Sequel to the African Slave Trade*, 1840),威廉·豪伊特的《殖民与基督教。欧洲人在其所有殖民地对待土著的通俗历史》(William Howitt, *Colonization and Christianity. A Popular History of the Treatment of the Natives by the Europeans in all their Colonies*, London, 1838),布鲁厄姆的《欧洲列强的殖民政策调查》(Henry Brougham, *An Enquiry into the Colonial Policy of the European Powers*, 1803)等。我觉得,这一研究无论是对马克思关于欧洲资本主义生产方式的历史地位的认识,还是经济学中剩余价值理论的创立,特别是对资本的原始积累问题的历史性判断,都有着举足轻重的作用。

资产阶级对自己进行殖民主义野蛮杀戮和统治的罪行,历来都是尽力粉饰和遮蔽的。在对普雷斯科特《墨西哥殖民史》的摘录中马克思看到了这样的说法,西方人跑到别人的土地上,强盗般地侵占、杀戮和掠夺其他民族人民的财富的罪行,被说成是建立在"地理学－地球知识(Geographie-Erdkenntniß)——只能来自扩展的商业和建立在人为需求或开明的好奇心(enlightened curiosity)之上"①的**科学发现**(*Entdeckung*)实践。似乎正是这种了不起的科学探索精神,鞭策着欧洲探险家们"发现"美洲新大陆、"发现"非洲、"发现"澳洲和"发现"东方的新世界。在资产阶级的眼里,欧洲殖民主义在远航中不断遭遇并侵占的他人领土,像是上帝赐予的一个布满丰厚自然财富的新世界,所以,强盗们才会看到这样的图景:

> 进入美洲给欧洲带来的动力。这不是逐渐获得的一些边界领土、一个省或一个王国,而是一个现在向欧洲人开放的新世界(New World)。动物的种族、矿物的宝藏、植物的形态,以及自然界的不同方面,人类在不同的文明阶段(different phases of civilisation),使人们的思想充满了全新的观念,改变了思想的习惯性潮流,并刺激它进行无限的猜测。②

这个"地理新发现"中,有新的动植物群族、丰富的矿物宝藏和欧洲没有的自然现象,却唯独没有人,所有那些土地上世世代代生存于此的土著充其量是处于人类 different phases of civilisation(文明的不同阶段)中的野蛮种族,于是,欧洲代表了人类的文明与进步,而被欧洲人"发现"的 New World(新世界)则处于黑暗的不开明的野蛮时期,这样,西方殖民主义者的所有野蛮侵占、血腥屠杀和掠夺财富,就成了值得称赞的将"新世界"带入文明的伟业。我以为,这正是后来西方中心主义的现实缘起。按照这样的荒唐逻辑,作为殖民主义"先锋"的"西班牙和葡萄牙的进取精神自然而然地得到了体现,因

---

① Marx-Engels-Gesamtausgabe(MEGA²), Ⅳ/9, Text, Berlin: Dietz Verlag, 1991, S.433. 中译文参见张福公、李亚熙、付可桢译稿。

② Marx-Engels-Gesamtausgabe(MEGA²), Ⅳ/9, Text, Berlin: Dietz Verlag, 1991, S.433. 中译文参见张福公、李亚熙、付可桢译稿。

为它们位于欧洲大陆的前哨,指挥着未来发现的大舞台"①。我以为,马克思当然意识到,这些说辞只是一种意识形态的幻象。其中,西方资本的商业扩张是真正的意图,在所有殖民主义者那里,明明是"黄金在他们扭曲的视野中不断漂浮(gold was ever floating before their distempered vision)"②,却打着地理学中关于"地球知识"和 enlightened curiosity(开明的好奇心)的幌子,欧洲资产阶级的野蛮殖民主义侵略和奴役的滔天大罪,从来都被说成是"发现新大陆"的科学壮举。我不认为,马克思会简单地接受这种西方中心主义的观念。然而,这种"发现新大陆"的西方中心主义意识形态的话语,一直存在于我们自己的世界地理教科书中。美洲、非洲和其他欧洲之外的地区本来就是真实存在的人类生存地,上面的非西方的人民千百年来祖祖辈辈生活于此,有着自己的文明与文化,西方殖民主义跑到这些土地上作威作福,把现实存在的非西方社会的民族当作非人群族灭绝,把人家的家园当作自己发现的无主之地霸占为己有。这种所谓的"发现新大陆"的本质是彻头彻尾的西方殖民主义话语。这种关于殖民主义的资产阶级意识形态话语,在历史事实面前终将被揭穿为谎言。

第一,资产阶级"发现新大陆"背后的殖民历史线索。在对黑伦的《欧洲国家体系及其殖民地的历史手册》的摘录中,马克思看到了这样的描述:

> 葡萄牙殖民者1419年发现(Entdeckung)马德拉(Madeira)。1439年绕过博哈多尔角(Cap Bojador),1446年绕过佛得角(Cap Verde)。1448年发现亚速尔群岛(Azoren),1449年发现佛得角的岛屿,1471年发现圣托马斯(St Thomas)和安诺本(Annobon),1484年发现刚果(Congo)。从Covillam到印度和埃塞俄比亚的探险之旅是上述发现的继续。1486年,迪亚兹(Diaz)到达好望角(Vorgebirgs der guten Hoffnung),最终由瓦斯

---

① Marx-Engels-Gesamtausgabe(MEGA²),Ⅳ/9,Text,Berlin:Dietz Verlag,1991,S.433.中译文参见张福公、李亚熙、付可桢译稿。

② Marx-Engels-Gesamtausgabe(MEGA²),Ⅳ/9,Text,Berlin:Dietz Verlag,1991,S.434.中译文参见张福公、李亚熙、付可桢译稿。

科·达·伽马(Vasco de Gama)于 1498 年经过莫桑比克成功抵达印度。①

在这段不光彩的侵占和杀戮的殖民主义历史的开端,葡萄牙的资产阶级的确是这伙强盗中的"先锋"。而西班牙的"哥伦布(Columbus)发现美洲(1492 年)和瓦斯科·达·伽马(Vasco de Gama)航海发现东印度群岛(Ostindien)(1497 年),两者都改变了世界贸易的进程"②。这是点出了资产阶级所谓地理发现的本质,是欧洲资本获得生产原料、金银等贵金属以及巨大商业市场的殖民主义奴役性"世界贸易"。这说明,驱动欧洲资产阶级远航的真正动力,是资本的贪欲。在马克思的摘录中,可以看到在"1519—1522 年,因受辱而在西班牙效力的葡萄牙人斐迪南·麦哲伦(Ferdinand Magelhaens)[(的船队)——译者注]完成(环球)航行。他发现了以他的名字命名的通向南海(Südmeer,即太平洋——译者注)的通道(即麦哲伦海峡)。他发现了菲律宾,并于 1521 年死于当地"③。我们在后面会看到哥伦布、麦哲伦这些载入地理学史册的"探险英雄"的丑陋嘴脸。

这是最早的西方殖民主义所谓"地理发现"的历史线索。马克思摘录到这样的说法:"西班牙人和葡萄牙人仍然是唯一的大洋彼岸的统治者。为了统治在茫茫森林和平原上作为猎人四处游荡的无数民族,必须使他们**文明化**(*civilisiren*),即使他们**归附**(*bekehren*)。"④要让处于黑暗中的新大陆走入 civilisiren(文明化)的光亮,"猎人"们的任务当然不是捕获动物,而是杀掉野蛮群族,找到金银财宝,并建立持久的奴役性殖民地。其实,在这些标识为科学地理发现和远洋探险的历史事件背后,却是资产阶级眼中全世界资本商机和财富的 Entdeckung(发现):这里的猎手会是葡萄牙人的东印度大厦(Ostindische

---

① Marx-Engels-Gesamtausgabe(MEGA²), Ⅳ/9, Text, Berlin: Dietz Verlag, 1991, S.505. 中译文参见张福公、李亚熙、付可桢译稿。

② Marx-Engels-Gesamtausgabe(MEGA²), Ⅳ/9, Text, Berlin: Dietz Verlag, 1991, S.503. 中译文参见张福公、李亚熙、付可桢译稿。

③ Marx-Engels-Gesamtausgabe(MEGA²), Ⅳ/9, Text, Berlin: Dietz Verlag, 1991, S.507. 中译文参见张福公、李亚熙、付可桢译稿。

④ Marx-Engels-Gesamtausgabe(MEGA²), Ⅳ/9, Text, Berlin: Dietz Verlag, 1991, S.507. 中译文参见张福公、李亚熙、付可桢译稿。

Gebäude)、荷兰东印度公司(Holländischostindische Compagnie)和英国的远程对外贸易(fernen auswärtigen Handel)等,令资产阶级的眼睛发亮的猎物会是"秘鲁山区盛产的黄金"、"墨西哥的银矿"、"伊斯帕尼奥拉岛的金矿"、"库巴瓜岛沙洲的珍珠","1700年,第一批金矿开始在巴西内陆的干旱塞拉里开采","1730年,首次在巴西发现钻石",等等。这会是一个长长的充满资本贪欲和侵占的列表。

第二,西方资产阶级殖民体系的类型。同样是在对黑伦的摘录中,马克思先看到这样的定义:"欧洲人在世界其他地方的所有产业(Besitzungen)和移民区(Niederlassungen)都称为**殖民地**(Colonien)。"[1]这里对殖民地的定义有两个要点:一是在他性空间中建立的谋求欧洲资本经济利益的Besitzungen(产业),二是通过移民占据的新的领地。从殖民地类型上看,

> 它包括:1)**农业殖民地**(Ackerbaucolonieen)。殖民者(Colonisten)发展为一个民族(Nation)。2)**种植园殖民地**(Pßanzungscolonieen)。目的是在种植园中为欧洲生产某些自然产品。殖民者虽然是土地所有者,但变得很少是土生土长的。他们的人数仍然很少。在其中主要是家庭**奴隶**(Sklaverei zu Hause)。3)**矿业殖民地**(Bergbau Colonieen)。4)**贸易殖民地**(Handelscolonieen)。其目的是同当地人民的土地的自然产品或海产品(渔业产品)和工艺产品(Kunstproducten)进行贸易。最初只有用于贸易场所的移民区,但通过欺诈(List)和暴力(Gewalt)扩展为征服……现在,西欧民族已经取代地中海沿岸的民族成为世界贸易的中心。[2]

马克思应该会直觉到,这并不是一个基于事实的科学分类,因为其中夹带了太多的意识形态迷雾。但可以看到,这里的每种殖民地都有着欧洲资本的明确利益指向,大实话为,欧洲的资产阶级殖民主义者"通过欺诈和暴力扩展为征服",成为被占领的殖民地人民的主人。所谓"矿业殖民地",其实是资

---

[1] Marx-Engels-Gesamtausgabe(MEGA²), IV/9, Text, Berlin: Dietz Verlag, 1991, S.505. 中译文参见张福公、李亚熙、付可桢译稿。

[2] Marx-Engels-Gesamtausgabe(MEGA²), IV/9, Text, Berlin: Dietz Verlag, 1991, S.505. 中译文参见张福公、李亚熙、付可桢译稿。

本对矿产资源的掠夺,其最重要的内容是对金银、钻石和珍珠等物品的疯狂掠夺。农业和种植园殖民地的目的是接近的,都是生产欧洲资本所需要的原料和初级产品,但通过移民,可以使这种直接掠夺和盘剥持久化。显然,贸易殖民地从一开始就是个骗人的幌子,因为在殖民主义者与殖民地人民之间,从来没有发生过斯密、李嘉图假想的平等交换的自由贸易,而是彻头彻尾的不平等贸易关系。

第三,欧洲殖民者对土著所实施的惨无人道的种族灭绝行径。在对威廉·豪伊特《殖民与基督教。欧洲人在其所有殖民地对待土著的通俗历史》的摘录中,马克思看到了一幅西方殖民主义残暴杀戮被侵占土地上人民的血腥历史画面。这些打着博爱基督教旗号的欧洲殖民者,在被他们占领的土地上干尽了坏事,"遍布在世界各个地区的所谓基督教种族(Christian race)对他们能够征服的任何民族所施加的野蛮行径和严重暴行是地球上任何时代的其他种族——无论多么凶猛,多么无知,多么缺乏仁慈和不知羞耻——都无法与其比拟的"①。这可能是一个接近事实的评论。

马克思看到的一个典型的例证,是我们常常在地理教科书上看到的那个大名鼎鼎的哥伦布。"探险"之后的他,成了西班牙在加勒比海伊斯帕尼奥拉岛(Hispaniola)的实际统治者。当时,这个今天属于海地的岛国是一个盛产黄金的黄金区(golddistricts),而哥伦布每个季度从这里掠走与"装满一艘鹰铃帆船同样多的金粉(golddust)",同时发生的事情,是印第安人成为"绝对和无条件的奴隶(absolute und unconditional slaves)"。这些土著被"强加在他们身上的劳动和压榨(exactions)逼到绝望",然而,哥伦布领着"他们的压迫者制定了一个通过饥荒进行驱逐的计划",迫使"他们逃到山里",并且,"在哥伦布的建议下,清空了所有的监狱,将全部罪犯都投到岛屿的沿海地区",以人为制造各种针对印第安人的暴乱。后来,正是哥伦布的这种做法,启发了整个西方资产阶级,英国开始将自己大量的罪犯迁移到澳大利亚,"1787 年,天狼星护卫舰登陆 800 名罪犯到植物湾",英国政府"平均每年运送 3000 名罪犯到

---

① Marx-Engels-Gesamtausgabe(MEGA²),Ⅳ/9,Text,Berlin:Dietz Verlag,1991,S.516.中译文参见张福公、李亚熙、付可桢译稿。

那里"。① 后来,这成为一种制度化的做法,在不同的英属殖民地上,开始出现大量的"刑罚殖民地":"在百慕大,只有900名罪犯在帮派中工作,并且只在政府码头工作。诺福克岛是一个临时惩罚的地方。新南威尔士州:27831人;范迪门斯兰:16968人。沃冯大约26000人被指派,即被移交给定居者作为仆人。从1787年至1836年,75200人被运至新南威尔士州,27757人被运至范迪门斯兰"②。西班牙则把本土的罪犯迁移到巴西,"巴西只用作运送犯人的地方;现代人首次采用该系统。除了普通罪犯之外,还有宗教裁判所的受害者"③。正是这个哥伦布,"他是造成印第安人的分隔(Repartimentos)或离散(Distribution)的始作俑者,那么,他也成为给他们带来如此普遍的灾害和导致5000多万印第安人消亡的根源"④。上了我们地理教科书的这个哥伦布,是屠杀5000多万印第安人的杀人魔王。可是,在以文明和法治著称的欧洲,哪个法庭会判他有罪呢? 也是这个"发现新大陆"的哥伦布,让自己的儿子唐·迭戈(Don Diego)当了"新发现"的库巴瓜岛(Cubagua)这个"新世界的总督",他带来了新的一批西班牙低级贵族(Hidalgos)。"他将印第安人分配给这些西班牙贵族,并在库巴瓜的沙洲建立了一个采珠人(perlfishers)殖民地,在那里,印第安人,尤其是卢卡约人被迫潜水到他们能忍受的极限去寻找(珍珠)。在西班牙人到达这里后的不到50年里,在伊斯帕尼奥拉岛上能找到的印第安人已经不足200人,当1585年弗兰西斯·德雷克(Francis Drake)到达这里的时候,一个也没有留下"⑤。为了珍珠,不惜让"会说话的捕捞工具"死光,这就是欧洲殖民主义早期"发现新大陆"先锋们的罪恶铁证。

在对梅里韦尔《关于殖民化和殖民地的讲座。在牛津大学的演讲》的摘

---

① 参见 Marx-Engels-Gesamtausgabe(MEGA²), IV/9, Text, Berlin: Dietz Verlag, 1991, S.448。中译文参见张福公、李亚熙、付可桢译稿。

② Marx-Engels-Gesamtausgabe(MEGA²), IV/9, Text, Berlin: Dietz Verlag, 1991, S.470. 中译文参见张福公、李亚熙、付可桢译稿。

③ Marx-Engels-Gesamtausgabe(MEGA²), IV/9, Text, Berlin: Dietz Verlag, 1991, S.443. 中译文参见张福公、李亚熙、付可桢译稿。

④ Marx-Engels-Gesamtausgabe(MEGA²), IV/9, Text, Berlin: Dietz Verlag, 1991, S.517. 中译文参见张福公、李亚熙、付可桢译稿。

⑤ Marx-Engels-Gesamtausgabe(MEGA²), IV/9, Text, Berlin: Dietz Verlag, 1991, S.517. 中译文参见张福公、李亚熙、付可桢译稿。

录中,马克思看到了同样是发生在这个伊斯帕尼奥拉岛上的事情,"作为奴隶的居民被征服者赶到矿区,被迫以他们的数量来满足主人对技术和资本的全部需求,他们的生命也被浪费掉了,就像现代的殖民者浪费自然界的力量和财富一样,而这些力量和财富——森林中的野生动物和原始土壤中的资源——是由他来支配的"①。在殖民主义者眼里,一是土著的土地和其他所有的资源是天赐的"无主之地"和"无主之物",所以,"殖民地政府纯粹将土地视为大自然的礼物,随意分配"②。这也就意味着,作为侵略者的殖民者可以随意向移民们自由分配土地。比如,"在 A. 米尔纳爵士的政府领导下,下加拿大将 1425000 英亩土地转让给了大约 60 个人"③。二是被奴役的土著并不是殖民者眼中的人,而是如同自然物一样的劳作"资源",所以这是一种可以随意耗尽的**我-它奴役关系**。甚至,为了能够维系这种可怕的殖民统治,远在欧洲的"西班牙法律对印第安人的最大原则是使他们永远处于不成熟的状态。除了在非常有限的范围内,他们被剥夺了签订法律合同和承担责任的能力"④。自称代表了人类文明的西方殖民者,并没有将欧洲的法治和平等带给"新世界"的处于"野蛮状态"中的人民,"在这种状态下,文明迅速倒退,白人定居者几乎忘记了他们祖先的艺术和知识"⑤。当然,白人殖民者并不是忘记了自己在欧洲本土上的"文明",而恰恰是通过文明的法律使当地的人民"永远处于不成熟的状态",因为他们需要对野蛮的土地进行文明的杀戮和掠夺。梅里韦尔认为,"西班牙政府对其大陆殖民地的商业政策是系统性暴政的最

---

① Marx-Engels-Gesamtausgabe(MEGA²), Ⅳ/9, Text, Berlin: Dietz Verlag, 1991, S.436. 中译文参见张福公、李亚熙、付可桢译稿。

② Marx-Engels-Gesamtausgabe(MEGA²), Ⅳ/9, Text, Berlin: Dietz Verlag, 1991, S.473. 中译文参见张福公、李亚熙、付可桢译稿。

③ Marx-Engels-Gesamtausgabe(MEGA²), Ⅳ/9, Text, Berlin: Dietz Verlag, 1991, S.473. 中译文参见张福公、李亚熙、付可桢译稿。

④ Marx-Engels-Gesamtausgabe(MEGA²), Ⅳ/9, Text, Berlin: Dietz Verlag, 1991, S.436. 中译文参见张福公、李亚熙、付可桢译稿。

⑤ Marx-Engels-Gesamtausgabe(MEGA²), Ⅳ/9, Text, Berlin: Dietz Verlag, 1991, S.440. 中译文参见张福公、李亚熙、付可桢译稿。

完美纪念碑"①。实际上,这也出现了阿甘本后来所指认的发生在西方法治世界中的"悬法"现象,不过,这不是发生在西方土地上的"紧急状态"中的特例,而是普遍发生在殖民"新世界"中的"文明"对"野蛮"故意的倒错,殖民地里被任意摧残和杀戮的印第安人和其他种族的奴隶,正是**殖民悬法中的赤裸生命**。

在豪伊特的书中,马克思看到与西班牙一同作为殖民主义先驱的葡萄牙的殖民统治者也是如此。他摘录到,在殖民巴西的早期,当地的土著"要么被消灭,要么被完全制服",把活人当猎物的"系统的猎奴(slavehunting)使印第安人减少到必须引入黑人的程度"。② 一个叫作波尔图·塞古罗的占领军舰长,在消灭一个敢于反抗的印第安人部落时,竟然"使用了不人道的方法,即把沾染了天花病毒的丝带和玩具暴露在可怜的野蛮人很可能发现它们的地方。这个计划成功了。印第安人是如此脆弱,很容易就被击败了"③。用先进的科学研制出来的病毒灭绝印第安人,这就是西方殖民者给"新世界"带来的"光明"。甚至马克思还摘录到,在美洲反抗英国殖民者的印第安人,也是格杀勿论的。1703年马萨诸塞州议会投票通过的法案,竟然是按杀戮的印第安人头皮计价:"每张12岁及以上的男性印第安人的头皮奖励100 l. new tenor,每个俘虏奖励105 l.;每张妇女、儿童的头皮奖励50 l.,俘虏奖励55 l."④。用被杀死的印第安人的头皮去获得奖励,这就是口口声声宣扬使殖民地"文明化",用文明征服野蛮的西方殖民主义者犯下的可怕历史罪行。

第四,更无耻的行径还有,西方殖民主义者在对殖民地人民进行疯狂杀戮和掠夺的同时,还带去了"精神的鸦片"——博爱的基督教,这会使受压迫和奴役的殖民地人民不仅受到肉体上的摧残,并且在内心里臣服于"神的召

---

① Marx-Engels-Gesamtausgabe(MEGA²), Ⅳ/9, Text, Berlin: Dietz Verlag, 1991, S.436. 中译文参见张福公、李亚熙、付可桢译稿。

② 参见 Marx-Engels-Gesamtausgabe(MEGA²), Ⅳ/9, Text, Berlin: Dietz Verlag, 1991, S.519。中译文参见张福公、李亚熙、付可桢译稿。

③ Marx-Engels-Gesamtausgabe(MEGA²), Ⅳ/9, Text, Berlin: Dietz Verlag, 1991, S.519. 中译文参见张福公、李亚熙、付可桢译稿。

④ Marx-Engels-Gesamtausgabe(MEGA²), Ⅳ/9, Text, Berlin: Dietz Verlag, 1991, S.519. 中译文参见张福公、李亚熙、付可桢译稿。

唤"。也是在对梅里韦尔的摘录中,马克思记载了在西班牙和葡萄牙最早侵占的殖民地上,殖民者建立了教会和修道院,"修道院的传教士,尤其是耶稣会士"努力为被统治的印第安人提供"精神上的庇护","每一个村庄里居住着两位教团的牧师",然而,这些"神的使者"恰恰也是大地上的实际统治者,因为"每个印第安人都按照所有西班牙城镇的惯例选举了他们自己的市政官员,但他们的任命必须得到牧师的批准,实际上他们的权力只是名义上的;权力的每一个功能(jede function of power),从最高到最低,都掌握在精神统治者(spiritual governor)的手中"。① 对印第安人来说,这种来自神的"精神庇护"的本质为:"在他从摇篮到坟墓的整个过程中,从来都不知道明天要考虑什么;他的所有职责都内嵌着服从(obedience)"②。福音中的西方上帝说,如果有人打了你的左脸,那你应该伸出你的右脸让他打,在现实中,就是要所有被殖民者统治的印第安人,如果白人奉了上帝的旨意杀了你的家人,抢了你的财物,那你就要把自己的其他亲人任他杀害,把自己的所有财物供他抢夺。印第安人的天职就是服从奴役和统治。然而,现实中殖民地发生的事实却是,"教会状态是这些殖民地状况中最糟糕的特征",因为这些传递福音的"神职人员,无论是普通的还是世俗的,都以懒惰和腐败著称"。③ 这真是莫大的反讽。

第五,现代殖民体系中的新型奴隶制。在对梅里韦尔的摘录中,马克思看到欧洲殖民统治中发生的"对南美洲原始居民的奴役、黑人奴隶制(Negersklavere)和奴隶贸易(Sklavenhandel)、罪犯劳动的有利可图的应用以及没有这种可恶的资源来满足现在最大的殖民化实际问题"④。这是殖民主义统治中新的主人与奴隶的关系,也是马克思在"居利希笔记"中已经遭遇到

---

① 参见 Marx-Engels-Gesamtausgabe(MEGA²), Ⅳ/9, Text, Berlin:Dietz Verlag, 1991, S.438。中译文参见张福公、李亚熙、付可桢译稿。

② Marx-Engels-Gesamtausgabe(MEGA²), Ⅳ/9, Text, Berlin:Dietz Verlag, 1991, S.438. 中译文参见张福公、李亚熙、付可桢译稿。

③ 参见 Marx-Engels-Gesamtausgabe(MEGA²), Ⅳ/9, Text, Berlin:Dietz Verlag, 1991, S.468。中译文参见张福公、李亚熙、付可桢译稿。

④ Marx-Engels-Gesamtausgabe(MEGA²), Ⅳ/9, Text, Berlin:Dietz Verlag, 1991, S.466. 中译文参见张福公、李亚熙、付可桢译稿。

的事情。一方面,西方殖民主义统治一个重要的手段,是通过系统化的大规模移民,人为制造殖民地新的主人。这也被称为殖民化的过程。"关于殖民化,主要因素是移民和移民在未占用土地上的永久定居。殖民地居民定居的过程称为殖民化"①。据梅里韦尔的记载,"英国每年的移民人数为100000,每年增加四分之一的人"②。其他殖民主义国家的做法基本相似。

另一方面,由于白人殖民者对被侵占的土地上的土著的残暴杀戮,使支撑殖民地开矿和种植"产业"的劳动力大量减少,不得不采用的补救措施就是人为地在殖民地上制造现代奴隶制。因为,"如果没有奴隶制度的帮助,或者没有奴隶制度的替代品,人们发现绝对不可能通过适当的就业分工以使资本最具生产力的比例获得资本"③。这是一个基本正确的说法。可以看到,西方殖民主义在殖民地建立现代奴隶制的主要方式是从非洲大量贩卖黑人奴隶,由此翻开了西方殖民主义历史上最黑暗的一页。马克思从摘录中可以看到,西方殖民者只需用"火药、球和白兰地",就可以从非洲酋长那里换得"男人、女人和儿童"。④ 在马克思对霍奇金的《对美国殖民社会优点的调查等》(Th. Hodgkin, *An Enquiry into the Merits of the American Colonization Society etc.*, 1833)的摘录中,他看到了这样一个时间表:"1787年桑顿博士提议殖民非洲海岸的黑人……1789年,罗得岛纽波特部长塞缪尔·霍普金斯向格兰维尔·夏普提议在他的新定居点殖民新英格兰受过良好教育和勤劳的黑人。1790年,美国里士满的费迪南多·费尔法克斯提议对有色人种进行殖民化"⑤。据梅里韦尔的统计,

---

① Marx-Engels-Gesamtausgabe(MEGA²) , Ⅳ/9, Text, Berlin: Dietz Verlag, 1991, S.486. 中译文参见张福公、李亚熙、付可桢译稿。

② Marx-Engels-Gesamtausgabe(MEGA²) , Ⅳ/9, Text, Berlin: Dietz Verlag, 1991, S.449. 中译文参见张福公、李亚熙、付可桢译稿。

③ Marx-Engels-Gesamtausgabe(MEGA²) , Ⅳ/9, Text, Berlin: Dietz Verlag, 1991, S.472. 中译文参见张福公、李亚熙、付可桢译稿。

④ 参见 Marx-Engels-Gesamtausgabe(MEGA²) , Ⅳ/9, Text, Berlin: Dietz Verlag, 1991, S.499。中译文参见张福公、李亚熙、付可桢译稿。

⑤ Marx-Engels-Gesamtausgabe(MEGA²) , Ⅳ/9, Text, Berlin: Dietz Verlag, 1991, S.492. 中译文参见张福公、李亚熙、付可桢译稿。

当地人数量的迅速减少促使西班牙国王在征服半个世纪后进口了黑人。整个美国和岛屿的黑人奴隶和有色人种的粗略数量在 600 万—700 万之间。其中,美国 350 万,巴西 180 万,西班牙殖民地 50 万,法国 30 万,20 万在那些其他国家。……我们几乎所有的糖、棉花、烟草、咖啡等都是由黑人劳力生产的,其中 90% 是奴隶劳力。①

这只是一个数量上的粗略统计。这是一个西方资本在全世界不同殖民地上几乎同时制造出来的现代奴隶制度。在相当长的一个历史时期中,殖民地奴隶们承担了不同地区殖民地矿产开发以及各种原料和初级产品的繁重生产任务。在这些殖民地上,不是像以前作古的奴隶主高举皮鞭,而是西方文明的白人统治者手持现代枪支监督奴隶劳力。在马克思对巴克斯顿的《非洲奴隶贸易》一书的摘录中,他看到了这样的描述:"每年有超过 150000 人从非洲运送到大西洋彼岸并作为奴隶出售",比如,在美国的国旗下进行的奴隶贸易,"在纽约专门为奴隶贸易建造的船只,开往哈瓦那并悬挂美国国旗从那里航行"。② 这些装载着"人类货物"(human beings)的船只中,人只是"beings"(物),是可以随意杀戮和损耗的赤裸生命,"在这些船只的货舱里,欧洲贪婪的不幸受害者被大量存放",其中,三分之一的人会在"货运"途中死亡,而这种死亡被视作商品运输中正常的损耗。③ 欧洲文明的资产阶级在殖民地这样一个他性空间中,人为地嫁接出来一个现代奴隶制,这里,黑人和其他有色人种被作为商品卖到美洲和其他殖民地。这是资产阶级把人不当人的铁证。在这里,马克思摘录了梅里韦尔列出的一张奴隶买卖的价格表:

洪都拉斯 191 l.(**略低**)圭亚那 169 l.10sh. 特立尼达。110 l.2sh. 格林纳达。100 l. 圣文森特。97 l.6s 安提瓜南部。94 l.8sh. 毛里求斯。

---

① Marx-Engels-Gesamtausgabe(MEGA²),Ⅳ/9,Text,Berlin:Dietz Verlag,1991,S.468 −469. 中译文参见张福公、李亚熙、付可桢译稿。

② 参见 Marx-Engels-Gesamtausgabe(MEGA²),Ⅳ/9,Text,Berlin:Dietz Verlag,1991,S.494。中译文参见张福公、李亚熙、付可桢译稿。

③ 参见 Marx-Engels-Gesamtausgabe(MEGA²),Ⅳ/9,Text,Berlin:Dietz Verlag,1991,S.497。中译文参见张福公、李亚熙、付可桢译稿。

93 l.15sh. 蒙特塞拉特。90 l. 圣卢西亚80 l. 巴巴多斯。75 l. 多米尼克
70 l. 牙买加67 l. 圣基特59 l.15s. 尼维斯57 l. 多巴哥55 l. 维尔京群
岛55 l. 百慕大51 l.18 巴哈马。35 l.10。①

这是被当作商品买卖的人的价格。而通过运输到达殖民地的奴隶价格则会
发生一些变化。也是在对巴克斯顿的摘录中,马克思看到一封殖民者的书
信,其中轻描淡写地谈到自己的 human beings(人类货物)的到岸价格:

> 在我最了解的海岸地区,一个优质奴隶的商品价值约为50美元,或
> 者25—30美元,包括主要成本和费用;同一个奴隶在古巴很容易卖到
> 350美元,但从这笔巨额利润中必须扣除运费、保险、佣金、中途喂养费和
> 牙医费用,这将使每个人的净利润减少到每个原始奴隶200美元;再进一
> 步扣除,以弥补伤亡,每人可能需要150美元。②

在这些自称为人类最文明的西方殖民统治者那里,黑人奴隶的生命是
低贱的货品,它们可以被计量为生产所必需的"成本和费用",整个西方资
本主义最重要的原始积累,就是这样建立在无数土著和黑人奴隶的白骨之
上的。

我在想,这些西方殖民者所犯下的罄竹难书的罪行,应该是马克思后来
在《资本论》中讨论资本的原始积累时,愤怒地说"**资本**来到世间,从头到脚,
每个毛孔都滴着血和肮脏的东西(*das Kapital* von Kopf bis Zeh, aus allen
Poren, blut-und schmutztriefend)"③的主要原因。想一下上文中马克思所摘
录到的各种西方殖民主义的罪恶历史,就不难理解他的愤怒心情。更让
马克思气愤的是,"在自由主义的蠢货们的笔下,这种**原始积累**被描绘成
一幅田园诗般的情景,其实这是一部极其可悲的和极其惨痛的历史"④。

---

① Marx-Engels-Gesamtausgabe(MEGA²), Ⅳ/9, Text, Berlin: Dietz Verlag, 1991, S.470.中译文参见张
 福公、李亚熙、付可桢译稿。
② Marx-Engels-Gesamtausgabe(MEGA²), Ⅳ/9, Text, Berlin: Dietz Verlag, 1991, S.498.中译文参见张
 福公、李亚熙、付可桢译稿。
③《马克思恩格斯全集》(第二版)第42卷,人民出版社2016年版,第777页。
④《马克思恩格斯全集》(第二版)第37卷,人民出版社2019年版,第478页。

6.《伦敦笔记》中独特的"工艺学笔记"

马克思已经知道,在劳动价值论问题上,李嘉图与斯密的最大不同之处,就在于前者已经处于资产阶级社会物质生产发展的大机器阶段,正是资本支配下的科学技术通过提高劳动生产率,造成了工人劳动的地位和生存状况的根本改变。所以,在《伦敦笔记》开始的第三次经济学研究中,马克思当然继续关注了一个重要的文献群,即他在《布鲁塞尔笔记》中已经初步涉猎过的机器生产和制造问题。不过,此次研究的主题已经从机器和制造的"怎样生产"的实证考察,转向了带有抽象方法论意味的生产物相化的**工艺学**研究,它的主要内容是马克思《伦敦笔记》第 15 笔记本里集中摘录的波佩①、贝克曼②和尤尔的工艺学史著作。③ 在过去对这一笔记的有限研究④中,马克思的工艺学问题被当作他

① 约翰·亨利希·摩里茨·波佩(Johann Heinrich Moritz Poppe,1776—1854),19 世纪德国著名的工艺学家、数学家。1802 年毕业于哥廷根大学,1818 年受聘为图宾根大学国家经济系的工艺学教授。代表作为:《综合机械工程百科全书》(*Encyclopaedia of General Mechanical Engineering*,1803—1827)、《从科学复兴到十八世纪末的工艺学历史》(*Geschichte der Technologie seit der Wiederherstellung der Wissenschaften bis an das Ende des achtzehnten Jahrhunderts*,1807—1811)等。

② 约翰·贝克曼(Johann Beckmann,1739—1811),德国工艺学家、化学家、经济学家、博物学家。1762 年毕业于哥廷根大学,1766 年受聘于哥廷根大学担任哲学副教授,1770 年担任哥廷根大学经济学教授。代表作为:《工艺学导论》(*Anleitung zur Technologie*,1777)、《发明史论文集》(*Beiträge zur Geschichte der Erfindungen*,1780—1805)、《一般工艺学草案》(*Entwurf einer allgemeinen Technologie*,1806)等。

③ 该笔记本在 MEGA² 出版计划中,应该属于第四部分第 10 卷(第 15—18 笔记本),目前尚未出版。但德国学者汉斯-彼得·米勒(Hans-Peter Müller)在 1981 年就最早编辑出版了这些笔记内容,即《卡尔·马克思:工艺学-历史摘录笔记(历史考证版)》(H. P. Müller, *Karl Marx: Die technologisch-historische Exzerpte*, *Historisch-kritische Ausgabe*, Berlin: Ullstein, 1981)。在国内学术界,张福公博士最早系统研究了这些笔记。参见张福公《重读马克思——工艺学语境中的哲学话语》,南京大学出版社 2023 年版。

④ 据张福公博士的考证,除前述汉斯-彼得·米勒 1981 年编辑出版的《卡尔·马克思:工艺学-历史摘录笔记(历史考证版)》是对马克思《伦敦笔记》中关于波佩、贝克曼和尤尔等人的摘录笔记的首次公开出版外,之后,米勒和温克尔曼(Rainer Winkelmann)发表了一批讨论马克思工艺学研究与唯物史观的成果。1984 年,墨西哥哲学家恩里克·杜塞尔(Enrique Dussel)和墨西哥经济学家恩里克·杜塞尔·彼得斯(Enrique Dussel Peters)合作出版了《卡尔·马克思的工艺-历史笔记:1851 年伦敦摘录笔记 B56》(西班牙文版),彼得斯翻译了笔记内容,杜塞尔对笔记做了 70 页的初步研究。[Enrique Dussel(ed.), *Carlos Marx: Cuaderno tecnológico-histórico*(*extractos de la lectura B 56*, *Londres 1851*), traducción Enrique Dussel Peters, Puebla: Universidad Autónoma de Puebla, 1984.]1987 年,日本学者吉田文和出版相关研究性论著《马克思机器理论的形成》(『マルクス機械論の形成』,北海道大学图书刊行会,1987)。

对生产工艺方法的关注,而我的看法却不同:马克思此次工艺学研究的目的,仍然是破解李嘉图在劳动价值论中遭遇的难题,它的理论核心是从决定了商品价值的劳动的一般原则,深入到斯密、李嘉图都没有真正认真对待的创造了物品用在性的使用价值的具体劳动过程,特别是工场手工业生产中具体劳动塑形和构序产品使用价值的技能,如何被现实抽象为工艺技术构序和信息编码,最终在机器化大生产中完全转换为全新的**科技物相化**——非及物的科学技术实验和观念负熵运作的"一般智力"。这将是马克思在创立科学的劳动价值论和剩余价值理论之后,必然在绝对剩余价值理论的基础上创立相对剩余价值科学学说的前提性思考。并且,这一重要的工艺学研究,也将对历史唯物主义和历史认识论的深化产生巨大的影响。

因为在《回到马克思》第一卷中,我没有对这一笔记本的具体文献情况进行过说明,这里根据文献资料作一简单的补充。《伦敦笔记》的第 15 笔记本共 44 页,马克思分别对波佩的五本著作、尤尔和贝克曼的各一本著作进行了摘录。一是约·亨·摩·波佩的《十八世纪和十九世纪初的力学》①一书,马克思只摘录了其中的一句话;二是波佩的《一般工艺学教程》②,共 2⅔页;三是波佩的《手工艺、工场手工业及其他实用工业专用物理学》③,共 6½页;四是波佩的《从上古到现代的数学史》④,共 1 页;五是波佩的《从科学复兴到十八世纪末的工艺学历史》(三卷)⑤,共 26 页;六是安德鲁·尤尔的《技术辞典》⑥,共 7⅔页;七是约翰·贝克

① J. H. M. Poppe, *Die Mechanik des achtzehnten Jahrhunderts und der ersten Jahre des neunzehnten*, Pyrmont: Helwing, 1807.

② J. H. M. Poppe, *Lehrbuch der allgemeinen Technologie*, Frankfurt am Main, 1809.

③ J. H. M. Poppe, *Die Physik vorzüglich in Anwendung auf Künste, Manufakturen und andere nützliche Gewerbe, Als Lehrbuch für Realschulen, Handwerksschulen, und polytechnische Lehranstalten überhaupt, aber auch zum Selbstunterricht*, Tübingen: Ludwig Friedrich Fues, 1830.

④ J. H. M. Poppe, *Geschichte der Mathematik seit der ältesten bis auf die neueste Zeit*, Tübingen: C. F. Osiander, 1828.

⑤ J. H. M. Poppe, *Geschichte der Technologie seit der Wiederherstellung der Wissenschaften bis an das Ende des achtzehnten Jahrhunderts*, 3 Bände, Göttingen: Olms Verlag, 1807 - 1811.

⑥ Andrew Ure, *Technisches wörterbuch oder Handbuch der Gewerbskunde in alphabetischer Ordnung*, von Karl Karmarsch und Dr. Friedrich Heeren, 3 Bände, Praq: G. Haase, 1843 - 1844.

曼的《发明史论文集》①,共¼页。显然,"工艺学笔记"的重点关注对象是波佩对工艺学和工艺学史的研究。

马克思的"工艺学笔记"大约完成于 1851 年 9 月到 10 月之间。1851 年 10 月 13 日,处于紧张的经济学文献分析和思考中的马克思致信恩格斯,在信中他提道:"近来我继续上图书馆,主要是钻研工艺学(Technologie)及其历史和农学,以求得至少对这玩意儿有个概念。"②显然,此时这个工艺学是个啥"玩意儿",马克思还并不熟悉。当然,他这时心中想着力去了解的研究对象很明确,即对农业和工业生产物相化具体机制进行科学分析的"农学"和"工艺学"。从上述我们的讨论可以得知,"李嘉图难题"Ⅰ中的核心思考点是劳动价值论在大机器生产中遭遇的困境,马克思已经清楚,在形式上从属于资本的农业生产和斯密的手工业生产中,劳动价值论的地位是稳定的,可当机器化大生产中工人的劳动物相化作用开始下降,**主体性的劳动生产率**开始由科学技术物相化提高的**客观生产率**所替代时,劳动价值论是否还能坚持,这涉及马克思将来的剩余价值理论的成败,以及更微观的相对剩余价值的生产机制。如果说,《布鲁塞尔笔记》中的"机器与制造研究",只是关于资产阶级社会中机器化生产方式筑模的专题性思考,那么,马克思需要对整个劳动生产与产品效用(使用价值)的关系进行更深一层构境中的方法论研讨,特别是对这种怎样劳动-怎样生产的方式的历史演进过程的探究。我推测,这可能就构成了马克思此时工艺学研究的迫切缘起。于是,他一定要弄清楚这个"工艺学及其历史和农学"是个啥"玩意儿"。

这里,我们先来简单看一下这个十分陌生的 Technologie(工艺学)概念。在前面的《布鲁塞尔笔记》中,马克思曾经在尤尔的《制造哲学》一书中看到过工艺学概念,但并没有引起他的格外关注。③ 西文中的"工艺学"一词,源自希腊语 τεχνολογία 和拉丁语 technologia,其希腊语词根 τέχνη(technē)的原初

---

① Johann Beckmann, *Beiträge zur Geschichte der Erfindungen*, 5 Bände, Leipzig und Göttingen: Verlag Paul Gotthelf Kummer, 1780－1805.

②《马克思恩格斯全集》(第二版)第 48 卷,人民出版社 2007 年版,第 412 页。

③ 参见 Marx-Engels-Gesamtausgabe(MEGA²), Ⅳ/3, Text, Berlin: Akademie Verlag, 1998. S. 348。中译文参见张福公译稿。

语义所指为技艺。依我的理解,technē 是人的爱多斯(eidos)在劳作创制(poiesis)中具体实现出来的主体性劳作技巧。从认识论视角来看,整个工艺学在认知对象上就是非直观的功能性构序,这会是马克思历史认识论新的构境前端。工艺学在西方科学史上有一个复杂的形成过程。据塞贝斯蒂克的考证,英国词典编纂家托马斯·布朗特(Thomas Blount,1618—1679)在其《词集》(*Glossographia*)第三版(1670)中就指出,工艺学是一种对手艺(crafts)、技艺(arts)和工艺(workmanship)的论述或描述。可以看出,这里有一个从农民和工匠的"手艺",到手工业劳动者的"技艺"和机械工业生产的"工艺"的有序递进关系,很明显,这里存在着一个从单纯的"人手"技能,通过使用工具的技艺,向客观的技术能力的递进和转换的历史性逻辑。而德国哲学家克里斯蒂安·沃尔夫(Christian Wolff,1679—1754)首次赋予了 technologia 重要的科学地位,并对这门新学科作了初步规定:"工艺学是关于操作规则和工艺产品的研究,或者是关于人类通过身体器官(主要是双手)的劳动而生产产品的科学。"①沃尔夫的工艺学定义,突显了人的双手作为身体器官的劳动塑形和构序社会历史负熵的操作法则,这当然只是早期手工劳作中主体性的手艺和技艺的表征。当然,工艺学作为一门独立的学问,是由德国工艺学家约翰·贝克曼在 18 世纪下半叶创立的。从时间上看,这里的工艺学显然不是面对农耕时代中已经出现的手工艺活动,而是面对从农业生产转向工业生产的早期工场手工业劳作。贝克曼在《工艺学导论》(1777)中指出,工艺学是

> 讲授如何加工自然物(Naturalien)或手工业知识的科学。它不是在作坊(或工场)中所看到的如何遵循师傅的规定(Vorschriften)和习惯(Gewohnheiten)来制造产品。工艺学是对如何从真实规律和可靠经验中找到实现最终目标的手段、如何解释和利用操作过程中出现的各种现象进行系统的全面的说明。②

---

① Jan Sebestik, "The Rise of the Technological Science", *History and Technology*, 1, 1983, p.27. 中译文参见张福公译稿。

② Johann Beckmann, *Anleitung zur Technologie*, Göttingen:Wittwe Vandenhoeck, 1777, S. XV. 中译文参见张福公译稿。

这里的"如何加工自然物",当然就是历史唯物主义中所指认的人对自然的能动关系,也是不同于农业生产的工业生产物相化的实质内容,这也许是能够引起马克思高度兴趣的缘起。在贝克曼这里,工艺学的研究对象,明确指向劳动生产物相化改变对象中如何生成社会历史负熵质的技艺,或者说,是对手工业生产中"一切劳动及其结果和原因的全面、系统和清晰的说明"①。而此处的"手工业知识",已经不完全是农业生产中农民或手工艺工匠师傅的劳作经验习惯,而是在强调工艺学同时也是提升为从劳动技艺的**客观的现实抽象**到观念抽象的过程,即"关于如何从本质规律和可靠经验中找到实现最终目标的手段或如何解释和恰当地处理加工中所产生的现象的一种系统全面指导"②。这是劳动生产物相化中对自然物的具体塑形和构序技艺的学理化。其实,这也会是历史认识论的真实基础,因为这也会呈现人类认知主体的创造性实践失形/塑形和祛序/构序的真实前端,历史唯物主义中的那个"我对我环境的关系是我的意识"的起点也在这里。只是马克思将发现,这种认知前端和逻辑起点,将在工艺学的历史逻各斯中发生巨大的异质性改变,因为,手工业生产中的主体性手艺的**现实抽象Ⅱ**,与机器生产中的**客体工序**(技术信息编码的反向物相化)的认知运行机制和认知结果是根本不同的。说实话,工艺学中这些重要的理念,与我自己的塑形-构序-赋型-构式-筑模链接起来的社会场境存在论以及观念构境论有着极其重要的内部关联。这可能也是我在第二次"回到马克思"的归基实验中的最大收获之一。对于这一重要的理论意义,我们在下面马克思的"工艺学笔记"的具体分析以及广义历史唯物主义**客体向度研究**中还会更深入地讨论。贝克曼的这些观点,在他的学生波佩那里得到光大。波佩认为,工艺学就是"根据不同工作中的相似操作而将所有必要手段、工具和技巧按一定顺序排列起来的一切手艺、手工艺、工场手工业和工厂中的工作原理"③。可以看出,波佩的定义是更加走心的,

---

① Johann Beckmann, *Anleitung zur Technologie*, Göttingen:Wittwe Vandenhoeck, 1777, S. XVI. 中译文参见张福公译稿。

② Johann Beckmann, *Anleitung zur Technologie*, Göttingen:Wittwe Vandenhoeck, 1777, S. 12. 中译文参见张福公译稿。

③ Johann Heinrich Moritz Poppe, *Technologisches Lexicon*, Ⅰ, Stuttgart:Cotta, 1816, S. 25. 中译文参见张福公译稿。

因为他将生产劳动中的工具引入到工艺学中,并且,他的着眼点更集中于劳作物相化中的操作一般,劳作活动中固化功能性构式的物性手段、工具和技巧"按一定顺序"构序起来,并且,是在一个完整的"手艺、手工艺、工场手工业和工厂"的生产社会历史负熵的历史进程中,去发现其中的"工作原理"。这简直就是历史唯物主义中关于物质生产塑形与物相化生产力构序微观机制历史性分析的专题研究。而且,这些观点竟然都出现在 18 世纪 70 年代。下面,我们就来看一下马克思在"工艺学笔记"中关注的主要内容和相关思考。

马克思打开的波佩的第一本书是《十八世纪和十九世纪初的力学》,他只摘录了一句话就放下了,因为他知道这并不是自己此时主要想弄清楚的问题域。马克思迅速拿起《一般工艺学教程》,并立刻就被书中的内容吸引住了。这是波佩的一本关于一般工艺学的教科书,其主要内容是深入到我们前面看到的他所定义的工艺学涉及的手艺(Künsten)、手工艺(Handwerken)、工场手工业(Manufakturen)和工厂(Fabriken)这四种主要的**怎样生产**的物相化方式,对人的主体爱多斯(eidos)通过各种不同劳动生产物相化的**劳动塑形、构序和关系赋型**进行了操作性区分和归类。能看得出来,这里有一个十分精细的劳动者(具体劳动)"怎样生产"(使用价值-社会历史负熵)的历史线索。这种关于物质生产塑形-构序和关系场境赋型的研究,当然会立即激起马克思的兴奋。因为这既是作为历史唯物主义基石的物质生产运动的客观机制破解,也会是走向经济学中劳动物相化塑形和构序产品-商品使用价值的微观实证思考。马克思先对该书的六章内容作了如下的重要概括:

> 在所有手艺(Handwerken Künsten)、手工业工场(Manufakturen)等领域中,主要工作包括:
>
> 1)对自然体(Naturkörper)的粉碎或对相同部分和不同部分的分割。
>
> 2)促进机体(Körpertheilchen)各个部分之间的相互联系或减少与其他物体部分的联系。
>
> 3)自然体的相互分离的、相同或不同的部分结合在一起。

4）机体的各部分相互集聚，因而压缩在一起，同时变得更加坚固。

5）这些机体（Körpern）会形成一种独特的场境（Gestalt）、形式（Form）或筑模（Bildung）。这些劳动（Arbeiten）还需要一些**辅助劳动**（*Hülfsarbeiten*）和**辅助工具**（*Hülfsvorrichtungen*）。①

显然，与《布鲁塞尔笔记》第5笔记本中的"机器和制造"的关注焦点不同，马克思这里思考的问题已经是从手工业劳动-生产物相化活动技能中**现实抽象（Ⅱ）**出来的**工艺学方法论构式**了。马克思可能思考的问题有：一是这里波佩所聚焦的问题首先是马克思关心的创造物品为我性功效的**劳动**，可工艺学具体分析的对象已经不是**主体性的潜能（*dynamis*）意义**上的劳动活动，而是在物质生产过程中劳动改变对象所发生的结果，所以这是**劳动对象化**的具体物相化过程。以后马克思会慢慢地知道，这是具体劳动物相化塑形和构序商品使用价值的过程。从历史唯物主义的构境看，这将会是直观实体对象作为"正在消逝的东西（verschwindend darstellt）"，在一般物像直观迷雾中的真正破解。这也必然是作为历史认识论现实基础的物质生产活动的具象化。二是波佩没有使用马克思所熟悉的、通常经济学研究中指代劳动对象或者生产资料的 Ding（物）或者 Sache（事物），而使用了 Körper（机体）这样一个十分特殊的词。回到波佩的具体分析中，我们会看到人类生产活动之初所加工的对象，除去一般的无机物，其最贴近生存需要的东西多为动植物的身体，比如以野兽的皮毛为衣，以植物器官中的果实为粮，另外，这些生命体的本质是"自然辩证法"进化中所发生的自组织构序和编码——负熵。所以，这会使下面发生的劳动物相化塑形、构序和赋型的讨论，处于马克思原先的历史唯物主义构境并没有进入过的愈益复杂的普遍关联场境之中。

其一，劳动物相化塑形与构序的前提是**自然对象的失形（*disfigure*）和祛序（*disorder*）**。这是第1点——"对自然体的粉碎或对相同部分和不同部分的分割"的哲学意味。过去，我们在历史唯物主义构境中讨论劳动和生产，总是

---

① H. P. Müller, *Karl Marx: Die technologisch-historische Exzerpte*, *Historisch-kritische Ausgabe*, Berlin: Ullstein, 1981, S. 3. 中译文参见张福公译稿。

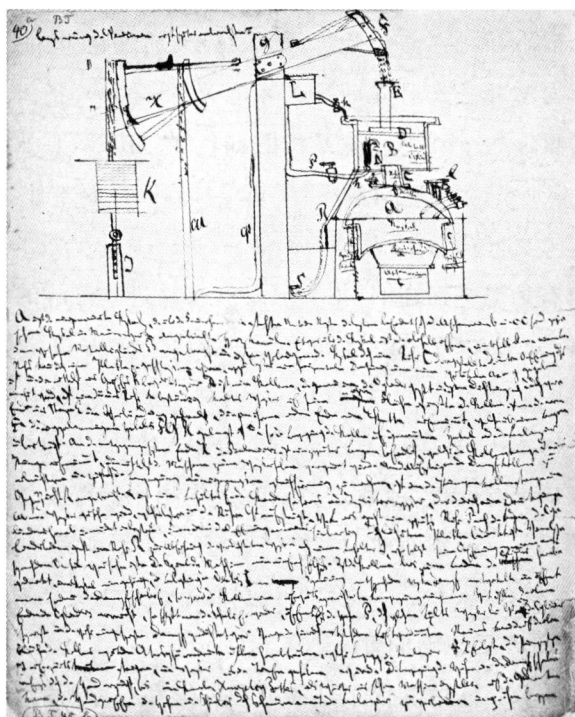

图 10 - 3 马克思《伦敦笔记》"工艺学笔记"一页

直接从人的爱多斯(eidos)塑形和构序对象的创造性活动开始,比如木匠制椅或皮匠做鞋,仿佛劳作生产之初就是塑形和构序对象,而马克思在波佩面对的所有生产劳动中看到,一切物相化活动的起始步骤都是对劳动对象**本有**存在形式和生命负熵有序性的解码("粉碎"和"分割"),因为木匠手中的木料已经是从山上树林中砍下的树木躯干,而皮匠手中的皮革业已是从动物身上剥得的,这都是自然界那个"自然辩证法"中生命信息编码的负熵进程的中断。所以,在一定的意义上,人类社会发展的历史辩证法运动,恰恰是以"自然辩证法"的祛序和失形为前提的。这里的"本有",正是海德格尔秘密文献中**本有**(Ereignis)哲学的核心构境意向,而这里的失形和祛序则是海德格尔解蔽本有的第一步存在性地"打开"。他也曾经指认,在黏土变成"碗"的过程中,土地也失去了本有的形式。我还注意到芬伯格在他的技术哲学中关注了这种发生在生产劳作前端的"失形",比如"树被砍倒,树枝和树皮被剥离"的

"初级工具化"(primary Instrumentalization)环节。① 在他看来,这一过程是"将它脱离其自然环境,并把它与其他对象,如锯子、削去枝干、去树皮等联系起来,这些过程都与选择一个特定的参考系有关——比如,将树当成盖房子的木料"②。更有趣的是,列斐伏尔竟然还提出专门"用来从自然界分离出某些东西的工具",如十字镐和锤子,以及"用来保持已获得的各种物质,保护它们的分离性"的工具,如防止铁器生锈的油漆。③ 在马克思摘录的波佩的具体分析中,我们可以看到他所描述的"沿着其纤维纹路进行分解的木材和其他植物性材料所做的分离就称为**劈分**(*Spalten*)或**撕开**(*Reissen*)"④。当我们要通过劳动物相化活动,依自己的目的(telos)创制一张人所能坐的"椅子"的时候,通过劳动将树木从原有的自然生命负熵进程中的原生关系中失形和祛序出来,这是制作椅子的前提,或者是劳动生产物相化的首要环节。这就像毛泽东所说的"不破不立",没有对旧事物的否定,就不可能有新的构序的发生,"破字当头,立也就在其中了"。这恐怕是我们过去在历史唯物主义构境中讨论劳动或者生产时严重忽略的方面。

并且,波佩十分具体地交代了这种劳动失形和祛序所需要的手工工具,即"木制或铁制楔子、斧、凿子和刀具或刀形工具(messerförmige Werkzeuge)以及与楔子具有同样功能的工具"⑤。这里需要注意的逻辑凹点,会是工具作为失形和祛序手段在场时,它作为"正在消逝的东西(verschwindend darstellt)"中的一种过去劳动活动塑形与构序的**不在场**,因为制造工具的劳动活动技能业已经过**现实抽象Ⅱ**并再一次反向对象化在物性的工具之中,在当下发生的失形和祛序劳动中,这种过去的劳动技能的编码活动与主体经验都是隐匿

---

① 参见[加]芬伯格《在理性与经验之间:论技术与现代性》,高海青译,金城出版社2018年版,第81页。

② [加]芬伯格:《技术体系:理性的社会生活》,上海社会科学院科学技术哲学创新团队译,上海社会科学院出版社2017年版,第211页。

③ 参见[法]列斐伏尔《辩证唯物主义》,乔桂云译,载《西方学者论〈一八四四年经济学-哲学手稿〉》,复旦大学出版社1983年版,第170页。

④ H. P. Müller, *Karl Marx: Die technologisch-historische Exzerpte*, *Historisch-kritische Ausgabe*, Berlin: Ullstein, 1981, S. 3. 中译文参见张福公译稿。

⑤ H. P. Müller, *Karl Marx: Die technologisch-historische Exzerpte*, *Historisch-kritische Ausgabe*, Berlin: Ullstein, 1981, S. 4. 中译文参见张福公译稿。

的。之所以指认这一点，是因为这将是马克思以后在面对机器生产时那个不在场的劳动价值转移问题的前提。当然，马克思摘录到的与此相关的失形和祛序方式还有很多，比如压碎(brechen)、切割(zerschneiden)，以及"由水流和流体离散运动而进行的物质各部分的分解(泥浆)"①，通过加热或冷冻发生的物体分解和重构，"通过另一种同类的第三方物体而进行的物质分解。洗涤衣物、去除油污的肥皂"②，等等。这都是使作为劳动对象的无机物或有机物失形、祛序和解码。应该指出，这里所提及的"洗涤衣物"中的失形和祛序，并非自然失形和祛序，而是对社会历史负熵进程新赋型的第二层级失形和祛序。这是劳动物相化创造物品新的塑形和构序的前提条件，当然也会是物品获得新的社会历史负熵质(使用价值)的先行构成部分。从历史认识论的视角看，我们面对一张椅子，通常会破解木料通过劳动塑形和构序获得功用性赋型的过程，而往往容易遗忘的方面，恰恰是这个先行性的"自然体"的失形与祛序。这是黑格尔在《精神现象学》中那个"正在消逝的东西(verschwindend darstellt)"中，容易被忽略的不在场环节。用海德格尔的本有哲学话语来看，这恰恰是让自然从本有状态中抽拔和解蔽出来，入序于向我们(for us)"涌现"的存在论前提。这当然也会是一般物相化错认生成的隐性逻辑凹点之一。这样，从《提纲》开始的改变世界的实践活动的先行部分就不再是创造性的塑形和构序，而是失形和祛序；在历史唯物主义和认识论层面上，我们遭遇周围世界中的到场事物，非物像透视的第一环节就不再是劳动物相化塑形和构序，而是同样作为物相化前提性环节的失形和祛序，这可能会是传统认识论普遍丢失的东西。康德不会想到，自然以一定的方式向我们呈现之前，是人对自然存在塑形和构序的消解。

其二，劳动物相化关系赋型是脱型(*deformating*)对象自然关联且重构社会定在关系。这是第2—4点中，促进机体各个部分相互联系的劳动或减少一机体与另一机体相互联系的劳动，物体相互分离的、相同或不同的各部分的

①　H. P. Müller, *Karl Marx: Die technologisch-historische Exzerpte*, *Historisch-kritische Ausgabe*, Berlin: Ullstein, 1981, S. 5. 中译文参见张福公译稿。
②　H. P. Müller, *Karl Marx: Die technologisch-historische Exzerpte*, *Historisch-kritische Ausgabe*, Berlin: Ullstein, 1981, S. 7. 中译文参见张福公译稿。

结合,对物体进行压缩和加固的手段的深刻哲学意味。这亦表明,我们面对的所有劳动对象,都处于原先自然物质存在或生命负熵进程的联系之中,劳动物相化生产的另一个重要前提,就是解构劳动对象在自然和生命负熵中的**本有**关联,按照人的需求给予物品新的社会历史负熵联系,这就是劳动物相化创造的更深一层**关系赋型**作用。这还是前述那个作为历史辩证法关系赋型前提的"自然辩证法"系统关联的消解。这是在社会场境关系存在论中的破立关系,同样也是原先在历史唯物主义和历史认识论构境中没有意识到的物质生产活动中发生的先在环节。我注意到列斐伏尔在1938年写下的《辩证唯物主义》一书中,天才地意识到了这一点,他指出,"任何生产活动都是为了使一个特定的对象(objet)从万物(l'univers matériel)中脱胎而出。一个对象一经离析(isolé)就已经被确定了。一切和物质与境(contexte matériel)重建关系并把物质与境重新置入自然界的东西,作为产物(produit),作为人类的客体都破坏着这种物质与境"①。这是十分深刻的观点。比如,马克思摘录了我们多次提及的皮匠制作皮鞋前的皮革备料,就是一种"**通过工具**(Instrumente)**减少相互联系**(Zusaihenhangs)。比如皮革(Leders)的刮软、涂抹和揉搓"②。这里减少的"相互联系",恰恰是生物体原来负熵系统质中的**本有联系**,这是制鞋赋型前必须**首先完成的脱型**。依我的看法,这正是海德格尔所意识到的从自然**本有**到 for us **涌现为存在**的根本转换进程中,失形和祛序之后的第二重先在条件。也是芬伯格在他的技术哲学中深刻地注意到海德格尔存在论中这一重要的去蔽(disclosure)或"解蔽"(revealing)环节,芬伯格还是用"初级工具化"来表征这一本有自然关联的脱型。在他看来,这也是一个将自然对象"从其原初的情境中割裂出来的"的"祛与境化"(decontextuation)过程,比如从矿山中凿出的石料,"石头失去了与其原初环境的联系"。③ 需要说明

---

① [法]列斐伏尔:《辩证唯物主义》,乔桂云译,载《西方学者论〈一八四四年经济学-哲学手稿〉》,复旦大学出版社1983年版,第168页。中译文有改动。Henri Lefebvre, *Le matérialisme dialectique*, Presses Universitaires de France, 1940, S. 65.

② H. P. Müller, *Karl Marx: Die technologisch-historische Exzerpte, Historisch-kritische Ausgabe*, Berlin: Ullstein, 1981, S. 10. 中译文参见张福公译稿。

③ 参见[加]芬伯格《在理性与经验之间:论技术与现代性》,高海青译,金城出版社2017年版,第81页。

的地方是,我们今天所面对的工业生产原料通常已经是人工劳作的结果,有如工业化培植的果实、人工饲养的动物和制造的化工原料,由此发生的脱型工序已经不再是原初自然关系的脱型。这是一个更加复杂的生产物相化关系。由此我们可以直觉到,历史唯物主义构境的深化还有更加深远的可能性空间。

同时,自然关联的脱型和解码,也是生产和劳动物相化活动新的关系赋型的前提,由此才会有通过切割和缝制重新使分割的不同的各部分结合、压缩和加固起来的"再与境化"(芬伯格语)的关系赋型。波佩十分精细地发现,这里的脱型和重新赋型活动中,除去皮匠的双手外,还应该有刀具和缝制工具的中介。我揣测,马克思可以体会到,这里发生的事情,不是无机物的简单位移(前面李嘉图所述将金银从矿床中掘出和运出的劳动),其实质是先将动物的皮毛从原先的生命负熵关联中脱型出来,以建立一种新的适合人脚走路的**用在性关联**,这是使原来的自然物质构序或者生命负熵返熵后,赋型于物品全新的社会历史负熵(作为物品直接效用的"使用价值")的基础要素,使之**入序于人的历史辩证法普遍关联的周围世界之中**。返回到马克思《提纲》中新世界观的关系赋型说,社会关系场境存在的起点则成了自然关联的脱型;而进入历史唯物主义构境中,一定生产关系赋型的前提必定是生产对象物(或人)原有关系场境的脱型,由此才会发生新的场境关系赋型。从这里马克思遭遇的工艺学构境层中我们也可以体会到,我为什么会启用失形-塑形、祛序-构序、脱型-赋型等一系列新概念来微观化地精准指认历史唯物主义的更深思想构境。马克思后来在《1861—1863年经济学手稿》中直接指认过这一重要方面,他说,"用于'生产'〔不是再生产〕木材、煤和石料上的劳动(这种劳动的确没有创造这些自然产品,但是它把这些自然产品从它们同土地的原始联系中分离开来,因而把它们作为可用的木材、煤和石料'生产'出来)"①。马克思将生产的初始环节确认为物品与自身本有的自然界"原始联系中分离开来"的观点,显然与这里的"工艺学笔记"的思考相关。在芬伯格那里,这一重新"世界化"的社会关系赋型过程,也被指认为所谓"次级工具化"

①《马克思恩格斯全集》(第二版)第34卷,人民出版社2008年版,第276页。

(secondary Instrumentalization)过程,比如上述自然关联脱型后石料会被赋型新的社会场境关系,"通过将其固定到木棍上制成一把对建筑工程有用的锤头,再与境化(recontextualization)的石头变成了更大实体的组成部分"①。波佩十分微观地指认说,在这一手工生产活动中,"揉"是双手的直接劳动支出,而"刮"则是使用工具中介过的劳动支出,切割和缝制会是更复杂的使用工具的劳动支出。这是对直接的手工劳作、通过工具中介的工艺劳作和复杂劳作之间十分细致的区分。完成这些不同的劳动,还需要一些"辅助劳动和辅助工具"②,比如制作一双皮鞋时的内撑模具和支架,等等。我觉得,马克思在此有可能思考的经济学问题是,在劳动价值论的构境中,具体劳动物相化塑形和构序对应了这里的物品使用价值,而不同劳动之间的一般价值又是如何转换的。其实,这里还有一个值得思考的方面,即将来在机器生产中,哪些劳动物相化中的步骤是可以被机器替代的,而作为工匠爱多斯之相本质的劳动技能是如何被**现实抽象**为离开劳动过程的科学技术信息编码的,上述已经指认的那种隐匿在工具中的**不在场的对象化劳动**(*vergegenständlichte Arbeit*),将来如何从机器转移到产品中去? 这一切,对于马克思已经接受的劳动价值论又将意味着什么? 需要指出,这里的 vergegenständlichte Arbeit(对象化劳动)还是指具体劳动(konkrete Arbeit)塑形和构序物品的使用价值,之后,马克思会重新提出抽象劳动(abstracte Arbeit)生成的**对象化劳动Ⅱ**(价值)。从历史唯物主义的视角看,这仍然可能进一步透视一般物相化的隐性成因。

其三,劳动生产的**社会历史负熵构式**,即赋予物体"一种独特的场境(Gestalt)、形式(Form)或筑模(Bildung)"。这当然也是历史唯物主义构境中那个作为"正在消逝的东西(verschwindend darstellt)"的**历史在场性**中最重要的非物像本质,还是历史认识论的构境核心。19 世纪工艺学科学构境业已涉及的思想深度令我十分吃惊。准确地说,这是劳动在物质生产过程中改变对象(对象化)的最终成果,即劳动给予对象一个不属于它本有自在的非自然的

---

① [加]芬伯格:《在理性与经验之间:论技术与现代性》,高海青译,金城出版社 2017 年版,第81 页。

② H. P. Müller, *Karl Marx: Die technologisch-historische Exzerpte*, *Historisch-kritische Ausgabe*, Berlin: Ullstein, 1981, S. 13. 中译文参见张福公译稿。

负熵质存在形式。在马克思的摘录中，一是波佩这里使用了作为劳动塑形外部规定的 Form（形式）概念，这是自亚里士多德开始就思考的与质料相对的通行概念，它可能是"通过按压和捶打"、"研磨、磨光和锉削"等可见的特殊塑形①，机体新的负熵形式是劳动塑形的直接结果；二是也用了功能性的 Bildung（筑模）一词，这是一个不可直观的内部有序建构，比如上述那个皮匠如何切割和缝制皮革的构序技艺方式，一个新的产品的构成是劳动生产构序的直接结果；三是十分独特的 Gestalt（场境），这是我们所熟知的"鞋"背后这一特殊的**用在性场境关系存在**，它合脚的上手性和行走于世的社会在场性，这个场境不是物本身的自然属性，而只突现于鞋的**穿着活动的功能链**中，场境存在是劳动塑形和构序的目的指向，也是产品在社会关系赋型和编码中获得的社会历史负熵质的结果。应该指出，这里的 Gestalt（场境）概念显然不同于布尔迪厄的场（champ）概念，布尔迪厄的 champ 特指社会生活中由不同力量关系角逐和斗争所生成的狭义关系场。一双皮鞋，当它被放置在鞋架中时，这个特定负熵质中的 Gestalt 是不存在的，也就是说，鞋是不在场的。由此推延开来，所有社会生活中的人与物的关系 Gestalt（场境）或者勾连万物的社会关系编码的功能链（海德格尔的"在世之中"）的在场性，都会是当下发生和消失的。这是历史辩证法运动中在场与不在场辩证关系最难入境的地方。在传统认识论构境中，对象性的鞋子实际存在，而在历史认识论的构境中，用在性的鞋子却是不在场的，它会出现在我们脚上的功用性穿戴场境中；**社会生活在夜晚是不存在的**，因为它只在场于人们劳作及社会活动的编码功能链和实际交往场境之中。这让我想到美国电影《我是传奇》（*I Am Legend*，2007）②中，那个物性对象尚在可社会生活不再的末世纽约的悲凉景象，最令人泪崩的影片构境，莫过于史密斯扮演的奈佛在废弃音像店中与衣饰模特打招呼的场境，因为非人的模特不会回应作为社会生活本质的主体际关系。物

---

① 参见 H. P. Müller, *Karl Marx : Die technologisch-historische Exzerpte*, *Historisch-kritische Ausgabe*, Berlin : Ullstein, 1981, S. 13. 中译文参见张福公译稿。

② 《我是传奇》（*I Am Legend*）是一部末世科幻电影。由法兰西斯·罗伦斯执导，威尔·史密斯、艾莉丝·布拉加和莎莉·理查德森等联袂出演。片长 101 分钟。影片由华纳兄弟影片公司拍摄，于 2007 年 12 月 14 日在美国上映。

在,可 Gestalt 不在。我体会,这恰是海德格尔那个拒斥认识论的意蕴观的真实生活基础,这个 Gestalt 和 Bildung 的场境关系存在是当下发生和消失的,它也会是黑格尔那个"正在消逝的东西(verschwindend darstellt)"的最深构境层。历史唯物主义场境关系存在论的本质,也由此真正确立起来。这是愈益复杂的社会物相化关系构序的本质,也由于波佩这里只是在讨论发生于生产物相化中的微观机制,所以人对社会生活和社会系统的建构问题不会是关注的焦点。而当马克思进入到资产阶级社会复杂经济关系场境中时,不断发现和透视作为 Bekannt(熟知的东西)的商品、货币和资本物作为"正在消逝的东西(verschwindend darstellt)"中隐匿起来的场境关系构式。一张人们都熟知的100美元的纸币,当它被封存在货币收藏册中,与它出现在拉斯维加斯赌场换取筹码时的社会关系场境质是完全不同的。在此,历史认识论的逻辑张力也会受到挑战,因为感性到场的、勾连人与物的金钱的不可见的复杂交换和支付关系,往往遮蔽了它自身不在场的真正本质。这是之后我们进入马克思所揭示的经济物相化空间时,必然会遭遇的深层思想构境。当然,我们一定要注意,这里所举出的例子还是局限于手工劳动生产过程之中,在这里,木匠和皮匠双手劳动中的手艺(主体性技艺)还占据着主导地位,而工具(不在场劳动的产物)只是劳动的中介性手段。能够观察到,波佩在此并没有对工具的本质进行更加深入的讨论。因为在以后的工业生产与今天的后工业生产塑形和构序中,我们与对象世界之间的机器工序关系场境赋型和技术筑模方式是更加复杂的,有如当下的网络条件下人与物的数字化负熵存在。我们很快会看到工艺学史中的这种历史性的转换。

我以为,从波佩的一般工艺学原理摘录和思考中,马克思至少可以获得这样一些重要的观点:第一,劳动生产过程发生的基本要素是劳动者、工具和劳动对象,所以,作为社会定在基础的生产辩证法构序的本质仍然是**主体性的劳动辩证法构序**,这应该是马克思后来在经济学研究中将物质生产过程重新还原为劳动过程的理论塑形基础。并且,在手工业生产过程中,作为劳动主体的劳动者,是整个生产过程的发动者和掌控者,生产物相化的过程也是劳动者自身的主体物相化;工具是劳动生产必不可少的中介,最初的工具会是直接对自然力的利用,如经过加工的木器和石器,而工具本身作为"正消失的东西",其本质实际上是对不在场劳动技艺构式**现实抽象(Ⅱ)**后,再一次反向对象化为外部持存模板的产物;劳动对象是生产加工的目标和劳动活动对象化的物质依托,生产过程中出现的原料业已是劳动的结果。第二,劳动生产的本质是人通过劳动物相化活动使对象自然存在状态先发生失形和祛序,再重新塑形和构序的改造过程,这一改造的结果是使劳动对象得到社会历史负熵的赋型,并成为社会场境存在中的特定编码功能链中的关联物。依海德格尔的存在论,劳动生产是产品这一存在者成为社会历史负熵质场境的**存在**。这也意指着,整个形而上学的现实基础是自明性的直观到场物像("形而下者谓之器")。第三,劳动生产过程是物品用在性(商品使用价值)生成的过程,其中,具体劳动对象化是这一用在性(使用价值)形成的关键。这直接使黑格尔在《精神现象学》中提出的劳动外化于自然且生成对象性定在的观点,从天上的抽象思辨落地于现实社会生活之中。可能,这也会是海德格尔从上手状态的功能链接,环顾建构周围世界的本质。第四,手工业生产是历史性的简单生产形式,在后来的机器化复杂生产过程中,上述劳动生产过程的实质被逐渐遮蔽起来。我认为,这些新的看法,将大大深化原有的广义历史唯物主义客体向度的理论构境,当然,也会促进历史认识论的深度和广度。我们在下一章中,将详细分析和讨论历史唯物主义的这一重要进展。

7."怎样生产"的历史发生学研究

从现存的手稿中我们能看出,在对波佩的《手工艺、工场手工业及其他实用工业专用物理学》和《从上古到现代的数学史》进行了摘录之后,马克思"工艺学笔记"中另一个关注的重点,是他对波佩三卷本的《从科学复兴到十八世纪末的工艺学历史》(以下简称《工艺学史》)的摘录。这也是马克思"工艺学笔记"的主体内容之一。在我看来,波佩的《工艺学史》其实就是对上述劳动者(具体劳动)"怎样生产"(用在性使用价值)方式的历史分析,他在此书的序言中提到,这将是"一部关于手工艺(Handwerk)、工场手工业(Manufaktur)和工厂(Fabrik)的历史",这与上面那个关于工艺学的定义是一致的。马克思也留意到波佩指认出,是"贝克曼(Beckmann)于 1772 年第一次将关于手工艺、手工业工场(Manufacturen)和工厂的知识称为工艺学(Technologie)"。①
这是对老师为工艺学理论奠基的思想史定位。显然,波佩这本写于1807年的
著作的写作意图很清楚,他说,这就是在"工艺学史下理解关于加工自然产品
的(广义上的)一切工艺的历史以及与之紧密相关的若干科学"②,即研究劳
动物相化活动"加工自然产品"的"怎样生产"的工艺方法的历史演进。显然,
这种从《德意志意识形态》就开始被强调的人改造自然关系中"怎样生产"的
历史发生学研究,将对马克思产生深刻的方法论和认识论影响。

可以看到,波佩在这部《工艺学史》中,几乎依时间线索,历史地说明了
手工艺、工场手工业再到机器化工厂生产的工艺学史,特别是工艺方法从
11世纪到18世纪在欧洲各国的发生发展进程。其中,最终是以英国和法
国为盛。我们不难看出,波佩的这本《工艺学史》,几乎就是按照人类直接
生存需求中的生产劳作发生的历史构序逻辑所作的理论描述,他自己说:这
本书的

> 第一部分是关于工艺学的一般导论,第二部分是关于机械加工
> (Bereitung)(这种调节在这一部分中只是作为机械手段);第三部分是关
> 于机械-化学加工(这种加工在这一部分中主要是被用作机械手段,而不
> 是化学手段);第四部分是关于化学-机械调节(购置这种必要设备主要
> 是用作化学手段,而不是机械手段);第五部分包括化学调节(在这一部
> 分中只用作化学手段)。③

乍一看,我们会以为波佩的《工艺学史》会是一部关于机械加工和化学调
节的工艺学史,可你仔细去看它的内容则会发现,这里的机械和化学都是为
了人的生活必需品("直接生活资料")所进行的物质生产的手段。从书的第
二部分("机械加工")的第一章开始,波佩讨论的是人每天要吃的粮食

---

① 参见 H. P. Müller, *Karl Marx: Die technologisch-historische Exzerpte*, *Historisch-kritische Ausgabe*, Berlin:
Ullstein, 1981, S. 51。中译文参见张福公译稿。

② J. H. M. Poppe, *Geschichte der Technologie seit der Wiederherstellung der Wissenschaften bis an das Ende des
achtzehnten Jahrhunderts*, Bd. Ⅰ, Göttingen: Olms Verlag, 1807, S. Ⅲ. 中译文参见张福公译稿。

③ J. H. M. Poppe, *Geschichte der Technologie seit der Wiederherstellung der Wissenschaften bis an das Ende des
achtzehnten Jahrhunderts*, Bd. Ⅰ, Göttingen: Olms Verlag, 1807, S. Ⅲ. 中译文参见张福公译稿。

（Nahrungsmittel），即"人类食品加工的手工业、工场手工业和工厂"，其中有粮食加工中的磨具的工艺、榨油的工艺等。这是对"自然辩证法"生命负熵进程中的少量植物，在脱型于自然生存关联后，从"杂草"转换和重新编码成作为人的主食来源的"粮食"的生产深加工方法的研究。第二章和第三章，则是在讨论将人与动物的身体在场方式区别开来的、具有特殊社会历史负熵质的衣物（Kleidung）生产，衣物业已是棉花和动物皮毛等彻底失形和脱型于自然关联后，被劳动生产重新塑形和构序的产品。在这里波佩详细讨论了入序于社会历史负熵进程中的织物制造的手工业、工场手工业和工厂的劳动生产，其中会具体到毛、棉、亚麻、丝及其他织物来制造衣物（Kleidung）和装饰物（Putzsachen）编码关系场境的生产工艺。再后面，则是人类生活超拔于动物生存方式的"满足居住（Wohnung）和其他大宗需求的各种商品的制造"①，这已经是人类生活中社会历史负熵的微观存在层面，其中，精细到包括了制造房屋和家具的木工（Scheinerarbeiten）、窗户制造（Fenstermacher）等工艺，以及愈益丰富的"有助于人类工作构序（Ordnung）、智力筑模（Bildung）等方面的商品"②，这里包括了动物生存中所没有的计算时间的钟表制造技艺（Die Uhrmacherkunst）、供人用所拥有的语言文字表达的造纸技艺（Papiermacherkunst）、人所独有的磨玻璃业（Glassschleifen）等。这里，我们看到波佩直接使用了非直观的 Ordnung（构序）、Bildung（筑模）这样一些重要的场境存在论概念。这会强化马克思历史唯物主义构境中的相近观念。其中，智力筑模涉及科技物相化活动中的设计操作方式。这些方面的工艺学历史演进，几乎包括了作为人类现代生活基础的全部来自物质生产与再生产的社会历史负熵进程。在后面几个部分的讨论中，在机械与化学制造的标题下，却是仍然围绕上述的人们生活必需品的进一步深加工的工艺，比如冶金制造中的铜制餐具生产、化工制造业中的饮食调味品的生产，等等。马克思可以发现，波佩的这个工艺学史的逻辑线索，与广义历史唯物主义所关心的人首

---

① H. P. Müller, *Karl Marx: Die technologisch-historische Exzerpte*, *Historisch-kritische Ausgabe*, Berlin: Ullstein, 1981, S. 82. 中译文参见张福公译稿。

② H. P. Müller, *Karl Marx: Die technologisch-historische Exzerpte*, *Historisch-kritische Ausgabe*, Berlin: Ullstein, 1981, S. 84. 中译文参见张福公译稿。

先要吃喝穿住,所以必须进行直接生活资料的物质生产与再生产的原则,是一致的。这有可能让马克思意识到,工艺学史既是经济学中产品的使用价值塑形和构序"怎样生产"的历史,也是历史唯物主义逻辑第一手的实证史料,这有可能成为他在整个经济学研究中深化广义历史唯物主义的重要参照。并且,此时他所直接关注的机器化大生产中劳动价值论的坚守问题,也会获得一种来自工艺学史发展本身的细节性深入。我们看到,在后来的《1861—1863 年经济学手稿》中,马克思直接大量使用了自己在此所做的摘录。① 下面,我们来具体看一下马克思《工艺学史》研究摘录中的两个不同类型的具体实例。

第一个例证,是从**手工艺劳动**生产活动到**工业化机器生产**的工艺学史研究。这里需要说明的问题是,手工艺劳作首先出现在农耕文明中。与"自然辩证法"居统治地位的自然经济进程中的种植业和畜牧业的总体非物相化活动不同,在制造工具和生活用具的"何所向"需求中发生的手工艺劳作,其本质的确是人的爱多斯(eidos)目的得以实现的过程。在一定的意义上,手工艺劳动恰恰是历史辩证法开始征服自然的工业生产物相化创制活动的先导性存在。这是我们在本书第一章中讨论斯密、黑格尔市民社会话语时,就已经反复交代过的。首先,我们看到,马克思的摘录一上来就关注了波佩书中第一部分"概论"里关于早期衣物制作手工艺历史的发展线索。这正是马克思恩格斯所创立的历史唯物主义中那个重要的"直接生活资料"的生产与再生产过程。其中,马克思是从用野兽的皮做成人遮蔽身体的"**裙子**(*Weiber*)的手艺"开始的,并且,他看到"这场人与动物之间的战争(Kriege)主要是男人的工作"。② 之所以加工动物的皮毛的手艺成为马克思摘录的着眼点,应该与上述波佩的工艺学原理中对皮料的去毛(自然失形和解码)和揉搓动作(劳动塑形的最初准备环节)有关,这让马克思刚刚遭遇的劳动中陌生的失形和重新塑形有了一个更完整的功用性编码指归。马克思的摘录,从男人的这种"以斧

---

① 参见《马克思恩格斯全集》(第二版)第 37 卷,人民出版社 2019 年版,第 39—50 页。

② 参见 H. P. Müller, *Karl Marx:Die technologisch-historische Exzerpte*, *Historisch-kritische Ausgabe*, Berlin:Ullstein, 1981, S. 47。中译文参见张福公译稿。

头(Axt)和砍刀(Beil)的形式"完成的狩猎活动开始,这是从动物身上获得皮毛的劳动过程,动物从原先的自然构序环境中被撕裂开来,并且从原有生命负熵的机体突然解构和返熵于无机的自然碎片;在经过初始清理和加工后,然后才是女人们"织造(Weberei)、镶边(Stickerei)和缝纫(Schneiderei)"那些主体物相化塑形和构序的"专门制作裙子的手艺"。① 我们可以体会到,这些皮衣物(功用性的使用价值)的生产制作,是一种与人的主体劳动意图(eidos)重新失形/塑形和祛序/构序活动密切关联的手工艺赋型过程,与此时在自然经济总体上出现的种植业和畜牧业生产的**非物相化**状态不同,从本质上看,手工艺劳作恰恰是一种自然生命体在生命负熵断裂后入序于人的社会历史负熵进程,成为服务于人的生存需要的用在性产品,这恰恰是我所指认的劳动生产**物相化**的本质,它会直接关联于后来出现的工业生产物相化创制。也是在这一点上,实现人的爱多斯(eidos)的物相化活动作为生产劳动的本质,极大地深化了马克思取之于经济学中的物质生产概念。依海德格尔的本有哲学话语,则是从自然本有转为 for us 的功用性存在,这是人的周围生活世界中存在者(器)的生成根据。在历史唯物主义和历史认识论的构境中,这也会使马克思原先已经意识到的非物像透视得到深化,因为坐实了感性直观物成为"正在消逝的东西"中物相化功用性关系被遮蔽的脱型/赋型细节。在后面对波佩衣物生产工艺的摘录中,马克思看到了这样生动的历史性概述:

> 最初人类没有衣服。但在恶劣气候下,衣物对人类来说就是必需的了。第一批衣物是**从动物身上剥下的毛皮**。这是一种令人讨厌的衣物,直到发明了制革术开始对兽皮进行加工。于是,在夏天这种温暖的气候里,这种衣物不再令人难以忍受,因而成为常备的衣物。首先想到的是,将已经剪短或清除了的动物毛发或动物皮毛相互拼接在一起,将其制成有长宽的、连接起来的整体(Ganzes),这样人们就得到了一种长袍(Gewand)……毛毡(Filzen)和毛毡的制作(Filzmachen)。然后,出现一种发明能够使毛发不再相互缠绕而杂乱无章,它事先通过毛纺而将其变

---

① 参见 H. P. Müller, *Karl Marx: Die technologisch-historische Exzerpte, Historisch-kritische Ausgabe*, Berlin: Ullstein, 1981, S.47。中译文参见张福公译稿。

为一种沿着一定方向缠绕在一起的被构序(ordentliches)的线,再通过织(Weben)而将其制成某一长宽的织物(Zeug)。①

这应该是波佩的有趣推断。一是人类的"衣物"中内嵌的新的历史辩证法社会负熵质,开始于动物生命负熵构序中的"自然辩证法"失形与祛序。起初,只是将通过劳动分离出来的皮毛直接当作衣物,在这种简单失形和祛序后的挪移中似乎完全没有新的劳动塑形和构序。二是在这种简单的"衣物"穿着中,最初的人们遭遇了不同季节在用在性上的不适,所以,生活中衣物的直接用在性则需要新的劳动失形/塑形和祛序/构序,这就出现了"对兽皮进行加工"的手工艺劳作之中的社会历史负熵进程。衣物生产进步的关键性一步,是通过劳动活动使兽皮与毛发从原来的自然关系中脱型后,再"将已经剪短或清除了的动物毛发或动物皮毛相互拼接在一起,将其制成由长和宽连接起来的整体",这种非自然皮毛的新的衣物有序形式,当然就是人的衣物生产中出现的劳动目的(telos)物相化努力。这表示,人的生产并非仅仅是简单的加工和产出,而是有具体目的"何所向"的**物相化活动**,正是在这一点上,才将人的**爱多斯之相在劳作生产中的实现**与动物结网、筑巢和作茧等自然生命活动彻底区分开来。这也是历史辩证法与"自然辩证法"的根本异质性。三是如果进一步让"毛发不再相互缠绕而杂乱无章",并且再让毛发变成"一种沿着一定方向缠绕在一起的被构序的线,再通过织而将其制成某一长宽的织物",这就生成了全新的毛纺衣料,这已经是多重复杂劳动物相化关系赋型所产生的新的社会历史负熵质。四是再由此缝制出可以穿着的毛衣,这就是彻底解构动物生命负熵质后完全由社会历史负熵赋型和编码的成熟**衣着场境存在**了。其实,在不同的社会历史关系构式中,衣物与人的场境关系赋型是完全不同的,这里波佩所讨论的毛衣,在他所说的那个时代,显然不会是劳动者遮体的衣物,而是封建贵族或资产阶级等在场于上流社会的富有者的体面穿戴。

需要注意的方面是,这里从兽皮衣物到毛织衣服的手工艺生产制作的每

① H. P. Müller, *Karl Marx: Die technologisch-historische Exzerpte*, *Historisch-kritische Ausgabe*, Berlin: Ullstein, 1981, S. 61. 中译文参见张福公译稿。

一步,都离不开工匠的**双手**,离不开**手工艺主体劳动物相化的塑形、构序和赋型活动**,这简直就是一幅完整的手工艺劳动潜能(dynamis)实现出来的图景。固然,我们也会看到工具在制革、处理毛发和毛纺编织中的作用,但这一生产的主体却是手工艺劳动。这也是历史认识论在面对物质生产活动时的一个历史性的断面。

其次,马克思仔细关注和摘录了衣物工业生产中机器创制的工艺学历史。在波佩的工艺学史研究中,工业生产阶段中出现的"怎样生产"的工艺学,已经彻底摆脱了人的双手劳作的"手艺"技能,后来出现的手工纺织机和纺织机器发展的路径,开始会是对人的手脚在劳动中的功能的模仿,从本质上看,这业已是**手工艺劳动技艺的现实抽象(Ⅱ)并反向物性模具化**的结果,可是,这种外在于劳动者的机器**客观工序和技术**已经消除了主体性的手艺。我体会,这恰恰是马克思此时格外关注的李嘉图经济学背景下的机器化生产进程。对此,我们可以来看一些马克思的具体摘录内容。

一是波佩所描述的纺织业劳作生产中,从手梳理毛发的手艺到机器生产的"开毛机"的工艺演进。这是从主体性的人手劳动物相化活动失形/祛序-塑形/构序,经过抽象-物相化工具中介,再到非主体的机器生产客观工序赋型进化的一个生动个案。马克思摘录到,在我们的经验直观中熟知的一件毛衣背后,它作为"正在消逝的东西(verschwindend darstellt)",隐匿着一个复杂的劳作失形/塑形和祛序/构序过程。这正是1845年《提纲》第一条中那个在直观对象的消逝中捕捉到的不在场的实践活动,以及《德意志意识形态》的历史唯物主义构境一上来就是透视社会生活中的物性实在消逝背后的物质生产与再生产物相化活动的生动说明。人们"为了将羊毛做成一件衣服(Zeug),必须首先将羊毛捻成干净利落的线,再将线变成纱(Garn)。这些线必须以相同的间距平行着绷紧,以便能用另一根线在它们之间来回穿梭"①。要实现这种毛纺生产,前提是"把毛抖开和打松",在手工艺劳作中开始是用双手,然后是手工业生产中简单的"开毛器",到了18世纪则出现了机械的开毛机,

---

① H. P. Müller, *Karl Marx: Die technologisch-historische Exzerpte*, *Historisch-kritische Ausgabe*, Berlin: Ullstein, 1981, S. 63. 中译文参见张福公译稿。

"1775 年,第一次使用了用水轮或蒸汽推动的梳毛机或粗梳机(Kratz = Krempel = od. Kardetschmaschine),理·阿克莱(R. Arkwright)第一个为这项发明铺平了道路"。① 这是一个从手艺劳作、简单手工业生产中的工具技艺构式到机器技术对象化实现的完整演进过程。其实,从上述讨论可以得知,在劳动者用双手"把毛抖开和打松"之前,已经发生了上述将动物的毛从自然负熵关联中脱型和解构出来的过程。用手将羊毛捻成干净利落的线,是劳动者通过劳动物相化活动重新塑形的生产过程。原先从毛到线,再到纱,都是通过双手实现爱多斯(eidos)之相的主体性劳动塑形;之后,人们的双手的塑形技巧的构式被现实抽象出来,并反向对象化到"开毛器"这样的简单工具上,每一次新的劳作活动的发生,都会是内化于开毛器中的劳动技艺构式编码的惯性激活和重构,而当开毛器上的坚硬的物性梳齿撕扯替代了肉身的手指"松抖",这还是手艺中对自然力的借助。进而,纺织工业生产中"水轮或蒸汽推动的梳毛机或粗梳机"的出现,就完全改变了原先开毛器的一切惯性实践,因为这已经是创造性地将劳动者主体经验中手艺的完整物相化塑形技能构式**现实抽象Ⅱ**为非及物的技术信息编码和实用知识,并重新**反向对象化**为系统的工具——非主体的机器。在历史认识论维度上,在生产过程中作为对象性实在到场的物性机器,并不是一个简单的直观对象,机器本身业已是特殊的**科技物相化**的结果,因为它是科学技术非及物塑形、构序和场境关系赋型的信息编码——设计操作完成后,重新对象化应用的系统模板,机器进入生产过程时,它的非主体工序编码,替代了原先属于劳动者创制工艺技能在场的物相化核心,原先劳动者手工劳作技能生成的编码功能链,现在成了物性机器中发生的客体运行机制。由此,人在劳动生产中的目的(telos)和爱多斯(eidos)之相,被彻底挪移到科学技术信息编码实践和设计操作中,改变对象的物相化塑形、构序和关系赋型,现在不再与劳动者的直接体力劳动相关,而是由独立的科技脑力劳动潜能(dynamis)的历史在场性完成的。这也意味着,勾连万物的历史辩证法运动,第一次成为技术实验室和科学探索活动中虚拟

---

① 参见 H. P. Müller, *Karl Marx: Die technologisch-historische Exzerpte*, *Historisch-kritische Ausgabe*, Berlin: Ullstein, 1981, S.64。中译文参见张福公译稿。

塑形和构序中的普遍关联,它会进一步物相化为客观的辩证总体运动。这里的描述,并非经济学话语,也不是哲学话语,可是,它对从手工业生产到机器化生产进程中商品的使用价值的生成却是重要的微观确证,也必然会呈现历史唯物主义中的物质生产概念的微观运行机制,并且,为历史认识论中的实践筑模阶梯式递升和转换为科技逻各斯,也提供了需要深入领悟和思考的构境层。在一定的意义上,这可能呈现透视历史唯物主义构境中一般物相化图景("正在消逝的东西")生成的微观机制。之后,马克思会形成自己的**多重现实抽象理论**:(一) 资本主义工场手工业条件下劳动分工所导致的劳动碎片化及现实抽象(Ⅰ)为社会劳动一般;(二) 劳动者手艺和工序的现实抽象(Ⅱ)并反向对象化为物性工具,进而现实抽象为技术信息编码并反向对象化为机器系统;(三) 在商品流通领域,劳动交换关系现实抽象(Ⅲ)为价值关系并反向对象化为货币。

二是波佩眼中的从手纺线工艺到纺织机技术的具体演进。这是在开毛**塑形**之后的生产**构序**技能的历史演进线索。在马克思的摘录中我们看到,

> 古代人已经掌握了将梳过的毛捻成线,通过纺变成纱的技能(Kunst)。为此目的,古代人使用的是**纺锤**(*Spindel*),现在仍然有很多人使用它。**纺车**(*Spinnräder*)是近代的发明。最初是手摇纺车(Handräder),这是大轮子,人用右手转动,同时用左手牵线。一直到1530 年,不伦瑞克(Brauchschweig)附近乡村(Watenmüttel)的尤尔根斯(Jürgens)才发明了小型脚踏式纺车(Tretrad)。①

在这里,我们可以清楚地看到,从劳动者用双手梳理毛的塑形并且捻成线的直接劳动物相化构序到中介性的纺锤工具,再到劳动物相化革新后手摇和脚踏的机械纺车,这是人的劳动物相化中的技艺构式的现实抽象和对象化工具从直接主体活动在场到纺织品机械生产工序的转换,其中,我们已经能够看到,劳动者双手的"梳"和"捻"的直接塑形和构序手艺,开始退隐到纺车转运的动力作用,"大轮子"旋转替代了双手的直接塑形。其实,这里发生的工具改良与革新是复杂的。如果说纺锤是人手直接手艺的现实抽象并反向

---

① H. P. Müller, *Karl Marx: Die technologisch-historische Exzerpte*, *Historisch-kritische Ausgabe*, Berlin: Ullstein, 1981, S. 64 – 65. 中译文参见张福公译稿。

对象化为惯性实践重构的工具模板,那机械纺车已经是打破手工纺锤劳动构序新的技艺构式的现实抽象和反向对象化的创造性机器模板,它所激活和重构的纺纱生产编码将是非主体的惯性实践。后来,马克思自己在《1861—1863 年经济学手稿》中对纺织生产从手工劳动到纺车的进化,做过一个更加详尽的描述:

> 在用脚(Fuß)的动力推动轮子,用轮子推动纱锭的脚踏式纺车上,直接与羊毛这种材料接触的那一部分工具,即纱锭,具有独立的存在,它实际上是一种与接受动力的轮子不同的工具。开毛和把羊毛捻成线,实质上也就是纺纱,原来是用手(Hand)进行的,并且只有在这些手工操作(Handoperation)完成以后,羊毛才被绕在线轴上。从工具本身承担了以前用手完成的操作的时候起,也就是说,从工具本身开始纺毛,即同一动力既推动轮子,同时又让工具本身纺毛,而工人的作用因而简化为推动轮子,调整并照看由工具所进行的纺毛过程(例如接断纱),——从这时起,脚踏式纺车便转化为机器。[①]

显然,马克思的描述越发细致和精妙,他是从机械纺机的运作开始的,脚踏驱动纱锭,使原先需要用双手开毛、捻线和绕线的"手工操作"劳动物相化,直接为作为科技物相化结晶的纺纱机本身的塑形和工序所取代,工人劳动的作用"简化"为动力源泉与调整和看管纺机。这是一个历史唯物主义客体向度中对工具进化史的微观构境。

在马克思对波佩《工艺学史》的摘录中,到了 18 世纪中叶,"**精纺机**(*Spinnmaschinen*)或**加捻机**(*Spinnmühlen*)。这种或用人手转动曲柄(Kurbel),或用水车,或用蒸汽机(Dampfmaschine)推动的机器,可以同时纺成 60、100 和更多根非常细的同样的线,甚至同一个发动机在推动它时还可以同时推动开毛机(Flackmaschinen)和梳毛机(Krempellmaschinen)"[②]。在这里,我们可以清楚地看到,此处生产过程中工具-机械工具-机器系统的出现,完全是原先纺织工人

---

① 《马克思恩格斯全集》(第二版)第 37 卷,人民出版社 2019 年版,第 35—36 页。

② H. P. Müller, *Karl Marx: Die technologisch-historische Exzerpte*, *Historisch-kritische Ausgabe*, Berlin: Ullstein, 1981, S. 65. 中译文参见张福公译稿。

双手主体性劳动物相化**技艺**构式的现实抽象和重新物性模具化历史进化的结果,其中,科技信息编码物相化后的机械系统的工序和客观运行机制,彻底取代了工人主体性劳动物相化的技艺构式,水力和蒸汽机的动力根本取代了人的手和脚的动力。

我以为,马克思这里所看到的工艺学史研究,将对他的历史唯物主义中物质生产发展,特别是生产力水平提高的历史认识产生巨大的促进作用,也会使他在经济学语境中面对资产阶级机器化生产的历史本质时得到有力支撑,进而创立揭示资本家相对剩余价值来源的科学理论。

第二个例证,是马克思所摘录的波佩关于**模具生产**的工艺学史研究,这主要表现为加工粮食的磨的工艺学史。这同样关联于人的吃喝穿住等相关的"直接生产资料"的生产与再生产。能够观察到,马克思在波佩关于粮食的加工工艺学史的描述中,十分仔细地摘录了麦子加工的工艺进化历史。可能这会是斯密《国富论》中轻松提及的人们熟知的面包师与面包的故事背后的"正在消逝的东西(verschwindend darstellt)"。这又是在场与不在场的社会关系场境论中的辩证关系。早先,人类的祖先与动物一样,会"生吃未经加工的果实(Rohes Essen der Früchte)",这是人的生命之始,显然,那时的人的生存基本上还是依存于自然生命负熵总体的。之后,人们在自己饮食生活漫长的千尝万识中,开始将一些植物的果实(比如麦子)用石头和木棍等物"砸碎"(Zermalmung)再煮熟食用,这就是脱型于"自然辩证法"关联后入序于人的爱多斯(eidos)之相,在劳动物相化中入序于历史辩证法的社会历史负熵进程中的"粮食"编码之 for us"涌现"(海德格尔的存在)。在西方世界中,麦子被粉碎后再物相化为斯密所说的"面包",而到了我们中国老百姓的周围世界之中,则会物相化为"馒头"、"包子"和"饺子"。这是不同饮食文化话语在具体生产劳作编码中的差异。于是,劳动加工的过程会是"人们将晒干的谷物放入容器或臼中,用杵(Keule)将谷物捣碎"①。这里,从果实本身来说,有一个从自然植物生命体的负熵-构序到使之解构,然后再通过劳动物相化让其获得

①H. P. Müller, *Karl Marx: Die technologisch-historische Exzerpte*, *Historisch-kritische Ausgabe*, Berlin: Ullstein, 1981, S. 84. 中译文参见张福公译稿。

社会历史负熵质(可精细食用)的塑形过程,其中,人是用劳动改造过的石-木工具(臼和杵)完成这种自然脱型,比如麦子的粉末状态业已是新的劳动工具作用下的塑形结果。这会让马克思意识到,人在生产中的劳动塑形和构序由三个部分构成:一是人的体力劳动的直接支出,比如这里砸碎谷物的发力;二是以物性工具在场的对象化劳动结果,有如这里的磨;三是人利用外部自然构序的重组获得的对象塑形和构序,比如这里坚硬的杵与臼相互碰撞产生的粉碎力。这已经预示着后来的生产过程中劳动与对象化劳动(机器)、劳动物相化技艺与科技信息编码物相化工序的历史性的分离。这一点,会成为广义历史唯物主义构境新的塑形层面。比如当我们在一般物像直观图景中遭遇熟知的在场对象性"面包"、"包子"时,它们作为"正在消逝的东西(verschwindend darstellt)",将其塑形和构序为"存在者"的"磨"、"制作"、"蒸"、"烤"等复杂劳动物相化关系,则会从逻辑凹点的不在场的黑暗中涌现出来。这是存在者向存在的此-彼归基关系,也会是历史认识论新的微观认知机制呈现。

依马克思的摘录,我们看到波佩进一步讨论了在小麦的加工过程中,

> 人们发现研碎(Zerreiben)比捣碎(Zerstossen)更好。于是,人们使臼内的杵做旋转运动。这最好是用一个手柄(Kurbel)来完成,手柄固定在杵杆上,并由人来转动,和我们现在使用的咖啡磨(Kaffeemühlen)差不多一样。**手(推)磨**(*Handmühle*)就是这样发明的。①

我揣测,磨作为劳动工具的出现,会让马克思眼前一亮,因为几年前在《哲学的贫困》一书中他刚刚说过,"手工磨产生的是封建主为首的社会,蒸汽磨产生的是工业资本家为首的社会(la société avec le capitaliste industriel)"②。这里,他却直接遭遇到从手推磨到蒸汽磨的具体工艺进化。我想,他会很深地体验到工艺学研究与历史唯物主义逻辑构式的内在关联。从波佩的讨论看,研碎虽然也是自然负熵的进一步失形和祛序,但较之捣碎,手推磨已经是生产工艺构序方式改变的重新现实抽象且反向对象化的结果。

---

① H. P. Müller, *Karl Marx: Die technologisch-historische Exzerpte*, *Historisch-kritische Ausgabe*, Berlin: Ullstein, 1981, S. 51. 中译文参见张福公译稿。
②《马克思恩格斯全集》第4卷,人民出版社1958年版,第144页。

如果说,原先的臼-杵工具是捣碎小麦的劳作失形/塑形和祛序/构序技艺构式中,现实抽象出来并反向对象化到物性持存中的生产模板,那么手推磨业已是突破了旧的惯性实践构式后,新的碾磨小麦劳作技艺构式之现实抽象和反向对象化的结果。并且,与上述我们例举的皮衣缝制和棉花松毛的手工劳动不同,在手推磨磨面的生产中,已经没有了劳动者双手直接塑形的手艺和技艺,这里的改良是**劳动之外的工具物性编码模板本身的改良**。并且,改变工具的劳动活动只能对象化在磨的构件(臼和杵)上,在即将发生的生产过程中,这种**制造和改进工具的劳动活动**同样是不在场的,然而这些劳动产生的用在性,会在工具本身的反复使用中转移到产品中去。这也指意着,工具本身也是生产物相化显相中"正在消逝的东西"。之后,这将会是马克思的非及物技术活动的现实抽象和脱离劳动生产过程的科学理论研究活动的历史缘起,以及经济学语境中固定资本(工具和机器等)损耗和价值转移的精准前提。

与上述讨论过的棉纺手工艺生产不同,这里的磨面生产本身就缺少了劳动者主体直接塑形的技艺,一定的意义上说,这也有一个从劳动者"怎样劳动"到"怎样生产"的转换。在此,最初的手推磨只是石臼的改良,"人们使臼内的杵做旋转运动。这最好是用一个手柄(Kurbel)来完成,手柄固定在杵杆上,并由人来转动"。谷粒的自然负熵失形和祛序,从上下的砸碎变成水平研碎运动,并且,人手的动力还在起着关键性的作用。人手在这里,只是简单的动力源泉,并且处于可以随时被替代的位置上。麦子由自然果实的颗粒变成粉末,这是在场的手的劳动推动和不在场的工具改进劳动对象化共同塑形的新构序。而到了马拉磨(Rossmühlen),

> 杵(Keule)有了更为合理的、最初是球形的形状(Gestalt);杵在其中旋转的臼也变得更为方便了。以后,人们将杵改成大而重的**圆柱形石块**,它在另一大石头块上转动,以磨碎谷物。上面的石块称为上磨盘(Läufer),下面的石块称为下磨盘(Bodenstein)。在圆柱形的上磨盘中央有一个孔,谷物从孔倒入,在上磨盘与下磨盘的表面之间磨成粉。①

---

① H. P. Müller, *Karl Marx: Die technologisch-historische Exzerpte*, *Historisch-kritische Ausgabe*, Berlin: Ullstein, 1981, S. 52. 中译文参见张福公译稿。

正是这种物质生产中作为工具的磨本身的持续工艺改良,使马克思产生了巨大兴趣。在后来的《1861—1863年经济学手稿》中,马克思重新回到这里摘录的马拉磨,他非常细致地注意到:一是马拉磨中"杵和杵在其中转动的臼的形状也改变了;但是,经历了很长时间,臼和杵才被两块[圆柱形]石头所代替,其中一块在另一块的上面转动"①,这里,从杵到上磨盘、臼到下磨盘的改变,并非人的劳动手艺的改变,而是工具自身的客观赋型工序的改变。同样,这种改良工具的创造性劳动塑形和构序活动是不在场的,它反向对象化为每一次惯性实践重复中的功能性编码模具的重新激活。二是"辕杆先是由人推着转动,后来由牲畜推着转动"。马克思后来评论说,入序于生产过程中的牲畜,是"活的自动机"②。如果说,在农业生产的牛拉犁中,劳动生产"在单纯采用畜力的情况下,**随意运动**(freiwillige Bewegung)的原理仍然占主导地位,纯机械动作隐藏在随意运动的外表之下"——我理解,这里的"随意运动",即在**自然力**范围内运动——那么,当马拉磨中马围绕磨的圆圈运动取代人成为动力时,它"已经表现为**反自然的**(widernatürlich),并且形成有规律的机械的路线(regelmässige mechanische Linie),形成圆圈"。③ 马克思这里的评点是极其深刻的,因为这里出现的运动圆圈已经不属于随意性的自然力,而是人所制造出来的反自然的**社会历史负熵的构序**"路线"。马克思这里使用的widernatürlich(反自然)一语,是他对历史辩证法的社会历史负熵本质的指认。这将是基于自然经济的二元认知构架的历史性溃败,因为,从此刻开始,人将成为新编**实践辩证法**历史剧的编剧和剧中角色,我们会同时认知我们创制的社会历史构序和客观信息编码结果。三是当人手的劳动从动力源泉转换为倒入谷物时,在物品的使用价值塑形中,劳动的作用被减轻了。这种在工具改良中逐步增强的现象,就会导向劳动价值论后来在机器大生产进程中遭遇的"李嘉图难题"Ⅱ。我推测,这正是马克思思考构境中的开窍点,即制造工具和机器中的劳动价值的转移问题。

---

① 《马克思恩格斯全集》(第二版)第37卷,人民出版社2019年版,第40页。

② 《马克思恩格斯全集》(第二版)第37卷,人民出版社2019年版,第37页。

③ 参见《马克思恩格斯全集》(第二版)第37卷,人民出版社2019年版,第39—40页。Marx-Engels-Gesamtausgabe(MEGA²),Ⅱ/3-6,Text,Berlin:Dietz Verlag,1982,S.1919.

显而易见,这里对波佩《工艺学史》中关于磨的工艺工序的历史发展进程的摘录,对马克思后来的经济学研究和广义历史唯物主义的深化都有着巨大的影响。第一,他后来认为,"**磨可以被看做是最先应用机器原理的劳动工具**"①。马克思以农业生产中使用的犁作为对比,他认为,"犁完全不包含新的原理,而且根本不能引起工业革命。它完全适合于小生产的范围"②。这个新原理,则是自然失形后的塑形和构序。翻地只是脱型,但没有给出超越"自然辩证法"的新东西;而磨的使用,已经包含了后来由劳作技艺转化为机器内部工序和赋型机制的全部内核。马克思指认的另一个重要的装置是钟表,因为后者代表了"关于自动机和在生产中采用自动运动(automatischen Bewegung)的观念。与钟表的历史齐头并进的是匀速运动(gleichförmige Bewegung)理论的历史"③。引申开来,这也是资产阶级工作节奏的根本构序和编码机制。这是后来德波的"永不工作"和列斐伏尔诗性节奏论的否定性前提。

第二,马克思认为,"从磨的历史可以研究力学的全部历史"。这提示我们,工业生产物相化工艺的历史发展,其实也会是科学技术发展的并行史。比如,从动力机制上看,在磨的工艺学史中,

> 我们首先可以找到按一定顺序相继采用的,而在很长时间内又是同时并用的所有种类的动力:人力、畜力、水力、船磨、风磨、马车磨(磨装在马车上,靠马车的运动来带动,在战争等时候使用),最后是蒸汽磨。④

看起来,这是一个畜力代替人力、自然力代替有机生命动力的过程,其实,其中却深嵌着从劳作技艺到工艺再到科学技术信息编码的发生和发展,这也是一个力学科学不断在实践中获得深入发展的进程。

第三,我们看到,在对波佩《工艺学史》的摘录中,马克思还关注了磨的工艺发展与科学技术的关联性。马克思后来指认,"**磨可以被看做是最先应用机器原理的劳动工具。在磨中应用机器原理,要比在纺纱机和织造的机器等**

①《马克思恩格斯全集》(第二版)第37卷,人民出版社2019年版,第40页。
②《马克思恩格斯全集》(第二版)第37卷,人民出版社2019年版,第39页。
③《马克思恩格斯全集》(第二版)第37卷,人民出版社2019年版,第50页。
④《马克思恩格斯全集》(第二版)第37卷,人民出版社2019年版,第41页。

等上容易,因为机器的工作部分(arbeitende Theil der Maschine)本身,即用来克服阻力和夹持加工对象的部分本身,一开始其动作就与人手(menschlichen Hand)无关,并且不需要人进一步干预"①。这里,马克思还是将磨的工艺与上述的纺织业生产进行了比较,他突出指认了人手在这两种生产劳动中的作用,由此突显前者的工具进化中走向机器生产的优势。比如,在水磨的发明中,"齿轮和传动装置与水轮的轴相联,把水轮的运动传到磨碎谷物的磨盘上"。这里,一是原来由人力和畜力实现的动力,现在完全由自然水力所取代,二是石磨上的人力手柄和马拉柄被"齿轮和传动装置"替代,自然构序的利用完全变成了**反自然的人工构序**结果。因为"齿轮和传动装置"本身,是愈益精密的科技物相化的双重复杂劳动所制造:一是非及物科学技术信息编码和构序的智力劳动,二是制造机器的**反向**物相化劳作。之所以指认这种物相化劳动的反向性,是因为它不是生产机器的劳动者的直接爱多斯(eidos),而是科技劳作者纯粹爱多斯之相的反向物相化。并且,当它们以物性机械装置的方式参加生产时,仿佛它们也在创造使用价值,表现出与体力劳动没有任何关系。这恰恰是那个"李嘉图难题"Ⅱ生成的根据。这种反自然的科学信息编码和客观构序慢慢地从生产过程中被分离出来,成为专门的**非及物**技术研究中的发明,这就是科学技术研究和实验的缘起。马克思不难看到,科学技术的发展后来与劳动生产的关系完全是颠倒过来的**观念负熵赋型**,即"不在场"的科学信息编码和技术发明本身在物质生产物相化中的反向对象化应用。这将极大地改变历史辩证法的内部构成和运行机制,因为**生产辩证法构序**会下降为**科技实践辩证法构序**的物性实现,而**劳动辩证法**将在体力劳作活动之上生成全新的科技劳动层面。我不知道,此时马克思会不会去想黑格尔那本唯心主义的《自然哲学》的秘密。因为,不在场的观念负熵成为到场物质进程的本质,开始成为现代科学技术与物质生产过程倒置关系的真实写照。波普等人的"理论先于观察"论中,回响着黑格尔客观唯心主义的历史回声。由此,历史认识论的构境将愈益复杂和深化。马克思在波佩那里看到,恰恰因为"摩擦学说的研究"已达到相当高的程度,才为

① 《马克思恩格斯全集》(第二版)第37卷,人民出版社2019年版,第40页。

齿轮的**轮齿**（*Zähne*）找到了**外摆线**形态（*epicycloidische* Gestalt）。这种**外摆线**（*Epicycloide*）是圆周上的每个点所构成的一条曲线，它会围绕其他圆转动，这样一来，每个圆周的接触面总是保持垂直。根据这种曲线，轮齿就被加工成圆形，保证了旋转的同一速度；它们不会受到碰撞和震动，咬合时的摩擦也大为减少，从而使得运动更加轻快和更加完善。①

这里发生的事情，已经不是劳动技能或者客观工序从生产过程中被客观地抽象出来，而是科学家和技术人员在实验室和理论研究活动中发现了科学原理，再将这种"一般智力"的精神负熵质重新对象化应用到生产过程中去。这种科学技术与生产过程的结合，必然迎来资产阶级社会中的机器化大生产的全新科技物相化时代。这一重要的新观念，将会在后来的《大纲》和《1861—1863 年经济学手稿》的思想实验中爆燃出来。

在马克思的摘录中，我们看到 18 世纪下半叶，也是在水磨的技术改进中，人们发明了"无水轮和无针状齿轮的水磨。这种水磨是应用所谓反作用机或塞格纳水轮的结果"，通过水的力量推动"圆筒的轴同磨盘以及与磨盘有关的全部机构联结在一起"的新型水磨，然后，"水管中流动的不是水，而是水蒸气。借助蒸气的喷出，同样也产生了一种旋转运动。于是，从无水轮和无针状齿轮的水磨中就产生了无水轮和无针状齿轮的**蒸汽磨**（*Dampfmuehe*）"。②实际上，我们已经看不懂这里出现的十分专业化的技术术语了。但是我们和马克思都会懂得，与前述手推磨和马拉磨中那个**不在场的制造和改良工具的劳动**不同，这里作为机器的蒸汽磨本身的生产，已经不再是工人主体性劳动工艺的事情，而是技术专家和科学家的**非及物研究中发生的纯粹信息编码和构序活动**，在客观工序之下的操作后，再由工人通过劳动物相化将蒸汽磨生产出来，于是，蒸汽磨在进行磨面的生产中，除去看管机器的工人劳动，所有其他对象化劳动都成为不在场的力量发生作用。显然，李嘉图遭遇的劳动价值论上的经济物相化迷雾正是这样生成的。

---

① H. P. Müller, *Karl Marx: Die technologisch-historische Exzerpte*, *Historisch-kritische Ausgabe*, Berlin：Ullstein, 1981, S. 55 - 56. 中译文参见张福公译稿。

② 参见 H. P. Müller, *Karl Marx: Die technologisch-historische Exzerpte*, *Historisch-kritische Ausgabe*, Berlin：Ullstein, 1981, S. 57 - 58。中译文参见张福公译稿。

马克思认为,到了蒸汽磨,就已经是李嘉图所属的"机器体系"时代了。在他看来,

> 人们用"磨"["Mühlen,mills"]这个词来表示一切由自然力推动的劳动工具,甚至表示那些以手作为动力的较复杂的工具。在磨中,已经具备或多或少独立的和发展了的、相互并存的机器基本要素:动力;动力作用于其上的原动机;处于原动机和**工作机**之间的**传动机构**——轮传动装置、杠杆、齿轮等等。①

在马克思的眼中,磨的工艺学史研究,从人手到由自然力推动的劳动工具,再到机器系统的发展,其实是劳动物相化和对象化在工具中的劳动塑形和构序的进化史,看起来,处于生产过程中的机器中的"工作机"与"传动机构"似乎都与劳动者无关,可人们却忘记了这些机器恰是由当下不在场的工人的劳动制造出来的。马克思一针见血地指出,"第一批机器(erste Maschinerie)是在工场手工业条件下用手工劳动(Handarbeit)制成的",比如我们刚才看到的驱动纺织机的"第一批蒸汽机是用工场手工业和手工业方法制造的"。② 机器高效率地参与物质生产塑形和构序物品的用在性,但它永远不创造产品中新的劳动价值,而会以转换价值的方式参与商品的价值构成。这是在马克思后来的相对剩余价值生产理念中逐渐清晰起来的道理。

我注意到,除了《伦敦笔记》第15笔记本中直接对波佩、贝克曼和尤尔的工艺学著作的研究和摘录,几乎是同一时期里,马克思还参观了当时在伦敦举办的第一届万国工业博览会,并利用了关于这届博览会的实录著作《各国的工业》,即1852年出版的《1851年大博览会展品所代表的各国工业及工业原料》③和1855年出版的《各国的工业,第二卷:工艺、机器和工业的现状概述》④。在

---

① 《马克思恩格斯全集》(第二版)第37卷,人民出版社2019年版,第50页。

② 参见《马克思恩格斯全集》(第二版)第37卷,人民出版社2019年版,第72页。

③ *The Industry of Nations*, *as Exemplified in the Great Exhibition of 1851*: *The Materials of Industry*, London: Society for Promoting Christian Knowledge, 1852.

④ *The Industry of Nations*, *Part II*. *A Survey of the Existing State of Arts*, *Machines*, *and Manufactures*, London: Society for Promoting Christian Knowledge, 1855.

1856 年写下的笔记本 B79① 中,马克思再次摘录了安德鲁·尤尔的《技术辞典》中关于金的物理性质的内容,以及波佩的《工艺学史》中关于镀金、镀银和铸币(Münzen)的工艺学史内容。重要的是,此时马克思对资产阶级社会中机器化生产和科学技术的发展也有了新的认识。他感慨地说:

> 在我们这个时代,每一种事物好像都包含有自己的反面。我们看到,机器具有减少人类劳动和使劳动更有成效的神奇力量,然而却引起了饥饿和过度的疲劳。财富的新源泉,由于某种奇怪的、不可思议的魔力而变成贫困的源泉。技术的胜利,似乎是以道德的败坏为代价换来的。随着人类愈益控制自然,个人却似乎愈益成为别人的奴隶或自身的卑劣行为的奴隶。甚至科学的纯洁光辉仿佛也只能在愚昧无知的黑暗背景上闪耀。我们的一切发现和进步,似乎结果是使物质力量成为有智慧的生命,而人的生命则化为愚钝的物质力量。②

这可能是我们所看到的公开文献中,马克思第一次发表对资产阶级社会中科学技术和机器生产在推动物质生产力的巨大发展的同时带来负面社会作用的看法。这似乎生成了一种全新的**科技物役性**现象:人创造了使劳动有效的技术与机器的"神奇力量",但这种"魔力"竟然也畸变为"贫困的源泉";科学的"纯洁光辉"造成了新"愚昧无知","控制自然"的物质力量同时生成了饥饿和过度疲劳的现代奴隶生活,这一切,当然都是资产阶级社会制度的恶果。实际上,从这里可以看到霍克海默和阿多诺在《启蒙辩证法》一书中工具理性批判的前期线索。从思想构境谱系线索上看,马克思在《1861—1863年经济学手稿》中,将会在历史唯物主义的构境中,重新指认机器与科学技术在资本主义生产方式中的我-它自反性异化问题。

1863 年 1 月 28 日,马克思在致恩格斯的信中提到:"我把我关于工艺学

---

① 在 IISG 官网上公布的马克思恩格斯原始遗稿数字化版本的编号为 B75,笔记本编号为 Heft LXXIX,注明写作时间为 1854—1856 年。该笔记本的原始编号为 B79。参见 IISG, *Marx-Engels-Papers*, B75。

② 《马克思恩格斯全集》第 12 卷,人民出版社 1962 年版,第 4 页。中译文有改动。这是马克思在出席 1856 年 4 月 14 日为纪念宪章派报纸《人民报》创刊四周年而举行的宴会上的讲话,载于 1856 年 4 月 19 日的《人民报》。

的笔记(摘录)全部重读了一遍,并且去听韦利斯教授为工人开设的实习(纯粹是实验)课(在杰明街地质学院里,赫胥黎在那里也讲过课)。"①这说明,马克思在《1861—1863年经济学手稿》写作的最后,再一次重新思考了工艺学问题。他不仅重新阅读和思考了《伦敦笔记》中波佩等人的工艺学笔记,而且旁听了罗伯特·韦利斯②的技术课程。在这一时期,马克思与恩格斯多次讨论机器生产中的工艺学问题。③ 1863年春,马克思写下了八个摘录笔记,并将其统称为"补充笔记本(Beihefte)",编号为A—H。④ 其中,在"补充笔记本C"中就有对贝克曼的《发明史论文集》的重新摘录。

在我看来,马克思关于工艺学研究的意义,可能会超出工艺学自身的物质生产构境层,而成为广义历史唯物主义和历史认识论的内里新质。因为基于物质生产劳动物相化的工艺学,完全有可能挪移成社会物相化关系赋型的"社会工艺学"、经济物相化关系构式中的"经济工艺学"和历史认识论中的"观念工艺学"。所以,在不久之后马克思的经济学理论探索中,广义历史唯物主义客体向度中的物质生产过程(劳动过程)的全新本质分析,始终是他在可见的使用价值塑形与构序基础上,建立科学的剩余价值理论的方法论构境,在那里,马克思将在相对剩余价值理论思想实验中重新面对资产阶级社会中的"工艺学"-技术问题。1851年5月,马克思在给罗兰特·丹尼尔斯的一封信中说,"只有在共产主义关系下,工艺学上已经达到的真理方能在实践中实现"⑤。因为人通过劳作技能和科学技术改变外部自然的塑形和构序,将不再经过金钱魔爪的扭曲,而直接成为人类创造世界历史的根本动力和手

---

① 《马克思恩格斯全集》第30卷,人民出版社1975年版,第317页。

② 罗伯特·韦利斯(Robert Willis,1800—1875),19世纪英国剑桥大学的工艺学教授、发明家、机械工程学家、应用机械学教育家。1826年毕业于剑桥大学凯乌斯院,1830年当选英国学士院会员,1837年成为剑桥大学自然科学和实验科学杰克逊讲席教授。代表作为:《机制原理》(Principles of Mechanism,1841)、《机制原理及其有关学科讲师和实验员应用的器材体系》(System of Apparatus for the use of Lecturers and Experimenters in Mechanical Philosophy,1851)等。

③ 参见《马克思恩格斯全集》第30卷,人民出版社1975年版,第313、317—320页。

④ 在马克思的补充笔记本A—H中,除了补充笔记本C之外,其余七个笔记本目前收藏在荷兰阿姆斯特丹国际社会史研究所。它们的收藏编号分别为:补充笔记本A(B105)、补充笔记本B(B102)、补充笔记本D(B93)、补充笔记本E(B100)、补充笔记本F(B101)、补充笔记本G(B103)、补充笔记本H(B104)。

⑤ 《马克思恩格斯全集》第27卷,人民出版社1972年版,第575页。

段。这是一种更远的理想展望。

最后还应该提及，在《伦敦笔记》的第 16—24 笔记本中，马克思还有两个需要注意的理论聚焦点：一是关于妇女问题的研究；二是关于印度的研究。马克思对妇女问题的关注，开始于第 19 笔记本中对约翰·米勒《论社会等级制》(*Observations Concerning the Distinction of Ranks in Society*, 1773)的摘录，此书的第一章就是"论不同时代妇女的社会地位和状况"。此后，马克思将目光转向一系列历史著作，比如，在对塞古尔的《妇女、她们的状况及其对不同民族社会秩序的影响》(Joseph-Alexandre de Segur, *Les femmes, leur condition et leur influence dans l'ordre social chez différents peoples etc*, 1813)、托马斯的《关于文字、图穆尔语和女性精神等的文章》(*Essai sur le caractére, les in Tmurs et l'esprit des femms etc*, 1773)，以及梅内尔斯的《女性的历史》(Christoph Meiners, *Geschichte des Weiblichen Geschlechts*, 1788—1800)等书的摘录中，他都格外关注了欧洲、亚洲、美洲等地区被压迫和奴役妇女的悲惨生存状况。马克思对印度问题的研究，出现在《伦敦笔记》的第 21—23 笔记本中。他先是在斯宾塞的《人口理论》(*A Theory of Population*, 1852)中看到了东印度公司在印度的商业活动，随后，他迅速摘录了麦克库洛赫的《东印度：政治经济学文献》(*East India, Literature of Political Economy*, 1845)一书。马克思又集中摘录了威尔克斯三卷本的《印度南部的历史纲要》(Mark Wilks, *Historical Sketches of the South of India etc.*, 1810—1817)和坎伯尔的《现代印度》(Gecrge Campbell, *Modern India*, 1852)等书，详尽了解了不同于欧洲社会历史发展的亚洲社会的异质性生存状态。这对马克思在《大纲》中明确提出社会历史多元赋型的观点起到了重要引导作用。

第十一章 从生产转向劳动：历史唯物主义的具象化深入

在整个马克思第三次经济学研究中,虽然他的主要研究领域是非工艺学的政治经济学,思想构境的焦点是商品的劳动价值关系及其表现形式,特别是剩余劳动-价值的形成问题,可是,因为工人的抽象劳动在交换活动中现实抽象为商品价值关系的基础,恰恰是具体劳动物相化塑形和构序的商品使用价值,所以,在马克思从《1857—1858 年经济学手稿》一直到《资本论》的经济学研究全程里,他不仅创立了狭义历史唯物主义基础上的历史现象学,也在历史唯物主义的构境中从物质生产与再生产过程转向和深化为劳动过程,始终附带关注着劳动辩证法具体塑形和构序商品使用价值的工艺-技术学内容,这也为我们留下了一条有助于从客体向度对历史唯物主义构境进行深入思考的重要逻辑线索。[①] 在过去很长一段时间里,马克思经济学研究中的历史唯物主义深化问题,始终为马克思主义学术研究中的逻辑盲区,然而,它却正是深入领悟马克思政治经济学革命的意义,以及科学社会主义中科学认识资本主义生产方式的重要方法论和认识论前提。

[①] 从客体向度思考广义历史唯物主义的问题,正是 1998 年完成《回到马克思》第一卷时,我对第二卷主题的设定,那时已经开始的文献准备在此次研究中得到了进一步的完善。

1. 一定社会性质的物质生产、现实的个人与社会观念

在上述的"工艺学笔记"中，马克思已经弄清了一个问题，即劳动生产物相化与物品的用在性（经济学中商品的使用价值）的关系，以及这种关系从手工艺生产到机器化大生产的历史变化过程。但是，他十分清醒地意识到，自己将要进入的研究领域——"政治经济学不是工艺学"①。因为工艺学只是对经济学所依托的物质生产过程及其本质的研究，它仅仅涉及人通过劳动物相化塑形和构序物品效用性的方面，而并不直接面对**经济的社会赋型中**的各种复杂经济关系问题。马克思深刻地指认，"正如对商品的**使用价值**本身的考察属于**商品学**一样，对实际的劳动过程的考察属于**工艺学**。"②前者，是关于商品具体生产过程机制和基本属性的研究，而对于后者，马克思则体知到，"工艺学揭示出人对自然的能动关系，人的生活的直接生产过程，从而人的社会生活关系和由此产生的精神观念的直接生产过程"③。这更像一种历史唯物主义构境中哲学的概括。人对自然的能动关系即物质生产与再生产中的物相化生产力构序，它的社会历史负熵质的发展构成人的社会生活定在的直接基础，并且，它建构出全部社会关系场境赋型与整个关系性经验感知和意识构境的生产和再生产过程。显然，在这种理论构境中，马克思所说的这一"工艺学"所涉及的内容，几乎就同质于广义历史唯物主义非物像的物质生产与社会关系场境存在论的核心基础，也提供了关系意识论基础上历史认识论重要的微观前提。这正是我们进入马克思的第三次经济学研究之前，在方法论和认识论构境层面上需要深入探究和思考的全新方面。

首先，我们都知道，马克思恩格斯在《德意志意识形态》中共同创立广义历史唯物主义的时候，他们在人们每天熟知的社会生活中遭遇的物性对象面前，将人的直接物质生活资料的生产与再生产作为感性物像背后"正在消逝的东西（verschwindend darstellt）"，确认为全部社会历史定在和关系性场境存

---

① 《马克思恩格斯全集》（第二版）第 30 卷，人民出版社 1995 年版，第 27 页。
② 《马克思恩格斯全集》（第二版）第 32 卷，人民出版社 1998 年版，第 60—61 页。
③ 《马克思恩格斯全集》（第二版）第 44 卷，人民出版社 2001 年版，第 429 页。

在的物相化基础,这是非物像的历史唯物主义和历史辩证法此-彼归基逻辑中的第一要义,也是历史认识论的重要基础。可以看到,在《1857—1858 年经济学手稿》一开始,马克思就说,进入经济学领域,"摆在面前的对象,首先是**物质生产**(materielle Production)。在社会中进行生产的个人,——因而,这些个人的一定社会性质的生产,当然是出发点(natürlich der Ausgangspunkt)"①。这里的对象,是指经济学研究中首先遭遇的对象,一是物质生产,二是生产中的现实个人。这里,我们先来看物质生产。显然,马克思这里在经济学中对物质生产的定义,有着十分明确的针对性,即资产阶级经济学家眼中那种**非历史**的一般生产概念,无论是斯密、李嘉图还是舒尔茨,物质生产都是作为整个资产阶级经济生活的基础,这虽然是超越对象性直观经验的社会唯物主义的正确前提,但在资产阶级经济学理论中,这个"一般生产"却成了脱离历史具体进程的抽象概念。我觉得,在大部分资产阶级经济学家和舒尔茨那样的学者那里,他们已经做到了从人们日常生活中遭遇的物性对象背后,透视出创造现成社会生活基础的物质生产活动,这是马克思历史唯物主义构境中第一层级非物像透视的历史前提。可是,在资产阶级学者那里,社会唯物主义中的物质生产更多地被视作非历史的"生产一般",这与资产阶级意识形态话语的非历史本质是一致的。马克思在进入经济学研究时,显然是小心翼翼地界划了自己在物质生产概念上与他们的异质性。

当然,马克思在《1861—1863 年经济学手稿》中承认,"一切形式的人类生产都具有某些不变的**规律**或**关系**"②。这是历史唯物主义构境中第一层级非物像透视中,对历史辩证法关系场境本质的捕捉。列宁在"伯尔尼笔记"中,曾经在辩证法的视角中将规律定义为事物内在的本质关系。③ 比如从哲学层面上看,生产本身是一种客观的**关系性的物相化活动过程**,其中,"主体是人,客体是自然(daß das Subjekt die Menschheit und das Objekt, die Natur dieselben)"④。人是生产的主体,是有特殊目的(telos)的发动者,自然是人的

---

① 《马克思恩格斯全集》(第二版)第 30 卷,人民出版社 1995 年版,第 22 页。
② 《马克思恩格斯全集》(第二版)第 37 卷,人民出版社 2019 年版,第 451 页。
③ 参见《列宁全集》(第二版)第 55 卷,人民出版社 1990 年版,第 128 页。
④ 《马克思恩格斯全集》(第二版)第 30 卷,人民出版社 1995 年版,第 26 页。

爱多斯(eidos)之相塑形和构序的客观对象。这也是通常哲学话语和认识论中普遍使用的说法。可是细究起来,这种现实发生于生产过程中的主体与客体相对的二元实践和认知关系并非真的永远如此。比如,我们今天面对的生产中的客体就已经不是自然,而是后工业生产基础上的我们自己丰富的爱多斯创制和信息编码的周围世界(umgebende Welt)。有如我们前面已经看到过的埃舍尔那幅《画手》中的深刻隐喻。在今天的智能手机和电动汽车进入物性生产线之前,操控电脑编程设计的原代码创制者所面对的客体当然不是"自然"。这里,我们先来看马克思所指认的物质生产中那些"不变的**规律或关系**"。

　　其一,**直观感性对象世界背后创造社会历史负熵质的物质生产物相化活动**。这是广义历史唯物主义构境中**此-彼归基逻辑**的第一层面。从生产的一般构式上看,不同于动物的受动生存,人的物质生产是一种人对自然关系中的"积极的活动","这种生产活动是由它的目的、操作方式、对象、手段和结果决定的"①。这是马克思在《资本论》中给出的重要定义。这里的构境意向层包括:第一,人的物质生产是有着明确目的(telos)的未来时间构序指向,以增加社会历史负熵的活动,这是物质生产力的物相化构序本质,所以它是人通过爱多斯(eidos)之相改变外部世界的一种 for us 的自为性的活动,这是物质生产活动解构无机自然和生命负熵的根本基础。比如,马克思在上述"工艺学笔记"中看到的依无目的自然负熵规律生长起来的"谷物",最终在有目的的生产物相化活动中转换为社会历史负熵进程中人类生存所需要的可口的面包和醇香的白酒。在海德格尔那里,则是关涉的未来时间中的"何所向"。一切我们能够面对的存在者(事物之存在)之何所向的那个**向,只是朝向人的生命存在之需要**。② 我以为,这会成为历史认识论十分重要的认知对象,即社会生活中看起来熟知的认知对象不再是直接性中的到场对象物,而是"正在消逝的东西(verschwindend darstellt)"中,让对象在未来时间维度中发生改变

---

①《马克思恩格斯全集》(第二版)第42卷,人民出版社2016年版,第28页。

② 参见[德]海德格尔《对亚里士多德的现象学阐释》,《形式显示的现象学:海德格尔早期弗莱堡文选》,孙周兴译,同济大学出版社2004年版,第77页。

的合目的性的物相化活动。第二,不同于动物的生物性行为,人的生产活动总是以特殊的操作方式塑形和改变自然存在,这是指"怎样生产"的**狭义**生产方式筑模。在上述的"工艺学笔记"中,我们与马克思一起清楚地看到了每天出现在我们早餐中的**熟知的**面包,同样是"正在消逝的东西(verschwindend darstellt)",熟知中的不在场之物,正是"怎样生产"的物相化活动,因为它是自然植物的果实从自然塑形和赋型中失形和脱型,再通过复杂的碾磨加工、面包师傅的精巧制作后,才成为人的爱多斯物相化后可口的美食。在海德格尔的存在论中,这是由上手性生发出来的功能链。这也是历史认识论内在认知构式的直接基础。哈维精准地注意到,马克思的生产方式概念可以区分为:一是"在生产一种特殊的使用价值时所使用的实际方法和工艺"等狭义劳作方式,二是"形形色色的生产、交换、分配和消费关系,再加上制度的、司法和行政的安排、政治组织与国家机器,意识形态,以及社会再生产(阶级再生产)和特殊形式"的总体性的广义生产方式。① 这里马克思所指认的"怎样生产"的操作方式当然是前者。第三,不同于动物生存,人的物质生产通常不再是直接获取现成的自然对象,而会是由特定的生产工具中介过的劳动物相化活动面对特定生产原料,并以产品作为生产过程的结果。我们制作面粉的小麦,已经不是天然植物,而是农作物的劳作结果,再经过中介性的磨加工,面包师傅的制作和工具性烘箱的烘烤,才会成为面包这种物相化产品。在认识论层面上,则是被改变了的非现成性的关系性结果,在这里,胡塞尔意识现象学构境中的"怎样呈现出来",会进一步深化为"怎样生产出来"。

其二,**物质生产与社会物相化关系构序场境负熵质**。这是广义历史唯物主义构境中此-彼归基逻辑的第二层面。从一般生产的结构上看,作为社会定在基础的物质生产与再生产活动过程,"始终是一定的社会体(Gesellschaftskörper)即社会的主体(gesellschaftliches Subject)在或广或窄的由各生产部门组成的总体中活动着"②。这又是一个过于哲学化的表述。它表明物质生产过程在自身的发展中,并非只是单纯地塑形和构序对象,物质生

① 参见[美]哈维《资本的限度》,张寅译,中信出版集团2017年版,第76页。
② 《马克思恩格斯全集》(第二版)第30卷,人民出版社1995年版,第27页。

产物相化始终会是一个社会机体在各种生产活动中不断分化和重组的辩证综合过程，这其实也就是人建构自己的社会生活的**社会物相化关系编码**过程。比如早期人类生产活动中的狩猎和种植，必定是依存于人的自然关系共同体的。马克思指认过，人的"最初的动物状态一终止，对自然界的所有权，就已经总是以他作为共同体、家庭、部落等等的成员的存在为中介，以他与其他人的关系（这种关系制约着他和自然界的关系）为中介"①。从不断专业化和复杂起来的畜牧业和农耕生产，再到农业、手工业和工业生产的组织结构，再细一些，每一种物质生产活动又会由各种生产部门组成。相对于直接生产与再生产中劳动物相化的一般**用在性社会历史负熵质**，这些生产组织只是表现为第一层级社会物相化的关系赋型中的**关系场境负熵质**。一是所有对象物都会在这种关系赋型中获得自己的特定有序性关联，这是自然关系脱型后的关系重构。比如，脱型于自然关联的原料成为一定用在性功能链中的产品，有如洗衣粉处于洗衣机与被污渍浸染的衣物的功能关联之中。二是脱型于亲情关系的孩子进入社会之后的成人教化关系场境，在此之上，才会生成第二层级社会物相化的**社会关系构式负熵质**。其实，这种社会关系构式负熵质本身也是历史性的，有如农业和畜牧业生产之上的血亲-宗法式的社会政治构式负熵，或手工业和工业生产之上的商品-市场社会经济构式负熵。人建构社会生活和社会系统物相化的关系场境赋型和更大尺度中的社会关系构式，是生产物相化过程中的重要编码和制约因素，也是人们所创制的**周围世界**（*umgebende Welt*）的普遍关联性社会空间的本质。这些不同质性的生产活动组织，以及由此产生的复杂社会系统物相化的关系场境，是人们不同时期非线性意识生活的直接基础，这也会是历史认识论完全不同的历史构境基础。

其三，**物质生产与再生产本身的社会历史性**。在马克思的历史唯物主义观念中，物质生活资料的生产与再生产，是作为"主体"的人通过劳动具体失形/塑形和祛序/构序能动地改变自然"客体"的"积极活动"，这是人将自己界划于"自然辩证法"生命负熵进程中的动物生存的最大异质性，也是一切时代

①《马克思恩格斯全集》（第二版）第36卷，人民出版社2015年版，第256页。

社会生活的基础。所以,只要有物质生产活动发生,这种人对自然的能动关系就会是历史辩证法"不变的**规律和关系**"。这是广义历史唯物主义最重要的基本原则。我们不难感觉到,马克思在经济学研究中对历史唯物主义一般原则的重申,显然比《德意志意识形态》等文本中的哲学讨论要更加深刻和具体了。但是,马克思还告诉我们:

> 生产的一切时代有某些共同标志,共同规定(gemeinsame Bestimmungen)。**生产一般**(Production im Allgemeinen)是一个抽象,但是只要它真正把共同点提出来,定下来,免得我们重复,它就是一个合理的抽象。不过,这个**一般**,或者说,经过比较而抽出来的共同点,本身就是有许多组成部分的、分为不同规定的东西。其中有些属于一切时代,另一些是几个时代共有的。①

这是说,承认所有时代中的物质生产具有"共同规定",并不意味着,我们就只是像资产阶级经济学家那样,用抽象的"一般生产"替代所有时代中具体发生的生产活动。有如重农学派将农业生产视为唯一的"一般生产",而斯密基于工场手工业作坊的"一般生产"对李嘉图已经遭遇的机器化大生产的无视。因为即便是生产物相化活动中的共同点,在不同的历史时期中却会呈现为不同的具有特定历史负熵质的社会物相化关系场境,"其中有些属于一切时代,另一些是几个时代共有的"。例如,刚才我们讨论的人作为主体与外部的自然客体对置的二元主-客体关系,就是整个自然经济之上农耕社会物质生产的共同点,而到了工业生产时期,生产过程就不再是人与简单的自然客体相对,在此时,"在社会上从事生产的人,也同样遇到一个已经发生变化的自然界(特别是已经转化为他自己活动的手段的自然要素)以及生产者彼此间的一定关系"②。虽然作为同是生产"共同规定"的人与外部世界的关系,在工业生产活动中也就成了人对自己的劳动成果——我们 umgebende Welt(周围世界)的能动关系,这是"一个已经发生变化的自然界",特别是转化为生产工具的"自己活动的手段的自然要素",而不再是作为主体的人与外部自然客

①《马克思恩格斯全集》(第二版)第 30 卷,人民出版社 1995 年版,第 26 页。
②《马克思恩格斯全集》(第二版)第 35 卷,人民出版社 2013 年版,第 275 页。

体的二元对置关系。只是此时,才历史性地出现了马克思在《哲学的贫困》中所说的**人既是编剧又是剧中人物**的奇特现象。显然,这已经是历史认识论的观点。普殊同正确地看到了马克思在经济学研究中的认识论上的转变,他将这种转换视作"抛弃了主-客体范式与认识论",因为马克思"将知识问题的关注焦点,从有认识能力的个人(或超个人)主体及其外在世界的关系,转向了社会关系的形式"。① 这是正确的判断。这种判断,也出现在广松涉的思想史观点中。

正因为如此,马克思才会格外强调,我们遭遇的现实物质生产活动总是在具有"一定社会性质"的生产构序方式之中,并且,是由生活在每一个不同时代中的现实关系赋型负熵质下的现实的"个人"完成的。再比如,当我们从共时性的视角去观察现代生产的产业结构的时候,我们会发现"生产总是一个个特殊的生产部门如农业、畜牧业、制造业等,或者生产是**总体**(*Totalität*)",这是工业生产组织的构成。这里的Totalität(总体性)概念,显然是一个生产有机体的意思。可是,工业时代物质生产过程特定的"制造业"和生产过程本身的社会构式负熵的总体性,却不会出现在过去的农耕文明时代的产业结构之中。马克思还说,如果用历时性的观点去分析,那么

> 生产实际上有它的条件和前提,这些条件和前提构成生产的要素。这些要素最初可能表现为自然发生的东西。通过生产过程本身,它们就从自然发生的东西变成历史的东西,并且对于这一个时期表现为生产的自然前提(natürliche Voraussetzung),对于前一个时期就是生产的历史结果(geschichtliches Resultat)。它们在生产本身内部被不断地改变。例如,机器的应用既改变了生产工具的分配,也改变了产品的分配。现代大地产本身既是现代商业和现代工业的结果,也是现代工业在农业上应用的结果。②

---

① 参见[美]普殊同《时间、劳动与社会统治:马克思的批判理论再阐释》,康凌译,北京大学出版社
　2019年版,第89页。
②《马克思恩格斯全集》(第二版)第30卷,人民出版社1995年版,第38页。

　　虽然同样是人们直接物质生活资料的生产与再生产中的"共同规定",可是在人类社会发展的早期,畜牧业和农业生产的条件和前提——土地上的草原和滋润庄稼的水源都是"自然发生的东西",正是通过物质生产的自身发展,这些条件和前提也逐渐地变成人通过生产物相化活动实现自己目的(telos)和爱多斯(eidos)之相的"历史的东西"———一般社会历史负熵进程。而在不同于农耕时代的工业时代中,特别是机器化大生产改变了生产工具的基本样式和客观工序,现代商业和工业改变了土地原有的耕种性质和规模,在商用的"地产"性质中土地脱型和转换为房产开发和商业中心经济构式负熵中的黄金用途等,这些都成为物质生产活动的新的条件和前提。总之,每一个时代的物质生产与再生产活动的条件与前提,都是由这一特定历史时间中生产方式所特有的社会历史负熵质所决定的。其实,这也会是马克思面对经济学现象时所始终遵循的历史认识论观念。我们能够观察到,恰是在这种物质生产和再生产的不同历史性质中,我们在意识层面遭遇的认知对象将会呈现完全不同的关系样态,如同一个土地的效用,经由农耕-自然经济中的四季循环的惯性实践生产到现代工业中的无限变换的商品生产物相化,其直观对象性却是根本异质的。同理,物质生产与再生产质性的历史性改变,也会使作为让我们看到、听到和触到感性经验塑形显象世界的有**历史时间质性**的"先天知性构架",或者说不同生产编码中生成的精神负熵系统(先验认知构架)本身发生异质性的改变。这恐怕是康德"先天综合判断"的一般"自动机制"所缺失的环节。

　　其次,众所周知,上面已经提及的这个**现实的个人**,也是马克思恩格斯在《德意志意识形态》中业已确认和初步讨论的内容,但是,在经济学的语境中,它在哲学规定上变得愈益饱满和深刻起来。第一,人的**主体物相化**。这也就是说,人在历史性地改变外部对象的物相化活动中,同时也不断重新塑形和构序自身的生活和关系场境本质。这也意指着,人的爱多斯(eidos)之相,不仅仅是面对外部对象的失形/塑形和祛序/构序,也会是人自己生存目的的自我实现和创造性潜能(dynamis)实现出来的**主体物相化**过程。一是人在历史性的生产物相化活动中逐渐丰满和塑形起来的身心机体,如远古时代从劳作物相化活动中开始直立行走,在自然经济的土地上制造工具和农业生产工艺中铸造出来的特殊灵巧的双手，在工业和后工业文明创制的周围世界中生成的感知经验统觉的人的五官，以及真正超越动物行为的绘制蓝图（eidos）中日益复杂起来的大脑皮层。二是这种主体物相化过程也内嵌着不同历史时期的动手能力和创造性构序才能，比如农耕时代的劳作经验传统、手工艺劳作中的手艺和技能，以及工业生产中的生产技术和科学信息编码生成的创造能力。还有，在不同时代的生活中，开始是少数人所掌握的艺术创造能力和其他主体物相化技能，之后会逐渐成为人的全面发展中的普遍才能。三是主体物相化并非同质于生产物相化过程，它并没有先在的主体性目的和爱多斯之相投射到主体身心的塑形和构序之中，除去少数艺术技能和其他技艺外，一般而言，主体物相化是生产物相化和社会物相化的共同历史结果。只是在今天，主体物相化才开始出现普遍自觉的"爱多斯之相的投射"，有如健身和各类体育活动，不同类型的智力训练和艺术竞赛，这应该也包括漫画式的整容和整形。

第二，作为物质生产物相化历史结果的现实的个人定在。马克思在《1861—1863 年经济学手稿》中特意标识说：

> 人的定在［此在（Dasein des Menschen）］是有机生命所经历的前一个过程的结果。只是在这个过程的一定阶段上，人才成为人。但是一旦人已经存在，人，作为人类历史的经常前提，也是人类历史的经常的产物和结果，而人只有作为自己本身的产物和结果才成为**前提**。①

这种看法，显然不同于《德意志意识形态》了，因为这时马克思更深地体知到，作为每一个时代中在场的现实的个人，必然是一个特定的时间中被历史性的社会关系赋型的特殊**定在**（此在，Dasein）。相比之动物到场的**无时间的**自然生命负熵生存，现实个人的定在必然是自然生命负熵（"前一个过程"）发展的历史产物，但已经是通常自然进化中的生命负熵，通过物质生产活动向有时间质性在场的社会历史负熵的转换结果了，这也是上述主体物相化的过程。过去，以 Dasein 来历史性地说明现实历史时间关系场境中的个人生

---

① 《马克思恩格斯全集》（第二版）第 35 卷，人民出版社 2013 年版，第 350—351 页。中译文有改动。
Marx-Engels-Gesamtausgabe（MEGA²），Ⅱ/3－4，Text，Berlin：Dietz Verlag，1979，S.1491.

存,我们一般都会觉得这是海德格尔的发明(改造自雅斯贝尔斯),生活化的有死者在时间中的 Dasein,被指认为"在这里存在"的**此在**。殊不知,马克思在黑格尔的有限性定在的基础上,早就将 Dasein 确认为由物质生产历史确立的社会历史时间关系中现实的个人的具体历史存在。其实,这也是历史认识论中个人认知主体的本质,因为,个人(此在)总是在一定社会关系场境的历史时间质性中塑形和构序起历史性的精神负熵世界。这正是历史认识论超越康德的地方。马克思对人的定在概念的理论赋型有两个构境层:一是说,人的定在之特定**历史-时间性**并非为天生的独有性,这种特定的 Dasein(此在)是自然无机存在中已经构序出来的生命负熵的延续和进一步发展的结果,恰是在自然界的"有机生命"的基础上,才在人类社会历史负熵质的自我确立——物质生产与再生产的"一定阶段上",通过创造人所特有的社会历史负熵存在,彻底失形和脱型于"自然辩证法"负熵,由此通过确立特定的**历史-时间性定在**,进而实现"人才成为人"的主体物相化。二是明确了"一旦人存在",即人作为社会历史辩证法的主体,人作为能动地改变自然(及生命负熵)和创造社会历史负熵的能动性主体前提,他始终也是"人类历史的经常的产物和结果",即他既是过去社会历史发展的结果,也是新一代社会历史塑形和构序的前提。由此,在日常生活中熟知的有着具象肉身的人背后,作为"正在消逝的东西(verschwindend darstellt)",物质生产活动历史性地确立现实的个人主体在场,这正是前述那个与自然"客体"对立的人类"主体"历史性定在的本质。马克思这里对"现实的个人"的讨论,当然是历史唯物主义第一层级非物像认知中第一方面透视的结果,即从实体性的对象("存在者")背后看到使之确立的生产活动("存在"),相比之《德意志意识形态》中的相近思考,当然也越发深入和精准了。

第三,**社会物相化关系赋型场境定在中的现实个体**。针对资产阶级经济学家通常使用的非历史的"一般的人",或者那种鲁宾孙式的"孤立的个人",马克思会突显现实的个人定在的**关系性场境存在**特征。这是历史唯物主义第一层级物相化透视的第二方面,也是海德格尔的此在"在世之中"的"共在"构境意向。依晚年马克思后来在 1879—1880 年写下的《评阿·瓦格纳的"政治经济学教科书"》(*Randglossen zu Adolph Wagners "Lehrbuch der politischen*

Ökonomie",以下简称《评瓦格纳教科书》)一文①中的表述,他针对瓦格纳②的
"一般的人"错误观点说:

> "人"? 如果这里指的是"一般的人"这个范畴,那末他根本没有"任
> 何"需要;如果指的是孤立地站在自然面前的人,那末他应该被看做是一
> 种非群居的动物(Nicht-Herdentier);如果这是一个生活在不论哪种社会
> 形式(Form der Gesellschaft)中的人,——瓦格纳先生就是这样假设的,因
> 为他的"人",虽然没有受大学教育,但至少会说话,——那末出发点是,
> 应该具有社会人(gesellschaftlichen Menschen)的一定性质,即他所生活的
> 那个社会的一定性质(bestimmte Charakter),因为在这里,生产,即他**获取
> 生活资料的过程**,已经具有这样或那样的社会性质。③

这亦表明,根本不存在一种资产阶级经济学家凭空杜撰出来的所谓超历
史的"一般的人",或者"非群居的"独立的人,因为所有现实存在的个人都只
能是生活在一定社会时代中具体在场的现实的个人,正是由于人所依存的物
质生产与再生产本身业已具有一定的社会历史负熵质,所以"社会人的一定
性质",与上述的生产构序和关系编码中历史辩证法的社会的 bestimmte
Charakter(一定性质)完全是一致的。

当然,现实的个人所具有的一定的社会性质,并非生产中人对自然能动
关系的一般社会负熵性质的直接转换结果,而是人与人之间在生产物相化过

① 此手稿系马克思于 1879 年下半年至 1880 年 11 月间在伦敦写下的评论性文本,写于马克思"1879—
　1881 年笔记"中。这一文本 1930 年第一次发表于俄文版《马克思恩格斯文库》第 5 卷上。(《马克
　思恩格斯全集》第 19 卷,人民出版社 1963 年版,第 396—429 页。*MEW*, Bd. 19, Berlin: Dietz
　Verlag, 1987, S. 355–383.)关于马克思《评阿·瓦格纳的"政治经济学教科书"》经济学构境的讨
　论,我们将在本书结束语中具体展开。

② 阿道夫·瓦格纳(Adolph Heinrich Gotthelf Wagner, 1835—1917),德国经济学家,新历史学派代表人
　物。生于德国的埃朗根。1853—1857 年在哥廷根大学及海德堡大学学习法律和国家学。1858 年
　任维也纳商学院教授,1863 年转任汉堡大学教授,1868 年转弗莱堡大学、1870 年转柏林大学任教
　授,讲授财政学、经济学和统计学。初期受英国古典学派影响,主张自由主义;以后参加了新历史学
　派的"社会政策学会",既反对古典经济学的自由主义,又反对马克思主义,提倡 J. K. 洛贝尔图斯-
　亚格措夫(1805—1875)和 F. 拉萨尔的国家社会主义。主要著作有:《政治经济学教科书》(1876)、
　《财政学》(1877—1901)、《政治经济学原理》(1892—1894)、《社会政策思潮与讲坛社会主义和国家
　社会主义》(1912)等。

③《马克思恩格斯全集》第 19 卷,人民出版社 1963 年版,第 404—405 页。

程中必然发生的生产关系和主体际社会交往关系的社会历史负熵质的赋型产物。这也是起始于《关于费尔巴哈的提纲》,并在《德意志意识形态》中早已确认的历史唯物主义和历史辩证法的观点。如果说,直接生活资料的物质生产与再生产,使人的主体在生存的客观基础上超拔于动物,从而实现主体物相化,那么,真正使人成为历史时间中的社会定在的主要方面,恰恰是人拥有了动物到场所没有的**社会场境关系的新型负熵存在**。这是与上述生产物相化直接改变对象存在方式和内在有序性不同的社会历史负熵质。马克思在《提纲》中就指出,现实的个人的**历史性在场**的生存本质是"社会关系的总和",这是比人的主体物相化更重要的方面,也是不可直观的**社会物相化关系构序和编码**进程。这里,我们会看到《提纲》和《德意志意识形态》中,马克思对熟知的个人主体背后作为"正在消逝的东西(verschwindend darstellt)"的**运动和关系双重不在场之物**的相近此-彼归基构序线索。在《德意志意识形态》中,马克思和恩格斯共同指认,处于"自然辩证法"生命负熵进程中的动物是**没有关系场境存在**的。用德里达的话来说,就是无世界或"缺少世界"(weltarm)的不在场。① 马克思更明确地说,"对于动物来说,它对他物(ander)的关系不是作为关系存在的"②。动物的生存与自然是同一质性的,它们可能属于一个物质系统或者机体,但身处外部自然物理空间中的动物与自然之间没有主体性的能动关系,动物群体之间也不存在超出生物链之外的关系性场境生活。只有人,通过积极的物质生产活动将自身确立为主体,从自然界的到场物中超拔出来,并不断改变自己对自然的**物相化关系**,与此同时,也生产和再生产出了人与人之间的社会关系负熵质,由此赋型起不同的历史性的社会生活关系场境,现实的个人的历史性在场,总是同时处于特定的周围世界功能链和社会编码的主体际关系场境空间之中。从认识论的视角看,脱离了个人所依存的历史辩证法中的社会生产关系场境,是绝对无法科学认知人及其生存本质的。其实,人塑形和构序社会系统的活动也就是社会物相化关系

---

① 参见[法]德里达《论精神——海德格尔与问题》,朱刚译,上海译文出版社2008年版,第18页。
② [日]广松涉编注:《文献学语境中的〈德意志意识形态〉》,彭曦译,南京大学出版社2005年版,第26页。

构序的主体,它的直接结果就是**社会组织和社会制度构式**。比如原始部族生活中的家长制或母系自然关系场境,通常这种社会物相化关系编码是由经验传统的不断传递来接续维系的;传统封建土地之上"君君、臣臣、父父、子子"的专制等级编码关系场境,这会是由凝固化的血亲和宗法关系的赋型来实现的;资本统治之下的商品-市场经济关系场境,它是由流动性的勾连万物的金钱关系编码和铸造的;等等。不同于主体物相化过程中同体发生的人的身心塑形的实际改变,社会物相化关系赋型中实现爱多斯之相的社会组织编码和制度构式是完全场境化的,所以,在社会物相化关系赋型和编码的历史过程中,不同时代的人们都会通过一定的社会物相化**附属物**来保证这一场境的重新激活和编码复构。有如远古图腾时代的祭台(通灵神会)、中世纪保证神性权威的教堂(福音发布)和世俗强权的皇宫(圣旨宣告),以及现代社会生活中确保经济制度运转的银行、商业中心和超市,保证政治和法律制度运行的议会大厦、法院和监狱等。社会物相化关系赋型-编码中的社会组织和社会制度,正是不同时期活动在这些**社会物相化空间**的物性设施中的人们当下激活和复构起来的。在这个意义上,我们周围世界中的社会生活(功能链)是每天被现实个人的具体的劳作和工作活动重新复构起来的。我在博士生课堂上经常举这样一个例子:**社会生活在夜晚是不存在的**,或者说,我们"周围的世界"在夜晚是不存在的。这听起来像是一个笑话,可是我们想一下,当一座城市中所有人都处于睡眠状态时,固然"退场"的人的肉身躺在床上,城市中所有的物性事物和社会物相化空间的建筑都实在,可马克思所说的那个作为"关系总和"的勾连人与万物的"社会"功能链却是不在场的。只是在每天清晨人们起来后,走进工厂、办公室、商场和教室等社会物相化空间的建筑、场所,汽车和火车在道路和轨道上跑起来,飞机和船只在空中和水上飞起来、游起来,人们通过现场的劳作、工作和教学才重新激活和复建起来那个我们熟知的编码功能链中的周围世界,此时,不同人的活动作用**力量线交织和博弈关系场境性的社会空间**才重新得以生成,**社会生活重新在场**。这一点,同样适合于海德格尔的此在在世之中的上手功能链世界和布尔迪厄的关系场论。由此我们会体知到,历史认识论视域中的人的生存和社会生活关系场境,作为认识对象,显然是更加难以把握和透视的。

我以为,这也是晚年马克思(1880年)在《关于费尔巴哈的提纲》之后,对广义历史唯物主义透视第一层级物相化中所建构的**关系场境存在论**("一切社会关系的总和")的再次重申。这一点,马克思恩格斯在《德意志意识形态》一书中已经有初步的说明。在此处经济学的语境中,马克思进一步从历时性上指认道,从事物质生产和再生产的现实的个人,并不仅仅是

> 再生产出一定定在方式(bestimmter Daseinsweise)的个人自身,再生产出不仅具有直接生命力的个人,而且是处于一定的社会关系的个人。……再生产出处于原有关系的个人,即处在他们对于生产过程的原有关系和他们彼此之间的原有关系中的个人;再生产出处在他们的社会定在(gesellschaftliches Dasein)中的个人,因而再生产出他们的社会定在(gesellschaftliches Dasein),即社会,而社会既是这一巨大的总过程的主体(Subjekt),也是这一总过程的结果。①

这是马克思对作为社会物相化关系赋型及其结果的社会历史主体的独特表征。这一表述有着这样几个构境层:一是现实的个人不仅仅是作为物质实存意义上的生命负熵机体的肉身个人被生产(主体物相化)出来,在人的直接生活资料的物质生产与再生产过程中,也同时作为一种历史性的社会物相化关系场境赋型的"社会定在中的个人"被生产出来。也就是说,现实的个人主体总是具有一定的时间、地点和特定历史条件的社会关系赋型和编码的产物,它表现为人们对特定社会组织和社会制度的建构。这会是从历史性的生产关系到复杂社会关系系统的社会物相化过程。于是,在社会构式负熵的主体层面上,已经非常深刻的"此在",也会进一步呈现为奴隶制度关系下的奴隶与奴隶主,宗法制度关系下的平民与皇帝和资产阶级经济关系世界中的工人与资本家等。用海德格尔的话语来描述,就是此在(Dasein)为特定时间中的"去在世"。与海德格尔的抽象在世和"共在"不同,马克思看到了历史时间质性中关系场境的 gesellschaftliches Dasein(社会定在)对 Dasein(个人此在)的历史性规制。二是铸就现实的个人主体生存状况的特定的先验"定在方

①《马克思恩格斯全集》(第二版)第31卷,人民出版社1998年版,第112—113页。中译文有改动。 Marx-Engels-Gesamtausgabe(MEGA²),Ⅱ/1,Text,Berlin:Dietz Verlag,2006,S.593.

式"。就是说,现实的个人总是由一定的社会关系场境所赋型的社会物相化历史负熵质所决定的,透过一般物相化的迷雾,他的生活质性与现实本质,都是各种作为客观的历史辩证法中的**社会历史先验**的社会关系场境的具体人序结果,这也是现实的个人生成自己社会定在关系场境编码的前提。在历史认识论的视角中,这种作为社会历史先验的关系场境存在,作为社会定在的现实个人的生产与再生产,也会是他们"原有关系"和新的关系场境的生产与再生产过程。同样,在社会构式负熵的关系场境层面,会出现原始部族生活中占主导因素的血亲编码关系的在场"世界",土地所有制关系之下等级编码生存的在场"世界",资产阶级金钱关系编码下经济物相化后的伪在场世界。这三种异质性的社会先验定在方式,当然会赋型出三种完全不同的个人生活世界和社会空间。这恐怕是大讲人的"生活世界"的胡塞尔和海德格尔都不可能意识到的构境层。三是这种社会关系场境的生产与再生产之总体就是社会。但是,这里的总体并非为一般物像误认中由不同个人肉身构成的实在物质总体("人口"),而是一个社会关系负熵质赋型和突现出来的历史辩证法场境总体。在此意义上,马克思才在《大纲》中说,"社会不是由个人构成,而是表示这些个人彼此发生的那些联系和关系的总和(Summe der Beziehungen, Verhältnisse)"①。显然,这是马克思《关于费尔巴哈的提纲》中,那个作为现实性上"一切社会关系的总和"的人的本质说的社会有序空间拓展。从思想构境谱系分析看,这是《马克思致安年柯夫》和《雇佣劳动与资本》之后,马克思第三次直接定义社会。这里,他使用了 Summe(总和)一词。我们也能看到 Beziehung(联系)和 Verhältnis(关系)概念的同时在场。据概念考古的词频统计,马克思在《大纲》中 281 次使用 Beziehung,384 次使用 Verhältnis。这充分说明,历史唯物主义构境中表征关系场境存在论,仍然是马克思经济学研究中的重要方法论前提。这种人与人之间复杂社会关系的总和,突现于超出自然存在负熵质的、人类社会生活独有的作为**历史先验**条件的社会场境关系存在。这也就是说,人在创制自然对象的生产物相化的过程中,不仅实现着自身的主体物相化,同时也创制着人与人之间的社会关系,这就是人在一定的

---

① 《马克思恩格斯全集》(第二版)第 30 卷,人民出版社 1995 年版,第 221 页。

生产物相化水平之上创制出来的有序性的社会组织和社会制度的社会物相化关系赋型和编码。这恰是我们周围世界中历史辩证法运动的关系性功能链本质。马克思曾经举例说,在自然物质生存空间中活着的两个人,"他们两个人都需要呼吸,空气对他们两个人来说都是作为大气而存在;这一切都不会使他们发生任何社会接触;作为呼吸着的个人,他们只是作为自然物,而不是作为人格互相发生关系"①。人在自然物理空间中能呼吸空气,这并不会使人区别于动物;只是在现实发生的物质生产活动和社会交往中,现实的个人"作为人格"之间发生社会主体际之间的关联,这种社会历史负熵进程中总体性关联场境的突现才构成了所谓人的**社会场境空间**。这是海德格尔此在"在世之中"的真实历史本质。并且,在这种非物像的社会关系场境总体中在场的历史主体,无论是现实的个人主体、民族还是全部社会主体,都是特定社会历史先验构架中社会定在与关系场境生产和再生产总过程的结果。

具体说,不仅每个时代的"生产力总和"基础之上的社会历史先验构架,是一个时代人们生活的历史性前提,并且,关系场境中的现实个人,在不同社会构式负熵的先验社会历史赋型中,也会表现为不同的普遍关联场境样态:在人类社会的原始部族生活中,个人是消融于同一性的血亲共同体关系场境之中的;而在奴隶制度和封建制度下,个人则入序于主奴关系或宗法关系的等级构式之中;只是到了资产阶级社会之中,现实的个人才第一次失形于血亲共同体关系场境,成为市场交换关系场境中的原子化个体,他们的关系场境存在,往往表现为无序交换关系"总和"中无形的自发整合(integration)运动的结果。这也表示,不同时代的"此在在世之中",其实是入世于完全异质的周围世界(umgebende Welt)的辩证运动,不同历史时间质性中人的相互作用力线的冲突和矛盾交织,会突现出异质性的社会博弈空间。布尔迪厄的力量冲突场理论突显了社会场境存在论的这一方面。对此,马克思曾经特别说明过当现实的个人身处资产阶级社会的周围世界之中的情形:

> 如果我们从整体上来考察资产阶级社会,那么社会本身,即处于社会

---

① 《马克思恩格斯全集》(第二版)第30卷,人民出版社1995年版,第197页。

联系中的人本身(Mensch selbst in seinen gesellschaftlichen Beziehungen),总是表现为社会生产过程的最终结果。具有固定形式(feste Form)的一切东西,例如产品等等,在这个运动中只是作为要素,作为转瞬即逝的要素(verschwindendes Moment)出现。直接的生产过程本身在这里只是作为要素出现。生产过程的条件和对象化本身也同样是它的要素,而作为它的主体(Subjekte)出现的只是个人,不过是处于相互关系中的个人(Individuen in Beziehungen auf einander),他们既再生产(reproduciren)这种相互关系,又新生产(neuproduciren)这种相互关系。这是他们本身不停顿的运动过程,他们在这个过程中更新他们所创造的财富世界,同样地也更新他们自身。①

这是比较难入境的一段表述。在马克思看来,资产阶级社会关系场境中出现的物与人,已经是狭义历史唯物主义构境中第二层级经济物相化的假象,这是一般生产物相化、主体物相化和社会物相化在商品-市场经济构式中的变形。虽然看起来有"固定形式"的厂房、机器和原料都是生产过程中出现的熟知的到场实物要素,但它们却是 verschwindendes Moment(转瞬即逝的要素),这是业已消逝的不在场劳动活动对象化的历史产物(第一层级非物像透视),并且,经过十分复杂的商品交换关系编码和多重经济构式,它们才化身为资本关系并再一次**反向物相化**成到场"物",发挥支配工人劳动活动的权力;而无论是工人还是资本家个人,个人主体背后的实质都只是资产阶级社会关系,即资本-雇佣劳动关系之下的"相互关系"**反向物相化场境**中的人格化:作为资本关系人格化的"资本家"与作为雇佣劳动关系人格化的"工人"。并且,资产阶级在生产和再生产物质财富的同时,也在生产和再生产这种颠倒的(verkehrt)社会经济关系功能链伪境。显然,面对这种第二层级非物像透视中复杂的经济物相化和事物辩证法(似自然性的"第二自然辩证法")伪境,广义历史唯物主义和历史认识论遇到了自身的边界和巨大的认识论障碍,这只能由历史现象学的批判话语才能透视。我们也可以看到,在此处马克思对

---

①《马克思恩格斯全集》(第二版)第 31 卷,人民出版社 1998 年版,第 108 页。Marx-Engels-Gesamtausgabe(MEGA²),II/1, Text, Berlin:Dietz Verlag, 2006, S.589.

资产阶级经济物相化迷雾的透视中,verschwindendes Moment(转瞬即逝的要素)背后,正是黑格尔那个"正在消逝的东西(verschwindend darstellt)"的批判认识论话语的直接在场。

最后,人们在物质生产与再生产活动中生成的社会关系编码决定了人们的观念和语言构境。这当然是历史唯物主义最重要的一般原则之一。在同样是 1880 年完成的《评瓦格纳教科书》一文的手稿中,马克思明确指认人对自然的关系首先不是一种主观的理论或精神关系,而是一种"**实践的**(*praktisch*)即以活动为基础的关系(die Tat begründete Verhältnisse)"①。在思想构境谱系分析中,这让我们想起 1845 年的《关于费尔巴哈的提纲》中的实践唯物主义观点,马克思在经济学语境中哲学思想探索的最后,还是带着丰厚的历史积淀回到了这一抽象的起点。我认为,在一定的意义上,这一重要文本也可以看成是马克思对实践唯物主义的最后说明。马克思具体解释说:

> 人们决不是首先"处在这种对**外界物**的理论关系中"。正如任何动物一样,他们首先是要**吃、喝**等等,也就是说,并不"处在"某一种关系(Verhältnis)中,而是**积极地活动**(*sich aktiv zu verhal*),通过活动来取得一定的外界物(Dinge der Außenwelt),从而满足自己的需要(Bedürfnis zu befriedigen)。(因而,他们是从生产开始的。)②

依我的观点,这是 35 年之后马克思第一次说明《关于费尔巴哈的提纲》中的**实践**与《德意志意识形态》中的**物质生产**的关系,或者说,**实践唯物主义与历史唯物主义的关系**:一是与到场动物生命负熵进程中相同的生理需要一样,人首先也要面对满足吃喝穿住中的直接生活资料;二是不像动物只是通过直接获取现成到场的自然物,"处在"与自然存在同一的既定 Verhältnis(关系)之中,人是通过"积极地活动"改变自然来超出既定关系的,或者说,关系是由活动构序的,这就是实践活动创造的人对自然的能动关系;三是在这种积极的实践活动中,最基础性的方面是获得直接生活资料的过程,就是物质生产物相化实践,这当然也是人解构生命负熵进程、开启自己历史性在场的

---

① 《马克思恩格斯全集》第 19 卷,人民出版社 1963 年版,第 405 页。
② 《马克思恩格斯全集》第 19 卷,人民出版社 1963 年版,第 405 页。

社会历史负熵进程的根本。这里实际上正好说明了我曾经讨论过的历史唯物主义构境中三种"第一性"客观存在之间的深刻关系①：一是先在的自然存在（"外界物"）的第一性，二是物质实践活动（"积极地活动"）的第一性，三是物质生产活动（实践中的"第一层级"）的第一性。自然物质的先在性是哲学唯物主义的一般前提；然而这个"第一性的自然"在人类社会历史发生之后，就只能是历史性的实践棱镜中的改造对象；而实践活动中最基始的层面则是人们直接物质生活资料的生产与再生产，因此，物质生产与再生产就成为"第一性"的客观存在中最重要的基础。从外部看，这也会是哲学唯物主义、实践唯物主义与历史唯物主义三者的内在关联。马克思后来说过："当我们真正观察和思考的时候，我们永远也不能脱离唯物主义。"②但是，这种唯物主义早已不再是一般的哲学唯物主义原则。

在马克思这里，作为自然界生命机体特有的新陈代谢的负熵运动，动物的吃喝依存于它们所获得的外部自然物，而人的存在从一开始就打破了动物所处的自然同一性编码关系，而是通过"积极地活动"打破"自然辩证法"的统摄，通过物质生产物相化创造新的社会历史负熵质。这还是我们前面已经讨论过的大前提。因为不同于动物自然性需要的人独特的吃喝**穿住行**，人就必须"为了满足自己的需要到自然界去寻找现成的外界物，并占有（bemächtigen）它们，或者用在自然界发现的东西进行制造；因而，人在自己的实际活动中，事实上总是把一定的外界物当做'使用价值'（Gebrauchswerten），也就是说把它们当做自己使用的（Gebrauch）对象"③。马克思的这段表述中，很明显有着黑格尔的影子，因为黑格尔在《历史哲学》中曾经说："人为了自己的需要，以实践的方式与外部自然界发生关系，他借助自然界来满足自己的需要，征服自然界。……人使自然界反对自然界本身，为了这个目的而发明工具"④。列宁在"伯尔尼笔记"中，也专门摘录了这段话，并指认黑格尔的这一思想中蕴

---

① 参见拙文《先在的自然、基始的实践、第一级的生产》，《哲学动态》1994 年第 3 期。

② 《马克思恩格斯全集》第 32 卷，人民出版社 1974 年版，第 213 页。

③ 《马克思恩格斯全集》第 19 卷，人民出版社 1963 年版，第 420 页。

④ ［德］黑格尔：《历史哲学》，王造时译，生活·读书·新知三联书店 1956 年版，第 285 页。

含着"历史唯物主义的胚芽"①。这当然是一个很高的评价。有时候,马克思的思想话语中经常会下意识地流露出黑格尔的观点,这也许是他自己说"我公开承认我是这位大思想家的学生"②更深的语境。这也是说,人获取"一定的外界物"的活动,也有一个从对外部现成自然物获取向"制造"性生产的转换,恰是在这个全新的生产物相化过程中,到场的自然物失形和脱型于自然关联,依人的目的和爱多斯(eidos)之相,获得了原先自然构序中所没有的 for us 的效用性存在(一般社会历史负熵质),这种物品的用在性,也就是后来经济的社会赋型中出现的商品的"使用价值"。这也意味着,用在性的"使用价值"是事物在场于我们周围的世界的直接基础。这正是广义历史唯物主义与经济学语境的重要交叉点。我以为,这有三个方面的重要改变:

第一,正是在这种积极的活动中,自然物质被生产物相化构序和塑形为满足人们需要的用在性的**关系场境存在**。其实,这是双重场境关系存在:一是生产物相化创造事物的用在性场境存在。比如马克思在"工艺学笔记"中非常具体地了解到,兽皮和棉花与树木和石块从生命负熵和无机自然构序中失形和祛序后,在物质生产过程中依人的主体性意图(eidos)被重新塑形和构序为社会生活负熵中人的衣服和房屋,前者是 for us 遮体和保暖的用在性事物,后者则是社会物相化关系构序的生活空间的物性载体,这些新型的物性存在只是在一种"使用价值"的**用在性的关系赋型和编码**中,才成为人的社会历史负熵进程中的事物。再比如,德里达所指认的一块自然本有状态下的石头是"没有世界"(weltlos)的,可是当它被精心雕饰成一块我的写字台上的砚台时,它则成为 for us 的**有世界的在场事物**。这是我们在一般物相化中遭遇直观的现成熟知"事物"背后的真相,即作为"正在消逝的东西(verschwindend darstellt)"中的用在性场境关系。这也是历史认识论最重要的认知对象。二是事物的用在性场境存在的**功用性发生**。因为一个通过生产物相化获得用在性场境存在的事物,只有在人的生活场境中得到功能性使用,这种"有世界"的功能链和普遍关联的场境存在才会得以发生。对此,马克思专门强调

①《列宁全集》(第二版)第 55 卷,人民出版社 1990 年版,第 274 页。
②《马克思恩格斯全集》(第二版)第 44 卷,人民出版社 2001 年版,第 22 页。

说,"一件衣服由于穿的行为才现实地成为衣服;一间房屋无人居住,事实上就不成其为现实的房屋"①。没有使用关系场境中的"穿"和"住",用在性的"衣服"和社会物相化空间中的"房屋"在社会关系场境存在中就是不在场的,这是作为生产物相化结果的**关系性编码的事物**与自然存在到场性的最大的差别。这里让我想到的是黑格尔的唯心主义自然哲学,在他那里,这种由人的生产物相化创造的物品用在性和社会物相化生成的功用性场境,统统被解读为精神理念的内在作用:自然不过是观念的 Anderssein(他性存在),而从无机物到有机生命负熵运动,再进入到社会历史中的个人"热情",背后不过是"**绝对不安**"(absolute Unruhe)的观念辩证法运动。应该说,这是一个有趣的思辨把戏。只是马克思,才真正破境了黑格尔的这种唯心主义伪境。马克思专门说,对于人的生存来说,进入到社会生活场境中的

> 这些物(diesen Dingen)能用来满足自己的需要,因为他们努力通过多多少少时常重复的活动(wiederholte Tätigkeit)来握有它们,从而也保持对它们的占有(Besitz);他们可能把这些物叫做"财物"(Gut),或者叫做别的什么,用来表明,他们在实际地利用这些产品,这些产品对他们有用(nützlich);他们赋予物以有用的性质(Nützlichkeitscharakter),好像这种有用性是物本身所固有的,虽然羊未必想得到,它的"有用"性之一,是可作人的食物。②

这正是入序于生产物相化构序过程中的这些事物的**用在性场境关系存在**。动物的皮毛和棉花可做**衣物**,树木和石块可筑**建筑物**,这种由物质生产与再生产塑形和构序起来的用在性存在功能链和社会物相化空间载体,并非这些自然物生命负熵进程中的**本有**(海德格尔语),而是它们在与人的需要关系中获得的全新实践辩证法系统中的有用性,或者"赋予**价值**(Wert beilegen)",在日常生活中,"'**价值**'这个普遍的概念是从人们对待满足他们需要的外界物的关系中产生的"。③ 如果用经济学的话语来表达,即人通过生

①《马克思恩格斯全集》(第二版)第 30 卷,人民出版社 1995 年版,第 32 页。
②《马克思恩格斯全集》第 19 卷,人民出版社 1963 年版,第 405—406 页。
③ 参见《马克思恩格斯全集》第 19 卷,人民出版社 1963 年版,第 406 页。

产活动赋型于自然物的特定**使用价值**。并且,这种特殊的用在性"价值"关系,是在人们生活中"通过多多少少时常重复的活动来握有它们","保持对它们的占有"。人们每天吃饭、每天穿衣、每天在家起居的惯性功用活动,让这些有"价值"的物品获得看起来固有的场境存在。马克思幽默地说,羊一定想不到,自己在场于人类生活世界的"固有"的有用性竟然是可以做人的**食物**。这可以是一个长长的推演:棉花想不到自己的固有价值是可以成为人的衣被,煤想不到自己的固有价值是可以被用来点燃取暖,莱茵河水不会想到自己的固有价值会是用来发电(海德格尔),等等。其实,这些事物"固有"的在场性,只是人所赋型出来的历史辩证法中特有的社会历史负熵的关系场境存在。素食主义者和"动物保护运动",都是在拒绝发生在猪牛羊鸡等动物身上的这种社会关系场境中的"固有性"。生态伦理也是在更加宏观的关系尺度上,反思这种我们对自然"固有"支配和征服的合法性,在西方,这种合法性来自福音中上帝对亚当所说,"你们必将统治万物"。我觉得,马克思由此达及的历史唯物主义构境和历史辩证法的思想深度将会是前所未有的,因为这破境了一般物相化中"周围世界"事物看起来熟知的固有客观属性假象:作为"正在消逝的东西(verschwindend darstellt)",它们的在场,都是一种历史性塑形和构序起来的"从人们对待满足他们需要的外界物的关系中产生的"社会场境存在。在历史认识论的视角中,我们在认知它们的存在状态时,不能丢掉社会关系历史地赋型于它们的**非本有用在性场境**。对此,芬伯格指认说,我们周围世界中的一切"事物通过它们与体系、秩序和总体性的关系变成它们所是的样子"①。这是对的。事物入序于社会历史负熵的关系构式和功能链。而广松涉则更深刻地指出,"作为这种历史的、文化的形象的有用物,形成复杂的连环,而保持固有的秩序。铁锤之所以有用是由于敲钉而有用,敲钉之所以有用是由于建房子而有用,房子之所以有用……是作为这种总体的关系的一契机,在此意义上的有意义性是存在的,这种分级(Hierarchie)是以

---

① [加]芬伯格:《技术体系:理性的社会生活》,上海社会科学院科学技术哲学创新团队译,上海社会科学院出版社2017年版,第43页。

不同于'自然变化'的构序(order)而变化、维持"①。广松涉的这一观点是正确的。这也是海德格尔那个通过上手性功用之链环顾起来的用在世界,而鲍德里亚的消费"物体系",则是这种用在功能链世界的后现代化。

第二,也是在人的直接生活资料的物质生产与再生产这种"积极地活动"中,人的主体需要也从动物式的单一自然生理需求,转换为**社会关系先验赋型中**的日益丰富起来的"衣食住行"和其他文明需要。这恰是历史性主体物相化的重要内容,这种物相化的对象并非外部世界,而是人的生存世界本身。马克思十分生动地说,人与动物一样,虽然都要依靠吃东西来维系身体的新陈代谢,"饥饿总是饥饿,但是用刀叉吃熟肉来解除的饥饿不同于用手、指甲和牙齿啃生肉来解除的饥饿"②。从像动物一样用爪和口来撕咬生肉和野果,逐渐转换为燧石取火后的熟食,以及西方用刀叉和东方用筷子这样的文明进食,这本身就是人类社会历史负熵进程中主体物相化的进步。相近的方面还有,不同于生命负熵中动物自身的皮毛,人发明了社会历史负熵中遮体的衣服和鞋帽;不同于动物居于林中和山洞那样的自然物理空间,人建造了可栖居的社会物相化空间中的房屋,从简单的茅屋到现在的高楼大厦等;不同于动物的简单生物记忆和当下初级感知,人依托外部物性持存存储记忆,创制了笔、纸等书写工具和今天的计算机,实现了非常复杂的感知经验复构和思维构境。这种历史辩证法关系场境中不断改变了的人的生活需要的文明化进展,同时也细微地改变着人的生存本身主体物相化的社会历史负熵质和社会历史定在。

第三,正是上述这种被改变了的需要与事物之间的历史性编码关系,成为人所独有的意识现象中**"词与物"的构序关系基础**。马克思的这一重要观点,后来直接出现在20世纪60年代福柯写下的《词与物——人文科学考古学》(*Les mots et les choses*, *Une archéologie des sciences humaines*,1966)③中,只是它变形为**认知型与存在的关系**。在《德意志意识形态》一书中,马克思恩格

①［日］广松涉:《世界交互主体的存在结构》,邓习议译,南京大学出版社2021年版,第90—91页。
②《马克思恩格斯全集》(第二版)第30卷,人民出版社1995年版,第33页。
③ Michel Foucault, *Les mots et les choses*, *Une archéologie des sciences humaines*, Paris:Gallimard,1966.

斯指认了"我对我的环境的关系是我的意识"的场境关系意识论,但社会关系赋型意识构境的具体发生路径是缺席的。在这里,马克思则指出,人们"在生产过程中,即在占有这些物的过程中,经常相互之间和同这些物之间保持着劳作的交道(Werktätigen Umgang)"①。原先作为意识本质的宏观式的"我对我的环境的关系",在此被具体指认为生产活动中人对物所进行的有目的的物相化 Werktätigen Umgang(劳作的交道),恰恰是这种不断改变的能够满足新型需要的"何所向"的"交道"中,产生了主体际必不可少的交流关系,由此,赋型了人们的意识构境中关于外界对象的经验塑形-构序和观念逻辑构成。这个 Umgang(打交道)是重要的,依我的理解,它是实践这一哲学范畴的深化,因为这里的 Umgang 已经是特指人们有意图(何所向)地实现特定功用爱多斯的改变活动。它后来成为青年海德格尔最早塑形存在论的关键词。他先在"对亚里士多德的现象学解释"讲座(1921/1922)中使用该词②,然后在《纳托普报告》(1922)中确定了 Umgang 范畴的核心地位③。这意指着,人的意识并非传统哲学唯物主义那种简单的判断,**即意识直接对应于到场的现成物质对象**。意识现象的真正现实基础是人有目的地能动改变外部对象的"劳作的交道",在这种人的爱多斯(eidos)之相具体物相化自然物的"劳动的交道"关系赋型和编码之上,才会有更复杂的主体际交往的社会历史负熵关系场境,以产生出人特有的感性经验统觉之上的关系性意识生活和精神负熵构境。这就必然证伪了传统认识论的一般物像("形而上学")本质。从辩证法的视角看,这也表示,观念辩证法不是直接对应于外部的客体辩证法,而是通过历史性的**实践辩证法**("劳作交道辩证法"),才深刻地反映客观的历史辩证法。显然,只是在生产劳动中生成的历史性质和"怎样生产"的信息编码之

---

① 《马克思恩格斯全集》第 19 卷,人民出版社 1963 年版,第 405 页。中译文有改动。*MEW*, Bd. 19, Berlin:Dietz Verlag, 1987, S. 363.

② 参见[德]海德格尔《对亚里士多德的现象学解释》,赵卫国译,华夏出版社 2012 年版,第 85 页。中译文有改动。参见 Heidegger, *Gesamtausgabe*, Band 61, Frankfurt am Main:Vittorio Klostermann, 1985, S. 96。

③ 参见[德]海德格尔《对亚里士多德的现象学阐释》,载《形式显示的现象学:海德格尔早期弗莱堡文选》,孙周兴译,同济大学出版社 2004 年版,第 81 页。参见 Heidegger, *Gesamtausgabe*, Band 62, Frankfurt am Main:Vittorio Klostermann, 2005, S. 352。依概念考古的词频统计,海德格尔在该文本中 94 次使用了 Umgang 一词。

上,才会生成特定社会关系场境之上的社会历史负熵进程中的客观先验构架,且历史地产生出一定质性和特定关系赋型的观念体系。

也是在这个意义上,马克思说明了物质生产(materiellen Production)与精神生产(geistigen Production)的关系。在他看来,精神生产是"从物质生产的一定形式产生:第一,一定的社会结构;第二,人对自然的一定关系。人们的国家制度和人们的观念由这两者决定。因而,人们的精神生产的方式也由这两者决定"①。"人对自然的关系",就是上述那个物质生产中的"交道"关系,而"一定的社会结构",则是"怎样生产"的先验构架之上的社会物相化中生成的历史负熵关系,这两种关系之上,才会有政治制度以及康德意义上的先天观念综合判断。并且,马克思明确指认:

> 要研究精神生产和物质生产之间的联系,首先必须把这种物质生产本身不是当作一般范畴来考察,而是从**一定的历史的**形式(*bestimmter historischer* Form)来考察。例如,与资本主义生产方式(capitalistischen Productionsweise)相适应的精神生产,就和与中世纪生产方式相适应的精神生产不同。如果物质生产本身不从它的**特殊的历史的**形式来看,那就不可能理解与它相适应的精神生产的特征以及这两种生产的相互作用。②

我以为,这是马克思对物质生产和精神生产的关系十分重要的科学说明。具体说,在中世纪所依存的农耕生产中的劳作交道中,人的劳动只是自然生长进程的辅助力量,所以在社会历史先验构架整体上,认知构式必然以主体与客体的二元外部对立为基础,人能够边界清晰地面对自己之外的自然存在和"自然辩证法";而在资本主义生产方式中出现的工业生产过程,其中发生的物相化"劳作的交道"彻底改变自然物质失形/塑形和祛序/构序方式后,全新的社会历史负熵质中生成的历史先验认知构式,则转换为主体与客体边界不清的交道-关系认知论,因为,我们在认识自己创造的周围世界时,其中,**解码者就是历史辩证法的编码者**,用马克思的话来说,就是我们既是剧作

---

① 《马克思恩格斯全集》(第二版)第 33 卷,人民出版社 2004 年版,第 346 页。
② 《马克思恩格斯全集》(第二版)第 33 卷,人民出版社 2004 年版,第 346 页。

者和剧中人物,又是观看自己演出的观众。① 更深一层,在经济的社会赋型中会生成愈益复杂的颠倒式的商品交换关系盲目运动中的祛序-返熵构式,它会以经济物相化的先验方式决定资产阶级社会生活中"先天综合"观念构架的拜物教误认性质。

其实,早在 1868 年 3 月 25 日,马克思写信告诉恩格斯,他正在读德国历史学家毛勒②的《马尔克制度、农户制度、乡村制度,城市制度和公共政权的历史概论》等书。③ 其中,他有一个重要的证据发现,即人类的语言信息编码(information coding)实际上是人们交往中形成的各种**社会关系编码**的结果。他写道:

> 要是老黑格尔有在天之灵,他知道德文和北欧文中的 *Allgemeine*(**一般**)不过是公有地的意思,而 *Sundre*,*Besondre*(**特殊**)不过是从公有地分离出来的 Sondereigen(私人财产),那他会说什么? 真糟糕,原来逻辑范畴还产生于"我们的交往"(unsrem Verkehr)。④

马克思在此说明的是一个极为重要的广义历史唯物主义观点,即人们的语言观念不是从黑格尔那个绝对理念中产生出来的,也非如同旧唯物主义所说的思维是对物质的直接反映,观念的本质来源于人的现实**生活关系场境**。观念爱多斯创制的真实基础是社会历史负熵质。马克思与众不同地从毛勒的历史考察中直接发现了一些重要的观念考古学证据,即一定的逻辑观念编码来自人们在特定历史条件下形成的**社会交往**。马克思发现,黑格尔喜欢的 *Allgemeine*(**一般**)之现实原型在德文和北欧文中竟然是公有地的意思,而

---

① 参见《马克思恩格斯全集》第 4 卷,人民出版社 1958 年版,第 148—149 页。

② 毛勒(Georg Ludwig von Maurer,1790—1872),德国历史学家。曾任巴伐利亚国家枢密官。

③ 马克思的此次研究中,包括了毛勒的《马尔克制度、农户制度、乡村制度,城市制度和公共政权的历史概论》(*Einleitung zur Geschichte der Mark-,Hof-,Dorf,und statd-Verfassung und der öffentlichen Gewalt*,1854)、《德国马尔克制度史》(*Geschichte der Markenverfassung in Deutschland*,1856)、《德国赋役农户、农场和农户制度史》(*Geschichte der Fronhofe,der Bauernhofe und der Hof-verfassung in Deutschland*,1862—1863)和《德国乡村制度史》(*Geschichte der Dorfverfassung in Deutschland*,1865—1866)等书。马克思称毛勒为"具有真正德意志的博学",并认为,"他的书是非常有意义的。不仅是原始时代,就是后来的帝国自由市、享有特权的地主、国家权力以及自由农民和农奴之间的斗争的全部发展,都获得了崭新的说明"。参见《马克思恩格斯全集》第 32 卷,人民出版社 1974 年版,第51 页。

④《马克思恩格斯全集》第 32 卷,人民出版社 1974 年版,第 53 页。

Sundre, Besondre(**特殊**)则是从公有地中分离出来的私有财产。由此,马克思体认到,这些特定语言的具体所指,不过是从人们一定的经济交往**关系功能链**中生发出来的。这正是对《德意志意识形态》中那个社会关系意识论的进一步确证。只是在这里,这种规制了意识活动的社会关系已经经过了经济物相化的颠倒。我注意到,布尔迪厄也进入过马克思这一观点的相近讨论域,他引述邦福尼斯特(Emile Benveniste)的研究成果:在印欧语系中,原先是没有 travail(工作)这一概念的,"发现工作这个概念的前提是形成共同的生产范围,即对自然世界的祛魅,亦即自然世界从此被简化为其经济维度"①。这也就是说,travail(工作),正是工业生产的物相化本质。布尔迪厄不一定读到过马克思的上述书信,却在自己的研究中得出了与马克思几乎一致的结论。也因此,马克思提出过一个内嵌哲理的观点:"在人类历史上存在着和古生物学中一样的情形。由于某种判断的盲目(judicial blindness),甚至最杰出的人物也会根本看不到眼前的事物(Sachen, die vor der Nase liegen)。后来,到了一定的时候,人们就惊奇地发现,从前没有看到的东西现在到处都露出自己的痕迹。"②这个看不到的"眼前的事物",正是黑格尔所指认的可见物像背后的"正在消逝的东西"。有如这里马克思所发现的自明性词语背后历史发生的经济关系场境的编码机制。

也是在《评瓦格纳教科书》一文中,马克思通过分析人的词语给外部世界中的对象命名的例子,来进一步说明意识现象是**"劳作的交道"**和社会关系先验赋型的结果。马克思具体分析说,恰是由于人"占有这些物"的生产过程中所重复发生的各种"劳作的交道",从而使这些物被赋型起特定的"有世界"的关系场境。

> 由于这一过程的重复,这些物(Ding)能使人们"满足需要"这一属性(Eigenschaft),就铭记在他们的头脑中了,人和野兽也就学会"从理论上"把能满足他们需要的外界物(äußern Dinge)同一切其他的外界物区别开来。在进一步发展的一定水平上,在人们的需要和人们借以获得满足的

① [法]布尔迪厄:《实践理论大纲》,高振华等译,中国人民大学出版社 2017 年版,第 299 页。
② 《马克思恩格斯全集》第 32 卷,人民出版社 1974 年版,第 51 页。

活动形式增加了,同时又进一步发展了以后,人们就对这些根据经验(erfahrungsmäßig)已经同其他外界物区别开来的外界物(Außenwelt unterschiednen Dinge),按照类别给以各个名称(sprachlich taufen)。①

我觉得,这是马克思对自己多年前指认的"我对我的环境的关系是我的意识"观点的进一步确证。虽然马克思这里在讨论意识中语言概念与外界物的"命名(Bezeichnung)"的编码关系,但它其实极深地涉及了人的意识和精神负熵现象的本质问题。我们之所以能在周围世界的感性经验塑形和构序中,直接看到"皮毛"、"棉花"、"树木"和"石块"这些对象物,并生成这些相关的词语,绝不是因为这些主观意识中的概念直接映现了外部直观对象物的客观属性。如同马克思上述"可吃性"不是羊的固有属性一样,这些经验统觉和知性概念都不是自然对象物的固有属性之映现,这些"词与物"构序关系的基础,恰恰是在无数次重复发生的"劳作的交道"过程中,这些物在生产物相化过程中失形和脱型于自然关联,并获得的满足人的需要(爱多斯)的**用在性关系编码和新的社会历史负熵质**。在《伦敦笔记》中,马克思在 W. 库克·泰勒的《在野蛮和文明的状态中的社会自然史》(W. Cooke Taylor, *The Natural History of Society in the Barbarous and Civilized State*, 1840)一书中摘录到原始部族生活中最初物体命名与对象的关系:"任何特定地区的语言数量通常与居民的知识文化成反比。特点:对象少,但名称多,例如,一个是有生命或无生命的东西的另一个名称,一个是一天,一个是长度的量度,等等"。开始,人们总是说一群羊、一群牛,但没有具体的量词,"不仅缺乏时间、空间、实体等抽象概念,而且缺乏树、植物等通用名称"。② 只是在后来的劳作和生活关系场境中,才逐步生成我们今天操持的概念和语言系统。这种实践活动的无数次重复,使这种关系性的功用性不断铭刻于人的感性经验和意识之中,这是词对物的命名背后的作为"正在消逝的东西"的功用构序关系场境。列宁在"伯尔尼笔记"中极其深刻地提出了"**逻辑的范畴和人的实践**"的关系,他认为,

---

① 《马克思恩格斯全集》第 19 卷,人民出版社 1963 年版,第 405 页。

② 参见 Marx-Engels-Gesamtausgabe(MEGA²), Ⅳ/8, Text, Berlin: Dietz Verlag, 1986, S. 462。中译文参见孔伟宇译稿。

"人的实践活动必须亿万次地使人的意识去重复不同的逻辑的式,以便这些式能够获得公理的意义"①。这亦表明,人的意识活动中的辩证法构序基础,并不是直接对应外部的客体,而是由历史性的实践构序功能度所决定的。所以,当科西克说,感性的操持"活动为人打开了通向'物自体'的门径。这些活动是人以不同的方式对世界的占有(appropriation)"②,他是深刻的。因为在认识论上看起来自在的"物自体",只有在人以特定的方式占有它时才会被认知。在马克思这里,意识现象及其语言编码活动所对应的不是物的本有自然属性,而是一定历史条件下的物质生产与再生产中人对自然能动的历史性用在性关系和社会历史负熵质。这也意味着,人的精神世界并非直接对应于外部自然界,而是对应于作为人的物相化活动结果的我们周围的世界(umgebende Welt)。思想活动作用和冲突的逻辑空间的真实基础,是社会空间中不同实践活动力量线的交互关系场境,意识面对的感性对象在场,本质上是**用在性普遍关联的功能链中的在场性**。我体会,这正是马克思对所谓"哲学基本问题"——物质与意识关系的科学解答。当马克思说:

> 这种语言上的命名(sprachliche Bezeichnung),只是作为概念反映出那种通过不断重复的确认变成经验(wiederholte Bestätigung zur Erfahrung)的东西,也就是反映出,一定的外界物是为了满足已经生活在一定的社会关联(gesellschaftlichen Zusammenhang)中的人{这是语言存在所必需的先决条件,dies der Sprache wegen notwendige Voraussetzung}的需要服务的。人们只是给予这些物以专门的(种类的)名称(Namen)。③

这意指着,语言及意识存在的"先决条件",不是一般物像图景中自在的外界物,而是通过物质生产与再生产满足特定人的需要的"社会关联"世界,意识反映存在,语言命名事物,不过是人们物质生产物相化与生活经验不断重复的**先验关系性场境突现**。这恰恰是那个"我对我环境的关系是我的意

---

①《列宁全集》(第二版)第55卷,人民出版社1990年版,第160页。

②[捷]科西克:《具体的辩证法》,傅小平译,社会科学文献出版社1989年版,第12页。

③《马克思恩格斯全集》第19卷,人民出版社1963年版,第405页。中译文有改动。*MEW*, Bd. 19, Berlin: Dietz Verlag, 1987, S. 363.

识"一语的深刻背景构境。由此马克思说:

> 可见:人们实际上首先是占有外界物作为满足自己本身需要的资料,如此等等;然后人们**也在语言上把它们**叫做它们在实践经验(praktischer Erfahrung)中对人们来说已经是这样的东西,即**满足自己需要的资料**,使人们得到"满足"的物。如果说,人们不仅在实践中(praktisch)把这类物当作满足自己需要的资料,而且在观念上(Vorstellung)和在语言上把它们叫做"**满足**"自己需要的物,从而也是"满足"**自己本身**的物。①

在历史认识论的视角中,我们在自己的周围世界(umgebende Welt)的感性经验塑形和构序图景中直接看到、听到和触碰到麦子、谷子和玉米,将一些植物在观念和语言上叫作"粮食",因为它们是我们在生产与再生产中以特定的物相化方式占有且改变的自然对象,这些对象之所以是"粮食",是由于它们在人类生活负熵进程中能够满足我们生存下去的吃饭需要(爱多斯)。感性经验中遭遇与观念和语言上构境的"粮食",并非对应于它们本有的自然存在,而是对应于它们失形和脱型于自然关联后,"使人们得到'满足'的物"这一新的praktische Erfahrung(实践经验)里呈现的我们周围世界的社会关系编码和社会历史负熵质。相反,当我们将另一些植物称为"杂草"时,也不是因为它们天然是杂草,而是对应于它们是不能"使人们得到'满足'的物"的这一**否定性关系编码场境**中的社会历史负熵质。"害虫"与"益虫","香花"与"毒草",一切"有用物"与"无用物",都不是物**本有**的客观自然存在属性的主观映现,或者自然生命现象中的负熵构序关系,而是我们对自然能动作用的历史性效用关系编码和社会历史负熵质的意识关系场境映现。我觉得,马克思晚年在《评瓦格纳教科书》一文中的哲学话语,可能是他晚年关于广义历史唯物主义和历史认识论学术思考的最深思想构境。这值得我们认真探究和思考。

---

① 《马克思恩格斯全集》第19卷,人民出版社1963年版,第406页。中译文有改动。*MEW*, Bd. 19, Berlin: Dietz Verlag, 1987, S. 363.

2. 从物质生产过程视位向劳动过程的转换

以上关于物质生产过程的广义历史唯物主义和历史认识论的讨论，当然是马克思进入经济学研究的指导性方法，然而，我们会看到，在马克思开始走向自己的第二个伟大发现——剩余价值理论的具体思想实验时，他却不得不进行了一个重要的广义历史唯物主义逻辑中的**构序起点**的转换，即**从生产过程转向劳动过程**。在历史辩证法的复杂系统中，再一次突显那个非直观的隐性在场的**劳动辩证法构序**的主导地位，这恐怕是过去我们的哲学研究没有认真注意的方面。其实原因很简单，从斯密到李嘉图的经济学研究，其社会唯物主义的逻辑前提都是承认物质生产的基始性地位①，否则，就不可能开始对资产阶级社会中生产活动和经济关系的分析，更重要的是，在马克思这时的主要理论对手李嘉图那里，由于机器化生产的进程，劳动价值论越来越被笼统的"生产成本"和平均利润率之下的"生产费用"（生产价格）一类的含混表述所遮蔽。马克思说，"李嘉图经常把商品的**价值**同**生产费用**（就它＝费用价格而言）混淆起来"②。马克思意识到，原先自己从人本主义的价值悬设中的理想化劳动，转向历史性的客观物质实践，再探究物质生产这一社会定在和发展的基础，这种此-彼归基分析在观察整个社会生活的尺度上是完全正确的。可是，进入经济学语境之后，特别是当他直接观察资产阶级经济生活时，他却意识到，在资产阶级经济学那里，作为人对自然的能动活动出场的物质生产物相化，可以是由资本有目的地驱动和生产的客观物质过程；这里改变自然对象和社会生活的"现实的个人"，也可以是支配和指挥了生产与再生产过程的资本家、监工和科学家，而李嘉图恰恰是以资本控制下的物质生产与再生产的客观过程，彻底抹杀了机器生产中工人的主体作用。马克思此时猛醒到，李嘉图抓住的那个"生产费用"的本质仍然是**劳动**。

商品本身的生产费用是由商品生产过程中消费的资本的价值，也就

---

① 参见《马克思恩格斯全集》第 3 卷，人民出版社 1960 年版，第 483 页。
② 《马克思恩格斯全集》（第二版）第 35 卷，人民出版社 2013 年版，第 83 页。

是由进入商品的对象化劳动量(Quant) + 花费在商品上的**直接劳动量**构成的。在商品中消费的"已实现的劳动" + "直接劳动"的**总量构成商品本身的生产费用**。只有通过这个已实现的和直接的劳动量的生产消费,商品才能制造出来。这也是商品作为**产品**,作为**商品**以及作为使用价值从生产过程中产生出来的条件。①

马克思这里的思想构境,让我们联想起多年前《1844年手稿》中那个"国民经济学的路德"的转喻。只是这一次,不再是基于人本主义的异化史观来看主体性的斯密,不再是透视现成的"私有财产"的主体本质——劳动,而是破解顽固客体主义("犬儒主义")的李嘉图背后的秘密,这就是资本控制下的生产过程中的劳动的作用。这使马克思突然认识到,客观的物质生产物相化与再生产中最关键性的内驱动因和真正的创造性来源不是抽象的"一般生产",而是必须重新突显出来的**劳动**!科学的政治经济学理论关注的当下"现实的个人",只能是拥有劳动能力的**工人**。劳动者,才是人们直接生活资料的物质生产与再生产的主体,生产物相化作为人能动地改造外部自然对象的"积极地活动",其真正的创造性基础,只能是**劳动物相化之上的劳动辩证法**。然而,相对于客观的物质生产过程,这种主体性的劳动辩证法运动是更加不可直观的。我以为,劳动辩证法在历史辩证法话语体系中的再一次突显,可以视作马克思唯物辩证法思想发展中的**第三种重要形态**。它使得历史辩证法话语系统编码愈益丰满起来,因为在体现实践辩证法基始层面的物质生产辩证法中,再一次指认出主体性劳动辩证法的主导地位。这样,实践辩证法、生产辩证法和劳动辩证法就构成了马克思历史辩证法话语的完整逻辑。这就使马克思在进入自己的经济学研究时,不再仅仅从物质生产过程的视位出发,而同时必须透过物质生产过程再次转换为从劳动过程出发,这样,广义历史唯物主义构境中的生产话语就被**再一次微观化到劳动话语的更深层次**。这将是马克思历史唯物主义此-彼归基逻辑中的重大改变,即从**物质生产向劳动的再归基**。并且,这个特殊的劳动话语也是狭义历史唯物主义基础之上历

---

① 《马克思恩格斯全集》(第二版)第35卷,人民出版社2013年版,第84页。

史现象学的重要逻辑起点，由此再走向劳动异化批判构式Ⅲ。从表面上看，这种劳动辩证法的突显似乎是《1844年手稿》中劳动话语的复活，但本质上，这种新型的劳动话语却不再是人本学逻辑编码的结果，而是对客观物质生产过程中的主导性劳动活动的重新肯定。这是当代思想史中极其容易滑进的逻辑泥坑，应该是我们需要认真辨识的思想构境谱系中历史性呈现的复杂问题。过去，马克思在经济学研究语境中突显的这一劳动话语所包含的重要思想内容，只是被当作经济学的话语来对待，而没有看到马克思关于劳动过程中**有用（具体）劳动创造使用价值**的讨论，恰恰是马克思对《德意志意识形态》中创立的广义历史唯物主义和历史辩证法构境中客体向度的重要拓展，是宏观层面物质生产物相化与再生产的进一步微观化思考。这一劳动者的爱多斯（eidos）之相通过劳动外化于对象，失形/塑形和祛序/构序产品使用价值的"工艺学"构境，不仅是非物像的历史唯物主义和历史辩证法的重要深化，也是我们入境于剩余价值理论探索和科学认识整个资本主义生产方式的方法论前提。所以，这也会是我在此想格外关注的方面。在这一点上，普殊同从**劳动的视角**进入马克思对资本主义的批判理论的方向是正确的。在《时间、劳动与社会统治》一书中，他深透地意识到，相对于"传统马克思主义"将马克思的学说视作"生产的理论"不同，在马克思那里，"资本主义独一无二的特质，正在于其基本社会关系是为劳动所建构的"，因为封建宗法关系是由血亲纽带赋型的，只有资本主义社会的商品-市场经济的关系才会是工人劳动创造的，由此对马克思而言，"劳动成了批判资本主义的基础，成了进行批判的**出发点**"。① 当然，普殊同没有说明，在马克思的思想发展谱系中，从青年马克思的人本主义的类本质劳动话语到广义历史唯物主义中的生产话语，再到中晚期经济学研究中的劳动话语的复杂转换逻辑。

我们从上文可知，马克思在《1857—1858年经济学手稿》中进入经济学语境之后，虽然一上来面对的就是古典经济学将物质生产作为社会生活的基

---

① 参见［美］普殊同《时间、劳动与社会统治：马克思的批判理论再阐释》，康凌译，北京大学出版社2019年版，第6—7页。

础,他也在广义历史唯物主义的客体向度充分肯定了这一前提,但他很快指认了劳动在物质生产过程中十分特殊的关键性主体作用。他分析说,如果我们仔细去看人的直接生活资料的物质生产与再生产过程,那么,构成有明确目的的物质生产过程的"所有三个要素,材料、工具、劳动,融合成为一个中性的结果——**产品**"①。其实,这里有五个环节:一是马克思这里没有直接指认的生产的目的,二是生产将改变的对象性材料,三是作为生产中介的工具,四是劳动活动,五是作为生产过程结果的产品。用后来马克思在《1861—1863年经济学手稿》中的表述,就是:"如果从整个过程的目的,从要生产的产品来考察这些要素,它们就可以被称作生产材料,生产资料和生产劳动"②。这还是五个环节:生产目的、生产材料、生产资料、生产劳动和生产产品。如果从历史在场性来看,生产材料、生产资料和产品都是**对象性的到场**,而生产目的和生产劳动的在场方式却是非实体性的,后二者都是以劳动者的到场为前提的。从广义历史唯物主义构境中人改变自然的能动关系上看,生产目的是人改变自然的要求,生产材料是被改变的具体对象,生产资料是辅助这种改变的中介手段,有目的的生产劳动是这一改变的具体物相化活动,生产产品是这种用在性改变的最后结果。马克思进一步分析说:

> 在生产过程(Productionsprocesses)中被消费的生产过程的各要素,都在产品中再生产出来。因而,整个过程表现为**生产消费**(productive Consumtion),也就是表现为这样的消费,它的结局既不是**无**,也不是对象的东西的单纯主体化(blosen Subjectivirung),而是它本身再成为某种**对象**。这种耗费不是物质的东西的简单耗费,而是耗费本身的耗费(Verzehren des Verzehrens);在物质的东西的扬弃中包含着这种扬弃的扬弃(Aufheben dieses Aufhebens),因而是物质的东西的**设定**(Setzen)。**赋型**的活动(Formgebende Thätigkeit)耗费对象并且耗费它自己,但它耗费的只是对象的既定形式(gegebne Form),以便赋予对象以新的对象形式(neuer gegenständlicher Form),并且它只是在它的作为活动的主体形式

---

① 《马克思恩格斯全集》(第二版)第30卷,人民出版社1995年版,第258页。
② 《马克思恩格斯全集》(第二版)第32卷,人民出版社1998年版,第72页。

(subjektiven Form als Thätigkeit)上耗费它自己。它耗费对象的对象的东西,——与形式无关,——耗费活动的主体的东西;它赋予对象以形式,使活动物相化(materialisirt)。但是作为**产品**,生产过程的结果是**使用价值**。①

这是马克思在自己最初的经济学思想实验《1857—1858 年经济学手稿》中,关于生产过程的一段颇具哲学意味的表述。入境这一话语片段,立刻让人想到 1844 年马克思关于黑格尔《精神现象学》的那次摘录和思想实验。第一,生产过程就是上述五个环节的再生产过程,依据一定的生产目的,生产劳动、生产材料、生产资料都被"消费"了,这种消费的结局不是黑格尔式的观念自我扬弃之无,也非"对象的东西的单纯主体化",而是在生产过程中再成为被改变的对象——产品。这里出现的黑格尔式的对象消逝之"无"与让惰性的自然物通过观念目的"主体化"的构境,当然过于形而上学,所以马克思进一步解释说,生产过程中的 Verzehren(耗费)的关键,并不是生产材料和生产资料的物质性耗费,而是非实体性的"耗费本身的耗费",说穿了,就是生产过程中劳动活动的耗费。因为这种有目的的活动在生产中当下发生并在场,随即便"抽身而去"。用黑格尔《精神现象学》中的说法,即劳动消逝在对象之中,或者倒过来说,叫对象表现为"正在消逝的东西(verschwindend darstellt)",这是本有存在中的对象在劳动关系中的消失。从哲学上看,并非笼统的生产活动的消逝,而是作为生产过程真正创制动力的劳动活动的消逝,是劳动活动的用在性在场消隐于物的对象性到场,这正是一般物像迷碍生成的第一步。这显然是对《提纲》到《德意志意识形态》的广义历史唯物主义中,第一层级物相化成因的进一步基础性说明。这也是我前面提及的此-彼归基逻辑中的再归基。并且,所谓生产力的根本因素并不是物相化中实体性到场的劳动者,而是劳动活动在场的功能水平和质性。

第二,劳动活动的耗费是对物质的东西的 Aufheben(扬弃),或者叫 Aufheben dieses Aufhebens(扬弃的扬弃)。这又是黑格尔式的哲学话语,在黑

① 《马克思恩格斯全集》(第二版)第 30 卷,人民出版社 1995 年版,第 258—259 页。中译文有改动。Marx-Engels-Gesamtausgabe(MEGA²),Ⅱ/1,Text,Berlin:Dietz Verlag,2006,S. 220-221.

格尔那里,Aufhebung(扬弃)总是对观念性的我-它自反性异化的扬弃,而在这里重新出现的扬弃表现为**否定中的肯定**。具体说,生产并不把对象简单否定掉,生产表现为一种劳动对象扬弃中的劳动活动改变对象的新的物性东西的 *Setzen*(**设定**),这是改变自然界原序和生命负熵本质的基础,这种劳动活动对外部对象的物质设定和重新编码,就是我们的周围新世界在场的开端。这种"改变世界"的历史性构序能力和水平,也就是生产力的历史本质。在《黑格尔〈精神现象学〉摘录》中,马克思摘录黑格尔的原话为"自我意识的外化设定物性(sezt die Dingheit)"①。

第三,劳动活动设定物质对象的扬弃,是一种失形和塑形、祛序和构序、脱型和构式的 *Formgebende* Thätigkeit(**赋型**的活动)。其实,这恰是人有目的的爱多斯(eidos)之相实现出来的过程,这也是生产技艺中"怎样生产"的具体信息编码(information coding)机制,因为"它耗费的只是对象的既定形式,以便赋予对象以新的对象形式"。这让人想起的情景,是马克思在"工艺学笔记"中看到的去除兽皮上的毛(自然生命负熵之赋型中既定形式的脱型),并且使之成为遮蔽身体的"裙子"(人的生活负熵之构序中新的对象形式)的过程,由此,劳动活动"赋予对象以形式,使活动物相化(materialisirt)"。依我的判断,这是马克思的 materialisirt(物相化)概念的第一次正式出场。我以为,物相化是马克思历史唯物主义构境中重要的哲学概念,它既不同于传统费尔巴哈话语中的对象化(Vergegenständlichung),也不同于后来马克思使用的事物化(Versachlichung)和物化(Verdinglichung)概念。② 物相化概念区别于生

---

① 《马克思恩格斯全集》(第二版)第 3 卷,人民出版社 2002 年版,第 322 页。Marx-Engels-Gesamtausgabe(MEGA²),Ⅰ/2,Text,Berlin:Dietz Verlag,1982,S. 294 - 295.

② 事物化(Versachlichung)与物化(Verdinglichung)概念,系马克思在历史现象学批判话语编码中使用的一对重要概念。Versachlichung 是指资本主义经济物相化过程中出现的客观关系颠倒(Verkehrung)现象,在我的这一次研究中,具体会指发生的人与人的社会关系(直接的劳动交换关系)事物化(Ⅰ)颠倒、商品价值在货币物上的他性呈现中的事物化(Ⅱ)颠倒、作为资本的货币转换为生产过程中劳动条件的事物化(Ⅲ)颠倒,以及科技物相化重新对象化为机器的事物化(Ⅳ)颠倒等。而 Verdinglichung 则是指在资产阶级经济物相化空间中,人们将事物化颠倒中遮蔽起来的社会关系之下特定事物的社会属性,错认为与人无关的自然属性。这种主观错认论是经济拜物教批判的前提。事物化(Versachlichung)与物化(Verdinglichung)之间的关系,存在着关系客观事物化与物化主观幻境之间根本的异质差别。这里的逻辑关系应该是:客观发生的事物化是主观物化错认的前提,而物化错认又是整个拜物教观念的基础。这是一个十分复杂的问题场境。

产概念的地方,是它不仅仅表征加工、制作和产出的一般生产特征,而且突出强调人有目的的爱多斯之相,在生产过程中实现为塑形、构序和赋型对象的主体性物相化创制本质。并且,主体性活动在这个物相化过程中的可见塑形和不可见的构序之隐匿,是一般物像迷碍生成中最关键的一步。马克思这一materialisirt 概念的正式确立,为历史唯物主义已有的物像批判提供了重要的理论塑形和构序范畴。这也是我在本书中重新复构这一概念的原因。依概念考古词频统计,马克思在《大纲》中共计 18 次使用 materialisirt 一词。

第四,这种生产过程中劳动物相化活动扬弃对象的结果就是物性的产品,也就是让物品获得满足人的生存需要的有用性社会历史负熵的"使用价值"。其实,我们可以看到,在整个这段表述中,马克思并没有直接使用劳动的概念,他巧妙地只是使用了 Thätigkeit(活动),这既可以指《关于费尔巴哈的提纲》中的物质实践活动,也可以指《德意志意识形态》中的物质生产活动,然而,马克思辨识出,在生产过程中出现的这种扬弃对象、设定物质的失形/塑形与祛序/构序的活动,决不会出自物性的生产材料和生产资料,而只能是劳动者(工人)的 subjektiven Form als Thätigkeit(作为活动的主体形式)中的在场**劳动**。这是一种很深的理论辨识。因为这涉及马克思与李嘉图乃至全部资产阶级经济学的根本立足点的异质性,马克思必须站在**劳动者和劳动**的立场上。马克思意识到,他原先的历史唯物主义方法论中缺少一个更加深入地观察社会历史的**客体向度微观入口**,这就是历史的、现实和具体的劳动活动、劳动过程和劳动物相化结果的用在性关系——"使用价值"。这当然也是马克思创立自己的剩余价值理论和科学认识资本主义生产方式的重要前提。

这样,在马克思经济学研究的进程中,资产阶级经济学研究中通行的作为"一般生产"的**生产过程就转换为劳动过程**,上述生产过程中的不同环节也就同时转换为劳动过程的不同环节。也是在这里,作为广义历史唯物主义构境重要组成部分的**科学的劳动话语在摆脱人本学逻辑构式后被再一次凸显出来**。这一重新归基关系中出现的重要的劳动话语,并不是简单否定广义历史唯物主义的物质生产基础,而是突显了物质生产过程中在场劳动活动的主体地位。或者说,在历史辩证法的总体构成中,**隐性在场的劳动辩证法构序恰恰是生产辩证法的核心**。这正是我们传统历史唯物主义研究的逻辑盲区和凹点。在这一点上,施米特关注到了这种微妙的转换,他说,在马克思的经济学研究中,他总是"试图根据人的劳动状况的客观逻辑(der objektiven Logik der menschlichen Arbeitssituation)来理解生活的其他各个领域的结构"①。这是精准的见解。应该指出,劳动辩证法在历史唯物主义和历史辩证法中的再一次突显,并非意味着《1844 年手稿》中那种人本学逻辑构式的复活,这里的劳动不是价值悬设中的 sollen(应有),而是客观发生在资产阶级物质生产过程中的 Gewesenseins(曾有)——过去劳动(对象化劳动)与现有——当下发生的 lebendige Arbeit(活劳动)的辩证关系。可是,当施米特面对《大纲》简单地断言,"就马克思的思想发展史而言,这一近千页的文本建立起了《1844 年手稿》与中晚期马克思成熟的唯物主义经济学之间的联系"②时,其质性判断却又是含混和错误的。

马克思现在说,"如果从劳动本身来考察劳动过程的要素,它们被规定为劳动材料,劳动资料和劳动本身"③。这与上述生产过程是同一个过程,只是观察问题的视角发生了改变。然而,这种视位的改变却是至关重要的,因为这是走向**劳动价值论**的入口。在马克思第二个重要经济学思想实验《1861—1863 年经济学手稿》中,我们看到马克思直接改写了上面那段表述:

> 劳动过程(Arbeitsproceß)是工人从事一定的合乎目的(zweckmässige)的活动的过程,是他的劳动能力即智力和体力既发生作用、又被支出和消耗的运动[通过这种运动,工人赋予劳动材料以新的场境(neue Gestalt),因此,这种运动物相化(materialisirt)在劳动材料中],——不管这种形式变化是化学的,还是机械的;是通过生理过程本身的控制而发生的,还仅仅是对象的位移[它的局部定在的改变(Veränderung seines örtlichen Daseins)],或者只是对象与地球的关联(Zusammenhang)的分

---

① [德]施米特:《马克思的自然概念》,欧力同等译,商务印书馆 1988 年版,第 19 页。参见 Alfred Schmidt, *Der Begriff der Natur in der Lehre von Karl Marx*, Frankfurt and Main:Europäische Verlags-Anstalt, 1962, S. 21。

② [德]施米特:《亨利·列斐伏尔与马克思的当代诠释》,周泉译,载《社会批判理论纪事》第 13 辑,江苏人民出版社 2022 年版,第 84 页。

③ 《马克思恩格斯全集》(第二版)第 32 卷,人民出版社 1998 年版,第 72 页。

离。因此,当劳动在劳动对象中物相化(materialisirt)时,它就赋予这个对象以形式(formirt),并且把劳动资料作为它的器官(Organ)进行使用和耗费(verbraucht)。劳动从活动的形式(Form der Thätigkeit)转入存在的形式(Form des Seins),转入对象的形式。劳动在改变对象的同时,改变了它本身的场境(Gestalt)。塑形的活动(Formgebende Thätigkeit)耗费对象并耗费自己本身;它塑形对象并使自己物相化(formirt ihn und materialisirt sich);它在自己的主体形式(subjektiven Form)中作为活动耗费自己,并且耗费对象的对象性质,也就是说,消除了对象同劳动目的的漠不相干性(Gleichgültigkeit)。①

这是与上述我们刚刚解析过的《1857—1858 年经济学手稿》中的那段话语相近的一段表述。也是在这一新的话语重塑中,可以清楚地看到我所说的**从生产过程向劳动过程的重要转换**。这里,主体性的**劳动辩证法构序**重新成为话语编码中的主导因素。当然,这并非说,从生产过程向劳动过程的转换是发生在《1861—1863 年经济学手稿》中,这一转换在《大纲》的经济学研究和复杂思想实验进程中已经逐步实现,只是在《1861—1863 年经济学手稿》中变得更加自觉。直观地看,在《1861—1863 年经济学手稿》这段表述中,马克思一是明确将生产过程转换为劳动过程,它导致原来的表述的构境意向彻底重构了,二是尽可能压抑了《1857—1858 年经济学手稿》中特有的哲学话语意味,整个理论描述变得越发实证和更像"经济学话语"一些。

具体一些分析,现在这段表述的构境层愈益清晰和意向明确了:第一,劳动过程是工人作为劳动者主体进行的 zweckmässige(合乎目的)的活动过程。其实,生产过程的目的是由劳动中具体践行的物相化来实现的,这一有目的(telos/Zweck)的爱多斯实现出来的客观塑形和构序过程的**发生源**,不是物性的劳动材料和劳动资料,而是工人的"劳动能力即智力和体力既发生作用、又被支出和消耗的运动"的在场。也是在这里,我们再一次看到了这个重要的 Formgebende Thätigkeit(赋型的活动)。这里让我想到的观点,是黑格尔在唯

---

①《马克思恩格斯全集》(第二版)第 32 卷,人民出版社 1998 年版,第 64—65 页。中译文有改动。
　Marx-Engels-Gesamtausgabe(MEGA²),Ⅱ/3－1,Text,Berlin:Dietz Verlag,1976,S.52.

心主义构境中对惰性物质的贬斥,他认为"太阳下面没有新东西",只有精神观念才是唯一有未来时间维度的创制力量。马克思这里的逻辑构式似乎是黑格尔上述观点的唯物主义异轨,在他这里,物性的劳动材料和劳动资料并没有在劳动过程中创造任何新东西,工人的劳动活动(历史时间)的在场是唯一的创制力量。实际上,这一观点是极其重要的,因为它是马克思劳动价值论和剩余价值理论的直接基础。显然,这一重要的理论观点并没有在《德意志意识形态》的广义历史唯物主义的生产话语中得以强调。

一方面,这会是历史唯物主义客观向度中视位转换的关键,原先那个生产过程中**抽象的人对自然的能动关系**的主导因素,现在明确落到了**劳动者的劳动能力**上;另一方面,那个作为生产过程结果的事物获得的**用在性社会历史负熵质**——"使用价值"也是由劳动能力创造的。这既是后来那个抽象劳动生成价值的前提,也是理解劳动力商品问题的入口。微观一些看,这成功地将**不劳动**的"现实的个人"——资本家堵在了创造财富的门外。这当然彻底改变了马克思进入经济学构境的全部基础。

第二,劳动资料是劳动者体外的器官延伸。这是一个极其重要的发生学定位,因为从人类从事生产劳动活动开始,"人的最初的工具是他本身的肢体,不过,他自身首先占有的必然正是这些工具。只是有了用于新生产的最初的产品——哪怕只是一块击杀动物的石头——之后,真正的劳动过程才开始"①。在最早的生产劳动中,人的劳动物相化活动会通过大脑中的经验记忆和四肢已有的下意识惯性动作激活和复构起来,而使用工具进行劳动生产,这也是人的社会定在发生和社会历史负熵进程的真正开端,后来的木制工具、石器与金属工具的出现,都是劳动者的脑、手、脚等肢体/器官的外部持存延伸。工具的本质,起初是对人的肢体劳动功能的模仿,之后,逐步将原先积淀于自身器官中的劳作爱多斯(eidos)的主体性技能和工序中的信息编码**现实抽象**出来并**反向对象化**于外部持存。具体说,就是将敲打的活动技能和割草的动作编码浇铸在锤子和镰刀等物性实在之中,以便在下一次的劳动过程开始时激活编码和重构**惯性劳作(爱多斯)的在场**。更重要的是,所有劳动工

———————————

① 《马克思恩格斯全集》(第二版)第32卷,人民出版社1998年版,第109页。

具也都是劳动者劳动塑形和构序的历史产物。实际上，这也是海德格尔所说的上手功用固化于合手性锤子的本质。这种内在的关联性也会明证，虽然资本家可以用金钱购买机器和其他生产资料，但这些东西并非与资本家有内在的劳作关联。

第三，劳动活动的作用在于改变外部事物的物相化。远一点看，这是那个《关于费尔巴哈的提纲》中的物质实践改变世界、《德意志意识形态》中的物质生产改变自然的进一步归基，因为实践的第一层级物质生产活动的**核心**是有目的的劳动塑形和构序活动，这也是在改变劳动材料（劳动对象）的过程中，爱多斯（eidos）实现出来的 materialisirt（物相化）活动。可以看出，这个在上次的表述中话语地位并不高的 materialisirt，在此次话语格式塔中一跃成为密集使用的关键性逻辑构序概念。依概念考古的词频统计，马克思在《1861—1863 年经济学手稿》中近 50 次使用 materialisirt 一词。因为 materialisirt（物相化）成了"正在消逝的东西（verschwindend darstellt）"的具体成因。并且，劳动活动物相化于劳动材料之中，不是简单地成为一个对象，而是依爱多斯之相赋型于劳动对象一个 neue Gestalt（新的关系场境负熵质）。这显然是一个新的判断。依我的理解，这应该是马克思对《德意志意识形态》中创立的历史唯物主义社会关系场境论的最重要的深化。这个我们在"工艺学笔记"中已经遭遇的非物像的 Gestalt，在今天即是格式塔心理学之后指认的**非实体性格式塔场境**，马克思那个时代肯定没有格式塔构境，而只能是**关系性的场境存在**。那么，什么是劳动赋型对象的 Gestalt（场境）存在？马克思仔细地解释说，有特定目的的劳动活动在劳动对象中的物相化赋型，一是对象自身"局部定在的改变"或者是"对象与地球的关联的分离"。这种没有彻底消失的哲学话语痕迹，自然是难懂的。这是我们在"工艺学笔记"中可以看到的自然存在的失形和祛序，即从本有的自然存在形式和构序关联中脱型出来，有如兽皮从动物身上剥离开来，棉花从原植株上采摘下来，割断它们在本有"自然辩证法"生命负熵中与"地球的关联"，以改变这些自然物性编码的"局部定在"，这实际上是所有劳动生产重新编码的前提。这是过去我们在历史唯物主义构境中严重忽视的逻辑凹点。二是劳动活动在"主体形式"上耗费自己，同时将自己的爱多斯物相化于对象之中；这种劳动物相化也使对象实现 for us 的劳动目的,有如上述失形于自然关系的皮革和棉花塑形-构序为"皮鞋"和"棉衣",使之获得人所需要的社会历史负熵存在方式和历史辩证法系统中的勾连人与物普遍关联的编码质性,彻底消除对象原先自在的 Gleichgültigkeit("漠不相干性")。这个 Gleichgültigkeit,是黑格尔《精神现象学》中描述异化为与观念看起来无关的对象物假相。其实至此,读者们就会慢慢理解我为什么在本书上册中,花了那么大的精力详细解读马克思的《黑格尔〈精神现象学〉摘录》这一文本,因为,马克思从黑格尔那里获得的现象学透视方法,不仅是他哲学方法论革命中双重透视逻辑的思想基础,而且在他后来的经济学理论构境中同样起到了重要的逻辑构序支撑作用。这是那个经济学语境中出现的"使用价值"的哲学本质,也会是一般直观对象物相化迷雾背后发生的"存在论差异"所在,即马克思这里所说的"劳动从活动的形式(Form der Thätigkeit)转入存在的形式(Form des Seins),转入对象的形式",这也是在场的"存在"物相化和转换为到场的"存在者"。在海德格尔的存在论差异反省中,他深刻地揭露了到场的石化存在者(形而下之"器")背后的使之向着主体需求"涌现"的不在场的存在,但并没有真正历史地说明这种占有性存在的操持运作机制。而马克思则更加深刻地揭示了这一存在论历史性生成的秘密。

对于马克思经济学研究中从生产过程向劳动过程这一重要的逻辑转换,我有以下的评论:一是历史唯物主义对物质生产基始地位的强调是正确的,但依据马克思后来新的看法,人的直接生产资料的生产与再生产过程的背后,本质上是**劳动者有目的地改变世界的劳动过程**。这样,马克思对历史唯物主义一般原则的看法,也会从一般物质生产进一步归基为主体性的劳动,此时的他会认为,"任何一个民族,如果停止劳动,不用说一年,就是几个星期,也要灭亡,这是每一个小孩都知道的"①。在一定的意义上,这也说明物质生产力的核心构序因素是人的劳动物相化,这一点,并不因之后的科学技术发展而改变,因为科技物相化的核心仍然是**科技智能劳动**。这一新的劳动话语,同样是应该作为**历史唯物主义和历史辩证法基本原则**的重要内容。这一原则会是同时贯穿历史唯物

---

① 《马克思恩格斯〈资本论〉书信集》,人民出版社 1976 年版,第 281 页。

主义方法论、政治经济学和科学社会主义的基础性逻辑原则。这是我们过去所有关于马克思主义理论的研究中所没有高度关注的方面。在我自己过去的研究中,因为过于强调1845年之后马克思对人本学劳动异化构式的否定,而无意识忽视了马克思思想史中重新突现的**科学的劳动话语**这一重要方面。

二是从历史认识论的视角看,劳动话语使原来在物质生产视角中出现的认知对象本身变得愈益复杂起来,在主体视位的劳动过程中出现的几个方面,都成了我们既是剧作者又是剧中人物的复杂关系。劳动的主体性目的和劳动主体活动是不可直观的,但它们却作为"正在消逝的东西(verschwindend darstellt)"对象化在产品之中;而虽然劳动所作用的劳动工具和劳动材料是可见的,可它们分别在活动塑形和构序中发挥的功能性编码作用和物相化后的用在性负熵改变,在一般物像误认中却是难以辨识的。后面我们会看到,马克思将劳动资料(工具)视作"人类劳动力发展的测量器"和社会关系场境的"索引",这亦表明,劳动工具的直观物相只是透视一种构序和赋型功能的显相。这是历史认识论构境中极其重要的进展。

有趣的是,同样是对这一劳动过程的表述,在马克思正式表述自己经济学观点的《资本论》第一卷(德文第一版)中又发生了较大的改动,因为要适应公开出版的文本和读者理解的需要,我们不难感觉到马克思的思想构境深度有一定的收缩,但他仍然突出了劳动者在劳动过程中的目的性和主导性编码地位。在马克思整个第三次经济学研究进程中,我们会发现从《大纲》到《1861—1863年经济学手稿》,再到《资本论》,出现了对同一问题的反复思考和多重复构性思想实验,这通常会表现为最初写下的一段文字在不同话语格式塔中的反复修改,几乎每一次修改都显现出马克思思想构境的深化。这是容易看到的马克思思想理论逻辑进展的文本-话语分析的田野考证细部。此处,马克思这样描述劳动过程:

> 劳动过程首先是人和自然之间的过程,是人以自身的活动来中介、调整和控制(vermittelt, regelt und kontrolirt)人和自然之间的物质变换(Stoffwechsel)的过程。人自身作为一种自然力与自然物质相对立。为了在对自身生活有用的形式(Leben brauchbaren Form zu assimiliren)上吸收

自然物质,人就使他身上的自然力——臂和腿、头和手运动起来。当他通过这种运动作用于他身外的自然并改变自然时,也就同时改变他自身的自然(eigne Natur)。他使自身的自然中蕴藏着的潜力(Potenzen)发挥出来,并且使这种力的活动受他自己控制。①

能够观察到,这里马克思基本消除了原先表述中残存的哲学痕迹,Subjectivirung(主体化)、Setzen(设定)、materialisirt(物相化)、Formgebende Thätigkeit(塑形的活动)、Gestalt(场境)等概念,统统被刻意隐匿起来。可以看到,在这里他使用了广义历史唯物主义中原先定义物质生产的基本构序逻辑,劳动过程被直接设定为**人和自然之间的关系**,这当然也显示出劳动范畴在历史唯物主义逻辑构式中的一种话语地位上升。马克思说过,"如果完全抽象地来考察劳动过程,那么,可以说,最初出现的只有两个因素——人和自然(劳动和劳动的自然物质)"②。这种关系的本质,从传统哲学视域中抽象的人与自然的关系,在历史唯物主义构境中进入物质生产中的"现实的个人"与我们周围世界的普遍关联,在这里则更深地归基和转换为劳动者的"劳动"与"劳动的自然物质"的关系,这也是劳动者的劳动对处于劳动过程中的自然存在发生的能动的 Stoffwechsel(物质变换)过程。其实,这种客观的**物质变换**,就是马克思在《关于费尔巴哈的提纲》中的"改变世界",或者《德意志意识形态》中的物质生产过程,只是这一过程现在突显了**劳动者有目的的劳动物相化活动**在物质生产中的关键性核心地位。或者说,**劳动才是人类社会历史定在超出动物生存的历史在场性和社会历史负熵的物质生产力中的真正源泉。**

一方面,这种客观物质变换的本质,是劳动者有目的的爱多斯(eidos)通过使用自身的劳动体力(脑力)的"自然力",在"对自身生活有用的形式上吸收自然物质"。这个对自然物质的"吸收",也就是改变自然本有存在,并使之祛序和脱型为 for us 意义上的生活需要的 brauchbaren Form(有用的形式 = 爱多斯之相),进而通过特殊的有目的的 Stoffwechsel(物质变换)**物相化为用在性社会历**

①《马克思恩格斯全集》(第二版)第 42 卷,人民出版社 2016 年版,第 168 页。Marx-Engels-Gesamtausgabe(MEGA²),Ⅱ/5,Text,Berlin:Dietz Verlag,1983,S.129.
②《马克思恩格斯全集》(第二版)第 32 卷,人民出版社 1998 年版,第 109 页。

史负熵质的产品。我觉得，这个不能直观的 brauchbaren Form（有用的形式）本身，将是历史认识论透视一般物像，在更深一层构境中聚焦的关键对象。另一方面，这个物质变换过程同时也会是人改变他 eigne Natur（自身的自然）的过程，即**主体物相化**的过程，人的双手、五官和大脑等身心，都在不断复杂起来的劳动物相化进程中得到磨炼和进化，从而无形中变为更强壮的主体实存，并且不断生成主体性的创制 Potenzen（潜力 = dynamis）。马克思说，"人本身是他自己的物质生产的基础，也是他进行的其他各种生产的基础。因此，所有对人这个生产**主体**发生影响的情况，都会在或大或小的程度上改变人的一切职能和活动"①。这里的"对人这个生产**主体**发生影响"，就是我所指认的主体物相化活动，这必然都是更复杂的**社会物相化**关系场境空间建构的前提。

也是在这里，马克思也专门标识出，这种由劳动活动生成的特殊物质变换过程，与动物的活动有着质的差别。他十分生动地描述道：

> 蜘蛛的活动与织工的活动相似，蜜蜂建筑蜂房的本领使人间的许多建筑师感到惭愧。但是，最蹩脚的建筑师从一开始就比最灵巧的蜜蜂高明的地方，是他在用蜂蜡建筑蜂房以前，已经在自己的头脑中把它建成了。劳动过程结束时得到的结果，在这个过程开始时就已经在**劳动者的表象**（*Vorstellung des Arbeiters*）中存在着，即已经**观念地**存在着。他不仅使自然物**发生**形式变化（Formveränderung），同时他还在自然物中**实现自己的目的**，这个目的是他所**知道的**，是作为规律决定着他的活动的技艺和方式（Art und Weise）的，他必须使他的意志服从这个目的。但是这种服从不是孤立的行为。除了从事劳动的那些器官紧张之外，在整个劳动过程时间内还需要有作为**注意力**（*Aufmerksamkeit*）表现出来的**有目的的意志**（*zweckgemäße Wille*），而且，劳动的内容及其技艺和方式越是不能吸引劳动者，劳动者越是不能把劳动当做他自己体力和智力的活动来享受，就越需要这种意志。②

---

① 《马克思恩格斯全集》（第二版）第 33 卷，人民出版社 2004 年版，第 350 页。

② 《马克思恩格斯全集》（第二版）第 42 卷，人民出版社 2016 年版，第 168—169 页。Marx-Engels-Gesamtausgabe（MEGA²），Ⅱ/5，Text，Berlin：Dietz Verlag，1983，S. 129 - 130。

这是《资本论》第一卷中一段十分著名的表述。过去,人们也只是关注了它的经济学意义,而没有意识到它在历史唯物主义哲学构境中的深刻含义。我觉得,这一表述是马克思晚年在经济学语境中,对历史唯物主义的**劳动物相化**概念最重要的科学说明。在这一段表述中,马克思刻意标明了劳动者主导的劳动物相化活动所生成的社会历史负熵与动物生命负熵活动的根本异质性。此时,马克思已经意识到,在作为人的社会定在和历史发展基础的物质生产之中,劳动者通过劳动物相化活动能动地改变自然物,使之祛序和脱型于"自然辩证法"负熵,并成为满足人的需要的用在性新的社会历史负熵存在,这种有目的的爱多斯之相实现出来的物相化活动,根本异质于动物在自然界中对现成需要物的获取。在动物的生存活动中,蜘蛛的织网再精密,蜜蜂筑巢的本领再高,可这都是它们**无主体**的动物生命负熵进程中的**非物相化**的到场本能活动,这种无主体性,也会是"自然辩证法"的边界。早在马克思所熟知的《精神现象学》中,黑格尔就指认过工匠在创制金字塔和方尖石柱的劳作中已经运用了几何观念,这超出蜜蜂构筑蜂窝时的本能活动。① 而在《伦敦笔记》中,马克思曾经在对 W. 库克·泰勒的《在野蛮和文明的状态中的社会自然史》的摘录中看到这样的观点,"蜜蜂聚集在一起,是为了在相同的条件下、以完全相同的形式建造蜂窝,这件事蜜蜂曾做过多次",然而,这是蜜蜂的生物本能,而人却可以通过特殊的"社会性"(Sociality)来实现劳动的文明目的。② 这当然可以启发马克思。动物的织网和筑巢活动中,不会存在先在的有未来时间维度的主体目的(telos)和爱多斯(eidos)之相,而人的劳动活动发生比动物生命活动"高明的地方",是通过一个先在的内嵌着未来时间的目的和用在性意图,并让已经在劳动经验和观念中存在的爱多斯之相,通过对对象的具体功用性塑形、构序和赋型创造,使之成为 for us 的用在性事物。这就是马克思所称的"最蹩脚的建筑师"在造房子之前,"已经在自己的头脑中把它建成了"。黑格尔在《历史哲学》中曾经谈到,人"建筑一所房子,是一个

---

① 参见[德]黑格尔《精神现象学》下卷,贺麟、王玖兴译,商务印书馆 1979 年版,第 192 页。
② 参见 Marx-Engels-Gesamtausgabe(MEGA²), Ⅳ/8, Text, Berlin: Dietz Verlag, 1986, S.463。中译文参见孔伟宇译稿。

内心的目的和企图"①。在他那里，这不过是观念物相化的过程。这种历史性在场的主体性活动中的自觉创造，会具象为"怎样"改变自然物的劳动"活动的技艺和方式"，并且，这种"怎样"劳动的技艺和信息编码（information coding）方式，或者说，使自然物失形和祛序且重新塑形和构序出用在性社会历史负熵的转换方式，这种 Formveränderung（形式变化）的爱多斯之相，不是简单混合在生物性运作中，而是首先出现在 Vorstellung des Arbeiters（**劳动者表象**）之中，这是上述劳动活动自然力发挥的前提。当然，这不是说劳动物相化活动发生的决定性因素是观念负熵，而是强调劳动活动中劳动者的**主体目的性**，这是劳动改变对象的真正 zweckgemäße Wille（**有目的的意志**），由此突现出不同于动物到场的人所独有的**历史在场性**。我以为，这恰是不同于"自然辩证法"的历史辩证法的本质，这也是马克思对自己在《提纲》中提出的"从主体出发"原则的一次最重要的逻辑确证。然而，也正是这一点，会成为《资本论》出版之后"西贝尔之辩"的缘起。西贝尔认为，在复杂的市场经济和机器化大生产过程中，生产的目的和创制爱多斯，并非工人所有，而恰恰是资本家和科技人员的"精神劳动"之实现，这会是资本利润的合法来源。关于这一点，我们将在后面具体讨论。

当然，可以感觉出来，马克思此处对劳动过程的描述，还是在一个抽象的哲学话语中的一般逻辑说明，因为劳动者知道自己改变对象的目的本身，就是一个**有历史时间质性**的社会关系赋型结果。比如，奴隶可以知道自己具体劳作的技法，但在劳动过程总体上塑形和构序对象的目的，却是主人（奴隶主）"自主活动"的观念表象；而在资产阶级商品生产的手工业工场时期，工人在劳动过程中的自己的观念和意志中也可以知道劳作的工艺意图，但并不掌控生产商品和创造财富的根本目的，此时如果有一种观念表象，那可能会是资本家头脑里的经济物相化下的欲望表象；到了机器化大生产的劳动过程中，工人连自己劳作的技法也被"祛技能化"了，他原先劳动对象化的成果——机器系统成为生产活动的合目的性主体，其背后，则是资本家利用科学技术追逐剩余价值的无限目标。应该提及，正是在工业发展的机器化大生

---

① [德]黑格尔：《历史哲学》，王造时译，生活·读书·新知三联书店1956年版，第66页。

产过程中,在资产阶级创造的商品-市场交换系统里,历史认识论将在遭遇多重颠倒的经济物相化中显出自身的局限性,所以马克思才不得不再次吁请**批判认识论**的到场。

3. 一种抽象:作为劳动过程的不同要素

在马克思这里,当物质生产过程转换为劳动过程,那么,构成劳动过程的要素就成了"劳动材料,劳动资料和劳动本身",用马克思在《资本论》第一卷(德文第一版)中的定义,就是:"劳动过程的简单要素是:**有目的的活动**(*zweckmäßige Thätigkeit*)或**劳动本身**,劳动**对象**和劳动**资料**。"①这还是上述除去作为结果的产品之后,劳动过程的三个要素。依我们刚才看到的观点,劳动过程中最重要的东西,无疑为劳动者"有目的的活动",即有着未来时间维度的在场劳动物相化活动,然后是劳动活动失形/塑形和祛序/构序的劳动对象,以及辅助劳动活动的工具。由此,马克思在《1861—1863年经济学手稿》中才解释说,"过程的所有这三个要素:过程的主体(Subjekt)即劳动,劳动的因素即作为劳动作用对象的劳动材料和劳动借以作用的劳动资料,共同组成一个中性结果——**产品**。在这个产品中,劳动借助劳动资料与劳动材料相结合。"②在这里,作为Subjekt(主体)的劳动活动是劳动过程的有目的的爱多斯之相实现出来的**主体编码因素**,作为借工具有预期有意图地塑形和构序对象的活动,其物相化的结果就是被改变了的对象性产品。如果从时间维度上看,这一过程也会是不同劳动时间的整合:这里的*zweckmäßige Thätigkeit*(**有目的的活动**),恰是劳动物相化活动中的爱多斯之相内嵌的未来劳动时间,而劳动物相化活动本身,则是利用劳动资料(过去劳动时间I)改变劳动对象(作为原料的过去劳动时间II)的活劳动(当下劳动时间),这是一个三元劳动时间的历史性整合(integration),其客观结果就是社会空间中出现的对象化劳动结晶化的劳动产品。对此,科西克曾经说,"在劳动过程中表现**时间**之前进的东

---

① 《马克思恩格斯全集》(第二版)第42卷,人民出版社2016年版,第169页。中译文有改动。Marx-Engels-Gesamtausgabe(MEGA²),Ⅱ/5,Text,Berlin:Dietz Verlag,1983,S.129-130.
② 《马克思恩格斯全集》(第二版)第32卷,人民出版社1998年版,第65页。

西,在劳动**产品**中则表现为时间之流的凝聚或扬弃,表现为滞留和持续。在劳动过程中,人们在实现**未来**时竭力改造着**过去**劳动的结果。作为人类存在基本向度的人类时间的三维性锚定(anchor)在人的**客观行动**——劳动之中"①。他的看法是深刻的。当然,这是他受到海德格尔(胡塞尔)相近观点影响的结果。其实这也表明,所谓劳动过程的"要素",无论是劳动活动,还是劳动材料和劳动资料,都不可能独立地存在,它们都是一种**关系性的劳动辩证法构序中的社会场境存在**,只是在劳动过程中,它们才获得劳动要素的**辩证系统质**。这种系统质的在场性是功能性编码生成的场境关系赋型。所以,我们一定要记住,这里只是为了理论讨论的需要,才暂时抽象地分别界定脱离了劳动过程中关系性场境存在的三个"要素"。在我们的传统教科书解释框架中,关于生产力的定义就是从马克思这里关于劳动过程的"三要素"简单挪移去的。其误识有二:一是将劳动者的劳动活动错认为物像实在中到场的劳动者,二是将三个"要素"都变成了物性到场中的实体对象,而恰恰忽视了生产力为这三个方面在生产劳动过程中结合起来的在场功能构序能力和水平。这是需要我们格外注意的。

首先,劳动是人改造自然对象的非实体性能动活动。劳动是一种作为dynamis(潜能)的"活劳动",相对于对象性实在的劳动材料和劳动资料,它是客观的有目的的劳动物相化过程中的关键性主体编码要素,也是整个生产辩证法构序运动的社会物质生产力中,塑形和构序产品使用价值进而构筑社会历史负熵的物质生产过程的根本动因。因为,与面对物质生产活动的那种单纯的客观性观察不同,劳动物相化活动是物质生产中的人的主体目的和爱多斯之相实现出来的能动性创造活动。一定的意义上,这是马克思堵住李嘉图等资产阶级经济学家的"资本生产"和"机器生产"的源头性防范措施。《1861—1863年经济学手稿》中马克思这样来表述劳动,"劳动就是为了满足人的需要而占有自然因素,是中介人和自然间的物质变换(Stoffwechsel)的活动"②。在哲学的一般意义中,我们可以讨论作为主体与客体中介的**实践**,也

① [捷]科西克:《具体的辩证法》,傅小平译,社会科学文献出版社1989年版,第152页。
②《马克思恩格斯全集》(第二版)第32卷,人民出版社1998年版,第44页。

可以指认作为人与自然中介的**生产**，可是马克思告诉我们，劳动物相化活动才是历史唯物主义构境中物质生产辩证运动的本质，因为它是人为了 for us 的需要（目的）占有自然，真正造成二者之间"物质变换"的历史性中介的能动活动。它之所以容易被遮蔽起来，是因为它作为物相化活动当下在场发生之后，瞬间消逝于对象的物性变化之中。所以，在一般物像视域中，它总是以**可直观的劳动者**到场。

再具体一些说，一是在劳动过程中现实发生的"实际劳动是生产使用价值的、以与一定的需要相适应的方式占有自然物质（natürlichen Stoffs）的有目的的活动（zweckmässige Thätigkeit）"①。这里的 zweck 正是希腊哲学中那个远久的驱动物相化的 telos。劳动是人的有目的的活动，这里的有目的的构序意向基于人本身生存的需要，比如人的生活中"吃喝穿住"所需要的物质生活资料，而这种目的的达成，则是通过特定的爱多斯（eidos）之相——**功用性的**劳动失形/塑形和祛序/构序方式，使"自然物质"获得为人的社会历史负熵增加进程中的用在性存在——使用价值。在海德格尔那里，即自然 for us"涌现"而获得上手的用在性。我们可以清楚地看到这里从生产过程到劳动过程转换的实质，即不是李嘉图也承认的**抽象的物质生产总体**创造财富，而是手中持有工具的工人的**活劳动**塑形和构序对象，才创造了财富的真正基础——使用价值。这是马克思精准进入劳动价值论构境的正确入口。由此，马克思分析说：

> 活劳动（lebendige Arbeit）就是使这些产品实现为使用价值（Gebrauchswerthe）、产品的中介，使这些产品保存下来，赋予它们以一种有生命的"新的筑模"（„Neubildung" beseelt）的要素，从而使它们得以避免自然界的一般物质变换（allgemeinen Stoffwechsel）。

> 既然现实劳动创造使用价值，是为了人类的需要（不管这种需要是生产的需要还是个人消费的需要）而占有自然物，那么，现实劳动是自然和人之间的物质变换的一般条件，并且作为这种人类生活的自然条

①《马克思恩格斯全集》（第二版）第32卷，人民出版社1998年版，第60页。

件（Naturbedingung），它同人类生活的一切特定的社会形式（gesellschaftlichen Formen）无关，它是所有社会形式所共有的。①

我觉得，这里的 lebendige Arbeit（活劳动）不仅仅是一个经济学的概念，也是一个历史唯物主义和历史辩证法构境中重要的哲学概念，此处，它突显了劳动不同于物性实在对象的功能性在场活动的特征。之后，它还会在经济物相化空间中表现为异质于对象化劳动Ⅱ的**非对象化劳动**。依我们在"工艺学笔记"中看到的那样，活劳动使主体性的目的和爱多斯实现于对象的创制之中，劳动对象在脱型于自然关联后，获得一种为了满足人的生活需要的有生命的 Neubildung（新的筑模），这就是作为"使用价值"的社会历史负熵质。这也可以使它们避免重新进入无机自然熵化的消极"物质变换"之中。我们不难看到，bildung（筑模）概念在此处的使用，表征了一种**正在发生的功能性动态模式**。在这一点上，我们可以体知更大尺度上生产方式范畴的筑模（modeling）本质。在海德格尔那里，则思辨地变形为：此在通过有目的的关涉性交道，以上手性的功用存在环顾成功能链中的周围世界（Umwelt）。马克思特别强调说，物质生产与再生产作为社会定在和发展的一般基础，其本质是**现实在场的活劳动物相化**塑形和构序的"自然和人之间的物质变换"，这是所有社会形式共有的"人类生活的自然条件"。在《资本论》第一卷（德文第一版）中，马克思对此进一步精细地界划说，"劳动作为使用价值的创造者，作为**有用劳动**（*nützliche Arbeit*），是不以一切社会形式（Gesellschaftsformen）为转移的人类生存条件，是人和自然之间的物质变换（Stoffwechsel）即人类生活得以实现的永恒的自然必然性（Naturnothwendigkeit）"②。这是马克思在《资本论》中一段十分经典的表述。这是说，历史唯物主义构境中创造直接生活资料的物质生产和再生产过程的本质，是劳动者通过"有用劳动"所实现的主体性目的和爱多斯之相，由此才创造了产品的满足人的需要的用在性编码场境存在——"使用价值"，这甚至是人类社会发展所有生存形式中一般的"永恒的自然必然性"。这也是前述马克思所指认的"一切形式的人类生产都具有某

①《马克思恩格斯全集》（第二版）第 32 卷，人民出版社 1998 年版，第 69 页。中译文有改动。
②《马克思恩格斯全集》（第二版）第 42 卷，人民出版社 2016 年版，第 29 页。

些不变的**规律或关系**"①中最重要的东西。历史唯物主义构境中物质生产与再生产的基始性地位,也发端于此。这也意指着,**生产辩证法的本质是主体性的劳动辩证法**。我觉得,这些埋没在经济学话语中的重要哲学观点,都是应该写进历史唯物主义教科书的重要观点。

二是劳动并非一种物像中可以直观的到场物性实在,"劳动是劳动本身的非**对象化的**存在,因而是劳动本身的非对象的,也就是主体的生存(subjektive Existenz)。劳动不是作为对象,而是作为活动存在"②。这一表述有些过于哲学化,其突出强调的意思就是,虽然劳动者有着物性的肉身实在,但劳动只是劳动者表现自己"主体生存"所具有的一种 dynamis(潜在能力)。有如一个木匠,他能够制作桌椅的劳动,只是一种在实际劳作中发挥出来的可能性。对于劳动者来说,劳动首先是一种可能性意义上的能力,它只有在现实的劳动过程中才成为**在场的创制性活动**。"人本身单纯作为劳动力的定在(Dasein)来看,也是自然对象,是物(Ding),不过是活的有意识的物(selbstbewußtes Ding),而劳动本身则是这种力**在物上的**表现"③。劳动是劳动者的主体活动,但它不是劳动者身上的一种物性对象实在,而是一种可能在场的劳动能力。马克思说,可以将这种非实体性的劳动能力,"理解为一个人的身体即活的人体中存在的、每当他生产某种使用价值时就运用的体力和智力的总和"④。有如木匠开始制作桌椅时的手艺和头脑中的劳作经验(蓝图)。只有正在创造使用价值的劳动活动才是客观地发生和在场的,当它以一定的目的和爱多斯之相物相化到对象的用在性改变中去时,它自身随即消逝。它是劳动者生命的在场"主体生存",它本身是当下发生和消失的**活动性的场境存在**。这也是人类社会历史在场性的本质特征,社会定在中的其他交往活动和生活存在本身,也都是随即发生和消逝的。所以,劳动活动并不出现在一般物像视域之中,这可能也是劳动过程与生产过程不同的地方。比如,在劳动活动退出生产过程时,农业生产中的庄稼和家禽仍在生长,手工艺

①《马克思恩格斯全集》(第二版)第37卷,人民出版社2019年版,第451页。
②《马克思恩格斯全集》(第二版)第30卷,人民出版社1995年版,第253页。中译文有改动。
③《马克思恩格斯全集》(第二版)第42卷,人民出版社2016年版,第195—196页。中译文有改动。
④《马克思恩格斯全集》(第二版)第42卷,人民出版社2016年版,第156页。

生产中的酒仍在继续发酵,机器化生产中的自控车床还在工作等,总之,没有了劳动活动的在场,似乎生产过程仍然在进行。这正是**隐性在场的**劳动辩证法构序本身容易被忽视的根本原因。我以为,这会是历史唯物主义全部**场境关系存在论**的真正基础,因为在这种人对自然能动关系的活动性劳动场境突现之上,才会建立人与人的社会关系场境,以及愈益复杂的意识和观念构境。在经济学语境中,这也是马克思在症候性阅读斯密的"劳动商品"中原创性地发现劳动能力使用权——**劳动力**(使用权)商品与**劳动活动**差异的构序基础,也会是马克思透视李嘉图"生产成本论"进而解决剩余价值来源的重要思想武器。

其次,劳动过程中作为劳动对象的劳动材料。相对于关于劳动活动的讨论,马克思在经济学语境中对可直观的劳动对象讨论较少。先应该说明的是,不同于有目的的能动性劳动创制活动,劳动材料是受动的对象,一般而言,它是不含有任何形式的主体性目的和爱多斯之相的,并且,不同于劳动活动的当下发生和消逝,劳动材料是劳动过程起点和终点上恒定的到场物。第一,未经劳动加工过的**原生的劳动材料**。马克思在《1861—1863 年经济学手稿》中说,"劳动材料(Arbeitsmaterial),即为了某种特殊需要而通过劳动去占有的对象可能未经人类劳动的加工天然(Natur)就存在着,例如在水中捕获的鱼,在原始森林中砍伐的树木,从矿藏中开采的矿石"[1]。这是指原生性的、没有在"存在论"中到场的劳动对象。当然,这里所说的天然存在,是指没有被捕获的野生鱼、自然生长的树木以及山中的矿石。依海德格尔的本有哲学话语,这是一种非在场(涌现)的本有自在。因为已经捕获的鱼、砍下的树木和开采出来的矿石,作为进一步劳动的对象,已经是经过人的劳动物相化的对象性到场结果了。马克思甚至说,"大多数被看作自然产物(Naturproduct)的东西,例如现在被人们利用并重新生产出来的现有形式的植物和动物,也是经过许多世代、在人的控制(menschlicher Controlle)下、借助人的劳动而发生变化的结果,在这种变化过程中,这些植物和动物的形式和实体(Form und

---

[1]《马克思恩格斯全集》(第二版)第 32 卷,人民出版社 1998 年版,第 61 页。

Substanz)改变了"①。这当然是指准备进入我们的加工生产中的劳动对象,比如我们种植的蔬菜和养殖的鱼虾,通常它们会被视为"自然产物",但作为劳动对象,它们却必定是"正在消逝的东西(verschwindend darstellt)",因为它们所谓的"自然"生存方式和在场性实体,都已经过了世世代代农业和养殖业的劳动塑形和重新构序,早就不再是纯粹本有的"自然辩证法"生命负熵形态。其实,马克思这里的观点,是对《德意志意识形态》一书中相近思想的深化,在那里,马克思恩格斯批评费尔巴哈非历史的感性自然直观。

第二,当劳动面对的劳动材料已经是劳动的结果时,劳动对象则转化为**非自然性的劳动原料**。在《资本论》第一卷(德文第一版)中,马克思分析说:

> 在采掘工业中,劳动对象是天然存在的,例如采矿业、狩猎业、捕鱼业等等中的情况就是这样(在农业中,只是在最初开垦处女地时才是这样);除**采掘工业**以外,一切产业部门所处理的**对象**都是**原料**(*Rohmaterial*),即已被劳动**滤过**(*filtrirter*)的劳动对象,本身已经是过去劳动过程的产品。例如,农业中的**种子**就是这样。动物和植物通常被看做自然的产物(Naturprodukte),实际上它们不仅可能是上年度劳动的产品,而且它们现在的形式(jetzigen Formen)也是经过许多世代、在人的控制下、通过人的劳动不断发生变化的产物。②

马克思先排除了上面他已经提到的"对象是天然存在的"一些劳动生产领域,除此之外,实际发生的所有生产劳动所面对的劳动材料,都已经是劳动filtrirter(滤过)的被编码物。在这个意义上,它们虽然可能是劳动加工的物性对象,但已经是作为过去劳动结果而到场的原料。原料,已经是通过劳动完全或部分失形和祛序于自然存在关联,并且经过新的劳动物相化的结果。比如,看起来是土地里自然生长起来的庄稼的种子,可是它并非完全为天然植物生命负熵的果实,而是由历代农民通过劳作精心培育的社会历史负熵进程的结果。家禽和粮食,与野生动物和植物相比,是人类几千年、上万年在农业和种植业中不断劳作经验和工艺改变的产物。它们的生命负熵质与真正野

---

① 《马克思恩格斯全集》(第二版)第32卷,人民出版社1998年版,第62页。
② 《马克思恩格斯全集》(第二版)第42卷,人民出版社2016年版,第172页。

生的本有植物和动物已经有了很大的差异性，在一定的意义上，社会历史负熵的构序和信息编码业已浸入它们的"自然存在"之中。当然，农业中的种植业的劳动并没有根本改变这些植物和动物的生命负熵质，应该说它们并不完全是人的劳动物相化的产品。而通过开采和运输的劳动，处于生产过程开端的矿石和其他原料，则已经是完全脱型于自然关联的结果了。在这个意义上，它们无疑都是"正在消逝的东西（verschwindend darstellt）"。然而在一般物像视域中，它们在社会历史负熵质构序下的场境关系存在容易被误认为自然物性属性。马克思的这一观点，会成为他透视资产阶级物质生产过程中作为生产对象到场的双重消逝关系的基础。

通常的情况下，劳动材料在劳动过程中会被耗费，但通常它并非消失，而是在劳动过程的终点上转化为新的劳动产品，不会改变自身的物性到场状态，比如加工为木器的木料，制成铁器的矿石。也有一些辅助性的劳动材料，比如加热的燃料、制作面包时加入的水，但它们都以产品被物相化塑形和构序的特定用在性关系属性再现出来，燃料消逝于金属变形的用在性关系中，而水则没影于面包的柔软、黏粘的用在性关系中。这也是一种特定的**不在场的到场**。马克思十分具象地说，"为发动机器而燃烧的煤消失得无影无踪，为润滑轮轴而上的油等等也是这样。染料和其他辅助材料消失了，但是又在产品的属性中表现出来。原料形成产品的实体，但是改变了自己的形式。可见，原料和辅助材料丧失了它们作为使用价值进入劳动过程时所具有的独立形态"①。这恰是黑格尔原先提及的劳动外化中对象的"消逝"，这种不在场的"无影无踪"的实质，是转换为产品新的使用价值的不可直观的隐性到场。我以为，这也会是一般物相化发生的隐性机制之一，因为从产品使用价值中体现出来的耗材，比如制热中消耗的燃料，它只化身为炼铁或锻造金属时的高温和对象的可塑形性，在产品的具体用在性构序中却无影无踪。这当然是前述"工艺学笔记"深入思考的结果。我们会发现，相对于《德意志意识形态》中作为哲学话语的历史唯物主义构境，马克思此处的经济学研究再一次变得紧贴劳动物相化的真实历史事实了，当然可以说，这是历史唯物主义和历史认识论的深化和重要进展。

①《马克思恩格斯全集》（第二版）第42卷，人民出版社2016年版，第196页。

最后,表现人的劳动能力的劳动资料。狭义的劳动资料就是**工具**,而广义的劳动资料则包括工具之外的所有中介性劳动条件。不同于完全受动的劳动材料,劳动资料特别是工具通常具有一定的**上手性**(海德格尔语),这种上手性是人的劳动目的和爱多斯之相固化在物性工具中的先导性潜能(dynamis),这种固化的合目的性的潜能并不是对象所本有的东西,它的现实在场仍然要依存于劳动活动的历史在场性。一般来说,与上述劳动材料在劳动过程中直接被耗费掉不同,劳动资料的一个特点是在劳动过程中可以重复使用和到场,"工具、机器、厂房、容器等等,只有保持原来的形态,并且第二天以同前一天一样的形式进入劳动过程,才能在劳动过程中发挥作用"[1]。还能够观察到,马克思对劳动资料的定位,从一开始就表明它的独特到场质性,即**它是人的有特定目的的劳动能力在物质形态上的先导性重复实现**。在《1861—1863 年经济学手稿》中,马克思说:

> 不言而喻,从事物的本性可以得出,人的劳动能力的发展特别表现在**劳动资料**(*Arbeitsmittel*)或者说**生产工具**(*Productionsinstruments*)的发展上。正是这种发展表明,人通过在两者之间插入一个为其劳动目的而准备和安排规定的、并作为传导体(Leiter)服从于他的意志的自然物,在多大的程度上提高了他的直接劳动对自然物的作用。[2]

这里有两个重要的逻辑构序点:一是劳动资料并非与人无关的物,而是人体器官在外部持存中的延伸,它在劳动过程中的到场,一开始就是体现劳动能力和劳作工序编码的一个物性手段——工具,它起初可能是对人的手脚功能的模仿的现成的自然物(比手脚更有力量防御野兽的树叉或击石取火的燧石),但很快就发展为削尖或打磨而成的功用性上手的木器或石器,之后,它越来越替代人手或脚而成为劳动物相化能力发展的直接体现物。布洛赫[3]

---

[1]《马克思恩格斯全集》(第二版)第 42 卷,人民出版社 2016 年版,第 196 页。

[2]《马克思恩格斯全集》(第二版)第 32 卷,人民出版社 1998 年版,第 62 页。

[3] 布洛赫(Ernst Bloch,1885—1977),德国著名的西方马克思主义哲学家。代表作为:《乌托邦精神》(*Geist der Utopie*,1918)、《革命神学家托马斯·闵采尔》(*Thomas Münzer als Theology der Revolution*,1921)、《主体-客体:关于黑格尔的笔记》(*Subjekt-Objekt, Erläuterungen zu Hegel*,1951)、《希望的原理》(*Das Prinzip Hoffnung*,三卷,1955—1959)等。

曾经很细地谈及工具对人的肢体功能的模仿问题,他说,"工具和机械是通过模仿人的肉体的某个部位而制造的。例如,锤子模仿拳头,凿子模仿指甲,锯子模仿牙齿,如此等等"①。这是正确的判断。二是劳动资料是人与自然之间的主体性能动关系的Leiter(传导体),它的作用是传导**先在的**人改变自然的意志、劳动的目的和具体实现这种目的(for us 的需要)的爱多斯之相。这是一个极为精准的描述。工具当然不是简单的自然物,它的"使用价值"是将人们过去的劳动物相化活动中的劳作技能、构序方式和编码构式,经过"手艺"、"工艺"和"技术"等方式历史性地现实抽象(Ⅱ)出来,并以反向对象化为工具和机器等**物性功能模板的方式**保留下来,在每一次的劳动过程的惯性实践在场中,复活原有编码,重构原先实现过的塑形和构序活动。这也意味着,生产和制作工具是一种**特殊的物相化**结果,它的目的不是转换为作为生活资料的消费产品,它的到场恰恰是创制激活编码和复构特定劳动物相化活动不断惯性在场运转的工具模板。比如一把铁锤进入铁匠打铁的劳动过程中,会上手性地重现过去业已发生过的有目的的惯性锤打动作,以及重构"怎样劳动"的爱多斯塑形和构序的在场技能。后面马克思会发现,在自动化机器生产中,这整个传导体的重新激活工序,在进一步的现实抽象和反向对象化进程中,已经是离开劳动者主体的客观机器工序编码的自我运转机制了。也是在这个构境意义上,工具的到场甚至是使劳动活动中社会历史负熵质构序得以重新复活和在场的先导物性前提。作为 Leiter(传导体),工具的物性持存与它在劳动活动中的功能性编码复活,也是一种特殊的存在者与存在的场境突现关系。这也是人们熟知的工具作为"正在消逝的东西"(verschwindend darstellt),在一般物像视域中容易被忽略的方面。其实同理,整个上层建筑中的社会物相化关系构序中的政治法律实践的发生与重复,除去观念形态上的法律条文编码和制度,也依存于特定的 Leiter(传导体)的物性设施到场,如每天让有特定目的的政治活动和法律"复活"在场的国家机器中的议会大厦、警察局和监狱设施等。还有阿尔都塞提及的惯性宗教实践中的教堂和礼拜仪

---

① [德]布洛赫:《希望的原理》第 2 卷,梦海译,上海译文出版社 2020 年版,第 326 页。

式。① 微观到人的日常生活中，平时我们遭遇的各种上手用具（胡塞尔所说的杯子，我们吃饭的碗盘，我此时正戴着的老花镜，一会儿出门时我要用到的"鞋拔"，等等），也都是生活中惯性行为重构的物性模板。而人们意识活动的发生中，除去先验观念构架对个人经验直观和理性认知发生的座架，过去记载文字的木简、书本，以及今天的电脑、智能手机，都是让意识编码活动重新激活和复构的场境突现的中介式到场的物性持存工具。重要的方面还有，工具的改变往往承载了劳动技艺和工艺构式本身的变迁，劳动生产中的每一次"怎样劳动"方式的变革，都体现在现实抽象出来并反向对象化到工具中去的模板变迁上，比如从铁锤到机械冲压机的改变，再进一步到数控机床的发展，作为外部持存中的生产模板，它们内化了完全不同的劳动-生产塑形和构序现实抽象中的工艺编码-技术信息编码进步。这也意味着，工具的进步本质上是手艺、工艺和技术构序的进步。

除了作为狭义劳动资料的工具，广义的劳动资料还包括了所有保障劳动过程的其他条件。马克思说：

> 与劳动材料不同的**劳动资料**不仅包括**生产工具**（*Productionsinstrumente*），即从最简单的劳动工具或容器到最发达的机器体系，同时也包括**对象条件**，没有这些条件，劳动过程就根本不可能进行，例如用作工作场所的房屋，或用来播种的土地等等。它们不直接加入劳动过程，但它们是条件，没有它们，劳动过程就不可能进行，因而它们是必要的劳动资料。它们表现为全过程（ganzen Processes）得以进行的条件，而不是表现为包含在过程内部的因素。②

这是指劳动过程中非工具性的劳动资料，它们不是劳动者直接使用的工具，也不是劳动过程的"内部因素"，但没有这些条件的到场，劳动过程就无法正常进行。马克思这里列举的例证中，包括了农业劳动活动得以发生的自然土地，工业劳动得以进行的作为社会物相化空间的厂房，以及耗费在劳动过程中的水火电汽油等辅助条件。这些劳动条件并不直接加入劳动物相化过

---

① ［法］阿尔都塞：《论再生产》，吴子枫译，西北大学出版社 2019 年版，第 376 页。
②《马克思恩格斯全集》（第二版）第 32 卷，人民出版社 1998 年版，第 62 页。

程，但任何时候，如果农业没有土地，工业没有厂房，劳动过程缺失了辅助性的劳动条件，就都无法实现。

到了《资本论》第一卷（德文第一版）中，马克思对劳动资料的分析更加具体和翔实起来，依他的观点，

> **劳动资料**是劳动者置于自己和劳动对象之间、用来把自己的活动**传导**（Leiter）到劳动对象上去的物或物的综合体（Komplex von Dingen）。劳动者利用物的机械的、物理的和化学的属性，以便把这些物当做发挥力量的手段，**依照自己的目的**作用于其他的物。劳动者**直接**掌握的东西，不是劳动对象，而是劳动资料（这里不谈采集果实之类的现成的生活资料，在这种场合，劳动者身体的器官是唯一的劳动资料）。这样，自然物本身就成为他的活动的**器官**，他把这种器官加到他身体的器官上，不顾圣经的训诫，延长了他的自然的肢体。①

马克思强调，劳动资料中的工具是劳动者直接掌握的东西，这种直接性开始于人类最初从事"采集果实"之类劳动活动的肢体器官，主要是做出有目的的动作的双手和奔跑的双脚，之后，才会出现延伸劳动者身体器官的"上手性"劳动工具。这里，劳动资料主要是指传导劳动者的劳动目的和物相化活动的物性编码手段——工具。马克思强调，在作为劳动资料到场的工具中，并非仅仅是劳动者主体体力和智力劳动活动本身的塑形和构序作用，而是历史性地综合利用了自然存在中"机械的、物理的和化学的属性"——机械有如翘木的杠杆作用，物理有如青铜器的坚硬，化学有如水之浸润等，它们都成为人们体外的身体器官之延伸，这当然使得原先用手脚直接塑形和构序的能力大大地加强了，并且，这些工具模板在每一次重新到场于劳动过程中时，激活和重构已有的"怎样"劳作的爱多斯惯性活动的在场发生。马克思打趣说，这种人的活动功能和器官在被改造过的自然物（工具）中的延伸，已经超出了上帝在圣经"训诫"中本有的能力。也是在这一构境层中，马克思还形象地比喻说：

---

① 《马克思恩格斯全集》（第二版）第 42 卷，人民出版社 2016 年版，第 169—170 页。

在劳动资料本身中,**机械性的劳动资料**[其总和可称为**生产的骨骼系统和肌肉系统**(*Knochen-und Muskelsystem der Produktion*)]远比只是充当劳动对象的容器的劳动资料[如管、桶、篮、罐等,其总和一般可称为**生产的脉管系统**(*Gefäßsystem der Produktion*)]更能显示一个社会生产时代的具有决定意义的特征。①

这是说,如果劳动过程本身是一个功能性的社会历史负熵有机体,劳动当然是其跳动的心脏和流动的血液,那么劳动资料中的"管、桶、篮、罐"一类的容器就是它的"**脉管系统**",而锤、镰、锯、犁一类的机械工具就是它的"**骨骼系统和肌肉系统**"。这是对非直观的隐性在场的劳动辩证法内部功能系统结构的十分生动的比喻。由此类推,我们今天的电脑和智能手机就会是劳动生产过程的大脑和神经系统。马克思的这个比喻,显然与黑格尔在《精神现象学》中的相似比喻相关,在那里,黑格尔将"感受性相当于神经系统,活动性是相当于肌肉系统,再生性相当于个体保存和种属保存的内脏系统"②。当然,马克思这里再一次强调说,除去作为狭义劳动资料的工具,还有在劳动过程中起到各方面条件保障作用的广义劳动资料。马克思分析说:

> 广义地说,除了那些把劳动的作用传达到劳动对象,因而以这种或那种方式充当活动的传导体的物以外,整个劳动过程的进行所需要的一切**物质条件**也都算做劳动过程的**资料**。它们不直接加入劳动过程,但是没有它们,劳动过程就不能进行,或者只能不完全地进行。**土地本身**又是这类一般的劳动资料,因为它给劳动者提供**立足之地**,给他的劳动过程提供**活动场所**。这类劳动资料中有的已经经过劳动的改造,例如厂房、运河、道路等等。③

在广义的劳动资料中,有些并不是劳动者所创制和直接掌握的物质条件,比如土地和其他自然条件(水源、风力和光照等),也有一些是作为"已经经过劳动的改造"的结果的劳动条件,有如人造的运河和水渠、道路和桥梁、

---

① 《马克思恩格斯全集》(第二版)第42卷,人民出版社2016年版,第170—171页。
② [德]黑格尔:《精神现象学》上卷,贺麟、王玖兴译,商务印书馆1979年版,第179页。
③ 《马克思恩格斯全集》(第二版)第42卷,人民出版社2016年版,第171页。

厂房和工地,它们是劳动活动发生的社会物相化空间场所和运动条件。

可以看出,在马克思的心目中,也因为劳动资料作为一种到场的物性实存,它恰恰以物相化方式,存留了实现一定目的和爱多斯之相的劳动活动**功能化技艺的可复构编码模板**,所以它也是直接反映"怎样劳动"(怎样生产)方式的物性标识。由此马克思说:

> 各种经济时代的区别,不在于做**什么**,而在于**怎样**做(Nicht *was gemacht wird*,sondern *wie*),用什么劳动资料生产。劳动资料不仅是人类劳动力发展的测量器(Gradmesser),而且是劳动借以进行的社会关系的索引(Index der gesellschaftlichen Verhältnisse)。①

这是我们熟悉的《德意志意识形态》文本中那个透过"生产什么"(*was sie produzieren*),进入"**怎样生产**"(*wie* sie produzieren)②的狭义生产方式筑模的越发深入的表述。这个从《德意志意识形态》到《资本论》中,被马克思始终强调的 was(什么)与 wie(怎样)的方法论构境差异,在经过胡塞尔的现成性与生成性的关系的反思,直接构成了后来海德格尔那个著名的现成在手的 was(什么)的"存在者"与 wie(怎样)上手的"存在"的存在论差异构境。③ 在历史唯物主义的场境关系存在论中,所有劳动过程中劳动物相化活动当下发生的 *wie*(**怎样**)做,随着劳动活动的结束而消失,这正是一般物像视域所遮蔽的方面,但是,这个"怎样做"的不可直观的编码,却以作为特殊物相化结果的劳动资料的物性方式生成了特定的工具模板,工具的"传导"作用中业已内嵌着一定的"怎样做"的失形/塑形和祛序/构序技艺。如使用石器砸碎果实与使用刀具劈开果实,这两种由物性工具复构的劳动物相化失形/塑形和祛序/构序是完全异质的;马克思在"工艺学笔记"中看到的石磨中从杵的上下捶打到两片磨盘旋转研磨运动也是如此;犁和镰刀所激活的劳动物相化活动,与今天数控机床复构起来的科技物相化之下的劳

---

① 《马克思恩格斯全集》(第二版)第 42 卷,人民出版社 2016 年版,第 170 页。中译文有改动。

② 参见[日]广松涉编注《文献学语境中的〈德意志意识形态〉》,彭曦译,南京大学出版社 2005 年版,第 25 页。

③ 参见[德]海德格尔《道路回顾》,*Gesamtausgabe*,Band 66,Frankfurt am Main:Vittorio Klostermann,1997,S. 422。中译文参见李乾坤译、方向红校译稿。

动过程也是完全不同的塑形和构序。这样，劳动资料也会成为创造社会历史负熵质的"人类劳动力发展的测量器"，并且，不同时代的工具和劳动条件可以成为"劳动借以进行的社会关系的索引"，因为，不同的物性劳动资料也会不断复构起完全不同的"共同活动"中的劳作关系和其他社会交往关系，持续性地建构起不同的历史性的社会物相化负熵质。在这个意义上，劳动资料会成为劳动辩证法运动中仅次于劳动活动的极其关键性的环节。我觉得，这可以被视作马克思对历史唯物主义和历史辩证法场境关系存在论的一个重要深化。

4. 现实劳动过程中的复杂关系场境

我们前面已经事先交代过，前面被抽象出来的劳动、劳动材料和劳动资料都不是一个个独立实在的要素，它们只是在劳动过程的现实发生中突现的劳动辩证法系统运动中的**关系性场境存在**。在这一点上，马克思有非常重要的思考。

首先，劳动活动只能在通过工具塑形和构序对象的过程中实现出来。他分析说：

> 活劳动（lebendige Arbeit）通过把自己实现在材料中而改变材料本身，这种改变是由劳动的目的和劳动的有目的的活动（zweckmässige Thätigkeit）决定的，——（这种改变不像在死的对象中那样是创造作为物质的外在物，作为物质存在的仅仅转瞬即逝的外表的形式），——因此，材料在一定形式中保存下来，物质的形式变换（Formwechsel）就服从于劳动的目的。劳动是活的、生成场境的火（lebendige, gestaltende Feuer）；是物的易逝性，物的暂时性（Vergänglichkeit der Dinge, ihre Zeitlichkeit），这种易逝性和暂时性表现为这些物通过活的时间（lebendige Zeit）而被赋型（Formung）。[1]

---

[1]《马克思恩格斯全集》（第二版）第30卷，人民出版社1995年版，第328—329页。中译文有改动。Marx-Engels-Gesamtausgabe（MEGA²），Ⅱ/1, Text, Berlin: Dietz Verlag, 2006, S.272.

　　这是马克思在《1857—1858 年经济学手稿》中特别重要的一段话语。40 年前，还是研究生的我第一次读到马克思《大纲》中的这段表述时，就被它的话语构境深深打动。在一定的意义上，我自己 40 多年来的不懈探索和努力，客观上也在使这一思想构境逐渐澄明起来。这段表述里，嵌套着马克思关于历史唯物主义和历史辩证法核心概念——物质生产的真正本质，人的社会物质生产与再生产改变世界的背后，是劳动者的**在场活劳动**利用工具塑形和构序对象、创造人的社会历史负熵存在（"周围世界"）的过程。这里的思想构境焦点是生产过程背后**活的劳动物相化活动**：第一，它既不是一种物性的实存，也不是一种可以非及物发生的空洞动作；创造实现人的目的和爱多斯之相的社会历史负熵质的**活劳动**的存在方式本身，就是对象化在劳动材料之中的**及物关系**活动。劳动不实现在对象的物相化在场关系之中，它就是不存在的，它的**在场性**就是发生于对象物相化改变中的关系性编码场境。一个铁匠劳动的劳作技巧只能实现于他的打铁生产中，如果有一天他丧失了"打铁"这种及物性关系，他就不再是铁匠。我在此处强调劳动者体力活劳动在生产过程中的"及物性"，也是为了之后引出科学技术人员的科学技术信息编码和操持的远离生产过程的科学实验中的**智能劳动的非及物性**特征。第二，劳动作为一种有目的的、给予一定爱多斯之相的及物性关涉活动，这种目的的实现是劳动对象化于物性存在中所新获得的社会生活场境中的 Formwechsel（形式变换），按马克思"工艺学笔记"中的理解，这也会是劳动对象本有自然状态脱型后，进而获得新的人的生活有用性场境关系的物相化。比如，劳动者制作一个简单工具的目的，实现于脱离原有自然树木关联的木料和脱离矿床原型的铁料，通过铁匠的劳动塑形和构序为一个上手的锤子或镰刀的过程。显然，这里马克思所指认的劳动之火，还是在工艺学意义上完整的个体劳动者的总体性劳作，并不是劳动分工之后被碎片化的社会总体性劳动。第三，也是最精彩的观点，是劳动在场的物相化创制本质：劳动是**燃烧之后即熄灭**的"活的火"，lebendige, gestaltende Feuer（活的、生成场境的火），这种燃烧的火改变对象的本有物质形式，即失形或祛序于自然关联和有序性，通过 lebendige Zeit（活的时间）Formung（赋型）对象一种 for us 的目的（未来时间维度）和爱多斯之相的易逝的、暂时的用在性形式。依我的理解，此处马克思所使用的

lebendige Zeit(活的时间或生活时间)概念,是他对历史唯物主义社会历史时间最重要的本质论证。因为,不同于自然物理时间,社会历史时间中的生成质性,来自主体性劳动辩证法构序运动中活劳动的 gestaltende Feuer(场境之火),这种以劳动物相化为本质的 lebendige Zeit(活的时间),是 Formung(赋型)全部**社会历史时间**的场境本质。在这一点上,马克思对不同于自然物理时间的社会历史时间的理解,是先于并且远远深刻于后来"时间观的路德"——柏格森的内在生命绵延时间的。① 当然,马克思的这种塑形和构序的历史时间并非仅仅是物质生产中的体力劳动支出,也会是之后科学家的脑力劳动之火,艺术家创作作品的艺术物相化活动中的 lebendige Zeit。并且,这个人所独有的活的生命时间和社会生活时间规定,将是之后马克思所设定的**历史时间上的活劳动**与**社会空间中的死劳动**(对象化劳动Ⅱ)的依据,也会是经济学语境下劳动价值论中那个关键性的社会必要**劳动时间**概念的内在基础,商品价值中内嵌的劳动时间绝不是流逝的一般物理时间,而是劳动物相化**创制时间**的现实抽象。比如,木料和金属的自然物质形态是本有的物性存在形式(虽然它们也会在自然存在形式中发生腐烂和腐蚀的熵增现象),而通过劳动物相化中的**活的时间**塑形和构序为铁锤和镰刀的形式是特定用在性工具场境关系形式,它们也可能因破损回收后再生产为其他工具形式,因而,马克思特别强调说,"物的形式的易逝性被用来造成物的有用性(Vergänglichkeit der Form der Dinge benuzt um ihre Brauchbarkeit zu setzen)"②。这个 Brauchbarkeit(有用性),则是劳动赋型于对象新的有社会时间效用的易逝性的**定在形式**(Daseinform)——**使用价值**。这是人类创造出来的超出"自然辩证法"生命负熵的**社会历史负熵层级中最基始性的砖块**。由此,才可能从被物相化塑形和构序的上手劳动产品链接,环顾式地建构起愈益复杂功能链编码中的人的生

---

① 柏格森将传统哲学中外部的物理时间转换为人的生命绵延的内在时间,实现了时间观中重要的革命,我模仿马克思借用恩格斯的说法,即斯密从物性的私有财产背后透视出主体性的劳动,成为"国民经济学的路德",将柏格森指认为"时间观的路德"。与此相关联的还有,后来列斐伏尔在《空间的生产》中实现的"空间观的路德"式的革命,即将外部的物理空间转换为人的社会关系生产与再生产的社会空间。参见拙文《思想史上的四重"路德革命"》,《社会科学报》2023 年 11 月 8 日。
② 《马克思恩格斯全集》(第二版)第 30 卷,人民出版社 1995 年版,第 329 页。中译文有改动。Marx-Engels-Gesamtausgabe(MEGA²),Ⅱ/1,Text,Berlin:Dietz Verlag,2006,S. 272.

活场境和社会关系场境。其实，从认识论的视角看，康德的"向自然立法"恰是从这里开始的，劳动物相化之"火"（活的时间）改变本有为 for us 的周围世界存在，由此塑形和构序人对这个用在性社会空间的感性经验和知性观念，这是比一般社会生产方式更基始的**怎样劳作**的先验构架，在这之上才会生成作为先天综合判断现实基础的历史时间中的社会关系场境先验，当然，在入序于经济构式负熵进程后，商品交换的先验构架才再次中介这一复杂转换过程。相比于此，索恩-雷特尔和阿多诺关于交换与先天综合观念的链接关系都还是过于简单了。

其实，在我写作《回到海德格尔》第一卷时，我曾多次复构过马克思这段重要的表述。海德格尔在 1922 年写下的《那托普报告》中很深地链接于马克思的地方，就在这里。我们可以依海德格尔的构境重塑上述这段话语：在海德格尔这里，全部形而上学的起点是可见的物理空间中现成在手的形而之下的存在者（"器"），实际上，它们都是马克思这里最后所指认的劳动物相化塑形和构序使用价值的"产品"，只是我们在一般物像视域中将其误认为原初基始性（"第一性"）的世界本体，而看不到它们都是"正在消逝的东西（verschwindend darstellt）"。相对应的关系为，马克思的劳动活动即是海德格尔的关涉（Sorge），人占有自然的物质生产与再生产即是海德格尔的让本有 for us"涌现"的存在（Sein），而具有使用价值的劳动（生产）产品则是海德格尔的上手存在者。我们可以再次复构马克思（海德格尔）上述这一话语构序实践中的思想构境：为了满足人的需要的有目的的劳动活动（有着明确"何所向"的、与对象"打交道"的关涉活动），使劳动材料（本有的天然物，例如铁矿石）的原初自然实在失形和祛序，劳动物相化编码活动和活的时间，消失于被改变的对象之中（存在消失在存在者的用在性实在中，例如铁矿石被锻造为铁锤，木料被失形/塑形和祛序/构序为桌子），使劳动材料重新塑形和构序为符合人的需要的、具有新的时间质性的社会历史负熵质的"使用价值"的产品（存在者的上手性并非本有，而是关涉活动打开和解蔽本有，使其编码为向存在涌现的虚假"自然"，例如锤子的上手），由此，我们"周围的世界"（umgebende Welt），实际上是由人的劳动生产创造的社会空间（依"上手"的存在者背后的用在性的功能性环顾链接而成的世界）。由此，历史认识论的对象就不再是抽象的外部世界,而是人的劳动所改变了的历史性的社会生活关系场境(拒绝对象性认识论的场境意蕴论和"解蔽就是遮蔽"的真理观)。我体会,马克思这一重要的思想实验,也是在历史唯物主义的基础上从工艺学语境中更深地透视一般物相化(第一层级),而在海德格尔那里,则是那个著名的"存在论差异"(ontologische Differenz)——从存在者归基存在。同理,将易逝的劳动(活)时间历史性地植入劳动对象,使之成为一定的社会生活场境的赋型物,这与海德格尔所意识到的在历史性的时间中去在世的现实个人的"有死性"的社会定在是完全一致的。

我们再回到马克思《1857—1858 年经济学手稿》中对劳动辩证法的研讨思路中来。在这里,他进一步分析说,在劳动过程中,

> 劳动不仅被消费,而且同时从活动形式(Form der Thätigkeit)被固定为,被物相化(materialisirt)为对象形式,静止形式;劳动在改变对象时,也改变自己的场境(Gestalt),从活动变为存在(wird aus Thätigkeit Sein)。过程的终点是**产品**,在这个产品中,原料表现为同劳动结合在一起,劳动工具由于变成劳动的现实传导体(übersezt)也从单纯可能性(Möglichkeit)变为现实性;但是,劳动工具本身由于它对劳动材料发生力学或化学的关系,它也在它的静止形式上被消费。①

这说明,劳动物相化活动或者活劳动离开了劳动工具和劳动对象,其实是不可能从潜能(dynamis)成为在场的现实活动的。这是一种很深的辩证关系。在劳动过程中,有目的的劳动物相化活动当下被"耗费",它不是真的完全从有到无,在发生一系列"物质变换"的同时,也突现了一个奇妙的场境转换,它从一种功能性的 Form der Thätigkeit(活动形式),通过劳动工具赋型于对象,materialisiren(物相化)地变成"产品"这一新的社会历史负熵质存在。显然,此时这个 materialisirt 明显起到了关键性作用。由此,劳动从非实体性的 Gestalt(场境)活动变成了对象存在方式的客观物相化编码结果——铁匠将铁块烧红,酿酒师将粮食洗净,他们的活劳动时间中的在场劳作活动场境

---

①《马克思恩格斯全集》(第二版)第 30 卷,人民出版社 1995 年版,第 258 页。中译文有改动。Marx-Engels-Gesamtausgabe(MEGA^2),Ⅱ/1,Text,Berlin:Dietz Verlag,2006,S.220.

成为"正在消逝的东西(verschwindend darstellt)",都在"从活动变成存在",不管这种物相化改变是进一步通过模具将铁块浇铸和锤打成锤头,还是通过发酵使粮食变成美酒,这都是劳动材料通过劳动重新塑形和构序而成的新的劳动产品。物相化的产品是在场劳动活动中特定目的(telos)和爱多斯(eidos)之相的实现,也是被改变过的对象,在新的社会历史负熵质和功能链构成的生活场境中特定用在性关系的赋型。比如,铁锤在碎石和钉钉子中的上手场境关系,以及美酒不同于被提炼的工业酒精在人们生活场境中生成的复杂喜庆或悲伤场境关系存在。所以,

> 劳动是合乎目的的活动(zweckmässige Thätigkeit),因而,从物质方面来看已经事先确定:在生产过程中劳动工具是实际用来达到某种目的的手段,而原料无论是由于化学的物质变换还是由于机械的变化,它在变成产品时取得了比它原有的使用价值更高的使用价值(höhern Gebrauchswerth)。①

这还是在说明劳动过程中劳动活动、劳动资料与劳动材料的辩证有机整合关系。劳动工具是作为"合乎目的的活动"的劳动实现自身物相化的重构模具和手段,而在场劳动活动在改变自身功能场境的同时,也造成了劳动原料的"物质变换",在原料变成劳动产品的时候,"取得了比它原有的使用价值更高的使用价值"。有如一段原始森林中被锯下的木料,在经过木匠的劳动手艺之后,转换成一张功用性的桌子,它实现了原先存在于劳动者那里的爱多斯之相,作为具有新的存在形式和用在性有序关联场境的劳动产品,桌子获得了比原来初步入序于社会历史负熵进程中的木料"更高的使用价值"。然而,在一般物像视域中,我们只直观到作为结果的桌子,却遗忘了桌子作为"正在消逝的东西(verschwindend darstellt)"背后,曾经发生的让树木变成木料再塑形和构序为桌子的不在场的劳动活动、劳动原料和劳动工具的复杂关系作用。在海德格尔那里,则是人们所遗忘的让存在者成为形下之"器"的存在。

①《马克思恩格斯全集》(第二版)第30卷,人民出版社1995年版,第270页。

马克思认为,这种劳动活动通过工具改变劳动对象的物相化,实质是**历史时间上**存在的活劳动在产品中新创造的"使用价值中的对象化(Vergegenständlichung)"①,这就是劳动的**对象化**,或者**社会空间中**的"死劳动"。"对象化"当然不是经济学话语,是马克思自 1844 年就从黑格尔-费尔巴哈那里获得的哲学话语。它没影于 1845—1857 年现象学和批判认识论的缺席时期,后面我们会看到这一 Vergegenständlichung 在《大纲》和《1861—1863 年经济学手稿》中的关键性构序作用。依概念考古的词频统计,在《大纲》一书中,vergegenständlichten/Vergegenständlichung 竟然被使用了 360 余次,这算是话语转换中的词语能指的爆燃了。晚年卢卡奇在《关于社会存在的本体论》一书中这样谈及作为劳动对象性形式的使用价值:"绝大多数使用价值都是通过劳动,通过改变自然对象以及改变自然对象的条件、效果等等实现的,并且,这个作为自然限制退却的过程,是随着劳动以及劳动的社会性的发展而变得日益广泛和深刻"②。这里,卢卡奇所说的"自然限制退却",即马克思在"工艺学笔记"中知晓的自然失形和脱型。所以马克思才说,"只要劳动过程的结果仍按与劳动过程本身的联系(Bezug)来考察,被看作结晶化(crystallisirte)的劳动过程,它的不同因素融合在一种静止的对象(ruhenden Gegenstand)中,融合在主体的活动(subjektiven Thätigkeit)与其物质内容的结合中,那么,这种劳动过程的结果就是**产品**"③。这是说,产品作为劳动过程中劳动对象化的结果,本质是劳动者在作为"活劳动之火"的时间中存在的主体性劳动活动,结晶和物相化为社会空间中"静止的对象"。

再以我们上面提及的生活中熟知的桌子为例,伐木工人将树木从森林中砍下(自然失形与脱型)的劳动、运输工人将木料运到工场的劳动、木工手中的锯刨等工具中内嵌的过去劳动,以及制作桌子的目的和具体爱多斯之相,通过复杂劳动等"不同因素",对象性地融合在作为桌子这一产品的"静止的对象"中,实现为整个宏大社会历史负熵进程中一个小小的"伏案"、"放置物

---

① 《马克思恩格斯全集》(第二版)第 30 卷,人民出版社 1995 年版,第 327 页。

② [匈]卢卡奇:《关于社会存在的本体论》下卷,白锡堃等译,重庆出版社 1993 年版,第 80 页。

③ 《马克思恩格斯全集》(第二版)第 32 卷,人民出版社 1998 年版,第 73 页。中译文有改动。Marx-Engels-Gesamtausgabe(MEGA²),Ⅱ/3-1,Text,Berlin:Dietz Verlag,1976,S.58-59.

品"的日常生活用在性功能场境。如果人们只是停留在一般物像视域之中，那么，原先让木料失形/塑形和祛序/构序为桌子的一系列劳动物相化活动通通消失不见了，于是，桌子就成为人们熟知而并不能参透的到场之物。其实，只是到这里，马克思原来在《提纲》中从感性对象背后看到的消逝的实践、在《德意志意识形态》中从实在物背后看到的消逝的生产的隐秘机制，才被清晰地暴露出来。而如果这张桌子并非木匠自己使用，而是被明码标价放置在商店中出售，它就会进一步以不是它自身的 *Anderssein*（**他性存在**）的商品关系颠倒方式，成为 verschwindend darstellt（正在消逝的东西）的神秘之物。这也是后来马克思在《资本论》第一卷第一章中所描述的，那张一旦作为商品出现就会头足倒置跳舞的桌子的"神秘性"的来源。马克思指出：

> 在对象化劳动时间（vergegenständlichter Arbeitszeit）的物的定在（dinglichem Dasein）中，劳动只是作为消逝了的东西（verschwunden），作为这种对象化劳动时间的自然实体的**外在形式**（*äusserliche Form* ihrer natürlichen Substanz）而存在，这种形式对于这种实体本身来说是外在的（例如桌子的形式对于木头来说是外在的，轴的形式对于铁来说是外在的），劳动只是存在于物质的东西的外在形式中的东西。对象化劳动时间保存它的这种形式，并不像例如树木保存它的树木形式那样是由于再生产的活的内在规律（lebendiges immanentes Gesetz der Reproduction）造成的[木头所以在一定形式上作为树木保存自己，是因为这种形式是木头的形式；而桌子的形式对于木头来说则是偶然的，不是它的实体的内在形式（immanente Form seiner Substanz）]，对象化劳动时间在这里只是作为物质的东西的外在形式而存在，或者说，它本身只是在物质上存在着。因此，它的物质遭到的分解，也会使形式遭到分解。①

我们可能看到，在这段话语文本中，马克思突然重新启用的哲学概念，除去 Vergegenständlichung（对象化）之外，还包括集中使用了 Dasein（定在）、verschwunden（消逝的东西）、äusserliche Form（外在形式）等一批我们曾经熟

---

①《马克思恩格斯全集》（第二版）第 30 卷，人民出版社 1995 年版，第 328 页。中译文有改动。Marx-Engels-Gesamtausgabe（MEGA²），Ⅱ/1，Text，Berlin：Dietz Verlag，2006，S. 271.

悉的术语。我们可以惊奇地发现,马克思这里返回的思想构境并非《德意志意识形态》中的历史唯物主义的生产话语,而是1844年前后关于黑格尔《精神现象学》的思想实验。当然,这并不是说马克思要返回《1844年手稿》时的人本主义哲学话语构式,而是他逐渐发现历史唯物主义的那种来自经济学语境的生产话语,在透视资产阶级特殊经济关系现象时的某种程度上的力不从心,这使马克思不得不重新启用一些自己在《1844年手稿》讨论劳动辩证法中使用过的哲学话语。这当然也包括马克思决定重新启用异化概念并重塑劳动异化批判构式Ⅲ。我们再回到马克思这里的文本构境。马克思认为,在活的劳动时间物相化到劳动材料自身的物性改变中,劳动活动作为**消逝的东西**(verschwindend),也就生成了对象"自然实体"在失形和脱型之后的一种新的dinglich Dasein(物的定在),这当然不再是自然物质本有的定在形式,而是一种全新的"外在形式",这里的äusserlich(外在)并非指物质的外部,而是"反自然"的社会历史负熵中的定在形式。由此,活的劳动时间物相化为社会空间中的vergegenständlichter Arbeitszeit(对象化劳动时间)。这是马克思后来的劳动价值论的那个社会必要**劳动时间**概念的本质,这个劳动时间已经不仅仅是李嘉图经济学中那种物理时间的量的概念,而首先是工人活劳动物相化的lebendige Zeit(活的时间)的对象化劳动Ⅰ(使用价值),转化为在商品交换关系中现实抽象(Ⅲ)出来的对象化劳动Ⅱ——价值实体。关于这一点,我们将在下面的讨论中进行具体分析。这里,我们再一次感觉到了黑格尔在《精神现象学》中观念设定对象后verschwindend(正在消逝)的构境,可是马克思与他的逻辑构序差异在于,马克思这里设定物性定在的活动不是观念,而是活的劳动物相化的活的劳动时间,对verschwindend(正在消逝)概念的使用,不是物像直观对象之假象的消解,而是直接指认了在对象化劳动时间中当下发生和消逝的劳动物相化活动和活的劳动时间。马克思所列举的作为劳动产品的木桌中,对于本有的树木来说,不像树木自然生长是它在自然负熵中自然实体再生产的immanente Form(内在形式),由伐木劳作和木匠的活的劳动时间物相化失形/塑形和祛序/构序而成的桌子,是对象化劳动时间,它的物性定在形式只是它的"偶然形式",因为当桌子破旧后再作为旧木料化浆造纸,在新的失形和祛序后还会再通过劳动物相化获得新的编码中的外在社会定在。

这也说明，在现实的劳动生产过程中，自然物并非只是一次性地获得社会历史负熵中的定在形式，劳动活动的失形/塑形和祛序/构序，通常会表现为一个系列的不同爱多斯实现的赋型过程。这是一个十分复杂的劳动辩证法构序运动中所出现的，不同目的编码转换里发生的劳动叠加和整合的过程。对此，马克思曾经以田地中的棉花到可以穿在身上的衣服的劳动物相化进程加以说明。他分析说：

> 如果棉花变成纱，纱变成布，布变成印染布等，印染布再变成比如说衣服，那么，(1)棉花的实体在所有这些形式中都得到了保存[在化学过程中，在由劳动调节的物质变换(Stoffwechsel)中，到处都是等价物(自然的)相交换等等]；(2)在所有这些连续的过程中，物质取得越来越有用的形式(nützlichere Form)，因为它取得越来越适合于消费的形式；直到最后，物质取得使它能够直接成为消费对象的形式，这时物质的消耗和它的形式的扬弃(Aufhebung seiner Form)成了人的享受，物质的变化就是物质的使用本身(seine Veränderung sein Gebrauch selbst ist)。棉花的物质在所有这些过程中都得到了保存，它在使用价值的一种形式上消失，是为了**让位给更高级的形式，直到对象成为直接的消费对象**。①

这当然是一个十分复杂的劳动失形/塑形和祛序/构序的不断递升和叠加的系列编码过程，其中，具体的劳动目的和爱多斯之相本身，也在劳动辩证法构序的运动中不断地转换和复杂起来。从棉花到棉纱，首先已经包括了采摘棉花(自然失形和祛序)和制作纱锭的劳动，马克思说，不要忘记"棉纱除了包含在棉花和纱锭中的劳动量以外，还具有一种新追加的劳动量"②。因为"新追加的劳动量"是要通过纺纱从棉花的自然状态塑形为一根根可织布的细纱，棉纱再入序为整齐编织排列的布匹，印染劳动再印制不同的美观图式中的花纹或色块，最后由裁剪和缝制劳动赋型为可以上身的衣物。由此可以看到，劳动的物相化过程本身，就是一个不同目的和爱多斯之相复杂塑形和

---

① 《马克思恩格斯全集》(第二版)第30卷，人民出版社1995年版，第329页。
② 《马克思恩格斯全集》(第二版)第32卷，人民出版社1998年版，第83页。

构序的连续编码功能链,或者说,对象化劳动时间也会是一系列活劳动时间连续物相化的结果。正是在这个连续的劳动整合(integration)进程中,劳动材料不断获得非自然的社会历史负熵中的定在形式(使用价值),"就使用价值来说,劳动具有下面这样的属性:它保存现有使用价值,则由于它提高现有使用价值,而它提高现有使用价值,是由于它把现有使用价值变成一种由最终目的所决定的新的劳动的对象;即从漠不相干的存在形式(Form des gleichgültigen Bestehns)重新变成劳动的对象材料形式"①。我们再一次看到了黑格尔的这个 gleichgültigen(漠不相干性)。劳动材料通过劳动失形/塑形和祛序/构序在物质状态上不断发生的形式改变,表现为走向社会历史负熵进程总体的生活场境里可以直接消费的高级 nützlichere Form(有用形式)。这也说明,劳动塑形和构序对象的使用价值并非一次性完成的,使用价值的赋型,通常会是一个复杂的连续合目的性整合(integration)和信息编码(information coding)的过程。对此,我们可以想一下,与马克思此处例举的从棉花到衣物的劳作过程相比,我面前的这台电脑和手中的智能手机的使用价值,会是一个何等复杂的连续劳动失形/塑形和祛序/构序的复合爱多斯叠加的合目的性信息编码总体。如果从认识论层面来看,我们就能理解胡塞尔为什么反对自明性的现成对象直观,而主张现象学中的本质直观了,因为这种本质直观可以透视一切现成对象背后的"正在消逝的东西(verschwindend darstellt)"和那些在连续劳动物相化失形/塑形和祛序/构序中曾经发生且抽身而去的不在场之物。这也表示,观念辩证法的先验逻辑,只能对应于这种不能直观的隐性在场的劳动辩证法构序运动的复杂机制,恰是不断消逝的实践构式的历史质性决定了观念构架的根本质性。

其次,不仅劳动活动只能从现实的劳动过程中才能成为现实的在场性存在,劳动材料和劳动资料同样也是一种辩证的**关系性的场境存在**,脱离了实际发生的劳动过程,它们并没有独立的**劳动系统质**。在《1861—1863 年经济学手稿》中,马克思指出,劳动活动与劳动材料和劳动资料是现实发生的劳动

---

①《马克思恩格斯全集》(第二版)第 30 卷,人民出版社 1995 年版,第 330 页。中译文有改动。Marx-Engels-Gesamtausgabe(MEGA²),Ⅱ/1,Text,Berlin:Dietz Verlag,2006,S. 273.

过程中不可分割的有机整体:

> 现实劳动把工具作为自己的手段来占有,把材料作为自己活动的材料来占有。现实劳动就是把这些对象作为劳动本身的活的机体(beseelten Leibes),劳动本身的器官来占有的过程。在这里,材料表现为劳动的无机自然(unorganische Natur),劳动资料表现为占有活动本身的器官(Organ der aneignenden Thätigkeit)。①

这表明,在现实发生的劳动过程中,劳动材料是劳动活动及物关联的"无机自然",没有这一对象性的物质基础,劳动活动根本无法成为现实在场存在。这是马克思在《1844 年手稿》写作时就已经明白的哲学唯物主义道理。可是,这里作为劳动对象的"无机自然",并不真的只是自然界本有的无机物,而很可能也有原先自然有机生命负熵脱型后的"反自然"无机物,比如作为皮革原料的动物皮毛、作为木器加工原料的植物树干,以及作为食品加工原料的植物果实等。在马克思看来,"人类劳动力**在一定的形式中**被耗费,作为**一定的**劳动被耗费,它才能得到实现,得到对象化,因为同**一定的**劳动相对立的,只是自然物质,只是劳动对象化在其中的外界材料"②。而劳动资料,无论是工具还是其他劳动条件,都已经是人在劳动物相化活动中所利用的自然力量。马克思说,"人在生产中只能像自然本身那样发挥作用,就是说,只能**改变物质的形态**(*Formen der Stoffe ändern*)。不仅如此,他在这种改变形态的劳动中还要经常依靠自然力的帮助"③。在此,马克思没有展开说明工具是人的劳动技能现实抽象并反向对象化为生产模板的本质。这是说,人用自己肢体直接塑形和构序对象的能力是极其有限的,从开始利用木器、石器到金属,利用水力、风力到电力,直到今天的电磁波和光能,大量的自然力量变成劳动塑形和构序的工具加入改变"物质形态"的劳动过程中来。在这里,劳动资料像是劳动者的主体物相化活动外溢实现的外部延伸的器官,如同更加坚硬和灵巧的肢体,它们共同建构了劳动物相化的全新力量。并且,"工具被用作工

---

① 《马克思恩格斯全集》(第二版)第 32 卷,人民出版社 1998 年版,第 64 页。
② 《马克思恩格斯全集》(第二版)第 42 卷,人民出版社 2016 年版,第 39 页。
③ 《马克思恩格斯全集》(第二版)第 42 卷,人民出版社 2016 年版,第 30 页。

具,原料成为劳动的原料;由于这样一种简单的过程,即工具和原料同劳动接触,成为劳动的手段和对象,从而成为活劳动(lebendige Arbeit)的对象化,成为劳动本身的要素"①。这是一个完整的劳动过程总体,劳动者的劳动物相化活动,只有在使用工具具体地改变对象的过程中,才能实现出来,而"工具"与"原料"也只是在劳动的及物关系中才成为劳动原料和劳动工具。这说明,劳动要素不是一般物相化视域中的可直观到场对象,而是**功能性的辩证关系场境存在**。在这里,还有一个认识论应该关注的主体物相化的细节,即马克思在《1844年手稿》中就指认的感性经验由以发生的主体性感知器官("五官"),因为这是我们看到、听到和触碰到外部世界的通道,马克思在那里就强调了人的五官是世界历史的产物。然而,不同于日常生活经验的发生,在今天劳动工具和技术手段不断改变的过程中,人的视觉已经通过电子显微镜、高倍射电望远镜和CT机,看到比眼睛直观更加丰富的东西;通过无线电接收器和其他装置,听到前人耳朵听觉无法获得的声音和讯号;通过粒子对撞机等仪器,我们会触碰到先人从未达及的微观世界层面等。这一切,都会深刻地改变我们对世界本身的经验塑形和知性赋型基础。并且,我们大脑的思维活动在日益复杂起来的计算机和网络信息编码平台的海量大数据下,无论是广度还是深度上都达到了一个新的历史高度。这是我们主体物相化的一个全新的层面。

这里,马克思还提出了一种逻辑反证,即**已经作为劳动对象化成果**的劳动材料和劳动资料的存在,也必须在新的劳动过程(再生产)中获得持续不断的场境存在生命力。在马克思看来,已经进入社会历史负熵进程的原料和工具,如果脱离了现实的劳动过程,只会返回到**自然熵化**的进程之中。这应该也是一般物像视域中的逻辑凹点和盲区。他说:

> 当原料和工具成为活劳动(lebendige Arbeit)的条件时,它们本身又复活了(wieder beseelt)。对象化劳动不再以死的东西(todt)在物质上作为外在的、漠不相干的形式(äussere, gleichgültige Form)而存在,因为对象化劳动本身又成为活劳动的要素,成为活劳动对处在某种对象材料中

_____

① 《马克思恩格斯全集》(第二版)第30卷,人民出版社1995年版,第327—328页。

的自身的联系(Beziehung)，成为活劳动的**对象性**(*Gegenständlichkeit*)(作为手段和对象)(活劳动的**对象**条件)。①

这里的 wieder beseelt，在德文中为"重新获得生命和活力"的意思。一切劳动材料和劳动资料只是在重新进入现实发生的劳动过程时，才能"复活"它们自身在社会历史负熵中获得的场境关系编码中的定在形式；"**活劳动把工具和材料变成自己灵魂的躯体，从而使它们起死回生**"②，这里的"死"是暂时脱离劳动过程的物性到场，而"生"则是在新的劳动活动中获得历史性的在场性。由此，劳动材料和劳动资料才重新成为"活劳动的**对象性**"，否则，没有社会历史负熵场境存在"活化"的它们就会重返自然界的无情熵化过程。这也是劳动辩证法构序运动和系统关联中的一个重要特质。一堆堆放在遗弃库房中的木料，如果不能进入劳动过程，在木匠或工人的活劳动中转变成"桌子"和"房梁"，成为社会历史负熵构序的人们生活场境关系中赋型的具有"灵魂的躯体"，那么它们只会以与社会历史负熵进程 gleichgültige Form(漠不相干的形式)，慢慢地腐烂变质(自然返熵)。劳动工具也是在劳动过程的使用中，才能实现自身固化的合目的性潜能，进而获得自身的场境关系赋型中的社会定在。其实，由此推演开去，所有在社会空间和生活场境中出现的**用在性物性实在**都是如此，只是当人们通过社会活动和交往建构起生活场境本身时，这一切"物"才都在社会关系场境中"复活"了，说到底，社会定在被当下突现出来。在认识论上，这正是物像直观无法透视的地方。我已经说过的不是玩笑的玩笑是，**社会生活在夜间是不存在的**，因为当所有人睡去的时候，人与物都脱离了自身的场境存在，成为不在场的到场之物。而每天清晨，人们起床后的"上班"、"上学"、"开工"和"开门"，则复活了人在场的社会场境关系世界。在这个构境意向中，与不因睡眠而改变的自然生命负熵的生理运动不同，**社会历史负熵质是每天被重新复活和在场起来的**，这种复活是人的社会关系场境中"事物"、"个人"和社会本身的编码同时复活。

---

①《马克思恩格斯全集》(第二版)第 30 卷，人民出版社 1995 年版，第 328 页。中译文有改动。Marx-Engels-Gesamtausgabe(MEGA²)，Ⅱ/1，Text，Berlin：Dietz Verlag，2006，S.271.

②《马克思恩格斯全集》(第二版)第 30 卷，人民出版社 1995 年版，第 333 页。

马克思曾经以纺织劳动中的纱锭为例,进一步说明这一观点。他说:

> **工具的情况也是这样**。纱锭只有用于纺纱,才能作为使用价值被保存。否则,由于铁和木头在这里所具有的一定形式(bestimmte Form),无论是创造这种形式的劳动,还是劳动使之具有这种形式的物质,就都会毁坏而不能使用。只是由于纱锭成为活劳动(lebendige Arbeit)的手段,成为活劳动的生命力的一个对象性的定在瞬间(gegenständliches Daseinsmoment),木材和铁的使用价值以及它们的形式才得以保存。纱锭作为劳动工具的使命,就是要被消耗,但要在纺纱过程中被消耗。纱锭赋予劳动的更高的生产率,会创造出更多的使用价值,从而会补偿工具被消费时所消耗掉的使用价值。①

纱锭作为纺纱劳动物相化活动中的必要工具,它本身就是由劳动者的 lebendige Arbeit(活劳动)时间以一定的用在性方式,使木材和金属在劳动制造中获得社会空间中"一定的形式"的使用价值。纱锭作为社会历史负熵的编码模板,它的工具性定在是纺纱工人生产棉花到纱线的技艺构式在现实抽象后,并反向对象化到纱锭这一外在物性持存;它的用在性编码是在每一次纺纱生产中重新激活和重构工人的惯性劳动。这也意味着,纱锭只是为纺织劳动而构序,它也只有在纺织劳动活动中才能"成为活劳动(lebendige Arbeit)的生命力的一个对象性的定在瞬间",它在劳动对象化过程中被消耗,却创造出纺纱劳动中更多的使用价值。可是,如果纱锭不进入纺织劳动过程,脱离活劳动的它将会祛序和脱型于社会定在方式,落入自然熵化进程,最终被弃置于垃圾箱。这也意指着,社会历史负熵质的存在并非劳动物相化产品的直接物质属性,而是功用性的 gegenständliches Daseinsmoment(对象性的定在瞬间)。这会是主体性劳动辩证法构序中物性承载与用在性场境的独有辩证关联。这里引申出来的一个更深的构境层,是社会历史负熵质与自然生命负熵质的异质性:自然生命负熵质往往是一个肌体器官或系统的直接物质属性,动物或者人的生理新陈代谢和每天的生命活动是自然生命负熵质的存在基

---

① 《马克思恩格斯全集》(第二版)第 30 卷,人民出版社 1995 年版,第 330—331 页。中译文有改动。
　Marx-Engels-Gesamtausgabe(MEGA²),Ⅱ/1,Text,Berlin:Dietz Verlag, 2006, S.274.

础;而社会历史负熵质作为一种劳动物相化的功能性用在性,并非劳动产品或社会创制物的直接物质属性,社会历史负熵质不仅夜间"不在场",并且,如果它们不再得到日常生活或社会交往的场境使用,这种特定的社会历史负熵质也是不存在的。这似乎是难以领悟的。我们可以想一下自己家中库房里可能还没有处理的 BB 机、VCD 机和胶片照相机,它们虽然仍然还是特定劳动物相化的物品,但完全失去了自身的社会历史负熵质。同理,还有那些在社会生活中已经不再发生规制作用的传统、法律和制度,罗马的角斗场残遗尚在,可奴隶关系场境早已作古;伦敦的威斯敏斯特大教堂仍然实存,可它已经从现实的神性权力退化为文化符码;记载 1901 年 11 国与清政府签订的不平等的《辛丑条约》的文书仍然存在,但中国人那种屈辱的历史奴役场境早已一去不复返。有一点相似之处,即它们像人类进化中退化不见的毛发和尾巴,只是它们的退化不是物性持存的消逝,而是用在性社会历史负熵本身编码系统的变迁。

在后来的《1861—1863 年经济学手稿》中,马克思进一步分析说:

> 正是纺(Spinnen)这一定的有用劳动(nützlichen Arbeit),把棉花和纱锭这些使用价值作为交换价值(Tauschwert)保存下来,从而使它们作为交换价值的组成部分在使用价值棉纱这个产品中再现,这是因为纺本身在现实过程中把棉花和纱锭当作自己的材料和资料,当作自己实现活动的器官(Organen seiner Verwirklichung verhält),赋予作为自己器官的棉花和棉纱以灵魂,让它们作为自己的器官发挥作用。[1]

棉花作为劳动原料,纱锭作为社会历史负熵中的劳动工具,只有Spinnen(纺)这一活劳动时间,才会使已经对象化到棉花(原先采摘和清洗的劳动)与纱锭(制作纱锭的劳动)中的社会历史负熵质(使用价值)再现出来,已经处于社会空间中的棉花和纱锭,才能在纺的劳作物相化活动中被重新激活为原料和劳动者肢体在活动中的外延器官,获得劳动赋型的全新布匹的"灵魂"。从经济学的角度看,这种为了满足人的穿着和保暖需要的使

---

[1]《马克思恩格斯全集》(第二版)第 32 卷,人民出版社 1998 年版,第 84 页。

用价值,恰是之后商品神秘的"交换价值"的基础。

同理,如果作为劳动系统工具的"机器不在劳动过程中使用就没有用,就是废铁和废木。不仅如此,它还会遭受自然力的破坏性的作用,也就是发生一般的物质变换,铁会生锈,木会腐朽。纱不用来织或编织等等,只能成为废棉,连棉花原来作为棉花、作为原料所具有的其他用途也丧失了"①。这里的"一般的物质变换"正好是劳动物相化的反面,也就是纺织机器和纱锭作为社会历史负熵构式中特殊定在方式的劳动工具,当它们不在劳动物相化过程中被使用时,就会进入到从社会历史负熵中的定在形式,返回到自然物质熵化的机器"生锈"、木制品"腐朽"和纱锭成为"废棉"的失形、祛序和整体脱型之中。施米特曾经留意到马克思关于脱离劳动活动的生产资料"返熵"现象这一观点。② 我以为,当阿尔都塞说,"在生产力当中,虽然劳动过程的当事人在形式上是人(hommes),但其中**起决定作用的并不是人,而是生产资料**(*les moyens de production qui sont l'élément déterminant*)。马克思在这一点上从来都是明确的"③,他当然是错的。因为生产资料离开了人的劳动活动,就会直接返熵于自然。

我注意到,马克思上面这段表述,在《资本论》第一卷(德文第一版)中被重新改写和展开了。马克思说:

> 机器不在劳动过程中服务(dient)就没有用。不仅如此,它还会受到自然的物质变换(natürlichen Stoffwechsels)的破坏力的影响。铁会生锈,木会腐朽。纱不用来织或编,会成为废棉。活劳动(lebendige Arbeit)必须抓住这些物(Dinge),使它们由死复生(von den Todten erwecken),使它们从仅仅是可能的使用价值转化为现实的和起作用的使用价值。它们被劳动的火焰(Feuer der Arbeit)笼罩着,被劳动当做自己的躯体加以同化,被赋予活力以在劳动过程中执行与它们的概念和使命相适合的功能(Funktionen),它们虽然被消耗(verzehrt)掉,然而是有目的地、作为形成新使用价值的要素被消耗掉的。④

---

① 《马克思恩格斯全集》(第二版)第32卷,人民出版社1998年版,第68页。
② [德]施米特:《马克思的自然概念》,欧力同等译,商务印书馆1988年版,第72页。
③ [法]阿尔都塞:《论再生产》,吴子枫译,西北大学出版社2019年版,第84—85页。
④ 《马克思恩格斯全集》(第二版)第42卷,人民出版社2016年版,第174页。

这里新增添的理论构序点为,劳动工具如果不在劳动物相化过程的场境关系赋型中发挥自己的关系性功能,那么,它的使用价值就不能从可能性"转化为现实的和起作用的使用价值",这说明,工具的社会历史负熵质并非物理空间中对象的一种凝固的物质属性,而是一种一旦离开了劳动物相化的场境负熵之"火焰"就不复存在的社会空间中的关系场境存在,同样,劳动负熵之"火焰",也让处于物性实在状态中的原料和机器"由死复生",变成这种火焰的身体,它们在劳动"活力"的火焰中耗费和"转移",却是作为产品"新使用价值"的社会历史负熵要素被燃烧,并重新物相化于新的产品之中。马克思说:

> 纺纱工人只有通过纺纱,织布工人只有通过织布,铁匠只有通过打铁,才能加进劳动时间(Arbeitszeit)。而通过他们借以加进**一般劳动**,从而加进新价值的**有目的的形式**(*zweckbestimmte Form*),通过纺纱、织布、打铁,生产资料棉花和纱锭,棉纱和织机,铁和铁砧也就成了一种产品,**一种新的使用价值**的形成要素。生产资料的使用价值的旧形式(alte Form)**消失了**,但只是为了以新的使用价值形式**出现**。①

马克思特意标识出,劳动过程的真正主体是作为劳动者的"纺纱工人"、"织布工人"和"铁匠",他们在劳动过程中加入活的 Arbeitszeit(劳动时间),以"纺"、"织"和"煅造",将特殊的爱多斯之相赋型于社会空间中的对象,"劳动作为这种有目的的生产活动,纺纱、织布、打铁,只要同生产资料**接触**,就使它们复活,赋予它们活力,使它们成为劳动过程的因素,并且同它们结合为产品"②。由此,才使棉花、棉纱和铁料脱型于自己原有编码的"旧形式",通过 *zweckbestimmte Form*(**有目的的形式**)构序和塑形为面料、布匹和铁器等"新的使用价值形式"。这里的 zweckbestimmte Form,就是我反复强调的希腊哲学中所指认的爱多斯(eidos)之相。这说明,劳动原料在劳动过程中**不断失形-祛序和重新塑形-构序**,才获得了社会历史负熵中最后 for us 的使用价值。有如,棉花从田地里脱型和解构于自然关联,在劳动作用下成为棉纱,再在纺纱中同时失形和祛序于先前的使用价值,进而塑形和构

---

① 《马克思恩格斯全集》(第二版)第 42 卷,人民出版社 2016 年版,第 193 页。
② 《马克思恩格斯全集》(第二版)第 42 卷,人民出版社 2016 年版,第 193 页。

序为布匹,然后,在裁剪和缝纫的劳动物相化中,最终赋型和编码为"新的使用价值"——衣物。更进一步说,衣物本身并非仅仅是一种新的人造物性,它新获得的社会历史负熵质中的场境关系存在在于它**被穿着**。每一次衣物的"穿着"场境,在它被挂回橱柜的衣架时,都立即成为 verschwindend(消逝的东西)。这恰恰是传统认识论很难捕捉到的物性到场和不在场的辩证关系。

最后,在这里马克思还格外标识出这样一个重要事实,即劳动过程中作为对象性实在在场的劳动原料和劳动资料,也都是劳动者**过去活的劳动时间的对象化成果**。这意味着,在一般生产过程和劳动过程中出现的物性实在,本质上都是劳动物相化活动场境关系的赋型结果。在这个意义上,也都是黑格尔所指认的"正在消逝的东西(verschwindend darstellt)"。这是对历史唯物主义证伪一般物像(第一层级)批判性透视的最重要的深层支撑。马克思强调说,与在当下发生的活劳动不同,劳动材料和劳动资料都是一种劳动者过去活劳动**对象化**的物性结果,所以,劳动过程中出现的

> 物质(Stoff),**对象化劳动**(*vergegenständlichten Arbeit*),对于作为活动的劳动来说只有两种联系(2 Beziehungen):一种是作为**原料**,即脱型的物质(formlosen Stoffs),作为劳动的赋型(Formsetzende)的、有目的的活动的单纯材料;另一种是作为**劳动工具**,即主体活动用来把某个对象作为自己的传导体置于自己和对象之间的那种对象手段(gegenständlichen Mittels)。①

这里出现的 Stoff(物质),当然不是指作为劳动过程最终结果的产品,而是指与活的劳动时间相对应的"脱型"的劳动原料(指从原先自然构序关联中脱型)和劳动工具,它们都不是与劳动无关的物理空间中的物质,而是社会空间关系性场境存在中的 vergegenständlichten Arbeit(对象化劳动)。这里的 formlosen(脱型)和 Formsetzende(赋型)是重要的,应该是马克思从"工艺学笔记"中得到的重要理念,这也是我的社会场境存在论中**脱型**(*Deformation*)与

---

① 《马克思恩格斯全集》(第二版)第 30 卷,人民出版社 1995 年版,第 256 页。中译文有改动。Marx-Engels-Gesamtausgabe(MEGA²),Ⅱ/1,Text,Berlin:Dietz Verlag,2006,S.219.

赋型(*Formation*)的相近术语。当然,这两种对象化劳动是不同的:原料中脱型的对象化劳动是它被失形与祛序于自然关系场境的过程,而工具中赋型的对象化劳动,则是将过去定向劳动中的技艺编码现实抽象后反向对象化为外部物性持存中的生产模板,以在生产过程中激活和重构惯性劳动实践。由此,劳动过程中出现的所谓三个"要素"都是劳动或者由劳动创造的结果。这样,马克思就将表现为物质生产和再生产的客观过程的本质,再一次变成了劳动者创造的主体活动及其结果的纯粹劳动过程。由此,**生产辩证法进一步深化为劳动辩证法**。这一新的理论认识应该是有重大战略意义的,因为由此,马克思就可以在流通领域遭遇货币与资本、在生产领域遭遇生产条件时,毫不犹豫地将它们指认为这里由具体劳动塑形和构序的使用价值对象化劳动Ⅰ,在商品交换中现实抽象为价值(社会必要劳动时间)的对象化劳动Ⅱ的遮蔽和异化了。这一复杂的问题,我们将在下面的分析中展开讨论。

马克思说,劳动原料和工具作为一种"**在空间上存在的劳动**(*räumlich vorhandne Arbeit*),也可以作为**过去的劳动**而同**在时间上存在的劳动**(*Arbeit der zeitlich vorhandnen*)相对立"①。这是前面我们看到过的马克思的重要观点,这里的 räumlich vorhandne Arbeit(在空间上存在的劳动),也就是对象化劳动时间,它与 *zeitlich vorhandnen*(**在时间上存在**)的活劳动相对立。这也就是说,在劳动过程中以社会空间中物性实在到场的劳动原料以及工具和其他劳动条件,其实都是一种被一般物像遮蔽起来的曾经以当下时间在场过的"过去劳动"的关系性场境存在,即"正在消逝的东西(*verschwindend darstellt*)",因为它们都是活劳动的物相化结果。马克思在《1861—1863年经济学手稿》中指出,这里发生的一般物像迷雾在于,进入到劳动过程中的物性劳动材料和劳动资料,正是过去曾经发生的活劳动物相化塑形和构序的产品。只是现在,

> 在劳动过程中,具有意义的只是以前劳动的产品对这个过程来说所具有的属性,不是它们作为过去劳动的物性定在(*Dasein als Materiatur*

①《马克思恩格斯全集》(第二版)第30卷,人民出版社1995年版,第230页。Marx-Engels-Gesamtausgabe(MEGA²), Ⅱ/1, Text, Berlin: Dietz Verlag, 2006, S.196.

vergangner Arbeit)。任何一种自然物质通过以前的劳动而获得的属性,现在是它本身的物的属性(dinglichen Eigenschaften),它就是通过这种属性而起作用或提供服务的。这些属性以过去劳动为中介,这种中介作用本身,在产品中被扬弃了、擦去了(aufgehoben, ausgelöscht)。①

在一般物像图景中,这里发生了一个不知不觉的变化:人们在劳动过程中遭遇到的到场劳动原料和工具上,已经没有了劳动者过去活劳动时间对象化的特殊痕迹,因为作为过去劳动对象化结果的用在性定在的属性,现在似乎成了劳动原料和工具自身在空间中的"自然"物质属性,它们作为劳动对象化结果的"中介作用"本身,"被扬弃了、擦去了"。这是那个在经验感知中的熟知对象中"正在消逝的东西(verschwindend darstellt)"的真正所指,也是海德格尔所说的存在赠予存在者解蔽和澄明之后的"抽身而去"。这一擦除的本质是,"过去表现为特殊方式(besondre Weise)、驾控目的(treibender Zweck)、劳动活动的东西,现在在它自己的结果中,在通过劳动而在产品上实现的对象变化(Veränderung des Gegenstands)中,表现为具有新的一定属性的对象,这些属性是该对象为了供使用以满足某种需要所具有的"②。我以为,这是马克思在经济学研究中对劳动**物相化**(materialisiren)概念最重要的表述之一,因为劳动活动中的 treibender Zweck(驾控目的),恰是那个作为"何所向"的生产创制(poiesis)前提的 telos(目的),而此处出现的赋型于对象的 besondre Weise(特殊方式),则是爱多斯(eidos)之相,这是劳动物相化具体塑形和构序的根本。这个有着自身明确驾控目的、赋型于对象特殊存在方式的劳动物相化,是比抽象的生产概念更加深入和精准的本质描述,因为它突显了劳动物相化活动的主体性编码本质。比如,在已经成型为社会历史负熵质的木料和钢锯中,我们已经看不见伐木工人、打铁和制造钢锯的劳动者的劳动意图、特殊的"怎样劳动"的负熵增殖方式,以及辛劳的汗水,这一切都结晶为眼前现成的到场物性对象。我们会以为,木料和钢锯的属性就是常识中熟

---

① 《马克思恩格斯全集》(第二版)第 32 卷,人民出版社 1998 年版,第 67 页。中译文有改动。Marx-Engels-Gesamtausgabe(MEGA²), Ⅱ/3 - 1, Text, Berlin: Dietz Verlag, 1976, S. 54.

② 《马克思恩格斯全集》(第二版)第 32 卷,人民出版社 1998 年版,第 67 页。中译文有改动。

知的它们自身的物质属性，这就是物像迷雾升起的地方。而当它们出现在市场中，成为明码标价的商品时，则会成为经济拜物教的对象。这正是后面我们将遭遇到的，马克思所指认的商品、货币与资本的社会属性，被误认成"自然属性"的**物化**（*Verdinglichung*）现象之前提。

我们也可以感觉得到，这种复杂的认知机制，已经开始慢慢地溢出历史认识论的视域，这也正是马克思之后将在历史现象学中揭露的资产阶级经济关系**第二层级物相化**的客观基础。

5. 从劳动的简单协作到分工中的结合：一个历史性的描述

到此为止，我们已经在马克思的经济学语境中透视了作为人的直接生活资料的物质生产与再生产过程的本质，由劳动者主体利用工具改变劳动对象的劳动过程整体，历史唯物主义客体向度中的"怎样生产"的宏观生产话语，得以进一步深化为**怎样劳动的微观构式——劳动话语，生产辩证法深化为劳动辩证法**。可是，为了理论塑形逻辑的需要，我们只是讨论了劳动过程中人对自然的能动关系，用马克思在《资本论》第一卷（德文第一版）中的说法，在这种抽象理论构境中，"**劳动过程**最初是抽象地，撇开它的各种历史形式，作为人和自然之间的过程来考察的"①，而悬置了实际上同时发生于这一劳动过程中的必不可少的**人与人的相互关系**。这也表示，**主体际关系**是非直观的劳动辩证法构序运动不可缺少的系统质。不难看到，在马克思分析劳动过程的具体思想构境中，他同时也科学地透视了劳动者在劳动过程中相互之间协作和合作关系赋型的"共同活动"的历史进程。这种劳动物相化过程中的主体际编码关系，将是人们更广泛的社会物相化关系场境存在的基石，也是人的历史在场性的重要表现之一。这当然也是马克思在经济学语境中对历史唯物主义进一步深化的重要内容。而且我们会看到，马克思在经济学中看到的人与人之间的共同劳作关系，往往都是具体的历史性的主体际关系。并且，马克思这里的讨论逐步开始转入**狭义历史唯物主义的客体向度**，即在一定历

①《马克思恩格斯全集》（第二版）第42卷，人民出版社2016年版，第521页。

史条件下出现的特定社会关系场境,比如工业生产中的简单协作、分工协作、机器生产和科技物相化。这些内容,也是我过去思考狭义历史唯物主义理论时没有充分注意到的方面。

首先,**早期自然经济中农耕劳动的共同活动方式**。马克思说,在早先的农耕劳动中,人的劳动能力是低下的,他的劳动并非直接改变自然对象存在方式的物相化活动。这亦表明,无论是畜牧业的放养动物还是种植业中的粮食生产,生产过程的本质不会是人将自己的目的通过具体的爱多斯之相,给予动植物新的生存方式,此时的劳动活动主要表现为在自然物生命负熵进程中所起的**辅助作用**,比如将自然界中植物的自然生长条件改变为人的劳动提供的特殊选择性条件(充足的水分、光照、肥料和驱虫等),让放养的动物更便利地获得食物和保护条件。马克思在《1861—1863 年经济学手稿》中提及,"在农业中,这种情况表现为由人引导的自然过程,虽然人也'稍微'制造这一过程"①。这是说,早先的农业生产的种植业和畜牧业中的劳动,并非劳动者通过劳动制造自己的产品,那些对"粮食"自然生长的耕地、播种、灌溉和收割的劳作,以及对牛羊猪等"家畜"自然生长的养殖,只是"引导"植物和动物自然生命负熵生长的优化进程中的"'稍微'制造",但并不根本改变"自然辩证法"中生命负熵的构序和编码方式。也就是说,这些植物和动物可能被有限度地隔断原先它们与自然界的关联(环境关系"脱型",有如粮食种植过程中的除草、牧羊中的驱狼),但它们的自然生命负熵形式并没有彻底失形和解码,人的劳作还不是典型的物相化塑形之火,只是使这些植物和动物在自然原型中 for us 的现成"使用价值"更多地生产出来。对此,马克思有过一个生动的说明,比如农民种下的种子与他后来收获的粮食的"倍增"关系,每一年的春天,农民都会

> 从收成中只需要拿一部分作为种子重新直接播入土地;然后种子又通过自然界存在的产物,如空气、水、土壤、阳光这些要素,以及作为肥料等等加进来的各种物质,以倍增的数量把这部分作为谷物等等生产出

---

① 《马克思恩格斯全集》(第二版)第 34 卷,人民出版社 2008 年版,第 64 页。

来。一句话，人类劳动只要用在化学的物质变换上（在农业中），并且部分地还用机械手段来促进这种变换，或者用在生命本身的再生产上（畜牧业），就能获得剩余产品，也就是说，就能把同一自然实体（Natursubstanzen）从不适用的形式变为适用的形式（werthlosen Form in eine werthvolle zu verwandeln）。①

这里的 werthlos 在德语中也是没有价值的意思，而 werthvoll 则是有价值的意思。我觉得，这是马克思对早先人类劳动在种植业和畜牧业中作用的历史定性，这里所说的"自然实体"从"不适用的形式变为适用的形式"，其中的"适用"不是指自然植物和动物自身本有生存中的适用，而是特指它们的生存对人的生活需要中突现的社会历史负熵质的 for us 的"适用"。有如马克思所说，"羊未必想得到，它的'有用'性之一，是可作人的食物"②。此时，人类劳动的作用不是根本改变自然实体的生命负熵存在方式，或者说，让自然物直接失形和祛序于它们在"自然辩证法"进程中的自然原型和生命负熵质，而是在引导自然生命负熵进程向人的社会历史负熵定在的一定程度上的形式改变。

在马克思看来，即便是处于辅助地位的农耕时代的种植业和畜牧业劳动，也不可能完全是由一个劳动者个体完成的，所有社会生产意义上的劳动，都必然是在劳动者相互之间的协作之下进行的。从早期游牧生活中的狩猎到定居土地后的种植业和畜牧业生产，人们之间的集体协作和团结都会是实现劳作活动的前提。还原到历史唯物主义的理论构境层中来，这也意味着，

> 在一定的**生产方式**本身中具有其活生生的现实性（lebendige Wirklichkeit）；这种生产方式既表现为个人之间的相互关系，又表现为他们对无机自然的一定的能动的关系（bestimmtes thätiges Verhalten），表现为一定的劳动方式（Arbeitsweise）（这种劳动方式总是表现为家庭劳动，常常是表现为公社劳动）。作为第一个伟大的生产力（grosse Productivkraft）出现的是共同体（Gemeinwesen）本身；特殊的生产条件（例如畜牧业、农业）发

---

① 《马克思恩格斯全集》（第二版）第 30 卷，人民出版社 1995 年版，第 290 页。
② 《马克思恩格斯全集》第 19 卷，人民出版社 1963 年版，第 406 页。

展起特殊的生产方式和特殊的生产力,既包括表现为个人特性的主体的(subjektive)生产力,也包括客观的(objektive)生产力。①

这是一种逻辑构式上从生产到劳动的打通。我们不难看到,马克思在经济学语境中的表述,相比之《德意志意识形态》和《马克思致安年柯夫》中对历史唯物主义基本原理的阐释,显然要更加深入社会现实中发生的生产-劳动过程之中,"怎样生产"和"怎样劳作"的生产方式和劳动方式的讨论,会具体结合社会历史进程的不同特质和条件发生改变。这本身就是历史辩证法的要求。在马克思看来,一定时代中建构起来的现实的生产方式背后,总是以我们上面详细讨论的人对"无机自然"的能动劳作关系为前提,可是,这种有目的的劳动活动的现实发生离不开"个人之间的相互关系";劳动辩证法构序运动当然不会是单个劳动者使用工具改变对象的过程,只有在这种个人之间相互合作和共同努力的场境活动中,才会筑模起现实的共同在场的主体际Arbeitsweise(劳动方式)。这说明,在生产方式背后的"怎样劳动"的劳动方式,并非单纯地指劳动者个人目的和爱多斯实现的物相化劳作技巧,而是指一个时代的社会定在之上,人们在**共同活动的场境关系赋型**中普遍接受的"怎样劳动"的**共在**方式筑模。这种关系性的共同活动本身就是社会历史负熵质的重要构成因素。在马克思看来,一定的"怎样劳动"的劳动方式总会是以一种**社会共在**的方式在场,比如农耕劳作时的"家庭劳动"和"公社劳动",这也意指着,现实的劳动过程自始就是在劳动者之间的协作关系之上发生的。马克思特别指认说,在劳动过程中既包含前述劳动者个人有特性的"主体的生产力",也嵌套着一种来自劳动者之间"共同活动"的"客观的生产力"。这是《德意志意识形态》中业已指认的方面,社会生产力就是人们共同活动生成的客观力量。在马克思看来,相对于早期的农耕劳作,这种共同活动的客观生产力中"第一个伟大的生产力"就是作为先验构式的社会共同体,这甚至就是人类社会历史负熵有机体的一种场境存在方式。当然,这里所说的共同体首先是"劳动主体所组成的共同体,以及以此共同体为基础的所有制,归根

---

① 《马克思恩格斯全集》(第二版)第30卷,人民出版社1995年版,第488页。

到底归结为劳动主体的生产力发展的一定阶段,而和该阶段相适应的是劳动主体相互间的一定关系(arbeitenden Subjecte, der bestimmte Verhältnisse derselben zu einander)和他们对自然的一定关系"①。显然,马克思这里想要强调的劳动辩证法构成中的重要方面是"劳动主体相互间的一定关系",因为没有这种主体际的共同活动的场境关系赋型,人"对自然的一定关系"的劳动过程也是不可能发生的。并且我们可以发现,不像前面可以抽象地讨论劳动过程的不同要素,凡是涉及人与人的社会场境关系,马克思必然是具体地、历史地和现实地加以分析。马克思甚至说,在早先的农业种植生产和畜牧业劳作中,自然经济主要还是依托自然物理空间中的个体劳动,但"生产越是依然以单纯的体力劳动,以使用肌肉力等等为基础,简言之,越是以单个人的肉体紧张和体力劳动为基础,**生产力**的提高就越是依赖于单个人的**大规模的**共同劳动(Zusammenarbeiten)"②。这是说,劳动生产力越是低下,劳动活动越是基于劳动者的体力支出,Zusammenarbeiten(共同劳动)的场境合力就越是成为必然。并且,在奴隶制和封建制社会关系之中,这种共同劳动的合力会是劳动物相化的重要方面。有如中国的万里长城筑建和埃及的金字塔修建中的共同劳动。在直接劳动生产活动之外的社会物相化关系构序活动也是如此,只不过,人与人之间的社会场境关系赋型更多地依存于血亲关系共同体。

其次,**工场手工业时期的劳动协作**。实际上,如果说人们在劳作中的简单合作关系,会是一般社会历史发展的共有现象,那么,从工场手工业生产中出现的劳动协作开始,以及下面涉及的劳动分工中的结合、机器生产和科学技术力量等问题的讨论,就已经进入到一种对作为**特定历史发展结果的历史现象**的思考,这在历史唯物主义构境中会是无法逆转的逻辑构序。所以,马克思在第三次经济学研究中关于劳动过程不同历史形式的思考,绝大部分内容都已经属于**狭义历史唯物主义**的客体向度领域,因为它们并非广义历史唯物主义构境中社会历史发展的一般规律。这是我们要格外注意的逻辑边界。到了工业生产发展起来之后,那种以家庭和共同体为基础的共同劳动,就逐

①《马克思恩格斯全集》(第二版)第30卷,人民出版社1995年版,第488页。
②《马克思恩格斯全集》(第二版)第30卷,人民出版社1995年版,第526页。

渐被工场手工业生产中的**简单劳动协作**所代替。在马克思看来，"协作首先是许多工人为生产同一个成果、同一个产品、同一个使用价值（或同一个效用）而实行的直接的——不以交换为中介的——**协同行动**"①。能够观察到，上述抽象的劳动过程在这里只能是以不同质性的**历史性关系场境呈现**了，劳动辩证法必须以历史辩证法的方式实现出来，并且，主体际关联实质性地构成着劳动辩证法运动系统的关键因素。一是不同于非物相化农耕与畜牧生产劳作，工业生产中的劳动过程业已彻底打破了自然物质的原有关联和生命负熵进程，通过人有目的地将爱多斯之相塑形和构序于对象的物相化创制过程，使活的劳动时间成为自然物质的全新存在方式和社会历史负熵的编码本质；二是工场手工业生产中发生的共同劳动，已经不再是劳动者之间简单的合力，而是工人之间工艺技巧的协作结果。这是生产赋型新的层面。在一定的意义上，没有这种工人之间的协作关系，就不可能实现工业生产中劳动者通过劳动资料作用于劳动对象的劳动物相化过程。比如，在工场手工业作坊中，集中在同一个社会物相化空间——厂房——中的工人们糊制同一种纸盒，或者，原来在家庭里个人操作的纺织机现在被集中到同一个场所，工人们在一起纺纱等，这种劳动者共同劳动的关系性场境，共享了资源条件、劳作经验和技能，大大提高了劳动生产率，虽然这种"共在"并不直接介入具体的劳动物相化过程，但本身却是社会历史负熵进程的重要构成要素，它也赋型了劳动过程从手工业向工场手工业的过渡。马克思后来在《资本论》第一卷（德文第一版）中概括说，工场手工业厂房中**"许多人在同一生产过程**中，或在不同的但**互相联系**（*zusammenhängenden*）的生产过程中，有计划地一起协同劳动，这种**劳动形式**叫做**协作**（*Cooperation*）"②。与进行农耕劳动的农民和从事单纯的手艺劳动的工匠不同，现在是工人们"有计划地一起协同劳动"，无论是劳动技能还是劳动对象和工具的使

---

① 《马克思恩格斯全集》（第二版）第 32 卷，人民出版社 1998 年版，第 289 页。中译文有改动。Marx-Engels-Gesamtausgabe（MEGA²），Ⅱ/3－1，Text，Berlin：Dietz Verlag，1976，S. 230.

② 《马克思恩格斯全集》（第二版）第 42 卷，人民出版社 2016 年版，第 331 页。马克思在这里给出的一个注释中，标明了"Concours de forces"["协力"]。参见［法］德斯杜特·德·特拉西《意识形态的要素》（*Éléments d'idéologie*），1826 年巴黎版，第 78 页。

用,劳动者之间发生着不可分割的相互关联场境赋型。

第一,简单协作劳动以**同一个社会物相化空间**为前提。马克思说,工场手工业生产中的简单协作就是"**许多工人的协同行动**(*Zusammenwirken*)。因此,许多同时劳动的**工人在同一个空间**(在一个地方)的**密集的**定在(*Dasein der Agglomeration*),这是协作的第一个前提,——或者说,它本身已是协作的物质定在(*materielle Dasein*)。这个前提是它的一切更发展的形式的基础"①。这是说,工场手工业劳动中工人与工人之间的协作,必须以一个作为社会物相化结果的"物质定在"为前提,这就是"同一个空间"编码中的密集劳动,这也是最早的工业生产**社会物相化空间**中工厂厂房的出现,它的长处在于对原料和工具使用的共享,以及劳动者之间相互的技能交流、学习和促进。这里工业生产中出现的社会物相化空间,是异质于农耕文明中基于大地的自然物理空间的,因为厂房已经是劳动物相化的结果,并且,与家禽的豢养场所不同,厂房的社会空间是由人的活动"句法"来建构的。

第二,简单协作劳动的本质是劳动者之间的**社会场境合力**。对此,马克思说,"在简单协作中起作用的只是人力的总合(Masse der Menschenkraft)。具有许多眼睛、许多手臂等等的巨大的怪人代替了只具有一双眼睛等等的个人"②。这个协作中的工人们的合力,当然已经异质于农耕时期劳作中的简单合力,这是一种能够发挥出劳动者个人能力的有所不同的场境关系赋型力量,这当然也是**生成性劳动时间**质性的重要方面。由此,劳动辩证法构序运动的主体,生成为许多眼睛、许多手脚和许多头脑融合起来的复合主体,劳动创制的物相化活动本身也开始发生一种整合性的系统改变。或者说,劳动辩证法获得了自身的社会性关系场境本质。马克思认为,这里工人们在一起劳动中发生的协作创造了一种新的社会生产力,"这种生产力本身是**集体力**(*Massenkraft*)"③。这是工场手工业劳动过程中生成的最早的协作性关系赋型中所生成的集体社会力量,也因为这种由工人们共同活动所产生的社会力

---

①《马克思恩格斯全集》(第二版)第 32 卷,人民出版社 1998 年版,第 289 页。中译文有改动。Marx-Engels-Gesamtausgabe(MEGA²),Ⅱ/3-1,Text,Berlin:Dietz Verlag,1976,S.230.

②《马克思恩格斯全集》(第二版)第 32 卷,人民出版社 1998 年版,第 293 页。

③《马克思恩格斯全集》(第二版)第 42 卷,人民出版社 2016 年版,第 332 页。

量不属于工人个人的劳动能力,它仿佛是工人个体劳动之外出现的"自然力量",所以马克思说,"我们把**社会力量**(*gesellschaftliche Kraft*)叫作**自然力**。**所有社会劳动的自然力**(*Naturkräfte der gesellschaftlichen Arbeit*),本身都是历史的产物"①。在历史认识论的视角中,这种根本不属于劳动者个人,也只能在劳动协作的共同活动中才会突现在场的社会力量是无法直观的,所以,它格外容易掉入认知逻辑盲区。因为,不同于个人劳动活动具体作用于对象,这种共同活动的社会历史负熵构序力量并不直接对象化为产品的使用价值,却极大地提高劳动生产率,在一般物像图景中这种劳动过程中突现的社会力量自然会更加无影无踪。这当然是隐性在场的劳动辩证法在历史认识论中的新的难题。马克思说,在进入资本主义工业生产的历史过程中时,提高生产力的"主要形式是:**协作**(*Cooperation*)、**分工**和**机器**或科学的力量的应用等等"②。这里,除去机器的客观工序,协作、分工和科学的力量都是非直观的。在广义历史唯物主义和历史认识论的视域中,透视进入劳动辩证法构序运动中的这些复杂现象的难度也会越来越高。并且,在之后马克思的经济学研究中,他会发现这些不属于工人个体劳动的社会生产力是不费资本家一分钱的剩余价值的来源。

最后,**劳动分工条件下工人劳动的结合力**。不同于社会层面上农业、工业和商业方面的**社会分工**,也不同于农业中的水产业或林业、工业劳动中的机械制造业或运输业的**产业分工**,这里马克思特指在工场手工业中出现的**劳动分工**,这当然也是工业生产中工人之间的一种新的劳动协作方式。在《资本论》第一卷(德文第一版)中马克思分析说,这种"以分工(Theilung der Arbeit)为基础的协作,在**工场手工业**(*Manufaktur*)上取得了自己的典型形态"③。马克思之所以将工场手工业指认为劳动分工的典型形态,是因为,不同于简单协作中的劳动,工人们不再是简单地集中在厂房里一起劳动,原来在简单协作中面对同一个劳动对象的劳动构序和编码活动本身被分割成不

---

① 《马克思恩格斯全集》(第二版)第 30 卷,人民出版社 1995 年版,第 378 页。
② 《马克思恩格斯全集》(第二版)第 32 卷,人民出版社 1998 年版,第 288—289 页。
③ 《马克思恩格斯全集》(第二版)第 42 卷,人民出版社 2016 年版,第 343 页。

同的劳动动作，分别由不同的工人接续完成。在这里，劳动构序和编码的"各种操作（verschiedenen Operationen）不再由同一个手工业者按照时间的先后顺序（Reihenfolge）完成，而是分离开来，孤立起来，在空间上并列在一起，每一种操作分配给一个手工业者，全部操作由协作者（Cooperirenden）同时进行"①。原先在劳动者手艺那里表现为线性技能先后构序的时间逻辑，被分离为空间中分立的没有完整构序技能的碎片，手工业劳作中总体性劳动的历时性，直接裂变为非总体性劳动动作的共时性。如果说在手工艺匠人和简单协作的工人那里，劳动的对象化过程是一个劳动者自己按照塑形与构序技能的先后顺序依次完成的完整劳动编码活动，比如糊一个纸盒，必须先切割纸张，再将其按照特定的尺寸粘贴起来，那么，现在一个工人手中只有原先劳动**塑形和构序的社会历史负熵质总体的一个编码片段**，在劳动分工之下工人糊纸盒时，一个工人只是切割纸张，另一个工人只是涂抹胶水，最后才是粘贴，只有参与劳动分工的工人们手中的劳动片段在整个劳动过程中重新结合起来时，劳动产品才作为一种分工中的劳动**结合关系场境**的非个人主体塑形和构序成果得以完成。于是，马克思前面所描述的那个工艺总体性上作为劳动者个人塑形和构序对象的 lebendige, gestaltende Feuer（活的、生成场境的火）和 lebendige Zeit（活的时间）本身被碎片化了，它表征了主体性的劳动辩证法构序运动内部的某种根本性的改变，因为劳动目的和爱多斯之相本身被肢解了，劳动的构序和编码活动不再是劳动者个人的主体活动，而转换为一种**外部物性编码**，这是社会历史负熵源的一个极其重要的改变。当然，这里还没有涉及资产阶级经济物相化进程中，资本家的逐利目的对生产劳动物相化（爱多斯）的规制作用。这样，劳动分工条件下所生产的劳动产品与传统手工业劳动的产品是完全不同的，因为它本身已经是一个非个人主体的**结合性**劳作赋型和构序的产物，碎片化的塑形-构序之火和活劳动时间在一个劳动者手中是非总体性的，实现社会历史负熵质的劳动对象化只能分别通过**点状实施和客观总体结合**来完成。我以为，劳动分工本身就是社会历史负熵进程中新的构序因素。

---

① 《马克思恩格斯全集》（第二版）第 42 卷，人民出版社 2016 年版，第 345 页。

在《1861—1863 年经济学手稿》中,马克思让我们注意劳动分工中出现的工人之间在共同活动中生成的特定总体**结合**(*Combination*)。这应该是非直观的劳动辩证法运动中新的构序因素。马克思认为,这种分工之中的结合,"也就是这样一种意义上的协作,这种协作在分工中已不再是同一些功能(Functionen)并列(Nebeneinander)进行,或同一些功能的暂时划分,而是把总体性(Totalität)功能划分为各个组成部分并把这些不同的组成部分结合在一起"①。这里的 *Totalität*(**总体性**),是原来手工业工匠完成一个产品的全部劳动创制之火,或者说,是一个劳动者完整塑形和构序劳动对象的技艺活动。可在劳动分工中,这个劳动塑形和构序的总体编码功能被划分为不同的部分,分工之下新的劳动总体性是工人们手中碎片化劳动动作的重新**结合关系**。这种新的 Combination(结合)所赋型的总体性编码力量,同样不是个体劳动目的和爱多斯实现出来的直接技艺和能力,而是一种提高劳动生产率的社会历史负熵力量,也就是劳动辩证法构序运动突现出来的新的隐性**社会生产力**。这种看起来与劳动者个体并无直接关联的新的社会生产力,会使本来就隐性在场的劳动辩证法变得更加难以辨识。我们可以清楚地感觉到,与马克思恩格斯在《德意志意识形态》中将分工作为劳动异化的替代,直接视作资产阶级社会苦难的缘起("消灭分工")不同,马克思在此看到了劳动分工本身的历史进步意义。在《资本论》第一卷(德文第一版)中,马克思提及斯密在《国富论》中那个生产别针的著名例子,他说,在那里的劳动分工条件下生产别针过程中的劳动主体,成了看不见的

> 由局部工人(Detailarbeitern)组成的总体工人(Gesammtarbeiter),用他的许多握有工具的手的一部分拉针条,同时用另一些手和工具把针条拉直、切断、磨尖等等。不同的阶段过程由时间上的顺序(zeitlichen Nacheinander)进行转化为空间上的并存(räumliches Nebeneinander)。因此在同一时间内可以提供更多的**成品**。②

这是从劳动主体的视角重塑上述的观点。因为这个**总体工人**不是分工

---

①《马克思恩格斯全集》(第二版)第 32 卷,人民出版社 1998 年版,第 317 页。中译文有改动。
②《马克思恩格斯全集》(第二版)第 42 卷,人民出版社 2016 年版,第 353 页。

条件下的劳动者个人,而是一种工人们在劳动分工之下"拉针条"的"局部工人"、"切断"的"局部工人"和"磨尖"的"局部工人"的**结合关系场境**本身,Gesammtarbeiter(总体工人)并不是到场的物性实在,而是一种劳动**结合关系场境突现**。这恰是上述那个共同在场的劳动辩证法总体性结合力量的人格化表现。更重要的方面是,原先在手工艺工匠那里依 zeitlichen Nacheinander(时间上的编码顺序)完成的有目的的物相化,现在变成了分工状态下的不同工人碎片式劳动爱多斯在 räumliches Nebeneinander(空间上的并存),作为活的劳动塑形和构序之火本身被非总体化了,活的劳动时间在个体劳动时间之上同时**叠加了一种总体性的劳动时间**,劳动分工之下的劳动成了真正意义上的场境整合(integration)。这无疑使马克思意识到,劳动价值论的基础变得愈益复杂起来。在历史唯物主义和历史认识论的视角中,马克思的这一观点无疑从劳动过程这一层面,更深地强化了以劳动辩证法构序运动历史异质性为基础的社会场境关系存在论,也拓展了我们对实践综合因素和复杂认知对象的多维视域。可是,在机器化大生产的时代到来之后,这一切又都发生了根本的改变。

6. 从劳动对象化过程到机器生产过程的历史性转变

在马克思看来,机器化大生产的出现,是工场手工业进一步发展的历史结果。这当然也是狭义历史唯物主义客体向度中的研究对象。他告诉我们,"在以分工为基础的工场手工业中,由这种分工所引起的劳动工具的分化、专门化和简化——它们只适合非常简单的操作——是机器发展的工艺的、物质的前提之一,而机器的发展则是使生产方式和生产关系革命化的因素之一"①。相对于手工业工场的生产劳动过程中劳动主体之间的简单协作、劳动分工条件下的碎片化劳动技能之间的主体性结合,机器化生产的出现呈现了一种从**主体劳动过程向客观物质生产过程的决定性转换**。在一定的意义上,这正是马克思突显的主体性劳动辩证法(劳动价值论)被彻底遮蔽起来的重

①《马克思恩格斯全集》(第二版)第 37 卷,人民出版社 2019 年版,第 33 页。

要历史时刻。如果说,在整个手工业生产和劳动分工条件下的生产过程中,生产的主要过程就是劳动者利用工具塑形和构序对象的劳动物相化过程,从经济学语境来看,这正是斯密劳动价值论的现实基础。那么,在机器化大生产中,生产过程与劳动过程之间则出现了不对等的消长。相对于前述物质生产过程背后的劳动过程呈现,这里发生的是一种历史性的转变:机器化大生产将主体性的劳动过程直接转换为客观的物质生产过程。这是一个十分复杂的辩证法运动中的**否定之否定**。其实,这恰恰是马克思遭遇"李嘉图难题"Ⅰ的历史突变处。马克思已经从物质生产过程内在地转换到以工人主体性劳动为视位的劳动过程,因为这是剩余价值理论的基本逻辑入口,但是机器化大生产中的劳动过程却发生了根本性的质变。这仿佛出现了一种**生产—劳动—生产的逆转的否定之否定**,这当然是马克思必须在历史唯物主义构境和经济学语境中同时面对的深层问题。

在这里,马克思将机器的发展视作"生产方式和生产关系革命化"的因素,这意味着,他首先是从正面肯定机器化大生产会使人类社会定在和现实生活获得进一步解放的客观可能性。马克思具体分析说:

> 机器生产的原则是把生产过程分解为各个组成阶段,并且应用力学、化学等等,总之应用自然科学(Naturwissenschaften)来解决由此产生的问题。这个原则到处都起着决定性的作用。因此,机器时而挤进**工场手工业**的这个局部过程,时而又挤进那个局部过程。这样一来,从旧的分工(alten Theilungder Arbeit)中产生的工场手工业组织的坚固结晶(Krystallisation)就发生溶解,并给不断变化腾出位置。此外,整体工人的关联体(Gesammtarbeiters)即结合工人个人(kombinirten Arbeitspersonals)的构成(Zusammensetzung)也发生了根本的变革。①

这是一个历史性的革命过程。马克思认为,"机器对以工场手工业**分工**为基础的生产方式,以及对在这种分工基础上**产生的劳动能力的各种专业化**

---

① 《马克思恩格斯全集》(第二版)第42卷,人民出版社2016年版,第476页。中译文有改动。Marx-Engels-Gesamtausgabe(MEGA²),Ⅱ/5,Text,Berlin:Dietz Verlag,1983,S.377.

来说,是作为**否定**的东西出现的"①。为什么? 依我的推断,这里的否定性主要是指,劳动者利用工具通过有目的的劳动物相化活动直接改变对象的主体性劳动过程,这种直接塑形和构序对象的活的劳动时间之火,逐渐开始转化为**非及物的科学技术信息编码**(*information coding*)**的塑形与构序之火**,及其**客观对象化的机器工序生产进程**。机器本身就是一种科学技术对象化的**技术客体**。在马克思这里,机器**生产**,但**不劳动**。这是主体性劳动辩证法本身的一种畸变。其实,这里被否定掉的东西,就是机器生产过程中**体力劳动的主体在场性**。这种否定的发生,本质上是**主体掌控**的工具演进到**客观自为**的机器系统的根本性断裂。如前所述,工具的功用本质是有目的的劳动物相化的手艺、技艺编码现实抽象后反向对象化为物性持存中的生产模板,在每一次劳动生产中,由劳动者主体掌控工具并激活编码和重构惯性劳作,工具在生产过程中的作用是物性持存中主体性爱多斯劳作构式的复活与重新在场;而作为技术客体的机器的用在性本质业已发生了彻底的改变,同一个生产技艺通过科学技术信息编码的现实抽象,在一个完全脱离物性劳作的状态下,发生非及物的纯粹科技物相化且反向对象化生产为机器时,它的目的不再是简单激活和重构劳动者的惯性劳作活动,而是重复发生在机器内部自身的直接对象化**科技爱多斯**的物相化塑形和构序对象的客观编码工序。这也表示,原先在手工业生产中劳动者有目的的爱多斯实现出来的劳动物相化过程,在机器化生产中被彻底否定和分裂了:一是生产目的和爱多斯之相现在不再是工人的主体潜能,而是远离工人的技术实验和科学研究的非及物信息编码操作结果;二是机器不像工具是劳动者上手性工艺技能的反向对象化,而是科技塑形和构序的对象化。这使得机器生产与再生产过程可以呈现为独立于工人主体的客观生产过程。这就根本否定了原先以工具为中介的主体性劳动过程,而在转换为**科技物相化**之后客观的机器物质生产过程中,体力劳动者的劳动在场性直接消逝,开始转换为整个机器化生产过程的操作者、看管者和监督者。在手工业生产中工人有目的的爱多斯实现出来的活劳动之火,现在被分裂成科技劳动者的脑力劳动,科技物相化过程中制造机器的劳动塑

---

① 《马克思恩格斯全集》(第二版)第 37 卷,人民出版社 2019 年版,第 147 页。

形和构序,机器生产中对象化劳动的转移,以及机器化生产过程中工人劳作目的和爱多斯弱化的非主体性的操作、看管和监督,等等。这里存在的复杂问题在于:一是斯密基于工场手工业的劳动价值论,会迷失于机器生产的复杂转换机制中,这正是"李嘉图难题"Ⅰ的实质;二是一种新的劳动主体性被遮蔽于机器生产的背后,即新型的科学技术劳作的主体性塑形和构序,因为这种全新的**非及物创造性构序和编码活动**是远离物质生产过程和传统劳动过程的。主体性劳动辩证法本身被炸裂了。这也意味着,表面上的生产—劳动—生产的否定之否定背后,仍然存在着一种新的科技劳动过程和科技劳动辩证法形态,这是21世纪的我们需要深思的。

马克思认为,当机器"挤进"工场手工业生产过程时,一是它的重要作用就是取代工人利用工具所从事的主体性在场的劳作,机器开始成为生产的主体;二是原先在劳动分工条件下,工人之间碎片化的劳动之间的总体性结合,现在也给机器自身工序间的自动耦合"腾出位置"。比如,斯密《国富论》中那个钉子生产的劳动分工与协作,会变成机器(以后会是"泰勒制"的流水线生产)中不同工序的机械作业点自身编码的客观功能链。相对于社会历史负熵增殖的进程来说,这当然会是一个极其重要的原有主体性劳作构式的脱型,再由机器工序重新编码的复杂转换过程。这会打碎原先斯密劳动价值论的边界。并且,马克思辛辛苦苦从物质生产过程背后解码出来的必然在场的劳动辩证法,再一次被机器生产的客观逻辑严严实实地遮蔽起来。在马克思看来,"机器与工场手工业中的简单协作和分工不同,它是制造出来的生产力"①。如果说,在简单协作和劳动分工中,劳动过程本身的社会生产力,还是工人们"共同活动"中合作和结合关系场境所生成的社会力量,而机器生产运作本身并不是工人的直接劳动,机器的生产力看起来是一种可以离开工人的被"制造出来的生产力",或者说,这是一种"一定形式的社会劳动的无偿自然力(Naturkräfte)"。相对于原先以工人劳动为主导的劳动过程中的协作结合关系,机器生产已经是典型的客观生产过程了,它正好对应于李嘉图的"生产成本论"。从本质上看,它也同样是科学技术智能劳作物相化和反向对象化

---

① 《马克思恩格斯全集》(第二版)第32卷,人民出版社1998年版,第366页。

的过程。同时,"应用机器,不仅仅是使与单独个人的劳动不同的社会劳动的生产力发挥作用,而且把单纯的自然力——如水、风、蒸汽、电等——变成社会劳动的力量"①。机器生产过程中,不同于工人个体劳动力量的协作结合力,转换为机器本身的客观工序与工人看管和监督活动之间的协调关系,它仍然作为一种"社会劳动的生产力"发挥作用,除此之外,机器生产中的蒸汽机、发电机等驱动的机器生产体系,更大规模地有效利用了火力、电力等"单纯的自然力"。

我们可能清晰地看到,在19世纪50—60年代马克思的第三次经济学研究进程的关键时期中,他对机器化大生产的历史分析是不断丰满和深刻起来的。总括起来,有如下一些重要观点:

其一,作为劳动过程的被动中介手段的工具,转换为**大生产过程**中的自动机器系统。一是在马克思看来,机器生产中这种被制造出来的生产力,主要实现于**劳动资料**的变革之中,以前只是作为劳动者改造劳动对象中介的劳动工具,从原来激活和复构主体劳动活动编码的模板,转换为看起来独立于劳动活动的生产构序"主体"。有如原先入序于劳动过程中的铁锤和手工纺车,其核心作用是让工人的主体性劳作物相化重新激活和惯性运作起来,而现在以蒸汽机为动力的机器生产,则使工人丧失了在生产过程中的核心地位,合目的性的机器运作现在就是生产,只是这种合目的性编码运作的基础不再是工人的爱多斯意图。马克思说,劳动过程中体现出来的"生产方式的变革,在工场手工业中以**劳动力**为起点,在大工业中以**劳动资料**为起点"②。前者是人的主体性的劳动力,后者则是人之外的客体工具系统,这是一个理解生产方式变革在二者起点上的关键性差异。这也是说,在工场手工业劳动中,"怎样劳动"的技能和劳作方式的改进,主要发生在劳动者劳动物相化能力和技艺的改变上,社会历史负熵的源泉是主体性的劳动者,工具不过是劳动塑形和构序技艺编码现实抽象后反向对象化的产物,劳动活动直接呈现为劳动辩证法构序的主导力量;而到了机器化大生产进程中,"怎样生产"的方

①《马克思恩格斯全集》(第二版)第32卷,人民出版社1998年版,第366页。
②《马克思恩格斯全集》(第二版)第42卷,人民出版社2016年版,第380页。

法变革,则主要体现在工人之外科技物相化的对象性生产工具(机器系统)上。原先,劳动者技能和劳动方式的改变是劳动者主体本身在场性的统一改变,而在机器生产中,这种改变分裂为不在场的科学技术信息编码中的进步(新的社会历史负熵源)和这种非及物塑形和构序活动对象化的机器改良,这种不直接在场的双重创造性的非及物构序与物相化塑形超出了人的肉身限制(有死的此在)。这是塑形和构序对象的机器化物质生产获得无限发展空间的历史性前提。这当然也会成为历史唯物主义和历史认识论视域中新的认知盲区,因为生产辩证法与劳动辩证法的关系再一次复杂起来,机器运行与劳动塑形之火的关系,机器生产与科学技术物相化的关系,以及非主体性的客观工序编码与主体性劳动技能构序的复杂历史关系,都已经不是通过透视一般物相化所能完成的事情,特别是资产阶级社会中资本关系支配下科学技术与机器生产的问题,会进一步遮蔽于经济物相化的迷雾之中,于是,重新吁请批判认识论的出场将成为必然。

二是马克思说,如果进一步对比工场手工业劳动中工人与工具的关系和机器化生产中工人与机器的关系,我们会发现,在前者中,

> 工人把工具当作器官,通过自己的技能和活动赋予它以灵魂,因此,掌握工具的能力取决于工人的技艺(Virtuosität)。相反,机器则代替工人而具有技能和力量,它本身就是能工巧匠,它通过在自身中发生作用的力学规律而具有自己的灵魂,它为了自身不断运转而消费煤炭、机油等等(辅助材料),就像工人消费食物一样。①

这是十分生动的比喻。在工场手工业劳动中,工具仍然是工人肢体器官在劳动过程中的外部延伸,工具作为劳动活动的中介,进而分有劳动者有目的的物相化功能中的爱多斯"灵魂",而机器本身就是有"灵魂"的"能工巧匠",并且,这个"灵魂"不再来自工人当下劳动物相化技能的在场主体性经验赋型,而是来自不在场的非及物科学技术信息编码实验与学术研究。特别是当机器发展到自动机器体系的时候,它直接将劳动过程转换为人之

---

① 《马克思恩格斯全集》(第二版)第31卷,人民出版社1998年版,第91页。

外的幽灵般机器自动生产过程。马克思一定意识到，这恰恰是一头雾水中迷失劳动价值论的李嘉图，在"机器生产论"中所面对的复杂现实历史基础。当然，这也会是马克思自己在解决相对剩余价值生产中必须直面的现实问题。

三是马克思注意到，机器体系逐步成为独立于工人的先验物性机械装置。在他看来，

> 劳动资料经历了各种不同的形态变化（Metamorphosen），它的最后的形态是**机器**，或者更确切些说，是**自动的机器体系**（*automatisches System der Maschinerie*）（即机器体系；**自动的机器体系**不过是最完善、最适当的机器体系形式，只有它才使机器成为体系），它是由自动机（Automaten），由一种自行运转的动力推动的。①

作为"自动的机器体系"的机器生产，不同于手工业生产中劳动者对单个劳动工具的使用，机器已经"不是人的工具，而是一个机构的工具或机械工具"。这里马克思所说的，机器"不是人的工具"，并非真的指机器不是工具，而是说，不像原先手工业劳作中由劳动者在场劳动活动驱使的"上手性"锤子和镰刀一类的工具，机器化大生产中的机器是离开上手性"人手"的自成系统的独立运作客体。甚至，似乎看起来机器直接消灭了缘起于劳动主体的**上手性**功能，因为现在"上手性"已经是科学技术非及物塑形和构序再对象化到机器客观工序编码的复杂物相化机制。这也许是海德格尔料想不到的上手→"上脑"式的复杂问题。由此，马克思说，"以前曾是独立的工具，现在仅仅作为一整套同类工具的一个组成部分而起作用；或者在于：随着动力功率的增大，现在的工具获得了大得无比的规模。而任何一种机械的本来的任务，始终只是改变由动力产生的初始运动，把它变成与一定的劳动目的和传给工作机的运动相符合的另一种形式"②。实际上，机器还是人的工具，但与原先工人手中单独的**上手**工具不同，它将过去分散的工具整合为一个成套的系统，原先属于工人的劳动目的和"上手性"改变对象的技能，现在转换为机器中工

---

① 《马克思恩格斯全集》（第二版）第31卷，人民出版社1998年版，第90页。
② 《马克思恩格斯全集》（第二版）第37卷，人民出版社2019年版，第38页。

作机的来自科技物相化的**合目的性工序编码和客观机械功能链机制**。科西克曾经评论说,一把手中的锤子或镰刀,可以在一个劳动者的劳动中发挥功用,可机器是一种"相互联结的连锁系统"中的"装具",比如一部电话机,"没有话筒听筒就毫无用处,又离不开导线,导线离不开电流,离不开发电站,离不开煤(原料),离不开矿山"。① 科西克的理解是深刻的,只是电话真的不是生产性的机器。人的社会历史负熵的具体构序,现在似乎成了人之外的物性机器系统的客观自动功能链,这种客观工序的背后,是全新的科学技术信息编码中的非及物塑形和构序。在认识论的层面,作为人的认知对象的到场机器,它的本质直接体现了"正在消逝的东西(verschwindend darstellt)",因为它的生产物相化背后隐匿着人所创造的科学技术劳作的非及物塑形和构序,及其对象化制造机器的劳动。特别是机器作为资本主义生产过程中到场的物性生产条件时,资本关系在机器的事物化颠倒中的不在场的在场,也就触碰到了历史认识论原有的认知底线。

受到前述"工艺学笔记"的影响,马克思认识到,机器通常由**发动机**(*Bewegungsmaschine*)、**传送机**(*Transmissionsmechanismus*)和**工具机**(*Werkzeugmaschine*)构成。其中,最核心的是取代了人手和人力的工具机和发动机。一是工具机取代了原来人的劳作肢体利用工具改变对象的功能,"工具机是这样一种机构,它在取得适当的运动后,用自己的工具来完成过去工人用类似的工具所完成的那些操作"②,所以,在马克思看来,这个取代了人手操作的工具机是"工场手工业生产过渡到机器生产"的起点。从哲学方法论上看,这是对原先改变对象的实践活动中**主体作用前端**的替换,现在不再是人的手脚利用工具的物相化,而是作为**技术客体**的机器的生产物相化。二是马克思分析说,"一旦人不再用工具作用于劳动对象,而只是作为动力(Triebkraft)作用于工具机,人的肌肉充当动力的现象就成为**偶然的**了,人就可以被风、水、蒸汽等等代替了"③。在过去的手工工具的使用中,除去主体性

① 参见[捷]科西克《具体的辩证法》,傅小平译,社会科学文献出版社1989年版,第49页。
②《马克思恩格斯全集》(第二版)第42卷,人民出版社2016年版,第383页。
③《马克思恩格斯全集》(第二版)第42卷,人民出版社2016年版,第385页。

劳作的技能,人的体力是劳动活动发生的动力,而当机器中的发动机出现之后,通过传送机获得动力的工具机则会表现出对人的完全独立性。"在工具由人的有机体的工具转化为一个机械装置(menchanischen Apparats)即工具机的工具以后,发动机才取得了一种独立的、完全摆脱人力限制的形式"①。这是说,由发动机和传送机带动的工具机,使机器成为独立于劳动者的机械装置。

其二,劳动主体活动的技艺转换为**机器转运的客观工序编码**。这同样是十分重要的一种转换。在工场手工业劳动中,工人使用工具模板重新激活的先验性劳动技能的编码,是决定劳动爱多斯(eidos)之相实现出来的物相化塑形和构序对象的关键,说大一些,这也是原先社会历史负熵增殖中最初始的基石,而在机器生产中,这种原先属于劳动者主体爱多斯的工艺技能编码,则转换为机器本身的人之外的科技物相化**客观先验**技术运作,这也意指着,原初的社会历史负熵源出现了改变。然而,机器的工序编码并非真是新的负熵源,因为在物性的机器运转背后,是科学技术爱多斯之相的非及物纯粹信息编码中的构序和筑模。从哲学方法论上看,原先从逻辑上区分物质生产实践、社会实践和科学技术实践三种实践形式的界限,可能被模糊起来,因为科学技术实践已经内嵌于现代机器化生产实践之中,并成为生产本身的构序源。也由此,**与劳动主体性相关的工艺学转换为客观工具理性的技术学**。这是生产过程中完全不同的两种**爱多斯之相**:前者是劳动者自己的劳动目的和塑形-构序技能编码,而后者则是科技劳作者的信息编码生成的纯粹塑形和构序的重新对象化。依我的判断,这恰好是作为现代资产阶级意识形态核心之一的**形式合理性——工具理性**(韦伯)产生的现实基础。应该说,这是马克思率先发现的东西。我注意到,巴里巴尔关注了马克思所发现的这一新问题,他说,"机器体系代替了作为工具的载体的人力,也就是取消了人的力量同劳动对象的直接接触,从而完全改变了劳动者和生产资料之间的关系。从此之后,劳动对象的塑形不再取决于劳动力通过文化获得的素质,而是在生产工

①《马克思恩格斯全集》(第二版)第42卷,人民出版社2016年版,第387—388页。

具的形式以及这些工具执行职能的机制中已经被预先规定了"①。这是一个准确的判断。可他没有进一步指认这个"预先规定"的根源,是科学技术的构序和编码力量。马克思说,在机器化大生产过程中,

> 大规模的劳动同技能结合起来,然而是这样结合的:大规模的劳动丧失自己的体力,而技能则不是存在于工人身上,而是存在于机器中,存在于把人和机器科学地结合起来作为一个整体来发生作用的工厂里。劳动的社会精神(gesellschaftliche Geist)在单个工人之外获得了客体的存在(objektive Existenz)。②

机器化生产当然包含着复杂的生产构序技能,可是这种"怎样生产"的技能不再与工人劳动的主体性经验编码直接相关,而是客观存在于机器运转的客观工序编码里。这种转换的实质,是劳动者主观的劳动技巧和经验,被客观抽离于劳动过程的纯粹社会历史负熵增殖的科学技术爱多斯取代,这种独特的gesellschaftliche Geist(社会精神),再通过对象化到机器体系中的客观工序和机制"获得了客体的存在"。这正是科技物相化的独特本质。对此,马克思感叹道:

> 劳动资料取得机器这种物质存在方式(materielle Existenzweise),要求以自然力来代替人力,以自觉应用自然科学(bewußte Anwendung der Naturwissenschaft)来代替从经验中得出的成规。在工场手工业中,社会劳动过程的组织**纯粹是主体的**(*rein subjektiv*),是局部工人的**结合**(*Kombination*);在机器体系中,大工业造成完全**客观的**生产有机体(*objektiven* Produktionsorganismus),这个有机体作为现成的物质生产条件**出现在**工人面前。③

---

① [法]阿尔都塞、巴里巴尔:《读〈资本论〉》,李其庆等译,中央编译出版社2001年版,第293页。
② 《马克思恩格斯全集》(第二版)第30卷,人民出版社1995年版,第527页。
③ 《马克思恩格斯全集》(第二版)第42卷,人民出版社2016年版,第396页。中译文有改动。Marx-Engels-Gesamtausgabe(MEGA²),Ⅱ/5,Text,Berlin:Dietz Verlag,1983,S.315.

在我看来，这应该是马克思在经济学研究中关于历史唯物主义构境比较重要的历史性深化层面。机器生产作为劳动资料的变革形式，最根本的转换在于它从劳动主体使用的中介性工具，变成了完全在工人之外的客体运动的"物质存在方式"，它用自然力取代了人的体力的驱动，用劳动过程中现实抽象和分离出来的科学技术爱多斯，取代了劳动技能的主体经验（"成规"），原先对劳动协作和分工的生产组织结合，从"局部工人"主体际的合作与结合关系场境，直接转换为一个机器生产"有机体"的内部协同-耦合运动。这个机器生产的"有机体"，是一个关于社会历史负熵增殖的复杂多重转换变体。同样，这在历史唯物主义和历史认识论原有的视域中，是难以透视的认知对象。

其三，作为机器生产附庸的**祛技能化劳动**。马克思评论说，机器化生产中工人的劳动并不是完全消失了，而是变成科技物相化后机器化生产中的无关紧要的附属作用。因为，在机器化大生产过程中，

> 劳动现在仅仅表现为有意识的机件（bewußtes Organ），它以单个的有生命的工人的形式分布在机械体系的许多点上，被包括在机器体系本身的总过程中，劳动自身仅仅是这个体系里的一个环节，这个体系的统一不是存在于活的工人中，而是存在于活的（能动的）机器体系中，这种机器体系同工人的单个的无足轻重的动作相比，在工人面前表现为一个强大的机体。①

这是说，原来在工场手工业劳动中属于工人的"怎样劳动"的先验性技能和方法，现在完全被机器运作的内部物性机制取代，被祛技能化了的劳动者，现在被祛除或者弱化了劳动目的和爱多斯之相，只表现为机器体系的"有意识的机件"，在能动的"活"的机器系统的点状位置上只需要完成作为生产管理者的"单个的无足轻重的动作"。

劳动活动的这种**祛技能化的改变**又表现为两个结果：一是劳动本身变得简单化和同质化。马克思说，在机器化大生产中，

①《马克思恩格斯全集》（第二版）第 31 卷，人民出版社 1998 年版，第 91 页。

　　随着劳动越来越丧失一切技艺的性质(Kunstcharakter),也就发展得越来越纯粹,越来越符合概念;劳动的特殊技巧越来越成为某种抽象的、无差别的东西(etwas Abstraktes, Gleichgültiges),而劳动越来越成为**纯粹抽象的活动**(*rein abstrakte Thätigkeit*),纯粹机械的,因而是无差别的、同劳动的特殊形式漠不相干的活动;单纯**形式**的活动,或者同样可以说单纯**物质的**(*stoffliche*)活动,同形式无关的一般意义的活动。①

因为劳动的所有"技巧"都被客观地抽象为科学技术,并重新对象化到机器的物性工序编码机制中,那么,工人现在**无爱多斯、无编码权**的劳动就变成 *rein abstrakte Thätigkeit*(**纯粹抽象的活动**),成为面对机器的"无差别的、同劳动的特殊形式漠不相干的活动"。马克思这里的分析,显然受到黑格尔相近观点的影响。②

　　二是工人劳动在生产过程中的作用开始发生变化,即从劳动活动的主体,变成在机器生产过程旁边监管和协调的助手,即便这种劳动也存有一定的目的和技能,那也是十分有限的。依马克思的看法,

　　劳动表现为不再像以前那样被包括在生产过程中,相反地,表现为人以生产过程的监督者和调节者的身分同生产过程本身发生关系。(关于机器体系所说的这些情况,同样适用于人们活动的结合和人们交往的发展。)这里已经不再是工人把改变了形态的自然物(modificirten Naturgegenstand)作为中间环节放在自己和对象之间;而是工人把由他改变为工业过程的自然过程(natural Prozess)作为中介放在自己和被他支配的无机自然界(unorganische Natur)之间。工人不再是生产过程的主要作用者,而是站在生产过程的旁边。③

　　现在新出现的情况是,工人的劳动本身不再直接成为生产塑形和构序对象过程的力量,劳动不再是"改变了形态的自然物"——工具的操控

①《马克思恩格斯全集》(第二版)第30卷,人民出版社1995年版,第255页。
②[德]黑格尔:《法哲学原理》,范扬、张企泰译,商务印书馆1961年版,第210页。
③《马克思恩格斯全集》(第二版)第31卷,人民出版社1998年版,第100页。

者,而是"工业的自然过程"——机器自动运行的看管者。工人从劳动过程的"主要作用者",转变为机器生产过程"旁边"的助手。体力劳动的在场性发生了根本的改变,因为它不再是劳动塑形和构序的编码主体和负熵源。

其四,在工场手工业劳动活动中曾经出现的劳动者之间的协作与工业生产中劳动分工条件下出现的结合关系场境,在机器化大生产过程中彻底成为**与工人无关的物性机械装置的内部机制**。这是我们需要格外关注的隐性场境转换。因为它对之后马克思的相对剩余价值理论和新的劳动异化观都有重要的基础作用。其实,在上面这段引文中,马克思已经特别告诉我们,这里关于机器体系中劳动者直接塑形和构序对象的作用和地位的改变,"同样适用于人们活动的结合和人们交往的发展",这恰是指劳动分工与协作中的主体性结合和交往向机器体系的内部工序机制的转换。这同样也是祛技能化的一个重要层面。一方面,原先出现在社会物相化空间(厂房)共同劳动活动中的工人之间的简单协作,现在在**并列机器生产**中"表现为**同种并同时共同发生作用的工作机在空间上的集结**(*räumliche Konglomeration gleichartiger und gleichzeitig zusammenwirkender Arbeitsmaschinen*)"①。我觉得,机器工作机上的*räumliche Konglomeration*(**空间上的集结**),不再是由劳动主体交互活动筑模起来的社会空间场境,而再一次成为表面上无主体的**假性**物理空间,因为它的本质仍然是对象化劳动的结果。这意味着,原来的简单协作是发生在劳动过程中劳动者之间的合作,而现在这种主体性的关系场境,变成了外部机器装置中不同机能的物性"空间集结"。在机器系列的生产中,原先主体性的共在协作关系成了机器系列内部的自我协调机制。另一方面,原先是主体性的劳动分工中的结合关系场境,在机器生产中转换为机器系统的内部物质子结构机制的分布,而直接由技术分层编码与耦合完成。马克思精准地指出,在工场手工业的劳动分工中,劳动活动被切割为局部的动作,但还是与主体活动相关的**主体原则**,而

① 《马克思恩格斯全集》(第二版)第42卷,人民出版社2016年版,第389页。

在机器生产中,这个**主体的**分工原则(*subjektive* Prinzip der Theilung)消失了。在这里,整个过程是**客观地**按其本身的性质分解为各个组成阶段,每个局部过程如何完成和各个局部过程如何结合的问题,由力学、化学等等在技术上的应用(technische Anwendung)来解决。①

在机器化生产过程中,分工也不再是一个主体性在场的**劳动**分工,而是机器本身客体构件和技术工序编码的分立,甚至是机械与化学中的分解 technische Anwendung(技术应用)。同时,劳动分工条件下劳动者之间的结合关系场境也发生了根本性的改变。在这一点上,如果比较工场手工业与机器化大生产,那么,"在前一种情况下,占统治地位的是分工;在后一种情况下,占统治地位的是劳动力的结合(Combination von Arbeitskräften)(具有相同的劳动方式)和科学力量的应用,在这里,劳动的结合和所谓劳动的共同精神(gemeinschaftliche Geist)都转移到机器等等上面去了"②。这是说,原先劳动者在分工条件下的结合力,都被从主体际合作关系场境中的结合力量和"共同精神"中现实抽象出来,并经过科技物相化中介直接"转移"为机器的客观运转和编码机制。从表面上看,这似乎是将主体性劳动辩证法构序运动新生成的部分内在机制掏空了。我觉得,这可能也是**工具理性的历史性缘起**。在机器化生产中,

工人们是被结合在一起的,而不是他们彼此互相结合。这种劳动就其结合体来说,服务于他人的意志和他人的智力,并受这种意志和智力的支配——它的**精神的统一**(*seelenhafte Einheit*)处于自身之外;同样,这种劳动就其物质的统一来说,则从属于**机器**的,固定资本的**物的统一**。③

劳动分工条件下工人之间的结合关系场境,是人与人之间的主动关联,

---

①《马克思恩格斯全集》(第二版)第42卷,人民出版社2016年版,第390页。中译文有改动。Marx-Engels-Gesamtausgabe(MEGA²), Ⅱ/5, Text, Berlin: Dietz Verlag, 1983, S.310.

②《马克思恩格斯全集》(第二版)第30卷,人民出版社1995年版,第588页。Marx-Engels-Gesamtausgabe(MEGA²), Ⅱ/1, Text, Berlin: Dietz Verlag, 2006, S.477.

③《马克思恩格斯全集》(第二版)第30卷,人民出版社1995年版,第463—464页。中译文有改动。Marx-Engels-Gesamtausgabe(MEGA²), Ⅱ/1, Text, Berlin: Dietz Verlag, 2006, S.377.

而在机器系统中，生产本身的结合关系变成了机器系统的工序集合，而工人之间的关系是由机器体系内部机能从外部"被结合"在一起的。

我以为，马克思这里的判断是正确的，他极为细致地看到，机器生产过程中劳动者之间主体性的协作与劳动分工中的社会结合力消逝在客观工序机制里。可是，还应该指出，这种现象是伴随着另一种**纯粹主体性**的出现而发生的，因为机制工序和机制对劳动分工与协作结合力的吞噬，恰恰是以科学技术实践中信息编码的主体设计为前提的，机器工序编码和运行机制绝不是物质系统自身具有的东西，而是新型科学技术信息编码活动中非及物劳动主体塑形和构序的重新对象化的结果。这当然也是**科技智能劳动**物相化的重要内容。在一定的意义上，这应该是隐性在场的**劳动辩证法的一种复杂转型**。这恐怕应该是我们在思考历史唯物主义和历史辩证法这一深化构境层时需要格外留心的地方。马克思在下面对科学技术本质的讨论很深地触及了这一点。

7. 科学技术是抽离于劳动过程的非及物纯粹塑形和构序

马克思清醒地认识到，机器化大生产不再是工人劳动直接塑形和构序对象的劳动物相化过程，而成为科学技术应用和对象化的客观生产过程。这应该是人对自然能动关系中最根本的改变，或者说，作为历史辩证法中物质生产力构序核心的改变，即从劳动者有目的（telos）的爱多斯之相直接塑形和构序对象的及物性创制活动，现实抽象和反向对象化为工具模板，并逐步转换为远离物性劳作的纯粹塑形-构序实验和理论研究的非及物科学技术发现和发明活动，这构成了**科技物相化实践历史在场性**的本质。依我的看法，这也许是康德那个先天综合观念构架生成的真正秘密，因为先验性的知性-概念系统普遍地对个体言行产生前摄性规制作用，绝不会发生于农耕文明，固然柏拉图的理念论可以成为少数智者和"上等人"的自觉，但只是在现代性科学理性占据物质生产中的统治地位时，先天观念综合构架的支配作用才成为现实。当然，这种先天综合观念构架的另一个决定性现实基础，是不久后我们就要讨论的商品-市场交换关系场境中的现实抽象Ⅲ及新的**经济先验构架**。

所以,当齐泽克①说,"由科学程序(这当然指的是牛顿自然科学中的程序)所预先假定、暗示出来的范畴装置,科学把握自然所需要借助的概念网络,已经呈现在社会有效性中,业已运转于商品交换的行为之中"②,我觉得,齐泽克对科学程序和商品交换"社会有效性"构成"范畴装置"现实基础的看法是非常深刻的。

当然,面对表现为逐渐脱离劳动过程的机器化大生产,马克思机智地分析说:

> 自然界没有造出任何机器,没有造出机车、铁路、电报、自动走锭精纺机等等。它们是人的工业(Industrie)的产物,是转化为人的意志驾驭自然界的器官或者说在自然界实现人的意志的器官的自然物质(natürliches Material)。它们是**人的手创造出来的人脑的器官**(der menschlichen Hand geschaffne Organe des menschlichen Hirns);是对象化的知识力量(vergegenständlichte Wissenskraft)。③

这是马克思结论性的新断言。机器不会是自然界的产物,也不会是从天上掉下来的东西,它只能是人的复杂劳动(科技劳动和物质创制)的产物。这是一个根本性的思考原则。马克思说过,最初的机器都是工人的劳动制造的。④ 可这里马克思格外强调的方面,是机器生产与科学技术的密切关联。

---

① 斯拉沃热·齐泽克(Slavoj Zizek,1949—),当代著名哲学家、左翼思想家。1949 年 3 月 21 日生于斯洛文尼亚的卢布尔雅那市。当时,该市还是南斯拉夫西北部的一个城市。1971 年在卢布尔雅那大学文学院哲学系获文科(哲学和社会学)学士学位,1975 年在该系获文科(哲学)硕士学位,1981 年在该系获文科(哲学)博士学位。1985 年在巴黎第八大学获文科(精神分析学)博士学位。从 1979 年起在卢布尔雅那大学社会学和哲学研究所任研究员(从 1992 年开始该所更名为卢布尔雅那大学社会科学院社会科学研究所)。20 世纪 80 年代在政治上积极投身于斯洛文尼亚的抉择运动。1990 年,在斯洛文尼亚共和国的第一次多党选举中成为总统候选人。1991 年任斯洛文尼亚共和国科学大使,可不久便弃官回到大学任教,在欧美及世界各地讲学和从事研究工作。目前已经发表 50 余种论著和大量论文,在当代学界特别是激进思潮中有广泛的影响。其代表作有:《意识形态的崇高客体》(1998)、《斜视》(1991)、《快感大转移》(1994)、《易碎的绝对》(2000)、《回到列宁》(2002)等。
② [斯洛文尼亚]齐泽克:《意识形态的崇高客体》,季广茂译,中央编译出版社 2002 年版,第 22—23 页。
③《马克思恩格斯全集》(第二版)第 31 卷,人民出版社 1998 年版,第 102 页。中译文有改动。Marx-Engels-Gesamtausgabe(MEGA²), Ⅱ/1, Text, Berlin: Dietz Verlag, 2006, S. 582.
④ 参见《马克思恩格斯全集》(第二版)第 37 卷,人民出版社 2019 年版,第 72 页。

因为我们已经看到,机器化大生产的"整个生产过程不是从属于工人的直接技巧,而是表现为科学在工艺上的应用(technologische Anwendung der Wissenschaft)"①。这是一个极其重要的理论定位。机器化生产过程中"怎样生产"的构式基础,不再是来自工人有目的的劳动的直接技巧和劳动经验,而是**从外部重新灌入**的对象化科学技术的爱多斯。这是一个需要分析的复杂社会历史现象。马克思让我们注意这个看起来与工人劳动无关的"科学同劳动(就它与劳动本身有关系的方面而言)的分离,科学(工业和农业就是科学的应用)同工业工人和农业工人的分离"②。这一问题的实质为,曾经是一个劳动者有目的的爱多斯之相——劳动塑形和构序活动整体中的创造性的技能、经验和主体性的智力,历史性地从工人这里被分离出去,即"**科学和劳动相分离**。与此同时,科学本身被应用到物质生产上去"③。这也就是说,看起来与工人无关的科学技术,并不是从天上掉下来的,而正是从劳动过程中历史性地分离出去,再重新应用于生产的东西。

马克思说,历史地看,工场手工业中历史性发生的一个产物,就是"物质生产过程的**智力**(geistigen Potenzen)"开始从劳动过程中分离出去,这个"智力"当然不仅仅是说工人的一般知性,而是特指劳动主体的实际劳作技能的**现实抽象**与相关观念化的经验传统被**主观抽象**的双重爱多斯抽象:一是由工艺学中的手艺-工艺**现实抽象**出来的技术并反向对象化为工具模板,二是将劳动经验和惯性传统**主观抽象**为实践性知识。这双重抽象开始会以劳动者的手艺-工具和劳作经验的形式由劳动者主体传承,但最终却以独立的技术实践和科学理论研究活动历史性地抽离于劳动过程。简单说,这种**怎样劳作的技能和经验**,现在不再属于劳动者本身的主体手艺技能传统,而专属于劳动过程之外的独立的科学技术主体活动。这样,马克思所指认的劳动物相化的核心层面就转换为机器化生产的**科技物相化**。这一新型的物相化过程,包括了离开劳动生产过程的技术实践和科学研究活动的信息编码中生成的纯粹塑

①《马克思恩格斯全集》(第二版)第31卷,人民出版社1998年版,第94页。
②《马克思恩格斯全集》(第二版)第32卷,人民出版社1998年版,第346页。
③《马克思恩格斯全集》(第二版)第36卷,人民出版社2015年版,第334页。

形、构序和赋型操作,以及重新返回到生产过程中的机器-劳动过程的对象化应用。这使得人的有目的的劳动物相化创制活动的历史在场性本质变得复杂和非线性起来。如果从历史辩证法的视角看,机器化大生产的生产过程中,劳动辩证法构序本身被撕裂为几个不同的层面:一是原先内嵌于工人劳动物相化塑形和构序中的劳作技能和惯性经验,现在被抽离于直接的劳动活动,成为独立的科学构序的脑力劳动和技术实践塑形,主体性劳动辩证法的构序核心业已转换为以科技人员为创制主体的科技实践的辩证法运动;二是科学构序和技术塑形反向物相化为机器生产装置,劳动辩证法直接转换为客观的机械生产过程,客体性的生产辩证法再一次掩盖了主体性的劳动辩证法运动;三是工人的主体性劳动弱化为科技物相化进程中的被动角色,不再构成劳动辩证法构序运动的内驱力量,这与第一点中科技劳作构序能力的增长成反比。

马克思历史地分析说,科技物相化与工人劳动的"这个**分离过程**(*Theilarbeiter*)在简单协作中开始,在工场手工业中得到发展,在大工业(großen Industrie)中完成"①。马克思十分具体地分析道,在过去的农民和工匠那里,劳作中的技能和经验是劳动物相化活动的内驱力量,是有目的的劳动在场性创造的根本,"独立的农民或手工业者所发挥(虽然是小规模地)的知识、判断力和意志,——他发挥这些东西,正如未开化的人把全部战争艺术当做他的个人机智来施展一样"②。芬伯格曾经指认说,"在前现代社会,经由整合了宗教禁忌、实践教训、品味、年代及性别角色等不同现象印记的工艺(craft)传统,技术发展得到了经验的塑形"③。他是在整个生活层面来讨论传统生产工艺的。而在工场手工业生产中,这些原来属于劳动者劳动能力的内在动力的个性化技艺和复杂智力,却逐渐从劳动者的在场劳动活动中被剥离出去;进入机器化大生产过程后,这种剥离最终以科学技术物相化的独立运转为最后的形态。在认识论层面上,这直接就会是人的直接感性经验塑形和

---

①《马克思恩格斯全集》(第二版)第42卷,人民出版社2016年版,第371页。

②《马克思恩格斯全集》(第二版)第42卷,人民出版社2016年版,第371页。

③[加]芬伯格:《在理性与经验之间:论技术与现代性》,高海青译,金城出版社2015年版,第1页。

构序基础的历史变迁,同样是面对自然对象,在手工业劳动的手艺直观中看到的感性周围世界,与科学技术实验中建模和透视的自然图景是根本不同的,人的认知活动发生和运行的机制也必定是异质的。

具体说,这种双重抽象又展现为两个重要的历史分离层面:第一,劳动者塑形对象的技能通过工艺学**现实抽象**和转化为客观的技术变革。我以为,在马克思的中晚期经济学思想构境中存在着三种**客观的现实抽象理论**:一是资本主义工场手工业条件下劳动分工所导致的劳动碎片化及现实抽象(Ⅰ)为社会劳动一般。这是马克思对斯密-黑格尔相近观点的批判性接受。二是这里的工艺学抽象,它是对"怎样劳动"的方法和劳动技能的现实抽象Ⅱ,这种现实抽象的历史进程中,有一个从与劳动者劳动塑形直接相关的工具-工艺学抽象到机器化生产中的技术学抽象的转换。需要指出的是,这种现实抽象Ⅱ最早生成于人们对工具的使用,工具已经是劳动技能的现实抽象且反向对象化于工具模板的结果。三是我们在下面即将遭遇到的劳动交换关系现实抽象(Ⅲ)为价值形式,最终颠倒为一般等价物的自然属性的事物化颠倒和物化误认过程,那已经是狭义历史唯物主义中历史现象学的特殊经济存在论对象。应该说,这种现实抽象Ⅲ已经出现于前资本主义社会形式中的简单商品生产、交换和货币关系的历史发生之中,只是在资产阶级的商品-市场经济关系场境中达到"抽象成为统治"的极致。我以为,这三种客观的现实抽象都会对人的认知图景产生巨大的影响。马克思说:

> 大工业的原则是,首先不管人的手怎样,把每一个生产过程本身分解成各个构成要素(constituirenden Elemente),从而创立了工艺学这门完全现代的科学(ganz moderne Wissenschaft der Technologie)。社会生产过程的五光十色的、似无联系的和已经固定化的形态,分解成为自然科学的自觉按计划的和为取得预期有用效果而系统分类的应用(systematisch besonderte)。工艺学也揭示了**为数不多的重大的基本运动形式**,尽管所使用的工具多种多样,人体的一切生产活动必然在这些形式中进行,正像机器虽然异常复杂,力学仍会看出它们不过是简单机械力的不断重复一样。现代工业从来不把某一生产过程的现存形式看成和当作最后的

形式。因此,现代工业的工艺基础是革命的,而所有以往的生产方式的工艺基础本质上是保守的。现代工业通过机器、化学过程和其他方法,使工人的职能和劳动过程的社会结合(gesellschaftlichen Kombinationen)不断地随着物质生产的技术基础发生变革。①

这是马克思关于机器化大工业的生产过程、科学技术和现代工艺学的关系的一段极其重要的表述。一是现代工艺学的对象是机器化大生产的现代工业生产过程,原先存在于个体劳动者主体性手艺传统中的"五光十色"的技艺积累,已经**现实抽象**为"自然科学的自觉按计划的和为取得预期有用效果而系统分类的应用"。如果说,原先这种劳作技艺中"真正'积累'起来的,但不是作为死的物质,而是作为活的东西'积累'起来的,是工人的**技能**,是劳动的发展程度",这"不仅作为工人的素质和能力存在,而且也同时以这种劳动为自己创造的、并且每天都在更新的物质手段的形式存在"。② 这也就是说,作为一种"劳动的发展程度"或者"工人的素质和能力",它只是通过经验和上手技能的师徒关系进行传递,并且反向对象化为生产过程里反复激活惯性劳作的物质工具。而在机器化大生产中,工艺学将劳作技能中存在的"重大的基本运动形式"现实抽象出来,并通过技术理性的非及物塑形和构序,筑模起充分社会化的机器生产过程的各种构成要素和运行机制,这已经是与"人手"直接在场劳作无关的非及物科学信息编码、计划预设和技术性系统分类。这样,原先以劳动者有目的的爱多斯之相——劳动技能为核心的工艺学,就转换为脱离直接劳动活动的现代**技术学**。二是工人的直接劳动技能和生产过程中的结合关系的改进,业已抽象为纯粹技能操作实验中"技术基础"的改变。这是说,过去劳动过程中劳动者对"怎样劳作"的主体际 gesellschaftlichen Kombinationen(社会结合)方式的改变,会是直接生产劳作中长期的经验积累和艰难探索的结果,而如今,这种社会结合会直接转换为科学技术实践活动中的纯粹塑形和构序关联预设。在认识论构境中,人对外部世界的认知,好

---

① 《马克思恩格斯全集》(第二版)第42卷,人民出版社2016年版,第503—504页。Marx-Engels-Gesamtausgabe(MEGA²),Ⅱ/5,Text,Berlin:Dietz Verlag,1983,S.398-399.
② 参见《马克思恩格斯全集》(第二版)第35卷,人民出版社2013年版,第275页。

像第一次成为观念性的"自我认知",黑格尔《自然哲学》中以唯心主义颠倒呈现出来的理念本质论似乎再一次成为现实。这当然只是一种假象。我以为,科学技术实践对人类社会认知进程的影响和革命性逆转的意义,应该成为我们认识论研究的前沿问题。

第二,科学以**一般智力的知识形态**中的纯粹非及物构序替代了劳动物相化操作的具象构序,并以劳作经验主观抽象为科学理论探索的方式表现出来。这种理论抽象与上述工艺-工具-技术学的现实抽象有一定差异。马克思说:

> **科学**作为**应用**于生产的**科学**同时就和**直接劳动**(*unmittelbaren Arbeit*)相分离,而在以前的生产阶段上,范围有限的知识和经验是同劳动本身直接联系在一起的,并没有发展成为同劳动相分离的独立的力量(selbstständige Macht),因而整个说来从未超出传统手艺积累的范围,这种积累是一代代加以充实的,并且是很缓慢地、一点一点地扩大的。(凭经验掌握每一种手艺的秘密。)手和头还没有分离。①

这里出现了马克思的一个重要历史分析,即科学的缘起恰恰在于早先的农业和手工业劳动构序中发生的人对自然的能动关系,在那时,劳动者的"手和头还没有分离":手在劳作,塑形产品,而头脑在想,构序"怎样做"的编码设想,人的劳动目的和爱多斯之相恰是这两者共同在场的统一。在那时,"范围有限的知识和经验是同劳动本身直接联系在一起的",劳动者头脑中改变自然对象的构序道理,是与劳作的技艺和具体塑形对象的编码经验紧密联系在一起的;只是在后来的生产发展过程中,劳动者浸透在具体塑形活动中的构序经验和知识,才在生产过程中历史地抽象为带有普遍性的科学理论,逐渐地与生产过程分离开来,变成了一种劳动者体力劳动之外的不在场的"独立的力量"——科学技术信息编码的脑力劳动。我注意到,马克思专门批评过霍布斯的误认逻辑,后者认为,"技艺之母是科学,而不是**实行者的劳动**"②。因为,这正好是颠倒的关系。其实,如同工艺-技术学开始于劳动生产过程中

---

① 《马克思恩格斯全集》(第二版)第 37 卷,人民出版社 2019 年版,第 203 页。
② 《马克思恩格斯全集》(第二版)第 37 卷,人民出版社 2019 年版,第 268 页。

的"手艺"-工具的**现实抽象**一样,工艺改良和机器化的技术革新后来也逐渐脱离生产过程,成为生产之外的技术发明;而关于劳作在头脑中的经验"成规"和构序道理,在后来的机器化大工业中也逐步脱离生产过程,**主观抽象**为独立的学术创新研究活动。原先作为一个整体的劳动爱多斯之相,现在分裂为科学思考的设计和具体操作机制的技术,然而,基础科学研究往往是工程技术实践的前提。这当然也是一个历史性的发生过程。这并不是说,在机器化大生产之前不存在独立的科学活动,而是特指作为完整学科体系的近现代科学之发生。在这里,马克思甚至十分具体地指认,"大工业的真正科学的基础——力学,在18世纪已经在一定程度上臻于完善;那些更**直接地**(与工业相比)成为农业的专门基础的科学——化学、地质学和生理学,只是在19世纪,特别是在19世纪的近几十年,才发展起来"①。这是对近代科学史与工业生产史的内在关联的客观描述。对于科学基础研究对技术的推动作用,马克思感叹道:正是在机器化大生产的进程中我们才能看到,

> 一般社会知识(allgemeine gesellschaftliche Wissen),已经在多么大的程度上变成了**直接的生产力**(unmittelbaren Productivkraft),从而社会生活过程的条件本身在多么大的程度上受到一般智力(general intellect)的控制并按照这种智力得到改造。它表明,社会生产力已经在多么大的程度上,不仅以知识的形式,而且作为社会实践(gesellschaftlichen Praxis)的直接器官(unmittelbaren Organe),作为实际生活过程的直接器官被生产出来。②

这是后来被西方左翼学者特别是意大利马克思主义者高度关注的一段有关"一般智力"的重要表述。因为马克思在这里提出的**作为一般智力出场的科学力量**,已经成为"社会实践的直接器官",从一定的意义上讲,这可以被视作对《关于费尔巴哈的提纲》中实践唯物主义内核的最新推进。因为科学技术实践活动已经成为人对自然的能动关系中最重要的塑形和构序前端,它

---

① 《马克思恩格斯全集》(第二版)第34卷,人民出版社2008年版,第120页。

② 《马克思恩格斯全集》(第二版)第31卷,人民出版社1998年版,第102页。中译文有改动。Marx-Engels-Gesamtausgabe(MEGA²), II/1, Text, Berlin: Dietz Verlag, 2006, S. 582 – 583.

甚至成为物质生产物相化实践的历史在场性的前提。在哲学方法论上,这也意味着,科学技术实践历史性地成为人类社会实践的**主导性**方面。科学技术实践的辩证法构序运动,特别是科技劳动者的复杂劳作业已成为历史辩证法的主体,劳动辩证法则更深一步隐匿自身。甚至马克思还认为,科学也正被拓展为"实际生活过程的直接器官"。如果说,社会实践是马克思哲学话语的存在论基础,那么,这种客观物质活动的直接器官已经从人手的劳作变成了科学,甚至这种一般智力形态上的科学会成为人们实际生活的"直接器官"。有如今天我们手中作为科学智力结晶的智能手机,它现在真的成了我们的大脑和所有感官的重要延伸物;而人工智能则在将人的生活改变为科技自动化场境。在马克思看来,这是一次极其重要的社会历史定在中的转变。

> 在这个转变中,表现为生产和财富的宏大基石的,既不是人本身完成的直接劳动,也不是人从事劳动的时间,而是对人本身的一般生产力(allgemeinen Productivkraft)的占有,是人对自然界的了解和通过人作为社会体的定在(Dasein als Gesellschaftskörper)来对自然界的统治,总之,是社会个人的发展。①

我觉得,马克思这里出现的新话语编码是科学活动的理性构式。不同于所有具象了人对自然的能动关系中的生产话语和劳动,这种理想化的科学话语,并非人出于自身需要所创造的与自然存在的用在性关系,它的基础不再是功用性的直接劳动和创造使用价值的劳动时间,而是"人本身的一般生产力",它是通过"人对自然界的了解",使自然存在彻底入序于"社会体的定在"。这里所谓的 Gesellschaftskörper(社会体)也就是异质于自然生命负熵的社会历史负熵,由此,历史性的时间质性开始转换为一般智能物相化时间,当然,这就不仅仅是狭义的科学活动,而会包括一切"社会个人的发展"中的创造性活动。应该说,这可能已经是马克思对人类社会未来彻底解放后全面自由发展的展望了。

现在,马克思告诉我们,机器化大生产中的劳动生产力,已经不再是工人

①《马克思恩格斯全集》(第二版)第 31 卷,人民出版社 1998 年版,第 100—101 页。中译文有改动。
　　Marx-Engels-Gesamtausgabe(MEGA²),Ⅱ/1,Text,Berlin:Dietz Verlag,2006,S.581.

自己的劳动活动直接改变外部自然界的能力体现,而成为一个非常复杂的过程:

> 劳动生产力是由多种情况决定的,其中包括:工人的平均熟练程度,科学的发展水平(Entwicklungsstufe der Wissenschaft)和它在工艺上应用的程度(technologischen Anwendbarkeit),生产过程的社会结合(gesellschaftliche Combination),生产资料的规模和效能(den Umfang und die Wirkungsfähigkeit),以及**自然关系**(*Naturverhältnisse*)。①

在科学技术应用于机器化生产过程之后,现在决定劳动生产力的负熵增值业已变得十分复杂,它不会像先前手工业生产中仅仅是劳动者的技能和工具模板所起的关键性作用,科学技术的发展水平及其重新对象化到生产实践中去的"工艺上应用的程度",还有生产资料的"效能"和被开发的规模,以及机器生产过程本身的"社会结合"力量,都成为提高劳动生产力的综合性构序因素。它必然导致劳动-生产物相化活动本身的根本改变。马克思在《资本论》中曾经说,"生产力**特别高**(*ausnahmsweiser*)的劳动起了**自乘**的劳动(*potenzirte* Arbeit)的作用,或者说,在同样的时间内,它所创造的价值比同种社会平均劳动(gesellschaftliche Durchschnittsarbeit)要多"②。这里,马克思特意使用了一个数学中的概念——potenzirte(自乘③),用以表达劳动构序本身的非常规改变和发展。这是马克思从其他科学领域挪用范畴的实例,这样会使他自己的批判话语更加精准。我理解,这里马克思所说的产生自乘效应的劳动,当然不是机器生产中被逐渐边缘化的看管和调节机器的同质性工人劳动,而会是以脑力劳动为主的复杂劳动,比如科学技术实验或者工业工艺设计中的复杂信息编码劳动。这种新型复杂劳动的原创性构序重新对象化到生产过程中去时,将产生劳动生产构序的自乘效应。马克思也说过,"比较复杂的劳动(Komplicirtere Arbeit)只是**自乘的**(*potenzirte*)或不如说**多倍的**简单劳动,因

---

① 《马克思恩格斯全集》(第二版)第42卷,人民出版社2016年版,第26页。中译文有改动。Marx-Engels-Gesamtausgabe(MEGA²),Ⅱ/5,Text,Berlin:Dietz Verlag,1983,S.21.
② 《马克思恩格斯全集》(第二版)第42卷,人民出版社2016年版,第323页。Marx-Engels-Gesamtausgabe(MEGA²),Ⅱ/5,Text,Berlin:Dietz Verlag,1983,S.257.
③ 自乘(square)为数学中的概念,基本意思为同数相乘。

此,少量的复杂劳动等于多量的简单劳动"①。自乘效应当然大大超出倍增效应,一项技术发明或者重大科学发现在劳动生产过程中的对象化,往往将带来革命性的变化,比如蒸汽机的发明对整个传统手工业生产的革命意义,原子能的发现对现代工业的革命意义,计算机与互联网的出现对当今世界后工业生产甚至全部社会生活的革命意义,等等。当然,在资本主义生产方式中,这种"劳动自乘"也会异化为资本家盘剥工人剩余价值的隐性法器。我们看到,马克思从其他学科借用概念的做法,是使自己的理论表述更加精细化的手段。

我以为,上述马克思在经济学研究中对生产过程、劳动过程和机器化生产复杂机制的理解,是对历史唯物主义构境中客体向度逻辑的丰富和发展,它与马克思经济学研究中生成的狭义历史唯物主义基础上的历史现象学,共同构筑了"第一个伟大发现"的全新构境层。阿尔都塞曾经说,"不借助马克思主义哲学就不能真正阅读《资本论》,而我们同时也应该在《资本论》中读出马克思主义哲学"②。他的这一观点是对列宁在"伯尔尼笔记"中相近观点③的泛化。实际上,如果我们不能深刻理解历史唯物主义的科学方法,特别是马克思在经济学研究中对这一科学方法论构境的深化,必定是无法真正进入他的第二个伟大发现——剩余价值理论构境的,当然,也会与**第三个伟大发现——对资本主义生产方式**的科学认识擦肩而过。

---

① 《马克思恩格斯全集》(第二版)第 42 卷,人民出版社 2016 年版,第 25 页。
② [法]阿尔都塞、巴里巴尔:《读〈资本论〉》,李其庆等译,中央编译出版社 2001 年版,第 80 页。
③ 列宁说:"不钻研和不理解黑格尔的**全部**逻辑学,就不能完全理解马克思的《资本论》,特别是它的第 1 章。因此,半个世纪以来,没有一个马克思主义者是理解马克思的!!"[《列宁全集》(第二版)第 55 卷,人民出版社 1990 年版,第 151 页。]

第十二章　科学认识以资本与雇佣劳动为基础的生产

认真梳理完马克思在整个经济学研究中对历史唯物主义和历史认识论构境的深化，以及劳动生产塑形和构序产品使用价值的历史进程之后，再回过头来观察他对"资产阶级社会"认知的艰难探索，在哲学方法论自觉前置和工艺学机理的澄明之下，马克思的科学认识构式就变得清晰和敞亮起来。在《1857—1858 年经济学手稿》（*Ökonomische Manuskripte 1857—1858*，*Grundrisse*，以下简称《大纲》）①中，马克思的第二个伟大发现——剩余价值理论的科学进程的同体进程里，我们看到了一个从"资产阶级社会"向**以资本与雇佣劳动为基础的生产**，再到**资本作为占统治地位的生产关系**的复杂社会场境的重要理论过渡。我们发现，也是在这个科学社会主义和经济学研究的双重进展中，马克思创立了狭义历史唯物主义基础上的历史现象学，在历史认识论的前提下，重新恢复了批判认识论的逻辑，并且开始重新启用劳动辩证法基础上的科学的异化概念，由此，真正透视了以资本与雇佣劳动为基础的资产阶级社会中发生的商品-市场关系的经济物相化迷雾。这里，我们先来看一下马克思在《大纲》的"导言"和"资本章"中关于资产阶级社会本质新的看法。

---

① 苏联、东欧学者根据马克思一封书信的内容将其标题拟定为《政治经济学批判大纲（草稿）,1857—1858 年》（*Grundrisse der Kritik der politischen Ökonomie 1857—1858*）。后来在西方学术界关于这一文本的讨论中，人们通常简称其为 *Grundrisse*（《大纲》）。

1. 资本与雇佣劳动:占统治地位的生产关系构式

在《伦敦笔记》之后,马克思在 1857—1858 年 5 月开始了自己独立的政治经济学理论研究,其成果就是著名的《1857—1858 年经济学手稿》,即《大纲》。这个马克思忍着病痛且在受到生活困窘的干扰下殚精竭虑完成的手稿①,写在马克思用罗马数字注明 Ⅰ—Ⅶ 的七个笔记本中。在最后一本即第 Ⅶ 本的封面上,马克思亲笔写明:*Criticism of Political Economy (Fortsetzung)*,即《政治经济学批判(续)》。在《回到马克思》第一卷中,我已经对这一手稿的文献情况做过说明,此不赘述。我认为,《大纲》是马克

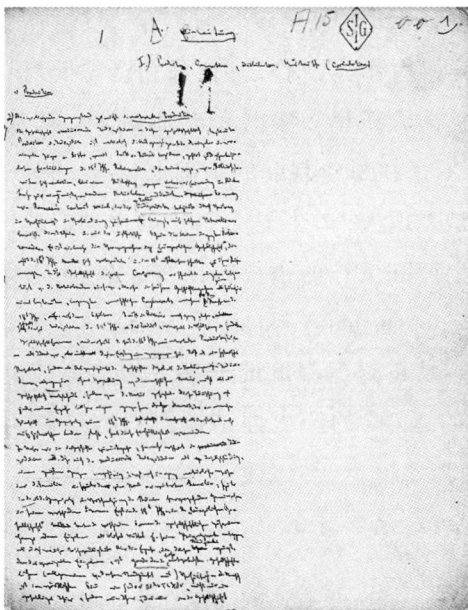

图 12－1 马克思《大纲》"导言"一页

---

① 1857 年 12 月 8 日,马克思写信告诉恩格斯:"我现在发狂似地通宵总结我的经济学研究,为的是在洪水之前至少把一些基本问题搞清楚。"12 月 18 日,他写信告诉恩格斯:"我的工作量很大,多半都工作到早晨四点钟。"12 月 21 日,在写给拉萨尔的信中马克思说,他白天不得不写一些评论时局的文章,以挣钱养家糊口,"剩下夜晚来做**真正的**工作",而且,还不断受到病痛的折磨。参见《马克思恩格斯全集》第 29 卷,人民出版社 1972 年版,第 219、229、527—528 页。

思的一个极其复杂的思想实验室，因为在这里，他同时形成了自己独有的狭义历史唯物主义理论基础之上的历史现象学，再一次恢复了劳动辩证法之上批判认识论中的科学异化概念，恰是在这一重要科学方法论的指导下，他初步实现了经济学中的伟大革命（"第二个伟大发现"）——创立了**狭义剩余价值理论**。也是在这里，马克思第一次完成了对"资产阶级社会"本质的科学认识，即**以资本与雇佣劳动为基础的生产关系**，这是一种在复杂社会场境中占统治地位的生产关系。这是走向第三个伟大发现最重要的一步。

这里，我们先来看一下马克思在《大纲》正文前为自己的经济学论著写下的"导言"中的一些方法论上的具体进展，这主要表现为广义历史唯物主义思想构境的深化和历史认识论的新突破。

我们看到，在开始写作《大纲》之前，马克思先批判了两位反对古典经济学的学者——"美国人凯里和法国人巴师夏"[①]，因为在这二人看来，资产阶级社会似乎"不是在封建制度的基础上（Grundlage des Feudalwesens）发展起来的"，"不是表现为一个长达数百年的运动的遗留下来的结果"，而是一种人类"社会生产和交往的永恒的正常关系（ewigen Normalverhältnisse gesellschaftlicher Production und Verkehrs）"。[②] 这两个"不是"需要倒过来读，即资产阶级社会是在封建制度的基础上历史形成的，并且，它是资产阶级"长达数百年的运动"的历史性结果，然而，这种历史性的产物却被凯里和巴师夏伪饰为永恒不变的东西。这与马克思在《哲学的贫困》中所批判的所有资产阶级经济学家的观点一致，即将资产阶级社会中的历史

---

① 弗雷德里克·巴师夏（Frédéric Bastiat，1801—1850）和亨利·查尔斯·凯里（Henry Charles Carey，1793—1879），是19世纪中叶法国和美国最有影响的资产阶级庸俗经济学家。巴师夏原先是法国南部的一个葡萄酒业资本家，1845年移居巴黎，以宣传自由贸易为业，创立了自由贸易协会并任秘书，还以欧洲自由贸易派的旗帜自居。他的主要著作是1850年发表的《经济和谐》。凯里是美国造纸业和印刷业资本家。他从事经济学著述的年代是19世纪30—50年代。他的主要著作有1837—1840年出版的三卷本《政治经济学原理》、1848年发表的《过去、现在及将来》《工农商利益的调和》和1857—1859年出版的三卷本《社会科学原理》。马克思后来将其指认为庸俗经济学中的"一个职业的调和论者和辩护论者"[《马克思恩格斯全集》（第二版）第35卷，人民出版社2013年版，第361页]。

② 参见《马克思恩格斯全集》（第二版）第30卷，人民出版社1995年版，第4页。

性的社会关系伪饰成天然的、最符合人性的自然关系。对此,马克思明确指出,这是一种对资产阶级社会本质的"非历史和反历史(unhistorisch und antihistorisch)"的误认。当然,这也是对整个资产阶级意识形态非历史本质的批判。马克思分析说:

> 在现实的历史上,雇佣劳动(Lohnarbeit)是从奴隶制和农奴制的解体中产生的,或者像在东方和斯拉夫各民族中那样是从公有制的崩溃中产生的,而在其最恰当的、划时代的、囊括了劳动的全部社会定在(gesellschaftliche Dasein)的形式中,雇佣劳动是从行会制度、等级制度、劳役和实物收入、作为农村副业的工业、仍为封建的小农业等等的衰亡中产生的。在所有这些现实的历史过渡中,雇佣劳动表现为一些关系的解体、消灭,在这些关系中,劳动从它的收入、它的内容、它的场所和它的规模等等所有方面来说都是固定的。所以,**雇佣劳动表现为劳动和它的报酬的固定性的否定**(*Verneinung der Fixität*)。①

很显然,与上一章中我们在历史唯物主义客体向度中关于劳动生产的哲学构境不同,马克思的经济学研究,在每一个细节上都会是具体的、历史的和现实的分析。按照前面我们已经讨论过的《雇佣劳动与资本》的文本,马克思这里的雇佣劳动并非仅仅为狭义的工人劳动,也同时是指作为社会关系场境出现的资本统治关系。第一点是说,这种作为资产阶级社会本质的关系,在现实的欧洲历史进程中,是从奴隶制和农奴制社会关系脱型中逐步历史发生的,此时,马克思已经能够精准地区分不同于西欧历史进程的"东方和斯拉夫各民族"的社会历史进程,因为后者的"雇佣劳动"是"从公有制的崩溃中产生的"。我甚至认为,这是马克思逐步超出**线性的欧洲历史逻各斯**的源头,它直达晚年马克思对东方社会的历史和人类学研究的深入思考。马克思对东方和斯拉夫民族公有制的研究,源起于1853—1856年前后对亚洲殖民地、斯拉

---

① 《马克思恩格斯全集》(第二版)第30卷,人民出版社1995年版,第15页。中译文有改动。Marx-Engels-Gesamtausgabe(MEGA²), Ⅱ/1, Text, Berlin:Dietz Verlag, 2006, S.13.

夫民族的研究和思考。① 特别是在劳动的具体定在形式中,只是在封建的"小农业"和作为"农村事业的工业"走向衰亡,固定在自然物理空间的土地上的劳役和实物收入被彻底否定之后,以工资(Lohn)收入为基础的新型经济空间中的动态的雇佣劳动关系才得以发生。如果说黑人不是天生的奴隶,那么,工人也不会是天生的雇佣劳动者,奴隶和雇佣劳动者都是一定生产力发展水平之上特定社会关系场境(现实"社会关系的总和")赋型的历史结果。第二构序点是更加重要的,它表征出马克思此时基于历史辩证法在**历史共时性观察上**的巨大进展,这是由于马克思已经不再将资产阶级社会当作一个**孤立的生产方式**,也不是将资本看作一个单一的生产关系,而是在具体的历史进程中探索这一新的生产关系**如何成为复杂社会定在和关系结构中统治性的生产关系矛盾系统**。马克思现在思考的构序焦点为:从封建社会后期到资产阶级社会前期,虽然旧有的"一些关系""解体、消灭",但它们并非在资产阶级雇佣制度出现之后就完全消失了,于是,这就会呈现一个不同所有制关系相互冲突和相互关联的**共存现象**。但马克思发现,在这个特定的历史性的社会关系动态构序结构中,"资本和雇佣劳动是占统治地位的生产关系(Capital und Lohnarbeit das herrschende Productionsverhältniß ist)"②。请注意,这里马克思第一次提及,资本是一种在复杂社会构型中**占统治地位的生产关系**,应该说,这是马克思关于资产阶级社会认识的一个重要方法论转换。这也意味着,马克思的历史辩证法和历史认识论**从线性历时性向复杂共时性场境关系赋型**

---

① 马克思在 1853 年 6 月 14 日写给恩格斯的信中谈到,他注意到东南亚国家中存在着土地公有制现象:"在某些这样的村社中,全村的土地是共同耕种的,但在大多数情况下是每个土地所有者耕种自己的土地。在这种村社内部存在着奴隶制和种姓制。荒地作为公共牧场。妻子和女儿从事家庭纺织业。这些田园共和国只是怀着猜忌的心情防范邻近村社侵犯**自己村社**的边界,它们在新近刚被英国人侵占的印度西北部还相当完整地存在着。"(《马克思恩格斯全集》第 28 卷,人民出版社 1973 年版,第 272 页。)马克思当时研究的文献,除去《伦敦笔记》第 21—23 笔记本中已经涉及的印度专题摘录外,主要为 1812 年发表的英国下院委员会的报告,以及乔·坎伯尔的著作《现代印度:民政管理制度概述。卷首附当地居民及其制度的某些材料》(1852 年伦敦版)等。1856 年 2 月 29 日,马克思写信给恩格斯,告知他正进行的斯拉夫民族研究,其中的文献有多勃罗夫斯基的《斯拉夫学》、摩·威·赫弗特尔的《公元 5 世纪末以来德意志人和斯拉夫人的世界斗争》(1847)、赫弗特尔的《斯拉夫民族》(1852)和西普廉·罗伯尔的《斯拉夫世界,它的过去、现在和将来》(1852)等。参见《马克思恩格斯全集》第 29 卷,人民出版社 1972 年版,第 20—22 页。
② 《马克思恩格斯全集》(第二版)第 30 卷,人民出版社 1995 年版,第 17 页。

的转换。这一观点,在《大纲》的经济学思想实验中还会不断深化。

我们从上文可知,在《大纲》手稿前面的"导言"(*Einleitung zu den „Grundrissen der Kritik der politischen Ökonomie"*,M 笔记本)①中,马克思仍然是从广义历史唯物主义的前提,即作为全部社会定在和发展的前提的**物质生产**(*materielle Production*)出发的。但与《德意志意识形态》不同,这种对物质生产的讨论被放置到更加具体的历史场境分析中来了,生产物相化本身的历史性被直接突显出来。这有多重历史性确证。第一,物质生产中**个人的历史场境关系转换**。物质生产当然是由人来完成的,可历史地看,这些个人并非如资产阶级政治经济学中作为主体设定的独立的个人(斯密、李嘉图喜欢谈论的孤立的猎人和渔夫),而必定是"在社会中进行生产的个人"②。并且,经过"居利希笔记"中经济发展现实和《伦敦笔记》中的理论思考,马克思已经可以进一步指出,在资产阶级社会中看起来原子化的"独立的个人",只是一个**历史关系场境转换的结果**,而不是资产阶级意识形态中非历史的抽象个人。这是马克思在历史辩证法和历史认识论中对社会主体的重要确定。马克思说,这种独立的个人的假象

> 是对于 16 世纪以来就作了准备、而在 18 世纪大踏步走向成熟的"市民社会"(„bürgerlichen Gesellschaft")的预感。在这个自由竞争的社会里,单个的人表现为摆脱了自然联结(Naturbanden)等等,而在过去的历史时代,自然联结等等使他成为一定的狭隘人群的附属物。这种 18 世纪的个人,一方面是封建社会形式解体(Auflösung der feudalen Gesellschaftsformen)的产物,另一方面是 16 世纪以来新兴生产力(entwickelten Productivkräfte)的产物。③

---

① "导言"是马克思为他计划写的总标题为《政治经济学批判》的经济学巨著而写的草稿,"导言"包含在标以"M"字母的笔记本上,笔记本封页上注明:"1857 年 8 月 23 日,伦敦。"

②《马克思恩格斯全集》(第二版)第 30 卷,人民出版社 1995 年版,第 22 页。

③《马克思恩格斯全集》(第二版)第 30 卷,人民出版社 1995 年版,第 22—25 页。中译文有改动。此处马克思使用的 Naturbanden 一词中的 Band,并非普通的联系,而是指基于人与人血亲谱系之上的直接**联结**。Marx-Engels-Gesamtausgabe(MEGA²), Ⅱ/1, Text, Berlin: Dietz Verlag, 2006, S. 21.

在这里,我们再一次看到了这个有特定喻意的 bürgerliche Gesellschaft(资产阶级社会 = 市民社会话语 Ⅱ)。一是,在此,马克思突出强调了 18 世纪"成熟的'市民社会'"。此处的"成熟"当然是指"16 世纪以来新兴生产力"的飞速发展,必然生成更加复杂的"自由竞争"的经济市场关系场境。我们看到,这是马克思第二次在 bürgerliche Gesellschaft 上打引号,以表征源自斯密-黑格尔的市民社会话语 Ⅱ 的历史语境向**资产阶级社会**的转换。概念考古的文献考据显示,马克思第一次在 bürgerliche Gesellschaft 上打引号,是在《评李斯特》一文中,而恩格斯多年之后也在《关于费尔巴哈的提纲》第十条中的 bürgerliche Gesellschaft 上打引号。这显然是一种特设性的话语编码细节。1852 年,恩格斯还在给马克思的信中专门强调资产阶级社会中的阶级统治和"商业和工业"的"生产和分配方式"。① 二是,马克思也说明了资产阶级社会中现实的个人总是一定的场境关系赋型中的历史存在。这是对《关于费尔巴哈的提纲》第一层级非物像视域中,那个"人的本质不是单个人所固有的抽象物,在其现实性上,它是一切社会关系的总和"的进一步历史说明。马克思辨识出,这个 18 世纪资产阶级"自由竞争的社会里"的单个的人,是在封建社会形式中那种人与人之间直接的"自然联结"关系解体后出现的。这里的 Auflösung(解体),正是个人从旧的以血缘关系为基础的宗法式"自然联结"——封建生产关系——中**失形、祛序和脱型**出来的过程。这里的失形、祛序和脱型,显然不同于处于劳动生产过程中的自然物本有"自然辩证法"关联的简单暴力解构,现实个人的**历史脱型**是指人从旧有社会的生产关系和生产

---

① 1852 年恩格斯在写给马克思的信中谈道:"bürgerliche Gesellschaft 被译成'中等阶级社会',这从语法和逻辑的角度严格说来是不对的,就好象把'封建社会'译成'贵族社会'一样。有教养的英国人不这么说。应当说:'资产阶级社会',或者根据情况说:'商业和工业社会',并且可以加一个注:我们理解的'资产阶级社会'是指资产阶级、中等阶级、工业和商业资本家阶级在社会和政治方面是统治阶级的社会发展阶段;现在欧洲和美洲的所有文明国家在某种程度上就是处于这种阶段。因此,我们建议用'资产阶级社会'和'工业和商业社会'这样的说法来表示同一个社会发展阶段,虽然前一种说法更多地是指这样一个事实,即资产阶级是统治阶级,不同于它取而代之执政的那个阶级(封建贵族),或者不同于它使之在社会和政治上处于从属地位的那些阶级(无产阶级或产业工人阶级,农民,等等),——而'商业和工业社会'这个说法更多地是专门指这个社会历史阶段所特有的生产和分配方式。"中译文有改动。参见《马克思恩格斯全集》第 28 卷,人民出版社 1973 年版,第 139—140 页。

方式中摆脱出来,而个人的**社会生活失形和祛序**则是指具体主体物相化生存形态的改变,有如西方中世纪贵族的假发和长袍向西装便服的转换,中国男子剪除长辫、女子放开裹脚等生活形态的改变。重要的是,如同自然物的失形、祛序和脱型是劳动生产塑形和构序的前提,在社会生活的转变中,旧式的生产关系的历史解构、脱型和社会失形、祛序,也是之后现实个人新的生存塑形、构序和社会关系赋型的前提。只是,不同生产方式的转换(筑模与消模,modeling/dismode)是由物质生产进程推动的,而社会物相化中生产关系的脱型和再赋型则会是通过社会革命的暴力,由此再生成个人主体物相化生存方式的失形、祛序和再塑形、再构序。马克思具体分析说:

> 我们越往前追溯历史,个人,从而也是进行生产的个人,就越表现为不独立,从属于一个较大的整体:最初还是十分自然地在家庭和扩大成为氏族的家庭中;后来是在由氏族间的冲突和融合而产生的各种形式的共同体(Gemeinwesen)中。只有到 18 世纪,在"市民社会"(„bürgerlichen Gesellschaft")中,社会关联(gesellschaftlichen Zusammenhangs)的各种形式,对个人说来,才表现为只是达到他私人目的的手段,才表现为外在的必然性(äusserliche Nothwendigkeit)。①

这里,我们再一次看到了这个打引号的 bürgerliche Gesellschaft。如果说,在《德意志意识形态》中,马克思恩格斯只是指认现实的个人在特定社会历史关系场境中的在场存在,而在此,马克思则具体说明了不同时代中社会物相化关系场境对个人现实本质的历史塑形和赋型。他认为,在家庭、氏族和封建家族等共同体之中,直接血亲和宗法关系中的个人是无法独立的,他们的在场总是生命负熵延续的自然共同体场境关系的有机部分,他们的社会生存等级构序就是直接的生物学编码("娘胎里带来的"),依马克思早年的戏称,即"动物学"②,因为溥仪天生就是皇帝,英国的王子一出生就是皇族,他们的

---

① 《马克思恩格斯全集》(第二版)第 30 卷,人民出版社 1995 年版,第 25 页。中译文有改动。马克思这里使用的 Zusammenhang 一词,不是简单的联系,而是许多人之间发生的**共同关联**。Marx-Engels-Gesamtausgabe(MEGA²), Ⅱ/1, Text, Berlin: Dietz Verlag, 2006, S. 22.

② 马克思指认,"中世纪是人类史上的**动物时期**,是人类动物学"。参见《马克思恩格斯全集》(第二版)第 3 卷,人民出版社 2002 年版,第 99 页。

场境关系存在与共同体直接关系赋型是同一的。依我们已经讨论过的方面，这种关系共同体的背后是农耕生产中简单的共同劳作。而当资产阶级在消模于农业生产方式的工业生产之上建立起商品经济发展，造成了传统自然联结的共同体的解构，个人才从宗法关系场境中脱型出来成为"单一的个人"，你是哪个爹妈生的生命负熵血统场境关系编码开始变得不重要，然而，拥有身外的金钱关系则成为规制人的场境存在的关键性社会历史负熵质。这种历史在场性中的社会物相化关系的脱型与再赋型，也必然导致个人生活的彻底转换，即从封建等级的凝固化外在标识与分层生活中失形和祛序，以金钱重新编码一切存在，不同于血亲宗法关系场境中丧失主体性的个人，追逐金钱的个人是自己追逐私利的原子化的独立主体。马克思认为，正是资产阶级社会中这种原子化的个人之间通过商品交换关系赋型和编码的"外在的必然性"，无形中建立起个人之间**工具性的效用**场境 Zusammenhang(关联)。其本质，是在劳动分工中丧失了劳动总体性的残缺个人。我们不难看到，这个多重关系整合的 Zusammenhang(关联)概念是在资产阶级社会特有的复杂社会关系自发中介的意义上出场的。据概念考古的词频统计，马克思在《大纲》中共计 35 次使用 Zusammenhang 一词。在马克思看来，个人成为追逐私利中的互为手段的现象，这只是"16 世纪以来新兴生产力的产物"。这也表示，打上特殊引号的市民社会(话语Ⅱ)，是由 16 世纪的工业生产力在封建社会形式脱型中发展起来的客观构序的结果，并且直到 18 世纪，才在市场交换关系场境(自由竞争)中成熟起来。这是马克思在社会主体的认知上，对资产阶级社会历史性本质透视的一个深化。

第二，**物质生产本身的历史性**。在马克思看来，"一切生产都是个人在一定社会形式(bestimmten Gesellschaftsform)中并借这种社会形式而进行的对自然的居有(Aneignung der Natur)"①。这是我们已经看到过的马克思十分著名的一段表述。这是说，物质生产物相化过程的具体发生，总是特定社会历史条件下的现实的、具体的个人以某种历史性的"社会形式"对自然的居有和赋型。这是对《德意志意识形态》中广义历史唯物主义原则的重新强调，它点破

①《马克思恩格斯全集》(第二版)第 30 卷，人民出版社 1995 年版，第 28 页。中译文有改动。

了物质生产的本质为人对自然的**历史性能动关系**。所以，只要"说到生产，总是指在一定社会发展阶段（bestimmten gesellschaftlichen Entwicklungsstufe）上的生产——社会个人的生产（Produktion gesellschaftlicher Individuen）"①。这与上述第一点是前后呼应的，这里所说的 gesellschaftlicher Individuen（社会个人），必定是早期以血亲关系场境为基础的自然共同体中的个人，或者是脱型于前者的商品-市场经济交换关系场境赋型基础上的"市民社会"中的个人，他们在面对生产时，必定是处于一定的社会关系场境赋型之中，并以特定的构序和编码方式进行生产。按照广义历史唯物主义的观点，一旦提及生产，就只能是一定历史条件下的生产，即"把历史发展过程在它的各个阶段上一一加以研究，或者一开始就要声明，我们指的是某个一定的历史时代（bestimmten historischen Epoche）"，比如**现代资产阶级的生产**（*modernen bürgerlichen Produktion*）的历史性，就表现为工业生产基础之上发展起来的**社会性**。马克思说，这是他此处将要研究的生产问题。在他看来，现代资产阶级生产的社会性，或者**社会性的生产一般**只是资产阶级生产方式中出现的特殊生产构式。在此，我们可以再回忆一下马克思在"穆勒笔记"和《1844年手稿》中的那个本真的社会概念②，那种非历史的、价值悬设中的设定，在这里已经被具体的、历史的、现实的社会性分析取代。后来，马克思在《评阿·瓦格纳的"政治经济学教科书"》中说，"社会的生产过程（更不必说生产过程一般），在私人资本家出现以前就存在的很多公社（古代印度的公社、南斯拉夫人的家庭公社等等）内，是不存在的"③。这是确认，资产阶级经济学家作为研究前提的"社会性的生产一般"，其实是一种特定历史条件下的产物。与《德意志意识形态》相比，马克思此时的历史认识论构境中的边界是十分清晰的。在《资本论》第三卷中，马克思具体分析说："资本主义生产过程是社会生产过程一般的一个历史性的一定形式（gesellschaftlich bestimmte Form）。而社会生产过程既是人类生活的物质生存条件（materiellen Existenzbedingungen）的生产过程，又

①《马克思恩格斯全集》（第二版）第30卷，人民出版社1995年版，第26页。
② 参见《马克思恩格斯全集》（第二版）第3卷，人民出版社2002年版，第301页。
③《马克思恩格斯全集》第19卷，人民出版社1963年版，第401页。

是一个在特殊的、历史-经济的生产关系(specifischen,historisch-ökonomischen Produktionsverhältnissen)中进行的过程,是生产和再生产着这种生产关系本身,因而生产和再生产着这个过程的承担者、他们的物质生存条件和他们的互相关系即他们的一定的经济的社会形式(bestimmte ökonomische Gesellschaftsform)的过程。因为,这种生产的承担者同自然的关系以及他们互相之间的关系,他们借以进行生产的各种关系的总体(Ganze),就是从社会经济结构(ökonomischen Struktur)方面来看的社会。资本主义生产过程像它以前的所有生产过程一样,也是在一定的物质条件下进行的,但是,这些物质条件同时也是各个个人在他们的生活的再生产过程中所处的一定的社会关系的承担者。"①这是马克思后来对资产阶级在一定的社会历史条件下所创造的物质生产和再生产过程,以及 bestimmte ökonomische Gesellschaftsform(一定的经济的社会形式)中的生产关系再生产的具体分析。在马克思看来,具有社会性的生产一般本身,就是社会历史在场的特定产物。可是,资产阶级经济学家的谬误正在于从抽象的社会性"生产一般"出发,将资产阶级生产和分配关系等具有社会历史质性的具体社会运动和特殊规律,"描写成局限在与历史无关的永恒自然规律之内的事情,于是**资产阶级**关系(*bürgerliche* Verhältnisse)就被乘机当作社会一般的颠扑不破的自然规律(Naturgesetze)偷偷地塞了进来"②。这是说,抹杀了社会物质生产的**历史性差别**,进而将**资本这个特定历史条件下的社会场境关系赋型**变成"一种一般的、永存的自然关系(Naturverhältniß)",这样,也就认证了资产阶级"现存社会关系(soziale Verhältnisse)永存与和谐"。这当然是资产阶级意识形态制造出来的虚假关系幻象。其实,这种 Naturgesetze(自然规律)和 Naturverhältniß(自然关系),在马克思这里都是处于似自然性的"第二自然辩证法"的证伪性构境之中的。这与马克思前面所批评的"美国人凯里和法国人巴师夏"的错误是一致的。从本质上看,将社会关系的历史性偷换为非历史的自然关系,这也是资产阶级意识形态的一种话语迷雾,在后面的商品、货币和资本关系分析中,将特定

---

① 《马克思恩格斯全集》(第二版)第46卷,人民出版社2003年版,第926—927页。中译文有改动。
② 《马克思恩格斯全集》(第二版)第30卷,人民出版社1995年版,第28页。

的社会关系场境(价值关系、价值形式和雇佣劳动关系)偷换为到场对象物的伪自然物质属性,恰恰是这种意识形态话语迷雾的升级版。

第三,复杂的社会历史场境结构中**占统治地位的生产关系**。这是我们前面已经提及的马克思思想构境中生成的,一个新的历史辩证法和历史认识论中的立体维度。经过《布鲁塞尔笔记》C 中的"居利希笔记"和《伦敦笔记》,马克思在大量经济和历史研究中直接遭遇了丰富的多民族社会历史发展的复杂现实,不仅其社会生产方式筑模的发展阶段不同、特点不同,而且他已经意识到,一个历史时期中真实存在的社会形式里,可能会包含**多种异质的生产方式并存**或者相互消长的情况,这使马克思原先思考社会历史形式和分期的方法论发生了重要的转换。在"居利希笔记"中,马克思不仅看到了欧洲不同国家和地区资产阶级经济关系发展程度上的巨大差异,也看到了旧式生产关系的残余力量,甚至在遍及世界的资产阶级殖民主义统治中,还看到了在欧洲已经绝迹的奴隶制度的重新"复活"。在《伦敦笔记》中,马克思摘录到这样的文字,"欧洲那些已经废除奴隶制的国家,如今却在美洲恢复了奴隶制","这些奴隶要么是美洲原住民,要么是当地人,要么是在当地购买的非洲黑人,或者从欧洲运来的罪犯,或者像非洲的黑人原住民一样被绑架和贩卖来的非罪犯的欧洲人"。[1] 在 1853 年 6 月 14 日写给恩格斯的信中,马克思提及"在英国人的虐待下,黑人不仅不能维持他们原有的人口,而且每年新输入的黑人中总有三分之二死亡"[2]。这种人为制造出来的新的奴隶制度,恰恰是由号称启蒙和解放的资产阶级生产方式在他性空间中故意创制出来的。这就有可能在同一时间断面上,同时出现殖民地土著的原始部族生活与资产阶级制造出来的新型奴隶制度,以及在欧洲土地上残存的封建关系与资产阶级生产关系并存的复杂社会生活场境。我注意到,哈维认识到了这一点,他说,马克思在《大纲》中已经意识到,"一种生产方式并非专属一个历史时代,即使某种特定生产方式可能明显占据主导地位。社会自身之内总是包含着潜在的、

---

① 参见 Marx-Engels-Gesamtausgabe(MEGA^2),Ⅳ/8,Text,Berlin:Dietz Verlag,1986,S.274。中译文参见孔伟宇译稿。

②《马克思恩格斯全集》第 28 卷,人民出版社 1973 年版,第 270 页。

相互冲突的生产方式"①。所以,马克思在广义历史唯物主义中获得了这样的全新认识:

> 在一切社会形式(allen Gesellschaftsformen)中都有一种一定的生产(bestimmte Produktion)决定其他一切生产的地位和影响,因而它的关系(Verhältnisse)也决定其他一切关系的地位和影响。这是一种普照的光(allgemeine Beleuchtung),它掩盖了一切其他色彩,改变着它们的特点。这是一种特殊的以太(Äther),它决定着它里面显露出来的一切定在(Daseins)的比重。②

这是《大纲》中马克思关于广义历史唯物主义深刻思想的一段非常重要的表述。但它却被历来的哲学目光忽略。我留意到,在早先的《布鲁塞尔笔记》中,马克思曾经摘录到布雷关于"占统治地位的社会制度"的说法。③ 马克思这里透视一般物像迷雾背后社会物相化关系构序的思想构境有多重重要的理论构序点:一是一切社会生活中非实体性的现实社会形式,作为社会物相化的历史结果,都不会以一种**单一性质**的社会定在在场,任何具体的社会生活都有可能由不同质性生活场境复杂交织构序而成,这亦表明,人的真实历史在场性有可能是**多重异质性在场复合交织**的,其中,在社会定在的基础前提上,完全有可能出现一个特定时期中的社会定在同时包含不同性质物质生产构序活动和场境关系赋型的状况。这是对历史辩证法运动内部复杂矛盾结构的揭示。比如,基于自然经济的早期欧洲封建社会生活中,社会物相化关系构序的社会制度中同时嵌套着奴隶制的残余,而后期则同时基于自然经济和新生的工业生产物相化,而孕育着正发生发展中的资产阶级生产关系,再加上殖民主义统治中灭绝的原始部族生活和制造出来的新型奴隶制度。这就呈现出一种历时性的多重生产关系矛盾的辩证法关系。这会是一种**历**

---

① [美]大卫·哈维:《社会正义与城市》,叶超等译,商务印书馆2022年版,第216页。
② 《马克思恩格斯全集》(第二版)第30卷,人民出版社1995年版,第48页。中译文将此处的Daseins一词译作"存在",我均改译为"定在"。Marx-Engels-Gesamtausgabe(MEGA²),Ⅱ/1,Text,Berlin:Dietz Verlag,2006,S.41.
③ 参见Marx-Engels-Gesamtausgabe(MEGA²),Ⅳ/5,Text,Berlin:Akademie Verlag,2015,S.10.中译文参见李乾坤、李亚熙、吴婷译稿。

史时间逻辑在空间中的共时性布展。还有一个例子,恩格斯在晚年就曾经谈到,在俄国,"社会发展的各个阶段——从原始公社到现代大工业和金融寡头——都存在"①。这些在西欧历史上先后出现的历史时期,同时发生和存在于俄国的现实空间中。这是历时性社会发展中的时间逻辑,在同一个结构性社会空间中的共时性布展。对个人来说,则有可能同时面对着不同生产关系之下的社会生活,有如中国辛亥革命之后的封建关系残余、变形中的封建军阀和新生的民主革命力量的杂多个人主体并存,以及马克思所指认的18世纪那些欧洲殖民者,在殖民地维系着的奴隶制下充当野蛮的奴隶主,而回到欧洲,则摇身一变成为资产阶级社会中"文明"的资本家。在上述1853年6月14日马克思写给恩格斯的书信中,马克思就谈到英国殖民主义者在印度遭遇的保留公共用地的村社生活中的"田园共和国",并将其"爱尔兰化"的强暴过程。② 这是原来马克思并没有认识到的历史辩证法运动的复杂历史在场性的问题。

二是马克思认为,在这种新的历史辩证法构境层面中我们会发现,在一个特定的时期中,必定会出现"一种一定的生产决定其他一切生产的地位和影响"的状况。这一看法,当然深化了《德意志意识形态》中关于物质生产基础论的观点。因为这意指着,在一个历史时期中,决定了整个社会定在和复杂社会运动的不同性质的物质生产中,总有一种"怎样生产"的物质生产构序占据决定性地位,它的**社会先验地位和社会关系编码影响**超越其他生产活动,且规定了这一时期社会生活的历史负熵质。这也意味着,任何一个历史时期中,都会由复杂生产关系矛盾中居统治地位的**主要矛盾**规制着整个历史辩证法的性质和运动方式。比如,早期资产阶级社会中工业生产物相化逐步超越其他农耕文明中的生产方式,成为这一复杂社会定在中决定性的生产方式筑模,并逐步建立起特殊的资产阶级商品-市场经济体制,最终在政治法律上以全新的社会物相化建立起资产阶级的强大统治机器和制度。

三是与此对应,一个特定历史时期中的社会定在中,不同生产活动的共

---

① 《马克思恩格斯全集》第36卷,人民出版社1975年版,第302页。
② 参见《马克思恩格斯全集》第28卷,人民出版社1973年版,第272页。

在,也决定了**不同社会关系赋型的强弱叠境的矛盾共生现象**。这也意味着,一个特定历史断面上的社会生活中,有可能同时存在完全不同的生活关系中的现实个人,有如残余贵族、新兴资产阶级和无产阶级革命者的不同生活情境,甚至还有殖民地人民的新型奴隶的悲惨生活。从认识论的层面看,同一个社会情境中不同个人主体所背负的差异性认知构架,也会让他们看到完全不一样的世界图景。这也会是对康德先天综合判断命题非历史性的证伪。不过,马克思认为,其中必然会出现一个占决定性地位的物质生产构序及其产生的特定先验生产关系赋型,它像一种历史在场性中的"普照的光",决定了我们周围世界的普遍关联质性,它的在场会让其他社会物相化的生产关系从形式和实质上从属于它。这将是马克思后来逐步深入探讨的方面。并且,这种统治性的生产关系还像天上高位中的"以太"①那样,成为构成存在的关键性塑形力量,规制着生活和主观认知中不同质性场境关系的赋型和编码比重。在后面的讨论中,马克思又将其表述为社会历史负熵有机系统中的社会**总体性**。应该说,这是广义历史唯物主义、历史辩证法和历史认识论的重大进展。这也为马克思更加科学地透视资产阶级社会生产关系的复杂性创造了方法论和认识论上的构境前提。可能也由此,马克思才将整个《大纲》的主导性思想指认为:"这部著作第一次科学地表述了关于**社会关系**的重要观点。"②我体会,马克思这里所说的"第一次",并非说刚刚开始研究社会关系问题,而是说他第一次结合现实的历史辩证法运动深刻说明了社会关系的复杂性。

关于这一问题,马克思还进一步具体分析说,比如在游牧民族的生活方式中出现的耕种生产的土地所有制,"在从事定居耕作(这种定居已是一大进步),而且这种耕作像在古代社会和封建社会中那样处于支配地位的民族那里,连工业、工业的组织以及与工业相应的所有制形式都多少带着土地所有制的性质"③。我猜测,从游牧生活到定居方式的转变问题,马克思最早是在

---

① "以太"一词是英文 Ether 或 Aether 的音译,是西方物理学史上一种假想的物质观念,起初带有一种神秘色彩,其内涵随物理学发展而演变。最早,以太是古希腊哲学家亚里士多德所设想的一种物质形态,在他看来,物质元素除了水、火、气、土之外,还有一种居于天空上层的以太。
②《马克思恩格斯〈资本论〉书信集》,人民出版社 1976 年版,第 137 页。
③《马克思恩格斯全集》(第二版)第 30 卷,人民出版社 1995 年版,第 48 页。

舒尔茨的《生产运动》一书中看到的。① 这是说,在土地所有制关系占统治地位的社会生活中,即便是出现了早期手工业生产和商业活动的新型生产关系,它们本身的在场也必定带有封建生产关系先验赋型的性质,它们在社会生活物相化中的比重也是由土地依附关系的"以太"规制的。在此之后,随着资产阶级生产关系的不断成熟,手工业生产和商业活动才会逐渐脱型于封建社会关系构式,成为社会物相化关系构序更新的主体。而面对当时欧洲各国处于不同发展时期的资产阶级社会现实,马克思说,在这些不同的复杂社会形式中,新出现的情况为,几乎所有欧洲国家的历史进程都呈现为**走向资本的世界历史**,在这一历史进程中,"资本是资产阶级社会的支配一切的经济权力。它必须成为起点又成为终点"②。因为在当时的资产阶级社会中,资本终将会作为一种占统治地位的生产关系,就是马克思上述所说的决定其他一切关系的地位和影响的"普照的光",资本关系赋型通过**外在形式从属**进而达及**内在的实质从属**,让所有的其他社会关系物相化和生活祛序并改变为资产阶级的特质。这一观点的形成,也是马克思关于以资本为基础的生产方式的第一次科学指认的开端! 为此,马克思客观地分析道:

> 资产阶级社会是历史上最发达的和最复杂的生产组织(Organisation der Produktion)。因此,那些表现它的各种关系的范畴以及对于它的结构(Gliederung)的理解,同时也能使我们透视一切已经覆灭的社会形式的结构和生产关系(Produktionsverhältnisse)。资产阶级社会借这些社会形式的残片(Trümmern)和因素建立起来,其中一部分是还未克服的遗物,继续在这里存留着,一部分原来只是征兆的东西,发展到具有充分意义,等等。人体解剖对于猴体解剖是一把钥匙(Die Anatomie des Menschen ist ein Schlüssel zur Anatomie des Affen)。反过来说,低等动物身上表露的高等动物的征兆,只有在高等动物本身已被认识之后才能理解。因此,资产阶级经济为古代经济等等提供了钥匙。③

① 参见[德]舒尔茨《生产运动》,李乾坤译,南京大学出版社 2018 年版,第 13 页。
② 《马克思恩格斯全集》(第二版)第 30 卷,人民出版社 1995 年版,第 49 页。
③ 《马克思恩格斯全集》(第二版)第 30 卷,人民出版社 1995 年版,第 46—47 页。中译文有改动。

这是马克思在《大纲》中关于资产阶级社会科学认识的一个重要的表述。在马克思看来,资产阶级社会是欧洲历史上目前为止"最发达的和最复杂的生产组织",其实,这也意味着在这种生产组织之上建立起来的商品-市场经济关系赋型生成了愈益复杂的社会物相化构式,由此,表现这些经济关系赋型的认知范畴和观念,可以历史性地透视那些已经消灭或正在消逝的社会结构和生产关系。其实,这也暗示了一种观点,即科学的历史认识论也只有在社会历史发展的历史辩证法构序高点上才会获得现实可能。这里,马克思提出了历史认识论中的一个极其重要的比喻:"人体解剖对于猴体解剖是一把钥匙",高级社会物相化赋型的编码结构,可以成为我们理解这些社会曾经存在过的初级社会赋型和社会关系场境的钥匙。在这里,我们也可以看到黑格尔《精神现象学》的影响。在那里,黑格尔在描述精神结构时曾经谈道:"在比较高一级的精神里,较为低级的存在就降低而成为一种隐约不显的环节;从前曾是事实自身的那种东西现在只还是一种遗迹,它的形态已经被蒙蔽起来成了一片简单的阴影"①。在马克思这里,精神的结构被替换为社会历史发展高级与低级的社会生产组织和社会关系结构。除此之外,这里还有另外的双重历史性构境意向:一是在资产阶级社会中,并非只独存一种资产阶级的生产关系,社会进程的内部还内含着过去旧的被袪序的生产关系的"残片"和遗存定在,比如社会脱型中残存的封建的生产关系,但资本的关系恰恰是在封建社会赋型的解构进程中发展起来的。当然,这也包括我们前面已经提及的"居利希笔记"和《伦敦笔记》中马克思已经目睹的资产阶级通过他性编码空间建立的殖民地,那里的"古老"的奴隶制度成为今天资产阶级生产关系的重要原始积累来源。二是原先资产阶级生产方式在封建社会中"只是征兆的东西",但后来却发展成为"具有充分意义"的生产方式,并在这些不同生产关系中占据了统治地位。其实,马克思依据广义的历史唯物主义和历史辩证法中的非物像批判构境,差异性地分析资产阶级社会内部的生产关系与其他社会生产关系的关联,获得了一些重要的认识进展,他也意识到资产阶级社会关系的复杂性,可是,他并没有意料到,自己在进入经济学语境之后,原有的广

①［德］黑格尔:《精神现象学》上卷,贺麟、王玖兴译,商务印书馆1979年版,序言第18页。

义历史唯物主义和历史认识论构境却并不能直接成为批判资产阶级社会经济关系的现成武器。他不得不锻造一种新的理论工具,这就是狭义历史唯物主义和历史现象学,并重新在批判认识论的基础上恢复劳动辩证法中科学异化概念的使用。这是他真正进入资产阶级社会关系的本质层面,科学地透视**第二层级经济物相化**的方法论前提。这是一个十分复杂和烧脑的问题群。

我注意到,在后面的"资本章"中,马克思再一次在批判资产阶级社会的本质上回到了这一问题上,提出了**作为总体性的资本是一种占统治地位的生产关系的观点**。依我的观点,马克思关于资本关系是一个总体性关系的论断有三个构境层:

第一层构境,作为历时性过程的资本关系总体性。马克思强调说,作为总体性的"资本决不是简单的关系(einfaches Verhältniß),而是一种**过程**(Process),资本在这个过程的各种不同的要素上始终是资本"①。这是继《雇佣劳动与资本》之后,马克思对资本关系的一个新认识:资本表现为**全过程编码的支配性总体关系**。这里,我们不难看到黑格尔辩证总体性概念的影子,在《哲学全书》中,他曾经这样描述观念辩证法的 Totalität(总体性),"现实的诸环节的总体、总和,现实在展开中表现为必然性"②。这是说,辩证法的总体性会将自身贯穿于理念辩证运动的全部过程中,甚至在每一个实现环节中呈露出来。列宁也高度关注过黑格尔的这一观点。③ 这里有两点:一是说这里的资本关系,就是马克思前面所说的在工业物相化基础上一定的社会物相化关系构序过程中占统治地位的资产阶级生产关系,即"普照的光",它让一切入序于这种生产关系的东西都成为资本支配的存在。这不仅仅是商业和经济过程,也包括了新型的城市生活和法权关系。马克思在 1854 年 7 月 27 日写给恩格斯的信中,提到他所阅读的梯叶里的《第三等级的形成和发展史概论》一书,他注意到梯叶里关于"第三等级"政治发展中的阶级分裂的论述,甚至感兴趣于"' catalla,capitalia' 即资本这个词是随着城市公会的发展而产生

---

① 《马克思恩格斯全集》(第二版)第30卷,人民出版社1995年版,第214页。
② Georg Wilhelm Friedrich Hegel, *Werke 6*, Berlin: Duncker und Humblot, 1840, S. 287.
③ 参见《列宁全集》(第二版)第55卷,人民出版社1990年版,第132页。

的"①。二是说资本作为总体性的生产关系,贯穿整个生产过程,它让所有进入过程的"要素"都成为资本关系的实现环节。比如说,一个作为工具的产品(李嘉图眼中的机器)成为资本,恰恰因为这个产品中有着"属于某个历史的社会形式的一定关系",正是资产阶级社会中的资本关系将这一生产资料赋型成为资本的力量。这也就是说,作为资本的机器是"正在消逝的东西(verschwindend darstellt)"。可是,这里却出现了**多重消逝**:因为这里作为资本在场的机器,并不仅仅是广义历史唯物主义透视中可以捕捉到的劳动塑形和构序的有用物,而同时还是内嵌着资本关系的一种经济物相化实在,这种物相的背后,遮蔽了下面我们将看到的多重复杂社会关系在经济构式中的**异化与事物化**。同理,进入生产过程的劳动材料和劳动者的劳动能力本身,也都成为资本关系的经济物相化实现环节,这已经是广义历史唯物主义和历史认识论无法透视的东西。

其实,劳动者也一样,在资本关系的总体性编码之下,劳动者必然成为雇佣劳动者。在此,马克思再一次强调了历史唯物主义关于个人与社会的基本观点:

> 社会不是由个人构成,而是表示这些个人彼此发生的那些联系和关系的总和(Summe der Beziehungen, Verhältnisse)。这就好比有人这样说:从社会的角度来看,并不存在奴隶和公民;两者都是人。其实正相反,在社会之外(ausser der Gesellschaft)他们才是人。成为奴隶或成为公民,这是社会的规定,是人和人或 A 和 B 的关系。A 作为人并不是奴隶。他在社会里并通过社会才成为奴隶。②

这又是 Beziehung 和 Verhältnis 概念的同时在场。显然,这是马克思在《关于费尔巴哈的提纲》、《马克思致安年柯夫》中的广义历史唯物主义相近观点的展开,也是他在《雇佣劳动与资本》一文中获得的重要思想。这里马克思所说的"社会不是由个人构成",并非否认现实的个人在社会定在中的实存,而是强调社会的现实本质是一种超越对象性到场"人口"的场境关系存在。

---

① 《马克思恩格斯全集》第 28 卷,人民出版社 1973 年版,第 382 页。
② 《马克思恩格斯全集》(第二版)第 30 卷,人民出版社 1995 年版,第 221—222 页。

人的本质,在其历史在场的现实性上是一切社会关系赋型的总和,社会则更是人与人之间的 Summe der Beziehungen, Verhältnisse(联系和关系的总和)建构起来的更大尺度中的社会物相化关系场境生活,所有人都因一定的社会关系场境赋型才成为特定社会定在中存在的现实的个人。一个人成为皮鞭下的奴隶或者自由的公民,这是由他所遭遇的特定历史质性的社会物相化关系场境总体性赋型和编码而成的。在美国南北战争期间,我们会看到南方那些被认定为"天生的"黑人奴隶,一旦入序于北方的社会关系场境赋型,则立刻脱型和转换为自由人。封建宗法制度下出现的血亲关系场境中的等级身份,在资产阶级金钱关系编码和构序之下,会转换为经济物相化场境关系人格化的"经济人"。马克思这里想强调的是,在资产阶级社会中,资本的生产关系成为统治性的社会物相化关系,这是历史辩证法运动的主要矛盾,一切人与物都成为资本关系支配下的特殊社会定在(经济定在),因而也必然出现作为资本关系**反向物相化场境**中人格化的资本家和自由的、拥有生产性劳动能力的雇佣劳动者。所以,资产阶级社会生产关系的基本矛盾结构是**资本与雇佣劳动的关系**,而资本关系则是支配了资本主义社会运行全过程的总体性权力关系。

第二层构境,作为系统整体呈现的总体性资本关系。马克思再一次指出,资本与雇佣劳动的生产关系也并不是从天上掉下来的,它恰恰是在封建主义旧社会的母体中孕育和发展起来的。马克思从历史唯物主义的视角说:

> 新的生产力和生产关系(neuen Productivkräfte und Productionsverhältnisse)不是从**无**中发展起来的,也不是从空中,也不是从自己设定自己的那种观念的母胎中发展起来的,而是在现有的生产发展过程内部和流传下来的、传统的所有制关系内部,并且与它们相对立而发展起来的。①

这一观点是对广义历史唯物主义和历史辩证法的一个重要补充。任何由生产力和生产关系构成的新的社会生产方式筑模,既不是某种观念逻辑"母体"(黑格尔)的设定结果,也不是"从**无**中发展起来的",而只能从旧有的社会生

---

① 《马克思恩格斯全集》(第二版)第 30 卷,人民出版社 1995 年版,第 236 页。

产方式内部,作为矛盾"对立"的否定因素生成、脱型和发展起来。这进一步说明了历史辩证法中社会历史发展进程的复杂性。比如,资产阶级社会的生产方式只能从封建社会的"传统的所有制关系内部"脱胎(失形和脱型)而来,它总是以某种已经开始具有资产阶级性质的旧有经济关系为前提,然后再逐步在新的生产方式中创造出自己的社会物相化经济关系。马克思说,可以将社会生产方式的现实发展比喻为一个生命负熵有机体的系统中从小到大、从量变到质变、从革命性的祛序和否定因素到支配性的总体性的过程,当然,这已经是人所构序起来的全新历史辩证法中的社会历史负熵进程。马克思说:

> 这种有机系统(organische System)本身作为一个总体(Totalität)有自己的各种前提,而它向总体的发展过程就在于:使社会的一切要素(alle Elemente)从属于自己,或者把自己还缺乏的器官(Organe)从社会中创造出来。有机系统在历史上就是这样生成为总体的。生成为这种总体是它的过程即它的发展的一个要素。①

这里马克思关于Totalität(总体性)概念的讨论,是他在广义历史唯物主义和历史辩证法构境中关于社会发展筑模的一个十分著名的论断。这当然也是历史认识论的深化。Totalität概念在历史唯物主义中的最早出场,是与生产力发展的总体性联系在一起的。② 不难感觉得出,这里的有机系统中的Totalität(总体性)观念,也显示出马克思较早地预见了社会系统论的构境意向。这个社会有机系统中的总体性,作为历史辩证法运动中支配性的统摄,一方面,使社会生活中的所有要素,无论是旧的生产方式中的要素,还是新生的生产力和生产关系,都从属于自己。后来,马克思发现了资产阶级社会历史进程中不同的生产关系对资本的"形式上的从属"和"实质性的从属"的编码机制。比如,旧有的土地所有制失形于封建经济关系场境,通过货币化的地租转换为资产阶级商业化场境中的土地,新的科学技术转换为资本的力

---

① 《马克思恩格斯全集》(第二版)第30卷,人民出版社1995年版,第237页。中译文有改动。Marx-Engels-Gesamtausgabe(MEGA²),Ⅱ/1,Text,Berlin:Dietz Verlag,2006,S.201.

② 参见[日]广松涉编注《文献学语境中的〈德意志意识形态〉》,彭曦译,南京大学出版社2005年版,第142页。

量,等等。更重要的是,作为一切社会物相化关系构序结果的政治法律制度将全面脱型于封建专制体系,进入到资产阶级的上层建筑革命,以确保资产阶级的全面总体统治。在欧洲资产阶级政治革命进程中,不同国家最终政体的赋型是不同的,在资产阶级生产关系成为社会物相化关系构序场境中的总体性之后,可以是保守一些的社会物相化脱型与赋型如君主立宪制(英国、荷兰等),也可以是社会物相化中彻底的"共和"断裂(法国、德国等)。另一方面,这种总体性也不断地生产出自己新功能运动中还缺乏的组织器官,比如资产阶级在工业生产物相化的基础上不断创造出来的新型产业类型,有如机械制造业、运输业以及今天的服务业和网络信息产业等,同时,在社会物相化关系构序层面中创造出复杂的商品-市场交换场境的经济形式,从贩卖奴隶的场所到劳动力交易的市场和商品流通所必需的商业中心,从钱庄脱型而来的银行、全新的股份公司和股票交易所等。在"居利希笔记"中,马克思直接看到了荷兰、英国和德国相继出现的股份公司和股票交易所这些作为资本总体性最新器官的历史发生。①

　　第三层构境,作为统治性生产关系的资本总体性。在马克思看来,人类社会历史进程是一个在历史辩证法运动中不断发展和改变自身功能构式的社会历史负熵有机系统,在这一系统运动中,社会生活中总是有着一种占主导地位的 *Totalität*(**总体性**),这恰好是他对上述那个复杂社会物相化关系构序场境中 allgemeine Beleuchtung(普照的光)的比喻的科学确证。如果依马克思新创造的广义历史唯物主义的观点,这就是在复杂多重社会物相化关系场境中**占支配地位的生产关系**。我觉得,这个 Totalität,正是后来青年卢卡奇在《历史与阶级意识》中当作马克思主义区别于资产阶级意识形态的最重要原则。只是卢卡奇的总体性,已经从这里的多重社会物相化关系构序中的"占统治地位的生产关系"变形为抽象的逻辑总体性。有趣的事情还有,当哈维用总体性这个概念来表述马克思的生产方式整体时,他有些担心地说,"我知道,使用总体性(Totality)这个词,就意味着在一定的知识分子圈子中,挥舞一

---

① 参见 Marx-Engels-Gesamtausgabe(MEGA²),Ⅳ/6,Text,Berlin:Dietz Verlag,1983,S. 260,478,152。

面巨大的红旗。马克思不懂结构主义,更不知道什么后结构主义。我们必须小心谨慎地将他的思想归入到这些类别中"①。他竟然不知道,"不懂结构主义"的马克思,真的在《大纲》中肯定性地使用和论证过这个重要的 Totalität。现在马克思认识到,在社会历史辩证法"有机系统"发展进程中的每一个具体的社会形式在场都不是一个孤立的纯粹社会物相化赋型结构,任何一个新的生产方式总是在旧的社会形式中内在地发生,并且开始时与传统的生产方式相对立,再慢慢地在社会关系场境的失形和脱型过程中取得总体性的统治地位。这也表示,社会物相化关系构序本身也会是多层面复式编码。

也是在这里,马克思告诉我们,"以资本和雇佣劳动为基础的生产(dem Capital und der Lohnarbeit beruhende Production),不仅在形式上和其他生产方式不同,而且也要以物质生产的全面革命和发展为前提"②。这个"**以资本和雇佣劳动为基础的生产**"的认识,是马克思对资产阶级社会本质的最新认识成果。在思想构境谱系的长程分析中,它以后会由"以资本为基础的生产",慢慢发展成"资本占统治地位的生产方式",最终形成"资本主义的生产方式"的科学认识。这是马克思走向科学社会主义中"第三个伟大发现"的历史进程。资产阶级社会不仅与自己脱型而来的旧的封建土地所有制在形式上相异,而且,它代表了与依存于自然法则的农业生产方式完全不同的全新劳动塑形和构序的工业革命的巨大生产力发展。在这种从手工业到以机器化生产和科学技术为内驱力的生产力水平之上,也赋型起复杂的商品-市场经济负熵构式的生产关系,它恰恰是在旧生产方式的内部作为革命的否定性开始萌生、壮大,最终脱型和构序为占统治地位的"以资本和雇佣劳动为基础"的生产方式的。这是马克思对资产阶级社会本质的科学认识中十分重要的一步。

马克思说,从旧的土地所有制的社会内部脱胎而出的"现代生产关系,即资本,已发展成总体性(die modernen Productionsverhältnisse, d. h. das Capital zu seiner Totalität)"③。这是马克思第一次直接说明资本的生产关系成为支配

---

① [美]哈维:《跟大卫·哈维读〈资本论〉》第1卷,刘英译,上海译文出版社2013年版,第28页。
②《马克思恩格斯全集》(第二版)第30卷,人民出版社1995年版,第236页。
③《马克思恩格斯全集》(第二版)第30卷,人民出版社1995年版,第237页。

性的总体性。这是一种基于全新工业生产物相化之上，发生在社会物相化层面上的重要关系场境转换。作为现代生产关系的资本，它的现实生产物相化基础业已不再是自然物理空间中的土地上的农业生产和自然经济活动，而逐渐转换为人所创制的社会空间中的工业生产物相化和极其复杂的全新商品-市场经济物相化。在此，资本也同时使社会生活中旧有的土地所有制和整个封建政治法律关系及其附属设施，转换成完全异质的新的社会物相化结果——新的资本生产关系和整个资产阶级政治法律关系及其附属设施。具体说，当旧有的封建土地所有制转换为资产阶级经济关系占有制时，与此相应，旧有的世俗权力中的教堂和皇宫被逐渐边缘化和废弃，新的资产阶级活动的议会大厦、法院和警察局等新型社会空间附载物应运而生。依我们上面的逻辑构式，成为一个社会定在中的 Totalität（总体性），也就意味着这种生产关系业已成为社会生活中占统治地位的支配力量。并且马克思指出，资本关系成为 Totalität（总体性）的历史性发生，总是依存于雇佣劳动，这是一种相互依存、相互对立的辩证关联，没有对雇佣劳动的吸血，资本就不能获得活生生的增殖存在，资本关系也就无法成为占统治地位的支配性社会总体性。甚至我们可以说，雇佣劳动正是资本关系在社会物相化关系构序中的依存性矛盾支撑。

> 资本从流通中出来，并且把劳动设定为雇佣劳动（sezt die Arbeit als Lohnarbeit）；资本就是这样形成的，并且，在作为整体发展（Ganzes entwickelt）时，把土地所有权既设定为自己的条件又设定为自己的对立面。不过这里表明，资本由此只是把雇佣劳动作为自己的一般前提（allgemeine Voraussetzung）创造出来。[①]

在资产阶级处于弱小地位的时候，它的最初在场是将封建制度下的土地所有制当作自己的生存条件，同时，这种前提也会是被超越的对立面；而当流通领域中的货币"从流通中出来"，转换为在生产过程中吸纳雇佣劳动的不断增殖的货币时，资本关系就从旧式的社会关系中脱型而出。同时，自由劳动

---

① 《马克思恩格斯全集》（第二版）第 30 卷，人民出版社 1995 年版，第 237 页。中译文有改动。Marx-Engels-Gesamtausgabe（MEGA²），Ⅱ/1，Text，Berlin：Dietz Verlag，2006，S. 202.

者从土地上解放出来,以生成资本所需要的雇佣劳动者,这是资本存活的 allgemeine Voraussetzung(一般前提),所以马克思说,"正是在土地所有权的发展中才能研究资本逐步取得的胜利和资本的形成"①。当然,这是一个十分复杂的历史辩证法运动过程。

马克思具体分析道,资产阶级想使自己的生产关系成为革命性社会物相化关系构序进程中支配性的总体性,那么它就必须利用旧社会中的土地所有制达到自己的双重目的:

> (1)有了产业化的农业(Industriellen Ackerbau),从而发展了土地的生产力,(2)有了雇佣劳动,也就是资本普遍地支配了土地(Herrschaft des Capitals allgemein auf dem Lande),这时,资本就把土地所有权本身的存在看成只是资本对旧土地所有权关系发生作用所需要的暂时的发展过程,看成**上述关系解体的产物**(*Product ihrer Zersetzung*);但是,一旦达到了这一目的,这种暂时的发展过程就不过是利润的限制,而不是生产所必需的东西了。因此,资本竭力取消作为私有权的土地所有权,力求把它转交给国家。这就是否定方面。于是国内整个社会就要转化成资本家和雇佣工人(Capitalisten und Lohnarbeiter zu verwandeln)。②

这是一幅极其清晰的历史图景。当资产阶级自己的生产关系还没有成为社会物相化进程中支配性的社会总体性时,它通过暂时性地利用作为过去社会物相化结果的土地所有制,达到发展生产力、创制商品-市场经济构式和制造自由的雇佣劳动者的目的。一旦目的达成,旧有生产关系的总体性支配地位则被根本性地 Zersetzung(解体),封建生产方式立刻被当作阻碍获得利润的"赘瘤切除",传统社会关系瞬间脱型和解构,全新的资产阶级社会关系物相化革命使资本关系编码成为支配性的总体性,由此,整个社会的主要阶级结构也成为资本家与雇佣工人的矛盾对立。这是一种辩证转换关系。

在这里,封建的土地所有制从两个方面被祛序和否定了,它逐步在新的

---

① 《马克思恩格斯全集》(第二版)第 30 卷,人民出版社 1995 年版,第 207 页。
② 《马克思恩格斯全集》(第二版)第 30 卷,人民出版社 1995 年版,第 238 页。中译文有改动。Marx-Engels-Gesamtausgabe(MEGA²),Ⅱ/1,Text,Berlin:Dietz Verlag,2006,S.202.

历史辩证法运动中过渡到资本的社会总体性:一是"肯定的过渡",即"从现代土地所有权,或以现代土地所有权为中介从资本过渡到一般的雇佣劳动"。马克思说,"资本是现代土地所有权的创造者",这里在场的现代土地所有制,已经是**在形式上从属于资本**的新型商业化土地所有制。一方面,"由于资本对较早的土地所有权形式发生反作用而转化为货币地租",土地上的"货币地租"已经是传统土地所有制直接贡品的失形,这是商品交换关系对土地所有权的重新社会物相化的赋型结果;"与此同时农业作为资本经营的农业转化为产业化农艺",这是指农业生产本身的工业化,其中业已内嵌着工业生产之上资产阶级商品生产的"资本经营"的普照之光。另一方面,资产阶级在旧体制的脱型和解构中,从土地上解放出自由的劳动工人,原先的"茅舍贫农、农奴、徭役农民、世袭租佃者、无地农民等等就必然转化为短工,雇佣工人",这是从人身依附的宗法关系中脱型而出的雇佣劳动者的在场。① 所以马克思说,"**典型**形式的**雇佣劳动**,即作为扩展到整个社会范围并取代土地而成为社会立足基地的雇佣劳动,起初是由现代土地所有权创造出来的,就是说,是由作为资本本身创造出来的价值而存在的土地所有权创造出来的。因此,土地所有权反过来导致雇佣劳动"②。这是一种复杂辩证扬弃中的生产关系脱型和历史性转换。

二是"否定的过渡",即资本历史发生的前提条件之一,就是土地与劳动者相分离。这种分离使从土地上解放出来的工人成为一无所有的自由劳动者,他唯一的生存手段和历史在场性,就是将自己重新依附于资本的雇佣和剥削关系。后来在《1861—1863 年经济学手稿》中,马克思说,"资本发展的第一个条件,是土地所有权同劳动分离,是土地——劳动的这个最初条件——作为独立的力量,作为掌握在特殊阶级手中的力量同自由劳动者相对立"③。之后,则会出现否定土地所有权的资本与雇佣劳动的对立。马克思说,"资本否定土地所有权,这也就是资本否定独立价值,这恰恰也就是资本自己否定

---

① 参见《马克思恩格斯全集》(第二版)第 30 卷,人民出版社 1995 年版,第 235 页。
②《马克思恩格斯全集》(第二版)第 30 卷,人民出版社 1995 年版,第 235 页。
③《马克思恩格斯全集》(第二版)第 33 卷,人民出版社 2004 年版,第 23 页。

自己。但是,它们的否定就是**雇佣劳动**"①。这意指着,资本否定封建生产关系,恰恰是将自己的对立面——雇佣劳动者从封建制度中脱型和生产出来,后者不仅将成为资本生存和不断增殖的来源,也将作为自己的历史掘墓人登上历史舞台。这是历史辩证法的必然。

2. 以资本为基础的生产方式的伟大文明作用和必然终结

马克思现在意识到,在他所面对的现代资产阶级社会定在中,"准确地阐明资本概念(Capitalbegriff)是必要的,因为它是现代经济学的基本概念,正如资本本身——它的抽象反映就是它的概念——是资产阶级社会的基础(Grundlage der bürgerlichen Gesellschaft)一样。明确地弄清关系的基本前提(Grundvoraussetzung des Verhältnisses),就必然会得出资产阶级生产的一切矛盾(alle Widersprüche),以及这种关系超出它本身的那个界限"②。我们看到,此处马克思突显了历史辩证法中的 Widersprüche(矛盾)范畴,这个矛盾,会在下一步的研究中具体深化为商品价值的二重性矛盾、抽象的对象化劳动与活劳动的矛盾,以及更深的场境关系与事物化颠倒的矛盾等复杂辩证法分析中的重要工具。当然在这里,已经不仅仅是那个深嵌在经济学语境的商品、货币转换关系中的 Capitalbegriff(资本概念),而是**科学社会主义视域中的资本概念**。这是他科学地认识面前的这个资产阶级社会本质中极为重要的一步。

在马克思的内心里,他已经透视到这个在原先模糊的"市民社会"中居统治地位的资本关系的极端重要性:一是,这个历史生成的复杂资本关系嵌套着"资产阶级生产的一切矛盾(alle Widersprüche)",它将决定这一社会物相化生活中全部经济关系和政治文化关系的基本编码的性质;二是,成为社会总体性的资本关系是整个"资产阶级社会的基础",它当然就是在新的社会历史负熵有机系统中占统治地位的**以资本为基础的生产方式**。在后面,马克思指认,这个**以资本为基础**的生产方式,取代了"以交换为基础的生产方式"。③

---

① 《马克思恩格斯全集》(第二版)第 30 卷,人民出版社 1995 年版,第 238 页。
② 《马克思恩格斯全集》(第二版)第 30 卷,人民出版社 1995 年版,第 293 页。
③ 参见《马克思恩格斯全集》(第二版)第 31 卷,人民出版社 1998 年版,第 11 页。

这是他在经济学研究中得到的关于资产阶级社会本质的重要新认识。马克思深刻地分析说:

> 推广以资本为基础的生产(Capital basirte Production)或与资本相适应的生产方式。创造**世界市场**的趋势已经直接包含在资本的概念本身中。任何界限都表现为必须克服的限制。首先,要使生产本身的每一个要素都从属于交换,要消灭直接、不进入交换的使用价值的生产,也就是说,要用以资本为基础的生产来代替以前的、从资本的观点来看是自然生成的生产方式(naturwüchsiger Productionsweisen)。商业在这里不再表现为在各个独立生产部门之间交换它们的多余产品的活动,而是表现为生产本身的实质上包罗一切的前提和要素。①

在马克思的眼里,Capital basirte Production(以资本为基础的生产),也就是"与资本相适应的生产方式"。这是一个非常重要的递进式的理论构序点。以后,马克思会逐步抽象出"资本的生产方式"和"资本主义生产方式"的科学概念。一是作为在一个社会有机体系统中居统治地位的关系,资本关系像普照的光,祛序和克服任何阻碍它前进的界限,这包括突破农耕时代作为不动产的土地上低下生产力的自然界限到打碎阻碍商品生产的所有桎梏,使所有社会定在都从属于自己,彻底解构和消灭 naturwüchsiger Productionsweisen(自然生成的生产方式)。这里的 naturwüchsiger 一词最先的出现,是在《德意志意识形态》中。② 它表征了自然经济和农业生产方式对"自然辩证法"的依存性。二是让所有生产本身的目的和爱多斯之相实现出来的物相化,从简单的直接生活需要的使用价值的生产,转换成为了交换而进行的商品生产,消灭一切不能进入商业交换关系的社会定在,商业不再是传统的"交换它们的多余产品的活动",而是编码"包罗一切的前提和要素",它走向资本创造的金钱勾连人与万物的普遍关联的"**世界市场**"的总体性经济空间塑形和构序。马

---

① 《马克思恩格斯全集》(第二版)第 30 卷,人民出版社 1995 年版,第 388 页。中译有改动。Marx-Engels-Gesamtausgabe(MEGA²),Ⅱ/1,Text,Berlin:Dietz Verlag,2006,S.321.

② 参见[日]广松涉编注《文献学语境中的〈德意志意识形态〉》,彭曦译,南京大学出版社 2005 年版,第 90 页。Marx-Engels-Gesamtausgabe(MEGA²),Ⅰ/5,Text,Berlin:Akademie Verlag,2017,S.69-70.

克思关于资本的世界市场的观点,显然来他在"居利希笔记"和《伦敦笔记》中对资产阶级经济史和殖民主义史的充分了解。后来马克思在《1861—1863年经济学手稿》中说,"只有对外贸易,只有市场发展为世界市场,才使货币发展为世界货币,**抽象劳动**发展为社会劳动。抽象财富、价值、货币、从而**抽象劳动**的发展程度怎样,要看具体劳动发展为包括世界市场的各种不同劳动方式的总体的程度怎样。资本主义生产建立在**价值**上,或者说,建立在包含在产品中的作为社会劳动的劳动的发展上。但是,这一点只有在对外贸易和世界市场的基础上[才有可能]。因此,对外贸易和世界市场既是资本主义生产的前提,又是它的结果"①。并且,"资本主义生产越是发展,它就越是不得不采取与直接的需求无关而取决于世界市场的不断扩大的那样一种规模"②。这是更加精准的判断。马克思甚至认为,这个资本的世界市场的建构已经基本完成。③

正是在这些重要的理论判断基础上,马克思说:

> 只有资本才创造出资产阶级社会(bürgerliche Gesellschaft),并创造出社会成员对自然界和社会联系本身的普遍占有(universelle Aneignung)。由此产生了资本的伟大的文明作用(the great civilising influence of capital);它创造了这样一个社会阶段,与这个社会阶段相比,一切以前的社会阶段都只表现为人类的**地方性发展**(lokale Entwicklungen)和**对自然的崇拜**(Naturidolatrie)。④

这可能是继《共产党宣言》之后,马克思在《大纲》中对**资本的生产方式**最重要的历史性评价了。在这里,马克思第一次确认,不是**财产的多少**,而是"只有资本才创造出资产阶级社会",这个被他称为资产阶级社会的**真正本**

---

① 《马克思恩格斯全集》(第二版)第35卷,人民出版社2013年版,第226页。
② 《马克思恩格斯全集》(第二版)第34卷,人民出版社2008年版,第532页。
③ 马克思在1858年10月8日写给恩格斯的信中提出:"资产阶级社会的真实任务是建立世界市场(至少是一个轮廓)和以这种市场为基础的生产。因为地球是圆的,所以随着加利福尼亚和澳大利亚的殖民地化,随着中国和日本的门户开放,这个过程看来已完成了。"(《马克思恩格斯全集》第29卷,人民出版社1972年版,第348页。)
④ 《马克思恩格斯全集》(第二版)第30卷,人民出版社1995年版,第390页。

质的就是资本的生产关系。这是马克思在《大纲》中走向自己第三个伟大发现——资本主义生产方式的进程中最重要的一步。回溯马克思认知这个bürgerliche Gesellschaft 的思想构境历史谱系,从他接触黑格尔的市民社会话语Ⅱ—Ⅲ,到创立自己的"现代资产阶级社会"批判话语,再到这里从对作为决定性的生产关系的资本的透视,一步一个脚印地踏实向前,在第三次经济学研究中最终将获得对资本主义生产方式的科学认识,实现科学社会主义中的第三个伟大发现。

在马克思看来,正是资本这种生产方式创造了一个伟大的人类社会历史阶段,与此相比,过去所有的旧式生产方式下的社会发展,都表现为"人类的**地方性发展和对自然的崇拜**",而资本的生产方式则开辟了"社会成员对自然界和社会联系本身的普遍占有"。这里的"**地方性发展和对自然的崇拜**"指的是建立在农耕文明之上的旧有生产方式,在那里,人在农业生产和自然经济中依附于自然(土地)且局限于封闭的有限地域,人不是占有自然,而是被外部的"自然辩证法"编码法则所支配。这正是上述"自然生成的生产方式"的本质。只是在资本的生产方式中,才真正打破了人对自然的崇拜,整个自然存在开始失形和脱型于本有的关联与境,由此人才在工业文明的基础上,开辟全面占有自然界和复杂的社会历史负熵进程中经济关系赋型和历史辩证法编码的新世界。

那么,什么是人对自然和社会联系本身的**普遍占有**呢? 我以为,这显然不是广义历史唯物主义中贯穿整个社会历史的一般现象,人对自然能动关系的生产物相化与人创制自己社会物相化的社会联系的**普遍占有**,只是出现在特定历史条件下的情况,这也就是马克思基于**狭义历史唯物主义**,对资本的当代工业-市场经济发展的一种**哲学存在论和认识论透视**。之后,我们还会看到一种劳动辩证法畸变为经济事物的消极辩证法运动。马克思告诉我们:

> 以资本为基础的生产,一方面创造出普遍的工业创造(Industrie schafft),即剩余劳动,创造价值的劳动(Surplusarbeit, werthschaffende Arbeit),那么,另一方面也创造出一个普遍利用自然属性和人的属性的体系(System der allgemeinen Exploitation der natürlichen und menschlichen Eigenschaften),创造

出一个普遍有用性的体系(System der allgemeinen Nützlichkeit),甚至科学也同一切物质的和精神的属性一样,表现为这个普遍有用性体系的体现者,而在这个社会生产和交换的范围之外,再也没有什么东西表现为**自在的更高的东西**(*An-sich-Höheres*),表现为自为的合理的东西(Für-sichselbst-Berechtigtes)。①

这也就是说,一方面,工业生产的本质是真正人的主体性的 schaffen(创造)。与农业和畜牧业生产只是辅助动植物的生命负熵进程中的非物相化自然生长不同,工业生产构序和之后逐步发展起来的科学技术信息编码(information coding),直接祛序了自然存在的本有形态,以人的爱多斯之相塑形-构序自然物质新的存在方式和为人性的功用属性,这是全新的生产物相化之上历史辩证法中社会历史负熵质的发生。恰恰是这种超出了自然负熵质的无限工业生产和科技创造,才创造了剩余劳动的可能空间。在认识论维度上,人们的认知对象第一次超出自然存在的本有整体,人通过劳动物相化创制的社会定在成为历史认知进程的现实基础。也是在这里,我们会发现海德格尔的自然之"涌现"观,实际上还是农业与手工业劳作中自然本有的 for us,因为工业生产物相化中已经不再是自然本有的涌现,而是给予物质本身新的存在。木制的桌椅是树木本有的涌现,手工艺劳作是对原木的解蔽和打开,而一部智能手机或电脑则不再有简单的"自然"涌现,它是完全的社会功用编码存在和在场。另一方面,自然经济与境中旧式生产的目的,只是为了满足人们有限的直接生活需要的"自然财富",而资产阶级社会中历史性出现的资本生产的目的,是无限制地创造为了**用于交换**的价值("社会财富"),所以在大量出现的剩余劳动中,资本也在商品-市场经济构式中无形地"创造出一个普遍利用自然属性和人的属性的体系",这个体系的本质是 allgemeine Nützlichkeit(普遍的有用性)。依我的理解,这里马克思所指认的普遍的有用性,并非仅仅是指满足人的直接需要的物品的一般用在性,而是指一个**普遍用在性和普遍变卖性**的新型双重社会历史负熵和经济负熵世界,这也是**工业**

---

① 《马克思恩格斯全集》(第二版)第 30 卷,人民出版社 1995 年版,第 389—390 页。中译有改动。Marx-Engels-Gesamtausgabe(MEGA²), Ⅱ/1, Text, Berlin: Dietz Verlag, 2006, S. 322.

生产物相化与经济物相化的双重社会编码叠加,人的所有物质和精神的生活在场,都成了这个普遍有用-变卖性体系的体现者,这是一个历史辩证法在场性的双重构序逻辑:**有用即是存在 + 可变卖即是存在**。这第一点暗合海德格尔后来的上手性存在论哲学,也反衬了那种没有入序于人的有用体系的**本有**。可海德格尔没有触及存在论中马克思指认的第二个构境层,即**可变卖即是存在**。后来的科西克则将这二者混淆起来,他的所谓"伪具体世界"是由功利主义实践塑形和构序的,他没有区分有目的的生产物相化操持与经济物相化中交换关系场境的根本异质性。在科西克那里,马克思加海德格尔是一笔理论糊涂账。①

并且,在资产阶级经济物相化进程中,具备可变卖性的金钱爱多斯逐渐取代和遮蔽了一般有用性,或者说,经济物相化的伪在场性逐步成为支配性的东西,**可变卖性才是普遍有用性的内驱力**。在满眼都是金钱的资本家那里,物品的有用性恰恰被边缘化了。阿多诺细心地发现了这一点,他说,在资本主义经济物相化的利润指挥棒下,"有用性本身已经被放逐到第二位了"②。由此,凡是不能生产价值和入序于交换关系编码的东西,都被资本宣判了死刑。在资本创造的交换关系之下,不再有过去传统社会编码中呈现的高贵的艺术、技艺的韵味和神圣的 Für-sichselbst-Berechtigtes(自为的合理的东西),事物的**质和价值合理性**都消失在金钱关系粗俗编码的量的世俗化海洋之中,这是一个**诗人必死的时代**,一切存在和在场都表现为致富的手段和工具。这正是韦伯的那个价值合理性与"价值中立"的形式合理性的分界点。也如巴塔耶所指认的神圣事物在有用的世俗世界中的消失。就像我们今天在生活里常常会遇到"哲学有什么用?""诗歌能干什么?"这样的质问。在主体存在的意义上,笛卡尔的"我思故我在"在这里直接转喻为**我有用故我在**和**我可卖故我在**。在反讽的意味中,在今天的资本主义消费社会和景观社会中,则会进一步转喻为"我买故我在"和"我亮相故我在"。也由此,我们整个周围世界中的自然存在和社会联系的所有潜能和利用价值,就在资本疯狂地追逐自我

① 参见[捷]科西克《具体的辩证法》,傅小平译,社会科学文献出版社 1989 年版,第48—51 页。
② [德]阿多尔诺:《阿多尔诺基础读本》,夏凡编译,浙江大学出版社 2020 年版,第356 页。

增殖的经济物相化过程中被彻底开发出来,这才出现了"对自然界和社会联系本身的普遍占有",亦即海德格尔所指认的**全球世界化**的开始。在一定的意义上,这也展示了人类认识能力的增强和认知视域的世界性拓展:主体并非如同旧有哲学唯物主义那样在农耕文明中直观现成的外部世界,在全新的工业生产所构序的用在性自然世界图景和复杂经济关系赋型中,我们同样**既是历史辩证法大剧的编剧又是观众**,这会使认识论的感性经验塑形对象和认知方式,在一种新的历史性关系编码场境中发生根本的变化。更重要的方面是,资本关系使人的认知活动不可避免地戴上了金钱伪在场的有色眼镜,这使资本支配的观念世界本身变成一种颠倒的幻象和意识形态。我认为,这是我们在认识论研究中始终无视的问题。

首先,对自然的普遍占有,是资本所驱使的工业生产力**将整个人周围的自然界变成了为我性的经济负熵效用世界**。应该注意的是,马克思这里的分析,显然已经不是在广义历史唯物主义构境中对**普适性**社会规律的思考,而开始是限定在资产阶级社会里出现的工业-商品生产对自然存在的**经济**开发,这无形中也踏进了狭义历史唯物主义的边界。不过,此时这种观念在马克思的思想构序中还是一种逻辑无意识。如果说,旧式的农耕文明中的非物相化种植业和畜牧业生产是选择和利用现成的自然存在属性为我所用,那么,在资本对财富的无止尽的追逐中,工业、技术和科学的物相化,则"要探索整个自然界,以便发现物的新的有用属性(neue nützliche Eigenschaften der Dinge);普遍地交换各种不同气候条件下的产品和各种不同国家的产品;采用新的方式(人工的)加工自然物,以便赋予它们以新的使用价值"①。整个自然界,在资产阶级的工业生产和科学技术物相化创制中转换为普遍的用在性编码后的存在("新的有用属性"),依海德格尔的存在论话语,即是全部自然 for us "涌现"为"新的使用价值",由此,这也彻底解构了全部旧式哲学认识论中主体-客体("自然辩证法")二元构架的合法性,人与自然之间发生的历史性的工业生产-科学技术物相化实践场境关系,铸就了历史辩证法运动的全新历史方式,这也成为感性经验塑形和认知对象本身。当然,这也是欧洲近代自然

---

① 《马克思恩格斯全集》(第二版)第 30 卷,人民出版社 1995 年版,第 389 页。

科学与技术飞速发展起来的根本原因,从蒸汽机到电力系统的发明,从石油到核能的应用性转换,资本和商品交换促使科学对自然界中一切可以转化为**经济物相化负熵质**(价值)的基础的**用在性**(使用价值)新的可能,进行了前无古人的探索和努力。正是在这一点上,普遍关联的**用在性**彻底占据了人的认知观察世界的主导性视位,依海德格尔的话语,即是我们为了自身的需要解蔽本有的自然对象,这种用在性编码中的打开和解蔽就是人们眼中存在的本质,当我们将自然 for us 的"涌现"和存在者石化直接当作"形下之器",并在其上建构起抽象的形而上学时,我们恰恰遗忘了抽身而去的用在性(存在)本身。我们对自然的打开和解蔽,同时也是在一种新的效用编码中遮蔽它们的本有,工业与科技认知的本质和真理的基础是用在性的解蔽和打开,可同时它们也在遮蔽。在这一点上,海德格尔是无比深刻的。只是海德格尔没有细思的方面是,科学技术物相化的主要对象早就不再仅仅是自然界 for us 的"涌现",而是人创制出来的人工物质系统和社会历史负熵质对世界的**座架**(Gestell)。马克思说,正是资本家的发财欲望,促进了人们"从一切方面去探索地球,以便发现新的有用对象(neue brauchbare Gegenstände)和原有物体的新的使用属性,如原有物体作为原料等等的新的属性;因此,要把自然科学发展到它的最高点"①。这一历史性的分析,也为前述广义历史唯物主义中科学技术的发生发展,提供了在资产阶级社会具体历史与境中的具象说明。

马克思说,只有在资本的生产方式中,

> 自然界才真正是人的对象,真正是有用的事物(Sache der Nützlichkeit);它不再被认为是自为的力量;而对自然界的独立规律的理论认识本身不过表现为狡计(List),其目的是使自然界(不管是作为消费品,还是作为生产资料)服从于人的需要。资本(Das Capital)按照自己的这种趋势,既要克服把自然神化(Naturvergötterung)的现象,克服流传下来的、在一定界限内闭关自守地满足于现有需要和重复旧生活方式的状况,又要克服民族界限和民族偏见。资本破坏这一切并使之不断革命化,摧毁一切阻

①《马克思恩格斯全集》(第二版)第 30 卷,人民出版社 1995 年版,第 389 页。中译文有改动。

碍发展生产力、扩大需要、使生产多样化、利用和交换自然力量和精神力量的限制。①

其实,这句"自然界才真正是人的对象,真正是有用的事物",也就是后来海德格尔所指认的**整个自然被对象化**。第一,资本让整个自然界成为社会历史负熵进程中有用的东西,Naturvergötterung(自然神化)的图腾假象被彻底祛序和解码了,这是自然从黑格尔所说的自在(海德格尔的本有)状态脱型和转向对人有用的"涌现"出来的自为存在,所有关于自然规律("自然辩证法")的科学认识,都不过是这种自然用在性(使用价值)的理性"狡计"(黑格尔语)。显然,马克思此时就意识到,自然科学的本质并非对外部自在自然存在本质和"自然辩证法"运动规律的直观,而是建立在社会历史负熵进程中的"使自然界服从于人的需要"的生产基础上的历史性改造和编码关系的认知结果。这里的 List(狡计),正是社会历史负熵用在性中介关系隐匿起来的虚假对象性。这也直接呼应了黑格尔在《哲学全书》中的自然哲学观点②,只是去除了其中的唯心主义杂质。这一历史性的透视,在 20 世纪 50 年代之后的自然科学方法论变革(汉森-波兰尼)中才成为理论自觉。第二,这种作为生产物相化结果的用在性(使用价值)并非资本的直接目的,它不过是经济物相化中**商品可变卖性**(价值)的现实基础。恰是在资本疯狂地追逐金钱和财富的过程中,才会使整个自然界成为征服的对象,整个我们周围的世界成为资本的世界历史。于是,在过去出现的地方性民族自然崇拜中的神秘存在,资本都让它失形为世俗化和透明化关系场境中**明码标价**的商业关系编码和构序存在。显然,海德格尔并没有深入到马克思指认的用在性之上的资本世界的**可变卖性**所带来的这种经济伪在场之上的意识形态浓雾中。一切闭关自守的狭隘生存物理空间、循环生活时间和凝固化观念偏见都被祛序和碾碎了,资本关

---

① 《马克思恩格斯全集》(第二版)第 30 卷,人民出版社 1995 年版,第 390 页。中译文有改动。中译文增加了原文中没有的"在资本主义制度下"一词,这会造成中文文献研究的误读。同样的问题也出现在第 405 页、第 533 页及《马克思恩格斯全集》(第二版)第 31 卷 128 页、第 140 页上,在那里,译者都将"资本"改译为"资本主义"一语。Marx-Engels-Gesamtausgabe(MEGA²), Ⅱ/1, Text, Berlin: Dietz Verlag, 2006, S. 322, 334, 434, 605, 614.

② 参见 Georg Wilhelm Friedrich Hegel, *Werke 6*, Berlin: Duncker und Humblot, 1840, S. 382。

系自身的不断革命,摧毁了一切妨碍生产力发展的"自然力量和精神力量"的
边界,这也无形中构序和塑形了全新的社会物相化中的消极经济事物辩证法
的盲目自发运动、金钱编码的普遍关联中的生存空间和经济拜物教意识。在
后来的《资本论》第一卷(德文第一版)中再次谈及资本主义商品生产的历史
作用时,马克思说,"一方面,我们看到,商品交换怎样打破了直接的产品交换
的个人的和地方的限制,发展了人类劳动的物质变换。另一方面,整整一系
列不受当事人控制的天然的社会联系发展起来"①。这个"天然",当然是指
资产阶级经济活动中盲目返熵的**似自然性**(quasi-natürliche),人在经济物相化
活动创制的商品-市场交换关系场境里呈现出"不受当事人控制"的自在状
态,经济物相化世界是一个普遍关联的辩证总体,但它却以**非主体的方式**实
现。从更深一层看,这也是人的主体性劳动辩证法畸变为经济事物的消极辩
证法(第二"自然辩证法")的过程。

其次,对人的社会联系的普遍占有,是指资本在普遍开发自然界的同时,
也大大地**拓展了人的主体物相化和社会物相化存在空间**。这是同一件事情
的两面。如果说,资本开发自然界且赋型和编码出新的社会生活,是全新的
资本开辟的客观世界历史,那么,它同时也以特定的经济物相化方式改变了
人的主体生存状态。这也是狭义历史唯物主义构境中的重要观点。因为资
本作为一种生产关系和现实力量,并不会出现在原始部族生活和奴隶制关系
之中,它只是资产阶级社会历史发展的特定产物。马克思说,资本在改变整
个自然存在的过程中,

> 同样要发现、创造和满足由社会本身产生的新的需要。培养社会的人
> 的一切属性(aller Eigenschaften des gesellschaftlichen Menschen),并且把他
> 作为具有尽可能丰富的属性和联系的人,因而具有尽可能广泛需要的人生
> 产出来——把他作为尽可能完整的和全面的社会产品生产出来(因为要多
> 方面享受,他就必须有享受的能力,因此他必须是具有高度文明的人)。②

①《马克思恩格斯全集》(第二版)第42卷,人民出版社2016年版,第95页。
②《马克思恩格斯全集》(第二版)第30卷,人民出版社1995年版,第389页。中译文有改动。Marx-Engels-
　Gesamtausgabe(MEGA²),Ⅱ/1,Text,Berlin:Dietz Verlag,2006,S.321.

这当然是一个重要的观点。资本在追逐财富的过程中,开发整个自然存在的有用性,也创造人的新需要和新的属性。虽然这并不是人格化的资本直接追逐金钱的爱多斯目的,却是资本疯狂创造剩余劳动的客观结果,其通过日益完整和全面的商品生产,促使人享受这些新需要的主体物相化能力不断生长出来,这也创造出高度文明和具有丰满属性的人及其全面发展的可能性前提。之所以说这仅仅是一种**可能性前提**,是因为在马克思所处的那个资产阶级社会中,能够获得这些新能力且享受"高度文明"的只是少数资产阶级权贵,而绝大多数劳动者都是被排除在外的。这当然是一种**肯定中的否定**。在当代资本主义发达社会中,这种情况已经有所改变。对此,马克思具体分析说:

第一,"资本的伟大的历史方面就是**创造**这种**剩余劳动**(Surplusarbeit)",因为这种超出了人的直接需要的剩余劳动,正是**走向人的丰满主体物相化和全面发展的客观前提**。这是一种重要的理论前瞻。在马克思看来,

> 一方面,需要发展到这种程度,以致超过必要(Nothwendige)的剩余劳动本身成为普遍需要(allgemeines Bedürfniß),成为从个人需要本身产生的东西,另一方面,普遍的勤劳,由于世世代代所经历的资本的严格纪律(strenge Disciplin des Capitals),发展成为新的一代的普遍财产,最后,这种普遍的勤劳,由于资本的无止境的致富欲望及其唯一能实现这种欲望的条件不断地驱使劳动生产力向前发展,而达到这样的程度,以致一方面整个社会只需用较少的劳动时间就能占有并保持普遍财富,另一方面劳动的社会将科学地对待自己的不断发展的再生产过程,对待自己的越来越丰富的再生产过程,从而,人不再从事那种可以让事物(Sachen)来替人从事的劳动,———一旦到了那样的时候,资本的历史使命就终结(aufgehört)了。①

这是马克思关于资本的历史使命的一段长期为我们忽略的表述。他试图表达的观点,一是以资本为基础的生产方式创造了生产巨大物质财富的可能性,它使得人们的生存有可能超出农耕经济那种自给自足维系生活的狭小需

① 《马克思恩格斯全集》(第二版)第 30 卷,人民出版社 1995 年版,第 286 页。中译文有改动。Marx-Engels-Gesamtausgabe(MEGA²),II/1, Text, Berlin: Dietz Verlag, 2006, S.241.

求,从而让工业生产物相化创制活动中生成的人的全面发展的需要成为allgemein Bedürfniß(普遍需要)。这是《德意志意识形态》中那个"上午打猎,下午捕鱼,傍晚从事畜牧,晚饭后从事批判"比喻的深入理论化构序。在认识论层面上,愈益丰满的人的生活和存在构式会成为认知活动的直接基础。二是相对于传统自然经济中的单一方式和散漫状态,工业物相化生产,特别是机器化大生产中呈现出来的"普遍的勤劳"和"严格的纪律",也会成为人们新的社会定在赋型和编码样态。福柯后来在《规训与惩罚》中对工业纪律的判断,与马克思这里的正面肯定质性显然是相反的。三是资本"无止境的致富欲望及其唯一能实现这种欲望的条件",推动了社会生产力的不断发展,使得"整个社会只需用较少的劳动时间就能占有并保持普遍财富",而当自动化机器那样的Sache(事物)可以从事繁重的劳动时,资产阶级私有制就失去了存在的合法性基础,于是,资本就会结束自己的历史使命。马克思的这一判断显然是过于乐观了,因为在今天发达资本主义国家的后工业生产过程中,自动化生产业已成为主要的技术方式,但资本主义仍然顽强地坚守了自己的"幸存"(列斐伏尔语),并且,当数字化生产(复制)将数码产品的生产物相化成本变成零时,私有制的物质财富基础已经被彻底解构,可我们并没有迎来"数字共产主义"的真正解放。这是一个极为复杂的新问题。

第二,资本疯狂追逐财富的过程,也在客观上**创造了社会生活生成丰富的个性的可能性**。应该说,资本并不会自觉地创造每一个人的丰满人性,因为资本的本性是极端利己主义的,但它在自己无限增殖的进程中,无形中赋型了这种人的主体物相化进步的可能性。依马克思的看法,

> 资本作为孜孜不倦地追求财富的一般形式的欲望,驱使劳动超过自己自然需要的界限,来为发展丰富的个性(reichen Individualität)创造出物质要素,这种个性无论在生产上和消费上都是全面的(allseitig),因而个性的劳动也不再表现为劳动,而表现为活动本身(Thätigkeit selbst)的充分发展,而在这种发展状况下,直接形式的自然必然性(Naturnothwendigkeit)消失了;这是因为一种历史地形成的需要代替了自然的需要。由此可见,**资本是生产的**,也就是说,是**发展社会生产力的重**

> **要的关系**。只有当资本本身成了这种生产力发展的限制（Schranke）时，资本才不再是这样的关系。①

显然，这并不是资本自觉的目的，而是资本无止境逐利过程的客观历史结果。马克思发现，正是在资本发疯般地追逐财富的过程中，它迫使劳动不断地超出自己需要的界限，失形于作为"直接形式"的自然需要，通过"新的历史地形成的需要"，塑形出"无论在生产上和消费上都是全面的"个性，这无形中却创造了使人能够获得丰富的个性和全面性发展的物质条件，当然也会创造出人类对自己丰满人性的全新认知图景。今天，我们身边无限丰富的商品生产、消费和景观现象充分证明了马克思的这一预言，可这一切好像都还没有脱型于资本的统治。这时，劳动就有可能不再是谋生的手段，而是有个性的活动的充分发展，物质生活条件生产的 Naturnothwendigkeit（自然必然性）将被彻底扬弃，迎来人的主体物相化和社会物相化的全面发展。这里马克思所说的"活动本身的充分发展"：一是指劳动不再仅仅成为谋生的手段；二是脱离劳动物相化的实现人的生命创造性的自主活动，比如科学、艺术等创造性的活动，这种 Thätigkeit selbst（活动本身）的充分发展也将是人的全面发展。而这一切的最终实现的前提，都是以资本为基础的生产关系的瓦解。应该注意，马克思这里所说的"资本是生产的"一语，并非指资本真的在生产过程中创造了财富，而是特指资本的生产方式在一定的历史条件下发挥推动生产力发展的正面作用。也是在这个意义上，马克思才这样肯定李嘉图："李嘉图把资本主义生产方式看做最有利于生产、最有利于创造财富的生产方式，对于他那个时代来说，李嘉图是完全正确的。他希望**为生产而生产**，这是**正确的**。如果像李嘉图的感伤主义的反对者们那样，断言生产本身不是目的本身，那就是忘记了，为生产而生产无非就是发展人类的生产力，也就是**发展人类天性的财富这种目的本身**"②。马克思的评点是深刻的。

当然，马克思不会仅仅感叹于资本的伟大文明作用，面对以资本为基础

---

① 《马克思恩格斯全集》（第二版）第 30 卷，人民出版社 1995 年版，第 286 页。
② 《马克思恩格斯全集》（第二版）第 34 卷，人民出版社 2008 年版，第 127 页。

的这种"**间接强制的雇佣劳动**(*vermittelte* Zwangsarbeit，*Lohnarbeit*)"①制度，马克思在此像在《共产党宣言》中一样，既充分肯定了它的伟大历史作用，也展望了它未来走向终结的命运。也恰是在资本创造的对自然界的普遍占有和对社会联系的普遍占有中，资本自身也正在成为生产力进一步发展的障碍。因为社会本身的进步

> 向资本提出了这样的任务：在生产力的更高发展程度上等等一再重新开始它［突破本身限制］的尝试，而它**作为资本**却遭到一次比一次更大的崩溃(größrem collapse)。因此很明显，资本的发展程度越高，它就越是成为生产的界限(Schranke der Production)，从而也越是成为消费的界限，至于使资本成为生产和交往的棘手的界限的其他矛盾就不用谈了。②

这是说，在资本所创造出来的"生产力的更高发展程度上"，资本的生产方式筑模，以它狭隘的私人占有制成为"生产的界限"，今天，资本的生产关系业已成为社会发展和历史进步的桎梏。后来马克思深刻地指出：

> 资产阶级的生产，由于它本身的内在规律，一方面不得不这样发展生产力，就好像它不是在一个有限的社会基础上的生产，另一方面它又毕竟只能在这种局限性的范围内发展生产力，——这种情况是危机的最深刻、最隐秘的原因，是在危机中爆发的种种矛盾的最深刻、最隐秘的原因，资产阶级的生产就是在这些矛盾中运动，这些矛盾，即使粗略地看，也表明资产阶级生产只是历史的过渡形式。③

于是，在这种资本的生产方式内部矛盾中，出现了不可避免的"现实的**现代危机**(*modernen Crisen*)，在这种危机中，资本的这种矛盾(Widersprüche)暴风雨般地突然爆发出来，越来越威胁到作为社会基础和生产本身基础的资本(Grundlage der Gesellschaft und Production selbst)本身"④。作为社会发展"历史的过渡形式"的资本的生产方式的丧钟，已经在敲响。这也是历史辩证法

①《马克思恩格斯全集》(第二版)第30卷，人民出版社1995年版，第287页。
②《马克思恩格斯全集》(第二版)第30卷，人民出版社1995年版，第397页。
③《马克思恩格斯全集》(第二版)第35卷，人民出版社2013年版，第88页。
④《马克思恩格斯全集》(第二版)第30卷，人民出版社1995年版，第391页。

的必然。在后来的《1861—1863年经济学手稿》中,马克思对这种内嵌于资产阶级商品-市场经济构式中的经济危机的原因,进行过十分具体而透彻的分析。一是在他看来,这种周期性的经济危机,已经是整个资产阶级世界市场中规律性发作的事情,"资产阶级生产的一切矛盾,在普遍的世界市场危机中集中地爆发"①。这当然是"资本主义生产方式所固有的对立、矛盾,因而它们在危机中的爆发"②。二是究其根源,"资本主义生产的最初前提——产品作为商品的存在,商品分为商品和货币这种二重化,由此产生的商品交换中的分离因素,最后,货币或商品对雇佣劳动的关系"③。这种生产方式的内在矛盾,必然生成自发的市场竞争关系中供给与需要("卖"与"买")的分离和生产与消费的分离,如果这种分离导致商品卖不出去,最终就会出现普遍的生产过剩的经济危机,这种生产过剩、商品过剩的"危机恰恰就是再生产过程破坏和中断的时刻"④。三是从本质上看,正因为"资本主义生产竭力追求的只是攫取尽可能多的剩余劳动,就是靠一定的资本物化尽可能多的直接劳动时间,其方法或是延长劳动时间,或是缩短必要劳动时间,发展劳动生产力,采用协作、分工、机器等,总之,进行大规模生产即大量生产。因此,在资本主义生产的本质中就包含着不顾市场的限制而生产"⑤。资本无限制的"螺旋式上升"扩张和"不顾市场的限制"的盲目生产,必然导致世界市场显得狭窄,因而出现大规模的商品过剩(生产过剩)的经济危机。马克思说,"资本的生产过剩无非是,为了**发财**而生产的东西过多了"⑥,这是一种"生产的比例失调为基础的危机",或者是"社会劳动在各生产领域之间的分配比例失调为基础的危机",进而,这种生产和商业中的经济危机也会导致全面的"资本危机"和"信用危机",并使整个资本主义经济体系运行发生紊乱崩溃。说到底,马克思认为,普遍出现于资本主义世界市场中的周期性经济危机,是由于资本主义生产方式"相互联系和不可分离的因素彼此脱离,因此它们的统一要以暴力的

①《马克思恩格斯全集》(第二版)第34卷,人民出版社2008年版,第605页。
②《马克思恩格斯全集》(第二版)第34卷,人民出版社2008年版,第568页。
③《马克思恩格斯全集》(第二版)第34卷,人民出版社2008年版,第569页。
④《马克思恩格斯全集》(第二版)第34卷,人民出版社2008年版,第571页。
⑤《马克思恩格斯全集》(第二版)第34卷,人民出版社2008年版,第591—592页。
⑥《马克思恩格斯全集》(第二版)第34卷,人民出版社2008年版,第604页。

方式实现,它们的相互联系要通过对它们彼此的独立性发生作用的暴力来实现。此外,危机无非是生产过程中已经彼此独立的阶段以暴力方式实现统一"①。这也就是说,资本主义生产方式中内嵌的对抗性矛盾,只能反复通过破坏和阻碍生产力发展的经济危机这种"暴力方式"来暂时性地缓和,"世界市场危机必须看做是资产阶级经济一切矛盾的现实的综合和暴力方式的平衡。因此,在这些危机中综合起来的各个因素,必然在资产阶级经济的每一个领域中出现并得以展开"②。马克思坚信,这一不可调和的规律性自我毁灭,正是资本主义必然走向灭亡的客观趋势。

3. 以资本为统治的生产方式的历史形成

马克思说,面对资本的生产方式,"资产阶级经济学家们把资本看作永恒的和**自然的**(*naturgemässe*)(而不是历史的)生产形式,然后又竭力为资本辩护,把资本生成的条件说成是资本现在实现的条件"③。这当然是一种意识形态的伪饰。这也是马克思对《哲学的贫困》已经提出的相近观点的深化。而在实际上,**资本作为一种生产关系恰恰是历史生成的**。这当然是历史认识论的观点。在后来的《1861—1863 年经济学手稿》中,马克思说,"当资本——不是某种特定的资本,而是资本一般——刚一开始形成,它的形成过程就是在它之前的社会生产方式的解体过程和这一生产方式瓦解的产物。因而,这是一个历史过程和属于一定的历史时期的过程"④。资本的生产方式是以往社会生产方式筑模彻底消模的产物,因此它本身也是历史性的社会定在。

在马克思看来,无论是雇佣劳动还是重新投入到生产过程中作为资本的价值,都有一个历史生成过程,都需要存在一定的社会历史条件,这些条件"属于资本的洪水期前的条件,属于资本的**历史前提**,这些前提作为这样的**历史前提**业已成为过去,因而属于**资本的筑模史**(*Geschichte seiner Bildung*),但

①《马克思恩格斯全集》(第二版)第 34 卷,人民出版社 2008 年版,第 577 页。
②《马克思恩格斯全集》(第二版)第 34 卷,人民出版社 2008 年版,第 578 页。
③《马克思恩格斯全集》(第二版)第 30 卷,人民出版社 1995 年版,第 452 页。
④《马克思恩格斯全集》(第二版)第 35 卷,人民出版社 2013 年版,第 350 页。

决不属于资本的**现代**史,也就是说,不属于受它统治的生产方式(ihm beherrschten Productionsweise)的实际体系"①。这是马克思第一次提出受资本关系"统治的生产方式"。beherrschten Productionsweise(统治性的生产方式),也就是马克思所指认的在一定历史时期中居支配性地位的生产关系,即作为照耀整个存在的"普照的光"的社会总体性。这也就是说,在资本成为统治性的生产方式之前,会存在一系列属于资本生成史的历史前提,这些

> 资本的生成的条件,不属于以资本为前提(Capital als Voraussetzung)的生产方式(Productionsweise)的范围,而是资本生成的史前阶段(historische Vorstufen),处于资本以前的时期,就像地球从流动的火海和气海的状态变为地球现在的形态所经历的过程,处于已经形成的地球的生命的彼岸一样。②

这里关于"地球从流动的火海和气海的状态变为地球现在的形态"的演进历史的观点,是马克思在《伦敦笔记》中有关地质学研究和摘录的结果。依文献考据显示,在《伦敦笔记》的第 13—14 笔记本中,马克思分别摘录过约翰斯顿的《关于农业化学和地质学的演讲》(*Lectures on Agricultural Chemistry and Geology*,1847)③ 和《农业化学和地质学问答》(*Catechism of Agricultural Chemistry and Geology*,1849)④两本书。其中,地球的演变史是马克思摘录中涉及的内容。这是马克思在自己的经济学研究中,第一次从地质学中借用相关的概念和话语表达。马克思的意思是,就像今天出现生命负熵存在的地球有它自己的生成历史一样,资本关系并非永恒的自然关系,它恰恰是从"旧的生产方式,即公社的、家长制的、封建制的生产方式"的消模和解构中历史性地形成和发展起来的。在这里,马克思继《德意志意识形态》之后,第二次系统地讨论了作为资本的生产方式历史前提的不同史前社会形式,与《大纲》第1笔记本中的"三大社会形式"的讨论形成一种逻辑构式上的对照。我在《回

---

①《马克思恩格斯全集》(第二版)第 30 卷,人民出版社 1995 年版,第 451 页。中译文有改动。

②《马克思恩格斯全集》(第二版)第 30 卷,人民出版社 1995 年版,第 452 页。

③ Marx-Engels-Gesamtausgabe(MEGA²),Ⅳ/9,Text,Berlin:Akademie Verlag,1991,S. 273 – 317.

④ Marx-Engels-Gesamtausgabe(MEGA²),Ⅳ/9,Text,Berlin:Akademie Verlag,1991,S. 372 – 386.

到马克思》第一卷中已经较为详细地讨论过马克思提出的"三大社会形式"的理论。① 三大社会形式是着眼于人的社会关系，而此处关于史前社会形式的分析则聚焦于劳动者与生产资料的具体关系，这是两种完全异质的历史分析构式。其实，在历史认识论的视角中，真的不必将这两种历史分析中的任何一种绝对化或抽象地上升为普适性的历史分期构式。

马克思在这里想做的事情，是将"作为生产过程的历史场境（historische Gestalt）的资产阶级经济，超越自身而追溯到早先的历史生产方式（historische Weisen der Production）之点"②，通过追溯这些过去的生产方式中劳动者与生产资料的具体关系，"会得出这样一些原始的方程式（erste Gleichungen），就像例如自然科学中的经验数据（empirische Zahlen）一样，这些方程式将说明在这个制度以前存在的过去"③。这里，马克思的思想构境有两个不同的层级：一是如同上述他所类比的地质学中地球演进史中的观点，将今天我们看到的看似现成存在的地球追溯到"流动的火海和气海的状态"一样，他直接指认今天的资产阶级生产方式就是一种复杂的 historische Gestalt（历史场境），这是由多重经济关系赋型起来的功能性辩证法流动状态。据概念考古的词频统计，马克思在《大纲》中共计 59 次使用 Gestalt 一词，这也说明历史唯物主义的场境关系存在论始终是他经济学研究的重要方法论原则。在认识论的维度上，如同地质学中将实体性的地球历史性地透视为"流动的火海和气海的状态"一样，将我们面前的商品堆砌的物性世界透视为动态的经济关系场境，是一种极其难以辨识的认知对象。并且，马克思以后还会发现，资产阶级经济关系场境在人们主观世界中的构境是如同照相机成像般地倒置的，原因在于，这种经济事物的到场本身就是倒置的劳动辩证法的伪在场。这将是传统认识论中的巨大障碍。二是这里出现了一种与前述"人体解剖是猴体解剖的钥

① 参见拙著《回到马克思——经济学语境中的哲学话语》（第四版），江苏人民出版社 2020 年版，第 642—658 页。
②《马克思恩格斯全集》（第二版）第 30 卷，人民出版社 1995 年版，第 453 页。中译文有改动。Gestalt 一词，原译文为"形式"，但马克思使用该词的时候，显然是想强调资产阶级经济过程的复杂场境关系，故改译为"场境"。Gestalt 一词在当代学术语境中，已经重构为格式塔之境。Marx-Engels-Gesamtausgabe（MEGA²），Ⅱ/1，Text，Berlin：Dietz Verlag，2006，S.369.
③《马克思恩格斯全集》（第二版）第 30 卷，人民出版社 1995 年版，第 453 页。

匙"的隐喻构序正好反向的阐释逻辑,在那里,马克思强调了资产阶级经济中生成的复杂场境关系赋型是我们理解过去初级社会生产方式的钥匙,这意味着,从历史辩证法运动的高级形态可以透视之前低级社会赋型的本质;而此处,马克思则告诉我们,对过去历史上发生和存在过的生产关系,"把这些生产关系作为历史上已经形成的关系来正确地加以考察和推断",则会提供我们进一步深入研究今天的资产阶级经济场境的 empirische Zahlen(经验数据)和 erste Gleichungen(原始方程式)。弄清这些曾经客观发生的社会定在历史生成的原始数据和基本生成的方程式,是我们后来判定原初社会关系在资产阶级经济关系场境中发生**事物化颠倒和异化**的客观历史依据,重要的是,它们将代替人本学话语中作为**价值悬设**出现的本真性"应该"。我以为,这是马克思对自己已经确立的**历史曾在**问题的精细化说明。这是一个十分重要的逻辑设定,因为它提供了进入马克思经济学研究中的历史现象学和科学的劳动异化批判构式的入口。在 1844 年青年马克思的人本主义异化构式中,衡量历史现实的尺度是作为价值悬设本真性的 sollen(应该)存在的劳动类本质,那是观念预设中的人本学劳动辩证法的逻辑起点。而在这里,历史上真实在场的 Gewesenseins(曾在)的原始生产方式,则成为判断今天资产阶级社会经济本质的 empirischen Zahlen(经验数据)和 erste Gleichungen(原始方程式),比如从原始共同体中人对人的**直接依赖关系**到这里商品-市场交换中介过的事物化的"物的依赖关系",从原始共同体中人们的**直接劳动交换关系**到这里经过复杂商品交换而发生的劳动异化关系,资产阶级社会中客观发生的事物化与劳动异化的前提,不再是人本学的抽象的 sollen(应该)存在的价值悬设,而是历史唯物主义视域中的**客观历史曾在**(*Gewesenseins*),它会构成客观的劳动辩证法的现实起点。我以为,这是马克思在《大纲》中极其重要的一个辩证法理论逻辑设定。在历史认识论的维度,这也将给予观察历史进程一个坚实的历史起点和客观支点。

马克思是这样开始他的历史分析的,他说,我们可以看到在"以资本为基础的生产方式(Capital ruhenden Productionsweise)"中,已经呈现的"变成资本的价值和作为单纯同资本相对立的使用价值的活劳动(lebendige Arbeit)"。①

---

① 参见《马克思恩格斯全集》(第二版)第 30 卷,人民出版社 1995 年版,第 453 页。

这有双重含义:一是说与变为资本的价值相对立的,正是活劳动塑形和构序的使用价值;二是创造使用价值的**不会是抽象的生产**,而是生产过程中与劳动材料和劳动资料根本不同的主体性的活劳动。这正是马克思从物质生产过程转向劳动过程的原因。这里,"变成资本的价值"与作为"使用价值的活劳动",正是马克思上述那个资产阶级经济 historische Gestalt(历史场境)的表现,在李嘉图等资产阶级经济学家于生产过程中看到原料、机器和厂房等"物"到场的地方,马克思却在不同于生产过程的劳动过程中,透视出不在场的劳动价值关系变形后的资本关系统治场境,以及资本家用金钱购回的非物性的"活劳动"。显而易见,一旦马克思具体地从经济学中分析"以资本为基础的生产方式",Arbeit(劳动)范畴就不可避免地在场了。我们可以清楚地看到,在历史唯物主义构境中,**从物质生产过程向劳动过程的转换,从生产话语向劳动话语编码的再一次转型,主体性的劳动辩证法重新从历史辩证法中突显出来**。这些重要的转换,在马克思经济学研究中具有深远的理论意义,并且,这也是他创立狭义历史唯物主义和历史现象学的内在前提。前者,作为"劳动的客观条件取得了与活劳动能力相对立的主体的存在——从资本变成资本家",资本家是资本关系反向物相化场境中的人格化伪在场;后者,即雇佣劳动人格化的工人及其活劳动。我们后面会指认,面对资产阶级经济关系中这种特殊的颠倒和变形,马克思手中原有的广义历史唯物主义原则和历史认识论开始显得力不从心,他必须重新铸造一种全新的思想理论武器,这就是狭义历史唯物主义基础上的历史现象学和批判认识论,在其中,马克思不得不重新建构新的劳动辩证法运动中的劳动异化批判构式。这些重要的方法论新进展会是我们下面重点讨论的内容。马克思寓意深长地分析说,这种

> 活劳动(lebendige Arbeit)只不过是这样一种手段,它使对象化的死的劳动(vergegenständlichte, todte Arbeit)增殖价值,赋予死劳动以活的灵魂(belebender Seele),但与此同时也丧失了它自己的灵魂,结果,一方面把已创造的财富变成了他人的财富,另一方面只是把活劳动能力的贫穷留给自己。①

---

① 《马克思恩格斯全集》(第二版)第30卷,人民出版社1995年版,第453页。

这是说,在表面的生产过程中呈现的资本与雇佣劳动的对立,本质上是劳动过程中死劳动与活劳动的对立,这种对立关系的实质却是活劳动给予死劳动活灵魂,即不断增值的生命力,而造成了自己的丧失灵魂的不断贫困。这里,作为死劳动的资本增殖的生命力,来自它对活劳动的奴役性盘剥。马克思后来说,"资本只有当它像吸血鬼一样,不断地吮吸活劳动作为自己的灵魂的时候,才获得这样的能力"①。在此处马克思的思想构境中,我们会有一种似曾相识的感觉,那就是在《1844年手稿》中马克思从资产阶级私有财产背后找到了主体性的劳动,不过,这里全部理论构序的方法论基础已经不是人本主义话语,而是历史唯物主义。这里的vergegenständlichte(对象化),是我们在前面《1844年手稿》中曾经遭遇的概念,它一度缺席于历史唯物主义的话语格式塔中,在马克思第三次经济学研究中这一概念重新起到了关键性的逻辑赋型作用。我们在下面的讨论中,将会详细地深入探讨这一复杂理论构境。这会导致一个奇怪的悖论。在资产阶级经济关系中的雇佣劳动是无法独立存在和在场的,它不得不依存于资本,只有在资本出现在生产过程的物质条件中时,工人的活劳动才能对象化地实现出来。可是,

> 活劳动(lebendige Arbeit)的物的条件[即用来增殖价值的那些材料,用来增殖价值的那些工具,以及为了煽起活劳动能力的劳动火焰(Flamme),为了防止这种火焰熄灭而为活劳动能力的生命过程提供必要物质的那些生活资料],在过程中和通过过程本身,成为异己的独立的存在(fremde,selbstständige Existenzen)或**他人的人格**的存在方式,成为自在地同活劳动能力(而活劳动能力也脱离了这些物的条件并作为主体而存在)相对立的东西,成为坚持独立的、自为存在的价值,因而成为这样的价值,这种价值对于劳动能力来说构成他人的财富,资本家的财富。②

至此,我们就不难理解为什么要在进入马克思的经济学研究语境前,先充分讨论历史唯物主义构境中的劳动过程问题了,那里的思考,全都是为了带入这里的马克思独有的理论构境,即从**劳动过程**透视资产阶级社会物质

---

①《马克思恩格斯全集》(第二版)第31卷,人民出版社1998年版,第36页。
②《马克思恩格斯全集》(第二版)第30卷,人民出版社1995年版,第453—454页。

生产过程的本质的具体历史场境中来。这也是一种逻辑构序中的"从抽象到具体"。其实,从生产过程中透视出劳动过程,从生产物相化过程中辨识出劳动物相化创制本质,从资本与雇佣劳动的对立中透视出死劳动与活劳动的辩证矛盾对立,这已经远远超出了历史认识论的限度,这一批判性的认知机能将会是历史现象学和批判认识论的构境。还有一个方面,这里出现的"异己的独立的存在"和"自为存在"一类的概念,显然不是经济学的话语,而是哲学构境中的黑格尔式的思辨"行话",这显然是经济学家们无法进入的思想构境。这说明《大纲》完全是马克思自己弄清问题的思想实验。这种极其深邃的哲学构境,贯穿整个《大纲》复杂思想创制的全过程。这是说,工人的活劳动物相化实现出来所必需的劳动对象和工具,在生产过程中是作为资本家的财富("价值")与工人的劳动能力相对立的,可如果转换到劳动过程来看,这会是工人过去的劳动结果,现在成为异己性的独立存在而与活劳动相对立。在此让人产生的联想,还是青年马克思在《1844年手稿》中对私有财产本质的透视,在那里,他肯定恩格斯关于斯密是"经济学的路德"的说法,因为斯密将劳动视作物性财产的主体本质。而在这里,马克思还是在与资产阶级经济学家争论,不过,这一次不是在讨论流通领域中的财富,而是物质生产过程背后的主体向度中活劳动与死劳动的劳动辩证法运动过程。更可悲的是,"甚至活劳动(lebendige Arbeit)本身也表现为他人的东西而与活劳动能力相对立——而活劳动就是活劳动能力的劳动,就是活劳动能力自己的生命表现——,因为活劳动为换取对象化劳动,为换取劳动自身的产品已经出让给资本了"①。因为工人为了自己的生活资料,已经把自己"煽起活劳动能力的劳动火焰"的使用权卖给了资本家,所以当作为物相化Flamme(火焰)的有目的的活劳动在进入生产过程且实现出来的时候,它的在场已经以"异己的独立的存在或**他人的人格**的存在方式"属于资本家,而不是工人。显然,在历史唯物主义构境中十分清晰的劳动过程,作为塑形对象的劳动物相化"火焰"与劳动条件的关系,由于资本关系的社会总体性支配,开始在可见的物质生产过程中变得复杂和难以辨认起来,这当然

---

① 《马克思恩格斯全集》(第二版)第30卷,人民出版社1995年版,第455页。

就需要方法论上的突破。下面我们会看到,马克思在《大纲》中不得不重新启用了科学的劳动异化概念,来说明这种物质生产过程中出现的作为资本关系赋型物的劳动条件的异化。

马克思追问道,为什么会发生这种情况? 或者说,这种资本与雇佣劳动之间形式上平等而实际上不平等的盘剥关系是如何历史生成的? 要弄清楚这一点,就必须折返到以资本为基础的生产方式发生时的历史情境中去。马克思说,"如果我们反过来考察在货币进入价值自行增殖过程以前存在的原始关系,我们就会看到,历史上必须产生或者必须存在种种条件,才能使货币变成资本,使劳动变成设定资本即创造资本的劳动,变成雇佣劳动"①。这里的流通领域中"货币进入价值自行增殖过程"、生产领域中"货币变成资本"和劳动"变成雇佣劳动",都已经是经济学中的复杂经济关系脱型与转换问题,我们会在下面的讨论中一步步来分析。在马克思看来,"严格的经济学意义上的雇佣劳动",是"设定资本(Capitalsetzende)即生产资本的劳动(Capitalproducirende Arbeit)",不是抽象的生产设定物,而是工人的劳动Capitalsetzende(设定资本)。这是马克思死死扣住的重要逻辑构序关节,因为,这是**劳动价值论的底线**。具体说,雇佣劳动就是"不但把它作为活动来实现时所需要的那些对象条件,而且还把它作为劳动**能力**定在(Daseins)时所需要的那些客观要素,都作为同它自己相对立的异己的权力(fremde Mächte)生产出来,作为**自为存在的、不以它为转移的价值**生产出来"②。"定在"、"异己权力"和"自为存在",这又是十分哲学化的话语。这里的货币与资本关系异化为 fremde Mächte(异己的权力)的新型异化问题,我们也会在下面的讨论中具体地展开说明。这实际上是从雇佣劳动的角度透视资本关系的分析,雇佣劳动 setzen(设定)资本这个对立物,一是要生产让活劳动能力 Daseins(定在)实现出来的对象性条件,二是要生产出新的价值和统治自己的资本关系。这里马克思刻意使用的**劳动设定资本**的表述,让人想到他在《1844 年手稿》中阐

---

① 《马克思恩格斯全集》(第二版)第 30 卷,人民出版社 1995 年版,第 455 页。
② 《马克思恩格斯全集》(第二版)第 30 卷,人民出版社 1995 年版,第 455—456 页。中译文有改动。
　Marx-Engels-Gesamtausgabe(MEGA²), Ⅱ/1, Text, Berlin: Dietz Verlag, 2006, S. 371.

释黑格尔在《精神现象学》里提出的那个"自我意识的外化 sezt die Dingheit（设定物性）"的说法。① 马克思说，这种奇怪的**自反性的**雇佣劳动的出现，是必须有特定的历史条件的。

首先，资本与雇佣劳动关系得以发生的**基本历史前提**。第一，入序于生产过程的雇佣劳动历史性生成的前提，必须是"活劳动能力（lebendigen Arbeitsvermögens）作为单纯**主体**的存在（subjektiver Existenz）而存在，同它的客观现实的要素相分离（getrennt），也就是，既同活劳动的**条件**相分离，也同**活劳动能力的生存资料、生活资料**，自我保存资料相分离，处在这种完全抽象（völligen Abstraktion）中的劳动的活的可能性"②。这是说，雇佣劳动生成的前提是，工人作为 lebendigen Arbeitsvermögens（活劳动能力）的拥有者，他同时也是丧失了一切劳动资料和生活资料来源的人。这也是马克思恩格斯后来定义无产阶级的最重要的方面。此处的"单纯**主体**的存在"是反讽构境中的比喻，它意指着劳动者从原先在封建土地上拥有自己简单生产资料（犁、锄、镰等）的农民，失形于宗法共同体场境，在转向自由劳动力的同时，彻底丧失了自己原先依存于土地的生活资料来源，同时也丧失了所有可以进行劳动的生产资料，这意味着，完全脱型于土地所有制的"政治解放"背后，却重新赋型自由劳动者的在场以一个没有了资本盘剥就活不下去的 völlige Abstraktion（完全抽象）的"主体"的可悲境地。这正是雇佣劳动关系场境的本质。

第二，在入序于生产过程的资本关系发生的前提中，"必须是使用价值存在（Gebrauchswerthen sein）的足够积累，这种积累不仅要为再生产或保存活劳动能力所必需的产品或价值的生产提供对象条件（gegenständlichen Bedingungen），而且要为吸收剩余劳动提供对象条件，为剩余劳动提供客观材料"③。这是过于理论化的说明，其意思为，虽然资本作为死劳动是一种社会关系，在进入生产过程时，这种变成"使用价值存在"的对象物的足够积累，却是劳动能力的生产和再生产以及剩余价值的生产得以发生的客观前提。用

---

① 参见《马克思恩格斯全集》（第二版）第 3 卷，人民出版社 2002 年版，第 322 页。Marx-Engels-Gesamtausgabe（MEGA²），I/2，Text，Berlin：Dietz Verlag，1982，S. 294–295.

② 《马克思恩格斯全集》（第二版）第 30 卷，人民出版社 1995 年版，第 456 页。

③ 《马克思恩格斯全集》（第二版）第 30 卷，人民出版社 1995 年版，第 456 页。中译文有改动。

通俗的话来表述,则是不同于自然经济基础上的满足人的基本生存条件的生活,资产阶级社会经济关系的历史前提必须是物质生产力的极大提高,以创造出超出人的直接需要的 Gebrauchswerthen sein(使用价值)的足够积累,这种剩余物质财富出现的基础,则是脱型于非物相化农业生产的工业生产物相化的飞速发展中的剩余劳动和资产阶级疯狂追逐金钱的商品-市场经济活动场境的发生。这也是对剩余价值**历史性**的科学说明。在后来的《1861—1863 年经济学手稿》中,马克思分析说,"绝对剩余价值和相对剩余价值有一个共同点,即二者都以劳动生产力的一定发展程度为前提。如果一个人的(每一个人的)整个工作日(可支配的劳动时间)只够养活他自己(至多还有他的一家),那么也就不再有剩余劳动、剩余价值和剩余产品了"①。这是一个重要的历史定位。

第三,资本与雇佣劳动,"双方之间的自由的交换关系(freies Austauschverhältniß)——货币流通;两极之间的以交换价值为基础而不是以统治和奴役关系(Herrschaftsund Knechtschaftsverhältniß)为基础的关系;因而也就是这样的生产,它不是直接地而是以交换为中介(Austausch vermittelt)向生产者提供生活资料,而且,它不能直接占有他人的劳动(unmittelbar der fremden Arbeit bemächtigen),而是必须向工人本人购买劳动,换取劳动"②。这当然是资产阶级从封建专制统治下通过政治解放得来的结果,工人与资本家的交换,在形式上已经是完全自由的平等交换,资本对雇佣劳动的剥削,不再是奴隶制和封建制下的直接奴役和直接掠夺,而是合法地脱型为通过光明正大的市场交换,却隐匿其在生产过程中无偿地占有剩余劳动的经济剥削。

第四,资本生产的目的,"以独立的、自为存在的价值的形式表现劳动的对象条件的那一方——必须作为价值出现,把创造价值,价值自行增殖(Werthsetzung,Selbstverwerthung),创造货币(Geldschaffen)当作最终目的,而不是把直接的享用或创造使用价值当作最终目的"③。说白了,资本家生产的

---

① 《马克思恩格斯全集》(第二版)第 36 卷,人民出版社 2015 年版,第 340 页。
② 《马克思恩格斯全集》(第二版)第 30 卷,人民出版社 1995 年版,第 456 页。
③ 《马克思恩格斯全集》(第二版)第 30 卷,人民出版社 1995 年版,第 456 页。

目的,不再是过去的奴隶主和地主老财们那样为了自己的吃喝,而是赚钱,无止尽地追逐剩余价值。

我以为,马克思这一关于资本与雇佣劳动关系发生的客观历史条件的历史分析,是《大纲》中关于以资本为基础的生产方式的历史本质最重要的研究成果之一。

其次,资本与雇佣劳动关系中**自由劳动者的历史生成**。马克思说,资本与雇佣劳动关系的确立,在劳动者主体方面,前提之一"是奴隶制或农奴制关系(Verhältniß von Sklaverei oder Leibeigenschaft)的消灭。活劳动能力属于本人自己,并且通过交换才能支配它的力的表现。双方作为人格互相对立。在**形式上**他们之间的关系是一般交换者之间的平等和自由的关系(Verhältniß das gleiche und freie)"①。这是一个具体的历史指认。在原先的奴隶制或农奴制下,依存于由血亲关系编码的共同体场境的劳动者,并不具有独立的人格,而资本与雇佣劳动的前提,则会是脱型于宗法关系赋型后的具有独立人格的自由工人和资本家"在**形式上**"的"平等和自由的关系"。这里由血亲关系编码的奴隶制,当然不是指欧洲资产阶级在殖民地重新制造的现代奴隶制度。马克思具体分析说:

> 在奴隶制关系下,劳动者属于**个别的特殊的**所有者,是这种所有者的工作机器(Arbeitsmaschine)。劳动者作为力的表现的总体,作为劳动能力,是属于他人的对象(Subjekt),因而劳动者不是作为主体同自己的力的特殊表现即自己的活的劳动活动发生关系。在农奴制关系下,劳动者表现为土地财产本身的要素,完全和役畜一样是土地的附属品(Zubehör der Erde)。②

这是马克思对过去社会中发生的不同奴役关系的说明。在他看来,在奴隶制关系下,劳动者直接属于奴隶主,只不过是"会说话"的Arbeitsmaschine(工作机器),奴隶对自己的劳动力不存在主体性的支配关系;而在封建土地私有制

①《马克思恩格斯全集》(第二版)第30卷,人民出版社1995年版,第457页。
②《马克思恩格斯全集》(第二版)第30卷,人民出版社1995年版,第457页。中译文有改动。Marx-Engels-Gesamtausgabe(MEGA²),Ⅱ/1,Text,Berlin:Dietz Verlag,2006,S.372-373.

关系下,农民依附于土地,所以与牛马一样是地主支配土地关系中的 Zubehör(附属品)。一句话,在这两种私有制关系下,劳动者都不是独立在场的自由主体,因此都没有"选择和任意行动的广阔余地"。而资产阶级生产关系中的"雇佣劳动的前提和资本的历史条件之一,是自由劳动以及这种自由劳动同货币相交换,以便再生产货币并增殖其价值,也就是说,以便这种自由劳动不是作为用于享受的使用价值,而是作为用于获取货币的使用价值,被货币所消耗"①。这也表明,雇佣劳动的历史前提是,奴隶制和封建土地所有制关系中的劳动者必须从皮鞭下解放出来且从土地所有制中彻底脱型出来,成为可以支配自己劳动能力并与货币(工资)相交换的自由劳动者,这是雇佣劳动关系得以发生的劳动主体前提。马克思后来分析说,"在奴隶制度等等的条件下,不存在由于投在工资上的那部分产品先要转化为货币而产生的假象,因此看得很清楚,奴隶作为工作报酬取得的东西,实际上不是奴隶主给他的'预付',而只是奴隶的已实现的劳动中以生活资料的形式流回到奴隶手中的部分"②。当然,这里出现的自由劳动者的自由,的确是相对于专制强暴关系的解放,可是在一个更深的层面上,"这种个人自由同时也是最彻底地取消任何个人自由,而使个性完全屈从于这样的社会条件,这些社会条件采取事物的权力的形式(Form von sachlichen Mächten),而且是极其强大的事物,离开彼此发生关系的个人本身而独立的事物(unabhängigen Sachen)"③。显然,这个 sachlichen Mächten(事物的权力),就是颠倒为经济事物的资本关系。从传统奴役关系中解放出来的自由劳动者,虽然获得了自己独立的历史在场性,然而,这种自由在场却无法离开商品-市场交换的场境;这亦表明,劳动者的自由在场不得不重新屈从于资本的权力,这种屈从并不是指凶神恶煞般的资本家手持棍棒的直接压迫,而是指劳动者的自由只能是把自己的劳动力使用权自由地变卖给满脸堆笑的资本家。这是一种深刻的自由解放悖反性中的历史辩证法。这也会是资产阶级社会中自由与奴役关系自反性的**启蒙辩**

---

① 《马克思恩格斯全集》(第二版)第 30 卷,人民出版社 1995 年版,第 465 页。
② 《马克思恩格斯全集》(第二版)第 35 卷,人民出版社 2013 年版,第 98 页。
③ 《马克思恩格斯全集》(第二版)第 31 卷,人民出版社 1998 年版,第 43 页。中译文有改动。Marx-Engels-Gesamtausgabe(MEGA²),Ⅱ/1,Text,Berlin:Dietz Verlag,2006,S.537.

证法。可是,这个作为 Sache 的资本关系的本质是什么,它又如何变成了"事物的权力的形式",这都会是马克思在《大纲》的经济学研究中必须面对的难题。

与这一点相关,雇佣劳动关系得以历史发生的前提之二,是自由劳动者必须与劳动对象和劳动资料完全脱离,成为一无所有的无产者。这是劳动者不得不将自己的劳动能力使用权变卖给资本家的根本原因。这是前述资本与雇佣劳动关系的讨论中已经涉及的问题,这里只是转换到劳动主体的视角。马克思说,在这里,"自由劳动(freien Arbeiter)同实现自由劳动的客观条件相分离,即同劳动资料和劳动材料相分离。可见,首要的是,劳动者同他的天然的实验场(natürlichen Laboratorium)即土地相脱离,从而自由的小土地所有制解体,以及以东方公社为基础的公共土地所有制的解体"①。我可以看到,马克思现在一提及土地所有制,必提东方公社的"公共土地所有制",这说明他对印度等国(之后是俄国)非欧社会发展道路特殊性的深刻印象。当劳动者从封建的土地所有制中解放出来,他在获得自由在场性的同时,也失去了土地这一 natürlichen Laboratorium(天然实验场)与一切劳动资料和劳动材料。在农耕时代的生产中,土地是种植业和畜牧业直接依存的自然生长基础,而现在,从土地上解放出来的工人成为双手空空的无产者,他失形于农奴关系的赋型,也失去了生存的保证,现在他唯一的活路,就是接受资本的盘剥。马克思特意说,劳动者个人"变成一无所有(Nacktheit)的**工人**,这本身是**历史**的产物"②。这种"一无所有的工人",正是以资本为基础的生产方式中雇佣劳动关系的最重要的前提。后来马克思在《1861—1863 年经济学手稿》中指出,"只要**资本主义生产**还没有为自己造成自由发展的一切条件——其中最主要的条件,是绝对依赖于资本的雇佣工人阶级的形成——,资本就**调整**并干预一切,直到使上述条件完全适合于自己为止"③。

再次,一种**历史性的比较说明**。为了说明资产阶级社会发生的这一历史

①《马克思恩格斯全集》(第二版)第 30 卷,人民出版社 1995 年版,第 465 页。
②《马克思恩格斯全集》(第二版)第 30 卷,人民出版社 1995 年版,第 466 页。
③《马克思恩格斯全集》(第二版)第 37 卷,人民出版社 2019 年版,第 488 页。

前提的形成,马克思还专门讨论了以资本为基础的生产方式形成之前土地所有制的几种主要形式。第一种土地所有制形式是**自然形成的共同体**(*naturwüchsiges Gemeinwesen*)。如前所述,这个 naturwüchsiges(自然形成)的特征,是马克思和恩格斯在《德意志意识形态》中讨论不同所有制形式的历史发生、发展时使用过的说明。① 开始,这些由家庭扩大成为部落,或通过家庭之间互相通婚,或部落的联合形成的人类共同体,还残存着动物式的迁徙生活,"游牧,总而言之迁徙,是生存方式的最初的形式"。逐渐定居在土地上之后,人们才逐渐开始进行相对固定的畜牧业和种植业生产,对于这两种生产来说,"土地是一个大实验场,是一个武库,既提供劳动资料,又提供劳动材料,还提供共同体居住的地方,即共同体的基础"②。我已经指认过,马克思的这一从游牧到定居土地的社会历史描述,显然受到舒尔茨《生产运动》一书的影响,在那里,舒尔茨描述了早期人类生活从不固定的游牧生存向定居生活的转变。③ 马克思分析说,那时候人们在土地上生存的基础,"并不是劳动的**产物**(*Product der Arbeit*),而是表现为劳动的自然的或**神授的**前提(*natürlichen oder göttlichen* Voraussetzungen)"④。这让我们想到《德意志意识形态》中那一著名的表述,即批评费尔巴哈不能领悟他周围的感性世界是"工业和社会状况的产物"一说⑤。此处,马克思显然已经开始设定一些历史性的边界,因为在原始部族生活中,在作为人们生活客观前提的狩猎、种植和畜牧生产过程中,人们获得的产品还不完全是劳动的产物,或者说,人的生存条件

---

① 参见[日]广松涉编注《文献学语境中的〈德意志意识形态〉》,彭曦译,南京大学出版社 2005 年版,第 90 页。

②《马克思恩格斯全集》(第二版)第 30 卷,人民出版社 1995 年版,第 466 页。

③ 参见[德]舒尔茨《生产运动》,李乾坤译,南京大学出版社 2018 年版,第 10—13 页。

④ 参见《马克思恩格斯全集》(第二版)第 30 卷,人民出版社 1995 年版,第 467 页。

⑤《德意志意识形态》中的原文为:"他没有看到,他周围的感性世界决不是某种开天辟地以来就直接存在的的〈产[物]〉(M2)、始终如一的〈产物〉东西,而是〈[……的]活动的]成果〉工业和社会状况的产物,是〈各个〉历史的〈时代中〉产物,是世世代代〈产物〉活动的〈产物〉结果,其中每一代都立足于前一代所达到的基础上,继续发展前一代的工业和交往,并随着需要的改变而改变它的社会〈制度〉秩序[费尔巴哈却没有看到以上事实]。甚至连最简单的'感性确定性'的对象〈例如,樱桃树〉也只是由于社会发展、由于工业和商业往来才提供给他的。大家知道,樱桃树和几乎所有的果树一样,只是在数世纪以前由于**商业**才移植到我们这个地区。"([日]广松涉编注:《文献学语境中的〈德意志意识形态〉》,彭曦译,南京大学出版社 2005 年版,第 16 页。)

还没有彻底脱型于"自然辩证法",因为粮食、家禽、衣物和住宅主要都还是基于自然条件和假想中"神授的"恩赐。这也是我将农耕文明中的自然经济生产表征为**非物相化的生产**的依据。

第二种是**东方公社式的土地所有制**。前面我已经交代过,这是马克思于1853—1856 年的最新历史研究结果。马克思认为,"这第二种形式不是以土地作为自己的基础,而是以城市作为农民(土地所有者)的已经建立的居住地。耕地表现为城市的领土;而不是(像在第一种形式中那样)村庄表现为土地的单纯附属物"①。一是这显然与马克思原先历史视域中的欧洲土地所有制不同,因为东方公社拥有了大量的公有土地,而拥有小块私有土地的农民的独立性,恰恰是"由他们作为公社成员的相互关系来维持的,是由确保公有地以满足共同的需要和共同的荣誉等等来维持的",在此,"个人被置于这样一种谋生的条件下,其目的不是发财致富,而是自给自足,把自己作为公社成员再生产出来,把自己作为小块土地的所有者并以此资格作为公社成员再生产出来"。② 这是马克思历史认识论视域中关于非欧洲的社会历史赋型的新观点。我推测,由此马克思也会放弃将社会历史进程视为公有制与私有制简单对置的线性逻辑,特别是看到了非欧洲地区社会进程的复杂性时。二是这里也出现了空间上的转换,即从自然物理空间中的土地中心转向社会空间中的城市中心,土地现在是作为人的社会物相化结果的"城市的领地"。

第三种是出现在欧洲的**日耳曼式的土地所有制**。这也是一种公社式的公有/私有混杂的特殊土地所有制。有所不同的是,公有土地之外更多的土地是以私人占有的方式实现的,"公有地只是个人财产的补充,并且只有当它被当作一个部落的共同占有物来保卫"③。马克思后来专门研究了毛勒对日耳曼古代史的研究。④ 很显然,马克思这里对前资产阶级社会赋型的历史分析,已经大大超越了《德意志意识形态》中关于古代社会所有制的认识。这些新的看法,在后来马克思 60 年代开始的古代史和人类学研究中都得到了进一步的深化。

---

①《马克思恩格斯全集》(第二版)第 30 卷,人民出版社 1995 年版,第 469 页。
② 参见《马克思恩格斯全集》(第二版)第 30 卷,人民出版社 1995 年版,第 471 页。
③《马克思恩格斯全集》(第二版)第 30 卷,人民出版社 1995 年版,第 474 页。
④ 参见《马克思恩格斯全集》第 32 卷,人民出版社 1974 年版,第 43 页。

马克思告诉我们,在以上这些旧有的土地所有制中,共同的方面包括这样一些内容:第一,**物质生产以土地和农业为基础和使用价值为目的的经济活动**。马克思认为,"在所有这些形式中,土地财产和农业(Grundeigenthum und Agricultur)构成经济构序(ökonomischen Ordnung)的基础,因而经济的目的(ökonomischer Zweck)是生产使用价值,是在个人对公社(个人构成公社的基础)的一定关系中**把个人再生产出来**"①。这里有马克思并不太多地使用的ökonomische Ordnung(经济构序)概念。依概念考古词频统计,马克思在《大纲》中共计 5 次使用 Ordnung 一词。这有三个方面:一是这些社会形式存在和发展的经济活动构序的生产基础,是自然物理空间中的土地不动产和非物相化农业生产的有限塑形,这是那时社会生活定在的根本编码属性;二是人们生产和生活的目的是为获取直接生活所需的有用物品,而不是用于交换或换钱;三是人们在公社式的共同体中,以一定的血缘和宗法关系场境的方式把等级式的个人生活再生产出来。

第二,**劳动与自然条件的关系**。如果第一点说明了自然经济生产的基础和目的,那么,这里还有一个从生产过程到劳动过程的关注点的转换。在马克思看来,在所有这些社会形式中,人们

> 对劳动的自然条件(natürlichen Bedingung)的占有,即对**土地**这种最初的劳动工具、实验场和原料贮藏所的占有,不是通过劳动进行的,而是劳动的前提(Arbeit vorausgesezt)。个人把劳动的客观条件简单地看作是自己的东西,看作是使自己的主体性(Subjektivität)得到自我实现的无机自然(unorganischen Natur)。劳动的主要客观条件本身并不是劳动的**产物**(*Product der Arbeit*),而是已经存在的**自然**。一方面,是活的个人(lebendige Individuum),另一方面,是作为个人再生产的客观条件的土地。②

---

① 《马克思恩格斯全集》(第二版)第 30 卷,人民出版社 1995 年版,第 476 页。中译文有改动。Marx-Engels-Gesamtausgabe(MEGA²), Ⅱ/1, Text, Berlin: Dietz Verlag, 2006, S.389.
② 《马克思恩格斯全集》(第二版)第 30 卷,人民出版社 1995 年版,第 476 页。

这是比较重要的一段理论分析,因为它涉及马克思此处试图重点证明的前资产阶级社会形式中劳动者与劳动条件的历史依存关系。一是说,此时作为"活的个人"的劳动者与物性劳动条件的关系,主要是人对自然条件(土地)的直接依存关系,土地同时是劳动对象、工具和天然实验场所,这些作为劳动前提的条件不是 *Product der Arbeit*(劳动的**产物**),不是劳动爱多斯之相实现出来的物相化的产物,而是自然物理空间中**先在的自然**,大地,成为人的主体性自我实现的"无机自然"。人在"靠天吃饭",此时,人并没有割断自己与自然母亲的脐带。从历史认识论的角度看,不是人的劳动物相化产物的自然("大地")与处于辅助生产地位的劳动主体,处于相互对立的外部关系之中,马克思恩格斯所指认的那个周围的感性世界是"工业和社会状况的产物"的生产物相化历史事件尚未发生,这种历史状况恰恰是**主体与客体二元认知构架**的现实社会基础,这说明了康德的哥白尼式的"认识论革命"之前主-客二元认知构架的历史合法性。这恰恰是广松涉没有留心的地方。二是马克思分析说,在这些所有制中,人对劳动条件的关系,即人对自然土地的占有,不是以独立的个人直接占有的方式,而是要以他作为公社成员的身份为中介的,即"以个人作为某一公社成员的自然形成的、或多或少历史地发展了的和变化了的存在,要以他作为部落等等成员的自然形成的存在为中介"①。其实,这种表述还是抽象的,因为具体到这些形式的奴役关系中,则会深化出一个奴隶或农奴(劳动者)与自然条件的具体关系。后来马克思补充说,"奴隶同他的劳动的客观条件没有任何关系;而**劳动**本身,无论是奴隶形式的,还是农奴形式的,都被**作为生产的无机条件**与其他自然物列为一类,即与牲畜并列,或者是土地的**附属物**"②。这是极为深刻的历史说明。

　　第三,以物的形式出现的财富不是生产的目的。在所有这些土地所有制中,当然已经出现了财富的生产,可是,这里以实物的形式("自然财富")出现的财富的生产,都与生活资料的需要和使用相关,而不表现为生产的直接目的。马克思分析道,"财富作为价值,是对他人劳动的单纯支配权,不过不是

①《马克思恩格斯全集》(第二版)第 30 卷,人民出版社 1995 年版,第 477 页。
②《马克思恩格斯全集》(第二版)第 30 卷,人民出版社 1995 年版,第 481 页。

以统治为目的(Zweck der Herrschaft)的,而是以私人享受等等为目的。在所有这一切形式中,财富都以物的场境(dinglicher Gestalt)出现,不管它是事物(Sache)也好,还是以存在于个人之外并偶然地同他并存的事物为中介的关系(Verhältniß vermittelst der Sache)也好"①。马克思这里的表述又过于学理化了。一是在这里我们再一次看到了这个重要的 Gestalt(场境)概念,"物的场境"显然不是指简单的自然物,虽然这里以物的形式出现的财富主要还不是劳动的结果,但它们已经是开始入序于人的生存社会历史负熵关系场境中的"有用物"编码,有如改良过的植物即"粮食"和不再是简单石块与木料的"房屋"。特殊的用在性关系场境存在,使这些"自然物"转换为 for us 的 Sache(事物)。这是一个复杂的话语编码域。在认识论维度上,我们直观到的物性对象,与这一对象在用在性关系中被赋型的无形场境是完全不同的认知对象,这是马克思恩格斯说意识的本质是"我对我的环境的关系"的历史背景。二是马克思告诉我们,这些土地所有制中直接掠夺和占有的财富总是在地主和统治者手中,但是,此时生产财富的目的是"私人享受",它还是以具象的"事物"用在性——使用价值直接表现出来。此时,事物还没有脱型和重新赋型为**有价值的商品**。在后来的《1861—1863 年经济学手稿》中马克思这样写道:这里"占统治地位的是使用价值。当事人不是作为买者和卖者互相对立。交换价值作为货币和作为商品的独立形式并不决定过程本身。奴隶(不是农奴)可以作为商品购买。但是对他的剥削不是以剥削者与被剥削者之间的商品交换形式进行的。造成奴隶制、农奴制的各种关系,是不以生产本身——就生产以交换价值为目的而言——为转移的。奴隶主或封建主占有的是单纯使用价值形式上的剩余劳动"②。这是说,奴隶制和封建制下的财富生产的目的还是物品的直接使用价值,并且,统治者对劳动者剩余劳动的占有不是通过买卖关系,而是直接的掠夺。在封建社会后期,可能也会出现商品交换,但这种交换还不是占据主导性地位的社会编码总体性。所以马克思

---

① 《马克思恩格斯全集》(第二版)第 30 卷,人民出版社 1995 年版,第 479 页。中译文有改动。Marx-Engels-Gesamtausgabe(MEGA²),Ⅱ/1,Text,Berlin:Dietz Verlag,2006,S.392.
② 《马克思恩格斯全集》(第二版)第 36 卷,人民出版社 2015 年版,第 14 页。

说，"与资本的场合不同，在这里，对这种剩余劳动的占有不是以交换为中介，而是以社会的一部分人对另一部分人的暴力统治为基础"①。马克思有些感叹地说：

> 古代的观点和现代世界相比也就显得崇高得多，根据古代的观点，人，不管是处在怎样狭隘的民族的、宗教的、政治的规定上，总是表现为生产的目的（Zweck der Production），在现代世界，生产表现为人的目的（Zweck des Menschen），而财富则表现为生产的目的。②

这是马克思《大纲》中挺有名的一段话。这是说，与今天的以资本为基础的"为了生产而生产"不同，古代社会中，不管处于什么样的社会形式中，"人"都是生产的目的，而不是以财富为目的。在这个意义上，似乎古代人的观念显得"崇高得多"。当然，具体说，这个"人"是马克思此时了解的阶级社会中的统治者，而并不包括"会说话的工具"——奴隶和农奴。

马克思指认说，当资产阶级开辟的以资本为基础的生产出现以后，上述土地所有制关系场境中发生的一切就统统被改变了。劳动与自然条件的关系开始失形，生产的目的不再仅仅是直接生活需要的使用价值，财富开始成为以资本为基础的全部经济活动的目的。在这一点上，马克思分析说，这种充分发展起来的财富，

> 如果抛掉狭隘的资产阶级形式（bornirte bürgerliche Form），那么，财富不就是在普遍交换中产生的个人的需要、才能、享用、生产力等等的普遍性（Universalität）吗？财富不就是人对自然力——既是通常所谓的"自然"力，又是人本身的自然力——的统治的充分发展吗？财富不就是人的创造天赋的绝对发挥吗？这种发挥，除了先前的历史发展之外没有任何其他前提，而先前的历史发展使这种全面的发展，即不以**旧有**的尺度来衡量的人类全部力量的全面发展（Entwicklung aller menschlichen Kräfte）成为目的本身。难道在这里，人不是在某一种规定性上再生产自

---

① 《马克思恩格斯全集》(第二版)第36卷，人民出版社2015年版，第279页。
② 《马克思恩格斯全集》(第二版)第30卷，人民出版社1995年版，第479页。

己,而是生产出他的总体性(Totalität)吗?不是力求停留在某种已经变成的东西上,而是处在变易的绝对运动(absoluten Bewegung des Werdens)之中吗?①

相对于古代社会中"人是生产的目的"这一点,这是一个历史辩证法进程中的否定之否定。这里,马克思一连用了五个问句来表明:如果除掉资产阶级以财富为生产目的的狭隘的资本生产关系,今天的无限丰富起来的财富背后,则已经是个人主体物相化的需要、才能和创造天赋的充分发挥了,它完全有可能进入一个否定了资本逻辑的共产主义新世界,在那里,人的全面发展重新成为历史本身的目的,人将再生产出自己的 Totalität(总体性),并"处在变易的绝对运动之中"。显然,从话语格式塔分析中看,同一个 Totalität 的能指,这里的 Totalität(总体性)的意义所指,并非前述的在社会结构中占据统治地位的生产方式,而是特指人的**全面发展**。它在历史唯物主义视域中再一次复归于《1844 年手稿》中那个相近的 Totalität(总体性)话语编码②。在认识论的视域中,这也有可能彻底脱型于资本支配的金钱棱镜,使人的主观精神构境基础重新回到世界的用在性关系场境。在这一点上,后来列斐伏尔所提出的"总体的人"似乎还是有根据的。当然,马克思此处的 Totalität(总体性)概念已经没有任何抽象的人本主义色彩。

也是在这里,我们突然看到了马克思那个"市民社会话语Ⅳ"的概念变形,这一次,他直接用**经济基础**来重新命名了这一重要范畴。马克思说:

> 资产阶级以前的历史及其每一阶段也有自己的**经济**(Oekonomie)和运动的**经济基础**(ökonomische Grundlage)这一事实,归根到底不过是这样一个同义反复,即人们的生活自古以来就建立在生产上面,建立在这种或那种**社会**生产上面,这种社会生产的关系,我们恰恰就称之为经济关系(ökonomische Verhältnisse)。③

---

① 《马克思恩格斯全集》(第二版)第 30 卷,人民出版社 1995 年版,第 479—480 页。中译文有改动。Marx-Engels-Gesamtausgabe(MEGA²),Ⅱ/1,Text,Berlin:Dietz Verlag,2006,S. 392.
② 参见《马克思恩格斯全集》(第二版)第 3 卷,人民出版社 2002 年版,第 303 页。
③ 《马克思恩格斯全集》(第二版)第 30 卷,人民出版社 1995 年版,第 481 页。

我们能够观察到,马克思在这里第一次在他过去使用 bürgerliche Gesellschaft [市民社会话语(Ⅳ)]的位置上明确使用了**经济基础**这一概念。他重申了这样的**广义历史唯物主义**观点,即物质生产是人们生活的一般基础;而在上述特定的**土地所有制**中,人们从事社会生产的经济关系则建立起一个社会结构的直接基础,显然,经济基础的概念属于一种新的历史唯物主义构境,即**狭义的历史唯物主义**范畴。因为精确地讲,在原始部族生活中并没有私人所有制基础上的经济关系。这一点,马克思是在读到摩尔根的《古代社会》一书后,才逐步清楚起来的。

最后,马克思再一次回到自己想要论证的主题上来,即**资本与雇佣劳动的关系是历史发生的**,以资本为基础的生产方式是以一定的客观社会历史条件为前提的。具体说,也就是上述土地所有制的彻底脱型和解体。后来,马克思在《1861—1863年经济学手稿》中展开说明过这一解体的内容:一方面,这种解体是土地所有制基础之上所有"奴隶制和农奴制的解体",而另一方面,这也"是这样一种形式的解体(Auflösung),在这种形式中,生产资料是直接作为直接生产者的财产而存在的,不管直接生产者的劳动**主要**以使用价值(农业劳动)为目的,或者以交换价值(城市劳动)为目的。最后,是这样一种**共同体**形式(Form des *Gemeinwesens*)的解体,在这种形式中,劳动者作为这种自然发生的共同体的器官(Organ dieses naturwüchsigen Gemeinwesens),同时成为自己的生产资料的所有者或占有者"。① 在政治上,先是奴隶制和封建制的 Auflösung(解体),然后是这种"自然发生的共同体"本身的失形和祛序,其中最核心的是作为"自然发生的共同体的器官"的劳动者手中从事劳动的"生产资料",彻底地从劳动者那里分离出去。马克思说,"劳动对资本的关系,或者说,劳动对作为资本的劳动客观条件的关系,是以一个历史过程为前提的,这个历史过程曾促使劳动者是所有者,或者说所有者本身从事劳动的各种不同形式发生了解体"②。

第一,也是最重要的方面,就是劳动者与劳动条件的根本分离。这就是,

---

① 参见《马克思恩格斯全集》(第二版)第37卷,人民出版社2020年版,第464页。
② 《马克思恩格斯全集》(第二版)第30卷,人民出版社1995年版,第490页。

"劳动者把土地当作生产的自然条件的那种关系的**解体**，即他把这种条件看作是自身的无机存在，看作是自己力量的实验场和自己意志所支配的领域的那种关系的**解体**"①。这是前述几个土地所有制的共同前提，即劳动者把土地看作生产的自然条件、自己力量的实验室和"无机身体"，现在，劳动者与自己的劳动对象（土地、种子等劳动材料）彻底地分离了，同时，这种从土地所有制中的脱型也包括了劳动者与劳动工具的分离，即"劳动者是工具所有者的那种关系的解体"。这意味着，劳动者在脱型于土地所有制的历史过程中，同时失去了土地和劳动资料，成为一无所有的人。

第二，是劳动者与他的劳动活动的分离。马克思说，"还有一种关系也同样发生**解体**，在这种关系中，**劳动者本身、活的劳动能力**本身，还**直接属于生产的客观条件**，而且作为这种生产的客观条件被人占有，因而是奴隶或农奴"②。这是说，先前的奴隶和农奴本身是奴隶主和地主的附属物，所以他们的劳动活动并不属于自己，作为一种客观的生产条件，其劳动直接属于奴隶主和地主。可是，在今天的资本与雇佣劳动的关系中，上述的奴役关系被祛序和脱型，劳动者获得了人身自由，现在，"工人不是生产条件，而只有劳动才是生产条件"，所以，资本要找到雇佣劳动，必须"要找到劳动者作为自由工人，作为丧失客体条件的、纯粹主体的劳动能力（rein subjektives Arbeitsvermögen），来同作为**他的非财产**，作为**他人的财产**，作为自为存在的**价值**，作为资本的生产的客观条件相对立"③。从工人角度看，在劳动者从封建土地上的人身依附关系中失形和解放出来时，他的确拥有了属于自己的"纯粹主体的劳动能力"，然而，这种劳动能力在丧失了劳动条件之后，却不是自己的"财产"，而只有变卖为"他人的财产"或者"资本的生产的客观条件"，才能得以存在和在场。相反，在资本家那里，资本所需要的雇佣劳动者一定是一无所有的工人，"他们唯一的财产是他们的劳动能力，和把劳动能力与现有价值交换的可能性"④。

---

① 《马克思恩格斯全集》（第二版）第 30 卷，人民出版社 1995 年版，第 490 页。
② 《马克思恩格斯全集》（第二版）第 30 卷，人民出版社 1995 年版，第 491 页。
③ 参见《马克思恩格斯全集》（第二版）第 30 卷，人民出版社 1995 年版，第 491—492 页。
④ 《马克思恩格斯全集》（第二版）第 30 卷，人民出版社 1995 年版，第 496 页。

马克思说,在资产阶级社会的经济关系场境中,自由工人"作为活劳动力被抛到劳动市场上",

> 他们在双重意义上是自由的:摆脱旧的保护关系或农奴依附关系以及徭役关系而自由了,其次是丧失一切财物和任何客观的事物定在形式(sachlichen Daseinsform)而自由了,**自由得一无所有**(*frei von allem Eigenthum*);他们唯一的活路,或是出卖自己的劳动能力,或是行乞、流浪和抢劫。①

这是工人在反讽构境中的双重自由:一是从专制强暴中解放出来获得了人身自由,这种自由解放,同时也是劳动者丧失所有"客观的事物定在形式"上的生产材料和生产资料的过程,他们 *frei von allem Eigenthum*(**自由得一无所有**);二是这种自由的关系场境本质上却是一种看不见的新的经济强制,这里虽然没有了高高举起的皮鞭,但客观上存在着无形的饥饿的皮鞭,如果想要有"活路",不去"行乞、流浪和抢劫",工人就只能将自己的劳动能力变卖给拥有生产资料的资本家。这就是资产阶级给予劳动者的自由的本质。在历史认识论的视域中,这种现实的自由关系场境中生发出的非自由的软性强制,是很难透视的意识形态迷雾。

所以,马克思说,"资本的**原始筑模**(*Urbildung*)只不过是这样发生的:作为**货币财富**而存在的价值,由于旧的生产方式解体(Auflösung der alten Productionsweise)的历史过程,一方面能**买到**劳动的客观条件,另一方面也能用货币从已经自由的工人那里换到**活**劳动本身"②。马克思第一次说,**资本的生产方式**(*Productionsweise des Capitals*)③恰是在旧的社会形式中孕育和成熟起来的,"在原始的历史形式中,资本起初零散地或在个别地方出现,与旧的生产方式并存,但逐渐地到处破坏旧的生产方式"④。这个 Productionsweise

---

① 《马克思恩格斯全集》(第二版)第 30 卷,人民出版社 1995 年版,第 502 页。中译文有改动。Marx-Engels-Gesamtausgabe(MEGA²),Ⅱ/1,Text,Berlin:Dietz Verlag,2006,S.410.

② 《马克思恩格斯全集》(第二版)第 30 卷,人民出版社 1995 年版,第 501 页。

③ 参见《马克思恩格斯全集》(第二版)第 30 卷,人民出版社 1995 年版,第 507 页。中译文有改动。Marx-Engels-Gesamtausgabe(MEGA²),Ⅱ/1,Text,Berlin:Dietz Verlag,2006,S.414.

④ 《马克思恩格斯全集》(第二版)第 30 卷,人民出版社 1995 年版,第 506 页。

des Capitals(资本的生产方式)筑模历史地发生在旧社会的生产方式内部,与旧有的生产关系并存,并通过新的商品生产和交换关系到处破坏和渗透整个社会生活,以逐步地确立自己总体性编码的支配性地位。马克思在《大纲》第6笔记本第10页再次使用了这个新的 Productionsweise des Capitals。① 他分析说:

> 这里表现出了资本的那种使它不同于以往一切生产阶段的全面趋势。尽管按照资本的本性来说,它本身是狭隘的,但它力求全面地发展生产力,这样就成为新的生产方式的前提,这种生产方式的基础,不是为了再生产一定的状态或者最多是扩大这种状态而发展生产力,相反,在这里生产力的自由的、无阻碍的、不断进步的和全面的发展本身就是社会的前提,因而是社会再生产的前提;在这里唯一的前提是超越出发点(Hinausgehn über den Ausgangspunkt)。这种趋势是资本所具有的,但同时又是同资本这种狭隘的生产形式相矛盾(Widerspruch)的,因而把资本推向解体,这种趋势使资本同以往的一切生产方式区别开来,同时意味着,资本不过表现为过渡点(Uebergangspunkt)。②

这里,马克思再一次重申了《共产党宣言》中的断言,相对于依存于有限自然物理空间中的土地和农耕文明的旧有生产方式,资本的生产方式的本质,是其全新社会空间内部"生产力的自由的、无阻碍的、不断进步的和全面的发展",这也决定了资产阶级必须不停息地变革自己的生产关系,资本生存的内在社会历史负熵动力中,"唯一的前提"是 Hinausgehn über den Ausgangspunkt(超越出发点)。这是**现代性历史时间质性**和历史辩证法的最彻底的表现。历史地看,历史辩证法中那个"不崇拜任何东西"(恩格斯语)的**"绝对不安"**(*absolute Unruhe*)的革命本质,只是在这里才最终成为现实。然而,在资本的生产方式中,"超越出发点"会畸变为永不停息的剩余价值追逐和流行时尚中的"永新"。在后来的《1861—1863 年经济学手稿》中,马克思

---

① 参见《马克思恩格斯全集》(第二版)第 30 卷,人民出版社 1995 年版,第 539 页。

② 《马克思恩格斯全集》(第二版)第 30 卷,人民出版社 1995 年版,第 539 页。Marx-Engels-Gesamtausgabe(MEGA²), Ⅱ/1, Text, Berlin: Dietz Verlag, 2006, S.479.

说，"资本主义生产的特征是，资本和劳动具有灵活性，生产方式不断变革，从而，生产关系、交往关系和生活方式等方面不断变革，与此同时，在国民的风俗习惯和思想方式等等方面也出现很大的灵活性"①。在资产阶级社会生活中出现了"'挣多少吃多少'的消费，改变衣着就像改变意见一样迅速，而不是一件上衣等等一穿就是十年"②的旧式消费观。可是，也正是这种内在生产力发展的历史辩证法，使以私有制的狭隘性为本质的资本的生产方式走向自身的解体，成为被新的生产方式替代的 Uebergangspunkt（过渡点）。

4. "资本主义生产"概念的历史性出场

在《大纲》第 5 笔记本的第 30 页，马克思终于使用了这样一个概念：**资本主义生产**（*kapitalistischen Production*）③。这当然是马克思关于资本主义社会科学认识的十分重要的一步。这是马克思在自己的经济学研究中，通过反复认真的思考和研究抽象出来的重要科学社会主义范畴。显然，这里的 kapitalistischen 一词的话语能指，已经不再是作为人格化伪主体的资本家，而是前述那个"资本关系"场境统治的意义所指。我以为，区别于传统的**以财产多少**为外部标尺的 bürgerliche Gesellschaft（资产阶级社会或有产者社会），以资本的生产方式筑模和生产关系赋型为本质的**资本主义**理论构序的全新话语格式塔转换，正是在这里初步呈现的。在一定的意义上，我们甚至可以将其视作马克思第三个伟大发现——资本主义生产方式理论的正式发端。

可以看到，马克思是在"资本章"第二篇"资本的流通过程"的手稿写作中完成这一科学抽象的。在那里，马克思先是集中说明资产阶级社会中自由竞争的历史意义。针对资产阶级经济学家美化商品-市场经济中的自由竞争的"荒谬的看法"，即"把竞争看成是摆脱了束缚的、仅仅受自身利益制约的个人之间的冲突，看成是自由的个人之间的相互排斥和吸引，从而看成是自由的

①《马克思恩格斯全集》（第二版）第 36 卷，人民出版社 2015 年版，第 335 页。
②《马克思恩格斯全集》（第二版）第 35 卷，人民出版社 2013 年版，第 266 页。
③ 参见《马克思恩格斯全集》（第二版）第 31 卷，人民出版社 1998 年版，第 44 页。Marx-Engels-Gesamtausgabe（MEGA^2），Ⅱ/1，Text，Berlin：Dietz Verlag，2006，S. 537.

个性（freien Individuen）在生产和交换领域内的绝对定在形式（absolute Daseinsform）"①——这当然是资产阶级意识形态的伪饰性话语，马克思说，相对于宗法式人身依附关系，这种个人利益之间的自由竞争的确有一定的历史进步性，可是，

> 自由竞争（freie Concurrenz）消除了以往生产关系和生产方式（Productionsverhältnisse und-weisen）的限制，那么，首先应当看到，对竞争来说是限制的那些东西，对以往的生产方式来说却是它们自然地发展和运动的内在界限。只有在生产力和交往关系（Productivkräfte und Verkehrsverhältnisse）发展到足以使资本本身能够开始作为调节生产的本原（regelnde Prinzip der Production）而出现以后，这些界限才成为限制。资本所打碎的界限，就是对资本的运动、发展和实现（Bewegung, Entwicklung, Verwirklichung）的限制。在这里，资本决不是废除一切界限和一切限制，而只是废除同它不相适应的、对它来说成为限制的那些界限。资本在它自己的界限内——尽管这些界限从更高的角度来看表现为对生产的限制，会由于资本本身的历史发展而变成这种限制——感到自由，没有限制，也就是说，只受自身的限制，只受它自己的生活条件的限制。②

在马克思看来，从资产阶级社会商品-市场交换的 freie Concurrenz（自由竞争）中真正获得自由的，并不是人的主体，而是从抽象的对象化劳动关系颠倒为社会主体的资本的辩证法运动。可是，这是一种外在于人的消极事物的辩证法（第二"自然辩证法"）自发整合和构序。资本通过自由竞争消灭的界限是旧的生产关系和生产方式，有如自然经济的非物相化农业生产模式和土地所有制之上作为社会物相化结果的宗法等级关系，这是阻碍资本自由"运动、发展和实现"的历史性界限，可是，资本并非要消除一切界限，因为它仍然是以私有制为社会生活的前提的。这里，马克思进一步概括说：

---

①《马克思恩格斯全集》（第二版）第 31 卷，人民出版社 1998 年版，第 41 页。中译文有改动。Marx-Engels-Gesamtausgabe（MEGA²），II/1，Text，Berlin：Dietz Verlag，2006，S. 533.
②《马克思恩格斯全集》（第二版）第 31 卷，人民出版社 1998 年版，第 41 页。中译文有改动。Marx-Engels-Gesamtausgabe（MEGA²），II/1，Text，Berlin：Dietz Verlag，2006，S. 533.

自由竞争是资本同作为另一个资本的它自身的关系,即资本作为资本(Capitals als Capitals)的现实行为。只有随着自由竞争的发展,资本的内在规律(innern Gesetze des Capitals)——这些规律在资本发展的历史准备阶段上仅仅表现为一些倾向——才确立为规律,以资本为基础的生产(das Capital gegründete Production)才在与它相适应的形式上确立起来。因为自由竞争就是以资本为基础的生产方式(das Capital gegründeten Productionsweise)的自由发展,就是资本的条件和资本这一不断再生产这些条件的过程的自由发展。①

这是说,在资产阶级经济学家眼中出现的商品-市场经济中的个人之间的自由竞争,本质上是资本与资本之间逐利的竞争,它在人格化的资本家有意图的发财梦中**返熵为无序的盲目角逐**,再自发生成支配性的"看不见的手",表征了以资本为基础的生产方式的 innern Gesetze(内在规律)的特定经济负熵本质。从历史辩证法和认识论的层面看,明明是人所创造的社会历史负熵进程,却不得不在自由竞争活动中返熵为非主体的无序状态,商品-市场经济活动中的客观规律却以类似盲目自然界中出现的破坏性开辟自己的道路,"看不见的手"已经是非人的外部经济事物的消极辩证法力量,可这种外部力量却是由资产阶级社会中的原子化个人活动实现的。后来马克思说,"在竞争的条件下一切事情都以虚假的、颠倒的形式表现出来"②。不难看到,在此,我们面对和认知资产阶级商品-市场经济中的对象、关系场境时,往往会遭遇巨大的悖结式的乱码障碍。可以发现,马克思在这里突然大量使用了一批明显带有概括性的表述,比如"资本作为资本",这是指作为一种社会关系的资本;"资本的内在规律",这是指作为经济倾向开始于旧的生产方式内部,之后逐步生成为资本运动、发展和实现自身的内在法则;然后就是"以资本为基础的生产"和"以资本为基础的生产方式"了。显然,马克思在逐步接近自己关于**资本主义社会物相化制度**的科学抽象。在他看来,

---

①《马克思恩格斯全集》(第二版)第 31 卷,人民出版社 1998 年版,第 42 页。Marx-Engels-Gesamtausgabe(MEGA²),Ⅱ/1,Text,Berlin:Dietz Verlag,2006,S.533.

②《马克思恩格斯全集》(第二版)第 34 卷,人民出版社 2008 年版,第 294 页。

在自由竞争中自由的并不是个人,而是资本。只要以资本为基础的生产还是发展社会生产力(gesellschaftlichen Productivkraft)所必需的、因而是最适当的形式,个人在资本的纯粹条件范围内的运动,就表现为个人的自由,然而,人们又通过不断回顾被自由竞争所摧毁的那些限制来把这种自由教条地宣扬为自由。自由竞争是资本的现实发展。它使符合资本本性(Natur des Capitals),符合以资本为基础的生产方式,符合资本概念(Begriff des Capitals)的东西,表现为单个资本的外在必然性。①

其实,马克思内心中,这个 Begriff des Capitals(资本概念)也就是将来**资本主义**的概念雏形。马克思再一次强调,在自由竞争场境中获得自由空间的并非个人主体,而是作为生产关系的资本,无序的自由竞争是"资本的现实发展"路径。"只要资本的力量还薄弱,它本身就还要在以往的或随着资本的出现而正在消逝的生产方式中寻求拐杖。而一旦资本感到自己强大起来,它就抛开这种拐杖,按它自己的规律运动"②。这是马克思已经讨论过的历史现象:在资产阶级的力量还弱小的时候,它会将旧有的 verschwindend(正在消逝)的封建生产方式当作自己成长起来的"拐杖";可一旦资本的生产方式强大起来,它就会按照自身的经济规律行事和在场,并且让一切社会生活从属于自己的历史在场性。我以为,这也是我们在历史认识论层面中应该注意的问题,即弱小的新的生产方式开始总是以旧的生产方式为"拐杖",并且,也可能会有新的生产方式披着旧式的生产关系外衣(君主立宪)或者旧式的生产方式假称新的社会赋型的复杂情形。这个正在强大起来,已经按照自己的规律运动的新的生产和生产方式就是**资本主义的生产和生产方式**。所以,马克思不久就直接使用了**资本主义的生产**(kapitalistischen Production)这样的重要概念③。

马克思认为,这种 kapitalistischen Production(资本主义的生产)正在创造一种资本的世界历史:

---

① 《马克思恩格斯全集》(第二版)第 31 卷,人民出版社 1998 年版,第 42 页。
② 《马克思恩格斯全集》(第二版)第 31 卷,人民出版社 1998 年版,第 43 页。
③ 参见《马克思恩格斯全集》(第二版)第 31 卷,人民出版社 1998 年版,第 44 页。Marx-Engels-Gesamtausgabe(MEGA²), Ⅱ/1, Text, Berlin: Dietz Verlag, 2006, S.537.

（1）资本的必然趋势是在一切地点使生产方式从属于自己（unterwerfen），使它们受资本的统治（Herrschaft des Capitals）。在一定的民族社会内部，从资本把所有劳动都变为雇佣劳动这一点上已经可以看到，这种情况是必然的;（2）在国外市场方面，资本通过国际竞争来强行传播自己的生产方式。竞争一般说来是资本贯彻自己的生产方式的手段。①

现在，成熟了的资本（主义）的生产方式从两个方面征服世界:一是在一个民族的内部，将所有的劳动都变成雇佣劳动，让一切社会生活从属于资本关系。之后，马克思会更仔细地区分社会定在从形式上从属到实质上从属于资本的历史递进关系。二是在国际上，以"自由贸易"的幌子强行传播资本（主义）的生产方式，通过实际上不平等的"国际竞争"和残酷的殖民主义掠夺，把全世界变成资本谋利的巨大市场，从而开创资本的世界历史。后来在《1861—1863 年经济学手稿》中，马克思指认说，资产阶级鼓吹国际间的"**自由贸易**"（*Freetrade*），"不外就意味着资本主义生产及其规律的**自由的、不受任何限制的发展**（*freie, ungezügelte Entwicklung*），而毫不顾及生产当事人，毫不顾及外在于**资本发展**的规律和条件的各种考虑，不管这些考虑是民族的，人道的或其他什么样的"②。只要能公开地、自由地掠夺财富，资本是不会顾及殖民地被奴役民族人民的死活的。资本的世界历史，是通过打着"自由贸易"的幌子扫荡全球的"**不受任何限制的发展**"。

当然，马克思认为，这种看起来似乎没有止境的资本的自由发展也会遇到自己的最后界限。他说:

超过一定点，生产力的发展就变成对资本的一种限制;因此，超过一定点，资本关系就变成对劳动生产力发展的一种限制。一旦达到这一点，资本即雇佣劳动就同社会财富和生产力的发展发生像行会制度、农奴制、奴隶制同这种发展所发生的同样的关系，就必然会作为桎梏被摆脱掉。于是，人类活动所采取的最后一种奴隶形式，即一方面存在雇佣

---

① 《马克思恩格斯全集》（第二版）第 31 卷，人民出版社 1998 年版，第 128 页。
② 《马克思恩格斯全集》（第二版）第 37 卷，人民出版社 2019 年版，第 480 页。

劳动,另一方面存在资本的这种形式就要被脱掉,而这种脱皮本身是同资本相适应的生产方式的结果;雇佣劳动和资本本身已经是以往的各种不自由的社会生产形式的否定,而否定雇佣劳动和资本的那些物质条件和精神条件本身则是资本的生产过程的结果。①

这是说,资本主义的生产(方式),虽然是在否定"以往的各种不自由的社会生产形式"基础上产生的,但它在本质上还是"最后一种奴隶形式"。这种以经济剥削为基础的生产关系,"超过一定点",私人占有生产资料的前提必将成为生产力发展的桎梏,最终走向自己的消亡。在后来的《1861—1863年经济学手稿》中,马克思说,"表明了资本主义生产的界限,表明了它的相对性,即它不是绝对的生产方式,而只是历史的并与一定的物质生产条件的有限发展时代相适应的生产方式"②。当然,在《大纲》中,马克思还没有使用**资本主义生产方式**这一概念。这一科学认识的最终确立,是在后来1859年的《我自己的笔记本的提要》等重要思想实验中。

以上关于这个从"以资本与雇佣劳动为基础的生产"到"以资本为基础的生产",再到"资本主义的生产"的讨论,都还只是概括了马克思在社会宏观层面上的思考。可是,资本作为一种占统治地位的生产关系,如何一步步从商品、商品的使用价值和交换价值,再到货币,最终以"作为资本的货币"历史性地在场,最终又走向自己的历史大限,这一切,都还有待于在经济学的具体研究中仔细地分析。

---

① 《马克思恩格斯全集》(第二版)第31卷,人民出版社1998年版,第149页。
② 《马克思恩格斯全集》(第二版)第32卷,人民出版社1998年版,第462页。

第十三章　价值关系异化与货币权力异化

1857 年底,马克思正式进入《大纲》的写作,依据"导言"中他在历史唯物主义和历史认识论上的突破,他对资产阶级社会的认识越来越深入到这一社会定在的复杂场境存在之中。如前所述,马克思对资产阶级社会本质的认识现在已经表现为,在资产阶级经济学家将资本视作对象物的一般物相化的迷雾中,马克思看到了作为**统治性生产关系赋型**的资本。然而,资本为什么是一种非对象物的社会关系,它是如何历史生成的? 返回到先前我们的历史唯物主义构境中,如果从一般物像误认中直观物品的背后,我们可以层层剥离出劳动物相化塑形和构序的场境关联,那么在资本的"物性实存"中,它背后的非物像关系场境的本质到底是什么? 与资本相关联的货币和商品在这一特殊的经济物像遮蔽中又起到什么作用? 从斯密到李嘉图那里逐渐消隐的劳动价值论如何成为批判资产阶级经济剥削关系的理论基石? 劳动物相化塑形和构序的使用价值与入序于市场经济构式负熵进程后的商品交换中产生的交换价值的关系到底是什么? 这一切疑问又指向一个核心问题:资产阶级社会的剥削和压迫本质应该如何从经济物像中被捕捉到? 这就构成了马克思在《大纲》中要面对的全新问题群。应该说,《大纲》所呈现出的全新的经济学思想实验中,爆燃起马克思认识中的多重革命火焰:一是最重要的方法论进展为狭义历史唯物主义和历史现象学的创立,并且这里发生的最有趣的事情为,马克思从 1845 年开始抑制的我–它自反性异化概念,又重新在经济物相化空间塑形的事物化颠倒关系中出场了,它直接兆示着劳动辩证法基础之上的批判认识论话语的科学回归。二是这一方法论革命的直接结果为马克思第二个伟大发现——剩余价值理论的创立,并且,也为马克思走向自己第三个伟大发现——在科学社会主义中科学认识资本主义生产方式,创造了重要的理论积累。在本章中,我们先来看一下马克思在《大纲》中对商品交换价值和货币的经济学讨论。

1. 商品的交换价值:从用在性关系向买卖关系的转换

我们看到,《大纲》正文的写作是从走向资本的"货币章"(第二章)开始的。然而,在马克思计划中的第一章"价值"初稿中,马克思还是追溯了商品交换关系的历史发生。这一未完成的手稿片断,出现在《大纲》的最后。① 也由于这一部分内容具有**逻辑构序上的优先性**,所以我们还是先从这个写作上的"尾巴"开始。

对于马克思来说,商品概念并非一个新的认知对象,这也许是《巴黎笔记》之后他就十分熟知的经济学范畴,然而,马克思始终没有真正在经济学语境中仔细探究过商品问题。如果从回溯的思想构境谱系线索上看,马克思最早接触到商品概念是在《克罗茨纳赫笔记》中,并且,他在《论犹太人问题》一文中谈及商品与金钱的关系②,而在他第一次经济学研究的《巴黎笔记》中,资产阶级经济学家关于商品与价值的关系等问题才完整地呈现出来。在《1844年手稿》中,马克思开始直接使用商品概念,但并没有深入思考商品的本质。在第二次经济学研究中,马克思在《布鲁塞尔笔记》和《曼彻斯特笔记》中再一次遭遇经济学语境中的商品概念,但他仍然没有深究这一问题。这种状况一直持续到《雇佣劳动与资本》。在《雇佣劳动与资本》中,马克思结合劳动(力)商品的问题有过一些简单的讨论。③ 可以说,马克思在《大纲》中关于商

① 马克思在《大纲》手稿的最后一页,起草了第一章"价值"的初稿。参见《马克思恩格斯全集》(第二版)第31卷,人民出版社1998年版,第293—294页。
② 参见《马克思恩格斯全集》(第二版)第3卷,人民出版社2002年版,第194页。
③ 参见《马克思恩格斯全集》第6卷,人民出版社1961年版,第478页。

品的讨论是一个重要的逻辑起点,因为这会是马克思真正走进经济学专业学术话语编码的开始。

马克思告诉我们,在资产阶级社会的经济生活中,商品是我们在日常生活中遭遇的熟知的对象物,在生活空间的经验塑形和感性现象上我们十分轻易地就能直接看到、听到和触到外形各异、用途不同的商品,有如今天超市中的面包、书店里的书本等。所以马克思说,"表现资产阶级财富的第一个范畴是**商品**的范畴"①。后来在《资本论》第一卷(第一版)中,马克思的表述为,"资本主义生产方式占统治地位的社会的财富,表现为'庞大的商品堆积',单个的商品表现为这种财富的**元素形式**(*Elementeurform*)"②。其实,这很像黑格尔《精神现象学》的开始出现的那个作为 Bekannt(熟知的东西)的"感性确定性"(sinnliche Gewissheit)的**物像**。在我此番研究中一个新的认识就是,马克思经济学研究构境中出现的黑格尔的辩证法,并非仅仅是传统共识中的"从抽象到具体"的《逻辑学》形式构序,而在更深一个构境层中表现为《精神现象学》中那个非物像透视中否定性的辩证法话语格式塔。我留意到,广松涉也指认了这个《精神现象学》的"开端"。③ 所以,在这个意义上,当列斐伏尔说马克思哲学理论的缘起"不是黑格尔的《逻辑学》,而是在《精神现象学》"④中,也就具有一定的合理性。因为《逻辑学》的话语格式塔是**体系化的阐释**,而《精神现象学》则突现出一种**批判性的思想场境**。但是,面包和书本为什么是商品?为什么在不同的国家里必须用不同的货币去购买它们?我们每天都会面对各种商品,却不会知道这些熟知的东西背后隐匿的事情,比如直观的面包和书本中会内嵌着业已消逝的不在场的劳动构序,它们既有可见的"能吃"和"可阅读"的使用价值,也有不能直观的"值多少钱"的交换价值(Tauschwert),一句话,可见的商品体现着无法直观的一定的经济关系编码。哈维曾经很形象地说,当我们今天走进任何一家超市时,你可以看到各

---

① 《马克思恩格斯全集》(第二版)第 31 卷,人民出版社 1998 年版,第 293 页。

② 《马克思恩格斯全集》(第二版)第 42 卷,人民出版社 2016 年版,第 21 页。

③ 参见[日]广松涉《资本论的哲学》,邓习议译,南京大学出版社 2013 年版,第 17 页。

④ 参见[法]列斐伏尔《辩证唯物主义》,周泉译,载《社会批判理论纪事》第 13 辑,江苏人民出版社 2022 年版,第 32 页。

种各样的商品,但你无法直观到"商品中的人类劳动","在超市的货架上,人类劳动的体现具有一种虚幻的表现"。① 这是我们每一个人随时可以体验的"熟知即是无知"的哲学箴言,也会是传统认识论完全驻足的地方。我们一定需要注意的细节是,我和哈维的提问思考点是共同的,都是:在直观的商品背后**隐匿着不在场的劳动,而不是生产**。这个思考的边界和构境入口,恰是马克思巧妙设定的**劳动辩证法**。

在马克思看来,商品作为经济关系构序的最简单的细胞并非生成于资产阶级社会,从产品的用在性到商品的使用价值和"交换价值"二重规定本身,就是一个新的社会历史负熵构序的历史过程。这仍然是前述历史唯物主义的质性判断。此时,马克思还没有科学地区分价值与交换价值。在后来的《1861—1863年经济学手稿》中,马克思做了这样的界划:"使用价值表示物和人之间的自然关系(Naturbeziehung zwischen Dingen und Menschen),实际上是表示物为人的定在(Dasein der Dinge für den Menschen)。**交换价值**(*Tauschwert*)则代表由于创造交换价值的社会发展后来被加在Wert(=使用价值)这个词上的意义。这是物的**社会**定在(*gesellschaftliche Dasein des Dings*)"②。你看,如果我们不在第十一章具体地讨论劳动直接塑形和构序物品的使用价值,不能理解这是那个物质生产背后历史性发生的劳动构序起来的"物和人之间的自然关系",我们就无法参透此处马克思所指认的这个劳动构序"物为人的定在"。亦即海德格尔所说的本有for us的"涌现"(自然的存在)。使用价值,这种自然物通过劳动爱多斯获得的用在性定在,其直接服务于人的需要关系。当然,这里马克思更需要思考的方面,是作为特定场境关系赋型起来的"物的社会定在",这里的*gesellschaftliche*(社会)当然不是劳动者之间在生产过程中形成的主体际关系,也不再是人的直接满足需要的用在性社会历史负熵质,而是在新的资产阶级商品-市场交换关系中新生成的历史在场性,即可以"买卖"的**经济构式负熵**场境关系,这是劳动构序和塑形起来

① 参见[美]哈维《跟大卫·哈维读〈资本论〉》第1卷,刘英译,上海译文出版社2013年版,第23页。
② 《马克思恩格斯全集》(第二版)第35卷,人民出版社2013年版,第277页。中译文有改动。Marx-Engels-Gesamtausgabe(MEGA²),Ⅱ/3-4,Text,Berlin:Dietz Verlag,1979,S.1432.

的物品获得的交换价值关系赋型和编码这一特殊"社会定在"(商品的经济定在关系)。这是从《提纲》到《德意志意识形态》的历史唯物主义双重此-彼归基无法抵及的特殊物相化层面。并且,在经济现象塑形的表层,这个特殊社会定在构序起来的商品的交换价值却表现为它的物质属性,这是一种新型商品交换空间中生成的**经济物相化场境**,或者说,商品不同于普通物品之处,就在于它失形于用在性①时所获得的这种特殊社会定在塑形和编码起来的**经济物相**。应该指出,这种新的经济物相化,并不是一种人的有目的的劳动塑形和构序下的物性改变,而是一种**客观发生的**颠倒式的劳动辩证法关系伪境和伪在场。这是**经济物相化的第一层级**。这也是经济学家的社会唯物主义,甚至广义历史唯物主义和历史认识论有可能驻足的地方。马克思后来说,"我们越是在过程的实际外部表现上来考察这一过程的形态,这一过程就越是在条件的形式上固定下来,以致这些条件似乎是不取决于它反而对它起决定作用的东西,而过程参加者们本身的关系对他们来说表现为事物的条件、事物的力量、物的规定性(als sachliche Bedingungen, als sachliche Mächte, als Bestimmtheiten von Dingen),尤其是在资本主义过程中,任何要素,甚至最简单的要素,例如商品,都已经是一种颠倒(Verkehrung),并已使人与人之间的关系表现为物的属性(Eigenschaft von Dingen),表现为人与这些物的社会属性的关系"②。显然,这种经济物像是极其复杂的多重倒置的经济关系物相化结果,已经不是广义历史唯物主义和历史认识论中,此-彼归基逻辑的一般物像证伪所能够透视的**在场的不在场性**中的复杂场境关系赋型和编码了。如果用海德格尔的存在论话语来说,就好比一般物相化透视是将物(存在者)重新归基于让物上手塑形和构序的生产劳作(存在),可海德格尔无法透视,这里物的社会历史负熵-用在性关系场境(商品的使用价值)却将自身的劳动构

---

① 与一般物相化中客观发生的可见物品失形于自然存在方式和切断自然关联的脱型不同,经济物相化空间中的**失形与脱型**是更加难以辨识的,有如失形于活劳动形态的对象化劳动,商品失形于自身的用在性,货币脱型于商品,资本脱型于货币,地租和利息脱型于利润等,它们都客观发生在一种非直观的复杂社会关系颠倒和转换之中。并且,经济物相化空间中出现的存在方式上的失形与关系场境中的脱型,其本质都是**对自身原有关系的遮蔽和掩盖。**

② 《马克思恩格斯全集》(第二版)第35卷,人民出版社2013年版,第368页。中译文有改动。Marx-Engels-Gesamtausgabe(MEGA²),Ⅱ/3-4,Text,Berlin:Dietz Verlag,1979,S.1505.

序本质隐匿起来,在交换劳动产品的现实抽象中生发自我脱型且反向物相化塑形为社会空间中的特殊事物(货币),之后,货币再脱型和变身为投入到生产过程中的到场物性要素,以吸吮活劳动而自我增殖,由此赋型资产阶级社会所特有的资本关系统摄场境。由此,劳动辩证法颠倒为经济事物的消极辩证法(第二"自然辩证法")自发整合和构序。这种特殊的经济关系场境当然是客观存在,是资产阶级社会独有的经济构式负熵进程中的**经济定在**,但它的确是客观的**经济物相化编码伪境**。当商品和货币这种特殊的经济事物再一次成为我们日常生活空间中随时到场的 Bekannt(熟知的东西)时,这已经不再是一般物相化的构序结果了。这也意味着,即便今天你知道面前商品的直接用在性,比如一部中国本土装配生产的最新款苹果智能手机被劳动物相化塑形和构序起来的功用性,但你仍然无法知道它为什么一上市就值 1000 美元? 并且,为什么这 1000 美元中的大部分会转入苹果公司的账户中? 哪怕你在广义历史唯物主义和历史认识论的此-彼归基构境中绞尽脑汁,可能也无法想清楚这一问题的答案。海德格尔概括黑格尔现象学时所指认的"它不是最初看起来的那样,而真相为他者"(daß es so nicht ist, wie es zunächst schien, sondern in Wahrheit anders)①,已经开始转换为此-彼错位关系,这就需要一种建立在狭义历史唯物主义构境中的全新的**历史现象学解码**(decode),以及能够透视经济物相化的**科学的批判认识论**。我们慢慢来看马克思的精彩分析。

我们能够观察到,在马克思的眼里,商品作为一种每天在日常生活中看到的 Bekannt(熟知)的物品,人们在经验直观中直接遭遇它的方面为当下在场的功能性使用价值,比如食物可以给予我们营养,衣物可以御寒,今天的手机可以打电话,笔记本电脑可以编程和写作,可是,这些物品的使用价值并非仅仅是产品自身固有的属性和效用,而是一种人的劳动物相化改变自然物的**需要关系**。**熟知的物不是它自身**,它的到场 statt sich selbst zu bestätigen(并不证实自己)②,作为一种 verschwindend darstellt(**正在消逝的东西**),其背后是一

---

① [德]海德格尔:《黑格尔的精神现象学》,赵卫国译,南京大学出版社 2018 年版,第 27 页。中译文有改动。Heidegger, *Gesamtausgabe*, Band 69, Frankfurt am Main: Vittorio Klostermann,1998, S.30.
② 参见《马克思恩格斯全集》(第二版)第 3 卷,人民出版社 2002 年版,第 323—324 页。

种不在场的关系场境建构,这是马克思从《关于费尔巴哈的提纲》和《德意志意识形态》就开始的此-彼归基逻辑中社会关系场境存在论的构序主线。在前面第十一章的讨论中,我们已经看到马克思将其极其深刻地运用到经济学分析中来了。在后来的《1861—1863 年经济学手稿》中,马克思有过一段极其深刻的表述:在历史唯物主义构境中,一切"财物世界的幻影(Phantom der Güterwelt)消逝(zerrinnt)了,这个世界不过表现为人类劳动(menschlichen Arbeit)的不断消失又不断重新发生的客体化(Objectivirung)。任何物质(Stofflich)上固定的财富都只是这个社会劳动的转瞬即逝的对象化(Vergegenständlichung),是生产过程的结晶,这一过程的尺度是时间,即运动本身的尺度"①。这是马克思在评论琼斯②的经济学观点时发表的重要议论。从方法论的视角看,马克思在此遭遇琼斯,达及了自己思想认识中的一个小小的高潮。③ 它同样暗合黑格尔《精神现象学》的证伪构境。在那里,"实体性生活"的旧世界"突然为日出所中断,升起的太阳就如闪电般一下子建立起

---

① 《马克思恩格斯全集》(第二版)第 36 卷,人民出版社 2015 年版,第 311 页。Marx-Engels-Gesamtausgabe(MEGA²),Ⅱ/3 - 5,Text,Berlin:Dietz Verlag,1980,S.1860.

② 琼斯(Richard Jones,1790—1855),英国经济学家。代表作为:《国民政治经济学教程》(1852)等。

③ 马克思在《伦敦笔记》中,对琼斯的《政治经济学导论》和《论财富的分配和赋税的来源》(An Essay on the Distribution of Wealth)进行了摘录。但只是到《1861—1863 年经济学手稿》中,才特别关注了琼斯另一本重要的书,即 1852 年出版的《国民政治经济学教程》。[参见《马克思恩格斯全集》(第二版)第 36 卷,人民出版社 2015 年版,第 310—344 页。]马克思说,"琼斯曾在黑利伯里任政治经济学教授,是**马尔萨斯的继任者**"。并且,马克思发现,"琼斯直截了当地宣称,他把资本和资本主义生产方式只'看做'社会生产发展中的一个过渡阶段,从社会劳动生产力的发展来看,这个阶段同一切过去的形式相比是一个巨大的进步,但是这个阶段绝不是最终的结果,而是相反,在它固有的对抗形式中,即在'积累的财富的所有者'和'实际的劳动者'之间的对抗形式中,包含着它灭亡的必然性"。[参见《马克思恩格斯全集》(第二版)第 36 卷,人民出版社 2015 年版,第 310 页。]由此,马克思将琼斯视作英国古典经济学的终结:"资产阶级生产关系被看做仅仅是**历史的**关系,它们将导致更高级的关系,在那里,那种成为资产阶级生产关系的基础的对抗就会消失。政治经济学以自己的分析打破了财富借以表现的那些表面上相互独立的形式。它的分析(甚至在李嘉图那里就已经有了)已走得如此远了。"[《马克思恩格斯全集》(第二版)第 36 卷,人民出版社 2015 年版,第 310—311 页。]并且,马克思在琼斯那里发现了接近历史唯物主义的观点:"琼斯把**资本**当做特殊的生产关系来描述,认为这种生产关系的主要特征是,积累的财富表现为工资的预付者,劳动基金本身则表现为'从收入中节约下来并用来获取利润的财富',然后,他用生产力的发展来阐述这一生产方式所固有的**变化**。琼斯很好地论述了,怎样随着物质生产力的**变化**,经济关系从而一国的社会状况、道德状况和政治状况也在发生变化。"[《马克思恩格斯全集》(第二版)第 36 卷,人民出版社 2015 年版,第 320 页。]我们无法判断,琼斯的观点是否受到马克思已经公开表达的历史唯物主义的影响,但他的观点的确达及了一个深刻的方法论层面。

了新世界的形相"①。这是说,熟知的物相被揭穿为理念(太阳)支配下自我意识的统觉关系赋型。这个理论思考的出发点当然不是《逻辑学》的起点。而在马克思这里,正在消逝的 Phantom der Güterwelt(财物世界的幻影)就是我所指认的经济物相化迷雾,商品这种看起来在可感的直观物质对象上 feste Reichthum(固定的财富),不过是消逝的"menschlichen Arbeit(人类劳动)的不断消失又不断重新发生的客体化(Objectivirung)"。这也是海德格尔的"存在论的差异"中所辨识的,直观对象的存在者中消逝了的存在。在这里,马克思说:

> 商品是**使用价值**,即满足人的某种需要体系(Systems menschlicher Bedürfnisse)的对象(Gegenstand)。这是商品的物质的方面,这方面在极不相同的生产时期可以是共同的,因此不属于政治经济学的研究范围。使用价值一旦由于现代生产关系(modernen Productionsverhätnisse)而发生形态变化(modificirt),或者它本身影响现代生产关系并使之发生形态变化,它就属于政治经济学的范围了。②

在后来的《资本论》第一卷(第一版)中马克思这样谈及使用价值:"物对于人类生活的有用性(Nützlichkeit)使物成为**使用价值**。简单地说,我们把有用物(nützliche Ding)本身或**商品体**,例如铁、小麦、金刚石等等,称为**使用价值**、财物、物品"③。这也意味着,商品的使用价值作为可见的在场物质功用方面,并非"自然辩证法"中生成的本有物质属性,而其实已经是历史辩证法中特定人的需要体系的有用性、对象性存在。这种**上手性的**对象存在,只不过是一定历史条件下人对自然的变革关系和人与人主体际关系的生产物相化赋型产物,它通过人的生存目的和爱多斯之相实现出来,使社会生活脱型于自然存在中超出生命负熵所获得的全新社会历史负熵质。我们已经指认过,这种生产物相化中的**社会历史负熵**是整个人类社会历史的一般基础。它不同于我

---

① [德]黑格尔:《精神现象学》上卷,贺麟、王玖兴译,商务印书馆 1979 年版,第 7 页。
② 《马克思恩格斯全集》(第二版)第 31 卷,人民出版社 1998 年版,第 293 页。中译文有改动。Marx-Engels-Gesamtausgabe(MEGA²),Ⅱ/1,Text,Berlin:Dietz Verlag,2006,S.740.
③ 《马克思恩格斯全集》(第二版)第 42 卷,人民出版社 2016 年版,第 22 页。

们即将展开讨论的商品-市场**经济构式负熵**。这是商品可见物性背后的关系场境存在。这当然还是历史唯物主义和历史认识论超出所有旧唯物主义直观所透视的第一层级物相化的此-彼归基关系中的解码努力。在海德格尔那里，人们看到存在者现成对象性实在的地方，他会透视出"何所向"的关涉活动牵引的上手性存在（广松涉的**用在性**）。然而，马克思在这里特别告诉我们，广义历史唯物主义一般原则在进入经济学研究领域之后，生产物相化活动中真正创制物品用在性的构序力量并非生活过程中的一般要素，而是"人类劳动的不断消失又不断重新发生的客体化"，这也意味着，只有劳动物相化才构成产品的使用价值。历史辩证法话语塑形中的逻辑主轴，必须从一般生产辩证法运动转为劳动辩证法构序。这种方法论前提性的转换也意味着，马克思的经济学研究的基础**不是生产价值论，而是劳动价值论**。这是我们需要时刻牢记的。

　　然而，马克思又说，这里刻意突显出来的劳动物相化塑形和构序物品所获得的使用价值的物性方面，或者说，熟知对象的一般物像透视问题并不属于政治经济学研究范围，只是当它在一定的生产关系之下，比如"现代生产关系"（资产阶级社会的生产关系）下，它发生历史的 modificiren（形态变化＝失形），即成为交换价值关系的物质基础时，它才是政治经济学研究的对象。Modificiren 一词，在德文中的原意为"修改、更改"，它接近于我所指认的经济物相化中的失形。显然，马克思关于商品使用价值的这些判断，虽然属于经济学的论断，却可以在很深的思想构境层中将历史唯物主义的客体向度突显为理论构序的方法论主轴。我们会发现，在许多并非直接聚焦的附带性觉识位置上，社会定在在客体向度中的劳动物相化失形／塑形、祛序／构序、非及物的科学技术物相化解构／构式和社会关系物相化脱型／赋型等问题，会不经意地出现在马克思经济学研究的逻辑余光之中，这正是过去历史唯物主义研究中的巨大逻辑盲区，这也是我在本书第十一章已经关注和详细展开讨论的地方。

　　可是，面包可以吃、书本可以阅读这些具有需要-效用场境关系赋型的对象性产品，如何变成市场上标价的商品？不是经济学直接研究对象的使用价值如何在 modificiren（形态变化）中成为交换价值关系的物质基础？这仍然是一个复杂的历史转换过程。在新型的经济学家马克思看来,商品的历史性确立,在于产品的 *Dasein der Dinge für den Menschen*(为人的定在)——**一般劳动物相化生成的用在性关系,向"为财"的** *gesellschaftliche* Dasein(社会定在)——**经济物相化生成的可变卖性经济定在关系的转换**,在经济学语境中,就是从面向直接需要的使用价值本身的失形向面对财富增殖的 Tauschwert(交换价值)的转换。这种特殊的**物品用在性的失形**,恰是**一般社会历史负熵质向经济构式负熵质转换的起点**。本质上看,这是人的有目的的劳动爱多斯(eidos)向追逐更多金钱的**经济爱多斯**的深刻转换。这会生成**两种完全不同的辩证法编码(**code**)和解码(**decode**)话语系统**。因为这里特殊的"为财"的 *gesellschaftliche* Dasein(**社会**定在),将成为经济物相化中一种经济事物"自我运动"的原始动力基因,之后会在拜金主义和资本对剩余价值的无限追逐中生成一种全新的**经济事物的辩证法**。这种经济事物的辩证法,只是历史辩证法在经济的社会赋型中的特殊变形,从它运动和建立关联的盲目性和自发构序特征上,我们也可以将其指认为"第二自然辩证法"。这也是哲学家海德格尔的存在论没有进一步深入的复杂社会场境。我已经提及,科西克在自己的《具体的辩证法》一书中,将海德格尔的存在论哲学与马克思的经济学杂糅起来,由于他没有精细区分马克思的劳动物相化与经济物相化赋型的重要异质性,所以,当他用海德格尔的关涉交道中的存在论操持(上手性的用在)来直接解释商品经济时,就造成了话语解码中严重的逻辑混乱。① 依马克思的观点,

> 商品只有当它的所有者不把它当作使用价值来对待时,才成为商品,才实现为交换价值(Tauschwert)。只有通过商品的转让,通过商品同别的商品相交换,商品的所有者才能占有各使用价值。通过转让而进行占有,这是这样一种社会生产制度的基本形式(Grundform des gesellschaftlichen Systems der Production),这种社会生产制度的最简单、最抽象的表现(abstraktester Ausdruck)就是交换价值。②

---

① 参见[捷]科西克《具体的辩证法》,傅小平译,社会科学文献出版社 1989 年版,第 48—52 页。
②《马克思恩格斯全集》(第二版)第 31 卷,人民出版社 1998 年版,第 294 页。

一个产品,只有当它的所有者不再关注其具体的"为人"的一般社会历史负熵中的直接在场的效用关系,而将它视作一种**可以交换**他物的东西时,或者说,当物品处于一种失形于使用价值的 für andres(为他)的买卖关系场境中,它才成为具有交换价值关系的商品。也就是说,通常我们获得面包和书本,是需要使用货币进行购买,在今天的中国,我们也可以通过微信和支付宝完成购买,其实,这就是发生在我们身边的最基本的**交换活动**了。正是交换,使在场的物品增加一种**不直接在场**的商品属性。这意指着,商品的历史在场性生成于与一般物相化空间平行的另一个隐性交换场境空间中,这是之后那个复杂的商品-货币-资本的**经济物相化**空间编码的普遍关联世界之缘起。在这里,物相化就不再是主体性的有目的劳动创制活动,而失形和转换为一种由商品交换所生成的经济关系场境赋型,应该说,经济物相化空间中发生的经济定在,不是具体劳动有目的的爱多斯之相直接塑形和构序的,经济物相化活动中的爱多斯是无意识自发生成的,无论是商品的交换价值这种全新的经济质性,还是货币的历史生成,一直到资本关系成为统治性的生产方式,所有经济物相化的空间塑形都是**自发生成的**,而经济活动中的"主体"存在,只是这种客观关系场境的无意识反向人格化结果。这一切,都是马克思后来所指认的:"他们没有意识到这一点,但是他们这样做了(Sie wissen das nicht, aber sie thun es)。"①这是全新的经济物相化辩证法运动的起始处。应该指出,这种关系场境的转换中有一个重要的差异性变化,即不同于商品的使用价值是有目的的劳动(爱多斯)物相化所造成的物品本身的直接存在方式的改变,经济物相化空间中商品的 Tauschwert(交换价值),并不是物品本身的被改变,而是一种**不能直观**的特定经济场境关系赋型("值多少")的发生。这种关系编码的转换,使**以交换为目的的经济爱多斯**(eidos)**之相**实现出来的经济物相化,从一开始就带上了神秘的不可知色彩。我认为,马克思正是在这里开启了历史唯物主义构境再深化的思想革命:一般物相化中的此-彼归基逻辑之上增加了一个全新的**经济物相化此-彼错位关系伪境**。用马克思后来在

①《马克思恩格斯全集》(第二版)第 44 卷,人民出版社 2001 年版,第 91 页。Marx-Engels-Gesamtausgabe(MEGA²), Ⅱ/6, Text, Berlin: Dietz Verlag, 1987, S.105.

《资本论》中的话来说,"财富的这个社会定在(gesellschaftliches Dasein),就表现为彼岸的东西(Jenseits),表现为社会财富的现实要素之旁和之外的东西,物,事物,商品(Ding, Sache, Waare)"①。这里,物品成为不是它自身的经济物相化空间这一 Jenseits(彼岸)中的 Ding, Sache, Waare(物、事物、商品),甚至,商品的 gesellschaftliches Dasein(社会定在)无法再归基为物品的用在性,这是此-彼关系中**不可复原的彻底错位和不归途**,如同拉康所指认的"乡愁"的被删除②。因为资产阶级经济物相化空间是删除了劳动的自我阉割的**否定性关系存在论**。商品的这种倒错式的特殊社会定在,正是狭义历史唯物主义所面对的经济社会赋型中最重要的特殊历史性经济定在。这种全新的经济物相化空间,不再是广义历史唯物主义所面对的一般生产(劳动)物相化的存在论空间,而转换为一种特殊的经济生活空间,揭示这种此-彼错位关系伪境,正是狭义历史唯物主义基础之上的**历史现象学**所面对的视域。也是在这个意义上,我们可以将历史现象学视作一种全新的**历史存在论**,这与马克思在《1844年手稿》中异轨而来的人学现象学是根本不同的,因为人学现象学的基础并没有完全超出费尔巴哈-赫斯的观念逻辑构架。如果从历史辩证法的视角看,经济物相化空间中出现的辩证法运动,是一种人所创制却不以人的意志为转移的外部经济事物从无序到自发构序的消极辩证法运动,马克思将要向我们揭示,经济事物的辩证法("第二自然辩证法")的本质,恰恰是**颠倒的劳动辩证法构序**。可以说,这是马克思历史辩证法话语编码中最复杂也最难入境的层面。这也将是经济物相化中批判认识论再一次出场的前提,或者说,这会发生一种全新的认识论方向。

回到马克思这里的经济学思考场境中,也就是说,商品因可变卖的交换价值,从用在性的产品失形和转变为商品的**经济物相化场境**,而这个交换价值不过是一种特定社会生产制度物相化最抽象的表现。马克思发现,交换价值(价值)作为私有制社会中的"财富一般"这种抽象,不是主观的理论抽象,

①《马克思恩格斯全集》(第二版)第46卷,人民出版社2003年版,第649页。中译文有改动。Marx-Engels-Gesamtausgabe(MEGA²), Ⅱ/15, Text, Berlin: Dietz Verlag, 2004, S.565.

②关于拉康的删除乡愁的观点,可参见拙著《不可能的存在之真——拉康哲学映像》(修订版),上海人民出版社2020年版,第十章第三节。

而是**客观的历史抽象**(*Geschichte Abstraktion*)。恰是这种客观的历史抽象生成
了商品在使用价值之上**多出来**的交换价值,由此铸就了失形和离开一般物相
化活动中,社会历史负熵(用在性存在论)的**经济物相化活动的第一个初始构
序层面**。1858年4月2日,马克思写信向恩格斯介绍自己的经济学研究的第
一部分的"简略纲要"。其中马克思提到,从配第到李嘉图的价值学说是"资
产阶级财富最抽象的形态"。他说:"它本身已经假定:一、原始共产主义(印
度等)的解体,二、一切不发展的、资产阶级前的生产方式(在这种生产方式
中,交换还没有完全占支配地位)的解体。虽然这是一种抽象,但它是历史的
抽象(Geschichte Abstraktion),它只是在一定的社会经济发展的基础上才能产
生出来"①。列宁曾经关注过马克思的这一表述。② 这个"历史的抽象",当然
不是过去我们熟知的主观观念抽象,而是现实地发生在商品交换活动中的**客
观经济关系抽象**。这是我们前述的马克思接受的斯密-黑格尔关于劳动分工
条件下生成的劳动一般的现实抽象Ⅰ、关于劳动工具和科学技术从工艺技能
中的现实抽象Ⅱ观点之外,第三种重要的客观的现实抽象Ⅲ。我以为,这种
在商品交换进程中无意识发生的重要的**现实抽象Ⅲ**,是经济物相化关系场境
存在论的关键性成因,也是历史现象学中的重要逻辑构件和科学概念。其
实,马克思的这一观点,无论是在传统哲学还是传统经济学的研究视域中都
是难以理解的。因为到这里已经出现了一种方法论和认识论筑模上的深化,
虽然广义历史唯物主义场境存在论和关系意识论基础上的历史认识论,仍然
是马克思整个经济学研究的前提,但马克思在此已将其经济学研究的对象,
融入一种**狭义历史唯物主义和历史现象学构境中的批判认识论**的入口中了。
这也意味着,从1845年开始发生的现象学和批判认识论缺席的逻辑空场状态
开始被打破了。Vergegenständlichung(对象化)、Dasein(定在)、Subjekt und
Objekt(主体与客体)等一批传统哲学词语,开始逐渐"复活"和重新在场,马
克思甚至重启了那个过去在人本主义异化史观中起关键性作用的

---

① [德]马克思:《马克思致恩格斯》,载《马克思和恩格斯通信集》第2卷,生活·读书·新知三联书店
1957年版,第335页。
② 参见列宁:《〈马克思和恩格斯通信集〉提要》,载《列宁全集》(第二版)第58卷,人民出版社1990年
版,第40—41页。

Entfremdung(异化)和 Gattungswesen(类本质)①概念。这是我们需要注意的特定话语增生现象。但是可以确定地说,这并非人本主义异化史观的复活,而是狭义历史唯物主义基础上一种全新的传统哲学话语重塑。一个概念考古中的词频统计证据是,作为人本主义异化史观关键话语能指的 Humanismus(人本主义),从《大纲》一直到《资本论》的使用频次均为零,始终石沉大海,再未重见天日。当然,狭义历史唯物主义不同于广义历史唯物主义的普适性原则,它只关注经济的社会赋型中特定的经济构式负熵进程中的关系场境,科学的批判认识论已经不仅仅强调一般社会现象的历史性和动态特征,而开始**从商品经济关系伪像的证伪中直观本质**。它的主要任务是,捕捉劳动物相化之外的一种经济物相化进程中的新的多重**不在场的在场性**。当然,这只是一个复杂思想构境的发端。所以,当普殊同说"我认为马克思的理论不应被理解为一种普遍适用的理论,而是一种特别针对资本主义社会的批判理论"②时,或者依青年卢卡奇的说法,"历史唯物主义最重要的任务是,对资本主义社会制度作出准确的判断,揭露资本主义社会制度的本质"③。这些定性式的判断,只有在狭义的历史唯物主义构境中,才是成立的。

那么,这种历史性的现实抽象到底是什么社会关系的历史抽象呢?我们来看马克思的分析。马克思对交换价值历史形成的分析,是从假设逻辑构境中的简单**物物交换**关系场境开始的。从可见的直观经济活动中看,一个人将自己有所有权的物品转让给市场交易中的另一个人,比如,马克思时常例举的简单交换中一个人用20斤小麦换取另一个人的一件上衣,在常识经验中,两个肉身的人是可以直观的,他们手中相互转让的物品都是可以满足生活需要的可见的到场对象,然而,在马克思所看到的物性现象背后,却不是两个人

---

① 可以看到,不同于异化概念的自觉话语运作,Gattungswesen(类本质)概念在《大纲》中的两次到场,基本都是无意使用。分别参见:Marx-Engels-Gesamtausgabe(MEGA²),Ⅱ/1,Text,Berlin:Akademie Verlag,2006,S.167[中译文见《马克思恩格斯全集》(第二版)第30卷,人民出版社1995年版,第197页];Marx-Engels-Gesamtausgabe(MEGA²),Ⅱ/1,Text,Berlin:Akademie Verlag,2006,S.399[中译文见《马克思恩格斯全集》(第二版)第30卷,人民出版社1995年版,第489页]。

② [美]普殊同:《时间、劳动与社会统治:马克思的批判理论再阐释》,康凌译,北京大学出版社2019年版,第6页。

③ [匈]卢卡奇:《历史与阶级意识》,杜章智、任立、燕宏远译,商务印书馆1992年版,第307页。

与两种物品之间的转换,而是**两种不可见关系**的复杂场境转换:一种劳动**物相化**在物品上的**人与自然**的需要-效用关系(爱多斯之相),转向另一种人与人的物品**所有权变易**关系赋型的经济物相化(经济爱多斯)。这正是马克思在历史辩证法中深挖出来的**劳动辩证法构序向经济事物辩证法("第二自然辩证法")过渡的起点**。德国的"新马克思阅读"运动的学者,将马克思经济学研究中的辩证法问题简化为所谓价值形式的辩证法,这显然只是停留在劳动辩证法颠倒为经济事物辩证法的一个表层环节上了,这一问题,我们后面会详细讨论。请注意,这一历史抽象中的转换,并非仅仅发生于人们的头脑观念中,而是从现实历史发生的交换活动中现实抽象生成的经济关系场境,这正是我们上面提到的似乎不在场的**隐性经济物相化编码空间**。这当然很难懂。后来,齐美尔①在马克思的影响下,较早地在《货币哲学》一书中论及发生在商品交换活动中的价值关系的这一现实抽象问题,在他看来,资产阶级"经济体系确实基于抽象、基于交换的相互性"②,*而货币*"则是这种抽象价值的代表",它是从"对象的可交换性中提取的"③。布尔迪厄也看到,"资本主义运用一种实际的抽象化操作,建立起一个以'冷冰冰的现金支付'为基础的关系域"④。这正是抽象的经济物相化空间场域。索恩-雷特尔则在《脑力劳动与体力劳动——西方历史的认识论》一书中集中讨论了这一问题。索恩-雷特尔自认为"现象学式地"深入思考了西方资产阶级所创造的这个商品-市场经济王国的社会存在特性:在抽象劳动的基础上,正是以商品交换关系为核心所建构起来的**抽象形式化**的复杂经济机制,生成了这个资本主义生产方式中看起来在人的经验*之外*的自发整合(integration)运动和调节的先验社会综合功能。而他刻意想去做的事情,就是重新捕捉到在康德先天观念综合结构自

① 格奥尔格·齐美尔(Georg Simmel,1858—1918),亦译席美尔、西美尔。德国社会学家、哲学家。1881年获柏林大学博士学位,后在该校任副教授、编制外教授。1914年转任斯特拉斯堡大学教授。代表作有:《论社会的区别》(1890)、《伦理学导论》(1892—1893)、《货币哲学》(1900)、《历史哲学问题》(1905年再版)、《叔本华和尼采》(1907)、《社会学:关于团体组织形式的研究》(1908)、《社会学的根本问题》(1917)、《人生观》(1918)等。
② [德]西美尔:《货币哲学》,陈戎女、耿开君、文聘元译,华夏出版社2002年版,第22页。
③ [德]西美尔:《货币哲学》,陈戎女、耿开君、文聘元译,华夏出版社2002年版,第56页。
④ [法]布尔迪厄:《实践感》,蒋梓骅译,译林出版社2003年版,第178页。

运行中被遮蔽起来的交换关系现实抽象的痕迹,以还原抽象劳动-现实抽象与观念抽象的初始塑形关联。① 对此,齐泽克后来给予了很高的评价:"在商品形式的结构中有可能发现先验主体(transcendental subject):商品形式事先表达了一种对康德的先验主体的要素的剖析,就是说,对构成'客观的'科学知识的先天架构的先验范畴网络进行剖析。商品形式的悖论便存在于此:这种内在于世界之中的'病理的'(在这个词的康德意义上)现象给我们提供了解决知识论基本问题的钥匙:普遍有效的客观知识是如何可能的?"②这是对的。当然,这些观点还是集中于马克思这里原创性地提出的现实抽象Ⅲ上,而没有区分存在于马克思思想构境中的更加复杂的现实抽象Ⅰ—Ⅱ的边界。

我以为,马克思后来经常指认的**商品存在的神秘性**,就是从这里开始的,物品成为商品,并非它上手的物性实在(劳动塑形和构序起来的效用-使用价值)发生了改变,而是它祛序于自身的用在性,进而重新入序于一种新的商品-市场经济构式负熵进程中的关系赋型场境,即隐性经济物相化编码空间,它的特定经济物相化存在方式是不能直观的主体际经济构式有序性中的Tauschwert(交换价值)关系。可以说,失形于一般物相化产品的商品,是经济物相化空间中出现的**第一个经济事物**,这是**经济物相化的初始层面**,也是**历史现象学面对的经济物相化存在论关系场境的第一层面**。可以说,不同于一般物相化透视中出现的此-彼归基关系,此处的经济物相化透视中并不是此-彼归基逻辑,而是此-彼错位关系,因为商品存在的神秘质性是无法直接归基于物品的用在性的,它是一种**失形于用在性**的劳动交换关系的现实抽象。这种现实抽象,并非某一个人的主观意图,而是商品交换活动的必然产物,它是历史发生的客观经济关系赋型。这也意味着,我们眼前复杂的商品一类经济事物的辩证法运动,同样是在**不是它自身的 Anderssein(他性存在)的神秘方式**中现身的,因为它不过是劳动辩证法构序的多重客观颠倒。这种神秘性,恰恰会超出历史认识论的边界,成为批判认识论在经济物相化空间中新的着眼

---

① 关于索恩-雷特尔相关问题的讨论,可参见拙著《发现索恩-雷特尔——先天观念综合发生的隐秘社会历史机制》,北京师范大学出版社2018年版。

② [斯洛文尼亚]齐泽克:《意识形态的崇高对象》,中译文参见《意识形态的崇高客体》,季广茂译,中央编译出版社2002年版,第22页。

点。索恩-雷特尔说,"商品承载了一种社会本性,这本性与作为物(Dingen)的商品从来没有任何关系。由此,这就是附加在商品之上的'拜物教特征'(Fetischcharakter)"①。这基本上是准确的判断。不过,拜物教特征只是这种新的经济物相化的主观迷雾。这种由商品交换关系赋型的特殊**经济构式负熵质**,完全不同于从生命负熵进程中脱型出来的一般社会历史负熵质,因为Tauschwert(交换价值)并非劳动直接塑形和构序的物品的用在性和历史在场性,而是一种入序于为了**变卖性目的**而实现出来的**金钱有序性编码**的抽象关系场境,这是一种由商品-市场经济交换关系赋型的特殊负熵和客观辩证法进程,它将人的生命-社会历史时间转换为外在的**财富时间**("时间就是金钱")。如果说这种经济事物的辩证法也有一种"**绝对不安**"(absolute Unruhe)的否定性,那么,则是由疯狂地追逐金钱来驱动的,它的呈现形式是一种新型经济物相化和返熵现象自发塑形的,这就是**经济物相化中总体无序化生产和交换进程**。这种经济事物运动和关联构成的客观辩证法运动是客观发生的,可是,马克思却要告诉我们,可见的经济事物的辩证法无序和自发再构序的运动,只不过是隐匿起来的劳动辩证法的颠倒。这是马克思历史辩证法话语中最复杂的编码和构境。应该指出,这里在物品身上发生的经济关系物相化场境赋型,在传统认识论通常的感性经验和一般知性观念中是无法捕捉的,商品的经济物相化存在,从交换价值开始就表现为一种新的**不在场的在场性**。这恐怕是马克思在遭遇经济物相化现象时重启科学的批判认识论的逻辑起点。这就像我们开始时追问的直观经验塑形中在场的"面包可吃"、"书本可以阅读",当它们成为有一定市场价格的商品时,其特殊的经济物相化质性却是不可直观的,这种交换价值关系中的"值多少"的经济物相化场境并不能直接看到、听到和触到,却深嵌于非直观的隐性经济物相化空间编码之中。在市场的实际交换中,商品"值多少"的交换价值还会外显为不断波动的市场价格构序。同样一种蔬菜,它面前的价目牌在刚刚上市时与下市时可以是完全不同的;一辆刚开不久的二手汽车的价格会断崖式地下降。通常,名牌商品的价

---

① [德]索恩-雷特尔:《脑力劳动与体力劳动——西方历史的认识论》,谢永康等译,南京大学出版社2015年版,第37—38页。

格会远远大于它的实际使用价值。这已经是另一个复杂市场关系中的"象征资本"(布尔迪厄语)或"符码政治经济学"(鲍德里亚)的问题。

这里值得我们留心的更深构境层是:当物品在交换关系中成为商品时,可满足生活需要的事物的上手性场境关系存在,因这种转换反倒开始在新的经济物相化空间中被边缘化和遮蔽起来。这正是马克思说商品的使用价值不是政治经济学关注的对象之意。这里,恰恰是广义历史唯物主义和历史认识论的边界。因为,证伪熟知对象物的一般物像此-彼归基透视中的用在性场境关系赋型,在这里开始被经济物相化中的此-彼错位关系重新遮蔽起来,商品的**熟知性物像**业已是一种更复杂的经济关系伪境和伪在场编码。由此,神秘的经济拜物教背后的经济物相化迷雾之破境,经济事物辩证法("第二自然辩证法")背后的劳动辩证法本质,人所创造出来的经济事物反过来奴役人的经济物役性现象的本质,也就只能由历史现象学和批判认识论来担纲和解码了。至此,我们会突然发现前述广义历史唯物主义中讨论的此-彼归基式的**非物像场境关系存在论**的重要性。因为历史唯物主义从来不是停留于外部的直观对象的实在现象上,社会定在的本质是一种不能直观的社会关系场境。否则,你根本无法进入马克思这里更加复杂的经济学构境。孙伯镶教授曾经说过,不懂得马克思的经济学,是绝不可能理解马克思的哲学本质的。我以为,此话还必须倒过来:不懂得马克思非物像的历史唯物主义方法,也是不可能真正领悟马克思的政治经济学批判构境的!然而,当我们进入马克思的经济学语境时,我们突然发现,广义历史唯物主义和历史认识论构境中,由此-彼归基逻辑透视出来的熟知对象物背后的用在性场境关系赋型,在这里被隔断在商品-市场经济的神秘此-彼错位关系编码之墙外,历史认识论构境层中发生的此-彼归基式的非物像观察即对真正的关系场境的"本质直观",突然不再是马克思政治经济学的认知工具,商品交换活动现实抽象所生成的"交换价值"的经济物相化存在论关系场境,突然溢出了所有简单的实证认知范围之外。这会生成一个全新的历史辩证法和认识论图景。在这里,整个世界中勾连人与万物的普遍关联,被交换关系所强制同一化,这是一种客观的失形和祛序中的重新经济物相化构序。阿多诺说,"交换原则(Tauschprinzip)把人类劳动(menschlicher Arbeit)还原为社会平均劳动时间的抽象的一般概念,因而从根本上类似于同一化原则(Identifikationsprinzip)。商品交换是这一原则的社会模式(gesellschaftliches Modell),没有这一原则就不会有任何交换。正是通过交换,不同一的个性和成果成了可通约的和同一的(kommensurabel, identisch)。这一原则的扩展使整个世界成为同一的,成为总体的(ganze Welt zum Identischen, zur Totalität)"①。你在市场中遭遇的所有熟知的商品,都掩盖在一种新的经济物相化伪境和此-彼错位关系的伪在场编码之中。所以,只有在一种新的历史现象学透视和科学的批判认识论构境中,才能再一次使商品、货币和资本解码为 verschwindend darstellt(正在消逝的东西),这却是作为消逝的产品的商品的**第二次消逝**。这会是批判认识论透视经济物相化迷雾最难入境的入口。

在历史认识论的意义上,马克思说,这种让产品变成商品的交换关系场境本身是**历史的产物**。往往,"交换不是在一个共同体内部的个人之间开始的,而是在共同体的尽头——在它们的边界上,在不同共同体的接触点上开始的",或者说,这种"以私人交换为基础的生产制度",恰恰发生在旧的共同体解体与关系脱型过程之中,当然,之后"又有整整一系列的经济系统(ökonomischer Systeme)存在于交换价值控制了生产的全部深度和广度的现代世界和这样一些社会赋型(Gesellschaftsformationen)之间"。② 显然,这个写于《大纲》尾巴上的补充有些过于匆忙,一些需要加以说明的概念和问题都被省略了,特别是交换价值与价值的关系也没有得到必要的说明,这造成了马克思这一概述的难解性。其实,从"导言"的方法论赋型中可以得知,此处的"共同体"正是我们前面接触过的那个以直接血亲关系赋型为基础的封建宗法社会后期,它以一个复杂的多重生产关系总体的方式,包含着"只是征兆"的失形于自己的资产阶级经济交换活动,以后,这种交换不是在血亲-政治负熵共同体内部发生,而是在它没落的"尽头"出现。商品交换关系是历史形成的经

① [德]阿多尔诺:《否定的辩证法》,张峰译,重庆出版社 1993 年版,第 143 页。参见 Theodor W. Adorno, *Negative Dialektik*, *Gesammelte Schriften*, Band 6, Frankfurt am Main: Suhrkamp Verlag, 2003, S. 149.

② 参见《马克思恩格斯全集》(第二版)第 31 卷,人民出版社 1998 年版,第 294 页。中译文有改动。Marx-Engels-Gesamtausgabe(MEGA²), II/1, Text, Berlin: Dietz Verlag, 2006, S. 743.

济制度构式,但它并非自始就是在资产阶级社会,在此之前会经历"一系列经济系统",马克思后来将其指认为经济的 Gesellschaftsformationen(社会赋型),只是到了"交换价值(Tauschwert)控制了生产的全部深度和广度的现代世界",用"导言"中的话语,即"发展到具有充分意义"时,才生成了资产阶级特有的经济构式负熵进程中的**社会赋型**。此处的 Gesellschaftsformation,是一个极为重要的概念,过去我们将它译作社会形态,但实际上 Gesellschaftsformation 是一个功能性的指认,它表征了一个生产方式的筑模活动。如前所述,马克思最早使用交往的赋型(formation)和观念赋型(Ideenformationen)概念是在《德意志意识形态》①中;在《哲学的贫困》中,马克思继而使用了"赋型新社会"(formation d'un société nouvelle)、"工场手工业赋型"(formation de l'industrie manufacturière)等②。而明确使用 Gesellschaftsformation 一词,是在 1851 年写下的《路易·波拿巴的雾月十八日》一文中。③ 我们可以明显地感觉到,马克思在这里对资产阶级社会的认识与前期所有的看法都不再一样了,他现在是从专业经济学的领域中开辟了一条全新的道路,由此走向自己**焦点意识**中的第二个伟大发现——剩余价值理论。资产阶级社会的本质,恰是在经济剥削问题被科学解决之后才显现出来的。这也构成了第三个伟大发现——资本主义生产方式科学认识的核心。

我应该指出,马克思的《大纲》中其实存在着一个逻辑编码上的缺环,即商品的使用价值和价值是劳动辩证法中具体劳动和抽象劳动**双重物相化关系赋型**的说明,因为此时解决问题的构序点是 Tauschwert(交换价值)在流通领域中的历史生成,所以马克思略过了这一重要基础论证,这使得在后面马克思突然提出**资本是劳动的对象化**时,缺少一个必要的双重辩证法逻辑前提:一是商品的使用价值作为具体劳动的对象化,是人对自然的需要-效用关

---

① 参见[日]广松涉编注《文献学语境中的〈德意志意识形态〉》,彭曦译,南京大学出版社 2005 年版,第 29、50 页。中译文有改动。Marx-Engels-Gesamtausgabe(MEGA²), I/5, Text, Berlin: Akademie Verlag, 2017, S. 135, 45.

② 参见 Karl Marx, *Misère de la philosophie*, gallica, 1908, p. 51, 55。

③ 参见《马克思恩格斯全集》第 8 卷,人民出版社 1961 年版,第 122 页。中译文有改动。Marx-Engels-Gesamtausgabe(MEGA²), I/11, Text, Berlin: Dietz Verlag, 1985, S. 97.

系的物相化实现;二是商品的**价值**(*Wert*)则为劳动交换中现实抽象出来的等价关系赋型,它是抽象劳动的经济物相化和对象化。作为劳动辩证法的核心构序环节的劳动对象化赋型,这当然不是经济学话语,而是黑格尔《精神现象学》中那个"**绝对不安**"(*absolute Unruhe*)的观念辩证法的重要理论构序。由此,才会在之后的复杂商品交换过程中出现这种劳动交换关系本身的异化和事物化颠倒,即一般价值等价物到货币的脱型和反向对象化结晶,它是掩盖商品(货币)是劳动对象化的重要一步,也是**经济物相化的第二层面**,这样,才会出现货币脱型和转换到资本(带来货币的货币)的进一步异化和经济物相化的第三层面,最终消除资本关系中**劳动对象化**的最后痕迹。这既是历史现象学所面对的不同经济生活存在论关系此-彼错位的不同层面,也是经济事物的消极辩证法遮蔽劳动辩证法的神秘过程。否则,在"资本章"中,马克思提出作为对象性劳动的资本与"非对象化劳动"(雇佣劳动)的异化关系,就会缺少内在的辩证法逻辑构序的支撑。马克思后来在《政治经济学批判》第一分册和《资本论》第一卷中弥补了这一逻辑缺环。在《资本论》第一卷(第一版)中,马克思开始就说明,"作为**价值**,商品无非是**结晶的劳动**(*krystallisirte Arbeit*)"①。并且,他还具体指认了使用价值形式背后的具体劳动(konkrete Arbeit)物相化塑形以及价值形式背后的抽象劳动(abstracte Arbeit)的经济物相化。而在《大纲》中,即便补充了"价值"一章的提纲,但上述这一切复杂的理论逻辑构序问题都还是没有入口的。我们需要慢慢地历史性地进入这一复杂的经济学思想构境。

2. 价值关系异化:作为商品中劳动交换关系物性结晶的货币

现在,我们从马克思补写在《大纲》末尾上的"价值"一章的提纲,再回到"货币章"的正文中来。这样,我们就会在**理论逻辑构序**上发现,货币已经是商品交换价值第一层面经济物相化基础之上的全新经济关系场境层面。

因为当我们进行了上述的理论补充之后,再心中有数地回到《大纲》的肇

---

① 《马克思恩格斯全集》(第二版)第42卷,人民出版社2016年版,第25页。

始阶段,就可以看到:一是马克思在这里并非完整地叙述一种经济学理论构境,而是在面对具体的理论争论中进入经济学研究和分析过程的,即批判蒲鲁东主义者达里蒙①在"劳动货币"方案中,将资产阶级经济活动中的货币流通与信贷错误地画上等号和夸大银行在调节货币市场中的作用,并直接以劳动时间量作为货币改良的依托的具体失误。所以,马克思的思考没有从经济表象中的商品或者更深一层的使用价值与交换价值的关系出发,而是**从货币出发**。在此,马克思没有直接讨论上述我们已经涉及的交换价值在流通领域中的现实抽象Ⅲ,而是从交换价值关系结晶为物的货币反向深入到在生产过程中创造**价值关系**(*Werthverhältnisses*)**的背后的劳动**。这也说明,《大纲》不是一部马克思写给读者看的"作品"。虽然在《大纲》最后,马克思也初步拟定过一个可能的经济学理论阐释的"五点构想":(1)经济学理论的"一般的抽象的规定";(2)"资本、雇佣劳动、土地所有制"的经济关系和阶级结构;(3)资产阶级社会"国家形式";(4)"生产的国际关系";(5)"世界市场和危机"。②关于这一经济学论著的写作"构想"及其修订,我们会在后面展开讨论。马克思在《大纲》中实际发生的写作,显然不是对经济学理论的系统阐释,而是他自己的经济学研究中分析和解决问题的思想实验过程,一些重要的经济学问题都还处于逐步明晰的状态之中。在这一点上,马克思在《大纲》中的研究性思想实验,显然是不同于后来刻意阐释一种经济学理论话语的《政治经济学批判》和《资本论》的。在这个意义上,《大纲》就也不能被**目的论式地**视作《资本论》的草稿或初稿,因为此时马克思还没有真正科学地完整透视资本主

---

① 路易·阿尔弗勒德·达里蒙(Louis-Alfred Darimon,1819—1907),法国政治家、政论家和历史学家,初为蒲鲁东主义者,后为波拿巴主义者。曾任法国国会议员(französischer Abgeordneter)。1819 年 12 月 17 日出生于法国北部城市里尔(Lille)(另一说法是出生于 1817 年 12 月),1902 年 10 月 1 日逝世于塞纳河畔的讷伊(Neuilly-sur-Seine)。自 1840 年开始为《北方评论》(*Revue du Nord*)撰写文章。作为蒲鲁东的学生,担任蒲鲁东的秘书,并从事新闻工作。1850 年担任《人民之声》(*La Voix du Peuple*)的主编,涉及经济和金融问题。1857 年当选为塞纳河第七区议员。1869 年被拿破仑三世任命为贸易、农业和工业高级委员会特别专员,负责处理货币问题。代表作有《论银行改革》(*De la réforme des banques*,1856 年巴黎版)等。马克思在 1857 年 1 月 10 日写给恩格斯的信中提及:"我这里有蒲鲁东的学生的一部新著作:**阿尔弗勒德·达里蒙**《论银行改革》1856 年版。老一套。停止流通黄金和白银,或把一切商品像黄金和白银一样都变为交换工具。"(《马克思恩格斯全集》第 29 卷,人民出版社 1972 年版,第 89 页。)
② 参见《马克思恩格斯全集》(第二版)第 30 卷,人民出版社 1995 年版,第 50 页。

义生产关系。后来海因里希①留意到了这一点，他认为，马克思的《大纲》中"没有一个明确的出发点"②。这是正确的判断。二是因为资本的通常形态是货币，要说明资产阶级经济学家将资本误认为作为生产过程中的到场物的新型经济物像，就必须说明货币是如何从商品交换中历史性生成的。在这个意义上，"货币章"正是对接马克思《雇佣劳动与资本》中那个不可直观的资本关系的**史前变身史**。请留心，这又会是黑格尔《精神现象学》的物像证伪在狭义历史唯物主义基础上的重演。

图 13-1　马克思《大纲》"货币章"一页

马克思认为，达里蒙等人的根本错误在于，将资产阶级经济生活中社会关系的本质和感性直观经验塑形中物的现象、实在内容与其颠倒性的表现形式直接等同起来，似乎只要将货币注明为直接显示劳动量的工具就可以解决资产阶

---

① 海因里希（Michael Heinrich，1957—　），德国当代马克思主义经济学家。"新马克思阅读"运动代表人物。

② ［德］海因里希：《重建还是解构：关于价值和资本的方法论争论，以及来自考证版的新见解》，载［意］理查德·贝洛菲尔、罗伯特·芬奇主编《重读马克思——历史考证版之后的新视野》，徐素华译，东方出版社 2010 年版，第 103 页。

级社会的根本矛盾。这当然是一种不切实际的幻想。因为他们不能理解，作为商品社会本质的**价值关系**（*Werthverhältnisses*）是"怎样和为什么在货币上取得了物质的、独立的存在（materielle und besonderte Existenz）"①。这里，马克思还没有说明交换价值只是价值的表现形式。在后来的《1861—1863 年经济学手稿》中，马克思批评"拜物教徒"（Fetischist）贝利"把价值看成**物和物之间的关系**（*Verhältniß der Dinge unter sich*），而实际上价值只不过是人和人之间的关系，社会关系，人们同他们的相互生产活动的关系在物上的表现即物的表现（dinglicher Ausdruck）"②。本质上，这种 Ding（物）的背后是经济**事物**（Sache）。马克思后来用**事物化**（*Versachlichung*）来表征这种此-彼错位关系中的客观颠倒。显然，这里出现的关系颠倒为物的**此-彼错位关系**，不同于广义历史唯物主义构境中的**此-彼归基关系**，即从一般物相化中那种物体的现成性和人的独存性之此在，归基于实践（生产）活动和社会关系场境，而是将不可见的交换关系现实抽象为交换价值，并且进一步反向颠倒为货币（资本）等经济事物的此-彼错位伪境。可以说，Versachlichung（事物化）是继上述现实抽象Ⅲ之后，历史现象学中的第二个重要逻辑构件和科学概念。这种事物化颠倒不仅体现为流通领域中的价值关系事物化（Ⅰ）颠倒地呈现为货币物，也会体现为之后生产过程中资本关系事物化（Ⅱ）颠倒为劳动条件物（原料、厂房和机器等），以及机器生产和分配领域中的地租、利息等更加复杂的事物化现象。打一个不一定恰当的比喻，这里的 Ding 可视作康德认识论构境中无限后退的"自在之物"，而 Sache 则是我们自己的社会关系在特定社会历史先验构架支配下生成的颠倒性物相显现。这一点，后来被齐泽克发挥为所谓作为此-彼错位关系伪境中的"崇高对象"的 Sache。他说："在这里我们接触到一个马克思未解决的货币的物质特性的问题：不是指货币赖以构成的经验的物质材料，而是指它的**崇高性**的材料、它的某种另类的'不可改变且坚不可摧的'躯体，这一躯体在物质性的躯体腐朽之后仍能继续存在——货币的这种另类躯体类似于萨德笔下的受害者的尸体，虽历经折磨仍不改其美丽。这种'躯体

①《马克思恩格斯全集》（第二版）第 30 卷，人民出版社 1995 年版，第 88 页。
②《马克思恩格斯全集》（第二版）第 35 卷，人民出版社 2013 年版，第 158 页。

之内的躯体(body-within-the-body)'的非物质性的实体使我们可以精确地定义这个崇高的对象(sublime object)。"①我觉得齐泽克的看法是深刻的,只是他用拉康式的话语将其思辨化了。通俗些解读,即是马克思思考货币的物质性时,已经发现了这种物质性存在的背后隐匿着一种不会随着物质熵化而消失的神秘编码空间中存在的"崇高对象",这就是经济物相化背后的消逝的不在场价值关系。从铸币到纸币,再到今天的数字化货币,经济事物的肉身可变,但"崇高对象"金刚不坏。需要特别说明的是,这里发生的经济物相化不是观念层面上的主观事件,而就是资产阶级社会中发生的经济构式负熵进程中被金钱编码的**客观现实生活**本身,只是这种支配经济生活的辩证运动采取了颠倒式关系伪境和伪在场的方式,这也意味着,社会场境关系赋型中以生产方式为核心的**社会历史先验**再一次畸变成倒置的**经济先验物**。这是主体性的劳动辩证法颠倒为**经济事物的消极辩证法中最关键的一步**。之所以指认它是消极的经济事物的辩证法(似自然性的"第二自然辩证法"),主要因为资产阶级的经济物相化活动,表现出由内部矛盾驱动的从商品、货币再到资本的自我运动,但这种总体性的辩证运动却是在人之外客观运转的。它不仅规制人的全部意识以生成特有的经济拜物教,也通过客观的经济关系伪境直接编码和支配所有人的现实生活。在商品-市场经济所筑模的现实生活中,"钱是好东西"是不需要教科书教化的,一个孩子会在没有钱就不能吃到自己喜欢的"麦当劳",没有钱就不能得到比幼儿园小朋友更漂亮的文具中被"强制同一性"(阿多诺语),所有人在生活塑形中感到金钱的力量,这不是观念塑形,而是生活在场性中的现实经济事物辩证法勾连人与万物的关系编码和构序。所以,这种经济物相化的迷雾,绝不是历史认识论能够透视和解码的,它必须通过吁请**批判认识论**的重新出场。这一点,我们很快就会看到马克思的深刻分析。

这样,在《大纲》的"货币章"中,货币就是作为商品中**劳动交换关系脱型和反向物性结晶的产物**。货币,是经济物相化的"第二自然辩证法"中继商品之后出现的**第二个重要经济事物**,这是**经济物相化的第二层面**,也是**历史现**

---

① [斯洛文尼亚]齐泽克:《意识形态的崇高对象》,中译文参见《意识形态的崇高客体》,季广茂译,中央编译出版社2002年版,第25页。

象学所面对的特殊经济物相化存在论此－彼错位关系伪境的第二层面。应该先说明一下,这里货币作为物性结晶,同样不同于劳动物相化真实塑形和构序商品的用在性使用价值,它仅仅是一种从商品交换中现实抽象出来的社会关系场境(作为经济物相化初始层面的"交换价值"),进一步脱型自身且**反向对象化的物性到场**。或者说,这就是**经济物相化编码空间中**出现的第二种经济事物(Sache)。马克思此时会是针对自己在《金银条块》中提到的西斯蒙第提出了那个有启发的比喻,即货币像是人的"与身体分开的影子"(den Schatten vom Körper getrennt)①,这也意味着,货币不是它自身,而是价值的一种"抽象单位"(abstrakten Einheit),不过在西斯蒙第看来,这种抽象只是"纯粹观念性的"(rein ideal)②。货币当然不是商品的Schatten(影子),或者一个主观的东西,它真的就是在商品交换场境中到场的经济事物。只是马克思认为,这种经济事物并非它自身,虽然在货币本身的生产中也存在着劳动塑形和构序,有如最早磨制贝壳或石片,后来浇铸金属铸币,可货币在经济物相化中生成的经济质性,并不是具体货币生产中劳动塑形和构序物品的用在性,这种用在性的到场本身就是以**存在论的失形方式**出现的。货币的**经济定在**,只是商品交换场境中生成的特殊经济关系此－彼错位的结果。**货币物不是物,而是它所替代的关系场境**。这里的经济物相化空间中的货币不是它自身,不是一般物像中的现成性或独立实存性,而是不可见的交换价值关系的自我脱型和错位实体化。经济事物的存在论特征,恰恰是遮蔽某种经济定在关系的脱型和错位。这是不同于一般劳动生产物相化和社会物相化的,经济物相化起始中的**第二个此－彼错位环节**。这自然是很难理解的,我们一步步来入境。

实际上,马克思告诉主张"劳动货币论"的蒲鲁东主义者,"货币不是简单的物",或者说,"货币不是它自身的在场"这种透视,只是马克思自己的经济学研究中有特定针对性的思考构境,它同样省略了大量解释学视域中的前提,所以,对于刚刚进入经济学专业话语阅读的读者来说,这一表述是无法直

---

① Marx-Engels-Gesamtausgabe(MEGA²),Ⅳ/8,Text,Berlin:Dietz Verlag,1996,S,22.中译文参见沈渊等译稿.《马克思恩格斯研究》1989年第1辑,中央编译局马克思恩格斯研究室编印,第23页。

② Marx-Engels-Gesamtausgabe(MEGA²),Ⅳ/8,Text,Berlin:Dietz Verlag,1996,S,22.中译文参见沈渊等译稿.《马克思恩格斯研究》1989年第1辑,中央编译局马克思恩格斯研究室编印,第22页。

接理解的。因为除去我们上面已经补充的交换价值关系的历史抽象问题之外，需要事先讨论的问题本身就是十分复杂的历史认识过程。为此，我不得不进行一些必要的解释。比如，我们到英国旅游，在超市结账时拿出一张十英镑的纸币以取得所需要的商品，这是我们在日常生活中常见的经验小事。你现在手上的这张十英镑的纸币，在物理空间的感性经验塑形中，在素朴实在论和传统认识论的构境中，它可触摸，并且可看见印有彩色图案的纸，然而马克思则想告诉你，这张作为 Bekannt（熟知的东西）且可以对象化直观的纸并不是 Ding（物），并且，即便将它在广义历史唯物主义一般物像透视中归基为在社会空间中木材通过复杂加工和印刷劳动物相化活动也是不够的，因为它之所以可以买到商品，恰恰因为它的本质是一种建立在自身用在性失形之上的，不在场的人与人之间的社会关系场境反向对象化颠倒的 Sache（事物）。这里的人人熟知的英镑，只是无法直观的经济物相化编码空间中，商品价值关系（不在场的经济物相化第一层面中"交换价值"的本体）的"物质的、独立的存在"，它的**物性到场**，恰恰代表了一种新的**不在场的在场性的经济物相化脱型和编码**（神秘化的此-彼错位伪境的第二层面）。这是批判认识论剥离的新一层经济伪物像。有趣的是，在今天中国已经出现的支付宝和微信支付（远程电子商务支付）中，这种直接的物性到场也被消除（失形）了，金钱物性到场背后的不在场以非物性的**数码在场**呈现出来。这已经是一种全新的数字化历史在场性和数字存在论，其中，发生了更加复杂的经济物相化场境关系脱型和转换的此-彼错位象征关系伪境。当然，数字经济编码的现实基础，仍然是客观经济财富的在场。具体说，马克思这里是想告诉我们，这张纸之所以可以购买任何东西，神奇之处在于它并不简单地是一张有印刷图案的物性的纸张，而是一种不能直观的劳动交换关系场境在纸张上的物性结晶。这也表示，我们在商品-市场经济社会的日常生活中熟知的这个特殊的"物"，在双重物像透视（一般物相化与经济物相化）中**不是物**，而是劳动物相化之后用在性的社会空间关系场境，在经济交换关系中（以抽象劳动）重新反向对象化后的结果，它是经济物相化空间中生成的经济事物。之所以我们一定要强调这种此-彼错位关系是一种经济伪境，是因为，由此劳动的辩证法被很深地掩盖在经济物像的事物的辩证法构序之中。所以，当霍克海默和阿多诺在《启蒙辩证法》中断言"一切物化都是一种遗忘"(Alle Verdinglichung ist ein Vergessen)①,布洛赫深刻地指出"由于物化的产品,人们很容易遗忘生产者;由于人的背后的固定现象,很容易遗忘在他们前面运动着的敞开的东西"②时,他们已经深刻地达及透视一般物相化的构境,恐怕这也是海德格尔"存在论差异"的思境,然而他们都没有进一步透视马克思这里揭示的经济物相化此-彼错位关系神秘编码背后遮蔽起来的劳动辩证法。需要指出,货币本身的劳动物相化塑形和构序(从树木到印刷后的纸币)中实现出来的爱多斯(eidos),已经不再是面对人的需要的用在性目的(telos),而是面对"值多少"(交换关系)的经济爱多斯(贪欲)。我的解说,当然不仅仅是经济学话语,也包含着马克思深嵌在经济学思考中的历史唯物主义,只不过这种历史唯物主义构境不再是贯穿整个人类社会历史的**广义历史唯物主义**话语,而是特指面向经济的社会赋型所发生的经济物相化存在论关系场境中历史现象本质的**狭义历史唯物主义**构境。其实,这里我们又一次遭遇了黑格尔《精神现象学》中的物像证伪的否定辩证法的逻辑构式。可是,这并非唯心主义的精神现象学批判,而是真实的**历史现象学**的存在论关系透视。在这个意义上,历史现象学的确是面对存在论关系场境空间的,然而,这个存在论却已经是特定历史条件下才会发生的更复杂的**经济物相化存在论**,其中,无序返熵的经济物像中登场的各种经济事物的消极辩证法,构成了一出**人不再是编剧**的荒诞戏剧,经济人成了被"看不见的手"(理性的狡计)无形摆布的牵线木偶,它扭曲的逐金灵魂则是经济拜物教。并且,这里非直观的经济事物伪在场和倒置的经济物相化编码伪境本身都是客观存在的。在我看来,这正是马克思狭义历史唯物主义所面对的复杂经济物相化存在论关系场境现实,也是历史现象学需要透视的神秘化迷雾。

这真的非常难以领悟。因为它与生活中素朴实在论的常识经验不一致。这就像,我们每天亲眼看到太阳早上从东方升起,晚上从西边落下,常识经验

---

① Theodor W. Adorno, Max Horkheimer, *Dialektik der Aufklärung*, *Philosophische Fragmente*, Frankfurt and Main: Fischer, 2000, p.286.

② [德]布洛赫:《希望的原理》第 1 卷,梦海译,上海译文出版社 2012 年版,第 344 页。

中 Bekannt(熟知的东西)是太阳围绕我们旋转,可是有一天一个叫哥白尼的怪人突然对我们说,错了,不是太阳围绕地球转,而是我们围绕太阳转。我们会发现,**科学透视总是出现在常识的断裂之处**(巴什拉语)。第一步,马克思的经济学语境中批判认识论的认知构式,从一开始就是与经验常识不一致的,在所有人看到熟知的货币物性到场的地方,马克思透视出它背后的商品使用价值关系的场境存在,这是我们前面已经熟悉的广义历史唯物主义构境中此-彼归基关系透视一般物相化迷雾的社会空间场境关系存在论;第二步,正如在前述补充讨论中我们已经知道的,不同于商品使用价值(用在性的"为人定在")的可感性,价值关系("交换价值")作为商品的不可见社会本质(*gesellschaftliche* Dasein——**社会**定在)却通过此-彼错位的事物性的货币表现出来。这个不可见的 *gesellschaftliche* Dasein,正是齐泽克所指认的"崇高对象"①。这样,本身不是物的用在性定在的 Werthverhältnisses(价值关系——经济物相化初始层面),则从不可见的隐性存在重新颠倒为经济物相化中可假性直观的经济事物(经济物相化第二层面),这也就进入到经济物相化存在论中,经济定在关系场境的第二个此-彼错位伪境的神秘层面。这是说,"十英镑"在日常生活中呈现的熟知物像,当然已经不是一般物相化迷雾,而是全新的**经济关系场境的物相化和事物化**。格雷-蒲鲁东-达里蒙的错误,就是把非物的货币(经济事物)真的当成了物,他们无法意识到,即使把这个物上的十英镑改为"10 小时劳动"(劳动券),并不能改变金钱在市场中的交换本质。以后,我们还会进入马克思批判李嘉图的证伪构境之中,遭遇到将这个作为资本的货币购买的机器、厂房和原料当作物的新的事物化颠倒,以及更深一层的劳动辩证法颠倒中的异化。这当然是一个需要批判认识论来解码的十分绕人的脑筋急转弯。我们慢慢来入境。

　　这里,马克思接着要说明的事情,必定还是物性到场的货币背后那个表现出来的商品的价值到底是什么。与物品可感的上手物性功能(劳动塑形和构序的用在性使用价值关系)不同,商品的价值关系并非由劳动直接创制的

---

① [斯洛文尼亚]齐泽克:《意识形态的崇高对象》,中译文参见《意识形态的崇高客体》,季广茂译,中央编译出版社 2002 年版,第 25 页。

物性的上手效用功能关系。如果说,商品的使用价值是劳动对自然改造关系的物性结果,它已经是物品本身社会历史负熵质的**为我性社会定在**,它可以直接满足人的生活需要,而商品(产品)只有在不同商品交换(实际的或想象的)的"估价"中,才会获得一种"值多少"的非物性的价值(交换价值)的经济定在关系赋型场境存在。马克思深透地指出,"价值是商品的社会关系(gesellschaftliches Verhältniß),是商品经济上的质(ökonomische Qualität)"①。这个 ökonomische Qualität(经济上的质),正是商品的经济定在关系场境。列斐伏尔曾经将这种产品进入到交换关系中生成的社会属性,指认为"不同于其物质性的第二存在(deuxième existence)",在他看来,"这种第二性社会存在(deuxième existence sociale)是抽象(abstraite),又是现实(réelle)"。② 他的观点是深刻的。其实,这一表述很长时间都仅仅被当作一个经济学的话语,而我觉得,这恰恰是**历史唯物主义场境关系存在论在马克思经济学研究中的延伸**,这是从《关于费尔巴哈的提纲》中人的本质"在其现实性上,它是一切社会关系的总和",到《马克思致安年柯夫》中社会是"人们交互作用的产物"的场境关系存在论论断,在**狭义的历史唯物主义**语境中的落地。只是这种场境关系存在论已经隐没在经济物相化多重颠倒的新型存在论关系场境之中,由此,历史现象学的第二重解码才尤为重要。

显然,物品具有不可直观的经济物相化空间中生成的 ökonomische Qualität(经济质),并非贯穿整个历史进程的**普适性**的社会生活现象,因为它绝不会出现在原始部族生活场境之中,而只会是在经济构式负熵进程的社会赋型中才出现的历史在场性。如果说物品的"使用价值"已经是复杂社会空间中劳动物相化上手功效关系的物性赋型,那么价值的存在则会是商品在经济交换中才构序出来的特定场境关系存在。它并非物品被直接塑形和构序的客观物质属性,它也不能直接满足人的生活需要,只是构成人们之间不同物品(需要)交换关系的产品通用标识,可是,它也绝不仅仅是一个主观的交换数量,而是经济物相化空

①《马克思恩格斯全集》(第二版)第30卷,人民出版社1995年版,第89页。
② 参见[法]列斐伏尔《辩证唯物主义》,周泉译,载《社会批判理论纪事》第13辑,江苏人民出版社2022年版,第50页。

间中**客观存在的**社会经济场境关系赋型。然而,商品价值的这种隐性场境关系赋型恰恰是不可直观的。在这一点上,这种不可直观的经济关系场境空间和历史在场性本身,已经在超出一般场境关系存在论和历史认识论的可知性边界。应该说,马克思这里所说的商品 ökonomische Qualität(经济质),不是指"面包可吃、书本可读"这样的直观用在性,或者说,不是物品在使用价值上由具体劳动物相化生成的用在性关系中的一般社会历史负熵质,而是指"面包三镑"、"书本十镑"这样的"值多少钱"(价格背后的非直观价值关系编码和构序),是商品在交换关系中被赋型的**等质性**,由此入序于**经济构式负熵进程**。这个经济构式负熵进程中的"等质性",用阿多诺的话来说,叫"价值是杂多的齐一(Einheit),是不同感性事物的齐一,是诸多使用价值的齐一"①。这里,阿多诺显然是在故意异轨古希腊哲学中那个著名的感性现象的"杂多"与背后本质之"一"的观念构序。不同的是,价值的"一"是将诸多具体用在性的使用价值夷平为抽象的劳动价值量的"齐一"。这种量化的齐一,也正是资产阶级祛序高贵与下贱质性生存后的平等关系的缘起。有如我与查尔斯王子用手中十英镑的货币在伦敦的超市中购买商品,售货员绝不会给查尔斯比我多出十英镑的东西,王子与平民的等级,就是在这种不经意发生的交换关系场境中被夷平的。对此,阿多诺说,资产阶级的"平等最初是所有个人在货币面前的平等。货币使得物(Dinge)与人之间质的、人格性的差别消失了。由此,所有参与到市场中的个体都有兴趣看到,社会不是按照传统的原则,而是按照商品生产的需求组织起来的。——交换抽象包含着不是范畴的要素。交换的相互性隐含着个人之间的形式平等。平等的政治观念是政治相互性的理念。人们之间的相互性与交换中对象的相互性是相应的。对象的相互性,即相互之间的可替代性,是自然规律的基础形式,它必须将具体的使用价值自身从中清除出去"②。货币(价值)的经济质是量化的齐一,物与人的实质差异在货币中转换为无差别的金钱数量,一切对象的相互性和人的可替代性是这种政治平等的本质,这是资产阶级解构专制等级

---

① [德]阿多诺:《阿多诺与索恩-雷特尔谈话笔记》,转引自[德]索恩-雷特尔《脑力劳动与体力劳动——西方历史的认识论》,谢永康等译,南京大学出版社 2015 年版,第 175 页。
② [德]阿多诺:《阿多诺与索恩-雷特尔谈话笔记》,转引自[德]索恩-雷特尔《脑力劳动与体力劳动——西方历史的认识论》,谢永康等译,南京大学出版社 2015 年版,第 177—178 页。

的秘密武器。这也表示，马克思的价值理论本身就是透视资产阶级政治概念的基础。我认为，阿多诺在索恩-雷特尔的影响下，对马克思价值理论的理解达到了极其深刻的构境层面。在这一点上，列斐伏尔将商品的使用价值和交换价值，直接等同于质与量的关系是过于简单化了。他说，"使用价值与活生生的个人的劳动是质的劳动、是异质性的。交换价值与社会劳动则是量的劳动。这样的质与量相互联结，但并不相同，又相互作用"①。因为交换价值首先是商品获得的经济质，这种质的规定恰恰是通过量化的关系实现出来的。

　　进一步需要追问的问题是，价值代表了什么东西之间的等质？在马克思看来，这不是物与物的用在性之间的直接等质性关系，因为我们所说的面包与书本之间、马克思所说的小麦与上衣之间并不存在某种直接的比较关系，这里的等质是**生产商品的劳动物相化转化为抽象一般劳动的等质性关系**。实际上，这也是那个物品用在性的失形之处。用马克思此时的表述，就是"比较各商品即各对象化劳动时间量（vergegenständlichten Quanta von Arbeitszeit）所用的手段"②。马克思这里使用了一个接近新的对象化劳动II的表述，即"对象化劳动时间量"。Vergegenständlichung，这又是一个无意间使用的重要哲学话语。这里出现了两个重要的构境层：一是劳动时间的概念。长期以来，我们只是将马克思的劳动时间概念看作承袭李嘉图的一般劳作时间（持续性的量）观念，而我以为，马克思这里的**劳动时间**是他在历史唯物主义构境中那个**历史时间**的进一步具体化。如前所述，不同于一般物理时间的持续性流逝，马克思发现了现代社会定在中由工业生产物相化构成的**生成性**历史时间，它是整个工业生产力构序的"**绝对不安**"（absolute Unruhe）的历史辩证法的本质。在这一点上，马克思是先于柏格森的主体生命绵延时间说，确证时间的社会历史本质的。在马克思后来的关于科技物相化的研究中，这种劳动时间又进一步分化出非及物的科技信息编码的纯粹塑形和构序时间，这种新型的智能劳动时间，会成为马克思揭露相对剩余价值盘剥中的不可见隐性历史时间，以区别

---

① ［法］列斐伏尔：《辩证唯物主义》，周泉译，载《社会批判理论纪事》第13辑，江苏人民出版社2022年版，第50页。

② 《马克思恩格斯全集》（第二版）第30卷，人民出版社1995年版，第88页。Marx-Engels-Gesamtausgabe（MEGA²），II/1，Text，Berlin：Dietz Verlag，2006，S.74.

于绝对剩余价值压迫中被延长的劳作时间(量)。二是对象化劳动时间量的表述。这里正在发生一个重要的话语能指中的意义所指的转换,即从具体劳动塑形和构序物品使用价值的对象化劳动Ⅰ,向商品交换关系中被现实抽象出来的对象化劳动Ⅱ的话语所指转换。这种新型的对象化劳动,已经是指劳动物相化中的历史时间(塑形和构序用在性)转换为经济物相化空间中的**死去**的抽象劳动的量化时间,它构成了此-彼错位关系中价值的无形肉身。之后,这个对象化劳动时间量会直接强化为对象化劳动Ⅱ的概念,并与异化概念一同成为**历史现象学**构境中重要的革命辩证法的构序力量。普殊同在《时间、劳动与社会统治》一书中提出,在马克思那里,"**对象化事实上就是异化——只要劳动对象化为社会关系**"①。这是不够准确的。对象化(性)就是异化,是黑格尔哲学中绝对观念历史性地外化-对象性异化实现自身的判断,早在《1844年手稿》中,青年马克思就刻意将对象化与异化区分开来,而到了《大纲》之后的经济学研究中,我们将来会看到,劳动对象化概念本身是一个十分复杂的话语格式塔:一是在生产过程中具体劳动塑形和构序对象以生成使用价值的劳动对象化Ⅰ,它当然不会是异化;二是指商品交换关系中抽象劳动颠倒地通过货币实现出来的反向对象化(劳动对象化Ⅱ),这是价值关系和货币权力关系的异化;三是资本关系反向对象化为到场劳动条件和反向对象化为资本关系人格化的资本家伪在场,这也是异化。这是一个比普殊同的理解复杂得多的批判话语构境。

显然,马克思这时已经在经济学构境中完全接受了斯密-李嘉图的劳动价值论,他也深透地认识到了无序和返熵的商品-市场经济运动中的价值规律,即"决定价值的,不是体现在产品中的劳动时间,而是现在必要的劳动时间(nothwendige Arbeitszeit)"②。这里的 nothwendige Arbeitszeit(必要的劳动时间),也就是社会必要劳动时间,即"某一特殊生产领域的每一个别商品的价值决定于**这一特殊社会生产领域的商品总量**所需要的**社会劳动时间总量**,而不决

---

① [美]普殊同:《时间、劳动与社会统治:马克思的批判理论再阐释》,康凌译,北京大学出版社2019年版,第186页。
②《马克思恩格斯全集》(第二版)第30卷,人民出版社1995年版,第83页。

定于个别商品的个别价值,换句话说,不决定于个别商品的**特殊**生产者和卖者为这一个别商品花费的劳动时间"①。马克思后来在《资本论》第一卷(第一版)中有更精准的解释:"社会必要劳动时间(gesellschaftlich nothwendige Arbeitszeit)是在现有的社会正常的生产条件下,在社会平均的劳动熟练程度和劳动强度下制造某种使用价值所需要的劳动时间"②。这个社会必要劳动时间,同样也是达里蒙等人的抽象的、非历史的"劳动货币"所无法对应的。马克思说,比如麻布与同等价值的一个面包交换,虽然它们(由具体劳动失形/塑形和祛序/构序的对象化所生成)的使用价值不同,但所交换的"对象化劳动时间量"(对象化抽象劳动)却是等同的。括号中是我增加的内容,此时马克思还没有区分这些规定,在此作为过渡到后面的资本是对象化劳动Ⅱ的需要补充的逻辑环节。下同。这样,恰是在劳动交换关系中,"商品取得了二重存在(doppelte Existenz),除了它的自然存在(natürlichen)以外,它还取得了一个纯经济存在(rein ökonomische);在纯经济存在中,商品是生产关系的单纯符号,字母,是它自身价值的单纯符号"③。这里的 doppelte Existenz(二重存在),正是后来德国"新马克思阅读"运动所指认的价值形式辩证法的缘起,可是,他们不能领悟的是,这种 doppelte Existenz(二重存在)的矛盾关系,已经是经济事物的辩证法与劳动辩证法的复杂颠倒关系的表象。马克思的这种看法,直接爆裂了一切传统认识论话语可能容纳的界限,一个物品在它可直观的到场"自然存在"之外,还有一种不能看到的经济物相化编码空间中的 rein ökonomische(纯经济存在),即 vergegenständlichten Quanta von Arbeitszeit(对象化劳动时间量)的**不在场的在场性**。这正是经济事物辩证法中生成的矛盾关系。其实,这已经是**第二重**不在场的在场性。这对于一直到康德认识论革命以来的认知主体来说,必定是匪夷所思的事情。其实,康德的先天观念综合构架,已经是对社会历史先验构架统摄作用的无意识观念映现,在这个意义上,马克思这里所说的 doppelte Existenz(二重存在)中商品所谓的"自然存在"是非自然

---

① 《马克思恩格斯全集》(第二版)第 34 卷,人民出版社 2008 年版,第 227—228 页。
② 《马克思恩格斯全集》(第二版)第 42 卷,人民出版社 2016 年版,第 25 页。
③ 《马克思恩格斯全集》(第二版)第 30 卷,人民出版社 1995 年版,第 90 页。

的,在广义历史唯物主义的一般物相化透视中,它是从现成的对象成为
verschwindend darstellt(正在消逝的东西),以彰显使用价值的"自然存在"本
身已经是有目的的劳动物相化的结果。这是一般物相化此-彼归基关系中第
一重不在场的在场性。它只是在海德格尔 for us"涌现"之意上才是成立的。
其中,已经内嵌着不同于**自然物质实在**的劳动(爱多斯)物相化的用在性存在
(使用价值)。之后,这种用在性编码存在,反向物相化为新的经济物相化编
码空间中的纯经济存在,正是劳动的辩证法运动颠倒为经济事物的"第二自
然辩证法"运动的起点,这就构成了第二重不在场的在场性。价值问题的复
杂性和难以理解的矛盾关系构境,就在这里。商品可见的"自然存在",即锤
子可以钉钉子、手机可以打电话这样的使用价值方面,是面对人的直接生活
需要的可直悟的社会历史负熵质;而物品在交换关系中获得的脱离人的需要
的"值多少"的"纯经济存在"——商品的价值(劳动交换关系)从一开始就是
不可直观的,作为一种生产关系的表现,价值的客观存在方式是更深一层的
不在场的在场。以后,马克思在《资本论》中将其确定为著名的**价值形式**理
论。我以为,这种特殊的双重不在场的在场性,就是经济物相化编码空间的
复杂矛盾本质,也是马克思将重新吁请的**科学的批判认识论**的视域,或者说,
商品不是直观中的到场,其经济质(价值-"交换关系")是**批判认识论透视层
面中的非直观对象**。在我这一次的研究过程中,我自己不时地为马克思思想
实验中的深邃构境所震惊,有时候真切地体知到,马克思在经济学理论创制
中所实现的方法论突破和认识论革命,是远在康德、黑格尔和海德格尔的纯
粹学术思辨之上的,因为他直面了资产阶级经济王国中谜一般的复杂世界,
其中,历史辩证法运动中主体性劳动的辩证法颠倒为人之外的经济事物的辩
证法:商品属性的可见与不可见、货币的在场与不在场、资本的物性实存与被
遮蔽起来的关系场境,当下发生的经济物相化活动与它在对象中的抽身而
去、用在性使用价值自我失形向可变卖性价值的转换、人与人的关系事物化
为事物与事物的关系、货币关系与资本关系中发生的多重劳动异化,以及遮
蔽经济物相化真相的主观经济拜物教,以真实在场的平等的交换关系巧妙掩
盖起来的不在场的合法经济剥削,等等。用海德格尔评价黑格尔《精神现象
学》中的辩证法矛盾关系所起的关键性作用的话语,就是马克思在资产阶级

经济学物相化空间里,"在物中惊起这种矛盾性,展现其全部的反对自己和排除自己的躁动"①。然而,马克思的这些在历史现象学和批判认识论视域中生成的无比精深的思想构境,却在我们这些不肖子孙手中变成了人人可鄙弃的教条式白开水,真的令人汗颜和无语。

在商品的二重矛盾存在中,不同于劳动爱多斯直接生成物品使用价值的可感"自然存在",作为社会关系的价值是客观存在的,但它恰恰是一种不可直观的新型经济构式负熵进程中的经济定在。阿多诺曾经说过,"是什么水泥把商品世界黏贴在一起。回答是:消费品从使用价值到交换价值的转化造成了一个普遍的秩序"②。这是一种全新的存在论中用在性失形后由交换关系勾连人与万物的普遍关联的有序总体。这是对的。这正是价值关系("交换价值")最难参透的地方。其实,不久前马克思在《雇佣劳动与资本》中就指认**资本不是可见的物,而是一种非直观的社会关系**,资产阶级经济构式负熵进程恰是从这里开始的,这种新型的有序性社会定在是在工业生产创制的用在性一般社会历史负熵进程之上历史发生的,经济物相化和经济拜物教真正的神秘化起源恰恰在这里。这是一种不同于一般社会历史负熵的特定经济物相化中的有序性,商品-市场经济王国中的一切人与物,都由这种新生成的经济事物辩证法运动中的经济负熵构序和链接起来。在一定的意义上,黑格尔所指认的人所创造却不以人的意志为转移的 Die zweite Natur("第二自然")正是由此发端的。因为,经济物相化构序中生成的经济负熵质的经济定在,商品、货币与资本等这些遮蔽经济关系场境的**经济假物**构成的复杂经济活动,都是在人之外的自我运动过程,它通过表现出与盲目自然界相类似的现象和似自然性(quasi-natürliche)运动规律,将自身构序为人所创造的 Die zweite Natur("第二自然"),其中经济事物自发整合(integration)运动的辩证法,则是似自然性的"**第二自然辩证法**"(资产阶级推崇的"自然法")。列斐

---

① [德]海德格尔:《黑格尔的精神现象学》,赵卫国译,南京大学出版社 2018 年版,第 113 页。
② [德]阿多尔诺:《文化工业理论》,载《阿多尔诺基础读本》,夏凡编译,浙江大学出版社 2020 年版,第223 页。

伏尔说,对资产阶级经济学家来讲,"市场规律是绝对的'自然'法"①。这是对的。这也是我们尤其需要界划的。后面我们还会看到,这将是一个极其复杂的经济物相化编码多层次历史转换,以及颠倒的劳动辩证法运动中多重关系异化自乘的过程。在这里,马克思只是通过理论思想实验的方式,来分析这一资产阶级经济构式负熵进程及其意识形态伪境的逻辑发生。在后面的讨论中,马克思进一步分析说:"价值这个经济学概念在古代人那里没有出现过。价值只是在揭露欺诈行为等等时才在法律上区别于价格。价值概念完全属于现代经济学,因为它是资本本身的和以资本为基础的生产的最抽象的表现。价值概念泄露了资本的秘密。"②在这一点上,普殊同说,"在马克思的分析构架中,价值是一个批判性的范畴,它揭示了资本主义特有的财富和生产形式的历史特殊性"③。应该是正确的。价值是商品价格背后的根据,这是价值概念和价值规律的经济学缘起。在后来的《1861—1863 年经济学手稿》中,马克思也指出,"在资本主义生产中,价值规律发生了一个突变,就是说,由资本主义生产中抽象出来的价值规律同资本主义生产的现象相矛盾(Widerspruch)"④。价值规律,即斯密《国富论》中那个神秘的"看不见的手",经过黑格尔唯心主义思辨的再神秘化,则成了历史进程背后的"理性的狡计"。黑格尔说,"在这些过程中,客观的东西彼此扬弃自己,主观的目的在此是这些过程的力量,其本身是在它们之外,同时也是在它们之中保存自己的,这正是理性的狡计"⑤。而马克思则是从资产阶级经济构式负熵进程的商品无序生产-市场价格波动等复杂返熵经济现象,以及剩余价值与利润-地租-利息-税收等转换形式的矛盾中,捕捉到这一自发生成的内在经济事物的辩证法构序法则的。马克思认为,"科学的任务正是在于阐明价值规律是**如何**实现的。所以,如果想一开头就'说明'一切表面上和规律矛盾的现象,

①［法］列斐伏尔:《辩证唯物主义》,周泉译,载《社会批判理论纪事》第 13 辑,江苏人民出版社 2022 年版,第 52 页。

②《马克思恩格斯全集》(第二版)第 31 卷,人民出版社 1998 年版,第 180 页。

③［美］普殊同:《时间、劳动与社会统治:马克思的批判理论再阐释》,康凌译,北京大学出版社 2019 年版,第 29 页。

④《马克思恩格斯全集》(第二版)第 35 卷,人民出版社 2013 年版,第 76 页。

⑤［德］黑格尔:《哲学科学全书纲要》,薛华译,上海人民出版社 2002 年版,第 122 页。

那就必须在科学**之前**把科学提供出来"①。这正是马克思此时正在做的事情。

马克思认为,商品的价值虽然是客观的,却是人们在日常生活的熟知物像中无法直观的**纯经济的场境关系存在**。对此,哈维说,"价值是一种社会关系,实际上你无法直接看到、找到或感觉到社会关系,但它们是客观存在的"②。这是对的。然而他没有进一步发现,马克思所指认的这种客观存在的本质是 *Gestalt*(**场境**)。我们前面讨论过,在广义历史唯物主义构境中,马克思恩格斯指认过**关系性存在**是人区别于动物生存的特殊质性,可是从认识论的视角出发,任何"一种关系只有通过抽象,才能取得一个特殊的化身,自身也才能个体化"③。这是因为,关系作为一种场境存在,通常在关系方的互动活动结束后,这种人所独有的关系场境存在随即消失。有如生产过程中的劳动协作关系,当工人放下手中的工具,停止劳动活动,这种社会结合关系场境随即解构和消境,在下一次生产过程中,再由工具编码模板重新激活劳动爱多斯的主体性技艺和劳动者之间的合作关系场境。通常,关系场境存在只有通过**观念抽象**才能把握,同时,人们也会将这种生产活动中的有序关系场境现实抽象出来,并**反向对象化**浇铸在工具编码模板(外部持存记载)之中,以便重新激活特定的工序编码。这是我们前面已经讨论过的**现实抽象Ⅱ**。同理,商品的价值作为一种不同商品的劳动等质关系场境,突现于商品的交换活动之中,商品交换活动是经济物相化空间的基础平台。一旦交换活动停止,这种关系场境自然也就会解构和消境,所以价值也只能**通过抽象**呈现出来。可马克思发现,商品的价值关系并不是仅仅停留于简单的观念抽象(交换活动中的换算和计数)中(有如西斯蒙第的"观念影子"),也还通过现实发生的商品交换活动将商品中内含的"对象化劳动时间量"**客观地抽象**出来。这也就是前面提到过的马克思所说的作为资产阶级的财富一般的"交换价值"的**历史抽象**。这也正是不同于劳动一般的抽象和工艺抽象的**现实抽**

①《马克思恩格斯全集》第32卷,人民出版社1974年版,第541页。
②[美]哈维:《跟大卫·哈维读〈资本论〉》第1卷,刘英译,上海译文出版社2013年版,第37页。
③《马克思恩格斯全集》(第二版)第30卷,人民出版社1995年版,第91页。中译文有改动。

象Ⅲ。如果转换到历史认识论的视角，马克思这里发现的商品交换中历史发生的现实抽象，会成为经济的社会赋型中观念抽象的重要基础。这一点，也是由索恩-雷特尔首先关注的。他提出，"一种源自社会存在（gesellschaftliche Sein）的意识形成是以一种作为社会存在之一部分的抽象过程（Abstraktionsprozeß）为条件的。只有这一事实才使得'人的社会存在决定其意识'这一表述所指的内容变得可以理解"①。这是对历史唯物主义构境十分深刻的看法。阿多诺完全赞同索恩-雷特尔的这一重要发现："先验的一般性（transzendentale Allgemeinheit）不是**我**的纯粹自恋的自我拔高，不是**我**的自律的傲慢，而是在那种靠等价原则（Aquivalenzprinzip）而盛行不衰的统治中有它的现实性。哲学美化的并且只归因于认识主体的那种抽象过程（Abstraktionsvorgang）是在现实的交换社会（tatsächlichen Tauschgesellschaft）中发生的。"②这是极其深刻的观点。齐泽克也说，"在思想达到纯粹的抽象以前，抽象就已经在市场的社会效率中开始运作了"③。这是对的。可是，他们没有留意到的历史逻各斯边界是，原始部族生活中观念的抽象基础必定不会是那时根本不存在的市场交换关系抽象。并且，相比之生产劳动的一般社会历史先验构架来说，这种经济先验构架已经是第二层级的东西。

在此，马克思对这种不同于观念抽象的经济关系的**现实抽象Ⅲ**做了比较详细的说明。第一，价值关系的现实抽象基础是**使用价值的自我失形**。比如麻布与面包在作为商品进入交换时，它们各自有特殊质性的用在性使用价值是无法直接建立比较关系的，交换的前提是"把商品的物质和商品的一切自然属性抽象掉"，这是物品使用价值的自我失形，即劳动直接生成的麻布能制衣、面包可食用的特殊用在性关系必须消失，不同商品中作为一般物相化结果的使用价值，在自我失形中不得不转换为抽象的"对象化劳动时间量"——价值，才能发生比较关系中的量化编码且进行交换。这也意味着，一般物相

① ［德］索恩-雷特尔：《脑力劳动与体力劳动——西方历史的认识论》，谢永康等译，南京大学出版社2015年版，第8页。

② ［德］阿多尔诺：《否定的辩证法》，张峰译，重庆出版社1993年版，第176页。参见 Theodor W. Adorno, *Negative Dialektik*, *Gesammelte Schriften*, Band 6, Frankfurt am Main: Suhrkamp Verlag, 2003, S. 180。

③ ［斯洛文尼亚］齐泽克：《意识形态的崇高客体》，季广茂译，中央编译出版社2002年版，第23页。

化生成的商品使用价值是被排除在商品交换关系场境之外的,或者说,经济物相化空间的发端恰恰是**物品用在性的自我失形**。"在交换本身中,商品只是作为价值而存在;只有作为这样的东西,它们才进行比较",这亦表明,只能对麻布和面包之间在交换关系中现实抽象出来的"纯经济存在"——价值量(对象化劳动时间量)进行比较。这样,商品具体的用在性之此,只有在失形和错位于抽象的交换价值关系,才能进入到经济物相化空间构序起来的全新存在论场境之中。商品不是自身独有的功用性,而是失形于用在性存在的"可变卖"关系,这就构成经济物相化活动中**第一个此-彼错位的经济构式关系**。这里的经济物相化中脱型和构序的"破"-"立"关系,很像前述马克思在"工艺学笔记"中发现的劳动生产物相化始于自然存在失形和关系脱型的"破"-"立"关系。但内容却完全不同了。这也会是历史唯物主义构境中一般物相化到经济物相化的过渡点。

第二,价值关系现实抽象后**反向对象化的货币**。在简单商品交换中,这个客观的抽象过程可通过头脑的换算来完成,但是当一个面包与一块麻布的交换,进一步扩大到与马克思常常提及的一双鞋子、二十斤麦子、一件上衣等大量商品发生愈益复杂的商品交换关系时,人们在头脑中的简单换算,就无法完成这些商品之间价值量的**一般**等质关系的计算。于是,"在实际的交换中,必须有一种实际的中介、一种手段,来实现这种抽象"中的一般关系,这个实际的中介就是商品交换中**劳动等质关系的现实抽象**。开始,我们可以用一块物性到场的石头、一只贝壳充当这个消逝的现实抽象(一般价值等价关系结晶)的在场物性中介,如同生产劳动中最早出现的木矛和石斧一类工具编码模板,它们是劳作爱多斯技能和工序编码现实抽象并反向对象化在工具之中,在新的劳动生产发生时重新激活已有的手艺和工艺编码,而在商品交换中出现的则是经过一定的具体劳动特殊磨制的石头和贝壳等,劳动交换关系现实抽象并反向对象化在这些物性中介中,它们在新的交换活动中重新激活不同商品内嵌的劳动时间量的等质编码关系。然而,因为石头和贝壳等物易碎易损,人们便逐步用更加耐用的金属铸币替代它们,中国的古代商人为了方便携带,会在一些铜片上打孔,这就有了成串的铜钱,人们将现实抽象出来的量化的劳动交换关系编码浇铸其中,于是,一种充当**一般价值等价物**的特殊商品——**货币**也就历史性地粉墨登场了。这就是我们前面已经指认的经济物相化空间中发生的**此-彼错位关系的第二层面**,也是历史现象学所面对的经济物相化关系场境存在论的第二层面。只是,这里的此-彼错位中的"此",不再是商品的使用价值的用在性,也不是货币本身被劳动生产塑形起来的直接用在性,而是第一重此-彼错位后的抽象的交换价值演进后的一般价值关系,而错位中的"彼",则成了这种现实抽象直接实体化为完全他性的经济事物(货币)。这样,新的此-彼错位转换中,不仅商品和货币的用在性在一般物相化中的原初劳动塑形和构序中被更深地遮蔽起来,而且商品交换中现实抽象出来的价值关系,也在转换为物的自我脱型过程中被遮蔽起来,这种经济物相化中从物品使用价值的双重失形和脱型("破"),恰恰是之后经济物相化中金钱权力异化-资本关系多重脱型和事物化颠倒(经济构序之"立")的前提。这是经济物相化存在论中,经济事物的支配性自动机制和看起来非主体性抽象统治法则的秘密基础。我以为,这也是黑格尔所指认的 Die zweite Natur("第二自然")生成中最重要的构序环节。

　　需要留心关注的不同特点为:第一,货币与前述商品不可见的交换关系场境不同,它是经济物相化进程中可见的到场**经济物相化事物**,然而,它的到场,却是商品中不可直观的交换价值关系场境的真实在场。第二,与将劳动爱多斯技能和工序现实抽象(Ⅱ)并反向对象化为工具编码模板不同,工具模板是真实通过劳动塑形和构序完成的用在性"传导体",工具的使用和重新激活劳动技艺并没有任何神秘的东西,可货币的出场就不一样了,它的反向对象化,并不是将交换活动中的技能和有序性直接塑形为一种用在性,而仅仅是在一个特定的**经济物相化编码空间**中的劳动交换关系场境复活。这也意味着,货币本身的物性到场与它所生成的经济关系本质从开始就是不一致的,这是经济事物辩证法("第二自然辩证法")中更深一层的此-彼错位矛盾关系:货币不是它自身,作为 verschwindend darstellt(正在消逝的东西),是抽象的劳动关系的颠倒物性呈现。这正是马克思用**事物化**来表征的人与人的关系场境颠倒地表现为事物与事物之间关系的经济物相化**伪性编码和构序**现象。用马克思在《1861—1863 年经济学手稿》中的话来说,就是"每个人都可以把货币作为货币使用,而不知道货币是什么。经济范畴反映在意识中是大大经过歪曲的"①。这个意识中的"歪曲",就是我所指认的经济物相化的伪性编码特征,其现实基础就是不断遮蔽劳动关系的经济物相化编码和构序。不同于广义历史唯物主义构境里,一般物相化活动中爱多斯之相实现出来的普通对象性实在,狭义历史唯物主义构境中的经济物相化第二层面,是指特定的经济关系——价值转化为物性的货币(之后是资本关系物相化为其他物性实在),经济物相化的直接目的(telos)是获得抽象的**财富一般**,如果这里也存在一种爱多斯(eidos),那么,也只是**金钱爱多斯**。这正是格雷-蒲鲁东-达里蒙等人无法抵达的思想构境层面。甚至,历史认识论也无法直接透视这种特定的经济物相化编码伪像,马克思必须重新启用历史现象学基础上的批判认识论。马克思说,"一切商品都可以转化为货币,并作为货币转化为资本,因为在它们所采取的货币形式中,它们的使用价值和使用价值的特殊自然形式消失了"②。这就意指着,原先历史认识论中作为认知对象的场境关系本身,在使用价值消失的价值关系中已经荡然无存,特别是当现实抽象生成的货币关系和资本关系再以物的方式出现在流通和生产领域时,经济物相化编码中的巨大的认识论障碍就出现了。这是批判认识论出场的必然性。

马克思发现,在货币这个经济物相化事物身上所完成的**现实抽象Ⅲ**是多义的:一是所有商品内嵌的由具体劳动塑形和构序起来的作为特殊用在性场境存在的使用价值都被抽象掉;二是所有的劳动的特殊质性,在商品交换中都抽象地转换为一般劳动时间量——价值等质关系;三是这种被现实抽象出来的价值关系必须通过一个外部的一般等价物来表征,这就是劳动交换关系场境重新**反向对象性赋型**的特殊经济物相化事物——货币。与工具编码模板完整地在物性持存中保留从劳动生产中现实抽象(Ⅱ)出来的手艺和工艺,工具重新在场时会激活和重构原先的手艺和工艺编码不同,在货币所实现的价值关系的现实抽象Ⅲ实体化此-彼错位和重新到场中,却同时包含着**否定性失形与祛序以及经济关系的脱型、转换和他性呈现等伪性编码和构序**关系。

---

①《马克思恩格斯全集》(第二版)第35卷,人民出版社2013年版,第178页。
②《马克思恩格斯全集》(第二版)第34卷,人民出版社2008年版,第151页。

这使得经济物相化编码空间愈来愈陷入不可能直观的神秘性中。如果这也是一种"**绝对不安**"（*absolute Unruhe*）的辩证法，那么将是一种将世界变成经济魔域中各种倒置事物的辩证运动。在马克思看来，

> 作为价值，商品是等价物（Equivalent）；作为等价物，商品的一切自然属性（natürlichen Eigenschaften）都消失了；它不再和其他商品发生任何特殊的质的关系，它既是其他一切商品的一般尺度，也是其他一切商品的一般代表，一般交换手段。作为价值，商品是**货币**（*Geld*）。①

一是货币作为从麻布与面包等商品之间交换关系中现实抽象出来的一般等价物，麻布可制衣和面包能吃等商品的（由具体劳动对象化所塑形的）所有"自然属性"都消失了，它们被否定和彻底失形了；二是在货币中，不同商品的特殊质性转换为无差别的劳动时间量，它只是这种没有质性的量化尺度；三是这种看不见的（对象化的抽象）劳动交换关系并不能直接呈现自身，它不得不**结晶**和**重新事物化**为一个麻布和面包之外的可见的他性物相化中的dritten Ding（第三物）。然而，货币在一般社会物相化空间中的到场，恰恰隐匿了它在经济物相化编码空间中生成的价值关系自我脱型的此-彼错位本质。这种双重社会关系编码空间中的交错，直接转换为掩盖和遮蔽场境。这恰恰是商品经济物相化构序的神秘性缘起。这也意味着，原先作为批判认识论起始对象的非直观的神秘价值关系，现在摇身一变成了不是它自身的他物——货币，货币是批判认识论第一个直观认知中的**遮蔽性障碍对象**，这也开启了批判认识论特殊的认知机制，即**不断地在经济物相化空间中出现的他性对象中找出消逝的场境关系存在论原型**。在此，是流通领域中的金钱；之后，是脱型于货币的生产过程中的资本物；再有，是分配领域中的利润、地租、利息和税收等可见遮蔽性障碍对象，以及信用关系背后的股票证券等更复杂的关系场境。科学的批判认识论将任重道远。

马克思说，此处到场的"这个第三物（dritten Ding）不同于这两种商品，因为它表现一种关系"，一种从劳动交换活动反复过程中现实抽象出来的

①《马克思恩格斯全集》（第二版）第30卷，人民出版社1995年版，第89页。

Werthverhältnisses(价值关系)。其实,马克思在《雇佣劳动与资本》一文中意识到,资本不是物,而是一种社会关系,作为整个资产阶级经济物相化空间之谜的钥匙,正是从这里开始转动的。我们从上文可知,价值关系是一种商品中包含的劳动塑形和构序关系在交换中发生的现实抽象,"在对商品进行比较时,这种抽象就够了;而在实际交换中,这种抽象又必须对象化,象征化(vergegenständlicht,symbolisirt),通过一种符号来实现"①。这里,我们再一次想到劳动生产过程中的生产工具,作为劳作爱多斯技艺和工序编码的外部持存记忆,当下发生和消逝的劳作活动场境也是被反向对象化浇铸到锤子或镰刀之中的,那里的 vergegenständlichen(对象化),相对于通常人改造自然的劳动对象化正好是反向的;货币也一样,不过这里被反向浇铸进入铜钱的并不是直接可能激活的生产过程中的劳作技能和工序场境,而是**间接地象征**流通领域中劳动交换活动的等质劳动场境关系,现在,抽象的劳动交换关系反过来事物化为物性对象,symbolisiren(象征化)则是抽象的符码代替实在。这是客观的**价值抽象**(Wertabstraktion)与**象征性的事物化实体**的必然关联,其现实结果就是作为商品之间的第三者出现的等价物——货币。这里发生的经济物相化构序,不是货币本身的使用价值(贝壳、铸币、金银条块和纸币等物的用在性),而是这一物性载体所象征的价值等价关系,这是经济物相化活动中发生的第一个事物化颠倒。相对于之后出现在生产过程中的资本关系转换为劳动条件和剩余价值转换形式中的事物化,这也可以被称为**事物化Ⅰ**。可是,当今天我们手中拿着象征财富的一张十英镑纸币时,如果它成为我们的认知对象,哪怕我们经过一般物相化的透视,将其还原为劳动物相化前的纸张、油墨,甚至更原初的木料和树木,可上述这一切复杂经济关系编码中的转换都是不在场的。此时,到场的货币已经是**事物化颠倒**中**经济物相化伪性编码遮蔽**的结果。因为这里出现的社会关系自我脱型且反向对象化为物性存在的他性物相化,就是**经济物相化的第二层面**的创制,也是历史现象学所要面对的经济关系场境存在论的第二层面。经济物相化中创制出来的货币,不是人们的劳动爱多斯在货币本身生产中的实现,这种创制的本质

---

① 《马克思恩格斯全集》(第二版)第30卷,人民出版社1995年版,第92—93页。

是对所有商品中不在场的具体劳动和抽象劳动的替代和遮蔽。由此,人所创制的东西再一次表现为不以人的意志为转移的客体般的 Die zweite Natur("第二自然"),之后,这种经济物相化活动中颠倒地呈现的事物辩证法(似自然性的"第二自然辩证法"),将在资本的自我运动创造的神秘魔域中达到登峰造极的地步。显而易见,如果想捕捉到货币中复杂的隐性关系存在,靠历史认识论显然是不够的,这就需要能够透视与解码事物化颠倒巫术的批判认识论。

我们看到,马克思这样论述商品和这个作为货币出场的等价物的关系:

> 商品必须和一个第三物(einem dritten Ding)相交换,而这个第三物本身不再是一个特殊的商品,而是作为商品的商品的象征(Symbol der Waare als Waare),是商品的交换价值(Tauschwert)本身的象征;**因而,可以说,它代表劳动时间本身**,例如,一张纸或一张皮代表劳动时间的一个可除部分。(这样一种象征是以得到公认为前提的;它只能是一种社会象征;事实上,它只表现一种社会关系。)……这种象征,这种交换价值的物质符号,是交换本身的产物,而不是一种先验地形成的观念(priori gefaßten Idee)的实现。(事实上,被用作交换中介的商品,只是逐渐地转化为货币,转化为一个象征;一旦出现这种情况,这个商品的一个象征又可能代替这种商品本身。这种商品现在成了交换价值的被人承认的符号。)①

这种在经济的社会赋型中奇怪的颠倒性经济物相化编码和构序场境是这样发生的:一是作为货币出场的 ein Dritte(第三物)的本质并不是直接到场之物(金属和纸张),甚至不是一般物相化中的那个劳动塑形和构序的用在性关系(开采金属、生产纸张和印刷的爱多斯之相),况且,此种用在性也不是面对人的生活需要,而是面向金钱关系编码的"谋财";二是它的到场物性实在仅仅象征着并不在场的抽象的"交换价值"(价值),或者是 Symbol der Waare als Waare(商品的商品的象征)的此-彼错位关系,所以它是一种在商品-市场经济中派生出来的"社会象征"编码关系,虽然它是一种社会关系,但它只是

---

① 《马克思恩格斯全集》(第二版)第 30 卷,人民出版社 1995 年版,第 93—94 页。Marx-Engels-Gesamtausgabe(MEGA²), Ⅱ/1, Text, Berlin: Dietz Verlag, 2006, S. 79.

间接地表达所有商品中所包含的抽象"劳动时间";三是这种抽象,"不是一种先验地形成的观念的实现",而是商品交换活动历史地现实抽象而成的等价关系,在充当实体商品的现实交换过程中的到场中介时,它又不得不重新**反向对象化**为可见的 dritte Ding(第三物)。在此所发生的经济物相化活动中的**第一个事物化颠倒**事件为:一个有使用价值的产品本身已经是具有社会历史负熵质的物品,在交换活动中成为商品时,它入序于经济构式负熵进程获得全新的经济关系质,也就是说,成为"单纯的交换要素";商品除去"为人"的定在形式中的使用价值,又获得了"为财"的经济定在形式中的 Tauschwert(交换价值)。"为了使商品同作为交换价值的自身相等,商品换成一种符号,这种符号代表作为交换价值本身的商品",这样,这一特殊"商品在实际交换中二重地出现:一方面作为自然的产品,另一方面作为交换价值。也就是说,商品的交换价值取得了一个在物质上和商品相分离的存在"。① **抽象的价值关系**("交换价值")获得与"商品相分离的存在"——一个不是它自身的**经济事物的形态**,这就是商品之外作为 *Anderssein*(**他性存在**)的**货币**。在这一点上,似乎马克思早就预料到了。马克思在 1851 年 2 月 3 日写给恩格斯的信中谈及自己对货币问题的理解时,他开了这样的玩笑:"黑格尔派会把我对这个理论的研究说成是对'他性存在'('Anderssein')、'异己物'('Fremden'),一句话,对'圣物'特征的('Heiligen' charakterisiert werden dürfte)研究。"②这是意味深长的。

马克思分析说,"商品作为交换价值的一切属性,在**货币**上表现为和商品不同的对象,表现为和商品的自然存在形式相脱离的社会存在形式(natürlichen Existenzform losgelöste sociale Existenzform)"③。这里出现的 natürlichen Existenzform losgelöste(脱离自然存在形式),也就是我前面指认的**失形**。这也表示,货币作为物,是在**不是它自身的** *Anderssein*(**他性存在**)的经济物相化此-彼错位编码和构序关系中,成为沟通所有商品交换价值的 sociale

---

① 参见《马克思恩格斯全集》(第二版)第 30 卷,人民出版社 1995 年版,第 94 页。
② 《马克思恩格斯全集》第 27 卷,人民出版社 1972 年版,第 192 页。中译文有改动。*MEW*, Bd. 27, Berlin: Dietz Verlag, 1963, S. 173.
③ 《马克思恩格斯全集》(第二版)第 30 卷,人民出版社 1995 年版,第 94 页。

Existenzform(社会存在形式)的他性货币。在 1847 年完成的《布鲁塞尔笔记》C中,马克思曾经摘录过玛丽·奥吉尔《从古至今公共信用的历史》一书中关于货币的"四重虚构(Fiktion)"说。一是不是它自身的"**货币代表事物**"(*das Geld repräsentirt die Sachen*),二是商业**汇票**(*Wechsel*)替代货币,三是**银行票据**(*Bankbillette*)替代硬币,四是**纸币**(*Papiergeld*)替代一切。① 但奥吉尔并不能说明这种四重 Fiktion(虚构)背后发生的复杂异化关系。后来索恩-雷特尔解释说,货币作为"一个物(Ding)不是被生产出来的东西,只有它被交换,它才是物。它的物的构成(Dingkonstitution)是功能性的(funktional)"②。这个功能性,也就是经济物相化编码中生成的关系场境存在。进一步说,"在货币之上表现出来的,是其物质(Material),其版式以及印在上面的符号,也就是那些使其成为一个物(Ding)的东西,从而可以使人放在口袋里,支付和收取。但是使得一个物成为货币的,在价值以及'价值抽象'的关联与境(Zusammenhang)之中,则是那些除了是它看起来、摸起来和清点起来如何的东西,而是本质上不同的东西,也就是那些按照其本质是纯粹形式的并且是最高程度上普遍性的即达到抽象阶段的"③。应该说,索恩-雷特尔的这一分析是透彻而精准的。货币的本质不是它能够看到、摸到的到场实在性,而是它在交换Zusammenhang(关联与境)中赋型的经济关系场境,即齐泽克所说的他性的"崇高对象",或者拉康意义上的作为所有商品反射性关系(大他者)在场的**财富镜像**。货币所象征的这种隐性关系场境,恰恰是在它的物相化肉身之外的激发无限欲望的"崇高对象",至于它是商品交换开始时的贝壳还是金属或者纸张,甚至今天电子数字化的符号都是不重要的。它就是在他处"金刚不坏"地悄悄在场。当达里蒙等人将英镑、美元和法郎等金钱改写成"劳动货币"时,并没有真正触碰到这一不在场的"崇高对象"之历史在场。

价值是交换中商品反射性镜像认同的关系性手段,抽象的价值关系在现

---

① 参见 Marx-Engels-Gesamtausgabe(MEGA²), Ⅳ/6, Text, Berlin: Dietz Verlag, 1983, S.939。中译文参见孔伟宇译稿。

② [德]索恩-雷特尔:《脑力劳动与体力劳动——西方历史的认识论》,谢永康等译,南京大学出版社 2015 年版,第 129—130 页。

③ Alfred Sohn-Rethel, *Geistige und körperliche Arbeit: Zur Theorie der gesellschaftlichen Synthesis*, Frankfurt am Main: Suhrkamp Verlag, 1972, S.20 -21. 中译文参见李乾坤译稿。

实中必须事物化为一种实体性他者,所以,货币已成为在市场交换中实现产品的**二次方的他性手段**。如果按拉康的镜像理论,这里的**镜像关系反向认同的事物化本身已经是一种本质的遮蔽**。与拉康所指认的伪自我-伪主体关系场境中的小他者(镜像)和大他者(语言象征系统)不同,货币是商品价值关系以实物的方式生成的他性认同镜像。所有商品都在货币之镜中照出自己的价值,可是,货币是一面他性魔镜,因为,它最后在他性镜像关系中直接占据了财富的空位,它就成了财富本身。虽然这一切并非是在资产阶级社会中发生和完成的,但这却是以后劳动交换关系异化为奴役性权力关系——资本统治关系的客观前提。因为,"货币是和其他一切商品相对立的一般商品,是其他一切商品的交换价值的化身,——货币的这种属性,使货币同时成为资本的已实现的和始终可以实现的形式,成为资本的始终有效的表现形式"①。这是马克思后面要逐步说明的问题。

值得注意的事情是,马克思在对资产阶级经济关系进行科学分析的开始,在批判方法论的历史现象学构境层面,**再一次启用了原先业已放弃的我-它自反性关系中的异化概念**。显然,这是马克思试图克服已经出现在历史认识论中的经济物相化编码系统遮蔽性障碍的努力。马克思说,上述所讨论的货币问题的实质,就是商品交换中作"流通手段和尺度"出现的"一般等价物","作为个体化的、遵循自身规律的、异化的东西(entfremdet)和商品相对立"。② 你没有看错,这正是那个久违的 entfremden! 可是,异化概念所依存的话语格式塔已经发生了根本性变化:这里的我-它自反性关系的主体格位中的"我",只是价值关系(Werthverhältnisses = 抽象劳动),价值关系不是物,但它却通过货币的对象化物性实在表现自己,使之成为一个与商品自身不同的相对立的东西。这就是经济物相化关系脱型中出现的**现实价值关系异化**。这是《大纲》中出现的**第一个异化(异化概念Ⅰ)**,这是呈现**流通领域中发生的客观的价值关系异化**。这种关系场境异化是经济物相化编码和构序的第二层

---

① 《马克思恩格斯全集》(第二版)第 30 卷,人民出版社 1995 年版,第 95 页。
② 参见《马克思恩格斯全集》(第二版)第 30 卷,人民出版社 1995 年版,第 88 页。Marx-Engels-Gesamtausgabe(MEGA²), Ⅱ/1, Text, Berlin: Dietz Verlag, 2006, S.74.

面,也是历史现象学所面对的经济关系场境存在论的第二层面,在此,这种场境关系异化也是此-彼错位关系中的事物化Ⅰ的本质。马克思在自己的经济学研究中,在历史唯物主义的基础上第一次在经济事物的辩证法("第二自然辩证法")背后,指认出颠倒的主体性劳动辩证法。应该特别指出,这个异化概念当然已经不是人本主义话语格式塔场境关系中 sollen(应该)的价值悬设与 Sein(是)的主观的逻辑自反性,劳动交换关系的现实抽象不是本真性的 sollen(应该),货币作为异化的价值关系也不是败坏的 Sein(是),它们之间的此-彼错位关系场境转换就是经济物相化中的**客观关系场境异化**。可以说,这是马克思在 1845 年哲学革命之后,第一次在历史唯物主义的基础上重新使用科学的异化概念。这一异化概念,也是历史现象学构境中继现实抽象Ⅲ和事物化之后的第三个重要范畴。后面我们还将在《大纲》中看到,马克思还会在"价值异化"的基础上指认出"货币权力异化"、"资本异化"和"劳动异化";在《1861—1863 年经济学手稿》中,他还再一次提出了科学的劳动异化批判构式Ⅲ的系统理论。费彻尔在谈及《大纲》中的异化与物化问题时,特意提及与《1844 年手稿》中的劳动异化构式的关系,他的判断为"在思想进路和论证方式的结构上,并没有什么本质的变化"①。古尔德也认为,"《大纲》构成了马克思早期的作为政治经济学异化理论的完成"②。这当然都是不准确的断言。因为这抹杀了人本学 sollen(应该)与 Sein(是)悖反中的劳动异化构式Ⅰ—Ⅱ,与历史唯物主义构境中科学的异化概念的根本性差异。当然,他们也都没有注意到劳动异化批判构式Ⅲ在《1861—1863 年经济学手稿》中的华丽登场。这是因为,马克思突然发现,**仅仅用实证科学维度的广义历史唯物主义和历史认识论的方法,是无法透视经济的社会赋型,特别是资产阶级经济中所发生的经济物相化编码和构序过程中的复杂悖反关系和颠倒的**。这是他重新启用异化概念的真正原因。从思想理论逻辑的整体看,马克思由此确立了狭义历史唯物主义基础上的历史现象学的

---

① [德]费彻尔:《马克思与马克思主义:从经济学批判到世界观》,赵玉兰译,北京师范大学出版社 2009 年版,第 46 页。

② [美]古尔德:《马克思的社会本体论:马克思社会实在理论中的个性和共同体》,王虎学译,北京师范大学出版社 2009 年版,第 46 页。

最深构境层,同时,重新采用了基于异化批判构式之上的**科学的批判认识论**。从表面上看,这似乎再一次回到了1844年马克思关于《精神现象学》的思想实验,在那里,劳动异化构式成为批判认识论的内里逻辑。不过在这里,隐性唯心主义的人本主义异化史观已经荡然无存。孙伯鍨先生明确指出,马克思在这里重新使用异化概念,"并不意味着他再度回到早期著作中的人本主义观点",因为,此时出现在马克思经济学论著中的异化概念,已经是在历史唯物主义构境的基础上观察资本主义经济关系现实的结果。所以,这里马克思在历史现象学话语格式塔场境中,对"异化概念的使用不再有任何思辨和人本主义的色彩,它不再是某种主体先验性的辩证法,而是作为描述事物和现象之间运动和变化的过程性的辩证法,这种运动和变化的主体不是先验的、抽象的、绝对的,而是现实的、具体的、相对的,是现实的个人或事物"①。这是一个根本性的原则。同时,异化概念在《大纲》中的出现,一开始并不一定是刻意的,只是马克思在无法表达资产阶级经济关系的这种客观矛盾的我-它**自反性颠倒**时无意使用的。

3. 金钱权力异化与事物化Ⅰ:资本关系的史前变身

其实,在马克思这里,脱型于广义历史唯物主义和历史认识论构境,进入到狭义历史唯物主义基础上的历史现象学,他才能揭示发生在经济的社会赋型中这种特殊的商品现象背后的价值关系异化为货币的本质。然而,这还只是走向资产阶级经济负熵构式中复杂经济物相化关系场境异化的开始。马克思突然发现,更深的客观经济关系异化还表现为**金钱异化为支配世界的权力**。这种异化与**社会总体层面上的事物化颠倒**,才是一同塑形起资产阶级社会经济关系的复杂物相化编码和构序伪境,这是历史现象学所面对的经济物相化关系场境存在论建构的最关键环节。从认知视角看,这当然已经是一种新的批判认识论构境层。由此,**我-它自反性**的异化伪境的透视,则成为马克思科学的批判认识论剥离经济物相化中异化场境关

---

① 《孙伯鍨哲学文存》第3卷,江苏人民出版社2010年版,第143—144页。

系的核心内容。这也是科学的批判认识论区别于历史认识论的根本异质性。因为,相比之货币作为劳动交换关系的物性结晶,如果这是资产阶级经济物相化创制的"第二自然"的基石,那么货币权力异化的伪境是越发难以透视的,它构成了人所创造却不以人的意志为转移的经济王国更深的矛盾关系发端,这也是似自然性的"第二自然辩证法"自发整合(integration)运动中,从"发财"到拜金主义的内驱力更替(观念异化中的商品拜物教到货币拜物教)。

在一定的意义上,金钱成为整个经济事物辩证法运动中的关键性构序因素,因为正是"无脚走天下"的金钱,让商品在全世界流动起来,让资本关系赋型得以历史发生,让时间和生命节奏成为赚钱的持续性,让人的社会历史辩证法畸变为经济事物的"第二自然辩证法",让人的生活世界变成资本的世界历史。当然,这种矛盾关系也将导致以金钱为基础构序起来的资产阶级世界的最终消亡。对此,马克思模仿黑格尔的口气说,"货币在其最后的完成的规定上,从所有方面来看都表现为自我消灭的矛盾,导致货币自身消灭的矛盾"①。与格雷、蒲鲁东不同,马克思在这里看到的是货币权力异化与资产阶级社会本身"自我消灭"的内在关联,而非改良后的"劳动货币"残存。

首先,人所创造的货币畸变为**劳动交换关系异化的无形权力**。也由于货币作为商品交换价值的象征,业已从劳动直接生成的商品使用价值的交换活动中,历史性地现实抽象为同质性的价值等价物,人与人的劳动交换关系,也就在此-彼错位关系中事物化为可见的事物(金钱)与事物(商品)之间的关系。上面,马克思已经将货币本身指认为**价值关系异化**。久而久之,**不是它自身**的货币的到场就开始变味了,因为金钱从商品交换的镜像尺度、交换手段慢慢地变成了价值(财富)的一般代表。在这里,英镑还是英镑,美元还是美元,金钱本身没有任何改变,可它不再是自身,而畸变为所有财富的转换器。这是新的此-彼关系错位,也是一种新的**不在场的伪在场性:金钱 = 所有不在场的财富**。这是经济物相化关系场境存在论中发生的**金钱篡位**的重要事件和金钱世界确立的根本性构序支点。在经济物相化的场境关系赋型和

①《马克思恩格斯全集》(第二版)第30卷,人民出版社1995年版,第187页。

编码中,随处到场的金钱,现在不再仅仅表征没有在场的劳动交换价值,而就是财富的真实在场,人拥有多少金钱("此"),就象征着拥有多少财富("彼")。在这个异己性的此-彼错位关系中的伪性编码意义上,金钱比直接的财富更具有在场性,因为它可以换来一切可能到场的财富。马克思说,现在"货币是**财富的一般物质代表**(*allgemeine materielle Repräsentant desselben*)",这就在本质上出现了一个可怕的关系场境颠倒,即货币从中介性的手段(计算劳动量)变成人们疯狂追逐的目的(财富),这是人们过去面对全部生活直接需要的生存爱多斯的彻底脱型,现在一切人与物的存在,都只有一个爱多斯指向——发财致富。并且,货币从效用性的交换工具成为**支配性的权力**,在现实的经济生活中反过来畸变为统治人的外部力量。在经济物相化存在论的意义上,这将是历史现象学所面对的**第三重此-彼错位关系**,也是最难破解的关系场境转换。可以说,这是拉康意义上的**现实大他者**。这也经历了一个从镜像他者到象征性符码的转换。开始,人们对金钱的他性认同缘起于货币为价值的镜像关系,而当它畸变为一切财富的象征时,也就成为欲望对象中永无止境的对象a。这是金钱拜物教的深层心理构式。在一定的意义上,可能这也是我们手里拿着钱,虽然并不知道它的本质是什么,但只觉得有了它就会有满足欲望的财富,反正它是越多越好的东西的原因所在。一些财迷心窍的人因此才会发疯般地追逐金钱。这就是我们前面所说的**金钱爱多斯**的伪性编码本质。它使得历史认识论最终失去了自己的实证性辨识能力,让位于新的批判认识论透视。马克思说,恰恰是在这种颠倒的伪境之中,"货币从它表现为单纯流通手段这样一种奴仆场境(Knechtsgestalt),一跃而成为商品世界中的统治者和上帝(Herrscher und Gott)"①。这里的 Gestalt 不是形象,而是经济物相化过程中一种特定的客观场境存在。而这里出现的 Gott(上帝)一语,则让我们一下子想起了赫斯的《论金钱的本质》中的相近话语能指。只是,这并非逻辑推论中的神性能指向异化话语能指的转换,而就是现实社会关系中出现的质变。原先人们创造出货币时,是将其置于作为商品交换工

---

① 《马克思恩格斯全集》(第二版)第30卷,人民出版社1995年版,第173页。中译文有改动。Marx-Engels-Gesamtausgabe(MEGA²),Ⅱ/1,Text,Berlin:Dietz Verlag,2006,S.146.

具的可以随意驱使的位置,货币在商品交换中的初始到场是马克思所说的金钱服务于人的"奴仆场境",可是现在,人所创造出来的"奴仆"却成了无所不能的金钱,金钱的到场业已畸变为一种不在场的支配性权力的无形在场,由此,金钱也成为经济王国中万物的唯一着色。现在,不是人驱使金钱,而是金钱驱使和支配我们,它现在就是私有制下世俗人间的 Herrscher und Gott(统治者和上帝)。这是黑格尔所说的经济的"第二自然"对人的最初胜利,之后,这种"第二自然"反过来奴役人的绝对胜利是在资产阶级的资本的世界历史中完成的。我以为,这也会是马克思第一次科学地说明了人所创造的经济事物反过来奴役人的**经济物役性现象**的本质(《德意志意识形态》)。当我们跪倒在自己的创造物面前,这就是我-它自反性和敌我性的**货币权力异化的伪境**。相对于前述价值关系的异化,这是马克思在《大纲》中指认的**第二种异化现象(异化概念Ⅱ)**。在这里,我们会很自然地联想到青年马克思在《论犹太人问题》和"穆勒笔记"中关于货币异化和宗教隐喻的讨论,应该承认,这里马克思的观点会有一种潜意识中的连续性,莎士比亚和赫斯关于金钱异化的话语影子的确挥之不去。但是,这里马克思的货币权力异化话语,已经是在狭义历史唯物主义基础上的历史现象学和科学的批判认识论构境中重新塑形和构序的重要科学逻辑构件,而不是人本主义 sollen(应该)与 Sein(是)悖反逻辑中的价值批判话语的简单"复活"。马克思后来概括说:

> **最初**在两极间起中介作用的运动或关系,按照辩证法(dialektisch)必然会导致这样的结果,即这种运动或关系表现为自身的中介(Vermittlung),表现为主体(Subject),两极只是这个主体的要素,它扬弃这两极的独立的前提,以便通过这两极的扬弃本身来把自己确立为唯一独立的东西。在宗教领域内也是这样,耶稣,即上帝(Gott)与人之间的中介——两者之间的单纯流通工具——变成了二者的统一体,变成了神人,而且作为神人变得比上帝(Gott)更重要;圣徒比耶稣更重要;牧师比圣徒更重要。①

---

① 《马克思恩格斯全集》(第二版)第 30 卷,人民出版社 1995 年版,第 293 页。

这是一个非常哲学化的表述:在场与不在场关系翻转的辩证关系,一个客观社会关系与主体颠倒的辩证关系。在逻辑构式中,这当然是黑格尔《逻辑学》中的基本原则,有与无之间运动的变易、质与量之间转换的度等中介关系,都是扬弃两极确立自身为更高一级观念主体。马克思想到,相近的话语还有基督教文化中的神学构境,其中的人与神之间关系的第三者——道成肉身的耶稣的在场,成了"比上帝更重要"的神人。在马克思这里,开始货币只是商品与商品交换的到场中介关系,可是后来它却变成了具有独立在场性的主体,畸变为支配一切的商品世界中的统治者和上帝;这个我-它自反性关系中的异化伪境,也并不仅仅是一种经济拜物教的**主观构境**,而就是现实生活本身中发生的经济物相化编码和构序的**客观存在论伪境**。在这一点上,列斐伏尔说,马克思的经济"拜物教既是一种社会现实的存在方式、一种意识与人类生活的现实方式,又是人类活动的一种表象与幻觉。原始拜物教与神秘表达了自然界对人的支配与人支配自然界的幻想。经济拜物教则表达了人的产品对人的支配与人支配自己的组织和产品的幻想。这种新的拜物教与拜物生活并非来源于人种学描绘,而是来源于客观性与创造性活动、表象与现实、具体与抽象的辩证理论"①。他的看法是深刻的。这也意指着,金钱拜物教的主观构境,其根据是现实经济关系本质的客观反转和异化。其实,这里出现的辩证法,正是经济事物的消极辩证法,或者是"第二自然辩证法",因为在这里,作为社会生活起初基础的物质生产中主体性的劳动辩证法,现在颠倒地呈现为商品、货币一类经济事物在流通和生产领域中自我运动的客体辩证法,它的规律是从**无序返熵的自发构序**中生成经济必然性的。依我的看法,这种人之外自在运动的"第二自然辩证法",恰是资产阶级那个"**自然法**"的本质,由此才会出现将资产阶级生产关系视作符合人的天然本性的永恒存在的意识形态幻象。在黑格尔那里,则是从"自然的偶然性"中生成必然性。② 从认识论上看,金钱拜物教会成为处于商品-市场经济关系场境中的所有人在日

---

① [法]列斐伏尔:《辩证唯物主义》,周泉译,载《社会批判理论纪事》第13辑,江苏人民出版社2022年版,第52页。

② 参见[德]黑格尔《法哲学原理》,范扬、张企泰译,商务印书馆1961年版,第208页。

常生活中塑形经验且生成知性判断的重要折射棱镜。这种货币不再是它自身的他性场境异化中的特定**关系反转**,在实证性的广义历史唯物主义批判中是无法找到对应性的逻辑话语的,所以,马克思再一次想到了他曾经在人本主义逻辑构式中使用过的**异化概念**。在《回到马克思》第一卷中我已经说过,这里的异化概念在马克思经济学研究中的重新出场,并不是青年马克思人本学话语的简单复活,因为这里的异化并不是哲学理论逻辑的话语预设,而是由**资产阶级社会**现实经济关系客观发生的**反转性颠倒特性**所决定的。

必须指出,这里有一个需要特别交代的历史认识论中的叙事细事,即在马克思此处的话语构境中,他讨论商品、使用价值、交换价值(价值)和货币的发生问题的逻辑背景都是一种理论构境中的假设,比如简单物物交换到简单商品交换,再到货币的历史形成,这一切社会经济关系场境的发生,社会物相化的历史性失形和转换,都不一定发生在资产阶级社会,但它们却是我们理解资产阶级社会中经济关系场境的发生学线索。这一直到价值关系异化为货币的现象,也可能发生在前资产阶级社会之中。因为在东西方的社会历史中,货币出现的时间是十分久远的。可是,当马克思论及货币成为 Herrscher und Gott(统治者和上帝)的权力异化现象时,也就直接进入到对资产阶级社会经济现象的分析了。因为,在封建社会中,权贵和地主也都追逐金钱,但在社会总体构式中,宗法关系的政治编码等级权力是获得金钱的决定性因素,而当商品生产和市场交换的经济构式成为主导性的生产关系时,才会出现金钱关系编码成为整个世俗生活的 Herrscher und Gott(统治者和上帝)的货币权力异化现象。这是资产阶级社会经济负熵构式进程中才会发生的经济物相化历史现象。我体会,人与人的关系完全事物化为事物与事物的关系,直接生成了资产阶级社会经济物相化的伪境,但这种经济物相化背后金钱-资本关系奴役人的现象,在历史现象学构境中只能由敌我性的异化概念才能透视。这一科学的透视,彻底摆脱了人本学话语,而基于狭义历史唯物主义的基础之上。这是我们需要认真甄别的。

马克思认为,在商品经济的进一步发展中,货币在商品经济元素中的位置和关系开始发生重要的变化:其一是原来作为**手段**出现的货币(交换关系)越来越成为**生产的目的**。"货币内在的特点是:通过否定自己的目的同时来实现自己的目的;与商品相对立而独立;由手段变成目的"①。**手段的到场变成在场的目的**,这是历史现象学视域中"第二自然辩证法"的第一重颠倒。其二是交换关系即**"货币关系"**(*Geldverhältnisse*)本身开始异化为人与人的关系中**支配性**的东西。人的(对象化的抽象)劳动交换关系结晶为物的货币,现在成了经济运作中统治人的真实权力因素。这是历史现象学所面对的经济物相化关系场境存在论中"第二自然辩证法"的第二重颠倒。这当然就已经是资产阶级社会独有的经济物相化关系场境了。马克思这样分析道:

> 随着生产的社会性的发展,**货币**的权力(Macht des *Geldes*)也在同一程度上增长,也就是说,交换关系固定为一种对生产者来说是外在的、不依赖于生产者的权力。最初作为促进生产的手段出现的东西,成了一种对生产者来说是异己的关系(fremden Verhältniß)。②

这里的 fremden Verhältniß(异己的关系)是独有深意的,它直接透视了上述发生在资产阶级社会的货币关系中的我-它自反性关系中的双重颠倒。因为货币作为**人创造的工具,成了人的主人**。在这里,我们还可以进行一个比较分析,即作为劳动技能和工序的现实抽象(Ⅱ)并反向对象化为外部物性持存的工具模板(编码),锤子和镰刀作为人创造的工具,它们就是自身,它们的用在性效用会直接实现于劳动活动的重构之中,只是当工具发展到资产阶级生产关系支配的机器系统的时候,才会出现与劳动主体的异化关系问题;而作为劳动交换关系的现实抽象(Ⅲ)且反向物相化的货币,从一开始,它的物性实在就**不是它自身**,而只是在 *Anderssein*(**他性存在**)的 verschwindend darstellt(正在消逝的东西)上象征无法直接在场的劳动交换关系场境,所以货币从一开始就是劳动关系的异化(价值),后面会进一步发展为金钱权力异化和资本关系异化。在广义历史唯物主义的客观尺度中,这是很难描述的奇怪的关系颠倒,马克思想到,这当然是历史现实中发生的**客观关系**异化。这里并不存在任何人本主义的本真性的价值悬设,货币最先作为商品交换的尺度和工具,不是凝固化的理想化的"应该",它作

---

①《马克思恩格斯全集》(第二版)第30卷,人民出版社1995年版,第100—101页。
②《马克思恩格斯全集》(第二版)第30卷,人民出版社1995年版,第95页。

为一般价值等价物出现在商品交换活动中,是客观现实中真实发生的经济关系赋型;而现在,随着生产的社会化的发展,它慢慢地在资产阶级社会中从为人服务的手段变成了目的,从人自身的商品交换关系变成了支配人的权力,人通过劳动物相化创制世界的实践辩证法,颠倒为"第二自然"中经济事物自发运动的消极客体辩证法。马克思直接指认,这是客观发生在现实社会经济关系中的**颠倒与异化**!必须指认,马克思这里的出现在流通领域中的价值关系异化和货币权力异化,还没有深入到生产过程中的**劳动异化**的本质层面,或者说,这只是劳动异化"自乘"后在流通领域中的表现,这将是马克思进入"资本章"后逐步发现的历史现象学中更深层次的异化现象,以及之后《1861—1863年经济学手稿》中的劳动异化批判构式Ⅲ中的表象层面。固然,这种关系颠倒最初并不一定是发生在资产阶级社会之中,但它却是后来资产阶级商品-市场经济构式中异化的资本关系的前因。然而马克思却发现,资产阶级经济学家却企图"把异化抽掉(abstrahiren von der Entfremdung)"[①],将这种社会本质的根本矛盾和经济关系事物化颠倒的在场性伪境说成是正常的和天然的,这不能不让我们警醒和反思。

其次,从人的依赖关系到**事物化的物的依赖关系的历史透视**。也是在这里,马克思第一次完整地提出了历史现象学构境中的**事物化**(*Versachlichung*)理论。实际上,这也是马克思对狭义历史唯物主义构境中**经济物相化第二层面现象本质**的科学说明,同时,也是对发生于资产阶级社会经济关系场境的"第二自然辩证法"本质——**异化**与**事物化关系颠倒**之间关系的重要说明。在《回到马克思》第一卷"第三版序言"中,我已经指认了马克思历史现象学构境中的事物化理论,并初步说明了**事物化**(*Versachlichung*)与**物化**(*Verdinglichung*)的关系。第一,**人与人的主体际关系在社会层面上发生的事物化关系颠倒**。如果说,关于商品价值关系的异化和货币权力的异化问题,还是在关注经济学中作为**客观经济物相化事物**到场的商品和货币作为verschwindend darstellt(正在消逝的东西)的背后不在场的复杂关系场境本质,那么,马克思在这里则是开始讨论整个社会层面上,人与人的主体际关系在

经济物相化编码遮蔽下的第一个事物化关系颠倒(事物化Ⅰ)。在一定的意义上,马克思是在重新说明斯密-黑格尔市民社会话语Ⅱ中需要-交换市场体系更深一层的本质。以后,马克思还会揭露发生在资本关系赋型劳动条件中的事物化Ⅱ和异化问题。在马克思看来,上述交换价值(价值)变成生产的目的,货币权力颠倒地成为一种异化的统治关系,本身也有一个历史的过程,这一历史进程的必然结果,就是资产阶级社会的历史发生。这当然是历史认识论的逻辑。马克思说,在这样一个社会中,人们成为到场的原子化的孤立个人,一种"毫不相干的个人之间的互相的和全面的依赖(allseitige Abhängigkeit),构成他们的社会关联(gesellschaftlichen Zusammenhang)"的在场性。① 很显然,这是马克思对斯密-黑格尔市民社会话语Ⅱ中,原子化个人的市场自发经济关系赋型的重写。依马克思此时的看法,资产阶级社会中出现的这种复杂的社会关联,不再是过去家长制、奴隶制和宗法等级制编码结构中人与人的直接关系在场,而是人们的全部生活表现为相互交换他们的(对象化)劳动成果的外部"交换价值"关系场境。在这里,

> 一切产品和活动转化为交换价值(Tauschwert),既要以生产中人的(历史的)一切固定的依赖关系[alle feste persönliche(historiche)Abhängigkeitsverhältnisse]的解体为前提,又要以生产者互相间的全面的依赖性(allseitige Abhängigkeit)为前提。②

这当然是两种完全不同的社会关系场境存在。这亦表明,在人类社会历史中,出现"一切产品和活动转化为交换价值"的"生产者互相间的全面的依赖性"经济物相化场境之前,也有过一个生产中人的固定的相互依赖关系占主导地位的"曾在"时期,马克思在**人与人的关系的视角**上,将其指认为以人的依赖关系场境为本质的"第一大社会形式"。前者的历史性生成是以后者的历史性解体和脱型为前提的。于是,这就有了马克思著名的"三大社会形式":

---

① 参见《马克思恩格斯全集》(第二版)第 30 卷,人民出版社 1995 年版,第 106 页。中译文有改动。Marx-Engels-Gesamtausgabe(MEGA²),Ⅱ/1,Text,Berlin:Dietz Verlag,2006,S.90.
②《马克思恩格斯全集》(第二版)第 30 卷,人民出版社 1995 年版,第 105 页。

人的依赖关系（persönliche Abhängigkeitsverhältnisse）（起初完全是自然发生的），是最初的社会形式（die Gesellschaftsform），在这种形式下，人的生产能力只是在狭窄的范围内和孤立的地点上发展着。以**事物的**依赖性（die *sachliche* Abhängigkeit）为基础的人的独立性（Unabhängigkeit），是第二大形式，在这种形式（form）下，才形成普遍的社会物质变换、全面的联系（universale Beziehungen）、多方面的需求以及全面的能力体系。建立在个人全面发展和他们共同的社会生产能力成为他们的社会财富这一基础上的自由个性（freie Individualität），是第三个阶段。第二个阶段为第三个阶段创造条件。①

关于这个"三大社会形式"，我在《回到马克思》第一卷中有比较深入的讨论②，此不赘述。我们看到，马克思在此是将他上面仍然停留于抽象的逻辑演绎中的货币形成史，突然嵌入到人类社会历史发展的总体进程中来了。不过，也因为此处构序逻辑的焦点仅仅是**人与人的关系**，所以马克思这里对社会形式的划分带有明显的特定抽象性。

从此处的讨论语境中，我们可以体会到马克思这里所谓的"第一大社会形式"，是指在资产阶级社会之前业已客观存在的**经济的**社会形式，具体所指应该是（原始共同体解体之后出现的）"家长制的关系，古代共同体，封建制度和行会制度"。因为马克思此时还不知道摩尔根在《古代社会》（1877）中揭示的没有经济关系和阶级对抗的原始部族生活，所以，这里他关于"第一大社会形式"的表述是存在局限性的。在这些人类生存共同体中，人直接改造自然存在的生产能力是低下的，其劳动生产水平和规模都是极有限的。与这种低下生产能力一致的，也就存在着两种不同层面的人与人的关系场境，即基于生命负熵链的自然血缘关系和以政治-神学构式负熵中的**统治服从关系**为基础的地方性联系。这两种关系场境的存在论编码本质都是"人对人的依赖性"。对此，阿多诺曾经指认说，"在农业的某些历史阶段上，在简单的商品经

---

① 《马克思恩格斯全集》（第二版）第30卷，人民出版社1995年版，第107—108页。中译文有改动。
② 参见拙著《回到马克思——经济学语境中的哲学话语》（第四版），江苏人民出版社2020年版，第642—658页。

济中,生产还没有彻底服从交换,劳动者和消费者距离较近,他们之间的关系也还没有完全物化"①。这是一种经济学视角中的说明。这个所谓的第一大社会形式,"家长制的,古代的(以及封建的)状态随着商业、奢侈、**货币**、**交换价值**的发展而没落下去,现代社会(moderne Gesellschaft)则随着这些东西同步发展起来"②。当然,在这个"商业、奢侈、**货币**、**交换价值**的发展"的新型经济构式负熵进程的背后,是整个工业生产力的客观发展,而这个 moderne Gesellschaft(现代社会),当然就是作为"第二大社会形式"的资产阶级社会。这里,马克思还没有开始讨论资本关系,所以,这个 moderne Gesellschaft 中的人与人的关系,经济物相化中出现的事物化颠倒的经济关系被描述为 die *sachliche* Abhängigkeit(**事物的**依赖性)。正是这种事物的依赖性,创制了全新的勾连人与万物的普遍关联,这也恰是经济事物的"第二自然辩证法"的总体关联。相对于过去那种还没有被事物化的人与人的直接交往关系,当下资产阶级社会中人与人的关系的在场需要经过交换中介的事物化(颠倒),已经成为不可避免的现象。在这里,我们可以注意到,原先马克思在商品交换过程中指认的劳动交换关系颠倒为货币的事物化(Ⅰ)颠倒,突然又被赋予了一种跳出具体流通领域的更大的**新的历史参照性**,即第一大社会形式中人对人的直接依赖关系,整个资产阶级经济物相化空间编码和构序的经济关系场境都是先前人的直接存在论关系场境解体和脱型后的事物化颠倒,这倒使马克思此处关于事物化的说明,成了全部资产阶级经济物相化中一切事物化现象的总体性确认。马克思写道:

> 活动的社会性,正如产品的社会形式以及个人对生产的参与,在这里表现为对于个人是异己的东西(Fremdes),表现为事物性的东西(Sachliches);不是表现为个人互相间的关系(Verhalten),而是表现为他们从属于这样一些关系,这些关系是不以个人为转移而存在的,并且是从毫不相干的个人互相冲突中产生出来的。活动和产品的普遍交换已成为每一单个人的生存条件,这种普遍交换,他们的互相关联(wechselseitiger

① [德]阿多诺:《本真性的行话》,谢永康译,上海人民出版社 2021 年版,第 82 页。
② 《马克思恩格斯全集》(第二版)第 30 卷,人民出版社 1995 年版,第 108 页。

Zusammenhang），表现为对他们本身来说是异己的、无关的东西，表现为一种事物（als eine Sache）。在交换价值上，人的社会联系（dei gesellschaftliche Beziehung der Personen）转化为事物性的社会状态（ein gesellschaftliche Verhalten der Sachen）；人的能力转化为事物性的能力（das persönliche Vermögen in ein sachliches）。①

我以为，这可能是马克思对他特意辨识出来的经济 Sache（事物）范畴最集中的一次说明。商品、货币一类经济 Sache 不是简单的到场之 Ding（物），也不是广义历史唯物主义非物像透视中人通过劳动创造出来的关系场境赋型的用在性，而是特指在经济的社会赋型中经济关系颠倒为"对他们本身来说是异己的、无关的东西"，即**经济关系场境物相化中作为"第二自然"本质的经济事物**。在这个意义上，这个 Sache 就是**经济物相化编码生成的特定经济事物**。经济事物不同于一般劳动物相化塑形和构序起来的产品和工具一类普通事物，它已经是特定经济构式负熵进程中的关系场境赋型物。在这个意义上，事物化 I 是特指流通领域中**经济事物化中的此-彼错位关系颠倒**。这是马克思在《大纲》中对资产阶级社会中特有的事物化颠倒现象的具体阐释。从这一详细话语分析看，在中文中将 Sache 译作"物"，显然是不准确的；而日本学界将 Sache 意译成带有主观显象意味的"物象"，将马克思区别于 Verdinglichung（物化）所刻意使用的 Versachlichung（事物化）译作"物象化"，也是不成立的。这当然也是我们前面已经讨论过的问题，通过劳动**对象化**在产品中的人与人之间的劳动交换关系，现在在反复发生的交换过程中被客观地抽象为交换价值关系，这种交换价值（价值）关系在充当价值尺度和工具中，慢慢地从等价物变成一般等价物，再从象征符码结晶为一个特殊的万能商品——货币。货币的本质，明明是人与人之间交换劳动（经济构式负熵质）的客观关系，却成了追逐私欲的个人相互冲突的盲目返熵现象的自发整合（integration）结果，**反向对象化**为一个"异己的、无关的"先验于个人的**经济事物**。由此，再在经济物相化的特有交换空间中，生成事物（金钱）与事物（商

---

① 《马克思恩格斯全集》（第二版）第 30 卷，人民出版社 1995 年版，第 107 页。中译文有改动。Marx-Engels-Gesamtausgabe（MEGA²），Ⅱ/1，Text，Berlin：Dietz Verlag，2006，S. 90.

品)的伪存在论场境关系赋型和编码,当这种事物与事物之间的依赖关系成为统治人的外部力量时,也就会生成**经济物役性**的表象。这是马克思此处 *sachliche* Abhängigkeit(**事物的依赖性**)关系的基础。在这一点上,劳动交换关系事物化 I 本身并非人的自觉活动的结果,而是一个与他们"毫不相干"的**自发生成的经济事物辩证法("第二自然辩证法")**的客观编码过程。实际上,对于资产阶级来说,这种推崇在人的主体意志之外的自发整合(integration)运动的自然法则,也是他们所谓的作为社会生活天然本性的"自然法"的意识形态基础,从重农主义生产的"自然性"开始,一直到斯密的市场波动中自发生成的"看不见的手",经济物相化中出现的似自然性的"第二自然辩证法",就是资产阶级安身立命的法宝。在后来的《资本论》第一卷(第二版)中,马克思这样表征这种特殊的似自然性的"第二自然辩证法"的特征:"他们没有意识到这一点,但是他们这样做了(Sie wissen das nicht, aber sie thun es)。"①所有在经济物相化中活动的人,对于商品、货币和资本构成的经济事物的自我运动,都处于"第二自然辩证法"中的某种**社会无意识**状态之中,可这种客观辩证法却真的是他们逐利的经济活动的客观物相化结果。后来,索恩-雷特尔首先敏锐地留意到了这一点,他说:"它直接地是一种社会本性,其起源存在于人与人之间交往(zwischenmenschlichen Verkehrs)的时空领域之中。不是由人引起了这种抽象(erzeugen diese Abstraktion),而是人的行为在做(ihre Handlungen tun das)、人们之间的相互行为(miteinander)产生了它。'他们没有意识到这一点,但是他们这样做了(Sie wissen das nicht, aber sie tun es)'。"②齐泽克也强化过索恩-雷特尔所指认的马克思的这一表述,甚至专门出版了一本名为《因为他们并不知道他们所做的:政治因素的享乐》(*For They Know not What They Do: Enioyment as a Political Factor*,2002)③的书。由此,才出现了马克思

---

① 《马克思恩格斯全集》(第二版)第 44 卷,人民出版社 2001 年版,第 91 页。Marx-Engels-Gesamtausgabe(MEGA²), II/6, Text, Berlin: Dietz Verlag, 1987, S. 105.

② [德]索恩-雷特尔:《脑力劳动与体力劳动——西方历史的认识论》,谢永康等译,南京大学出版社 2015 年版,第 10 页。中译文有改动。参见 Alfred Sohn-Rethel, *Geistige und körperliche Arbeit: zur Epistemologie der abendländischen Geschichte*, VCH, Acta Humaniora, 1989, S. 12.

③ [斯洛文尼亚]齐泽克:《因为他们并不知道他们所做的:政治因素的享乐》,胡大平等译,江苏人民出版社 2009 年版。

这里所指认的事物化颠倒中的双重转化:人的社会联系直接转化为货币——"事物性的社会状态",人改造外部世界的能力转化为"有钱能使鬼推磨"的"事物性的能力"。依我的判断,**这个特定的经济 Sache(事物),也正是狭义历史唯物主义中"物"的核心范畴**。这也是孙伯鍨教授所说的历史唯物主义中的"物"是最难理解的东西的更深构境层。因为这个事物是商品、货币和资本一类的经济事物,它既不是自然对象物,也不同于广义历史唯物主义在一般物相化透视中将直观对象物归基于能动实践活动生成的关系场境存在,狭义历史唯物主义和历史现象学所面对的经济物相化迷雾,却是**将关系场境重新遮蔽起来**的经济关系颠倒后生成的经济事物及其伪在场性。科学地界划一般自然物、作为劳动物相化结果的用在性事物与此处马克思指认的经济事物,这当然会是科学的批判认识论的重要任务。

在经济的社会赋型中起决定作用的经济事物中,可见的商品、金钱物像制造出来的经济物相化伪境背后遮蔽着劳动交换关系,之后,它将魔化为"普照的光"的资本关系,成为整个资产阶级世界中真正的统治者。这说明,马克思在经济学语境中指认的狭义历史唯物主义构境里的**经济关系和不以个人的意志为转移的异己经济力量决定社会生活和观念**,并非指认一种人类社会发展的一般规律,而仅仅是在经济构式负熵进程中的社会赋型,特别是资产阶级社会的特殊本质和特定社会中"第二自然辩证法"的运动法则("自然法")。狭义历史唯物主义的本质是一种科学的历史现象学批判话语,它在工业生产和科技革命的全新物质实践基础上,以资产阶级商品-市场**经济物相化关系场境存在论世界**为特定对象,深刻地透视了人与人的关系场境事物化为以事物与事物的关系为基础的经济物相化,同时,历史现象学也以科学的批判认识论,透视经济物相化编码背后的客观异化逻辑和物化误认之上的经济拜物教。如果说历史现象学中的异化概念,在此是从**主体向度**观察第二大社会赋型特别是资产阶级社会经济关系中,第一大社会赋型中在场的人与人的直接依赖关系和主体性劳动,在商品交换活动中发生的我-它自反性悖结,而事物化理论,则是从**客体向度**观察人与人的关系在同一个商品交换过程中颠倒为事物与事物的关系的直接**经济物相化**现象。不同于不可见的异化关系,此-彼错位关系中的事物化现象是直观可见的,或者说,相对于隐性存在的异化关系,事物化颠倒是更接近社会生活的物役性表象的,以经济事物的无序自我运动为本质的"第二自然辩证法"也是直观可见的。在一定的意义上,历史现象学中的**异化构式是经济关系事物化现象的内在本质**,而当人们在经济物相化迷雾中将异化-事物化中经济事物所具有的特定经济定在误认为物本身的自然属性时,这就产生了经济物相化中的**物化幻象**,它在日常经验层面所塑形的意识形态话语就是**经济事物拜物教**。在这个意义上,马克思对第二大社会形式的"事物的依赖性"表征恰恰是**外部的经济物相化编码假象**。揭露这一此-彼错位假象,进而透视将事物化颠倒的结果视作自然性的物化误认(经济拜物教),正是狭义历史唯物主义构境中科学的批判认识论的主要解码(decode)任务。关于经济物相化中的异化、事物化和经济拜物教的关系问题,我们会在马克思的《资本论》第一卷(第一版)中再次遭遇到。在这一点上,列斐伏尔指出,马克思在《大纲》中提出的经济拜物教批判的本质,直接反映了资产阶级社会中"财富、货币、商品、资本不过是人与人之间的社会关系(人的劳动的'个人'和质之间,entre travaux humains «individuels» et qualitatifs)。然而,这些社会关系以外在于人的事物(choses)作为它们的表象和形式。表象反倒成了现实(L'apparence devient réalité);这些'物神'(ces «fétiches»)仿佛真的存在于他们之外,真的就像客观事物(choses objectives)一样发生作用"①。列斐伏尔没有像马克思那样,具体地说明商品交换价值在交换活动中被现实抽象出来,并以不是自身的价值形式反向对象化为货币,由此使人与人的劳动交换关系颠倒地成为商品物、金钱和资本物的外部事物之间的关系,当人们将这种事物化颠倒的客观形式本身当作财富去疯狂追逐时,这就生成了经济 fétiches(物神)和主观误认上的三大经济拜物教。列斐伏尔也没有精细地指认出,经济拜物教批判话语是马克思在《政治经济学批判》第一分册和《资本论》中才提出和完善的思想。对此,索恩-雷特尔则说,在资产阶级社会中,"人的'物化'(Verdinglichung)或'自我异化'(Selbstentfremdung)开始了;他们败而未亡,他们惑而未盲,社会地造成的'经济的自然因果性'

---

① [法]列斐伏尔:《日常生活批判》第 1 卷,叶齐茂等译,社会科学文献出版社 2018 年版,第 165 页。中译文有改动。参见 Henri Lefebvre, *Critique de la vie quotidienne*, Paris: L'Arche, 1958, p.186。

(Naturkausalität)与一种自然力量(Naturwüchsigkeit)的统治——在恰当的时刻,人们应当将它扬弃——得以运行。换言之,在阶级社会时代进程中,价值规律成为历史唯物主义的根本规律"①。在这里,索恩-雷特尔的观点是深刻的,但他并没有仔细地区分异化与事物化、物化在马克思文本中细微的差异,更没有意识到,"价值规律"只是狭义历史唯物主义所面对的历史性的"根本规律"。应该特别指出,马克思在经济学语境中确立的狭义历史唯物主义和科学的批判认识论,并不是否定了广义历史唯物主义和历史认识论,而恰恰是使其成为自身的基础,揭示了历史唯物主义和历史认识论在经济的社会赋型中的特殊场境关系存在论。将狭义历史唯物主义所揭示的历史性的"经济决定论",无限制地扩展为人类社会发展的一般规律,"把马克思认为只在一定条件下起作用的一些原理解释成绝对的原理"(恩格斯语)②,是第二国际理论家误读历史唯物主义中产生的最大失误。

在马克思看来,资产阶级社会中出现的"一切产品和活动转化为交换价值"的经济物相化的本质,是生产劳动失形/塑形和祛序/构序起来的用在性社会关系场境的**事物化**(Versachlichung)。依我的理解,这种可见的事物化Ⅰ只是经济关系异化的结果。他分析说:"为什么人们信赖事物(Sache)呢?显然,仅仅是因为这种事物是人们互相间的**事物化的关系**(versachlichtem Verhältnis),是事物化的交换价值(Tauschwert),而交换价值无非是人们互相间生产活动的联系(Beziehung der produktiven Tätigkeit)。"③这个"人们互相间生产活动的联系",即人对自然的能动作用所生成的用在性社会场境关系赋型,它在商品身上就表现为使用价值,交换价值(价值)则是这种特定用在性关系相互交换的现实抽象的历史结果。重要的是,人们并不认识这种发生在他们之外的现实抽象的结果。这正是我所指认的历史辩证法,颠倒为在人之外的经济事物自我运动的似自然性的"第二自然辩证法"的真正起步,由此,

---

① [德]索恩-雷特尔:《脑力劳动与体力劳动——西方历史的认识论》,谢永康等译,南京大学出版社2015年版,第4页。

② 《马克思恩格斯全集》第36卷,人民出版社1975年版,第98页。

③ 《马克思恩格斯全集》(第二版)第30卷,人民出版社1995年版,第110页。中译文有改动。Marx-Engels-Gesamtausgabe(MEGA²), Ⅱ/1, Text, Berlin: Dietz Verlag, 2006, S.93.

从商品、货币再到资本的矛盾运动,利润(剩余价值)变形为商业利润、地租、利息和税收,价格和工资在市场自由竞争中的无序返熵波动,资本的信用关系场境中股票证券等圈钱游戏,生产与流通中从过剩、危机再到复苏的周期性反复,资产阶级商品-市场经济物相化活动中的普遍关联和矛盾转换,完全成为一种在人之外的经济事物自发塑形、构序的"第二自然辩证法"的客观进程,最终,资产阶级也将在这一进程中走向必然的自我消亡。对此,恰恰是反对"自然辩证法"的卢卡奇曾经说,资产阶级社会中的人"根本没有认识到他们所面对的是一个由社会过程完成的抽象,这种抽象就像碾过一个人的汽车一样"①。可他没有意识到,这正是在社会历史中出现的"第二自然辩证法"。然而,这一切在商品和货币这样的经济事物本身上统统被遮蔽起来了,因为,人与人的劳动交换关系场境,现在客观地颠倒为事物(商品)与事物(货币)之间的关系存在论编码伪境,人的能力假性式地转化为金钱的事物性的万能,这就是资产阶级社会经济关系表现形式上特有的 Versachlichung(事物化)。**我以为,这个特殊的客观经济事物化关系场境颠倒,就是经济物相化编码和构序中最重要的前提性环节**。之后,事物化(Ⅰ)了的货币会在资本形态中再一次变身为"物"(原料、厂房和机器等)而进入生产过程,通过吸吮活劳动之血增殖自身。那将是历史现象学所要面对的经济物相化中**第二个事物化关系颠倒**的更深本质层面,也是"第二自然辩证法"运动的更畸变的赋型。马克思分析道,货币存在的前提正是"社会关联本身的事物化"(Versachlichung des gesellschaftlichen Zusammenhangs),金钱在这里表现为一种"抵押品"。② 这是马克思在《大纲》正文中第一次使用这个特殊的 Versachlichung(事物化)。在前面的"导言"中,马克思两次使用 versachlichte。③ 在市场交换中,一个人从另一个人手中获得商品时,他就必须将这种抵押品留下。乍看起来,"人们信赖的是事物(货币)[Sache(dem Geld)],而不是作为人的自身"④,并且,"个

---

① [匈]卢卡奇:《关于社会存在的本体论》上卷,白锡堃等译,重庆出版社1993年版,第673页。
② 参见《马克思恩格斯全集》(第二版)第30卷,人民出版社1995年版,第110页。中译文有改动。
　　Marx-Engels-Gesamtausgabe(MEGA²), Ⅱ/1, Text, Berlin: Dietz Verlag, 2006, S.93.
③ 参见 Marx-Engels-Gesamtausgabe(MEGA²), Ⅱ/1, Text, Berlin: Dietz Verlag, 2006, S.28。
④《马克思恩格斯全集》(第二版)第30卷,人民出版社1995年版,第110页。

人的产品或活动必须先转化为**交换价值**的形式,转化为**货币**,才能通过这种**事物**的形式(*sachlichen* Form)取得和表明自己的社会**权力**(gesellschaftliche *Macht*)"①。这恰是产生**人依存于经济事物**,或马克思所指认的**事物的依赖性**(**第二大社会形式**)的真正缘起。你一旦拥有货币,你就拥有了支配财富的权力。**货币就是权力!**"单个人本身的交换和他们本身的生产是作为**独立于他们之外**的**事物性**(*sachliche*)的关系而与他们相对立"②。这就是事物化Ⅰ背后的**货币权力异化!** 在资产阶级社会中,"各个人让他们自己的社会关系作为对象同他们自己相异化(als Gegenstand sich entfremdet haben)"③。在这一段讨论中,马克思连续5次使用异化概念来表达这种事物化关系颠倒背后的异化性质。这也证明了上面我所指认的经济关系异化是事物化现象的本质的判断。从概念考古的词频统计上看,马克思在《大纲》中14次使用Entfremdung(异化)概念。一方面,可以感觉得到,马克思在逐步强化异化话语的场境作用。应该说,马克思在这里突然指认的货币权力异化,在潜意识场境中,可能会有从《论犹太人问题》到"穆勒笔记"中金钱异化的影子,但这里的货币权力异化已经不是交往类本质的异化,而是商品拥有者之间的现实交换关系在商品流通领域事物化颠倒的结果,固然,这种交换关系(价值)的本质是抽象的劳动时间,但马克思还没有真正在经济学语境中再一次打通走向**生产过程中发生的劳动异化**的通道。另一方面,我们不难看出这是马克思对斯密-黑格尔那个"市民社会Ⅱ"的市场交换关系场境本质的深入探究,在斯密看到"看不见的手"的地方,马克思看到了这只神奇之手的历史性变身前传;在黑格尔看到原子化个人的相互依赖关系的地方,马克思看到了复杂的经济关系场境的事物化颠倒和"第二自然辩证法"的编码转换。马克思对斯密-黑格尔市民社会话语Ⅱ的彻底超越,就发生于此。这也表明,马克思对资产阶级社会本质的科学认识又大大向前推进了一步。

再次,资产阶级社会中出现的不可见的**抽象关系成为统治**。如前所述,

①《马克思恩格斯全集》(第二版)第30卷,人民出版社1995年版,第108页。中译文有改动。
②《马克思恩格斯全集》(第二版)第30卷,人民出版社1995年版,第111页。
③《马克思恩格斯全集》(第二版)第30卷,人民出版社1995年版,第110页。

交换价值(价值)是劳动交换活动中**客观发生的**抽象结果,这种现实抽象出来的特殊交换关系结晶为事物性的货币,这是第一次异化,并且,货币在自身的发展中再一次异化为支配人们生存的外部权力。在马克思看来,这种人与人的关系事物化为事物与事物之间关系的异化的本质,恰恰是资产阶级社会中历史性发生的商品交换关系、货币关系和之后的资本关系,隐匿到经济物相化关系场境存在论中伪在场的事物性关系编码的背后,充当起**不可见的无脸统治者**。这是马克思历史现象学需要捕捉的最重要的资产阶级统治关系的内部机制。马克思还意识到,这一点,也正是黑格尔观念唯心主义所表征的"抽象"成为世界本质的逻辑缘起之一。这是一个对资产阶级社会奴役本质的深刻认识。马克思说:

> 这种与**人的**依赖关系相对立的**事物的**依赖关系(*sachlichen Abhängigkeitsverhältnisse*)也表现出这样的情形(事物的依赖关系无非是与外表上独立的个人相对立的独立的社会关系,也就是与这些个人本身相对立而独立化的、他们互相间的生产关系):个人现在受抽象统治(*Abstraktionen beherrscht werden*),而他们以前是互相依赖的。但是,抽象或观念,无非是那些统治个人的物质关系的理论表现(Die Abstraktion oder Idee ist aber nichts als der theoretische Ausdruck jener materiellen Verhältnisse)。①

如果说,在"人的依赖性"为主的第一大社会形式中,人们还是依赖于血亲和宗法关系编码的直接联结,而在"事物的依赖性"为主的资产阶级社会的价值-货币权力关系的双重异化中,"外表上独立的个人"却是间接地受制于经济事物背后的金钱关系的统治,而人们在现实生活中越来越看不到的事实是,这种金钱事物的异化本质不过是"他们相互间"的劳动交换关系的现实抽象Ⅲ。这也就是说,现在真正统治人们的力量是现实抽象出来并且异化和事物化的交换关系(价值-货币-资本)。统治现实资产阶级社会生活的"抽象(本质)",恰恰是抽象劳动的等价关系—价值关系—事物的篡位(货币与资本物)—观念性—事物的象征—符号(信用)。从本质上看,这真是一种现实中

---

① 《马克思恩格斯全集》(第二版)第 30 卷,人民出版社 1995 年版,第 114 页。中译文有改动。Marx-Engels-Gesamtausgabe(MEGA²),Ⅱ/1,Text,Berlin:Dietz Verlag,2006,S.96.

发生的"观念决定论"。在这里,马克思应该意识到,这正是黑格尔客观唯心主义逻辑最大的现实基础。阿多诺敏锐地看到了这一点,他认为黑格尔已经发现"社会劳动的等价原则,使得近代资产阶级意义上的社会成为抽象的社会"①。还可以联想到的相似问题有,从工艺构序到科技构序的现实抽象Ⅱ以及知识抽象,后来在资本关系的支配下也都变形为"一般智力"的无脸科技意识形态统治。这可能是马克思的"抽象成为统治"构境中一个没有直接涉及的方面。这应该是后来法兰克福学派的科技意识形态批判和福柯知识-权力批判的隐性逻辑前提。并且,这种关系的现实抽象在经济生活中被再一次事物化,人们以为这种颠倒的经济物相化迷雾中呈现的事物化关系(货币和重新变身为劳动条件的资本关系)就是神灵般的真实存在,经济拜物教的意识形态话语编码就由此而发生了。在马克思看来,自然力量和宗法关系直接压迫人的状态是过去社会历史的特点,而在资本主义社会中,经济交换关系的现实抽象采取反向事物化关系的形式,间接地统治和压迫人。这种抽象的"看不见的手"的控制与过去那种外在的专制强暴相比,似乎是一种更加公正的"无人统治"的客观支配。人们似乎更加盲从于这种看起来"公正"的"第二自然辩证法"("自然法")。对此,索恩-雷特尔说,"商品流通得以在其中形成网络(nexus rerum)的社会是一种纯粹抽象的关联(rein abstrakter Zusammenhang),在这关联中,所有具体的东西都掌握在私人的手中"②。这是指认资产阶级社会中看起来私人占有财富的背后,实质上是抽象的资本关系网络统治人。普殊同也看到了这一点,他说,马克思这里的"抽象统治"的观点,"所指的是抽象的、准独立的社会关系结构对人的统治","这些社会关系形式代表了异化这一自发统治的充分发展了的社会历史具体化形式"③。这些理解都是异常深刻的。

最后,作为货币发达形式出场的**雇佣劳动与资本**。在"货币章"的最后,

① [德]阿多诺:《黑格尔三论》,谢永康译,上海人民出版社2020年版,第15页。
② [德]索恩-雷特尔:《脑力劳动与体力劳动——西方历史的认识论》,谢永康等译,南京大学出版社2015年版,第9页。
③ 参见[美]普殊同《时间、劳动与社会统治:马克思的批判理论再阐释》,康凌译,北京大学出版社2019年版,第146—147页。

马克思突然提醒我们,作为资本的史前变身,货币从劳动交换关系中现实抽象出来,异化和事物化为在人之外的统治权力,这还仅仅是停留在商品**流通领域**中讨论的经济物相化问题。在狭义历史唯物主义的构境中,这只是资产阶级经济构式负熵进程的表象层面。马克思分析说,商品流通

> 这一运动的整体虽然表现为社会过程,这一运动的各个因素虽然产生于个人的自觉意志和特殊目的,然而过程的总体性(Totalität)表现为一种自发形成的客观关联(objectiver Zusammenhang);这种联系尽管来自自觉的个人的相互作用,但既不存在于他们的意识之中,作为整体(Ganzes)也不受他们支配。他们本身的相互冲突为他们创造了一种凌驾于他们之上的**异己的**社会权力(fremde gesellschaftliche Macht);他们的相互作用表现为不以他们为转移的过程和强制(Gewalt)。①

马克思认为,在这里,流通运动作为一种全面的商品转让和普遍占有,每一个商品拥有者都可以有自己的自觉构序意志(爱多斯)和特定目的,可是他们追逐利益活动的"相互冲突",在客观上却是盲目的和返熵的(黑格尔历史哲学中"盲目的激情")"第二自然辩证法"中的 Totalität(总体性),恰是这种熵化的冲突,在流通过程的总体上自发地生成一种不以个人意志为转移的异己的社会强制权力,这就是经济物相化编码中的货币。然而,马克思进一步指出,商品流通运动可以说明货币的历史形成,但问题的关键在于,这一流通领域并不生产商品和任何其他东西,"**流通本身不包含自我更新的原理。流通的要素先于流通而存在**,而不是由流通本身创造出来的"②。其实,这是马克思此时最想大声说出的历史现象学断言。金钱的确历史地生成于商品买卖的流通领域,可是,金钱所象征和篡位的经济构式负熵质中的"社会财富"本身,却不可能在这种买卖关系中生产出来,因为买进卖出的"流通的要素"(比如面包和书),在进入这一领域时就已经被创造出来了。所以,要想透视事物化背后货币异化权力的本质,从而进一步捕捉那个真正支配创造了"流

---

① 《马克思恩格斯全集》(第二版)第 30 卷,人民出版社 1995 年版,第 147—148 页。中译文有改动。Marx-Engels-Gesamtausgabe(MEGA²), Ⅱ/1, Text, Berlin: Dietz Verlag, 2006, S.126.

② 《马克思恩格斯全集》(第二版)第 30 卷,人民出版社 1995 年版,第 210 页。

通要素"过程的愈益隐秘的权力关系——作为资产阶级社会"普照的光"的资本,即同样抽象不可见的"带来新的货币的货币",则一定会超出流通领域。后来马克思说,"这个流通是一团云雾,它的背后还隐藏着整个世界,资本相互联系的世界"①。这里马克思所指认的"一团云雾"中的流通领域,正是我所说的资产阶级经济物相化空间生成的神秘迷雾的发端,因为之后我们还会遭遇最复杂的整个"资本相互联系"的世界。这是海德格尔从未进入的"在世之中"。

当货币不仅仅是充当商品交换的工具,而是转为从生产领域"带来新的货币的货币"**积累**起来的时候,事情就发生了质的变化。由此,马克思将带着我们进入到历史现象学和批判认识论透视的一个全新的层面:支配和奴役雇佣劳动的**资本关系**。马克思说,在货币**积累**(*aufgehäuft*)的"这个规定性上已经潜在地包含了货币作为**资本**的规定(*Bestimmung als Capital*)"②。资本规定已经在兆示新的社会关系场境赋型,即资产阶级特有的用货币支付工资(Lohn)以购买**雇佣劳动**(*Lohnarbeit*)。这里,我们会很自然地联想到十年前那个在《工资》手稿和《雇佣劳动与资本》中的马克思的思想实验,有所不同的是,这里资本关系与雇佣劳动关系的出场,已经不再是突然而至的理论顿悟和简单的政治断言,而是作为政治经济学逻辑构序中商品-交换价值-货币-"带来货币的货币"的必然环节呈现的。此时马克思特别指认说:

> 货币作为发达的生产要素,只能存在于**雇佣劳动**(*Lohnarbeit*)存在的地方;也就是说,只能存在于这样的地方,在那里,货币不但决不会使社会形式(Gesellschaftsform)瓦解,反而是社会形式发展的条件和发展一切生产力即物质生产力和精神生产力的主动轮。③

虽然在先前的经济的社会形式中,商品流通中的交换业已产生了异化和事物化的货币,但货币作为积累起来投入到生产过程中的"发达的生产要素",它的基础必然是全新的雇佣劳动,即与**资本成双结对出现**的、以生产抽

---

① 《马克思恩格斯全集》(第二版)第31卷,人民出版社1998年版,第28页。
② 《马克思恩格斯全集》(第二版)第30卷,人民出版社1995年版,第169页。
③ 《马克思恩格斯全集》(第二版)第30卷,人民出版社1995年版,第175页。

象的一般财富——货币为直接目的的劳动,"由于劳动是雇佣劳动,劳动的目的直接就是货币,所以一般财富**就成为**劳动的目的和对象"①。这正是一个全新的资产阶级经济定在的塑形基础。马克思说,"资产阶级社会的基本前提是:劳动直接生产交换价值,从而生产货币;而货币也直接购买劳动,从而购买工人,只要后者在交换中让渡自己的活动。因此,一方的雇佣劳动和另一方的资本,都只不过是发达的交换价值和作为交换价值化身的货币的另一些形式"②。在这整个"货币章"里,马克思极其缜密地演绎了从产品(具体劳动对象化)的使用价值到商品(抽象劳动对象化)的交换价值,商品交换中的等价物到一般等价物反向对象化结晶的货币的异化与事物化,最终,作为"发达的交换价值和作为交换价值化身的货币的另一些形式"的资产阶级社会本质关系的资本与雇佣劳动终于出场了。那么,什么是资本? 它怎样成为资产阶级社会中占统治地位的生产方式? 这就是《大纲》下一章("资本章")讨论的内容了。

我们不难感觉得出来,在整个《大纲》的写作过程中,马克思始终处于一种极其自由的学术探讨和深入思考的复杂思想实验状态之中,这种思想实验本身,就是在刻意剔除了经济现实关系场境中的各种客观因素(比如市场竞争、土地地租、税收和借贷关系等)的情况下铸成的逻辑真空之中,这也是为了理论逻辑建构的需要。我们可以看到,在这种研究性的话语编码里,他自如地驾驭各种哲学、经济学的话语,从观察问题的不同视角,深透地揭示资产阶级社会中发生的经济物相化掩盖起来的剥削关系。对此,默里有过一个生动的描述,他说,在《大纲》和后来的《1861—1863 年经济学手稿》中:"我们遭到了用不同方式说话的马克思,他的话语像是在家中的自由交谈,很少学究气,而且更多地是从哲学、辩证法以及黑格尔哲学的意义上讲的"③。当然,这只是停留在话语表象上的特点,默里从来没有进入过我

---

① 《马克思恩格斯全集》(第二版)第 30 卷,人民出版社 1995 年版,第 176 页。
② 《马克思恩格斯全集》(第二版)第 30 卷,人民出版社 1995 年版,第 178 页。
③ [德]默里:《"直接生产过程和结果"这一章在〈资本论〉中的地位》,载[意]理查德·贝洛菲尔、罗伯特·芬奇主编《重读马克思——历史考证版之后的新视野》,徐素华译,东方出版社 2010 年版,第 214 页。

们这里抵达的马克思历史现象学的思想深境。在这一点上，完全不同于马克思后来在阐释性话语中向经济学界和普通读者介绍自己所取得的经济学成就的写作状态，在《政治经济学批判》第一分册和《资本论》中，马克思刻意压抑了这里我们看到的《大纲》中的哲学话语和深刻的思辨构境。这是我们在研究中应该注意到的方法论上的差异。

第十四章 资本与雇佣劳动关系的异化与遮蔽剩余价值的秘密

马克思在《大纲》中最重要的科学发现,是关于资产阶级社会中发生的经济剥削的秘密,这也就是通过创立不同于古典经济学劳动价值论的剩余价值理论来完成的经济学理论革命,依恩格斯的说法,这是马克思一生中继创立历史唯物主义之后"第二个伟大的发现"。以我的看法,也恰是在这个经济学科学革命进程中,马克思也通过对"以资本为基础的生产方式"本质的深刻认识,逐步接近自己在科学社会主义中的第三个伟大发现——关于资本主义生产方式的科学认识。由此,狭义历史唯物主义基础上的历史现象学和批判认识论构境,也在资本与雇佣劳动关系双重事物化和异化的经济物相化透视中得到进一步的深化,进而使作为"第一个伟大发现"的历史唯物主义科学方法论得以深化和发展。这正是马克思三个"伟大发现"之间的内在关联。

1. 资本在双重事物化伪境中的消逝

《大纲》新的一章,是从第二个笔记本第八页开始的,马克思拟定的标题是"作为资本的货币章"(*Das Capitel vom Geld als Capital*)。而后面的手稿中,马克思都采用了简化的"资本章"的标题。这也表明,马克思接下去所要解决的问题是经济物相化进程中**从货币向资本的转化**(*Verwandlung von Geld in Kapital*)。他要进一步说明,作为货币异化的资本关系,如何成为资产阶级社会经济定在中主导一切的社会**总体性**（*Totalität*）——"占统治地位的生产关系（herrschenden Productionsverhältnisse）"①。从货币（财富）到资本关系，这当然也是马克思对资产阶级社会本质科学认识中极其关键的一步。

马克思说，"**作为资本的货币**是超出了作为货币的货币的简单规定的一种货币规定，这可以看作是更高的实现；正如可以说猿发展为人一样（daß der Affe sich im Menschen entwickelt）"②。从商品到货币，再从货币到资本，被马克思比喻为从"猿发展为人"，这一下子会让我们想起马克思在"导言"中那个著名的历史认识论比喻：**人体解剖是猴体解剖的钥匙**。我们先要记住，上面马克思用了一章的篇幅来说明货币权力的异化本质是价值关系的反向对象化变身，即从一种交换价值（价值）关系事物化（Ⅰ）颠倒为一种可直观的经济事物，其实，马克思正是在资本关系的成熟和复杂形态上，来透视"作为货币的货币"关系的历史发生和发展进程，商品交换活动中生成的货币异化和事物化关系的最简单的规定就像"猴体"，而**"作为资本的货币"**关系，则是这种经济物相化在进入生产过程中的"更高的实现"（"人体"），这也是继商品（价值-交换价值）、货币之后**经济物相化编码和构序的第三层面**。需要再次提醒的是，不同于一般劳动生产物相化中生成物品的用在性，经济物相化活动并没有直接改变人与物的物性存在和一般社会历史负熵中的关系场境，而是在此基础上建构起一系列复杂的经济关系场境空间，特别是资产阶级社会生活中无所不在的金钱和资本关系已经彻底改变了人与世界的存在。

如果说，通过前面的讨论，我们已经知道"价值规定本身要以社会生产方式的一定的历史阶段为前提，而它本身就是和这种历史阶段一起产生的关系，从而是历史的关系"，价值是商品的一种历史性的经济物相化编码中的社会关系，然而在异化的货币中，它却反向对象化和事物化为一种他性存在，从而在经济物相化的此-彼错位中遮蔽了自身的关系本质，并且，如果说简单商品生产、交换与货币的历史发生，都有可能出现在前资本主义的土地所有制的经济关系赋型中，那么，现在马克思则进一步告诉我们："在资产阶级社会

①《马克思恩格斯全集》（第二版）第30卷，人民出版社1995年版，第194页。
②《马克思恩格斯全集》（第二版）第30卷，人民出版社1995年版，第206页。

制度内,价值之后紧接着就是资本",这是一个重要的历史链接。这可能也是资产阶级经济学家故意割断的历史关联。马克思在这里特别指出,被资产阶级经济学家视作独立存在的资本,也是一种**由价值异化关系不断脱型和变身而来的社会关系**。固然,一方面,"在理论上,价值概念先于资本概念,而另一方面,价值概念的纯粹的展开又要以建立在资本上的生产方式(das Capital gegründete Productionsweise)为前提,同样,在实践上也是这种情况"①。如果说,在经济的社会赋型中,价值的本质异化和事物化为一种在货币中被遮蔽起来的社会关系,那么,面对今天的资产阶级社会,则必然要从"财富多少"的外部经济物相化纷争,走到透视更深地被遮蔽起来的**以资本关系为基础的生产方式**上来,这当然就是在批判认识论的基础上对资产阶级社会本质的科学认识。可以说,这是马克思第一次确定地使用 *das Capital gegründete Productionsweise*(**建立在资本上的生产方式**)这样的重要判断。

图 14-1   马克思《大纲》"资本章"一页

---

① 《马克思恩格斯全集》(第二版)第 30 卷,人民出版社 1995 年版,第 207 页。Marx-Engels-Gesamtausgabe(MEGA²),Ⅱ/1, Text, Berlin: Dietz Verlag, 2006, S.174.

马克思承认,资产阶级社会中的资本首先来自流通领域,即以货币作为自己的出发点的商业资本(流通资本)的在场,这也是在资产阶级经济历史发展进程中的资本的最初形式,它的进一步发展的资本形式是货币资本。在我们上面讨论的纯粹的流通领域(简单的交换价值运动)中,商品交换与货币的出现都是在一个抽象的理论构境中被讨论的,而在现实生活中,特别是进入到资产阶级社会的经济现实时,**商业资本和货币资本实际上都是无法孤立地实现自身的**。这也就是说,在流通领域和交换中出现的东西,比如我们上面讨论的获得了交换价值(价值)的商品(有价格的面包与书等)、作为社会关系异化和事物化 I 的货币所代表的一般财富,并不是流通过程**创造**出来的,流通不过是一种经济构式负熵的社会形式中可直观的经济物相化活动层面。马克思现在进一步要追问的新问题是:这个作为资本的货币的本质是什么?如果回到刚刚我们走出的领域,那么问题就是:流通领域中出现的交换价值(价值)是如何被创造出来的? 资产阶级社会中的资本是如何形成的? 不过,想要认真地解决这些问题,就不得不穿过流通领域而进入**生产领域**进行思考。我们注意到,这是《伦敦笔记》中"李嘉图笔记"Ⅱ—Ⅲ的同一思路的展开和深化。我们知道,在资产阶级政治经济学中,这种探讨思路是从重农学派就开始萌发的重要思想进步,古典经济学的研究已经开始关注并从生产领域出发了。可以看到,在后来的《1861—1863 年经济学手稿》中,马克思开始写作《政治经济学批判》第二分册的"资本章"时,也是先排除流通领域中的商业资本形式和"钱生钱"的借贷资本形式后,直接进入生产过程中的生产资本讨论的。

马克思认为,在古典经济学中,大多数经济学家对资本的思考固然进入到生产领域,但资本在其中还是以一种独立的**物的形式**(原料、厂房和机器等生产条件)出现的。然而,这个"物的形式",如同商品和货币一样,并不是可以通过广义历史唯物主义的一般非物像批判所能透视和解码的,因为它是**经济物相化编码进程中商品、货币以外的一种更难透视的经济事物**。这亦表明,资产阶级经济学家没有意识到,他们从生产领域中所看到的资本物中,仍然到处充斥着以**颠倒的形式出现的事物化关系和经济物相化伪在场物的假象**。与前述流通领域中遭遇的商品的价值-交换价值-等价物-货币的异化与事物化一样,在资产阶级经济物相化关系场境中,我们在生产领域首先遭遇的,也是资本关系颠倒地呈现为可见的到场之物。不同于事物化(Ⅰ)颠倒的货币,这是经济物相化空间中出现的由货币脱型而来的**第二种此-彼错位关系中的事物化Ⅱ**。这会是更难领悟的历史现象学批判性构境。马克思说,"正如在**货币**上,交换价值即作为交换价值的商品的一切关系,以物呈现(Ding erscheinen)一样,在**资本**上,创造交换价值的活动即**劳动**的一切规定,也是以物来呈现的"①。这当然也就是人所创造的经济事物统治人的经济物役性现象的更深一层本质。这里,马克思实际上是说明了两种事物化的区别:事物化Ⅰ是指,流通领域中 Ding erscheinen(以物呈现)的此-彼错位关系中货币的本质,是"作为交换价值"的关系场境的反向对象化;而事物化Ⅱ则是指,生产领域中 Ding erscheinen(以物呈现)的新的此-彼错位关系中资本的本质,是创造交换价值的(抽象)劳动活动本身的反向对象化。在此,马克思专门使用了 Ding 这个概念,来说明对经济关系和劳动活动事物化(Versachlichung)颠倒的**物化**(*Verdinglichung*)**误认**。这也是资本关系上更深的经济物相化迷雾的缘起。对此,后来马克思专门分析说:

> 经济学家们把人们的社会生产关系和受这些关系支配的事物(Sachen)所获得的规定性看作物的**自然属性**(*natürliche Eigenschaften der Dinge*),这种粗俗的唯物主义(grobe Materialismus),是一种同样粗俗的唯心主义(Idealismus),甚至是一种拜物教(Fetischismus),它把社会关系作为物的内在规定归之于物(Dingen),从而使物神秘化(mystifiziert)。②

这是一段十分重要的分析。这里马克思明确区分了 Sache(事物)与 Ding(物)。在马克思那里,这两种物显然是有差异的:看起来与人"漠不相干"的 Ding(物的自然属性),其实是对经济 Sache(事物)背后复杂经济关系的遮蔽。马克思认为,作为劳动交换关系自我脱型后的反向对象化的货币是

---

①《马克思恩格斯全集》(第二版)第 30 卷,人民出版社 1995 年版,第 210 页注 1。中译文有改动。Marx-Engels-Gesamtausgabe(MEGA²),Ⅱ/1,Text,Berlin: Dietz Verlag,2006,S.177.

②《马克思恩格斯全集》(第二版)第 31 卷,人民出版社 1998 年版,第 85 页。中译文有改动。Marx-Engels-Gesamtausgabe(MEGA²),Ⅱ/1,Text,Berlin: Dietz Verlag,1976,S.567.

Versachlichung(事物化Ⅰ)颠倒后的特殊事物(贝壳、贵金属和纸币等),当人们将货币的社会(经济构式负熵)属性误认为自然物质属性时,这就是Verdinglichung(物化);而由作为资本的货币购买的劳动原料、厂房和机器等物性对象,已经是在经济物相化空间中再一次自我脱型的结果:**物不是它们自身的**、*Ding erscheinen*(**以物呈现**)**的第二种经济事物的隐性在场——资本关系的不在场的历史在场**。资本关系本身,正是(抽象)劳动活动愈益隐秘的复杂此-彼错位关系脱型、转换和颠倒的**事物化Ⅱ**。可是,所有资产阶级经济学家却再一次将这种资本关系颠倒地 Versachlichung(事物化Ⅱ)的结果误认为物,这样,经济物相化关系场境存在论中的资本关系就成了生活表象中永恒的自然关系。也因为这种物化意识造成了经济事物在观念中的神秘化,所以,马克思直接指认其为 Fetischismus(拜物教),这是马克思在《大纲》中第一次明确指认**经济拜物教**。在《伦敦笔记》中,马克思曾经摘录到所谓"文明生活"(civilized life)中出现的拜物教(fetischism),在那里,拜物教也是一种"魔法"(Magic)。① 这正是批判认识论需要捕捉的资产阶级意识形态话语的内在运行机制。我注意到,布尔迪厄曾经讨论过发生在资本主义经济生活中的这种特殊的以误认机制为核心的"象征暴力(violence symbolique)"。在他看来,资产阶级正是通过"使误认(méconnaissance)永久化,因为误认作为异化的认识(connaissance aliénée),将世界规定的类别应用于世界,把社会世界把握为自然世界"。② 这种象征暴力是在无意识中发生隐性支配作用的。在这一点上,他是非常深刻的。

其实,在资本家手里,作为资本的货币转换为生产条件的这一商业购买中,已经发生了**两种重要的转换**:一是作为资本的货币,在物质质性上,货币本身并没有发生改变,但它在场的经济物相化关系场境存在论编码已经不同了,与货币在场于流通领域时作为商品交换的尺度和一般财富的象征不同,当货币发挥的场境功能开始变成了**带来新的货币时**(G—G′),它的社会关系

①　参见 Marx-Engels-Gesamtausgabe(MEGA²), Ⅳ/8, Text, Berlin: Dietz Verlag, 1986, S. 470。中译文参见孔伟宇译稿。
②　参见[法]布尔迪厄《实践感》,蒋梓骅译,译林出版社 2003 年版,第 226 页。

场境本质就发生了根本改变,即从货币向**作为资本的货币**的转换,这种转换本身不是货币本身可见的物性塑形变化,而是不可见的**关系场境编码和经济物相化构序的转换**。这当然是历史现象学需要面对的全新关系场境存在论层面。二是当作为资本的货币在市场上购买原料、机器和厂房等生产条件时,不是金钱直接变成了其他物,而是金钱等价交换为其他商品物,然而,正是在这种可以直观到的"物物"交换中,却出现了一种新的**此-彼错位关系**:**作为资本的货币的生产关系场境**,成为这些从货币脱型和转换而来的物质对象用在性背后的不可见的**社会经济负熵质**,这是隐匿在这些物的使用价值背后的**特殊的价值异化关系场境**,这使得这些在场物不再是它们自身(此),而是**不在场的资本支配关系的在场力量**(彼)。从批判认识论的视角看,这种资本关系消逝和潜匿于新型的经济事物之中的现象,使经济物相化中似自然性的"第二自然辩证法"的物性自在运动,显得愈益扑朔迷离。在这里,我们再一次看到黑格尔《精神现象学》中那个物像证伪的逻辑:物不是它自身,statt sich selbst zu bestätigen(并不证实自己)①,而是其背后理念关系编码的异化式显现。当然,这里出现的作为资本关系事物化颠倒的生产条件中,没有什么人本学话语中的 sollen(应该)与 Sein(是)的悖反逻辑,这是资本主义生产过程中客观发生的经济关系异化和**再事物化**。显而易见,这些出现在资产阶级社会生产过程中的物(原料、机器和厂房等),已经是货币中事物化Ⅰ关系场境颠倒和异化后,再一次转化为物性对象(事物化Ⅱ)的结果,如果借用海德格尔的存在论话语,则是一种叠加出来的**再存在者化**。然而,这种新型的经济物相化中的到场存在者(货币购买来的原料、厂房和机器),同样也是无法归基于创制它们**自身用在性**的"存在"(劳动物相化)。因为,在货币脱型和转换为资本的过程中,这些**经济物相化第三层面**中生成的经济事物,已经被彻底消除了"乡愁"(劳动),它们与资本关系场境中嵌套的对象化劳动Ⅱ(价值)的血脉关系,在这一次脱型中从根基上被截断了。由此,经济物相化中发生的一切异化和事物化颠倒关系场境统统被遮蔽起来。工人创造出来的原料、机器和厂房等物投入到生产过程时,表现为与工人无关的"自在之物"的第二

---

① 参见《马克思恩格斯全集》(第二版)第 3 卷,人民出版社 2002 年版,第 323—324 页。

自然辩证法运动,**我－它自反性关系中的异化恰恰表现为不是异化,这正是历史现象学透视出的更深一层的经济物相化存在论场境中的异化关系**。也是在这里,一切传统认识论都会在这些可直观的经济事物面前碰得头破血流。因为人的认知对象的本质会在**多重不是它自身**的事物化和异化关系中隐匿起来。透视资本主义生产关系中历史性出现的**不是异化的异化**关系场境,科学的批判认识论前面的道路曲折艰险。通俗一些说,资本家盘剥工人劳动的奴役关系,恰恰在这种可见的"打开"中被彻底地掩盖起来。应该指出,这里不同于前述一般经济事物(商品和货币)的到场之"物",恰是狭义历史唯物主义中经济物相化一个更深的伪在场层面,它有着 grobe Materialismus(粗俗的唯物主义)①外观,其本质却是"同样粗俗的唯心主义"。马克思的这一说法是极其深刻的,李嘉图等人直观地看到生产过程中的物,看起来是(社会)唯物主义的,但实质上却是遮蔽资本关系在场的 Verdinglichung(物化)误认,因此,这种粗俗的唯物主义本身就颠倒为同样粗俗的唯心主义。这是因为,这个可以直观的到场"物",是货币(事物)转型为作为资本的货币,通过买卖关系再成为**奴役性资本关系场境消失隐遁**的"自然存在"。这是一个到场物隐匿了看起来不在场的颠倒了的经济事物化关系的历史唯心主义畸变,这使得资产阶级经济活动中出现的所有经济物相化事物,都带有了特殊意识形态编码中的 mystifizieren(神秘化),人跪倒在这种自己创造出来的神秘经济事物面前,也就会产生出特殊的异化意识的**经济拜物教**。恐怕,这个不同于自然对象物、消逝中的用在之物和货币一类特殊经济事物的**资本之物**,会是狭义历史唯物主义的"物"在商品－货币之后的更深层面,当然也是狭义历史唯物主义构境中最难入境的**不在场的历史在场性**的内容之一。其实,这也是马克思思考资本关系中最重要的焦点问题。显然,在这后一种虚假的"自然属性"物中,资产阶级社会经济生活中特有的资本关系赋型被更加彻底地遮蔽了起来。这一点,科西克意识到了,他说,现象中出现的客体化的资本造成了一种

---

① 这里马克思突然使用的 grobe Materialismus 一语,其实就是早期他曾经使用过的"下流的唯物主义(verworfene Materialimus)"[《马克思恩格斯全集》(第二版)第 1 卷,人民出版社 1995 年版,第 289 页。Marx-Engels-Gesamtausgabe(MEGA²),Ⅰ/1,Text,Berlin:Dietz Verlag,1975,S.236.]。

假象,"这些客体给人一种印象,似乎它们是自然环境,使人无法直接看出它们是人的社会活动的结果"①。在马克思揭露的 Verdinglichung(物化)批判构境中,这是正确的判断。当人们发疯一样地追逐商品、货币和资本等异化之**物**的时候,这就是使经济事物神秘化起来的新型**观念异化——经济拜物教**了。可能,这也是马克思自《1844 年手稿》之后,第一次在自己的经济学研究中使用 Fetischismus(拜物教)一词。我以为,经济拜物教的理论很深地关联于《1844 年手稿》中的意识异化论,不同在于,科学的经济拜物教批判理论,已经是基于历史唯物主义基础之上的历史现象学和批判认识论构境。关于这个经济拜物教理论的完整说明,后来起始于《政治经济学批判》第一分册,完成于《资本论》第一卷,在那里,经济拜物教起到了异化批判构式的替代性话语作用。这当然是后话。对此,齐泽克说,"在商品拜物教中,某种商品作为一种'一般等价物'起作用这一事实,被(错误)理解为它直接的伪自然的(pseudo-natural)属性,这正如马克思所提供的一个主体之间关系的例子:向作为国王的某个人致敬的主体并不知道,只有在他们将他当成国王时他才是国王,相反则非"②。我以为,他的理解是深刻的,虽然只涉及了经济拜物教中的第一层面。

应该说明,这种发生在经济物相化进程中事物化(Ⅱ)颠倒的关系是十分复杂的,因为这里的资本关系,已经是事物化(Ⅰ)颠倒的货币再脱型和变身为物性的劳动要素(原料、机器和厂房等)进入生产过程之中的,因此,看起来在经济事物中不在场的资本关系,已是经济物相化编码伪境中的**多重变身**,特别是它再通过"平等交换"购买获得的创造交换价值的劳动活动就越发不容易透视,因而也是更加难以辨识的。如果从批判认识论的视角看,原料、机器和厂房作为人们 Bekannt(熟知的东西)出现在生产过程中时,这已经是区别于一般物相化熟知对象、价值关系异化的熟知货币物相化之后的第三种熟知的**资本物相化**伪境。在后来的《1861—1863 年经济学手稿》中,马克思说,

---

① [捷]科西克:《具体的辩证法》,傅小平译,社会科学文献出版社 1989 年版,第 2—3 页。
② [斯洛文尼亚]齐泽克:《幻想的瘟疫》,江苏人民出版社 2006 年版,第 121 页。译文有改动。Slavoj Zizek, *The Plague of fantasies*, London, New York: Verso, 1997, p.100.

"在资本的关系中——即使撇开资本的流通过程来考察这种关系——具有本质特征的是神秘化(Mystification),是主客体的倒置的颠倒世界(die verkehrte Welt,das auf den Kopf gestelltsein des Subjektiven und Objektiven),就像在货币上所表现出来的那样。由于这种被歪曲的关系,必然在生产过程本身中产生出相应的被颠倒的观念(verkehrte Vorstellung),歪曲的意识(transponirtes Bewußtsein)"①。这里的"主客体的倒置的颠倒世界",当然是哲学话语。从思想构境谱系回溯看,它的话语格式塔的缘起是黑格尔的哲学逻辑,是马克思在1844年关于《精神现象学》的思想实验中获得的重要观念。② 但这里绝不是在费尔巴哈的意义上讨论旧式的"哲学基本问题"("何者第一性"),而是在批判认识论的基础上透视经济物相化中"第二自然辩证法"的编码迷雾。因为在实证性的历史认识论中,经济物相化伪境中的直观到场之"物"都是多重事物化颠倒后的变形物,它们并非只是归基为一般用在性和社会关系场境就能透视的,历史现象学基础上的批判认识论的独特解码作用就在这里,它必须首先将在经济物相化伪境里遭遇的似自然性的"第二自然辩证法"之舞中的到场之"物"(原料、机器和厂房等),还原为异化和事物化的颠倒关系(货币),然后再将经济关系的颠倒伪境(劳动交换关系的现实抽象)重新倒置回来,才能获得真实的社会关系本质(对象化劳动Ⅱ)。在一定的意义上,这也是历史现象学从经济事物群魔乱舞的**"主客颠倒"的"第二自然辩证法"背后,透视出主体性的劳动辩证法的真相**。应该指出,发生在资产阶级商品-市场经济活动中的事物化颠倒伪境本身是**客观发生**的**历史在场性**,所以,历史现象学的本质,是透视"经济动物们"去盲目返熵的交换市场中"在世"的**经济关系场境存在论**,这是它区别于黑格尔精神现象学和胡塞尔后来的意识现象学的异质性,进而才会有主观认知层面上的科学的批判认识论构境。并且马克思说,"物(Dinge)作为劳动过程的对象的因素所产生的作用,被认为是由这些作为资本的物造成的,就像这些物在自己的人格化中,在对劳动的独立性中

①《马克思恩格斯全集》(第二版)第32卷,人民出版社1998年版,第413页。中译文有改动。Marx-Engels-Gesamtausgabe(MEGA²),Ⅱ/3-5,Text,Berlin:Dietz Verlag,1980,S.976.
②《马克思恩格斯全集》(第二版)第3卷,人民出版社2002年版,第199页。

所具有的作用一样。假如它们不再以这种**异化的形式**(*entfremdeten Form*)和劳动相对立,它们就不再能够产生这种作用。**资本家**作为资本家只不过是资本的人格化,是与劳动相对立的具有自己的意志、具有人格的劳动产物"①。这是愈益复杂的批判性构境,"异化形式"中的资本关系颠倒为劳动过程中"物"的伪在场,这个看起来 Bekannt(熟知)的物,在黑格尔《精神现象学》的构境中,则会是双重对象化劳动**消逝的东西**;而人们同样熟知的资本家并不是人(主体),而是这种客观发生的**自乘异化关系**的反向物相化场境中的"人格化",即资产阶级似自然经济构式负熵世界中作为**经济动物**的伪主体。马克思的这一说法,与黑格尔在历史哲学构境中看到拿破仑是"马背上的绝对观念"②的逻辑是接近的。我们发现,马克思所揭示的这个资产阶级经济王国中的"主客体的倒置的颠倒世界"的事物化伪在场是无限 Mystification(神秘化)的。对此,我们只能一点点来入境和破境。

马克思说,在李嘉图那里,生产领域中的资本就是"作为手段被用于新劳动〈生产〉的那种积累的〈已实现的〉劳动〈确切地说,**对象化**劳动(*vergegenständlichte Arbeit*)〉"③。李嘉图这句话语的引文中括号内的补充注释是马克思自己的界说。如果用阿尔都塞后来在《读〈资本论〉》中的"症候阅读法"来表征,则是马克思读出李嘉图经济学中的"空白"的具体例证,有趣的是,马克思在空白括号中填上了自己的发现——*vergegenständlichte* Arbeit(**对象化劳动**)。而在阿尔都塞那里,他的具体例证是马克思读出斯密"劳动"概念后面的空白,马克思正是通过在括号内填上了一个"力"来完成自己的剩余价值理论发现的。④ 还应该指出,这是马克思在《大纲》中第一次使用这个重要的 *vergegenständlichte* Arbeit(**对象化劳动Ⅱ**)。这恰是马克思从"第二自然

---

① 《马克思恩格斯全集》(第二版)第35卷,人民出版社2013年版,第276—277页。Marx-Engels-Gesamtausgabe(MEGA²),Ⅱ/3-4,Text,Berlin:Dietz Verlag,1979,S.1432.

② 1806年,拿破仑率领军队攻破耶拿。此时仍在耶拿的黑格尔,竟然将这位入侵者赞叹为骑在马上统治世界的奇妙"世界灵魂"。

③ 《马克思恩格斯全集》(第二版)第30卷,人民出版社1995年版,第213页。

④ [法]阿尔都塞、巴里巴尔:《读〈资本论〉》,李其庆等译,中央编译出版社2001年版,第8—29页。Louis Althusser, Étienne Balibar, *Lire le Capital*, Maspero, coll. 《Théorie》, volumes 1, 1968, pp. 16-21.

辩证法"背后揭示出劳动辩证法的关键一步。马克思十分确定地说,"一切资本都是作为手段被用于新生产的对象化劳动"①。我们需要特别注意这里突然出现的**定义资本**的 *vergegenständlichte* Arbeit(对象化劳动),我们在前面一章的讨论中多次增加的补充说明,都是为了进入马克思这里关于**资本是被遮蔽起来的不在场的对象化劳动 II** 这一论断的嫁接缺失的逻辑环节。这个 *vergegenständlichte* Arbeit 之所以重要,还因为它是马克思在《1844 年手稿》中使用过的逻辑构序中的关键词。它的全新构境意义,我们在下面的讨论中再详细说明。马克思说,当资产阶级经济学家把资本当作用货币购买来的原料、机器和厂房时,他们"只看到了资本的物质(Materie des Capitals),而忽视了使资本成为资本的形式规定(Formbestimmung)"②。这个 Formbestimmung(形式规定),就是熟知的物背后**消逝了的**支配性关系场境存在。前面,它已经表现为商品的经济质、交换价值的物性呈现形式("价值形式"),这里,这个 Formbestimmung 则进一步表现为资本物背后的生产关系形式。依黑格尔《精神现象学》中的话语,这个被直观到的 Materie(物质)并不是它自身,而是一个"正在消逝的东西(verschwindend darstellt)",因为这些到场之物所内嵌的资本关系和作为资本本质的对象化劳动被双重遮蔽起来了。用海德格尔的存在论话语来说,就是看到了资本的**存在者**(作为形下之"器"的原料、机器和厂房,它们已经是对象化劳动 I 的结果),而没有透视出让"资本成为资本"的**存在**(抽象劳动赋型的 Formbestimmung,这已经是对象化劳动 II = 价值关系多次变形的结果)。然而,海德格尔只是看到了一般物相化背后的"存在",而没有注意在资产阶级社会独有的商品生产和市场交换关系中发生的多重颠倒后生成的经济物相化,或者是经济关涉、逐利功用性和金钱上手链接环顾的**再存在者化**。在这个新的批判认识论构境层中,马克思的狭义历史唯物主义构境中的经济物相化批判话语,显然要比海德格尔复杂和深刻得多。可是,马克思这里的断言跳过了从对象化劳动 I 到对象化劳动 II,再到资本"物"的复杂事物化颠倒和异化的转换过程,这无疑增加了入境历史现象学的难度。这

①《马克思恩格斯全集》(第二版)第 30 卷,人民出版社 1995 年版,第 214 页。
②《马克思恩格斯全集》(第二版)第 30 卷,人民出版社 1995 年版,第 213 页。

恐怕也是不少专业经济学家不太愿意面对《大纲》的主要原因。并且,这个作为资本的生产关系的 Formbestimmung(形式规定),要比流通领域中的那个劳动交换关系表现出来的"价值形式"重要得多。可是,人们宁可津津乐道于表层,也不愿深入一步捕捉更深处的此-彼错位场境中的资本的形式规定。

马克思认为,如果抽去资本特定的社会形式规定,只强调它 Bekannt(熟知)的物性内容,那么"**资本作为这种内容是一切劳动的一种必要要素,那么,要证明资本是一切人类生产的必要条件,自然就是再容易不过的事情了**"①。马克思这一全部打上重点号的表述文字是说,资本如果只是生产中的物性要素,它就会成为一般生产过程中的"无罪的"生产条件,从而资产阶级的生产、流通、分配和消费过程中经济事物自发整合(integration)的辩证运动,就顺理成章地成为客观的"自然辩证法",资产阶级的商品-市场交换法则就等于**符合人的天然本性的自然法**,历史性的资本关系(雇佣劳动关系)就成了一个非历史的永恒在场的存在物。说穿了,这恰恰是资产阶级经济学家的意识形态目的。这当然也是经济物相化编码和构序之下,生成作为资产阶级社会统治机制的意识形态国家装置的经济拜物教(观念异化)的秘密。马克思指出,当李嘉图等人将资本指认为在生产过程中看到的原料、机器和厂房等熟知物,特别是在生产过程中似乎创造财富的机器时,

> 这无非是说,资本就是生产工具(Productionsinstrument),因为从最广泛的意义来说,任何东西,甚至纯粹由自然提供的对象,例如石头,也必须先通过某种活动被占有,然后才能用作工具,用作生产资料。按照这种说法,资本存在于一切社会形式(Formen der Gesellschaft)中,成了某种完全非历史的东西(etwas durchaus unhistorisches)。②

这里,马克思看似十分简单的一个理论判断,其表层话语运作后面却背负着一个非常复杂的历史现象学编码和批判认识论构境。依马克思的判断,李嘉图将资本直接视作生产工具(机器等)是不对的,这也就是说,通过货币购买且进入生产过程中的在场的工具**不仅仅是工具**,而且是看起来不在场却

---

① 《马克思恩格斯全集》(第二版)第 30 卷,人民出版社 1995 年版,第 214 页。
② 《马克思恩格斯全集》(第二版)第 30 卷,人民出版社 1995 年版,第 213 页。

实际发生支配性在场作用的资本的一种不可直观的 Formbestimmung（形式规定）和支配性场境关系。这是从《雇佣劳动与资本》一文开始的重要思考。前面，我们看到过货币在**不是它自身**的异化和事物化颠倒中成为货币，可这里作为资本的**工具不是工具**却是难入境的。我们来详细讨论一下。

我觉得，第一，在李嘉图看到资本家支配的生产过程中的工具（机器等）时，马克思看到的在场工具，必定是历史现象学构境中多重 verschwindend darstellt（正在消逝的东西）。一是流通领域中的货币消逝在进入生产过程的资本关系中，表面上看，这倒是经济事物向生产关系的复归，然而，这种复归却又是由新一重事物化颠倒来实现的。二是资本消逝在物性的工具之中，这是马克思说这里的工具**不仅仅是工具**的第一层透视。

第二，马克思意识到，作为资本出现在生产过程中的工具，是**两种异质性现实抽象的相遇**。在上面对广义历史唯物主义客体向度中生产资料的讨论中，我们已经看到马克思这里所讲的"通过某种活动"占有的工具，作为一定历史条件下特定劳动物相化活动的技艺构式的现实抽象（Ⅱ），并反向对象化为外部物性持存中的工具模板编码。而在此，这种正在消逝的用在性对象，却经历了一种经济物相化关系场境存在论的再编码变身，即货币向资本关系的转换。通过前面的讨论我们知道，货币是价值在劳动交换中现实抽象（Ⅲ）并反向事物化颠倒为经济事物的场境关系赋型，当它直接化身为工具在生产过程中出场时，它的用在性使用价值（对象化劳动Ⅰ）则遮蔽了自己所负载的价值异化（对象化劳动Ⅱ），或者说，在这里生产过程中的现实抽象Ⅱ遮蔽了劳动过程中的现实抽象Ⅲ。这里马克思思考的问题是，当第一种现实抽象的工具在生产过程中作为劳动失形/塑形和祛序/构序的激活模板编码时，它已经是资本（第二种现实抽象的畸变）在劳动过程中吸取活劳动之血的经济盘剥力量。马克思所说的，政治经济学的对象不是使用价值和工艺学而是生产关系和价值的深刻意义，正是在这里才能被真正理解。这是马克思指证此处的工具**不仅仅是工具**的第二层次批判构境。显然，马克思前面所说的"抽象成为统治"，当然是第三种现实抽象中从货币到资本关系的转换。现在我们也能理解，我为什么前面会花费大量笔墨讨论马克思的工艺学研究，讨论作为现实抽象反向对象化的工具的本质，以及从生产过程向劳动过程的转换。一切都是为了这里入境马克思极其深刻的批判构境。

第三,如果李嘉图是对的,也就是这里的作为资本关系出场的工具就仅仅是物性工具,那么这种并**不是有历史质性的经济事物**的工具,就成了一切生产活动发生的前提,如果资本就是生产过程中可见的工具(原料和厂房等)一类的一般生产条件,那么资本就将存在于一切社会形式中,所以,**资产阶级的制度就将成为永恒存在的** *etwas durchaus unhistorisches*(**完全非历史的东西**)**中的自然法。**因为,

> 抽掉了使资本成为人类生产某一特殊发展的**历史**阶段的要素的那些特殊规定,恰好就得出这一证明。要害在于:如果说一切资本都是作为手段被用于新生产的对象化劳动(vergegenständlichte Arbeit),那么,并非所有作为手段被用于新生产的对象化劳动都是资本。**资本被理解为事物,而没有被理解为关系**(*Das Capital wird als Sache gefaßt, nicht als Verhältniß*)。①

马克思的发现在于,资本不是李嘉图等经济学家的直观中被抽掉了历史质性的工具等用在性事物,而是被经济物相化编码遮蔽起来的统治性的资产阶级生产关系。这是他断言工具**不仅仅是工具**的批判透视中的第三层面。在后来的《1861—1863年经济学手稿》中,马克思说,在资产阶级经济学家那里,"他只知道可以捉摸的物或者只知道观念,对他来说,关系是不存在的"②。而实际上,这些看起来是熟知到场之"物"的原料、机器和厂房等,都是只能在资本**关系场境的赋型中**才能透视其本质的。这也是黑格尔《精神现象学》中物的关系场境赋型的话语,黑格尔说,物"不是自在的东西,它只有在关系(Verhältnisse)中",才能被理解。③如果资产阶级经济学家只看到物,而无法透视关系场境,在反讽的意义上,这正好暗合了《德意志意识形态》中那句"动物是没有关系的"深刻指认。不过,这里是经济构式负熵进程中出现的"经济

---

① 《马克思恩格斯全集》(第二版)第30卷,人民出版社1995年版,第214页。
② 《马克思恩格斯全集》第47卷,人民出版社1979年版,第168页。
③ 参见《马克思恩格斯全集》(第二版)第3卷,人民出版社2002年版,第367页。中译文有改动。
　　Marx-Engels-Gesamtausgabe(MEGA²), I/2, Text, Berlin: Dietz Verlag, 1982, S.440-441.

动物"眼里只有物(熟知的财物、金钱和工具物)而**没有关系**。在李嘉图等人将资本当作原料、机器和厂房等到场物的地方,实质上是抽掉了"使资本成为资本的形式规定",即我们前面已经充分讨论过的劳动交换关系的现实抽象Ⅲ,在多重关系场境异化和经济事物化之后,从货币再脱型和转换为资本的神秘此-彼错位形式。当资本购买得来的原料、厂房和机器等物与劳动者同时出现在生产过程中时,仿佛这些到场物都失去了资本关系得以赋型的那些"特殊发展的**历史**阶段的要素的那些特殊规定"。如果资本是非历史的物(工具),那么就遮蔽了资本是一种人类社会历史发展进程中特定历史时期出现的社会关系,并且是在前述商品生产和交换所生成的异己化货币关系的基础上,资产阶级所创造出来的**以资本为基础**的全新的生产关系。这当然是一个关于资产阶级社会本质认识中的新的理论断言。

2. 资本异化的障眼法:雇佣劳动与资本/非对象化活劳动与对象化劳动Ⅱ

其实,李嘉图等人将生产过程中的资本当作一种到场之物,并非只是一种经济物相化伪境上的短视,而在更深的话语格式塔中,这也是掩盖资产阶级社会经济剥削秘密的政治意识形态伪像。马克思曾经说,"最优秀的经济学家,甚至李嘉图本人,一旦走进资产阶级的思维怪圈,便陷于纯粹幼稚的妄谈"①。在这一点上,巴克豪斯的一段对马克思《关于费尔巴哈的提纲》第四条的改写是有趣的:"李嘉图是从经济上的自我异化,从商品被二重化为价值物(Wertding)(假想物)和现实物的这一事实出发的。他致力于把劳动作为价值的基础。他没注意到,在做完这一工作之后,主要的事情还没有做呢。因为,商品使自己和自己本身分离,并使自己转入一个独立的经济范畴王国,从而固定为意识,这一事实,只能用社会劳动的自我分裂和自我矛盾来说明"②。这是机智和深刻的话语异轨。马克思认为,在遮蔽事物化此-彼错位颠倒的经

①《马克思恩格斯文集》第 10 卷,人民出版社 2009 年版,第 156 页。
②[德]巴克豪斯:《"价值形式"与辩证法》,李乾坤译,载《社会批判理论纪事》第 11 辑,江苏人民出版社 2021 年版,第 79 页。

济物相化迷雾中,呈现给资产阶级经济学家的显相,"在生产上作为生产要素出现的是土地、劳动、资本",而在分配关系上出现的是"地租、工资、利息和利润"。① 这是"导言"中批判资产阶级政治经济学"五点构想"中第二部分的基本构架,也是当时随便打开一本资产阶级的经济学教科书都能看到的东西。如果我没有记错,这也是十多年前青年马克思在《1844年手稿》第1笔记本一开始面对的三栏。那一次,青年马克思是通过"跳出经济学"的人本学价值批判来完成逻辑突围的。十多年之后,马克思再一次回到这一经济物相化迷碍前。这样,流通领域的交换过程中,同时出现了可以直接在经验塑形中看到的三种在场主体和三样到场的东西:地主拿出土地,资本家拿出资本,工人拿出劳动,在交换中三方都进行公平交换,然后再平等地拿回三种收入,即地租、利润(利息)和工资。马克思告诉我们,如果现代土地所有者已经在形式上从属于资本的总体性,这样,地租也就成了资本利润的一部分,所以,我们真正需要聚焦的必然是工人与资本家的"平等"交换,即**雇佣劳动与资本的交换**。后来,一些学者批评马克思在《大纲》中关于资本关系的研究,忽略了不同资本之间的竞争关系和资本与土地的关系,只是到了《1861—1863年经济学手稿》,马克思才"放弃了在资本的纯粹形式中判定资本本质关系特征的目标,并且考虑剩余价值、竞争、信用、地产以及雇佣劳动等之间的密切关系"②。这显然是一种误判。因为通过从40年代开始的多次经济学研究,马克思当然知道商品、货币和资本关系在市场竞争中的动态关系,资本与地租、信用和商业的复杂交织和转换关系,只是出于理论逻辑建构的特定需要,马克思暂时抽象了现实经济环境,从而使资本与雇佣劳动的经济剥削本质更好地显露出来而已。

在前面的讨论中,我们看到马克思深刻地揭示了货币的本质,即劳动交换关系通过现实抽象Ⅲ重新反向对象化为物性关系的异化与事物化,而作为资本的货币则取消了自身的凝固性(钱不能生钱),使之成为准备吸纳劳

① 参见《马克思恩格斯全集》(第二版)第30卷,人民出版社1995年版,第36页。
② [意]普拉德拉:《全球化与政治经济学批判——马克思著作的新视角》,韩炯译,上海财经大学出版社2021年版,第135页。

动的自增殖运动过程,转换为原料、机器和厂房等物质生产条件的资本的身上已经完全没有了劳动(对象化)的影子,反而成为与劳动相对的到场之物。这种迷幻般的多重经济物相化关系场境存在论编码转换,显然是历史认识论的实证原则难以穿透的。所以,马克思让我们以**历史现象学构境中的批判认识论**,重新透视这多重此-彼错位关系中的经济物相化迷雾,以完成他从《雇佣劳动与资本》开始确定的理论构序方向:资本不是一种物,而是多重异化和事物化颠倒后的复杂社会经济关系。并且,在马克思的分析中,我们看到"以资本为基础的生产关系"已经历史性地成为社会总体性的统治性社会关系,它使所有社会定在与关系场境都从属于自己。上述这些讨论,目的都是进入雇佣劳动与资本的"平等交换"这一核心问题的破解,或者说,透视资本家与工人两种在场主体和资本与雇佣劳动(工资)两种假想的对象性实在背后的真实场境关系。这不仅是李嘉图的难题,也是李嘉图式的社会主义者和蒲鲁东等人的激进话语中根本无法解决的难题。当马克思反复说明,资本不是物,而是一种关系,其实最终也就是试图历史地指认,在资本与雇佣劳动的特殊历史对立和交换中所实现的,是一种**被表面平等、公正的交换现象遮蔽起来的真实奴役关系**。然而,它是如何发生并被经济物相化所掩盖起来的呢? 在这里,马克思开始了一次漫长的理论革命长征。

首先,**资本是经济物相化编码中多重异化和事物化颠倒遮蔽起来的对象化劳动Ⅱ**。在所有经济学家看到物性到场的金钱和作为生产条件的物的地方,马克思看到了支配性的资本关系**不在场的历史在场**。要捕捉到这种经济物相化中的不在场的在场性,不仅旧唯物主义的直接反映论是无效的,就连历史认识论也是力不从心的,所以只能由历史现象学和批判认识论来担纲。我们可以发现,此时只要马克思一讨论资本,就是超出感性直观物像的,可它又不仅仅是广义历史唯物主义中对一般物相化的此-彼归基透视,它必须同时也是对经济物相化编码空间的全新透视。马克思要在看起来在人们之外客观运动的经济事物辩证法背后,透视出被遮蔽的劳动辩证法。马克思十分哲学地说,在资产阶级社会中,"资本只有同**非资本**(*Nicht-Capital*),同资本的否定(Negation des Capitals)相联系,才发生交换,或者说才存在于这种规定性上,它只有同资本的否定发生关系才是资本;实际的非资本就是**劳动**"①。马克思在手稿中的这一表述是经济学家难以领悟的。因为,作为资本"物"的否定出现的劳动是**非对象化劳动**,它所反指的矛盾关系存在——资本"物"的背后,恰恰是经济物相化迷雾中消逝的"**对象化**劳动"(*vergegenständlichte Arbeit*)。② 这也意味着,上述马克思透视经济物相化迷雾中的发现,脱型于货币的物性生产条件(原料、厂房和机器)中隐匿着资本关系的不在场的历史在场性,而这里则是进一步辨识出,这种不在场的在场性却是更深一层的**劳动不在场**。因为,资本不识自身不过是*vergegenständlichte* Arbeit(**对象化**劳动)。这是一个极为重要的此-彼错位现象的历史现象学透视和解码,也是马克思解码经济物相化中"第二自然辩证法"背后的劳动辩证法的开端。这里有两个需要说明的方面:一是在1844年,青年马克思是通过对黑格尔和费尔巴哈哲学的改造,在人本学现象学中获得"劳动的**对象化**"(*Vergegenständlichung* der Arbeit)概念的。③ 这一重要范畴,依斯密"路德式"的引领,确认了私有财产的主体劳动本质,以塑形出劳动异化批判构式Ⅱ的批判话语。而在这里,*vergegenständlichte* Arbeit(**对象化**劳动)则再一次成为历史现象学透视资本关系的关键性概念,不过,马克思这里不再仅仅着眼于到场物中的"私有财产",而是揭露以经济物相化事物方式掩盖起来的资本关系的本质是现实抽象(Ⅲ)出来的对象化劳动。如果说这里马克思仍然是"从主体出发",则这种主体性已经不再是分配领域中的财产,而是深嵌在生产过程中的我-它自反性**异化式呈现的资本关系**。二是此处马克思重新启用的对象化劳动概念的话语格式塔中,*vergegenständlichte* Arbeit(**对象化**劳动)不再是黑格尔那种劳动外化于自然界中的对象性实在,也不是归基于具体劳动(konkrete Arbeit)物相化中的使用价值(用在性)的对象化劳动Ⅰ,而更多地关联于商品中不可直观的抽象劳动的**价值形成**。这亦表明,此时马克思重新塑形的劳动对象化中的

---

① 《马克思恩格斯全集》(第二版)第30卷,人民出版社1995年版,第232页。

② 参见《马克思恩格斯全集》(第二版)第30卷,人民出版社1995年版,第214页。Marx-Engels-Gesamtausgabe(MEGA²),Ⅱ/1,Text,Berlin:Dietz Verlag,2006,S.180。

③ 参见《马克思恩格斯全集》(第二版)第3卷,人民出版社2002年版,第267—268页。Marx-Engels-Gesamtausgabe(MEGA²),Ⅰ/2,Text,Berlin:Dietz Verlag,1982,S.236。

Vergegenständlichung,**不是指一般物相化中的实物化（工具等）**,这个**对象化**是非直观的特殊经济物相化编码关系场境,这就使 *vergegenständlichte* Arbeit(**对象化劳动**)的话语能指,增添出一个全新的意义所指,即抽象劳动结晶的**对象化劳动Ⅱ**。用齐泽克的表述,是他性经济物相化空间中的不可捉摸的"崇高对象"。只是在货币和资本关系的经济物相化编码中,这种特殊的对象化劳动Ⅱ才再次转换为在场的经济事物。

此时马克思才突然发现,前面《大纲》的讨论中少说了一些需要确定的前提:作为货币投入生产过程的资本,本身已经是商品交换关系异化与事物化的结果,可是,到底是什么东西的交换关系被异化和事物化了,这在前面的论述中并没有被真正面对,这当然就是不在场的劳动。在商品交换的过程中,劳动物相化的用在性结果本身的现实抽象Ⅲ——**对象化劳动Ⅱ＝交换价值(价值)**。于是,他匆匆忙忙地补充说,"所有商品的共同实体——不是作为商品的物质材料(materieller Stoff),从而作为物的规定(physische Bestimmung)的那种实体,而是作为**商品**,从而作为**交换价值**的那种共同实体(gemeinschaftliche Substanz)——就在于:商品是**对象化劳动**(*vergegenständlichte Arbeit*)"①。这正是我在前面不断补充的那个重要却不在场的逻辑构序环节。这里的 vergegenständlichte Arbeit,当然不是具体劳动生成的商品的使用价值(对象化劳动Ⅰ),而是商品交换中现实抽象出来的价值——劳动对象化Ⅱ。如果回到前面的"货币章"中的思想实验,更准确地说,在交换价值的关系构境中,这应该是商品中嵌套的抽象劳动的经济物相化。因为,这里的商品是对象化劳动,当然不是指具体劳动创制的商品使用价值可感的用在性方面,而是作为那种看不见的**可变卖性的**"实体",即经济物相化中生成商品的社会经济质的抽象劳动。这就使马克思此处的对象化劳动概念,彻底异质于黑格尔-费尔巴哈的话语编码,以及界划于他自己的《1844年手稿》中的相近语境,对象化劳动概念获得了一种彻底重构,即从**具体劳动外化为自然界的实在性改变转换为商品交换关系中的抽象劳动**,因为它并不是由人有目的的爱多斯(eidos)之相通过具体物相化劳动塑形和构序起来的商品的使用价值,而是在经济爱多

---

① 《马克思恩格斯全集》(第二版)第30卷,人民出版社1995年版,第229页。

斯的驱使下,从交换关系中现实抽象(Ⅲ)出来的抽象劳动赋型的价值。这是一个发生在对象化劳动概念能指中的极其重要的话语所指的逻辑转换:**抽象劳动凝结成的对象化劳动Ⅱ(=价值)**。由此,看起来古旧的对象化劳动,在一种新的经济物相化关系场境存在论编码和构序系统中,成了不同于劳动物相化的商品的价值关系本质。应该说,这也是马克思在历史现象学构境中透视经济事物运动的"第二自然辩证法"背后劳动辩证法本质的关键性的一步。并且,依马克思前面的分析,商品中内嵌的不可直观的交换价值(价值)关系已经是异化(对象化)。应该注意到,此处马克思的商品价值中嵌套的劳动对象化Ⅱ已经是异化的观点,却开始接近黑格尔那个著名的对象化=异化的观点。这是一个需要注意的**逻辑拐点**。

马克思接着补充说,讨论资本的前提并非直接就是劳动,"要阐明资本的概念,就必须不是从劳动出发,而是从价值出发,并且从已经在流通运动中发展起来的交换价值出发"。什么是价值?现在我们能够理解,马克思这里的"不是从劳动出发",意指不是从具体劳动(konkrete Arbeit)生成的使用价值(对象化劳动Ⅰ)出发,而是从被交换商品中现实抽象出来的对象化劳动Ⅱ——价值出发。交换价值,不过是价值"在流通运动中发展起来的"形式。在后面马克思说,"单纯的自然物质,只要没有人类劳动对象化在其中,也就是说,只要它是不依赖人类劳动而存在的单纯物质,它就没有价值,因为价值只不过是对象化劳动;它就像一般元素一样没有价值"①。这恰是前面马克思讨论商品的交换价值的异化与事物化的意义,因为当交换价值在经济物相化编码过程中生成作为"第三者"的货币,货币再畸变为一个代表了一切财富的此-彼错位的权力关系时,它也就是抽象出来的**对象化劳动Ⅱ**被遮蔽起来的过程。用海德格尔的话来说,就是让存在者得以成立的"存在"本身被遮蔽和遗忘了。只是马克思这里从经济物相化中揭露出来的**经济拜物教遗忘**,比海德格尔要复杂得多。这也表示,马克思这里的资本关系的本质就是对象化劳动Ⅱ这一断言背后,同时已经包含着商品、价值(交换价值)和货币关系的本质就是对象化劳动Ⅰ—Ⅱ,特别是它们在经济物相化关系场境编码中一系

---

① 《马克思恩格斯全集》(第二版)第30卷,人民出版社1995年版,第334页。

列此−彼错位式"消逝"（异化与事物化）的转换环节。显然，马克思上面这样的补充是非常重要的，因为它弥补了**从商品价值到货币再到资本的不断脱型和转换过程中对象性劳动被遮蔽起来的完整异化链**。这样，我们再回过头去看马克思上述那段资本与非资本的玄学话语，历史现象学的破境结果是：作为可以购买一切生产要素的货币的资本，就是以不是它自身的**对象性劳动Ⅱ**的方式与**非资本的劳动**相对立。这后一个劳动，已经不是不在场的对象化劳动，而是资本用工资（Lohn）换回的即将在场的雇佣劳动（Lohnarbeit），在这里，马克思将其表述为**非对象化劳动**（*Nicht-vergegenständlichte Arbeit*）。这样，资本与雇佣劳动的对立，则成了空间中现成在手的**资本物**（通过多重异化与事物化被遮蔽起来的对象化劳动——作为货币的资本转化成的生产资料）与时间上存在的非对象化劳动（可能性中的劳动生产能力）的对立。简言之，资本与雇佣劳动的对立关系就成了**对象化劳动与活劳动的双重矛盾自反关系**。因为对象化劳动本身就是我−它自反性的异化，而它再一次成为奴役活劳动的资本权力。必须指出，这种关系，当然不是人本学中 sollen（应该）与 Sein（是）的悖反关系，而就是资本主义生产过程中直接在场的我−它自反性的**异化关系**。如同孙伯镶先生所说，此处马克思所使用的"异化概念基本上都是用来描述资本关系的客观矛盾，丝毫没有把它同抽象的人的本质联系在一起"①。在此，我们再一次浮想起黑格尔《精神现象学》中自我意识在设定物中看到自身，青年马克思在《1844 年手稿》的人学现象学话语中从客体性的私有财产背后揭示出劳动本质的场景。而在这里，马克思是以历史现象学透视经济物相化编码中遮蔽起来的资本关系的劳动异化本质。

到这里，我们就会知道，马克思这个哲学话语构序实践中的 vergegenständlichte Arbeit（对象化劳动），在他对资本与雇佣劳动的关系说明中起到了关键的作用。此时，马克思已经意识到，"**资本**，表现为统治、支配活劳动（lebendige Arbeit）的对象化劳动（vergegenständlichte Arbeit als Herrschaft, Commando über lebendige）"，这是经济物相化编码后的对象化劳动支配即将发生的活劳动（物相化活动）的我−它自反性异化关系场境。因为，"对象化劳

_____

① 《孙伯镶哲学文存》第 3 卷，江苏人民出版社 2010 年版，第 145 页。

动,由于活劳动本身的赋予而具有自己的灵魂,并且使自己成为与活劳动相对立的**异己性的权力**(*fremde Macht*)。"①应该注意的是,这是马克思在《大纲》中所指认的第二种 *fremde Macht*(**异己性的权力**)。第一种是出现在**流通领域**中作为价值关系异化和事物化的货币所生成的异己性权力,而此处的第二种异己性权力则是出现在**生产领域**中的脱型于货币的**资本关系异化**。在此,马克思并没有直接使用异化概念。这个异己性的资本权力,倒真是"穆勒笔记"和《1844 年手稿》的劳动异化批判构式Ⅰ—Ⅱ中没有直接涉及的层面。需要追问的问题是,作为对象性劳动Ⅱ的资本关系,为什么会成为与活劳动相对立的 *fremde Macht*(**异己性的权力**)? 这是由于,拥有活劳动的工人并不知道,在生产过程中出现的原料、厂房和机器等生产条件,作为吸取活劳动在场性灵魂的支配性资本关系,其本质并非为资本家本有的力量,而是工人自己已经付出的劳动成果(对象化劳动Ⅰ)在经济物相化编码和构序中的变形——对象化劳动Ⅱ。这里甚至出现了原料、工具和厂房等内嵌的具体劳动的使用价值(对象化劳动Ⅰ)遮蔽资本关系(对象化劳动Ⅱ的转换变形结果)的异化现象。这样,李嘉图等人看到的作为生产要素的物的功用性,恰恰遮蔽了资本关系的不在场的在场。这就成了劳动自身的产物发生自我奴役的自反性悖结,正是在这个意义上,马克思才将出现在生产领域中的资本力量指认为我-它自反性的 *fremde Macht*(**异己性的权力**)。更重要的是,与前述在商品交换中出现的金钱的权力不同,这一次从生产领域中出现的资本的异己性权力,将是使整个资产阶级生产关系成为统治性社会总体性的基础。这当然会是马克思对资产阶级社会本质的科学认识中极为重要的一步。

并且,这个出现在生产过程中的资本权力,已经不再是张牙舞爪的金钱,而是由金钱脱型和转换成安静的到场物——原料、厂房、机器和其他生产条件。在经验直观塑形中,甚至在历史认识论的透视中,我们可以去除这些熟知物的一般物相化,还原它们作为对象化劳动Ⅰ的用在性,但我们无法看到,这些经济物相化事物中隐匿起来的对象化劳动Ⅱ转换成的资本关系赋型的

---

① 参见《马克思恩格斯全集》(第二版)第 30 卷,人民出版社 1995 年版,第 445 页。中译文有改动。Marx-Engels-Gesamtausgabe(MEGA²), Ⅱ/1, Text, Berlin: Dietz Verlag, 2006, S.363.

支配力量。完成了"公平交换"后的资本家,会与李嘉图等人一脸正义地在厂房外看着这些无罪的用在性机器-物吸吮工人的活劳动之血。重要的是,**满脑子"天赋人权"和"自由、平等、博爱"的资本家,从来不在机器化大生产过程的犯罪现场!** 明明盘剥了工人劳动成果的资本家,却被洗白为合法且平等地获得财富的干净人。这就是资产阶级社会中特殊经济物相化的神奇意识形态构序和编码机制。所以,当马克思指认,这些以物的形式在场的资本的生产条件不是物,而是对象化劳动时,它已经不仅仅是在广义历史唯物主义的一般物像透视中,看到 verschwindend darstellt(正在消逝)的物品本身的用在性场境关系赋型,而且是在狭义历史唯物主义的历史现象学基础上的批判认识论构境中,同时透视了货币转化为资本之前发生的复杂价值形式变换的异化关系;从抽象的劳动交换关系事物化颠倒的货币**物**,到作为资本的货币脱型和转换为**物性实在**的厂房和机器等生产条件,这已经是对象化劳动Ⅱ的自乘性关系颠倒和异化的**经济物相化编码中的更深一层客观伪境**。因为资产阶级商品-市场经济构式负熵关系的复杂发生机制业已被彻底遮蔽起来了,资本作为支配性异己权力在场获取工人活劳动创造的剩余价值的真相被完全掩盖起来了,这为下面我们将遭遇的资本对雇佣劳动的剥削秘密的进一步隐匿,制造了重要的经济物相化迷碍。这一切,都是马克思必须通过科学的批判认识论一点一点重新剥离掉的层层经济物像。

我们看到,马克思意识到,要揭露资本遮蔽起来的对象化劳动Ⅱ的本质,一个重要的前提就是分析作为资本对立面的**非对象化的活劳动**。然而,无论是面对劳动者,还是面对没有进入生产过程的生产条件,这个非对象化的活劳动都是**不在场**的。因为在生产物相化过程之外,它根本不会以对象性实在的方式出场。可以看到,马克思几乎完全是用哲学话语深刻分析道:

> 唯一不同于**对象化**劳动的是**非对象化**劳动(*Nicht-vergegenständlichte Arbeit*),是还在对象化过程中的、作为主体性的**劳动**(die *Arbeit* als Subjectivität)。换句话说,**对象化劳动**(*vergegenständlichten Arbeit*),即**在空间上存在的劳动**(*räumlich vorhandne Arbeit*),也可以作为**过去的劳动**而同**在时间上存在的劳动**相对立。如果劳动必须作为在时间上存在的劳

动,作为活劳动(lebendige Arbeit)而存在,它就只能作为**活的主体**而存在(*lebendiges Subjekt* vorhanden sein),在这个主体上,劳动是作为能力,作为可能性(Möglichkeit)而存在;从而它就只能作为**工人**而存在。因此,能够成为资本的对立面的唯一的**使用价值**,就是**劳动**〔**而且是创造价值的劳动,即生产劳动**。①

这里有一个小小的文本事件。在马克思这里的文本中,我突然看到海德格尔后来区别使用的 vorhanden(现成在手)一词,开始是十分激动的,所以,我曾经想将马克思在此段文本中第一处使用 *räumlich vorhandne Arbeit* 的地方,改译为"**空间上现成在手的劳动**"。这种改动也特别符合马克思此处的构境意向。但是我发现,马克思随后对时间上出现的劳动能力和活的劳动的在场,也同样使用了 vorhanden 一词,所以冷静下来的我没有再改变原有的译文。我觉得,马克思突然变得**哲学起来**是有道理的,他此时脑海里当然再一次浮现出写作《1844 年手稿》时年轻的自己,在那里,青年马克思在黑格尔《精神现象学》的否定辩证法的驱动下,同样找到了在古典经济学的路德——斯密那里残存的"主体性的劳动"。在所有人看到私有财产的客体性的地方,马克思看到了劳动外化于自然的对象性存在,有所不同的是,马克思在那时还是处于人本主义异化史观的价值悬设之中,指认了私有财产不过是劳动类本质的自我异化。而在这里,马克思仍然指认了与资本相对的是非对象化劳动,但非对象化劳动并不是被人本学地确定了的人的本真性 sollen(应该)存在的类本质,而是资产阶级社会现实中工人作为"活的主体"的活劳动,它只是在时间的可能性上存在的劳动能力;而对象化劳动 II,则是"在空间上存在的劳动",有如我们提到的从价值-货币-资本关系连续此-彼错位畸变为到场他性物的原料、机器和厂房等。如果脱型于货币的资本关系化身为原料、机器和厂房等劳动条件,在生产过程中通过自己的用在性使用价值发挥作用,那么,非对象化劳动的"唯一使用价值",就是可能发生的活劳动本身。并且,它只是在进入生产过程时,通过工人劳动的实际运作**突现式地在场**,使原料和劳动条

---

① 《马克思恩格斯全集》(第二版)第 30 卷,人民出版社 1995 年版,第 230 页。Marx-Engels-Gesamtausgabe(MEGA²),II/1,Text,Berlin:Dietz Verlag,2006,S.196.

件获得"灵魂",在生产过程结束时,非对象化劳动销声匿迹于被赋型的劳动产品的对象化劳动之中。此处马克思所关心的活劳动生成新的对象化劳动,当然不是产品的功用性使用价值,而是其中内嵌的社会必要劳动时间——抽象劳动的对象化,或者**对象化劳动Ⅱ**。这看起来出现了实践活动消逝于物的一般物相化伪像的生成,可同时发生的还有更隐秘的遮蔽特殊场境关系转换的经济物相化,它的作用是遮蔽资本对雇佣劳动的剥削关系。我觉得,发生于资本关系支配下的活劳动与对象化劳动所依托的时间与空间的辩证法,应该是一种多层结构:一是先在的物理时空,这是一种客观的物质属性上的客观存在,只有在夜间人们都睡去的时候,它们才静静地以物品、无人的城市建筑与乡村大地等形式袒露出来,当然,入眠的动物身体中还涌动着生命本身的负熵运动,然而需要指认的方面为,此处人的周围环境中的所有"上手"物品,大都已经是人的具体劳动塑形和构序起来的对象化劳动Ⅰ的结果;二是随着进入生产过程活劳动物相化建构起社会历史时间与社会物相化编码空间,社会历史时空的负熵质表现为 for us 的用在性关系场境,这一切都是以人的活动在场每天重构起来的,所以,这种社会生活场境关系存在在夜里是不在场的;三是马克思此处指认的经济物相化编码活动建构起来的经济关系场境中的时间与空间,这里资本家眼里的经济物相化时间中的活劳动就是创造财富(价值),时间就是金钱,而经济物相化空间中的对象化劳动Ⅱ就是资本关系权力的在场。于是,上述第二种社会时空中的劳动物相化所塑形和构序的物品使用价值,只是经济物相化编码和构序进程中商品价值的物性基础。

马克思说,从资产阶级社会的经济基本关系的现象上看,"一方是资本,另一方是劳动,两者作为独立的场境(selbstständige Gestalten)互相对立;因而两者也是作为异己的东西相互对立(fremd gegen einander)"①。马克思在此所使用的 Gestalt(场境)一词是独具匠心的,因为这里作为隐性权力在场的资本与活劳动的历史在场性,都不是直观经验塑形中呈现的实体性的物,而是两种非直观的复杂的关系性场境。这是资本主义经济物相化中的根本矛盾,也是这一特殊历史辩证法的核心动力,在似自然性的"第二自然辩证法"中居

①《马克思恩格斯全集》(第二版)第30卷,人民出版社1995年版,第223页。

统治地位的资本,在这种新的对立统一中**同一于劳动**,这将被科学的批判认识论剧透为劳动辩证法颠倒为经济事物辩证法的悲剧。如果按照马克思上面对经济物相化的解蔽构式,这种看起来完全不同的力量外部对立的场境,则成了多重事物化颠倒后的**对象化劳动Ⅱ与非对象化劳动**之间不可思议的我-它自反性异化场境。虽然马克思没有使用异化概念,但这里却存在一个资本**异化概念Ⅲ的不在场的在场**。它直接在场于后来《1861—1863年经济学手稿》的劳动异化批判构式Ⅲ中。与《1844年手稿》中的人本主义逻辑价值批判不同,作为多重异化的对象化劳动的资本,这里的异化关系不再是理论观念中的逻辑赋型,而是经济的社会赋型中,从简单商品生产和交换里逐步历史生成的交换价值关系场境的客观事物化,在这里,货币异化是被交换的劳动关系经过现实抽象反向化为事物化(Ⅰ)关系伪境,当它重新投入到生产过程中,并以事物化(Ⅱ)颠倒的物的形式吸吮工人的活劳动使自己增殖时,它就以控制整个社会关系的总体性方式,异化为作为魔鬼般异己性外部力量的资本。劳动辩证法颠倒为经济事物自在运动的"第二自然辩证法"。由此,马克思才指认资本的本质是对象化劳动,但是它通过经济物相化掩盖所有历史性起源的遗迹,伪饰成劳动的一脸无辜的物性对立面。在后来的《1861—1863年经济学手稿》中,马克思再一次说明了**资本关系的异化本质**。在他看来,"资本越来越成为社会力量(只有资本家才是这个力量的执行者,而且这个力量同个人的劳动所创造或能够创造的东西毫无关系),然而是**异化的、独立化了的社会力量**(*entfremdete, verselbstständigte gesellschaftliche Macht*),这个力量作为事物(*Sache*)并且通过这种事物作为个别资本家的权力而同社会相对立"①。这直接指明了,资本异化的本质是对象化劳动Ⅱ本身通过在客观的交换关系中发生的事物化,异化为"同个人的劳动所创造或能够创造的东西毫无关系"的"独立化了的社会力量"。这是真实发生在资产阶级社会经济活动中的客观关系伪境,其中,工人劳动物相化的辩证运动,被妖魔化成外在经济事物的消极自发整合(integration)运动的"第二自然辩证法"。这当然已经是

①《马克思恩格斯全集》(第二版)第32卷,人民出版社1998年版,第501页。中译文有改动。Marx-Engels-Gesamtausgabe(MEGA²),Ⅱ/3-5,Text,Berlin:Dietz Verlag,1980,S.1021.

劳动异化批判构式Ⅲ的内容。马克思说,资本"作为**异己的、外在的**(fremde,äusserliche)权力,并且作为**不以活劳动能力本身为转移的一定条件**下消费和利用活劳动能力的权力(Mächte)来同活劳动能力相对立的一切要素,现在表现为**活劳动能力自身的产品和结果**"①。在资本与劳动的 fremde,äusserliche(**异己的、外在的**)对立关系中,资本以**不是自己**的经济物相化方式,脱型和构序为"消费和利用活劳动能力的权力",它事物化变形为"**活劳动能力自身的产品和结果**"的物性条件,而被奴役的活劳动(lebendige Arbeit),则不认识这个自己过去的创造物的妖魔化身。此时马克思可能又会想起黑格尔在《精神现象学》中的那段表述,即观念创造了一种"坚硬的现实世界",而观念在面对这种"异己的陌生的现实"时,竟然"在其中认不出自己"。② 这恰是历史认识论可能驻足,以及历史现象学和科学批判认识论出场的地方。在马克思看来,

> 同活劳动能力相对立的价值的独立的自为存在从而价值作为资本的存在;劳动的客观条件对活劳动能力的客观的漠不相干性(Gleichgültigkeit)即**异己性**(Fremdheit)已经达到如此地步,以致这些条件以资本家的人格的形式(Person des Capitalisten),即作为具有自己的意志和利益的人格化,同工人的人格(Person des Arbeiters)相对立。③

这是说,与在场活的劳动能力相对立的资本,其真实的**历史性在场**是经过复杂经济物相化编码中介掩盖起来的**不在场的在场性**,这种不在场的在场性的本质,恰恰是经济物相化背后的价值(对象化劳动),在流通领域中通过异化与事物化,呈现为"独立的自为存在"(货币),当作为资本的货币再以购买到的原料、机器和厂房等生产资料的物性方式出现在生产过程中时,则表现出"对活劳动能力的客观的漠不相干性即**异己性**"和**不在场**。这里,我们再一次看到了黑格尔《精神现象学》"绝对知识章"中的那个表达异化关系的特定的 Gleichgültigkeit(漠不相干性)。在《1844 年手稿》中,青年马克思直接使

---

① 《马克思恩格斯全集》(第二版)第 30 卷,人民出版社 1995 年版,第 442 页。
② 参见 [德] 黑格尔《精神现象学》下卷,贺麟、王玖兴译,商务印书馆 1979 年版,第 38 页。
③ 《马克思恩格斯全集》(第二版)第 30 卷,人民出版社 1995 年版,第 443 页。

用了 gleichgültigen Fremdheit(漠不相干的异己性)一语。① 这个黑格尔哲学话语中的 Gleichgültigkeit,原意是指物性对象不识自身的观念本质,在马克思这里当然是指人们无法透视作为资本关系出现的原料、厂房和机器等对象化劳动Ⅱ的自反性本质。不过,马克思还是忍住没有使用异化概念,而是小心翼翼地使用了 Fremdheit(异己性)一词。在此,如果从认识论的视角观察这种事物化颠倒了的资本关系场境,我们在直观经验塑形中是无法透视这些看起来与劳动"漠不相干"的物为什么不是它自身,而是彼处隐匿起来的不在场的资本统治关系的 Anderssein(**他性存在**)在场。并且,在资产阶级社会的历史舞台上,资本和雇佣劳动的关系,分别在反向物相化颠倒中人格化为拥有资本的资本家和拿工资(Lohn)的雇佣工人。如果没有狭义历史唯物主义基础上的历史现象学,无论是在经验常识的层面还是历史认识论的更深层面上,我们都是无法透视这一特殊的经济物相化空间中的主体伪在场关系场境的。实际上,如果对处于直观素朴实在论中的人说,你看到的雇佣制度下的资本家和工人不是"人",而是一种社会关系的反向人格化,他肯定会疯掉的。也是在这一点上,当科西克说,人"在进入经济关系的瞬间,他就不依他的意志和意识为转移地被收入环境和规律似的关系网之中。在这种关系中,他作为一个经济人发挥作用。只有在完成了经济人的角色的条件下,他才能生存并实现自身"②,并且,"人(经济人)只是物的社会运动的代理人或人形面具"③,他是深刻的。而对经济物相化空间中的这种异化经济关系反向人格化的伪主体来说,其认知结果必定是经济拜物教图景。在所有资产阶级经济学家看到资本家与工人平等交换、利润(地租、利息等)作为与工资对等的"合法收入"的地方,马克思都通过历史现象学和批判认识论,透视出一幅资产阶级经济关系场境中事物化颠倒和我-它自反性异化的本质。

显见,也是在这里,马克思又突然从生产领域退回到流通领域,将资本与雇佣劳动关系的人格化——资本家与工人,重新带入上面已经讨论过的抽象

---

① 参见《马克思恩格斯全集》(第二版)第 3 卷,人民出版社 2002 年版,第 327 页。
② [捷克]科西克:《具体的辩证法》,傅小平译,社会科学文献出版社 1989 年版,第 65 页。
③ [捷克]科西克:《具体的辩证法》,傅小平译,社会科学文献出版社 1989 年版,第 145 页。

的简单商品交换过程,这就历史地、具体地、现实地生成资产阶级社会中发生的一桩特殊的商品交换事件,即在资本家与工人之间上演的一出资产阶级社会日常生活中看起来公平的买卖事件。这是马克思在《大纲》"资本章"中第一次从生产过程返回到流通领域,可这已经不是"货币章"中那个抽象的简单商品交换场境,而是一步跨进了资产阶级社会中资本与劳动的交换现场。后面我们会看到这一场面的多次重复发生。马克思说,表面上,我们从感性经验塑形的直观中,可以看到"工人和资本家的交换是简单交换;双方都得到一个等价物(Equivalent),一方得到的是货币,另一方得到的是商品,这个商品的价格正好等于为它支付的货币"①。在这一交换中,工人得到可以购买生活资料的货币(工资),我们已经知道,这个作为工资的货币是工人自己并不相识的对象化劳动Ⅱ,它作为"财富"会转化为生活资料而被消耗;而资本家则得到一个特殊的商品,因为"资本家在这个简单交换中得到的是使用价值:对他人劳动的支配权(Disposition über fremde Arbeit)"②。这是说,资本家在与工人的交换中得到了一个特殊的商品("财富"),表面上,如资本家所公开声称的那样,他用工资平等购买到的是与一定货币量等质的劳动,而实际上,马克思发现这个特殊的商品并不是自己在《雇佣劳动与资本》中所误认的劳动,而是对工人那个根本不在场的**非对象化劳动**的"劳动的支配权",这也意味着,这个商品的特殊使用价值是对时间上可能在场的劳动能力的支配性使用。这也表明,与我们在感性直观中看到的形式上的平等交换的经济物像不同,工人与资本家得到的表面上等价的东西在实质上是有差异的,资本家用工资换回的"商品"在消费中不是简单地被消耗,这种特殊的财富是一种**可变的**财富,这就是**资本增殖**(G—G′)。这个神奇的G—G′是马克思前面所有讨论和理论塑形准备的真正思考焦点,这是历史认识论无法达及的最深层的经济物相化遮蔽。在此,马克思看到的真相为:对象化劳动Ⅱ异化后的资本(货币)与支配非对象化劳动的权力关系,正是在这种"平等交换"之后才正式生成的。因为从此之后,工人的劳动在生产中的使用权属于资本家,此后在生产

---

①《马克思恩格斯全集》(第二版)第30卷,人民出版社1995年版,第241页。
②《马克思恩格斯全集》(第二版)第30卷,人民出版社1995年版,第241页。

领域中发生的"**创造价值的劳动,即生产劳动**"→G—G′,变成了资本家不想让别人知道的自己的"家事"。这是马克思领着我们重新回到流通领域的直接目的。

也是在这里,马克思突然作了一个比较性的历史分析,即解放了的自由工人与奴隶的差异:与奴隶制度下作为商品的奴隶不同,"作为奴隶,劳动者具有交换价值,具有价值;作为自由工人,他没有价值;只有通过同工人交换而得到的对工人劳动的支配权,才具有价值"①。因为在奴隶制下的奴隶买卖中,奴隶主是一次性地出让奴隶的所有权,易手的奴隶完全归购买奴隶商品的其他奴隶主所有,这样,奴隶本身是有"价值"的;而自由工人在与资本家的交换中则并非一次性地出让自身主体的所有权,在这个意义上,工人不是商品,本身也没有"价值",他只是通过得到工资有限地"定时"出卖自己劳动能力的 Disposition(支配权)。这一观点,是马克思在《共产党宣言》和《雇佣劳动与资本》中已经讨论过的问题。② 这意味着,"工人卖给资本家的不是他的劳动,而是对他自身作为劳动力[working power]的暂时使用权"③。工人卖给资本家的不是对应于一定数目金钱的现成的可量化的劳动,而是不在场的劳动能力的**定时使用权**。这样,工资也就不是劳动商品的价格,而是劳动力使用权价值的市场价格表现。马克思说,作为价值,工人出卖的只是对自己劳动能力的定时的支配权,并且,这个可变卖的商品"价值",在资本家手中却神奇地翻转为一种特殊的使用价值,这个使用价值是工人作为"活的主体"在时间可能性上在场的**非对象性的**劳动能力。这应该也是上述马克思专门区分对象性劳动与非对象性劳动的真正目的。在马克思看来,作为自由劳动力的工人,"他的生命力是一种源泉,他自己的使用价值在一定的时期内,在耗尽以前,能够从这个源泉中不断地重新发动起来,并且不断地同资本相对立,以便重新开始这样的交换"④。这恰是整个资产阶级社会生存下去的真实基础。

①《马克思恩格斯全集》(第二版)第 30 卷,人民出版社 1995 年版,第 249 页。
② 参见《马克思恩格斯全集》第 4 卷,人民出版社 1958 年版,第 482 页;《马克思恩格斯全集》第 6 卷,人民出版社 1961 年版,第 478 页。
③《马克思恩格斯全集》(第二版)第 35 卷,人民出版社 2013 年版,第 120 页。
④《马克思恩格斯全集》(第二版)第 30 卷,人民出版社 1995 年版,第 242 页。

其实,这也是资本家手中资本增殖(G—G′)的真正可变"源泉",经济事物看起来自我运动的"第二自然辩证法"中真正的矛盾动力也在于此,只是它在形式上的"公开交易"直观经验塑形的假象中被很深地掩盖起来了。或者说,真正创造了"带来货币的货币"——资本增殖的非对象化劳动,从来没有出现在平等交换的流通领域中。由此,它也不可能成为历史认识论的直接认知对象,而只有在批判认识论的特殊透镜中,才会发现它的隐性存在。马克思意识到,这一非对象化劳动在雇佣制度下物质生产过程中的不断"发动",也正是维系资本关系成为社会总体性的根本基础。由此马克思发现,"资本家最大的愿望是让工人尽可能不间断地挥霍他那份生命力",在资本与雇佣劳动的交换中,"资本家换来这样一种生产力,这种生产力使资本得以保存和倍增,从而变成了资本的生产力和再生产力(Productivkraft und reproducirenden Kraft des Capitals),一种属于资本本身的力"①。这一问题的深入思考,是马克思在《1861—1863 年经济学手稿》中完成的。应该说,这是变身为吸血鬼的资本,作为"一种不断要超出自己的量的界限的欲望;是无止境的过程"的生命力的真正来源。这也必然是资本与雇佣劳动的关系乃至全部资产阶级社会体制得以确立和维系的真正现实前提。这恰恰是资产阶级社会内部以资本为基础的生产方式的本质。

其次,作为**非对象化**的雇佣劳动。马克思此时最关心的,当然是作为非对象性劳动的雇佣劳动。他告诉我们,如果说在过去的传统社会形式中,劳动者与自己的劳动活动,劳动者与生产工具、劳动对象还是处于一个统一体之中,那么,此时资产阶级社会中的资本所面对的雇佣劳动,却是一无所有的工人那里仅仅作为**非对象化(非资本)的劳动**,即**与所有权相分离而只能依存于资本的劳动**。对于这一在经济物相化视域中无法直观的非对象化劳动概念,马克思作了较详细的哲学界定。我推断,马克思此时只是下意识地意识到这一劳动概念在经济学语境中的重要性,因为这是他的剩余价值学说的重要构序基础,他还没有意识到,这可能是自己从"第二自然辩证法"中透视出劳动辩证法的开端,这也会是自己再次重启劳动异化概念甚至劳动异化批判构式Ⅲ的逻辑起点。马克思分析说,"作为**非资本**本身的劳动"也就是非

① 《马克思恩格斯全集》(第二版)第30卷,人民出版社1995年版,第232页。

对象化劳动,它可以从这样几个方面来观察:

(1)**从否定方面看的非对象化劳动**(*Nicht-vergegenständlichte Arbeit*)(本身还是对象的东西,在客观形式上是非对象的东西)。作为这样的东西,劳动是非原料,非劳动工具,非原产品:是同一切劳动资料和劳动对象相分离的,同劳动的全部客观性相分离的劳动。是**抽掉了**劳动的真正现实性(reale Wirklichkeit)的这些要素而存在的活劳动(同样是非价值);这是劳动的完全被剥夺,缺乏任何客体的、纯粹主体的生存(rein subjektive Existenz)。①

显然,这又是经济学家无法直接读懂的纯粹哲学话语。这一类的哲学话语,当然也不会出现在马克思准备写给经济学家和一般读者的阐释性文本(如《政治经济学批判》和后来的《资本论》)中。我揣测,这里马克思并不是刻意要使用哲学话语,或者是像《巴黎笔记》时期有意"跳出"经济学话语,而是他所面对的资产阶级经济构式负熵关系本身的复杂性,使他不得不使用与资产阶级经济学家不同的哲学方法,重新透视经济物相化中的资本与雇佣劳动的关系。而且,我们也能体会到,马克思在此并没有直接使用广义历史唯物主义中业已确立的生产话语和实证性的历史认识论,而是重返黑格尔的《精神现象学》的劳动话语中的批判逻辑。应该说明,马克思并非试图用这种哲学话语来阐释自己的观点,而是进行自己弄清问题的思想实验。他甚至也从来没有向恩格斯等人提及自己的这些思想深境。② 所以,我们不能无限放大马克思在这里的学术研究中**研究性话语**的特殊理论构境意义。于是,我们看到了一幅全新的批判认识论逻辑构序中有思辨色彩的理论构境:从否定的方面看作为雇佣劳动的非对象化劳动,即是说,它**不是什么和失去了什么**。

第一,作为资本的"对象化劳动本身在与活劳动的关系中又表现为原料和劳动工具",虽然肉身的工人劳动者是对象性的实在,但作为他的劳动能力的 Nicht-vergegenständlichte Arbeit(非对象化劳动)当然不是对象性的工具和

---

① 《马克思恩格斯全集》(第二版)第30卷,人民出版社1995年版,第253页。中译文有改动。

② 恩格斯在马克思去世后,第一次看到《大纲》和《1861—1863年经济学手稿》中马克思的思想实验时,是十分吃惊的。参见《马克思恩格斯全集》第36卷,人民出版社1974年版,第3页。

原料("非原料,非劳动工具,非原产品")。一是如果根据我们前面在马克思"工艺学笔记"和历史唯物主义客体向度中的讨论,经过对一般物相化的透视,作为对象性劳动Ⅰ的工具和原料,也都是作为过去劳动塑形和构序的用在性关系场境存在。在黑格尔《精神现象学》的构境中,它们都是"正在消逝的东西(verschwindend darstellt)"。二是在经济物相化透视中看,这种劳动已经消失的对象化劳动,现在不仅仅是它自身的直接用在性(使用价值),而且是作为商品交换关系中现实抽象出来的对象性劳动Ⅱ——社会必要劳动时间的价值关系异化与事物化结果的资本关系的具象化实在,它们代表了资本关系的客观力量。三是非对象化劳动不是工具、原料那样的对象性实在,而是即将利用工具(对象化劳动)塑形和构序原料(对象化劳动)的赋型活动,它在生产过程中的在场与消失是同时发生的,所以,它才会在"客观形式上是非对象的东西"。在这里,我们可以深切地体会到马克思从生产过程转换到劳动过程的意义:"生产一般"是无法说明这个 Nicht-vergegenständlichte Arbeit 的。

第二,工人在从封建土地上被解放成自由的劳动者时,同时也失去了"一切劳动资料和劳动对象"。所以马克思说,在这个意义上,作为工人劳动力潜能存在的非对象化劳动,只能是被"抽掉了劳动的现实性"的"作为绝对的贫穷的劳动"。作为一种丧失了任何客观实现条件的纯粹独立的存在,非对象化的雇佣劳动是一种特殊的历史结果,而且是悲惨的"完全被剥夺,缺乏任何客体的、纯粹主体的生存"的历史结果。因为它离开了在我-它自反性异化中化身为生产资料的资本关系的盘剥,就无法独立生存下去。

马克思接着分析说,

(2) **从肯定方面**看的非对象化劳动,非价值(*Nicht-Werth*),或者说,自己对自己的否定性,劳动是劳动本身的非**对象化的**存在,因而是劳动本身的非对象的,也就是主体的生存(subjektive Existenz)。劳动不是作为对象,而是作为活动存在;不是作为**价值**本身,而是作为价值的**活的源泉**(*lebendige Quelle*)存在。[1]

---

[1]《马克思恩格斯全集》(第二版)第30卷,人民出版社1995年版,第253页。

这还是哲学话语编码中的思考。"从肯定方面看",是说非对象化的雇佣劳动**是什么**。非对象化劳动是 Nicht-Werth(非价值),所以,与之相对的不是对象化劳动Ⅰ,而是作为价值实体的对象化劳动Ⅱ,指认非对象化劳动不是价值,是标识这种非对象化劳动不是在场于雇佣劳动交换关系中的商品,在经济物相化迷雾中,似乎是工人拿出自己的劳动作为商品在交易,但实际上发生的真相却是"自己对自己的否定性",非对象化劳动不是变卖关系中的(劳动力)商品价值,而是这一虚假商品交换背后没有出场的雇佣劳动者本身潜在的"主体的生存"活动。这也就是说,与现实存在的资本物(对象化劳动Ⅱ)相比,非对象化的雇佣劳动不是现成的对象,它是劳动者主体生存的一种可能发生的活动,并且,只是一种在"**一般可能性**(*allgemeine Möglichkeit*)"上存在的非对象化的纯主体劳动活动,然而,它的在场却是活劳动在创造使用价值的同时,凝结为新的对象化劳动Ⅱ,即真正保存价值和创造新价值以养活资本的唯一鲜活的泉眼。

"劳动作为同表现为资本的货币相对立的使用价值,不是这种或那种劳动,而是**劳动本身**,抽象劳动(abstracte Arbeit);同自己的特殊**规定性**决不相干,但是可以有任何一种规定性。"①这是马克思在《大纲》中第一次使用 abstracte Arbeit(抽象劳动)概念。在这里,马克思的理论构序进程中突然出现了一种逻辑跳跃。这个第三点,突然不再是对作为对象化劳动Ⅱ的资本和非对象化劳动各自的具体分析,而转向对二者关系在另一个构境层中的转换基础的深究。这是一个十分复杂的学术构境。其核心构序构件是重要概念 abstracte Arbeit(抽象劳动)的出场。可是,这里的抽象劳动概念还不是后来那个与具体劳动(konkrete Arbeit)相对立的作为价值赋型基础的抽象劳动,而特指资产阶级社会劳动分工条件下出现的**片面化的**抽象劳动。我们也可以将其指认为特殊话语格式塔中出现的**抽象劳动Ⅱ**。这一观点的缘起,当然是黑格尔《法哲学原理》中的相关讨论。② 其实,这里有两个不同的构境层:一是与资本相交换的雇佣劳动本身并不是商品,所以它没有价值;相对于作为一般

---

① 《马克思恩格斯全集》(第二版)第30卷,人民出版社1995年版,第254页。
② 参见[德]黑格尔《法哲学原理》,范扬、张企泰译,商务印书馆1961年版,第210页。

价值等价物的货币,它反倒表现为活的使用价值,即在生产过程中发挥具体劳动的塑形和构序作用。二是在与资本相对的交换关系场境中,这种作为使用价值出场的雇佣劳动却是抽象劳动。马克思曾经肯定过"不是这种或那种劳动,而是**劳动本身**"的观点,这是斯密对劳动价值论的贡献。① 但此处马克思抽象劳动概念的话语格式塔构境却发生了改变:资产阶级社会中出现的非对象化的雇佣劳动,必定是依存于劳动分工和商品交换关系场境的片面化劳动现实抽象(Ⅰ)出来的总体劳动,或者**一般**劳动(抽象劳动Ⅱ),离开这一总体进程的个人(片面)劳动即是无(饿死)。这也是资产阶级社会中丧失了生产资料的劳动力从属于资本的另一个重要方面。对于这一点,马克思进一步分析道:

> 随着劳动越来越丧失一切技艺的性质(Kunstcharakter),也就发展得越来越纯粹,越来越符合概念;劳动的特殊技巧越来越成为某种抽象的、漠不相干的东西(etwas Abstraktes, Gleichgültiges),而劳动越来越成为**纯粹抽象的活动**(rein abstrakte Thätigkeit),纯粹机械的,因而是无差别的、同劳动的特殊形式漠不相干的活动;单纯**形式**的活动,或者同样可以说单纯**物质的**(stoffliche)活动,同形式无关的一般意义的活动。②

这里马克思所提及的劳动的"特殊形式",是过去农业生产和手工业劳动实现出来的"怎样劳作"的技艺,而劳动分工和商品交换关系下的现代雇佣劳动,则在科学技术客观地抽象掉劳作的"技艺"和"工艺"之后,逐渐失去自己的主体性特殊构序和编码技巧,而沦落为无形式(没有技艺)的工具性动作——rein abstrakte Thätigkeit(纯粹抽象的活动),因而也成为与劳动主体"漠不相干的活动"——抽象劳动Ⅱ。这种片面的抽象劳动的产生,恰恰是以资本为基础的特定生产方式在机器化生产进程中的客观结果,它迫使雇佣劳动完全依存于资本的统治。也是在这里,马克思说,"生产关系的即范畴的——

---

① 在前面的讨论中,马克思曾经说:"亚当·斯密大大地前进了一步,他抛开了创造财富的活动的一切规定性,——干脆就是劳动,既不是工业劳动,又不是商业劳动,也不是农业劳动,而既是这种劳动,又是那种劳动。"[《马克思恩格斯全集》(第二版)第30卷,人民出版社1995年版,第45页。]

②《马克思恩格斯全集》(第二版)第30卷,人民出版社1995年版,第255页。中译文有改动。

这里指资本和劳动的——特殊规定性,只有随着特殊的**物质生产方式**(*materiellen Weise der Production*)的发展和在工业**生产力**(*industriellen Productivkräfte*)的特殊发展阶段上,才成为真实的"①。这是马克思第一次指认,在工业生产力的特殊发展阶段上,必然产生**以资本统治雇佣劳动的生产关系为基础的物质生产方式**。

最后,资本对**非对象性劳动的占有**。明眼人可以看出,这本身就是一个被遮蔽起来的**异化关系**。因为资本与雇佣劳动的关系是对象性劳动对非对象性劳动的我-它自反性奴役。这当然在马克思对资本关系的透视中,构成历史现象学和批判认识论的核心构序点。在马克思看来,"资本通过同工人交换,占有了劳动本身;劳动成了资本的一个要素,它现在作为有生产能力的生命力(*befruchtende Lebendigkeit*),对资本现存的、因而是死的对象性(*todte Gegenständlichkeit*)发生作用"②。这又是掺杂哲学话语的表达。其构境意向为,在这种资本与雇佣劳动的交换和实际占有关系中,资本作为对象化劳动,获得了非对象性的作为生产创造能力的雇佣劳动,有生命力的活劳动成为与其他"死的对象性"的劳动材料和工具相同的"资本的一个要素",从而**在生产过程中**将这种无法独立存在的劳动"生产能力"变成从属于资本的生产能力,使自己增殖。这也意指着,资本对劳动的实际占有,发生在离开流通领域之后的生产过程之中。这里在经济物相化空间中发生的奇妙编码转换,是资本与雇佣劳动的外部对立消失了,因为出现在生产过程中的劳动、劳动资料和劳动对象,都已经被赋型为资本的客观场境存在,生产过程现在是资本控制的**可见的物质生产过程**,而不再是看不见的**主体性劳动**过程。由此,劳动的辩证法畸变为伪饰起来的客观生产辩证法,而实际上,这正是经济物相化遮蔽起来的假象。这里客观地发生着生产成本的耗费、产品的成型以及它们在市场需求关系中"平均利润率"的综合定价,这正是李嘉图和所有资本家理直气壮的现实基础。

---

① 《马克思恩格斯全集》(第二版)第 30 卷,人民出版社 1995 年版,第 255 页。Marx-Engels-Gesamtausgabe(MEGA²),Ⅱ/1,Text,Berlin:Dietz Verlag,2006,S.217.

② 《马克思恩格斯全集》(第二版)第 30 卷,人民出版社 1995 年版,第 256 页。

然而,马克思却再一次告诉我们,熟知的东西往往是我们没有理解的假象,因为,在可直观的生产过程中,同是资本的要素,如果转换到劳动过程的视角时,非对象化劳动与其他劳动条件(对象化劳动)的作用是完全不同的。在此,我们就会更深地体知到马克思为什么必须深入讨论生产过程与劳动过程的关系,或者说,从客体向度的物质生产过程中透视出主体性劳动过程的意义了。马克思形象地说,"劳动是酵母(Ferment),它被投入资本,使资本发酵(Gährung)"①。马克思的这个比喻是十分生动而深刻的,因为酵母在面团发酵过程中的作用是不可直观的。还原到上面的构序逻辑中,则是生产过程中作为死去的对象化劳动的资本要素,必须被有生产能力的非对象化劳动改变,在这一改变中,非对象化劳动的"纯粹主体性必须被扬弃,而且劳动必须被对象化在资本的物质中",由此成为新的对象化劳动。依黑格尔的话语,即再成为"正在消逝的东西"(verschwindend darstellt)。这个消失的对象,只有现象学基础上的批判认识论才可能捕捉到。马克思分析说,同是生产过程中的资本要素,但从劳动过程来看仍然存在着资本对劳动的占有关系,或者说,对象化劳动对活劳动的占有关系。但这种关系场境在劳动过程中发生了实际上的翻转:

> 资本(按其内容来说)对劳动的联系(Beziehung),对象化劳动对活劳动(der vergegenständlichten Arbeit auf die lebendige Arbeit)的联系——在这种联系中,资本在劳动面前表现为被动的东西,资本的被动存在作为特殊实体同作为塑形活动(formende Thätigkeit)的劳动发生关系——只能是劳动对它的对象性的联系(Beziehung),劳动对它的物质的联系。②

在资本与雇佣劳动的对象性物质联系中,占有劳动的资本是被动的"死的"对象化劳动,作为消失了的对象化劳动本身在与活劳动的关系中又表现为被动的原料和劳动工具,而非对象化的雇佣劳动,则是让作为"被动的东西"的资本增殖的 formende Thätigkeit(塑形活动)。在这里,非对象化劳动"从

①《马克思恩格斯全集》(第二版)第30卷,人民出版社1995年版,第256页。
②《马克思恩格斯全集》(第二版)第30卷,人民出版社1995年版,第256页。中译文有改动。Marx-Engels-Gesamtausgabe(MEGA²),Ⅱ/1,Text,Berlin:Dietz Verlag,2006,S.218.

活动形式被固定为,被物相化(materialisirt)为对象形式,静止形式;劳动在改变对象时,也改变自己的场境(Gestalt),从活动变为存在(wird aus Thätigkeit Sein)"①。马克思的这一判断是极为重要的。但它会是一个复杂的思想构境:一是劳动过程中实际发生的工人的具体劳动,是他利用工具创制产品使用价值的活动,wird aus Thätigkeit Sein(从活动变为存在),在这里,活劳动materialisiren(物相化)为对象本身被塑形和构序的物质改变,生成产品新的用在性的对象化劳动Ⅰ,但这只是一般物相化的发生,而且这并不是马克思所关注的主要方面;二是这一劳动过程同时也是活劳动作为可交换(在市场上卖钱)的抽象劳动转移工具价值和保存对象原有价值,并且创造作为对象化劳动Ⅱ的新的价值增殖的过程,这后一方面的**经济物相化编码结果**,才是资本家真正追逐的东西。这后一个方面,在资产阶级经济学家那里表现为资本与劳动的外部对立发生了一个逆转,因为,资本对劳动的占有,其本质是被动的**对象化的死劳动对非对象化的活劳动塑形活动的占有**,恰是在这种占有关系中,资本才得以"发酵",这是整个资产阶级生产关系的本质!商品、货币和资本跳舞的经济事物辩证法的本质是劳动的辩证法!在方法论构境的深处,我们可以看到黑格尔《精神现象学》的逻辑的影子,黑格尔是将我们面前的物相透视为理念异化为物性实在的颠倒,他的批判认识论为,对象化为物性存在的观念扬弃自身的异化,从被动的物性实存中复归于能动的观念。而马克思这里的批判逻辑则是,经济物相化中的资本与雇佣劳动的异化关系,不过是工人所创造的对象化了的劳动对自己非对象性劳动的占有和盘剥,要扬弃这种颠倒性的异化关系,必然是推翻资本关系的统治。

马克思认为,当资本以好像与谁也没有关联的劳动对象和生产工具的样子进入生产过程时,它自身的真实在场本质就被遮蔽起来了,它表现出一个感性经验塑形中可见的中性的、没有社会属性的到场物性存在。然而,这种直观经验中的伪像,已经是多重经济物相化关系脱型和转换的结果。"资本在过程中只是被动的定在(passives Dasein),只是对象的定在,在这种定在中,

①《马克思恩格斯全集》(第二版)第30卷,人民出版社1995年版,第258页。中译文有改动。Marx-Engels-Gesamtausgabe(MEGA²),Ⅱ/1,Text,Berlin:Dietz Verlag,2006,S.220.

使资本成为资本——即某种自为存在的社会关系（für sich seiendes gesellschaftliches Verhältniß）——的形式规定（Formbestimmung）完全消失了。"①马克思一到关键性的构境层面，总是忍不住自己的哲学冲动，这里的Dasein（定在）和 für sich seiendes（自为存在）显然是黑格尔的构序，Dasein 表示观念隐匿自身的消极的物性实在，而 für sich seiendes 则表征一种"第二自然辩证法"构序和编码中的经济自主性。当资本以劳动对象和工具等生产条件的老实样态进入生产的时候，谁也不会想到它的真面目，即"资本成为资本——即某种自为存在的社会关系"，资本作为对象化劳动的我-它自反性异化和它对雇佣劳动的奴役关系完全消失了。这正是历史认识论的边界和批判认识论的"黑暗考古学"②中的认知对象。这也意味着，这种物性在场的资本仍然是黑格尔意义上"正在消逝的东西"（verschwindend darstellt），**它的支配性在场表现为不在场**。在马克思看来，在这里，

> 资本只是作为对象，而不是作为**对象化劳动**（vergegenständlichte Arbeit），进入过程，被加工的。变成棉纱的棉花，或变成布的棉纱，或变成印染材料的布，它们的存在对于劳动来说，只不过是已经存在的棉花、棉纱、布。就它们本身是劳动产品（Producte der Arbeit），是对象化劳动来说，它们根本不进入过程，只有作为具有一定自然属性的物质存在（materielle Existenzen mit bestimmten natürlichen），它们才进入过程。至于它们是怎样获得这些属性的，这与活劳动（lebendige Arbeit）同它们的关系完全无关；对于活劳动来说，它们所以存在，只是由于它们是不同于活劳动的东西，也就是说，它们是作为劳动材料而存在的。③

马克思是说，当作为资本的货币通过购买变身为劳动对象时，它已经将自

---

① 《马克思恩格斯全集》（第二版）第 30 卷，人民出版社 1995 年版，第 260 页。中译文有改动。Marx-Engels-Gesamtausgabe（MEGA²），Ⅱ/1，Text，Berlin：Dietz Verlag，2006，S. 222.

② 这是借喻于福柯创立的探寻"黑暗传奇"（Légende noire）的考古学，这是指在生活中被重重遮蔽起来的生活片断或边缘化的生存，通常，"它被剥夺了传统，只是通过间断、擦抹、湮灭、重组和再现之后，它才流传到我们这里"（［法］福柯：《声名狼藉者的生活》，载《福柯读本》，唐薇译，北京大学出版社 2010 年版，第 103—106 页）。

③ 《马克思恩格斯全集》（第二版）第 30 卷，人民出版社 1995 年版，第 260 页。

己的真身(工人创造的对象化劳动)丢弃在交换市场的出口了,现在它就是棉花,就是棉花变成的棉纱,就是棉纱织成的布,所以当李嘉图说,资本就是原料、机器和厂房的时候,他确实看到了可见的金钱变成了纺织业生产中同样可见的棉花、棉纱和布,在直观的感性经验塑形中,这只是"具有一定自然属性的物质存在",而不再是过去工人劳动的产品,不再是对象化劳动的异化,不再是资本的支配性生产关系。这是一种多重遗忘:棉花、棉纱和布是如何被劳动失形/塑形和祛序/构序为劳动产品的一般物相化过程被彻底遗忘,它们作为对象化劳动如何经过商品交换与货币的事物化(Ⅰ)颠倒和异化关系被彻底遗忘,它们作为资本关系的货币转换为劳动条件的事物化(Ⅱ)和异化过程被彻底遗忘。用海德格尔的话来说,就是存在被遗忘。资产阶级经济世界中的似自然性的"第二自然辩证法"是对劳动辩证法的遗忘。也是在这个意义上,阿多诺才说,资产阶级社会"即交换社会那种贪婪的、破坏性的扩张原则"背后,正掩盖着对"生产的这种遗忘"。① 布尔迪厄也曾经指认说,资产阶级世界观的自然性意识形态的本质,就是"力求建立一个完全消除一切生产劳动痕迹和对生产者的一切参照的可视空间:'自然'风景"②。他是深刻的。经济物相化迷雾中,现在只有与活劳动相异的"具有一定自然属性的物质存在"。这也说明,经济物相化并不仅仅是某个资本家故意制造的障眼法,它是在以资本为基础的生产过程中客观发生的神秘此-彼错位关系场境存在论的编码转换。因为在这里,

> 资本只表现为简单的**生产过程**(*Productionsproze*),资本作为资本,作为与自己的实体不同的东西不进入这种过程。资本甚至也完全没有以它本身固有的实体——即作为对象化劳动,因为这是交换价值的实体(Substanz des Tauschwerths)——表现出来,而只是以这个实体的自然定在形式(natürlichen Daseinsform)表现出来,在这个形式中,同交换价值,对象化劳动,同作为资本的使用价值的劳动本身的一切关系——因而同资本本身的一切关系——都消失了。③

---

① 参见[德]阿多诺《黑格尔三论》,谢永康译,上海人民出版社2020年版,第21页。
② [法]布尔迪厄:《帕斯卡尔式的沉思》,刘晖译,生活·读书·新知三联书店2009年版,第18页。
③《马克思恩格斯全集》(第二版)第30卷,人民出版社1995年版,第261页。中译文有改动。Marx-Engels-Gesamtausgabe(MEGA²),Ⅱ/1,Text,Berlin:Dietz Verlag,2006,S.222.

现在我们终于可以清楚地看到马克思从物质生产过程背后透视出劳动过程的用意了,因为,在李嘉图和所有资本家那里,资本就是进入了一个纯粹客观的生产过程,而不是马克思所强调的**主体性的劳动过程**,资本把自己事物化变身为客体中的生产材料和生产资料,"资本作为资本",或者说它自己"固有的实体"——对象化劳动Ⅰ在交换中所现实抽象(Ⅲ)成的"交换价值的实体"(对象化劳动Ⅱ),都是不进入这个可直观的客观生产过程的。现在,资本就是物性到场的棉花、棉纱和布的"自然定在形式",在这个人们熟知的物的形式中,对象化劳动、这种劳动在交换中现实抽象生成的交换价值(货币)和资本对雇佣劳动(活劳动)的奴役关系全部被遮蔽起来了。在这里,已经十分深刻的历史认识论仍然是无力透视这种特定经济物相化编码的遮蔽之暗的。在此,我们再一次看到了黑格尔《精神现象学》的影子。因为,这里资本作为一种**不是它自身**,它的到场 statt sich selbst zu bestätigen(并不证实自己)①,而是作为一种"正在消逝的东西(verschwindend darstellt)"出现在生产过程中。用海德格尔对黑格尔现象学批判的概括则是,"它不是最初看起来的那样,而真相为他者"(daß es so nicht ist, wie es zunächst schien, sondern in Wahrheit anders)②。仔细想,这会是一个极其复杂的批判性叠境:第一构境层是入序于生产过程的原料、机器和厂房本身,都已经是对象化劳动的结果,在一般物相化视域中,它们自身的用在性使用价值在"物"中消失了;第二构境层为此时出现在生产过程中的原料、机器和厂房也不是它们自身(用在性存在),因为它们已经是资本家用货币(对象化劳动的价值异化形式)购买来的生产条件,它们现在被赋型为支配活劳动的**资本关系场境**。可是,这一作为对象化劳动异化的统治性资本关系场境也同样消失了。这是一个必须同时用广义历史唯物主义的一般物相化透视和狭义历史唯物主义基础上历史现象学中的经济物相化透视,才有可能发现的熟知经济物像背后的**双重消失**。马克思说,"在这个过程中,资本作为资本的规定在过程形式中消失了,就像

---

① 参见《马克思恩格斯全集》(第二版)第3卷,人民出版社2002年版,第323—324页。

② [德]海德格尔:《黑格尔的精神现象学》,赵卫国译,南京大学出版社2018年版,第27页。中译文有改动。Heidegger, *Gesamtausgabe*, Band 69, Frankfurt am Main: Vittorio Klostermann, 1998, S. 30.

作为货币的货币在价值形式中消失一样"①。与前面他讨论过的**流通领域中**,
事物化Ⅰ遮蔽了货币是对象化劳动交换关系的异化一样,这里的**生产过程**
中,事物化Ⅱ颠倒为生产条件的资本关系的异化,也遮蔽了自身是多重对象
化劳动的真相。正是这**双重异化和双重消失**,从根本上掩盖了资本家剥削工
人的秘密。马克思再一次想到的,可能是黑格尔在《精神现象学》中的这样一
句话:"正在消逝的东西(verschwindend darstellt)本身勿宁应该被视为本质的
东西。"②当然,唯心主义的精神现象学透视,已经为历史唯物主义基础上的历
史现象学批判所取代。科学的批判认识论正是要唤起人们在经济物相化空
间中的多重遗忘。

3. 劳动异化与资产阶级经济剥削的秘密:剩余价值产生的资本 增殖过程

马克思接下去分析说,如果进入生产过程的资本是原料和生产工具等生
产条件,那么,"资本就是非生产的(Capital nicht productiv sei)",因为物性到
场的原料和生产工具等生产条件本身并不会自己起来生产。这里马克思当
然是有针对性的,在前述《布鲁塞尔笔记》中,他就摘录到罗西的《政治经济学
教程》中这样的说法,"资本是一种自身产生的生产力"③。可奇怪的是,在生
产过程结束之后,Capital nicht productiv sei(非生产的资本)却表现为一个"自
我增殖"的过程,这就是一个无中生有的悖论。显然,正是这个客体向度中的
生产过程掩盖着资本家剥削工人的秘密。这当然很深地关联于青年马克思
在《1844年手稿》中对私有财产的劳动主体性本质的揭示。

马克思分析说,我们这里讨论的是"以资本为前提(der unter der
Voraussetzung des Capitals)而开始的生产过程",由于资本作为特定生产关系
的"形式联系"(Formbeziehung)场境被掩盖,所以这一资产阶级社会中特有的
生产过程形似**一般物质生产**过程。这里的 Formbeziehung(形式联系)接近于

---

①《马克思恩格斯全集》(第二版)第30卷,人民出版社1995年版,第261页。

②[德]黑格尔:《精神现象学》上卷,贺麟、王玖兴译,商务印书馆1979年版,第30页。

③ Marx-Engels-Gesamtausgabe(MEGA²),Ⅳ/3,Text,Berlin:Akademie Verlag,1998,S.367−368.

前面马克思使用的 Formbestimmung（形式规定）。在我们已经说明的双重异化和双重消失的历史现象学透镜中，这当然是假象。"由于资本把它的对象存在的一部分同劳动相交换，它的对象存在本身就在自身内部分为对象和劳动（Gegenstand und Arbeit）；两者的关系构成生产过程，或者说得更确切一些，构成**劳动过程**（*Arbeitsprocess*）。"①请注意，这里我们可以清楚地看到，马克思用黑体刻意突显**从生产过程向劳动过程的过渡**，这正是方法论上历史唯物主义**客体向度观察**的深化。这一点，我们在上面第十一章中已经进行了非常充分的讨论。马克思指认，换一个角度就可以看见这样的事实：作为 Gegenstand（对象）在劳动过程中出场的"资本是非生产的（Capital nicht productiv sei）"，因为"资本恰恰只是被看作与劳动对立的对象，被看作物质；只是被动的东西"，作为对象化劳动"消失"的物质对象——原料和工具都不会自己跳起来活动，更不可能塑形和构序对象新的用在性，所以，在劳动过程的视角上，只有非对象化劳动才是**生产性**的。这正是能动的劳动辩证法与"第二自然辩证法"的正面交锋，从根本上看，资本关系事物化（Ⅱ）颠倒而成的经济事物是非生产的、被动的东西，由此，商品、货币和资本一类经济事物看起来热闹的自我运动的"第二自然辩证法"，本质上是一种**消极的辩证法**，而历史辩证法的真正内核只能是能动的劳动辩证法。关于资本的生产性问题的证伪，是马克思在《1861—1863 年经济学手稿》中完成的。

当然，这里的新出现的**生产性劳动**是一个独特的规定性，因为它并非是指具体失形/塑形和祛序/构序物品使用价值的劳动，而是在商品获得使用价值基础上**保存和生产价值**的劳动。这一问题的展开分析，也是出现在后来的《1861—1863 年经济学手稿》中。具体到这里马克思的讨论，生产性劳动就是指"生产**资本**（die *Capital* producirt）的劳动"，或者说，"劳动只有在它生产了它自己的对立面时才是生产劳动（Productiv ist die Arbeit nur, indem sie ihr eignes Gegentheil producirt）"。② 这个对立面，就是表面上看起来自我增殖的资本。这听起来是一个矛盾和悖论，因为非对象化劳动是工人的创造性能

①《马克思恩格斯全集》（第二版）第 30 卷，人民出版社 1995 年版，第 263 页。
② 参见《马克思恩格斯全集》（第二版）第 30 卷，人民出版社 1995 年版，第 264 页。

力,但为什么只有当它生产资本(关系场境)的时候才是生产劳动？这是因为,通过上述资本与雇佣劳动的交换,入序于资本控制的劳动过程中的劳动已经不再属于工人了,"他的劳动的生产性**成了异己的权力**(*fremde Macht*)"①。这是继前述"货币的异化权力"、"资本的异己性权力"之后的**第三种** *fremde Macht*(**异己性的权力**),这种生产性劳动本身就是不可思议的我-它自反性异化关系。当然,与交换价值在交换中事物化地异化为货币、货币权力异化和进一步颠倒为物的资本异化关系相比,这**第四重异化不是客观经济关系的颠倒和异化**,而是工人自己的**主体劳动活动的异化**。马克思在这里,还只是使用了异己性(fremde),而没有直接使用异化(entfremdet)概念。但这完全可以看作《大纲》中**异化概念Ⅳ的不在场的在场**。我们能够清楚地感觉到,马克思再一次重新接近自己在《1844年手稿》中曾经筑模的劳动异化批判构式,当然,这种劳动异化批判构式的基础不再是人本学中那种 sollen(应该)与 Sein(是)悖反的价值悬设逻辑,工人实现于生产过程中的 lebendige Arbeit(活劳动)不是 sollen(应该)存在的本真类本质,劳动异化也不是败坏的 Sein(是),而是客观发生于资产阶级商品-市场经济物相化过程中的现实关系异化。然而,在整个《大纲》的思想实验中,马克思虽然已经涉及了以劳动异化为核心的四个不同的异化层面,但他并没有自觉地塑形起一种劳动异化批判逻辑,特别是在资本关系异化和劳动异化问题的讨论中,他十分压抑地没有直接使用异化概念,也没有真正打通几种异化关系之间的构序关节。所以,我判断,狭义的**劳动异化批判构式Ⅲ**的正式出场还是发生在后来的《1861—1863年经济学手稿》之中,因为在那里,马克思建构了作为资本关系的劳动条件异化、劳动异化、劳动协作-结合力异化、机器与科学技术异化和剩余价值分配形式异化等一系列完整的异化学说。我注意到,古尔德也指认了《大纲》中出现的异化概念,他正确地指出,"马克思在《大纲》中对异化的使用是非常明确的。他用异化来指从根本上来说体现了资本主义生产方式特征

---

① 《马克思恩格斯全集》(第二版)第30卷,人民出版社1995年版,第266页。中译文有改动。

的特殊统治方式"①。可是在他看来，《大纲》中的异化概念"就是活劳动与对象化劳动的分离，或生产中生产价值的劳动能力与其实现手段（例如，土地、资料和工具）、活动产品的分离"②。他没有看到"货币章"中马克思对流通领域中价值关系异化和货币权力异化的深入分析，当然也没有看到此处马克思所指认的劳动能力本身的异化，而不仅仅是进入生产过程时资本"物"（对象化劳动）与活劳动的分离。然而，马克思认为，这一异化关系并非是在这里生成的，而是在那个让人看到的资本家与工人的平等交换中生成的。马克思告诉我们，"作为悖论的结果出现的东西，已经存在于前提本身之中"③。为什么呢？

　　为了让我们看清楚资本家欺骗了所有人的这一障眼法，马克思在"资本章"中领着我们第二次重新回到资产阶级社会中那一特殊的交易现场。马克思说，资本家与工人的"平等交换"中，工人换回的是可以购买供自己生存下去的一定量生活资料的货币，这是他或者劳动者同伴过去的对象性劳动，"工人通过这种交换不可能致富，因为，就像以扫为了一碗红豆汤而出卖自己的长子权一样，工人也是为了一个既定量的劳动能力［的价值］而出卖劳动的**创造力**（*schöpferische Kraft*）"④。不过，不像《圣经》故事中的以扫是因疲累和饥渴而贪恋一碗红豆汤，工人是为了避免被饿死才出卖自己的劳动能力（使用权）。而资本家在这一"等价交换"中得到的东西就不一样了，资本虽然不生产，可它得到了工人活劳动的使用权，"资本换进的这种劳动是活劳动（lebendige Arbeit），是生产财富的一般力量，是增加财富的活动"，于是，"对于工人来说，他的劳动的生产性**成了异己的权力**（*fremde Macht*），总之，他的劳动如果不是**能力**，而是运动，是**实际的**劳动，就会是这样的；相反，资本是通过**占**

<hr>

① ［美］古尔德：《马克思的社会本体论：马克思社会实在理论中的个性和共同体》，王虎学译，北京师范大学出版社 2009 年版，第 53 页注 1。

② ［美］古尔德：《马克思的社会本体论：马克思社会实在理论中的个性和共同体》，王虎学译，北京师范大学出版社 2009 年版，第 53 页。

③ 《马克思恩格斯全集》（第二版）第 30 卷，人民出版社 1995 年版，第 266 页。

④ 《马克思恩格斯全集》（第二版）第 30 卷，人民出版社 1995 年版，第 266 页。马克思这里援引了《圣经》"创世记"二十五章中的故事：亚伯拉罕的儿子以撒的孩子以扫，因贪一碗红豆汤而出卖长子名分给弟弟雅各。

有他人劳动(*Aneignung fremder Arbeit*)而使自己的价值增殖(verwerthet)"。①
这还是那个不同于前述"货币的异化权力"、"资本的异己性权力"的劳动本身
我-它自反性异化中出现的**第三种**"异己性的权力"。这一次,直接就是工人
自己的劳动活动的"生产性"本身畸变为奴役工人的"异己性权力"。这当然
就是**劳动异化**!工人自己的创造性劳动活动,在他与资本家的"平等交换"中
得到一个等于活下去的生活资料的同时,已经从原来属于他的主体活动变成
了属于资本家的东西。工人的活劳动虽然不可能从他的身体中被剥离,但是
前述劳动者与生产资料彻底分离的历史性前提条件,却让这种活动无法独立
实现出来,它只有在资本家的工厂里遭遇资本的盘剥才能作为"实际的劳动"
现实地在场。工人劳动的使用权,不是被奴隶主或地主强暴式掠夺走的,而
是工人为了活下去不得不自愿交给资本家的,并且,这种属于他人的劳动将
压迫自己的资本关系场境重新生产出来,由此生成为马克思所指认的**生产性
劳动**。工人恰是在这种特定的生产性劳动中,生产一个压迫和盘剥自己的统
治关系,这是一个新的可怕的**主体自我异化关系**。在这个意义上,**生产性劳
动的历史在场性本身就是劳动异化**。在这一点上,此处以**生产性劳动**为核心
的劳动异化关系,与后面《1861—1863 年经济学手稿》中马克思所指认的以**劳
动能力异己化**为基础的劳动异化观点存在一定的差异。也恰恰是通过这个
劳动异化关系,不生产的资本才会通过在生产(劳动)过程中"占有他人的劳
动"来实现它的自我增殖。可以感觉到,马克思这里的劳动异化关系,并不是
《1844 年手稿》中那个本真性价值悬设的类本质异化,而是客观出现在资产阶
级生产方式中的本质性经济关系,即资本对雇佣劳动的奴役性统治,它的核
心为雇佣劳动生产出支配和统治自己的资本生存和无限增殖关系场境。这
是劳动在资产阶级生产方式中必然发生的**自我异化**。其实,列斐伏尔曾经也
谈及《大纲》中的异化问题,在他看来,"对于马克思来讲,古典经济学家发现
的社会劳动(travail social)范畴成了**异化的**劳动(travail *aliéné*)的范畴;需要显
示为**异化的**需要(besoin *aliéné*);马克思正是通过对商品和货币的**物神**特征
(caractère *fétiche*)批判性的反映才建立了异化的劳动和异化的需要的范畴,达

①参见《马克思恩格斯全集》(第二版)第 30 卷,人民出版社 1995 年版,第 266 页。中译文有改动。

到了客观性上的更高的和决定性的阶段"①。显然,列斐伏尔从 travail social
(社会劳动)出发去解释《大纲》中的经济关系异化问题是不准确的。如前所
述,在《大纲》中,马克思是通过交换价值关系现实抽象且事物化颠倒为货币
开始剖解经济物相化空间中的异化问题,并进一步剖析生产领域中发生的资
本异化和劳动异化的。

　　于是,马克思由此接近一个伟大的发现,即**揭露以资本为基础的生产关**
系最核心本质的剩余价值理论。在《大纲》第 3 笔记本的第 19 页上,马克思
第一次提及这个**剩余价值**(*Mehrwerth*)的概念。② 马克思最早看到与这一概念
相近的表述,是在《布鲁塞尔笔记》中对伊萨克·德·平托的《论流通与信用》
一书的摘录中,平托当时使用了 surplus 一词来表示价值余额。③在后来的
《1861—1863 年经济学手稿》中,马克思更加详细地分析了整个剩余价值学说
史的发展线索。

　　马克思对资本家无偿占有工人在生产过程中创造的剩余价值的秘密的
破解,可以被当作他对以资本为基础的生产关系形成科学认识最重要的进展
之一。这也是《大纲》在经济学理论构境中的最重要成果。在这一意义上,马
克思的"第二个伟大发现"(剩余价值理论),正是他的"第三个伟大发现"(对
资本主义生产方式的科学认识)的最重要的基础。前面马克思领着我们从流
通领域到生产领域,从交换关系中货币异化到生产过程中非对象化劳动的资
本关系异化的遮蔽,都是为了这里的理论突破,即揭示公平正义幌子下的资
本与劳动的平等交换背后,资本家如何通过合法的手段剥夺工人的剩余价值
发财致富并再生产资本的统治关系场境的秘密。

　　马克思现在分析说,实际上,在流通领域中资本与劳动的交换过程中,劳
动并不是生产的,"与资本相对立的、**自为地**存在于工人身上的劳动,也就是
在自己的**直接定在**(*unmittelbaren Dasein*)中的、与资本相分离的劳动,是**非生**

---

① [法]列斐伏尔:《日常生活批判》第 1 卷,叶齐茂等译,社会科学文献出版社 2018 年版,第 70 页。中
　译文有改动。Henri Lefebvre, *Critique de la vie quotidienne*, Paris: L'Arche, 1958, p.84.
② 参见《马克思恩格斯全集》(第二版)第 30 卷,人民出版社 1995 年版,第 275 页。
③ 参见 Marx-Engels-Gesamtausgabe(MEGA²), Ⅳ/3, Text, Berlin: Akademie Verlag, 1998, S.291。

产的(*nicht productiv*)"①。这里劳动的 *nicht productiv*(非生产)有双重含义:一是指离开了生产资料的工人劳动,不能进行失形/塑形和祛序/构序对象的具体生产,直接说,即离开了资本关系的劳动根本无法实现自身的在场性;二是指工人的自为劳动不能成为生产资本关系场境的生产性劳动。所以马克思才会认为,在资产阶级社会中,历史性地脱离生产资料的工人一无所有,不像农民可以随时在田地中进行劳动生产活动,劳动能力并非工人身上的"直接定在",或者说,离开了资本关系场境赋型和关系编码的劳动能力即是无,因为他的"劳动本身**只有在被资本吸收时才是生产的**"。这是第一种含义中的生产劳动。同时,工人的劳动生产力,如果不颠倒和异化为**资本的生产力**,它就无法实现出来。这是第二种含义中的生产性劳动。这亦表明,现代工人的劳动生产力必然是依存于资本存在的,这是一种**从劳动生产力到资本生产力的异己性换位**,这是一种存在论场境意义上的**倒置的生产关系**。这种倒置,不是《巴黎笔记》时期劳动异化批判构式 I—II 中人本学逻辑中价值悬设式的"不应该",它就是资产阶级社会生产方式中出现的生产关系客观赋型。马克思说,"资本本身在本质上就是这种**倒置**(*Verrückung*),**这种生产力的换位**(*Transposition der Productivkraft*),而雇佣劳动本身以资本为前提,因而从劳动方面来看,它也是这种变体;是把这种劳动本身的力量变成对工人来说的异己力量的必然过程"②。这是说,资本本身就是一种倒置编码中的生产关系赋型,由此,处于这种关系中的劳动,也必然表现为异己性的生产力量,这也意味着,工人的劳动正是在不断地将奴役和压迫自己的资本关系生产出来,这当然就是客观的社会关系场境异化。我体会,这也是马克思科学地解决《德意志意识形态》中发现的物役性现象,即资产阶级社会中人的力量颠倒为支配自己的外部力量的根本原因。同时应该指出,资本关系这种倒置的前提,已经是商品价值关系的事物化、货币权力关系的异化等一系列客观经济物相

①《马克思恩格斯全集》(第二版)第 30 卷,人民出版社 1995 年版,第 268 页。中译文有改动。Marx-Engels-Gesamtausgabe(MEGA²), II/1, Text, Berlin: Dietz Verlag, 2006, S. 227.

②《马克思恩格斯全集》(第二版)第 30 卷,人民出版社 1995 年版,第 268 页。中译文漏掉了 *Transposition der Productivkraft* 中的 *Productivkraft*。Marx-Engels-Gesamtausgabe(MEGA²), II/1, Text, Berlin: Dietz Verlag, 2006, S. 227.

化倒置的历史编码结果。这也意指着,资产阶级经济王国中出现的经济事物的"第二自然辩证法"自发整合(integration)运动的本质,恰是劳动辩证法的倒置。

马克思又从哲学的角度说:

> **劳动**与资本对立而作为主体(Subjekt)出现,即工人只是在**劳动**的规定上出现,而劳动并不是**工人本身**,仅仅这一点就会打开人们的眼界。即使撇开资本不谈,在这里已存在着工人同他自己的活动的联系、关系(eine Beziehung, ein Verhältniß),这种关系决不是"**自然的**"(„natürliche"),而是本身已经包含着某种独特的**经济**规定(spezifische ökonomische Bestimmung)。①

这又是 Beziehung 和 Verhältniß 概念的同时在场。在以资本为基础的生产过程中,创造性的劳动活动是在场性主体,可是这个 Subjekt(主体)却不是工人本身,而是他身上**不属于自己的**异己性力量。这意味着,雇佣关系编码中的劳动本身已经是**异化式的存在**。在之后的《1861—1863 年经济学手稿》的劳动异化批判构式Ⅲ中,马克思更精准地讨论了工人劳动能力本身的异化问题。马克思很得意地说,光这一点——对"工人同他自己的活动的联系、关系"的**非自然性**的反思,"就会打开人们的眼界",即澄清更深的异化关系构境,也就是作为特殊 ökonomische Bestimmung(经济规定)的资本关系生产与再生产的秘密经济物相化场境空间。这里的 natürliche(自然的),正是黑格尔《精神现象学》中开始的那个自明的"感性意谓性",在此,即是经过经济关系事物化颠倒和重新对象化后,遗忘生产关系本质的资产阶级意识形态中的永恒天然性。这里的非自然的 ökonomische Bestimmung(**经济**规定)关系,让人想起《大纲》中已经涉及的商品的那个 ökonomische Qualität(经济质)②。

在讲清楚了工人与资本家之间发生的平等交换背后的劳动异化关系之后,马克思再一次领着我们重新回到生产过程中。马克思说,在现在我们看到的以资本为基础的生产过程中,劳动活动、劳动工具和劳动对象(原料)都

---

① 《马克思恩格斯全集》(第二版)第 30 卷,人民出版社 1995 年版,第 269 页。
② 参见《马克思恩格斯全集》(第二版)第 30 卷,人民出版社 1995 年版,第 89 页。

是属于资本的。前面我们已经讨论过，劳动工具和劳动对象都是表现为货币转化为物的资本关系，而劳动则是资本家从工人手上用货币（工资）买来的。所以，真实的劳动活动通过工具改变对象的劳动过程，则在经验表象中颠倒地呈现为资本自身的物质生产过程。下一步，才会出现李嘉图等人眼中的物性生产成本耗费和平均利润率中生成生产价格的客观过程。马克思具体分析说，在这个一般物质生产过程中，劳动是有明确目的（telos）的活动，它通过塑形和构序对象的使用价值使之满足人们的需要的用在性。

> 劳动是合乎目的的活动（zweckmässige Thätigkeit），因而，从物质方面来看已经事先确定：在生产过程中劳动工具是实际用来达到某种目的的手段，而原料无论是由于化学的物质变换还是由于机械的变化，它在变成产品时取得了比它原有的使用价值更高的使用价值（höhern Gebrauchswerth）。①

马克思说，就像谷物（原料）经过劳动发酵成酒一样，在器皿（工具）存储的化学的物质变换中，酒成为**产品**时，获得了比谷物更高的使用价值。这是工人的劳动能力成为失形/塑形和祛序/构序对象的实际运动的具体劳动过程。这是劳动辩证法的真身。依照马克思前面的复杂构境，这一劳动过程，也是非对象性劳动利用作为对象性劳动的工具改变作为对象性劳动的原料的过程。只是在此处的讨论中，我们先悬置这个背后的本质分析。可是，转换到经济物相化空间中来，我们立刻就会发现，资本关系下的**商品生产的目的**并不是简单的使用价值（用在性），"而是为他人创造出更高的使用价值，问题在于产生出更高的交换价值"。酒并非为了自己喝（使用价值），而是为了卖给**他人**（交换价值）。故而，作为对象化劳动 I 的用在性的产品，必须要变成可变卖的有价商品。显然，酒"能喝"的用在性，只是它可以变卖的交换价值（价值）的基础。于是，对于作为人们 Bekannt（熟知）的商品的酒，商品交换者就不再关注它的具体劳动失形/塑形和祛序/构序出来的用在性（能喝），而是计算它所包含的交换关系中抽象出来的一般价值（抽象劳动）。马克思说，

---

①《马克思恩格斯全集》（第二版）第 30 卷，人民出版社 1995 年版，第 270 页。

商品的"价值只能＝已物相化（materialisirt）在生产过程的一定物质要素（bestimmten stofflichen Elementen）即原料、劳动工具（其中也包括充当单纯仪器的商品）和劳动本身中的价值总和"①。这里的 materialisiren（物相化），显然不是一般创制使用价值的劳动物相化，而是经济物相化编码中作为对象化劳动Ⅱ的价值保存和增殖。具体到这里作为商品的酒，就是原料（谷物）的价值、发酵工具（器皿）等的价值和资本家投入到劳动（力）上的价值的总和。马克思很细致地分析道，在酒的生产过程中，谷物被消费了，劳动被消费了，而器皿等工具则是"部分被消费"，这样，酒的价值＝谷物的价值＋"劳动工具已被消耗的部分的、即已转移到产品上的、扬弃了其原来形式的那一部分的价值"＋劳动（力）的价值。在酒这个商品上，资本原有的价值被保存下来，"只是采取了另一种物质存在方式（stoffliche Existenzweise），体现在另一种实体和形式上"。② 马克思故意没有揭露的复杂构境为：这种新的"物质存在方式"，恰恰是通过工人非对象性活劳动失形与祛序于谷物，并重新塑形和构序为"酒"所发生的愈益复杂的对象化劳动的叠加。在我们面对已经"现成在手"的杜松子酒和 XO 酒时，上述活劳动所造成的对象的脱型-赋型的改变过程是无法在经验直观中呈现的。可问题在于，我们已经知道，资本家从事商品生产的目的，并非获得酒的使用价值，而且，他也绝不会仅仅满足于转移和保存资本原有的价值，他必须获得比自己投入生产的价值（作为资本的货币）更多的价值，而且，资本家还真的得到了这个在保有了原有资本价值之外多出来的**剩余价值**。因为，当投入到生产过程中的货币带来更多的财富（G—G′）时，货币才成为资本，资本关系才真正得以生成和真实地在场。我们都知道，谷物和发酵工具自身是不会自动创造价值的，马克思追问道，"资本在生产过程结束时具有的剩余价值"到底是从哪里来的？ 当然，只能由工人的劳动来创造。然而，"困难在于，劳动如何能创造出比原先存在的交换价值更高的交换价值"？ 这恰恰是我们前面指认的李嘉图以为已经解决了的"难题"。

---

① 《马克思恩格斯全集》（第二版）第 30 卷，人民出版社 1995 年版，第 272 页。中译文有改动。
② 参见《马克思恩格斯全集》（第二版）第 30 卷，人民出版社 1995 年版，第 272 页。

　　这里,马克思第三次让我们再回到已经多次讨论过的工人与资本家的"平等交换"上来。从上面的讨论我们可以得知,表面上存在的这种资本主义经济交换是简单交换,双方都得到一个等价物:工人得到货币,资本家获得商品(工人的"劳动"),这个商品的价格似乎正好等于支付它的货币。我们在对资产阶级社会直观的经验塑形中可以看到,工人在这个交换中也以"法律面前人人平等"的身份与资本家分庭抗礼,似乎二者真的平起平坐。依据马克思后来的看法,"资本家和工人之间所进行的交换,完全符合交换规律,不仅符合,而且是交换的最高发展"①。这个"最高发展"是指商品交换在资产阶级市场经济关系中的实现。之后,马克思会指认这一交换的"最高发展"的本质是"形式上的平等交换,实质上的不平等交换"。马克思强调道:在资本与劳动的交换上面,第一步行为是交换,和普通的商品流通似乎一模一样,这是一种形式上平等的交换;可是,第二步行为则是在性质上与形式上的平等交换根本不同的另一种过程。因为马克思发现,事实上,在这一交换中资本家付出的是一定数量的货币(实际上这还是对象化劳动,即工人过去创造出来的劳动成果的异化),而工人**并不是出卖劳动,**

　　　　工人用来和资本相交换的东西,是他的劳动本身[出现在交换中的,是对工人劳动的支配权(Dispositionsfähigkeit)];工人**转让**自己的劳动。工人作为价格得到的东西,是这种转让的**价值**。工人用创造价值的活动交换一个预先决定的价值,而不管自己活动的结果如何。②

　　资本家付给工人的工资,并不是时间中可能在场的非对象化的活劳动本身的价值,而是转让"劳动使用权"的价值。这一看法,使马克思的认知水平立刻超出了《雇佣劳动与资本》中相近观点的水平。以后,马克思会更精准地将其表述为"劳动力的使用权"。在《1861—1863年经济学手稿》中马克思分析说,"实际上,被带到市场上去的不是劳动,而是工人。工人卖给资本家的不是他的劳动,而是对他自身作为劳动力[working power]的暂时使用权。在

---

①《马克思恩格斯全集》(第二版)第31卷,人民出版社1998年版,第69页。
②《马克思恩格斯全集》(第二版)第30卷,人民出版社1995年版,第283页。

资本家和工人订立的合同中,在他们缔结的买卖中,这是直接的对象"①。马克思认识到,剩余价值产生的真正秘密就是在这里:资本家在与工人的交换中,所付的工资只是工人维持最低生活水平所需要的生活资料的费用,它却使资本家获得了对工人的劳动活动的支配权力;资本家在生产过程结束时所得到的那个剩余价值,不是来源于劳动原料和劳动资料,而恰恰来源于工人劳动超出劳动支配权价值(社会必要劳动)的**剩余劳动**(*Surplusarbeit*)。马克思说,"在资本方面表现为剩余价值(Mehrwerth)的东西,正好在工人方面表现为超过他作为工人的需要,即超过他维持生命力的直接需要的剩余劳动"②。这也就是说,资本家所获得的超出他投入生产过程的资本的剩余价值,来源于他所无偿占有的工人的剩余劳动。在后来的《1861—1863 年经济学手稿》中马克思分析说,"资本家的剩余价值正是这样来的:他向工人购买的不是商品,而是工人的劳动能力本身,而劳动能力所具有的价值比它的产品所具有的价值小,或者同样可以说,劳动能力所实现的对象化劳动量比实现在劳动能力自身的对象化劳动量大"③。这种无偿占有的本质,是资本家用工人过去的对象化劳动(工资)换取了一个可以利用劳动工具改变劳动对象的活劳动,这种在生产过程中已经属于资本的劳动能力(劳动力商品的使用价值),在使商品获得使用价值的同时,既补偿了工资,也保存了原料和工具中已有的价值(异化的劳动),还额外创造出一个超出资本家投入生产过程中全部已有价值总和的余额(Δ),这就是由工人剩余劳动所创造的**剩余价值**(*Mehrwerth*)。这是那个"第二自然辩证法"感性经验塑形表象中 G—G′的真相,是所有资本家发财致富的秘密,是全部资产阶级生产关系的本质。在后来的《1861—1863 年经济学手稿》中,马克思深刻地分析说:"资本主义生产发展的基础,**一般说来**,是**劳动能力**这种属于工人的**商品**同劳动条件这种固定在资本形式上并脱离工人而独立存在的商品相对立。劳动能力作为商品,它的**价值**规定具有重要的意义。这个价值等于把再生产劳动能力所必需的生活资料创造出

①《马克思恩格斯全集》(第二版)第 35 卷,人民出版社 2013 年版,第 120 页。
②《马克思恩格斯全集》(第二版)第 30 卷,人民出版社 1995 年版,第 286 页。
③《马克思恩格斯全集》(第二版)第 33 卷,人民出版社 2004 年版,第 384 页。

来的劳动时间,或者说,等于工人作为工人生存所必需的生活资料的价格。只有在这个基础上,才出现劳动能力的**价值**和这个劳动能力的**价值增殖**之间的差额。"①这是极其深刻的分析。

至此,马克思才创立了自己科学的劳动价值论,通过剩余价值理论彻底地划清了自己的劳动价值论与过去所有的社会主义经济学家的界限。资本家剥削劳动者所获得的不义之财绝非发生在流通领域,因为"一个资本家在交换中能够赚得的,就是另一个资本家失掉的,不过他们——作为一个阶级而存在的资本——在彼此之间所分配的只能是剩余价值"②,这个剩余价值只能出现于资本家**在生产过程中**对工人剩余劳动的无偿占有。依马克思的观点,资产阶级经济学中"重农学派的功绩和特征在于,它不是从流通中而是从生产中引出价值和剩余价值"③,这样,"重农学派把关于剩余价值起源的研究从流通领域转到直接生产本身的领域,这样就为分析资本主义生产奠定了基础"④。但是,重农学派眼中的生产活动只是农业生产。这样,马克思就真正科学地破解了整个以资本为基础的生产方式的剥削本质。也是在《大纲》中,马克思初步区分了**绝对剩余价值**与**相对剩余价值**:前者,是资本家通过延长劳动时间所无偿占有的剩余价值⑤;而后者则是通过提高劳动生产率所获取的剩余价值⑥。这两种剩余价值形式的具体分析,是在《1861—1863年经济学手稿》中完成的。在这个恩格斯所指认的"第二个伟大发现"中,以辉煌的剩余价值理论创造了马克思主义经济学上的一座思想丰碑。

1858年1月16日,马克思兴奋地写信给恩格斯,告知自己的研究"取得了很大的进展",因为"我已经推翻了迄今存在的全部利润学说"。⑦ 这亦表明,在资产阶级经济学家那里,资本投入所合法获得的利润,其本质只能是无偿占有的工人创造的剩余价值。依马克思后来更精准的表述,"利润不是别

---

① 《马克思恩格斯全集》(第二版)第33卷,人民出版社2004年版,第16页。
② 《马克思恩格斯全集》(第二版)第30卷,人民出版社1995年版,第419页。
③ 《马克思恩格斯全集》(第二版)第33卷,人民出版社2004年版,第22页。
④ 《马克思恩格斯全集》(第二版)第33卷,人民出版社2004年版,第16页。
⑤ 参见《马克思恩格斯全集》(第二版)第30卷,人民出版社1995年版,第337、387—388页。
⑥ 参见《马克思恩格斯全集》(第二版)第30卷,人民出版社1995年版,第299、301、388页。
⑦ 参见《马克思恩格斯文集》第10卷,人民出版社2009年版,第143页。

的,正是工人加到劳动材料上的价值中的扣除部分。但工人加到材料上的无非是新的劳动量。所以,工人的劳动时间分为两部分:其中一部分,工人用来向资本家换得一个等价物,即自己的工资;另一部分,由工人无偿地交给资本家,从而构成**利润**"①。现在我们终于知道,马克思在前面如此复杂的思想实验中的各种艰辛努力,都是为了找到资产阶级法权平等关系场境——**形式上的平等,实质上的不平等**——背后的这一经济剥削秘密,这既解决了经济学上的剩余价值的来源问题,也从根本上解蔽了整个资产阶级生产方式的奴役和剥削本质。马克思的第二个伟大发现,正是他走向科学地认识资本主义生产方式——第三个伟大发现的重要基础。

---

① 《马克思恩格斯全集》(第二版)第33卷,人民出版社2004年版,第57页。

第十五章 资本主义生产方式科学认识的最终形成

马克思关于资本主义生产方式的科学认识,是他在科学社会主义理论探索中实现的第三个伟大发现。在经过《大纲》中十分艰辛的经济学研究之后,通过创立剩余价值理论,马克思对他所面对的以资本为基础的社会的赋型本质有了更加深刻的理解。1858 年,马克思开始思考自己的经济学理论成果如何向公众表述出来,这一努力的结果就是著名的《政治经济学批判》第一分册,以及后继写作第二分册时无意创作出来的《1861—1863 年经济学手稿》。一方面,这是马克思经济学思想革命的进一步深化,另一方面,也是在这一重要思想实验中,他对资本主义生产方式的科学认识最终得以确立。①

1. 政治经济学批判及重建的构想

1858 年 2 月 22 日,马克思在写给拉萨尔的信中说,自己打算开始写一部关于经济学的著作,他声称,这是从 1844 年开始对经济学的"十五年的研究"的理论结晶,也是这一成果第一次面向普通读者。因为研究工作只能在夜间

---

① 应该特别加以说明的是,我在《回到马克思》第一卷中的研究,因为关注和思考焦点的限制,从文献线索上只是停留在《1857—1858 年经济学手稿》的文本中,书的最后,仅仅是概述了《资本论》第一卷第一章的经济拜物教批判逻辑。第二卷从这里开始的讨论,是我重新开启的马克思经济学研究中全新的文献语境和理论探索构境。

进行,加之不断袭来的病痛,马克思说,全部著作最好"不定期地分册出版"。他觉得,应该首先出版的书是"对经济学范畴的批判(Kritik der ökonomischen Kategorien),或者,也可以说是对资产阶级经济学体系(System der bürgerlichen Ökonomie)的批判。这同时也是对上述体系的叙述(Darstellung)和在叙述过程中对它进行的批判"①。这也意味着,马克思这里设想重新写作的论著的基础,并非自己进行**革命性思想实验**的《大纲》,而是一本新的批判资产阶级经济学基本范畴且重塑科学经济学基本理论的**阐释性**论著。

前面提到过,早在《大纲》中的"导言"的最后,马克思在 M 笔记本的第 20 页上讨论完经济学范畴研究的两种"道路"后,也曾经设想过一个经济学理论话语中的作为阐释性提纲的"五点构想":

> 显然,应当这样来分篇(Eintheilung):(1) 一般的抽象的规定(allgemeinen abstrakten Bestimmungen),因此它们或多或少属于一切社会形式(allen Gesellschaftsformen),不过是在上面所阐述的意义上。(2) 形成资产阶级社会内部结构(innre Gliederung)并且成为基本阶级的依据的范畴。资本、雇佣劳动、土地所有制(Capital, Lohnarbeit, Grundeigenthum)。它们的相互关系。城市和乡村。三大社会阶级。它们之间的交换。流通。信用事业(Creditwesen)(私人的)。(3) 资产阶级社会在国家形式(Form des Staats)上的概括。就它本身来考察。"非生产"(„unproductiven")阶级。税(Steuern)。国债(Staatsschuld)。公共信用(Oeffentlicher Credit)。人口。殖民地。向国外移民。(4) 生产的国际关系。国际分工(Internationale Theilung der Arbeit)。国际交换。输出和输入。汇率。(5) 世界市场(Weltmarkt)和危机。②

这是马克思在《大纲》的思想实验正式开始前的理论叙述设想。很显然,那时的构想更多地还是停留在一般经济学理论构架的原则讨论和外部结构上。特别是它的第一点,主要还是对 allen Gesellschaftsformen(一切社会形式)的

---

①《马克思恩格斯全集》第 29 卷,人民出版社 1972 年版,第 531 页。

②《马克思恩格斯全集》(第二版)第 30 卷,人民出版社 1995 年版,第 50 页。Marx-Engels-Gesamtausgabe(MEGA²), Ⅱ/1, Text, Berlin: Dietz Verlag, 1976, S.43.

"生产一般"和劳动等一般的抽象概念的思考。而第二至五点的内容,基本上是当时资产阶级经济学涉及的主要内容和基本经济范畴。此时,马克思对资产阶级经济学的考察,主要还集中于 Capital,Lohnarbeit,Grundeigenthum(资本、雇佣劳动、土地所有制)背后的资本家、工人和地主"三大社会阶级"之关系上,特别是流通领域中的交换和信用等问题,其中,两处提及的 Creditwesen(信用事业)和 Oeffentlich Credit(公共信用)问题,显然是受在《伦敦笔记》中遭遇的大量通货理论与实践的影响。这里,生产过程中的**资本关系**尚没有成为聚焦的中心。经济学在 Form des Staats(国家形式)上的作用,比如税收和国债问题,以及他在《伦敦笔记》中已经充分了解的殖民地统治中的对外关系,资产阶级经济发展中的国际分工和贸易交换,世界市场和经济危机等问题,已经成为马克思关注的对象。显而易见,这一表述性的构架,与《大纲》中实际发生的流通领域中的"货币"→生产过程中的"资本"→"交换价值"(补充)的思想实验逻辑是完全不同的。

在《大纲》的写作过程中,马克思的这一理论阐释最初设想又发生过多次变动。一是马克思在"货币章"第 2 笔记本第 3 页上,将"导言"中的"五点构想"改为"五篇结构"。第一篇已经在《大纲》"货币章"的讨论中具体化为"交换价值、货币、价格",显然,原先设想中的属于 alle Gesellschaftsformen(一切社会形式)的"生产一般"和劳动等一般的抽象概念的思考,已经转换为经济的社会赋型中的特定经济关系讨论。这当然是从广义历史唯物主义的视角转向狭义的历史唯物主义构境。第二篇则改为"生产的内部结构构成(innere Gliedrung der Production bildet)",这应该是对资本控制下的生产过程的讨论。它会是即将进入的"资本章"的思考域。这两篇的内容,直接反映了马克思在经济学研究中的深入进展。后三点没变,第三篇为国家,第四篇是"国际关系"(internationale Verhältniß),第五篇是"世界市场"。① 可以看到,那些对马克思在《大纲》中"不仅忽略了外部市场,如同通常认为的那样,同时他也忽略了国

---

① 参见《马克思恩格斯全集》(第二版)第 30 卷,人民出版社 1995 年版,第 180—181 页。Marx-Engels-Gesamtausgabe(MEGA²),Ⅱ/1,Text,Berlin:Dietz Verlag,1976,S.151–152.

内市场"①的批评,显然是站不住的。从马克思前面的"五点构想"到这里的结构调整中,马克思不仅在大的理论表述框架中,反复设定了资本的 internationale Verhältniß(国际关系)和殖民地统治等因素构成的世界市场,也明确指认了国内经济关系场境中资本与土地、资本与税收、资本与信用、资本与人口的互动关系。

二是在进入"资本章"后的第 2 笔记本第 18 页上,马克思很快又生成了以资本关系为核心的新的三篇结构。首先,

〔Ⅰ. (1) 资本的一般概念(Allgemeiner Begriff)。(2) 资本的特殊性(Besonderheit):流动资本,固定资本。(资本作为生活资料,作为原料,作为劳动工具。)(3) 资本作为货币。Ⅱ. (1) **资本的量。积累。**(2) **用自身计量的资本。利润。利息。资本的价值**:即同作为利息和利润的自身相区别的资本。(3) **资本的流通。**(α) 资本和资本相交换。资本和收入相交换。资本和**价格。**(β) **资本的竞争。**(γ) **资本的积聚。**Ⅲ. 资本作为信用(Credit)。Ⅳ. 资本作为股份资本(Actiencapital)。**Ⅴ. 资本作为货币市场**(*Geldmarkt*)。Ⅵ. 资本作为财富的源泉。资本家。在资本之后可以考察土地所有权。然后考察雇佣劳动。以所有这三者为前提,**价格运动**作为在流通的内在总体性(innern Totalität)上被规定的流通来进行考察。另一方面,三个阶级作为在生产的三种基本形式上和流通的各种前提上来看的生产。其次是**国家。**(国家和资产阶级社会。——赋税,或非生产阶级(unproductiven Klassen)的存在。——国债。——人口。——国家对外:殖民地。对外贸易。汇率。货币作为国际铸币。——最后,世界市场(Weltmarkt)。资产阶级社会越出国家的界限。危机。以交换价值为基础的生产方式和社会形式的解体(Auflösung der auf den Tauschwerth gegründeten Productionsweise und Gesellschaftsform)。个人劳动(individuellen Arbeit)实际转化为社会(gesellschaftlicher)劳动以及相反的情况。〕②

---

① [意]普拉德拉:《全球化与政治经济学批判——马克思著作的新视角》,韩炯译,上海财经大学出版社 2021 年版,第 137 页。

② 《马克思恩格斯全集》(第二版)第 30 卷,人民出版社 1995 年版,第 220—221 页。中译文有改动。Marx-Engels-Gesamtausgabe(MEGA²), Ⅱ/1, Text, Berlin: Dietz Verlag, 1976, S. 187.

很显然,马克思这里对资产阶级社会本质的认识,已经逐步深入资本的生产关系,可是,这个以资本关系为核心的新的写作构想,与"资本章"中的思想实验的批判性话语是格格不入的。显然,这个经济学理论阐释中的构想,仍然是围绕资产阶级政治经济学体系的完整叙事逻辑展开的。可以感觉到,马克思在自己的思想实验进程中,不时地也想到如何在经济学逻辑中将其阐发出来。只是,原先第一篇的一般性讨论进一步聚焦于资本的一般概念。原先"五点构想"中关于"资产阶级社会内部结构"的第二点("资本、雇佣劳动、土地所有制"),第三至四点中的"信用"、"股份"和新的"货币市场",则被内嵌到这里第一篇中资本关系的第六点中。第二篇是国家,其中包含了原先第三至四点中的大部分内容。第三篇则是原先"五点构想"中的"世界市场"。这里值得注意的方面,是马克思在新的构想结尾明确提出了 Auflösung der auf den Tauschwerth gegründeten Productionsweise und Gesellschaftsform(以交换价值为基础的生产方式和社会形式的解体),这当然就是整个资产阶级社会走向消灭的历史趋势。这一调整也充分说明,马克思内心里十分清楚,对资本关系科学认识的最终研究当然不能脱离资本所处的国内外复杂经济关系场境,这包括了国内流通领域中的商品价格波动、资本与资本之间的竞争、资本与信用关系、股份所有制的虚拟经济定在、资本与土地所有权、资本与人口的关系、国家对外贸易关系背后的资本殖民统治中的不平等交换、不同国家资本的国际角逐关系等。

三是在"资本章"第 2 笔记本的第 22—23 页上,马克思又生成了一个新的三点构想:

〔**资本**。**Ⅰ.一般性**(*Allgemeinheit*):(1)(a)由货币变成资本。(b)资本和劳动〔以**异己**劳动为媒介(sich vermittelnd durch *fremde Arbeit*)〕。(c)按照同劳动的关系而分解成的资本各要素(产品、原料、劳动工具)。(2)**资本的特殊性**(*Besonderheit*):(a)流动资本、固定资本。资本周转。(3)**资本的个别性**(*Einzelnheit*):资本和利润。资本和利息。资本作为**价值**同作为利息和利润的自身相区别。

Ⅱ.特殊性:(1)资本的积累。(2)资本的竞争。(3)资本的积聚

（资本的量的差别同时就是质的差别，就是资本的大小和作用的**尺度**）。

　　Ⅲ. **个别性**：（1）资本作为信用。（2）资本作为股份资本。（3）资本作为货币市场（Geldmarkt）。①

这个"三点构想"，显然不同于上述几个写作方案的思路，这是按照思考的逻辑，依黑格尔的观念将资本关系分成一般、特殊和个别三个构境层面。其一是**资本一般**，实际就是马克思在《大纲》的理想化抽象思想实验室中，对资本关系从货币到资本，资本与对象化劳动，以及资本作为生产条件的异化关系的考察。其二是特殊性的资本，这已经包含了资本之间的竞争关系、资本的积累和集聚。其三是原先写作计划中出现的国内经济关系中的"信用"、"股份"和"货币市场"，则成为资本关系个别性的体现。我觉得，这可能是马克思在《大纲》思想实验中的一种试图超出资产阶级经济学框架的设想，这显然是哲学话语中的阐释构境，在其中我们竟然看到了 fremde Arbeit（**异己劳动**）概念。可以断定，马克思几乎是立即放弃了这种假想。还应该指出，以上这些马克思对资产阶级经济学体系（System der bürgerlichen Ökonomie）进行批判的经济学阐释论著的构想，都还是马克思自己在研究中不断调整的计划。

　　当然，马克思1858年2月22日写给拉萨尔的信，已经是在基本结束《大纲》的写作之后的新的构想。这也是他第一次对其他人谈及自己的写作计划。在这时的马克思看来，对资产阶级经济学体系叙述的批判可以分为，"（1）资本（包括一些绪论性的章节）（Vom Kapital, enthält einige Vorchapters）；（2）土地所有制（Grundeigentum）；（3）雇佣劳动（Lohnarbeit）；（4）国家（Staat）；（5）国际贸易（Internationaler Handel）；（6）世界市场（Weltmarkt）"②。与上述《大纲》"导言"中的"五点构想"不同的地方，是出现了一个六本书的结构。主要的变化为：原先作为第二方面内容的"资本、雇佣劳动、土地所有制"被独立出来，分别成为三本书的研究对象。原先"五点构想"中第一部分设想的属于 alle Gesellschaftsformen（一切社会形式）的抽象规定，现在

①《马克思恩格斯全集》（第二版）第30卷，人民出版社1995年版，第233—234页。中译文有改动。Marx-Engels-Gesamtausgabe（MEGA²），Ⅱ/1, Text, Berlin: Dietz Verlag, 1976, S. 199.
②《马克思恩格斯全集》第29卷，人民出版社1972年版，第531页。中译文有改动。

被替换为对资本的集中讨论,带有 enthält einige Vorchapters(绪论性的章节)则被压缩到"资本"一书的前面。在这里,马克思第一次提到,除去对资产阶级经济学的批判,还打算写一部关于"经济范畴或经济关系的发展的简短**历史概述**"的著作。马克思最早提及这个"政治经济学史"的一卷,还是在 1851年 11 月 24 日写给恩格斯的信中。① 这也应该是后来《1861—1863 年经济学手稿》中那个并不简短的大部头的"剩余价值学说史"的最初构想。依马克思自己后来的说明,这一"历史的评论不过是要指出,一方面,经济学家们以怎样的形式互相进行批判,另一方面,经济学规律最先以怎样的历史上具有决定意义的形式被揭示出来并得到进一步发展"②。并且,这一历史概述不包括社会主义和共产主义的经济学家们。马克思也提到,他将写作的这一阐释性的著作,"也许更便于读者理解,但无疑会损害形式"③。这也许是在暗示,与自己写作的《大纲》相比,这本准备写作的批判资产阶级经济学体系的书,在理论深度和话语运作方式上都有较大的差异。可以看到,也是在这封信中,马克思委托拉萨尔在柏林寻找出版商。不久,拉萨尔在柏林就找到了贝塞尔出版社(Bessersche Verlagsbuchhandlung)的出版商弗·敦克尔。3 月 11 日,马克思在给拉萨尔的另一封信中,将第一本书的内容具体指认为:"第一分册(erste Lieferung)无论如何应当是一部比较完整的著作,而由于它包括整个叙述的基础(Grundlage),所以未必能少于五至六个印张。这一点我在最后加工时就能看清。这一分册包括:(1) 价值,(2) 货币,(3) 资本一般(资本的生产过程,资本的流通过程,两者的统一,或资本和利润、利息)。"④在 3 月 11 日与拉萨尔的通信中,马克思已经在具体讨论出版要求。不久,马克思便与柏林出版商弗·敦克尔签订了《政治经济学批判》的合同。⑤

在 1858 年 4 月 2 日写给恩格斯的信中,马克思进一步细化了自己"为敦克尔准备手稿"(《政治经济学批判》)的一个初步计划。他告诉恩格斯,"这

① 参见《马克思恩格斯全集》第 27 卷,人民出版社 1972 年版,第 392 页。
②《马克思恩格斯全集》(第二版)第 33 卷,人民出版社 2004 年版,第 417 页。
③《马克思恩格斯全集》第 29 卷,人民出版社 1972 年版,第 531 页。
④《马克思恩格斯全集》第 29 卷,人民出版社 1972 年版,第 534 页。
⑤ 1858 年 3 月 29 日,马克思在给恩格斯的信中第一次提及此事,并告诉恩格斯,"第一分册(即手稿)必须在 5 月底写完"(《马克思恩格斯全集》第 29 卷,人民出版社 1972 年版,第 297 页)。

一堆讨厌的东西(ganze Scheiße)将分为六本书(6 Bücher):1. 资本;2. 地产;3. 雇佣劳动;4. 国家;5. 国际贸易;6. 世界市场"①。这里马克思使用的ganze Scheiße 一词,在德文中的直接意思是"一堆狗屎"。这里有两点可以思忖的地方:一是马克思并没有向恩格斯提及自己从 1857 年开始写作的《大纲》,这是他自己复杂的原创性的思想实验。② 这一情形,有些像马克思 1845 年对待《1844 年手稿》的态度。在那里,马克思同样没有告诉恩格斯《1844 年手稿》的具体内容。然而依我的判断,不同于《1844 年手稿》中的人本主义异化史观解构和没影于《德意志意识形态》中的历史唯物主义生产话语,这里,马克思却是在自己的研究性逻辑中实现"第二个伟大发现"(推翻了迄今存在的全部**利润**学说③)之后,面向普通读者撰写一部关于资产阶级经济学批判的通俗读物,其中,他当然会表达自己在经济学理论中的重要进展。二是这个六本书(不是**六个分册**④)的结构,并非他自己的经济学理论构架,而是他"对资产阶级经济学体系的批判"("一堆狗屎")的提纲。这就像恩格斯的《反杜林论》一书的逻辑,并非他自己思想理论的逻辑,而是跟随杜林逻辑的批判。所以,我们才会看到这六本书的前三本,正好是资产阶级经济学中那个著名的三元结构——资本、土地和劳动,然后是作为生产组织的国家、资本对外关系中的国际贸易和世界市场。其实,《1857—1858 年经济学手稿》并非后来的《资本论》的草稿,而是《政治经济学批判》一书的前期理论研究过程。其实,精确地讲,马克思不久后写下的《1861—1863 年经济学手稿》,开始也是《政治经济学批判》一书第二分册的初稿,之后才逐步转换为新的学术构境。

---

①《马克思恩格斯全集》第 29 卷,人民出版社 1972 年版,第 299 页。中译文有改动。*MEW*, Bd. 29, Berlin:Dietz Verlag, 1978, S. 312.

② 在马克思去世后,恩格斯一直在整理马克思的遗稿,其中,他意外地发现了一些自己过去并不知道的文献。在 1883 年 4 月 2 日写给拉甫罗夫的信中,恩格斯开心地说:"特别使我感兴趣的是他早就想写成的辩证法大纲。但是他总是瞒着我们不讲他的工作情况。他明白:我们要是知道他写好了什么东西,就一定会同他纠缠不休,直到他同意发表为止。"(《马克思恩格斯全集》第 36 卷,人民出版社 1975 年版,第 3 页。)我推测,恩格斯这里所说的"辩证法大纲",应该就是《1857—1858 年经济学手稿》中的"导言"部分。

③ 参见《马克思恩格斯文集》第 10 卷,人民出版社 2009 年版,第 143 页。

④ 恩格斯在同年 4 月 9 日的复信中,也确认了"六本书"(6 Büchern)。参见《马克思恩格斯全集》第 29 卷,人民出版社 1972 年版,第 306 页。

在这封信中,马克思十分明确地将第一本书的"**资本**又分成四个部分(4 Abschnitte)。(a) 资本一般(Kapital en general)(这是**第一分册的材料**);(b) **竞争**(*Konkurrenz*)或许多资本的相互作用;(c) **信用**(*Kredit*),在这里,整个资本对单个的资本来说,表现为一般的因素;(d) **股份资本**(*Aktienkapital*),作为最完善的形式[导向共产主义的突变(zum Kommunismus überschlagend)],及其一切矛盾(Widersprüchen)"①。第一分册(*ersten Hefts*)是经济学基本理论中的"资本一般";第二分册则是将资本还原到市场竞争中的"许多资本的相互作用"关系场境中;第三分册是相对于单个资本的"一般的因素"的信用,这是资本主义经济关系中升级版的借贷资本;第四分册则是作为资本最新形态的"股份资本",马克思居然将其视作"导向共产主义的突变"的阶梯。马克思后来指认,资本主义通过信用一类方式扩大私人占有生产资料的再生产,这是"资本主义生产力图突破它本身的界限,超过自己的**限度**进行生产"②的努力。这很像列宁后来在《帝国主义是资本主义的最高阶段》(简称《帝国主义论》)中关于垄断资本主义是走向社会主义的入口的断言。马克思后来是在《资本论》第三卷中,用很大的篇幅(十一章)深入讨论了这一资产阶级经济关系的新变化。

在此,马克思还向恩格斯大致介绍了这个作为"资本一般"的"第一部分的简要提纲"(short outline of the first part)。这个第一分册将由价值、货币和资本三部分内容构成。后来在实际的写作中,价值与货币成了《政治经济学批判》第一分册的内容,而资本变成了第二分册预期讨论的对象,然而,这个第二分册却爆燃为《1861—1863 年经济学手稿》。而这里计划中的第二至四分册中的"竞争中的资本"、"信用"和"股份资本",一直到《资本论》第三卷的写作中才真正涉及。③

这里,马克思先对自己前面提出的六本书中的前三本研究主题的关系,进行了简单的梳理。他分析说,资本、地产和雇佣劳动之间,真正处于统治地

①《马克思恩格斯全集》第29卷,人民出版社1972年版,第299页。中译文有改动。译文中漏掉了重要的Widersprüchen(突变)。*MEW*, Bd.29, Berlin: Dietz Verlag, 1978, S.312.

②《马克思恩格斯全集》(第二版)第35卷,人民出版社2013年版,第130页。

③这三个主题,马克思分别在《资本论》第三卷的整个第二篇,特别是第九至十章(一般利润率),第五篇,特别是第二十五章(信用与虚拟资本)和第二十七章(信用在资本主义生产中的作用)中进行了讨论。

位的当然是资本关系。因为,"现代形式的地产是资本对封建地产和其他地产发生影响的产物",而封建土地所有制的"地产向雇佣劳动的转化不仅是辩证的转化,而且也是历史的转化,因为现代地产的最后产物就是雇佣劳动的普通建立"。① 人们当下看到的土地,已经是入序于资产阶级生产关系之中的不动产;正是在商业交换关系夷平封建等级的土地上,解放出自由的"一无所有"的雇佣工人。这是马克思自《1844 年手稿》以来,已经多次深入讨论过的问题。所以,如果要向普通读者证伪资产阶级的政治经济学,那么,从资本关系的本质[**资本一般**(*Das Kapital im allgemeinen*)]透视出发,就成为一个重要的逻辑起点。马克思还专门说,在第一分册中,为了讨论的需要,可以假定工人的工资总是在"最低额",而地产则完全被排除在讨论域之外(Grundeigentum＝0)。②

在马克思向恩格斯介绍的第一分册的简要提纲中,他提出了一个价值、货币和资本的三章结构。看起来,这似乎与《大纲》中思想实验的逻辑线索基本一致,在那里实际出现的思想线索是流通领域的货币关系→生产过程中的资本关系→简单补充的交换价值。首先,在对第一章"价值"的预想阐释中,马克思想从资产阶级政治经济学中的**劳动价值论**开始。所以,商品的价值"纯粹归结为劳动量(Arbeitsquantum);时间(Zeit)作为劳动的尺度"③。这是说,一个商品所内含的社会必要劳动时间(劳动量)是商品价值的本质。显然,这已经是一种抽象的社会关系。因为它并非是指直观中可见的作为商品自身用在性的使用价值。

> 使用价值[无论是主观上把它看做劳动的有用性(usefulness),或者客观上把它看做产品的有用性]在这里仅仅表现为价值的物质前提(stoffliche Voraussetzung),这种前提暂时完全退出经济的形式规定(ökonomischen Formbestimmung)。价值本身除了劳动本身没有别的任何"物质"(„Stoff")。④

① 参见《马克思恩格斯全集》第 29 卷,人民出版社 1972 年版,第 299—300 页。
② 参见《马克思恩格斯全集》第 29 卷,人民出版社 1972 年版,第 300 页。
③《马克思恩格斯全集》第 29 卷,人民出版社 1972 年版,第 300 页。
④《马克思恩格斯全集》第 29 卷,人民出版社 1972 年版,第 300 页。

这里,马克思专门用英文 usefulness 标识出的"有用性",是特指从斯密到李嘉图的经济学中对使用价值的所指。这是说,商品的使用价值并不是经济学讨论的对象,而商品的价值已经是对劳动的抽象,并且,商品的"价值规定只是资产阶级财富(bürgerlichen Reichtums)的最抽象的形式(bloß die abstrakteste Form)"①。我们可以看到,马克思此时已经精确地使用了价值概念,而不是《大纲》开始时的"交换价值"。这是双重抽象:一是价值为在商品交换关系中对劳动的现实抽象Ⅲ;二是商品价值是资产阶级财富(商品、货币和资本)的形式抽象。马克思指认,在资产阶级政治经济学语境中,这是从配第开始,一直到李嘉图都承认的劳动价值论的理论前提。

马克思分析说,商品价值关系(Werthverhältnisses)的抽象本身是一个历史结果。

> (1)自然生成的共产主义(naturwüchsigen Kommunismus)的解体(如印度等);(2)一切不发达的、资产阶级前的生产方式(在这种生产方式中,交换还没有完全占支配地位)的解体。虽然这是一种抽象,但它是历史的抽象(historische Abstraktion),它只是在一定的社会经济发展的基础上才能产生出来。②

这里的 naturwüchsigen Kommunismus 并非是指原始部族生活中的共产主义,而是马克思此时刚刚获悉的亚细亚生产方式中的印度等地存在的土地公有制。③ 在马克思看来,资产阶级政治经济学中出现的劳动价值论本身,是一种

---

① 《马克思恩格斯全集》第 29 卷,人民出版社 1972 年版,第 300 页。

② 《马克思恩格斯全集》第 29 卷,人民出版社 1972 年版,第 300 页。中译文有改动。*MEW*, Bd. 29, Berlin: Dietz Verlag, 1978, S. 315.

③ 1853 年 6 月 2 日,马克思在写给恩格斯的信中提到自己正在阅读的弗朗斯瓦·贝尔尼埃的《大莫卧儿等国游记》一书,他发现作者认为,"东方(他指的是土耳其、波斯、印度斯坦)一切现象的基础是不存在土地私有制。这甚至是了解东方天国的一把真正的钥匙"。(《马克思恩格斯全集》第 28 卷,人民出版社 1973 年版,第 256 页。)这引起了马克思和恩格斯的共同关注。1853 年 6 月 14 日,马克思在给恩格斯的信中再次分析说:"这样的村社中,全村的土地是共同耕种的,但在大多数情况下是每个土地所有者耕种自己的土地。在这种村社内部存在着奴隶制和种姓制。荒地作为公共牧场。妻子和女儿从事家庭纺织业。这些田园共和国只是怀着猜忌的心情防范邻近村社侵犯自己村社的边界,它们在新近刚被英国人侵占的印度西北部还相当完整地存在着。"(《马克思恩格斯全集》第 28 卷,人民出版社 1973 年版,第 272 页。)

资产阶级经济现实发展的历史结果。它产生的历史前提,不仅包括"自然生成的共产主义"公社的解体,也包括一切前资产阶级生产方式的解体,它只是在"交换占统治地位"的资产阶级生产方式中才有可能发生。这种价值关系本身的抽象,正是一种发生在商品交换中的现实抽象,是资产阶级经济关系本身的 historische Abstraktion(历史的抽象)。然而马克思也指出,资产阶级经济学家的劳动价值论本身,也产生了多重理论混乱和逻辑矛盾,因为他们无法将抽象出来的价值关系与"具体的经济规定"区别开来,也"弄不清这种抽象同资产阶级财富的各种比较晚期、比较具体的形式有什么关系"。①　在1859 年 2 月 1 日写给魏德迈的信中,马克思将这一章的理论针对性指认为"(A) **关于商品分析的历史**",并列举了配第、布阿吉尔贝尔、本·富兰克林、重农学派、詹姆斯·斯图亚特爵士、斯密、李嘉图和西斯蒙第的名字。②　关于这一点,我在《回到马克思》第一卷第一章中已经有过一些讨论。虽然斯密已经开启了劳动决定价值的理论线索,但他还是无法摆脱从所换得的财富的角度来理解一个商品的价值的问题。在马克思看来,"亚·斯密在交换价值的规定上摇摆不定:一方面认为**商品**的价值决定于生产商品所必要的劳动量,另一方面又认为商品的价值决定于可以用来买进商品的活劳动量"③,这致使他的价值理论仍然拖着一根"庸人的尾巴"。同时马克思说,"斯密在阐述了内在联系之后,突然又被表面现象所迷惑,被**竞争中表现出来的事物联系**所迷惑,而在竞争中,一切总是表现为颠倒的、头足倒置的"④。这是指,一方面,斯密将交换价值归结为"一定量的劳动",在扣除原料和工具等生产条件的费用之后,交换价值可以"分解为付给工人报酬的劳动和不付给工人报酬的劳动,而后面这种不付给报酬的部分又分解为利润和地租(利润又可以分解为利润和利息)";可另一方面,他又认为"商品的交换价值是由不依赖于它而独立决定的工资价值、利润价值和地租价值构成的。价值不是它们的源泉,它

---

① 参见《马克思恩格斯全集》第 29 卷,人民出版社 1972 年版,第 300 页。
② 参见《马克思恩格斯全集》第 29 卷,人民出版社 1972 年版,第 553 页。
③《马克思恩格斯全集》(第二版)第 33 卷,人民出版社 2004 年版,第 46 页。
④《马克思恩格斯全集》(第二版)第 34 卷,人民出版社 2008 年版,第 240 页。

们倒成了价值的源泉"。① 这是一种相互矛盾的观点。马克思从方法论高度解释说："一方面,他探索各种经济范畴的内在联系,或者说,资产阶级经济制度的隐蔽结构。另一方面,他又把在竞争现象中表面上所表现的那种联系,也就是在非科学的观察者眼中,同样在那些被实际卷入资产阶级生产过程并同这一过程有实际利害关系的人们眼中所表现的那种联系,与上述内在联系并列地提出来。"②而李嘉图纠正了斯密在劳动价值论中的不彻底的一面,正确区分了财富与价值,彻底摆脱了从所交换的财富含有的劳动量的角度来理解商品价值的线索,完全站到商品本身所具有的内在价值的角度来界定劳动价值论。对此,马克思分析说,"斯密起初是从事物的**内部联系**考察事物,后来却从**它们在竞争中表现出来的颠倒了的形式**去考察事物。他天真地把这两种考察方法交织在一起,没有觉察到它们之间的矛盾。相反,李嘉图为了把握**规律本身**,有意识地**抽象掉了**竞争形式,抽象掉了竞争的表面现象"③。这是马克思此时透过各种理论混乱批判资产阶级劳动价值论的起点。

其次,在对第二章"货币"的概要中,马克思列出了四条要点。前三条为:(a) 作为尺度的货币;(b) 作为交换手段的货币或简单的流通;(c) 作为货币的货币。这三条几乎完全是纯粹经济学的描述。他已经意识到,"分析简单的货币形式是最困难的,因为它是政治经济学的最抽象的部分"④。马克思说:

> (d) 从这种简单流通本身(它是资产阶级社会的表面,这里掩盖了产生简单流通的各种较深刻的过程)来考察,除了形式上的和消逝的(formelle und verschwindende)区别以外,它并不暴露各个交换主体(Subjekten des Austausches)之间的任何区别。这就是自由、平等和以"劳动"("Arbeit")为基础的所有制的王国。⑤

---

① 参见《马克思恩格斯全集》(第二版)第34卷,人民出版社2008年版,第239—240页。
② 《马克思恩格斯全集》(第二版)第34卷,人民出版社2008年版,第182页。
③ 《马克思恩格斯全集》(第二版)第34卷,人民出版社2008年版,第115页。
④ 《马克思恩格斯全集》第29卷,人民出版社1972年版,第554页。
⑤ 《马克思恩格斯全集》第29卷,人民出版社1972年版,第305页。中译文有改动。*MEW*, Bd. 29, Berlin: Dietz Verlag, 1978, S. 317.

这里,我们再一次看到黑格尔《精神现象学》中那个重要的 verschwindend(消逝)概念。这是说,如果仅仅从上述商品流通过程中的这三个方面去观察货币,那么,只会掩盖这一过程背后"较深刻的过程"。这个"较深刻的过程",正是《大纲》中的那种对货币异化关系惊心动魄的解蔽。马克思说,这种停留在"资产阶级社会的表面"的经济学话语,恰恰是整个资产阶级"自由、平等"的意识形态幻象的基础,其在承认劳动价值论的背后,隐匿起了打上引号的雇佣劳动关系。我体会,这里打上引号的 Arbeit,不是《评李斯特》一文中对异化劳动的删除或替代,而恰恰就是作为资产阶级经济物相化本质的verschwindend(消逝的)全新的异化劳动。在马克思看来,这种虚假的东西,不仅是资产阶级经济学中"经济谐和论者、现代自由贸易派"的谬误之根,也会是"蒲鲁东主义者以及类似的社会主义者的庸俗伎俩"。在 1859 年 2 月 1 日写给魏德迈的信中,马克思将原计划的四点又具体化为:(1) 价值尺度。(B) 关于货币计量单位的学说。(2) 流通手段。(a) 商品的形态变化。(b) 货币的流通。(c) 铸币。价值符号。(3) 货币。(a) 货币贮藏。(b) 支付手段。(c) 世界货币(money of the world)。(4) 贵金属。(C) 关于流通手段和货币的学说。马克思同时列举了这一部分所针对的资产阶级经济学家,其中有洛克、朗兹、贝克莱、詹姆斯·斯图亚特爵士、卡斯尔里勋爵、托马斯·阿特伍德、约翰·格雷、蒲鲁东派、货币主义、孟德斯鸠、大卫·休谟、斯密、萨伊、李嘉图、詹姆斯·穆勒、奥维尔斯顿勋爵及其学派、托马斯·图克、詹姆斯·威尔逊和约翰·富拉顿等人的名字。当然,马克思特别说明,《政治经济学批判》第一分册这两章的直接意图,是打击"目前在法国流行的蒲鲁东社会主义"①。

关于第三章"资本",马克思没有再做展开的说明。但依照马克思在前面 3 月 11 日写给拉萨尔的信中曾经提及的设想,这个作为第三章的"资本一般"将包括"资本的生产过程,资本的流通过程,两者的统一,或资本和利润、利息"(Produktionsprozeß des Kapitals, Zirkulationsprozeß des Kapitals, Einheit von

---

① 《马克思恩格斯全集》第 29 卷,人民出版社 1972 年版,第 554 页。

beiden oder Kapital und Profit, Zins)①。

从马克思的这些重要信件中可以看到,此时他即将开始写作的《政治经济学批判》一书,显然不是《大纲》中那种自己独立原创性思想实验的学术话语的逻辑,而是针对资产阶级政治经济学理论本身的批判性思考,面对普通读者的阅读,马克思当然也会尽可能通俗地阐释自己在经济学学理上的重要进展。概言之,这是一种全新的经济学理论"阐释方式"。1859 年 6 月,马克思在《政治经济学批判》"序言"一开始就第一次公开了自己的"六册书的计划":"我考察资产阶级经济制度是按照以下的顺序:**资本、土地所有制、雇佣劳动;国家、对外贸易、世界市场**。在前三项下,我研究现代资产阶级社会分成的三大阶级的经济生活条件;其他三项的相互联系是一目了然的。第一册论述资本,其第一篇由下列各章组成:(1) 商品,(2) 货币或简单流通,(3) 资本一般。前两章构成本分册的内容。"②依马克思这时的想法,这个关于"资本"的第一册内容,它其实也就是后来的《资本论》,只是此时它还内嵌在《政治经济学批判》的六册框架之中。这个关于"资本"的第一篇的第二分册,即为后来写作的《1861—1863 年经济学手稿》。1859 年 7 月 22 日,马克思在信中嘱咐准备为《政治经济学批判》第一分册写书评的恩格斯:"别忘记说:(1) 蒲鲁东主义被连根铲除了,(2) 通过最简单的形式、即**商品**形式,阐明了资产阶级生产的**特殊**社会的,而决不是**绝对的**性质。"③

2. 经济学理论叙述前的思想实验与阐释话语

不久,马克思就开始着手准备写作自己 15 年也即"我一生的黄金时代的研究成果"④——《政治经济学批判》第一本书"资本"的第一分册。在 1858 年 6 月,马克思写下了一个《七个笔记本的索引(第一部分)》[*Index zu den 7 Heften*(*dem ersten Theil*),简称《索引》],这一索引写在了已有《大纲》"导言"

---

① 《马克思恩格斯全集》第 29 卷,人民出版社 1972 年版,第 534 页。
② 《马克思恩格斯全集》(第二版)第 31 卷,人民出版社 1998 年版,第 411 页。
③ 《马克思恩格斯全集》第 29 卷,人民出版社 1972 年版,第 445 页。
④ 《马克思恩格斯全集》第 29 卷,人民出版社 1972 年版,第 546 页。

的笔记本 M 的最后 11 页(即第 23—33 页)上。① 这个索引,是马克思为了即将开始的经济学论著的写作,对自己七个笔记本的《大纲》所做的索引目录。② 可以看到,马克思的这个《索引》写了两稿。第一稿中,写在《大纲》末尾的"价值"成为几乎没有内容的第一部分,逐一标识出需要批判性对话的李嘉图、斯图亚特、马尔萨斯等人,然后是"货币"和"资本一般",在每一个理论层面上,都标识出相应需要批判的资产阶级经济理论人物;第二稿,则完全是对"货币"的重新提炼。从内容上看,这显然不是对《大纲》中已经发生的全部思想实验的逻辑线索提炼,原先"导言"中关于历史唯物主义和方法论的讨论,以及大量的历史现象学和批判认识论内容都被舍弃了,此时马克思关注的问题线索是,明确依照经济学一般理论观点的阐释逻辑,点对点地批判资产阶级经济学家的理论话语,重新标识《大纲》中可以走向经济学理论表述的路标。我以为,这是马克思完成《大纲》后,为了**从研究的思想生产转向面对公众的理论表述的阐释性话语**。所以,在方法论前提上,这可能会使马克思在《大纲》中创立的历史现象学和科学的批判认识论,在阐释性话语中只剩下一种轮廓式的框架,而不再呈现自身复杂的思想质性。在这一点上,应该说马克思是自觉的,他自己后来也做过特设性的说明。在他看来,"使一门科学革命化的**科学**尝试,从来就不可能真正通俗易懂。可是只要科学的基础一奠定,通俗化也就容易了"③。在《资本论》第一卷(第二版)的跋中,马克思也专门区分了研究性思想生产的方式和面向读者的阐释性的话语方式:"阐释方式在形式上必须与研究方式不同(Darstellungsweise formell von der Forschungsweise unterscheiden)。研究必须充分地占有资料,分析它的各种发展形式(verschiednen Entwicklungsformen),探寻这些形式的内在联系(inneres

---

① 参见《马克思恩格斯全集》(第二版)第 31 卷,人民出版社 1998 年版,第 299—312 页。马克思的这一文本,1939—1941 年第一次用德文发表于以单行本形式在莫斯科出版的书名为《政治经济学批判大纲(草稿)(1857—1858)》的附录中。

② 1858 年 5 月 31 日,马克思在写给恩格斯的信中说:"我把自己的手稿从头到尾看一遍差不多就要花一个星期。困难的是,这些手稿(印出来有很厚一大本)很乱,其中有许多东西只是以后的篇章才用得上。因此我得编一个目录,好很快地在某册某页上找到我工作中首先需要的东西。"(《马克思恩格斯全集》第 29 卷,人民出版社 1972 年版,第 316—317 页。)

③《马克思恩格斯全集》第 30 卷,人民出版社 1975 年版,第 637 页。

Band)。只有这项工作完成以后,现实的运动才能适当地叙述出来。这点一旦做到,材料的生命(Leben des Stoffs)一旦在观念上反映出来,呈现在我们面前的就好像是一个先验的结构(Konstruktion a priori)了"①。马克思这里所说的研究方式,恰是我们上面在《大纲》中看到的那种惊心动魄的复杂思想生产过程,在那里,马克思充分占有大量第一手的经济学文献,通过哲学逻辑探寻其中各种有价值的思想发展的形式,以获得自己原创性的剩余价值学说;而在这里面向学术界和读者的阐释性话语中,那些在研究性话语中出现的Leben des Stoffs(材料的生命)则隐匿自身,简洁的经济学观念逻辑结构则呈现为一个康德式的"先验的结构"了。可以明显感觉得到,马克思的阐释话语采取了比较保守的做法,即重新回到学术界普遍接受的"市民社会"(资产阶级社会)的提法上,而没有坚持他在《大纲》中业已完成的以资本为基础的生产和资本主义的生产这样的全新观念上来。这应该是他一直到写完《政治经济学批判》第一分册初稿和定稿这一过程的主基调。奈格里曾经谈及《大纲》与《资本论》的"异质性"②,但他并没有仔细去辨识这种异质性在话语表述方式上的体现,特别是从《大纲》到《政治经济学批判》、从《1861—1863年经济学手稿》到《资本论》的不同话语编码中断裂与连续性的辩证法。而在德国"新马克思阅读"运动的学者们那里,所谓《资本论》第一卷德文第一版到第二版中的"辩证法删减"③,只不过是马克思在阐释性话语中的进一步退让而已。

在写给自己看的《索引》第一稿中,我们可以看到马克思关心的还是**货币的历史发生**问题。马克思认为,"资本的定在(Dasein des Capitals)是在社会的经济场境(ökonomischen Gestaltung der Gesellschaft)上所经历的长期历史过

---

① 《马克思恩格斯全集》(第二版)第44卷,人民出版社2001年版,第21—22页。中译文有改动。Marx-Engels-Gesamtausgabe(MEGA²),Ⅱ/6,Text,Berlin:Dietz Verlag,1987,S.709.

② [意]奈格里:《〈大纲〉:超越马克思的马克思》,张梧等译,北京师范大学出版社2011年版,第24页。

③ 海因里希留意到,马克思在《资本论》第一卷德文第二版中,刻意删除了第一版中关于价值形式讨论的这样的定性评价:"它是最难理解的,因为辩证法的描述比第一版更准确"。此处的"第一版",是指《政治经济学批判》第一分册。参见[德]海因里希《重建还是解构:关于价值和资本的方法论争论,以及来自考证版的新见解》,载[意]理查德·贝洛菲尔、罗伯特·芬奇主编《重读马克思——历史考证版之后的新视野》,徐素华译,东方出版社2010年版,第109页。

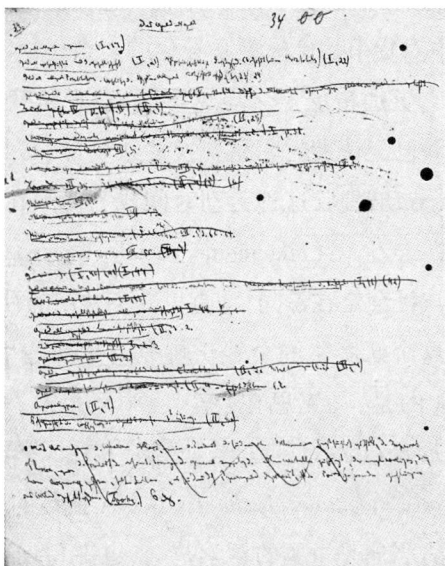

图 15-1　《七个笔记本的索引》手稿一页

程的结果"①。资本的定在不仅仅是一种在场关系,而且是作为"长期历史过程的结果",进而统摄整个资产阶级社会经济物相化空间的弥漫性场境存在。这个 ökonomischen Gestaltung der Gesellschaft(社会的经济场境)是一个重要的新概念,下面我们将会看到,它将支撑狭义的历史唯物主义中的**经济基础**(市民社会话语Ⅳ)概念。这里的 Gestaltung(场境)一词,显然已经从具体的劳动关系赋型上升到社会经济物相化宏观场境的指认上。布尔迪厄曾经谈及这种特殊社会空间的"经济场(économique champ)",在他看来,这是一种以交换关系为核心的市场逻辑。② 因为这是理解资本关系的入口,在提法上,可以发现马克思在尽量避免哲学话语的痕迹。

首先,货币的本质是**事物化的劳动交换关系**。在《索引》的第二稿里我们看到了这样的表述,"**货币是与商品并存的独立的商品交换价值**",并且,"在

---

① 《马克思恩格斯全集》(第二版)第 31 卷,人民出版社 1998 年版,第 398 页。中译文有改动。Marx-Engels-Gesamtausgabe(MEGA²),Ⅱ/2,Text,Berlin:Dietz Verlag,1980,S.91.

② 参见[法]布尔迪厄《实践理性——关于行为的理论》,谭立德译,生活·读书·新知三联书店 2007 年版,第 172 页。

货币上表现出来的商品交换价值决定于商品中包含的劳动时间"。① 相比之我们前面在《大纲》中对货币是价值关系异化的复杂讨论,这显然是过于简略的经济学概括,但是它更加精准了。马克思说,直观经验塑形中可见的到场货币实在,背后隐匿着已经消逝的商品交换关系场境,其此-彼错位关系的本质是抽象的社会必要劳动时间,这种劳动时间成为商品在用在性的使用价值之外获得的"一般社会生存(allgemeine sociale Existenz)"②。这个 sociale Existenz(社会生存)与**社会定在**不同,马克思并不常用的**社会生存**倒真是一个隐喻式的东西,因为这个妖魔化的金钱仿佛是有生命的生存,但实质为一种颠倒的伪在场。有趣的是,马克思在《索引》中还提及"**货币的先验的权力**(*Transcendentale Macht des Gelds*)"③。与《大纲》相比,马克思没有使用货币的异化权力,而用了 *Transcendentale Macht des Gelds*(**货币的先验的权力**),这个 Transcendentale(先验)当然是重要的哲学范畴,也许马克思觉得在康德之后,这会是一个能够被理解的概念。一是在日常生活的感性经验塑形中,货币总是呈现为一个先于我们生活经验的既定统摄力量,它作为经济物相化结果的在场性,却真实地规制着我们的言行甚至全部生存;二是这个先验性肯定不是康德在认识论上使用的那种知性构架上的先验性,甚至也不是一般劳动生产的用在性生成社会历史负熵进程中的客观**生产先验构架**(狭义的生产方式),而是经济构式负熵进程中特有的经济物相化编码中的**社会历史先验**,即资产阶级社会中历史发生的经济关系(货币、资本)的构序场境,在此-彼错位的事物化颠倒后的变异权力对于个人现实行为的超验先在性。后来索恩-雷特尔意识到了这一点,他认为,"**商品形式和商品的交换规律,即物化的形式和规律**,在资本主义社会中成为了生产的先验(Apriori der Produktion),从而成为社会持存(Bestand der Gesellschaft)的决定性的根本法则"④。他的这一观点直接影响到阿多诺,在《否定的辩证法》一书中,我们看到了索恩-雷特尔

---

① 参见《马克思恩格斯全集》(第二版)第31卷,人民出版社1998年版,第305页。

②《马克思恩格斯全集》(第二版)第31卷,人民出版社1998年版,第307页。中译文有改动。

③《马克思恩格斯全集》(第二版)第31卷,人民出版社1998年版,第308页。

④[德]索恩-雷特尔:《脑力劳动与体力劳动——西方历史的认识论》,谢永康等译,南京大学出版社2015年版,第129页。

这一概念的影响:"商品的拜物教特性(Fetischcharakter der Ware)并不归罪于主观上迷路的意识,而是客观地从社会的先验(gesellschaftlichen Apriori)、即交换过程(Tauschvorgang)中演绎出来的"①。显而易见,阿多诺将索恩-雷特尔的生产先验改造成更宽泛的"社会先验"概念。具体说,如果康德的"先天综合判断"指认了先在于个人感知和认知活动的观念统摄机制,那么,马克思这里则更加深刻地揭示了资产阶级社会现实生活中这样的奇异现象:所谓货币的先验权力,即作为人的劳动交换关系,在商品-市场经济活动中颠倒为事物化在场的先验社会力量,它表明"社会过程第一次表现为同个人相对立的社会关联(gesellschaftlicher Zusammenhang)"②。当然,货币所体现出来的这种复杂的社会物相化关联场境,并不是人与人的直接关联,而是颠倒为商品与商品之间"**事物化的社会纽带**(*versachlichtes Band der Gesellschaft*)"③。在这里,马克思没有使用他在《大纲》中已经发现的货币的异化权力概念,而是指认这种金钱关系对个人行为和观念在场的先验统摄作用。甚至,他保留了与直观现象接近的此-彼错位关系中的 versachlichten(事物化)观点。这一点,当然也是狭义历史唯物主义基础上历史现象学的重要观点,它也构成批判认识论中**双重社会历史先验塑形观念先验构架**的原则。这是康德认识论革命的现实基础。只不过,后一种作为"事物化的社会纽带"的经济构式负熵中的社会历史先验,会造成经济物相化编码的主观经济拜物教的迷幻视像。可是,马克思在这里没有完整呈现这种此-彼错位颠倒场境发生的复杂历史转换过程。所以,当普殊同说,"资本主义社会中人们感知、理解世界的方式是被他们的社会关系所塑造的,这些关系即日常社会实践的体制化形式。它与那种'反映论'的知识论毫无关系"④,他无疑是深刻的。

---

① [德]阿多尔诺:《否定的辩证法》,张峰译,重庆出版社1993年版,第188页。
② 《马克思恩格斯全集》(第二版)第31卷,人民出版社1998年版,第308页。
③ 《马克思恩格斯全集》(第二版)第31卷,人民出版社1998年版,第311页。中译文有改动。
④ [美]普殊同:《时间、劳动与社会统治:马克思的批判理论再阐释》,康凌译,北京大学出版社2019年版,第205页。

图 15 - 2 《政治经济学批判》第一分册初稿一页

其次,货币关系发生的**历史作用**。1858 年 8 月至 10 月底,马克思先在笔记本 C、笔记本 B′和笔记本 B″上写成了《政治经济学批判》第一分册的初稿,笔记本 C 没有保存下来,据判断,它应包含《政治经济学批判》第一分册第一章和第二章开头部分的初稿;笔记本 B′ 和 B″包含的是《政治经济学批判》第二章后半部分和第三章开头部分的初稿。① 因为笔记本 C 的遗失,我们首先看到的就是笔记本 B′中第二章后半部分的内容了。能够观察到,这里马克思正在讨论封建制度后期货币场境关系取代传统社会关系的巨大历史进步。马克思说,当封建社会末期,属于不同阶层的两个人开始处于商品交换关系之中时,"两者是作为彼此只代表交换价值本身的抽象的社会的人(abstrakt gesellschaftliche Personen)而发生关系。货币变成他们之间的唯一的物的联结

---

① 据 MEGA 编辑的推断,马克思应该写有一个包含了《政治经济学批判》第一分册第一章和第二章开头部分的初稿(笔记本 C),然而,马克思在 1858 年 11 月 29 日写给恩格斯的信中却说,第一分册的"第一章《商品》,在草稿里根本没有写,第二章《货币或简单流通》只有一个简单的轮廓"(《马克思恩格斯全集》第 29 卷,人民出版社 1972 版,第 358 页)。这就是说,另一种可能是马克思在这个笔记本 C 中并没有写作第一章和第二章的全部手稿。

(Nexus),**直截了当的货币本身**"①。这是对《大纲》中那个极其复杂的价值关系异化做了过多省略后的简写。假如这两个人,一个是属于封建贵族阶层的高贵的地主老财,一个是属于平民阶层的穷得叮当响的农民,那么,在这个通过货币中介的交换关系中,"两者[交换的当事人]之间的关系的一切特殊性(Besonderheit)都消失了(在这种关系中只涉及交换价值本身,即社会流通的一般产物),而且从这种关系的特殊性中所产生的一切政治的、宗法的(patriarchalischen)和其他的关系也都消失了"②。资产阶级货币关系的在场,直接解构了封建等级社会物相化关系场境中的原有宗法关系构序,而使资产阶级的形式上的法权平等,在经济物相化编码后的社会空间中得以实现。这当然是重要的社会历史进步,这也是资产阶级政治革命的重要现实基础。这里的社会关系特殊质性的消失,不同于劳动物相化的用在性使用价值,在物品现成性物像中那个此-彼归基关系的"消逝",而是商品交换场境-经济构式负熵进程中发生的第二层级经济物相化中的"消逝",即以抽象的劳动时间(事物化的货币)**夷平**(齐美尔语)社会关系中的等级属性。这是政治哲学话语了。为什么呢? 马克思告诉我们:

> 货币是"无个性的"(unpersönliches)财产。我可以用货币的形式把一般社会权力和一般社会关联,社会实体(allgemeine gesellschaftliche Macht und den allgemeinen gesellschaftlichen Zusammenhang, die gesellschaftliche Substanz),随身揣在我的口袋里。货币把社会权力当作物(Ding)交到私人手里,而私人就以私人的身分来运用这种权力。社会关联(Zusammenhang),社会的物质变换(Stoffwechsel)本身通过货币表现为某种外在的东西,同它的所有者没有任何个人关系,因此,他所运用的这种权力也表现为某种完全偶然的,对他说来是外在的东西。③

可以明显看出,马克思这里总是在尽力将《大纲》中复杂的哲学话语转换

---

① 《马克思恩格斯全集》(第二版)第 31 卷,人民出版社 1998 年版,第 315 页。
② 《马克思恩格斯全集》(第二版)第 31 卷,人民出版社 1998 年版,第 315 页。
③ 《马克思恩格斯全集》(第二版)第 31 卷,人民出版社 1998 年版,第 316—317 页。中译文有改动。
　 Marx-Engels-Gesamtausgabe(MEGA²), II/2, Text, Berlin: Dietz Verlag, 1980, S. 20.

为通俗的词语，这样更便于一般读者理解。这种阐释性话语的编码方式，也出现在后来的《资本论》写作中。当然，应该加以说明的是，这里马克思所列举的货币关系并非一般封建社会日常生活中出现的买卖关系，而是特指封建社会后期资产阶级经济交换关系，开始成为普遍"社会关联"的特定历史场境中发生的经济物相化事件。也只有在这种特殊的货币关系中，原来在封建等级制下，人所具有的所有政治阶层和家族的血缘-宗法关系构序，以及全部政治-神学构式负熵进程中等级关系的编码特性，一句话，全部封建社会物相化的制度，才会在金钱勾连人与万物的普遍关联面前统统失形和失去历史的合法性。与封建关系中天子专有的龙袍和官员各自不同的乌纱帽不同，作为资产阶级经济关系物相化结果出现的金钱本身，是"无个性的"，也就是说是没有任何专有属性和凝固个性的，作为一个可以支配所有具体财富的"一般权力"，无论什么人将它"揣在我的口袋里"，他都能"运用这种权力"。这种偶然的、流动性的支配权力进入第三等级的平民的口袋，也就会挑战皇权，进而夷平平民与贵族的阶级等级编码质性。这就会造成资产阶级反对封建等级制的政治革命。后来齐美尔在《货币哲学》一书中也讨论过货币的这种特性，只是他的观点是抽象的和非历史的。马克思这里使用的货币的"社会权力"，同样是《大纲》中那个复杂的货币权力关系异化场境的简写。马克思说，一方面，这"表现为人身依附关系的脱型（Abstreifungen persönlicher Abhängigkeitsverhältnisse），表现为资产阶级社会（bürgerlichen Gesellschaft）通过现金赎买摆脱妨碍其发展的桎梏而取得的胜利，另一方面从浪漫主义方面来看，这一过程表现为冷酷无情的金钱关系（Geldverhältnisse）代替了人类的丰富多彩的**结合手段**"①。这里马克思使用的 Abstreifung（脱型）概念是重要的，与他在生产劳动活动中指认的 formlos（脱型）是接近的，只不过这里的 Abstreifung 表征了社会物相化关系构序中的祛序和脱型。这是发生在社会物相化关系构序和**社会构式负熵**层面的 Abstreifungen（脱型）和再赋型的关系场境转换：一是资产阶级通过经济构式负熵进程中货币关系的"现金赎买"，脱型与解构了政治-神学构式负熵进程中封建等级制编码的"人身依附关系"，

---

① 《马克思恩格斯全集》（第二版）第31卷，人民出版社1998年版，第316页。中译文有改动。

既解放出自由的劳动力,也创造了无孔不入、无往不胜的资本力量;二是六亲不认的单一金钱关系场境,以无质的量化财富尺度构序,替代了所有"丰富多彩"的有质性的亲情关系赋型。这是《共产党宣言》中曾经提出过的观点。①马克思说,"正是这种把人和商品投入炼金炉而炼出黄金的黑暗的理财术,同时把一切阻碍资产阶级生产方式(bürgerliche Productionsweise)的关系和幻想统统蒸发掉了,而只把货币关系即一般的交换价值关系作为沉淀物(Niederschlag)保留下来"②。这是可以蒸发所有旧式生产关系和意识形态幻象的"黑暗理财术",它像一个货币场境关系铸成的"炼金炉",有质性的人与物在入序于这个魔幻般编码的交换场境之后,一切都只剩下"值多少"的特定经济负熵质中的"钱眼"这一唯一的在场通道。齐美尔《货币哲学》中的核心观点,显然与马克思这里的深刻思想是一致的。我以为,这当然也是历史认识论与历史现象学中的批判认识论的分界处,批判认识论正是要透视在"黑暗理财术"中消失的社会定在本质。然而,马克思显然没有打算告诉读者,货币作为"黑暗理财术"的内在复杂编码机制到底是什么。其实,也是在这个构境意向中,我才将批判认识论的本质指认为**黑暗考古学**。

可以清楚地看到,马克思在《政治经济学批判》初稿的写作中,都刻意退回到"资产阶级社会"和"资产阶级生产方式"这样的表述上去,而没有使用他在《大纲》后期已经发现的"以资本为基础的生产"和"资本主义生产"这样的新话语。我推断,这应该是马克思出于对观念传播和被接受程度的考虑。还有一个方面的差异是,在马克思准备公开发表的文本写作中他也尽可能克制了一些深奥的哲学概念,比如异化和对象化劳动一类术语,而更多地使用了此-彼错位关系中的事物化颠倒这样的接近实证话语的表达,比如在货币关系中,"个人相互间的这些关系表现为事物的**社会关系**(Diese Beziehungen der Individuen zueinander erscheinen aber *alsgesellschaftliche Beziehungen* der Sachen)"③。可能在他看来,接近感性现象的事物化颠倒的关系会更容易被

---

① 参见《马克思恩格斯全集》第 4 卷,人民出版社 1958 年版,第 468 页。
② 《马克思恩格斯全集》(第二版)第 31 卷,人民出版社 1998 年版,第 316 页。
③ 《马克思恩格斯全集》(第二版)第 31 卷,人民出版社 1998 年版,第 332 页。中译文有改动。Marx-Engels-Gesamtausgabe(MEGA²),Ⅱ/2,Text,Berlin:Dietz Verlag,1980,S.33.

接受一些。然而,我在前面的讨论中已经专门辨识过,虽然我-它自反性的异化关系与此-彼错位的事物化颠倒关系都是历史现象学透视中的重要观点,但异化关系表征的是货币-资本关系的本质为劳动的自我异己化结果,而事物化颠倒关系,则是流通-生产领域中货币和资本经济物相化的直接成因。二者并非同一个层面上的东西,在一定的意义上,异化关系是历史现象学揭露出来的经济关系本质,而事物化Ⅰ—Ⅱ则是这种异化关系在商品交换和生产过程中的反向对象化实现(货币和资本)。马克思对哲学话语的这种压抑,最终在《1861—1863年经济学手稿》中被打破了,而在《资本论》中,开始时马克思仍然坚持了这种阐释性话语中的压抑,最后还是有限地解除了。关于这一复杂的理论逻辑在场与不在场的交错编码关系,我们下面会详细地加以讨论。

最后,独立的个人与**外在的事物性社会关联**。我觉得,这也是马克思并不多见的对发生在资产阶级经济物相化中的"第二自然辩证法"自发整合运动过程的客观描述。在马克思看来,与上述的货币关系解构和祛序传统社会的宗法性共同体的作用相关联,新兴的资产阶级社会中的个人,已经都是从旧式宗法共同体中脱型出来的相互独立的个体,即"自由的、不受任何约束的、只是由生产中的相互需要联系在一起的、原子般的各个私人(atomistischen Privatpersonen)"①。显然,这是我们前面多次涉及的斯密-黑格尔的市民社会话语Ⅱ中,原子化的个人通过市场交换关系生成非直接的需要体系的构境。不过,这一切都在马克思对经济物相化的透视棱镜中被重新认识了。在马克思看来,这些看起来独立的原子化个人在经济物相化编码空间中的在场,却是通过资产阶级社会中商品-市场交换中的事物化的货币关系重新联结起来的,**人的关系颠倒为物的关系**。

在这种关系中,他们的共同体(Gemeinwesen)本身对一切人来说表现为外在的、因而是偶然的东西。通过独立的个人的接触而表现的社会联系,对于他们同时既表现为事物的必然性(sachliche Nothwendigkeit),同时又表现为外在的联系,这一点**正好表现出他们的独立性**

① 《马克思恩格斯全集》(第二版)第31卷,人民出版社1998年版,第377页。

（*Unabhängigkeit*），对于这种独立性来说，社会定在（*gesellschaftliche Dasein*）固然是必然性，但只是手段，因此，对个人本身来说表现为某种外在的东西，而在货币形式上甚至表现为某种可以捉摸的东西。①

不同于深嵌在血缘-宗法构式负熵共同体中的奴隶主-奴隶和地主-农奴，资产阶级社会的确使人失形于宗法式的人的依赖性而获得了根本的独立性。然而，彻底原子化的个人之间，失去了社会物相化关系构序中相互间内在的必然关联性，当他们走向市场的商品交换时，他们有具体目的的商品生产的gesellschaftlich Dasein（社会定在），则变成了市场经济构式负熵总体发展中的**无序返熵**运动，人的活动，必须颠倒为外部经济事物自在的辩证运动才能实现出来。并且，只是通过经济物相化编码中事物化颠倒的货币这样"可以捉摸的"等价物，他们之间的社会关系在市场交换场境中成为中介性手段自发构序和编码起来的"对象性的定在（gegenständlich Dasein）"，这是马克思在《大纲》中所指认的那个作为"事物的依赖性"的经济定在关系场境。进而，所有个人都"在交换行为中证明自己是价值相等的和彼此漠不相干（Gleichgültig）的人。等价物是一个主体为另一个主体的对象化（Vergegenständlichung）"②。可以看到，只要马克思稍不留心，哲学话语就会流露出来，此处的"社会定在"、"对象性的定在"和Gleichgültig（漠不相干性），可能都是带有黑格尔色彩的话语。特别是这个Gleichgültig，直接就是《精神现象学》中的重要逻辑构序概念。之后，我们会看到马克思在《黑格尔的逻辑学》专题研究中深化这些重要的哲学概念。在马克思看来，资产阶级社会独有的市场交换中的货币关系，在盲目的交换活动中无形地重新建立了一个外部呈现为自由竞争的经济构式负熵的共同体。相对于传统社会物相化中基于血亲关系的可见政治-神学构式负熵的共同体，经济物相化编码关系中自发生成的有序组织是**不可见的无形关系场境**，这个经济"共同体"中生成的关系

①《马克思恩格斯全集》（第二版）第31卷，人民出版社1998年版，第354—355页。中译文有改动。Marx-Engels-Gesamtausgabe（MEGA²），Ⅱ/2，Text，Berlin：Dietz Verlag，1980，S. 53 - 54.

②《马克思恩格斯全集》（第二版）第31卷，人民出版社1998年版，第359页。中译文有改动。Marx-Engels-Gesamtausgabe（MEGA²），Ⅱ/2，Text，Berlin：Dietz Verlag，1980，S. 57.

场境,没有指向个人主体的内在必然性,而是由商品交换关系和货币流动建构起来的外在的、偶然的事物与事物之间的客观功能链。这个在经济物相化空间中重新出现的功能链,并非物品用在性的"上手"功能链,而是由金钱勾连万物的"值多少"的价值链。由此,整个世界进入一种特定的"第二自然辩证法"的自发性普遍关联场境。一个在商店中用货币购买了商品的人,他与生产和销售这一商品的人是"漠不相干的",但他们由市场交换关系外在地、偶然地联系在一起了。马克思说,"这种共同体必然作为同样是独立的、外在的、偶然的、事物的东西(Sachliches)同他们这些独立的主体相对立而存在。这正是他们作为独立的私人同时又发生某种社会关系的条件"①。在资产阶级的商品-市场经济中,个人是独立的主体,他们也通过商品生产和交换实现自己的历史在场性,然而,他们的这种独立、自由的历史在场并不构成社会物相化中的有序关系赋型,而直接表现为自由竞争中的**无序返熵**,他们通过货币关系建立起来的事物化的关系构序场境,却是外部经济物相化编码空间中的统治性的社会先验权力("看不见的手")。马克思说,在资产阶级社会中,这种在交换关系中自发生成的"相互的社会关系转变为一种固定的、压倒一切的、把每个个人都包括在内的社会关系,这一点首先就表现在货币中,而且是表现在最抽象的、因而是最无意义、最难捉摸的形式——扬弃了一切中介的形式中"②。这是与《德意志意识形态》相近的表述③,只是在这里,经济物役性的力量被直接指认为货币的社会先验权力。可是,马克思在这里显然不打算透露《大纲》中解蔽的货币作为我-它自反性异化权力的秘密。这也意味着,历史现象学中的科学异化概念是不在场的。这种在资产阶级商品-市场经济盲目和无序活动中自发整合生成的"固定的、压倒一切的"货币的社会先验力量,如同"第二自然辩证法"一样,自发地调节着无序的生产和商品变卖中上下摆动的市场价格,这也就是斯密所指认的"最难捉摸"的"看不见的手",

---

① 《马克思恩格斯全集》(第二版)第 31 卷,人民出版社 1998 年版,第 355 页。中译文有改动。Marx-Engels-Gesamtausgabe(MEGA²),Ⅱ/2,Text,Berlin:Dietz Verlag,1980,S.54.

② 《马克思恩格斯全集》(第二版)第 31 卷,人民出版社 1998 年版,第 377 页。

③ 参见[日]广松涉编注《文献学语境中的〈德意志意识形态〉》,彭曦译,南京大学出版社 2005 年版,第36 页。

以及黑格尔用思辨唯心主义伪装起来的"最抽象"的"理性的狡计"。在一定的意义上,这也是认识论中最难捕捉的认知对象之一。

3. 市民社会话语Ⅳ与事物化颠倒

1858 年 11 月,马克思才开始写《政治经济学批判》第一分册的最后定稿。当时他已经决定,第一篇"资本一般"的第一分册不再包括原来计划的"价值"、"货币"和"资本"三章,而只包括前两章,并改称为"商品"和"货币或简单流通"。① 这是马克思第一次在总体上明确标识出逻辑假设中的"简单流通"的讨论域。马克思在第一分册结尾中说:"关于货币转化为资本,我们将在论述资本的第三章即这一篇的最后部分中加以研究"。马克思的夫人燕妮从 11 月底开始誊抄付印稿,也就是说,马克思一边写作,燕妮同时开始誊抄。1859 年 1 月,马克思完成了《政治经济学批判》第一分册定稿。② 这是马克思第一次向公众介绍自己新的政治经济学研究成果。

在著名的《政治经济学批判》"导言"中,马克思一上来就使用了"资产阶级经济制度(System der bürgerlichen Oekonomie)"和"资产阶级社会(bürgerliche Gesellschaft)"这样的传统表述,显然,这是一种阐释性话语中的理论定位。有趣的是,也是在这种传统的话语方式中,马克思首先谈及自己独特的市民社会话语Ⅳ理论。他在回顾自己研究经济学的起因时,提及 10 多年前的《黑格尔法哲学批判》的导言,在那里,

> 我的研究得出这样一个结果:法的关系正像国家的形式一样,既不能从它们本身来理解,也不能从所谓人类精神的一般发展来理解,相反,它们根源于物质的生活关系(materiellen Lebensverhältnissen),这种物质的生活关系的总和(Gesammtheit),黑格尔按照 18 世纪的英国人和法国人的先

① 1858 年 11 月 12 日,马克思在写给拉萨尔的信中说,"第一篇《资本一般》很可能一下子就占两分册,因为我在定稿过程中发现,这里正是叙述政治经济学的最抽象的部分,写得过于简短,读者不易理解"(《马克思恩格斯全集》第 29 卷,人民出版社 1972 年版,第 546 页)。
② 马克思在 1859 年 1 月 26 日把书稿寄给柏林的出版商。同年 2 月 23 日,马克思把序言给了出版社。《政治经济学批判》第一分册于 1859 年 6 月在柏林贝塞尔出版社正式出版。署名"卡尔·马克思"。

例,概括为"市民社会"(„bürgerliche Gesellschaft")，而对市民社会的解剖应该到政治经济学中去寻找。①

这是对的。在《论犹太人问题》之后,马克思已经意识到黑格尔所指认的市民社会,是斯密(和法国经济学家)业已揭示出来的经济关系系统(市民社会话语Ⅱ),所以只有在政治经济学中才能找到解码市民社会的钥匙。这里,马克思特意在 bürgerliche Gesellschaft 上打上引号,以表征某种借喻性。然而,仔细去分析马克思下面展开讨论的„bürgerliche Gesellschaft",却并不直接指狭义的斯密-黑格尔的资产阶级需要和交换市场经济(市民社会话语Ⅱ),而是链接于他在广义历史唯物主义中发现的**市民社会话语Ⅳ**,即决定了上层建筑的现实**经济基础**。在这一点上,这一过于著名的阐释性话语编码中的隐性转换,成了之后解释学构境中的歧道拐点。马克思说:

> 人们在自己生活的社会生产中发生一定的、必然的(bestimmte,notwendige)、不以他们的意志为转移的关系,即同他们的物质生产力的一定发展阶段(bestimmten Entwicklungsstufe)相适合的生产关系。这些生产关系的总和构成社会的经济结构,即有法律的和政治的上层建筑(Ueberbau)竖立其上并有一定的社会意识形式(bestimmte gesellschaftliche Bewußtseinsformen)与之相适应的现实基础(reale Basis)。物质生活的生产方式制约着整个社会生活、政治生活和精神生活的过程。不是人们的意识决定人们的存在,相反,是人们的社会存在决定人们的意识(Es ist nicht das Bewußtsein der Menschen, das ihr Sein, sondern umgekehrt ihr gesellschaftliches Sein, das ihr Bewußtsein bestimmt)。社会的物质生产力发展到一定阶段,便同它们一直在其中运动的现存(vorhandenen)生产关系或财产关系(这只是生产关系的法律用语)发生矛盾(Widerspruch)。于是这些关系便由生产力的发展形式(Entwicklungsformen)变成生产力的桎梏。那时社会革命(sozialer Revolution)的时代就到来了。随着经济基础(ökonomischen Grundlage)的变更,全部庞大的上层建筑也或慢或快地发生变革。②

---

① 《马克思恩格斯全集》(第二版)第31卷,人民出版社1998年版,第412页。
② 《马克思恩格斯全集》(第二版)第31卷,人民出版社1998年版,第412—413页。

这个基础与上层建筑的比喻,最早出现在《曼彻斯特笔记》马克思对毕莱《对劳动的迫害及其救治方案》一书的摘录中。① 在此,马克思原先是想概括自己在《德意志意识形态》中的广义历史唯物主义基本观点,可由于他这时还没有看到摩尔根的《古代社会》,所以,他并不知道经济结构与法律和政治的上层建筑在原始部族生活中是根本不存在的。这必然使这一概括出现一些问题。当传统教科书体系将这一可以理解的失误凝固化为贯穿整个人类社会历史的"社会基本矛盾"时,这就导致了严重的误解。可能也因此,阿尔都塞对马克思的这一文本进行了批评性的评价,他说,"马克思的有些著作极其含糊不清,其中(不用过多列举)首推1859年出版的著名的《〈政治经济学批判〉序言》,这个文本一直以来都是第二国际和斯大林的圣经"②。阿尔都塞的批评可能主要意指于此。好在马克思在文本中也做了一定的限定,即这一经济基础决定上层建筑的规律只是适用于**经济的社会赋型**(der ökonomischen Gesellschaftsformation),即存在经济结构与政治法律关系的社会物相化。这个Gesellschaftsformation是马克思已经多次使用过的概念。他还专门说,"大体说来,亚细亚的、古代的、封建的和现代资产阶级的生产方式(modern bürgerliche Produktionsweisen)可以看做是经济的社会赋型(der ökonomischen Gesellschaftsformation)演进的几个时代"③。当1877年以后马克思看到摩尔根的《古代社会》一书时,这一从"市民社会话语Ⅳ"转化而来的观点,就会从广义历史唯物主义的假定直接变为**狭义**历史唯物主义的观点,即适用于一定社会历史发展阶段的特殊社会定在本质和运动规律。可马克思却没有来得及对文本中的这一话语构序进行必要的修改。

考虑到是面对公众所宣讲的经济学成果,马克思在《政治经济学批判》第一分册的写作进程里暂时放弃了自己已经获得的"以资本为基础的生产方式"和

---

① 马克思在《曼彻斯特笔记》第6笔记本中直接摘录了这样的文字:"社会是一种人为的存在形态——即是用人类的思考,在只有大自然埋下的基础(Grundlage)之上,竖立起上层建筑(Superstructur)"[Marx-Engels-Gesamtausgabe(MEGA²),Ⅳ/5,Text,Berlin:Akademie Verlag,2015,S.35]。

② [法]阿尔都塞:《论生产关系对生产力的优先性》,吴子枫译,《文景》2013年第1期。

③ 《马克思恩格斯全集》(第二版)第31卷,人民出版社1998年版,第413页。中译文有改动。Marx-Engels-Gesamtausgabe(MEGA²),Ⅱ/2,Text,Berlin:Dietz Verlag,1980,S.101.

"资本主义生产"一类概念,而用学界可以迅速了解的"市民社会"和"布尔乔亚"等范畴来介绍自己的第一本公开出版的经济学论著。这是我们需要注意的研究性话语与阐释性话语的差异。同时,我们也应该意识到,这也说明马克思此时还没有真正将**资本主义生产方式**作为自己聚焦的研究对象,这一重大进展恰恰是在完成《政治经济学批判》第一分册之后的思想实验中实现的。

在第一篇《资本一般》(*Das Kapital im Allgemeinen*)第一分册的第一章中,我们终于看到了《大纲》和《政治经济学批判》遗存初稿中都没有出现的"商品章"(Die Waare)。可能写有这一部分初稿的笔记本 C 遗失了。这使得马克思的理论表述更加接近后来的《资本论》的阐释性理论逻辑。我体会到,马克思在《政治经济学批判》第一分册和《资本论》写作中制定的**阐释性理论逻辑**,明显不同于他自己在经济学研究的思想实验(笔记与手稿)中自然呈现的**研究性逻辑**,这不仅表现为学术话语形式上的差异,也表现在对思想的不同深浅把握之中。可以看到,马克思在自己的思想实验中形成的深刻学术思想并不都会进入公开的理论阐释之中。这是我们面对马克思的不同类型文本时,需要格外留心的一个从**主体视位**①**出发**的重要构境原则。在这里,马克思从资产阶级社会日常生活中的财富出发谈及商品,这是在资产阶级社会经济物相化中遭遇的最基本、最常见的现象。他说,"最初一看,资产阶级的财富表现为一个庞大的商品堆积,单个的商品则表现为这种财富的原素定在(elementarisches Dasein)"②。这也是在《资本论》中那个著名的"从抽象到具体"叙述方法的开端。后来列宁在"伯尔尼笔记"中指认,马克思此处政治经济学批判的"开始是最简单的、最普通的、最常见的、最直接的'存在':个别的商品(政治经济学中的'存在')。把它作为社会关系来加以分析"③。并且,马克思

---

① 主体视位,系我在《回到海德格尔——本有与构境》一书中提出的解释学视域中的一种方法论自觉。针对传统解释学研究中假想的客体视位,即将文本视作作者真实意图的直接对象化产物,假定作者只是一个没有主体性的思想生产机器,主体视位恢复了作者可能存在的复杂思想动机和走向现实中的障碍,这使得文本并非都是作者真实思想的简单显露,而有可能保留、变形和隐匿部分无法实现出来的部分。这一点,在聪明的海德格尔那里表现得尤为充分。参见拙著《回到海德格尔——本有与构境》第 1 卷《走向存在之途》,商务印书馆 2014 年版,第 7 页。

② 《马克思恩格斯全集》(第二版)第 31 卷,人民出版社 1998 年版,第 419 页。Marx-Engels-Gesamtausgabe(MEGA²),Ⅱ/2,Text,Berlin:Dietz Verlag,1980,S.106.

③ 《列宁全集》(第二版)第 55 卷,人民出版社 1990 年版,第 291 页。

明确指认商品具有**使用价值**和**交换价值**(*Gebrauchswerth und Tauschwerth*)双重属性。以后他会进一步区分商品的使用价值和价值,以及作为价值表现形式的交换价值。第一,他直接说,劳动物相化塑形和构序起来的商品的"使用价值虽然是社会需要(gesellschaftlicher Bedürfnisse)的对象,因而处在社会关联(gesellschaftlichem Zusammenhang)之中,但是并不反映任何社会生产关系(Produktionsverhältniß)"①。这是一个重要的理论界划,但也是一个复杂的理论构境。一是,一般物像透视中物品的现成性中的此-彼归基关系,有如椅子"可坐"这样的用在性场境存在,是农民和工人通过劳动失形和祛序树木的自然存在形式与自然的关联,并赋型其一定的社会历史负熵质,它可以出现在自然经济和工业生产等不同性质的社会关系场境之中;二是,它的这种物品的用在性,并不直接映现奴隶制或封建制等特定的社会生产关系质性。这里,马克思区分了一般社会关联与生产关系:前者是现成物品归基于人与自然、人与人的关系中的具体用在性内容(Inhalt)规定,椅子的"可坐"、粮食的"可吃"的用在性编码中的社会关联,直接面对人们的"社会需要",这恰是广义历史唯物主义的研究对象;而后者则是深刻反映一定社会定在性质的**形式规定**(*Formbestimmung*)的关系,有如奴隶制中人与物的关系体现出的直接强暴占有的场境存在,或者资产阶级社会中出现的商品-市场交换关系中椅子和粮食的可变卖性。在马克思看来,他的政治经济学的主要研究目标,是透视后一种不可直观的生产关系的历史性在场,并且,主要是透视资产阶级社会中历史性出现的商品-市场经济关系场境中的生产关系,这种政治经济学研究的本质也会是建立在透视日常生活经济物相化此-彼错位迷雾的**现象学逻辑之上的批判认识论**,所以,它必然表现为"政治经济学批判"。具体说,他所关注的资产阶级经济活动,是商品的经济定在形式——交换价值,如果政治经济学涉及商品的使用价值,也只因为它是交换价值的物质基础。在前面的第十一章中我们已经看到马克思在自己的经济学研究中对劳动失形/塑形和祛序/构序物品使用价值的具体讨论。应该说,马克思在经济学研究中关注交

①《马克思恩格斯全集》(第二版)第31卷,人民出版社1998年版,第420页。中译文有改动。Marx-Engels-Gesamtausgabe(MEGA²),Ⅱ/2,Text,Berlin:Dietz Verlag,1980,S.106.

换价值,并非他的理论喜好,而是现实历史中的必然。后来马克思说,"任何时候都不应该忘记,在实行资本主义生产的条件下,问题并不直接在于使用价值,而在于交换价值,特别在于增加剩余价值。这是资本主义生产的动机"①。

第二,"作为交换价值,一切商品都只是一定量的凝固的劳动时间"。这是对斯密-李嘉图以来的劳动价值论的坚持。这当然不是指广义历史唯物主义可以透视的一般物相化中的此-彼归基,即从木制椅子中看到劳动直接失形/塑形和祛序/构序椅子的"可坐"的用在性使用价值。马克思后来说过,"李嘉图从来不用价值这个词来表示效用或有用性或'使用价值'"②。价值关系,是要在抽象掉具体劳动塑形和构序后,透视出对象化在作为商品的椅子的可交换(变卖)关系中的一般社会必要劳动时间量(抽象劳动)。显然,一旦进入资产阶级经济王国中的普遍可变卖性场境,就已经是处于狭义历史唯物主义的构境之中了,但这只是**历史现象学透视的经济物相化的第一层面**。在这一点上,马克思的观点似乎比《大纲》中的思考更加成熟和全面。并且,马克思再一次强调,这种在不同商品中出现的量化的一般劳动时间,本身就是一种发生在商品交换过程中的历史性的**现实抽象Ⅲ**,"然而这是社会生产过程(gesellschaftlichen Produktionsproceß)中每天都在进行的抽象"③。这个gesellschaftlichen Produktionsproceß(社会生产过程)并非指具体劳动发生的物质生产过程,而是整个社会经济生活的生产过程。马克思指认,这种从劳动交换关系到商品交换价值的抽象,进而从商品际价值等价物到货币的抽象,并不是人们的主观经验抽象为观念,而是每天发生于"社会生产过程"中的经济交换活动的现实抽象场境。有如我们在超市和商店中用货币购买商品一样,你手中的一件商品值多少钱,你在收银台付现金或刷支付宝、微信后取走商品这一系列活动,并非发生在你的经验感觉或观念构境中,它们是客观发生的经济交换活动中的抽象。这一观点,自然也会涉及康德认识论革命中那

---

① 《马克思恩格斯全集》(第二版)第34卷,人民出版社2008年版,第562页。
② 《马克思恩格斯全集》(第二版)第34卷,人民出版社2008年版,第275页。
③ 《马克思恩格斯全集》(第二版)第31卷,人民出版社1998年版,第423页。

个"先天综合判断"的现实历史基础,当然,这是一般社会历史先验在经济构式负熵进程中进一步经济物相化编码后所生成的先验事物构架。显而易见的是,马克思这里对劳动交换关系的客观历史抽象问题的阐释,没有了《大纲》中那些极其复杂的历史过程分析和哲学思考,它只是一种简单的经济学现象的本质规定。

第三,商品的交换价值是**对象化劳动Ⅱ**的结果,但与那种特殊性的具体劳动,即"个人一定的、自然形式的劳动"不同,生产商品(的交换价值)的劳动是**无质的抽象的社会劳动**。其实,这里的"个人一定的、自然形式的劳动",就是直接创制商品使用价值特殊用在质性的具体劳动(konkrete Arbeit),而"无质的抽象劳动",则是商品交换关系中体现的抽象劳动Ⅰ(abstracte Arbeit)。这里特别标识出来的抽象劳动Ⅰ,显然不同于《大纲》"资本章"中提及的,那种工人被祛技能化后的 *rein abstrakte Thätigkeit*(**纯粹抽象的活动**)——抽象劳动Ⅱ①。所以在马克思看来,"劳动作为以这种或那种形式占有自然物的有目的的活动,是人类生存的自然条件,是同一切社会形式无关的、人和自然之间的物质变换的条件。生产交换价值的劳动则相反,它是劳动的一种特有的社会形式"②。这是说,通过具体劳动"有目的地"直接创制物品的用在性——食品可吃,椅子可坐,衣物可穿——这些都是人类生存不变的"自然条件",这是广义历史唯物主义中那个物质生产与再生产原则的体现;而生产用于变卖的商品的抽象劳动Ⅰ,或者说,食物、用具和衣物的生产不是为了使用,而是为了卖钱,则是一种只在经济的社会赋型中才出现的劳动的历史性的"特有的社会形式",即一般社会物相化关系赋型转化为经济物相化的关系编码,这则是狭义历史唯物主义构境的特定观察点。马克思的这一重要观点,在后来的《资本论》第一卷(第一版)中深化为价值形式理论,以及具体劳动和抽象劳动的劳动二重性完整理论。这也意味着,一个社会生活中的物品,如果是在非经济的社会赋型之中,虽然它是具体劳动的结果,可它仍然是自身,而在经济的社会赋型中,商品的在场却分裂为双层矛盾结构:一是可以通过此-彼归

---

① 参见《马克思恩格斯全集》(第二版)第30卷,人民出版社1995年版,第255页。
② 《马克思恩格斯全集》(第二版)第31卷,人民出版社1998年版,第429页。

基获得的一般具体劳动物相化所创制的用在性,二是抽象劳动Ⅰ生成的交换价值。这是两种完全不同的历史在场性,前者是生活需要中的功能性在场,而后者则是处于经济市场中的金钱关系在场。在后一种经济物相化的在场中,商品恰恰是以不是它自身的 *Anderssein*(**他性存在**)此-彼错位方式颠倒式地出场的。我们不难感到,马克思这里的论断,如果相比之《大纲》,通常都是以经济学语境中的简单结论出场的,而得出这些观点的复杂思想过程则无法在场。这必然造成马克思的经济学话语的难解性。这种情况一直持续到《资本论》。恐怕,这也是资产阶级经济学家指责马克思的经济学具有"形而上学"特征的原因。

也是在这里,马克思突然说,"生产交换价值的劳动还有一个特征:人的社会联系(gesellschaftliche Beziehung der Personen)仿佛是颠倒地表现出来的(gleichsam verkehrt darstellt),就是说,表现为事物的社会关系(gesellschaftliches Verhältniß der Sachen)"①。这里,我们看到马克思刻意使用了 gesellschaftliche Beziehung(社会联系)和 gesellschaftliches Verhältniß(社会关系)两个词组,似乎在这一语境中,gesellschaftliches Verhältniß 是 gesellschaftliche Beziehung 的外部表现。同时,我们也再一次看到这个关键性的 verkehrt(颠倒的)概念。这是《大纲》中业已涉及并充分讨论过的方面,不过,在这里马克思并没有公开说明发生于商品交换活动中的价值关系异化,而只是指证**商品本身**包含的交换价值的事物化关系场境颠倒。这亦表明,由抽象劳动Ⅰ生产出来的交换价值本身,是劳动者具体劳动塑形和构序起来的商品效用性的交换关系,可是它在交换活动中却颠倒地表现为商品内嵌的抽象劳动Ⅰ的社会形式——货币。椅子可坐、面包可吃的用在性,颠倒地表现为作为商品的"可变卖性",这种可变卖性不再是物品具体的使用价值,而是颠倒地表现为金钱勾联万物这样的另一个(他性)"事物的社会关系"的伪在场。这是经济物相化迷雾中最重要的"第二自然辩证法"运动的神秘性之缘起。因为,在历史现象学透视中捕捉到的那个交换关系现实抽象而成的一般劳动时间(商品价值),

---

① 《马克思恩格斯全集》(第二版)第 31 卷,人民出版社 1998 年版,第 426 页。中译文有改动。Marx-Engels-Gesamtausgabe(MEGA²),Ⅱ/2,Text,Berlin:Dietz Verlag,1980,S. 113.

现在**不再是它自己**,而颠倒为一个与自己"漠不相干"的物性他者——货币。意识和觉识到这种经济关系场境的颠倒,是**历史现象学透视的经济物相化的第二层面**。可以看出,如果说在《大纲》中,马克思已经在用异化概念来表示历史现象学中透视的劳动交换关系事物化颠倒的本质,而在这里,他只是用**事物化颠倒**这样的较为实证的科学话语表达出来。也由此,历史现象学也生成了自己面对公众读者的阐释性话语层,在这一话语编码中,带有思辨色彩的**异化概念是不在场的**。马克思说,"如果交换价值是人和人之间的关系(Verhältniß zwischen Personen)这种说法正确的话,那么必须补充说:它是隐蔽在物的外壳(dinglicher Hülle)之下的关系"①。交换价值,是在金钱这种dingliche Hülle(物的外壳)之下遮蔽起来的人与人之间的关系场境。因为我们在任何一张熟知的英镑或者美元的到场纸币上,是看不到人与人的关系场境的。看到这种经济物像背后的劳动关系场境,当然也是历史现象学之上的批判认识论的功能。在后来的《1861—1863年经济学手稿》中,马克思也说明过这一现象,他说,"在商品生产的基础上,私人劳动表现为一般的社会劳动;人与人的关系表现为物与物的关系(Verhältnisse der Personen als Verhältnisse von Dingen und Dinge)并表现为事物(Sache)——由此而产生的矛盾(Widersprüche)存在于事物本身,而不是存在于表达事物的用语中"②。个人的具体创制活动表现为一般社会劳动,人与人的关系颠倒地表现为物与物的关系,虽然这种转换本身是不可直观的,但它们并不是观念中发生的想法,而是作为资产阶级社会经济矛盾的现实关系场境。历史现象学发现,只是这种矛盾性的辩证法关系采用了事物化颠倒的方式呈现出来。由此,劳动辩证法颠倒为"第二自然辩证法"。在这里,"劳动的社会性质以歪曲的形式'表现'为物的'属性',即社会关系表现为物(产品,使用价值,商品)互相之间的关系",而资产阶级的"拜物教徒把这个**假象**看成为某种真实的东西,并且事实上相信物的交换价值是由它们作为物的属性决定的,完全是物的自然属

①《马克思恩格斯全集》(第二版)第31卷,人民出版社1998年版,第426页。
②《马克思恩格斯全集》(第二版)第35卷,人民出版社2013年版,第147页。译文有改动。Marx-Engels-Gesamtausgabe(MEGA²),Ⅱ/3-4,Text,Berlin:Dietz Verlag,1979,S.1323.

性"。① 马克思说,资本家作为生产当事人,"他没有看到,生产关系本身,那些他借以进行生产并且在他看来是既定的自然关系的社会形式,是这一特殊社会生产方式经常的产物,并只是由此才成为经常的前提。不同的关系和因素不仅变成一种独立的东西,并取得一种奇异的、似乎彼此无关的存在方式,而且表现为物的直接属性(unmittelbare Eigenschaften von Dingen),取得物性的场境(dingliche Gestalt)"②。这里有历史现象学中一种新的复杂的双层构境:一是资本家当作"既定的自然关系"的货币和资本,其实是特定生产关系事物化颠倒后生成的"独立的东西"(事物),这是上述历史现象学透视的结果;二是这种经济关系场境事物化的颠倒,却被当成商品和金钱的"物的直接属性",这就是特定的**物化**(Verdinglichung)误认场境,这里的 dingliche Gestalt(物性场境)已经是经济拜物教的前提。这既是**历史现象学的批判性透视**,也会是批判认识论的丰富内容。

我发现,也是在这一面向公众的经济学成果宣示中,马克思第一次完整勾勒了自己的商品拜物教、货币拜物教和资本拜物教三大经济拜物教批判的逻辑。显然,在马克思这里的理论构境中,经济拜物教理论开始成为**阐释逻辑**中呈现出来的历史现象学批判话语。虽然马克思在这里并没有直接使用《大纲》中已经出现的 Fetischismus(拜物教)这一术语,但他所分析的多重经济物相化的表层误认,却正是经济拜物教批判话语的逻辑内核。

一是在马克思看来,交换价值本身是不可直观的,可是一旦它以商品的经济定在方式在场,那么,它仿佛就成了某种可见事物的自然属性。这恰恰是商品不可捉摸的神秘性(Mystifikation)的成因。在后来的《资本论》第一卷中,我们看到马克思例举了我们刚才所提及的不神秘的"可坐"木椅与作为可变卖的商品的木椅的神秘性。马克思说:

> 一种社会生产关系采取了一种对象(Gegenstandes)的形式,以致人在他们的劳动中的关系(Verhältniß der Personen in ihrer Arbeit)倒表现为

---

① 参见《马克思恩格斯全集》(第二版)第35卷,人民出版社2013年版,第139页。
② 《马克思恩格斯全集》(第二版)第35卷,人民出版社2013年版,第375页。中译文有改动。Marx-Engels-Gesamtausgabe(MEGA²),Ⅱ/3-4,Text,Berlin:Dietz Verlag,1979,S.1494.

物与物彼此之间(Dinge sich zu einander)的和物与人的关系,这种现象只
是由于在日常生活中看惯了,才认为是平凡的、不言自明的事。①

这里的"看惯了",也就是黑格尔在《精神现象学》导言中所指认的 Bekannt(熟
知)。他说,"一般来说,熟知的东西(Bekannt)所以不是真正知道了的东西,
正因为它是熟知的。有一种最习以为常的自欺欺人(Selbsttäuschung)的事情,
就是在认识的时候,事先假定某种东西是已经熟知了的,因而就这样地不去
管它了"②。可是,马克思这里的观点存在着两种不同层次的物像透视:一种
是,与胡塞尔的现象学批判所指是常识中现成对象的自明性一样,面对我们
在生活中遭遇的现成性物品,必须先通过一般物相化的此-彼归基透视,捕捉
到具体劳动创制对象的用在性(使用价值);另一种是,马克思这里通过历史
现象学对经济物相化的透视,正是针对人们在资产阶级市场经济的日常生活
中"看惯了"的伪在场变成熟知的"平凡的、不言自明"的经济物像。我们为什
么会拼命地去获取财物? 货币为什么能够变成获得财富的神奇力量? 我们
喜欢的东西为什么一会儿十分昂贵一会儿又对折出售? 在日常生活中,我们
习惯了这些出现在市场中的不同物之间关系的变化,习以为常,却不会去思
考为什么会如此。熟知恰恰基于不理解。这是马克思很早就从黑格尔那里
获得的教益。他在这里告诉我们,在资产阶级社会的商品-市场经济中,资本
家所关心的不是商品自身由具体劳动爱多斯塑形和构序的用在性(食品可
吃、椅子可坐),而是由抽象劳动Ⅰ生产的商品的交换价值,在经过商品交换
的事物化关系颠倒之后,再以商品的物性方式呈现出来。人们把物品中的那
种劳动创造的用在性关系场境抽象掉,而将在商品交换中现实抽象出来的一
般劳动(价值)的社会关系在经济物相化中的畸变——"值多少钱",直接当作
商品物的自然属性。这种此-彼错位关系场境中物化式的主观误认,恰恰是**商
品拜物教**的神秘性所在。对此,齐泽克解释说,"商品拜物教的基本特色并不
在于以物代人('人与人之间的关系假定了物与物之间的关系的形式');相

---

① 《马克思恩格斯全集》(第二版)第31卷,人民出版社1998年版,第427页。中译文有改动。Marx-
Engels-Gesamtausgabe(MEGA²),Ⅱ/2,Text,Berlin:Dietz Verlag,1980,S.114.
② [德]黑格尔:《精神现象学》上卷,贺麟、王玖兴译,商务印书馆1979年版,第20页。

反,在于这样的误认,它关切结构网络与其构成因素之间关系:真正的结构效果,即各种构成因素之间的关系网络的效果,表现为某一构成因素的直接财富,而且好像这个财富也属于各种因素关系之外的某一因素"①。商品拜物教不是"以物代人",而是将物品因为经济交换关系赋型和重新编码的"关系网络的效果"误认为物本身的属性。显然,齐泽克的判断是正确的。

二是马克思说,等到交换价值通过一般等价物生成货币的时候,**货币拜物教**中出现的物化现象就会表现为,"货币代表着一种社会生产关系,却又采取了具有一定属性的自然物的形式(Form eines Naturdings)"②。这当然又是一个更深的物化式的误认。这里,货币所代表的社会物相化构序关系,已经不是前述具体劳动生产中的用在性形式规定,而是流通领域中劳动交换关系的事物化颠倒结果了。当贵金属和纸币这样的"自然物的形式"在场时,则看不到劳动交换关系的遗迹了,于是金钱就是一般财富。从深层理论逻辑构序上看,**这是从客观的 Versachlichung(事物化)关系颠倒向主观的此-彼错位 Verdinglichung(物化)误认的转换。**然而,马克思却直接使用了 Naturding 这样的表述,而刻意遮蔽了事物化颠倒这一复杂的内在机制。马克思说:

> 一种社会生产关系表现为一个存在于个人之外的对象(Gegenstand),这些个人的社会生活的生产过程中所发生的一定关系表现为一个物品的特有属性(specifische Eigenschaften eines Dings),这种颠倒(Verkehrung),这种不是想象的而是平凡实在的神秘化,是生产交换价值的劳动的一切社会形式的特点。在货币上,它不过比在商品上表现得更加夺目而已。③

这里马克思所指认的货币事物化(Ⅰ)颠倒中产生的神秘性,比商品的神秘性"表现得更加夺目"一说,在《资本论》第一卷中直接升格为**拜物教**在货币中

---

① [斯洛文尼亚]齐泽克:《意识形态的崇高客体》,季广茂译,中央编译出版社 2002 年版,第 32 页。
② 《马克思恩格斯全集》(第二版)第 31 卷,人民出版社 1998 年版,第 427 页。
③ 《马克思恩格斯全集》(第二版)第 31 卷,人民出版社 1998 年版,第 442 页。中译文有改动。Marx-Engels-Gesamtausgabe(MEGA²),Ⅱ/2,Text,Berlin:Dietz Verlag,1980,S.128.

"变得明显了,耀眼了"①。可以感觉得到,马克思在这些表述中尽可能压抑了自己在《大纲》中不时表露出来的哲学话语,在《大纲》中直接使用异化概念来批判的现象,在这里通常是用尽可能平实的话语(Verkehrung,颠倒)来展现其科学的实证描述。这里就会出现一个重要的文本学解读构境中的不同视位之间的差异:在过去简单的**客体视位**中,我们会将时间线索上后出现的文本看作作者更加成熟的思想构序度,此处,就可能判断 Naturdings(自然物)的话语构序会比《大纲》中的 Versachlichung(事物化)颠倒关系场境更成熟;而如果转换到文本解读的**主体视位**上来,则会体知到,马克思在公开阐释自己的经济学成果时,有可能考虑到读者接受程度和传播性限度所做出的**逻辑退让和刻意深度遮蔽**。由此,这里出现的 Naturding(自然物),则可能是省略了Versachlichung(事物化)颠倒环节的可直观表达话语。这一异质性话语编码中的矛盾,在之后的《资本论》写作中表现得越发明显。甚至,马克思忍不住说,"作为货币,金又恢复了它那金光灿烂的尊严。它从奴仆变成了主人。它从商品的区区帮手变成了商品的上帝(Gott)"②。表面上,这几乎回到了"穆勒笔记"和《1844 年手稿》的相近构境层,可是,马克思却通过注释援引了经济学家布阿吉尔贝尔《论财富、货币和赋税的性质》等经济学论著的相近讨论。③都能感到马克思将货币"从手段异化为上帝"这句话硬是咽了回去。

三是马克思还告诉我们,如果再到以后的**资本拜物教**,将会出现愈益复杂的"物性"颠倒。以至于资产阶级经济学家面对从货币再转换为作为生产过程中的劳动条件(原料、厂房和机器)的资本时,"他们刚想笨拙地断定是物(Ding)的东西,突然表现为社会关系(gesellschaftliches Verhältniß),他们刚刚确定为社会关系的东西,却又表现为物来嘲弄他们,这时候,同样的错觉就在他们的天真的惊异中暴露出来了"④。这仍然是一个复杂的话语构境。李嘉图与所有资本家把生产过程中的原料、机器和厂房看作物的时候,他们无法

---

① 《马克思恩格斯全集》(第二版)第 42 卷,人民出版社 2016 年版,第 76 页。Marx-Engels-
　Gesamtausgabe(MEGA²),Ⅱ/5, Text, Berlin:Dietz Verlag, 1983, S.59.
② 《马克思恩格斯全集》(第二版)第 31 卷,人民出版社 1998 年版,第 519 页。
③ 参见《马克思恩格斯全集》(第二版)第 31 卷,人民出版社 1998 年版,第 519 页注释 2、3。
④ 《马克思恩格斯全集》(第二版)第 31 卷,人民出版社 1998 年版,第 427 页。

知道,这恰是本质为对象化劳动的资本关系在经济物相化中事物化(Ⅱ)颠倒后的结果;而当他们用作为资本的货币去支配生产和交换关系的时候,市场本身的盲目返熵状态,却使他们直接的逐利目的消解为不以个人意志为转移的物的力量"嘲弄他们"。这正是资本拜物教的伪境。显然,这里马克思没有使用有特定构境意向的经济事物(Sache),而直接使用了"物"(Ding),依我们此处文本解读的主体视位,这不是批判话语更加成熟和深刻的表现,而是一种刻意的逻辑退让和深度遮蔽。在后来的《资本论》第一卷中,这一阐释话语构境中的简要批判话语,生成为完整的商品拜物教、货币拜物教和资本拜物教三大经济拜物教批判理论。在那里,马克思的劳动异化批判构式、事物化和物化理论与经济拜物教的关系将成为一个更复杂的逻辑矛盾体。

4. 一个重要的思想实验:资本主义生产方式的确定

在《政治经济学批判》第一分册出版之后,1859 年 1—2 月,马克思在自制的笔记本 B″的第 21—27 页上写下了一个新的《引文笔记索引》(*Verzeichnis zu dem Zitatenheft*)①,显然,这是马克思为了撰写《政治经济学批判》第二分册而对自己之前的读书摘录笔记中的材料重新组合后所作的概括性索引。首先,马克思利用了《伦敦笔记》第 8 笔记本以后的各笔记本的摘录;接着,他补充进了形成于 19 世纪 40 年代的《巴黎笔记》、《布鲁塞尔笔记》和《曼彻斯特笔记》中的摘录索引。应该说,这是马克思对自己在不同时期中的三次经济学研究的笔记文献的总括,其中,他可能会仔细分辨自己对资产阶级经济学话语的不同入境程度和文献摘录的全景;最后,马克思把他记入 1858 年写经济学手稿时用的第 7 笔记本后面的摘录部分中的材料(这个笔记本的前 64 页是《大纲》的结尾部分,第 64 页以后的空白页被用作摘录笔记)加了进来。《引文笔记索引》共 92 页,包括多种著作、报纸杂志的摘录线索,共 700 多条。可能,这也是马克思继《伦敦笔记》时期所作的《金银条块》②的笔记提点实验

---

① 《马克思恩格斯全集》(第二版)第 31 卷,人民出版社 1998 年版,第 595—604 页。马克思的这一文本,第一次用德文发表于《马克思恩格斯全集》1980 年历史考证版第二部分第二卷。

② Marx-Engels-Gesamtausgabe(MEGA²), Ⅳ/8, Text, Berlin:Dietz Verlag, 1996, S. 3–36.

后,第二次重要的笔记整理。那次笔记整理的集聚点是资产阶级的货币理论。这一引文线索的重新梳理,自然会塑形起马克思自己的一种综合性思想构境,也是他下一步写作和思考的支援背景。应该是在 1859 年春天,马克思写下了《资本章计划草稿》(*Planentwurf zum Kapitel über das Kapital*)①。其实,一直到此时,"资本"都只是《大纲》和《政治经济学批判》中一章的主题,马克思还没有真正形成把资本关系当作自己全部经济学研究的核心主题的观点。这一文本在一本单独的(既无号码也无字母编号)小笔记本中,没有总标题。这个计划草稿的内容,是为写作《政治经济学批判》第二分册即第三章(资本章)所拟的预想结构。从内容上看,这个草稿是前述《七个笔记本的索引》中第三项(资本一般)的具体化和进一步发展。

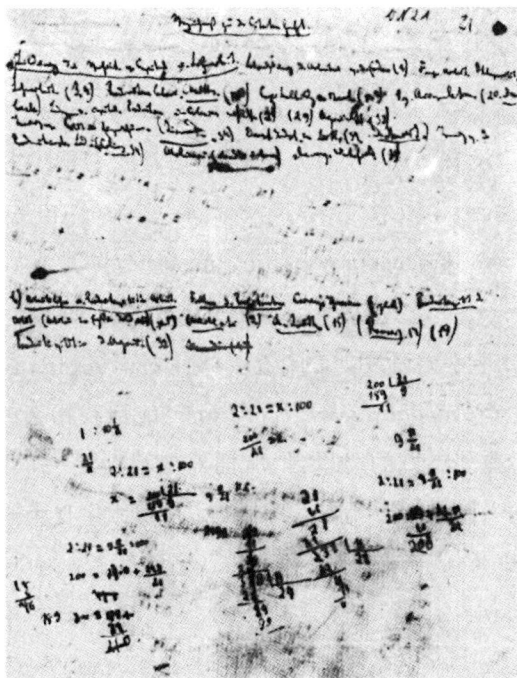

图 15 - 3　《引文笔记索引》手稿一页

---

① 《马克思恩格斯全集》(第二版)第 31 卷,人民出版社 1998 年版,第 583—593 页。马克思的这一文本,1939—1941 年第一次用德文发表于以单行本形式在莫斯科出版的书名为《政治经济学批判大纲(草稿)(1857—1858)》的附录中。

我发现,因为这两份自用的材料都是马克思自己下一步写作的准备,所以,一旦没有了面向读者和外部学术场的压力,马克思立刻在**生产性**学术构境中,恢复使用了自己在阐释性话语中刻意压抑的《大纲》中原有的一些新术语。在《引文笔记索引》一开始(笔记本 B″第 21 页),马克思就在"资本和雇佣劳动关系的形成"的标题下,写下了"在殖民地进行资本主义生产的条件(Bedingungen der capitalistischen Production)消失了"①。因为资产阶级在自己"发现"的新大陆上,一开始并没有刻意复制欧洲的民主制度,也没有创造出一无所有的自由无产阶级,他们粗暴地通过新型的奴隶制度疯狂地掠夺自然财富和欧洲所需的初级产品。这是他在"居利希笔记"和《伦敦笔记》中已经充分了解的情况。在这里可以看到马克思没有使用在《政治经济学批判》第一分册的**刻意逻辑退让**中改成的"资产阶级生产",而是自如地使用了 capitalistische Production(资本主义生产)。之后,他又在第 24 页上使用了"**资本主义生产的界限**(*Schranken der capitalistischen Production*)"这样的表述②。在第 27 页,马克思没有使用《政治经济学批判》第一分册中的"资产阶级生产方式",而直接写道,"以往的生产方式转化为资本主义的生产方式(Verwandlung früherer Productionsweise in capitalistische)"③。这是马克思第一次使用 Productionsweise in capitalistische(资本主义中的生产方式)这样的表述。这种情况也出现在之后写下的《资本章计划草稿》中,在那里,马克思使用了"**资本主义生产**(*capitalistischen Production*)**的自我扬弃的限制**"④这样的表述。显然,此时在马克思的心里,他所面对的社会是一个**以资本统治关系为基础的生产方式**,即 *capitalistische Production*(**资本主义生产方式**)。我注意到一个文献考古中的细节,即马克思在 1860 年 2 月 3 日写给恩格斯的信中提及正在写作的《1861—1863 年经济学手稿》时,将手稿中原先的《资本章》(*Kapitel über das Kapital*)改成了《资本论》(*Das Kapital*)⑤,依我的推测,这是

①《马克思恩格斯全集》(第二版)第 31 卷,人民出版社 1998 年版,第 597 页。
②《马克思恩格斯全集》(第二版)第 31 卷,人民出版社 1998 年版,第 601 页。
③《马克思恩格斯全集》(第二版)第 31 卷,人民出版社 1998 年版,第 603—604 页。
④《马克思恩格斯全集》(第二版)第 31 卷,人民出版社 1998 年版,第 589 页。
⑤《马克思恩格斯全集》第 30 卷,人民出版社 1975 年版,第 24 页。

走向《资本论》(*Das Kapital*)的无意识逻辑凸点。不久,马克思通过一个重要思想实验巩固了这一全新的重要想法。这就是《我自己的笔记本的提要》。

1860 年,马克思因为与福格特①论战,暂停了自己的《政治经济学批判》一书的写作。1861 年 6 月,马克思开始恢复写作②。6—7 月,马克思在自制的笔记本 B″的最后 9 页即第 28—36 页上,写下了极其重要的《我自己的笔记本的提要》(*Referate zu meinen eignen Heften*,以下简称《提要》)③。该笔记本前面写的是《政治经济学批判》第一分册第二章初稿片断和第三章开头部分以及《引文笔记索引》。从内容上看,《提要》是对笔记本 M、I —Ⅶ、C、B′和 B″中所包含的材料的概述。这显然不同于前面对笔记摘录资料的索引,这是他对自己已经完成的思想实验内容的再思考。然而,从我们关注的研究线索上看,这里却发生了一个理论上的场境突变。马克思对自己已经完成的《大纲》手稿和《政治经济学批判》的初稿进行了要点提炼和重新定位,在确定自己下一步研究的基本线索和核心问题之后,经过反复推敲,正式确定了 *capitalistische Productionsweise*(**资本主义生产方式**)这一重要表述。并且,我推测也是在这个时刻马克思才决定,自己新的经济学论著不再是简单的一般资产阶级"政治经济学"逻辑批判,而是对**资本主义生产关系**的批判,对**资本主义生产方式**的批判,集中到一点,就是对**资本**的现实批判。至此,马克思正面阐明自己经济学观念的《资本论》(*Das Kapital*)才由此得名,而批判资产阶级经济学的"政治经济学批判"则成了配角。④ 在一定的意义上,马克思的第三个伟大发现的完成,正发生在这一重要的思想实验之中。

---

① 卡尔·福格特(Karl Vogt,1817—1895),德国自然科学家,庸俗唯物主义者。1833 年毕业于伯尔尼大学。1847 年任吉森大学教授。1859 年 12 月,福格特出版《我对〈总汇报〉的诉讼》一书,对马克思等人进行诬蔑性攻击,马克思则在《福格特先生》(1860)中予以驳斥。

② 1861 年 6 月 10 日,马克思在信中告诉恩格斯:"一星期以来,我在认真写我的著作。"(《马克思恩格斯全集》第 30 卷,人民出版社 1975 年版,第 172 页。)

③ 《马克思恩格斯全集》(第二版)第 31 卷,人民出版社 1998 年版,第 605—623 页。马克思的这一文本,1939—1941 年第一次用德文发表于以单行本形式在莫斯科出版的书名为《政治经济学批判大纲(草稿)(1857—1858)》的附录中。

④ 1862 年 12 月 28 日,马克思在写给路德维希·库格曼的信中提及,新的论著"将以《资本论》为标题单独出版,而《政治经济学批判》这个名称只作为副标题"(《马克思恩格斯全集》第 30 卷,人民出版社 1975 年版,第 636 页)。

　　能够观察到,马克思的这一思想实验,从一开始就超出了仅仅是《政治经济学批判》第二分册第三章的构序逻辑。它是从写作《政治经济学批判》初稿已经用过的笔记本 C 开始的。在新的提纲中,马克思很快指认了"资本来自流通。交换价值成为内容",当交换价值成为生产的目的时,就出现了"从流通向资本主义生产(capitalistische Production)的过渡"。① 这里,环环紧扣资本关系在流通领域中以交换价值为内容的货币形式的出现,以及资本在资本主义生产过程中的真正生成。在进入资本主义生产过程之后,马克思极为精准地标识出,在这个生产过程中,"资本从物质上看是对象化劳动(vergegenständlichte Arbeit)。资本的对立面是活的生产的(即保存并增殖价值的)劳动"②。这里的对象化劳动,是抽象劳动 I 生成的对象化劳动 II。这是《大纲》已经完成的理论成果,即历史现象学解蔽中资本物与雇佣劳动关系的本质剖析——对象化劳动与非对象化劳动对立的劳动-生产过程。可以直接看到,一旦解除了阐释话语中的逻辑压抑,vergegenständlichte Arbeit(对象化劳动)这样的哲学概念很快就浮现出来。马克思明确指出,"**资本主义生产**(*der capitalistischen Production*)**的目的**是价值(货币),不是商品、使用价值等"③。资本主义生产的本质是事物化为物性对象的对象性劳动对活劳动价值创造力的吸纳,这种资本主义生产的最终目的不是商品的用在性实在,而是作为一般财富的金钱。马克思明确标定这样的关键性要点:资本家获得的"剩余价值不能用交换来说明",因为流通并不创造财富。在流通领域发生的资本家与工人的平等交换的实质是,"工人把自己的劳动当作交换价值,资本家把工人的劳动当作使用价值",当"工人把劳动作为生产财富的力量让渡出去"时,资本家恰恰在形式上的"平等交换"之后的生产过程中无偿占有了这种创造力量的全部成果(保存价值和新的剩余劳动)。这是马克思对自己在《大纲》中实现的"第二个伟大发现"——剩余价值理论的简要概括。马克思说,工人的

① 参见《马克思恩格斯全集》(第二版)第31卷,人民出版社1998年版,第608页。
②《马克思恩格斯全集》(第二版)第31卷,人民出版社1998年版,第609页。
③《马克思恩格斯全集》(第二版)第31卷,人民出版社1998年版,第616页。

劳动并不是**再生产出**(*reproducirt*)它所加工的材料和它所使用的工具的价值。劳动**保存**(*erhält*)它们的价值,这只是通过劳动在劳动过程中把它们当作劳动的对象性的条件(gegenständlichen Bedingungen)来发生关系。这种起死回生力和保存力**不费**资本**分文**;相反,它表现为资本本身的力量。①

这是一个很细的解剖,而且越来越精简准确。在资本主义的生产中,工人活劳动的在场性,保存了劳动工具和原材料的价值,劳动工具和原材料并没有跳起来生产,而是劳动物相化活动让它们所内含的价值"起死回生"和保存下来,然而这一切都是"不费资本分文"的,却直接表现为"资本本身的力量"。当然,在这一过程中,工人的劳动也创造了资本家投在工资上的价值和一个新的剩余价值,"资本家无偿地得到剩余劳动和把材料和工具的价值保存下来"②。也在这里,马克思提点,"资本主义生产(capitalistischen Production)的所有条件现在表现为(雇佣)劳动本身的结果。劳动变为现实性的过程(Verwirklichungsproceß),同时是劳动丧失现实性的过程"③。我们可以看到,不同于在《政治经济学批判》第一分册中马克思总是小心翼翼地使用"资产阶级的生产"那样的表述,他在这里十分确定地使用 capitalistische Production 这样的概念来组织自己的思考提纲,这也为下面更大规模手稿写作中的思想实验提供了基本话语编码方向。比如,在《大纲》中没有明确指认的对史前不同生产方式的分析,这里马克思直接标定为"资本主义生产以前的各种形式(Formen, die der capitalistischen Production vorhergehen)"④。也正是在这里,他也突然想到必须讨论"资本主义生产方式(capitalistischen Productionsweise)同以往一切生产方式的区别(普遍性等)"⑤。这是马克思第一次明确使用 capitalistische Productionsweise(资本主义生产方式)这一科学概念,来直接说

①《马克思恩格斯全集》(第二版)第31卷,人民出版社1998年版,第610页。中译文有改动。Marx-Engels-Gesamtausgabe(MEGA²),Ⅱ/2,Text,Berlin:Dietz Verlag,1980,S.276.

②《马克思恩格斯全集》(第二版)第31卷,人民出版社1998年版,第611页。

③《马克思恩格斯全集》(第二版)第31卷,人民出版社1998年版,第613页。

④《马克思恩格斯全集》(第二版)第31卷,人民出版社1998年版,第614页。

⑤《马克思恩格斯全集》(第二版)第31卷,人民出版社1998年版,第615页。

明原先他所谓的 bürgerliche Gesellschaft(资产阶级社会)的本质。① 我认为，马克思**对资本主义生产方式的科学认识**的最终形成，恰是在此。马克思的这一思想实验，完成了他将近20年的艰辛理论探索，从而真正实现了他一生中的**第三个伟大发现**，即科学社会主义构境中关于资本主义社会本质的科学认识。之后，马克思先后写下的《1861—1863年经济学手稿》、《1863—1865年经济学手稿》和《资本论》其他手稿，都会是这一重要发现的具体话语编码过程。

我们还可以看到，随着公开发表的理论阐释话语的压抑之解除，马克思也开始轻松地使用自己内心里奔涌的哲学话语。面对新确定的资本主义生产方式，马克思一针见血地指出："随着资本的发展，劳动条件同劳动相异化（Entfremdung）[**颠倒**（*Verkehrung*）]。颠倒是资本主义生产方式的基础（capitalistischen Productionsweise zu Grunde），而不只是与之相适应的分配方式的基础。"②这是一个极其重要的观点。我们可以直接看到，一旦马克思处于非阐释话语的思想构境中，原先在《政治经济学批判》第一分册中被压抑的哲学概念则会很自然地流露出来，在这里，难懂的哲学构境中的我-它自反性关系场境中的 Entfremdung(异化)概念，立刻被用于说明资本主义生产方式的 Verkehrung(颠倒)本质关系。依我的看法，这一关于**资本主义生产方式本质**的说明，包括了狭义历史唯物主义基础上历史现象学批判中透视经济物相化编码的两个构境层：一是资本主义生产方式的分配和流通领域里已经出现了商品价值关系异化和货币权力的异化，即对象化劳动时间和劳动交换关系事

---

① 这里应该说明一个概念考古中的文献纠错细节。马克思在1850年的《1848年至1850年的法兰西阶级斗争》一书中，曾经有过一段重要的表述："在这种普遍繁荣的情况下，即在资产阶级社会的生产力正以在资产阶级关系范围内一般可能的速度蓬勃发展的时候，还谈不到什么真正的革命。只有在**现代生产力和资产阶级生产形式**（*modernen Produktivkräfte und die bürgerlichen Produktionsformen*）**这两个要素互相发生矛盾**的时候，这种革命才有可能。"（参见 *MEW*, Bd. 7, Berlin: Dietz Verlag, 1960, S. 98. 中译文见《马克思恩格斯全集》第7卷，人民出版社1959年版，第114页。）中译文将这里马克思使用的 bürgerlichen Produktionsformen 错译成了"资本主义生产方式"，这也使我们在《资本论理解史》第1卷中，误将马克思的这一文本指认为第一次使用了"资本主义生产方式"一语。（参见张一兵、周嘉昕《资本论理解史》第1卷，江苏人民出版社2009年版，第357页。）经孙叔文比对俄文版《马克思恩格斯全集》（第二版）第7卷同一文本（第100页），此处俄文译文为 буржуазные формы производства，词义仍为"资产阶级生产形式"。

② 《马克思恩格斯全集》（第二版）第31卷，人民出版社1998年版，第622页。

物化（Ⅰ）**颠倒**为商品物的自然属性和事物与事物的关系,异化是事物化颠倒的本质,这是《大纲》"货币章"的基本内容;二是马克思想突出强调,作为对象化劳动的资本与雇佣劳动的异化(颠倒)关系才是资本主义生产方式的基础,因为资本家在生产过程中通过事物化（Ⅱ）**颠倒**的劳动条件榨取活劳动的血汗、无偿占有工人剩余价值的秘密机制就发生于这种**劳动本身的自我异化**关系中。这一点,马克思在《大纲》"资本章"中已经有了初步的分析。我觉得,这两个方面的思考也将是马克思在后面由《政治经济学批判》第二分册写作漫溢而成的《1861—1863年经济学手稿》中,提出完整的**劳动异化批判构式Ⅲ**的逻辑缘起。

第十六章　社会定在对资本关系的形式从属和实质从属

实际上,马克思 1861 年开始写作《政治经济学批判》第二分册后不久,许多新的思想观点就不断喷涌而出,他反复中断事先设定的面对读者的阐释性话语的逻辑布展,所以,原先拟定的"资本章"就爆燃为讨论全部资本主义生产过程,以及剩余价值学说史的《1861—1863 年经济学手稿》这一庞大文献群和重要思想实验过程,由此,我们可以看到不少研究性话语重新占据主人话语地位的情形。当然,我们还是聚焦于作为本书主题的马克思对资本主义生产方式的探究和思考。在《1861—1863 年经济学手稿》中,重新面对深入"资产阶级社会"本质的资本主义生产方式,马克思的做法仍然是从流通领域直接进入资本主义的生产过程,但是在"资本主义生产过程"(*Capitalistischer Productionsproceß*)的标题下,马克思此次专门标注了"**劳动过程和价值增殖过程的统一**"(*Einheit des Arbeitsprocesses und Verwerthungsprocesses*)。这是接近资本主义生产过程本质的科学把握:具体劳动失形/塑形和祛序/构序使用价值与抽象劳动I生成价值增殖的统一。我发现,马克思在说明资本主义生产过程本质中的一个新的方面,是更加深入地讨论资本主义生产方式获得统治地位的历史进程,这就是旧有的生产方式逐步地从形式上从属资本关系,到整个社会定在实际从属于资本主义生产方式的历史转换过程,实质上,这也是手工业生产向机器化生产的转换、绝对剩余价值向相对剩余价值的转换。这一双重从属关系的说明,既是将马克思的第二个伟大发现——

经济学中的剩余价值理论推进到李嘉图所面对的难题与境,也是马克思第三个伟大发现中关于资本主义生产方式理论最重要的科学说明。

1."资产阶级社会"表面财富背后的资本主义生产方式

1861年8月,马克思正式开始写作出版合同已经规定必须交稿的《政治经济学批判》的第二分册。按照马克思自己的说法,"这个分册具有决定性的重要意义。实际上,这是全部资产阶级污垢的核心……"[①]可是,在写作的过程中,内容不断扩大,形成了篇幅庞大的《1861—1863年经济学手稿》。12月,马克思在信中告诉恩格斯,"我的著作有进展,但很慢。在当前情况下,要迅速完成这种理论性的东西实际上是不可能的"[②]。显然,这一手稿的写作是马克思理论研究中的一个"意外",因为这里有一个从面对公众读者的**阐释性话语**向自己的思想实验中的**研究性话语**的无意识转换——开始作为《政治经济学批判》第二分册的"资本章",后来在写作过程中爆燃为关于整个资本主义生产方式本质的深入研究。显然,上述关于资本主义生产方式本质认识的思想实验,最终成了新的认识革命的酵素。我现在认为,《1861—1863年经济学手稿》是《大纲》之后,马克思经济学研究进程中的又一重要成果。这部手稿共有23个笔记本,是我们目前所能看到的马克思写下的规模最大的单一手稿。[③] 在这份手稿上,马克思亲自编了页码,共

[①]《马克思恩格斯文集》第10卷,人民出版社2009年版,第178页。

[②]《马克思恩格斯全集》第30卷,人民出版社1975年版,第209页。

[③] 这一手稿的问世是曲折的。先是由考茨基编辑整理的《1861—1863年经济学手稿》中的第6—15笔记本的手稿内容,即《剩余价值理论》三卷本,于1905—1910年出版(Karl Marx, *Theorien über den Mehrwert*, hrsg. von Karl Kautsky, 3 Bände in 4 Teilen, Stuttgart: J. H. W. Dietz Nachf. GmbH, 1905—1910)。也因为考茨基在编辑整理这一手稿中,无根据地加以删减,或调换手稿顺序,并将其改变为马克思的独立著作,而非马克思恩格斯设想的《资本论》第四卷,这一版本受到广泛的批评和质疑。也因此,苏联马列编译专家在俄文版《马克思恩格斯全集》第二版中重新编译出版了完整的《1861—1863年经济学手稿》。其中,以新编译的《剩余价值理论》为题发表了这个手稿,分三卷,即第26卷(Ⅰ,Ⅱ,Ⅲ,1954—1961)。之后,又在俄文版《马克思恩格斯全集》的补卷中,以《经济学手稿(1861—1863)》为题发表了这个手稿的其余部分,即第47卷和第48卷(1973、1980)。这也是后来的中文第一版《马克思恩格斯全集》中第47—48卷的原型。1976—1982年间,MEGA²第二部分中的第三卷以六个分册,完整出版了马克思《1861—1863年经济学手稿》。1995—2019年,我国中央编译局编译专家依照MEGA²的方式,在《马克思恩格斯全集》中文第二版中的第32—37卷中,完整再现了马克思的这一重要文本。

1472页。在1863年8月15日马克思写给恩格斯的信中,他自己也将这一手稿称为"庞然大物"。他说,"现在我看着这整个庞然大物,而且回想起我曾不得不把一切统统推翻,而历史部分甚至要根据一部分以前根本不知道的材料去加工"①。应该说,在《回到马克思》第一卷中,这一文本在哲学式的栅栏化研究中并没有得到应有的重视,而当我们将思考焦点转移到资本主义生产方式上来时,《1861—1863年经济学手稿》的重要性则突显出来,特别是当我突破了马克思劳动异化批判构式永久地没影于1845年的界限后,劳动异化批判构式Ⅲ的完整构境也突显出来。这里自然就会涉及我在《回到马克思》第一卷中的一个基本观点,即马克思哲学思想发展中的三个"理论制高点":《1844年手稿》、《德意志意识形态》和《1857—1858年经济学手稿》。我现在仍然坚持上述的判断。因为,虽然《1861—1863年经济学手稿》包含了极其重要的原创性思想内容,在马克思的经济学革命和历史现象学中的劳动异化批判构式Ⅲ等方面都有着不可替代的重要性,但它们都是《大纲》原创性思想革命的深化和系统完善。

马克思《1861—1863年经济学手稿》的写作,从1861年8月开始,到1863年7月结束。整个手稿的创作过程可以分为三个阶段。第一个写作阶段从1861年8月到1862年春天。在这一阶段,马克思写作了第1—5笔记本,第16笔记本和第17笔记本的前7页。第1—5笔记本的写作基本遵循了"资本章计划草稿"的想法。第二个写作阶段从1862年春到1863年1月。在这一阶段,马克思写作了第6—15笔记本即被称为《剩余价值理论》的部分。这一部分内容,是马克思最早写作构想中提到的那个"对经济范畴或经济关系的发展的简短历史概述"②,不过,它现在已经不仅是对斯密、李嘉图的价值理论的历史性批判,而把整个资产阶级经济学中关于平均利润、生产价格以及地租等的"简短历史概述"统统囊括其中。这样,这一部分手稿也就成了占全部手稿总篇幅200个印张的一半以上的超巨型手稿。接着,马克思在第17笔记本的第1029—1038页上续写第15笔记本关于商业资本的内容,以及完成了

①《马克思恩格斯全集》第30卷,人民出版社1974年版,第364页。
②《马克思恩格斯全集》第29卷,人民出版社1972年版,第531页。

第 18 笔记本。第三个写作阶段从 1863 年 1 月到同年 7 月。在这一阶段,马克思写作了第 19—23 笔记本。第 19 笔记本的封面上注明了开始的日期:1863 年 1 月。封底里有一个注:"第 5 笔记本的续篇"。第 19 笔记本的内容是继续第 5 笔记本的关于机器的论述。

在《1861—1863 年经济学手稿》的第 1 页上,马克思先简单地写下了这个属于《政治经济学批判》第二分册第三章的标题,"资本一般(Das Capital im Allgemeinen)",然后明确地标注了"**资本主义生产**(*Capitalistische Production*)"。①这里,马克思没有使用《政治经济学批判》第一分册中所普遍出现的 bürgerliche Gesellschaft(资产阶级社会),而直接使用了 Capitalistische Production(资本主义的生产)。这表明了他在上述思想实验中取得的新认识成果。与前述《大纲》中的"资本章"不同,虽然要讨论资本主义的生产,可马克思在进入资本主义生产过程之前,先讨论了在资产阶级经济学中往往遮蔽人们视线的两个经济物相化现象:流通和分配领域的**贵卖贱买和钱能生钱的假象**。我体会,因为在这一手稿的肇始阶段,马克思的自觉意识层面中还是在写作面向一般读者的阐释性话语编码,所以,这可能也是马克思所想到的一般读者在面对经济物相化时的直观社会现象,当然,这也是以往人们关注这个以**可见的财产-财富表象**为关注点的"资产阶级社会"的主要论争层面。我们可以感觉得到,马克思似乎想特别说明**停留在流通与分配领域**观察资本主义社会整体的非法性。这正是马克思失形于"资产阶级社会"的话语编码,走向资本主义生产方式科学认识的临门一脚。

首先,**剩余价值并非是在流通领域中产生的**。在此,马克思并没有像在《大纲》"资本章"中那样探究剩余价值的生成,而是将其视作一个**理论已知项**直接带入对资本主义流通领域的讨论中。可以看出,这里马克思讨论的资本,是在货币形态上进入流通的商业资本,在完成了货币—商品—货币(G—W—G)这一过程的货币持有者那里,"他不过表现为这样规定的资本的人格化(Personnification),表现为**资本家**"②。作为资本关系反向物相化场境中人

① 参见《马克思恩格斯全集》(第二版)第 32 卷,人民出版社 1998 年版,第 6 页。
② 《马克思恩格斯全集》(第二版)第 32 卷,人民出版社 1998 年版,第 20 页。

格化的商业资本家,在其现实性上是商业资本"一切社会关系的总和"。但是,与马克思在《关于费尔巴哈的提纲》中那个一般性的"关系的总和"不同,这里的人格化的资本家的"关系的总和",已经是经济物相化此-彼错位关系颠倒后的**伪主体**,这也会是主体物相化在经济物相化编码中的畸变。因为此时历史现象学和批判认识论的复杂构境,时常被扁平化为一种直观的经济现象分析,所以这恐怕是很难入境的透视。在后来的讨论中,马克思说,"**商业资本**不是**表现为**与生产资本并列的**特殊种类的资本**,而是表现为**生产资本的一个特殊种类**,只是表现为生产资本借以进行配置和执行职能的各特殊领域中的一个**特殊领域**"①。这是对资本关系总体性的质性判断:在资本主义生产方式中,商业资本不过是生产资本的一个特殊子类。并且,"商业资本或作为商人财产出现的货币,是资本的最初形式,也就是只从流通(交换)中产生并在流通中保存、再生产和增殖的价值的最初形式,因而这种运动的唯一目的是交换价值"②。这是交换领域中出现的货币,它是资本的最初在场,它表现为货币—商品—货币(G—W—G),这一运动的起点和终点都是货币,即交换价值。马克思指认出,在资产阶级经济学家的眼里,"在 G—W—G 这一运动中出现的价值,是从流通中产生,进入流通,在流通中保存自己并且自行**增殖**的价值,是产生剩余价值的价值。这样的价值就是**资本**"③。这当然是一个资产阶级经济学家眼中的财富增长的经济物相化假象。从配第开始,经济学家已经知道工业生产之上的这个商品-市场经济中出现的价值,是不同于农业生产产品(自然财富)的"社会财富"。所以,可以通过 G—W—G(′)得以增殖的价值,或者说能够带来更多财富的金钱就是资本。当然,马克思告诉我们,这只是处于流通领域中的资本转换的表面现象,因为**多出来的财富**——剩余价值并不是在流通领域产生的。马克思具体分析说:

> 我们就拿某个国家的所有资本家和他们在一年内所进行的买和卖的总和来说,虽然某一个人可能欺骗了另一个人,因而从流通中取得了

---

① 《马克思恩格斯全集》(第二版)第 36 卷,人民出版社 2015 年版,第 72 页。
② 《马克思恩格斯全集》(第二版)第 36 卷,人民出版社 2015 年版,第 11 页。
③ 《马克思恩格斯全集》(第二版)第 32 卷,人民出版社 1998 年版,第 19 页。

比他投入的价值更大的价值,但是,流通中的资本价值总额不会因这一活动而有丝毫增加。换句话说,整个资本家阶级(Gesammtclasse der Capitalisten)作为一个阶级不可能因为一个人得到了另一个人所失去的东西而发财致富,增大他们的总资本,或者说产生出剩余价值。整个阶级是不能自己欺骗自己的。流通中的资本的总额不可能因资本的个别组成部分在其所有者中间进行不同的分配而增大。①

这也许是马克思对流通领域并不生产出剩余价值观点的一次最清楚的梳理。这当然还是处于阐释性的话语构境之中。在一个国家的商业活动中,的确可能存在贱买贵卖一类的欺骗,可这种个人、企业或商业团体之间买卖关系中的你多我少,并没有增加流通领域中的财富总额。马克思客观地断定,这是资产阶级不可能自我欺骗的地方。这破除了资产阶级经济学家和其他形形色色非科学的社会主义者试图在流通领域探寻财富增殖原因的幻象,因为在他们那里,"剩余价值竟被荒谬地解释成是由贵卖贱买产生的"。我们可以看得出,这里的阐释性话语与《大纲》的研究性话语不同:一是剩余价值理论是全部《大纲》思想实验所实现的经济学革命的最终成果,而这里,剩余价值已经是话语表层的起点;二是与《大纲》"资本章"中马克思讨论资本关系的双重异化和事物化颠倒不同,这里分析的入口是让读者一看就懂的经验表象层面,马克思是从可见的经验塑形假象的透视中,再一步步深入本质。这与思想实验中复杂的逻辑关系赋型解析是根本不同的分析路径,在这里,深刻的理论生产和思想革命的成果已经在转化为通俗的道理。

我注意到,马克思在《1861—1863年经济学手稿》中还讨论过一个值得关注的重要理论问题,即出现在商业领域中的"商业工人"与剩余价值的关系。马克思的追问是,"他们把自己的劳动能力直接出售给资本。在这种情况下,生产资本家是否获得利润,是否从这类雇佣工人身上直接榨取剩余价值? 他们的劳动是否进入并且怎样进入商品的价值?"②在马克思看来,与直接关联于物质生产的产业工人不同,商业工人(其实包括所有在实现剩余价值的过

①《马克思恩格斯全集》(第二版)第32卷,人民出版社1998年版,第26页。
②《马克思恩格斯全集》(第二版)第36卷,人民出版社2015年版,第86页。

程中被资本家所雇佣的各类劳动者,如商场中的店员和保管商品库房的保管员等)虽然不创造剩余价值,但参与了剩余价值在市场中**实现的过程**。如果说,产业工人通过无偿劳动创造剩余价值,那么,商业工人的"工作不是为了自己,而是为了帮助资本实现[剩余价值]",他们的"**无酬**劳动,虽然不创造剩余价值,如同商业资本决不创造剩余价值一样,但能使**商业资本占有剩余价值**——这对这个特殊资本来说完全是一样的——,因此对于商业资本来说,它是利润的源泉"。① 其实,从事商品包装和运输等工作的雇佣工人的作用也是一样的,所有在商品进入市场实现剩余价值的过程中发挥作用的劳动者,他们的劳动虽然并不进入商品的价值形成中,却构成资本家最终获得的利润的生产费用。"他们的工作日强度越大或时间越长,资本家需要保持的人员就越少,资本的一定部分的**利润率**就越高,该项费用就越少,相应地预付资本同剩余价值相比就缩减得越多"②。这是一个十分重要的理论补充。显然,马克思此时已经注意到剩余价值与利润的差异,但还没有进行深入的分析。

其次,分配领域中**生息资本的 G—G′的假象**。这也是一般人都可以直观到的生活现象。这当然也是黑格尔所指认的熟知却不理解的经验物像塑形。马克思接着上面的分析说,还有一种扰乱人们视线的假象,即在"资本主义生产方式(capitalistische Productionsweise)"产生之前就存在的"钱能生钱"(G—G′)的情况。他说,与商业资本一样,"资本的另一种形式同样是古老的,人们通常正是从这种资本形式出发形成了关于资本概念的见解,这就是放债取息的货币的形式,即生息货币资本(Zinstragenden Geldcapitals)的形式"③。人们都能看见,当货币持有者将钱借给他人或者银行时,钱在回到自己手中时,都会多出一个以借贷利息方式出现的金钱余额。在这里,甚至上述第一个流通过程中显现为商业资本逻辑的货币—商品—货币关系(G—W—G)也不见了,"这里我们看到的不是运动 G—W—G,即先用货币交换商品,再用商品交换

---

① 参见《马克思恩格斯全集》(第二版)第 36 卷,人民出版社 2015 年版,第 87、93—94 页。
②《马克思恩格斯全集》(第二版)第 36 卷,人民出版社 2015 年版,第 87 页。
③《马克思恩格斯全集》(第二版)第 32 卷,人民出版社 1998 年版,第 33 页。

更多的货币,而只是这一运动的结果 G—G:货币交换更多的货币"①。这种从可见的货币直接生出货币(利息)的生息资本,甚至比上述的商业资本"更接近表象(Vorstellung)"。因为这似乎是作为**一般财富的金钱的自我增殖**。马克思告诉我们,其实,钱是不会自己生钱的,在资本主义生产方式中,"利息也就只是表现为剩余价值的一种特殊形式和分支(besondre Form und Abzweigung des Mehrwerths),剩余价值后来分为构成各种不同收入的不同形式,如利润、地租、利息(Profit,Grundrente,Zins)"②。这也就是说,利息并不是在流通领域中生产出来的,如同上述的商业利润一样,而是作为资本主义生产过程中工人所创造的剩余价值进行**分配**的一种特殊形式,它实际上是生产资本付给生息资本的一种资金占用和使用的费用。这个看起来在银行中发生的"钱生钱"(G—G′),其实是生产资本将从生息资本借贷来的货币投入到生产过程中,通过无偿占有工人的剩余劳动获得的增殖,其中,剩余价值的分配中会分割出生产资本所必须支付的资金占用费,只是它最终回到银行中表现为遮蔽了剩余价值生产过程的借贷利息。马克思特别界划说,"在资本主义生产(capitalistischen Production)本身的基础上,生息资本表现为派生的、第二级的形式(abgeleitete,secundäre Form)"③。如果说,支配了生产的资本利润是生产(占有)剩余价值的第一级的形式,那么,生息资本获得的借贷利息就是参与分配剩余价值的 secundäre Form(第二级的形式)。这样,马克思就科学地说明了利润与剩余价值的关系,以及利润这种剩余价值的分配形式与利息(地租、税收等)第二级形式的关系。这种表述虽然有些复杂,却是典型的阐释性话语。在之后爆燃出来的思想实验中,我们会看到生息资本与地租等一起被透视为剩余价值的**分配形式异化**。马克思分析说:

> 在历史上,这种资本形式在资本主义生产(capitalistischen Production)发展以前就出现了,在资本主义生产的基础上它只构成第二级的形式。就像商人财产一样,生息资本只需要是**形式上**的资本(*formell*

---

① 《马克思恩格斯全集》(第二版)第 32 卷,人民出版社 1998 年版,第 33 页。
② 《马克思恩格斯全集》(第二版)第 32 卷,人民出版社 1998 年版,第 34 页。
③ 《马克思恩格斯全集》(第二版)第 32 卷,人民出版社 1998 年版,第 35 页。

Capital),是具有这样一种职能的资本,它在资本支配生产以前就能以这种职能存在,而只有支配生产的资本(Production bemächtigt)才是一种特殊的历史的社会生产方式的基础。①

以放贷为生的生息资本,在前资本主义生产方式中就以"钱庄"和高利贷等形式出现了,与商业资本一样,它们并不构成那时社会生产方式筑模的本质,因为那里的"资本还没有支配生产,还并不存在资本主义生产,也就是说,并不存在严格意义上的资本"②。而在资本主义生产方式产生之后,生息资本则成为生产资本之下的"第二级的形式"。在后面的讨论中,马克思将生息资本称为"最完善的物神(Fetisch)",这个物神的比喻,是说"钱能生钱"的神秘伪在场假象。他这样写道,"在生息资本上,这个**自动的物神**(*automatische Fetisch*),自行增殖的价值,创造货币的货币,达到了完善的程度,并且在这个形式上再也看不到它的起源的任何痕迹了。社会关系最终成为物(Dings)(货币、商品)同它自身的关系"③。这个物神假象的背后,真实发生着资本主义经济关系的事物化颠倒和更深一层的劳动异化,只是它们的经济物相化编码过程都被完全遮蔽起来了。"作为生息资本的资本的充分的**事物化、颠倒和疯狂**(*Versachlichung*,*Verkehrung* und *Verrücktheit*),——而资本主义生产的内在本性,它的疯狂性,只不过是在生息资本上以最明显的形式表现出来罢了"④。这里的疯狂,是指资本在交换关系的事物化 Verkehrung(颠倒)的掩盖下,无止境地疯狂盘剥工人的剩余价值,当这种剩余价值转换为"钱能生钱"的利息时,无疑也增加了金钱的神秘性,这也是经济拜物教教徒追逐金钱的疯狂。显而易见,这种表述就已经不完全是阐释性话语了。

在十分通俗地说明了上述这两个经济学上的财富增殖假象之后,马克思说,要想科学地认识资本主义的生产方式,仅仅从流通和分配领域中直接到场的财产和财富的经济现象表面讨论问题是不行的,这也就有可能走向否定bürgerliche Gesellschaft——**资产阶级社会**这样的**表象**概念,从而确立**透视不可**

---

① 《马克思恩格斯全集》(第二版)第 32 卷,人民出版社 1998 年版,第 35 页。
② 《马克思恩格斯全集》(第二版)第 32 卷,人民出版社 1998 年版,第 35 页。
③ 《马克思恩格斯全集》(第二版)第 35 卷,人民出版社 2013 年版,第 304 页。
④ 《马克思恩格斯全集》(第二版)第 35 卷,人民出版社 2013 年版,第 306 页。中译文有改动。

见的 capitalistische Productionsweise——**资本主义生产方式**的通道。具体到我们这里的思考线索,这亦表明,仅仅关注"资产阶级社会"财富多少意义上的富人与穷人的对立,或者说,直接讨论与资本家对立的工人,与资本对立的劳动是不行的。资本的秘密,只能在透视经济物相化迷雾之后,从日常生活中直观可见的财富进一步深入资本关系的自身基础——与商品和货币(表面的对象性的一般财富)都相关的**价值的本质关系**。所以马克思说:

> 为了阐明资本的概念,必须从**价值**出发,并且从已经在流通运动中发展起来的交换价值出发,而不是从劳动出发。正像不可能从不同的人种直接过渡到银行家,或者从自然直接过渡到蒸汽机一样,从劳动直接过渡到资本也是不可能的。①

这是马克思阐释话语构境中十分特别的一个说法。如果要研究一个银行家,直接从生活常识中"他是一个白人"这样的判断开始是荒谬的,就像要说明我们直接看到的蒸汽机,而指认它是一种自然物质一样。研究人与事物的本质,必须实质性地探究这一人与事物背后,不可直观的此-彼归基关系场境存在的历史发生和发展进程;进一步说,面对资本概念,也不能仅仅停留在"资本就是劳动"这样的简单判断上,因为资本关系并不是具体劳动直接创制使用价值的用在性事物,如果想透视资本关系的本质,还必须从不同于商品使用价值的社会物相化关系属性——经济物相化编码中特殊关系构序的价值开始,并且,要从价值在流通领域中的商品交换的表现形式——交换价值出发。这是马克思在阐释性话语塑形中,慢慢地从日常生活经验常识向经济学话语构境的转换。马克思这里已经非常精确地理解,其实,作为社会财富的商品和货币的本质的价值关系,都是已经消除了所有具体劳动塑形和构序的历史痕迹的抽象的对象化劳动 II。"价值,不论是货币形式还是商品形式,都是**对象化的劳动量**",即包含在商品中的抽象的社会必要劳动时间。如果价值是对象化劳动 II,那么此后由货币生发出来的资本,当然也会是隐匿得更深的对象化劳动,并且,资本只有当货币投入生产过程并获得增殖时才是它

①《马克思恩格斯全集》(第二版)第 32 卷,人民出版社 1998 年版,第 36 页。

真实的历史性在场。这样,资本与劳动在流通领域中的外部对立关系,就必然转换成**生产过程中对象化劳动与非对象化劳动的奇怪对立**。它的实质是经济物相化的对象化劳动与不能直观的活劳动的**自我对立**。其实,当马克思使用 Vergegenständlichung(对象化)概念的时候,就可能会接触到阐释话语的理解边界,因为这会是深奥的哲学构境。这是在《政治经济学批判》第一分册中也会偶尔出现的现象。依概念考古的词频统计,马克思在《1861—1863 年经济学手稿》中共计 395 次使用 Vergegenständlichung/vergegenständlichte 概念。在此,我们看到马克思再一次改写了自己在《大纲》中写下的那段著名的话:

> 唯一与对象化劳动相对立的是非对象化劳动,**活劳动**(*lebendige Arbeit*)。前者是存在于空间(Raum)的劳动,后者是存在于时间(Zeit)中的劳动;前者是过去的(vergangen)劳动,后者是现在的(gegenwärtig)劳动;前者体现在使用价值中,后者作为人的活动(menschliche Thätigkeit)处于过程之中,因而还只处于自行对象化的过程中;前者是价值,后者创造价值(Werthschaffend)。①

马克思对这一文本片断的第一次改写,是在《政治经济学批判》的初稿中。② 与前两次表述的侧重点不同,这里马克思讨论的焦点集中于,出现在流通领域两种"财富"的表面交换,即资本与劳动形式上的平等交换中而被遮蔽起来的生产过程中的两种劳动的关系上。如果在生产过程中作为生产条件到场的资本关系是对象性劳动Ⅱ,而对象化劳动是价值,那也意味着资本不过是"存在于空间的劳动",而与资本对立的劳动则是"存在于时间中的劳动",即处于"人的活动"和"自我对象化的过程中"的可能性的劳动,二者根本

---

① 《马克思恩格斯全集》(第二版)第 32 卷,人民出版社 1998 年版,第 39 页。

② 马克思第一次改写的内容为:"**对象化劳动的唯一对立物是非对象化劳动**,同**客体化**(*objektivirten*)劳动相对立的是**主体劳动**(*subjektive Arbeit*)。或者说,同时间上已经过去的、但空间上存在着的劳动相对立的,是时间上现存的活的劳动。这种劳动作为时间上现存的非对象化(也就是还没有对象化的)劳动,只有作为**能力**,可能性(*Möglichkeit*),才能,即作为活的主体的**劳动能力**,才能够是现存的。"[《马克思恩格斯全集》(第二版)第 31 卷,人民出版社 1998 年版,第 394 页。中译文有改动。Marx-Engels-Gesamtausgabe(MEGA²),Ⅱ/2,Text,Berlin:Dietz Verlag,1980,S. 86.]

性的不同在于:前者是已经被 vergangen(过去的)劳动创造出来的现成价值,而后者作为 gegenwärtig(现在的)劳动则是在生产过程中保存已有价值和创造新价值的源泉。这个 gegenwärtig(现在的)劳动,从来不会出现在流通领域之中。在后面的讨论中,马克思作过这样进一步的说明:在资本主义生产过程中,"(a) 包含在生产商品所消费的劳动资料和原料(如果有原料的话)中的**过去的劳动时间**;(b) 最后追加的**活劳动**,简单地说,就是借助这些劳动资料而实现在这种原料中的劳动"①。这是一个历史唯物主义的客体向度说明。在这里,生产过程巧妙地转换为活劳动-劳动资料和劳动原料统一的劳动过程。显然,这不是我们在流通领域表面看到的两种"财产"的对等交换,这是一个经济物相化编码中的双重假象:一是假扮成资本家资本(财产)的对象化劳动Ⅱ,这实际上是过去被资本家占有的劳动成果,然而现在它的社会关系场境本质,却是一种资本主义生产方式中总体性的支配关系;二是被工人出卖的"劳动商品"(财产),可交换中实际被变卖的却是工人劳动能力的支配权力,当这种被支配的劳动能力进入生产过程中后,它将自己实现出来的 gegenwärtig(现在的)劳动将是资本家无偿占有剩余价值的秘密源泉。所以,仅仅停留于流通和分配领域的财产关系上的"资产阶级社会"这一表征,恰恰可能会陷入经济物相化编码的虚假表象认知之中,无论是掩盖经济剥削的资产阶级经济学家还是反对资产阶级社会不公的各种社会主义者,如果他们的争执还是处于流通领域或者分配关系中的公平或改良上,都不可能真正透视和解码这一社会的资本主义生产方式的内部本质关系。这里,我们也会体知到,一旦马克思试图说明资本主义生产关系的本质,他都会不自觉地使用非经济学的哲学话语,他应该无意间忘记了自己是在面对普通的读者,于是在写作方式上专为《政治经济学批判》第二分册准备的阐释性话语,就被更深的研究性话语"篡位",打算公开出版的"书",就突破为思想实验性的"手稿"。于是,那个预设中的《政治经济学批判》第二分册,也就逐渐没影在《1861—1863 年经济学手稿》的思想爆燃之中。

马克思说,在流通领域中,处于时间中的非对象化劳动的持有者当然就

①《马克思恩格斯全集》(第二版)第 37 卷,人民出版社 2019 年版,第 17 页。

是工人,他还专门说明,"正如货币所有者作为对象化劳动、自行保存的价值的主体和承担者是**资本家**一样,**工人**同样也只是他本身劳动能力的主体、人格化"①。这仿佛是说,我们在"资产阶级社会"中直观到的资本家和工人并不是真正在场的"人",他们不过是这一社会生活中特定经济关系反向物相化场境的人格化。这既是历史现象学构境中对经济物相化的批判性透视,也是批判认识论中作为认知对象的社会伪主体,它可能恰恰是原先《提纲》中那个"一切社会关系的总和"的否定形式。这让人想起拉康哲学中的否定性的关系存在论:人的个体心理自我会是镜像关系(小他者)的反向人格化——伪自我,而人的个体主体性则会是语言象征系统关系(大他者)的反向人格化——伪主体。可能,这也会成为马克思阐释性话语中入境通道上的顽石。所以说,如果资本家是资本关系反向物相化场境的人格化的话,那么工人就是**雇佣劳动的人格化**。二者都是经济物相化编码中畸形伪主体的在场。在工人这里,"他应提供出售的唯一商品,就是他的活的、存在于他的活的机体中的劳动能力(Arbeitsvermögen)['*Vermöge*'一词在这里决不能理解为'财富'(fortuna, fortune),而应当理解为'能力'(Potenz, δύναμις)]"②。在这里马克思专门标注:工人在与资本家交换时,出卖的商品**不是现成的财富**,而是可能性上的劳动能力使用权。马克思在此还特别标注了希腊文中的δύναμις(力量)。这当然也是马克思对经济物相化编码中虚假"劳动商品"的深刻透视。并且,工人除了可以出售的劳动能力使用权,一无所有。这导致,如果这种时间意义上存在的劳动能力要实现出来,工人就不得不接受拥有这种"空间上"存在的劳动条件(对象化劳动)的资本家的盘剥。

现在他之所以必须出卖他的劳动,是因为他的劳动能力只有出卖给资本才是劳动能力。因此,他现在从属于资本主义生产(capitalistische Production subsumirt)、受资本的支配,不只是由于他缺少劳动资料,而且是由于他的劳动能力本身,由于他的劳动的性质和方式;他受资本的支配,因为在资本的手中不仅掌握着主体劳动(subjektiven Arbeit)的客体条

①《马克思恩格斯全集》(第二版)第32卷,人民出版社1998年版,第42页。
②《马克思恩格斯全集》(第二版)第32卷,人民出版社1998年版,第41页。中译文有改动。

件,而且也掌握着主体劳动的社会条件(gesellschaftlichen Bedingungen),工人的劳动只有在这些条件下还能是劳动。①

这也是说,这里在劳动主体身上实际发生的事情是两种生产方式的转换,即从农奴或者小生产所有者脱型和转换为自由工人。这种生产关系变革中最本质的部分即劳动者与生产资料的彻底分离,现在,自由了的工人,在雇佣关系中变得实质上越发不自由地依存于资本关系,因为他的劳动能力,只是在变卖给居有资本统治关系的人格化资本家时才能成为现实的劳动能力;并且,除了一无所有的被迫依附,更重要的方面是工人劳动的性质和劳动形式都深深地受到资本的支配,工人作为劳动的主体,其直接依存的客观的劳动材料和资料都从属于资本,同时,全部能够使劳动实现出来的社会关系场境也**从属于资本的统治关系**。关于这个对资本主义生产的 subsumtion(从属)问题,将是马克思下面重点讨论的方面。在历史现象学的构境中,在经济物相化表象中可以看见的自由劳动力的自由,本质上是没有独立生存可能性的隐秘发生的不自由的依附性。这恰恰是表面公正的雇佣劳动关系中秘密的被奴役本质。为此,马克思感叹道,在工人那里,

> 他没有,即丧失了实现他的劳动能力的对象条件,使他的劳动对象化的条件(Bedingungen zur Vergegenständlichung),相反地,这些条件,作为财富世界,作为对象财富世界(Welt des Reichthums),隶属于他人的意志,在流通中作为商品所有者的财产,作为异己的财产(fremdes Eigenthum),异己地(fremd)与劳动能力所有者相对立。②

请一定注意这里马克思所强调的"财富世界"、流通领域的财产和别人的财产,因为这正是从1845年开始支撑着马克思从资产阶级"市民社会"话语编码系统中脱型而来的整个"资产阶级社会"话语构境的重要构件。现在马克思认识到,看起来,资本家在这种形式上平等的交换中拿出了自己的财富,以

---

① 《马克思恩格斯全集》(第二版)第32卷,人民出版社1998年版,第319页。Marx-Engels-Gesamtausgabe(MEGA²),Ⅱ/3-1,Text,Berlin:Dietz Verlag,1976,S.254.
② 《马克思恩格斯全集》(第二版)第32卷,人民出版社1998年版,第41页。中译文有改动。Marx-Engels-Gesamtausgabe(MEGA²),Ⅱ/3-1,Text,Berlin:Dietz Verlag,1976,S.32.

等价的方式换取了工人的财产,而实际上,资本家的财富不过是工人过去劳动的对象化成果,而工人根本没有任何财产,他只是将自己无法对象化劳动能力使用权当作"财产"卖给了资本家。马克思现在说,在可见的物性财产这一经济物相化伪境中出现的"这种自由的工人——从而货币所有者和劳动能力所有者之间,资本和劳动之间,资本家和工人之间的交换——显然是已往历史发展的产物,结果,是许多经济变革的总结,要以其他社会生产关系的灭亡和社会劳动的生产力的一定发展为前提"①。人们能够看到的工人与资本家之间发生的财富意义上的"平等交换",本身就是一个历史发展的产物,它已经经过了"许多经济变革",以至于在经济物相化编码的迷雾中无法看到这种财富交换背后发生的真实关系。这就是**资本主义生产方式**的秘密本质。

> 资本主义生产(capitalistische Production)的**前提**是:在流通中、在市场上**找到**只有出卖自己的劳动能力的自由的工人或卖者。因此,资本关系(Capitalverhältnisses)的形成从一开始就表示,资本关系只有在社会的经济发展即社会生产关系和社会生产力发展的一定的历史阶段上才能出现。它从一开始就表现为历史上一定的经济关系,表现为属于经济发展即社会生产的一定的历史时期的关系。②

马克思这是告诉我们,资本主义生产关系的前提,是在流通领域中可以找到出卖自己劳动能力的自由工人,这本身就是一个一定历史条件下才会出现的特定关系——资本关系,或者叫资本支配雇佣劳动的关系。如果说,人身依附等级的宗法关系是封建主义的本质,那么,这种资本支配雇佣劳动的隐秘依附关系就是**资本主义**的本质,因为这正是资本主义生产关系的根本。马克思说,"作为我们出发点的,是在资产阶级社会的表面上(Oberfläche der bürgerlichen Gesellschaft)出现的商品,它表现为最简单的经济关系,资产阶级财富(bürgerlichen Reichthums)的要素"③。他想告诉我们,在此作为讨论出发点的恰恰是那个以财产多少为尺度的 bürgerliche Gesellschaft——**有产者的社**

---

① 《马克思恩格斯全集》(第二版)第 32 卷,人民出版社 1998 年版,第 42 页。
② 《马克思恩格斯全集》(第二版)第 32 卷,人民出版社 1998 年版,第 42 页。
③ 《马克思恩格斯全集》(第二版)第 32 卷,人民出版社 1998 年版,第 42 页。

会的表面，可见的商品是作为"资产阶级财富的要素"，然而，如果我们深入一步透视这种经济物相化的假象，就会发现，这个作为最简单物性财富的商品（财富），也是"以社会成员之间历史上的一定的关系为前提的"，即从劳动交换关系中现实抽象出来的交换价值。所以马克思说：

> 如果我们现在进一步研究，究竟在什么情况下产品才普遍作为商品来生产，或者说，究竟在什么条件下产品作为商品的存在才表现为一切产品的一般的、必然的形式，那么，我们就会发现，这只有在历史上特定的生产方式即资本主义生产方式的基础（Grundlage einer ganz bestimmten historischen Productionsweise der capitalistischen）上才会发生。①

其实，在封建社会甚至更早的社会生活中，用钱去购买一个有价格的商品的现象已经存在了，但是，当商品成为"一切产品的一般的、必然的形式"时，社会关系赋型已经进入一个以 Productionsweise der capitalistischen（资本主义生产方式）为基础的社会。这个新社会不是按**财产多少**建立起来的"资产阶级社会"，**资产阶级本身的历史在场性就是资本关系的集体人格化**，至此，马克思实现了自己在对资本主义生产方式科学认识上的一次根本性转变，这个新社会不是财富关系意义上的"资产阶级社会"，而是一个**资本关系成为社会总体性的资本主义生产方式**，或者叫**资本主义社会**。在这里，马克思终于发现，不是 bürgerliche Gesellschaft（市民社会），也不是**资产阶级**社会，而是这个建立在资本与雇佣劳动的关系之上的资本主义生产方式，才是我们科学认知的对象。这就完成了一次科学社会主义理论上的重大突破。经过长达近20年的漫漫理论征程，马克思关于资本主义生产方式的理论建构基础最终得以完成。这也是马克思一生中继哲学方法论中的历史唯物主义、经济学中的剩余价值理论这两个伟大发现之后，他在科学社会主义理论探索中**第三个伟大发现**的完成。

我发现，也是在《1861—1863 年经济学手稿》关于剩余价值学说史的思考中，马克思终于使用了**资本主义社会**（*capitalistische Gesellschaft*）这样的重要概

---

① 《马克思恩格斯全集》（第二版）第 32 卷，人民出版社 1998 年版，第 42—43 页。

念。有趣的现象是,他在同一页并列使用了资产阶级社会和资本主义社会的概念。马克思是在讨论重农主义的历史功绩时提出这一概念的。他分析说,在重农主义那里,已经出现了作为人身依附等级的宗法关系的封建主义"被资产阶级化"的情况,这样,新生的"资产阶级社会则获得了封建主义的外观","重农主义体系就成为在封建社会的框子里为自己开辟道路的新的资本主义社会(neue capitalistische Gesellschaft)的表现了"。① 似乎在这里,马克思想表达这样的构境意向:"资产阶级社会"是资本主义生产方式早期发展呈现的样态,而 neue capitalistische Gesellschaft(新的资本主义社会)则是资本主义生产方式得以确立的成熟社会赋型。第二处出现资本主义社会的概念,是在马克思肯定"具有真正斯密精神的经济学把资本家只看成人格化的资本,看成生产当事人"的观点时。他指认:

> (1)资本(从而也就是资本家,资本的人格化)只被看作促使生产力和生产发展的当事人;(2)上升的资本主义社会(aufkommenden capitalistischen Gesellschaft)的观点,对这种社会具有意义的不是使用价值,而是交换价值,不是享受,而是财富。当上升的资本主义社会本身还没有学会把剥削和消费结合起来,还没有使享用的财富从属于自己时,享用的财富对它来说,是一种过度的奢侈。②

我还注意到,也是在《1861—1863 年经济学手稿》中,马克思第一次使用了**资本主义**(*Capitalismus*)这个重要的概念。③ 虽然在整个《1861—1863 年经济学手稿》这里,他并没有普遍使用 Capitalismus(资本主义)这一概念的名词形式,但是作为 capitalistische Gesellschaft(资本主义社会)本质的 capitalistischen Productionsweise(资本主义生产方式)的研究目标已经是完全自觉的了。这样,马克思的这一经济学手稿也就超出了原定的《政治经济学

---

① 参见《马克思恩格斯全集》(第二版)第 33 卷,人民出版社 2004 年版,第 23 页。Marx-Engels-Gesamtausgabe(MEGA²), Ⅱ/3-2, Text, Berlin: Dietz Verlag, 1977, S.345.

②《马克思恩格斯全集》(第二版)第 33 卷,人民出版社 2004 年版,第 329 页。Marx-Engels-Gesamtausgabe(MEGA²), Ⅱ/3-2, Text, Berlin: Dietz Verlag, 1977, S.590.

③ 参见《马克思恩格斯全集》(第二版)第 34 卷,人民出版社 2008 年版,第 559 页。中译文有改动。Marx-Engels-Gesamtausgabe(MEGA²), Ⅱ/3-3, Text, Berlin: Dietz Verlag, 1978, S.1114.

批判》第二分册的计划,第一次转变为关于资本主义生产关系研究的专门论著,它的核心就会是走向资本通过占有剩余价值使自己增殖的《资本论》。实际上,《1861—1863 年经济学手稿》中无意识爆燃出来的思想实验主体在场,已经是集中于讨论资本主义生产关系的《资本论》的草稿。特别是其中的剩余价值学说史,是马克思后来直接作为《资本论》第三卷的内容,他也常常说,这个"历史部分"完成于第一卷的理论部分。① 当然,马克思在自觉意图中开始写作的《资本论》直接初稿是不久后写下的《1863—1865 年经济学手稿》。

2. 形式从属:占统治地位的资本主义生产方式

在这里,马克思开始认识到:"我们称为**资本主义生产**的是这样一种社会生产方式(gesellschaftliche Weise der Production),在这种生产方式下,生产过程从属(Subsumtion)于资本,或者说,这种生产方式以资本和雇佣劳动的关系(Verhältniß von Capital und Lohnarbeit)为基础,而且这种关系是起决定作用的、占支配地位(bestimmende, herrschende Productionsweise)的生产方式"②。不难看出,与《大纲》中对"资产阶级社会"中"以资本为基础的生产"那样的推敲不同,这显然是一种对资本主义生产方式胸有成竹的正面指认。然而,这段表述的构境背景是复杂的。这并非抽象地定义资本主义生产方式,而是在《大纲》的丰厚思想成果之上将其置于其历史生成的复杂社会结构之中。在《大纲》中,马克思正确地发现现实社会历史进程中所出现的社会物相化中多种生产方式并存的复杂现象,并且确认了占统治地位的生产方式成为**社会总体性**的重要观点。这里,马克思眼中的历史现实关注点是,在封建社会后期资本主义生产方式开始将旧有的生产方式从形式上从属于自身,进而自身逐步成为"起决定作用的、占支配地位的生产方式",或者是历史辩证法中的主要矛盾关系。这也指意着,资本主义生产方式成为复杂社会定在中

① 马克思在 1877 年 11 月 3 日写给肖特的信中说:"因为我的著作的各个部分是交替着写的。实际上,我开始写《资本论》的顺序同读者将要看到的顺序恰恰是相反的(即从第三部分——历史部分开始写),只不过是我最后着手写的第一卷当即做好了付印的准备,而其他两卷仍然处于一切研究工作最初阶段所具有的那种初稿形式。"(《马克思恩格斯全集》第 34 卷,人民出版社 1972 年版,第285 页。)
②《马克思恩格斯全集》(第二版)第 32 卷,人民出版社 1998 年版,第 153—154 页。

统治性的社会总体性绝非一蹴而就,这本身就是一个复杂的社会物相化关系赋型逐步重构的历史过程。具体说,这一进程的起点,是资本将传统社会中旧有的劳动生产过程**从形式上从属于自己**,在历史辩证法的构序结构中,这是一个从量变到质变、从形式到内容的转换过程,由此,逐步以生产资本直接控制生产活动中的每一个环节,并且将资本支配雇佣劳动的资本主义生产关系再生产出来,从而实现资本主义社会的社会制度物相化关系编码。我觉得,马克思此处刻意使用的formelle Subsumtion(形式从属)与下面的 reale Subsumtion(实际从属)概念,基本还是属于他面向一般读者的阐释性话语构境。因为这是比较通俗易懂的表述。下面,我们就来看一下这一历史过程。

其一,资本将非资本主义的**劳动过程从形式上从属于自己**。这有两个层面。第一,**劳动生产本身从形式上从属于资本关系**。在马克思看来,资本的生产关系并非一开始就拥有自己特有的生产,而先是在封建社会发展后期遭遇到非资本主义生产方式中的劳动过程(Arbeitsprocesse)。资本的做法,是先将这些非资本主义的生产-劳动过程从形式上归属于自己的生产关系。依我的观点,马克思之所以一上来讨论 Arbeitsprocesse(劳动过程)而不是生产过程,并不是出于一种理论逻辑判断,而是因为他精准地体会到在传统农业和手工业生产中,**经验性的劳动主体性和工艺性的在场还是生产的主导方面**。这是极其深刻的历史唯物主义和历史认识论观点。他分析说:

> 资本在它开始形成的时候不仅控制了一般劳动过程(使劳动过程从属于自己),而且还控制了特殊的现实劳动过程(wirklichen Arbeitsprocesse),这些劳动过程在工艺上(technologisch)处于资本找到它们时的状况,并且是在非资本主义生产关系(nicht capitalistischer Productionsverhältnisse)基础上发展起来。①

资本一开始遭遇到的劳动过程,是在非资本主义生产关系中出现的,比如封建土地所有制之下农业生产中的种植业和畜牧业,以及手工艺生产等。一是这些生产的本质为依存于"自然辩证法"物质编码整体的非物相化劳作,但资本

---

① 《马克思恩格斯全集》(第二版)第 32 卷,人民出版社 1998 年版,第 103 页。

很快就使这些不是自己创造出来的劳动过程从属于自己的历史性在场,并使其逐步转换为物相化的工业生产,这是一个劳动生产物相化本身的否定性革命。二是这种Subsumtion(从属)"最初只是在**形式上**(formell)使它从属于自己,丝毫也不改变它在工艺上的规定性(technologischen Bestimmtheit)"。这里的formell(形式)当然是指特定社会生产关系的物相化赋型,所以此处马克思的**从形式上从属**(formelle Subsumtion)的意思,就是在不直接改变劳动过程的旧有社会关系赋型的情况下,使之开始为资本控制下的商品生产服务。这使得劳动过程本身的在场性从基根上发生了目的上的爱多斯迁移。就像作为封建社会基础的自然经济中的农业生产和手工业生产过程,资产阶级开始并不会直接改变农业和手工业劳动非物相化过程的具体改变对象的工艺,而只是"为我所用"地直接利用这些传统的劳动生产过程,然后将它们逐步改造成自己特有的工业生产物相化和商品生产形态。比如,将贵族的葡萄园中的自用农产品生产转换为工业生产中的葡萄酒**商品生产**,将地主旧有畜牧业中的绵羊放养转换为轰轰烈烈的"圈地运动"之上的**羊毛工业和商业**。可能出现的情况是,社会物相化关系构序表层中的土地所有权还是封建地主的,可劳动生产过程的真实在场业已开始受制于工业生产物相化、商品生产和交换的客观经济法则,这也使得社会物相化中的关系赋型和编码逐步发生异质性的改变,农耕生产中的"自然辩证法"支配,开始转向人所创制的工业和经济物相化活动中的"第二自然辩证法"("看不见的手")的运动。

第二,**劳动者从形式上从属于资本关系**。这里所说的让劳动过程从形式上从属于自己,也是指资本开始支配和监督劳动者的劳动活动。马克思说,"劳动过程在**形式上**从属于资本,即劳动过程被置于资本的控制之下,就在于工人作为工人受资本或资本家的监督,因而受其支配"①。虽然这时现成的劳动生产过程是在传统生产方式中生成的,但当农产品生产转化为工业生产基础上的商品生产,资本家就会十分迅速地让土地上的农民失形和解放成一无所有的工人,并将其主体性在场控制起来为自己的逐利活动服务。马克思说,"劳动过程,从而劳动和工人本身,在所有这些方面都受到资本的监督和

---

① 《马克思恩格斯全集》(第二版)第32卷,人民出版社1998年版,第103页。

支配。我把这称作劳动过程在**形式上从属**(*formelle Subsumtion*)于资本"①。这应该也会是劳动主体物相化的一个具体转换步骤:在历史辩证法基根上,随着农民转化为工人,劳动的主体性逐渐消隐于"资本的生产性"。这当然是马克思关于资本主义生产方式历史进程的一个新的观点。

其二,**劳动生产的目的从形式上从属于资本**。这是一种资本关系赋型生产创制中关键性的改变,因为传统劳动本身的目的和爱多斯之相都会因此发生转换。马克思认为,"资本只有在自己的发展过程中才不仅在形式上使劳动过程从属于自己,而且改变了这个过程,赋予生产方式本身以新的场境(gestaltet die Productionsweise),从而第一次创造出它所特有的生产方式(eigenthümliche Productionsweise)"②。我觉得,这个 Gestalt(场境)是独具匠心的。依概念考古的词频统计,马克思在《1861—1863 年经济学手稿》中共计167 次使用这个重要的历史唯物主义的 gestalt(场境)概念。开始,资本并不直接改变旧有生产关系下农业生产和手工艺生产的劳动过程,但通过一种无形的场境关系赋型引导它们从形式上从属于自己,很关键的一条,就是让它们入序于商品生产和交换市场(无形的场境)生成的经济构式负熵进程,由此,生产的目的(telos),不再仅仅是通过塑形和构序物品的用在性价值满足人的直接需要,而是转码为工业生产物相化基础上追逐交换价值的"卖钱"。比如,原来农业生产中为了满足直接吃饭的"口粮",开始变成资本家谋利的"商品粮";原先手工艺工匠生产一把椅子,其目的是满足人们日常生活中"可坐"这样的需要,而资本则让这种工艺生产逐步地转换为无限制的批量椅子生产,生产的目的就变成了换回金钱的"可卖"的商品生产。这样,生产物相化生成的物品的使用价值,就服务于经济物相化中商品的价值创造和市场实现,资本营造的金钱场境关系赋型和编码机制,则会逐步改变一切存在的颜色。所以,这种*formelle Subsumtion*(**形式上的从属**),也是使传统生产的目的逐步发生一种转换,即从生产劳动塑形对象的用在性产品向生产抽象财富的

---

① 《马克思恩格斯全集》(第二版)第 32 卷,人民出版社 1998 年版,第 104 页。
② 《马克思恩格斯全集》(第二版)第 32 卷,人民出版社 1998 年版,第 103 页。中译文有改动。Marx-Engels-Gesamtausgabe(MEGA²), Ⅱ/3-1, Text, Berlin: Dietz Verlag, 1976, S. 83.

商品和货币的转换，或者说，生产物相化中劳作爱多斯(eidos)实现出来的产品用在性，只是赚钱的从属目的。这当然是整个社会定在和社会生活的根本性改变。马克思指出：

> 因此，我们把这一切称为以资本为基础的资本主义生产过程(capitalistischen Productionsproceß auf Grundlage des Capitals)。这里的问题不是要生产产品，而是要生产商品，即专供出售的产品。而且，生产商品不是简单地为了通过它们的出售来获得存在于流通中的使用价值，而是为了保存并增加预先存在的价值。①

原先的劳动-生产过程中，农民生产粮食是为了地主和自己吃饱，铁匠铸造打铁工具是为了自己和他人使用，生产的目的是直接的生活资料和直接消费的产品用在性的使用价值，而当传统的劳动-生产过程从形式上从属于资本之后，生产的目的就转换为**专供销售的商品**，特别是基于工业生产极高的劳动生产率而卖出商品获得的越来越多的货币，这一切改变的背后，则是资本家在经济物相化编码空间中对**剩余价值**的无限制的追逐。马克思后面将指认，在社会定在从形式上从属于资本的早期资本主义发展中，资本家剥削工人剩余价值的方式是通过延长劳动时间盘剥绝对剩余价值。

其三，**劳动本身对资本的形式上的从属**。如果生产的目的已经开始转换为商品生产，那么，在追逐剩余价值的过程中，就会出现工人当下的活劳动从属于过去的对象化劳动Ⅱ——资本的情况。马克思说：

> 当剩余价值的生产成为生产的真正目的，或者说，当生产成为资本主义生产(Production capitalistische)的时候，劳动过程对于资本的起初只是形式上的从属(formelle Subsumtion)，活劳动(lebendige Arbeit)对于对象化劳动，现在的劳动对于过去的劳动的从属，就使劳动过程本身的方式显著地发生了变化；因而，同资本关系(要使它以发展的形式出现)相适应，也有一定的生产方式以及生产力的发展。②

---

① 《马克思恩格斯全集》(第二版)第32卷，人民出版社1998年版，第108—109页。
② 《马克思恩格斯全集》(第二版)第32卷，人民出版社1998年版，第155页。

马克思说,当劳动过程从形式上从属于资本,生产的目的从满足人们的直接需要转变为商品生产和追逐剩余价值时,也就深刻地改变了社会定在中的生产关系。资本所需要的是从土地上脱型出来的自由劳动力,这里出现的是"活劳动对于对象化劳动,现在的劳动对于过去的劳动的从属"的本质,正是资本对雇佣劳动的奴役性支配,"活劳动"和"现在的劳动"是工人的劳动,而"对象化劳动"和"过去的劳动",并不是具体劳动创造出来的劳动条件的用在性(对象化劳动Ⅰ),而是从劳动交换关系现实抽象出来的价值关系(对象化劳动Ⅱ),这正是资本关系被遮蔽起来的本质。在这里,生产成为资本主义的生产,资本关系成为统治性的生产关系,传统农业和手工艺劳作中主体性的劳动过程也从以使用价值为目的的产品生产,转换为资本控制的工业生产物相化基础上客观的商品生产过程,劳动活动本身的爱多斯实现出来的生产能力,则转换为资本金钱爱多斯的生产和自我增殖能力。显然,马克思在这里并没有透露,自己在《大纲》的研究性话语中已经获得的对劳动异化的更深一层本质分析。

其四,整个生产过程从属于**生产资本**。在我看来,这应该是马克思在判定资本主义生产方式本质时的一条底线,即从财产多少的流通领域向真正创造剩余价值的物质生产领域的转换。在这里也就表明,使传统社会生活从形式上从属于自己的那个资本关系,主要不是流通领域中主导商品交换和货币流动的商业资本或生息资本,而是入序于以资本主义生产方式进行的商品生产过程中创造剩余价值的生产资本。这是一个极其重要的指认。马克思还专门界划说,这里使整个社会定在从形式上从属于资本的生产关系,是资本主义所特有的使生产过程从属于**生产资本**。他告诉我们:

> 使生产过程从属于自身并执行劳动的购买者和使用者的职能的资本,称为**生产资本**(*Productives Capital*)。只有资本使生产本身从属于自己,因而只有资本家进行生产,资本才作为一定生产时期的起支配作用的特殊形式(specifische Form)而存在。①

①《马克思恩格斯全集》(第二版)第32卷,人民出版社1998年版,第115页。

这是马克思想重点讨论的对象。他十分清楚地指出,作为资本主义生产方式的核心生产关系的资本,不是上面我们已经讨论过的作为"资本的派生的和第二级的形式,例如商业资本,生息资本",商业资本和高利贷都有可能是旧有生产关系的产物,但它们都从形式上从属于**直接支配了劳动-生产过程**的Productives Capital(生产资本)。这也因为,主要从事商品买卖的商人和高利贷的放债者,并不购买雇佣工人的"劳动",也不会组织生产商品,只有工业资本家,才会将货币投入商品生产过程中以占有工人劳动物相化所创造的剩余价值,从而生成"一定生产时期的起支配作用"的资本关系。在后面的讨论中,马克思有时也将生产资本写为**产业资本**,或者工业资本。他指出,"商业形式和利息形式比资本主义生产的形式即产业资本更古老。产业资本(industrielle Capital)是在资产阶级社会占统治地位的资本关系的**基本形式**,其他一切形式都不过是从这个基本形式派生的或次要的,——派生的,如生息资本;次要的,也就是执行某种特殊职能(属于资本的流通过程)的资本,如商业资本"①。这里的 industrielle Capital,也可译作**工业资本**或**实业资本**。它还隐喻着两个深刻的现实历史关系递进:一是工业生产物相化过程对以农业和畜牧业为基础的非物相化自然经济生产的根本性替代,因为也只有在工业生产中,才可能出现劳动改变自然对象物质存在方式向社会历史负熵进程的质变,以及产品极大丰富的现实性。二是从流通领域中的早期资本主义商业交往和金钱交往向实业性生产的转换,因为单纯的商业活动和金钱游戏是不可能创造"社会财富"的。一直到在后面的《资本论》第二卷中他评论说,产业资本是唯一的这样一种资本存在方式,"在这种存在方式中,资本的职能不仅是占有剩余价值或剩余产品,而且同时是创造剩余价值或剩余产品。因此,产业资本决定了生产的资本主义性质;产业资本的存在,包含着资本家和雇佣工人之间的阶级对立的存在。随着产业资本支配社会的生产,技术和劳动过程的社会组织就会发生变革,从而社会的经济历史类型也会发生变革"②。只有资本主义生产方式特有的产业资本,才会生成"生产的资本主义性质",

---

①《马克思恩格斯全集》(第二版)第35卷,人民出版社2013年版,第319页。
②《资本论》第2卷,人民出版社1975年版,第66页。

因为它包含着资本对工人的直接支配和经济剥削,也只有它才会在追逐剩余价值的过程中不断地改变生产的"技术和劳动过程的社会组织"(一般社会历史负熵进程),最终变革整个"社会的经济历史类型"(经济构式负熵进程)。

马克思还专门说,说到生产资本时,当然也不是仅仅将其狭义地当作工业生产**产业领域**中的资本,而是要把它理解为资本主义生产关系的"整个关系"(ganze Verhältniß)。这也意味着,前面讨论的所有劳动过程、劳动生产目的和劳动本身对资本的形式上的从属,都是从属于生产资本。因为正是将传统社会中生产使用价值的劳动物相化过程,直接转换为经济物相化编码空间中创造抽象财富(价值增殖)和剩余价值的生产过程,才会创造出新的**资本主义生产方式**。在马克思看来,

> 只要资本作为资本进行生产,资本的独特的产物就是**剩余价值**本身;**在资本的价值增殖中**,只要劳动并入资本,劳动的**独特的**产物就不是这种或那种产品,而是**资本**。劳动过程本身仅仅表现为价值增殖过程的手段,这同使用价值在这里只是表现为交换价值的承担者完全一样。①

其实,这是一个十分复杂的转换过程。在马克思眼里,资本主义生产方式中的生产过程,已经是"劳动过程和价值增殖过程的统一",原先在传统社会中业已存在的生产产品使用价值的劳动物相化过程,现在同时成了生产商品价值(增殖)过程的基础,因为资本主义生产的目的,不再是一般劳动物相化中满足人们直接需要的使用价值,而是工业生产基础上经济物相化编码中商品的价值增殖——剩余价值,这里的价值增殖是由生产资本在生产过程中通过吸纳活劳动实现的,这也是资本自身创制的经济物相化中剩余价值的生产过程。在后面的讨论中马克思还分析说,"**现代资本**(modernen Capitals)或**已支配生产方式的资本的基本形式**。这种形式本身只能是支配生产过程本身的资本形式,也就是'**生产资本**'(productive Capital)。(这应当是这样一种形式,这种形式以流通为前提,并在生产过程本身中显示出自己的特性或生产过程的条件)。**作为资本的劳动条件在作为雇佣劳动的**劳动面前**独立化**。

①《马克思恩格斯全集》(第二版)第32卷,人民出版社1998年版,第116页。

劳动条件表现为劳动本身的统治者,但是这种统治是以简单商品交换、流通、买卖为中介的。生产的目的是**增殖交换价值**"①。这也就是说,以工业生产为基础的生产资本,也就是资本主义生产方式得以历史生成的现代资本关系,它以流通为前提,因为商品交换是实现剩余价值的中介,资本关系统治雇佣劳动的新型生产方式,恰恰是以生产剩余价值为目的的。

其五,**占统治地位的资本主义生产关系的再生产**。这当然是资本主义社会物相化的具体运行机制。马克思认为,生产资本通过使劳动过程和价值增殖统一的商品生产过程从形式上从属于自己,也就使生产本身发生了根本改变,因为在生产资本支配下出现的生产目的是商品,"这种生产方式的产品始终以商品而不是以使用价值为基本形式,这种生产方式恰恰是以资本、货币同劳动能力的交换为基础"②。这也创造出一种全新的资本支配雇佣劳动的资本主义生产关系。这亦表明,资本主义生产方式的本质是资本对雇佣劳动的支配关系为社会物相化的根本,于是,"整个生产建立在这样一个基础上,即雇佣劳动和资本使用雇佣劳动已经不是社会表面上的偶然现象(sporadische Erscheinung),而是一种占统治地位的关系(herrschendes Verhältniß)"了③。这也意指着,以资本支配雇佣劳动的资本主义生产关系在复杂的社会物相化进程中获得了历史性的胜利,至此,资本主义的生产方式已经成为占统治地位的**社会总体性**。并且,资本主义的生产过程不仅生产出剩余价值,也不断地将这种新型的资本支配雇佣劳动的**奴役性的生产关系**生产出来。这也是资本主义社会物相化关系构序的本质,这自然也会有一个从狭义生产关系构序到经济构式和政治法律体制物相化的逐步实现过程,这一社会物相化的彻底变革,最终会以打碎旧的封建社会体制为前提,创造出一个全新的商品-市场经济关系和资本主义政治场境的社会物相化空间,同时,社会物相化的附属物也会从教堂、皇宫、断头台脱型和转换为现代的议会大厦、证券交易所和警察局。

---

①《马克思恩格斯全集》(第二版)第35卷,人民出版社2013年版,第322页。
②《马克思恩格斯全集》(第二版)第32卷,人民出版社1998年版,第117页。
③《马克思恩格斯全集》(第二版)第32卷,人民出版社1998年版,第124页。

马克思说，"资本主义生产过程的结果不仅是商品和剩余价值，而且是**这种关系**本身的**再生产**（Reproduction dieses Verhältnisses selbst）"①。当生产过程结束的时候，一切都将不断地重复进行，资本只能在不断吸吮新鲜剩余价值血液的条件下，才能获得自己罪恶的生命力。如果面对资本主义生产、交换和消费的再生产总过程，那么，"在结束时从过程中产生的，仅仅是在开始时进入这一过程的那些东西，一方面是作为资本的对象化劳动，另一方面是作为单纯劳动能力的非对象性劳动（gegenstandslose Arbeit），因此同样的交换始终在重新反复"②。在这里，马克思并没有展开说明自己在《大纲》中关于对象化劳动 II 和非对象化劳动复杂异化关系的理论构境。实际上，这种重复也就是整个资本与雇佣劳动的关系的再生产，即**资本主义生产关系的再生产**。

> 资本的最初条件，资本的最初因素以及这些因素之间的最初关系（ursprüngliches Verhältniß），在这个过程结束时就重新被创造出来了。因此，**资本和雇佣劳动**的关系（Verhältniß von *Capital und Lohnarbeit*）就由这种生产方式再生产（reproducirt）出来，完全同商品和剩余价值被生产出来一样。③

这也就是说，从属于资本关系的资本主义的生产过程不仅生产商品和剩余价值，而且将增殖的资本与雇佣劳动能力同时再生产出来，这也是将资本主义生产关系——资本支配和盘剥雇佣劳动的奴役关系再生产出来，这是资本主义社会物相化中整个经济、政治和文化生活场境再生产的真正基础。马克思说：

> 从整体上考察资本主义生产（capitalistische Production），就可以得出结论：作为这个过程的真正产品，应考察的不只是商品（尤其不只是商品的使用价值，即产品）；也不只是剩余价值；虽然剩余价值是结果，它表现为整个生产过程的目的并决定着这个过程的性质。不仅是生产一个东西——商品，即比原来预付的资本具有更大价值的商品，而且是生产资

① 《马克思恩格斯全集》（第二版）第 32 卷，人民出版社 1998 年版，第 128 页。
② 《马克思恩格斯全集》（第二版）第 32 卷，人民出版社 1998 年版，第 129 页。中译文有改动。
③ 《马克思恩格斯全集》（第二版）第 32 卷，人民出版社 1998 年版，第 128—129 页。

本和雇佣劳动（wird Capital producirtund es wird Lohnarbeit producirt）；换言之，是再生产关系（Verhältniß wird reproducirt），并使之永存。①

资本主义的生产，并非只生产商品或者剩余价值，而是把资本统治和奴役雇佣劳动的生产关系再生产出来，并同时创制出一整套维系这种奴役关系的物相化的经济、政治和法律制度，资产阶级通过意识形态编码力图粉饰这种生产关系，并使之永恒化。在布尔迪厄那里，这种生产关系的再生产被指证为一种"生产和再生产社会秩序"②的过程。这种社会构序的再生产，恰恰是通过被压迫者身体化的惯习来"恢复"的。他指出："社会世界秩序的恢复，秩序恢复只为那些习惯于领会它们的人而这样发生作用，它们唤醒了被深深隐藏在身体的性情货币，而不是通过意识和计谋的手段。"③这是有道理的看法。可马克思还告诉我们，真实的社会事实却是，资本与雇佣劳动的对立关系在资本主义生产关系再生产过程中日益恶化，并且，"资本主义生产还**以越来越大的规模再生产这种关系**并使之日益尖锐化"④。这当然会是资本主义自我消亡的前奏。

3. 劳动对资本的形式从属到实际从属：资本主义生产方式的全面胜利

马克思发现，随着资本主义生产和经济过程的发展，整个从旧有社会生产关系脱型中突现出来的社会定在，开始从形式上对资本的从属转变为**对资本的实际从属**，这兆示着资本主义生产方式的全面胜利。这当然是一个新的重要判断。也因为资本主义生产关系的本质是资本对工人剩余价值的无偿占有，或者说，资本与雇佣劳动的矛盾关系，说到底就是资本家怎样盘剥工人的劳动以无偿占有剩余价值的关系，所以，从这里开始，马克思上述关于旧有

---

① 《马克思恩格斯全集》（第二版）第 32 卷，人民出版社 1998 年版，第 181 页。
② ［法］布尔迪厄：《帕斯卡尔式的沉思》，刘晖译，生活·读书·新知三联书店 2009 年版，第 214 页。
③ ［法］布尔迪厄：《实践理性——关于行为的理论》，谭立德译，生活·读书·新知三联书店 2007 年版，第 106 页。
④ 《马克思恩格斯全集》（第二版）第 32 卷，人民出版社 1998 年版，第 161—162 页。

生产方式中的劳动-生产过程、劳动者、生产目的、劳动活动和生产关系等方面的思考集中为一点,即资本主义生产方式内部**工人的劳动**对资本的从属,并结合他在《大纲》中区分的劳动创造的剩余价值的两种方式——**绝对剩余价值和相对剩余价值**,深入讨论了在劳动本身对资本的形式从属向实际从属过渡这一重要的历史性转换中,资本主义生产方式所开创的**资本的世界历史进程**。这样,马克思在经济学上的"第二个伟大发现"——剩余价值理论,也就直接成为他在科学社会主义探索中的"第三个伟大发现"——关于资本主义生产方式科学认识的重要基础。马克思说:

> 无论如何,与剩余价值的两种形式即绝对剩余价值(absolute Mehrwert)和相对剩余价值相适应的——如果把它们分开来单独地加以考察,绝对剩余价值总是存在于相对剩余价值之前——与这两种形式相适应的,是**劳动对资本的两种不同的从属形式**(*zwei getrennte Formen der Subsumtion der Arbeit unter das Capital*),或者说,是**资本主义生产的两种不同的形式**(*zwei getrennte Formen der capitalistischen Production*),其中第一种形式始终先于第二种形式,尽管比较发展的形式即第二种形式,又可以构成在各新生产部门中实行第一种形式的基础。①

这仍然是在阐释性话语中,对资本主义剩余价值存在形式的一个总体性的说明,却是蛮绕人的一段表述。我觉得,这是马克思对资本主义生产方式本质的一种历史性透视中的新认识。这里有三重历史性场境关系构式的联结:一是资本主义生产物相化的两种递进的历史形式,也即我们已经熟悉的资本主义生产的工场手工业生产和机器化大生产,这是历史唯物主义客体向度中的科学判断。更深一层看,这也是从斯密到李嘉图,或者是从劳动价值论的理论矛盾到李嘉图式的"机器生产难题"。二是资本家剥削工人劳动的两种经济形式:与早期工场手工业生产相对应的绝对剩余价值和与后来的机器化大生产相对应的相对剩余价值。这是对《大纲》中区分开来的两种剩余价值形式的不同生产基础的科学说明。当然,这并不是说在工场手工业生产时期不

---

① 《马克思恩格斯全集》(第二版)第37卷,人民出版社2019年版,第284页。

存在由简单协作和劳动分工形成的相对剩余价值,而是强调资本家在这一时期盘剥剩余价值的主要形式是绝对剩余价值。在剩余价值学说史研究中,马克思还专门指认了资本控制下的农业生产与工业生产中的绝对剩余价值的差异:相对于农业生产中自然条件的限制,工业生产更容易使资本家获得延长工时的绝对剩余价值。① 三是与上述双重历史性关系相对应的、发生在资本主义生产方式内部的**劳动对资本的形式从属到实际从属的转换**。这是对资本主义生产方式发生和发展的历史透视。其实,这三重社会场境关系赋型,在直观经验的层面都是无法直接看到的,这很深地体现了广义历史唯物主义的非物像透视。可以说,这也是一个极其深刻的历史认识论分析。我们还可以看到,作为《大纲》的经济学革命成果的剩余价值理论,成了这里马克思从科学社会主义的视角深入剖析资本主义生产方式剥削本质的前提。

首先,劳动对资本的**形式从属**,表现为资本家对工人**绝对剩余价值**的直接榨取。从认识论的视角看,这似乎是一种可以直接看到的盘剥。显而易见,这里,马克思已经将资本家在平等交换的幌子下,通过无偿占有和盘剥工人剩余价值的秘密机制当作已经完成的理论前提,进一步探讨剩余价值本身存在的形式问题。马克思明确指认,"我把以绝对剩余价值(absolute Mehrwert)为基础的形式叫做**劳动对资本的形式上的从属**(*formelle Subsumtion der Arbeit unter das Capital*)"②。形式从属问题,我们在上面的讨论中已经遭遇过,不过有所不同的是,前面的"形式从属"是特指旧式传统社会中的不同生产关系和生产过程对资本的形式从属,而这里,马克思所指认的 formelle Subsumtion der Arbeit(劳动的形式从属)已经进入一个新的构境层面,即主要是思考资本主义生产方式**内部**工人劳动本身对资本的形式从属关系。在马克思看来,之所以绝对剩余价值是劳动对资本的形式从属,原因在于,发生在资本主义早期阶段中的绝对剩余价值生产,与过去传统上的奴隶制和封建社会中发生的强制剥夺是一致的,即"超过必要劳动时间进行劳动,不过不是为

① 参见《马克思恩格斯全集》(第二版)第 34 卷,人民出版社 2008 年版,第 15 页。
②《马克思恩格斯全集》(第二版)第 37 卷,人民出版社 2019 年版,第 284 页。

自己,而是为其他人进行劳动",它们"只有**形式上**的区别"。① 这里的"形式上的区别"是指不同于封建经济中直接的强制性掠夺,资本对雇佣劳动的盘剥是经过"平等"交换的戏法伪饰的。不过,在通过延长劳动时间无偿占有劳动者的剩余价值这一点上,二者是完全一致的。

在马克思看来,资本主义生产方式内部的劳动对资本的形式从属关系,或者资本家之所以能够直接榨取工人的绝对剩余价值,"本质的东西"包括这样一些前提:第一,工人与资本家之间形式上公平的自由买卖关系的最初建立,这是劳动在形式上从属于资本关系的关键。马克思说:

> **工人**作为他自己的人身的所有者,从而作为他自己的劳动能力(Arbeitsvermögens)的所有者,以暂时被使用的这种劳动能力的卖者的身份,同拥有货币的资本家相对立;因此,他们双方作为商品占有者(Waarenbesitzer),作为卖者和买者而互相对立,这样,他们双方在形式上是自由人(freie Personen),他们之间除买者和卖者的关系外,实际上不存在任何其他关系;不再存在任何政治上或社会上固定的统治和入序的关系(politisch oder social fixirtes Verhältniß der Ueber-und Unterordnung)。②

这是一种社会关系赋型上的改变。在传统社会中,奴隶是奴隶主的直接所有物,统治者与被统治者的关系,是政治等级和社会地位上政治-神性构式负熵中固定的直接强制性 Unterordnung(入序)。马克思在此特意使用了不同于 Subsumtion(从属)的 Unterordnung(入序)。入序,也是指人与物进入特定社会关系场境构序中的有序性位置的被"编码"过程,这也是我在社会场境存在论中使用的概念。海德格尔也使用过相近的 Einordnung(入序)概念。③ 人的思想观念活动中也有逻辑入序问题,这不同于思想构境中的入境,入境是在一

---

① 参见《马克思恩格斯全集》(第二版)第 37 卷,人民出版社 2019 年版,第 284 页。

② 《马克思恩格斯全集》(第二版)第 37 卷,人民出版社 2019 年版,第 284 页。中译文有改动。Marx-Engels-Gesamtausgabe(MEGA²),Ⅱ/3-6,Text,Berlin:Dietz Verlag,1982,S.2130.

③ 海德格尔的原话为:"**普遍化**可以被视为**一种构序方式**(Weise des Ordnens)。经此构序方式,就可以把一定个体的单方面因素入序(Einordnung)到一个交叉协调的事物关联与境(Sachzusammenhang)之中"([德]海德格尔:《形式化和形式显示》,欧东明译,张祥龙校,《世界哲学》2002 年第 2 期,第47 页。Gesamtausgabe,Band 60,Frankfurt am Main:Vittorio Klostermann,1995,S.60)。

般逻辑入序之上获得的情境"顿悟"。马克思指出,"奴隶和奴隶主之间的关系的**连续性**,是通过直接强制来保持奴隶的一种关系。相反,自由工人必须自己保持自己的关系,因为他作为工人而存在,取决于他不断重复地把自身的劳动能力出卖给资本家"①。现在,在资本主义生产方式中的工人,成了有人身自由的劳动者,这种政治上和社会关系物相化上的祛序与脱型,使他可以自由出卖自己的劳动能力(商品),从而与"拥有资本的资本家"相对立。相对于旧式的奴隶,这显然是一种新的政治法权场境中的历史在场性。而马克思这里指认的劳动对资本的形式从属,主要是指资本家与工人之间发生的形式上平等的商品交换关系。如果再作一个深入一些的历史性比较:一是"奴隶属于某个一定的**主人**;工人固然一定要把自己卖给资本,但并不是卖给某个一定的资本家,他可以在一定的范围内选择把自己卖给谁,他可以换主人"②。这是说,奴隶和工人的历史在场性是异质的,奴隶的在场是作为非主体性的"会说话的工具",而工人已经成为独立的在场主体。然而,马克思指认出,工人的主体性在场只是在形式上获得了自由,因为这种自由的在场其实只是**更换主人**的自由。这是极其深刻的观点。二是"资本家和工人之间的——买和卖的——**货币关系**掩盖着**无酬劳动**,而在奴隶劳动的情况下,奴隶属于其主人所有的那种所有权关系掩盖着**为自己的劳动**"③。形式上,工人在与资本家的所谓公平交易中获得了工资;事实上,他仍然是被资本家进一步盘剥的对象。所以马克思深刻地透视说,"把劳动条件的占有者和工人之间的关系本身变成新的**买卖关系**,并使剥削关系摆脱一切家长制的和政治的混合物。当然,在生产关系本身中,包含着来自资本对并入资本的劳动拥有所有权和来自劳动过程本身性质的**统治和入序关系**(*Verhältniß der Ueber-und Unterordnung*)"④。这是说,在劳动对资本的形式从属中,恰恰是通过可见的"买卖关系",掩盖了资本家无偿占有工人剩余价值的剥削本质。

　　第二,劳动者完全丧失自己的劳动条件,这是劳动从形式上从属于资本

①《马克思恩格斯全集》(第二版)第37卷,人民出版社2019年版,第289页。
②《马克思恩格斯全集》(第二版)第37卷,人民出版社2019年版,第290页。
③《马克思恩格斯全集》(第二版)第37卷,人民出版社2019年版,第289页。
④《马克思恩格斯全集》(第二版)第37卷,人民出版社2019年版,第292页。中译文有改动。

的隐性依存性。马克思说,在第一种不可直观的"统治和入序"关系中嵌套着另一种更深的从属关系。

> 工人的**客观劳动条件**(原料,劳动工具,从而还有劳动时的生活资料)完全地或者至少部分地不属于工人,而属于工人劳动的买主和消费者,因而作为**资本**和工人自身相对立。这些**劳动条件**作为异己的财产(fremdes Eigenthum)越是和工人充分对立,**资本和雇佣劳动之间的关系在形式上**(*formell das Verhältniß von Capital und Lohnarbeit*)也就越是充分,从而劳动对资本的形式上的从属也就越是充分。①

正是因为从土地上解放出来的自由劳动者丧失了劳动条件,而这些劳动条件,作为资本家的"异己财产"(资本关系的赋型物)与工人相对立,就使得一无所有的工人根本无法独立生存下去,在看不见的"饥饿的皮鞭"下,他只有通过出卖自己的劳动能力商品,被迫入序于雇佣关系,在形式上"自愿"地从属于资本,这就是雇佣劳动关系的压迫和奴役本质。这里,马克思仍然没有透露,自己已经完成的作为资本关系出现在生产过程中的"劳动条件"是劳动的异化的深刻见解,他只是谨慎地使用了 fremdes Eigenthum(异己的财产)这一并不精准的阐释性表述。在不久之后爆燃出来的思想实验中,这将是劳动异化批判构式Ⅲ中劳动异化的第一层面。

第三,劳动对资本的形式从属的剥削方式是对绝对剩余价值的榨取,其现实基础是生产过程本身中劳动主体性的直接塑形和构序对象的工艺技巧在场。这当然是广义历史唯物主义物质生产基始性原则的直接体现。马克思分析道:

> 如果说这种统治和入序关系(Verhältniß der Ueber-oder Unterordnung)的产生代替了奴隶制、农奴制、臣仆制、家长制的从属关系,那么所发生的只是**形式上的转化**(*Verwandlung in seiner Form*)。从属的形式变得更自由些,因为从属只是**事物性的**(*sachlicher*),在形式上是自愿的,涉及的只是工

---

① 《马克思恩格斯全集》(第二版)第37卷,人民出版社2019年版,第285页。中译文有改动。Marx-Engels-Gesamtausgabe(MEGA²),Ⅱ/3-6,Text,Berlin:Dietz Verlag,1982,S.2130.

人和资本家在生产过程本身中的地位。这也正是过去农奴或奴隶一经变为自由雇佣工人时在农业中所发生的那种**形式变换**(*Formwechsel*)。①

这还是一个历史性的对比分析。在马克思看来,之所以劳动 Unterordnung(入序)于资本的统治和奴役的关系开始只是 formelle Subsumtion(形式上的从属),关键是从事生产物相化的狭义的“**生产方式**本身(*Productionsweise selbst*)”,并没有发生实质性的改变,或者说,创造社会历史负熵质的“劳动过程从工艺(technologisch)来看完全和过去一样进行,只是现在它成了**从属于资本的劳动过程**”②。这里的意思是,在资本主义工场手工业时期,虽然也有了简单协作、劳动分工和工艺学上的初步进步,但工人的**主体性劳动**在生产物相化中还是占据主导地位,生产过程仍然是劳动者有目的的爱多斯之相实现出来的物相化过程,这与农耕时代的生产工艺基础是相近的。这恰是斯密经济学的历史基础。在马克思看来,在资本主义早期工场手工业生产中,人对自然的劳动塑形和构序关系还没有发生根本的改变,“这种关系的工艺基础(technologische Basis)是**手工业生产**(*handwerksmässige Betrieb*);在这种生产中掌握**劳动工具**的技巧的高低,是生产的决定性要素;独立的个人劳动,从而这种劳动要经过较长或较短学习时间而达到的职业提高,在这里都决定着劳动的结果”③。所以,当主体性的爱多斯之相和劳动技艺还占据生产物相化过程的主导地位时,劳动生产率仍然是不高的,这导致了人们创造财富的能力必然也是有限的,这也决定了资本家剥削工人的方式主要还是通过可见的延长劳动时间以榨取绝对剩余价值。这一点,与后来的机器化大生产中劳动的地位是根本不同的。也正是在这个意义上,马克思才会将绝对剩余价值的剥削与劳动对资本的形式从属内在地连接起来。

其次,劳动对资本**实际从属**的基础是资本榨取**相对剩余价值**的形式,这是资本主义机器化大生产发展的历史结果,也是资本主义生产方式决定性的历史胜利。相对于上述旧有生产过程和劳动对资本的形式从属,这里的实际

①《马克思恩格斯全集》(第二版)第37卷,人民出版社2019年版,第285页。中译文有改动。Marx-Engels-Gesamtausgabe(MEGA²),Ⅱ/3-6,Text,Berlin:Dietz Verlag,1982,S.2131.
②《马克思恩格斯全集》(第二版)第37卷,人民出版社2019年版,第285页。
③《马克思恩格斯全集》(第二版)第37卷,人民出版社2019年版,第286页。

从属,则表征了资本关系通过发展工业生产力,特别是在机器化大生产中实现了一个从量到质的根本转变,在生产过程中实质性地支配了社会定在的基础,并彻底巩固了资本主义商品-市场经济关系构式在社会物相化编码中的绝对统治地位。在马克思看来,"劳动对资本的实际上的从属(reale Subsumtion)是在创造与绝对剩余价值不同的相对剩余价值(relative Mehrwert)的一切形式中发展起来的"①。这里的重点为:劳动对资本的实际从属,正是由 relative Mehrwert(相对剩余价值)的形式决定的。更精准地说,虽然在工场手工业生产中,已经出现了简单协作和劳动分工生成的相对剩余价值,但只是到了机器化大生产时期,相对剩余价值才真正成为资本家盘剥工人的主要手段,从而确立了劳动对资本的实际从属。这里的 reale Subsumtion(实际从属,也可译为真实从属或实质从属),是马克思相对于 formelle Subsumtion(形式从属)的重要概念。这是马克思对资本主义生产方式科学认识中的重大进展之一。齐泽克也关注到马克思的这一重要观点。他认为,"马克思论述了资本控制下的生产过程中的形式从属和实际从属(formal and real subsumption):形式从属不等于实际从属,即资本首先将它遭遇的生产过程(工匠等)从形式上从属于自己,然后它才一步步地改变了生产力,使之与生产过程相一致"②。实际从属的本质,是资本对生产力的改变所导致的相对剩余价值的隐性盘剥。齐泽克的理解基本上是正确的。劳动对资本的实际从属,或者资本对劳动的实质性的控制和统治,是资本在机器化大生产中通过技术与科学信息编码力量将劳动降低为机器附庸来最终实现的相对剩余价值盘剥。这当然也意味着,资产阶级的经济和政治统治基础,归根到底还是由物质生产力的构序水平决定的。对此马克思说:

> 在劳动对资本的实际上的从属下,在工艺过程(technologischen Proceß),劳动过程中发生了我们已经叙述过的一切变化,与这些变化同时,工人对自己的生产和对资本的关系也发生了变化;最后,劳动的生产力发

---

① 《马克思恩格斯全集》(第二版)第37卷,人民出版社2019年版,第296页。
② [斯洛文尼亚]齐泽克:《意识形态的崇高客体》,季广茂译,中央编译出版社2002年版。中译文有改动。译者将这里的 subsumption(从属)误译作"包含",这样就完全误解了齐泽克对马克思这一重要理论的解释。马克思在德文中原来使用的是 Subsumtion。

展了,因为社会劳动的生产力(Productivkräfte der socialen Arbeit)发展了,并且只有随着这些变化一起,才有可能在直接生产中大规模应用自然力、科学和机器(Anwendung der Naturkräfte im grossen, der Wissenschaft und der Maschinerie)。因此,在这里不仅是形式上的关系发生了变化,而且劳动过程本身也发生了变化。①

依马克思的看法,劳动对资本的从属,从生产过程中形式上的支配和控制转为实际上的牢固统治,是通过机器化生产中劳动性质和工艺技巧编码的彻底改变实现的,因为基于科学技术对自然力的大规模应用,以及机器化的自动生产过程,极大地提高了"社会劳动的生产力"。在此,我们可以进一步体会到本书第十一章中对历史唯物主义客体向度问题讨论的重要性。这里发生的重要事件为:一是使原先工场手工业生产中劳动主体占主导地位的改变对象的劳动过程,直接转换为机器化大生产中科学技术信息编码对象化应用与机器客观工序的编码的生产过程,劳动者因此彻底丧失了原先在工场手工业生产过程中的所有关键性地位,因为生产物相化不再是工人的创制性爱多斯和劳作技能实现出来的过程,而成为远离劳动过程的科技物相化中科学爱多斯的反向应用,由此,工人在丧失自己主导地位的过程中彻底沦落为机器系统的附庸;二是资本家榨取工人劳动剩余价值的方式,从可见的单纯延长劳动时间的绝对剩余价值,转换为无形的relative Mehrwert(相对剩余价值)的盘剥。从认识论的视角看,资本主义生产方式中的经济剥削开始变得无法直观。这也是李嘉图在经济物相化迷雾中彻底失去劳动价值论防线的根本原因。反过来说,马克思对"李嘉图难题"的真正解决,也是通过科学的相对剩余价值理论的创立而实现的。在马克思看来,"相对剩余价值——这实际上是李嘉图在**利润**名义下阐述的剩余价值的惟一形式"②,在他的眼里,"一切由分工、机器的改进、运输工具的完善、对外贸易引起的改良,一句话,一切缩短制造和运输商品的必要劳动时间的方法,由于并且只要它们降低劳动的价

---

① 《马克思恩格斯全集》(第二版)第37卷,人民出版社2019年版,第297页。
② 《马克思恩格斯全集》(第二版)第34卷,人民出版社2008年版,第472页。

值,都会增加剩余价值(就是说,也会增加利润),从而使资本家阶级发财致富"①。然而,李嘉图却无法在自己面对的机器化大生产中坚持劳动价值论。这样,"无能"的劳动(主体)对无所不能的资本(在场的机器客体)更深一层的 reale Subsumtion(实际从属)关系就得以确立。马克思说,"随着劳动在实际上从属于资本,在生产方式(Productionsweise)本身中,在劳动生产率(Productivität der Arbeit)中,在资本家和工人之间——在生产内部——的关系中,以及在双方彼此的社会关系中,都发生完全的革命(völlige Revolution)"②。这一革命的结果,将是工人劳动在生产物相化过程中主导性地位的丧失,以及**资本主义生产方式中资产阶级统治关系的全面胜利**。

在马克思看来,这种资产阶级统治方式中最重要的胜利,也会是资本的世界历史进程的真正开端。他说,"一旦资本主义生产方式(即劳动对资本的实际上的从属)控制了农业,矿业,主要衣着布匹的生产,以及运输,交通工具,它便随着资本的发展,或是逐渐征服只是形式上从属于资本主义经营的其他部门,或是逐渐征服还由独立手工业者经营的其他部门。这就是资本的趋势"③。资本先是控制了旧的生产方式中已经存在的所有生产领域,使之在形式上从属于自己,然后再开辟属于自己的资本的世界历史。显见,也是在这里,马克思开始将资本主义生产方式的**真正本质**直接定义为"劳动对资本的实际上的从属(die reale Subsumtion der Arbeit unter das Capital)"。这里的劳动,当然已经是特指资本关系中的**雇佣劳动**,这里的雇佣劳动在机器化大生产和科技物相化的结合中,真正实际地从属于资本,从而使资本主义生产关系的全面社会物相化(经济、政治和法律制度)得以确立。我以为,这会生成马克思对资本主义生产方式科学认识中新的判断。马克思概括说,通过劳动对资本的实际上的从属,

(1) **资本主义生产方式**(capitalistischen Productionsweise)扩展到以前还没有从属于资本主义生产的那些生产领域;也就是说,**资本**越来越占领总体性的生产领域(Totalität der Productionssphären);

①《马克思恩格斯全集》(第二版)第34卷,人民出版社2008年版,第479页。
②《马克思恩格斯全集》(第二版)第37卷,人民出版社2019年版,第298—299页。
③《马克思恩格斯全集》(第二版)第37卷,人民出版社2019年版,第304页。

（2）资本形成**新的生产领域**，也就是说，生产出新的使用价值，使新的劳动部门营业；

（3）只要追加资本在**同一**生产领域中由同一资本家使用，部分地是为了使［劳动］在形式上从属于资本转变为在实际上从属于资本，部分地是为了扩大**生产规模**（*Stufenleiter der Production*），发展特殊的资本主义生产方式，因而是为了以**更大的资本**，以劳动条件的更高程度的联合和分工（grössrer Vereinigung von Arbeitsbedingungen und Theilung der Arbeit）等等来进行生产，——那么这种**积累**就表现为**积聚**（*Accumulation als Concentration*），因为一个资本现在指挥更多的工人和更多的生产资料，而**社会财富则以更大的规模**联合在一个人的手中；

（4）在**每一个**生产领域中，资本筑模（Capitalbildung）的这种过程是在社会表面的**各个不同的**点上进行的。①

依我之见，这是《1861—1863 年经济学手稿》中，马克思对资本主义生产方式科学认识中的新成果。这里的表述包括这样一些方面：一是当资本将原来还不属于资本主义生产方式的旧有生产领域变成实际上从属于自己的领域之后，"**资本主义生产方式**部分地扩大到还没有从属于它的那些新的劳动部门（从而**上述**比例在这些新的劳动部门中会发生变化）"②。比如从自然经济中的农耕生产到工业生产物相化，从自然土地上的乡村到社会物相化空间中的城市，从国内商品买卖的经济物相化交换市场到更大经济物相化编码空间中的海外殖民贸易。资本开始成为支配全部生产领域的社会 Totalität（总体性），即在社会定在基础中占据绝对统治地位的生产关系。在这里，我们再一次遭遇了这个 Totalität（总体性），显然，它与后来青年卢卡奇标定为马克思主义基本逻辑原则的 Totalität 并不完全是一个东西。二是资本主义生产方式会创造出一些过去从来没有出现过的"新的使用价值"的生产领域，或者说，"资本主义生产方式创造出新的、从一开始就以资本主义方式经营的劳动部门"③，

①《马克思恩格斯全集》（第二版）第 37 卷，人民出版社 2019 年版，第 393—394 页。中译文有改动。Marx-Engels-Gesamtausgabe（MEGA²），Ⅱ/3-6，Text，Berlin：Dietz Verlag，1982，S.2223.
②《马克思恩格斯全集》（第二版）第 37 卷，人民出版社 2019 年版，第 414 页。
③《马克思恩格斯全集》（第二版）第 37 卷，人民出版社 2019 年版，第 414 页。

比如农耕生产和手工业生产中不曾出现过的机械制造领域、城市建筑业和远程运输产业等。以后还会创造电子、化工、航空和生物技术等新型产业,以及我们今天看到的作为服务行业的第三产业、信息与网络产业、传媒产业等全新领域。在《大纲》中,马克思将其概括为资本主义生产方式"创造出一个普遍有用性的体系(System der allgemeinen Nützlichkeit)"①。三是伴随着机器化大生产过程,生产与再生产的规模不断扩大,"资本主义生产方式通过增加其中的**投资**,扩大生产的**规模**,发展和扩大了原先的生产方式"②,特别是以科技物相化应用的机器系统为基础的、更高水平的技术分工和结合突现出来,剩余价值转化为资本的积累过程,开始变成资本更大规模的集聚和垄断,财富越来越集中于少数大资本家手中。四是劳动和全部社会生活对资本关系的实际从属,开始成为 Capitalbildung(资本筑模)中构序和赋型**社会定在所有方面**的根本因素。可以看出,这个 Bildung(筑模)概念总是在说明生产方式的复杂动态生成时出现。也是在这一重要基础上,前述所有只是在形式上从属于资本的旧的生产方式中的不同产业、生产部门和整个社会生活,以及资本主义自己创造的全新社会定在,现在开始完全在实际上从属于资本的统治关系,"资本的趋势",就是征服整个世界,创造自己的资本的世界历史。

在这里,马克思再一次强调:

> 资本的发展不是始于创世之初,不是**开天辟地就有**。这种发展作为凌驾于世界之上和影响整个经济的社会赋型(ökonomische Formation der Gesellschaft)的某种力量,实际上只是到 16 世纪和 17 世纪才出现。这是它的童年时期。因此,必须回顾一下刚刚过去的状态。实际上,资本主义生产方式(capitalistische Productionsweise)只有随同**大工业**一起才得到充分的发展(虽然还仅仅是零散的发展),因此,它在整体上只是从 18 世纪后 30 年起才开始出现。③

---

① 《马克思恩格斯全集》(第二版)第 30 卷,人民出版社 1995 年版,第 390 页。Marx-Engels-Gesamtausgabe(MEGA²),Ⅱ/1,Text,Berlin:Dietz Verlag,2006,S.322.

② 《马克思恩格斯全集》(第二版)第 37 卷,人民出版社 2019 年版,第 414 页。

③ 《马克思恩格斯全集》(第二版)第 37 卷,人民出版社 2019 年版,第 581 页。中译文有改动。Marx-Engels-Gesamtausgabe(MEGA²),Ⅱ/3-6,Text,Berlin:Dietz Verlag,1982,S.2375.

资本主义生产方式的胜利,它"凌驾于世界之上和影响整个经济的社会赋型",并不是开天辟地就存在,而是一步步历史地发展而来的。这是马克思已经多次说明的问题。即便是在《大纲》中,马克思还会使用那个历史性的bürgerliche Gesellschaft(市民社会/资产阶级社会),而在此,他却坚定地使用了 capitalistische Productionsweise(资本主义生产方式)的科学表述。资本主义生产方式,从童年的 16—17 世纪到 18 世纪后 30 年的成年,从旧有的社会生活在形式上从属于资本关系,到整个社会定在实际上从属于资本主义生产方式,花了近 300 年的时间。依马克思的判断:

> 我们的方法表明历史考察必须切入之点,或者说,表明仅仅作为生产过程的历史场境(historische Gestalt)的资产阶级经济,超越自身而追溯到早先的历史生产方式之点。因此,要揭示资产阶级经济的规律,无须描述**生产关系的现实历史**(*wirkliche Geschichte der Productionsverhältnisse*)。但是,对这些生产关系正确地加以考察和推断,总是会得出这样一些**原始的方程式**(*erste Gleichungen*),这些方程式将显示出隐藏于这个制度背后的过去。如果说一方面**资产阶级以前的阶段**表现为**仅仅是历史的**,即已经**被扬弃的前提**,那么,现代的生产条件就表现为**正在扬弃自身**(*sich selbst aufhebende*),从而正在为未来社会创造**历史前提**(*historische Voraussetzung*)的生产条件。①

这是表明,虽然今天资本主义生产方式获得了历史性的胜利,但是并不意味着它的永恒性。我们通过历史认识论的分析获得了一些前资本主义生产关系的历史性的"原始的方程式",这些 erste Gleichungen(原始的方程式)或者原初经验数据,恰恰是我们今天历史地分析资本主义生产方式复杂关系场境的历史依据和"曾在"参照点。比如,下面我们很快会再次讨论资本主义经济关系中发生的劳动异化和事物化的**曾在相对值尺度**。在《大纲》中,马克思已经涉及"原始的方程式"这一重要的问题。② 因为这是马克思在历史现象

---

① 《马克思恩格斯全集》(第二版)第 37 卷,人民出版社 2019 年版,第 452 页。中译文有改动。Marx-Engels-Gesamtausgabe(MEGA²),Ⅱ/3 − 6,Text,Berlin:Dietz Verlag,1982,S. 2270.

② 参见《马克思恩格斯全集》(第二版)第 30 卷,人民出版社 1995 年版,第 453 页。

学基础上重构劳动异化批判构式 Ⅲ 的逻辑基点。这同时也说明这样一个道理:如同资本主义所超越的所有历史性的生产方式一样,资本主义生产方式也会成为历史辩证法运动中"扬弃自身","为未来社会创造**历史前提**的生产条件"。这当然是科学社会主义更重要的结论。

4. 资本具有自然性和生产性假象的透视

我们都会记得,马克思在开始写作《政治经济学批判》第二分册时,计划中的目标,就是讨论"资本一般"和"资本主义的生产",到这里,我们从已经爆燃出来的《1861—1863 年经济学手稿》中会发现,当马克思透视出劳动对资本的实际从属之后,他还深入探讨了资本作为一种**社会总体性**的统治关系是怎样生产资本主义的社会定在,以及它自身是怎样被历史地生产出来的隐秘机制。

首先,**资本主义生产方式自然性的意识形态编码伪像**。马克思指认说,"资产阶级经济学家们把资本看做永恒的和**自然的**生产形式(ewige und *naturgernässe* Form der Production),然后又竭力为自己对资本的这种看法辩护,把资本生成的条件(而且是幻想的条件)说成是资本现在实现的条件"①。这是一种非历史的唯心主义。在资产阶级经济学家眼里,资本主义生产方式不是历史发生的,而是一种与人的本性一致的天然法则("自然辩证法"),所以,资本主义的生产方式也成了"永恒的和**自然的**生产形式"。这里,naturgernässe(自然的)也有天然性和本性的意思。对此,马克思理所当然地提出了坚决的批判:

> 生产的自然规律(*Naturgesetze*)!当然,这里是指**资产阶级生产的自然规律**,即在**一定的历史阶段**上和在**一定的历史生产条件**下进行生产所遵循的规律。如果没有这些规律,**资产阶级生产体系**就是根本不可思议的。当然,这里指的是表现这一定生产方式的**本性**(*die Natur*),从而也就是它的**自然规律**的问题。但是,正像这种生产方式本身是**历史的**一样,

① 《马克思恩格斯全集》(第二版)第 37 卷,人民出版社 2019 年版,第 451 页。

它的本性（*Natur*）**和这种本性的规律**也是历史的。亚细亚的，或古代的，或封建的生产方式的自然规律就根本不同了。①

从马克思这里的话语格式塔看，此处的 Naturgesetze（自然规律）显然不是指规律的客观性，而是特指资本主义生产方式中出现的人的生产和经济物相化活动的法则，反常地呈现出盲目自然界运动式的经济无序和返熵状态，这是黑格尔市民社会话语Ⅱ中的 *Die zweite Natur*（**第二自然**）的"自然规律"，或者"第二自然辩证法"中出现的**似自然性**（*quasi-natürliche*）规律。但是，马克思这里的思想构境，显然比黑格尔的思辨隐喻要深刻得多。我在《马克思历史辩证法的主体向度》一书中最早讨论了这一似自然性问题。② 我留意到，海因里希曾经旁及"第二自然辩证法"的似自然性特征。他说，在资产阶级的政治经济学中，"交换和商品生产的社会关系被'自然化'（naturalisiert）和'物化'（verginglicht）了，也就是说，社会关系被理解为似自然关系（quasi-natürliche Verhälnisse），进而被理解为物的属性（物不是由于社会关系才具有交换价值的，而是物自在地就有交换价值）。通过这种社会关系的自然化，物似乎获得了主体的属性和自动性"③。这是深刻的看法。这也指涉着，被资产阶级经济学家伪饰成符合人的本性的资产阶级生产的 Naturgesetze（自然规律或天然法则），其本质仍然是历史性在场的社会规律，因为它只是出现在资本主义生产方式历史发生和发展的"**一定的历史阶段上**"，所以，它必然只是"在**一定的历史生产条件下**进行生产所遵循的规律"。这种类似于自然界盲目返熵状态的"自然规律"，不是似自然性的"第二自然辩证法"，而与过去的所有社会生产方式一样，都只能是历史的东西。马克思发现，"资产阶级经济学家们在考察资产阶级社会的一切经济规律时都陷入这种误解，在他们看来，这些规律是'自然规律'，因而也表现为历史上最初的东西"④。阿多诺对此的

---

① 《马克思恩格斯全集》（第二版）第 37 卷，人民出版社 2019 年版，第 451 页。中译文有改动。Marx-Engels-Gesamtausgabe（MEGA²），Ⅱ/3－6，Text，Berlin：Dietz Verlag，1982，S. 2269.
② 参见拙著《马克思历史辩证法的主体向度》，河南人民出版社 1995 年版，第三章。
③ ［德］海因里希：《政治经济学批判：马克思〈资本论〉导论》，张义修译，南京大学出版社 2021 年版，第 19 页。
④ 《马克思恩格斯全集》（第二版）第 34 卷，人民出版社 2008 年版，第 169 页。

评论为:"只是在讽刺的意义上,商品交换的社会的自然增长才是一种自然的规律(Naturwüchsigkeit der Tauschgesellschaft Naturgesetz),经济的先定统治(Vormacht von Ökonomie)不是不变的"①。这是说,资本主义生产方式中出现的似自然性的无序返熵现象和经济关系先验统治这种历史性的规律,只是在反讽的构境中,才会成为从人创造的世界中畸变出来的盲目自然规律("第二自然辩证法")。

马克思说,恰恰是在这个资本主义生产方式中历史性出现的"自然规律"里,

> 我们不仅看到了资本是怎样(wie)进行生产的,而且看到了资本本身是怎样(wie)被生产出来的,资本作为一种发生了本质变化的关系(wesentlich verändertes Verhältniß),是怎样(wie)从生产过程中产生并在生产过程中发展起来的。一方面,资本改变生产方式的场境(gestaltet),另一方面,生产方式的这种被改变了的场境(veränderte Gestalt der Productionsweise)和物质生产力的这种特殊发展阶段,是资本本身形成的基础和条件,是资本本身形成的前提。②

在此,我们可以很清晰地看到马克思对历史唯物主义社会场境存在论方法的运用,《德意志意识形态》中突显的"怎样生产"的功能 Gestalt(场境)分析被具体运用到对资本关系的历史性生产的讨论之中。马克思特意指出,他对资本关系的历史发生的思考先是着力于三个功能性的 wie(怎样):一是分析了资本主义"**怎样生产**"的狭义劳作方式的特定历史筑模(Bildung),即作为广义的社会生产方式基础的物质生产物相化活动中的根本性改变。这种在工业制造中"怎样生产"的生产物相化方式当然异质于农耕生产,因为工业生产通过人的爱多斯之相,给予了自然物质全新的存在形式和有序性,创造了脱型于亚自然生命负熵质的社会历史负熵场境。二是资本作为一种从封建生产关

---

① [德]阿多尔诺:《否定的辩证法》,张峰译,重庆出版社 1993 年版,第 188 页。参见 Theodor W. Adorno, *Negative Dialektik*, *Gesammelte Schriften*, Band 6, Frankfurt am Main: Suhrkamp Verlag, 2003, S. 190.

② 《马克思恩格斯全集》(第二版)第 37 卷,人民出版社 2019 年版,第 314—315 页。中译文有改动。Marx-Engels-Gesamtausgabe(MEGA²), II/3-6, Text, Berlin: Dietz Verlag, 1982, S. 2160.

系脱型和解构而来的全新生产关系,怎样生成于资本主义工业生产过程,并在经济物相化编码空间中不断发展壮大起来。三是在这种"发生了本质变化"的历史性的生产方式之中,特别是通过上述的机器化大工业生产中的劳动实际从属于资本,资本怎样作为一种支配性的社会总体性的生产关系被生产出来。然后,三个"怎样"的现实落点,是资本在特殊的物质生产力发展阶段,特别是在大机器生产过程中被深刻改变的生产方式中看不见的复杂关系场境,在此基础上,又生出以商品生产-市场交换为经济构式负熵质的新型场境关系赋型,这也是资本关系历史形成和发展的前提、基础和条件。这当然是马克思对资本主义生产方式科学认识进程中十分重要的一步。

其次,**资本主义生产方式中虚假的资本生产性**。马克思需要进一步思考的问题,则会是资本主义生产方式中的"怎样生产",在更深场境关系赋型和编码层次上生成的资本对雇佣劳动的隐性支配关系。在此,这种思考聚焦在**资本的生产性**(*Productivität des Capitals*)复杂场境关系辨识问题上。通俗一些说,就是在资本主义生产过程的表面,资本为什么看起来是一种本身具有生产性的力量? 这是许多资产阶级经济学家的观点,也是涉及劳动价值论特别是资本主义机器化大生产中剩余价值理论的根本问题。

自从马克思进入经济学语境之后,无论是在《巴黎笔记》时期,还是后来的《布鲁塞尔笔记》时期、《曼彻斯特笔记》时期和《伦敦笔记》时期,都看到在众多资产阶级经济学家那里,资本具有生产性、资本创造财富的观点,是他们拒斥或者削弱劳动价值论的重要根据,特别是李嘉图等人面对资本主义机器化大生产的发展,也开始因为机器生产价值的表面现象而弱化劳动价值论的地位。这也是马克思必须直面的难题。那么,为什么资本会表现出生产性,或者说,"资本的生产力"的本质究竟是什么? 这就成了马克思此处思考的焦点。在马克思看来,这里的关键问题在于:

> 因为活劳动(lebendige Arbeit)——由于资本同工人之间的交换——被并入资本,从劳动过程一开始就表现为属于资本的活动,所以社会劳动的一切生产力都表现为资本的生产力(Productivkräfte des Capitals),就和劳动的一般社会形式(allgemein gesellschaftliche Form)在货币上表现为

一种物的属性(Eigenschaft eines Dings)的情况完全一样。同样,现在社会劳动的生产力和社会劳动的特殊形式,表现为资本的生产力和形式,即**对象化**劳动(*vergegenständlichten* Arbeit)的,事物的劳动条件(sachlichen Arbeitsbedingungen)(它们作为这种独立的要素,人格化为资本家,同活劳动相对立)的生产力和形式。这里,我们又遇到关系的颠倒(Verkehrung des Verhältnisses),我们在考察货币时,已经把这种关系颠倒的表现称为**拜物教**(*Fetischismus*)。①

这是《1861—1863年经济学手稿》中非常重要的一段表述。在马克思看来,资本关系之所以看起来是具有生产性的:一是因为工人的活劳动通过交换,已经属于作为资本关系反向物相化中的人格化伪主体的资本家,"资本家本身只有作为**资本的人格化**(*Personnificirungdes Capitals*)才是统治者"。这表明,在工人与资本家的阶级对抗中,资本家只是作为资本关系反向物相化场境中的人格化伪主体,真正成为奴役工人的支配性力量的是客观发生的看不见的资本关系。二是在资本主义机器化工业大生产中在场的社会劳动,无论是作为原料、机器和厂房的 *vergegenständlichte* Arbeit(**对象化的劳动**),还是工人的创造性的活劳动,在经过作为资本的货币购买后,都直接表现为"资本的生产力和形式"。这是此-彼错位后"资本的生产力"的本质,其中,真实保存价值并创造新价值的只是非对象性的活劳动。三是马克思特别指出,如同在流通领域中劳动交换关系颠倒为事物与事物的关系,并且,产生抽象劳动Ⅰ的"一般社会形式"仿佛是金钱的物的属性的货币"拜物教"误认,生产领域中发生的资本的生产性,也是工人的活劳动塑形和构序力量在此-彼错位**颠倒性的经济物相化编码中生成的** Verkehrung des Verhältnisses(关系的颠倒)所造成的**资本拜物教假象**。其实,马克思这里指认的关于货币拜物教的讨论,是指前述《政治经济学批判》第一分册中的阐释,并且,在那里马克思并没有直接使用 Fetischismus 概念。也是在此处,我们可以看到马克思的讨论中出现了一种从阐释性逻辑无意识地返回到研究性逻辑的倾向,并且,在说明资本(对象化

①《马克思恩格斯全集》(第二版)第37卷,人民出版社2019年版,第315页。中译文有改动。Marx-Engels-Gesamtausgabe(MEGA²),Ⅱ/3-6,Text,Berlin:Dietz Verlag,1982,S.2160.

劳动)与雇佣劳动的这种特殊事物化颠倒关系中,返回到更深的**劳动异化批判构式的系统思考**之中。

马克思进一步分析说,"资本所以是生产的,因为它(1)作为进行剩余劳动的**强迫力量**;(2)作为社会劳动生产力和一般社会生产力(如科学)的吸收者和占有者"①。这是在指认,资本表现出虚假生产性的主要原因有两点:一是资本关系在发疯般地追逐利润的过程中必然生发出来组织生产和发展生产的内驱力,可这里最关键的方面是无偿占有工人创造剩余价值的剩余劳动。这亦表明,工人劳动物相化的能力表现为资本的生产力。这是上面刚刚讨论过的问题。二是资本对生产过程中的社会力量和一般社会生产力的占有。当然,马克思这里思考的重点是第二点,即资本对社会劳动生产力,对协作与劳动分工中的结合构序力量的占有,以及对一般社会生产力,即科学技术的赎买。因为这是造成资本看起来具有生产性的更深一层关系场境透视。对此,马克思具体分析如下:

第一,这种资本的生产性假象的基础是奴役性的强制关系。马克思说,资本主义的生产方式与传统的阶级统治方式一样,"在于**强迫进行剩余劳动**(*Zwang zur Surplusarbeit*),强迫进行超过直接需要(unmittelbare Bedürftigkeit)的劳动。这种强迫,是资本主义生产方式和以前的生产方式所共有的,但是,资本主义生产方式是以更加有利于生产的方式实行和采用这种强迫的"②。"**强迫进行剩余劳动**",这是历史上所有奴役性的生产关系的同质性,其本质都是对劳动者进行"超过直接需要"的劳动的强迫性掠夺。不过,相比之奴隶主、地主对奴隶、农奴直接的简单掠夺,资本主义生产方式中这种自由买卖关系掩盖下似乎不在场的经济剥削是更加冠冕堂皇和具有优势的,其中,当然也包括资本具有生产性这种迷惑人的假象,因为在经济物相化迷雾中,资本从生产过程中获得的利润,仿佛表现为资本生产的客观"事物辩证法"的结果,而不是工人"超出直接需要"(工资)的剩余劳动(剩余价值)。

---

① 《马克思恩格斯全集》(第二版)第 37 卷,人民出版社 2019 年版,第 322 页。
② 《马克思恩格斯全集》(第二版)第 37 卷,人民出版社 2019 年版,第 315 页。

第二,资本的生产性假象来自资本居有的劳动资料的"自我增殖"。这是马克思增加说明的一点,因为这会是上述第二点的隐性前提。依马克思的看法,无论是在资本主义发展的早期还是机器化大生产进程中,"**生产资料,事物性的劳动条件**(*Productionsmittel*, *die sachlichen Arbeitsbedingungen*)——劳动材料、劳动资料(以及生活资料)——也不表现为从属于工人,相反,是工人从属于它们。不是工人使用它们,而是它们使用工人。正因为这样,它们才是资本。资本**雇用**劳动(Capital *employs* labour)"①。显然,这里马克思观察问题的尺度还是历史认识论,所以,他只是指出这里使用和奴役劳动的资本关系,本身就是对象化劳动事物化(Ⅱ)颠倒地表现为 sachliche Arbeitsbedingungen(事物性的劳动条件),这里发生的事情为此-彼错位中生成的经济事物颠倒过来驱使工人的**物役性**现象。这仍然是自《德意志意识形态》一书以来,马克思在历史认识论中观察资本主义经济物相化的结果和表象层中的物役性问题。这并没有深入资本主义生产方式中的劳动自我异化关系。在马克思看来,"这种关系在它的简单形式中就已经是一种颠倒(Verkehrung),是事物的人格化和人格的事物化(Personnificirung der Sache und Versachlichung der Person)"②。这是对事物化 Verkehrung(颠倒)理论的简单提点。这里的简单形式,当然是《大纲》中已经讨论过的一般商品交换过程,在那里,从劳动交换关系中现实抽象出来的价值关系到货币,都已经是此-彼错位关系场境中人与人劳动交换关系事物化(Ⅰ)颠倒为商品与货币之间事物与事物的关系伪境;而在资本支配的生产过程中,与工人相对的劳动条件,则是事物化(Ⅱ)颠倒的对象化劳动,同时,资本家并非抽象的个人主体在场,而是资本关系反向物相化场境中的人格化伪主体在场。这是一个十分复杂的劳动辩证法向经济事物辩证法颠倒的关系场境:资本关系的本质是对象化劳动,这种对象化劳动,只有"一方面保存自己的价值,另一方面使自己的价值增殖,也就是说,使价值增大,吸收剩余劳动"时,它才成为资产阶级维系全部经济和政治统治的支配性资

---

① 《马克思恩格斯全集》(第二版)第 37 卷,人民出版社 2019 年版,第 315—316 页。中译文有改动。
　　Marx-Engels-Gesamtausgabe(MEGA²), Ⅱ/3-6, Text, Berlin: Dietz Verlag, 1982, S.2161.
② 《马克思恩格斯全集》(第二版)第 37 卷,人民出版社 2019 年版,第 316 页。中译文有改动。

本关系。然而,马克思深刻地透视说,"资本家不是作为这种或那种个人属性(persönlichen Eigenschaft)的体现者来统治工人,而只是在他是'资本'的范围内来统治工人;他的统治只不过是对象化劳动对活劳动的统治(Herrschaft ist nur die der vergegenständlichten Arbeit über die lebendige),工人的产品对工人本身的统治"①。这里发生的多重畸变在于:一是工人对象化劳动转化为支配和统治工人的 sachliche Arbeitsbedingungen(事物性的劳动条件)。二是这种力量转化为榨取工人剩余价值而自我增殖的资本关系。本质上看,sachliche Arbeitsbedingungen(事物性的劳动条件),即作为原料、机器和厂房等劳动条件出场的劳动资料本身绝不会创造价值,它们只是在工人活劳动的失形/塑形和祛序/构序下,才成为转移过去的对象化劳动价值的劳动工具和被塑形的劳动对象。三是这种事物化颠倒关系在反向物相化中人格化为伪主体在场的资本家。马克思此时忍住没有说——用哲学的话语来更精准地表述:这正是**劳动的自我异化**关系。但他很快就将再次揭露资本主义生产方式中存在的这种普遍异化现象,这就是历史唯物主义构境中的劳动异化批判构式Ⅲ。

　　第三,资本的生产性假象更深地来自它对社会劳动生产力和一般社会生产力的吸收和占有。这一点是马克思此时开始意识到的新问题,也是下面劳动异化批判构式Ⅲ中的重要思考内容。我以为,这是马克思在资本主义生产方式科学认识中的一个全新的理论发现,当然也会是比较难入境的方面。马克思认为,如果说,在可见的"直接物质"层面上,流通领域中作为交换价值出场的"对象化的一般劳动时间或货币",生产领域中使用价值层面的"劳动产品,又是劳动的物的条件",都涉及资本对劳动的盘剥,而在资本主义生产物相化过程特别是之后逐渐发展起来的机器化大工业生产进程中,资本对与工人个体劳动**并无直接关系且不可见的社会劳动的生产力和一般社会生产力的吸收和占有**,则是资产阶级经济物相化空间中"第二自然辩证法"更加具有欺骗性和神秘性的方面。马克思说,在资本主义的生产过程中,还有一种所有经济学家都忽略了的、被资本占有的**看不见的创制**(poeisis)**力量**,这就是

①《马克思恩格斯全集》(第二版)第37卷,人民出版社2019年版,第316页。

社会地发展了的劳动的形式——协作、工场手工业（作为分工的形式）、工厂（作为以机器体系为自己的物质基础组织起来的社会劳动形式）——都表现为**资本的发展形式**（*Entwicklungsformen*），因此，从这些社会劳动形式（Formen der gesellschaftlichen Arbeit）发展起来的劳动生产力，从而还有科学和自然力，也表现为**资本**的**生产力**。①

显然，这是马克思在《巴黎笔记》、《布鲁塞尔笔记》、《曼彻斯特笔记》和《伦敦笔记》的经济学研究中，在经济学文本中反复遭遇的社会历史现实，这就是资本主义生产方式在 Formen der gesellschaftlichen Arbeit（社会劳动形式），即工艺-技术构序方式中主体结合与工艺现实抽象（Ⅱ）为技术上的三个相继发展阶段：手工业集体劳作中的简单协作力量、工场手工业中劳动分工条件下的结合力量，以及机器化大生产中的科学技术信息编码实现出来的客观工序力量。特别值得关注的地方，是这三种由资本关系控制的生产过程中直接突现出来的客观社会生产力和一般生产力场境，看起来都是与工人个体劳动物相化活动无关的，所以，它们理所当然地表现为资本特有的生产力量在场。这是资本主义生产过程中出现的"资本的生产力"中最迷惑人的假象。也许，这也是从关注劳动分工的斯密到关心机器生产的李嘉图在劳动价值论上最终失足的逻辑深坑。在此，我们就可以理解，我为什么会在本书第十一章中花费较大的篇幅讨论历史唯物主义客体向度中的简单协作关系、劳动分工条件下的结合力，以及机器生产和科学技术发展的具体机制了。那一切，都是为了进入这里的马克思正面回应机器化生产中的"李嘉图难题"Ⅰ，完善相对剩余价值理论的努力。而这种努力，又成为我们下面入境于马克思创立的劳动异化批判构式Ⅲ的思想深境的前提。

对此，马克思进一步分析道，这是由于早期资本主义手工业生产中工人之间的协作，并不是工人个体劳动物相化活动的直接属性，而是工人们在一起的共同在场活动的场境关系赋型中所突现的社会劳动物相化力量。在工场手工业生产的劳动分工条件下和机器化生产过程中，都会出现劳动工艺结合关系和

①《马克思恩格斯全集》（第二版）第37卷，人民出版社2019年版，第316页。

看管机器之间的结合力量,以及科学技术信息编码和构序在机器生产过程中的直接运用,这些看起来与劳动者个体"无关"的社会劳动的一般形式,都变成了资本关系支配下的经济事物辩证法运动中生成的生产力,这使资本仿佛具有了**离开工人劳动物相化**的某种神秘的物的生产性。马克思深刻地分析道:

> 事实上,协作中的统一(Einheit),分工中的结合(Combination),自然力和科学以及作为机器的劳动产品在生产中的应用,所有这一切,都作为某种**异己的、事物性的**(*fremd* und *sachlich*)东西,单纯作为不依赖于工人而支配着工人的劳动资料的存在形式,同单个工人相对立,正如劳动资料本身在它们作为材料、工具等简单可见的形式上,作为**资本的职能,因而**作为**资本家的职能**,同单个工人相对立一样。工人自己的劳动的社会形式(gesellschaftlichen Formen),或者说,工人自己的社会劳动的形式,是完全不以单个工人为转移而形成的关系(einzelnen Arbeitern ganz unabhängig gebildete Verhältnisse);工人从属于资本,变成这些社会筑模(gesellschaftlichen Bildungen)的要素,但是这些社会构成并不属于工人。因而,这些社会筑模,作为资本本身的**场境**(*Gestalten* des Capitals),作为不同于每个工人的单个劳动能力的、属于资本的、从资本中产生并被并入资本的结合(Combinationen),同工人相对立。①

这是一段非常重要的话语表述。一是马克思认为,手工业生产中简单协作中的"统一"力量,劳动分工中劳动者之间发生的"结合"力量,都是劳动者的劳动物相化创制活动中失形/塑形和祛序/构序的**主体性场境力量**。虽然这些力量并非由单个工人的劳动直接构成,但它仍然是在场劳动者共同活动的结果,只是它们现在如同劳动条件一样,都是作为 *fremd* und *sachlich*(**异己的、事物性的**)东西,是以此-彼错位关系场境中颠倒的事物化力量异己地表现出来,特别是科学技术信息编码在机器化生产中的对象化力量,它甚至表现为完全脱型于劳动主体性活动的客观物相化力量。马克思将会指认,这种现象的本质当然就是劳动本身的自我异化。二是协作的"统一"、分工中的"结合"

---

① 《马克思恩格斯全集》(第二版)第 37 卷,人民出版社 2019 年版,第 316—317 页。中译文有改动。Marx-Engels-Gesamtausgabe(MEGA²),Ⅱ/3-6,Text,Berlin:Dietz Verlag,1982,S.2161-2162.

与科学技术力量都是工人(和科技劳动者)劳动物相化活动的 gesellschaftliche Formen(社会形式),这些非单一个体劳动活动的关系场境,在资本关系的支配下畸变成资本 gesellschaftliche Bildungen(社会筑模)的要素,所有个体劳动活动之外的协作"统一"、分工"结合"和科学技术无一例外地表现为统摄性的 Gestalten des Capitals(资本本身的**场境**)。显然,这里马克思刻意使用的 Bildung 和 Gestalt,都是在直观经验塑形中无法看到的东西,在资本主义的生产过程中,只要它们出现,就是与工人对立的非个人主体的资本创制力量。这是所谓的资本生产力最不容易被识破的地方。我认为,这也正是历史唯物主义关系场境存在论和历史认识论所面对的最大现实问题。

我觉得,也正是在这里,马克思很深地面对了李嘉图劳动价值论难题中的核心构序部分。一是"工人所以在同样的时间内创造出更多的产品,是由于协作,分工"。简单协作中工人们在一起劳作的统一力量,劳动分工条件下工人们之间那种片面化劳动的共时性和历时性的工序结合,是劳动生产率提高的主要原因,用《德意志意识形态》中的表述,就是"共同活动就是生产力"。可是,因为这种工人个人主体之间的"统一"和"结合"的社会力量,并不是个体劳动者的个人力量,所以它在资本主义的生产过程中颠倒地表现为离开他们而发生的资本的组织力量,从根本上说,这是李嘉图没有看到的**被资本家无偿占有的新的剩余劳动**。二是"工人的劳动同机器(自然力)相结合,以及由于工人劳动的方法(科学)。机器本身(完全像化学过程等等一样)首先只是头和手的劳动结合(Combination von Arbeiten des Kopfs und der Hand)的可感觉的产物,但在使用机器的过程中,机器导致结合劳动的使用,并且只是作为在工人的劳动能力和工人结合(Arbeitskräfte des Arbeiters und die Combination der Arbeiter)的更高水平上进行剥削的手段来创造**剩余价值**"①。这是说,机器化大生产的发展,使工人的劳动物相化能力与工人劳作协同关系之间的"统一"和"结合"力量,变成了科学技术信息编码应用到机器系统自身的客观工序,这成为资本家盘剥(相对)剩余价值的更高明的手段。这种科技劳作的社会形式客观地抽象和转移到机器生产中,劳动辩证法就被直接删

---

① 《马克思恩格斯全集》(第二版)第 37 卷,人民出版社 2019 年版,第 320 页。

除了,科技力量仿佛成了资本的生产力量,甚至出现了机器奴役工人的新型物役性假象。李嘉图也没有透视这一问题的实质。三是"科学作为社会发展的一般智力产品(allgemein geistige Product)在这里同样表现为直接**包括在**资本中的东西(而这种科学作为同单个工人的知识和技能脱离开来的东西,它在物质生产过程中的应用只可能依靠劳动的**社会**形式),表现为自然力本身,表现为**社会**劳动本身的自然力。社会本身的普遍发展,由于在对劳动的关系上这种发展被资本所利用,所以对于劳动来说作为资本的生产力起作用,因而也表现为**资本的发展**"①。利用自然力与科学技术的应用,这一切看起来与工人个体劳动并无直接关系的社会劳动形式、社会生产力和一般智力,其实不过是工人主体劳动手艺-工艺和劳作经验现实抽象(Ⅱ)和脱型的结果,它们的对象化应用也根本无法离开劳动本身。只不过在机器化大生产过程中,它们直接表现为一种"不以单个工人为转移"的外部 gesellschaftliche Bildungen(社会筑模)力量,并且,在资本的赎买下直接表现为资本关系赋型的特定社会场境,即 *Gestalten* des Capitals(资本的**场境**),这种特殊的关系场境存在是非直观的,而人格化的资本家和事物化颠倒的劳动条件,则表现出神秘的生产性和创造性。这是马克思对资本主义生产方式"第二自然辩证法"内在运行机制的一种更深的透视。也是在这个意义上,马克思才说,"只有把资本看做一定的社会生产关系的表现,才能谈资本的**生产性**。但是如果这样来看资本,那么这种关系的历史暂时性质就会立刻显露出来,对这种关系的一般认识,是同它的持续存在不相容的,这种关系本身为自己的灭亡创造了手段"②。之后我们会看到,马克思最终在说明资本主义生产方式中所发生的这种敌我性颠倒关系中,直接恢复了阐释性话语背后压抑着的历史现象学和批判认识论,从而创立了劳动异化批判构式Ⅲ的科学批判理论。这是我们下一章的主要内容。不过,也应该提点一下,马克思没有留意到的地方,可能会是在被雇佣的科学技术人员(今天的源代码编程者和普通码农)那里会生成非及物失形/塑形和祛序/构序的新型智能劳动者,他们有可能成为资本盘剥

---

① 《马克思恩格斯全集》(第二版)第37卷,人民出版社2019年版,第320页。
② 《马克思恩格斯全集》(第二版)第35卷,人民出版社2013年版,第239页。

剩余价值的活劳动源泉。这是我们今天需要深究的批判话语构境层。

在这里讨论资本的生产性,我们也要面对一个挑战性的问题,即我们前面已经提及的"西贝尔之辩"。《资本论》出版之后,1872 年 3 月 9 日和 16 日,德国历史学家西贝尔①在两次面向企业家的公开演讲《当今的共产主义和社会主义学说》②中,直接反对马克思在《资本论》中提出的剩余价值理论,公开为资本家辩护。"西贝尔之辩"的核心,就是资本家才是真正的财富创造者,或者说,资本才是真正的生产力。他对马克思的攻击主要集中在第一次演讲中,第二次演讲主要是批评拉萨尔、巴枯宁等人。马克思生前已经了解到他的这些说法。③ 身为历史学家的西贝尔有些激动地说,马克思所指认的资本掠夺财富的原始积累在德国并不存在。因为,在 1816 年之前,整个德国是"杂草丛生"的荒芜之地,德国资本家"有多少是通过剥削找到自己的财富?谁从印度奴隶的发展创造了什么? 又有多少人的业务是历经数个世纪继承而来的? 有多少不是自己和儿女们的勤奋和敏锐而得来的"④? 这也就是说,德国的资本家与欧洲的荷兰、英国那些老牌资本主义国家不同,他们既没有祖上的贵族遗产,也没有对殖民地的掠夺,更没有经济上的剥削,正是几代德国企业家的勤奋努力和勤俭持家,才创造了今天手中的财富。

应该注意,"西贝尔之辩"的本质,还不在于反对马克思的资本原始积累说,

---

① 海因里希·冯·西贝尔(Heinrich von Sybel,1817—1895),德国历史学家。毕业于柏林大学,受到萨维尼和兰克史学的影响。1844 年后,先后在波恩大学、马堡大学和慕尼黑大学任历史学教授。1859年创办《史学季刊》。1875 年被俾斯麦任命为普鲁士档案馆馆长。代表作有:《第一次十字军东征史》(*Geschichte des ersten Kreuzzugs*,1841;*The History and Literature of the Crusades*,1861)、《德意志民族和帝国》(*Die deutsche Nation und das Kaiserreich*,1862)、《法国大革命时期的历史:1789—1800》(五卷,*Geschichte der Revolutionszeit 1789－1800*,1853－1879)、《威廉一世创建德意志帝国史》(七卷,*Die Begründung des deutschen Reiches durch Wilhelm Ⅰ*,1889－1894)等。

② Heinrich v. Sybel, *Die Lehren des heutigen Socialismus und Communismus*, Bonn: Verlag von Max Cohen L Sohn, 1872.

③ 1877 年 10 月,俄国《祖国纪事》杂志上发表了俄国民粹主义者米海洛夫斯基的《卡尔·马克思在尤·茹柯夫斯基先生的法庭上》一文。在这篇文章中,米海洛夫斯基刻意放大了茹柯夫斯基所引述的西贝尔的这些观点。马克思在同年 11 月《给〈祖国纪事〉杂志编辑部的信》中,只是简单回应了米海洛夫斯基在社会发展道路问题上的曲解,并没有直接回击米海洛夫斯基所渲染的西贝尔的这些谬论。

④ Heinrich v. Sybel, *Die Lehren des heutigen Socialismus und Communismus*, Bonn:Verlag von Max Cohen L Sohn, 1872, S.34.

而在于他极力否认马克思在《资本论》中所揭示的资本家无偿占有工人创造的剩余价值的经济剥削。在他看来，通过合法的雇佣合同，工人出卖自己的劳动力，资本家付给工人工资，这是一桩光明正大的互利生意。他认为，"纯粹的经济科学（reine Wissenschaft der ökonomie）不能不这样说话，因为它只看物（Ding）形成的经济价值（ökonomische Werthe）"，这就像描述声波的物理学一样"冷漠"（gleichgültig）。① 在这一点上，西贝尔并不掩饰资产阶级的没心没肺。

首先，在西贝尔的演讲中，他先是引述了马克思在《资本论》第一卷里指认劳动过程中有关主体目的性的著名表述，即"最蹩脚的建筑师从一开始就比最灵巧的蜜蜂高明的地方，是他在用蜂蜡建筑蜂房以前，已经在自己的头脑中把它建成了"②。这也是我们在第十一章中讨论马克思劳动物相化概念的核心支点。然后，西贝尔说，马克思这里提出的"首要原则"（ersten Grundsatz）恰恰告诉我们，真正的"劳动源泉"（Arbeit Quelle）中最重要的东西，莫过于"有用性的目的的实现"（nützlichen Zwecke setzt und für die Verwirklichung）③。因为，

> 人的活动之所以成为劳动，是因为服务于人的目的，之所以成为经济上的有用劳动，是因为这个目的满足人的需求。因此，只有那个赋予劳动以合理性，确立了有益的目标，为实现该目标提供所需资金并将其投入运营的人，才赋予了劳动以真正的价值（Arbeit in Wahrheit ihren Werth）。我们将此观点应用到大型工场手工业或工厂的工作过程中去。这里谁是目标的创造者（Schöpfer des Zweckes）？谁使被加工的东西具有价值属性（behandelten Stoffen die Eigenschaft von Werthen）？我认为，只要提出这个问题就能解决它。在这种情况下只有工厂主（Fabrikherr），而不是工人。④

---

① 参见 Heinrich v. Sybel, *Die Lehren des heutigen Socialismus und Communismus*, Bonn：Verlag von Max Cohen L Sohn, 1872, S.48。

②《马克思恩格斯全集》（第二版）第42卷，人民出版社2016年版，第168页。

③ Heinrich v. Sybel, *Die Lehren des heutigen Socialismus und Communismus*, Bonn：Verlag von Max Cohen L Sohn, 1872, S.29。

④ Heinrich v. Sybel, *Die Lehren des heutigen Socialismus und Communismus*, Bonn：Verlag von Max Cohen L Sohn, 1872, S.29－30. 中译文参见［俄］米海洛夫斯基《卡尔·马克思在尤·茹柯夫斯基先生的法庭上》，周来顺译，《现代哲学》2022年第2期。

西贝尔的意思是说,劳动过程的真正内驱力是马克思所指认的主体目的性。如果在农耕文明和手艺劳作中,这种目的性会来自劳动者,而一旦进入"大型工场手工业或工厂的工作过程"中时,此时的生产目的就不再是工人的,而只能是资本家的。在西贝尔看来,只有资本家才"决定生产的类型和范围,他创造了机器及其改良(Maschinen und deren Verbesserung),选择体力劳动者,或者智能雇佣劳动者(geistiger Art Lohnarbeiter)的技术人员和工程师(Ingenieur)或商务专家"①,所以,只有"工厂主、资本家是目标的创造者,同时还是所有正在产生的价值的创造者。这里与他的雇佣工人无关。工人是他手中的工具,有生命的人类的工具(beseelte, menschliche Werkzeuge),但是在工厂的劳动过程中——工人是和机器一样的劳作工具(Arbeitsgeräth)"②。这正是资本家和整个资产阶级意识形态的丑恶嘴脸。工人不是有主体目的性的人,只是"有生命的人类的工具",只有资本家才是有生产目标和创造了价值的主人。其实,自以为聪明的西贝尔,在此混淆了两种完全不同的目的,即劳动本身怎样生产的爱多斯(eidos)和资本家对利润的无限贪欲目的(telos),因为他根本不能区分具体劳动物相化中塑形和构序物品使用价值用在性的劳动过程,与商品交换关系中现实抽象出来的价值(利润)增殖过程。马克思在上述表述中所标识的劳动过程与动物生命活动不同的主体目的,并非资本家驱动资本主义生产过程的追逐剩余价值的经济物相化目的,而是具体劳作本身践行出来的主观表象,这一点,是根本不可能从劳动者那里剥离的,哪怕是在最先进的自动化生产的流水线上,这种主观表象仍然是属于工人的,而非为根本不参加劳动活动的资本家所有。资本家有意图的经济贪欲,不可能创造任何物品用在性的使用价值和社会性的价值。西贝尔的这通谬论,当然无法证明资本家占有工人剩余价值(利润)的合法性。

其次,更重要的方面,西贝尔提及了我们这里讨论的机器化大生产中,看

----

① Heinrich v. Sybel, *Die Lehren des heutigen Socialismus und Communismus*, Bonn:Verlag von Max Cohen L Sohn, 1872, S. 30.

② Heinrich v. Sybel, *Die Lehren des heutigen Socialismus und Communismus*, Bonn:Verlag von Max Cohen L Sohn, 1872, S. 30 – 31. 中译文参见[俄]米海洛夫斯基《卡尔·马克思在尤·茹柯夫斯基先生的法庭上》,周来顺译,《现代哲学》2022 年第 2 期。

起来与工人个人劳动无关的社会化力量和所谓"脑力劳动"的问题。西贝尔向马克思质问道：

> 烧锅炉的工人知道工厂的目标和任务吗？摘棉花杂质的小男孩了解生产的普遍联系、目标和生产资料（dem Zusammenhänge，von Zweck und Mittel der Production）吗？智能雇佣劳动者（geistige Lohnarbeiter），工程师或者企业经理当然知道目标，但是不能创立也不能改变目标，而是从工厂主观念那里获得目标，并且像任何劳动者一样准确地服务于目标。他们的劳动报酬包含在商品的价格中，正如对剪刀和针支出部分包含在裁缝缝制的礼服的价格中。然而没有人会说，针和剪刀创造了礼服及其价值。同样地，在大型工业部门中，价值和剩余价值（des Werthes und des Mehrwerthes）的创造者不是使用机器的劳动者的手工劳动（Arbeit des Handarbeiters），而是管理工厂的工厂主的脑力劳动（Kopfarbeit des Fabrikherrn）。①

他认为马克思在颠倒黑白，因为在西贝尔看来，工人是不创造价值的工具，而资本家才是创造者，可马克思却将"工具变成了创造者（Schöpfer），让真正的创造者表现为一个闲置的寄生虫（Schmarotzer）"②。自作聪明的西贝尔在他的头脑里精细界划了三个不同的目标层面：一是参与生产的所有体力劳动者的无目的性，这包括了从被资本家摧残的在田间摘棉花的"小男孩"到"烧锅炉的工人"，他们被直接当作会说话的工具，排除在目的性之外；二是知道了在机器化生产中如何去具体设计、发明科技构序和管理生产的"智能雇佣劳动者，工程师或者企业经理"，他们知道目标，但不能提出和改变生产的目的；三是创造了生产目标的资本家，并且，只有资本家的 Kopfarbeit（脑力劳动）才真正创造了"价值和剩余价值"。

这真是一派胡言。第一，西贝尔先是混淆了简单体力劳动与"使用机器

---

① Heinrich v. Sybel, *Die Lehren des heutigen Socialismus und Communismus*, Bonn：Verlag von Max Cohen L Sohn, 1872, S. 31－32. 中译文参见［俄］米海洛夫斯基《卡尔·马克思在尤·茹柯夫斯基先生的法庭上》，周来顺译，《现代哲学》2022 年第 2 期。

② Heinrich v. Sybel, *Die Lehren des heutigen Socialismus und Communismus*, Bonn：Verlag von Max Cohen L Sohn, 1872, S. 32.

的劳动者"在机器化大生产中的历史地位变迁问题,让他自打嘴巴的是,在他贬斥的"烧锅炉的工人"和"摘棉花的小男孩"那里,他前面否定的劳作目的(填煤和摘棉花)恰恰是劳动者自己的主体表象,而他并没有更深地体知到工人劳动在机器化大生产中的地位下降与体脑劳动之间的关联问题。第二,他无法理解,在机器化大生产中,科技物相化中科学家和技术人员的科技劳动在新型的生产过程中的创造性作用,这是更重要的"怎样生产"的具体目标设置。第三,他根本无法透视在资本主义生产过程中的"工厂主"并不是真正独立的社会主体,他不过是经济物相化活动中资本关系的反向事物化和人格化的伪主体,他在物像层面所看到的"目标和任务",不过是资本关系获取剩余价值的客观冲动和运行机制的表现,而只有当这些"工厂主"恢复人的正常需求和生命欲求时,他才不再是作为资本关系人格化的经济动物。第四,在资本主义经济过程总体上,这些个体性的有目的的"激情"的工厂主,不过是价值规律运行的"看不见的手"无形支配下的可悲牵线木偶。第五,看起来是资本家的管理工厂和协调生产的脑力劳动,其本质恰恰是这里我们所讨论的资本对工人协作与劳动分工条件下的社会结合力、科技生产力的占有,这是资本家无偿占有工人(和科技工作者)所创造的相对剩余价值的主要来源。之后,马克思会在劳动异化批判构式的全新构境中进行更加深入的分析。

5. 资本关系中的生产性劳动与非生产性劳动

马克思认为,与资本的神秘生产性同时出现的问题,还有**生产的劳动**(*Productive Arbeit*),或者**生产性劳动**问题。这是马克思在《大纲》中已经初步探讨过的问题。① 需要首先辨识的是,此处的"生产",并非广义历史唯物主义中的物质生产概念,或者实指一种具体的劳动物相化过程,而是特指一种作为资本主义生产方式本质的**资本增殖关系的生产性劳动场境**。所以,马克思这里所指认的劳动的生产性或生产劳动,是一种特设的矛盾关系场境,它是指资产阶级经济构式负熵进程中特有的,劳动使得资本增殖且再生产整个资本主义生

---

① 参见《马克思恩格斯全集》(第二版)第30卷,人民出版社1995年版,第264页。

产关系的此－彼错位质性：劳动不是它自身，而是创造出自我奴役的力量。在之后马克思指认的劳动异化批判构式Ⅲ中，这也直接被指认为劳动异化。

在这个特殊的构境意义上，马克思说，"只有**直接转化为资本**的劳动，也就是说，只有使可变资本成为可变的量，因而使［整个资本 C］等于 C + Δ 的劳动，才是**生产的**"①。这个作为变量的 Δ，恰是劳动创造的剩余价值，这也意味着，只有带来资本**增殖**的劳动才是**生产性**的劳动，或者说，只有创造剩余价值的劳动，对资本家来说才是生产性的劳动。这里的问题实质在于，资本通过与工人的"平等"交换，"把一定时间内所使用的劳动能力并入资本；换句话说，使一定量的活劳动（lebendige Arbeit）成为资本本身的存在方式之一，可以说，成为资本本身的隐德来希（Entelechie）"②。活劳动本身成了资本的存在方式，这样，生产性劳动就与上述的资本生产力完全一致起来了。在这个意义上，生产性劳动就是资本生产力背后的 Entelechie（隐德来希）。这亦表明，真正创造了剩余价值的生产性，在于看起来是资本生生不息的 Entelechie 生命动力背后的工人活劳动的实际塑形和构序能力。这样，马克思才说，"只有使那种同劳动能力相对立的、独立化了的**对象化劳动**的价值保存并增殖（Werth erhält und vermehrt）的劳动，才是**生产劳动**（productive Arbeit）。生产劳动不过是对劳动能力出现在资本主义生产过程中所具有的整个关系和方式（ganze Verhältniß und Art）的简称"③。足见，马克思这里使用的生产性劳动不是一个中性概念，而是一个表征资本主义生产关系中的雇佣劳动本质的特有范畴。它是工人的劳动能力保存和增殖资本的整个资本主义生产方式和生产关系场境的简称。我以为，这当然是马克思对资本主义生产方式科学认识中的重要进展。这种属于资本的生产性劳动的实质，是"生产过程吸收的劳动比购买的劳动数量大。在生产过程中完成的这种对他人无酬劳动的吸收**占有**，是资本主义生产过程的**直接目的**"，并且，"资本主义生产的目的是**发财**

①《马克思恩格斯全集》（第二版）第 37 卷，人民出版社 2019 年版，第 322 页。
②《马克思恩格斯全集》（第二版）第 37 卷，人民出版社 2019 年版，第 324 页。"隐德来希"（Entelechie）原是古希腊哲学家亚里士多德的用语 $\varepsilon\nu\tau\varepsilon\lambda\acute{\varepsilon}\chi\varepsilon\iota\alpha$，含义是将潜能变为现实的能动本源。
③《马克思恩格斯全集》（第二版）第 37 卷，人民出版社 2019 年版，第 326 页。

致富,是**价值的增殖**,是价值的**增大**,因而是保存原有价值并创造剩余价值。资本所以得到资本主义生产过程的这种**独特的产品**,只是由于同劳动交换,因此这种劳动被称为**生产劳动**"。① 资本占有了生产性的劳动,这才是表面上资本具有生产性的本质。马克思认为,"资本主义生产的直接目的不是生产商品,而是生产剩余价值或利润(在其发展的形式上);不是产品,而是剩余产品。从这一观点出发,劳动本身只有在为资本创造利润或剩余产品的情况下才是生产的。如果工人不创造这种东西,他的劳动就是非生产的"②。

要深入地理解资本主义社会中存在的特殊生产劳动的概念,也可以从**非生产劳动**来反向思考,这也就是说,并不是在资本主义生产中的所有劳动都是生产性的。马克思说,"**生产劳动**和**非生产劳动**的区分——这种区分的基础在于,劳动是同作为货币的货币相交换,还是同作为资本的货币相交换"③。依马克思的看法,这一重要的区分是由斯密提出的。在斯密那里,已经萌生了"只有生产资本的雇佣劳动才是生产劳动"的观点,或者说,"雇佣劳动只有当它所创造的价值大于它本身所花费的价值的时候才是生产的"。④ 这是两种性质完全不同的劳动交换:一是直接用劳动去交换货币,二是用劳动(力)交换作为资本的货币。只有在后一种情况下,才会出现上述的生产劳动。对于第一种情况,马克思列举了这样的例子,比如:"我是买一条现成的裤子呢,还是买布请一个裁缝到家里来做一条裤子,我对他的服务(即他的缝纫劳动)支付报酬"。

> 在这两种情况下,我都不是把我买裤子的货币变成资本,而是变成裤子;在这两种情况下,对我来说,都是把货币单纯用做流通手段,即把货币转化为一定的使用价值。因此,虽然在一种情况下,货币同**商品**交换,在另一种情况下,货币购买作为**商品**的**劳动**本身,但是,货币在这里都不是执行资本的职能。⑤

---

① 参见《马克思恩格斯全集》(第二版)第 37 卷,人民出版社 2019 年版,第 330 页。
②《马克思恩格斯全集》(第二版)第 34 卷,人民出版社 2008 年版,第 619 页。
③《马克思恩格斯全集》(第二版)第 37 卷,人民出版社 2019 年版,第 337—338 页。
④ 参见《马克思恩格斯全集》(第二版)第 33 卷,人民出版社 2004 年版,第 141 页。
⑤《马克思恩格斯全集》(第二版)第 37 卷,人民出版社 2019 年版,第 332 页。

这是说,只要在货币交换关系中,交换的对象是特定的使用价值,不管是具体的商品,还是特定的劳动服务,这里都不存在导致**资本增殖**(G—G′)的生产性劳动,我花出去的钱都不会"执行资本的职能"。所以,马克思认为这里出现的劳动也就是**非生产劳动**,因为它并不构成资本与雇佣劳动的关系场境。而当资本家用作为资本的货币去购买工人的劳动力使用权,以在生产过程中通过劳动保存和增殖资本的时候,这才会出现生产性的劳动。我注意到,在《伦敦笔记》中,马克思从理查德·琼斯的《政治经济学导论》(Richard Jones, *An Introductory Lecture on Political Economy*, 1833)一书中摘录过这样的表述:"如果你要工匠的劳动,你给他材料;他来到你家,你养活他并支付他的工资。过了一段时间,资本家介入,他提供材料、预付工人的工资,他成为工人的雇主,并且是他所生产的物品的所有者,他用这些物品换取你的钱。"①

当然,马克思也告诉我们,在资本主义生产方式内部出现的生产劳动与非生产劳动会是非常复杂的,甚至有时候会出现相互转化的难以辨别的情况。我注意到,马克思分析了发生在资本主义生产方式之中的如下一些特殊的复杂劳动现象。

其一,马克思这里涉及一个资产阶级经济学家经常喜欢谈论却没有认真对待的问题,即**非对象性的服务性劳动**。马克思也没有预料到,在之后的资本主义经济发展中,这种非对象性的服务性劳动竟然会生长出一个巨大的第三产业。他具体分析道:

> 凡是货币直接同不生产资本的劳动即**非生产**劳动(*nicht productive Arbeit*)相交换的地方,这种劳动都是作为**服务**(*Dienst*)被购买的。服务这个词,一般地说,不过是指这种劳动所提供的特殊使用价值,就像其他一切商品也提供自己的特殊使用价值一样;但是,这种劳动的特殊使用价值在这里取得了"服务"这个特殊名称,是因为劳动不是作为**事物**(*Sache*),而是作为**活动**提供服务的。②

---

① Marx-Engels-Gesamtausgabe(MEGA²), Ⅳ/8, Text, Berlin: Dietz Verlag, 1986, S. 563. 中译文参见孔伟宇、吴頔、刘冰菁译稿。
②《马克思恩格斯全集》(第二版)第37卷,人民出版社2019年版,第334页。中译文有改动。

这种面向主体需求的特殊的服务性劳动中，一些是通过劳动物相化活动留下具体的物性改变。比如理发和做卫生，在理发服务中头发被剪短，这构成主体物相化的微细层面的改变，而在做卫生服务中，房屋被打扫干净，这是社会物相化空间中的改变，在这里，服务性劳动中的爱多斯之相转化为生活现实中的对象性改变。另一些服务性劳动物相化的结果，不是直接造成服务对象的改变，而是为被服务主体提供一种功能性的在场活动，这种服务活动当下发生后随即消失。马克思说，比如"一个歌唱家为我提供的服务，满足了我的审美的需要；但是，我所享受的，只是同歌唱家本身分不开的活动，他的劳动即歌唱一停止，我的享受也就结束；我所享受的是活动本身，是它引起的我的听觉的反应"①。诸如此类的还有戏剧表演和舞蹈演出等，这一类劳动的劳动者在提供这种服务性在场劳动后并不会留下具体的物相化产品或对象的客观改变，但他们的确向顾客（观众）提供了有效的服务性劳动。马克思认为，这些服务性劳动并不直接生产或增殖资本价值，也不会生产出资本与雇佣劳动的关系，所以当然不是生产性劳动。可是，一旦这种非生产的劳动在资本主义生产关系的整体上被纳入资本雇佣关系场境之中，成为资本家谋利的手段，它们也会入序于生产劳动的场境关系赋型之中。马克思分析说：

> 例如一个演员，哪怕是丑角，只要他被资本家（剧院老板）雇用，他偿还给资本家的劳动，多于他以工资形式从资本家那里取得的劳动，那么，他就是生产劳动者；而一个缝补工，他来到资本家家里，给资本家缝补裤子，只为资本家创造使用价值，他就是非生产劳动者。前者的劳动同资本交换，后者的劳动同收入交换。②

有如被资本家雇佣在剧院中歌唱、戏剧和舞蹈的演员的劳动，属于资本的理发、家政等行业中的服务性劳动等，当这些服务性劳动的在场，不再仅仅是直接为了人的享受，而成了资本家赚钱的手段时，它们的在场服务就会转换为生产性劳动；而一个裁缝到资本家家里为其织补衣物，他只是与一定的服务收入相交换，他的服务性劳动就不是生产性劳动。我觉得，此处还有一个更

---

① 《马克思恩格斯全集》（第二版）第 37 卷，人民出版社 2019 年版，第 336 页。
② 《马克思恩格斯全集》（第二版）第 33 卷，人民出版社 2004 年版，第 142 页。

深的问题是,这些受到资本支配、处于转换中的特殊生产性劳动是直接创造剩余价值,还是一种剩余价值的再分配方式?这里出现了马克思在《大纲》中分析商品生产和交换时没有涉及的比较复杂的新情况:这些服务性劳动物化并不直接创制物品的使用价值,而是生成一种**非物性的生活和艺术存在的在场性**。这使得这些特殊的商品存在方式从实物转换为功能性场境,具体劳动所创造的用在性就是场境存在,抽象劳动时间(量)直接转换为市场价格,资本家直接无偿占有这种在场劳动中的剩余价值。并且,这种特殊的剩余价值,似乎也很难入序于绝对和相对剩余价值的形式塑形。后来奈格里在他对非物质劳动的讨论中,将服务性劳动视作当代资本主义经济活动中非物质劳动的主要形式之一。

其二,改变商品位置的**运输劳动**。这是马克思在《伦敦笔记》中的"李嘉图笔记"Ⅰ—Ⅱ中已经遭遇到的问题。[①] 马克思说,在资本主义的物质生产过程中,除去"采掘工业、农业和加工工业以外,还存在着第四个物质生产领域",这就是同样经历了"手工业生产阶段、工场手工业生产阶段、机器生产阶段"的**运输业**(*Locomotionsindustrie*),"不论它是客运还是货运。在这里,**生产工人**即雇佣工人对资本的关系,同其他物质生产领域是完全一样的"。[②] 这里出现的运输对象,可能是劳动力,也会是劳动材料、劳动资料或商品,在此,"劳动的目的决不是改变物的形式,而仅仅是改变物的位置。例如,把商品从中国运到英国等等,这时在物本身上谁也看不出运输时花费的劳动所留下的痕迹"[③]。马克思认为,虽然对劳动资料和商品的运输劳动,并不直接改变商品的属性,但"劳动对象发生某种物质变化——**空间的**、位置的变化(*räumliche*, *Ortsveränderung*)",因为,"这里在劳动过程中,劳动对象,**商品**,确实发生了某种变化。它的位置改变了,从而它的使用价值也起了变化"。[④] 其实,木材和矿石等原料从森林和矿山中被运出,这已经是自然存在物失形于自然关联的脱型劳作,而商品在经济物相化空间(市场)中的位移,也改变了

---

① 参见《马克思恩格斯全集》第44卷,人民出版社1982年版,第73页。

② 参见《马克思恩格斯全集》(第二版)第37卷,人民出版社2019年版,第342页。

③《马克思恩格斯全集》(第二版)第33卷,人民出版社2004年版,第158页。

④ 参见《马克思恩格斯全集》(第二版)第37卷,人民出版社2019年版,第342页。

商品的使用价值和交换价值。

> 虽然在这里,实在劳动(reale Arbeit)在使用价值上没有留下一点痕迹,可是这个劳动已经实现在这个物质产品的交换价值中。可见,凡是适用于其他一切物质生产领域的,同样适用于运输业:在这个领域里,劳动也体现在**商品**中,虽然它在商品的使用价值上并不留下任何可见的痕迹(sichtbare Spur)。①

这也就是说,在劳动资料和商品的运输中,工人通过装卸、驾车和航行实现了特殊的劳动,这里发生的劳动物相化的目的并非具体塑形和构序物品,而只是改变运输对象的空间位置,虽然这种空间位移没有在使用价值方面留下物性 sichtbare Spur(可见的痕迹),可是,运输工人的劳动,却实现在商品本身的使用价值和新的市场空间中商品销售的交换价值之中。由此,运输劳动当然就成为生产性劳动。今天遍及资产阶级日常生活的物流业与快递员的劳作,是这种运输劳动的升级版。当然,这里也会出现相反的例证,即商品在"流通过程受到阻碍时所造成的运输费用"。马克思曾经举例说:"假定商品从曼彻斯特运到中国,发现那里的市场已经充斥,于是又从中国运到澳大利亚,但在澳大利亚又遇到同样的命运,结果最后不得不运到南美洲卖掉"②。这种特殊的运输劳动却不会成为生产性劳动。

其三,马克思认为,上述协作、分工中的统一与结合力和机器化大生产条件下的自然力与科学技术的应用,作为"劳动的社会的和一般的生产力,是资本的生产力;但是,这种生产力只同劳动过程有关,或者说,只涉及使用价值。它表现为作为物(Ding)的资本所具有的属性,表现为资本的使用价值。它不直接涉及**交换价值**"③。似乎,它们也不属于生产劳动的范围。这也只是表面现象,因为这些与单个工人劳动无关的社会劳动结合力和一般生产力,表面看起来在提高劳动生产率的过程中只涉及使用价值,而并不增加商品中的价值,但实际上这是一个**双层劳动自乘场境**:一是工人个体劳动在协作"统一"

①《马克思恩格斯全集》(第二版)第 37 卷,人民出版社 2019 年版,第 343 页。
②《马克思恩格斯全集》(第二版)第 36 卷,人民出版社 2015 年版,第 45 页。
③《马克思恩格斯全集》(第二版)第 37 卷,人民出版社 2019 年版,第 323 页。

和协作"结合"中的自身劳动效率得到提高,这既是使用价值本身的塑形和构序,也是劳动价值本身的生成过程;二是个体工人之间的合作力量,在塑形产品的使用价值的同时,创造了劳动价值的构成机制,没有后者构成的关系场境,个体劳动是不可能实现产品的用在性和价值创造的。如果价值是抽象出来的必要劳动时间,那么"统一"和"结合"的抽象劳动时间是复合式地内嵌于其中的。马克思说,"**生产劳动**是劳动的这样一种规定,这种规定首先同劳动的**一定内容**,同劳动的特殊效用(besonderen Nützlichkeit)或**劳动所借以表现**的特殊使用价值绝对没有关系"①。但是,使用价值是价值形成的基础,协作和分工关系之中出现的劳动"统一"和"结合"力量,只要作为资本关系场境的力量,它就会是生产劳动背后的动力。这一点,马克思后来通过劳动异化批判构式对其进行了深刻的透视。

其四,作为雇佣劳动的**脑力劳动**。在这里,马克思涉及一个极其重要的问题,即科学技术与劳动价值论的关系问题。应该说,这并不是大多数经济学家认真关注的问题,其中包括李嘉图。这当然显示了马克思思考的前瞻性。在马克思看来,科学家和技术专家自己的科学研究和技术实验,如同作家"弥尔顿(Z. B. Milton)出于同春蚕吐丝一样的原因而创作《失乐园》。那是**他的**天性的表现(Bethätigung *seiner* Natur)。后来,他把作品卖了5镑"②,此时,他作为一名独立的作家创作艺术作品的脑力劳动,并不是为资本家创造剩余价值的生产性劳动,只是一种艺术家"天性的表现",作品直接在市场中卖了5镑,这是他的才能在经济市场中的直接实现。在马克思看来,作家的文学创作,如同自然生命负熵中的春蚕吐丝一般,是他独立的艺术思想负熵质的实现,这既没有直接塑形和改造任何物性对象,也没有构序出现实的社会关系场境,艺术的力量,在于无形中对人的精神世界的影响。虽然他的作品可以换取金钱,但这种艺术创造并不属于生产劳动的范畴。可是,如果一个作家是一家资本控制的文化公司的雇佣写手,他的作品成为资本增殖的工具,那么这种商业化的写作则会转换为生产劳动。马克思说,这里的"作家所

---

① 《马克思恩格斯全集》(第二版)第37卷,人民出版社2019年版,第331—332页。
② 《马克思恩格斯全集》(第二版)第37卷,人民出版社2019年版,第332页。

以是生产劳动者,并不是因为他生产出观念,而是因为他使出版他的著作的书商发财,或者说,因为他是一个资本家的雇佣劳动者"①。同理,科学家和技术专家的科学实验和学术研究活动本身,也只是他们科学认知和探索自然奥秘活动中的才能的表现,是科学家和工程师生命的体现。与艺术创作不同,这些科学技术信息编码的实践和理论活动,在总体上属于现代人对自然能动关系的部分,并且越来越成为关键性的内核。如上所述,因为科学技术正是先前劳动者劳作手艺和经验技巧的现实抽象Ⅱ和直接生产过程的抽离结果,而且,这种非及物的科学技术信息编码活动,在现代物质生产对象化应用中成为生产物相化的塑形和构序力量。在理想化的纯粹的独立活动中,科学技术实践当然也不是生产性劳动。然而马克思说,当弥尔顿成为"为书商提供工厂式劳动的作家,则是生产劳动者";如果科学家和技术专家被资本赎买,并且为资本家的生产提供对象性应用的科学技术成果,从而成为机器化工业大生产中资本增殖的关键性力量,此时,科学技术信息编码的研究与实践也就成为生产性劳动。马克思还类比式地提及资本关系场境中的"表演艺术家、演说家、演员、教师、医生、牧师"等脑力劳动者,只要这些脑力劳动者通过自己的脑力劳动让资本家的资本增殖,他们就是生产工人。马克思还特意举例说,比如学校里的教师,如果他们入序于资本主义生产关系场境中,"这些教师对学生来说虽然不是**生产工人**(_productiven Arbeiter_),但是对雇用他们的老板来说却是生产工人。老板用他的资本交换教师的劳动能力,通过这个过程使自己发财。戏院、娱乐场所等等的老板也是如此。在这里,演员对观众说来,是艺术家,但是对自己的企业主说来,是**生产工人**"②。这又是一个复杂的转换关系。

应该特别指出,科学技术信息编码活动虽然也包含一定的物质实验活动,但本质上是一种特殊的脑力劳动。马克思认为,在资本主义大机器生产中,科学技术实践和研究活动呈现为一种被资本驱使的重要的脑力劳动。在他看来,从事技术实验和科学理论研究的工程师和科学家,主要是"用自己的头脑劳动

---

① 《马克思恩格斯全集》(第二版)第33卷,人民出版社2004年版,第143页。
② 《马克思恩格斯全集》(第二版)第37卷,人民出版社2019年版,第341页。

（arbeitet hauptsächlich nur mit seinem Kopfe）"①。本来,作为人与自然能动关系中的"怎样劳动"和现实抽象（Ⅱ）出来的生产物相化的塑形和构序技艺（手艺-工艺）,科学与技术一方面是社会历史负熵的直接源泉,另一方面也是科学家和工程师的创造性的生命实现活动,可是,在资本主义工业发展中,与工人在机器化生产中片面化地畸变为无脑的手和脚一样,工程师和科学家则成为**资本征用的功用性大脑**,技术实验与科学理论研究过程畸变为资本支配工人的一般智力力量。对此,马克思分析说,"资本主义生产方式的特点,恰恰在于它把各种不同的劳动,因而也把脑力和体力劳动（Kopf und Handarbeiten）,或者说,把以脑力劳动为主或者以体力劳动为主的各种劳动分离开来,分配给不同的人"②。这也表示,固然科学家和工程师并不参与直接的机器化物质生产过程,然而,他们从事科学研究和技术实验的脑力劳动却成为工人具体生产的共同劳动的一部分。为什么?因为科学与技术活动本身,恰恰是从工人劳动生产中的失形/塑形和祛序/构序技艺中现实抽象出来的,它只是将这种原先实现于物质生产过程中的实物失形/塑形和祛序/构序活动,转换为实验室中的非及物特设装置关系和理论操作活动,再将这种实验和研究的结果转换为与物质生产直接相关的技术生产方式改良和发明,变成一种外部赋型的对象化应用。资本主义机器化生产阶段的物质生产过程,越来越成为科学技术的对象化应用过程。所以马克思才会认为,虽然科学与技术的实验和研究工作是不同于工人具体体力劳动的**非及物式的**脑力劳动,

> 但是,这一点并不妨碍物质产品是所有这些人的**共同劳动的产品**（gemeinsame Product）,或者说,并不妨碍他们的共同劳动产品对象化（vergegenständlicht）在物质财富中;另一方面,这一分离也同样不妨碍或者说丝毫不改变:这些人中的每一个人对资本的关系是雇佣劳动者（Lohnarbeiters）的关系,是在这个特定意义上的**生产工人**的关系。所有这些人不仅**直接**从事物质财富的生产,并且用自己的劳动**直接**同作为资

①《马克思恩格斯全集》（第二版）第37卷,人民出版社2019年版,第341页。
②《马克思恩格斯全集》（第二版）第37卷,人民出版社2019年版,第342页。中译文有改动。

本的货币交换,因而不仅把自己的工资再生产出来,并且还直接为资本家创造剩余价值(Mehrwerth)。他们的劳动是由有酬劳动加无酬的剩余劳动(Surplusarbeit)组成的。①

这样,虽然不同于工人的体力劳动直接塑形和构序劳动对象,工程师和科学家向机器化物质生产过程提供的是脑力劳动,"**所有这些**具有不同价值的劳动能力(Arbeitsvermögen)(虽然使用的劳动数量大致保持在同一水平上)的**劳动者的总体**(*Ganze dieser Arbeiter*)进行生产的结果——从单纯的劳动过程的**结果来看**——表现为**商品**或一个**物质产品**"②。这也意味着,这里从事脑力劳动的工程师和科学家,同样是被资本支配的雇佣劳动者,他们的脑力劳动作为生产性劳动,也为资本家创造了机器化大生产时代中的劳动价值和被剥夺的剩余劳动-价值。并且,资本支配下的科学技术力量会表现为离开工人劳动的资本的生产力,它所创造的巨大剩余价值理所当然地落入资本家的口袋。这是对"李嘉图难题"的一个超越性的解决方案。

我以为,马克思在《1861—1863年经济学手稿》中关于科学技术实践和研究的脑力劳动理论,不仅是他对资本主义生产方式科学认识进程中的重大进展,也是一个具有历史意义的重要观点。因为这完全有可能成为后工业资本主义社会中新型科技劳动价值论的重要基础。我们知道,在马克思的时代,他已经敏锐地发现科学技术信息编码在机器化大生产中日益增长的客观作用,以及体力劳动者的劳动在机器生产中作用的改变,虽然马克思在试图解决"李嘉图难题"的过程中,已经涉及科学技术活动中的脑力劳动与剩余价值的关系,但他并没有来得及深入讨论这一问题中的更深学理。今天,当代资本主义已经发生了翻天覆地的变化,不仅在产业劳动力结构上,自20世纪60年代始发达资本主义国家的产业工人中白领工人的总量超过了从事体力劳动的蓝领工人,而且,在物质生产过程中,生产已经完全成为科学技术信息编码直接运用和对象化的过程,其中,非及物的科学技术信息编码的工序设计,

①《马克思恩格斯全集》(第二版)第37卷,人民出版社2019年版,第342页。
②《马克思恩格斯全集》(第二版)第37卷,人民出版社2019年版,第341—342页。

成为生产本身的现实失形/塑形和祛序/构序对象的决定性前提,每一辆汽车和每一部智能手机的制造,都源起于电脑中的虚拟创造性设计和工序编程,物质生产物相化过程只是这一创造性脑力劳动塑形和构序的对象化,甚至我们可以说,马克思所指认的科学技术脑力劳动的非及物塑形和构序以及整个科技物相化创制,业已成为社会财富(剩余价值)最重要的来源。我注意到,芬伯格已经在关注这种在当代资本主义生产中突显出来的设计和技术代码(technical code)问题。① 比如,今天一部智能手机的经济附加值结构中,最后的对象化组装手机生产的体力劳动塑形创造的部分竟然不超过5%,高附加值的脑力劳动占据绝对主体部分。当我们问到一些国际化IT大公司每年数百亿美元的利润从何而来时,仅仅靠传统的剩余价值理论显然是说不通的。在意大利马克思主义者关于非物质劳动的讨论中,奈格里、维尔诺等人极其深刻地依据马克思《大纲》中的"机器论片断"解释了当代资本主义经济剥削的成因,但他们并没有真正领悟马克思这里的关于脑力劳动是生产性劳动的深刻构境,以至于不能将关注点真正转到创造性的科学技术信息编码的纯粹塑形和构序上来。② 依我的观点,在当代资本主义科技工业生产物相化过程中,人能动地改变世界的爱多斯之相,已经不再是工人的技能和劳作,而转换为科技劳动者的信息编码研究和开发活动,特别是在后工业社会中起关键作用的信息产业中,科技脑力劳动者又进一步分化为从事简单编程劳动的"996"式的"码工"和从事开发核心源代码的创造性复杂劳动的编程员。而在当下远程登录的网络资本主义场境关系空间中,网民("诸众")自由上传数据的无偿劳作,业已成为网络资本巨头巨大的新型剩余价值的来源。这些当代资本主义经济物相化空间中出现的新情况和新现象,为深化马克思的上述重要思想构境提供了全新的现实资源。这可能会是我们今天推进马克思的劳动价值论和当代资本主义生产方式科学批判的复杂理论工程。

---

① 参见 Andrew Feenberg, *Transforming Technology: A Critical Theory Revisited*, Oxford University Press, 2002, p.53。

② 奈格里、维尔诺等人对非物质劳动问题的讨论,可参见拙著《文本的深度耕犁——当代西方激进哲学的文本解读》第3卷,中国人民大学出版社2019年版,附录1—2。

第十七章 劳动异化批判构式Ⅲ：资本主义经济关系的全面异化

在《大纲》中，马克思曾经讨论过在流通领域中由于劳动交换关系的现实抽象所导致的事物化（Ⅰ）颠倒，以及由此引发的交换价值异化和货币权力异化，也分析过进入到资本主义生产领域中的事物化（Ⅱ）颠倒的资本异化和劳动本身的异化，而在《1861—1863年经济学手稿》中生成的复杂思想实验里，他再次深入揭露了资本与雇佣劳动关系中生产过程的**劳动条件的异化，劳动能力的异化，劳动协作、分工中结合力的异化，机器生产异化和科学技术异化**，以及分配领域中发生的**剩余价值形态的异化**。我以为，这是马克思在历史唯物主义的方法指导下，在经济学中研究资本主义生产方式的客观异化关系问题的全面深入。在一定的意义上，我们也可以将这一重要理论成果视为继1844年《巴黎笔记》时期的人本学劳动异化批判构式Ⅰ和劳动异化批判构式Ⅱ之后，他所创立的科学的**劳动异化批判构式Ⅲ**。虽然马克思并没有集中说明这一颠倒的历史辩证法的理论逻辑，但它是马克思此时整个资本主义生产方式批判中的关键性证伪话语。我体会，这可能也是马克思在《政治经济学批判》第二分册写作中，从阐释性话语无意识爆燃成研究性思想实验中最出彩的成果之一。并且，这也是马克思对黑格尔的《小逻辑》进行哲学思考的重要方法论结果。但长期以来，马克思的这一重要理论贡献却被严重遮蔽和忽略了，这造成了人们理解马克思在狭义历史唯物主义构境中历史现象学的基础上，重新应用异化理论的新视域以及科学的批判认识论中的"认识论障碍"。

1.《黑格尔的逻辑学》哲学摘要与资本主义经济物相化中的经济定在

在此，我们先需要注意人们长期忽视的马克思在这个时期的一次特殊的哲学思想实验，即对黑格尔《小逻辑》的摘要和研究，这也是马克思在经济学研究中第二个重要的黑格尔哲学笔记——《黑格尔的逻辑学》(Hegels Logik)。① 这自然令我们想起马克思在第一次经济学研究中对黑格尔《精神现象学》的思想实验，在那里马克思写下第一个黑格尔哲学研究性笔记《黑格尔〈精神现象学〉摘录》，是为了寻求**人本学劳动异化批判构式的逻辑动力**。而这一次，马克思则是摘录和思考了黑格尔的《小逻辑》。这应该是马克思在第三次经济学研究中第二次接触黑格尔的《逻辑学》，第一次是在《大纲》的写作基本完成之后，依马克思自己的说法，那一次对《逻辑学》的研究是为了面对经济学"材料加工的方法"②。从文献考古视角上看，这一重要的思想实验，出现在马克思写于 1860—1863 年的笔记本中，所以，这一关于哲学的思想实验显然是发生在马克思写作《1861—1863 年经济学手稿》的过程之中。马克思为什么在自己已经十分深入的经济学研究中，突然会去关注黑格尔的《小逻辑》？这恐怕也是在关于马克思晚期经济学研究的方法论中，始终没有得到破解的一个理论之谜。

马克思命名为《黑格尔的逻辑学》的这一文本，共计四页，出现在 1860—1863 年写下的一个笔记本的第 134—137 页上。这是马克思对黑格尔《哲学

---

① 《黑格尔的逻辑学》这一文本原件目前收藏于俄罗斯国家档案馆。在荷兰阿姆斯特丹国际历史研究所的马克思恩格斯手稿文献编号中，此文本与整个笔记本被列为 B96。这一文本第一次发表于 1977 年 12 月出版的《国际社会史评论》第 22 卷第 3 期，第 423—431 页(International Review of Social History, Volume 22, Issue 3, December 1977, pp. 423–431)。目前尚未在 MEGA² 中编译出版。《黑格尔的逻辑学》中译文由顾锦屏先生翻译，第一次发表在《马列著作编译资料》第 7 辑，人民出版社 1980 年版，第 8—12 页。

② 马克思在 1858 年 1 月 14 日写给恩格斯的信中提及："完全由于偶然的机会——弗莱里格拉特发现了几卷原为巴枯宁所有的黑格尔著作，并把它们当做礼物送给了我，——我又把黑格尔的《逻辑学》浏览了一遍，这在材料加工的方法上帮了很大的忙。如果以后再有功夫做这类工作的话，我很愿意用两三个印张把黑格尔所发现、但同时又加以神秘化的方法中所存在的合理的东西阐述一番，使一般人都能够理解。"(《马克思恩格斯全集》第 29 卷，人民出版社 1972 年版，第 250 页。)

全书》中《小逻辑》的专题性研究摘录,具体内容为《小逻辑》第 83—111 节的摘录,也就是《小逻辑》第一篇"存在论"(Die Lehre vom Sein)中对"质"、"量"和"度"概念的讨论。可以看到,马克思这里对《小逻辑》的摘录,很像多年前自己对《精神现象学》的摘录,这是一种选择性极强的要点集聚。这本身就内嵌着马克思的特定思考线索。可是,不像马克思在自己的《1844 年手稿》中展开讨论了《黑格尔〈精神现象学〉摘录》中的所有思考要点,我们没有在马克思同期的经济学文本中找到关于《黑格尔的逻辑学》摘录要点的直接讨论。这恐怕也是这一文本长期无解的原因之一。从手稿中可以看出,在这四页的摘要中,马克思只是集中思考了黑格尔在第一篇"存在论"第 83—111 节中的正文阐释,而基本没有摘录黑格尔的附注说明。① 这里,我们来看一下马克思在经济学研究中发生的这第二次重要的黑格尔哲学思想实验细节。

马克思这里摘录的《小逻辑》,是黑格尔《哲学全书》中的第一部分——《逻辑学》。在黑格尔哲学思想史的文献分类上,区别于 1812—1816 年出版的上下卷两大本《逻辑学》,这个《哲学全书》中的简本的《逻辑学》,从字数上看只是《逻辑学》的一半,故也被称为《小逻辑》。在《小逻辑》的一开始,黑格尔就说,"逻辑学是研究**纯粹理念**(reinen Idee)的科学"②。这意味着,"逻辑学"中的思考内容,已经不是感性直观中的物性对象,而是上升到理念层面的纯粹概念。这是对逻辑学在《哲学全书》中的逻辑地位的指认。这里,他自己专门交代了《逻辑学》与《精神现象学》在逻辑构序意向上的不同。在《精神现象学》中,"从最初、最简单的精神现象,**直接意识**(unmittelbaren Bewußtsein)开始,进而从直接意识的辩证进展逐步发展到哲学的观点"③。在《精神现象学》那里,黑格尔领着我们从感性确定性的直接性物像的证伪开始,一步步透视意识在知觉、知性和自我意识中设定的对象,最终通过反思的精神扬弃物性异化达及绝对理念。在那里,现象学透视是在拒绝 unmittelbaren(直接性的)直观和熟知物像。我们也都记得,在马克思第一次经济学研究中,正是通

① 一个例外为马克思摘录了第 102 节关于"数"的附注说明。
② [德]黑格尔:《小逻辑》,贺麟译,商务印书馆 1980 年版,第 63 页。
③ [德]黑格尔:《小逻辑》,贺麟译,商务印书馆 1980 年版,第 63 页。

过对黑格尔《精神现象学》的研究，才获得了劳动外化-异化及自我扬弃的劳动辩证法，生成了劳动异化批判构式 Ⅱ。并且，《精神现象学》中那种透视消逝的对象的在场-不在场关系的"**绝对不安**"（*absolute Unruhe*）的否定辩证法观念，始终渗透在马克思历史唯物主义的此-彼归基的一般物相化方法论之中，并且在历史现象学批判中，对经济物像证伪产生了极其重要的影响。而在《逻辑学》中，它的思考对象已经是 reinen Idee（纯粹理念），这既是《精神现象学》透视直接感性物像的精神反思的结果，也是之后走向《自然哲学》新的观念沉沦和异化的理念本体。也因为《逻辑学》是主体性观念自身的辩证演进，所以**我-它自反性的异化话语在这里恰恰是不在场的**。由此，列斐伏尔曾经指认说，"异化理论在《逻辑学》中莫名模糊"①。这里黑格尔明确提出，《逻辑学》是理念自身矛盾转换和发展的辩证法，这种辩证法的核心正是通过精神的自我否定的**反思**（*Nachdenken*），穿越知性的直接性观念中的现成存在者，才会获得以矛盾为本质的存在概念的真实性质。因为，"经过反思，最初在感觉、直观、表象中的内容，必有所改变，因此只有通过以反思作为**中介**（*vermittels*）的改变，**对象**的**真实**本性（*wahre* Natur des *Gegenstandes*）才可呈现于意识前面"②。其实，这也是《精神现象学》中，自我意识通过反思性的精神透视直观物像的法宝。不同在于，《逻辑学》中已经是理念自身的认知和反思，它证伪的是传统本体论中将"客体视为现成的（fertig）"知性形而上学谬误。并且，在黑格尔看来，理念逻辑的演进就是观念自我认知的认识论。同时，在黑格尔这里，通过反思的中介消除**现成性**的**直接性**存在，以革命性的"**绝对不安**"（*absolute Unruhe*）的自我否定为核心的"**内在超越**（*immanente* Hinausgehen）"，就是矛盾关系呈现的**辩证法**。因为，"只有通过辩证法的原则，科学内容才达到**内在联系**和**必然性**（*immanenter Zusammenhang und Notwendigkeit*）"，正是"辩证法构成科学进展的推动的灵魂（Das Dialektische macht daher die bewegende Seele des wissenschaftlichen Fortgehens）"。③ 这是黑

---

① ［法］列斐伏尔：《辩证唯物主义》，周泉译，载《社会批判理论纪事》第 13 辑，江苏人民出版社 2022 年版，第 28 页。
② ［德］黑格尔：《小逻辑》，贺麟译，商务印书馆 1980 年版，第 76 页。
③ 参见［德］黑格尔《小逻辑》，贺麟译，商务印书馆 1980 年版，第 176 页。

格尔在《小逻辑》中对辩证法思想的关键性表述。他指认,"辩证法是现实世界中一切运动、一切生命,一切事业的推动原则。同样,辩证法又是知识范畴内一切真正科学认识的灵魂"①。所以列宁说,"辩证法也就是(黑格尔和)马克思主义的认识论"②。这正是《小逻辑》第1—82节中的引言式讨论的基本线索,它的最终落点是消除现成性存在的**反思性的辩证法**。这也是马克思开始自己的摘录的起点。显然,这一辩证法思想的内涵,要比德国"新马克思阅读"运动所聚焦的价值形式的"一分为二"的矛盾辩证法要丰厚得多。

我推测,可能也因为上述《小逻辑》第1—82节中的观点是马克思自认为比较熟悉的内容,所以他只是从此书的第83节开始自己的摘录。一上来,马克思先关注了黑格尔在第83节中关于逻辑学基本概要的讨论。我们都知道,与《精神现象学》一开始证伪一般直观物像不同,在《逻辑学》的构境中,黑格尔的讨论对象已经是绝对理念的抽象概念逻辑,这是纯粹理念"逻辑学"的基本所指。海德格尔说,在黑格尔那里,"作为意识之特有运动的经验中——在自我实现的自行转化为他物的过程中——精神**达于现象**,出现了**精神现象学**"③。而《逻辑学》则直接面对精神理念。也是在这个意义上,贺麟先生才说:"现象学只是指出由低级知识达到绝对知识的矛盾发展过程,并且把'绝对知识'作为精神的一个现象、一种形态加以描述,而'逻辑学'则把'绝对知识'当作系统研究的唯一对象。在这意义下,故可以说精神现象学是逻辑学的导言。"④在黑格尔看来,观念辩证法运动的"逻辑学",由存在论、本质论和理念论构成,这是一个肯定、否定和否定之否定的三段论结构。其中,存在论是"关于思想的**直接性**(*Unmittelbarkeit*)——**自在**或潜在的**概念**的学说";本质论"就在于思想的**反思性**(*Reflexion*)或**间接性**——**自为**和假象的概念的学说";理念论是"关于思想**返回到自身**(*Zurückgekehrtsein in sich selbst*)和思想发展了的自身持存——**自在自为**的概念的学说"。⑤ 与在《精神现象学》中黑格

---

① [德]黑格尔:《小逻辑》,贺麟译,商务印书馆1980年版,第177页。
② 《列宁全集》(第二版)第55卷,人民出版社1990年版,第308页。
③ [德]海德格尔:《黑格尔的精神现象学》,赵卫国译,南京大学出版社2018年版,第30页。
④ 贺麟:《关于黑格尔的〈精神现象学〉》,载[德]黑格尔《精神现象学》上卷,贺麟、王玖兴译,商务印书馆1979年版,译者导言第15页。
⑤ 参见[德]黑格尔《小逻辑》,贺麟译,商务印书馆1980年版,第185页。

尔带着我们透视感性确定性中的知觉直接性物像不同，这里的直接性已经是"思想的直接性"，即是从最简单、最抽象的直接性存在（"有"）概念出发的，而否定直接性概念的间接反思，也是观念本身的自在本质论，最终，观念返回到自在自为的理念论。显然，这里马克思只是摘录了《逻辑学》第一部分的存在论的基本要点，这也就意味着，马克思刻意关注了黑格尔《逻辑学》中自在观念的 *Unmittelbarkeit*（**直接性**）**存在**证伪。对应于此时马克思经济学研究中遭遇的问题，即资本主义生产过程中出现的原料、机器和厂房等劳动条件，这种存在的直接性，已经是此-彼归基后的对象化劳动。然而，作为一种直接到场的现成对象，真的是它们的真实在场吗？

首先，马克思在自己摘录的开始，在"Ⅰ．**存在**"（*Seyn*）之下，先写下了黑格尔在第 83 节中对存在论概念的特征的概括："直接性"（Unmittelbarkeit）。①海德格尔后来在自己的本有哲学构境中，使用了这个区别于 Sein（存在）的 Seyn（存有）。显然，这里的直接性，不是《精神现象学》开端的那个黑格尔证伪的感性意谓性的直接性物像直观，而已经是抽象的概念的自在状态中的直接性。可能也是在这个意义上，詹姆逊才说，"黑格尔的整个哲学著作刻意地拒绝了所有可能的直接性的概念"②。《精神现象学》一开始在关于意识的讨论中拒绝了感性直观物像的直接性，而《逻辑学》一开始就拒绝了观念的直接性。这里马克思脑海里一定会呈现出，在资本主义经济物相化空间中遭遇的直接"可感"的商品、货币物，以及生产过程中与劳动者并列的、作为资本关系化身的劳动对象和劳动资料。这里，知性中的物像已经归基为理念，可是，作为直接性存在规定的理念，本身却是**自在**的。这里出现的已经是主体性的直接观念存在的自在状态，有可能让马克思想到资本主义经济物相化空间中已经是人的创造物的商品、货币和资本运动的自在、自发状态。在第 84 节中，马克思摘录到，"一切规定都是**存在者**"（Alle Bestimmungen *seiende*），这也就是"**自在概念**"（*Begriff an sich*）。这里的 seiende（存在者），不是海德格尔存在论

_____

① 参见［德］马克思《黑格尔的逻辑学》，顾锦屏译，载《马列著作编译资料》第 7 辑，人民出版社 1980 年版，第 8 页。

② ［美］詹姆逊：《黑格尔的变奏——论〈精神现象学〉》，王逢振译，中国人民大学出版社 2018 年版，第 11 页。

差异中归基于存在的现成之物,而就是理念存在的最初到场。依詹姆逊的解释,黑格尔的直接性自在存在,接近于康德哲学中的知性(Verstand),这种知性观念通常是由"外部及究竟的图像思维(Vorstellung)"构成的"物化性思维"。① 依他的理解,这里的自在性观念倒是通向拜物教的道路。在黑格尔那里,这种作为逻辑学(辩证法)开端的"**纯有**"(*reine Sein*)的存在概念的直接性,呈现为"我就是我"(Ich = Ich)的无差别同一,因为这种"纯有"是没有经过中介的同一,所以,它也就是无规定性(Bestimmungslose)。② 马克思在此可能会想到的东西,是资产阶级经济学家看到的"金钱就是金钱",李嘉图眼中的"机器就是机器"。黑格尔在接下去的第 87 节中的附注说明中指认,"物自身是无规定性的东西,完全没有形式因而是毫无内容的"③。马克思特别关注到,在黑格尔那里,这种作为存在者的自在概念"无法在自身中设定",而必须"**过渡到他者**"(*Uebergehn in Andres*)。④ 这是《精神现象学》中自我意识不能设定自身,只能在另一个自我意识中反指自己的观点,以及对象作为意识的设定关系中的可消逝性的理念论重构。自在性的存在概念本身是无规定的,它不能设定自身,也只有在自我否定的过程中 Uebergehn in Andres(过渡到他者),才能呈现自身的质性。马克思这里有可能想到的事情,会是商品交换关系中现实抽象出来的价值关系不能呈现自身,只能通过 Uebergehn in Andres(过渡到他者),在物性的货币上映现自己的质性。这会强化为之后的价值形式理论逻辑。

其次,在黑格尔第 87 节中对质的存在论说明中,这种"纯有"作为理念的"**纯粹的抽象**"(*reine Abstraktion*),同时也就是**绝对的否定**(*Absolut-Negative*),这种绝对的否定就是"**无**"(*Nichts*)。⑤ 这可能激活马克思经济学研究思境的地方,会是那个在资本主义经济关系中不断生成的现实抽象Ⅲ:商品的价值

① 参见[美]詹姆逊《黑格尔的变奏——论〈精神现象学〉》,王逢振译,中国人民大学出版社 2018 年版,第 150 页。
② 参见[德]黑格尔《小逻辑》,贺麟译,商务印书馆 1980 年版,第 190 页。
③ [德]黑格尔:《小逻辑》,贺麟译,商务印书馆 1980 年版,第 192 页。
④ 参见[德]马克思《黑格尔的逻辑学》,顾锦屏译,载《马列著作编译资料》第 7 辑,人民出版社 1980 年版,第 8—9 页。
⑤ 参见[德]黑格尔《小逻辑》,贺麟译,商务印书馆 1980 年版,第 192 页。

是劳动交换关系的现实抽象，它否定了具体劳动的使用价值；一般价值等价值的现实抽象，在过渡到货币他者的同时否定了自身；作为资本的货币化身为生产过程中的劳动条件时，它作为现实抽象的统治性的生产关系，从根本上否定了作为自身本质的劳动和剩余价值。我们可以看到，马克思立即摘录了这个"有"在"无"中确立自身的存在之无。依我的理解，这是说自在存在不是它自身，这个不是它自身的无，已经不是现象学构境中的伪物像消逝，而是本体论中的存在到场方式："存在-无：消灭。无-存在：产生。-**变易**"（Sein-Nichts：Vergehn. Nichts-Sein：Entstehn. -*Werden*）①。这个 Werden（变易），恰恰是抽象的存在之有与绝对的否定之无的辩证统一。② 对此，列斐伏尔曾经概括说，在黑格尔那里，"无作为'他者'或具体的否定内在于存在（有）本身、内在于每一存在物和存在的每一阶段"③。这是正确的评论。在方法论上，马克思会看到一种现成性直接存在，转换为自我否定和矛盾关系中的复杂变易场境。其实，这个有无之变的矛盾辩证法，正是经济学语境中价值关系否定性地变易为货币，作为资本的货币，否定性地变易为生产条件中隐匿起来的**劳动辩证法之无**（＝消逝着的东西）。所以，黑格尔指认 Werden（变易）概念也是"第一个具体的思想范畴"和"第一个真正的思想范畴"，因为，作为有无矛盾统一的变易，已经是经过中介的辩证关系场境。这立刻让我们想到黑格尔在前面对辩证法本质的定义，即通过否定性的中介反思打破现成性存在的 *immanente* Hinausgehen（**内在**超越）。这也是我们在《精神现象学》中，已经看到的那个"**绝对不安**"（*absolute Unruhe*）的否定辩证法在《逻辑学》中的变身。

最后，更重要的是，马克思特别关注到黑格尔接下去对定在（Dasein）概念的规定。我们知道，定在概念对于马克思来说，并不是一个陌生的东西，从《1844 年手稿》开始，马克思经常在自己的文本中使用 Dasein（定在）概念。特

---

① ［德］马克思：《黑格尔的逻辑学》，顾锦屏译，载《马列著作编译资料》第 7 辑，人民出版社 1980 年版，第 9 页。中译文有改动。Karl Marx, *Hegels Logik, International Review of Social History*, Volume 22, Issue 3, December 1977, p. 428. 在《小逻辑》的中译文中，Werden 被更精准地译作"变易"。（参见［德］黑格尔《小逻辑》，贺麟译，商务印书馆 1980 年版，第 195 页。）

② 参见［德］黑格尔《小逻辑》，贺麟译，商务印书馆 1980 年版，第 195 页。

③ ［法］列斐伏尔：《辩证唯物主义》，周泉译，载《社会批判理论纪事》第 13 辑，江苏人民出版社 2022 年版，第 14 页。

别是在马克思创立历史唯物主义之后,社会定在(gesellschaftlich Dasein)概念,开始表征一定历史条件下的**特定时间维度中**的社会生活。而马克思在《小逻辑》中,却发现了黑格尔对定在概念更加复杂的规定。在第89节中,黑格尔指出,"在变易中,与无为一的有及与有为一的无,都只是消逝着的东西(Verschwindende)。变易由于自身的矛盾而过渡到有与无皆被扬弃于其中的统一。由此所得的**结果**就是**定在**(Dasein)"①。这意味着,原先在马克思那里作为一定时间维度中的存在的定在,在黑格尔的《小逻辑》中,变成了消除直接性存在的变易关系场境中的 Verschwindende(消逝着的东西)。在此,我们又看到了那个在《精神现象学》中反复出现的熟悉的 Verschwindende(消逝着的东西)。不过,这里的 Verschwindende(消逝着的东西),已经不再是感性直观中的对象性物像,而是理念本身在直接性存在的有与无的矛盾关系中的 Dasein(定在)。这当然是很难入境的逻辑构境。

在《小逻辑》中,黑格尔将这种作为消逝着的东西的 Dasein(定在)指认为"有**规定**的存在"(Sein mit einer *Bestimmtheit*),规定性即是一个存在的**质**(*Qualität*)。② 有规定的质,是一个存在物**肯定**自身的根据。所以,质也是存在之一(*Eins*)③。在爱利亚学派那里,这个从杂多现象中抽象出来的"一",就是存在。在黑格尔这里,此处的"一"又巧妙地与量之"多"相对。然而,"质,作为有规定的**存在者**(als *seiende* Bestimmtheit),相对于包括在其中但又和它有差别的**否定**(Negation)而言,就是**实在性**(*Realität*)"④。Dasein(定在)是有规定的存在,有规定的存在就是质,质是存在有规定性的肯定,存在是它自身(Ich = Ich,我就是我),但同时有规定的质也是存在本身的一种否定性边界,存在肯定自身的质,同时也意味着自己不是别的质,所以,"一切规定性的基础都是否定"(斯宾诺莎语)。黑格尔认为,这种质的否定性是一种存在的**他性存在**(*Anderssein*),"在定在里,否定性和存在是直接同一的(unmittelbar

---

① [德]黑格尔:《小逻辑》,贺麟译,商务印书馆1980年版,第200页。

② 参见[德]黑格尔《小逻辑》,贺麟译,商务印书馆1980年版,第202页。

③ 参见[德]马克思《黑格尔的逻辑学》,顾锦屏译,载《马列著作编译资料》第7辑,人民出版社1980年版,第9页。

④ [德]黑格尔:《小逻辑》,贺麟译,商务印书馆1980年版,第203页。

identisch）"①。这意味着，有质的规定性的 Dasein（定在）的内部，已经包含着对存在与他性存在、肯定与否定的统一，也就是说，**定在本身就是否定之否定**。如果，"一切规定都是**存在者**"（Alle Bestimmungen *seiende*），那么，在黑格尔那里，定在概念的出场即是作为消逝着的东西的矛盾统一关系场境。如果回到马克思此时的经济学研究中，所有资本主义经济物相化空间中出现的经济定在，无论是商品不可感的价值关系，还是货币不是自身的异化权力，以及事物化颠倒为生产条件的资本关系，都会是作为消逝着的东西的矛盾统一关系场境，这是走向本质批判的必然通道。

我们看到，在《黑格尔的逻辑学》中马克思直接概括道，定在，即"具有一定规定性的存在"（Sein mit einer Bestimmtheit），这里的 Dasein（定在），显然已经不是《精神现象学》中被证伪的感性物像，而是理念存在的直接性存在，所以黑格尔才会说，规定即是"**此存在者，某物**"（*Daseiendes，Etwas*）。这里的 Etwas 不是某种物体，而是具有一定规定性的直接存在（存在者）。此存在者作为有限的"某物"即肯定与否定的矛盾统一，所以，"**定在**。经过扬弃的变易。变易表现为存在的形式（*Dasein. Aufgehobnes Werden. Werden in d. Form des Seins gesetzt*）"②。我觉得，马克思会发现，黑格尔在《小逻辑》中对 Dasein（定在）的逻辑设定，要比自己在历史唯物主义构境中的社会定在概念复杂得多。因为黑格尔在《小逻辑》中对 Dasein（定在）的特设规定，是将自在的直接存在视作自身变易的矛盾关系场境，"**有限之物即是某物**，又是它的别物（*Endliche* sowohl Etwas als sein *Andres* ist）；这种规定的交互往复的无穷进展"③。这也意味着，马克思已经发现，在黑格尔那里，Dasein（定在）作为自身具有规定性的有限之物，会在肯定自身和向他性存在转化的否定性中"交互往复"。对**直接性定在**的批判性和否定性反思，也就是进入**本质**（Wesen）概念的更高的逻辑关系构境之中。马克思意识到，"这种关系包含着经过扬弃

---

① ［德］黑格尔：《小逻辑》，贺麟译，商务印书馆 1980 年版，第 204 页。

② ［德］马克思：《黑格尔的逻辑学》，顾锦屏译，载《马列著作编译资料》第 7 辑，人民出版社 1980 年版，第 9 页。中译文有改动。Karl Marx, *Hegels Logik*, *International Review of Social History*, Volume 22, Issue 3, December 1977, p.428.

③ ［德］马克思：《黑格尔的逻辑学》，顾锦屏译，载《马列著作编译资料》第 7 辑，人民出版社 1980 年版，第 9 页。

(aufgehoben in sich enthalt)的一般存在和存在有形式。本质就是存在或直接性,这种直接性是由于自身的否定(Negation ihrer selbst)而形成的自我中介和自我关联,从而也是扬弃自身而达到自我关联,达到直接性的中介"①。在本质中,存在的直接性经过自我扬弃,进入到一种经过中介的反思关系场境之中。这不是在精神现象学的构境中,透过物像把握意识设定的作用,而是在存在论中,从直接性的存在中发现自身矛盾、自我扬弃的中介关系,这就是批判性的辩证法关系场境中的**本质反思**。所以,"在存在中一切都是直接的;在本质中一切都相对的(Im Sein ist alles unmittelbar; im Wesen alles relativ)"②。这样,概念关系场境中的 Dasein(定在)概念,就成了一个消除直接性存在的重要过渡环节。如果说黑格尔的《精神现象学》的物像透视,是从感性直观对象开始的证伪逻辑,那么,在《逻辑学》中发生的批判话语,则会是更加深入的精神关系场境的自我否定和扬弃的观念辩证法运动。可以说,黑格尔关于精神定在的思考,会对马克思此时的经济学研究产生重要的方法论引导,因为他自己在历史现象学中遭遇的资本主义生产方式,正是在价值关系、货币关系和资本关系这样一系列非直观的关系场境中,颠倒为可见的经济定在在肯定自身和向他性存在转化的否定性中"交互往复"——具体劳动创造的商品使用价值否定自身而向抽象劳动生成的交换价值的转换,价值关系否定自身而向物性他物(货币)的转换,作为资本的货币否定自身而向生产条件的转换——在这一系列的经济定在的肯定与否定的"交互往复"中,资产阶级成功地遮蔽了作为资本主义生产方式存在基础的雇佣劳动和剩余价值。在这一点上,青年卢卡奇说,"黑格尔《逻辑学》关于有、无、变易(Sein, Nichts, Werden)有名篇章包含了他的全部哲学。人们可以说——也许有着同样的正确性——《资本论》关于商品拜物教性质的篇章隐含着全部历史唯物主义"③。这无疑是深刻的。

---

① [德]马克思:《黑格尔的逻辑学》,顾锦屏译,载《马列著作编译资料》第 7 辑,人民出版社 1980 年版,第 12 页。

② [德]马克思:《黑格尔的逻辑学》,顾锦屏译,载《马列著作编译资料》第 7 辑,人民出版社 1980 年版,第 12 页。

③ [匈]卢卡奇:《历史与阶级意识》,杜章智、任立、燕宏远译,商务印书馆 1992 年版,第 254 页。

我们知道,马克思在自己此时的经济学研究中已经基本完成了对"材料的整理"和最重要的学术原创性工作。他为什么要第二次去研究黑格尔的《逻辑学》?他关注《小逻辑》中的存在论特别是定在概念到底是为了什么?这就是我们需要思考的方法论问题了。也因为马克思并没有在这一摘录性笔记中直接提出有明确思想构境意向的评论,并且,马克思也没有在同期的经济学研究文本中重新讨论《黑格尔的逻辑学》所摘录的要点,所以,我们只能到此时马克思的经济学研究过程中去寻找相近的方法论线索。我注意到,在此时正在写作的《1861—1863 年经济学手稿》中,马克思告诉我们,在资本主义生产关系的再生产中,最重要的内容是创造了剩余价值的雇佣劳动的生产与再生产,然而,雇佣劳动生产与再生产的客观前提,却是属于资本家的劳动条件的生产与再生产。劳动条件,也就是在所有资产阶级经济学家那里,每一次作为直接性存在的生产条件出场的原料、机器和厂房等一类客观物质对象(Ich = Ich,我就是我的现成的"存在者"),没有这些客观条件的生产与再生产,活劳动物相化塑形和构序原料的爱多斯(eidos)是无法实现出来的。这让我们想到,在《1844 年手稿》的劳动异化批判构式Ⅱ中,马克思思考劳动对象化时关注的是外部的感性自然,而此时,劳动外化和对象化的前提则成了历史性的劳动材料和劳动资料。这是一个很大的差别。可是,在马克思狭义历史唯物主义构境中的历史现象学透视里,资产阶级经济学家眼中直观到的这些在生产过程中到场的现成物,并**不是它自身**,而是遮蔽了实际在场支配活劳动的资本关系的经济事物,"第二自然辩证法"遮蔽了劳动辩证法的本质。通过批判认识论透视和解码这种复杂的经济物相化迷雾,那么马克思就看到在资本主义生产过程中"再生产和新生产出来的,不仅是活劳动(lebendige Arbeit)的这些客观条件的定在(*Dasein*),而且是这些条件的同工人相**异己的定在**(*fremdes Dasein*),也就是作为独立的价值,即属于他人的主体(Subjekt)的价值,而同这种活劳动能力相对立的定在(Dasein)"①。可以看到,这里出现了一种经济学话语中的反常现象,因为马克思在这一段重要表

---

①《马克思恩格斯全集》(第二版)第 37 卷,人民出版社 2019 年版,第 462 页。中译文有改动。Marx-Engels-Gesamtausgabe(MEGA²),Ⅱ/3 − 6,Text,Berlin:Dietz Verlag,1982,S. 2284.

述中连续三次使用了 Dasein(定在)一词。这里马克思的表述,当然已经不仅仅是经济学的表征话语,而同时也是哲学思想的高深构境。此处呈现的话语逻辑,正是马克思上述关于黑格尔《小逻辑》的思想实验中思考的焦点:我们熟知的存在者不是它自身的物性实在,而是一种经济物相化空间中生成的特殊的经济关系质,即**经济定在**。如果按照上述黑格尔对定在的规定,即内嵌着自身变易"交互往复"的矛盾关系场境,"有限之物既是**某物**,又是它的**别物**(Endliche sowohl *Etwas* als sein *Andres* ist)"。这也意味着,工人在资本主义生产过程中遭遇的生产条件,作为经济定在恰恰是工人劳动被遮蔽起来的**我-它自反性异己关系场境**,并且,这种**不在场的在场性**当然不是绝对理念,而是被隐匿起来的资本主义生产方式中的资本关系筑模。我们会发现,马克思在这里的阐释性话语突然突破了经济学研究与面向公众读者的阐释性边界,《政治经济学批判》第一分册和第二分册前半程话语格式塔场境中刻意压抑的东西,即《大纲》中那种为了分析和解决理论难题的哲学话语,再一次成为马克思思想实验中的内在理论武器。这是《政治经济学批判》第二分册意外地爆燃成《1861—1863 年经济学手稿》巨型文本群的内在方法论驱动力之一。

现在我们可以理解,马克思为什么会在经济学研究的关键时候突然去摘录黑格尔的《小逻辑》了。这一情景,自然让我们联想到 1844 年马克思第一次经济学研究中发生的事情,他突然去研究黑格尔的《精神现象学》,那次研究的成果是通过劳动外化为对象性的异化、扬弃异化复归于自身的辩证法,让马克思构序了劳动异化批判构式 II。因为他在方法论上试图深入破解资本主义经济物相化空间中 *Verschwindende*(**正在消逝的对象**),即工人劳动颠倒、脱型和变易为各种现成在场的 seiende(存在者)。在《大纲》中,马克思已经深究了商品、货币和资本作为经济事物的事物化颠倒和异化问题,而在此,马克思则需要面对资本主义生产过程中这些化身为原料、机器和厂房等的直接性存在。正是在这里,马克思再一次通过黑格尔《逻辑学》中的否定辩证法,透视了这些看起来直接存在的生产条件都是资本关系作为自身否定关系的定在,这是工人的劳动在直接性存在中的**异己的定在**(*fremdes Dasein*)。这是社会定在在经济物相化空间中的特殊样态——**经济定在**。也因此,黑格尔《小逻辑》讨论的哲学概念 Dasein(定在)才密集地出场了,它精准地表达了制约资本主义生产过程的客观"劳动条件"的**先在性**特征,可是,在这个作为资本支配关系赋型的物性实在背后,却呈现出一个穿透经济物相化伪性编码的深刻历史现象学批判构境:一是出现在生产过程中的劳动条件,作为一种看起来中性和直接性存在的物质定在,实质上却是一种 Verschwindende(**正在消逝的对象**),因为,代表着资本家利益的它们,正是资本关系的"道成物身",它们在生产过程中行使吸吮工人活劳动之血的功能时,它们恰恰是资本关系**不在场的历史在场**。二是作为到场物的它们,看起来与工人无关,却是由工人过去的劳动物相化塑形和构序出来的"异己的定在"(对象化劳动Ⅱ),这种"异己的定在"的本质,是**第二重消逝**中的工人的劳动在交换关系中生成的"独立的"价值形式。三是这种异己性关系的本质,表现为这种劳动价值不再属于工人,而属于作为资本关系反向物相化中的人格化伪主体的资本家,并且在资本主义的生产与再生产过程中充当了资本关系赋型的支配性力量,成为与工人的"活劳动能力相对立的定在"。这是批判认识论所捕捉到的**第三重消逝中**的资本主义生产方式经济剥削的真相。很显然,如果按照广义历史唯物主义和历史认识论的原则,我们至多将这些物质对象透视为此-彼归基中劳动塑形和构序的用在性使用价值,却无法穿透这种复杂经济物相化编码关系中的颠倒性异化场境。这就需要马克思在《大纲》中生成的历史现象学和批判认识论对经济物相化的批判透视力了。其实,这也会是马克思对资本主义生产方式的科学认识中最难辨识的部分。实际上,虽然在黑格尔的《小逻辑》中,理念存在论中各种概念之间的否定和转换,并不存在观念主体颠倒和沉沦于物性的对象化和异化,但直接性的存在本身,作为定在,已经内嵌着作为 Anderssein(他性存在)的"**此存在者,某物**"(Daseiendes, Etwas)。而在马克思此时面对的资本主义过程中,必然是工人的劳动异化为资本关系支配下的经济事物,这里经济物相化空间中出现的 fremdes Dasein(异己性的定在),就是**我-它自反性的异化**。异化概念以及历史现象学基础上的劳动异化批判构式理所当然地再一次历史性地出场。

其实,早在《大纲》中,马克思在讨论完流通领域中的货币异化和生产过程中的资本与劳动异化之后,他有过这样一段总括性的重要表述:"在资产阶级经济以及与之相适应的生产时代中,人的内在性(menschlichen Innern)的这种充分发挥,表现为完全的空虚化(völlige Entleerung);这种普遍的对象化(universelle Vergegenständlichung)过程,表现为全面的异化(totale Entfremdung)"①。依马克思上下文的关联语境,这里他所指认的 menschlichen Innern(人的内在性)是指人内在的"创造天赋"(schöpferischen Anlagen),特别是这种内在的创造天赋在资本主义总体性生产(Totalität producirt)中的"充分发挥",即"人的力量的全面发展"(Entwicklung aller menschlichen Kräfte)②,但其却表现为此-彼错位事物化颠倒关系场境中外在财富的"完全的空虚化"。在这里,工人劳动的"普遍的对象化"就是我-它自反性关系中的 Entfremdung(异化),并且,马克思还特别对他眼中的资产阶级经济时代使用了 *totale* Entfremdung(**全面的异化或总体的异化**)的表述。有趣的是,后来哈维使用了"资本主义社会的全面异化"③的表述,而列斐伏尔也有日常生活的"总体人的异化"的说法。马克思在自己的第三次经济学研究中为什么会认为,资产阶级社会中人的内在性的充分发挥,必然要表现为 totale Entfremdung(全面的异化),这正是我们下面需要认真分析的劳动异化批判构式重新出场的问题。孙伯鍨先生认为,在马克思的经济学研究中,他在历史唯物主义的基础上深刻说明了"异化是人类历史发展到一定阶段的必然现象,又是由历史的进一步发展所必然要超越的现象"④。这是一个重要的历史性指证。

2. 雇佣劳动生成的前提:作为资本的劳动条件异化

在《1861—1863 年经济学手稿》的第 2 笔记本第 59 页上,马克思指认雇佣劳动的形成是资本主义生产方式历史发生的根本,因为资本关系只能依存于雇佣劳动。他分析说:

> 要使劳动成为雇佣劳动,要使工人作为非所有者(Nichteigenthümer)

---

① 《马克思恩格斯全集》(第二版)第 30 卷,人民出版社 1995 年版,第 480 页。中译文有改动。Marx-Engels-Gesamtausgabe(MEGA²), Ⅱ/1, Text, Berlin: Dietz Verlag, 2006, S. 392.

② 参见《马克思恩格斯全集》(第二版)第 30 卷,人民出版社 1995 年版,第 479—480 页。

③ [美]哈维:《资本社会的 17 个矛盾》,许瑞宋译,中信出版集团 2016 年版。哈维此书的最后一章就是讲当今资本主义社会的"普遍异化"。

④ 孙伯鍨:《探索者道路的探索》,北京师范大学出版社 2017 年版,第 475—476 页。

进行劳动，不是出卖商品，而是出卖对他自身的劳动能力的支配权（Disposition），即要使他按照劳动能力能够出卖的唯一方式来出卖劳动能力本身，实现他的劳动的那些条件就必须作为**异化的条件**（*entfremdete Bedingungen*），**异己的权力**（*fremde Mächte*），受异己的意志（fremden Willens）支配的条件，即异己的财产（fremdes Eigenthum）同他相对立。**对象化劳动**（*vergegenständlichte Arbeit*），价值本身作为**自私的本质**（*selbstisches Wesen*），即作为**资本**与工人相对立，由于资本的承担者是资本家，因此它也就作为**资本家**与工人相对立。①

应该特别指出，这是马克思在他的第三次经济学研究进程中，继在《大纲》中指认资产阶级经济物相化的流通领域里的价值异化和货币权力异化、生产过程中的资本关系异化和劳动异化后，在《1861—1863 年经济学手稿》中**再一次集中指证资本主义经济物相化过程中的异化现象**。不过，与马克思在《大纲》中的思想实验不同，在那里，科学的异化概念最先无意识地出现于商品价值关系异化和货币从交换手段异化为先验权力的**商品流通领域**，历史现象学和批判认识论的透视努力，都在于表征经济物相化第一、二层面中此-彼错位关系场境中的事物化颠倒的内里本质；而马克思在《1861—1863 年经济学手稿》中关于异化问题的构境，一开始就出现于资本主义生产方式中的**生产领域**。这似乎对应着《大纲》中已经涉及的经济物相化第三层面中的第三重异化关系，即资本主义生产过程中劳动条件的异化。应该提醒的是，马克思的这种做法，并非意味着前述发生于商品流通领域中的价值关系异化和货币权力异化不重要，相反，这些发生于资本主义经济物相化流通领域的我-它自反性关系异化，恰是生产领域异化关系的历史性前提，而往后，又呈现为整个经济物相化中生产过程的深层异化关系返回到流通、分配等领域的表象层。这也是一个历史辩证法关系。切记这一点。不像在《大纲》中马克思刻意压抑了在讨论作为资本关系事物化颠倒中的劳动条件时异化概念的出场，他直接使用了 *entfremdete Bedingungen*（**异化的条件**）。这里的 *fremde Mächte*（**异己的权**

---

① 《马克思恩格斯全集》（第二版）第 32 卷，人民出版社 1998 年版，第 124—125 页。Marx-Engels-Gesamtausgabe（MEGA²），Ⅱ/3 - 1，Text，Berlin：Dietz Verlag，1976，S. 99.

力),是不同于马克思在《大纲》中已经指认的流通领域的货币异己权力的**第二种资本异己权力**。如果说,在《大纲》的经济学研究中,马克思还只是在历史现象学的构境中,运用科学的**异化概念**面对复杂的资本主义经济关系事物化畸变现象,那么在这里,马克思则是在他的经济学研究中开始确立一个全新的**劳动异化批判理论**。由此,他使劳动异化批判理论直接成为历史现象学的完整子结构。不过,与《巴黎笔记》时期的**人本主义异化史观**基础上的劳动异化批判构式Ⅰ—Ⅱ不同,这是一种建立在狭义历史唯物主义基础之上的历史现象学批判构境,也是全新的科学批判认识论的系统塑形中,透视经济物相化更深一层的批判话语,我将其命名为科学的**劳动异化批判构式Ⅲ**。依我的看法,它可以区分为广义和狭义两种视域:广义的劳动异化批判构式Ⅲ,泛指马克思在第三次经济学研究中开始的全部劳动异化批判理论,其中包括《大纲》中流通领域中的价值-货币关系异化、货币权力异化,生产领域中的资本关系异化和劳动异化问题的前期探索,《1861—1863年经济学手稿》中的资本主义生产、流通和分配关系中的多重异化关系赋型,以及这种劳动异化批判构式在《资本论》及手稿中的隐显沉浮;而狭义的劳动异化批判构式Ⅲ,就是特指下面我们这里讨论的《1861—1863年经济学手稿》中,马克思劳动异化批判系统理论的确立。也因为这里马克思揭示的劳动异化关系并非人的类本质的逻辑异化,而就是他在历史现象学中面对的经济物相化关系场境存在论现实,这使得《大纲》中创立的历史现象学构境获得了一种系统的理论支撑,也使科学的批判认识论的认知对象和运行规则得到了全新的深化。

可以说,马克思在这里指认的资本主义生产过程中**劳动条件的异化**是资本支配和压榨雇佣劳动的内在前提。这是马克思在《1861—1863年经济学手稿》中的**狭义劳动异化批判构式Ⅲ的第一构境层**。仔细想,这恐怕也是马克思1844年的那个劳动异化批判构式Ⅱ中的劳动产品异化层面的重新科学化说明,有所不同的是,在那里,作为劳动结果的抽象的劳动产品处于财产分配的关系场境中,而这里,劳动结果不再仅仅是生产过程结束时的产品,而是作为资本重新投入生产过程中的劳动条件。这可能也是马克思在《大纲》"资本章"中初步涉及的资本主义生产过程中的劳动条件的异化问题,即作为资本的货币是对象化劳动Ⅱ的多重事物化颠倒和异化问题的进一步深入。在那里，马克思并没有在资本关系事物化颠倒为劳动条件物的问题上直接使用异化概念。我注意到，马克思在讨论斯密的经济学时指认出，"作为劳动本身的物的条件所具有的同劳动相异化的支配劳动的力量，总之，只是作为雇佣劳动本身的一种形式，作为雇佣劳动的条件，才生产价值"①。这是指认劳动条件异化的历史前提，是资本主义雇佣劳动关系中的价值关系异化。在上面我们已经开始进入的分析中，马克思指出了劳动要成为雇佣劳动：一是工人在与资本家的交换中必须成为除了劳动一无所有的人，他在与资本家的"公平交易"中，并不是出卖自己的劳动，而是将自己劳动能力的使用权卖给资本家，由此，工人自己改变对象的劳动直接入序和转换为资本的生产构序力量；二是他在生产中实现自己的劳动的条件（原料、厂房和机器），作为一种特殊的经济定在，对他而言是 entfremdete Bedingungen（**异化的条件**），因为，这些条件恰是工人过去劳动物相化的结果，可现在，这种本质上是 vergegenständlichte Arbeit（对象化劳动Ⅱ）的价值变形物，却我-它自反性地异化为资本家统治和奴役工人的**异己权力、异己财产和异己意志**。这也是资本主义的生产过程中，劳动的辩证法颠倒为经济事物的"第二自然辩证法"的本质：劳动异化正是"第二自然辩证法"外部自在运动的内驱力。我觉得，马克思这里讨论的劳动条件异化中的这三个异己性关系和三个对立，很深地链接于《1844年手稿》中青年马克思的思考构境，在那里，通过对恩格斯的斯密是"经济学的路德"的肯定，私有财产的本质第一次被透视为主体性的对象化劳动的异己存在。不过，马克思这里的思考构境已经远远深于彼时，因为这三个异己性关系和对立，已经是历史现象学构境中对资本主义生产方式中复杂经济物相化畸变关系场境的透视结果。我注意到，在后面的讨论中，马克思将这种资本主义生产过程中发生的劳动条件异化，形象地表述为**四个我-它自反性对立**："过去劳动（vergangne Arbeit）同活劳动（lebendige Arbeit）相对立，产品同活动相对立，事物（Sache）同人相对立，劳动本身的对象的条件作为他人的、独立的、自我保持的主体或人格化（Subjekte，Personnificationen），一句话，作为**异己的**

---

① 《马克思恩格斯全集》（第二版）第33卷，人民出版社2004年版，第71页。

所有物(*fremdes Eigenthum*),而且在这个形式上作为劳动本身的'使用者'和'支配者'(它们占有劳动而不是被劳动占有)同劳动相对立"①。其实,如果我们将这四个对立的逻辑构序倒过来看,这恰恰是一个历史现象学中,从现象到本质的不同异化关系层面的递进式透视和解码:一是直观中到场的资本家与工人的对立,而实际上这是资本关系和雇佣劳动关系人格化(反向经济物相化)的隐性历史在场性表现;二是代表了资本家(资本权力)的劳动条件的原料、机器和厂房这些经济事物(定在)与劳动者的对立,即经济物相化编码中作为抽象的劳动对象化Ⅱ的事物与工人的对立;三是现成的劳动产品与即将发生的劳动活动的对立,产品并不创造财富,只有劳动活动才保存旧的价值和生产新的价值;四是这些对立关系的最终本质是工人过去的劳动与现在的活劳动的自我对立。这就是**哲学上我-它自反性关系场境中的异化**。这里对劳动者而言发生的异化关系之本质,是主体性的劳动(我)创造的**客观结果**(它)反过来控制和压迫工人。马克思说,"在资本主义生产的现实生活中,以及在它的理论中,**已实现的劳动**表现为同劳动本身的对立,同**活劳动**的对立。正像在受宗教束缚的思维过程中,思维的产品不仅要求对思维本身的支配,而且也实施了这种支配一样"②。这再一次让马克思想到多年之前影响过他的费尔巴哈的宗教异化逻辑。我以为,这也是《德意志意识形态》以来,马克思恩格斯多次提及的那个经济活动表层中呈现的经济物役性现象的历史本质。可以体会到,这四个对立关系都是异己性的颠倒关系,我们在广义历史唯物主义和历史认识论中并不能直接把握它们,这就需要劳动异化批判构式的重新出场,这也是狭义历史唯物主义基础上历史现象学和批判认识论出场的必然性。因为这种在经济物相化空间中出现的我-它自反性异化关系场境,是全新的异化式存在论伪性场境,它只能成为通过批判认识论非直观透视才会显现的认知对象。这是《1861—1863年经济学手稿》在《大纲》的思想实验基础上,对历史唯物主义和认识论构境的深化。同时,这也是马克思对

---

① 《马克思恩格斯全集》(第二版)第35卷,人民出版社2013年版,第329页。中译文有改动。Marx-Engels-Gesamtausgabe(MEGA²),Ⅱ/3-4,Text,Berlin:Dietz Verlag,1979,S.1473.
② 《马克思恩格斯全集》(第二版)第35卷,人民出版社2013年版,第253页。

资本主义生产方式科学认识的重要进展,因为劳动异化批判构式Ⅲ是马克思经济学话语背后对资本主义制度更深刻的本质批判。

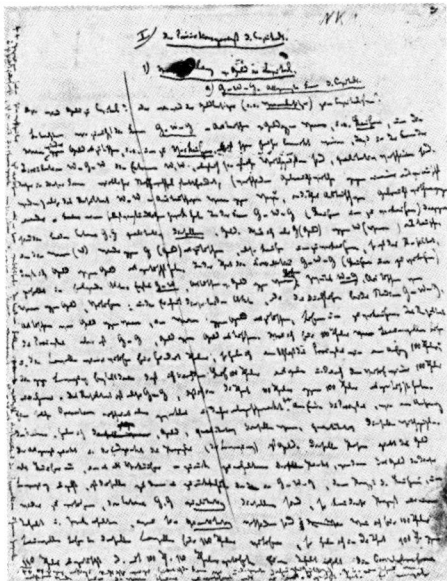

图 17 - 1　马克思《1861—1863 年经济学手稿》一页

在马克思看来,资本主义生产过程中出现的劳动条件异化关系的实质是:

> 过去的对象化劳动(vergegenständlichte Arbeit)就统治现在的活劳动(lebendige Arbeit)。主体和客体的关系颠倒了(Das Verhältniß von Subjekt und Objekt wird verkehrt)。如果实现工人的劳动能力的对象条件,从而现实劳动的对象条件,即工具、材料、生活资料,在工人面前表现为异己的、独立的、反过来把活劳动当作保存并增加自身的条件(工具、材料、生活资料,这些条件之所以交给劳动,只是为了吸收更多的劳动)的权力,如果这种情况已经作为前提条件而存在,那么,这种[主体和客体之间的关系的]颠倒(Verkehrung)就会在[生产过程的]结果上更多地表现出来。①

---

① 《马克思恩格斯全集》(第二版)第 32 卷,人民出版社 1998 年版,第 125—126 页。

显而易见,一旦突破了《政治经济学批判》第二分册前半程写作中的阐释性逻辑,马克思也就放松了阐释性话语中对哲学话语的刻意压抑,工人和一般读者们不易读懂的"对象化"、"主体"与"客体"这样的概念,就会很自然地出现在马克思自己的思想构境之中。因为现在马克思已经基本转换到自己提出问题解决问题的思想实验中,他的文本写作也爆燃于研究性话语构境之中。可以感觉得到,这里出现的哲学化的 Das Verhältniß von Subjekt und Objekt wird verkehrt(主体和客体的关系颠倒了)是一个复杂的构境。一是这里的主体,并不是指到场的工人,而是即将发挥物相化塑形和构序功能的在场活劳动,客体也不是直观中到场的物(原料、厂房、机器和燃料等其他劳动条件),而是这些自我否定的经济定在中被掩盖起来的不在场的对象化劳动Ⅱ:原料中从本来的自然物质存在形式中失形、从自然关联中脱型的劳动是不在场的,厂房中作为社会物相化空间附属物的劳动也是不在场的,机器中同时嵌套的科技信息编码劳作和工人制造机器的劳动都是不在场的,因为它们都在抽象劳动Ⅰ生成的对象化劳动Ⅱ——价值关系中消逝了。这样,机器化工业大生产中出现的对象化劳动Ⅱ统治活劳动,也就是哲学构境中主体之我与客体之它关系的深刻自反性颠倒。二是这个"过去的对象化劳动"(对象化劳动Ⅱ)本身就是主体的颠倒,因为它作为支配性的资本力量就是过去劳动的隐秘异化。在《大纲》中,这种此时并不在场的异化关系,即原料、厂房和机器等劳动条件作为被购买的商品,已经经历了劳动交换现实抽象的此-彼错位式的事物化(Ⅰ)颠倒、价值-货币关系异化等一系列的经济物相化关系场境存在论中的历史转换,它们作为投入生产过程的资本关系同样也被经济物相化深深掩盖起来。于是,这里的 Das Verhältniß von Subjekt und Objekt wird verkehrt(主体和客体的关系颠倒了),已经是历史现象学所揭示的**二次方的事物化(Ⅱ)颠倒和异化**。三是直观中离开工人的客观经济事物运动和关联的似自然性的"第二自然辩证法"的本质,被再一次揭露为颠倒的劳动辩证法,恰恰是事物背后的对象化劳动Ⅱ("有")与活动("无")的内部矛盾运动,才构成了资本辩证狂舞的真相。显而易见,这同样是历史现象学和批判认识论才能透视的经济物相化伪境。因为,作为认知对象,这些被经济定在遮蔽起来的异化关系场境显然是无法显现在历史认识论构境之中的,它们都是批判认识论的"黑暗考古学"的对象。同理,这种狭义历史唯物主义构境中呈现的"主体和客体的关系颠倒了"的现象,肯定不会出现在非经济的社会赋型的原始部族生活之中。这是一种历史性的刚性边界。

在这里,从土地上解放出来的自由工人,手中只有"单纯的能力",即无法实现出来的"活劳动",而工人"实现劳动所需要的一切对象要素,都表现为同工人相异化(entfremdete)的、处于资本方面的东西:劳动资料是如此,生活资料也是如此"①。马克思在这里所指认的"一切对象要素",大体是指在生产和生活中可消耗的东西,这既有生产过程中一次耗费的原料和辅助性劳动条件,也有慢慢地不断耗损的工具(机器),就工人的生活资料来说,所有吃喝穿住的东西也都是直接消费掉的。工人在生产过程中所面对的,是资本家手中的劳动工具和劳动材料,更重要的是他通过工资购买的生存下去所需要的生活资料,这些过去的劳动对象化Ⅱ的结果,现在却在新的经济物相化的迷雾中以异化的方式成为支配他的异己权力。或者说,"它们作为**独立地同工人相对立、相异化的条件**(*selbstständig gegenübertretende*,*entfremdete Bedingungen*)、作为体现在资本家身上的活劳动**支配者**的那种**社会定在**(*gesellschaftliches Dasein*)"②。通过上面的讨论,作为资本投入生产过程中的劳动条件的异化已经是容易理解的方面,可工人获得的生活资料为什么也会变成与自己*selbstständig gegenübertretende*,*entfremdete Bedingungen*(**相对立、相异化的条件**)呢?因为工人从资本家手中通过交换得到的工资,本身就是工人自己劳动的产物,可是,通过工资购买的生活资料,却成了资本可以进一步剥削新的剩余价值的**劳动力再生产**的条件,这当然就是一种历史现象学视域之外的无法看到的深刻自我对立和我-它自反性异化关系。对此,马克思进一步解释说,作为资本主义生产过程中的劳动条件出现的"这样的对象化劳动,它同活劳动相交换仅仅是为了保存并增大自身,为了增殖自己的价值,成为更多的货币,而工人拿他的劳动能力与这种对象化劳动相交换,是为了获得这种对

① 《马克思恩格斯全集》(第二版)第32卷,人民出版社1998年版,第153页。
② 《马克思恩格斯全集》(第二版)第35卷,人民出版社2013年版,第239页。中译文有改动。Marx-Engels-Gesamtausgabe(MEGA²),Ⅱ/3-4,Text,Berlin:Dietz Verlag,1979,S.1396.

象化劳动中构成他的生活资料的那一部分"①。这是完全不同的两种交换目的:工人用自己的劳动能力使用权换来的对象化劳动Ⅱ,是通过工资(货币)可以购买维持劳动能力生存的条件;而资本家用对象化劳动"平等交易"得到的劳动能力,则是资本保值和增殖的社会历史负熵之源泉。这也意指着,工人拿到的对象化劳动Ⅱ,最终还是资本关系支配下劳动力再生产的自我投资。这也是一种可悲的异化关系。可以明显地感觉到,在这里对劳动条件异化关系的分析中,马克思已经不仅仅是像在《大纲》中偶尔使用异化概念,而是在系统地生成一种新的**劳动异化批判构式Ⅲ**。它当然不同于1844年《巴黎笔记》时期基于人本主义 sollen(应该)与 Sein(是)悖反逻辑的劳动异化批判构式Ⅰ—Ⅱ,而是一种全新的历史唯物主义方法论基础上的科学批判话语。显然,在《黑格尔的逻辑学》思想实验后,马克思这里的 gesellschaftliches Dasein(社会定在),不是《德意志意识形态》中作为广义历史唯物主义基本原则的决定整个观念的一般 gesellschaftliche Dasein,而是资本主义生产方式的经济构式负熵进程中,出现在经济物相化编码的颠倒和异化关系中先验的一定**经济**事物(商品、货币和资本),即自我否定的**经济定在**。在一定的意义上,这些先验的经济事物,都是黑格尔批判认识论构境中主-客体颠倒关系中"消逝的对象"。在后来的讨论中,马克思用四个**异化性的支配**,来表述这种在资本主义生产过程中到场的特殊的物性经济定在的颠倒性在场关系:"产品支配生产者,对象支配主体,已实现的劳动支配正在实现的劳动,等等。在所有这些见解当中,过去劳动不是仅仅表现为活劳动的对象因素,从属于活劳动的对象因素,而是相反;不是表现为活劳动的权力要素,而是表现为支配这种劳动的权力"②。这与上述四个我-它自反性对立的异化批判构境是接近的。一是资本主义生产过程中出现的劳动条件是劳动者生产出来的产品,却颠倒过来支配劳动者;二是它作为主体性劳动活动的物相化结果,现在颠倒过来支配主体;三是已经实现出来的对象化劳动Ⅱ,颠倒过来支配将要实现出来的活劳动;四是过去劳动以资本关系的统治,颠倒为支配活劳动的权力。这

---

① 《马克思恩格斯全集》(第二版)第32卷,人民出版社1998年版,第149页。
② 《马克思恩格斯全集》(第二版)第35卷,人民出版社2013年版,第253页。

四个反转性异化场境的支配关系,同样也是历史现象学构境的隐性关系对象,只有批判认识论的透镜才能科学地捕捉到。这既是对资本主义经济物相化进程中出现的**经济物役性**现象的科学剖析,也是马克思对资本主义生产方式科学认识的重要进展。

马克思特别解释说,在资本主义生产关系中出现的这种主体与客体的颠倒和异化,"这种关系的全部内容,以及与劳动相异化(entfremdeten)的工人劳动条件的表现方式,都处于它们的纯粹的经济形式(reinen ökonomischen Form)中,在这里,没有任何政治的、宗教的和其他的伪装"①。马克思这里所说的劳动条件的"纯粹的经济形式",是相对于前资本主义生产方式中,传统社会物相化里出现的"主人和奴仆,教士和僧侣,封建主和陪臣,师傅和帮工等等之间的关系"。在还没有根本脱型于生命负熵的血亲式社会构式负熵进程中,这些社会物相化关系场境,多少都是由封建宗法关系编码和神性光环伪饰起来的,也因为奴隶或农奴本身就是主人的所有物,所以并不存在劳动与劳动产品的经济关系,也没有劳动条件与劳动者的对立和我-它自反性异化关系。

> 只是在资本中,这种关系才被剥掉了一切政治的、宗教的和其他观念的伪装。这种关系——在双方的意识中——被归结为单纯的买和卖的关系(bloses Kauf und Verkaufverhältniß)。劳动条件本身以赤裸裸的形式与劳动相对立,它们作为**对象化劳动、价值、货币**与劳动相对立,作为把自身仅仅理解为劳动本身的形式并且只是为了作为**对象化劳动**保存和增大自身而与劳动相交换的货币。因此,这种关系纯粹表现为单纯的生产关系(bloses Productionsverhältniß)——纯粹的经济关系。②

在马克思眼里,只是在资本主义生产方式中,人与人的关系才最终失形于君权神授之下的生存等级编码,高贵与低贱、诗意与世俗、深刻与肤浅等所有界限,都脱型和消逝在"单纯的买和卖的关系"的经济物相化赋型和编码之中,所有社会关系的物相化完全由新的经济构式负熵进程中历史生成的"纯

①《马克思恩格斯全集》(第二版)第32卷,人民出版社1998年版,第149页。
②《马克思恩格斯全集》(第二版)第32卷,人民出版社1998年版,第150页。

粹的经济关系"实现出来,由此,经济物相化关系场境赋型和编码一切社会定在,全部社会生活的质性规定都成为自我否定的经济定在。这正是狭义历史唯物主义所面对的特定社会历史现实。如果我们将这里发生的经济力量决定一切,商品-市场交换关系成为"普照的光"的经济物相化法则非历史地扩展为整个人类社会发展的一般规律,那么,我们就会犯与第二国际理论家相同的"经济决定论"的错误。在马克思看来,虽然资本主义的生产关系去除了传统社会奴役性生产关系上的"政治的、宗教的和其他观念的伪装",然而,它以纯粹的经济形式呈现出来的资本与雇佣劳动的"平等"关系,却是被彻底遮蔽起来的异化关系场境。因为工人在生产过程中直接遭遇的劳动条件,或者说雇佣劳动所面对的价值、货币和资本,都不过是工人自己对象化劳动Ⅱ的异化和颠倒,对象化劳动Ⅱ对活劳动的支配和异化式盘剥,是全部资本主义社会物相化中政治"统治关系"(Herrschaftsverhältnisse)赋型的隐秘基础。这当然是对资本主义生产方式本质极其重要的新认识。

第一,资本主义生产过程中劳动条件异化的遮蔽。马克思认为,这里他向我们揭示出来的工人自己的对象化劳动异化为资本关系赋型和支配性权力的过程,并非是直接呈现在人们的直观视域中的在场性关系。对此,马克思深透地分析说:

> 这种过去劳动异化为资本(*Entfremdung dieser vergangnen Arbeit als Capital*),使过去劳动成为生产的这种根本要素。实际上,在资本主义生产中,这种**过去劳动**不断作为资本同活劳动(lebendige Arbeit)相对立,因此,这种**对立的、异化的、社会转化的形式**(*Gegenübertreten*, *diese entäusserte*, *social verwandelte Form*),被看做隐蔽的过程(geheime Proceß)。①

马克思告诉我们,工人自己过去的劳动(对象化劳动Ⅱ)异化为劳动条件,这是一个 Entfremdung dieser vergangnen Arbeit als Capital(过去劳动异化为资本)被经济物相化掩盖起来的 geheime Proceß(隐蔽的过程)。应该说,这是马克思在1844年的劳动异化批判构式Ⅰ—Ⅱ中没有深入讨论的方面。即便

---

① 《马克思恩格斯全集》(第二版)第37卷,人民出版社2019年版,第442页。中译文有改动。Marx-Engels-Gesamtausgabe(MEGA²),Ⅱ/3-6,Text,Berlin:Dietz Verlag,1982,S.2262.

在《1844年手稿》中,青年马克思指认了劳动产品的异化,但并没有说明这种异化关系的具体成因。我以为,这里马克思所说的劳动条件异化的"隐蔽的过程",当然包括了《大纲》"货币章"和"资本章"中已经讨论的劳动交换关系事物化颠倒后的价值异化、货币权力异化和资本异化等多重被遮蔽起来的环节。这里有一个需要辨识的重要逻辑关系是**事物化-物化颠倒与异化的关系**问题。在我看来,马克思的事物化-物化理论:一是特指商品流通领域中商品交换背后的劳动交换关系经过现实抽象而生成的价值等价物-货币的事物化(Ⅰ)颠倒和误认,二是特指资本关系事物化(Ⅱ)为生产过程的劳动条件的物性颠倒和误认,三是下面马克思将揭露的工人技能被现实抽象并转移到机器工序中的事物化(Ⅲ)颠倒,四是剩余价值在利润、地租和利息形式中发生的事物化(Ⅳ)颠倒等。这一批判话语的重心,是说明人与人的社会关系事物化颠倒为事物与事物的关系。劳动异化批判构式的证伪性所指,则是普遍存在于资本主义生产方式的生产、分配和流通等领域中的更深一层资本与雇佣劳动关系的**我-它自反性**奴役本质。在一定的意义上,劳动异化关系是经济物相化中事物化颠倒的必然结果,由此,劳动异化也成为事物化颠倒的本质。因为这个"隐蔽的过程"是从工人的对象化劳动Ⅱ通过**"对立的、异化的、社会转化的形式"**,畸变为陌生的资本构序的"第二自然辩证法"力量,这一转化并不发生在生产现场,它遮蔽起来的是资本统治关系**不在场的在场性**。重要的是,即便是在历史认识论的视域中,我们也是根本无法在此-彼归基中,直接看到这个经济物相化关系场境编码中发生的事物化颠倒和关系场境异化的复杂畸变隐身过程的。"看见不在场之物",这当然也是马克思历史现象学和科学的批判认识论发挥作用的地方。后来,阿甘本在海德格尔的哲学构境中放大了这个"看见不在场之物"的方法论意义。① 在一定的意义上这也意味着,科学的批判认识论将重新获得自己的重要地位。与所有的传统认识论不同,马克思在资本主义经济物相化空间获得的面对重重事物化关系颠倒和异化的geheime Proceß(隐蔽的过程)的透视,创立了狭义历史唯物主义基础上全新的批判认识论微观机制。这远远超越了黑格尔-费尔巴哈批判认识论的抽象哲学话语。

---

① 参见拙著《遭遇阿甘本——赤裸生命的例外悬临》,南京大学出版社2019年版,第五章。

第二,对象化劳动Ⅱ异化为资本的劳动条件,作为一个"隐蔽的过程"是资产阶级使资本支配雇佣劳动的关系永恒化的客观基础。这是马克思在对资产阶级意识形态批判中获得的新认识。在马克思看来:

> (1)劳动条件作为与工人异己的财产(fremdes Eigenthum)、作为资本而永恒化(Verewigung),这使得工人作为雇佣工人的地位永恒化,从而使得工人始终要用自己的一部分劳动时间白白为第三者劳动的命运永恒化;(2)这些生产条件的扩大,换句话说,资本的积累,使得以工人的剩余劳动为生的阶级的数量和规模增大;资本的积累由于使资本及其同伙的相对财富增大而使工人的状况相对恶化,此外,还由于这种积累通过分工等等使工人的相对剩余劳动量增大,使总产品中归结为工资的份额减少;(3)最后,由于劳动条件以越来越庞大的形式,越来越作为社会力量(sociale Mächte)出现在单个工人面前,因而,对工人来说,像过去在小生产中那样由自己占有劳动条件的可能性已经不存在了。①

这是一段极为重要的说明。一是马克思强调说,原来工人自己的对象化劳动Ⅱ变成了资本家的财产,当生产过程中这些看起来没有任何社会物相化痕迹的劳动条件出现在工人面前时,隐匿于人们熟知的到场原料、资本和厂房中的看不见的异化关系,恰恰使资本主义生产方式中形式上平等而实质上存在的经济剥削关系合法化,因为这种非主体的"第二自然辩证法"运动似乎就是天然的法则,这样,工人被剥削的命运也就被 Verewigung(永恒化)。所以,揭露这种作为资本的劳动条件的异化,就是为了打破这种永恒化。这是对资本主义生产方式被隐匿起来的剥削本质的揭露。马克思历史地分析说,这种将资本直接当作生产过程中的物性条件的观点,缘起于资产阶级经济学中的重农学派。在他们那里,"把工具、原料等等这些物质存在形式,脱离它们在资本主义生产中出现时的社会条件,当作资本来理解,总之,不管劳动过程的社会形式如何,在它们是劳动过程本身的要素的形式上把它们当作资本来理

---

①《马克思恩格斯全集》(第二版)第36卷,人民出版社2015年版,第228页。中译文有改动。Marx-Engels-Gesamtausgabe(MEGA²),Ⅱ/3-5,Text,Berlin:Dietz Verlag,1980,S.1796.

解;并因而,把生产的资本主义形式变成生产的一种永恒的自然形式"①。马克思甚至认为,"重农学派是**资本和资本主义生产方式的**最早有系统的(不像配第等只是偶然的)**解释者**"②。后来的斯密、李嘉图等资产阶级经济学家,大多是以此为自己的经济学研究前提的。二是这种异化了的劳动生产条件随着资本对剩余价值的追逐,也不断积累和扩大起来,同时,资本积累也利用分工和科学技术等"社会力量"降低劳动在生产过程中的作用,这既彻底消除了工人"自己占有劳动条件的可能性",也造成了工人生存情况的普遍恶化。所以,在马克思看来:

> 劳动的对象条件的增长(Entwicklung der gegenständlichen Bedingungen)不是表现为劳动的**不断增长的力量**,反而表现为这些**对象条件**的不断增长的支配活劳动(lebendige Arbeit)和反对活劳动的权力,这种情况当然是同生产过程本身相异化的。但这是**资本主义**生产过程的**特征**,在这种生产过程中,对象化劳动条件以**异化的**和**独立化**的(*entfremdet und selbstständig*)形式,作为独特的力量与劳动相对立。③

资本家手中异化了的劳动条件的 Entwicklung(增长),当然不会是对工人有益的事情,因为这种增长的结果是"不断增长的支配活劳动和反对活劳动的权力",虽然它是生产过程背后劳动过程本身的根本异化,但它正是"资本主义生产过程的特征",这种工人自己劳动对象化的成果以 *entfremdet und selbstständig*(**异化的和独立化的**)形式,成为资本支配和奴役劳动的特定生产关系。由此,在马克思那里,以历史现象学批判性地揭露资本主义生产过程中的劳动条件的异化问题,也就成为揭穿资产阶级试图将资本主义生产关系永恒化的经济物相化编码和意识形态迷雾的关键性的一步。我们能够观察到,马克思新创立的劳动异化批判构式Ⅲ的出场,一开始就是极其精彩的。相比之青年时代的人本主义劳动异化批判理论,这是一种深入资本主义生产方式中,经济物相化编码复杂关系场境存在论颠倒和畸变中的现实社会异化

①《马克思恩格斯全集》(第二版)第33卷,人民出版社2004年版,第15页。
②《马克思恩格斯全集》第34卷,人民出版社1972年版,第40页。
③《马克思恩格斯全集》(第二版)第37卷,人民出版社2019年版,第405页。

批判,在一定的意义上,这也是狭义历史唯物主义基础之上历史现象学所面对的重要内容。这也构成了马克思对资本主义生产方式科学认识进程中的全新构境层面。

3. 雇佣劳动关系的本质:劳动能力的自我异化

马克思发现,在进入资本主义生产过程时,不仅作为对象化劳动Ⅱ出现的劳动条件异化了,更可怕的事实是,工人自己塑形和构序对象的劳动能力也不再属于自己,并且,这种作为主体物相化结果的劳动能力在生产过程中的在场,居然畸变为资本的创制能力,不断将统治和支配自己的经济物相化中的资本权力关系再生产出来,这当然是**劳动本身更直接的我-它自反性关系中的异化**。在我看来,这是马克思在《1861—1863年经济学手稿》中**狭义劳动异化批判构式Ⅲ的第二构境层**。这里有两个入境点:一是与前述劳动条件异化关系中的到场可见物不同,劳动能力本身是不在场的,甚至可以说,劳动能力作为劳动者身上的一种dynamis(潜能),根本不构成人们认知的直接对象,因此,它的**在场性异化**,更会是科学的批判认识论通过"黑暗考古学"透视的不可见的"隐蔽的过程"。二是劳动异化不仅仅是出现在生产过程中,而是贯穿生产、流通和分配等整个资本主义生产方式辩证运动**全程**的矛盾本质。甚至可以说,劳动异化是资本主义生产方式异化关系最重要的本质。这也表示,劳动能力的异化,将是历史现象学和科学认识论构境中越发难以透视和解码的层面。马克思在1862年12月28日致路德维希·库格曼的信中明确表示:"使一门科学革命化的**科学**尝试,从来就不可能真正通俗易懂。"①很可能,这就是在表达他在这一思想实验中遭遇的复杂异化问题。此处,我们不难联想起的相近构境是,在《1844年手稿》的劳动异化批判构式Ⅱ中,劳动产品异化之后的第二层次就是劳动本身的异化,然而在这里的劳动异化批判构式Ⅲ中,马克思眼里的劳动,不再是作为sollen(应该)存在的价值悬设中的人的本真类本质,而就是工人的现实劳动能力。马克思是在历史唯物主义的基

---

① 《马克思恩格斯文集》第10卷,人民出版社2009年版,第197页。

础上,讨论每一个普通工人自己的而他(她)却不再拥有支配权的现实劳动活动。并且,在具体的理论塑形中,这一构境层也远远复杂于《1844 年手稿》。这一层面,也是马克思在《大纲》中已经提出的劳动异化问题的深入和具体理论展开。在那里,马克思压抑了异化概念本身在劳动异化构境中的出场。

劳动异化的第一个构境层面,是发生在**流通领域里资本家与工人的交换中的劳动所有权关系异化**。我以为,这是对劳动异化**前因**的逻辑追溯,所以,马克思从生产过程回溯到流通领域。这是《1844 年手稿》中劳动异化批判构式 Ⅱ 第二层面没有涉及的方面,也是《大纲》中讨论劳动异化时未曾深入的方面。在马克思看来:

> 这一切都来源于工人用自己的活劳动能力换取一定量**对象化**劳动的交换,但是,现在这种对象化,这些存在于劳动能力之外的劳动能力的生存条件(existirenden Bedingungen),表现为**劳动能力本身的产品**,表现为它自身创造出来的东西,既表现为劳动能力自身的客体化(Objektivirung),又表现为它自身被客体化为一种不仅不以它本身为转移,而且是统治它,即通过它自身的活动来统治它的权力(beherrschenden Macht)。①

可以看到,为了说明劳动能力在场性异化关系的"来源",马克思从指认劳动条件异化现象的生产过程再一次回到了流通领域中。当然,这并非《大纲》那个抽象的商品交换中,事物化颠倒关系场境中发生的"交换价值"异化或货币权力异化,而是特指资本主义生产方式的资本与劳动的"平等"交换关系中,资本家通过支付给工人工资(**对象化**劳动),获得了支配劳动能力("商品")使用价值的所有权。恰是这种发生在流通领域中的所有权关系转换,才使得劳动作为工人创造财富的可能性生产物相化活动,一旦进入我们上面提及的资本主义生产过程,就不再属于工人,劳动能力在生产过程中的实际在场和它所创造的财富,异化为资本家统治工人的权力。这也使马克思的广义劳动异化批判构式 Ⅲ 的流通领域中的异化现象增添了一个新的层面。在《大纲》的思想实验中,这正是马克思剩余价值理论构境的入口。这亦表明,劳动本

---

① 《马克思恩格斯全集》(第二版)第 37 卷,人民出版社 2019 年版,第 412 页。

身的我-它自反性异化关系,源起于工人与资本家的形式上平等的交换。这正是资本主义生产方式中雇佣劳动的本质。马克思分析说,在资本与雇佣劳动这一看起来公平的交易中,

> 同各种商品的买者一样,资本家支付给工人的是在这种交换过程之前就决定了的商品的**交换价值**。资本家得到的是劳动能力的**使用价值**,即劳动本身,劳动的这种使人致富的活动属于**资本家**而并**不**属于工人。因此,工人通过这个过程不会致富,他所创造的财富是一种**异己的**并统治他的权力(*fremde* und ihn beherrschende Macht)。①

这是说,在资本家与工人的这一交易中,资本家像购买其他商品一样向工人支付了工资,工资体现了劳动能力使用权这一特殊商品的"交换价值",然而,资本家却得到了这种商品的使用价值,即劳动能力在生产过程中的历史在场性,当劳动者的劳动物相化活动创制出财富时,这种"使人致富"的创造能力属于资本家,是一种 *fremde* und ihn beherrschende Macht(**异己的**并统治工人的权力)。为此马克思感叹道,"就像以扫为了一碗红豆汤而出卖自己的长子权一样,工人也是为了一个既定量的劳动能力的价值而出卖自己的**创造力**"②。这里,我们看到马克思再一次改写了自己在《大纲》中讨论劳动异化关系时使用过的比喻③,但此番,他更加明确地指认了,在这种交换中发生的劳动能力所有权关系的我-它自反性异化。马克思说,在工人与资本家的交换中,"他的劳动的创造力作为资本的力量,作为**异己的权力**(*fremde* Macht)而同他相对立。他把劳动作为财富的生产力**让渡出去**;而资本把劳动作为这种生产力来占有"④。从土地上解放出来的工人的创造性劳动活动,原来曾经是属于"我"自己的,劳动能力本身是工人主体物相化的重要内容,但是在与资本家的交换结束之后,它在生产过程中的在场就不再属于工人,而属于资本家("它"),并且,工人自己的劳动能力作为异己的权力反过来压迫工人,这当

---

① 《马克思恩格斯全集》(第二版)第 32 卷,人民出版社 1998 年版,第 191 页。中译文有改动。Marx-Engels-Gesamtausgabe(MEGA²), II/3 − 1, Text, Berlin: Dietz Verlag, 1976, S. 148.
② 《马克思恩格斯全集》(第二版)第 32 卷,人民出版社 1998 年版,第 183 页。
③ 参见《马克思恩格斯全集》(第二版)第 30 卷,人民出版社 1995 年版,第 266 页。
④ 《马克思恩格斯全集》(第二版)第 32 卷,人民出版社 1998 年版,第 183 页。

然就是劳动本身的我-它自反性异化。这里的 *fremde Macht*（**异己的权力**），是马克思继货币的异己权力和资本的异己权力之后所揭示的，劳动能力异化为奴役自身的**第三种异己权力**。

其实，我们可以清楚地看到，马克思在对待劳动异化问题上始终是小心翼翼的。因为，这会使他想起自己在《1844 年手稿》中的人本主义异化史观，所以他开始也是像在《大纲》中一样，并没有在劳动活动本身的自反性关系上直接使用哲学上的**异化**（*entfremden*）概念，而是反复使用了**异己性**（*fremde*）这一接近常识的术语。一直到第 5 笔记本的第 184 页上，当马克思再一次概括资本主义生产方式的本质时，我们才终于看到了劳动异化（Entfremdung）概念的出现。马克思分析说：

> 使过去的劳动成为资本的那些社会生产关系的特定形式，是与物质生产过程的一定发展阶段和生产的一定的物质条件相适应的，但是这些生产条件自身又只是在历史上形成的，它们的出发点当然属于资本主义前的某个社会生产阶段。这些生产条件的产生和发展与资本本身的起源相一致，直到生产在已经建立起来的资本主义的基础（capitalistischer Basis）上运行为止，而在此之后，上述生产条件就只是被扩大和再生产。另外，资本的这一起源同时表现为劳动的让渡过程（Entäusserungsprozeß der Arbeit）即异化（Entfremdung），劳动自身的社会形式表现为异己的权力（fremder Mächte），同时，资本也按照资本主义生产所需要的程度表现为一种社会形式，而不是表现为独立的个别劳动的形式。①

在这里，马克思将劳动使用权通过交换，从工人的手中"让渡"（Entäusserung）给资本家，直接指认为劳动本身的第一层级我-它自反性异化关系。他特别说明，这是一个历史现象。虽然，商品与货币这些可能产生劳动交换关系场境事物化（Ⅰ）颠倒后价值关系异化的东西，会出现在前资本主义社会赋型之中，但仅仅当"生产在已经建立起来的资本主义的基础上运行"时，才会发生**劳动本身的异化**，即"劳动自身的社会形式表现为异己的权力"。这里，马克

---

① 《马克思恩格斯全集》（第二版）第 32 卷，人民出版社 1998 年版，第 355 页。Marx-Engels-Gesamtausgabe（MEGA²），Ⅱ/3-1，Text，Berlin：Dietz Verlag，1976，S. 285.

思直接打通了"异己的权力"与异化的关联通道。此处的"劳动自身的社会形式",显然是指商品交换中现实抽象而成的一般劳动的"交换价值"(价值)事物化(Ⅰ)颠倒,异化为货币及其异己性权力的过程。这是在《大纲》中已经讨论过的货币权力异化关系场境。这里马克思所指认的劳动异化,不再是前面讨论的生产过程中的外部劳动条件与活劳动的异化关系,而就是**劳动本身的 Entfremdung(异化)**。在后来的讨论中,马克思再一次提及这种特殊的资本主义经济交换中雇佣劳动的前提性异化。他说,"这个交换要以劳动的物质条件和劳动能力本身的异化(Die Entfremdung der gegenständlichen Bedingung der Arbeit und des Arbeitsvermögens selbst)为前提"①。这同时指明了前述的双重异化关系:一是劳动的物质条件是工人过去对象化劳动Ⅱ的异化,二是工人劳动能力本身的异化。应该注意,这里马克思所说的劳动能力本身的异化,还不是下面我们即将讨论的劳动塑形和构序能力在生产过程中的异化,而是在资本与雇佣劳动交换关系中发生的**劳动能力所有权的异化**。在这一点上,此构境接近《大纲》中讨论劳动异化时的"生产性劳动"异化。并且,马克思说,这种劳动异化是资本主义生产方式中雇佣劳动的历史形成基础,当然也就是资本关系的历史起源。在我看来,这也是马克思对资本主义生产方式本质的更深刻的科学认知。我们一定要注意,此处马克思所确认的劳动异化,当然不是《1844年手稿》中那种人本主义价值悬设中人的类本质的异化,而是在现实资本主义生产方式的历史发展进程中雇佣劳动关系的实际异化本质,即属于工人的劳动能力通过变卖,在它以资本的雇佣劳动性质和方式实现出来的时候,反过来成为资本生产的创造性力量。这是马克思面对资本主义生产关系的复杂经济颠倒现象时重新创造出来的**科学的劳动异化批判构式**。我认为,那种将这里马克思历史现象学构境中科学的劳动异化批判话语,不分青红皂白地等同于《1844年手稿》中的人本学劳动异化逻辑的做法,当然是错误的。

劳动异化的第二个构境层面,是**资本主义生产过程中劳动能力异化为资**

①《马克思恩格斯全集》(第二版)第33卷,人民出版社2004年版,第24—25页。Marx-Engels-Gesamtausgabe(MEGA²),Ⅱ/3-2,Text,Berlin:Dietz Verlag,1977,S.346.

本增殖的力量。这一层面，似乎更接近《1844 年手稿》中的劳动异化分析，在那里，劳动异化被表征为"工人**自己的**体力和智力，他个人的生命——因为，生命如果不是活动，又是什么呢？——是不依赖于他、不属于他、转过来反对他自身的活动。这是**自我异化**(*Selbstentfremdung*)，而上面所谈的是**事物**的异化(Entfremdung der *Sache*)"①。上面的"事物的异化"是指劳动产品的异化，劳动的异化，则是工人自己的生命活动本身 sollen(应该)居有的类本质的自我异化。而在《1861—1863 年经济学手稿》中，基于狭义历史唯物主义的历史现象学的批判构境，马克思关于新的劳动异化批判构式的看法显然发生了改变。在马克思看来：

> 劳动在生产过程中是这样起作用的：它把它在客观条件中的实现同时当做异己的实在性(fremde Realität)从自身中排斥出来，因而把自身变成失去实体的(Substanzloses)、完全贫穷的劳动能力而同与劳动相异化(entfremdeten)的、不属于劳动而属于他人的这种实在相对立；劳动不是把它本身的现实性变成自为的存在(Sein für sich)，而是把它变成单纯为他的存在(Sein für andres)，因而也是变成单纯的他在，或同自身相对立的他性存在(bloses Anderssein oder Sein des andren gegen sie selbst sezt)。②

这段表述中，充满了被炸碎的《政治经济学批判》第二分册前半程写作的阐释性话语中所没有的哲学意味。为了更好地深入理解资本主义经济关系赋型的复杂机制，马克思使用 Substanz(实体)、Sein für sich(自为存在)、Sein für andres(为他的存在)和 Anderssein(他性存在)这样一些黑格尔的哲学术语。这些完全是为了更加精准地分析和解决他自己所想到的问题，可以推断，它们肯定不会大量出现于阐释性话语编码中的公开文本(之后的《资本论》)之中。我觉得，可能这也是马克思《黑格尔的逻辑学》思想实验成果的另一处集

---

① 《马克思恩格斯全集》(第二版)第 3 卷，人民出版社 2002 年版，第 271 页。中译文有改动。这里马克思使用了不同于 Ding 的 Sache，我将原译文中的"物"改成"事物"。Marx-Engels-Gesamtausgabe(MEGA²)，Ⅰ/2，Text，Berlin：Dietz Verlag，1982，S. 239.

② 《马克思恩格斯全集》(第二版)第 37 卷，人民出版社 2019 年版，第 412—413 页。中译文有改动。Marx-Engels-Gesamtausgabe(MEGA²)，Ⅱ/3 - 6，Text，Berlin：Dietz Verlag，1982，S. 2239.

中体现。这也充分说明了存在于传统学术研究中的一个问题:似乎马克思中晚期经济学研究对黑格尔《逻辑学》的方法论借鉴,只是集中于"从抽象到具体"的阐释性逻辑话语线索。而实际上,马克思与黑格尔《逻辑学》一书的方法论链接,甚至与黑格尔整个哲学的关联,是更加深入和全面的。这是说,当劳动者的劳动能力转化为资本主义生产过程中的生产物相化活动时,劳动本身的历史性在场就是异化的,因为当它在异化的劳动条件中实现自身的目的时,是通过机器和厂房等生产资料的中介,塑形和构序原料使之成为具有新的用在性的产品,生产过程中劳动本身的在场,是作为"异己的实在性"对象化在同样异己性的 Sein des andren(他物的存在)之中。现在,**劳动能力的对象化就是我-它自反性的异化**。这是黑格尔曾经指认的"第二自然"中发生的历史现象。并且,这是劳动对象化Ⅰ—Ⅱ的**双重异化**。这种隐匿自身的异化场境,当然不会呈现在历史认识论的视域中,而只能由批判认识论来曲折地透视。这里发生的劳动异化关系场境是复杂的:一是劳动对象化Ⅰ的发生是作为资本的生产力在场的,因为劳动能力实现出来,不得不依靠作为资本支配力量到场的厂房和机器这些 Anderssein(他性存在),劳动物相化的对象,同样是作为"他性存在"到场的原料。这个 Anderssein(他性存在)概念,是黑格尔指认自然为观念的他在本质,在他看来,"自然是理念在他性存在(Anderssein)方式中产生自己"①。在马克思这里,Anderssein 则是透视资本主义生产过程中出现的劳动条件的本质,不过是工人对象化劳动的异在。这也意味着,有目的的劳动者的爱多斯之相物相化实现出来的主体性劳动创造使用价值的具体劳动过程,异化为资本生产商品用在性的生产过程。二是劳动对象化Ⅱ也是资本自身的价值保存和增殖的过程,活的劳动能力,既保存和转移了生产资料、原料中原有的价值,也创造了新的剩余价值。这样,劳动能力的对象化,也就异化为资本金钱爱多斯实现出来的经济物相化编码空间中抽象劳动Ⅰ生产价值的过程。由此,真实创制世界的劳动辩证法,异化为经济事物的"第二自然辩证法"——**资本的自我辩证运动和普遍关联**。对工人而言,他的劳动在场,不是实现自身生命负熵和一般社会历史负熵质的 Sein

———————

① [德]黑格尔:《哲学科学全书纲要》,薛华译,上海人民出版社2002年版,第145页。

für sich（自为的存在），因为具体劳动对象化Ⅰ的全部成果（劳动产品）也是属于资本家的；而同时发生的抽象劳动对象化Ⅱ，成了一种使资本增殖的异化式经济构式负熵中的 Sein für andres（为他的存在 = 剩余价值）的发财致富的过程。这是由于，对饥肠辘辘的工人来说，他的"活劳动（lebendige Arbeit）只不过是这样一种手段，它使对象化的死的劳动**增殖价值**，赋予死劳动以活的灵魂（lebender Seele），但与此同时也丧失了它自己的灵魂，结果，一方面把已创造的财富变成了他人的财富，另一方面只是把活劳动能力的贫穷留给自己"①。经过对第一构境层面中劳动条件异化的分析，我们已经知道这里的"对象化的死的劳动"，就是看起来不在场的资本关系，劳动能力在生产与再生产过程中的物相化在场，不断给了资本（"它"）保值和增殖的"活的灵魂"，而丧失了工人（"我"）自己的灵魂，劳动物相化无形中创造了资本家手中堆积起来的财富（金钱），却将"活劳动能力的贫穷留给自己"。这当然是劳动异化场境关系赋型中最核心的资本力量构序与劳动祛序、资本家财富积累的经济构式负熵与工人生活返熵相同体的奴役性我-它自反性关系和矛盾冲突。

应该指出，劳动能力本身的异化，是马克思《1861—1863 年经济学手稿》中创立的狭义劳动异化批判构式Ⅲ中最核心的理论构境层面。因为劳动能力的自我异化是一种经济物相化存在论场境中的 Totalität（总体性），它是资本**伪总体性**的真正本质，也是资本主义生产方式中贯穿生产、流通和分配等领域所有我-它自反性异化关系场境的根本缘起，也是历史现象学所面对的颠倒的经济事物"第二自然辩证法"的内在矛盾动因。所以在这里，马克思还对揭示劳动能力异化关系的重要意义做了更加具体和深入的分析。

其一，**劳动能力异化表现为活劳动外化和转换为价值、货币和资本关系的异己权力**。这是马克思在《大纲》中重点讨论过的问题。可能也因为马克思在《大纲》中已经对此进行过十分细致的讨论，所以，他在这里并没有展开分析这一发生于商品交换过程中的复杂历史过程，而只是概要地指认，资本主义生产方式中劳动异化场境最直接的方面，就是

---

① 《马克思恩格斯全集》（第二版）第 37 卷，人民出版社 2019 年版，第 461 页。

　　表现为把活劳动能力（lebendigen Arbeitsvermögen）作为自己的**特有的使用价值**（*specifischen Gebrauchswerth*）而与之相对立的、**独立化的交换价值**（*verselbstständigter Tauschwerth*）。作为**异己的、外在的**（*fremde, äusserliche*）［权力］，并且作为在**不以活劳动能力本身为转移的一定条件下**消费和利用活劳动能力的［权力］来同活劳动能力相对立的一切要素，现在表现为活劳动能力自身的**产品和结果**。①

这同样是不会出现在阐释性话语中的很绕人的逻辑关系。马克思的意思是说，对于资本主义社会经济物相化编码中的货币和资本这样一些看起来"**独立化的交换价值**"来说，似乎它们是远离工人的 lebendigen Arbeitsvermög（活劳动能力）的，特别是与在生产物相化过程中直接改变对象而生成的用在性的 *specifisch Gebrauchswerth*（**特有的使用价值**）——对象化劳动 I 漠不相干，甚至是与之相对立的，然而，它们由这种非直观的"交换价值"（"价值"）在商品交换活动中的现实抽象（对象化劳动 II）和事物化（I）颠倒历史地演变而来，并且在经济构式负熵进程中的货币和作为资本的货币，作为看起来"不以活劳动能力本身为转移"的 *fremd, äusserlich*（**异己的、外在的**）构序权力，却深深地遮蔽了自身为"活劳动能力自身的产品和结果"的一系列脱型和颠倒的异化真相。这是劳动异化关系场境最直接的方面：资本主义社会经济物相化编码空间中出现的商品价值、货币和资本，都是活的劳动能力异化的历史性产物。这当然是一个宏观社会关系场境异化的指认，因为它横跨了商品流通和生产领域。

　　其二，**劳动能力异化是劳动条件异化的先在本质**。不仅资本主义经济物相化编码中的商品价值、货币和资本是劳动能力异化的产物，当资本家用作为资本的货币去购置作为商品的原料、厂房和机器等劳动条件时，又造成了新的事物化（II）颠倒中生产过程中劳动条件的异化。马克思特别指认说，其中，劳动能力在资本主义生产过程中的异化，是劳动条件异化发生的根本原因。在这里，

---

① 《马克思恩格斯全集》（第二版）第 37 卷，人民出版社 2019 年版，第 409 页。

问题简单表现为,现实劳动的事物的条件(sachlichen Bedingungen)[即用来增殖价值的那些材料,用来增殖价值的那些工具,以及为了煽起活劳动能力的劳动火焰(Flamme),为了防止这种火焰熄灭而为活劳动能力的生命过程提供必要物质的那些生活资料],在过程中和通过过程本身,成为异己的独立的存在(fremde, selbstständige Existenzen)或**异己的人格**(*fremden Person*)**的生存方式**(*Existenzweise*),成为自在地同活劳动能力(而活劳动能力脱离了这些物的条件并作为主体而存在)相对立的东西,成为坚持独立的、自为存在者(für sich seiende)的价值,因而成为这样的价值,这种价值对于劳动能力来说构成异己的财富(fremden Reichthum),资本家的财富。①

这意指着,之所以资本关系赋型的"现实劳动的事物的条件"能够成为工人之外的"异己的独立的存在",关键在于,生产过程中真正保存和增加资本价值(事物的条件)的唯一构序源泉,只能是"煽起活劳动能力的劳动火焰",除去资本家为了"防止这种火焰熄灭"而投入的生活资料(工资)外,劳动火焰在生产物相化过程中塑形和构序对象而产生的一切具体劳动对象化Ⅰ,都异化为与劳动相对立的 für sich seiende(自为存在者),甚至异化为"**异己的人格的生存方式**",即资本家和他的财富。这种极端的我-它自反性关系中的 fremd Reichthum(异己的财富),再重新作为资本投入生产过程中时,则成为支配工人的异化式的劳动条件,而工人却认不出这些事物化(Ⅱ)颠倒的劳动条件恰恰是自己过去劳动对象化Ⅱ的结果。原来是我的东西,现在却反过来变成了你的东西,这是异化概念在词源学上所意指的所有权关系转让的缘起。一是我们看到了黑格尔在《精神现象学》中讨论过的,观念在面对作为自己外化结果的"异己的陌生的现实"时,竟然"在其中认不出自己"的相近逻辑。② 二是在更深的一个构境层面上,我们也在马克思这里遭遇了作为"煽起活劳动能力的劳动火焰(Flamme)",不仅是创造物品(现成性存在者)用在性使用价值

①《马克思恩格斯全集》(第二版)第 37 卷,人民出版社 2019 年版,第 461 页。中译文有改动。Marx-Engels-Gesamtausgabe(MEGA²), Ⅱ/3-6, Text, Berlin：Dietz Verlag, 1982, S. 2283-2284.

② 参见[德]黑格尔《精神现象学》下卷,贺麟、王玖兴译,商务印书馆 1979 年版,第 38 页。

的**存在**,也是生成价值增殖的**存在**,它与作为现成到场劳动条件的**伪存在者**(*seiende*)存在着更加复杂的存在论差异。这将是科学的批判认识论必须进行的"黑暗考古学"的艰苦辨识对象。三是在这一点上我们才会深刻体验到马克思为什么要从历史唯物主义的生产过程深化到劳动过程,因为在这里发生的我-它自反性异化逻辑的起点,只能是劳动者的劳动!

其三,劳动能力异化还表现为**劳动能力本身成为创造剩余资本的可能性存在**。本身就是劳动异化产物的劳动条件进入生产过程后,异化为资本生产力的劳动能力之火塑形和构序出新的财富,无疑是更深一层的多重我-它自反性场境关系中**异化的异化**。马克思指认出,在进入资本主义生产过程时,不仅劳动条件是劳动能力异化的历史性结果,而且,工人的活劳动能力本身,也是作为潜在的创造剩余价值和剩余资本的异化了的构序可能性。马克思深刻地分析说:

> 劳动能力不仅把活劳动(lebendige Arbeit)的条件作为**资本**创造出来,而且潜藏在劳动能力身上的增殖价值的**可能性**,创造价值的可能性,现在也作为**剩余价值**,作为**剩余产品**,作为**剩余资本**(*Surpluscapital*)而存在,作为赋有自己权力和意志的价值而同处于抽象的、丧失了客观条件的、纯粹主体的贫穷(rein subjektiven Armuth)中的劳动能力相对立。劳动能力不仅生产了他人的财富和自身的贫穷,而且还生产了这种作为自我发生关系的财富的财富同作为贫穷的劳动能力之间的关系,而财富在消费这种贫穷时则会获得新的生命力并重新增殖。①

在资本主义的雇佣制度下,从土地上脱型和解放出来的工人没有任何生产资料,他用以谋生的唯一手段就是自己的活劳动能力,他如果想生存下去,使劳动物相化塑形和构序能力实现出来的唯一在场途径,就是接受资本家的经济剥削。在这个意义上,工人自己的劳动能力必然异化为生产剩余价值和 *Surpluscapital*(**剩余资本**)的劳动对象化Ⅱ的在场可能性。这也意味着,工人的劳动物相化能力,在还没有实现出来之前,就已经是潜在的资本

---

① 《马克思恩格斯全集》(第二版)第37卷,人民出版社2019年版,第412页。

主义经济构式负熵进程中生产"剩余产品"和 *Surpluscapital*（**剩余资本**）的在场可能性。这是一个发生在 dynamis（潜能）中的隐性异化，这当然是十分荒唐的事情。

其四，劳动能力异化表现为**劳动在资本主义生产过程中创造出奴役自己的资本力量**。这是马克思在《1844 年手稿》中已经指认的"异化世界"现象。在马克思看来，在资本主义生产过程中，

> 通过劳动本身，客观的财富世界（Welt des Reichtbums）作为与劳动相对立的异己的权力（fremde Macht）越来越扩大，并且获得越来越广泛和越来越完善的存在，因此相对地来说，活劳动能力的贫穷的主体，同已经创造出来的价值和创造价值的现实条件的规模相比较，形成越来越鲜明的对照。劳动本身越是客体化（objectivirt），作为异己的世界——作为异己的财产（als fremdes Eigenthum）——，而同劳动相对立的客观的价值世界（objektive Welt der Werthe）就越是增大。①

工人的劳动在生产过程中越是通过物相化塑形和构序对象使自身 objectiviren（客体化＝劳动对象化 Ⅰ），也就越是在不属于自己的资本主义经济构式负熵进程中，创造出奴役和剥削自己的异己权力和力量，劳动能力之火同时也就成了劳动对象化 Ⅱ 中保存和增殖资本价值的异化能力。而随着属于资本的 Welt der Werthe（价值世界）和"客观的财富世界"不断扩大，工人作为生命主体就越是贫穷，他所通过劳动辩证法创造出来的"第二自然辩证法"自在运动中资本的异己世界就越大。这个历史现象学所面对的异己的 Welt des Reichtbums（财富世界），当然就是资本主义生产方式特有的经济物相化编码空间中的**异化世界**。

其五，马克思也用**我-它自反性关系**中的"四个对立"，来说明资本主义生产方式中出现的**劳动能力的自我异化本质**。他说，作为"资本主义生产本质"的劳动异化，或者说，

---

① 《马克思恩格斯全集》（第二版）第 37 卷，人民出版社 2019 年版，第 446 页。中译文有改动。Marx-Engels-Gesamtausgabe（MEGA²），Ⅱ/3－6，Text，Berlin：Dietz Verlag，1982，S. 2265.

雇佣劳动即劳动自我异化(selbst entfremdeten Arbeit),这种劳动创造的财富作为异己的财富(fremder Reichthum)和它相对立,它自己的生产力(eigne Productivkraft)作为它的产品的生产力和它相对立,它的致富过程作为自身的贫困化过程和它相对立,它的社会力量(gesellschaftliche Macht)作为支配它的社会力量和它相对立。①

这是继《1844年手稿》之后,Selbstentfremdung(自我异化)概念在马克思中晚期经济学研究中的重要出场。总体上看,马克思这里的表述更像是他对劳动本身异化问题的小结。资本主义的雇佣劳动是 selbst entfremdete Arbeit(劳动自我异化),这是马克思在1844年劳动异化批判构式中就使用过的重要哲学概念。在《1844年手稿》中,受到黑格尔的观念自我异化观点的影响,青年马克思的劳动自我异化是指工人的生命类本质异化为反对自身的力量,"活动是受动;力量是无力;生殖是去势"②。这里,马克思所指认的劳动自我异化,当然不再是抽象的劳动类本质的异化,而是客观发生在资本主义经济物相化编码空间中的劳动能力本身的异化,其思想构境是十分复杂的,它说明了资本主义雇佣劳动制度虽然摆脱了封建专制的外部奴役和控制,却造成了从工人劳动本身出发的自我奴役中的四个对立:一是工人劳动创造的用在性财富异化为 fremd Reichthum(异己的财富),即金钱构筑起来的资本家的价值世界,与工人对立;二是工人的劳动能力自身的生产力异化成"它的产品的生产力",即资本的生产力,与工人自己对立;三是工人的劳动创造的成果异化为资本家日益增殖的财富,与自己的贫困化过程相对立;四是工人劳动中的 gesellschaftliche Macht(社会力量)异化为资本支配的社会力量,与工人对立。这最后一个劳动的**社会力量的异化**问题,是我们在下面即将讨论的马克思在劳动异化批判构式Ⅲ中的新发现。

应该说明的是,相比之1844年前后的劳动异化批判构式Ⅰ—Ⅱ,在这一

①《马克思恩格斯全集》(第二版)第35卷,人民出版社2013年版,第232—233页。中译文有改动。Marx-Engels-Gesamtausgabe(MEGA²), Ⅱ/3-4, Text, Berlin: Dietz Verlag, 1979, S. 1389.

②《马克思恩格斯全集》(第二版)第3卷,人民出版社2002年版,第271页。中译文有改动。Marx-Engels-Gesamtausgabe(MEGA²), Ⅰ/2, Text, Berlin: Dietz Verlag, 1982, S. 239.

新劳动异化批判构式中，马克思没有再直接讨论这种劳动异化关系在意识中的主观呈现问题，即**意识异化**问题。依我的判断，发生在资本主义经济关系事物化颠倒中的物化错认和马克思已经指认的经济拜物教话语，都已经是狭义历史唯物主义构境中意识异化论的另一种科学表述。这当然也会成为批判认识论需要面对的经济物相化之下的伪精神世界。这是我们需要格外注意的方面。

4. 劳动协作中联合关系的异化：资本主义生产方式的实质性生成

在《1861—1863 年经济学手稿》中，马克思第一次讨论了作为"社会生产力"出现的劳动协作中联合关系异化问题。以我的判断，这是马克思在探讨相对剩余价值的过程中发现的一个新的非直观劳动异化现象。可以肯定地说，这是他在之前的哲学异化问题思考和资本主义生产关系的经济学研究中，从来没有遭遇到的新的构序层面。在《巴黎笔记》时期的劳动异化批判构式Ⅰ—Ⅱ中，马克思都没有触碰到这一劳动过程中更深的异化层面。如前所述，马克思是在《布鲁塞尔笔记》和《曼彻斯特笔记》中才开始逐步接触这些"怎样劳作"的工艺和技术方式的微观机制。在《伦敦笔记》的"工艺学笔记"中，马克思更具象地看到了劳动协作的特殊作用。在《大纲》的思想实验中，马克思在讨论相对剩余价值的过程中涉及了劳动协作问题，但没有将其纳入劳动异化的批判构境中来。现在大家就能体会到，之所以我要在前面大量的文本学细读中不厌其烦地指认马克思在经济学笔记中遭遇的不同生产和劳动技能方式，在讨论马克思的经济学方法论之前要专门分析历史唯物主义在经济学研究中的深入，都是为了入境于马克思这里所创立的劳动异化批判构式之深境。依我的判断，这也是他对"李嘉图难题"Ⅰ的真诚面对。

这一问题的缘起，是我们已经讨论过的《1861—1863 年经济学手稿》中马克思思考劳动对资本的形式从属和实际从属问题。在那里，马克思不仅讨论了绝对剩余价值（absolute Mehrwert）的历史形成，也十分具体地剖析了资本主义生产方式中资本家通过提高劳动生产率创造相对剩余价值（relative Mehrwert）的机制。马克思说，"绝对剩余价值是必要工作日超出其界限而延长的结果"。如果工资购买的劳动时间为 8 小时,必要劳动时间为 4 小时,此时的剩余价值率为 100%;可是资本家将工人的劳动时间延长到 12 小时,那么剩余劳动时间就增至 8 小时,剩余价值率则上升到 200%。这是可见的直接盘剥。一般而言,这是资本主义生产方式发展初期,资本家在工场手工业生产过程中主导性的盘剥方式。而随着资本主义工业的发展,资本获得剩余价值的方式也发生了较大的改变,即不是再简单地通过延长劳动时间无偿占有工人的劳动,而更多地是通过提高劳动生产率,大大缩短必要劳动时间,从而获得一种**超出可见时间性盘剥**的新的剩余价值。当然,马克思也专门指认说,提高劳动生产率,并不是资本家的直接目的,"劳动生产率只有当它为资本家实现为利润时,才引起资本家的关心。这正是资本主义生产的局限性,资本主义生产的界限"①。一方面,马克思认为:

> 在没有延长总工作日和减少正常工资的情况下,资本家阶级所以能增加剩余价值,只是因为劳动生产率的提高即劳动生产力的更高程度的发展,使人们有可能用较少的劳动来维持整个工人阶级的生活,较便宜地生产出工人阶级的全部生活资料,从而减少工人阶级再生产自己的工资所必需的总劳动时间量。②

这是说,劳动生产率的提高,必然使得劳动生产力再生产的生活资料所必需的必要劳动时间大大缩短,这样,资本家投入工资中的付出就会减少,"**必要劳动时间的减少就是剩余劳动时间的增加**"。如果说,资本家所付工资购买的 8 小时劳动时间中,原先的必要劳动时间为 4 小时,可劳动生产率的提高使必要劳动时间缩减到 2 小时,那么在不延长劳动时间的情况下,资本家将获得 300% 的剩余价值回报率。另一方面,资本家在追逐利润的过程中,通过劳动生产率水平的提高,也必然导致在同样的时间中生产出更多更便宜的商品,创造出超出商品一般社会价值的超额利润(剩余价值)。马克思说,"在平均利润相同的情况下,超额利润总是具有**转瞬即逝的性质**,超额利润的产生,总是**仅仅**因为采用了生产率更高的机器和更有效的劳动结合。在工业中,由于

---

①《马克思恩格斯全集》(第二版)第 35 卷,人民出版社 2013 年版,第 123 页。
②《马克思恩格斯全集》(第二版)第 32 卷,人民出版社 1998 年版,第 269 页。

平均价格**降低**而提供超额利润的,总是最后出现的、**生产率最高**的资本"①。这是激发资本家大力提高劳动生产率的真正原因。这种通过提高劳动生产率而创造的新的剩余价值,被马克思命名为**相对剩余价值**(*relative Mehrwert*)。在这里,马克思指出,在资本主义工业生产的进程中,资本家提高劳动生产率谋取相对剩余价值的"主要形式是:**协作**(*Cooperation*)、**分工**(*Theilung der Arbeit*)和**机器**或科学的力量的应用等等"②。在讨论协作、分工、机器生产和科学技术在生产过程中的对象化运用时,马克思注意到这样一个十分特别的方面:他发现,整个资本主义生产方式的发展,特别是在劳动生产过程从形式上从属于资本到实际上从属于资本的转换中,近代工业生产中出现的协作、分工、机器和科学技术的运用,成为资本创造相对剩余价值的主要形式。也是在从简单协作和分工里的主体性的结合,到机器化生产里非主体的科技物相化的这个转换过程中,人们在劳动生产物相化中的协作、分工和机器生产(及科学技术应用)中,会产生一个超出人力总和的非直观的**额外的社会生产力**。这是劳动辩证法在**工业生产构序和赋型中全新的组织化进程**。在一定的意义上可以说,资本主义生产方式正是通过一种机器化大生产进程中的复杂**社会力量异化**,创造了整个社会定在对自己的实际从属,从而真正确立了资本关系的统治地位。我注意到,马克思后来在 1865 年写下的《工资、价格和利润》中,谈及劳动社会生产力时指认:"**劳动的社会力量**的日益改进,这种改进是由以下各种因素引起的,即大规模的生产,资本的集中,劳动的联合,分工,机器,生产方法的改良,化学及其他自然因素的应用,靠利用交通和运输工具而达到的时间和空间的缩短,以及其他各种发明,科学就是靠这些发明来驱使自然力为劳动服务,并且劳动的社会性质或协作性质也是由于这些发明而得以发展起来。"③这应该是一个完整的分析。然而在此时的《1861—1863 年经济学手稿》中,马克思则紧紧抓住与工人的劳动相关的上述三种特殊的社会力量及其异化。在马克思看来,协作、分工和科学技术应用(事物化

---

① 《马克思恩格斯全集》(第二版)第 34 卷,人民出版社 2008 年版,第 102 页。
② 《马克思恩格斯全集》(第二版)第 32 卷,人民出版社 1998 年版,第 288—289 页。
③ 《马克思恩格斯全集》第 16 卷,人民出版社 1964 年版,第 140 页。

的机器)这三种特殊的社会力量的异化,并不是货币关系中发生的事物化 I
或者资本关系反向事物化(Ⅱ)为劳动条件的物性颠倒,而与劳动能力异化一
样,都是一种非直观的**关系场境存在论异化**。我觉得,马克思在这里从事的
经济物相化空间中的"黑暗考古学"田野工作,要比后来福柯的"黑暗考古学"
探寻辛苦和艰难得多。虽然出现在资本主义生产过程中的这三种社会力量
并不进入资本与雇佣劳动的交换关系,但它们都畸变和异化为资本支配劳动
的力量。这是历史现象学和批判认识论构境中更深的透视层面,因为它们是
更加难以辨识的。应该特别指出,马克思在这里发现的资本主义生产方式中
出现的这三种异化现象,都是他在 1844 年人本学劳动异化批判构式 I—Ⅱ 中
完全没有涉及的新问题。

　　这里,我们先来看《1861—1863 年经济学手稿》中马克思在资本主义经济
关系异化方面的最新发现之一,也即资本主义工场手工业生产过程中简单协
作下**劳动关联的异化**。这是狭义劳动异化批判构式 Ⅲ 中一个全新的构境层,
也是**劳动异化的第三个构境层面**。显然,这里的劳动协作是特指资本主义工
场手工业时期发生的"简单协作"。在马克思看来,协作"是一切以提高社会
劳动生产率为目的的社会组合(gesellschaftlichen Arrangements)的基础,并在
其中任何一种组合形式中得到进一步的专业划分"①。生产的协作关系赋型
中的关键词是 gesellschaftlich Arrangements(社会组合),这种客观关系编码本
身,就是**单个劳动者通过劳动改变对象之外的、劳动者与劳动者之间共时性**
的特定功能有序关系场境。与发生在每一个工人身上的直接物相化塑形和
构序的劳动能力及其对象化不同,协作编码并非源自一个工人主体性有目的
的爱多斯之相,但协作仍然是由**工人们共同在场的社会组合**突现出来的社会
生产力,这本身是一种总体性关系场境,它构成工业生产中劳动对象化 I 的
重要方面。马克思发现,这个非直观的 gesellschaftlich Arrangements 关系场
境,恰恰是工业生产中社会历史负熵质微观生成的另一个重要来源。这也是
马克思恩格斯在《德意志意识形态》中指认的"怎样生产"的共同活动关系赋
型,这直接构成了资本主义社会物相化关系场境的赋型和编码基础。马克思

①《马克思恩格斯全集》(第二版)第 32 卷,人民出版社 1998 年版,第 289 页。

清醒地看到,劳动中的协同并不是资本主义工场手工业生产的专利,在奴隶制下,奴隶们就会在生产中发生协作,"协作首先是许多工人为生产同一个成果、同一个产品、同一个使用价值(或同一个效用)而实行的直接的——不以**交换**为中介的——**协同行动**"①。然而,即便是这个最简单的协同行动,也不是一个个奴隶个体力量的简单相加,而是他们主体性**共同协力**的客观结果。马克思将这种劳动生产中出现的共同协力称为"一种社会劳动的自然力(Naturkraft der gesellschaftlichen Arbeit),因为单个工人的劳动通过协作能达到他作为孤立的个人所不能达到的生产率"②。这里的 Naturkraft(自然力),并非真是自然界的力量,而喻指这种非个人劳动塑形和构序的整合力量看起来像是人之外的自然力量。马克思指出,在资本主义的工场手工业生产过程中,许多工人在"资本的监督和指挥下",联合在一个工厂的密集空间中进行生产,

> 他们在资本的监督和指挥(Aufsicht und dem Commando des Capitals)下从事劳动。如果说工人进行合作和相关联(zusammenwirken und zusammenhängen),那么他们的这种关联(Zusammenhang)存在于资本之中,换句话说,这种关联对于他们本身来说只不过是某种外在的东西,是资本的定在方式(Daseinsweise des Capitals)。工人的劳动成了**强迫劳动**,因为,他们一旦进入劳动过程,他们的劳动就不再属于他们自己,而属于资本,成为资本的组成部分了。③

在资本控制的手工业工厂中,依我们前面的思境,厂房作为劳动条件,已经畸变为资本关系的异化物,它是经济物相化编码空间中的附属物性实在,聚集于其中的工人个体在"资本的监督和指挥下",利用工具实现自己的劳动物相化活动,这种当下在场的个人的活劳动已经"属于资本",除此之外,在劳动物相化过程中,个体的工人之间还产生了在生产协作中的劳动合作和相互

---

① 《马克思恩格斯全集》(第二版)第 32 卷,人民出版社 1998 年版,第 289 页。
② 《马克思恩格斯全集》(第二版)第 32 卷,人民出版社 1998 年版,第 291 页。
③ 《马克思恩格斯全集》(第二版)第 32 卷,人民出版社 1998 年版,第 307 页。中译文有改动。Marx-Engels-Gesamtausgabe(MEGA²), Ⅱ/3 - 1, Text, Berlin: Dietz Verlag, 1976, S. 244 - 245。

关联,这种劳动协作关系赋型中的合作和关联,当然实现于劳动对象化的效能之中,从而大大提高了劳动生产率。马克思精细地发现,这种发生于工人之间的劳作 Zusammenhang(关联),并不直接作用于生产物相化活动,而是生成一种不可直观的**功能性总体效率**,没影于具体劳动对象化 I 之中,这是劳动辩证法构成中的一个新的隐性机制。然而从外部来看,工人通过劳动协作的共同在场所突现的社会性关系场境力量并不属于工人个人,在资本主义经济物相化迷雾中恰恰表现为外在于工人的东西,异化为 Daseinsweise des Capitals(资本的定在方式)。经过《黑格尔的逻辑学》的思想实验,这里马克思刻意使用的 Daseinsweise(定在方式),已经是一种**不是它自身的自我否定方式**。这里的精巧骗计是:既然这种 Zusammenhang(关联)不属于工人个人所有的劳动能力,那么自然就是支配劳动的资本的生产力。劳动辩证法运动中新生成的关联机制,直接转换为经济事物本身的**非主体机制**,这当然是劳动本身在资本主义生产过程中发生的更隐秘的异化,也会是经济事物"第二自然辩证法"假性运行机制中不易被发现的秘密。我觉得,这也许也是《1844 年手稿》时的青年马克思根本无法触碰到的异化层面。依概念考古的词频统计,马克思在《1861—1863 年经济学手稿》中,共计 95 次使用 Zusammenhang(关联)一词。

在马克思看来,工人之间发生的"协作这种社会劳动生产力(Productivkraft der gesellschaftlichen Arbeit),表现为资本的生产力,而不是表现为劳动的生产力",这背后隐匿着一个更无耻的骗局,因为工人之间的劳动协作所产生的社会生产力构成具体劳动对象化 I 的无形效能机制,当然也会是抽象劳动 I 生成价值的劳动对象化 II 的重要部分,可是,在资本家与工人的"平等交换"中,工人之间的劳动"协作所产生的社会生产力是**无偿的**。单个工人,或者确切些说,单个劳动能力是得到报酬的,而且是作为孤立的劳动能力得到的。他们的协作和由此产生的生产力并没有得到报酬"①。这是马克思过去没有发现的剩余价值生产中的一个明显漏洞。我注意到,蒲鲁东较早地提出了相类似的观点,他在《什么是所有权》一书中指出过,"对于劳动者因团结协作和群

———————————

①《马克思恩格斯全集》(第二版)第 32 卷,人民出版社 1998 年版,第 295 页。

策群力而产生的庞大力量,资本家并没有给予任何报酬"①。马克思现在认为,也由于这种由生产协作产生的共同协力不属于单个工人,资本家就将这种工人劳作之间的在场性协作产生的"社会生产力"无偿地占有。马克思深刻地透视道,在工人与资本家的"公平交易"中,"工人照旧把自己**个人的劳动能力**卖给资本,这种劳动能力是跟他个人的身体长在一起的,但决不是把自己的劳动作为结合劳动的这种**社会力量**的要素来出卖"②。先不说在资本与雇佣劳动的"公平交易"中,资本家实际上是购买了工人长在自己身上的"个人的劳动能力"使用权,于是他已经无偿占有了工人个人劳动能力创造的剩余价值;马克思发现,还有一种工人创造财富的不可见社会力量根本就没有进入交换过程中来,因为这种劳动结合中的社会构序力量,只是在**工人们**的共同生产物相化活动的协作中,才会突现出来的特定社会历史负熵中的场境存在。问题在于,这种协作中的劳动者在生产活动中结成的**关联场境关系**,在资本主义生产过程中似乎从一开始就理所当然地属于资本家,这就生成了一种**不可见的我-它自反性关系场境异化**。不是每一个工人个体劳动物相化能力而是属于劳动者整体活动协作的社会力量,以及这种社会力量创造的**更多财富**,被资本家悄悄地掠夺了。这构成了超额剩余价值的一个新的不可直观的部分,当然,这也是劳动异化关系中经济物相化背后一个更隐秘的层面。其实,这也是前述"西贝尔之辩"中,被当作资本家"精神劳动"的那个管理企业的劳作假象背后的真实关系之一。应该说,这是在经济物相化空间中发生的不利于劳动工人的存在论场境转换,也是批判认识论需要认真辨识的非直观场境机制。

这是由于,当工人作为独立的人,作为自己劳动能力使用权的出卖者与资本家发生关系时,这种关系是单个工人与资本家的关系,即"彼此独立的工人各自和资本家发生的关系,而不是他们相互发生的关系"。然而,当工人们不得不入序于由资本控制的生产过程时,

当他们作为执行职能的劳动能力相互发生关系时,他们就并入了资

---

① [法]蒲鲁东:《什么是所有权》,孙署冰译,商务印书馆1963年版,第139页。
② 《马克思恩格斯全集》(第二版)第37卷,人民出版社2019年版,第346页。

本，因而这种关系对他们来说表现为资本与他们的对立关系，而不是他们自己的相互关系。他们处于密集状态（agglomerirt）。由他们的密集产生的协作，同这种密集本身一样，对他们来说也是资本的结果。工人的相互**关联和统一**（*Zusammenhang und ihre Einheit*）不寓于工人中，而寓于资本中，或者说，由此产生的工人劳动的社会生产力是资本的生产力。①

单个的工人一旦入序于资本主义生产过程，他们就不得不按照资本的支配方式发生相互之间的劳动协作关系，可是他们在劳动中产生的密集合作在总体上不属于工人，而表现为反过来支配他们的资本的权力。工人在劳动物相化活动中发生的协作关系的共同在场，看起来不是属于工人个体劳动的 *Zusammenhang und ihre Einheit*（**关联和统一**）的社会力量，而畸变为资本的生产力。虽然在这里马克思并没有直接使用异化概念，但这里发生的就是一种奇特的我-它自反性**关联场境异化**。也由于在生产过程结束时，这种当下发生的工人之间协作的关联场境随即消失，所以，资本家对其在场突现出来的社会生产力的占有，就理所当然地成了他自己"管理企业"的智能劳作的结果，这是无法捕捉的黑暗处发生的犯罪。马克思深刻地分析道，对于工人来说，

> 只要他们一进入劳动过程，他们就并入了资本，因而他们的协作并不是他们自己结成的关系，而是资本家给他们安排的关系，不是这种关系属于他们，而是他们隶属于这种关系，因而这种关系本身表现为资本对他们的关系。这不是他们相互的联合（gegenseitige Vereinigung），而是一种统治着他们的统一体（beherrschende Einheit），其承担者和领导者正是资本本身。他们在劳动中的联合（Vereinigung）——协作——事实上对他们来说是一种异己的权力（fremde Macht），也就是与各个单个工人相对立的资本的权力（Macht des Capitals）。②

---

① 《马克思恩格斯全集》（第二版）第 32 卷，人民出版社 1998 年版，第 296 页。中译文有改动。Marx-Engels-Gesamtausgabe（MEGA²），Ⅱ/3-1，Text，Berlin：Dietz Verlag，1976，S. 235.
② 《马克思恩格斯全集》（第二版）第 32 卷，人民出版社 1998 年版，第 296 页。中译文有改动。Marx-Engels-Gesamtausgabe（MEGA²），Ⅱ/3-1，Text，Berlin：Dietz Verlag，1976，S. 235.

这里新出现的 fremde Macht(异己权力),是马克思已经揭示的货币的异己权力、资本的异己权力和劳动能力的异己权力之后,由工人协作所产生的社会生产力异化为支配自身的**第四种异己权力**。在前面的讨论中,我们看到马克思已经打通了这个异己权力与异化关系的关联通道。工人之间在资本支配的生产过程中发生的 Vereinigung(联合)关系场境,从一开始就表现为资本的联合力,因为这是在资本家的工厂之外单个工人那里并不可能发生的特定关系,也只有在资本控制的生产过程中工人之间才会发生这种在场性的劳动协作。奇怪的是,这种明明是工人与工人之间的共同联合关系赋型所产生的共时性社会力量,却颠倒地异化为与单个工人相对立的 Macht des Capitals(资本的权力),这是工人自己的 gegenseitige Vereinigung(相互的联合)关系赋型异化为资本的 beherrschende Einheit(统治的统一体)编码。在马克思看来,"随着协作的出现就已经出现了特殊的差别。在这里,劳动是在这样一些条件下进行的,在这些条件下,单个人的独立劳动无法进行,而且这些条件表现为统治他的关系(beherrschendes Verhältniß),表现为由资本缠在各单个工人身上的绳索(Band)"①。这里的条件,显然不是上面讨论过的原料、机器和厂房那样的可见的到场物性劳动条件,而是看不见的生产物相化实现出来的特定场境关系条件,这种场境关系条件本身就是资本套在工人脖子上的奴役性的绳索。马克思形象地说:

> 如果说协作,例如在乐队中,需要有一个指挥,那么,这在资本的条件下所采取的形式与在另外的场合,例如在联合体中可能采取的形式是完全不同的。在联合体中,这是作为一种同其他职能相并列的特殊的劳动职能,但不是作为这样一种权力:这种权力把工人自己的统一实现为对他们来说是异己的(fremde)统一、而把对他们劳动的剥削实现为异己的权力(fremder Macht)对他们进行的剥削(Exploitation)。②

这正是资本主义生产中**相对剩余价值**的隐性来源之一。工人协作中产生的社会联合关系异化为资本的权力,这种异己的结合力创造的劳动生产率

---

① 《马克思恩格斯全集》(第二版)第32卷,人民出版社1998年版,第297页。
② 《马克思恩格斯全集》(第二版)第32卷,人民出版社1998年版,第297—298页。

生成的"相对更多"的超额剩余价值,被资本家冠冕堂皇地无偿占有了。这就是资本主义生产方式中最重要的剥削秘密之一。由此,马克思才进一步指认,"在这个阶段上,劳动对资本的从属不再是单纯形式上的从属,而是会改变生产方式本身,于是**资本主义的**生产方式(*capitalistische* Productionsweise)就成为特殊的生产方式(spezifische Productionsweise)"①。为什么这么推论? 相对剩余价值从资本占有工人之间的社会结合力中的最初发生,意味着劳动对资本的被支配关系开始从形式上的从属转换为实质上的从属。换句话说,劳动异化批判构式Ⅲ中的这个不可直观的社会联合关系场境异化,生成了资本主义生产方式最牢不可破的特殊统治方式确立和编码的重要开端。因为,在早期资本主义的发展中,由于工场手工业生产过程相对较低的生产水平,资本家主要还是通过延长工人的劳动时间直接掠夺绝对剩余价值,这是可以直观的盘剥,而通过对工人协作联合力,以及之后劳动分工中的结合力、科学技术应用下的机器生产中发挥出来的社会生产力的隐性占有,资本主义生产方式才在不可见的相对剩余价值盘剥基础上,真正获得了自己"堂堂正正的合法性和公正外表","第二自然辩证法"成为"天然存在的、最符合人的本性的**自然法**",由此,资产阶级的经济-政治支配成为牢不可破的永恒统治。我以为,这是马克思对资本主义生产方式科学认识中的重大进展。

5. 资本主义生产过程中劳动分工的结合关系赋型异化为资本的统治力量

马克思在《1861—1863 年经济学手稿》中创立的狭义劳动异化批判构式Ⅲ的**第四个构境层面**,是**资本主义生产过程中劳动分工的结合关系赋型异化为资本的统治力量**。这也是 1844 年青年马克思人本学劳动异化批判构式Ⅰ—Ⅱ中未曾涉及的构境层面。固然青年马克思也将分工与劳动异化关联在一起,可劳动分工如何异化的问题并没有被科学地说明。在《1861—1863 年经济学手稿》中,马克思分析完工场手工业生产的劳动协作场境关系

①《马克思恩格斯全集》(第二版)第 32 卷,人民出版社 1998 年版,第 296—297 页。

异化问题之后,继而指认劳动"分工是一种特殊的、有专业划分的、进一步发展的协作形式(entwickelte Form der Cooperation),是提高劳动生产力,在较短的劳动时间内完成同样的工作,从而缩短再生产劳动能力所必需的劳动时间和延长剩余劳动时间的有力手段"①。劳动分工是协作进一步发展的形式,也是资本家在工场手工业生产过程中提高劳动生产率的重要手段。我认为,这会是上述马克思分析简单协作中的**社会生产力异化**批判思路的延续。这应该是马克思第三次集中讨论分工问题。第一次是在《1844年手稿》中,在那里,分工是产生私有财产和劳动异化的原因。第二次是在《德意志意识形态》中,在那里,奴役性的劳动分工取代了人本学异化逻辑的否定性。对此,在《回到马克思》第一卷中,我们已经作过较具体的分析,此不赘述。② 马克思在这里讨论的劳动分工,已经是狭义的在资本主义工场手工业生产中历史性出现的劳动分工。斯密第一次在《国富论》中系统讨论了这种历史性的劳动分工理论。这是马克思此处讨论劳动分工的理论前提。

第一,马克思说,简单协作是"完成**同一**工作的许多工人的协同动作"——虽然协作不是单个工人自己的有目的的爱多斯之相,但它仍然是工人们的主体活动之间直接发生的关联场境——那么,工场手工业中出现的劳动分工则不同,它已经不再是工人劳动活动本身的**主体性**关系场境,而直接表现为一种工人之外的**客观生产法则**,这种在生产过程中发生的"第二自然辩证法"中的客观法则的构序和编码,不是来自劳动者,而是组织生产的资本家。这是劳动分工不同于协作的根本质性。第二,与协作中的劳动者手中的完整劳动活动不同,劳动分工则是将过去一个产品的完整劳动拆分为个体工人手中不同的片断,再从工人之外的生产过程的历时性整体上编码为完整的劳动生产。从历史唯物主义的客体向度上看,这同样是在劳动者个体直接劳动塑形和构序**之外**的一种生成社会历史负熵质的新机制,这也是具体劳动对象化Ⅰ的重要构成因素。不过在马克思看来,劳动分工这种发生在资本主义

①《马克思恩格斯全集》(第二版)第32卷,人民出版社1998年版,第301页。

② 参见拙著《回到马克思——经济学语境中的哲学话语》(第四版),江苏人民出版社2020年版,第六章第三节。

工场手工业生产中的看起来与工人个人无关的"怎样劳动"的构序方式，同样也是资本家通过提高劳动生产率获得相对剩余价值的重要途径。马克思说，在资本主义的生产过程中，

> 分工是生产**同一种商品**的**各个不同**部分的许多工人在一个资本的指挥下的协作，其中商品的每一个特殊部分要求一种特殊的劳动（besondre Arbeit），即特殊的操作（besondre Operation），每一个工人或每一组工人，只是完成某种特殊的操作，别的工人完成其他的操作，如此等等。但是这些特殊操作的总体生产**一种商品**，即一定的、特殊的商品；因而，这种商品中体现着这些特殊劳动的总体（Totalität）。①

显然，这是斯密已经看到的手工业生产中**工场内部的劳动分工**。这里，生产同一个商品的劳动被拆解为"不同部分"，由不同的工人分担，每个处于劳动分工中的工人劳动，都只是这个商品生产功能链的一个 besondre Operation（特殊操作）的片断，只是在生产过程的最后才构成商品生产的劳动 Totalität（总体）。不同于斯密，马克思立即说，其实这种工厂内部的劳动分工已经是**第二种**劳动分工，它的历史性前提是作为商品生产条件的**第一种劳动分工——劳动的社会分工**。显然，这个社会分工当然不是指工业、农业和商业那样更大尺度上的社会分工，而是特指劳动分工中的部门分工。马克思更加明确地界划说，"第一类分工是社会劳动分成不同的劳动部门；第二类分工是在生产某个商品时发生的分工，因而不是社会内部的分工，而是同一个工厂内部的社会分工"②。

首先，马克思具体解释说，第一种劳动分工是"在商品交换中发展起来的社会劳动的分化，不同的劳动部门才互相分离，使每个特殊部门从事专门劳动"。比如采矿业、运输业和工业制造业，在社会总体层面上，这些特殊部门中生产者的"劳动是片面的，他不是直接生产他的生活资料，而是只有通过把自己的劳动和其他劳动部门的产品相交换来获得这些生活资料"。所以，这些专门部门生产的"特殊的商品体现着特殊的劳动种类，个别商品的生产者和所有者，只有通过交换——通过出卖自己的产品，把他的商品转化为货

---

① 《马克思恩格斯全集》（第二版）第 32 卷，人民出版社 1998 年版，第 301 页。
② 《马克思恩格斯全集》（第二版）第 32 卷，人民出版社 1998 年版，第 305 页。

币——才能占有社会生产中属于他的那一部分，也就是所有其他劳动部门的产品中属于他的那一部分"①。这是资本主义商品生产和市场交换得以发生的历史前提。所以马克思说，第二种劳动分工正是以第一种劳动的"社会分工"为自己的"出发点和基础"。马克思反复说，斯密恰恰是混淆了这两种劳动分工，并且，他"没有把分工理解为特殊的、别具一格的、标志着**资本主义**生产方式的特征的形式"②。这是对的。

其次，马克思这里关注的主要是作为简单协作的进一步发展的资本主义生产方式中工厂内部发生的第二种劳动分工。他分析说，"这种分工标志着某种特殊**商品**的生产领域内的各种操作的分化（Vertheilung jeder dieser Operationen），并把所有这些操作分给各类特殊工人，这些工人协作生产出完整的产品，即**商品**，但是它的代表不是工人，而是资本家"③。其实，这里有一个十分复杂的关系场境转换。与前述简单协作中每个工人仍然拥有自己完整的劳动物相化活动不同，劳动分工第一次直接改变了劳动塑形与构序发生的方式，这也是在过去出现的其他社会分工、行业分工和工种分工中从来没有发生过的历史性事件。现在，劳动分工条件下每个工人手中，只有被分化的劳动物相化活动的操作片断，劳动改变对象的这种片断式的操作，只是过去劳动物相化活动中**功能性工序链**的片断。在后面的讨论中马克思也说过，"在资本主义的意义上，**分工**就是生产某种商品的特殊劳动分为一定数量的简单的、在不同工人之间分配而又相互联系的工序"④。在这种劳动分工中，劳动被分为不同工人手中分割开来又关联起来的**客体性工序编码**。如果抽象地从历史唯物主义客体向度看，这本身是工业生产过程中物质生产力的客观进步，因为劳动分工通过对劳动活动结构的改变，大大提高了单位产品生产的劳动生产率。然而，回到我们这里讨论的资本主义生产过程，我们却看到，这是马克思劳动异化批判构式Ⅲ中出现的一个新的断裂点。因为资本主义生产过程背后的**具体劳动物相化塑形和构序活动本身第一次被割裂和碎**

① 参见《马克思恩格斯全集》(第二版)第32卷，人民出版社1998年版，第302—304页。
②《马克思恩格斯全集》(第二版)第32卷，人民出版社1998年版，第306页。
③《马克思恩格斯全集》(第二版)第32卷，人民出版社1998年版，第304页。
④《马克思恩格斯全集》(第二版)第35卷，人民出版社2013年版，第245页。

片化了。这也意味着，劳动对象化 I 本身被直接砸碎了。在某种意义上，那种**以体力劳动为基础的劳动辩证法**从内部被瓦解了，这也为似自然性的"**第二自然辩证法**"生成新的赋型创造了客观前提。这里，工人主体性的劳动实现出来的爱多斯之相，不再是一个完整的劳动对象化 I 功能链总体，这恐怕也是工人劳动主体性的**历史性失败**。因为在劳动分工下的生产过程中，工人手中只剩下原来完整劳动对象化 I 的 Vertheilung jeder dieser Operationen（各种操作的分化），现在，劳动分工下的"他们表现为不独立的，因为他们只有通过协作才能生产出一个完整的商品，即一般商品，其中每一个人不是代表一种特殊劳动，而只代表联合、汇集在一种特殊劳动中的个别操作"①。这里出现的劳动分工之下的"联合、汇集"，不再是简单协作中工人个人完整劳动物相化活动之间的主体性关联和自主性编码，而是**碎片式劳动操作之间的非主体性结合和外部编码**。甚至，马克思和恩格斯在《德意志意识形态》中曾经指认的、作为劳动物相化的自觉的"共同活动"也不复存在，因为这种劳动分工中的"共同活动"（生产力）不再是工人们自己的共同关联在场，而是**由外部的他性总体性**来实现的历时性工序。现在，劳动本身，真的成了主体性物相化活动的 Anderssein（**他性存在**）了。在《德意志意识形态》中，马克思恩格斯已经意识到，"受分工制约的不同个人的共同活动产生了一种社会力量〈将人……的［社会力量］〉(M2)，即扩大了的生产力。因为共同活动本身不是自愿地而是自然形成的，所以这种社会力量在这些个人看来就不是他们自身的联合力量，而是某种异己的、在他们之外的强制力量"②。在那里，这一批判性的分析关联于物役性现象成因的说明。马克思让我们注意，这种劳动分工在劳动者这里，是"把执行每一种特殊职能的劳动能力归结为枯燥的单纯抽象，归结为某种简单的质，这种质表现为始终如一的单调的同一动作，工人的全部生产能力、他的种种才能都为了这种质而被剥夺掉了"③。一是劳动分工中出现的"简单的质"。依前面我们看到的《黑格尔的逻辑学》中关于质的讨论，质的

---

① 《马克思恩格斯全集》（第二版）第 32 卷，人民出版社 1998 年版，第 303 页。
② ［日］广松涉编注《文献学语境中的〈德意志意识形态〉》，彭曦译，南京大学出版社 2005 年版，第 36 页。
③ 《马克思恩格斯全集》（第二版）第 32 卷，人民出版社 1998 年版，第 317 页。

规定总是一种肯定中的否定，然而，这里的"简单的质"又区别于分工前的那种总体性劳动质，因为现在工人手中只剩下总体劳动的一个片断运作的质性。二是在这里我们再一次遭遇马克思的抽象劳动Ⅱ的概念。这不是流通过程的商品交换中现实抽象（Ⅲ）出来的价值关系，而是劳动本身在劳动分工中的碎片式现实抽象Ⅰ，或者叫**无质性非主体的抽象劳动**。因为现在处于劳动分工中的工人劳动，已经不再是完整的总体性劳动，而是被肢解为行动碎片的非总体性抽象劳动。这一点，接近于黑格尔的抽象劳动概念。① 这与简单协作不同，在那里，工人是在同一场合共同完成塑形和构序对象的共时性整体活动；而劳动分工对于劳动者主体来说，已经是一个劳动本身的**非总体化**的过程，当生产物相化的完整劳动被分解为片断性的单一质性的动作时，当这种简单和抽象的劳动碎片高效率地提高生产率时，工人个体完整的劳动能力和创造性才能在劳动生产中都被彻底地剥夺了。现在，劳动分工中的生产物相化的总体性，不再是工人个人劳动物相化中对象化劳动Ⅰ的主体总体性，而是畸变为资本的客体支配总体性，而资本家是它合目的性的人格化代表。这种看起来由资本的总体性支配的劳动分工创制的劳动生产率及其创造出来的相对剩余价值，很自然地落入资本家的口袋中。这同样是"西贝尔之辩"中资产阶级理直气壮的地方。

显而易见，马克思此处更关心的是，劳动分工作为资本的总体生产力所产生的深刻**场境关系赋型异化**。可以看出，马克思这里的分析与前述协作力的异化分析是同向的。他让我们关注，在资本主义劳动分工中出现的劳动物相化活动本身分割后出现的特定**结合**（Combination）场境。不同于前述简单协作中的劳动者之间主体性 Zusammenhang（关联）和 Vereinigung（联合），这种劳动分工中的 Combination（结合），"也就是这样一种意义上的协作，这种协作在分工中已不再是同一些功能（Functionen）并列（Nebeneinander）进行，或同一些功能的暂时划分，而是把总体性（Totalität）功能划分为各个组成部分并把这些不同的组成部分结合在一起"②。劳动分工，不再是简单协作中不同工

---

① 参见［德］黑格尔《法哲学原理》，范扬、张企泰译，商务印书馆 1961 年版，第 210 页。

② 《马克思恩格斯全集》（第二版）第 32 卷，人民出版社 1998 年版，第 317 页。中译文有改动。Marx-Engels-Gesamtausgabe（MEGA²），Ⅱ/3 - 1，Text，Berlin：Dietz Verlag，1976，S.253.

人劳动物相化活动在共时性空间上的 Nebeneinander(并列),而是将所有劳动者手中的 *Totalität*(**总体性**)的劳动物相化活动本身,分割为历时性过程中的不同部分,再重新将其结合在一起。这个重要的 Totalität(总体性)又在场了,不过,这一次它不再是指复杂社会赋型中一定生产关系的统治地位,而是特指劳动活动中塑形和构序对象的 Function(功能)总体性。在海德格尔那里,则是上手性的功能"环顾"整体。以往,在劳动者通过工具改造对象的劳动物相化过程中,这种功能性的总体性塑形和构序是社会历史负熵质形成的关键性因素,可现在,它却在劳动分工的非总体化过程中被解构了,因为这里出现在生产过程中的功能总体性划分和重新 Combination(结合)赋型,不再是个体工人自己的主体性目的和劳作爱多斯意愿。如果说,劳动分工之缘起会是劳动者自身的劳作方式改变,可现在出现在资本主义生产过程中的劳动分工,已经表现为资本的经济爱多斯之相和资本家头脑中的"智能劳作"。这也是"西贝尔之辩"中的重要证言。特别是这种特殊的外部功能链编码中的 Combination(结合)赋型,已经不再是简单协作中工人之间**共同在场活动中的合力**,它并不存在于单个工人主体活动之中。如斯密所描述的发生在工场手工业的那个别针分工中的所有工序中的劳动由不同的工人个人承担,可是这种分工劳作之后的**重新结合**却不是工人自主完成的,他所进行的那个片断化的动作,只是构成最终商品总体性到场中的他性 Combination(结合)的被动编码微粒。马克思后来说:

> 工场手工业内部的分工是以提供某种**一定的**产品的各种不同的操作的**直接**结合(*unmittelbare* Combination)为前提的。这种产品只有作为这些结合性操作(combinirten Operationen)的结果才成为商品。反之,每个局部操作生产的局部产品不会成为商品。在这里,协作的实现并不是通过某一生产过程的产品一开始就作为商品进入另一生产过程,因而通过互相分离的各种劳动的互相补充。相反,各种劳动的**直接**结合在这里是使它们的共同产品作为商品出现在市场上的前提。①

---

① 《马克思恩格斯全集》(第二版)第 32 卷,人民出版社 1998 年版,第 354 页。中译文有改动。

工人的劳动物相化活动整体，在分工中变成了生产过程的"局部操作"，他们个人手中的片面劳动结果并不能构成完整的产品，只有将这些分开的局部操作（碎片化动作）*unmittelbare* Combination（**直接**结合）起来，才会完成商品生产。也正是在这个表象上，资产阶级才会将这种看起来外在于工人个体劳动的 Combination（结合）关系赋型窃为己有。然而，马克思发现，这种不可直观的"互相分离的各种劳动的互相补充"，特别是单个工人碎片式动作的combinirten Operatione（结合性操作），并非发生在工人之外，而就是内嵌在工人们这些被切碎的劳动动作之中，每一个总体性的微粒正是对象被生成社会历史负熵质的微细进展。斯密那个劳动分工下的每个制钉工人，虽然只是完成了从原料到成品塑形和构序的一个微细部分，可在最后一位工人那里，钉子是在工人们的接续不断的努力之下完成的。这也表明，虽然 combinirte Operationen 并非发生在一个工人的劳动活动中，却完全是工人们在分工条件下发生的结合关系场境赋型突现出来的社会生产力的结果。可是，这一重要的关系场境式的社会生产力，却同样不进入资本与雇佣劳动的交换关系，而直接被资本家当作自己的东西无偿占有了。与前述简单协作联合生成的社会生产力被资本家无偿占有一样，这里"生产过程中劳动的分工和结合（Combination），是不费资本家分文的一种机器。资本家支付报酬的，只是单个的劳动能力，而不是他们的结合，不是劳动的社会力（gesellschaftliche Kraft）"①。并且，在经济物相化编码的迷雾中也就生成了历史现象学构境中的一种奇怪假象：这个**直接结合的总体性脱型和畸变成资本的支配性力量，工人们自己的社会生产力量异化为支配和奴役他们的一种异己权力**。这是**第五种我－它自反性的** *fremde Macht*（**异己的权力**）。

结合劳动的关联（Zusammenhang der combinirten Arbeiten）即结合劳动的统一，对个别工人来说是资本家的**意志**、人格的统一、支配和监督；工人自己的协作也完全一样，这种协作对他们来说不表现为他们的行为，不表现为他们自身的社会生存（gesellschaftliche Existenz），而表现为

①《马克思恩格斯全集》（第二版）第 37 卷，人民出版社 2019 年版，第 186 页。

把他们结合在一起的资本的定在(Dasein des sie zusammenhaltenden Capitals),表现为资本在直接生产过程即劳动过程本身中的某种定在形式(Daseinsform)。①

劳动分工条件下工人们之间接续不断的结合性操作——这一表现在新型劳动构序中的劳动主体性赋型功能,在资本控制的生产过程中,不再表现为工人自己的主体性行为和gesellschaftliche Existenz(社会生存),却颠倒地表现为不属于他们的资本结合力的Dasein(定在),这就是一种被遮蔽起来的全新的劳动异化层面了。这里,我们再一次看到马克思在《黑格尔的逻辑学》中思考的那个不是它自身的否定性的资本的Dasein(定在)和Daseinsform(定在形式)。马克思十分细致地分析说,在劳动分工之下的资本主义生产过程中,

> 对于工人本身来说,并不存在行动的结合(Combination von Thätigkeiten)。相反,结合是每一个工人或者每一组工人所从属的那些片面功能(einseitigen Functionen)的结合。工人的功能是片面的,是抽象的,是一个部分。这里所构成的整体(Ganze),其基础正是工人的这种**单纯的部分定在**(*blosen Theildasein*)和孤立在个别的功能上的状态。因此,是这样一种结合:工人在这种结合中只是它的某一部分,这种结合的基础是工人的劳动不再成其为结合的劳动。**工人是筑模这种结合的砖块**(*Die Arbeiter bilden die Bausteine dieser Combination*)。但是,结合不是一种属于工人本身并从属于作为联合者的工人的关系。②

马克思的意思是说,相对于工人个体来说,他们手中业已碎片化的blosen Theildasein(单纯的部分定在)、只具有"片面功能"的劳动动作,并没有直接构成这种劳动分工中的重新结合,Combination(结合)恰恰是他们已经被分割为碎片的劳动功能(简单动作)的关系场境式的功能链Ganze(整体)。然而,在资本主义生产过程中,似乎工人只是提供了总体性生产结合的砖块,而生产

---

① 《马克思恩格斯全集》(第二版)第32卷,人民出版社1998年版,第355—356页。中译文有改动。Marx-Engels-Gesamtausgabe(MEGA²),Ⅱ/3-1,Text,Berlin:Dietz Verlag,1976,S.285-286.

② 《马克思恩格斯全集》(第二版)第32卷,人民出版社1998年版,第318页。中译文有改动。Marx-Engels-Gesamtausgabe(MEGA²),Ⅱ/3-1,Text,Berlin:Dietz Verlag,1976,S.253.

中 bild(筑模)为完整商品的编码力量却成为一种异己性的统治力量,这种力量不再属于工人,而异化式地属于生产过程之外的资本家。

　　结合[尽管它事实上无非就是工人协作的一种定在(Dasein der Cooperation der Arbeiter),是工人在生产过程中的一种社会行为(gesellschaftliches Verhalten)]就是一种同工人对立的外在的、统治工人并控制工人的力量,而这种力量实际上是资本本身的力量和存在形式(Macht und eine Existenzform),每一个单个工人都从属于资本,他们的社会生产关系也属于资本。另一方面,结合存在于又作为属于资本家的商品的完成的产品中。①

　　实际上,劳动分工中完成的这种结合力量,当然是工人劳动的一种社会力量,虽然它被碎片化了,可它仍然是工人劳动辩证法运动的一种特殊 Dasein(定在)。但在资本主义生产过程中,它却异化为资本控制工人的外部经济事物辩证法运动力量,这是一种马克思过去从来没有涉及的劳动异化层面,即**劳动结合关系赋型的异化**。这也是马克思劳动异化批判构式Ⅲ中的新发现。在这里,马克思同样没有直接使用异化概念。还可以看到,经过《黑格尔的逻辑学》的思想实验,Dasein(定在)概念在异化关系中的出场,总是一种自我否定的关系场境呈现自身。马克思分析说,在资本主义生产方式中,

　　由分工即劳动的这种社会定在方式(Daseinsweise)引起的生产力的提高不再是工人的生产力,而是资本的生产力。这种结合劳动的**社会形式**(*gesellschaftliche Form* dieser combinirten)作为资本的定在(Dasein)与工人相对立。结合作为有强大威力的天命(übermächtiges Verhängniß)与工人相对立,工人受到这种天命的支配是由于他的劳动能力变成了完全片面的职能,这种片面的功能(einseitige Function)离开整体机制(Gesammtmechanismus)就什么也不是,因此,它完全要依赖于这个整体机制。工人本身变成了一个简单的零件。②

---

① 《马克思恩格斯全集》(第二版)第 32 卷,人民出版社 1998 年版,第 317—318 页。中译文有改动。Marx-Engels-Gesamtausgabe(MEGA²), Ⅱ/3-1, Text, Berlin: Dietz Verlag, 1976, S.253.
② 《马克思恩格斯全集》(第二版)第 32 卷,人民出版社 1998 年版,第 319 页。中译文有改动。Marx-Engels-Gesamtausgabe(MEGA²), Ⅱ/3-1, Text, Berlin: Dietz Verlag, 1976, S.254.

这是说,提高生产力的劳动分工与结合,本来是资本主义生产方式中工人的劳动实现的特殊社会 Daseinsweise(定在方式),然而,劳动分工中出现的工人们"结合劳动的**社会形式**"却异化为"资本的定在",它作为不是自身的支配劳动的"有强大威力的天命"与工人对立。悲剧在于,劳动分工之下手中只有片面劳动功能的工人,离开了这种异化的功能编码的"**自然辩证法**"的"整体机制"而变成一个简单零件的工人,就"什么也不是"。在马克思看来,"分工使劳动的**社会生产力**,或者说,**社会**劳动的生产力获得发展,但这是靠牺牲工人的**一般生产能力**来实现的。所以,**社会生产力**的提高不是作为工人的劳动的生产力的提高,而是作为支配工人的权力即**资本**的生产力的提高而同工人相对立"①。这里更可怕的异化事实是,工人活劳动创造的主体性劳动辩证法运动,现在从属于自己创造出来的外部结合机制,因为这种外部机制现在体现为奴役他们的资本的力量。

也是在这里,马克思得出了他关于资本主义生产方式真正成为统治性的生产方式的结论。他说,恰是因为劳动分工及结合异化的出现,"资本主义生产方式已经从本质上控制并改变了劳动",因为,"这已经不再只是工人对资本的**形式上的**从属(*formelle* Subsumtion):即工人在他人的指挥和监督下为他人劳动。这也不再只是像在简单协作中那样,是一个工人和其他许多工人同时共同劳动,和他们同时完成**同一项**工作,这就会使他的劳动本身不发生任何变化,只造成暂时的联系"。② 而在资本主义的劳动分工之下,

> 由于工人的劳动能力转化为就其总体来说构成工场的那个整体机制(Gesammtmechanismus)中某一部分的简单功能(blose Funktion),因此工人就不再是商品的生产者了。他只是某种片面操作(einseitigen Operation)的生产者,这种操作一般来说只有同构成工场的整个机制(Ganzen des Mechanismus)发生联系,才能生产某种东西。因此,工人是工场的活的组成部分,他通过他的劳动方式本身变成了资本的附属物,因为他的技能只能在一个工场里,只是作为一个代表资本的定在(Dasein

---

① 《马克思恩格斯全集》(第二版)第 34 卷,人民出版社 2008 年版,第 259 页。
② 参见《马克思恩格斯全集》(第二版)第 32 卷,人民出版社 1998 年版,第 318 页。

des Capitals)而与工人相对立的机制的环节(Ring eines Mechanismus)才能发挥作用。①

因为工人的劳动方式在分工中发生了根本的改变,所有工人个体的劳动,在分工中成为一个异化于他的整体编码机制的"简单功能",他的劳动成了一种"片面操作",这种简单化的和片面的动作如果离开了异化为 Dasein des Capitals(资本的定在)的整体编码机制的结合,它就无法存在,这必然使得工人的劳动存在方式成为"资本的附属物"。马克思认为,资本主义生产方式中出现的劳动分工与结合总体性的异化,也从根本上改变了生产过程对资本的形式上的从属,而将整个劳动-生产方式变成实质性地从属于资本,从而真正确立了资本主义生产关系牢不可破的统治地位。

6. 机器生产神话:一种被遮蔽起来的劳动异化

如果说,在前面关于劳动异化的讨论中,马克思分别讨论了进入生产过程时劳动条件、劳动能力、劳动联合与劳动分工中出现的结合力的异化,涉及作为工具和原料的劳动资料、劳动者主体活动和劳动者主体际关系赋型的异化问题,那么,当资本主义的生产从工场手工业阶段进入机器化生产阶段后,劳动异化关系则发生了更加复杂的变化,这就是可见机器生产中发生的隐蔽劳动异化,这是狭义的劳动异化批判构式Ⅲ的**第五个构境层面**。作为技术客体的机器异化,是在透视劳动资料中的新形式——机器生产(非主体塑形和构序),并且,这不再是作为劳动条件的生产资料(事物化Ⅱ)的异化,而是与资本主义生产过程中出现的全新的**事物化(Ⅲ)颠倒**相关联的。在直接的事物辩证法的客体运动中,它也生成了全新的**机器物役性**假象,这是历史现象学构境中一个极其复杂的劳动异化关系场境,也会使批判认识论的辨识难度大大加深。这同样是1844年青年马克思劳动异化批判构式Ⅰ—Ⅱ中未曾涉及的层面。马克思对资本主义机器化生产的关注,是在1845年开始的《布鲁

---

① 《马克思恩格斯全集》(第二版)第32卷,人民出版社1998年版,第319页。中译文有改动。Marx-Engels-Gesamtausgabe(MEGA²), Ⅱ/3-1, Text, Berlin: Dietz Verlag, 1976, S. 254.

塞尔笔记》和《曼彻斯特笔记》中。与上面三个方面(2—4)的隐性场境异化关系不同,事物化(Ⅱ)颠倒中到场的机器是人们在生产过程中遭遇的 Bekannt(熟知的东西),除去机器作为进入生产过程的劳动条件的异化,**机器化生产本身**,也发生着一种经济物相化关系场境存在论中新的事物化(Ⅲ)颠倒和异化场境,机器的自动生产,构筑了"第二自然辩证法"客体运动的全新赋型。并且,马克思甚至认为,"采用机器使雇佣奴隶制永久化"①。这是一个极其重要的断言。

在前面第十一章的讨论中,我们已经在历史唯物主义构境中初步涉及抽象的机器生产问题,这里,我们将进入马克思关于资本主义机器生产过程的批判性具体构境中来。马克思发现,"机器表现为由资本主义生产方式引起的一般生产方式的**革命**"②。这当然是一种客观的肯定。因为这里"在所使用的劳动资料(angewandten Arbeitsmitteln)上发生的一种革命(Revolution),它造成了生产方式和生产关系的重塑(umgestaltet);因此,在当前的场合,这是资本主义生产方式特点(die capitalistische Productionsweise charakterisirt)的特殊的革命"③。显然,这里马克思所说的生产资料并非指所有劳动所需的物性条件,而是集中在生产工具的系统变革产物——机器上。可以看到,马克思在面对机器化生产过程时直接使用了 Revolution(革命)这样一个十分激进的概念,并且,明确指认这种机器生产引发的生产方式和生产关系的革命本质上是整体性的 umgestaltet(重塑)。Umgestaltet 也可以译作场境转换。这里作为生产活动中介的劳动资料上发生的革命,在历史唯物主义的客体向度上被提到了生产方式和生产关系变革的高度。这当然是一个极其重要的事件。马克思在1863年1月28日给恩格斯的信中这样写道:"我正在对机器这一节作些补充。在这一节里有些很有趣的问题,我在第一次整理时忽略了。为了把这一切弄清楚,我把我关于工艺学的笔记(摘录)全部重读了一遍,并且去听韦利斯教授为工人开设的实习(纯粹是实验)课(在杰明街地质学院里,赫胥

---

① 《马克思恩格斯全集》(第二版)第34卷,人民出版社2008年版,第647页。

② 《马克思恩格斯全集》(第二版)第37卷,人民出版社2019年版,第197页。

③ 《马克思恩格斯全集》(第二版)第37卷,人民出版社2019年版,第34—35页。中译文有改动。

　 Marx-Engels-Gesamtausgabe(MEGA²),Ⅱ/3−6,Text,Berlin:Dietz Verlag,1982,S.1915.

黎在那里也讲过课)。"①这里马克思提到的"工艺学笔记",也就是前面我们已经讨论过的《伦敦笔记》中的第 15 笔记。那么,资本主义机器生产是什么样的革命呢?这就是著名的**两次工业革命**。

第一次工业革命是劳动者**主体驱动的工具转化为劳动者之外的客体的机器系统**。马克思说,"资本主义生产方式所特有的工业革命(industrielle Revolution),正是起源于同加工的材料直接接触的那一部分工具的变革"②。也就是说,工业革命开始于生产过程中劳动者通过劳动物相化直接改变对象时的工具变革,有如我们在前述马克思"工艺学笔记"中看到的从人工纺织到纺织机和从手推磨到机械磨等,这一革命的关键,是劳动活动借以让"自然作用于自然"(黑格尔语)的那个主动方面的改变。这里需要讨论的是:马克思所说的工具的变革或者说从工具到机器发生的 Revolution(革命)究竟是指什么?我们知道,人的工具是劳动者自己的劳动爱多斯之相实现出来的具体功能反向对象化到工具模板编码中,以便在下一次的生产中激活编码与重现已有的劳动塑形和构序的惯性机制。工具最大的本质是**复活**劳动者主体性劳动活动的物性中介。一句话,是**劳动者掌握工具**。无论是从最早的石器工具到犁、铲、镰、锯,还是马克思提及的手推磨,都是劳动者手中由主体支配的工具。这正是工艺学研究的对象。可是,当工具在资本主义的工业生产中发展到机器时,这种被精心构序和创制起来的"系统工具"的编码本质与它在生产中的作用和地位已经从根本上被改变了。机器不再是劳动者技能的反向对象化结果,而是**技术对象化的客体**,由此,机器生产客体运行机制的**技术**取代了劳动者操控工具的**工艺**。甚至在这个意义上,技术客体会呈现出某种特定的**亚主体性**。在今天的机器人和人工智能系统后续发展中,这种亚主体性成为实然。

这可以分为两个阶段:一是简单的机械取代手工劳动。在马克思看来,"工业革命并不开始于动力,而是开始于英国人称 working machine 的那部分

---

①《马克思恩格斯全集》第 30 卷,人民出版社 1975 年版,第 317 页。马克思于 1863 年初重新分析了机器在资本主义生产中的应用问题,并续写了《1861—1863 年经济学手稿》第 5 笔记本的最后部分,以及第 19 和 20 笔记本。

②《马克思恩格斯全集》(第二版)第 37 卷,人民出版社 2019 年版,第 36 页。

机器,就是说,并不是开始于譬如说转动纺车的脚被水或蒸汽所代替,而是开始于直接的纺纱过程本身的改变和人的一部分劳动的被排除,而人的这部分劳动不是单纯的力的使用(譬如踩轮子的踏板),而是同加工、同对所加工的材料的直接作用有关的"①。工业革命不是开始于原先使用工具的动力,而是"直接作用"于对象的劳动物相化活动,在机械纺纱机的劳作中,纺纱机的动力仍然是人的手脚,但运转的机械纺纱轮的机械技术,取代了手工劳动中直接用手梳理毛团并构序为棉纱的那"部分劳动"的工艺。这是人与自然能动关系中的重要改变。二是作为工作机出现的机器。马克思具体分析说:

> 工业革命首先涉及到的是机器上进行工作的那一部分。动力在这里一开始还是人本身(Mensch selbst)。不过,以前需要由技术能手(Virtuosen)运用工具来完成的那些操作,**现在**是这样来**完成**的:把直接由人的最简单的机械动作(转动手柄,踩动轮子的踏板)所产生的运动**转变成**工作机的精细运动(raffinirten Bewegungen der Arbeitsmaschine)。②

比如从手推磨到机械磨、手工纺织机到纺织机器的转换。这是说,原来需要劳动者主体性"技术能手"用手或脚完成的技能操作,如转动磨的手柄、踩踏纺织机的踏板,现在转换成不再需要手和脚用力的工作机的客体技术运动;劳动物相化不再是工人直接的主体编码活动,而是与主体无关的客体机器运转中的科技信息编码-生产物相化。可能,这也是**狭义的工艺学向技术学的转换的起始**。以前,曾是工场手工业生产中由手和脚操作的"独立的工具,现在仅仅作为一整套同类工具的一个组成部分而起作用"③,这是机器生产摆脱工人**直接劳动**的关键性一步。一是机器被创制出来,已经不再是劳动者的劳作技能被反向对象化到工具模板编码中,而是体力劳动者之外全新的科技物相化的最后结果。机器被生产出来的爱多斯之相,不再来源于工人主体的技能和经验,而是技术和科学信息编码的非及物塑形和构序,这是人与自然能动关系中新的主体性前端,这使得生产过程成为科学技术爱多斯之相物相化的

①《马克思恩格斯全集》第30卷,人民出版社1975年版,第318页。
②《马克思恩格斯全集》(第二版)第37卷,人民出版社2019年版,第37页。
③《马克思恩格斯全集》(第二版)第37卷,人民出版社2019年版,第38页。

过程。二是机器在生产中的作用,也不再像工具那样是激活编码和重构工人的主体性惯性劳动活动,而是离开工人掌握的技术客体的客观生产功能链的运转,这使得生产过程获得了一种更有效的技术运转机制和客观法则。三是机器不再是工人主体手中掌握的工具,反过来作为亚主体的技术客体机器支配生产过程中的工人。我觉得,马克思将机器的出现视作生产方式的革命,是因为上述从工具到机器的发展彻底改变了工业生产的"怎样生产"的模式,这导致了机器化大生产的全新生产力跃升。依我的看法,这正是马克思通过多次工艺-技术学研究获得的重要认识。

第二次工业革命的本质是**机器自动化生产的革命**。也是在这个历史唯物主义客体向度的构境层中,马克思说,"继这第一次大工业革命(ersten grossenindustriellen Revolution)以后,采用蒸汽机作为产生运动的机器,则是第二次(zweite)革命"①。这也就是说,如果第一次工业革命的核心变革是从工具到机器,那么第二次工业革命的重点,则是机器**自动生产技术**的出现。这也是真正的**技术客体**的诞生。后来,西蒙栋②具体讨论了"技术客体的存在方式"问题。在马克思看来,资本主义机器化自动生产的本质,是在机器生产物相化的基础上,蒸汽机的全新动力源泉使原先在劳动者之间发生的关系赋型与构式,全都转移到机器构件间的工序链赋型和机器系统自身的自动编码的技术客体上来了。因为,客观地说,机器作为技术客体的具体表现有三:一是易产生疲劳和不稳定的主体肢体运动构成的劳动主体物相化塑形和构序,变成规则性的不间断机械自动运转中的**机器客体物相化**;二是生产中原先起决定作用的主体生命节奏,现在转换为机器的规律性刚性技术生产节奏;三是原来与工人的主体性劳动技艺相关的劳动物相化过程,现在变成了机器自身

---

①《马克思恩格斯全集》(第二版)第37卷,人民出版社2019年版,第37页。

② 吉尔伯特·西蒙栋(Gilbert Simondon, 1924—1989),法国哲学家。出生于法国东南部的圣艾蒂安市,毕业于巴黎高等师范学校、巴黎大学。1958年,在乔治·康吉莱姆的指导下通过博士论文《形式与信息概念中的个体化》(*L'individuation à lalumière des notions de formes et d'information*)。1960至1963年在普瓦提埃大学任教,1963至1969年在巴黎大学人文科学院工作。他有关个体生成(individuation)及技术与文化的思考极大地影响了包括吉尔·德勒兹、布鲁诺·拉图尔、贝尔纳·斯蒂格勒等在内的众多当代思想家。代表性论著有:《技术客体的存在方式》(*Du mode d'existence des objets tech-niques*, 1958)、《心理与集体个体化》(*L'individuation psychique et collective*, 1989)等。《技术客体的存在方式》一书,已经被译为中文,2024年由南京大学出版社出版。

的技术工序编码和客体运作的科技-生产物相化过程,在这里,科技主体性转换为技术客体的亚主体性。对于提高劳动生产率来说,这当然是一次彻底的革命性进步。如果说,进入资本主义的工业生产阶段后,对于工场手工业生产过程中的简单协作或劳动分工,我们还是比较容易将生产过程还原为工人的劳动过程,而在机器化自动生产中,劳动过程直接逆转为客体机器为主导的技术生产过程。这恰是"李嘉图难题"Ⅰ的关键性缘起,也是马克思相对剩余价值理论主要针对的问题域。

在这里,我们需要思考的问题有二:第一,是资本主义机器化生产过程中实际上出现了一个**劳动物相化、机器生产物相化和科技物相化**交织的复杂**经济物相化编码**关系。一是如果从广义历史唯物主义的客体向度上看,劳动物相化是指工人参与制造机器的具体塑形和构序过程,但他们创制机器的爱多斯之相,是来自科技物相化前端的非及物原发性塑形和构序的设计信息编码,机器本身制造的劳动物相化则是科技物相化的后端结果,而当自动化机器投入物质生产过程时,则呈现出**无主体**的技术客体自身的生产物相化过程。二是在现实的资本主义生产过程中,活劳动和劳动条件都是货币购买来创造剩余价值的经济事物,科技物相化、机器生产物相化和劳动物相化过程都是资本关系实现自身增殖的不同经济物相化编码中经济定在的在场性环节。

第二,如果机器由作为资本的货币购买且投入生产过程中来,除去劳动交换关系事物化(Ⅰ)颠倒为货币物和资本关系事物化(Ⅱ)颠倒为劳动条件物之外,作为技术客体的机器本身,还会是生产机器的工人劳动和从属于资本的科技物相化关系的第三种特殊的事物化(Ⅲ)颠倒。这是**事物化颠倒的三次方**。在批判认识论的意义上,在生产过程中到场的机器,不是我们直观中的对象物,而是黑格尔所说的 verschwindend darstellt(正在消逝的东西),因为它作为不是它自身的经济定在,同时是历史现象学构境中**三种事物化颠倒整合构序起来的隐性异化场境**。这种异化的本质,仍然是劳动辩证法的不在场和资本关系的隐性历史在场。这也是"第二自然辩证法"在生产过程中的高级运动形态。

在马克思看来,在资本主义两次工业革命之后发生的事情有二:第一,工人主体性的工具使用工艺,彻底消逝在机器自我编码和运转的客观技术客体功能链机制中。这里出现了人的活动事物化(Ⅲ)颠倒为物性客体机器的技术机制的现象。马克思说,"由工人的工具(它的生产率取决于工人的技巧并需要他的劳动在劳动过程中充当中介)变为机械的工具"①。在工场手工业生产过程中,工具在劳动过程中的作用是由工人主体性的工艺技巧来支配的,有如海德格尔所指认的上手性的锤子,在那里,总是"工人的技巧"支配着工具;可是到了机器化生产中,工人的主体性技艺"充当中介"的作用彻底消失了,上手性的乡愁则被彻底删除,我-它自反性关系中的"我"被根本祛除了,以体力劳动为基础的劳动辩证法历史性地不在场,因为机器生产的过程成了与主体无关的技术客体自身的机械工序发挥编码功能。这也必然造成工人与机器在生产中的关系的颠倒。马克思说,现在"工具已经不是由人来操纵,而是由人所创造的机械(Menschen gemachter Mechanismus)来操纵"②。这里的工人之外的**机械操纵**,就是我说的**亚主体性(它-我)**,资本主义生产过程中技术客体的亚主体性本身就是我-它自反性畸变为"它我-它"关系场境的异化。马克思这里的表述中埋下了重要伏笔,即这里的 Menschen gemachter(人所创造的)。这里的深刻构境为:其一,机器本身的生产是由工人劳动物相化塑形和构序完成的;其二,这种塑形和构序的原型是科技物相化中的智能劳动的创制力。然而,一是机器生产过程中的生产物相化,已经不再是工人的劳动,而是机器运作前端的操作构件(有如钻头、车床刀具和激光等),与过去劳动过程中工人主体性地使用客体工具不同,机器生产中已经不存在主体性的使用,只有客体操作,或者是被转移了的亚主体操作。这里的"它我-它"关系本身是一种颠倒的主客体辩证法关系。二是在人与机器的劳作关系中,却颠倒为机器控制生产和支配人。这也意味着,历史辩证法中最重要的生产辩证法,颠倒地表现为技术客体机器自在运动的"自然辩证法",这当然是似自然性的"第二自然辩证法"的最新形式。

第二,劳动协作与结合关系的主体关系场境组合迁移到机器的客体自动编码系统的客体赋型之中。这还是上述那个事物化(Ⅲ)颠倒的继续。马克思发现,在资本主义机器化大生产中:一是"只有两只手和两只脚"的劳动之

---

① 《马克思恩格斯全集》(第二版)第 37 卷,人民出版社 2019 年版,第 74 页。
② 《马克思恩格斯全集》(第二版)第 37 卷,人民出版社 2019 年版,第 73 页。

间的简单协作关系赋型,现在已经变成了机器上的"**工具的组合**(*Reunion dieser tools*)"。这意指着,机器生产"消灭了简单协作(einfache Cooperation)",原来劳动者之间的主体性的共时协作(联合)关系,直接消隐为机器内部的工具与工具之间的编码组合关系,这是一种社会历史负熵质生成的新型来源。二是原先发生在劳动分工中工人与工人之间在生产过程中的主体性历时接续结合关系,现在成了工人之外一个接着一个的生产过程上依次对原料进行加工的各种机器的互相结合(Combination der durch verschiedne Maschinerie),而且,转换为"生产过程的连续性以及各种机器在它们的各个阶段进行的过程的**体系**或结合"①。可以看到,马克思这里的分析是非常具体和微观的。他发现,劳动者在分工条件下所生成的社会结合力,现在已经没影在机器技术客体自身的整体功能链接机制中。这也意味着,原来经过努力还可以探究的劳动者的共同活动关系的结合赋型,完全变成了机器系统内部**客观工序编码**所发生的相互链接关系,这样,**主体性的结合关系赋型**则被技术客体工序运转机制彻底替代了。这是技术客体亚主体性的另一种表现。三是"各阶段作业的相应的预制机器(preparatory machines)相连接",使机器化生产完全成为一个**无主体的客观机制运行**的过程,物质生产成了技术客体机器构件与机器之间的物性编码和功能控制链,机器化生产中的劳动者现在被废除了手脚,只留下了观察和监督的眼睛。如果说在工场手工业生产过程中,我们还可以通过历史现象学,指证劳动协作和分工条件下社会结合力异化为资本生产力的本质,这里,客观的机器运转则消除了这一切。作为技术客体的机器就是资本的生产力。这是批判认识论构境中新的破解难点。

面对工业革命中发生的这些深刻的改变,李嘉图等资产阶级经济学家和所有资本家都会认为,劳动价值论由此在机器生产中丧失了它最后的地位。这是我们在前面的"李嘉图笔记"中已经遭遇的"李嘉图难题"Ⅰ。这也是"西贝尔之辩"中资本家可以高高在上地俯视棉田中的小男孩和锅炉前的铲煤工人的缘由。马克思当然不会赞成这种判断。这是因为,一是资本主义机器生产中所利用的大量自然力(水力、风力等)——虽然不费资本家分文——"它

---

① 《马克思恩格斯全集》(第二版)第37卷,人民出版社2019年版,第73页。

们进入劳动过程,但是不进入价值增殖过程",这亦表明,自然力进入商品生产的劳动过程,但它们并不直接创造价值。二是"自然力推动的原动机,或使自然力适用于劳动过程的原动机是有价值的。包含在不变资本中的过去劳动,正像用可变资本换得的活劳动一样,也形成商品价值的一部分"。① 马克思说,李嘉图等人与所有资本家只关心花钱购买了现成的技术客体机器,却忘记了**第一批机器**恰恰是由"劳动制成的"②。这也意味着,技术客体恰恰是由劳动主体(科技人员和工人)创造的! 机器在生产过程中发生的作用当然存在**劳动价值的客观转移**问题。这是指工人生产机器时的对象化劳动,通过一定的损耗部分地转移到商品中去,"整个机器都进入劳动过程,但只有机器的一部分进入价值增殖过程"③。三是机器生产消灭了旧式的简单协作和分工:"虽然(1)机械工厂用机器代替了由协作造成的力量,**否定了**简单协作,(2)它消灭了以分工为基础的协作或工场手工业,否定了**分工**,但是,在机械工厂本身中既有协作,又有分工"④。虽然新的协作和分工已经不再是工人之间的直接主体际关系,而成为机器本身客观系统中的内部机制,可是,工人之间的协作与分工条件下的结合关系赋型转换为机器系统中的技术客体本身的工序和机制链之后,实际上造成了前述劳动异化关系在更深层次上的发生。马克思有些激动地说:

> 下面这一点正是资本主义生产的特征(Charakteristische für die capitalistische Production):如果说,使劳动生产力得到提高的劳动的**社会**特征,对于劳动本身表现为**异己的**力量(fremde Kraft),表现为存在于劳动之外的**条件**,表现为不属于劳动本身的性质和条件,因为工人总是作为同自己的同行不发生社会关联(geseilschaftliehen Zusammenhang)的孤立的个人而与资本相对立。⑤

① 参见《马克思恩格斯全集》(第二版)第37卷,人民出版社2019年版,第143页。
②《马克思恩格斯全集》(第二版)第37卷,人民出版社2019年版,第72页。
③《马克思恩格斯全集》(第二版)第35卷,人民出版社2013年版,第119页。
④《马克思恩格斯全集》(第二版)第37卷,人民出版社2019年版,第148页。
⑤《马克思恩格斯全集》(第二版)第37卷,人民出版社2019年版,第144页。中译文有改动。Marx-Engels-Gesamtausgabe(MEGA²),Ⅱ/3－6,Text,Berlin:Dietz Verlag,1982,S.2013.

这是说,在生产过程中工人之间共同活动的协作与分工,作为一种关系赋型的"社会关联"异化为一种主体之外的**社会性的特征**,它是工人们那个共同活动中的社会历史负熵源,可是在机器生产中,它却异化地消隐在技术客体的客观工序链中,并且成为支配工人的 *fremde* Kraft(**异己的力量**)。**这是第六种 *fremde Macht*(异己的权力)**。这当然也是**隐性的劳动的异化**!已经完全是作为客体的机器客观发生的工序和机器间的链接,这些客观机制和实际运转已经与生产中的工人完全没有关系,怎么就成了劳动异化呢?对此,李嘉图、西贝尔等经济学家和所有资本家都会认为马克思是在强词夺理。当然不是。

第一,虽然看起来现成的机器与当下生产过程中的工人没有直接关系,但最初的机器都是脑力-体力劳动者制造的,机器所具有的所有客体性的生产物相化机能并非机器自身所具有,而是劳动者有目的的爱多斯之相通过劳动物相化实现出来的结果。恰是劳动者(脑力劳动者和体力劳动者)在制造机器时,将**劳动本身的塑形与构序技艺**转化为技术客体机器中的**客观程序**,每一次机器被开动起来,生产物相化的过程看起来与工人无关,但是,作为技术客体的机器在生产中发生的绝不是**自然构序**,而是**反自然**的劳动塑形和构序、关联性赋型的**他性**"复活"。工人所构序和编码的社会历史负熵质,经过现实抽象Ⅱ生成离开工人的科技物相化过程,再事物化(Ⅲ)颠倒地表现为非主体的客观事物辩证法进程,这难道不是劳动本身在更深层次的异化吗?

第二,在马克思看来,"在新的生产方式下,在资本主义生产所创造的生产方式的革命中,这些劳动条件的面貌却改变了。它们由于成了为社会性的共同劳作(gesellschaftlich zusammenarbeitenden)的工人服务的条件而获得新的规定"①。原先,这些社会结合关系中的"共同劳作",是发生在简单协作和分工条件下劳动者之间的**主体性关系赋型**,现在却被客观地抽象出来并反向对象化到机器中去,成了机器中发生的客观技术编码机制。这样,原先通过批判认识论透视劳动者的社会结合力异化为资本生产力的可能性被彻底消除了,因为这就是技术客体机器本身的运行机制。原先,我们还能指责资本

---

① 《马克思恩格斯全集》(第二版)第37卷,人民出版社2019年版,第145页。中译文有改动。Marx-Engels-Gesamtausgabe(MEGA²),Ⅱ/3-6,Text,Berlin:Dietz Verlag,1982,S.2014.

家无偿占有了工人社会生产力创造的财富，而在这里，机器创造的财富理所当然地落入资本家的口袋之中。对此，马克思还专门比较性地分析说：

> 在简单协作和以分工为基础（einfachen Cooperation und auf Theilung der Arbeit gegründeten）的工场手工业中，上述变化只涉及可以共同使用的共同的劳动条件，如厂房等等。在以使用机器为基础的机械工厂里，这种变化发展到劳动工具本身。同劳动在形式上从属于资本时的情形一样，这些劳动条件以及它们的改变了的场境（Gestalt）[被劳动本身的社会形式（gesellschaftliche Form）改变了的场境]，对于工人来说仍然是**异己的情况**（*fremder Umstand*）。在使用机器的条件下，这种对立或甚至于异化（Entfremdung），发展成为**敌对的矛盾**（*feindlichen Widerspruch*）。①

我以为，这段表述是马克思劳动异化批判构式Ⅲ中关于**机器的劳动异化**透视的最重要的分析。不同于前述劳动协作和劳动分工中的结合关系的异化分析，马克思在这里直接使用了 Entfremdung（异化）概念，来表征资本主义机器生产中发生的"敌对的矛盾"，这个 feindlichen（敌对）其实是**我-它自反性关系中**的敌对。这呈现出多重构境层：一是在前述的工场手工业生产中的简单协作和分工的条件下，对象化劳动Ⅱ的异化关系场境，只是呈现在原料、工具和厂房等可见的静止的物性设施上，劳动条件直接成为资本关系事物化Ⅱ的结果；而在机器生产中，除去劳动条件的异化，一种更深的对象化劳动Ⅱ异化则转移至每一次生产中都自动运转起来的劳动工具系统本身，这样，劳动条件的异化却表现为一种**自我遮蔽的非异化**。二是这种劳动异化现象，只是在没有生命的技术客体机器开动起来之后，才在生产物相化的客观塑形和构序中**突现出来**。在这个意义上，这种异化并不发生于生产过程之外的机器设施本身，它不是机器的自然物质属性，而是在生产过程中突现的异化 Gestalt（场境），一种工人劳动转移给机器却与自身对立的 *feindlichen Widerspruch*（**敌对矛盾**）关系中的"异己的情况"。当生产过程中止时，机器生产的劳动异化场境则即刻**消境**。这恰恰是一种在技术客体运

---

① 《马克思恩格斯全集》（第二版）第37卷，人民出版社2019年版，第145页。中译文有改动。Marx-Engels-Gesamtausgabe（MEGA²），Ⅱ/3-6，Text，Berlin：Dietz Verlag，1982，S.2014.

转式的机器生产中被彻底遮蔽起来的深层次劳动异化。

对此,马克思说,"我们特别是在考察机器时可以发现,这些劳动条件同劳动本身的方式和技艺(Art und Weise der Arbeit selbst)之间的异己性[关系](Fremdheit),在**资本家的意识**(Bewußtsein des Capitalisten)中是怎样固定下来并成为同工人相对立的要素的"①。这种资本家自以为天经地义的异化意识,正是"西贝尔之辩"中那些堂皇的话语。也是这样一种多重**劳动不在场**转换中的劳动异化场境,一种在机器作为资本力量的劳动条件发挥功能的场境中无法直接看见的深层次劳动异化,直接塑形了一种新型的**机器拜物教**意识。这也是"李嘉图难题"Ⅰ的本质。我以为,这是一种在经济拜物教关系场境中,在商品拜物教、货币拜物教和资本拜物教之外,马克思并没有直接说明的特殊拜物教。之后,它还会转型为更深的技术拜物教。而德波和鲍德里亚则进一步提出了当代资本主义社会中的景观拜物教和符码拜物教,在今天则突现为无处不在的网络和数字拜物教。由此,马克思指出,"总之,资本主义生产的特征是,劳动条件作为某种独立的、人格化的东西同活劳动相对立,不是工人使用劳动条件,而是劳动条件使用工人。正因为这样,劳动条件才成为**资本**,而占有劳动条件的商品占有者才成为同工人相对立的**资本家**"②。这会是李嘉图所看不到的资本主义机器化大生产时代的深层次劳动异化。其实,这里还有一个更深的层面,机器生产物相化过程中一个**新型的劳动在场性**的问题,即除去制造机器的工人劳动的不在场的在场性,还有科技信息编码劳动或智能劳动的创制前端的隐性在场问题。在今天的资本主义后工业生产中,科技物相化与物质生产的关系,智力劳动与剩余价值的关系,以及劳动辩证法新的内在本质,已经越来越成为急迫需要深究的问题。这一点,我们在下面还会遭遇到。

依马克思的分析,资本主义机器化大生产作为一种深层次的劳动异化,还导致了工人愈益悲惨的被压迫的奴隶状况。从外部情况看,"机器经常不

---

① 《马克思恩格斯全集》(第二版)第37卷,人民出版社2019年版,第144页。中译文有改动。Marx-Engels-Gesamtausgabe(MEGA²),Ⅱ/3-6,Text,Berlin:Dietz Verlag,1982,S.2013.
② 《马克思恩格斯全集》(第二版)第37卷,人民出版社2019年版,第144—145页。

断地造成相对的人口过剩,造成工人后备军,这就大大增加了资本的权力"①,而工人的工资在大量剩余劳动力的无序的竞争中不断下降,致使工人的生活条件恶化。从内部情况看,机器生产中出现了一种"彻底消泯个性的劳动,维护兵营制度、军事纪律,维护机器对工人的奴役、人受钟声的指挥、工人受工头的监视,维护精神和体力活动的任何发展都被彻底毁灭的状态"②。资本主义机器生产中,生产的性质是由机器的自行编码和运转决定的,而工人在生产中恰恰是无个性的,工人像在兵营制度下那样受到机器的奴役,工人的生命节奏为外部的时钟劳作节奏所替代,所有体力和智力上的能动性都是被否定的。马克思说,"机器的一个真正美妙的结果,就是把工人阶级男女两性的相当一部分,变成了仆人"③。对此,布洛赫说,"从抽象的利润出发,资产阶级社会的机器和机械劳动带给这个世界的不是别的,正是刻骨铭心的**憎恨**"④。或者依布若威的看法,恰是这个看起来没有政治压迫的机器生产过程制造了工人对资本的"同意"。⑤ 马克思深刻地分析道:

> 这正像在以奴隶制为基础的生产方式(Sklaverei basirten Productionsweise)的条件下监工的鞭子会造成这种情况一样。这种强度通过协作,特别是通过分工,更多的是由于机器而更加提高了;在使用机器的情况下,单个人的连续不断的活动是同统一整体的活动(Thätigkeit eines Ganzen)联系在一起并受这一活动制约的,单个人只是整体的一个环节,这个整体如在机械工厂中那样,是以死的自然力(todten Naturkraft)即某种冰冷的机制(eisernen Mechanismus)的有节奏而均匀的速度和不知疲倦的动作而工作着。⑥

①《马克思恩格斯全集》(第二版)第34卷,人民出版社2008年版,第626页。
②《马克思恩格斯全集》(第二版)第37卷,人民出版社2019年版,第157页。
③《马克思恩格斯全集》(第二版)第34卷,人民出版社2008年版,第644页。
④ [德]布洛赫:《希望的原理》第2卷,梦海译,上海译文出版社2020年版,第370页。
⑤ 参见[美]布若威《制造同意——垄断资本主义劳动过程的变迁》,李荣荣译,商务印书馆2008年版,第12页。
⑥《马克思恩格斯全集》(第二版)第37卷,人民出版社2019年版,第27页。中译文有改动。Marx-Engels-Gesamtausgabe(MEGA²),Ⅱ/3-6,Text,Berlin:Dietz Verlag,1982,S.1908.

这是对上述协作、分工和机器生产三重异化场境的概括。马克思认为,在资本主义工业生产过程中,劳动者之间的主体际合作关系赋型异化为对工人的外部强制,特别是由工人制造出来的机器和由机器生产的机器是劳动的结果或者劳动的结果的结果,可是,它们却异化为今天机器化大生产中的非人的无脸主人,以 todte Naturkraft(死的自然力)和来自技术客体机器客观工序编码的"冰冷的机制",像无形的鞭子规训着工人的心身。现在,"人是那个以机器形式存在于人之外的总机体的有生命的附件(Zubehör),是自动的机器体系(Gesammtleibes und automatischer Maschinerie)的有生命的附件"①。原先在工场手工业生产中,工人还有使用工具的技能,而在科学技术应用下的机器生产中,这种技能则被彻底"消灭"了,现在无脑式的工作变得"普遍划一,因此,真正从事机器劳动的工人,只需很短时间,并且无须大力培训,就能从一种机器转到看管另一种机器"②。在这里,"工人在劳动中的最后的自我满足消失了,在这里,由于这种劳动本身乏味而使人十分淡漠"③。对此,科西克评论说,资本主义机器化大生产中,"把劳作和创制活动分开,把创造物与创造者分开,把劳作变成非创造性的使人筋疲力尽的苦役"④。在机器生产和流水线上,工人的主体性恰恰"表现为错误、主观性、不精确性和任意性的根源"。这种机器异化的结果,必然在直观现象上表现为人所创造的技术客体机器奴役人的全新物役性现象,这是假象中的**机器物役性**。这也直接导致愤怒的工人们捣毁机器的"卢德运动"⑤。

①《马克思恩格斯全集》(第二版)第 37 卷,人民出版社 2019 年版,第 155 页。
②《马克思恩格斯全集》(第二版)第 37 卷,人民出版社 2019 年版,第 153 页。
③《马克思恩格斯全集》(第二版)第 37 卷,人民出版社 2019 年版,第 154 页。
④[捷]科西克:《具体的辩证法》,傅小平译,社会科学文献出版社 1989 年版,第 85 页。
⑤ 卢德运动(Luddism),指发生在英国工业革命时期的工人捣毁纺织机器的运动。工业革命时期,机器生产逐渐排斥手工劳动,使大批手工业者破产,工人失业,工资下降。当时工人把机器视为贫困的根源,用捣毁机器作为反对企业主、争取改善劳动条件的手段。一些织工秘密组织起来,以"路德将军"的名义捣毁商人的织袜机。1769 年,英国国会颁布法令,予以镇压。1811 年,诺丁汉郡的袜商不顾行业规矩,生产一种劣质长筒袜,压低袜子价格,严重冲击了织袜工人的正常收入。于是,捣毁纺织机器的卢德运动开始形成高潮,其中心是诺丁汉郡。1812 年,英国国会通过《保障治安法案》,动用军警对付工人。1813 年,政府颁布《捣毁机器惩治法》,规定可用死刑惩治破坏机器的工人。1813 年,在约克郡绞死和流放破坏机器者多人。1814 年,企业主又成立了侦缉机器破坏者协会,残酷迫害工人。但工人捣毁机器的运动仍继续蔓延。

7. 科学:作为资本力量在场的隐秘异化

马克思说,"科学的力量也是不费资本家分文的另一种生产力"①。没有直接出现在生产过程中的科学也是生产力,这是一个新的判断。并且,马克思的这一重要断言,会在未来的新世纪里成为主导性生产力的现代科学技术的发展中被进一步证实。当然,面对资本主义机器化大生产进程,除去改变机器工序的工艺-技术编码力量之外,科学的作用也是非常显著的,甚至,科学是科技物相化活动更重要的基础。马克思指出,"随着资本的统治的发展,随着那些和创造物质财富没有直接关系的生产领域实际上也日益依附于资本,——尤其是在实证科学(自然科学)被用做物质生产手段的时候,——政治经济学上的阿谀奉承的侍臣们便认为对任何一个活动领域都必须加以推崇"②。科学研究本身当然已经不直接属于物质生产过程,并且,从现象上看,作为应用技术基础的理论形态的科学,似乎更明显地表现为与体力劳动无关。固然,用于科学实验的物性装置的生产创制离不开工人的劳动,但不像工人劳动制造的机器及其生产过程,科学活动本身是完全离开工人体力劳动活动的。马克思认为,这种看起来与工人的体力劳动没有直接关联的科学,同样也是一种**劳动异化的表现**。当然,这是一种更加难以辨识的我-它自反性关系场境中的劳动异化,因为科学中发生的劳动异化,既不属于商业交换领域中价值关系的事物化(Ⅰ)颠倒场境,也不是作为资本的劳动条件在生产过程中逆向对象化和事物化(Ⅱ)颠倒后的经济物相化场境,同时,科学也不是工人劳动能力、协作结合力和机器客观工序编码中的隐秘异化。这也表示,资本主义生产方式中出现的科学活动是一种十分奇特的隐性劳动异化现象。这是**狭义的劳动异化批判构式Ⅲ的第六个构境层面**。这也是 1844 年青年马克思在人本学劳动异化批判构式Ⅰ—Ⅱ中未曾涉及的层面。

这里,马克思仍然是从劳动条件的异化开始谈起的。他分析说:

①《马克思恩格斯全集》(第二版)第 37 卷,人民出版社 2019 年版,第 186 页。
②《马克思恩格斯全集》(第二版)第 33 卷,人民出版社 2004 年版,第 163 页。

这里存在着劳动的客观条件——过去劳动——与活劳动(lebendige Arbeit)相异化(Entfremdung)的情况,这种异化是直接的对立,也就是说,过去劳动,其中包括劳动的一般社会力(gesellschaftlichen Kräfte),自然力和科学(Naturkräfte und Wissenschaft),直接表现为一种武器(Waffen),这种武器部分是用来把工人抛向街头,把他变成多余的人,部分是用来剥夺工人的专业(Specialität)和消除以专业为基础的各种要求,部分是用来使工人服从工厂中精心建立的资本的专制机体(organisirten Despotie)和军事纪律。①

我们能够观察到,在此,科学是与"自然力"并列出现的,它并不是与"活劳动"直接对立的"过去劳动"(原料、厂房和机器)和一般 gesellschaftliche Kräfte(社会力)的异化,而是表现为资本支配雇佣劳动的一种特殊 Waffen(武器),它的特定作用是通过"剥夺工人的专业"——这个 Specialität(专业)是特指原先发生在工人劳动塑形-构序、协作和分工的结合中的所有技艺和创造性——从而使没有了任何创造性和技艺能力的工人实质性地屈从于资本主义专制机体和机器工序编码的纪律规训。马克思在这里专门使用了 organisirten(有机体)这样一个概念,来说明资本主义生产方式赋型的隐性专制的复杂性,比如,科学这样看起来"无罪"的一般智力与从铁一般的机器工序编码中生发出来的不得不屈从的"纪律"。后者,是后来福柯在《规训与惩罚》一书中讨论的新型奴役关系本质的重点之一。其实,这是李嘉图劳动价值论难题中一个并没有被突显出来的方面,但马克思敏感地注意到,并勇敢地直面了。

首先,马克思还是概要说明了资本主义机器化大生产形式中前述劳动条件和社会生产力的劳动异化的本质。他说:

因此,在这种形式中,从劳动的**社会生产力**(*gesellschaftlichen Productivkraft*)中产生的、并由劳动本身创造的劳动的**社会条件**,不仅完全成为对于工人来说异己的、属于**资本**的权力(fremde, dem *Capital* gehörige Kräfte),而且完全成为敌视工人、统治工人、为了资本家的利益

①《马克思恩格斯全集》(第二版)第37卷,人民出版社2019年版,第199页。中译文有改动。Marx-Engels-Gesamtausgabe(MEGA²), Ⅱ/3-6, Text, Berlin: Dietz Verlag, 1982, S.2057.

而反对每个工人的权力。同时我们看到，资本主义生产方式不仅在形式上改变劳动过程，而且使劳动过程的全部社会条件和工艺条件（technologischen Bedingungen）发生变革；资本在这里不仅表现为**不属于工人的劳动物质条件**，即原材料和劳动资料，而且表现为同单个工人相对立的工人共同劳动的**社会力和形式**（*gesellschaftlichen Mächte und Formen*）**的化身**。①

这不仅包括了作为物性对象到场的劳动条件的异化，也包括了我们前面已经分别讨论过的简单协作、分工和机器生产中内嵌的社会结合力的异化，这些原先是工人们共同活动的主体性力量，现在异化为资本谋利和统治的机器生产中的客观结合力与技术权力。马克思特别指认，这是区别于劳动原材料和劳动资料异化的 *gesellschaftlichen Mächte und Formen*（**社会力和形式**）的异化。马克思一针见血地分析道：

> 在这里，过去劳动——在自动机和由自动机推动的机器上——似乎是自动的、不依赖于［活］劳动的；它不受［活］劳动支配，而是使［活］劳动受它支配；铁人反对有血有肉的人（der eiserne Mann, gegen den Mann von Fleisch und Blut）。工人的劳动受资本支配，资本吸吮工人的劳动，这种包括在资本主义生产概念中的东西，在这里表现为工艺上的事实（technologisches Factum）。**奠基石**（*Frontstein*）已经埋好。死劳动被赋予运动，而活劳动（lebendige Arbeit）只不过是死劳动的一个现成的有意识的器官（bewußten Organe vorhanden）。在这里，协作不再是整个工厂的**活的关联**（*lebendige Zusammenhang*）的基础，而是机器体系构成由原动机推动的、包括整个工厂的**统一体**（*Einheit*），而由工人组成的活的工厂就受这个统一体支配。这样一来，这些工人的统一体就获得了显然不依赖于工人并独立于工人之外的形式。②

---

① 《马克思恩格斯全集》（第二版）第 37 卷，人民出版社 2019 年版，第 199 页。
② 《马克思恩格斯全集》（第二版）第 37 卷，人民出版社 2019 年版，第 199—200 页。中译文有改动。Marx-Engels-Gesamtausgabe（MEGA²），Ⅱ/3－6，Text，Berlin：Dietz Verlag，1982，S. 2058.

这是《1861—1863年经济学手稿》中十分著名的一段表述。Der eiserne Mann, gegen den Mann von Fleisch und Blut(铁人反对有血有肉的人),生动而深刻。作为技术客体的机器 eiserne Mann(铁人),形象地说明了劳动隐秘地异化为工人创造出来的这种有生命的亚主体性钢铁怪物,它作为资本的帮凶,吸吮有血有肉的工人的活劳动;原先是工人们相互合作的协作与结合,现在成了机器铁人在"工艺上的事实",它不再是工人们"活的关联",而畸变为机器体系的客观工序编码下的功能链,它成了统治一切的 Einheit("大写的一")。今天资本主义生产方式中的机器铁人,会转型为机器人和网络化的人工智能系统(AI =数码它我),因为它们会是资本控制劳动更有力的智能怪物。马克思特别告诉我们,资本主义生产方式新型奴役的 Frontstein(奠基石)已经埋下,它会是更深一层劳动异化的基础。在马克思看来,"过去劳动对活劳动的统治(Herrschaft der vergangneo Arbeit über die lebendige),同机器体系一起——以及同以机器体系为基础的机械工厂一起——,不仅成为表现在资本家和工人之间的关系上的社会真实,而且还成为可以说是**工艺上的**真实(technologische Wahrheit)"①。这句话的思境是深刻的,因为在资本主义机器化大生产的过程中,资本家剥削工人、无偿占有剩余价值的真实关系,已经没影在机器生产产品的工艺编码和技术工序之中了。这里的 Wahrheit(真实)当然不是真理之真,而是看起来是毋庸置疑的客观存在论现实,但它隐匿了资本对雇佣劳动的深层异化和奴役关系。

马克思想告诉我们,实际上,资本主义机器化技术生产中的两个关键性的因素,分别是资本对 Naturkräfte und Wissenschaft(**自然力和科学**)的利用。一是机器化技术生产对自然力的充分利用。显然,这不同于烧饭的火和农田中的水的现成**自然**利用,而是指自然力量在自然失形和祛序之后,成为工业生产技术构序中社会历史负熵进程的力量。其实,这种工业生产中出现的自然力已经是劳动的结果,因为,不同于山谷中吹过的自然风,用于发电的风车本身已经是工人创制的机器;不同于阳光作用于河水生成的水蒸气,工人制造的蒸汽机中的蒸汽已经是复杂机械运作的结果;不同于空中的闪电,发动

---

① 《马克思恩格斯全集》(第二版)第37卷,人民出版社2019年版,第201页。

机运转起来的电力当然已经是风力、火力发电劳动生产的结果。马克思说，"大生产——应用机器的大规模协作——第一次使**自然力**（*Naturkräfte*），即风、水、蒸汽、电大规模地从属于直接的生产过程，使自然力变成**社会劳动的因素**（*Agenten der gesellschaftlichen Arbeit*）"①。这里的"大规模地从属于直接的生产过程"，指的是自然力量被充分吸收和入序于机器化大工业生产过程中了，因为机器生产系统的根本动力因素，恰恰是将原来工人的有限劳动力量支出，转换成风力、电力、水力和蒸汽力等所有可以无限利用的自然力，让原来在自然构序中的自然力量，**反自然地**构序为社会历史负熵进程中的"社会劳动的因素"。

二是机器化技术生产的本质已经成为科学的应用。这意味着，完整的科技物相化前端，恰恰是由科学信息编码和理论创制中的基础构序建构和赋型的。与前面的外部的自然力量不同，科学当然是人类认知外部自然本质和规律的知识力量，但这种已经成为**一般智力**的知识力量，也成为资本主义机器化技术生产中的关键性构序因素。对此，马克思分析道：

> **自然因素**（*natural agents*）的应用——在一定程度上自然因素并入资本——是同**科学**作为生产过程的独立因素的发展相一致的。生产过程成了**科学的应用**（*Anwendung der Wissenschaft*），而科学反过来成了生产过程的因素即所谓职能。每一项发现都成了新的发明或生产方法的新的改进的基础。只有资本主义生产方式才第一次使自然科学为直接的生产过程服务，同时，生产的发展反过来又为从理论上征服自然（*Unterwerfung der Natur*）提供了手段。科学获得的使命是：成为生产财富的手段，成为致富的手段。②

与面对直接生产过程中的劳作构式改变工艺学和生产资料的技术革命不同，科学研究和实验是彻底脱离劳动生产过程的，可是，它的每一项技术发明和研究成果，都成为机器化大生产中工艺改变和技术革命的理论基础，它是技术客体真正的生命基因，资本主义机器化工业的整个生产过程成了

---

① 《马克思恩格斯全集》（第二版）第37卷，人民出版社2019年版，第201—202页。
② 《马克思恩格斯全集》（第二版）第37卷，人民出版社2019年版，第202页。

Anwendung der Wissenschaft(科学的应用),这正是科技物相化的本质。然而,也恰是由于资本主义生产方式,才第一次使自然科学直接服务于生产过程,成为资本家发财致富的强有力手段。

第一,资本投入和创造**科学研究物质手段中的劳动异化**。这是一种经过中介的劳动异化。马克思分析说:

> 自然科学本身〔自然科学是一切知识的基础〕的发展,也像与生产过程有关的一切知识的发展一样,它本身仍然是在资本主义生产的基础上进行的,这种资本主义生产第一次在相当大的程度上为自然科学的发展提供了进行研究、观察、实验的物质手段(materiellen Mittel der Forschung, Beobachtung, Experimentirung)。由于自然科学被资本用做致富手段,从而科学本身也成为那些发展科学的人的致富手段,所以,搞科学的人为了探索科学的**实际应用**而互相竞争。另一方面,**发明**成了一种特殊的职业。因此,随着资本主义生产的扩展,**科学因素**(*wissenschaftliche Factor*)第一次被有意识地和逐级提升地加以发展、应用并确立起来,其规模是以往的时代根本想象不到的。①

这是说,由于资本主义生产方式的客观要求,也只有在资本主义机器化大生产的条件下自然科学与技术才获得了人与自然能动关系中"进行研究、观察、实验的物质手段",这些作为资本关系投入到科学技术研究中的货币和物质条件,当然都是工人对象化劳动Ⅱ的事物化颠倒和异化结果。也由于科学能够成为资本家的同谋,提高了生产率以获得丰厚的相对剩余价值,这也就使科学本身成为资本家发财致富的重要手段,也由此,自然科学才获得了空前的飞跃式的巨大发展。这是一个非常复杂的**经过中介**的劳动异化过程。马克思分析说:

> 只有在这种生产方式下,才产生了只有用科学方法才能解决的实际问题。只有现在,实验和观察——以及生产过程本身的迫切需要——才达到使科学的应用成为可能和必要的那样一种规模。现在,**科学**,人类

①《马克思恩格斯全集》(第二版)第37卷,人民出版社2019年版,第204—205页。

理论的进步,得到了**利用**。资本不创造科学,但是它为了生产过程的需要,利用科学,占有科学。①

资本不直接创造科学,但是它通过科学技术实验物质条件和研究经费的投入,占有科学技术的发生和发展,让科学技术畸变为资本奴役工人的异化力量。

第二,作为资本力量的科学是**工人劳作经验和智力的异化**。马克思认为,"只有资本主义生产才把物质生产过程变成**科学在生产中的应用——**被运用于实践(pratique)的科学——,但是,这只是通过使劳动从属于资本,只是通过**压制**工人本身的智力和专业的发展(geistige und professionelle Entwicklung)来实现的"②。在这个意义上,如果工艺-技术对象化的机器化生产是**工人手艺塑形**的失形与异化,那么,科学研究在机器化生产中的应用,则是**工人劳作经验构序道理**的失形与异化。这是一个非常重要的判断。由此,被作为资本的手段的技术和科学力量剥离了手艺和头脑知识的工人,现在成了无脑式无质均速劳动的手和脚。这当然是工人主体性最可悲的我-它自反性异化。

马克思说:

> 科学对于劳动来说,表现为**异己的、敌对的和统治的强权**(*fremde, feindliche und sie beherrschende Potenz*),而科学的应用——一方面表现为靠经验传下来的知识、观察结果和职业秘方的集中,另一方面表现为把它们发展为科学,这两个方面都是为了分析生产过程,也就是把自然科学应用于物质生产过程——科学的应用是建立在工艺流程的智力能力(geistigen Potenzen des Processes)同单个工人的知识、经验和技能(Wissen, Kenntniß und Geschick)相分离的基础上的,正像生产条件的集中和发展以及这些条件转化为资本是建立在使工人丧失这些条件,使工人同这些条件相分离的基础上的一样。③

---

① 《马克思恩格斯全集》(第二版)第37卷,人民出版社2019年版,第203页。
② 《马克思恩格斯全集》(第二版)第37卷,人民出版社2019年版,第209页。
③ 《马克思恩格斯全集》(第二版)第37卷,人民出版社2019年版,第204页。中译文有改动。Marx-Engels-Gesamtausgabe(MEGA²), Ⅱ/3-6, Text, Berlin: Dietz Verlag, 1982, S. 2061-2062.

作为资本的力量出现的科学，在生产过程中表现为与工人对立的 *fremde*，*feindliche und sie beherrschende Potenz*（**异己的、敌对的和统治的强权**），这既是**劳动异化批判构式 Ⅲ 中的第七种异己权力**，也是科学技术力量的异化。并且，马克思认为，"**科学成为与劳动相对立的、服务于资本的独立力量**，一般说来属于**生产条件成为**与劳动相对立的**独立力量**这一范畴。正是科学的这种分离和独立（最初只是对资本有利），同时成为**发展科学**和知识的**潜力的条件**"①。因为无论是独立的科学研究，还是科学技术在生产中的应用，从历史上看，都不过是"单个工人的知识、经验和技能"的理论化和"靠经验传下来的知识、观察结果和职业秘方的集中"，只有当它们从工人的劳作过程中分离并独立运作之后，它们才表现为独立于工人之外的**一般智力**，而当它们作为资本主义生产总过程中独立的客观条件被资本征用为剥削工人的手段时，也就表现为一种异化的**抽象知识的统治力量**。这里的"抽象成为统治"中的抽象，并非《大纲》中已经涉及的商品交换过程中现实抽象（Ⅲ）出来的价值关系和货币，而是劳动物相化进程中具体塑形和构序技能的现实抽象 Ⅱ。在机器化大生产中，这种特殊的现实抽象在科学知识形态中生成一般智力，在资本关系的支配下，这种作为资本力量出现在生产中的**知识抽象成为统治**。这是马克思那里的价值、货币和资本关系的现实抽象成为统治以外，一种全新的观念"抽象成为统治"。一方面，它似乎将黑格尔的理念成为统治的唯心主义幻象直接表象出来；另一方面，它在后来福柯的知识编码与权力支配的同谋关系构境中也有更深的彰显。无形中，它必然构成资本主义经济物相化关系场境存在论中的奴役关系天花板，也是历史现象学中的哥德巴赫猜想级的难题。

对于这一点，我的评论有三：第一，科学从劳动者主体的经验和技能中彻底脱型和独立出来，成为远离劳动生产过程的非及物理论学术研究，这本身是一个复杂的历史演进过程。也因为，在 19 世纪，相比之已经比较成熟的工艺学研究，科学思想史本身的研究还处于刚刚起步的阶段，所以马克思并没有仔细地思考这一重要的历史进程。但这并不影响马克思得出资本主义生产方式中的科学力量是劳动异化的一种表现的质性判断。我甚至认为，马克

---

① 《马克思恩格斯全集》（第二版）第 37 卷，人民出版社 2019 年版，第 231 页。

思的这一重要观点,也会是后来法兰克福学派所谓"科技意识形态"批判话语的更深一层的逻辑基础。第二,我自己认为,马克思关于科学技术本身的讨论,已经可以推演出一个新的思考方向,即未来的**科学技术劳动或智能劳动的问题**。这会深化出一个新的双重劳动异化层面:一是工人体力劳动能力的异化向科技劳动者的科研能力异化的转换。当资本与新的科技雇佣劳动者完成"平等交换"之后,科技创制能力就异化为资本的生产力。这将是劳动异化最新的场境格式塔。二是科技创制活动虚拟构序和塑形向机器化生产的对象化本身,就是智能劳动遮蔽自身的异化过程。第三,这可能也意味着,历史辩证法核心中的劳动辩证法运动会以智能劳动辩证法的赋型呈现出来,只是,它被资本支配下的科技物相化之后的机器运转的"第二自然辩证法"遮蔽起来了。

在我看来,科学技术劳动,有可能成为当代资本主义后工业时代中劳动价值论的全新基础。这是一个十分复杂的新问题。因为在当代资本主义后工业生产中,数字化劳动的异化问题和网络信息化条件下全新的"第二自然辩证法"运动,将会成为资本主义经济物相化空间中的显性特征:一是虚拟的数字化劳动塑形和构序,已经是今天改变世界的主体原动。在苹果装置中出现的"从左到右"对物理开关的替代、"三指推拉"对物理距离的替代中,数字劳作已经是社会历史负熵的根本基础,而当这种直接塑形和构序世界的数字化劳动变成资本的生产力时,这就构成劳动异化新的赋型。二是当远程登录的信息网络化经济过程成为国际化垄断资本的空间布展时,整个世界都将进入一个新的不以人的意志为转移的"第二自然辩证法"自在运动和编码之中,资本信息化网络是新的经济关系**事物化(Ⅴ)**颠倒中勾连人与万物的物性普遍关联。作为资本"千手万眼"的海量大数据,会贴心地自动推送个性化的广告和迷人的数字景观,科技物相化过程业已成为科技劳动国际化分工和支配支撑起来的新型盘剥空间结构。比如一个全球化垄断的IT霸主的科技物相化过程,会是硅谷母公司中的原创性代码编程与世界各地"996"码工的智能劳作相结合的产物,再由低廉劳动力的劳动物相化与高科技自动化流水线生产物相化实现出来。一部高端智能手机的经济附加值结构,可以很好地呈现商品的价值构成,我们可以更深入地思考其剩余价值的主体来源。这是我们应该认真对待的基础理论学术新前沿。应该提到,普殊同在《时间、劳动与社会统治》一书中非常明确地提及区别于青年马克思异化构式的晚期异化理论,并且明确指出这种异化理论指认的是"社会权力与知识"异化为社会统治形式:"马克思成熟期批判理论中包含的异化理论所指的,并不是工人们失去了那些早先属于他们的财产(因此需要将其收回);相反,它指的是一种社会权力与知识的历史建构的过程,这些权力与知识不能被理解为无产阶级目前的权力与技能。借由资本这一范畴,马克思分析了这些社会权力与知识如何被建构为各种客观化的形式,这些形式准独立于构造了它们的个体,并且采取了一种抽象的社会统治形式来统治这些个体。"①我认为,普殊同这里关于知识与权力的关系中关于"抽象的社会统治形式"的观点是深刻的。只是他没有十分具体地分析马克思劳动异化批判构式Ⅲ中内嵌的更复杂的构境层面。

8. 利润、利息和地租:作为资本主义生产结果的剩余价值异化

在《1861—1863 年经济学手稿》中,马克思揭露资本主义生产方式中存在的异化现象的狭义劳动异化批判构式Ⅲ的**第七个重要构境层面**,是在资本主义生产过程结束后,同时发生在**资本再生产总过程**中的劳动异化和颠倒性假象,即工人通过无偿的**剩余劳动**创造的剩余价值,异化为分配领域中资本的利润以及利息、地租等一系列被瓜分的物性财富。由此,马克思在《1861—1863 年经济学手稿》中创立的劳动异化批判构式Ⅲ,也就形成了一种贯穿全部生产、流通和分配等环节的完整异化批判理论。分配领域中剩余价值形式的异化问题,也是1844 年青年马克思在人本学劳动异化批判构式Ⅰ—Ⅱ中未曾涉及的层面。那时,马克思还没有创立剩余价值理论。还应该多说一句的是,在马克思的时代,资本主义经济物相化中的消费环节还没有成为资本直接谋利的突现场境,只是到了 20 世纪中叶,特别是二战以后,整个发达资本主义社会进入国家干预主义和福利政策的时期,消费异化和虚假消费欲望的异

---

① [美]普殊同:《时间、劳动与社会统治:马克思的批判理论再阐释》,康凌译,北京大学出版社 2019 年版,第 35 页。

化问题才逐步突显出来，这成为后来列斐伏尔、弗罗姆和鲍德里亚等人消费异化批判的主要关注点。虽然利润、利息和地租等都可以成为物像直观中Bekannt（熟知的东西），但这是一个越发不易识破的经济物相化迷雾。在前面的资本主义生产过程中，我们先后遇到了劳动条件的异化、劳动本身的异化、劳动联合与结合关系的异化，以及机器与科学技术的异化，然而，所有这一切最后归结为资本主义生产的目的和结果，却是实现和占有工人剩余劳动创造出来的剩余价值。马克思说：

> 在直接的生产过程中，情况还简单。剩余价值除了剩余价值本身这种形式外，还没有采取任何**特殊的**形式。剩余价值本身这种形式，只不过使剩余价值有别于产品的构成在其中再生产出来的价值等价物的那一部分价值。正如价值一般归结为劳动一样，剩余价值归结为剩余劳动（surpluslabour），即无酬劳动（unbezahlte Arbeit）。①

在我们已经讨论过的资本主义生产过程中，工人创造的剩余价值就是资本家所占有的无偿劳动，经过马克思在《大纲》中的科学分析，这种**狭义剩余价值理论**中的剥削关系已经成为清楚的事实。可是，在资本主义的商品-市场经济构式中，所有剩余价值必须经过在市场中卖出商品才能实现出来，当剩余价值成为商品重新进入流通领域时，情况则发生了诡秘的改变：面对《大纲》中揭露的剩余价值形成的复杂生产过程，剩余价值通过商品交换实现出来的"流通过程已经抹掉了、已经掩盖了其间的联系。因为剩余价值量在这里同时还决定于资本的流通时间，所以似乎还加进了一种与劳动时间不同的要素"②。这些不同因素包括了商品直接交换过程之外政府的税收、资本家向土地所有者交纳的地租，以及向银行支付的借贷利息，而商品在进入市场时，还会产生商品保管和运输等费用，并须向商业资本家让出部分商业利润，等等。这样，商品的价值决定于自身的社会必要劳动时间（gesellschaftlich nothwendige Arbeitszeit）这一规律，除去前述机器生产问题之外，仍然会在李嘉图的复杂"生产成本"和平均利润率之下的"生产价格"一类含混的描述中变

---

① 《马克思恩格斯全集》（第二版）第35卷，人民出版社2013年版，第339页。
② 《马克思恩格斯全集》（第二版）第35卷，人民出版社2013年版，第340页。

得模糊起来。因为,在经济现象中,也确实会出现在不同劳动生产率水平和复杂市场竞争条件下,有的资本家获得超额利润,有的资本家只是得到微薄收益或直接破产等不同情况,这似乎出现了一种与剩余价值规律不同的平均利润或"一般利润"的规律。马克思说,当李嘉图"把剩余价值规律直接当作利润规律来表述,他就歪曲了剩余价值规律"①。对于这个容易迷惑人的平均利润率(Durchschnittsprofitrate),马克思说,所谓"平均利润,或者说正常利润,无非是假定由每一个一定价值量的资本实现的无酬劳动量"②。这里的"实现",是指发生在资本家之间、消费者与资本家之间的市场竞争关系,所以,"竞争造成**一般利润率**"③。马克思具体解释说:"竞争在同一生产领域所起的作用是:使**这一领域生产的商品的价值**决定于这个领域中平均需要的劳动时间;从而确立**市场价值**。竞争在不同生产领域之间所起的作用是:把不同的市场价值平均化为代表不同于实际市场价值的**费用价格**的市场价格,从而在**不同领域确立同一的一般利润率**"④。平均利润,只是这种剩余价值在不同的经济领域或资本家之间发生不同份额的分配,这并不改变剩余价值的实际存在。马克思分析说,"各个不同生产部门的剩余价值的平均化丝毫不改变这个总剩余价值的绝对量,它所改变的只是这个总剩余价值在不同生产部门中的**分配**。但是,这个**剩余价值规定**本身,只来自价值决定于劳动时间这一规定。没有这一规定,平均利润就是**无中生有的**平均,就是纯粹的幻想"⑤。布洛赫曾经说,"马克思把李嘉图的价值法则应用于劳动力商品中,他通过交换价值过程,发现了商品的辩证法,并且,从中他发现了作为'榨取了的'剩余价值的利润以及资本家团结一致基础的引人注目的'平均利润率'"⑥。这里,布洛赫的观察是到位的。

其实,当马克思开始思考资本完成形态的再生产总过程中出现的作为剩余价值表现形式的**利润**(*Profit*)时,他也就进入**广义剩余价值理论**的研究进程

---

① 《马克思恩格斯全集》(第二版)第 34 卷,人民出版社 2008 年版,第 419 页。
② 《马克思恩格斯全集》(第二版)第 34 卷,人民出版社 2008 年版,第 37 页。
③ 《马克思恩格斯全集》(第二版)第 34 卷,人民出版社 2008 年版,第 228 页。
④ 《马克思恩格斯全集》(第二版)第 34 卷,人民出版社 2008 年版,第 230 页。
⑤ 《马克思恩格斯全集》(第二版)第 34 卷,人民出版社 2008 年版,第 210 页。
⑥ [德]布洛赫:《希望的原理》第 2 卷,梦海译,上海译文出版社 2020 年版,第 264 页。

中了。也是在广义剩余价值理论的视域中，马克思发现，作为剩余价值主要方式的利润及其派生的地租和利息等经济关系，也都是新型的异化现象。

首先，利润是剩余价值完全异化的形式。如果说剩余价值的本质是工人被资本家无偿占有的剩余劳动，那么**剩余价值异化的本质还是劳动异化。**马克思分析说：

> 在完成了的资本（Capital endlich）［它表现为流通过程和生产过程的统一整体，表现为再生产过程（Reproductionsprocesses），也就是表现为在一定期间、一定流通阶段内生产出一定利润（bestimmten Profit）即剩余价值的一定价值额］中，在这种形态上，生产过程和流通过程还只是作为一种回忆和作为**在同等程度上**决定剩余价值的因素而存在，因此，剩余价值的单纯性质就被掩盖了。①

为什么当剩余价值以利润的表现形式出现在资本再生产总过程的终点时，它会遮蔽剩余价值的性质？这是由于，"利润表现为资本主义生产的既定前提的这种最终形态中，利润所经历的许多转化和中介过程都消失不见了，无法辨认了，从而资本的性质也消失不见了，无法辨认了"②。当工人创造的剩余价值最终以资本的利润的形式出现时，我们上面讨论的一切劳动在交换过程和生产过程中，发生我-它自反性异化和事物化的"转化和中介过程都消失不见了"，被资本家无偿占有的剩余劳动是不在场的，在这个意义上，到场的利润也是黑格尔《精神现象学》构境中的"消逝的对象"。在这个资本家名正言顺地拿到手的利润身上，剥削工人的"资本的性质也消失不见了"。

具体说，这有四个原因：一是利润表现为"与不同于劳动时间的资本的一定流通阶段有关"，这是上面刚刚讲过的流通领域中发生的遮蔽问题，也是《大纲》中详细分析过的价值-货币和资本关系的劳动异化本质。二是在利润中，工人生产的"剩余价值不是按直接产生它的那部分资本来计算并与之发生关系，而是不加区分地按总资本来计算并与之发生关系，这样一来，剩余价值的源泉完全隐而不见了"。这意指着，剩余价值一旦被放置到资本生产的总过程中，非生

---

① 《马克思恩格斯全集》（第二版）第35卷，人民出版社2013年版，第340页。
② 《马克思恩格斯全集》（第二版）第35卷，人民出版社2013年版，第344页。

产性因素和其他复杂的商品通过市场价格波动实现自身的所有因素,都会撕裂剩余价值与劳动的对应关系,这必然会大大淡化剩余价值的真实来源。三是"虽然在利润这种最初形式上,利润量在数量上还与特殊资本生产的剩余价值量相等,但是利润率从一开始就不同于剩余价值率"。依马克思的说法,利润率即是"剩余价值和全部预付资本的比率",二者的落差进一步遮蔽了剩余价值的劳动异化本质。四是"在剩余价值率既定的前提下,利润率可能提高或降低,甚至可能按与剩余价值率相反的方向提高或降低"。① 这些复杂的情况,就使得资本最终获得的利润在现象上表现为与剩余价值根本不同的东西。

"剩余价值在利润的最初形式上已经具有这样一种形式,这种形式不仅使人不能直接辨认它与剩余价值、剩余劳动的同一性,而且好像是直接与这种同一性相矛盾(Widerspruch)的"②。这样,利润就会使剩余价值(剩余劳动)异化为**不是自己**的资本所有物。这当然是劳动异化关系中的一个愈益复杂的颠倒场境。所以马克思感叹地说:

> 正是在利润的这种完全异化的形式(ganz entfremdeten Form)上以及在利润的形式越来越掩盖自己的内核的情况下,资本越来越具有事物的场境(sachliche Gestalt),越来越由一种关系转化为一种物(Ding),不过这种物是包含和吸收了社会关系(gesellschaftliche Verhältniß)的物,是获得了虚假生命和独立性而与自身发生关系的物,是一个可感觉而又超感觉的本质(sinnlich übersinnliches Wesen);而且在**资本和利润**的这种形式上,资本表面上是作为现成的前提(fertige Voraussetzung)出现的。这就是资本的现实性的形式,或者更确切地说,是资本的现实存在的形式。这也正是资本借以存在于其承担者即资本家的意识中、反映在他们的观念中的形式。③

这一重要断言的意思为,作为资本主义经济物相化最终结果的利润,是资本家盘剥工人的剩余价值的 ganz entfremdeten Form(完全异化的形式)。这是马

---

① 参见《马克思恩格斯全集》(第二版)第 35 卷,人民出版社 2013 年版,第 340 页。
② 《马克思恩格斯全集》(第二版)第 35 卷,人民出版社 2013 年版,第 340 页。
③ 《马克思恩格斯全集》(第二版)第 35 卷,人民出版社 2013 年版,第 341 页。中译文有改动。Marx-Engels-Gesamtausgabe(MEGA²), II/3-4, Text, Berlin: Dietz Verlag, 1979, S. 1482-1483.

克思关于利润的劳动异化本质分析的十分重要的表述。依他之见，资本利润的本质，当然是工人通过剩余劳动创造出来的剩余价值，说穿了，利润就是那个资本投入生产后获得的那个劳动创造的 Δ(G′余额)。可是，这个 Δ 在脱离生产过程和市场销售之后的货币表现形式中，却彻底异化为与剩余价值无关的资本所有物——利润。这里的"完全异化的形式"，是指我-它自反性劳动异化关系被彻底遮蔽起来。恐怕，这也是马克思在整个劳动异化批判构式Ⅲ中对异化程度的最高级别的指认。马克思说，这种特殊的货币 Ding(物)是包含和吸收了 gesellschaftliche Verhältniß(社会关系)的物。相比之前述流通领域中价值关系事物化(Ⅰ)颠倒的货币物、重新投入生产过程中的事物化(Ⅱ)颠倒的生产条件物，以及工人的劳动技能事物化(Ⅲ)颠倒为机器客观工序，这是资本主义生产方式中**经济物相化场境中的第四种事物化**，即马克思所指认的利润所呈现的可见 sachliche Gestalt(事物的场境)或经济定在。在批判认识论的构境中，这当然是人与人的关系转化为一种物的颠倒的伪境，因为利润恰是劳动多重异化的结果，到场的利润是不在场的剩余价值的伪在场，利润在"第二自然辩证法"运动中的"虚假生命和独立性"，恰恰是剩余劳动创造的社会历史负熵质的异化。之所以利润具有一种 sinnlich übersinnliches Wesen(可感觉而又超感觉的本质)，是因为作为利润到场的货币物，恰恰因为它可感觉到的熟知物性，遮蔽了自己内部真正的超感觉的剩余劳动-剩余价值关系的本质。这种更深层次的劳动异化，渗透到资产阶级的观念中，就成为经济拜物教的一个重要支撑点。这可能是马克思将利润中发生的劳动异化指认为"完全异化的形式"的缘由。

其次，作为资产阶级利润分配主要方式的**地租和利息是剩余价值进一步脱型和异化的派生形式**。马克思发现，在资本主义生产总过程中，剩余价值还会通过利润分离出一些特殊的获利方式，比如资本主义生产方式中特有的地租与利息。当然，这只是利润再分配中的主要形式，在资本主义经济活动中，还会发生商业利润和税收等其他形式的再分配。马克思说过，"利润分解为**产业利润**(包括**商业利润**)，以及产业资本家用货币支付的**利息**和他同样用货币支付的**地租**"①。而在马克思自己多次构想的《政治经济学批判》的写作

①《马克思恩格斯全集》第30卷，人民出版社1975年版，第359页。

计划中,国家税收(Steuern)、国债(Staatsschuld)和公共信用(Oeffentlicher Credit)等甚至是一本大书需要面对的批判对象。[①] 虽然地租和利息是在前资本主义生产方式中都出现过的经济现象,但是资本主义生产方式中的地租"只是产业资本家必须支付的一部分剩余价值的名称,正如**利息**是由产业资本家虽然收进来(和地租一样)但是必须支付给第三者的另一部分剩余价值一样"[②]。这也就是说,看起来与劳动漠不相干的地租和利息,也都是工人创造的剩余价值。因为土地和金钱本身都不会创造财富,地租和利息是产业资本家(人格化的生产资本)支付给土地所有者和金融资本家租用土地与借用资金的"生产费用",它实际上是剩余价值的不同分配份额。从本质上看,这是剩余价值作为**利润的劳动异化的进一步再异化**的过程。马克思指出:

> 只要剩余价值[分解成]各个不同的**特殊**部分,与各种不同的诸如自然界、产品、劳动等生产要素发生关系,即与仅仅在**物质上**不同的生产要素发生关系,只要剩余价值一般获得**特殊的**、彼此无关、互不依赖、由各种不同的规律调节的形态,那么,它们的共同的统一体(剩余价值),从而这个共同的统一体的性质,也就越来越无法辨认,不再通过**现象**表示自己,而必须当做某种隐藏的秘密才能发现。[③]

在利润的进一步分化、脱型和派生的形式中,被掩盖起来的剩余价值已经根本不再从现象上直接在场,劳动异化关系中发生了再一次的异化自乘,在利润及其地租和利息等派生分配形式中,剩余价值表现为**不再是自己的他物**(作为经济定在的事物化Ⅳ),地租和利息形式上分有的剩余价值,不再表现为生产过程中劳动创制结果上的剩余价值 $\Delta(G')$,而是土地和借贷资本自己生出的 $\Delta(G')$。这种再次转换中的劳动异化关系"越来越无法辨认",因为剩余价值甚至根本"不再通过现象表示自己,而必须当作某种隐藏的秘密才能发现"。这当然是马克思通过历史现象学和批判认识论才能进入的透视层面。于是,这就出现了在资产阶级经济学中经常出现的经济物相化编码的虚

---

① 参见《马克思恩格斯全集》(第二版)第 30 卷,人民出版社 1995 年版,第 50、221 页。
②《马克思恩格斯全集》(第二版)第 35 卷,人民出版社 2013 年版,第 325 页。
③《马克思恩格斯全集》(第二版)第 35 卷,人民出版社 2013 年版,第 343 页。

假场境中的对应关系,其中,"每一部分都表现为某种特殊原因的结果,某种特殊实体的偶性。这就是:利润—资本,地租—土地,工资—劳动"①。这一下子又回到了《1844年手稿》第1笔记本开始时马克思就证伪的那个资产阶级经济学的"通识"图表。不过在这里,"利润—资本,地租—土地,工资—劳动"的表面合理化关系,被马克思揭露为剩余价值(剩余劳动)异化的经济物相化遮蔽,它的观念反映方式就是资产阶级财富收入形式上的经济拜物教。在马克思看来:

> 收入的形式和收入的源泉以**最富有拜物教性质的**形式(*fetischartigsten* Form)表现了资本主义生产关系。这是资本主义生产关系从外表上表现出来的定在(Dasein),它同潜在的联系以及中介环节是分离的。于是,**土地**成了**地租**的源泉,**资本**成了**利润**的源泉,劳动成了**工资**的源泉。现实的颠倒借以表现的歪曲形式,自然会在这种生产方式的当事人的观念中再现出来。②

这是资本主义生产方式中的当事人的观念中,以经济拜物教的形式再现的资产阶级经济学中以收入方式和收入来源形式固定下来的合法化骗局。这里问题的实质为"现实的颠倒借以表现的歪曲形式"。这样,我们就进入马克思历史现象学透视资本主义生产方式中的经济物相化编码的一个新的劳动异化层面之中。在前面的讨论中,我们已经先后遭遇流通领域中的价值关系事物化颠倒,生产过程中资本关系反向对象化劳动条件的物性颠倒,劳动能力、联合力和结合力的颠倒,机器与科学技术关系的颠倒,以及资本与雇佣劳动的关系反向对象化为人格化的资本家与工人的颠倒,这些现实社会关系颠倒的本质,都是劳动异化。在此,马克思的最新发现是出现在**收入方式上的社会关系颠倒**,即劳动创造的剩余价值,在资产阶级的手中进一步分化为作为资本回报的利润(利息)、作为土地回报的地租,而工人的工资则成了假象中劳动的对等收入。在资本物和土地可以生出合法财富的经济物相化编

---

① 《马克思恩格斯全集》(第二版)第35卷,人民出版社2013年版,第344页。
② 《马克思恩格斯全集》(第二版)第35卷,人民出版社2013年版,第302页。中译文有改动。Marx-Engels-Gesamtausgabe(MEGA²),Ⅱ/3-4,Text,Berlin:Dietz Verlag,1979,S.1450-1451.

码的虚幻场境中,资产阶级的"收入的形式和收入的源泉以**最富有拜物教性质的形式**",展现了资本主义生产方式的颠倒的奴役关系本质,这不过是资本主义生产方式经济物相化"从外表上表现出来的定在"。

马克思认为,对于这种剩余价值分化为利润和地租等形式的劳动异化关系,古典经济学家中的批判者是有过试图分析矛盾和透视假象的努力的。在《伦敦笔记》中,马克思就从《民族困境的根源和补救措施等:一封给约翰·罗素勋爵的信》(*The Source and Remedy of the National Difficulties etc: A Letter to Lord John Russell*)一书中摘录到这样的文字:"支付给资本家的利息,无论是租金、货币利息还是贸易利润,都是从他人的劳动中支付的"①。而庸俗经济学家却在经济物相化的颠倒场境中如鱼得水,因为异化正是他们在经济物相化编码空间中生存的方式。

> 异化形式(Form der Entfremdung)使古典的,因而也使批判的政治经济学家感到困难,他们试图通过分析来剥去这种形式,而庸俗经济学(Vulgärökonomie)却正好是在价值的各个不同部分相互对立的**异己性**(*Fremdheit*)中才感到十分自在;正如一个经院哲学家在"圣父、圣子和圣灵"这一公式中感到十分自在一样,庸俗经济学家在"土地—地租、资本—利息、劳动—工资"这一公式中也感到十分自在。②

依我的揣测,这里马克思所说的古典经济学中的"批判的政治经济学家",应该是指西斯蒙第、斯卡尔培克、毕莱等人,还可以包括李嘉图式的社会主义经济学家,他们都在不同的批判话语构境中试图说明这些"异化"现象;而庸俗经济学家们却在这种经济物相化的"土地—地租、资本—利息、劳动—工资"异化场境中"感到十分自在",就像中世纪的那些经院哲学家,自在于基督教话语中的"圣父、圣子和圣灵"幻象的神性构境里。

马克思具体分析说,这个经济物相化伪境的"三位一体"中的利润-地租-利息的真实关系为:利润是剩余价值在资本生产总过程中的劳动异化关系颠

---

① Marx-Engels-Gesamtausgabe(MEGA²), Ⅳ/9, Text, Berlin: Dietz Verlag, 1991, S.135. 中译文参见李亚熙译稿。

②《马克思恩格斯全集》(第二版)第35卷,人民出版社2013年版,第363页。中译文有改动。

倒的表现形式,而地租和利息则是这种劳动异化关系派生的**再异化**。在这种次生的再异化场境关系中,我-它自反性关系被彻底地遮蔽起来。

　　一是作为剩余价值(劳动)异化的利润派生形式的、资本关系支配下的**地租**。对于传统的"直接剥削劳动的土地所有制"中的地租来说,"在那里,要认识剩余财富的源泉,那是毫无困难",因为那是对农奴直接劳动成果可见的直接掠夺;而在从属于资本关系的土地所有制中,地租是以资本一定量的土地使用来计算的,并且经过了商品交换的平等方式,虽然现代地租的本质是产业资本家剥削而来的剩余价值(利润),但使其以利润的派生形式表现出来的复杂经济物相化的"一切中介过程都被砍去了,而地租的纯粹外表的独立形态却完成了"。马克思说:

　　　　剩余价值的一部分——地租——**表现为同某种特殊的自然要素**(besondren Naturelement)**的关系,而与人的劳动无关**。在这里,不仅剩余价值的性质完全消失不见了(因为价值本身的性质消失不见了),而且**利润**本身现在似乎也要归功于**作为一种特殊的、物的生产工具**(dinglichen Productionsinstrument)**的资本**,正如地租要归功于土地一样。土地是天然存在的,并提供地租。①

在这里,进入工业资本生产的土地被当作一种特殊的物性工具性条件,地租成了土地作为"自然要素"的天然收益,似乎与人的劳动完全无关。通过一租一还,土地所有者从产业资本家那里获得了作为**土地所有权**回报的货币地租。马克思分析说:

　　　　这种所有权是一种手段,它能阻止在其余资本主义生产领域发生这种过程,并且把这个特殊生产领域所生产的剩余价值扣留在这个领域中,于是剩余价值现在就在资本家和土地所有者之间进行分配。因此,土地所有权,就像资本一样,变成了支取无酬劳动、无代价劳动的凭证。在资本上,工人的对象化劳动表现为统治工人的权力,同样,在土地所有

---

①《马克思恩格斯全集》(第二版)第35卷,人民出版社2013年版,第343页。中译文有改动。Marx-Engels-Gesamtausgabe(MEGA²), Ⅱ/3-4, Text, Berlin: Dietz Verlag, 1979, S.1482-1483.

权上,土地所有权使土地所有者能从资本家那里扣下一部分无酬劳动的这种情况,表现为土地所有权似乎是价值的一个源泉。①

在经济物相化的表象中,这些作为土地所有权回报所支付的货币上,"剩余价值的性质完全消失不见了"。然而在马克思看来,资本主义工业生产中的土地并不创造任何价值,地租不过是工业资本家无偿占有的工人剩余价值的再分配。也是在这个意义上,马克思说,"资本家把地主看做纯粹是一个多余而有害的赘疣,一个享乐者,看做资本主义生产的寄生物,看做长在资本家身上的虱子"②。因为地主通过土地获得的地租只是资本家利润的再分割,也恰恰是这种表面上看从"土地上生长出来的财富",遮蔽了自己与不在场的劳动和剩余价值的任何关联,这当然是劳动异化关系的再异化。

二是作为剩余价值(劳动)异化的利润派生形式的**利息**。这是马克思在剩余价值再分配领域中对劳动异化问题分析的重点。马克思说,"**利息**无非是利润的一部分(利润本身又无非是剩余价值,无酬劳动),它是由完全地或部分地借助他人的资本从事'劳动'的产业资本家支付给这笔资本的所有者的"③。与地租一样,利息也是从利润中划分出来的,它当然是工人创造的剩余价值,只不过它是产业资本家付给生息资本(借贷资本)家的利息。在马克思看来,"利息或者是用借来的资本赚得的利润的一部分;在这种情况下,利息就是利润本身的派生形式,是它的一个分支,因而只是以利润形式占有的剩余价值在不同的人之间的进一步分配"④。马克思认为,在资本主义的经济现象中,利息有时候甚至是作为"资本主义生产的**前提**"出现的,因为在现实的经济活动中,资本家往往会从银行贷款并支付利息,这样利息就表现为资本家购买生产条件的前提。他说,"只要它**表示劳动条件的异化形式**(entfremdete Form),表示某种**特殊的社会关系**,它就在**利息**上得到实现"⑤。在马克思看来,利润划分出利息,这是资本主义生产关系经济物相化迷雾中最具假象性的劳动异化现象。因为,

①《马克思恩格斯全集》(第二版)第34卷,人民出版社2008年版,第39—40页。
②《马克思恩格斯全集》(第二版)第34卷,人民出版社2008年版,第368页。
③《马克思恩格斯全集》(第二版)第35卷,人民出版社2013年版,第324页。
④《马克思恩格斯全集》(第二版)第33卷,人民出版社2004年版,第59页。
⑤《马克思恩格斯全集》(第二版)第35卷,人民出版社2013年版,第353页。

在利润和利息(Zins)的划分上,在作为资本的简单形态(这种形态使资本成为它自己的再生产过程的前提)的生息资本(Zinstragenden Capital)上获得简单的形态(einfachen Gestalt)。一方面,这里表现出资本的绝对形式:G—G′,自行增殖的价值。另一方面,甚至在纯粹商业资本中也存在的中间环节,即 G—W—G′公式中的 W 在这里消失了。在 G—G′公式中,只有 G 同它自身的关系,这种关系是用它自身来衡量的。①

这表示,在从生息资本到获得利息的 G—G′公式中,这个 G′,作为借贷资本的回报到场的、超出本金的货币,不仅与生产过程无关,甚至也没有经过流通领域,直接是**钱生钱**。生息资本和利息回报,现象上就是与工人劳动没有任何关系的**资本的自我增殖**。如果说,在利润那里,无论如何通过生产成本、平均利润率和市场价格波动等因素的掩盖,"总还是包含着对处于过程中的资本的关系,对生产剩余价值(利润本身)的过程的关系",那么,

> **生息资本**的情况与**利润**不同,在利润上,出现了剩余价值的异化场境(Gestalt des Mehrwerths entfremdet),使人不能直接认清剩余价值的简单形态,从而不能认清它的实体和产生的原因;相反,在**利息**上,这种异化形式(entfremdete Form)却**明显地**作为**本质的东西**确定下来、存在和表现出来。这种形式作为某种同剩余价值的实际性质**相对立的**东西独立化并固定化了。在生息资本上,资本同劳动的关系消失不见了。实际上利息是以利润为前提的,利息只是利润的一部分,剩余价值怎样在利息和利润之间、在不同种类的资本家之间进行分配,这实际上与雇佣工人完全无关。②

如果说,作为资本主义生产总过程结果的利润已经是遮蔽 Gestalt des Mehrwerths entfremdet(剩余价值的异化场境),使人不能简单地直观到利润的真实来源和利润本身的基本构成,而在到场的利息这里,不可见的剩余价值

---

① 《马克思恩格斯全集》(第二版)第 35 卷,人民出版社 2013 年版,第 345 页。中译文有改动。Marx-Engels-Gesamtausgabe(MEGA²), Ⅱ/3−4, Text, Berlin: Dietz Verlag, 1979, S. 1482−1483.

② 《马克思恩格斯全集》(第二版)第 35 卷,人民出版社 2013 年版,第 348 页。中译文有改动。Marx-Engels-Gesamtausgabe(MEGA²), Ⅱ/3−4, Text, Berlin: Dietz Verlag, 1979, S. 1490.

的异化场境本身干脆畸变成一种事物化Ⅳ的假象本质,它作为工业资本家偿还给借贷资本家或银行利息的金钱,直接成为独立的甚至与产业资本相分立的客观实在。相比之利润和地租,利息是**第四种经济事物化颠倒**中最欺骗人的地方,也是劳动异化批判构式Ⅲ中最难入境的层面。因为资本与雇佣劳动的剥削关系奇怪地转换成生息资本与产业资本的交换,与工人创造的剩余价值仿佛没有任何关联,劳动异化本身的不在场被完全遮蔽起来。这是分配领域中发生的劳动异化二次方伪境的再一次复杂化。马克思认为,这可能是资本主义经济物相化编码中最能迷惑人的幻象。对此,马克思进一步分析道:

> 利息概括了劳动条件对主体活动的关系上的**异化**性质(*entfremdete Charakter*)。利息把资本的所有权,或者说单纯的资本所有权,表现为占有他人劳动产品的手段,表现为支配他人劳动的权力。但是,它是把资本的这种性质表现为某种在生产过程本身之外属于资本的东西,而不是表现为这个生产过程本身的独特的规定性的结果。它不是把资本的这种性质表现为同劳动对立,而是相反地同劳动无关,只是表现为一个资本家对另一个资本家的关系,也就是说,表现为一种存在于资本对劳动本身的关系之外的、与这种关系无关的规定。①

马克思认为,利息最集中概括了资本主义生产方式中资本家用钱去购买劳动条件以吸纳活劳动关系上的*entfremdet* Charakter(**异化**性质)。这是说,利息作为剩余价值的异化二次方,就在于利息在现象上表现为与直接生产过程的脱离。生息资本家把钱借给产业资本家,至于你拿它去干什么,生息资本家并不关心。"钱能生钱"这一过程,看起来与生产过程中的劳动没有任何关系,在G—G′这一神奇公式中,作为劳动异化产物的剩余价值的再分配问题,再一次异化成了两个资本家之间的交易关系。

也是针对利润进一步分化为地租和利息这两种剩余价值的派生形式中出现的异化自乘现象,马克思分析说:

---

① 《马克思恩格斯全集》(第二版)第35卷,人民出版社2013年版,第354页。

因为资本的**异化性质**(*entfremdete Charakter*)，它同劳动的对立，被转移到剥削过程之外，即被转移到**这种异化的现实行动**(*wirklichen Aktion dieser Entfremdung*)之外，所以一切对立性质也就从这个过程本身排除了。因此，**现实的**剥削，即实现并实际表现对立性质的东西，就表现为它的直接对立面。①

我们可以看到，这是马克思在狭义劳动异化批判构式Ⅲ中使用异化话语最频繁和细致的地方。这是说，资本主义生产方式就是一种劳动异化关系建构起来的颠倒现实。资本-利润关系的在场就是具有同劳动自身对立的 *entfremdet Charakter*(**异化性质**)的场境，资本主义生产方式中的地租和利息却将这种资本盘剥劳动的关系转移到这种 *wirklichen Aktion dieser Entfremdung*(**异化的现实行动**)之外。如果说，作为资本主义生产物相化和经济物相化结果的利润，作为"剩余价值的最后一种形式，即在一定程度上还能使人想起其起源的形式"，那么，剩余价值在地租和利息这些派生形式中被进一步"分离为并被理解为不仅是异化的(*entfremdeten*)形式，而且是直接同剩余价值相对立的形式，因此，资本和剩余价值的性质，也和资本主义生产一般的性质一样，终于被完全神秘化(*gänzlich mystificirt*)了"。② 利润如果是剩余价值的异化形式，作为利润进一步分化出来的地租和利息，则从现象上表现为与剩余价值漠不相干和根本对立的东西。由此，马克思说，在资本家的利润、地租和利息的收入形式上，"资本取得了它的最彻底的物的形式(*dinglichste Form*)，它的纯粹的拜物教形式(*Fetischform*)，剩余价值的性质表现为一种完全丧失了它自身的东西。资本——作为物(*Ding*)——在这里表现为价值的独立的源泉"。③ 这也就是我所指认的第四种事物化的颠倒。在这里，资本再一次颠倒为物，成为可以离开工人劳动而创造财富的"独立的源泉"。这恰是资本主义生产方式最神秘化的经济物相化迷雾，也由此必然生产出相应的经济拜物教的意识形态幻象。

马克思认为，正是在地租和利息这样的利润所派生的剩余价值形式的现

---

① 《马克思恩格斯全集》(第二版)第35卷，人民出版社2013年版，第355页。
② 参见《马克思恩格斯全集》(第二版)第35卷，人民出版社2013年版，第349页。
③ 《马克思恩格斯全集》(第二版)第35卷，人民出版社2013年版，第358页。

实异化场境中,资本对雇佣劳动的剥削被进一步遮蔽起来,**劳动异化的再异化**,使资本主义生产关系的剥削本质被深深地隐藏起来。这是资本主义生产关系使自身永恒化的一种最重要的支撑点。马克思说,从本质上看,"地租只是剩余价值的一部分,利息也是剩余价值的一部分,资本家自己没有把它们占为己有,而是把它们支付给别的资本家。这丝毫也不会改变事物的本质。对资本家来说,它们表现为费用。但它们终究是工人所创造的剩余价值的扣除部分"①。虽然对产业资本家来说,地租和利息都不是他自己占有的东西,但这改变不了这些支付给其他资本家的财富仍然是他剥削工人的剩余价值的本质。马克思说,"对于工人来说,资本家是全部剩余价值的**直接**占有者,不管他后来怎样同借贷资本家、土地所有者等分配剩余价值"②。在这一点上,斯密是有所认识的。③马克思认为,地租和利息在前资本主义生产方式中就已经出现,但只是在资本主义生产方式的劳动异化关系里,地租和利息才在表面上显得与工人的剩余劳动没有关系。

> 在这两种剩余价值形式上,剩余价值的性质、资本的本质以及资本主义生产的性质,不仅完全消失不见了,而且转到了自己的反面。但是,由于事物的主体化(Versubjectivirung der Sachen)、主体的事物化(Versachlichung der Subjekte)、因果的颠倒、宗教般的概念混淆、资本的单纯形式 G—G′在这里被荒诞地、不经过任何中介地展示和表现出来,资本的性质和场境(der Charakter und die Gestalt des Capitals)也就完成了。同样,各种关系的硬化(Verknöcherung)以及它们表现为人同具有一定社会性质的事物的(Sachen)关系,也以完全不同于商品的简单神秘化和货币的已经比较复杂的神秘化的方式表达出来了。变体和拜物教(Die Transubstantiation, der Fetischismus)完成了。④

①《马克思恩格斯全集》(第二版)第36卷,人民出版社2015年版,第84页。
②《马克思恩格斯全集》(第二版)第34卷,人民出版社2008年版,第167页。
③马克思说,在斯密那里,"剩余价值,无论它表现为利润、地租的形式,还是表现为派生的利息形式,都不过是劳动的物的条件的所有者在同活劳动的交换中占有的这种劳动的一部分。因此,在重农学派看来,剩余价值只表现为地租形式,而在亚·斯密看来,地租、利润和利息都不过是剩余价值的不同形式"[《马克思恩格斯全集》(第二版)第33卷,人民出版社2004年版,第62页]。
④《马克思恩格斯全集》(第二版)第35卷,人民出版社2013年版,第353页。中译文有改动。Marx-Engels-Gesamtausgabe(MEGA²), Ⅱ/3-4, Text, Berlin: Dietz Verlag, 1979, S.1494.

可以说,这是马克思在劳动异化批判构式Ⅲ中最富哲学意味的一段表述。Die Transubstantiation, der Fetischismus(变体和拜物教),这里的变体指的是客观发生在资本主义生产方式中的劳动异化关系场境的多次经济物相化编码转换和事物化颠倒,而拜物教则是这种经济物相化客观过程的物化式主观误认伪境。在这里,马克思将资本主义生产方式中的利润、地租和利息这三种收入方式,直接判定为 Charakter und die Gestalt des Capitals(资本的性质和场境)的完成,因为,正像我们通过历史现象学和批判认识论的透视所已经看到的那样,这是资本主义生产方式本质被彻底遮蔽起来的重要原因。其实,从商品交换关系的事物化Ⅰ("商品的简单神秘化")、货币权力的异化("已经比较复杂的神秘化"),到资本关系的事物化Ⅱ和异化(愈益复杂的神秘化)——从生产过程中劳动条件和劳动能力本身的异化、劳动关联和结合的社会生产力的异化,再到机器的事物化Ⅲ与科学技术的隐性异化,直到此处利润、地租和利息的剩余价值形式的事物化Ⅳ和再异化,资本主义经济活动中发生了多次**主体事物化和事物主体化的颠倒事件**。主体事物化既是指人与人的交换关系颠倒和"硬化"为事物与事物之间的关系,也是指劳动创造剩余价值的生产过程和剥削关系,变成了资本产生利润、土地产生地租、生息资本产生利息的经济物相化伪境和过程;事物主体化则是指异化的劳动交换关系和剩余劳动变成了工人自己的对立面,以这种事物性关系反向物相化的伪主体,即人格化——资本家和地主横行于世,骑在同样是雇佣关系人格化的工人头上。由此马克思才说:

> 资本主义生产的当事人是生活在一个由魔法控制的世界(verzauberten Welt)里,而他们本身的关系对他们表现为物的属性(Eigenschaften der Dinge),生产的物质要素(stofflichen Elemente)的属性。但正是在最后的、最间接的形式上,(同时在这些形式上中介不仅变得看不见了,而且变成自己直接的对立面。)资本的各种场境(Gestalten des Capitals)表现为生产的实际因素和直接承担者。生息资本在货币资本家身上人格化了,产业资本在产业资本家身上人格化了,提供地租的资本在作为土地所有者的地主身上人格化了,最后,劳动在雇佣工人身上人格化了。①

① 《马克思恩格斯全集》(第二版)第35卷,人民出版社 2013 年版,第375—376 页。中译文有改动。Marx-Engels-Gesamtausgabe(MEGA²), Ⅱ/3-4, Text, Berlin: Dietz Verlag, 1979, S. 1494.

这就是资本主义经济过程发生的事物主体化的反向异化"变体"。在马克思看来,资本主义生产方式创造了一个完全颠倒的魔法世界,这就是人所创造的"第二自然辩证法"的外在运动。在这里,人与人的社会关系颠倒为事物的关系(事物化Ⅰ—Ⅳ)和物的自然属性(物化),异化了的事物关系却反向获得了人的主体性。资本家、地主和工人,都不过是经济关系反向物相化的人格化。然而,在马克思这里,资本关系的人格化并非是指资本家无知于自己对工人的剥削,他作为经济动物,榨取工人的剩余价值以无限制地追逐财富是他的本性,并且,他会尽量维持这个看起来没有剥削工人劳动的假象。马克思反讽地说,作为狡猾狐狸的"资本家装出一副样子,好像他从别人那里拖回他的洞里去的东西**是从他那里出来的**,因为他使这些东西**倒着(rücklings)走**,看起来好像是**从他的洞里走出来的**"①。只有在资本主义的魔法世界中,一切社会生活的本质才会发生"倒着走"的异化现象,**我-它自反性关系颠倒地表现为公正的"它-我"关系**,因为工人通过剩余劳动创造的剩余价值,奇怪地变成资本家从自己的狐狸洞中拿出来的东西,表现为不是工人养活不劳动的资本家,反倒是资本家发给工人工资养活工人。这就是马克思的历史现象学和批判认识论照妖镜下显影出来的可怕的**资本主义全面异化的世界**。在这个意义上,哈维所指证的当代资本主义"全面异化"的断言,在马克思这里已经获得了坚实的理论基础,是完全可以确立的。马克思认为,其实只要对资本的积累进行完整的考察,

> 就可以看到,全部剩余劳动表现为**资本**(不变资本和可变资本)和**剩余劳动**(利润、利息、地租),因为在这种转化中可以看到:剩余劳动本身怎样采取资本的形式,工人的无酬劳动怎样作为**客体的劳动条件的总和**同工人相对立。在这种形式中,客体的劳动条件的总和作为他人的财产同工人相对立,以致作为工人劳动的前提的资本看来似乎和这种劳动无关。②

这里的不变资本(constanten Capitals)与可变资本(variablen Capitals),是马克思新设定的资本形式:不变资本是指资本投入在劳动(生产)条件上的部

---

① 《马克思恩格斯全集》(第二版)第35卷,人民出版社2013年版,第407页。
② 《马克思恩格斯全集》(第二版)第36卷,人民出版社2015年版,第227页。

分,而可变资本则是资本投在补偿劳动力再生产和劳动创造上的部分。那么,在这个颠倒的魔法世界中,原先被资产阶级经济学家假定为资本主义经济活动内在驱动力的自由竞争,就会成为一场头足倒置的皮影戏。因为,"在竞争(Concurrenz)中,一切都在这一最外表的最后的形式上(äusserlichsten,lezten Form)表现出来。例如,市场价格在这里表现为一种占支配地位的东西,利率、地租、工资、产业利润表现为价值的构成要素,而土地价格和资本价格表现为既定的、从事经营的费用项目"①。在商品-市场经济的竞争中,劳动与剩余价值的关系的异化,使交换中的市场价格成为支配性的东西,工资、利润和地租替代必要劳动时间成了构成价值的表面要素,土地价格和资本价格变成了经营项目一类经济物相化的目标,在这个市场化的无序自由竞争中,利润再转化为平均利润,一切都是在这个遮蔽了复杂多重异化的颠倒世界的假象层面上出场和活动。马克思深透地分析说,资本主义的"竞争以这种外在化(Veräusserlichung)为前提。资本的这些固定形态,对于竞争来说,是合乎自然、在自然史(naturgeschichtlich)意义上存在的形式,而竞争本身在自己的表面现象上只是这一颠倒的世界(verkehrten Welt)的运动。就内在联系在这种运动中的实现来说,这种内在联系表现为一种神秘的规律(mysteriöses Gesetz)"②。类似于黑格尔在《历史哲学》中将个人的激情透视为颠倒的理性狡计,在马克思这里,参与经济竞争的资本家和地主不过是异化关系的人格化身,它像资本主义生产方式中的虚幻的异化皮影,使看起来是不同经济主体之间的争斗,变成了一种naturgeschichtlich(自然史)意义上的神秘的"第二自然辩证法"的规律,它深深地掩盖了资本主义生产关系内在联系和生产方式的内在发生机制。

我以为,马克思在《1861—1863年经济学手稿》中重建的劳动异化批判构式Ⅲ,是一个非常复杂的历史现象学批判话语。从目前关于马克思异化理论的研究现状来看,这仍然是一个未被认真对待的逻辑凹点。无论是对全面把握历史唯物主义的科学批判话语,还是深入理解马克思对资本主义生产方式

①《马克思恩格斯全集》(第二版)第35卷,人民出版社2013年版,第376页。
②《马克思恩格斯全集》(第二版)第35卷,人民出版社2013年版,第376页。

的科学认识进程而言,这一重要的理论都是不可忽视的。虽然在后面公开出版的《资本论》中,这一科学的劳动异化批判构式并没有完整呈现出来,这并不代表马克思对它的放弃。关于这一点,我们还会在下面的讨论中探究其中的深层缘由。我还注意到,普殊同指认了马克思中晚期经济学研究中出现的异化理论,但他没有细致地对马克思从《大纲》到《资本论》的广义劳动异化批判构式Ⅲ进行必要的分析,也没有关注《1861—1863年经济学手稿》中上述狭义的劳动异化批判构式Ⅲ的完整理论逻辑。在他看来,马克思中晚期经济学研究中的"异化是抽象劳动的对象化过程。它并不导致原先就存在的人类本质的外在化;相反,它导致的是人的能力以异化的形式呈现出来。换句话说,异化指的是人的能力的历史建构过程,这一过程受到劳动将自身客观化为一种社会中介活动的影响。在这一过程中,一个抽象的、客观的社会领域出现了,它获得了自身的生命,并作为一种超越并对立于个人的抽象统治结构而存在"①。他还认为,马克思正是依据这种异化理论为"资本主义社会的核心方面找到了解释与基础"②。我觉得,普殊同的判断在质性上是对的,但对比我们上面的讨论,他真的是将马克思在中晚期经济学研究中创立的丰富浑厚的劳动异化批判构式Ⅲ的理论构境大大简化和抽象化了。

---

① [美]普殊同:《时间、劳动与社会统治:马克思的批判理论再阐释》,康凌译,北京大学出版社2019年版,第189页。

② [美]普殊同:《时间、劳动与社会统治:马克思的批判理论再阐释》,康凌译,北京大学出版社2019年版,第189页。

第十八章 《资本论》雏形中的劳动异化批判构式Ⅲ 及其删除

在完成《1861—1863 年经济学手稿》之后,马克思写下了《1863—1865 年经济学手稿》,这应该是他确定写作《资本论》后的最初草稿,它包括了"资本的生产过程"、"资本的流通过程"和"总过程的各种形态"三册。也是在这一区别于《政治经济学批判》一书的重要手稿中,马克思第一次完整地在阐释性话语中再现了自己在经济学研究中的重要革命成果,我们也清晰地看到他关于资本主义生产方式科学认识中最重要的结论。在这个《资本论》初稿第一册的第六章中,我们也再一次看到了马克思在《1861—1863 年经济学手稿》中重构的劳动异化批判构式Ⅲ的概要,然而,马克思在《资本论》第一卷的正式写作和公开出版时,却直接删除了这一章的内容。这也生成了马克思主义思想阐释史上一个谜一般的认识论障碍。在这里,我们主要聚焦于这一重要的本文事件。

1. 作为资本主义生产前提和产物的商品

在《1861—1863 年经济学手稿》中的思想实验的最后,马克思已经开始筹划写作一部新的著作,它是对资本主义生产方式和生产关系本质的最终认识结果,即**资本统治关系**的研究专著。1863 年 1 月,马克思在《1861—1863 年经济学手稿》的第 18 笔记本的第 1139 和 1140 页上,写下了一个新手稿的两个写作设想,即第三部分《资本和利润》(*Capital und Profit*)和第一部分《资本的生产过程》(*Productionsproceß des Capitals*)的提纲。① 1863 年 7 月至 1865 年底,马克思撰写了一部新的手稿,他从对象宽泛的《政治经济学批判》(宏大六册计划)重新聚焦于资本主义生产方式中的资本关系,新手稿第一次被命名为《资本论》(*Das Kapital*)。1862 年 12 月 28 日,马克思在写给库格曼的信中

---

① 马克思的写作设想具体为:

"第三篇《资本和利润》分为:

(1)剩余价值转化为利润。不同于剩余价值率的利润率。

(2)利润转化为平均利润。一般利润率的形成。价值转化为生产价格。

(3)亚·斯密和李嘉图关于利润和生产价格的理论。

(4)**地租**(价值和生产价格的区别的例解)。

(5)所谓李嘉图地租规律的历史。

(6)利润率下降的规律。亚·斯密、李嘉图、凯里。

(7)利润理论。

(问题:是不是还应该把西斯蒙第和马尔萨斯包括在《剩余价值理论》里?)

(8)利润分为产业利润和利息。商业资本。货币资本。

(9)收入及其源泉。这里也包括生产过程和分配过程之间的关系问题。

(10)资本主义生产总过程中货币的回流运动。

(11)庸俗经济学。

(12)**结论。《资本和雇佣劳动》。**

关于琼斯,我们还要考察几个问题:

(1)资本主义生产方式——由资本预付工资——究竟怎样改变[生产]形式和生产力。(2)琼斯关于积累和利润率的论断。"

"第一篇**《资本的生产过程》**分为:

(1)导言。商品。货币。

(2)货币转化为资本。

(3)**绝对剩余价值**:(a)劳动过程和价值增殖过程;(b)不变资本和可变资本;(c)绝对剩余价值;(d)争取正常工作日的斗争;(e)**同时的各工作日**(同时雇用的工人人数)。剩余价值额和剩余价值率(大小和高低?)。

(4)**相对剩余价值**:(a)简单协作;(b)分工;(c)机器等等。

(5)绝对剩余价值和相对剩余价值的结合。雇佣劳动和剩余价值的比例。劳动对资本的形式上的从属和实际上的从属。资本的生产性。生产劳动和非生产劳动。

(6)剩余价值再转化为资本。原始积累。韦克菲尔德的殖民理论。

(7)**生产过程的结果。**

(占有规律的表现上的变化可以在第 6 点或第 7 点中考察。)

(8)剩余价值理论。

(9)关于生产劳动和非生产劳动的理论。"

《马克思恩格斯全集》(第二版)第 36 卷,人民出版社 2015 年版,第 312—313 页。

第一次提到了《资本论》这个新的书名。① 这部新的书稿,是马克思再一次向经济学界和普通读者介绍自己经济学新成果的尝试。这里有两个重要的文本写作前提:一是新的书稿主要是从经济学理论构境中介绍新的劳动价值论特别是剩余价值理论,所以,凡是与此聚焦点没有直接关联的东西,马克思大多不在这里采用,由此,涉及哲学方法论和历史研究构境中的大量观念和思想都没有成为新书稿的主线;二是因为公开出版的《资本论》必须面对普通读者,这个时候马克思已经想到,"要对完全不懂的人把与此有关的一切经济学问题解释清楚,的确不是容易的事"②。所以,马克思尽可能地要将文本的话语塑形变得通俗和简洁起来,这也使原先出现在《大纲》和《1861—1863 年经济学手稿》中的众多艰深的哲学话语无法在场。这是我们在研究中应该留心的文本学主体视位中的细节。1860 年 9 月 15 日,马克思在写给拉萨尔的信中说,《政治经济学批判》的续篇"形式将稍有不同,将稍微通俗一些。这决不是出于我内心的要求"③。这里马克思所说的"续篇",显然不是《1861—1863 年经济学手稿》,而是后来的《资本论》。当然,我也留意到,莫斯利将《资本论》称为《1861—1863 年经济学手稿》的"普及本"④,这可能有些过了。

在这里,马克思分别写出了这个"资本论"三册的手稿,包括《资本论》第一册《资本的生产过程》手稿(1863 年 7 月至 1864 年 6 月)、《资本论》第二册《资本的流通过程》第Ⅰ稿(1865 年上半年)和《资本论》第三册《总过程的各种形态》的第Ⅰ稿(1865 年 12 月完成⑤)。1865 年 7 月 31 日,马克思写信给恩格斯说,"再写三章就可以结束理论部分(前三册)。然后还得写第四册,即历史文献

---

① 马克思在信中说:"我很高兴地从您的信中得知,您和您的朋友对于我的《政治经济学批判》都抱有十分浓厚的兴趣。第二部分终于脱稿,只剩下誊清和付排前的最后润色了。这部分大约有 30 印张。它是第一分册的续篇,将以《资本论》为标题单独出版,而《政治经济学批判》只作为副标题。"(《马克思恩格斯文集》第 10 卷,人民出版社 2009 年版,第 196 页。)

② 《马克思恩格斯全集》第 31 卷,人民出版社 1972 年版,第 125 页。

③ 《马克思恩格斯全集》第 30 卷,人民出版社 1975 年版,第 563 页。

④ [德] 莫斯利:《1861—1863 年手稿中马克思剩余价值分配理论的发展》,载 [意] 理查德·贝洛菲尔、罗伯特·芬奇主编《重读马克思——历史考证版之后的新视野》,徐素华译,东方出版社 2010 年版,第 172 页。

⑤ 马克思在 1866 年 2 月 13 日写给恩格斯的信中明确说,书在"12 月底已经完成",并且,"于 1 月 1 日开始誊写和润色,工作进展得非常迅速"。参见《马克思恩格斯全集》第 31 卷,人民出版社 1972 年版,第 180—181 页。

部分;对我来说这是最容易的一部分,因为所有的问题都在前三册中解决了,最后这一册大半是以历史的形式重述一遍。但是我不能下决心在一个完整的东西还没有摆在我面前时,就送出任何一部分。不论我的著作有什么缺点,它们却有一个长处,即它们是一个艺术的整体"①。前三册,应该是《资本论》初稿的三卷,而"最容易"的第四册,会是马克思在《1861—1863 年经济学手稿》中已经完成的剩余价值学说史。恰是在这个第二册第Ⅰ稿中,马克思又一次使用了Capitalismus(资本主义)的名词概念。② 之后,马克思在 1878 年的第二册手稿"片断"中再一次使用 Kapitalismus③,并且在后来恩格斯整理出版的《资本论》第二卷中采用④。这是公开出版的《资本论》中唯一一次保留下来的Kapitalismus 概念的使用。如果,我们将《大纲》视作马克思第一部经济学科学研究论著《政治经济学批判》的草稿,《1861—1863 年经济学手稿》为《政治经济学批判》的修订稿,那么,新完成的这部手稿则是一部全新的经济学手稿,与前两者不同,它已经明确是《资本论》的第一稿,或者叫《1863—1865 年经济学手稿》。严格地说,不能将《大纲》和《1861—1863 年经济学手稿》简单地称为《资本论》的草稿,因为马克思在《大纲》中还没有真正完成关于资本主义生产方式的科学认识,这种不成熟性表现在仍然以整个资产阶级政治经济学为批判对象的《政治经济学批判》第一分册的表述方式中,而在《1861—1863 年经济学手稿》中,马克思才完成了对资本主义生产方式本质的科学认识,在此手稿的最后才正式确定以"资本论"来展示这一成果。其中,马克思关于资产阶级经济学史的批判,独立地成为后来《资本论》的第四册。⑤ 也是在这个

---

① 《马克思恩格斯全集》第 31 卷,人民出版社 1972 年版,第 135 页。

② 参见《马克思恩格斯全集》(第二版)第 38 卷,人民出版社 2019 年版,第 421 页。Marx-Engels-Gesamtausgabe(MEGA²),Ⅱ/4-1,Text,Berlin:Dietz Verlag,1988,S.358.

③ 参见 Marx-Engels-Gesamtausgabe(MEGA²),Ⅱ/11,Text,Berlin:Akademie Verlag,2008,S.682。

④ 参见《马克思恩格斯全集》(第二版)第 45 卷,人民出版社 2003 年版,第 137 页。Marx-Engels-Gesamtausgabe(MEGA²),Ⅱ/12,Text,Berlin:Akademie Verlag,2005,S.94.

⑤ 恩格斯在马克思去世之后,最早发现内嵌在《1861—1863 年经济学手稿》中的这一重要文本。在 1884 年 2 月 16 日写给拉法格的信中,他兴奋地说:"在手稿中,有《资本论》的第一种稿本(1861—1863 年),在那里头我发现了几百页《剩余价值理论》,其中一部分经过加工已收在《资本论》的稍后几种稿本里,但是,这里留下来的足够把第二卷扩大为第二卷和第三卷。"他还专门强调,"《剩余价值理论》是我发现的一部批判性的巨著,是《资本论》第一稿(1862 年)的一部分。"参见《马克思恩格斯全集》第 36 卷,人民出版社 1975 年版,第 114、134 页。

"第四册"的意义上,恩格斯曾经指认《1861—1863 年经济学手稿》是《资本论》的"第一稿"。但在马克思自己的主体视位上,自觉地写作《资本论》的第一稿,还是《1863—1865 年经济学手稿》。我注意到,海因里希也主张将《1863—1865 年经济学手稿》指认为"《资本论》的第一个草稿"①。与马克思写于 1859 年的《政治经济学批判》第一分册初稿的笔记本 C 一样,《1863—1865 年经济学手稿》中的《资本论》初稿的第一册手稿也没有全部保存下来,留传下来的只有《第六章。直接生产过程的结果》和前面一些章节的若干零星手稿。奇怪的是,马克思在《资本论》第一卷正式出版前,将这个第六章整个删除,并且,也没有在后来的重版修订中再发表。② 马克思自己说,这个"第六章"是第一卷"资本的生产过程""向第二册——资本的流通过程——的**过渡**(Uebergang)"③。可是,为什么他又将其删除了呢? 依我的研究结果,在这一部分对资本主义生产方式的本质批判中,马克思恰恰再一次彰显了自己在《1861—1863 年经济学手稿》中重新创立的劳动异化批判构式Ⅲ,然而在面向公众的《资本论》第一卷正式出版之际,马克思还是策略性地忍痛割爱了。因为在《资本论》的前几章中,马克思已经用在当下常识语境和学术场境中有可识度和传播度的经济拜物教批判理论,取代了劳动异化批判构式。这是一个十分复杂的问题。在这里,我们主要来看一下马克思在《资本论》初稿第一册遗存下来的这个第六章中,对资本主义生产方式本质批判的重要进展。

我们都知道,《资本论》第二卷(第二册)的主题是"资本的流通过程",也就是在这里,作为资本主义生产过程(第一册)直接结果的商品,将再一次重新回到流通领域中,这是马克思说"第六章"是"向第二卷——资本的流通过程——的**过渡**"的基本意思。而在走向资本的流通过程之前,马克思在"第六

---

① [德]海因里希:《重建还是解构:关于价值和资本的方法论争论,以及来自考证版的新见解》,载[意]理查once·贝洛菲尔、罗伯特·芬奇主编《重读马克思——历史考证版之后的新视野》,徐素华译,东方出版社 2010 年版,第 107 页。
② 这一手稿 1933 年第一次以俄文发表于《马克思恩格斯文库》第二部分第七卷上,并于 1939 年在莫斯科同时用德文与俄文发表于《马克思恩格斯全集》第 11 卷。中文版首次由田光先生译出,人民出版社 1964 年以单行本形式出版,后收入《马克思恩格斯全集》中文第一版第 49 卷。
③ 《马克思恩格斯全集》(第二版)第 38 卷,人民出版社 2019 年版,第 26 页。

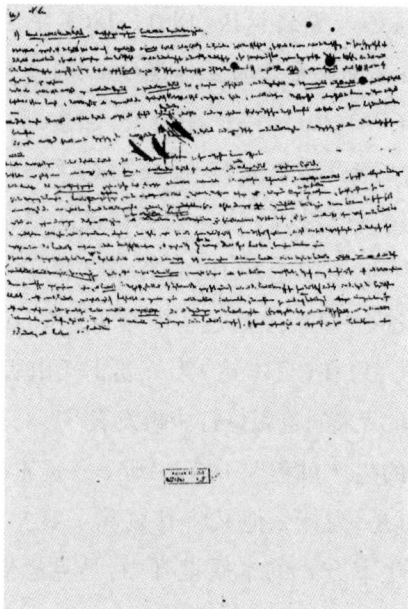

图 18-1　马克思《1863—1865 年经济学手稿》一页

章"中对整个资本主义生产方式再一次进行了重要的本质批判。马克思一上来就专门说明,这一章中,他将重点说明三个问题:

（1）作为**资本产物的商品**（*Waaren als Product des Capitals*）,作为资本主义生产的**产物的商品**;

（2）资本主义生产是**剩余价值的生产**;

（3）最后,资本主义生产是使这个直接生产过程具有**特殊资本主义**特征的**整个关系的生产和再生产**（*Production und Reproduction des ganzen Verhältnisses*）。①

显然,这并不是要讨论新问题,而是对《资本论》初稿第一册前五章关于资本主义生产过程的分析中业已解决了的重大问题的重新概括和本质分析,以此为读者走向资本的流通过程(第二册)做铺垫。当然,在马克思这里的概括中,资本主义生产过程的本质由浅入深地呈现为三个构境层:一是资本主

---

①《马克思恩格斯全集》(第二版)第 38 卷,人民出版社 2019 年版,第 26 页。中译文有改动。Marx-Engels-Gesamtausgabe(MEGA²）, Ⅱ/4-1, Text, Berlin: Dietz Verlag, 1988, S.24.

义的生产是商品生产,这种商品生产从属于资本关系支配下的经济物相化过程;二是资本主义商品生产的本质,不再是为了作为一般劳动物相化结果的物品的使用价值,而是追逐剩余价值;三是资本主义生产过程,同时也是整个资本与雇佣劳动的关系的生产与再生产。这当然也是整个《资本论》聚焦的思想构境焦点。这与《大纲》和《1861—1863 年经济学手稿》中比较宽泛的讨论是明显不同的。

这里,我们先来看资本主义生产的第一方面,即这个**作为资本主义生产过程结果的商品**。显而易见,马克思这里所指认的作为资本产物的商品,已经不是可能出现在简单流通领域中的商品,而是作为资本主义生产过程结果的商品,所以,"作为资本产物的**商品**,作为资产阶级财富的元素形式,曾经是我们的出发点(Ausgangspunkt) ,是资本产生的前提。另一方面,**商品**现在直接表现为**资本的产物**",或者说,"商品既表现为资本的经常的元素前提,又表现为资本主义生产过程的直接结果"。① 一是这里作为资本产生前提的商品,应该是马克思在手稿开始就已经充分讨论过的经济物相化的 Ausgangspunkt(出发点) ,即流通领域中劳动产品交换中历史性出现的商品。二是现在我们在此面对的商品,已经是资本主义生产过程遮蔽起来的具体劳动与抽象劳动、使用价值与价值、劳动异化与资本增殖相统一的复杂产物。"出发点"和"产物"这样的表述看似简单明了,但它巧妙地涵盖了第一册前五章的开始与结束,同时,这也深刻地内嵌着整个资本主义生产方式的历史发生和发展逻辑。总体上说,马克思这里似乎是从《大纲》和《1861—1863 年经济学手稿》中创立的历史现象学和科学的批判认识论构境,退回到以实证原则为基础的历史认识论层面。

首先,商品在资本主义生产方式中的**历史定位**。马克思先从历史认识论的视角说,商品并不是资本主义生产方式中独有的东西。在资本主义生产方式出现之前,"在以前的各生产阶段中,产品是**部分地**采取商品的形式",这种商品生产不过是"资本主义生产方式的**历史前提**(historische Voraussetzung)",只是在资本主义生产方式中,"商品才变为**产品的一般形式**,所有产品才必须

---

① 参见《马克思恩格斯全集》(第二版)第 38 卷,人民出版社 2019 年版,第 26—29 页。

采取商品的形式"。① 通俗一些说,虽然商品生产和流通出现得较早,比如在血亲-宗法关系场境中,封建社会的政治-神学构式负熵进程中已经出现了商品交换和货币,可那时地主老财家中的金银财宝和口袋中的铜钱,还是臣服于"人对人的依赖关系"中的宗法权力的;只是当资本主义生产方式历史地发生之后,商品-货币-资本作为一种经济构式负熵场境,才占据生产关系中总体性的统治地位。依马克思的看法,"在资本主义生产方式的基础上,甚至连属于过去生产时期的经济范畴,也获得了各种特殊的历史的性质"②。开始,是所有的旧有的经济关系**从形式上从属**于资本关系的统治,之后,社会生活才逐步地**实质性地从属**于资本。这是对《大纲》和《1861—1863 年经济学手稿》中已经充分讨论过的相近问题的概述。

马克思特别强调,这里有一些重要的历史性的时空节点,或者说资本主义商品生产的发生,必须具备这样一些重要的历史条件:第一是**劳动力商品**的形成。他说:

> 从本身只是商品转化形式的货币到资本的转化,只能发生在劳动能力对工人本身来说已经转化为商品的时候,从而只能发生在商品贸易的范畴已经征服从前不包括在这个范畴中或者只是偶尔包括在这个范畴中的领域的时候。只有在劳动人口或者本身不再属于**客观的**劳动条件,或者本身不再作为商品生产者进入市场的时候,只有在劳动人口不再出卖自己劳动的产品,而相反地出卖自己的劳动本身,或者更确切些说,出卖自己的劳动能力的时候,生产才在其整个范围内,在其整个深度和广度内,变成**商品生产**,一切产品才转化为商品,每个个别生产部门的对象性的条件(gegenständlichen Bedingungen)本身才作为商品进入该生产部门。③

这是整个资本与雇佣关系生成的最重要的前提,也是资本主义商品生产的前提。在这里,马克思通过两个"只能"和两个"只有"突出强调了这样一个特殊

---

① 参见《马克思恩格斯全集》(第二版)第 38 卷,人民出版社 2019 年版,第 29 页。
②《马克思恩格斯全集》(第二版)第 38 卷,人民出版社 2019 年版,第 30 页。
③《马克思恩格斯全集》(第二版)第 38 卷,人民出版社 2019 年版,第 30 页。中译文有改动。

的历史现象:生产者不再是出售自己的劳动产品,而是通过资本统治下的雇佣劳动关系被迫出卖自己的劳动力使用权。这是由于,从土地上解放出来的自由劳动力彻底丧失了全部生产资料,所以他也不可能再拥有"自己劳动的产品",一无所有的工人不得不出卖唯一属于自己的"劳动能力"的使用权。正因为这种特殊的劳动力商品的出现,生产才不再是为了使用价值而是为了交换价值,全部生产才转化为商品生产。我们可以明显感觉到,马克思是在经济学理论逻辑中的**阐释性话语编码**中说明自己的观点,因为他总是在尽可能使用"劳动人口"、"生产部门"这样纯粹的经济学术语。劳动力商品,也是历史认识论可以直达的认知对象。

第二是**充分发展的社会分工和劳动分工**的历史前提。马克思认为,资本主义商品生产历史形成的另一个重要前提是"充分发展的**社会分工**",同时,"也只有在工场内部的**资本主义分工**的基础上,所有产品才必然采取商品的形式,从而一切生产者才必然是商品生产者"。① 依马克思此前已经讨论过的分工类型,社会分工一是指"社会劳动分成不同的劳动部门",比如农业、工业和商业中不同类型的社会劳动;二是指工场内部的劳动的"**资本主义分工**",生产同一种商品的劳动被更细地切割为片面的操作动作。这两种不同的分工的充分发展,使不同种类的劳动交换和碎片化劳动的总体化赋型,都不得不通过商品-货币-资本的特定生产关系场境来实现自身的价值,这必然造成所有产品"必然采取商品的形式","一切生产者"必然转换为"商品生产者"的经济构式负熵进程,这正是资本主义商品生产得以生成的历史性的前提。其实,对社会分工和劳动分工的历史性分析,也用不上复杂的历史现象学透视。

第三是**商业发展和商品交换市场充分发展**的历史前提。马克思说,"一定范围的商品流通和货币流通,从而达到一定发展程度的贸易,是**资本形成和资本主义生产方式的前提和起点**"②。这是资本主义商品生产发展中,资本关系形成以及资本主义生产方式得以生成的第三个历史前提。因为,"随着

---

① 参见《马克思恩格斯全集》(第二版)第38卷,人民出版社2019年版,第30页。
②《马克思恩格斯全集》(第二版)第38卷,人民出版社2019年版,第33页。

产品变为**商品**，**生产条件**即**产品要素**(它们是跟那些产品相同的东西)也以同样的程度自然而然地变成**商品**，而且只是考察的是价值增殖过程，它们就以交换价值的独立形式，作为**货币量**进入计算"①。这是说，不仅生产的产品转化为商品，而且货币投入生产过程的生产条件也是通过购买商品的方式转化而来的，所有这些商品都会以自身的交换价值形式进入市场，并通过市场交换和作为一般等价物的货币才能实现自身，这一切都是资本主义商品生产得以生成的历史起点。而当货币购买生产条件进而在生产过程中获得新的"利润"增殖时，这也就是资本关系的形成，由此，资本主义生产方式得以历史发生。我们可以清楚地看到，在上述这些历史性说明中，马克思完全是按照经济学家可以读懂的阐释性话语来表达自己的观点，所以我们才会看到"产品要素"、"货币量"这样的纯粹经济学术语。而《大纲》和《1861—1863 年经济学手稿》中，马克思在讨论资本主义生产过程时出现的生产条件的事物化颠倒和异化关系的复杂思考构境层则被深深地隐匿起来。我猜测，马克思自己也会觉得，这种分析只是告诉人们资本主义生产方式的本质是什么，可是为什么如此的问题并没有真正解决。

在马克思看来，总括地说，资本主义商品生产的历史形成可以概括为三点：

(1) 只有资本主义生产才使商品成为一切产品的一般形式。

(2) 只有在劳动者不再是生产条件的一部分(奴隶制，农奴制)，或者说原始公社(印度)不再是基础的时候，也就是说，从劳动力本身普遍地成为商品的时候，商品生产才必然会导致资本主义生产。

(3) 资本主义生产扬弃了商品生产的基础，扬弃了孤立的、独立的生产和商品所有者的交换或等价交换。②

资本主义的生产第一次使所有产品都转化为商品，商品生产成为资本主义生产的主导方式；劳动力普遍地成为商品，这意指着旧有的劳动制度的全面崩溃，奴隶、农奴和东方原始部族生活中的成员从土地上被解放出来，成为

---

① 《马克思恩格斯全集》(第二版)第 38 卷，人民出版社 2019 年版，第 32 页。
② 《马克思恩格斯全集》(第二版)第 38 卷，人民出版社 2019 年版，第 30—31 页。中译文有改动。

可以自由买卖的劳动力商品的拥有者。需要留心的是,此处马克思所指认的原始公社、奴隶制和农奴制,并非通常那个社会历史"五形态论"的线性历时性排列,而是现代资本主义在全球社会空间布展中遭遇的复杂社会关系。因为,这里的奴隶制不仅是欧洲中世纪之前的奴隶制,还可能是资产阶级在全球殖民主义奴役关系中重构的现代奴隶制,这才会出现殖民地上从奴隶直接到工人的解放;同样,此处的原始公社并非是指人类初始发展的历史阶段,而是指马克思后来才逐步看到的东方亚细亚生产方式中的土地公有制下的共同体,于是才会出现印度和俄国社会中公社共同体成员直接向一无所有的自由劳动力的转换。只是到了 1877 年之后,马克思才第一次在摩尔根《古代社会》一书中,看到作为人类原始部族生活的原始共产主义。马克思认为,社会不同生产领域充分发展的社会分工和手工业工场内部的劳动分工,打破了独立式的工匠手艺者和产品所有者的简单交换,此时,资本主义生产关系才使一切产品成为只能通过货币流通和市场交换的商业实现的资本主义经济物相化中的商品。马克思说过,"只是随着资本主义生产的发展并且只是在资本主义生产的基础上,产品才全面地采取商品形式,——这是因为全部产品都必须转化为交换价值,并且产品生产的各个要素本身要作为商品加入生产——产品才全面地成为商品"①。这还是在历史认识论构境中对不同历史节点的交代。

其次,作为**资本主义生产过程结果**的商品。马克思说,商品,"起初表现为资本主义生产的元素的东西,以后又表现为资本主义生产本身的产物",而这个作为资本主义生产过程结果的商品,与作为资本主义生产方式产生历史前提的商品和《资本论》第一册第一章中讨论的商品一般,都有着不同的特点。马克思说,现在我们清楚地看到,这个从资本主义生产过程中最后走出来的商品,让原先在经济物相化编码中那个商品本质的一般定义中的**对象化劳动**(*Vergegenständlichte Arbeit*)**结构化**了:"作为**资本的产物**的**商品**包含一部分有酬(bezahlte)劳动,一部分无酬劳动(unbezahlte Arbeit)"。这显然是一个新的提法。在《大纲》和《政治经济学批判》第一分册中,商品的本质主要被解

---

①《马克思恩格斯全集》(第二版)第 35 卷,人民出版社 2013 年版,第 77 页。

蔽为 vergegenständlichte Arbeit(对象化劳动),我们也已经知道资本家在生产过程中无偿占有工人剩余价值的秘密,这里,马克思让我们特别注意作为资本主义生产过程结果的商品中的对象化劳动必然会被切分为几块:

> 这个对象化劳动(vergegenständlichte Arbeit)的一部分(不变资本除外,因为对它已支付了等价),是用工资的等价来交换的,另一部分则被资本家不付等价而占有。两部分都是对象化的,因而都作为商品价值部分存在。为了简便起见,我们把一个称为有酬劳动,另一个称为无酬劳动。①

这是一个《大纲》和《政治经济学批判》中都没有深入讨论的复杂结构。关于资本划分为 constanten Capitals(不变资本)和 variablen Capitals(可变资本)的结构,是马克思在不久前的《1861—1863 年经济学手稿》中形成的新观点。② 这是马克思进一步突显资本家剥削工人剩余劳动秘密的更精准入口。一是资本家投在不变资本(原料、机器和厂房等)上的价值,已经通过工人的劳动完全或部分地转移到新的商品中。当然,马克思这里没有更深地指认,这部分价值同样是工人过去的对象化劳动和资本家原先无偿占有的剩余价值。二是由可变资本——活劳动新创造的商品价值中,一部分是资本家通过工资等价支付过的"有酬劳动",而另一部分则是被资本家无偿占有的"无酬劳动"。这个无酬劳动就是新创造出来的剩余价值。对这个新创造出来的剩余价值,马克思进一步分析说:

> 当商品是**资本的结果,产物**的时候,问题就在事物的**形式上**(Sache *formell*)发生了如下的变化(以后在生产价格中**实际地**发生变化):生产出来的使用价值量代表一个**劳动量**,这个劳动量等于**包含在并消耗在产品中的不变资本**(*constanten Capitals*)**价值**[不变资本**转移给**产品的**物相化劳动量**(*Quantums materialisirter Arbeit*)的**价值**]加上同可变资本(*variablen Capitals*)相交换的**劳动量**的价值,其中一部分补偿可变资本的价值,另一部分构成**剩余价值**。③

---

① 《马克思恩格斯全集》(第二版)第 38 卷,人民出版社 2019 年版,第 34 页。中译文有改动。Marx-Engels-Gesamtausgabe(MEGA²), Ⅱ/4 - 1, Text, Berlin: Dietz Verlag, 1988, S.33.

② 参见《马克思恩格斯全集》(第二版)第 36 卷,人民出版社 2015 年版,第 227 页。

③ 《马克思恩格斯全集》(第二版)第 38 卷,人民出版社 2019 年版,第 51—52 页。中译文有改动。Marx-Engels-Gesamtausgabe(MEGA²), Ⅱ/4 - 1, Text, Berlin: Dietz Verlag, 1988, S.47.

不难看出,马克思这里的阐释性话语总是试图与传统经济学的学术场建立理解逻辑中的链接,所以他会不得不面对平均利润率之下的"生产价格"和"劳动量"一类的经济 materialisiren(物相化)场境中的问题。可他无法在这里进一步说明从这个抽象劳动 Ⅰ 到价值形式的经济物相化的复杂过程。与在《资本论》第一章中出场的商品不同,原先对商品的使用价值和价值二重性、对象化劳动时间(量)的分析,在生产过程之后,作为"**资本的结果**"的商品,在 Sache *formell*(事物的**形式上**)进一步被透视为一个复杂的不变资本价值转移与可变资本补偿(工人的工资)和新的剩余价值构成。所以马克思说,"资本主义直接生产过程的最直接的结果,它的产物,是这样一种**商品**,在这种商品的价格中不仅补偿了生产商品时所消费的预付资本的价值,而且同时物相化、对象化(materialisirt, vergegenständlicht)了生产商品时所消费的剩余劳动即**剩余价值**"①。能看得出来,马克思在经济学理论的阐释性话语中,在经济物相化场境中说明剩余价值问题时,显得十分心累,Sache *formell*(事物的**形式上**)和 *Quantums materialisirter Arbeit*(**物相化劳动量**)等半遮蔽的概念的在场,使许多经济物相化黑暗中的颠倒关系都无法直接呈现出来。或者从方法论上说,马克思已经确立的狭义历史唯物主义构境中的历史现象学和批判认识论,特别是深刻的科学劳动异化批判构式都没有直接在场。这是需要我们注意的不同话语编码和思想构境层面的复杂问题。

2. 资本主义的生产是剩余价值的生产

第二方面,**资本主义生产的本质是剩余价值的生产**。马克思说,这个作为资本主义生产过程结果的商品,已经是"资本总价值加上剩余价值的承担者",这也就是说,这里的商品"作为**资本的产物**,实际上作为已经自行增殖(sich verwerthen)的资本的转化形式"。② 这个 sich verwerthen(自行增殖),当然是在"第二自然辩证法"构境中反讽的意义上使用的,因为资本自己并不会

---

① 《马克思恩格斯全集》(第二版)第 38 卷,人民出版社 2019 年版,第 56 页。中译文有改动。Marx-Engels-Gesamtausgabe(MEGA²), Ⅱ/4-1, Text, Berlin: Dietz Verlag, 1988, S. 51.
② 参见《马克思恩格斯全集》(第二版)第 38 卷,人民出版社 2019 年版,第 35 页。

创造新的财富,它只是通过无偿占有工人的剩余劳动才使自己不断"增殖"和发展起来。在这个意义上,资本主义的商品生产同时也是资本本身的生产。这是因为,"资本主义生产是剩余价值的生产,而它作为这种剩余价值的生产(在**积累**的条件下),同时又是**资本的生产**(Production von Capital),并且是整个资本关系(Capitalverhältnisses)在不断扩大的规模上的**生产**和再生产(*Production* und Reproduction)"①。这意味着,资本主义的商品生产的本质是为了实现剩余价值。在经济物相化进程中,这种剩余价值的生产和通过商品交换的实现,都表现为资本自身的积累和增殖。当投入资本主义生产过程中的货币不断带来新财富时,这也必然是资本主义生产关系的 *Production* und Reproduction(**生产**与再生产)。这是马克思想在这一章中重新归纳的对资本主义生产方式本质的科学说明。然而,正是马克思的这一表述,却在 20 世纪 70 年代的法国引起了一场重要的理论重构。1970 年,《1863—1865 年经济学手稿》第一册中被马克思自己删除的"第六章"在法国翻译出版②,列斐伏尔就专门强调了这一文本的特殊性。在他看来,马克思在自己"研究和理论生涯的最后",重新突显了"资本主义"生产关系的再生产问题。③ 他认为,马克思在这个"第六章"中已经提出资本主义性质的社会关系的再生产问题,或者说,"生产关系的再生产,其概念和现实情况,以往均未曾被人发现(été découverte)"④。实际的历史情况为,这一文本 1933 年已经问世,只是法国学术界在 1970 年重新"发现"了它,并掀起一股有趣的"再生产"热潮。布尔迪厄和阿尔都塞几乎同时写作和出版了关于"再生产"的书稿。⑤ 这里,我们还是先来看一下资本的生产与剩余价值的关系究竟是什么? 这是马克思在这

①《马克思恩格斯全集》(第二版)第 38 卷,人民出版社 2019 年版,第 48 页。

② 此文本的法译本由罗杰·丹维尔翻译并于 1970 年在法国出版。Marx, *Un chapitre inédit du Capital*, traduction et présentation de Roger Dangeville, coll. 10/18, Paris, 4e trimestre 1970.

③ 参见 Henri Lefebvre, *La survie du capitalisme*: *La reproduction des rapports de production*, Paris: Anthropos, 1973, p. 37. 中译文参见张笑夷译稿。

④ Henri Lefebvre, *La survie du capitalisme*: *La reproduction des rapports de production*, Paris: Anthropos, 1973, p. 1. 中译文参见张笑夷译稿。

⑤ 阿尔都塞于 1969 年开始写作后来命名为《论再生产》(*Sur la reproduction*, Presses Universitaires de France, 1995)一书的书稿。1970 年,布尔迪厄出版了《再生产:谈论一种关于教育体系的理论》(*La Reproduction. Éléments pour une théorie du système d'enseignement*, Minuit, 1970)。

个过渡性章节中需要重新小结的一个重要问题。

首先,剩余价值的生产是**资本主义生产的目的**。在马克思看来,货币向资本的转换,最重要的环节就是作为资本的货币在生产过程中的 sich verwerthen(自行增殖)。这当然是一个经济物相化编码中的假象。马克思说,作为资本投入生产过程中的货币所包含的

> 交换价值必须用来创造更多的交换价值。**价值量**必须增加,就是说,现有价值不仅要保存自己,而且它还必须创造出一个**增量**(Increment),价值的 Δ 即**剩余价值**,从而使已知的价值即已知的货币额表现为流动量(fluens),使增量表现为流数(Fluxion)。①

回想马克思在《大纲》中苦苦追寻剩余价值生产秘密的复杂思想构境,在这里可以明显看到经济学术语的刻意话语简装。这也就是说,如果作为生产结果的商品价值等于投入生产过程的价值,货币就不会转换为资本,因为资本生产最重要的本质,就是这个在生产过程结束时出现的"价值的 Δ"。这里,马克思用数学中的 Fluxion(流数)概念来表示这个不断发生的剩余价值的增量。这个多出来的"价值的 Δ",恰恰是前述"李嘉图难题"Ⅱ的实质。每个资本家在将自己手中的一定货币量投入生产时,他头脑中唯一的想法,自然就是这个货币量会变得更大,这就是货币向资本的转换意向。在此,马克思用了三个"必须"来说明资本主义生产关系的本质就是获取剩余价值这个 Increment(增量)。在他看来,"这个货币额所以**自在地**是资本,也就是说,按其**使命**来说是资本,只是因为它被使用、被支出的方式的目的是使自己**增大**(Vergrösserung),只是因为它被支出的**目的是使自己增大**"②。这亦表明,资本主义生产的真正动力和目的,就是使投入到生产过程中的货币获得一个增量,这就是剩余价值。于是,"**剩余价值的生产**(包括原预付价值的保存),就表现为资本主义生产过程的决定性目的、推动性利益和**最终结果**(bestimmende Zweck, das treibende Interesse und das *schließliche Resultat*),表现为使原有价值转化为

---

① 《马克思恩格斯全集》(第二版)第 38 卷,人民出版社 2019 年版,第 58 页。中译文有改动。
② 《马克思恩格斯全集》(第二版)第 38 卷,人民出版社 2019 年版,第 58 页。中译文有改动。

资本的那种东西"①。依马克思的观点,资本主义生产的本质就是剩余价值的生产,剩余价值既是资本主义生产的关键性目的,也是不断驱动它发展的内在动力,同时,也必然是这一生产过程的结果。正是在资本主义的剩余价值的生产中,货币转换为资本。

其次,劳动在资本主义生产的劳动过程和价值增殖过程中的**主体创造作用**。要说明剩余价值的生产,就必须讨论资本主义生产过程中**剩余劳动**的本质,必须说明劳动在整个资本主义生产中的真实地位,因为,"资本作为资本所固有的特殊**职能**,是**剩余价值的生产**,正如以后将要表明的那样,这不外是**剩余劳动的生产**,是在实际生产过程中对表现为和对象化为**剩余价值的无酬劳动的占有**"②。剩余价值的真正来源,并不是资本家投入到生产中的资本,而是工人的对象化劳动,生产过程中新增的财富只能是资本家对工人剩余劳动的无偿占有,这是马克思不会放弃的劳动辩证法的立场。这也表示,面对资本主义的生产过程,就必须分析劳动在整个生产过程中的**主体性作用**。这是马克思从《1844年手稿》就开始坚持的立场,而马克思这里的经济学研究,也是他将资本主义的物质生产过程同时透视为劳动过程的构境方向。可是,马克思在这里没有再去很细地讨论《大纲》中展开讨论的对象化劳动与活劳动的复杂颠倒关系。

马克思说,"正像商品是使用价值和交换价值的直接统一一样,生产过程即**商品的生产过程**是劳动过程和价值增殖过程的直接统一"③。在这里,我们看到历史唯物主义中的劳动过程在马克思经济学构境中的关键性作用。作为资本主义生产结果的商品,是使用价值与交换价值的"直接统一":使用价值在生产过程中是由劳动过程中的具体劳动物相化生成的社会历史负熵质;而交换价值,则是价值增殖过程中由抽象劳动Ⅰ赋型起来的经济物相化编码和构序起来的经济负熵质。这是两种不同的**社会有序化**进程:前者是社会定在的一般基础,而后者则是经济关系功能链的经济定在本质。这甚至对应于

①《马克思恩格斯全集》(第二版)第38卷,人民出版社2019年版,第59页。中译文有改动。
②《马克思恩格斯全集》(第二版)第38卷,人民出版社2019年版,第60页。中译文有改动。
③《马克思恩格斯全集》(第二版)第38卷,人民出版社2019年版,第61页。

方法论上的广义历史唯物主义和狭义历史唯物主义,或者是历史辩证法视域中的劳动辩证法与"第二自然辩证法"。对此,马克思又做了进一步的分析:

第一,劳动过程中的劳动能力是创造商品使用价值的唯一创制力量。马克思分析说,进入资本主义的**生产过程**中的资本,一方面是作为生产条件出现的"不变资本"(原料、机器和厂房等),另一方面是作为生产主体的"可变资本"(工人)。可如果再从客观的物质生产过程反转到**劳动过程**,我们就会看到,"一方面是对象性的(gegenständlichen)生产资料,**客体的**(objectiven)生产条件,另一方面是活动着的劳动能力(werkthätigen Arbeitsvermögen),有目的地(zweckmässig)表现出来的劳动力,**主体的**(subjektive)生产条件"①。这是马克思在经济学语境中所做出的重要努力:他强调了这里的gegenständlichen(对象性的)客观条件的本质,恰恰是工人过去主体劳动活动的对象化结果,这种作为objekt(客体)出现的生产条件自然是不可能具有创造性的;而subjektive(**主体的**)的生产条件则是工人具有的"活动着的劳动能力",并且,马克思特别突显了这种"活动着的劳动能力"是在生产过程中唯一能够zweckmässig(有目的地)表现出创造性力量的。这是逻辑构序中巧妙的"一关一开":作为客体的生产条件,虽然是工人过去劳动的对象化结果,但它们是不可能起来改变物品的;作为主体的工人活劳动能力,是在生产过程中唯一能够创造出新的使用价值和价值的有目的的主体性力量。这里的subjektive(**主体的**),会让我们想起《1844年手稿》中马克思从私有财产背后透视出的**主体本质**(subjektive Wesen)②,以及1845年他在《关于费尔巴哈的提纲》第一条中指认的从主体(subjektive)出发③。这是一条无形中链接起来的构境红线。我们也再一次体会到马克思在经济学研究中要从生产过程转换到劳动过程,特别是劳动物相化中突显的有目的(telos)的爱多斯意图的意义。比如,在资本家的纺纱工厂中,棉花、纱锭和纺织机器都是作为"客体的生产条件"出场的生产资料,而纺织工人是作为拥有可能性潜能(dynamis)状态劳动能力的劳动主体,那么,从纺织

①《马克思恩格斯全集》(第二版)第38卷,人民出版社2019年版,第62页。中译文有改动。Marx-Engels-Gesamtausgabe(MEGA²),Ⅱ/4-1,Text,Berlin:Dietz Verlag,1988,S.55.

② 参见《马克思恩格斯全集》(第二版)第3卷,人民出版社2002年版,第289页。

③ 参见[德]马克思、恩格斯《费尔巴哈》,人民出版社1988年版,第83页。

品的使用价值的具体生产来看,这一劳动过程中,客体的生产资料本身并不创造新的用在性使用价值,即便是自动运转的纺织机器也只是转移自身嵌套的构序功效,恰是工人"一定的合乎目的的劳动(zweckmässige Arbeit)——纺纱、织布等等——体现在、对象化(verkörpert, vergegenständlicht)在纱、布中。产品的合乎目的的形式(zweckmässige Form),是有目的的劳动所留下的唯一痕迹"①。这是一种重要的辨识。透过资本主义的生产过程,我们从劳动物相化过程中看到的事实为:从棉花变成纱和布,原先采摘棉花和制造纱锭的对象化劳动,通过活劳动和机器运转保存和转移到产品中,从原料到产品的改变,主要体现了有目的(telos)的活劳动物相化塑形和构序的对象化。重要的是,工人的劳动物相化活动在生产过程中一经发生则消失得无影无踪,它的物性痕迹就是原料到产品的物性变形。马克思甚至说,如果在农业生产过程中,人的劳动痕迹会在粮食和牲畜等"自然产品"上彻底消失,因为耕地、浇水、放牧等劳动会没影于植物和动物的自然生长之中;可在工业生产过程中,工人的劳动爱多斯(eidos)却物相化在产品的存在形式和内部有序性构成上。马克思指出,在资本主义的生产过程中,

> 资本在生产过程中所借以体现的一部分**使用价值**,是**活的劳动能力**本身,而它表现为具有一定的、与生产资料的特殊使用价值相适应的**特性**的劳动能力,表现为**发挥作用的劳动能力**(bethätigendes Arbeitsvermögen),有目的地**表现出来的劳动力**(äussernde Arbeitskraft),它使生产资料成为发挥作用的对象性的要素(gegenständlichen Momenten),从而把生产资料从其使用价值的最初形式**转化**为新的产品形式(Form des Products)。②

这还是在强调,在资本主义商品生产的使用价值生成中,原料不会跳起来自我塑形,发挥 gegenständliche Momenten(对象性要素)作用的生产资料也不会成为创造性的构序力量,只有工人活劳动能力才会作为有目的的生产驱动力和直接物相化塑形对象的构序力量。马克思用了三个"表现"强调说,

---

①《马克思恩格斯全集》(第二版)第 38 卷,人民出版社 2019 年版,第 62 页。中译文有改动。Marx-Engels-Gesamtausgabe(MEGA²),Ⅱ/4-1,Text,Berlin:Dietz Verlag,1988,S.55.

②《马克思恩格斯全集》(第二版)第 38 卷,人民出版社 2019 年版,第 62—63 页。中译文有改动。

这个创造使用价值的劳动能力"是工人生命力的支出,是他的生产能力的实现,是他的活动,而不是资本家的活动"①。这是完全正确的。我们不难看出,马克思在自己的阐释性话语构境中,总是尽可能地使用经济学家和一般读者有可能看懂的实证性术语。而在《大纲》和《1861—1863年经济学手稿》中曾经出现的那些惊心动魄的思想搏杀场境,却悄悄地隐身起来。我觉得,这种话语缺席的现象,并非表明马克思的历史现象学和批判认识论不重要,而只是因为它们无法现身于经济学学理的地平和面对普通读者的阐释话语构境。

第二,资本主义的生产是工人的活劳动创造**剩余价值的生产**。马克思说,如果从具体劳动创造使用价值的劳动过程,转换到资本主义生产的价值增殖过程中来,那么,资本主义的生产过程,"作为一种过程的**价值增殖**,是实际地处于价值增殖中的劳动;这种劳动不断地实现为价值,而且还超出已经生产出来的价值而不断地继续创造价值"②。这是马克思在经济学话语中的扼要说明。意思是,资本家生产的直接目的,并不是上述商品用在性编码中的使用价值,他所真正追逐的东西,是在生产过程中除去原有生产条件的价值得到保存之外多出来的交换价值。这也意味着,在资本主义生产过程中,除去要保存资本家投入生产资料和其他劳动条件中原有的价值,还要创造一个超出资本家付给工人工资的剩余部分,即可变资本的增量——剩余价值。

（1）要通过补偿、再生产可变资本的价值,就是说,要通过给生产资料追加上一个总计同可变资本价值或工资价值一样大的劳动量,来保存可变资本的**价值**;（2）要通过把超过工资中所包含的劳动量的剩余劳动量即**追加劳动量**对象化到产品（Product vergegenständlicht wird）中去,来创造可变资本价值的**增量**即剩余价值。③

---

① 《马克思恩格斯全集》（第二版）第38卷,人民出版社2019年版,第65页。
② 《马克思恩格斯全集》（第二版）第38卷,人民出版社2019年版,第68页。中译文有改动。
③ 《马克思恩格斯全集》（第二版）第38卷,人民出版社2019年版,第69页。中译文有改动。Marx-Engels-Gesamtausgabe（MEGA²）,Ⅱ/4-1,Text,Berlin:Dietz Verlag,1988,S.56.

这真是地地道道的经济学话语。这是说,资本主义生产的唯一目的就是表现为资本增殖的剩余价值。但是,在生产过程中发生的保存旧价值和创造新的剩余价值这两件事情,都只能由工人的活劳动来完成;相对于生产过程中作为**不变**资本的原料和生产资料,也只有工人的活劳动才是保存旧有价值和创造剩余价值的唯一**变量**。因为,工人的

> **活的劳动能力**这样一个要素,这个要素是创造价值(Werthschaffend)的,它作为创造价值的要素是可以变大或变小的,可以表现为变量(variable),在任何情况下,它作为因素,进入生产过程都不是作为已经**生成的量**,而只是作为**流动的量**,作为**正在生成的量**,——从而是作为在不同的界限内正在生成的量。①

通俗些说,在资本主义生产的价值增殖过程中,劳动原料和生产资料都不会自己发生改变,它们通过工人的劳动发生价值转移和补偿,在商品中仍然是一个不变量;价值增殖中唯一的变量来自工人的活劳动,并且,当它使用生产资料改变原料的劳动物相化活动发生之后,它本身却消失得无影无踪了。工人回家,生产的第一现场只剩下可见的生产资料和产品。在李嘉图等人根据生产成本生成的市场交换场境中的平均利润率之下的"生产价格"中,因为商品的价值会更复杂地体现为商品总量的社会必要劳动时间,市场的竞争也会造成"一般利润率"的某种偏离,仿佛利润只是与投资资本的问题相关,而不再直接与工人劳动创造的剩余价值一致,这样,剩余价值的真正来源已经被彻底遮蔽起来。不难体会到,马克思在这里的主要任务,在于用经济学话语阐释自己已经获得的重要结论,而不在于呈现获得这些结论的复杂思想实验进程。可是,马克思稍不留意,那些非经济学的哲学思想火焰也会悄悄地现身。我不太赞成巴克豪斯的一个说法,即马克思在《资本论》的写作中出现了所谓方法论上"被稀释的"(verwassert)的问题②。巴克豪斯注意到的问题是重要的,然而我以为,出现在《资本论》和《大纲》与《1861—1863 年经

---

① 《马克思恩格斯全集》(第二版)第 38 卷,人民出版社 2019 年版,第 66 页。中译文有改动。
② 参见 Hans-Georg Backhaus, *Die Anfänge der neuen Marx-Lektüre*, in *Dialektik der Wertform*, Freiburg: Ca ira-Verlag, 1997。

济学手稿》之间的这种话语格式塔上的差异性,并非马克思自己在方法论上的一个失误,而是话语编码意向的一种转换。马克思不需要也不会在面向普通读者的经济学成果的阐释中,刻意呈现自己深刻的哲学方法论思考和深层构境。

3. 劳动异化批判构式Ⅲ:资本主义生产是资本统治雇佣劳动关系的再生产

第三方面,**资本主义生产关系的生产与再生产**。在马克思看来,资本主义的生产过程,同时也是资本主义生产关系的生产与再生产,也就是资本主义制度本身的接续生存问题。关键是,在这里我们再一次看到了《1861—1863年经济学手稿》中那个**劳动异化批判构式Ⅲ**的身影。其实我认为,这正是马克思这个第六章中最重要的内容,但也是它被删除的根本原因。

可以看到,马克思在思考剩余价值的真实来源的问题上,分别讨论了资本主义的劳动过程和价值增殖过程之后,突然比较了在这两个过程中工人与劳动条件的关系:

一是在资本主义商品生产的劳动过程中实际发生的事情是,"工人在自己的劳动中使用这些生产资料。工人在实际劳动过程中把劳动资料作为自己劳动的传导体来消费,把劳动对象作为表现自身劳动的材料来消费。正因为如此,他把生产资料转化为合乎目的的产品形式"①。这是我们可以直观到的生产过程中发生的劳动物相化塑形和构序产品的实际关系。在这里,是工人使用和操控作为"传导体"的工具或者机器来"合乎目的"地改变原料,最终生产出有具体效用的产品。从哲学上看,这是**主体通过实践活动改变客体**。

二是在转换到资本主义商品生产的价值增殖过程时,上述劳动过程中可以直观的主体与客体的合乎目的的物相化关系则被颠倒了。也是在这里,马克思突然写下了大段的评论性文字。马克思有些激动地说,资本主义商品生产的本质关系,

---

① 《马克思恩格斯全集》(第二版)第38卷,人民出版社2019年版,第70—71页。中译文有改动。

并不是工人使用生产资料,而是生产资料使用工人。并不是活劳动(lebendige Arbeit)实现在作为自己的客体器官(objectiven Organ)的对象性(gegenständlichen)中,而是对象性劳动(gegenständliche Arbeit)通过吸收活劳动来保存自己和增殖自己,并由此成为**自行增殖的价值**即**资本**,并作为资本来执行职能。生产资料只表现为尽可能多的活劳动量的**吸收器**(Einsauger)。活劳动只表现为增殖现有价值的手段,从而只表现为使现有价值资本化的手段。①

这里,在劳动过程中工人使用生产资料时,劳动主体改造对象生成新的使用价值的、合乎目的的劳动物相化过程统统消失了。在资本的价值增殖过程中,实际发生的一切经济物相化编码都是颠倒过来的:这里工人使用作为自己的 objectiv Organ(客体器官)的对象性工具,变成了生产资料倒过来使用工人,因为作为资本的劳动条件成了吸收工人活劳动的吸收器,因为资本家手中的所有劳动条件都是 gegenständliche Arbeit(对象性劳动)的结果。由此,资本的增殖过程的本质,就成了**对象性劳动盘剥当下活劳动的我-它自反性奴役关系**。这也就是说,在资本主义生产中表现出来的资本的"自行增殖"的本质,其实是资本家用死劳动吸纳活劳动的剩余价值的过程。这正是整个资本主义生产关系被遮蔽起来的剥削本质。所以,马克思说:

生产资料又在本质上在活劳动(lebendige Arbeit)面前表现为**资本**的定在(Dasein des *Capitals*),而且现在表现为过去的死劳动对活劳动的统治(todten Arbeit über die lebendige)。活劳动正好作为**形成价值的东西**不断地并入对象化(vergegenständlichten einverleibt)的价值增殖过程。劳动,作为生命力的消耗,作为生命力的支出,是工人本身的活动。但是,只要工人进入生产过程,他的劳动本身,作为**形成价值的东西**,作为处于**自身对象化**(*Vergegenständlichung*)**过程**中的东西,是资本价值的**存在方式**(*Existenzweise*),并被并入资本价值之中。②

---

① 《马克思恩格斯全集》(第二版)第 38 卷,人民出版社 2019 年版,第 71 页。中译文有改动。Marx-Engels-Gesamtausgabe(MEGA²),Ⅱ/4-1,Text,Berlin:Dietz Verlag,1988,S. 63.
② 《马克思恩格斯全集》(第二版)第 38 卷,人民出版社 2019 年版,第 71 页。中译文有改动。Marx-Engels-Gesamtausgabe(MEGA²),Ⅱ/4-1,Text,Berlin:Dietz Verlag,1988,S. 63.

这是说,第一,不仅生产资料作为过去劳动对象化的结果也即死劳动,直接是 Dasein des *Capitals*(**资本**的定在),因为这是资本家投入货币购买而来的东西,而且,这种死劳动成为统治工人活劳动的工具。依马克思在《黑格尔的逻辑学》思想实验中的思路,这个资本定在是一种自我否定的经济定在。第二,活劳动保存旧价值和创造新价值的对象化活动本身,也成为资本价值的存在方式,并直接表现为资本自身的自我增殖。这当然是资本与雇佣劳动关系中一种可怕的关系颠倒,也是资本主义生产关系的生产与再生产过程中被深深隐匿起来的奴役性本质。为此马克思说,"这个**保存价值**和创造**新价值**的力量,是资本的力量,这个过程表现为资本**自行增殖**的过程,并且相反地表现为工人贫困化的过程,因为工人同时把他所创造的价值作为**与自我相异己的价值**(*selbst fremden Werth*)来创造"①。这又是更深一层的表象与本质的关系颠倒。显然,这里的 selbst fremden 一语的使用,业已在悄然离开经济学构境中阐释性话语的表达方式。历史现象学和科学的批判认识论已然在场。

一直到这里,马克思都还是尽可能使用经济学家或者按常识能够直接理解的语言来表达自己的观点。所以,对上述 todten Arbeit über die lebendige(死劳动对活劳动的统治)如此奇怪的关系颠倒,马克思仍然这样展开自己的分析:

在资本主义生产的基础上,对象化劳动(vergegenständlichten Arbeit)转化为**资本**的这种能力,即把生产资料转化为支配和剥削活劳动(lebendige Arbeit)的手段的能力,表现为属于生产资料本身的东西(正像生产资料在资本主义生产的基础上已经潜在地跟这种能力结合起来一样),表现为同生产资料分不开的东西,从而表现为属于**作为物**(*als Dingen*),**作为使用价值,作为生产资料的生产资料**的属性。因此,这些生产资料本身就表现为**资本**,从而资本——它表现生产条件所有者在生产中同活的劳动能力发生的**特定的生产关系**(*bestimmtes Productionsverhältniß*),特定的社会关系——就表现为**物**,正像价值表现为物的属性,物作为**商品**的**经**

① 《马克思恩格斯全集》(第二版)第 38 卷,人民出版社 2019 年版,第 71 页。中译文有改动。Marx-Engels-Gesamtausgabe(MEGA²),Ⅱ/4-1,Text,Berlin:Dietz Verlag,1988,S.63.

济规定表现为物的物性质(dingliche Qualität)完全一样,正像劳动在货币中获得的社会形式表现为**物的属性**(*Eigenschaften eines Dings*)完全一样。①

这是一个十分复杂的理论构境。因为它试图用经济学的话语涵盖马克思在《大纲》和《1861—1863年经济学手稿》中的全部艰辛努力。第一个构境层意向为,对象化劳动(货币)固化为资本的存在。当它投入生产过程中化身为生产资料时,它直接就是资本家"支配和剥削活劳动的手段的能力",并且,在具体的劳动过程中,它作为劳动条件中的原料和劳动资料,都是以这些对象物的使用价值方式出场的。在这里,资本不是资本的社会统治关系,而是可直观的熟知的物和李嘉图看到的客观生产要素组成的生产过程。在前述《大纲》和《1861—1863年经济学手稿》中,马克思对此直接使用了**资本作为劳动条件的劳动异化**的表述。第二个构境层,是马克思作为旁证的引申,即从价值增殖角度看,这里资本主义生产过程中的资本关系,表现为Ding(物)的此-彼错位的事物化(Ⅱ)颠倒,与流通领域中已经出现的价值表现为物、商品的经济规定表现为它的自然物性,以及货币关系颠倒为事物与事物的关系一样,是同一个经济物相化编码中事物化(Ⅰ)颠倒的不同构序,以及这一此-彼错位事物化颠倒过程在观念中的物化误认。马克思在此没有使用Sache(事物)这样的"消逝的对象"。我们在资本主义生产过程中遭遇的劳动条件与在流通领域中遭遇的商品和货币,都已经是人改造过的东西,而不是外部自然的Ding(物)。然而在这里,马克思只是使用了经济学家和常识中可见的Ding。其实,在上面已经充分讨论过的《大纲》和《1861—1863年经济学手稿》中,马克思这段经济学话语的阐释文字背后的真相为:工人通过具体劳动物相化创造效用性使用价值的产品,在进入商品交换生成的经济物相化进程时,必然现实抽象为以抽象劳动Ⅰ为基础的一般价值等价形式——货币,由此,劳动交换关系事物化(Ⅰ)颠倒为事物与事物的关系,货币权力已经是**劳动异化**关系;而作为资本的货币投入生产过程时,资本关系通过货币转换为劳动条

---

① 《马克思恩格斯全集》(第二版)第38卷,人民出版社2019年版,第71—72页。中译文有改动。
　　Marx-Engels-Gesamtausgabe(MEGA²),Ⅱ/4-1,Text,Berlin:Dietz Verlag,1988,S.63.

件的熟知物相中的事物化(Ⅱ)颠倒中的"物",劳动辩证法颠倒为经济事物"第二自然辩证法",生成对象化劳动对活劳动的**奴役性异化**关系。马克思说：

> 资本家对工人的统治,就是事物对人的统治(Herrschaft der Sache über den Menschen),死劳动对活劳动的统治,产品对生产者的统治,因为变成统治工人的手段(但只是作为**资本**本身统治的手段)的商品,实际上只是生产过程的结果,是生产过程的产物。这是物质生产中,现实社会生活过程(因为它就是生产过程)中与意识形态领域内表现于**宗教**中的那种关系完全**同样的**关系,即把主体颠倒为客体(Verkehrung des Subjekts in das Objekt)以及反过来的情形。①

应该说,这是马克思在《1863—1865年经济学手稿》中对资本主义生产方式本质的一个重要判断。他在这里用四个 Herrschaft(统治)来概括资本主义奴役制度的经济物相化编码中的颠倒关系：一是可见的作为经济关系人格化的资本家对工人的统治；二是可见的商品、货币和资本这些经济事物对工人的统治；三是工人创造的劳动产品对生产者本身的统治；四是这些统治关系背后最关键的东西,是 *todten Arbeit über die lebendige*(**死劳动对活劳动的统治**)。这当然是一个重要的概括。第一点是人对人的统治,第二、三点则是经济物役性中人创造的事物对人的奴役,第四点是对前面三种统治关系本质的透视。马克思还告诉我们,如同在宗教意识形态领域中,人创造了上帝,却自己跪倒在自己的创造物面前一样,在资本主义生产过程中,商品作为这一过程的结果,已经包含着一种深刻的 Verkehrung des Subjekts in das Objekt(主体颠倒为客体)的社会关系颠倒：明明在资本主义的生产过程中是工人的劳动创造了产品,可是实际发生了产品反过来支配和统治工人的**创造性主体与被创造的客体的关系颠倒**；明明是人在商品交换过程中创造了金钱这样的经济事物,在现实生活中却表现为金钱支配了人及其全部生活；明明是工人创造了财富,养活了不劳动的资本家,在可见的经济物相化空间中却颠倒地表现为资本家发给工人工资,养活工人。而这一切颠倒关系的本质,却是 Verkehrung

---

① 《马克思恩格斯全集》(第二版)第38卷,人民出版社2019年版,第72—73页。中译文有改动。
Marx-Engels-Gesamtausgabe(MEGA²), Ⅱ/4-1, Text, Berlin: Dietz Verlag, 1988, S.64.

des Subjekts in das Objekt(主体颠倒为客体)的**死劳动统治活劳动**。这也正是"第二自然辩证法"自发整合(integration)运动中反客为主的资本关系的本质。如果用马克思到这里始终忍住的哲学批判话语来说,就是资本主义生产方式中出现的劳动辩证法自身的**我-它自反性的关系异化**。

实际上到这里,马克思已经感觉到经济学话语实在无法说清这种过于复杂的多重颠倒关系,所以,他最终还是重启了自己刻意阻隔在经济学语境之外的劳动异化批判构式。这当然属于狭义历史唯物主义基础上的广义**劳动异化批判构式Ⅲ**的构境。可以看到,在这个第六章中,马克思先后三次使用了异化概念。①

> 正像人起初必须以宗教的形式把自己的精神力量作为一种独立的力量来与自己相对立完全一样。这是劳动本身的**异化过程**(*Entfremdungsproceß seiner eignen Arbeit*)。工人在这里所以从一开始就站得比资本家高,是因为资本家的根就扎在这个异化过程(Entfremdungsproceß)中,并且他在这个过程中找到了自己的绝对满足,但是工人作为这个过程的牺牲品却从一开始就处于反抗的关系中,并且感到它是奴役过程(Knechtungsproceß)。②

这是马克思在遗存下来的《1863—1865年经济学手稿》第一册中第一次使用Entfremdung概念。显然,此段文本的话语格式塔,已经不仅仅是经济学的阐释语境了。这里,马克思例举了宗教现象中出现的人的精神力量畸变为人之外的独立支配力量的意识异化关系,来说明发生在资本主义生产关系的生产与再生产过程中的上述那些主体与客体、人与经济事物关系颠倒现象背后的本质,说到底,这是工人的**劳动异化**关系。这是马克思在《1863—1865年经济学手稿》中概述劳动异化批判构式Ⅲ的第一个层面:*Entfremdungsproceß seiner*

---

① 在中译文中,存在将原文中马克思使用的fremd(异己的)误译为"异化"的情况,如《马克思恩格斯全集》(第二版)第38卷,人民出版社2019年版,第147页。Marx-Engels-Gesamtausgabe(MEGA²),Ⅱ/4-1, Text, Berlin:Dietz Verlag, 1988, S.126.

② 《马克思恩格斯全集》(第二版)第38卷,人民出版社2019年版,第73页。中译文有改动。原有的中译文将"劳动本身的异化过程"译作"人本身的劳动异化过程",这个"人的"是原文中没有的,加上这一定语,反倒会使马克思科学的劳动异化理论有了人本主义嫌疑。Marx-Engels-Gesamtausgabe(MEGA²),Ⅱ/4-1, Text, Berlin:Dietz Verlag, 1988, S.65.

eignen Arbeit(劳动本身的**异化过程**)。在《1861—1863 年经济学手稿》中的狭义劳动异化批判构式 Ⅲ 中,这是劳动本身异化的第二构境层面。因为,与雇佣劳动对立的物性资本(劳动条件),如同商品流通领域里的价值结晶为物、商品的经济构式负熵质的属性被错认为自然物性,以及货币体现的劳动交换关系变成了贵金属的物性一样,都不过是对象化劳动在特定资本主义经济物相化编码中的复杂此-彼错位事物化关系颠倒和变形,当在生产过程中它们再以劳动的前提条件和产品结果的方式直接支配和奴役工人时,就变成了工人自己的活劳动创制成果对自身的支配和奴役,这就是哲学上的我-它自反性异化关系:主体外化活动的客观对象化结果——客体性事物反过来支配和奴役主体(经济物役性),而活劳动本身则异化为资本增殖的"独立的力量"。马克思无奈地发现,"资本家的根就扎在这个异化过程中",资本家在无偿占有工人剩余价值的资本增殖过程中获得"自己的绝对满足",资本家就是这种异化关系的反向物相化(人格化);而被自己劳动成果统治的工人,则会在这一异化过程中感到牺牲生命的 Knechtungsproceß(奴役过程),并站在比资本家更高的历史变革尺度上顽强地反抗这种统治。我以为,劳动异化批判构式中的批判认识论话语,还是能够更精准地揭露资本主义生产关系的生产与再生产的本质。当然,这是马克思在《资本论》初稿中意外爆燃出来的哲学批判话语,我们无法得知在这个第一册的初稿中遗失的第一章到第五章中,马克思是否像正式出版的第一卷那样,用经济拜物教理论替代了劳动异化批判构式,但在这个留存下来的第六章中劳动异化批判构式还是显现出来了。当然,这也埋下了一个伏笔,即最后他在正式出版经济学专著《资本论》第一卷时,不得不忍痛割爱地删除这个意外跳出经济学话语的第六章。

我发现,马克思自己立刻也意识到,在历史现象学构境中启用劳动异化批判理论,甚至在经济学语境中使用"'**对象化劳动**(*vergegenständlichte Arbeit*)'这个用语以及作为**对象化劳动**的**资本**同**活劳动**的对立,能够引起很大的误解(grosser Mißdeutung)"①。相对于我上述的推断来说,这是一个来自马

---

① 《马克思恩格斯全集》(第二版)第 38 卷,人民出版社 2019 年版,第 75 页。中译文有改动。Marx-Engels-Gesamtausgabe(MEGA²), Ⅱ/4-1, Text, Berlin: Dietz Verlag, 1988, S.66.

克思自己的文献证据。其实,这句话是马克思无意识流露的担心,因为这些带有一定思辨色彩的哲学概念,会无法让读者直接获得直观的经验和容易理解的经济学观点,甚至还会产生误解和猜疑。这有可能会影响到《资本论》这本书的主要目的,即揭露资本主义生产方式的剥削本质,特别是这种资本主义生产关系的生产与再生产中资本家无偿占有工人的剩余价值的真相,所以,对于是否能用劳动异化批判理论来公开表达自己的经济学观点,他多少还是心存疑虑的。我猜测,这也会是他最后经过反复考虑,还是决定删除整个这一章的原因。

所以,马克思还是尽力通俗地解释这个出现在经济学语境中的对象化劳动与活劳动的区别。我们看到,在此他以纺织厂中的生产过程为例。纺织厂老板在市场上通过货币买回了棉花和纱锭这些商品,这是作为对象化劳动结果的生产资料,它们在生产过程中体现为劳动条件的使用价值,而作为同样是老板用货币(生活资料)买回的纺织工人的劳动力商品,活劳动只是一种有待对象化的可能性。马克思说,这"第一个过程属于**商品流通**领域,因而是在**商品市场**上进行的",之后,纺织厂老板将通过货币购买回来的生产资料(商品)和劳动力商品投入第二个生产过程中去,这就出现了上述的作为生产资料的对象化劳动与工人的活劳动的对立。二者在生产过程中的不同在于:"一个已经**对象化**(vergegenständlicht)在使用价值中,一个正处在这种**对象化**(Vergegenständlichung)的过程中;一个是过去劳动,一个是现在劳动;一个是死劳动,一个是活劳动;一个是过去**对象化**的,一个是现在**正在对象化**的。"① 显然,马克思是在试图让这个难懂的哲学话语中的对象化劳动变得通俗易懂一些。可是,在马克思接续讨论的资本主义生产方式特有的经济学问题中,他还是无法压抑劳动异化这一资本主义生产关系生产与再生产过程中更深的奴役本质。这也意指着,阐释性话语的边界总是被研究性话语的喷涌打破。这当然不是马克思的理论兴趣使然,而是由资本主义经济物相化空间的复杂场境关系决定的。

---

① 《马克思恩格斯全集》(第二版)第 38 卷,人民出版社 2019 年版,第 77 页。中译文有改动。Marx-Engels-Gesamtausgabe(MEGA²), II/4-1, Text, Berlin: Dietz Verlag, 1988, S.68.

劳动异化的第二个层面是生产过程中**劳动条件的异化**。在《1861—1863
年经济学手稿》中,这是马克思首先分析的劳动异化批判构式Ⅲ的第一构境
层面。马克思分析说,在资本主义实际的生产过程中,

> 这些货币和这些商品,这些生产资料和生活资料,作为在它们的占
> 有者身上取得人格化的**独立力量**,与被剥夺了一切物质财富的劳动能力
> 相对立;因此,为实现劳动所必要的物质条件对工人本身**异化**(Arbeiter
> selbst *entfremdet*)了,确切些说,表现为具有自己意志和自己精神的**物神**
> (*Fetische*),**商品**表现为**人身**的**购买者**。劳动能力的购买者只是**对象化**劳
> 动(*vergegenständlicher* Arbeit)的人格化,这种对象化劳动把自己本身的
> 一部分以生活资料的形式转给工人,以便把**活的劳动能力**并入自己的其
> 他部分,并通过这种合并来整个地保存自己并使自己增长到原有数量以
> 上。不是工人购买生活资料和生产资料,而是生活资料购买工人,把工
> 人并入生产资料。①

这是马克思在遗存下来的《1863—1865 年经济学手稿》中,第二处使用
Entfremdet 一词。在这里,马克思再一次重述了自己在《大纲》和《1861—1863
年经济学手稿》中都提及的劳动条件的异化问题。第一,与之前的讨论不同,
此番,马克思先引入了资本主义生产方式中的**阶级主体视位**,因为在生产过
程中并不是抽象的劳动条件与劳动相对立,而是拥有劳动条件的资本家与穷
得只剩下劳动能力的工人相对立。所以,马克思指认出这里出现的资本主义
生产关系的资本反向物相化中的人格化,这是一种奇怪的**客观社会关系颠倒
为伪主体的此-彼错位**,在此,资本(对象化劳动)本身仿佛具有了独立的意
志,资本家不过是这种盘剥雇佣劳动的剥削关系的人格化伪主体,而工人则
是雇佣劳动能力的人格化。这是批判认识论构境中,打破传统主体-客体认知
构式的关键一环,在作为资本关系人格化的资本家眼里,"时间就是金钱",一
切存在的意义只是金钱关系,这是走向经济拜物教的主体基础。第二,才是
进入生产过程中的"物质条件对工人本身的**异化**"。可以看出,马克思在这里

---

① 《马克思恩格斯全集》(第二版)第 38 卷,人民出版社 2019 年版,第 89 页。中译文有改动。Marx-
Engels-Gesamtausgabe(MEGA²), Ⅱ/4 -1, Text, Berlin: Dietz Verlag, 1988, S.78.

试图建立一种哲学话语通向可理解的普通阅读的通道,工人在生产过程中遭遇的原料、厂房和机器一类经济事物,仿佛获得了一种特殊的物役性支配性权力,它们成为吸取工人活劳动的"具有自己意志和自己精神的**物神**(*Fetische*)"。明明是对象性的客观实存,可它们却在生产过程中吸吮活劳动之血,仿佛变成了有生命的 Fetische(物神),这是"第二自然辩证法"的颠倒本质。第三,最后这句话是典型的我-它自反性异化关系,即工人与自己创造出来的有用之物的异化关系:不是工人购买生活资料,而是"**商品表现为人身的购买者**",或者说,生活资料(工资)购买工人,并把工人的活劳动并入死劳动(资本)之中,使之增殖,创造出剩余价值。马克思有些激动地说:

> 作为劳动的物的条件的**东西**即**生产资料**,和作为维持工人本人生活的物的条件的**东西**即**生活资料**,只有同**雇佣劳动**相对立才成为**资本**。资本不是**物**(*Ding*),正像货币不是**物**一样。在资本中也像在货币中一样,**人们的**一定的**社会生产关系**表现为**物**对人的**关系**(*Verhältnisse von Dingen zu Personen dar*),或者说,一定的社会关系表现为物的**天然的社会属性**(*gesellschaftliche Natureigenschaften von Dingen*)。当个人作为自由人彼此对立的时候,没有**雇佣劳动**就没有剩余价值生产,没有剩余价值生产也就没有资本主义生产,从而也没有资本,没有资本家!①

可以看出,马克思的这段表述,是在阐释性话语构境中重新表达资本主义经济关系中的劳动异化本质,不过,他试图将其变成一种普通读者都可以理解的理论观点。我们看到,马克思在这里是将难懂的我-它自反性异化构式,转换为此-彼错位关系的事物化(Versachlichung)和物化(Verdinglichung)理论。固然此处并没有出现这两个同样难懂的概念。这似乎更通俗地表明,上面被作为劳动条件的对象化劳动与工人的异化关系,只是在资本主义生产关系之中才会发生的历史性现象。资本不是看起来与人无关的 Ding(物),货币也不是 Ding,它们不过是资本主义商品-市场经济中生成的特有的人与人的"社会生产关系",事物化 Ⅰ—Ⅱ 颠倒地表现为 Ding 对人的关系;一定的社会关系属

---

① 《马克思恩格斯全集》(第二版)第 38 卷,人民出版社 2019 年版,第 91 页。

性表现为某些物和社会力量的自然属性,这不过是资本与雇佣劳动关系的特有的经济物相化的产物。而在实际上,如果没有资本主义生产关系的生产与再生产,就没有这种社会力量颠倒地表现为资本统治的力量的异化权力形式,当然也就不会出现工人劳动的产物支配活劳动的劳动异化。"没有**雇佣劳动**就没有剩余价值生产,没有剩余价值生产也就没有资本主义生产,从而也没有资本,没有资本家!"这是马克思从心底喊出来的话。

劳动异化的第三个层面,是那个神秘的**劳动结合力、机器使用与科学技术力量的异化**。实际上,在资本主义生产过程中作为劳动条件出现的异化力量,不仅仅是作为到场物的一般的生产资料,还包括不可见的工人之间的劳动协作与分工结合力的异化,特别是在资本主义大机器生产过程中,一个新出现的重要历史现象就是科学技术和机器系统采用中出现的隐匿性劳动异化。在马克思看来,这也是与工人相对立的**劳动条件异化**的一个新的表现。马克思指出,"随着机器的发展,劳动条件在工艺方面也表现为统治劳动的力量,同时又代替劳动,压迫劳动,使独立形式的劳动成为多余的东西"①。这里随着机器生产出现的"劳动条件在工艺方面"的异化关系,包括了马克思在《1861—1863 年经济学手稿》的劳动异化批判构式 Ⅲ 里的第三至六层面。与前述生产条件与劳动的异化关系不同,这里的工人之间的劳动协作与分工结合力、科学技术力量中隐匿的资本奴役关系,其本质是"使独立形式的劳动成为多余的东西"。这当然是历史现象学和批判认识论构境中更加难以辨认的异化关系场境。马克思指认,资本主义生产过程

> 协作中劳动的**社会**统一(*gemeinschaftliche* Einheit),分工中的结合(Combination),自然力和科学的运用,表现为**机器**的劳动产品的运用,——所有这一切,都作为**异己的、事物的、预先存在的**(*fremd*, *sachlich*, *vorgefunden*)、没有工人参与而且往往排斥这种参与的东西,单纯作为不依赖于工人而**支配着**工人的**劳动资料**的定在形式(Daseinsformen),同单个工人相对立,因为它们是**事物的**(*sachlich*),又是

---

① 《马克思恩格斯全集》(第二版)第 38 卷,人民出版社 2019 年版,第 141 页。

资本家或其助手（代表）所体现的总工厂的意识和意志，尽管它们是工人的结合本身的产物，但表现为存在于资本家身上的资本的**职能**。①

显然，这是马克思在《1861—1863 年经济学手稿》中详尽展开过讨论的问题，此处只是对劳动异化批判构式Ⅲ中第三至六层面的一个总括式的浓缩概要。这里有两个构境层：一是说在资本主义生产过程中，简单协作中的社会性联合力量和劳动分工条件下工人之间的总体结合力量，虽然是工人劳动中共同活动的整合，但表现为资本的 *fremd*，*sachlich*，*vorgefunden*（**异己的、事物的、预先存在的**）力量。这里出现的 *vorgefunden* 是十分重要的，因为它代表了资本主义生产关系的生产与再生产中的一种**伪社会历史先验**。这里的 vorgefunden 接近于海德格尔后来所指认的存在论中的"先有"（Vorhabe）。显然，这是《1861—1863 年经济学手稿》的相近讨论中没有深入的方面。这意味着，资本如同"以太"般先验地规制整个经济构式负熵进程中的全部社会定在的雇佣关系场境，是在**不是它自身的经济定在异化关系**中呈现的。看起来资本自在运动的"第二自然辩证法"的本质，仍然是颠倒的劳动辩证法的异化。马克思认为，在资本主义生产协作中的联合和劳动分工中的结合，作为

> 工人自己的劳动的社会形式——主客体（subjektiv-objektive）形式——或者说工人自己的社会劳动的形式，是完全不以单个工人为转移而形成的关系；工人作为从属于资本的人，变成这些社会筑模（gesellschaftlichen Bildungen）的要素，但是这些社会构成并不属于工人。因而，这些社会构成，作为资本本身的**场境**（Gestalten），作为不同于每个工人的单个劳动能力的、从属于资本的、从资本中产生并被并入资本的结合，同工人相对立。②

这是说，在简单协作和劳动分工条件下出现的社会结合，虽然是"不以单个工人为转移而形成的关系"，但的的确确是工人自己的劳动的 subjektiv-

---

① 《马克思恩格斯全集》（第二版）第 38 卷，人民出版社 2019 年版，第 141 页。中译文有改动。Marx-Engels-Gesamtausgabe（MEGA²），Ⅱ/4-1，Text，Berlin：Dietz Verlag，1988，S. 121-122.
② 《马克思恩格斯全集》（第二版）第 38 卷，人民出版社 2019 年版，第 141 页。中译文有改动。Marx-Engels-Gesamtausgabe（MEGA²），Ⅱ/4-1，Text，Berlin：Dietz Verlag，1988，S. 122.

objektive(主客体)形式。可是,明明是工人劳动活动中发生的非个体的"社会构成"力量,却颠倒地表现为资本的外在构成,工人的劳动却成了这种异己性资本构成 Gestalten(场境)的要素。"资本还把劳动的**社会结合**以及与这些社会结合相适应的劳动资料的发展程度(entsprechende Entwicklung),连同劳动一起[并入它自身]。资本主义生产第一次大规模地发展了劳动过程的对象性的(gegenständlichen)条件和主体(subjectiven)条件,把这些条件同单个的独立的劳动者分割开来,但是资本是把这些条件作为统治**单个工人**的、对单个工人来说是**异己的**力量(fremde Mächte)来发展的。这一切使资本变成一种非常神秘的存在。劳动条件作为同工人相对立的**社会力量**积累起来,并且在这种形式中**资本化了**。"①明明是工人在劳动中结成的社会生产力,却颠倒地表现为统治"单个工人"的 fremde Mächte(**异己的**力量),这当然是我-它自反性关系场境中的劳动异化。马克思说,这一切使得资本运动变得愈益神秘(mysteriöses)起来,在这背后恰是工人劳动社会构成力量的自我异化。马克思在这里没有直接使用异化概念。

二是资本主义工业大生产过程业已成为自然科学、技术的应用和机器系统生产的过程,可是,这些从工人劳动中分离出来的技艺和创造性,这些由工人制造出来的机器,也都成为资本剥削工人的手段。这也是一种被隐匿起来的劳动异化关系。对此马克思分析说:

> 在这个过程中,各种自然力和科学——历史发展总过程的产物(Product),它抽象地表现了这一发展总过程的精华——自然也发生同样的情况:它们作为资本的**力量**同工人相对立。科学及其应用,事实上同单个工人的技能和知识分离了,虽然它们——从它们的源泉来看——又是劳动的产品(Product der Arbeit),然而在它们进入劳动过程的一切地方,它们都表现为**被并入**资本的东西。②

---

①《马克思恩格斯全集》(第二版)第 38 卷,人民出版社 2019 年版,第 142 页。中译文有改动。Marx-Engels-Gesamtausgabe(MEGA²), Ⅱ/4-1, Text, Berlin: Dietz Verlag, 1988, S. 123.

②《马克思恩格斯全集》(第二版)第 38 卷,人民出版社 2019 年版,第 141—142 页。中译文有改动。

依马克思的看法,科学技术和机器生产的历史性源泉,无疑都是劳动者和工人的劳动,但一旦它们从劳动中分离出来之后,就异化为资本的力量,成为资本的固有属性,与工人相对立。马克思说,"用资本的物的属性来偷换劳动的社会生产力(gesellschaftlichen Productivkräfte)——这种做法在意识中已如此根深蒂固,以致机器、科学的应用、发明等等的好处,在它们的这种**异化**形式(*entfremdeten* Form)中,就被看做是**必然的**形式,从而所有这一切都被看做是**资本的属性**"①。在这里,马克思直接使用了我-它自反性关系场境中的*entfremdeten* Form(**异化形式**)概念。这是马克思在《1863—1865 年经济学手稿》中第三处使用 entfremdet 一词。在马克思看来,当工人自身劳动结合的"社会生产力"成为资本压迫工人的力量,当源自工人劳动的科学技术和机器成为资本奴役工人的帮凶,这些劳动异化形式变成了资本天然属性的必然形式。他说:"**在机器上**实现了的科学,作为**资本**同工人相对立。而事实上,以**社会劳动**为基础的所有这些对科学、自然力和大量劳动产品的应用本身,只表现为**剥削劳动的手段**,表现为占有剩余劳动的手段,因而,表现为属于资本而同劳动对立的**力量**。"②这当然是**劳动异化的自乘**。

我以为,这就是马克思在《资本论》初稿中的第一册第六章中对自己的劳动异化批判构式Ⅲ核心部分的浓缩再现。这极其深透地揭露了资本主义生产关系的生产与再生产的奴役性本质。它主要关注了资本主义生产过程中发生的劳动异化现象,而没有涉及马克思在《大纲》中深入讨论的发生在流通领域中的价值关系异化和货币权力异化,也没有讨论分配领域中出现的剩余价值形式(利润、地租和利息等)的异化问题。然而,在马克思正式修改《资本论》第一册时,他最终还是决定用经济拜物教理论替代这个过于复杂和思辨的劳动异化批判构式,所以,集中呈现劳动异化批判构式Ⅲ的第六章最终还是被他全部删除了。在我看来,这个第六章被删除,并非因为它不重要,而是因为这种带有明显哲学色彩的劳动异化理论,肯定不适合普通读者更好地理

①《马克思恩格斯全集》(第二版)第 38 卷,人民出版社 2019 年版,第 145 页。中译文有改动。Marx-Engels-Gesamtausgabe(MEGA²),Ⅱ/4-1, Text, Berlin: Dietz Verlag, 1988, S. 125.
②《马克思恩格斯全集》(第二版)第 38 卷,人民出版社 2019 年版,第 142 页。

解资本主义生产关系的本质,特别是经济学上的剩余价值学说,因为它们会"引起很大的误解(grosser Mißdeutung)"①。从学术价值上看,《1863—1865年经济学手稿》第一册第六章所包含的对资本主义生产方式的总体批判和劳动异化批判构式,都是深刻和至关重要的,它属于马克思在狭义历史唯物主义构境中,历史现象学和科学的批判认识论基础上的广义劳动异化批判构式 Ⅲ 的重要内容。它们没有再完整地出现在正式出版的《资本论》第一卷中,并非因为其不成熟,而是因为其过于深刻的思辨性。

①《马克思恩格斯全集》(第二版)第 38 卷,人民出版社 2019 年版,第 75 页。Marx-Engels-Gesamtausgabe(MEGA²),Ⅱ/4－1,Text,Berlin:Dietz Verlag, 1988, S.66.

第十九章 商品价值形式的商品-货币拜物教之谜

从 1866 年 1 月开始,马克思从头至尾仔细地整理和润色自己写下的《1863—1865 年经济学手稿》中的第一册,这是他正式开始写作三卷(四册)本①《资本论》第一卷的重要时刻。马克思将要向世界宣告他在经济学革命中所发现的资本主义生产方式剥削剩余价值秘密的伟大成果,"最后在理论方

---

① 1866 年 10 月 13 日,在写给库格曼的信中,马克思第一次说明了自己对《资本论》四册本的设想:"全部著作分为以下几部分:**第一册 资本的生产过程。第二册 资本的流通过程。第三册 总过程的各种形式。第四册 理论史。**第一卷包括头两册。我想把第三册编作第二卷,第四册编作第三卷。"(《马克思恩格斯全集》第 31 卷,人民出版社 1972 年版,第 535—536 页。)直到 1867 年 4 月 30 日,马克思在写给迈耶尔的信中还在强调,"**第二卷是理论部分的续篇和结尾,第三卷是十七世纪中叶以来的政治经济学理论史**"(《马克思恩格斯全集》第 31 卷,人民出版社 1972 年版,第 544 页)。可后来的实际情况是马克思并没有合并前两册,这样,马克思所预想的《资本论》前三册就成为三卷本。马克思生前只出版了第一卷,第二卷和第三卷的手稿则始终处于反复打磨之中。马克思除去在《1863—1865 年经济学手稿》中完成《资本论》第二册和第三册两个主要手稿之后,在 1867—1870 年间,又写下了七份第二册的手稿片段,其中第一份手稿为《资本论》第二册继《1863—1865 年经济学手稿》后的第二个全卷手稿。马克思把它编号为"第 Ⅱ 稿",并在自己以后的文稿中说明"第二个文稿必须作为基础"(《马克思恩格斯文集》第 6 卷,人民出版社 2009 年版,第 7 页)。因此,恩格斯判断,"第二卷手稿在 1873 年前,甚至可能在 1870 年前就已完成。它是用哥特体字母写的,而从 1873 年起,马克思就只用拉丁字母写了"(《马克思恩格斯全集》第 36 卷,人民出版社 1975 年版,第 21 页)。同时,马克思还写下了《资本论》第三册的十份手稿片段。在 1870—1882 年间,马克思又写下了八份《资本论》第二册手稿片段,以及六份第三册的手稿片段。这些重要的经济学手稿,都已在 MEGA² 第二部分中收集、编辑和出版。在马克思去世之后,恩格斯整理出版了《资本论》的第二、三卷。 (转下页)

面给资产阶级一个使它永远翻不了身的打击"①。这个《资本论》第一卷的创作过程,一直持续到 1867 年 4 月 2 日②。1867 年 7 月 25 日,马克思写完他精心构思的《资本论》第一卷"序言"。1867 年 9 月中旬,马克思主义思想史上一座不朽的理论丰碑——《资本论》第一卷(德文第一版,简称第一版)问世。③ 下面,我们就来看看马克思的这一重要论著中,关于资本主义生产方式科学认识的进展,特别是马克思破境的商品价值形式上生成的商品-货币拜物教之谜。

1. 经济的社会赋型中的资本主义生产方式

《资本论》(*Das Kapital*)第一卷(第一版)中,马克思在序言里明确说,"我要在本书研究的,是**资本主义生产方式**(*kapitalistische Produktionsweise*)以及和它相适应的**生产关系和交换关系**(*Produktions-und Verkehrsverhältnisse*)"④。这是他在《大纲》、《1861—1863 年经济学手稿》甚至《政治经济学批判》中都没有明确的学术主旨。当然,《资本论》是马克思经济学研究的代表著作,但从其中我们也能清楚地看到,他对资本主义生产方式和生产关系的认识在不断加深,进而也深化了他在科学社会主义构境中的第三个伟大发现——对整个**资本主义社会**完整的科学认识。在《资本论》第一卷(第一版)中,马克思在第一

(接上页)马克思所希望出版的《资本论》第四册的"理论史"部分,则是在恩格斯去世后,由考茨基根据马克思的《1861—1863 年经济学手稿》整理出版了三册本的《剩余价值学说》(1905—1910)。20 世纪 50 年代,苏联编译专家依马克思的《1861—1863 年经济学手稿》,重新编译出版了三卷本的《剩余价值理论》(1954—1961)。

① 《马克思恩格斯全集》第 31 卷,人民出版社 1972 年版,第 425 页。

② 1867 年 4 月 2 日,马克思写信给恩格斯,告知《资本论》一书"已经完成"(《马克思恩格斯全集》第 31 卷,人民出版社 1972 年版,第 283 页)。

③ [德]马克思:《资本论》第 1 卷(德文第一版),中央编译局编译,经济出版社 1987 年版。2016 年,中央编译局对此书以单行本形式印行的中译文作了全面仔细的修订,并编写了翔实可靠的注释资料,正式收入《马克思恩格斯全集》(第二版)第 42 卷。我发现,目前国内研究马克思《资本论》的第一卷,主要面对的还是 1872 年发行的德文第二版的汉译版本,而很少有人关注 20 世纪 80 年代就已经译成中文的《资本论》(德文第一版)。这主要是因为,《资本论》第一卷在最早译成中文时,主要就依据了 1872 年的第二版,而在《马克思恩格斯全集》中文第一版中,依俄文版的原有内容,也是收录了第一卷的德文第二版。这样,马克思在《资本论》创作中的原初理论形态,则始终边缘于学术研究的视线。

④ 《马克思恩格斯全集》(第二版)第 42 卷,人民出版社 2016 年版,第 14 页。

章第一节中,就使用了他在《1861—1863 年经济学手稿》中已经发明的新概念,即**资本主义社会**。他直接使用了"我们资本主义社会(unsrer kapitalistischen Gesellschaft)"①这样的表述。马克思在《资本论》第一卷(第一版)中,3 次使用了这一概念。② 而在 1872 年的《资本论》第一卷(德文第二版)中,他则 4 次使用了这一概念。在后来的第二卷中,马克思 6 次使用这一概念。在第三卷中,他 1 次使用这一概念。这些文献学事实,直接反驳了布罗代尔关于马克思没有使用资本主义概念的误判③。

首先,资本主义社会是一个十分复杂的**历史性社会关系共存体**。在序言中,马克思再一次强调,现代资本主义社会并非一个单一的纯粹生产方式筑模,而是资本主义制度与历史上残余的各种社会生产方式的共存。他说,今天"除了现代的灾难而外,压迫着我们的还有许多遗留下来的灾难,这些灾难的产生,是由于古老的、陈旧的生产方式(überlebter Produktionsweisen)以及伴随着它们的**过时的**社会关系和政治关系还在苟延残喘"④。这是马克思从《大纲》就开始认识到的重要的历史唯物主义和历史辩证法观点。如果说,现代的资本主义生产方式给人们带来的是现代经济物相化进程中发生的各种灾难,那么,现实生活中也还存在过去封建专制残留下来的一些社会问题。这是要突出他眼中的资本主义生产方式,只是复杂社会赋型关系场境中占统治地位的支配关系。这也是他聚焦资本关系的根本原因。

其次,人类社会历史发展阶段是**不可跨越**的。马克思特意说明,"一个社会即使探索到了**本身运动的自然规律**(*Naturgesetz*)——**本书的最终目的就是揭示现代社会的经济运动规律**——,它还是既不能跳过也不能用法令取消自然的发展阶段(naturgemäße)。但是它能缩短和减轻分娩的痛苦"⑤。马克思

---

①《马克思恩格斯全集》(第二版)第 42 卷,人民出版社 2016 年版,第 30 页。Marx-Engels-Gesamtausgabe(MEGA²), Ⅱ/5, Text, Berlin: Dietz Verlag, 1983, S.40.

② 参见 Marx-Engels-Gesamtausgabe(MEGA²), Ⅱ/5, Text, Berlin: Dietz Verlag, 1983, S.429, 518。

③ 参见[法]布罗代尔:《资本主义的活力》,载《资本主义论丛》,顾良、张慧君译,中央编译出版社 1997 年版,第 85 页。

④《马克思恩格斯全集》(第二版)第 42 卷,人民出版社 2016 年版,第 15 页。

⑤《马克思恩恩格斯全集》(第二版)第 42 卷,人民出版社 2016 年版,第 16 页。

的这段表述,根据他晚年在《给〈祖国纪事〉杂志编辑部的信》①中的说明,当然是在说**欧洲社会历史的进程**中出现的情况。关于这封书信的文本分析,我们将在本书的结语中做进一步的讨论。然而,它会出现两种诠释的可能构境方向:一是在欧洲社会历史的发展进程中,资本主义生产方式是不可避免的自然性发展阶段,人们即便认识到了这一生产方式运动的"第二自然辩证法"规律,也不可能跳过或者用行政手段取消资本主义的必然在场,人们能够做出的努力是减轻它所带来的痛苦;二是欧洲的特定社会历史发展规律,被过度诠释为人类社会发展的普遍规律,资本主义制度成为整个人类社会历史必然经历的阶段,因为它创造了人类现代性社会发展的必要物质基础。其实,20世纪初发生在俄国的关于"卡夫丁峡谷"的争论就源起于此。

另外,马克思特意指出,整个经济的社会形态的发展**与自然界的盲目运动是相类似**的。我觉得,这是马克思第一次在公开发表的文本中直接讨论这个特殊的"第二自然辩证法"。马克思先重复了这样一种**社会关系反向物相化编码中人格化**的观点:虽然资本主义生产方式带来了"现代的灾难",但"我决不用玫瑰色描绘资本家和地主的面貌。不过这里涉及的人,只是**经济范畴的人格化**(*die Personifikation ökonomischer Kategorien sind*),是**一定的阶级关系和利益的承担者**"。依我们上面已经讨论过的内容,马克思的这一观点涉及十分复杂的多重异化性关系颠倒。一是经济范畴已经是经济关系的主观映现,而资本主义社会中的经济关系,却是人与人的关系此-彼错位事物化为事物与事物的关系的异化,所以,这里的"经济范畴"并非仅指主观概念,而是指以颠倒的编码方式呈现资本主义的经济现实;二是看起来作为社会主体的资本家和地主,只不过是 *Personifikation ökonomischer Kategorien*(**经济范畴的人格化**),这是已经事物化的异化关系的反向物相化中的人格化。这也意指着,资本家和地主并非真正的社会主体,而是"**主体的事物化和事物的主体化**"的异

① 马克思给《祖国纪事》杂志编辑部的信,是在该杂志于 1877 年 10 月登载了米海洛夫斯基的《卡尔·马克思在尤·茹柯夫斯基先生的法庭上》(《祖国纪事》第 10 期,"时评"第 320—356 页)一文后不久写的,时间估计是 10—11 月。这份手稿在马克思生前并没有发表,他逝世以后,恩格斯从马克思的遗稿中发现并复制了这封信。恩格斯将一份复制件和自己写于 1884 年 3 月 6 日的信一并寄给了在日内瓦的"劳动解放社"成员维·伊·查苏利奇。查苏利奇译成俄文后,曾将其发表在日内瓦《民意导报》1886 年第 5 期上。

化结果,在这个意义上,他们不过是某种 Sie wissen das nicht, aber sie thun es (他们没有意识到这一点,但是他们这样做了)①的伪主体,或者类似于自然界生存中大鱼吃小鱼残酷争斗中的**经济动物**。其实,工人也一样,他们在资本主义经济物相化空间中也是雇佣劳动关系本身的人格化。马克思后来说,"这种生产方式的主要当事人,资本家和雇佣工人,本身不过是资本和雇佣劳动的体现者,人格化(Verkörperungen, Personificirungen von Kapital und Lohnarbeit),是由社会生产过程加在个人身上的一定的社会性质,是这些一定的社会生产关系的产物"②。所以,看起来资本家是资本主义经济活动中的"主人",但实际上,"占统治地位的却是极端无政府状态(vollständigste Anarchie),在这种状态中,生产的社会联系只是表现为对于个人随意性起压倒作用的自然规律(Naturgesetz)"③。在这个意义上,马克思说,"我的观点是,**经济的社会赋型的发展似为一种自然历史的过程**(*die Entwicklung der ökonomischen Gesellschaftsformation als einen naturgeschichtlichen Prozeß*)"④。应该指出,马克思这里的"经济的社会赋型"并不是泛指人类社会的一般社会结构,而仅仅是特指人类社会历史发展过程中历史地出现的那种经济力量对人类主体起决定作用的社会历史阶段。马克思的原意是要说明,在这种特定的历史时期内,由人类主体创造出来的经济物相化编码中的经济力量颠倒地表现为社会历史的统治者(物役性),人类主体自身不能成为自己活动的主人,而畸变为经济关系反向物相化的人格化伪主体,历史的发展仿佛是在人之外发生和运转,呈现出一种类似于自然界盲目返熵运动状态的**似自然性**(*quasi-natürliche*)现象。因而,人类主体的社会历史就不正常地异化为黑格尔"第二自然"意义上的 *naturgeschichtlichen Prozeß* (**自然历史的过程**),人类通过历史性的实践创造出来的历史辩证法运动,也就异化为似自然性的"第二自然辩

①《马克思恩格斯全集》(第二版)第 44 卷,人民出版社 2001 年版,第 91 页。Marx-Engels-Gesamtausgabe(MEGA²),Ⅱ/6,Text,Berlin:Dietz Verlag,1987,S.105.
②《马克思恩格斯全集》(第二版)第 46 卷,人民出版社 2003 年版,第 996 页。
③《马克思恩格斯全集》(第二版)第 46 卷,人民出版社 2003 年版,第 997—998 页。
④《马克思恩格斯全集》(第二版)第 42 卷,人民出版社 2016 年版,第 16 页。中译文有改动。Marx-Engels-Gesamtausgabe(MEGA²),Ⅱ/5,Text,Berlin:Dietz Verlag,1983,S.14.

证法"自在运动,人类自己构成的主体活动总体也变成一种不以人的意志为转移的客体运动,人的历史表现出否定人的性质。这种现象最典型的经济构式负熵进程就是资本主义生产方式。对这些观点,20多年前我已经做过比较充分的说明。①当然,马克思在这里并没有直接使用事物化和异化的概念,因为,《资本论》的表述方式,就是以经济学话语完整呈现马克思的劳动价值论特别是剩余价值学说的阐释性话语构境。马克思要专心致志地当一个经济学家。所以,所有容易"引起很大的误解(grosser Mißdeutung)"②的历史现象学和批判认识论的基本逻辑,甚至对象化劳动和异化等核心概念,几乎统统是不在场的。《大纲》和《1861—1863年经济学手稿》中创立的历史现象学和批判认识论,只是弱化为一些能够被通俗把握的颠倒性关系和容易理解的批判话语,比如拜物教和物神之喻境。

在后来的《资本论》第三卷的最后,马克思自己小结说:

> 对资本主义生产方式的科学分析(Die wissenschaftliche Analyse der kapitalistischen Produktionsweise)却证明:资本主义生产方式是一种特殊的、具有独特历史规定性的生产方式;它和任何其他一定的生产方式一样,把社会生产力及其发展形式的一个既定的阶段作为自己的历史条件,而这个条件又是一个先行过程(vorhergegangnen Processes)的历史结果和产物,并且是新的生产方式由以产生的既定基础(gegebnen Grundlage);同这种独特的、历史地规定的生产方式相适应的生产关系,——即人们在他们的社会生活过程中、在他们的社会生活的生产中所处的各种关系,——具有一种独特的、历史的和暂时的性质(historisch vorübergehenden Charakter)。③

马克思这里所直接指认的Die wissenschaftliche Analyse der kapitalistischen Produktionsweise(对资本主义生产方式的科学分析),正是我在本书中提出的

---

① 参见拙著《马克思历史辩证法的主体向度》(第三版),武汉大学出版社2010年版。
② 《马克思恩格斯全集》(第二版)第38卷,人民出版社2019年版,第75页。Marx-Engels-Gesamtausgabe(MEGA²),Ⅱ/4-1,Text,Berlin:Dietz Verlag,1988,S.66.
③ 《马克思恩格斯全集》(第二版)第46卷,人民出版社2003年版,第994页。

作为马克思第三个伟大科学发现的内容。这是一种用历史唯物主义的科学方法,历史地、现实地和具体地批判分析资本主义生产方式的发生、发展和灭亡的完整过程。如果从马克思1843年第一次在《克罗茨纳赫笔记》中接触到欧洲资本主义历史现实开始算起,他几乎花费了20多年的时间,力克无数现实和理论上的困难,最终获得了关于资本主义生产方式的科学认识。

2. 非直观的抽象劳动与商品的价值形式

在《资本论》第一卷(第一版)中,马克思对资本主义经济关系物相化透视中的科学认识进展之一,是他以对应于使用价值的具体劳动(konkrete Arbeit)和对应于价值(交换价值)的抽象劳动(abstrakte Arbeit)表征了劳动的二重性,并首次提出了**价值形式**(*Werthform*)问题。我猜测,这应该是马克思在《1863—1865年经济学手稿》中遗失掉的那个第一册的前五章中所形成的新成果。在这里,马克思的abstrakte Arbeit(抽象劳动)的能指,开始相对固定于我们前面界划出来的抽象劳动I的所指。在马克思看来,"经济学家们毫无例外地都忽略了这样一个简单的事实:既然商品有二重性——使用价值和交换价值,那末,体现在商品中的劳动也必然具有二重性,而象斯密、李嘉图等人那样只是单纯地分析劳动,就必然处处都碰到不能解释的现象。实际上,这就是批判地理解问题的全部秘密"①。这个斯密、李嘉图没有注意到的劳动二重性,就是直接塑形和构序物品用在性使用价值的具体劳动和从交换关系现实抽象出来的创造价值(交换价值)的抽象劳动。马克思认为,这个以抽象劳动(社会必要劳动时间)为实体的**商品价值关系的呈现形式**问题,即经济物相化中的交换价值,会是"批判地理解问题的全部秘密"的钥匙。

一方面,马克思指出,商品的Werthform(价值形式)是经济学构境中"最难理解"的部分。这个"最难理解",会让我们想起马克思在《大纲》的思想实验中那些惊心动魄的精神大战。我觉得,价值形式这一看起来通俗易懂的概念背后,却内嵌着马克思刻意压抑的哲学话语编码中才能呈现的商品流通中

---

① 《马克思恩格斯全集》第32卷,人民出版社1974年版,第11—12页。

劳动交换关系的事物化（Ⅰ）颠倒和异化，因为价值的历史在场必须在一个不是它自身的**经济定在他者**（货币）身上表现出来。价值形式作为一个新的经济学概念，其本质是一种客观发生的不可见的矛盾关系。因为价值作为一般抽象劳动的结晶，它的表现形式区别于具体劳动塑形和构序而成的产品的有用性——使用价值的自然形式（Naturalform），它的呈现方式是非直观的，它"本身是抽象的、没有其他的质和内容（Qualität und Inhalt）的人类劳动的对象性，必然是抽象的对象性（abstrakte Gegenständlichkeit），是**观念的物**（*Gedankending*）"①。这里马克思所说的商品使用价值的 Naturalform（自然形式）当然是策略性的外部描述，因为在广义历史唯物主义的一般物相化透视中，也可以再捕捉到"消失的"具体劳动塑形和构序。所以，使用价值的"自然形式"已经是社会历史负熵质的物相化结果。然而，这已经不是马克思此处关注的焦点，此处他更多地是聚焦于商品的价值及其表现形式。在马克思看来，与使用价值的可感的"自然形式"不同，价值背后的这种没有具体物品用在性的"质和内容"的抽象劳动，是作为一种在商品交换中现实抽象出来的关系性场境存在，"价值形式（Werthform）只存在于商品与商品的关系之中（Verhältniß von Waare zu Waare existirt）"，而这种特定的交换关系**矛盾场境**是非直观的，或者说，只是一种 abstrakte Gegenständlichkeit（抽象的对象性），仿佛是一种幽灵般的 Gedankending（观念的物或想象物）。然而，这个最简单的矛盾关系抽象，却嵌套着之后整个资产阶级经济物相化的全部复杂关系。后来马克思在《资本论》第一卷的第二版中对此做了进一步的说明，他认为，"我们看到，商品的交换过程包含着矛盾的和互相排斥的关系。商品的发展并没有扬弃这些矛盾，而是创造这些矛盾能在其中运动的形式。"②列宁曾经在《谈谈辩证法问题》一文中评论说，"马克思在《资本论》中首先分析资产阶级（商品社会）里最简单、最普通、最基本、最常见、最平凡、碰到过亿万次的**关系**：商品交换。这一分析从这个最简单的现象中（从资产阶级社会的这个'细胞'中）揭示出现代社会的**一切**矛盾（或**一切**矛盾的萌芽）。往后的叙述向我们表

①《马克思恩格斯全集》（第二版）第 42 卷，人民出版社 2016 年版，第 38 页。
②《马克思恩格斯全集》（第二版）第 44 卷，人民出版社 2001 年版，第 124 页。

明这些矛盾和这个社会——在这个社会的各个部分的总和中、从这个社会的开始到终结——的发展(**既是生长又是运动**)"①。这是极其深刻的理解和分析。我推测,当马克思在使用这个 Gedankending(观念的物)时,脑子里很可能会想到西斯蒙第的"观念影子"以及黑格尔的观念抽象本质。这会让马克思更深地体会到黑格尔客观唯心主义逻辑的现实基础。这也意味着,从这个新概括的非直观的抽象劳动概念,可以更精准地思考之后抽象劳动通过商品价值形式的颠倒(商品拜物教),走向货币拜物教以及**抽象成为统治**的资本拜物教的逻辑。所以,当哈维说,马克思的"价值是关系性的时空中的社会关系"②时,他是对的。索恩-雷特尔更细致地注意到了这一点,他指出,"劳动并非向来就是抽象的,将劳动变成'抽象人类劳动'的抽象也不是劳动自己的作为。劳动并不会使自身抽象化(abstraktifizieren)。抽象是外在于劳动,处于交换关系的一定的社会交往形式(bestimmten gesellschaftliche Verkehrform)之中。当然,反过来说,交换关系也不会将自身抽象化,这与马克思的观点也是相合的。交换关系抽象了(abstrahieren)劳动,或如我们所说,它将劳动抽象化(abstraktifizieren)了。这一关系的结果就是商品价值"③。这一分析也是正确的。然而,马克思这里所指认的抽象劳动的抽象,绝非观念的抽象,而是当劳动产品进入交换场境中时**历史发生的现实抽象**,这种劳动交换关系的抽象是产品使用价值转换为等值产品时生成的、"没有其他的质和内容(Qualität und Inhalt)的人类劳动的对象性"。依马克思在《大纲》中的历史现象学的解码(decode),这正是资产阶级经济物相化神秘编码的第一步,也是价值关系中发生的异化,它还是之后复杂的商品、货币和资本自在运动和勾连人与万物普遍关联的"第二自然辩证法"的逻辑起点。可是,在这里的经济学阐释性话语中,马克思没有再让哲学语境中的历史现象学和批判认识论直接出场。他只是通过发明这个"难懂"的 Werthform(价值形式)概念,来取代经济物相化空间中的"交换价值",以表征商品的这种经济定在的**不在场的在场性**关系场

---

① 《列宁全集》(第二版)第55卷,人民出版社1990年版,第307页。
② [美]哈维:《资本的限度》,张寅译,中信出版集团2017年版,第20页。
③ [德]索恩-雷特尔:《脑力劳动与体力劳动——西方历史的认识论》,谢永康等译,南京大学出版社2015年版,第13页。

境。这也意味着,交换价值并不是它自身,而不过是价值关系的表现形式。**价值形式**本身就是自我否定的经济定在。应该说,商品价值(抽象劳动)表现出来的 *Werthform*(**价值形式**)是马克思非常重要的经济学新观点,同时也是批判话语构境中的方法论自隐。在认识论层面,这种不可见的矛盾关系场境中的价值形式当然更是难以捕捉的认知对象。也因为马克思不可能在这里复现自己在《大纲》中的那些极其复杂的关系脱型和转换过程,这就会让太多的黑暗炼金术场境压在了这个可怜的"价值形式"身上。我以为,脱离马克思从《大纲》一直到《1861—1863 年经济学手稿》中的艰辛理论探索全程,孤立地讨论《资本论》中出现的所谓"价值形式问题",从一开始就注定是没有出路的。

图 19‐1　马克思《资本论》第一卷(德文第一版)扉页

　　另一方面,也因为商品的价值作为一种可见使用价值形式背后的、没有具体物品用在性的 Qualität und Inhalt(质和内容)的场境存在,这种只生成于交换关系编码中的抽象的对象性无法直接映现自身,所以,价值关系场境只有在商品交换中通过他性的可见对象存在镜像式地表现出来。对此马克思分析说:

商品本来就是一个**二重物**(*zwieschlächtig Ding*),使用价值**和**价值,有用劳动(nützlicher Arbeit)的产品**和**抽象劳动的凝结(abstrakte Arbeitsgallerte)。为了表示出它是哪一种,它必须把它的形式**二重化**(*verdoppeln*)。使用价值的形式是它生来就有的(von Natur)。这是它的自然形式(Naturalform)。价值形式是它在同其他商品的交往中才具有的。但是它的价值形式本身又必须以**对象的**形式存在(*gegenständliche Form sein*)。①

马克思这里关于商品属性的看法,在经济学语境中,显然比《大纲》、《政治经济学批判》第一分册和《1861—1863年经济学手稿》都要精准了。马克思此时已经知道,先前他所借用的经济学中常用的"交换价值"并非价值本身,于是,原先那个商品的使用价值和交换价值的表面关系,就现身为商品的使用价值和价值的关系。使用价值是由工人的具体劳动物相化活动直接塑形和构序的产品的用在性,而价值则是无质无内容的abstrakte Arbeitsgallerte(抽象劳动的凝结)。这是一个经济学科学认识中的重要进展。马克思认为,使用价值与价值的在场方式是完全不同的。商品的使用价值是客观发生在生产过程具体劳动物相化后的von Natur(生来就有的)Naturalform(自然形式),即以感性对象的存在形式表现出来,比如一张在日常生活中人们熟知的木桌"可放置物品"的使用价值,作为劳动的产品是直接可感的。这里的Naturalform中的Natural,显然不是人之外的那个自然物质存在之意,而是劳动塑形和构序的功用性的本然之意。而作为abstrakte Arbeitsgallerte(抽象劳动的凝结)的价值,并不是真的有一个抽象劳动创造价值的独立的物相化过程。只是在流通领域中一个商品与其他商品"交往"(交换)时,才会在经济物相化编码空间中现实抽象出一种等质价值关系,也因为这种在场于交换场境中的价值关系本身并没有直接的对象性表现形式,所以,价值就不得不通过另一个特殊商品(货币)的对象化的"自然形式"表现为可量化的"交换价值"实现出来。这也意味着,交换价值不过是价值表现出来的带有神秘性的最初形式。这就是马

---

① 《马克思恩格斯全集》(第二版)第42卷,人民出版社2016年版,第40页。中译文有改动。Marx-Engels-Gesamtausgabe(MEGA²),Ⅱ/5,Text,Berlin:Dietz Verlag,1983,S.32.

克思所谓的价值形式的"辩证法"。这是马克思最后一句"以对象的形式存在"的复杂经济物相化构境。如前所述,马克思这里所使用的 von Natur(生来就有的)和 Naturalform(自然形式)只是他的一个策略性话语能指,它试图反衬价值形式的非直观关系场境所指。这是我们需要切记的策略性认知逻辑凹点。

显然,马克思这里重要的理论进展,是将资产阶级经济学中的那个**以市场需求为本体**的**交换价值**的假性编码解构了,因为交换价值的真实基础是抽象劳动的交换编码关系——价值。后来,马克思在《评瓦格纳教科书》中说,在《资本论》第一卷中,"我以专门的一节详细地考察了**价值形式**,即交换价值的发展"①。由此,价值形式在经济物相化空间中就是"交换价值"。在他看来,"交换价值只是包含在商品中的**价值**的'表现**形式**',独立的表达方式"②。这个交换价值,即是价值在他性的物质形式上反射性表现出来的价值关系,这也表示,交换价值就是事物化(Ⅰ)颠倒的价值关系的发端,而价值形式本身也是一个经济定在矛盾状态中的关系场境。这是一个极其重要的逻辑起点,因为马克思关于价值形式的分析,将是他在经济学语境中透视整个资本主义经济物相化,科学地说明资本主义生产方式的基础。列宁在"伯尔尼笔记"中对此发表过如下的评论:"这一个商品和另一个商品交换的个别行为,作为一种简单的价值形式来说,其中已经以尚未展开的形式包含着资本主义的**一切**主要矛盾。"③这是有道理的。因为价值形式以**他性存在隐匿自身的不在场的在场性**,已经包含了资本主义生产关系后来所有矛盾的经济物相化特征。这也意味着,资产阶级经济学近视目光中看到的商品似乎独立具有的"交换价值",不过是价值(抽象劳动的凝结)在**不是它自身**的 Anderssein(**他性存在**)颠倒在场方式中表现出来的经济物相化场境。这就从根基上证伪了资产阶级经济学的一个基始逻辑支点。这种新的创见,显然是深刻和复杂于《大纲》的相近分析的。当然,这也会是非常难入境的复杂关系。我们一点一

①《马克思恩格斯全集》第 19 卷,人民出版社 1963 年版,第 399 页。
②《马克思恩格斯全集》第 19 卷,人民出版社 1963 年版,第 412 页。
③《列宁全集》(第二版)第 55 卷,人民出版社 1990 年版,第 149 页。

点来进入。

在马克思此时的经济学构境中,商品的价值形式进一步分解为商品之间交换关系场境中的**等价关系(形式)**和**相对价值形式**。商品的相对价值问题,是马克思在李嘉图和麦克库洛赫那里已经看到的东西。① 马克思说,商品的价值形式

> 必须把**另一种**自然形式,把**另一商品的自然形式**变成它自己的**价值形式**。商品不能直接同自身发生关系,但它能直接同其他商品发生关系,因而通过间接的办法同自身发生关系。它不能通过自身的物体或自身的使用价值来表现自己的价值,但是它能够把另一使用价值或商品体(Waarenkörper)当作直接的价值存在。它不能把自身包含的具体劳动(konkreten Arbeit)当作抽象人类劳动的单纯实现形式(Verwirklichungsform abstrakter menschlicher Arbeit),但是它能够把另一商品包含的具体劳动当作抽象人类劳动的单纯实现形式。②

这是说,任何一种进入市场交换关系场境中的商品,必须都是试图换回**等价**的商品,但它无法以自身的物性实在或者差异性功效来表达自己的价值(同质的抽象劳动)。可是,在商品之间的交换场境中,一个商品的价值却可以通过另一个商品的使用价值**相对**表现出来,或者说,一个商品不能以自己得以改变的具体劳动来直接表达自身的抽象劳动,而可以通过交换关系场境中的另一个商品的具体劳动塑形和构序结果,来作为表现自己包含的抽象劳动的形式。于是,价值形式也就突显出等价关系和相对关系两个特征。特别是这个此-彼错位的相对价值关系,是价值形式本身作为 *Anderssein*(**他性存在**)的矛盾存在方式:价值关系本身是不可见的,但它以可见的他物表现出来。对此,哈维的理解为,"如果说价值是一种社会关系,而且这种关系总是非物质性的,却又总是对象性的"③。这个说法接近真相,却又是不准确的。在马克

---

① 参见《马克思恩格斯全集》第 44 卷,人民出版社 1982 年版,第 80 页。Marx-Engels-Gesamtausgabe(MEGA²),Ⅳ/3,Text,Berlin:Akademie Verlag,1998,S.188.

②《马克思恩格斯全集》(第二版)第 42 卷,人民出版社 2016 年版,第 40—41 页。

③[美]哈维:《资本的限度》,张寅译,中信出版集团 2017 年版,第 20 页。

思那里,价值关系是客观的经济关系,它是非直观的,它本身并不存在对象性的实在,只是通过另一个商品的使用价值对象性地呈现出来。

这里,马克思用简单商品交换中可能出现的20码麻布＝1件上衣的物物交换为例,其中,麻布的价值通过上衣的使用价值镜像式地编码起来。他说,在这种最直接的交换等式中,等号前后的两个商品在交换场景中的作用是不同的,"麻布是以**使用价值**或有用物的形态来到世界上的。因而它的硬麻布的物体或**自然形式**不是它的**价值形式**,而正好是它的对立面。它首先通过把**另一商品上衣作为自己的等同物**,来表示自己的**价值存在**"①。一是这个交换等式呈现了两种商品之间的一个**等价形式**,它表明两者都包含相等的无质无内容的抽象劳动。二是这个交换等式也表示了一种**相对价值形式**,这是说,商品(麻布)自己的价值关系是无法由自身直接显现出来的,它不得不以另一种商品(上衣)可见的使用价值形式反射性映现出来;并且,这种价值形式此-彼错位的更深一层的复杂关系为,上述抽象劳动的等价形式中,一种商品价值内含的抽象劳动却由另一种商品的具体劳动表现出来。这是奇特的**双重反射中的此-彼错位矛盾关系**。马克思这里的观点,从话语逻辑上看,其隐性参照系当然不是黑格尔的那个"从抽象到具体"的构序,而是《精神现象学》中的自我意识通过他性关系反射自身的逻辑。这可能会让人想到黑格尔在《精神现象学》一书中对自我意识确证自身的表述。马克思在《巴黎笔记》时期写下的《黑格尔〈精神现象学〉摘录》中,他在自己的重要思想实验中留意到了黑格尔的如下表述,"自我在作为有差别的东西的内容中反射到自身"。在那里,青年马克思是为自己的劳动异化逻辑寻找构序支点,而在此,他是为价值形式的**不在场的在场性**寻找表述逻辑的出口。也是在这里,马克思还专门作了一个类比:"在某种意义上,人很像商品。因为人来到世间,既没有带镜子,也不像费希特派的哲学家那样,说什么我就是我,所以人起初是以别人来反映自己的。名叫彼得的人把自己当做人,只是由于他把名叫保罗的人看做是和自己相同的。因此,对彼得来说,这整个保罗就以他保罗的肉体成为人这

---

① 《马克思恩格斯全集》(第二版)第42卷,人民出版社2016年版,第36—37页。

个物种的表现形式。"①其实,这个比喻的背后,还是黑格尔《精神现象学》中那个他性反指关系中的自我意识,马克思在这里将唯心主义的自我意识换成了人。用拉康的话语说,就是人看不到自己,所以只能通过镜像小他者和象征性大他者的他性反射关系来确证自我和主体性。商品的价值形式,有如人的关系性场境本质,只有在社会关系的他性反向映现中才能确立。齐泽克敏锐地发现了这一点,他夸张地说,马克思竟然"预见到了拉康的镜像阶段理论:只要通过被反映在另一个人身上,即只有另一个人为其提供了整体性的意象,自我才能自我认同;认同与异化因而是严格地密切相关的"②。仔细去想,马克思在《资本论》第一卷(第一版)中制定这个所谓价值形式的理论,最初目的,是想更加通俗地说明自己在价值与"交换价值"的关系上的全新认识,但当他用比《政治经济学批判》第一分册的相近表述"强烈得多"的哲学辩证法话语来进行表达时,却将事情愈益复杂化了。马克思自己后来说,"在关于价值理论的一章中,有些地方我甚至卖弄起黑格尔特有的表达方式"③。长久以来,人们对马克思在价值形式问题上究竟"卖弄"了什么黑格尔的特有表达方式评说不一。我的观点有二:一是马克思这里对黑格尔的援引,主要是对《精神现象学》的自我意识他性反指关系观点的运用,更深一层,还包括了观念通过物的形式颠倒地表现出来的异化逻辑。只是在这里,马克思刻意遮蔽了后者。我注意到,科西克也提及马克思的《资本论》和黑格尔的《精神现象学》的关系,但他认为,二者的接近是通过总体逻辑中的"奥德赛式"的历史游历。④ 二是在《1861—1863年经济学手稿》写作过程中的《黑格尔的逻辑学》思想实验之

---

① 《马克思恩格斯全集》(第二版)第42卷,人民出版社2016年版,第38页注释18a。

② [斯洛文尼亚]齐泽克:《意识形态的崇高客体》,季广茂译,中央编译出版社2002年版,第33页。

③ 马克思的这段文字出现在《资本论》第一卷(第二版)的跋中,原文为:"我公开承认我是这位大思想家的学生,并且在关于价值理论的一章中,有些地方我甚至卖弄起黑格尔特有的表达方式。辩证法在黑格尔手中神秘化了,但这决没有妨碍他第一个全面地有意识地叙述了辩证法的一般运动形式。在他那里,辩证法是倒立着的。必须把它倒过来,以便发现神秘外壳中的合理内核。"[《马克思恩格斯全集》(第二版)第44卷,人民出版社2001年版,第22页。]

④ 参见[捷]科西克《具体的辩证法》,傅小平译,社会科学文献出版社1989年版,第138页。他还指认,伊波利特第一个说明了马克思《资本论》与黑格尔《精神现象学》的逻辑关联,虽然这些说明多为皮毛式的"偶然联系"。参见[捷]科西克《具体的辩证法》,傅小平译,社会科学文献出版社1989年版,第106—161页注释19。Jean Hyppolte, *Stuilie in Marx and Hegel*, New York, 1969, p.137.

后,马克思这里的价值形式理论也可能关涉于经济定在的自我否定性。于是,马克思不得不专门写了一个关于价值形式的"教科书式"的附录放在第一卷(第一版)的最后,还在序言中提示读者跳开《资本论》第一卷(第一版)中的上述表述,先阅读附录,再回到文本的接续语境。这里实际发生的历史故事为:库格曼在马克思于1867年4—5月在他家里做客时,说服了马克思写一篇关于价值形式的附录。7月11日,马克思完成这一附录并寄给出版社。①可是在《资本论》第一卷德文第二版的修订中,他还是取消了这个附录。

下面,我们就按照马克思的引导,先到附录中去看他"更加通俗"的说明。在那里,我们看到马克思还是在以上衣作为麻布的价值等价关系为例。首先,这里的简单商品交换中麻布通过上衣实现出来的价值形式,本身就是一种**物性的颠倒表现方式**。他分析道,此时的麻布不可见的价值是以上衣可见的使用价值表现出来的,上衣的具体劳动物相化塑形和构序的可见用在性,呈现了麻布中不可见的由劳动者的抽象劳动所结晶的价值。这个通过**不是它自身**的 *Anderssein*(**他性存在**)物性在场的

> **价值**,只因为它是**耗费在它的生产上的人类劳动力的物的表现**(*dinglicher Ausdruck*),**是抽象的人类劳动的凝结——抽象劳动**(*abstracte Arbeit*),是因为在上衣中包含的劳动的一定的、有用的、具体的性质(bestimmten, nützlichen, konkreten Charakter)被**抽象掉了**;**人类劳动**,是因为劳动在这里只是被当做**一般人类劳动力的耗费**。②

作为体现麻布价值的抽象劳动,是被抽象掉 bestimmten, nützlichen, konkreten Charakter(一定的、有用的、具体的性质)的一般劳动力的耗费,它无法在自身的物性实在中直接在场,所以,它只能通过上衣的物性存在反射性地间接在场,可是,这里的上衣只是代表了"**一般人类劳动力的耗费**",而不是上衣自身由具体劳动创造的使用价值。这样,"**在这种关系中,上衣只被当作是价值的场境**(*Gestalt von Werth*),**从而被当作是麻布的价值场境**(*Werthgestalt*),**是麻布价值的可感觉的表现形式**(*sinnliche Erscheinungsform*)。

---

① 参见《马克思恩格斯全集》第31卷,人民出版社1972年版,第554页。
② 《马克思恩格斯全集》(第二版)第42卷,人民出版社2016年版,第808页。

这样,**通过价值关系**(*Werthverhältnisses*),一种商品的**价值**就**表现在另一种商品的使用价值上**,即表现在**和它自身不同的另一种商品体上**"①。在这里,我们看到马克思又集中使用了历史唯物主义构境中那个重要的 Gestalt(场境)概念。据概念考古的词频统计,马克思在《资本论》第一卷中共计 122 次使用了 Gestalt(场境)概念,而在整个《资本论》三卷中他共计 261 次使用了该概念。马克思在这里使用的 Gestalt 不是可直观的形态,而是不可直观的关系场境存在,麻布这种在劳动交换中现实抽象且生成的不能直接呈现的等价和相对关系场境,只能**颠倒地**表现在另一种商品(上衣)"可感觉的表现形式"上。在我看来,这种关系颠倒是马克思在《资本论》中透视资本主义经济物相化关系编码的起点。在《大纲》中,它被直接指认为**事物化Ⅰ**和**价值关系异化**。而在此,马克思却试图用一个价值形式概念,来表达这一复杂的经济物相化中的经济关系转换。这必然会造成之后对这一概念无根性诠释中的语义混乱。马克思认为,"这种**颠倒**(*Verkehrung*)是价值表现的特征,它使可感觉的具体的东西只充当抽象的一般的东西的表现形式,而不是相反地使抽象的一般的东西充当具体的东西的属性。这种颠倒同时使价值表现难于理解"②。所以,在经济学语境中这个难以理解的颠倒关系,恰是资产阶级经济学中用"交换价值"遮蔽起来的、商品本身的神秘经济物相化编码之缘起。由此,商品的价值形式就作为经济定在的自我否定,隐匿于"交换价值"的表象之中。

我们可以明显地看到,马克思在这里面对经济学家和普通读者的阐释性话语实践中,刻意避免使用一些深刻的哲学术语,而尽可能使用他觉得属于实证性的经济学的概念,所以才会出现"可感觉的"代替非直观,"一般劳动力的耗费"代替对象化劳动,"颠倒"代替异化,最后,**以拜物教批判话语取代劳动异化关系批判**。甚至我推断,马克思在《资本论》中似乎是刻意阻止哲学构境中历史现象学和批判认识论的出现。其直接目的,是阻止哲学话语造成读

①《马克思恩格斯全集》(第二版)第 42 卷,人民出版社 2016 年版,第 808 页。中译文有改动。Marx-Engels-Gesamtausgabe(MEGA²), Ⅱ/5, Text, Berlin: Dietz Verlag, 1983, S.630.
②《马克思恩格斯全集》(第二版)第 42 卷,人民出版社 2016 年版,第 813 页。

者的阅读障碍,这当然是我们需要注意的文本学研究的**主体视位**。

其次,商品的价值形式的本质是特定社会历史条件下出现的**人与人社会联系的物质表现**。这还是阐释性话语中十分平实的表述。但这一表述背后的复杂构境却是,商品的价值形式以**不是它自身**的颠倒的物性方式矛盾地呈现出来。其实,这也是资本主义商品-市场经济运行生成的经济构式负熵进程的内部机制。马克思说,当一个社会出现了社会分工下的私人劳动,

> 这种私人劳动的**社会关联**(*gesellschaftliche Zusammenhang*),是**在物质上**存在的(existirt *stofflich*),因为各个私人劳动是**自然形成的社会分工**(*naturwüchsigen, gesellschaftlichen Theilung der Arbeit*)的各个环节,因而它们的产品可以满足**各种不同的**需要,而这些需要的**总体**(*Gesammtheit*)又构成了同样是**自然形成的社会需要体系**(*naturwüchsige System der gesellschaftlichen Bedürfnisse*)。但是,彼此单独进行的**私人劳动**所形成的这种**物质的**社会关联(*stoffliche* gesellschaftliche Zusammenhang),只有通过他们的产品的**交换**(*Austausch*)才**间接地**得到实现,因而只有通过这种交换才能实现。①

马克思这里关于价值形式的"通俗说明",显然是在援引斯密-黑格尔的市民社会话语Ⅱ理论。或者说,他试图再一次科学地说明资产阶级经济学话语中没有彻底解决的问题。我以为,这当然不是马克思所说的对黑格尔辩证法"特有表达形式的卖弄"。黑格尔这段解读斯密《国富论》的原话为:分裂为原子化个人的市民社会的交换中介本质即是,"通过个人的劳动(Arbeit)以及其他一切人的劳动与需要的满足,使需要得到中介(Vermittlung),个人得到满足——即**需要的**体系(System der *Bedürfnisse*)"②。在黑格尔看来,这种交换中介建立起来的社会关联是"**自在的**自然状态"③。这一观点,是马克思在

---

① 《马克思恩格斯全集》(第二版)第42卷,人民出版社2016年版,第813页。中译文有改动。Marx-Engels-Gesamtausgabe(MEGA²),Ⅱ/5,Text,Berlin:Dietz Verlag,1983,S. 634 – 635.

② [德]黑格尔:《法哲学原理》,范扬、张企泰译,商务印书馆1961年版,第203页。

③ [德]黑格尔:《法哲学原理》,范扬、张企泰译,商务印书馆1961年版,第208页。

《论犹太人问题》中首次理解的。在此,马克思没有援引《精神现象学》,而是援引《法哲学原理》,这是有深刻用意的。因为后者的话语更接近实证的社会科学。依马克思的看法,在社会分工条件下的不同个人那里,他们各自的产品如果要满足相互的需要,就只能通过市场交换,这是商品生产与交换的缘起。这种通过相互之间的产品交换所"自然形成"的社会关联,不是他们之间的直接联系,而是通过"自然形成"的交换中介间接地完成的,并且,这种自发生成的社会关联表现为商品物与商品物的 *stoffliche* gesellschaftliche Zusammenhang(**物质**的社会关联)。依概念考古的词频统计,马克思在《资本论》第一卷中共计 49 次使用这一重要的 Zusammenhang(关联)概念,在整个《资本论》三卷中共计 146 次使用该概念。由此,人与人的关联畸变成外在于自己的"自然辩证法"的物性关联,这当然是"第二自然辩证法"的运动和普遍关联。其实,马克思在这里所使用的 stoffliche(物质)一语,虽然接近常识阅读的直达性,但明显不如 Sache(事物)更精准。我想,这是为了读者理解所做出的在构境深度上的牺牲。在正文后面的讨论中,马克思用自己的话语将此重新概括为,"我们的商品占有者发现:分工使他们成为**独立的私人生产者**,同时又**使**社会生产过程以及他们在这个过程中的关系**不受他们自己支配**;人与人的互相独立为事物与事物的全面依赖的体系(System allseitiger sachlicher Abhängigkeit)所补充"①。这当然是事物化Ⅰ的关系场境颠倒。也是在这个意义上,青年卢卡奇分析道,"它的基础是,人与人之间的关系与联系(eine Verhältnis, eine Beziehung)获得物的性质(Dinghaftigkeit),并从而获得一种'幽灵般的对象性(Gespenstige gegenstandlichkeit)',这种对象性以其严格的、仿佛十全十美和合理的自律性(Eigengesetzlichkeit)掩盖着它的基本本质,即人与人之间联系(Beziehung zwischen Menschen)的所有痕迹"②。这是正确而深刻的分析。

---

①《马克思恩格斯全集》(第二版)第 42 卷,人民出版社 2016 年版,第 89 页。中译文有改动。Marx-Engels-Gesamtausgabe(MEGA²), Ⅱ/5, Text, Berlin: Dietz Verlag, 1983, S.69.

②[匈]卢卡奇:《历史与阶级意识》,杜章智、任立、燕宏远译,商务印书馆 1995 年版,第 143—144 页。中译文有改动。参见 Lukacs, *Geschichte und Klassenbewußtsein*, *Gesamtausgabe*, Band 2, Hermann Luchterhand Verlag GmbH & Co KG, 1968, S.257-258.

3. 物的关系蛹化:替代异化理论的商品-货币拜物教

与价值形式一类经济学概念对价值关系异化的策略性隐匿意向接近,马克思在《大纲》和《1861—1863 年经济学手稿》中的劳动异化批判构式,在经济学的阐释性话语中同样被策略性地遮蔽起来了。于是,我们就在《资本论》第一卷中看到了一个替代异化理论的完整的经济拜物教批判理论。可以说,这也是马克思在《政治经济学批判》第一分册之后,第一次系统地表述自己的**三大经济拜物教批判**理论。依我的观点,从哲学方法论的意义上看,这是马克思狭义历史唯物主义构境中,历史现象学批判话语编码里策略性写作的最外层。我注意到,普殊同也提及马克思在《资本论》中的“策略性写作”问题,只不过,他是在解释马克思对价格与价值的差异时谈到这一点的。他认为,马克思在《资本论》中的写作存在着一个“非常复杂的论证策略”,“这一策略一方面证明了商品与资本建构了资本主义社会的基本核心,另一方面也解释了价值的范畴缘何在经验上貌似与资本主义并不相符”①。实际上,马克思的阐释性话语编码中的策略性写作,远不止这些。下面,我们先来看**出现在附录中**的马克思关于商品拜物教和货币拜物教的讨论。而在后来的《资本论》第一卷(德文第二版)中,马克思在附录中关于经济拜物教的这前两种形式的批判,直接整合进第一章的正文之中了。

首先,流通领域中出现的**商品形式的拜物教**(*Der Fetischismus der Waarenform*)。这与上述以 *Anderssein*(**他性存在**)的物质形式颠倒地表现出来的价值形式的讨论域是基本重合的。这里还没有发展到扩大的价值形式和一般等价形式,后者将会生出货币形式的拜物教。我注意到,马克思在《资本论》第一卷(德文第一版)的正文中,已经提出了商品拜物教的观点,并且从经济物像层面上指认了商品这种外观上的神秘性。

商品好像是一种简单而平凡的东西。对商品的分析表明,它却是一

①［美］普殊同:《时间、劳动与社会统治:马克思的批判理论再阐释》,康凌译,北京大学出版社 2019 年版,第 155 页。

种很古怪的东西,充满形而上学的微妙和神学的怪诞(metaphysischer Spitzfindigkeit und theologischer Mucken)。作为单纯**使用价值**,商品是一种可以感觉的物(sinnliches Ding),不论从它靠自己的属性来满足人的需要这个角度来考察,或者从它作为人类劳动的**产品**才具有这些属性这个角度来考察,它都没有什么神秘的地方。毫无疑问,人通过自己的活动按照对自己有用的方式来改变自然物质的形态(Formen der Naturstoffe in einer ihm nützlichen Weise verändert)。例如,用木头做桌子,木头的形式(Form)就改变了。可是桌子还是木头,还是一个普通的可以感觉的物。但是桌子一旦**作为商品**出现,就转化为一个可感觉而又超感觉的物(sinnlich übersinnliches Ding)。它不仅用它的脚站在地上,而且在对其他一切商品的关系上用头倒立着,从它的木脑袋里生出比它自动跳舞还奇怪得多的狂想。①

这是马克思在《资本论》第一卷(第一版)中关于商品拜物教问题非常著名的一段表述。但是马克思并没有直接使用拜物教概念。我们可以看到,马克思是从所有人都能看到的商品的物像证伪开始的。作为面对人们直接需要的用在性的物品,商品是人们可以触摸到的sinnlich Ding(可感觉的物),就像我们多次谈及的那个木制的桌子,它在木匠通过劳动物相化活动,使有目的的爱多斯对象化到木头失形和重新塑形的"形式改变"之中,成为我们生活中可放置物品和俯身工作的桌子,这没有任何神秘的地方。可是,它一旦标价,成为在市场上出售的商品时,它立刻就变成一种sinnlich übersinnliches Ding(可感觉而又超感觉的物),即在前述的可以触及的用在性存在之外,又多出来一种不可触及的"值多少"的社会经济定在质性——实际商品交换中现实抽象出来的抽象劳动的价值关系。马克思形象地比喻说,正因为这种不能直达的价值关系场境,作为商品的桌子就会"用头倒立",成为一种**非直观抽象劳动社会规定的价值形式**中神秘的存在。马克思说,这就是"商品世界具有的拜物教(Fetischismus)性质或劳动的**社会**规定所具有的

---

①《马克思恩格斯全集》(第二版)第42卷,人民出版社2016年版,第56页。中译文有改动。Marx-Engels-Gesamtausgabe(MEGA²),Ⅱ/5,Text,Berlin:Dietz Verlag,1983,S.44.

对象性的**外观**(*gegenständlichen* Schein)"①。在这个意义上,价值形式作为经济定在本身就是商品拜物教观念得以发生的基础。如果是在《大纲》和《1861—1863 年经济学手稿》中,这种价值形式自我否定的矛盾,则必定会揭示出人与人的劳动关系事物化为经济事物之间的关系,价值形式不过是劳动异化关系的结果。但在这里的经济学语境中,它至多被确认为商品拜物教现象。

回到这里附录中的讨论线索,商品拜物教的发生,与上面马克思讨论社会分工下出现的私人劳动者之间的产品的交换问题相关。他具体分析说,处于交换中的"劳动产品,如上衣、麻布、小麦、铁等等这些有用物都是**价值**,是**一定的价值量**,总之是**商品**,当然,只有**在我们的交易中**,它们才能获得这些属性,而不是像有重量、能保暖或能充饥这些属性是天然就有的"②。我已经多次辨识过,马克思这里所说的"天然",当然不是指物品的自然属性,而是特指可感的使用价值的客观用在性,因为这些物品的功用性业已是非天然劳动的产物。而交换中的劳动产品之所以转换为商品,具有一定的价值量,恰恰是因为它们之间发生的劳动交换关系,这是一种由于交换彼此的需要才获得的经济物相化编码空间中的社会属性,这并非这些产品的物性。这是容易理解的。

马克思说,当人们在为满足不同的需要所进行的劳动产品交换中出现"20 码麻布 = 1 件上衣,或 20 码麻布值 1 件上衣"这个交换等式时,实际发生的社会关联为:

(1) 生产这些物品所需的**不同种**(*verschiedenartigen*)劳动,**作为人类劳动,具有同等意义**;(2) 生产它们所耗费的劳动**量**,是根据一定的社会规律来**计量**的;(3) 裁缝与织工结成一定的**社会生产关系**。正是在**生产者之间的一定的社会关系中**,生产者们才把他们不同种的有用劳动**作为人类劳动等同起来**。③

---

①《马克思恩格斯全集》(第二版)第 42 卷,人民出版社 2016 年版,第 63 页。中译文有改动。Marx-Engels-Gesamtausgabe(MEGA²), Ⅱ/5, Text, Berlin: Dietz Verlag, 1983, S. 50.

②《马克思恩格斯全集》(第二版)第 42 卷,人民出版社 2016 年版,第 816 页。

③《马克思恩格斯全集》(第二版)第 42 卷,人民出版社 2016 年版,第 816 页。

这是说,私人劳动者生产不同种的产品中的有用劳动,通过从相互交换中现实抽象出来的一般的人类劳动量等同起来,生成一定的社会生产关系,即价值关系中的**等价形式**。也就是在 20 码麻布的抽象劳动(价值)表现在一件上衣的用在性的关系中,同时生成了两者之间的相对价值形式,即:"**在我们的交易中**,在生产者们面前,他们自身劳动的**这种社会性质**却**表现为劳动产品本身的天然的社会属性**(gesellschaftliche Natureigenschaften),**表现为劳动产品本身的物的**规定(gegenständliche Bestimmungen)"①。麻布中包含的社会属性——不可感的价值关系(Werthverhältnisse),直接通过上衣的物性实在表现出来,仿佛这种社会属性是商品的自然物质属性一样。在《大纲》和《1861—1863年经济学手稿》中,这也是马克思的事物化理论中的**物化**(Verdinglichung)误认。这恰是上述那个价值形式在场时的奇怪颠倒,仿佛真的出现了资产阶级经济学家眼中的那个商品劳动价值之外的"交换价值",并且,这个由需求决定的"交换价值"成了商品 gesellschaftliche Natureigenschaften(天然的社会属性)。在这里,马克思再次说,这种关系颠倒可以借用**拜物教的观念**来比喻。他分析道:

> 劳动产品**表现为商品,表现为**可感觉而又超感觉(sinnlich übersinnliche)的物或**社会的物**(gesellschaftliche Dinge)。正如一物在视神经中留下的光的印象,不是表现为视神经本身的主观兴奋,而是表现为眼睛外面的物的**对象形式**(gegenständliche Form eines Dings)。但是在视觉活动中,光确实从一物射到另一物,即从外界对象射入眼睛。这是物理的物之间的物理关系(physisches Verhältniß)。相反,**商品形式**和劳动产品的**价值关系**(Werthverhältnisses),是同劳动产品的物理性质以及由此产生的物的关系完全无关的。这只是人们自己的一定的**社会关系**(gesellschaftliche Verhältniß der Menschen),但它在人们面前采取了**物的关系**(Verhältnisses von Dingen)的虚幻形式。因此,要找一个比喻,我们就得逃到**宗教世界**的幻境中去。在那里,**人脑的产物表现**为赋有生命的、彼此发生关系并同人发生关系的**独立存在的东西**。在**商品世界**里,**人手的产物**也是这样。

---

① 《马克思恩格斯全集》(第二版)第 42 卷,人民出版社 2016 年版,第 816—817 页。

我把这叫做**拜物教**(*Fetischismus*)。劳动产品一旦**作为商品**来生产,就带上拜物教性质,因此拜物教是同**商品生产**分不开的。①

这是马克思在《资本论》第一卷(第一版)"附录"中比较重要的一段表述。因为这是马克思正面讨论商品形式的拜物教。这里出现的 sinnlich übersinnliche(可感觉而又超感觉)的物(Ding),是难以理解的。可这个物,却是入境于马克思经济拜物教的关键。因为商品作为具有一定用在性的物品当然是可以直接感觉到的,但作为商品的这个物又是无法直观的经济关系场境。这就再次出现了黑格尔所指认的,**不是它自身**的 verschwindend darstellt(正在消逝的东西)。依我的理解,马克思在经济学研究中提出的经济拜物教中的"物",是以看起来自在的 sinnlich Ding(可感觉的物)为外观而隐匿起来的社会关系场境。这个 Ding,不是一般物像中现成的直观对象,而是**狭义历史唯物主义中的"物"(经济物像)**。这一经济物像本身就是双重社会关系的遮蔽:一是在商品的历史发生中,广义历史唯物主义构境中具体劳动塑形和构序的物品用在性(使用价值关系),在进入交换那一瞬间已经被祛除了;二是从抽象劳动中被现实抽象出来的价值关系,在畸变为商品的自然属性中被遮蔽。由此,经济拜物教的本质是对经济物像的虚假图腾。这是一种以**否定性的经济物相化存在论**为基础的复杂事物化颠倒和劳动异化关系场境的虚假外观。在之后的货币拜物教和资本拜物教上,这种虚假图腾的假象则表现得更加"耀眼"。如果返回到《大纲》的语境中,这会是商品-价值关系的异化。而在《政治经济学批判》的阐释性话语中,才出现了常识中容易理解的拜物教理论。有趣的是,这一重要的指认竟然没有出现在《资本论》第一卷(第一版)正文中,而是无意识在场于为了**通俗地**说明价值形式的"附录"之中。如果库格曼没有动员马克思写下这个关于价值形式的"附录",那么,马克思这个关于商品拜物教的重要说明就不会出现在《资本论》第一卷(第一版)正文之中。也由此,我才推断马克思《资本论》中出现的经济拜物教理论,是在通俗阐释性话语中替代异化批判理论的话语代码。我们看到,在《资本论》第一卷(第二

---

① 《马克思恩格斯全集》(第二版)第 42 卷,人民出版社 2016 年版,第 817 页。中译文有改动。Marx-Engels-Gesamtausgabe(MEGA²),Ⅱ/5,Text,Berlin:Dietz Verlag,1983,S.637.

版)的修订中,这一重要论述被重新改写在第一卷第一章的正文之中。马克思在第一章中增加了"4. 商品的拜物教性质及其秘密"一目。

在此,马克思将商品形态上的二重性,特别是价值关系中的相对价值形式——这种"不可感的"、在交换中生成的人与人之间的劳动交换关系,不得不颠倒地表现为"可感的"*gesellschaftliche Dinge*(**社会的物**)之间的关系——比作众所周知的宗教领域中的拜物教观念。当然,这种拜物教不再是自然对象物的图腾崇拜,或者宗教神学中证伪的偶像崇拜,而是将自己"人手的产物",即商品价值颠倒地表现为物性 *Anderssein*(**他性存在**)的经济物相化编码关系结果的"交换价值"(事物化的价值表现形式)作为神灵来供奉。对此,阿多诺说,"马克思把商品的拜物教特性定义为人对他自己制造出来的物的崇拜"①,这是对的。在一定的意义上,这种拜物教的发生,也恰好是人所创造的东西作为外部力量统治自身的**经济物役性**现象的观念前提。你崇拜,你才跪下。马克思说,这就像我们的视觉塑形一样,一物在光的作用下,其影像传递到人的眼睛中,可这种光影投射在我们视神经中生成的"主观兴奋",却表现为外部物的 *gegenständliche Form*(**对象形式**)。这一比喻,最早出现在《德意志意识形态》中,在那里,这种倒置显像被用来指认意识形态的颠倒本质,这种颠倒同时被比喻为照相机的倒立成像,以及"物体在视网膜上的倒影"。② 马克思这是在提醒我们注意,拜物教本身是一种**观念幻象伪境**,但它也是现实社会关系的歪曲映现。从认识论的视角看,这应该是经济物相化空间中**意识异化论**的替代话语。所以,阿多诺说,"商品的拜物教特性(Fetischcharakter der Ware)并不归罪于主观上迷路的意识,而是客观地从社会的先验(gesellschaftlichen Apriori)即交换过程(Tauschvorgang)中演绎出来的"③。商品拜物教不是从头脑中产生出来的,它是现实资本主义社会存在的经济物相化编码结果,特别是在现实资本主义市场经济交换关系这种特殊的**社会先验**

---

① [德]阿多诺:《文化工业理论》,载《阿多尔诺基础读本》,夏凡编译,浙江大学出版社 2020 年版,第222 页。

② 参见[日]广松涉编注《文献学语境中的〈德意志意识形态〉》,彭曦译,南京大学出版社 2005 年版,第 29 页。中译文有改动。Marx-Engels-Gesamtausgabe(MEGA²), I /5, Text, Berlin: Akadernie Verlag, 2017, S.135.

③ [德]阿多尔诺:《否定的辩证法》,张峰译,重庆出版社 1993 年版,第 188 页。

中建构而成的。这是正确的。而巴里巴尔在《马克思的哲学》一书中,将马克思的经济拜物教直接视作一种**客观现实**,他说,马克思的"拜物教与光学幻影或某种迷信不同,它不是一个主观现象,不是对现实的错误认识(perception faussée de la réalité),而是现实(réalité,某种特定的社会形式和结构)不得不表现出来的方式"①。这当然是不准确的。相比之下,列斐伏尔的看法似乎更接近真理一些,他认为,"拜物教既是一种社会现实的存在方式(mode d'existence)、一种意识与人类生活的现实方式,又是人类活动的一种表象与幻觉(illusoire)。原始拜物教与神秘表达了自然界对人的支配与人支配自然界的幻想。经济拜物教(fétichisme économique)则表达了人的产品对人的支配与人支配自己的组织和产品的幻想。这种新的拜物教与拜物生活(vie fétichisée)并非来源于人种学(ethnographique)描绘,而是来源于客观性与创造性活动、表象与现实、具体与抽象的辩证理论"②。我觉得,列斐伏尔看到了经济拜物教是马克思对传统自然拜物教观念的借喻,其本质是一种对现实中客观发生的"人的产品对人的支配与人支配自己的组织和产品的幻想",这是正确的描述。可是当他说拜物教是"一种社会现实的存在方式"时,也出现了一种逻辑上的误认。拜物教观念的意识形态作用,使拜物教徒在扭曲为颠倒的世界中如鱼得水,比如原始图腾文化编码的巫术世界。而在马克思所指认的商品拜物教现象中,这种商品拜物教是商品生产的历史产物,作为一种观念幻象,它的现实本质是资本主义经济关系中,商品自身所内嵌的劳动交换关系(价值),"在人们面前采取了**物的关系**的虚幻形式"——价值形式(异化了的"交换价值")。可怕的是,这种虚幻的商品拜物教观念却统治着现实生活。这是"抽象成为统治"的一种幻影般的表现。这里,人的现实存在颠倒地表现为对财富的占有和无限追逐。依哈维反讽语境中的说法,即"我买故我在(I am what I can buy)或我拥有故我在(I am what I possess)"③。人就成了他所购买的东西和占有的财富。

---

① [法]巴里巴尔:《马克思的哲学》,王吉会译,中国人民大学出版社2007年版,第89—90页。
② [法]列斐伏尔:《辩证唯物主义》,周泉译,载《社会批判理论纪事》第13辑,江苏人民出版社2022年版,第52页。
③ [美]大卫·哈维:《社会正义与城市》,叶超等译,商务印书馆2022年版,第300页。

其次,作为**一般价值形式社会蛹化的货币拜物教**。马克思说,在商品经济发展的历史过程中,逐渐脱离了使用价值的价值关系以不是它自身的"交换价值"的价值表现形式,从简单价值形式,经过扩大的价值形式再到一般价值形式,是商品生产和交换不断发展和复杂结构化的历史结果。在慢慢扩大起来的价值形式中,交换中的商品"不再是只同另一种**个别**商品**发生社会关系**,而是同整个**商品世界**发生**社会关系**"①。这是一种经济物相化空间中勾连人与万物的物性普遍关联。于是,前面马克思所例举的简单商品交换中的 20 码麻布 = 一件上衣,现在则转化为:20 码麻布 = 一件上衣 = 10 磅茶叶 = 40 磅咖啡 = 1 夸脱小麦 = 2 盎司金等其他无限交换链中的商品群。这里,原先那两个商品之间的等价形式变得复杂了,这个不同商品之间的相对关系中的等式被拉长了,其中发生的关键性变化为:

> **特殊等价形式**(*besondere Aequivalentform*)现在进一步发展为**一般等价形式**。或者说,处在等价形式上的商品现在是**一般等价物**(*allgemeines Aequivalent*)。——因为商品体的**自然形式**麻布充当其他一切商品的**价值形态**(*Werthgestalt*),所以麻布的自然形式就是麻布与**商品世界的一切要素没有差别的或能直接交换的形式**。因此麻布的**自然形式**同时就是**它的一般的社会形式**(*allgemeine gesellschaftliche Form*)。②

当上衣作为麻布的等价形式时,它是特殊等价形式;可是在后面那个复杂商品交换的等式中,当"麻布充当其他一切商品的**价值形态**"时,它的物性使用价值则转化为商品价值形式中的 *allgemeines Aequivalent*(**一般等价物**)。马克思说,"如果一个商品具有**一般等价形式**或执行**一般等价物**的职能,那它的**自然形式**或**物体形式**(*Natural-oder Körperform*)就充当**一切人类劳动的可以看得见的化身**,即一般的社会的蛹化(*Verpuppung*)"③。这里,马克思专门选择了一个常识能够理解的 Verpuppung(蛹化)概念,来表示发生在货币关系生成中的奇特本质,即不可见的社会关系场境隐匿于像虫蛹一样的物质外壳后

---

①《马克思恩格斯全集》(第二版)第 42 卷,人民出版社 2016 年版,第 821 页。
②《马克思恩格斯全集》(第二版)第 42 卷,人民出版社 2016 年版,第 824 页。
③《马克思恩格斯全集》(第二版)第 42 卷,人民出版社 2016 年版,第 824 页。

的变身和脱型,以代替原来他在《大纲》中使用的哲学化的我-它自反性关系的货币异化概念。在后面关于货币成为商品一般价值形态的讨论中,马克思还说过,"商品在它的价值形态上蜕掉了它自然形成的使用价值的一切痕迹,蜕掉了创造它的那种特殊有用劳动的一切痕迹,蛹化为无差别的人类劳动的同样的社会化身"①。我们知道,在动物学中,所谓的蛹化是指完全变态类的昆虫在由幼虫老熟后变为不动的蛹期和蜕化的过程。马克思将交换活动中的劳动交换关系事物化而成的货币作为商品的一般等价形态的事物性存在,比作蛹化,以表征社会关系的颠倒和异化本质。生物学上的蛹化现象,自然是比哲学话语中的异化要容易理解。在价值作为抽象劳动时,它是不可直观的社会关系,但在一般等价物的自然形式中,价值却通过"一般的社会蛹化"物的颠倒价值形式直接显现出来。其实,当这个一般等价物从商品中被逐渐集中到某些特殊商品身上时,货币关系就作为 allgemeines(一般)价值形式的进一步发展从一般商品中脱型而出。在马克思看来,当"**等价形式**同这种独特商品的**自然形式社会地结合在一起**,这种**独特**商品成了**货币商品**(*Geldwaare*),或者执行**货币**的职能。**在商品世界**起一般等价物的作用就成了它**特有的社会职能**,从而成了**它的社会独占权**(*gesellschaftliches Monopol*)"②。麻布自身的物质自然形式,直接充当了其他商品的价值表现形式,于是,麻布就成了 *Geldwaare*(**货币商品**),从而麻布则居有了代表一般财富的*gesellschaftliches Monopol*(**社会独占权**)。在《大纲》中,这就是货币权力的异化。这样,货币作为一种同样 sinnlich übersinnliche(可感觉而又超感觉)的物(Ding)就隆重登场了。于是,马克思立刻调整了上述的商品价值形式的等式,黄金取代了假设中麻布的位置,现在是黄金等于等式中其他所有商品。因为,"**一般等价形式**,现在由于社会的习惯**最终地**同商品体**金**(*Waarenkörpers Gold*)的独特的自然形式结合在一起了"③。其实,从这里的麻布跳到黄金作为一般等价物,只是马克思此处理论逻辑编码中的便利性假

---

①《马克思恩格斯全集》(第二版)第 42 卷,人民出版社 2016 年版,第 91 页。
②《马克思恩格斯全集》(第二版)第 42 卷,人民出版社 2016 年版,第 827 页。
③《马克思恩格斯全集》(第二版)第 42 卷,人民出版社 2016 年版,第 828 页。

设,在货币的历史发生中,不同民族在原始的产品交换中,开始通常可能会以耐磨的石子、骨片或贝壳来充当"一般等价物",然后逐步过渡到一般金属铸币(铁和铜),最后,货币才会集中于金银等贵重金属上。

至此,马克思结束"附录",并告知读者"下接本书正文第35页",即中译本的第65页。说老实话,在这一"附录"中,我们并没有感觉到马克思关于价值形式的讨论变得更加通俗,只是他去掉了黑格尔《精神现象学》中那种特有的表达方式,主要是价值形式的多重反射关系和颠倒的提法。所以,在后来的《资本论》第一卷(德文第二版)中,马克思重新修改了这个"附录",并将其直接融入整个第一章中。

《资本论》第一卷(第一版)的第65页起,马克思开始讨论商品的**交换过程**。这亦表明,上述他关于价值形式的分析,更多地是从**纯粹的理论逻辑演绎**出发的,而并没有将其放置到商品的交换过程中来;而如果要讨论货币问题,脱离了具体的商品交换过程却是不可能完成的。实际上,这也正是《大纲》正文开始的地方。我们看到,马克思先对货币与商品的交换关系进行了一个重要的概括:

> 货币结晶(Geldkrystall)是商品交换过程的**必然**产物。商品是使用价值和交换价值的直接统一,它是有用的**私人劳动**[这种劳动只是有用劳动或**分工**的自发总体系(naturwüchsigen Gesammtsystems der nützlichen Arbeiten oder der *Theilung der Arbeit* bildet)的一个个别环节]**的产品**,又是**抽象人类劳动的直接社会物性化身**(*unmittelbar gesellschaftliche Materiatur abstrakter menschlicher Arbeit*),商品的这种内在矛盾(Widerspruch)一直存在,直到**商品二重化**(*Verdopplung*)**为商品和货币**。可见,随着**劳动产品**转化为**商品**,商品就在同一程度上转化为**货币**。①

我得说,马克思这里的表述其实是难以入境的。因为,这里在分析货币关系结晶的构境中,商品的**使用价值与价值**的二重性矛盾关系已经转换为新的"使用价值与交换价值的直接统一",这里的**交换价值**,显然不是《大纲》中那

---

① 《马克思恩格斯全集》(第二版)第42卷,人民出版社2016年版,第69页。中译文有改动。

个不够准确的经济学概念，它已经是价值关系（抽象的人类劳动）的 unmittelbar gesellschaftliche Materiatur（直接社会物性化身），也就是表现不在场的价值关系的**价值形式**。这才有了走向货币结晶的商品使用价值与"交换价值"的二重性、具体有用的私人劳动与抽象的人类劳动直接社会物性化身的内在矛盾，以及这种商品在交换关系中生成的矛盾直接"二重化"为外部对立的商品与货币。马克思在后面说，"交换过程造成了**商品分为商品和货币这种二重化**，即造成了商品得以表现自己的使用价值和交换价值之间的内在对立的一种外部对立"①。这里需要注意的是，马克思刻意使用的 Geldkrystall（货币结晶）和 *gesellschaftliche Materiatur*（**社会物性化身**）这两个概念都表征出，货币作为一种可见的到场 Bekannt（熟知的东西），只是一种不可直观的社会关系场境的物性结晶。在广义历史唯物主义的劳动创制产品的一般社会负熵质上，它不是指黄金自身的金属功效或者一张纸币被生产、裁剪、印制的一般社会历史负熵的用在性，而是它象征和入序于商品-市场交换活动中生成的经济物相化编码中的经济构式负熵质。这使得货币物的到场再一次加深了商品关系场境的神秘性。

马克思告诉我们，货币是商品，但它与一般商品不同。货币商品自身的使用价值与价值的二重关系是愈益复杂的。因为"货币商品的**使用价值二重化了**。它作为商品具有特殊的使用价值，如金可以镶牙，可以用做奢侈品的原料等等，此外，它又取得一种由它的特殊的社会职能产生的形式上的使用价值"②。货币商品的**使用价值**本身就二重化了：作为货币出现的黄金（开始可能是石块、贝壳或者其他一般金属），当它们作为货币时，它们自身作为某一具体劳动创造的有用性物品的特殊使用价值都是存在的，比如打磨石块和铸造铁制或青铜制钱币等；但同时，它们又获得了一种其他商品没有的特殊的社会职能所需要的使用价值。必须注意的是，这个特殊的使用价值，并非开采和制作金币的劳动物相化塑形和构序生成的直接用在性，而是原先镜像式映现在那个上衣中的、麻布内嵌的抽象劳动，现在成了所有商品中嵌套的

①《马克思恩格斯全集》（第二版）第 42 卷，人民出版社 2016 年版，第 86 页。
②《马克思恩格斯全集》（第二版）第 42 卷，人民出版社 2016 年版，第 72 页。

抽象劳动在黄金货币的经济物相化编码中生成的一般等价功效。如果回到上面已经讨论过的等价物关系中去,我们就会发现,黄金的**实物形态**,成了其他商品的**价值表现形式**,即一般等价物。因为,"其他一切商品只是货币的特殊等价物,而货币是它们的一般等价物,所以它们是作为**特殊商品**来同作为**一般商品的货币**发生关系"①。在马克思"附录"中已经出现过的等式中,一大堆商品等于黄金,物性的黄金则反过来**代表一切财富**。马克思说,也正是在这个等式后面,发生了一件与商品拜物教场境中的神秘性相类似的奇怪事情。当物性的黄金在交换的无数次反复的经济物相化编码中逐步成了所有财富的代表时,我们渐渐地遗忘了一件事情:"**货币形式**(*Geldform*)只是其他一切商品的关系固定在一种商品上面的**反映**(*Reflex*)"。这个 *Reflex*(反映),当然不是西斯蒙第所指认的商品的"影子"(Schatten)②,或者只是反映商品的"纯粹观念性的"(rein ideal)"抽象单位"(abstrakten Einheit)。③ 在传统哲学话语中,*Reflex*(反映)通常是指人的主观思维对现实的经验或者观念映照,可在这里,马克思却用它来指认一个物客观映现另一些物的社会关系。这个 *Reflex* 与前述马克思指出过的交换关系中发生的现实抽象一样,都是客观的现实关系场境。这里,也可借用海德格尔的遗忘存在说,只是这里我们遗忘的货币存在者的存在,并非直接塑形和构序货币的具体劳动物相化活动,而是劳动交换关系场境中的历史性现实抽象活动。特别需要关注的是,不管是黄金还是纸币,"**物的货币形式**(*Geldform des Dings*)是物本身以外(selbst äußerlich)的东西,它只是隐藏在物后面的人的关系的**表现形式**。从这个意义上说,每个商品都是一个符号,因为它作为价值只是耗费在它上面的人类劳动的**事物性外壳**(*sachliche Hülle*)"④。我们又一次看到这样一种奇怪的社会场境:由那个神秘的价值形式历史演变而来的货币形式,是货币的物性实在

---

① 《马克思恩格斯全集》(第二版)第 42 卷,人民出版社 2016 年版,第 72 页。

② Marx-Engels-Gesamtausgabe(MEGA²),Ⅳ/8,Text,Berlin:Dietz Verlag,1996,S. 22. 中译文参见沈渊等译稿。《马克思恩格斯研究》1989 年第 1 辑,中央编译局马克思恩格斯研究室编印,第 23 页。

③ Marx-Engels-Gesamtausgabe(MEGA²),Ⅳ/8,Text,Berlin:Dietz Verlag,1996,S. 22. 中译文参见沈渊等译稿。《马克思恩格斯研究》1989 年第 1 辑,中央编译局马克思恩格斯研究室编印,第 22 页。

④ 《马克思恩格斯全集》(第二版)第 42 卷,人民出版社 2016 年版,第 73 页。中译文有改动。Karl Marx,Marx-Engels-Gesamtausgabe(MEGA²),Ⅱ/5,Text,Berlin:Dietz Verlag,1983,S.57.

之外的东西,它不是我们看到的到场的它,这个可以直观到的物**不是它自身**的 verschwindend darstellt(正在消逝的东西),而是一种经济物相化编码反射关系性中的**他者**,即颠倒地表现人的劳动交换关系的物性外壳,或者说,以抽象劳动为基础的价值关系的**反向** *sachliche Hülle*(**事物性外壳**)。这也是齐泽克所说的那个"金刚不坏"的崇高对象。① 这里,马克思特意使用了不同于直观中的 Ding(物)的 Sache。这个 Sache 当然也是黑格尔《精神现象学》构境中那个"消失了的对象",可这并非是指广义历史唯物主义构境中,一般物相化透视中"遗忘"的创造物品用在性的具体劳动,而是被经济物相化伪境遮蔽起来的抽象劳动的价值交换关系。这是上面我所指认的狭义历史唯物主义中那个特殊的物(经济物像)的升级版。但马克思在这里,并没有像在《大纲》中那样仔细讨论这个"事物性外壳"背后的事物化(Ⅰ)关系颠倒和异化问题。马克思专门提醒我们注意,与他前面已经揭露的商品拜物教一样,人们在遭遇事物性商品时,往往会忘记商品自身所内含的人类抽象劳动——价值,而迷入商品的物性外壳之中;在货币这里,黄金等货币本身并不是直接的财富,而是黄金的物性存在之外的从人与人的劳动交换关系中抽象出的一般价值的颠倒表现形式。然而,恰是在这个实际的商品-货币交换过程中,马克思发现了在商品拜物教之上"更耀眼"的**货币拜物教**。

马克思分析说,当商品的一般等价形式同黄金等贵金属这样一些特殊商品的自然形式结合在一起,即结晶为货币时,就出现了一种经济物相化编码中的假象,"一种商品成为货币,似乎不是因为其他商品都通过它来表现自己的价值,相反,似乎因为这种商品是**货币**,其他商品才都通过它来表现自己的价值。中介运动在它本身的结果中消失了,而且没有留下任何痕迹"②。这也就是说,前面马克思已经揭示过的商品二重性、劳动二重性、价值形式和等价形态的转换关系统统消失了,现在的幻象为,货币就是天然的财富的代表,所有商品都只能通过货币来表现自己的价值。他分析说:

---

① 参见[斯洛文尼亚]齐泽克《意识形态的崇高对象》,中译文参见《意识形态的崇高客体》,季广茂译,中央编译出版社 2002 年版,第 25 页。
②《马克思恩格斯全集》(第二版)第 42 卷,人民出版社 2016 年版,第 75 页。

人们在自己的**社会**生产过程中的单纯原子般的关系(bloß atomistische Verhalten),从而,人们自己的生产关系的不受他们控制和不以他们有意识的个人活动为转移的**事物性**场境(*sachliche* Gestalt),首先就是通过他们的劳动产品**普遍**采取**商品形式**这一点而表现出来。因此,**货币拜物教**(*Geldfetischs*)**的谜**就是**商品拜物教本身的谜**,只不过变得明显了,耀眼了。①

显然,这是马克思在《政治经济学批判》第一分册的阐释性话语中相近表述的重写。② 在资本主义社会特有的商品-市场所生成的 *sachliche* Gestalt(**事物性场境**)中,原子化个人相互隔离的"单纯原子般的关系",在盲目返熵的无序竞争的商品生产和交换中,畸变为一种"不受他们控制和不以他们有意识的个人活动为转移"的外部"第二自然辩证法"的力量。这几乎回到了《德意志意识形态》中异化构式不在场时的经济**物役性**观点。落到此处的语境,这亦表明货币的本质恰恰是劳动交换关系的事物化颠倒,它从人们之间的关系颠倒为统治性的权力。而一旦人们将货币看作财富的代表,并在这种颠倒的经济物相化幻象中发疯般地追逐金钱时,这就是**货币拜物教**,即俗称的**拜金主义**。在后来的《资本论》第三卷中,马克思极其深刻地指出:"商品的货币存在只是一种社会定在(gesellschaftliches Dasein)。**信仰**使人得救(Es ist der *Glaube*)。这是对作为商品内在精神(immanenten Geist)的货币价值的信仰,对生产方式及其预定构序(prädestinirte Ordnung)的信仰,对只是作为自行增殖的资本的人格化的各个生产当事人的信仰。"③这里,马克思反讽语境中引述的圣经福音中的这句 Es ist der *Glaube*(**信仰使人得救**)④,当然只是借喻,因为货币拜物教不是一种主观故意,也非宗教构境中的救赎,而是人们身处资

---

① 《马克思恩格斯全集》(第二版)第 42 卷,人民出版社 2016 年版,第 76 页。中译文有改动。Marx-Engels-Gesamtausgabe(MEGA²), Ⅱ/5, Text, Berlin: Dietz Verlag, 1983, S.59.

② 参见《马克思恩格斯全集》(第二版)第 31 卷,人民出版社 1998 年版,第 442 页。中译文有改动。Marx-Engels-Gesamtausgabe(MEGA²), Ⅱ/2, Text, Berlin: Dietz Verlag, 1980, S.128.

③ 《马克思恩格斯全集》(第二版)第 46 卷,人民出版社 2003 年版,第 670 页。中译文有改动。Marx-Engels-Gesamtausgabe(MEGA²), Ⅱ/15, Text, Berlin: Dietz Verlag, 2004, S.583.

④ "信仰使人得救",是马克思套用了圣经中的一句话,见《新约全书・马可福音》第十六章第十六节:"信而受洗的必然得救"。

本主义经济物相化空间中无意识生成的金钱拜物教信仰。在马克思看来,货币拜物教的本质,是对商品 immanent Geist(内在精神)的追逐,也是作为资本关系人格化的资本家的世俗至尊化(有如福布斯榜排名)。无形中,这特殊的经济定在也巩固了资本主义生产方式的 prädestinirte Ordnung(预定构序),在德语中,这个 prädestinirte 就有"命中注定"的意思,这正是资产阶级意识形态的本质。在马克思看来,货币拜物教是商品拜物教的愈益耀眼的形式,当然也是资产阶级意识形态幻象中的表象核心。马克思说,货币拜物教与商品拜物教几乎是同时发生的,因为"自从有可能把商品当做交换价值来保持,或把交换价值当做商品来保持以来,求金欲(Goldgier)就产生了。随着商品流通的扩展,货币——财富的随时可用的绝对社会形式(absolut gesellschaftlichen Form)——的权力增大了"①。货币拜物教与商品拜物教的一个不同点,在于独立出来的**货币权力**,即随时随地可以编码一切存在和支配一切财富的巨大权力。在《大纲》中,马克思曾经详细分析这种货币权力的异化问题,这里马克思显然是压抑了普通读者和工人不易理解的异化话语。马克思说,正是

> 因为从货币身上看不出它是由什么东西转化成的,所以,一切东西,不论是不是商品,都可以转化成货币。一切东西都可以买卖。流通成了巨大的社会蒸馏器(große gesellschaftliche Retorte),一切东西抛到里面去,再出来时都成为货币的结晶(Geldkrystall)。连圣徒的遗骨也不能抗拒这种炼金术,更不用说那些人间交易范围之外的不那么粗陋的圣物了。②

处于货币拜物教幻象核心的至上货币的神威在于:一是在作为人们 Bekannt(熟知的东西)的货币身上,人们已经看不出"它是由什么东西转化而成的",作为黑格尔所说的"消逝的对象",抽象劳动的结晶、劳动交换关系的现实抽象和颠倒、价值等价关系的事物化 I 等所有历史真相统统被遮蔽起来了。金钱是没有臭味的。哈维曾经十分形象地谈及我们在日常生活中随时可遇的事情:我们走进商店用货币买一根莴苣,"货币与莴苣间的物质关系表

---

①《马克思恩格斯全集》(第二版)第42卷,人民出版社2016年版,第116页。
②《马克思恩格斯全集》(第二版)第42卷,人民出版社2016年版,第116页。

现为一种社会关系,因为价格的'高低'是由社会决定,而价格是价值的货币表现。在这种物品交换中所隐藏的,是你、消费者和直接生产者,即那些为种植莴苣而付出劳动的人们之间的关系。为了购买莴苣,你不需要知道关于劳动或即将在莴苣中凝结价值的劳动者的任何情况,而且在高度复杂的交换体系中,你也不可能了解关于劳动或劳动者的任何信息,这就是为什么拜物教在世界市场上是不可避免的原因"①。在这里,哈维更加通俗地解释了马克思的观点。二是货币将一切东西在一个"巨大的社会蒸馏器"中都转换为无质的金钱,一切都可以编码为被买卖的可估价对象,无形中,这也可以夷平所有等级化的存在本身。这当然也是资产阶级铲平封建专制等级的重要法宝。齐美尔后来的《货币哲学》一书中,扩展了马克思的这一重要观点。三是这种货币会成为支配所有财富的权力,有钱就拥有了世界,所以这种货币拜物教的隐性本质是资产阶级统治世界的欲望和冲动,这与商品拜物教那种单纯的占有欲是不同的。在此,马克思第三次援引莎士比亚《雅典的泰门》中关于拜金欲的反讽诗句。② 在这个意义上,对于马克思来说,相对于揭露资本主义生产方式的阶级统治本质,货币拜物教批判是更加重要的层面。

---

① [美]哈维:《跟大卫·哈维读〈资本论〉》第1卷,刘英译,上海译文出版社2013年版,第43页。

② 马克思第一次引述是在《1844年手稿》中,第二次是在《大纲》中,这是马克思第三次引述莎士比亚的同一首诗。相比之下,《1844年手稿》中对原诗不同段落的引述更丰满一些。所引的诗句原文为:

"金子! 黄黄的,发光的,宝贵的金子!

只这一点点儿,就可以使黑的变成白的,丑的变成美的,

错的变成对的,卑贱变成尊贵,老人变成少年,懦夫变成勇士。

嘿! 你们这些天神们啊,为什么要给我这东西呢?

嘿,这东西会把你们的祭司和仆人从你们的身旁拉走;

把壮汉头颅底下的枕垫抽去;

这黄色的奴隶可以使异教联盟,同宗分裂;

它可以使受咒诅的人得福,使害着灰白色的癞病的人为众人所敬爱;

它可以使窃贼得到高爵显位,和元老们分庭抗礼;

它可以使鸡皮黄脸的寡妇重做新娘……

来,该死的土块,你这人尽可夫的娼妇……"

[[英]莎士比亚:《雅典的泰门》,转引自《马克思恩格斯全集》(第二版)第42卷,人民出版社2016年版,第117页注74。《1844年手稿》中的引述参见《马克思恩格斯全集》(第二版)第3卷,人民出版社2002年版,第360—361页;《大纲》的引述参见《马克思恩格斯全集》(第二版)第31卷,人民出版社1998年版,第339页。

第二十章　资本主义生产方式：着魔的资本拜物教

如果说,商品拜物教与货币拜物教,都是对资本主义商品流通领域中出现的经济关系事物化(Ⅰ)颠倒的反映,那么,作为资本主义生产方式本质的意识形态观念幻象的资本拜物教,则贯穿了整个资本主义生产总过程。在它颠倒式的魔法背后,从作为资本的货币投入生产过程开始,一直到作为剩余价值形式的利润、地租和利息分配,成功掩盖了资本家无偿占有工人剩余价值的全过程,而在观念表象上,则神秘地建构了一个巨大的资本拜物教之谜。我的判断为,马克思的资本拜物教批判话语,实际上是他在《大纲》和《1861—1863 年经济学手稿》中的众多科学思想实验结果的阐释性话语方式,其中,科学的劳动异化批判构式Ⅲ在总体上被刻意压抑了。但如果不能深入地领悟马克思的经济关系事物化颠倒理论和科学的劳动异化批判构式Ⅲ,是不可能真正理解《资本论》中的资本拜物教批判话语格式塔本质的。同时,我们还应该看到,《资本论》中的资本拜物教批判理论,也是马克思对资本主义生产方式科学认识的最终成果之一。

1. 货币在流通领域中转化为资本的戏法

《资本论》第一卷(第一版)的第二章是"货币转化为资本",在此章的开始,马克思就提出了著名的"资本的总公式"(Die allgemeine Formel des

Kapitals）。这当然是继《大纲》和《1861—1863 年经济学手稿》的思想实验后，马克思对资本主义生产方式科学认识的一种逻辑概括。他分析说，上述讨论的"商品流通是资本的起点。因此，商品生产、商品流通和发达的商品流通，即**贸易**（Handel），总是资本产生的**历史前提**（historischen Voraussetzungen）。16 世纪现代世界贸易和世界市场的建立揭开了资本的现代生活（moderne Lebensgeschichte）"①。这是在交代资本主义生产方式产生的历史前提，即商品生产和商品交换，特别是作为贸易的商品流通过程。马克思说，商品（Waaren-W）的流通过程的最终结果就是货币，所以，**货币**（Geld-G）是"资本的最初的表现形式"（die erste Erscheinungsform des Kapitals），或者说，商业资本是资本的最初表现形式。但是，作为货币的货币与作为资本的货币，在流通形式上呈现出两个不同的路径：前者是 W—G—W（商品—货币—商品），而后者是 G—W—G（货币—商品—货币）。这里的"G—W—G，货币转化为商品，商品再转化为货币，**为卖而买**。在运动中通过这后一种流通形式的货币转化为资本，**成为资本**，而且自在地，即按它的使命来说已经**是**资本"②。这里的阐释性概括，精准而简明扼要。马克思说，G—W—G 的完整公式应该是 G—W—G′（货币—商品—货币 + 余额）。马克思明确说，这个"G—W—G′事实上是直接在流通领域内**表现出来的资本的总公式**（allgemeine Formel）"③。这是资本总公式在流通领域中的外部表现形式。之后，我们还会看到它在生产过程和其他领域中的表现形式，比如剩余价值分配中借贷资本的假性公式 G—G′（货币—利息）。马克思分析说，在这个 G—W—G′中，

> 其中的 G′ = G + ΔG，即等于原预付货币额加上一个增殖额（Increment）。我把这个增殖额或超过原价值的余额叫做**剩余价值**（Mehrwerth, surplus value）。可见，原预付价值不仅在流通中保存下来，而且在流通中**改变了**自己的**价值量**，加上了一个**剩余价值**，或者说**增殖了**。正是这种运动使价值**转化为资本**。④

---

① 《马克思恩格斯全集》（第二版）第 42 卷，人民出版社 2016 年版，第 131 页。
② 《马克思恩格斯全集》（第二版）第 42 卷，人民出版社 2016 年版，第 132 页。
③ 《马克思恩格斯全集》（第二版）第 42 卷，人民出版社 2016 年版，第 142 页。
④ 《马克思恩格斯全集》（第二版）第 42 卷，人民出版社 2016 年版，第 137 页。

　　显而易见，在整个《资本论》的写作中，马克思真的是按照"教科书"式的叙述话语来阐释自己的观点的。他总是假想自己面对的是普通读者或者工人。他千辛万苦地在《大纲》和《1861—1863 年经济学手稿》中通过复杂思想实验获得的剩余价值概念，就这样直接出现在商品流通领域，这明显是面对古典经济学学术讨论域的逻辑关涉点。马克思告诉读者，这里关于货币转化为资本的说明，通过这个 G（货币背后的抽象劳动结晶的价值）投入到商品流通过程后成为一个增量后的 ΔG，恰是资本家对这个价值增量 ΔG（剩余价值）的无偿占有，才使得货币转化为资本。显然，马克思这里所讲的商品流通过程，并不是真正意义上的流通领域，而是包含了生产过程的资本"大流通"，因为剩余价值绝不是在流通领域中产生的，商品原有价值的"保存"和"改变了自己的价值量"都不会发生在买卖关系场境中。马克思下面会逐层揭露这一资本拜物教的观念假象。马克思指出，资本占有剩余价值的"自我增殖运动"是无止境的，作为资本关系人格化伪主体的资本家，"他的目的也不是取得一次利润，而只是谋取利润的无休止的运动"①。在《大纲》和《1861—1863 年经济学手稿》中经过了那种极其复杂的辨析和分析过程，在这里，仅用了简短的一段表述，问题的实质就一目了然。然而，这种逻辑简化并不能取代马克思业已发生的深刻思想革命。这是《资本论》与《大纲》和《1861—1863 年经济学手稿》的复杂主体视位关系。《资本论》在经济学话语编码中当然是更加成熟了，但并未直接呈现马克思在哲学方法论上已经达及的深度。这是我们一定要仔细辨识的问题。

　　其实，马克思提醒我们，这个生出财富增量的 G′ 或 ΔG 正是**资本拜物教发生的第一个歪曲表象层面**，即在流通领域中资本物（作为资本的货币）的**自行增殖的观念假象**。或者按照马克思后面所指认的资本拜物教戏法，即是这个魔术的**第一幕**。问题在于，那个 ΔG（剩余价值）是不是真的如资产阶级经济学家和蒲鲁东等人的激进批判话语所言是出现在流通领域？马克思的回答是简洁和直接的：流通领域买卖关系中是不会多出来财富的，即便是真的有少数人在商品买卖过程中"贱买贵卖"，但"一个国家的整个资本家阶级不能

①《马克思恩格斯全集》（第二版）第 42 卷，人民出版社 2016 年版，第 139 页。

靠欺骗自己来发财致富"①。这是一个极有针对性的重要断言。马克思说,在流通领域中,资本拜物教迷雾的第一个魔法,是在公平交易的前提下,通过货币购买到一种特殊的商品。这里的**第一个客观条件**是,这个商品,

> 它的**使用价值**本身具有成为**交换价值源泉**(*Quelle von Tauschwerth*)的独特属性,因此,它的实际消费本身就是**劳动将来存在的对象化**(*Vergegenständlichung von Arbeit wäre*),从而是**价值的创造**(*Werthschöpfung*)。货币占有者在市场上找到了这样一种**独特的**商品(*spezifische* Waare),这就是**劳动能力**或**劳动力**(*Arbeitsvermögen* oder die *Arbeitskraft*)。②

有趣的是,这里马克思突然放进了一个 Vergegenständlichung(对象化)的哲学概念,并且强调了劳动在时间上的将来存在(Arbeit wäre)③。依概念考古词频统计,马克思在《资本论》三卷中,共计 106 次使用 Vergegenständlichung/vergegenständlicht 概念。因为这种特殊劳动力商品的使用价值,只是一种**将要发生的可能性**。恰是这里被隐匿起来的将来存在的劳动创造了商品的价值,是 Quelle von Tauschwerth(交换价值源泉)。还应该注意,这里赋型价值的劳动不是工人塑形和构序对象的具体劳动,而是抽象劳动结晶为特殊的社会关系场境。前者只是后者的物性基础。这是剥去资本拜物教第一层面神秘面纱的关键性的一步。马克思指出,发生在流通领域中的资本与雇佣劳动的交换,在形式上是平等的,可是,资本家付给工人的工资,只是劳动力这一商品的使用权的费用,而隐匿了劳动能力创造剩余价值的可能空间。因为在劳动力商品的"实际消费"中,恰恰是劳动的对象化保存了原有价值和创造了剩余价值。当然,马克思也告诉我们,工人不同于奴隶,"他必须始终让买者只是在一定期限内暂时支配他的劳动力,消费他的劳动力,就是说,他在让渡自己的劳动力时不放弃自己**对它的所有权**"④。这也意指着,工人只是在一定的时

---

① 《马克思恩格斯全集》(第二版)第 42 卷,人民出版社 2016 年版,第 151 页。
② 《马克思恩格斯全集》(第二版)第 42 卷,人民出版社 2016 年版,第 156 页。中译文有改动。Marx-Engels-Gesamtausgabe(MEGA²),Ⅱ/5,Text,Berlin:Dietz Verlag,1983,S. 120.
③ Vergegenständlichung von Arbeit wäre 一语的英文翻译为 Objectification of work would be,也即"劳动将来的对象化"。
④ 《马克思恩格斯全集》(第二版)第 42 卷,人民出版社 2016 年版,第 156—157 页。

间限定中,将自己的劳动力使用权卖给了资本家。这是工人区别于直接属于奴隶主的奴隶的地方。

我注意到,马克思在这里有一个极其重要的理论构境背景的指认,他直接给出了黑格尔的一段相关引文,这是黑格尔在《法哲学原理》第67节中的一段关于"所有权转让"讨论中直接涉及的**劳动能力转让**的表述:

> 我可以把我**身体和精神的特殊技能**(*besonderen*, *körperlichen und geistigen Geschicklichkeiten*)以及活动能力(*Möglichkeiten der Tätigkeit*)的个别产品让与他人,也可以把这种能力**在一定时间上**(*in der Zeit beschränkten*)的使用**让与**(*veräußern*)他人,因为这种能力由于一定限制,对我的**总体**(*Totalität*)和**普遍性**(*Allgemeinheit*)保持着一种外在关系(*äußerliches Verhältnis*)。如果我把在劳动中获得具体化的全部时间以及我的全部作品都转让了,那就等于我把这些东西中实体性的东西(*Substantielle*)、我的**普遍**活动和现实性(*allgemeine* Tätigkeit und Wirklichkeit)、我的人格,都让给他人所有了。[①]

仔细看黑格尔《法哲学原理》中的这个第67节,他在此节的"附释"和"补充"中还专门区分了奴隶制与今天的"雇佣关系",比如"雅典的奴隶恐怕比今日一般佣仆担任着更轻的工作和更多的脑力劳动,但他们毕竟还是奴隶,因为他们的全部活动范围都已让给主人了"[②],而雇佣关系是一种有限的转让,是有限地转让人的活动能力和生产活动。马克思给出这段文本有两种可能:一是他关于劳动力使用权的有限买卖关系的观点,是受到了黑格尔这一论述的启发;二是他在独立地解决了这一问题后,援引黑格尔的相关讨论作支援背景。我个人倾向于第一种可能。虽然马克思破解剩余价值难题是在《大纲》中,在《1861—1863年经济学手稿》中也重复了这一发现过程,但他都没有直接给出黑格尔的这段表述;而在向公众阐释自己的剩余价值理论发现时,他

---

① [德]黑格尔:《法哲学原理》,第67节,范扬、孙企泰译,商务印书馆1961年版,第75页。马克思给出的原书版本为1840年柏林版,第104页。参见《马克思恩格斯全集》(第二版)(第42卷,人民出版社2016年版,第157页注41。Georg Wilhelm Friedrich Hegel, *Werke 7*, Frankfurt am Main：Suhrkamp Verlag, 1970, S. 144－145.

② [德]黑格尔:《法哲学原理》,第67节,范扬、张企泰译,商务印书馆1961年版,第75—76页。

却在《资本论》第一卷中给出了黑格尔《法哲学原理》的这一重要思考。必须说,马克思是诚实的科学家。当然,黑格尔这里的讨论并不是直接说明资本主义生产关系中的雇佣劳动的本质,但他关于奴隶和劳动的关系,以及雇工拥有自己的劳动所有权,但可以有限转让给他人的观点,会启发马克思解决劳动力商品问题中的难点。这是一个极重要的文本细节。并且,相比于《精神现象学》中那个劳动外化为对象性的异化批判话语,黑格尔的《法哲学原理》更加接近社会历史现实。

马克思接着说,资本拜物教在流通领域的戏法还必须有**第二个客观历史条件**,这就是"劳动力占有者没有可能出卖有自己的劳动对象化在内的**商品**,而**不得不**把只存在于**他的**活的身体中的**劳动力**本身当做商品出卖"①。通俗一些说,处于资本主义流通过程中的工人已经一无所有,他如果想要活下去,只能向资本家出卖自己的劳动力商品。所以,

> 货币占有者要把**货币**转化为**资本**,就必须在**商品市场**上找到**自由的工人**(*freien Arbeiter*)。这里所说的**自由**,具有双重意义:一方面,工人是自由人,能够把自己的劳动力当做**自己的**商品来支配,另一方面,他没有别的商品可以出卖,自由得一无所有,没有任何实现自己的劳动力所必需的**事物**(*Sachen*)。②

其实,这就是作为资本主义生产关系的本质的**资本与雇佣劳动**的关系。在马克思看来,"这种关系既不是**自然史上的关系**,也不是一切历史时期所共有的**社会**关系。它本身显然是已往历史发展的结果,是许多次经济变革(ökonomischer Umwälzungen)的产物,是一系列陈旧的社会生产赋型(Formationen der gesellschaftlichen Produktion)灭亡的产物"③。这是说,资本主义的生产关系是历史性发生的,它是在过去旧的生产方式中萌芽与不断脱型和变革的新型经济关系运动的结果。资本与雇佣劳动的关系确立的历史

---

①《马克思恩格斯全集》(第二版)第42卷,人民出版社2016年版,第157页。

②《马克思恩格斯全集》(第二版)第42卷,人民出版社2016年版,第158页。中译文有改动。Marx-Engels-Gesamtausgabe(MEGA²),Ⅱ/5,Text,Berlin:Dietz Verlag,1983,S.122.

③《马克思恩格斯全集》(第二版)第42卷,人民出版社2016年版,第158页。中译文有改动。Marx-Engels-Gesamtausgabe(MEGA²),Ⅱ/5,Text,Berlin:Dietz Verlag,1983,S.122.

前提为，"只有当生产资料和生活资料的占有者在市场上找到出卖自己劳动力的**自由工人**的时候，资本才产生；而单是**这一历史条件**就包含着一部世界史（Weltgeschichte）。因此，**资本**一出现，就标志着社会生产过程的一个**新时代**（Epoche）"①。马克思再一次指证，资本主义生产方式的历史形成，正是由于资本关系的历史发生，其本质就是资本找到"出卖自己劳动力的**自由工人**"，通过盘剥和无偿占有工人劳动力在生产过程中创造的巨大财富，从而创造 Weltgeschichte（世界史）中的资本主义的新纪元。

马克思告诉我们，在资本与雇佣劳动的关系中，资本家买回的劳动力商品具体的使用价值的消费，并不是通常商品的消费。

> **劳动力的消费过程**，同时就是**商品和剩余价值的生产过程**（Produktionsprozeß von Waare und von Mehrwerth）。劳动力的消费，像任何其他商品的消费一样，是在**市场以外**（außerhalb des Markts），或者说在**流通领域以外**进行的。因此，让我们同货币占有者和劳动力占有者一道，离开这个嘈杂的、表面的、有目共睹的领域，跟随他们两人进入门上挂着"非公莫入"牌子的隐蔽的**生产场所**（Stätte der Produktion）吧！在那里，不仅可以看到**资本是怎样进行生产的**（wie das Kapital producirt），而且还可以看到**资本本身是怎样被生产出来的**（wie das Kapital selbst producirt wird）。**赚钱的秘密**最后一定会暴露出来。②

这是马克思在《资本论》中，揭露**资本拜物教**或者资本家"赚钱的秘密"的最关键性的一段话，它表明，资本家生产剩余价值的地方根本不是流通领域，而是在结束了资本与雇佣劳动形式上平等的交易后，发生在"市场以外"和"流通领域以外"的生产领域中的事情。只有进入资本主义的生产过程，才可能发现资本关系是怎样发生的，以及资本自身是怎样被生产出来的。这两个 wie（怎样），是真正打破那个在流通领域中**现成在场的经济物相化实在**——商品-货币-资本的拜物教假象的唯一入口。马克思形象地描绘道：

①《马克思恩格斯全集》（第二版）第42卷，人民出版社2016年版，第159页。
②《马克思恩格斯全集》（第二版）第42卷，人民出版社2016年版，第165页。

我们的**剧中人**的面貌已经起了某些变化。原来的货币占有者作为**资本家**,昂首前行;劳动力占有者作为**他的工人**,尾随于后。一个笑容满面,雄心勃勃;一个战战兢兢,畏缩不前,像在市场上出卖了自己的皮一样,只有一个前途——**让人家来鞣**(*Gerberei*)。①

作为资本拜物教第一幕的平等交换的皮影戏表演落幕于资本家和工人走出交易市场,因为从此之后,工人的劳动力在资本主义生产过程中的使用就不再属于他自己,而属于资本家,于是他们之间关系的本质才真正显露出来。尾随在资本家后面的工人的活劳动,将被资本这个吸血鬼彻底榨干。也是在这里,我们再一次看到了马克思关于社会历史剧的"剧中人"的比喻,在《哲学的贫困》一书中马克思第一次指认人既是社会历史剧的剧作者,也是剧中人,以说明人面对自己创造出来的历史辩证法世界的复杂性。② 而在这里,他则将资本与雇佣劳动的交换比喻为一场精心策划的历史剧,只是这里的资产阶级经济物相化场境中的演出是愈益复杂的,因为作为剧中人的骗人的资本家和可怜的工人,表演的并非主体性的有钱的个人和一贫如洗的穷人之间的个人恩怨,而是背后的资本关系和雇佣劳动关系**在演他们**,因为,看起来从事"有意识的个人活动"的他们,只不过是特定经济关系的人格化。更可怕的是,这种历史剧的剧作者并不是资本家个人,而是无脸的资本主义生产方式,或者说,是作为历史性主体的整个资产阶级,而所有现实的个人所扮演的历史角色,都不过是这种人之外的经济物相化创制的似自然性的"第二自然辩证法"自发整合(integration)运动中,被市场价值规律自发生成的"看不见的手"("理性的狡计")操控的牵线木偶。也因此,阿尔都塞曾经深刻地将其指认为一部**"没有作者的戏剧"**③。

2. 资本主义生产过程中的资本自我增殖戏法

马克思告诉我们,工人跟着资本家,灰头土脸地从流通领域进入"非公莫

---

① 《马克思恩格斯全集》(第二版)第 42 卷,人民出版社 2016 年版,第 166 页。
② 参见《马克思恩格斯全集》第 4 卷,人民出版社 1958 年版,第 148 页。
③ [法]阿尔都塞、巴里巴尔:《读〈资本论〉》,李其庆等译,中央编译出版社 2001 年版,第 225 页。

入"牌子后面的生产过程,这正是资本主义的生产过程。这是面对普通读者的**资本拜物教大戏的第二幕**,在上面的流通领域中"平等交换"的第一幕中,"问题的一切条件都履行了,商品交换的各个规律也丝毫没有违反。等价物换等价物。作为买者,资本家对每一种商品——棉花、纱锭和劳动力——都按其价值支付。然后他做了任何别的商品购买者所做的事情"①。现在,马克思带着我们进入的舞台空间是一个纺纱厂的老板的领地。在《大纲》和《1861—1863 年经济学手稿》中,我们也多次到过这个虚拟的纺纱厂构境空间。马克思告诉我们,现在这个纺纱厂的老板通过支付货币,手中同时获得了三种合法属于自己的商品:一是作为原料的棉花,二是作为劳动资料的纱锭,三是将要进行劳动的劳动力。依马克思的劳动价值论,这三种商品都同时具有使用价值和价值的双重属性,然而,这里的例外在于,第三种劳动力商品的使用价值就是可变的劳动本身。这里最关键的条件为,虽然进入纺纱厂的工人仍然是自己劳动力的所有者,但在生产过程中,他的劳动力本身在一定时间内的使用权却不再属于工人,"从他进入资本家的工场时起,他的劳动力的**使用价值**,即劳动力的使用,**劳动**,就属于资本家了。资本家**购买了劳动力**,就把劳动本身当做活的酵母,**并入**同样属于他的各种形成产品的死的要素"②。这也就是说,当他与纺纱厂老板签下雇佣劳动合同时,工人的活劳动在生产过程中就成了老板的东西。为了揭穿资本家的资本拜物教魔术,马克思事先埋下了可解套的活扣,即劳动是作为"活的酵母"并入生产过程中其他"死的要素"之中的。这表示,将来资本家手中的资本增殖的"发面"奥秘,并不在于作为资本的物质对象(原料、机器和厂房等),而在于让死的物发生变化的活劳动"酵母"。

现在,这个纺纱厂的资本家要组织商品生产了。马克思说,资本能够自我增殖的戏法恰是在这里发生的。他先指认说,如果对应于前面已经指认的商品的二重属性,即使用价值和价值,以及背后的商品生产中的劳动的二重性,即具体劳动和抽象劳动,那么,这里纺纱厂老板组织的纺纱生产必然会是

---

① 《马克思恩格斯全集》(第二版)第 42 卷,人民出版社 2016 年版,第 187 页。
② 《马克思恩格斯全集》(第二版)第 42 卷,人民出版社 2016 年版,第 177 页。

具体劳动-使用价值生产和抽象劳动-价值形成-增殖的双重过程。并且,马克思刻意地界划说,"作为**劳动过程和价值形成过程的统一,生产过程**是商品生产过程;作为**劳动过程和价值增殖过程的统一**,生产过程是**资本主义生产过程**,是商品生产的资本主义形式"①。这两个劳动-生产过程的差异,就在价值**形成**和价值**增殖**上,正是这个"价值增殖"构筑了资本关系的历史发生,这是对资本主义生产方式科学认识中非常重要的一个判断。当然,这个重要的认识真正形成于《大纲》和《1861—1863年经济学手稿》的复杂思想实验过程中。这个劳动过程与价值增殖过程的统一,实际上包含着这样两个不同的负熵质:一是马克思在广义历史唯物主义客体向度中所揭示的劳动者通过具体劳动塑形和构序对象生成fou us的用在性使用价值,这是一般社会历史负熵质的赋型;二是马克思在狭义历史唯物主义基础上专门指认的,在经济的社会赋型中由商品生产与交换场境中现实抽象出来的抽象劳动凝结起来的价值关系,而通过盘剥活劳动使价值增殖是资本主义生产方式特有的经济构式负熵质的生成,由此,for us已经不再是为了人的需要,而转换为在经济物相化编码中疯狂地追逐金钱。

首先,**具体劳动塑形物品生成使用价值的劳动过程**。这是我们在本书第十一章中详细展开讨论过的问题。马克思说,一方面,人类通过物质生产改变外部世界的劳动过程,是人类社会生活的一般基础。这是一个很重要的广义历史唯物主义构境中的定位。在马克思看来,这个劳动过程作为

> 制造使用价值的有目的的活动,是为了人类的需要而对自然物的占有,是人和自然之间的物质变换(Stoffwechsels)的一般条件,是人类生活的永恒的自然条件(ewige Naturbedingung),因此,它不以人类生活的任何形式为转移,倒不如说,它为人类生活的一切社会形式(allen seinen Gesellschaftsformen)所共有。②

这是《资本论》中关于广义历史唯物主义一般原则最重要的重申。在这个具体劳动塑形和构序"自然物"的劳动过程中,for us表现为"人类的需要",或者

---

① 《马克思恩格斯全集》(第二版)第42卷,人民出版社2016年版,第190页。
② 《马克思恩格斯全集》(第二版)第42卷,人民出版社2016年版,第175页。

说是人们直接生活资料的真实需要构成的真实爱多斯(eidos)。这其实就是广义历史唯物主义最重要的观点:人们直接生活资料的物质生产与再生产是全部人类的社会定在和发展的物质基础,在这个意义上,劳动生产作为人类生活的 ewige Naturbedingung(永恒的自然条件),存在于"人类生活的一切社会形式"中。我们可以清楚地看到,如我在第十一章中的推断,马克思在这里为了分析剩余价值理论的需要,特地将**物质生产过程**强调为**劳动过程**。只要人类社会存在一天,就不得不进行劳动生产,以创造自己需要的直接生活资料和社会定在物质条件。这是一个永恒的客观必然性。

另一方面,在有目的的劳动过程中,劳动者通过劳动资料使劳动对象化,进而改变劳动对象的使用价值。这是马克思经济学理论的重要基础。马克思说,"劳动过程的简单要素是:**有目的的活动**(*zweckmäßige Thätigkeit*)或**劳动本身**,劳动**对象**和劳动**资料**"①。过去,传统解释框架从这里挪移到"生产力三要素"时,将其中最关键的劳动活动变成了物相化中对象化劳动者。一是劳动为劳动力在生产中的使用,由此,劳动从可能性的 dynamis(潜能)到实现,这也是工人成为"从现实性发挥作用的劳动力"的过程。劳动本身是非对象性的活动,资本拜物教之谜中最关键的一环,正是遮蔽起这个当下在场发生却随即消失在对象物改变中的劳动物相化活动的**功能性场境存在**。二是劳动对象可以分为自然对象和劳动原料,后者是"**已经被以前的劳动**可以说滤过的劳动对象"。三是"**劳动资料**是劳动者置于自己和劳动对象之间、用来把自己的活动**传导**(*Leiter*)到劳动对象上去的物或物的综合体(Komplex von Dingen)"。② 这里,马克思没有使用广义历史唯物主义中通常出现的生产工具,因为工具无法涵盖大工业生产中出现的机器系统,他特意使用了 Komplex von Dingen(物的综合体)这样的表述。在马克思看来,劳动资料的作用是**传导**劳动活动,它并不直接改变对象。其实,在机器化生产中,劳动资料已经不仅仅是传导劳动活动,而是直接替代劳动活动,它所传导的是劳动的主体塑形和构序,但已经是科技智能劳动的信息编码

①《马克思恩格斯全集》(第二版)第 42 卷,人民出版社 2016 年版,第 169 页。
② 参见《马克思恩格斯全集》(第二版)第 42 卷,人民出版社 2016 年版,第 169 页。

转换而成的客观的机器工序和运行机制。

这里,马克思回到自己例举的纺纱厂生产与境中来,于是他分析说:

> **劳动过程**是人的活动借助劳动资料使劳动对象发生预定的变化的
> 过程。这个过程消失在**产品**中。它的产品是**使用价值**,是经过形式变化
> (Formveränderung)而适合人的需要的自然物质。通过这个过程劳动与
> 劳动对象结合在一起。劳动对象化了,而对象被加工了。在劳动者方面
> 曾以动的形式(Form der Unruhe)表现出来的东西,现在在产品方面作为
> 静的属性(ruhende Eigenschaft),以存在的形式(Form des Seins)表现出
> 来。劳动者纺纱,产品就是纺成品。①

以刚才马克思给出的定义,这里的劳动就是纺纱工人的劳动力蕴含的 dynamis
(潜能)在劳动过程中的实现活动,棉花是采摘下来的劳动原料,而纱锭和纺
织机都是劳动资料。在劳动过程中,是纺织工人借助纺织机器和纱锭,使棉
花"发生预定的变化",在这一劳动过程结束时,作为织成品的棉纱和棉布,是
棉花通过劳动物相化活动而获得的"经过形式变化而适合人的需要"的使用
价值。这里的关键问题在于,马克思所指认的工人的纺纱劳动活动,消失在
从棉花到棉纱再到棉布的 Formveränderung(形式变化)中。他巧妙地说,劳动
对象化了,而对象被加工了,劳动活动从 Form der Unruhe(动的形式)变成被
加工成的产品的 ruhende Eigenschaft(静的属性)。这里马克思的所有努力,都
是在让**劳动对象化**这样的哲学话语通俗地为读者所理解。

当然,以上这些分析都是为了指明一个重要的事实:在劳动过程终点上
出现的棉纱和棉布,作为劳动的产品,并不属于工人,而属于纺织厂老板。因
为从资本家的角度(这也是受到资产阶级法律保护的整个资本主义制度的客
体视位和经济物相化伪境)看:

> **劳动过程**只是**消费**他所购买的劳动力商品(Waare Arbeitskraft),而
> 他只有把**生产资料加到**劳动力上才能消费劳动力。劳动过程是资本家
> **购买**的各种物之间(zwischen Dingen)的过程,是**归他所有的各种物之间**

---

① 《马克思恩格斯全集》(第二版)第 42 卷,人民出版社 2016 年版,第 171 页。

(*zwischen ihm gehörigen Dingen*)的过程。因此,**这个过程的产品**归他所有,正像他的酒窖内处于发酵过程的产品归他所有一样。①

因为,在资本关系支配下的劳动过程中出现的所有要素——劳动力、棉花和纱锭等——都是资本家投入生产中的货币购得**物**,劳动过程中不管发生了什么,都是属于资本家的 *gehörigen Dingen*(**所有物**)之间的相互作用过程,所以,作为劳动产品的棉纱和棉布属于资本家似乎天经地义。这正是资本拜物教戏法第二幕中最关键的骗人把戏。因为,正是在这里,资本增殖直接表现为经济事物本身的生产过程,仿佛资本不再是占统治地位的生产关系,而只是金钱买来的原料、机器和厂房与劳动力等几种经济事物之间发生的客观生产过程。之后,李嘉图和西贝尔等人只要帮着资本家计算货币转化为资本物中的"生产成本",在平均利润率中预算市场价格,把经济事物生产出来的有用的产品卖出,那个多出来的神秘 ΔG(剩余价值)光明正大地落入资本家的口袋里,于是,一桩合法的 G—W—G′ 的资本增殖就平等、自由、博爱地完成了。在此,资本家并没有直接掠夺任何人,除去他与工人的平等交易,就是生产过程中资本物的自我增殖,工人拿到了生活下去的工资,资本家拿到了理应属于自己的利润,一切都是如此的美满,这就是资本拜物教戏法正剧的神秘终曲。这里的这个 zwischen Dingen(物之间)的"第二自然辩证法"的假象,恰是资本拜物教在劳动过程中发生的经济物相化编码后的遮蔽。在《大纲》和《1861—1863 年经济学手稿》中,这会被指认为资本支配的生产过程中劳动条件和劳动本身的异化与事物化(Ⅱ)颠倒。

其次,资本主义的商品生产是**劳动过程和价值形成过程的统一**,是**剩余价值生产**的过程。**这正是马克思揭秘资本拜物教骗人把戏背后的剩余价值理论**。马克思分析说,纺纱厂老板在劳动过程结束时得到了棉布,可是作为有用产品的棉布并不是他自己所直接需要的东西,他必须把它作为**商品**卖出。我们上面指认的 for us 已经不再是为了人的需要,而转换为疯狂追逐金钱。这是一个不同于一般物相化的经济物相化空间。马克思说,作为商品出

---

① 《马克思恩格斯全集》(第二版)第 42 卷,人民出版社 2016 年版,第 177 页。

售的棉布中,业已包含超出资本家投入劳动过程的资本(G)的增殖部分,这也就是说,前面我们提到的那个 ΔG(剩余价值)是在劳动过程中同时产生的。所以,马克思说,资本家"不仅要生产**使用价值**,而且要生产**商品**,不仅要生产使用价值,而且要生产交换价值,不仅要生产**价值**,而且要生产**剩余价值**"①。于是,资本主义生产逻辑中使用价值—价值(交换价值)—剩余价值的脱型和转换链,就清晰地呈现出来。这样,"正如**商品**本身是**使用价值和交换价值**的统一一样,商品**生产过程**必定是**劳动过程和价值形成过程的统一**(*Einheit von Arbeitsprozeß und Werthbildungsprozeß*)"②。而马克思这里则要进一步说明:资本主义的商品生产过程必然还是一个占有无偿劳动过程和剩余价值生产过程的统一。

马克思说,"每个商品的价值都是由该商品的使用价值中的**物相化劳动**(*materialisirten Arbeit*)的量决定的,是由生产该商品的**社会必要劳动时间**(*gesellschaftlich nothwendige Arbeitszeit*)决定的"③。社会必要劳动时间,也就意味着,"一定生产领域的商品的**价值**不是决定于单个商品所耗费的**劳动量**,而是决定于在该领域的平均条件下生产的那个商品所耗费的劳动量"④。这是劳动价值论的基本原则。他举例说,假设在棉纱的生产过程中,纺纱厂老板事先投在工人工资、棉花、纺纱机和纱锭等生产条件上的货币是 10 万元,但最后获得的棉纱在市场上却价值 12 万元,即多出来一个 2 万元的 ΔG(剩余价值),正是这个 ΔG(剩余价值)的出现,才使资本家投入生产过程的货币转化为资本。那么,棉纱作为商品所内含的**物质性劳动**是如何发生改变的,就是问题的关键。这恰是离开流通领域后,资本拜物教假象背后资本物在生产过程中自我增殖的秘密。

马克思分析说,在棉纱的生产过程中,在资本物之间发生资本增殖的假象背后,价值形成过程包含了两个不同的层面:一是劳动条件原有的价值通

---

① 《马克思恩格斯全集》(第二版)第 42 卷,人民出版社 2016 年版,第 178 页。
② 《马克思恩格斯全集》(第二版)第 42 卷,人民出版社 2016 年版,第 178 页。
③ 《马克思恩格斯全集》(第二版)第 42 卷,人民出版社 2016 年版,第 178 页。中译文有改动。Marx-Engels-Gesamtausgabe(MEGA²), Ⅱ/5, Text, Berlin: Dietz Verlag, 1983, S.137.
④ 《马克思恩格斯全集》(第二版)第 34 卷,人民出版社 2008 年版,第 180 页。中译文有改动。

过活劳动转移到产品中。具体说,在纺纱厂的生产过程中,"纱锭和棉花不再相安无事地并存着,而是在纺纱过程中结合在一起,这种结合改变了它们的使用价值的形式,使它们**转化为棉纱**"①。然而,棉花和纱锭这些**物**并不会自己结合起来,而是工人的劳动活动作为塑形的活火,造成了棉花和纱锭的有序结合,进而编码和构序成棉纱。其中,棉花和纱锭使用价值的改变并没有改变自身原来所内含的过去劳动(采摘棉花和制造纱锭)的价值量,只是将其保存和转移到棉纱上了。马克思还专门交代,这种保存旧价值的工人"活劳动的**自然恩惠**"②是不费资本家一分钱的。二是工人活劳动在生产中创造出来的剩余价值。马克思说,除去转移到棉纱中的旧价值,棉纱中所包含的新的劳动价值量,是这一次纺纱工人活劳动新塑形和构序的结果,因为,如果工人每天工作半天,就已经偿还了纺织厂老板付给他的工资,而实际上工人却工作了一整天,那另外这半天的劳动时间则创造出了包含在棉纱中的 ΔG(剩余价值)。当然,这只是绝对剩余价值的盘剥。所以,马克思指出,全部问题的关键正是这个工人的劳动力商品:"具有决定意义的,是**这个商品独特的使用价值**,即它是交换价值的源泉(Quelle von Tauschwerth),并且是大于(mehr)它自身的交换价值的源泉。这就是资本家希望劳动力提供的独特的**服务**"③。回到刚才那个纺纱厂中去,付给工人的劳动力用以维持生存的工资,"劳动力维持一天只费半个工作日,而劳动力却能发挥作用或劳动一整天,因此,劳动力使用一天所创造的价值比劳动力自身一天的价值大一倍"④。马克思一针见血地指出:正是多出来的

> 这段时间形成**剩余价值**(*Mehrwerth*),剩余价值以从无生有的全部魅力引诱着资本家。我把工作日的这部分称为**剩余劳动时间**(*Surplusarbeitszeit*),把这段时间内耗费的劳动称为**剩余劳动**(*Mehrarbeit*,*surplus labour*)。把**价值**看做只是**劳动时间的凝结**,只是对象化劳动,这对于认识**价值本身**具有决定性的意义,同样,把剩余价值看做只是**剩余**

①《马克思恩格斯全集》(第二版)第42卷,人民出版社2016年版,第179页。
②《马克思恩格斯全集》(第二版)第42卷,人民出版社2016年版,第200页。
③《马克思恩格斯全集》(第二版)第42卷,人民出版社2016年版,第186页。
④《马克思恩格斯全集》(第二版)第42卷,人民出版社2016年版,第186页。

　　劳动时间的凝结，只是**对象化的剩余劳动**（*vergegenständlichte Mehrarbeit*），这对于认识**剩余价值**也具有决定性的意义。使各种经济的社会赋型（ökonomischen Gesellschaftsformationen）例如奴隶社会和雇佣劳动的社会区别开来的，只是从直接生产者身上，劳动者身上，榨取这种剩余劳动的**形式**。①

这是马克思在《资本论》第一卷（第一版）中，对《大纲》和《1861—1863年经济学手稿》中创立的科学的劳动价值论、剩余劳动和狭义剩余价值理论的经典阐释。这正是对资本拜物教之谜的彻底破解。一是马克思对劳动价值论的正面表述：价值是社会必要劳动时间的凝结，是从活动的形式到静的物相化结果形式的对象化劳动。二是工人在生产中超出补偿生产力商品价值的剩余劳动时间中的剩余劳动创造的价值就是剩余价值，剩余价值是对象化的剩余劳动。三是与传统的经济的社会形态中对剩余劳动的直接掠夺不同，这里资本家对剩余价值的剥削是被合法的"平等交换"关系掩盖起来的。可是，资本作为一种看不见的"强制关系"，它"迫使工人阶级超出自身生活需要的狭隘范围而从事更多的劳动"，"作为剩余劳动的榨取者和劳动力的剥削者，资本在精力、贪婪和效率方面，远远超过了以往一切以**直接强制劳动**为基础的生产制度"。② 这意味着，这种看起来非强制的经济剥削，是比公开的掠夺更可怕的隐性奴役和盘剥。这是马克思对这个表面上文明的资本主义生产方式本质的深刻透视。

　　如果我们再回到那个纺织厂的生产过程中去就不难发现，纺织工人那多出来的半天的多出来的剩余劳动所创造的棉纱中的新价值，就是被纺织厂老板无偿占有的剩余价值。当然这只是一个比喻，资本家无偿占有的剩余价值会是这个"半天"的 n 次方。马克思有些激动地说，也正是在这里，"戏法终于变成了。**货币转化为资本**了"。那个 G—W—G′ 的经济物相化伪境被建构起来。更重要的是，资产阶级所鼓吹的资本主义市场经济中公平交易问题中的

---

① 《马克思恩格斯全集》（第二版）第 42 卷，人民出版社 2016 年版，第 211 页。中译文有改动。Marx-Engels-Gesamtausgabe（MEGA²），Ⅱ/5，Text，Berlin：Dietz Verlag，1983，S. 162 – 163.

② 参见《马克思恩格斯全集》（第二版）第 42 卷，人民出版社 2016 年版，第 313—314 页。

"一切条件都履行了,商品交换的各个规律也丝毫没有违反。等价物换等价物。作为买者,资本家对每一种商品——棉花、纱锭和劳动力——都按其价值支付。然后他做了任何别的商品购买者所做的事情"①。但是,资本家的腰包却通过那个隐匿起来的ΔG(剩余价值)鼓了起来。他对工人剩余价值的经济剥削被严实地遮蔽起来了,因为这种增殖是货币转化为资本后"物之间"的客体辩证法中发生的事情。工人被无偿占有剩余价值这一剥削的本质,在经济物相化空间中则显现为资本物的自我增殖。这就是**资本拜物教秘密戏法的真相**。这也构成全部资产阶级经济学意识形态立场正当性的基础。当然,在马克思眼里:

> 作为资本家,他只是人格化的资本(personifizirtes Kapital)。他的灵魂就是资本的灵魂(Kapitalseele)。而资本只有一种生活本能,这就是增殖自身,创造剩余价值,用自己的**不变**部分即生产资料吮吸尽可能多的剩余劳动。资本是死劳动(verstorbene Arbeit),它像吸血鬼(vampyrmäßig)一样,只有吮吸活劳动(lebendige Arbeit)才有生命,吮吸的活劳动越多,它的生命就越旺盛。②

这是马克思在《大纲》和《1861—1863年经济学手稿》中的重要发现,即经济的社会场境中社会主体反向经济物相化现象。资本家并不是作为历史主体的人,而不过是资本关系反向物相化的人格化伪主体,在这场经济物相化的皮影戏表演中,他没有人的灵魂,他的灵魂就是资本疯狂追逐剩余价值的灵魂,这种资本的力量像吸血鬼一样,靠吮吸工人的活劳动维系自己的生存,这就是资本主义生产方式的真正的本质。至此,马克思的结论是:在这里,"作为**劳动过程和价值形成过程的统一**,生产过程是商品生产过程;作为**劳动过程和价值增殖过程**(*Verwerthungsprozeß*)**的统一**,生产过程是**资本主义生产过程**,是商品生产的资本主义形式(kapitalistische Form)"③。我以为,这是马克思在《资本论》中对资本主义生产方式科学认识的一次最重要的进展。

---

① 《马克思恩格斯全集》(第二版)第42卷,人民出版社2016年版,第187页。
② 《马克思恩格斯全集》(第二版)第42卷,人民出版社2016年版,第228页。
③ 《马克思恩格斯全集》(第二版)第42卷,人民出版社2016年版,第190页。

3. 经济拜物教与经济物相化、事物化和劳动异化批判构式的非周延关系

我们已经知道，在《大纲》和《1861—1863年经济学手稿》中，马克思是通过重启科学的劳动异化批判构式Ⅲ的批判话语，深透揭露了资本主义生产关系中客观发生的我-它自反性矛盾，即工人创造的劳动对象化产物对活劳动本身的盘剥。在创立剩余价值理论的过程中，马克思先后在《大纲》中说明了价值关系的事物化与货币权力异化、资本异化和劳动异化，又在《1861—1863年经济学手稿》中揭露了劳动条件的异化、劳动能力本身的异化、劳动协作中联合力量的异化和劳动分工中结合力的异化、机器与科学技术的隐性异化，以及分配领域中剩余价值不同形式的异化等重要问题。可是，他在向公众和学术界介绍和阐释自己的经济学重要成果的过程中却没有直接呈现这一复杂的批判话语格式塔。如果说在《政治经济学批判》第一分册中，马克思只是回避了劳动异化概念，那么在《资本论》的写作中，他则是用经济拜物教批判理论**策略性地**替代了科学的劳动异化批判学说。在这一点上，马克思的做法显然不同于《德意志意识形态》中对人本主义异化史观的根本否定态度，因为马克思在《政治经济学批判》和《资本论》中主动隐匿劳动异化批判构式的意图，并不是为了否定，而是为了使读者能够通俗地进入剩余价值理论的科学构境。所以，这种话语遮蔽仅仅是策略性的做法。在这一替代性话语编码转换中，马克思尽可能不使用异化（Entfremdung）和异己性（fremd）关系这样一些哲学概念，而使用更加通俗的一类术语，如死劳动（verstorbene Arbeit）、事物性外壳（sachliche Hülle）、物质变换（Stoffwechsels）、动的形式（Form der Unruhe）和静的属性（ruhende Eigenschaft）、形式变换（Formveränderung）和让与（veräußern）等概念，而少量使用颠倒（Verkehrung）和倒置（Verrückung）关系。比如，原来马克思在《1861—1863年经济学手稿》中讨论劳动条件异化的地方，我们在《资本论》第一卷（第一版）第三章的最后看到了这样的表述：

> 只要我们从**价值增殖过程**的观点来考察生产过程，情形就不同了。生产资料立即转化为吮吸他人劳动的手段。**不再是工人使用**（anwendet）

生产资料,而是生产资料使用工人了。不是工人把生产资料当做自己生产活动的物质要素(stoffliche Elemente)来消费,而是生产资料把工人当做自己的生活过程的酵母(Ferment)来消费,并且资本的生活过程只是资本作为**自行增殖的价值**(*sich selbst verwerthender Werth*)的运动。①

马克思在自己的思想实验进程中写下的手稿中通过多重异化关系批判的劳动自反为资本的奴役关系,现在变成了每一句话都是通俗易懂的简单关系。他宁可使用"在资本主义生产中,劳动条件作为某种独立的东西而与工人相对立"②,不是工人使用生产资料,而是生产资料使用工人的表述,而不再使用对象化劳动条件是工人对象化劳动的异化这样的表述。这对于马克思特别想让其读懂的工人读者来说,自然是一件极为重要的事情。但是,这并不表示在这些通俗说明背后策略性遮蔽起来的深层次哲学话语不重要。我们一定要记住这一点。也是在这里,我们还看到了这样的表述:"资本主义生产所固有的并成为其特征的这种颠倒(Verkehrung),死劳动和活劳动(todter und lebendiger Arbeit)、价值和创造价值的力(werthschöpferischer Kraft)之间的关系的倒置(Verrückung)"③。这与《大纲》开始的狭义历史唯物主义构境中的历史现象学话语显然是不完全重合的。因为,离开了人与人的关系呈现为物与物之间的事物化关系的颠倒,这种发生在生产过程中的 Verrückung(倒置)是无法真正说清的。当然,这也就出现了一个我们无法回避的重要的理论关系问题,即马克思中晚期经济学研究中的**经济拜物教批判理论与经济物相化、事物化和劳动异化批判构式的复杂关系**。

其一,依我的初步认识,作为马克思建立在狭义历史唯物主义基础上的历史现象学构境,历史现象学就是要透视经济物相化存在论的幻境,其中,事物化关系颠倒与劳动异化批判构式,都是这种科学的批判认识论的有机构成部分。一是人与人的劳动交换关系事物化(Ⅰ)为事物与事物之间的关系,发生在资本主义流通领域的商品交换过程,它是一个历史性发生的现实抽象;

①《马克思恩格斯全集》(第二版)第 42 卷,人民出版社 2016 年版,第 314 页。
②《马克思恩格斯全集》(第二版)第 42 卷,人民出版社 2016 年版,第 331 页。
③《马克思恩格斯全集》(第二版)第 42 卷,人民出版社 2016 年版,第 314 页。Marx-Engels-Gesamtausgabe(MEGA²),Ⅱ/5,Text,Berlin:Dietz Verlag,1983,S.248.

二是作为资本的货币所购置的劳动条件,在进入生产过程时事物化(Ⅱ)颠倒为资本关系的不在场的在场;三是工人的劳动技能被现实抽象,并通过科技物相化转移到物性机器的工序编码中发生的事物化(Ⅲ)颠倒;四是剩余价值形式在利润、地租和利息上的事物化(Ⅳ)颠倒。事物化透视构成进入劳动异化关系批判构境的入口,事物化批判理论是对经济的社会赋型历史进程中一种客观的社会关系颠倒的揭露和批判,它构成了资本主义生产方式中劳动异化批判的前提。而科学的劳动异化批判构式是说明由于事物化的关系颠倒,工人的劳动能力、共同活动的结合力与对象化劳动结果(剩余价值本身),成为奴役和支配自己的我-它自反性外部力量,这是对资本主义生产方式奴役本质最重要的科学认识。而经济拜物教批判理论,只是指认资产阶级意识形态中将商品、货币和资本关系的事物化颠倒状态误识为天然物性,以构成主观的物化意识,由此支撑资本主义生产方式的天然性和永恒性的意识形态幻象。当马克思在《资本论》中用经济拜物教批判理论替代事物化和劳动异化学说时,他较好地展现了资本主义生产方式发生的经济物相化表象层面的各种错觉,以便于科学地说明被这种假象遮蔽起来的剩余价值来源。但是,这并不表明马克思放弃了在自己经济学研究中的哲学批判话语。我留意到,日本学者广松涉和望月清司都关注了马克思思想中的"物象化"与劳动异化的关系,两人的观点却是相反的。我已经指出过,日本学界将马克思的事物化概念误译为带有主观色彩的"物象化",由此错失了马克思的经济物相化与事物化的边界。广松涉认为,马克思有一个从人本主义异化论向历史唯物主义基础上的物象化批判的转换,但他否认马克思晚期的劳动异化批判构式;而望月清司则认为,马克思的劳动异化论是贯穿其思想史始终的,只是他错误地将《1844 年手稿》中的人本主义异化史观当成了不变的主线,所以,他会将"物象化"视作"异化"的下属概念:"物象化只是一个描绘什么东西以什么为契机转化成'物象'关系和关系态的结果性概念,而不是像'异化'那样去动态地反映使自己相生外化的人的活动本身"①。两人都将马克思的丰厚思想抽象地简化了,并从不同的立场不完整地描述马克思的

---

① [日]望月清司:《马克思历史理论的研究》,韩立新译,北京师范大学出版社 2009 年版,第 274 页。

思想史。他们的观点都有"片面的深刻性"(孙伯鍨语)。

其二,马克思的三大经济拜物教批判,可以较好地在经济物相化的表象编码层面,分别指认商品、货币和资本在流通-生产领域的物性神秘颠倒关系,以及剩余价值形式中出现的物神现象,但是,它们并不能全周延地涵盖马克思的全部事物化和劳动异化批判构式,特别是马克思劳动异化批判构式Ⅲ中新发现的劳动协作联合异化、分工结合力异化,以及机器化生产和科技力量异化等重要内容。所以,在《资本论》后面涉及上述内容的讨论中,马克思不得不再次少量使用了异化概念。列斐伏尔在《日常生活批判》第一卷中很早就提出了马克思《资本论》中的异化问题与经济拜物教的关系。他认为,"在马克思科学和政治学著作中,尤其是在《资本论》中,什么成为异化的哲学概念,我们必须认识,有关拜物教的经济理论实际上是有关异化的哲学理论在客观的(科学的)层面上的延伸"①。他提出这个问题是重要的,但其结论却是错的。因为此时马克思的经济拜物教批判,不仅仅是一个哲学概念向科学层面上的延伸,而是在经济学语境中显示资本主义生产方式特有的客观经济关系异化的外部特征。所以,当列斐伏尔说,在马克思那里,"异化理论和异化概念构成了经济科学的基础和哲学意义(le fondement et la signification philosophique),异化理论被改造成了拜物教理论(商品、货币和资本的拜物教,fétichisme de la marchandise,de l'argent, du capital)"②,他的这一观点仍然是粗糙的。因为他根本无法界划青年马克思的人本主义劳动异化史观与后来历史唯物主义基础上的科学异化概念,也不能正确说明马克思经济拜物教背后,经济物相化关系异化和事物化-物化理论的复杂内涵。

其三,《资本论》中出现的少量异化概念,只是马克思在《大纲》和《1861—1863年经济学手稿》中创立的劳动异化批判构式Ⅲ被经济学话语和经济拜物教批判话语刻意压抑后的零星现身。一方面,这多少透露出马克思对自己在狭义历史唯物主义基础上生成的历史现象学批判话语的下意识认同,特别是更深一层劳动异化理论对资本主义经济关系复杂事物化颠倒和自反性异化

①〔法〕列斐伏尔:《日常生活批判》第1卷,叶齐茂等译,社会科学文献出版社2018年版,第2页。
②〔法〕列斐伏尔:《日常生活批判》第1卷,叶齐茂等译,社会科学文献出版社2018年版,第74页。

的有力批判和解码,这是我们不能简单放弃的重要思想财富。另一方面,我们也要坚决摈弃将马克思的《资本论》重新人本主义化的错误理论倾向,不能因为找到马克思在《资本论》中使用的异化概念,就武断地认定此时的马克思同质于《1844年手稿》时期持人本学劳动异化史观的思想家,这当然是一种开思想史倒车的做法。比如,洛维特说,在《资本论》中"马克思对资本主义生产过程的批判性分析一开始就采取的形式,就是以生产过程中人自身的异化为红线而对资产阶级世界进行批判",这句话看起来似乎是有道理的,可是他的潜台词是,"青年马克思的作品**本就是**并且**始终是**《资本论》的基础"。① 在他看来,马克思《资本论》中出现的异化概念,恰恰表明了人本主义异化史观始终是马克思思想方法论的不变基础。从我们上述全部思想史分析和概念考古研究来看,这当然是错误的判断。

下面,我们就从文本学的**主体视位**来分析马克思的这一显露出来的复杂的批判理论构境。我们会看到,经济拜物教批判话语在马克思进入相对剩余价值的讨论时遭遇的困难。

不难看到,《资本论》第一卷(第一版)后半段的主要篇幅,马克思都用在了讨论区别于资本家通过延长劳动时间所掠取的绝对剩余价值的相对剩余价值上。相对剩余价值的生产是资本家通过提高劳动生产力来实现的,在马克思眼里,这恰是劳动从形式上从属于资本关系的支配到实质上从属于资本主义生产方式的根本性转换。这也是他在《1861—1863年经济学手稿》中获得的对资本主义生产方式历史本质的新认识。马克思说,"不管**生产方式本身**由于劳动从属于资本而产生了怎样的变化,**生产剩余价值或榨取剩余劳动,是资本主义生产**的特定的内容和目的"②。这亦表明,生产和榨取剩余价值是资本主义生产方式的根本命脉。他说,"我把通过**延长**工作日而生产的剩余价值,叫做**绝对剩余价值**(*absoluten Mehrwerth*);相反,我把通过**缩短**必要劳动时间、相应地改变工作日的两个组成部分的**量的比例**而生产的剩余价

---

① 参见[德]洛维特《马克斯·韦伯与马克思》,刘心舟译,南京大学出版社2019年版,第57页。
② 《马克思恩格斯全集》(第二版)第42卷,人民出版社2016年版,第300页。

值,叫做相对剩余价值(relativen Mehrwerth)"①。这又是一个教科书式的经济学定义。在马克思这里,绝对剩余价值的盘剥与资本主义的早期工场手工业发展相关,即前面他所例举的资本家用半天的工资获得了工人一整天的劳动成果的带有一定强制性的剥削,而进入机器化大生产阶段时,资本家缩短必要劳动时间的手段就是提高劳动生产力,他"必须变革劳动过程的工艺条件和社会条件(technologischen und gesellschaftlichen Bedingungen),从而变革**生产方式**本身,以提高劳动生产力(Produktivkraft der Arbeit),通过提高劳动生产力来降低**劳动力的价值**,从而**缩短**再生产劳动力价值所必要的工作日部分"②。与工场手工业时期那种通过延长劳动时间一眼就能看穿的绝对剩余价值的剥削不同,在机器化大生产中,资本家通过变革劳动过程的工艺和社会条件,进而改变生产的技术方式来提高劳动生产力,最后降低劳动力商品的价值,以获得非直观的相对剩余价值。马克思说,相对剩余价值与劳动生产力成正比,它随着生产力提高而提高,随着生产力降低而降低。也是在这里,马克思使用了那个从数学里挪用的有趣的**劳动自乘**的概念。他说,"生产力特别高的劳动起了**自乘的**(potenzirte)劳动的作用,或者说,在同样的时间内,它所创造的价值比同种社会平均劳动要多"③。与资本家盘剥工人的绝对剩余价值过程中那种时间量的增加不同,机器化大生产中发生的工艺和社会生产力的改变,使得劳动产品单位时间的生产率获得了自己平方式的扩展。这又是马克思从其他学科借用概念的实例。

第一,工人共同活动中的**简单劳动协作是资本主义生产的起点**。虽然简单劳动协作出现在工场手工业时期,但马克思关注它的着眼点却并非是资本家获得的绝对剩余价值,而是一种新型的相对剩余价值。这是对《1861—1863年经济学手稿》相近文本的改写。马克思认为,资本主义性质的生产实际上是在"**同一个**资本同时雇用人数较多的工人,因而劳动过程扩大了自己的规模并提供了较大量的产品的时候才开始的",这也是资本家区别于其他

①《马克思恩格斯全集》(第二版)第42卷,人民出版社2016年版,第319页。
②《马克思恩格斯全集》(第二版)第42卷,人民出版社2016年版,第319页。
③《马克思恩格斯全集》(第二版)第42卷,人民出版社2016年版,第323页。

手工业劳动者和地主的地方。在资本家最早建立的工厂中，"人数较多的工人在同一时间、同一空间（或者说同一劳动场所），为了生产同种商品，在同一资本家的指挥下工作，这在历史上和概念上都是**资本主义生产的起点**（*Ausgangspunkt der kapitalistischen Produktion*）"。① 当然，这个作为资本主义生产出发点的就是工人共同劳动活动中的简单**协作**（*Cooperation*）。依马克思的说法，即"**许多人**在同一生产过程中，或在不同的但**互相联系**（*zusammenhängenden*）的生产过程中，有计划地一起协同劳动，这种**劳动形式**叫做**协作**（*Cooperation*）"②。马克思这里举的例子，是一个独立的家庭纺织工匠同资本家组织起来的 20 个在同一纺织车间中的工人的协作劳作的区别，后者不仅生产资料得到了节约，而且在工人之间也发生着技能和经验交流上的密切合作。我们在《1861—1863 年经济学手稿》中已经看到过马克思的相关讨论，不过，与那里揭露的简单劳动**协作联合力的我–它自反性异化关系**不同，马克思在此的讨论显然更加实证一些。马克思认为，与单个劳动者的劳动不同，这种工人劳动协作所建构的集体生产力，从它发生伊始就是属于资本家的。因为"雇佣工人的协作只是资本同时使用他们的结果。他们的职能上的联系和他们作为生产总体（*produktiver Gesammtkörper*）所形成的统一，存在于他们**之外**，存在于把他们集合和联结（*zusammenbringt und zusammenhält*）在一起的资本中"③。这也就是说，如果资本不把工人们通过雇佣关系聚集在一起，也就不会发生这种特定的劳动协作，所以，资本家很自然地将这部分集体生产力创造的财富装进自己的腰包里。这不是绝对剩余价值，而是通过提高劳动生产力而获得的看不见的相对剩余价值。这里，马克思没有说工人们**协作联合力的劳动异化**，而是平实地指认说，"他们的劳动的关联（*Zusammenhang*），在观念上作为资本家的**计划**（*Plan*），他们自身的统一（*Einheit*）在实践中作为**资本家的权威**，作为他人意志——他们的活动必须服

---

① 参见《马克思恩格斯全集》（第二版）第 42 卷，人民出版社 2016 年版，第 327 页。

② 《马克思恩格斯全集》（第二版）第 42 卷，人民出版社 2016 年版，第 331 页。马克思在这里给出的一个注释中，标明了"Concours de forces"［"协力"］。参见［法］德斯杜特·德·特拉西《论意志及其作用》，1826 年巴黎版，第 78 页。

③ 《马克思恩格斯全集》（第二版）第 42 卷，人民出版社 2016 年版，第 338 页。

从这个意志的目的——的权力，而和他们相对立"①。可对于为什么会发生这样的事情，马克思并没有作进一步的分析。他指出，工人"作为协作的人，作为一个工作机体的肢体，他们本身只不过是资本的一种特殊存在方式（Existenzweise）。因此，工人作为**社会工人**所发挥的生产力，是**资本的生产力**（*Produktivkraft des Kapitals*）"②。在劳动异化批判构式Ⅲ的构境中，这至少会被指认为资本的 fremde Macht（异己权力）。问题的实质为，不像工人个人的劳动能力可以独立存在，这种只有在众多工人共同劳动中才会生成的联合生产力，如果不是作为资本关系的构序和编码，它将不会在场。

我想说的是，其实经济拜物教理论是无法涵盖这一重要的剥削关系的，因为协作生产力不是事物化抽象的关系颠倒，也不是经济物相化编码中出现的到场物，它本身就是直接作为异化的资本力量在场的。在这一阶段，协作生产力的在场，也不是作为物性实在，而是作为一种**功能性的场境存在**出现的。所以，它无法由经济拜物教批判所透视。在后面的机器生产中，工人的这种主体性协作关系本身被物相化在机器的物性工序中，才会发生新型的**事物化（Ⅲ）关系颠倒**。

第二，资本主义生产方式中**以劳动分工为基础的结合**。如果说前面所讨论的简单劳动协作只是在资本组织下的工人们的共同活动，资本主义生产中进一步发展的协作形式则是以**劳动分工**为基础的共同劳动。依马克思的判断，它以工场手工业的方式出现于16—18世纪的欧洲。马克思说，"这种协作，作为资本主义生产过程的具有特征的形式，在真正的**工场手工业时期**占统治地位。这个时期大约从16世纪中叶到18世纪最后30多年"③。当然，依马克思此时的认识，分工又可以区分为不同的类型：一是社会分工，比如农业与工业，这也叫"**一般的分工**（*Theüung der Arbeit im Allgemeinen*）"；二是生产大类的分工，比如农业中的种植业和养殖业，工业中的机械工业和食品工业，这也叫"**特殊的分工**（*Theüung der Arbeit im Besondem*）"；三是工场内部的劳动

---

① 《马克思恩格斯全集》（第二版）第42卷，人民出版社2016年版，第338—339页。中译文有改动。
② 《马克思恩格斯全集》（第二版）第42卷，人民出版社2016年版，第340页。
③ 《马克思恩格斯全集》（第二版）第42卷，人民出版社2016年版，第343页。

分工,也叫"**个别的分工**(*Theilung der Arbeit im Einzelnen*)"。① 比起《1861—1863 年经济学手稿》中的讨论,马克思此处关于分工的思考是更加全面和科学的。当然,马克思这里聚焦的主要是第三类分工,即资本主义工场手工业时期的 Einzelnen(个别的)劳动分工。在马克思看来,"整个社会内的分工,不论是否以商品交换为中介,是各种经济的社会赋型(ökonomischen Gesellschaftsformationen)所共有的,而**工场手工业分工**却完全是**资本主义生产方式的**独特创造(spezifische Schöpfung *der kapitalistischen Produktionsweise*)"②。应该说,这也是斯密主要关注的分工形式。

在马克思的眼里,在这种由资本家组织起来的工场手工业内部的劳动分工中,工人们不再是简单地集中在一起共同劳动,劳动活动本身由原来一个工人自己依技艺所需的先后顺序操作,转换为不同的片面式操作,分解为不同的劳作片段,并且由不同的工人接续完成。此时,劳动者原先自己完成的劳作构序和主体性编码,现在转换为一种客观工序上的外部编码。这里,马克思再一次回到斯密在《国富论》中所分析的别针生产的劳动分工的经典例子。原来,一个工匠要制作一个别针,一个人要完成从铁丝拉直到截断和磨尖等一系列操作,现在,在资本家的手工业工场中,这一个完整的操作被切割为空间上并存的不同动作编码,由劳动分工中只操作一个动作的工人分别承担。于是,从商品生产的角度看,"商品从一个要完成许多种操作的独立手工业者的**个人**产品,转化为不断地只完成同一种局部操作的各个手工业者的联合体的**社会**产品(*gesellschaftliche* Produkt)"③。这个从"**个人产品**"到"**社会产品**"的转化,实质上也是从主体性劳动过程向客观性生产过程的过渡。从工人劳动者的角度看,"每一个工人都只**适合于**从事一种局部职能(Theilfunktion),他的劳动力就转化为终身从事这种局部职能的器官",因为,在分工之下的片面化操作中,工人被肢解为一只手或者一只脚。马克思愤怒地说,这是"**一个以人为器官的生产机构**(*ein Produktionsmechanismus*,*dessen*

---

① 参见《马克思恩格斯全集》(第二版)第 42 卷,人民出版社 2016 年版,第 360 页。

②《马克思恩格斯全集》(第二版)第 42 卷,人民出版社 2016 年版,第 369 页。中译文有改动。Marx-Engels-Gesamtausgabe(MEGA²),Ⅱ/5,Text,Berlin:Dietz Verlag,1983,S.293.

③《马克思恩格斯全集》(第二版)第 42 卷,人民出版社 2016 年版,第 345 页。

Organe Menschen sind)"。① 这也许是尼采笔下的那个"疯子"行走在街上,没有看到人,而只有残肢的现实背景。马克思没有指认这一劳动总体性的碎片化和异化,而是形象地用人体器官来象征这一客观的劳动分裂。再回到刚才那个生产别针的例子中来,我们会发现,劳动分工条件下生产别针的过程的实际在场主体,不再是工人个人主体,成了看不见的

> 由局部工人(Detailarbeitern)组成的总体工人(Gesammtarbeiter),用他的许多握有工具的手的一部分拉针条,同时用另一些手和工具把针条拉直、切断、磨尖等等。不同的阶段过程由时间上的顺序(zeitlichen Nacheinander)进行转化为空间上的并存(räumliches Nebeneinander)。因此在同一时间内可以提供更多的**成**品。②

这是一个十分生动而形象的说明。不可见的 Gesammtarbeiter(总体工人),分有成许多拉直、切断和磨尖的手,这是一个空间上并存的多手客体怪物。然而,这个客体怪物"在同一时间内可以提供更多的成品",这就是分工所带来的劳动生产率的提高,资本家由此获得不是靠延长劳动时间而来的相对剩余价值。并且,这种分工中的**总体性结合**几乎是与工人无关的东西。马克思追问说,什么是资本主义劳动分工条件下出现的新的事实?

> 那就是局部工人**不生产商品**(Theilarbeiter *keine Waare producirt*)。转化为**商品**的只是局部工人的**共同产品**(*gemeinsame Produkt*)。社会内部的分工以不同劳动部门的产品的买卖为中介;工场手工业内部各局部劳动之间的关联(Zusammenhang),以不同的劳动力(verschiedner Arbeitskräfte)出卖给同一个资本家,而这个资本家把它们作为一个结合劳动力(kombinirte Arbeitskraft)来使用为中介。③

---

① 参见《马克思恩格斯全集》(第二版)第 42 卷,人民出版社 2016 年版,第 346 页。
②《马克思恩格斯全集》(第二版)第 42 卷,人民出版社 2016 年版,第 353 页。
③《马克思恩格斯全集》(第二版)第 42 卷,人民出版社 2016 年版,第 364 页。中译文有改动。Marx-Engels-Gesamtausgabe(MEGA²),Ⅱ/5,Text,Berlin:Dietz Verlag,1983,S. 289.

这是一个政治判断了。在劳动分工的条件下,工人变成了只能进行片面化操作的"局部工人",作为只拥有一个劳动碎片的他,根本无法生产一个完整的商品,因为商品将会是不同劳动部门、不同劳动力个体协作完成的"共同产品",更要命的是,将碎片化的劳动重新 Zusammenhang(关联)起来的结合劳动力,只能是工人之外的资本的力量。在这里,马克思同样没有使用在《1861—1863 年经济学手稿》中业已发现的**分工结合力的劳动异化分析**。他说,"由许多单个的局部工人聚合(zusammengesetzte)成的社会生产机构(gesellschaftliche Produktionsmechanismus)是属于资本家的。因此,由各种劳动的结合(Kombination der Arbeiten)所产生的生产力也就表现为**资本的生产力**(*Produktivkraft des Kapitals*)"①。他只是陈述一个客观事实:当不同的片面劳动重新结合为总体劳动生产力的时候,这个 Kombination(结合)属于资本家。在马克思的眼里,劳动分工"表现为社会的经济形成过程中的历史进步和必要的发展因素",因为,

> 工场手工业分工通过手工业活动的分解,劳动工具的专门化(Spezificirung),局部工人的形成以及局部工人在一个总机构(Gesammtmechanismus)中的分组和结合(Gruppirung und Kombination),造成了社会生产过程的质的划分和量的比例,从而创立了一定的**社会劳动组织**(bestimmte *Organisation gesellschaftlicher Arbeit*),这样就同时发展了新的、社会的劳动生产力。②

这里,一方面,马克思肯定了劳动分工作为一种新型的 *Organisation gesellschaftlicher Arbeit*(**社会劳动组织**),通过劳动活动的分解和重新结合,形成了社会历史进步的重要因素,可另一方面,劳动分工也造成了工人劳动的片化,生成了丧失主体性的"局部工人",并且,这种使局部工人重新结合起来的 Gesammtmechanismus(总机构),却是资本家获得更多相对剩余价值的外

---

① 《马克思恩格斯全集》(第二版)第 42 卷,人民出版社 2016 年版,第 370 页。中译文有改动。Marx-Engels-Gesamtausgabe(MEGA²),Ⅱ/5,Text,Berlin:Dietz Verlag,1983,S.293.

② 《马克思恩格斯全集》(第二版)第 42 卷,人民出版社 2016 年版,第 375 页。

部力量,"表现为文明的和精巧的剥削手段(Mittel civilisirter und raffinirter Exploitation)"①。显然,这种"文明的和精巧的剥削手段",也并非可以由经济拜物教批判所涵盖,因为这种劳动分工条件下生成的结合场境同样不是实物式的在场性。这也就意味着,**物神无处依存**。

第三,**智力与科学从体力劳动中的分离**。这也是在《1861—1863 年经济学手稿》中已经讨论过的问题。马克思认为,智力与科学都是从体力劳动中分离出去的独立的力量。这也是资本主义不同生产阶段中出现的历史性产物。

一是智力在手工业工场时期从劳动中的分离。马克思说,"工场手工业分工的一个产物,就是物质生产**过程的智力**(geistigen Potenzen)作为他人的财产和统治工人的力量同工人相对立"②。依马克思的判断,这种智力从劳动中的剥离起始于协作,发展于劳动分工,而在后来的资本主义机器化大工业生产中得到完成。他的解释为,协作中指挥生产的智力和统一性不再是劳动者自己劳作的意志,而是资本家的职能;而分工中的智力剥离则是从劳动者的劳动活动中撕裂的,原来一个工匠的劳动活动就是他有目的有设想的智力构序和编码的对象化,而在分工中出现的碎片式局部操作中,这种有目的的爱多斯设想荡然无存,这种主体性构序和编码能力从体力劳动者那里被硬生生剥离出去,成为资本家雇佣的科技人员的事情。

二是大工业时期的**机器化生产中科学技术信息编码的独立化**。马克思说,智力从劳动中剥离"完成于大工业",他明确指认,如果说"在简单协作中,资本家在单个工人面前代表社会劳动体的统一和意志,工场手工业使工人畸形发展,变成局部工人,大工业则将作为生产潜力的独立的**科学能力**与劳动分离开来(welche die Wissenschaftals selbstständige Produktionspotenz von der Arbeit trennt),并迫使科学为资本服务"③。准确地说,是将科学技术从过去工匠劳作的工艺构序,从体力劳动者那里撕裂和剥离出去,变为同样是雇佣劳

---

① 《马克思恩格斯全集》(第二版)第 42 卷,人民出版社 2016 年版,第 375 页。
② 《马克思恩格斯文集》第 5 卷,人民出版社 2009 年版,第 418 页。
③ 《马克思恩格斯全集》(第二版)第 42 卷,人民出版社 2016 年版,第 371 页。中译文有改动。Marx-Engels-Gesamtausgabe(MEGA²),Ⅱ/5,Text,Berlin:Dietz Verlag,1983,S.295.

动者的技术人员的独立科技信息编码工作。在今天,这部分**创造性的智力劳动**却是当代资本主义网络信息技术工业最重要的剩余价值新来源。这是我们需要重新思考的问题。我们在这里遇到的相近问题是,经济拜物教批判在面对科学技术从劳动中分离进而成为资本的帮凶这一重要问题上,几乎也是无能为力的。

4. 劳动条件颠倒关系中的机器生产:劳动异化批判构式的最后出场

我发现,倒是在经济拜物教批判有可能捕捉到资本主义机器化生产里神秘到场的物性机器的批判性分析中,马克思却突然使用了他试图尽量避免的哲学批判话语——**劳动异化批判构式**。在《大纲》和《1861—1863年经济学手稿》中,马克思都是先讨论资本主义生产方式中的机器生产,然后再说明机器生产背后的科学技术物相化问题,而在这里,马克思是在讨论完科学技术从劳动中的分离后,才开始讨论作为科技物相化结果的机器生产的。

马克思先十分明确地说,机器生产是资本家生产相对剩余价值的有力手段,这是政治定性。马克思有一个重要的理论边界,机器在生产中的作用,并非是创造新的价值,而只是转移制造和生产机器的工人已经付出的过去的"对象化的劳动(vergegenständlichten Arbeit)"[1],这是重要的质性判断。因为"它加到产品上的价值,决不会大于它由于每天的磨损而平均丧失的价值"[2]。但是,机器的使用大大加深了资本家对工人相对剩余价值的剥削程度。这是对的。可是我以为,马克思这里所指认的对象化劳动还应该包括设计机器的智力劳动,它正是上述马克思已经意识到的从劳动过程中被分离出去的科学技术信息编码的非及物构序,它对应于马克思在第一章中讨论人的劳动与动物行为的质性差异的先在构序。他在《大纲》中最早讨论劳动时就指认,"劳动是合乎目的的活动(zweckmässige Thätigkeit)",而在《资本论》第一卷第一章中,他生动地说,"最蹩脚的建筑师从一开始就比最灵巧的蜜蜂高明的地

---

[1]《马克思恩格斯全集》(第二版)第42卷,人民出版社2016年版,第399页。
[2]《马克思恩格斯全集》(第二版)第42卷,人民出版社2016年版,第398页。

方,是他在用蜂蜡建筑蜂房以前,已经在自己的头脑中把它建成了"。这个先于劳动活动发生的"目的",就是一定的改变外部存在的构序和关系编码。马克思说,"劳动过程结束时得到的结果,在这个过程开始时就已经在**劳动者的表象**(*Vorstellung des Arbeiters*)中存在着,即已经**观念地**存在着。他不仅使自然物**发生**形式变化(Formveränderung),同时他还在自然物中**实现自己的目的**,这个目的是他所**知道的**,是作为规律决定着他的活动的技艺和方式(Art und Weise)的,他必须使他的意志服从这个目的"①。在机器生产中,这种有目的的构序已经不再存在于工人的观念中,而是由分离和独立出来的技术人员通过信息编码中的设计和发明完成的,这部分智力劳动应该是价值转移中更重要的东西。这一点,会直接延伸到今天当代资本主义智力劳动理论与剩余价值关系的研究前沿。

在后面的讨论中,马克思这样评价说,"大工业从工艺上消灭了那种使一个完整的人(ganze Menschen)终生固定从事某种局部操作的工场手工业分工。而同时,**大工业的资本主义形式**(*kapitalistische Form der großen Industrie*)又更可怕地再生产了这种分工:在真正的工厂中,是由于把工人转化为局部机器的有自我意识的附件"②。这当然是双重否定:一是工场手工业中的劳动分工,已经使一个 ganzen Menschen(完整的人)变成了一辈子束缚于劳动的"局部操作"(手和脚的孤立动作);二是机器化大生产消灭了这种劳动分工,却进一步将工人变成了似乎有"自我意识"的机器的"附件"。对此,马克思有些感慨地说,进入机器大生产之后,"生产过程的资本主义转化同时表现为生产者的殉难史,劳动资料同时表现为奴役工人的手段、剥削工人的手段和使工人贫困的手段,劳动过程的**社会**结合同时表现为对工人**个人的**活力、自由和独立的有组织的压制"③。如果在《1861—1863 年经济学手稿》中,这会是马克思对资本主义生产过程中劳动条件的异化和劳动分工下工人社会结合力的异化的批判分析。这也就是说,工人在资本主义的机器化大生产中的地

①《马克思恩格斯全集》(第二版)第 42 卷,人民出版社 2016 年版,第 168—169 页。中译文有改动。Marx-Engels-Gesamtausgabe(MEGA²), Ⅱ/5, Text, Berlin: Dietz Verlag, 1983, S. 129-130.
②《马克思恩格斯全集》(第二版)第 42 卷,人民出版社 2016 年版,第 501 页。
③《马克思恩格斯全集》(第二版)第 42 卷,人民出版社 2016 年版,第 519 页。

位被降到了一个十分悲惨的境地。一方面,从客观关系上看,

> 在工场手工业和手工业中,是工人利用工具,在工厂中,是工人服待机器。在前一种场合,劳动资料的运动从工人出发,在后一种场合,则是工人跟随劳动资料的运动。在工场手工业中,工人是一个活机构(lebendigen Mechanismus)的肢体。在工厂中,死机构(todter Mechanismus)独立于工人而存在,工人被当做活的附属物并入死机构。①

相比之工场手工业的生产,在资本主义机器化生产的工厂中,出现了一种主客体关系上的颠倒,因为在机器生产中,活人成了死的物性机器客体运转中的附属品。另一方面,从主体的生存状况上看,"机器劳动极度地损害了神经系统,同时它又压抑肌肉的多方面运动,夺去身体上和精神上的一切自由活动(alle freie körperliche und geistige Thätigkeit)。甚至减轻劳动也成了折磨人的手段,因为机器不是使工人摆脱劳动,而是使工人的劳动毫无内容"②。这还是尽可能实证的经济学客观描述。在马克思眼里,工人在机器生产中,他的所有能动性的想法和行动都成为多余的东西,因为他只能按机器的运转行事,这必然造成工人神经系统的损害,并且,工人的肌体永远赶不上物性机器的客观运转,所以,看起来可以减轻工人劳动强度的机器,客观上却成了"折磨人的手段",因为机器生产中工人的劳动业已成为"毫无内容"的均质行为。以后在泰勒制的流水线生产中,这种折磨会进一步加深。马克思深刻地分析说:

> 一切资本主义生产既然不仅是**劳动过程**,而且同时是资本的**增殖过程**,就有一个共同点,即不是工人使用劳动条件,相反地,而是劳动条件使用工人,不过这种颠倒(Verkehrung)只是随着机器的采用才取得了**在工艺上很明显的**现实性。由于劳动资料转化为自动机,它就在劳动过程本身中作为**资本**,作为支配和吮吸活劳动力的死劳动(todte Arbeit, welche die lebendige Arbeitskraft beherrscht und aussaugt)而同工人相对立。

---

① 《马克思恩格斯全集》(第二版)第42卷,人民出版社2016年版,第437页。
② 《马克思恩格斯全集》(第二版)第42卷,人民出版社2016年版,第438页。

正如前面已经指出的那样,生产过程的**智力**同体力劳动相分离,智力转化为**资本支配劳动的权力**(*Mächte des Kapitals über die Arbeit*),是在以机器为基础的大工业中完成的。①

这是在《1861—1863年经济学手稿》中,马克思用从劳动条件的异化到机器异化来说明资本主义生产方式的压迫本质的地方,但一直到此处,马克思都尽量忍住没有使用异化概念,他只是使用了"关系颠倒"、"对立"和"转化"这样平实的话语,或者再生动一些说,马克思发现了在资本主义机器生产过程中,"科学、巨大的自然力、社会的共在劳动(gesellschaftlichen Massenarbeit)都体现在机器体系中,并同机器体系一道构成'**主人**'的权力(Macht , *des Meisters*')"②。有主人,就必有奴隶,这当然是一种新型的**机器物役性**现象,这里作为统治者出场的"主人",是工人和科技人员创造的机器,而参与创造了这个机器怪物的工人,则成为被压迫的奴隶。这标志着工人在资本主义机器化大生产过程中业已沦为现代的新型奴隶。这里的 Macht „*des Meisters*"("**主人的**"权力),令人想到拉康的主人话语能指。

这种平实的经济学话语编码状况,一直持续到《资本论》第一卷(第一版)第四章第四节的第354页,在这里,马克思突然说,"资本主义生产方式使劳动条件和劳动产品具有的与工人相独立和相异化的场境(verselbstständigte und entfremdete Gestalt),随着机器的发展而发展成为完全的**对立**"③。这是我-它自反性 entfremdet(异化)概念在整个《资本论》中的第一次出场。并且,马克思在此专门使用了功能性的 entfremdete Gestalt(异化场境)的说法,以表明这种异化关系的关系场境本质。詹姆逊留意到了《资本论》中异化概念的返场④,并且称"异化理论仍然是一股非常积极的建设性的力量"⑤。但他并没有入境于马克思从《大纲》开始的劳动异化概念的重建现场,更没有注意到

---

①《马克思恩格斯全集》(第二版)第42卷,人民出版社2016年版,第438页。

②《马克思恩格斯全集》(第二版)第42卷,人民出版社2016年版,第438页。中译文有改动。Marx-Engels-Gesamtausgabe(MEGA²), Ⅱ/5, Text, Berlin: Dietz Verlag, 1983, S. 348.

③《马克思恩格斯全集》(第二版)第42卷,人民出版社2016年版,第447页。Marx-Engels-Gesamtausgabe(MEGA²), Ⅱ/5, Text, Berlin: Dietz Verlag, 1983, S. 354.

④ 参见[美]詹姆逊《重读〈资本论〉》,胡志国等译,中国人民大学出版社2016年版,第62页。

⑤[美]詹姆逊:《重读〈资本论〉》,胡志国等译,中国人民大学出版社2016年版,第2页。

《1861—1863年经济学手稿》中完整的劳动异化批判构式Ⅲ,所以他无法说明异化概念突然在《资本论》中这种露面的逻辑征候意义。在后面的讨论中,马克思再一次指认了资本主义相对剩余价值生产中机器生产和科学技术应用中发生的**异化关系**。他说,"在**资本主义形式**下,一切提高社会劳动生产力的方法都是靠牺牲工人个人来发展的,一切增加生产的手段都转变为统治和剥削生产者的手段,都使工人畸形发展,成为局部的人,把工人贬低为机器的附属品,使工人受劳动的折磨,从而使劳动失去内容,并且随着科学作为独立的力量被并入劳动过程而使劳动过程的智力与工人相异化(geistigen Potenzen des Arbeitsprozesses entfremden);这些手段使工人的劳动条件不断变坏,使工人在劳动过程中屈服于最卑鄙的可恶的专制,把工人的生活时间转化为劳动时间,并且把工人的妻子儿女都抛到资本的札格纳特车轮下"①。这是马克思在《资本论》第一卷(第一版)中第四处使用异化概念。应该说,这是一个重要的文本事件。因为马克思在《资本论》的写作中突然使用了《大纲》和《1861—1863年经济学手稿》关于劳动条件异化的哲学表述,然而他不记得,自己在《资本论》前面相关的三章讨论中,并没有说明劳动条件和劳动产品的**异化**关系问题。我觉得,这里当然存在一些理论逻辑上的缺环。一方面,马克思可能假设他在《资本论》中提出的通俗版的三大经济拜物教,可以表征商品异化、货币异化和资本异化关系,所以他可以将其内在地转换为劳动条件和劳动产品的异化关系;另一方面,马克思自己也意识到,经济拜物教批判理论,并不能完全涵盖资本主义生产关系所有经济物相化环节中的异化本质。所以,劳动异化批判理论在资本主义机器生产这一部分的分析中,则不得不重新露面。在一定的意义上,这是马克思对自己中晚期经济学研究多重手稿中重建的科学的劳动异化批判构式Ⅲ的无意识肯定。这是我们过去理论研究中严重忽略的地方。在此之后,马克思在《资本论》第一卷后续的讨论中,三次**断裂式地**谈及劳动异化批判构式。这是值得我们细细探究的深层次思想构境。

---

① 《马克思恩格斯全集》(第二版)第42卷,人民出版社2016年版,第664页。Marx-Engels-Gesamtausgabe(MEGA²),Ⅱ/5,Text,Berlin:Dietz Verlag,1983,S.520.

5. 资本拜物教：资本在无中生有和有中变无戏法中的最终隐遁

马克思在《资本论》第一卷（第一版）中对资本拜物教的进一步批判，是从资本主义**再生产**过程和资本主义**积累**问题展开的。其一，资本主义的再生产过程和**资本主义生产关系的再生产**。在《1861—1863 年经济学手稿》中，马克思曾经研究过这一再生产问题。马克思告诉我们，前面的分析背景都是抽象、独立的劳动和生产过程，而实际上存在的资本主义生产过程不可能停留在一个孤立的生产过程中。因为，

> 不管生产过程的社会形式（gesellschaftliche Form）怎样，生产过程必须是连续不断的，或者说，必须周而复始地经过同样一些阶段。一个社会不能停止消费，同样，它也不能停止生产。因此，每一个社会生产过程，从经常的联系和它不断更新来看，同时也就是**再生产过程**（*Reproduktionsprozeß*）。①

这是说，作为一般社会定在基础的实际上发生的物质生产过程，总是一个不断再生产的过程。这是马克思恩格斯在《德意志意识形态》中创立广义历史唯物主义时就指认过的方面。② 如果转换到这里讨论的资本主义生产过程中来，那么，"生产具有资本主义的形式，再生产也就具有同样的形式。在资本主义生产方式下，劳动过程只表现为价值增殖过程的一种手段，同样，再生产也只表现为把预付价值作为资本即作为自行保存和自行增殖（sich erhaltenden und verwerthenden）的价值来再生产的一种手段"③。这是说，资本主义再生产的本质是**不断重新盘剥剩余价值**的过程，在经济物相化编码的表象上，则呈现出"资本即作为自行保存和自行增殖的价值"的再生产过程。这正是资本拜物教在资本主义生产总过程中的经济物相化伪境中的假象。

也是在这里，马克思在《资本论》第一卷（第一版）第六章中再次提及自己

---

① 《马克思恩格斯全集》（第二版）第 42 卷，人民出版社 2016 年版，第 581—582 页。
② 参见［日］广松涉编注《文献学语境中的〈德意志意识形态〉》，彭曦译，南京大学出版社 2005 年版，第 24 页。
③ 《马克思恩格斯全集》（第二版）第 42 卷，人民出版社 2016 年版，第 582 页。

在《1861—1863年经济学手稿》中确立的**劳动异化**关系。他说,资本主义再生产的前提是:

> 劳动产品和劳动本身的**分离**,客观劳动条件和主体劳动力(subjektiven Arbeitskraft)的**分离**,是**资本主义生产过程事实上的基础**。资本主义生产过程的单纯连续或者说简单再生产,把它的这种**起点**(Ausgangspunkt)作为它**自己的结果再生产出来**并**使之永久化**。①

与工人第一次进入生产过程一样,资本主义再生产的前提,仍然是工人创造的劳动产品和出现在再生产过程中的劳动条件与工人的分离,因为它们直接表现为**资本物**,它们作为一种客观的资本力量与主体的活劳动对立。马克思说,资本主义的再生产,也是将这种资本与雇佣劳动的对立关系重新生产出来并将其永久化。也是在此,马克思突然说,这里问题的实质是,当工人进入资本主义再生产过程时,"他自己的劳动自我**异化**(Arbeit ihm selbst entfremdet)而为资本家所占有,并入资本中了"②。这意味着,上述资本主义再生产过程中出现的两个分离,都是工人劳动我-它自反性的自我异化结果。这个Arbeit ihm selbst entfremdet(劳动自我**异化**),是马克思在《1844年手稿》之后,第三次重新使用这个概念。上一次确认资本主义生产关系中出现劳动自我异化,是在《1861—1863年经济学手稿》中的**劳动异化批判构式Ⅲ**的第二层面的思考中。③ 马克思这里指认的劳动自我异化,一是在资本主义的再生产过程中作为先前生产过程结果的劳动产品,这个产品有可能会是机器等生产条件,二是这种产品投入新一轮生产过程中,重新生成的劳动条件与劳动本身的分离,这种分离被马克思突然透视为Arbeit ihm selbst entfremdet(劳动自我**异化**)。这也是马克思在《资本论》第一卷(第一版)中第二处使用的异化概念。马克思同样忘记了,在前面讨论资本主义生产过程时,他并没有指证劳动异化关系的存在,所以,这里他突然提出的再生产过程中的"劳动自我**异**

---

① 《马克思恩格斯全集》(第二版)第42卷,人民出版社2016年版,第586页。中译文有改动。Marx-Engels-Gesamtausgabe(MEGA²),Ⅱ/5,Text,Berlin:Dietz Verlag,1983,S.461.

② 《马克思恩格斯全集》(第二版)第42卷,人民出版社2016年版,第587页。中译文有改动。

③ 参见《马克思恩格斯全集》(第二版)第35卷,人民出版社2013年版,第232—233页。Marx-Engels-Gesamtausgabe(MEGA²),Ⅱ/3-4,Text,Berlin:Dietz Verlag,1979,S.389.

化"，也是存在逻辑缺环的。我推测，这可能是马克思前面在机器化生产中已经使用了异化概念后，一种无意识地解除逻辑压抑的情况。

马克思分析说，从资本主义再生产的总过程看，

> 工人本身不断地把**客观财富当作资本**（*objektiven Reichthum als Kapital*），当作同他相异己的、统治他和剥削他的权力（ihm fremde, ihn beherrschende und ausbeutende Macht）来生产，而资本家同样不断地把**劳动力当作主体的**（*subjektive*）、同它本身对象化（Vergegenständlichungs）在其中和借以实现的资料相分离的、抽象的、只存在于工人身体中的**财富源泉**来生产，一句话，就是把工人**当作雇佣工人**来生产。**工人作为雇佣工人的这种不断再生产或永久化**（*beständige Reproduktion oder Verewigung*）是资本主义生产的**必不可少的条件**。①

这呈现了一种鲜明的 Arbeit ihm selbst *entfremdet*（劳动自我**异化**）关系。当然，这里的劳动在我-它自反性关系场境中的自我异化，不是人本学构境中本真类本质的"应该"（sollen）与异化现实的"是"（Sein）的背反逻辑，而是在资本主义再生产过程中，工人自己过去的劳动对象化为自己陌生的资本物——它明明是工人生产出来的东西，可是现在却作为与工人 ihm fremde, ihn beherrschende und ausbeutende Macht（相异己的、统治他和剥削他的权力）——这正是经济现象层面上呈现出来的经济物役性状况。这种劳动的自我异化，通过再一次对主体活劳动的盘剥创造出新的剩余价值，这些剩余价值会在再生产过程中再次异化为资本的力量，这种永久化的劳动异化关系中的雇佣关系再生产，是资本主义生产存在下去的必要条件。我注意到，布洛赫指认马克思在《资本论》中消除了"是与应该"（Sein und sollen）之间的二元论分离，然而却将其错误地重新标识为具体的乌托邦。② 这当然是一种倾向人本主义逻辑构序的误导。在马克思看来，这也表现为资本主义**生产关系的再生产**，或者叫**资本关系的再生产**。他说，"资本主义生产过程，在关联（Zusammenhang）中

---

① 《马克思恩格斯全集》（第二版）第 42 卷，人民出版社 2016 年版，第 587 页。中译文有改动。Marx-Engels-Gesamtausgabe（MEGA²），Ⅱ/5，Text，Berlin：Dietz Verlag，1983，S. 461.

② 参见［德］布洛赫《希望的原理》第 2 卷，梦海译，上海译文出版社 2020 年版，第 264 页。

加以考察,或作为再生产过程(Reproduktionsprozeß)加以考察时,不仅生产商品,不仅生产剩余价值,而且还生产和再生产**资本关系**(producirt und reproducirt das *Kapitalverhältniß*)本身:一方面是**资本家**,另一方面是**雇佣工人**"①。这种劳动自我异化关系的再生产,也就是资本主义生产关系的再生产。这是马克思在《资本论》中对资本主义生产方式本质透视中最重要的观点。其实,在《1861—1863年经济学手稿》中,马克思就曾经这样概括这一再生产过程:

(1)在简单生产过程中,把劳动条件关系作为资本再生产出来,并把工人关系作为雇佣劳动再生产出来;

(2)通过使剩余价值不断转化为资本(积累),靠**增加作为雇佣工人而存在的劳动能力**,创造出大量这种作为**资本而存在的条件**。

(3)通过把资本主义生产方式不断扩展到新的领域,消除一定程度上还存在于直接生产者及其生产条件之间的统一;使直接生产者转化为雇佣工人,使他的劳动资料转化为同他这种雇佣工人相对立的资本;

(4)通过资本积聚(和竞争)扼杀各小资本,并把它们合并成大资本,虽然和发达领域中的这种吸引过程同时发生的,还有新出现的就业部门等等的排斥过程。如果没有这种情况,资产阶级生产就会十分简单和迅速地到达自身的崩溃。②

这可能是马克思对资本主义再生产过程问题比较完整的一次说明。这里有从简单生产与再生产到资本主义生产方式在社会空间再生产的历史布展,也有资本积聚和竞争的再生产进程中大资本垄断的形成和必然崩溃。为此,马克思还绘制了多张再生产图表。③ 在那里,他关于资本主义生产方式再生产的概括为:"生产资料通过生产过程本身不断地作为**资本再生产出来**,而劳动则通过生产过程本身不断地作为**雇佣劳动再生产出来**,因为生产过程不仅是

---

① 《马克思恩格斯全集》(第二版)第42卷,人民出版社2016年版,第595页。中译文有改动。Marx-Engels-Gesamtausgabe(MEGA²),Ⅱ/5,Text,Berlin:Dietz Verlag,1983,S.468.
② 《马克思恩格斯全集》(第二版)第37卷,人民出版社2019年版,第453—454页。
③ 参见《马克思恩格斯全集》(第二版)第37卷,人民出版社2019年版,第454—456、460页。

使用价值和商品的生产过程,而且是使用价值和商品借以进行再生产的**社会关系**即**生产关系**的再生产和生产过程。"①这是一个资本再生产和资本主义生产关系再生产的重叠过程。

其二,剩余价值在资本主义再生产过程中重新转化为资本的**资本积累**。在《1861—1863年经济学手稿》中,马克思最早讨论了资本积累问题。在那里,他提出"资本主义生产方式的发展本身又取决于资本积累"。② 在那里,他甚至也提及资本积累与异化的关系。"积累现在通过把利润,或者说剩余产品,再转化为资本而成为经常的过程,因此,数量已经增加了的、同时是劳动的客观条件、再生产条件的劳动产品,经常作为**资本**,作为从劳动异化出来的、支配劳动的和人格化为资本家的力量同劳动相对立。"③在马克思看来,资本积累是一种资本的**无中生有的戏法**,资本拜物教在这里被进一步魔法化了。马克思说,前面我们已经揭露了资本家盘剥工人剩余价值的秘密,当生产出来的剩余价值不是被消费,而是重新投入再生产过程中转化为新的资本,这就是资本的积累。当然,这里的资本积累,并不是作为资本主义生产方式历史基础的资本的**原始积累**(ursprüngliche Accumulation),原始积累"不是资本主义生产方式的**结果**,而是它的**起点**(Ausgangspunkt)"④。因为在马克思看来,所谓资本的原始积累是历史地形成资本主义生产关系的过程,也就是创造资本与雇佣劳动关系的历史过程。其实,在前面的《1861—1863年经济学手稿》中,马克思已经指认过,"**资本的原始积累**。包括劳动条件的集中。它是劳动条件对工人和劳动本身的独立化。它的历史活动=资本产生的历史活动。把劳动条件转化为资本、劳动转化为雇佣劳动的**历史的**分离过程。这样就提供了资本主义生产的基础"⑤。资本的原始积累,本质上是劳动条件集中于资本家的手中,工人成为一无所有的自由劳动者,这才能造成资本关系发生所必需的雇佣劳动关系。所以,"原始积累无非是劳动条件作为与劳动

①《马克思恩格斯全集》(第二版)第37卷,人民出版社2019年版,第580页。
②《马克思恩格斯全集》(第二版)第37卷,人民出版社2019年版,第399页。
③《马克思恩格斯全集》(第二版)第35卷,人民出版社2013年版,第249页。
④《马克思恩格斯全集》(第二版)第42卷,人民出版社2016年版,第733页。
⑤《马克思恩格斯全集》(第二版)第35卷,人民出版社2013年版,第301页。

和工人相独立的力量分离出来。历史的过程把这种分离表现为社会发展的因素。资本一旦存在,这种分离的保持和再生产就从资本主义生产方式本身中以越来越大的规模发展起来,直到发生历史变革"①。并且,他明确说,"在自由主义的蠢货们的笔下,这种**原始积累**被描绘成一幅田园诗般的情景,其实这是一部极其可悲的和极其惨痛的历史"②。而在这里,马克思更具体地分析说,资本的原始积累过程就是

> **创造**资本关系的过程,只能是**劳动者和劳动条件的分离过程**,这个过程一方面使社会的生活资料和生产资料**转化为资本**,另一方面使直接生产者**转化为雇佣工人**。因此,所谓**原始积累**只不过是**生产者和生产资料分离的历史过程**。这个过程所以表现为"**原始的**",因为它形成**资本**及与之相适应的生产方式的**前史**(*Vorgeschichte*)。③

那是一段资本关系历史发生的血腥历史。对此,马克思有一句关于资本原始积累的名言:"**资本**来到世间,从头到脚,每个毛孔都滴着血和肮脏的东西(*das Kapital* von Kopf bis Zeh,aus allen Poren,blut-und schmutztriefend)。"④这也是马克思对资本拜物教一针见血的假象剥离:看起来合法、公正的资本主义生产方式,却是以残暴的杀人放火和直接掠夺为历史前提的。马克思分析说,"美洲金银产地的发现,土著居民的被剿灭、被奴役和被埋葬于矿井,对东印度开始进行的征服和掠夺,非洲变成商业性地猎获黑人的场所——这一切标志着资本主义生产时代的曙光。这些田园诗式的过程是**原始积累的主要因素**。"⑤这是马克思自"居利希笔记"就开始了解到的历史真相,在我们前面已经讨论过的《伦敦笔记》的第 14 笔记本的"殖民主义统治"专题研究中,他更加直接地面对了资产阶级的这种暴行。

与资本的原始积累不同,此处马克思所说的资本积累,是特指资本家在再生产过程中"**把剩余价值当作资本使用**,或者说,**把剩余价值再转化为资**

---

① 《马克思恩格斯全集》(第二版)第 35 卷,人民出版社 2013 年版,第 248 页。
② 《马克思恩格斯全集》(第二版)第 37 卷,人民出版社 2019 年版,第 478 页。
③ 《马克思恩格斯全集》(第二版)第 42 卷,人民出版社 2016 年版,第 735 页。
④ 《马克思恩格斯全集》(第二版)第 42 卷,人民出版社 2016 年版,第 777 页。
⑤ 《马克思恩格斯全集》(第二版)第 42 卷,人民出版社 2016 年版,第 769 页。

本，叫做**资本积累**（*Accumulation des Kapitals*）"①。显然，这里通过对资本积累的分析，马克思对资本主义生产方式本质的科学认识，已经进入一个新构境层：与原来那个进入生产过程中的**作为资本的货币**不同，现在是进入再生产过程的**作为资本的剩余价值**。这是资本家在生产中剥削工人的连续过程。其实，与上面马克思分析的资本主义再生产过程一致，所谓"积累就是**规模扩大的资本主义再生产过程**（*kapitalistischer Reproduktionsprozeß auf erweiterter Stufenleiter*）"②。如果联系到原始积累，那么"积累只是把**原始积累**中作为特殊的历史过程，作为资本产生的过程，作为从一种生产方式到另一种生产方式的过渡出现的东西表现为**连续的过程**"③。所以，资本积累的本质，就是资本家剥削工人所得的剩余价值而又不断地重新转化为新的资本的过程，这本身也是资本与雇佣劳动的关系不断再生产的过程，说大一些，就是资本主义制度的再生产和维持。这当然也是马克思对资本主义生产方式科学认识的进一步深化。

马克思分析说，在这个规模扩大的资本主义再生产过程中，重新投入再生产中的资本也可以被称为"**剩余资本**"（*Surpluskapital*）。依据我们前面已经分析过的资本家与工人的平等交易把戏和后来的生产过程中剩余价值生产的秘密，现在，这个戏法在再生产发生之前又重演一次，资本家此番用手中的"剩余资本"再次与工人进行"平等交换"，"**资本家和工人之间的交换关系，仅仅成为属于流通过程的一种表面现象，成为一种与内容本身相异**（Inhalt selbst fremd）**的并只是使它神秘化**（mystificirt）**的形式**"④。其实我们知道，这个剩余资本"只是**剩余价值的转化形式**（*verwandelte Form*），也就是**剩余劳动**（*Mehrarbeit*），他人无酬劳动的**转化形式**。**其中没有**它的占有者支付过**等价物的任何价值原子**"⑤。与前面我们遭遇过的资本家用货币购买劳动力商品不同，现在我们已经看清楚资本家组织再生产过程时，他手中再次购买劳动力商品的货币，已经是剩余资本-剩余劳动-剩余价值的多重脱型和转化的结果，

①《马克思恩格斯全集》（第二版）第42卷，人民出版社2016年版，第596页。

②《马克思恩格斯全集》（第二版）第42卷，人民出版社2016年版，第597页。

③《马克思恩格斯全集》（第二版）第35卷，人民出版社2013年版，第249页。

④《马克思恩格斯全集》（第二版）第42卷，人民出版社2016年版，第600页。中译文有改动。Marx-Engels-Gesamtausgabe（MEGA²），Ⅱ/5，Text，Berlin：Dietz Verlag，1983，S.472.

⑤《马克思恩格斯全集》（第二版）第42卷，人民出版社2016年版，第598页。

这一次,所有人都会发现,资本家用以与工人交换的货币,"其中没有它的占有者支付过**等价物的任何价值原子**"。从本质上说,"这种劳动的同工人本身**相异化的场境**(*entfremdeten Gestalt*),即它的**资本的场境**(*Kapitalgestalt*),虽然这种劳动是工人的过去的和无酬的劳动"①。这是马克思在《资本论》第一卷(第一版)中第三处使用劳动异化概念。因为用经济拜物教话语,实在无法说清楚这里存在的深层次的我-它自反性颠倒关系。可是,恰是这样一种劳动自身异化的产物,资本家却拿它来再次与工人相交换,"他现在购买工人用的是**他自己以前没有付等价物而占有的他人的产品或产品价值**,这就像他在生产产品时使用的**生产资料**在实物上或在其价值上是**不付等价物而占有的工人的产品**完全一样"②。这亦表明,资本家重新投入再生产中的剩余资本,本来就是由剩余价值脱型和转换而来的,却又用来榨取工人活劳动的剩余价值。从本质上看,这当然就是彻头彻尾的**我-它自反性**的 *entfremdete Gestalt*(**异化场境**)。马克思此处再一次专门使用的 Gestalt(场境)概念,虽然还不是现代学术语境中的格式塔场境,但也已经在指认一种看不见的互动关系场境。在后来恩格斯整理出版的《资本论》第三卷中,我们还看到了马克思这样的表述:"在发达的资本主义生产方式下,劳动者不是生产条件即他所耕种的土地、他所加工的原料等等的所有者。但是在这里,与生产条件同生产者的这种异化(Entfremdung)相适应,生产方式本身发生了真正的变革。分散的劳动者联合在大工场内,从事有分工的但又互相衔接的活动;工具变成了机器。"③资本主义生产过程中发生的生产条件同劳动者的 Entfremdung(异化),正是《1861—1863年经济学手稿》中劳动异化批判构式Ⅲ的第一层面。马克思说,

①《马克思恩格斯全集》(第二版)第42卷,人民出版社2016年版,第626页。中译文有改动。Marx-Engels-Gesamtausgabe(MEGA²),Ⅱ/5,Text,Berlin:Dietz Verlag,1983,S.491.

②《马克思恩格斯全集》(第二版)第42卷,人民出版社2016年版,第598页。

③《马克思恩格斯全集》(第二版)第46卷,人民出版社2003年版,第674页。需要指出,此处马克思使用 Entfremdung 一词的地方,编者加注了这样一条可以商榷的注释:"关于'生产条件同生产者的这种异化',马克思《1844年经济学-哲学手稿》中的《异化劳动和私有财产》(《马克思恩格斯全集》中文第2版第3卷第39—53页)中已有论述。"其实,马克思在《1844年手稿》中,并没有讨论过这里马克思所指认的资本主义生产过程中发生的生产条件与生产者的异化问题,这一讨论最初是在《大纲》中出现,然后集中展开于《1861—1863年经济学手稿》。参见《马克思恩格斯全集》(第二版)第30卷,人民出版社1995年版,第443页;《马克思恩格斯全集》(第二版)第35卷,人民出版社2013年版,第239页。

"资本家用他总是不付等价物而占有的他人的已经对象化劳动的一部分,来不断再换取更大量的他人的活劳动"①。这是资本拜物教魔法的更深套路:"先是肉眼看不见的魔术(unsichtbare Magie)把工人的剩余产品从工人一极抛到了**资本家**一极,然后,资本家把这些对他来说无中生有(Schöpfung aus Nichts ist)的财富转化成资本,转化成使用、支酬和剥削追加劳动力的手段。"②这样,工人不会再认得在资本主义再生产中变成原料、机器和厂房等这些实物的资本本相,就是自己劳动创造的剩余价值,资本拜物教在资本积累的 Schöpfung aus Nichts ist(无中生有)戏法中被再一次加深了。马克思此时脑海里出现的,很可能是黑格尔指认的现象:面对这种"异己的陌生的现实",竟然"在其中认不出自己"。③ 在马克思看来,"被神秘化为一种自然规律的资本主义积累规律(Naturgesetz mystificirte Gesetz der kapitalistischen Accumulation)","正像人在宗教中受他自己头脑的产物的支配一样,人在资本主义生产中受他自己双手的产物的支配"。④ 这里的 Naturgesetz(自然规律)并非真的是自然界发生的客观规律,而是黑格尔"第二自然"构境中的**似自然性**(quasi-natürliche)⑤。它的意识形态伪境作用,正像宗教幻象中我们跪倒在自己的头脑产物——上帝面前一样,人们在资本主义的资本积累过程中,被我们自己双手创造出来的经济物相化产物支配。应该指出,在《资本论》中,马克思用经济拜物教来通俗地说明资本主义生产方式的剥削本质时,由于缺失了经济物相化中事物化颠倒和劳动异化关系批判的编码支撑,他对资本主义经济关系复杂场境的原有的深一层思想构境,并没有得到完整的呈现。这是我们必须意识到的方面。

马克思认为,资本主义再生产和资本积累的不断重复,必然导致资本越来越集中在少数大资本家手中的**积聚**(Koncentration)现象。在前面的《1861—1863 年经济学手稿》中,马克思曾经说过,资本的积聚就是

---

① 《马克思恩格斯全集》(第二版)第 42 卷,人民出版社 2016 年版,第 600 页。
② 《马克思恩格斯全集》(第二版)第 42 卷,人民出版社 2016 年版,第 599 页。
③ 参见[德]黑格尔《精神现象学》下卷,贺麟、王玖兴译,商务印书馆 1979 年版,第 38 页。
④ 参见《马克思恩格斯全集》(第二版)第 42 卷,人民出版社 2016 年版,第 638 页。
⑤ 关于这个似自然性,可参见拙著《马克思历史辩证法的主体向度》(第一版),河南人民出版社 1995 年版,第三章。

　　大资本通过消灭小资本而进行的积累。吸引。资本和劳动的中间结合体的丧失资本。这不过是下述过程的最后一级和最后形式:把劳动条件转化为资本,然后把这种资本和某些资本以更大的规模再生产出来,最后把社会上许多地方形成的资本同它们的所有者分离开来,并把它们集中在大资本家手里。生产以这种对立和矛盾(Widerspruch)的极端形式转化为社会生产,尽管是通过异化的形式。①

在马克思看来,这种资本的积聚也是一种剥夺,不过,这一次的剥夺对象是资本家自己。他说,"这种**剥夺**(*Expropriation*)是通过**资本主义生产本身**的内在规律的作用,即通过**资本的积聚**(*die Koncentration der Kapitalien*)进行的。一个资本家打倒许多资本家。随着这种积聚或**少数资本家对多数资本家的剥夺**……"②马克思说,资本的积聚必然导致资本主义生产总过程中的经济垄断,而"**资本的垄断成了**与这种垄断一起并在这种垄断之下繁盛起来的**生产方式的桎梏**(*Fessel der Produktionsweise*)"。在马克思看来,资本**垄断**的本质就在于通过对先进的技术、资本和市场的独占,"把**商品价值**保持在**高于商品的平均价格**的水平,是使商品能够**按照**它的价值而不是**高于**它的价值出卖"③。"生产资料的积聚和劳动的社会化,达到了同它们的**资本主义外壳**不能相容的地步。这个外壳就要炸毁了。**资本主义私有制的丧钟就要响了。剥夺者就要被剥夺了**(*Die Expropriateurs werden expropriirt*)。"④资本的积聚必然导致资本的垄断,此时,资本主义生产方式的私人占有制与日益发展起来的社会化大生产就将发生根本的冲突,这也就敲响了整个资本主义私有制的丧钟。

　　资本主义生产方式和占有方式(Produktions-und Aneignungsweise),从而**资本主义的私有制**,是对**个人的、以自己劳动为基础**的私有制的**第一个否定**。对资本主义生产的否定,是它自己由于自然过程的必然性

---

①《马克思恩格斯全集》(第二版)第35卷,人民出版社2013年版,第301页。
②《马克思恩格斯全集》(第二版)第42卷,人民出版社2016年版,第779页。
③《马克思恩格斯全集》(第二版)第34卷,人民出版社2008年版,第101页。
④《马克思恩格斯全集》(第二版)第42卷,人民出版社2016年版,第779—780页。

（Nothwendigkeit eines Naturprozesses）而造成的。这是**否定的否定**（*Negation der Negation*）。这种否定**重新建立个人所有制**（*individuelle Eigenthum*），然而是在资本主义时代的成就的基础上，**在自由劳动者的协作的基础上和他们对土地及靠劳动本身生产的生产资料的公有制上来重新建立**。①

这是一个历史辩证法中的否定之否定，社会主义和共产主义的"**生产资料的公有制**"必将取代资本主义。我以为，这是《资本论》中最有分量的一个科学社会主义的政治断言。它表明，马克思通过长期的艰辛努力，终于获得了对资本主义生产方式科学认识的重要结论：**资本主义生产方式的必然灭亡！共产主义一定会胜利！** 由此，马克思才会充满自信地宣告：《资本论》"无疑是向资产者（包括土地所有者在内）脑袋发射的最厉害的炮弹"②。

其三，**资本拜物教在剩余价值瓜分中的有中变无戏法里的最后隐遁**。我注意到，虽然经济拜物教的讨论主要集中在《资本论》第一卷中，但马克思关于资本拜物教的批判，最后落脚在《资本论》第三卷中资产阶级对剩余价值的不同形式的瓜分问题中。可以说，这是资本拜物教三幕大戏之外的"加演小品"。依马克思自己的说明，"过去的**一切**经济学**一开始**就把表现为地租、利润、利息等固定形式的剩余价值特殊部分当作已知的东西来加以研究，与此相反，我首先研究剩余价值的一般形式，在这种形式中所有这一切都还没有区分开来，可以说还处于融合状态中"③。这是说，在以往所有资产阶级经济学家那里，利润、地租和利息等经济现象都是被当作熟知的孤立经济现象，而实际上，这些不是自身的经济定在不过是剩余价值分配形式中的"特殊部分"。所以，马克思在科学分析了剩余价值的一般形式后，再来具体讨论利润、地租和利息等问题。然而在这里，我们却发现劳动异化批判构式Ⅲ也十分意外地出场了。这同样是马克思在《1861—1863 年经济学手稿》中已经讨论过的劳动异化批判构式Ⅲ中的第七个层面的问题。在《资本论》第一卷中，

①《马克思恩格斯全集》（第二版）第 42 卷，人民出版社 2016 年版，第 780 页。Marx-Engels-Gesamtausgabe（MEGA²），Ⅱ/5，Text，Berlin：Dietz Verlag，1983，S. 609–610.
②《马克思恩格斯全集》第 31 卷，人民出版社 1972 年版，第 542—543 页。
③《马克思恩格斯全集》第 32 卷，人民出版社 1974 年版，第 11 页。

马克思就已经告诉我们:

> **生产**剩余价值即直接从工人身上榨取无酬劳动并把它固定在商品上的资本家,是剩余价值的第一个占有者,但绝不是剩余价值的最后所有者。以后他还必须同在整个社会生产中执行其他职能的资本家,同土地所有者等等,**共同瓜分**剩余价值。因此,剩余价值**分为**各个不同的部分。它的各部分归不同类的人所有,并**结晶**(krystallisiren)为不同的、互相独立的**形式**,如利润、利息、商业利润、地租等等。①

这是由于资本主义生产过程是一个复杂的总体,并不是产业资本家独立完成的过程:他要从事生产经营,就必须有货币,如果没有,他就得向有钱的人(银行)借钱;如果没有自己的土地,那么建设厂房就必须向土地所有者租地;生产出来的商品需要在市场上卖出,就必须让一部分利润给商业资本家;如果他的生产和经营要获得国家和社会承认,他还得交出各种的税费;等等。这就会使他在生产过程中盘剥而来的剩余价值(利润),分成利息、地租、商业利润和税费等不同板块。而在看起来与生产过程没有直接关联的利息、地租和商业利润中,资本的剥削本质更深地遮蔽起来了。这里的商业利润,是对利润形式的进一步细化区分,应该是马克思新增加的思考对象。这是进一步造成资本拜物教神秘幻象的经济物相化编码中复杂的**客观关系转换机制**。这也是一种将资本家剥削工人的剩余价值隐匿起来的**有中变无**的戏法。

因为整个《资本论》的第二卷,都是对资本主义生产总过程中流通环节的十分具体的分析,所以,这一问题只是到了第三卷回到资本生产总过程的不同资本形态和剩余价值转化形式中才重新被提及。我们可以看到,马克思在那里明确指认,资本主义生产总过程中剩余价值的转化形式,是使资本的剥削本质进一步隐匿起来的过程,这是一个把资本盘剥剩余价值的真相**有中变无**的过程。这样,在资本主义生产和再生产的总过程中,剩余价值(剩余劳动)彻底消失在不同的资本物性实在中,工人通过劳动创造出来的剩余价值现在颠倒地"表现为异化的、独立化了的社会权力(entfremdete、

---

① 《马克思恩格斯全集》(第二版)第 42 卷,人民出版社 2016 年版,第 580 页。

verselbständigte gesellschaftliche Macht），这种权力作为事物（Sache），作为资本家通过这种事物（Sache）取得的权力，与社会相对立"①。这是恩格斯对马克思在《1863—1865 年经济学手稿》第三册初稿中相近观点的改写。② 能够观察到，马克思在这里不加任何说明地突然使用了特殊的 Sache（事物）和 entfremdet（异化）的概念，但并没有进一步展现这些概念背后极其复杂的经济物相化编码中的此-彼错位的事物化（Ⅳ）颠倒关系和我-它自反性劳动异化关系场境。这当然会造成读者阅读中的深层次"认识论障碍"。依概念考古学的检索，恩格斯在整个《资本论》第三卷的整理和修订中，共计保留了 7 处马克思使用的 Entfremdung 概念。而在《资本论》第二卷中，该词的出现频次为 0。然而，在作为《资本论》初稿的《1863—1865 年经济学手稿》中，马克思在第二册第三章中 1 次使用了异化概念③，而在第三册中，则 13 次使用了异化概念④。这些在分配领域中到场的经济事物，就是在资本主义生产和再生产总过程中，作为剩余价值转化形式的利润、利息、地租和商业利润等。这当然是资本主义生产关系中**劳动异化的自乘**。我们可以直接看到，这是马克思在《资本论》第三卷讨论剩余价值分配形式的构境中，没有任何逻辑过渡地突然恢复使用的自己在《1861—1863 年经济学手稿》中新建构的劳动异化批判构式Ⅲ中的**第七个劳动异化层面——剩余价值的分配形式中的劳动异化**。甚至可以说，这已经不是异化概念偶然的出场，而是劳动异化批判构式Ⅲ（第七层面）比较完整的呈现。我还注意到，即便是在《1863—1865 年经济学手稿》的那个被直接删除的第六章中，马克思也没有在浓缩式的劳动异化批判构式Ⅲ的三个层面讨论中涉及这一问题。我揣测，这反映出在剩余价值的分配形式上，仅仅用经济拜物教批判的话语是无法彻底说清楚工人创造的剩余价值在利润、利息和地租等问题上的复杂我-它自反性转换关系的，所以马克

①《马克思恩格斯全集》（第二版）第 46 卷，人民出版社 2003 年版，第 293—294 页。中译文有改动。
　　Marx-Engels-Gesamtausgabe（MEGA²），Ⅱ/15，Text，Berlin：Dietz Verlag，2004，S. 260.
② 参见 Marx-Engels-Gesamtausgabe（MEGA²），Ⅱ/4 - 3，Text，Berlin：Dietz Verlag，1992，S. 337。
③ 参见 Marx-Engels-Gesamtausgabe（MEGA²），Ⅱ/4 - 1，Text，Berlin：Dietz Verlag，1988，S. 371。
④ 参见 Marx-Engels-Gesamtausgabe（MEGA²），Ⅱ/4 - 3，Text，Berlin：Akademie Verlag，2012，S. 119，
　　120，316，337，453，502，649，720，721，846，851（ + 2），852。

思不得不让劳动异化批判构式Ⅲ显露出来。这也说明,经济拜物教背后,实际上是更深的我-它自反性劳动异化关系场境。

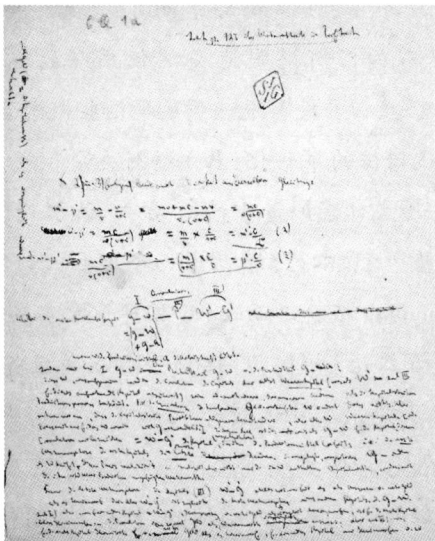

图 20 - 1 马克思《资本论》第三册手稿一页

一是剩余价值在转化为利润形式中发生的**异化的异化**。马克思说,利润已经不再是产业资本家从生产和再生产过程中,通过直接盘剥剩余劳动获得的剩余价值的原形,而是剩余价值经历整个资本主义生产总过程的多重资本转换和运转后的结果,在这里,利润表现为剩余价值被**总体资本家**占有。这种复杂经济场境中的整体占有,使剩余价值的来源变得模糊不清了。马克思说,从本质上看,产生这种情况,还是"因为生产资料已经转化为资本,也就是生产资料已经和实际的生产者相异化(Entfremdung),生产资料已经作为异己的财产(fremdes Eigenthum),而与一切在生产中实际进行活动的个人(从经理一直到最后一个短工)相对立"①。这是对《1863—1865 年经济学手稿》初稿第三册中相近观点的改写。② 这是马克思直接链接劳动异化批判构式Ⅲ第一层面**劳动条件异化**的努力。也因为以往工人创造的劳动成果作为进入生产过

———————————

① 《马克思恩格斯全集》(第二版)第 46 卷,人民出版社 2003 年版,第 495 页。中译文有改动。Marx-Engels-Gesamtausgabe(MEGA²),Ⅱ/15,Text,Berlin:Dietz Verlag,2004,S.428.

② Marx-Engels-Gesamtausgabe(MEGA²),Ⅱ/4 - 3,Text,Berlin:Akademie Verlag,2012,S.502.

程时的生产条件,异化为由资本支配的生产成本要素,于是,新的剩余价值就成为投入了生产资料的资本家在清算"生产成本",扣除"市场价格"波动的因素后,最终理所当然得到的"平均利润"。也是在这里,商业资本由此拿到了工业资本家手中分出的商业利润这杯羹。这意指着,利润本身已经是剩余价值的异化存在方式。也因为剩余价值本身就是被深深遮蔽起来的我-它自反性劳动异化结果,所以这里发生的剩余价值形式中的异化同样也已经是**异化的异化**。

二是剩余价值在资本主义生产过程中的地租形式上的异化。在资本主义生产过程中的地租形式上,资本家租地并付给土地所有者地租,这好像也是在"现实剥削过程之外"发生的事情。马克思说,那个看起来独立自存的土地也是一种我-它自反性异化的结果。马克思分析说,"劳动条件的这种劳动异化的(Arbeit entfremdete)、和劳动相对立而独立化的、并由此形成的转化场境(verwandelte Gestalt)——在这种场境下,生产出来的生产资料已转化为资本,土地已转化为被垄断的土地,转化为土地所有权,这种属于一定历史时期的场境(Gestalt),就和生产出来的生产资料和土地在生产过程一般中的定在和职能(dem Dasein und der Funktion)合而为一"①。这是对《1863—1865年经济学手稿》初稿第三册中相近观点的改写。② 这是马克思在《资本论》第三卷中所使用的 Arbeit entfremdete(劳动异化)范畴。我以为,这是马克思再一次链接到自己的劳动异化批判构式Ⅲ中的第一层面劳动条件异化问题。在马克思看来,在资本主义生产方式之下,虽然土地并不是工人的直接劳动成果,作为进入生产过程的劳动条件,它本身并不是劳动异化的结果,但土地所有制的性质业已发生了根本的改变,土地已经以特殊的交易关系进入资本主义生产过程中,从属于资本主义的生产方式,这样,由土地的商业使用所得到的地租,就不过是生产资本支付给土地所有者的利润分成,这当然是作为剩余价值的异化的利润本身的一种转化了的分配形式。只是,

在这里,因为剩余价值的一部分好像不是直接和社会关系联系在一

---

① 《马克思恩格斯全集》(第二版)第46卷,人民出版社2003年版,第933—934页。中译文有改动。
Marx-Engels-Gesamtausgabe(MEGA²), Ⅱ/15, Text, Berlin: Dietz Verlag, 2004, S. 799.
② 参见 Marx-Engels-Gesamtausgabe(MEGA²), Ⅱ/4-3, Text, Berlin: Akademie Verlag, 2012, S. 846。

起,而是直接和一个自然要素即土地(Naturelement, die Erde)联系在一起,所以剩余价值的不同部分互相异化和硬化的形式(Form der Entfremdung und Verknöcherung)就完成了,内部联系就最终割断了,剩余价值的源泉就完全被掩盖起来了,而这正是由于和生产过程的不同物质要素结合在一起的各个生产关系已经互相独立化了。①

在土地—地租的公式中,剩余价值似乎不是由工人劳动所创造的,而是土地的自然产物,由此,资本主义生产方式中剩余价值的源泉就被彻底地掩盖起来了。这当然是资本拜物教遮蔽起来的一种我-它自反性 Form der Entfremdung und Verknöcherung(劳动异化和硬化的形式),也是剩余价值分配形式异化中的有中变无戏法的最后一幕。这是对《1863—1865 年经济学手稿》初稿第三册中相近观点的改写。②

三是剩余价值(利润)转化为利息中的**异化自乘**。马克思说,如果历史性地看,"生息资本或高利贷资本(我们可以把古老形式的生息资本叫作高利贷资本),和它的孪生兄弟商人资本一样,是资本的洪水期前的形式,它在资本主义生产方式以前很早已经产生,并且出现在极不相同的经济社会形态中"③。这是马克思在《1861—1863 年经济学手稿》中已经说明过的问题。生息资本,在资本主义生产方式发生之前就存在,它只是在资本主义生产方式中才获得了自己的最高发展形式。马克思分析说,在资本主义经济物相化空间中存在的生息资本和利息的形态上,我们已经完全看不出剩余价值的任何直接来源,因为作为我-它自反性劳动异化结果的剩余价值从利润(异化)再一次脱型和转换为利息的时候,它表现为一种与劳动完全无关的东西。在马克思看来:

> 在生息资本上,资本关系取得了它的最表面和最富有拜物教性质的形式(äußerlichste und fetischartigste Form)。在这里,我们看到的是 G—G′,是生产更多货币的货币,是没有在两极间起中介作用的过程而自行增殖的价值。在商人资本 G—W—G′上,至少还存在着资本主义运动的一般形式,虽

---

① 《马克思恩格斯全集》(第二版)第 46 卷,人民出版社 2003 年版,第 940 页。
② 参见 Marx-Engels-Gesamtausgabe(MEGA²),Ⅱ/4-3,Text,Berlin:Akademie Verlag,2012,S.851.
③ 《马克思恩格斯全集》(第二版)第 46 卷,人民出版社 2003 年版,第 671 页。

然这种运动只处在流通领域(Cirkulationssphäre)内,因而利润只表现为让渡利润(Veräußerungsprofit);但不管怎样,利润仍然表现为一种社会**关系**的产物(Produkt eines gesellschaftlichen *Verhältnisses*),而不是表现为赤裸的**物**的产物(Produkt eines bloßen *Dings*)。商人资本的形式,仍然表现一个过程,表现两个相反阶段的统一,表现一种分为两个相反行为即商品的买和卖的运动。在G—G′这个生息资本的形式上,这种运动就消失不见了。①

如果说,在商业资本流通中出现的那个 G—W—G′,还残存着资本主义经济物相化运动的一般形式,人们还可以看到商业利润是从产业资本家那里分得的 Veräußerungsprofit(让渡利润),而在 G—G′这个生息资本的形式上,仿佛真的是钱生钱,多出来的利息就是生息资本物赤裸的产物,而不再是资本主义生产关系的产物。所以,马克思才指认生息资本是资本关系 äußerlichste und fetischartigste Form(最表面和最富有拜物教性质的形式)。因为,"在生息资本中,资本自行再生产的性质,即自行增殖的价值,剩余价值的生产,却纯粹表现为一种神秘的性质"②。马克思告诉我们:

> 资本表现为利息的即资本自身增殖的神秘的和富有自我创造力的源泉。现在,**物**(货币、商品、价值)作为单纯的物已经是资本,资本表现为单纯的物;总再生产过程的结果表现为物自身具有的属性;究竟是把货币作为货币支出,还是把货币作为资本贷出,取决于货币占有者,即处在随时可以进行交换的形式上的商品的占有者。因此,在生息资本上,这个自动的物神(automatische Fetisch),自行增殖的价值(selbst verwerthende Werth),会生出货币的货币(Geld heckendes Geld),纯粹地表现出来了,并且,在这个形式上再也看不到它的起源的任何痕迹了。社会关系最终成为一种物即货币同它自身的关系。③

马克思说,在生息资本的表现形式中,资本直接表现为物,因为这种物可

---

① 《马克思恩格斯全集》(第二版)第 46 卷,人民出版社 2003 年版,第 440 页。Marx-Engels-Gesamtausgabe(MEGA²),Ⅱ/15,Text,Berlin:Dietz Verlag,2004,S.380.
② 《马克思恩格斯全集》(第二版)第 46 卷,人民出版社 2003 年版,第 688 页。
③ 《马克思恩格斯全集》(第二版)第 46 卷,人民出版社 2003 年版,第 441 页。

以自我增殖,生息资本物可以直接 Geld heckendes Geld(钱生钱),并且,它仿佛会以复利的方式呈现几何式的疯狂增长。为此,马克思还专门引述过 1772 年出版的一本小册子中的这样一段话:"一个先令,在耶稣降生那一年以 6% 的复利放出〈大概是投放在耶路撒冷的圣殿〉,会增长成一个比整个太阳系——假设它变成一个直径同土星轨道的直径相等的圆球——所能容纳的还要大的数目"①。哈维曾经十分形象地谈到生息资本的这种特征:"生息资本好像拥有复利(马克思在第一卷中比喻道,它就像一只会下金蛋的鹅),速度增长的神奇(拜物的)力量。把货币存在一个存款账户里,然后它就像拥有魔法般似的自行增殖。"他认为,这是"资本主义拜物教的最极端的幻象"。② 资本拜物教在这里达到了登峰造极的地步,生息资本就是 automatische Fetisch(自动的物神)。因为,"在这里,资本的物神场境和资本物神的观念(Fetischgestalt des Kapitals und die Vorstellung vom Kapitalfetisch)已经完成。在 G—G′上,我们看到了资本的没有概念的形式,看到了生产关系的最高度的颠倒和事物化(Verkehrung und Versachlichung):资本的生息形态,资本的这样一种简单形态,在这种形态中资本是它本身再生产过程的前提;货币或商品具有独立于再生产之外而增殖本身价值的能力,——资本的神秘化取得了最显眼的形式"③。在这种无限制的钱能直接生钱的生息资本中,资本主义生产方式中的资本关系自增殖的假象达到了物神的最高样态,这也是资产阶级生产关系最高度的 Verkehrung und Versachlichung(颠倒和事物化)。由此马克思认为,"在生息资本的形式上,资本拜物教的观念完成了"(In dem zinstragenden Kapital ist aber die Vorstellung vom Kapitalfetisch vollendet)④。

---

① 《马克思恩格斯全集》(第二版)第 46 卷,人民出版社 2003 年版,第 445 页。
② 参见[美]哈维《跟大卫·哈维读〈资本论〉》第 2 卷,谢富胜、李连波校译,上海译文出版社 2016 年版,第 180 页。
③ 《马克思恩格斯全集》(第二版)第 46 卷,人民出版社 2003 年版,第 442 页。中译文有改动。Marx-Engels-Gesamtausgabe(MEGA²),Ⅱ/15,Text,Berlin:Dietz Verlag,2004,S. 382.
④ 《马克思恩格斯全集》(第二版)第 46 卷,人民出版社 2003 年版,第 449 页。

我注意到,也是在这里,马克思忍不住说,这正是哲学上的我-它自反性的异化。因为作为工人对象化劳动产物的剩余价值,在生息资本这里已经失去了它与劳动的任何关系。

> 因为资本的异化性质(entfremdete Charakter des Kapitals),它同劳动的对立,被转移到现实剥削过程之外,即转移到生息资本上,所以这个剥削过程本身也就表现为单纯的劳动过程,在这个过程中,执行职能的资本家与工人相比,不过是在进行另一种劳动。因此,剥削的劳动和被剥削的劳动(Exploitirens und die exploitirte Arbeit),二者作为劳动成了同一的东西。剥削的劳动,像被剥削的劳动一样,是劳动。利息成了资本的社会形式,不过被表现在一种中立的、没有差别的形式上;企业主收入成了资本的经济职能,不过这个职能的一定的、资本主义的性质(kapitalistischen Charakter)被抽掉了。①

在流通领域中曾经出现的那个 G—W—G′ 的假象,在生息资本和利息的产生过程这里成了可以直观的 G—G′ 的经济现实。利息的产生似乎是在"现实剥削过程之外",表现为不再是剩余价值背后的剩余劳动剥削,资本生产中我-它自反性劳动关系异化表现为现象中的**非异化**,这是 entfremdete Charakter des Kapitals(资本的异化性质)**的自乘**。这也是对《1863—1865 年经济学手稿》初稿第三册中相近观点的保留。② 马克思说:

> 利息则好像和工人的雇佣劳动无关,也和资本家自己的劳动无关,而是来自作为其本身的独立源泉的资本。如果说资本起初在流通的表面上表现为资本物神(Kapitalfetisch),表现为创造价值的价值,那么,现在它又在生息资本的形式上,取得了它的最异化最特别的形式(seiner entfremdetsten und eigenthümlichsten Form)。由于这个原因,"资本—利息"(„Kapital-Zins")这个公式,作为"土地—地租"和"劳动—工资"之外的第三个环节,也就比"资本—利润"这个公式彻底得多了,因为在利润

①《马克思恩格斯全集》(第二版)第 46 卷,人民出版社 2003 年版,第 430 页。
② 参见 Marx-Engels-Gesamtausgabe(MEGA²),Ⅱ/4－3,Text,Berlin:Akademie Verlag,2012,S. 453。

的场合，人们总还想起它的起源，而在利息的场合，不仅想不到它的起源，而且让人想到的是和这个起源完全相反的形式。①

可以说，这是马克思第一次在《资本论》中说明**劳动异化与经济拜物教的关系**。这是对《1863—1865 年经济学手稿》初稿第三册中相近观点的改写。②这是说，如果在资本拜物教的不同层面上，剩余价值的遮蔽程度会有所不同，比如在流通领域中，Kapitalfetisch（资本物神）表现为可以"创造价值的价值"，在生产领域，资本与利润的关系总还能让人想起它与对象化劳动的关联，而到了借贷关系场境中的„Kapital-Zins"（资本—利息）上时，生息资本家后来拿到的利息看上去与工人，甚至与产业资本家也是无关的，这是更迷惑人的资本拜物教一幕有中变无的戏法。在此，在利息形式上表现出来的资本拜物教的本质，是我-它自反性**劳动异化关系的自乘**。所以，马克思才说，利息形式上的剩余价值的消逝，也是资本主义生产方式中劳动异化的 seiner entfremdetsten und eigenthümlichsten Form（最异化最特别的形式）。并且，这种异化形式在资本主义的信用体系中生成了一个虚拟的资本自我生殖的巨大幻象。

也是在这里，马克思指认说，"资本—利润（企业主收入加上利息），土地—地租，劳动—工资，这就是把社会生产过程的一切秘密（alle Geheimnisse）都包括在内的三位一体（trinitarische）的形式"③。这是马克思在《资本论》第三卷最后所指认的著名的 trinitarische（三位一体）说，在这里，他借喻了圣经中圣父、圣子和圣灵的三位一体，将资本主义雇佣制度中剩余价值的转化形式和抽象化的劳动，比作基督教神学构境中上帝的三重化身。马克思分析说，资本主义经济物相化中出现的这三种对等关系实际上是神秘的经济物像。在他看来：

> 资本不是物（Ding），而是一定的、社会的、属于一定历史社会赋型

---

① 《马克思恩格斯全集》（第二版）第 46 卷，人民出版社 2003 年版，第 939 页。Marx-Engels-Gesamtausgabe（MEGA²），Ⅱ/15，Text，Berlin：Dietz Verlag，2004，S. 803.

② 参见 Marx-Engels-Gesamtausgabe（MEGA²），Ⅱ/4－3，Text，Berlin：Akademie Verlag，2012，S. 851。

③ 《马克思恩格斯全集》（第二版）第 46 卷，人民出版社 2003 年版，第 940 页。中译文有改动。

（bestimmten historischen Gesellschaftsformation）的生产关系，后者体现在一个物上，并赋予这个物以独特的社会性质。资本不是物质的和生产出来的生产资料的总和。资本是已经转化为资本的生产资料，这种生产资料本身不是资本，就像金或银本身不是货币一样。社会某一部分人所垄断的生产资料，同活劳动力相对立而独立化的这种劳动力的产品和活动条件，通过这种对立在资本上人格化了。①

这更像是马克思对资本关系的小结性的说明。他重复了自己从《雇佣劳动与资本》开始的理论发现：资本不是资本主义生产过程中通过原料、机器和厂房等生产资料呈现出来的直观 Ding（物），而是 bestimmten historischen Gesellschaftsformation（一定历史社会赋型）中占统治地位的生产关系；这种生产关系恰恰是工人劳动的异化，这就如同货币不是金银，而是价值关系的事物化颠倒和异化，资本家只是关系的人格化颠倒的经济物相化假象。这已经内嵌了马克思从《大纲》以来全部经济学革命的丰厚理论积淀。马克思说：

> 在资本—利润（或者，更恰当地说是资本—利息），土地—地租，劳动—工资中，在这个表示价值和财富一般的各个组成部分同其各种源泉的联系的经济三位一体（ökonomischen Trinität）中，资本主义生产方式的神秘化（Mystifikation），社会关系的物化（Verdinglichung der gesellschaftlichen Verhältnisse），物质的生产关系和它们的历史社会规定性的直接融合已经完成：这是一个着了魔的、颠倒的、倒立着的世界（die verzauberte，verkehrte und auf den Kopf gestellte Welt）。在这个世界里，资本先生和土地太太，作为社会的人物，同时又直接作为单纯的物（bloße Dinge），在兴妖作怪。②

依马克思的看法，在这种多重经济物相化的迷雾中，资产阶级的"庸俗经济学（Vulgärökonomie）恰好对于各种经济关系的异化的表现形式（entfremdeten Erscheinungsform）——在这种形式下，各种经济关系显然是荒谬的，完全矛盾

---

① 《马克思恩格斯全集》（第二版）第 46 卷，人民出版社 2003 年版，第 922 页。中译文有改动。Marx-Engels-Gesamtausgabe（MEGA²），Ⅱ/15，Text，Berlin：Dietz Verlag，2004，S. 789.

② 《马克思恩格斯全集》（第二版）第 46 卷，人民出版社 2003 年版，第 940 页。

的;如果物的表现形式和本质(Erscheinungsform und das Wesen der Dinge)会直接合一,一切科学就都成为多余的了——感到很自在,而且各种经济关系的内部联系越是隐蔽,这些关系对普通人的观念来说越是习以为常"①。这是对《1863—1865 年经济学手稿》初稿第三册中相近观点的改写。② 这里马克思表露的一个重要观点为:他的历史现象学恰恰是要透视经济表现形式的物像背后被遮蔽起来的本质,而资产阶级的庸俗经济学家以及"实际的生产当事人对资本—利息,土地—地租,劳动—工资这些异化的不合理的形式(entfremdeten und irrationellen Formen),感到很自在"③。这是对《1863—1865 年经济学手稿》初稿第三册中相近观点的改写。这是因为,资本主义生产方式就是一种我-它自反性劳动异化的经济构式负熵场境,处于经济拜物教迷雾中的资产阶级,就是这种颠倒关系的反向物相化和人格化的产物,这使得资本家在异化场境中反倒如鱼得水,就像我们今天在那些福布斯排行榜上看到的志得意满的笑容。所以,当巴里巴尔说,依马克思的观点,现代资本主义社会并非如韦伯所指认的那样,社会在现代性的世俗化过程中被"祛魅",而恰恰是被资本重新施魔的,只是所有在经济拜物教中的人们无法识破而已④,在这一点上,巴里巴尔的观点是正确的。这里,我还有一种推测,《资本论》第三卷中出现的资本主义分配领域中的剩余价值形式异化问题,是马克思写在第三卷手稿中的文字,当恩格斯重新整理这些文本的时候,他并没有马克思的那种细致地考虑到读者理解的主体视位意识,所以,他不会像马克思那样策略性地删除异化话语,这也许是这些含有异化词语的重要文字得以保留的原因。在文本学的严格意义上说,公开出版的《资本论》三卷中,只有第一卷是马克思自己精心创制完成的文本,第二卷和第三卷都是由恩格斯根据马克思的手稿所创制和塑形加工的带有"拟文本"性质的文本。这是一个不争的事

①《马克思恩格斯全集》(第二版)第 46 卷,人民出版社 2003 年版,第 925 页。中译文有改动。Marx-Engels-Gesamtausgabe(MEGA²),Ⅱ/15,Text,Berlin:Dietz Verlag,2004,S.792.

② 参见 Marx-Engels-Gesamtausgabe(MEGA²),Ⅱ/4-3,Text,Berlin:Akademie Verlag,2012,S.721。

③《马克思恩格斯全集》(第二版)第 46 卷,人民出版社 2003 年版,第 940 页。Marx-Engels-Gesamtausgabe(MEGA²),Ⅱ/4-3,Text,Berlin:Akademie Verlag,2012,S.852.

④ 参见[法]巴里巴尔《马克思的哲学》,王吉会译,中国人民大学出版社 2007 年版,第 87 页。

实。然而，并不能因此否定马克思创作的《资本论》三卷思想文本的客观存在。在这一点上，海因里希简单地说："由马克思撰写的三卷本《资本论》并不真正存在。三卷本只是编辑出来的版本。"①这一说法显然是欠妥的。

6. 虚拟资本：信用关系伪境中资本主义自我消亡的翻转门

我们看到，在《资本论》第三卷的最后，马克思再一次提出了资本主义经济物相化空间的神秘性问题。他说：

> 在论述资本主义生产方式甚至商品生产的最简单的范畴时，在论述商品和货币时，我们已经指出了一种神秘性质（mystificirenden Charakter），它把在生产中由财富的各种物质要素（stofflichen Elemente）充当承担者的社会关系，变成这些物（Dinge）本身的属性（商品），并且更直截了当地把生产关系本身变成物（Ding）（货币）。一切已经有商品生产和货币流通的社会形式，都有这种颠倒（Verkehrung）。但是，在资本主义生产方式下和在构成其占统治地位的范畴，构成其起决定作用的生产关系的资本那里，这种着了魔的颠倒的世界（verzauberte und verkehrte Welt）就会更厉害得多地发展起来。②

这正是我们前面依次讨论过的带有神秘性质的经济定在之上的商品、货币和资本三大拜物教。马克思在此更深地指认，经济拜物教的本质是将经济物相化中的对象化劳动倒置为 Ding（物），人与人的关系颠倒地呈现为经济事物之间的关系，这种经济负熵质被直接误认为这些经济定在本身的自然属性，这就是 Verdinglichung（物化）观念的发生。在这个意义上，**物化误认正是整个经济拜物教的本质**。更重要的是，马克思在这里指出，无论是商品中的价值关系颠倒为货币，还是生产条件作为颠倒为物性对象的资本关系，都生成着资本主义经济物相化空间中特有的 verzauberte und verkehrte Welt（着了魔的颠

---

① ［德］海因里希：《重建还是解构：关于价值和资本的方法论争论，以及来自考证版的新见解》，载［意］理查德·贝洛菲尔、罗伯特·芬奇主编《重读马克思——历史考证版之后的新视野》，徐素华译，东方出版社 2010 年版，第 121 页。
②《马克思恩格斯全集》（第二版）第 46 卷，人民出版社 2003 年版，第 936 页。

倒的世界）。在从《大纲》开始的马克思第三次经济学研究的全部过程中，我们一步步看到了资本主义这个着了魔的颠倒世界的历史发生和复杂的神秘赋型过程。不过，在《资本论》第三卷中，马克思真的让我们直接遭遇了一种"更厉害得多地发展起来"的魔性颠倒世界，这就是资本主义生产方式在生息资本异化之上建立起来的整个**信用关系伪境**。如果说，资本主义的生息资本"是一切颠倒错乱形式之母"①，那么，经济物相化空间中出现的信用关系场境，则会是资本拜物教登峰造极的存在方式。这也是一直到今天还在横行于世的资本主义经济物相化空间中最神奇的**金融海市蜃楼**。遗憾的是，马克思的这一极其重要的理论论述却被我们长期严重忽视了。

我们已经知道，早在马克思刚刚开始进行第三次经济学研究的时候，他最初在《伦敦笔记》中遭遇的就是资产阶级经济学中的信用和通货理论。我们可能还记得曾经引述过的马克思摘录的那段对现实生活场境的描述："上市公司（Public Companies）现在在我们的社会经济中占有重要地位。我们在由上市公司创办的学校和学院接受教育。我们通过在一家银行开户来开始积极的生活。我们通过保险公司（insurance company）为我们的生命和财产投保。"②我也说过，这是仍然发生在今天的资本主义社会生活中的情景。这里的上市公司，已经是在证券交易所正式挂牌上市，通过发行股票募集社会财富的股份制的联合社会资本；银行和保险公司，则是通过存贷款和保费-赔偿，支出或获得利息和保险金的钱生钱的"积极生活"。

如果我没有记错，马克思最早是在1844年的"穆勒笔记"中讨论资产阶级经济构式中的信用问题，并在《布鲁塞尔笔记》和《曼彻斯特笔记》中比较具体地遭遇信用关系之上的金融关系，比如银行债券和股票发行等经济活动的，而在1847年的"居利希笔记"中，马克思看到荷兰和英国的证券交易所和股份公司的历史发生，在同期发表的《道德化的批评和批评化的道德》一文中，马克思第一次直接指认了"信用制度和投机等等引起的冲突在北美比任

---

① 《马克思恩格斯全集》（第二版）第46卷，人民出版社2003年版，第528页。

② Marx-Engels-Gesamtausgabe（MEGA²），Ⅳ/7，Text，Berlin：Dietz Verlag，1983，S.141. 中译文参见李乾坤、吴婷、田笑楠译稿。

何地方都更为尖锐"①。而在 1850 年开始的《伦敦笔记》的前期摘录中,他深知这一新生的资本主义信用体系是经济物相化空间中最具欺骗性的幻象,所以,他很快就通过发现被遮蔽起来的货币-通货理论与劳动价值论的内在关联,走向自己的剩余价值理论。但是,马克思从来没有忘记资本主义经济物相化空间中的信用关系这一重要新变化。

不过,我也发现了一个特殊的例外,这是马克思对资产阶级信用经济现象现实的个案研究。在开始写作《大纲》之前,也就是在 1856—1857 年期间,马克思在美国《纽约每日论坛报》上连续发表六篇时评文章②,深入讨论了法国 Crédit Mobilier(动产信用)股份银行③的经济活动和发展状况。显然,与他已经在《伦敦笔记》中遭遇的资产阶级通货理论不同,这是发生在当下,并在法国资本主义经济中产生了巨大实际影响的重大经济现实。在这些时评文章中,我们可以看到马克思深刻揭示了出现在法国国家经济层面的信用-股份银行现象背后发生的经济关系新变化,并直接进行了实证性的剖析和批判。应该说,这是马克思在对资产阶级经济关系中金融-信用问题上的一次精彩的实战演练,在其中我们也看到了马克思在信用-金融关系上的新思考和新认识。下面,我们来看马克思的具体分析。

第一,马克思说,Crédit Mobilier 这种在"皇帝社会主义"(kaiserlichen Sozialismus)外衣下的信用经济实践,是资本主义生产方式在"现代最不寻常的经济现象之一,应当最认真地加以研究"④。这表明,马克思此时已经将信用经济关系视作资产阶级经济物相化发展中最重要的新动向。1856 年 4 月 14 日,恩格斯写信给马克思,其中提及"汉诺威、莱比锡和各地都在创办动产

---

①《马克思恩格斯全集》第 4 卷,人民出版社 1958 年版,第 335 页。

② 这些文章以"*Der französische Crédit mobilier*(法国的 Crédit Mobilier)"为题,分别于 1856 年 6 月 21 日、6 月 24 日、7 月 11 日,1857 年 5 月 30 日、6 月 1 日、9 月 26 日发表在美国《纽约每日论坛报》上。参见《马克思恩格斯全集》第 12 卷,人民出版社 1962 年版,第 23—40、218—227、313—317 页。

③ Crédit Mobilier(动产信用公司,全称 Société générale du Crédit Mobilier)是法国的一家大股份银行,由贝列拉兄弟创办并于 1852 年 11 月 18 日的法令所批准。Crédit Mobilier 的主要目的是充当信贷的中介和滥设企业(参加工业企业和其他企业的创立)。该银行广泛地参加了法国、奥地利、匈牙利、瑞士、西班牙和俄国的铁路建设。它的收入的主要来源是用它所开办的股份公司的有价证券在交易所进行投机。1867 年,该银行破产,1871 年停业。

④《马克思恩格斯全集》第 12 卷,人民出版社 1962 年版,第 26 页。

信用公司"①。之所以马克思将其指认为"皇帝社会主义",一是因为这一资产阶级信用经济背后的支持者是当时还在台上的路易·拿破仑·波拿巴(拿破仑三世),二是这一信用经济的政治理论基础竟然是法国空想社会主义的圣西门学派的观点。马克思反讽地说,"这个学派在产生和衰落的时期都沉湎于一种幻想,以为随着普遍的幸福生活的到来,一切阶级矛盾就必定会消失,而这种幸福生活是可以靠某种新发明的社会信贷计划获得的"②。其实,这也隐匿着一种深层次的否定性,即信用关系是有可能走向否定资本主义私有制的。然而好笑的是,主张社会主义的"圣西门成了巴黎交易所的庇护天使,欺诈行为的先知,普遍营私舞弊的救世主"③!这不能不说是一个悲剧。在后来的《1861—1863年经济学手稿》中,马克思将其称为"一种披着社会主义外衣的、要求发展资产阶级信用的愿望"④。显然,马克思这里对资本主义信用-金融关系的这些新判断,是我们前面在《布鲁塞尔笔记》和《伦敦笔记》中没有看到的。

第二,马克思说,Crédit Mobilier的使命是建立一个"总公司的匿名社会(anonymen Gesellschaft)",即"股东责任有限股份公司"(Aktiengesellschaft mit beschränkter Verantwortlichkeit der Aktionäre)。马克思这里的anonymen Gesellschaft(匿名社会)概念,是在《布鲁塞尔笔记》中在西斯蒙第的著作里看到的。⑤ 匿名性,是一种新的经济象征:一是与传统资本主义银行中发生的点对点的借贷资本关系不同,股份制银行并非只是利用银行存款发挥生息资本关系的作用,它是通过发行股票和债券的方式,大规模集中和控制社会资本并有效组织社会化生产的过程;二是与资本主义生产方式中普遍存在的生产资料资本家个人占有的传统企业不同,以信用关系为基础的股份公司并不为某一个资本家所有,而是一种新型的众多资本所有者的作用联合和集聚,在这个意义上,股份公司恰恰是无脸的anonymen Gesellschaft(匿名社会)。这是

---

① 《马克思恩格斯全集》第29卷,人民出版社1972年版,第41页。
② 《马克思恩格斯全集》第12卷,人民出版社1962年版,第31页。
③ 《马克思恩格斯全集》第12卷,人民出版社1962年版,第31页。
④ 《马克思恩格斯全集》(第二版)第35卷,人民出版社2013年版,第318页。
⑤ 参见Marx-Engels-Gesamtausgabe(MEGA²),Ⅳ/3,Text,Berlin:Dietz Verlag,1998,S.126。中译文参见刘冰菁、孔伟宇、付可祯译稿。

一个非常重要的深刻判断。

可以看到,Crédit Mobilier 公开宣称,它组建股份银行是为了"发展公共事业",它指导"金融业务"(Finanzoperationen)的原则,就是"用发行自己的股票或其他证券而得来的资金去收购各种工业企业的有价证券"①。在短短的几年内,Crédit Mobilier 以"6000 万法郎的微不足道的资本",垒起了"达 60 多亿法郎之巨的业务"。② 实际上,Crédit Mobilier 正在成为法国资本主义经济活动中的重要角色。这恐怕正是马克思上面所说的"不寻常的经济现象"之所指。马克思深刻地分析说,"如果揭开圣西门主义的华丽辞藻的外衣,这个原则是什么意思呢? 意思就是,广泛地收买股票,用它们进行大量的投机活动,在赚取贴水以后,尽快地把这些股票抛售出去。这就是说,工业发展的基础应当是有价证券买卖,或者更确切些说,一切工业活动只应当是证券投机活动的借口"③。依马克思这时的认识,作为资产阶级信用关系基础而建立起来的股份公司,在一定程度上已经在支配资本主义现实的工业发展。这当然是极其重要的经济方式的改变。

第三,这种股份制信用关系也内嵌了资产阶级经济发展的一种新的革命性的自我否定。马克思认为:

> 不能否认,在工业上运用股份公司的形式,标志着现代各国经济生活中的新时代(neue Epoche)。一方面,它显示出过去料想不到的联合的生产能力(produktiven Potenzen der Assoziation),并且使工业企业具有单个资本家力所能及的规模;另一方面,不应当忘记,在股份公司中联合起来的不是单个人,而是资本。由于这一套做法,私有者变成了股东,即变成了投机家。资本的积聚加速了,其必然结果就是,小资产阶级的破产也加速了。④

这有好几层意思。一是股份制公司为资本自觉组织起来的新经济形式,

①《马克思恩格斯全集》第 12 卷,人民出版社 1962 年版,第 27 页。
② 参见《马克思恩格斯全集》第 12 卷,人民出版社 1962 年版,第 220 页。
③《马克思恩格斯全集》第 12 卷,人民出版社 1962 年版,第 36 页。
④《马克思恩格斯全集》第 12 卷,人民出版社 1962 年版,第 37 页。

它并没有改变疯狂追逐剩余价值的根本目的;二是金融资本运行的基本法则是金融投机和欺诈,这使得资本主义经济过程的新结构建立在虚拟资本关系场境之上,这无疑增大了经济运行的风险;三是股份公司通过虚拟资本关系加速了资本的集聚,减少了资本流通的时间,使经济发展获得了新的效率;四是股份公司集聚社会资本,创造了 produktiven Potenzen der Assoziation(联合的生产能力),无形中也缓解了资本主义生产方式中原有的对抗性矛盾——社会化大生产与生产资料私人占有的冲突。可以明显地看到,马克思对资产阶级经济运行中出现的信用-金融关系的认识,愈发深刻和全面起来。

第四,这种金融投机的最终结果,必然是资产阶级经济中频繁出现的"金融危机"(Finanzkrise)。这是在资本主义体制原有的生产过剩危机和商业危机之上新的雪上加霜。马克思告诉我们,直接的最新事实就是"1856 年 9 月同时发生在欧洲大陆和英国的金融危机"(Die Finanzkrise, die im September 1856 gleichzeitig auf dem europäischen Kontinent und in England)①。1856 年 11 月 17 日,恩格斯在给马克思的信中写道,"金融危机有些起伏并逐渐加剧,看来将会象慢性病似的拖一冬天。其结果,它到春天爆发要比现在爆发激烈得多"②。他还附上了一张《卫报》上刊登的法国金融危机中公司破产的统计表。然而荒唐的是,"Crédit Mobilier 本着它固有的敢想精神,认定金融危机(Finanzkrise)是施展大规模的金融骗术(Finanzmanipulationen)的最适当的时机。因为在普遍惊惶失措的时候,实行一次冲击就可以攻克好几年用正规包围攻不下来的堡垒"③。在马克思看来,这种在危机中趁火打劫的疯狂举动,正是资本主义走向自我灭亡的先兆。

我们看到,马克思在《大纲》中,还是潜心于剩余价值理论的原创性思想实验,并没有分心于资本主义信用关系和金融资本问题的思考。一直到《1861—1863 年经济学手稿》的思想实验中,马克思在讨论剩余价值学说史的

---

① 《马克思恩格斯全集》第 12 卷,人民出版社 1962 年版,第 223 页。中译文有改动。*MEW*, Bd. 12, Berlin: Dietz Verlag, 1984, S. 205.

② 《马克思恩格斯全集》第 29 卷,人民出版社 1972 年版,第 81 页。

③ 《马克思恩格斯全集》第 12 卷,人民出版社 1962 年版,第 223 页。*MEW*, Bd. 12, Berlin: Dietz Verlag, 1984, S. 205.

过程中,集中讨论了生息资本的异化问题。他同时指出,"产业资本使生息资本从属于自己而使用的真正方式,是创造一种产业资本所特有的形式——**信用制度**","它开始于工场手工业,随着大工业而进一步发展起来"。① 这说明,资本主义的信用制度正是生息资本的进一步发展形式,这种发展的基础恰恰在于:"随着资本的发展,一方面,生产领域会扩大,另一方面,信用组织会发展,它使货币贷放者(银行家)能够把每一文钱都集中在自己手里。"②可以看到,马克思也零星涉及出现在不同资产阶级经济学家论著中的信用问题,比如李嘉图已经能够对资本主义信用问题发表十分深入的见解,马克思历史性地指认说,"他能做到这一点,只是因为信用制度在他那个时代比在斯密时代更加发达了"③。在马克思看来,"**信用**促使每个生产领域不是按照这个领域的资本家自有资本的数额,而是按照他们生产的需要,去支配整个资本家阶级的资本,——而在竞争中单个资本对于别的资本来说是独立地出现的。这种信用既是资本主义生产的结果,又是资本主义生产的条件,这样我们就看到了**从各资本的竞争巧妙地过渡到作为信用的资本**"④。这里的重要关键词是资本家个人所有的"自有资本"和"整个资本家阶级的资本",因为,资本主义信用体系的出现,实际上是资本竞争在一个新的虚拟平台上的展开,它意味着,通过信用体系,资本可以在一个非实际所有的信用关系中,扩大为突破私人所有制关系的社会资本运作。为此,马克思还专门举例说:

> 英国人为了开辟市场,不得不把他们自己的资本贷到国外去。在生产过剩、信用制度等上,资本主义生产力图突破它本身的界限,超过自己的**限度**进行生产。一方面,它有这种冲动。另一方面,它只能忍受与有利润地使用现有资本相适应的生产。由此就产生了危机,它同时不断驱使资本主义生产突破自己的界限,迫使资本主义生产飞速地达到——就

---

① 参见《马克思恩格斯全集》(第二版)第 35 卷,人民出版社 2013 年版,第 319 页。
②《马克思恩格斯全集》(第二版)第 36 卷,人民出版社 2015 年版,第 339 页。
③《马克思恩格斯全集》(第二版)第 34 卷,人民出版社 2008 年版,第 232 页。
④《马克思恩格斯全集》(第二版)第 34 卷,人民出版社 2008 年版,第 233 页。

生产力的发展来说——它在自己的界限内只能非常缓慢地达到的水平。①

这是一个极其深刻的看法。马克思已经直觉到,资本主义经济中出现的信用关系,恰恰是以某种方式缓解自身的危机和矛盾。在马克思看来,这种信用关系的本质恰恰是资本主义"超过自己的**限度**进行生产",这个"限度"就是生产资料私人占有制,而信用则可以建立起一个不是自己所有的资本集聚的社会资本力量。当然,在《1861—1863 年经济学手稿》中,马克思自己并没有专门回到信用-通货理论与资本主义经济现实中的金融问题的深入思考上来。也许,马克思意识到,只有在彻底说清楚资本主义生产方式的本质,科学地透视全部资产阶级经济物相化运动机制之后,才可能真正破解资本主义的信用关系这一特殊经济负熵定在幻象和伪境的本质。所以,一直到面对资本主义生产总过程的《资本论》第三卷中,马克思才第一次正面讨论了资本主义经济物相化空间中,已经成为重要经济领域的信用(金融)实践和复杂的通货理论。

可以看到,在《资本论》第三卷中,从第二十五章一直到第三十六章,马克思对信用关系场境中出现的**虚拟资本**关系伪境在资本主义经济流通、生产和分配关系中的最新变化,进行了全面而系统的研究,并形成了完整的批判性思考。在他看来,资本主义的信用关系系统,是一种资产阶级在经济物相化空间中巧妙运用的彻头彻尾的经济欺诈和合法的公开掠夺。这是资本主义生产方式中最奇特的我-它自反性劳动异化,也是资本(生息资本)拜物教的最高伪境。在《1863—1865 年经济学手稿》中的《资本论》初稿第三册中,这一部分内容是在第五章第五节中开始讨论的。② 在那里,马克思使用了"信用、虚拟资本"(Kredit. Fiktives Kapital)的标题,这一标题后来在马克思《1882—1883 年经济学手稿》的最后研究中,直接成为《资本论》第三册第二十五章的章标题。③ 马克思还专门补充说,这是要思考"信用在资本主义生产

---

① 《马克思恩格斯全集》(第二版)第 35 卷,人民出版社 2013 年版,第 130 页。
② 参见 Marx-Engels-Gesamtausgabe(MEGA²),Ⅱ/4-2,Text,Berlin:Dietz Verlag,1992,S.460-645。
③ 参见 Marx-Engels-Gesamtausgabe(MEGA²),Ⅱ/14,Text,Berlin:Akademie Verlag,2003,S.240。

中的作用"（Die Rolle des Kredits in der kapitalistischen Produktion）的主题。后来在恩格斯整理出版的《资本论》第三卷中，这一主题成了第二十七章的标题。

马克思在《资本论》第三册第二十五章的标题中，没有继续使用自己在对法国 Crédit Mobilier 股份银行研究中的那个中性的 Finanz（金融）概念，而精心选择了醒目的"信用与虚拟资本"（Kredit und fiktives Kapital）。因为，Finanz（金融）通常是银行"货币资金融通的总称"，而这里与信用关系同时出现的 fiktives Kapital（虚拟资本）概念，显然是直指新型**资本关系**的科学概念。虚拟资本并非指资本关系的虚无性和虚假性，而是特指资本关系在资产阶级信用关系构序伪境中获得的生息资本升级形式。依我的理解，马克思这里的虚拟资本的概念，有可能受到西斯蒙第相近观点的影响。① 哈维认为，马克思的虚拟资本概念"给了货币资本的拜物教性质一个更为形象可感的形状和形式"，但这又是"不成熟的概念"。② 可能，这种看起来虚拟的信用资本关系，却可以客观地集聚起巨型的社会资本力量。如果资本是一种遮蔽起来的社会关系，那么，在信用关系场境中，这种从生息资本脱型和转换而来的空手套白狼的复杂关系场境，从一开始就是处于一种**虚拟的他性占有**状态之中。这是一整套在虚拟资本关系伪境中赋型起来的新型经济负熵定在。马克思说，这个作为生息资本的"货币资本的相当大的一部分也必然只是虚拟的，也就是说，完全像价值符号一样，只是价值的权利证书"③。早在《伦敦笔记》中，马克思就看到过这样的说法，"债券、汇票和本票不是货币的一部分；它们是债务的证据"④。显而易见，这个 fiktives Kapital（虚拟资本），又是历史现象学构境才能透视的**不是它自身状态上的伪在场**，这是"金融"世界在起点上的神秘性。可

---

① 在《布鲁塞尔笔记》中，马克思摘录到西斯蒙第这样的说法：金融领域中出现的"**这些虚构的资本家，这些资本家是由交往产生的**（ces capitalistes fictifs, ces capitalistes enfantés par l'association）"［Marx-Engels-Gesamtausgabe（MEGA²），Ⅳ/3, Text, Berlin: Dietz Verlag, 1998, S. 189. 中译文参见刘冰菁、孔伟宇、付可祯译稿］。

② 参见［美］哈维《跟大卫·哈维读〈资本论〉》第 2 卷，谢富胜、李连波校译，上海译文出版社 2016 年版，第181 页。

③《马克思恩格斯全集》（第二版）第 46 卷，人民出版社 2003 年版，第 575 页。

④ Marx-Engels-Gesamtausgabe（MEGA²），Ⅳ/8, Text, Berlin: Dietz Verlag, 1986, S. 161.

以说,这是资本拜物教在生息资本之上生成的全新异化形态的观念映照。

马克思说,与前面讨论生息资本中的简化公式 G—G′ 不同,资本主义经济物相化中生成的信用制度(Kreditsystems),正是基于将 G—G′ 中的生息货币关系,转换为一种可以定期支付(Zahlung an einem bestimmten Termin)的交换凭证或者票据(Zahlungsmittel)的流通领域关系。一方面,在这个流通领域中不是商品与货币的直接交换,而是这种交换凭证(票据)的虚拟流通;另一方面,这个 Zahlungsmittel(票据)已经不再是前资本主义社会钱庄中也可能存在的点对点的线性债务关系中的借据,而是一种由资产阶级国家银行操控的复杂运作系统中的**信用货币**(*Kreditgelds*)。① 这个 Kreditgelds(信用货币)并非仅仅指我们熟悉的英镑和美元等货币本体,也指**持有这些货币及其衍生产品的凭证**。在一定的意义上,这是私人所有的实有货币之上的**虚拟信用关系场境中居有金钱的证据**。马克思告诉我们,"银行家资本的最大部分纯粹是虚拟的,是由债权(汇票),国债券(它代表过去的资本)和股票(对未来收益的支取凭证)构成的"②。它们"只是在法律上有权索取这个资本应该获得的一部分剩余价值"的凭证。然而,"随着生息资本和信用制度的发展,一切资本好像都会增加一倍,有时甚至增加两倍,因为有各种方式使同一资本,甚至同一债权在各种不同的人手里以各种不同的形式出现。这种'货币资本'的最大部分纯粹是虚拟的"③。这也就是说,信用资本关系是一种**虚拟的资本关系伪境**,其本质仍然是索取剩余价值的一种虚幻的神秘方式。这里的神秘性在于,虚拟关系场境中倍增的剩余价值是从何而来的? 并且,马克思指出,银行的有价证券和股票,虚拟资本的"这些所有权证书——不仅是国债券,而且是股票——的价值的独立运动,加深了这样一种假象,好像除了它们能够有权索取的资本或权益之外,它们还形成现实资本"④。整个信用体系及其后续复杂的衍生产品,建构起一个全新的虚拟资本关系场境,它由利率、汇率和股市等看不见的新型非商品证券交换市场赋型起资本运作的全新经济定在负熵,

---

① 参见《马克思恩格斯全集》(第二版)第 46 卷,人民出版社 2003 年版,第 450—451 页。

②《马克思恩格斯全集》(第二版)第 46 卷,人民出版社 2003 年版,第 532 页。

③《马克思恩格斯全集》(第二版)第 46 卷,人民出版社 2003 年版,第 533 页。

④《马克思恩格斯全集》(第二版)第 46 卷,人民出版社 2003 年版,第 529 页。

成为资本主义生产方式的畸形筑模形态。哈维说,资本主义信用货币资本的"自我增殖过程的拜物教外观如何采取了虚拟资本的这种特定形式,将自己隐藏在神秘中,即使它在债券、有价证券和其他市场中再真实不过了"①。这当然会成为马克思高度关注的经济领域。因为资本与雇佣劳动的关系由此也发生了重要的改变,仿佛在这个新的资本主义经济物相化场境中,资本家并不直接盘剥工人。马克思说,作为这种新型资本场境关系人格化的银行家,也就成了"货币资本的总管理人"(allgemeinen Verwalter des Geldkapitals)②。以后,还会有股票证券交易关系场境中人格化的证券商。在《1861—1863年经济学手稿》中,马克思说,这些靠生息资本吃饭的"金融阶级",最早可以"从约翰·斯图亚特·穆勒的书(《略论政治经济学的某些有待解决的问题》1844年伦敦版第109—110页)中知道:(1)英国人所说的'金融阶级'是指货币贷放者;(2)这些货币贷放者一般说来是靠利息生活的人,或者是**职业的货币贷放者**,如银行家、票据经纪人等等"③。而李嘉图更加精准地描述了资产阶级这一新的阶级主体,马克思直接援引了李嘉图《政治经济学及赋税原理》中的如下表述:"这些人不从事**任何行业**,而把他们的货币用于期票贴现或者借给社会上更**有企业精神的**人,依靠这种货币的利息生活。银行家也把大量资本用于同样的目的。这样使用的资本形成巨额的流动资本,全国各行业或多或少地都使用它。"④并且,银行家和证券商面对的大多为资本所有者,而并非工人。那么在这里,前述作为剩余价值转化形式的利息,在这种新型的信用关系体系构序出来的经济定在中,也仅仅是现成剩余价值的分配问题吗?这是马克思必须认真思考的问题。

应该特别提醒读者的是,到这里,我们看见马克思都是在纯粹经济学的实证话语中描述他所理解的资本主义信用制度,可是,如果我们**没有遗忘**马克思在《大纲》中所揭露的货币的本质——商品交换中被现实抽象出来的事

---

① [美]哈维:《跟大卫·哈维读〈资本论〉》第2卷,谢富胜,李连波校译,上海译文出版社2016年版,第253页。
②《马克思恩格斯全集》(第二版)第46卷,人民出版社2003年版,第453页。
③《马克思恩格斯全集》(第二版)第34卷,人民出版社2008年版,第133页。
④ 转引自《马克思恩格斯全集》(第二版)第34卷,人民出版社2008年版,第233页。

物化颠倒的对象化劳动和货币权力的异化,以及《1861—1863年经济学手稿》和《资本论》中已经揭示的作为这种信用关系的前提的G—G′(生息资本伪境)是资本拜物教的完成,问题的实质就会是:如果说商品价值关系是劳动交换关系的现实抽象,而货币是这种抽象的反向事物化和异化,那么,作为资本主义信用体系基础的票据,则是这种经济物相化空间中的事物化和异化结果——**一般财富所有权**——的证据。这里发生的全部资本主义信用制度,正是资本主义经济物相化空间中虚拟资本伪境生成的最新事物化和异化层面,并且,这种资本主义经济信用关系场境所特有的劳动异化关系的**海市蜃楼性质**就昭然若揭了。这是我们接下去讨论信用关系伪境,甚至是今天批判性地研究当代资本主义金融资本关系的正确构境方向。请一定记住。

其一,信用关系生成资本主义经济物相化活动**新的虚拟基础**。作为资产阶级"货币资本的总管理人"的银行家,他手里管理的主要不是他自己的财富,也不是哪一个私人资本家的财富,而是一种在虚拟的信用关系场境集聚起来的真实**社会资本**。这里虚拟信用资本关系神奇地转换为现实的资本力量。请注意,信用关系伪境中生成的虚拟资本的神奇作用就在这里,虽然信用货币资本是虚拟关系场境,可它却可以聚集起客观的社会资本力量。这是马克思所指认的那个虚拟资本最重要的经济负熵定在的本质。正是在这一点上,马克思敏锐地发现,在一定的意义上,这也会生成资本主义经济发展**获得新的生存空间的重要条件**。为什么这么说? 一方面,在这种经济物相化虚拟的信用关系场境中,由于一部分交易本身根本不再使用货币,这使得整个资本主义生产总过程中"流通费用减少",流通的速度也得到加快,"由于信用,流通或商品形态变化的各个阶段,进而资本形态变化(Metamorphose des Kapitals)的各个阶段加快了,整个再生产过程因而也加快了"[1]。这必然让资本主义的生产总过程获得了新的积极因素。另一方面,这种经济物相化中的虚拟资本关系也聚集起真实的社会资本,或者叫资产阶级"**自在的阶级共有资本**"(*sich gemeinsames Kapital der Klasse*)[2]。之所以马克思将其指认为资产阶级的 *sich gemeinsames Kapital der*

---

[1]《马克思恩格斯全集》(第二版)第46卷,人民出版社2003年版,第494页。
[2]《马克思恩格斯全集》(第二版)第46卷,人民出版社2003年版,第413页。中译文有改动。

Klasse（**自在的阶级共有资本**），是因为这种资产阶级以社会占有的方式聚集的资本的生成，是通过信用市场关系自发完成的。马克思在分析银行通过信用关系汇集货币时讲道，"一切阶级的货币积蓄和暂时不用的货币，都会存入银行。小的金额是不能单独作为货币资本（Geldkapital）发挥作用的，但它们结合成为巨额，就形成一个货币力量（Geldmacht）"①。这里的 Geldkapital（货币资本）显然不仅仅是前述的"作为资本的货币"，而是特指银行通过特殊的虚拟信用关系集聚和转化而来的巨额社会资本；这里的 Geldmacht（货币力量）也不是《大纲》中指认的从交换工具异化成"世俗上帝"的货币权力，而是可以超出个人占有的个别资本力量的巨型 G—G′社会资本支配力量。而当产业资本家通过虚拟的信用关系直接占有并非他自己私人所有的巨大社会资本时，就会掌握剥削工人的全新巨大资本力量。在一定的意义上，这种社会化的资本客观上可以适应社会化大生产的要求。在此，也就事先隐匿了一种冲抵资本主义生产方式内部客观矛盾，即生产资料私人占有与社会化大生产的矛盾的缓冲空间。这是我们的重要判断。

马克思告诉我们，发生在银行中的

> 贷放（Verleihen）（这里我们只考察真正的商业信用）是通过汇票的贴现（Diskontiren der Wechsel）——使票据在到期以前转化成货币——来进行的，是通过不同形式的贷款（Vorschüsse），即以个人信用为基础的直接贷款，以有息证券（zinstragende Papiere）、国债券（Staatseffekten）、各种股票（Aktien）作抵押的贷款，特别是以提单（Ladescheine）、栈单（Dockwarrants）及其他各种证明商品所有权的凭证作抵押的贷款来进行的，是通过存款透支（Ueberziehung）等等来进行的。②

在此，我们的脑海里会再一次浮现出马克思在《伦敦笔记》开始时遭遇的情形，在《伦敦笔记》的第1—6笔记本中，几乎全部都是资产阶级经济学家关于货币信用和通货理论的讨论。这一大堆令人眼花缭乱的银行业专用术语，会突然让人陷入严重的认知障碍。其实，通俗些来讲，这里无非是说，当资产阶

---

① 《马克思恩格斯全集》（第二版）第46卷，人民出版社2003年版，第453—454页。
② 《马克思恩格斯全集》（第二版）第46卷，人民出版社2003年版，第454页。中译文有改动。

级银行通过并不发生在真实商品流通和生产过程中的虚拟信用关系,将大量货币聚集在一起的时候,就会有资本家通过信用关系场境中的贷放来借钱;在完成一系列复杂信用关系后,资本家可以在 Ueberziehung(存款透支)的信用关系场境中"占有异己的资本"(Besitz von fremdem Kapital),将**不是自己的**大量作为资本的货币重新真实地投入扩大规模的生产和再生产过程,当他获得新的**本不属于自己的**巨额剩余价值之后,再支付给银行贷款利息,而银行则通过存款利息支付给资本的实际所有者,这是银行信用(生息)资本的那个G—G′假象背后的剩余价值再分配的异化关系真相。只是,这种信用关系中的经济剥削关系和深层的劳动异化,被更加繁复的信用关系伪境遮蔽了。马克思指出,这当然是一种发生在资产阶级国家层面上的资本信用投机和欺诈(Schwindel)。并且,一无所有的无产阶级是无法从事这种大规模信用投机的,因为他们没有可以作为抵押担保的各种"有息证券"、"国债券"、"股票"、"提单"和"栈单",所以,银行信用关系的资本贷放,当然只是富人的投机游戏。马克思指认说,这种投机游戏之所以是一种欺诈,因为它直接违背了资产阶级平等交换的原则,信用制度助长了"买空卖空和投机交易"①。对此,马克思十分气愤地说,"随着信用事业的发展,像伦敦那样的大的集中的货币市场(Geldmärkte)就兴起了。这类货币市场,同时还是进行这种证券交易的中心。银行家把公众的货币资本大量交给这伙商人去支配,因此,这帮赌棍(Spielern)就繁殖起来"②。因为,在信用贷放中,借贷资本家"自己根本没有资本,他们自然就在得到支付手段的同时也得到资本,因为他们没有付出等价物就得到了价值"③。这个价值本身也是信用关系场境中的**虚拟价值**。在商品交换关系中现实抽象出来的价值是实在的社会定在,它通过事物化颠倒和异化为货币,而这里支撑信用货币的则是一种并不实在的虚拟价值关系,而它正是虚拟资本的生成基础。在这个意义上,连劳动异化关系都成了**影子式**的虚拟场境,这使得资本主义经济物相化空间中的劳动异化变得更加难以

①《马克思恩格斯全集》(第二版)第46卷,人民出版社2003年版,第547页。
②《马克思恩格斯全集》(第二版)第46卷,人民出版社2003年版,第579页。
③《马克思恩格斯全集》(第二版)第46卷,人民出版社2003年版,第483页。

捉摸。哈维曾经仔细分析过这种资本主义信用关系场境中从虚拟价值到虚拟资本的过渡。① 资本家利用虚拟的信用资本，获得了本不属于他的巨额剩余价值，这就是冒险的金融 Spielern（赌棍）们可耻的信用投机和欺诈。在《伦敦笔记》中，马克思摘录了这样的相近观点："高利敲诈（Usurious extortions），即为银行、保险和其他目的而设立的公司违反法律，拥有自己的工业产品，却没有提供等价物"②，"银行系统是这样运作的：不动产的名义价值已经提高，成千上万的人被引导投机，如果没有银行贷款的便利，他们永远不会被这样引诱"③。并且，这种空手套白狼的目的还是凭空获得剥削工人剩余价值的更大资本力量。在这个意义上，资产阶级信用关系场境中的虚拟资本，在聚集社会资本、盘剥工人剩余价值这一点上，并不是虚拟的，而是"货真价实"的残酷经济剥削。这就是资本主义经济物相化中信用关系场境的意识形态伪境的本质。

马克思强调说，这个资产阶级经济学家津津乐道的信用制度，的确使资本主义生产方式获得了一种新的生存空间，或者说，今天的"整个资本主义生产就是建立在这个运动的基础上的"④。甚至，这个新出现的资产阶级信用制度，会成为"促使资本主义生产方式发展到它所能达到的最高和最后形式（höchst-und letztmöglichen Form）的动力"⑤。我认为，这是马克思对资本主义生产方式历史发展进程的最新判断。甚至我们可以说，这也是马克思关于资

---

① 哈维指出："一名生产者用一件尚未出售的商品作为抵押来获取信用。他在实际的出售发生之前就取得了与这件商品等价的货币。这些货币随后可以被用来购买新的生产资料和劳动力。然而，贷方持有一张票据，它的价值是以一件未出售的商品为后盾的。这张票据可被描述为**虚拟价值**。任何种类的商业信用都会创造这些虚拟价值。这张票据（以汇票为主）倘若开始作为**信用货币**来流通，就成了流通的虚拟价值。信用货币（它总是具有虚拟的、想象的成份）与直接受货币商品约束的'实际'货币之间由此就打开了一道缺口（《资本论》第 3 卷，第 573—574 页）。这些信用货币倘若作为资本被借出去，就成了**虚拟资本**。"（[美]哈维：《资本的限度》，张寅译，中信出版集团 2017 年版，第 421 页。）

② Marx-Engels-Gesamtausgabe（MEGA²），Ⅳ/8，Text，Berlin：Dietz Verlag，1986，S. 163. 中译文参见孔伟宇译稿。

③ Marx-Engels-Gesamtausgabe（MEGA²），Ⅳ/8，Text，Berlin：Dietz Verlag，1986，S. 167. 中译文参见孔伟宇译稿。

④《马克思恩格斯全集》（第二版）第 46 卷，人民出版社 2003 年版，第 493 页。

⑤《马克思恩格斯全集》（第二版）第 46 卷，人民出版社 2003 年版，第 685 页。

本主义生产方式科学认识新的构境层。我们可以看到,《资本论》第三卷第二十七章的标题,就是"信用在资本主义生产中的作用"(Rolle des Kredits in der kapitalistischen Produktion)。依马克思的定性分析:资本主义的"信用制度固有的二重性质(doppelseitigen Charaktere)是:一方面,把资本主义生产的动力——用剥削他人劳动的办法来发财致富——发展成为最纯粹最巨大的赌博欺诈制度(Spielund Schwindelsystem),并且使剥削社会财富的少数人的人数越来越减少;另一方面,造成转到一种新生产方式的过渡形式"①。这里的定性分析是双重性的:一是马克思认定资本主义的信用制度是一种建立在虚拟资本关系伪境中的 Spielund Schwindelsystem(赌博欺诈制度)。这是指认,资本主义信用关系的本质,是通过银行和股份公司等虚拟资本的方式,把不属于自己的财富转换为剥削剩余价值的手段,这种信用关系的实质是合法的赌博和公开欺诈。对于资产阶级国家银行中的借贷资本来说,仿佛信用"赌博已经取代劳动,表现为夺取资本财产的本来的方法,并且也取代了直接的暴力"②。因为,从信用货币交易获得财富的假象来看,好像发财可以脱离对雇佣劳动的直接关系,这就像赌场中碰运气的赌棍,只是这种欺诈性的虚拟资本越来越集聚在少数金融寡头手里。马克思后面会专门讨论这个新生的金融寡头。二是马克思也断言,资本主义的信用制度本身也会是自身消亡和走向新的社会解放的过渡。其中,最重要的证据就是**资本股份公司**的出现。

其二,作为资本主义**经济物相化新形态**的"股份公司的筑模"(Bildung von Aktiengesellschaften,AG)。在德文中,Aktiengesellschaften 的原意为股票社会,其实也就是今天的股市。马克思发现,资产阶级在虚拟的信用关系场境中,进一步组建了上市募集社会资本的 Aktiengesellschaften(股份公司)。第一,与上述银行业单纯的信用借贷关系不同,股份公司是直接关联于生产、流通和分配领域的资本主义经济物相化的新形式。因为,通过资产阶级建立的股票交易所,私人资本家可以脱离银行中介,直接通过以信用关系伪境为基础的**借壳上市**的虚拟资本关系,合法地将他人的货币挪用为己有(作为资本

---

① 《马克思恩格斯全集》(第二版)第 46 卷,人民出版社 2003 年版,第 500 页。
② 《马克思恩格斯全集》(第二版)第 46 卷,人民出版社 2003 年版,第 541 页。

的货币）。我已经说过，马克思最早是在《布鲁塞尔笔记》中接触到资产阶级经济关系中的股票和股份公司的，并在"居利希笔记"中看到荷兰和英国证券交易所和股份公司的历史发生。① 依马克思的认识，资本主义股份公司的出现，意味着一种资本主义生产方式内部经济物相化空间中经济负熵定在新的改变，因为这种经济定在的改变中内嵌着**自我否定的扬弃**。这是马克思在《黑格尔的逻辑学》摘录中获得的否定性定在关系。因为，

> 那种本身建立在社会生产方式（gesellschaftlicher Produktionsweise）的基础上并以生产资料和劳动力的社会集中（gesellschaftliche Koncentration）为前提的资本，在这里直接取得了社会资本（Gesellschaftskapital）（即那些直接联合起来的个人的资本）的形式，而与私人资本相对立，并且它的企业也表现为社会企业（Gesellschaftsunternehmungen），而与私人企业相对立。这是作为私人财产的资本在资本主义生产方式本身范围内的扬弃（Aufhebung）。②

这同样是资本家在虚拟的信用关系伪境中"占有异己的资本"（Besitz von fremdem Kapital），将**不是自己的**大量作为资本的货币重新投入扩大规模的生产和再生产过程。只是不同于上述在银行中聚集起来的社会资本，股份公司通过在信用市场上公开发行股票的方式，使社会上闲散的私人货币直接转换为自己可用的盘剥工人剩余价值的资本，当它获得新的剩余价值之后，则用利润的股息"分红"的方式替代了银行贷借关系中的利息。这当然还是剩余价值分配的一种新的利润转化形式。如果按照我们上面对在剩余价值分配领域中的劳动异化的讨论，这也会是资本主义经济物相化空间中劳动异化的更深层面。马克思说，资本主义经济物相化空间中出现的股份公司是"直接联合起来的个人的资本"，或者叫资产阶级"自在的共有资本"③。当资本家通过股票认领募集到大量社会资本时，"生产规模惊人地扩大了，个别资本

---

① 参见 Marx-Engels-Gesamtausgabe（MEGA²），Ⅳ/6，Text，Berlin：Dietz Verlag，1983，S.449。中译文参见李亚ང译稿。
②《马克思恩格斯全集》（第二版）第46卷，人民出版社2003年版，第494—495页。
③《马克思恩格斯全集》（第二版）第46卷，人民出版社2003年版，第413页。

(Einzelkapitale)不可能建立的企业出现了"①。这里的"个别资本"是指传统资本主义所有制中通常的生产资料私人所有,而股份公司的出现,却在虚拟资本的基础上使真实的资本主义"生产规模惊人地扩大了"。这里,作为虚拟资本到场的股票,又是资本家在自己手中没有大量资本的情况下,在虚拟的信用关系伪境中,用空手套白狼的方式盘剥工人剩余价值的方式。哈维解释说,"股票实际上是一种附属于纯粹的货币所有权的财产权。它实际上是对未来剩余价值生产的一个份额的法定索取权"②。这显然是前述银行货放信用关系的升级,只不过这是直接个人货币所有者与产业资本家的变形了的信用贷放关系。并且,相对于银行信用关系的资金贷放,由于消除了复杂的抵押担保等环节,资产阶级股份公司聚集社会资本会更加容易;也因为股票发行是面向全社会的自愿认购,其可能获得的社会资本容量会更加无限。

第二,资本所有权与管理权的分离中的**异化场境**。马克思发现,在资产阶级的股份公司中还出现了一种新的情况,即"实际执行职能的资本家转化为单纯的经理(Dirigenten),别人的资本的管理人(Verwalter),而资本所有者(Kapitaleigenthümer)则转化为单纯的所有者(bloße Eigenthümer),单纯的货币资本家"③。这是过去马克思讨论资本关系及其人格化的资本家时,完全没有遭遇过的新问题。因为认领股票的资本所有者(股东大会),并不直接参与商品生产与交换的具体经营过程,他们只是作为个别资本的 bloße Eigenthümer(单纯的所有者),而真正操作资本支配下的商品生产和流通过程的人,却是资本家雇佣的没有所有权的 Dirigenten(经理)。一方面,如果资本家只是资本关系的人格化,这里就出现了一个**经济定在伪主体的双重分裂和异化**:一个是脱离了资本主义生产过程的作为单纯资本所有关系的人格化的"股东",一个是没有资本所有权的作为资本关系实际运行职能的人格化的"经理"。这是资产阶级阶级结构中的新型分裂。哈维认为,在马克思那个时代,没有资本所有权的经理似乎还是一种相对低收入的被雇佣者,而到了今天,"在股份

①《马克思恩格斯全集》(第二版)第46卷,人民出版社2003年版,第494页。
②[美]哈维:《跟大卫·哈维读〈资本论〉》第2卷,谢富胜、李连波校译,上海译文出版社2016年版,第259页。
③《马克思恩格斯全集》(第二版)第46卷,人民出版社2003年版,第495页。

制企业中,监督者——即 CEO 和经理——越来越成功地以所有者的利益为代价中饱私囊"①。甚至,他们已经成为当代资产阶级的一种新型主体。另一方面,作为股息出现的剩余价值分配形式的复杂关系场境异化。因为,股份公司获得的

> 利润(不再只是利润的一部分,即从借入者获得的利润中理所当然地引出来的利息)表现为对异己的剩余劳动(fremder Mehrarbeit)的单纯占有,这种占有之所以产生,是因为生产资料已经转化为资本,也就是生产资料已经和实际的生产者相异化(Entfremdung),生产资料已经作为他人的财产,而与一切在生产中实际进行活动的个人(从经理一直到最后一个短工)相对立。②

马克思在这里直接使用了 Entfremdung(异化)概念。这是一个非常复杂的我-它自反性异化关系。这让我们想到,很多年以前马克思在"穆勒笔记"中以人本主义劳动异化史观为基础的批判资产阶级信用关系的讨论。在那里,马克思就非常深刻地分析说,资产阶级的信用业中,"似乎异己的物质力量的权力被打破了,自我异化的关系被扬弃了,人又重新处在人与人的关系之中",然而这实际上仅仅是一个假象并且是更加**卑劣的和极端的**自我异化,非人化"! 因为这里所运作的东西甚至"不再是商品、金属、纸币,而是**道德的**定在、**合群的**定在(das *gesellige* Dasein)、人自己的**内在生命**,更可恶的是,在人对人的**信任**的假象下面隐藏着极端的**不信任**和完全的异化"。③ 在那里,马克思的思想构境以及对信用的批判,是以应该(sollen)存在的人的交往类本质为价值悬设的,信用关系只是以虚假的 das *gesellige* Dasein(**合群的**定在)假冒了人与人之间的真实交往。而在《资本论》第三卷中,马克思指认资本主义生产

---

① [美]哈维:《跟大卫·哈维读〈资本论〉》第 2 卷,谢富胜、李连波校译,上海人民出版社 2016 年版,第 207 页。

② 《马克思恩格斯全集》(第二版)第 46 卷,人民出版社 2003 年版,第 495 页。中译文有改动。Marx-Engels-Gesamtausgabe(MEGA²), Ⅱ/15, Text, Berlin: Dietz Verlag, 2004, S.428.

③ 参见《马克思恩格斯全集》第 42 卷,人民出版社 1979 年版,第 21—22 页。此处原中译文将 gesellige 译作"社会的",该词在德文中没有"社会"之意,而是"交际、合群"的意思,故我改译为"合群的";原中译文将 Dasein 译作"存在",我均改为"定在"。Marx-Engels-Gesamtausgabe(MEGA²), Ⅳ/2, Text, Berlin: Dietz Verlag, 1981, S.450.

方式的信用关系中的我-它自反性异化,绝不是什么抽象的交往类本质的异化,而就是在历史现象学构境中透视出资本主义新型经济关系的现实劳动异化。因为,股份公司中那个分裂和异化人格中的"单纯资本所有者",在分红中得到的股息是"作为资本所有权的报酬获得",这仍然是剩余价值分配的一种派生方式。相比起简单的银行利息,它干脆"表现为对异己的剩余劳动(fremder Mehrarbeit)的单纯占有",原因在于,股票募集的社会资本转换成的生产资料[事物化(Ⅲ)颠倒和劳动异化],再一次与经理和劳动者等这些"实际的生产者相异化(Entfremdung)"。这是虚拟信用关系伪境中发生的新型我-它自反性异化关系。这也可以视作马克思对劳动异化批判构式Ⅲ的进一步深化,因为这里的资本信用关系异化是前述那个生息资本关系的复杂升级。

其三,信用伪境中出现的股份公司是资本主义**走向自我消亡的翻转门**。马克思认为,股份公司的本质,是资产阶级缓解资本主义生产方式中内嵌的对抗性矛盾的客观结果,即在私有制关系下,用股票集聚社会资本,在形式上扩大生产资料的**虚拟社会占有**,以适应生产力不断社会化发展的需要,从而松缓生产资料私人占有与社会化大生产之间的矛盾。如果说,在银行的借贷(生息)资本关系场境中,这种对生产方式内部矛盾的缓解还处于无意识状态,那么,在股份公司的实际运营中,这已经成为资产阶级的**自觉意识形态**。不过,马克思也认为,在一定的意义上,资产阶级的股份公司客观上也造成了一种与私人资本相对立的 Gesellschaftskapital(社会资本),所以,这也会是"作为私人财产的资本在资本主义生产方式本身范围内的扬弃(Aufhebung)"。这是一个极其重要的新判断。在马克思看来,这有可能生成一个资本主义生产方式内部的翻转门,即**从生产资料的私人占有走向社会所有**的过渡点。马克思深刻地分析说,以信用关系伪境为基础的股份公司是

> 建立在资本主义生产的对立性质基础上的资本增殖,只容许现实的自由的发展达到一定的限度,因而,它事实上为生产造成了一种内在的、但会不断被信用制度打破的束缚和限制(Fessel und Schranke)。因此,信用制度加速了生产力的物质上的发展和世界市场的形成;使这二者作为新生产形式(neuen Produktionsform)的物质基础发展到一定的高度,是资

本主义生产方式的历史使命。同时，信用加速了这种矛盾的暴力的爆发（gewaltsamen Ausbrüche dieses Widerspruchs），即危机，因而促进了旧生产方式解体（Auflösung der alten Produktionsweise）的各要素。①

这是说，由于股份公司以虚拟资本的方式占有了社会资本，它客观上加速了生产力的物质上的发展和"资本增殖"的世界市场的形成。在"居利希笔记"中，马克思最早看到的是荷兰、英国在海外殖民贸易中的"东印度公司"和"尼德兰贸易公司"以商业资本的股份聚合方式成功吸收和扩大资本力量，"这一庞大的资本控股（Capitalbesitz）"极大促进了荷兰资产阶级在东南亚地区的扩张。② 这无形中缓解了马克思所揭示的资本主义生产方式中那个固有的生产力与生产关系的矛盾，但是，马克思明确指出，这种资本通过股份公司的"自由发展"也是有其限度的，最终，这种信用关系伪境会加速这种 gewaltsamen Ausbrüche dieses Widerspruchs（"矛盾的暴力的爆发"），在一种不可调和的危机中走向整个资本主义旧生产方式的解体。马克思认为，这恰恰是资本主义信用关系内嵌的历史使命。马克思深刻地指出：

> 在股份公司（Aktiengesellschaften）内，职能已经同资本所有权相分离，因而劳动也已经完全同生产资料的所有权和剩余劳动的所有权相分离。资本主义生产极度发展的这个结果，是资本再转化为生产者的财产所必需的过渡点，不过这种财产不再是各个互相分离的生产者的私有财产，而是联合起来的生产者的财产，即直接的社会财产。另一方面，这是再生产过程中所有那些直到今天还和资本所有权结合在一起的职能转化为联合起来的生产者（associirten Producenten）的单纯职能，转化为社会职能的过渡点（Durchgangspunkt）。③

---

①《马克思恩格斯全集》（第二版）第46卷，人民出版社2003年版，第500页。

② 参见 Marx-Engels-Gesamtausgabe（MEGA²），Ⅳ/6，Text，Berlin：Dietz Verlag，1983，S. 260。中译文参见张义修译稿。

③《马克思恩格斯全集》（第二版）第46卷，人民出版社2003年版，第495页。

虽然资产阶级的股份公司只是一种以虚拟资本的方式出现的生产资料社会占有,但这兆示了一个可能的前景,即私有制向"联合起来的生产者的财产,即直接的社会财产"的过渡,这正是走向社会主义的客观历史趋势。由此,资产阶级的股份公司这种内嵌着自我否定的经济定在,就内在地成为一个资本主义生产方式自我扬弃的 Durchgangspunkt(过渡点),一个内嵌着积极因素的革命翻转门。在这里,我借用斯蒂格勒基于海德格尔座-架(Ge-stell)的雅努斯神双面性所明确提出的,要将当代技术的奴役翻转为拯救的可能性的观点。① 在马克思看来:

> 把股份制度(Aktienwesen)——它是在资本主义体系(kapitalistischen Systems)本身的基础上对资本主义的私人产业的扬弃(Aufhebung);随着它的扩大和侵入新的生产部门,它也在同样的程度上消灭着私人产业——撇开不说,信用为单个资本家或被当作资本家的人,提供在一定界限内绝对支配他人的资本,他人的财产,从而他人的劳动的权利。对社会资本而不是对自己的资本的支配权,使他取得对社会劳动的支配权。因此,一个人实际拥有的或公众认为他拥有的资本本身,只是成为信用这个上层建筑的基础(Basis zum Kreditüberbau)。②

这是说,资本主义的股份制度,客观上已经是在资本主义体系内部发生的对资本主义生产资料私人占有制的自我扬弃。因为,表面上股票市场是一个经济物相化自在运行的"第二自然辩证法"进程,但实际上虚拟的信用关系伪境中发生的事实却是,私人资本家在一定的界限内支配不属于他的资本的权力,彻底地说,他通过虚拟的信用伪境,拥有了他本不能拥有的超出自己权限的盘剥工人剩余价值的能力。马克思分析说:

> 这是资本主义生产方式在资本主义生产方式本身范围内的扬弃(Aufhebung),因而是一个自我扬弃的矛盾(sich selbst aufhebender

---

① 参见[德]海德格尔《时间与存在》,转引自[法]斯蒂格勒《技术与时间》第 1 卷,裴程译,译林出版社 2000 年版,第 12 页。中译文参见[德]海德格尔《面向思的事情》,陈小文、孙周兴译,商务印书馆 1996 年版,第 55 页。

② 《马克思恩格斯全集》(第二版)第 46 卷,人民出版社 2003 年版,第 497—498 页。

Widerspruch),这个矛盾明显地表现为通向一种新的生产形式(neuen Produktionsform)的单纯过渡点。它作为这样的矛盾在现象上也会表现出来。它在一定部门中造成了垄断(Monopol),因而引起国家的干涉(Staatseinmischung)。它再生产出了一种新的金融贵族寡头(neue Finanzaristokratie),一种新的寄生虫,——项目筹划者场境(Gestalt von Projektenmachern)、创业人和徒有其名的董事(Direktoren);并在创立公司、发行股票和进行股票交易方面再生产出了一整套投机和欺诈活动(ganzes System des Schwindels und Betrugs)。这是一种没有私有财产控制的私人生产(Privatproduktion ohne die Kontrolle des Privateigenthums)。①

　　这是马克思在《资本论》第三卷中,讨论资产阶级信用关系问题时的一段极其重要的表述。在这里,马克思对资本主义经济发展中的新情况提出了一系列重要的看法,其中很多思考都直达当代资本主义的金融资本关系场境的最新发展,是极具重大历史意义的重要思想。一是股份公司本身就是资本主义在生产方式内部发生的 sich selbst aufhebender Widerspruch(自我扬弃),因为它客观上打破了生产资料个人所有制的有限性边界,开始走向**生产资料的社会化占有**。虽然它仍然是以资本主义虚拟资本的方式实现的,可它实质上是走向一种新的生产方式的过渡点。马克思在 1858 年 4 月 2 日写给恩格斯的信中,最早提到这种走向新生产方式的现实可能性。在那里,马克思直接指认"**股份资本**(*Aktienkapital*),作为最完善的形式(zum Kommunismus überschlagend)(导向共产主义的突变),及其一切矛盾(Widersprüchen)"②。二是马克思深刻地看到这种股份制资本主义经济物相化活动已经在客观地生成经济垄断关系,资本开始聚集于极少数金融寡头手里,这必将导致资产阶级的 Staatseinmischung(国家干涉)。可以说,马克思在一个半世纪以前,已经前瞻性地预见了发生在 20 世纪的国家垄断资本主义的历史前景,甚至我们可以说,这是后来资产阶级罗斯福"新政"和凯恩斯主义的真正缘起,只是资

---

①《马克思恩格斯全集》(第二版)第 46 卷,人民出版社 2003 年版,第 497 页。中译文有改动。Marx-Engels-Gesamtausgabe(MEGA²),Ⅱ/15,Text,Berlin:Dietz Verlag,2004,S. 429 – 430.

②《马克思恩格斯全集》第 29 卷,人民出版社 1972 年版,第 299 页。中译文有改动。译文中漏掉了重要的 Widersprüchen(矛盾)。*MEW*,Bd. 29,Berlin:Dietz Verlag,1978,S. 312.

产阶级把马克思的革命否定性畸变为**经济关系中非质变的弹性功能**。马克思说,"如果说信用制度表现为生产过剩和商业过度投机(Ueberproduktion und Ueberspekulation)的主要杠杆,那只是因为按性质来说具有弹性的(elastisch)再生产过程,在这里被强化到了极限"①。这种弹性生产的特征,甚至代表了20世纪资本主义经济物相化的最新努力。后来,德里克②和哈维都指认了弹性生产的资本主义。三是马克思直接指认这里所产生的一种 neue Finanzaristokratie(新的金融寡头)。这是马克思在《资本论》第三卷中指认的信用关系场境中出现的资产阶级新主体。他认为,"在资本主义生产基础上,一种涉及管理工资的新的欺诈在股份企业中发展起来,这就是:在实际的经理之外并在他们之上,出现了一批董事和监事。对这些董事和监事来说,管理和监督实际上不过是掠夺股东、发财致富的一个借口而已"③。股份公司中的董事和监事,也是我们今天耳熟能详的人物,马克思在他的那个时代就敏锐地发现了这一重要资本关系人格化中的新变化,这是一种新的经济寄生虫。四是马克思已经在关注资本主义经济物相化的虚拟信用关系伪境中生成的 Finanz(金融)领域,这是以虚拟资本为核心的股票市场和其他金融衍生产品的 ganzes System des Schwindels und Betrugs(一整套投机和欺诈活动)。这可以直达今天在资本主义世界中发生的金融资本伪境中的重重次贷危机。马克思在《资本论》第三卷中并没有直接将信用关系场境定义为我们今天所说的金融领域,但还是多次使用了与 Finanz(金融)相关的表述。④ 然而,马克思的这些极其重要的分析,长期以来却为我们严重忽略。这是令人极其遗憾的事情。

---

① 《马克思恩格斯全集》(第二版)第46卷,人民出版社2003年版,第499页。

② 阿里夫·德里克(Arif Dirlik,1940—2017),土耳其裔美国历史学家,著名的西方马克思主义学者。1964年在伊斯坦布尔罗伯特学院获得电气工程学士学位,1973年在罗切斯特大学获得历史学博士学位。学者生涯主要在杜克大学度过,担任历史和人类学教授。2001年转往俄勒冈大学,担任社科、历史和人类学教授及批评理论和跨国研究中心主任。代表作有:《革命与历史》、《中国革命中的无政府主义》、《全球现代性》、《后革命氛围》等。

③ 《马克思恩格斯全集》(第二版)第46卷,人民出版社2003年版,第438页。

④ 马克思在《资本论》第三卷所援引的经济学文献中出现过 Finanzaristokratie(金融寡头)的概念。[参见 Marx-Engels-Gesamtausgabe(MEGA²),Ⅱ/15,Text,Berlin:Dietz Verlag,2004,S. 320.]除去马克思这里使用的 Finanzaristokratie,他还分别使用过 Finanzwirthschaft(金融经济)和 Finanzoperationen(金融操作)等概念。参见 Marx-Engels-Gesamtausgabe(MEGA²),Ⅱ/15,Text,Berlin:Dietz Verlag,2004,S. 384,410。

其四,股份制资本关系中的经济剥夺与工人自由人联合体。如果虚拟信用关系之上建立的股份制度是资本主义生产方式内部的自我扬弃,那么,这种扬弃的具体表现则会呈现出否定和肯定的双重性:第一,股份制公司呈现的资本的自我剥夺机制。一方面,马克思发现,在股份公司不断膨胀的资本扩充中,实际发生着资本自我剥夺中的垄断性集聚。

> 在这里,成功和失败同时导致资本的集中(Centralisation),从而导致最大规模的剥夺(Expropriation)。在这里,剥夺已经从直接生产者扩展到中小资本家自身。这种剥夺是资本主义生产方式的出发点(Ausgangspunkt);实行这种剥夺是资本主义生产方式的目的(Ziel),而且最后是要剥夺一切个人的生产资料,这些生产资料随着社会生产的发展已不再是私人生产的资料和私人生产的产品,它们只有在联合起来的生产者(associirten Producenten)手中还能是生产资料,因而还能是他们的社会财产。①

这种在虚拟资本伪境中建立起来的资本集中,本质上是金融寡头对整个社会"最大规模的剥夺",它不仅剥夺生产者,也剥夺"中小资本家"。剥夺是资本主义生产方式的出发点和目的,它的最后结果是剥夺一切个人所有的生产资料,走向马克思所指认的"剥夺者将被剥夺"的历史必然。

另一方面,股票市场中也上演着一种光天化日之下公开的财富掠夺。在股票市场中,发生了一种资本主义生产方式中前所未有的赌博游戏,通过股票的购买和抛出,一些人无偿占有另一部分人的财富。这也是资本主义制度本身生成的最畸形的经济掠夺方式。马克思认为:

> 这种剥夺在资本主义制度本身内,以对立的形态(gegensätzlicher Gestalt)表现出来,即社会财产为少数人所占有;而信用使这少数人越来越具有纯粹冒险家的性质。因为财产在这里是以股票的形式(Form der Aktie)存在的,所以它的运动和转移就纯粹变成了交易所赌博

① 《马克思恩格斯全集》(第二版)第46卷,人民出版社2003年版,第498页。

(Börsenspiels)的结果;在这种赌博中,小鱼为鲨鱼所吞掉,羊为交易所的狼所吞掉。①

因为在任何社会,如果一个人大白天在街上抢劫别人的钱财,那是公认的犯罪,然而,发生在资本主义股票市场中的这种抢夺他人钱财的行为,却是合法的带有冒险性的"发财"。我们都知道,与流通领域一样,股市并不创造财富,真相是一些人以合法的"炒股"方式,公然占有他人亏损的财富。所有人在股市中发生亏损都是**咎由自取**,因为所有证券交易所门口都贴着:"股票有风险,入市需小心"。这是资产阶级这种股票赌博和投机中的**活该性**。其实,在一定的意义上,这种活该性带有资本主义经济物相化空间特有的存在论意味,因为只要进入商品生产和交换市场,赚钱和赔钱都是赌博,你破产了,那是活该,所以只有自认倒霉地跳楼。

马克思指出,在这种股份制的剥夺关系中,实际上已经出现了一种对资本主义生产方式的**消极的否定**。

> 在股份制度内,已经存在着社会生产资料借以表现为个人财产的旧形式的对立面;但是,这种向股份形式的转化本身,还是局限在资本主义界限之内;因此,这种转化并没有克服财富作为社会财富的性质和作为私人财富的性质之间的对立,而只是在新的形态上发展了这种对立。②

因为这是在资本主义生产方式内部出现的对生产资料私人占有制的无形否定,只是这种否定还是"局限在资本主义界限之内"。它并没有真正克服资本主义生产关系内部的对抗性矛盾,而只是在一种新的形态上发展了这种对抗,这种对抗无形中正在客观地炸碎资本主义生产方式。

第二,在资本主义信用关系中成长起来的工人合作工厂则是对资本主义生产方式的积极扬弃。在 19 世纪中叶,欧洲一些地方出现了利用信用关系、

---

① 《马克思恩格斯全集》(第二版)第 46 卷,人民出版社 2003 年版,第 498 页。
② 《马克思恩格斯全集》(第二版)第 46 卷,人民出版社 2003 年版,第 498—499 页。

由工人自己建立的合作工厂①,马克思对此给予了高度的关注和正面的评价。这一部分内容,马克思也是在《1863—1865 年经济学手稿》的《资本论》初稿第三册中开始思考的。② 在 1864 年发表的《国际工人协会成立宣言》中,马克思公开高度评价了这一"工人合作运动"。③ 在他看来,工人合作工厂的产生本身就是资本主义信用制度的产物。

　　没有从资本主义生产方式中产生的工厂制度(Fabriksystem),合作工

① 马克思这里提到的"工人合作工厂",也称"工人合作运动",是 19 世纪 40 年代工业革命进程中在英国率先兴起的一种社会主义经济实践运动。这是以英国空想社会主义者罗伯特·欧文进行合作公社的大胆试验为标志的。1825 年,欧文在美国印第安纳州买下 3 万亩土地,创办了一个示范合作公社,定名为"新和谐公社"。欧文关于合作公社的思想,内容很广泛,主要观点有:财产公有化、管理民主化、分配需要化、劳动结合化等。欧文试图通过社会实践来证明他的合作公社思想的优越性和可行性。尽管 1828 年实验宣告失败,但欧文的实验引起当时欧美社会各界人士的极大关注,产生了极其深远的影响。因此,欧文被许多人视为"合作运动之父"。在欧文合作公社思想的影响下,英国成为合作运动最集中的国家,先后兴起了 300 多个合作团体,广泛开展合作运动。随后,合作运动蔓延到欧洲其他地区,成为 19 世纪三四十年代一种很普遍的社会实践。19 世纪 40 年代,合作运动获得更为广泛的实践,其中出现了以 "罗奇代尔公平先锋社"(Rochdale Equitable Pioneers Society)为代表的成功实例。1844 年,在英格兰北部小城镇罗奇代尔(曼彻斯特工业区),由 28 个纺织工人创立了日用品消费合作社。该合作社的领导人都是欧文派社会主义者。它最初的社员大多是纺织业各部门的织工。他们的政治观点并不一致,他们中有宪章派,有欧文主义者,也有工会会员。罗奇代尔公平先锋社从当时的实际情况出发,满足了社员的个人利益,又有一套切实可行、公平合理的"罗奇代尔原则":(1) 民主管理(一人一票);(2) 会员开放(Open membership);(3) 有限的资本利息(Limited interest on capital);(4) 根据成员对合作社所作贡献的比例分配剩余;(5) 只用现金交易(不使用信贷);(6) 实行合作原则向成员提供教育;(7) 政治中立和宗教信仰中立。罗奇代尔公平先锋社的章程规定:通过按股集资、按股分红的办法筹集资金,用这笔资金开设店铺,销售食品、衣物,并建筑房屋,供希望改善状况的社员迁入居住。此外还要购买土地供失业和贫困的社员耕种,解决他们的生活困难。罗奇代尔公平先锋社发展很快,到 1855 年社员已增至 1400 余人。到 1851 年,英国成立的罗奇代尔式的合作社已有 130 个左右,社员不下 1.5 万人。
② 参见 Marx-Engels-Gesamtausgabe(MEGA²),Ⅱ/4-2,Text,Berlin:Dietz Verlag,1992,S.458-459,504。
③ 这一"宣言"发表于 1864 年 9 月 28 日。在这一"宣言"中,马克思指出:"我们说的是合作运动,特别是由少数勇敢的'手'独力创办起来的合作工厂。对这些伟大的社会试验的意义不论给予多么高的估价都是不算过分的。工人们不是在口头上,而是用事实证明:大规模的生产,并且是按照现代科学要求进行的生产,在没有利用雇佣工人阶级劳动的雇主阶级参加的条件下是能够进行的;他们证明:为了有效地进行生产,劳动工具不应当被垄断起来作为统治和掠夺工人的工具;雇佣劳动,也像奴隶劳动和农奴劳动一样,只是一种暂时的和低级的形式,它注定要让位于带着兴奋愉快心情自愿进行的联合劳动。在英国,合作制的种子是由罗伯特·欧文播下的;大陆上工人进行的试验,实质上是从那些并非由谁发明,而是在 1848 年大声宣布的理论中得出的实际结论。"[《马克思恩格斯全集》(第二版)第 21 卷,人民出版社 2003 年版,第 12—13 页。]

厂就不可能发展起来;同样,没有从资本主义生产方式中产生的信用制度(Kreditsystem),合作工厂也不可能发展起来。信用制度是资本主义的私人企业逐渐转化为资本主义的股份公司的主要基础,同样,它又是按或大或小的国家规模逐渐扩大合作企业的手段。资本主义的股份企业,也和合作工厂一样,应当被看作是由资本主义生产方式转化为联合的生产方式的过渡形式(Uebergangsformen),只不过在前者那里,对立是消极地扬弃的,而在后者那里,对立是积极地扬弃的(positiv aufgehoben)。①

在这里,我们看到马克思意识到,与上述资本主义私有制基础之上建立的股份公司——在那里,"由资本主义生产方式转化为联合的生产方式的过渡",是通过残酷的自我剥夺完成的对生产资料私人占有制的消极扬弃——不同,在工人合作工厂中,资本主义生产方式中原有的生产资料私人占有与社会化生产的矛盾对立却是被 positiv aufgehoben(积极地扬弃的)。因为,

> 工人自己的合作工厂(Kooperativfabriken der Arbeiter),是在旧形式内对旧形式打开的第一个缺口,虽然它在自己的实际组织中,当然到处都再生产出并且必然会再生产出现存制度的一切缺点。但是,资本和劳动之间的对立在这种工厂内已经被扬弃,虽然起初只是在下述形式上被扬弃,即工人作为联合体是他们自己的资本家(Arbeiter als Association ihr eigner Kapitalist),也就是说,他们利用生产资料来使他们自己的劳动增殖。这种工厂表明,在物质生产力和与之相适应的社会生产形式(gesellschaftlichen Produktionsformen)的一定的发展阶段上,一种新的生产方式怎样会自然而然地从一种生产方式中发展并形成起来。②

在马克思看来,资本主义信用制度之下出现的工人合作工厂,是利用了资产阶级的信用关系"在旧形式内对旧形式打开的第一个缺口"。与上述资产阶级的股份公司不同,工人合作工厂不再是以资产阶级生产资料私人占有为前提,而 Arbeiter als Association ihr eigner Kapitalist(工人作为联合体是他们

---

① 《马克思恩格斯全集》(第二版)第 46 卷,人民出版社 2003 年版,第 499 页。
② 《马克思恩格斯全集》(第二版)第 46 卷,人民出版社 2003 年版,第 499 页。

自己的资本家),这里的 Kapitalist(资本家)当然是一个戏称,因为在工人合作工厂中,工人们是"利用生产资料来使他们自己的劳动增殖"。在这里,并不存在人对人的经济剥削,这也实际上客观消除了劳动本身的我-它自反性异化。所以,马克思兴奋地指认,在资本主义生产方式内部,这种工人自由联合体的方式"自然而然地从一种生产方式中发展并形成起来"。在之后的讨论中,马克思再次提及这个扬弃资本主义生产方式的"一个自觉的、有计划的联合体"①。

在马克思此时的憧憬中,这种由工人自己建立起来的自由联合体,将是走向人类解放的过渡性经济载体,这种全新的社会赋型方式,将根本摧毁资本主义所建构起来的全部经济物相化空间,彻底超越经济必然性王国,走向一个真正的人类社会自身发展的自由王国。

> 事实上,自由王国(Reich der Freiheit)只是在必要性和外在目的规定(äußere Zweckmäßigkeit bestimmt)要做的劳动终止的地方才开始;因而按照事物的本性(Natur der Sache)来说,它存在于真正物质生产领域的彼岸(jenseits der Sphäre der eigentlichen materiellen Produktion)。像野蛮人为了满足自己的需要,为了维持和再生产自己的生命,必须与自然搏斗一样,文明人也必须这样做;而且在一切社会形式中,在一切可能的生产方式中,他都必须这样做。这个自然必然性的王国(Reich der Naturnothwendigkeit)会随着人的发展而扩大,因为需要会扩大;但是,满足这种需要的生产力同时也会扩大。这个领域内的自由只能是:社会化的人,联合起来的生产者(associirten Producenten),将合理地调节他们和自然之间的物质变换,把它置于他们的共同控制之下,而不让它作为一种盲目的力量(blinden Macht)来统治自己;靠消耗最小的力量,在最无愧于和最适合于他们的人类本性的条件下来进行这种物质变换。但是,这个领域始终是一个必然王国。在这个必然王国的彼岸,作为目的本身的人类能力的发挥,真正的自由王国,就开始了。但是,这个自由王国只有建立在必然王国的基础上,才能繁荣起来。②

---

① 《马克思恩格斯全集》(第二版)第 46 卷,人民出版社 2003 年版,第 745 页。
② 《马克思恩格斯全集》(第二版)第 46 卷,人民出版社 2003 年版,第 928—929 页。

　　我在《马克思历史辩证法的主体向度》中,第一次具体讨论过这里的马克思关于必然王国和自由王国的关系的阐述。① 可以看到,马克思这里讨论人类社会从必然王国向自由王国的转化,并非一种观念上对未来乌托邦的憧憬,而是基于在资本主义生产方式中已经出现的工人合作企业这一客观事实,对一种 **客观现实可能性** 的指认。这里的社会化的人,associirten Producenten(联合起来的生产者),正是我们这里讨论的信用关系之上的工人合作联合体。在这里,资本主义社会经济物相化空间中的一切经济定在都被解构和祛序了,经济必然王国中那种看不见的资本的 blinden Macht(盲目的力量)失效了,劳动本身那种我-它自反性的异化关系伪境消失了,人们将"合理地调节他们和自然之间的物质变换,把它置于他们的共同控制之下",在这种自由人的生产联合体中,人们"靠消耗最小的力量,在最无愧于和最适合于他们的人类本性的条件下来进行这种物质变换"。而在这种新型的解放了的生产必然王国的彼岸,就会出现"作为目的本身的人类能力的发挥",人类彻底解放、全面自由发展的真正的自由王国。这就是怀抱乐观主义的马克思眼中的共产主义的美好未来。

---

① 参见拙著《马克思历史辩证法的主体向度》,河南人民出版社 1995 年版,第四章第二节。

结束语

马克思生命的最后时刻留下的两份重要的学术文本,值得我们关注:一是他于 1879 年末—1880 年初写下的《评瓦格纳教科书》,二是 1881 年他给俄国女革命家查苏利奇的复信。它们反映了马克思在对资本主义生产方式认识思想中的一定变化。我们先说第一份文本产生的背景。

《资本论》第一卷(德文第一版)出版之后,大约在 1870—1879 年前后,西方学术界悄悄地形成了一种对马克思的思想"围剿"。这直接涉及马克思关于资本主义生产方式的科学认识问题。第一个需要提及的学术事件,是 1879 年德国经济学家洛贝尔图斯①在写给 J. 采勒的信②中,谈到马克思"利用了"他的《关于我国国家经济状况的认识》一书中的观点。正是这个洛贝尔图斯,在背地里散布马克思"剽窃"他的剩余价值理论的奇谈怪论。1881 年,在由鲁·迈耶尔出版的《洛贝尔图斯-亚格措夫博士的书信和社会政治论文集》中,洛贝尔图斯在他的第 60 封信中说,"我现在发现,谢夫莱

---

① 约翰·卡尔·洛贝尔图斯(Johann Karl Rodbertus,1805—1875),德国经济学家和社会主义者。代表作有:《关于我国国家经济状况的认识》(1842)、《致寇其门的社会通信》(1850—1851)、《给冯·基尔希曼的社会问题书简。第三封信:驳李嘉图的地租学说,对新的地租理论的论证》(1851)、《致莱比锡德国劳动者同盟委员会的公开信》(1863)、《生产过剩与恐慌(社会书简之一)》(1871)、《地主现在的经济困难与救济》(1871)等。

② 这封信刊登于 1879 年在图宾根出版的《一般政治学杂志》(*Zeitschrift fur die gesammte Staatswissenschaft*)第 219 页上。

和马克思剽窃了我,而没有提到我的名字"。这个谢夫莱,我们在下面马上就会说到他。在第43封信中,洛贝尔图斯更明确地说:"资本家的剩余价值是从哪里产生的,这个问题我已经在我的第三封社会问题书简中说明了,本质上和马克思一样,不过更简单、更明了。"①这也就表示,如果洛贝尔图斯的指证成立,那么马克思的第二个伟大发现,即关于资本主义生产方式剥削秘密的剩余价值理论的原创性就会受到质疑。实际上,马克思在世时已经知道了这种荒唐的指责,但采取了"不予理睬"的态度,他甚至跟恩格斯说:"如果洛贝尔图斯认为他自己的叙述更简单、更明了,那就让他去享受这种乐趣。"②马克思的这种态度是可以理解的。因为我们每一位跟随本书作者走到这里的读者,都已经亲身感受了马克思在长达40多年的时间中对资本主义生产方式的本质,特别是对资本家剥削工人剩余价值的秘密的艰辛探索过程,我们也会对洛贝尔图斯的这种狂妄自大感到好笑。对于这件可笑的事情,恩格斯后来作了必要的澄清。③ 马克思在《1861—1863年经济学手稿》的第10—11笔记本中,评论了洛贝尔图斯的经济学。在马克思看来,"洛贝尔图斯还陷在资本主义以前的生产方式所产生的种种观点之中"④。

第二个应该提及的学术事件,就是也被洛贝尔图斯指责为与马克思一起剽窃了他的思想的阿·谢夫莱⑤。这个作为德国新历史学

---

① 转引自恩格斯为马克思《资本论》第二卷出版所写下的序言。[参见《马克思恩格斯全集》(第二版)第45卷,人民出版社2003年版,第10—11页。]

② 《马克思恩格斯全集》(第一版)第45卷,人民出版社2019年版,第11页。

③ 一是1884年10月23日恩格斯所写的《马克思和洛贝尔图斯。卡·马克思"哲学的贫困"一书德文第一版序言》(参见《马克思恩格斯全集》第21卷,人民出版社1965年版,第205—220页);二是1885年5月5日恩格斯为马克思《资本论》第二卷(德文第一版)写的序言[参见《马克思恩格斯全集》(第二版)第45卷,人民出版社2019年版,第3—25页]。

④ 《马克思恩格斯全集》(第二版)第34卷,人民出版社2008年版,第168页。

⑤ 阿·谢夫莱(Albert Eberhard Friedrich Schäffle,1831—1903),德国经济学家,19世纪新历史学派代表人物之一。代表作为:《资本主义和社会主义,特别是对经济活动形式和财产形式的考察》(Kapitalismus und Socialismus, mit besonderer Rücksicht auf Geschäfts-und Vermögensformen,1870)、《社会主义精义》(Die Quintessenz des Socialismus,1874)、《社会机体论》(Bau und Leben des socalen Körper,第1—4卷,1875—1878)等。

派①代表人物之一的经济学家,于 1870 年出版了一本关于资本主义经济制度研究的大书——《资本主义和社会主义,特别是对经济活动形式和财产形式的考察》(以下简称《资本主义和社会主义》)。该书洋洋洒洒竟然有 700 多页。从内容上看,该书由 15 篇演讲组成。其中,谢夫莱在第五篇演讲中,在区分了"家长制的(patriarchalische)、神权政治的(theokratische)、封建的(feudale)和资本主义的(kapitalistische)国民经济(Volkswirthschaft)"的不同社会制度的差异后,比较详细地讨论了"资本主义的本质和过程(Wesen und Hergang des Kapitalismus)—资本主义和自由主义(Kapitalismus und Liberalismus)—资本主义组织形式的相对有效性(Relative Geltung der kapitalistischen Organisationsform)"②等问题。并且,他在第 11 篇演讲中专门提及马克思的《资本论》。在那里,谢夫莱明确指认出马克思对资本主义经济问题的批判观点,主要涉及"作为未支付的剩余劳动的资本利润(Kapitalprofit als unbezahlte Mehrarbeit bei Marx)",基本形式为资本家对绝对剩余价值和相对剩余价值的"侵占"(Aneignung)。③ 然而,作为一名资产阶级学者的谢夫莱,他的最终结论也是十分明确的,他认为,"废除资本主义会导致更糟糕的弊病(die Aufhebung des Kapitalismus aus übel schlimmer machen würde),以前的国民经济还是不完善的,资本主义内部的实际弊病不是无法治愈的(die thätsächlichen Uebelstände innerhalb des Kapitalismus nicht unheilbar sind)"④。这

---

① 德国新历史学派是指 19 世纪 70 年代至第一次世界大战期间流行于德国的经济学理论,其主要倡导者为古斯塔夫·施穆勒(Gustav von Schmoller,1838—1917),重要人物包括阿尔贝特·谢夫莱、阿道夫·瓦格纳、路约·布伦坦诺(Lujo Brentano)、威尔纳·桑巴特(Werner Sombart)等。新历史学派在经济政策领域主张改良主义,他们从实用主义出发,在批评经济自由主义的幌子下反对科学社会主义,试图解决资本主义所面临的社会经济问题。1873 年组织"社会政策学会",在其发表的《宣言》中明确提出,反对"旨在于破坏现行经济制度,使资本主义消灭,而代之以共产主义社会的那种社会主义"。这批学者中不少人以大学教授的身份在大学讲坛宣传改良主义的社会经济政策,所以他们也被人们称为"讲坛社会主义者"。

② A. Schäffle, *Kapitalismus und Socialismus*, *mit besonderer Rücksicht auf Geschäfts-und Vermögensformen*, Tübingen:Verlag der H. Laupp'schen Buchhandlung, 1870, S. 119 - 124.

③ 参见 A. Schäffle, *Kapitalismus und Socialismus*, *mit besonderer Rücksicht auf Geschäfts-und Vermögensformen*, Tübingen:Verlag der H. Laupp'schen Buchhandlung, 1870, S. 312 - 315。

④ A. Schäffle, *Kapitalismus und Socialismus*, *mit besonderer Rücksicht auf Geschäfts-und Vermögensformen*, Tübingen:Verlag der H. Laupp'schen Buchhandlung, 1870, S. 392.

表明,作为资产阶级学者的谢夫莱,无法接受马克思在《资本论》第一卷最后关于资本主义生产方式在"剥夺者将被剥夺"中最终灭亡的断言,他仍然幻想着通过各种方式的修补能够使资本主义长久生存下去。对于谢夫莱的东西,马克思觉得并不值得认真对待,因为虽然他关于"资本主义"的研究在表面上受到了《资本论》的影响,但其学术观点仍然是极其肤浅的。马克思在1870年9月10日给恩格斯的信中提道:"顺便说一下,杜宾根的谢夫莱教授出版了一本荒谬的厚书(价值十二个半先令!)来反对我。"①恩格斯在9月12日的回信中称,谢夫莱虽然是个"庸俗经济学家",但有可能是马克思的"真正的对手"。② 而马克思则说:"谢夫莱说他研究《资本论》已经十年了,可是仍然理解不了。"③这是因为,谢夫莱根本无法深入资本主义生产方式的内部,真正透视剩余价值在生产过程中的真实占有过程,以及经济表象中剩余价值转化形式中的利润、利息和地租等复杂的再分配关系,也根本不可能到经济拜物教背后去发现资产阶级特有的经济物相化编码中的事物化颠倒与劳动异化关系的更深构境层。这是由谢夫莱自身的资产阶级意识形态立场和非科学的研究方法所决定的。

不过,对谢夫莱关于资本主义的研究,我有以下的补充性评论:一是出版于1870年的谢夫莱《资本主义和社会主义,特别是对经济活动形式和财产形式的考察》一书,是让史学大师布罗代尔打脸和出丑的历史事实,因为这比他列举的谢夫莱的学生桑巴特的《现代资本主义:从始至今的全欧经济生活历史体系的表述》(1902)要早了近30年。固然,谢夫莱的书是在马克思《资本论》第一卷的影响下写成的,他也专门界划说,马克思的"资本主义(Kapitalismus)概念比我迄今所使用的这个词的概念要窄"④。这也说明,连

---

① 《马克思恩格斯全集》第33卷,人民出版社1973年版,第63页。

② 参见《马克思恩格斯全集》第33卷,人民出版社1973年版,第66—67页。

③ 《马克思恩格斯全集》第36卷,人民出版社1975年版,第288页。这是指阿·谢夫莱以"一个国民经济学家"的笔名于1875年在哥达发表的小册子《社会主义精义》(Die Quintessenz des Socialismus)。谢夫莱在这本小册子中承认:他"本人需要多年的功夫,才能吃透"《资本论》第一卷的含义。而马克思则发现,他根本没有读懂《资本论》。

④ A. Schäffle, Kapitalismus und Socialismus, mit besonderer Rücksicht auf Geschäfts-und Vermögensformen, Tübingen: Verlag der H. Laupp'schen Buchhandlung, 1870, S. 310.

谢夫莱自己也承认马克思是率先提出和系统研究资本主义问题的人。但是,同时应该承认的事实为,谢夫莱的这本书的确是第一本以**资本主义**(*Kapitalismus*)为直接标题的研究性论著。二是谢夫莱在该书中针对资本主义经济结构中的"自由主义"弊病所提出的修补方案,特别是在经济结构中强调"国家援助(Staatshilfe)"的力量,以生成"资本主导的(kapitalherrschaftliche)和合作社的(genoffenschaftliche)"两种"资本主义管理(kapitalistischer Geschäftsführung)**混合经济**的观点,是后来的20世纪罗斯福"新政"和"凯恩斯革命"等资本主义修补方案的先声。这可能是过去相关研究所忽视的思想史事实。

第三个学术事件,就是同属德国新历史学派的"讲坛社会主义"代表人物瓦格纳于1876年出版的《政治经济学教科书》(*Lehrbuch der Politischen Oekonomie*)第一卷。[①] 在该书中,瓦格纳声称要通过教科书的方式,对"一般或理论的国民经济原理(Allgemeine oder theoretische Volkswirschaftslehre)"给出完整的理论体系。这应该是与马克思同时代的经济学家,在《资本论》第一卷(第一版)出版近十年后,面对资本主义生产方式时的最新经济学看法。这显然引起了马克思的关注。瓦格纳的这本书由两篇八章组成。在第一篇中,他从"国民经济的基础(Die Grundlagen der Volkswirthschaft)"开始,依次讨论了作为"人的经济本性(Die wirthschaftliche Natur des Menschen)"的需要、欲望、劳动和经济概念,并通过获得财富的不同方式推导出"经济财富(wirthschaftliche Güter)和交往财富(Verkehrsgütern)",以对应于财产中的使用价值和交换价值。他区分了个体经济(Die Einzelwirthschaften)、国民经济和世界经济,并着重讨论了以私人经济为核心的"自由竞争的现代体系(Das moderne System der freien Concurrenz)"的缺点(Nachtheile),以及"强制性公共经济"的可能性和国民经济中国家的补救行为。在第二篇中,他从"国民经济和法律权利"的关系入手,特别分析了所谓财产权问题。在对"财产制度(Eigenthumsordnung)"的讨论中,他区分了"占有理论和劳动理论(Die

---

[①] Adolph Wagner, *Lehrbuch der Politischen Oekonomie*, Erster Band. *Allgemeine oder theoretische Volkswirthschaftslehre*, Erster Theil. Grundlegung, Zweite Ausgabe, Leipzig und Heidelberg, 1879.

Occupations-und die Arbeitstheorie)",分别对地产、林产、矿产、路产和房产进行了分析,并提出了所谓财产的侵占问题。可以看出,瓦格纳的这本教科书明显受到了马克思《资本论》的影响,但是在理解马克思的经济学观点时却始终停留在问题的表面,在面对资本主义制度的根本性矛盾时采取了改良主义的立场,试图通过国家的"强制性公共经济"干预来挽救穷途末路的资本主义。

显然,瓦格纳的这部《政治经济学教科书》的出版,被马克思视作需要认真对待的事件。1880年,马克思写下我们在本书第十一章中已经遭遇过的《评瓦格纳教科书》一文的手稿①。我们已经看到马克思在这一手稿中对历史唯物主义的理论深化。在这一未完成的手稿中的经济学讨论中,马克思只是评论了瓦格纳这本800多页的教科书的很少内容,即到第一篇第二章第三节(第131页)的内容。这里,我们来看一下马克思评论瓦格纳的观点。

在手稿一开始,马克思就指认了这样一个他关心的问题,即瓦格纳说,自己的观点同我们上面提及的洛贝尔图斯和谢夫莱的观点"相一致",并且,"在'**叙述的基本论点**'上他'**引证**'洛贝尔图斯和谢夫莱的话"。② 也就是说,马克思意识到了这种同时代的资产阶级经济学界混浊暗流中的合流。但从手稿的实际写作情况来看,马克思只是几次简单提及谢夫莱从《资本论》中学去的"资本主义(Kapitalismus)"概念③和抄袭走的"物质变换"概念④,而对洛贝尔图斯的评点也是零碎地出现在瓦格纳引述的经济学观点中,显然,马克思主要批判的对象还是瓦格纳,因为他觉得需要认真对待瓦格纳这个成体系的资产阶级经济学大杂烩。

马克思看到了瓦格纳的理论前提是"**经 济 的 社 会 生 活 的 条 件**"(*Bedingungen des wirtschaftlichen Gemeinlebens*),并"**根据这些条件来确定个人**

---

① 该手稿系马克思于1879年下半年至1880年11月间在伦敦写下的评论性文本,载于马克思"1879—1881年笔记"中。这一文本1930年第一次发表于俄文版《马克思恩格斯文库》第5卷。参见《马克思恩格斯全集》第19卷,人民出版社1963年版,第396—429页。Karl Marx/Friedrich Engels, *MEW*, Bd. 19, Berlin: Dietz Verlag, 1987, S. 355-383.

② 参见《马克思恩格斯全集》第19卷,人民出版社1963年版,第396页。

③ 参见《马克思恩格斯全集》第19卷,人民出版社1963年版,第402、403页。

④ 参见《马克思恩格斯全集》第19卷,人民出版社1963年版,第422页。

的经济自由的范围"。① 从客观的 *Bedingungen des wirtschaftlichen Gemeinlebens*（**经济的社会生活的条件**）来确定个人的经济自由状态，这是我们在《回到马克思》第一卷中就已经熟悉的社会唯物主义的基本观点。但是，马克思说，瓦格纳并没有从历史认识论的视角，去进一步分析不同时代中作为经济社会条件核心的"劳动的具体性质"，这就使瓦格纳的这些看起来不错的观点成为抽象的空话。我们已经知道，从经济条件背后的物质生产中透视出工人主位的**劳动过程**，是马克思在经济学构境中观察资本主义生产方式的最关键的基始视位。马克思告诉瓦格纳，自己的经济学研究起始对象既不是抽象的"价值"，也不是没有具体历史性质的"交换价值"，而是作为资本主义经济生活特定历史现象的"**商品**"。马克思说，"商品作为价值，只代表某种**社会的东西**（*etwas Gesellschaftliches*）——劳动，所以商品的**价值量**，在我看来，是由**商品所包含等额的劳动时间的量**来决定的，因而是由生产一个对象所花费（Produktion eines Gegenstands kostet）的标准的劳动量来决定的"②。这里，马克思所指认的价值代表的 etwas *Gesellschaftliches*（**社会的东西**），其实是指瓦格纳所不能理解的一定历史条件下才会出现的由工人劳动物相化活动转换而来的社会经济关系场境。从根本上看，商品的"价值量"不过是工人生产一个对象所花费的一定劳动时间在劳动对象中的对象化，这里的"标准的劳动量"，是指社会必要劳动的尺度。这是李嘉图早就说明的问题。我们知道，这是马克思接受斯密-李嘉图的劳动价值论之后，从《1857—1858 年经济学手稿》、《1861—1863 年经济学手稿》、《1863—1865 年经济学手稿》，一直到《资本论》第一卷（德文第一版）已经反复思考、讨论和阐述的基本观点。然而，因为马克思此时公开发表的文本，只是《政治经济学批判》第一分册和《资本论》第一卷，在这些公开文本中已经看不见这一重要观点生成的复杂历史过程，特别是马克思因为向公众叙述理论观点的需要，他本人在经济学批判中创立的历史现象学中的经济关系事物化颠倒和劳动异化批判构式都被策略性地遮蔽起来了，所以在这里，我们只能看到马克思

---

① 参见《马克思恩格斯全集》第 19 卷，人民出版社 1963 年版，第 396 页。
②《马克思恩格斯全集》第 19 卷，人民出版社 1963 年版，第 400 页。中译文有改动。*MEW*, Bd. 19, Berlin: Dietz Verlag, 1987, S. 359.

像教小学生一样,向瓦格纳、谢夫莱和洛贝尔图斯之流说明这一观点中最基本的要点。这也使得马克思的这一文本,与他已经写下的丰厚经济学手稿相比常常显得像白开水。显然,这真的不能怪马克思。

其一,马克思必须说明自己与李嘉图在价值理论上的差别。因为上述观点在表面上看起来形似李嘉图的价值理论。马克思得告诉看不懂《资本论》的柏林大学经济学教授瓦格纳,"我和李嘉图之间的差别,李嘉图实际上把劳动只是当做**价值量的尺度**(*Maß der Wertgröße*)来考察,因而他看不到自己的价值理论和货币的本质(Wesen des Geldes)之间的任何联系"[1]。如果劳动仅仅是价值量的尺度,那么,从劳动的交换关系现实抽象所生成的一般价值等价物,到这种社会关系自我脱型和颠倒地通过货币的自然物性表现出来的事物化和异化的**历史本质**就会被掩盖起来。这也必定会导致"**李嘉图**(随斯密之后)把价值和生产费用混淆在一起",进而在面对机器化大生产进程中的社会生产时,再将"**价值**和**生产价格**(它只是在货币上表现出生产费用)"混淆起来,最终再通过生产成本和平均利润(地租、利息和税收等)的假象掩盖资本家剥削工人的秘密。马克思显得非常"遗憾"地说,这些问题他已经在《资本论》第一卷中讲得清清楚楚,可是身为经济学教授的瓦格纳竟然看不明白。因为,作为资产阶级经济学家,瓦格纳与李嘉图一样,他会反对马克思把"资本主义生产的性质"看作是"暂时的(transitorisch)",似乎他们所面对的机器化大生产中的资本主义的社会化生产是永恒存在的"自然法",这当然是马克思在分析资本主义生产方式的科学认识中坚决反对的资产阶级意识形态。马克思告诉瓦格纳,"社会的生产过程(gesellschaftlicher Produktionsprozeß)(更不必说生产过程一般),在**私人资本家出现以前就存在的很多公社**(古代印度的公社、南斯拉夫人的家庭公社等等)内,**是不存在的**(*nicht existierte*)"[2]。此时,马克思已经从摩尔根的《古代社会》一书中了解到,原始部族生活和东方仍然存在的土地公有制的农村公社中,人们在土地上劳作,但根本不可能出现劳动交换中抽象为价值的社会性的生产,这表明,李嘉图劳动价值论所依托的"私人资本家"控制的现代生产过程本身,只是在一定历史条件下才出现的社会历史现象,

---

[1]《马克思恩格斯全集》第19卷,人民出版社1963年版,第400页。
[2]《马克思恩格斯全集》第19卷,人民出版社1963年版,第401页。

这也意味着,资本主义生产方式本身的产生和发展都是一种特定的历史现象。在这里,马克思提出的根本不存在现代"社会生产"的古代印度和南斯拉夫的公社生活,是他从 50 年代就开始进行的古代社会历史和人类学研究的成果①,这些重要的史实进一步证明了历史唯物主义的基本原则,也为他的经济学研究提供了重要的历史界限。

其二,资本家对工人劳动创造的剩余价值的无偿占有问题。这是马克思透视和解码资本主义生产方式剥削本质最重要的方面。针对瓦格纳提出的资本家的作为生产成本回报的利润是价值的构成因素,而不是对工人的剥取和掠夺的观点,马克思说:

> 我把资本家看成资本主义生产的必要的职能执行者(Funktionär),

① 早在 19 世纪 50 年代,马克思就开始关心东方和斯拉夫民族土地公有制的研究,特别是 1853—1856 年前后对亚洲殖民地和斯拉夫民族的研究和思考(参见《马克思恩格斯全集》第 28 卷,人民出版社 1973 年版,第 256、272 页),而从 60 年代后期开始,马克思就对前资本主义社会赋型进行了系统研究,做了大量的读书笔记。他的研究目光主要投向两个大的方向:一是对除欧洲以外的广大亚非拉地区的史前历史研究。因为这一摘录笔记具有较浓厚的文化人类学和民族学色彩,所以这一"古代社会史笔记"又被称作"人类学笔记"或"民族学笔记"。自 1868 年开始,马克思对格·路·毛勒的《马尔克制度、农户制度、乡村制度,城市制度和公共政权的历史概论》《德国马尔克制度史》等著作进行了摘录。1871 年 1 月 7 日,伊·鲁·托马诺夫斯卡娅在写给马克思的信中,向他介绍了哈克斯特豪森关于俄国公社所有制的研究著作(参见《马克思恩格斯与俄国政治活动家通信集》,人民出版社 1987 年版,第 70 页)。1873 年 3 月 22 日,马克思写信给尼·弗·丹尼尔森,询问俄国公社所有制的情况,同年 5 月,后者写了长信回复马克思,详细介绍了关于俄国公社所有制的大量研究文献(参见《马克思恩格斯全集》第 33 卷,人民出版社 1972 年版,第 577 页;《马克思恩格斯与俄国政治活动家通信集》,人民出版社 1987 年版,第 197—222 页)。1876 年 5—6 月,马克思做了毛勒晚年共 12 卷的有关日耳曼、法兰克等著作的笔记。同年 12 月,马克思又对格·汉森、弗·德默里奇、奥·乌提舍诺维奇、弗·卡尔德纳斯关于公社制度在塞尔维亚、西班牙和其他国家演变情况的论著进行摘录。1879—1880 年,马克思阅读马·马·柯瓦列夫斯基的著作《公社土地占有制,其解体的原因、进程和结果》,并做了详细笔记。为此,马克思还专门学习了俄语(参见《马克思恩格斯全集》第 33 卷,人民出版社 1974 年版,第 624 页)。1880—1881 年,马克思研究路·亨·摩尔根的《古代社会》等著作,做了评注性摘录。这一部分笔记的主体包括对马·马·柯瓦列夫斯基的《公社土地占有制,其解体的原因、过程和后果》、摩尔根的《古代社会》的笔记,已经译成中文,刊登在《马克思恩格斯全集》第 45 卷(人民出版社 1985 年版)上。二是欧洲古代史的研究。1881—1882 年,马克思开始对 17 世纪以前的欧洲历史进行研究,这主要体现在马克思的晚年"历史学笔记"中。这份写于 19 世纪 70 年代和 80 年代初的笔记由四个笔记本组成,马克思按编年顺序摘录了公元前 1 世纪初至 17 世纪中叶世界各国特别是欧洲各国的政治历史事件。关于各民族经济发展史的材料,马克思在另外一些笔记本中做了专门的记述。马克思逝世后,恩格斯在整理这份手稿时给它加上了"编年摘录"这一标题。这一文献已经译成中文,以《马克思的历史学笔记》为名由红旗出版社 1992 年出版,中国人民大学出版社 2005 年再版。这两个重要的笔记系列,因为并非与本书研究主旨直接相关,所以没有成为此次研究的对象。

并且非常详细地指出,他不仅"剥取"或"**掠夺**",而且迫使进行**剩余价值的生产**,也就是说帮助创造属于剥取的东西;其次,我详细地指出,甚至在**只是等价物**交换的商品交换情况下,资本家只要付给工人以劳动力的实际价值,就完全有权利,也就是符合于这种生产方式的权利(Produktionsweise entsprechenden Recht),获得**剩余价值**。①

马克思没有办法向这位专业经济学教授说明,资本家并不是主体意义上的人,而是资本主义生产方式中居统治地位的资本关系反向物相化的人格化伪主体,他只能用通俗的语言将这种复杂关系场境表达为 Funktionär(职能执行者),并且,资本家对工人的"剥取"虽然不是像过去奴隶主那样的直接掠夺,但他是在商品交换的公平原则下支付工人劳动力使用权价值(工资)后,合法地在生产过程中悄悄地无偿占有了工人的剩余价值。我想,马克思与这些学院派的教授讲他们根本无法入境的剩余价值理论,肯定是心累无比的。最后马克思放弃公开发表这一手稿,应该也与此有关。

也是在这里,我们看到马克思提及与瓦格纳一伙的谢夫莱的"*Kapitalismus*" etc("**资本主义**"等等)②,这显然是指后者已经出版的《资本主义和社会主义,特别是对经济活动形式和财产形式的考察》一书,马克思对谢夫莱外在地搬弄 Kapitalismus 这一概念,却无法科学说明资本主义生产方式的本质的"荒谬的厚书",显然是嗤之以鼻的。因为谢夫莱根本没有理解资本主义生产方式的历史发生、统治关系的本质以及微观运行机制,这恰恰是马克思长达 40 年艰辛努力获得的第三个伟大发现。

其三,关于商品的价值与使用价值的关系问题。马克思已经发现,经济学教授们擅长于"玩弄概念",瓦格纳在十分烦琐地讨论客观价值与主体价值之后,将"价值一般"直接等同于使用价值,并且援引洛贝尔图斯"只有一种价值,即使用价值"的说法,由此指责马克思"主张'使用价值'应该完全从'科学'中'抛开'"③。可想而知,读到这段话时马克思必定是哭笑不得的。在

① 《马克思恩格斯全集》第 19 卷,人民出版社 1963 年版,第 401 页。
② 参见《马克思恩格斯全集》第 19 卷,人民出版社 1963 年版,第 402 页。*MEW*, Bd. 19, Berlin: Dietz Verlag, 1987, S. 360.
③ 《马克思恩格斯全集》第 19 卷,人民出版社 1963 年版,第 412 页。

《资本论》第一卷中马克思的确说明,他的主要研究对象是资本主义的生产关系,特别是商品的价值关系以及货币、资本等复杂经济关系,但他从来没有否认工人的具体劳动之火塑形和构序商品的使用价值是价值关系的物性前提。这也是我在本书第十一章中专门讨论劳动过程与使用价值历史性生成问题的基本用意。因为在过去我们自己的经济学和哲学研究中,人们真的不太关注马克思在中晚期经济学研究中关于劳动物相化塑形和构序对象的使用价值的阐述。

马克思告诉瓦格纳教授:

> 我不是从"概念"(Begriffen)出发,因而也不是从"价值概念"出发,所以没有任何必要把它"分割开来"。我的出发点是劳动产品在现代社会所表现的最简单的社会形式(gesellschaftliche Form),这就是"**商品**"。我分析商品,并且最先是在**它所表现的形式上**(*Form, worin sie erscheint*)加以分析。在这里我发现,一方面,商品按其自然形式(Naturalform)是**使用物**(*Gebrauchsding*),或**使用价值**,另一方面,是**交换价值的承担者**,从这个观点来看,它本身就是"交换价值"。对后者的进一步分析向我表明,交换价值只是包含在商品中的**价值**的"表现**形式**"(Erscheinungs *form*),独立的表达方式(Darstellungsweise),而后我就来分析价值。①

因为瓦格纳及洛贝尔图斯都停留在经济物相化编码的表象之中,所以他们根本无法入境于资本主义商品-市场经济构式中特有的复杂社会关系场境,只能看到商品作为对象性的物及效用(作为一般物相化结果的"使用价值"),而马克思的经济学研究的前提,从一开始就是透视第二层级经济物相化的狭义历史唯物主义构境,这种历史现象学的批判性解码,让马克思着眼于工人劳动所塑形和构序的"劳动产品"在资本主义经济关系中特有的经济定在形式,即市场交换场境中同时具有价值经济关系的商品:一是商品作为客观的用在性实在,是工人通过具体劳动物相化塑形和构序起来的使用价值,它除去能够被直接消费以外,另一个重要作用是可以作为换取其

---

① 《马克思恩格斯全集》第19卷,人民出版社1963年版,第412页。

他商品的"交换价值"的物性承担者。马克思还专门辨识说,洛贝尔图斯和瓦格纳所假设的"一般使用价值"是根本不存在的,因为一般物品的使用价值本身是历史性的。固然,

> 人在任何状态下都要吃、喝等等{不能再往下说了,什么要穿衣服或要有刀叉,要有床和住房,因为这并不是**在任何状态下**都需要的};一句说,他在任何状态下都应该为了满足自己的需要到自然界去寻找现成的外界物,并占有它们,或者用在自然界发现的东西进行制造;因而,人在自己的实际活动中,事实上总是把一定的外界物当做"使用价值",也就是说把它们当做自己使用的对象。①

这是广义历史唯物主义的前提。人首先要吃喝穿住,为满足直接生活资料的需要而进行生产,但物质生产与再生产的本质是人通过劳动物相化的"制造",改变自然中的"外界物"而获得用在性的"使用价值",这是不变的社会定在的基础和社会发展的前提。然而,这种劳动物相化所产生的用在性关系却是具有历史性质的。所谓"使用价值——作为'商品'的使用价值——本身具有特殊的历史性质。例如,在生活资料由社员共同生产和共同分配的原始公社里,共同的产品直接满足公社每个社员、每个生产者的生活需要,产品或使用价值的社会性质这里正是在于其**共同的性质**"②。这是说,我们今天看到的私人占有的商品的使用价值,在原始部族生活中是根本不存在的,因为在那里,产品的效用直接服务于生活的"共同的性质"。商品的使用价值,只是产品效用性在商品交换中生成的特殊历史属性。

二是资产阶级经济学家眼中的交换价值,只是商品中包含的抽象劳动——价值的"表现形式"(《资本论》第一卷中提出的"价值形式"),也因为这个不可见的商品价值是之后理解货币关系和资本关系的前提,所以价值关系才会成为关注的焦点。马克思说,"我不是把**价值**分为使用价值和交换价值,把它们当做'价值'这个抽象分裂成的两个对立物,而是把劳动产品的**具体社会场境**(konkrete gesellschaftliche Gestalt)分为这两者;'**商品**',一方面是使

---

① 《马克思恩格斯全集》第19卷,人民出版社1963年版,第420页。
② 《马克思恩格斯全集》第19卷,人民出版社1963年版,第413页。

用价值,另一方面是'价值'——不是交换价值,因为单是表现**形式**不构成其本身的**内容**"①。这里马克思重点标识出的 *konkrete gesellschaftliche Gestalt*(**具体社会场境**)一语是极其重要的。我觉得,根本不了解马克思历史唯物主义的资产阶级经济学教授们,是无法入境于这个"社会形式"、"自然形式"、"表现形式"和"表达方式"之间复杂的场境关系存在论的。这亦表明,虽然洛贝尔图斯指责马克思"偷了"他的剩余价值观点,谢夫莱用一大本厚书讨论 Kapitalismus(资本主义),瓦格纳编写了关于资产阶级的政治经济学教科书,但他们根本不可能真正进入马克思的经济学构境,特别是马克思关于资本主义生产方式的科学批判话语编码。马克思分析说:

> 物(Ding),"使用价值",只是当做人类劳动的**对象化**(*Vergegenständlichung menschlicher Arbeit*),当做**相同的人类劳动力的消耗**,因而这个内容表视为**事物的对象**性质(*gegenständlicher* Charakter der *Sache*),表现为事物**本身**(*ihr selbst* sachlich)固有的性质,虽然这种对象性(Gegenständlichkeit)不表现在其自然形式上(正是由于这一点,特殊的**价值形式**就成为必要)。②

这是马克思这一文本中比较重要的一段深刻表述。我们可以看到,马克思不仅区分了可见的"自然"实存的 Ding(物)与一定社会关系场境赋型和编码中的 Sache(事物),也再一次使用了劳动的 Vergegenständlichung(对象化)和事物的 Gegenständlichkeit(对象性)这样一些他自 1844 年就开始思考的哲学话语,这是马克思超出所有资产阶级经济学家的经济物相化无形编码的关键。在此,马克思深透说明了商品物的使用价值不过是工人具体劳动活动的对象化结果,但作为"相同的人类劳动力的消耗",在商品交换中必然现实抽象为离开其"自然形式"的价值关系,这种不可直观的价值关系的特殊表现形式则会以另一种特殊商品的自然形式颠倒地表现出来,这就是价值形式(交换价

---

① 《马克思恩格斯全集》第 19 卷,人民出版社 1963 年版,第 412 页。中译文有改动。*MEW*, Bd. 19, Berlin: Dietz Verlag, 1987, S. 369.
② 《马克思恩格斯全集》第 19 卷,人民出版社 1963 年版,第 420 页。中译文有改动。*MEW*, Bd. 19, Berlin: Dietz Verlag, 1987, S. 375.

值)——一般等价物——货币的历史生成。当然,这是一种高度浓缩的理论概括。

其四,劳动二重性与商品价值二重形式的关系。马克思进一步告诉资产阶级经济学的教授们,其实在商品的价值关系背后,更重要的是资本主义生产过程遮蔽起来的劳动二重性。

> 在分析商品的时候,我并不限于考察商品所表现的二重方式(Doppelweise),而是立即进一步验证了商品的这种二重存在(Doppelsein)体现着生产商品的**劳动的**二重**性质**(zwiefacher *Charakter der Arbeit*):**有用**劳动(*nützlichen* Arbeit),即创造使用价值的劳动的具体模式(konkreten Modi),和抽象**劳动**(abstrakten *Arbeit*),**作为劳动力消耗的劳动**,不管它用何种“有用的”方式(„nutzlichen“ Weise)消耗(这是以后说明生产过程的基础);论证了在**商品的价值形式**(*Wertform*)的发展、归根到底是货币形式即**货币的**发展中,一种商品的**价值**通过另一种商品的**使用价值**,即另一种商品的自然形式表现出来;论证了**剩余价值**本身是从**劳动力**特有的“特殊的”**使用价值**中产生的。①

我还是觉得,马克思特有的经济学构境对于瓦格纳、谢夫莱和洛贝尔图斯等人来说,像是天书一般,商品价值关系表现的二重方式本身就已经让教授们不知所以然了,从其背后再揭示出 zwiefacher *Charakter der Arbeit*(**劳动的二重性质**),就更会使他们不知南北。马克思这里揭示出来的劳动二重性,既有可见的工人们的具体劳动模式中直接塑形和构序用在性上的使用价值,也有作为一般必要劳动时间“消耗”的不可见的抽象劳动。只是这种在商品交换关系中突显出来的抽象劳动——价值关系,在它的颠倒性表现方式——不是它自身的价值形式(“交换价值”)中,一般价值等价物——货币以自己的物性(自然形式)事物化地颠倒呈现出来。不理解和进入这一特定的构境,就更不可能领悟为什么剩余价值会是工人劳动力价值交换关系背后的特殊使用价值在生产过程中创造出来的秘密。由此,马克思才感叹道,教授们无法知道,抽象地谈论价值和使用价值的语句,与具体地分析客观发生的社会历史

---

① 《马克思恩格斯全集》第 19 卷,人民出版社 1963 年版,第 414 页。中译文有改动。*MEW*, Bd. 19, Berlin: Dietz Verlag, 1987, S. 370.

进程中的经济生活和社会现象是完全不同的。这是历史唯物主义的方法论前提,即不是抽象地讨论非历史的概念,而是"从一定的社会经济时期(ökonomisch gegebnen Gesellschaftsperiode)出发的**分析方法**"①。所以,商品、货币和资本作为一种社会关系场境存在,"并不是一开始就发生的,而只是在社会发展的一定时期即在历史发展的一定阶段才发生的"②。马克思的最后结论是:"商品生产发展到一定的时候,必然成为'资本主义的'商品生产(,kapitalistischen' Warenproduktion),按照商品生产中占统治地位的**价值规律**,'剩余价值'归资本家,而不归工人"③。其实,一直到这里,马克思都是在向经济学教授们简要地说明自己的劳动价值论的基础知识,他还没有开始进入剩余价值理论更复杂的思想构境。我猜测,也许马克思越来越觉得这种与资产阶级学院派教授的争论是无意义的,于是,他立刻放弃了这一努力。实际上,我们还应该意识到,马克思在教导瓦格纳之类的经济学教授的时候,仍然是以经济学语境中的阐释性话语来进行的,他根本不会想到要告诉他们狭义历史唯物主义视域中那些极其复杂的批判性思想构境,如果让他们知道《大纲》和《1861—1863年经济学手稿》中经济物相化空间中的事物化颠倒和多重异化关系场境,他们那种简单的实证头脑肯定会被炸裂。这也是后来整个资产阶级经济学界拒斥马克思的经济学话语的根本缘由。

第二份需要关注的文本,就是马克思1881年写下的《马克思致查苏利奇》。④ 这一文本,也反映出晚年马克思在对资本主义生产方式的科学认识上的一些重要改变。1881年2月16日,俄国女政治家查苏利奇⑤写信给马克

---

①《马克思恩格斯全集》第19卷,人民出版社1963年版,第414页。

②《马克思恩格斯全集》第19卷,人民出版社1963年版,第420页。

③《马克思恩格斯全集》第19卷,人民出版社1963年版,第428页。

④ 马克思的这封信写于1881年3月8日,是他对查苏利奇(V. I. Sassulitsch)2月16日来信的回复。马克思一共写了四个草稿,正式的回信同第四稿。

⑤ 维拉·伊万诺夫娜·查苏利奇(Вера Ивановна Засулич,1849—1919),俄国民粹主义政治家。1875年参加基辅民粹主义组织"暴动者"。1877年参加土地与自由社。1878年刺杀彼得堡市长特列波夫,被判无罪。1879年加入土地平分社。1880年侨居国外。后转向马克思主义,1883年参与组建劳动解放社。多次参加第二国际代表大会。1900年起参加《火星报》和《曙光》杂志编辑部。1903年成为孟什维克,反对十月革命。曾同马克思和恩格斯通信,把他们的重要著作译成俄文,对马克思主义在俄国的传播起了推动作用。代表作有:《国际工人协会史纲》、《论让-雅克·卢梭》等。

思,希望马克思就俄国社会的未来**命运**问题的争论发表看法。在查苏利奇看来,这是马克思的《资本论》俄文版在俄国出版之后,围绕着"俄国土地问题和农村公社"展开的重要争论。因为,在查苏利奇和其他激进的俄国民粹主义分子眼里,俄国的公社式土地所有制是不同于欧洲土地私有制的特殊类型,只要摆脱了封建专制和地主的"蛮横专断"后,俄国公社"在集体原则的基础上,逐渐组织自己的生产和分配",由此完全可能"向着社会主义方向发展"。① 然而,作为"马克思主义者"的马克思的俄国学生们(普列汉诺夫和列宁等)却认为,按照《资本论》中的科学社会主义,俄国的"农村公社是一种陈腐的形式",它会在资本主义的发展中必然走向灭亡,这样,俄国社会将不可避免地经历"几百年"资本主义的悲惨命运。她写道:"要是您肯对我国农村公社可能遭到的各种命运发表自己的观点,要是您肯对那种认为由于历史的必然性,世界上所有国家都必须经过资本主义生产的一切阶段这种理论阐述自己的看法,那么您会给我们多大的帮助啊。"②

这里的背景其实是非常有趣的,作为民粹主义的政治家,查苏利奇等人当时的争论对手正好是俄国马克思主义者普列汉诺夫和列宁。双方争论的焦点是俄国社会的未来走向。俄国的民粹主义者看到了欧洲资本主义制度对工人的残酷剥削和社会的不平等,所以他们力图使俄国社会在其发展进程中跳过资本主义生产方式,沿着不同于欧洲的俄国公社的特殊道路,在避免阶级冲突的情况下达到农业社会主义。而普列汉诺夫和列宁则强调马克思所揭示的资本主义发展的客观必然性和具有普遍意义,他们认为应该欢迎俄国资本主义的到来,因为确立资本主义生产方式是社会主义革命的客观前提。所以,他们不承认民粹主义所说的俄国的特殊道路,认为俄国绝不可能停留在农业公社的阶段上,它必然会经过资本主义走向共产主义。列宁当时的态度集中反映在他的《什么是"人民之友"以及他们如何攻击社会民主党

---

① 参见《马克思恩格斯与俄国政治活动家通信集》,人民出版社1987年版,第378页。
②《马克思恩格斯与俄国政治活动家通信集》,人民出版社1987年版,第378页。

人?》一文中。① 正是在走向资本主义生产方式的道路是否为俄国社会的**必然历史命运**这个大的争论背景下,查苏利奇才写信给马克思。这里出现的问题实质是,马克思所面对的欧洲资本主义生产方式,是不是一种世界所有民族和地区人民都要经历的普遍适用的社会历史必然性?

其实在此之前,同样是俄国民粹主义理论家的米海洛夫斯基②,在 1877年 10 月的《祖国纪事》杂志上发表了我们前面已经提及的名为《卡尔·马克思在尤·茹柯夫斯基③先生的法庭上》一文④。在该文中,他认为马克思在《资本论》中指认的资本的世界历史逻辑,表达出一切民族不论所处历史环境如何,都会走上与西欧一样的建立资本主义生产方式的道路的观点。他断言,俄国"将会紧随欧洲去经历整个过程,对于这一过程马克思已经有所描述并将之上升到理论高度。但区别在于,我们不得不重复该过程,也就是自觉地完成它",马克思自己恰恰否定了"俄国人为他们的祖国所做的寻找一条不同于西欧已经走过而且正在走着的发展道路的尝试"。⑤ 然而,马克思同年11 月在《给〈祖国纪事〉杂志编辑部的信》中则写道:米海洛夫斯基

> 把我关于西欧资本主义(Kapitalismus in Westeuropa)起源的历史概
> 述彻底变成一般发展道路(allgemeinen Entwicklungsganges)的历史哲学

---

① 列宁:《什么是"人民之友"以及他们如何攻击社会民主党人?》,载《列宁全集》(第二版)第 1 卷,人民出版社 1984 年版,第 102—296 页。参见拙著《回到列宁——关于"哲学笔记"的一种后文本学解读》,江苏人民出版社 2008 年版,第一章。

② 尼·康·米海洛夫斯基(Михайловский, Николай Константинович, 1842—1904),俄国民粹主义理论家、文艺评论家和哲学家。长期编辑《祖国纪事》和《俄国财富》杂志。代表作有:《社会科学中的类比法》(1869)、《关于马克思俄文版书籍》(1872)、《列夫·托尔斯泰的左右手》(1878)、《残酷的天才》(1882)、《英雄与人民群众》(1882)、《法国象征主义的俄国反映》(1887)、《再论英雄》(1891)、《再论人民群众》(1893)、《再论尼采》(1896)、《论高尔基及其主人公》(1898)、《浅谈梅列日科夫斯基和托尔斯泰》(1902)等。

③ 尤·茹柯夫斯基(Юлий Галактионович Жуковский, 1833—1907),俄国经济学家、政论家、社会思想史学家。曾任国家银行行长和枢密官。代表作有:《从历史科学与法律角度审视俄国社会关系》(1859)、《16 世纪政治和社会理论》(1866)、《蒲鲁东和路易·勃朗》(1867)、《19 世纪政治文献史》(1871)、《卡尔·马克思及其〈资本论〉》(1877)、《货币与银行》(1906)、《19 世纪及其道德文化》(1909)、《工业》(1910)、《农民实业与公共倡议》(1911)等。

④ 参见[俄]米海洛夫斯基《卡尔·马克思在尤·茹柯夫斯基先生的法庭上》,周来顺译,《现代哲学》2022 年第 2 期。

⑤ 参见[俄]米海洛夫斯基《卡尔·马克思在尤·茹柯夫斯基先生的法庭上》,周来顺译,《现代哲学》2022 年第 2 期。

理论(geschichtsphilosophische Theorie),一切民族,不管他们所处的历史环境如何,都注定要走这条道路,——以便最后都达到在保证社会劳动生产力极高度发展的同时又保证人类最全面的发展的这样一种经济赋型(ökonomischen Formation)。但是我要请他原谅。他这样做,会给我过多的荣誉,同时也会给我过多的侮辱。①

此时,开始进行古代社会历史和人类学研究的马克思,已经意识到自己在进行经济学研究时所面对的狭义历史唯物主义中的经济的社会 Formation(赋型),特别是 Kapitalismus in Westeuropa(西欧资本主义),并非一定是世界上所有地区或民族必然通过的历史阶段,特别是俄国存在着的土地公有条件下的公社制度这种特殊情况,所以,马克思开始明确 Kapitalismus(资本主义)历史发展道路本身的边界。这是马克思在自己的文本中并不多见地明确使用 Kapitalismus 的概念。马克思说,在人类社会历史发展的进程中,许多

> 极为相似的事情,但在不同的历史环境中出现就引起了完全不同的结果。如果把这些发展过程中的每一个都分别加以研究,然后再把它们加以比较,我们就会很容易地找到理解这种现象的钥匙;但是,使用一般历史哲学理论这一把万能钥匙(Universalschlüssel),那是永远达不到这种目的的,这种历史哲学理论的最大长处就在于它是超历史的(übergeschichtlich)。②

这里马克思所提及的分析社会历史发展中的一个具体时期,并将其"分别加以研究"所获得的"钥匙",显然不是广义的历史唯物主义原则,而是特指与他自己的中晚期经济学研究相对应的狭义历史唯物主义观点,特别是其中包含的对西欧资本主义生产方式的历史认识。马克思已经发现,不能将狭义的历史唯物主义变成贯穿全部人类社会历史发展过程的一般规律,特别是将这种原发于西欧的资本主义历史进程变成**超历史的普遍原理**。应该说,这是马克思对资本主义生产方式科学认识中的重要进展。

---

① 《马克思恩格斯全集》第 19 卷,人民出版社 1963 年版,第 130 页。中译文有改动。*MEW*, Bd. 19, Berlin: Dietz Verlag, 1987, S. 111.
② 《马克思恩格斯全集》第 19 卷,人民出版社 1963 年版,第 131 页。

所以,查苏利奇的信件显然触发了他的进一步思考。马克思从 1881 年 2 月底到 3 月初,先后写下了四份草稿和一份定稿。在马克思的全部文本中,这可能是除《资本论》第二至三卷的多重手稿之外,第二个多复本手稿。从文本的基本情况看,前三个草稿中的观点塑形和思想构序线索较为仔细和展开,第四稿(同定稿)为马克思对此问题打算给出的最终看法。从这可以看出,马克思此时的心情是十分复杂的,这呈现出一个非常真实的思想实验过程,也表现出马克思对资本主义生产方式历史认识边界的一定改变。

在书信草稿的初稿中,马克思明确指认,"在分析资本主义生产(production capitaliste)的起源时,我说过,它的基础是'生产者同生产资料的彻底分离'",但是他已经"**明确地**把这一运动的'历史命运'(《fatalité historique》)限于**西欧各国**"。① 这可能是指他从《1857—1858 年经济学手稿》中开始讨论的前资本主义生产方式的历史解体,是资本主义生产方式产生的历史前提,特别是欧洲中世纪后期"以资本为基础的生产"中"生产者与生产资料的彻底分离",是资本主义生产方式特有的资本与雇佣劳动关系生成的必要历史条件。在书信草稿的二稿中,马克思增加了从"**封建生产向资本主义生产转变**"②一语。三稿中增加了"**一种私有制形式变为另一种私有制形式**"③的限定语。能够观察到,在米海洛夫斯基和查苏利奇与普列汉诺夫和列宁共同关注的这个资本主义生产方式发生的"历史命运"上,马克思特意打上了双引号,以标注这个资本主义生产方式发生的**社会历史必然性**的一定边界。我推测,此时也因为马克思从古代历史和人类学研究中获得的全新认识,他知道世界上不同地区和民族的社会历史进程并不是同一的,甚至从原始部族生活开始就可能是异质性的,所以不能用完全相同的一般社会赋型或者生产方式筑模加以套用。他认识到,"各种原始公社[把所有的原始公社混为一谈是错误的;正像地质的赋型(formations géologiques)一样,在这些历史的赋型(formations historiques)中,有一系列原生的(primaire)、次生的

① 参见《马克思恩格斯全集》第 19 卷,人民出版社 1963 年版,第 430 页。中译文有改动。Marx-Engels-Gesamtausgabe(MEGA²), Ⅰ/25, Text, Berlin: Dietz Verlag, 1982, S. 219.
② 《马克思恩格斯全集》第 19 卷,人民出版社 1963 年版,第 442 页。
③ 《马克思恩格斯全集》第 19 卷,人民出版社 1963 年版,第 447 页。

(secondaire)、再次生的(tertiaire)等等类型]的解体的历史……"①在书信草稿的三稿中,这段表述被改写为,"并不是所有的原始公社都是按着同一形式建立起来的。相反,它们有好多种社会序列,这些序列的类型、存在时间的长短彼此都不相同,标志着依次进化的各个阶段"②。这也意指着,欧洲原始共同体的解体,一直到中世纪结束以后"生产者同生产资料的彻底分离"的历史赋型,甚至马克思所提出的**资本的世界历史逻辑**,并非是俄国公社或者其他亚细亚生产方式必然经历的命运。

首先,我们不难看到,马克思此时关于社会历史赋型的观点里,直接使用了地质学中的一些重要概念,这是他在19世纪50年代就开始并在70年代中期再次进行的地质学研究的成果。③ 比如 formations géologiques(地质赋型)、primaire(原生的)、secondaire(次生的)、tertiaire(再次生的)等十分专业化的科学术语。可以看到,这是马克思在自己的理论研究中从其他学科借用概念的一次较为集中的表现,这里,地质历史流变中的赋型,地质赋型的历史进程中的原生、次生和再次生赋型等概念,都挪移到人类社会历史辩证法运动中来了。这极大地改善了历史唯物主义和历史辩证法话语塑形的精准度。一是马克思重温和强化了自己在19世纪50年代的《伦敦笔记》中遭遇的地质学中的 formations géologiques(地质赋型)观点。在《伦敦笔记》的第13—14笔记本中,马克思曾经分别摘录过约翰斯顿的《关于农业化学和地质学的演讲》和《农业化学和地质学问答》两本书。马克思在地质学中看到了他自己已经使用的 formation(赋型)概念的另一种运用。在马克思先前的学术构境中,

①《马克思恩格斯全集》第19卷,人民出版社1963年版,第432页。中译文有改动。Marx-Engels-Gesamtausgabe(MEGA²), Ⅰ/25, Text, Berlin: Dietz Verlag, 1982, S.221.

②《马克思恩格斯全集》第19卷,人民出版社1963年版,第448页。中译文有改动。*MEW*, Bd.19, Berlin: Dietz Verlag, 1987, S.402.

③ 马克思在1878年9月写下了关于地质学、矿物学、农学、农业化学等领域论著的摘录和笔记。其中包括:约翰·叶芝(John Yeats)的《商业原料的自然历史》(*The Natural History of the Raw Materials of Commerce*)、弗里德里希·肖德勒(Ed Friedrich Schoedler)的《自然之书》(*Das Buch der Natur*)、詹姆斯·芬利·威尔·约翰斯顿(James Finlay Weir Johnston)的《农业要素、化学和地质学》(*Elements of Agricultural Chemistry and Geology*)、约瑟夫·比尤特·乔克斯(Joseph Beete Jukes)的《地质学学生手册》(*The Student's Manual of Geology*)等。参见 Marx-Engels-Gesamtausgabe(MEGA²), Ⅳ/26, Text, Berlin: Akademie Verlag, 2011。

formation 通常用来表示社会交往活动赋型生产方式(《德意志意识形态》),意识活动场境赋型观念话语的 Ideenformation(《德意志意识形态》)①,而在《伦敦笔记》中,马克思却看到地壳"自然辩证法"历史运动中的地质赋型(geological formations)进程及其结晶化的具体机制。如在《关于农业化学和地质学的演讲》中,马克思摘录了地质分层中由砂岩、石灰石和黏土交替赋型(formation)为岩层的过程②,也看到雨水冲刷将岩石赋型(rocky formation)生成过程中的泥砂等物质带离原产地的情形③。也可能是这种遭遇,使马克思重组了历史辩证法的社会场境关系赋型社会定在的 Gesellschaftsformation(社会赋型,《路易·波拿巴的雾月十八日》)④。我以为,马克思第一次自觉地将地质学研究中的"自然辩证法"地质赋型与社会历史辩证法发展进程中的经济的社会赋型链接起来,是在《1861—1863 年经济学手稿》中。他在讨论到西欧资本主义生产从手工业到机器化大生产的转换进程时明确提出:

> 正像各种不同的地质赋型(geologischen Formationen)相继更迭一样,在各种不同的经济的社会赋型的筑模 (Bildung der verschiedneu ökonomischen Gesellschaftsformationen)上,不应该相信各个时期是突然出现的,相互截然分开的。在手工业内部,孕育着工场手工业的萌芽,而在有的地方,在个别范围内,在个别过程中,已经采用机器了。⑤

显然,马克思确认社会历史发展中的经济关系赋型,如同不同的地质赋型相继发生一样,在特定经济赋型中出现的生产方式筑模,并不是断裂式地出现的,而是在生产辩证法的自我运动中逐渐复杂和内嵌起来的。在资本主义生产技术赋型中,先是在手工业劳作中孕育着工场手工业生产技能的构

---

① 参见[日]广松涉编注《文献学语境中的〈德意志意识形态〉》,彭曦译,南京大学出版社 2005 年版,第 29、50 页。中译文有改动。Marx-Engels-Gesamtausgabe(MEGA²),Ⅰ/5,Text,Berlin:Akademie Verlag,2017,S.135,45.

② 参见 Marx-Engels-Gesamtausgabe(MEGA²),Ⅳ/9,Text,Berlin:Akademie Verlag,1991,S.288。

③ 参见 Marx-Engels-Gesamtausgabe(MEGA²),Ⅳ/9,Text,Berlin:Akademie Verlag,1991,S.293。

④ 参见《马克思恩格斯全集》第 8 卷,人民出版社 1961 年版,第 122 页。中译文有改动。Marx-Engels-Gesamtausgabe(MEGA²),Ⅰ/11,Text,Berlin:Dietz Verlag,1985,S.97.

⑤《马克思恩格斯全集》(第二版)第 37 卷,人民出版社 2019 年版,第 99 页。中译文有改动。Marx-Engels-Gesamtausgabe(MEGA²),Ⅱ/3-6,Text,Berlin:Dietz Verlag,1982,S.1972.

序,而后者又会历史性地构序之后机器化大生产的生产关系赋型和科技信息编码。而在 19 世纪 70 年代的专题性的"地质学笔记"中,马克思从地质构造学(Geognosy)中看到了岩石生成(rock forming)和复杂矿物质形成(Minerals formed),以及完整的"矿脉凝结的赋型"(Formation of concretions and mineral veins)过程①。显而易见,此处的 Formation 不是一个已经完成的对象性形态,而是一种功能性的正在发生的辩证运动状态。这使马克思在社会历史领域中运用 formations historiques 这一词组,有了更加明确的构境意向。

二是这里的地质学中地层赋型的原生、次生和再次生等术语。应该说,这一地质学科学话语编码的最早遭遇,也是在《伦敦笔记》中发生的,在那一次摘录中,马克思在约翰斯顿的《关于农业化学和地质学的演讲》中看到了这样的描述:古老的地壳的岩层分为"原始地层(Primary Strata)"、"第二纪地层(Secondary Strata)"和"第三纪地层(The Tertiary Strata)"。② 不过在那里,马克思并没有将地质学中的这种地壳运动赋型的历史性叠加和积淀方式,直接挪移到观察社会历史的进程中来。而在此次"地质学笔记"中,马克思先在《农业要素、化学和地质学》中看到约翰斯顿在讨论变质岩(Metamorphic rocks)中辨识的三种异质状态,即原生代(Primary)、次生的中生代(Secondary Mesozoic)和第三际的新生代(Tertiary Cainozoic)③;然后,又在乔克斯的《地质学学生手册》的最后读到了地质学中的通用地质分期,即原始或古生代(Primary or Palaeozoic Periods)、次生或中生代(Secondary or Mesozoic Periods)和第三际或新生代(Tertiary or Cainozoic Periods)的重要提法④。在这里,马克思才提出,像地质构造中不同时代的地壳"自然辩证法"运动赋型一样,作为人类社会历史原生赋型的原始公社的历史解体,也会生成一系列不同的历史辩证法次生赋型和再次生赋型。在这个隐喻性的话语塑形中,人类社会历史发展中的原生赋型作为一种现实发生过的 erste Gleichungen(原始方程式),成

---

① 参见 Marx-Engels-Gesamtausgabe(MEGA²), Ⅳ/26, Text, Berlin: Akademie Verlag, 2011, S. 162。

② 参见 Marx-Engels-Gesamtausgabe(MEGA²), Ⅳ/9, Text, Berlin: Akademie Verlag, 1991, S. 292。

③ 参见 Marx-Engels-Gesamtausgabe(MEGA²), Ⅳ/26, Text, Berlin: Akademie Verlag, 2011, S. 73 - 82。

④ 参见 Marx-Engels-Gesamtausgabe(MEGA²), Ⅳ/26, Text, Berlin: Akademie Verlag, 2011, S. 424 - 676。

为历史唯物主义观察整个社会历史进程的参照系:原生的社会赋型中曾经存在的各种人与自然和人与人之间的社会关系场境,会成为之后次生社会和再次生社会赋型的复杂生产方式筑模的基始性 empirischen Zahlen(经验数据)。于是,社会生产的初期产品过渡到简单商品生产和交换场境,再发展到资本主义经济赋型中复杂经济物相化编码中的事物化关系颠倒和劳动异化场境,就有了直接的现实参照。这当然也深化了历史认识论的原有视域。

在这封书信的第二草稿中,上述这段话被这样改写了:

> 地球的太古赋型或原生赋型(formation archaïque ou primaire)是由一系列不同时期的沉积叠加(superposée)而成的。古代社会赋型(formation archaïque de la société)也是这样,表现为一系列不同的、标志着依次更迭的时代的阶段。①

这里,马克思进一步强化了 Formation 概念的话语构序,并且干脆直接使用了自己在"地质学笔记"中摘录的内容。在对《地质学学生手册》中地质层级演变的分析中,乔克斯将地质层赋型视作不同时期岩层变动的叠加结果,并且区分了原生代中的"二叠纪"(Permian Period)和次生代中的"三叠纪"(Triassic)。② 马克思将地质学中的这种岩层历史活动不断积淀和叠加的赋型过程,类比于人类古代社会历史中不同时期的关系场境演进的积淀和叠加。这也表示,每一个时代的社会赋型,都会是一系列不同社会关系场境不断积淀和结晶的历史过程,并且,在自身中叠加过去社会赋型的场境。这让人想起马克思在《大纲》中讨论资本主义生产方式作为理解史前社会赋型简单结构的那个比喻,即人体解剖是猴体解剖的钥匙。因为资本主义的生产方式已经是一系列史前社会赋型不断积淀和叠加的结果,作为一种占统治地位的生产关系,从中可以看到过去不同生产关系的裂变和转换因素。不过,与不同时期的地质层赋型不同的是,在社会生活的关系场境赋型中,这种历史辩证

①《马克思恩格斯全集》第 19 卷,人民出版社 1963 年版,第 444 页。中译文有改动。Marx-Engels-Gesamtausgabe(MEGA²), I /25, Text, Berlin: Dietz Verlag, 1982. S. 233.

② 参见 Marx-Engels-Gesamtausgabe(MEGA²), IV/26, Text, Berlin: Akademie Verlag, 2011, S. 595, 636。

法运动中关系性的积淀和结晶不是直接改变某种物性存在结构,而是社会生活方式筑模的格式塔转换;外部社会物相化物性附属物的改变,比如从祭台到教堂,再到议会大厦,只是激活不同生活场境关系的物性持存编码。依我所见,马克思对科学话语的这些异域挪移,都大大地丰富了历史唯物主义和历史辩证法的话语构序。

其次,马克思提及自己在此前的古代史研究中所看到的毛勒对日耳曼古代史的研究。① 史实为,"德国的**农村公社**是从较早的古代类型的公社中产生出来",在这种次生的公社里,"耕地变成了私有财产,然而森林、牧场、荒地等仍为公社所有",这样,"毛勒在研究了这种次生赋型的公社(commune de formation secondaire)后,就能还原成它的古代原型结构(reconstruire le prototype archaïque)"。② 这是过去马克思在《德意志意识形态》和《1857—1858年经济学手稿》的史前社会历史分析中,对奴隶的、封建的和资本主义等不同所有制和经济的社会赋型的研究中没有涉及的方面。现在他认识到,"在古代和现代的西欧的历史运动中,农业公社时期是从公有制到私有制、从原生赋型到次生赋型的过渡时期"③。这是说,在西欧的社会历史进程中,在原生的原始部族生活之后,曾经出现过一种从原始公有制到次生的私有制经济赋型的过渡时期,即农业公社时期。在书信草稿的三稿中,马克思进一步界定说,"农业公社既然是原生的社会赋型(formation primitive de la société)的最后阶段,所以它同时也是向次生的赋型(formation secondaire)过渡的阶段,即以公有制为基础的社会向以私有制为基础的社会的过渡。不言而喻,次生

---

① 1868年3月14日,马克思致信恩格斯,提及自己在博物馆里研究了"老毛勒"关于"**德国的马尔克、乡村等等制度的近著**",马克思注意到,毛勒"详尽地论证了土地私有制只是后来才产生的"。(参见《马克思恩格斯全集》第32卷,人民出版社1974年版,第43页。)同年4—11月,马克思对格·路·毛勒的《马尔克制度、农户制度、乡村制度,城市制度和公共政权的历史概论》分三次进行了摘录。参见 Marx-Engels-Gesamtausgabe(MEGA²), Ⅳ/18, Text, Berlin: Dietz Verlag, 1982, S. 542 - 559,563 - 577,589 - 600。

② 参见《马克思恩格斯全集》第19卷,人民出版社1963年版,第433页。中译文有改动。Marx-Engels-Gesamtausgabe(MEGA²), Ⅰ/25, Text, Berlin: Dietz Verlag, 1982, S.223.

③《马克思恩格斯全集》第19卷,人民出版社1963年版,第435页。中译文有改动。Marx-Engels-Gesamtausgabe(MEGA²), Ⅰ/25, Text, Berlin: Dietz Verlag, 1982, S.223.

的赋型包括建立在奴隶制上和农奴制上的一系列社会"①。在这个意义上,资本主义生产方式则会是"再次生的社会赋型"了。更重要的是,在俄国等其他国家和地区,今天仍然存在着这种次生的"农业公社"的社会赋型,并且,这种"农业公社不仅和西方资本主义生产是同时代的东西(这使得它不必服从资本主义的 modus operandi〔活动方式〕就能够吸收其各种成果),而且它还度过了资本主义制度还没有被触动的时期"②。这意味着,在不同于西欧的俄国等国家和地区有可能出现一个摆脱资本主义"卡夫丁峡谷"的可能性。况且,马克思说,作为再次生的社会赋型的当代"资本主义制度(système capitaliste)",正处于"同劳动群众、同科学以至与它自己所产生的生产力本身展开斗争"的状态之中。在一段被马克思删除的文字中,马克思说,"它已经变为各种强烈的对抗、冲突以及周期性灾难的场所了;即使它表现得极其令人迷惑,它是一种由于社会回复到……而注定要灭亡的、暂时的生产体系"③。"资本主义制度正经历着危机(crise),这种危机只能随着资本主义的消灭、现代社会的回复到'古代'类型(type «archaïque»)的集体所有制和集体生产的最高形式而结束"④。这是一个否定之否定。1882 年 1 月,马克思和恩格斯在《〈共产党宣言〉俄文第二版序言》中指出:"'共产党宣言'的任务,是宣告现代资产阶级所有制必然灭亡,但是在俄国,我们看见,除了迅速盛行起来的资本主义狂热和刚开始发展的资产阶级土地所有制外,大半土地仍归农民公社占有。那末试问:俄国公社,这一固然已经大遭破坏的原始土地公共占有制形式,是能够直接过渡到高级的共产主义的公共占有制形式呢? 或者相反,它还须先经历西方的历史发展所经历的那个瓦解过程呢?"⑤这一问题,显然是上述俄国民粹主义者向马克思提出的问题,此时,马克思和恩格斯对俄国社会发展的道路和革命的回答是:"假如俄国革命将成为西方无产阶级革命的信号而双方

---

① 《马克思恩格斯全集》第 19 卷,人民出版社 1963 年版,第 450 页。中译文有改动。Marx-Engels-Gesamtausgabe(MEGA²),Ⅰ/25,Text,Berlin:Dietz Verlag,1982,S.238.
② 《马克思恩格斯全集》第 19 卷,人民出版社 1963 年版,第 436 页。
③ 《马克思恩格斯全集》第 19 卷,人民出版社 1963 年版,第 432 页注 1。
④ 《马克思恩格斯全集》第 19 卷,人民出版社 1963 年版,第 437 页。
⑤ 《马克思恩格斯全集》第 19 卷,人民出版社 1963 年版,第 326 页。

互相补充的话,那末现今的俄国土地公社所有制便能成为共产主义发展的起点"①。

我们看到,正是在这封书信草稿的第二稿中,马克思展开了关于资本主义生产方式的新的分析:

> 在西欧,土地公社占有制的灭亡和资本主义生产(production capitaliste)的诞生之间隔着一段很长的时间,包括整个一连串的经济上的革命和进化(révolutions et d'évolutions économiques),而资本主义生产不过是其中距离我们最近的一个。资本主义生产一方面神奇地发展了社会的生产力(forces productives sociales),但是另一方面,也表现出它同自己所产生的社会生产力本身是不相容的。它的历史今后只是对抗、危机、冲突和灾难的历史。结果,资本主义生产向一切人(除了因自身利益而瞎了眼的人)表明了它的纯粹的暂时性(purement transitoire)。②

我觉得,这段表述应该是马克思关于资本主义生产方式科学认识的最后表达。一是马克思给自己关于资本主义生产方式的认识专门增设了一个**空间性的边界**,即**西欧**的资本主义生产方式的历史研究。这也说明了狭义历史唯物主义构境本身的非普适性。二是马克思再次强调了资本主义生产方式的**伟大历史作用**和**走向自身灭亡的必然趋势**。也是在书信草稿的第二稿的最后,马克思继《给〈祖国纪事〉杂志编辑部的信》之后,再一次使用了法文中的capitalisme(资本主义)这一名词概念。③

---

① 《马克思恩格斯全集》第19卷,人民出版社1963年版,第326页。
② 《马克思恩格斯全集》第19卷,人民出版社1963年版,第443页。
③ 参见《马克思恩格斯全集》第19卷,人民出版社1963年版,第446页。

主要参考文献

（一）外文文献

Marx-Engels-Gesamtausgabe(MEGA²)，Ⅰ/2. Text. Berlin：Dietz Verlag, 1982

Marx-Engels-Gesamtausgabe(MEGA²)，Ⅰ/3. Text. Berlin：Dietz Verlag, 1985

Marx-Engels-Gesamtausgabe(MEGA²)，Ⅰ/5. Text. Berlin：Akademie Verlag, 2017

Marx-Engels-Gesamtausgabe(MEGA²)，Ⅰ/11. Text. Berlin：Dietz Verlag, 1985

Marx-Engels-Gesamtausgabe(MEGA²)，Ⅰ/25. Text. Berlin：Dietz Verlag, 1982

Marx-Engels-Gesamtausgabe(MEGA²)，Ⅱ/1. Text. Berlin：Dietz Verlag, 2006

Marx-Engels-Gesamtausgabe(MEGA²)，Ⅱ/2. Text. Berlin：Dietz Verlag, 1980

Marx-Engels-Gesamtausgabe(MEGA²)，Ⅱ/3－1. Text. Berlin：Dietz Verlag, 1976

Marx-Engels-Gesamtausgabe(MEGA²)，Ⅱ/3－2. Text. Berlin：Dietz Verlag, 1977

Marx-Engels-Gesamtausgabe(MEGA²)，Ⅱ/3－3. Text. Berlin：Dietz Verlag, 1978

Marx-Engels-Gesamtausgabe(MEGA²)，Ⅱ/3－4. Text. Berlin：Dietz Verlag, 1979

Marx-Engels-Gesamtausgabe(MEGA²)，Ⅱ/3－5. Text. Berlin：Dietz Verlag, 1980

Marx-Engels-Gesamtausgabe(MEGA²)，Ⅱ/3－6. Text. Berlin：Dietz Verlag, 1982

Marx-Engels-Gesamtausgabe(MEGA²)，Ⅱ/4－1. Text. Berlin：Dietz Verlag, 1988

Marx-Engels-Gesamtausgabe(MEGA²)，Ⅱ/4－2. Text. Berlin：Dietz Verlag, 1992

Marx-Engels-Gesamtausgabe(MEGA²)，Ⅱ/4－3. Text. Berlin：Akademie Verlag, 2012

Marx-Engels-Gesamtausgabe(MEGA²)，Ⅱ/5. Text. Berlin：Dietz Verlag, 1983

Marx-Engels-Gesamtausgabe（MEGA²），Ⅱ/14. Text. Berlin：Akademie Verlag, Berlin, 2003

Marx-Engels-Gesamtausgabe(MEGA²)，Ⅱ/15. Text. Berlin：Dietz Verlag, 2004

Marx-Engels-Gesamtausgabe(MEGA²)，Ⅲ/2. Text. Berlin：Dietz Verlag, 1979

Marx-Engels-Gesamtausgabe(MEGA²), Ⅳ/2. Text. Berlin: Dietz Verlag, 1981

Marx-Engels-Gesamtausgabe(MEGA²), Ⅳ/3. Text. Berlin: Akademie Verlag, 1998

Marx-Engels-Gesamtausgabe(MEGA²), Ⅳ/4. Text. Berlin: Dietz Verlag, 1988

Marx-Engels-Gesamtausgabe(MEGA²), Ⅳ/5. Text. Berlin: Akademie Verlag, 2015

Marx-Engels-Gesamtausgabe(MEGA²), Ⅳ/7. Text. Berlin: Dietz Verlag, 1983

Marx-Engels-Gesamtausgabe(MEGA²), Ⅳ/8. Text. Berlin: Dietz Verlag, 1986

Marx-Engels-Gesamtausgabe(MEGA²), Ⅳ/9, Text, Berlin:Akademie Verlag, 1991

Marx-Engels-Gesamtausgabe(MEGA²), Ⅳ/18. Text. Berlin: Dietz Verlag, 1982

Marx-Engels-Gesamtausgabe(MEGA²), Ⅳ/26. Text. Berlin:Akademie Verlag, 2011

MEW. Band 1. Berlin: Dietz Verlag, 1960

MEW. Band 3. Berlin: Dietz Verlag, 1969

MEW. Band 4. Berlin: Dietz Verlag, 1977

MEW. Band 6. Berlin: Dietz Verlag, 1961

MEW. Band 7. Berlin: Dietz Verlag, 1960

MEW. Band 12. Berlin: Dietz Verlag, 1984

MEW. Band 19. Berlin: Dietz Verlag, 1987

MEW. Band 27. Berlin: Dietz Verlag, 1963

MEW. Band 29, Berlin: Dietz Verlag, 1978

Karl Marx. *Hegels Logik*. *International Review of Social History*. Volume 22. Issue 3. December 1977

Karl Marx. *Misère de la philosophie*. gallica, 1908

Theodor W. Adorno. *Gesammelte Schriften*. Band 5. Frankfurt am Main:Suhrkamp Verlag, 1970

Beiträge zur Geschichte der Arbeiterbewegung. Berlin:Dietz Verlag, 1976 - 1979

Heidegger. *Gesamtausgabe*. Band 32. Frankfurt am Main:Vittorio Klostermann, 1980

Georg Wilhelm Friedrich Hegel. *Werke 3*. Frankfurt am Main:Suhrkamp Verlag, 1970

Georg Wilhelm Friedrich Hegel. *Werke 6*. Berlin:Duncker und Humblot, 1840

Georg Wilhelm Friedrich Hegel. *Werke 7*. Frankfurt am Main:Suhrkamp Verlag, 1970

Moses Hess. *Philosophische und sozialistische Schriften 1837 - 1850*, Herausgegeben und eingeleitet von Auguste Cornu und Wolfgang Mönke. Berlin, 1961

Henri Lefebvre. *Le matérialisme dialectique*. Presses Universitaires de France, 1940

Georg Lukacs. *Geschichte und Klassenbewußtsein*, *Georg Lukacs Werke Gesamtausgabe*. Band 2. Darmstadt: Hermann Luchterhand Verlag, 1968

J. B. Richard. *Enrichissement de la langue française*. Paris, 1842

A. Schäffle. *Kapitalismus und Socialismus*, *mit besonderer Rücksicht auf Geschäfts-und Vermögensformen*. Tübingen: Verlag der H. Laupp'schen Buchhandlung, 1870

F. W. Wilhelem Schulz. *Die Bewegung der Production*, *Eine geschichtlich-statistische*

Abhandlung zur Grundlegung einer neuen Wissenschaft des Staates und der Gesellschaft. Zürich und Winterthur：Literarisches Comptoir，1843

Adolph Wagner. *Lehrbuch der Politischen Oekonomie.* Erster Band. *Allgemeine oder theoretische Volkswirthschaftslehre*，Erster Theil. Grundlegung. Zweite Ausgabe. Leipzig und Heidelberg，1879

（二）中文文献

马克思恩格斯全集. 第 1—50 卷. 人民出版社,1956—1985

马克思恩格斯全集. 第二版. 第 1,3,30—38,42—46 卷. 人民出版社,1995—2019

马克思恩格斯选集. 第 1—4 集. 人民出版社,1995

马克思恩格斯文集. 第 1—10 卷. 人民出版社,2009

马克思恩格斯通信集. 第 1—4 卷. 人民出版社,1957—1958

马克思恩格斯《资本论》书信集. 人民出版社,1976

［德］卡尔·马克思. 资本论. 第 1 卷. 法文修订版. 中国社会科学出版社,1983

［德］卡尔·马克思,弗里德里希·恩格斯. 费尔巴哈(《德意志意识形态》第一章手稿新译中文版). 人民出版社,1988

马克思恩格斯与俄国政治活动家通信集. 人民出版社,1987

［俄］列宁. 黑格尔《逻辑学》一书摘要. 列宁全集. 第二版. 第 55 卷. 人民出版社,1990

中共中央马克思恩格斯列宁斯大林著作编译局. 马列主义研究资料. 第 1—58 辑. 人民出版社,1978—1990

中共中央马克思恩格斯列宁斯大林著作编译局. 马克思历史学笔记. 红旗出版社,1992

中共中央编译局马恩室. 马克思恩格斯研究. 第 1—24 期

中共中央马恩列斯著作编译局. 马克思恩格斯列宁斯大林研究. 第 1—8 期

北京图书馆马列著作研究室. 马恩列斯研究资料汇编(1980). 书目文献出版社,1982

北京图书馆马列著作研究室. 马恩列斯研究资料汇编(1981). 书目文献出版社,1985

社会批判理论纪事. 第 11 辑. 江苏人民出版社,2021

孙伯鍨. 卢卡奇与马克思. 南京大学出版社,1999

孙伯鍨. 探索者道路的探索. 北京师范大学出版社,2017

孙伯鍨文存. 第 1—4 卷. 江苏人民出版社,2010

张福公. 重读马克思——工艺学语境中的哲学话语. 南京大学出版社,2023

张一兵. 发现索恩-雷特尔——先天观念综合发生的隐秘社会历史机制. 北京师范大学出版社,2018

张一兵. 反鲍德里亚——一个后现代学术神话的祛序. 商务印书馆,2009

张一兵. 回到列宁——关于"哲学笔记"的一种后文本学解读. 江苏人民出版社,2008

张一兵. 回到马克思——经济学语境中的哲学话语. 第四版. 江苏人民出版社,2020

张一兵. 烈火吞噬的革命情境建构——情境主义国际思潮构境论映像. 南京大学出版

社,2021

张一兵.马克思历史辩证法的主体向度.第一版.河南人民出版社,1995

张一兵.物象化图景与事的世界观——广松涉哲学的构境论研究.天津人民出版社,2020

张一兵,周嘉昕.资本主义理解史.第1卷,江苏人民出版社,2009

张一兵.再论马克思的历史现象学批判.哲学研究,2014(7)

张一兵,[美]哈维.马克思与当代资本主义的普遍异化(对话).天津社会科学,2018(4)

周嘉昕.文献版《1844年经济学哲学手稿》研究(手稿).南京大学,2019

[德]阿多尔诺.阿多尔诺基础读本.夏凡编译.浙江大学出版社,2020

[德]阿多诺.本真性的行话.谢永康译.上海人民出版社,2021

[德]阿多诺.否定辩证法.张峰译.重庆出版社,1993

[德]阿多诺.黑格尔三论.谢永康译.上海人民出版社,2020

[德]阿多诺.自然历史的观念.张亮,等,译.社会批判理论纪事.第2辑.江苏人民出版社,2007

[德]鲍威尔.犹太人问题.马克思思想发展历程中的"犹太人问题".中国人民大学出版社,2017

[德]比默尔.海德格尔与雅斯贝尔斯往复书简.李雪涛译.上海人民出版社,2012

[德]布伦塔诺.伦理知识的起源.许为勤,冯平,译.冯平.心灵主义的路向.北京师范大学出版社,2009

[德]布洛赫.希望的原理.第1卷.梦海译.上海译文出版社,2012

[德]布洛赫.希望的原理.第2卷.梦海译.上海译文出版社,2020

[德]费彻尔.马克思与马克思主义:从经济学批判到世界观.赵玉兰译.北京师范大学出版社,2009

[德]费尔巴哈.费尔巴哈哲学著作选集.上下卷.荣震华,等,译.商务印书馆,1984

[德]费尔巴哈.基督教的本质.商务印书馆,1984

[德]海德格尔.对亚里士多德的现象学阐释.形式显示的现象学:海德格尔早期弗莱堡文选.孙周兴译.同济大学出版社,2004

[德]海德格尔.对亚里士多德的现象学解释.赵卫国译.华夏出版社,2012

[德]海德格尔.黑格尔的精神现象学.赵卫国译.南京大学出版社,2018

[德]海德格尔.评卡尔·雅斯贝尔斯《世界观的心理学》.路标.孙周兴译.商务印书馆,2000

[德]海德格尔.《思索》二至六(黑皮本1931—1938).靳希平译.商务印书馆,2021

[德]海因里希.政治经济学批判:马克思《资本论》导论.张义修译.南京大学出版社,2021

[德]赫斯.论货币的本质.赫斯精粹.邓习议编译.方向红校译.南京大学出版社,2010

[德]黑格尔.法哲学原理.范扬,张企泰,译.商务印书馆,1961

[德]黑格尔.黑格尔早期著作集.上卷.贺麟,等,译.商务印书馆,1997

［德］黑格尔. 精神现象学. 上下卷. 贺麟, 王玖兴, 译. 商务印书馆, 1979

［德］黑格尔. 逻辑学. 上下卷. 杨一之译. 商务印书馆, 1966

［德］黑格尔. 小逻辑. 贺麟译. 商务印书馆, 1981

［德］黑格尔. 耶拿体系草稿 I. 黑格尔全集. 第六卷. 郭大为, 梁志学, 译. 商务印书馆, 2020

［德］黑格尔. 哲学全书纲要. 薛华译. 上海人民出版社, 2002

［德］黑格尔. 哲学史讲演录. 第1—4卷. 北京大学哲学系外国哲学史教研室译. 商务印书馆, 1956—1978

［德］霍克海默, 阿多诺. 启蒙辩证法. 洪佩郁, 等, 译. 重庆出版社, 1990

［德］洛维特. 马克斯·韦伯与马克思, 刘心舟译. 南京大学出版社, 2019

［德］施蒂纳. 唯一者及其所有物. 金海民译. 商务印书馆, 1989

［德］施米特. 马克思的自然概念. 欧力同, 等, 译. 商务印书馆, 1988

［德］舒尔茨. 生产运动. 李乾坤译. 南京大学出版社, 2019

［德］韦伯. 经济与社会. 林荣远译. 商务印书馆, 1997

［德］韦伯. 新教伦理与资本主义精神. 于晓, 陈维纲, 等, 译. 生活·读书·新知三联书店, 1987

［德］席美尔. 货币哲学. 陈戎女, 等, 译. 华夏出版社, 2002

［德］席美尔. 金钱、性别、现代生活风格. 顾仁明译. 学林出版社, 2000

［俄］米海洛夫斯基. 卡尔·马克思在尤·茹柯夫斯基先生的法庭上. 周来顺译. 现代哲学, 2022(2)

［法］阿尔都塞, 巴里巴尔. 读《资本论》. 李其庆, 等, 译. 中央编译出版社, 2001

［法］阿尔都塞. 论再生产. 吴子枫译. 西北大学出版社, 2019

［法］巴里巴尔. 马克思的哲学. 王吉会译. 中国人民大学出版社, 2007

［法］布迪厄, ［美］华康德. 实践与反思. 李猛, 等, 译. 中央编译出版社, 1998

［法］布尔迪厄. 关于电视. 许均译. 辽宁教育出版社, 2000

［法］布尔迪厄. 帕斯卡尔式的沉思. 刘晖译. 生活·读书·新知三联书店, 2009

［法］布尔迪厄. 区分: 判断力的社会批判. 刘晖译. 商务印书馆, 2015

［法］布尔迪厄. 实践感. 蒋梓骅译. 译林出版社, 2003

［法］布尔迪厄. 实践理论大纲. 高振华, 等, 译. 中国人民大学出版社, 2017

［法］布尔迪厄. 实践理性——关于行为的理论. 谭立德译. 生活·读书·新知三联书店, 2007

［法］布尔迪厄. 文化资本与社会炼金术——布尔迪厄对话录. 包亚明译. 上海人民出版社, 1997

［法］布尔迪厄. 自我分析纲要. 刘晖译. 中国人民大学出版社, 2012

［法］布罗代尔. 资本主义的动力. 杨起译. 生活·读书·新知三联书店, 1997

［法］列斐伏尔. 辩证唯物主义(第二章). 乔桂云译. 西方学者论《1844年经济学哲学手稿》. 复旦大学出版社, 1983

[法]列斐伏尔.辩证唯物主义(第一章).周泉译.社会批判理论纪事.第13辑.江苏人民出版社,2022

[法]列斐伏尔.都市革命.刘怀玉,等,译.首都师范大学出版社,2018

[法]列斐伏尔.空间的生产.刘怀玉,等,译.商务印书馆,2022

[法]列斐伏尔.空间与政治.李春译.上海人民出版社,2015

[法]列斐伏尔.论国家.李青宜译.重庆出版社,1988

[法]列斐伏尔.马克思的社会学.谢永康,毛林林,译.北京师范大学出版社,2013

[法]列斐伏尔.日常生活批判.第1—3卷.叶齐茂,等,译.社会科学文献出版社,2018

[捷]科西克.具体辩证法.社会科学文献出版社,1989

[美]布若威.制造同意——垄断资本主义劳动过程的变迁.李荣荣译.商务印书馆,2008

[美]大卫·哈维.社会正义与城市.叶超,等,译.商务印书馆,2022

[美]芬伯格.海德格尔和马尔库塞:历史的灾难与救赎.文成伟译.上海社会科学院出版社,2010

[美]芬伯格.技术体系:理性的社会生活.上海社会科学院科学技术哲学创新团队译.上海社会科学院出版社,2018

[美]芬伯格.在理性与经验之间:论技术与现代性.高海青.金城出版社,2015

[美]古尔德.马克思的社会本体论:马克思社会实在理论中的个性和共同体.王虎学译.北京师范大学出版社,2009

[美]哈维.跟大卫·哈维读《资本论》.第1卷.刘英译.上海译文出版社,2014

[美]哈维.跟大卫·哈维读《资本论》.第2卷.谢富胜.李连波,校译.上海译文出版社,2016

[美]哈维.资本的限度.张寅译.中信出版集团,2017

[美]哈维.资本社会的17个矛盾.许瑞宋译.中信出版集团,2016

[美]凯文·安德森.列宁、黑格尔和西方马克思主义:一种批判性研究.张传平译.南京大学出版社,2012

[美]普舒同.时间、劳动与社会统治:马克思的批判理论再阐释.康凌译.北京大学出版社,2019

[美]泰格、利维.法律与资本主义的兴起.纪琨译.学林出版社,1996

[美]伊曼纽尔·沃勒斯坦.沃勒斯坦精粹.黄光耀,洪霞,译.南京大学出版社,2003

[美]詹姆逊.黑格尔的变奏——论《精神现象学》.王逢振译.中国人民大学出版社,2018

[美]詹姆逊.重读《资本论》,胡志国,等译.中国人民大学出版社,2016

[美]哈维.当代资本主义的普遍异化.学习与探索,2018(8)

[日]广松涉.世界交互主体的存在结构.邓习仪译.南京大学出版社,2021

[日]广松涉.文献学语境中的《德意志意识形态》.彭曦编译.南京大学出版社,2005

[日]广松涉.物象化论的构图.彭曦,等,译.南京大学出版社,2002

［日］广松涉.哲学家广松涉的自白式回忆录.赵仲明,等,译.南京大学出版社,2009

［日］广松涉.资本论的哲学.邓习仪译.南京大学出版社,2013

［日］望月清司.马克思历史理论的研究.韩立新译.北京师范大学出版社,2009

［日］植村邦彦.何谓"市民社会"——基本概念的变迁史.赵平,等,译.南京大学出版社,2014

［斯］齐泽克.意识形态的崇高客体,季广茂译.中央编译出版社,2002

［斯］齐泽克.因为他们并不知道他们所做的:政治因素的享乐.胡大平,等,译.江苏人民出版社,2009

［匈］卢卡奇.关于社会存在本体论.上下卷.白锡堃,等,译.重庆出版社,1993

［匈］卢卡奇.历史与阶级意识.杜章智,任立,燕宏远,译.商务印书馆,1992

［匈］卢卡奇.青年黑格尔.王玖兴译.商务印书馆,1963

［意］理查德·贝洛菲尔,罗伯特·芬奇.重读马克思——历史考证版之后的新视野.徐素华译.东方出版社,2010

［意］奈格里.《大纲》:超越马克思的马克思.张梧,等,译.北京师范大学出版社,2011

［意］普拉德拉.全球化与政治经济学批判——马克思著作的新视角.上海财经大学出版社,2021

［英］坎南.亚当·斯密关于法律、警察、岁入及军备的演讲.陈福生,等.译.商务印书馆,1982

［英］克里斯多夫·约翰·阿瑟.新辩证法和马克思的《资本论》.高飞,等,译.北京师范大学出版社,2018

［英］李嘉图.政治经济学及赋税原理.郭大力,王亚南,译.商务印书馆,1962

［英］斯密.国民财富的性质和原因的研究.郭大力,王亚南,译.商务印书馆,1981

附录一：马克思文本中学术关键词词频统计

同一个词或术语一般列出原形，名词单复数及变格、动词变位及分词形式等均不单列
Deu. 表示德语，Eng. 表示英语，Fr. 表示法语。

简称	《穆勒笔记》	《1844年手稿》	《神圣家族》	《评李斯特》	《德意志意识形态》	《雇佣劳动与资本》	《57—58年手稿》	《政治经济学批判第一分册》
具体名称	*Historisch-ökonomische Studien (Pariser Hefte). Exzerpte aus James Mill: Eléméns d'économie politique*	*Ökonomisch-philosophische Manuskripte*	*Die heilige Familie oder Kritik der kritischen Kritik. Gegen Bruno Bauer und Konsorten*	*Über Friedrich Lists Buch "Das nationale System der politischen Ökonomie"*	*Deutsche Ideologie*	*Lohnarbeit und Kapital (April, 1849)*	*Ökonomische Manuskripte 1857/58*	*Zur Kritik der politischer Ökonomie. Erstes Heft 1859*
词语 ＼ 文本来源	MEGA²: Abt. 4, Bd. 2, S. 428–470	MEGA²: Abt. 1, Bd. 2, S. 323–438	MEW: Bd. 2, S. 3–223	BzG: 14. Jahrgang/1972, S. 423–446	MEGA²: Abt. 1, Bd. 5, S. 3–643	MEW: Bd. 6, S. 397–423	MEGA²: Abt. 2, Bd. 1, S. 3–747	MEGA²: Abt. 2, Bd. 2, S. 95–
aneignen 〈v.〉领有	0	5	5	1	11	0	39	1
Aneignung 领有	0	21+3 (-aneignung)	10	2	33	0	73	3
Arbeit 劳动	55+18(Arbeits- o. -arbeit)	379+82(Arbeit- o. -arbeit)	95	38	423	273	4722	510
Arbeiter 工人	22	212+30(Arbeiter- ZQ＊4-arbeit)	80	13	112	116	885	5
arbeiten 〈v.〉劳动	5	17	31	6	62	9	352	17
entfremdete Arbeit 异化劳动	0	12	0	0	0	0	0	0
Erwerbsarbeit 谋生劳动	6	0	1	0	0	0	0	0
Lohnarbeit 雇佣劳动	0	1(Lohnarbeiter)	6	0	4	26	168	5
Teilung/Theilung der Arbeit, Arbeitsteilung, Arbeitstheilung 分工	5(Th-)	34(Th-)+4(T-) +1(-t-) + 1(-th-)	0	1(T-)	105(Th-)	16(T-)	71(Th-)	11(Th-)

| 《61—63 年手稿》 | | | | | 《资本论》 | | | |
| Zur Kritik der politischen Ökonomie (Manuskript 1861–1863) | | | | | Das Kapital. Kritik der Politischen Ökonomie | | | |
MEGA²: Abt. 2, Bd. 3, T. 1	MEGA²: Abt. 2, Bd. 3, T. 2	MEGA²: Abt. 2, Bd. 3, T. 3	MEGA²: Abt. 2, Bd. 3, T. 4	MEGA²: Abt. 2, Bd. 3, T. 5	MEGA²: Abt. 2, Bd. 3, T. 6	MEGA²: Abt. 2, Bd. 10, Erster Band	MEGA²: Abt. 2, Bd. 13, Zweiter Band	MEGA²: Abt. 2, Bd. 15, Dritter Band
10	22	17	20	15	18	6	5	18
19	7	4	18	15	22	30	7	33
4327	2466	1826	1482	1348	3264	4783	2109	2687
700	595	436	457	518	826	1788	561	609
169	127	116	124	70	127	294	49	152
0	0	0	1	0	3	0	0	0
0	0	0	0	0	0	0	0	0
74	41	26	61	42	51	117	62	81
180(Th-) +1(T-)	16(Th-)	23(Th-)	22(Th-)	42(Th-)	96(Th-) + 1(T-)	155(Th-) + 1(T-) + 8(Arbeitsth-)	7(Th-)	28(Th-) + 2(Arbeitsth-)

文本来源 / 词语	MEGA²: Abt. 4, Bd. 2, S. 428-470	MEGA²: Abt. 1, Bd. 2, S. 323-438	MEW: Bd. 2, S. 3-223	BzG: 14. Jahrgang/1972, S. 423-446	MEGA²: Abt. 1, Bd. 5, S. 3-643	MEW: Bd. 6, S. 397-423	MEGA²: Abt. 2, Bd. 1, S. 3-747	MEGA²: Abt. 2, Bd. 2, S. 95-2
Band 联结	4	0	8	1	36	0	8	3
Verbindung 联结	0	8	12	0	17	0	4	0
besitzen 占有	4	4	38	5	45	1	49	74
Besitz 占有	7	69	32	3	54	2	83	17
bestimmt 一定的	23	40	78	8	197	46	853	223
Beziehung 关系	13	10	9	4	57	7	218	35
Bildung 教育	0	7+5(-bildung)	60	4	93	1	33	33
Bourgeois 资产者	0	0	13	25	170	19	3	0
Bourgeoisie 资产阶级	0	0	15	5	90	10	0	1
bürgerlich 市民的	1	9	50	8	91	11	150	77
Kapitalist/Capitalist 资本家	29(C-)	78(C-)	8(K-)	2(K-)	22(K-)+4(C-)	70(K-)	2(K-)+487(C-)	3(K-)
kapitalistisch/capitalistisch 资本主义的	0	0	0	0	0	0	1(k-)	0
Kapitalismus/Capitalismus 资本主义	0	0	0	0	0	0	0	0
capitalisme ⟨Fr.⟩ 资本主义	0	0	0	0	0	0	0	0
Dasein 定在	27	79	33	0	26	0	156	85
gesellschaftliche Dasein, Gesellschaft Dasein 社会定在	0	3	0	0	0	0	2	1
Daseinsweise 定在方式	0	5	2	0	6	0	13	0
Sein 存在	1	14	13	0	21	0	3	3
gesellschaftliche Sein 社会存在	0	0	0	0	0	0	0	1
Dialektik 辩证法	0	27	9	0	13	0	7	0
Ding 物	7	16	23	2	182	0	40	42
dinglich 物的	0	0	0	0	2	0	3	2
Dinheit 物性	0	9	1	0	1	0	0	0
verdinglichen 物化	0	0	0	0	0	0	0	0
Verdinglichung 物化	0	0	0	0	0	0	0	0

MEGA²: Abt. 2, Bd. 3, T. 1	MEGA²: Abt. 2, Bd. 3, T. 2	MEGA²: Abt. 2, Bd. 3, T. 3	MEGA²: Abt. 2, Bd. 3, T. 4	MEGA²: Abt. 2, Bd. 3, T. 5	MEGA²: Abt. 2, Bd. 3, T. 6	MEGA²: Abt. 2, Bd. 10, Erster Band	MEGA²: Abt. 2, Bd. 13, Zweiter Band	MEGA²: Abt. 2, Bd. 15, Dritter Band
3	1	0	1	3	4	19	1	9
5	3	1	3	3	14	11	12	11
40	15	8	11	14	13	101	70	60
38	33	30	20	18	18	68	44	101
331	170	335	278	170	231	308	265	602
13	6	6	12	10	3	40	13	45
36	24	29	25	25	52	95	123	130
0	8	14	0	0	8	19	1	4
0	5	14	3	0	7	18	1	6
22	30	43	38	25	28	64	11	24
280	423(C-) + 1(K-)	6(K-) + 290(C-)	4(K-) + 508(C-)	494(C-)	266(C-)	483(K-) + 10(Eng. C-) +2(Fr. C-)	836(K-)	713(K-) + 6(Eng. C-)
120(C-) + 1(K-)	61(C-)	186(C-)	190(C-)	164(C-) + 3(K-)	205(C-) + 1(K-)	381(k-)	272(k-)	543(k-)
0	0	1(C-)	0	0	0	0	1(K-)	0
0	0	0	0	0	0	0	0	0
68	18	13	59	15	22	24	41	38
2	1 (gesellschaftliche Daseinsweise)	0	1	0	0	0	0	0
11	2	0	0	0	1	2	7	0
1	0	0	3	0	0	4	0	0
0	0	0	0	0	0	0	0	0
0	0	0	0	0	0	6	0	0
16	23	12	89	10	19	141	48	65
3	2	0	9	1	0	6	4	5
0	0	0	0	0	0	0	0	0
0	0	0	0	0	0	0	0	0
0	0	0	0	0	0	0	0	2

文本来源 词语	MEGA²: Abt. 4, Bd. 2, S. 428-470	MEGA²: Abt. 1, Bd. 2, S. 323-438	MEW: Bd. 2, S. 3-223	BzG: 14. Jahrgang/1972, S. 423-446	MEGA²: Abt. 1, Bd. 5, S. 3-643	MEW: Bd. 6, S. 397-423	MEGA²: Abt. 2, Bd. 1, S. 3-747	MEGA²: Abt. 2, Bd. 2, S. 95-2
Eigentum/Eigenthum 财产,所有物,所有权	13+61 (-eigentum)	22+171 (Eigenthum-o.-eigenthum)	109(-t-)	21(-t-)	549(-th-)	0	370(-th-)	12(-th-)
Privateigentum/Privateigenthum 私有制,私有财产	54	116	42	13	114	0	13	1
entäussern/entäußern 让渡,舍弃,(外化)	17	42	13(-β-)	0	2	0	0	4
Entäusserung/Entäußerung	10	46+9 (-entäusserung)	13	0	2	0	0	19
veräussern/veräußern	0	1	0	0	2	0	0	18
Veräusserung/Veräußerung	0	1	1	2	0	0	0	6
fremde Macht/Mächte 异己力量	1	8	0	0	7	0	6	0
entfremden〈v.〉异化	13	75	10	1	6	0	5	0
Entfremdung 异化	8	72+11 (-entfremdung)	10	0	9	0	9	0
Selbstentfremdung 自我异化	4	11	4	0	2	0	0	0
Existenz 实存	8	25	32	4	73	8	156	24
Fetischismus 拜物教	0	2	0	0	0	0	1	1
Form 形式	21	52	48	0	171	1	1211	263
Formation 形态	0	0	0	0	2	0	6(Eng.)	3(-formation)
formieren 塑形	0	0	2	0	0	0	0	0
Form geben 塑形	0	0	0	0	0	0	1	0
Formgebung 定型	0	0	0	0	0	0	0	0
Formung 造型	0	0	0	0	0	0	3	0
Ausformung 形式	0	0	0	0	0	0	0	0
Gattungswesen 类本质	0	16	0	0	0	0	2	0
Gegenständ 对象	14	32	18	1	10	1	28	7
gegenständlich 对象性的	10	54	16	0	2	0	101	4
Gegenständlichkeit 对象性		12	2	0	1	0	14	0

续表

MEGA²: Abt. 2, Bd. 3, T. 1	MEGA²: Abt. 2, Bd. 3, T. 2	MEGA²: Abt. 2, Bd. 3, T. 3	MEGA²: Abt. 2, Bd. 3, T. 4	MEGA²: Abt. 2, Bd. 3, T. 5	MEGA²: Abt. 2, Bd. 3, T. 6	MEGA²: Abt. 2, Bd. 10, Erster Band	MEGA²: Abt. 2, Bd. 13, Zweiter Band	MEGA²: Abt. 2, Bd. 15, Dritter Band
23(-th-)	32(-th-)+1(-t-)	139(-th-)	80(-th-)	35(-th-)	80(-th-)	150(-th-)	14(-th-)	284(-th-)
1	2	5	0	1	6	27	2	25
2(-ss-)	0	1(-ss-)	1(-ss-)	0	3(-ss-)	8(-β-)	1(-β-)	2(-β-)
3	2(-ss-)	1	1	3(-ss-)	1	1	0	1
2(-ss-)	1(-ss-)	2(-ss-)	11(-ss-)	0	0	24(-β-)	0	27(-β-)
2	0	0	6	3(-ss-)	1(-ss-)	14	0	18
10	0	0	1	1	1	0	0	3
7	2	0	17	3	3	5	0	7
1	1	1	5	0	4	1	0	5
0	0	0	0	0	0	0	0	0
32	17	36	9	13	29	59	45	52
0	0	0	4	1	2	3	1	0
473	265	180	462	365	307	566	799	852
4	1	1	1(Deu.)+1(Eng.)	2(Deu.)+1(Eng,)	5	20	1	6
0	0	0	0	0	0	0	0	0
2 Formgebende)	1 (Formgebende)	0	0	0	0	0	2	1
0	0	0	0	0	0	0	0	0
0	1	0	0	0	0	1	0	0
0	0	0	0	0	0	0	0	0
0	0	0	0	0	0	0	0	0
16	3	2	2	2	6	23	16	11
68	12	0	18	2	30	18	17	8
5	0	0	0	0	0	14	0	0

文本来源 词语	MEGA²：Abt. 4，Bd.2，S.428- 470	MEGA²：Abt.1， Bd.2，S.323- 438	MEW：Bd.2， S.3-223	BzG：14. Jahrgang/1972， S.423-446	MEGA²：Abt. 1，Bd.5，S.3- 643	MEW：Bd.6， S.397-423	MEGA²：Abt.2， Bd.1，S.3-747	MEGA²：Abt. Bd.2，S.95-
vergegenständlichten 〈v.〉使对象化	3	4	1	2	0	1	336	33
Vergegenständlichung 对象化	3	11+3 (-vergegenstän- dlichung)	0	0	0	0	28	7
Gemeinschaft 共同体	0	25	12	2	55	0	73	8
Gemeinwesen 共同体， 共同本质	9	7	6	0	17	0	121	13
Geschichte 历史	0	30	122	7	305	3	57	21
gesellig 合群的，好交 际的	5	2	4	0	0	0	1	0
Gesellschaft 社会	14	86	139	28	330	14	263	42
gesellschaftlich 社会的	16	32	46	13	69	23	222	115
Bourgeoisgesellschaft 资产阶级社会	0	0	0	0	1	0	0	0
bürgerliche Gesellschaft 市民社会	1	6	31	4	27	4	56	14
capitaliste/ kapitalisteGesellschaft 资本家社会	0	0	0	0	0	0	0	0
civilisirte Gesellschaft 文明社会	1	0	0	0	0	0	0	0
Gestalt 格式塔	6	37	28	2	61	1	59	21
Gestaltung 形塑，形式	0	2	6	0	9	0	8	0
Historie 历史	0	0	1	0	3	0	0	0
Humanismus 人道主义	0	8	4	0	15	0	0	0
Industrie 工业	2	107	26	64	143	29	219	25
Materie 物质	2	10	37	1	12	0	46	5
materiell 物质的	4	13	25	18	106	6	90	16
materialisieren/ materialisiren 物相化	0	0	2(materialisier-)	0	0	0	18(materialisir-)	3(materialisir-

续表

MEGA²：Abt. 2, Bd. 3, T. 1	MEGA²：Abt. 2, Bd. 3, T. 2	MEGA²：Abt. 2, Bd. 3, T. 3	MEGA²：Abt. 2, Bd. 3, T. 4	MEGA²：Abt. 2, Bd. 3, T. 5	MEGA²：Abt. 2, Bd. 3, T. 6	MEGA²：Abt. 2, Bd. 10, Erster Band	MEGA²：Abt. 2, Bd. 13, Zweiter Band	MEGA²：Abt. 2, Bd. 15, Dritter Band
162	37	24	18	23	107	44	14	44
14	0	0	2	1	6	1	1	2
7	3	4	5	3	15	21	5	21
9	0	0	0	9	3	22	4	23
5	0	32	5	7	21	84	7	21
0	0	0	0	0	0	1	0	0
80	53	46	52	47	0	183	120	216
181	48	46	113	53	95	443	386	447
0	1	0	0	0	0	0	0	0
4	9	5	4	5	5	9	0	8
0	0	0	0	0	0	0	0	0
0	0	0	0	0	0	1	0	0
21	7	5	59	25	50	122	59	80
2	0	0	3	1	1	4	3	9
0	0	0	0	0	0	1	0	0
0	0	0	0	0	0	0	0	0
99	223	322	192	179	124	506	230	647
3	36	0	2	3	6	4	1	1
30	93	3	8	14	44	55	13	39
12（materialisir-）	21（materialisir-）+2（Eng. materialised）	6（materialisir-）	1+3（Eng. materialised）	3	1（Eng. materialised）	2（materialisir-）	0	0

文本来源 / 词语	MEGA²: Abt. 4, Bd. 2, S. 428－470	MEGA²: Abt. 1, Bd. 2, S. 323－438	MEW: Bd. 2, S. 3－223	BzG: 14. Jahrgang/1972, S. 423－446	MEGA²: Abt. 1, Bd. 5, S. 3－643	MEW: Bd. 6, S. 397－423	MEGA²: Abt. 2, Bd. 1, S. 3－747	MEGA²: Abt. 2, Bd. 2, S. 95－
Materialismus 唯物主义 Materialist 唯物主义者 Matrialistisch 唯物主义的	0	4	72	7	30	0	3	0
Mensch 人	106＋5(Mensch-)	449	319	27	1003	3	95	19
menschlich 人类的	40	197	159	18	152	1	57	12
Natur 自然	11＋5(Natur-)	211	104	13	283	7	352	71
Negation der Negation 否定之否定	0	9	1	0	1	0	1	0
ökonomische Grundlagen 经济基础	0	0	0	0	1	0	2	1
Superstruktur 上层建筑	0	0	0	0	1	0	0	0
Objekt 客体	9	17	24	0	21	0	167	2
Ordnung 序列,构序	0	0	11	5	49	2	15	6
ontologische Ordnung 本体构序	0	0	0	0	0	0	0	0
praktisch 实践的	2	26	49	1	102	0	21	18
Praxis 实践	1	3	21	2	32	0	20	5
Problematik 问题式	0	0	0	0	0	0	0	0
Produktion/Production 生产	5＋5(Produktion-o.-produktion)	17	23	16	193	86	82	137
produktiv 生产的	18＋8(im-)	20	2	71	75	21	12	28
Produktionsverhältnis 生产关系	0	0	0	0	8	6	2	13
Produktionsweise/ produktive Weise 生产方式	1(produktive Weise)	0	1	0	15	1	0	3

续表

MEGA²: Abt.2, Bd.3, T.1	MEGA²: Abt.2, Bd.3, T.2	MEGA²: Abt.2, Bd.3, T.3	MEGA²: Abt.2, Bd.3, T.4	MEGA²: Abt.2, Bd.3, T.5	MEGA²: Abt.2, Bd.3, T.6	MEGA²: Abt.2, Bd.10, Erster Band	MEGA²: Abt.2, Bd.13, Zweiter Band	MEGA²: Abt.2, Bd.15, Dritter Band
0	0	0	1	0	0	3	0	1
22	33	30	46	19	77	315	31	44
27	6	12	15	2	32	191	9	19
183	198	416	143	136	237	434	303	314
0	0	0	0	0	0	0	0	0
2	0	0	0	0	1	4	0	1
0	0	0	0	0	0	1	1	1
9	1	4	17	9	30	17	5	13
1	7	0	8	2	17	40	8	27
0	0	0	0	0	0	0	0	0
14	4	24	12	8	9	41	9	55
5	3	8	2	4	5	18	5	21
0	0	0	0	0	0	0	0	0
1(-k-) + 839(-c-)	802(-c-)	1365(-c-) + 2(-k-)	1005(-c-)	1180(-c-) +3(-k-)	1009(-c-) +39(-k-)	1534 (Produktion) + 19(Fr. production) + 23(Eng. Production) +1 (Deu. Production)	2390 (Produktion) +11(Fr.) + 5(Eng.)	2988 (Produktion) +1(Deu. Production-) +13(Eng. Production)
4(-k-) + 315(-c-)	116(-k-) + 566(-c-)	430(-c-) + 1(-k-)	202(-c-) + 3(-k-)	517(-c-) + 1(-k-)	375(-c-) + 3(-k-)	332(-k-) + 10(Eng. Productive) +2(Fr.)	649(-k-) +3 (Eng. productive) +1(Fr.)	564(-k-) + 3(Eng. productive)
11(-c-)	2(-c-)	3(-c-)	11(-c-)	5(-c-)	11(-c-)	17(-k-)	0	34(-k-)
55(-c-)	10(-c-)	67(-c-)	49(-c-)	84(-c-)	128(-c-)	135(-ktions-)	33(-ktions-)	314(-ktions-)

文本来源 / 词语	MEGA²: Abt. 4, Bd. 2, S. 428-470	MEGA²: Abt. 1, Bd. 2, S. 323-438	MEW: Bd. 2, S. 3-223	BzG: 14. Jahrgang/1972, S. 423-446	MEGA²: Abt. 1, Bd. 5, S. 3-643	MEW: Bd. 6, S. 397-423	MEGA²: Abt. 2, Bd. 1, S. 3-747	MEGA²: Abt. 2 Bd. 2, S. 95-2
Produktionskraft, Produktivkraft, produktive Kraft 生产力	1(produktive Kräfte)+1(produktive Macht)	4(tive Kr-)	2(produktive Fälligkeit)	1(-tionskr-)+15(-tivkr-)+20(-tive Kr-)+3(produktive Macht)	15(-tionskr-)+60(-tivkr-)	4(-tionkrs-)+2(-tivkr-)	10(-tivkr-)	22(-tivkr-)
capitalistische/ kapitalistische Produktionsweise 资本主义生产方式	0	0	0	0	0	0	0	0
capitalistische/ kapitalistische Produktion 资本主义生产	0	0	0	0	0	0	1	0
Reproduktion 再生产	0	0	2	2	4	0	46	0
relativ 相对的	1	3	8	1	4	8	166	35
Relation 关系	0	0	0	1	2	0	19(Eng.)+1(Deu.)	0
Sache 事物	36	23	47	7	125	1	118	13
sachlich 事物的	1	4	1	1	22	0	30	1
versachlichen 事物化	0	0	0	0	1	0	4	0
Versachlichung 事物化	0	0	0	0	1	0	1	0
sinnlich 感性的	7	65	63	3	47	0	2	5
Situation 情境	1	1	14	0	0	1	2	0
Subjekt 主体	2	44	40	2	33	0	112	3
Totalität 总体	11	9	4	0	14	0	63	1
Verhältnis 关系	8+2(-verhältnis)	27	87	20	384	68	386	48
Verkehr 交往	2	10	6	0	169	0	56	12
Verkehrsform 交往形式	0	0	0	0	24	0	1	0
Verkehrsverhältnis 交往关系	0	0	0	0	8	0	8	1
Weltverkehr 世界交往	0	0	0	0	11	0	0	1

MEGA²: Abt. 2, Bd. 3, T. 1	MEGA²: Abt. 2, Bd. 3, T. 2	MEGA²: Abt. 2, Bd. 3, T. 3	MEGA²: Abt. 2, Bd. 3, T. 4	MEGA²: Abt. 2, Bd. 3, T. 5	MEGA²: Abt. 2, Bd. 3, T. 6	MEGA²: Abt. 2, Bd. 10, Erster Band	MEGA²: Abt. 2, Bd. 13, Zweiter Band	MEGA²: Abt. 2, Bd. 15, Dritter Band
1(-ctionskr-) +108(-ctivkr-) +1(-ctiven Kr-)	29(-ctivkr-) +1(-ctive Kr-)	58(-ctivkr-)	51(-ctivkr-) +1(ctive Kr-)	116(-ctivkr-) +1(-ctive Kr-)	105(-ctivkr-)	1(-ktionskr-) +152(-tivkr-)	2(-ktionskr-) +26(-ktivkr-) +3(-ktive/en Kr-)	6(-ktionskr-) +178(-ktivkr-)
16 (c-Pr-ction-)	6 (c-Pr-ction-)	18 (c-Pr-ction-)	11 (c-Pr-ction-)	28 (c-Pr-ction-)	67(c-Pr-ction-)	62(k-Pr-ktions-)	22(k-Pr-ktions-)	192(k-Pr-ktions-)
78(c-Pr-ction)	42(c-Pr-ction)	136(c-Pr-ction)	133(c-Pr-ction)	106(c-Pr-ction)	98(c-Pr-ction)	125(k-Pr-ktion)	131(k-Pr-ktion)	172(k-Pr-ktion)
85(-c-)	102(-c-)	129(-c-)	114(-c-)	181(-c-)	268(-c-)	172	607	265
151	48	291	73	126	259	347	58	220
3(Eng.) +1(Deu.)	4(Eng.) +3(Fr.)	4(Eng.) +1(Deu.)	16(Deu.) +50(Eng.)	14(Eng.)	4(Eng.)	4	1(Eng)	2(Deu.) +1(Eng.)
32	41	68	54	51	48	56	84	112
2	1	2	7	2	17	17	13	10
0	0	0	0	0	0	0	0	0
0	0	0	3	0	1	1	0	3
1	0	0	2	0	1	16	2	1
2(Eng.) +2(Fr.)	0	12(Deu.) +2(Fr.) +12(Eng.)	2(Deu.) +1(Eng.)	2(Deu.) +2(Eng.)	4(Deu.) +4(Eng.)	2(Eng.)	2	2
22	2	3	16	2	13	21	9	14
12	3	4	5	4	6	2	4	5
74	19	76	65	67	87	169	76	236
2	2	9	15	8	11	23	18	51
0	0	0	0	0	0	0	1	0
0	0	1	0	1	0	1	0	0
0	0	0	0	0	0	0	0	0

文本来源 / 词语	MEGA²: Abt. 4, Bd. 2, S. 428 – 470	MEGA²: Abt. 1, Bd. 2, S. 323 – 438	MEW: Bd. 2, S. 3 – 223	BzG: 14. Jahrgang/1972, S. 423 – 446	MEGA²: Abt. 1, Bd. 5, S. 3 – 643	MEW: Bd. 6, S. 397 – 423	MEGA²: Abt. 2, Bd. 1, S. 3 – 747	MEGA²: Abt. 2, Bd. 2, S. 95 – 2
Weltgeschichte 世界史	0	4	3	2	13	0	1	0
Individuum(Pl. Individuen) 个人,个体	24	20	41	3	404	4	272	32
individuell 个体的		15	20	2	18	0	49	16
Individualität 个性	4	7	11	0	21	0	17	7
wirkliche Individuen 现实的个人	0	1(wirkliche individuelle)	2 + 1(wirklichen individuellen Menschen)	0	9	0	0	0
Zusammenhang 关联	0	5	10	0	83	0	35	15
zusammenwirkenden 共同作用的	0	0	2	0	6	1	2	0

MEGA²: Abt. 2, Bd. 3, T. 1	MEGA²: Abt. 2, Bd. 3, T. 2	MEGA²: Abt. 2, Bd. 3, T. 3	MEGA²: Abt. 2, Bd. 3, T. 4	MEGA²: Abt. 2, Bd. 3, T. 5	MEGA²: Abt. 2, Bd. 3, T. 6	MEGA²: Abt. 2, Bd. 10, Erster Band	MEGA²: Abt. 2, Bd. 13, Zweiter Band	MEGA²: Abt. 2, Bd. 15, Dritter Band
0	0	1	0	0	0	4	0	0
19	8	7	9	7	11	52	3	18
20	58	162	13	31	33	137	211	142
1	0	1	0	0	0	3	0	1
0	0	0	0	0	0	0	0	0
21	11	32	15	6	10	49	18	79
8	1	2	0	0	2	11	0	4

附录二：马克思文本中学术关键词的中德法英文对照表

中文	Deutsch	Français	English
物	Ding	chose	thing
事物	Sache	objet	object
产物	Produkt	produit	product
物的	dinglich	comme une chose	thing-like
物性	Dingheit	chose	thinghood
事物的	sachlich	objectif	objective, material
事物的力量	sachlichen Gewalt, sachlichen Mächte	force matérielle	material power
物化	Verdinglichung	réification	reification
事物化	Versachlichung	objectivation	objectification
拜物教	Fetischismus	fétichisme	fetishism
关系	Verhältnis	rapport, relation	relation
关联	Zusammenhang	lien	interconnection
联系	Verbindung	connexion	connexion
联结	Band	bande	bond
异化	Entfremdung	aliénation	alienation
自我异化	Selbstentfremdung	aliénation de soi	self-alienation
异己力量	fremder Mächte	puissance étrangère	alien power
外化	Entäußerung	extériorisation	externalization
扬弃	Aufhebung	annulation	abolition
对象化	Vergegenständlichung	objectivation	objectification
客观化	Verobjektivierung	objectivation	objectification

中文	Deutsch	Français	English
主体	Subjekt	sujet	subject
主体性	Subjektvität	subjectivité	subjectivity
类本质	Gattungswesen	essence générique	species essence
人道主义/人本主义	Humanismus	humanisme	humanism
实践的人道主义	praktischen Humanismus	humanisme pratique	practical humanism
人本学(人类学)的	anthropologisch	anthropologique	anthropological
自我意识	Selbstbewußtsein	conscience de soi	self-consciousness
客体	Objektiv	objectif	objective
人格	Person	personne	personality
个人	Individuel	individu, individuel	individual
人	Mensch	homme, humain	human
人类	Menschwesen	être humain	human essence
形式	Form	forme	form
交往形式	Verkehrsform	forme de communication	form of intercourse
内容	Inhalt	contenu	content
方式	Weise	façon, manière	mode
组织	Organisation	organisation	organization
场境/格式塔	Gestalt	gestalt	gestalt
结构	Struktur	structure	structure
赋型	Formation	formation	formation
造型	Formung	mise en forme	formation
塑形	Formieren, Form geben	former, donner une forme	shape, give form
情境	Situation	situation	situation
有序/构序	Ordnung, ordnen	ordre, en ordre	order, to order
功能	Funktion	function	function
有机体	Organismus	organisme	organism

续表

中文	Deutsch	Français	English
系统	System	système	system
物质	Material	matérie	material
唯物主义	Materialismus	matérialisme	materialism
物质	Stoff	substance	substance
存在	Sein	être	being, existence
定在	Dasein	existence, être là	existence, being
社会定在	gesellschaftliche Dasein, socialen Dasein	existence sociale	social being
社会存在	gesellschaftliche Sein	être social	social existence, social being
社会生活	Gesellschaftliches Leben	vie sociale	social life
定在方式	Daseinsweise	mode d'existence	mode of existence
实存	Existenz	existence	existence
感性的	sinnlich	sensible	empirical
自然	Natur	nature	nature
自然规律	Naturgesetz	loi de la nature	natural law
自然性质/自发性	Naturwüchsigkeit	caractère naturel	natural character
自然必然性	Naturnotwendigkeit	nécessité naturelle	natural necessity
自然形成的	natürwüchsig	évolué naturellement	naturally evolved
历史	Geschichte	histoire	history
世界历史	Weltgeschichte	histoire mondiale, histoire du monde	world history
历史科学	Wissenschaft der Geschichte	science de l'histoire	science of history
历史活动	geschichtliche Tat	activité historique	historical act/activity

中文	Deutsch	Français	English
历史唯物主义	geschichtliche Materialismus	matérialisme historique	historical materialism
历史辩证法	geschichtliche Dialektik	dialectique historique	historical dialectic
否定性的辩证法	Dialektik der Negativität	dialectique de la négativité	dialectic of negativity
历史	Historie	histoire	history
历史编纂学	Geschichtschreibung	historiographie	historiography
历史之谜	Rätsel der Geschichte	mystère de l'histoire	riddle of history
时间	Zeit	temps	time
空间	Raum	espace	space
意识	Bewußtsein	conscience	consciousness
概念	Begriff	concept	concept
观念/理念	Idee	idée	idea
心理	Psychologie	psychologie	psychology
现象	Phänomen	phénomène	phenomenon
假象	Schein	apparence	appearance
抽象	Abstraktion	abstraction	abstraction
生产	Produktion	production	production
生产什么	Was sie produzieren	ce qu'ils produisent	what they produce
怎样生产	Wie sie produzieren	comment ils produisent	how they produce
生产方式	Produktionsweise	mode de production	mode of production
生产力	Produktionskraft	force de production	productive power/force
生产关系	Produktionsverhältnis	rapport de production	relation of production
宗法关系	patriarchalische Verhältnis	relation patriarcale	patriarchal relations
再生产	Reproduktion	reproduction	reproduction
生活资料	Lebensmittel	moyen de subsistance	means of livelihood

中文	Deutsch	Français	English
物质生活条件	materiellen Lebensbedingungen	conditions matérielles de vie	material conditions of life
实践	Praxis	pratique	praxis
实践的/实际的	Praktisch	pratique	practical
现实性	Wirklichkeit	réalité	reality
现实化	Verwirklichung	réalisation	realisation
现实的个人	wirklichen Individuen	individus réels	real individual
运动	Bewegung	mouvement	movement
活动	T(h)ätigkeit	activité	activity
行动	Aktion	action	action
劳动	Arbeit	travail	labour
分工	Teilung der Arbeit, Arbeitsteilung	division du travail	division of labour
异化劳动	entfremdete Arbeit	travail aliéné	alienated labour
谋生劳动	Erwerbsarbeit	travail rémunéré	gainful employment
雇佣劳动	Lohnarbeit	travail salarié	wage labour
抽象劳动	abstrakte Arbeit	travail abstrait	abstract labour
过去劳动	vorhandne Arbeit	travail passé	past labour
交换价值	Tauschwerth	valeur d'échange	exchange value
剩余价值	Surpluswerth	la plus-value	surplus value
商品	Waare	marchandise	commodity
分配	Distribution	distribution	distribution
交换	Austausch	échange	exchange
流通	Zirkulation	circulation	circulation
消费	Konsumtion	consommation	consumption
作用,共同作用	wirken, Mitwirkung, Zusammenwirkenden	effect, action, coopérer	effect, co-effect, co-determine

中文	Deutsch	Français	English
交往	Verkehr	échange, commerce	exchange, commerce
合群,交际	gesellig	convivial, sociable	social
共同体	Gemeinschaft	communauté	community
社会	Gesellschaft	société	society
共同体/共同本质	Gemeinwesen	communauté, être commun, collectivité	community, commonwealth
部落所有制	Stammeigentum	propriété tribale	tribal property
古代的和国家所有制	antike Gemeinde-und Staatseigentum	ancienne propriété communale et nationale	ancient communal and state property
封建的和等级的所有制	feudale oder ständische Eigent(h)um	la propriété féodale ou corporative	feudal or estate property
拥有	Haben, haben	avoir	have
占有	Besitz, besitzen	possession, posséder	possess
领有	Aneignung, aneignen	appropriation, approprier	appropriate
财产	Eigent(h)um	propriété	property
动产	Mobiliareigent(h)um	propriété mobilière	movable property
私有财产	Privateigent(h)um	propriété privée	private property
资产阶级	Bourgeois	bourgeois	bourgeois
资产阶级社会	Bourgeoisgesellschaft	société bourgeoise	bourgeois society
市民社会/资产阶级社会	bürgerliche Gesellschaft	société civile	bourgeois society, civil society
资本家	Capitalist/Kapitalist	capitaliste	capitalist
资本主义生产方式	Capitaliste/Kapitaliste Produktionsweise	mode de production capitaliste	capitalist mode of production
资本主义社会	Capitaliste/Kapitaliste Gesellschaft	société capitaliste	capitalist society
资本主义	Kapitalismus, Capitalismus	capitalisme	capitalism

中文	Deutsch	Français	English
阶级	Classe, Klasse	classe	class
地租	Grundrente	rente foncière	land rent, ground rent
利润	Profit	profit	profit
积累	Akkumulation	accumulation	accumulation
竞争	Konkurrenz	concurrence, compétition	competition
大工业	große Industrie	grande industrie	large-scale industry
一定的	bestimmt	certain, déterminé	certain, definite
一般	allgemein	général	general
暂时的	überschreitbaren	transitoire, temporaire	transitoire, surmountable
可能性	Möglichkeit	possibilité	possibility
总体	Totalität	totalité	totality
整体	Ganz	tout	whole
总和	Summe	total	sum-total
总和	Ensemble	ensemble	ensemble
需要	Bedürfnis	besoin	demand
世界	Welt	monde	world
颠倒的世界	Verkehrte Welt	le monde à l'envers	the world upside-down
感性世界	sinnliche Welt	monde sensible	sensuous world, sensible world
规律	Gesetz	lois	law
中介	Vermittlung	médiation	mediation
依存性	Abhängigkeit	dépendance	dependence
第二自然	Die zweite Natur	la seconde nature	the second nature
理性的狡计	List der Vernunft	ruse de la raison	cunning of reason
自为存在	Fürsichsein	être pour soi	being for itself
偶像崇拜	Götzendienst	idolâtrie	idolatry

续表

中文	Deutsch	Français	English
无人的统治	unpersönliche Herrschaft	domination impersonnelle	impersonal domination
人体解剖对于猴体解剖是一把钥匙	Die Anatomie des Menschen ist ein Schlüssel zur Anatomie des Affen	l'anatomie de l'homme est une clé pour l'anatomie du singe	the anatomy of man is a key to the anatomy of the ape
人的依赖关系	persönliche Abhängigkeitsverhältnisse	les relations de dépendance personnelle	relationships of personal dependence
事物的依赖性	die sachliche Abhängigkeit	la dépendance matérielle	objective dependence
人与人的直接联系	unmittelbare persönliche Beziehung	relation personnelle directe	direct relationships between people
物的自然属性	natürliche Eigenschaften der Dinge	propriétés naturelles des choses	natural properties of the things
超自然属性	übernatürliche Eigenschaft	propriété surnaturelle	supernatural property
《哲学全书》	*Enzyklopaedie der philosophischen Wissenschaften*	*Encyclopédie des sciences philosophiques*	*Encyclopedia of the Philosophical Sciences*
《法哲学原理》	*Grundlinien der Philosophie des Rechts*	*Principes de la philosophie du droit*	*Elements of the Philosophy of Right*
《德意志意识形态》	*Die deutsche Ideologie*	*L'Idéologie allemande*	*The German Ideology*
《唯一者及其所有物》	*Der Einzige und sein Eigentum*	*L'unique et sa propriété*	*The Ego and its Own*
《行动的哲学》	*Philosophie der That*	*Philosophie de l'action*	*The Philosophy of the Act*
《货币的本质》	*Über das Geldwesen*	*À propos de la monnaie*	*The Essence of Money*
《国民经济学批判大纲》	*Umrisse zu einer Kritik der Nationalökonomie*	*Esquisse d'une critique de l'économie nationale*	*Outlines of a Critique of Political Economy*
《德法年鉴》	*Deutsch-Französische Jahrbüchery*	*Annuaires franco-allemands*	*German-French Yearbooks*

中文	Deutsch	Français	English
《克罗兹纳赫笔记》	Kreuznach Heft	Notes historiques et politiques, Kreuznacher	Kreuznach Notebooks
《黑格尔法哲学批判》	Zur Kritik der Hegelschen Rechtsphilosophie	Sur la critique de la philosophie du droit de Hegel	Contribution to the Critique of Hegel's Philosophy of Law
《巴黎笔记》	Pariser Heft	Études historiques et économiques, Paris	Paris Notebooks
《1844 年经济学哲学手稿》	Ökonomisch-philosophische Manuskripte, 1844	Manuscrits économico-philosophiques, 1844	Economic and Philosophic Manuscripts of 1844
《神圣家族》	Die heilige Familie, order Kritik der kritischen Kritik. Gegen Bruno Bauer & Consorten. 1844	La Sainte Famille, ou la critique de la critique critique. Contre Bruno Bauer & consorts. 1844	The Holy Family, or Critique of Critical Criticism. Against Bruno Bauer and Company
《哲学的贫困》	Misère de la philosophie	Misère de la philosophie	The Poverty of Philosophy
《共产党宣言》	Manifest der Kommunistischen Partei	Manifeste du Parti communiste	The Communist Manifesto
《伦敦笔记》	London Hefte	Cahiers de Londres	London Notebooks
《1857—1858 年经济学手稿》	Ökonomische Manuskripte 1857/1858	Manuscrits économiques 1857/1858	Economic Manuscripts of 1857 - 58
《资本论》	Das Kapital	Le Capital	Capital: A Critique of Political Economy

后　记

　　这本《回到马克思》的第二卷,并非先有一个观念物相化之前的完整蓝图。开始,思考和写作都只是围绕因布罗代尔"挑战"而起的马克思的"资本主义观"。很早我已经发觉,关于马克思的资本主义观的研究,很可能是一个工程浩大的研究课题。大约是在 1998 年,我先是在自己的专业博士生课程中讨论了这个问题,并且结合马克思整个思想发展进程的线索谈了我的一些基本看法。这就有了我与王浩斌 1999 年合作发表的那篇文章。① 由于当时我的主要精力已经投入到国外马克思主义哲学的系统研究中去了,所以,这个问题就被暂时搁置起来。这一拖竟然就是多年。2004 年,在南京大学"985工程"二期建设规划时,我带领团队组建了"当代资本主义研究"平台和重大项目,并在财政部、教育部的"985 工程"项目评审中获得通过并立项。2009年,在作为代表性成果的六卷本《资本主义理解史》②的第一卷中,我和周嘉昕博士合作完成了马克思恩格斯关于资本主义科学认识的形成问题的初步探讨。又时隔十年,我再一次回到了这个主题。

　　本次研究,先是在我领导的 MEGA 研究小组中以专题讨论的形式开始

---

① 参见张一兵、王浩斌《马克思真的没有使用过"资本主义"一词吗?》,《南京社会科学》1999 年第
　　4 期。
② 《资本主义理解史》第 1—6 卷,江苏人民出版社 2009 年版。

的,几位青年学者分阶段分专题参与了我的思想实验,后来也发表了一批初步的研究成果。① 在此基础上,我再一次重新回到马克思的文本,以《马克思恩格斯全集》中文第二版最新修订的编译成果和 MEGA² 的相关文献为主要的解读参考系,完整重思了马克思不同时期关于市民社会(资产阶级社会)的理解,以及最终提出资本主义生产方式的科学认知进程。令我意外的事情为,在 20 多年之后,换一个视角重新梳理马克思思想发展的全程,却不断地发现新的问题和新的观点。特别是在马克思的前后期批判话语的转换中,劳动异化批判构式并不像我自己原先判断的那样,完全消失在历史唯物主义基础上的科学异化概念之中,在 1857 年开始的伟大思想实验一直到晚年马克思的所有重大经济学理论突破和对资本主义生产方式的科学认识中,全新的劳动异化批判构式仍然起到了关键性的构序作用。这一发现,大大出乎我的意料。因为这一新的观点业已突破了我的老师孙伯鍨给我们留下的理论遗产。

初稿写作的后期,我曾经打算将书稿拆分为两本小书和一篇大文章:一是马克思的资本主义观,二是马克思的劳动异化论,三是关于马克思历史唯物主义中从客体向度观察社会历史构序和发展进展的观点。但后来发现,在这种对马克思思想文本全程的考察中,很难将劳动异化批判构式和历史唯物主义客体向度的观察,与马克思对市民社会—资产阶级社会—资本主义生产方式的批判进程撕裂开来。也因为,我觉得在这些重大学术场域中的进展取得了足够多的成果,这些成果在一些关键性的构境层中已经明显超越了《回到马克思》第一卷的原有认识,所以,在进入第二稿修改之前,我将此书正式命名为《回到马克思》第二卷。在开始第二稿的修改过程中,我陆续意识到历史唯物主义的关系场境论和关系意识论,是马克思在一般物相化自明性和经济物相化两个层级透视中的关键性方法论前提;同时,也发现了马克思在批判"资产阶级社会"本质的过程中,有一个从批判认识论到历史认识论,再重新回到历史认识论基础上的科学批判认识论的历史转换,以及从人本主义的

---

① 参见张一兵等《市民社会、资产阶级社会和资本主义生产方式》,《东南学术》2021 年第 1 期。

劳动辩证法,经过历史辩证法(生产辩证法)重新回到劳动辩证法的复杂转换。于是,整个第二稿的写作,变成了不断从头开始的反复过程,这可能是我自己过去的写作中从来没有出现过的现象。这些新的认识,也使我对马克思的"资本主义观"本身有了全新的看法和更深的思想构境可能空间,最终,我得出了除去恩格斯已经直接指认的马克思在哲学方法论中关于历史唯物主义的"第一个伟大发现"、政治经济学中关于剩余价值理论的"第二个伟大发现"之外,他在科学社会主义中的"第三个伟大发现"的结论,这就是对资本主义生产方式的科学理解。之所以强调马克思的"第三个伟大发现",也在于必须正面回应布罗代尔等资产阶级史学家的挑战,因为如果马克思没有系统地提出关于资本主义生产方式的科学认识,那么,我们今天还在坚持建设和发展的科学社会主义的大厦就会轰然倒塌。

这本《回到马克思》的第二卷,是我在第一卷出版20多年之后重新回到马克思思想史这一重要主题上来。它当然会是我20多年厚重学术积淀所重新打开的全新思想构境。然而,与传统思想史中所有多卷本论著不同的是,《回到马克思》的第二卷,并非第一卷的简单思想接续。在一定的意义上,在方法论的某些层面和文本解读的不少结果上甚至会是对前者的颠覆,这可能会造成读者对《回到马克思》第一卷已有先见上的断裂。当然,这并不改变《回到马克思》第一卷的阅读是进入第二卷思想构境的必然前提这一客观事实。我期望,与《回到马克思》第一卷一样,它的问世能够铺就通向更高学术构序的道路和阶梯。

在本书的最后,要特别感谢参加南京大学 MEGA 研究小组的我的所有学生们。应该提到,20 世纪 90 年代我回到南京大学后,在孙伯鍨老师的直接指导下,曾经组建了第一个马克思文本细读的研究小组,那时候参加的有唐正东、胡大平和张亮等人。2016 年,因为下决心重新认真研究 MEGA 的文本,我开始筹备第二个研究小组。2017 年 1 月,我在南京大学正式成立了以 MEGA^2 第四部分核心笔记(这也是目前国际上 MEGA^2 研究中的薄弱环节)为思考聚焦点的"MEGA^{2}研究小组",启动对 MEGA^2 前沿问题、马克思思想谱系史和概念考古的系统性研究。首先,小组的成员是南京大学培养的青年教师和博士,有着良好的马克思主义哲学学术功底,他们对学术研究充满热情和使命感,对学术前沿问题具有强烈的敏锐性,是一支充满活力和希望的年轻队伍。其次,小组的成员大都熟练掌握一门到两门外语,主要成员都经过"南京大学—哥廷根大学联合培养德语精英班"或"南京大学—法国驻上海总领事馆联合培养法语精英班"两年以上的集中培养,也有少量精通英语的学者,所有成员均有赴欧美大学进修与合作培养的经历。他们不仅能够互助式地顺利阅读马克思恩格斯写作的原文(德文、法文和英文等),而且能够带着国际最前沿的学术问题去"打开"MEGA²。最后,小组在不断的探索式研讨中逐渐开辟了"阅读—研讨—选译—主题发言—讨论—修改—再研讨—形成成果"的研究路径,形成了一系列选译成果和研究成果。截至目前,小组共进行全体研讨30余次,研究成果发表40余篇论文,已完成和正在选译的内容包括《柏林笔记》、《波恩笔记》、《克罗茨纳赫笔记》、《巴黎笔记》、《1844—1847年笔记》、《布鲁塞尔笔记》、《曼彻斯特笔记》、"居利希笔记"和《伦敦笔记》等。其中,还包括对舒尔茨专题、事物化-物化专题、社会定在专题和市民社会专题的研讨,填补了国际上众多马克思主义哲学思想史研究上的理论空白。由此,我们逐渐走出了一条具有国际视野、中国特色和南大风格的马克思主义思想史考古与 MEGA²研究之路。也正是在这个与学生们教与学的研讨进程中,《回到马克思》第二卷的写作也获得了巨大的文献支持和后浪推力。真的谢谢娃娃们。

此外,本次研究中,我仍然使用了《回到马克思》第一卷第三版修订时提出的词频统计方法,同时,也因为马克思在自己的研究和写作中主要使用了德文、法文和英文,所以在此次研究中,在学生的帮助下,我也进一步完善了自己先期已经开始制作的"马克思文本中学术关键词词频统计"和"马克思文本中学术关键词的中德法英文对照表",并将其作为本书附录一并呈现给读者。在此感谢张义修、李乾坤、刘冰菁、孔伟宇、付可桢等为此付出的努力。

特别感谢我的学生刘冰菁博士、张福公博士和孔伟宇博士,在此次研究的全程中,他们在外文文献的收集和整理方面给予了我很大的帮助。也再次感谢江苏人民出版社的杨建平和戴亦梁老师,没有他们一如既往的肯定和支持,这本超过百万字的学术图书不可能如此完美地呈现于世。

本书还获得了 2023 年度国家出版基金的资助,感谢所有参加评选的专家学者,希望他们寄以厚望的此书会收获辉煌。

我将此书献给亲爱的妈妈——黄灵芝。这是我把自己认为最重要的著作第二次献给她。① 希望走向百岁的母亲能以自己养育的儿子为荣。

张一兵

2020 年 9 月 24 日初稿于南京仙林和园

2021 年 5 月 27 日二稿于仙林和园

2022 年元旦三稿于仙林

2022 年 6 月 5 日四稿于南京

2022 年 8 月 22 日再改于 40 度酷暑中的南京

---

① 我献给母亲的第一本书,是 1995 年出版的《马克思历史辩证法的主体向度》(河南人民出版社)。

马克思主义研究丛书

《所有权与正义:走向马克思政治哲学》 张文喜 著

《马克思的生产方式概念》 周嘉昕 著

《走出现代性的困境:法兰克福学派现代性批判理论研究》 王晓升 著

《马克思拜物教批判理论研究》 李怀涛 著

《马克思思想变迁的社会主义线索》 韩蒙 著

《危机中的重建:唯物主义历史观的现代阐释》(第三版) 杨耕 著

《重建中的反思:重新理解历史唯物主义》(第三版) 杨耕 著

《马克思主义与伦理学:自由、欲望与革命》 [英]保罗·布莱克里奇 著 曲轩 译

《回到马克思(第二卷):社会场境论中的市民社会与劳动异化批判》 张一兵 著